curso de

DIREITO PROCESSUAL DO TRABALHO

1ª edição – 1ª tiragem – julho, 2003
1ª edição – 2ª tiragem – outubro, 2003
2ª edição – 1ª tiragem – março, 2004
2ª edição – 2ª tiragem – maio, 2004
2ª edição – 3ª tiragem – setembro, 2004
3ª edição – 1ª tiragem – março, 2005
3ª edição – 2ª tiragem – junho, 2005
3ª edição – 3ª tiragem – setembro, 2005
3ª edição – 4ª tiragem – outubro, 2005
4ª edição – 1ª tiragem – fevereiro, 2006
4ª edição – 2ª tiragem – junho, 2006
5ª edição – 1ª tiragem – fevereiro, 2007
5ª edição – 2ª tiragem – maio, 2007
5ª edição – 3ª tiragem – setembro, 2007
5ª edição – 4ª tiragem – outubro, 2007
6ª edição – 1ª tiragem – março, 2008
6ª edição – 2ª tiragem – outubro, 2008
7ª edição – 1ª tiragem – fevereiro, 2009
7ª edição – 2ª tiragem – outubro, 2009
8ª edição – 1ª tiragem – fevereiro, 2010
9ª edição – 1ª tiragem – fevereiro, 2011
10ª edição – 1ª tiragem – fevereiro, 2012
11ª edição – 1ª tiragem – fevereiro, 2013
12ª edição – 1ª tiragem – janeiro, 2014
12ª edição – 2ª tiragem – agosto, 2014
12ª edição – 3ª tiragem – setembro, 2014
13ª edição – 1ª tiragem – abril, 2015
13ª edição – 2ª tiragem – setembro, 2015
14ª edição – 1ª tiragem – fevereiro, 2016
14ª edição – 2ª tiragem – setembro, 2016
15ª edição – 1ª tiragem – janeiro, 2017
15ª edição – 2ª tiragem – agosto, 2017
16ª edição – 1ª tiragem – setembro, 2017
17ª edição – 1ª tiragem – novembro, 2018
17ª edição – 2ª tiragem – março, 2019
17ª edição – 3ª tiragem – julho, 2019
18ª edição – 1ª tiragem – janeiro, 2020
18ª edição – 2ª tiragem – agosto, 2020
19ª edição – 1ª tiragem – dezembro 2020

carlos henrique
BEZERRA LEITE

curso de

DIREITO PROCESSUAL DO TRABALHO

19ª edição

Atualizado pela Lei n. 13.869/2019 (Abuso de Autoridade); pela Resolução n. 241/2019 do CSJT (Disciplina o processo judicial eletrônico); pelo Ato Conjunto TST.CSJT.CGJT n. 3/2020 (Dispõe sobre o processamento das decisões parciais de mérito) e pelos Atos Normativos do TST relacionados ao Estado de Calamidade decorrente da pandemia do Novo Coronavírus (COVID-19).

2021

saraiva jur

saraiva EDUCAÇÃO | saraiva jur

Av. Paulista, 901, 3º andar
Bela Vista – São Paulo – SP – CEP: 01311-100

SAC | sac.sets@somoseducacao.com.br

Diretoria executiva	Flávia Alves Bravin
Diretoria editorial	Renata Pascual Müller
Gerência de projetos e produção editorial	Fernando Penteado
Planejamento	Josiane de Araujo Rodrigues
Novos projetos	Sérgio Lopes de Carvalho Dalila Costa de Oliveira
Edição	Clarissa Boraschi Maria (coord.) Iris Ferrão
Produção editorial	Daniele Debora de Souza (coord.) Rosana Peroni Fazolari Estela Janiski Zumbano
Arte e digital	Mônica Landi (coord.) Camilla Felix Cianelli Chaves Claudirene de Moura Santos Silva Deborah Mattos Guilherme H. M. Salvador Tiago Dela Rosa
Projetos e serviços editoriais	Daniela Maria Chaves Carvalho Kelli Priscila Pinto Laura Paraíso Buldrini Filogônio Marília Cordeiro Nicoly Wasconcelos Razuk
Diagramação	Fabio Kato
Revisão	Viviane Oshima
Capa	Casa de Ideias / Daniel Rampazzo
Produção gráfica	Marli Rampim Sergio Luiz Pereira Lopes
Impressão e acabamento	Bartira

DADOS INTERNACIONAIS DE CATALOGAÇÃO NA PUBLICAÇÃO (CIP)
ANGÉLICA ILACQUA CRB-8/7057

Leite, Carlos Henrique Bezerra
Curso de direito processual do trabalho / Carlos Henrique Bezerra Leite. - 19. ed. – São Paulo: Saraiva Educação, 2021.
1696 p.

Bibliografia
ISBN 978-65-5559-397-6 (impresso)

1. Direito processual do trabalho. I.Série.

CDD 342.68
20-0742 CDU 347.9(81)(094)

Índice para catálogo sistemático:
1. Direito processual do trabalho

Data de fechamento da edição: 4-12-2020

Dúvidas? Acesse www.editorasaraiva.com.br/direito

CL 606825 CAE 751006

Dedico esta edição às minhas amadas filhas
Laís Durval Leite e Letícia Durval Leite.
Às memórias da minha mãe, Juracy, e do meu pai, Juarez.

"Se a educação sozinha não pode transformar a sociedade, tampouco sem ela a sociedade muda." (Paulo Freire)

Por que Direito?

*Laís Durval Leite**

Geralmente quem escolhe Direito
Apaixona-se pelo belo discurso,
Mas, se logo encontra um defeito,
Logo pensa em mudar de curso.

Entre tantas opções que aparecem,
O aluno de Direito optou pela sua.
Uns desistem quando se aborrecem.
Outros superam; e a luta continua.

Comum esbarrar com estudantes
Mergulhados em crises e indagações.
Dos inquietos aos conflitantes
Parecem frustrados e com decepções.

A maioria critica o instrumento,
Componente necessário à ciência,
Que não passa de complemento
Pois não desvenda a sua essência.

Odiar o Direito devido às normas
É tolice, mas bastante frequente,
Em especial escravo das formas,
Quando o tédio é mais evidente.

Nossas profissões vão muito além
Dos instrumentos de nosso trabalho.
Descobre-se a vocação de alguém
Pelos seus objetivos em realizá-lo.

---

* Mestranda em Direito pela Universidade Autônoma de Lisboa (UAL). Ex-Professora de Direito Processual do Trabalho e Direito Previdenciário da FDV. Especialista em Direito Processual (PUC-MG). Juíza Federal Substituta do TRF da 1ª Região. Ex-Procuradora da Fazenda Nacional.

Médicos querem alcançar saúde,
Engenheiros trazer conforto e segurança.
Talvez alguma finalidade mude,
Mas com muita dedicação e confiança.

Não se escolhe medicina pelas macas,
Pelo estetoscópio ou pelos remédios.
Nem se faz engenharia pelas réguas,
Pelas estradas ou pelos belos prédios.

O Direito a todos nós atiça
sejam em terras parlamentares ou de reis.
O bacharel almeja a justiça,
Não se escolhe Direito em razão das leis.

Agradecimentos

A Deus, pelo sopro da inspiração.

A todos os professores e professoras de Direito Processual do Trabalho.

Aos meus alunos e alunas presenciais e virtuais espalhados por todo o Brasil.

À Editora Saraiva, nas pessoas dos amigos Flávia Alves Bravin, Roberto Navarro, Eveline Gonçalves Denardi, Verônica Pivisan Reis e demais integrantes da equipe editorial, pela qualidade dos produtos destinados à ciência jurídica em nosso País.

Aos meus estimados leitores e leitoras que me honram com valiosas críticas e sugestões para o aprimoramento contínuo desta obra.

Siglas e abreviaturas

AA – Ação Anulatória
AC – Apelação Cível
ACC – Ação Civil Coletiva
ACP – Ação Civil Pública
ADC – Ação Direta de Constitucionalidade
ADCT – Ato das Disposições Constitucionais Transitórias
ADI – Ação Direta de Inconstitucionalidade
AG – Agravo Regimental
AI – Agravo de Instrumento
alt. – alterado
ANPT – Associação Nacional dos Procuradores do Trabalho
AP – Apreciação Prévia
APMP – Associação Paulista do Ministério Público
AR – Ação Rescisória
art. – artigo
CAEMP – Confederação das Associações Estaduais do Ministério Público
Câm. – Câmara
Cap. – Capítulo
CC – Código Civil
c/c – combinado com
CCRMP – Câmara de Coordenação e Revisão do Ministério Público
CDC – Código de Defesa do Consumidor
CE – Constituição Estadual
CF – Constituição Federal
cf. – conferir
CGMP – Corregedoria-Geral do Ministério Público
cit. – citado
CLT – Consolidação das Leis do Trabalho
CNJ – Conselho Nacional de Justiça
CNMP – Conselho Nacional do Ministério Público
Compl. – Complementar
CODEMAT – Coordenadoria de Defesa do Meio Ambiente do Trabalho
CONAMP – Confederação Nacional do Ministério Público

CP – Código Penal
CPC – Código de Processo Civil
CPP – Código de Processo Penal
CPCGJT – Consolidação dos Provimentos da Corregedoria-Geral da Justiça do Trabalho
CR – Constituição da República de 1988
CSMP – Conselho Superior do Ministério Público
CSMPT – Conselho Superior do Ministério Público do Trabalho
CTN – Código Tributário Nacional
Dec. – Decreto
DEJT – Diário Eletrônico da Justiça do Trabalho
Des. – Desembargador
DJE – *Diário da Justiça do Estado*
DJU – *Diário da Justiça da União*
DL – Decreto-lei
DOE – *Diário Oficial do Estado*
DOU – *Diário Oficial da União*
EC – Emenda Constitucional
ECA – Estatuto da Criança e do Adolescente
Ed. – Editora
ed. – edição
En. – Enunciado
EOAB – Estatuto da Ordem dos Advogados do Brasil
ERR – Embargos em Recurso de Revista
est. – estadual
fed. – federal
HC – *Habeas Corpus*
HD – *Habeas Data*
IC – Inquérito Civil
IN – Instrução Normativa
j. – julgado
LACP – Lei da Ação Civil Pública
LAP – Lei da Ação Popular
LC – Lei Complementar
LDP – Lei da Defensoria Pública
LF – Lei de Falências
LINDB – Lei de Introdução às Normas do Direito Brasileiro
LOEMP – Lei Orgânica Estadual do Ministério Público

LOMAN – Lei Orgânica da Magistratura Nacional
LOMPU – Lei Orgânica do Ministério Público da União
LONMP – Lei Orgânica Nacional do Ministério Público
Min. – Ministro
MP – Ministério Público
MPDFT – Ministério Público do Distrito Federal e Territórios
MPE – Ministério Público Estadual
MPF – Ministério Público Federal
MPM – Ministério Público Militar
MPT – Ministério Público do Trabalho
MPU – Ministério Público da União
MS – Mandado de Segurança
MSC – Mandado de Segurança Coletivo
MTE – Ministério do Trabalho e Emprego
n. – número
CPC – Novo Código de Processo Civil (Lei n. 13.105/2015)
NF – Notícia de Fato
OAB – Ordem dos Advogados do Brasil
OE – Órgão Especial do Tribunal Superior do Trabalho
p. – página
PGJ – Procuradoria-Geral de Justiça do Estado
PGR – Procuradoria-Geral da República
PGT – Procuradoria-Geral do Trabalho
PJe – Processo Judicial Eletrônico
PJe-JT – Processo Judicial Eletrônico na Justiça do Trabalho
PL – Projeto de Lei
PP – Procedimento Preparatório
Proc. – processo
PRT – Procuradoria Regional do Trabalho
Pt. – protocolado
pub. – publicado
RDP – Revista de Direito Público
RE – Recurso Extraordinário
Recl. – Reclamação
Rel. – Relator
REP – Representação
Res. – Resolução
REsp – Recurso Especial

RF – Revista Forense
RICSMP – Regimento Interno do Conselho Superior do Ministério Público
RJTJRS – Revista de Jurisprudência do Tribunal de Justiça do Rio Grande do Sul
RITST – Regimento Interno do Tribunal Superior do Trabalho
RMPT – Revista do Ministério Público do Trabalho
RMS – Recurso em Mandado de Segurança
ROAA – Recurso Ordinário em Ação Anulatória
ROMS – Recurso Ordinário em Mandado de Segurança
RPGR – Revista da Procuradoria-Geral da República
RR – Recurso de Revista
RSTJ – Revista do Superior Tribunal de Justiça
RT – Revista dos Tribunais
RTJ – Revista Trimestral de Jurisprudência
SBDI – Subseção de Dissídios Individuais do Tribunal Superior do Trabalho
SBDI-1 – Subseção 1 de Dissídios Individuais do Tribunal Superior do Trabalho
SBDI-2 – Subseção 2 de Dissídios Individuais do Tribunal Superior do Trabalho
SDC – Seção de Dissídios Coletivos do Tribunal Superior do Trabalho
SDI – Seção de Dissídios Individuais do Tribunal Superior do Trabalho
s.d.p. – sem data de publicação
seç. – seção
STF – Supremo Tribunal Federal
STJ – Superior Tribunal de Justiça
Súm. – Súmula
t. – tomo
tb. – também
TCU – Tribunal de Contas da União
Tít. – Título
TJ – Tribunal de Justiça
TP – Tribunal Pleno
TRF – Tribunal Regional Federal
TSE – Tribunal Superior Eleitoral
TST – Tribunal Superior do Trabalho
últ. – último
v. – volume
v. – *vide*
v. g. – *verbi gratia*
v.u. – votação unânime

Sumário

CAPÍTULO IV – Ministério Público do Trabalho

CAPÍTULO V – Competência da Justiça do Trabalho

CAPÍTULO XVIII – Despesas Processuais

CAPÍTULO XIX – Teoria Geral dos Recursos Trabalhistas

CAPÍTULO XXIV – Procedimentos Especiais Trabalhistas

Nota do Autor à 19ª edição

Estimada Leitora, Estimado Leitor,

Mais uma vez, agradeço profundamente a todas as pessoas que me deram a honra e a alegria de ler ou consultar esta obra, que é destinada não apenas aos iniciantes como também aos estudiosos e profissionais mais experientes da área justrabalhista.

Nesta edição, revisei, ampliei e atualizei todos os capítulos deste Curso na perspectiva da aplicação supletiva e subsidiária do CPC de 2015 (nesta edição adoto a sigla CPC) e também sob o enfoque da Lei n. 13.467/2017, também chamada Lei da Reforma Trabalhista, que entrou em vigor em 11 de novembro de 2017, razão pela qual aprofundei a minha posição crítica em relação à parte processual desta lei que, em grande parte dos seus dispositivos, desconsidera o processo do trabalho como um instrumento constitucional, legal, moral, adequado, célere, republicano e democrático de acesso à Justiça do Trabalho e de efetividade dos direitos fundamentais no âmbito das relações trabalhistas.

Esta edição também está atualizada pela Lei n. 13.874, de 20-9-2019 (Lei da Liberdade Econômica), que é fruto da Medida Provisória n. 881/2019, naquilo que tem pertinência com o processo do trabalho, e pela Lei n. 13.876, de 20-9-2019, que incluiu no art. 832 da CLT os §§ 3º-A e 3º-B, dispondo sobre novos requisitos da sentença cognitiva ou homologatória no tocante ao recolhimento de contribuições previdenciárias, bem como pela Lei n. 13.869/2019 (abuso de autoridade); pela Resolução n. 241/2019 do CSJT (disciplina o processo judicial eletrônico); pelo Ato Conjunto TST.CSJT.CGJT n. 3/2020 (dispõe sobre o processamento das decisões parciais de mérito) e pelos Atos Normativos do TST relacionados ao estado de calamidade decorrente da pandemia do novo coronavírus (COVID-19).

Ademais, atualizei esta edição de acordo com as modificações da jurisprudência, especialmente do STF e do TST, a respeito da interpretação e aplicação do Direito Processual do Trabalho depois da Lei da Reforma Trabalhista.

O leitor e a leitora verão que não defendo a aplicação desmedida e automática das normas (princípios e regras) do CPC nos sítios do processo do trabalho, especialmente nas ações oriundas da relação de emprego, e sim a promoção de um diálogo franco e virtuoso entre esses dois importantes setores do edifício jurídico. Diálogo esse que passa, necessariamente, pela função precípua de ambos (processo civil e processo trabalhista): realizar os direitos fundamentais e a justiça social em nosso País de forma democrática, adequada, tempestiva e efetiva.

Tendo em vista a dinâmica da ciência jurídica, informo que revi posicionamentos anteriores e acrescentei novas doutrinas, tudo com o objetivo de aprofundar a pesquisa jurídica e facilitar a consulta e o manuseio deste livro.

Como toda obra humana, esta edição não tem a pretensão de ser perfeita nem de esgotar todas as questões temáticas nela tratadas. Pelo contrário, a minha intenção é mais provocativa do que conclusiva, pois procuro disseminar uma nova consciência jurídica, voltada para a construção de uma sólida Teoria Geral do Direito Processual do Trabalho, que venha a contemplar, a um só tempo, a principiologia do Estado Democrático de Direito e a efetivação dos direitos humanos e fundamentais no campo das relações de trabalho em nosso País.

Espero que esta nova edição continue atendendo aos anseios acadêmicos, educativos e profissionais dos alunos, professores, advogados, magistrados, membros do Ministério Público, servidores, estagiários, candidatos ao Exame de Ordem da OAB e aos cargos públicos que exijam conhecimento em Direito Processual do Trabalho.

Ressalto, finalmente, que continuarei aberto a críticas, sugestões ou colaborações, que serão sempre bem-vindas para a manutenção dos propósitos científicos e didáticos deste livro.

Muito obrigado e boa leitura!

Carlos Henrique Bezerra Leite
chbezerraleite@yahoo.com.br
www.professorbezerraleite.com.br
@chbezerraleite

CAPÍTULO I
Teoria Geral do Direito Processual do Trabalho

1. O ESTADO, A POLÍTICA, O PROCESSO E OS DIREITOS HUMANOS

Um sistema judiciário eficiente e eficaz deve propiciar a toda pessoa um serviço público essencial: o acesso à justiça. É preciso reconhecer, nesse passo, que a temática do acesso à justiça está intimamente vinculada ao modelo político do Estado e à hermenêutica do direito processual como instrumento de efetivação dos direitos reconhecidos e positivados pelo próprio Estado.

Há, pois, estreita relação entre o Estado, a Política, os Direitos Humanos e Fundamentais e o Processo.

Assim, em qualquer setor do conhecimento jurídico, o intérprete se depara com as seguintes indagações: quais os valores mais importantes segundo a ideologia política do Estado? Como o Estado-Juiz pode contribuir na promoção da liberdade, igualdade e dignidade das pessoas? Como proteger o meio ambiente (incluindo o do trabalho), o consumidor e os grupos vulneráveis (mulheres, negros, homoafetivos, crianças, idosos, trabalhador escravo, sem-terra e indígenas)? A politização da justiça ou a judicialização da política podem contribuir para a promoção de um sistema juridicamente justo? A constitucionalização do direito processual (incluindo o direito processual do trabalho) pode contribuir para a efetividade do acesso à justiça?

As respostas, a nosso ver, exigem reflexão a respeito dos ordenamentos jurídicos (e suas ideologias) à luz dos modelos de Estado e de sociedade.

1.1. O processo no Estado Liberal

O *Estado Liberal*, que emergiu das Revoluções Burguesas dos séculos XVII e XVIII, caracteriza-se pela sua subordinação total dos cidadãos ao direito positivo editado pela burguesia, uma vez que a atuação estatal deveria estar em conformidade aos exatos limites prescritos na lei.

O direito posto pela classe dominante, portanto, constituiu um limitador da ação estatal, ao mesmo tempo em que se apresentava como um conjunto de garantias individuais oponíveis ao próprio Estado, cuja função seria apenas a de proteger/garantir a liberdade e a propriedade (como direito natural e absoluto) sob uma perspectiva individualista e nutrida pelo dogma da *igualdade formal perante a lei*, o que implicava, naturalmente, a supremacia do Legislativo sobre o Executivo e o Judiciário.

No Estado Liberal, no qual só se reconhecem os chamados direitos humanos de primeira dimensão (direitos civis e políticos) e, ainda assim, numa perspectiva individualista, o processo é caracterizado pelo tecnicismo, legalismo, positivismo jurídico acrítico, formalismo e "neutralismo" do Poder Judiciário (juiz "boca da lei"). A ação, no Estado Liberal, nada mais seria do que a derivação do direito de propriedade em juízo. Daí a supremacia, quase que absoluta, do princípio dispositivo.

Outra característica do processo no Estado Liberal é o conceitualismo, em que todos são tratados em juízo como sujeitos de direito (*Tício x Caio*), independentemente de suas diferentes condições sociais, econômicas, políticas e morais. De tal arte, crianças e adultos, ricos e pobres, empresários e trabalhadores são, conceitualmente, tratados como iguais.

No Brasil, desde o descobrimento até meados do século XX, foram destinatários do direito civil e processo civil os ricos e os brancos; os negros e pobres eram destinatários, em regra, do direito penal e do processo penal. Em consequência, o Estado Liberal assegurava o acesso à justiça civil aos ricos e brancos; aos pobres e negros, acesso apenas à justiça penal, e na condição de réus, evidentemente.

Como bem registra Douglas Cesar Lucas:

> A jurisdição estatal foi afastada da política e conduzida a um isolamento das questões sociais importantes. Foi tomada como reprodutora da racionalidade legislativa, constituindo uma operacionalidade dogmática alienante, incapaz de pensar o conteúdo do direito, tornando-se fiel promotora da ordem jurídica e econômica liberal[1].

Esse quadro de injustiças e desigualdades sociais (e regionais) propiciou o acúmulo de riqueza para poucos e bolsões de pobreza e miséria para muitos. Com o passar dos anos, o modelo político liberal perdeu a capacidade de organizar uma sociedade marcada pelas diferenças sociais decorrentes da Revolução Industrial.

1.2. O processo no Estado Social

Surge, então, o chamado Estado Social, que é compelido a adotar políticas públicas destinadas à melhoria das condições de vida dos mais pobres, especialmente da classe trabalhadora, como forma de compensar as desigualdades originadas pelos novos modos de produção.

1. LUCAS, Douglas Cesar. A crise funcional do Estado e o cenário da jurisdição desafiada. In: MORAIS, José Luis Bolzan de (Org.). *O Estado e suas crises*. Porto Alegre: Livraria do Advogado, 2005. p. 178.

São características do Estado Social o constitucionalismo social (México, 1917, e Alemanha, 1919), a função social da propriedade, a participação política dos trabalhadores na elaboração da ordem jurídica e o intervencionismo (dirigismo) estatal na economia mediante prestações positivas (*status positivus*) por meio de leis que criam direitos sociais. O Estado Social tem por escopo o estabelecimento da *igualdade substancial* (real) entre as pessoas, por meio de *positivação de direitos sociais mínimos* (piso vital mínimo).

O Poder mais fortalecido no Estado Social deixa de ser o Legislativo e passa a ser o Executivo, ao qual é reconhecida a competência para editar políticas públicas de intervenção na economia que dependem da legitimação do direito, a fim de que este passe a ser "instrumento de intervenção e assistencialismo, resultando na politização do jurídico e sua dependência, além da política, das relações econômicas e culturais"[2].

O processo, no Estado Social, sofre algumas transformações importantes, pois o seu objeto passa a ser a jurisdição, e não apenas a ação, havendo, assim, relativização do princípio dispositivo, com vistas a permitir o acesso do economicamente fraco à Justiça (isenção de custas, escritórios de vizinhança etc.).

No Brasil, a criação da Justiça do Trabalho (1939), a assistência judiciária (Lei n. 1.060/50) aos pobres, o *ius postulandi* e a coletivização do processo trabalhista (dissídio coletivo e ação de cumprimento) caracterizam o processo brasileiro no Estado Social.

Leciona Celso Fernandes Campilongo que:

> o desafio do Judiciário, no campo dos direitos sociais, era e continua sendo conferir eficácia aos programas de ação do Estado, isto é, às políticas públicas, que nada mais são do que os direitos decorrentes dessa "seletividade inclusiva". Altera-se significativamente a relação entre os Poderes do Estado, e a independência política do Poder Judiciário torna-se um grande dilema. O Judiciário é constitucionalmente obrigado a intervir em espaços tradicionalmente reservados ao Executivo para garantir direitos sociais e a se manifestar sobre um novo campo de litigiosidade, marcadamente coletivo e de orientação fortemente política[3].

Lamentavelmente, o Estado Social brasileiro recebeu forte influência do positivismo jurídico, o que impediu a politização da justiça e a judicialização da política.

No campo do ensino jurídico, por exemplo, a ênfase continuou sendo direito civil e processo civil, inexistindo, inclusive, em diversas faculdades de direito, disciplinas importantíssimas para a compreensão transdisciplinar dos fenômenos jurídicos, econômicos e sociais, como direitos humanos, direito processual do trabalho, direito agrário, direito econômico etc.

---

2. Ibidem, p. 181.
3. CAMPILONGO, Celso Fernandes. O judiciário e a democracia no Brasil. *Revista USP*. Dossiê do Judiciário, n. 21, São Paulo: USP, mar./abr. 1994.

1.2.1. A crise do Estado Social

A partir dos dois choques do petróleo na década de 1970, o Estado Social (ou *Welfare State*) entra em crise, colocando em xeque a lógica do dirigismo estatal. A expansão desordenada do Estado, a explosão demográfica e o envelhecimento populacional decorrentes dos avanços na medicina e da melhoria do saneamento básico geram perigosa crise de financiamento da saúde e da previdência, que são os dois pilares fundamentais do Estado Social.

A par disso, com a globalização econômica, o Estado vai perdendo o domínio sobre as variáveis que influenciavam sua economia. Nota-se, claramente, a perda da capacidade estatal de formular e implementar políticas públicas, comprometendo o seu poder de garantir os direitos sociais.

Com a queda do modelo socialista da então União Soviética, o capitalismo abandona as concessões que fazia aos mais fracos e surge uma *Nova Direita* que ganha força com os governos de Margareth Thatcher, na Inglaterra, e de Ronald Reagan, nos Estados Unidos da América[4]. Surgem o G-7 e o neoliberalismo, cuja ideologia, estabelecida no *Consenso de Washington*, consiste em diminuição do tamanho do Estado, abertura dos mercados internos, rígida disciplina fiscal, reforma tributária, redução drástica dos gastos públicos na área social, desconstrução dos direitos fundamentais sociais por meio de desregulamentação do mercado, flexibilização e terceirização das relações de trabalho.

Adverte Noam Chomsky que:

> os grandes arquitetos do Consenso (neoliberal) de Washington são os senhores da economia privada, em geral empresas gigantescas que controlam a maior parte da economia internacional e têm meios de ditar a formulação de políticas e a estruturação do pensamento e da opinião[5].

Enfim, o neoliberalismo enfraquece o Estado, gerando alarmante e progressiva exclusão social. Segundo dados da ONU, em 1994, os 20% mais ricos da população mundial detinham patrimônio 60 vezes superior ao dos 20% mais pobres. Em 1997, esse número aumentou para 74 vezes[6]. Será isso mera fatalidade decorrente do mercado?

Na verdade, lembra Daniel Sarmento, no contexto do neoliberalismo globalizado, que a exclusão

> é ainda mais cruel que no Estado Liberal, pois naquele as forças produtivas necessitavam da mão de obra para produção da mais-valia. Hoje, com os avanços da auto-

---

4. SARMENTO, Daniel. *Direitos fundamentais e relações privadas*. 2. ed. Rio de Janeiro: Lumen Juris, 2006. p. 27.
5. CHOMSKY, Noam. *O lucro ou as pessoas:* neoliberalismo e ordem social. Trad. Pedro Jorgensen Jr. Rio de Janeiro: Bertrand Brasil, 2002. p. 22.
6. SARMENTO, Daniel. *Direitos fundamentais e relações privadas*. cit., p. 29.

mação, o trabalhador desqualificado não tem mais nenhuma utilidade para o capital, e torna-se simplesmente descartável[7].

Além dos problemas relativos à exclusão social, à fome e à miséria, há, ainda, a preocupação com a própria sobrevivência da família humana.

Diante desse quadro, indaga-se: como promover a liberdade, a igualdade e a dignidade das pessoas e do cidadão trabalhador? Em outros termos: como proteger o meio ambiente (incluindo o do trabalho), o consumidor e os grupos vulneráveis (mulheres, negros, homoafetivos, crianças, idosos, analfabetos, trabalhadores em condição de escravidão, sem-terras e indígenas)?

1.3. O processo no Estado Democrático de Direito

Surge, então, o *Estado Democrático de Direito*, também chamado de *Estado Constitucional*, *Estado Pós-Social* ou *Estado Pós-Moderno*, cujos fundamentos assentam-se não apenas na proteção e efetivação dos direitos humanos de *primeira dimensão* (direitos civis e políticos) e *segunda dimensão* (direitos sociais, econômicos e culturais), mas, também, dos *direitos de terceira dimensão* (direitos ou interesses difusos, coletivos e individuais homogêneos).

Podemos dizer, portanto, que o *Estado Democrático de Direito* tem por objetivos fundamentais a construção de uma sociedade mais livre, justa e solidária, a correção das desigualdades sociais e regionais, a promoção do bem-estar e justiça sociais para todas as pessoas, o desenvolvimento socioambiental, a paz e a democracia. O art. 3º da CF clarifica os objetivos fundamentais da República Federativa do Brasil.

O principal objetivo do Estado Democrático de Direito não é apenas justificar os direitos sociais como direitos humanos e fundamentais, como também garanti-los[8]. Daí a importância do Poder Judiciário (e do processo) na promoção da defesa dos direitos fundamentais e da inclusão social, especialmente por meio do controle judicial de políticas públicas.

Afinal, se o nosso tempo é marcado por uma sociedade de massa, profundamente desigual e contraditória, então as lesões aos direitos humanos, notadamente os de ordem social, alcançam dezenas, centenas, milhares ou milhões de cidadãos. São lesões de massa (macrolesões) que exigem um novo comportamento dos atores jurídicos em geral e do juiz em particular, voltado para tornar efetivos os interesses difusos, coletivos e individuais homogêneos, cujos conceitos são extraídos do CDC (art. 81, § único), verdadeiro código de acesso à justiça na pós-modernidade[9].

7. SARMENTO, Daniel, op. cit., mesma página.

8. BOBBIO, Norberto. *A era dos direitos*. Rio de Janeiro: Campos, 1992, passim.

9. CASTELO, Jorge Pinheiro. *O direito material e processual do trabalho e a pós-modernidade:* a CLT, o CDC e as repercussões do Novo Código Civil. São Paulo: LTr, 2003, passim.

A jurisdição passa, então, a ser a gênese do sistema pós-moderno de acesso individual e coletivo à justiça (CF, art. 5º, XXXV), em função do que o Judiciário torna-se o Poder mais importante na "era dos direitos". A principal luta do povo não é mais pela criação de leis, e sim pela manutenção dos direitos. Na verdade, a luta é por democracia e direitos.

O processo, no *Estado Democrático de Direito*, passa a ser compreendido a partir dos princípios constitucionais de acesso à justiça insculpidos no Título II ("Dos Direitos e Garantias Fundamentais"), Capítulo I ("Dos Direitos e Deveres Individuais e Coletivos"), especialmente os princípios da indeclinabilidade da jurisdição (CF, art. 5º, XXXV), do devido processo legal (idem, LIV e LV), da ampla defesa (autor e réu) e contraditório e o da duração razoável do processo (idem, LXXVIII).

Trata-se do fenômeno conhecido como *constitucionalização do processo*, o qual, como lembra Cassio Scarpinella Bueno:

> convida o estudioso do direito processual civil (e do trabalho, acrescentamos) a lidar com métodos hermenêuticos diversos – a filtragem constitucional de que tanto falam alguns constitucionalistas –, tomando consciência de que a interpretação do direito é *valorativa* e que o processo, como método de atuação do Estado, não tem como deixar de ser, em igual medida, valorativo, até como forma de realizar adequadamente aqueles *valores*: no e pelo processo. A dificuldade reside em identificar adequadamente estes *valores* e estabelecer parâmetros os mais objetivos possíveis para que a interpretação e aplicação do direito não se tornem aleatórias, arbitrárias ou subjetivas. A neutralidade científica de outrora não pode, a qualquer título, ser aceita nos dias atuais[10].

A *constitucionalização do processo*, que tem por escopo a *efetividade do acesso*, tanto individual quanto coletivo, ao Poder Judiciário brasileiro, caracteriza-se:

- pela *inversão dos papéis da lei e da CF*, pois a legislação deve ser compreendida a partir dos princípios constitucionais de justiça e dos direitos fundamentais;
- pelo *novo conceito de princípios jurídicos*, uma vez que os princípios jurídicos, especialmente os que têm assento constitucional, passam a ser normas de introdução ao ordenamento jurídico, superando, assim, a posição de meras fontes subsidiárias tal como previsto na Lei de Introdução às Normas do Direito Brasileiro (art. 4º);
- pelos *novos métodos de prestação da tutela jurisdicional*, que impõem ao juiz o dever de interpretar a lei conforme a Constituição, de controlar a constitucionalidade da lei, especialmente atribuindo-lhe novo sentido para evitar a declaração de inconstitucionalidade, e de suprir a omissão legal que impede a proteção de um direito fundamental;

10. BUENO, Cassio Scarpinella. *Curso sistematizado de direito processual civil:* teoria geral do direito processual civil. São Paulo: Saraiva, 2007. v. 1, p. 71.

- pela *coletivização do processo* por meio de instrumentos judiciais para proteção do meio ambiente, patrimônio público e social e outros interesses metaindividuais (difusos, coletivos e individuais homogêneos dos trabalhadores, aposentados, mulheres, negros, pobres, crianças, adolescentes, consumidores etc.), como a ação civil pública, o mandado de segurança coletivo, a ação popular, o mandado de injunção coletivo;
- pela ampliação da legitimação *ad causam* para promoção das ações coletivas reconhecida ao Ministério Público, aos corpos intermediários (associações civis, sindicais etc.) e ao próprio Estado (e suas descentralizações administrativas);
- pela *ampliação dos efeitos da coisa julgada* (*erga omnes* ou *ultra pars*) e sua relativização *secundum eventum litis* (segundo o resultado da demanda) para não prejudicar os direitos individuais;
- pelo ativismo judicial (CF, art. 5º, XXXV; CDC, art. 84; LACP, art. 12; CPC, arts. 273 e 461);
- pela *supremacia das tutelas alusivas à dignidade humana e aos direitos da personalidade* sobre os direitos de propriedade, o que permite, inclusive, tutelas inibitórias ou específicas, além de tutelas ressarcitórias nos casos de danos morais individuais e coletivos;
- pela *possibilidade de controle judicial de políticas públicas*, conforme previsto no art. 2º do Pacto Internacional de Direitos Econômicos, Sociais e Culturais – PIDESC, ratificado pelo Brasil em 1992 etc.

Em suma, no Estado Democrático de Direito, o processo pode ser definido como o "direito constitucional aplicado", enquanto o acesso à justiça passa a ser, a um só tempo, em nosso ordenamento jurídico, direito humano e direito fundamental.

É *direito humano*, porque é previsto em tratados internacionais de direitos humanos e tem por objeto a dignidade, a liberdade, a igualdade e a solidariedade entre todos os seres humanos, independentemente de origem, raça, cor, sexo, crença, religião, orientação sexual, idade ou estado civil.

Com efeito, o art. 8º da Declaração Universal dos Direitos Humanos, de 1948, dispõe textualmente: "Toda a pessoa tem direito a recurso efetivo para as jurisdições nacionais competentes contra os atos que violem os direitos fundamentais reconhecidos pela Constituição ou pela Lei".

O acesso à justiça é, também, *direito fundamental*, porquanto catalogado no elenco dos direitos e deveres individuais e coletivos constantes do Título II da Constituição da República de 1988, cujo art. 5º, XXXV, prescreve que a "lei não excluirá da apreciação do Poder Judiciário lesão ou ameaça a direito".

O Novo Código de Processo Civil, instituído pela Lei n. 13.105/2015, que entrará em vigor um ano depois de sua publicação (*DOU* 17-3-2015), contempla inúmeros dispositivos que foram objeto de ampla discussão no seio da comunidade jurídica nacional, sendo, por isso, considerado, diferentemente dos Códigos de 1939 e 1973, um Código inspirado no Estado Democrático de Direito.

1.4. Pela formação de uma nova mentalidade

É preciso que as inteligências tenham como norte a efetivação do acesso – individual e metaindividual – dos fracos e vulneráveis, como consumidores, trabalhadores, crianças, adolescentes, idosos, os excluídos em geral, não apenas ao aparelho judiciário e à democratização das suas decisões, mas, sobretudo, a uma ordem jurídica justa.

Para tanto, é condição necessária a formação de uma nova mentalidade que culmine com uma autêntica transformação cultural não apenas dos juristas, juízes e membros do Ministério Público e demais operadores jurídicos, mas, também, dos governantes, dos empresários, dos trabalhadores, dos ambientalistas e dos sindicalistas.

A efetivação do acesso coletivo à justiça exige, sobretudo, um "pensar coletivo", consentâneo com a nova ordem política, econômica e social implantada em nosso ordenamento jurídico a partir da Constituição brasileira de 1988.

Quanto ao Ministério Público, o art. 127 da Constituição de 1988 deixa evidente o seu novo papel político no seio da sociedade brasileira, pois a ele foi cometida a nobre missão de promover a defesa não apenas do ordenamento jurídico e dos direitos sociais e individuais indisponíveis, mas, também, do regime democrático.

Deixa, pois, o Ministério Público a função de mero *custos legis*, para se transformar em agente político, cuja função institucional é zelar pela soberania e representatividade popular; pelos direitos políticos; pela dignidade da pessoa humana; pela ordem social (valor social do trabalho) e econômica (valor social da livre-iniciativa); pelos princípios e objetivos fundamentais da República Federativa do Brasil; pela independência e harmonia dos Poderes constituídos; pelos princípios da legalidade, moralidade, impessoalidade, publicidade e eficiência relativos à Administração Pública; pelo patrimônio público e social; pelo meio ambiente em todas as suas formas, inclusive o do trabalho etc.

É preciso substituir a velha e ultrapassada expressão *custos legis* pela de *custos iuris*, pois esta abrange não apenas a lei em sentido estrito, mas, também, os princípios, os valores e os objetivos fundamentais que se encontram no vértice do nosso ordenamento jurídico.

As transformações e a complexidade das relações sociais, o aumento da pobreza e do desemprego, a banalização da violência, a generalização do descumprimento da legislação, a flexibilização do Direito do Trabalho, a criação de novos institutos jurídicos e a massificação dos conflitos estão a exigir um aperfeiçoamento técnico multidisciplinar e permanente dos membros do Ministério Público.

Não basta, contudo, o aperfeiçoamento técnico. É preciso, paralelamente, que as escolas do Ministério Público incluam, entre as suas finalidades, a formação prévia e constante dos seus membros a respeito dos valores da ética republicana e democrática consagrada na nossa Constituição de 1988.

No que concerne aos juízes, decididamente, a Constituição cidadã, como foi batizada por Ulisses Guimarães, também lhes atribui o papel político de agentes de transformação social. Não é por outra razão que o art. 93, IV, da CF determina que o

Estatuto da Magistratura nacional deverá observar, como princípio, "a previsão de cursos oficiais de preparação e aperfeiçoamento de magistrados como requisitos para ingresso e promoção na carreira".

E nem poderia ser diferente, pois a crescente complexidade das relações sociais; as transformações sociais rápidas e profundas; a criação assistemática de leis que privilegiam mais a eficácia de planos econômicos que a equidade e a justiça das relações jurídicas; a crescente administrativização do direito que é utilizado como instrumento de governo e da economia de massa a gerar intensa conflituosidade; a configuração coletiva dos conflitos de interesses relativos a relevantes valores da comunidade, como o meio ambiente e outros interesses difusos, exigem o recrutamento mais aprimorado de juízes e seu permanente aperfeiçoamento técnico e cultural.

Trata-se de aperfeiçoamento multidisciplinar, que abrange não apenas o direito, como também a sociologia, a economia, a psicologia, a política, enfim "um aperfeiçoamento que propicie a visão global do momento histórico e do contexto socioeconômico-cultural em que atuam os juízes"[11].

Somente assim, salienta Kazuo Watanabe, "teremos uma Justiça mais rente à realidade social e à necessária mudança de mentalidade pelos operadores do Direito, que torne factível o acesso à ordem jurídica mais justa"[12].

A par do aperfeiçoamento dos juízes, faz-se necessário um apoio decisivo aos mesmos pelos órgãos de cúpula do Judiciário, tal como ocorre atualmente no seio do Ministério Público, que vem criando Coordenadorias Especializadas de Defesa dos Interesses Difusos e Coletivos, além de outros órgãos destinados à pesquisa permanente, à orientação e ao apoio material a seus membros. Atualmente, a Enamat – Escola Nacional de Formação e Aperfeiçoamento de Magistrados do Trabalho – vem cumprindo tal papel na preparação inicial e na formação continuada para o exercício da magistratura trabalhista.

1.5. A pandemia do novo coronavírus (Covid-19) e seus reflexos no processo do trabalho

Em decorrência da pandemia do novo coronavírus (Covid-19) reconhecida pela Organização Mundial de Saúde e do estado de calamidade declarado pelo Congresso Nacional (Decreto Legislativo nº 6, de 20-3-2020), o Presidente da República editou diversas Medidas Provisórias destinadas ao enfrentamento da referida pandemia

11. WATANABE, Kazuo. Apontamentos sobre tutela jurisdicional dos interesses difusos (necessidade de processo dotado de efetividade e aperfeiçoamento permanente dos juízes e apoio dos órgãos superiores da justiça em termos de infraestrutura material e pessoal). In: MILARÉ, Édis (Coord.). *Ação civil pública* – Lei n. 7.347/85 – reminiscências e reflexões após dez anos de aplicação. São Paulo: Revista dos Tribunais, 1995. p. 327-328.

12. Idem.

com repercussões relevantes na esfera direito material do trabalho, em especial as Medidas Provisórias n. 927 e 936, ambas de 2020.

No tocante ao direito processual do trabalho, a Medida Provisória n. 927/2020 previa, implicitamente, em seu art. 29 uma regra sobre ônus da prova, *in verbis*: "Os casos de contaminação pelo Coronavírus (covid-19) não serão considerados ocupacionais, exceto mediante comprovação do nexo causal". Não obstante tenha o STF declarado a inconstitucionalidade do referido dispositivo (ADI n. 6.377), o certo é que o Congresso Nacional não converteu a Medida Provisória n. 927 em lei.

Não obstante a sua não conversão em lei, a medida provisória produziu efeitos (exceto em relação ao seu art. 29, considerado inconstitucional pelo STF) durante a sua vigência, uma vez que o § 3º do art. 62 da CF dispõe que as medidas provisórias, ressalvado o disposto nos §§ 11 e 12, perderão eficácia, desde a edição, se não forem convertidas em lei no prazo de 60 dias, prorrogável, nos termos do § 7º, uma vez por igual período, devendo o Congresso Nacional disciplinar, por decreto legislativo, as relações jurídicas delas decorrentes.

O Congresso Nacional não editou o decreto legislativo, sendo que o § 11 do art. 62 da CF prescreve que, se não for "editado o decreto legislativo a que se refere o § 3º até 60 dias após a rejeição ou perda de eficácia de medida provisória, as relações jurídicas constituídas e decorrentes de atos praticados durante sua vigência conservar-se-ão por ela regidas".

Assim, não obstante a CF não obrigue a edição de decreto legislativo pelo Congresso Nacional, há uma consequência jurídica decorrente de sua inércia: a conservação das relações jurídicas constituídas e decorrentes de atos praticados durante a vigência da medida, isto é, a sua eficácia permanece durante o período de sua vigência.

De outra parte, órgãos de cúpula do TST passaram a editar atos normativos de natureza processual relacionados à prestação jurisdicional durante o período de calamidade pública decorrente do novo coronavírus, dentre os quais se destacam:

I – Atos da Presidência do TST

Ato n. 219/TST.GP, de 5 de junho de 2020, institui comissão técnica destinada a elaborar plano de implementação da retomada gradual dos serviços presenciais no Tribunal Superior do Trabalho, na forma prevista pela Resolução n. 322, de 1º de junho de 2020, do Conselho Nacional de Justiça. Todavia, dispõe o art. 7º do Ato n. 219 que: "Art. 7º Enquanto não for estabelecido o plano de retorno gradual às atividades presenciais, bem como publicados os instrumentos normativos destinados a fixar as regras de biossegurança aplicáveis no Tribunal, aplica-se o regime de trabalho remoto temporário estabelecido pelo Ato Conjunto TST.GP.GVP.CGJT nº 173, de 30 de abril de 2020, em vigor por prazo indeterminado".

Ato n. 110/GDGSET.GP, de 10 de março de 2020, dispõe sobre a concessão de regime de teletrabalho temporário aos servidores do Tribunal Superior do Trabalho que tenham regressado de viagens a localidades em que o surto do COVID-19 tenha sido reconhecido.

II – Atos conjuntos da Presidência, Vice-Presidência e Corregedoria-Geral da Justiça do Trabalho

Ato Conjunto CSJT.GP.GVP.CGJT n. 7, de 8 de maio de 2020, institui a realização de sessões de forma virtual no âmbito do Conselho Superior da Justiça do Trabalho.

Ato Conjunto CSJT.GP.GVP.CGJT n. 6, de 5 de maio de 2020, consolida e uniformiza, no âmbito da Justiça do Trabalho de 1º e 2º graus, a regulamentação do trabalho remoto temporário, do funcionamento dos serviços judiciários não presenciais e da realização de sessões de julgamento telepresenciais, com o objetivo de prevenir o contágio pelo novo coronavírus – Covid-19, bem como garantir o acesso à justiça.

Ato Conjunto CSJT.GP.GVP.CGJT n. 5, de 17 de abril de 2020, prorroga as medidas de prevenção ao contágio pelo novo coronavírus (COVID-19) e dispõe sobre a suspensão de prazos processuais no âmbito da Justiça do Trabalho de 1º e 2º graus.

Ato n. 132/TST.GP, de 19 de março de 2020, suspende a prestação presencial de serviços no âmbito do Tribunal Superior do Trabalho e estabelece protocolo para a prestação presencial mínima e restrita aos serviços essenciais ao cumprimento das atribuições finalísticas do Tribunal Superior do Trabalho, como medida de emergência para prevenção da disseminação do novo coronavírus (COVID-19).

Ato Conjunto n. 159/TST.GP.GVP.CGJT, de 6 de abril de 2020, institui a possibilidade de realização de sessões de julgamento em meio telepresencial no âmbito do Tribunal Superior do Trabalho e dá outras providências.

Ato conjunto n. 173/TST.GP.GVP.CGJT, de 30 de abril de 2020, consolida e uniformiza, no âmbito do Tribunal Superior do Trabalho, a regulamentação do trabalho remoto temporário, do funcionamento dos serviços judiciários não presenciais e da realização de sessões de julgamento telepresenciais, com o objetivo de prevenir o contágio pelo novo coronavírus – Covid-19, bem como garantir o acesso à justiça.

Ato Conjunto n. 170/TST.GP.GVP.CGJT, de 17 de abril de 2020, prorroga as medidas de prevenção ao contágio pelo novo coronavírus (COVID-19), dispõe sobre a suspensão de prazos processuais no âmbito do Tribunal Superior do Trabalho e orienta sobre as sessões telepresenciais.

III – Atos conjuntos Vice-Presidência TST e CSJT

Recomendação n. 1/CSJT.GVP, de 25 de março de 2020, recomenda a adoção de diretrizes excepcionais para o emprego de instrumentos de mediação e conciliação de conflitos individuais e coletivos em fase processual e fase pré-processual por meios eletrônicos e videoconferência no contexto da vigência da pandemia do novo coronavírus (COVID-19).

IV – Recomendações da Corregedoria-Geral da Justiça do Trabalho

Recomendação n. 8/GCGJT, de 23 de junho de 2020, recomenda aos Tribunais regionais a implementação de medidas para viabilizar a atermação virtual e o atendimento virtual dos jurisdicionados

Recomendação n. 7/GCGJT, de 2 de abril de 2020, trata da impossibilidade de liberação imediata e em abstrato de depósitos judiciais aos reclamantes em processos pendentes de julgamento.

Recomendação n. 6/GCGJT, de 23 de março de 2020, recomenda às Corregedorias Regionais locais que não considerem o período de suspensão de prazos processuais para fins de desconto, suspensão ou interrupção dos prazos dos magistrados previstos nos incisos II e III do art. 226 do Código de Processo Civil (CPC).

Recomendação n. 5/GCGJT, de 18 de março de 2020, indicação de priorização de atos em execução, dentre os quais a prolação de atos decisórios.

Recomendação n. 4/GCGJT, de 18 de março de 2020, recomenda às Corregedorias Regionais locais a suspensão de prazos processuais no período de 18 a 31 de março de 2020.

Recomendação n. 2/GCGJT, de 2 de março de 2020, trata da necessidade de os Tribunais Regionais do Trabalho (TRTs) adotarem medidas temporárias de prevenção ao contágio do novo coronavírus (Covid-19), em virtude da classificação como pandemia pela Organização Mundial de Saúde (OMS).

2. TEORIA GERAL DO DIREITO PROCESSUAL E O DIREITO PROCESSUAL DO TRABALHO

A teoria geral do processo compreende um sistema metodológico reconhecido pelos diversos ordenamentos jurídicos. Como assinala Cândido Rangel Dinamarco, constitui uma

> síntese indutiva do significado e diretrizes do direito processual como sistema de institutos, princípios e normas estruturados para o exercício do poder, segundo determinados objetivos: passar dos campos particularizados do processo civil, trabalhista ou penal (administrativo, legislativo e mesmo não estatal) à integração de todos eles num só quadro e mediante uma só inserção no universo do direito é lavor árduo e incipiente, que a teoria geral do processo se propõe a levar avante[13].

Por tal razão, a teoria geral do processo encerra um sistema de conceitos e princípios elevados ao grau máximo de generalização útil e condensados indutivamente a partir do confronto dos diversos ramos do direito processual, como o civil, o trabalhista e o penal[14].

O sistema processual pátrio (teoria geral do processo) abarca três subsistemas processuais que constituem objeto de investigação da teoria geral do processo civil, da teoria geral do processo penal e da teoria geral do processo do trabalho.

Os três subsistemas cumprem, no seu conjunto e com generalização máxima, uma função axiológica fundamental, relacionada à implementação dos valores fundamentais concebidos em uma sociedade democrática e pluralista.

---

13. DINAMARCO, Cândido Rangel. *A instrumentalidade do processo*. São Paulo: Malheiros, 1996. p. 59.
14. CASTELO, Jorge Pinheiro. *Tutela antecipada no processo do trabalho*. São Paulo: LTr, 1999. v. II, p. 18-19.

Não há negar que o Estado Democrático de Direito brasileiro é, na sua essência, um aperfeiçoamento do Estado Social, cuja função primordial repousa na plena realização dos direitos (e valores) humanos, por meio da efetivação da Justiça Social.

O objetivo-síntese do Estado Democrático de Direito é promover o bem comum. Tanto isso é verdade que nossa Constituição enaltece uma ordem econômica "fundada na valorização do trabalho humano e na livre-iniciativa", cujo fim consiste em "assegurar a todos existência digna, conforme os ditames da justiça social" (CF, arts. 1º, III e IV, e 193).

Os arts. 1º e 15 do CPC reafirmam e positivam definitivamente no Brasil a constitucionalização do direito processual civil, trabalhista, eleitoral e administrativo.

São, pois, *escopos do sistema processual*, em geral, e dos três subsistemas processuais (civil, penal e trabalhista), em particular:

- *social*: pacificação dos conflitos jurídicos com justiça social e correção das desigualdades sociais e regionais, promovendo o bem de todos, sem preconceitos por motivos de raça, cor, sexo, orientação sexual, idade, condição socioeconômica ou quaisquer outras formas de discriminação;
- *político*: participação democrática dos cidadãos na administração da Justiça e implementação de políticas públicas que facilitem a democratização do acesso ao Poder Judiciário, especialmente por meio da coletivização do processo;
- *jurídico*: efetivação dos direitos individuais e metaindividuais, observando-se a técnica processual adequada, fundada em uma hermenêutica jurídica voltada para a efetivação de tais direitos. Trata-se, aqui, do devido processo justo, que visa, por meio da tutela jurisdicional, à tempestiva e efetiva realização dos direitos reconhecidos e positivados no ordenamento jurídico.

A teoria geral do processo identifica quais são os pontos comuns a todos os ramos do direito processual, como os conceitos de jurisdição, ação, defesa, processo, procedimento. Também indica os princípios gerais aplicáveis a todos os subsistemas processuais, como os princípios do juiz natural, do promotor natural, do contraditório, da imparcialidade, da persuasão racional, da publicidade, do duplo grau de jurisdição, da economia processual, bem como as garantias gerais relacionadas à ampla defesa, aos recursos em geral, à preclusão, à coisa julgada, à noção geral de competência e à reciprocidade existente entre as "jurisdições" civil, penal e trabalhista.

Com razão, Jorge Pinheiro Castelo afirma:

> Todas estas igualdades impõem uma unidade de raciocínio e método e deixam claro que todos os sistemas processuais são sensíveis aos escopos capitais indicados pela teoria geral do processo. Essas igualdades garantem a unidade e universalização de

raciocínio e método de estudos dos grandes conceitos, garantias e princípios, porém não significa uma homogeneidade de soluções[15].

Numa palavra, a teoria geral do processo permite, a um só tempo, o livre trânsito de ideias entre os diversos ramos do direito processual, propiciando uma fonte permanente de atualização dos diferentes subsistemas processuais, bem como as noções gerais das finalidades do direito processual.

Isso não significa, porém, que não haja diferenças entre os diversos subsistemas do direito processual. Ao revés, é absolutamente necessário reconhecer as peculiaridades inerentes a cada um desses subsistemas, o que permite um estudo separado para cada espécie de processo. Essa separação decorre das diferentes origens e evoluções dos diversos tipos de processo, bem como pelo caráter instrumental de cada processo.

Afinal, o processo contemporâneo deve estar a serviço do direito material, de modo a propiciar ao cidadão não apenas o acesso à jurisdição, mas, sobretudo, o acesso a uma ordem justa, a fim de que sejam realizados os escopos social, político e jurídico acima apontados.

Nessa perspectiva, é que se deve compreender a autonomia de cada subsistema do direito processual, propiciando, assim, que os diversos processos cumpram os seus escopos em harmonia com os valores objetivados pelo ordenamento jurídico destinado a tutelar os direitos materiais.

Sintetizando, a teoria geral do direito processual tem por objeto a investigação ampla dos grandes princípios, dos grandes institutos, das grandes estruturas, das grandes garantias, dos grandes conceitos, dos grandes esquemas lógicos e universais comuns a todos os subsistemas do direito processual.

Já a teoria geral do direito processual do trabalho tem objeto mais delimitado, porquanto investiga setores específicos do processo do trabalho, as suas estruturas peculiares, os conceitos próprios e os valores especiais almejados pelo direito material do trabalho. Sua finalidade primordial reside, portanto, na realização dos escopos social, político e jurídico do processo, sob a perspectiva do direito material do trabalho, bem como, por força da EC n. 45/2004, no que couber, de outros ramos do direito material, como o direito civil, o direito administrativo, o direito penal etc.

3. DIREITO PROCESSUAL CONSTITUCIONAL E DIREITO CONSTITUCIONAL PROCESSUAL: A CONSTITUCIONALIZAÇÃO DO DIREITO PROCESSUAL DO TRABALHO

Com a instituição do Estado Democrático de Direito, fruto da vontade inequívoca do Poder Constituinte encarregado de edificar a *Lex Fundamentalis* de 1988, passou-se

15. CASTELO, Jorge Pinheiro. *O direito processual do trabalho na moderna teoria geral do processo*. 2. ed. São Paulo: LTr, 1996. p. 30.

ao reconhecimento do fenômeno da constitucionalização do direito. Daí falar-se na existência de um "direito processual constitucional" e de um "direito constitucional processual", compondo ambos a denominada justiça constitucional, que se consubstancia na forma e nos instrumentos de garantia e efetividade das normas constitucionais[16].

O Direito Processual Constitucional diz respeito à própria jurisdição constitucional, que reúne os instrumentos jurídicos destinados à garantia dos direitos fundamentais contidos na própria Constituição, como os institutos do *habeas corpus*, *habeas data*, o mandado de segurança, a ação civil pública, a ação direta de inconstitucionalidade etc.

Já o Direito Constitucional Processual tem como ponto de partida nos princípios constitucionais do devido processo legal/justo e do acesso à justiça e se desenvolve por meio de outros princípios constitucionais e infraconstitucionais referentes às partes, ao juiz, à advocacia, à Defensoria Pública e ao Ministério Público, como os princípios do juiz e promotor naturais, do contraditório, da proibição das provas ilícitas, da publicidade dos atos processuais, da fundamentação das decisões, da efetividade, servindo, pois, de base para a aplicabilidade e a hermenêutica de todo o sistema processual brasileiro.

São normas de Direito Constitucional Processual, por exemplo, a prevista no art. 5º, XXXV, que consagra o princípio da inafastabilidade do acesso ao Poder Judiciário, e a contida no art. 8º, III, ambos da CF, que confere aos sindicatos a legitimação para defender judicialmente, como substituto processual, os interesses individuais ou coletivos da categoria profissional ou econômica correspondente[17].

Os arts. 1º e 8º do CPC, aplicáveis subsidiária e supletivamente ao processo do trabalho (CLT, art. 769; CPC, art. 15), reconhecem expressamente a constitucionalização do direito processual (civil, trabalhista, eleitoral e administrativo), o que nos autoriza dizer que o processo do trabalho também deve ser ordenado, disciplinado e interpretado conforme os valores e as normas fundamentais estabelecidos na Constituição da República Federativa do Brasil, observando-se as disposições da legislação processual trabalhista, em especial a CLT, que, por sua vez, autoriza a aplicação supletiva e subsidiária do direito processual comum (civil) nas hipóteses de lacunas e desde que seja possível a compatibilização com os princípios e procedimentos peculiares do direito processual do trabalho.

3.1. A Reforma Trabalhista e a desconstitucionalização do direito processual do trabalho

Em direção contrária ao neoconstitucionalismo (ou neopositivismo), que enaltece a força normativa da Constituição e adota a supremacia dos princípios e dos

16. NERY JUNIOR, Nelson. *Princípios do processo civil na Constituição Federal*. 6. ed. São Paulo: Revista dos Tribunais, 2000. p. 21.

17. Sobre o tema, recomendamos a leitura da magnífica obra de Ivo Dantas, *Constituição e processo*. Curitiba: Juruá. v. I, p. 107-123.

direitos fundamentais, a chamada Reforma Trabalhista, instituída pela Lei n. 13.467/2017, restringe a função interpretativa dos Tribunais e Juízes do Trabalho na aplicação do ordenamento jurídico.

É o que se depreende da leitura dos §§ 2º e 3º do art. 8º da CLT, inseridos pela referida lei, os quais revelam a verdadeira intenção do legislador reformador: desconstitucionalizar o Direito do Trabalho e o Direito Processual do Trabalho e introduzir o chamado modelo do negociado sobre o legislado.

Entretanto, esse mesmo legislador (mesma composição do Congresso Nacional) que editou o Código de Processo Civil, cujos arts. 1º e 8º reconhecem a constitucionalização do Direito e do Processo, enaltecendo como dever do juiz, ao interpretar e aplicar o ordenamento jurídico, observar a supremacia dos "valores e normas fundamentais estabelecidos na Constituição", restringe, com a Lei n. 13.467/2017, o papel dos magistrados trabalhistas, pois estes, na dicção dos novos §§ 2º e 3º do art. 8º da CLT, deverão apenas aplicar o que dispõe a lei, transformando-os em meros "servos da lei", tal como ocorria no Estado Liberal.

Esses novos dispositivos (§§ 2º e 3º do art. 8º da CLT), a nosso sentir, são claramente inconstitucionais, por violarem os princípios que asseguram o amplo acesso à Justiça, pois nenhuma lei pode impedir qualquer órgão do Poder Judiciário brasileiro de apreciar e julgar ação que veicule lesão ou ameaça a direito, e os princípios de autonomia e independência do Poder Judiciário, na medida em que os juízes, no Estado Democrático de Direito e no modelo constitucional de processo, têm a garantia (e o dever) de interpretar a lei e todos os dispositivos que compõem o ordenamento jurídico conforme os valores e normas da Constituição, cabendo-lhes, ainda, nessa perspectiva, atender aos fins sociais e às exigências do bem comum, resguardando e promovendo a dignidade da pessoa humana e observando a proporcionalidade, a razoabilidade, a legalidade, a publicidade e a eficiência, como se infere dos arts. 1º e 8º do CPC de 2015, os quais devem ser aplicados ao processo do trabalho por força do art. 15 do mesmo Código e do art. 769 da CLT.

4. FONTES DO DIREITO PROCESSUAL DO TRABALHO

Não há a desejável uniformidade doutrinária quando o assunto diz respeito à conceituação das fontes do direito. Há quem sustente que as fontes seriam a pedra fundamental de todos os estudos jurídicos, ou seja, a própria origem do direito, o lugar de onde ele se origina. Alguns advogam que fontes do direito constituem o fundamento para que se possa considerar válida a norma jurídica. Outros veem as fontes sob o aspecto da exteriorização do direito.

Não há negar, porém, que a expressão "fonte do direito" é metafórica. Do mesmo modo que as águas surgem das fontes, as fontes do direito surgem da convivência social e da necessidade natural humana de ter um regramento jurídico dessa convivência. Talvez seja por essa razão que a doutrina prefira classificar as fontes em vez de conceituá-las.

Há, assim, os que classificam as fontes do direito em primárias (lei) e secundárias (costume, jurisprudência e doutrina). Outros adotam semelhante critério, mas empregam terminologia diferente, isto é, dividem as fontes em mediatas e imediatas. Finalmente, há os que sustentam que as fontes podem ser materiais (fato social) e formais (lei, costume, jurisprudência, analogia, equidade, princípios gerais de direito).

Por questões meramente didáticas, preferimos classificar as fontes do direito processual do trabalho em fontes materiais e fontes formais, sendo estas últimas divididas em fontes formais diretas, indiretas e de explicitação[18].

4.1. Fontes materiais

As *fontes materiais* são as fontes potenciais do direito processual do trabalho e emergem, em regra, do próprio direito material do trabalho. Este, por sua vez, encontra a sua fonte substancial nos fatos sociais, políticos, econômicos, culturais, éticos e morais de determinado povo em dado momento histórico. Em outros termos, como sublinham Marinoni, Arenhart e Mitidiero:

> O direito material atribui bens às pessoas dentro da ordem jurídica mediante direitos, pretensões, deveres e exceções. O direito material depende para a sua realização de comportamentos pessoais. O direito processual visa a prevenir ou reprimir crises comportamentais de colaboração na realização do direito material. Em regra, o direito material realiza-se independentemente da intervenção do direito processual. Por vezes, porém, podem surgir dúvidas a respeito do significado e da existência de determinados fatos, a respeito de determinados dispositivos e do respectivo âmbito de aplicação que podem levar a diferentes visões a respeito de qual solução deve ser dada a certo caso. Por vezes inclusive pode haver pura e simples recusa na adoção do comportamento esperado pela ordem jurídica[19].

Nesses casos em que se verifica o descumprimento do direito material reconhecido pela ordem jurídica ou dúvidas a respeito da existência de fatos ou da interpretação de determinados dispositivos de lei as pessoas ou entes detentores de legitimidade e interesse podem utilizar o processo (civil, trabalhista, eleitoral etc.) em busca da solução do conflito.

Afinal, entre os escopos do processo está o de promover a realização do direito material. Com a ampliação da competência da Justiça do Trabalho para processar e julgar ações oriundas das relações de trabalho diversas da relação de emprego, além

18. BRANCATO, Ricardo Teixeira. *Instituições de direito público e privado*. 8. ed. São Paulo: Saraiva, 1993. p. 19.
19. MARINONI, Luiz Guilherme; ARENHART, Sérgio Cruz; MITIDIERO, Daniel. *Novo Código de Processo Civil comentado*. São Paulo: Revista dos Tribunais, 2015. p. 89.

de outras demandas pertinentes ao direito previdenciário (execução das contribuições previdenciárias), ao direito tributário (retenção do imposto de renda), à representação sindical e à greve, houve extraordinário elastecimento das fontes materiais do direito processual do trabalho.

Sob tal prisma, o direito processual adquire a função instrumental, pois o processo não constitui um fim em si mesmo. Ao revés, ele deve estar a serviço da realização dos valores sociais contemporâneos, que traduzem um sentimento universal em prol da verdadeira justiça. Daí o surgimento de uma nova doutrina guiada pela ideia da socialização do direito processual[20].

4.2. Fontes formais

As *fontes formais* do direito processual do trabalho são as que lhe conferem o caráter de direito positivo. Noutro falar, as fontes formais são aquelas que estão positivadas no ordenamento jurídico. Dividem-se em:

- *fontes formais diretas*, que abrangem a lei em sentido genérico (atos normativos e administrativos editados pelo Poder Público) e o costume;
- *fontes formais indiretas*, que são aquelas extraídas da doutrina e da jurisprudência;
- *fontes formais de explicitação*, também chamadas de fontes integrativas do direito processual, tais como a analogia, os princípios gerais de direito e a equidade.

4.2.1. Fontes formais diretas

No topo das *fontes formais diretas* do direito processual do trabalho, encontram-se as normas constitucionais, pois é cediço que a Constituição é a *Lex Fundamentalis* dos ordenamentos jurídicos estatais.

A Constituição brasileira de 1988 contém não apenas normas (princípios e regras) gerais do direito processual, mas, também, normas (princípios e regras) específicas do direito processual do trabalho, tais como as que dispõem sobre a competência da Justiça do Trabalho (CF, art. 114, incisos e parágrafos, com redação dada pela EC n. 45/2004).

Abaixo da Constituição Federal, vamos encontrar as espécies normativas arroladas no dispositivo que trata do processo legislativo pátrio (CF, art. 59), que são as leis complementares, as leis ordinárias, as leis delegadas, as medidas provisórias, os decretos legislativos e as resoluções do Congresso Nacional, incluindo os decretos-leis (anteriores à Carta de 1988), que disponham sobre normas (princípios e regras) de direito processual.

20. ALVIM, Arruda. *Manual de direito processual civil*. 7. ed. São Paulo: Revista dos Tribunais, 2000. v. I, p. 61 e s.

Atualmente, no patamar infraconstitucional, podemos destacar as seguintes *fontes formais diretas* básicas do direito processual do trabalho:

- Consolidação das Leis do Trabalho (Decreto-Lei n. 5.452, de 1º de maio de 1943), que dedica o Título X ao "Processo Judiciário do Trabalho";
- Lei n. 5.584/70, que estabelece algumas importantes normas procedimentais e complementares aplicáveis ao processo do trabalho;
- Novo Código de Processo Civil, aplicado supletiva e subsidiariamente (CPC, art. 15) em caso de lacuna da legislação processual trabalhista, desde que haja compatibilidade daquele com os valores, princípios e regras do direito processual do trabalho (CLT, art. 769);
- Lei n. 6.830/80 (Lei de Execução Fiscal), aplicada subsidiariamente (CLT, art. 889) na execução trabalhista;
- Lei n. 7.701/88, que dispõe sobre organização e especialização dos tribunais para processar e julgar dissídios coletivos e individuais.

Nos casos de tutela dos direitos ou interesses metaindividuais trabalhistas, há a Lei Complementar n. 75, de 20 de maio de 1993, que instituiu o Estatuto do Ministério Público da União, do qual faz parte o Ministério Público do Trabalho. Esse Estatuto, também chamado de LOMPU (Lei Orgânica do Ministério Público da União), contém inúmeros instrumentos de atuação do *Parquet* Laboral no âmbito da Justiça do Trabalho, dentre eles, a ação civil pública, a ação anulatória de cláusula convencional etc., constituindo, assim, inegável fonte formal do direito processual do trabalho.

Pode-se dizer, portanto, que também integram o elenco das fontes formais diretas do direito processual do trabalho:

- Lei n. 7.347/85 (Lei da Ação Civil Pública);
- Parte processual da Lei n. 8.078/90 (Código de Defesa do Consumidor);
- Lei n. 8.069/90 (Estatuto da Criança e do Adolescente);
- Lei n. 7.853/89 (Lei de Proteção à Pessoa Portadora de Deficiência).

Há, ainda, os decretos-leis que foram atos normativos com força de lei utilizados largamente durante os regimes ditatoriais instalados em nosso país. Os principais diplomas dessa espécie normativa na seara do direito processual do trabalho são o Decreto-Lei n. 779/69 (prerrogativas processuais da Fazenda Pública) e o Decreto-Lei n. 75/66 (correção monetária).

Algumas normas sobre procedimento nos Tribunais são encontradas nos seus Regimentos Internos. Essas espécies normativas são autorizadas pelo art. 96, I, *a*, da Constituição Federal e somente podem dispor, com observância das normas de processo e das garantias processuais das partes, sobre a competência e o funcionamento dos respectivos órgãos jurisdicionais e administrativos.

Na prática, porém, os Tribunais acabam criando normas regimentais, além de Resoluções, Instruções Normativas e Atos Normativos que dispõem sobre normas processuais em suspeitável ofensa ao art. 22, I, da CF.

Com efeito, o TST vem editando Instruções Normativas (INs), como a IN n. 39/2016, dispondo sobre a aplicabilidade de normas do CPC no processo do trabalho. Entretanto, a Associação Nacional dos Magistrados da Justiça do Trabalho ajuizou no STF Ação Direta de Inconstitucionalidade (ADI n. 5.516), de relatoria da Min. Cármen Lúcia, questionando a constitucionalidade formal e material da referida IN n. 39/2016 do TST. Dentre os fundamentos, com os quais concordamos, destacam-se a violação do princípio da independência dos magistrados, contida nos arts. 95, I, II e III, e 5º, XXXVII e LIII, da CF, além da invasão da competência do legislador ordinário federal (CF, art. 22, I) para legislar sobre direito processual e do princípio da reserva legal (CF, art. 5º, II). Com a palavra, o Pretório Excelso...

4.2.2. Fontes formais indiretas

No que concerne às *fontes formais indiretas*, não há negar que a doutrina e a jurisprudência cumprem importante papel na interpretação do direito processual do trabalho.

A doutrina fornece o substrato teórico para a boa hermenêutica, o que exige do intérprete do direito uma formação educativa continuada, sendo de extrema importância para o profissional e o estudioso da área trabalhista conhecer os verbetes jurisprudenciais (Súmulas, Orientações Jurisprudenciais e Precedentes) do TST, que têm a finalidade de uniformizar a jurisprudência sobre a interpretação e aplicação de normas de direito processual do trabalho.

No que tange à chamada "súmula vinculante", introduzida pela EC n. 45/2004, que acrescentou o art. 103-A à CF, salta aos olhos que ela passa a ser fonte formal direta, na medida em que o STF "poderá, de ofício ou por provocação, mediante decisão de dois terços dos seus membros, após reiteradas decisões sobre matéria constitucional, aprovar súmula que, a partir de sua publicação na imprensa oficial, terá efeito vinculante em relação aos demais órgãos do Poder Judiciário e à administração pública direta e indireta, nas esferas federal, estadual e municipal, bem como proceder à sua revisão ou cancelamento, na forma estabelecida em lei". A Lei n. 11.417, de 19 de dezembro de 2006, regulamentou o art. 103-A da CF e alterou a Lei n. 9.784, de 29 de janeiro de 1999, disciplinando a edição, a revisão e o cancelamento de enunciado de súmula vinculante pelo Supremo Tribunal Federal.

4.2.2.1. O CPC e o sistema de precedentes judiciais

No que tange à jurisprudência, salta aos olhos que o CPC buscou implantar no Brasil o sistema dos precedentes judiciais da *common law*, na medida em que impõe aos tribunais o dever de "uniformizar sua jurisprudência e mantê-la estável, íntegra e coerente" (CPC, art. 926) e determina que os "juízes e os tribunais observarão: I – as decisões do Supremo Tribunal Federal em controle concentrado de constitucionalidade; II – os enunciados de súmula vinculante; III – os acórdãos em incidente de assunção de competência ou de resolução de demandas repetitivas e em julgamento de recursos extraordinário e especial repetitivos; IV – os enunciados das súmulas do Supremo Tribunal Federal em matéria constitucional e do Superior Tribunal de Justiça em matéria infraconstitucional; V – a orientação do plenário ou do órgão especial aos quais estiverem vinculados" (CPC, art. 927).

Há, porém, quem sustente a inconstitucionalidade formal dos incisos III, IV e V do art. 927 do CPC, porquanto somente emenda constitucional poderia estabelecer efeitos vinculantes a decisões judiciais.

Além disso, pondera Nery:

> Saímos, portanto, do perigo e da inconveniência do juiz *boca da lei*, para ingressarmos no incógnito juiz *boca dos tribunais*. Assim como o juiz não é a boca da lei, pois interpreta, analisa os fins sociais a que ela se destina para aplicá-la no caso concreto, culminando com a sentença de mérito que é a norma jurídica que faz lei entre as partes, o juiz também não é a boca dos tribunais, pois deve aplicar a súmula vinculante e o resultado da procedência da ADIn ao caso concreto (CF, 102, § 2º, e 103-A; CPC, 927, I e II), e, nas demais situações (CPC, 927, III a V), aplicar *livremente* os preceitos abstratos e gerais (leis, *lato sensu*) constantes da súmula simples dos tribunais, orientações do plenário ou do órgão especial do TRT e TJ, justificando a aplicação ou não do dispositivo oriundo do tribunal. (...) Vinculação a preceitos abstratos, gerais, vale dizer, com características de lei, só mediante autorização da Carta Política, que até agora não existe. (...) Fazer valer e dar eficácia ao CPC 927 III a V é deixar de observar o *due process of law*, o texto e o espírito da Constituição"[21].

4.2.2.2. A Reforma Trabalhista e o papel da jurisprudência

Na contramão do sistema de precedentes instituído pelo CPC de 2015, o § 2º do art. 8º da CLT dispõe, *in verbis*:

> Art. 8º (...) § 2º Súmulas e outros enunciados de jurisprudência editados pelo Tribunal Superior do Trabalho e pelos Tribunais Regionais do Trabalho não poderão restringir direitos legalmente previstos nem criar obrigações que não estejam previstas em lei.

21. NERY JUNIOR, Nelson; NERY, Rosa Maria de Andrade. *Comentários ao Código de Processo Civil: novo CPC – Lei n. 13.105/2015*. São Paulo: Revista dos Tribunais, 2015, p. 1.836-1.837.

Trata-se de uma tentativa do legislador de transformar o TST e os TRTs em meros "órgãos aplicadores de leis" e, com isso, reduzir a atividade hermenêutica jurisdicional desses órgãos do Poder Judiciário.

Ocorre que, no modelo constitucional de processo, cabe a todos os órgãos do Judiciário brasileiro – sem nenhuma distinção tal como pretendeu a Lei n. 13.467/2017 – interpretar e aplicar o ordenamento jurídico, sendo este constituído não apenas por leis, como também por valores, princípios e regras, devendo qualquer magistrado, inclusive os da Justiça do Trabalho, observar o disposto nos arts. 1º e 8º do CPC/2015, ou seja, todas as leis devem ser interpretadas em conformidade aos valores democráticos e republicanos e aos princípios albergados na Constituição Federal, em especial o princípio da dignidade da pessoa humana.

De modo que nos parece que o § 2º do art. 8º da CLT, inserido pela Lei n. 13.467/2017, deve ser interpretado conforme a Constituição, a fim de se permitir a plenitude da atividade jurisdicional (CF, art. 5º, XXXV) da Justiça do Trabalho para que as súmulas e outros enunciados de jurisprudência editados pelo TST e pelos TRTs sejam editados com arrimo na aplicação subsidiária e supletiva do CPC, ou seja, à luz dos valores e normas da CF, cabendo aos órgãos da Justiça do Trabalho, ao aplicar o ordenamento jurídico, atender "aos fins sociais e às exigências do bem comum, resguardando e promovendo a dignidade da pessoa humana e observando a proporcionalidade, a razoabilidade, a legalidade, a publicidade e a eficiência" (CPC, arts. 1º e 8º).

4.2.3. Fontes formais de explicitação

Quanto às *fontes formais de explicitação* ou fontes integrativas do direito processual do trabalho, o art. 769 da CLT autorizava a aplicação subsidiária do art. 126 do CPC de 1973, que dispunha, *in verbis*: "O juiz não se exime de sentenciar ou despachar alegando lacuna ou obscuridade da lei. No julgamento da lide, caber-lhe-á aplicar as normas legais; não as havendo, recorrerá à analogia, aos costumes e aos princípios gerais de direito", sendo certo que o art. 127 do mesmo *digesto* preceituava que o "juiz só decidirá por equidade nos casos previstos em lei".

Ocorre que o CPC inovou consideravelmente a respeito das fontes formais de explicitação, uma vez que o seu art. 140 dispõe que o "juiz não se exime de decidir sob a alegação de lacuna ou obscuridade do ordenamento jurídico", sendo que o parágrafo único desse dispositivo prevê que o "juiz só decidirá por equidade nos casos previstos em lei".

Em outros termos, o CPC não estabelece uma gradação das fontes normativas que o juiz poderia utilizar para colmatar lacunas, ou seja, a analogia, os costumes e, por último, os princípios gerais de direito. Isso ocorre porque os arts. 1º e 8º do CPC, em harmonia com o fenômeno da constitucionalização do direito processual, enaltecem a supremacia dos princípios jurídicos, sobretudo os que residem na Constituição, não apenas na interpretação como também na aplicação do ordenamento jurídico. Há, assim, o rompimento com a velha ideologia do Estado Liberal em que o juiz atuava apenas como a "boca da lei".

No Estado Democrático de Direito o juiz passa a ser a "boca da Constituição", uma vez que o processo (civil, trabalhista, eleitoral etc.) deve ser "ordenado, disciplinado e interpretado conforme os valores e as normas fundamentais estabelecidos na Constituição da República Federativa do Brasil" (CPC, art. 1º) e, ao "aplicar o ordenamento jurídico, o juiz atenderá aos fins sociais e às exigências do bem comum, resguardando e promovendo a dignidade da pessoa humana e observando a proporcionalidade, a razoabilidade, a legalidade, a publicidade e a eficiência" (CPC, art. 8º).

Nessa perspectiva, parece-nos que, por força dos referidos dispositivos do CPC, que apenas reconhecem positivamente o fenômeno da constitucionalização de todos os ramos da árvore jurídica, tanto o art. 8º da CLT ("As autoridades administrativas e a Justiça do Trabalho, na falta de disposições legais ou contratuais, decidirão, conforme o caso, pela jurisprudência, por analogia, por equidade e outros princípios e normas gerais de direito, principalmente do direito do trabalho, e, ainda, de acordo com os usos e costumes, o direito comparado, mas sempre de maneira que nenhum interesse de classe ou particular prevaleça sobre o interesse público") quanto os arts. 4º ("Quando a lei for omissa, o juiz decidirá o caso de acordo com a analogia, os costumes e os princípios gerais de direito") e 5º da LINDB ("Na aplicação da lei, o juiz atenderá aos fins sociais a que ela se dirige e às exigências do bem comum") devem ser reinterpretados conforme a Constituição, de modo a reconhecer, primeiramente, a força normativa dos princípios constitucionais como ponto de partida da interpretação e aplicação de todo o ordenamento jurídico, incluindo, é claro, todas as fontes formais do direito processual do trabalho.

O art. 766 da CLT, por exemplo, contempla, implicitamente, um julgamento por equidade, pois, "nos dissídios sobre estipulação de salários, serão estabelecidas condições que, assegurando justos salários aos trabalhadores, permitam também justa retribuição às empresas interessadas". Trata-se, aqui, de possível colisão de normas de direitos fundamentais (direito social do trabalhador ao salário justo e direito de propriedade do empregador), em que o juiz do trabalho deverá se socorrer da regra contida no § 2º do art. 489 do CPC: "No caso de colisão entre normas, o juiz deve justificar o objeto e os critérios gerais da ponderação efetuada, enunciando as razões que autorizam a interferência na norma afastada e as premissas fáticas que fundamentam a conclusão".

Há quem sustente que as normas de direito processual podem derivar de outras fontes não estatais, como os costumes e os tratados internacionais firmados pelo Brasil. Parece-nos, contudo, que os costumes somente passam a ser fontes normativas quando judicializados, ou seja, quando o próprio ordenamento prevê autorização para o juiz aplicá-los, tal como o prevê o art. 8º da CLT. Um exemplo de costume, como fonte do direito processual do trabalho, é o conhecido "protesto nos autos", que tem a finalidade de atacar decisão interlocutória e evitar a preclusão (CLT, art. 795, *caput*).

No que tange aos tratados internacionais, pensamos que essas fontes são, a rigor, normas de origem estatal, porquanto firmadas por, pelo menos, dois Estados soberanos, como é o caso do Tratado de Itaipu, que prevê a competência da Justiça do Trabalho brasileira para processar e julgar as demandas que envolvem os trabalhadores brasileiros, e o Tratado de Assunção (Mercosul), cujo Anexo III prevê a instituição de um sistema de solução de conflitos trabalhistas, em especial, a arbitragem. O STF vinha decidindo – bem ou mal – que os tratados internacionais ratificados pelo Brasil, mesmo os que versassem sobre direitos humanos, ingressariam no ordenamento jurídico doméstico na categoria de leis ordinárias. Por força da EC n. 45/2004, que acrescentou o § 3º ao art. 5º da CF, os tratados internacionais sobre direitos humanos podem ter força de emendas constitucionais, desde que observado um quórum especial no processo legislativo de ratificação[22].

O art. 13 do CPC, aplicado supletiva e subsidiariamente ao processo do trabalho, pode ser interpretado no sentido de que a jurisdição trabalhista será "regida pelas normas processuais brasileiras, ressalvadas as disposições específicas previstas em tratados, convenções ou acordos internacionais de que o Brasil seja parte" e desde que propiciem melhores condições socioeconômicas para os trabalhadores no tocante ao efetivo, adequado, tempestivo e justo acesso à justiça.

5. PRINCÍPIOS

5.1. Conceito e importância

A coerência interna de um sistema jurídico decorre dos princípios sobre os quais se organiza. Para operacionalizar o funcionamento desse sistema, torna-se necessária a subdivisão dos princípios jurídicos. Extraem-se, assim, os princípios gerais e os princípios especiais, conforme a natureza de cada subdivisão.

Debruçando-nos, por exemplo, sobre o direito processual e o direito processual civil, verificaremos que o direito processual possui seus princípios gerais, e o direito processual civil, que é um dos seus ramos, possui princípios especiais.

A harmonização do sistema ocorre porque os princípios especiais ou estão de acordo com os princípios gerais ou funcionam como exceção. Nessa ordem, as nor-

22. Divergimos, *data venia*, da posição do STF, porquanto pensamos que os tratados internacionais firmados pelo Brasil que versem direitos humanos na sua tríplice dimensão, é dizer, os direitos humanos de primeira dimensão (civis e políticos), os direitos humanos de segunda dimensão (direitos sociais, econômicos e culturais) e os direitos humanos de terceira dimensão (direitos ou interesses metaindividuais, também chamados de novos direitos, direitos híbridos, direitos transindividuais), são, por força do art. 5º, § 2º, da CF/88, também normas constitucionais. Estudo mais aprofundado sobre o tema, conferir LEITE, Carlos Henrique Bezerra. Segundo o STF (HC n. 98.893 MC/SP, Rel. Min. Celso de Mello), os tratados de direitos humanos ratificados pelo Brasil antes da EC n. 45/2004 têm hierarquia de fontes supralegais, ou seja, situam-se em posição intermediária entre a lei e a Constituição.

mas, regras, princípios especiais e princípios gerais seguem a mesma linha de raciocínio, com coerência lógica entre si.

Além da coerência lógica, deve haver uma coerência teleológica entre os princípios que compõem o sistema, consentânea com determinados fins políticos, filosóficos, éticos e sociológicos. Com isso, as normas assumem, no sistema, um caráter instrumental na busca de determinados valores idealizados pela sociedade.

Nesse sentido, Claus-Wilhelm Canaris define "o sistema jurídico como ordem axiológica ou teleológica de princípios jurídicos gerais"[23].

A importância dos princípios foi identificada por Jorge Miranda nos seguintes termos:

> O Direito não é mero somatório de regras avulsas, produto de atos de vontade, ou mera concatenação de fórmulas verbais articuladas entre si, o Direito é ordenamento ou conjunto significativo e não conjunção resultante de vigência simultânea; é coerência ou, talvez mais rigorosamente, consistência; é unidade de sentido, é valor incorporado em regra. E esse ordenamento, esse conjunto, essa unidade, esse valor, projeta-se ou traduz-se em princípios, logicamente anteriores aos preceitos. Os princípios não se colocam, pois, além ou acima do Direito (ou do próprio Direito positivo); também eles – numa visão ampla, superadora de concepções positivistas, literalistas e absolutizantes das fontes legais – fazem parte do complexo ordenamental. Não se contrapõem às normas, contrapõem-se tão somente aos preceitos; as normas jurídicas é que se dividem em normas-princípios e normas-disposições[24].

O jusfilósofo Norberto Bobbio refere a importância dos princípios gerais de direito como fator determinante da completude do ordenamento jurídico. Segundo esse notável mestre, os princípios gerais são apenas

> normas fundamentais ou generalíssimas do sistema, as normas mais gerais. A palavra *princípios* leva a engano, tanto que é velha questão entre os juristas se os princípios gerais são normas. Para mim não há dúvida: os princípios gerais são normas como todas as outras. E esta é também a tese sustentada por Crisafulli. Para sustentar que os princípios gerais são normas, os argumentos são dois, e ambos válidos: antes de mais nada, se são normas aquelas das quais os princípios gerais são extraídos, através de um procedimento de generalização sucessiva, não se vê por que não devam ser normas também eles: se abstraio da espécie animal obtenho

23. CANARIS, Claus-Wilhelm. *Pensamento sistemático e conceito de sistema na ciência do direito.* Trad. A. Menezes Cordeiro. 2. ed. Lisboa: Calouste Gulbenkian, 1996. p. 280.
24. MIRANDA, Jorge. *Manual de direito constitucional.* 4. ed. Coimbra: Coimbra Editora, 1990. tomo 1, p. 197-198.

sempre animais, e não flores ou estrelas. Em segundo lugar, a função para a qual são extraídos e empregados é a mesma cumprida por todas as normas, isto é, a função de regular um caso. E com que finalidade são extraídos em caso de lacuna? Para regular um comportamento não regulamentado: mas então servem ao mesmo escopo a que servem as normas expressas. E por que não deveriam ser normas?[25].

Mais adiante, o mestre peninsular sublinha, com inteira razão, que:

Ao lado dos princípios gerais expressos há os não expressos, ou seja, aqueles que se podem tirar por abstração de normas específicas ou pelo menos não muito gerais: são princípios, ou normas generalíssimas, formuladas pelo intérprete, que busca colher, comparando normas aparentemente diversas entre si, aquilo a que comumente se chama o espírito do sistema[26].

5.2. Princípios constitucionais fundamentais

A doutrina de Bobbio sobre princípios assume especial importância para o ordenamento jurídico brasileiro, mormente depois da promulgação da Constituição Federal de 1988.

Com efeito, a norma-ápice do ordenamento jurídico pátrio, logo no seu Título I, confere aos princípios o caráter de autênticas normas constitucionais. Vale dizer, já não há mais razão para a velha discussão sobre a posição dos princípios entre as fontes do direito, porquanto os princípios fundamentais inscritos na Constituição Federal passam a ser as fontes normativas primárias do nosso sistema.

Daí a pertinência, com maior razão ainda diante do texto constitucional, da afirmação de Celso Antônio Bandeira de Mello, para quem princípio:

é, por definição, mandamento nuclear de um sistema, verdadeiro alicerce dele, disposição fundamental que se irradia sobre diferentes normas compondo-lhes o espírito e servindo de critério para sua exata compreensão e inteligência, exatamente por definir a lógica e a racionalidade do sistema normativo, no que lhe confere a tônica e lhe dá sentido humano. É o conhecimento dos princípios que preside a intelecção das diferentes partes componentes do todo unitário que há por nome sistema jurídico positivo. Violar um princípio é muito mais grave que transgredir uma norma. É a mais grave forma de ilegalidade ou inconstitucionalidade, conforme o escalão do princípio atingido, porque representa insurgência contra todo o sistema,

25. BOBBIO, Norberto. *Teoria do ordenamento jurídico*. 10. ed. Brasília: Editora UnB, 1997. p. 158-159.
26. Ibidem, p. 159.

subversão de seus valores fundamentais, contumélia irremissível a seu arcabouço e corrosão de sua estrutura mestra[27].

Colhe-se, neste passo, a observação de Geraldo Ataliba, para quem, em direito, "o princípio é muito mais importante do que uma norma", uma vez que o princípio é, também, uma norma; mas "é muito mais do que uma norma, uma diretriz, é um norte do sistema, é um rumo apontado para ser seguido por todo o sistema, sempre que se vai debruçar sobre os preceitos contidos no sistema"[28].

Vê-se, pois, que esses dois autores brasileiros consideram os princípios mais importantes que as normas. No entanto, é importante assinalar que, atualmente, surge na academia uma nova compreensão do papel dos princípios constitucionais fundamentais em nosso ordenamento jurídico, o que passa, necessariamente, pela adoção do pensamento de Ronald Dworkin[29] e Robert Alexy[30], pois ambos inspiraram novos estudos sobre hermenêutica nas modernas democracias ocidentais. Dworkin, consagrado professor de filosofia jurídica da Universidade de Oxford, criticando o modelo de "regras", propõe que a "norma" (*norm*) em sentido *lato* alberga tanto as "regras" (*rules*) quanto os "princípios" (*principles*).

Transplantando a teoria de Dworkin para o nosso ordenamento, poderíamos dizer que as normas constitucionais são o gênero que tem como espécies os princípios e as regras. Essa teoria possui o grande mérito, com o qual concordamos, de desvendar que, ao contrário das regras, princípio não revoga princípio; antes se harmonizam, abrindo espaço para a aplicação da justiça no caso concreto, mediante outro princípio: o da razoabilidade, proporcionalidade ou ponderação de bens.

Alexy, por sua vez, enfatiza o aspecto deontológico dos princípios. Diz ele que:

> *tanto las reglas como los principios son normas porque ambos dicen lo que debe ser. Ambos pueden ser formulados con la ayuda de las expresiones deónticas básicas del mandato, la permisión y la proibición. Los principios, al igual que las reglas, son razones para juicios concretos de debe ser, aun cuando sean razones de un tipo muy diferente. La distinción entre reglas y principios es pues una distinción entre dos tipos de normas*[31].

---

27. BANDEIRA DE MELLO, Celso Antônio. *Curso de direito administrativo.* São Paulo: Malheiros, 1995. p. 538.
28. Apud THEODORO JÚNIOR, Humberto. Os princípios do direito processual civil e o processo do trabalho. In: BARROS, Alice Monteiro de (Coord.). *Compêndio de direito processual do trabalho:* obra em homenagem a Celso Agrícola Barbi. 2. ed. São Paulo: LTr, 2001. p. 49.
29. DWORKIN, Ronald. *Taking rights seriously,* passim.
30. ALEXY, Robert. *Teoría de los derechos fundamentales,* passim.
31. Op. cit., p. 83. Tradução livre: "tanto os princípios como as regras são normas porque ambos dizem o que deve ser. Ambos podem ser formulados com a ajuda das expressões deônticas básicas como permitido, proibido e obrigatório. Os princípios, como as regras, são razões para

Parece-nos inegável que o CPC recebeu influência do neoconstitucionalismo e do neopositivismo jurídico, uma vez que reconhece, mormente na sua Parte Geral, Livro I, Título Único, que as Normas Fundamentais compõem-se dos mesmos princípios, regras e valores que também estão, em grande parte, previstos na Constituição Federal.

Pensamos, neste passo, que os princípios positivados no CPC (arts. 1º a 12), em especial os que também estão coincidentemente previstos na CF, como os princípios da dignidade da pessoa humana, do efetivo acesso à justiça, do devido processo legal/constitucional, da duração razoável do processo, do contraditório, da ampla defesa, da publicidade, do atendimento aos fins sociais do ordenamento jurídico, das exigências do bem comum, da razoabilidade, da proporcionalidade, da eficiência e da fundamentação das decisões, são aplicáveis, no que couber, ao processo do trabalho não apenas por conta do art. 15 do CPC ou do art. 769 da CLT, mas também – e principalmente – pela força normativa da Constituição Federal.

5.3. Função dos princípios constitucionais fundamentais

Os princípios constitucionais fundamentais exercem *tríplice função* no ordenamento jurídico, a saber: informativa, interpretativa e normativa.

A *função informativa* é destinada ao legislador, inspirando a atividade legislativa em sintonia com os princípios e valores políticos, sociais, éticos e econômicos do ordenamento jurídico. Sob essa perspectiva, os princípios atuam com propósitos prospectivos, impondo sugestões para a adoção de formulações novas ou de regras jurídicas mais atualizadas, em sintonia com os anseios da sociedade e atendimento às justas reivindicações dos jurisdicionados.

A *função interpretativa* é destinada ao aplicador do direito, pois os princípios se prestam à compreensão dos significados e sentidos das normas que compõem o ordenamento jurídico. Entre os diversos métodos de interpretação oferecidos pela hermenêutica jurídica, os princípios podem desempenhar um importante papel na própria delimitação e escolha do método a ser adotado nos casos submetidos à decidibilidade.

A *função normativa*, também destinada ao aplicador do direito, decorre da constatação de que os princípios podem ser aplicados tanto de *forma direta*, isto é, na so-

juízos concretos do dever ser, ainda que tenham fundamentos de um tipo muito diferente. A distinção entre regras e princípios é, portanto, uma distinção entre dois tipos de normas". Sobre teoria dos princípios, recomendamos a leitura das seguintes obras: ÁVILA, Humberto. *Teoria dos princípios:* da definição à aplicação dos princípios jurídicos. 7. ed. São Paulo: Malheiros, 2007; ESPÍNDOLA, Ruy Samuel. *Conceito de princípios constitucionais*. 2. ed. São Paulo: Revista dos Tribunais, 2002.

lução dos casos concretos mediante a derrogação de uma norma por um princípio, por exemplo, o princípio da norma mais favorável aos trabalhadores (CF, art. 7º, *caput*), quanto de *forma indireta*, por meio da integração do sistema nas hipóteses de lacuna (CPC, art. 128), como se dá, por exemplo, com a aplicação do princípio da preclusão no campo processual.

Cremos ser possível alinhar *outras importantes funções* que os princípios constitucionais fundamentais desempenham no ordenamento jurídico brasileiro:

- integram o direito positivo como normas fundamentais;
- ocupam o mais alto posto na escala normativa;
- são fontes formais primárias do direito (superação da LINDB - Lei de Introdução às Normas do Direito Brasileiro, art. 4º, que coloca os princípios gerais na posição de meras fontes subsidiárias nas hipóteses de lacunas do sistema);
- passam a ser normas de introdução ao ordenamento jurídico brasileiro;
- em caso de conflito entre princípio (justiça) e regra (lei), preferência para o primeiro;
- propiciam a atividade criativa (e vinculativa) do juiz, impedindo o dogma da neutralidade e os formalismos legalistas (supremacia dos valores superiores na interpretação do direito sobre o legalismo restrito);
- prestigiam a verdadeira segurança jurídica, pois a atividade legislativa e a judicante ficam vinculadas à observância dos princípios constitucionais fundamentais;
- vinculam todos os Poderes (Executivo, Legislativo e Judiciário): judicialização da política e politização da justiça (Judiciário);
- estabelecem a *função promocional do Ministério Público* (defesa do regime democrático e do ordenamento jurídico)[32].

5.4. Princípios gerais do direito processual

A doutrina costuma classificar os princípios do direito processual em princípios informativos e princípios fundamentais.

5.4.1. Princípios informativos

Os princípios informativos do direito processual, também chamados por alguns de meras regras informativas do processo, são considerados axiomas, prescindindo, pois, de demonstração. Não se baseiam em outros critérios que não os estritamente

32. Sobre função promocional do Ministério Público, conferir nosso *Ação civil pública:* nova jurisdição trabalhista metaindividual e legitimação do Ministério Público. São Paulo: LTr, 2001. p. 129-132.

técnicos e lógicos, não possuindo praticamente nenhum conteúdo ideológico. Os princípios informativos são universais e, por tal razão, são praticamente incontroversos[33].

Por serem axiomas, os princípios informativos servem de base para a elaboração de uma teoria geral do processo.

Segundo Antonio Carlos de Araújo Cintra, Ada Pellegrini Grinover e Cândido Rangel Dinamarco[34], são princípios informativos do direito processual:

- **Princípio Lógico** – Consiste na escolha dos fatos e forma mais aptos para descobrir a verdade e evitar o erro. Este princípio informa a logicidade a que está jungido o processo, de maneira que a petição inicial deve preceder a contestação, a decisão judicial ao recurso etc.;
- **Princípio Jurídico** – Seu papel é proporcionar aos litigantes igualdade de tratamento na demanda e justiça na decisão, mediante regras claras e preestabelecidas, evitando-se que o processo seja uma "caixinha de surpresas";
- **Princípio Político** – Seu objetivo é prover os direitos dos cidadãos da máxima garantia social com o mínimo de sacrifício da liberdade individual. Este princípio estabelece a regra política que determina ao juiz o dever de sentenciar, mesmo no caso de lacunas. É este princípio, portanto, que justifica a completude do ordenamento jurídico; e
- **Princípio Econômico** – Consiste, de um lado, em fazer com que as lides não sejam tão dispendiosas e demoradas, e, de outro, em propiciar o acesso dos pobres ou dos hipossuficientes econômicos ao aparelho judiciário, por meio dos institutos da assistência judiciária e da justiça gratuita.

5.4.2. Princípios fundamentais

Os princípios fundamentais do processo, também chamados de princípios gerais do processo, são os princípios "sobre os quais o sistema jurídico pode fazer opção, considerando aspectos políticos e ideológicos. Por essa razão, admitem que em contrário se oponham outros, de conteúdo diverso, dependendo do alvedrio do sistema que os está adotando"[35].

Além do princípio do acesso à justiça, sobre o qual nos debruçaremos com maior profundidade no Capítulo III, são princípios fundamentais ou gerais do direito processual:

33. NERY JUNIOR, Nelson. *Princípios do processo civil na Constituição Federal*, cit., p. 28.
34. CINTRA, Antonio Carlos de Araújo et al. *Teoria geral do processo*. 9. ed. São Paulo: Malheiros, 1992. p. 49-50.
35. NERY JUNIOR, Nelson. *Princípios do processo civil na Constituição Federal*, cit., p. 29.

5.4.2.1. Princípio da igualdade ou isonomia

O princípio da igualdade está consagrado no art. 5º, *caput*, da CF, segundo a qual todos são iguais perante a lei. É importante notar que a igualdade aqui mencionada é apenas a formal. Todavia, essa norma constitucional deve se amoldar ao figurino das normas-princípios constitucionais fundamentais da dignidade da pessoa humana, do valor social do trabalho e da livre-iniciativa, bem como aos objetivos fundamentais da República, consubstanciados, dentre outros, na erradicação da pobreza e da marginalização e na **redução das desigualdades sociais e regionais** (CF, arts. 1º e 3º).

O princípio da isonomia é tratado no CPC como princípio da paridade de armas. É o que se infere do seu art. 7º, que assegura "às partes paridade de tratamento em relação ao exercício de direitos e faculdades processuais, aos meios de defesa, aos ônus, aos deveres e à aplicação de sanções processuais, competindo ao juiz zelar pelo efetivo contraditório".

Vale dizer, o princípio da igualdade ou da paridade de armas há de ser entendido no seu sentido amplo, isto é, tanto no aspecto da igualdade formal quanto no da igualdade substancial. Disso resulta a necessidade de adaptação da aplicabilidade deste princípio nos domínios do direito processual do trabalho, no qual se observa, não raro, manifesta desigualdade econômica entre as partes que figuram no processo.

Por outro lado, o próprio sistema jurídico cuida de estabelecer exceções ao princípio da igualdade das partes, como, por exemplo, as normas que outorgam prerrogativas materiais e processuais a certas instituições, como a Fazenda Pública, o Ministério Público e a Defensoria Pública, as quais foram instituídas em nome do interesse público e em razão da natureza e organização do Estado.

É o que ocorre, também, com a ampliação dos prazos estabelecida nos arts. 180 e 183 do CPC e no art. 1º do Decreto-Lei n. 779/69. Tais prerrogativas não se confundem com privilégios, pois encontram justificativa no interesse público na proteção dos bens públicos e em função das características de tais entes: a Fazenda, diante da complexidade dos serviços estatais e da necessidade de formalidades burocráticas; o MP, por causa do número geralmente deficiente de membros, da sobrecarga de trabalho, do desaparelhamento funcional e da distância das fontes de informação e das provas, bem como das novas funções de órgão agente que lhe foram cometidas pela Constituição e pelas leis; a Defensoria Pública, por semelhantes razões.

Além da dilação do prazo, há também outras formas de mitigação do princípio da isonomia formal ou substancial, como o caso da dispensa de custas aos beneficiários de justiça gratuita, assim declarados na decisão judicial; a isenção de caução para os trabalhadores; o duplo grau de jurisdição, obrigatório nas causas em que as pessoas jurídicas de direito público são vencidas total ou parcialmente (CPC, art. 496; Decreto-Lei n. 779/69, art. 1º; Súmula 303 do TST); a inversão do ônus da prova em favor da parte hipossuficiente etc.

5.4.2.2. Princípio do contraditório

O princípio do contraditório é, também, garantia constitucional, estabelecido entre nós pelo art. 5º, LV, da CF de 1988.

Esse princípio é de mão dupla, isto é, implica a bilateralidade da ação e a bilateralidade do processo, aproveitando, portanto, autor, réu e terceiros participantes da relação jurídica processual.

O princípio em tela também é útil para estabelecer o moderno conceito de parte no processo. Vale dizer, parte é quem participa, efetiva ou potencialmente, do contraditório na relação jurídica processual.

O CPC enaltece em diversos dispositivos o princípio do contraditório. É o que se infere da leitura dos arts. 7º, 98, VIII, 115, 329, II, 372, 503, § 1º, II, e 962, § 2º.

Além disso, o art. 10 do CPC dispõe, categoricamente, que o "juiz não pode decidir, em grau algum de jurisdição, com base em fundamento a respeito do qual não se tenha dado às partes oportunidade de se manifestar, ainda que se trate de matéria sobre a qual deva decidir de ofício".

5.4.2.3. Princípio da ampla defesa

Encontra-se positivado no art. 5º, LV, da CF, funcionando como complemento do princípio do contraditório.

Com efeito, a não se admitir a relação processual sem a presença do réu, não teria sentido tal regramento se, comparecendo a juízo para se defender e opor-se à pretensão autoral, o réu ficasse impedido ou inibido de excepcionar, contestar, recorrer ou deduzir toda a prova de seu interesse.

Advirta-se, porém, que esse princípio também é de mão dupla, uma vez que a bilateralidade da ação e da defesa aproveita tanto o réu quanto o autor. Vale dizer, reconhece-se, atualmente, em virtude da aproximação cada vez maior entre o direito material e o direito processual, que o autor, quando vai a juízo, encontra-se em situação de "defesa" do seu direito material lesado ou ameaçado de lesão pelo réu. É por isso que o princípio da ampla defesa, em favor do autor, permite ao juiz conceder tutelas antecipatórias para proteção imediata do direito material do autor.

O princípio da ampla defesa, por ser princípio constitucional, deve ser obrigatoriamente observado em todos os processos, estando, inclusive, expressamente previsto no art. 847 da CLT e nos arts. 7º e 98, § 1º, VIII, do CPC.

5.4.2.4. Princípio da imparcialidade do juiz

Avocando a si a missão de prestar a tutela jurisdicional, que não deixa de ser também a prestação de um serviço público, salta aos olhos que, ao exercer esse poder-dever-função, o Estado-juiz deverá agir com absoluta imparcialidade.

Imparcialidade, para nós, não se confunde com neutralidade. O juiz, embora agente público com responsabilidades complexas, é um ser humano como outro qualquer. Logo, não se pode ignorar que ele tenha a sua própria "visão de mundo", com as suas próprias preferências políticas, filosóficas e ideológicas. Afinal, o homem é um animal político, já dizia Aristóteles. Todavia, ao desempenhar a função jurisdicional, o juiz deverá agir com imparcialidade, isto é, sem tendências que possam macular o devido processo legal e favorecer uma parte em detrimento da outra no que tange ao direito fundamental de acesso à justiça.

O princípio em tela significa, por outro lado, que, na justa composição da lide, a solução do conflito de interesses entre as partes só pode ser obtida por meio de processo regular, em que as partes tenham igualdade de tratamento, sob o regime do contraditório e da ampla defesa e perante um juiz imparcial. O princípio da imparcialidade implica repúdio aos juízes secretos e de caráter inquisitivo do período reinol.

Para efetivar a imparcialidade do juiz, a Constituição Federal (art. 95) confere à magistratura garantias especiais, a saber: a vitaliciedade, a inamovibilidade e a irredutibilidade de subsídios.

Além disso, a legislação processual civil (CPC, arts. 144 a 148) e a trabalhista (CLT, art. 801) estabelecem meios de preservação do princípio da imparcialidade do juiz, disciplinando as hipóteses de impedimento e suspeição dos órgãos julgadores que não poderão atuar em determinados processos.

5.4.2.5. Princípio da fundamentação das decisões

Como desdobramento dos princípios da imparcialidade e do devido processo legal, exsurge um outro: o princípio constitucional da obrigatoriedade da fundamentação das decisões judiciais (CF, art. 93, IX; CLT, art. 832; CPC, art. 489, II, e § 1º).

Esse princípio constitui uma garantia do cidadão e da sociedade contra o arbítrio dos juízes. Seu fundamento encontra residência constitucional no art. 93, IX, da CF, *in verbis*:

> Todos os julgamentos dos órgãos do Poder Judiciário serão públicos, e fundamentadas todas as decisões, sob pena de nulidade, podendo a lei, se o interesse público o exigir, limitar a presença, em determinados atos, às próprias partes e a seus advogados, ou somente a estes em casos no quais a preservação do direito à intimidade do interessado no sigilo não prejudique o interesse público à informação.

O preceptivo em causa, na verdade, consagra dois outros princípios: o da obrigatoriedade da fundamentação das decisões e o da publicidade dos julgamentos, ressalvando-se, com relação a este último, as hipóteses em que o interesse público exigir a sua relativização.

O art. 489, § 1º, I a VI, do CPC adota o princípio da fundamentação exaustiva (ou exauriente) ao prescrever, analiticamente, os casos em que não será considerada fundamentada a decisão judicial. Esse dispositivo é de duvidosa aplicação no processo do trabalho, uma vez que não existe lacuna da CLT (art. 769), já que seu art. 832 exige apenas "os fundamentos da decisão e a respectiva conclusão", além de se mostrar, em certos casos, incompatível com as características das demandas trabalhistas, nas quais se verificam, via de regra, múltiplos pedidos, o que comprometeria a efetividade dos princípios da duração razoável do processo e da simplicidade que caracterizam o processo laboral. Voltaremos ao tema no Capítulo XVII, item 5.7.2.

5.4.2.6. *Princípio do devido processo legal*

O princípio do devido processo legal é a base sobre a qual todos os outros princípios se sustentam, pois, segundo Nelson Nery Junior, "bastaria a norma constitucional haver adotado o princípio do *due process of law* para que, daí, decorressem todas as consequências processuais que garantiriam aos litigantes o direito a um processo e a uma sentença justa. É, por assim dizer, o gênero do qual todos os demais princípios constitucionais do processo são espécies"[36]. Daí a razão pela qual alguns autores preferem o termo "devido processo constitucional".

O princípio em tela encontra raízes no *due process of law*, do direito norte-americano, e está albergado, explicitamente, no art. 5º, LIV, da CF, *in verbis*: "ninguém será privado da liberdade ou de seus bens sem o devido processo legal".

Em sentido genérico, pois, o princípio do devido processo legal caracteriza-se pelo trinômio vida-liberdade-propriedade.

O princípio ora focalizado não se restringe ao terreno processual (*procedural due process of law*), porquanto os valores vida, liberdade e propriedade também são ínsitos ao direito material. Daí, a afirmação, por exemplo, de que o princípio da autonomia privada encontra fundamento no sentido substantivo do princípio do devido processo legal (*substantive due process*).

Do princípio do devido processo legal extraem-se outros princípios, de ordem constitucional e infraconstitucional, tais como os princípios do juiz natural, do promotor natural, do duplo grau de jurisdição, da recorribilidade das decisões e da motivação das decisões judiciais, do contraditório e ampla defesa, o da duração razoável do processo etc. Como corolário, é factível dizer que o devido processo legal deve ser compreendido também como princípio do "devido processo justo".

O CPC refere expressamente o princípio do devido processo legal nos arts. 26, I, e 36.

36. *Princípios do processo civil na Constituição Federal*, cit., p. 30.

5.4.2.6.1. Princípio do juiz natural

O princípio do juiz natural encontra residência no art. 5º, LIII, da CF, *in verbis*: "ninguém será processado nem sentenciado senão pela autoridade competente".

Por princípio do juiz natural (CF, art. 5º, LIII), entende-se aquele que não só consagra a tese de que juiz é aquele investido de função jurisdicional, afastando julgamentos por outro poder, como ainda impede a criação de tribunais de exceção ou *ad hoc* para o julgamento de causas cíveis ou penais. Os tribunais especializados não constituem exceção ao princípio do juiz natural, pois estão previstos na própria Constituição, que prevê a existência de Justiças especializadas, com competência para julgar causas trabalhistas, militares e eleitorais.

O princípio do juiz natural deve ser observado sobretudo na distribuição de processos, que deve ser pautada em critérios objetivos e aleatórios, impedindo que a parte escolha propositalmente o juiz que irá julgar a sua causa, salvo em situações objetivamente previstas em lei (CPC, art. 286).

5.4.2.6.2. Princípio do promotor natural

O princípio do promotor natural decorre da interpretação sistêmica do texto constitucional. Vale dizer, o princípio do promotor natural está albergado nos arts. 5º, XXXV e LIII, 127 e 129, I, da Constituição Federal, e se funda nas cláusulas da independência funcional e da inamovibilidade dos membros do Ministério Público.

A rigor, bem observa Paulo Cezar Pinheiro Carneiro, o princípio do promotor natural, "na realidade, é verdadeira garantia constitucional, menos dos membros do *Parquet* e mais da própria sociedade, do próprio cidadão, que tem assegurado, nos diversos processos que o MP atua, que nenhuma autoridade ou poder poderá escolher o Promotor ou Procurador específico para determinada causa, bem como que o pronunciamento deste membro do MP dar-se-á livremente, sem qualquer tipo de interferência de terceiros"[37].

O princípio do promotor natural interage com o princípio do juiz natural, sendo que ambos têm por norte a imparcialidade do juiz e do Ministério Público, garantindo às partes a lisura da prestação jurisdicional. O STF (HC n. 90.277-DF, Rel. Min. Ellen Gracie), porém, não reconhece o princípio do promotor natural como inerente ao ordenamento jurídico brasileiro.

5.4.2.6.3. Princípio do duplo grau de jurisdição

Remetemos o leitor ao Capítulo XIX, subitem 6.1.

---

37. CARNEIRO, Paulo Cezar Pinheiro. *O Ministério Público no processo civil e penal:* o promotor natural, atribuição e conflito. Rio de Janeiro: Forense, 1989. p. 52-53.

5.4.2.7. *Princípio do acesso individual e coletivo à justiça ou da inafastabilidade do controle jurisdicional ou ubiquidade ou indeclinabilidade da jurisdição*

Está consagrado expressamente no art. 5º, XXXV, da CF, *in verbis*: "a lei não excluirá da apreciação do Poder Judiciário lesão ou ameaça a direito". Este princípio tem por destinatário não apenas o legislador ("a lei não excluirá..."), pois o comando constitucional atinge a todos indistintamente. Em outros termos, a ninguém (Estado, sociedade ou cidadão) é permitido impedir o direito fundamental de qualquer pessoa de ajuizar ação perante o Poder Judiciário.

O problema do acesso à justiça ganhou nova dimensão a partir da Constituição Federal de 1988, que, inovando substancialmente em relação à Carta que lhe antecedeu, catalogou os princípios da inafastabilidade do controle jurisdicional e do devido processo legal no rol dos direitos e garantias fundamentais, especificamente no capítulo concernente aos direitos e deveres individuais e coletivos.

Amplia-se, então, no plano mais elevado do nosso ordenamento, o conceito jurídico de acesso ao Poder Judiciário, não somente para a tutela jurisdicional na hipótese de lesão, mas, também, na de ameaça a direito.

E mais, a expressão "direito", embora esteja gramaticalmente empregada no singular, comporta interpretação extensiva e sistemática, isto é, abarca tanto os "direitos" como os "interesses", quer sejam "individuais", quer sejam "coletivos" *lato sensu*.

Não é incorreto afirmar, pois, que esses dois princípios constitucionais – indeclinabilidade da jurisdição (CF, art. 5º, XXXV) e devido processo legal (CF, art. 5º, LIV e LV) – servem de aporte à temática do efetivo acesso, tanto individual quanto coletivo, ao Poder Judiciário brasileiro.

Neste passo, e considerando a existência de diversas normas constitucionais e infraconstitucionais criadoras de direitos e garantias metaindividuais, bem como a atual tendência legislativa a ampliar e regular a proteção desses "novos direitos", salta aos olhos que o ortodoxo modelo liberal-individualista, inspirador do CPC e da CLT (Título X, Capítulo III), mostra-se inválido, insuficiente, inadequado e ineficaz para solucionar os novos conflitos civis e trabalhistas de massa, pois, como adverte Marcelo Abelha Rodrigues,

> tratar-se-ia de, por certo, se assim fosse, uma hedionda forma de inconstitucionalidade, na medida em que impede o acesso efetivo à justiça e fere, em todos os sentidos, o direito processual do devido processo legal. Isto porque, falar-se em devido processo legal, em sede de direitos coletivos *lato sensu*, é, inexoravelmente, fazer menção ao sistema integrado de tutela processual trazido pelo CDC (Lei n. 8.078/90) e LACP (Lei n. 7.347/85)[38].

38. RODRIGUES, Marcelo Abelha. *Elementos de direito processual civil*. São Paulo: Revista dos Tribunais, 2000. v. 1, p. 73.

Esse moderno sistema integrado de acesso coletivo à justiça é implementado por aplicação direta de normas jurídicas da CF (arts. 5º, XXXV, e 129, III), da LACP, do CDC (Título III) e, por aplicação subsidiária, das normas do CPC, desde que estas não sejam incompatíveis com aquelas.

Alguns processualistas apelidaram esse novo sistema de "jurisdição civil coletiva", o que implica dizer que, atualmente, a "jurisdição civil" abrange dois sistemas: o da tutela jurisdicional individual, regido basicamente pelo CPC, e o da tutela jurisdicional coletiva (ou "jurisdição civil coletiva"), disciplinado, em linhas gerais, pelo sistema integrado de normas contidas na CF, na LACP, no CDC e, subsidiariamente, no CPC.

O art. 3º do CPC consagra expressamente o princípio do acesso à justiça estatal, além de reconhecer e estimular o acesso à arbitragem, à mediação, à conciliação e a outros métodos alternativos de solução consensual de conflitos.

Com relação ao direito processual do trabalho, pode-se inferir que, com a promulgação da CF, de 1988, do CDC, de 1990, e, mais tarde, da LOMPU, de 1993, a "jurisdição trabalhista", isto é, o sistema processual de acesso à Justiça do Trabalho, passou a ser constituída de três subsistemas: *a)* o subsistema de acesso individual (dissídios individuais e plúrimos); *b)* o subsistema de acesso ao Poder Normativo (dissídios coletivos); *c)* o subsistema de acesso metaindividual (ação civil pública)[39].

Sobre esses três subsistemas de acesso à Justiça do Trabalho, voltaremos a falar no Capítulo III.

5.4.2.8. Princípio da razoabilidade da duração do processo

Com a promulgação da EC n. 45/2004, que acrescentou o inciso LXXVIII ao art. 5º da CF, um novo princípio fundamental foi insculpido em nosso sistema processual, segundo o qual "a todos, no âmbito judicial e administrativo, são assegurados a razoável duração do processo e os meios que garantam a celeridade de sua tramitação".

O princípio da razoabilidade da duração do processo foi inspirado, certamente, na constatação de que o sistema processual brasileiro, tanto no âmbito judicial quanto administrativo, padece de uma enfermidade crônica: a morosidade.

Vê-se, assim, que o nosso ordenamento jurídico passa a se preocupar não apenas com o acesso do cidadão ao Poder Judiciário, mas, também, que esse acesso seja célere, de modo que o jurisdicionado e o administrado tenham a garantia fundamental de que o processo, judicial ou administrativo, em que figurem como parte, terá duração razoável em sua tramitação.

39. Para maior aprofundamento sobre o tema da jurisdição trabalhista metaindividual, remetemos o leitor ao nosso LEITE, Carlos Henrique Bezerra. *Ação civil pública na perspectiva dos direitos humanos*. São Paulo: LTr, 2008.

O escopo do princípio ora focalizado, portanto, reside na efetividade da prestação jurisdicional, devendo o juiz empregar todos os meios e medidas judiciais para que o processo tenha uma "razoável duração", que, na verdade, é uma expressão que guarda um conceito indeterminado, razão pela qual somente no caso concreto poder-se-á afirmar se determinado processo teve ou está tendo tramitação com duração razoável.

Alguns meios que garantirão a celeridade processual foram inseridos na própria CF, por força da EC n. 45/2004, tais como: a previsão de que "a atividade jurisdicional será ininterrupta, sendo vedado férias coletivas nos juízos e tribunais de segundo grau, funcionando, nos dias em que não houver expediente forense normal, juízes em plantão permanente" (CF, art. 93, XII); a permissão para que os servidores recebam "delegação para a prática de atos de administração e atos de mero expediente sem caráter decisório" (idem, XIV); e a determinação de que "a distribuição de processos será imediata, em todos os graus de jurisdição" (idem, XV).

Além disso, a alínea *e* do inciso II do art. 93 da CF, com redação dada pela EC n. 45/2004, estabelece uma importante medida de natureza administrativa para assegurar a celeridade da tramitação do processo, na medida em que será proibida a promoção do "juiz que, injustificadamente, retiver autos em seu poder além do prazo legal, não podendo devolvê-los ao cartório sem o devido despacho ou decisão".

O CPC consagra expressamente o princípio da duração razoável do processo em seu art. 4º, que assegura às partes "o direito de obter em prazo razoável a solução integral do mérito, incluída a atividade satisfativa". O art. 139, II, do CPC estabelece como um dos deveres do juiz "velar pela duração razoável do processo".

5.4.2.9. Princípio do ativismo judicial

Outra consequência da vinculação do processo ao paradigma do Estado Democrático de Direito, sendo aquele um dos instrumentos de realização deste, é o reconhecimento do princípio do ativismo judicial. Como bem lembra Hermes Zaneti Júnior:

> O que é fundamental ao Estado Democrático de Direito é a prevalência dos direitos fundamentais individuais e coletivos, sua relação com os fins e objetivos da sociedade multicultural (plúrima), e sua abertura para a construção da futura democracia integral (representativa, direta, política e social)[40]

Reconhece-se, pois, a expansão do princípio do ativismo judicial nas sociedades democráticas contemporâneas, alcançando, sobremaneira, o Brasil, mormente com a promulgação da Constituição Republicana de 1988. Daí a importante advertência de Gisele Cittadino:

---

40. ZANETI JÚNIOR, Hermes. *Processo constitucional:* o modelo constitucional do processo civil brasileiro. Rio de Janeiro: Lumen Juris, 2007. p. 116.

O protagonismo do Poder Judiciário pode ser observado tanto nos Estados Unidos como na Europa, ainda que nos países da *common law* esse ativismo judicial seja mais favorecido pelo processo de criação jurisprudencial do direito. De qualquer forma, mesmo nos países de sistema continental, os textos constitucionais, ao incorporar princípios, viabilizam o espaço necessário para interpretações construtivistas, especialmente por parte da jurisdição constitucional, já sendo até mesmo possível falar em um "direito judicial". No Brasil, do mesmo modo, também se observa uma ampliação do controle normativo do Poder Judiciário, favorecida pela Constituição de 1988, que, ao incorporar direitos e princípios fundamentais, configurar um Estado Democrático de Direito e estabelecer princípios e fundamentos do Estado, viabiliza uma ação judicial que recorre a procedimentos interpretativos de legitimação de aspirações sociais (...). Esse processo de ampliação da ação judicial pode ser analisado à luz das mais diversas perspectivas: o fenômeno da normatização de direitos, especialmente em face de sua natureza coletiva e difusa; as transições pós-autoritárias e a edição de constituições democráticas – seja em países europeus ou latino-americanos – e a consequente preocupação com o reforço das instituições de garantia do estado de direito, dentre elas a magistratura e o Ministério Público; as diversas investigações voltadas para a elucidação dos casos de corrupção a envolver a classe política, fenômeno já descrito como "criminalização da responsabilidade política"; as discussões sobre a instituição de algum tipo de poder judicial internacional ou transnacional, a exemplo do tribunal penal internacional; e, finalmente, a emergência de discursos acadêmicos e doutrinários, vinculados à cultura jurídica, que defendem uma relação de compromisso entre Poder Judiciário e soberania popular. Se considerarmos qualquer uma dessas chaves interpretativas, podemos compreender porque a expansão do poder judicial é vista como um reforço da lógica democrática. Com efeito, seja nos países centrais, seja nos países periféricos, na origem da expansão do poder dos tribunais, percebe-se uma mobilização política da sociedade. Não é por outra razão que esse vínculo entre democracia e ativismo judicial vem sendo designado como judicialização da política[41].

O princípio do ativismo judicial está expressamente previsto no art. 2º, *i*, do Anteprojeto de Código Brasileiro de Processos Coletivos, elaborado pelo Instituto Brasileiro de Direito Processual[42].

O princípio do ativismo, inspirador da conduta habitual do magistrado, auxilia na formação de material jurídico positivo, na medida em que se reconhece que a apli-

---

41. CITTADINO, Gisele. *Poder Judiciário, ativismo judiciário e democracia*. Disponível em: <http://publique.rdc.puc-rio.br/revistaalceu/media/alceu_n9_cittadino.pdf>. Acesso em: 22 jan. 2009.
42. Disponível em: <www.direitoprocessual.org.br>.

cação do direito é produção de direito como norma *agendi*. Nas palavras de Evandro Gueiros Leite, ministro aposentado do STJ:

> O ativismo condiz, pois, com a contextualidade do Direito Processual Civil, no pertinente à atividade jurídica e à ação judiciária: atuação de um Poder (política); função do *jus dicere* (finalidade); processo e organização (instrumentalidade). Dentro desse quadro, o estudioso pode aderir a um novo princípio de legitimidade ou a uma nova ideia de direito, com o juiz como figura principal (...). O ativismo do juiz atua sobre o comportamento deste no processo, em busca de um direito judicial, menos submisso às leis ou à doutrina estabelecida e às convenções conceituais. Não importa numa simples, embora ágil, aplicação da norma e que a deixe inalterada. Nem é atitude voluntariosa, mas tomada de consciência no presente e diretriz de decisões futuras.

É preciso distinguir o juiz ativo do juiz ativista, pois, como bem observa Roberto C. Berizonce:

> o juiz que pronuncia suas decisões e cumpre os seus deveres funcionais com diligência e dentro dos prazos legais pode ser considerado ativo; será ativista se, ademais disto, e a partir de uma visão progressista, evolutiva e reformadora, souber interpretar a realidade de sua época e conferir às suas decisões um sentido construtivo e modernizante, orientando-se para a consagração dos valores essenciais em vigor[43].

Eis a nova postura do magistrado que os processualistas denominam de ativismo-cooperativo, em que se busca não a verdade absoluta[44], mas a verdade possível em sintonia com os elementos extraídos do diálogo com as partes e da análise das suas condições políticas, sociais, culturais e econômicas, o que possibilitará a máxima aproximação entre a realidade e o "devido processo justo e de resultados".

Se o princípio do ativismo judicial encontra-se em franca expansão nos sítios do processo civil[45], salta aos olhos a necessidade de sua urgente aplicação no terreno do

---

43. Apud LEITE, Evandro Gueiros. *Ativismo judicial*. Disponível em: <http://bdjur.stj.gov.br/jspui/bitstream/2011/16980/1/Ativismo_Judicial.pdf>. Acesso em: 22 jan. 2009.

44. FERRAJOLI, Luigi. *Derecho y razón, teoría del garantismo penal*. Trad. Perfecto Andrés Ibánez et al. 3. ed. Madrid: Editorial Trotta, 1998. p. 50. Para esse autor peninsular, é impossível formular um critério seguro de verdade acerca de uma tese jurídica, porquanto a verdade "certa", "objetiva" ou "absoluta" representa sempre expressão de um ideal inalcançável. Afirmar a existência de uma "verdade absoluta" é, pois, uma ingenuidade epistemológica.

45. LACERDA, Maria Francisca dos Santos. *Ativismo-cooperativo na produção de provas:* garantia de igualdade das partes no processo. São Paulo: LTr, 2012, passim.

processo do trabalho. Afinal, neste há, em regra, situações de desigualdades de armas entre os litigantes, sendo o espaço natural para as demandas metaindividuais e uma atuação mais ativa do magistrado.

Afinal, o art. 84 do CDC e os arts. 139, 297, 497, 499, 500, 536 e 537 do CPC e 765 da CLT demonstram que o nosso sistema processual estimula (e determina) uma atuação mais ativa do magistrado em prol de um devido processo justo a serviço da tutela efetiva dos direitos.

5.5. Princípios comuns ao direito processual civil e ao direito processual do trabalho

Tendo em vista que os princípios jurídicos dão coerência lógica e teleológica ao ordenamento jurídico, investigaremos, a seguir, com os olhos voltados para a teoria geral do processo, alguns princípios, previstos ou não em lei, que tradicionalmente transitam de forma interativa nos domínios do direito processual civil e do direito processual do trabalho.

Os princípios a seguir arrolados encontram inspiração no direito processual constitucional ou no direito constitucional processual, já estudados nas epígrafes acima.

5.5.1. Princípio dispositivo ou da demanda

Na esfera civil, o poder de provocar a tutela jurisdicional foi entregue à própria parte interessada, isto é, àquela que se sentisse atingida pelo comportamento alheio, podendo ela vir a juízo apresentar a sua pretensão, se quiser ou da forma que lhe aprouver, assim como dela desistir, respeitadas as exigências legais.

Trata-se, pois, de um direito-liberdade-faculdade da pessoa que se sente lesada ou ameaçada em relação a um direito de que se diz titular.

O princípio dispositivo, também chamado de princípio da demanda ou da inércia da jurisdição, é emanação do princípio da livre-iniciativa. Sua residência legal estava no art. 2º do CPC/73, sendo reafirmado no art. 2º do CPC: "O processo começa por iniciativa da parte e se desenvolve por impulso oficial, salvo as exceções previstas em lei". O princípio em tela também pode ser extraído dos arts. 141 e 492 do CPC.

Vale dizer, o nosso sistema adota o apotegma romano *nemo judex sine actore*, segundo o qual sem autor não há jurisdição, cabendo aqui a observação de Ada Pellegrini Grinover, para quem o sistema confere às pessoas o poder dispositivo, sendo certo que "esse poder dispositivo é quase absoluto, no processo civil, mercê da natureza do direito material que se visa atuar. Sofre limitação quando o direito material é de natureza indisponível, por prevalecer o interesse público sobre o privado"[46].

46. *Teoria geral do processo*, cit., p. 61.

No direito processual do trabalho, há algumas exceções ao princípio dispositivo, uma vez que neste setor especializado há previsão, por exemplo, da reclamação trabalhista instaurada por ofício oriundo da Superintendência Regional do Trabalho – SRT (CLT, art. 39), da execução promovida *ex officio* pelo juiz (CLT, art. 878) e da "instauração da instância" pelo juiz presidente do Tribunal, nos casos de greve (CLT, art. 856). Sobre esta última norma consolidada, parece-nos que ela já se mostrava incompatível com a redação original do art. 114, §§ 2º e 3º, da CF, entendimento que se reforça pela sua novel redação introduzida pela EC n. 45/2004.

5.5.2. Princípio inquisitivo ou do impulso oficial

O princípio inquisitivo está consagrado expressamente no art. 2º do CPC, que dispõe textualmente: "O processo começa por iniciativa da parte e se *desenvolve por impulso oficial*, salvo as exceções previstas em lei" (grifos nossos).

Após o ajuizamento da ação, o juiz assume o dever de prestar a jurisdição de acordo com os poderes que o ordenamento jurídico lhe confere.

No que concerne à imbricação deste princípio com o princípio dispositivo, é importante a advertência de Ada Pellegrini Grinover, para quem "o processo civil não é mais eminentemente dispositivo como era outrora; impera, portanto, no campo processual penal, como no campo processual civil, o princípio da livre investigação das provas, embora com doses maiores de dispositividade no processo civil"[47].

O princípio do impulso oficial também é extraído do art. 485, II e III, do CPC, que permite a extinção do processo, sem resolução do mérito, por contumácia das partes.

No que concerne ao direito processual do trabalho, o art. 765 da CLT estabelece que "os Juízos e Tribunais do Trabalho terão ampla liberdade na direção do processo e velarão pelo andamento rápido das causas, podendo determinar qualquer diligência necessária ao esclarecimento delas".

Além disso, há algumas hipóteses que operacionalizam o princípio inquisitivo no direito processual do trabalho, a saber: a reclamação trabalhista instaurada pelo juiz do trabalho em virtude de expediente (processo administrativo) oriundo da Superintendência Regional do Trabalho (CLT, art. 39) e a execução promovida *ex officio* (CLT, art. 878).

Ademais, o art. 139, II, III, IV, VI, VII, VIII, IX e X, do CPC enaltece o princípio inquisitivo, sendo estas regras aplicáveis supletiva e subsidiariamente ao processo do trabalho pela existência de lacuna e ausência de incompatibilidade com a principiologia do processo laboral (CLT, art. 769; CPC, art. 15).

---

47. Idem, ibidem, p. 57.

5.5.3. Princípio da instrumentalidade

O processo não é um fim em si mesmo. Ao revés, o processo deve ser instrumento de Justiça. É por meio dele que o Estado presta a jurisdição, dirimindo conflitos, promovendo a pacificação e a segurança aos jurisdicionados.

Nesse sentido, é que se diz que o processo deve estar a serviço do direito material, e não o contrário. O processo é meio, é instrumento, é método de realização do direito material.

Princípio da instrumentalidade, também chamado de princípio da finalidade, exsurge quando a lei prescreve que o ato processual deve ser realizado de determinada forma, sem cominar nulidade, e o juiz considerará válido o ato se, realizado de outro modo, lhe alcançar a finalidade.

O CPC, em seus arts. 180 e 277, consagra o princípio da instrumentalidade.

Essas normas são aplicáveis subsidiária e supletivamente ao direito processual do trabalho, por força do art. 769 da CLT e do art. 15 do CPC.

5.5.4. Princípio da impugnação especificada

Corolário do contraditório, o princípio da impugnação especificada está previsto no art. 341 do CPC, segundo o qual: "Incumbe também ao réu manifestar-se precisamente sobre as alegações de fato constantes da petição inicial, presumindo-se verdadeiras as não impugnadas".

A inobservância do princípio da impugnação especificada deságua na presunção de veracidade dos fatos não impugnados.

É preciso advertir, no entanto, que esse ônus atribuído ao réu não ocorrerá se: I – não for admissível, a seu respeito, a confissão; II – a petição inicial não estiver acompanhada de instrumento que a lei considerar da substância do ato; III – estiver em contradição com a defesa, considerada em seu conjunto.

É importante ressaltar que, nos termos do parágrafo único do art. 341 do CPC: "O ônus da impugnação especificada dos fatos não se aplica ao defensor público, ao advogado dativo e ao curador especial".

Há cizânia doutrinária quanto à incidência do princípio da impugnação específica nos domínios do processo do trabalho. O maior argumento invocado reside na permissão do *jus postulandi* (CLT, art. 791), que, em princípio, impediria a aplicação supletiva do art. 341 do CPC.

Cremos, porém, que a razão está com a corrente que admite a aplicação subsidiária da norma do direito processual civil.

Como bem salienta Júlio César Bebber, em obra de fôlego, "a incumbência destinada ao réu para que se manifeste precisamente quanto às alegações do autor são de ordem lógica e de bom senso, não devendo ser confundida com questões técnicas"[48].

No mesmo sentido, Wagner Giglio pontifica: "A resposta deve examinar os fatos com exaustão e fazer-se acompanhar da prova documental. A defesa por negação geral não produz efeito, correspondendo à inexistência de contestação"[49].

5.5.5. Princípio da estabilidade da lide

O princípio da estabilidade da lide informa que se o autor já propôs sua demanda e deduziu os seus pedidos, e se o réu já foi citado para sobre eles se pronunciar, não poderá mais o autor modificar sua pretensão sem anuência do réu e, depois de ultrapassado o momento da defesa, nem mesmo com o consentimento de ambas as partes isso será possível.

O princípio da estabilidade da lide ou da demanda está consagrado no plano subjetivo e no plano objetivo.

O art. 108 do CPC consagra o critério subjetivo da estabilização da demanda.

No plano objetivo, o princípio em tela está inscrito no art. 329 do CPC, segundo o qual o autor poderá:

> I – até a citação, aditar ou alterar o pedido ou a causa de pedir, independentemente de consentimento do réu;
>
> II – até o saneamento do processo, aditar ou alterar o pedido e a causa de pedir, com consentimento do réu, assegurado o contraditório mediante a possibilidade de manifestação deste no prazo mínimo de 15 (quinze) dias, facultado o requerimento de prova suplementar.
>
> Parágrafo único. Aplica-se o disposto neste artigo à reconvenção e à respectiva causa de pedir.

No que tange à aplicação do princípio da estabilização da demanda no processo do trabalho, convém lembrar que não há o instituto do saneamento processual, razão pela qual, a nosso ver, embora lacunoso o texto obreiro, a aplicação supletiva do CPC deve merecer a necessária adaptação quando transplantada para o processo especializado.

Assim, tendo em vista que no processo do trabalho a tentativa de conciliação é realizada antes mesmo da apresentação da defesa do réu (CLT, arts. 846 e 847), seria ilógico não permitir a alteração (ou aditamento) do pedido ou da causa de pedir contidos

---

48. BEBBER, Júlio César. *Princípios do processo do trabalho*. São Paulo: LTr, 1997. p. 393.
49. GIGLIO, Wagner D. *Direito processual do trabalho*. São Paulo: Saraiva, 2000. p. 173.

na petição inicial, desde que - é claro - isso não implique violação aos princípios do contraditório, da economia e da celeridade, os quais, segundo pensamos, não serão olvidados se o juiz conceder prazo ao réu para se pronunciar sobre as alterações ou aditamentos pretendidos pelo autor.

Os arts. 338 e 339 do CPC permitem, em determinados casos, a alteração da petição inicial para substituição do réu, o que, a rigor, já evidencia uma certa relativização do princípio da estabilização da lide. Tais dispositivos podem ser aplicados no processo do trabalho (CLT, art. 769), desde que o autor não sofra as sanções pecuniárias previstas no parágrafo único do art. 338 do CPC.

5.5.6. Princípio da eventualidade

As partes devem alegar, na oportunidade própria prevista em lei, ou por ocasião do exercício de faculdade processual, todas as matérias de defesa ou de seu interesse. É o princípio da eventualidade, que está inserto no art. 336 do CPC, *in verbis*: "Incumbe ao réu alegar, na contestação, toda a matéria de defesa, expondo as razões de fato e de direito com que impugna o pedido do autor e especificando as provas que pretende produzir".

Discute-se a aplicação do princípio da eventualidade, que é muito próximo do princípio da impugnação especificada, nos sítios do processo trabalhista. Os argumentos pró e contra são praticamente os mesmos já apontados no item 5.5.4, *supra*.

Ademais, se admitirmos a aplicação do princípio da impugnação especificada no processo do trabalho, pensamos ser de todo conveniente, tendo em vista a lacuna normativa do texto obreiro (CLT, art. 769), também admitirmos a adoção do princípio da eventualidade, que não é incompatível com a principiologia da processualística laboral. Todavia, é preciso que o juiz do trabalho aja com razoabilidade e necessária prudência (CPC, art. 8º). Para tanto, deverá o magistrado, expressamente, orientar ou advertir as partes no sentido de que deverão produzir todas as suas alegações no momento oportuno, sob pena de serem consideradas verdadeiras as alegações do autor (ou do réu) não impugnadas tempestivamente.

5.5.7. Princípio da preclusão

O princípio da preclusão[50] decorre do princípio dispositivo e da própria logicidade do processo, que é o "andar para a frente", sem retornos a etapas ou momentos processuais já ultrapassados.

Este princípio, que já era adotado no CPC/73, é reafirmado no art. 278 do CPC, segundo o qual "a nulidade dos atos deve ser alegada na primeira oportunidade em que couber à parte falar nos autos, sob pena de preclusão".

50. Sobre o princípio da preclusão, *vide* capítulo IX, item 2.3.

O parágrafo único do referido artigo excepciona a incidência da regra da preclusão, ao dispor que: "Não se aplica o disposto no *caput* às nulidades que o juiz deva decretar de ofício, nem prevalece a preclusão provando a parte legítimo impedimento".

O princípio em tela também está previsto no art. 507 do CPC, segundo o qual "é vedado à parte discutir no processo as questões já decididas a cujo respeito se operou a preclusão". Essa norma tem por destinatários todos os que figuram no processo, inclusive o juiz, na medida em que este não poderá examinar questão já superada, sendo-lhe permitido, no entanto, a qualquer momento, antes da prolação da sentença, conhecer de questão de ordem pública, tal como preveem os arts. 485, § 3º, 337, § 5º, e 342, II, do CPC.

No âmbito do direito processual do trabalho, o princípio da preclusão encontra-se implícito no art. 795 da CLT, que diz: "As nulidades não serão declaradas senão mediante provocação das partes, as quais deverão argui-las à primeira vez em que tiverem de falar em audiência ou nos autos".

Tem-se entendido que, em virtude da audiência una legalmente prevista no processo do trabalho, e, também, em razão da inexistência de recurso próprio para atacar imediatamente as decisões interlocutórias, o prazo para a parte manifestar sua irresignação – o chamado protesto nos autos – pode ser feito até as razões finais.

Não há como negar a incidência do princípio da preclusão no direito processual do trabalho, pois a própria CLT, no seu art. 879, §§ 2º e 3º, o prevê expressamente.

Analisaremos, a seguir, a classificação que vem sendo adotada pela doutrina a respeito da preclusão.

5.5.7.1. *Preclusão consumativa*

É a que ocorre com a própria prática do ato processual, isto é, uma vez praticado o ato, não poderá a parte fazê-lo novamente (exemplo: interposição tempestiva do recurso ordinário impede que outro recurso ordinário seja interposto contra a mesma decisão).

5.5.7.2. *Preclusão temporal*

É a mais conhecida. Opera-se a preclusão temporal quando a parte não pratica um ato processual no prazo legalmente previsto, ou quando o pratica serodiamente (exemplo: perda do prazo para interposição de um recurso).

5.5.7.3. *Preclusão lógica*

É a perda da prática de um ato, por estar em contradição com atos anteriores, ofendendo a lógica do comportamento das partes. A preclusão lógica, portanto, ocorre quando a parte pratica um ato incompatível com o já praticado (exemplos: CLT, art. 806, que veda à "parte interessada suscitar conflitos de jurisdição quando já houver oposto na causa exceção de incompetência", ou seja, se a parte interessada excepcionou a incompetência, implica preclusão lógica para sua pretensão posterior de suscitar o conflito de competência; em vez de recorrer da sentença, a parte simplesmente cumpre o comando nela prescrito; este ato implica preclusão lógica do direito de recorrer).

5.5.7.4. Preclusão ordinatória

É a perda da possibilidade de praticar o ato (ou exercer faculdade), se precedido do exercício irregular da mesma possibilidade. Em outros termos, a validade de um ato posterior depende da prática de um ato anterior (exemplos: não podem ser recebidos os embargos do devedor antes de garantido o juízo pela penhora, não será conhecido o recurso se não houve o pagamento das custas).

5.5.7.5. Preclusão máxima

Também conhecida por coisa julgada, consiste na perda do prazo para a interposição de recurso contra sentença que transitou em julgado com ou sem resolução de mérito. Por este princípio, é defeso à parte pleitear, e ao juiz decidir, no mesmo processo em que houve a preclusão máxima (coisa julgada).

A coisa julgada constitui uma garantia fundamental do cidadão e encontra fundamento na necessidade de segurança das relações jurídicas processuais, impedindo que no mesmo processo sejam rediscutidas questões já decididas por sentença não mais sujeita a recurso.

O direito processual do trabalho agasalha, expressamente, o princípio da preclusão máxima, como se infere do art. 836 da CLT.

5.5.7.6. Preclusão pro judicato

O art. 836 da CLT veda ao juiz conhecer de questões já decididas, salvo nas hipóteses de interposição de embargos de declaração ou de ajuizamento de ação rescisória.

Outra exceção ao princípio da preclusão *pro judicato* no processo do trabalho é extraída do juízo de admissibilidade do Recurso de Revista, que é feito pelo órgão *a quo* e pelo *ad quem*. O pronunciamento de admissibilidade do primeiro (Presidente ou Vice-Presidente do TRT) não gera preclusão pro *judicato* para o segundo (Relator ou Turma do TST), pois este tem o poder-dever de proceder a novo exame dos pressupostos de admissibilidade do recurso de revista, independentemente de provocação da parte contrária.

5.5.8. Princípio da economia processual

Trata-se de princípio aplicável em todos os ramos do direito processual, e consiste em obter da prestação jurisdicional o máximo de resultado com o mínimo de atos processuais, evitando-se dispêndios desnecessários de tempo e dinheiro para os jurisdicionados.

O princípio da economia processual autoriza o juiz a aproveitar ao máximo os atos processuais já praticados, tal como prevê, por exemplo, o § 3º do art. 1.013 do CPC, que permite ao tribunal decidir desde logo o mérito quando, em alguns casos, reformar ou anular a sentença.

5.5.9. Princípio da *perpetuatio jurisdictionis*

Melhor seria falar não em princípio da perpetuação da jurisdição, mas, sim, em princípio da perpetuação da competência. Este princípio, que já estava previsto no art. 87 do CPC/73, foi mantido pelo art. 43 do CPC, segundo o qual a competência é fixada no momento em que a ação é proposta, sendo irrelevantes as modificações do estado de fato ou de direito ocorridas posteriormente, salvo quando suprimirem o órgão judiciário ou alterarem a competência absoluta.

Este princípio é relativizado nos domínios dos processos coletivos, como se infere do art. 98, § 2º, I, do CDC.

5.5.10. Princípio do ônus da prova

Este princípio já estava previsto no art. 333 do CPC/73, que diz: "O ônus da prova incumbe: I – ao autor, quanto ao fato constitutivo do seu direito; II – ao réu, quanto à existência de fato impeditivo, modificativo ou extintivo do direito do autor".

O direito processual do trabalho consagrava-o na redação original do art. 818 da CLT, *in verbis*: "A prova das alegações incumbe à parte que as fizer".

Modernamente, tem-se mitigado o rigor das normas acima transcritas, quando o juiz, diante do caso concreto, verificar a existência de dificuldades para o trabalhador se desincumbir do *onus probandi*. Daí o surgimento de um novo princípio, que permite ao juiz inverter o ônus da prova de acordo com a aptidão de quem se encontra em melhores condições de trazer a juízo a prova da verdade real.

O próprio CDC, que, segundo pensamos, aceita a aplicação subsidiária na espécie, admite a inversão do ônus da prova, como se depreende do seu art. 6º, VIII, que prescreve, entre os direitos básicos do consumidor, a "facilitação da defesa de seus direitos, inclusive com a inversão do ônus da prova, a seu favor, no processo civil, quando, a critério do juiz, for verossímil a alegação ou quando for ele hipossuficiente, segundo as regras ordinárias da experiência".

Ora, se é uma regra aplicável ao processo civil, cremos que, a par da omissão do texto consolidado, não existe qualquer incompatibilidade na sua aplicação supletória, porquanto em perfeita sintonia com a principiologia protetiva do direito processual do trabalho (CLT, art. 769). Aliás, há nítida correlação social e política entre trabalhadores e consumidores hipossuficientes.

Ademais, a jurisprudência trabalhista já trilhava a direção aqui proposta, como se depreende da Súmula 212 do TST, segundo a qual "o ônus de provar o término do contrato de trabalho, quando negados a prestação de serviço e o despedimento, é do empregador, pois o princípio da continuidade da relação de emprego constitui presunção favorável ao empregado".

Nas ações trabalhistas submetidas ao procedimento sumaríssimo, há franca abertura para o juiz do trabalho operacionalizar a aplicação do princípio da inversão do ônus da prova. Com efeito, diz o art. 852-D, da CLT, que o "juiz dirigirá o processo com liberdade para determinar as provas a serem produzidas, considerado o ônus probatório de cada litigante, podendo limitar ou excluir as que considerar excessivas, impertinentes ou protelatórias, bem como para apreciá-las e dar especial valor às regras de experiência comum ou técnica".

O Novo Código de Processo Civil (art. 373, *caput*, I e II) mantém o princípio da distribuição estática do ônus da prova previsto no CPC de 1973, mas inova, substancialmente, ao permitir que "nos casos previstos em lei ou diante de peculiaridades da causa relacionadas à impossibilidade ou à excessiva dificuldade de cumprir o encargo nos termos do *caput* ou à maior facilidade de obtenção da prova do fato contrário, poderá o juiz atribuir o ônus da prova de modo diverso, desde que o faça por decisão fundamentada, caso em que deverá dar à parte a oportunidade de se desincumbir do ônus que lhe foi atribuído" (CPC, art. 373, § 1º). Vale dizer, o CPC consagra, também, o princípio da distribuição dinâmica da carga probatória, sendo este novel princípio aplicável supletiva e subsidiariamente ao processo do trabalho em função da lacuna da legislação processual obreira, desde que o órgão julgador observe a situação de hipossuficiência da parte e as peculiaridades do caso concreto.

O art. 818 da CLT, com redação dada pela Lei n. 13.467/2017 e recebendo influência do CPC, passou a dispor expressamente sobre o ônus da prova no processo do trabalho, inclusive com a possibilidade de distribuição dinâmica do encargo probatório.

Voltaremos a falar sobre ônus da prova no Capítulo XV, item 5.

5.5.11. Princípio da oralidade

Este princípio não encontra residência em nenhuma norma expressa do CPC ou da CLT. A rigor, ele se exterioriza interagindo com outros quatro princípios: I – princípio da imediatidade; II – princípio da identidade física do juiz; III – princípio da concentração; e IV – princípio da irrecorribilidade imediata das decisões interlocutórias.

Com a instituição dos chamados Juizados Especiais, o princípio da oralidade passou a ter um papel de destaque no direito processual civil, que, finalmente, reconheceu que os resultados, a eficácia do processo e a efetividade da prestação jurisdicional encontram forte aliado na discussão oral da causa, na presença do magistrado, a fim de que este possa sopesar a validez e a confiabilidade dos elementos probatórios nos autos.

No direito processual do trabalho, o princípio da oralidade encontra solo fértil para a sua aplicação, a começar pela previsão expressa da chamada reclamação verbal (petição inicial verbal), de que cuida o art. 840, § 2º, da CLT, ou a possibilidade de defesa oral do reclamado (CLT, art. 847, *caput*).

Outra manifestação do princípio da oralidade na seara laboral se revela em audiência, oportunidade em que as partes se dirigem direta e oralmente ao magistrado, propiciando diversos debates orais (requerimentos, contraditas, razões finais, protestos etc.), sendo certo que, também oralmente, o magistrado, via de regra, resolve as questões surgidas em audiência, mediante registro em ata.

Pode-se dizer, ainda, que, nas chamadas "ações trabalhistas de alçada", disciplinadas pela Lei n. 5.584/70 (art. 2º, § 3º), há o nítido predomínio da palavra falada sobre a escrita.

5.5.11.1. *Princípio da imediatidade ou da imediação*

O princípio da imediatidade ou da imediação significa que o juiz da causa está obrigado ao contato direto com as partes e a prova testemunhal ou pericial, com a própria coisa litigiosa ou com terceiros, para que possa obter os elementos necessários ao esclarecimento dos fatos alegados pelas partes, e, em consequência, decidir fundamentadamente o processo.

A base legal de sua inserção no direito processual do trabalho está no art. 820 da CLT, segundo o qual as partes e testemunhas serão inquiridas pelo juiz ou presidente, podendo ser reinquiridas, por seu intermédio, a requerimento das partes, seus representantes ou advogados.

O princípio da imediatidade é aplicável, com maior ênfase, no direito processual do trabalho, em razão da larga incidência da prova oral.

Este princípio estava previsto no CPC de 1973 e também comparece, de roupagem nova, nos arts. 139, VIII, e 481 do CPC. O art. 459 do CPC, ao dispor que as "perguntas serão formuladas pelas partes diretamente à testemunha, começando pela que a arrolou", relativiza o princípio da imediatidade. O art. 11 da IN n. 39 do TST, no entanto, dispõe que: "Não se aplica ao Processo do Trabalho a norma do art. 459 do CPC no que permite a inquirição direta das testemunhas pela parte (CLT, art. 820)".

5.5.11.2. *Princípio da identidade física do juiz*

O princípio da identidade física do juiz estava previsto no art. 132 do CPC/73, *in verbis*: "O juiz, titular ou substituto, que concluir a audiência julgará a lide, salvo se estiver convocado, licenciado, afastado por qualquer motivo, promovido ou aposentado, casos em que passará os autos ao seu sucessor".

Este princípio, segundo entendimento adotado pela Súmula 136 do TST, mesmo depois da extinção da representação classista nas Varas do Trabalho pela EC n. 24/99, não foi aplicado durante muito tempo no direito processual do trabalho. Em 2012, porém, o TST editou a Resolução n. 185, cancelando a Súmula 136, com o que o princípio da identidade física passou a ser aplicado nas Varas do Trabalho.

O CPC atual não contém nenhum dispositivo semelhante ao art. 132 do CPC revogado, o que certamente reacenderá as discussões a respeito da própria existência do princípio da identidade física do juiz nas Varas do Trabalho. Parece-nos, realmente, que o princípio da identidade física foi extinto na primeira instância[51].

Nos tribunais, no entanto, o princípio da identidade física é aplicável ao Relator do processo, uma vez que a simples distribuição do recurso (ou da ação originária) já vincula esse órgão julgador nos tribunais.

5.5.11.3. Princípio da concentração

O princípio da concentração decorre da aplicação conjunta de vários princípios procedimentais destinados a regulamentar e orientar a apuração de provas e a decisão judicial em uma única audiência. Daí o termo "concentração".

No processo civil, estava previsto nos arts. 331 e 450 do CPC/73 e reaparece nos arts. 334, 357 e 358 do CPC.

No que concerne ao processo do trabalho, o princípio da concentração está explícito nos arts. 849 e 852-C da CLT, *in verbis:*

> "Art. 849. A audiência de julgamento será contínua; mas se não for possível, por motivo de força maior, concluí-la no mesmo dia, o juiz ou presidente marcará a sua continuação para a primeira desimpedida, independentemente de nova notificação".
>
> "Art. 852-C. As demandas sujeitas a rito sumaríssimo serão instruídas e julgadas em audiência única, sob a direção de juiz presidente ou substituto, que poderá ser convocado para atuar simultaneamente com o titular".

5.5.11.4. Princípio da irrecorribilidade imediata das decisões interlocutórias

No direito processual civil, o princípio em tela encontrava fundamento na conjugação dos arts. 522, *caput*, e 497, segunda parte, do CPC/73. O CPC, em seus arts.

51. Nesse sentido: MARTINS, Sergio Pinto. O princípio da identidade física do juiz no novo CPC. In: LEITE, Carlos Henrique Bezerra (org.). *Novo CPC:* repercussões no processo do trabalho. São Paulo: Saraiva, 2015. p. 58-64.

995 e 1.015, restringiu sobremaneira a recorribilidade imediata das decisões interlocutórias, na medida em que só são agraváveis as decisões interlocutórias expressa e legalmente previstas.

A base legal do princípio em estudo no direito processual do trabalho está no art. 893, § 1º, da CLT, segundo o qual "os incidentes do processo serão resolvidos pelo próprio Juízo ou Tribunal, admitindo-se a apreciação do merecimento das decisões interlocutórias somente em recurso da decisão definitiva".

Vê-se que, na seara laboral, o princípio da irrecorribilidade imediata das decisões interlocutórias tem aplicabilidade mais enfática, na medida em que a apreciação das impugnações contra as decisões interlocutórias somente será admitida em recursos interpostos contra decisão final (sentença, acórdão e algumas decisões interlocutórias), sendo certo que os arts. 995 e 1.015 do CPC, ao que nos parece, não são aplicáveis no processo do trabalho, tanto pela inexistência de lacunas normativas, ontológicas ou axiológicas neste setor especializado quanto pela incompatibilidade com o princípio da celeridade que informa o processo do trabalho[52].

5.5.12. Princípio da boa-fé processual

Trata-se de princípio que está intimamente ligado ao princípio da dignidade da pessoa humana e a um dos objetivos fundamentais da República, consubstanciado no art. 3º, I, da CF, qual seja, o de "construir uma sociedade livre, justa e solidária".

Também chamado de princípio da probidade ou da lealdade, o princípio da boa-fé processual, que era tratado como dever das partes não proceder com má-fé, está agora consignado expressamente no art. 5º do CPC ("Aquele que de qualquer forma participa do processo deve comportar-se de acordo com a boa-fé") e reproduzido nos arts. 79, 80 e 81 do mesmo diploma legal.

O princípio da boa-fé processual, portanto, que também constitui um desdobramento do princípio da boa-fé objetiva do Código Civil, tem por escopo impor aos litigantes uma conduta ética e de respeito mútuo, que possa ensejar o curso natural do processo e levá-lo à consecução de seus objetivos: a prestação jurisdicional de modo célere, adequado, tempestivo e justo.

Havia lacuna normativa na CLT, e não víamos qualquer incompatibilidade na aplicação subsidiária das regras do CPC ao processo do trabalho, sendo certo que a jurisprudência especializada já vinha admitindo a aplicação do princípio ora focalizado (TST-ED-RR 177000-03.2007.5.09.0022, Rel. Min. Walmir Oliveira da Costa, j. 26-6-2013, 1ª T., *DEJT* 28-6-2013).

52. Sobre o princípio da irrecorribilidade imediata das decisões interlocutórias, *v.* também Capítulo XIX, subitem 6.2.

Parece-nos que o princípio da boa-fé abarca tanto a boa-fé subjetiva quanto a boa-fé objetiva. Aquela se relaciona à esfera psicológica do ser humano, mais precisamente a processos internos da psique da pessoa (representações mentais, intenções e resoluções) para a prática dos atos processuais, sendo, portanto, de difícil aferição. Esta, ou seja, a boa-fé objetiva, é extraída externamente das ações e condutas humanas.

Noutro falar, a boa-fé objetiva impõe a todos os que participam do processo um padrão de comportamento ético e objetivo de honestidade, diligência e confiança, exigindo, ainda, um estado de cortesia, urbanidade e respeitabilidade recíprocas[53].

5.5.12.1. Dano processual

A Lei n. 13.467/2017 inseriu na CLT os arts. 793-A a 793-D, que tratam da responsabilidade por dano processual, nos seguintes termos:

> Art. 793-A. Responde por perdas e danos aquele que litigar de má-fé como reclamante, reclamado ou interveniente.
>
> Art. 793-B. Considera-se litigante de má-fé aquele que:
>
> I – deduzir pretensão ou defesa contra texto expresso de lei ou fato incontroverso;
>
> II – alterar a verdade dos fatos;
>
> III – usar do processo para conseguir objetivo ilegal;
>
> IV – opuser resistência injustificada ao andamento do processo;
>
> V – proceder de modo temerário em qualquer incidente ou ato do processo;
>
> VI – provocar incidente manifestamente infundado;
>
> VII – interpuser recurso com intuito manifestamente protelatório.
>
> Art. 793-C. De ofício ou a requerimento, o juízo condenará o litigante de má-fé a pagar multa, que deverá ser superior a 1% (um por cento) e inferior a 10% (dez por cento) do valor corrigido da causa, a indenizar a parte contrária pelos prejuízos que esta sofreu e a arcar com os honorários advocatícios e com todas as despesas que efetuou.
>
> § 1º Quando forem dois ou mais os litigantes de má-fé, o juízo condenará cada um na proporção de seu respectivo interesse na causa ou solidariamente aqueles que se coligaram para lesar a parte contrária.
>
> § 2º Quando o valor da causa for irrisório ou inestimável, a multa poderá ser fixada em até duas vezes o limite máximo dos benefícios do Regime Geral de Previdência Social.
>
> § 3º O valor da indenização será fixado pelo juízo ou, caso não seja possível mensurá-lo, liquidado por arbitramento ou pelo procedimento comum, nos próprios autos.

53. GAGLIANO, Pablo Stolze; PAMPLONA FILHO, Rodolfo. *Novo curso de direito civil*, v. I: parte geral. 8. ed. São Paulo: Saraiva, 2006, p. 336.

> Art. 793-D. Aplica-se a multa prevista no art. 793-C desta Consolidação à testemunha que intencionalmente alterar a verdade dos fatos ou omitir fatos essenciais ao julgamento da causa.
>
> Parágrafo único. A execução da multa prevista neste artigo dar-se-á nos mesmos autos.

O princípio da boa-fé, portanto, deve ser observado por "todos os sujeitos do processo", e não apenas os sujeitos da lide. Vale dizer, o princípio sob exame vincula não somente as partes e os terceiros que participam como litigantes da relação jurídica processual, como também o próprio magistrado, o Ministério Público (como parte ou *custos legis*), a Defensoria Pública, os advogados, os auxiliares da justiça, as testemunhas, os intérpretes, os peritos etc.

O art. 793-A da CLT, no entanto, dispõe que somente responderá por dano processual o reclamante, o reclamado e o interveniente que litigarem de má-fé. Já o art. 793-D da CLT prevê que responderá por dano processual a testemunha que intencionalmente alterar a verdade dos fatos ou omitir fatos essenciais ao julgamento da causa. As multas aplicadas a título de dano processual serão cobradas nos próprios autos em que se verificou a prática do ato contrário à boa-fé processual.

No que concerne à eficácia temporal dos dispositivos supracitados, os arts. 7º a 10 da IN n. 41/2018 do TST dispõem:

> Art. 7º Os arts. 793-A, 793-B e 793-C, § 1º, da CLT têm aplicação autônoma e imediata.
>
> Art. 8º A condenação de que trata o art. 793-C, *caput*, da CLT, aplica-se apenas às ações ajuizadas a partir de 11 de novembro de 2017 (Lei n. 13.467/2017).
>
> Art. 9º O art. 793-C, §§ 2º e 3º, da CLT tem aplicação apenas nas ações ajuizadas a partir de 11 de novembro de 2017 (Lei n. 13.467/2017).
>
> Art. 10. O disposto no *caput* do art. 793-D será aplicável às ações ajuizadas a partir de 11 de novembro de 2017 (Lei n. 13.467/2017).
>
> Parágrafo único. Após a colheita da prova oral, a aplicação de multa à testemunha dar-se-á na sentença e será precedida de instauração de incidente mediante o qual o juiz indicará o ponto ou os pontos controvertidos no depoimento, assegurados o contraditório, a defesa, com os meios a ela inerentes, além de possibilitar a retratação.

5.5.13. Princípio da cooperação ou colaboração

Como já adiantamos em linhas pretéritas, o principal objetivo do Estado Democrático de Direito não é somente positivar os direitos fundamentais, especialmente os sociais, como também, e principalmente, garanti-los. Daí a importância do Poder Judiciário (e do processo) na promoção da defesa dos direitos fundamentais, especialmente por meio do princípio da cooperação que, segundo lição de Fredie Didier Jr.,

> orienta o magistrado a tomar uma posição de agente-colaborador do processo, de participante ativo do contraditório e não mais a de um mero fiscal de regras. Essa participação não se resumiria à ampliação dos seus poderes instrutórios ou de efetivação de decisões judiciais (arts. 131 e 461, § 5º, do CPC). O magistrado deveria adotar uma postura de diálogo com as partes e com os demais sujeitos do processo: esclarecendo suas dúvidas, pedindo esclarecimentos quando estiver com dúvidas e, ainda, dando orientações necessárias quando for o caso. Encara-se o processo como produto de atividade cooperativa: cada qual com as suas funções, mas todos com o objetivo comum, que é a prolação do ato final (...). O princípio da cooperação gera os seguintes deveres para o magistrado (seus três aspectos): *a*) dever de esclarecimento; *b*) dever de consultar; *c*) dever de prevenir[54].

O art. 6º do CPC reconhece expressamente o princípio em tela ao prescrever que: "Todos os sujeitos do processo devem cooperar entre si para que se obtenha, em tempo razoável, decisão de mérito justa e efetiva".

O princípio da cooperação vincula-se ao princípio da boa-fé previsto no art. 5º do CPC e já analisado no item precedente.

5.5.14. Princípio da vedação da decisão surpresa

O princípio da vedação da decisão surpresa é expressamente extraído do art. 10 do CPC, segundo o qual:

> O juiz não pode decidir, em grau algum de jurisdição, com base em fundamento a respeito do qual não se tenha dado às partes oportunidade de se manifestar, ainda que se trate de matéria sobre a qual deva decidir de ofício.

O princípio em tela encontra suporte no direito fundamental de participação do cidadão na Administração Pública da Justiça e se conexiona intimamente com o princípio do contraditório, na medida em que impõe ao órgão julgador, em todos os graus de jurisdição, o dever de ouvir as partes sobre as decisões adotadas, ainda que se trate de matéria conhecível de ofício.

Trata-se de alteração relevante em relação ao CPC de 1973, que implicará mudanças na prática das decisões dos juízes e tribunais, com repercussões no processo do trabalho, em função da lacuna do texto consolidado.

A título de exemplos, à luz do princípio da vedação da decisão surpresa, o juiz, sem antes intimar previamente as partes para que se manifestem nos autos, não

54. DIDIER JR., Fredie. *Curso de direito processual civil:* teoria geral do processo e processo de conhecimento. 9. ed. Salvador: JusPodivm, 2008. p. 59.

poderá: indeferir a petição inicial por inépcia, pronunciar de ofício a prescrição ou a decadência etc.

Ficam, porém, excepcionadas da aplicação do princípio da vedação da decisão surpresa as hipóteses expressamente previstas no parágrafo único do art. 9º do CPC.

Para concluir este tópico, é importante lembrar que o art. 4º da IN n. 39/2016 do TST (de suspeitável inconstitucionalidade, segundo a Anamatra na ADI n. 5.516) manda aplicar ao Processo do Trabalho as normas do CPC que regulam o princípio do contraditório, em especial os arts. 9º e 10, no que vedam a decisão surpresa. Interessante notar que os §§ 1º e 2º do referido art. 4º da IN n. 39 definem quando ocorre "decisão surpresa", *in verbis*:

> Art. 4º (...)
>
> § 1º Entende-se por "decisão surpresa" a que, no julgamento final do mérito da causa, em qualquer grau de jurisdição, aplicar fundamento jurídico ou embasar-se em fato não submetido à audiência prévia de uma ou de ambas as partes.
>
> § 2º Não se considera "decisão surpresa" a que, à luz do ordenamento jurídico nacional e dos princípios que informam o Direito Processual do Trabalho, as partes tinham obrigação de prever, concernente às condições da ação, aos pressupostos de admissibilidade de recurso e aos pressupostos processuais, salvo disposição legal expressa em contrário.

5.5.15. Princípio da primazia da decisão de mérito

O princípio da primazia da decisão de mérito é extraído dos seguintes dispositivos do CPC:

a) art. 6º, *in fine*, o qual estabelece o dever de todos os sujeitos do processo para que se obtenha, em tempo razoável, "decisão de mérito justa e efetiva";

b) art. 317, que determina ao juiz, antes de proferir decisão sem resolução de mérito, "conceder à parte oportunidade para, se possível, corrigir o vício";

c) art. 321, segundo o qual o juiz deverá, antes de indeferir a petição inicial, conceder prazo ao autor para que a emende ou a complete, "indicando com precisão o que deve ser corrigido ou completado";

d) art. 488, que enaltece, desde que possível, a resolução do mérito sempre que for favorável à parte a quem aproveitaria eventual sentença terminativa.

Dessa forma, o princípio da primazia da decisão de mérito, que é aplicável ao processo do trabalho (CLT, art. 769; CPC, art. 15), informa que somente em situações excepcionais e quando não for possível a correção de vícios ou irregularidades o juiz, depois de conceder oportunidade às partes, poderá extinguir o processo sem resolução de mérito.

5.5.16. Princípio da observância da ordem cronológica de conclusão de processos

O princípio da observância da ordem cronológica de conclusão de processos para proferir sentença ou acórdão está previsto expressamente no art. 12, *caput*, do CPC e constitui desdobramento de dois outros princípios: igualdade e publicidade.

Para concretizar o princípio em exame, os órgãos jurisdicionais deverão elaborar lista de processos aptos a julgamento, que deverá estar permanentemente à disposição para consulta pública em cartório e na rede mundial de computadores.

Nos termos do § 6º do art. 12 do CPC, ocupará o primeiro lugar na lista o processo que:

I – tiver sua sentença ou acórdão anulado, salvo quando houver necessidade de realização de diligência ou de complementação da instrução;

II – se enquadrar na hipótese do art. 1.040, II, do CPC.

Não há obrigatoriedade de observância do princípio sob exame (CPC, art. 12, § 2º) quando se tratar de:

I – sentenças proferidas em audiência, homologatórias de acordo ou de improcedência liminar do pedido;

II – julgamento de processos em bloco para aplicação de tese jurídica firmada em julgamento de casos repetitivos;

III – julgamento de recursos repetitivos ou de incidente de resolução de demandas repetitivas;

IV – decisões proferidas com base nos arts. 485 e 932 do CPC;

V – julgamento de embargos de declaração;

VI – julgamento de agravo interno;

VII – preferências legais e as metas estabelecidas pelo Conselho Nacional de Justiça;

VIII – processos criminais, nos órgãos jurisdicionais que tenham competência penal;

IX – causa que exija urgência no julgamento, assim reconhecida por decisão fundamentada.

Elaborada a lista dos processos aptos a julgamento, deverá ser respeitada a ordem cronológica das conclusões entre as preferências legais. Após a inclusão do processo na referida lista, o requerimento formulado pela parte não altera a ordem cronológica para a decisão, exceto quando implicar a reabertura da instrução ou a conversão do julgamento em diligência.

Decidido o requerimento previsto no § 4º do art. 12 do CPC, o processo retornará à mesma posição em que anteriormente se encontrava na lista.

O princípio da observância da ordem cronológica para proferir sentença ou acórdão, por estar em sintonia com os princípios da isonomia e publicidade, deverá ser aplicado com razoabilidade e proporcionalidade tanto no processo civil quanto no processo do trabalho. Nesse sentido, a Lei n. 13.256, de 4-2-2016, alterou o art. 12 do CPC, passando a dispor que os "juízes e os tribunais atenderão, preferencialmente, à ordem cronológica de conclusão para proferir sentença ou acórdão".

6. PRINCÍPIOS PECULIARES DO DIREITO PROCESSUAL DO TRABALHO

Não há a desejável uniformidade entre os teóricos a respeito da existência de princípios peculiares (ou próprios) do direito processual do trabalho. Alguns entendem que os princípios do direito processual do trabalho são os mesmos do direito processual civil, apenas ressaltando ênfase maior quando da aplicação de alguns princípios procedimentais no processo laboral. Outros sustentam que existem apenas dois ou três princípios próprios do direito processual do trabalho.

É de suma importância reconhecer e comprovar a existência, ou não, de princípios próprios do direito processual do trabalho, pois isso constitui um dos critérios para justificar a própria autonomia desse segmento da ciência processual.

Cerramos fileira com a corrente doutrinária que sustenta a existência de princípios próprios do direito processual do trabalho que o diferencia do direito processual comum. Reconhecemos, porém, que a EC n. 45/2004, ao transferir para a competência da Justiça do Trabalho outras demandas diversas das oriundas da relação de emprego, e até mesmo relações entre empregadores e o Estado, bem como entre sindicatos, acabou colocando em xeque a afirmação da existência dos princípios específicos do processo do trabalho.

É preciso, contudo, atentar para a especialidade do direito processual do trabalho, o qual se notabilizou pela efetivação dos direitos sociais constitucionalmente assegurados aos trabalhadores subordinados. No momento em que a especialidade do direito processual do trabalho é desfocada, corre-se o risco de desmoronamento dos seus princípios, o que recomenda ao intérprete e ao aplicador do novo texto constitucional redobrada cautela, pois a "desestruturação dos princípios significa uma tentativa ignóbil de desmantelo do aparato jurisdicional trabalhista, uma vez que sua atenuação reflete o esfacelamento da Justiça do Trabalho"[55].

55. ALMEIDA, Dayse Coelho de. A essência da Justiça Trabalhista e o inciso I do art. 114 da Constituição Federal de 1988: uma abordagem principiológica. *Jus Navigandi*, Teresina, a. 9, n. 789, 31 ago. 2005. Disponível em: <http://jus2.uol.com.br/doutrina/texto.asp?id=7224>. Acesso em: 1º set. 2005.

Reconhecemos, outrossim, que alguns princípios fundamentais do Novo Código de Processo Civil deverão ser aplicados ao processo do trabalho por meio da heterointegração desses dois subsistemas processuais.

Assim, parece-nos inegável que os princípios explícitos do art. 8º do CPC devem ser aplicados ao processo do trabalho, seja pelas suas lacunas normativa, axiológica ou ontológica, seja por guardarem rigorosa compatibilidade com a sua principiologia peculiar.

Noutro dizer, também passam a ser princípios fundamentais do processo do trabalho: a dignidade da pessoa humana, a razoabilidade, a proporcionalidade, a legalidade, a impessoalidade, a publicidade e a eficiência.

Plasma-se do citado art. 8º do CPC que o legislador invocou princípios fundamentais da própria Constituição (dignidade da pessoa humana e razoabilidade) e princípios específicos da Administração Pública (legalidade, publicidade e eficiência), de modo a considerar que a prestação jurisdicional também passa a ser considerada um serviço público essencial e indispensável à população e à realização dos direitos e deveres fundamentais.

Vale dizer, a prestação jurisdicional, por força do art. 8º do CPC, passará definitivamente a observar os princípios regentes da Administração Pública, o que, certamente, influenciará o próprio conceito de jurisdição, uma vez que esta, além de ser função-dever-poder-atividade estatal de pacificar os conflitos sociais, passará a ser também um serviço público a ser prestado com arrimo nos princípios dispostos no art. 37, *caput*, da CF.

De tal arte, o magistrado, além das suas funções institucionais tradicionais voltadas à prestação jurisdicional, também deverá atuar como um verdadeiro administrador público da Justiça, um autêntico gestor público dos processos sob sua responsabilidade.

Para tanto, haverá necessidade de formação continuada dos juízes, de modo a propiciar-lhes capacitação em gestão:

a) de pessoas, a fim de que o "serviço público da justiça" seja prestado para promover a dignidade humana tanto dos jurisdicionados (partes, terceiros, advogados etc.) como também dos próprios servidores públicos do Judiciário e demais auxiliares judiciários; e

b) de processos, pois estes deverão ser ordenados, disciplinados e interpretados sob o enfoque dos princípios norteadores dos atos praticados pela Administração Pública, quais sejam os princípios da legalidade, moralidade, impessoalidade, publicidade e eficiência.

Passaremos, em seguida, a enumerar os princípios tradicionalmente peculiares do direito processual do trabalho.

6.1. Princípio da proteção processual

Nas pegadas de Américo Plá Rodriguez[56], podemos dizer que o princípio da proteção ou tutelar é peculiar tanto ao direito do trabalho quanto ao direito processual do trabalho. Por meio dele, busca-se compensar a desigualdade existente na realidade socioeconômica (entre empregado, geralmente o reclamante, e empregador, via de regra o reclamado) com uma desigualdade jurídica em sentido oposto.

Daí a razão pela qual Manoel Antonio Teixeira Filho[57] advoga a existência, no processo do trabalho, do *princípio da correção da desigualdade*, tendo em vista a inferioridade de natureza econômica e técnica do trabalhador em relação ao empregador.

No Estado Democrático de Direito, que tem como um dos seus objetivos a redução das desigualdades sociais e regionais (CF, art. 3º, III), parece-nos que tal redução é efetivada por meio da proteção jurídica da parte fraca tanto na relação de direito material quanto na relação de direito processual.

O princípio da proteção processual, portanto, deriva da própria razão de ser do processo do trabalho, o qual foi concebido para efetivar os direitos materiais reconhecidos pelo Direito do Trabalho, sendo este ramo da árvore jurídica criado exatamente para compensar ou reduzir a desigualdade real existente entre empregado e empregador, naturais litigantes do processo laboral.

Sublinha a propósito o mexicano Enrique Alvarez del Castillo: "Restabelecer e manter a verdadeira igualdade processual é um propósito fundamental do direito processual do trabalho"[58] no que é seguido por Mario Pasco, cuja reflexão merece ser transcrita literalmente:

> Lo dicho respecto del derecho sustantivo es plenamente válido para el procesal. Las desigualdades, el desequilibrio, la posición preeminente del empleador frente al trabajador propios de la relación del trabajo, se trasladan a la relación jurídico procesal, donde adquiren nuevas manifestaciones. Dentro de las diferencias que se marcan entre la controversia común y la laboral, acaso la más evidente es la múltiple desigualdad jurídica, económica y probatoria que separa a los contendientes en un litigio de trabajo y que hacen de un – el empleador – la parte fuerte y del otro – el trabajador – la parte débil[59].

---

56. Visión crítica del derecho procesal del trabajo. In: GIGLIO, Wagner (Coord.). *Processo do trabalho na América Latina:* estudos em homenagem a Alcione Niederauer Corrêa. São Paulo: LTr, 1992. p. 243-254.
57. TEIXEIRA FILHO, Manoel Antonio. *Curso de direito processual do trabalho*: processo de conhecimento. V. I. São Paulo: LTr, 2009. p. 93-97.
58. Reformar a la ley federal del trabajo en 1979. México, 1980, p. 24. Apud RODRIGUEZ, Américo Plá, op. cit., p. 244.
59. "Los principios del derecho procesal del trabajo", exposição feita na reunião plenária da Academia Iberoamericana de Derecho del Trabajo y de la Seguridad Social, celebrada na Cidade do

Entre os autores pátrios que reconhecem ser o princípio da proteção peculiar ao processo do trabalho destaca-se Wagner D. Giglio, para quem,

> embora muitas outras fossem necessárias, algumas normas processuais de proteção ao trabalhador já existem, a comprovar o princípio protecionista. Assim, a gratuidade do processo, com isenção de pagamento de custas e despesas, aproveita aos trabalhadores, mas não aos patrões; a assistência judiciária gratuita é fornecida ao empregado, mas não ao empregador; a inversão do ônus da prova por meio de presunções favorece o trabalhador, nunca ou raramente o empregador; o impulso processual *ex officio* beneficia o empregado, já que o empregador, salvo raras exceções, é o réu, demandado, e não aufere proveito da decisão: na melhor das hipóteses, deixa de perder[60].

Acrescentamos, ainda, que a ausência dos litigantes à audiência trabalhista implica o arquivamento dos autos para o autor (geralmente, o empregado) e revelia e confissão ficta para o réu (em regra, o empregador). Esse tratamento legal diferenciado constitui a exteriorização do princípio de proteção ao trabalhador (natural litigante no polo ativo da demanda) no âmbito do processo laboral. É o que deflui do art. 844 da CLT, segundo o qual o "não comparecimento do reclamante à audiência importa o arquivamento da reclamação, e o não comparecimento do reclamado importa revelia, além de confissão, quanto à matéria de fato".

Na mesma esteira, Coqueijo Costa convida-nos à seguinte reflexão:

> O processo não é um fim em si mesmo, mas instrumento de composição de lides, que garante efetividade do direito material. E como este pode ter natureza diversa, o direito processual, por seu caráter instrumental, deve saber adaptar-se a essa natureza diversa[61].

A desigualdade econômica, o desequilíbrio para a produção de provas, a ausência de um sistema de proteção contra a despedida imotivada, o desemprego estrutural e o desnível social e cultural entre empregado e empregador, certamente, são realidades trasladadas para o processo do trabalho, sendo, portanto, imprescindível a

México, em outubro de 1990. Apud Rodríguez, Américo Plá, op. cit., p. 245. Tradução livre: "O que foi dito sobre o direito material é plenamente válido para o procedimento. As desigualdades, o desequilíbrio, a posição preeminente do empregador diante do trabalhador, próprios da relação de trabalho, são trasladados para a relação jurídica processual, oportunidade em que adquirem novas manifestações. Entre as diferenças em que são marcadas as controvérsias de direito comum e direito do trabalho, talvez a mais óbvia é a múltipla desigualdade jurídica, econômica e probatória que separa os contendores em litígio trabalhista, de um lado o empregador como a parte mais forte e, do outro, o trabalhador como a parte mais fraca".

60. GIGLIO, Wagner D. *Direito processual do trabalho*. São Paulo: Saraiva, 2000. p. 67.

61. COSTA, Coqueijo. *Direito processual do trabalho*. Rio de Janeiro: Forense, 1996. p. 5.

existência de um princípio de proteção ao trabalhador, que é destinatário de direitos humanos sociais e fundamentais. Na verdade, o princípio da proteção visa salvaguardar direitos sociais, cujos titulares são juridicamente fracos e, por isso, dependem da intervenção do Estado-Juiz para o restabelecimento dos postulados da liberdade e da igualdade material entre as partes da relação jurídica processual.

Com efeito, a própria ideia de justiça deixa patente que "justo é tratar desigualmente os desiguais, na mesma proporção em que se desigualam, e o favorecimento é qualidade da lei, e não defeito do juiz, que deve aplicá-la com objetividade, sem permitir que suas tendências pessoais influenciem seu comportamento"[62].

A jurisprudência vem admitindo a aplicação do princípio da proteção no processo do trabalho, como se vê dos seguintes arestos:

> RECURSO DE REVISTA – PROCESSO SOB A ÉGIDE DA LEI Nº 13.015/2014 – COMPETÊNCIA EM RAZÃO DO LUGAR – AJUIZAMENTO DA AÇÃO NO DOMICÍLIO DO RECLAMANTE. A jurisprudência do Tribunal Superior do Trabalho tem posicionamento no sentido de ser competente para o julgamento da demanda o foro do domicílio do empregado, em observância aos princípios da proteção ao trabalhador e do acesso à Justiça. Precedentes. Recurso de revista conhecido e provido (TST-RR 114368820165030097, Rel. Min. Luiz Philippe Vieira de Mello Filho, 7ª T., *DEJT* 24-8-2018).
>
> RECURSO DE REVISTA. PRESCRIÇÃO. PRONUNCIAMENTO DE OFÍCIO. PROCESSO DO TRABALHO. INCOMPATIBILIDADE 1. No processo do trabalho, ordinariamente, o empregado figura no polo ativo da demanda e busca o reconhecimento de direitos trabalhistas irrenunciáveis e de cunho eminentemente alimentar. 2. A norma do art. 487, II, do CPC de 2015 (219, § 5º, do CPC de 1973), que autoriza o pronunciamento de ofício da prescrição, é incompatível com o Direito do Trabalho, que vive à sombra do princípio da proteção. Ademais, se aplicada, prejudicaria somente o empregado, economicamente hipossuficiente, o que é inaceitável. 3. Recurso de revista do Reclamante de que se conhece e a que se dá provimento (TST-RR 2011000520095020262, Rel. Des. Conv. Altino Pedrozo dos Santos, *DEJT* 9-3-2018).

Todas essas considerações são aplicáveis na hipótese em que o processo do trabalho se apresenta como instrumento de realização dos direitos sociais dos trabalhadores previstos no ordenamento jurídico, tanto no plano constitucional quanto no plano infraconstitucional.

Reconhecemos, não obstante, que a ampliação da competência da Justiça do Trabalho para processar e julgar outras relações de trabalho (EC n. 45/2004), bem como para as ações relativas à cobrança de multas administrativas e contribuições

62. GIGLIO, Wagner D. *Direito processual do trabalho*, cit., p. 67.

previdenciárias, passa a exercer grande influência para o enfraquecimento do princípio da proteção processual. Afinal, nas ações de cobrança de multas impostas pelos órgãos da fiscalização do trabalho em que figuram empregador, como réu, e União, como autora, ou nas ações de disputa de representatividade de categoria entre dois sindicatos, indaga-se: quem é o hipossuficiente? Há realmente uma parte destinatária do princípio da proteção? Surgem, nesses casos, "duelos" entre duas pessoas jurídicas, que não permitem ao juiz adotar o princípio da proteção, já que são partes presumivelmente iguais.

Além disso, a Lei n. 13.467/2017, que alterou diversos dispositivos da CLT, tanto no aspecto material quanto no processual, desferiu um duro golpe no princípio de proteção processual ao trabalhador, como, por exemplo, a obrigatoriedade do depósito recursal (CLT, art. 899, § 4º), que era exigido apenas do empregador, e nunca do empregado, passou a ser exigível de qualquer parte, haja vista que deverá ser feito em conta vinculada ao juízo, e não mais em conta vinculada do FGTS. De nossa parte, o princípio da proteção processual ao trabalhador impede que o depósito recursal seja a ele imputado, uma vez que a finalidade de tal depósito reside na garantia de futura execução de crédito de natureza alimentícia.

Igualmente, no tocante às despesas processuais, pois, com o advento da Lei n. 13.467/2017, o trabalhador poderá ser condenado no pagamento de honorários advocatícios e honorários periciais, mesmo sendo beneficiário da justiça gratuita (CLT, arts. 790-B, *caput* e § 4º, e 791, *caput*, §§ 3º e 4º), sendo tais dispositivos questionados sobre sua constitucionalidade (STF, ADI n. 5.766, Rel. Min. Roberto Barroso).

6.2. Princípio da finalidade social do processo

Segundo Humberto Theodoro Júnior, "o primeiro e mais importante princípio que informa o processo trabalhista, distinguindo-o do processo civil comum, é o da finalidade social, de cuja observância decorre uma quebra do princípio da isonomia entre as partes, pelo menos em relação à sistemática tradicional do direito formal"[63].

Theodoro Júnior inspira-se no juslaboralista mexicano Néstor de Buen, para quem há perfeita comunhão entre o direito material e o direito processual do trabalho:

> Em primeiro lugar, é óbvio que tanto o direito substantivo como o processual intentam a realização da justiça social. Para esse efeito, ambos estimam que existe uma evidente desigualdade entre as partes, substancialmente derivada da diferença econômica e, como consequência, cultural, em que se encontram. Em virtude disso a procura da igualdade como meta. O direito substantivo, estabelecendo de manei-

63. THEODORO JÚNIOR, Humberto. Os princípios do direito processual civil e o processo do trabalho. In: BARROS, Alice Monteiro de (Coord.). *Compêndio de direito processual do trabalho...*, cit., p. 62.

ra impositiva, inclusive acima da vontade do trabalhador, determinados direitos mínimos e certas obrigações máximas. O direito processual, reconhecendo que o trabalhador deve ser auxiliado durante o processo pela própria autoridade julgadora, de maneira que, no momento de chegar o procedimento ao estado de solução, a aportação processual das partes permita uma solução justa[64].

A diferença básica entre o princípio da proteção processual e o princípio da finalidade social do processo é que, no primeiro, a própria lei confere a desigualdade no plano processual; no segundo, permite-se que o juiz tenha uma atuação mais ativa, na medida em que auxilia o trabalhador, em busca de uma solução justa, até chegar o momento de proferir a sentença.

Parece-nos, contudo, que os dois princípios – proteção e finalidade social – se harmonizam e, pelo menos em nosso ordenamento jurídico, permitem que o juiz, na aplicação da lei, possa corrigir uma injustiça da própria lei. É o que prescreve o art. 5º do Decreto-Lei n. 4.657/42 (LINDB), segundo o qual, "na aplicação da lei, o juiz atenderá aos fins sociais a que ela se dirige e às exigências do bem comum".

Quanto a essa possibilidade conferida ao magistrado no exercício da prestação jurisdicional, convém colacionar a lúcida observação de José Eduardo Faria, relativa

> ao problema do alcance e do sentido das expressões 'fins sociais' e 'bem comum', dois princípios gerais do direito sempre presentes nas exposições de motivos dos legisladores (...). Num contexto socioeconômico como o do Brasil em que os 20% mais pobres do país detêm apenas 2% da riqueza nacional, enquanto os 20% mais ricos ficam com 66%, 'sociais' e 'comum' na perspectiva de quem? Longe de possuírem um significado evidente, tais conceitos expressam várias representações conflitantes entre si; em vez de propiciarem uma visão precisa do sistema jurídico, eles funcionam como barreiras ideológicas mascarando contradições sociais profundas e antagonismos inconciliáveis. Assim, em que medida todos os grupos e classes podem ter realmente os mesmos interesses 'comuns' e anseios pelos mesmos 'fins'? Até que ponto todos os homens situados numa formação social como a brasileira, em que a miséria e a pobreza atingem 64% da população, podem ser tomados como cidadãos efetivamente iguais entre si em seus direitos, seus deveres e em suas capacidades tanto subjetivas quanto objetivas de fazê-los prevalecer?[65].

Para enfrentar tais indagações, o referido jurista e sociólogo propõe que o direito seja uma atividade crítica e especulativa, calcada na experiência vivida e, como tal,

64. Idem.

65. FARIA, José Eduardo. Ordem legal x mudança social: a crise do Judiciário e a formação do magistrado. In: FARIA, José Eduardo (org.). *Direito e justiça:* a função social do Judiciário. São Paulo: Ática, 1997. p. 101-102.

incorporada à própria percepção da realidade por parte dos atores jurídicos. Daí por que, diz ele, "a proposta de uma ciência do direito reflexiva, consciente das contradições do direito positivo, nega-se a reduzir a análise das leis e dos códigos apenas nos seus aspectos lógico-formais"[66]. Dessa nova função prospectiva do direito, que irradia seus efeitos no direito processual, segundo o mesmo autor,

> pode emergir um direito original e legítimo, voltado mais à questão da justiça do que aos problemas de legalidade, cabe a uma magistratura com um conhecimento multidisciplinar e poderes decisórios ampliados a responsabilidade de reformular a partir das próprias contradições sociais os conceitos fechados e tipificantes dos sistemas legais vigentes. Sob pena de a magistratura ver progressivamente esgotada tanto a operacionalidade quanto o acatamento de suas decisões face à expansão de conflitos coletivos[67].

Colhemos um julgado que adotou expressamente o princípio da finalidade social do processo:

> SINDICATO COMO SUBSTITUTO PROCESSUAL. AUSÊNCIA DE NOTIFICAÇÃO PESSOAL PARA ADOÇÃO DE MEDIDAS NECESSÁRIAS AO ANDAMENTO DO FEITO. PRESCRIÇÃO INTERCORRENTE. INOCORRÊNCIA. Não se pronuncia a prescrição intercorrente em ação ajuizada por sindicato, como substituto processual, se não houve notificação pessoal do ente coletivo ou dos substituídos para adoção de medidas necessárias ao andamento do feito, sob pena de ofensa ao Princípio da Finalidade Social do Processo e ao disposto no § 1º do art. 267 do CPC, aplicado subsidiariamente. Agravo de Petição provido (TRT, 14ª Reg., AP 00794.2000.005.14.00-5, Rel. Des. Vânia Maria da Rocha Abensur, j. 14-12-2007, *DO* 19-12-2007).

Com a ampliação da competência da Justiça do Trabalho para outras lides diversas da relação de emprego, como as oriundas da relação de trabalho autônomo, as ações para cobranças de multas administrativas e as ações sobre representações sindicais, o princípio da finalidade social, bem como o princípio da proteção processual, acabarão sofrendo grandes transformações, como já alertamos na epígrafe anterior.

6.3. Princípio da efetividade social

É importante destacar que alguns autores vêm defendendo a existência do *princípio da efetividade social* como desdobramento do princípio da finalidade social. Se-

66. Ibidem, p. 102.
67. Ibidem, p. 105.

gundo André Monteiro Barbosa, Brasilino Santos Ramos, Jouber S. S. Amaral e Juliana Rodrigues de Morais:

> Entende-se por princípio da efetividade social o conjunto de concepções, políticas, conceitos, ideias e mecanismos necessários que devem inspirar a concretização ou materialização da prestação jurisdicional, evitando-se preventivamente a lesão ao ordenamento jurídico que se avizinha, ou restabelecendo-se, tempestivamente e com a maior fidelidade possível, o direito que foi violado. É, por isso mesmo, um verdadeiro princípio do direito processual do trabalho. Esclareça-se que não se tratam de meras formas procedimentais, mas sim um viés, um norte, uma concepção social na formação, propulsão, julgamento e entrega da prestação jurisdicional, numa constante oposição à ótica individualista impregnada no processo e que decorre de sua ultrapassada inspiração do Estado Liberal[68].

Verifica-se, assim, a ampla possibilidade de aplicação do princípio da efetividade processual, mormente nas hipóteses de tutelas inibitórias para proteção do meio ambiente do trabalho[69].

6.4. Princípio da busca da verdade real

Este princípio processual deriva do princípio do direito material do trabalho, conhecido como princípio da primazia da realidade.

Embora haja divergência sobre a singularidade deste princípio no sítio do direito processual do trabalho, parece-nos inegável que ele é aplicado com maior ênfase neste setor da processualística do que no processo civil.

Corrobora tal assertiva o disposto no art. 765 da CLT, que confere aos Juízos e Tribunais do Trabalho ampla liberdade na direção do processo. Para tanto, os magistrados do trabalho "velarão pelo andamento rápido das causas, podendo determinar qualquer diligência necessária ao esclarecimento delas".

A jurisprudência tem acolhido o princípio em tela no campo da prova:

> SALÁRIO EXTRAFOLHA. INVALIDADE DA PROVA DOCUMENTAL. PRINCÍPIO DA BUSCA DA VERDADE REAL. INAPLICABILIDADE DO ART. 227, PARÁGRAFO ÚNI-

---

68. BARBOSA, André Monteiro; RAMOS, Brasilino Santos; AMARAL, Jouber S. S.; MORAIS, Juliana Rodrigues de. Princípio da efetividade social. In: EÇA, Vitor Salino de Moura; MAGALHÃES, Aline Carneiro (Coords.). *Atuação principiológica no processo do trabalho*: estudos em homenagem ao professor Carlos Henrique Bezerra Leite. Belo Horizonte: RTM, 2012. p. 344.

69. GAIA, Fausto Siqueira. Tutela inibitória de ofício e a proteção do meio ambiente do trabalho. São Paulo: LTr, 2015, *passim*.

CO, DO CÓDIGO CIVIL. No Processo do Trabalho, vigora o princípio da busca da verdade real, que faz com que a prova documental ceda espaço à testemunhal, quando esta se mostra firme no sentido da desconstituição daquela. Diante disso, o parágrafo único do art. 227, do CC, segundo o qual, "qualquer que seja o valor do negócio jurídico, a prova testemunhal é admissível como subsidiária ou complementar da prova por escrito", é inaplicável ao Processo do Trabalho, porque incompatível com esse princípio peculiar. Assim, demonstrado pela prova testemunhal, firme e idônea, o pagamento de salário extrafolha, são devidas as diferenças reflexas decorrentes da integração daquele no salário para todos os efeitos legais (TRT, 3ª R., RO 0001070-73.2012.5.03.0147, Rel. Des. Fernando Luiz G. Rios Neto, 7ª T., *DEJT* 19-8-2014).

6.5. Princípio da indisponibilidade

Este princípio constitui adaptação do princípio da indisponibilidade ou irrenunciabilidade do direito material do trabalho no campo do processo do trabalho.

Justifica-se a peculiaridade do princípio da indisponibilidade nos sítios do processo do trabalho, pela considerável gama de normas de ordem pública do direito material do trabalho, o que implica a existência de um interesse social que transcende a vontade dos sujeitos do processo na efetivação dos direitos sociais trabalhistas e influencia a própria gênese da prestação jurisdicional especializada. Numa palavra, o processo do trabalho tem uma função precípua: a efetiva realização dos direitos sociais indisponíveis dos trabalhadores.

É claro que as normas de direito processual de qualquer ramo são, em regra, de natureza absoluta e de ordem pública, mas nos sítios do processo do trabalho a indisponibilidade do direito processual assume importância mais enfática, tendo em vista a inferioridade econômica do trabalhador destinatário, em regra, de créditos de natureza alimentícia como um dos sujeitos da relação jurídica processual.

Daí a interpretação restritiva para se admitir os negócios jurídicos processuais no campo do processo laboral.

Com efeito, conforme estabelece o art. 190 do CPC: "Versando o processo sobre direitos que admitam autocomposição, é lícito às partes plenamente capazes estipular mudanças no procedimento para ajustá-lo às especificidades da causa e convencionar sobre os seus ônus, poderes, faculdades e deveres processuais, antes ou durante o processo".

Nessa ordem, e tendo em vista o princípio da indisponibilidade, bem como o princípio da proteção processual, ambos inerentes aos direitos fundamentais sociais dos trabalhadores e imunes à autocomposição, parece-nos inaplicável a regra do art. 190 do CPC ao processo do trabalho, salvo, é claro, se o negócio processual implicar manifesta vantagem ao trabalhador.

O art. 2º, II, da IN/TST n. 39/2017, no entanto, dispõe que é inaplicável ao processo do trabalho o art. 190 e seu parágrafo único do CPC (negociação processual).

Vislumbramos, ainda, a aplicação do princípio ora focalizado na hipótese de substituição processual, pois ao sindicato (substituto processual) é vedado renunciar direitos metaindividuais veiculados em ação civil pública.

Há de se destacar, contudo, que a ampliação de competência da Justiça do Trabalho para processar e julgar ações oriundas de outras relações de trabalho (EC n. 45/2004), incluindo o trabalho autônomo, bem como as lides entre os sindicatos e entre os empregadores e os órgãos de fiscalização do trabalho, acabará mitigando aplicação do princípio da indisponibilidade nos domínios do processo do trabalho.

6.6. Princípio da conciliação

O princípio da conciliação encontrava fundamento expresso nas Constituições brasileiras de 1946 (art. 123), de 1967 (art. 134), de 1969 (art. 142, com redação dada pela EC n. 1/69) e na redação original do art. 114 da Carta de 1988. Todas essas normas previam a competência da Justiça do Trabalho para "conciliar" e julgar os dissídios individuais e coletivos.

Com o advento da EC n. 45/2004, que deu nova redação ao art. 114 da CF, houve supressão do termo "conciliar e julgar", cabendo agora à Justiça do Trabalho "processar e julgar".

A omissão, contudo, não desnatura o princípio em estudo, pois ele continua existindo no plano infraconstitucional e não se mostra incompatível com o novo texto da Carta de outubro de 1988.

Embora o princípio da conciliação[70] não seja exclusividade do processo laboral, parece-nos que é aqui que ele se mostra mais evidente, tendo, inclusive, um *iter procedimentalis* peculiar.

Com efeito, dispõem o art. 764, *caput*, e seus parágrafos da CLT, *in verbis*:

> Art. 764. Os dissídios individuais ou coletivos submetidos à apreciação da Justiça do Trabalho serão sempre sujeitos à conciliação.
>
> § 1º Para os efeitos deste artigo, os juízes e Tribunais do Trabalho empregarão sempre os seus bons ofícios e persuasão no sentido de uma solução conciliatória dos conflitos.
>
> § 2º Não havendo acordo, o juízo conciliatório converter-se-á obrigatoriamente em arbitral, proferindo decisão na forma prescrita neste Título.
>
> § 3º É lícito às partes celebrar acordo que ponha termo ao processo, ainda mesmo depois de encerrado o juízo conciliatório.

70. Sobre a natureza jurídica da conciliação e seus desdobramentos no direito material e processual do trabalho, recomendamos a seguinte obra: NASSIF, Elaine. *Conciliação judicial e indisponibilidade de direitos:* paradoxos da justiça menor no processo civil e trabalhista. São Paulo: LTr, 2005, passim.

No mesmo sentido, o art. 831 da CLT estabelece uma condição intrínseca para a validade da sentença trabalhista, ao determinar que ela somente "será proferida depois de rejeitada pelas partes a proposta de conciliação".

Há, no procedimento comum ordinário trabalhista, dois momentos obrigatórios para a proposta judicial de conciliação.

O primeiro está previsto no art. 846 da CLT e ocorre por ocasião da abertura da audiência, nos seguintes termos: "Aberta a audiência, o Juiz ou Presidente proporá a conciliação".

A segunda tentativa de conciliação ocorre após o término da instrução e da apresentação das razões finais pelas partes. Está prevista no art. 850 da CLT, *in verbis*:

> Art. 850. Terminada a instrução, poderão as partes aduzir razões finais, em prazo não excedente de 10 minutos para cada uma. Em seguida, o juiz ou presidente renovará a proposta de conciliação, e não se realizando esta, será proferida a decisão.

Outra peculiaridade do processo do trabalho repousa na equiparação prática do termo de conciliação à coisa julgada. É o que diz o parágrafo único do art. 831 da CLT: "No caso de conciliação, o termo que for lavrado valerá como decisão irrecorrível, salvo para a Previdência Social quanto às contribuições que lhe forem devidas".

Em 2007, o CNJ instituiu o movimento "Conciliar é Legal", que resultou na instalação de Gabinetes de Conciliação em vários órgãos do Poder Judiciário nos quais são realizados periodicamente mutirões de conciliação nos órgãos jurisdicionais de primeiro grau.

Acreditamos que o CNJ tenha utilizado a expressão "conciliar é legal" no sentido leigo, popular, e não no sentido jurídico. Vale dizer, para o CNJ conciliar é uma boa ação, faz bem a todos e, por isso, deve ser estimulada.

O procedimento dos mutirões inicia-se com uma triagem dos processos em que o magistrado vislumbra a existência de probabilidade de negociação inicial entre as partes, levando em conta a pequena complexidade das questões ou a existência de provas suficientes nos autos para o pronto julgamento. Depois, marcam-se audiências prévias de conciliação, com designação de dias ou semanas específicas organizadas de acordo com o perfil de litigância dos réus. Há, assim, os chamados "litigantes habituais", que figuram no polo passivo em grande parte das demandas ajuizadas na Justiça do Trabalho, de acordo com os dados divulgados nos *sites* do TST e do próprio CNJ.

Sobreleva lembrar que o art. 2º, IV, da IN/TST n. 39/2016 não autoriza a aplicação subsidiária ou supletiva do art. 334 do CPC, que trata da audiência de conciliação ou de mediação, ao Processo do Trabalho.

Além disso, o art. 14 da referida IN n. 39 dispõe que não se aplica ao Processo do Trabalho o art. 165 do CPC, salvo nos conflitos coletivos de natureza econômica (CF, art. 114, §§ 1º e 2º). Vale registrar que o art. 165 do CPC determina a criação, no âmbito dos tribunais, de "centros judiciários de solução consensual de conflitos, responsáveis pela realização de sessões e audiências de conciliação e mediação e pelo desenvolvimento de programas destinados a auxiliar, orientar e estimular a autocomposição".

Voltaremos a falar sobre conciliação no Capítulo XIII, itens 5, 11 e 12, e no Capítulo XVII, itens 2, 3 e 5.6.

6.7. Princípio da normatização coletiva

A Justiça do Trabalho brasileira é a única que pode exercer o chamado poder normativo, que consiste no poder de criar normas e condições gerais e abstratas (atividade típica do Poder Legislativo), proferindo sentença normativa (*rectius*, acórdão normativo) com eficácia *ultra partes*, cujos efeitos irradiarão para os contratos individuais dos trabalhadores integrantes da categoria profissional representada pelo sindicato que ajuizou o dissídio coletivo.

Essa função especial (competência) conferida aos tribunais trabalhistas é autorizada pelo art. 114, § 2º, da CF, segundo o qual:

> Recusando-se qualquer das partes à negociação coletiva ou à arbitragem, é facultado às mesmas, de comum acordo, ajuizar dissídio coletivo de natureza econômica, podendo a Justiça do Trabalho decidir o conflito, respeitadas as disposições mínimas legais de proteção ao trabalho, bem como as convencionadas anteriormente.

O princípio da normatização coletiva não é absoluto, pois encontra limites na própria Constituição, nas leis de ordem pública de proteção ao trabalhador (CF, art. 7º; CLT, arts. 8º e 444) e nas cláusulas (normas) anteriores previstas em convenções e acordos coletivos que disponham sobre condições mínimas de determinada categoria profissional (CF, art. 7º, XXVI).

6.8. Outros princípios do processo trabalhista

Além dos princípios acima arrolados, a doutrina invoca outros princípios como peculiares ao processo do trabalho, como os princípios da simplicidade, da celeridade, da despersonalização do empregador e da extrapetição. Todavia, pensamos que esses princípios são comuns ao processo do trabalho e ao processo civil.

6.8.1. Princípio da simplicidade das formas

Com efeito, o *princípio da simplicidade das formas* decorre dos princípios da instrumentalidade e da oralidade, já estudados nas linhas pretéritas, e – é inegável – constitui objetivo de todo e qualquer sistema processual, seja ele civil, penal ou trabalhista.

O art. 899 da CLT consagra expressamente que os recursos serão interpostos por simples petição, isto é, sem os formalismos extremos exigidos nos recursos de natureza extraordinária.

Os juizados especiais cíveis e criminais também são exemplos de aplicação do princípio da simplicidade. É importante ressaltar, porém, que as raízes deontológicas e fenomenológicas desses órgãos da justiça comum provêm do direito processual do trabalho.

6.8.2. Princípio da celeridade

O *princípio da celeridade*, embora comum a todos os ramos do direito processual, é um desdobramento do princípio constitucional da duração razoável do processo (CF, art. 5º, LXXVIII) e assume ênfase muito maior nos sítios do processo do trabalho, uma vez que, em regra, os créditos trabalhistas nele veiculados têm natureza alimentícia.

É bem de ver que o princípio da celeridade encontra abrigo expresso no art. 765 da CLT, segundo o qual os Juízes e os Tribunais do Trabalho terão ampla liberdade na direção do processo e velarão pelo andamento rápido das causas.

6.8.3. Princípio da despersonificação do empregador (desconsideração da personalidade jurídica)

A *despersonificação do empregador*, ou desconsideração da personalidade jurídica do empregador, constitui, a rigor, princípio do direito material trabalhista (CLT, arts. 2º, 10 e 448).

Além disso, o princípio da desconsideração da personalidade jurídica é encontrado em outros ramos, como o direito comercial, o direito civil, o direito ambiental, o direito das relações de consumo e o direito tributário.

Há duas teorias sobre a desconsideração da personalidade jurídica. A teoria maior, adotada pelo Código Civil (art. 50), e a teoria menor, adotada pelo Código de Defesa do Consumidor, cujo art. 28 dispõe, *in verbis*:

> O juiz poderá desconsiderar a personalidade jurídica da sociedade quando, em detrimento do consumidor, houver abuso de direito, excesso de poder, infração da lei, fato ou ato ilícito ou violação dos estatutos ou contrato social. A desconsideração também será efetivada quando houver falência, estado de insolvência, encerramento ou inatividade da pessoa jurídica provocados por má administração.

Cumpre esclarecer, por oportuno, que o princípio da desconsideração da personalidade jurídica do empregador tem sido bastante utilizado no processo do trabalho, mormente em sede de execução trabalhista[71].

71. Ver Capítulo XXIII, item 14.2.1.

O CPC (arts. 133 a 137) instituiu o incidente da desconsideração da personalidade jurídica, cabível em qualquer fase do processo, como uma espécie de intervenção de terceiro na lide.

Parece-nos, porém, que tal incidente, por implicar suspensão do processo, mostra-se incompatível com o processo do trabalho, mormente nas ações oriundas da relação de emprego ou de trabalho avulso, em função da natureza alimentícia dos créditos veiculados em tais ações, nas quais deve prevalecer o princípio da máxima celeridade da prestação jurisdicional.

Contudo, pensamos que é possível a aplicação do § 2º do art. 134 do CPC nos sítios do processo laboral, caso em que, mediante requerimento fundamentado do reclamante/autor, poderá haver formação de litisconsórcio passivo entre a empresa empregadora e seus sócios. Neste caso, não haverá incidente nem suspensão processual, e sim citação dos litisconsortes para se defenderem na demanda.

O art. 6º da IN/TST n. 39/2016, no entanto, manda aplicar "ao Processo do Trabalho o incidente de desconsideração da personalidade jurídica regulado no CPC (arts. 133 a 137), assegurada a iniciativa também do juiz do trabalho na fase de execução (CLT, art. 878)". O art. 855-A da CLT, igualmente, autoriza a aplicação dos arts. 133 a 137 do CPC no processo do trabalho.

A Lei n. 13.874/2019 alterou a redação do art. 50 do Código Civil, passando a disciplinar os aspectos de direito material do instituto da desconsideração da personalidade jurídica. Vale destacar que essa lei não poderia dispor sobre normas de direito processual, incluído o do trabalho, uma vez que se trata de lei decorrente de conversão de Medida Provisória. Ora, se a CF (art. 62, § 1º, I, *b*) veda a edição de Medida Provisória que disponha sobre Direito Processual Civil, Penal ou Trabalhista (STF – ADI n. 1.910), então há vício de inconstitucionalidade formal na lei que é resultado de conversão de Medida Provisória que, por sua vez, dispunha sobre direito processual.

Sobre este tema, remetemos o leitor ao Capítulo XI, item 3.6.

6.8.4. Princípio da extrapetição

O *princípio da extrapetição* é admitido no processo civil, mormente nos casos em que o juiz acrescenta à condenação juros legais e correção monetária (CPC, art. 322, § 1º), ainda que não pedidos pelo autor.

A CLT reconhece o princípio da extrapetição, como se infere dos seus arts. 137, § 2º, 467 e 496. O item II da Súmula 396 do TST também o consagra, ao dispor: "Não há nulidade por julgamento *extra petita* da decisão que deferir salário quando o pedido for de reintegração, dados os termos do art. 496 da CLT".

7. NATUREZA JURÍDICA DO DIREITO PROCESSUAL DO TRABALHO

Identificar a natureza jurídica do direito processual do trabalho consiste em analisar a sua essência e composição para, em seguida, classificá-lo dentro de um conjunto próximo de disciplinas correlatas. Como bem ressalta Maurício Godinho Delgado,

> Encontrar a natureza jurídica de um instituto do Direito consiste em se apreenderem os elementos fundamentais que integram sua composição específica, contrapondo-os, em seguida, ao conjunto mais próximo de figuras jurídicas, de modo a classificar o instituto enfocado no universo de figuras existentes no Direito[72].

Sem embargo da atual cizânia doutrinária acerca da subsistência da clássica formulação dicotômica de Ulpiano, que propõe a divisão do Direito em *Direito Público* e *Direito Privado*, parece-nos que há um consenso geral de que, a partir do momento em que o Estado avocou para si a jurisdição, isto é, o poder-dever de dizer e realizar o direito, de modo a evitar o duelo ou a justiça pelas mãos dos próprios litigantes, o direito processual em geral, abrangendo o direito processual civil, penal e trabalhista, passa a integrar o ramo do Direito Público.

Como segmento do Direito Público, portanto, pode-se dizer que o direito processual do trabalho encontra suas fontes normativas no próprio ordenamento jurídico estatal, porquanto somente o Estado tem o poder de editar normas de direito processual, com observância estrita do princípio da legalidade. Tanto é assim que em nosso direito positivo a própria Constituição Federal de 1988 prescreve, em seu art. 22, I, que compete privativamente à União legislar sobre direito processual, aí incluído, por óbvio, o direito processual do trabalho.

Além disso, a constatação de que o direito processual do trabalho integra o elenco das disciplinas do direito público decorre do fato de que ele tem por objeto a regulação da relação jurídica processual, que tem sempre um dos seus sujeitos o Estado-Juiz atuando com supremacia sobre os demais sujeitos do processo.

8. AUTONOMIA

Há diversos critérios que buscam confirmar a autonomia de um ramo da Ciência Jurídica. Dois, entretanto, são os mais conhecidos.

O primeiro leva em conta: *a)* a extensão da matéria; *b)* a existência de princípios comuns; *c)* a observância de método próprio.

72. DELGADO, Mauricio Godinho. *Curso de direito do trabalho*. São Paulo: LTr, 2015. p. 75.

O segundo critério baseia-se nos elementos componentes da relação jurídica, isto é, os sujeitos, o objeto e o vínculo obrigacional que os interliga.

No que concerne ao direito processual do trabalho, duas correntes doutrinárias distintas se apresentam: os monistas e os dualistas.

Os *monistas* sustentam que o direito processual do trabalho é simples desdobramento do processo civil, não possuindo princípios e institutos próprios. Entre os autores brasileiros, destaca-se Valentin Carrion, para quem

> o direito processual se subdivide em processual penal e processual civil (em sentido *lato*, ou não penal). As subespécies deste são o processual trabalhista, processual eleitoral etc. Todas as subespécies do direito processual civil se caracterizam por terem em comum a teoria geral do processo; separam-se dos respectivos direitos materiais (direito civil, direito do trabalho etc.) porque seus princípios e institutos são diversos. São direitos instrumentais que, eles sim, possuem os mesmos princípios e estudam os mesmos institutos. Os princípios de todos os ramos do direito não penal são os mesmos (celeridade, oralidade, simplicidade, instrumentalidade, publicidade etc.), e os institutos também (relação jurídica processual, revelia, confissão, coisa julgada, execução definitiva etc.). Assim, do ponto de vista jurídico, a afinidade do direito processual do trabalho com o direito processual comum (civil, em sentido *lato*) é muito maior (de filho para pai) do que com o direito do trabalho (que é objeto de sua aplicação). Assim acontece com o cirurgião de estômago, cuja formação principal pertence à clínica cirúrgica, mais do que à clínica médica, que estuda o funcionamento e tratamento farmacológico daquele órgão. Isso leva à conclusão de que o direito processual do trabalho não é autônomo com referência ao processual civil e não surge do direito material laboral. O direito processual do trabalho não possui princípio próprio algum, pois todos os que o norteiam são do processo civil (oralidade, celeridade, etc.); apenas deu (ou pretendeu dar) a alguns deles maior ênfase e relevo. O princípio de 'em dúvida pelo mísero' não pode ser levado a sério, pois, se se tratar de dúvida na interpretação dos direitos materiais, será uma questão de direito do trabalho e não de direito processual. E, se se tratar deste, as dúvidas se resolvem por outros meios: ônus da prova, plausibilidade, fontes de experiência comum, pela observação do que ordinariamente acontece (CPC, art. 335) ou contra quem possuía maior facilidade de provar, etc.[73].

Já os *dualistas* propugnam a existência de autonomia do direito processual do trabalho em relação ao direito processual civil. Entre os dualistas, destacam-se

---

73. CARRION, Valentin. *Comentários à Consolidação das Leis do Trabalho*. 4. ed. em CD-ROM. São Paulo: Saraiva, 1999, nota 1 ao art. 769.

Amauri Mascaro Nascimento, Sergio Pinto Martins, Mozart Victor Russomano, Humberto Theodoro Júnior, José Augusto Rodrigues Pinto, Wagner D. Giglio, Coqueijo Costa e Mauro Schiavi.

Com base no primeiro critério acima descrito, afigura-se-nos que o direito processual do trabalho goza de autonomia em relação ao direito processual civil (ou direito processual não penal).

Com efeito, o direito processual do trabalho dispõe de vasta matéria legislativa, possuindo título próprio na Consolidação das Leis do Trabalho, que, inclusive, confere ao direito processual civil o papel de mero coadjuvante (CLT, art. 769).

O próprio art. 15 do CPC, ao consagrar a sua aplicação subsidiária e supletiva, reconhece que o processo do trabalho dispõe de autonomia, uma vez que o processo civil apenas poderá colmatar-lhe as lacunas.

Por outro lado, já estudamos no tópico anterior que existem princípios peculiares do direito processual do trabalho, como os princípios da proteção, da finalidade social, da indisponibilidade, da busca da verdade real, da normatização coletiva e da conciliação.

Reconhecemos, porém, que o direito processual do trabalho não desfruta de métodos tipicamente próprios, pois a hermenêutica, que compreende a interpretação, a integração e a aplicação das normas jurídicas processuais, é a mesma da teoria geral do direito processual.

Não se pode olvidar, todavia, que a própria finalidade social do direito processual do trabalho exige do intérprete uma postura comprometida com o direito material do trabalho e com a realidade econômica e social dos sujeitos da lide, o que lhe impõe a adoção preponderante da técnica da interpretação teleológica, buscando, sempre, a almejada verdade real e, com isso, promovendo a justiça social no campo das relações decorrentes do conflito entre o capital e o trabalho.

Ademais, não há negar que o direito processual do trabalho possui institutos próprios, como, por exemplo, uma Justiça especializada (CF, art. 111) integrada por Juízes e Tribunais do Trabalho e o poder normativo exercido originariamente pelos Tribunais do Trabalho (CF, art. 114, § 2º).

De outra parte, convém lembrar que o direito processual do trabalho dispõe, atualmente, de autonomia didática, pois a disciplina tem sido ofertada separadamente nas grades curriculares; de autonomia jurisdicional, não apenas no Brasil (CF, art. 114) mas, também, em outros países, como Alemanha, Argentina, Uruguai, México e Espanha; de autonomia doutrinária, pois são inúmeras as obras, nacionais e estrangeiras, versando apenas direito processual do trabalho.

A autonomia do direito processual do trabalho, contudo, não implica seu isolamento. Por integrar o sistema processual, o direito processual do trabalho deve observar a unidade metodológica comum a todos os demais ramos do direito processual. Mas isso não pode implicar o distanciamento do direito processual do trabalho em relação ao direito material, ao qual está umbilicalmente vinculado.

Além disso, há de se destacar a possibilidade de heterointegração dos subsistemas (ou microssistemas) dos processos civil e trabalhista, sobre a qual remetemos o leitor ao subitem 10.2.1 deste Capítulo.

Cumpre advertir que unidade metodológica não significa homogeneidade de soluções. Dito doutro modo, a unidade de método não visa unificar soluções, mas, tão somente, o raciocínio adotado para se buscar a solução mais adequada, tempestiva e justa para o conflito submetido à apreciação do Poder Judiciário.

Não poderíamos encerrar este tópico sem manifestar a nossa preocupação com a incerteza da caminhada do processo do trabalho no tocante à sua autonomia, que se encontra seriamente abalada com a mitigação dos princípios peculiares como decorrência da ampliação da competência da Justiça do Trabalho para outras demandas estranhas ao direito material do trabalho e a nova codificação do processo civil (CPC, art. 15).

E o mais intrigante: o processo do trabalho passou a ser legalmente utilizado como técnica de solução de outras demandas em que o trabalhador nem sequer é sujeito da lide, como naquelas em que o empregador litiga diretamente com o Estado acerca das penalidades administrativas impostas pelos órgãos de fiscalização das relações de trabalho (CF, art. 114, VII).

9. CONCEITO DE DIREITO PROCESSUAL DO TRABALHO

É muito comum confundir o conceito com a definição de um instituto, mas há uma diferença muito grande: *conceito* é palavra que tem conteúdo genérico; *definição* é a delimitação desse conteúdo pela enumeração dos seus elementos.

Derivado do latim *conceptus*, de *concipere* (conceber, ter ideia, considerar), o conceito serve, na terminologia jurídica, para indicar o sentido, a interpretação, a significação que se tem das coisas, dos fatos e das palavras[74]. Pode-se dizer, assim, que, à luz da Ciência do Direito, conceito é a ideia, que se expressa mediante palavras, de dado instituto jurídico; já a definição é o significado dessas palavras.

Não há conceitos bons ou ruins, pois, numa sociedade pluralista como a nossa, são diversos os pontos de vista dos processualistas, todos eles, é claro, correspondentes à concepção, à ideia que têm desse setor específico do edifício jurídico. Os conceitos também podem variar de acordo com as concepções ideológicas e políticas dos diversos ordenamentos jurídicos existentes no mundo.

Modestamente, e para nos adaptarmos à nova ordem constitucional reinaugurada pela EC n. 45/2004, passamos a conceituar o direito processual do trabalho brasileiro como o *ramo da ciência jurídica, constituído por um sistema de valores, princípios, regras e instituições próprias, que tem por objeto promover a concretização dos direitos sociais fun-*

74. SILVA, De Plácido e. *Vocabulário jurídico*. Rio de Janeiro: Forense, 1996. v. I, p. 484.

damentais individuais, coletivos e difusos dos trabalhadores e a pacificação justa dos conflitos decorrentes direta ou indiretamente das relações de emprego e de trabalho, bem como regular o funcionamento e a competência dos órgãos que compõem a Justiça do Trabalho.

Afirmamos que o direito processual do trabalho é um ramo da ciência jurídica. Cabe, agora, esclarecer que, a rigor, o direito processual constitui uma das diversas formas de investigação da ciência do direito. De tal modo que o direito processual do trabalho, do ponto de vista metodológico, e por ser integrante do direito processual, integra o elenco das disciplinas de direito público. É, pois, com esse segmento do direito público, isto é, o direito processual, que o direito processual do trabalho interage sistematicamente. Isso ocorre em virtude do tronco comum e único da teoria geral do processo.

O direito processual do trabalho é, portanto, constituído por um sistema de normas, princípios, regras e instituições próprias, pois são esses elementos que o diferenciam do direito processual penal e civil, conferindo-lhe autonomia, como já vimos no item 8, *supra*.

Seu objeto é, também, especial, uma vez que repousa na efetivação dos direitos fundamentais sociais, individuais, coletivos e difusos dos trabalhadores e na promoção da pacificação dos conflitos decorrentes das relações de trabalho, com destaque para as oriundas da relação de emprego. Para tanto, o ordenamento jurídico brasileiro prevê uma Justiça especializada, composta por juízes e tribunais também especializados em causas trabalhistas e preparados para julgar as ações oriundas da relação de trabalho (CF, art. 114).

Outro objeto do direito processual do trabalho consiste na formulação de uma base teórica destinada à regulação sistêmica dos diversos órgãos que compõem a Justiça do Trabalho, visando a efetiva operacionalização dos escopos jurídico, social, ético e político desse setor especializado do Judiciário brasileiro.

É certo, porém, que, com a ampliação da competência da Justiça do Trabalho (EC n. 45/2004), o objeto do direito processual do trabalho foi ampliado consideravelmente para além das ações oriundas da relação de emprego, abarcando, também, as ações oriundas das demais espécies de relações de trabalho, as ações decorrentes das lides sindicais, as ações de execução das contribuições previdenciárias e ações relativas às penalidades impostas aos empregadores pelos órgãos de fiscalização do trabalho, o que exigirá dos juízes do trabalho uma nova capacitação técnica consentânea com a complexidade dos novos conflitos que passaram a ser processados e julgados na Justiça Especializada.

10. HERMENÊUTICA DO DIREITO PROCESSUAL DO TRABALHO

Costuma-se atribuir a *Hermés*, deus grego, a origem do termo hermenêutica. *Hermés* era o mensageiro dos deuses, tarefa que lhe exigia explicitar e interpretar as mensagens enviadas aos mortais.

Nos sítios da Ciência do Direito, a tarefa da hermenêutica jurídica é orientar o jurista na atividade de interpretação dos textos legais, visando ao seu correto significado de acordo com a "vontade da lei" (*voluntas legis*) ou a "vontade do legislador" (*voluntas legislatoris*). Esse modo de utilização da hermenêutica, que é inspirado no paradigma do Estado Liberal, ainda continua sendo largamente adotado tanto na academia quanto na doutrina e jurisprudência dos tribunais brasileiros.

É preciso alertar, porém, que tal modelo tradicional de hermenêutica jurídica encontra-se em crise no paradigma do Estado Democrático de Direito, mormente com o advento do fenômeno da constitucionalização do direito e do reconhecimento dos direitos metaindividuais.

Nesse passo, há que se buscar uma nova hermenêutica jurídica, como propõe Lenio Streck, uma vez que o Direito e a dogmática jurídica devem adequar-se não apenas para enfrentar os conflitos intersubjetivos como também os conflitos de massa numa sociedade complexa, pluralista e conflituosa como a brasileira.

Exsurge, pois, como sublinha Streck,

> a necessidade de (re)discutir as práticas discursivas/argumentativas dos juristas, a partir de questionamentos de suas condições de produção, circulação e consumo. Isto porque, como diz Veron, 'entre as lições de Marx, uma é mister não abandonar: ele nos ensinou que, se se olhar bem, todo produto traz os traços do sistema produtivo que o engendrou. Esses traços lá estão, mas não são vistos, por invisíveis. Uma certa análise pode torná-los visíveis: a que consiste em postular que a natureza de um produto só é inteligível em relação às regras sociais de seu engendramento'. (...) Esse hiato e a crise de paradigma do modelo liberal-individualista-normativista retratam a incapacidade histórica da dogmática jurídica em lidar com os problemas decorrentes de uma sociedade díspar como a nossa[75].

Buscando fundamentos da Semiótica (Saussure) e da hermenêutica filosófica (Gadamer e Heidegger), Streck obtempera que

> Fazer hermenêutica jurídica é realizar um processo de compreensão do Direito. Fazer hermenêutica jurídica é desconfiar do mundo e de suas certezas, é olhar o direito de soslaio, rompendo-se com (um)a hermé(nêu)tica jurídica tradicional-objetivante prisioneira do (idealista) paradigma epistemológico da filosofia da consciência. Com (ess)a (nova) compreensão hermenêutica do Direito recupera-se o sentido-possível-de-um-determinado-texto e não a re-construção do texto advindo de um significante-primordial-fundamento. Assim, por exemplo, não há um dispositivo constitucional que seja, em si e por si mesmo, de eficácia contida, de eficácia limitada ou de

75. STRECK, Lenio Luiz. *Hermenêutica jurídica e(m) crise*. 10. ed. Porto Alegre: Livraria do Advogado, 2011. p. 13.

eficácia plena. A eficácia do texto do dispositivo advirá de um trabalho de adjudicação de sentido, que será feito pelo hermeneuta/intérprete[76].

O referido autor adverte com inteira razão que

> o papel da hermenêutica passa a ser, fundamentalmente, o de preservar a força normativa da Constituição e o grau de autonomia do direito diante das tentativas usurpadoras provenientes do processo político (compreendido *lato sensu*). Nesse contexto, a grande engenharia a ser feita é, de um lado, preservar a força normativa da Constituição e, de outro, não colocar a política a reboque do direito[77].

A hermenêutica compreende a interpretação, a integração e a aplicação do direito.

10.1. Interpretação

A interpretação cuida da determinação do sentido da lei. O ato de interpretar a norma jurídica precede à sua aplicação, pois sem a interpretação não é possível desvendar o conteúdo, o sentido e o alcance das normas jurídicas.

Interpretar "significa, portanto, observar as intencionalidades objetivadas na norma jurídica que é aplicada aos casos concretos"[78]. Em outros termos, interpretar é descobrir o sentido e o alcance das expressões contidas nas normas jurídicas. Para tanto, o intérprete socorre-se dos métodos ou técnicas oferecidos pela ciência do direito, inspirando-se nos princípios e valores que integram dado ordenamento jurídico.

Não há negar que a função interpretativa é desempenhada primordialmente pelo juiz do trabalho, uma vez que a interpretação realizada por advogados, Ministério Público, Defensoria Pública ou demais entidades ou pessoas físicas possui validade enquanto não surge o processo judicial.

Entre os vários métodos tradicionais de interpretação, podemos mencionar o gramatical, o lógico, o sistemático, o teleológico, o extensivo, o restritivo e o autêntico.

Surge, modernamente, um novo método, calcado na doutrina alemã, o chamado método da interpretação conforme a Constituição. Nesse sentido, aliás, dispõe expressamente o art. 1º do CPC.

Não obstante, o art. 1º da Lei n. 13.874/2019 (Lei da Liberdade Econômica), que estabelece normas de proteção à livre iniciativa e ao livre exercício de atividade eco-

76. *Op. cit.*, p. 14.

77. STRECK, Lenio Luiz. Hermenêutica e princípios da interpretação constitucional. In: CANOTILHO, J. J. Gomes; MENDES, Gilmar Ferreira; SARLET, Ingo Wolfgang; STRECK, Lenio Luiz; LEONCY, Léo Ferreira. *Comentários à Constituição do Brasil*. São Paulo: Saraiva, 2013. p. 78.

78. NASCIMENTO, Amauri Mascaro. *Iniciação ao direito do trabalho*. 31. ed. São Paulo: LTr, 2005. p. 119.

nômica e disposições sobre a atuação do Estado como agente normativo e regulador, determina que seus dispositivos deverão ser observados "na aplicação e na interpretação do direito civil, empresarial, econômico, urbanístico e do trabalho nas relações jurídicas que se encontrem no seu âmbito de aplicação e na ordenação pública, inclusive sobre exercício das profissões, comércio, juntas comerciais, registros públicos, trânsito, transporte e proteção ao meio ambiente".

Prevê, ainda, o § 2º do art. 1º da referida lei que: "Interpretam-se em favor da liberdade econômica, da boa-fé e do respeito aos contratos, aos investimentos e à propriedade todas as normas de ordenação pública sobre atividades econômicas privadas", sendo que o § 3º do mesmo artigo dispõe que: "O disposto nos arts. 1º, 2º, 3º e 4º desta Lei não se aplica ao direito tributário e ao direito financeiro, ressalvado o inciso X do *caput* do art. 3º".

A nosso sentir, a Lei da Liberdade Econômica também não se aplica ao direito processual (civil, trabalhista, penal, tributário, eleitoral etc.), mesmo porque os arts. 1º e 8º do CPC, que são aplicáveis subsidiariamente ao processo do trabalho, deixam claro que as normas de processo (civil e trabalhista) devem ser interpretadas com base nos valores e normas da Constituição Federal, e não da Lei de Liberdade Econômica ou de qualquer outra lei.

Cumpre advertir, contudo, que não há um método único, correto, para interpretar as normas jurídicas, inclusive as processuais, pois, como bem observa Maria Helena Diniz, "as diversas técnicas interpretativas não operam isoladamente, não se excluem reciprocamente, antes se completam, mesmo porque não há, como aponta Zweigert, na teoria jurídica interpretativa, uma hierarquização segura das múltiplas técnicas de interpretação (...) todas trazem sua contribuição para a descoberta do sentido e do alcance da norma"[79].

Da pena fluente de Frederico Marques, extrai-se a seguinte lição: "Tendo em vista os critérios de justiça, segurança ou oportunidade, o intérprete adotará o método que lhe pareça mais acertado para o caso. Não há sistemas rígidos de interpretação. O entendimento mais razoável é o que deve prevalecer, pouco importando que tenha sido deduzido da interpretação exegética, sistemática ou teleológica"[80].

Passemos aos principais métodos de interpretação:

a) Método gramatical ou literal

A palavra, falada ou escrita, é a matéria viva do direito, daí ser a interpretação questão capital, dela dependendo toda uma construção científica com base em dois postulados básicos: segurança jurídica e justiça.

---

79. DINIZ, Maria Helena. *Compêndio de introdução ao estudo do direito*. São Paulo: Saraiva, 2001. p. 424.

80. MARQUES, José Frederico. *Manual de direito processual civil*. São Paulo: Saraiva, 1974. p. 34.

Interpretar gramaticalmente significa descobrir o sentido literal das palavras contidas nas normas jurídicas.

É, pois, a primeira tarefa do intérprete num sistema jurídico calcado na *civil law* (direito escrito), porquanto é sabido que nos países de *common law* (direito consuetudinário) prevalecem os costumes e as tradições, principalmente na Inglaterra.

O método da interpretação gramatical, também conhecido como método literal, semântico ou filológico, funda-se nas regras da gramática e da linguística, possibilitando ao intérprete o exame de cada texto normativo, isolada ou sintaticamente, observando pontuação, etimologia dos vocábulos etc.

A interpretação gramatical ou literal tem sido frequentemente utilizada no direito processual em geral e no direito processual do trabalho em particular, nas hipóteses em que o Judiciário analisa o cabimento dos recursos de natureza extraordinária. Assim, uma das hipóteses de cabimento do recurso de revista, por exemplo, é a prevista na alínea *c* do art. 896 da CLT, isto é, quando a decisão recorrida for proferida com "violação literal" de disposição de lei federal ou afronta direta e literal à Constituição Federal.

O método da interpretação gramatical pode, em sintonia com outros métodos, produzir alguns efeitos, entre os quais os que permitem ao intérprete ampliar (interpretação extensiva) ou reduzir (interpretação restritiva) o sentido e o alcance dos termos e expressões contidos nas normas.

b) Método lógico

O método lógico de interpretação tem por objeto desvendar o sentido e o alcance da norma, estudando-a por meio de raciocínios lógicos, analisando os períodos da lei e combinando-os entre si, com o escopo de atingir perfeita compatibilidade.

Este método exige do intérprete constante recurso às técnicas da lógica comum e da lógica jurídica. Por exemplo: todos os homens são mortais. Pedro é homem. Então, Pedro é mortal.

A interpretação lógica serve de base para a boa compreensão de determinados institutos processuais, como a preclusão, especialmente a preclusão lógica, já estudada alhures.

c) Método histórico

É o método pelo qual o intérprete, para chegar à inteligência do preceito, perquire as causas que ditaram a sua formação. Foi idealizado a partir das obras de Savigny e Puchta, daí serem estes os precursores da Escola Histórica do Direito.

Aqui se leva em conta o próprio processo legislativo que antecedeu a publicação e a vigência da norma, permitindo ao intérprete desvendar aspectos relativos à *ratio legis*, auxiliando-o na descoberta do sentido e do alcance da norma.

d) Método sistemático

Este método parte da premissa de que as normas não existem isoladamente. Antes, formam um conjunto, um sistema, que exige uma relação de coerência entre elas.

A coerência do sistema, pois, não permite que haja antinomias entre as normas que o compõem. Quando isso ocorre, é preciso solucionar o problema mediante a utilização dos critérios da especialidade, da hierarquia e da cronologia entre as normas em conflito. O problema maior é quando surge antinomia entre os próprios critérios, ou seja, a chamada antinomia de segundo grau. Pensamos que, em tais casos, o intérprete deve adotar critérios axiológicos extraídos da cultura, da ética, dos princípios fundamentais, do princípio da proporcionalidade, da razoabilidade etc.

O método sistemático exige amplo conhecimento das normas (regras e princípios) que integram o ordenamento jurídico, pois o exame sistemático de umas pode desvendar o sentido de outras. Além disso, verificando as normas conjuntamente é possível compreender o todo.

e) Método teleológico

Também chamado de método sociológico, o *método teleológico* é atribuído a Ihering. Nele, a atenção do intérprete volta-se para os fins sociais que a norma jurídica se propõe a realizar. Dito de outro modo, o método teleológico ou sociológico visa adaptar a finalidade da norma à realidade social, econômica, cultural e política em que vai incidir na prática.

O art. 5º da Lei de Introdução às Normas do Direito Brasileiro (Lei n. 12.376, de 30-12-2010) o admite expressamente, pois permite ao juiz que, quando da aplicação da lei, atente para os "fins sociais" a que ela se dirige e às "exigências do bem comum".

Como já apontado em outra parte desta obra, o método teleológico é o que mais se identifica com a gênese do direito processual do trabalho, a fim de que este possa, efetivamente, constituir-se em instrumento de realização da justiça social no campo das relações laborais.

f) Interpretação conforme a Constituição

A interpretação conforme a Constituição permite que o intérprete, depois de esgotar todas as interpretações convencionais possíveis e não encontrando uma interpretação constitucional, mas, também, não contendo a norma interpretada nenhuma violência à Constituição Federal, verifique se é possível, pelo caráter axiológico da norma constitucional, levar a efeito algum alargamento ou restrição da norma que a compatibilize com o texto da *Lex Legum*.

É preciso lembrar, no entanto, que tal amplitude ou restrição da interpretação da norma não deve ser revestida de afronta à sua literalidade ou à vontade do legislador.

Pode-se dizer que o princípio da interpretação conforme a Constituição permite uma renúncia ao formalismo jurídico e às interpretações convencionais em nome da justiça material e da segurança jurídica, elementos tão necessários à concretização do Estado Democrático de Direito.

Adverte, contudo, Alexandre de Moraes que a

interpretação conforme a Constituição somente será possível quando a norma apresentar vários significados, uns compatíveis com as normas constitucionais e outros não, ou, no dizer de Canotilho, 'a interpretação conforme a Constituição só é legítima quando existe um espaço de decisão (= espaço de interpretação) aberto a várias propostas interpretativas, umas em conformidade com a Constituição e que devem ser preferidas, e outras em desconformidade com ela'. Portanto, não terá cabimento a interpretação conforme a Constituição quando contrariar texto expresso de lei, que não permita qualquer interpretação em conformidade com a Constituição, pois o Poder Judiciário não poderá, substituindo-se ao Poder Legislativo (leis) ou Executivo (medidas provisórias), atuar como legislador positivo, de forma a criar um novo texto legal. Nessas hipóteses, o Judiciário deverá declarar a inconstitucionalidade da lei ou do ato normativo incompatível com a Constituição[81].

É importante destacar que, em nosso sistema jurídico, a interpretação conforme a Constituição não é monopólio do STF, uma vez que qualquer juiz ou tribunal pode utilizar tal método. Afinal, trata-se de uma técnica de controle (difuso ou concentrado) de constitucionalidade de lei ou ato normativo do Poder Público, podendo o STF exercê-lo diretamente ou a qualquer juiz de modo incidental (*incidenter tantum*) em qualquer processo judicial (via difusa)[82].

Enfim, a interpretação conforme a Constituição permite: *a*) a (re)leitura da norma infraconstitucional com vistas a melhor realizar os valores e os fins constitucionais nela proclamados; *b*) a declaração de inconstitucionalidade parcial sem redução do texto, isto é, excluindo uma possível interpretação da norma e afirmando uma interpretação alternativa compatível com a Constituição.

Um exemplo emblemático pode ser extraído da decisão do STF a respeito da obrigatoriedade da tentativa de composição do conflito perante a comissão de conciliação prévia. O Pretório Excelso, por reputar caracterizada, em princípio, a ofensa ao princípio do livre acesso ao Judiciário (CF, art. 5º, XXXV), deferiu parcialmente medidas cautelares em duas ações diretas de inconstitucionalidade - ajuizadas pela Confederação Nacional dos Trabalhadores no Comércio - CNTC, e pelo Partido Comunista do Brasil - PC do B, pelo Partido Socialista Brasileiro - PSB, pelo Partido dos Trabalhadores - PT e pelo Partido Democrático Trabalhista - PDT - para dar interpretação conforme a Constituição Federal relativamente ao art. 625-D, introduzido pelo art. 1º da Lei n. 9.958/2000 - que determina a submissão das demandas

81. MORAES, Alexandre de. *Direito constitucional*. 8. ed. São Paulo: Atlas, 2000. p. 43-44.

82. BARROSO, Luís Roberto. Neoconstitucionalismo e constitucionalização do direito (o triunfo tardio do direito constitucional do Brasil). In: SOUZA NETO, Cláudio Pereira de; SARMENTO, Daniel (Coords.). *A constitucionalização do direito:* fundamentos teóricos e aplicações específicas. Rio de Janeiro: Lumen Juris, 2007. p. 228-229.

trabalhistas à Comissão de Conciliação Prévia – a fim de afastar o sentido da obrigatoriedade dessa submissão (STF-ADI n. 2.160 MC/DF, red. p/ o acórdão Min. Marco Aurélio, j. 13-5-2009).

Cabe lembrar o parágrafo único do art. 28 da Lei n. 9.868, de 10 de novembro de 1999, que dispõe sobre o procedimento da ação direta de inconstitucionalidade e da ação declaratória de constitucionalidade perante o Supremo Tribunal Federal, e que pode ser aplicado por analogia ao controle difuso de constitucionalidade (exercido por qualquer juiz ou tribunal).

A diferença entre o controle concentrado e o controle difuso está em que, naquele, a declaração de (in)constitucionalidade, abrangendo a interpretação conforme a Constituição, e a declaração parcial de inconstitucionalidade sem redução de texto produzem efeitos *erga omnes* e vinculantes em relação aos órgãos do Poder Judiciário e à Administração Pública federal, estadual e municipal. Já no controle incidental, exercido por qualquer juiz ou tribunal (CF, art. 97), a declaração de inconstitucionalidade ou de constitucionalidade ou, ainda, a interpretação conforme, inclusive com redução de texto, não produz efeitos vinculantes e só alcança as partes (*inter partes*) figurantes do respectivo processo judicial.

Cumpre lembrar, para encerrar este tópico, que o art. 1º do CPC reconhece expressamente o método da interpretação conforme a Constituição, nos seguintes termos:

> O processo civil será ordenado, disciplinado e interpretado conforme os valores e as normas fundamentais estabelecidos na Constituição da República Federativa do Brasil, observando-se as disposições deste Código.

Trata-se de norma fundamental do processo civil que, na verdade, é uma norma fundamental de todo o ordenamento jurídico brasileiro, incluindo-se, evidentemente, as normas que compõem o sistema processual trabalhista.

Pode-se inferir, pois, que o processo do trabalho também deverá ser "ordenado, disciplinado e interpretado conforme os valores e as normas fundamentais da Constituição Federal". Daí a importância do método ora focalizado para a adequada interpretação das normas processuais trabalhistas.

10.2. Integração

Integrar tem o sentido de completar, inteirar. A integração diz respeito ao suprimento das lacunas dos sistemas jurídicos. Decorre da ideia da completude do ordenamento jurídico, que não permite ao juiz pronunciar o *non liquet*[83].

83. O juiz romano podia deixar de sentenciar pronunciando um *non liquet*; mas o juiz moderno tem obrigatoriamente de decidir o feito.

Pode-se, assim, dizer que a integração é o fenômeno que mantém a plenitude da ordem jurídica, ainda que inexistente norma jurídica específica a ser utilizada diante de determinado caso concreto a ser decidido.

A integração, pois, constitui uma autorização do sistema jurídico para que o intérprete possa valer-se de certas técnicas a fim de solucionar um caso concreto, no caso de lacuna.

Essas técnicas, que também atuam como fontes subsidiárias do direito, são a analogia (que compreende a *analogia legis* e a *analogia juris*), a equidade (em sentido aristotélico, *epiqueia*, e no sentido pretoriano romano, *aequitas*) e os princípios gerais de direito.

Já foi dito que os princípios gerais do direito que foram positivados na Constituição Federal (princípios fundamentais previstos no art. 1º) deixaram de ser meras fontes subsidiárias e passaram à categoria de "normas de introdução ao ordenamento jurídico brasileiro".

Quanto aos outros princípios gerais que ainda não receberam a vestimenta de normas positivadas, os arts. 126 e 127 do CPC de 1973, ante a lacunosidade e ausência de incompatibilidade, poderiam ser aplicados no direito processual do trabalho, tal como autorizado pelo art. 769 da CLT.

Com efeito, dispunha o art. 126 do CPC que o juiz não poderia se eximir de "sentenciar ou despachar alegando lacuna ou obscuridade da lei", cabendo-lhe aplicar, no julgamento da lide, "as normas legais; não as havendo, recorrerá à analogia, aos costumes e aos princípios gerais de direito".

Já o art. 127 do CPC prescrevia que o "juiz só decidirá por equidade nos casos previstos em lei".

Ocorre que os referidos artigos do CPC de 1973 foram substituídos pelo art. 140 e seu parágrafo único, do CPC, *in verbis*:

> Art. 140. O juiz não se exime de decidir sob a alegação de lacuna ou obscuridade do ordenamento jurídico.
>
> Parágrafo único. O juiz só decidirá por equidade nos casos previstos em lei.

Vê-se, assim, que não há mais previsão para a utilização da analogia, dos costumes e dos princípios gerais do direito como métodos integrativos para colmatação de lacunas.

E o fundamento dessa alteração substancial no CPC reside no novo protagonismo dos princípios no ordenamento jurídico, na medida em que deixam de ser meras fontes subsidiárias e passa à dignidade de fontes primárias do ordenamento jurídico.

Destarte, nos casos de lacuna ou obscuridade do ordenamento processual trabalhista, o juiz do trabalho deverá invocar o art. 769 da CLT e os arts. 8º, 15 e 140, parágrafo único, do CPC.

Decidir por equidade não significa necessariamente decidir com equidade.

Decidir por equidade ocorre quando a lei expressamente autoriza o juiz, na ausência de normas legais ou contratuais, a proferir uma decisão que ele reputar justa, tal como prevê o art. 766 da CLT, segundo o qual "nos dissídios sobre estipulação de salários, serão estabelecidas condições que, assegurando justo salário aos trabalhadores, permitam também justa retribuição às empresas interessadas".

O fato de o ordenamento autorizar o julgamento "por equidade" não significa que a decisão seja proferida "com equidade". No mesmo exemplo acima, pode o juiz fixar o salário com valor ínfimo, bem abaixo do valor de mercado, e, assim, não se poderá dizer que tal decisão judicial tenha sido "com equidade".

Na verdade, o balizamento para um julgamento com equidade pode ser extraído do art. 8º do CPC, aplicável, *in casu*, supletiva e subsidiariamente, no processo do trabalho, a fim de que o juiz invoque os princípios da dignidade da pessoa humana, da razoabilidade e da proporcionalidade para fixar, por exemplo, o valor do salário não previsto em contrato individual de trabalho, convenção coletiva, acordo coletivo ou na lei (salário profissional).

10.2.1. O CPC e as lacunas ontológicas e axiológicas: necessidade de heterointegração do sistema processual

O processo do trabalho surgiu da necessidade de se efetivar um sistema de acesso à Justiça do Trabalho que fosse, a um só tempo, simples, rápido e de baixo custo para os seus atores sociais (empregados e empregadores).

Daí a necessidade de se inserir na CLT uma cláusula de contenção para impedir as normas do CPC, o qual somente seria aplicado subsidiariamente em duas situações: existência de lacuna no sistema processual trabalhista e compatibilidade da norma a ser transplantada com os seus princípios peculiares (CLT, art. 769).

Com efeito, quando o art. 769 da CLT foi editado (1943), o "direito processual comum", que poderia ser utilizado como "fonte subsidiária" do processo do trabalho, era o Código de Processo Civil de 1939.

Pois, bem. Em 1973, entrou em vigor outro Código de Processo Civil brasileiro, o qual representou a chamada fase da autonomia científica do direito processual civil pátrio, enaltecendo o conceitualismo e o formalismo processuais, o que implicou, na prática laboral, a necessidade de se dar ênfase à cláusula de contenção supracitada (CLT, art. 769), de modo a impedir ao máximo a aplicação subsidiária das normas processuais civilistas nos sítios do processo do trabalho.

O CPC de 1973, além de moroso, paternalista (para o devedor) e custoso (para o autor), sempre se preocupou mais com as tutelas protetivas do patrimônio do que com as dos direitos sociais (e de personalidade), gerando, assim, um clima generalizado de desrespeito aos direitos humanos, especialmente em relação às pessoas mais pobres que não conseguem suportar a morosidade do processo sem prejuízo do sustento próprio e dos respectivos familiares. Surge, então, a necessidade de se criarem novos institutos e mecanismos que tenham por escopo a efetividade na prestação jurisdicional na seara civil.

Na verdade, podem ser identificadas três fases de reforma do CPC de 1973, de 1992 a 2006, sendo que todas elas tiveram como pano de fundo a efetividade.

Nesse ínterim, foi promulgada a Emenda Constitucional n. 45/2004, que instituiu uma nova garantia fundamental que repercutiu diretamente na reforma do sistema processual pátrio: o princípio da duração razoável do processo com os meios que garantam a celeridade de sua tramitação (CF, art. 5º, LXXVIII).

Importante assinalar que, antes mesmo de completar a terceira fase da reforma do CPC de 1973, o Congresso Nacional aprovou o PLS n. 166/2010, sancionado em março de 2015, instituindo um novo Código de Processo Civil que, expressamente, revoga o CPC de 1973 e todas as suas normas complementares.

Há certo consenso no sentido de que todas as fases reformistas (e o CPC) tiveram por escopo a *efetividade do processo*, o que implica, em certa medida, o reconhecimento da relativização do dogma da autonomia do processo do trabalho nos casos em que o art. 769 da CLT representar, na prática, descompromisso com tal princípio, porquanto a morosidade processual favorece os mais ricos (empregadores) em detrimento dos mais pobres (trabalhadores), sendo estes últimos, certamente, os mais prejudicados com a intempestividade da prestação jurisdicional.

É preciso, pois, reconhecer que "apego à metafísica, aos valores absolutos, deve ceder lugar ao pragmatismo capaz de trazer justiça aos litígios reais. Sem perder de vista os princípios e diretrizes de sustentação da dogmática e do sistema jurídico, que garantem estabilidade dos critérios de julgamento e evitam a atuação tópica e casuística, o intérprete deve buscar sempre a melhor forma de resolver os problemas concretos trazidos pelas partes, e, para isso, sua análise da lei deve ir além da literalidade e buscar seu sentido teleológico capaz de traduzir sua finalidade de integração e pacificação social"[84].

Nesse passo, urge repensar, o que é reforçado com o CPC (Lei n. 13.105/2015), o próprio conceito de lacuna, de maneira a possibilitar a heterointegração dos subsistemas do direito processual civil e do direito processual do trabalho, o que pode ser implementado mediante transplante de normas daquele, sempre que isso implicar maior efetividade deste.

A heterointegração pressupõe, portanto, existência não apenas das tradicionais lacunas normativas, mas, também, das lacunas ontológicas e axiológicas. Dito de

84. BOTTINI, Pierpaolo Cruz. Prefácio. In: CHAVES, Luciano Athayde. *A recente reforma no processo comum:* reflexos no direito judiciário do trabalho. São Paulo: LTr, 2006. p. 11.

outro modo, a heterointegração dos dois subsistemas (processos civil e trabalhista) pressupõe o diálogo virtuoso do art. 769 da CLT e do art. 15 do CPC, para permitir a aplicação subsidiária e supletiva do CPC não somente na hipótese (tradicional) de lacuna normativa do processo laboral, mas, também, quando a norma do processo trabalhista apresentar manifesto envelhecimento que, na prática, impede ou dificulta a prestação jurisdicional justa e efetiva deste processo especializado.

Como bem sublinha Luciano Athayde Chaves, antes mesmo do CPC:

> Precisamos avançar na teoria das lacunas do direito (quer sejam estas de natureza normativa, axiológica ou ontológica), a fim de reconhecer como incompleto o microssistema processual trabalhista (ou qualquer outro) quando – ainda que disponha de regramento sobre determinado instituto – este não apresenta fôlego para o enfrentamento das demandas contemporâneas, carecendo da supletividade de outros sistemas que apresentem institutos mais modernos e eficientes[85].

O referido autor destaca – com inteira razão, ressaltamos – a necessidade da heterointegração do sistema, não apenas diante da lacuna normativa, mas, também, diante das "frequentes hipóteses em que a norma processual trabalhista sofre de manifesto e indiscutível ancilosamento em face de institutos processuais semelhantes adotados em outras esferas da ciência processual, inequivocamente mais modernos e eficazes"[86].

A propósito, leciona Maria Helena Diniz[87] que são três as principais espécies de lacunas:

- *normativa* – há ausência de norma sobre determinado caso;
- *ontológica* – existe a norma, mas ela sofre de um claro envelhecimento em relação aos valores que permeavam os fatos sociais, políticos e econômicos que a inspiraram no passado, isto é, no momento da sua vigência inicial. Noutro falar, a norma não mais corresponde aos fatos sociais, em virtude da sua incompatibilidade histórica com o desenvolvimento das relações sociais, econômicas e políticas;
- *axiológica* – ausência de norma justa, isto é, existe um preceito normativo, mas, se for aplicado, a solução do caso será manifestamente injusta.

Nesse passo, lembra Karl Larenz que "toda lei contém inevitavelmente lacunas", razão pela qual "se reconheceu de há muito a competência dos tribunais para colmatar as lacunas da lei". Mas, adverte o mestre alemão,

85. CHAVES, Luciano Athayde. *A recente reforma no processo comum:* reflexos no direito judiciário do trabalho. São Paulo: LTr, 2006. p. 28-29.

86. Idem.

87. DINIZ, Maria Helena. *Compêndio de introdução à ciência do direito*. 14. ed. São Paulo: Saraiva, 2001. p. 437.

> por vezes, não se trata só no desenvolvimento judicial do Direito de colmatar lacunas da lei, mas da adoção e conformação ulterior de novas ideias jurídicas que, em todo o caso, se tinham insinuado na própria lei, e cuja realização pela jurisprudência dos tribunais vai para além do plano originário da lei e o modifica em maior ou menor grau. Compreende-se que, também, um tal desenvolvimento do Direito 'superador da lei' só deva ter lugar em consonância com os princípios directivos da ordem jurídica no seu conjunto; mais, muitas vezes será motivado precisamente pela aspiração a fazer valer estes princípios em maior escala do que aconteceu na lei. A interpretação da lei e o desenvolvimento judicial do Direito não devem ver-se como essencialmente diferentes, mas só como distintos graus do mesmo processo de pensamento. Isto quer dizer que a simples interpretação da lei por um tribunal, desde que seja a primeira ou se afaste de uma interpretação anterior, representa um desenvolvimento do Direito, mesmo que o próprio tribunal não tenha disso consciência[88]; assim como, por outro lado, o desenvolvimento judicial do Direito que ultrapasse os limites da interpretação lança mão constantemente de métodos 'interpretativos' em sentido amplo. Assinalamos como limite da interpretação em sentido estrito o sentido liberal possível. Um desenvolvimento do Direito conduzido metodicamente para além deste limite, mas ainda no quadro do plano originário, da teleologia da lei em si, é preenchimento de lacunas, desenvolvimento do Direito imanente à lei; o desenvolvimento do direito que esteja já para além deste limite, mas dentro do quadro e dos princípios directivos do ordenamento jurídico no seu conjunto e desenvolvimento do Direito superador da lei[89].

Adverte Karl Larenz que "só pode decidir-se a um desenvolvimento do Direito superador da lei quando o exijam razões de grande peso"[90].

Ancorando-nos nas doutrinas supracitadas, podemos dizer que a regra inscrita no art. 769 da CLT apresenta duas espécies de lacunas quando comparada com o novo processo sincrético inaugurado com as recentes reformas introduzidas pela Lei n. 11.232/2005, a saber: a lacuna ontológica e a lacuna axiológica.

a) Lacuna ontológica

É inegável que o desenvolvimento das relações políticas, jurídicas, sociais e econômicas desde a vigência da CLT (1943) até os dias atuais revelam que inúmeros institutos e garantias do processo civil passaram a influenciar diretamente o processo do trabalho, tais como as *astreintes*, os provimentos antecipatórios, as multas por litigân-

---

88. É o que ocorreu, por exemplo, com a aceitação da antecipação de tutela como medida acautelatória em ação rescisória (TST, Súmula 405), mesmo quando a redação original do art. 489 do CPC/73 não permitia a suspensão da execução pela propositura de tal demanda.

89. LARENZ, Karl. *Metodologia da ciência do direito*. 3. ed. Lisboa: Fundação Calouste Gulbenkian, 1997. p. 519-520.

90. Idem, ibidem, p. 520.

cia de má-fé e por embargos procrastinatórios, além do progresso técnico decorrente da constatação de que, na prática, raramente é exercido o *jus postulandi* pelas próprias partes, e sim por advogados cada vez mais especializados na área justrabalhista.

b) Lacuna axiológica

Há casos em que a regra do art. 769 da CLT, interpretada literalmente, mostra-se, muitas vezes, injusta e insatisfatória em relação ao usuário da jurisdição trabalhista quando comparada com as novas regras do sistema do processo civil sincrético que propiciam situação de vantagem (material e processual) ao titular do direito deduzido na demanda. Ademais, a transferência da competência material das ações oriundas da relação de trabalho para a Justiça do Trabalho não pode redundar em retrocesso econômico e social para os seus novos jurisdicionados nas hipóteses em que a migração de normas do CPC, não obstante a existência de regras na CLT, implique melhoria da efetividade da prestação jurisdicional, como é o caso da multa de 10% e a intimação do advogado (em lugar de citação) do devedor para o cumprimento da sentença.

Para colmatar as lacunas ontológica e axiológica do art. 769 da CLT, torna-se necessária uma nova hermenêutica que propicie um novo sentido ao seu conteúdo devido ao peso dos princípios constitucionais do acesso efetivo à justiça que determinam a utilização dos meios necessários para abreviar a duração do processo.

Com efeito, quando criada (em 1943), a referida norma consolidada funcionava como uma "cláusula de contenção" destinada a impedir a migração indiscriminada das regras do processo civil, o que poderia comprometer a simplicidade, a celeridade, enfim, a efetividade do processo laboral.

Atualmente, porém, a realidade é outra, pois o CPC passou a consagrar, em muitas situações, a otimização do princípio da efetividade da prestação jurisdicional, de modo que devemos, sempre que isso ocorra, colmatar as lacunas ontológica e axiológica das regras constantes da CLT e estabelecer a heterointegração do sistema mediante o diálogo das fontes normativas com vistas à efetivação dos princípios constitucionais concernentes à jurisdição justa e tempestiva. A utilização desta nova hermenêutica, portanto, pode ser adotada "sem ruptura no desenvolvimento aberto do Direito".

Afinal, como sublinha o jurista português Antônio Menezes Cordeiro: "A realização do Direito é unitária. Apenas em análise abstrata é possível decompô-la em várias fases que funcionam, tão só, em inseparável conjunto. Particularmente focada, é a unidade entre interpretação e aplicação. Mas há que ir mais longe, tudo está implicado, desde a localização da fonte à delimitação dos fatores relevantes; o caso é a parte de um todo vivo, sendo certo que interpretar é conhecer e decidir"[91].

91. CORDEIRO, Antônio Menezes. Introdução à edição em língua portuguesa. In: CANARIS, Claus-Wilhelm. *Pensamento sistemático e conceito de sistema na ciência do direito.* 2. ed. Lisboa: Fundação Calouste Gulbenkian, 1996. p. CIV-CV.

Há, pois, que instaurar uma nova mentalidade a respeito do dogma consolidado na regra do art. 769 da CLT, o que, aliás, já advertimos anteriormente, com a aplicação do sistema do acesso à jurisdição trabalhista metaindividual, segundo o qual nas ações civis públicas as fontes normativas primárias são a LACP (Lei n. 7.347/85) e a parte processual do CDC (Lei n. 7.078/90), restando à CLT o papel de mera fonte secundária ou subsidiária e, ainda, assim, sujeita ao controle de compatibilidade do novel sistema de acesso coletivo à Justiça do Trabalho[92].

De outro giro, é imperioso romper com o formalismo jurídico e estabelecer o diálogo das fontes normativas infraconstitucionais do CPC e da CLT, visando a concretização do princípio da máxima efetividade das normas (princípios e regras) constitucionais de direito processual, especialmente o novel princípio da "duração razoável do processo com os meios que garantam a celeridade de sua tramitação" (EC n. 45/2004, art. 5º, LXXVIII).

Ademais, se o processo nada mais é do que instrumento de realização do direito material, é condição necessária aplicar as normas do CPC que, na prática, impliquem a operacionalização do princípio da máxima efetividade da tutela jurisdicional, que tem no princípio da celeridade uma de suas formas de manifestação. Isso significa que as normas do CPC, desde que impliquem maior efetividade à tutela jurisdicional dos direitos sociais trabalhistas, devem ser aplicadas nos domínios do processo do trabalho como imperativo de promoção do acesso do cidadão-trabalhador à jurisdição justa.

O próprio TST acabou abarcando essa nova hermenêutica constitucional ao romper com o dogma da autonomia absoluta do processo do trabalho (art. 769 da CLT), como se pode extrair, *v.g.*, da Súmula 303 daquela Corte, segundo a qual – mesmo diante de disposição legal expressa no art. 1º, V, do Decreto-Lei n. 779/69, que determina a remessa necessária obrigatória de sentença total ou parcialmente desfavorável aos entes públicos – é aplicável a norma do § 2º do art. 475 do CPC (CPC, art. 496, § 3º), que não admite a remessa necessária quando a condenação ou o proveito econômico obtido na causa for de valor certo e líquido inferior a:

> I – 1.000 (mil) salários mínimos para a União e as respectivas autarquias e fundações de direito público;
> II – 500 (quinhentos) salários mínimos para os Estados, o Distrito Federal, as respectivas autarquias e fundações de direito público e os Municípios que constituam capitais dos Estados;

92. LEITE, Carlos Henrique Bezerra. *Ação civil pública:* nova jurisdição trabalhista metaindividual e legitimação do Ministério Público. São Paulo: LTr. p. 78-87. Ver também: LEITE, Carlos Henrique Bezerra. *Liquidação na ação civil pública*. São Paulo: LTr, 2004. p. 34-40, onde sustentamos a relativização da autonomia do direito processual do trabalho.

III – 100 (cem) salários mínimos para todos os demais Municípios e respectivas autarquias e fundações de direito público.

Por outro lado, não é razoável admitir que a ampliação da competência da Justiça do Trabalho para processar e julgar ações oriundas das relações de trabalho distintas da relação de emprego (EC n. 45/2004) possa implicar (pela não aplicação das normas do CPC nas hipóteses em que estas se mostrarem mais efetivas do que as da CLT) redução do direito fundamental de acesso dos cidadãos (trabalhadores *lato sensu*) à Justiça célere e eficaz.

Em outros termos, seria ilógico e manifestamente injusto transferir, via Emenda Constitucional n. 45/2004, as demandas oriundas da relação de trabalho *lato sensu* para a competência da Justiça do Trabalho e, pela não aplicação de novas normas do CPC, reduzir a efetividade da tutela jurisdicional (em sentido formal e material) dos titulares das referidas demandas.

Oportuna, nesse passo, antes mesmo da vigência do CPC, a percuciente advertência de José Roberto dos Santos Bedaque:

> A efetividade da tutela jurisdicional depende muito da sensibilidade do jurista, principalmente do estudioso do direito processual, que deve criar soluções visando a tornar o instrumento adequado à realidade social a que ele será aplicado[93].

Na mesma esteira, Valentin Carrion já salientava, em comentário ao art. 769 da CLT:

> Perante novos dispositivos do processo comum, o intérprete necessita fazer uma primeira indagação: se, não havendo incompatibilidade, permitir-se-ão a celeridade e a simplificação, que sempre foram almejadas. Nada de novos recursos, novas formalidades inúteis e atravancadoras[94].

Em semelhante escólio, lembra Daisson Flach que o

> direito ao devido processo legal, ou ao justo processo, garantia que, de certa forma, sintetiza as demais, é portanto, entendido em suas duas dimensões: formal e material. Deve o processo estruturar-se formalmente de modo a dar cumprimento, tanto quanto possível, aos vários princípios implicados, estabelecendo, a cada passo, a sua devida ponderação. A noção atual de instrumentalidade postula um pro-

93. BEDAQUE, José Roberto dos Santos. *Direito e processo:* influência do direito material sobre o processo. 3. ed. São Paulo: Malheiros, 2003. p. 33.

94. CARRION, Valentin. *Comentários à Consolidação das Leis do Trabalho*. 31. ed. São Paulo: LTr, p. 584.

cesso tecnicamente estruturado que possa atender aos aspectos éticos da atividade judiciária. As garantias formais não são um fim em si mesmas, devendo oferecer, dentro das possibilidades, resultado materialmente justo[95].

É, pois, na Justiça do Trabalho que o princípio da máxima efetividade da tutela jurisdicional encontra solo fértil para ampla aplicação, mormente na fase de cumprimento de sentença que contenha obrigação por quantia certa (em geral, créditos de natureza alimentícia). Eis aí a aproximação do direito processual ao direito material, propiciando o acesso à jurisdição justa.

Afinal, o nosso ordenamento jurídico guarda em seu patamar mais alto, como verdadeiras cláusulas de direito fundamental, o princípio do direito (norma) mais favorável à pessoa humana (CF, art. 5º, § 2º) e, em particular, o princípio do direito (norma) mais favorável ao cidadão-trabalhador (CF, art. 7º, *caput*), não havendo distinção constitucional entre normas que contemplam direito material e direito processual.

Como bem lembra Luiz Guilherme Marinoni:

> Diante da transformação da concepção de direito, não há mais como sustentar antigas teorias da jurisdição, que reservavam ao juiz a função de declarar o direito ou de criar a norma individual, submetidas que eram ao princípio da supremacia da lei e ao positivismo acrítico. O Estado constitucional inverteu os papéis da lei e da Constituição, deixando claro que a legislação deve ser compreendida a partir dos princípios constitucionais de justiça e dos direitos fundamentais. Expressão concreta disso são os deveres de o juiz interpretar a lei de acordo com a Constituição, de controlar a constitucionalidade da lei, especialmente atribuindo-lhe novo sentido para evitar a declaração de inconstitucionalidade, e de suprir a omissão legal que impede a proteção de um direito fundamental. Isso para não falar do dever, também atribuído à jurisdição pelo constitucionalismo contemporâneo, de tutelar os direitos fundamentais que se chocam no caso concreto[96].

Aliás, a busca pela efetividade do processo do trabalho é, inegavelmente, uma maneira de aplicar princípios e direitos fundamentais, além de melhorar a condição

95. FLACH, Daisson. Processo e realização constitucional: a construção do "devido processo". In: AMARAL, Guilherme Rizzo; CARPENA, Márcio Louzada (Coords.). *Visões críticas do processo civil brasileiro:* uma homenagem ao prof. Dr. José Maria Rosa Tesheiner. Porto Alegre: Livraria do Advogado, 2005. p. 20.

96. MARINONI, Luiz Guilherme. A jurisdição no estado contemporâneo. In: MARINONI, Luiz Guilherme (Coord.). *Estudos de direito processual civil*: homenagem ao professor Egas Dirceu Moniz de Aragão. São Paulo: Revista dos Tribunais, 2005. p. 65.

social dos trabalhadores, especialmente em nosso País, na medida em que, por meio dele (processo do trabalho), podem ser reprimidas (ou evitadas) as condutas socialmente indesejáveis dos "tomadores de serviços" que, sistemática e massivamente, lesam os direitos sociais trabalhistas, o que exige uma nova mentalidade a respeito do papel da Justiça do Trabalho como instituição guardiã da ordem justrabalhista.

É importante assinalar que na 1ª Jornada de Direito Material e Processual do Trabalho, realizada em Brasília-DF, foi aprovado, em 23 de novembro de 2007, o Enunciado n. 66, que admite a aplicação subsidiária do CPC nas hipóteses de lacunas ontológicas ou axiológicas, nos seguintes termos:

> APLICAÇÃO SUBSIDIÁRIA DE NORMAS DO PROCESSO COMUM AO PROCESSO TRABALHISTA. OMISSÕES ONTOLÓGICA E AXIOLÓGICA. ADMISSIBILIDADE. Diante do atual estágio de desenvolvimento do processo comum e da necessidade de se conferir aplicabilidade à garantia constitucional da duração razoável do processo, os arts. 769 e 889 da CLT comportam interpretação conforme a Constituição Federal, permitindo a aplicação de normas processuais mais adequadas à efetivação do direito. Aplicação dos princípios da instrumentalidade, efetividade e não retrocesso social.

10.3. Aplicação

Tradicionalmente, os teóricos sustentam que a aplicação do direito é a adaptação das situações de fato aos preceitos normativos, ou seja, a subsunção de um caso particular ao império de uma norma jurídica.

Na verdade, tal subsunção há de estar em consonância com os valores políticos, econômicos e sociais que permeiam determinado ordenamento jurídico.

A aplicação de uma norma, por mais clara que possa parecer, pressupõe, sempre, a sua interpretação. Vale dizer, não há aplicação sem prévia interpretação de um preceito normativo.

A aplicação do direito pode ser feita pelo juiz, pela autoridade administrativa, pelo particular, pelo empregador, enfim por todos aqueles que praticam atos jurídicos.

Interessa-nos, aqui, a aplicação do direito pelo magistrado, pois este, ao aplicar uma norma jurídica, utiliza-se das técnicas de interpretação, de integração e de correção, levando em conta a justiça, a validade e a eficácia do texto normativo. Vale dizer, ao aplicar uma norma geral a um caso concreto, o magistrado cria, pela sentença, uma norma individual, transformando o direito objetivo em direito subjetivo.

Como lembra Maria Helena Diniz, o magistrado,

> ao aplicar as normas jurídicas, criando uma norma individual, deverá interpretá-las, integrá-las e corrigi-las, mantendo-se dentro dos limites marcados pelo direi-

> to. As decisões dos juízes devem estar em consonância com o conteúdo da consciência jurídica geral, com o espírito do ordenamento jurídico, que é mais rico de conteúdo do que a disposição normativa, pois contém critérios jurídicos e éticos, ideias jurídicas concretas ou fáticas que não encontram expressão na norma do direito. Por isso, a tarefa do magistrado não é meramente mecânica, requer um certo preparo intelectual, ao determinar qual a norma que vai aplicar[97].

Não é outro o significado do art. 5º da Lei de Introdução às Normas do Direito Brasileiro, segundo o qual, na aplicação da lei, o juiz atenderá aos fins sociais a que ela se dirige e às exigências do bem comum. Tal preceito normativo, todavia, teve pouca aplicabilidade na prática jurídica, certamente em função do formalismo e do tecnicismo jurídico exacerbados que se instalaram no direito brasileiro, sobretudo influenciado pelo liberalismo econômico na formação da consciência jurídica nacional, principalmente durante o regime militar.

Com o advento da Constituição da República de 1988, o intérprete passa a ter o dever de, ao subsumir um fato a uma norma jurídica, observar os novos valores, princípios, regras e objetivos que norteiam o Estado Democrático de Direito brasileiro.

Nesse sentido, é o teor do Enunciado n. 1 aprovado na 1ª Jornada de Direito Material e Processual do Trabalho, realizada em Brasília-DF, *in verbis*:

> DIREITOS FUNDAMENTAIS. INTERPRETAÇÃO E APLICAÇÃO. Os direitos fundamentais devem ser interpretados e aplicados de maneira a preservar a integridade sistêmica da Constituição, a estabilizar as relações sociais e, acima de tudo, a oferecer a devida tutela ao titular do direito fundamental. No Direito do Trabalho, deve prevalecer o princípio da dignidade da pessoa humana.

No mesmo sentido, o art. 8º do CPC dispõe:

> Ao aplicar o ordenamento jurídico, o juiz atenderá aos fins sociais e às exigências do bem comum, resguardando e promovendo a dignidade da pessoa humana e observando a proporcionalidade, a razoabilidade, a legalidade, a publicidade e a eficiência.

Esse dispositivo, como já destacado em linhas transatas, é aplicável, supletiva e subsidiariamente, ao processo do trabalho, por força dos arts. 769 da CLT e 15 do CPC.

97. DINIZ, Maria Helena. *Compêndio de introdução à ciência do direito*. 14. ed. São Paulo: Saraiva, 2001. p. 412.

10.4. Eficácia

A eficácia da norma jurídica pode ter mais de um sentido. Apontaremos os dois sentidos jurídicos mais usuais.

O primeiro corresponde a um problema a ser investigado, principalmente, pela sociologia do direito com o escopo de descortinar se determinada norma está sendo cumprida espontaneamente pelo destinatário ou, em caso negativo, se existem mecanismos suficientes e adequados para o seu efetivo cumprimento. É a chamada eficácia social da norma jurídica.

O segundo sentido de eficácia é estudado, primordialmente, pela teoria geral do direito e concerne ao exame da aptidão de dada norma para produzir efeitos jurídicos. Daí a expressão *eficácia jurídica*, também chamada de eficácia técnica.

Nesse segundo sentido é que se investiga a eficácia (ou aplicabilidade) das normas constitucionais. Fala-se, assim, em: normas constitucionais de eficácia plena e de aplicabilidade imediata; normas constitucionais de eficácia contida e de aplicabilidade imediata; e normas constitucionais de eficácia limitada e de inaplicabilidade imediata.

Há outros sentidos de eficácia das normas jurídicas, como veremos adiante.

10.4.1. Eficácia da norma processual trabalhista no tempo

A eficácia da norma processual trabalhista no tempo é guiada por dois princípios fundamentais: o princípio da irretroatividade das normas processuais e o princípio do efeito imediato das normas processuais.

O *princípio da irretroatividade das normas processuais* informa que a lei não pode retroagir para prejudicar (CF, art. 5º, XXXVI). Este princípio, no entanto, há de ser entendido em termos, uma vez que, em se tratando de direito público (direito processual), o art. 915 da CLT diz: "Não serão prejudicados os recursos interpostos com apoio em dispositivos alterados ou cujo prazo para interposição esteja em curso à data da vigência desta Consolidação".

Isto quer dizer que não há direito adquirido a dado recurso, mas o direito de recorrer é exercido de acordo com a lei que vigia ao tempo da publicação da decisão da qual se pretende recorrer. Adota-se, assim, o sistema conhecido por "isolamento dos atos processuais". Segundo esse sistema, o processo do trabalho, assim como o processo civil, compreende uma série de atos processuais, que se coordenam e se sucedem dentro do procedimento, a partir da petição inicial e até a sentença que transitará em julgado.

Estando em desenvolvimento um processo, a lei nova regula, apenas, os atos processuais que se praticarão sob sua vigência. Os atos processuais realizados sob o império da lei anterior são válidos e produzem os efeitos que lhes imprimia a lei velha.

Este é o sistema adotado pelo CPC de 1973 e mantido no CPC de 2015, como se deduz do seu art. 1.046, que diz que, "ao entrar em vigor este Código, suas disposições se aplicarão desde logo aos processos pendentes, ficando revogada a Lei n. 5.869, de 11 de janeiro de 1973".

O *princípio do efeito imediato* reside no art. 912 da CLT, *in verbis*: "Os dispositivos de caráter imperativo terão aplicação imediata às relações iniciadas, mas não consumadas, antes da vigência desta Consolidação".

No processo civil, sua residência era o art. 1.211 do CPC de 1973, segundo o qual as disposições "aplicam-se desde logo aos processos em curso". Quanto à eficácia temporal do CPC e da Lei n. 13.467/2017, ver item 10.4.1.2, *infra*.

10.4.1.1. Eficácia temporal da EC n. 45/2004

Com a promulgação e vigência da EC n. 45/2004, que instituiu a chamada Reforma do Poder Judiciário, houve muitas polêmicas a respeito da aplicação das novas normas constitucionais sobre competência da Justiça do Trabalho no tocante às ações oriundas da relação de trabalho. O problema, pois, pode ser assim formulado: o processo versando ação oriunda da relação de trabalho que tramitava na Justiça Comum deve, com a vigência da EC n. 45/2004, ser automaticamente remetido à Justiça do Trabalho? Qual norma processual de competência deve prevalecer: a velha ou a nova?

Para enfrentar o problema, surgiram quatro correntes doutrinárias[98]: *a*) a primeira considera o processo como um todo indivisível, motivo pelo qual ele deve continuar tramitando na Justiça Comum, caso a ação já tenha sido proposta antes da vigência da lei nova, ou seja, segundo a "lei velha"; *b*) a segunda sustenta ser o processo dividido em fases processuais autônomas (postulatória, instrutória, decisória e recursal), com o que a "lei nova" só incidiria sobre a fase processual ainda não iniciada; *c*) uma terceira corrente defende o entendimento de que todos os processos em curso que veiculem demandas que tenham sido transferidas para a competência da Justiça do Trabalho devem ser a esta imediatamente remetidos, independentemente da fase ou dos atos já praticados, salvo naqueles casos em que já tenham sido proferidas sentenças transitadas em julgado. Em outros termos, os processos que já tenham coisa julgada e tramitavam na Justiça Comum antes da EC n. 45/2004 deverão nesta continuar, à luz do princípio consagrado no art. 575, II, do CPC[99]; *d*) fi-

98. RODRIGUES, Marcelo Abelha. *Elementos de direito processual civil*. 3. ed. São Paulo: Revista dos Tribunais, 2003. v. 1, p. 134 e s.

99. BRESCOVICI, Paulo Roberto. Efeitos processuais originados pela Emenda Constitucional n. 45/2004 no âmbito da justiça do trabalho. In: PINHEIRO, Alexandre Augusto Campana

nalmente, a quarta corrente advoga o isolamento dos atos processuais, ou seja, a "lei nova" não atinge os atos processuais já praticados, nem os seus efeitos, mas é aplicável aos atos processuais ainda não iniciados, independentemente da fase processual em que tais atos estejam situados.

É preciso destacar, em primeiro lugar, que a EC n. 45/2004 nada dispôs sobre eficácia retroativa das novas normas constitucionais sobre competência, razão pela qual nos parece correta a última corrente, de modo que a nova regra de competência da Justiça do Trabalho não pode prejudicar o ato jurídico perfeito, a coisa julgada e o direito adquirido (CF, art. 5º, XXXVI), é dizer, a nova lei não pode retroagir para prejudicar o ato processual já finalizado, nem impedir a aplicação do direito (processual) adquirido da parte de praticar um ato processual iniciado sob o manto da lei velha e ainda pendente de realização.

À guisa de exemplo, se, numa ação que tramita na Justiça Comum oriunda da relação de trabalho, em que um trabalhador autônomo postula indenização por dano patrimonial e moral em face do tomador do seu serviço, as partes foram intimadas da sentença antes da vigência da EC n. 45/2004, terão elas o prazo de quinze dias para a interposição do recurso de apelação, cujo processamento e julgamento continuarão na competência da Justiça Comum. Caso, porém, as partes sejam intimadas da sentença após a vigência da EC n. 45/2004, o recurso cabível será o ordinário, com prazo de oito dias, cujo processamento e julgamento será da Justiça do Trabalho, para onde os autos deverão ser remetidos.

Na prática, porém, tendo em vista o disposto na literalidade do art. 87 do CPC, "a tendência dos Juízos Cíveis, Estaduais e Federais (estes, quanto às ações que tenham por objeto penalidades administrativas aplicadas pelas DRTs), e dos Juizados Especiais Cíveis, será remeter os autos à Justiça do Trabalho, mesmo que a sentença por eles emitida haja passado em julgado"[100]. Nesse sentido, aliás, a Súmula 10 do STJ.

É importante lembrar que o STF, no CC n. 7.204/MG, do qual foi relator o Ministro Carlos Britto, deixou assentado que, por razões de política judiciária, as ações acidentárias propostas na Justiça Comum antes de 31 de dezembro de 2004, nas quais já exista sentença, lá permanecerão. Se não houver sentença, o processo deverá ser remetido à Justiça do Trabalho.

Na esteira de tal entendimento, o STJ decidiu que, quando do advento da EC n. 45/2004, ainda se encontravam diversos processos na Justiça Comum sem sentença

(Coord.). *Competência da justiça do trabalho:* aspectos materiais e processuais de acordo com a EC n. 45/2004. São Paulo: LTr, 2005. p. 202.

100. TEIXEIRA FILHO, Manoel Antonio. *Breves comentários à reforma do Poder Judiciário.* São Paulo: LTr, 2005. p. 262.

prolatada, seja de mérito ou não. Por tal razão, entendeu que aqueles processos já com sentença prosseguem regidos pela antiga competência da Justiça comum estadual, inclusive recursal. Decidiu-se adotar jurisprudência do STF no sentido de que a alteração superveniente de competência, mesmo que determinada por regra constitucional, não atinge a validade de sentença anteriormente proferida (Precedentes citados do STF: CC n. 7.204-MG, *DJ* 3-8-2005; CC n. 6.967-RJ, *DJ* 26-9-1997, RTJ 60/855; CC n. 51.712-SP, Rel. Min. Barros Monteiro, j. 10-8-2005).

O STF, no entanto, vem entendendo que, somente quando a sentença for de mérito e proferida antes da EC n. 45/2004 pela Justiça Comum, é lá que deve continuar tramitando. É o que se infere da Súmula Vinculante 22 do STF (que, a nosso sentir, supera definitivamente o entendimento constante das Súmulas 501 do STF e 15 do STJ):

> A Justiça do Trabalho é competente para processar e julgar as ações de indenização por danos morais e patrimoniais decorrentes de acidente de trabalho propostas por empregado contra empregador, inclusive aquelas que ainda não possuíam sentença de mérito em primeiro grau quando da promulgação da Emenda Constitucional n. 45/04.

10.4.1.2. Eficácia temporal do CPC e da Lei n. 13.467/2017

O CPC esmiuçou as hipóteses de eficácia da norma processual no tempo, dispondo, em seu art. 14, que a "norma processual não retroagirá e será aplicável imediatamente aos processos em curso, respeitados os atos processuais praticados e as situações jurídicas consolidadas sob a vigência da norma revogada", sendo certo que o seu art. 1.046 dispõe, *in verbis*:

> Art. 1.046. Ao entrar em vigor este Código, suas disposições se aplicarão desde logo aos processos pendentes, ficando revogada a Lei n. 5.869, de 11 de janeiro de 1973.
>
> § 1º As disposições da Lei n. 5.869, de 11 de janeiro de 1973, relativas ao procedimento sumário e aos procedimentos especiais que forem revogadas aplicar-se-ão às ações propostas e não sentenciadas até o início da vigência deste Código.
>
> § 2º Permanecem em vigor as disposições especiais dos procedimentos regulados em outras leis, aos quais se aplicará supletivamente este Código.
>
> § 3º Os processos mencionados no art. 1.218 da Lei n. 5.869, de 11 de janeiro de 1973, cujo procedimento ainda não tenha sido incorporado por lei submetem-se ao procedimento comum previsto neste Código.
>
> § 4º As remissões a disposições do Código de Processo Civil revogado, existentes em outras leis, passam a referir-se às que lhes são correspondentes neste Código.

§ 5º A primeira lista de processos para julgamento em ordem cronológica observará a antiguidade da distribuição entre os já conclusos na data da entrada em vigor deste Código.

Em outras palavras, o CPC de 2015 adota o princípio do *tempus regit actum*, não tendo a lei nova aptidão para atingir os atos processuais já praticados sob o império da lei revogada.

No que tange ao direito probatório, o art. 1.047 do CPC, no entanto, manda aplicar as suas disposições "apenas às provas requeridas ou determinadas de ofício a partir da data de início de sua vigência".

É importante lembrar que, nos termos do seu art. 1.045, o Novo Código de Processo Civil brasileiro "entra em vigor após decorrido 1 (um) ano da data de sua publicação oficial".

Assim, se a Lei n. 13.105, de 16-3-2015, foi publicada no *Diário Oficial da União* no dia 17-3-2015, parece-nos que o CPC entrará em vigor "após decorrido um ano da data de sua publicação", ou seja, 18-3-2016.

Podemos dizer, em raciocínio analógico, que as normas processuais trabalhistas, por seu caráter público, terão aplicação imediata às relações processuais iniciadas não cobertas pela coisa julgada, pois esta constitui manifestação idêntica ao direito adquirido ou ao ato jurídico perfeito no âmbito do processo.

Com razão, Renato Saraiva, ao salientar que

> os atos processuais já praticados antes da entrada em vigor da lei processual nova estarão regulados, por constituírem ato jurídico perfeito e acabado, ou seja, os atos processuais praticados sob vigência da lei revogada mantêm plena eficácia depois de promulgada a lei nova, mesmo que esta estabeleça preceitos de conteúdos diferentes. (...) Todavia, no caso de lei processual nova, cujo conteúdo envolva disposições atinentes à jurisdição e competência, terá a mesma aplicação imediata, regendo o processo e julgamento de fatos anteriores à sua promulgação[101].

Registra-se que, no tocante à eficácia do CPC de 2015 no tempo, o STJ editou os seguintes Enunciados Administrativos:

> **Enunciado Administrativo n. 2** – Aos recursos interpostos com fundamento no CPC/1973 (relativos a decisões publicadas até 17 de março de 2016) devem ser exi-

101. SARAIVA, Renato. *Curso de direito processual do trabalho*. São Paulo: Método, 2005. p. 32. Em matéria de competência da Justiça do Trabalho para ações relativas a acidente do trabalho, porém, o STF (CC n. 7204-MG) relativizou, por razões de política judiciária, o critério de aplicação imediata da EC n. 45/2004.

gidos os requisitos de admissibilidade na forma nele prevista, com as interpretações dadas, até então, pela jurisprudência do Superior Tribunal de Justiça.

Enunciado Administrativo n. 3 – Aos recursos interpostos com fundamento no CPC/2015 (relativos a decisões publicadas a partir de 18 de março de 2016) serão exigidos os requisitos de admissibilidade recursal na forma do novo CPC.

Enunciado Administrativo n. 5 – Nos recursos tempestivos interpostos com fundamento no CPC/1973 (relativos a decisões publicadas até 17 de março de 2016), não caberá a abertura de prazo prevista no art. 932, parágrafo único, c/c o art. 1.029, § 3º, do novo CPC.

Enunciado Administrativo n. 6 – Nos recursos tempestivos interpostos com fundamento no CPC/2015 (relativos a decisões publicadas a partir de 18 de março de 2016), somente será concedido o prazo previsto no art. 932, parágrafo único, c/c o art. 1.029, § 3º, do novo CPC para que a parte sane vício estritamente formal.

Enunciado Administrativo n. 7 – Somente nos recursos interpostos contra decisão publicada a partir de 18 de março de 2016, será possível o arbitramento de honorários sucumbenciais recursais, na forma do art. 85, § 11, do novo CPC.

No tocante à vigência da Lei n. 13.467/2017 (Lei da Reforma Trabalhista), que alterou diversos dispositivos da CLT referentes ao processo do trabalho, dispõe seu art. 6º que ela entrará em vigor "após decorridos cento e vinte dias de sua publicação oficial".

A publicação no *Diário Oficial da União* se deu em 14 de julho de 2017, sexta-feira. Logo, considerando a *vacatio legis* de 120 dias, as normas processuais previstas na Lei n. 13.467 entraram em vigor no dia 11 de novembro de 2017.

Quanto à **eficácia do direito intertemporal** das normas regras de direito processual introduzidas pela Lei n. 13.467/2017, parece-nos que o intérprete deverá levar em conta o ato jurídico (processual) e as situações jurídicas realizadas sob o império da lei revogada, por aplicação analógica do art. 14 do CPC autorizada pelo art. 769 da CLT e do art.15 do CPC.

À guisa de exemplo, se a ação trabalhista foi ajuizada antes de 11-11-2017, as regras sobre honorários advocatícios de sucumbência deverão observar o que dispunha a lei revogada.

O art. 2º da MP n. 808/2017 dispunha que: "O disposto na Lei n. 13.467, de 13 de julho de 2017, se aplica, na integralidade, aos contratos de trabalho vigentes". Essa medida provisória, porém, não foi convertida em lei (CF, art. 62, §§ 3º e 11), perdendo eficácia desde a sua edição. Além disso, o art. 2º da MP n. 808/2017 não se aplicaria ao processo do trabalho, pois ela é dirigida apenas aos contratos de trabalho, ou seja, às normas de direito material do trabalho.

No intuito de evitar a elevação do número de recursos em função das diversas possibilidades interpretativas dos TRTs a respeito da eficácia temporal da Lei n.

13.467/2017 (Lei da Reforma Trabalhista), o TST aprovou a Resolução IN/TST n. 41/2018 que, em seu art. 1º, dispõe: "A aplicação das normas processuais previstas na Consolidação das Leis do Trabalho, alteradas pela Lei n. 13.467, de 13 de julho de 2017, com eficácia a partir de 11 de novembro de 2017, é imediata, sem atingir, no entanto, situações pretéritas iniciadas ou consolidadas sob a égide da lei revogada". Entretanto, nos arts. 2º a 21 da referida IN n. 41, o TST arrola diversos critérios para a eficácia intertemporal da Lei n. 13.467/2017 sobre inúmeros dispositivos de direito processual do trabalho, acerca dos quais faremos análise específica nas diversas epígrafes deste livro.

10.4.2. Eficácia da norma processual trabalhista no espaço

No que respeita à eficácia da lei processual trabalhista no espaço, o princípio que prevalece é o da territorialidade, segundo o disposto no art. 763 da CLT, *in verbis*:

> O processo da Justiça do Trabalho, no que concerne aos dissídios individuais e coletivos e à aplicação de penalidades, reger-se-á, em todo o território nacional, pelas normas estabelecidas neste Título.

A lei processual trabalhista, portanto, vigora em todo o território nacional e tem por destinatários tanto os trabalhadores brasileiros quanto os estrangeiros residentes no Brasil (CF, art. 5º, *caput*, e art. 12 da LINDB).

Ademais, por aplicação supletiva e subsidiária do direito processual comum, o art. 16 do CPC dispõe, *in verbis*: "A jurisdição civil é exercida pelos juízes e pelos tribunais em todo o território nacional, conforme as disposições deste Código".

Cabe salientar, ainda, que a execução da sentença estrangeira no Brasil, no entanto, depende de homologação do STJ, nos termos do art. 105, I, *i*, da CF c/c art. 515, VIII, do CPC. Dá-se a essa homologação o nome de "juízo de delibação".

Deve-se registrar, ainda, que de acordo com o art. 961 do CPC: "A decisão estrangeira somente terá eficácia no Brasil após a homologação de sentença estrangeira ou a concessão do *exequatur* às cartas rogatórias, salvo disposição em sentido contrário de lei ou tratado".

11. MÉTODOS DE SOLUÇÃO DOS CONFLITOS TRABALHISTAS

Embora haja divergência doutrinária a respeito desta temática, é possível identificar três métodos de solução dos conflitos trabalhistas: a autodefesa, a autocomposição e a heterocomposição.

É importante assinalar que o art. 3º, §§ 1º e 2º, do CPC reconhece meios alternativos de acesso à justiça, permitindo a "arbitragem, na forma da lei" e estabelecendo deveres ao Estado para promover, "sempre que possível, a solução consensual dos conflitos".

Além disso, o § 3º do referido artigo dispõe que a "conciliação, a mediação e outros métodos de solução consensual de conflitos deverão ser estimulados por juízes, advogados, defensores públicos e membros do Ministério Público, inclusive no curso do processo judicial".

O art. 2º, item IV, da IN/TST n. 39/2016, cuja constitucionalidade é questionada na ADI n. 5.516, dispõe que não se aplica ao processo do trabalho o art. 334 do CPC, que trata da audiência de conciliação ou mediação.

11.1. Autodefesa

A autodefesa (ou autotutela), que é o método mais primitivo de solução dos conflitos, pressupõe um ato de defesa pessoal em que, com ou sem formas processuais, uma das partes do litígio impõe a outra um sacrifício não consentido.

Note-se que, aqui, não há a figura de um terceiro para solucionar o litígio, mas, sim, a imposição da decisão por uma das partes, geralmente a mais forte do ponto de vista físico, econômico, político ou social.

É, pois, um método de *solução direta*, mediante imposição do interesse do mais forte sobre o mais fraco. Seriam exemplos que se aproximariam da autodefesa, nas relações trabalhistas, a *greve* e o *locaute*. Ressalte-se que a greve é um direito fundamental social exercido coletivamente pelos trabalhadores (CF, art. 9º) contra o direito individual de propriedade do empregador, ou seja, o movimento profissional decorre de um poder jurídico e social conferido à categoria profissional. Já o locaute, proibido no Brasil (Lei n. 7.783/89, art. 17), é uma paralisação das atividades econômicas por iniciativa do empregador, com o objetivo de frustrar negociação ou dificultar o atendimento de reivindicações dos respectivos empregados.

É preciso advertir, no entanto, que a greve por si só não soluciona o conflito trabalhista, mas constitui importante meio para se chegar à autocomposição ou à heterocomposição. A rigor, é com o fim da greve que se chega à solução autônoma ou heterônoma do conflito.

11.2. Autocomposição

A autocomposição, que também é forma direta de solução do conflito, consiste em uma técnica em que os litigantes, de comum acordo e sem emprego da força, fazem-se concessões recíprocas mediante ajuste de vontades.

Na autocomposição, "um dos litigantes ou ambos consentem no sacrifício do próprio interesse, daí ser a sua classificação em unilateral e bilateral. A renúncia é um exemplo da primeira e a transação, da segunda. Pode dar-se à margem do processo, sendo, nesse caso, extraprocessual, ou no próprio processo, caso em que é intraprocessual, como a conciliação (CLT, art. 831, parágrafo único)"[102].

Exemplos de autocomposição extraprocessual trabalhista são a convenção coletiva de trabalho e o acordo coletivo de trabalho (CLT, arts. 611 e s.), bem como a mediação[103] e a conciliação, inclusive a firmada perante a Comissão de Conciliação Prévia – CCP (CLT, art. 625-E)[104]. Há, porém, quem sustente que estes dois últimos institutos (mediação e conciliação) são formas de heterocomposição, pois um terceiro (mediador ou comissão de conciliação prévia), estranho ao conflito, participa na sua solução, e não somente as partes diretamente interessadas[105].

11.3. Heterocomposição

A heterocomposição consiste na solução do conflito trabalhista por um terceiro, que "decide com força obrigatória sobre os litigantes, que, assim, são submetidos à decisão"[106].

Não é forma de solução direta, porque a decisão é suprapartes, diferentemente da autocomposição em que a solução é obtida diretamente pelas próprias partes.

A arbitragem e a jurisdição são as principais formas de heterocomposição dos conflitos trabalhistas. Há autores que acrescentam a mediação e a conciliação.

O ordenamento jurídico brasileiro contém uma lei genérica dispondo sobre o procedimento da arbitragem (Lei n. 9.307/96), aplicável subsidiariamente ao direito material e processual do trabalho, e algumas leis que cuidam da arbitragem, especificamente, na esfera trabalhista, como a Lei da Greve (Lei n. 7.783/88, art. 3º), a Lei sobre exploração direta e indireta pela União de portos e instalações portuárias (Lei n. 12.815/2013, art. 37, §§ 1º a 3º) e a Lei sobre participação nos lucros e resultados (Lei n. 10.101/2000, art. 4º, II).

A arbitragem, embora prevista expressamente no art. 114, §§ 1º e 2º, da CF, é raramente utilizada para solução tanto dos conflitos individuais quanto dos conflitos coletivos trabalhistas.

O art. 1º da Lei n. 9.307/96 vaticina que a arbitragem só pode resolver conflitos envolvendo *direitos patrimoniais disponíveis*, o que, em linha de princípio, inviabiliza a

102. NASCIMENTO, Amauri Mascaro. *Curso de direito processual do trabalho*. 16. ed. São Paulo: Saraiva, 1996. p. 6.

103. Sobre mediação, recomendamos a leitura da seguinte obra: SANTOS, Ricardo Goretti. *Manual de medição de conflitos*. Rio de Janeiro: Lumen Juris, 2012.

104. Sobre métodos de solução extrajudiciais, recomendamos a leitura da seguinte obra: LORENTZ, Lutiana Nacur. *Métodos extrajudiciais de solução dos conflitos trabalhistas*. São Paulo: LTr, 2002.

105. DELGADO, Mauricio Godinho. *Curso de direito do trabalho*. 9. ed. São Paulo: LTr, 2010. p. 1.344.

106. NASCIMENTO, Amauri Mascaro, op. cit., p. 6.

sua aplicação como método de solução dos *conflitos individuais* trabalhistas. Uma exceção seria a indicação, por consenso entre trabalhadores e empregador, de um árbitro para fixar o valor de um prêmio instituído pelo empregador. A jurisprudência, no entanto, é refratária ao cabimento da arbitragem para solução de conflitos individuais trabalhistas, como se infere do seguinte julgado:

> RECURSO DE REVISTA. ARBITRAGEM. RELAÇÕES INDIVIDUAIS DE TRABALHO. INAPLICABILIDADE. As fórmulas de solução de conflitos, no âmbito do Direito Individual do Trabalho, submetem-se, é claro, aos princípios nucleares desse segmento especial do Direito, sob pena de a mesma ordem jurídica ter criado mecanismo de invalidação de todo um estuário jurídico-cultural tido como fundamental por ela mesma. Nessa linha, é desnecessário relembrar a absoluta prevalência que a Carta Magna confere à pessoa humana, à sua dignidade no plano social, em que se insere o trabalho, e a absoluta preponderância deste no quadro de valores, princípios e regras imantados pela mesma Constituição. Assim, a arbitragem é instituto pertinente e recomendável para outros campos normativos (Direito Empresarial, Civil, Internacional, etc.), em que há razoável equivalência de poder entre as partes envolvidas, mostrando-se, contudo, sem adequação, segurança, proporcionalidade e razoabilidade, além de conveniência, no que diz respeito ao âmbito das relações individuais laborativas. Recurso de revista não conhecido (TST-RR 192700-74.2007.5.02.0002, j. 19-5-2010, Rel. Min. Mauricio Godinho Delgado, 6ª T., *DEJT* 28-5-2010).

O Enunciado n. 56 da 2ª Jornada de Direito Material e Processual do Trabalho (Brasília-DF, 2017) prevê que:

> CLÁUSULA COMPROMISSÓRIA DE ARBITRAGEM NAS RELAÇÕES DE TRABALHO. Cláusula compromissória de arbitragem. art. 507-A da CLT. Impossibilidade de ser instituída em se tratando de créditos decorrentes da relação de trabalho, à luz do art. 1º da Lei n. 9.307/96, art. 100 da CRFB/88, art. 1.707 do CC e art. 844, § 4º, II da CLT. Caráter alimentar do crédito trabalhista. Indisponibilidade e inderrogabilidade dos direitos trabalhistas.

No processo civil, a sentença arbitral é considerada título executivo judicial (CPC, art. 515, VII).

No processo do trabalho, parece-nos que a arbitragem deve levar em conta a natureza do conflito. Tratando-se de *sentença arbitral para solução de conflito trabalhista individual*, não obstante a literalidade do art. 876 da CLT, incide a regra do art. 515, VII, do CPC, por aplicação analógica autorizada pelo art. 769 da CLT e art. 15 do CPC, ou seja, é um título executivo judicial. Nesse sentido:

RECURSO DE REVISTA. EXECUÇÃO DE SENTENÇA ARBITRAL. POSSIBILIDADE. A sentença arbitral é título executivo judicial. Sua compatibilidade ou não com o direito do trabalho, em face do princípio da irrenunciabilidade, não impede ao julgador que, pretendendo o empregado credor, a execução forçada por inadimplemento do devedor dos créditos ali consignados, os receba, até mesmo, como título executivo extrajudicial, sob pena de o princípio protetivo voltar-se contra o protegido. Os efeitos da quitação é que ficam ao prudente arbítrio do Magistrado de entendê-la liberatória ou restrita as parcelas ou valores nele mencionadas. Recurso de revista conhecido e provido (TST-RR 451340-73.2008.5.12.0002, j. 13-10-2010, Rel. Min. Aloysio Corrêa da Veiga, 6ª T.; *DEJT* 22-10-2010).

Cuidando-se, porém, de *solução de conflito coletivo de trabalho*, a sentença arbitral criadora de normas coletivas gerais e abstratas no âmbito das categorias profissional e/ou econômica envolvidas não terá a mesma força executiva prevista no CPC, porque a sua exequibilidade, perante a Justiça do Trabalho, há de conformar-se, por analogia, com a natureza jurídica dos demais instrumentos normativos de composição dos conflitos coletivos de trabalho, a saber: convenção coletiva, acordo coletivo e sentença normativa. Assim, por analogia, a sentença arbitral seria equivalente à "sentença" normativa. Consequentemente, não caberá *a ação de execução* de sentença arbitral criadora de direitos coletivos trabalhistas, mas, sim, *a ação de cumprimento*, prevista no art. 872 da CLT.

No que diz respeito à mediação, cumpre lembrar que, após sucessivas Medidas Provisórias (MP n. 1.053/95 e seguintes), foi editada a Lei n. 10.192/2001, cujo art. 11 contém regras sobre a mediação trabalhista, declarando que a negociação coletiva, promovida diretamente pelas partes ou por mediação, é um pré-requisito para a instauração do dissídio coletivo. A SDC/TST editou a OJ n. 24, que, embora cancelada em 2004, deixou claro que a exigência de mesa-redonda, ou seja, de mediação na Superintendência Regional do Trabalho, viola o art. 114, § 2º, da CF. Vale dizer, a mediação é sempre facultativa e não uma condição para o exercício da ação de dissídio coletivo.

O Ministério Público do Trabalho, quando solicitado por mútuo consentimento das partes, também pode atuar como árbitro nos conflitos coletivos de trabalho (LC n. 75/93, art. 83, XI), sendo certo que, por interpretação lógica deste preceptivo, o *Parquet* Laboral também pode atuar como mediador por solicitação das partes.

A conciliação é uma forma de solução de conflitos trabalhistas em que as próprias partes fazem concessões recíprocas acerca dos seus direitos subjetivos. O acordo, a transação e a renúncia podem ser objetos de conciliação, mas o Juiz do Trabalho pode recusar-se, validamente, a homologá-los, desde que fundamente a sua decisão. O TST editou a Súmula 418, que considera inexistir direito líquido e certo à homologação de acordo celebrado pelas partes.

A conciliação pode ser: *a) judicial*, quando decorre de acordo celebrado em juízo ou extrajudicialmente. No processo do trabalho, a conciliação pode ocorrer nos dissídios individuais (CLT, arts. 831, § único, 846 e 850) ou nos dissídios coletivos (CLT, arts. 862 e 863); ou *b) extrajudicial*, quando firmada perante comissão de conciliação prévia (CLT, arts. 625-D e 625-E). O termo firmado perante a comissão de conciliação prévia tem natureza de título executivo extrajudicial e "terá eficácia liberatória geral, exceto quanto às parcelas expressamente ressalvadas" (CLT, art. 625-E, parágrafo único). A nosso sentir, a norma em apreço deve ser interpretada teleologicamente, em ordem a reconhecer que a eficácia liberatória geral somente abrange as parcelas expressamente consignadas, isto é, independentemente de eventual ressalva do trabalhador. Nesse sentido:

> "AGRAVO INTERNO. RECURSO DE REVISTA. (...) TERMO FIRMADO PERANTE A COMISSÃO DE CONCILIAÇÃO PRÉVIA - CCP COM A QUITAÇÃO DE HORAS EXTRAS E DO DESVIO DE FUNÇÃO. ABRANGÊNCIA DAS DIFERENÇAS DE COMPLEMENTAÇÃO DE APOSENTADORIA. I. A jurisprudência consolidada desta Corte Superior é no sentido de que a eficácia liberatória geral do termo de conciliação firmado, nos termos do art. 625-E da CLT, limita-se às verbas do contrato de trabalho, não abrangendo a integração dessas verbas no cálculo de complementação de aposentadoria, a menos que conste expressamente do acordo extrajudicial. II. A decisão regional está em harmonia com a iterativa notória e atual jurisprudência do TST, o que inviabiliza o conhecimento do recurso de revista, nos termos da Súmula 333 do TST e do art. 896, § 7º, da CLT. (...) (Ag-RR-1851-31.2011.5.03.0018, 7ª T., Rel. Des. Convocado Roberto Nobrega de Almeida Filho, *DEJT* 13-6-2019).

Há, contudo, divergência no próprio TST quanto ao alcance da eficácia liberatória geral, como se infere do seguinte julgado:

> "(...) ACORDO CELEBRADO PERANTE A COMISSÃO DE CONCILIAÇÃO PRÉVIA - EFICÁCIA LIBERATÓRIA. Nos termos da jurisprudência desta Corte, (i) a quitação firmada perante a Comissão de Conciliação Prévia tem eficácia liberatória geral em relação às parcelas decorrentes do contrato de trabalho, exceto as expressamente ressalvadas; e (ii) as partes podem restringir a eficácia liberatória, e o registro de que a quitação se refere às parcelas expressamente consignadas no recibo equivale à ressalva em relação às não consignadas. (...) Recurso de Revista parcialmente conhecido e provido" (RR-287-22.2012.5.04.0772, 8ª T., Rel. Min. Maria Cristina Irigoyen Peduzzi, *DEJT* 30-5-2019).

Outro meio de solução extrajudicial é o previsto no art. 515, III, do CPC, que considera como título executivo judicial "a decisão homologatória de autocomposição extrajudicial de qualquer natureza". Há, todavia, cizânia sobre a aplicação de tal norma nos sítios do processo do trabalho. A nosso sentir, não há como deixar de aplicar a referida norma às ações oriundas das relações de trabalho distintas da relação empregatícia e que passaram a ser da competência da Justiça Especializada (CF, art. 114, I). Quanto às ações oriundas da relação empregatícia (e de trabalho avulso, por equiparação constitucional), parece-nos que há fundado receio de que tais acordos extrajudiciais possam estar eivados de fraudes à lei ou contra terceiros (lides simuladas) ou, ainda, contaminados de vícios de consentimento do empregado. Diante disso, o juiz do trabalho deve ter a máxima cautela em homologar a "autocomposição extrajudicial", sugerindo-se a designação de audiência com a presença das partes, especialmente do trabalhador juridicamente subordinado[107].

12. HISTÓRIA E EVOLUÇÃO DO DIREITO PROCESSUAL DO TRABALHO

A história e a evolução do direito processual do trabalho podem ser analisadas nos planos internacional e nacional. Destacaremos, a seguir, o surgimento e desenvolvimento desse ramo especializado em alguns países ocidentais e, posteriormente, no Brasil.

12.1. Em alguns países

Não é tarefa fácil precisar a origem do direito processual do trabalho no plano mundial, pois ela se confunde, muitas vezes, com o surgimento da própria jurisdição trabalhista, sendo certo que esta, por sua vez, "surgiu em ocasiões diferentes em cada país"[108].

Não há negar, porém, que a história do direito processual do trabalho está vinculada aos métodos de solução dos conflitos de trabalho, a saber: a autodefesa, a autocomposição e a heterocomposição.

Como o direito processual do trabalho é um instrumento de realização do direito do trabalho, podemos dizer que somente com o aparecimento deste é que se pode falar no surgimento daquele.

De tal modo que, se o direito do trabalho somente surge com o regime do assalariado, implantado pela Revolução Industrial, é partir desse momento que se pode conjeturar da história do direito processual do trabalho.

---

107. Nesse sentido: SCHIAVI, Mauro. *Manual de direito processual do trabalho*. 3. ed. São Paulo: LTr, 2010. p. 38.

108. Ver, a respeito, magnífica abordagem de Amauri Mascaro Nascimento (*Curso de direito processual do trabalho*. 21. ed. São Paulo: Saraiva, 2002. p. 29-40) sobre a história do direito processual do trabalho.

É, pois, com a Revolução Industrial que aparecem os conflitos de interesses entre os proprietários das fábricas e os operários, os quais, em virtude da ideologia do Estado Liberal que era abstencionista e alheio a tais conflitos, geraram os movimentos de paralisação (autodefesa) pelos trabalhadores, geralmente com depredações do patrimônio das empresas.

Esse clima hostil levou o Estado, primeiramente, a normatizar as relações de direito material e, em seguida, "buscar fórmulas de solução ordenada dos interesses em choque, deslocando-se do campo primitivo da autodefesa para o mais moderado da autocomposição"[109], nascendo, assim, as primeiras *normas de conciliação*, que propiciaram a utilização de uma técnica de solução dos conflitos por meio da negociação direta entre os atores sociais.

As primeiras normas processuais para solução dos conflitos trabalhistas foram inspiradas nas tradicionais funções dos *Conseils de Prud'Hommes*, da França (1806), que eram compostos presumivelmente de "homens prudentes", íntegros, versados em alguma coisa e com capacitação para julgar seus semelhantes. O Conselho possuía, inicialmente, funções extrajudiciárias e, posteriormente, passou a ter funções judiciárias para julgar ações decorrentes dos conflitos nas indústrias e no comércio.

O sistema processual francês permanece até hoje, sendo a competência dos *Conseils de Prud'Hommes* ampliada, em 1932, para os conflitos oriundos da agricultura. Há um sufrágio universal para escolha dos conselheiros e, a partir de 1848, foi admitida a representação dos trabalhadores no órgão. A composição do Conselho, portanto, é paritária, pois é integrada por representantes dos empregadores e dos trabalhadores. Desde 1880, o próprio Conselho elege seu presidente e vice-presidente, e as decisões, em caso de empate, passaram a ser, a partir de 1905, submetidas a uma nova sessão presidida por um juiz de paz, que é magistrado de carreira.

Outro sistema muito semelhante ao francês foi adotado pela Itália, a partir de 1800, com a representação paritária dos *probiviri*, que têm significado semelhante aos *prud'hommes*. O corporativismo italiano ampliou seus poderes por meio da Lei n. 563, de 3 de abril de 1926, conferindo-lhe competência para estabelecer normas trabalhistas aplicáveis a todas as empresas e empregados da categoria. A *Carta del Lavoro* instituiu a magistratura do trabalho como órgão estatal encarregado de regular as controvérsias trabalhistas,

> sejam as referentes à observância dos acordos ou outras normas existentes, sejam as que versem sobre a determinação de novas condições de trabalho. Essa magistratura, integrada por peritos, era constituída de uma seção de corte de apelação, com poderes para decidir em um único grau as controvérsias coletivas (muito semelhan-

109. PINTO, José Augusto Rodrigues. *Processo trabalhista de conhecimento*. 6. ed. São Paulo: LTr, 2001. p. 33.

te ao dissídio coletivo previsto no art. 856 *et seq.* da CLT – ressaltamos) e, em segundo grau, as controvérsias individuais[110].

A partir de 1928, a magistratura especial do trabalho foi abolida por lei que transferiu as suas funções para a magistratura ordinária. A magistratura do trabalho foi extremamente importante para dirimir os conflitos entre o capital e o trabalho, pois, além de representar a intervenção do Estado na ordem econômica e trabalhista, decidia os litígios com imparcialidade, técnica e equidade.

Outro sistema de representação paritária é encontrado nos Tribunais Industriais da Espanha (1908), posteriormente incorporados ao *Código del Trabajo* de 1926. Eram compostos de um presidente, magistrado de carreira e seis jurados, sendo três empregados e três empregadores. Durante o regime corporativo espanhol, e paralelamente aos tribunais industriais, existiram os Comitês Paritários, que ostentavam natureza de instituição de direito público e funcionavam com atribuições jurisdicionais para solucionarem conflitos individuais e coletivos entre patrões e operários. Os Comitês foram extintos em 1931, dando lugar aos Jurados Mistos. Quatro anos mais tarde, foram abolidos os tribunais industriais, restando apenas os Jurados Mistos. O *fuero del trabajo* previu a criação de uma magistratura do trabalho que, em 1940, passou a ter uma lei orgânica, regulando sua composição, atribuições e funcionamento.

Leciona Pinho Pedreira que, na Espanha,

> a jurisdição do trabalho é uma jurisdição especializada desde 1940 e integra o Poder Judiciário, sendo independente, de modo que nem o Poder Legislativo nem o Executivo pode interferir em seus poderes. Depende ela do Conselho Geral do Poder Judiciário. O órgão de primeira instância é o juiz (ou tribunal) do trabalho ('juizado social'). Compõe-se de um único juiz, profissional, pois na Justiça do Trabalho da Espanha não há juiz classista em qualquer dos seus níveis. O juiz do trabalho conhece em primeira e única instância dos processos relativos ao direito do trabalho, tanto no que concerne aos conflitos individuais como aos conflitos coletivos jurídicos ou às reclamações em matéria de seguridade social, ou, ainda, contra o Estado, se a legislação do trabalho lhe atribuir essa competência. O tribunal supremo, com sede em Madri, conhece do recurso de cassação, revisão ou qualquer outro recurso extraordinário previsto pela lei, em matéria de competência entre jurisdição que não tenha outro órgão superior hierárquico comum. A competência recursal é da 4ª câmara do mesmo tribunal supremo, especializado em direito do trabalho[111].

---

110. NASCIMENTO, Amauri Mascaro. *Curso de direito processual do trabalho.* 21. ed. São Paulo: Saraiva, 2002. p. 34.

111. SILVA, Luiz de Pinho Pedreira da. A justiça do trabalho em outros países. *Revista Síntese Trabalhista*, Porto Alegre: Síntese, n. 127, p. 14-17, jan. 2000.

Na Alemanha, segundo Alfred Hueck e H. C. Nipperdey[112], surgiram os primeiros Tribunais Industriais na província renana, em 1808, compostos de presidentes e vice-presidentes nomeados por autoridades administrativas locais e quatro assessores eleitos para mandatos de um a seis anos. A conciliação desempenhava importante papel e as decisões tinham força obrigatória para as partes. Nos conflitos coletivos, os tribunais atuavam mais como órgãos de conciliação. A partir de 1923, o Ministro do Trabalho do *Reich* passou a regulamentar o procedimento nos tribunais industriais. Com a *Carta do Trabalho do III Reich* e, mais precisamente, com a edição de uma lei de 1934, foram criados os Tribunais de Trabalho, que apresentavam estrutura muito semelhante à nossa Justiça do Trabalho, com três instâncias: *tribunais do trabalho de primeira instância, tribunais do trabalho de apelação* e *tribunais do trabalho do Reich*[113].

Tal estrutura, segundo Pinho Pedreira[114], é mantida na essência até hoje, sendo que, para a matéria constitucional, existe a Corte Federal da Constituição, com sede em Karlsruhe. Além dos juízes togados, compõem os tribunais do trabalho os "juízes benévolos" (que nós, aqui, denominamos classistas), representantes dos empregados e dos empregadores, designados por um período de quatro anos pela autoridade máxima do trabalho na região respectiva dentre os nomes constantes de listas enviadas pelas associações representativas das duas classes, obedecida rigorosamente a ordem dos nomes na lista. A competência dos Tribunais de Trabalho é, em todas as instâncias, para julgar, principalmente, os dissídios individuais de trabalho, entre empregadores e empregados, mas, também, os litígios entre patrão e comitê de empresa ou entre parceiros sociais. Na prática, os Tribunais de Trabalho têm competência para julgar quase todos os conflitos decorrentes das relações de trabalho. Os "juízes benévolos" não percebem remuneração, mas uma indenização quando funcionam mais de seis vezes em 30 dias, além do reembolso das despesas de transporte e uma pequena ajuda de custo para cobrir as despesas correntes.

12.2. No Brasil

No Brasil, a origem do direito processual do trabalho se confunde com a própria história da Justiça do Trabalho, tal como retrata Ives Gandra da Silva Martins Filho[115].

---

112. Apud NASCIMENTO, Amauri Mascaro. *Curso de direito processual do trabalho*. 24. ed. São Paulo: Saraiva, 2009. p. 40.
113. NASCIMENTO, Amauri Mascaro, op. cit., p. 36.
114. SILVA, Luiz de Pinho Pedreira da, op. cit., p. 14-17.
115. MARTINS FILHO, Ives Gandra da Silva et al. *História do trabalho, do direito do trabalho e da justiça do trabalho em homenagem a Armando Casimiro Costa*, p. 162-221.

Amauri Mascaro Nascimento[116], por sua vez, leciona que a história do direito processual do trabalho no Brasil passou por três fases distintas. Na *primeira fase*, há três períodos de institucionalização, todos caracterizados por uma feição administrativa na solução dos conflitos trabalhistas. Segue-se a *segunda fase*, marcada pelo período de constitucionalização, em que se instaura o memorável debate entre Waldemar Ferreira e Oliveira Viana. A *terceira fase* é caracterizada pela consolidação da Justiça do Trabalho como órgão do Poder Judiciário. Por último, surge a *fase contemporânea*, que se inicia no final do século XX e tem como problema central a efetividade do processo do trabalho.

A *primeira fase* histórica do direito processual do trabalho, pois, diz respeito aos três períodos de sua institucionalização. No primeiro período, destacam-se os *Conselhos Permanentes de Conciliação e Arbitragem* (1907), que foram instituídos pela Lei n. 1.637, de 5 de novembro de 1907, sendo que os processos de conciliação seriam regulados pelo regimento interno do próprio Conselho, enquanto a arbitragem observaria as disposições do direito comum; em ambos se verificavam a conciliação e a arbitragem facultativas.

No segundo período vamos encontrar os *Tribunais Rurais de São Paulo*, criados pela Lei n. 1.869, de 10 de outubro de 1922. Esses tribunais tinham competência para decidir litígios decorrentes da interpretação e execução dos contratos de serviços agrícolas, no valor de até 500 mil réis.

Finalmente, no terceiro período, surgiram as *Comissões Mistas de Conciliação* e as *Juntas de Conciliação e Julgamento* (1932). As primeiras tinham competência para conciliar os dissídios coletivos, ou seja, as demandas coletivas eram submetidas, tão somente, à conciliação. Já às *Juntas de Conciliação e Julgamento* competia conciliar e julgar os dissídios individuais entre trabalhadores e empregadores. Nesse período surgiram, ainda, outros órgãos, de natureza não jurisdicional, mas com poderes de decisão, como as *Juntas* que funcionavam perante as *Delegacias do Trabalho Marítimo* (1933) e o *Conselho Nacional do Trabalho* (1934).

A *segunda fase* histórica do direito processual do trabalho é caracterizada pela constitucionalização da Justiça do Trabalho, porquanto as Constituições brasileiras de 1934 e 1937 passaram a dispor, expressamente, sobre a Justiça do Trabalho, embora como órgão não integrante do Poder Judiciário. É nessa fase que houve o memorável debate entre Waldemar Ferreira e Oliveira Viana a respeito do Poder Normativo da Justiça do Trabalho. Para Waldemar Ferreira, a atribuição aos juízes do trabalho para criar normas e condições nos dissídios coletivos contrariava os princípios constitucionais, mormente o princípio da separação dos Poderes, já que somente ao Legislativo competia criar normas gerais e abstratas destinadas a pessoas não identificadas. Contestando tal posição, Oliveira Viana sustentava a competência normativa da

116. NASCIMENTO, Amauri Mascaro. *Curso de direito processual do trabalho*, cit., p. 42-53.

Justiça do Trabalho, arrimando-se, sobretudo, na escola sociológica do direito e no jusrealismo estadunidense, no sentido de que o juiz teria função criativa e de colaborador na construção de normas jurídicas, não se limitando a ser mero intérprete gramatical dos textos legais.

A *terceira fase* histórica do direito processual do trabalho decorre do reconhecimento da Justiça do Trabalho como órgão integrante do Poder Judiciário. Isso se deu pelo Decreto-Lei n. 9.777, de 9 de setembro de 1946, que dispôs sobre sua organização, o que foi recepcionado pela Carta de 1946 (art. 122). Assim, a Justiça do Trabalho passou a ser composta pelos seguintes órgãos: I – Tribunal Superior do Trabalho; II – Tribunais Regionais do Trabalho; III – Juntas ou Juízes de Conciliação e Julgamento.

A integração da Justiça do Trabalho ao Poder Judiciário, como bem observa Amauri Mascaro Nascimento,

> é consequência natural da evolução histórica dos acontecimentos. Na sociedade empresarial, as controvérsias entre trabalhadores e empresários assumem especial significado. O Estado, intervindo na ordem econômica e social, não pode limitar-se a dispor sobre matéria trabalhista. Necessita, também, de aparelhamento adequado para a solução dos conflitos de interesses, tanto no plano individual como no coletivo. Assim, a existência de um órgão jurisdicional do Estado para questões trabalhistas é o resultado da própria transformação da ideia de *autodefesa* privada em *processo judicial estatal*, meio característico de decisão dos litígios na civilização contemporânea[117].

Finalmente, a *fase contemporânea* está relacionada ao problema político, econômico, social e jurídico da multiplicação dos conflitos trabalhistas, o que acaba gerando a chamada hipertrofia da Justiça do Trabalho. Nessa fase, o direito processual do trabalho passa a ter um importante papel, mormente em função da ausência de celeridade dos processos trabalhistas que compromete a efetividade dos direitos sociais garantidos aos trabalhadores. É nessa fase que se verifica a necessidade de se instaurar uma nova cultura humanística entre os juristas e operadores do direito processual do trabalho, o que passa pela nova concepção de que o processo deve propiciar a concretização dos direitos humanos de segunda dimensão, que são os direitos sociais dos trabalhadores. Deve-se dar ênfase à nova jurisdição trabalhista metaindividual, como meio de se alargar o acesso coletivo dos trabalhadores não apenas ao aparelho judiciário, mas, sobretudo, a uma ordem justa. Deve-se também buscar nas reformas por que passa o direito processual civil e, de lá, importar novos institutos compatíveis com a gênese principiológica do processo laboral para propiciar a efetividade da prestação jurisdicional trabalhista.

117. NASCIMENTO, Amauri Mascaro. *Curso de direito processual do trabalho*, cit., p. 50.

13. RELAÇÕES TRANSDISCIPLINARES DO DIREITO PROCESSUAL DO TRABALHO

Por ser o Direito uma Ciência Social aplicada, parece-nos inegável que ele se relaciona com todas as demais ciências, principalmente as sociais e humanas como a Filosofia, a Psicologia, a Antropologia, a História, a Sociologia, a Estatística e a Política.

O direito processual do trabalho é um segmento da Ciência do Direito, razão pela qual também se relaciona com todas as ciências e, é óbvio, com todos os demais ramos da árvore jurídica.

Preferimos utilizar o termo transdisciplinar para designar que o direito processual do trabalho relaciona-se no plano externo com as demais ciências e no plano interno, com as outras disciplinas jurídicas.

No que concerne ao plano interno, o direito processual do trabalho mantém estreita relação com as seguintes disciplinas jurídicas: direitos humanos, direito processual, direito constitucional, direito do trabalho, direito civil, direito das relações de consumo, direito administrativo, direito penal, direito tributário e direito previdenciário.

A vinculação entre *direitos humanos* e direito processual do trabalho é corolário do reconhecimento de que o processo constitui instrumento de proteção e de realização dos direitos da pessoa humana que trabalha. Afinal, a Declaração Universal dos Direitos Humanos reconhece os direitos sociais dos trabalhadores como direitos humanos de segunda dimensão e prevê, em seu art. 8º, que: "Toda a pessoa tem direito a recurso efetivo para as jurisdições nacionais competentes contra os atos que violem os direitos fundamentais reconhecidos pela Constituição ou pela Lei". Vale dizer, o acesso à justiça, o que, modernamente, significa o acesso a um processo justo, é, inegavelmente, tema que exige do hermeneuta a aplicação interdisciplinar de direitos humanos e direito processual do trabalho.

O *direito processual* é gênero de que são espécies o direito processual civil, o direito processual penal e o direito processual do trabalho. É pela *teoria geral do direito processual* que a nossa disciplina mais se aproxima dos outros ramos do direito processual, pois é ela o tronco comum de todos os setores da processualística moderna. Institutos como ação, defesa, processo e jurisdição são inerentes a todos os ramos do direito processual. A relação com o processo civil é mais estreita, haja vista as regras de subsidiariedade e supletividade estampadas no art. 769 da CLT e art. 15 do CPC.

Com o *direito constitucional*, o direito processual do trabalho relaciona-se não apenas com os seus princípios fundamentais – dignidade da pessoa humana e valor social do trabalho –, como, também, com os princípios constitucionais do processo que decorrem do princípio do devido processo legal e do princípio do acesso à justiça. Além disso, existem regras de organização e competência da própria Justiça do Trabalho que estão explícitas na Constituição (arts. 111 a 117). Ademais, já vimos no item 3, *supra*, que a

Carta Magna brasileira contempla, a um só tempo, normas de direito processual constitucional e de direito constitucional processual. Não é, portanto, exagero dizer que o direito processual do trabalho é também direito constitucional aplicado.

A relação do direito processual do trabalho com o *direito do trabalho* é a mais íntima possível, pois aquele constitui instrumento de realização deste. Esse vínculo é tão próximo que alguns autores chegam a dizer que o direito processual do trabalho nada mais é do que uma parte do direito do trabalho. Todavia não podemos olvidar que o direito processual do trabalho, assim como o direito processual em geral, emancipou-se em relação ao direito material, já que ambos possuem autonomia, caracterizada, principalmente, pela presença de valores, regras e princípios próprios.

Com o *direito civil*, que é fonte subsidiária do direito do trabalho (CLT, art. 8º, parágrafo único), o direito processual do trabalho também se relaciona, mormente no que diz respeito aos conceitos relacionados às pessoas naturais e jurídicas, à capacidade para prática dos atos da vida civil, aos direitos de personalidade, aos atos e fatos jurídicos, à prescrição e à decadência, ao direito de empresa etc. Com a ampliação da competência da Justiça do Trabalho para processar e julgar ações oriundas das relações de trabalho de natureza civil, a relação entre o direito civil e o direito processual do trabalho torna-se cada vez mais evidente.

Com o *direito das relações de consumo*, o direito processual do trabalho se relaciona, principalmente, com o Título III do Código de Defesa do Consumidor (Lei n. 8.078/90), que é a parte processual desse Código. Aliás, as ações civis públicas ou coletivas previstas no CDC vêm sendo largamente ajuizadas no âmbito da Justiça do Trabalho.

O *direito administrativo* mantém relações com o direito processual do trabalho, seja pelo próprio regime jurídico de trabalho dos magistrados e servidores, seja em função da organização e funcionamento da Justiça do Trabalho. Ademais, o Juiz do Trabalho exerce o Poder de Polícia nas audiências que preside.

A interdisciplinaridade com o *direito penal* decorre, principalmente, dos fundamentos deste para apreciação de questões atinentes aos crimes de falso testemunho, fraude processual, patrocínio infiel dos advogados, coação no curso do processo, ao descumprimento das ordens emanadas dos juízes do trabalho etc.

A vinculação com o *direito tributário* ocorre, principalmente, por meio da Lei n. 6.830/80, que é a Lei de Execuções Fiscais. Esta Lei é aplicada subsidiariamente à execução trabalhista, como se infere do art. 889 da CLT. A competência da Justiça do Trabalho para as questões atinentes ao imposto de renda (TST, Súmula 368) sobre os valores pagos por decisão judicial também demonstra a relação do processo do trabalho com o direito tributário.

No que concerne à vinculação do processo do trabalho com o *direito previdenciário*, sabe-se que a Justiça do Trabalho passou a ser competente para executar as contribuições previdenciárias reconhecidas em suas decisões, por força do inciso VIII do art. 114 da CF (TST, Súmula 368).

CAPÍTULO II
Organização da Justiça do Trabalho

1. OS ÓRGÃOS DO PODER JUDICIÁRIO BRASILEIRO

A concepção moderna de Estado impede a superposição de poderes, o que geraria o arbítrio e a tirania. Surge, então, a chamada teoria da tripartição dos poderes do Estado. O exercício do poder estatal passa, assim, a ser realizado por três órgãos distintos, independentes e harmônicos entre si. Esses órgãos são chamados de Poderes Legislativo, Executivo e Judiciário. Este último vem assumindo, nas modernas democracias, funções mais progressistas na efetivação dos direitos e garantias fundamentais.

Com a promulgação da Constituição brasileira de 1988, pode-se dizer que a função do Poder Judiciário não se reduz à administração da Justiça. É mais do que isso. Ele passa a ser o guardião da Constituição, cuja finalidade repousa, basicamente, na preservação dos valores, princípios e objetivos que fundamentam o novo Estado Democrático de Direito, como a cidadania, a dignidade da pessoa humana, os valores sociais do trabalho e da livre-iniciativa, o pluralismo político, os quais, como já ressaltado no Capítulo I, passam à condição de normas jurídicas fundamentais.

Além disso, cabe ao Judiciário, por meio de seus órgãos (juízes e tribunais) e quando provocado por qualquer pessoa ou entidade, a prerrogativa de interpretar e aplicar, de acordo com as normas constitucionais e infraconstitucionais que compõem o ordenamento jurídico. Sua função básica no Estado Democrático de Direito é garantir a efetivação dos direitos fundamentais, solucionando os conflitos que surgem na vida em sociedade e promovendo a distribuição da justiça social.

As responsabilidades e a estrutura do Poder Judiciário estão previstas na própria Constituição, e, de acordo com o seu art. 92, com nova redação dada pela EC n. 45/2004, o Poder Judiciário brasileiro é integrado pelos seguintes órgãos:

I – o Supremo Tribunal Federal;

I-A – o Conselho Nacional de Justiça;

II – o Superior Tribunal de Justiça;

II-A – o Tribunal Superior do Trabalho (redação dada pela EC n. 92/2015);

III – os Tribunais Regionais Federais e Juízes Federais;

IV – os Tribunais e Juízes do Trabalho;

V – os Tribunais e Juízes Eleitorais;

VI – os Tribunais e Juízes Militares;

VII – os Tribunais e Juízes dos Estados e do Distrito Federal e Territórios.

O Supremo Tribunal Federal – STF, os Tribunais Superiores e o Conselho Nacional de Justiça têm sede na Capital Federal, sendo certo que os dois primeiros têm jurisdição em todo o território nacional. O CNJ não exerce jurisdição.

As causas sujeitas à jurisdição da Justiça do Trabalho podem ser submetidas, pela via recursal, ao STF, desde que presentes os pressupostos genéricos e específicos de admissibilidade do correspondente recurso extraordinário, o qual será examinado no Cap. XIX.

No que tange à organização do Poder Judiciário, a grande novidade introduzida pela EC n. 45/2004 foi, sem dúvida, o Conselho Nacional de Justiça, que é, em última análise, uma forma mitigada de controle externo administrativo e financeiro da atuação dos órgãos que compõem o próprio Poder Judiciário. Na esteira do entendimento do STF, o Conselho Nacional de Justiça é órgão de natureza exclusivamente administrativa, com atribuições de controle da atividade administrativa, financeira e disciplinar da magistratura, sendo sua competência relativa apenas aos órgãos e juízes situados, hierarquicamente, abaixo do Supremo Tribunal Federal, já que seus atos e decisões administrativas estão sujeitos a seu controle jurisdicional, por força do art. 102, *caput*, I, *r*, e § 4º, da CF. O Conselho Nacional de Justiça não tem nenhuma competência sobre o Supremo Tribunal Federal (e seus ministros), sendo este o órgão máximo do Poder Judiciário nacional, ao qual aquele está sujeito (STF-ADI n. 3.367-1/DF, Rel. Min. Cezar Peluso).

Com efeito, reza o art. 103-B da CF, *in verbis*:

> Art. 103-B. O Conselho Nacional de Justiça compõe-se de 15 (quinze) membros com mandato de 2 (dois) anos, admitida 1 (uma) recondução, sendo: (Redação dada pela Emenda Constitucional n. 61, de 2009)
>
> I – o Presidente do Supremo Tribunal Federal; (Redação dada pela Emenda Constitucional n. 61, de 2009)
>
> II – um Ministro do Superior Tribunal de Justiça, indicado pelo respectivo tribunal;
>
> III – um Ministro do Tribunal Superior do Trabalho, indicado pelo respectivo tribunal;
>
> IV – um desembargador de Tribunal de Justiça, indicado pelo Supremo Tribunal Federal;
>
> V – um juiz estadual, indicado pelo Supremo Tribunal Federal;
>
> VI – um juiz de Tribunal Regional Federal, indicado pelo Superior Tribunal de Justiça;
>
> VII – um juiz federal, indicado pelo Superior Tribunal de Justiça;
>
> VIII – um juiz de Tribunal Regional do Trabalho, indicado pelo Tribunal Superior do Trabalho;

IX – um juiz do trabalho, indicado pelo Tribunal Superior do Trabalho;

X – um membro do Ministério Público da União, indicado pelo Procurador-Geral da República;

XI – um membro do Ministério Público estadual, escolhido pelo Procurador-Geral da República dentre os nomes indicados pelo órgão competente de cada instituição estadual;

XII – dois advogados, indicados pelo Conselho Federal da Ordem dos Advogados do Brasil;

XIII – dois cidadãos, de notável saber jurídico e reputação ilibada, indicados um pela Câmara dos Deputados e outro pelo Senado Federal.

§ 1º O Conselho será presidido pelo Presidente do Supremo Tribunal Federal e, nas suas ausências e impedimentos, pelo Vice-Presidente do Supremo Tribunal Federal. (Redação dada pela Emenda Constitucional n. 61, de 2009)

§ 2º Os demais membros do Conselho serão nomeados pelo Presidente da República, depois de aprovada a escolha pela maioria absoluta do Senado Federal. (Redação dada pela Emenda Constitucional n. 61, de 2009)

§ 3º Não efetuadas, no prazo legal, as indicações previstas neste artigo, caberá a escolha ao Supremo Tribunal Federal.

§ 4º Compete ao Conselho o controle da atuação administrativa e financeira do Poder Judiciário e do cumprimento dos deveres funcionais dos juízes, cabendo-lhe, além de outras atribuições que lhe forem conferidas pelo Estatuto da Magistratura:

I – zelar pela autonomia do Poder Judiciário e pelo cumprimento do Estatuto da Magistratura, podendo expedir atos regulamentares, no âmbito de sua competência, ou recomendar providências;

II – zelar pela observância do art. 37 e apreciar, de ofício ou mediante provocação, a legalidade dos atos administrativos praticados por membros ou órgãos do Poder Judiciário, podendo desconstituí-los, revê-los ou fixar prazo para que se adotem as providências necessárias ao exato cumprimento da lei, sem prejuízo da competência do Tribunal de Contas da União;

III – receber e conhecer das reclamações contra membros ou órgãos do Poder Judiciário, inclusive contra seus serviços auxiliares, serventias e órgãos prestadores de serviços notariais e de registro que atuem por delegação do poder público ou oficializados, sem prejuízo da competência disciplinar e correicional dos tribunais, podendo avocar processos disciplinares em curso e determinar a remoção, a disponibilidade ou a aposentadoria com subsídios ou proventos proporcionais ao tempo de serviço e aplicar outras sanções administrativas, assegurada ampla defesa;

IV – representar ao Ministério Público, no caso de crime contra a administração pública ou de abuso de autoridade;

V – rever, de ofício ou mediante provocação, os processos disciplinares de juízes e membros de tribunais julgados há menos de um ano;

VI – elaborar semestralmente relatório estatístico sobre processos e sentenças prolatadas, por unidade da Federação, nos diferentes órgãos do Poder Judiciário;

VII – elaborar relatório anual, propondo as providências que julgar necessárias, sobre a situação do Poder Judiciário no País e as atividades do Conselho, o qual deve integrar mensagem do Presidente do Supremo Tribunal Federal a ser remetida ao Congresso Nacional, por ocasião da abertura da sessão legislativa.

§ 5º O Ministro do Superior Tribunal de Justiça exercerá a função de Ministro-Corregedor e ficará excluído da distribuição de processos no Tribunal, competindo-lhe, além das atribuições que lhe forem conferidas pelo Estatuto da Magistratura, as seguintes:

I – receber as reclamações e denúncias, de qualquer interessado, relativas aos magistrados e aos serviços judiciários;

II – exercer funções executivas do Conselho, de inspeção e de correição geral;

III – requisitar e designar magistrados, delegando-lhes atribuições, e requisitar servidores de juízos ou tribunais, inclusive nos Estados, Distrito Federal e Territórios.

§ 6º Junto ao Conselho oficiarão o Procurador-Geral da República e o Presidente do Conselho Federal da Ordem dos Advogados do Brasil.

§ 7º A União, inclusive no Distrito Federal e nos Territórios, criará ouvidorias de justiça, competentes para receber reclamações e denúncias de qualquer interessado contra membros ou órgãos do Poder Judiciário, ou contra seus serviços auxiliares, representando diretamente ao Conselho Nacional de Justiça.

É importante frisar que o CNJ não edita atos jurisdicionais. Vale dizer, o CNJ, sob pena de atuação *ultra vires*, não pode interferir em atos de conteúdo jurisdicional, emanados de quaisquer magistrados ou de Tribunais da República. Esse é o entendimento do STF (MS n. 28.598 AgR-MC/DF, Rel. Min. Celso de Mello, 14-10-2010), apreciando agravos regimentais em que se pretendia a desconstituição de decisões liminares, proferidas pelo Min. Celso de Mello, em mandados de segurança que impugnavam a eficácia de deliberações administrativas emanadas do Corregedor Nacional de Justiça, cujo dispositivo declarara ineficazes julgamentos de Tribunal de Justiça concessivos de mandados de segurança impetrados perante a referida Corte. Preliminarmente, o STF reconheceu que, embora o CNJ esteja incluído na estrutura constitucional do Poder Judiciário, *sua natureza é meramente administrativa e sua competência definida, de modo rígido, pela EC n. 45/2004*, que introduzira o art. 103-B na CF. Salientou o STF que esse artigo, em seu § 4º, II, estabelece que o referido órgão tem o poder de "apreciar, de ofício ou mediante provocação, a legalidade dos atos administrativos praticados por membros ou órgãos do Poder Judiciário". Contudo, as deliberações administrativas, *in casu*, seriam impregnadas de conteúdo jurisdicional, já tendo o Supremo firmado posicionamento no sentido de não caber ao CNJ nenhuma competência cujo exercício fosse capaz de interferir no desempenho da função típica do Poder Judiciário (ADI n. 3.367/DF, *DJU* de 25-4-2005). Enfim, a competência do CNJ, dentre outras atribuições, é fiscalizar o exercício dos deveres funcionais por parte dos magistrados, e não a sua atividade jurisdicional. Outros precedentes citados pelo STF a respeito das atribuições do CNJ: MS n. 27.148/DF (*DJe* de 25-5-2010) e MS n. 28.537 MC/DF (*DJe* de 21-5-2010).

O Plenário do CNJ, por maioria absoluta, poderá editar os atos normativos que estão previstos no art. 102 do seu Regimento Interno, a saber: Resoluções, Instruções ou Enunciados Administrativos e, ainda, Recomendações. A edição de ato normativo ou regulamento poderá ser proposta por Conselheiro ou resultar de decisão do Plenário quando apreciar qualquer matéria; ainda, quando o pedido seja considerado improcedente, podendo ser realizada audiência pública ou consulta pública. Decidida pelo Plenário a edição do ato normativo ou da recomendação, a redação do texto respectivo será apreciada em outra sessão plenária, salvo comprovada urgência. A edição de ato normativo poderá, a critério do Plenário ou do Relator, ser precedida de audiência pública ou consulta pública, por prazo não superior a 30 (trinta) dias.

Os efeitos dos atos normativos serão definidos pelo Plenário. Entretanto, por força do § 5º do citado art. 102 do RI, as "Resoluções e Enunciados Administrativos terão força vinculante, após sua publicação no Diário da Justiça eletrônico e no sítio eletrônico do CNJ", sendo certo que, nos casos em que a proposta de ato normativo ensejar impacto orçamentário aos órgãos ou Tribunais destinatários, receberá prévio parecer técnico do órgão competente no âmbito do CNJ.

2. GARANTIAS E VEDAÇÕES DOS JUÍZES

A Constituição de 1988 prevê duas espécies de garantias para a magistratura: institucionais e funcionais.

As *garantias institucionais* conferem independência ao Poder Judiciário perante os Poderes Legislativo e Executivo, como a autonomia administrativa, financeira e orçamentária (CF, art. 99, §§ 1º a 5º). É a autonomia orgânico-administrativa, que confere "competência" privativa dos tribunais em determinadas matérias (CF, art. 96, I).

Já as *garantias funcionais* são aquelas que conferem independência e imparcialidade para a atuação dos magistrados. Subdividem-se em: *garantias funcionais de liberdade* (CF, art. 95, I, II e III), como a vitaliciedade, inamovibilidade e irredutibilidade de subsídios; e *garantias funcionais de imparcialidade*, que correspondem às vedações dos magistrados (CF, art. 95, parágrafo único).

Todas essas garantias, como bem lembra Uadi Lammêgo Bulos,

> não são privilégios ou benesses, mas sim instrumentos de imparcialidade e autonomia, existentes em defesa dos próprios jurisdicionados. Inexistem para servir a esquemas.

Objetivam salvaguardar o interesse público, pois quem tiver uma prerrogativa a defender em juízo nelas encontrará o reduto necessário ao exame imparcial de suas pretensões. Por isso são insuprimíveis, violando o pórtico da separação dos Poderes qualquer proposta de emenda à Constituição tendente a aboli-las (CF, art. 60, § 4º, III)[1].

Afinal, os juízes são os membros do Poder Judiciário que têm a função precípua de julgar, isto é, de decidir as questões e os conflitos que lhes são submetidos pelos jurisdicionados. Trata-se de uma função das mais nobres e ao mesmo tempo das mais difíceis, pois, geralmente, a satisfação do interesse de uma parte implica o descontentamento da outra.

Do mesmo modo que o ordenamento confere garantias aos juízes, impõe-lhes proibições de atos considerados incompatíveis com as atribuições do cargo que exercem. Tais vedações, de acordo com o parágrafo único do art. 95 da CF, com nova redação dada pela EC n. 45/2004, correspondem, como já afirmado, às garantias funcionais de imparcialidade da magistratura.

Assim, para atuar com imparcialidade e independência, o magistrado não poderá:

I – exercer, ainda que em disponibilidade, outro cargo ou função, salvo uma de magistério[2];

---

1. BULOS, Uadi Lammêgo. *Curso de direito constitucional*. 4. ed. São Paulo: Saraiva, 2009. p. 1.128.
2. Registre-se, *en passant*, que o exercício cumulativo das funções de magistrado e professor está amparado na Resolução n. 34, de 24 de abril de 2007, do CNJ e na decisão proferida pelo STF na ADI n. 3.126-1/DF. Nesta ação direta impetrada pela AJUFE contra diversos artigos da Resolução n. 336/CJF, dentre eles o art. 1º, que permitia ao magistrado a acumulação do cargo de juiz com apenas uma função de professor, o Pretório Excelso decidiu, *in verbis*: "Plausível é a interpretação da regra de 1988 de que o primeiro e principal objetivo é o impedir o exercício, por parte do magistrado, de outra atividade que não de magistério. Mas, a CF vai mais além. Ao usar, na ressalva, a *expressão* 'uma de magistério', tem a CF, por objetivo, impedir que a cumulação autorizada prejudique, em termos de horas destinadas ao magistério, o exercício da magistratura. Daí a restrição à unidade ('uma de magistério'). A CF, ao que parece, não impõe o exercício de uma única atividade de magistério. O que impõe é o exercício de atividade do magistério compatível com a atividade de magistrado. A fixação ou a imposição de que haja apenas uma 'única' função de magistério – preconizada na RESOLUÇÃO –, ao que tudo indica, não atende o objetivo constitucional. A questão está no tempo que o magistrado utiliza para o exercício do magistério *vis à vis* ao tempo que restaria para as funções judicantes. Poderá o magistrado ter mais de uma atividade de magistério – considerando diferentes períodos letivos, etc. – sem ofensa ao texto constitucional. Impor uma única e só função ou cargo de magistério não atende, necessariamente, ao objetivo constitucional. Poderá ocorrer que o exercício de um único cargo ou função no magistério público demande 40 horas semanais. Quarenta horas semanais importam em oito horas diárias para uma semana de cinco dias. Ou, ainda, que um magistrado-docente, titular de um único cargo em universidade federal – professor adjunto – ministre aulas na graduação, no mestrado e no doutorado! Nestas hipóteses, mesmo sendo um único cargo, ter-se-ia a burla da regra constitucional. Poderá ocorrer e, certamente, ocorre que

II – receber, a qualquer título ou pretexto, custas ou participação em processo;

III – dedicar-se a atividade político-partidária;

IV – receber, a qualquer título ou pretexto, auxílios ou contribuições de pessoas físicas, entidades públicas ou privadas, ressalvadas as exceções previstas em lei;

V – exercer a advocacia no juízo ou tribunal do qual se afastou, antes de decorridos três anos do afastamento do cargo por aposentadoria ou exoneração.

2.1. O ingresso na carreira da magistratura trabalhista

Com o advento da EC n. 45/2004, que deu nova redação ao inciso I do art. 93 da CF, haverá necessidade de uma Lei Complementar, de iniciativa do STF, que disporá sobre o Estatuto da Magistratura, o qual deverá estabelecer, dentre outros, o seguinte princípio:

> I – ingresso na carreira, cujo cargo inicial será o de juiz substituto, mediante concurso público de provas e títulos, com a participação da Ordem dos Advogados do Brasil em todas as fases, exigindo-se do bacharel em direito, no mínimo, três anos de atividade jurídica e obedecendo-se, nas nomeações, à ordem de classificação.

Da leitura da norma prevista no preceptivo em causa, indaga-se: o que se deve entender por atividade jurídica?

Atividade jurídica abrange, a nosso ver, qualquer atividade que exija o título de bacharel em direito, como o exercício de funções, empregos ou cargos públicos ou privados, permanentes, efetivos, temporários ou de confiança. O exercício da advocacia consultiva ou contenciosa, bem como o exercício do magistério jurídico, também se enquadram, por óbvio, no conceito de atividade jurídica.

De outra parte, pensamos que o exercício do cargo de auditor fiscal do trabalho, embora não seja privativo de bacharel em direito, caracteriza atividade desengana-

---

o exercício de mais de uma função no magistério não importe em lesão ao bem privilegiado pela CF – o exercício da magistratura. A questão é a compatibilização de horários, que se resolve caso a caso. A CF, evidentemente, privilegia o tempo da magistratura que não pode ser submetido ao tempo da função secundária – o magistério. Assim, em juízo preliminar, entendo deva ser suspensa a expressão 'único(a)' constante do art. 1º". Ressalvamos que a acumulação dos cargos de professor e juiz, desde que haja compatibilidade de horários, atende ao interesse público, pois permite que os alunos e a sociedade se beneficiem diretamente das atividades exercidas pelo educador e julgador, pois há uma interação virtuosa entre magistério jurídico superior e magistratura que interligam simultaneamente ciência e experiência, teoria e prática, direito e ética, otimizando o que dispõe o § 2º do Código de Ética da Magistratura, *in verbis*: "O magistrado, no exercício do magistério, deve observar conduta adequada à sua condição de juiz, tendo em vista que, aos olhos de alunos e da sociedade, o magistério e a magistratura são indissociáveis, e faltas éticas na área do ensino refletirão necessariamente no respeito à função judicial".

damente jurídica, uma vez que a atuação básica de tal agente público é o de fiscalizar o cumprimento efetivo da legislação trabalhista, o que implica fazer rotineiramente a subsunção do caso concreto à norma jurídica que prevê determinado regramento de conduta para os atores das relações trabalhistas.

Igualmente, os cargos de analista e técnico judiciário ou processual exercidos por servidores públicos do Judiciário e Ministério Público, a nosso ver, atendem satisfatoriamente ao espírito da nova exigência constitucional.

O ingresso na carreira da magistratura do trabalho (e em todas as esferas da jurisdição nacional) está regulado pelas Resoluções ns. 75/2009, 118/2010 e 126/2011 do CNJ; Resolução n. 907/2002 e Resoluções Administrativas ns. 1.140/2006 e 1.362/2009 do TST; Resolução n. 21/2006 do Conselho Superior da Justiça do Trabalho — CSJT. Recentemente foi editada a Resolução Administrativa n. 1.825, de 23-5-2016, do Pleno do TST (alterada parcialmente pelo Ato SEGJUD.GP n. 319, de 27-6-2017), que instituiu o Concurso Nacional para ingresso na carreira da Magistratura do Trabalho.

Assim, de acordo com o art. 1º da RA/TST n. 1.825/2016, o ingresso na Magistratura do Trabalho far-se-á no cargo de Juiz do Trabalho Substituto, mediante aprovação em concurso público nacional de provas e títulos e nomeação por ato do Presidente do Tribunal Regional do Trabalho respectivo, sendo exigidos do bacharel em Direito três anos, no mínimo, de atividade jurídica, nos termos do inciso I do art. 93 da Constituição Federal e da disciplina prevista na presente Resolução.

O concurso nacional será realizado pela Escola Nacional de Formação e Aperfeiçoamento de Magistrados do Trabalho - Enamat, com o apoio dos Tribunais Regionais do Trabalho, de acordo com os termos dessa Resolução e das normas legais aplicáveis.

De acordo com o art. 64 da RA n. 1.825/2016, considera-se atividade jurídica, para os efeitos do art. 63, § 1º, *i*, da mesma Resolução Administrativa:

> I - aquela exercida com exclusividade por bacharel em Direito; II - o efetivo exercício de advocacia, inclusive voluntária, mediante a participação anual mínima em 5 (cinco) atos privativos de advogado (Lei n. 8.906, 4 de julho de 1994, art. 1º) em causas ou questões distintas; III - o exercício de cargos, empregos ou funções, inclusive de magistério superior, que exija a utilização preponderante de conhecimento jurídico; IV - o exercício da função de conciliador junto a órgãos jurisdicionais, no mínimo por 16 (dezesseis) horas mensais e durante 1 (um) ano; V - o exercício da atividade de mediação ou de arbitragem na composição de litígios. § 1º É vedada, para efeito de comprovação de atividade jurídica, a contagem do estágio acadêmico ou qualquer outra atividade anterior à obtenção do grau de bacharel em Direito. § 2º A comprovação do tempo de atividade jurídica relativamente a cargos, empregos ou funções não privativos de bacharel em Direito será realizada mediante certidão circunstanciada, expedida pelo órgão competente, indicando as respectivas

atribuições e a prática reiterada de atos que exijam a utilização preponderante de conhecimento jurídico, cabendo à Comissão de Concurso, em decisão fundamentada, a análise da validade do documento.

2.1.1. A necessária formação humanística do juiz do trabalho

No atual paradigma do Estado Democrático de Direito, o juiz do trabalho assume importante papel na efetivação dos direitos humanos e fundamentais, especialmente os de dimensão juslaboral, como são os direitos fundamentais sociais trabalhistas. Para tanto, é condição necessária a sua sólida formação humanística[3], elevada preparação teórica e técnica, além do compromisso inarredável com a efetivação dos direitos previstos na Constituição e nos Tratados Internacionais de Direitos Humanos.

No tocante à formação humanística, em artigo que é resultado de pesquisa desenvolvida no GPAJ – Grupo de Pesquisa Acesso à Justiça na Perspectiva dos Direitos Humanos do Programa de Pós-Graduação *Stricto Sensu* (mestrado e doutorado) da FDV – Faculdade de Direito de Vitória, foram abordados os seguintes aspectos:

> É perceptível a preocupação do legislador constituinte com a formação específica dos Magistrados como se infere do art. 93, IV, da CF, com a redação dada pela EC n. 45/2004, que prevê a obrigatoriedade de instituição nas Escolas Judiciais de cursos oficiais de preparação, aperfeiçoamento e promoção de magistrados, constituindo etapa obrigatória do processo de vitaliciamento a participação em curso oficial ou reconhecido por escola nacional de formação e aperfeiçoamento de magistrados. Como se vê, a exigência do novo Texto Constitucional não é apenas de instituição de Cursos de "aperfeiçoamento" e "promoção" de magistrados, como também de Cursos de "preparação" de magistrados. Na prática, porém, as Escolas Judiciais não oferecem cursos de preparação de magistrados, mas tão somente cursos de formação inicial e continuada para aqueles que já ingressaram na carreira. Pontua-se válida, claro, a formação humanística dos Magistrados Trabalhistas após aprovação no concurso. Todavia, o que se pretende aqui é evidenciar a necessidade dessa formação antes mesmo da aprovação no concurso público. Imprescindível, então, a formação peculiar e específica de todos os magistrados em geral, e do magistrado trabalhista em particular, no tocante à teoria e à prática dos Direitos Humanos, haja vista que o exercício diário da profissão requererá contato direta ou indiretamente com direitos e interesses que não podem ser examinados de forma desvinculada dessa visão humanística, mormente quando o magistrado se depara com demandas que veiculem direitos coletivos dos trabalhadores[4].

3. COSTA, Fábio Natali; BARBOSA, Amanda. *Magistratura e formação humanística*. São Paulo: LTr, 2012.
4. LAGES, Isabel Reis; LEITE, Carlos Henrique Bezerra. Formação humanística e efetivação do acesso coletivo à justiça: a importância da inserção dos direitos humanos no concurso público de ingresso para o cargo de juiz do trabalho substituto. *Revista Eletrônica da Escola Judicial do Tribunal Regional*

Felizmente, os arts. 4º, 5º e 6º da RA n. 1.825/2016 inserem expressamente no programa do concurso, além das disciplinas dogmáticas inerentes à área justrabalhista, as disciplinas Direitos Humanos, Direito da Criança, do Adolescente e do Jovem, Sociologia do Direito, Psicologia Judiciária, Ética e Estatuto Jurídico da Magistratura Nacional, Filosofia do Direito, Teoria Geral do Direito e da Política, cabendo à Enamat elaborar o programa das disciplinas, que constará do edital de abertura do concurso.

Quanto à preparação teórica e prática do magistrado, lembra Oscar Zas, Presidente da Associação Latino-Americana de Juízes do Trabalho, que a

> jurisdição já não é mais sujeição do juiz à lei, mas também análise crítica do seu significado como meio de controlar sua legitimidade constitucional. E a ciência jurídica deixou de ser, supondo que já tenha sido alguma vez, simples descrição, para ser crítica e projeção das garantias de seu próprio objeto: crítica do direito inválido ainda vigente quando se separa da Constituição; reinterpretação do sistema normativo na sua totalidade à luz dos princípios estabelecidos naquela; análise das contradições e lacunas; elaboração e projeção das garantias inexistentes ou inadequadas não obstante serem exigidas pelas normas constitucionais. O Estado Constitucional de Direito consiste na submissão de todos os poderes públicos e privados à legalidade no sentido amplo descrito anteriormente e a jurisdição é o instrumento de controle da ilegalidade do poder"[5].

Além da necessidade de se colocar em prática um sólido sistema de seleção dos magistrados do trabalho aberto a todos os bacharéis em direito que tenham elevado conhecimento técnico-jurídico das normas (princípios e regras) atinentes aos direitos humanos fundamentais e compromisso com os valores democráticos, os juízes do trabalho – segundo o referido autor – devem ser

> imparciais e independentes não somente no que diz respeito aos demais Poderes do Estado, mas também dos poderes privados nacionais e transnacionais. Quer dizer, devem estar protegidos de todos os fatores de poder, independência externa que lhe possibilita o exercício de sua função, resolvendo de acordo com sua compreensão e interpretação dos direitos que não é unívoca[6].

---

do Trabalho da 17ª Região. Vitória, ano 1, n. 1, set. 2012. Disponível em: <http://www.trtes.jus.br/sic/sicdoc/ContentViewer.aspx?id=8&sq=391140896&fmt=1&prt=>. Acesso em: 22 set. 2012.

5. ZAS, Oscar. O papel dos juízes do trabalho no estado constitucional de direito. *Revista da Associação Latinoamericana de Juízes do Trabalho*, ano VI, n. 8, abr. 2012, p. 3-4.

6. Idem, ibidem, p. 4.

3. ORGANIZAÇÃO DA JUSTIÇA DO TRABALHO NAS CONSTITUIÇÕES BRASILEIRAS

Historicamente, a organização da Justiça do Trabalho no Brasil foi inspirada no sistema dito "paritário" da Itália fascista, que mantinha um ramo especializado do Judiciário na solução de conflitos trabalhistas, em cuja composição figuravam representantes do Estado (juízes togados), da classe empresarial e da classe trabalhadora (juízes classistas).

Embora a Itália tivesse abandonado esse sistema paritário no período "pós-guerra", o Brasil manteve a mesma estrutura da Justiça do Trabalho desde a Constituição de 1934 (art. 122) até a Emenda Constitucional n. 24, de 9 de dezembro de 1999, que extinguiu a chamada representação classista.

Nos termos do art. 122 da Constituição de 1934, a Justiça do Trabalho, embora com esse nome, não era independente, pois estava vinculada ao Poder Executivo. Mas nascia aí a marca da representação classista paritária.

Com a Constituição de 1937 (art. 139), a Justiça do Trabalho passou a ter maior autonomia, mas a Carta era silente a respeito da sua inserção ou não no Poder Judiciário. Todavia, o Supremo Tribunal Federal (RE n. 6.310, *DJU* 30-9-1943) reconheceu-lhe o caráter jurisdicional ao admitir recurso extraordinário contra decisão do CNT (atualmente, TST).

A Constituição de 1946 não deixou qualquer dúvida a respeito, como se infere do art. 94, V: "O Poder Judiciário é exercido pelos seguintes órgãos: (...) V – Juízes e tribunais do trabalho".

O art. 122 da Constituição de 1946 estabeleceu a estrutura da Justiça do Trabalho, composta dos seguintes órgãos: "I – Tribunal Superior do Trabalho; II – Tribunais Regionais do Trabalho; e III – Juntas ou Juízes de Conciliação e Julgamento".

Com a Constituição de 1967, os órgãos da Justiça do Trabalho passaram a ser os seguintes (art. 133): "I – Tribunal Superior do Trabalho; II – Tribunais Regionais do Trabalho; III – Juntas de Conciliação e Julgamento". Determinou-se, no entanto, que a lei poderia, nas comarcas onde não existisse Junta de Conciliação e Julgamento, "atribuir sua jurisdição aos Juízes de Direito".

A Emenda Constitucional n. 1/69 manteve a mesma estrutura organizacional da Justiça do Trabalho, no que foi seguida pela Constituição de 1988.

4. ORGANIZAÇÃO DA JUSTIÇA DO TRABALHO APÓS A EC N. 24/99

Com o advento da Emenda Constitucional n. 24, de 9 de dezembro de 1999, que extinguiu a representação classista, a organização e a composição dos órgãos da Justiça do Trabalho passaram por uma considerável transformação.

Assim, a Justiça do Trabalho passou a ser integrada pelos seguintes órgãos:

I – o Tribunal Superior do Trabalho;

II – os Tribunais Regionais do Trabalho; e

III – Juízes do Trabalho.

Houve, também, com a extinção da representação classista, alteração na composição de todos os seus órgãos. Com isso, existiu a necessidade de adaptação do texto da CLT aos novos parâmetros fixados pela referida Emenda Constitucional.

Desde a sua criação, a Justiça do Trabalho está estruturada em três graus de jurisdição. No primeiro grau, funcionam as Varas do Trabalho (antes, EC n. 24/99, Juntas de Conciliação e Julgamento). No segundo grau, funcionam os Tribunais Regionais do Trabalho (TRTs). No terceiro grau, funciona o Tribunal Superior do Trabalho (TST).

Com a entrada em vigor da Emenda Constitucional n. 45, de 31 de dezembro de 2004, houve algumas alterações na organização da Justiça do Trabalho, como veremos a seguir.

É importante ressaltar que a Resolução n. 104 do CSJT – Conselho Superior da Justiça do Trabalho, de 25 de maio de 2012, uniformizou os vocábulos de tratamento dispensados aos magistrados de 1ª e 2ª instâncias no âmbito da Justiça do Trabalho, que passaram a ser os seguintes: "Juiz do Trabalho Substituto", "Juiz Titular de Vara do Trabalho" e "Desembargador do Trabalho".

4.1. Composição, funcionamento e competência do TST

Com a EC n. 45/2004, que acrescentou o art. 111-A à CF, posteriormente alterado pela EC n. 92/2016, o TST passou a ser integrado por vinte e sete Ministros escolhidos dentre brasileiros com mais de trinta e cinco e menos de sessenta e cinco anos, de notável saber jurídico e reputação ilibada, nomeados pelo Presidente da República após aprovação pela maioria absoluta do Senado Federal, sendo:

I – um quinto dentre advogados com mais de dez anos de efetiva atividade profissional e membros do Ministério Público do Trabalho com mais de dez anos de efetivo exercício, observado o disposto no art. 94;

II – os demais dentre juízes dos Tribunais Regionais do Trabalho, oriundos da magistratura da carreira, indicados pelo próprio Tribunal Superior.

Junto ao Tribunal Superior do Trabalho funcionam:

I – a *Escola Nacional de Formação e Aperfeiçoamento de Magistrados do Trabalho – Enamat*, cabendo-lhe, dentre outras funções, regulamentar os cursos oficiais para o ingresso e promoção na carreira;

> II – o *Conselho Superior da Justiça do Trabalho – CSJT*, cabendo-lhe exercer, na forma da lei, a supervisão administrativa, orçamentária, financeira e patrimonial da Justiça do Trabalho de primeiro e segundo graus, como órgão central do sistema, cujas decisões terão efeito vinculante.

No que diz respeito às vagas destinadas ao "quinto constitucional" dos advogados e do Ministério Público, dispõe o art. 94 da CF:

> Art. 94. Um quinto dos lugares dos Tribunais Regionais Federais, dos Tribunais dos Estados, e do Distrito Federal e Territórios será composto de membros, do Ministério Público, com mais de dez anos de carreira, e de advogados de notório saber jurídico e de reputação ilibada, com mais de dez anos de efetiva atividade profissional, indicados em lista sêxtupla pelos órgãos de representação das respectivas classes.

Recebidas as indicações dos postulantes ao "quinto constitucional", o tribunal formará lista tríplice, enviando-a ao Poder Executivo, que, nos vinte dias subsequentes, escolherá um de seus integrantes para nomeação.

Cumpre lembrar que, nos termos do § 1º do art. 111-A da CF, a lei disporá sobre a competência do Tribunal Superior do Trabalho, o que, atualmente, é regulado pela Lei n. 7.701/88.

Com base na autonomia conferida aos tribunais pela Constituição (art. 96, I, *a*), o TST possui um Regimento Interno (RITST) aprovado pela Resolução Administrativa n. 1.937, de 20-11-2017, cujo art. 64 dispõe que aquela Corte funciona em sua plenitude ou dividida em Órgão Especial, Seções e Subseções Especializadas e Turmas[7].

De acordo com o art. 65 do seu RI, são órgãos do TST:

> I – Tribunal Pleno;
>
> II – Órgão Especial;
>
> III – Seção Especializada em Dissídios Coletivos;
>
> IV – Seção Especializada em Dissídios Individuais, dividida em duas subseções;
>
> V – Turmas.

Nos termos do parágrafo único do art. 65 do RITST, funcionam junto ao TST os seguintes órgãos (não judicantes):

7. Sobre a exigência dos três anos de atividade jurídica, conferir: PANIAGO, Izidoro Oliveira. Ingresso na magistratura – exigência de três anos de atividade jurídica – regulamentação no âmbito trabalhista pelo TST – inconstitucionalidade. In: PINHEIRO, Alexandre Augusto Campana (Coord.). *Competência da justiça do trabalho:* aspectos materiais e processuais de acordo com a EC n. 45/2004. São Paulo: LTr, 2005. p. 271-280.

I – Escola Nacional de Formação e Aperfeiçoamento de Magistrados do Trabalho (Enamat);

II – Conselho Superior da Justiça do Trabalho (CSJT);

III – Centro de Formação e Aperfeiçoamento de Assessores e Servidores do Tribunal Superior do Trabalho (CEFAST);

IV – Ouvidoria.

Para a composição dos órgãos judicantes do TST, os Ministros poderão, observados alguns critérios específicos como o da antiguidade, escolher a Seção Especializada e a Turma que desejarem integrar, podendo exercer o direito de permuta, salvo os Presidentes de Turma, que, para fazê-lo, deverão previamente renunciar à Presidência do Colegiado. Cada Ministro comporá apenas uma Seção Especializada (RITST, art. 66).

O **Tribunal Pleno-TP** (RITST, art. 68) é constituído por todos os Ministros da Corte. Para o seu funcionamento é exigida a presença de, no mínimo, quatorze Ministros, sendo necessário maioria absoluta quando a deliberação tratar de: I – escolha dos nomes que integrarão a lista destinada ao preenchimento de vaga de Ministro do Tribunal; II – aprovação de Emenda Regimental; III – eleição dos Ministros para os cargos de direção do Tribunal; IV – edição, revisão ou cancelamento de Súmula, Orientação Jurisprudencial ou de Precedente Normativo; e V – declaração de inconstitucionalidade de lei ou de ato normativo do poder público.

O § 2º do art. 68 do RITST dispõe que: "Será tomada por 2/3 (dois terços) dos votos dos Ministros que compõem o Tribunal Pleno a deliberação preliminar referente à existência de relevante interesse público que fundamenta a proposta de edição, revisão ou cancelamento de súmula, orientação jurisprudencial e precedente normativo, observado o § 3º do art. 702 da CLT".

O **Órgão Especial-OE** (RITST, art. 69) é composto por 14 ministros membros titulares, sendo 7 por antiguidade e 7 por eleição, e 3 membros suplentes (RITST, art. 69). Integram o **OE** o Presidente e o Vice-Presidente do TST, o Corregedor-Geral da Justiça do Trabalho, os sete Ministros mais antigos e eleitos. Caso seja eleito para cargo de direção do Tribunal Ministro que não figure entre os 7 mais antigos aptos a integrar o Órgão Especial, será ele considerado eleito para integrá-lo, promovendo-se a eleição prevista no *caput* do art. 69 do RITST, por escrutínio secreto, apenas para os cargos remanescentes. O *quorum* para funcionamento do Órgão Especial é de 8 Ministros, mas, para deliberar sobre disponibilidade ou aposentadoria de Magistrado, exige-se a presença e votação convergente da maioria absoluta. Para recompor o *quorum* em virtude da ausência de Ministro integrante da metade mais antiga, será convocado o Ministro que o suceder na ordem de antiguidade. No caso de não comparecimento de Ministro que compõe a metade eleita, a convocação recairá sobre qualquer dos suplentes.

A **Seção Especializada em Dissídios Coletivos-SDC** (RITST, art. 70) é constituída pelo Presidente e Vice-Presidente do TST, o Corregedor-Geral da Justiça do Trabalho e mais 6 Ministros. O *quorum* para o funcionamento da Seção Especializada em Dissídios Coletivos é de 5 (cinco) Ministros, sendo que, na falta de *quorum*, deve ser convocado Ministro para substituir o ausente, preferencialmente da sua mesma Turma.

A **Seção Especializada em Dissídios Individuais-SDI** (RITST, art. 71) é composta de 21 Ministros: o Presidente e o Vice-Presidente do TST, o Corregedor-Geral da Justiça do Trabalho e mais 18 Ministros, e funciona em *composição plena* ou dividida em *duas subseções* para julgamento dos processos de sua competência. O *quorum* exigido para o funcionamento da Seção de Dissídios Individuais plena é de 11 Ministros, mas as deliberações só poderão ocorrer pelo voto da maioria absoluta dos integrantes da Seção.

A **Subseção I Especializada em Dissídios Individuais-SBDI-1** (RITST, art. 71, §§ 2º e 3º) é integrada por 14 Ministros: o Presidente e o Vice-Presidente do Tribunal, o Corregedor-Geral da Justiça do Trabalho e mais 11 Ministros, preferencialmente os Presidentes de Turma, exigida a presença de, no mínimo, 8 Ministros para o seu funcionamento, sendo que, na falta de *quorum*, deve ser convocado Ministro para substituir o ausente, preferencialmente da sua mesma Turma. Haverá pelo menos 1 e no máximo 2 integrantes de cada Turma na composição da SBDI-1.

A **Subseção II da Seção Especializada em Dissídios Individuais-SBDI-2** (RITST, art. 71, § 4º) é integrada por 10 Ministros, sendo o Presidente e o Vice-Presidente do Tribunal, o Corregedor-Geral da Justiça do Trabalho e mais 7 Ministros, exigida a presença de, no mínimo, 6 Ministros para o seu funcionamento, sendo que, na falta de *quorum*, deve ser convocado Ministro para substituir o ausente, preferencialmente da sua mesma Turma.

As oito **Turmas** (RITST, art. 73) são constituídas, cada uma, por 3 Ministros, sendo presididas de acordo com os critérios estabelecidos pelos arts. 91 e 92 do RITST. Para os julgamentos nas Turmas, é necessária a presença mínima de três Magistrados, podendo ser convocado Desembargador de TRT para compor o *quorum* da Turma.

Dispõe o art. 72 do RITST que as decisões do Órgão Especial, das Seções e Subseções Especializadas que se inclinarem por contrariar súmula, orientação jurisprudencial e precedente normativo ou decisões reiteradas de 5 (cinco) ou mais Turmas do Tribunal sobre tema de natureza material ou processual serão suspensas, sem proclamação do resultado, e os autos encaminhados ao Tribunal Pleno, para deliberação sobre a questão controvertida, mantido o relator de sorteio no órgão fracionário.

4.2. Composição e funcionamento dos TRTs

O art. 112 da CF, em sua redação original, previa "pelo menos um Tribunal Regional do Trabalho em cada Estado e no Distrito Federal". A EC n. 45/2004, no entanto, dando nova redação ao preceptivo em causa, suprimiu a obrigatoriedade da instalação de pelo menos um TRT em cada Estado e no Distrito Federal.

Nos termos do art. 674 da CLT, o território nacional é dividido em vinte e quatro Regiões. Atualmente, existem 24 TRTs. Em São Paulo, são dois, um na Capital, outro em Campinas. Com a nova redação do art. 112 da CF, portanto, não é mais obrigatória a criação dos TRTs nos Estados de Tocantins, Acre, Roraima e Amapá. Não há óbice, a nosso ver, a que tais tribunais sejam criados por lei federal.

Os juízes dos TRTs, atualmente denominados "Desembargadores do Trabalho" (Resolução CSJT n. 104/2012), são nomeados pelo Presidente da República, e seu número varia em função do volume de processos examinados pelo Tribunal. De acordo com o art. 115 da CF, com redação dada pela EC n. 45/2004, os Tribunais Regionais do Trabalho compõem-se de, no mínimo, sete juízes, recrutados, quando possível, na respectiva região, e nomeados pelo Presidente da República dentre brasileiros com mais de trinta e menos de sessenta e cinco anos, sendo:

> I – um quinto dentre advogados com mais de dez anos de efetiva atividade profissional e membros do Ministério Público do Trabalho com mais de dez anos de efetivo exercício, observado o disposto no art. 94 da CF;
>
> II – os demais, mediante promoção de juízes do trabalho por antiguidade e merecimento, alternadamente.

No que respeita ao quinto constitucional reservado ao MPT, houve quem sustentasse que, em virtude da extinção da representação classista, o "quinto" deveria passar, por questões matemáticas, a ser "um terço". Não foi esse, porém, o entendimento do STF (MS n. 23.769-BA, Rel. Min. Ellen Gracie).

Com base no permissivo contido no art. 96, I, *a*, compete aos Tribunais Regionais elaborar seu próprio Regimento Interno. Compatibilizando as normas da CLT ao texto constitucional, podemos dizer que:

a) os Tribunais Regionais, em sua composição plena, deliberarão com a presença, além do Presidente, de metade mais um do número de seus magistrados;

b) nos Tribunais Regionais, as decisões tomar-se-ão pelo voto da maioria simples (magistrados presentes à sessão), ressalvada a hipótese de declaração de inconstitucionalidade de lei ou ato do Poder Público (CF, art. 97), quando o *quorum* será a maioria absoluta dos membros do tribunal;

c) as Turmas somente poderão deliberar presentes, pelo menos, três dos seus magistrados. Para a integração desse *quorum*, poderá o Presidente de uma Turma convocar Juízes de outra, da classe a que pertencer o ausente ou impedido;

d) o Presidente do Tribunal Regional, excetuada a hipótese de declaração de inconstitucionalidade de lei ou ato do Poder Público, somente terá voto de desempate;

e) nas sessões administrativas, o Presidente votará como os demais magistrados, cabendo-lhe, ainda, o voto de qualidade;

f) no julgamento de recursos contra decisão ou despacho do Presidente, do Vice-Presidente ou do Relator, ocorrendo empate, prevalecerá a decisão ou despacho recorrido;

g) a ordem das sessões dos Tribunais Regionais será estabelecida no respectivo Regimento Interno.

Compete ao TRT, originariamente, processar e julgar as ações de sua competência originária, tais como dissídios coletivos, mandados de segurança e ações rescisórias; em grau recursal, o TRT julga os recursos das decisões de Varas do Trabalho.

A EC n. 45/2004, que acrescentou o § 1º ao art. 115 da CF, determina que os Tribunais Regionais do Trabalho deverão instalar a Justiça Itinerante, com a realização de audiências e demais funções de atividade jurisdicional, nos limites territoriais da respectiva jurisdição, servindo-se de equipamentos públicos e comunitários. É salutar a reforma constitucional, no particular, porquanto permite o alargamento do acesso à justiça, principalmente nos Estados de gigantescas dimensões geográficas.

A EC n. 45/2004 também permite que os Tribunais Regionais do Trabalho funcionem de forma descentralizada, mediante criação de Câmaras Regionais que assegurem o pleno acesso do jurisdicionado à justiça.

4.3. Composição das Varas do Trabalho

As Varas do Trabalho são órgãos da primeira instância da Justiça do Trabalho. A jurisdição da Vara do Trabalho é local, pois abrange, geralmente, um ou alguns municípios. Cabe à lei fixar a competência territorial das Varas do Trabalho.

Com a extinção da representação classista, a composição das Varas do Trabalho (antigas JCJs) sofreu substancial alteração, na medida em que a jurisdição na primeira instância da Justiça do Trabalho passou a ser exercida por um juiz singular, conforme o art. 116 da CF.

Na verdade, em cada unidade judiciária de 1ª instância atuam um "Juiz Titular de Vara do Trabalho" e um "Juiz do Trabalho Substituto", ambos nomeados e empossados pelo Desembargador Presidente do TRT após aprovação em concurso público. O juiz titular é fixo em uma Vara do Trabalho; o juiz substituto, não.

Compete às Varas do Trabalho, em linhas gerais, processar e julgar as ações oriundas das relações de trabalho (CF, art. 114, I a IX) e aquelas que, por exclusão, não sejam da competência originária dos tribunais trabalhistas.

4.4. Os Juízos de Direito investidos de jurisdição trabalhista

Nas comarcas onde não existir Vara do Trabalho, a lei pode atribuir a função jurisdicional trabalhista aos juízes de direito (CLT, art. 668). O art. 112 da CF, com nova redação dada pela EC n. 45/2004, dispõe que a "lei criará Varas da Justiça do Trabalho, podendo, nas comarcas não abrangidas por sua jurisdição, atribuí-la aos juízes de direito, com recurso para o respectivo Tribunal Regional do Trabalho".

A competência funcional dos juízes de direito para processar e julgar ações previstas no art. 114 da CF é, pois, decorrente da inexistência de lei que estabeleça a competência territorial de Vara do Trabalho.

O juiz de direito deverá observar o sistema procedimental previsto na CLT para processar e julgar a demanda a ele submetida. Logo, o recurso interposto de decisão de juiz de direito investido na jurisdição trabalhista será apreciado e julgado pelo respectivo TRT (CF, art. 112), valendo lembrar que, neste caso, o recurso só tem lugar nas hipóteses em que a decisão proferida pelo juiz de direito seja recorrível na processualística laboral. Exemplificativamente, não cabe, de imediato, nenhum recurso para o TRT das decisões interlocutórias proferidas por juiz de direito investido na jurisdição trabalhista (CLT, art. 893, § 1º).

A competência dos Juízos de Direito, quando investidos na administração da Justiça do Trabalho, é a mesma das Varas do Trabalho (CLT, art. 669), sendo certo que nas localidades onde houver mais de um Juízo de Direito a competência é determinada, entre os juízes do cível, por distribuição ou pela divisão judiciária local, na conformidade da lei de organização respectiva, como prescreve o § 1º do art. 669 da CLT. Todavia, se o critério de competência da lei de organização judiciária for diverso do previsto no referido parágrafo, será competente o juiz do cível mais antigo.

4.5. Corregedoria-Geral e Regional do Trabalho e respectivas atribuições

No âmbito da estrutura organizacional da Justiça do Trabalho, há duas corregedorias: a geral e a regional.

4.5.1. Corregedoria-Geral

A Corregedoria-Geral da Justiça do Trabalho – CGJT é órgão de direção do TST, juntamente com o Presidente e Vice-Presidente daquela Corte.

A CGJT é dirigida por um Corregedor-Geral, eleito dentre os Ministros do TST (CLT, art. 709; RITST, art. 30) para um mandato de dois anos, mediante escrutínio secreto e pelo voto da maioria absoluta, em sessão extraordinária do Tribunal Pleno (RITST, art. 33).

As atribuições do Corregedor-Geral estão previstas na CLT (art. 709), a saber:

I – exercer funções de inspeção e correição permanente com relação aos Tribunais Regionais e seus presidentes;

II – decidir reclamações contra os atos atentatórios da boa ordem processual praticados pelos Tribunais Regionais e seus presidentes, quando inexistir recurso específico.

O Regimento Interno do TST (art. 45), por sua vez, disciplina que a competência do Corregedor-Geral "será definida no Regimento Interno da Corregedoria-Geral da Justiça do Trabalho".

O § 1º do art. 709 da CLT prescreve que "das decisões proferidas pelo Corregedor (...) caberá o agravo regimental, para o Tribunal Pleno". Todavia, a Constituição Federal (art. 96, I, *a*) reconhece a autonomia dos Tribunais para editar o seu regimento interno, razão pela qual, nos termos do art. 46 do RITST, "das decisões proferidas pelo Corregedor-Geral da Justiça do Trabalho caberá agravo interno para o Órgão Especial, incumbindo-lhe determinar sua inclusão em pauta".

O Corregedor-Geral da Justiça do Trabalho apresentará ao Órgão Especial (OE), na última sessão do mês seguinte ao do término de cada ano de sua gestão, relatório circunstanciado das atividades da Corregedoria-Geral durante o ano findo (RITST, art. 47).

De acordo com o § 2º do art. 709 da CLT, o Corregedor-Geral não integrará as Turmas do Tribunal, mas participará, com voto, das sessões do Tribunal Pleno, quando não se encontrar em correição ou em férias, embora não relate nem revise processos, cabendo-lhe, outrossim, votar em incidente de inconstitucionalidade, nos processos administrativos e nos feitos em que estiver vinculado por visto anterior à sua posse na Corregedoria. O RITST (art. 44) dispõe que o Corregedor-Geral da Justiça do Trabalho não concorre à distribuição de processos, participando, quando não estiver ausente em função corregedora, das sessões dos órgãos judicantes da Corte, exceto de Turmas, com direito a voto.

4.5.2. Corregedoria Regional

Não há previsão na CLT a respeito da existência de uma Corregedoria Regional como órgão autônomo. Aliás, o art. 682, XI, da CLT dispõe que "competem privativamente aos Presidentes dos Tribunais Regionais (...) exercer correição, pelo menos uma vez por ano, sobre as Varas do Trabalho, ou parcialmente sempre que se fizer necessário, e solicitá-la, quando julgar conveniente, ao Presidente do Tribunal de Apelação relativamente aos Juízes de Direito investidos na administração da Justiça do Trabalho".

É dizer, *de lege lata*, a função de correição nos TRTs é exercida, cumulativa e simultaneamente, pelo Presidente do TRT. Não obstante, por força do art. 96, I, *a* e *b*, da CF, os tribunais têm competência privativa para "eleger seus órgãos diretivos e elaborar seus regimentos internos, com observância das normas de processo e das garantias processuais das partes, dispondo sobre a competência e o funcionamento dos respectivos órgãos jurisdicionais e administrativos", bem como "organizar suas secretarias e serviços auxiliares e os dos juízos que lhes forem vinculados, velando pelo exercício da atividade correicional respectiva".

Assim, em alguns Tribunais Regionais do Trabalho, há previsão regimental do cargo de Corregedor Regional exercido por Desembargador do Trabalho eleito pelo

Tribunal Pleno ou Órgão Especial de forma autônoma em relação ao Presidente do Tribunal, com atribuições delineadas no respectivo regimento interno.

Sobre correição parcial, remetemos o leitor ao Capítulo XX, item 11.

4.6. Serviços auxiliares da Justiça do Trabalho

O art. 96, *b*, da CF dispõe que compete privativamente aos tribunais: "organizar suas secretarias e serviços auxiliares e os dos juízos que lhes forem vinculados, velando pelo exercício da atividade correicional respectiva".

Vê-se, assim, que o Texto Fundamental reconhece o autogoverno dos tribunais para organizar não apenas as suas secretarias e seus serviços auxiliares como também as secretarias e serviços auxiliares dos juízos (Varas do Trabalho).

Assim, os dispositivos da CLT (Título VIII, Capítulo VI, "Dos Serviços Auxiliares da Justiça do Trabalho"), especificamente os arts. 710 a 721, devem ser interpretados conforme a Constituição, uma vez que a competência para dispor sobre tal matéria é privativa dos tribunais, e não da lei.

Em suma, observada a autonomia de cada tribunal dispor em contrário, são órgãos auxiliares da Justiça do Trabalho: secretarias, distribuidores, oficiais de justiça avaliadores.

Os serventuários da Justiça do Trabalho são, na verdade, servidores públicos federais regidos pela Lei n. 8.112/90, que instituiu o regime jurídico único no âmbito da Administração Pública Federal. Eles ingressam após aprovação em concurso público de provas e títulos (CF, art. 37, II) e são nomeados e empossados pelo Presidente do Tribunal, que pode delegar tal função se houver previsão no respectivo regimento interno.

4.6.1. Serviços auxiliares na Primeira Instância

Cada Vara do Trabalho possui 1 (uma) secretaria na qual são lotados os servidores públicos federais regidos pelo regime jurídico único (Lei n. 8.112/90) nomeados pelo Presidente do Tribunal.

As *Secretarias das Varas do Trabalho* (CLT, art. 711) têm as seguintes *atribuições* (competências):

a) o recebimento, a autuação, o andamento, a guarda e a conservação dos processos e outros papéis que lhe forem encaminhados;

b) a manutenção do protocolo de entrada e saída dos processos e demais papéis;

c) o registro das decisões;

d) a informação, às partes interessadas e seus procuradores, do andamento dos respectivos processos, cuja consulta lhes facilitará;

e) a abertura de vista dos processos às partes, na própria secretaria;

f) a contagem das custas devidas pelas partes, nos respectivos processos;

g) o fornecimento de certidões sobre o que constar dos livros ou do arquivamento da secretaria;

h) a realização das penhoras e demais diligências processuais;

i) o desempenho dos demais trabalhos que lhe forem cometidos pelo Juiz Titular da Vara do Trabalho para melhor execução dos serviços que lhe estão afetos.

Cada Secretaria de Vara do Trabalho possui um *Diretor*, indicado pelo Juiz Titular e nomeado pelo Presidente do TRT. Nos termos do art. 5º da Resolução CNJ n. 147, de 7 de março de 2012, o "diretor de secretaria tomará posse perante o juiz titular da vara do trabalho".

Ao *Diretor de Secretaria* (CLT, art. 712) compete especialmente: superintender (dirigir) os trabalhos da secretaria, velando pela boa ordem do serviço; cumprir e fazer cumprir as ordens emanadas do Juiz Titular (ou Substituto) e dos órgãos superiores; submeter a despacho e assinatura do Juiz Titular (ou Substituto) o expediente e os papéis que devam ser por ele despachados e assinados; abrir a correspondência oficial dirigida à Vara e ao Juiz (titular ou substituto), a cuja deliberação será submetida; tomar por termo as reclamações verbais (quando não houver outro setor específico encarregado dessa função) nos casos de dissídios individuais; promover o rápido andamento dos processos, especialmente na fase de execução, e a pronta realização dos atos e diligências deprecadas pelas autoridades superiores; secretariar as audiências da Vara, lavrando as respectivas atas; subscrever as certidões e os termos processuais; dar aos litigantes ciência das reclamações e demais atos processuais de que devam ter conhecimento, assinando as respectivas notificações; executar os demais trabalhos que lhe forem atribuídos pelo Juiz Titular da Vara do Trabalho.

Nas localidades em que existir mais de uma Vara do Trabalho haverá um *distribuidor*, a quem *compete* (CLT, art. 714): a distribuição, pela ordem rigorosa de entrada, e sucessivamente a cada Vara, dos feitos que, para esse fim, lhe forem apresentados pelos interessados; o fornecimento, aos interessados, do recibo correspondente a cada feito distribuído; a manutenção de 2 (dois) fichários dos feitos distribuídos, sendo um organizado pelos nomes dos reclamantes e o outro dos reclamados, ambos por ordem alfabética; o fornecimento a qualquer pessoa que o solicite, verbalmente ou por certidão, de informações sobre os feitos distribuídos; a baixa na distribuição dos feitos, quando isto lhe for determinado pelo juiz, formando, com as fichas correspondentes, fichários à parte, cujos dados poderão ser consultados pelos interessados, mas não serão mencionados em certidões.

Nos termos do art. 715 da CLT, os *distribuidores são designados* pelo Presidente do Tribunal dentre os servidores das Varas do Trabalho e do próprio Tribunal, existentes na mesma localidade, e ao mesmo (Presidente) diretamente subordinados. Todavia, de acordo com o art. 96, I, *b*, da CF, o regimento interno do tribunal pode dispor de forma diversa da prevista no art. 715 da CLT.

Com a implantação do PJe – Processo Judicial Eletrônico, haverá extinção da função de distribuidor na Justiça do Trabalho, pois a distribuição será automatizada, razão pela qual as atribuições do distribuidor previstas no art. 714 da CLT estão na iminência de serem extintas.

Nas localidades onde não exista Vara do Trabalho, o art. 716 da CLT prevê que os cartórios dos Juízos de Direito, investidos na administração da Justiça do Trabalho, têm, para esse fim, as mesmas atribuições e obrigações conferidas na Seção I às secretarias das Varas do Trabalho, sendo que, nos Juízos em que houver mais de um cartório, far-se-á entre eles a distribuição alternada e sucessiva das reclamações. Aos escrivães dos Juízos de Direito, investidos na administração da Justiça do Trabalho, competem especialmente as atribuições e obrigações dos Diretores de Secretaria das Varas do Trabalho; e aos demais funcionários dos cartórios, as que couberem nas respectivas funções, dentre as que competem às secretarias das Varas do Trabalho, enumeradas no art. 711 da CLT.

4.6.2. Serviços auxiliares na Segunda Instância

Cada Tribunal Regional tem, pelo menos, 1 (uma) secretaria, sob a direção do servidor público designado para exercer a função de secretário, com a gratificação de função fixada em lei (CLT, art. 718), a quem compete, além das atribuições estabelecidas no art. 711 da CLT, mais as seguintes: a conclusão dos processos ao Presidente e sua remessa, depois de despachados, aos respectivos relatores; a organização e a manutenção de um fichário de jurisprudência do Tribunal, para consulta dos interessados; outras atribuições previstas no regimento interno do Tribunal.

De acordo com o art. 720 da CLT, competem aos secretários dos Tribunais Regionais as mesmas atribuições conferidas no art. 712 aos Diretores de Vara do Trabalho, além das que lhes forem fixadas no regimento interno dos tribunais.

Contudo, parece-nos que a disciplina dos serviços auxiliares dos tribunais disposta nos arts. 718 a 720 da CLT só tem lugar na hipótese de lacuna do regimento interno do tribunal.

4.6.3. Dos oficiais de justiça avaliadores

Vaticina o art. 721 da CLT que incumbe aos oficiais de justiça e oficiais de justiça avaliadores da Justiça do Trabalho a realização dos atos decorrentes da execução dos julgados das Varas e dos Tribunais Regionais do Trabalho, que lhes forem cometidos.

Na verdade, conquanto o art. 721 preveja dois cargos distintos (oficial de justiça e oficial de justiça avaliador), na Justiça do Trabalho só existe atualmente o *oficial de justiça avaliador*. Aliás, nos concursos públicos dos Tribunais trabalhistas só existe o cargo de oficial de justiça avaliador. Vale dizer, o oficial de justiça avaliador, além das atribuições relacionadas à prática de atos de constrição de bens do devedor, avalia os bens objeto da constrição.

É certo, portanto, que no processo do trabalho o oficial de justiça avaliador atua principalmente na fase (ou processo) de execução (CLT, art. 721 c/c art. 880), promovendo a citação, penhora, busca e apreensão e avaliação dos bens penhorados. Na fase de conhecimento, a atuação do oficial de justiça avaliador somente ocorre em situações excepcionais, como a intimação coercitiva de testemunha ou citação do reclamado que tenha endereço certo, porém situado em zonas rurais não servidas pelos Correios ou de difícil acesso.

Ante a lacuna normativa da CLT, perfilhamos o entendimento de Marcelo Moura, para quem "quanto ao rol de atividades do oficial de justiça aplicam-se, subsidiariamente, os arts. 143 e 144 do CPC, no que for compatível com o processo trabalhista"[8].

Em cada Vara do Trabalho atua um oficial de justiça avaliador, salvo quando existir, nos Tribunais do Trabalho, órgão específico, destinado à distribuição de mandados judiciais. Nas localidades onde houver mais de uma Vara do Trabalho, salvo disposição normativa dispondo o contrário, a atribuição para o cumprimento do ato deprecado ao oficial de justiça avaliador será transferida a outro oficial, sempre que, após o decurso de 9 (nove) dias, sem razões que o justifiquem, não tiver sido cumprido o ato, sujeitando-se o serventuário às penalidades da lei.

Nos termos do § 3º do art. 721 da CLT, é de nove dias o prazo para cumprimento de qualquer ato a cargo do oficial de justiça avaliador, salvo o ato destinado à avaliação dos bens penhorados, caso em que o prazo será aquele fixado no art. 888 da CLT, ou seja, dez dias contados da nomeação do avaliador. Como o oficial de justiça avaliador pratica dois atos, via de regra simultâneos (penhora e avaliação), o prazo de dez dias acaba sendo único para a prática desses dois atos.

É facultado aos Presidentes dos Tribunais Regionais do Trabalho cometer a qualquer oficial de justiça avaliador a realização dos atos de execução das decisões proferidas pelo mesmo tribunal. Na verdade, de acordo com a alínea *b* do art. 653 da CLT, os atos de execução determinados pelos Tribunais são realizados pelos juízes do trabalho por meio de cartas de ordem. O § 4º do art. 721 permite, no entanto, ao Presidente do Tribunal determinar que tais atos sejam cumpridos diretamente ao oficial de justiça avaliador.

Na falta ou impedimento do oficial de justiça avaliador, o juiz titular da Vara do Trabalho poderá atribuir a realização do ato a qualquer servidor. É o chamado oficial de justiça *ad hoc*, que fica investido das prerrogativas do oficial de justiça, como a possibilidade de requisição de força policial, mas não tem direito a reconhecimento de desvio de função, vínculo empregatício (TST/SBDI-1 n. 64) ou a qualquer outra vantagem.

---

8. MOURA, Marcelo. *Consolidação das leis do trabalho para concursos*. Salvador: JusPodivm, 2011, p. 894. Para esse autor, com quem concordamos, não tem aplicação prática na Justiça do Trabalho a previsão contida no inciso IV do art. 143 do CPC.

CAPÍTULO III
Jurisdição Trabalhista e Acesso à Justiça

1. ACESSO À JUSTIÇA E SUA MODERNA SIGNIFICAÇÃO

O chamado movimento universal de "acesso à Justiça" pode ser objeto de pesquisa nos diversos compartimentos das ciências sociais, mas é na ciência do direito e no direito positivo de muitos países que ele assume um novo enfoque teórico[1], com o qual se repudia o formalismo jurídico – enquanto sistema que identifica o direito sob a perspectiva exclusivamente normativa – e se preconiza a inserção de outros componentes reais, como os sujeitos, as instituições e os processos, tudo em sintonia com a realidade e o contexto social[2].

Esse novo enfoque teórico do acesso à Justiça espelha, portanto, a transmudação da concepção *unidimensional*, calcada no formalismo jurídico, para uma concepção *tridimensional* do direito, que leva em consideração não apenas a norma jurídica em si, mas, também, os fatos e os valores que a permeiam[3].

No paradigma do Estado Democrático de Direito, o "acesso à justiça pode, portanto, ser encarado como o requisito fundamental – o mais básico dos direitos humanos

1. CAPPELLETTI, Mauro. Os métodos alternativos de solução de conflitos no quadro do movimento universal de acesso à justiça. *Revista Forense*, n. 326, p. 121.

2. Idem.

3. Quanto a esse aspecto, merece destaque a teoria tridimensional de Miguel Reale, para quem é preciso "reconhecer-se a essencialidade dos princípios éticos, o que explica o frequente apelo que se volta a fazer a ideias como a de equidade, probidade, boa-fé, etc., a fim de captar-se a vida social na totalidade de suas significações para o homem situado *em razão de suas circunstâncias*". "Nesse contexto" – prossegue esse jusfilósofo – "parece-me lícito afirmar que o tridimensionalismo jurídico tem o mérito de evitar a redução da Ciência do Direito a uma vaga Axiologia Jurídica, pelo reconhecimento de que não são menos relevantes os aspectos inerentes ao plano dos fatos ou à ordenação das normas, o que implica, penso eu, uma compreensão dialética e complementar dos três fatores operantes na unidade dinâmica da experiência jurídica. Adotada essa posição, o problema da 'concreção jurídica' adquire mais seguros pressupostos metodológicos, permitindo-nos apreciar, de maneira complementar, a interdisciplinaridade das diversas pesquisas relativas à realidade jurídica, sob os prismas distintos da Filosofia do Direito, da Sociologia Jurídica, da Ciência do Direito, da Etonologia Jurídica, etc. A compreensão unitária e orgânica dessas perspectivas implica o reconhecimento de que, não obstante a alta relevância dos estudos lógico-linguísticos, tudo somado, o que há de essencial no Direito é o problema de seu conteúdo existencial" (*Teoria tridimensional do direito*, prefácio à 2ª edição, p. XV).

– de um sistema jurídico moderno e igualitário que pretende garantir, e não apenas proclamar os direitos de todos"[4].

O problema do acesso à Justiça também pode ser compreendido nos sentidos *geral*, *restrito* e *integral*.

No *sentido geral*, o termo "acesso à Justiça" é concebido como sinônimo de *justiça social*[5], isto é, corresponde à própria concretização do ideal universal de Justiça. Atribui-se ao Papa Pio XI a utilização primeira da expressão "justiça social" como

> ideia de que todo ser humano tem direito à sua parte nos bens materiais existentes e produzidos, e que sua repetição deve ser pautada pelas normas do bem comum, uma vez que a realidade estava a demonstrar que as riquezas eram inconvenientemente repartidas, pois um pequeno número de ricos concentravam os bens diante de uma multidão de miseráveis[6].

Essa noção passou a ser incorporada, inicialmente, nas Encíclicas *Quadragesimo Anno*, de 15 de maio de 1931, e *Divini Redemptoris*, de 19 de março de 1937. As demais encíclicas que se seguiram adotaram, expressamente, a locução "justiça social". Diversos documentos, livros, teses, programas partidários e, em alguns ordenamentos jurídicos[7], leis constitucionais e ordinárias utilizam largamente a expressão "justiça social" como se existisse um consenso semântico e universal.

O certo, porém, é que justiça social "é uma categoria jurídico-político-sociológica sobre a qual não há, ainda, um compartilhar comum"[8]. De toda sorte, há uma clara e forte relação entre o objeto da justiça social e a questão social. Desde a *Rerum Novarum*, praticamente em toda doutrina social da Igreja, o problema do trabalho humano foi considerado a chave da questão social[9].

No *sentido restrito*, a expressão é utilizada no aspecto dogmático de acesso à tutela jurisdicional, isto é, uma garantia para que todos tenham direito de ajuizar

---

4. CAPPELLETTI; Mauro; GARTH, Bryant. *Acesso à justiça*. Porto Alegre: Sérgio Antônio Fabris, 1988, p. 12.
5. Do latim *justitia*. O adjetivo *social* surge no século XIX, com o recrudescimento das crises socioeconômicas, marcando bem seu caráter anti-individualista. Na verdade, porém, desde Platão e Aristóteles a ideia de justiça já se confundia com a de justiça social. Os gregos não empregavam o adjetivo social à ideia de justiça, porque aquele era inerente a esta.
6. VERONESE, Josiane Rose Petry. *Interesses difusos e direitos da criança e do adolescente*. Belo Horizonte: Del Rey, 1997. p. 25-26.
7. O art. 193 da CF dispõe textualmente: "A ordem social tem como base o primado do trabalho, e como objetivo o bem-estar e a justiça sociais".
8. PASOLD, César Luiz. *Função social do Estado contemporâneo*. 2. ed. Florianópolis: Estudantil, 1988. p. 72.
9. As modificações objetivas que o trabalho humano sofreu ao longo dos tempos, principalmente as anomalias observadas no século XIX, deram origem à chamada "questão operária" ou "questão proletária", o que culminou com o surgimento de um grande movimento de solidariedade entre os trabalhadores, como reação à exploração do homem pelo capital.

ação perante o Poder Judiciário. Sob esse prisma, o acesso à Justiça insere-se no universo formalístico e específico do processo, como instrumento de composição de litígios pela via judicial.

Finalmente, no *sentido integral*, acesso à Justiça assume caráter mais consentâneo, não apenas com a teoria dos direitos fundamentais, mas, também, com os escopos jurídicos, políticos e sociais do processo. Seria, então, o próprio

> acesso ao Direito, vale dizer, a uma ordem jurídica justa (= inimiga dos desequilíbrios e destituída de presunção de igualdade), conhecida (= social e individualmente reconhecida) e implementável (= efetiva), contemplando e combinando, a um só tempo, um rol apropriado de direitos, acesso aos tribunais, acesso aos mecanismos alternativos (principalmente os preventivos), estando os sujeitos titulares plenamente conscientes de seus direitos e habilitados, material e psicologicamente, a exercê-los, mediante superação das barreiras objetivas e subjetivas (...) e, nessa última acepção dilatada, que acesso à justiça significa acesso ao poder[10].

Mauro Cappelletti e Bryant Garth[11] esclarecem que o problema do acesso à Justiça – no sentido integral, ressaltamos – pode ser visualizado por meio de três "ondas". A *primeira onda* cuida de assegurar a assistência judiciária aos pobres; a *segunda onda*[12], também cognominada de coletivização do processo, propugna uma adequada representação dos interesses coletivos *lato sensu*, que abrangem os interesses difusos, coletivos (*stricto sensu*) e individuais homogêneos; a *terceira onda* – também chamada pelos referidos autores de "enfoque do acesso à Justiça" – é mais abrangente, porque nela reside uma enorme gama de fatores a serem analisados para melhor aperfeiçoamento da solução dos conflitos. É nessa última onda que surgem novos mecanismos judiciais que visam, sobretudo, a celeridade do processo, como os juizados especiais de pequenas causas, a antecipação de tutela, o procedimento sumaríssimo; além de outros institutos alternativos extrajudiciais, como a arbitragem, a mediação, a conciliação, o termo de compromisso de ajuste de conduta firmado perante o Ministério Público etc.

---

10. BENJAMIN, Antônio Herman V. A insurreição da aldeia global contra o processo civil clássico – Apontamentos sobre a opressão e a libertação judiciais do meio ambiente e do consumidor. In MILARÉ, Édis (Coord.). *Ação civil Pública – Lei n. 7.347/85:* reminiscências e reflexões após dez anos de aplicação. São Paulo: Revista dos Tribunais, 1995. p. 74-75. Cumpre destacar que a expressão *acesso ao poder* é empregada por esse autor como um dos objetivos do movimento dos consumidores ("consumerismo") e dos ambientalistas ("ambientalismo") que, insatisfeitos com sua posição de vulnerabilidade e hipossuficiência no mercado, e diante das grandes empresas poluidoras, intentam obter nas chamadas sociedades (supostamente) pluralistas uma parcela do poder político.
11. CAPPELLETTI, Mauro; GARTH, Bryant. *Acesso à justiça*, cit., passim.
12. Essa segunda onda é, também, denominada por Mauro Cappelletti "*obstáculo organizacional* no movimento de acesso à justiça" (Os métodos alternativos de solução dos conflitos no quadro do movimento universal de acesso à justiça, *RF* 326, p. 122).

A bem ver, porém, o problema do acesso à Justiça também foi estudado por Enrique Véscovi, para quem:

> *La moderna teoría general del proceso se plantea toda la problemática derivada de las nuevas condiciones de la sociedad, las cuales, naturalmente, tienen influencia sobre el derecho y la justicia. En nuestra época se ha planteado, quizá con mayor énfasis, el problema de la dificultad del acceso a la justicia para ciertas personas. Decimos con mayor énfasis, por cuanto ese problema es tan viejo como el de la propia sociedad, el derecho y la justicia*[13].

Vê-se, assim, que a nova concepção de acesso à Justiça passa, *a fortiori*, pela imperiosa necessidade de se estudar a ciência jurídica processual e seu objeto num contexto político, social e econômico, o que exige do jurista e do operador do direito o recurso constante a outras ciências, inclusive a estatística, que lhes possibilitarão uma melhor reflexão sobre a expansão e complexidade dos novos litígios para, a partir daí, buscar alternativas de solução desses conflitos[14].

Como bem observa Francisco Barros Dias, parafraseando Kazuo Watanabe, acesso à Justiça deve significar não apenas o "acesso a um processo justo, o acesso ao devido processo legal"[15], mas, também, a garantia de acesso

> a uma Justiça imparcial; a uma Justiça igual, contraditória, dialética, cooperatória, que ponha à disposição das partes todos os instrumentos e os meios necessários que lhes possibilitem, concretamente, sustentarem suas razões, produzirem suas provas, influírem sobre a formação do convencimento do Juiz[16].

No sentido integral, acesso à Justiça significa também acesso à informação e à orientação jurídica, e a todos os meios alternativos de composição de conflitos, pois o acesso à ordem jurídica justa é, antes de tudo, uma questão de cidadania. Trata-se da participação de todos na gestão do bem comum por meio do processo, criando o chamado

> paradigma da cidadania responsável. Responsável pela sua história, a do país, a da coletividade. Nascido de uma necessidade que trouxe à consciência da modernidade

13. *Teoría general del proceso*, p. 319.
14. MARINONI, Luiz Guilherme. *Novas linhas do processo civil*, p. 24-25. No mesmo sentido, Mauro Cappelletti: "O papel da ciência jurídica, aliás, o papel dos operadores do direito em geral, torna-se assim mais complexo, porém igualmente muito mais fascinante e realístico. Para exemplificar, ele não se cinge a descrever as normas, formas e procedimentos aplicáveis aos atos de instauração de um processo judicial ou de interposição de um recurso; deve também levar em consideração os *custos* a suportar, o *tempo* necessário, as *dificuldades* (inclusive as psicológicas) a superar, os *benefícios* a obter, etc." (Métodos alternativos de solução de conflitos no quadro do movimento universal de acesso à justiça, *RF* 326, p. 122).
15. DIAS, Francisco Barros. Processo de conhecimento e acesso à justiça (tutela antecipatória). *Revista dos Juízes do Rio Grande do Sul*, Porto Alegre: Ajuris, n. 66, p. 212, mar. 1996.
16. Idem.

o sentido democrático do discurso, ou seja, o desejo instituinte de tomar a palavra, e ser escutado. É necessário, portanto, que também a jurisdição seja pensada com vários escopos, possibilitando o surgir do processo como instrumento de realização do poder que tem vários fins[17].

Revelando a experiência do direito canadense, Nicole L'Heureux[18] salienta que uma das soluções preconizadas nos últimos anos foi a de priorizar a melhora de facilidades de acesso ao poder judiciário, mediante duas ideias fundamentais: um sistema que seja acessível a todos e um sistema que produza resultados individuais e socialmente justos. Esse autor indica que as ações coletivas e o juizado de pequenas causas foram criados para atingir esses objetivos.

O art. 3º do CPC, que reproduz parcialmente o art. 5º, XXXV, da CF, prescreve impossibilidade de se excluir da apreciação jurisdicional ameaça ou lesão a direito, sendo certo que seus §§ 1º e 2º permitem a arbitragem e estimulam a função promocional do Estado para solução consensual dos conflitos.

Além disso, o § 3º do referido dispositivo prevê que a "conciliação, a mediação e outros métodos de solução consensual de conflitos deverão ser estimulados por juízes, advogados, defensores públicos e membros do Ministério Público, inclusive no curso do processo judicial"[19].

1.1. A Reforma Trabalhista e o princípio do acesso à justiça

Como já vimos no Capítulo I, o princípio do acesso à justiça, que está consagrado no art. 5º, XXXV, da CF, impede que surjam normas no ordenamento jurídico que limitem, diretamente ou indiretamente, o acesso de qualquer pessoa ao Poder Judiciário nas hipóteses de lesão ou ameaça a qualquer direito individual ou metaindividual.

Entretanto, a Lei n. 13.467/2017, que alterou a redação de alguns dispositivos e acrescentou outros à CLT, estabeleceu limites à interpretação judicial pela magistratura do trabalho, violando, a nosso sentir, o amplo acesso do jurisdicionado à Justiça do Trabalho, na medida em que restringe a independência interpretativa dos tribunais e juízes do trabalho, como se infere dos novos §§ 2º e 3º do art. 8º da CLT.

Por outro lado, os §§ 3º e 4º do art. 790 e o art. 790-B, *caput* e § 4º, da CLT (redação dada pela Lei n. 13.467/2017) também dificultam o acesso à Justiça do Trabalho, pois não permitem a concessão do benefício da justiça gratuita aos trabalhadores que percebam salário superior a 40% (quarenta por cento) do limite máximo dos benefícios do Regime Geral de Previdência Social ou que não consigam comprovar a

17. Idem, ibidem.

18. L'HEUREUX, Nicole. Acesso eficaz à justiça: juizado de pequenas causas e ações coletivas. Trad. Vera M. Jacob de Fradera. *Revista de Direito do Consumidor*, São Paulo: Revista dos Tribunais, n. 5, p. 6, 1993.

19. *Vide* Cap. I, item 11.

insuficiência de recursos para custear as despesas do processo, sendo certo que, mesmo se obtiver o benefício da gratuidade da justiça, o trabalhador poderá ser responsabilizado pelo pagamento de honorários periciais.

Igualmente, os §§ 1º a 5º do art. 611-A da CLT (com redação dada pela Lei n. 13.467/2017) também se revelam inconstitucionais por criarem obstáculos interpretativos aos magistrados trabalhistas ou embaraços e dificuldades para o trabalhador exercer o amplo direito fundamental de ação e de acesso à Justiça do Trabalho.

Na mesma linha, o art. 791-A da CLT (com redação dada pela Lei n. 13.467/2017), ao dispor que o trabalhador, ainda que destinatário do benefício da justiça gratuita, terá que pagar honorários advocatícios no caso de sucumbência recíproca, certamente cria obstáculos de natureza econômica para o acesso à Justiça.

Da mesma forma, parece-nos inconstitucional, por criar obstáculos ao exercício do direito fundamental de acesso à Justiça do Trabalho, o disposto no § 3º do art. 844 da CLT (com redação dada pela Lei n. 13.467/2017), pois inviabiliza a propositura de nova ação quando o trabalhador não comprovar que pagou as custas do processo arquivado pelo seu não comparecimento à chamada audiência inaugural, ainda que lhe tenha sido concedido o benefício da justiça gratuita.

Esses são, a nosso ver, os principais dispositivos que colidem com o art. 5º, XXXV, da CF. Há, porém, outros dispositivos introduzidos pela Lei n. 13.467/2017 que se revelam inconstitucionais por representarem obstáculos ao amplo acesso à justiça do trabalho, como veremos ao longo desta obra.

Registre-se que o Procurador-Geral da República ajuizou a ADI n. 5.766 sustentando a inconstitucionalidade de dispositivos da Lei n. 13.467/2017 que criam obstáculos ao direito fundamental de acesso à justiça para os trabalhadores beneficiários da Justiça gratuita.

Sobre acesso à Justiça do Trabalho recomendamos a leitura dos Enunciados aprovados (especialmente, os Enunciados ns. 103 e 107) na 2ª Jornada de Direito Material e Processual do Trabalho (Brasília-DF, 2017).[20]

2. CONCEITO DE JURISDIÇÃO

Nos primórdios, os homens resolviam seus conflitos pela força, não raro, pelo emprego da violência física ou psíquica. O mais forte levava vantagem sobre o mais fraco. Com o passar do tempo e o evolver das civilizações, o Estado sentiu a necessidade de atrair para si a solução dos conflitos de interesses como forma de buscar o bem comum e a paz social.

Chiovenda conceitua a jurisdição como a função estatal que tem por escopo a atuação da vontade concreta da lei, mediante a substituição, pela atividade dos ór-

20. LEITE, Carlos Henrique Bezerra. *CLT Organizada*. 5. ed. São Paulo: Saraiva Educação, 2018, p. 961 a 971.

gãos públicos, da atividade de particulares ou de outros órgãos públicos, quer para afirmar a existência da vontade da lei, quer para torná-la praticamente efetiva[21].

Já Carnelutti vê na jurisdição um meio de que se vale o Estado para a justa composição da lide, entendida esta como pretensão resistida. Vale dizer, para o mestre peninsular, a atividade jurisdicional exercida pelo Estado por meio do processo visa a composição, nos termos da lei, do conflito de interesses submetido à sua apreciação[22]. Nesse cenário, surge o moderno conceito de jurisdição, que passa a ser concebida como "o poder, função e atividade de aplicar o direito a um fato concreto, pelos órgãos públicos destinados a tal, obtendo-se a justa composição da lide"[23].

Criticando os citados mestres peninsulares, Luiz Guilherme Marinoni, com razão, convida-nos à seguinte reflexão:

> Se as teorias da jurisdição constituem espelhos dos valores e das ideias das épocas e, assim, não podem ser ditas equivocadas - uma vez que isso seria um erro derivado de uma falsa compreensão de história -, certamente devem ser deixadas de lado quando não mais revelam a função exercida pelo juiz. Isso significa que as teorias de *Chiovenda* e *Carnelutti*, se não podem ser contestadas em sua lógica, certamente não têm - nem poderiam ter - mais relação alguma com a realidade do Estado contemporâneo. Por isso, são importantes apenas quando se faz uma abordagem crítica do direito atual a partir da sua análise histórica, isto é, da abordagem da sua relação com os valores e concepções do instante em que foram construídas. A transformação da concepção de direito fez surgir um positivismo crítico, que passou a desenvolver teorias destinadas a dar ao juiz a real possibilidade de afirmar o conteúdo da lei comprometido com a Constituição. Nessa linha podem ser mencionadas as teorias dos direitos fundamentais, inclusive a teoria dos princípios, a técnica da interpretação de acordo, as novas técnicas de controle da constitucionalidade - que conferem ao juiz uma função "produtiva", e não mais apenas de declaração de inconstitucionalidade - e a própria possibilidade de controle da inconstitucionalidade por omissão no caso concreto. Ora, é pouco mais do que evidente que isso tudo fez surgir um outro modelo de juiz, sendo apenas necessário, agora, que o direito processual civil se dê conta disso e proponha um conceito de jurisdição que seja capaz de abarcar a nova realidade que se criou[24].

21. *Instituições de direito processual civil*, v. II, n. 137 a 140, p. 3-14. *Apud* MARCATO, Antonio Carlos. Breves considerações sobre jurisdição e competência. *Revista do Instituto de Pesquisas e Estudos*, Bauru: Instituto Toledo de Ensino, n. 20, p. 13, dez. 1997.
22. *Sistema del diritto processuale civile*, v. I, n. 78, p. 222-228. *Apud* MARCATO, Antonio Carlos. Breves considerações sobre jurisdição e competência, cit., p. 13.
23. GRECO FILHO, Vicente. *Direito processual civil brasileiro*. São Paulo: Saraiva, 2000. v. I, p. 167.
24. MARINONI, Luiz Guilherme (Coord.). *Estudos de direito processual civil:* homenagem ao professor Egas Dirceu Moniz de Aragão. São Paulo: Revista dos Tribunais, 2005. p. 14.

Diz-se, comumente, que a jurisdição (*juris dicere*) é o poder que o Estado avocou para si de dizer o direito, de fazer justiça, em *substituição* aos particulares.

Verifica-se, no entanto, que a *jurisdição* é, a um só tempo: *a*) *poder*, porquanto decorrente da potestade do Estado exercida de forma definitiva em face das partes em conflito; *b*) *função*, porque cumpre a finalidade de fazer valer a ordem jurídica colocada em dúvida diante de uma lide; *c*) *atividade*, na medida em que consiste numa série de atos e manifestações externas e ordenadas que culminam com a declaração do direito e concretização de obrigações consagradas num título[25].

O poder, a função e a atividade somente transparecem validamente por meio do processo (*due process of law*), o que equivale a dizer que não há jurisdição fora do processo. É, pois, uma atividade provocada por meio da ação, pois, sem esta, não há jurisdição. Daí a afirmação corrente de que a inércia[26] é uma das principais características da atividade jurisdicional.

É possível pensar, de outro lado, que no paradigma do Estado Democrático de Direito a jurisdição possa ser também concebida, além do poder-função-atividade do Estado, um serviço público essencial que deve ser prestado, por meio do processo, pelos órgãos que compõem o Poder Judiciário com observância dos princípios da moralidade, impessoalidade, legalidade, publicidade e eficiência (CF, art. 37, *caput*).

2.1. Tutela jurisdicional e tutela jurisdicional de direitos

Tutela jurisdicional e tutela jurisdicional de direitos são conceitos inconfundíveis.

A tutela jurisdicional é um dever do Estado a todos que figurarem em processo judicial. É, pois, um serviço público essencial que o órgão judicial deve prestar a todos os participantes do processo. Nos casos de sentença terminativa, por exemplo, ocorre a tutela jurisdicional.

Já a tutela jurisdicional de direitos, ou simplesmente tutela de direitos, só ocorre com a decisão judicial (definitiva) de procedência (tutela do direito material do autor) ou improcedência (tutela certificadora negativa do direito material do réu) da demanda. A tutela jurisdicional de direitos, portanto, diz respeito ao direito material deduzido em juízo por meio de um processo que, no Estado Democrático de Direito, deve ser justo, ético, adequado e efetivo.

3. EXCEÇÕES AO EXERCÍCIO DA JURISDIÇÃO

A jurisdição constitui função típica do Poder Judiciário, mas o nosso ordenamento jurídico estabelece algumas exceções, como, por exemplo: *a*) a jurisdição exer-

25. GRECO FILHO, Vicente, op. cit., p. 167.

26. Sobre princípio da inércia, também chamado de princípio da demanda, ver Capítulo I, item 5.5.1.

cida pelo Senado Federal para processar e julgar algumas autoridades por crimes de responsabilidade (CF, art. 52, I e II); *b)* nos casos de imunidade de jurisdição reconhecida, por força do princípio da soberania, aos Estados estrangeiros e a seus representantes diplomáticos; e c) nos casos de compromisso arbitral[27].

4. PRINCÍPIOS DA JURISDIÇÃO

Como já vimos no Capítulo I desta obra, há alguns princípios inerentes à jurisdição, tais como:

- *princípio da inércia ou da demanda ou dispositivo,* pois a jurisdição não se instaura *ex officio* pelo Poder Judiciário;
- *princípio da aderência ao território,* porque a jurisdição se manifesta, em regra, nos limites da soberania nacional vinculada ao território de cada unidade da Federação;
- *princípio da indeclinabilidade da jurisdição,* também chamado de *princípio da inafastabilidade ou ubiquidade,* que não permite que nenhum ato normativo possa obstaculizar o acesso ao Poder Judiciário;
- *princípio da inevitabilidade,* pois, uma vez provocada a jurisdição, não é possível, validamente, impedir a prestação jurisdicional;
- *princípio da indelegabilidade,* pois a jurisdição, como emanação de Poder, não permite a delegação de poderes, ou seja, ao juiz não é permitido delegar os poderes que lhe são conferidos constitucionalmente;
- *princípio da investidura,* porquanto a jurisdição só é validamente exercida por quem esteja legalmente investido na autoridade de juiz.

5. CARACTERÍSTICAS DA JURISDIÇÃO

São características da jurisdição: a unidade, a secundariedade, a imparcialidade e a substitutividade.

a) Unidade

A jurisdição exercida pelo Judiciário é feita, exclusivamente, por magistrados (CPC, art. 16), monocraticamente ou em órgãos colegiados. Como manifestação do poder-função inerente à soberania do Estado, não há negar que a jurisdição é una e homogênea, qualquer que seja a natureza jurídica do conflito que deva, por meio dela, ser resolvido, seja tal conflito de natureza civil, penal, tributária, trabalhista, comercial etc.

---

27. Ver art. 114, §§ 1º e 2º, da CF.

Não obstante, a doutrina vem admitindo, por razões de ordem didática e operacional, uma repartição da jurisdição. Para tanto, utiliza-se do critério da competência de cada órgão do Poder Judiciário.

Com efeito, num país de proporção continental como o nosso, com uma população de quase duzentos milhões de habitantes, é inegável que existe uma "massa" de conflitos de interesses socioeconômicos que geram, diuturnamente, uma "massa" de processos de vários tipos e classes. Daí falar-se em espécies de jurisdição, que observam alguns critérios. Assim, pelo critério:

I – do seu objeto, a jurisdição pode ser penal ou civil (ou não penal);

II – dos órgãos judiciários encarregados de exercê-la, a jurisdição pode ser comum ou especial;

III – da hierarquia dos órgãos, a jurisdição pode ser superior ou inferior;

IV – da fonte do direito utilizada no julgamento, a jurisdição pode ser de direito ou de equidade. A sentença normativa, por exemplo, encerra típico julgamento por equidade.

b) Secundariedade

Na maioria dos casos, o Direito é realizado espontaneamente pelos cidadãos, independentemente da atuação jurisdicional do Estado. Noutro falar, o Judiciário somente é provocado quando surge um conflito de interesses, isto é, uma pretensão resistida deduzida em juízo. Por isso se diz que a jurisdição só atua quando não há possibilidade de resolução do conflito pelos próprios interessados (autocomposição).

c) Imparcialidade

A jurisdição exercida pelos juízes exige que estes decidam o conflito com justiça e imparcialidade, razão pela qual devem assegurar às partes paridade de tratamento (CPC, arts. 7º e 139, I). Além disso, o sistema processual trabalhista prevê a exceção de suspeição, que é um incidente processual destinado a impedir a atuação parcial do magistrado que pode ser suscitado pelas partes, nos termos dos arts. 801 e 802 da CLT.

d) Substitutividade

A jurisdição, quando provocada e exercida, substitui a atuação das partes na solução do litígio. É dizer, a jurisdição estatal substituiu a antiga justiça pelas próprias mãos dos particulares em que imperava a vontade do mais forte ou rico. Daí falar-se que a jurisdição é um poder, conferido aos magistrados, de dizer e realizar o Direito.

6. A JURISDIÇÃO TRABALHISTA E SEU SISTEMA DE ACESSO INDIVIDUAL, COLETIVO E METAINDIVIDUAL À JUSTIÇA

Em virtude dos critérios acima apontados, pode-se dizer que, no Brasil, a doutrina vem distinguindo, com base nas regras de competência estabelecidas na Constituição Federal, dentre as diversas "justiças", as que exercem *jurisdição comum* e as que exercem *jurisdição especial.*

De acordo com a Constituição Federal, a *jurisdição comum* abrange a Justiça Federal (arts. 106 a 110) e as Justiças Estaduais ordinárias (arts. 125 e 126).

Já a *jurisdição especial* é composta pela *Justiça do Trabalho* (CF, arts. 111 a 117), pela Justiça Eleitoral (arts. 118 a 121) e pela Justiça Militar (arts. 122 a 124).

A *jurisdição trabalhista*, portanto, é especial e exercida pelos órgãos (juízes e tribunais) da Justiça do Trabalho.

Havíamos dito em outra parte desta obra[28] que, em função dos princípios da indeclinabilidade e do devido processo legal, a jurisdição trabalhista, isto é, o sistema de acesso à Justiça do Trabalho, passou, a partir da Constituição Federal de 1988, da Lei Complementar n. 75/93, da Lei n. 7.347/85 (com as alterações introduzidas com a *Lex Legum*) e da Lei n. 8.078/90 (Título III), a ser constituída por três subsistemas: o da jurisdição trabalhista individual, o da jurisdição trabalhista normativa e o da jurisdição trabalhista metaindividual.

6.1. Jurisdição trabalhista individual

Este primeiro *subsistema de acesso à Justiça do Trabalho*, por nós chamado de *jurisdição trabalhista individual*, é dedicado aos tradicionais "dissídios individuais" utilizados para solução das reclamações (*rectius*, ações) individuais ou plúrimas, oriundas das relações de emprego.

O procedimento, *in casu*, é regulado pelo Título X, Capítulo III, da CLT e, *supletiva e subsidiariamente*, pelas normas do processo civil, a teor do art. 769 da CLT e art. 15 do CPC.

6.2. Jurisdição trabalhista normativa

Este *segundo subsistema de acesso à Justiça do Trabalho*, que pode ser denominado de *jurisdição trabalhista normativa*, é peculiar ao processo do trabalho brasileiro. Trata-se de um subsistema voltado a disciplinar judicialmente os *dissídios coletivos de trabalho*, nos quais se busca, por intermédio do *poder normativo* exercido originalmente pelos Tribunais do Trabalho (CF, art. 114, § 2º), a criação de normas trabalhistas aplicáveis às partes figurantes deste tipo específico de ação e seus representados.

O procedimento na jurisdição trabalhista normativa é regulado pelo Título X, Capítulo IV, da CLT e, *supletiva e subsidiariamente*, pelas normas do processo civil, por força da regra contida no mencionado art. 769 da CLT e art. 15 do CPC.

28. Capítulo I, item 5.4.2, subitem 5.4.2.7.

6.3. Jurisdição trabalhista metaindividual

Este *terceiro* e último subsistema de acesso à Justiça Especializada[29], por nós cognominado de *jurisdição trabalhista metaindividual*, é destinado, basicamente, à *tutela preventiva e reparatória dos direitos ou interesses metaindividuais*, que são os interesses difusos, os interesses coletivos *stricto sensu* e os interesses individuais homogêneos.

O exercício da jurisdição trabalhista metaindividual é feito, basicamente, pela *aplicação direta e simultânea* de normas jurídicas da CF (arts. 129, III e IX, 8º, III, e 114), da LOMPU (LC n. 75/93, arts. 83, III, 84, *caput*, e 6º, VII, *a* e *b*), da LACP (Lei n. 7.347/85) e pelo Título III do CDC (Lei n. 8.078/90), restando à CLT e ao CPC o papel de diplomas legais subsidiários.

Na jurisdição trabalhista metaindividual, diferentemente da jurisdição trabalhista normativa, não há criação de normas, mas, sim, aplicação, pela Justiça do Trabalho, do direito (ou interesse) preexistente.

A expressão "jurisdição trabalhista metaindividual" é aqui empregada para diferenciá-la do tradicional sistema trabalhista de solução de conflitos coletivos de interesses, consubstanciado no exercício do poder normativo e historicamente utilizado, como já apontado, para a criação de normas coletivas de trabalho, aplicáveis no âmbito das categorias profissional e econômica.

Para tornar efetiva a garantia constitucional do acesso dos trabalhadores a essa nova *jurisdição trabalhista metaindividual*, é condição necessária a *aplicação apriorística* do novo sistema normativo de tutela coletiva integrado pela aplicação direta das normas contidas na CF, LOMPU, LACP e pelo Título III do CDC.

Noutro falar, somente na hipótese de lacuna desse novo sistema de acesso metaindividual à justiça (CF-LOMPU-LACP-CDC) ou se algumas de suas disposições forem incompatíveis com os princípios peculiares do processo do trabalho, aí, sim, poderá o juiz do trabalho socorrer-se da aplicação subsidiária da CLT, do CPC e de outros diplomas normativos processuais pertinentes.

29. Em um artigo de nossa autoria, já alertávamos que: "Com a vigência da Constituição de 1988, do CDC, que deu nova redação ao art. 1º, IV, da LACP, alargando o espectro tutelar da ação civil pública, e da LOMPU (Lei Complementar n. 75/93, art. 83, III c.c. art. 6º, VII, *a* e *d*), que acabou com a antiga polêmica a respeito da competência da Justiça do Trabalho para a referida ação coletiva, não há mais dúvida de que a jurisdição trabalhista passa a abarcar um *terceiro sistema*, que é o vocacionado à *tutela preventiva e reparatória dos direitos ou interesses metaindividuais*, a saber: os difusos, os coletivos *stricto sensu* e os individuais homogêneos. O fundamento desse novo sistema de acesso coletivo ao judiciário trabalhista repousa nos princípios constitucionais da indeclinabilidade da jurisdição (CF, art. 5º, XXXV) e do devido processo legal (idem, LIV e LV) ..." (LEITE, Carlos Henrique Bezerra. Tendências do direito processual do trabalho e a tutela dos interesses difusos. *Revista do MPT*, São Paulo, n. 20 *et seq.*, p. 31, set. 2000). Reformulamos, assim, a posição que assumimos anteriormente quando sustentávamos que a aplicação subsidiária, *in casu*, seria da LACP, do CDC (Título III), da LOMPU, da LONMP (cf. *Ministério Público do Trabalho*. São Paulo: LTr, 1998. p. 104).

Não é exagerado afirmar, portanto, que, em tema de proteção a direitos ou interesses metaindividuais (difusos, coletivos e individuais homogêneos), à míngua de disciplinamento legislativo próprio e específico no direito processual do trabalho, opera-se uma inversão da regra clássica do art. 769 da CLT[30]. E isso decorre, como já frisamos alhures, do novo enfoque do acesso coletivo à justiça, consubstanciado nos princípios da indeclinabilidade da jurisdição e do *due process of law*, que estão desenhados no rol dos direitos e garantias fundamentais da Constituição Federal.

Pode até parecer canhestra aos juslaboralistas e aos operadores do direito laboral a aplicação supletória da CLT nos conflitos submetidos à cognição da Justiça do Trabalho[31]. Mas é preciso insistir: em matéria de interesses ou direitos difusos, coletivos *stricto sensu* e individuais homogêneos, dada a inexistência de legislação trabalhista específica, principalmente pelo fato de que o "velho" dissídio coletivo de interesses revela-se absolutamente inadequado para tutelar esses "novos direitos", a *jurisdição trabalhista metaindividual* é a única capaz de assegurar a adequada e efetiva tutela constitucional a esses novos direitos ou interesses. Mesmo porque se sabe que o único dispositivo legal a tratar dos interesses metaindividuais trabalhistas é o art. 83, III, da LOMPU, e, ainda assim, ele só cuida da competência e da legitimação do Ministério Público do Trabalho para promover a ação civil pública no âmbito da Justiça do Trabalho, o que deixa patente a inadequação, e por que não dizer a invalidade, da atual legislação laboral em tema de proteção judicial aos interesses difusos, coletivos *stricto sensu* e individuais homogêneos.

Poder-se-ia, por outro lado, objetar a aplicação desse novo sistema integrado (CF, LOMPU, LACP, CDC) no processo do trabalho, com base no próprio CDC, que, em seu art. 3º, § 2º, *in fine*, exclui do conceito de "serviço" as "atividades decorrentes das relações de caráter trabalhista". Todavia, a finalidade ontológica desse dispositivo é apenas conceituar "serviço" para fins de caracterizar o fornecedor, ou seja, ele diz respeito apenas às relações de caráter material, nada dispondo sobre relações processuais de caráter coletivo previstas no Título III (parte processual) do CDC.

30. Diz o art. 769 da CLT, *in verbis*: "Nos casos omissos, o direito processual comum será fonte subsidiária do direito processual do trabalho, exceto naquilo que for incompatível com as normas deste Título".

31. Segundo Nelson Nery Junior (O processo do trabalho e os direitos individuais homogêneos – um estudo sobre a ação civil pública trabalhista. *Revista LTr* 64-02/153), "não só o Título III do CDC (arts. 81/104) se aplica às ações coletivas *tout court*, mas o sistema processual do CDC como um todo, já que *lex dixit minus quam voluit*. Por exemplo, o princípio da facilitação da defesa dos titulares do direito transindividual (ou dos titulares do direito de ação coletiva) em juízo, do qual a inversão do ônus da prova é espécie (CDC, art. 6º, VIII) é perfeitamente aplicável a toda ação coletiva. Como princípio geral, não se encontra na parte especial do Título III do CDC. É induvidoso, entretanto, que se aplica às ações coletivas". No mesmo sentido: MANCUSO, Rodolfo de Camargo. *Ação civil pública trabalhista:* análise de alguns pontos controvertidos, passim; Castelo, Jorge Pinheiro. *O direito processual do trabalho na moderna teoria geral do processo*, cit., p. 358-360; MAZZILLI, Hugo Nigro. *A defesa dos interesses difusos em juízo*, passim.

Aliás, *de lege lata*, o conceito de interesses ou direitos difusos, coletivos e individuais homogêneos só é encontrado atualmente em nosso sistema processual no Título III do CDC, especificamente no parágrafo único do art. 81 desse diploma legal.

Ademais, dada a competência da Justiça do Trabalho para conhecer e julgar a ação civil pública, *ex vi* do disposto no art. 83, III, da LOMPU, importa reconhecer que, à míngua de legislação especial disciplinadora desse tipo de demanda coletiva na "jurisdição trabalhista", as disposições contidas na LACP e na parte processual do CDC são inteiramente aplicáveis a esse tipo de ação coletiva. Tanto é assim que o art. 21 da LACP determina expressamente: "Aplicam-se à defesa dos direitos e interesses difusos, coletivos e individuais, no que for cabível, os dispositivos do Título III da Lei n. 8.078, de 11 de setembro de 1990, que instituiu o Código de Defesa do Consumidor"[32].

E o art. 90 do CDC, por sua vez, manda aplicar "às ações previstas neste Título as normas do Código de Processo Civil e da Lei n. 7.347, de 24 de julho de 1985, inclusive no que respeita ao inquérito civil, naquilo que não contrariar suas disposições".

Ora, se é a própria LACP que determina a aplicação da parte processual do CDC (Título III), é irrecusável que ambos formam um microssistema de acesso coletivo à justiça. Como expõe Kazuo Watanabe:

> A mais perfeita interação entre o Código e a Lei n. 7.347, de 24-7-85, está estabelecida nos arts. 90 e 110 *usque* 117, de sorte que estão incorporados ao sistema de defesa do consumidor (e à defesa coletiva do trabalhador, acrescentamos) as inovações introduzidas pela referida lei especial, da mesma forma que todos os avanços do Código são também aplicáveis ao sistema de tutela de direitos criado pela Lei n. 7.347[33].

Daí a observação de Nelson Nery Junior, quando afirma ser "razoável, pois, que a LACP mande aplicar às ações coletivas e individuais a parte processual do CDC, naquilo que for cabível. De consequência, não é de estranhar-se a invocação de dispositivos processuais do Código de Defesa do Consumidor em ações trabalhistas, am-

32. Nelson Nery Junior (*O processo do trabalho*..., cit., p. 153) acentua que a parte processual do CDC tem ultraeficácia dada pelo art. 21 da LACP. A razão lógica dessa ultraeficácia é explicada pelo fato de a LACP ser insuficiente para sistematizar o processo e o procedimento das ações coletivas para a defesa dos direitos difusos e coletivos em juízo; por exemplo, ao tratar da coisa julgada, no art. 16, cuida apenas de um interesse, o difuso, e nada alude aos interesses coletivos e individuais homogêneos. Aliás, os interesses individuais homogêneos somente passaram a ser objeto da ação civil pública por força do art. 117, que acrescentou o art. 21 à LACP. A tutela da obrigação de fazer e de não fazer, com execução específica, bem como a ação inibitória (CDC, arts. 35 e 84), são outros exemplos de lacuna da LACP.

33. *Código Brasileiro de Defesa do Consumidor*..., p. 616.

bientais, tributárias, na defesa de índios, de idosos etc."[34]. Por isso, leciona esse consagrado processualista, "é que não se pode ajuizar ação coletiva, nem defender-se em ação coletiva, tampouco decidir ação coletiva sem levar-se em conta todo o complexo normativo do processo civil coletivo"[35].

No mesmo sentido, é o pensamento de Ada Pellegrini Grinover, para quem "os dispositivos processuais do Código se aplicam, no que couber, a todas as ações em defesa de interesses difusos, coletivos, ou individuais homogêneos, coletivamente tratados"[36].

Essa ilustre processualista observa que, em função da coisa julgada coletiva constante do CDC, os dispositivos processuais do CDC, pelo menos até a edição de disposições específicas que venham a disciplinar diversamente a matéria, são aplicáveis a toda e qualquer ação coletiva[37]. E exemplifica com a coisa julgada na ação coletiva intentada pelo sindicato (CF, art. 8º, III), ainda sem assento próprio na legislação trabalhista específica, que deverá reger-se pelo estatuído no Capítulo IV do Título III do Código; as ações promovidas por associações (CF, art. 5º, XXI); as ações propostas por entidades de proteção aos índios, em prol de seus interesses coletivamente considerados[38].

Em síntese, a não aplicação desse novo microssistema integrado para a tutela dos interesses ou direitos metaindividuais trabalhistas implica violação: *a)* às normas que estabelecem a competência da Justiça do Trabalho e a legitimidade do Ministério Público do Trabalho para a ação civil pública trabalhista (LOMPU, art. 83, III, c/c. art. 6º, VII, *a* e *b*); *b)* às disposições processuais da LACP e do Título III do CDC; *c)* aos princípios constitucionais que asseguram o acesso (individual e coletivo) dos trabalhadores à Justiça do Trabalho.

É óbvio que a efetivação da jurisdição trabalhista metaindividual requer uma nova postura de todos os que lidam com esse segmento especializado do direito processual. É preciso, pois, que as inteligências da comunidade justrabalhista tenham como norte a efetivação do acesso – individual e coletivo – dos trabalhadores, não

---

34. NERY JUNIOR, Nelson. *O processo do trabalho*..., cit., p. 153.

35. Ibidem, p. 154.

36. *Código Brasileiro de Defesa do Consumidor*..., p. 717.

37. Idem.

38. Exemplifique-se com o seguinte julgado do Pretório Excelso: "COMPETÊNCIA – AÇÃO CIVIL PÚBLICA – CONDIÇÕES DE TRABALHO. Tendo a ação civil pública como causas de pedir disposições trabalhistas e pedidos voltados à preservação do meio ambiente do trabalho e, portanto, aos interesses dos empregados, a competência para julgá-la é da Justiça do Trabalho" (STF-RE n. 206.220/MG, 2ª T., Rel. Min. Marco Aurélio, j. 16-3-1999, *DJ* 17-9-1999, p. 58). No mesmo sentido: "Ação Civil Pública. Justiça do Trabalho. Competência. É competente esta Justiça Especializada para apreciar e julgar ação civil pública ajuizada pelo Ministério Público do Trabalho, na defesa dos interesses coletivos e difusos do trabalhador menor, na forma estatuída nos arts. 114 da Constituição Federal, e 83, III, da Lei Complementar n. 75/93" (TRT-2ª Reg., 6ª T., RO n. 02980566840, Ac. n. 200000356616, Rel. Juíza Maria Aparecida Duenhas, DOE-PJ 28-7-2000).

apenas ao aparelho judiciário e à democratização das suas decisões, mas, sobretudo, a uma ordem jurídica justa. Para tanto, é condição necessária a formação de uma nova mentalidade[39], que culmine com uma autêntica transformação cultural não apenas dos juízes e procuradores do trabalho, mas, também, dos advogados, empresários e sindicalistas. A efetivação do acesso coletivo à justiça exige, sobretudo, um "pensar coletivo e democrático" consentâneo com a nova ordem jurídica, política, econômica e social implantada em nosso sistema a partir da Constituição de 1988, cabendo aos magistrados a missão precípua de efetivar, por meio do processo, os direitos fundamentais, especialmente os de ordem social e metaindividual.

7. NOVA JURISDIÇÃO VOLUNTÁRIA E JURISDIÇÃO CONTENCIOSA

O CPC de 1973 previa duas espécies de jurisdição: a contenciosa e a voluntária. Dispunha o art. 1º desse diploma: "A jurisdição civil, contenciosa e voluntária, é exercida pelos juízes, em todo o território nacional, conforme as disposições que este Código estabelece".

O art. 16 do CPC prevê apenas que a "jurisdição civil é exercida pelos juízes e pelos tribunais em todo o território nacional, conforme as disposições deste Código". No entanto, o Livro I da Parte Especial do CPC, em seu Título III, dispõe sobre os "Procedimentos Especiais", Capítulos I a XIV (arts. 539 a 718), destinados às ações e procedimentos especiais, como a ação de consignação em pagamento, a ação de exigir contas, as ações possessórias, os embargos de terceiro, a oposição, a habilitação, a ação monitória, a restauração de autos etc., e o Capítulo XV, que trata dos "Procedimentos de Jurisdição Voluntária" (arts. 719 a 770).

Podemos dizer, assim, que os procedimentos especiais no CPC abrangem: *a*) a *jurisdição contenciosa*, que visa à composição de litígios por meio de um processo autêntico, pois existe uma lide a ser resolvida, com a presença de partes e aplicação dos efeitos da revelia, sendo que a decisão fará coisa julgada formal e material; *b*) a *jurisdição voluntária*, que visa à participação do Estado, como mero administrador de interesses privados, para dar validade a negócios jurídicos por meio de um procedimento judicial, pois não existe lide nem partes, mas apenas interessados, sendo que a decisão proferida fará, tão somente, coisa julgada formal.

Nos sítios do processo do trabalho, só existia jurisdição contenciosa, ou melhor, não havia, formalmente, a jurisdição voluntária, tal como prevista no processo civil. No entanto, há alguns procedimentos especiais que a doutrina identifica como inerentes à jurisdição voluntária.

39. WATANABE, Kazuo et al. *Código Brasileiro de Defesa do Consumidor comentado pelos autores do anteprojeto*. Rio de Janeiro: Forense, 1998. p. 610-611.

Mauro Schiavi[40] lembra o art. 500 da CLT, segundo o qual o "pedido de demissão do empregado estável só será válido quando feito com a assistência do respectivo Sindicato e, se não o houver, perante autoridade local competente do Ministério do Trabalho e Previdência Social ou da Justiça do Trabalho". Parece-nos, porém, que a parte final de dispositivo equipara a Justiça do Trabalho a um órgão administrativo, meramente homologador de rescisão de contrato de trabalho do empregado estável. É interessante que a redação do referido artigo foi dada pela Lei n. 5.584/70, que também deu nova redação ao § 1º do art. 477 da CLT, nos seguintes termos: "O pedido de demissão ou recibo de quitação de rescisão, do contrato de trabalho, firmado por empregado com mais de 1 (um) ano de serviço, só será válido quando feito com a assistência do respectivo Sindicato ou perante a autoridade do Ministério do Trabalho e Previdência Social". Vê-se que, aqui, não há previsão para a Justiça do Trabalho atuar como homologadora de pedido de demissão.

Outros dois exemplos de jurisdição voluntária no processo do trabalho encontram-se no Enunciado n. 63 da 1ª Jornada de Direito Material e Processual do Trabalho (disponível em: <www.anamatra.org.br>):

> COMPETÊNCIA DA JUSTIÇA DO TRABALHO. PROCEDIMENTO DE JURISDIÇÃO VOLUNTÁRIA. LIBERAÇÃO DO FGTS E PAGAMENTO DO SEGURO-DESEMPREGO. Compete à Justiça do Trabalho, em procedimento de jurisdição voluntária, apreciar pedido de expedição de alvará para liberação do FGTS e de ordem judicial para pagamento do seguro-desemprego, ainda que figurem como interessados os dependentes de ex-empregado falecido.

Por força da alínea *f* do art. 652 da CLT, acrescentada pela Lei n. 13.467/2017, as Varas do Trabalho, ou melhor, os juízos trabalhistas de primeira instância, passaram a ter competência para: "decidir quanto à homologação de acordo extrajudicial em matéria de competência da Justiça do Trabalho".

Explicitando o procedimento de homologação de acordo extrajudicial, o art. 855-B da CLT dispõe que ele "terá início por petição conjunta, sendo obrigatória a representação das partes por advogado", sendo-lhes, porém vedada, nos termos do § 1º do mesmo artigo, a representação por advogado comum.

O § 2º do art. 855-B da CLT faculta ao trabalhador o direito de ser "assistido" pelo advogado do sindicato de sua categoria.

Vê-se, pois, que o procedimento de homologação de acordo extrajudicial não permite o *jus postulandi* (CLT, art. 791), pois as partes devem estar obrigatoriamente representadas por advogado.

---

40. SCHIAVI, Mauro. *Manual de direito processual do trabalho*. 2. ed. São Paulo: LTr, 2009. p. 54.

Parece-nos razoável a vedação da representação das partes (empregado e empregador) por advogado comum, pois o empregado é a parte vulnerável na desigual relação de direito material de trabalho, e o acordo entabulado, na verdade, pode caracterizar autêntica renúncia de direitos, mormente em situações de desemprego estrutural como a que vivemos atualmente.

De toda sorte, pensamos que o Juiz do Trabalho deve ter a máxima cautela para "decidir quanto à homologação de acordo extrajudicial" (CLT, art. 652, *f*), sob pena de se tornar o principal protagonista do desmonte do sistema de proteção jurídica dos direitos humanos dos trabalhadores brasileiros.

Exatamente por isso, deve o magistrado observar o disposto no art. 855-D da CLT, segundo o qual: "No prazo de quinze dias a contar da distribuição da petição, o juiz analisará o acordo, designará audiência se entender necessário e proferirá sentença".

Vale dizer, é recomendável a oitiva das partes em audiência, para que ratifiquem perante o Juiz os termos do acordo extrajudicial, evitando-se, assim, eventuais fraudes ou lides simuladas.

Do contrário, a Justiça do Trabalho se transformará em mero órgão cartorário homologador de rescisões de contratos de trabalho, em substituição aos sindicatos e aos órgãos do Ministério do Trabalho, Ministério Público, Defensoria Pública ou Juiz de Paz, como previam o §§ 1º e 3º do art. 477 da CLT, revogados expressamente pelo art. 5º, I, *j*, da Lei n. 13.467/2017.

É importante assinalar que o procedimento de homologação de acordo extrajudicial não prejudica o prazo estabelecido no § 6º e não afasta a aplicação da multa prevista no § 8º, ambos do art. 477 da CLT, que não foram revogados pela Lei n. 13.467/2017.

De acordo com o art. 855-E e seu parágrafo único, da CLT, "a petição de homologação de acordo extrajudicial suspende o prazo prescricional da pretensão deduzida na ação", voltando "a fluir no dia útil seguinte ao do trânsito em julgado da decisão que negar a homologação do acordo".

Como o art. 855-D fala em "sentença", e o parágrafo único do art. 855-E utiliza o termo "decisão", certamente surgirão discussões sobre: *a*) a natureza jurídica do ato que homologa ou rejeita a homologação do acordo extrajudicial; *b*) a possibilidade ou não de interposição de recurso contra tal decisão; *c*) a possibilidade ou não de ajuizamento de ação rescisória; *d*) impetração de mandado de segurança contra a decisão que homologa ou rejeita total ou parcialmente a homologação do acordo extrajudicial.

A nosso ver, o ato que homologa ou rejeita a homologação de acordo extrajudicial tem natureza jurídica de decisão judicial irrecorrível em procedimento de jurisdição voluntária, sendo, portanto, irrecorrível (salvo para a Previdência Social quanto às contribuições que lhe forem devidas) e não impugnável por mandado de segurança.

No entanto, há entendimento no sentido de que o ato que rejeita a homologação do acordo ou o homologa apenas parcialmente desafia a interposição de recurso ordinário, "porque sua excepcionalidade em relação ao princípio do duplo grau de jurisdição inibe uma interpretação extensiva".[41]

Há julgados admitindo a interposição de recurso ordinário contra a "sentença" que rejeita a homologação do acordo extrajudicial ou o homologa parcialmente (TRT da 4ª Região, 4ª T., RO 0021934-22.2017.5.04.0021, j. 21-2-2019, Rel. Des. João Paulo Lucena).

Em decisão da 4ª Turma do TST não foi permitida a homologação parcial do acordo extrajudicial:

> (...) RECURSO DE REVISTA - ACORDO EXTRAJUDICIAL HOMOLOGADO EM JUÍZO - PROCEDIMENTO DE JURISDIÇÃO VOLUNTÁRIA - ARTS. 855-B A 855-E DA CLT - QUITAÇÃO GERAL - TRANSCENDÊNCIA JURÍDICA. 1. Problema que sempre atormentou o empregador foi o relativo à rescisão do contrato de trabalho e da quitação dos haveres trabalhistas, de modo a não permanecer com a espada de Dâmocles sobre sua cabeça. 2. A ineficácia prática da homologação da rescisão contratual do sindicato, em face do teor da Súmula 330 do TST, dada a não quitação integral do contrato de trabalho, levou a SBDI-2 desta Corte a não reputar simulada a lide visando à homologação de acordo pela Justiça do Trabalho, pois só assim se conseguiria colocar fim ao conflito laboral e dar segurança jurídica às partes do distrato (cfr. TST-ROAR-103900-90.2005.5.04.0000, Rel. Min. Ives Gandra Martins Filho, *DEJT* de 12/09/08). 3. Para resolver tal problema, a Lei 13.467/17, em vigor desde 11/11/17, instituiu o procedimento de jurisdição voluntária na Justiça do Trabalho atinente à homologação, em juízo, de acordo extrajudicial, nos termos dos arts. 855-B a 855-E da CLT, juntamente com o fito de colocar termo ao contrato de trabalho. 4. Da simples leitura dos novos comandos de lei, notadamente do art. 855-C da CLT, extrai-se a vocação prioritária dos acordos extrajudiciais para regular a rescisão contratual e, portanto, o fim da relação contratual de trabalho. Não fosse a possibilidade da quitação geral do contrato de trabalho com a chancela do Judiciário e o Capítulo III-A não teria sido acrescido ao Título X da CLT, que trata do Processo Judiciário do Trabalho. 5. Curial, ainda, trazer à baila, que a ideia que indelevelmente adere ao acordo extrajudicial é a de que, retirada uma das cláusulas que o compõem, a parte a quem ela favoreceria não faria o acordo. A alternativa que caberia ao Judiciário, portanto, seria a homologação integral ou a rejeição da proposta, se eivada de vícios. Tal entendimento resta corroborado pelo STF quanto à circunstância de a validade do acordo depender da homologação integral ou de sua rejeição total, não podendo ser balanceado pelo Poder Judiciário (Voto do Min. Teori Zavascki no *leading case* STF-RE 590.715/SC, Rel. Min. Roberto Barroso, *DJe* de 29/05/15).

41. SOUZA JÚNIOR, Antonio Umberto; SOUZA, Fabiano Coelho de; MARANHÃO, Ney; AZEVEDO NETO, Platon Teixeira de. *Reforma trabalhista:* análise comparativa e crítica da Lei 13.467/2017. São Paulo: Rideel, 2017, p. 450.

6. Nesse sentido, o art. 855-B, §§ 1º e 2º, da CLT, que trata da apresentação do acordo extrajudicial à Justiça, a par dos requisitos gerais de validade dos negócios jurídicos que se aplicam ao direito do trabalho, nos termos do art. 8º, § 1º, da Lei Consolidada e que perfazem o ato jurídico perfeito (CC, art. 104 – agente capaz, objeto lícito e forma prescrita ou não vedada por lei), traçou as balizas para a apresentação do acordo extrajudicial apto à homologação judicial: petição conjunta dos interessados e advogados distintos, podendo haver assistência sindical para o trabalhador. 7. A petição conjuntamente assinada para a apresentação do requerimento de homologação ao juiz de piso serve à demonstração da anuência mútua dos interessados em por fim ao contratado, e, os advogados distintos, à garantia de que as pretensões estarão sendo individualmente respeitadas. Assim, a atuação do Judiciário Laboral na tarefa de jurisdição voluntária é binária: homologar, ou não, o acordo. Não lhe é dado substituir-se às partes e homologar parcialmente o acordo, se este tinha por finalidade quitar integralmente o contrato de trabalho extinto. Sem quitação geral, o Empregador não proporia o acordo, nem se disporia a manter todas as vantagens nele contidas. 8. No caso concreto, o Regional, mantendo a sentença, assentou que a ausência de discriminação das parcelas às quais os Acordantes conferiam quitação geral e irrestrita feria o princípio da boa-fé e lealdade, registrando, todavia, o cumprimento dos requisitos do art. 855-B da CLT e daqueles gerais estatuídos pela lei civil para a celebração de negócios em geral. 9. Nesse sentido, a conclusão acerca da invalidade, total ou parcial, do pacto extrajudicial, por ausência de verificação de concessões mútuas e discriminação de parcelas diz menos com a validação extrínseca do negócio jurídico do que com a razoabilidade intrínseca do acordo, cujo questionamento não cabe ao Judiciário nesse procedimento, pois lhe esvazia o sentido e estabelece limites e discussões não queridos pelos Requerentes ao ajuizar o procedimento. 10. Ora, estando presentes os requisitos gerais do negócio jurídico e os específicos preconizados pela lei trabalhista (CLT, art. 855-B), não há de se questionar a vontade das partes envolvidas e do mérito do acordado, notadamente quando a lei requer a presença de advogado para o empregado, rechaçando, nesta situação, o uso do *jus postulandi* do art. 791 da CLT, como se depreende do art. 855-B, § 1º, da CLT. 11. Assim sendo, é válido o termo de transação extrajudicial apresentado pelas Interessadas, com quitação geral e irrestrita do contrato havido, nessas condições, que deve ser homologado. Recurso de revista provido (TST-RR-1000325-56.2018.5.02.0709, 4ª T., Rel. Min. Ives Gandra Martins Filho, *DEJT* 26-6-2020).

Por interpretação analógica do art. 831, parágrafo único, da CLT e da Súmula 259 do TST, somente por ação rescisória poderá ser desconstituída a decisão que homologar o acordo extrajudicial. Com efeito, se a decisão homologa o acordo entabulado pelas partes, salta aos olhos que lhes falta interesse recursal por inexistência de sucumbência.

É claro que do ato judicial em comento caberão embargos de declaração nas hipóteses do art. 897-A da CLT e arts. 1.022 a 1.026 do CPC/2015.

CAPÍTULO IV
Ministério Público do Trabalho

1. ORIGENS DO MINISTÉRIO PÚBLICO[1]

A palavra "ministério" provém do latim *ministerium*, no sentido amplo de ofício, cargo ou função que se exerce. Nesta acepção, equivale a *mister* ou *mester*. Os latinos distinguiam *manus*, que era o exercício do cargo público, do qual surgiram as expressões *ministrar*, *ministro*, *administrar*, de *ministerium*, utilizadas no sentido de exercício de trabalho manual.

No início, a figura do Ministério Público relacionava-se à dos agentes do rei (*les gens du roi*), isto é, a "mão do rei" e, atualmente, para manter a metáfora, a "mão da lei". A expressão *parquet*, bastante utilizada com referência ao Ministério Público, advém da tradição francesa, assim como "magistratura de pé" e *les gens du roi*.

Com efeito, os procuradores do rei, antes de adquirirem a condição de magistrados e terem assento ao lado dos juízes, ficavam, inicialmente, sobre o assoalho (*parquet*) da sala de audiências, e não sobre o estrado, lado a lado com a "magistratura sentada".

A denominação *parquet*, portanto, ficou universalmente consagrada. Mas não há uniformidade doutrinária quanto à origem do Ministério Público. Para uns, ele existe há mais de quatro mil anos, na figura do *magiai*, funcionário real do Egito. Há os que referem a origem ministerial à Antiguidade clássica: éforos, para os espartanos; *thesmotetis*, para os gregos; *advocatus fisci* ou procuradores *caesaris*, para os romanos. Outros invocam a Idade Média como marco histórico da instituição. Os italianos proclamam a sua origem peninsular: *advocatus de parte publica* ou *avogadori di comum della repubblica*.

Tradicionalmente, sustenta-se que o Ministério Público teve origem na Ordenança, de 25 de março de 1302, do rei francês Felipe IV, o Belo, o qual impunha que seus procuradores prestassem o mesmo juramento dos juízes, proibindo-lhes o patrocínio de outros que não o rei.

1. Para aprofundamento dos estudos sobre o Ministério Público, recomendamos a leitura do nosso *Ministério Público do Trabalho:* doutrina, jurisprudência e prática. 5. ed. São Paulo: LTr, 2011. Também sugerimos o livro: DINIZ, José Janguiê Bezerra. *Ministério Público do Trabalho*. Brasília: Consulex, 2004.

A expressão "ministério público" pode ser entendida em sentido genérico ou restrito. Em sentido genérico, diz respeito a todos os que exercem função pública. Já no sentido restrito, a expressão *ministère public* passou a ser usada nos provimentos legislativos do século XVIII, ora se referindo a funções próprias do ofício, ora a um magistrado específico, incumbido do poder-dever de exercitá-lo. No regime francês, por exemplo, os procuradores do rei preocupavam-se apenas com a defesa dos interesses privados do rei, mas com o correr do tempo eles passaram a exercer, cumulativamente, funções de interesse público e do próprio Estado. Daí a expressão "ministério público", que, segundo Mario Vellani:

> *Con molta probabilità l'espressione è nata quase inavvertitamente nella pratica, cioè gli stessi procuratori ed avvocati del re parlavano del loro ministero, e successivamente a vocabolo "ministero" si deve esser unito, quase per forza naturale com riferimento agli interessi pubblici che i procuratori e gli avvocati del re, generali e no, dovevano difendere, l'aggettivo "pubblico", componendo così il termine ministero pubblico*[2].

A partir de então, o termo "ministério público" passou a ser adotado em quase todos os sistemas jurídicos.

No Brasil, foi utilizado pela primeira vez no art. 18 do Regimento das Relações do Império, baixado em 2 de maio de 1847. As Constituições brasileiras trataram timidamente do Ministério Público, ora vinculando-o ao Poder Judiciário, ora ao Poder Executivo.

2. O MINISTÉRIO PÚBLICO NA CONSTITUIÇÃO FEDERAL DE 1988

Pode-se afirmar, com absoluta certeza, que foi somente a partir da Constituição Federal de 1988 que o Ministério Público alcançou seu crescimento maior, o que tem levado, inclusive, inúmeros países das modernas democracias a estudar as peculiaridades do *parquet* brasileiro.

Com a novel ordem constitucional, o Ministério Público deixou de ser mero apêndice do Poder Executivo, tal como estava previsto na EC n. 1/69, para se transformar em instituição permanente, autônoma, independente e essencial à função jurisdicional do Estado, incumbindo-lhe precipuamente a defesa da ordem jurídica, do regime democrático e dos interesses sociais e individuais indisponíveis (CF, art. 127).

2. *Il pubblico ministero nell processo*, p. 67-68. Em tradução livre: "Provavelmente, a expressão nasceu quase que inadvertidamente na prática, isto é, os procuradores e advogados do rei falavam de seu próprio 'ministério' e, sucessivamente, ao vocábulo 'ministério' foi unido, quase que por força natural, com referência aos interesses públicos que os procuradores e os advogados do rei deveriam defender, o adjetivo 'público', compondo, assim, o termo *ministério público*".

Nesse contexto, não há mais como admitir o Ministério Público constituído de agentes do Poder Executivo, do Poder Legislativo ou do Poder Judiciário. Não significa dizer que seria ele um quarto poder, mas, tão somente, uma instituição estatal permanente independente e autônoma, reconhecida pelo ordenamento constitucional. É, pois, um órgão do Estado, de natureza constitucional, a serviço da defesa da sociedade, da democracia, do ordenamento jurídico e do interesse público.

Com a promulgação da EC n. 45/2004, que acrescentou o art. 130-A à CF, o Ministério Público passou a contar com um *Conselho Nacional do Ministério Público*, composto de quatorze membros nomeados pelo Presidente da República, depois de aprovada a escolha pela maioria absoluta do Senado Federal. Trata-se, na verdade, de uma forma moderada de controle externo do Ministério Público.

Integram o Conselho Nacional do Ministério Público:

I – o Procurador-Geral da República, que o preside;

II – quatro membros do Ministério Público da União, assegurada a representação de cada uma de suas carreiras;

III – três membros do Ministério Público dos Estados;

IV – dois juízes, indicados um pelo Supremo Tribunal Federal e outro pelo Superior Tribunal de Justiça;

V – dois advogados, indicados pelo Conselho Federal da Ordem dos Advogados do Brasil;

VI – dois cidadãos de notável saber jurídico e reputação ilibada, indicados um pela Câmara dos Deputados e outro pelo Senado Federal.

Os membros do Conselho oriundos do Ministério Público serão indicados pelos respectivos Ministérios Públicos, na forma da lei.

Compete ao Conselho o controle da atuação administrativa e financeira do Ministério Público e do cumprimento dos deveres funcionais de seus membros, cabendo-lhe: I – zelar pela autonomia funcional e administrativa do Ministério Público, podendo expedir atos regulamentares, no âmbito de sua competência, ou recomendar providências; II – zelar pela observância do art. 37 e apreciar, de ofício ou mediante provocação, a legalidade dos atos administrativos praticados por membros ou órgãos do Ministério Público da União e dos Estados, podendo desconstituí-los, revê-los ou fixar prazo para que se adotem as providências necessárias ao exato cumprimento da lei, sem prejuízo da competência dos Tribunais de Contas; III – receber e conhecer das reclamações contra membros ou órgãos do Ministério Público da União ou dos Estados, inclusive contra seus serviços auxiliares, sem prejuízo da competência disciplinar e correicional da instituição, podendo avocar processos disciplinares em curso, determinar a remoção, a disponibilidade ou a aposentadoria com subsídios ou proventos proporcionais ao tempo de serviço e aplicar outras sanções administrativas, assegurada ampla defesa; IV – rever, de ofício ou mediante provocação, os processos disciplinares de membros do Ministério Público da União ou dos Estados julgados há menos de um ano; V – elaborar relatório anual, propondo as providências que julgar necessárias sobre a situação do Ministério Público no País e as atividades do Conselho, o qual deve integrar a mensagem prevista no art. 84, XI.

O Corregedor Nacional do Conselho é escolhido, em votação secreta, dentre os membros do Ministério Público que o integram, vedada a recondução, competindo-lhe, além das atribuições que lhe forem conferidas pela lei, as seguintes: I – receber reclamações e denúncias, de qualquer interessado, relativas aos membros do Ministério Público e dos seus serviços auxiliares; II – exercer funções executivas do Conselho, de inspeção e correição geral; III – requisitar e designar membros do Ministério Público, delegando-lhes atribuições, e requisitar servidores de órgãos do Ministério Público.

O Presidente do Conselho Federal da Ordem dos Advogados do Brasil oficia junto ao Conselho.

Leis da União e dos Estados criarão ouvidorias do Ministério Público, competentes para receber reclamações e denúncias de qualquer interessado contra membros ou órgãos do Ministério Público, inclusive contra seus serviços auxiliares, representando diretamente ao Conselho Nacional do Ministério Público.

Cumpre ressaltar que, independentemente da edição das referidas leis, qualquer cidadão ou entidade pode fazer tais reclamações por escrito diretamente ao CNMP, conforme instruções disponíveis no *site*: <www.cnmp.gov.br>.

3. GARANTIAS, PRERROGATIVAS E VEDAÇÕES

À luz do art. 21 da Lei Complementar n. 75/93, "as garantias e prerrogativas dos membros do Ministério Público da União são inerentes ao exercício de suas funções e irrenunciáveis", sendo certo que o seu parágrafo único dispõe que as "garantias e prerrogativas previstas nesta Lei Complementar não excluem as que sejam estabelecidas em outras leis".

Aos membros do MP são destinadas garantias idênticas às asseguradas aos magistrados, como se infere do art. 128, § 5º, I, da CF/88, com nova redação dada pela EC n. 45/2004, a saber:

a) vitaliciedade, após dois anos de exercício, não podendo perder o cargo senão por sentença judicial transitada em julgado;

b) inamovibilidade, salvo por motivo de interesse público, mediante decisão do órgão colegiado competente do Ministério Público, pelo voto da maioria absoluta de seus membros, assegurada ampla defesa, ou de decisão do Conselho Nacional do MP (CF, art. 130-A, III);

> *c) irredutibilidade de subsídio*, fixado na forma do art. 39, § 4º, e ressalvado o disposto nos arts. 37, X e XI, 150, II, 153, III, 153, § 2º, I, da CF.

Reafirmando a paridade existente entre os membros da magistratura e do Ministério Público, o § 6º do art. 128 da CF manda aplicar aos membros do Ministério Público, no que couber, o disposto no art. 95, parágrafo único, V, da mesma Carta Magna Central.

Insta frisar, de logo, que *prerrogativa* não se confunde com *privilégio*, uma vez que aquela deriva de norma de ordem pública, cujo fim é assegurar que o seu destinatário possa exercer determinada atividade ou função com segurança, independência e autonomia em prol da própria coletividade. Este, ao revés, constitui vantagem individual sem qualquer razão jurídica plausível, ferindo, assim, o princípio da igualdade preconizado pela ordem constitucional (CF, art. 5º).

O art. 18 da Lei Complementar n. 75/93 assegura aos membros do Ministério Público da União as seguintes prerrogativas:

> I – *institucionais*: *a)* sentar-se no mesmo plano e imediatamente à direita dos juízes singulares ou presidentes dos órgãos judiciários perante os quais oficiem; *b)* usar vestes talares; *c)* ter ingresso e trânsito livres, em razão de serviço, em qualquer recinto público ou privado, respeitada a garantia constitucional da inviolabilidade do domicílio; *d)* prioridade em qualquer serviço de transporte ou comunicação, público ou privado, no território nacional, quando em serviço de caráter urgente; *e)* porte de arma, independentemente de autorização; *f)* carteira de identidade especial, de acordo com modelo aprovado pelo Procurador-Geral da República e por ele expedida, nela se consignando as prerrogativas constantes do inciso I, *c*, *d* e *e*, e, do inciso II, *d*, *e* e *f*, deste artigo;
>
> II – *processuais*: *a)* do Procurador-Geral da República, ser processado e julgado, nos crimes comuns, pelo Supremo Tribunal Federal e pelo Senado Federal, nos crimes de responsabilidade; *b)* do membro do Ministério Público da União que oficie perante tribunais, ser processado e julgado, nos crimes comuns e de responsabilidade, pelo Superior Tribunal de Justiça; *c)* do membro do Ministério Público da União que oficie perante juízos de primeira instância, ser processado e julgado, nos crimes comuns e de responsabilidade, pelos Tribunais Regionais Federais, ressalvada a competência da Justiça Eleitoral; *d)* ser preso ou detido somente por ordem escrita do tribunal competente ou em razão de flagrante de crime inafiançável, caso em que a autoridade fará imediata comunicação àquele tribunal e ao Procurador-Geral da República, sob pena de responsabilidade; *e)* ser recolhido à prisão especial ou à sala especial de Estado-Maior, com direito a privacidade e à disposição do tribunal competente para o julgamento, quando sujeito a prisão antes da decisão final; e a dependência separada no estabelecimento em que tiver de ser cumprida a pena; *f)* não ser indiciado em inquérito

policial, observado o disposto no parágrafo único deste artigo; *g*) ser ouvido, como testemunha, em dia, hora e local previamente ajustados com o magistrado ou a autoridade competente; *h*) receber intimação pessoalmente nos autos em qualquer processo e grau de jurisdição nos feitos em que tiver de oficiar.

Ainda no tocante às prerrogativas, importante salientar que ao Procurador-Geral da República são conferidas as mesmas honras e tratamento dos Ministros do Supremo Tribunal Federal. E aos demais membros da instituição, as que forem reservadas aos magistrados perante os quais oficiem (LC n. 75/93, art. 19).

Os órgãos do Ministério Público da União terão presença e palavra asseguradas em todas as sessões dos órgãos colegiados em que oficiem (art. 20).

As vedações relativas ao Ministério Público, como um todo, estão contidas no art. 128, § 2º, II, da Constituição, e são praticamente as mesmas aplicáveis aos membros da magistratura, a saber: *a*) receber, a qualquer título e sob qualquer pretexto, honorários, percentagens ou custas processuais; *b*) exercer a advocacia; *c*) participar de sociedade comercial, na forma da lei; *d*) exercer, ainda que em disponibilidade, qualquer outra função pública, salvo uma de magistério; *e*) exercer atividade político-partidária; *f*) receber, a qualquer título ou pretexto, auxílios ou contribuições de pessoas físicas, entidades públicas ou privadas, ressalvadas as exceções previstas em lei.

No que diz respeito ao Ministério Público da União, as vedações são reiteradas no art. 237 da Lei Complementar n. 75/93, a saber: *a*) receber, a qualquer título e sob qualquer pretexto, honorários, percentagens ou custas processuais; *b*) exercer a advocacia; *c*) participar de sociedade comercial, salvo na condição de cotista ou acionista; *d*) exercer, ainda que em disponibilidade, qualquer outra função pública, salvo uma de magistério; e *e*) exercer atividade político-partidária, ressalvada a filiação e o direito de afastar-se para exercer cargo eletivo ou a ele concorrer.

O exercício de atividade político-partidária e a ressalva da filiação e do direito de afastar-se para cargo eletivo ou a ele concorrer não são mais permitidos pela alínea *e* do art. 128, § 5º, da CF, com nova redação dada pela EC n. 45/2004.

4. ORGANIZAÇÃO DO MINISTÉRIO PÚBLICO

Vaticina o art. 128 da CF que o Ministério Público brasileiro compõe-se de dois grandes ramos:

I – o *Ministério Público da União*, que, por sua vez, compreende: *a*) o Ministério Público Federal; *b*) o Ministério Público do Trabalho; *c*) o Ministério Público Militar; *d*) o Ministério Público do Distrito Federal e Territórios;

II – os *Ministérios Públicos dos Estados*.

É preciso destacar, no entanto, que a Constituição Federal (art. 127, § 1º) consagra, como princípios institucionais do Ministério Público como um todo, a unidade, a indivisibilidade e a independência funcional de seus membros.

Vale dizer, a divisão entre os Ministérios Públicos é apenas administrativa, e não orgânica, porquanto todos eles têm a mesma missão institucional: a defesa da democracia, do ordenamento jurídico e dos interesses sociais e individuais indisponíveis dentro de suas respectivas áreas de atuação.

5. O MINISTÉRIO PÚBLICO DO TRABALHO

O Ministério Público do Trabalho – MPT é o ramo do Ministério Público da União – MPU que atua processualmente nas causas de competência da Justiça do Trabalho. Trata-se, pois, de um segmento especializado do Ministério Público da União.

O chefe do MPT é o Procurador-Geral do Trabalho, nomeado pelo Procurador-Geral da República, dentre os membros da Instituição com mais de trinta e cinco anos de idade e cinco anos na carreira, integrantes de lista tríplice escolhida mediante voto plurinominal, facultativo e secreto, pelo Colégio de Procuradores, para mandato de dois anos, permitida uma recondução, observado o mesmo processo. Caso não haja número suficiente de candidatos com mais de cinco anos na carreira, poderá concorrer à lista tríplice quem contar mais de dois anos na carreira. A exoneração do Procurador-Geral do Trabalho, antes do término do mandato, será proposta ao Procurador-Geral da República pelo Conselho Superior, mediante deliberação obtida com base em voto secreto de dois terços de seus integrantes.

Pode-se dizer, sem receio de errar, que não foram recepcionados, por serem incompatíveis com o art. 127 da Constituição Federal, os arts. 736 e 737 da CLT.

Assim, as fontes normativas da atuação do MPT no processo do trabalho são as contidas na CF e na LC n. 75/93.

6. A LEI COMPLEMENTAR N. 75/93

A Lei Complementar n. 75, de 20 de maio de 1993, também chamada de Lei Orgânica do Ministério Público da União – LOMPU, é composta de 295 artigos, contendo quatro títulos. O primeiro é reservado às Disposições Gerais inerentes a todos os ramos do Ministério Público da União. O segundo trata da organização e atribuições peculiares de cada ramo (MPF, MPT, MPM e MPDFT). O Título III contém as Disposições Estatutárias Especiais. O quarto e último Título prescreve as Disposições Finais e Transitórias.

Ao Ministério Público do Trabalho foi dedicado, especialmente, o Capítulo II do Título II da Lei Complementar n. 75/93, o qual é composto de dez Seções, a saber:

a) Seção I (arts. 83 a 86)

Dispõe sobre competência e atribuições judiciais e administrativas do Ministério Público do Trabalho perante a Justiça Trabalhista, bem como dos órgãos e carreira que compõem a sua estrutura organizacional.

b) Seção II (arts. 87 a 92)

Cuida do Procurador-Geral do Trabalho, estabelecendo os requisitos para sua nomeação e destituição do cargo, atribuições judiciais e administrativas etc.

c) Seção III (arts. 93 e 94)

Dispõe sobre o Colégio de Procuradores do Trabalho, fixando a sua composição e atribuições.

d) Seção IV (arts. 95 a 98)

Trata do Conselho Superior do Ministério Público do Trabalho, sua composição, atribuições etc.

e) Seção V (arts. 99 a 103)

Versa sobre a Câmara de Coordenação e Revisão do Ministério Público do Trabalho, disciplinando sua composição e competência.

f) Seção VI (arts. 104 a 106)

Dispõe sobre a Corregedoria do Ministério Público do Trabalho, nomeação e destituição do Corregedor-Geral, suas atribuições etc.

g) Seções VII, VIII e IX (arts. 107 a 113)

Cuidam das designações e atribuições dos Subprocuradores-Gerais do Trabalho, Procuradores Regionais do Trabalho e Procuradores do Trabalho.

h) Seção X (arts. 114 e 115)

Dispõe sobre os ofícios nas Unidades de Lotação e Administração da Procuradoria-geral e Procuradorias Regionais do Trabalho nos Estados e no Distrito Federal.

7. ÓRGÃOS DO MINISTÉRIO PÚBLICO DO TRABALHO

Estruturado em carreira, com autonomia funcional, administrativa e financeira, o MPT é integrado por diversos órgãos.

Diz o art. 85 da LC n. 75/93:

> Art. 85. São órgãos do Ministério Público do Trabalho:
>
> I – o Procurador-Geral do Trabalho;
>
> II – o Colégio de Procuradores do Trabalho;
>
> III – o Conselho Superior do Ministério Público do Trabalho;

IV – a Câmara de Coordenação e Revisão do Ministério Público do Trabalho;

V – a Corregedoria do Ministério Público do Trabalho;

VI – os Subprocuradores-Gerais do Trabalho;

VII – os Procuradores Regionais do Trabalho;

VIII – os Procuradores do Trabalho.

A carreira do MPT inicia-se no cargo de Procurador do Trabalho, por meio de concurso público de provas e títulos, nos termos do § 3º do art. 129 da CF, e finda no de Subprocurador-Geral do Trabalho.

Subprocuradores-Gerais do Trabalho são órgãos designados para oficiar junto ao Tribunal Superior do Trabalho e nos ofícios na Câmara de Coordenação e Revisão. Os Subprocuradores-Gerais do Trabalho encontram-se lotados, nos ofícios, na Procuradoria-Geral do Trabalho.

Os Procuradores Regionais do Trabalho são os órgãos designados para oficiar junto aos Tribunais Regionais do Trabalho. São lotados, nos ofícios, nas Procuradorias Regionais do Trabalho nos Estados e no Distrito Federal.

Os Procuradores do Trabalho são os órgãos iniciais da carreira designados para funcionar junto às Varas do Trabalho ou aos Tribunais Regionais do Trabalho. São lotados, nos ofícios, nas Procuradorias Regionais do Trabalho nos Estados e no Distrito Federal. Diz o art. 112 e parágrafo único da LC n. 75/93 que:

> Art. 112. Os Procuradores do Trabalho serão designados para funcionar junto aos Tribunais Regionais do Trabalho e, na forma das leis processuais, nos litígios trabalhistas que envolvam, especialmente, interesses de menores e incapazes.
>
> Parágrafo único. A designação de Procuradores do Trabalho para oficiar em órgãos jurisdicionais diferentes dos previstos para a categoria dependerá de autorização do Conselho Superior.

A enumeração prevista no *caput*, quanto à atuação do Procurador do Trabalho perante as Varas do Trabalho – órgãos de primeira instância na Justiça do Trabalho –, é apenas exemplificativa, ou seja, não se limita apenas à defesa dos interesses dos menores e incapazes. Invocam-se, à guisa de exemplo, as ações civis públicas, nas quais o Ministério Público do Trabalho figure – como autor ou *custos legis* – "presentado" por Procurador do Trabalho.

Cumpre assinalar que somente o Procurador do Trabalho está legalmente autorizado a funcionar perante os órgãos de primeira instância da Justiça do Trabalho. Isso quer dizer que os Procuradores Regionais e os Subprocuradores-Gerais do Trabalho estão impedidos de fazê-lo, salvo se atendidas cumulativamente três condições exigidas pelo art. 214 e seu parágrafo único da LOMPU, a saber: se houver interesse do serviço devidamente justificado, anuência do membro designado e autorização do Conselho Superior.

8. FORMAS DE ATUAÇÃO DO MINISTÉRIO PÚBLICO DO TRABALHO

São duas as formas básicas de atuação do Ministério Público do Trabalho: *judicial* e *extrajudicial*. A atuação judicial, é óbvio, resulta da sua participação nos processos judiciais, seja como parte, autora ou ré, seja como fiscal da lei. Já a atuação extrajudicial ocorre, via de regra, no âmbito administrativo, mas pode converter-se em atuação judicial.

Frise-se que os arts. 127 e 129 da CF fornecem-nos exemplos gerais das duas formas de atuação ministerial, na medida em que ofertam a todos os ramos do MP instrumentos de atuação extrajudicial, como o inquérito civil, e judicial, como a ação civil pública.

É bem de ver que os arts. 83 e 84 da LC n. 75/93 delimitam as formas específicas de atuação do MPT; mas é preciso lembrar que as normas gerais concernentes a todos os ramos do Ministério Público da União são, também, aplicáveis, no que couber, ao *Parquet* Laboral.

Vale lembrar as disposições constantes dos arts. 27 a 30 da Consolidação dos Provimentos da Corregedoria Geral da Justiça do Trabalho[3].

> Art. 27. Os membros do Ministério Público do Trabalho serão cientificados pessoalmente das decisões proferidas pela Justiça do Trabalho nas causas em que o órgão haja atuado como parte ou como fiscal da lei.
>
> Parágrafo único. As intimações serão pessoais, mediante o envio dos autos às respectivas sedes das procuradorias regionais do trabalho, ou da forma como for ajustado entre o Presidente do Tribunal e o Procurador-Chefe Regional.
>
> Art. 28. Às Procuradorias Regionais do Trabalho serão enviados processos para parecer nas seguintes hipóteses: I – obrigatoriamente, quando for parte pessoa jurídica de direito público, Estado estrangeiro ou organismo internacional; II – facultativamente, e de forma seletiva, por iniciativa do relator, quando a matéria, por sua relevância, recomendar a prévia manifestação do Ministério Público; III – por iniciativa do Ministério Público do Trabalho, quando este reputar presente interesse público que justifique a sua intervenção; IV – por determinação legal, os mandados de segurança, de competência originária ou em grau recursal, as ações civis coletivas, os dissídios coletivos, caso não haja sido emitido parecer na instrução, e os processos em que forem parte indígena ou respectivas comunidades e organizações.

3. BRASIL. Tribunal Superior do Trabalho. Consolidação dos Provimentos da Corregedoria-Geral da Justiça do Trabalho, de 23 de fevereiro de 2016. *Diário Eletrônico da Justiça do Trabalho*: caderno judiciário do Tribunal Superior do Trabalho, Brasília, DF, n. 2255, p. 13-32, 23 jun. 2017. Republicação 1.

Parágrafo único. Os processos nos quais figure como parte pessoa jurídica de direito público, Estado estrangeiro ou organismo internacional serão encaminhados às Procuradorias Regionais do Trabalho imediatamente após os registros de autuação, salvo se houver necessidade de pronta manifestação do desembargador do trabalho relator.

Art. 29. É permitida a presença dos membros do Ministério Público do Trabalho em sessão convertida em conselho pelos Tribunais Regionais do Trabalho.

Art. 30. Será assegurado aos membros do Ministério Público do Trabalho assento à direita da presidência no julgamento de qualquer processo, judicial ou administrativo, em curso perante Tribunais Regionais do Trabalho.

Parágrafo único. Igual prerrogativa será assegurada nas audiências das varas do trabalho a que comparecer o membro do Ministério Público do Trabalho, na condição de parte ou na de fiscal da lei, desde que haja disponibilidade de espaço ou possibilidade de adaptação das unidades judiciárias (Resolução n. 7/2005 do CSJT).

8.1. Atuação judicial

A atuação judicial do MPT está prevista nos arts. 127 e 129 da CF e no art. 83 da Lei Complementar n. 75/93 – que derrogou, por incompatibilidade, os arts. 736 a 754 da CLT[4] –, nos seguintes termos:

Art. 83. Compete ao Ministério Público do Trabalho o exercício das seguintes atribuições junto aos órgãos da Justiça do Trabalho:

I – promover as ações que lhe sejam atribuídas pela Constituição Federal e pelas leis trabalhistas;

II – manifestar-se em qualquer fase do processo trabalhista, acolhendo solicitação do juiz ou por sua iniciativa, quando entender existente interesse público que justifique a intervenção;

III – promover a ação civil pública no âmbito da Justiça do Trabalho, para defesa de interesses coletivos, quando desrespeitados os direitos sociais constitucionalmente garantidos;

IV – propor as ações cabíveis para declaração de nulidade de cláusula de contrato, acordo coletivo ou convenção coletiva que viole as liberdades individuais ou coletivas ou os direitos individuais indisponíveis dos trabalhadores;

V – propor as ações necessárias à defesa dos direitos e interesses dos menores, incapazes e índios, decorrentes das relações de trabalho;

4. Eduardo Gabriel Saad, com acerto, sublinha que apenas o art. 739 da CLT continua em vigor, por não ser incompatível com o novel Estatuto do Ministério Público da União.

VI – recorrer das decisões da Justiça do Trabalho, quando entender necessário, tanto nos processos em que for parte, como naqueles em que oficiar como fiscal da lei, bem como pedir revisão dos Enunciados da Súmula de Jurisprudência do Tribunal Superior do Trabalho;

VII – funcionar nas sessões dos Tribunais Trabalhistas, manifestando-se verbalmente sobre a matéria em debate, sempre que entender necessário, sendo-lhe assegurado o direito de vista dos processos em julgamento, podendo solicitar as requisições e diligências que julgar convenientes;

VIII – instaurar instâncias em caso de greve, quando a defesa da ordem jurídica ou o interesse público assim o exigir;

IX – promover ou participar da instrução e conciliação em dissídios decorrentes da paralisação de serviços de qualquer natureza, oficiando obrigatoriamente nos processos, manifestando sua concordância ou discordância, em eventuais acordos firmados antes da homologação, resguardado o direito de recorrer em caso de violação à lei e à Constituição Federal;

X – promover mandado de injunção, quando a competência for da Justiça do Trabalho;

XI – atuar como árbitro, se assim for solicitado pelas partes, nos dissídios de competência da Justiça do Trabalho[5];

XII – requerer as diligências que julgar convenientes para o correto andamento dos processos e para a melhor solução das lides trabalhistas;

XIII – intervir obrigatoriamente em todos os feitos nos segundo e terceiro graus de jurisdição da Justiça do Trabalho, quando a parte for pessoa jurídica de Direito Público, Estado estrangeiro ou organismo internacional.

Quando atua judicialmente, o Ministério Público do Trabalho poderá fazê-lo na condição de parte ou *custos legis*.

8.1.1. O Ministério Público do Trabalho como parte

Como parte, é mais comum a atuação do MPT como autor da ação (*órgão agente*), tal como ocorre nas hipóteses previstas no art. 83, I, III, IV, V, VIII e X da LC n. 75/93. O art. 177 do CPC dispõe que o "Ministério Público exercerá o direito de ação em conformidade com suas atribuições constitucionais".

Dentre as principais ações utilizadas pelo MPT, destacamos a ação civil pública, a ação anulatória de cláusulas de contrato individual, o acordo coletivo ou convenção

5. A atuação como árbitro, quando solicitada pelas partes, nos dissídios de competência da Justiça do Trabalho, é, em rigor, atuação administrativa.

coletiva, a ação rescisória (CPC, art. 967, III) e o dissídio coletivo nos casos de greve em atividades essenciais ou que atentem contra o interesse público.

O Ministério Público do Trabalho poderá atuar, também, como parte quando interpuser recurso das decisões da Justiça do Trabalho (LC n. 75/93, art. 83, VI).

Atuará, ainda, como parte (substituto processual, pois atua em nome próprio na defesa do interesse do menor) na hipótese prevista no art. 793 da CLT (com redação dada pela Lei n. 10.288/2001), que diz:

> A reclamação trabalhista do menor de 18 anos será feita por seus representantes legais e, na falta destes, pela Procuradoria da Justiça do Trabalho[6], pelo sindicato, pelo Ministério Público estadual ou curador nomeado em juízo.

A interpretação extensiva desse dispositivo consolidado autoriza a ilação de que o MPT também poderá atuar no polo passivo da ação – basta imaginar a ação de consignação em pagamento – ajuizada pelo empregador em face do trabalhador menor, na falta ou inexistência de representantes legais deste. Ademais, com a ampliação da competência da Justiça do Trabalho, podem surgir ações oriundas da relação de trabalho em que o adolescente, sem representante legal, figure como réu, o que exigirá a atuação obrigatória do MPT.

8.1.1.1. Ação civil pública, ação civil coletiva e ação anulatória

Dentre os principais instrumentos de atuação do MPT como órgão agente em defesa dos direitos ou interesses metaindividuais no âmbito da Justiça do Trabalho destacam-se:

- a *ação civil pública* (*vide* Cap. XXV, item 6);
- a *ação civil coletiva* (*vide* Cap. XXV, item 7);
- a *ação anulatória de cláusulas de convenção ou acordo coletivo* (*vide* Cap. XXV, item 8).

8.1.2. O Ministério Público do Trabalho como fiscal da ordem jurídica

Na condição de *custos juris*, ou seja, fiscal da ordem jurídica, o MPT age, é óbvio, não como parte, mas, sim, como órgão interveniente. Debruçando-nos sobre o art. 83 da LC n. 75/93, podemos dizer que o MPT atua como *custos juris* nas hipóteses dos incisos II, VI (quando não for parte), VII, IX, XII e XIII.

6. É lamentável que o legislador confunda Procuradoria da Justiça do Trabalho – que é a sede, o prédio, o espaço físico em que é exercido o ofício dos membros do Ministério Público – com Ministério Público do Trabalho, este, sim, é a instituição permanente com capacidade postulatória e processual. Aliás, nem sequer existe mais a "Procuradoria da Justiça do Trabalho".

Atuar como *custos juris* na segunda e terceira instâncias da Justiça do Trabalho foi a função clássica do *Parquet* Laboral até o advento da CF de 1988, mormente porque estava obrigado a emitir parecer escrito em todos os processos submetidos aos Tribunais Regionais do Trabalho e Tribunal Superior do Trabalho, *ex vi* dos arts. 746, *a*, e 747 da CLT.

Esses dispositivos consolidados, como já frisamos em linhas pretéritas, foram revogados tacitamente pelo inciso XIII do art. 83 da LC n. 75/93, segundo o qual a obrigatoriedade de intervenção ministerial ocorrerá "em todos os feitos no segundo e terceiro graus de jurisdição da Justiça do Trabalho, quando a parte for pessoa jurídica de Direito Público, Estado estrangeiro ou organismo internacional".

A contrario sensu, ou seja, não sendo as referidas pessoas jurídicas partes no processo, a intervenção do MPT será facultativa.

Estamos convencidos de que o inciso XIII do art. 83 da LC n. 75 está eivado de inconstitucionalidade.

Com efeito, o veto presidencial aposto – e mantido – ao art. 6º, XVI, da LC n. 75/93 robustece nosso entendimento, senão vejamos.

O art. 6º, XVI (vetado), do diploma legal em apreço obrigava o Ministério Público da União a:

> intervir em todos os feitos, em todos os graus de jurisdição, quando for interessado na causa pessoa jurídica de direito público, Estado estrangeiro ou organismo internacional.

As razões do veto foram as seguintes:

> O dispositivo amplia em demasia o conceito de interesse público, previsto no art. 82, III, do CPC.

Tratando-se de tema estritamente processual, deve ser deixada ao Poder Judiciário a interpretação do alcance da norma já existente no Código próprio.

Ademais, a disposição inviabiliza o exercício das outras relevantes atribuições do Ministério Público, pois isso representaria impor ao Ministério Público o dever de tomar conhecimento de todas as causas em andamento – e não só na Justiça Federal – em que a União e os Estados Federados e Municípios e suas descentralizações com personalidade de direito público – vale dizer, suas autarquias – fossem partes.

Ora, a redação do inciso XIII do art. 83 da LOMPU praticamente reproduz o dispositivo vetado ao atribuir ao Ministério Público do Trabalho:

> intervir obrigatoriamente em todos os feitos no segundo e terceiro graus de jurisdição da Justiça do Trabalho, quando a parte for pessoa jurídica de Direito Público, Estado estrangeiro ou organismo internacional.

Como se vê, a única diferença entre os dois dispositivos em estudo reside no momento da intervenção ministerial no feito: em qualquer grau de jurisdição para todos os ramos do Ministério Público da União e no segundo e terceiro graus de jurisdição para o Ministério Público do Trabalho.

Essa singela circunstância, no entanto, em nada altera a gênese e os fundamentos do veto presidencial aquiescido pelo Poder Legislativo. É dizer, inexiste qualquer razão lógica ou jurídica para que o inciso em tela também não recebesse o veto presidencial.

Afinal, todos os fundamentos ali expendidos irrompem na atuação do Ministério Público do Trabalho, que deve estar voltada não apenas para emitir pareceres em todos os processos em que figurem como parte as pessoas jurídicas de direito público, pois a defesa desses entes é atribuída expressamente à Advocacia-Geral da União, à Procuradoria da Fazenda Nacional, às Procuradorias dos Estados e dos Municípios, que são órgãos integrantes do Poder Executivo, mas, principalmente, para a defesa da ordem jurídica, do regime democrático e dos interesses sociais e individuais indisponíveis no campo das relações de trabalho.

É preciso deixar claro que o Ministério Público não é mais representante judicial das pessoas jurídicas de direito público, sendo-lhe constitucionalmente vedado tal mister (CF, art. 129, IX). Mesmo porque, em alguns casos, referidos entes podem – e isso não é raro – cometer ilegalidades que afetem diretamente os interesses sociais e individuais indisponíveis. Nesse caso, ninguém ousará dizer que a atuação ministerial deve ser a de defensor do ente público. Ao revés, deverá o Ministério Público atuar "contra" a Administração, pois o interesse público, aqui, milita em seu desfavor.

Registre-se que não estamos a defender a não emissão de pareceres nos moldes preconizados nas apontadas Resoluções administrativas, na medida em que as hipóteses ali contempladas poderão exigir a intervenção do Ministério Público do Trabalho, *v.g.*, quando o órgão a quem for distribuído o feito entender existente interesse público que justifique a elaboração de parecer circunstanciado.

E, para que não se alegue subjetividade na escolha do órgão do *Parquet* para emissão de parecer, pode-se adotar o critério previsto nos arts. 178 e 179 do CPC, perfeitamente aplicável à situação *sub examen*.

Assim, a intervenção do Ministério Público do Trabalho, por meio de parecer nos autos, deveria ser obrigatória nos dissídios individuais em que figurem como parte ou interessado criança, adolescente, incapaz e índio; nas ações coletivas (*v.g.*, ação civil pública, ação civil coletiva), quando não ajuizadas pelo próprio Ministério Público (Lei n. 7.347/85, art. 5º, § 1º); nos mandados de segurança (Lei n. 12.016/2009, art. 12); nos dissídios coletivos em caso de greve (LC n. 75/93, art. 83, IX).

Convém lembrar que se o MP tiver sido devidamente intimado para intervir como *fiscal da ordem jurídica* e deixar transcorrer, *in albis*, o prazo para emissão de parecer, não poderá depois arguir nulidade do processo pela ausência de sua manifestação.

8.2. Atuação extrajudicial

A atuação extrajudicial do Ministério Público do Trabalho, como órgão estatal que é, ocorre na esfera administrativa.

Com efeito, o art. 84 da LC n. 75/93 dispõe, *in verbis*:

> Art. 84. Incumbe ao Ministério Público do Trabalho, no âmbito das suas atribuições, exercer as funções institucionais previstas nos Capítulos I, II, III e IV do Título I, especialmente:
>
> I – integrar os órgãos colegiados previstos no § 1º do art. 6º, que lhes sejam pertinentes[7];
>
> II – instaurar inquérito civil e outros procedimentos administrativos, sempre que cabíveis, para assegurar a observância dos direitos sociais dos trabalhadores;
>
> III – requisitar à autoridade administrativa federal competente, dos órgãos de proteção ao trabalho, a instauração de procedimentos administrativos, podendo acompanhá-los e produzir provas;
>
> IV – ser cientificado pessoalmente das decisões proferidas pela Justiça do Trabalho, nas causas em que o órgão tenha intervindo ou emitido parecer escrito;
>
> V – exercer outras atribuições que lhe forem conferidas por lei, desde que compatíveis com sua finalidade.

Impende salientar que os arts. 83 e 84 da LC n. 75/93 não encerram preceitos *numerus clausus*, uma vez que o Ministério Público do Trabalho, por força do disposto no *caput* do art. 84, também desfruta dos demais instrumentos jurídicos de atuação conferidos, nos Capítulos I, II, III e IV do Título I do mesmo diploma legal, a todos os ramos do Ministério Público da União.

8.2.1. Inquérito civil

O inquérito civil – IC[8] constitui uma função privativa do MP, uma vez que a nenhum outro órgão ou entidade foi cometida essa nobre e relevante função institucional, como se infere do art. 129, III, da CF, que recepcionou qualitativamente a regra prevista no § 1º do art. 8º da LACP.

Assim, o inquérito civil coaduna-se à função promocional do MP na defesa do patrimônio público e social, do meio ambiente e de outros direitos ou interesses metaindividuais.

---

7. Diz o art. 6º, § 1º, da LC n. 75/1993: "Será assegurada a participação do Ministério Público da União, como instituição observadora, na forma e nas condições estabelecidas em ato do Procurador-Geral da República, em qualquer órgão da administração pública direta, indireta ou fundacional da União, que tenha atribuições correlatas às funções da instituição".

8. É pleonástica a expressão inquérito civil público, pois somente o Ministério Público está autorizado a instaurá-lo. Além disso, o art. 129, III, da CF utiliza apenas o termo inquérito civil.

O art. 8º, § 1º, da LACP dispõe, *in verbis*:

> Ministério Público poderá instaurar, sob sua presidência, inquérito civil, ou requisitar, de qualquer organismo público ou particular, certidões, informações, exames ou perícias, no prazo que assinalar, o qual não poderá ser inferior a 10 (dez) dias úteis.

O art. 84, II, da LC n. 75/93 reconhece expressamente ao MPT o poder de "instaurar inquérito civil e outros procedimentos administrativos, sempre que cabíveis, para assegurar a observância dos direitos sociais dos trabalhadores".

Tal norma comporta, a nosso sentir, interpretação sistemática, teleológica e extensiva (LC n. 75/93, art. 84, *caput*, II, c/c art. 6º, VII, *a, b, c* e *d*) no sentido de ampliar o objeto do inquérito civil para assegurar a observância não apenas dos direitos sociais como também dos demais direitos difusos, coletivos e individuais homogêneos dos trabalhadores.

O objeto do IC reside na colheita de elementos que poderão formar o convencimento do órgão ministerial acerca de eventuais lesões perpetradas a interesses difusos, coletivos ou individuais homogêneos e, verificada a existência de tais lesões, empolgar a promoção de ACP em defesa desses interesses. Se o órgão ministerial se convencer da inexistência de fundamento para a propositura da ação civil, promoverá, fundamentadamente, o arquivamento dos autos do inquérito civil ou das peças informativas (LACP, art. 9º, *caput*), observando-se, a partir daí, as regras previstas nos §§ 1º a 4º do mesmo artigo.

No âmbito do MPT, o Conselho Superior editou a Resolução n. 69, de 12 de dezembro de 2007 (*DJ*, de 1º-2-2008, p. 1.405/1.406), que disciplina a instauração e tramitação do inquérito civil, conforme art. 16 da Resolução n. 23, de 17 de setembro de 2007, do Conselho Nacional do Ministério Público.

Vaticina o art. 1º da Resolução n. 69 do CSMPT que o inquérito civil, de natureza unilateral e facultativa (logo, não está sujeito ao contraditório), será instaurado para apurar fato que possa autorizar a tutela dos interesses ou direitos a cargo do MPT nos termos da legislação aplicável, servindo como preparação para o exercício das atribuições inerentes às suas funções institucionais. Além disso, o IC não é condição de procedibilidade para o ajuizamento das ações a cargo do MPT, nem para a realização das demais medidas de sua atribuição própria.

De acordo com o art. 2º da referida resolução, o IC poderá ser instaurado:

> I - de ofício; II - mediante requerimento ou representação formulada por qualquer pessoa ou comunicação de outro órgão do Ministério Público, ou qualquer autoridade, desde que forneça, por qualquer meio legalmente permitido, informações sobre o fato e seu provável autor, bem como a qualificação mínima que permita sua identificação e localização; III - por designação do Procurador-Geral do Trabalho, do Conselho Superior do Ministério Público do Trabalho, Câmara de Coordenação e

Revisão do Ministério Público do Trabalho e demais órgãos superiores da Instituição, nos casos cabíveis.

8.2.2. Termo de ajustamento de conduta

O art. 5º, § 6º, da Lei n. 7.347/85 dispõe, *in verbis*:

> Os órgãos públicos legitimados poderão tomar dos interessados compromisso de ajustamento de sua conduta às exigências legais, mediante cominações, que terá eficácia de título executivo extrajudicial.

Assim, diferentemente do inquérito civil, que é privativo do MP, o Termo de Ajustamento de Conduta – TAC pode ser tomado por outros órgãos públicos legitimados para promoverem a ação civil pública. Na prática, porém, o TAC é quase sempre firmado perante o MPT.

A Resolução CSMPT n. 69/2007 disciplina nos arts. 14 e 14-A o TAC no âmbito do MPT nos seguintes termos:

> Art. 14. O Ministério Público do Trabalho poderá firmar termo de ajuste de conduta, nos casos previstos em lei, com o responsável pela ameaça ou lesão aos interesses ou direitos mencionados no art. 1º desta Resolução, visando à reparação do dano, à adequação da conduta às exigências legais ou normativas e, ainda, à compensação e/ou à indenização pelos danos que não possam ser reparados.
>
> § 1º A aferição do cumprimento do termo de ajuste de conduta ocorrerá nos próprios autos do procedimento preparatório ou do inquérito civil.
>
> § 2º O Ministério Público do Trabalho, se for o caso, poderá deprecar a realização de diligências necessárias para a verificação do cumprimento do TAC, enviando as cópias necessárias à realização do ato requerido, as quais serão autuadas no destino como "carta precatória de acompanhamento de TAC".
>
> Art. 14-A. Quando o Órgão oficiante reputar ineficaz para restaurar a ordem jurídica o Termo de Compromisso de Ajustamento de Conduta por ele celebrado ou por membro diverso, ou quando surgirem fatos novos modificando significativamente as situações fática ou jurídica, deverá indicar em despacho fundamentado os defeitos imputados ao instrumento, as medidas que considera necessárias para saná-los, bem como a proposta retificadora do TAC, ou para sua anulação, remetendo os autos à Câmara de Coordenação e Revisão que decidirá a matéria, homologando a retificação ou ratificando o instrumento primevo.
>
> § 1º Ao Órgão signatário do Termo de Compromisso de Ajustamento de Conduta, quando celebrado por membro diverso, será dada ciência do despacho do Órgão Oficiante, remetendo-lhe os autos para manifestação, facultativa, no prazo de 5 (cinco) dias úteis, findo os quais serão remetidos à Câmara de Coordenação e Revisão para o efeito do disposto no *caput* deste artigo.

§ 2º Se o Órgão signatário do Termo de Compromisso de Ajustamento de Conduta não mais integrar a Instituição, ou dela estiver afastado, ainda que temporariamente, será ouvido o Coordenador da CODIN da PRT respectiva ou, na sua falta, o Procurador-Chefe.

§ 3º A proposta retificadora do TAC, pressuposto de conhecimento pela Câmara de Coordenação e Revisão do seu rafazimento, deverá contar com a anuência expressa do Compromitente.

§ 4º No prazo máximo de 30 (trinta) dias, contado da distribuição do feito ao Relator, a Câmara de Coordenação e Revisão do MPT decidirá sobre o mérito da revisão.

§ 5º O aditamento das disposições do TAC já celebrado que não implique anulação, supressão ou modificação substancial na(s) cláusula(s) constante(s) do ajuste, ou ainda que promova a inserção de novas disposições relacionadas ao objeto principal, deverá ser promovido sem maiores formalidades, desde que contem com a anuência do Compromitente.

8.3. Principais áreas de atuação institucional do MPT em defesa da ordem jurídico-trabalhista[9]

O MPT tem priorizado algumas áreas de atuação institucional em defesa da ordem jurídico-trabalhista: *a*) erradicação do trabalho infantil e regularização do trabalho do adolescente, tendo sido criada, em novembro de 2000, a Coordenadoria Nacional de Combate à Exploração do Trabalho Infantil e do Adolescente; *b*) combate a todas as formas de discriminação no trabalho, em especial, as de raça e gênero, sendo também implementada a inserção da pessoa portadora de deficiência no mercado de trabalho; *c*) erradicação do trabalho escravo ou forçado e regularização do trabalho indígena; *d*) regularização das relações de trabalho, por meio de audiências públicas que visam orientar a sociedade e os administradores públicos para inúmeras temáticas, como o verdadeiro cooperativismo e a exigência constitucional do concurso público; *e*) defesa do meio ambiente do trabalho, mormente na área de segurança e medicina do trabalho.

Para operacionalizar essas metas institucionais, o MPT utiliza diversos instrumentos institucionais, como o inquérito civil, a mediação, a arbitragem, a audiência pública, a ação civil pública, o dissídio coletivo de greve, a ação anulatória de cláusulas de convenção de acordo coletivo de trabalho etc.

8.3.1. O MPT na mediação e na arbitragem dos conflitos trabalhistas

A Constituição da República de 1988 adotou o princípio da negociação coletiva, recomendando o entendimento direto entre as partes para a solução de controvér-

9. As metas institucionais do MPT encontram-se disponíveis no site < https://mpt.mp.br>.

sias. No art. 114, §§ 1º e 2º, elegeu a negociação coletiva e a arbitragem como meios de solução dos conflitos trabalhistas.

A Lei n. 9.307/96 trata do instituto da arbitragem para a solução de litígios. Referências sobre a arbitragem são encontradas na:

- Lei de Greve (Lei n. 7.783/1989), arts. 3º e 7º, que exige como condição para a greve "tenha sido frustrada a negociação ou verificada a impossibilidade de recurso via arbitral";
- Lei n. 10.101/2000, que trata da participação nos lucros e resultados das empresas, e prevê a hipótese de mediação ou arbitragem de ofertas finais se a negociação resultar em impasse;
- Lei n. 12.815/2013, que dispõe sobre a exploração direta e indireta pela União de portos e instalações portuárias e sobre as atividades desempenhadas pelos operadores portuários, e determina a constituição de comissão paritária, no âmbito do órgão gestor de mão de obra, para a solução de litígios e, havendo impasse, a possibilidade de as partes recorrerem à arbitragem.

Por outro lado, a negociação coletiva plena, como meio de solução de controvérsias e de acordo com previsão de norma internacional (Convenção n. 154 da OIT, ratificada pelo Brasil em 10-7-1993 e aprovada pelo Decreto Legislativo n. 22, de 12-5-1992), exige o instituto da Mediação. Os disciplinamentos para Mediação são encontrados nas seguintes normas:

- Instrução Normativa n. 4/1993 do TST (revogada pela Resolução n. 116/2006 daquela Corte);
- Portaria n. 817/1995, do Ministério do Trabalho e Emprego, que estabelece critérios para a participação do mediador nos conflitos de negociação coletiva;
- Portaria n. 818/1995, que prevê o credenciamento do mediador perante as Delegacias Regionais do Trabalho;
- Decreto n. 1.572/1995, que regulamenta a mediação coletiva.

O Ministério Público do Trabalho, segundo autoriza a Lei Complementar n. 75/93, art. 83, XI, pode desempenhar a função de árbitro, se assim for solicitado pelas partes, nos dissídios de competência da Justiça do Trabalho.

Assim, com o propósito de regulamentar as atividades de mediação e arbitragem foi instituído Grupo de Estudo (Resolução n. 32/98, do Conselho Superior do Ministério Público do Trabalho), no âmbito do Ministério Público do Trabalho, para estudar teoricamente os institutos e propor ao Conselho Superior do Ministério Público do Trabalho a normatização da atividade. Não obstante isso, o Ministério Público do Trabalho vem atuando como árbitro e mediador na solução de conflitos trabalhistas de natureza coletiva, envolvendo trabalhadores e empresa ou sindicatos de trabalhadores e empresas (e/ou sindicato patronal), com vantagens adicionais para as partes interessadas quais sejam:

1. credibilidade dos Membros oficiantes quanto à sua atuação e formação jurídica;
2. isenção e imparcialidade absolutas em seu pronunciamento;
3. ausência de custo para as partes, salvo se houver necessidade de perícias ou produção de outras provas.

8.3.2. O MPT na preservação das relações de trabalho

O MPT tem a missão constitucional de atuar na defesa dos direitos sociais e indisponíveis (CF, art. 137) dos trabalhadores. São indisponíveis, dentre outros, o direito à vida, à liberdade, à saúde, à segurança e ao trabalho digno[10].

Para tanto, incumbe ao MPT instaurar inquérito civil ou outros procedimentos administrativos para assegurar a observância dos direitos sociais dos trabalhadores. Além disso, pode ajuizar a ação civil pública no âmbito da Justiça do Trabalho para a defesa de interesses metaindividuais dos trabalhadores voltados para a tutela dos direitos humanos concernentes à vida, saúde, liberdade e segurança.

8.3.3. Combate às práticas discriminatórias

A discriminação nas relações de trabalho pode ser direta, pela adoção de disposições gerais que estabelecem distinções baseadas em critérios proibidos e, indireta, relacionada com situações, regulamentações ou práticas aparentemente neutras, mas que, na realidade, criam desigualdades em relação a pessoas que têm as mesmas características. Por isso, o Ministério Público do Trabalho, com amparo na Lei n. 9.029/95 (art. 1º), tem atuado no combate a qualquer forma discriminatória praticada pelo empregador seja na admissão do trabalhador para o emprego, seja no curso do contrato, pois não é permitido discriminar o empregado em vista de seu sexo, de sua origem, de sua idade, de sua cor, de sua raça, de seu estado civil, de sua crença religiosa ou convicção filosófica ou política, de sua situação familiar, de sua condição de saúde. Ao atuar, o MPT também faz valer as normas internacionais ratificadas pelo Brasil, como as Convenções da ONU e da OIT.

10. Sobre o tema, recomendamos: DELGADO, Gabriela Neves. *Direito fundamental ao trabalho digno*. São Paulo: LTr, 2006.

O MPT vem implementando o efetivo cumprimento do art. 93 da Lei n. 8.213/91, que impõe seja observado percentual mínimo de 2% a 5% de trabalhadores portadores de necessidades especiais (física, visual, auditiva) para empresas com 100 (cem) ou mais empregados. Também preocupam o Ministério Público do Trabalho, sobretudo pela falta de política regulamentar nas empresas, as práticas discriminatórias levadas a efeito quando da readaptação do empregado que retorna ao trabalho com deficiências por motivo de saúde ou acidente. Também vem atuando no sentido de eliminar diferenças de remuneração pelo trabalho prestado por homem e mulher, ou seja, afastar a discriminação fundada em sexo, bem como qualquer prática discriminatória motivada pela orientação sexual assumida pelo trabalhador.

O MPT deve estar atento à discriminação das minorias (negros, asiáticos, índios) nas relações de trabalho, bem como dos trabalhadores afetados pelo vírus da imunodeficiência (HIV) ou pela síndrome da imunodeficiência adquirida (AIDS), pois a infecção por HIV não deve representar motivo para o rompimento da relação de emprego desde que o infectado esteja habilitado, sob o ponto de vista médico, a desempenhar suas funções. Não se permite que o empregador exija exames para o levantamento de possíveis empregados infectados.

Além disso, o MPT tem legitimidade para combater as práticas discriminatórias na admissão no emprego, como é o caso de anúncios que exigem "empregado de boa aparência" ou das empresas que utilizam cadastros de informações ("lista negra") dos trabalhadores que exerceram o direito fundamental de petição (CF, art. 5º, XXXIV, *a*) ou de acesso à Justiça do Trabalho (CF, art. 5º, XXXV).

8.3.4. A preservação da liberdade e da dignidade do trabalhador

O MPT pode ajuizar ação civil pública visando limitar o poder de comando do empregador, quando este ofende os direitos de liberdade do trabalhador, como a liberdade de pensamento (*v.g.*, proibindo-o de expor suas opiniões ideológicas), ou em situações nas quais o empregador desrespeita a dignidade do trabalhador, obrigando-o, por exemplo, à vistoria ou revista íntima.

A vistoria, quando existente interesse relevante e excepcional que a justifique (*v.g.*, laboratórios de manipulação de psicotrópicos, pois, aqui, protege-se a sociedade e não o patrimônio do empregador), deverá, observados os incisos II e X do art. 5º da Constituição da República, salvaguardar a dignidade e a privacidade do trabalhador e observar a adoção de sistema idêntico e uniforme de vistoria a todo o grupo de empregados[11].

11. O Enunciado n. 15, aprovado na 1ª Jornada de Direito Material e Processual do Trabalho em 23-11-2007, considera ilegal "toda e qualquer revista, íntima ou não, promovida pelo empregador".

8.3.5. As relações de trabalho e as falsas cooperativas

O MPT, com base no art. 9º da CLT, vem ajuizando diversas ações civis públicas para desconstituir os contratos de trabalho camuflados de "serviços autônomos" por meio de firmas individuais ou de falsas cooperativas (em desacordo com a Lei n. 5.764/71 e com a nova redação do art. 442 da CLT pela Lei n. 8.949/94) que, na maioria dos casos, tipificam verdadeiras empresas intermediadoras de mão de obra.

Nos casos de terceirizações fraudulentas, a ação civil pública pode, inclusive, veicular pedido de danos morais coletivos, pois constitui fraude aos direitos sociais do trabalho constitucionalmente assegurados, atingindo valores essenciais de toda a coletividade de trabalhadores, ou seja, os atuais e potenciais empregados. Tal pedido, aliás, tem função pedagógica e punitiva para expungir comportamentos sociais indesejáveis.

8.3.6. A probidade administrativa e os concursos públicos

O MPT tem obrigado a realização de concurso público na Administração Pública Direta, Empresa Pública ou Sociedade de Economia Mista, propiciando a toda sociedade (pretendentes aos cargos ou empregos públicos – interesses difusos) a igualdade de acesso, mediante concurso público, conforme previsto no art. 37, II, da Constituição da República.

Lamentavelmente, o STF (ADI n. 3.395) entendeu que a Justiça do Trabalho não tem competência para processar e julgar ações que veiculam declaração de nulidade de contratações temporárias nos entes públicos que adotaram regime jurídico administrativo ou institucional para tais contratações. Com isso, houve considerável redução da atuação do MPT para a promoção de ações civis públicas no combate a tais práticas atentatórias aos princípios da legalidade, moralidade e impessoalidade (CF, art. 37, I, II e § 2º). Felizmente, a atuação ministerial (inquérito civil e ação civil pública) continua nas empresas públicas e sociedades de economia mista, bem como nos órgãos da administração direta, autárquica e fundacional que adotaram o regime jurídico celetista para os seus servidores (STF-ADI n. 2.135-4).

Outra forma de combate à improbidade administrativa é a ação civil pública ajuizada com o fim de desconstituir terceirização fraudulenta levada a efeito pela Administração Pública[12].

12. Ver arts. 3º e 4º do Decreto n. 9.507/2018, que arrolam as atividades e serviços que não podem não ser objeto de execução indireta (terceirização) na administração direta, autárquica e fundacional.

8.3.7. Defesa do meio ambiente de trabalho

Com base no conceito de saúde elaborado pela Organização Mundial da Saúde – OMS (estado completo de bem-estar físico, mental e social), nas normas relativas ao trabalho, à saúde e à segurança regulamentadas pela Organização Internacional do Trabalho – OIT, ratificadas pelo Brasil, e naquelas previstas na Constituição da República e na legislação infraconstitucional, o MPT tem exigido dos empregadores um meio ambiente de trabalho adequado na gestão de pessoas, equipamentos e processos como forma a prevenir os riscos de acidentes e doenças decorrentes de trabalho perigoso, penoso e insalubre.

Verificada a existência de doenças ocupacionais, como a Lesão por Esforço Repetitivo – LER, a intoxicação com metais pesados (benzeno), a Leucopenia (diminuição de glóbulos brancos no sangue, com possível evolução para o câncer de medula ou necrose do fígado), ou a Silicose (pulmão de pedra) decorrente do jateamento em areia ou limalha de ferro, o MPT tem legitimidade para propor ação civil pública objetivando tutela específica para adoção de medidas de controle destas doenças ocupacionais e, também, a readaptação ergonômica das instalações da empresa, quando necessária.

Outra atuação ministerial reside na segurança dos empregados de estabelecimentos financeiros e de empresas particulares que exploram os serviços de vigilância e transporte de valores, exigindo que os bancos, caixas econômicas, sociedades de crédito, associações de poupança, suas agências, subagências e seções e, também, as empresas de transportes de valores adotem nos locais de trabalho sistemas de segurança adequados e aprovados pelo Ministério da Justiça e pela Polícia Federal, na forma da Lei n. 7.102/83, com as alterações das Leis n. 9.017/95 e 8.863/94.

8.3.8. Ações declaratórias de nulidade de cláusulas ilegais previstas em Acordos e Convenções Coletivas

Cópias de Convenções e Acordos Coletivos de Trabalho depositados nas Superintendências Regionais do Trabalho são, geralmente, enviadas ao MPT para exame e verificação da legalidade das cláusulas. Identificadas as cláusulas atentatórias à liberdade de sindicalização, aos direitos individuais indisponíveis ou discriminatórias entre trabalhadores, o MPT tem legitimidade para ajuizar Ação Anulatória, perante a Justiça do Trabalho, visando desconstituí-las, com amparo no item IV do art. 83 da LC n. 75/93.

O MPT também pode ajuizar Ação Anulatória quando, na condição de *custos legis*, ou mediante denúncia, tomar conhecimento de cláusula isolada em contratos individuais de trabalho que viole direitos indisponíveis dos trabalhadores (jornada de trabalho acima da legalmente permitida, salário inferior ao mínimo legal, redução salarial injustificada).

8.3.9. Greves em atividades essenciais

O exercício do direito de greve é assegurado constitucionalmente aos trabalhadores (art. 9º da Constituição da República). Contudo, tal direito não é absoluto, pois o interesse público se sobrepõe ao interesse coletivo da categoria. A definição dos serviços ou atividades essenciais em que não poderá existir paralisação total, sob pena de prejuízo à comunidade, está contida na Lei n. 7.783/89, art. 10, sendo que, nos arts. 11, 12 e 13, encontram-se estabelecidas as condições e parâmetros mínimos para o funcionamento dessas atividades e/ou serviços.

Ao Ministério Público do Trabalho cabe promover ação coletiva (dissídio de greve) junto à Justiça do Trabalho para a declaração da abusividade do exercício do direito de greve e o restabelecimento da ordem jurídica violada ou proteção ao interesse social (interesse público), quando uma das partes arroladas no art. 10 da Lei n. 7.783/89, ao exercitar o direito de greve, deixar de satisfazer as condições necessárias e inadiáveis de atendimento da população ou parte dela. Essa legimitação ministerial para promover o dissídio de greve nas atividades essenciais em defesa do interesse público foi erigida ao patamar constitucional, por força da EC n. 45/2004, que deu nova redação ao art. 114, § 3º, da CF.

CAPÍTULO V
Competência da Justiça do Trabalho

1. JURISDIÇÃO E COMPETÊNCIA

Havíamos dito no Capítulo III, item 2, que o conceito clássico de jurisdição é o poder que o Estado avocou para si de dizer o direito (*jus dicere*). É preciso, porém, enaltecer que no Estado Democrático de Direito a jurisdição é, a um só tempo, poder, função e atividade reconhecida ao Poder Judiciário pela Constituição da República não apenas para dizer o direito, como também para efetivá-lo. Supera-se, assim, o conceito de jurisdição formulado no Estado Liberal, em que o papel do juiz era tão somente o de "dizer o direito" (*jus dicere*).

Rodrigo Klippel e Antonio Adonias Bastos lembram que o

> conceito de jurisdição de Chiovenda não pode ser visto, hoje em dia, como ponto final sobre o tema, visto que se trata de um produto do Estado Liberal de Direito, em que o juiz era visto como um autômato, como verdadeira "boca da lei", devendo se restringir a realizar uma atividade quase mecânica de subsumir o fato ao direito[1].

Na verdade, parece-nos que a jurisdição também pode ser vista como um serviço público essencial prestado preponderantemente pelo Poder Judiciário, cuja finalidade, como adverte Leonardo Greco,

> é a tutela, a proteção, o reconhecimento ou a prevalência das situações fático-jurídicas de que são titulares determinados sujeitos em relação a outros ou em relação a toda a sociedade. Mesmo quando esses interesses possuem a mais ampla extensão subjetiva, abrangendo todos os cidadãos, como, por exemplo, quando o Ministério Público propõe a ação penal pública ou propõe uma ação civil pública em defesa da qualidade do ar, a finalidade da jurisdição, exercida por um juiz equidistante entre esses interesses e qualquer outro de qualquer sujeito que a ele se contraponha, é

1. KLIPPEL, Rodrigo; BASTOS, Antonio Adonias. *Manual de processo civil*. Rio de Janeiro: Lumen Juris, 2011. p. 32.

tutelar aquele interesse que vier a ser reconhecido pela lei como prevalente, público ou privado, de toda a sociedade ou de apenas um indivíduo[2].

Numa palavra, a finalidade da jurisdição é assegurar a todos o direito à tutela jurisdicional dos direitos ou interesses individuais ou metaindividuais reconhecidos pelo ordenamento jurídico à(s) pessoa(s) que, diretamente ou por intermédio de seus "representantes" ideológicos (MP, associações, sindicatos etc.), invocar(em) a prestação do serviço público jurisdicional.

A jurisdição tem íntima relação com a competência. Tradicionalmente, fala-se que a *competência* é a *medida da jurisdição* de cada órgão judicial. É a competência que legitima o exercício do poder jurisdicional. Com razão, Marcelo Abelha Rodrigues, ao afirmar que "todo juiz competente possui jurisdição, mas nem todo juiz que possui jurisdição possui competência"[3]. É, pois, do exame dessa medida da jurisdição que se saberá qual órgão judicial é competente para julgar determinada causa.

Com base na teoria geral do direito processual, é possível formular inúmeros critérios para determinar a competência. Tais critérios levam em conta a matéria, a qualidade das partes, a função, a hierarquia do órgão julgador, o lugar e o valor da causa.

Daí o uso corrente das expressões que designam a competência em razão da matéria (*ratione materiae*), em razão das pessoas (*ratione personae*), em razão da função e da hierarquia, em razão do território (*ratione loci*) e das chamadas causas de alçada (em razão do valor da causa). Esses critérios podem ser trasladados para os domínios do direito processual do trabalho, desde que observadas algumas peculiaridades desse setor especializado da árvore jurídica.

2. COMPETÊNCIA DA JUSTIÇA DO TRABALHO APÓS A EC N. 45/2004

De plano, destaca-se que o fundamento constitucional da competência – em razão da matéria e da pessoa – da Justiça do Trabalho reside no art. 114 da CF, com nova redação dada pela Emenda Constitucional n. 45, publicada no Diário Oficial de 31-12-2004.

Para fins didáticos e comparativos, transcreveremos o art. 114 da CF, antes e depois da EC n. 45/2004.

A redação original do art. 114 da CF era a seguinte:

2. GRECO, Leonardo. *Instituições de processo civil:* introdução ao direito processual civil. 3. ed. Rio de Janeiro: Forense, 2011. v. I, p. 62.
3. RODRIGUES, Marcelo Abelha. *Elementos de direito processual civil*. São Paulo: Revista dos Tribunais, 2000. v. I, p. 135.

Art. 114. Compete à Justiça do Trabalho conciliar e julgar os dissídios individuais e coletivos entre trabalhadores e empregadores, abrangidos os entes de direito público externo e da administração pública direta e indireta dos Municípios, do Distrito Federal, dos Estados e da União, e, na forma da lei, outras controvérsias decorrentes da relação de trabalho, bem como os litígios que tenham origem no cumprimento de suas próprias sentenças, inclusive coletivas.

§ 1º Frustrada a negociação coletiva, as partes poderão eleger árbitros.

§ 2º Recusando-se qualquer das partes à negociação ou à arbitragem, é facultado aos respectivos sindicatos ajuizar dissídio coletivo, podendo a Justiça do Trabalho estabelecer normas e condições, respeitadas as disposições convencionais e legais mínimas de proteção ao trabalho.

§ 3º Compete ainda à Justiça do Trabalho executar, de ofício, as contribuições sociais previstas no art. 195, I, *a*, e II, e seus acréscimos legais, decorrentes das sentenças que proferir.

Com o advento da EC n. 45/2004, o art. 114 da CF passou a ter a seguinte redação:

Art. 114. Compete à Justiça do Trabalho processar e julgar:

I – as ações oriundas da relação de trabalho, abrangidos os entes de direito público externo e da administração pública direta e indireta da União, dos Estados, do Distrito Federal e dos Municípios;

II – as ações que envolvam exercício do direito de greve;

III – as ações sobre representação sindical, entre sindicatos, entre sindicatos e trabalhadores, e entre sindicatos e empregadores;

IV – os mandados de segurança, *habeas corpus* e *habeas data*, quando o ato questionado envolver matéria sujeita à sua jurisdição;

V – os conflitos de competência entre órgãos com jurisdição trabalhista, ressalvado o disposto no art. 102, I, *o*;

VI – as ações de indenização por dano moral ou patrimonial, decorrentes da relação de trabalho;

VII – as ações relativas às penalidades administrativas impostas aos empregadores pelos órgãos de fiscalização das relações de trabalho;

VIII – a execução, de ofício, das contribuições sociais previstas no art. 195, I, *a*, e II, e seus acréscimos legais, decorrentes das sentenças que proferir;

IX – outras controvérsias decorrentes da relação de trabalho, na forma da lei.

§ 1º Frustrada a negociação coletiva, as partes poderão eleger árbitros.

§ 2º Recusando-se qualquer das partes à negociação coletiva ou à arbitragem, é facultado às mesmas, de comum acordo, ajuizar dissídio coletivo de natureza econômica, podendo a Justiça do Trabalho decidir o conflito, respeitadas as disposições mínimas legais de proteção ao trabalho, bem como as convencionadas anteriormente.

§ 3º Em caso de greve em atividade essencial, com possibilidade de lesão do interesse público, o Ministério Público do Trabalho poderá ajuizar dissídio coletivo, competindo à Justiça do Trabalho decidir o conflito.

Por outro lado, as competências em razão da função e em razão do território dos órgãos da Justiça do Trabalho são fixadas pela lei, e não pela CF. É o que diz o art. 113 da própria CF (com nova redação dada pela EC n. 24/99), que remete à lei a tarefa de regular "a constituição, investidura, jurisdição, competência, garantias e condições de exercício dos órgãos da Justiça do Trabalho". A lei em questão é da competência privativa da União (CF, art. 22, I), por meio do Congresso Nacional, ou seja, trata-se de lei federal, pois os Estados e os Municípios não têm competência para legislar sobre direito processual (inclusive o do trabalho), os que os impede juridicamente de regulamentar o art. 113 da CF.

2.1. Competência em razão da matéria

A competência em razão da matéria no processo do trabalho é delimitada em virtude da natureza da relação jurídica material deduzida em juízo. Tem-se entendido que a determinação da competência material da Justiça do Trabalho é fixada em decorrência da causa de pedir e do pedido.

Assim, se o autor da demanda aduz que a relação material entre ele e o réu é a regida pela CLT e formula pedidos de natureza trabalhista, só há um órgão do Poder Judiciário pátrio com competência para processar e julgar tal demanda: a Justiça do Trabalho. Por isso se diz que a Justiça do Trabalho é uma justiça especializada em causas trabalhistas. Essa orientação é adotada, inclusive, pelo STF:

> Ementa – Justiça do Trabalho. Competência. CF, art. 114. Ação de empregado contra o empregador visando à observação das condições negociais da promessa de contratar formulada pela empresa em decorrência da relação de trabalho. 1 – Compete à Justiça do Trabalho julgar demanda de servidores do Banco do Brasil para compelir a empresa ao cumprimento da promessa de vender-lhes, em dadas condições de preço e modo de pagamento, apartamentos que, assentindo em transferir-se para Brasília, aqui viessem a ocupar, por mais de cinco anos, permanecendo a seu serviço exclusivo e direto. 2 – À determinação da competência da Justiça do Trabalho não importa que dependa a solução da lide de questões de

direito civil, mas sim, no caso, que a promessa de contratar, cujo alegado conteúdo é o fundamento do pedido, tenha sido feita em razão da relação de emprego, inserindo-se no contrato de trabalho[4].

Nessa mesma linha, o STF conheceu e deu provimento a recurso extraordinário para reformar acórdão do STJ que – ao entendimento de que a causa de pedir e o pedido demarcam a natureza da tutela jurisdicional pretendida, definindo-lhes a competência – assentara a competência da Justiça Comum para processar ação de reparação, por danos materiais e morais, proposta por trabalhador dispensado por justa causa sob a acusação de apropriação indébita[5].

Parece-nos, porém, que o STF deixou assentado que a fixação da competência material da Justiça do Trabalho depende exatamente daquilo que o autor leva para o processo, isto é, repousa na causa de pedir e pedido deduzidos em juízo, mesmo se a decisão de mérito que vier a ser prolatada envolver a aplicação de normas de direito civil ou de outros setores do edifício jurídico. Esse entendimento restou explicitado no voto do relator, ministro Sepúlveda Pertence, segundo o qual, para se estabelecer a competência, o "fundamental é que a relação jurídica alegada como suporte do pedido esteja vinculada, como o efeito à causa, à relação empregatícia, como me parece inquestionável que se passa aqui, não obstante o seu conteúdo específico seja o de uma promessa de venda, instituto de direito civil".

Na mesma esteira, obtempera João Oreste Dalazen, para quem

> o que dita a competência material da Justiça do Trabalho é a qualidade jurídica ostentada pelos sujeitos do conflito intersubjetivo de interesses: empregado e empregador. Se ambos comparecem a Juízo como tais, inafastável a competência dos órgãos desse ramo especializado do Poder Judiciário nacional, independentemente de perquirir-se a fonte formal do Direito que ampara a pretensão formulada. Vale dizer: a circunstância de o pedido alicerçar-se em norma do Direito Civil, em si e por si, não tem o condão de afastar a competência da Justiça do Trabalho se a lide assenta na relação de emprego, ou dela decorre. Do contrário, seria inteiramente inócuo o preceito contido no art. 8º, parágrafo único, da CLT, pelo qual a Justiça do Trabalho pode socorrer-se do "direito comum" como "fonte subsidiária do Direito do Trabalho". Se assim é, resulta evidente que a competência da Justiça do Trabalho não se cinge a dirimir dissídios envolvendo unicamente a aplicação do Direito do

4. STF – Pleno – Conflito de Jurisdição n. 6.959-6, Rel. (designado): Min. Sepúlveda Pertence, j. 23-5-1990, Suscte.: Juiz de Direito da 1ª Vara Cível de Brasília, Suscdo.: Tribunal Superior do Trabalho, *DJU* 22-2-1991, p. 1.259.

5. STF – RE n. 238.737, julgado em 17-11-1998, Rel. Min. Sepúlveda Pertence. Precedente citado nesta decisão: CJ n. 6.959-DF.

Trabalho, mas todos aqueles, não criminais, em que a disputa se dê entre um empregado e um empregador nesta qualidade jurídica[6].

Com a devida vênia, parece-me que o fundamento da tese do autor supracitado mais se coaduna com a competência em razão da pessoa, e não da matéria, pois, para ele, "a qualidade jurídica ostentada pelos sujeitos do conflito intersubjetivo de interesses" é condição suficiente para se fixar a competência da Justiça do Trabalho.

Com o advento da EC n. 45/2004, a competência da Justiça do Trabalho foi bastante ampliada, pois ela passou a processar e julgar as ações oriundas, não apenas da relação de emprego, como também daquelas decorrentes da relação de trabalho (CF, art. 114, I).

A incompetência em razão da matéria é de natureza absoluta e, consequentemente, deve ser declarada de ofício pelo juiz, independentemente de provocação das partes do processo. Mas cabe ao réu alegá-la antes de discutir o mérito, ou seja, em sede de preliminar (CPC, art. 337, II).

A competência material da Justiça do Trabalho é exercida, em regra, no primeiro grau, pelos Juízes (titulares ou substitutos) das Varas do Trabalho. Em grau recursal ordinário, pelos Tribunais Regionais do Trabalho, e, em grau recursal extraordinário, pelo Tribunal Superior do Trabalho e, em algumas hipóteses de matérias constitucionais, pelo Supremo Tribunal Federal. Essa regra pode ser tratada de forma diversa segundo a lei, como, por exemplo, nos dissídios coletivos e na ação rescisória, a competência material é exercida originalmente pelos Tribunais.

A leitura atenta do art. 114, da CF, com a nova redação dada pela EC n. 45/2004, revela-nos a existência de três regras constitucionais básicas de competência material da Justiça do Trabalho[7], que podem ser assim sistematizadas: *competência material original, competência material derivada* e *competência material executória.*

2.1.1. Competência material original

2.1.1.1. Ações oriundas da relação de emprego

A competência material original nada mais é do que a competência da Justiça do Trabalho para conhecer e julgar as *lides*[8] oriundas da relação de emprego[9]. Essas

6. Indenização civil de empregado e empregador por dano patrimonial ou moral. *Revista de Direito do Trabalho*, São Paulo, n. 77, p. 54, mar. 1992.

7. PAMPLONA FILHO, Rodolfo. Interpretando o art. 114 da Constituição Federal de 1988. *Revista Ciência Jurídica do Trabalho*, Belo Horizonte, n. 4, p. 9 e s., abr. 1998.

8. No sentido liebmaniano, "lide" é o conflito de interesses qualificados por uma pretensão resistida deduzida em juízo.

9. Sobre a expressão "trabalhadores", remetemos o leitor para o item 2.2, *infra*, que trata da competência em razão das pessoas.

lides são as que brotam das *relações* entre empregados e empregadores[10], ou seja, são as relações que surgem de um contrato individual de trabalho (CLT, arts. 442 e 443) celebrado de forma tácita ou expressa (verbal ou escrita), ou das *relações empregatícias coletivas*, isto é, aquelas que encontram fundamento nas normas gerais e abstratas previstas em convenções ou acordos coletivos (*autocomposição*) ou sentenças normativas (*heterocomposição*).

O conceito de relação de emprego, que é análogo ao de contrato de trabalho, encontra residência na interpretação sistemática dos arts. 2º, 3º e 442 da CLT. Portanto, nas lides oriundas das relações de emprego incluem-se todas as relações em que figurem como um de seus sujeitos empregados urbanos ou rurais, de um lado, e o empregador urbano ou rural, de outro. A única exceção era a ação acidentária que, embora decorrente da relação empregatícia, era processada e julgada pela Justiça comum.

Em síntese, presente a relação empregatícia, os conflitos dela emergentes serão dirimidos pela Justiça do Trabalho[11]. A EC n. 45/2004 em nada alterou esse entendimento; pelo contrário, reforçou-o. Aliás, antes mesmo da EC n. 45/2004, a jurisprudência já vinha admitindo a competência material original da Justiça do Trabalho para todas as lides oriundas da relação de emprego, como veremos a seguir.

2.1.1.1.1. Danos morais individuais e coletivos

2.1.1.1.1.1. Danos morais individuais

Antes da promulgação da CF de 1988, prevaleceu o entendimento doutrinário e jurisprudencial de que a Justiça do Trabalho seria incompetente, em razão da matéria, para processar e julgar ações tipicamente indenizatórias.

Posteriormente, apreciando Conflito de Competência entre a Justiça Comum e a Justiça do Trabalho, o STF (CJ n. 6.959.6, Rel. Min. Sepúlveda Pertence, j. 23-5-1990, *DJU* 22-2-1991, p. 1.259) deixou assentado, antes mesmo da EC n. 45/2004, que a competência para processar e julgar ação de indenização por dano moral oriunda da relação de emprego é da Justiça do Trabalho.

---

10. As expressões "relação de emprego" e "contrato de trabalho" são sinônimas, pois ambas dizem respeito ao vínculo existente entre o empregado e o empregador. Assim, o conceito de contrato de trabalho (ou relação de emprego) formulado por Délio Maranhão (*Instituições de direito do trabalho*. 12. ed. São Paulo: LTr, 1991. p. 231), para quem "contrato de trabalho *stricto sensu* é o negócio jurídico pelo qual uma pessoa física (empregado) se obriga, mediante pagamento de uma contraprestação (salário), a prestar trabalho não eventual em proveito de outra pessoa, física ou jurídica (empregador), a quem fica juridicamente subordinado".

11. "Competência material. Relação de emprego cuja declaração se pleiteia. A Justiça do Trabalho é competente, pela Constituição Federal, sempre que o empregado assim se declara e pleiteia verbas laborais" (TRT/SP 20.678/1996, 9ª T., Rel. Juiz Valentin Carrion, Ac. 63.679/1997).

O art. 114, VI, da CF (com redação dada pela EC n. 45/2004) prevê expressamente a competência da Justiça do Trabalho para processar e julgar "as ações de indenização por dano moral ou patrimonial, decorrentes da relação de trabalho".

É importante lembrar, quanto aos danos morais e patrimoniais decorrentes de acidente do trabalho, que o STF editou (*DOU* 11-12-2009) a Súmula Vinculante 22, *in verbis*:

> A Justiça do Trabalho é competente para processar e julgar as ações de indenização por danos morais e patrimoniais decorrentes de acidente de trabalho propostas por empregado contra empregador, inclusive aquelas que ainda não possuíam sentença de mérito em primeiro grau quando da promulgação da Emenda Constitucional n. 45/04.

No que tange exclusivamente aos danos morais, o TST editou a Súmula 392:

> DANO MORAL. COMPETÊNCIA DA JUSTIÇA DO TRABALHO. Nos termos do art. 114 da CF/1988, a Justiça do Trabalho é competente para dirimir controvérsias referentes à indenização por dano moral, quando decorrente da relação de trabalho.

2.1.1.1.1.2. Danos morais coletivos

A respeito dos *danos morais coletivos*, há previsão constitucional e legal para a competência da Justiça do Trabalho para processar e julgar ação civil pública (CF, art. 129, III; LC n. 75/93, arts. 6º, VII, 83, III e 84; Lei n. 7.347/85, art. 1º) que contenha pedido de indenização por danos morais coletivos.

Nesse sentido, colhe-se o entendimento do TST que deixa implícita a competência da Justiça do Trabalho para processar e julgar ação civil pública que veicule reparação por danos morais coletivos:

> (...) INOBSERVÂNCIA PELAS RÉS DOS DIREITOS DOS EMPREGADOS. DANO MORAL COLETIVO. No caso, ficou consignado no acórdão regional que as denúncias apontadas no inquérito civil instaurado pelo MPT são reais, uma vez que se constatou que as rés, "para atuar nas obras de duplicação da GO – 080", não entregavam e fiscalizavam EPIs a todos os empregados e não dispunham de local para refeições ou instalações sanitárias nos canteiros de obras". Ademais, "houve constatação de que o alojamento dos empregados era irregular (as empresas não disponibilizavam fogão), não havia CIPA e as empresas não haviam registrado formalmente todos os trabalhadores, além de depósitos irregulares de FGTS de alguns empregados". Verificou-se, ainda, "a permanência de alojamentos irregulares, bem como a ausência de comprovação de entrega de EPIs, formalização do vínculo e depósitos fundiá-

rios a todos os empregados". Registrou-se, no acórdão regional, que as reclamadas não se desincumbiram do ônus de desconstituir as provas colhidas no inquérito civil. Diante desse contexto, o Regional concluiu que "é inegável a existência de danos decorrentes do descumprimento de normas do Direito do Trabalho. Restou cabalmente comprovado nesses autos que as requeridas desrespeitaram normas trabalhistas de fundamental importância". Assim, é "pertinente a reparação do dano coletivo, uma vez configurada a lesão a direitos coletivos, conforme fartamente documentado nos autos. Configurado está o ilícito do qual resulta danos à coletividade, independentemente do ressarcimento de danos morais que possam ser individualmente postulados pelos titulares dos direitos violados". Para a configuração do dano moral coletivo, basta, como no caso dos autos, a violação intolerável a direitos coletivos e difusos, ação ou omissão reprováveis pelo sistema de justiça social do ordenamento jurídico brasileiro, conduta antijurídica capaz de lesar a esfera de interesses da coletividade, cuja essência é tipicamente extrapatrimonial. Assim, o fato de a transgressão estar circunstanciada no âmbito das relações de trabalho, por si só, não lhe atribui a visão de dano individual. O que vai imprimir o caráter coletivo é a repercussão no meio social, a adoção reiterada de um padrão de conduta por parte do infrator, com inegável extensão lesiva à coletividade, de forma a violar o sistema jurídico de garantias fundamentais. É por isso que o dano moral coletivo, em face de suas características próprias de dano genérico, enseja muito mais uma condenação preventiva e inibitória do que propriamente uma tutela ressarcitória. Há nítida separação entre as esferas a serem protegidas e tuteladas pelas cominações referidas, justamente diante da distinção entre os danos morais individualmente causados concretamente a cada uma das pessoas envolvidas e a necessidade de reprimir a conduta, claramente tida como ilícita das reclamadas, de natureza coletiva ou massiva, esta sim o objeto da pretensão formulada pelo Ministério Público do Trabalho. Aqui cabe trazer a lume a lição de Xisto Tiago de Medeiros Neto sobre a preponderância da função sancionatória da indenização por dano moral coletivo, alertando que esta se afasta da função típica que prevalece no âmbito dos direitos individuais, onde se confere maior relevância à finalidade compensatória da indenização em favor das vítimas identificadas, e, apenas em segundo plano, visualiza-se a função suasória. Ainda, diante da incontrovérsia dos fatos relativos à conduta ilícita das reclamadas, o dano moral daí decorrente é considerado *in re ipsa*, já que decorre da própria natureza das coisas, prescindindo, assim, de prova da sua ocorrência concreta, em virtude de ele consistir em ofensa a valores humanos, bastando a demonstração do ato ilícito ou antijurídico em função do qual a parte afirma ter ocorrido a ofensa ao patrimônio moral. Com efeito, o dano coletivo experimentado, nessa hipótese, prescinde da prova da dor, pois, dada a sua relevância social, desencadeia reparação específica. Agravo de instrumento desprovido. DANO MORAL COLETIVO. INDENIZAÇÃO ARBITRADA EM R$ 70.000,00 (SETENTA MIL REAIS). REDUÇÃO INDEVIDA. A jurisprudência desta Corte é no sentido de que não se admite a majoração ou diminuição do valor da indenização por danos morais nesta instância extraordinária, admitindo-a, no entanto, apenas nos casos em que a indenização for fixada em valores excessivamente módicos ou estratosféricos, o que não é o caso dos autos. A SBDI-1 desta Corte já decidiu, no julgamento do Processo n. E-RR-39900-08.2007.5.06.0016, de relatoria do Ministro Carlos Alberto Reis de Paula, publicado no *DEJT* 9-1-2012, que, quando o valor atribuído não for teratológico, deve a instância extraordinária abster-se de arbitrar novo valor à indenização. No caso, o Regional deu provimento parcial ao recurso ordinário interposto pelas rés para reduzir a indenização por dano moral, arbitrada em R$ 100.000,00 (cem mil reais) pelo Juízo de primeiro grau, para R$ 70.000,00 (setenta mil reais). Consignou a Corte regional que, "levando-se em conta a extensão do dano, a culpa e o porte econômico das reclamadas, os princípios da proporcionalidade e da razoabilidade, bem como o caráter pedagógico da medida, reduzo a indenização fixada em R$100.000,00 para R$70.000,00, por considerar mais razoável, valor a ser destinado às instituições já definidas na sentença". Nesse contexto, considerando a extensão dos danos causados, a condição econômica da reclamada e o caráter punitivo-pedagógico da condenação, revela-se razoável e proporcional o valor fixado pela instância ordinária, de R$ 70.000,00 (setenta mil reais), que compensa adequadamente o dano moral coletivo indicado pelo Regional. Portanto, não se trata de valor excessivo e, muito menos, teratológico, única hipótese em que seria cabível a redução pretendida pela ré, nos termos da jurisprudência desta Corte. Agravo de instrumento desprovido (...) (TST-AIRR-11572-46.2015.5.18.0051, 2ª T., Rel. Min. José Roberto Freire Pimenta, *DEJT* 28-6-2019).

2.1.1.1.1.3. Danos morais pré e pós-contratuais

Há cizânia doutrinária a respeito da competência da Justiça do Trabalho para apreciar ações de indenização em que se discutem danos pré ou pós-contratuais.

Parece-nos que a interpretação histórica e teleológica do inciso VI do art. 114 da CF, além do princípio da máxima efetividade das normas constitucionais, consagram a competência da Justiça do Trabalho para processar e julgar ações que tenham como causa de pedir fatos ou elementos pertinentes ao extinto ou ao futuro contrato de trabalho e veiculem pedidos indenizatórios decorrentes de danos morais e patrimoniais ocorridos antes ou depois da celebração do contrato de trabalho.

O referido dispositivo constitucional também deve ser interpretado em harmonia com o art. 422 do Código Civil, segundo o qual em qualquer contrato deve-se observar o princípio da boa-fé, que é exigível das partes não apenas durante a relação contratual, mas também antes e depois dela, ou seja, nas fases pré e pós-contratual.

Na fase pré-contratual, destaca-se a promessa de emprego que, a rigor, implica a formação de um pré-contrato, o qual, ainda que não se tenha formado nenhum contrato formal de trabalho, vincula as partes e gera obrigações recíprocas entre elas. Nestes casos, os reclamantes geralmente ajuízam reclamações trabalhistas com pedidos de indenização por danos morais ou materiais pela "perda de uma chance", dependendo das consequências que a promessa de emprego tenha gerado na vida do trabalhador. Ressalta-se que, segundo o STF, a Justiça do trabalho é competente para julgar as demandas instauradas entre pessoas jurídicas de direito privado integrantes da Administração indireta e seus empregados, cuja relação é regida pela CLT, irrelevante o fato de a ação ser relativa ao período pré-contratual. Com base nesse entendimento, a 2ª Turma do STF negou provimento a agravo regimental em recurso extraordinário com agravo no qual se discutia a competência para o julgamento de causa referente à contratação de advogados terceirizados no lugar de candidatos aprovados em concurso realizado pela Petrobrás Transporte S/A-Transpetro. A Turma ressaltou, ainda, que a jurisprudência do STF seria pacífica no sentido de que a ocupação precária por terceirização para desempenho de atribuições idênticas às de cargo efetivo vago, para o qual houvesse candidatos aprovados em concurso público vigente, configuraria ato equivalente à preterição da ordem de classificação no certame, a ensejar o direito à nomeação (STF-ARE n. 774.137 AgR/BA, Rel. Min. Teori Zavascki, 14-10-2014).

Na fase pós-contratual, lembramos os casos de inserção do nome do trabalhador nas famosas "listas negras" que impedem ou dificultam a celebração de um contrato de trabalho com outro empregador ou quando o ex-empregador cria embaraços para devolver a CTPS do trabalhador ou faz afirmações desabonadoras sobre a sua conduta profissional ou pessoal. A ação, nestes casos, é proposta em face do ex-empregador na qual o reclamante postula indenização por danos morais decorrentes de atos lesivos praticados depois da extinção da relação empregatícia.

Ressalvamos que nas fases pré e pós-contratual podem ocorrer não apenas danos morais individuais como também danos morais coletivos. Ouçamos a jurisprudência:

> AGRAVO DE INSTRUMENTO. RECURSO DE REVISTA. 1. INCOMPETÊNCIA DA JUSTIÇA DO TRABALHO. 2. PRÉ-CONTRATO DE TRABALHO. CONTRATAÇÃO FRUSTRADA. CARACTERIZAÇÃO DE DANO MORAL E DE DANOS MATERIAIS. 3. VALOR DA INDENIZAÇÃO. DECISÃO DENEGATÓRIA. MANUTENÇÃO. A circunstância de o empregador, na fase que antecede à formalização do contrato de trabalho, gerar no trabalhador séria e consistente expectativa de efetivação do pacto, sendo que, na sequência, acaba por não efetivá-lo, enseja a condenação ao pagamento de indenização por dano moral, além dos danos materiais evidenciados ou razoavelmente aferidos (art. 5º, V e X, CF; art. 186, CCB). Desse modo, não há como assegurar o processamento do recurso de revista quando o agravo de instrumento interposto não desconstitui os fundamentos da decisão denegatória, que subsiste por seus próprios fundamentos. Agravo de instrumento desprovido (TST-AIRR

491-22.2011.5.04.0022, j. 3-4-2013, Rel. Min. Mauricio Godinho Delgado, 3ª T., *DEJT* 5-4-2013).

2.1.1.1.2. Acidente do trabalho e dano moral em ricochete

2.1.1.1.2.1. Acidente do trabalho

Bem antes da EC n. 45/2004, a SDI-1/TST (ERR n. 341.02.900.03.00.9), por maioria de votos, já havia adotado o entendimento de que competiria à Justiça do Trabalho o julgamento da ação versando sobre dano moral ou patrimonial decorrente de acidente do trabalho.

O STF, no entanto, logo após a EC n. 45/2004, decidiu que seria da Justiça Comum Estadual a competência para processar e julgar ações sobre acidentes do trabalho, ainda que o demandante postulasse danos morais decorrentes do infortúnio (RE n. 438.639).

Ao julgar o recurso, o relator, Ministro Carlos Ayres Britto, ressaltou tratar-se de interpretação do art. 114 da Constituição Federal, alterado pela reforma do Judiciário (EC n. 45/2004). Segundo o relator, a jurisprudência do Supremo orienta-se no sentido de que a competência para acolher ação indenizatória por danos morais decorrentes da relação de emprego é da Justiça trabalhista, "pouco importando se a controvérsia deva ser redimida à luz do direito comum, e não do Direito do Trabalho".

O Ministro Cezar Peluso divergiu do relator ressaltando que, na teoria, a ação de indenização baseada na legislação sobre acidente de trabalho é da competência da Justiça estadual. "Se nós atribuirmos à Justiça do Trabalho a ação de indenização baseada no Direito comum, mas oriunda do mesmo fato histórico, temos uma possibilidade grave de contradição", afirmou o ministro. Ressaltou, ainda, que um mesmo fato com pretensões e qualificações jurídicas diferentes pode ser julgado de maneiras distintas e, quando for necessário apreciar determinada questão mais de uma vez, o julgamento deve ocorrer pela mesma Justiça para evitar contradição de julgados. O ministro Peluso foi acompanhado pelos ministros Eros Grau, Joaquim Barbosa, Gilmar Mendes, Ellen Gracie, Celso de Mello, Sepúlveda Pertence e Nelson Jobim. Foram vencidos na votação os ministros Carlos Ayres Britto e Marco Aurélio.

Tal decisão foi objeto de grande inquietação dos magistrados e demais operadores jurídicos trabalhistas[12], o que, posteriormente, levou o Pleno do STF a reformular

12. Digno de encômios foi trabalho hercúleo de convencimento do juiz do trabalho Sebastião Geraldo de Oliveira, o qual percorreu os corredores e gabinetes dos ministros do Pretório Excelso demonstrando, com cientificidade e determinação, o equívoco do entendimento restritivo daquela Corte acerca da competência da Justiça do Trabalho para julgar ações de acidentes do trabalho.

radicalmente a sua posição, proferindo nova decisão unânime no dia 29 de junho de 2005, ao apreciar o Conflito Negativo de Competência (CC n. 7.204) suscitado pelo Tribunal Superior do Trabalho contra o Tribunal de Alçada de Minas Gerais.

Assim, as ações de indenização propostas por empregado ou seus sucessores contra empregador, fundadas em acidente do trabalho, são, a partir da vigência da EC n. 45/2004, da competência da Justiça do Trabalho.

Resumindo a nova posição do STF:

I – não se pode extrair do art. 109, I, da CF a norma de competência relativa às ações propostas por empregado contra empregador em que se pretenda ressarcimento por danos decorrentes de acidente de trabalho;

II – nos termos da segunda parte do inciso I do art. 109 da CF, excluem-se da regra geral contida na primeira parte – que define a competência dos juízes federais em razão da pessoa que integra a lide – as causas de acidente do trabalho em que a União, entidade autárquica ou empresa pública federal forem interessadas, na condição de autora, ré, assistente ou oponente;

III – referidas causas consistem nas ações acidentárias propostas pelo segurado contra o INSS, nas quais se discute controvérsia acerca de benefício previdenciário, e que passaram a ser da competência da justiça comum pelo critério residual de distribuição de competência (Súmula 501 do STF);

IV – não se encaixariam, portanto, em nenhuma das partes do mencionado dispositivo as ações reparadoras de danos oriundos de acidente do trabalho, quando ajuizadas pelo empregado contra o seu empregador, e não contra o INSS, em razão de não existir, nesse caso, interesse da União, de entidade autárquica ou de empresa pública federal, exceto na hipótese de uma delas ser empregadora[13];

V – ressaltando ser o acidente do trabalho fato inerente à relação empregatícia, que a competência para julgamento dessas ações há de ser da Justiça do Trabalho, a qual cabe conciliar e julgar os dissídios individuais e coletivos entre trabalhadores e empregadores, e outras controvérsias decorrentes daquela relação, o que veio a ser aclarado com a nova redação dada ao inciso VI do art. 114 da CF;

VI – o direito à indenização em caso de acidente de trabalho, quando o empregador incorrer em dolo ou culpa, está enumerado no art. 7º, XXII e XXVIII, da CF como autêntico direito trabalhista, cuja tutela, deve ser, por isso, da Justiça do Trabalho.

13. Parece-me equivocada, *data venia*, a exceção contida na parte final deste inciso, pois se a União, suas autarquias ou empresas públicas estiverem na condição de empregador, a competência será sempre da Justiça do Trabalho, ainda que a matéria seja pertinente a ações acidentárias.

Em outros termos, a Justiça comum detém competência para processar e julgar apenas as ações em que figure sozinho no polo passivo o INSS, diante de sua responsabilidade objetiva para assegurar ao trabalhador acidentado ou incapacitado em decorrência de doença ocupacional, por conta dos recursos (oriundos do SAT – Seguro de Acidente do Trabalho) que administra.

Para todas as demais ações concernentes a acidentes do trabalho oriundas da relação de trabalho, inclusive as que tenham por objeto indenização por dano material ou moral ou que visem o cumprimento das normas de segurança e saúde do trabalhador, incluídas as relativas ao meio ambiente do trabalho, a competência passou a ser da Justiça do Trabalho.

No que concerne ao marco temporal, o STF deixou assentado que, por razões de política judiciária, a competência da justiça laboral para processar e julgar demandas acidentárias é o da publicação da EC n. 45/2004 (*DOU* 31-12-2004), que entrou em vigor em 2 de janeiro de 2005. Assim, os processos concernentes às ações acidentárias propostas na Justiça Comum antes de 2-1-2005, nos quais já existia sentença, lá permanecerão. Se até 2 de janeiro 2005 ainda não tinham sentença, os autos deverão ser remetidos à Justiça do Trabalho.

O STJ, contudo, entende que não importa se a sentença é definitiva ou terminativa. Prolatada a sentença antes da EC n. 45/2004, os autos permanecem na Justiça Comum; só, depois, devem ser remetidos à Justiça do Trabalho. É o que se colhe do seguinte julgado:

> COMPETÊNCIA. EC N. 45/2004. INDENIZAÇÃO. ACIDENTE. TRABALHO. Em conformidade com recente julgado do STF, o qual alterou seu entendimento sobre o tema em questão (*vide* Informativo do STF n. 394), a Seção firmou, por maioria, que somente serão remetidos à Justiça do Trabalho os feitos relativos à indenização de danos morais e/ou patrimoniais decorrentes de acidente de trabalho (nova redação do art. 114, VI, da CF/1988) que, no advento da EC n. 45/2004, ainda se encontravam sem sentença prolatada, seja de mérito ou não. Aqueles já com sentença prosseguem regidos pela antiga competência da Justiça comum estadual, inclusive recursal. Decidiu-se adotar jurisprudência do STF no sentido de que a alteração superveniente de competência, mesmo que determinada por regra constitucional, não atinge a validade de sentença anteriormente proferida. A Min. Nancy Andrighi, voto vencido, entendia que só as ações ajuizadas após a referida emenda teriam seus autos enviados à Justiça trabalhista, enquanto o Min. Humberto Gomes de Barros e o Min. Cesar Asfor Rocha foram vencidos apenas na fundamentação, pois defendiam que, desde aquela data, todas as causas pendentes a respeito do tema deveriam seguir para as varas e os tribunais trabalhistas correlatos, de acordo com precedentes. Precedentes citados do STF: CC n. 7.204-

MG, *DJ* 3-8-2005; CC n. 6.967-RJ, *DJ* 26-9-1997, e RTJ n. 60/855 (CC n. 51.712-SP, Rel. Min. Barros Monteiro, j. 10-8-2005).

Recentemente, porém, o STF firmou o seguinte entendimento:

> Agravo regimental no recurso extraordinário. Competência da Justiça do Trabalho para julgar o feito. Precedentes da Suprema Corte. 1. É da competência da Justiça do Trabalho o julgamento das ações de indenização por danos morais ou materiais decorrentes de acidente de trabalho, após a edição da EC n. 45/04. 2. A nova sistemática alcança os processos em trâmite na Justiça comum estadual, desde que não tenha sido proferida sentença de mérito até a data da promulgação da mencionada emenda. 3. Agravo regimental desprovido (STF-RE n. 509.352 AgR, Rel. Min. Menezes Direito, 1ª T., *DJe*-142 divulg. 31-7-2008, publ. 1º-8-2008).

Parece-me que a razão está com o STF, pois somente a sentença de mérito condenatória é a que comporta a tutela executiva pecuniária. A intenção foi, realmente, evitar conflitos entre juízos vinculados a tribunais diversos, isto é, evitar que uma sentença condenatória proferida por um juiz do cível fosse cumprida/executada por um juiz do trabalho, com possibilidades de conflitos de procedimentos e de disciplina judiciária, máxime se considerarmos o novel sincretismo processual que reúne, num só processo, atos cognitivos e executivos.

O TST vem adotando o seguinte entendimento:

> RECURSO DE REVISTA. INCOMPETÊNCIA DA JUSTIÇA DO TRABALHO. ACIDENTE DE TRABALHO. DANO MORAL. O poder constituinte, atento à dupla possibilidade de reparação dos danos causados pelo infortúnio laboral, estabeleceu competências jurisdicionais específicas. Assim, compete à Justiça Comum processar e julgar as pretensões dirigidas contra o Estado, relativas ao seguro específico para o infortúnio laboral, decorrente da teoria do risco social (responsabilidade objetiva), e estende-se à Justiça do Trabalho a competência para apreciar a pretensão de indenização reparatória dos danos material e moral dirigida contra o empregador à luz da sua responsabilidade subjetiva, insculpida no art. 186 do Código Civil Brasileiro, ante a natureza eminentemente trabalhista do conflito. Recurso conhecido e desprovido (...). RESPONSABILIZAÇÃO POR DANOS MATERIAIS E MORAIS DECORRENTES DE ACIDENTE DO TRABALHO (alegação de violação dos arts. 5º, V e X, 7º, XXVIII, da Constituição Federal, 832 e 818 da CLT, 159 e 186 do Código Civil, 436 do Código de Processo Civil, 20 da Lei n. 8.213/91 e divergência jurisprudencial). Não demonstrada a violação à literalidade de preceito constitucional, de dispositivo de lei federal, ou a existência de teses diversas na interpretação de um mesmo dispositivo legal, não há que se determinar o seguimento do recurso de revista com fundamento nas alíneas *a* e *c* do art. 896 da CLT. Recurso de

revista não conhecido (TST-RR 631/2002.061.03.00.2, j. 10-12-2008, Rel. Min. Renato de Lacerda Paiva, 2ª T., *DJ* 19-12-2008).

Convém lembrar que o STF editou a Súmula Vinculante 22, reconhecendo ser a Justiça do Trabalho competente para as ações de indenização por danos morais e patrimoniais decorrentes de acidente de trabalho propostas por empregado contra empregador, inclusive aquelas que ainda não possuíam sentença de mérito em primeiro grau quando da promulgação da EC n. 45/2004.

2.1.1.1.2.2. Dano moral em ricochete

É importante notar que na hipótese em que a ação de indenização é proposta por familiares ou parentes do trabalhador (dano moral em ricochete ou reflexo, que é aquele que atinge pessoa diversa da que sofrera diretamente o dano), postulando danos morais, portanto direito próprio, com base na legislação constitucional e comum, de natureza exclusivamente civil, a competência seria da Justiça comum.

É o que ocorre, por exemplo, quando a viúva pleiteia indenização por dano material (ou moral) em ricochete, isto é, decorrente apenas do próprio ato da morte (a perda de um ente querido), e não do direito (acidente do trabalho) nascido da relação de emprego entre o falecido e a empresa ré.

Nesse sentido, decidiu a 5ª Turma do TRT da 4ª Região (RO n. 00084-2006-661-04-00-2), que indeferiu o pedido de indenização postulado por viúva de empregado falecido, pois, nesse caso, sobressairia a natureza civil da indenização pleiteada. O fundamento de tal decisão está assentado no fato de o inciso VI do art. 114 da CF enunciar que compete à Justiça do Trabalho processar e julgar as ações de indenização por dano moral ou patrimonial, decorrentes da relação de trabalho. De acordo com a relatora do processo, Juíza Rejane Souza Pedra, o ajuizamento feito por parente da vítima não se inclui em tal hipótese, pois, diante do falecimento do trabalhador, a discussão desenvolvida não é atinente a dano moral sofrido por este e, sim, a direitos reservados aos seus dependentes, o que não se coaduna como relação de trabalho.

Idêntico era o entendimento do STJ consagrado na Súmula 366. Tal verbete, no entanto, foi cancelado por ocasião do julgamento do CC n. 101.977-SP, na sessão de 16 de setembro de 2009. O motivo do cancelamento da Súmula 366 do STJ residiu basicamente na posição adotada pelo STF, vazada nos seguintes termos:

> CONSTITUCIONAL. EMBARGOS DE DECLARAÇÃO EM RECURSO EXTRAORDINÁRIO. CONVERSÃO EM AGRAVO REGIMENTAL. CONSTITUCIONAL. COMPETÊNCIA PARA JULGAR AÇÕES DE INDENIZAÇÃO DECORRENTE DE ACIDENTE DE TRABALHO PROPOSTA PELOS SUCESSORES. COMPETÊNCIA DA JUSTIÇA LABORAL. AGRAVO IMPROVIDO. I – É irrelevante para definição da competência

jurisdicional da Justiça do Trabalho que a ação de indenização não tenha sido proposta pelo empregado, mas por seus sucessores. II – Embargos de declaração convertidos em agravo regimental a que se nega provimento (STF-RE n. 482.797 – ED/SP, Rel. Min. Ricardo Lewandowski, j. 13-5-2008, 1ª T., *DJe*-117, divulg. 26-6-2008, publ. 27-6-2008).

Na mesma linha do STF, colhe-se o Enunciado n. 36 da 1ª Jornada de Direito Material e Processual do Trabalho, realizada em Brasília-DF, *in verbis*:

> ACIDENTE DO TRABALHO. COMPETÊNCIA. AÇÃO AJUIZADA POR HERDEIRO, DEPENDENTE OU SUCESSOR. Compete à Justiça do Trabalho apreciar e julgar ação de indenização por acidente de trabalho, mesmo quando ajuizada pelo herdeiro, dependente ou sucessor, inclusive em relação aos danos em ricochete.

Melhor refletindo sobre o tema, passamos a adotar o entendimento de que a Justiça do Trabalho é competente para processar e julgar ação de indenização por danos morais em ricochete[14] ajuizada pelo espólio ou por herdeiros do empregado falecido em face do seu ex-empregador em decorrência de acidente do trabalho.

Nesse sentido:

> "(...) RECURSO DE REVISTA DOS RECLAMANTES – ACIDENTE DE TRABALHO – ÓBITO DO EMPREGADO – DANO MORAL REFLEXO (EM RICOCHETE) – IRMÃOS – PRESUNÇÃO. 1. A indenização por danos morais destina-se a compensar a afronta ao direito da personalidade sobre o qual incidiu o comportamento culposo *lato sensu* do agente causador do dano. 2. O falecimento do trabalhador autoriza o pagamento de dano moral reflexo (em ricochete ou indireto) para a sua família e qualquer pessoa com relação especial afetiva com o acidentado. 3. É presumido o abalo moral dos descendentes, cônjuge, ascendentes e irmãos, pois incluídos nos limites do núcleo familiar. 4. A presunção da ofensa ao direito da personalidade do grupo familiar restrito é apenas relativa e pode ser afastada por prova em contrário. 5. No caso, em razão do acidente de trabalho fatal sofrido pelo empregado, as irmãs têm direito à indenização por danos morais em ricochete, não tendo ficado comprovada a inimizade ou desafeição ao parente falecido. 6. A independência econômica e o fato de não residirem na mesma casa são absolutamente irrelevantes para o deferimento do dano moral indireto. Recurso de revista das reclamantes conhecido e provido (TST-ARR 480-20.2012.5.18.0102, 7ª T., Rel. Min. Luiz Philippe Vieira de Mello Filho, *DEJT* 7-6-2019).

14. O art. 223-B da CLT, incluído pela Lei n. 13.467/217, restringe o direito a reparação por danos morais exclusivamente à vítima (pessoa física ou jurídica ofendida).

2.1.1.1.3. Cadastramento de PIS/PASEP

O cadastramento do trabalhador no Programa de Integração Social – PIS, criado pela Lei Complementar n. 7, de 7 de setembro de 1970, ou Programa de Assistência ao Servidor Público – PASEP, criado pela Lei Complementar n. 8, de 3 de dezembro de 1970, constitui obrigação do empregador (público ou privado), nos termos do art. 239 da CF. Tais programas têm natureza de contribuições sociais e consistem em um fundo formado por depósitos mensais calculado sobre o faturamento, folha de salários (entidade sem fins lucrativos) ou sobre as receitas (Lei n. 9.715/98) e são destinados ao financiamento do programa do seguro-desemprego e ao pagamento de abono pecuniário previsto no § 3º do art. 239 da CF, que dispõe:

> Aos empregados que percebam de empregadores que contribuem para Programa de Integração Social ou para o Programa de Formação do Patrimônio do Servidor Público, até dois salários mínimos de remuneração mensal, é assegurado o pagamento de um salário mínimo anual, computando neste valor o rendimento das contas individuais, no caso daqueles que já participavam dos referidos programas, até a data da promulgação desta Constituição.

Assim, caso o empregador não proceda ao cadastramento do trabalhador ou servidor (celetista) no PIS/PASEP, poderão estes ajuizar ação perante a Justiça do Trabalho, que terá competência para impor ao empregador o cadastramento ou a indenização compensatória pela falta deste. Nesse sentido, a Súmula 300 do TST, que diz:

> COMPETÊNCIA DA JUSTIÇA DO TRABALHO. CADASTRAMENTO NO PIS. Compete à Justiça do Trabalho processar e julgar ações ajuizadas por empregados em face de empregadores relativas ao cadastramento no Programa de Integração Social (PIS).

Não obstante a omissão da Súmula a respeito do PASEP, cremos que, por analogia, compete à Justiça do Trabalho processar e julgar as ações ajuizadas por servidores celetistas (caso mantida a liminar do STF na ADI n. 3.395) relativas ao cadastramento no referido programa.

2.1.1.1.4. Meio ambiente do trabalho

A Justiça do Trabalho é competente para processar e julgar ações que tenham como causa de pedir matéria alusiva ao meio ambiente do trabalho. O novo conceito de meio ambiente do trabalho é extraído da aplicação dos arts. 200, VII, 7º, XXII e XXVIII, da CF, *in verbis*:

> Art. 200. Ao sistema único de saúde compete, além de outras atribuições, nos termos da lei:
>
> (...) VIII – colaborar na proteção do meio ambiente, nele compreendido o do trabalho.
>
> Art. 7º São direitos dos trabalhadores urbanos e rurais, além de outros que visem à melhoria de sua condição social:
>
> (...) XXII – redução dos riscos inerentes ao trabalho, por meio de normas de saúde, higiene e segurança;
>
> (...) XXVIII – seguro contra acidente de trabalho, a cargo do empregador, sem excluir a indenização a que este está obrigado, quando incorrer em dolo ou culpa.

Feita esta digressão, chega-se ao conceito de meio ambiente do trabalho, que passa a ser, segundo Sidnei Machado, o "conjunto das condições internas do local de trabalho e sua relação com a saúde dos trabalhadores"[15].

"Para o mundo do trabalho" – prossegue o citado autor – "essa aproximação do meio ambiente com a saúde do trabalhador, numa perspectiva antropocêntrica, coloca a ecologia dentro da política. O produtivismo é a lógica do modo de produção capitalista, cuja irracionalidade dilapida a natureza para sua reprodução. Essa é a verdadeira fonte da crise ecológica, que também gera a exploração desenfreada da força de trabalho que coloca em perigo a vida, a saúde ou equilíbrio psíquico dos trabalhadores"[16].

No que concerne à competência para processar e julgar ação civil pública relativa a meio ambiente do trabalho, o STF firmou o seguinte entendimento:

> COMPETÊNCIA – AÇÃO CIVIL PÚBLICA – CONDIÇÕES DE TRABALHO. Tendo a ação civil pública, como causas de pedir, disposições trabalhistas e pedidos voltados à preservação do meio ambiente do trabalho e, portanto, aos interesses dos empregados, a competência para julgá-la é da Justiça do Trabalho (STF, RE n. 206.220/MG, ac. 2ª T., Rel. Min. Marco Aurélio, *DJ* 17-9-1999, p. 58).

Aliás, o STF editou a Súmula 736, segundo a qual:

> Compete à Justiça do Trabalho julgar as ações que tenham como causa de pedir o descumprimento de normas trabalhistas relativas à segurança, higiene e saúde dos trabalhadores.

---

15. MACHADO, Sidnei. *O direito à proteção ao meio ambiente de trabalho no Brasil*. São Paulo: LTr, 2001. p. 66-67.

16. Idem, ibidem, p. 67.

O TST vem adotando o referido verbete do STF, como se infere do seguinte julgado: AÇÃO CIVIL PÚBLICA. ADEQUAÇÃO DO MEIO AMBIENTE DO TRABALHO. SERVIDORES ESTADUAIS ESTATUTÁRIOS. COMPETÊNCIA DA JUSTIÇA DO TRABALHO. SÚMULA 736 DO STF. Conforme entendimento consagrado pelo Supremo Tribunal Federal nos autos do processo STF-Rcl. n. 3.303/PI, a restrição da competência da Justiça do Trabalho para julgar as causas de interesse de servidores públicos, resultante do decidido na ADI n. 3.395/DF-MC, não alcança as ações civis públicas propostas pelo Ministério Público do Trabalho cuja causa de pedir seja o descumprimento de normas de segurança, saúde e higiene dos trabalhadores. No caso, aplica-se a Súmula 736 do STF, pois a ação se volta à tutela da higidez do local de trabalho e não do indivíduo em si, de modo que é irrelevante o tipo de vínculo jurídico existente entre os servidores e o ente público. Sob esse fundamento, a SBDI-I, por unanimidade, conheceu dos embargos, por divergência jurisprudencial, e, no mérito, deu-lhes provimento para declarar a competência da Justiça do Trabalho, decretar a nulidade dos atos decisórios e determinar o retorno dos autos à Vara do Trabalho de origem, a fim de que prossiga no julgamento como entender de direito (TST-E-ED-RR-60000-40.2009.5.09.0659, SBDI-I, Rel. Min. Walmir Oliveira da Costa, *DEJT* 22-11-2018).

Para encerrar este tópico, vale apenas registrar que o Pleno do STF fixou entendimento no sentido de que a Justiça do Trabalho é competente para processar e julgar ação civil pública promovida pelo MPT, em que se alegava ofensa à autoridade da decisão tomada pelo Supremo na ADI n. 3.395 MC/DF (*DJU* de 19-4-2006), na qual se fixara orientação no sentido de que o disposto no art. 114, I, da CF, não abrange as causas instauradas entre o Poder Público e servidor que lhe seja vinculado por relação jurídico-estatutária. Entendeu-se não contrariado o que foi decidido na referida ADI, haja vista que a ação civil pública em questão teria por objeto exigir o cumprimento, pelo Poder Público piauiense, das normas trabalhistas relativas à higiene, segurança e saúde dos trabalhadores, no âmbito do Instituto de Medicina Legal do Estado – IML (CF, art. 129, II c/c o art. 7º, XXII; Enunciado da Súmula 736) – (STF-Rcl n. 3.303/PI, Pleno, Rel. Min. Carlos Britto, j. 19-11-2007, Informativo STF n. 489, Brasília, 23-11-2007).

2.1.1.1.5. FGTS

O FGTS passou, a partir da CF/88 (art. 7º, III), a ser o regime único de todos os empregados e trabalhadores avulsos. A Justiça do Trabalho é competente para autorizar o levantamento do depósito do Fundo de Garantia do Tempo de Serviço na ocorrência de dissídio entre empregado e empregador (TST, Súmula 176). Aqui, a lide é oriunda da relação empregatícia, e as partes da demanda são o empregado e o empregador. Por força do art. 7º, XXXIV, da CF, a Justiça do Trabalho também é competente para apreciar pedido de levantamento do FGTS na ocorrência de lide entre trabalhador avulso e o tomador de seu serviço (CLT, art. 643).

Tratando-se, porém, de ação oriunda de lide entre o trabalhador e a CEF, versando, por exemplo, sobre pagamento de correção monetária dos valores depositados na conta vinculada do FGTS, a competência não seria da Justiça do Trabalho, mas, sim, da Justiça Federal (CF, art. 109, I). Nesse sentido é a Súmula 82 do STJ.

Recentemente, contudo, o TST cancelou a Súmula 176 (Res. n. 130/2005, *DJ* 13-5-2005), deixando transparecer, por exemplo, que as ações versando sobre levantamento do FGTS em decorrência de conversão de regime jurídico de celetista para estatutário de servidor público passam a ser da competência da Justiça do Trabalho. Nesse mesmo sentido é o Enunciado n. 63 aprovado na 1ª Jornada de Direito Material e Processual do Trabalho, realizada em Brasília-DF, em 23 de novembro de 2007, *in verbis*:

> COMPETÊNCIA DA JUSTIÇA DO TRABALHO. PROCEDIMENTO DE JURISDIÇÃO VOLUNTÁRIA. LIBERAÇÃO DO FGTS E PAGAMENTO DO SEGURO-DESEMPREGO. Compete à Justiça do Trabalho, em procedimento de jurisdição voluntária, apreciar pedido de expedição de alvará para liberação do FGTS e de ordem judicial para pagamento do seguro-desemprego, ainda que figurem como interessados os dependentes de ex-empregado falecido.

2.1.1.1.6. Quadro de carreira

Quanto à ação ajuizada pelo empregado versando sobre questões alusivas a quadro de carreira instituído pelo empregador, o TST editou a Súmula 19, estabelecendo que a "Justiça do Trabalho é competente para apreciar reclamação de empregado que tenha por objeto direito fundado em quadro de carreira".

Essa Súmula foi editada porque o art. 652 da CLT não previa expressamente a competência das Juntas de Conciliação e Julgamento (atualmente Varas do Trabalho), para processar e julgar a referida matéria.

2.1.1.1.7. Contribuições previdenciárias e Imposto de Renda

De acordo com o art. 114, VIII, da CF, com redação dada pela EC n. 45/2004, compete à Justiça do Trabalho processar e julgar: a execução, de ofício, das contribuições sociais previstas no art. 195, I, *a*, e II, da CF e seus acréscimos legais, decorrentes das sentenças que proferir.

Além disso, a Corregedoria-Geral da Justiça do Trabalho editou os Provimentos ns. 2/1993, 1/1996, 1/1997, 3/2005 e a Consolidação dos Provimentos[17] (art. 72, § 2º), dispondo sobre a retenção do Imposto de Renda na fonte e o recolhimento de contribuições devidas pelo trabalhador ao Instituto Nacional do Seguro Social.

Recentemente, o TST, já na vigência da nova redação do parágrafo único do art. 876 da CLT, reeditou a Súmula 368, que trata de competência da Justiça do Trabalho para processar e julgar as execuções previdenciárias e fiscais, nos seguintes termos:

> Súmula 368 – DESCONTOS PREVIDENCIÁRIOS. IMPOSTO DE RENDA. COMPETÊNCIA. RESPONSABILIDADE PELO RECOLHIMENTO. FORMA DE CÁLCULO. FATO GERADOR (aglutinada a parte final da OJ n. 363 da SBDI-1 à redação do item II e incluídos os itens IV, V e VI em sessão do Tribunal Pleno realizada em 26-6-2017, Res. n. 219/2017, republicada em razão de erro material – *DEJT* divulgado em 12, 13 e 14-7-2017). I – A Justiça do Trabalho é competente para determinar o recolhimento das contribuições fiscais. A competência da Justiça do Trabalho, quanto à execução das contribuições previdenciárias, limita-se às sentenças condenatórias em pecúnia que proferir e aos valores, objeto de acordo homologado, que integrem o salário de contribuição. II – É do empregador a responsabilidade pelo recolhimento das contribuições previdenciárias e fiscais, resultantes de crédito do empregado oriundo de condenação judicial. A culpa do empregador pelo inadimplemento das verbas remuneratórias, contudo, não exime a responsabilidade do empregado pelos pagamentos do imposto de renda devido e da contribuição previdenciária que recaia sobre sua quota-parte. III – Os descontos previdenciários relativos à contribuição do empregado, no caso de ações trabalhistas, devem ser calculados mês a mês, de conformidade com o art. 276, § 4º, do Decreto n. 3.048/1999 que regulamentou a Lei n. 8.212/1991, aplicando-se as alíquotas previstas no art. 198, observado o limite máximo do salário de contribuição. IV – Considera-se fato gerador das contribuições previdenciárias decorrentes de créditos trabalhistas reconhecidos ou homologados em juízo, para os serviços prestados até 4-3-2009, inclusive, o efetivo pagamento das verbas, configurando-se a mora a partir do dia dois do mês seguinte ao da liquidação (art. 276, *caput*, do Decreto n. 3.048/1999). Eficácia não retroativa da alteração legislativa promovida pela Medida Provisória n. 449/2008, posteriormente convertida na Lei n. 11.941/2009, que deu nova redação ao art. 43 da Lei n. 8.212/91. V – Para o labor realizado a partir de 5-3-2009, considera-se fato gerador das contribuições previdenciárias decorrentes de créditos trabalhistas reconheci-

---

17. *Diário Eletrônico da Justiça do Trabalho*: caderno judiciário do Tribunal Superior do Trabalho, Brasília, DF, n. 2.255, p. 13-32, 23 jun. 2017. Republicação 1.

dos ou homologados em juízo a data da efetiva prestação dos serviços. Sobre as contribuições previdenciárias não recolhidas a partir da prestação dos serviços incidem juros de mora e, uma vez apurados os créditos previdenciários, aplica-se multa a partir do exaurimento do prazo de citação para pagamento, se descumprida a obrigação, observado o limite legal de 20% (art. 61, § 2º, da Lei n. 9.430/96). VI – O imposto de renda decorrente de crédito do empregado recebido acumuladamente deve ser calculado sobre o montante dos rendimentos pagos, mediante a utilização de tabela progressiva resultante da multiplicação da quantidade de meses a que se refiram os rendimentos pelos valores constantes da tabela progressiva mensal correspondente ao mês do recebimento ou crédito, nos termos do art. 12-A da Lei n. 7.713, de 22-12-1988, com a redação conferida pela Lei n. 13.149/2015, observado o procedimento previsto nas Instruções Normativas da Receita Federal do Brasil.

Ademais, parece-nos que a Justiça do Trabalho é incompetente para processar e julgar ação proposta por empregado em face do seu empregador cujo objeto resida apenas na sua condenação em efetuar os depósitos alusivos a contribuições previdenciárias não recolhidas nas épocas próprias. Noutro falar, se um trabalhador, ainda que com o devido registro do contrato de trabalho em sua CTPS, necessitar requerer benefício de auxílio-doença junto ao INSS e verificar que o seu empregador não fez os recolhimentos previdenciários (nunca recolheu), a Justiça do Trabalho não teria competência para julgar a ação movida por este trabalhador, pois o art. 114, VIII, da CF não autoriza a propositura de ação na Justiça Especializada que tenha como único pedido a condenação do empregador a recolher as contribuições previdenciárias.

Sobre outros enfoques da competência da Justiça do Trabalho para a execução da contribuição previdenciária remetemos o leitor ao subitem 2.1.8.2 deste Capítulo e ao item 32 do Capítulo XXIII.

2.1.1.1.7.1. Contribuições previdenciárias destinadas a terceiros

No que tange às contribuições previdenciárias destinadas a terceiros, o art. 114, VIII, da CF não reconhece a competência da Justiça do Trabalho para executar tais contribuições, conforme se infere do seguinte julgado:

> RECURSO DE REVISTA NÃO REGIDO PELA LEI N. 13.015/2014 – INCOMPETÊNCIA DA JUSTIÇA DO TRABALHO – CONTRIBUIÇÕES SOCIAIS DESTINADAS A TERCEIROS. Nos termos do art. 114, VIII, da Constituição Federal, esta Justiça Especial não tem competência para executar as contribuições sociais e os acréscimos legais devidos a terceiros integrantes do Sistema “S”. Recurso de revista conhecido e provido. (...) (TST-RR 1005-39.2012.5.08.0115, 7ª T., Rel. Min. Luiz Philippe Vieira de Mello Filho, *DEJT* 2-5-2019).

2.1.1.1.7.2. Contribuições destinadas ao SAT – Seguro de Acidente do Trabalho

A natureza do Seguro de Acidente do Trabalho – SAT é de contribuição previdenciária parafiscal, razão pela qual, na mesma linha da contribuição destinada a terceiro, pensamos que a competência para executar tal contribuição é da Justiça comum, e não da Justiça do Trabalho. Nesse sentido:

> COMPETÊNCIA DA JUSTIÇA DO TRABALHO. EXECUÇÃO DE VALORES A TÍTULO DE SEGURO CONTRA ACIDENTE DO TRABALHO. Se a natureza do Seguro contra Acidente de Trabalho (SAT) é de contribuição previdenciária parafiscal, então a sua correspondente execução, tal como ocorre com as contribuições de terceiros, não se insere na competência da Justiça do Trabalho (...) (TRT 17ª R., AP 0076600-79.2009.5.17.0121, Rel. Des. Carlos Henrique Bezerra Leite, *DEJT* 2-8-2012).

Em sentido contrário, porém, a SBDI-1 do TST editou a OJ n. 414, posteriormente convertida na Súmula 454:

> COMPETÊNCIA DA JUSTIÇA DO TRABALHO. EXECUÇÃO DE OFÍCIO. CONTRIBUIÇÃO SOCIAL REFERENTE AO SEGURO DE ACIDENTE DE TRABALHO (SAT). ARTS. 114, VIII, E 195, I, *A*, DA CONSTITUIÇÃO DA REPÚBLICA (conversão da OJ n. 414 da SBDI-1, Res. n. 194/2014, *DEJT* divulgado em 21, 22 e 23-5-2014). Compete à Justiça do Trabalho a execução, de ofício, da contribuição referente ao Seguro de Acidente de Trabalho (SAT), que tem natureza de contribuição para a seguridade social (arts. 114, VIII, e 195, I, *a*, da CF), pois se destina ao financiamento de benefícios relativos à incapacidade do empregado decorrente de infortúnio no trabalho (arts. 11 e 22 da Lei n. 8.212/1991).

2.1.1.1.8. Seguro-desemprego

O programa de seguro-desemprego, nos termos do art. 2º da Lei n. 7.998, de 11 de janeiro de 1990, tem por finalidade:

> I – prover assistência financeira temporária ao trabalhador desempregado em virtude de dispensa sem justa causa, inclusive a indireta, e ao trabalhador comprovadamente resgatado de regime de trabalho forçado ou da condição análoga à de escravo;
> II – auxiliar os trabalhadores na busca ou preservação do emprego, promovendo, para tanto, ações integradas de orientação, recolocação e qualificação profissional.

Assim, havendo dispensa sem justa causa ou rescisão indireta do contrato de trabalho, e o empregador não fornecer as guias para recebimento do seguro-desemprego, o trabalhador poderá postular a condenação do empregador na obrigação de entregar coisa certa ou postular a indenização (obrigação de pagar) pelo não fornecimento das guias de seguro-desemprego. Nesse sentido, dispõe a Súmula 389 do TST que: I – Inscreve-se na competência material da Justiça do Trabalho a lide entre empregado e empregador tendo por objeto indenização pelo não-fornecimento das guias do seguro-desemprego. II – O não fornecimento pelo empregador da guia necessária para o recebimento do seguro-desemprego dá origem ao direito à indenização.

No mesmo sentido é o Enunciado n. 63, aprovado na 1ª Jornada de Direito Material e Processual do Trabalho, em Brasília – DF em 23 de novembro de 2007.

2.1.1.1.9. Ações possessórias e interdito proibitório

A Justiça do Trabalho é competente para processar e julgar ações possessórias que tenham origem na relação de emprego. É o que ocorre quando o empregador reivindica a posse do imóvel oferecido ao empregado como salário-utilidade (CLT, art. 458, §§ 3º e 4º). O empregado também pode ajuizar na Justiça do Trabalho ação possessória em face do empregador na hipótese em que este vier a reter a posse de instrumentos ou equipamentos de propriedade daquele.

Também é competente a Justiça Obreira para processar e julgar embargos de terceiro, que têm caráter de ação possessória, opostos por pessoa diversa do empregado ou do empregador, objetivando livrar os bens do terceiro da constrição judicial.

No que tange ao interdito proibitório (CPC, art. 567), o STF (RE-579.648, rel. p/ o acórdão Min. Cármen Lúcia, 10-9-2008) reconheceu que é da competência da Justiça do Trabalho (CF, art. 114, II) o julgamento de interdito proibitório em que se busca garantir o livre acesso de trabalhadores e clientes às agências bancárias que correm o risco de serem interditadas em decorrência de movimento grevista. Com base nesse entendimento, o Pleno do STF, por maioria, proveu recurso extraordinário interposto pelo Sindicato dos Empregados em Estabelecimentos Bancários de Belo Horizonte contra acórdão do Tribunal de Justiça do Estado de Minas Gerais que entendera ser da competência da Justiça Comum o julgamento de ação de interdito proibitório ajuizado pela agência bancária recorrida. Considerou-se estar diante de ação que envolvia o exercício do direito de greve, matéria afeta à competência da Justiça Trabalhista, a teor do disposto no art. 114, II, da CF. Asseverou-se tratar de um piquete, em que a obstrução e a ocupação ocorreram como um ato relativo ao exercício do direito de greve. Vencido o Min. Menezes Direito, relator, que desprovia o recurso, por reputar ser da Justiça Comum a competência para julgar o feito, ao fundamento de que o pedido e a causa de pedir do interdito proibitório não envolveriam matéria que pudesse vincular o exercício do direito de greve à proteção do patrimônio.

Cumpre lembrar que o STF editou a Súmula Vinculante 23 (*DOU* 11-12-2009), que reconhece ser da Justiça do Trabalho a competência "para processar e julgar ação possessória ajuizada em decorrência do exercício do direito de greve pelos trabalhadores da iniciativa privada". Tal Súmula Vinculante, portanto, reconhece a competência da Justiça do Trabalho não apenas para as ações de interdito proibitório, como também para quaisquer outras ações possessórias ajuizadas em decorrência do exercício do direito de greve, o que levou o TST a reconhecer a competência material da Justiça do Trabalho e funcional das Varas do Trabalho para a ação de interdito proibitório, consoante se depreende do seguinte julgado:

> INTERDITO PROIBITÓRIO COM PEDIDO DE LIMINAR DE MANUTENÇÃO DE POSSE. COMPETÊNCIA FUNCIONAL DAS VARAS DO TRABALHO. AÇÃO CIVIL LIGADA À DEFESA DA POSSE. 1. Nos termos do art. 114, II, da Constituição Federal e da Súmula Vinculante 23 do STF, inscreve-se na competência originária das Varas do Trabalho julgar interdito proibitório cuja causa de pedir decorra de movimento grevista, ou seja, com o fim de garantir o livre acesso de funcionários e clientes a agências bancárias durante período de greve, na medida em que se trata de ação civil de natureza possessória, e não de dissídio coletivo de natureza econômica ou de greve, em que a Justiça do Trabalho exerce o Poder Normativo. 2. O acórdão regional divergiu dessa orientação ao declinar de sua competência recursal e determinar a remessa dos autos à Seção de Dissídios Coletivos do TST, órgão jurisdicional ao qual não foi outorgada constitucionalmente a competência originária para julgar ação possessória. Determinação de retorno dos autos ao TRT da 10ª Região para prosseguir no julgamento do recurso ordinário interposto pela entidade sindical (TST-Pet 5473-59.2011.5.00.0000, j. 12-9-2011, Rel. Min. Walmir Oliveira da Costa, SDC, 30-9-2011).

2.1.1.1.10. Matéria criminal

Outro tema que não encontra uniformidade doutrinária e jurisprudencial é o que diz respeito à competência da Justiça do Trabalho em razão da matéria criminal. A cizânia aumentou com a EC n. 45/2004, com o surgimento de três correntes distintas.

A primeira corrente, preocupada com a possibilidade de decisões conflitantes de órgãos jurisdicionais distintos em ações decorrentes do mesmo substrato fático, reconhece a necessidade de se adotar o princípio da unidade da convicção (o próprio STF vem encampando tal corrente em alguns casos), segundo o qual, quando o mesmo fato tiver de ser analisado mais de uma vez, deverá sê-lo pelo mesmo juízo.

Um dos maiores defensores dessa corrente é Marcelo José Ferlin D'Ambroso, para quem, se o constituinte derivado de 2004 procurou abarcar todas as hipóteses decorrentes da relação de trabalho na órbita da Justiça especializada, não se vê, na nova redação do art. 114 da Constituição da República, justificativa que autorize o fracionamento da jurisdição para a hipótese. Como corolário lógico e natural da expressão da jurisdição atribuída à Justiça do Trabalho no citado art. 114, esta será competente tanto para a ação de natureza cível quanto para a de natureza criminal que nascem da relação de trabalho. De outra forma, corre-se o risco de permanência do atual *status quo*: o juízo trabalhista reconhece, *v.g.*, fraude, e o juízo penal a descaracteriza. Isso, obviamente, quando a matéria criminal chega a ser judicializada. A prevalência da jurisdição especializada há de vir, por analogia, pela própria dicção do art. 78, IV, do Código de Processo Penal: no concurso entre a jurisdição comum e a especial, prevalecerá esta. Há, pois, um reconhecimento no sistema judicial pátrio, da importância de que questões complexas sejam analisadas também criminalmente por órgão especializado. Se as relações de trabalho não fossem complexas, não haveria necessidade de jurisdição especializada, muito menos de subdivisão do Ministério Público para atender essa jurisdição[18].

Como desdobramento dessa corrente, lembramos a posição de Lorena de Mello Rezende Colnago[19], que defendeu, em vitoriosa dissertação de mestrado na UFES, que qualquer crime motivado não só nas relações de trabalho, mas na greve e nas relações sindicais, com exceção ao crime praticado contra a Administração Pública (ex. homicídio em face de juiz ou auditor do trabalho, pois seriam sujeitos que personificariam o Estado, e por esse fato não atrairiam a competência de julgamento da ação penal para a JT), deveriam vir para a competência da Justiça do Trabalho, pelo princípio da uniformidade de entendimento (Celso Neves). Sugere a referida autora, em função da rejeição da competência penal da Justiça Laboral pelo STF, a edição de uma emenda à CF, transferindo tal competência para a Justiça do Trabalho.

A segunda corrente rejeita a competência criminal da Justiça do Trabalho pelos seguintes argumentos: *a*) a Justiça do Trabalho não está preparada para recepcionar esta atribuição; *b*) corre-se o risco de descaracterizar a jurisdição trabalhista ampliando demasiadamente o rol de suas competências; *c*) os Juízes do Trabalho não detêm conhecimento penal; *d*) o legislador de 2004 retirou da PEC convertida na EC n. 45 o inciso que previa a competência para os crimes contra a organização do trabalho; *e*) não há atribuição expressa de competência criminal no art. 114; *f*) o STF está julgando em favor da competência da Justiça Federal nos casos de crime de redução

18. Nesse sentido: D'AMBROSO, Marcelo José Ferlin. Competência criminal da Justiça do Trabalho e legitimidade do Ministério Público do Trabalho em matéria penal: elementos para reflexão. *Jus Navigandi*, Teresina, a. 10, n. 995, 23 mar. 2006. Disponível em: <http://jus2.uol.com.br/doutrina/texto.asp?id=8141>. Acesso em: 23 mar. 2006.

19. COLNAGO, Lorena de Mello Rezende. *Competência da justiça do trabalho para o julgamento de lides de natureza jurídica penal trabalhista*. São Paulo: LTr, 2009, passim.

à condição análoga à escravidão – art. 149 do CP; *g*) a nova disposição do art. 109, que possibilita a federalização de crimes contra direitos humanos, advinda da EC n. 45/2004, constituiria forte argumento contrário à tese de que a competência para julgar o crime do art. 149 do CP agora pertence à Justiça do Trabalho; e *h*) o processo penal é capaz de solver, de forma satisfatória, os conflitos penais, logo, despiciendo trazê-lo à jurisdição trabalhista[20].

A terceira e última corrente, à qual nos filiamos, admite a competência da Justiça do Trabalho em matéria criminal se, nos termos do inciso IX do art. 114 da CF, for editada lei dispondo em tal sentido. Vale dizer, não se extrai de imediato dos incisos I e II do art. 114 da CF a competência criminal da Justiça Obreira, pois, se fosse essa a intenção do constituinte derivado de 2004, teria ele inserido expressamente tal competência no extenso e analítico rol do art. 114 da CF. Nada impede, porém, que o legislador ordinário, ao regulamentar o inciso IX do art. 114 da CF, possa fazê-lo[21]. É preciso estar atento às peculiaridades do processo penal, uma vez que, neste, o papel do juiz é o de intervenção mínima na esfera da liberdade do indivíduo que comete crime, enquanto, no processo do trabalho, há importante intervenção do juiz na busca da realização dos direitos humanos fundamentais. Ademais, haveria sérios embaraços em situações como os crimes dolosos contra a vida decorrentes da relação de emprego, tendo em vista que a competência, *in casu*, é do Tribunal do Júri.

É importante destacar que o Plenário do STF (RE n. 398.041) entendeu que a Justiça Federal é competente para processar e julgar crime de redução à condição análoga à escravidão. Por maioria dos votos dos ministros (6 x 3), a decisão foi tomada no dia 30 de novembro de 2006. O recurso extraordinário foi interposto pelo Ministério Público Federal contra acórdão do TRF da 1ª Região, que declarou a incompetência da Justiça Federal para processar e julgar crime de redução à condição análoga à de escravo (CP, art. 149), ao analisar denúncia envolvendo fazendeiro paraense. O julgamento foi interrompido em março de 2005, oportunidade em que o relator do caso, Ministro Joaquim Barbosa, havia votado pelo provimento do RE, anulando o acórdão do TRF, sob o fundamento de que, no contexto das relações de trabalho, a prática do crime previsto no art. 149 do CP caracteriza-se como crime contra a organização do trabalho, determinando a competência da Justiça Federal para processar e julgar o delito, de acordo com o art. 109 da CF. Na ocasião, os ministros Eros Grau, Carlos Ayres Britto e Sepúlveda Pertence acompanharam o voto do relator. Foram divergentes os ministros Cezar Peluso e Carlos Velloso, que votaram pelo não provimento do recurso, mantendo, assim, a competência da Justiça comum estadual. O Ministro Gilmar Mendes pediu vista dos autos e votou pelo provimento do recurso.

20. D'AMBROSO, Marcelo José Ferlin, op. cit., passim.

21. No Projeto de Lei n. 288/2001, que regulamenta o inciso IX do art. 114 da CF, acrescentando dispositivos ao art. 652 da CLT não há previsão para a competência da Justiça do Trabalho em matéria criminal.

Ele afirmou, citando jurisprudência da Corte, que serão da competência da Justiça Federal apenas os crimes que ofendem o sistema de órgãos e institutos destinados a preservar, coletivamente, os direitos e deveres dos trabalhadores – previsto no art. 109, VI, da CF. Além disso, o Ministro Gilmar Mendes ressaltou que, conforme a alteração do art. 109, § 5º, da CF, com a redação dada pela EC n. 45/2004, o Procurador-Geral da República pode suscitar ao STJ o deslocamento das investigações para a Justiça Federal "nos casos em que esteja configurada a grave violação de direitos humanos, e, em que, por razões variadas, a Justiça Comum não esteja atuando de forma eficiente". Segundo o Ministro Gilmar Mendes, "poderá, também, o Procurador-Geral da República, tendo em vista as circunstâncias do caso, sempre em hipóteses excepcionais, formular, ao Supremo Tribunal Federal, pedido de intervenção federal no Estado para assegurar a observância de direitos da pessoa humana". No caso concreto – destacou o Ministro Gilmar Mendes – *ficou patente a violação ao bem jurídico* "organização do trabalho", justificando a competência federal para analisar a matéria. O Ministro Marco Aurélio seguiu a divergência aberta anteriormente para votar pelo não provimento do RE. Para ele, as "tintas fortes" do caso concreto não são suficientes por si para se concluir pela competência da Justiça Federal. Na linha do voto-vista proferido pelo Ministro Gilmar Mendes, o Ministro Celso de Mello votou pelo provimento do recurso, mas ressalvou que a mudança dos casos da jurisdição estadual para a federal se justifica apenas nos casos de "violação dos direitos humanos". O Ministro Eros Grau reformou o seu voto, para dar provimento ao recurso na linha do Ministro Gilmar Mendes.

Os ministros entenderam que esse caso não firma um entendimento da Corte (*leading case*), mas, a nosso sentir, abre um importante precedente no sentido de afastar a competência da Justiça do Trabalho em matéria criminal, uma vez que os crimes contra a organização do trabalho, que seriam justamente aqueles oriundos das relações de trabalho, segundo a decisão proferida no RE n. 398041, são da competência da Justiça Comum, Federal ou Estadual, e não da Justiça Especializada do Trabalho[22].

Registre-se que o Procurador-Geral da República ajuizou ação direta perante o STF, questionando a competência da Justiça do Trabalho em matéria criminal. Trata-se de ADI, com pedido de liminar, em face dos incisos I, IV e IX do art. 114 da Constituição Federal, com a redação que lhe foi dada pela Emenda Constitucional n. 45/2004, em que o requerente alega violação aos arts. 5º, *caput*, LIII, e 60, §§ 2º e 4º, IV, todos da CF. Argumenta o Chefe do MPU a existência de vício formal quanto à alteração do texto da emenda no que se refere ao inciso I do art. 114 da CF, entendendo pela "necessidade de retorno desse dispositivo à Casa iniciadora, o que não ocorreu, todavia, dando-se a promulgação do texto aprovado em segundo turno, de forma

22. Disponível em: <http://www.stf.gov.br/notícias/imprensa/ultimas/ler.asp?codigo=216687&tip=UN&param>. Acesso em: 1º dez. 2006.

diversa daquele aprovado em primeiro turno". Por fim, sustenta existência de inconstitucionalidade material dos incisos IV e IX porque o texto promulgado "outorga competência criminal à Justiça do Trabalho" e "viola flagrantemente regras e princípios postos na Constituição relativos ao juiz natural e à repartição de competências jurisdicionais" (STF-ADI n. 3.684-DF, Rel. Min. Cezar Peluso).

O plenário do STF deferiu, por unanimidade, a liminar na ADI n. 3.684. Em seu voto, o relator da ação, Min. Cezar Peluso, afirmou que o inciso IV do art. 114 determina a competência da Justiça do Trabalho para julgar *Habeas Corpus*, *habeas data* e mandados de segurança, "quando o ato questionado envolver matéria sujeita à sua jurisdição". Ele lembra, porém, que o pedido de *habeas* pode ser usado "contra atos ou omissões praticados no curso de processos de qualquer natureza", e não apenas em ações penais. Se fosse a intenção da Constituição outorgar à Justiça trabalhista competência criminal ampla e inespecífica, não seria preciso prever, textualmente, competência para apreciar *habeas*. Destacou, ainda, que a Constituição "circunscreve o objeto inequívoco da competência penal genérica", mediante o uso dos vocábulos "infrações penais" e "crimes". No entanto, a competência da Justiça do Trabalho para o processo e julgamento de ações oriundas da relação trabalhista se restringe apenas às ações destituídas de natureza penal. Ele diz que a aplicação do entendimento que se pretende alterar violaria frontalmente o princípio do juiz natural, uma vez que, segundo a norma constitucional, cabe à Justiça comum – estadual ou federal, dentro de suas respectivas competências – julgar e processar matéria criminal. Quanto à alegada inconstitucionalidade formal, o Min. Peluso argumenta que a alteração no texto da EC n. 45, durante sua tramitação no Legislativo, "em nada alterou o âmbito semântico do texto definitivo", por isso não haveria a violação ao § 2º, art. 60 da Constituição. Por unanimidade, portanto, foi deferida a liminar na ADI, com efeitos *ex tunc*, para atribuir interpretação conforme a Constituição, aos incisos I, IV e IX de seu art. 114, declarando que, no âmbito da jurisdição da Justiça do Trabalho, não está incluída competência para processar e julgar ações penais.

2.1.1.1.11. Complementação de aposentadoria, pensão e previdência privada

Existe discussão doutrinária sobre a competência da Justiça do Trabalho para processar e julgar ação em que o trabalhador busca receber complementação de aposentadoria.

A recente posição do STF é extraída do seguinte julgado:

COMPLEMENTAÇÃO DE APOSENTADORIA E/OU PENSÃO. ENTIDADE DE PREVIDÊNCIA PRIVADA. COMPETÊNCIA. EXAME E INTERPRETAÇÃO DE CLÁUSULA CONTRATUAL E REVISÃO DE MATÉRIA PROBATÓRIA. INADMISSIBILIDADE EM SEDE RECURSAL EXTRAORDINÁRIA. RECURSO DE AGRAVO IMPROVIDO. A Justiça do Trabalho dispõe de competência para apreciar litígios instaurados contra entidades de previdência privada e relativos à complementação de aposentadoria, de pensão ou de outros benefícios previdenciários, desde que a controvérsia jurídica resulte de obrigação oriunda de contrato de trabalho. Precedentes. Competirá, no entanto, à Justiça Comum, processar e julgar controvérsias relativas à complementação de benefícios previdenciários pagos por entidade de previdência privada, se o direito vindicado não decorrer de contrato de trabalho. Precedentes. A análise de pretensão jurídica, quando dependente de reexame de cláusulas inscritas em contrato de trabalho (Súmula 454/STF) ou de revisão de matéria probatória (Súmula 279/STF), revela-se processualmente inviável em sede de recurso extraordinário, pois, em referidos temas, a decisão emanada do Tribunal recorrido reveste-se de inteira soberania" (STF-AI-AgR n. 713.741/PB, Rel. Min. Celso de Mello, 2ª T., j. 18-11-2008, *DJe*-241 divulg. 18-12-2008, publ. 19-12-2008).

O STF, nos autos do RE n. 586.453 RG/SE (Rel. Min. Ellen Gracie, j. 10-9-2009), reconheceu a existência de repercussão geral a respeito da competência sobre a temática da previdência privada e complementação de aposentadoria, envolvendo a FUNDAÇÃO PETROS e ex-empregados da PETROBRAS. Por maioria de votos, o Plenário do STF decidiu que compete à Justiça Comum julgar processos decorrentes de contrato de previdência complementar privada. A matéria teve repercussão geral reconhecida e, portanto, passa a valer para todos os processos semelhantes que tramitam nas diversas instâncias do Poder Judiciário. O Plenário também decidiu modular os efeitos dessa decisão e definiu que permanecerão na Justiça do Trabalho todos os processos que já tiverem sentença de mérito até a data de hoje. Dessa forma, todos os demais processos que tramitam na Justiça Trabalhista, mas ainda não tenham sentença de mérito, a partir de agora deverão ser remetidos à Justiça Comum.

O TST possui diversos verbetes jurisprudenciais sobre complementação de aposentadoria. No que tange à competência, há a Súmula 106, *in verbis*:

> APOSENTADORIA. FERROVIÁRIO. COMPETÊNCIA. É incompetente a Justiça do Trabalho para julgar ação ajuizada em face da Rede Ferroviária Federal, em que ex-empregado desta pleiteie complementação de aposentadoria, elaboração ou alteração de folhas de pagamento de aposentados, se por essas obrigações responde órgão da previdência social.

Já as Súmulas 326 e 327 do TST reconhecem implicitamente a competência da Justiça do Trabalho, nos seguintes termos:

> Súmula 326. COMPLEMENTAÇÃO DOS PROVENTOS DE APOSENTADORIA. PARCELA NUNCA RECEBIDA. PRESCRIÇÃO TOTAL. Tratando-se de pedido de complementação de aposentadoria oriunda de norma regulamentar e jamais paga

ao ex-empregado, a prescrição aplicável é a total, começando a fluir o biênio a partir da aposentadoria.

Súmula 327. COMPLEMENTAÇÃO DOS PROVENTOS DE APOSENTADORIA. DIFERENÇA. PRESCRIÇÃO PARCIAL. Tratando-se de pedido de diferença de complementação de aposentadoria oriunda de norma regulamentar, a prescrição aplicável é a parcial, não atingindo o direito de ação, mas, tão somente, as parcelas anteriores ao quinquênio.

Parece-nos que a questão da competência da Justiça do Trabalho para processar e julgar ação que trate de complementação de aposentadoria deve ser analisada no caso concreto, cabendo ao magistrado verificar a causa de pedir, ou seja, se tal benefício foi instituído pelo ex-empregador como vantagem integrante do contrato de trabalho para gozo futuro.

O TST, no entanto, seguindo decisões do STF (Recursos Extraordinários ns. 586.453 e 583.050), passou a adotar o entendimento de que cabe à Justiça Comum julgar processos decorrentes de contrato de previdência complementar privada. Mas, por força da modulação dos efeitos das decisões do STF, permanecerão na Justiça do Trabalho todos os processos que já tiverem sentença de mérito até a data do julgamento pelo STF. Dessa forma, somente os processos em trâmite na Justiça Trabalhista sem sentença de mérito até a data de 20-2-2013 é que deverão ser remetidos à Justiça Comum (TST-Ag-RR-697-38.2017.5.09.0652, 5ª T., Rel. Min. Breno Medeiros, *DEJT* 13-6-2019).

Outro entendimento jurisprudencial importante encontra-se na OJ n. 26 da SBDI-1 do TST, segundo a qual a "Justiça do Trabalho é competente para apreciar pedido de complementação de pensão postulada por viúva de ex-empregado, por se tratar de pedido que deriva do contrato de trabalho".

2.1.1.2. Ações oriundas da relação de trabalho

É bem de ver que com a EC n. 45/2004 a competência material original da Justiça do Trabalho foi significativamente ampliada para processar e julgar, não apenas as ações referentes à "relação de emprego", mas, também, "as ações oriundas da relação de trabalho" (CF, art. 114, I).

Urge, pois, desvendar o sentido e o alcance da expressão "relação de trabalho", para fins de fixação da competência da Justiça Especializada Laboral. Para tanto, devemos nos socorrer dos conceitos ofertados pelos estudiosos do direito material do trabalho. Surge logo uma indagação: há distinção entre contrato de trabalho, relação de trabalho e relação de emprego?

A expressão "relação de emprego" foi adotada primeiramente por Hirosê Pimpão[23], no sentido de ser aquela que resulta do contrato, distinguindo-a da simples relação de trabalho, que não resulta de contrato.

Délio Maranhão, dissentindo do referido autor, propõe a seguinte distinção terminológica:

> relação jurídica de trabalho é a que resulta de um contrato de trabalho, denominando-se de relação de emprego quando se trata de um contrato de trabalho subordinado. Quando não haja contrato, teremos uma simples relação de trabalho (de fato). Partindo dessa distinção, aceitamos a afirmação de Hirosê Pimpão de que sem contrato de trabalho – entenda-se *stricto sensu* – não há relação de emprego. Pode haver (...) relação de trabalho[24].

Amauri Mascaro Nascimento leciona que relação de emprego é utilizada para denominar, também, relação de trabalho, contrato de trabalho, contrato de emprego etc. Prefere, contudo, a expressão "contrato individual de trabalho", por ser esta acolhida pela maioria dos autores, advertindo: "Não há uma separação, uma autonomia absoluta entre contrato e relação de emprego, como se fossem duas realidades distintas no plano jurídico e nem a doutrina alemã relacionista pode servir de base para tal conclusão"[25].

Prosseguindo, o festejado professor da Faculdade de Direito do Largo de São Francisco ensina: "a tendência que se observa nessas manifestações caracteriza-se pela harmonização entre duas figuras e não pela sua dissolução como se pensava antes, ambas coexistindo como aspectos de uma mesma realidade, daí justificar-se a afirmação de Catharino: o contrato de emprego é um complexo autônomo-heterônomo"[26]. E arremata:

> o conceito de relação jurídica, cujo desenvolvimento é atribuído a Savigny, confirma a tese de que não dissocia contrato e relação de emprego (...) o vínculo de emprego é uma relação jurídica (aspecto socionormativo) de natureza contratual, pela forma de sua constituição, pelo modo de seu desenvolvimento, neste reduzindo-se muito a liberdade das partes, e pelas características de sua desconstituição. O Contrato é a fonte que instaura o vínculo, mas que pode também determinar alguns dos seus efeitos. A relação de emprego é a relação social e que se transforma em jurídica porque disciplinada pelo di-

---

23. *Das relações de emprego no direito do trabalho*, 1960. p. 27, apud SÜSSEKIND, Arnaldo; MARANHÃO, Délio; VIANNA, Segadas; TEIXEIRA, Lima. *Instituições de direito do trabalho*. 21. ed. São Paulo: LTr, 2003. p. 231.
24. SÜSSEKIND, Arnaldo; MARANHÃO, Délio; VIANNA, Segadas; TEIXEIRA, Lima. *Instituições de direito do trabalho*. 21. ed. São Paulo: LTr, 2003. p. 231-232.
25. *Curso de direito do trabalho*. 18. ed. São Paulo: Saraiva, 2003. p. 495.
26. Ibidem, p. 497.

> reito. A vontade, manifestada de modo escrito, verbal ou meramente tácito, está sempre presente na base de toda relação jurídica entre empregado e empregador[27].

Para Evaristo de Moraes Filho,

> na prática, a relação de trabalho nada mais é do que a própria execução, a realização do contrato em suas manifestações concretas e reais. Mesmo no caso de manutenção da relação, contra a vontade de uma das partes (sucessão, reintegração), houve prévio contrato ou consentimento anterior. Presume-se, sempre, um contrato tácito na menor das prestações efetivas de trabalho, com o revestimento do *status* empregatício e o desencadeamento das fontes normativas protetoras. Cabe, no entanto, ser abandonado o unilateralismo das teorias relacionistas que negam a existência do contrato ou os efeitos decorrentes sem o efetivo início da sua realização[28].

Embora sendo despicienda, segundo a melhor doutrina, a distinção entre contrato de trabalho e relação de emprego, é de fundamental relevância para a ciência jurídica laboral estabelecer-se a diferença entre relação de trabalho e relação de emprego, pois, como adverte Francisco Meton Marques de Lima, "a caracterização da relação de emprego assume importância exatamente para distinção das demais relações de trabalho que reúnem elementos comuns com o emprego. A sociedade moderna fabrica todo dia relações diferentes visando a descaracterizar o emprego"[29]. E prossegue: "Aparentam com o emprego celetista os contratos de empreitada em que o empreiteiro é o artífice; o trabalho autônomo; o avulso; o eventual; o doméstico. E vem surgindo o contrato de representação (muito parecido com o de empregado viajante); relação trabalhista travestida de relação amorosa (ainda existem os João Romão!)"[30].

Para nós, a leitura atenta do art. 7º, I, XXIX, XXXIV e parágrafo único, da CF, autoriza dizer que o nosso ordenamento jurídico optou por fazer distinção entre *relação de emprego* e *relação de trabalho*, pelo menos para fins de incidência do *direito material do trabalho*.

Para fins de *incidência do direito processual do trabalho*, o art. 114, I, da CF, com nova redação dada pela EC n. 45/2004, alargou a competência da Justiça do Trabalho para processar as *ações oriundas* tanto da *relação de emprego* quanto da *relação de trabalho*.

A *relação de trabalho*, então, é gênero que tem na *relação de emprego* uma de suas espécies. De tal modo que, por interpretação lógica do novo texto constitucional, pode-se inferir que, se a Justiça do Trabalho é competente para processar e julgar as ações oriundas da relação de trabalho, então, ela também é competente para processar e julgar as ações oriundas da relação de emprego.

---

27. Idem.
28. *Introdução ao direito do trabalho*. 5. ed. São Paulo: LTr, 1991. p. 275.
29. *Elementos de direito do trabalho e processo trabalhista*. 6. ed. São Paulo: LTr, 1994. p. 59.
30. *Idem*.

Relação de trabalho é aquela que diz respeito, repise-se, a toda e qualquer atividade humana em que haja prestação de trabalho, como a relação de trabalho: autônomo, eventual, de empreitada, avulso, cooperado, doméstico, de representação comercial, temporário, sob a forma de estágio etc. Há, pois, a relação de trabalho pela presença de três elementos: o prestador do serviço, o trabalho (subordinado ou não) e o *tomador* do serviço.

Já a *relação de emprego* ocupa-se de um tipo específico desta atividade humana: o *trabalho subordinado*, prestado por um tipo especial de trabalhador: o *empregado*. Aqui, o que importa é a relação jurídica existente entre o empregado e o empregador (mesmo quando este seja pessoa de direito público interno ou externo), para efeito de aplicação do Direito do Trabalho. Três, portanto, são os elementos da relação de emprego: o empregado, o emprego e o empregador.

No ordenamento jurídico brasileiro, o objeto primordial de investigação científica do Direito do Trabalho é a relação de emprego, razão pela qual é dela que cuida, *a priori*, o direito processual do trabalho, isto é, o processo do trabalho volta-se, em linha de princípio, para a solução dos conflitos referentes à relação de emprego.

Podemos dizer que *toda relação de emprego é uma relação de trabalho*, mas nem toda relação de trabalho é uma relação de emprego. A *relação de emprego*, portanto, é aquela que surge de um contrato de trabalho, que é um negócio jurídico estabelecido entre empregado e empregador. Suas características básicas são: a subordinação jurídica do trabalhador ao poder de comando do empregador, a não eventualidade na prestação do serviço, a remuneração pelos serviços prestados e a pessoalidade do trabalhador – sempre pessoa física – na prestação do serviço (CLT, arts. 2º e 3º).

Já a *relação de trabalho* é a que diz respeito a qualquer trabalho prestado, com ou sem vínculo empregatício, por pessoa física a um tomador do seu serviço. São espécies de relação de trabalho as decorrentes do trabalho: autônomo, subordinado, eventual, estatutário[31], cooperativo, avulso etc.

Uma advertência final: a ampliação da competência da Justiça do Trabalho para as demandas oriundas da *relação de trabalho* – não *de emprego* – deve estar *centrada no fator "trabalho"* e pela sua *afinidade com a relação de emprego*[32], pois a *mens legis* possui,

31. De acordo com o Parecer n. 1.747, de 17-11-2004, da Comissão de Constituição, Justiça e Cidadania da Câmara dos Deputados, a Proposta de Emenda à Constituição n. 29, de 2000 (n. 96, de 1999, na Câmara dos Deputados), constante da Emenda n. 240, da Comissão de Constituição, Justiça e Cidadania, que foi submetida à promulgação, o inciso I do art. 114 da CF teria a seguinte redação: "Art. 114. Compete à Justiça do Trabalho processar e julgar: I – as ações oriundas da relação de trabalho, abrangidos os entes de direito público externo e da administração pública direta e indireta da União, dos Estados, do Distrito Federal e dos Municípios, exceto os servidores ocupantes de cargos criados por lei, de provimento efetivo ou em comissão, incluídas as autarquias e fundações públicas dos referidos entes da federação".

32. Nesse sentido, já advertia João de Lima Teixeira Filho, na clássica obra em que é um dos coautores (*Instituições de direito do trabalho*. 21. ed. São Paulo: LTr, 2003. p. 1.315), ao interpretar a

a nosso ver, forte conotação de *inclusão social* daqueles trabalhadores – não empregados – que, de fato, estão em situações econômicas e sociais que exijam um rápido e efetivo acesso à Justiça.

Recolhe-se, a propósito, a respeitável manifestação de Grijalbo Fernandes Coutinho, juiz do trabalho e então presidente da Anamatra, que participou ativamente no processo de discussão e aprovação do projeto que resultou na Emenda Constitucional n. 45:

AGORA, SIM, JUSTIÇA DO TRABALHO.

> Quando foi criada a Justiça do Trabalho como órgão do Poder Judiciário, a realidade do mundo do trabalho era bem distinta da atual, asseguradora da regência da CLT para expressivo número de trabalhadores. Hoje, no entanto, conforme dados do IBGE, cerca de 50% da mão de obra, ou seja, 40 milhões de brasileiros trabalham sem qualquer vínculo formal de emprego. A insensatez do novo modo de produção capitalista penaliza duplamente o cidadão brasileiro antes destacado. Por um lado, o deixa cada vez mais distante dos direitos sociais conferidos aos empregados e, por outro, não o permite que procure o Judiciário especializado em causas do trabalho para resolver os litígios enfrentados com o seu tomador de serviços, mesmo que apenas queira dirimir questões vinculadas a um contrato autônomo e não esteja a reclamar nenhum direito exclusivo de empregado.
>
> Num cenário menos selvagem, deveriam estar garantidos a todos os trabalhadores os Direitos Sociais Humanos previstos no art. 7º, da Constituição Federal, bem como o acesso ao ramo do judiciário que tem como especialidade a conciliação e o julgamento dos conflitos entre o capital e o trabalho.
>
> É de grande relevância a fixação da competência da Justiça do Trabalho, seja qual for o regime contratual a que esteja submetido o trabalhador, ampliada para analisar todas as controvérsias oriundas da força de trabalho humano, pela sua natural vocação social e pela própria especialização na matéria. A divisão de competências entre justiças para julgar o valor trabalho, além da notória irracionalidade, consagra a fragmentação obreira verificada na fábrica da nova ordem econômica, reduzindo milhões de pessoas ao patamar dos que não têm acesso ao Judiciário que julga as causas dos trabalhadores. Era como se "os sem direitos trabalhistas" também pudessem ser chamados de "os sem justiça". O que não mudou ao longo dos anos foi a competência da Justiça do Trabalho, restrita à apreciação dos casos entre empregados e empregadores, mas nem mesmo em toda a sua extensão.
>
> Com o término do processo de reforma do Poder Judiciário, ainda que o Parlamento não tenha atribuído à Justiça do Trabalho todas as competências necessárias

---

expressão "e na forma da lei, outras controvérsias decorrentes da relação de trabalho", contida na redação original do art. 114 da CF.

para o seu melhor aproveitamento, há alterações significativas, de modo a propiciar aos trabalhadores brasileiros não empregados e aos respectivos tomadores de serviços, a via da Justiça do Trabalho para a solução dos seus conflitos.

Ao invés dos termos restritos do original do art. 114 da Constituição Federal, que disciplinava a relação "entre trabalhadores e empregadores", agora o texto novo da reforma manda julgar "as ações oriundas da relação de trabalho", sem delimitar os atores deste processo. Havendo relação de trabalho *lato sensu*, seja de emprego ou não, os seus contornos serão apreciados pelo juiz do trabalho. Para esses casos, evidentemente, aplicará a Constituição e a Legislação Civil Comum, considerando que as normas da CLT regulamentam o pacto entre o empregado e o empregador. Como consequência, a Justiça do Trabalho passa a ser o segmento do Poder Judiciário responsável pela análise de todos os conflitos decorrentes da relação de trabalho em sentido amplo, à exceção dos funcionários públicos estatutários e dos ocupantes de cargos em comissão na Administração Pública Direta.

Os trabalhadores autônomos de um modo geral, bem como os respectivos tomadores de serviço, terão as suas controvérsias conciliadas e julgadas pela Justiça do Trabalho. Corretores, representantes comerciais, representantes de laboratório, mestre de obras, médicos, publicitários, estagiários, eventuais, contratados do poder público por tempo certo ou por tarefa, consultores, contadores, economistas, arquitetos, engenheiros, dentre tantos outros profissionais liberais, ainda que não empregados, assim como também as pessoas que locaram a respectiva mão de obra (contratantes), quando do descumprimento do contrato firmado para a prestação de serviços, podem procurar a Justiça do Trabalho para solucionar os conflitos que tenham origem em tal ajuste, escrito ou verbal. Discussões em torno dos valores combinados e pagos, bem como a execução ou não dos serviços e a sua perfeição, além dos direitos de tais trabalhadores, estarão presentes nas atividades do magistrado do trabalho.

Também estão compreendidas como novas competências da Justiça do Trabalho as que tratam dos litígios sindicais, dos atos decorrentes da greve, do *Habeas Corpus*, do *Habeas Data*, da ação de indenização por dano moral ou patrimonial, das multas administrativas aplicadas pelos órgãos administrativos e dos litígios que tenham origem no cumprimento de seus próprios atos e sentenças.

A Justiça do Trabalho está mais aparelhada para julgar os referidos casos e a sua especialidade é o trabalho humano. Hoje, é verdade, muitos desses trabalhadores autônomos sequer levam os seus litígios para os outros ramos do Judiciário, havendo uma demanda reprimida que será revelada nos próximos meses, propiciando ao trabalhador e ao tomador dos serviços um verdadeiro acesso à justiça. Aliado ao conjunto de fatores que justificam o deslocamento da competência, deve estar presente a garantia de maior rapidez no julgamento dos processos, uma das características Justiça do Trabalho em todo o país, que agora mais do que nunca está a merecer o nome que ostenta[33].

No mesmo sentido, colhem-se as conclusões lançadas na Carta de São Paulo, patrocinada pela Anamatra:

> Reunidos, de 16 a 18 de março de 2005, no I Seminário Nacional sobre a Ampliação da Competência da Justiça do Trabalho, em São Paulo, no Teatro Cultura Artística, magistrados do trabalho de todo o Brasil consideram:
>
> 1. Que a expressão "relação de trabalho" constante do inciso I do art. 114, da Constituição da República, deve ser interpretada de forma ampliativa, para atingir o objetivo do legislador de criar uma Justiça Especializada na proteção do trabalho humano;
>
> 2. Que a ampliação da competência transferiu da Justiça Comum para a Justiça do Trabalho as ações de reparação de danos materiais e morais, mesmo decorrentes do acidente de trabalho;
>
> 3. Que as alterações do direito sindical e coletivo exigem imediato aperfeiçoamento da estrutura sindical, sob pena de retrocesso dos direitos trabalhistas;
>
> 4. Que a efetividade da prestação jurisdicional característica da Justiça do Trabalho deve ser perseguida nas ações da nova competência, por meio do apego aos princípios e peculiaridades do processo do trabalho, como o rito ordinário trabalhista, a conciliação, a informalidade e o sistema recursal;
>
> 5. Que a maior celeridade da Justiça do Trabalho nas ações decorrentes das penalidades da fiscalização do trabalho ocupará relevante papel no fortalecimento da atuação dos órgãos de fiscalização das relações de trabalho;
>
> 6. Que é urgente o aperfeiçoamento da estrutura da Justiça do Trabalho, com a instalação das Varas já criadas e a ampliação do número de cargos de servidores e magistrados do trabalho em número compatível com as novas atribuições;
>
> 7. Que a efetivação da competência instituída pela Emenda Constitucional n. 45 construirá uma nova justiça social, em benefício da proteção do valor do trabalho e da cidadania!
>
> Teatro Cultura Artística, São Paulo, 18 de março de 2005
>
> Associação Nacional dos Magistrados da Justiça do Trabalho – Anamatra.

Parece-nos, contudo, que nem todas as ações oriundas da relação de trabalho passarão, automaticamente, para a competência da Justiça do Trabalho. Isso porque

33. Disponível em: <http://www.anamatra.org.br/opiniao/artigos>. Acesso em: 14 dez. 2004.

o inciso IX do art. 114 da CF continua prevendo a competência material derivada, sobre a qual trataremos no item 2.1.2 *infra*.

Ademais, por força da decisão do STF, nos autos da ADI n. 3.395, ficou suspensa toda e qualquer interpretação dada ao inciso I do art. 114 da CF, na redação dada pela EC n. 45/2004, que inclua, na competência da Justiça do Trabalho a "... apreciação (...) de causas que (...) sejam instauradas entre o Poder Público e seus servidores, a ele vinculados por típica relação de ordem estatutária ou de caráter jurídico-administrativo".

Outro sintoma de que o inciso I do art. 114 da CF não comporta interpretação tão ampla para abarcar qualquer relação de trabalho decorre do Projeto de Lei n. 6.542/2005, que regulamenta o inciso IX do mesmo artigo, "para dispor sobre as competências da Justiça do Trabalho referentes à relação de trabalho", como veremos no item 2.1.2 *infra*.

Impõe ressaltar que a ampliação da competência da Justiça do Trabalho para processar e julgar ações oriundas de relação de trabalho não significa que os direitos sociais trabalhistas previstos na CF (arts. 7º, 8º, 9º, 10 e 11) e na CLT tenham sido estendidos aos demais trabalhadores não empregados. Vale dizer, a tutela conferida pela EC n. 45/2004 aos trabalhadores não empregados foi de caráter apenas processual e, a nosso ver, no que couber, procedimental.

A razão é simples: somente a lei (CF, arts. 5º, II, e 22, I) pode estender os direitos trabalhistas aos trabalhadores não empregados, limitando-se a Justiça do Trabalho, à míngua de disciplinamento legal e específico, a processar e julgar questões inerentes às respectivas relações de trabalho, valendo-se, para tanto, das normas não trabalhistas já existentes. Assim, a competência da Justiça do Trabalho estará, *in casu*, limitada ao exame das matérias relativas ao preço do serviço ajustado, as indenizações por danos morais ou patrimoniais e outras questões de direito material previstos na legislação não trabalhista aplicável ao caso concreto submetido à sua apreciação etc.

De lege ferenda, roga-se para que a "reforma trabalhista" em tramitação no Congresso Nacional acabe por estender os direitos sociais que constituem o chamado "piso vital mínimo" ou o "mínimo existencial" aos demais trabalhadores não empregados, como os trabalhadores subordinados atípicos (eventual, temporário, doméstico etc.)[34], bem como os trabalhadores parassubordinados[35] e trabalhadores autônomos.

34. Sobre o tema, recomendamos a leitura da magnífica obra de CARELLI, Rodrigo de Lacerda. *Formas atípicas de trabalho*. São Paulo: LTr, 2004.

35. Segundo magistral lição de Alice Monteiro de Barros (Relação de emprego: considerações gerais sobre o trabalho do vendedor-viajante e pracista. *Revista Síntese Trabalhista*, n. 153, p. 145 e s., mar. 2002), "a contraposição trabalho subordinado e trabalho autônomo exauriu sua função histórica e os atuais fenômenos de transformação dos processos produtivos e das modalidades de atividade humana reclamam também do Direito do Trabalho uma resposta à evolução desta

Afinal, sem a efetivação dos direitos sociais que compõem o "mínimo existencial", não se pode falar em trabalho digno e, muito menos, em dignidade da pessoa humana.

2.1.1.2.1. Relação de trabalho avulso

Por força da interpretação histórica do art. 114, I, da CF, com redação dada pela EC n. 45/2004, compete à Justiça do Trabalho processar e julgar as ações oriundas da relação de trabalho avulso (competência originária).

Além disso, a competência da Justiça do Trabalho para conciliar e julgar as lides derivantes da relação de trabalho avulso também está prevista em lei (art. 643 da CLT, com redação dada pela Lei n. 7.494/86), *in verbis*:

> Os dissídios oriundos das relações entre empregados e empregadores, *bem como de trabalhadores avulsos e seus tomadores de serviços, em atividades reguladas na legislação social, serão dirimidos pela Justiça do Trabalho*, de acordo com o presente Título e na forma estabelecida pelo processo judiciário do trabalho. (grifos nossos)

No mesmo passo, foi editada a Medida Provisória n. 2.164-41, de 24 de agosto de 2001, que acrescentou ao art. 643 da CLT o § 3º, assim redigido:

> A Justiça do Trabalho é competente, ainda, para processar e julgar as ações entre trabalhadores portuários e os operadores portuários ou o Órgão Gestor de Mão de Obra – OGMO decorrentes da relação de trabalho.

Convém advertir que, antes da EC n. 45/2004, muito embora a Constituição Federal, no seu art. 7º, XXXIV, tenha conferido tratamento isonômico entre o trabalhador avulso e o empregado contratado por tempo indeterminado, os conflitos entre o trabalhador avulso e seu sindicato estavam excluídos da competência da Justiça do Trabalho.

Em outros termos, a lide entre o trabalhador avulso e seu sindicato caía na vala comum, ou seja, era da competência da Justiça comum dos Estados. Nesse sentido, a jurisprudência do STF (CJ 6.029, Rel. Min. Moreira Alves, in RTJ 84/78 e CJ 6.090, Rel. Min. Xavier de Albuquerque, in RTJ 43/615).

---

nova realidade. A doutrina mais atenta já sugere uma nova tipologia (trabalho coordenado ou trabalho parassubordinado) com tutela adequada, mas inferior àquela instituída para o trabalho subordinado e superior àquela prevista para o trabalho autônomo. Enquanto continuam as discussões sobre esse terceiro gênero, a dicotomia codicista trabalho subordinado e trabalho autônomo ainda persiste no nosso ordenamento jurídico, levando a jurisprudência a se apegar a critérios práticos para definir a relação concreta".

Por força do inciso III do art. 114 da CF, com redação dada pela EC n. 45/2004, cremos que a Justiça do Trabalho também passou a ser competente para processar e julgar as ações propostas pelo trabalhador avulso em face do sindicato da correspondente categoria profissional, bem como entre os tomadores de serviço avulso e os sindicatos da correspondente categoria econômica. De notar-se que tais ações não são oriundas de relação de trabalho, muitos menos de relação de emprego; mas o "constituinte derivado" assim o quis. Não se trata, aqui, de competência *ratione materiae*, mas de competência *ratione personae*.

2.1.1.2.2. Relação de trabalho eventual

O trabalho eventual não é tutelado pelo direito material do trabalho. É o que se infere da interpretação *a contrario sensu* do art. 3º da CLT, que exige o trabalho *não eventual* como uma das características da relação de emprego.

Assim, as lides decorrentes da relação de trabalho eventual seriam, por exclusão, dirimidas pela Justiça Comum, uma vez que não existe, como exigia o texto original do art. 114 da CF, lei prevendo expressamente a competência da Justiça do Trabalho para dirimi-las.

Se, todavia, o autor alegasse que era empregado e formulasse pedido de reconhecimento da relação empregatícia, a competência seria da Justiça do Trabalho para declarar a existência ou não daquela relação de emprego.

Agora, por força do inciso I do art. 114 da CF, se o autor alega que era trabalhador eventual e pede indenização pelos serviços prestados ao respectivo tomador, a competência para julgar tal demanda será da Justiça do Trabalho, pois se trata de ação oriunda da relação de trabalho. Nesse sentido:

> (...) DANOS MORAIS. DIARISTA. COMPETÊNCIA DA JUSTIÇA DO TRABALHO. Ao transpor os limites das relações de emprego, estendendo-se às relações de trabalho, a nova redação do art. 114 da Constituição da República, decorrente da Emenda Constitucional n. 45/04, não deixa qualquer dúvida acerca da competência da Justiça do Trabalho para processar e julgar ações envolvendo trabalhadores eventuais, diaristas (...) (TRT 1ª R., RO 00113990520155010048, Rel. Des. Marcia Leite Nery, 5ª T., *DEJT* 5-10-2016).

2.1.1.2.3. Relação de trabalho autônomo e relação de consumo

A empreitada, a locação de mão de obra (atualmente, prestação de serviços) e o mandato são espécies de *relações de trabalho autônomo*, reguladas pelo Código Civil, razão pela qual não se lhes aplicam as normas materiais da CLT. As ações oriundas de tais relações de trabalho eram da competência da Justiça comum.

Há de se ressaltar que, com a EC n. 45/2004, tais ações passaram a ser da competência da Justiça do Trabalho, por força do inciso I do art. 114 da CF.

É preciso advertir, porém, que, a nosso ver, não são da competência da Justiça do Trabalho as ações oriundas da relação de consumo. Vale dizer, quando o trabalhador autônomo se apresentar como fornecedor de serviços e, como tal, pretender receber honorários do seu cliente, a competência para a demanda será da Justiça Comum e não da Justiça do Trabalho, pois a matéria diz respeito à relação de consumo e não à de trabalho. Do mesmo modo, se o tomador do serviço se apresentar como consumidor e pretender devolução do valor pago pelo serviço prestado, a competência também será da Justiça Comum.

Isso porque relação de trabalho e relação de consumo são inconfundíveis.

Se, por exemplo, um médico labora como trabalhador autônomo em uma clínica médica especializada, recebendo honorários desta, e presta serviços ao paciente, teremos três relações distintas:

a) entre o *médico* – pessoa física – e a *clínica* – empresa tomadora de serviços – há uma *relação de trabalho*, cuja competência para dirimir os conflitos dela oriundos é da Justiça do Trabalho;

b) entre o *médico* – pessoa física fornecedora de serviços – e o *paciente* – consumidor de serviços – há uma *relação de consumo*, pois o paciente, aqui, é a pessoa física que utiliza o serviço como destinatário final. A competência para apreciar e julgar as demandas oriundas desta relação de consumo é da Justiça Comum;

c) entre o *paciente* – pessoa física tomadora de serviços – e a *clínica* – pessoa jurídica fornecedora de serviços – há uma relação de consumo, cabendo à Justiça comum dirimir o conflito.

Urge, pois, para a fixação da competência da Justiça do Trabalho, distinguir consumidor de tomador de serviços. Para tanto, devemos aplicar a definição do art. 2º do CDC, segundo o qual, *consumidor* "é a pessoa física ou jurídica que adquire ou utiliza produto ou serviço como destinatário final".

Já o *tomador*, para os fins da relação de trabalho, é a pessoa física ou jurídica que utiliza os serviços prestados por um trabalhador autônomo não como destinatário final, mas, sim, como intermediário.

Afinal, a gênese do direito do trabalho e do direito processual do trabalho é a proteção do trabalhador, isto é, do prestador do serviço, e não do tomador do serviço, enquanto a gênese do direito das relações de consumo repousa, sempre, na proteção do consumidor e nunca do prestador ou fornecedor de serviços[36].

Colhe-se, nesse passo, um julgado que confunde contrato de natureza civil e relação de consumo para fins de fixação de competência:

> RECURSO DE REVISTA. PRELIMINAR DE INCOMPETÊNCIA DA JUSTIÇA DO TRABALHO. FORNECIMENTO DE REFEIÇÕES. RELAÇÃO DE CONSUMO. ÂMBITO CIVIL/COMERCIAL. COMPETÊNCIA DA JUSTIÇA COMUM. I – A competência da Justiça do Trabalho, embora tenha sido ampliada com o advento da Emenda Constitucional n. 45/2004, que deu nova redação ao art. 114 da Constituição, não abrange a ação em que a lide consiste na cobrança de pagamento pela prestação de serviços ajustados na contratação para fornecimento de refeições aos empregados da recorrida. II – Examinando a fundamentação do acórdão regional, verifica-se que a causa de pedir e o pedido giram em torno da inadimplência da LBZ Serviços no pagamento das refeições que lhe foram fornecidas durante 6 meses pelo recorrente, com responsabilidade subsidiária das outras demandadas. III – É fácil perceber que a pretensão não se assenta em alegada relação de emprego ou de trabalho, mas em contrato de cunho eminentemente civil, mediante o qual o recorrente vendia, tanto à recorrida LBZ como a outros clientes, todos considerados como consumidores finais, o produto consistente nas marmitas que preparava em local próprio, diverso das empresas recorridas, em típica atividade comercial. Jurisprudência e Súmula 363 do STJ. IV – Recurso desprovido (TST-RR 514800-54.2006.5.12.0018, j. 1º-9-2010, Rel. Min. Antônio José de Barros Levenhagen, 4ª T., *DEJT* 10-9-2010).

Contudo, há julgados do TST no sentido de não reconhecer a competência da Justiça do Trabalho na hipótese de prestação de serviços de profissional liberal:

> AGRAVO DE INSTRUMENTO. RECURSO DE REVISTA. AÇÃO DE COBRANÇA DE HONORÁRIOS. CONTRATO DE CORRETOR DE IMÓVEIS. INCOMPETÊNCIA DA JUSTIÇA DO TRABALHO. É da Justiça Estadual a competência para processar e julgar as ações de cobrança de honorários profissionais, decorrentes de contrato de corretagem de imóveis, uma vez que a demanda se refere a contrato de prestação de serviços, envolvendo relação de índole eminentemente civil, não guardando nenhuma pertinência com a relação de trabalho de que trata o art. 114, I, da CF. Precedentes. Agravo de instrumento conhecido e não provido (TST-AIRR

36. Há, porém, vozes respeitáveis ecoando no sentido de serem da Justiça do Trabalho as ações propostas pelos fornecedores de serviço, desde que pessoas físicas, em face dos consumidores. Como a matéria é constitucional, caberá ao STF a última palavra.

1306-11.2010.5.08.0000, j. 22-9-2010, Rel. Min. Dora Maria da Costa, 8ª T., *DEJT* 24-9-2010).

RECURSO DE REVISTA. INCOMPETÊNCIA DA JUSTIÇA DO TRABALHO. PROFISSIONAL LIBERAL. AÇÃO DE COBRANÇA DE HONORÁRIOS. CORRETAGEM DE IMÓVEIS. PROVIMENTO. O entendimento atual das Turmas desta Corte é o de que o contrato de prestação de serviços de natureza eminentemente civil - como os que envolvem advogados e corretores de imóveis – não se inclui no conceito de relação de trabalho –, constante do art. 114, I, da CF, razão por que a Justiça Obreira não possui competência para julgar o tipo de demanda aqui tratada, mas sim a Justiça Comum. Ressalva do entendimento contrário desta Relatora. Dessa feita, conhecido o Apelo por violação do art. 114, I, da CF/88, determina-se o envio dos autos à Justiça Comum. Recurso de Revista conhecido e provido (TST-RR 17400-86.2005.5.05.0034, j. 18-8-2010, Rel. Min. Maria de Assis Calsing, 4ª T., *DEJT* 27-8-2010).

2.1.1.2.3.1. Contrato de honorários advocatícios

No que concerne ao contrato particular de honorários advocatícios em que o advogado atua como profissional autônomo, é possível surgir relação de trabalho ou relação de consumo. Depende da qualidade do destinatário do serviço. Se utilizá-lo como destinatário final (consumidor), haverá relação de consumo, sendo incompetente a Justiça do Trabalho.

Do contrário, isto é, se não for o tomador do serviço destinatário final, haverá relação de trabalho, sendo a Justiça do Trabalho competente. Geralmente, o cliente pessoa física é destinatário final; logo, trata-se de relação de consumo.

Cliente empresa (pessoa jurídica) geralmente utiliza o trabalho do advogado como meio para realizar bem os seus negócios em face de terceiros; logo, relação de trabalho. Além disso, neste último caso, o tomador utiliza o serviço com habitualidade vinculada aos seus negócios, ficando o advogado, muitas vezes, em situação de dependência econômica, o que não ocorre quando o tomador é pessoa física.

Há, no entanto, acirrada divergência doutrinária e jurisprudencial, sendo importante registrar o Enunciado n. 23 aprovado na 1ª Jornada de Direito Material e Processual do Trabalho, realizada em Brasília-DF, em 23 de novembro de 2007, *in verbis*:

COMPETÊNCIA DA JUSTIÇA DO TRABALHO. AÇÃO DE COBRANÇA DE HONORÁRIOS ADVOCATÍCIOS. AUSÊNCIA DE RELAÇÃO DE CONSUMO. A Justiça do Trabalho é competente para julgar ações de cobrança de honorários advocatícios, desde que ajuizada por advogado na condição de pessoa natural, eis que o labor do advogado não é prestado em relação de consumo, em virtude de lei e de particularidades próprias, e ainda que o fosse, porque a relação consumeirista não afasta, por si só, o conceito de trabalho abarcado pelo art. 114 da CF.

Pedimos vênia para dissentir do referido verbete, que tem natureza de fonte doutrinária, pois pensamos falecer à Justiça do Trabalho competência para processar e julgar ação de cobrança de honorários dos profissionais liberais, pois se trata de ação oriunda da relação de consumo. Nesse sentido:

> EMBARGOS DE DECLARAÇÃO EM RECURSO DE REVISTA. Contrato de prestação de serviços advocatícios REQUERIDO EM PROCESSO DE RECLAMAÇÃO TRABALHISTA. COMPETÊNCIA DA JUSTIÇA COMUM. Ressalta-se que a competência *ratione materiae* é definida pela natureza jurídica da questão controvertida, delimitada pelo pedido e pela causa de pedir. Se a ação proposta objetiva o pagamento dos honorários de sucumbência, em razão de vínculo contratual, a competência para processar e julgar a causa é da Justiça Comum Estadual e não desta Especializada. Isso porque tal demanda refere-se a contrato de prestação de serviços advocatícios, envolvendo relação de consumo, não guardando nenhuma pertinência com relação de trabalho. Nesse contexto, tendo sido apresentado requerimento, de forma incidente nos autos da reclamatória, dou provimento aos embargos de declaração tão somente para determinar o envio à justiça comum apenas das peças relacionadas ao contrato de prestação de serviços advocatícios, sem atribuir efeito modificativo a tais embargos. Embargos de declaração conhecidos e providos (TST-ED-RR 1522008720045050001, Rel. Min. Alexandre de Souza Agra Belmonte, 3ª T., *DEJT* 17-8-2018).

Convém lembrar que o STJ editou a Súmula 363, in *verbis*: "Compete à Justiça estadual processar e julgar a ação de cobrança ajuizada por profissional liberal contra cliente".

Acrescente-se que, em função da "cláusula de abertura" do art. 114, IX, da CF, a lei também poderá alargar a competência da Justiça do Trabalho para processar e julgar lides oriundas de outras controvérsias decorrentes das relações de trabalho.

O TST vem adotando o entendimento de que falece competência à Justiça do Trabalho para processar e julgar ações referentes à cobrança de honorários advocatícios previstos em contrato de prestação de serviços de advocacia, mesmo nos casos em que o causídico tenha atuado como defensor dativo, isto é, prestado serviços advocatícios aos necessitados em determinados processos por ato de nomeação do Juiz. É o que se depreende do seguinte julgado:

> AGRAVO DE INSTRUMENTO EM RECURSO DE REVISTA. EXECUÇÃO. INCOMPETÊNCIA DA JUSTIÇA DO TRABALHO. COBRANÇA DE HONORÁRIOS ADVO-

> CATÍCIOS. Não transgride, de forma direta e literal, o art. 114, I, da Constituição Federal decisão de Tribunal Regional do Trabalho que, em julgamento de agravo de petição, reconhece a competência da Justiça Comum para ação de cobrança de honorários advocatícios. Particularidade em que o Tribunal Regional do Trabalho adota tese no sentido de que a controvérsia diz respeito à determinação de competência quando há prestação de serviços advocatícios por profissional autônomo, que se apresenta como fornecedor de serviços, e que, por tratar-se de típica relação de consumo e não de emprego, é competente a Justiça Comum para apreciá-la e julgá-la. Impossibilidade de processamento de recurso de revista em fase de execução. Incidência do § 2º do art. 896 da CLT e da Súmula 266 do TST. Agravo de instrumento a que se nega provimento (TST-AIRR 109240-66.2007.5.17.0005, j. 16-3-2011, Rel. Min. Horácio Raymundo de Senna Pires, 3ª T., *DEJT* 25-3-2011).

O TST entende, ainda, que a Justiça do Trabalho é incompetente para apreciar pedido de devolução de honorários advocatícios deferidos ao sindicato em ação trabalhista, como se vê do seguinte julgado:

> RECURSO DE REVISTA. 1. INCOMPETÊNCIA DA JUSTIÇA DO TRABALHO. PEDIDO DE DEVOLUÇÃO DE HONORÁRIOS DE ADVOGADO COBRADOS INDEVIDAMENTE PELA ENTIDADE SINDICAL. VIOLAÇÃO DO ART. 114 DA CONSTITUIÇÃO FEDERAL. PROVIMENTO. Tratando-se de ação ajuizada por empregado sindicalizado em face do Sindicato representativo de sua categoria na qual requer a devolução dos valores descontados a título de honorários de advogado de verba trabalhista por ele recebida, em decisão judicial, a competência para julgar o feito é da Justiça Comum, uma vez que a relação jurídica tratada na ação, estabelecida entre sindicato e seu sindicalizado, deriva de um contrato de prestação de serviços, no caso, de advocacia, encontrando-se a demanda, portanto, inserida no âmbito da relação de consumo, de natureza cível. Recurso de revista conhecido e provido (TST-RR 128400-19.2008.5.03.0042, j. 27-5-2011, Rel. Min. Guilherme Augusto Caputo Bastos, 2ª T., *DEJT* 3-6-2011).

2.1.1.2.3.2. Contratos de empreitada

O contrato de empreitada é instituto de direito civil e, segundo o disposto no art. 610 do CC/2002, o "empreiteiro de uma obra pode contribuir para ela só com seu trabalho ou com ele e os materiais".

No caso de pequena empreitada, a competência da Justiça do Trabalho já estava prevista antes da EC n. 45/2004, como se infere do art. 652, *a*, III, da CLT.

O critério de competência aqui adotado pelo legislador consolidado é, a um só tempo, em razão da matéria (contrato de empreitada) e em razão da pessoa (empreiteiro operário ou empreiteiro artífice).

Com razão Mauro Schiavi, para quem

> o conceito de pequena empreitada previsto no art. 652 da CLT se refere ao trabalhador pessoa física. Esta modalidade contratual não se reporta ao vulto econômico da empreitada, pois o referido inciso III não vincula a empreitada ao valor do serviço, tampouco à sua duração, e sim ao fato do empreiteiro ser operário ou artífice[37].

A nosso sentir, a *mens legis* aponta no sentido de se conferir tal competência à Justiça do Trabalho, por ser esta, em tese, mais sensível aos reclamos sociais, e pela incidência do princípio da celeridade na tramitação do processo trabalhista, além da presumida hipossuficiência do pequeno empreiteiro.

Vejamos como a jurisprudência enfrenta a questão:

> PEQUENA EMPREITADA – RESPONSABILIDADE CIVIL – COMPETÊNCIA – A pretensão indenizatória decorrente da má execução da construção contratada constitui matéria eminentemente cível, relacionada à obra propriamente dita, e não à relação de trabalho havida entre as partes. Ainda que se possa definir o réu como pequeno empreiteiro, não são os seus direitos, oriundos do trabalho prestado à autora, que estão em discussão, e sim os direitos da autora, na condição de proprietária do imóvel, em relação à execução da obra nos moldes ajustados. Controvérsia que não se insere na previsão do art. 652, III, da CLT e, não obstante a ampliação trazida pela Emenda Constitucional n. 45, não resta alcançada pela competência da Justiça do Trabalho (TRT 4ª R., RO 0000951-63.2011.5.04.0101, 1ª T., Rel. Des. José Felipe Ledur, *DJe* 30-7-2012).
>
> CONTRATO DE EMPREITADA – INCOMPETÊNCIA MATERIAL DA JUSTIÇA DO TRABALHO – Ante o contido nos arts. 114, IX, da Constituição da República e 652, III, da CLT, a Justiça do Trabalho é competente para processar e julgar lide envolvendo pequena empreitada. Ausente a pessoalidade inerente à relação de trabalho e considerando a ocorrência de empreitada de média envergadura e substancial repercussão econômica, a competência para processar e julgar a lide é da Justiça Comum Estadual (TRT 12ª R., RO 0001222-24.2011.5.12.0045, 3ª C., Rel. Desª Lourdes Dreyer, *DJe* 3-7-2012).

37. SCHIAVI, Mauro. *Manual de direito processual do trabalho*. 2. ed. São Paulo: LTr, 2009. p. 179.

Para encerrar este tópico, cabe assinalar que Valentin Carrion[38] aponta, ainda, que compete à Justiça do Trabalho julgar as ações trabalhistas em que figuram o "empreiteiro principal, quando do inadimplemento das obrigações do subempreiteiro" (CLT, art. 455). Parece-nos, no entanto, que as obrigações não assumidas pelo subempreiteiro são as referentes à relação de emprego, isto é, são as obrigações trabalhistas não adimplidas cujos credores são os empregados do próprio subempreiteiro.

A questão da responsabilidade subsidiária do empreiteiro diz respeito às verbas de natureza trabalhista, ou seja, referentes à relação de emprego. Logo, estamos aqui diante da competência material original, e não da competência material derivada da Justiça do Trabalho. Todavia, diante da norma inserta no inciso I do art. 114 da CF, com nova redação dada pela EC n. 45/2004, tanto as controvérsias referentes à relação de emprego quanto as que dizem respeito à relação de trabalho passaram a ser da competência da Justiça Especializada.

2.1.1.2.3.3. Contrato entre médico e plano de saúde

A Justiça do Trabalho é competente para apreciar ação de médicos credenciados contra operadoras de planos de saúde, contendo pedido de recomposição monetária dos honorários e demais procedimentos médicos de profissionais vinculados a empresas gestoras de planos de saúde (TST-RR 1485-76.2010.5.09.0012, 6ª T., Rel. Min. Aloysio Corrêa da Veiga). Trata-se de acórdão proferido em ação civil pública ajuizada pelo Sindicato dos Médicos no Estado do Paraná (Simepar) na qual sustentou que o setor privado de saúde suplementar no Brasil compreende, de forma geral, três sistemas: o das denominadas empresas de medicina de grupo, o das empresas de autogestão e o das empresas de seguros de saúde. O objetivo da referida ação coletiva era discutir a ausência de reajuste dos honorários dos médicos que prestam serviços principalmente às empresas de planos de saúde ligados à chamada autogestão. Segundo o autor coletivo, as estimativas atuais são de que o setor da saúde suplementar, incluindo os planos de saúde e seguros, assiste mais de 41 milhões de brasileiros, o que corresponde a 25,6% da população do país. Tanto a 12ª Vara do Trabalho de Curitiba quanto o TRT da 9ª Região declararam a incompetência da Justiça do Trabalho sob o fundamento de que a fixação e a atualização dos valores de consultas e procedimentos médicos são de competência da Agência Nacional de Saúde (ANS), por força do art. 4º, XVII, da Lei n. 9.961/2000, que criou a ANS. Ademais, nos termos do acórdão regional, a relação entre os médicos (ou pessoas jurídicas constituídas por tais profissionais – clínicas) e as operadoras de plano de saúde é de natureza civil,

38. CARRION, Valentin. *Comentários à Consolidação das Leis do Trabalho*. 27. ed. São Paulo: Saraiva, 2002. p. 290.

pois decorrem de contrato de credenciamento entre o profissional de saúde e as gestoras de planos.

Segundo a decisão turmária do TST, o trabalho desses médicos credenciados é o cerne do contrato, o que atrai a análise das controvérsias nele originadas para a Justiça do Trabalho, porquanto presente a relação de trabalho tratada no inciso I do art. 114 da Constituição Federal. Para o relator, após a EC n. 45/2004, não são os sujeitos da relação jurídica os determinantes da competência material da Justiça do Trabalho e, sim, a própria relação jurídica inserida no contexto constitucional, uma vez que tal dispositivo constitucional, ao fazer referência à generalidade das relações de trabalho, reflete a ampliação da atuação da Justiça do Trabalho, que não mais está limitada às controvérsias existentes entre empregadores e trabalhadores, mas envolve toda e qualquer lide decorrente da relação de trabalho.

No referido acórdão destacou-se que em contratos de qualquer natureza (civil, administrativa ou trabalhista) cujo objeto seja a prestação de trabalho, trabalho subordinado, prestador de serviço, empreiteiro, depositário ou mandatário, a competência será da Justiça do Trabalho, na medida em que a competência material tem fundamento na causa de pedir e no pedido, independentemente do direito material controvertido.

Enfim, segundo o entendimento adotado pela 6ª Turma do TST, as operadoras de planos de saúde são, de fato, tomadoras de serviços, considerando que a prestação de sua atividade-fim ocorre por contratação de profissionais liberais ou clínicas credenciadas para executar serviços de assistência médica, hospitalar ou odontológica para clientes que aderem ao plano.

2.1.1.2.3.4. Residência médica

A residência médica é uma modalidade de ensino em nível de pós-graduação *lato sensu* em que o estudante alia conhecimentos teóricos com experiência prática da medicina sob responsabilidade de instituição de saúde e orientação de professores e profissionais de elevada qualificação. O estudante recebe uma bolsa-auxílio. Logo, a residência médica é uma relação de ensino, e não de trabalho.

Todavia, se o estudante pretender (causa de pedir) o reconhecimento de vínculo empregatício e pagamento de verbas tipicamente oriundas da relação de emprego, a competência é da Justiça do Trabalho.

Segundo a recente jurisprudência do TST, a Justiça do Trabalho é incompetente para apreciar e julgar ação proposta por estudante postulando o pagamento de bolsa-auxílio, mas sem pleitear o desvirtuamento ou descaracterização da residência médica. Nesse sentido:

> RECURSO DE REVISTA. RESIDÊNCIA MÉDICA. INCOMPETÊNCIA DA JUSTIÇA DO TRABALHO. 1. Ação em que se pleiteia o pagamento de bolsa-auxílio, sem desca-

racterização da residência médica. 2. Na lição de Alice Monteiro de Barros, "a residência médica constitui modalidade de ensino de pós-graduação, sob a forma de curso de especialização. Caracteriza-se por treinamento em serviço e funciona sob a responsabilidade de instituição de saúde, universitária ou não, sujeita a orientação de médicos de elevada qualificação ética e profissional (art. 1º da Lei n. 6.932, de 1981)". 3. A espécie, enquanto atividade vinculada ao ensino, não reúne trabalhador a pessoa física ou jurídica que o remunere, essencialmente, pelo serviço prestado, assim recusando a qualificação de relação de trabalho, segundo a vocação do art. 114 da Constituição Federal. 4. Incompetência da Justiça do Trabalho reconhecida, com invalidação dos atos decisórios e remessa dos autos à Justiça Comum do Estado de origem. Recurso de revista conhecido e provido (TST-RR 29500-53.2008.5.15.0046, j. 25-5-2011, Rel. Min. Alberto Luiz Bresciani de Fontan Pereira, 3ª T., *DEJT* 3-6-2011).

2.1.1.2.3.5. Representante comercial

A relação jurídica entre o representante comercial e a empresa que ele representa perante terceiros (clientes) é uma relação de trabalho *lato sensu* e, por força do inciso I do art. 114 da CF, com redação dada pela EC n. 45/2004, passou a ser da competência da Justiça do Trabalho, ainda que o representante comercial não alegue fraude na contratação e não peça reconhecimento de vínculo empregatício. Nesse sentido, inclusive, vinha entendendo o TST.

O STF, porém, decidiu que a competência para processar e julgar ações que envolvam contratos de representação comercial autônoma é da Justiça Comum, e não da Justiça do Trabalho. A questão foi objeto do RE 606003, com repercussão geral (Tema 550), julgado na sessão virtual encerrada em 25-9-2020. Prevaleceu o voto do Ministro Luís Roberto Barroso no sentido da competência da Justiça Comum, sob o fundamento de que nem toda relação entre o contratante de um serviço e o seu prestador caracteriza relação de trabalho. No caso da representação comercial autônoma, segundo Barroso, não há, entre as partes, vínculo de emprego ou relação de trabalho, mas relação comercial regida pela Lei n. 4.886/65, que estabelece a competência da Justiça Comum, ou seja, é uma relação que configura contrato típico de natureza comercial, que pode ser realizado por pessoa jurídica ou pessoa física, não havendo relação de emprego nessa mediação para a realização de negócios mercantis. Observou, ainda, que o caso concreto trata de pedido de pagamento de comissões atrasadas, sem natureza trabalhista. Seu voto foi seguido pelos ministros Alexandre de Moraes, Dias Toffoli, Cármen Lúcia, Ricardo Lewandowski, Gilmar Mendes e Luiz Fux. Ficaram vencidos os ministros Marco Aurélio (relator), Edson Fachin e Rosa Weber, que entendem que há relação de trabalho na representação comercial, o que atrai a competência da Justiça trabalhista. Na mesma sessão foi fixada a seguinte tese na repercussão geral:

"Preenchidos os requisitos dispostos na Lei 4.886/65, compete à Justiça Comum o julgamento de processos envolvendo relação jurídica entre representante e representada comerciais, uma vez que não há relação de trabalho entre as partes".

2.1.1.2.4. Relação de trabalho no âmbito da administração pública

2.1.1.2.4.1. Servidor estatutário

A relação de trabalho (gênero) no âmbito da administração pública pode ter, a nosso ver, duas espécies: a relação estatutária e a relação empregatícia. O art. 37, I e II, da CF corrobora a assertiva, ao dispor sobre o acesso a cargos, empregos e funções públicas, bem como ao exigir que a investidura em cargo ou emprego público seja precedida, em regra, de concurso público de provas ou de provas e títulos.

O art. 39 da CF, na sua redação original, impunha a obrigatoriedade do regime jurídico único para os servidores da Administração direta, autárquica e fundacional. A doutrina majoritária advogava que esse regime único só poderia ser o de natureza estatutária, com o que a Justiça do Trabalho seria incompetente para dirimir os litígios dele decorrentes.

Sobre o tema, o STJ editou duas Súmulas. A Súmula 97 reconhece que "compete à Justiça do Trabalho processar e julgar reclamação de servidor público relativamente a vantagens trabalhistas anteriores à instituição do regime jurídico único". Já a Súmula 137 diz: "Compete à Justiça Comum Estadual processar e julgar ação de servidor público municipal, pleiteando direitos relativos ao vínculo estatutário".

A Lei n. 8.112/90 (Estatuto dos Servidores Públicos Civis da União) previa, no seu art. 240, *d* e *e*[39], que os servidores públicos civis teriam direito à negociação coletiva e ao ajuizamento de ações individuais ou coletivas perante a Justiça do Trabalho.

O STF, no entanto, antes mesmo da Lei n. 9.527/97, já havia declarado inconstitucionais as referidas alíneas do art. 240 da Lei n. 8.112/90. É dizer, o Pretório Excelso já havia firmado posição no sentido de que tanto a negociação coletiva quanto a competência da Justiça do Trabalho, para servidores públicos regidos pelo regime jurídico único, seriam inconstitucionais. A base intelectual de tal decisão repousou na interpretação do termo "trabalhador", previsto no art. 114 da CF em sua redação original, que, segundo o STF, não abrangeria o "servidor público" investido em cargo, ou seja, o "estatutário" (STF, ADI n. 492-1, RDT 80/168).

Em suma, a Justiça do Trabalho seria incompetente tanto para os dissídios individuais quanto para os dissídios coletivos envolvendo relação de trabalho dos ser-

39. As normas previstas nas alíneas *d* e *e* do art. 240 da Lei n. 8.112/90 foram expressamente revogadas pela Lei n. 9.527, de 10-12-1997 (*DOU* 11-12-1997).

vidores públicos investidos em cargos públicos (estatutários), de provimento efetivo ou em comissão, da Administração Direta, Autárquica ou Fundacional, da União, dos Estados, do Distrito Federal ou dos Municípios.

Esse problema retorna à ordem do dia, pois, de acordo com o Parecer n. 1.747, de 17 de novembro de 2004, da Comissão de Constituição, Justiça e Cidadania da Câmara dos Deputados, a Proposta de Emenda à Constituição n. 29, de 2000 (n. 96, de 1999, na Câmara dos Deputados), constante da Emenda n. 240, que resultou na EC n. 45/2004, o inciso I do art. 114 da CF possuía a seguinte redação:

> Art. 114. Compete à Justiça do Trabalho processar e julgar:
>
> I – as ações oriundas da relação de trabalho, abrangidos os entes de direito público externo e da administração pública direta e indireta da União, dos Estados, do Distrito Federal e dos Municípios, *exceto os servidores ocupantes de cargos criados por lei, de provimento efetivo ou em comissão, incluídas as autarquias e fundações públicas dos referidos entes da federação;* (grifos nossos)

Vale dizer, a Justiça do Trabalho passaria a ser competente para processar e julgar as ações oriundas tanto da relação de trabalho (gênero) quanto da relação de emprego (espécie), salvo no tocante – e aí o critério é de competência em razão da pessoa – à relação de trabalho em que figurasse de um lado o servidor público investido em cargo de provimento efetivo ou em comissão (também chamado de servidor estatutário), e de outro lado a Administração Direta, Autárquica ou Fundacional da União, Estados, Municípios e Distrito Federal.

Ocorre que o texto do inciso I do art. 114 da CF, que foi efetivamente promulgado pela EC n. 45/2004, diferentemente daquele acima transcrito, que foi, pela Câmara dos Deputados, submetido à promulgação, não fez qualquer ressalva quanto aos sujeitos da relação de trabalho. Ao revés, o texto efetivamente promulgado deixou bem claro que compete à Justiça do Trabalho processar e julgar todas "as ações oriundas da relação de trabalho, abrangidos os entes de direito público externo e da administração pública direta e indireta da União, dos Estados, do Distrito Federal e dos Municípios".

Cumpre registrar, contudo, que o Presidente do STF concedeu liminar – referendada pelo Plenário – na ADI n. 3.395, proposta pela AJUFE – Associação dos Juízes Federais do Brasil, nos seguintes termos:

> (...) Não há que se entender que justiça trabalhista, a partir do texto promulgado, possa analisar questões relativas aos servidores públicos. Essas demandas vinculadas a questões funcionais a eles pertinentes, regidos que são pela Lei 8.112/90 e pelo direito administrativo, são diversas dos contratos de trabalho regidos pela CLT. Leio GILMAR MENDES, há "Oportunidade para interpretação conforme à Consti-

> tuição (...) sempre que determinada disposição legal oferece diferentes possibilidades de interpretação, sendo algumas delas incompatíveis com a própria Constituição. (...) Um importante argumento que confere validade à interpretação conforme à Constituição é o princípio da unidade da ordem jurídica..." (*Jurisdição Constitucional*, São Paulo, Saraiva, 1998, p. 222-223). É o caso. A alegação é fortemente plausível. Há risco. Poderá, como afirma a inicial, estabelecerem-se conflitos entre a Justiça Federal e a Justiça Trabalhista, quanto à competência desta ou daquela. Em face dos princípios da proporcionalidade e da razoabilidade e ausência de prejuízo, concedo a liminar, com efeito *ex tunc*. Dou interpretação conforme ao inciso I do art. 114 da CF, na redação da EC n. 45/2004. Suspendo, *ad referendum*, toda e qualquer interpretação dada ao inciso I do art. 114 da CF, na redação dada pela EC n. 45/2004, que inclua, na competência da Justiça do Trabalho, a "(...) apreciação (...) de causas que (...) sejam instauradas entre o Poder Público e seus servidores, a ele vinculados por típica relação de ordem estatutária ou de caráter jurídico-administrativo". Publique-se. Brasília, 27 de janeiro de 2005. Ministro Nelson Jobim – Presidente.

Assim, tendo em vista a eficácia *erga omnes* da decisão proferida na ADI n. 3.395, as ações oriundas da relação de trabalho de natureza estatutária entre servidores investidos em cargos públicos, de provimento efetivo ou em comissão, continuam na esfera de competência da Justiça Comum, federal ou estadual, conforme o caso. Nesse sentido:

> AGRAVO – RECLAMAÇÃO CONSTITUCIONAL – RELAÇÃO JURÍDICA ADMINISTRATIVA ENTRE SERVIDOR ESTATUTÁRIO E ADMINISTRAÇÃO PÚBLICA – CONTROVÉRSIA CUJA COMPETÊNCIA PARA APRECIAÇÃO É DA JUSTIÇA COMUM – INCOMPETÊNCIA DA JUSTIÇA DO TRABALHO (ART. 114, I, CRFB) – PRECEDENTES – 1. O Plenário do Pretório Excelso já assentou que "o disposto no art. 114, I, da Constituição da República, não abrange as causas instauradas entre o Poder Público e servidor que lhe seja vinculado por relação jurídico-estatutária" (ADI n. 3.395 MC, Rel. Min. Cezar Peluso, Tribunal Pleno, j. 5-4-2006, *DJ* 10-11-2006 PP-00049 EMENT VOL-02255-02 PP-00274 RDECTRAB v. 14, n. 150, 2007, p. 114-134 RDECTRAB v. 14, n. 152, 2007, p. 226-245). 2. Por conseguinte, compete à Justiça comum conhecer de causas que envolvam controvérsias atinentes à relação jurídica administrativa existente entre servidor público estatutário e a Administração Pública. 3. Agravo Regimental provido (STF-AgRgRCL n. 6.302, Rel. Min. Marco Aurélio, *DJe* 13-3-2012. p. 28).

A contrario sensu, isto é, quando se tratar de servidor regido pelo regime da CLT, sujeito a uma relação empregatícia com a administração pública, parece-nos que a competência para dirimir as lides entre ele e a administração é da Justiça do Trabalho. Trata-se, aqui, de lide oriunda da relação de emprego, que se enquadra perfeitamente na moldura do art. 114, I, da CF (competência material original). Nesse sentido, é a posição jurisprudencial do TST:

> AGRAVO REGIMENTAL – SERVIDOR PÚBLICO CELETISTA – COMPETÊNCIA DA JUSTIÇA DO TRABALHO – AFRONTA AO ART. 114 DA CONSTITUIÇÃO FEDERAL NÃO CONFIGURADA. Diante dos fundamentos adotados pela Turma, que deixou claro que foi ajustado expressamente um contrato de trabalho, sob a égide da CLT, impossível se concluir ter havido ofensa ao art. 114 da Constituição Federal. Agravo regimental não provido (TST – AGERR n. 264.389 – SBDI I – Rel. Min. Milton de Moura França – *DJU* 14-4-2000 – p. 20).
>
> Em sentido contrário:
>
> SERVIDOR PÚBLICO – INCOMPETÊNCIA DA JUSTIÇA DO TRABALHO – Tratando-se de lide envolvendo servidor público e ente da administração pública, não compete a esta Justiça Especializada processar e julgar o feito, ainda que o regime adotado pelo Município seja o celetista, devendo a questão ser dirimida pela Justiça Comum, na medida em que a competência, nesse caso, se estabelece em razão das partes e não da matéria debatida, como já definido pelo STF (TRT 3ª R., RO 959/2011-129-03-00.0, Rel. Des. Rogerio Valle Ferreira, *DJe* 3-9-2012, p. 203).

2.1.1.2.4.2. Servidor temporário

O problema maior surge quando se trata de servidor temporário, isto é, aquele contratado nos termos do art. 37, IX, da CF, *in verbis*: "a lei estabelecerá os casos de contratação por tempo determinado para atender a necessidade temporária de excepcional interesse público".

O entendimento que vinha prevalecendo até a ADI n. 3.395 era o seguinte: se existir regime estatutário para os servidores permanentes, então o regime dos servidores temporários não poderá ser o celetista. Neste caso, afloraria a incompetência da Justiça do Trabalho para as lides decorrentes da relação de trabalho temporário. A jurisprudência especializada vinha apontando nessa direção, como se depreendia da Súmula 123 do TST[40] (cancelada pela Resolução n. 121/2003) e da Orientação Jurisprudencial n. 205 da SBDI-1, *in verbis*:

---

40. Era a seguinte a redação original do Enunciado (atualmente Súmula) n. 205 do TST: "Professor. Contratação a título precário. Incompetência da Justiça do Trabalho (Inserida em 8-11-2000).

PROFESSOR. CONTRATAÇÃO A TÍTULO PRECÁRIO. INCOMPETÊNCIA DA JUSTIÇA DO TRABALHO. Existindo lei estadual disciplinando o regime dos professores contratados em caráter precário, o regime jurídico entre o Estado e o servidor é de natureza administrativa, não trabalhista. Art. 106 da CF/67 e art. 37, IX, da CF/88.

Referido verbete da SBDI-1 tratava, exclusivamente, do problema do professor contratado a título precário, em função do que a jurisprudência se mostrava discrepante quanto à competência da Justiça Especializada para dirimir os conflitos decorrentes da contratação temporária de outros profissionais no âmbito da Administração Pública. É o que se verifica dos seguintes julgados:

> COMPETÊNCIA – LEI ESTADUAL (SP) N. 500/1974 – SERVIDOR TEMPORÁRIO – JUSTIÇA ESTADUAL COMUM – O regime jurídico instituído pela Lei Estadual (SP) n. 500/74 é incompatível com a atual Carta Magna, que somente refere-se aos regimes estatutário ou celetista. O regime adotado no Estado de São Paulo é o estatutário, por força do art. 124 da sua Constituição Estadual. Destarte, a norma estadual invocada alhures, tal qual a Lei Complementar Estadual (SP) n. 674/92, a Lei Complementar Estadual (SP) n. 733/93 e o Decreto Estadual (SP) n. 38.888/94, referem-se a servidores públicos. O reclamante foi contratado como servidor público temporário. Não está a lide enquadrada, portanto, no art. 114 da CF, donde a Justiça do Trabalho não tem competência para conhecer da mesma, mas sim a Justiça Estadual Comum (Cf. Súmula 137 do C. STJ) (TRT 15ª R., Proc. n. 16.159/99 (5.802/01), 3ª T., Rel. Juiz Mauro Cesar Martins de Souza, *DOESP* 12-2-2001 – p. 27).
>
> PRELIMINAR DE INCOMPETÊNCIA DA JUSTIÇA DO TRABALHO – A Justiça do Trabalho é competente para apreciar reclamatória ajuizada por servidor público postulando saque de depósitos fundiários que foram recolhidos no período em que estava submetido ao regime celetista, circunstância essa que caracteriza a relação processual ensejadora da apreciação de litígio pela Justiça do Trabalho, nos termos do art. 114 da Constituição Federal/88. NULIDADE DE CONTRATAÇÃO – A contratação pelo poder público sob o regime da CLT sem prévio concurso público constitui ato administrativo nulo. No caso dos autos, contudo, não se vislumbra tal hipótese, uma vez que o reclamante foi admitido em 3 de outubro de 1959, antes, portanto, da promulgação da Constituição Federal de 1988, quando a exigência de concurso público existia apenas para o acesso a cargos públicos, não alcançando os empregos públicos. PRESCRIÇÃO – A matéria encontra-se pacificada pela Seção Especializada em Dissídios Individuais do TST, que entende que a transferência do

---

Existindo lei estadual disciplinando o regime dos professores contratados em caráter precário, o regime jurídico entre o Estado e o servidor é de natureza administrativa, não trabalhista. Art. 106 da CF/1967 e art. 37, IX, da CF/1988".

regime jurídico de celetista para estatutário implica extinção do contrato de trabalho, fluindo o prazo da prescrição bienal a partir da mudança de regime. Recurso de revista não conhecido integralmente (TST, RR 338340, 1ª T., Rel. Min. Ronaldo José Lopes Leal, *DJU* 28-4-2000 – p. 319).

Em 29 de setembro de 2002, a SDI-1 do TST editou a OJ n. 263, *in verbis*:

Contrato por prazo determinado. Lei especial (estadual e municipal). Incompetência da Justiça do Trabalho. Inserido em 27-9-2002. A relação jurídica que se estabelece entre o Estado ou Município e o servidor contratado para exercer funções temporárias ou de natureza técnica, decorrente de lei especial, é de natureza administrativa, razão pela qual a competência é da justiça comum, até mesmo para apreciar a ocorrência de eventual desvirtuamento do regime especial (CF/1967, art. 106; CF/1988, art. 37, IX).

Ocorre que, em 3 de setembro de 2004, o TST, ao julgar o RR n. 23.988/2002-006-11-00.3, cancelou a OJ n. 263 da SDI-1, que restringia competência da Justiça do Trabalho para processar e julgar a relação jurídica que se estabelece entre Estado ou Município e o servidor contratado para exercer funções temporárias ou de natureza técnica, decorrente de lei especial. O motivo do cancelamento do referido verbete decorreu de um incidente de uniformização de jurisprudência de iniciativa do Ministro João Oreste Dalazen. No recurso deslocado da Primeira Turma para o Pleno do TST, o Município de Manaus contestou decisão do TRT da 11ª Região que rejeitou a preliminar de incompetência da Justiça do Trabalho e condenou o município, após reconhecer o vínculo de emprego, a pagar verbas rescisórias como aviso prévio, 13º salário proporcional, férias integrais e proporcionais acrescidas de 1/3, além de FGTS, mais multa de 40%. No TST, o município insistiu na incompetência da Justiça do Trabalho para julgar a causa, alegando que a contratação teve caráter temporário, com base na Lei Municipal n. 1.871/86. O TRT concluiu que, embora o município diga que a contratação atendeu a excepcional interesse público, as atividades desenvolvidas pelo trabalhador nada tinham de transitórias, caracterizando uma fraude às leis trabalhistas. Com inteira razão, o Ministro Dalazen enalteceu a competência à Justiça do Trabalho para julgar causa cujo fundamento é o desrespeito à legislação trabalhista, pois, "se a Justiça do Trabalho dispõe de inquestionável competência material para proclamar, com exclusividade, a existência de vínculo empregatício, decerto que também a tem para, em contrário, decretar a inexistência de contrato de emprego".

Na verdade, o TST não tinha outro caminho, pois o STF vinha, reiteradamente, decidindo que a competência material da Justiça do Trabalho, no caso de contratação temporária de servidor público, seria estabelecida em função da causa de pedir e do pedido, como se infere da decisão monocrática do Ministro Eros Grau, ao apreciar Conflito de Competência (CC n. 7.165, *DJU* 22-9-2004), *in verbis*:

> Compete à Justiça do Trabalho julgar reclamação proposta por professoras contratadas sob regime diverso do celetista – denominado "Designação Temporária" – na qual se pleiteia o reconhecimento de vínculo empregatício e o recebimento de verbas trabalhistas, uma vez que a competência em razão da matéria é definida a partir do pedido e da causa de pedir deduzidos na ação[41].

O entendimento do STF levou o TST, em 20 de abril de 2005, a modificar a redação da OJ n. 205 da SBDI, *in verbis*:

> COMPETÊNCIA MATERIAL. JUSTIÇA DO TRABALHO. ENTE PÚBLICO. CONTRATAÇÃO IRREGULAR. REGIME ESPECIAL. DESVIRTUAMENTO (nova redação, *DJ* 20-4-2005). I – Inscreve-se na competência material da Justiça do Trabalho dirimir dissídio individual entre trabalhador e ente público se há controvérsia acerca do vínculo empregatício. II – A simples presença de lei que disciplina a contratação por tempo determinado para atender a necessidade temporária de excepcional interesse público (art. 37, IX, da CF/1988) não é o bastante para deslocar a competência da Justiça do Trabalho se se alega desvirtuamento em tal contratação, mediante a prestação de serviços à Administração para atendimento de necessidade permanente e não para acudir a situação transitória e emergencial.

Bem de ver é que a EC n. 45/2004 pôs uma pá de cal na cizânia, ao dispor que compete à Justiça do Trabalho processar e julgar as ações oriundas da relação de trabalho, o que abarca as relações de trabalho firmadas entre a Administração e o servidor temporário, desde que este apontasse na causa de pedir a existência de relação empregatícia e formulasse pedido de verbas tipicamente trabalhistas. Neste caso, não haveria sequer o problema da ressalva prevista no projeto de emenda constitucional que foi submetido à promulgação.

Vale dizer, ainda que se reconhecesse a competência da Justiça Comum para processar e julgar as ações oriundas das relações de trabalho no âmbito da Administração Pública ajuizadas por servidores ocupantes de cargos de provimento efetivo ou em comissão, as ações aforadas pelos servidores temporários, por não constarem da ressalva do texto submetido à promulgação, ficariam na competência da Justiça do Trabalho.

Parece-nos, portanto, indubitável a competência da Justiça Especializada para processar e julgar as causas em que figurem como partes os servidores temporários e os órgãos da Administração Direta, Autárquica ou Fundacional (CF, art. 37, IX).

41. Nesse mesmo sentido as decisões proferidas no AGRAG n. 195.633, Min. Néri da Silveira (*DJ* 22-5-1998), RE n. 142.008, Min. Ilmar Galvão (*DJ* 9-6-1995) e RE n. 212.118, Min. Marco Aurélio (*DJ* 20-4-2001).

Esse, porém, não é o entendimento – *data venia* equivocado – adotado pelo Pleno do STF:

> SERVIDORES PÚBLICOS. REGIME TEMPORÁRIO. JUSTIÇA DO TRABALHO. INCOMPETÊNCIA. No julgamento da ADI n. 3.395-MC/DF, este Supremo Tribunal suspendeu toda e qualquer interpretação do inciso I do art. 114 da CF (na redação da EC n. 45/2004) que inserisse, na competência da Justiça do Trabalho, a apreciação de causas instauradas entre o Poder Público e seus servidores, a ele vinculados por típica relação de ordem estatutária ou de caráter jurídico-administrativo. As contratações temporárias para suprir os serviços públicos estão no âmbito de relação jurídico-administrativa, sendo competente para dirimir os conflitos a Justiça comum e não a Justiça especializada (STF-Rcl n. 4.872, Rel. p/ o ac. Min. Menezes Direito, j. 21-8-2008, Plenário, *DJe* de 7-11-2008).

Certamente, a atual posição do STF levou o TST a editar a Resolução n. 156/2009, que cancelou a OJ n. 205 da SBDI-1, sendo certo, ainda, que a SBDI-2 (RO-AR 106300-65.2009.5.03.0000), seguindo a recente jurisprudência do STF, julgou procedente ação rescisória proposta pelo Município de Santa Luzia-MG, desconstituindo acórdão do TRT/MG, que reconhecera a competência da Justiça do Trabalho para processar e julgar ação proposta por uma enfermeira contratada temporariamente pelo município mineiro. Nesse sentido:

> RECURSO DE REVISTA – INCOMPETÊNCIA MATERIAL DA JUSTIÇA DO TRABALHO – SERVIDOR PÚBLICO TEMPORÁRIO – Nos termos da jurisprudência pacífica do Supremo Tribunal Federal, que ensejou o cancelamento da Orientação Jurisprudencial n. 205 da SBDI-1 desta Corte Superior, a Justiça do Trabalho é incompetente, para processar e julgar as ações que envolvam relações de cunho jurídico-administrativo, nas quais se insere a contratação por tempo determinado, na forma do art. 37, IX, da Constituição Federal. Recurso de revista de que não se conhece (TST-RR 41400-79.2008.5.11.0002, Rel. Min. Pedro Paulo Manus, *DJe* 3-4-2012, p. 2.284).

É importante assinalar que o STF (ADI n. 2.135-4)[42] suspendeu a eficácia do art. 39 da CF, com redação dada pela EC n. 19/98, que havia suprimido a exigência do regime jurídico único para os servidores da administração direta, autárquica e fundacional.

42. Eis a conclusão do acórdão na ADI n. 2.135-4 do STF (*DJe* 6-3-2008): "O Tribunal, por maioria, vencidos os Senhores Ministros Nelson Jobim, Ricardo Lewandowski e Joaquim Barbosa, deferiu parcialmente a medida cautelar para suspender a eficácia do art. 39, *caput*, da Constituição Federal, com a redação da Emenda Constitucional n. 19, de 4 de junho de 1998, tudo nos

Em suma, na esteira do entendimento do STF, se o regime jurídico único dos servidores da administração pública direta, autárquica e fundacional só pode ser o estatutário, administrativo ou institucional, então toda contratação temporária desses servidores não poderá ser mais efetivada pelo regime celetista, o que implica a incompetência da Justiça do Trabalho para processar e julgar a demanda proposta por servidor temporário. Nesse sentido:

> AGRAVO DE INSTRUMENTO EM RECURSO DE REVISTA – INCOMPETÊNCIA DA JUSTIÇA DO TRABALHO – AGENTE COMUNITÁRIO DE SAÚDE – VÍNCULO DE NATUREZA ADMINISTRATIVA. Conforme restava consubstanciado no item II da Orientação Jurisprudencial n. 205 da SBDI-1 do TST, a simples presença de lei que disciplinasse a contratação por tempo determinado, para atender a necessidade temporária de excepcional interesse público (art. 37, IX, da Constituição da República), não era o bastante para deslocar a competência da Justiça do Trabalho se fosse alegado desvirtuamento em tal contratação, mediante a prestação de serviços à Administração para atendimento de necessidade permanente, e não para acudir a situação transitória e emergencial. Ocorre que, em face de decisão do STF, na qual aquele órgão máximo estabeleceu orientação no sentido da incompetência da Justiça do Trabalho para processar e julgar controvérsias decorrentes de contratação temporária pelo ente público, por regime especial em lei própria, a partir da decisão exarada na Ação Direta de Inconstitucionalidade n. 3.395-MC/DF pelo seu Plenário, e a repercussão geral dada à decisão proferida pelo Plenário no julgamento do Recurso Extraordinário n. 573.202-9/AM, tornou-se necessária a revisão da jurisprudência do Tribunal Superior do Trabalho, que culminou com o cancelamento do seu anterior entendimento, inscrito na Orientação Jurisprudencial n. 205 da Subseção I Especializada em Dissídios Individuais. Portanto, reconhecendo o Juízo regional que o processamento de litígio entre servidores temporários e a Administração Pública se dá perante a Justiça Comum, patente a consonância com os termos do art. 114, I, da Carta da República. Agravo de instrumento desprovido (TST-AIRR 78500-89.2009.5.21.0023, Rel. Min. Luiz Philippe Vieira de Mello Filho, j. 16-5-2012, 4ª T., *DJe* 25-5-2012).

---

termos do voto do relator originário, Ministro Néri da Silveira, esclarecido, nesta assentada, que a decisão – como é próprio das medidas cautelares – terá efeitos *ex nunc*, subsistindo a legislação editada nos termos da emenda declarada suspensa. Votou a Presidente, Ministra Ellen Gracie, que lavrará o acórdão. Não participaram da votação a Senhora Ministra Cármen Lúcia e o Senhor Ministro Gilmar Mendes por sucederem, respectivamente, aos Senhores Ministros Nelson Jobim e Néri da Silveira. Plenário, 2-8-2007".

É importante anotar que, por força dos efeitos *ex nunc* adotados pelo STF no julgamento da ADI n. 2.135-4, remanesce a competência residual da Justiça do Trabalho para as contratações temporárias pelo regime celetista (desde que a lei disponha expressamente que o regime da contratação temporária é o da CLT) celebradas antes da decisão liminar proferida pelo Pretório Excelso.

2.1.1.2.4.3. Servidor celetista

No que concerne ao servidor celetista, isto é, aquele contratado por tempo indeterminado por órgãos da administração pública direta ou indireta, abrangendo as autarquias, fundações, empresas públicas e sociedades de economia mista, para investidura em emprego público (CF, art. 37, II), mediante concurso público, a competência para processar e julgar as ações oriundas dessas relações empregatícias é da Justiça do Trabalho. Trata-se da competência material original da Justiça do Trabalho que se extrai do inciso I do art. 114 da CF.

No âmbito da União, foi editada a Lei n. 9.962, de 22 de fevereiro de 2000, que "disciplina o regime de emprego público do pessoal da Administração federal direta, autárquica e fundacional, e dá outras providências".

De acordo com o art. 1º da referida lei, o "pessoal admitido para emprego público na Administração federal direta, autárquica e fundacional terá sua relação de trabalho regida pela Consolidação das Leis do Trabalho, aprovada pelo Decreto-Lei n. 5.452, de 1º de maio de 1943, e legislação trabalhista correlata, naquilo que a lei não dispuser em contrário".

A Lei n. 9.962/2000 foi editada com base no art. 39, *caput*, da CF, com redação dada pela EC n. 19/98, que não mais exigia o regime jurídico único (estatutário, segundo o STF).

Deve-se registrar, contudo, que o Plenário do STF, no julgamento em sede cautelar, proferido na ADI n. 2.135-MC, suspendeu a eficácia do *caput* do art. 39 da CF, na redação dada pela EC n. 19/98, com efeitos *ex nunc*, subsistindo a legislação editada nos termos da emenda declarada suspensa.

Na referida decisão, o STF assentou o seguinte entendimento:

> A matéria votada em destaque na Câmara dos Deputados no DVS 9 não foi aprovada em primeiro turno, pois obteve apenas 298 votos e não os 308 necessários. *Manteve-se, assim, o então vigente "caput" do art. 39, que tratava do regime jurídico único, incompatível com a figura do emprego público.* O deslocamento do texto do § 2º do art. 39, nos termos do substitutivo aprovado, para o *caput* desse mesmo dispositivo representou, assim, uma tentativa de superar a não aprovação do DVS 9 e evitar a

> permanência do regime jurídico único previsto na redação original suprimida, circunstância que permitiu a implementação do contrato de emprego público ainda que à revelia da regra constitucional que exige o *quorum* de três quintos para aprovação de qualquer mudança constitucional. Pedido de medida cautelar deferido, dessa forma, quanto ao *caput* do art. 39 da CF, ressalvando-se, em decorrência dos efeitos *ex nunc* da decisão, a subsistência, até o julgamento definitivo da ação, da validade dos atos anteriormente praticados com base em legislações eventualmente editadas durante a vigência do dispositivo ora suspenso. (...) Vícios formais e materiais dos demais dispositivos constitucionais impugnados, todos oriundos da EC n. 19/1998, aparentemente inexistentes ante a constatação de que as mudanças de redação promovidas no curso do processo legislativo não alteraram substancialmente o sentido das proposições ao final aprovadas e de que não há direito adquirido à manutenção de regime jurídico anterior (STF-ADI n. 2.135-MC, Rel. p/ o ac. Min. Ellen Gracie, j. 2-8-2007, Plenário, *DJE* de 7-3-2008).

Pergunta-se, então: a Lei n. 9.962/2000, promulgada com base na EC n. 19/98, deve ser considerada inválida? Parece-nos que não, pois o STF ressalvou subsistir a legislação editada anteriormente com base na EC n. 19/98, sob o argumento de se tratar de decisão liminar (provisória). Noutro falar, se o regime jurídico único dos servidores da administração direta, autárquica e fundacional, depois da publicação da decisão do STF (6-3-2008) proferida na ADI n. 2.135-MC, não pode ser o celetista, então a Justiça do Trabalho é incompetente, a partir da referida data, para julgar as demandas propostas pelos referidos servidores, remanescendo apenas a sua competência residual para os servidores contratados pelo regime celetista antes daquela data.

De toda a sorte, quanto aos "servidores" das empresas públicas e sociedades de economia mista, também chamados de "empregados públicos", são aplicáveis todos os direitos materiais dos empregados em geral, tal como se depreende do art. 173, § 1º, da CF. Logo, é indene de dúvida a competência da Justiça do Trabalho para as ações propostas pelos empregados públicos em face das referidas empresas estatais, ainda que componham a Administração Indireta da União.

2.1.1.2.4.3.1. Servidores das agências reguladoras

Os servidores das chamadas Agências Reguladoras, também chamadas de autarquias em regime especial, de acordo com a Lei n. 9.986/2000 estavam submetidos ao regime jurídico celetista. A referida lei, porém, foi expressamente revogada pela Lei n. 10.871/2004, que criou diversos cargos públicos (art. 1º) e instituiu o regime jurídico estatutário (art. 6º) para os servidores das agências reguladoras, dispondo, inclusive, sobre a criação de carreiras e organização de cargos efetivos.

Logo, por força do art. 6º da Lei n. 10.871/2004: "O regime jurídico dos cargos e carreiras referidos no art. 1º desta Lei é o instituído na Lei n. 8.112, de 11 de dezembro de 1990, observadas as disposições desta Lei".

Assim, se aos servidores das agências reguladoras aplica-se a Lei n. 8.112/90, a competência para dirimir os conflitos surgidos dessa relação jurídica institucional é da Justiça Federal, e não da Justiça do Trabalho, ressalvada, porém, a competência residual relativamente ao período em que o regime jurídico era o celetista.

2.1.1.2.4.4. Servidor público, regime jurídico único e competência residual

Como já ressaltado em linhas pretéritas a respeito do regime jurídico único, lembramos que o STF, por maioria, deferiu parcialmente medida liminar em ação direta (ADI n. 2.135 MC/DF, Rel. orig. Min. Néri da Silveira, Rel. p/ o acórdão Min. Ellen Gracie, 2-8-2006) ajuizada pelo Partido dos Trabalhadores - PT, pelo Partido Democrático Trabalhista - PDT, pelo Partido Comunista do Brasil - PC do B, e pelo Partido Socialista do Brasil - PSB, para suspender a vigência do art. 39, *caput*, da CF, com a redação que lhe foi dada pela EC n. 19/98, mantida sua redação original, que dispõe sobre a instituição do regime jurídico único dos servidores públicos, uma vez que o Plenário da Câmara dos Deputados mantivera, em primeiro turno, a redação original do *caput* do art. 39, e a comissão especial, incumbida de dar nova redação à proposta de emenda constitucional, suprimira o dispositivo, colocando, em seu lugar, a norma relativa ao § 2º do art. 39 da CF, que havia sido aprovada em primeiro turno. Esclareceu-se que a decisão terá efeitos *ex nunc*, subsistindo a legislação editada nos termos da emenda declarada suspensa.

Assim, a partir da publicação do acórdão proferido na ADI n. 2.135 MC/DF (*DJe* 6-3-2008), os entes da administração direta, autárquica e fundacional só poderão adotar regime jurídico único de natureza institucional-administrativa para os seus servidores, com o que a Justiça do Trabalho não terá competência para processar e julgar as demandas correspondentes.

O STF, no entanto, decidiu recentemente que é a natureza jurídica do vínculo existente entre o trabalhador e o Poder Público, vigente ao tempo da propositura da ação, que define a competência jurisdicional para a solução da controvérsia, independentemente de o direito pleiteado ter se originado no período celetista (STF-Rcl n. 8.909 AgR/MG, Rel. Orig. Min. Marco Aurélio, red. p/ o ac. Min. Cármen Lúcia, j. 22-9-2016).

Quando se tratar de conflito de competência para processar e julgar ações oriundas da aplicação do regime jurídico único, o STF adotou o seguinte entendimento:

CONFLITO DE COMPETÊNCIA. JUIZ ESTADUAL DE PRIMEIRA INSTÂNCIA E TRIBUNAL SUPERIOR DO TRABALHO. COMPETÊNCIA DO SUPREMO TRIBU-

NAL FEDERAL PARA JULGAMENTO DO CONFLITO. RECLAMAÇÃO TRABALHISTA. VERBAS PLEITEADAS QUANTO A PERÍODO POSTERIOR À IMPLANTAÇÃO DO REGIME JURÍDICO ÚNICO. COMPETÊNCIA DA JUSTIÇA ESTADUAL. 1. O Supremo Tribunal Federal é competente para dirimir o conflito entre Juízo Estadual de primeira instância e o Tribunal Superior do Trabalho, nos termos dispostos no art. 102, I, *o*, da Constituição do Brasil. Precedente [CC n. 7.027, Rel. Min. Celso de Mello, *DJ* de 1º-9-1995]. 2. A jurisprudência desta Corte é no sentido de que compete exclusivamente à Justiça do Trabalho processar e julgar reclamação de servidor público relativamente a vantagens trabalhistas anteriores à instituição do Regime Jurídico Único. Precedente [AI n. 405.416 – AgR, Rel. Min. Carlos Velloso, *DJ* de 27-2-2004]. 3. Hipótese em que as verbas postuladas pelo reclamante respeitam a período posterior à implantação do Regime Jurídico Único. Conflito conhecido para declarar a competência da Justiça Estadual (CC n. 7.242/MG, TP, Rel. Min. Eros Grau, *DJU* 19-12-2008).

No âmbito da Justiça do Trabalho, o TST editou a OJ n. 138 da SDI-1, *in verbis:*

COMPETÊNCIA RESIDUAL. REGIME JURÍDICO ÚNICO. LIMITAÇÃO DA EXECUÇÃO (*DJ* 20-4-2005). Compete à Justiça do Trabalho julgar pedidos de direitos e vantagens previstos na legislação trabalhista referente a período anterior à Lei n. 8.112/90, mesmo que a ação tenha sido ajuizada após a edição da referida lei. A superveniência de regime estatutário em substituição ao celetista, mesmo após a sentença, limita a execução ao período celetista.

2.1.1.2.4.4.1. Cumulação de competências no mesmo processo

Nos casos de acumulação de pedidos na mesma ação, uns referentes ao regime celetista e outros, ao estatutário, a competência material será do juízo onde foi primeiramente protocolada a petição inicial, porém tal competência fica limitada à natureza jurídica dos pedidos e ao correspondente regime jurídico do servidor.

Esse é o entendimento adotado pela Súmula 170 do STJ:

Compete ao juízo onde primeiro foi intentada a ação envolvendo acumulação de pedidos, trabalhista e estatutário, decidi-la nos limites de sua jurisdição, sem prejuízo do ajuizamento de nova causa, com pedido remanescente, no juízo próprio.

Nesses casos, parece-nos que o juiz deverá julgar extinto o processo sem resolução do mérito com base no inciso IV do art. 485 do CPC (ausência de pressuposto processual/competência) quanto aos pedidos que ele se declarar incompetente para julgar. Se a parte propuser nova ação na Justiça comum formulando tais pedidos perante o juízo competente, haverá interrupção da prescrição quanto a estes pedidos, desde que tenha ocorrido a citação válida (CPC, art. 240), pois somente no processo do trabalho é que a simples propositura da ação interrompe a prescrição (TST, Súmula 268).

2.1.2. Competência material derivada

Além da competência material original (CF, art. 114, I) já estudada nas epígrafes anteriores, a Constituição também outorga à Justiça do Trabalho a *competência material derivada*, cujo fundamento estava expressamente previsto na redação original do Texto Magno e, agora, repousa no inciso IX do art. 114 da CF, com nova redação dada pela EC n. 45/2004, segundo o qual também compete à Justiça do Trabalho processar e julgar "outras controvérsias decorrentes da relação de trabalho, na forma da lei".

Pensamos, *data venia*, que laborou mal o "constituinte derivado", na medida em que empregou, em suspeitável contradição, o termo "relação de trabalho" nos incisos I e IX do art. 114 da CF, com redações dadas pela EC n. 45/2004, *in verbis*:

> Art. 114. Compete à Justiça do Trabalho processar e julgar:
>
> I – as ações oriundas da relação de trabalho, abrangidos os entes de direito público externo e da administração pública direta e indireta da União, dos Estados, do Distrito Federal e dos Municípios;
>
> (...) IX – outras controvérsias decorrentes da relação de trabalho, na forma da lei.

Ora, se adotarmos a interpretação histórica, não hesitaremos em afirmar que, segundo o inciso I, como já mencionamos no item 2.1.1 *supra*, a Justiça do Trabalho passou a ser competente, originalmente, não apenas para processar e julgar as ações oriundas da relação de emprego – sua função clássica – como também as ações oriundas de qualquer outra relação de trabalho. Dessa forma, o inciso IX seria uma "norma sem sentido" e absolutamente inócua, pois se cingiria a dizer o óbvio.

Todavia, se adotarmos a interpretação sistemática e restritiva de ambos os incisos, forçoso é admitir que o legislador reformador disse mais do que desejava, na medida em que a expressão "relação de trabalho", contida no inciso I, seria simplesmente empregada em lugar do termo "relação de emprego" que, por sinal, não existia na redação original do art. 114, *caput*, da CF, embora sempre tenha constado do inciso I do art. 7º da mesma Carta[43].

Aliás, o próprio inciso XXIX do art. 7º utiliza o termo "relação de trabalho" como sinônimo de "relação de emprego" ou "contrato de trabalho"[44], o que enaltece

43. Diz o art. 7º, I, da CF: "Art. 7º São direitos dos trabalhadores urbanos e rurais (...) I – relação de emprego protegida contra a despedida arbitrária ou sem justa causa; (...)".

44. Vaticina o art. 7º, XXIX, da CF: "(...) ação, quanto aos créditos resultantes da relação de trabalho, com prazo prescricional de cinco anos para trabalhadores urbanos e rurais, até o limite de dois anos após a extinção do contrato de trabalho".

a tese de que todo o esforço dos defensores – principalmente as instituições de classe, como a Anamatra – do alargamento da competência da Justiça do Trabalho teria caído por terra. Como se trata de interpretação do texto constitucional, a última palavra será do STF.

De nossa parte, reafirmamos que, do modo como está redigido o inciso IX do art. 114 da CF, dois são os requisitos para a competência material derivada da Justiça do Trabalho:

a) existência de uma lide decorrente da relação de trabalho;

b) inexistência de lei afastando expressamente que a competência para apreciar esta lide é da Justiça do Trabalho.

No primeiro caso, encaixam-se todas as considerações que tecemos a respeito da competência material originária. Vale dizer, havendo relação de trabalho, a competência para processar e julgar a demanda correspondente é, em linha de princípio, da Justiça do Trabalho.

Já no segundo, parece-nos que a única interpretação razoável é a de que, se houver lei dispondo expressamente que a competência é da Justiça Comum, então, somente outra lei, posterior, poderá atribuí-la à Justiça do Trabalho.

Expliquemo-nos.

Há algumas relações de trabalho previstas em leis especiais que dispõem, expressamente, que a competência para ações delas oriundas é da Justiça Comum. Em tais casos, e por força do inciso IX do art. 114 da CF, a Justiça do Trabalho só passará a ser competente se, e somente se, sobrevier lei dispondo, expressamente, em tal sentido.

É o que se dá, por exemplo, com a relação de trabalho de representação comercial prevista na Lei n. 4.886, de 9 de dezembro de 1965, cujo art. 39 (com redação dada pela Lei n. 8.420, de 8-5-1992) vaticina:

> Para julgamento das controvérsias que surgirem entre representante e representado é competente a Justiça Comum e o Foro do domicílio do representante, aplicando-se o procedimento sumaríssimo previsto no art. 275 do CPC, ressalvada à competência do Juizado de Pequenas Causas.

De tal arte, enquanto não for editada lei nova transferidora de tal competência para a Justiça do Trabalho, parece-nos que as referidas demandas continuarão sendo processadas e julgadas pela Justiça Comum. Há, porém, divergências a respeito desta temática, como se infere do seguinte julgado (não unânime) do TST:

> (...) LIDE DECORRENTE DE CONTRATO DE REPRESENTAÇÃO COMERCIAL CELEBRADO POR PESSOA FÍSICA. COMPETÊNCIA MATERIAL DA JUSTIÇA DO TRABALHO. Desde a Emenda Constitucional n. 45/2004, a competência desta Justiça Especializada foi significativamente ampliada para albergar todas as relações

> de trabalho entre pessoas físicas, e não mais apenas as lides decorrentes do vínculo de emprego. Na hipótese dos autos, o autor, na qualidade de representante comercial autônomo, pleiteia parcelas do contrato civil estabelecido com a ré. Não se trata, assim, de lide civil entre pessoas jurídicas, mas de discussão em torno do trabalho prestado por pessoa física, a atrair a competência da Justiça do Trabalho, nos exatos termos do art. 114, I, da Constituição Federal. Precedentes. Recurso de revista conhecido e provido (TST-RR1423-08.2010.5.15.0129, 7ª T., Red. Min. Cláudio Mascarenhas Brandão, *DEJT* 5-7-2019).

Se, entretanto, não existir lei dispondo expressamente que é da Justiça Comum a competência para processar e julgar as demandas oriundas de determinada relação de trabalho, atraída estará a regra do inciso I do art. 114 da CF (com a redação dada pela EC n. 45/2004). É o que ocorre, por exemplo, com a relação de trabalho eventual e com a relação de trabalho autônomo prestado por profissional liberal, cujo tomador do serviço não seja consumidor (CDC, art. 2º).

Resumindo: se houver lei dispondo que a controvérsia oriunda de determinada relação de trabalho é da competência da Justiça Comum, com esta permanecerá até que sobrevenha lei nova transferindo tal competência para o âmbito da Justiça do Trabalho.

Vê-se, assim, que a Constituição Federal (art. 114, IX) não impede que o processo do trabalho possa servir de instrumento de pacificação de outros conflitos decorrentes de relações de trabalho diversas da relação de emprego. Para isso, a Carta Magna exige apenas que haja lei, no sentido próprio e específico do termo, isto é, lei editada pelo Congresso Nacional, porquanto somente este tem competência legislativa para editar normas jurídicas sobre direito processual (CF, art. 22, I).

Convém lembrar, nesse passo, que os Decretos-Leis e mesmo os Decretos autônomos anteriores à Constituição de 1988 tinham força de lei. Logo, tais atos normativos poderiam dispor sobre competência.

Cumpre registrar, para encerrar este tópico, o magistério de Arion Sayão Romita, para quem não há contradição entre os incisos I e IX do art. 114 da CF, pois este último permite a ampliação, por lei ordinária, da competência enunciada pelo primeiro, ou seja, o inciso IX "tem o condão de permitir a adaptação da regra geral prevista pelo inciso I a novos fatos sociais. A cláusula geral produz este efeito: enseja a aplicação da *regra-mater* a hipóteses novas, que surgirão no futuro, não previstas quando de sua edição"[45].

Temos a impressão de que o nosso entendimento talvez não agrade àqueles que advogam a interpretação e a aplicação isolada do inciso I, ignorando o inciso IX, am-

---

45. ROMITA, Arion Sayão. *Competência da justiça do trabalho*. Curitiba: Genesis, 2005. p. 29-30.

bos do art. 114 da Lei Magna. Mas é preciso insistir na necessidade de aplicação dos princípios da concordância prática e da unidade da Constituição.

Nesse sentido, o STF deu o primeiro passo ao excluir (ADI n. 3.395) o conceito de relação de trabalho das "relações estatutárias" ou "administrativas", isto é, aquelas que vinculam a Administração Pública aos servidores investidos em cargos públicos.

O próprio TST firmou entendimento no sentido de que a Justiça do Trabalho não detém competência para processar e julgar ação proposta por advogado postulando honorários advocatícios previstos em contrato de prestação de serviços (*vide* item 2.1.1.2.3.1 *supra*). No mesmo sentido, a Súmula 363 do STJ.

O próprio legislador reformador, que, na prática, atuou como "constituinte derivado", endossou parcialmente nosso entendimento ao editar o Projeto de Lei n. 6.542/2006, que "regulamenta o inciso IX do art. 114 da CF, para dispor sobre competência da Justiça do Trabalho referentes à relação de trabalho". Com efeito, o referido projeto de lei acrescenta ao art. 652 da CLT a alínea *f*, que terá o seguinte teor:

> (...) compete ainda ao juiz do trabalho processar e julgar os litígios decorrentes de relações de trabalho que, não configurando vínculo empregatício, envolvam, dentre outras, as ações:
>
> I – de cobrança de crédito resultante de comissões do representante comercial ou de contrato de agenciamento e distribuição, quando o representante, agente ou distribuidor for pessoa física;
>
> II – de cobrança de cota-parte de parceria agrícola, pesqueira, pecuária, extrativa vegetal e mineral, em que o parceiro outorgado desenvolva seu trabalho direta e pessoalmente, admitida a ajuda da família;
>
> III – decorrentes de execução e de extinção de contratos agrários, entre o proprietário rural e o parceiro outorgado, quando este desenvolva seu trabalho direta e pessoalmente, ainda que com ajuda dos membros da família;
>
> IV – de cobrança de honorários decorrentes de exercício de mandato oneroso, exceto os que se qualifiquem como relação de consumo, nos termos da Lei n. 8.078, de 1990;
>
> V – de cobrança de créditos de corretagem, inclusive de seguro, em face da corretora, em se tratando de corretor autônomo;
>
> VI – de cobrança de honorários de leiloeiros, em face da casa de leilões;
>
> VII – entre trabalhadores portuários e operadores portuários ou o Órgão Gestor de Mão de Obra (OGMO);
>
> VIII – entre empreiteiro e subempreiteiro, ou qualquer destes e o dono da obra, nos contratos de pequena empreitada, sempre que os primeiros concorrerem pessoalmente com seu trabalho para a execução dos serviços, ainda que mediante o concurso de terceiros;

IX – entre cooperativas de trabalho e seus associados;

X – de conflitos envolvendo as demais espécies de trabalhadores autônomos, tais como encanador, eletricista, digitador, jardineiro, dentre outros;

XI – decorrentes de assédio moral.

Pode-se dizer que o Projeto de Lei n. 6.542/2006 encerra interpretação autêntica do Poder Legislativo a respeito da expressão "relação de trabalho" contida nos incisos I e IX do art. 114 da CF. Vale dizer, de acordo com o PL n. 6.542, a expressão "relação de trabalho" prevista no inciso I é sinônima de "relação de emprego". Daí a necessidade de regulamentar o inciso IX para ampliar a competência da Justiça do Trabalho para outras ações decorrentes da relação de trabalho, como as enumeradas na proposta de inclusão da alínea *f* ao art. 652 da CLT.

Recentemente, o STF deu a seguinte interpretação ao inciso IX do art. 114 da CF:

> A questão central debatida no presente recurso consiste em saber qual o juízo competente para processar e julgar a execução dos créditos trabalhistas no caso de empresa em fase de recuperação judicial. Na vigência do DL n. 7.661/1945 consolidou-se o entendimento de que a competência para executar os créditos ora discutidos é da Justiça estadual comum, sendo essa também a regra adotada pela Lei n. 11.101/2005. O inciso IX do art. 114 da CF apenas outorgou ao legislador ordinário a faculdade de submeter à competência da Justiça laboral outras controvérsias, além daquelas taxativamente estabelecidas nos incisos anteriores, desde que decorrentes da relação de trabalho. O texto constitucional não o obrigou a fazê-lo, deixando ao seu alvedrio a avaliação das hipóteses em que se afigure conveniente o julgamento pela Justiça do Trabalho, à luz das peculiaridades das situações que pretende regrar. A opção do legislador infraconstitucional foi manter o regime anterior de execução dos créditos trabalhistas pelo juízo universal da falência, sem prejuízo da competência da Justiça laboral quanto ao julgamento do processo de conhecimento (STF-RE n. 583.955, Rel. Min. Ricardo Lewandowski, j. 28-5-2009, Plenário, *DJE* de 28-8-2009).

2.1.3. Competência normativa (poder normativo)

A Justiça do Trabalho é o único ramo do Poder Judiciário que possui competência material para criar normas gerais e abstratas destinadas às categorias profissionais ou econômicas, desde que respeitadas as disposições mínimas legais de proteção ao trabalho, bem como as convencionadas anteriormente. Trata-se do chamado poder normativo, previsto no art. 114, § 2º, da CF, que é exercido por meio de sentença normativa (*rectius*, acórdão normativo) proferida nos autos de dissídio coletivo.

A competência funcional para processar e julgar os dissídios coletivos é dos Tribunais Regionais do Trabalho ou do Tribunal Superior do Trabalho conforme a área de abrangência do conflito e da representação das categorias envolvidas na demanda. Se ultrapassar a base territorial de competência de mais de um TRT, a competência funcional originária será do TST.

O STF já havia firmado posição no sentido de que o poder normativo da Justiça do Trabalho não é amplo e ilimitado, tal como sugere a literalidade do § 2º do art. 114 da CF:

> RECURSO EXTRAORDINÁRIO. TRABALHISTA. DISSÍDIO COLETIVO. AUSÊNCIA DE PREVISÃO LEGAL PARA CLÁUSULAS DEFERIDAS. PODER NORMATIVO DA JUSTIÇA DO TRABALHO. LIMITES NA LEI. 1. A jurisprudência da Corte é no sentido de que as cláusulas deferidas em sentença normativa proferida em dissídio coletivo só podem ser impostas se encontrarem suporte na Lei. 2. Sempre que a Justiça do Trabalho editar regra jurídica, há de apontar a Lei que lho permitiu. Se o caso não se enquadra na classe daqueles que a especificação legal discerniu, para dentro dela se exercer a sua atividade normativa, está a Corte Especializada a exorbitar das funções constitucionalmente delimitadas. 3. A atribuição para resolver dissídios individuais e coletivos, necessariamente *in concreto*, de modo algum lhe dá a competência legiferante. Recurso extraordinário conhecido e provido (STF-RE n. 114.836-MG, 2ª T., Rel. Min. Maurício Corrêa, *DJU* 6-3-1998).
>
> Recursos igualmente providos, quanto à cláusula 14ª (antecipação, para junho, da primeira parcela do 13º salário), por exceder seu conteúdo à competência normativa da Justiça do Trabalho, cujas decisões, a despeito de configurarem fonte de direito objetivo, revestem o caráter de regras subsidiárias, somente suscetíveis de operar no vazio legislativo, e sujeitas à supremacia da lei formal (art. 114, § 2º, da Constituição) (STF-RE 197.911, Rel. Min. Octavio Gallotti, j. 24-9-1996, 1ª T., *DJ* de 7-11-1997).
>
> Sobre o tema, o TST editou a Súmula 190:
>
> PODER NORMATIVO DO TST. CONDIÇÕES DE TRABALHO. INCONSTITUCIONALIDADE. DECISÕES CONTRÁRIAS AO STF. Ao julgar ou homologar ação coletiva ou acordo nela havido, o Tribunal Superior do Trabalho exerce o poder normativo constitucional, não podendo criar ou homologar condições de trabalho que o Supremo Tribunal Federal julgue iterativamente inconstitucionais.

O procedimento do dissídio coletivo encontra-se regulado na CF (art. 114, §§ 1º, 2º e 3º) e no Título X, Capítulo IV, da CLT.

Voltaremos a estudar o poder normativo e os dissídios coletivos no Capítulo XXIV, item 3.

2.1.3.1. Ações que envolvem o exercício do direito de greve

O inciso II (qualquer ação decorrente do exercício do direito de greve) e o § 3º (dissídio coletivo de greve) do art. 114 da CF dizem respeito ao instituto da greve.

Não é tarefa fácil conceituar juridicamente a greve, haja vista a diversidade de posições doutrinárias. Doutra parte, os conceitos podem variar em função do tratamento conferido ao instituto pelo ordenamento jurídico de cada Estado.

Para Arnaldo Süssekind,

> a greve pode corresponder a dois fenômenos sociais distintos: *a)* a insubordinação concertada de pessoas interligadas por interesses comuns, com a finalidade de modificar ou substituir instituições públicas ou sistemas legais; *b)* pressão contra empresários, visando ao êxito da negociação coletiva sobre aspectos jurídicos, econômicos ou ambientais de trabalho. Na primeira hipótese, existe uma manifestação sociopolítica de índole revolucionária; e na segunda, se trata de um procedimento jurídico-trabalhista a ser regulamentado, seja por lei (sistema heterônomo) ou por entidades sindicais de cúpula (sistema autônomo)[46].

José Augusto Rodrigues Pinto conceitua a greve a partir do momento em que surgiu o instituto, levando em conta a *origem remota* e a *origem próxima*. No primeiro caso, a greve seria a "paralisação coletiva do trabalho como forma unilateral de resistência a condições inaceitáveis ou reivindicação de condições melhores de sua prática"[47]. Quanto à *origem próxima*, o referido autor elabora dois tipos de conceitos: o sintético, que vai direto à noção e intenção, e o *analítico*, que procura estabelecer a inteligência por meio dos elementos técnicos de sua estrutura.

Eis, no magistério de Rodrigues Pinto, os *conceitos sintéticos*: *a)* "Direito de prejudicar"[48], uma vez que a greve traz prejuízo (econômico) imediato ao empregador, frustrando-lhe o lucro. E implica prejuízo mediato à sociedade, dependendo da dimensão e da amplitude da atividade econômica do empregador; *b)* Cessação do trabalho convencionada[49]; *c)* Cessação coletiva do trabalho[50]; *d)* Recusa coletiva e combinada do trabalho[51].

Seguindo, ainda, as pegadas do citado autor, os *conceitos analíticos* de greve são os seguintes: *a)* cessação do trabalho, acertada por um grupo de trabalhadores, com o ob-

---

46. Responsabilidade pelo abuso do direito de greve. *Revista da Academia Nacional de Direito do Trabalho*, ano I, n. 1, p. 37, 1993.
47. *Direito sindical e coletivo do trabalho*. São Paulo: LTr, 1998. p. 292.
48. O autor cita o artigo da ilustre Procuradora Regional do Trabalho da 5ª Região, Lélia Guimarães Carvalho Ribeiro, intitulado "A greve como legítimo direito de prejudicar". In: FRANCO FILHO, Georgenor de Sousa (coord.). *Curso de direito coletivo do trabalho* – estudos em homenagem ao Ministro Orlando Teixeira da Costa. São Paulo: LTr, 1998. p. 502.
49. CATHARINO, José Martins. *Tratado elementar de direito sindical*. São Paulo: LTr, 1977. p. 261.
50. BILHALVA, Vilson Antônio Rodrigues. Greve. *Revista da Academia Nacional de Direito do Trabalho*, São Paulo: LTr, ano VI, n. 6, p. 51, 1998.
51. CESARINO JÚNIOR, A. F. *Direito social*. São Paulo: LTr, 1980. p. 566.

jetivo de defender seus interesses profissionais; *b*) recusa coletiva e combinada de trabalho, manifestando a intenção dos assalariados de se colocarem provisoriamente fora do contrato, a fim de assegurar o sucesso de suas reivindicações; *c*) suspensão de caráter temporário do trabalho, pactuada e acertada por um grupo organizado de trabalhadores, com o abandono dos locais de trabalho, com o objetivo de fazer pressão sobre os empregadores, na defesa de seus interesses profissionais e econômicos.

Refletindo sobre os conceitos analíticos acima citados, o próprio Rodrigues Pinto reconhece que o

> uso da expressão cessação do trabalho, que pode ser vista em mais de um dos conceitos transcritos, também utilizada por outros autores da maior respeitabilidade, a exemplo de Savatier Rivero, diante da ambiguidade de seu significado em face da figura que se quer situar com precisão. Note-se que o sentido mais comum de cessar é parar, deixar de existir, ainda que, secundariamente, possa ser o de interromper, suspender (...). Essa ambiguidade pode levar ao erro de associar-se a ideia da greve à da extinção (cessação) do contrato individual de emprego, quando seu propósito é apenas de interrompê-lo ou suspendê-lo. Também é inadequado – mormente no quadro de nosso direito positivo – que se procure identificar a greve com a expressão abandono do trabalho, que induz um ânimo definitivo de deixá-lo, exatamente oposto ao dos grevistas, que pretendem conservar o trabalho sob condições melhores[52].

Feita a necessária digressão, pode-se dizer que o nosso sistema tomou partido em favor da conceituação da greve, *ex vi* do art. 2º da Lei n. 7.783, de 28 de julho de 1989, *in verbis*:

> Art. 2º Para os fins desta lei, considera-se legítimo exercício do direito de greve *a suspensão coletiva, temporária e pacífica, total ou parcial, de prestação pessoal de serviço a empregador.* (grifos nossos)

Em nosso direito positivo, portanto, só se pode falar juridicamente em greve na hipótese de suspensão coletiva temporária de prestação pessoal de serviço de trabalhadores a empregador. Vale dizer, *de lege lata*, a greve é instituto inerente à relação de emprego.

A competência da Justiça do Trabalho para as ações "que envolvam o exercício do direito de greve" já estava autorizada implicitamente pelo texto original do art. 114 da CF, para julgar, "na forma da lei, outras controvérsias decorrentes da relação de trabalho". Daí a regra prevista no art. 8º da Lei n. 7.783/89:

52. *Direito sindical e coletivo do trabalho*. São Paulo: LTr, 1998. p. 294.

A Justiça do Trabalho, por iniciativa de qualquer das partes ou do Ministério Público do Trabalho, decidirá sobre a procedência, total ou parcial, ou improcedência das reivindicações, cumprindo ao Tribunal publicar, de imediato, o competente acórdão.

De outro giro, enquadram-se na moldura do inciso II do art. 114 da CF quaisquer ações que envolvam o exercício do direito de greve, salvo as de natureza penal. Com efeito, dispõem o art. 15 e seu parágrafo único da Lei n. 7.783/89 que a "responsabilidade pelos atos praticados, ilícitos ou crimes cometidos, no curso da greve, será apurada, conforme o caso, segundo a legislação trabalhista, civil ou penal", sendo certo que o Ministério Público deverá, "de ofício, requisitar a abertura de competente inquérito e oferecer denúncia quando houver indício da prática de delito".

Assim, as ações de indenização por danos morais ou patrimoniais por atos ilícitos praticados no curso da greve ou em decorrência do exercício do direito de greve, por força do art. 114, II, da CF, passaram para a competência da Justiça do Trabalho. Exemplifica-se com uma ação civil pública, promovida pelo MPT (ou outro colegitimado ativo) em face do empregador que exige a desfiliação sindical dos grevistas e ameaça dispensá-los por justa causa se não retornarem ao trabalho, cujo pedido consiste na obtenção de tutelas inibitória (impedir a reiteração da prática empresarial ilegal e antissindical) e ressarcitória (danos morais coletivos por ofensa aos direitos de imagem de toda categoria profissional que, *in casu*, ficaria fragilizada para exercer o direito fundamental de greve). A competência, neste caso, é materialmente da Justiça do Trabalho (CF, art. 114, II) e, funcionalmente, da Vara do Trabalho (LC n. 75/93, art. 83, III, e Lei n. 7.347/85, art. 2º), e não do TRT, pois não se trata de dissídio coletivo de greve (CF, art. 114, § 3º).

2.1.3.1.1. Greve e interdito proibitório

Como já vimos no item 2.1.1.1.9 *supra*, outra ação que pode ser processada na Justiça do Trabalho, envolvendo o direito de greve, é a ação de interdito proibitório prevista no art. 567 do CPC.

Há, no entanto, cizânia doutrinária. Para uns, a competência para as ações de interdito proibitório (para se evitarem piquetes dentro ou na porta da empresa, por exemplo) decorrente de greve é da Justiça comum[53]; outros sustentam que, por força da EC n. 45/2004, tal competência passou para a Justiça do Trabalho[54].

---

53. TEIXEIRA FILHO, Manoel Antonio. *Breves comentários à reforma do Poder Judiciário*. São Paulo: LTr, 2005. p. 174-179.

54. MELHADO, Reginaldo. *Metamorfose do capital e do trabalho*. São Paulo: LTr, 2006. p. 248-250.

O STJ encampa a primeira corrente (CC n. 89.300/RJ, 2ª Seção, Rel. Min. Fernando Gonçalves, *DJ* 10-10-1997). O STF, no entanto, como já advertimos no item 2.1.1.1.9 *supra*, adota a segunda corrente.

O TRT da 17ª Região adotou, a nosso ver, corretamente, a segunda corrente:

> INTERDITO PROIBITÓRIO. LIMINAR CONCEDIDA. CARÊNCIA DE AÇÃO. FALTA DE INTERESSE PROCESSUAL DE AGIR SUPERVENIENTE. Analisando os autos, já nesta cognição exauriente, verifica-se que os Autores não lograram êxito em comprovar atos de abuso no movimento paredista, caracterizadores de ameaça de turbação ou esbulho possessório. Acerca do interdito proibitório, ensina SILVIO DE SALVO VENOSA que "é o remédio concedido ao possuidor direto ou indireto que tenha justo receio de ser molestado na posse (art. 932 do CPC). De acordo com o mesmo dispositivo, o juiz, ao expedir o mandado proibitório, comina ao réu pena pecuniária na hipótese de transgressão do preceito. (...) Sua particularidade é o caráter preventivo. Busca-se evitar a ofensa à posse. Tem por finalidade afastar, com a proibição emanada do comando judicial, a ameaça de turbação ou esbulho. Se esta já ocorreu, a ação será de manutenção ou reintegração. (...) O interdito é remédio de força iminente" (*Direito Civil. Direitos Reais*. 5. ed. São Paulo: Atlas, 2005, p. 160). Ora, a cessação do movimento grevista faz desaparecer o objeto da pretensão dos Autores, com a manifesta ausência superveniente do interesse processual de agir. De fato, inexiste utilidade na obtenção de um provimento jurisdicional quando sabido que os atos supostamente ameaçadores da posse já desapareceram (TRT 17ª R., RO 02152.2005.009.17.00.4, Rel. Juiz José Carlos Rizk, *DOU* 6-7-2006).
>
> INTERDITO PROIBITÓRIO. CESSAÇÃO DA GREVE E DAS MANIFESTAÇÕES DELA DECORRENTES. CARÊNCIA DE AÇÃO SUPERVENIENTE. Se a motivação da presente ação de interdito proibitório foi a greve deflagrada em outubro de 2010 e se esta cessou, assim como as manifestações daí advindas, tem-se que os atos de ameaça à posse deixaram de existir, autorizando, conforme entendeu a Juíza *a quo*, o reconhecimento da perda de interesse processual do autor, no curso da demanda. O requisito da iminência somente poderá ser avaliado em face de novos movimentos da mesma natureza, mediante nova ação (TRT 17ª R., RO 0126300-20.2010.5.17.0014, 3ª T., Rel. Des. Carlos Henrique Bezerra Leite, *DEJT* 13-7-2011).

Com o advento da Súmula Vinculante 23 do STF, não há mais dúvida acerca da competência da Justiça do Trabalho para as ações possessórias, incluído o interdito proibitório, decorrentes do exercício do direito de greve dos trabalhadores da iniciativa privada. Só não será da competência da Justiça do Trabalho se se tratar de ação possessória que envolva o exercício do direito de greve de servidores públicos estatutários ou regidos por regime jurídico-administrativo (STF, ADI n. 3.395). No entanto, em 1º de agosto de 2017, o Plenário do STF também fixou tese de repercussão geral no RE n. 846.854 no sentido de que matéria sobre abusividade de greve de servidores públicos celetistas compete à Justiça comum, federal e estadual. A tese, proposta pelo redator do acórdão, ministro Alexandre de Moraes, e aprovada por maioria dos votos, vencidos os ministros Luís Roberto Barroso, Rosa Weber e Marco Aurélio, ficou com a seguinte redação: "A Justiça comum, Federal e estadual, é competente para julgar a abusividade de greve de servidores públicos celetistas da administração direta, autarquias e fundações públicas". A nosso sentir, essa tese merece crítica veemente, porque demonstra descompromisso da maioria dos ministros do STF com os fundamentos científicos do direito processual constitucional, que conferem à Justiça do Trabalho a competência para processar e julgar as ações oriundas da relação de emprego dos servidores celetistas.

2.1.3.1.2. Dissídio coletivo de greve

Sobre dissídio coletivo de greve, remetemos o leitor ao Capítulo XXIV, item 3.

2.1.3.1.3. Greve de servidores públicos

Com a promulgação da EC n. 45/2004, que acrescentou o inciso II ao art. 114 da CF, houve, a nosso ver, uma recepção qualificada do referido art. 8º da Lei n. 7.783/89, para a Justiça do Trabalho processar e julgar as ações de greve oriundas da relação de emprego, abrangidos os servidores públicos regidos pela CLT[55]. Esse entendimento não é adotado pelo STF, como veremos adiante.

Resta enfrentar o problema da competência da Justiça do Trabalho para processar e julgar as greves dos servidores investidos em cargos públicos, de provimento efetivo ou em comissão, isto é, os chamados *servidores estatutários*. Pelo texto da EC n. 45/2004, que foi efetivamente promulgado e publicado, há necessidade de se interpretarem os incisos I e II do art. 114 da CF. De modo que, a nosso ver, se for adotada a interpretação histórica do Projeto Legislativo da referida EC n. 45/2004 e do texto que foi submetido à promulgação, a greve do servidor público estatutário continua na competência da Justiça Comum, federal ou estadual, conforme o caso.

De outro giro, se adotarmos a interpretação literal e sistemática dos incisos I e II do art. 114 da CF, de acordo com a EC n. 45/2004, efetivamente promulgada e publicada, não hesitaremos em dizer que as demandas que envolvam greves oriundas

55. O STF vem entendendo que as ações envolvendo os servidores temporários regidos por leis especiais são da competência da Justiça comum. Sobre o tema, remetemos o leitor ao item 2.1.1.2.4.2 *supra*.

da relação de trabalho entre os servidores estatutários (ou temporários) e a Administração Pública passaram a ser da competência da Justiça do Trabalho.

É preciso registrar, no entanto, que o STF, na ADI n. 3.395, proposta pela AJUFE – Associação dos Juízes Federais do Brasil, suspendeu toda e qualquer interpretação dada ao inciso I do art. 114 da CF, na redação dada pela EC n. 45/2004, que inclua, na competência da Justiça do Trabalho, a "(...) apreciação (...) de causas que (...) sejam instauradas entre o Poder Público e seus servidores, a ele vinculados por típica relação de ordem estatutária ou de caráter jurídico-administrativo".

Como a referida decisão produz eficácia *erga omnes*, as *ações sobre greves* oriundas da relação estatutária de servidores investidos em cargos públicos, de provimento efetivo ou em comissão, bem como da relação jurídico-administrativa dos servidores temporários, continuam na esfera de competência da Justiça Comum, federal ou estadual, conforme o caso[56]. Nesse sentido decidiu o Pleno do STF no MI n. 708/DF, no qual ressaltou, inclusive, a competência (material e funcional) da Justiça comum para julgar, até a edição da lei específica (CF, art. 37, VII), as ações que envolvam o direito de greve dos servidores públicos civis, autorizando a aplicação analógica das Leis ns. 7.701/88 e 7.783/89:

> (...) DEFINIÇÃO DOS PARÂMETROS DE COMPETÊNCIA CONSTITUCIONAL PARA APRECIAÇÃO DO TEMA NO ÂMBITO DA JUSTIÇA FEDERAL E DA JUSTIÇA ESTADUAL ATÉ A EDIÇÃO DA LEGISLAÇÃO ESPECÍFICA PERTINENTE, NOS TERMOS DO ART. 37, VII, DA CF. FIXAÇÃO DO PRAZO DE 60 (SESSENTA) DIAS PARA QUE O CONGRESSO NACIONAL LEGISLE SOBRE A MATÉRIA. MANDADO DE INJUNÇÃO DEFERIDO PARA DETERMINAR A APLICAÇÃO DAS LEIS NS. 7.701/1988 E 7.783/1989. 6.1. Aplicabilidade aos servidores públicos civis da Lei n. 7.783/1989, sem prejuízo de que, diante do caso concreto e mediante solicitação de entidade ou órgão legítimo, seja facultado ao juízo competente a fixação de regime de greve mais severo, em razão de tratarem de "serviços ou atividades essenciais" (Lei n. 7.783/1989, arts. 9º a 11). 6.2. Nessa extensão do deferimento do mandado de injunção, aplicação da Lei n. 7.701/1988, no que tange à competência para apreciar e julgar eventuais conflitos judiciais referentes à greve de servidores públicos que sejam suscitados até o momento de colmatação legislativa específica da lacuna ora declarada, nos termos do inciso VII do art. 37 da CF. 6.3. Até a devida disciplina legislativa, devem-se definir as situações provisórias de competência constitucional para a apreciação desses dissídios no contexto nacional, regional, estadual e municipal. Assim, nas condições acima especificadas, se a paralisação for de âmbito nacional, ou abranger mais de uma região da justiça federal, ou ainda, com-

56. Sobre o tema, conferir o item 2.1.1.2.4 *supra*.

preender mais de uma unidade da federação, a competência para o dissídio de greve será do Superior Tribunal de Justiça (por aplicação analógica do art. 2º, I, *a*, da Lei n. 7.701/1988). Ainda no âmbito federal, se a controvérsia estiver adstrita a uma única região da justiça federal, a competência será dos Tribunais Regionais Federais (aplicação analógica do art. 6º da Lei n. 7.701/1988). Para o caso da jurisdição no contexto estadual ou municipal, se a controvérsia estiver adstrita a uma unidade da federação, a competência será do respectivo Tribunal de Justiça (também por aplicação analógica do art. 6º da Lei n. 7.701/1988). As greves de âmbito local ou municipal serão dirimidas pelo Tribunal de Justiça ou Tribunal Regional Federal com jurisdição sobre o local da paralisação, conforme se trate de greve de servidores municipais, estaduais ou federais. 6.4. Considerados os parâmetros acima delineados, a par da competência para o dissídio de greve em si, no qual se discuta a abusividade, ou não, da greve, os referidos tribunais, nos âmbitos de sua jurisdição, serão competentes para decidir acerca do mérito do pagamento, ou não, dos dias de paralisação em consonância com a excepcionalidade de que esse juízo se reveste. Nesse contexto, nos termos do art. 7º da Lei n. 7.783/1989, a deflagração da greve, em princípio, corresponde à suspensão do contrato de trabalho. Como regra geral, portanto, os salários dos dias de paralisação não deverão ser pagos, salvo no caso em que a greve tenha sido provocada justamente por atraso no pagamento aos servidores públicos civis, ou por outras situações excepcionais que justifiquem o afastamento da premissa da suspensão do contrato de trabalho (art. 7º da Lei n. 7.783/1989, *in fine*). 6.5. Os tribunais mencionados também serão competentes para apreciar e julgar medidas cautelares eventualmente incidentes relacionadas ao exercício do direito de greve dos servidores públicos civis, tais como: i) aquelas nas quais se postule a preservação do objeto da querela judicial, qual seja, o percentual mínimo de servidores públicos que deve continuar trabalhando durante o movimento paredista, ou mesmo a proibição de qualquer tipo de paralisação; ii) os interditos possessórios para a desocupação de dependências dos órgãos públicos eventualmente tomados por grevistas; e iii) as demais medidas cautelares que apresentem conexão direta com o dissídio coletivo de greve (...). (STF-MI n. 708/DF, Rel. Min. Gilmar Mendes, j. 25-10-2007, Tribunal Pleno, *DJe*-206, divulg. 30-10-2008, publ. 31-10-2008).

Na Reclamação n. 6.568 o STF reafirmou a competência da Justiça comum para processar e julgar ações envolvendo o exercício do direito de greve de servidores públicos, *in verbis*:

RECLAMAÇÃO. SERVIDOR PÚBLICO. POLICIAIS CIVIS. DISSÍDIO COLETIVO DE GREVE. SERVIÇOS OU ATIVIDADES PÚBLICAS ESSENCIAIS. COMPETÊNCIA PARA CONHECER E JULGAR O DISSÍDIO. ART. 114, I, DA CONSTITUIÇÃO DO BRASIL. DIREITO DE GREVE. ART. 37, VII, DA CONSTITUIÇÃO DO BRASIL. LEI N.

7.783/89. INAPLICABILIDADE AOS SERVIDORES PÚBLICOS. DIREITO NÃO ABSOLUTO. RELATIVIZAÇÃO DO DIREITO DE GREVE EM RAZÃO DA ÍNDOLE DE DETERMINADAS ATIVIDADES PÚBLICAS. AMPLITUDE DA DECISÃO PROFERIDA NO JULGAMENTO DO MANDADO DE INJUNÇÃO N. 712. ART. 142, § 3º, IV, DA CONSTITUIÇÃO DO BRASIL. INTERPRETAÇÃO DA CONSTITUIÇÃO. AFRONTA AO DECIDIDO NA ADI N. 3.395. INCOMPETÊNCIA DA JUSTIÇA DO TRABALHO PARA DIRIMIR CONFLITOS ENTRE SERVIDORES PÚBLICOS E ENTES DA ADMINISTRAÇÃO ÀS QUAIS ESTÃO VINCULADOS. RECLAMAÇÃO JULGADA PROCEDENTE. 1. O Supremo Tribunal Federal, ao julgar o MI n. 712, afirmou entendimento no sentido de que a Lei n. 7.783/89, que dispõe sobre o exercício do direito de greve dos trabalhadores em geral, é ato normativo de início inaplicável aos servidores públicos civis, mas ao Poder Judiciário dar concreção ao art. 37, VII, da Constituição do Brasil, suprindo omissões do Poder Legislativo. 2. Servidores públicos que exercem atividades relacionadas à manutenção da ordem pública e à segurança pública, à administração da Justiça – aí os integrados nas chamadas carreiras de Estado, que exercem atividades indelegáveis, inclusive as de exação tributária – e à saúde pública. A conservação do bem comum exige que certas categorias de servidores públicos sejam privadas do exercício do direito de greve. Defesa dessa conservação e efetiva proteção de outros direitos igualmente salvaguardados pela Constituição do Brasil. 3. Doutrina do duplo efeito, segundo Tomás de Aquino, na Suma Teológica (II Seção da II Parte, Questão 64, Artigo 7). Não há dúvida quanto a serem, os servidores públicos, titulares do direito de greve. Porém, tal e qual é lícito matar a outrem em vista do bem comum, não será ilícita a recusa do direito de greve a tais e quais servidores públicos em benefício do bem comum. Não há mesmo dúvida quanto a serem eles titulares do direito de greve. A Constituição é, contudo, uma totalidade. Não um conjunto de enunciados que se possa ler palavra por palavra, em experiência de leitura bem comportada ou esteticamente ordenada. Dela são extraídos, pelo intérprete, sentidos normativos, outras coisas que não somente textos. A força normativa da Constituição é desprendida da totalidade, totalidade normativa, que a Constituição é. Os servidores públicos são, seguramente, titulares do direito de greve. Essa é a regra. Ocorre, contudo, que entre os serviços públicos há alguns que a coesão social impõe sejam prestados plenamente, em sua totalidade. Atividades das quais dependam a manutenção da ordem pública e a segurança pública, a administração da Justiça – onde as carreiras de Estado, cujos membros exercem atividades indelegáveis, inclusive as de exação tributária – e a saúde pública não estão inseridos no elenco dos servidores alcançados por esse direito. Serviços públicos desenvolvidos por grupos armados: as atividades desenvolvidas pela polícia civil são análogas, para esse efeito, às dos militares, em relação aos quais a Constituição expressamente proíbe a greve [art. 142, § 3º, IV]. 4. No julgamento da ADI n. 3.395, o Supremo Tribunal Federal, dando interpretação conforme ao art. 114, I, da Constituição do Brasil, na redação a ele conferida pela EC n. 45/04, afastou a competência da Justiça do Trabalho para dirimir os conflitos decorrentes das relações travadas entre servidores públicos e entes da Administração à qual estão vinculados. Pedido julgado procedente (STF-Rcl n. 6.568/SP, Rel. Min. Eros Grau, j. 21-5-2009, *DJe*-181, divulg. 24-9-2009, publ. 25-9-2009).

Além disso, o STF aprovou Repercussão Geral no recurso extraordinário com agravo n. 665.969/SP (Rel. Min. Luiz Fux) interposto contra acórdão da SDC/TST (RODC-2166/2007-000-15-00.3, Rel. Min. Dora Maria da Costa, *DJ* 22-5-2009) que julgou extinto, sem resolução de mérito, dissídio coletivo de greve ajuizado pelo Município de Paulínia em face de greve deflagrada pela Guarda Civil Municipal, cujos servidores são regidos pela CLT.

Todas as considerações acima foram anuladas pelo STF em 1º de agosto de 2017, que fixou tese de repercussão geral no RE n. 846.854 no sentido de que matéria sobre abusividade de greve de servidores públicos celetistas compete à Justiça comum, federal e estadual. Vale dizer, dissídio coletivo envolvendo servidor público da administração direta, autárquica e fundacional, ainda que regidos pela CLT, compete à Justiça comum federal ou estadual.

2.1.3.2. Ações envolvendo sindicatos

Com o advento da EC n. 45/2004, que acrescentou o inciso III ao art. 114 da CF, a Justiça do Trabalho passou a ser competente para processar e julgar:

a) as ações que tenham por objeto a disputa sobre representação sindical;

b) as ações entre sindicatos;

c) as ações entre sindicatos e trabalhadores;

d) as ações entre sindicatos e empregadores.

Na hipótese da alínea *a*, temos a competência em razão da matéria. Nos demais casos, o critério é o da competência em razão das pessoas.

Analisaremos em seguida as situações mais corriqueiras alusivas ao dispositivo constitucional ora focalizado.

2.1.3.2.1. Representação sindical

Tendo em vista que o art. 8º, II, da CF veda a criação de mais de uma entidade sindical, em qualquer grau, representativa de categoria profissional ou econômica, na mesma base territorial, que não pode ser inferior à área de um Município, é muito comum a existência de ações propostas por entidades sindicais visando a declaração de sua legitimidade para representar as referidas categorias ou a declaração de ilegitimidade de outro sindicato para tal representação.

Tais ações sempre foram da competência da Justiça Comum Estadual, pois o art. 114 da CF, em sua redação original, não permitia a competência da Justiça do Trabalho para ações entre duas pessoas jurídicas, ou seja, entre sindicatos. A razão era óbvia: em tais casos, não existe relação de trabalho nem relação de emprego.

Com o advento da EC n. 45/2004, que acrescentou o inciso III ao art. 114 da CF, a Justiça do Trabalho passou a ser competente para processar e julgar as ações que tenham por objeto a disputa sobre representação sindical.

Vale dizer, cabe agora à Justiça Especializada pronunciar-se meritoriamente – e não apenas *incidenter tantum* – sobre o sindicato que pode, validamente, representar determinada categoria, econômica ou profissional, pouco importando que a ação tenha sido ajuizada por outro(s) sindicato(s), trabalhador(es) ou empregador(es). Nesse sentido:

> AÇÃO ANULATÓRIA. RECURSO ORDINÁRIO. PEDIDO DE NULIDADE DE CONVENÇÃO COLETIVA DE TRABALHO. DISPUTA DE REPRESENTATIVIDADE. O Regional julgou improcedente a ação anulatória, na qual o Sindicato das Empresas de Transportes de Carga de São Paulo – SETCESP pleiteava a nulidade da CCT 2004/2005, firmada pelo Sindicato dos Motoristas Trabalhadores de Coleta de Lixo Residencial e Industrial de São Paulo – SINDMOTORLIX com o Sindicato das Empresas de Limpeza Urbana do Estado de São Paulo – SELUR, alegando ser o legítimo representante da categoria econômica no ramo da coleta de lixo industrial naquela localidade. A liberdade de criação de sindicatos novos, por desmembramento ou especificação, está prevista no art. 571 da CLT, e só encontra limites no art. 8º, II, da Lei Maior, que não permite a coexistência de sindicatos representativos da mesma categoria, profissional ou econômica, na mesma base territorial. *In casu*, constata-se que o SELUR representa a categoria econômica das empresas privadas nos municípios do Estado de São Paulo, responsáveis pela coleta e transportes de resíduos domiciliares, industriais e hospitalares, conforme disposto em seu estatuto social e no seu registro no Ministério do Trabalho, que é o meio efetivo de se comprovar a legitimidade da entidade sindical, nos termos da Orientação Jurisprudencial n. 15 da SDC, ao mesmo tempo em que torna pública a sua existência jurídica. Desse modo, não há como não se reconhecer a legitimidade do SELUR para firmar o Acordo supracitado, motivo pelo qual mantém-se a decisão regional e nega-se provimento ao recurso. Recurso ordinário não provido (TST-ROAA 2002100-39.2005.5-2-0000, j. 10-8-2009, Rel. Min. Dora Maria da Costa, SDC, *DEJT* 21-8-2009).

A decisão da Justiça do Trabalho, portanto, que dirimir a lide sobre representação sindical, será definitiva e produzirá a coisa julgada material. A questão pode, inclusive, ser objeto de ação declaratória (CPC, arts. 19 e 20) no âmbito da Justiça Laboral.

É importante lembrar que o Enunciado n. 24 aprovado na 1ª Jornada de Direito Material e Processual do Trabalho, em Brasília-DF, no dia 23-11-2007, propõe a competência da Justiça do Trabalho para julgar os conflitos inter e intrassindicais, inclusive os que envolvam sindicatos de servidores públicos (estatutários e celetistas).

Importante ressaltar que, no tocante aos servidores estatutários, há o obstáculo imposto pela ADI n. 3.395, pois o STF entende que é da Justiça Comum a competência para as ações oriundas envolvendo as relações estatutárias entre a Administração Pública e seus servidores (*vide* item 2.1.1.2.4 *supra*), inclusive as ações envolvendo o direito de greve desses servidores (STF-Rcl n. 6.568/SP, Rel. Min. Eros Grau, j. 21-5-2009, *DJe*-181, divulg. 24-9-2009, publ. 25-9-2009).

2.1.3.2.2. Contribuições confederativa e assistencial

A Justiça do Trabalho é competente para processar e julgar ação anulatória proposta pelo Ministério Público do Trabalho (LC n. 75/93, art. 83, IV), que tenha por objeto a declaração de ilegalidade de cláusula de convenção ou acordo coletivo que contenha contribuição confederativa ou taxa de assistência (ou fortalecimento) sindical.

A jurisprudência vinha admitindo a competência da Justiça do Trabalho apenas quando se tratasse de cumprimento de cláusula prevista em sentença normativa, por força da parte final da redação original do art. 114 da CF e do art. 872, parágrafo único, da CLT.

Com o advento da Lei n. 8.984/95, a Justiça do Trabalho passou a ser competente para "conciliar e julgar os dissídios que tenham origem no cumprimento de convenções coletivas de trabalho ou acordos coletivos de trabalho, mesmo quando ocorram entre sindicatos ou entre sindicatos de trabalhadores e empregador".

Nesse sentido, o TST já vinha decidindo:

> AÇÃO ANULATÓRIA - COMPETÊNCIA - TRIBUNAL REGIONAL DO TRABALHO. Compete aos Tribunais Regionais do Trabalho apreciar, originariamente, ação declaratória de nulidade de cláusula normativa, ajuizada pelo Ministério Público do Trabalho. AÇÃO ANULATÓRIA - MINISTÉRIO PÚBLICO DO TRABALHO - SENTENÇA NORMATIVA - CONTRIBUIÇÃO CONFEDERATIVA - LEGITIMIDADE PARA RECORRER. Segundo o art. 83, VI, da Lei Complementar n. 75/93, compete ao Ministério Público do Trabalho "recorrer das decisões da Justiça do Trabalho, quando entender necessário, tanto nos processos em que for parte, como

naqueles em que oficiar como fiscal da lei [...]". O referido dispositivo legal, igualmente, em seus incisos III e IV, atribui ao Ministério Público do Trabalho a legitimidade para propor a "[...] ação civil pública no âmbito da Justiça do Trabalho, para defesa de interesses coletivos, quando desrespeitados os direitos sociais constitucionalmente garantidos", bem como "as ações cabíveis para a declaração de nulidade de cláusula de contrato, acordo coletivo ou convenção coletiva que viole as liberdades individuais ou coletivas ou os direitos individuais indisponíveis dos trabalhadores". Por sua vez, o art. 127 da Constituição Federal é expresso ao dispor que "O Ministério Público é instituição permanente, essencial à função jurisdicional do Estado, incumbindo-lhe a defesa da ordem jurídica, do regime democrático e dos interesses sociais e individuais indisponíveis". Do arcabouço legal e constitucional acima, extrai-se, indubitavelmente, a legitimidade do Ministério Público para propor ação contra o pagamento de contribuição confederativa aos membros de categoria profissional e econômica, independentemente da condição de filiados, em flagrante violação dos arts. 5º, XX, e 8º, V, ambos da CF. CONTRIBUIÇÕES SINDICAIS – INOBSERVÂNCIA DE PRECEITOS CONSTITUCIONAIS. A Constituição da República, em seus arts. 5º, XX e 8º, V, assegura o direito de livre associação e sindicalização. É ofensiva a essa modalidade de liberdade cláusula constante de acordo, convenção coletiva ou sentença normativa estabelecendo contribuição em favor de entidade sindical a título de taxa para custeio do sistema confederativo, assistencial, revigoramento ou fortalecimento sindical e outras da mesma espécie, obrigando trabalhadores não sindicalizados. Sendo nulas as estipulações que inobservem tal restrição, tornam-se passíveis de devolução os valores irregularmente descontados. Recurso ordinário não provido (TST-ROAA n. 698.651-SDC, Rel. Min. Milton de Moura França, *DJU* 23-3-2001, p. 529).

Com a EC n. 45/2004, que inseriu o inciso III ao art. 114 da CF, cremos que restou reforçada a competência da Justiça do Trabalho para processar e julgar não apenas as ações anulatórias promovidas pelo Ministério Público do Trabalho (LC n. 75/93, art. 83, IV), como também as ações entre sindicatos, entre sindicato e trabalhador(es) ou entre sindicato e empregador(es) que tenham por objeto a controvérsia sobre contribuições confederativa e assistencial, sendo certo que o critério, em tais casos, é o da competência em razão da pessoa.

Outros aspectos relativos à ação anulatória de cláusulas de instrumentos coletivos podem ser estudados no Capítulo XXV, item 8.

2.1.3.2.3. Contribuição sindical

A contribuição sindical, também chamada eufemisticamente de imposto sindical, está prevista no art. 578 da CLT. A competência para processar e julgar causa que envolva discussão sobre contribuição sindical não pertencia à Justiça do Trabalho, mas, sim, à Justiça Comum dos Estados. Nesse sentido, a Súmula 222 do STJ.

Agora, por força da EC n. 45/2004, que acrescentou o inciso III ao art. 114 da CF, a competência para tais demandas passou a ser da Justiça do Trabalho. Na verdade, está-se, aqui, diante da competência em razão das pessoas, e não em razão da matéria, pois basta o sindicato figurar como autor ou réu em qualquer demanda em face de outra(s) entidade(s) sindical(is) ou de trabalhador(es) ou empregador(es), para fixar a competência da Justiça do Trabalho. Nesse sentido:

> CONFLITO NEGATIVO DE COMPETÊNCIA. STJ. TST. CONTRIBUIÇÃO SINDICAL. EC n. 45/2004. A discussão relativa à legitimidade do sindicato para receber a contribuição sindical representa matéria funcional à atuação sindical, enquadrando-se, diante da nova redação dada pela EC n. 45/2004 ao art. 114, III, da CF, na competência da Justiça do Trabalho. Tratando-se de competência absoluta, em razão da matéria, produz efeitos imediatos, a partir da publicação da referida emenda, atingindo os processos em curso, incidindo o teor do art. 87 do CCP. Aplica-se, portanto, o posicionamento adotado no CC n. 7.204-1/MG, Pleno, Rel. Min. Ayres Britto, *DJ* de 9-12-2005, que definiu a existência de sentença de mérito na Justiça comum estadual, proferida antes da vigência da EC n. 45/2004, como fator determinante para fixar a competência da Justiça comum, daí a razão pela qual mantém-se a competência do STJ (...) (STF-CC 7.456, Rel. Min. Menezes Direito, j. 7-4-2008, Plenário, *DJE* de 20-6-2008).

Quanto à ação de cobrança da contribuição sindical dos servidores públicos, parece-nos que a competência será da Justiça Federal ou da Justiça Estadual, conforme se tratar de servidores públicos estatutários da União, no primeiro caso, ou dos Estados, Municípios ou Distrito Federal, no segundo caso. Nesse sentido, colhemos o seguinte julgado do STJ:

> CONFLITO DE COMPETÊNCIA. CONTRIBUIÇÃO SINDICAL. EMENDA CONSTITUCIONAL N. 45/2004. ENTIDADE REPRESENTATIVA DE SERVIDORES PÚBLICOS ESTATUTÁRIOS. DECISÃO DO SUPREMO TRIBUNAL FEDERAL NA ADI-MC N. 3.395/DF. APLICAÇÃO. ENTENDIMENTO DA PRIMEIRA SEÇÃO. COMPETÊNCIA DA JUSTIÇA COMUM. 1. Trata a hipótese dos autos de ação proposta com o objetivo de discutir questões atinentes ao pagamento de contribuição devida a federação representativa de servidores públicos estatutários. 2. Em tais casos, a jurisprudência que se firmou na Primeira Seção desta Corte é no sentido de que a competência para exame da controvérsia permanece no âmbito da Justiça Comum, em razão do entendimento manifestado pelo Supremo Tribunal Federal na ADI-MC n. 3.395/DF. Precedente: CC n. 86.387/RS, 1ª Seção, Rel. Min. Teori Albino Zavascki,

> *DJ* de 10-9-2007. 3. Conflito conhecido para declarar a competência do Juízo de Direito da Vara Cível de Itamarandiba/MG, o suscitado (STJ-CC n. 106.691/MG, Rel. Min. Denise Arruda, 1ª Seção, j. 9-12-2009, *DJe* 1º-2-2010).

Entretanto, a questão ainda não está pacificada no STF, uma vez que no RE 1.089.282-RG (Rel. Min. Gilmar Mendes, Tema 994) foi reconhecida repercussão geral a respeito da discussão sobre competência, da Justiça Comum ou do Trabalho, quando o objeto da demanda disser respeito à representação sindical e a conflitos sindicais, incluídas as ações de cobrança de contribuições sindicais, em relação a servidores públicos regidos pelo regime estatutário.

Quanto à contribuição sindical do servidor celetista, embora haja cizânia doutrinária e jurisprudencial, parece-nos que a competência é da Justiça do Trabalho, pois tal entendimento não colide com a decisão do STF na ADI n. 3.395. Nesse sentido:

> CONFLITO NEGATIVO DE COMPETÊNCIA. MANDADO DE SEGURANÇA IMPETRADO POR FEDERAÇÃO DE SERVIDORES EM FACE DE PREFEITO MUNICIPAL. DESCONTO DE CONTRIBUIÇÃO SINDICAL. SERVIDORES COM VÍNCULO ESTATUTÁRIO E CELETISTA. CUMULAÇÃO DE PEDIDOS SUJEITOS A DIFERENTES JURISDIÇÕES. SÚMULA 170/STJ. 1. Decisão liminar na ADIn n. 3.395 suspendeu em parte a eficácia do inciso I do art. 114 da CF/88, que atribuía à Justiça do Trabalho competência para processar e julgar ações envolvendo entidades de Direito Público e seus respectivos servidores. Consequentemente, sendo estatutário o vínculo entre os servidores e o Município, é da competência da Justiça Estadual a apreciação de causas a ele relativas; e quando o vínculo for celetista (hipóteses em que o Município figura como empregador) a competência é da Justiça do Trabalho. 2. No caso, o mandado de segurança objetiva o desconto de contribuição sindical de todos os servidores municipais, tanto os de regime estatutário quanto celetista, cumulando assim pedidos sujeitos a jurisdições diferentes, configurando-se a hipótese a Súmula 170/STJ: "Compete ao juízo onde primeiro for intentada a ação envolvendo acumulação de pedidos, trabalhista e estatutário, decidi-la nos limites da sua jurisdição, sem prejuízo do ajuizamento de nova causa, com pedido remanescente, no juízo próprio". 3. No caso, tendo a Justiça do Trabalho, inclusive em segundo grau, decidido a matéria de sua competência, cumpre à Justiça Comum Estadual processar e julgar a parte restante. 4. Conflito conhecido para declarar a competência da Justiça Estadual, a suscitada (STJ-CC n. 92.572/RS, Rel. Min. Teori Albino Zavascki, 1ª Seção, j. 14-5-2008, *DJe* 2-6-2008).

2.1.3.2.4. Eleições sindicais

Tendo em vista que as disputas sobre eleições sindicais envolvem conflitos entre trabalhadores e sindicatos ou empregadores e sindicatos, parece-nos que é da Justiça do Trabalho a competência para processar e julgar tais conflitos (CF, art. 114, III). Nesse sentido:

> ANTECIPAÇÃO DE ELEIÇÕES SINDICAIS - SOBERANIA DA ASSEMBLEIA GERAL - PREVALÊNCIA DA AUTONOMIA DOS INTEGRANTES DA CATEGORIA - AUSÊNCIA DE PREVISÃO LEGAL QUANTO À IMPOSSIBILIDADE - LEGALIDADE. É inegável que a realização de nova eleição, antes do término do mandato previsto na eleição anterior, obedeceu aos anseios da categoria - ante a divergência interna dos seus dirigentes - e não feriu qualquer regra estatutária. Houve deliberação mediante assembleia geral, que, consoante o Estatuto, é soberana, com poderes até de dissolução da própria entidade sindical. Observadas todas as formalidades exigidas, a antecipação não afrontou lei ou estatuto. conclusão: "... por unanimidade, conhecer de ambos os recursos, negar provimento ao apelo dos autores e julgar prejudicado o exame do apelo do sindicel" (TRT 17ª R., RO 00315.2005.121.17.00-6, Rel. Juíza Wanda Lúcia Costa Leite Decuzzi, *DOU* 31-10-2006).

Em se tratando de lide sobre eleição de dirigente de sindicato de servidores públicos, a competência para processar e julgar a demanda dependerá, na esteira da ADI n. 3.395 do STF, do regime jurídico dos servidores ao qual está vinculado o correspondente sindicato. É dizer, se o regime for o celetista, a competência é da Justiça do Trabalho; se for estatutário, da Justiça comum (federal ou estadual). Nesse sentido:

> CONFLITO POSITIVO DE COMPETÊNCIA. JUSTIÇA ESTADUAL E JUSTIÇA DO TRABALHO. AÇÕES DE RITO ORDINÁRIO MOVIDAS POR SINDICALIZADOS REGIDOS POR REGIME ESTATUTÁRIO CONTRA SINDICATO DE SERVIDORES PÚBLICOS MUNICIPAIS. ELEIÇÃO DE REPRESENTANTES SINDICAIS. CONEXÃO. REUNIÃO DOS PROCESSOS NA JUSTIÇA ESTADUAL. INEXISTÊNCIA DE RELAÇÃO DE TRABALHO. 1. No caso dos autos, entre as duas ações em comento há inquestionável laço de conexão, determinado pela identidade de objeto, pois ambas as ações - de pedidos antagônicos - versam sobre a regularidade ou não de um mesmo processo eleitoral de entidade sindical. Impõe-se, portanto, a reunião dos processos, a fim de evitar julgamento conflitante (CPC, art. 105). 2. O STF, ao apreciar medida cautelar na ADIn n. 3.395 (Min.Cézar Peluso, *DJ* de 10-11-2006), referendou medida liminar que, interpretando o inciso I do art. 114 da CF/88, excluiu da competência da Justiça do Trabalho as causas envolvendo entidades de Direito Público e seus respectivos servidores, submetidos a regime estatutário. 3. A mesma orientação deve ser adotada na interpretação do inciso III do art. 114 da CF, que atribui à Justiça do Trabalho competência para processar e julgar as demandas "entre sindicatos, entre sindicatos e empregadores e entre sindicatos e trabalhadores". Tal norma de competência não se aplica a demandas entre sindicato e seus sindica-

lizados, quando estes são regidos por normas estatutárias de direito administrativo. 4. Conflito conhecido e declarada a competência do Juízo de Direito da 3ª Vara Cível da Comarca de Campos dos Goytacazes-RJ para ambas as ações (STJ-CC n. 95.868/RJ, Rel. Min. Teori Albino Zavascki, 1ª Seção, j. 13-8-2008, *DJe* 1º-9-2008).

A nosso ver, portanto, a Súmula 4 do STJ ("Compete à Justiça Estadual julgar causa decorrente do processo eleitoral sindical") deve ser cancelada ou, pelo menos, readaptada aos parâmetros do inciso III do art. 114 da CF, no sentido de ficar adstrita às ações que envolvam processo eleitoral dos sindicatos dos servidores públicos estatutários.

A questão, contudo, ainda não está pacificada no STF, tendo em vista que no RE n. 1.089.282-RG (Rel. Min. Gilmar Mendes, Tema 994) foi reconhecida a repercussão geral acerca da discussão sobre competência, da Justiça Comum ou do Trabalho, quando o objeto da demanda disser respeito à representação sindical e a conflitos sindicais em relação a servidores públicos regidos pelo regime estatutário.

2.1.3.2.5. Danos morais e materiais decorrentes de inadequada atuação do sindicato como substituto processual

Por força da máxima efetividade do inciso III do art. 114 da CF defendemos a competência da Justiça do Trabalho para processar e julgar ação de indenização por danos materiais e morais decorrentes de inadequada atuação do sindicato em reclamação trabalhista na qual tenha figurado como substituto processual.

A respeito do tema, o STJ, em conflito de competência, adotou o seguinte entendimento:

> DIREITO PROCESSUAL CIVIL. COMPETÊNCIA PARA DECIDIR SOBRE PEDIDO DE INDENIZAÇÃO POR DANOS QUE TERIAM DECORRIDO DA INADEQUADA ATUAÇÃO DE SINDICATO NO ÂMBITO DE RECLAMAÇÃO TRABALHISTA QUE CONDUZIRA NA QUALIDADE DE SUBSTITUTO PROCESSUAL. Compete à Justiça do Trabalho processar e julgar demanda proposta por trabalhador com o objetivo de receber indenização em razão de alegados danos materiais e morais causados pelo respectivo sindicato, o qual, agindo na condição de seu substituto processual, no patrocínio de reclamação trabalhista, teria conduzido o processo de forma inadequada, gerando drástica redução do montante a que teria direito a título de verbas trabalhistas. Com efeito, considerando que os alegados danos teriam advindo justamente de deficiente atuação do sindicato na defesa dos interesses do autor perante a Justiça do Trabalho, deve-se concluir que a demanda ora em discussão somente será resolvida adequadamente no âmbito daquela justiça especializada, a mesma que antes conheceu da lide original (STJ-CC 124.930-MG, Rel. Min. Raul Araújo, julgado em 10-4-2013).

2.1.3.2.6. Outras questões envolvendo sindicatos

Por força do inciso III do art. 114 da CF, são também da competência da Justiça do Trabalho as lides entre sindicatos e trabalhadores, inserindo-se, aí, as ações de prestações de contas propostas por trabalhadores em face do sindicato, representado pela respectiva diretoria. Semelhantemente, será da Justiça do Trabalho a competência para processar e julgar ação de prestação de contas proposta pelos empregadores em face do sindicato da sua categoria econômica.

Há, porém, uma dúvida a respeito da competência para processar e julgar ação de prestação de contas proposta por servidor público em face do sindicato da sua respectiva categoria profissional. A princípio, tal ação seria da competência da Justiça do Trabalho, uma vez que, a nosso sentir, não haveria desrespeito à decisão do STF na ADI n. 3.395, pois esta afasta apenas da competência da Justiça do Trabalho as lides de natureza estatutária ou jurídico-administrativa entre servidores estatutários (ou temporários) e os órgãos da Administração Direta, Autárquica ou Fundacional. Todavia, se a prestação de contas envolver pendenga sobre destinação da contribuição sindical para a "Conta Especial Salário e Emprego" (CLT, art. 589, II, *e*), por exemplo, haverá interesse da União na demanda e a competência, *in casu*, será da Justiça Federal (CF, art. 109, I).

Também encontram residência no inciso III do art. 114 da CF quaisquer outras ações, condenatórias, constitutivas, condenatórias, mandamentais ou executivas *lato sensu*, propostas pelos trabalhadores (ou empregadores) em face dos sindicatos das suas correspondentes categorias ou destes em face daqueles.

Já quanto à ação de cobrança de honorários advocatícios contratuais proposta por advogado autônomo (profissional liberal) em face do sindicato para o qual presta serviços, parece-nos que a competência será da Justiça comum, como já ressaltamos no item 2.1.1.2.3.1 *supra*.

2.1.4. Mandado de segurança, *habeas corpus* e *habeas data*

Sobre competência da Justiça do Trabalho para julgar mandado de segurança, remetemos o leitor ao Capítulo XXV, item 2.

Sobre competência da Justiça do Trabalho para julgar *habeas corpus* e *habeas data*, remetemos o leitor ao Capítulo XXV, item 5.

2.1.5. Conflitos de competência

Sobre conflitos de competência, remetemos o leitor ao item 2.8 deste Capítulo.

2.1.6. Dano moral ou patrimonial

Seguindo tendência jurisprudencial do STF e do TST, e com o intuito de pacificar cizânia doutrinária, o "constituinte derivado" entendeu pertinente estabelecer, expressamente, a competência da Justiça do Trabalho para processar e julgar as demandas que veiculam pleitos indenizatórios de dano moral ou patrimonial, desde que a controvérsia seja oriunda da relação de trabalho.

Importante assinalar que, antes da EC n. 45/2004, já havia entendimento doutrinário e jurisprudencial no sentido de que as ações que tivessem por objeto a indenização por danos morais propostas pelo empregado em face do empregador, ou seja, decorrentes de uma relação de emprego, estariam sob a competência da Justiça do Trabalho, ainda que o juiz tivesse de aplicar normas do direito civil. O critério era muito simples: havendo lide entre empregado e empregador, mesmo em se tratando de ação indenizatória por dano moral, a competência seria da Justiça do Trabalho, por força do critério *ratione personae* adotado pela primeira parte do art. 114 da CF, em sua redação original.

Agora, com o advento da EC n. 45/2004, passaram à competência da Justiça do Trabalho não apenas as ações propostas por empregado em face do empregador que contenha pedido de indenização por dano moral, mas, também, as ações que tiverem por objeto a indenização por dano patrimonial.

Além disso, por força da interpretação sistemática dos incisos I, VI e IX do art. 114 da CF, com nova redação dada pela EC n. 45/2004, foram transferidas para a Justiça do Trabalho as ações de indenização por dano moral ou patrimonial propostas por outros trabalhadores não empregados (eventuais, avulsos, autônomos, subordinados atípicos ou parassubordinados) em face dos respectivos tomadores de serviço, desde que não haja lei dispondo, expressamente, ser da Justiça Comum a competência para processá-las e julgá-las, como já vimos no item 2.1.2 *supra*.

Remetemos o leitor aos itens 2.1.1.1.1 e 2.1.1.1.2 *supra*, a respeito das considerações que fizemos sobre a competência da Justiça do Trabalho para processar e julgar as ações de indenização por danos morais e patrimoniais, inclusive as decorrentes de acidente do trabalho.

2.1.7. Penalidades administrativas impostas ao empregador pelos órgãos de fiscalização do trabalho

Como se sabe, por força da regra geral fixada no art. 109, I, da CF[57], era da Justiça Federal comum a competência para processar e julgar as ações concernentes às

57. Diz o art. 109, I, da CF: "Aos juízes federais compete processar e julgar: I – as causas em que a União, entidade autárquica ou empresa pública federal forem interessadas na condição de autoras, rés, assistentes ou oponentes, exceto as de falência, as de acidentes de trabalho e as sujeitas à Justiça Eleitoral e à Justiça do Trabalho; (...)".

penalidades administrativas impostas aos empregadores pelos órgãos de fiscalização do trabalho, pelo simples fato da existência de interesse da União (Ministério do Trabalho e Emprego) na causa.

Com a promulgação e publicação da EC n. 45/2004, que acrescentou a regra especial do inciso VII do art. 114 da CF, a Justiça do Trabalho passou a ser competente para processar e julgar:

> as ações relativas às penalidades administrativas impostas aos empregadores pelos órgãos de fiscalização das relações de trabalho.

Por tratar-se de uma nova espécie de demanda que será processada no âmbito da Justiça Especializada, certamente surgirão inúmeras questões a respeito do sentido e alcance da norma constitucional ora focalizada.

Delimitaremos o objeto deste estudo ao exame de duas questões específicas que gravitam em torno dessa nova competência, a saber: a Justiça do Trabalho é competente, diante da EC n. 45, para a execução, pela União, da cobrança de multa da DRT? Em caso afirmativo, o procedimento judicial é o da CLT?

A leitura atenta do inciso VII do art. 114 da CF revela que nele há dois critérios de competência da Justiça do Trabalho para essas novas demandas:

> *a) em razão da matéria* – "ações relativas às penalidades administrativas", abarcando quaisquer ações que guardem conexão com as penalidades administrativas de qualquer natureza decorrentes das relações empregatícias, como os "embargos de obra", as "interdições" e as "multas administrativas"; e
>
> *b) em razão das pessoas* – "impostas aos empregadores pelos órgãos de fiscalização das relações de trabalho," isto é, há necessidade de que o sujeito passivo da penalidade seja *empregador* e o sujeito ativo *qualquer órgão de fiscalização das relações de trabalho.*

No que concerne às multas administrativas, podemos dizer que elas constituem uma das espécies de penalidades administrativas impostas pelo Estado, inserindo-se, portanto, na órbita do Direito Administrativo/Fiscal do Trabalho.

Assim, lavrado o auto de infração em duplicata, uma via é entregue (ou enviada em registro postal) ao infrator, tendo este o prazo de 10 (dez) dias para apresentar defesa perante o Superintendente Regional do Trabalho.

Não sendo acolhida a defesa, a imposição das multas incumbe ao Superintendente Regional do Trabalho (CLT, art. 634). Todavia, em se tratando de FGTS, a aplicação da multa, por força do Regulamento da Lei n. 8.036/90, compete ao Gerente de Atendimento das Relações de Emprego (Decreto n. 99.684/90, art. 56).

De toda decisão que impuser multa por infração das leis e disposições reguladoras do trabalho, caberá recurso administrativo para a Secretaria das Relações de Trabalho do Ministério do Trabalho e Emprego.

O recurso deve ser interposto no prazo de 10 (dez) dias, contados do recebimento da notificação, perante a autoridade que houver imposto a multa, a qual, depois de os informar, encaminhá-los-á à autoridade de instância superior.

Nos termos do art. 636, § 1º, da CLT, o recurso só terá seguimento se o interessado instruí-lo com a prova do depósito integral da multa. Ocorre que tal dispositivo consolidado não foi recepcionado pela CF, conforme decisão na ADPF n. 156/DF. No mesmo sentido, aliás, é o teor da Súmula Vinculante 21 do STF, que considera "inconstitucional a exigência de depósito ou arrolamento prévios de dinheiro ou bens para admissibilidade de recurso administrativo".

Não havendo recurso, ou não sendo ele provido, o depósito converter-se-á em pagamento da multa (CLT, art. 639).

O art. 640 da CLT faculta às Superintendências Regionais do Trabalho, na conformidade de instruções expedidas pelo Ministro de Estado, promover a cobrança amigável das multas antes do encaminhamento dos processos à cobrança executiva. Na prática, porém, raramente se observa essa "cobrança amigável", a não ser na hipótese de erro material ou equívoco do infrator ao efetuar o recolhimento da multa, sendo o mais comum o envio dos autos administrativos à Procuradoria da Fazenda Nacional.

Prescreve o art. 641 da CLT que, não havendo o depósito da importância da multa ou penalidade, far-se-á a competente inscrição em livro especial, existente nas repartições das quais se tiver originado a multa ou penalidade, ou de onde tenha provindo a reclamação que a determinou, sendo extraída cópia autêntica dessa inscrição e enviada às autoridades competentes para a respectiva cobrança judicial, valendo tal instrumento como título de dívida líquida e certa.

É importante notar que, nos termos do art. 642 da CLT, a "cobrança judicial das multas impostas pelas autoridades administrativas do trabalho obedecerá ao disposto na legislação aplicável à cobrança da dívida ativa da União".

A legislação aplicável em matéria de cobrança da dívida ativa da União era o Decreto-Lei n. 960, de 17 de dezembro de 1938, que foi revogado tacitamente pela Lei n. 6.830, de 22 de setembro de 1980, também chamada de Lei de Execução Fiscal.

Assim, a dívida ativa da Fazenda Pública passou a ser definida como tributária e não tributária, sendo espécies desta última as multas aplicadas pelos órgãos de fiscalização do trabalho devidamente apuradas e inscritas em dívida ativa pela Procuradoria da Fazenda Nacional (Lei n. 6.830/80, art. 2º, § 4º), a qual passou a ter a legitimação para propor a ação de execução fiscal perante a Justiça Federal, o que justificava a competência *ex ratione personae* da Justiça Federal comum para processar e julgar esta espécie de demanda (CF, art. 109, I).

Com o advento do inciso VII do art. 114 da CF, a Justiça do Trabalho passou a ser competente para processar e julgar "as ações relativas às penalidades administrativas impostas aos empregadores pelos órgãos de fiscalização das relações de trabalho".

De tal modo que, em virtude do princípio da máxima efetividade das normas constitucionais, "qualquer ação", seja ela de cognição, cautelar ou executiva, que tenha por objeto matérias relacionadas a penalidades administrativas impostas aos empregadores pelos órgãos de fiscalização do trabalho será da competência da Justiça do Trabalho. Logo, por ser a ação de execução fiscal uma espécie do gênero "ação", parece-nos que não há como olvidar que a Justiça do Trabalho é agora a competente para processá-la e julgá-la.

A possibilidade da ação de execução fiscal para cobrança das multas impostas pelos órgãos de fiscalização do trabalho não se confunde com a nova proposta de alteração do art. 114 da CF, em trâmite no Congresso Nacional que preverá a execução, de ofício, das multas por infração à legislação trabalhista, reconhecidas em decisão condenatória proferida pela Justiça do Trabalho.

Bem de ver é que essa outra modalidade de cobrança de multas por infração à legislação trabalhista está prevista na parte da Proposta de Emenda Constitucional que retornou à Câmara dos Deputados, a qual acrescentará o inciso XI ao art. 114 da CF, em trâmite no Congresso Nacional, cuja redação ampliará a competência da Justiça do Trabalho para processar e julgar:

> XI – a execução, de ofício, das multas por infração à legislação trabalhista, reconhecida em sentença que proferir.

É estreme de dúvidas que este novo inciso XI inspirou-se na experiência bem-sucedida – sob o enfoque da arrecadação estatal – da ampliação da competência da Justiça do Trabalho, por meio da Emenda Constitucional n. 20/98, para a execução, *ex officio*, das contribuições previdenciárias.

A diferença básica é que a cobrança das multas administrativas impostas aos empregadores pelos órgãos de fiscalização do trabalho é implementada, atualmente, por meio de ação executiva que instaurará o processo de execução fiscal (Lei n. 6.830/80), enquanto a cobrança das contribuições previdenciárias é feita no próprio processo de execução trabalhista, o qual permite até mesmo a execução de ofício (CLT, art. 876, parágrafo único).

Tal ilação é extraída da dicção do inciso VII do art. 114 da CF, o qual, diferentemente do inciso VIII, do mesmo artigo, não faz referência à expressão "das sentenças que proferir".

Convém lembrar que, na proposta de emenda à Constituição feita pela Associação dos Magistrados Brasileiros que resultou na Emenda Aditiva que previa o acréscimo do inciso VII-A ao art. 115 (depois transformado em inciso XI do art. 114), foi apresentada a seguinte justificativa:

> EMENDA ADITIVA
>
> Acrescente-se o seguinte inciso VII-A ao art. 115, constante do art. 30 da PEC n. 29, de 2000:

> Art. 115. (...)
>
> (...) VII-A – a execução, de ofício, das multas por infração à legislação trabalhista, reconhecida em sentença que proferir;
>
> (...) JUSTIFICATIVA
>
> Pela presente Emenda pretende-se a inclusão de inciso ao art. 115 da Constituição, segundo a PEC n. 29/2000, dispondo sobre a competência da Justiça do Trabalho para executar, ela própria, multas de caráter administrativo por conta de fatos verificados no transcorrer da instrução processual e assim declarados como ilícito trabalhista em sentença que vier a proferir.
>
> Cotidianamente, a Justiça do Trabalho confronta-se com a inobservância de preceitos trabalhistas que, embora cominados com multas, exigem representação à Delegacia do Trabalho, por ofício, quando poderia o próprio Juiz do Trabalho definir e executar penas decorrentes da inobservância geral dos comandos previstos na CLT e normas extravagantes trabalhistas.
>
> Com isso, haveria o duplo efeito benéfico: liberar-se-ia a Fiscalização do Trabalho para outras atividades e imprimir-se-ia maior rapidez à correção de procedimentos empresariais inadequados pela aplicação de multas administrativas pelo próprio órgão já incumbido da análise das infrações trabalhistas: a Justiça do Trabalho.
>
> Por consequência, além do caráter didático de tal competência, haveria ainda o implemento de receita pela arrecadação de multas que, atualmente, têm sido perdidas pelo desaparelhamento das DRTs, ocasionando prejuízo financeiro à União e ainda a desconsideração do caráter educativo que deve presidir a aplicação de tais multas administrativas.
>
> A inserção do referido dispositivo ao elenco competencial da Justiça do Trabalho permitirá dinamizar todo o campo de atuação pertinente à relação capital-trabalho, inclusive em caráter inibitório de repetição de práticas que atentem à legislação social.

Numa palavra, a ação de execução fiscal das multas inscritas em dívida ativa não necessita de edição de lei ordinária regulamentadora, pois a própria Lei n. 6.830/80 é suficiente no âmbito do processo do trabalho, para permitir a máxima efetividade do inciso VII do art. 114 da CF.

Já a execução, de ofício, nos próprios autos do processo trabalhista das multas por infração à legislação trabalhista, dependerá de legislação infraconstitucional regulamentadora e integrativa, a exemplo do que ocorreu com a execução das cobranças das contribuições previdenciárias (Lei n. 10.035/2000).

Considerando que o art. 3º da LEF diz que a "Dívida Ativa regularmente inscrita goza da presunção de certeza e liquidez", podemos inferir que: *a)* a certidão respectiva constitui documento indispensável à propositura da ação de execução fiscal; *b)* o despacho do juiz que deferir a inicial importa em ordem para citação, penhora, arresto e registro da penhora; *c*) o executado será citado para, no prazo de cinco dias, pagar a dívida ou garantir a execução; *d*) estamos diante de um autêntico título executivo extrajudicial (CPC, art. 784, IX).

Um dos argumentos que, certamente, serão utilizados para negar a competência da Justiça do Trabalho para processar e julgar a ação de execução fiscal das multas impostas pelos órgãos de fiscalização decorre da inexistência de previsão legal para tal espécie de demanda, porquanto o art. 876, *in verbis*:

> Art. 876. As decisões passadas em julgado ou das quais não tenha havido recurso com efeito suspensivo; os acordos, quando não cumpridos; os termos de ajuste de conduta firmados perante o Ministério Público do Trabalho e os termos de conciliação firmados perante as Comissões de Conciliação Prévia serão executados pela forma estabelecida neste Capítulo.

Assim, somente são considerados títulos executivos extrajudiciais os Termos de Ajuste de Conduta firmados perante o MPT e os Termos de Conciliação firmados perante as CCPs. Seria preciso, pois, alterar o texto consolidado, para incluir a certidão de dívida ativa no rol dos títulos extrajudiciais executáveis na Justiça do Trabalho.

Não nos parece correta tal interpretação, porquanto na espécie estamos lidando com o princípio da máxima efetividade da norma constitucional prevista no inciso VII do art. 114 da CF para permitir todas as espécies de ações, inclusive as executivas fiscais, que tenham por objeto as penalidades impostas aos empregadores pelos órgãos de fiscalização do trabalho.

Como bem observa Estêvão Mallet,

> a finalidade da nova hipótese de competência leva a afirmar-se que a própria execução fiscal das multas e dos valores deve ser feita perante a Justiça do Trabalho, admitindo-se a discussão da legalidade do lançamento em embargos do executado[58].

Realmente, como ressaltou Marcos Neves Fava, não faria sentido algum "exigir dos litigantes que se defendessem ou postulassem, perante a Justiça do Trabalho, mas que, consolidada a obrigação de pagamento da dívida, aforassem – ou se defendessem – perante a Justiça Federal, durante a execução"[59].

58. Apontamentos sobre a competência da justiça do trabalho após a Emenda Constitucional n. 45. In: COUTINHO, Grijalbo Fernandes; FAVA, Marcos Neves (Coords.). *Justiça do trabalho: competência ampliada*. São Paulo: LTr, 2005. p. 86.

59. As ações relativas às penalidades administrativas impostas aos empregadores pelos órgãos de fiscalização das relações de trabalho – primeira leitura do art. 114, VII, da Constituição

Por outro lado, a execução fiscal é uma ação especial, com procedimento e características também especiais. Aliás, a própria Lei n. 6.830/80 dispõe, no art. 1º, que:

> A *execução judicial para cobrança* da Dívida Ativa da União, dos Estados, do Distrito Federal, dos Municípios e respectivas autarquias será regida por esta Lei e, *subsidiariamente, pelo Código de Processo Civil.*

De modo que, a nosso ver, a execução fiscal para cobrança da dívida ativa consubstanciada na certidão de débito das multas aplicadas pela fiscalização do trabalho há de ser implementada pelo microssistema composto aprioristicamente pelas normas da Lei de Execução Fiscal, restando à CLT e ao CPC, no que couber, o papel de fontes subsidiárias.

Obrou com acerto o Poder Constituinte Reformador ao transferir para a Justiça Especializada a competência para julgar demandas derivadas da relação empregatícia, pois não havia justificativa política, social ou jurídica para que tal competência permanecesse na seara da Justiça Federal comum.

Nesse sentido, colacionamos os Enunciados ns. 56 e 57 aprovados na 1ª Jornada de Direito Material e Processual do Trabalho realizada em Brasília-DF (disponíveis em: <www.anamatra.org.br>):

> Enunciado n. 56. AUDITOR FISCAL DO TRABALHO. RECONHECIMENTO DA RELAÇÃO DE EMPREGO. POSSIBILIDADE. Os auditores do trabalho têm por missão funcional a análise dos fatos apurados em diligências de fiscalização, o que não pode excluir o reconhecimento fático da relação de emprego, garantindo-se ao empregador o acesso às vias judicial e/ou administrativa, para fins de reversão da autuação ou multa imposta.
>
> Enunciado n. 57. FISCALIZAÇÃO DO TRABALHO. RECONHECIMENTO DE VÍNCULO EMPREGATÍCIO. DESCONSIDERAÇÃO DA PESSOA JURÍDICA E DOS CONTRATOS CIVIS. Constatando a ocorrência de contratos civis com o objetivo de afastar ou impedir a aplicação da legislação trabalhista, o auditor fiscal do trabalho desconsidera o pacto nulo e reconhece a relação de emprego. Nesse caso, o auditor fiscal não declara, com definitividade, a existência da relação, mas sim constata e aponta a irregularidade administrativa, tendo como consequência a autuação e posterior multa à empresa infringente.

---

da República. In: COUTINHO, Grijalbo Fernandes; FAVA, Marcos Neves (Coords.). *Justiça do trabalho:* competência ampliada. São Paulo: LTr, 2005. p. 354.

2.1.7.1. Penalidades impostas pelos órgãos de fiscalização de profissões regulamentadas

A competência em razão da matéria e da pessoa prevista no inciso VII do art. 114 da CF não alcança as ações oriundas de penalidades impostas pelos órgãos de fiscalização do exercício profissional, como os Conselhos de Classe (Conselhos de medicina, engenharia, contabilidade etc.), pois a relação que se estabelece entre tais Conselhos e os respectivos profissionais é tipicamente institucional e de direito público, e não de trabalho.

Assim, as multas ou quaisquer outras penalidades aplicadas aos referidos profissionais pelos órgãos de fiscalização são da competência da Justiça Federal, pois os citados Conselhos possuem natureza jurídica de autarquias federais (STF-ADIn n. 1.717-6/DF), o que atrai a incidência do art. 109, I, da CF.

Permanece válida, a nosso sentir, a Súmula 66 do STJ que, *in casu*, não é abalada pelo inciso VII do art. 144 da CF.

Quanto à natureza jurídica da OAB – Ordem dos Advogados do Brasil, colhe-se o entendimento do STF:

> A OAB não é uma entidade da Administração Indireta da União. A Ordem é um serviço público independente, categoria ímpar no elenco das personalidades jurídicas existentes no direito brasileiro. A OAB não está incluída na categoria na qual se inserem essas que se têm referido como "autarquias especiais" para pretender-se afirmar equivocada independência das hoje chamadas 'agências'. Por não consubstanciar uma entidade da Administração Indireta, a OAB não está sujeita a controle da Administração, nem a qualquer das suas partes está vinculada (STF-ADI n. 3.026-DF, Rel. Min. Eros Grau).

Assim, embora o STF não a considere uma autarquia federal, reconhece que ela tem poderes legais para fiscalizar o exercício ético-profissional dos advogados, razão pela qual possui foro privilegiado da Justiça Federal para promover a cobrança de anuidades ou multas impostas aos advogados.

2.1.7.2. Ação de execução fiscal de dívida ativa do FGTS

Embora a Justiça do Trabalho seja competente, em razão da matéria e da pessoa, para processar e julgar ação versando sobre FGTS entre empregado e empregador (subitem 2.1.1.1.5. *supra*), ela é incompetente para apreciar ação proposta pela Fazenda Nacional, representada pela Advocacia Geral da União, para cobrança de valores devidos pelo empregador ao FGTS, pois, neste caso, não há lide entre empregado e empregador, nem existe relação de trabalho entre a União e o empregador, sendo certo, ainda, que não existe nenhuma lei atribuindo tal competência à Justiça do Trabalho. Nesse sentido vem decidindo o TST:

> (...) COMPETÊNCIA DA JUSTIÇA DO TRABALHO. EXECUÇÃO FISCAL. FGTS. Inexistência de lei atribuindo competência à Justiça do Trabalho para o julgamento da matéria debatida nos presentes autos (execução fiscal de dívida ativa do FGTS). Violação do art. 114, I e IX, da Constituição Federal demonstrada. Recurso de revista a que se dá provimento (TST-RR 100140-43.2006.5.07.0024, j. 6-10-2010, Rel. Min. Fernando Eizo Ono, 4ª T., *DEJT* 22-10-2010).

O entendimento do TST encontra-se em sintonia com a Súmula 349 do STJ: "Compete à Justiça Federal ou aos juízes com competência delegada o julgamento das execuções fiscais de contribuições devidas pelo empregador ao FGTS".

2.1.7.3. *Competência para julgar empréstimos consignados*

A Justiça do Trabalho é competente para processar e para julgar ação sobre empréstimos consignados descontados na rescisão contratual de trabalhadores e não repassados à entidade financeira. Nesse sentido, o TST (RR-122200-80.2009.5.05.0017), em acórdão da lavra do ministro Vieira de Mello Filho, entendeu que a "subtração de valores rescisórios devidos aos trabalhadores em razão do contrato de trabalho, sem o correspondente repasse à instituição financeira, tendo por consequência a inadimplência dos empregados em relação ao contrato de empréstimo consignado e sua potencial inscrição em sistemas de proteção ao crédito, é circunstância que se coloca como controvérsia decorrente da relação de emprego", o que atrai a competência da Justiça do Trabalho, por força do art. 114, I, da CF.

2.1.8. Competência material executória

A competência material executória da Justiça do Trabalho pode ser de duas espécies: para executar as suas próprias sentenças e para executar as contribuições previdenciárias decorrentes das sentenças que proferir.

2.1.8.1. *Competência para executar as suas próprias sentenças*

A competência material executória da Justiça do Trabalho para os "litígios que tenham origem no cumprimento de suas próprias sentenças" estava prevista na parte final do art. 114, da CF. Tal regra não consta mais da nova redação do art. 114 do Texto Magno dada pela EC n. 45/2004.

De nossa parte, sempre achamos pleonástica a expressão que constava da parte final do texto original do art. 114 da CF, pois o órgão jurisdicional que é competente para processar e julgar determinada demanda também o será, em princípio, para executar a sua própria sentença. Trata-se de interpretação lógica.

Extrai-se, pois, implicitamente do art. 114 da CF que a Justiça do Trabalho decide e executa as suas próprias decisões, tanto as de natureza individual, quanto as de natureza coletiva, o que, como se sabe, não acontecia quando ela, em suas origens históricas, fazia parte do Poder Executivo.

Daí a correta observação de Amauri Mascaro Nascimento, para quem a parte final do art. 114 da CF (na sua redação original) abre

> uma perspectiva larga, sabendo-se que, na execução de sentenças, a Justiça do Trabalho vê-se diante de questões que envolvem a aplicação do Direito Comercial, Civil, Administrativo, e outros setores do Direito positivo, porque da penhora de bens podem resultar inúmeras questões de natureza patrimonial. A penhora é o momento em que, diante da atuação da lei no mundo físico, surgem problemas sobre as condições em que se encontram os bens penhorados, alguns onerados com hipoteca, penhor, alienação fiduciária, responsabilidade dos sócios, sucessão, arrematação, adjudicação, remição, etc., questões que o Juiz do Trabalho terá de resolver, e para as quais é competente para executar as sentenças da Justiça do Trabalho[60].

O caso mais comum de litígio que tem origem no cumprimento de sentença trabalhista é o que se dá com a ação de cumprimento de sentença normativa, tal como previsto no art. 872 e seu parágrafo único da CLT, *in verbis*:

> Art. 872. Celebrado o acordo, ou transitada em julgado a decisão, seguir-se-á o seu cumprimento, sob as penas estabelecidas neste Título.
>
> Parágrafo único. Quando os empregadores deixarem de satisfazer o pagamento de salários, na conformidade da decisão proferida, poderão os empregados ou seus sindicatos, independentes de outorga de poderes de seus associados, juntando certidão de tal decisão, apresentar reclamação à Junta ou Juízo competente, observado o processo previsto no Capítulo II deste Título, sendo vedado, porém, questionar sobre a matéria de fato e de direito já apreciada na decisão.

---

60. *Curso de direito processual do trabalho*. 16. ed. São Paulo: Saraiva, 1996. p. 100-101.

O STJ vinha entendendo que a competência para apreciar ação de cumprimento de cláusula constante de convenção ou acordo coletivo era da Justiça Comum Estadual (Súmula 57). Todavia, com o advento da Lei n. 8.984/95, a Justiça do Trabalho também passou a ser competente para processar e julgar tais ações, pouco importando que a(s) cláusula(s) esteja(m) previstas em sentença normativa (CLT, art. 872, parágrafo único), acordo coletivo ou convenção coletiva.

Diz o art. 1º da Lei n. 8.984/95:

> Compete à Justiça do Trabalho conciliar e julgar os dissídios que tenham origem no cumprimento de convenções coletivas de trabalho ou acordos coletivos de trabalho, mesmo quando ocorram entre sindicatos ou entre sindicatos de trabalhadores e empregador.

A única exceção ficava por conta da ação de cumprimento de cláusula de convenção ou acordo coletivo proposta por *entidade sindical patronal* em face de empresas que integram a categoria econômica, pois aí, é óbvio, não existirá nem relação de emprego, nem relação de trabalho, o que excluiria a competência da Justiça do Trabalho, sendo inconstitucional, segundo nos parece, lei que viesse alargar o alcance do art. 114 da *Lex Legum*, no particular.

Com a EC n. 45/2004, no entanto, a matéria restou superada, pois o inciso III do art. 114 da CF, passou a prever a competência (em razão das pessoas) da Justiça do Trabalho para processar e julgar as ações não apenas entre sindicatos e entre sindicatos e trabalhadores, mas também *entre sindicatos e empregadores*.

Na hipótese de criação de Vara do Trabalho, quando o juiz de direito estava investido na jurisdição trabalhista, o STJ editou a Súmula 10, segundo a qual:

> Instalada a Junta de Conciliação e Julgamento (*rectius*, Vara do Trabalho), cessa a competência do Juiz de Direito em matéria trabalhista, inclusive para a execução das sentenças por ele proferidas.

Essa Súmula 10 do STJ encerra, em derradeira análise, exceção ao princípio da *perpetuatio jurisdictionis*[61]. E isso ocorre porque as leis federais que fixam a competência territorial das Varas do Trabalho já dispõem sobre a questão da cessação da competência do juiz de direito com a instalação da Vara trabalhista.

---

61. Por *perpetuatio jurisdictionis* entende-se o princípio segundo o qual todo processo deve terminar no juízo em que se iniciou, não influindo as transformações posteriores à propositura da demanda, relativas ao domicílio, cidadania das partes, objeto da causa ou seu valor, na competência do juízo.

2.1.8.1.1. Falência, concordata e recuperação judicial

Remetemos o leitor ao Capítulo XXIII, itens 21 e 22.

2.1.8.2. Competência para executar contribuições previdenciárias

Com a promulgação da Emenda Constitucional n. 20, de 15 de dezembro de 1998, houve uma substancial alteração acerca da competência da Justiça do Trabalho, pois a Carta Magna estendeu-lhe, também, a competência para "executar, de ofício, as contribuições sociais previstas no art. 195, I, *a*, e II, e seus acréscimos legais, decorrentes das sentenças que proferir" (CF, art. 114, § 3º).

Convém assinalar que, antes mesmo da EC n. 20/98, o TST já vinha se posicionando nesse sentido, como se vê do seguinte aresto:

> Competência da Justiça do Trabalho – Descontos Previdenciários. A Justiça do Trabalho é competente para determinar os recolhimentos das contribuições sobre verbas deferidas em sentença (TST, RR n. 114.522/94.4, 1ª T., ac. unân., Rel. Min. Afonso Celso, j. em 20-10-1994, *DJU* 9-12-1994, p. 34-222).

A EC n. 45/2004 não alterou o conteúdo da norma que fixa a competência material executória da Justiça do Trabalho para as contribuições previdenciárias. Apenas mudou a sua residência no mesmo art. 114 que, antes era o § 3º; agora, o inciso VIII.

No que concerne ao novo Texto Constitucional (inciso VIII, art. 114 da CF), há algumas observações dignas de comentário.

A primeira reside na interpretação da expressão "sentenças".

Parece-nos que a *mens legis* aponta no seu sentido *lato*, nela se compreendendo tanto os provimentos judiciais que resolvem o processo com apreciação da lide (procedência total ou parcial) quanto aqueles que culminam com o chamado "termo de conciliação", ao qual a lei trabalhista atribui a eficácia de decisão irrecorrível (CLT, art. 831, parágrafo único).

A segunda observação concerne ao verbo "executar, de ofício", que, a nosso sentir, deve ser entendido como "conduzir a execução", isto é, o juiz do trabalho assume uma posição proativa no processo, determinando a cobrança dos débitos em obediência aos ditames legais.

A execução previdenciária *ex officio* engloba os atos de quantificação da dívida, intimação para pagar no prazo, constrição (arresto, penhora), expropriação (hasta pública) e satisfação do exequente[62].

62. MENESES, Geraldo Magela e Silva. Competência da Justiça do Trabalho ampliada em face da Emenda Constitucional n. 20/98. *Jornal Síntese*, Porto Alegre, n. 24, p. 7 e s., fev. 1999.

Não há negar que as atribuições da Justiça do Trabalho, antes adstrita à mera comunicação ao INSS, foram consideravelmente ampliadas, competindo, agora, aos seus órgãos judiciais a prática de todos os atos tendentes a satisfazer créditos daquela entidade autárquica federal. Estabelecerá a sentença exequenda obrigação de pagar ao Instituto Nacional do Seguro Social, da mesma forma como já constava relativamente às custas processuais (tributo da União), cujo pagamento se recolhe ao Tesouro Nacional[63].

Tangentemente às questões operacionais da nova competência executória, adverte, com inteira razão, Geraldo Magela:

> Alterada a moldura competencial da Justiça do Trabalho, este ramo do Judiciário deixa de prestar simples auxílio administrativo ao Instituto Nacional do Seguro Social. Passará, doravante, a desempenhar poder-dever jurisdicional de reconhecimento e execução de dívida previdenciária. Virtualmente previsível, surgirá em pouco tempo sobrecarga de tarefas aos juízes trabalhistas (que já enfrentam verdadeira "maré-montante" de processos) para resolver uma série de incidentes (embargos à penhora, à arrematação, à adjudicação, agravos, etc.) na execução dos débitos previdenciários reconhecidos em títulos sentenciais exequendos. Com uma significativa elevação do volume de serviços, emerge imperiosa a necessidade de adequações, a exigir melhor aptidão técnica dos magistrados e de seus auxiliares[64].

Imperioso ressaltar que o TST, num primeiro momento, alargou a competência da Justiça do Trabalho para determinar o pagamento das contribuições previdenciárias incidentes sobre o período anterior ao reconhecimento do vínculo empregatício em juízo. Essa posição foi adotada pela Terceira Turma, que deu provimento, por maioria de votos, ao recurso do Instituto Nacional do Seguro Social (INSS). Tal decisão foi proferida no recurso de revista RR-1119/1999 e teve grande repercussão, pois o "pagamento das contribuições sociais e o consequente reconhecimento previdenciário do tempo de serviço são de fundamental importância para quem, contrastando o propósito irregular do mau empregador, vê reconhecida a existência de contrato individual de trabalho", acrescentou o relator, Ministro Alberto Bresciani. O acórdão da Suprema Corte Trabalhista fundou-se no art. 114, § 3º, da CF (atualmente, inciso VIII) e no Decreto n. 3.048/99, que regulamentou a lei previdenciária, dispondo que, "se da decisão resultar reconhecimento de vínculo empregatício, deverão ser exigidas as contribuições, tanto do

63. Idem.
64. Idem.

empregador como do reclamante (trabalhador), para todo o período reconhecido, ainda que o pagamento das remunerações a ele correspondentes não tenha sido reclamado na ação".

A referida decisão do TST foi muito criticada porque, segundo alguns, o exame de uma ação meramente declaratória, isto é, que reconhece, tão somente, a relação de emprego, não poderia levar o juiz a promover de ofício o desconto do crédito previdenciário, o que levou o TST a reformular a redação do item I da Súmula 368 daquela Corte, para reafirmar, não obstante o parágrafo único do art. 876 da CLT, o entendimento de que a "Justiça do Trabalho é competente para determinar o recolhimento das contribuições fiscais. A competência da Justiça do Trabalho, quanto à execução das contribuições previdenciárias, limita-se às sentenças condenatórias em pecúnia que proferir e aos valores, objeto de acordo homologado, que integrem o salário de contribuição".

Aliás, o TST alterou o entendimento anterior, por força de decisão do STF nos autos de um recurso extraordinário em que o INSS pretendia que a Justiça do Trabalho executasse contribuições previdenciárias referentes ao período do vínculo empregatício reconhecido judicialmente. Eis a síntese da decisão do STF:

> A competência da Justiça do Trabalho, nos termos do disposto no art. 114, VIII, da CF, limita-se à execução, de ofício, das contribuições sociais previstas no art. 195, I, *a*, e II, e seus acréscimos legais, decorrentes das sentenças condenatórias em pecúnia que proferir e aos valores objeto de acordo homologado que integrem o salário de contribuição, não abrangendo, portanto, a execução de contribuições atinentes ao vínculo de trabalho reconhecido na decisão, mas sem condenação ou acordo quanto ao pagamento das verbas salariais que lhe possam servir como base de cálculo ("Art. 114... VIII – a execução, de ofício, das contribuições sociais previstas no art. 195, I, *a*, e II, e seus acréscimos legais, decorrentes das sentenças que proferir;"). Com base nesse entendimento, o Tribunal desproveu recurso extraordinário interposto pelo INSS em que sustentava a competência da Justiça especializada para executar, de ofício, as contribuições previdenciárias devidas, incidentes sobre todo o período de contrato de trabalho, quando houvesse o reconhecimento de serviços prestados, com ou sem vínculo trabalhista, e não apenas quando houvesse o efetivo pagamento de remunerações. Salientou-se que a decisão trabalhista que não dispõe sobre pagamento de salário, mas apenas se restringe a reconhecer a existência do vínculo empregatício não constitui título executivo no que se refere ao crédito de contribuições previdenciárias. Assim, considerou-se não ser possível admitir uma execução sem título executivo. Asseverou-se que, em relação à contribuição social referente ao salário cujo pagamento foi determinado em decisão trabalhista é fácil identificar o crédito exequendo e, por conseguinte, admitir a substituição das etapas tradicionais de sua consti-

tuição por ato típico, próprio, do magistrado. Ou seja, o lançamento, a notificação, a apuração são todos englobados pela intimação do devedor para o seu pagamento, porque a base de cálculo para essa contribuição é o valor mesmo do salário que foi objeto da condenação. Já a contribuição social referente ao salário cujo pagamento não foi objeto da sentença condenatória, e, portanto, não está no título exequendo, ou não foi objeto de algum acordo, dependeria, para ser executada, da constituição do crédito pelo magistrado sem que este tivesse determinado o pagamento do salário, que é exatamente a causa e a base da sua justificação. O Min. Ricardo Lewandowski, em acréscimo aos fundamentos do relator, aduziu que a execução de ofício de contribuição social antes da constituição do crédito, apenas com base em sentença trabalhista que reconhece o vínculo empregatício sem fixar quaisquer valores, viola também o direito ao contraditório e à ampla defesa. Em seguida, o Tribunal, por maioria, aprovou proposta do Min. Menezes Direito, relator, para edição de súmula vinculante sobre o tema, e cujo teor será deliberado nas próximas sessões. Vencido, no ponto, o Min. Marco Aurélio, que se manifestava no sentido da necessidade de encaminhamento da proposta à Comissão de Jurisprudência (STF-RE n. 569.056/PR, Rel. Min. Menezes Direito, 11-9-2008, in Informativo STF n. 519).

É importante transcrever a ementa do acórdão do TST que passou a adotar o entendimento do STF:

AGRAVO DE INSTRUMENTO. RECURSO DE REVISTA. EXECUÇÃO. JUSTIÇA DO TRABALHO. COMPETÊNCIA. CONTRIBUIÇÕES PREVIDENCIÁRIAS INCIDENTES SOBRE VERBAS PAGAS NO CURSO DO CONTRATO DE TRABALHO DECLARADO NULO. SÚMULA 368, I, DO TRIBUNAL SUPERIOR DO TRABALHO. O Tribunal Pleno desta Corte, no julgamento do processo E-RR-346/2003-021-23-00.4, realizado no dia 17-11-2008, manteve o entendimento consubstanciado no item I da Súmula 368, que limita a competência da Justiça do Trabalho para executar contribuições previdenciárias apenas às sentenças condenatórias em pecúnia e aos valores objeto de acordo. Por conseguinte, esta Justiça Especializada não tem competência para executar as mencionadas contribuições decorrentes de decisões que declaram o vínculo de emprego. Esse entendimento converge para o do Supremo Tribunal Federal, consoante se verifica da decisão proferida no processo n. RE-569.056/PA, publicada em 29-3-2008, Relator Min. Carlos Alberto Menezes Direito, que negou provimento ao recurso extraordinário interposto pelo INSS, cujo apelo tratava da competência da Justiça do Trabalho para a execução de contribuições previdenciárias e da fixação do alcance do art. 114, VIII, da CF. Nesse contexto, inviabiliza-se o processamento do recurso de revista quando se verifica que a decisão recorrida se encontra em sintonia com a orientação consubstanciada no item I da Súmula 368 desta Corte. Agravo de instrumento conhecido e não provido (TST-AIRR 649/2007-148-03-41.4, j. 7-10-2009, Rel. Min. Dora Maria da Costa, 8ª T., *DEJT* 9-10-2009).

É importante registrar que o parágrafo único do art. 876 da CLT foi alterado pela Lei n. 13.467/2017, suprimindo a sua parte final, que dispunha sobre a competência da Justiça do Trabalho executar de ofício as contribuições previdenciárias, "inclusive sobre os salários pagos durante o período contratual reconhecido". Este novel dispositivo foi inspirado na Súmula Vinculante 53 do STF.

Outros enfoques de competência da Justiça do Trabalho a respeito da cobrança, de ofício, da contribuição previdenciária, *vide* subitem 2.1.1.1.7 *supra* e item 32 do Capítulo XXIII.

2.2. Competência em razão da pessoa

Havíamos dito que a competência estabelecida no art. 114 da CF abarca, a um só tempo, a *competência em razão da matéria* (litígios referentes à relação de emprego ou decorrentes da relação de trabalho) e a *competência em razão da pessoa*.

Cabe, agora, indicar os critérios escolhidos pelo legislador, pois a competência em razão das pessoas é fixada em virtude da qualidade da parte que figura na relação jurídica processual.

Problematizando: quem são as pessoas que podem demandar na Justiça do Trabalho?

Para enfrentar tal questão, optamos por conceituar os *trabalhadores tutelados pelo direito material do trabalho*, ou seja, aqueles que são alcançados pela expressão "trabalhadores", contida no art. 7º, *caput*, da CF. Em seguida, veremos quais as demais espécies de trabalhadores que também estão autorizados a demandar na Justiça Especializada.

Além disso, por força do art. 114 da CF, com redação dada pela EC n. 45/2004, será competente a Justiça do Trabalho para processar e julgar as ações em que figurarem como parte:

a) os *sindicatos* (inciso III);

b) os *entes de direito público externo* (inciso I);

c) os *órgãos da Administração Pública Direta, Autárquica ou Fundacional da União, dos Estados, do Distrito Federal e dos Municípios na qualidade de empregadores* (inciso I);

d) a *União*, quando ajuizar ações relativas às penalidades administrativas impostas aos *empregadores* pelos órgãos de fiscalização das relações de trabalho (inciso VII);

e) o INSS, quando promove a execução das contribuições previdenciárias (inciso VIII);

f) o MPT, na hipótese do § 3º do art. 114 da CF.

Ademais, nada impede que a própria Constituição (*v.g.*, arts. 8º, III, e 129, III) ou outras normas infraconstitucionais prevejam a competência da Justiça do Trabalho para processar e julgar demandas oriundas da relação de trabalho em que figurem como partes outras pessoas ou entidades diversas das previstas no art. 114 da CF.

2.2.1. Trabalhadores que podem demandar na Justiça do Trabalho

Trabalhador, em sentido amplo, é toda pessoa física que utiliza sua energia pessoal em proveito próprio ou alheio, visando um resultado determinado, econômico ou não. Convém dizer, desde logo, que nem todo trabalhador é empregado, mas todo empregado é trabalhador.

Existem duas teorias que procuram delimitar o campo de aplicação do direito material do trabalho: a restritiva e a ampliativa.

A teoria restritiva, defendida por Manuel Alonso Olea, Francisco de Ferrari e outros, restringe o âmbito dessa disciplina aos empregados sujeitos da relação de emprego ou aos trabalhadores por conta alheia. Essa corrente exclui apenas o trabalhador autônomo.

A teoria ampliativa estende o campo de aplicação do direito do trabalho a outros tipos de trabalhadores, inclusive ao autônomo, e não apenas ao empregado. São defensores desta teoria, dentre outros, Cabanellas, Perez Lenero e Galland.

A tendência que vem sendo observada é a de que os trabalhadores autônomos, em linhas gerais, não estão tutelados pelo direito do trabalho. A exceção fica por conta da existência de legislação específica no ordenamento jurídico de cada Estado.

Durante longo tempo, acreditava-se que o trabalho profissional seria dividido em quatro espécies: autônomo, subordinado, eventual e avulso. Tal divisão mereceu crítica dos estudiosos, uma vez que os trabalhadores eventual e avulso constituem, ao lado dos empregados, subespécies da espécie de trabalhador subordinado.

Assim, inspirando-se na doutrina italiana, o pensamento dominante passou a admitir que o trabalho profissional pode ser dividido em dois grandes hemisférios: o do trabalhador autônomo e o do trabalhador subordinado[65].

65. Fala-se, atualmente, em um *tercium genus*: o trabalhador parassubordinado. Segundo José Affonso Dallegrave Neto (*Inovações na legislação trabalhista*. São Paulo: LTr, 2002. p. 172), parassubordinação seria um "neologismo utilizado para traduzir a subordinação mitigada, pró-

O trabalho subordinado subdivide-se, por sua vez, em trabalho subordinado típico e atípico. Pode-se dizer, então, que existe o *trabalhador subordinado típico* e o *trabalhador subordinado atípico*.

Trabalhadores *subordinados típicos* são o *empregado urbano* e o *empregado rural*. Assim, por força da isonomia estabelecida no art. 7º, *caput*, da CF, as lides entre os empregados, urbano e rural, e os respectivos empregadores são da competência da Justiça do Trabalho, nos termos do art. 114, I, da CF (na sua redação original). Sob o enfoque da competência material, o objeto do vínculo jurídico entre empregado e o empregador é a relação de emprego.

São trabalhadores *subordinados atípicos* o *eventual*, o *avulso*, o *temporário*, o *doméstico* e o *servidor público investido em cargo público*, de provimento efetivo ou em comissão, bem como o servidor contratado a título temporário (CF, art. 37, IX).

Convém advertir que, à luz do nosso ordenamento jurídico vigente, os trabalhadores autônomos não gozam de proteção do direito do trabalho, mas as relações de trabalho que mantêm com os respectivos tomadores do serviço por eles prestados podem ser processadas e julgadas pela Justiça do Trabalho, desde que observadas as considerações que já expendemos nos tópicos precedentes.

O *trabalhador eventual*[66] e o *servidor público investido em cargo público* (estatutário), de provimento efetivo ou em comissão, embora subordinados, também estão excluídos da proteção do direito material do trabalho; contudo, a Justiça do Trabalho passou a ser, por força da EC n. 45/2004, que inseriu o inciso I no art. 114 da CF, competente para processar e julgar as ações oriundas das relações de trabalho entre eles e os respectivos tomadores de seus serviços, como já foi dito em outra parte deste livro[67].

Um importante dado histórico deve ser lembrado. É que a Constituição de 1967, com as alterações introduzidas pela Emenda Constitucional n. 1/69, dispunha que era da Justiça Federal a competência para os dissídios entre os *servidores públicos federais regidos pela CLT* e a União e seus entes descentralizados (autarquias, fundações e empresas públicas). Os servidores celetistas dos Estados e dos Municípios tinham suas lides dirimidas pela Justiça do Trabalho.

---

pria de empregados altamente qualificados ou controlados à distância, ou, ainda, das figuras contratuais resididas na zona fronteiriça entre o trabalho autônomo e a relação de emprego, como, por exemplo, o representante comercial e o vendedor pracista".

66. Ver art. 17 da Lei n. 5.889/73. Trata-se, aqui, do chamado boia-fria, que, no entanto, tende a ser tutelado pelo direito material do trabalho.

67. O STF declarou inconstitucional o art. 240, *e*, da Lei n. 8.112/90, que estabelecia a competência para os litígios envolvendo servidor público federal estatutário. O Presidente do STF concedeu liminar na ADI n. 3.395, suspendendo a possibilidade de a Justiça do Trabalho processar e julgar ações em que figurem servidores estatutários e os órgãos da Administração direta, autárquica ou fundacional.

Com a CF de 1988, os servidores celetistas da União passaram, tal como já se dava com os servidores celetistas dos Estados e dos Municípios, a ter seus litígios com as respectivas pessoas jurídicas de direito público interno submetidos à competência da Justiça do Trabalho (art. 114).

O *doméstico* e o *temporário* são trabalhadores subordinados *sob tutela especial*, isto é, não são destinatários de grande parte dos direitos trabalhistas outorgados ao empregado comum. Todavia, ambos já podiam demandar na Justiça do Trabalho.

Isso ocorria porque, no caso do *trabalhador doméstico*, a Lei n. 5.859, de 11 de dezembro de 1972, em seu art. 7º, remeteu ao Decreto n. 71.885, de 9 de março de 1973, a tarefa de regulamentá-la. Assim, esse chamado "decreto autônomo" prescreve no seu art. 2º, parágrafo único, *in verbis*:

> As divergências entre empregado e empregador doméstico relativas a férias e anotações na Carteira de Trabalho e Previdência Social, ressalvada a competência da Justiça do Trabalho, serão dirimidas pela Delegacia Regional do Trabalho.

Embora não prime pela boa técnica, a norma acima transcrita acabou, na prática, permitindo que os conflitos entre trabalhador doméstico e o tomador do seu serviço passassem a ser da competência da Justiça do Trabalho.

Quanto ao *trabalhador temporário*, a competência da Justiça do Trabalho, para dirimir os conflitos decorrentes da relação de trabalho entre ele e as empresas de serviço temporário, está expressamente prevista no art. 19 da Lei n. 6.019, de 3 de janeiro de 1974.

Agora, com arrimo no inciso I do art. 114 da CF, com redação dada pela EC n. 45/2004, a competência da Justiça do Trabalho para processar e julgar as ações propostas pelo trabalhador doméstico e pelo trabalhador temporário restou ainda mais evidente.

O servidor público investido em emprego público[68] é regido pela Consolidação das Leis do Trabalho, observadas algumas ressalvas previstas na Constituição Federal de 1988. Também chamado de servidor "celetista", pois a relação jurídica que o vincula à Administração Pública é de natureza empregatícia, a competência da Justiça do Trabalho para processar e julgar os conflitos que surgem dessa relação encontra-se albergada no próprio inciso I do art. 114 da CF.

O *trabalhador avulso* também pode demandar na Justiça do Trabalho nos litígios decorrentes da relação de trabalho em que ele e os tomadores de seus serviços figurarem como parte da relação jurídica processual, a teor do art. 643, *caput*, da CLT, que, a nosso sentir, fora recepcionado pela antiga redação do art. 114 da CF. Com muito mais

68. *Vide* item 2.1.1.2.4.3 deste Capítulo.

razão, após a EC n. 45/2004, o trabalhador avulso pode propor ações na Justiça do Trabalho não apenas em face do tomador do seu serviço, do operador portuário e do OGMO – Órgão Gestor de Mão de Obra (CLT, art. 643, *caput* e § 3º), mas, também, em face do sindicato de sua correspondente categoria profissional (CF, art. 114, III).

Em resumo, a interpretação sistemática e teleológica dos incisos I e IX do art. 114 da CF autoriza-nos a dizer que as lides entre os trabalhadores subordinados típicos (empregados urbano e rural) e os tomadores de seus serviços (empregadores) são dirimidas pela Justiça do Trabalho. Já as lides entre os trabalhadores subordinados atípicos (doméstico, avulso, temporário, eventual) e tomadores de seus serviços somente serão da competência da Justiça do Trabalho:

a) se houver permissão infraconstitucional em tal sentido;

b) se não existir norma infraconstitucional específica prevendo a competência da Justiça Comum;

c) ou, nessa última hipótese, se sobrevier lei deslocando a competência para a Justiça do Trabalho.

Assim, os trabalhadores autônomos, o empreiteiro pessoa física, os corretores e os profissionais liberais em face dos tomadores de seus serviços (salvo se se tratar de ação oriunda da relação de consumo) e os cooperados em face das cooperativas de trabalho, poderão, a nosso ver, demandar na Justiça do Trabalho, pois não existe lei anterior à EC n. 45/2004 dispondo o contrário, ou seja, prescrevendo que a competência é da Justiça Comum, conforme estudamos no item 2.1.2 *supra*.

2.2.2. Os entes de direito público externo

O inciso I do art. 114 da CF, com redação dada pela EC n. 45/2004, estabelece que compete à Justiça do Trabalho processar e julgar ações oriundas da relação de trabalho, "abrangidos os entes de direito público externo".

Trata-se de inovação do constitucionalismo brasileiro, o que exige uma reflexão histórica mais aprofundada do intérprete. A reflexão passa, necessariamente, pela seguinte indagação: será que, em matéria trabalhista, não há imunidade de jurisdição?

Para satisfazer a indagação, é preciso examinar dois momentos distintos. Isto porque antes da CF/88, competia à Justiça Comum Federal processar e julgar as causas entre trabalhadores e entes de direito público externo; depois, a competência deslocou-se para a Justiça do Trabalho.

À luz da CF/88, o STF deixou assentado:

> Não há imunidade judiciária para o Estado estrangeiro, em causa de natureza trabalhista. Em princípio, esta deve ser processada e julgada pela Justiça do Tra-

balho, se ajuizada depois do advento da Constituição Federal de 1988 (art. 114). Na hipótese, porém, permanece a competência da Justiça Federal, em face do disposto no § 10 do art. 27 do ADCT da CF/1988, c/c art. 125, II, da EC n. 1/69. Recurso ordinário conhecido e provido pelo Supremo Tribunal Federal para se afastar a imunidade judiciária reconhecida pelo Juízo Federal de primeiro grau, que deve prosseguir no julgamento da causa, como de direito (STF, Ac. n. 9.696-3-SP, Sydney Sanches)[69].

Houve um tempo em que se cogitava da imunidade de jurisdição, que só alcançava os atos de império praticados por sujeitos de Direito Internacional Público, como os Estados estrangeiros, abarcando as missões diplomáticas e as repartições consulares, e os organismos internacionais, como a ONU, a OIT etc. Quando esses entes praticavam atos de gestão, passavam a equiparar-se aos particulares, razão pela qual deixavam de agir com soberania, sujeitando-se às regras comuns atribuídas às demais pessoas jurídicas de direito privado.

Como o inciso I do art. 114 da CF diz respeito à regra de competência, e não de jurisdição, tem-se entendido que somente no processo de conhecimento é que não há lugar para a imunidade de jurisdição em se tratando de matéria trabalhista em que o ente de direito público externo figure como sujeito passivo da obrigação correspondente.

A imunidade de jurisdição do Estado estrangeiro, segundo o entendimento que tem prevalecido, alcança apenas o processo (ou fase) de execução. Trata-se, portanto, de "imunidade de execução", salvo se o referido ente internacional, mediante Tratado Internacional ou *sponte sua*, renunciar expressamente à "imunidade de execução".

Como não houve alteração substancial pela EC n. 45/2004, parece-nos que continuará prevalecendo a imunidade de execução, ou seja, imunidade de jurisdição relativa dos Estados estrangeiros[70].

O inciso I do art. 96 da Consolidação dos Provimentos da CGJT consagra implicitamente a imunidade de execução dos Estados estrangeiros ou organismos internacionais, porquanto, relativamente ao Sistema Bacen Jud, cabe ao juiz do trabalho: "I – abster-se de emitir ordem judicial de bloqueio promovida em face de Estado estrangeiro ou organismo internacional".

---

69. Apud CARRION, Valentin. *Comentários à Consolidação das Leis do Trabalho*. 5. ed. São Paulo: Saraiva, 2000. p. 479.

70. Em sentido contrário: SCHIAVI, Mauro. *Manual de direito processual do trabalho*. São Paulo: LTr, 2008. p. 167. Para esse autor, se a Justiça do Trabalho é competente para processar e julgar, também o será para executar demandas aforadas em face de entes de direito público externo.

Quanto aos organismos internacionais, como ONU, OIT, Unesco, a imunidade de jurisdição é absoluta, salvo se expressamente a ela renunciá-la. Nesse sentido é a recente OJ n. 416 da SBDI-1/TST, *in verbis*:

> IMUNIDADE DE JURISDIÇÃO. ORGANIZAÇÃO OU ORGANISMO INTERNACIONAL (*DEJT* divulgado em 14, 15 e 16-2-2012). As organizações ou organismos internacionais gozam de imunidade absoluta de jurisdição quando amparados por norma internacional incorporada ao ordenamento jurídico brasileiro, não se lhes aplicando a regra do Direito Consuetudinário relativa à natureza dos atos praticados. Excepcionalmente, prevalecerá a jurisdição brasileira na hipótese de renúncia expressa à cláusula de imunidade jurisdicional.

Importa assinalar que o STF, em decisão monocrática, firmou entendimento a respeito da competência originária do Pretório Excelso para execução judicial contra Estado Estrangeiro, cuja ementa é a seguinte:

> EXECUÇÃO JUDICIAL CONTRA ESTADO ESTRANGEIRO. COMPETÊNCIA ORIGINÁRIA DO SUPREMO TRIBUNAL FEDERAL (CF, art. 102, I, *e*). IMUNIDADE DE JURISDIÇÃO (imunidade à jurisdição cognitiva) E IMUNIDADE DE EXECUÇÃO (imunidade à jurisdição executiva). O *STATUS QUAESTIONIS* NA JURISPRUDÊNCIA DO SUPREMO TRIBUNAL FEDERAL. PRECEDENTES. DOUTRINA. Prevalência do entendimento no sentido da impossibilidade jurídica de execução judicial contra estados estrangeiros, exceto na hipótese de expressa renúncia, por eles, a essa prerrogativa de ordem jurídica. Posição pessoal do relator (ministro Celso de Mello), que entende viável a execução contra estados estrangeiros, desde que os atos de constrição judicial recaiam sobre bens que não guardem vinculação específica com a atividade diplomática e/ou consular. Observância, no caso, pelo relator, do princípio da colegialidade. Julgamento da causa nos termos da jurisprudência predominante no Supremo Tribunal Federal. Processo de execução declarado extinto, sem resolução de mérito (STF-ACO n. 709/SP, Rel. Min. Celso de Mello, *DJe* de 30-8-2013).

No âmbito do TST, colecionamos o seguinte julgado:

> "A) RECURSO DE REVISTA INTERPOSTO PELA ORGANIZAÇÃO DE AVIAÇÃO CIVIL INTERNACIONAL - OACI. ACÓRDÃO REGIONAL PUBLICADO ANTES DA VIGÊNCIA DA LEI N. 13.015/2014. IMUNIDADE DE JURISDIÇÃO. ORGANISMO INTERNACIONAL. CONHECIMENTO E PROVIMENTO. I. Nos termos da Orientação Jurisprudencial n. 416 da SBDI-1 desta Corte, "as organizações ou organismos

internacionais gozam de imunidade absoluta de jurisdição quando amparados por norma internacional incorporada ao ordenamento jurídico brasileiro, não se lhes aplicando a regra do Direito Consuetudinário relativa à natureza dos atos praticados. Excepcionalmente, prevalecerá a jurisdição brasileira na hipótese de renúncia expressa à cláusula de imunidade jurisdicional". II. No caso da OACI, Agência Especializada vinculada à Organização das Nações Unidas – ONU, a imunidade de jurisdição é assegurada pela Convenção sobre Privilégios e Imunidades das Agências Especializadas das Nações Unidas e pelo Acordo Básico de Assistência Técnica com as Nações Unidas e suas Agências Especializadas, incorporados ao ordenamento jurídico brasileiro pelos Decretos ns. 52.288/1963 e 59.308/1966, respectivamente. III. Dada a ausência de renúncia expressa a esse privilégio, a Reclamada OACI tem imunidade absoluta de jurisdição. IV. Recurso de revista de que se conhece, por violação do art. 5º, § 2º, da CF, e a que se dá provimento. *B*) AGRAVO DE INSTRUMENTO EM RECURSO DE REVISTA INTERPOSTO PELA AGÊNCIA NACIONAL DE AVIAÇÃO CIVIL – ANAC. ACÓRDÃO REGIONAL PUBLICADO ANTES DA VIGÊNCIA DA LEI N. 13.015/2014. ENTE PÚBLICO. RESPONSABILIDADE SUBSIDIÁRIA DO TOMADOR DE SERVIÇOS. PREJUDICADO. I. Em consequência do provimento do recurso de revista da primeira Reclamada, em que se extinguiu o processo sem resolução do mérito em relação à OACI, fica prejudicado o exame do agravo de instrumento interposto pela segunda Reclamada (AGÊNCIA NACIONAL DE AVIAÇÃO CIVIL – ANAC), que visava ao afastamento de sua responsabilidade subsidiária. II. Agravo de instrumento prejudicado (TST-ARR-1229-78.2010.5.01.0070, 4ª T., Rel. Min. Alexandre Luiz Ramos, *DEJT* 31-5-2019).

2.2.3. Os servidores de cartórios extrajudiciais

Durante muito tempo, a jurisprudência entendia que à Justiça Comum Estadual, por meio da Corregedoria dos Tribunais de Justiça, competiria processar e julgar as causas dos "funcionários" dos cartórios extrajudiciais, ou seja, dos cartórios de notas, de títulos e documentos, de imóveis etc.

Esses trabalhadores eram considerados servidores públicos *lato sensu* e, por tal razão, não estavam sob a jurisdição trabalhista.

O art. 236 da CF, todavia, determina que os "serviços notariais e de registros são exercidos em caráter privado, por delegação do Poder Público". Destarte, tais serviços não podem ser exercidos pelo Estado, quer diretamente por órgão integrante da sua estrutura, quer indiretamente, mediante autarquia, empresa pública, fundação pública ou sociedade de economia mista.

Nesse passo o STF firmou entendimento de que a relação entre esses trabalhadores e os titulares dos cartórios extrajudiciais é, tipicamente, de emprego, sendo a atuação da Corregedoria dos Tribunais de Justiça meramente fiscalizatória e disciplinar, com o que a competência para dirimir a lide entre tais trabalhadores e os cartórios extrajudiciais é da Justiça do Trabalho[71].

O art. 236 da CF foi regulamentado pela Lei n. 8.935/94, deixando claro o caráter privado dos serviços notariais e de registro. Antes mesmo da vigência da referida lei, o TST já havia firmado a seguinte posição:

> RECURSO DE REVISTA. NATUREZA JURÍDICA DA RELAÇÃO JURÍDICA DO ESCREVENTE DE CARTÓRIO NÃO OFICIALIZADO. LEI N. 8.935/94. O art. 236, *caput*, da Constituição da República, ao expressar o "caráter privado" dos "serviços notariais e registro", não deixa dúvidas quanto à adoção, pelo titular do cartório, do regime celetista para fins de contratação de seus auxiliares e escreventes, mesmo no período anterior à Lei n. 8.935/94, pois efetivamente o titular do cartório, como pessoa física que é, equipara-se ao empregador comum, mormente porque "a entidade cartorial não é ente dotado de personalidade jurídica". Ademais, a referida norma é conclusiva, e autoaplicável, que dispensa complementação via lei ordinária. Recurso conhecido e provido (TST-RR-528.287/1999.8, 3ª T., Rel. Juiz Convocado Paulo Roberto Sifuentes Costa, *DJU* 9-5-2003, p. 942).

2.3. Competência em razão da função

A competência funcional (ou em razão da função) é fixada em virtude de certas atribuições especiais conferidas aos órgãos judiciais em determinados processos.

A competência funcional pode ser *vertical* (hierárquica ou por graus), fixada com base no sistema hierarquizado de distribuição de competências entre os diversos órgãos judiciais, ou *horizontal*, atribuída aos órgãos judiciais do mesmo grau de jurisdição.

As competências recursais são competências funcionais verticais, portanto o critério adotado é o hierárquico.

São competências funcionais horizontais as fixadas para execução da sentença (CLT, art. 877) e concessão de medidas liminares (CLT, art. 659, IX e X). A distribuição por dependência prevista no art. 286, II, do CPC é um caso de competência funcional horizontal fixado por prevenção do juízo perante o qual fora proposta a demanda anterior e julgada extinta sem resolução do mérito.

71. STF, Pleno, Ac. 69.642/110, Ementa n. 1.657-2, j. 19-6-1991, Rel. Min. Néri da Silveira, *DJU* 10-4-1992.

A competência prevista para o juízo do local do dano nas ações civis públicas (Lei n. 7.347/85, art. 2º) é, a um só tempo, funcional (horizontal) e territorial, portanto absoluta.

Tomando-se por base os órgãos que compõem a Justiça do Trabalho, podemos dizer que há competência funcional das Varas do Trabalho, dos Tribunais Regionais do Trabalho e do Tribunal Superior do Trabalho.

2.3.1. Competência funcional das Varas do Trabalho

Com a extinção da representação classista pela EC n. 24/99, a competência funcional das Varas do Trabalho passou a ser exercida monocraticamente pelo juiz titular, sendo que a antiga denominação era Juiz Presidente da Junta de Conciliação e Julgamento ou, simplesmente, juiz togado. Atualmente, além do juiz titular, há o juiz substituto, que tem a atribuição de substituir ou auxiliar o titular.

A competência funcional das Varas do Trabalho está prevista no art. 652 da CLT, *in verbis*:

> Art. 652. Compete às Varas do Trabalho:
>
> *a)* conciliar e julgar:
>
> I – os dissídios em que se pretenda o reconhecimento da estabilidade de empregado;
>
> II – os dissídios concernentes a remuneração, férias e indenizações por motivo de rescisão do contrato individual de trabalho;
>
> III – os dissídios resultantes de contratos de empreitada em que o empreiteiro seja operário ou artífice;
>
> IV – os demais dissídios concernentes ao contrato individual de trabalho;
>
> V – as ações entre trabalhadores portuários e os operadores portuários ou o Órgão Gestor de Mão de Obra – OGMO decorrentes da relação de trabalho;
>
> *b)* processar e julgar os inquéritos para apuração de falta grave;
>
> *c)* julgar os embargos opostos às suas próprias decisões;
>
> *d)* impor multas e demais penalidades relativas aos atos de sua competência.

Por força do art. 653 da CLT, compete, ainda, às Varas do Trabalho, por intermédio do juiz do trabalho (titular ou substituto, conforme o caso):

- requisitar às autoridades competentes a realização das diligências necessárias ao esclarecimento dos feitos sob sua apreciação, representando contra aquelas que não atenderem a tais requisições;
- realizar as diligências e praticar os atos processuais ordenados pelos Tribunais Regionais do Trabalho ou pelo Tribunal Superior do Trabalho;

- julgar as exceções de incompetência que lhes forem opostas;
- expedir precatórias e cumprir as que lhes forem deprecadas;
- exercer, em geral, no interesse da Justiça do Trabalho, quaisquer outras atribuições que decorram da sua jurisdição.

É importante ressaltar que, em decorrência da EC n. 24/99, a competência privativa do "Juiz Presidente" deixou de ter importância prática, pois, atualmente, compete funcionalmente ao Juiz Titular (ou ao juiz substituto em exercício na Vara do Trabalho):

- presidir as audiências das Varas;
- executar as suas próprias decisões e aquelas cuja execução lhe for deprecada;
- dar posse ao chefe de Secretaria e aos demais funcionários da Secretaria;
- despachar os recursos interpostos pelas partes, fundamentando[72] a decisão recorrida antes da remessa ao Tribunal Regional;
- assinar as folhas de pagamento dos membros e funcionários da Vara;
- apresentar ao Presidente do Tribunal Regional, até 15 de fevereiro de cada ano, o relatório dos trabalhos do ano anterior;
- conceder medida liminar, até decisão final do processo, em reclamações trabalhistas que visem a tornar sem efeito transferência disciplinada pelos parágrafos do art. 469 da CLT;
- conceder medida liminar, até decisão final do processo, em reclamações trabalhistas que visem reintegrar no emprego dirigente sindical afastado, suspenso ou dispensado pelo empregador.

Finalmente, compete, funcionalmente, à Vara do Trabalho do local onde ocorreu lesão ou ameaça a interesses ou direitos metaindividuais (difusos, coletivos ou individuais homogêneos) processar e julgar ação civil pública promovida pelo Ministério Público do Trabalho – MPT ou associação sindical, por força do art. 83, III, da Lei Complementar n. 75/93, combinado com o art. 2º da Lei n. 7.347/85 e o art. 93 da Lei n. 8.078/90.

Com o advento da EC n. 45/2004, que deu nova redação ao art. 114 da CF, as Varas do Trabalho passaram a ser competentes para "processar e julgar" (houve supressão do verbo "conciliar", que constava da redação original do preceptivo em causa).

A nosso ver, o procedimento trabalhista continua inalterado, pelo menos até que sobrevenha a tão prometida "Reforma do Processo do Trabalho". De modo que, por enquanto, compete às Varas do Trabalho "conciliar, processar e julgar". Até porque o princípio da conciliação sempre foi peculiar ao processo do trabalho.

72. Despacho não necessita de fundamentação, mas o juiz tem a faculdade de fazê-lo.

Funcionalmente, pois, a leitura do art. 114 da CF permite-nos dizer que compete às Varas do Trabalho conciliar, processar e julgar as ações:

- oriundas da relação de emprego e da relação de trabalho (inciso I), o que abrange a regra do art. 652, *a* e *b*, da CLT;
- que envolvam o exercício do direito de greve (inciso II), ressalvada a competência funcional originária dos TRTs ou do TST nos dissídios coletivos de greve (§ 3º);
- entre sindicatos e trabalhadores ou entre sindicatos e empregadores (inciso III), ressalvados os dissídios coletivos de competência funcional originária dos TRTs ou do TST (§ 2º);
- de mandado de segurança, *habeas corpus* ou *habeas data* (inciso IV), quando o ato impugnado for de autoridade administrativa, como na hipótese do inciso VII do art. 114 da CF;
- oriundas de outras controvérsias decorrentes da relação de trabalho (inciso IX);
- relativas ao cumprimento de suas próprias decisões.

2.3.2. Competência funcional dos Tribunais Regionais do Trabalho

A competência funcional dos Tribunais Regionais do Trabalho, quando dividido em Grupos de Turmas, deverá observar o disposto no art. 6º da Lei n. 7.701/88 e o respectivo Regimento Interno, ou seja, um Grupo de Turma, necessariamente, terá competência para apreciar e julgar os dissídios coletivos.

Nem todos os TRTs possuem Grupos de Turmas. Alguns funcionam apenas com o Pleno; outros, com Pleno e Turmas.

Nos termos do art. 678 da CLT, aos Tribunais Regionais, quando divididos em Turmas, compete:

I – ao Tribunal Pleno, especialmente:

a) processar, conciliar e julgar originariamente os dissídios coletivos;

b) processar e julgar originariamente:

1) as revisões de sentenças normativas;

2) a extensão das decisões proferidas em dissídios coletivos;

3) os mandados de segurança, ressalvados os atos administrativos praticados pelos órgãos de fiscalização (CF, art. 114, IV e VII), cuja competência funcional é das Varas do Trabalho;

c) processar e julgar em última instância:

1) os recursos das multas impostas pelas Turmas;

2) as ações rescisórias das decisões das Varas do Trabalho, dos Juízes de Direito investidos na jurisdição trabalhista, das Turmas e de seus próprios acórdãos;

3) os conflitos de jurisdição entre as suas Turmas, os Juízes de Direito investidos na jurisdição trabalhista, as Varas do Trabalho, ou entre aqueles e estas;

d) julgar em única ou última instância:

1) os processos e os recursos de natureza administrativa atinentes aos seus serviços auxiliares e respectivos servidores;

2) as reclamações contra atos administrativos de seu Presidente ou de qualquer de seus membros, assim como dos Juízes de primeira instância e de seus funcionários;

II – às Turmas:

a) julgar os recursos ordinários previstos no art. 895, *a*, da CLT;

b) julgar os agravos de petição e de instrumento;

c) impor multas e demais penalidades relativas a atos de sua competência jurisdicional, e julgar os recursos interpostos das decisões das Varas do Trabalho e dos Juízes de Direito que as impuserem.

Parágrafo único. Das decisões das Turmas não caberá recurso para o Tribunal Pleno, exceto no caso do inciso l da alínea *c* do item 1 deste artigo.

Quando não divididos em Turmas, diz o art. 679 da CLT que aos Tribunais Regionais compete o julgamento das matérias a que se refere o art. 678, exceto a de que trata o inciso l da alínea *c* do item 1, bem como os conflitos de competência entre Turmas.

Compete, ainda, aos Tribunais Regionais ou às suas Turmas, nos termos do art. 680 da CLT:

- determinar aos Juízes das Varas do Trabalho ou aos Juízes de Direito a realização dos atos processuais e diligências necessárias ao julgamento dos feitos sob sua apreciação;
- fiscalizar o cumprimento de suas próprias decisões;
- declarar a nulidade dos atos praticados com infração de suas decisões;
- julgar as suspeições arguidas contra seus membros;
- julgar as exceções de incompetência que lhes forem opostas;
- requisitar às autoridades competentes as diligências necessárias ao esclarecimento dos feitos sob apreciação, representando contra aquelas que não atenderem a tais requisições;
- exercer, em geral, no interesse da Justiça do Trabalho, as demais atribuições que decorram de sua jurisdição.

A competência funcional dos Presidentes dos TRTs está prevista no art. 682 da CLT, com as alterações introduzidas pela EC n. 24/99. Dentre as principais atribuições dos Presidentes, além da prevista no art. 2º, § 2º, *in fine*, da Lei n. 5.584/70, destacam-se:

- dar posse aos Juízes (titulares e substitutos) das Varas do Trabalho e aos funcionários do próprio Tribunal e conceder-lhes férias e licenças;
- presidir às sessões do Tribunal;
- presidir às audiências de conciliação nos dissídios coletivos;
- executar suas próprias decisões e as proferidas pelo Tribunal;
- convocar suplentes dos Juízes do Tribunal, nos impedimentos destes;
- representar ao Presidente do Tribunal Superior do Trabalho contra os Juízes das Varas do Trabalho;
- despachar os recursos interpostos pelas partes;
- requisitar às autoridades competentes, nos casos de dissídio coletivo, a força necessária, sempre que houver ameaça de perturbação da ordem;
- exercer correição, pelo menos uma vez por ano, sobre as Varas do Trabalho, ou parcialmente sempre que se fizer necessário, e solicitá-la, quando julgar conveniente, ao Presidente do Tribunal de Justiça, relativamente aos Juízes de Direito investidos na administração da Justiça do Trabalho;
- distribuir os feitos, designando os Juízes que os devem relatar;
- designar, dentre os funcionários do Tribunal e das Varas existentes em uma mesma localidade, o que deve exercer a função de distribuidor;
- assinar as folhas de pagamento dos Juízes e servidores do Tribunal.

2.3.3. Competência funcional do Tribunal Superior do Trabalho

A competência do TST está disciplinada no art. 702 da CLT, na Lei n. 7.701, de 21 de dezembro de 1988, e na Resolução Administrativa n. 1.937, de 20 de novembro de 2017, que instituiu o Regimento Interno do Tribunal Superior do Trabalho – RITST.

Compete, pois, ao TST, nos termos do art. 74 do seu Regimento Interno, processar, conciliar e julgar, na forma da lei, em grau originário ou recursal ordinário ou extraordinário, as demandas individuais e os dissídios coletivos que excedam a jurisdição dos Tribunais Regionais, os conflitos de direito sindical, assim como outras controvérsias decorrentes de relação de trabalho, e os litígios relativos ao cumprimento de suas próprias decisões, de laudos arbitrais e de convenções e acordos coletivos.

Para racionalizar sua atuação e tornar mais eficiente a prestação jurisdicional, o TST, no âmbito da sua autonomia, encontra-se dividido em: Tribunal Pleno, Órgão Especial, Seção Especializada de Dissídios Coletivos e Seção Especializada de Dissídios Individuais, esta subdividida em duas Subseções, e oito Turmas.

São as seguintes as competências funcionais de cada órgão do TST:

2.3.3.1. Tribunal Pleno

Nos termos do art. 75 do RITST, compete ao Tribunal Pleno:

I – eleger, por escrutínio secreto, o Presidente e o Vice-Presidente do Tribunal Superior do Trabalho, o Corregedor-Geral da Justiça do Trabalho, os 7 (sete) Ministros para integrar o Órgão Especial, o Diretor, o Vice-Diretor e os membros do Conselho Consultivo da Escola Nacional de Formação e Aperfeiçoamento de Magistrados do Trabalho (Enamat), o diretor e os membros do Centro de Formação e Aperfeiçoamento de Assessores e Servidores do Tribunal Superior do Trabalho (Cefast); os Ministros membros do Conselho Superior da Justiça do Trabalho (CSJT) e respectivos suplentes, os membros do Conselho Nacional de Justiça (CNJ) e o Ministro Ouvidor e seu substituto; II – dar posse aos membros eleitos para os cargos de direção do Tribunal Superior do Trabalho, aos Ministros nomeados para o Tribunal, aos membros da direção e do Conselho Consultivo da Escola Nacional de Formação e Aperfeiçoamento de Magistrados do Trabalho (Enamat) e do Centro de Formação e Aperfeiçoamento de Assessores e Servidores do Tribunal Superior do Trabalho (Cefast); III – escolher os integrantes das listas para provimento das vagas de Ministro do Tribunal; IV – deliberar sobre prorrogação do prazo para a posse no cargo de Ministro do Tribunal Superior do Trabalho e o início do exercício; V – determinar a disponibilidade ou a aposentadoria de Ministro do Tribunal; VI – opinar sobre propostas de alterações da legislação trabalhista, inclusive processual, quando entender que deve manifestar-se oficialmente; **VII – estabelecer ou alterar súmulas e outros enunciados de jurisprudência uniforme, pelo voto de pelo menos 2/3 (dois terços) de seus membros, caso a mesma matéria já tenha sido decidida de forma idêntica por unanimidade em, no mínimo, 2/3 (dois terços) das turmas, em pelo menos 10 (dez) sessões diferentes em cada uma delas, podendo, ainda, por maioria de 2/3 (dois terços) de seus membros, restringir os efeitos daquela declaração ou decidir que ela só tenha eficácia a partir de sua publicação no Diário Oficial**; VIII – julgar os incidentes de assunção de competência e os incidentes de recursos repetitivos, afetados ao órgão; IX – decidir sobre a declaração de inconstitucionalidade de lei ou ato normativo do Poder Público, quando aprovada a arguição pelas Seções Especializadas ou Turmas; X – aprovar e emendar o Regimento Interno do Tribunal Superior do Trabalho; XI – processar e julgar as reclamações destinadas à preservação de sua competência e à garantia da autoridade de suas decisões e à observância obrigatória de tese jurídica firmada em decisão com eficácia de precedente judicial de cumprimento obrigatório, por ele proferida. (grifos nossos)

A Lei n. 13.467/2017 alterou a redação da alínea *f* do inciso I do art. 702 da CLT, disciplinando que, no elenco das competências do Tribunal Pleno do TST, incumbe-lhe, em única instância:

(...) *f*) estabelecer ou alterar súmulas e outros enunciados de jurisprudência uniforme, pelo voto de pelo menos dois terços de seus membros, caso a mesma matéria já tenha sido decidida de forma idêntica por unanimidade em, no mínimo, dois terços das turmas em pelo menos dez sessões diferentes em cada uma delas, podendo, ainda, por maioria de dois terços de seus membros, restringir os efeitos daquela declaração ou decidir que ela só tenha eficácia a partir de sua publicação no Diário Oficial.

Vê-se, assim, que dispositivo em causa restringe sobremaneira a competência do Pleno do TST para editar ou alterar súmulas e orientações jurisprudenciais, bem como para modular os efeitos da decisão uniformizadora da jurisprudência, o que levou o TST a alterar o seu regimento interno, no particular, como se infere do inciso VII do art. 75 do RITST.

Além disso, nos termos dos §§ 3º e 4º do inciso I do art. 702 da CLT, acrescentados pela Lei n. 13.467/2017:

Art. 702 (....)

§ 3º As sessões de julgamento sobre estabelecimento ou alteração de súmulas e outros enunciados de jurisprudência deverão ser públicas, divulgadas com, no mínimo, trinta dias de antecedência, e deverão possibilitar a sustentação oral pelo Procurador-Geral do Trabalho, pelo Conselho Federal da Ordem dos Advogados do Brasil, pelo Advogado-Geral da União e por confederações sindicais ou entidades de classe de âmbito nacional.[73]

§ 4º O estabelecimento ou a alteração de súmulas e outros enunciados de jurisprudência pelos Tribunais Regionais do Trabalho deverão observar o disposto na alínea f do inciso I e no § 3º deste artigo, com rol equivalente de legitimados para sustentação oral, observada a abrangência de sua circunscrição judiciária. (NR)

De tal arte, parece-nos que as novas regras impostas pela Lei n. 13.467/2017 criaram sérios obstáculos para a edição de súmulas e orientações jurisprudenciais no âmbito da Justiça do Trabalho, deixando claro que o legislador retirou dos Tribunais do Trabalho a autonomia para, regimentalmente, dispor sobre o procedimento atinente à produção de sua jurisprudência.

73. O art. 125, 2º, do RITST dispõe, *in verbis*: "As sessões de julgamento sobre estabelecimento ou alteração de súmulas e outros enunciados de jurisprudência deverão ser públicas, divulgadas com, no mínimo, 30 (trinta) dias úteis de antecedência, e deverão possibilitar a sustentação oral pelo Procurador-Geral do Trabalho, pelo Conselho Federal da Ordem dos Advogados do Brasil, pelo Advogado-Geral da União e por confederações sindicais ou entidades de classe de âmbito nacional".

Com efeito, o art. 926, *caput*, do CPC/2017 dispõe que os tribunais devem uniformizar a sua jurisprudência e mantê-la estável, íntegra e coerente, sendo certo que, nos termos dos seus §§ 1º e 2º, é por meio dos seus respectivos regimentos internos que os tribunais "editarão enunciados de súmula correspondentes a sua jurisprudência dominante", devendo "ater-se às circunstâncias fáticas dos precedentes que motivaram sua criação".

No entanto, o TST curvou-se à literalidade da Lei n. 13.467/2017 (alínea *f* do inciso I, e §§ 3º e 4º do art. 702), na medida em que reproduziu essas regras restritivas de sua autonomia para editar e modificar súmulas em seu próprio regimento interno.

2.3.3.2. Órgão Especial

Prescreve o art. 76 do RITST que ao Órgão Especial compete:

I – **em matéria judiciária:**

a) processar e julgar as reclamações destinadas à preservação de sua competência, à garantia da autoridade de suas decisões e à observância obrigatória de tese jurídica firmada em decisão com eficácia de precedente judicial de cumprimento obrigatório, por ele proferida; *b*) julgar mandado de segurança impetrado contra atos do Presidente ou de qualquer Ministro do Tribunal, ressalvada a competência das Seções Especializadas; *c*) julgar os recursos interpostos contra decisões dos Tribunais Regionais do Trabalho em mandado de segurança de interesse de magistrados e servidores da Justiça do Trabalho; *d*) julgar os recursos interpostos contra decisão em matéria de concurso para a Magistratura do Trabalho; *e*) julgar os recursos ordinários em agravos internos interpostos contra decisões proferidas em reclamações correicionais ou em pedidos de providências que envolvam impugnação de cálculos de precatórios; *f*) julgar os recursos ordinários interpostos contra decisões proferidas em mandado de segurança impetrado contra ato do Presidente de Tribunal Regional em precatório; *g*) julgar os recursos ordinários interpostos contra decisões proferidas em reclamações quando a competência para julgamento do recurso do processo principal for a ele atribuída; *h*) julgar os agravos internos interpostos contra decisões proferidas pelo Corregedor-Geral da Justiça do Trabalho; *i*) julgar os agravos internos interpostos contra decisões que denegam seguimento a recurso extraordinário por ausência de repercussão geral da questão constitucional debatida; *j*) deliberar sobre as demais matérias jurisdicionais não incluídas na competência dos outros órgãos do Tribunal;

II – **em matéria administrativa:**

a) proceder à abertura e ao encerramento do semestre judiciário; *b*) eleger os membros do Conselho da Ordem do Mérito Judiciário do Trabalho e os das Comissões previstas neste Regimento, com observância, neste último caso, do disposto nos §§ 1º e 3º de seu art. 53; *c*) aprovar e emendar o Regulamento Geral da Secretaria do Tribunal Superior do Trabalho, o Regimento da Corregedoria-Geral da Justiça do Trabalho, o Regulamento da Ordem do Mérito Judiciário do Trabalho, os Estatutos da Escola Nacional de Formação e Aperfeiçoamento de Magistrados do Trabalho (Enamat) e do Centro de Formação e Aperfeiçoamento de Assessores e Servidores do Tribunal Superior do Trabalho (Cefast), e o Regimento Interno do Conselho Superior da Justiça do Trabalho (CSJT); *d*) propor ao Poder Legislativo, após a deliberação do Conselho Superior da Justiça do Trabalho (CSJT), a criação, extinção ou modificação de Tribunais Regionais do Trabalho e Varas do Trabalho, assim como a alteração de jurisdição e de sede destes; *e*) propor ao Poder Legislativo a criação, a extinção e a transformação de cargos e funções públicas e a fixação dos respectivos vencimentos ou gratificações; *f*) escolher, mediante escrutínio secreto e pelo voto da maioria absoluta dos seus membros, Desembargador de Tribunal Regional do Trabalho para substituir temporariamente Ministro do Tribunal Superior do Trabalho; *g*) aprovar a lista dos admitidos na Ordem do Mérito Judiciário do Trabalho; *h*) aprovar a lotação das funções comissionadas do Quadro de Pessoal do Tribunal; *i*) conceder licença, férias e outros afastamentos aos membros do Tribunal; *j*) fixar e rever as diárias e as ajudas de custo do Presidente, dos Ministros e servidores do Tribunal; *l*) designar as comissões temporárias para exame e elaboração de estudo sobre matéria relevante, respeitada a competência das comissões permanentes; *m*) aprovar as instruções de concurso para provimento dos cargos de Juiz do Trabalho Substituto; *n*) aprovar as instruções dos concursos para provimento dos cargos do Quadro de Pessoal do Tribunal e homologar seu resultado final; *o*) julgar os recursos de decisões ou atos do Presidente do Tribunal em matéria administrativa; *p*) julgar os recursos interpostos contra decisões dos Tribunais Regionais do Trabalho em processo administrativo disciplinar envolvendo Magistrado, estritamente para controle da legalidade; *q*) examinar as matérias encaminhadas pelo Conselho Superior da Justiça do Trabalho (CSJT); *r*) aprovar a proposta orçamentária da Justiça do Trabalho; *s*) julgar os recursos ordinários interpostos contra agravos internos em que tenha sido apreciada decisão de Presidente de Tribunal Regional em precatório; *t*) deliberar sobre as questões relevantes e atos normativos a que alude o art. 41, XXXIII e parágrafo único, deste Regimento.

2.3.3.3. Seção Especializada em Dissídios Coletivos – SDC

Diz o art. 77 do RITST, que compete à Seção de Dissídios Coletivos:

I – **originariamente**:

a) julgar os dissídios coletivos de natureza econômica e jurídica, de sua competência, ou rever suas próprias sentenças normativas, nos casos previstos em lei; *b*) homologar as conciliações firmadas nos dissídios coletivos; *c*) julgar as ações anulatórias de acordos e convenções coletivas; *d*) julgar as ações rescisórias propostas contra suas sentenças normativas; *e*) julgar os agravos internos contra decisões não definitivas, proferidas pelo Presidente do Tribunal, ou por qualquer dos Ministros integrantes da Seção Especializada em Dissídios Coletivos; *f*) julgar os conflitos de competência entre Tribunais Regionais do Trabalho em processos de dissídio coletivo; *g*) processar e julgar as tutelas provisórias antecedentes ou incidentes nos processos de dissídio coletivo; *h*) processar e julgar as ações em matéria de greve, quando o conflito exceder a jurisdição de Tribunal Regional do Trabalho; *i*) processar e julgar as reclamações destinadas à preservação de sua competência e à garantia da autoridade de suas decisões;

II – **em última instância, julgar**:

a) os recursos ordinários interpostos contra as decisões proferidas pelos Tribunais Regionais do Trabalho em dissídios coletivos de natureza econômica ou jurídica; *b*) os recursos ordinários interpostos contra decisões proferidas pelos Tribunais Regionais do Trabalho em ações rescisórias, reclamações e mandados de segurança pertinentes a dissídios coletivos e em ações anulatórias de acordos e convenções coletivas; *c*) os embargos infringentes interpostos contra decisão não unânime proferida em processo de dissídio coletivo de sua competência originária, salvo se a decisão embargada estiver em consonância com precedente normativo do Tribunal Superior do Trabalho ou com súmula de sua jurisprudência predominante; *d*) os agravos de instrumento interpostos contra decisão denegatória de recurso ordinário nos processos de sua competência.

2.3.3.4. Seção Especializada em Dissídios Individuais – SDI

Prescreve o art. 78 do RITST que à Seção Especializada em Dissídios Individuais, em composição plena ou dividida em duas Subseções, compete:

I – em **composição Plena**:

a) julgar, em caráter de urgência e com preferência na pauta, os processos nos quais tenha sido estabelecida, na votação, divergência entre as Subseções I e II da Seção Especializada em Dissídios Individuais, quanto à aplicação de dispositivo de lei federal ou da Constituição da República; *b*) processar e julgar as reclamações destinadas à preservação de sua competência, à garantia da autoridade de suas decisões e à observância obrigatória de tese jurídica firmada em decisão com eficácia de precedente judicial de cumprimento obrigatório, por ela proferida.

II – à **Subseção I (SBDI-1)**:

a) julgar os embargos interpostos contra decisões divergentes das Turmas, ou destas que divirjam de decisão da Seção de Dissídios Individuais, de súmula ou de orientação jurisprudencial; *b)* processar e julgar as reclamações destinadas à preservação de sua competência, à garantia da autoridade de suas decisões e à observância obrigatória de tese jurídica firmada em decisão com eficácia de precedente judicial de cumprimento obrigatório, por ela proferida; *c)* julgar os agravos internos interpostos contra decisão monocrática exarada em processos de sua competência ou decorrentes do juízo de admissibilidade da Presidência de Turmas do Tribunal; *d)* processar e julgar os incidentes de recursos repetitivos que lhe forem afetados;

III – à **Subseção II (SBDI-2)**:

a) **originariamente**:

I – julgar as ações rescisórias propostas contra suas decisões, as da Subseção I e as das Turmas do Tribunal; II – julgar os mandados de segurança contra os atos praticados pelo Presidente do Tribunal, ou por qualquer dos Ministros integrantes da Seção Especializada em Dissídios Individuais, nos processos de sua competência; III – julgar os pedidos de concessão de tutelas provisórias e demais medidas de urgência; IV – julgar os *habeas corpus*; V – processar e julgar os Incidentes de Resolução de Demandas Repetitivas suscitados nos processos de sua competência originária; VI – processar e julgar as reclamações destinadas à preservação de sua competência, à garantia da autoridade de suas decisões e à observância obrigatória de tese jurídica firmada em decisão com eficácia de precedente judicial de cumprimento obrigatório, por ela proferida;

b) **em única instância**:

I – julgar os agravos internos interpostos contra decisão monocrática exarada em processos de sua competência; II – julgar os conflitos de competência entre Tribunais Regionais e os que envolvam Desembargadores dos Tribunais de Justiça, quando investidos da jurisdição trabalhista, e Juízes do Trabalho em processos de dissídios individuais;

c) **em última instância:**

I – julgar os recursos ordinários interpostos contra decisões dos Tribunais Regionais em processos de dissídio individual de sua competência originária; II – julgar os agravos de instrumento interpostos contra decisão denegatória de recurso ordinário em processos de sua competência.

2.3.3.5. As Turmas

Dispõe o art. 79 do RITST que compete a cada uma das Turmas julgar:

I – as reclamações destinadas à preservação da sua competência e à garantia da autoridade de suas decisões; II – os recursos de revista interpostos contra decisão dos Tribunais Regionais do Trabalho, nos casos previstos em lei; III – os agravos de instrumento das decisões de Presidente de Tribunal Regional que denegarem seguimento a recurso de revista; IV – os agravos internos interpostos contra decisão monocrática exarada em processos de sua competência; V – os recursos ordinários em tutelas provisórias e as reclamações, quando a competência para julgamento do recurso do processo principal for atribuída à Turma, bem como a tutela provisória requerida em procedimento antecedente de que trata o art. 114 do RITST.

2.4. Competência em razão do lugar (foro)

A competência em razão do lugar (*ratione loci*), também chamada de competência territorial, é determinada com base na circunscrição geográfica sobre a qual atua o órgão jurisdicional. Geralmente, a competência *ratione loci* é atribuída às Varas do Trabalho, que são os órgãos de primeira instância da Justiça do Trabalho. A competência territorial das Varas do Trabalho é determinada por lei federal.

Cumpre ressaltar, no entanto, que os Tribunais Regionais do Trabalho têm competência para processar e julgar as causas trabalhistas, originariamente (ex.: dissídio coletivo) ou em grau de recurso (ex.: recurso ordinário), dentro do espaço geográfico, normalmente correspondente a um Estado da Federação. Vale dizer, o TRT tem competência territorial limitada a determinada região, que, geralmente, coincide com a área de um Estado.

Na mesma linha, o TST possui competência territorial para processar e julgar, originariamente, os dissídios coletivos que extrapolem a área geográfica de uma região (ou melhor, ultrapassem a área territorial sob a jurisdição de um Tribunal Regional do Trabalho) e, em grau recursal, as decisões dos TRTs nos dissídios individuais ou coletivos. Numa palavra, o TST possui competência *ratione loci* sobre todo o território brasileiro.

O regramento da competência em razão do lugar tem previsão expressa na CLT (art. 651), não cabendo, pois, em princípio, a aplicação supletiva ou subsidiária do CPC. Trata-se, portanto, de competência relativa e somente pode ser arguida por meio de exceção. Logo, não pode ser declarada de ofício (STJ, Súmula 33; TST/SBDI-2 OJ n. 149). Tem-se admitido, em homenagem ao princípio da simplicidade que informa o processo do trabalho – embora tecnicamente não seja a forma correta – a arguição da incompetência territorial como preliminar da contestação.

A competência territorial das Varas do Trabalho pode ser classificada: *a*) quanto ao local da prestação do serviço; *b*) quando se tratar de empregado agente ou viajante comercial; *c*) de empregado brasileiro que trabalhe no estrangeiro; ou *d*) de empresa que promova atividade fora do lugar da celebração do contrato.

Não obstante, o TST vem dando interpretação ampliativa ao art. 651, *caput* e § 3º, da CLT, *in verbis*:

> CONFLITO DE COMPETÊNCIA. COMPETÊNCIA TERRITORIAL. AJUIZAMENTO DE RECLAMAÇÃO TRABALHISTA NO FORO DO DOMICÍLIO DO RECLAMANTE. LOCAL DIVERSO DA CONTRATAÇÃO E DA PRESTAÇÃO DE SERVIÇOS. EMPRESA DE ÂMBITO NACIONAL. POSSIBILIDADE. Admite-se o ajuizamento da reclamação trabalhista no domicílio do reclamante quando a reclamada for empresa de grande porte e prestar serviços em âmbito nacional. Trata-se de interpretação ampliativa do art. 651, *caput* e § 3º da CLT, em observância ao princípio constitucional do amplo acesso à jurisdição e ao princípio protetivo do trabalhador. No caso, a ação fora ajuizada em Ipiaú/BA, domicílio do reclamante, embora a contratação e a prestação de serviços tenham ocorrido em Porto Velho/RO. Sob esses fundamentos, a SBDI-II, por maioria, acolheu o conflito negativo de competência e declarou competente para processar e julgar a ação a Vara de Ipiaú/BA, domicílio do reclamante (TST-CC-54-74.2016.5.14.0006, SBDI-II, Rel. Min. Alberto Luiz Bresciani de Fontan Pereira, red. p/ acórdão Min. Luiz Philippe Vieira de Mello Filho, j. 27-9-2016).

2.4.1. Local da prestação do serviço

Nos termos do art. 651, *caput*, da CLT (com as adaptações impostas pela EC n. 24/99), a competência das Varas do Trabalho "é determinada pela localidade onde o empregado, reclamante ou reclamado, prestar serviços ao empregador, ainda que tenha sido contratado noutro local ou no estrangeiro". Trata-se da adoção da teoria da *lex loci executionis* que foi, durante muito tempo, contemplada na Súmula 207 do TST, *in verbis*:

> CONFLITOS DE LEIS TRABALHISTAS NO ESPAÇO. PRINCÍPIO DA *LEX LOCI EXECUTIONIS*. A relação jurídica trabalhista é regida pelas leis vigentes no país da prestação de serviço e não por aquelas do local da contratação.

Esta Súmula, no entanto, foi cancelada pela Resolução TST n. 181/2012, *DEJT* divulgado em 19, 20 e 23 de abril de 2012. O motivo do cancelamento da Súmula 207 do TST pode ser extraída do seguinte julgado:

> (...) TRABALHO NO EXTERIOR. FGTS. INCIDÊNCIA SOBRE O ADICIONAL DE TRANSFERÊNCIA. A jurisprudência trabalhista, sensível ao processo de globalização da economia e de avanço das empresas brasileiras para novos mercados no exterior, passou a perceber a insuficiência e inadequação do critério normativo inserido na antiga Súmula 207 do TST (*lex loci executionis*) para regulação dos fatos congêneres multiplicados nas duas últimas décadas. Nesse contexto, ajustou sua dinâmica interpretativa, de modo a mitigar o rigor da Súmula 207, o que culminou no seu cancelamento em face da Resolução n. 181/2012, com divulgação no *DEJT* de 19, 20 e 23-4-2012, ao mesmo tempo em que alarga as hipóteses de aplicação das

regras da Lei n. 7.064/1982. Assim, tem considerado que o critério da *lex loci executionis* – até o advento da Lei n. 11.962/2009 – somente prevalece nos casos em que foi o trabalhador contratado no Brasil para laborar especificamente no exterior, fora do segmento empresarial referido no texto primitivo da Lei n. 7.064/82. Ou seja, contratado para laborar imediatamente no exterior, sem ter trabalhado no Brasil. Tratando-se, porém, de trabalhador contratado no país, que aqui tenha laborado para seu empregador, sofrendo subsequente remoção para país estrangeiro, já não estaria mais submetido ao critério normativo da Convenção de Havana, por já ter incorporado em seu patrimônio jurídico a proteção normativa da ordem jurídica trabalhista brasileira. Em consequência, seu contrato no exterior será regido pelo critério da norma jurídica mais favorável brasileira ou do país estrangeiro, respeitado o conjunto de normas em relação a cada matéria. Nesse contexto, porquanto pago com habitualidade, o adicional de transferência possui, na hipótese, natureza salarial, razão por que deve repercutir no cálculo do FGTS. Recurso de revista não conhecido, no aspecto (...) (TST-RR 134700-43.2003.5.02.0060, j. 3-10-2012, Rel. Min. Mauricio Godinho Delgado, 3ª T., *DEJT* 5-10-2012).

A regra prevista no art. 651, *caput*, da CLT visa à facilitação da instrução processual, pois as provas, especialmente a testemunhal, são, em regra, encontradas no local da prestação do serviço. Vale dizer, a norma foi pensada para facilitar o acesso do trabalhador à Justiça do Trabalho, mormente pelo fato de que naquele tempo (meados do século XX) era bastante precário o sistema de transportes para deslocamento territorial de trabalhadores no âmbito intermunicipal e interestadual.

Assim, de acordo com a interpretação literal do preceptivo em causa, a ação trabalhista deve ser ajuizada no local em que o empregado prestou serviços ao empregador, ainda que tenha sido contratado em outra localidade ou em outro país. Exemplo: se o empregado *A* é contratado pela empresa *B* em Vitória (ES), mas vai prestar serviços no Rio de Janeiro (RJ), terá competência territorial para processar e julgar eventual ação trabalhista uma das Varas do Trabalho do local da prestação do serviço, *in casu*, Rio de Janeiro (RJ).

Todavia, a interpretação literal do art. 651, *caput*, da CLT pode não ser a mais justa no exame do caso concreto, cabendo ao intérprete buscar o real sentido e finalidade precípua na citada regra, levando sempre em conta os seus fins sociais e a promoção da justiça.

Com efeito, dispõe o art. 5º da Lei de Introdução às Normas do Direito Brasileiro (Lei n. 12.376/2010): "Na aplicação da lei, o juiz atenderá aos fins sociais a que ela se dirige e às exigências do bem comum". É dizer, o juiz poderá valer-se das interpretações sistemática e teleológica que o orientarão no sentido de fixar a sua competência territorial considerando a questão da (in)suficiência econômica do trabalhador e a facilitação do seu acesso à Justiça Laboral.

Nesse passo, a fixação da competência territorial prevista no art. 651 da CLT há de ser interpretada de modo a conferir a máxima efetividade aos princípios constitucionais que informam o nosso ordenamento jurídico, tais como os princípios fundamentais do valor social do trabalho e da dignidade da pessoa humana (CF, art. 1º, III e IV), bem como os princípios processuais constitucionais da inafastabilidade do acesso ao Poder Judiciário nos casos de lesão ou ameaça a direito (CF, art. 5º, XXXV), do contraditório e da ampla defesa (art. 5º, LV) e da razoável duração do processo (CF, art. 5º, LXXVIII).

A interpretação e aplicação das disposições do art. 651, *caput*, da CLT, portanto, deve ter por escopo facilitar ao litigante economicamente fraco o ingresso em juízo em condições que lhe propiciem buscar judicialmente seus direitos, desde que isso não implique prejuízo ao direito de ampla defesa do demandado, o que exige o exame do caso concreto submetido à cognição judicial.

Nestes termos, se o trabalhador que tenha sido contratado e prestado serviço em outra localidade diversa ajuizar ação trabalhista no foro do seu domicílio, afirmando na petição inicial que não tem condições econômicas de se deslocar até o local da celebração do contrato ou da prestação do serviço (art. 651, *caput*, da CLT), o juiz, caso o reclamado apresente exceção de incompetência, deverá, considerando a verossimilhança da afirmação do reclamante, interpretar tal regra conforme a Constituição (art. 1º, III e IV; art. 5º, LV e LXXVIII) e rejeitar a exceção.

Colhe-se, nesse passo, o escólio de Marcelo Moura, para quem, no caso concreto, o juiz do trabalho "deverá temperar a aplicação da regra do art. 651, *caput*, da CLT, permitindo a propositura da ação no foro do domicílio do empregado, sempre que a regra do local da prestação de serviço impedir, ou tornar muito oneroso, o acesso à justiça"[74].

Nesse sentido, colhemos os seguintes julgados:

> COMPETÊNCIA EM RAZÃO DO LUGAR. LOCAL DO DOMICÍLIO DO AUTOR. Deve o aplicador do direito utilizar-se das interpretações sistemática e teleológica que o orientam no sentido de que, na fixação da competência territorial, deve-se dar relevância à questão da insuficiência econômica do trabalhador e a facilitação do seu acesso ao Poder Judiciário. Na interpretação e aplicação das disposições do art. 651, da CLT, deve-se ter como escopo facilitar ao litigante economicamente mais fraco o ingresso em juízo em condições que de fato propiciem a defesa de seus direitos, sem que isso resulte em prejuízo ao direito de defesa da demandada (TRT 17ª R., RO 0081500-31.2010.5.17.0005, 3ª T., Rel. Des. Carlos Henrique Bezerra Leite, *DEJT* 21-6-2011).

---

74. MOURA, Marcelo. *Consolidação das leis do trabalho para concursos*. Salvador: JusPodivm, 2011. p. 835.

> INCOMPETÊNCIA DA JUSTIÇA DO TRABALHO EM RAZÃO DO LUGAR. AJUIZAMENTO DA AÇÃO NO DOMICÍLIO DO RECLAMANTE. A competência territorial da Justiça do Trabalho refere-se tanto ao lugar da contratação quanto da prestação de serviços, porquanto o § 3º do art. 651 da CLT assegura ao trabalhador o direito de apresentar ação trabalhista ou no foro da celebração do contrato de trabalho ou no da prestação dos respectivos serviços. Na hipótese, o reclamante, com domicílio no interior do Estado do Piauí, foi arregimentado para trabalhar no Estado de São Paulo e, uma vez demitido, é razoável se entender que não poderia permanecer no local em que prestou serviços com a única finalidade de ali ajuizar reclamação trabalhista em busca dos direitos que considera sonegados. Impor ao reclamante o ônus de se locomover para uma cidade distante de seu domicílio apenas para pleitear verbas de natureza trabalhista implica dificultar o seu livre acesso ao Judiciário, que lhe é constitucionalmente assegurado. Assim, aplica-se à hipótese, por analogia, a exceção prevista no § 1º do art. 651 da CLT, sendo competente a Vara do Trabalho do domicílio do reclamante, quando inviabilizado o ajuizamento da reclamação trabalhista no foro da celebração do contrato ou no da prestação dos serviços. Precedentes desta Corte. Recurso de revista não conhecido (...) (TST-RR 25600-90.2008.5.22.0103, j. 29-8-2012, Rel. Min. José Roberto Freire Pimenta, 2ª T., *DEJT* 6-9-2012).

Em sentido mais restritivo:

> CONFLITO NEGATIVO DE COMPETÊNCIA EM RAZÃO DO LUGAR. CRITÉRIOS OBJETIVOS DE FIXAÇÃO. ART. 651, *CAPUT* E § 3º, DA CLT. Esta Subseção Especializada já firmou posicionamento no sentido de que prevalecem os critérios objetivos de fixação da competência territorial, consoante as regras do art. 651, *caput* e § 3º, do CPC. Admite-se o ajuizamento da ação no domicílio do reclamante apenas se este coincidir com o da contratação ou o da prestação dos serviços. No presente caso restou confirmado que o empregado foi contratado no local da prestação dos serviços, e não do seu domicílio, razão pela qual se julga improcedente o conflito de competência, para declarar competente a 1ª Vara do Trabalho de Mato Grosso Sul" (TST-CC 8541-80.2012.5.00.0000, Rel. Min. Alexandre de Souza Agra Belmonte, SBDI-2, *DEJT* 11-10-2012).

Caso o empregado tenha prestado serviços em diversos estabelecimentos da empresa e em locais diferentes do seu domicílio, a competência territorial da Vara do Trabalho deve ser fixada em razão do derradeiro lugar da prestação (execução) do serviço, e não de cada local dos estabelecimentos da empresa no qual tenha prestado serviços. Neste caso, pelas mesmas razões defendidas alhures, também pensamos que a competência territorial poderá ser a do foro do domicílio do empregado.

O preceptivo em causa (CLT, art. 651, *caput*), ao contrário do que dispõe o seu § 2º, nada alude à pessoa do empregado, razão pela qual é de se concluir que estão alcançados pela regra geral da competência territorial tanto os empregados brasileiros quanto os estrangeiros, desde que o serviço tenha sido ou esteja sendo prestado no Brasil.

No que tange ao empregado contratado no estrangeiro para prestar serviços no Brasil, a competência territorial também poderá ser, segundo pensamos, da Vara do Trabalho do local da prestação do serviço ou, se ele alegar e comprovar dificuldade de acesso à justiça, do seu domicílio.

Situação interessante poderá ocorrer na hipótese do empregado estrangeiro que prestou serviços concomitantemente no Brasil e no exterior. Enfrentando a questão, o TST firmou o seguinte entendimento:

> RECURSO DE REVISTA. 1. PRELIMINARES DE NULIDADE. Preliminares não analisadas, com base no art. 249, § 2º, do CPC. 2. COMPETÊNCIA DA JUSTIÇA DO TRABALHO. EMPREGADO ESTRANGEIRO QUE PRESTOU SERVIÇOS CONCOMITANTEMENTE NO BRASIL E NO EXTERIOR. POSSIBILIDADE DE OPÇÃO PELO FORO DE PRESTAÇÃO DOS SERVIÇOS. INCIDÊNCIA DO ART. 651, *CAPUT*, DA CLT. 2.1. Cuida-se de situação em que o reclamante prestou serviços no Brasil, embora também o fizesse, concomitantemente, na Argentina. Ainda que o caso envolva pretensões que se prendem ao direito interno argentino, não se coloca em questão o ordenamento material a ser aplicado, mas, antes, a possibilidade de exercício da jurisdição pela Justiça do Trabalho brasileira. 2.2. O art. 651 da CLT estatui que "a competência das Varas do Trabalho é determinada pela localidade onde o empregado, reclamante ou reclamado, prestar serviços ao empregador, ainda que tenha sido contratado noutro local ou no estrangeiro". Na lição de Cristóvão Piragibe Tostes Malta, "conquanto a Consolidação das Leis do Trabalho fale apenas em competência, seu art. 651 também firma inequívoca regra de jurisdição pois, atribuindo às varas do trabalho competência para dirimir litígios versando sobre obrigações contraídas ou cumpridas no estrangeiro, antes de tudo determina a própria jurisdição nacional". 2.3. O preceito, ao aludir ao contato do pacto laboral com ambiente estrangeiro, lança sua influência para a competência interna e internacional, consagrando o critério definidor do lugar da prestação de serviços (*lex loci executionis*). 2.4. Relembre-se, ainda, o teor do art. 12 da Lei de Introdução ao Código Civil, ao afirmar "competente a autoridade judiciária brasileira quando (...) aqui tiver de ser cumprida a obrigação". 2.5. Evidenciando-se que também em território brasileiro houve prestação de serviços, não há porque negar-se a jurisdição nacional, cuja eleição pelo empregado encontra sustentação no que preceitua a norma consolidada que antes se destacou. Recurso de revista conhecido e provido (TST-RR

385900-69.2003.5.09.0009, j. 24-6-2009, Rel. Min. Alberto Luiz Bresciani de Fontan Pereira, 3ª T., *DEJT* 14-8-2009).

2.4.2. Empregado agente ou viajante comercial

A regra geral da competência territorial fixada em função do local da prestação do serviço comporta algumas exceções. Uma delas ocorre quando for parte na ação trabalhista o empregado agente ou viajante comercial. É o que dispõe o § 1º do art. 651 da CLT, com nova redação dada pela Lei n. 9.851, de 27 de outubro de 1999 (*DOU* 28-10-1999), *in verbis*:

> Quando for parte no dissídio agente ou viajante comercial, a competência será da Junta (*rectius*, Vara) da localidade em que a empresa tenha agência ou filial e a esta o empregado esteja subordinado e, na falta, será competente a Junta (*rectius*, Vara) da localização em que o empregado tenha domicílio ou a localidade mais próxima.

Como já ressalvamos no item 2.4.1 *supra*, o § 1º do art. 651 da CLT também comporta interpretação sistemática, teleológica ou conforme a Constituição, no sentido de assegurar a máxima efetividade do direito fundamental de acesso ao Poder Judiciário.

Destarte, o empregado agente ou viajante comercial terá a opção de propor a ação trabalhista:

- no foro da Vara da localidade em que a empresa tenha agência ou filial "e a esta o empregado esteja subordinado", isto é, no domicílio do réu (reclamado) para quem se encontra, de fato, prestando serviços (o que supõe a facilitação da viagem até o local); ou
- no foro da Vara do seu domicílio ou da localidade mais próxima, desde que declare na petição inicial que não possui condições econômicas de deslocamento até a agência ou filial da empresa reclamada.

A questão, porém, não é pacífica na jurisprudência, como se verifica dos seguintes julgados:

> COMPETÊNCIA TERRITORIAL – EMPREGADO VIAJANTE – ACESSO À JUSTIÇA – Conforme regra prevista no art. 651, § 1º, da CLT, a competência territorial na Justiça do Trabalho, quando for parte no dissídio agente ou viajante comercial, é fixada pelo local em que a empresa tenha agência ou filial e a esta o empregado esteja subordinado e, na falta, será competente a Vara da localização em que o empregado tenha domicílio ou a localidade mais próxima. Todavia, a garantia individual do acesso à Justiça, expresso no art. 5º, XXXV, da CF/88, se sobrepõe à regra do

art. 651 da CLT, tendo em vista as situações em que a aplicação de sua literalidade implica grave prejuízo ao empregado, hipossuficiente na relação, impedindo que ele exerça seu direito constitucional de ação. É o caso do empregado contratado na sede da empresa, localizada em Estado diferente do domicílio do obreiro, e que, como viajante comercial, prestou serviços em diversos locais (TRT 17ª R., RO 85400-12.2011.5.17.0191, 2ª T., Rel. Des. Marcello Maciel Mancilha, *DJe* 4-5-2012, p. 125).

EXCEÇÃO DE INCOMPETÊNCIA – RECURSO ORDINÁRIO CONTRA DECISÃO QUE JULGOU EXCEÇÃO DE INCOMPETÊNCIA – CONHECIMENTO – Tratando-se de decisão interlocutória que acolhe exceção de incompetência territorial, declinando competência para local que esteja sob a jurisdição de outro Tribunal Regional do Trabalho, como é o caso dos autos, é cabível a interposição imediata de recurso ordinário, nos termos da Súmula 214 do C. TST. INCOMPETÊNCIA EM RAZÃO DO LUGAR AFASTADA – COMPETÊNCIA DA VARA EM QUE DOMICILIADO O EMPREGADO E PARA A QUAL OS AUTOS FORAM ORIGINARIAMENTE DISTRIBUÍDOS – A competência em razão do lugar se rege, como regra genérica, pelo lugar da prestação de serviço, a teor do que dispõe o art. 651 da CLT. No caso dos autos, contudo, considerando que o reclamante prestou serviços em diversas localidades, em condições de trabalho idênticas às do viajante comercial, e que a reclamada tem sede em outra cidade, não possuindo agências ou filiais, aplica-se a parte final do § 1º do art. 651 da CLT, considerando como competente para conhecer e julgar a presente ação a Vara do Trabalho em que o reclamante tem seu domicílio, o que, inclusive, facilita o acesso à Justiça. Recurso ordinário a que se dá provimento, para afastar a incompetência em razão do lugar decretada e determinar o retorno dos autos à Vara em que foram os autos distribuídos originariamente (TRT 15ª R., RO 000897-92.2010.5.15.0015, 5ª C., Rel. Desª Gisela Rodrigues Magalhães de Araújo e Moraes, *DOE* 13-1-2011, p. 1.625).

2.4.3. Empregado brasileiro que trabalha no estrangeiro

Outra exceção à regra geral da competência territorial está prevista no § 2º do art. 651 da CLT, *in verbis*:

> A competência das Juntas de Conciliação e Julgamento (*rectius*, Varas do Trabalho), estabelecida neste artigo, estende-se aos dissídios ocorridos em agência ou filial no estrangeiro, desde que o empregado seja brasileiro e não haja convenção internacional dispondo em contrário.

O TST disciplinava a questão por meio da Súmula 207 aplicável ao processo do trabalho:

CONFLITOS DE LEIS TRABALHISTAS NO ESPAÇO – PRINCÍPIO DA *LEX LOCI EXECUTIONIS*. A relação jurídica trabalhista é regida pelas leis vigentes no país da prestação de serviços e não por aquelas do local da contratação.

Tal Súmula, porém, foi cancelada pela Resolução TST n. 181/2012 (*DEJT* divulgado em 19, 20 e 23-4-2012).

Não obstante, é preciso destacar que o ordenamento jurídico brasileiro estabelece dois critérios para solução de conflitos de leis trabalhistas no espaço: um de direito material e outro de direito processual. Quanto ao critério de direito processual, atribui à Justiça do Trabalho a competência territorial para processar e julgar ação trabalhista proposta por brasileiro que tenha trabalhado em agência ou filial no estrangeiro. No que concerne ao critério de direito material, estabelece que a relação de emprego será regida segundo a lei do país em que o serviço tenha sido ou esteja sendo prestado.

Pouco importa se a empresa é brasileira ou estrangeira, pois o critério específico adotado pelo art. 651, § 2º, da CLT diz respeito ao empregado brasileiro, nato ou naturalizado, que prestar serviços no estrangeiro[75] e desde que não exista tratado internacional fixando outro critério de competência. Salienta Marcelo Moura[76] que o texto normativo em questão estabelece regra de competência concorrente, porquanto permite que a ação seja proposta no estrangeiro caso exista tal previsão em Convenção Internacional ratificada pelo Brasil.

Quanto à Vara do Trabalho competente para julgar a ação, alguns entendem que será a da sede ou filial da empresa no Brasil ou do local da contratação antes de o empregado ir para o exterior.

Se a empresa não tiver sede ou filial no Brasil, Sergio Pinto Martins sustenta que "haverá a impossibilidade da propositura da ação, pois não será possível sujeitá-la à decisão de nossos tribunais"[77].

Cremos, contudo, que, não obstante os obstáculos operacionais para a propositura da demanda em face de empresa que não tenha sede ou filial no Brasil, mostra-se possível a notificação do empregador por carta rogatória, sendo competente a Vara do Trabalho, por aplicação analógica do art. 21, I e II, do CPC[78]. Se ele aceitará,

75. Ver Lei n. 7.064/82, que trata dos trabalhadores contratados ou transferidos para prestar serviços no exterior.

76. MOURA, Marcelo. *Consolidação das leis do trabalho para concursos*. Salvador: JusPodivm, 2011. p. 836.

77. *Direito processual do trabalho*. São Paulo: Atlas, 2000. p. 130. No mesmo sentido: GIGLIO, Wagner D. *Direito processual do trabalho*. São Paulo: Saraiva, 2000. p. 51-52.

78. Nesse sentido: COSTA, Coqueijo. *Direito processual do trabalho*. Rio de Janeiro: Forense, 1996. p. 35. Esse mesmo dispositivo (CPC, art. 88, I e II) deve ser aplicado no caso de a empresa estrangeira ter sede ou filial no Brasil.

ou não, submeter-se à jurisdição da Justiça Laboral brasileira, já é problema alheio à questão da competência. Nesse sentido:

> COMPETÊNCIA INTERNACIONAL DA JUSTIÇA DO TRABALHO – LOCAL DA CONTRATAÇÃO – FRAUDE PRINCÍPIOS DA PROTEÇÃO E DO LIVRE ACESSO AO JUDICIÁRIO – COMPETÊNCIA TERRITORIAL BRASILEIRA – Nada obstante a formalização em instrumento contratual escrito tenha ocorrido no exterior, constatou-se que a discussão das cláusulas do contrato de trabalho e o acordo de vontades se deu no Brasil, de modo que o contrato de trabalho foi, de fato, firmado em território nacional. Por outro lado, o fato de as empresas estrangeiras não terem filial ou agência em território nacional não obsta a competência internacional brasileira, até em face da comprovação de que estão cooptando trabalhadores brasileiros para trabalhar no exterior, da ausência de autorização do Ministério do Trabalho e Emprego para contratar brasileiros e da falta de participação de pessoa jurídica brasileira no capital social da empresa estrangeira (arts. 206 do Código Penal e 12 e 13 da Lei n. 7.064/82). Não fosse isso suficiente, como bem ressaltou o saudoso Ministro Coqueijo Costa, "o processo não é um fim em si mesmo, mas instrumento de composição de lides, que garante efetividade do direito material. E como este pode ter natureza diversa, o direito processual, por seu caráter instrumental, deve saber adaptar-se a essa natureza diversa" (*direito processual do trabalho*, Forense, 1996, pág. 5). Assim, devem incidir na hipótese os Princípios da Proteção e do Livre Acesso ao Judiciário, de modo a assegurar ao trabalhador a melhor forma de ter acesso ao Poder Judiciário em busca de seus direitos trabalhistas. É competente, portanto, a Justiça do Trabalho do Brasil para apreciar e julgar os pedidos decorrentes do aludido contrato de trabalho, à luz do que dispõem o inciso III do art. 88 do CPC e § 2º do art. 651 da CLT (TRT 6ª R., RO 0000025-25.2011.5.06.0102, 2ª T., Rel. Des. Fernando Cabral de Andrade Filho, *DJe* 11-6-2012, p. 251).

2.4.4. Empresa que promove atividade fora do lugar da celebração do contrato

Quando o empregador realiza atividades fora do lugar da celebração do contrato de trabalho, dispõe literalmente o § 3º do art. 651 da CLT:

> Em se tratando de empregador que promova realização de atividades fora do lugar do contrato de trabalho, é assegurado ao empregado apresentar reclamação no foro da celebração do contrato ou no da prestação dos respectivos serviços.

Alguns autores interpretam restritivamente a expressão "empregador que promova realização de atividades fora do lugar do contrato de trabalho" como sendo a hipótese do empregador que desenvolve suas atividades em lugares incertos, transitórios ou eventuais[79], tal como ocorre, por exemplo, com empresa construtora de pontes, com sede em uma localidade e que promove construções em outras localidades, porquanto seria natural que contratasse empregados por determinado período, longo ou não, para cada nova construção. Adverte Décio Sebastião Daidone que não se enquadraria na moldura deste parágrafo a hipótese do empregado de instituição bancária que possui várias agências, cada qual com pessoal próprio[80].

Parece-nos, no entanto, que a interpretação teleológica do § 3º do art. 651 da CLT autoriza uma opção legal para o empregado de empresa que realiza atividades em locais diversos da contratação do obreiro, pouco importando se a título permanente ou esporádico, ajuizar a ação no foro do lugar da contratação ou no da prestação de serviço.

Ademais, deve-se analisar a questão sob a perspectiva do alargamento do acesso à Justiça e, sobretudo, enaltecendo o princípio da economia processual, máxime quando não há prejuízo para a defesa.

A título de argumentação, e como norte hermenêutico, invoca-se o Enunciado n. 7 da 1ª Jornada de Direito Material e Processual do Trabalho, realizada em Brasília-DF (23-11-2007), a saber:

> ACESSO À JUSTIÇA. CLT, ART. 651, § 3º. INTERPRETAÇÃO CONFORME A CONSTITUIÇÃO. ART. 5º, XXXV, DA CONSTITUIÇÃO DA REPÚBLICA. Em se tratando de empregador que arregimente empregado domiciliado em outro município ou outro Estado da federação, poderá o trabalhador optar por ingressar com a reclamatória na Vara do Trabalho de seu domicílio, na do local da contratação ou na do local da prestação dos serviços.

Ouçamos a jurisprudência:

> RECURSO DE REVISTA. COMPETÊNCIA TERRITORIAL. AÇÃO AJUIZADA NO DOMICÍLIO DO AUTOR. EMPRESA DE GRANDE PORTE COM ATUAÇÃO NACIONAL. DESLOCAMENTO DIÁRIO EM TRANSPORTE FORNECIDO PELA RECLAMADA. A jurisprudência deste Tribunal tem evoluído para consideração do domicílio do autor como elemento definidor da competência territorial, com base no princípio do livre acesso à justiça, o qual autoriza a aplicação analógica do art. 651, § 1º, da CLT, sempre que tal não se revele um embaraço à defesa e o contrário evidenciar-se um obstáculo ao livre exercício do direito fundamental de ação. No caso, em se tratando de empresa de grande porte, com atuação nacional, e considerando

79. MARTINS, Sergio Pinto. *Direito processual do trabalho*. São Paulo: Atlas, 2000. p. 131.

80. DAIDONE, Décio Sebastião. *Direito processual do trabalho*, p. 56.

o deslocamento diário do autor de Mafra/SC para Lapa/PR, em transporte fornecido pela empresa, tem-se que a própria dinâmica laboral se iniciava em Mafra/SC (domicílio do autor), sendo correta a flexibilização da regra prevista no art. 651 da CLT, sob pena de ofensa ao art. 5º, XXXV, da Constituição Federal (direito de livre acesso ao Judiciário garantido ao trabalhador). Nesse contexto, não se evidencia a violação dos arts. 651 da CLT e 5º, I e II, da Constituição Federal. Arestos inservíveis (alínea *a* do art. 896 da CLT e OJ n. 111 da SBDI-1/TST) e inespecíficos (Súmulas 23 e 296 do TST). Recurso de revista não conhecido (...) (TST-RR 1563-03.2012.5.12.0017, 6ª T., Rel. Min. Augusto César Leite de Carvalho, *DEJT* 7-6-2019).

Registra-se que, de acordo com a OJ n. 149 da SBDI-2 do TST, não cabe declaração de ofício de incompetência territorial no caso do uso, pelo trabalhador, da faculdade prevista no art. 651, § 3º, da CLT. Nessa hipótese, resolve-se o conflito pelo reconhecimento da competência do juízo do local onde a ação foi proposta.

2.4.5. Competência territorial e funcional para a ação civil pública

No que tange à competência da Justiça do Trabalho para processar e julgar ação civil pública, a OJ n. 130 da SBDI-2/TST, recentemente alterada, passou a estabelecer as seguintes diretrizes:

> AÇÃO CIVIL PÚBLICA. COMPETÊNCIA. LOCAL DO DANO. LEI N. 7.347/1985, ART. 2º. CÓDIGO DE DEFESA DO CONSUMIDOR, ART. 93 (redação alterada na sessão do Tribunal Pleno realizada em 14-9-2012, Res. n. 186/2012, *DEJT* divulgado em 25, 26 e 27-9-2012). I – A competência para a Ação Civil Pública fixa-se pela extensão do dano. II – Em caso de dano de abrangência regional, que atinja cidades sujeitas à jurisdição de mais de uma Vara do Trabalho, a competência será de qualquer das varas das localidades atingidas, ainda que vinculadas a Tribunais Regionais do Trabalho distintos. III – Em caso de dano de abrangência suprarregional ou nacional, há competência concorrente para a Ação Civil Pública das varas do trabalho das sedes dos Tribunais Regionais do Trabalho. IV – Estará prevento o juízo a que a primeira ação houver sido distribuída.

Vê-se, portanto, que a OJ acima transcrita adotou a interpretação sistemática dos arts. 2º da Lei n. 7.347/85 e 93 da Lei n. 8.078/90, os quais, aplicados ao processo do trabalho, fixam a competência funcional e territorial da Vara do Trabalho de acordo com a extensão do dano noticiado na causa de pedir na ação civil pública. Neste caso, trata-se de competência que é, ao mesmo tempo, funcional e territorial, portanto, absoluta.

A liquidação e execução a título individual da sentença coletiva, no entanto, poderá ser realizada no foro do juízo de conveniência do substituído processualmente na ação coletiva. Nesse sentido:

> CONFLITO NEGATIVO DE COMPETÊNCIA. EXECUÇÃO PROVISÓRIA INDIVIDUAL DE SENTENÇA COLETIVA. PROVIMENTO CONDENATÓRIO PROFERIDO EM BRASÍLIA-DF E EXECUÇÃO PROCESSADA EM JARAGUÁ DO SUL-SC. APLICAÇÃO DAS NORMAS QUE COMPÕEM O SISTEMA PROCESSUAL COLETIVO. OPÇÃO DO TRABALHADOR POR JUÍZO DE SUA CONVENIÊNCIA. Com inspiração no ideal protetivo que fundamenta o direito material do trabalho, os critérios legais que definem a competência territorial dos órgãos da Justiça do Trabalho objetivam facilitar ao trabalhador, reputado hipossuficiente pela ordem jurídica, o amplo acesso à justiça (CF, art. 5º, XXXV). Enquanto garantia fundamental da cidadania, deduzida na Carta Magna em forma de princípio, o amplo acesso à Justiça representa horizonte axiológico e parâmetro hermenêutico que deve orientar o julgador na definição da norma jurídica do caso concreto. Se a lei confere ao trabalhador a possibilidade de optar pelo juízo que lhe for conveniente para a execução da sentença coletiva, deve ser respeitada a escolha do exequente, em consonância com as normas de regência (art. 98, § 2º, I, do CDC c/c art. 516, parágrafo único, do CPC de 2015), desde que dentro dos parâmetros legais e sem prejuízo para a parte executada. Conflito de competência admitido para declarar a competência do MM. Juízo da 1ª Vara do Trabalho de Jaraguá do Sul-SC, suscitado (TST-CC 4106-19.2019.5.00.0000, SBDI-2, Rel. Min. Douglas Alencar Rodrigues, *DEJT* 28-6-2019).

2.5. Foro de eleição

O direito processual civil permite que as partes instituam o foro de eleição (art. 63 do CPC), que é aquele em que os contratantes escolhem livremente o foro do local em que serão dirimidas eventuais controvérsias decorrentes do negócio jurídico entabulado.

A jurisprudência e a doutrina trabalhistas apontam que a omissão do texto obreiro não é condição suficiente para a aplicação subsidiária do processo civil no tocante ao foro de eleição, tendo em vista a incompatibilidade deste instituto com os dissídios individuais ou dissídios coletivos de trabalho. Nesse sentido:

> AÇÃO ANULATÓRIA RECURSO ORDINÁRIO. CLÁUSULA 30ª – FORO DE ELEIÇÃO. A eleição de foro é incompatível com o processo trabalhista, tendo em vista o caráter protecionista ao empregado, em face da sua hipossuficiência econômica. Trata-se de

matéria de ordem pública, regulada pela legislação atinente à competência do Poder Judiciário, *ex vi* dos arts. 651 e seguintes da CLT. Desse modo, a nulidade da cláusula 30ª é medida que se impõe. Recurso ordinário provido (TST-ROAA 22400-44.2005.5.24.0000, Rel. Min. Kátia Magalhães Arruda, SDC, *DJ* 22-8-2008.)

Todavia, parece-nos que é exatamente à luz do princípio constitucional do amplo acesso à justiça (CF, art. 5º, XXXV) que devemos interpretar o texto consolidado. Para tanto, informamos que alteramos o nosso entendimento adotado nas edições anteriores deste livro a respeito da incompatibilidade do foro de eleição com os dissídios individuais e coletivos de trabalho.

Na verdade, passamos a reconhecer que todas as regras previstas no *caput* e nos parágrafos do art. 651 da CLT têm por objetivo central a facilitação do acesso à justiça para o cidadão trabalhador, presumivelmente vulnerável e hipossuficiente. Logo, é preciso examinar no caso concreto se o foro de eleição firmado no contrato de emprego (via de regra, um contrato de adesão) é mais benéfico ao empregado para, de fato, assegurar-lhe o pleno acesso à Justiça do Trabalho. Se o foro eleito no contrato de emprego for o do domicílio do empregado, parece-nos que, não obstante a literalidade do *caput* do art. 651 da CLT, a competência para processar e julgar a ação trabalhista será a fixada na fonte autocompositiva por aplicação do princípio da norma (processual) mais favorável ao trabalhador, salvo se ele próprio preferir ajuizar a demanda no foro do local da prestação do serviço, pois, neste caso, estará abrindo mão de uma vantagem de natureza processual.

Além disso, se o foro de eleição mais favorável ao empregado decorre de mútuo consentimento das partes, não poderá o empregador, posteriormente, apresentar exceção de incompetência *ex ratione loci*. Se o fizer, o juiz, além de rejeitar a exceção, poderá aplicar-lhe multa por litigância de má-fé (CPC, art. 80, IV e VI).

Impende ressaltar, porém, que, em razão do art. 114, I, da CF, com redação da EC n. 45/2004, a Justiça do Trabalho passou a ser competente, também, para processar e julgar outras ações oriundas da relação de trabalho autônomo, eventual, avulso, cooperado etc.[81], em função do que, em tais casos, parece-nos que não há incompatibilidade ou impedimento para que os sujeitos de tais relações de trabalho possam, com base no princípio da liberdade contratual, estipular cláusula dispondo sobre foro de eleição.

Em 2006, foi editada a Lei n. 11.280 (*DOU* 17-2-2006), que acrescentou um parágrafo único ao art. 112 do CPC de 1973, dispondo que "a nulidade da cláusula de eleição de foro, em contrato de adesão, pode ser declarada de ofício pelo juiz, que declinará de competência para o juízo de domicílio do réu".

---

81. Com as ressalvas que fizemos no item 2.1.2 *supra*.

Trata-se, pois, de uma exceção à vedação de decretação de ofício pelo juiz de uma competência (relativa) em razão do território.

O referido dispositivo do CPC/73 possui correspondente no art. 63, §3°, do CPC de 2015, que prevê:

> Art. 63. As partes podem modificar a competência em razão do valor e do território, elegendo foro onde será proposta ação oriunda de direitos e obrigações.
> (...) § 3º Antes da citação, a cláusula de eleição de foro, se abusiva, pode ser reputada ineficaz de ofício pelo juiz, que determinará a remessa dos autos ao juízo do foro de domicílio do réu.

Lembramos que o CPC de 2015 dispõe que tanto a incompetência absoluta quanto a incompetência relativa devem ser alegadas como questões preliminares da contestação (art. 337, II).

Todavia, o processo do trabalho possui regra própria sobre exceção de incompetência (CLT, arts. 799 e 800), não sendo, neste caso, cabível a aplicação subsidiária do CPC, pois não se trata de lacuna ontológica ou axiológica.

Por outro lado, o art. 2º, I, da IN/TST n. 39/2016, cuja constitucionalidade é discutida no STF (ADI n. 5.516), dispõe que não se aplica ao processo do trabalho o art. 63 do CPC, o que demonstra a tendência jurisprudencial do TST em não admitir o foro de eleição no âmbito das ações trabalhistas individuais (dissídios individuais simples ou plúrimos).

Acrescentamos, contudo, que em se tratando de ação de liquidação/execução individual decorrente de sentença condenatória proferida em ação coletiva (ação civil pública ou ação civil coletiva), aplicar-se-á o microssistema do processo metaindividual (CF, art. 129, III; Lei n. 8.078/90, arts. 98, § 2º, I e II, e 101, I; Lei n. 7.347/85, art. 21), facultando-se ao liquidante/exequente individual estabelecer o foro de eleição, ou seja, poderá propor a ação de liquidação ou de execução individual de sentença genérica perante o Juízo da Vara do Trabalho do seu domicílio, do domicílio da ré/executada ou do Juízo que proferiu a sentença condenatória genérica. Nesse sentido:

> CONFLITO NEGATIVO DE COMPETÊNCIA. EXECUÇÃO INDIVIDUAL DE SENTENÇA COLETIVA. TRABALHADORES DA FERROVIA CENTRO ATLÂNTICA S.A. FORO DO DOMICÍLIO DE CADA UM DOS CREDORES/EXEQUENTES X FORO EM QUE PROCESSADA E JULGADA A AÇÃO CIVIL COLETIVA. INCIDÊNCIA DAS NORMAS DO SISTEMA PROCESSUAL COLETIVO. 1 – Discussão acerca do juízo competente para processar e julgar a ação de execução individual de sentença referente à ação civil coletiva transitada em julgado, se o foro do domicílio de cada um dos credores/exequentes ou o foro em que processada e julgada a ação civil coletiva. 2 – Inicialmente, deve-se pontuar que os arts. 651 e 877 da CLT não se

aplicam diretamente quando a hipótese debatida é de jurisdição coletiva, que atrai a incidência, além da Constituição Federal, do Código de Defesa do Consumidor e da Lei da Ação Civil Pública. 3 – Extrai-se dos arts. 98, § 2º, I e II, e 101, I, da Lei n. 8.078/90 e 21 da Lei n. 7.347/85, que a competência para o cumprimento da sentença coletiva transitada em julgado, no caso de execução individual, é a do foro de eleição do exequente, o qual, na espécie, foi o juízo da liquidação da sentença ou da ação condenatória. 4 – Precedentes. Conflito de competência admitido para declarar a competência do Juízo da 3ª Vara do Trabalho de Sete Lagoas/MG (TST-CC 395-83.2017.5.10.0004, Rel. Min. Delaíde Miranda Arantes, j. 26-6-2018, SBDI-2, *DEJT* 29-6-2018).

CONFLITO NEGATIVO DE COMPETÊNCIA. AÇÃO DE EXECUÇÃO INDIVIDUAL DE SENTENÇA ORIUNDA DE AÇÃO COLETIVA. APLICAÇÃO DO ART. 21 DA LEI N. 7.347/1985 E DOS ARTS. 98, § 2º, I, E 101, I, DA LEI N. 8.078/1990. POSSIBILIDADE DE ELEIÇÃO DO FORO PELO EXEQUENTE. Considerando que a hipótese dos autos é de jurisdição coletiva e que a CLT não possui regra própria quanto à matéria (arts. 651 e 877 da CLT), viável a incidência da Lei da Ação Civil Pública (art. 21 da Lei n. 7.347/1985) e do Código de Defesa do Consumidor (arts. 98, § 2º, I, e 101, I, da Lei n. 8.078/1990), os quais facultam ao exequente eleger o foro para ingressar com a ação individual de cumprimento de sentença proferida em ação coletiva. Assim, deve ser respeitada a vontade individual do exequente, que tanto pode promover a execução individual no juízo da liquidação da sentença quanto no juízo em que proferida a sentença condenatória. Na hipótese dos autos, considerando que o proponente da ação de execução de sentença proferida em ação coletiva optou pelo foro da condenação para o processamento da demanda, deve ser reconhecida a competência do foro do Juízo suscitado (2ª Vara do Trabalho de Macaé/RJ), conforme lhe autoriza o ordenamento jurídico. Precedentes da SBDI-2 do TST. Conflito de competência admitido (TST-CC 145686-15.2016.5.01.0000, Rel. Min. Maria Helena Mallmann, j. 6-3-2018, SBDI-2, *DEJT* 9-3-2018).

2.6. Competência absoluta e competência relativa

As competências em razão da matéria, da pessoa e da função só permitem o exercício da jurisdição pelo juiz que estiver legalmente autorizado a exercê-la. Diz-se, portanto, que todas essas competências são de natureza absoluta, razão pela qual a sua inobservância contamina todos os atos praticados no processo.

A competência absoluta, na tríplice dimensão mencionada, não pode ser prorrogada e deve ser decretada *ex officio* pelo juiz em qualquer tempo e grau de jurisdição (CPC, arts. 485, § 3º, e 337, § 5º), enquanto não formada a coisa julgada (preclusão máxima), isto é, o seu reconhecimento independe de provocação das partes que participam da correspondente relação jurídica processual. Caso já tenha operado a coisa julgada material, somente por ação rescisória, será possível desconstituir a sentença proferida por juiz absolutamente incompetente (CPC, art. 966, II).

Por outro lado, diz-se que a competência em razão do território é de natureza relativa. Isso significa que um juiz do trabalho, territorialmente incompetente para a causa, pode tornar-se validamente competente para processá-la e julgá-la, desde que o réu não oponha exceção de incompetência. Dito de outro modo, a incompetência territorial pode ser convalidada se a parte a quem ela aproveita não manifestar oportunamente o seu inconformismo, mediante exceção de incompetência, que é matéria de defesa.

É vedado ao juiz declarar, de ofício, a incompetência relativa. Nesse sentido, a SBDI-2/TST editou a OJ n. 149: "Não cabe declaração de ofício de incompetência territorial no caso do uso, pelo trabalhador, da faculdade prevista no art. 651, § 3º, da CLT. Nessa hipótese, resolve-se o conflito pelo reconhecimento da competência do juízo do local onde a ação foi proposta".

É certo que a Lei n. 11.280, de 16 de fevereiro de 2006 (*DOU* 17-2-2006), introduziu importante alteração na temática em apreço, pois acrescentou parágrafo único ao art. 112 do CPC/73 (sem correspondente no CPC), dispondo que a "nulidade da cláusula de eleição de foro, em contrato de adesão, pode ser declarada de ofício pelo juiz, que declinará de competência para o juízo de domicílio do réu". Trata-se, pois, de uma exceção à vedação judicial de declaração, *ex officio*, de incompetência relativa. Tal regra, como já salientamos na epígrafe precedente, somente poderá ser aplicada no processo do trabalho nas ações oriundas da relação de emprego (ou de trabalho avulso) se não implicar prejuízo ao empregado para o exercício do seu direito fundamental de acesso à justiça.

É importante assinalar, ainda com relação à competência territorial, que o art. 795, § 1º, da CLT obriga o juiz a declarar de ofício a nulidade fundada em "incompetência de foro". Esta regra não pode ser interpretada literalmente, mas, sim, no seu sentido teleológico, isto é, a palavra "foro" há de ser entendida não como fórum, lugar, território, mas, sim, como sinônima de "jurisdição", ou seja, o "foro trabalhista", "a Justiça trabalhista". Desse modo, o juiz dever declarar-se absolutamente incompetente em razão da matéria, pois o "foro trabalhista", ou seja, a Justiça do Trabalho é incompetente para processar e julgar determinadas matérias (por exemplo, lides oriundas da relação de consumo, de família ou parentesco etc.) ou determinadas pessoas (por exemplo, consumidor ou servidor investido em cargo público).

2.7. Modificações da competência

A competência absoluta, ressalvada a hipótese do art. 43 do CPC, é imutável, o mesmo não ocorrendo em relação à competência relativa, pois esta pode sofrer modificações em planos diferentes, de acordo com o interesse do sistema processual e as normas legais que a autorizarem, como a competência modificável em função do valor da causa ou do território (CPC, art. 54)[82].

A CLT é omissa (lacuna normativa) a respeito da modificação de competência. Daí a possibilidade de aplicação subsidiária do CPC, desde que, evidentemente, isso não implique embaraços ou dificuldades para a singeleza ou celeridade procedimental do processo trabalhista.

No que concerne à possibilidade de modificação de competência em função do *valor da causa*, parece-nos que discussão no processo do trabalho residirá não no problema da modificação de competência, mas nas questões atinentes à recorribilidade das sentenças proferidas nas chamadas "ações de alçada" (Lei n. 5.584/70) e à alteração do procedimento nos dissídios individuais cujo valor não exceda a quarenta salários mínimos (CLT, arts. 852-A e ss.).

Em suma, a competência da Justiça do Trabalho pode ser modificada por: prorrogação, conexão, continência ou prevenção.

2.7.1. Prorrogação

Vaticina o art. 65 do CPC que a competência relativa poderá ser prorrogada "se o réu não alegar incompetência em preliminar de contestação".

Para o direito processual do trabalho, como já ressaltamos na epígrafe anterior, interessa a competência em razão do foro, isto é, do território.

Vale dizer, no processo do trabalho a incompetência *ratione loci* deve ser excepcionada pelo réu, e não pode ser pronunciada de ofício, tal como sugere a literalidade do § 1º do art. 795 da CLT. É que a expressão "foro", inserta nesta regra consolidada, diz respeito à "jurisdição trabalhista", ou seja, ao "foro trabalhista", à "matéria trabalhista", uma vez que, em virtude de ser a Justiça do Trabalho especial, não pode julgar, em linha de princípio, causas cíveis ou penais, que são da "jurisdição comum". Daí o legislador ter determinado ao juiz que declare *ex officio* a sua incompetência absoluta quando o "foro trabalhista" não for competente para a demanda. Essa incompetência absoluta diz respeito, evidentemente, à matéria, à função e à pessoa, e não ao território, pois este último é prorrogável, ao passo que as três primeiras, não.

A prorrogação da competência territorial pode se dar por:

- *aceitação do autor*, quando propõe a ação perante órgão judicial que ele já sabe (ou deveria saber) de antemão ser incompetente *ratione loci*;
- *aceitação do réu*, quando deixa de opor, no prazo legal, a exceção declinatória do *foro*.

82. PINTO, José Augusto Rodrigues. *Processo trabalhista de conhecimento*. 5. ed. São Paulo: LTr, 2000. p.141.

2.7.2. Conexão

Diz o art. 54 do CPC que a competência relativa pode ser modificada pela conexão. A definição legal de conexão está prevista no art. 55 do CPC, segundo o qual: "Reputam-se conexas 2 (duas) ou mais ações quando lhes for comum o pedido ou a causa de pedir". A rigor, porém, leciona Nelson Nery Junior que essa norma comporta interpretação extensiva, pois é suficiente a coincidência de um só dos elementos da ação – partes, causa de pedir ou pedido – para que haja conexão entre duas ou mais ações[83].

A modificação de competência pela conexão é medida das mais salutares e homenageia o princípio da economia processual, evitando-se despesas desnecessárias, perda de tempo, decisões contraditórias em duas (ou mais) lides decorrentes da mesma controvérsia, o que compromete, em última análise, a credibilidade do próprio Poder Judiciário perante a sociedade.

Tendo em vista a lacuna normativa do Texto Obreiro e considerando a ausência de incompatibilidade da aplicação do instituto da conexão no processo do trabalho, cremos ser possível, e até mesmo recomendável, que o juiz do trabalho esteja atento para determinar, de ofício ou a requerimento da parte (autor ou réu), bem como do MPT, a reunião de ações conexas que estejam tramitando em juízos diversos, tal como lhe é facultado pelo art. 58 do CPC, subsidiariamente, aplicável ao processo trabalhista.

A conexão é "matéria de ordem pública, devendo ser conhecida de ofício pelo juiz (CPC, art. 337, VIII e § 5º)"[84]. É exatamente por isso que o art. 58 do CPC deixa patente que a reunião de ações conexas dar-se-á no juízo prevento, onde serão decididas simultaneamente. Todavia, a reunião de ações conexas deve ser presidida pela logicidade do direito processual, que é orientada pelo princípio da preclusão.

Assim, dispõe o § 1º do art. 54 do CPC que os processos de ações conexas serão reunidos para decisão conjunta, salvo se um deles já houver sido sentenciado. Com efeito, se numa ação já existe sentença, não há razão para a reunião com outra ação, ainda que conexa, pois isso desaguaria em sérios transtornos, até mesmo para a segurança das decisões e eficiência da prestação jurisdicional, porquanto em tais casos haveria prejulgamento em relação à segunda ação que ainda aguarda a prolação da sentença.

O § 3º do art. 54 do CPC determina que serão reunidos para julgamento conjunto os processos que possam gerar risco de prolação de decisões conflitantes ou contraditórias caso decididos separadamente, mesmo sem conexão entre eles. Em outros termos, a reunião de ações conexas não será possível quando isso implicar perigo de

---

83. NERY JUNIOR, Nelson; NERY, Rosa Maria de Andrade. *Comentários ao Código de Processo Civil: novo CPC – Lei n. 13.105/2015*. São Paulo: Revista dos Tribunais, 2015. p. 337.

84. Idem, ibidem, p. 338.

decisões contraditórias ou conflitantes, criando sérios embaraços à prestação jurisdicional, o que recomenda ao juiz a necessária prudência na determinação de reuniões de ações. Para tanto, deverá observar os princípios da razoabilidade, proporcionalidade e eficiência (CPC, art. 8º).

2.7.3. Continência

Dá-se a continência entre duas ou mais ações quando houver identidade quanto às partes e à causa de pedir, mas o pedido de uma, por ser mais amplo, abrange o das demais (CPC, art. 56).

Na continência, portanto, o objeto (pedido) da ação continente é mais amplo que o da ação contida, embora em ambas existam identidades de partes e de causa de pedir.

A continência é uma espécie de "parente" próximo da conexão. Daí por que as mesmas razões lógicas e ontológicas que recomendam a reunião de ações conexas (modificação de competência) servem de aporte na temática da continência entre ações que correm em juízos diferentes.

A reunião das ações propostas em separado far-se-á no juízo prevento, onde serão decididas simultaneamente (CPC, art. 58), sendo certo que o registro ou a distribuição da petição inicial torna prevento o juízo (CPC, art. 59). Entretanto, no processo do trabalho, o simples protocolo da petição inicial é condição suficiente para se determinar o juízo prevento (CLT, art. 841).

O art. 57 do CPC estabelece um tratamento diferenciado para as consequências da continência, na medida em que, quando houver continência e a ação continente tiver sido proposta anteriormente, no processo relativo à ação contida será proferida sentença sem resolução de mérito, caso contrário, as ações serão necessariamente reunidas. Noutro falar, se a ação contida tiver sido ajuizada antes da ação continente, ambas deverão ser reunidas para decisões simultâneas. Todavia, se a ação continente tiver sido proposta antes da ação contida, esta última deverá ser extinta sem resolução de mérito (CPC, art. 485, X).

2.7.4. Prevenção e distribuição por dependência

A rigor, a prevenção não é causa de modificação de competência, mas efeito da existência da conexão ou continência, uma vez que, nos termos do art. 58 do CPC: "A reunião das ações propostas em separado far-se-á no juízo prevento, onde serão decididas simultaneamente".

O art. 106 do CPC/73 dispunha que na hipótese de correrem em separado ações conexas perante juízes que tivessem a mesma competência territorial, considerar-se-ia prevento aquele que havia despachado em primeiro lugar. O art. 59 do CPC dispõe que o "registro ou a distribuição da petição inicial torna prevento o juízo".

Vale dizer, o critério para a determinação da prevenção é cronológico, e, segundo a regra em causa, o juiz prevento é aquele que despachou em primeiro lugar.

No processo do trabalho, o protocolo da petição inicial é o ato que fixa a prevenção (CLT, art. 841), sendo certo que a citação, que no sistema da CLT recebe o nome genérico de *notificação*, é ato automático da Secretaria da Vara, inexistindo, pois, necessidade de despacho de citação do juiz, razão pela qual havia divergência doutrinária quanto à compatibilidade do art. 106 do CPC/73 com o processo trabalhista.

Tostes Malta sustenta que, em havendo conexão ou continência, o juiz competente seria o da Vara do Trabalho em que o recebimento da notificação ocorrera em primeiro lugar. Se os recebimentos das notificações ocorreram na mesma data, prevalecerá a data da expedição pelo Correio. Persistindo o empate, a data da primeira distribuição da ação[85].

José Augusto Rodrigues Pinto[86] advoga, a nosso ver, com razão, que, na hipótese de duas ou mais ações conexas, o juízo prevento deve ser aquele em que a petição inicial da ação trabalhista foi protocolada em primeiro lugar. Esse critério, a par de sua fácil aferição, harmoniza-se com a simplicidade do processo do trabalho.

Parece-nos que há lacuna parcial no processo do trabalho a respeito da fixação da prevenção, razão pela qual entendemos que o art. 59 do CPC deve ser aplicado supletiva e sistematicamente com o art. 841 da CLT, de modo a se reconhecer que o protocolo da petição inicial é o ato que fixa a prevenção do órgão judicial que julgará as ações conexas ou continentes.

Outra forma de modificação de competência (funcional sucessiva, portanto absoluta), que já estava contemplada no art. 253 do CPC/73, está prevista no art. 286 do CPC, segundo o qual serão distribuídas por dependência as causas de qualquer natureza:

> I – quando se relacionarem, por conexão ou continência, com outra já ajuizada;
>
> II – quando, tendo sido extinto o processo sem resolução de mérito, for reiterado o pedido, ainda que em litisconsórcio com outros autores ou que sejam parcialmente alterados os réus da demanda;
>
> III – quando houver ajuizamento de ações nos termos do art. 55, § 3º (do CPC), ao juízo prevento.

Parece-nos factível a aplicação analógica da regra em questão no processo do trabalho, desde que sejam observadas algumas adaptações.

Quanto ao inciso I do art. 286 do CPC (modificação de competência em razão de conexão ou continência), remetemos o leitor aos itens 2.7.2 e 2.7.3 *supra*.

85. *Prática do processo trabalhista*. 31. ed. São Paulo: LTr, 2002. p. 302-303.

86. *Processo trabalhista de conhecimento*, cit., p. 144.

Quanto ao inciso II do art. 286 do CPC, parece-nos que, em função das lacunas normativa e ontológica, estamos diante de regra perfeitamente aplicável ao processo do trabalho, pois visa, a rigor, evitar a violação, pelo autor, do princípio do juiz natural, mediante expedientes que procuram driblar a distribuição natural dos processos para juízos de sua preferência. É o que se dá, por exemplo, quando o reclamante ajuíza ação com pedido de provimento antecipatório (liminar ou cautelar) e, sabedor do posicionamento do juiz a respeito da matéria (de antemão, já sabe que o juiz não concedeu a liminar em outros processos semelhantes) depois de distribuído o processo, e antes de realizada a citação, opta por desistir da demanda. Logo em seguida, o reclamante ajuíza a mesma ação, ainda que haja alteração subjetiva da demanda no polo ativo ou passivo (litisconsórcio), com possibilidades de o processo ser distribuído, por sorteio, a juiz de sua preferência. Trata-se, pois, de uma chicana, uma velhacaria, que deve ser repudiada pela ética norteadora do processo.

No que concerne ao inciso III do art. 286, que remete ao § 3º do art. 55 do CPC, a lei manda reunir "para julgamento conjunto os processos que possam gerar risco de prolação de decisões conflitantes ou contraditórias caso decididos separadamente, mesmo sem conexão entre eles". Trata-se de regra altamente salutar[87] e que deve ser aplicada no processo do trabalho por existência de lacunas normativa e ontológica. Vale dizer, não há mais necessidade de ações idênticas, conexas ou continentes propostas em separado para se fixar a prevenção. Basta que haja ações que, a critério fundamentado do órgão julgador, possam gerar risco de decisões conflitantes ou contraditórias. Ademais, trata-se de regra que se encontra em sintonia com o princípio do juiz natural, o que reforça a sua aplicação no processo do trabalho.

Outra hipótese de prevenção está prevista no parágrafo único do art. 2º da Lei n. 7.347/85, segundo o qual a propositura de ação civil pública "prevenirá a jurisdição do juízo para todas as ações posteriormente intentadas que possuam a mesma causa de pedir ou o mesmo objeto".

A OJ n. 130, item IV, da SBDI-2/TST estabelece critérios para prevenção de competência em ação civil pública, nos seguintes termos:

> AÇÃO CIVIL PÚBLICA. COMPETÊNCIA. LOCAL DO DANO. LEI N. 7.347/1985, ART. 2º. CÓDIGO DE DEFESA DO CONSUMIDOR, ART. 93. I – A competência para a Ação Civil Pública fixa-se pela extensão do dano. II – Em caso de dano de abrangência regional, que atinja cidades sujeitas à jurisdição de mais de uma Vara do Trabalho, a competência será de qualquer das varas das localidades atingidas, ainda que vinculadas a Tribunais Regionais do Trabalho distintos. III – Em caso de dano

87. Cassio Scarpinella Bueno (*Novo Código de Processo Civil anotado*. São Paulo: Saraiva, 2015, p. 208) sustenta a inconstitucionalidade do item III do art. 286 do CPC por violação ao art. 65, parágrafo único, da CF, em razão de vício na tramitação do projeto de lei que deu origem ao novo CPC.

de abrangência suprarregional ou nacional, há competência concorrente para a Ação Civil Pública das varas do trabalho das sedes dos Tribunais Regionais do Trabalho. IV – Estará prevento o juízo a que a primeira ação houver sido distribuída.

2.8. Conflitos de competência

Conflito de competência, cognominado pela CLT de *conflito de jurisdição*, é um incidente processual que ocorre quando dois órgãos judiciais se proclamam competentes (conflito positivo) ou incompetentes (conflito negativo) para processar e julgar determinado processo.

Com efeito, diz o art. 803 da CLT que os conflitos de competência podem ocorrer entre: *a)* Juízos do Trabalho e Juízes de Direito investidos na jurisdição da Justiça do Trabalho[88] ; *b)* Tribunais Regionais do Trabalho; *c)* Juízos e Tribunais do Trabalho e órgãos da Justiça Ordinária.

De acordo com a Súmula 420 do TST, não se configura conflito de competência entre Tribunal Regional do Trabalho e Vara do Trabalho a ele vinculada. Na verdade, essa Súmula reconhece que não existe, juridicamente, conflito de competência funcional entre órgãos judiciais de hierarquias diferentes. Com efeito, lecionam Luiz Guilherme Marinoni e Daniel Mitidiero que o "conflito de competência só pode ocorrer entre juízos com a mesma hierarquia, podendo ocorrer conflito entre juízos de hierarquia diferente apenas quando entre eles não houver vinculação"[89].

São legitimados para suscitar conflito de competência, nos termos do art. 805 da CLT, os próprios juízos e tribunais do trabalho, o Ministério Público do Trabalho (seja como *órgão agente* ou *órgão interveniente*) ou as partes interessadas, pessoalmente ou por meio de seus representantes.

No que concerne à incompetência relativa, se o réu oferece exceção e o juiz a acolhe e remete os autos para o juízo para o qual declinou a competência, não pode este, de ofício, suscitar o conflito, pois a incompetência relativa só pode ser arguida pela parte. Nesse sentido:

> CONFLITO NEGATIVO DE COMPETÊNCIA. COMPETÊNCIA TERRITORIAL. COMPETÊNCIA RELATIVA. Uma vez acolhida a exceção de incompetência territorial arguida pela parte, não pode o juízo suscitar conflito de competência (TRT 17ª R., CC 0000134-09.2015.5.17.0000, Rel. Des. Jailson Pereira da Silva, *DEJT* 25-8-2015).

---

88. Ver STJ, Súmula 180: "Na lide trabalhista, compete ao Tribunal Regional do Trabalho dirimir conflito de competência verificado, na respectiva região, entre juiz estadual e Junta de Conciliação e Julgamento".

89. MARINONI, Luiz Guilherme; MITIDIERO, Daniel. *Código de Processo Civil:* comentado artigo por artigo. São Paulo: Revista dos Tribunais, 2008. p. 169.

Em outras palavras, o juiz só pode suscitar, de ofício, conflito de competência se esta for absoluta, como, por exemplo, na hipótese do art. 2º da Lei n. 7.347/85, que trata da competência funcional-territorial do juízo do local do dano na ação civil pública ou de demanda ajuizada por servidor público estatutário (STF-ADI n. 3.395).

No que concerne à parte interessada, o art. 806 da CLT dispõe que, se ela já houver oposto na causa exceção de incompetência, estará proibida de suscitar o conflito. Trata-se, a nosso ver, de preclusão lógica, na medida em que conflito de jurisdição e exceção de incompetência têm, *in casu*, a mesma finalidade.

Em síntese, a parte que ofereceu exceção de incompetência (CLT, art. 806), ou, ao contestar, arguiu preliminar de incompetência absoluta do juízo, não pode suscitar conflito de competência. O conflito, porém, não impede que a parte que não o suscitou ofereça exceção declinatória de foro, que é relativa (CPC/73, art. 117; CPC, art. 952, parágrafo único).

A parte que suscitar o conflito deverá produzir a prova, evidentemente documental, de sua existência (CLT, art. 807).

Os conflitos de competência serão resolvidos (CLT, art. 808):

a) pelos Tribunais Regionais, os suscitados entre Juízes do Trabalho e entre Juízos de Direito investidos na jurisdição trabalhista, ou entre umas e outras, nas respectivas regiões;

b) pelo Tribunal Superior do Trabalho, os suscitados entre Tribunais Regionais, ou entre Juízes do Trabalho e Juízos de Direito sujeitos à jurisdição de Tribunais Regionais diferentes.

Como é palmar, a CLT oferece a solução dos conflitos que ocorrem entre os órgãos que integram a jurisdição trabalhista, incluindo os Juízos de Direito nela investidos.

O art. 114, V, da CF, com redação dada pela EC n. 45/2004, prescreve ser da competência da Justiça do Trabalho processar e julgar os conflitos de competência entre os órgãos com jurisdição trabalhista, ressalvado o disposto no art. 102, I, *o*, da CF.

É de ressaltar, portanto, que a Constituição Federal de 1988 (art. 102, *o*) estabeleceu a competência do STF para julgar os conflitos de competência entre: *a)* o Superior Tribunal de Justiça e quaisquer tribunais; *b)* Tribunais Superiores; *c)* Tribunais Superiores e qualquer outro tribunal.

A Carta Republicana de 1988 determina, ainda, que ao STJ compete julgar os conflitos de competência entre: *a)* quaisquer tribunais, ressalvado o disposto no seu art. 102, I, o, da CF; *b)* tribunal e juízes a ele não vinculados; *c)* juízes vinculados a tribunais diversos.

No que respeita a conflitos de competência entre órgãos judiciais da Justiça do Trabalho, colacionamos o seguinte julgado:

CONFLITO NEGATIVO DE COMPETÊNCIA EM RAZÃO DO LUGAR. RECLAMAÇÃO TRABALHISTA. AJUIZAMENTO NO LUGAR DO DOMICÍLIO DA RECLAMANTE. POSSIBILIDADE DE ELEIÇÃO DO FORO SE COINCIDENTE COM O LOCAL DA CONTRATAÇÃO OU DA PRESTAÇÃO DE SERVIÇOS (ART. 651, § 3º, DA CLT). Conflito negativo de competência suscitado pelo Juízo da Vara do Trabalho de Barra Mansa (RJ), que se declarou incompetente, em razão do lugar, para julgar a reclamação trabalhista ajuizada pelo reclamante em Cruzeiro (SP). Considerado o fato de o reclamante ter sido contratado em local de jurisdição da cidade de Cruzeiro e ali ter prestado os serviços por quase todo o contrato de trabalho, localidade em que reside (fl. 2), vem à baila o disposto no art. 651, § 3º, da Consolidação das Leis do Trabalho, que faculta ao trabalhador a eleição do foro, *in casu*, o Juízo da Vara do Trabalho do Cruzeiro, visando à garantia de todos os princípios protetivos do Direito do Trabalho e de acesso ao Poder Judiciário prevista no art. 5º, XXXV, da Constituição Federal. Conflito de competência acolhido, para declarar competente o Juízo da Vara do Trabalho de Cruzeiro (TST-CC 10361-37.2012.5.00.0000, j. 4-12-2012, Rel. Min. Pedro Paulo Manus, SBDI-2, *DEJT* 7-12-2012).

O processamento do conflito de competência na esfera trabalhista é regulado pelos arts. 809 e 810 da CLT.

Recomenda-se, outrossim, a consulta aos Regimentos Internos dos Tribunais, pois neles pode haver normas específicas sobre o procedimento a ser observado nos conflitos de competência.

CAPÍTULO VI
Ação Trabalhista

1. CONSIDERAÇÕES PRELIMINARES

Recuperando o que já foi dito nos capítulos anteriores, podemos dizer que, a partir do instante em que o Estado moderno avocou para si a atividade jurisdicional, isto é, o poder-dever-função de dizer e realizar o direito, os conflitos intersubjetivos de interesses, tirantes algumas hipóteses em que o ordenamento jurídico estatal permite a autotutela ou a solução autônoma do conflito (*v.g.*, arbitragem, comissão de conciliação prévia), deixaram de ser resolvidos diretamente, geralmente por meio da força, pelos próprios titulares dos direitos em conflito.

Sabe-se, de antemão, que a jurisdição é exercida dentro do processo, que é o meio, o instrumento, com que o Estado soluciona, resolve, decide, enfim, os conflitos de interesses deduzidos em juízo e efetiva os direitos dos cidadãos.

Já vimos, também, que uma das características da jurisdição é a inércia. Daí a necessidade imperiosa da manifestação de vontade de um dos sujeitos da lide (ou seus representantes ideológicos autorizados) para que o Estado possa prestar a tutela jurisdicional. A provocação da jurisdição é, portanto, implementada por meio da ação. De forma simplista, a ação seria, assim, o direito de exigir do Estado o exercício da sua atividade jurisdicional.

É preciso deixar claro que a ação pertence aos domínios do direito público, o que implica dizer que os estudos sobre a sua natureza jurídica, conceitos gerais, elementos, enfim, a sua gênese, encontram suas raízes na teoria geral do direito processual, que, como já vimos, constitui o núcleo comum em torno do qual gravitam o direito processual civil e o direito processual trabalhista.

2. NATUREZA JURÍDICA DA AÇÃO

Partindo-se da premissa de que a ação é um direito, cumpre assinalar que a História revela acirrada polêmica em torno da construção teórica acerca da natureza jurídica desse direito. Há, pois, inúmeras teorias que procuram identificar a natureza jurídica da ação.

Para a teoria imanentista, também chamada de privatista ou civilista, a ação está incrustada dentro do direito privado, do direito civil. A origem dessa teoria remonta ao Direito Romano, sendo seu precursor o jurisconsulto Celso, para quem "*actio autem nihil aliud est, quam ius persequendi iudicio quod sibi debeatur*"[1].

Vale dizer, para os romanos, não havia uma separação entre *actio* (ação) e *jus* (direito), pois esses termos eram equivalentes, ou seja, a ação seria o próprio direito material em atitude de defesa, quando atacado ou ameaçado.

Essa teoria, que, de certa forma, era adotada pelo Código Civil de 1916 (art. 76[2]), não conseguiu explicar, porém, que, nos casos de improcedência ou nas chamadas ações declaratórias negativas, o direito de ação é plenamente exercitado por aquele que se diz titular do direito material, no qual tem garantida a faculdade de invocar a prestação jurisdicional do Estado.

Opondo-se ao conceito civilista, surgiram as chamadas doutrinas publicistas da ação.

As teorias publicistas sustentam, em síntese, que:

- a ação é um direito autônomo, distinto do direito material ou subjetivo;
- há uma conexão instrumental entre a ação e o direito material a ser protegido, mas isso não é condição necessária para o exercício do direito de ação;
- a ação é um direito público, pois é ajuizada contra o Estado em face de outro particular (ou do próprio Estado);
- a ação é um direito abstrato, pois pode ser exercitado independentemente da existência do direito material;
- a ação é um direito à prestação jurisdicional do Estado, vale dizer, a uma sentença que componha o conflito de interesses de que faz parte o autor.

Atribui-se à polêmica entre Windscheid e Müther o marco inicial da demonstração de que o direito lesado e a ação correspondente são realidades distintas. Chega-se, assim, à concepção de que a ação cria, a par do direito subjetivo material da parte prejudicada, dois outros direitos públicos: *primus*, para o ofendido, que é o direito de invocar a tutela jurisidicional, sendo esse direito dirigido contra o Estado; *secundum*, para o próprio Estado, que consiste no direito de eliminar a lesão jurídica e que se volta contra a parte que a causou[3].

A nova concepção da ação como direito autônomo redundou no seu desdobramento em três novas teorias da ação: como direito autônomo e concreto, como direito autônomo e abstrato e, finalmente, a teoria eclética.

1. Em tradução livre: "A ação nada mais é do que o direito de perseguir em Juízo aquilo que nos é devido".

2. O atual Código Civil brasileiro (Lei n. 10.406, de 10-1-2002), que entrou em vigor em 1º de janeiro de 2003, não contém dispositivo semelhante.

3. THEODORO JÚNIOR, Humberto. *Os princípios do direito processual civil e o processo do trabalho*, cit., p. 49.

2.1. Teoria da ação como direito autônomo e concreto

Segundo essa teoria, a ação seria um direito autônomo e concreto à tutela jurisdicional de mérito. Pode-se dizer que foi com a obra sobre ação declaratória, de Adolpho Wach (1885), que o direito processual passou a ser considerado uma ciência, caracterizada por normas, regras, leis e princípios próprios.

O único equívoco perpetrado por Wach residiu na sua afirmação de que a ação estava subordinada à preexistência do direito subjetivo material, ou seja, segundo esse notável jurista, só haveria ação como direito autônomo se o autor obtivesse uma sentença favorável à sua pretensão. Se o autor não fosse titular do direito material alegado, não teria sequer existido o direito de ação.

Outra vertente desse pensamento pode ser encontrada em Oskar Büllow, para quem a ação era o direito de se dirigir ao Estado, postulando uma "sentença verdadeira e justa".

Há, ainda, um outro desdobramento, que é teoria de Chiovenda, para quem a ação é um direito potestativo, ou seja, a ação é um poder que sujeita o adversário; é um poder exercido em face do adversário[4].

2.2. Teoria da ação como direito autônomo e abstrato

Para essa teoria, o direito de ação nada mais era do que o direito à composição do litígio pelo Estado, independentemente da efetiva existência do direito material alegado pela parte que provoca a atividade jurisdicional do Poder Judiciário.

De tal arte que, mesmo no caso de improcedência do pedido deduzido pelo autor, não deixaria de ter havido ação e composição da lide, porquanto bastaria ao autor exercer o direito público de ação, invocando um interesse abstratamente protegido pelo ordenamento jurídico.

Os principais precursores dessa teoria são Mortara, Degenkolb e Plósz.

2.3. Teoria eclética

Partindo das teorias da ação como direito autônomo e abstrato, Liebman construiu uma teoria eclética, pois, para ele, o direito de ação seria exercitado quando preenchidos certos requisitos ou condições, como a legitimidade *ad causam*, o interesse de agir e a possibilidade jurídica do pedido. Preenchidas tais condições, o autor teria direito à tutela jurisdicional de mérito, independentemente da procedência ou

4. MARINONI, Luiz Guilherme. *Curso de processo civil*. São Paulo: Revista dos Tribunais, 2006. v. 1: teoria geral do processo, p. 166.

improcedência do pedido[5]. Essa teoria foi adotada pelo CPC de 1973, como se infere dos seus arts. 3º e 267, VI, e nos parece que o CPC também a consagra, pelo menos no que concerne à legitimidade e ao interesse processual, como se depreende dos seus arts. 17 e 485, VI. Sobre condições da ação, *vide* item 6 *infra*.

3. MODERNO CONCEITO DE AÇÃO

À luz dessas singelas considerações, a doutrina tradicional conceitua a ação como *direito subjetivo, público, constitucional, autônomo e abstrato de invocar a tutela jurisdicional do Estado*. Cabe advertir, por oportuno, que tal conceituação concerne apenas à ação individual, uma vez que, em se tratando de ação coletiva *lato sensu*, o seu autor não é o titular do direito ou interesse material nela veiculado. Dito de outro modo, nos domínios da ação coletiva, esta deixa de ter conotação de "direito subjetivo", pois o seu titular não é o indivíduo que defende direito próprio e, sim, ente coletivo ou "representante ideológico" da coletividade, tal como ocorre na ação civil pública e na ação popular, respectivamente.

É preciso deixar claro, nesse passo, que a concepção da ação como direito subjetivo repousa na clássica formulação dicotômica direito público/direito privado, sendo certo que essa formulação entra em xeque quando confrontada com os chamados direitos ou interesses metaindividuais (difusos, coletivos e individuais homogêneos), que, na verdade, não são nem públicos nem privados.

Para nós, os direitos subjetivos são direitos humanos de primeira dimensão, também chamados de direitos civis ou individuais, e constituem uma conquista dos súditos em face do Estado absoluto. Não há negar, porém, que os ordenamentos jurídicos modernos reconhecem outras dimensões dos direitos humanos, entre elas, os de segunda dimensão, que são os direitos sociais, econômicos e culturais, bem como os de terceira dimensão, como atualmente são denominados os interesses ou direitos globais, também chamados de interesses metaindividuais, transindividuais ou direitos de solidariedade.

Ora, para permitir a judicialização desses novos direitos metaindividuais, é condição necessária uma nova formulação conceitual para a ação, no sentido de suprimir a expressão "subjetivo". Ademais, parece-nos factível afirmar que a ação coletiva, além de direito, de natureza coletiva, cuja titularidade é conferida ao legitimado autônomo para condução do processo (tutela de direitos difusos e coletivos) ou ao substituto processual (tutela de direitos individuais homogêneos), é também dever de cidadania (ação popular) ou dever institucional (ação civil pública). Afinal, o Título II, Capítulo I, da CF consagra um rol exemplificativo dos direitos e

5. LIEBMAN, Enrico Tullio. *Manual de direito processual civil*. Tocantins: Intelectus, 2003. v. 1, p. 135. É importante ressaltar que, em tal obra, Liebman não mais menciona a possibilidade jurídica do pedido como condição da ação.

deveres fundamentais e lá estão abrigadas algumas ações coletivas, como a ação popular, o mandado de injunção (individual e coletivo) e o mandado de segurança (individual e coletivo). Ademais, a ação civil pública encontra-se catalogada no rol das funções institucionais do Ministério Público (CF, art. 129, III), ou seja, é um dever institucional do MP ajuizá-la sempre que constatar a presença de lesão ou ameaça de lesão a direitos metaindividuais.

O objetivo da ação, no Estado Democrático, é propiciar a tutela efetiva dos direitos, especialmente dos direitos humanos e fundamentais. Como diz Marinoni, o

> direito de ação é um direito fundamental processual, e não um direito fundamental material, como são os direitos de liberdade, à educação e ao meio ambiente. Portanto, ele pode ser dito o mais fundamental de todos os direitos, já que imprescindível à efetiva concreção de todos eles[6].

Dito doutro modo, a ação é

> um direito fundamental à tutela jurisdicional adequada e efetiva, como direito à ação adequada, e não mais como simples direito ao processo e a um julgamento de mérito[7].

Afastando a leitura do (revogado) art. 75 do Código Civil de 1916 (teoria imanentista) e invocando o art. 83 do Código de Defesa do Consumidor, segundo o qual, para a tutela do direito lesado ou ameaçado de lesão, são cabíveis todos os tipos de ações (ou formas de tutela jurisdicional processual), Hermes Zanetti Júnior afasta

> a ação concreta e a correspondência simplista entre o direito material (fundamento) e a ação (instrumento), apontando sempre para o caráter dialético do processo e sua potencialidade democrática[8].

Formulando um conceito mais amplo de direito de ação, Câmara sustenta a ação como um poder de demandar, advertindo que tal poder

> não pode deixar de ser visto como uma garantia fundamental, inserida no plano dos direitos humanos. Trata-se do direito de acesso aos tribunais, assegurado, expressamente, pelo art. 8º da Convenção Americana de Direitos Humanos (Pacto

6. MARINONI, Luiz Guilherme. *Curso de processo civil*, cit., p. 205.

7. MARINONI, Luiz Guilherme; MITIDIERO, Daniel. *Código de processo civil:* comentado artigo por artigo. São Paulo: Revista dos Tribunais, 2008. p. 97.

8. ZANETI JÚNIOR, Hermes. *Processo constitucional:* o modelo constitucional do processo civil brasileiro. Rio de Janeiro: Lumen Juris, 2007. p. 186-187.

de São José da Costa Rica), a que o Brasil aderiu e, portanto, integra o direito objetivo brasileiro[9].

Modestamente, eis o nosso conceito: *ação é um direito público, humano e fundamental, autônomo e abstrato, constitucionalmente assegurado à pessoa, natural ou jurídica, e a alguns entes coletivos, para invocar a prestação jurisdicional do Estado, objetivando a tutela de direitos materiais individuais ou metaindividuais.* Expliquemo-nos.

A ação é um *direito humano*, porque é reconhecido no art. 8º da Declaração Universal dos Direitos Humanos de 1948 e no art. 8º da Convenção Americana de Direitos Humanos (ratificada pelo Brasil em 25-9-1992). É, ainda, um direito *fundamental*, porquanto previsto no art. 5º, XXXV, da Constituição brasileira de 1988. É, também, direito *público*, uma vez que, por meio da ação, qualquer pessoa tem o direito de invocar a prestação jurisdicional do Estado, que é realizada por intermédio do processo que, como se sabe, pertence aos domínios do direito público.

É *direito autônomo* e *abstrato*, porque a ação pode ser exercida independentemente do direito material, sendo certo que, mesmo nos casos de carência de ação, improcedência ou de declaração de inexistência do direito material, o direito de ação não fica impedido de ser exercido.

Também é *direito constitucionalmente assegurado* à pessoa, física ou jurídica, ou a alguns entes coletivos, porque, em nosso ordenamento jurídico, o acesso ao Poder Judiciário é assegurado tanto a título individual quanto coletivo.

O conceito ora proposto se aplica integralmente à ação trabalhista. Assim, a ação trabalhista é *um direito público, humano e fundamental, autônomo e abstrato, constitucionalmente assegurado à pessoa, natural ou jurídica, e a alguns entes coletivos, para invocar a prestação jurisdicional da Justiça do Trabalho, objetivando a tutela de direitos materiais individuais ou metaindividuais oriundos da relação de trabalho.*

4. ELEMENTOS DA AÇÃO

A ação constitui, como já vimos em linhas transatas, um direito, individual ou metaindividual, constitucionalmente assegurado à pessoa natural ou jurídica e a alguns entes despersonalizados com capacidade processual para invocar a tutela jurisdicional do Estado. Esse direito, contudo, não é absoluto, uma vez que a lei impõe algumas exigências para o seu exercício.

Assim, para que a ação possa existir validamente é preciso que reúna alguns elementos sem os quais não haverá uma adequada relação jurídica processual entre o Estado-juiz e aquele que invoca a prestação jurisdicional.

9. CÂMARA, Alexandre Freitas. *Lições de direito processual civil.* 18. ed. Rio de Janeiro: Lumen Juris, 2008. v. 1, p. 114.

São elementos da ação: as *partes*, a *causa de pedir* e o *pedido*.

As *partes* são as pessoas ou entes que se dizem titulares (ou "representantes" dos titulares) dos direitos ou interesses materiais deduzidos em juízo, geralmente, coincidindo a titularidade material com a processual.

As partes são os elementos subjetivos da ação, isto é, dizem respeito àqueles que figuram nos polos ativo e passivo da relação jurídica processual. Alguns autores preferem chamar as partes de *sujeitos*. Daí a expressão "sujeitos da ação".

Quando há pluralidade de pessoas (ou entes com capacidade processual) no polo ativo, temos o litisconsórcio ativo; no polo passivo, litisconsórcio passivo. Quando, porém, há pluralidade de pessoas no polo passivo e ativo ao mesmo tempo, temos o litisconsórcio misto.

Quem invoca a função jurisdicional é o *autor*, que, no processo do trabalho, por questões históricas[10], é chamado de *reclamante*. Aquele em face de quem a ação é exercida chama-se *réu*, ou, segundo a linguagem da CLT, *reclamado*.

O segundo elemento identificador da ação é a *causa de pedir*. É na causa de pedir (*causa petendi*) que residem os motivos fáticos e jurídicos que justificam a invocação da tutela jurisdicional. O CPC determina que, ao elaborar a petição inicial, o autor deve aduzir "os fatos e fundamentos jurídicos do pedido" (art. 319, III), sendo que estes constituem a "causa de pedir".

A CLT, embora exija que na petição inicial escrita o autor formule pedido, não faz referência à causa de pedir. Ao revés, exige, tão somente, "uma breve exposição dos fatos" (art. 840, § 1º). Essa peculiaridade decorre, como é curial, da possibilidade do *jus postulandi* (CLT, art. 791) das próprias partes, que, via de regra, não possuem conhecimentos técnicos para formular "fundamentos jurídicos do pedido".

É importante assinalar que alguns processualistas afirmam que os fatos dos quais brota o direito constituem a causa de pedir remota e os fundamentos jurídicos do pedido, a causa de pedir próxima[11]. Há, porém, uma corrente doutrinária que sustenta serem os fatos a causa de pedir próxima, enquanto os fundamentos jurídicos do pedido, a causa de pedir remota[12].

Tirante essa divergência, a doutrina nacional é praticamente unânime em afirmar que o nosso sistema processual quanto à causa de pedir adotou a *teoria da substanciação*, pois exige a descrição dos fatos dos quais decorre a relação de direito material para a propositura da ação, contrapondo-se, portanto, à *teoria da individualização*,

10. As expressões "reclamante" e "reclamado" surgiram quando a Justiça do Trabalho era vinculada ao Poder Executivo, sendo certo que as partes formulavam uma reclamação perante o Poder Executivo.

11. Cf. GRECO FILHO, Vicente. *Direito processual civil brasileiro*. v. 1, p. 91.

12. Nesse sentido: RODRIGUES, Marcelo Abelha. *Elementos de direito processual civil*. v. 2, p. 31.

que se contenta com a mera afirmação da relação jurídica material que fundamenta o pedido[13].

O terceiro elemento da ação é o *pedido*. Diz-se, comumente, que o pedido é o elemento objetivo da ação, ou seja, o seu objeto. É pela ação que a parte formula, na petição inicial, um pedido, cujo teor determina o seu objeto.

O pedido classifica-se em *imediato e mediato.*

- Pedido imediato – consiste em solicitar que o Estado dirima o conflito de interesses, por uma das formas de prestação jurisdicional (proferindo sentenças declaratórias, constitutivas, condenatórias, mandamentais ou executivas *lato sensu*).
- Pedido mediato – concerne ao bem da vida vindicado pelo autor da ação (por exemplo, a condenação do réu ao pagamento de horas extras).

5. CLASSIFICAÇÃO DAS AÇÕES TRABALHISTAS

5.1. Classificação quinária das ações individuais

Seguindo as pegadas de Chiovenda, as ações individuais podem ser classificadas à luz do tipo de prestação jurisdicional invocada por aquele que se dirige ao Poder Judiciário, ativando a função jurisdicional. É dizer, as ações são classificadas segundo o tipo de provimento jurisdicional solicitado pelo autor. Com arrimo nos ensinamentos do mestre peninsular, podemos dizer que as ações classificam-se em: ações de conhecimento (ou cognitivas), ações executivas e ações cautelares.

Pontes de Miranda apresenta duas outras espécies de ações, a saber: a ação mandamental e a ação executiva. Ouçamos esse notável jurista:

> Na ação mandamental, pede-se que o juiz mande, não só que declare (pensamento puro, enunciado de existência), nem que condene (enunciado de fato e de valor); tampouco se espera que o juiz por tal maneira fusione o seu pensamento e o seu ato que dessa fusão nasça a eficácia constitutiva. Por isso mesmo, não se pode pedir que dispense o "mandado". Na ação executiva, quer-se mais: quer-se o ato do juiz, fazendo, não o que devia ser feito pelo juiz, como juiz, sim o que a parte deveria ter feito. No mandado, o ato é ato que só o juiz pode praticar, por sua estatalidade. Na execução, há mandados, no correr do processo; mas a solução final é ato da parte (solver o débito). Ou do Juiz, forçando[14].

13. Voltaremos a tratar do assunto no Capítulo XII, item 2.3.
14. *Comentários ao Código de Processo Civil*. Rio de Janeiro: Forense, 1976. Tomo V, p. 63-64.

A classificação trinária (ou ternária) das ações – cognitivas, cautelares e executivas – vem sendo objeto de críticas da moderna processualística, pois tal classificação constitui resquício do *Estado Liberal*, que restringia o papel do juiz ao de mera "boca que pronuncia as palavras frias da lei". No Estado Democrático de Direito, surgem novos valores, princípios e direitos fundamentais, exigindo do juiz uma postura mais ativa na prestação jurisdicional. É aqui que comparece uma nova classificação quinária das ações de conhecimento, pois, além das ações declaratórias, constitutivas e condenatórias, surgem as chamadas ações mandamentais, já referidas acima, e as ações executivas *lato sensu*.

Assim, ações mandamentais são aquelas que propiciam uma sentença (de procedência) mandamental, como no mandado de segurança e no mandado de injunção. A característica da ação mandamental é a existência de um provimento judicial que ordena, manda, determina. Na ação mandamental, pois, a sentença atuará sobre a vontade do vencido, ordenando e compelindo-o a cumpri-la, sem necessidade de um novo processo de execução[15].

Já as ações executivas *lato sensu* são aquelas que trazem embutidas em si a carga executória, cuja determinação representa e determina, desde logo, independentemente de qualquer providência a ser tomada pelo vencedor, a entrega do objeto (bem de vida) pelo devedor. Um exemplo de ação executiva *lato sensu* é a ação de despejo, uma vez que a sentença que decreta o despejo do réu não comporta execução nos moldes da ação executiva tradicional. Vale dizer, o decreto de despejo implica a expedição de um mandado de desocupação forçada, que implica a entrega do bem ao autor no prazo determinado pelo juiz.

Os arts. 497 e 536 do CPC[16] e o art. 84 do CDC permitem ao juiz, na sentença ou na tutela antecipatória, ordenar o cumprimento da obrigação específica, sem prejuízo da aplicação de multa, independentemente de pedido do autor. Dito de outro modo, na ação que tenha por objeto o cumprimento de obrigação de fazer ou não fazer, o juiz concederá a tutela específica da obrigação ou, se procedente o pedido, determinará providências que assegurem o resultado prático equivalente ao do adimplemento. Tais normas, ao que nos parece, reconhecem em nosso sistema processual a existência da ação mandamental – ordem de cumprimento da obrigação específica – e da ação executiva *lato sensu* – determinação para pagamento de multa independentemente de pedido do autor.

É relevante destacar a advertência de Alexandre Câmara, para quem

---

15. MARINONI, Luiz Guilherme; ARENHART, Sérgio Cruz. *Manual do processo de conhecimento*. São Paulo: Revista dos Tribunais, 2001. p. 433.

16. O art. 3º, XI e XII, da IN n. 39/2016 do TST autoriza a aplicação dos arts. 497 a 501 e 536 a 538 do CPC no processo do trabalho. A ADI n. 5.516 questiona a constitucionalidade da referida Instrução Normativa n. 39.

a ação é, em termos puramente científicos, insuscetível de classificações. Sendo a ação poder de provocar o exercício da jurisdição, e sendo esta una, também una será aquela. A classificação da ação é, portanto, despida de qualquer fundamento teórico (ao contrário da classificação das espécies de tutela jurisdicional, ou das espécies de sentenças, estas sim extremamente relevantes para a ciência processual)[17].

Assim, para fins meramente didáticos, analisaremos a seguir as espécies de ações reconhecidas pela doutrina pátria, lembrando ao leitor que voltaremos a falar sobre o tema no Capítulo XVII, item 5.4, onde estudaremos a classificação quinária das sentenças.

5.1.1. Ações de conhecimento

As ações de conhecimento são aquelas em que o autor invoca a jurisdição, visando a obtenção de uma sentença terminativa ou definitiva. Nestas ações, é necessário o conhecimento da matéria pelo juiz por meio de um procedimento regular, porque as partes (salvo quanto à matéria ou à questão exclusivamente de direito) não lhe oferecem, desde o início, todos os elementos fáticos e jurídicos que propiciem, desde logo, a prolação de uma decisão que acolha ou rejeite a pretensão deduzida pelas partes em juízo.

A grande particularidade do processo laboral, no que concerne às ações de conhecimento, residia na possibilidade de coexistência das ações individuais (dissídios individuais) e das ações coletivas (dissídios coletivos e ação de cumprimento)[18].

Hoje, porém, já não há razão para tal distinção, porquanto outras ações coletivas, com características diferentes dos dissídios coletivos, passaram a ser também cabíveis tanto no processo civil quanto no processo trabalhista.

As ações de conhecimento comportam uma subclassificação, a saber: condenatórias, constitutivas, declaratórias, mandamentais ou executivas *lato sensu*.

A *ação condenatória* tem por objeto a condenação do réu a dar, fazer ou não fazer, entregar ou pagar quantia.

Nas ações condenatórias, que são as mais comuns no processo do trabalho, o que se visa é a obtenção de um título judicial que assegure ao autor o direito material deduzido na petição inicial, como, por exemplo, quando o autor pede ao juiz que condene o réu ao pagamento de horas extras não pagas durante a vigência do contrato de trabalho.

---

17. CÂMARA, Alexandre Freitas. *Lições de direito processual civil*, cit. p. 123.

18. COSTA, Coqueijo. *Direito processual do trabalho*, cit., p. 95. Para esse autor, as ações trabalhistas classificam-se diferentemente das ações comuns, pois podem ser individuais ou coletivas, conforme as lides sejam, respectivamente, individuais ou coletivas. Advirta-se, contudo, que a obra do saudoso Coqueijo Costa foi escrita antes da CF/88, e o atualizador manteve incólumes as ideias originais do autor.

As *ações constitutivas* são as que visam a modificação (ex.: art. 461 da CLT), a criação (ex.: art. 460 da CLT) ou a extinção de uma relação jurídica (ex.: arts. 494 e 853 da CLT). A bem ver, a sentença, nessas ações, não cria direitos novos: limita-se apenas a reconhecer o direito preexistente, o qual só se torna efetivo com a intervenção judicial.

As *ações declaratórias*, também chamadas de *meramente declaratórias*, ou ações de preceito, são as que têm por finalidade obter a declaração da existência ou inexistência de uma relação jurídica ou a autenticidade ou falsidade de um documento. O que o autor visa, com tal tipo de ação, é uma declaração de certeza sobre a existência ou inexistência de determinada situação ou relação jurídica, ou sobre a autenticidade ou falsidade de um documento. A base legal dessas ações está no art. 19 do CPC, segundo o qual "o interesse do autor pode limitar-se à declaração: I – da existência, da inexistência ou do modo de ser de uma relação jurídica; II – da autenticidade ou da falsidade de documento".

Além disso, nos termos do art. 20 do CPC, é "admissível a ação meramente declaratória, ainda que tenha ocorrido a violação do direito".

Parece-nos irrecusável a aplicação da ação meramente declaratória nos domínios do processo do trabalho, ante a lacuna do texto obreiro e, também, a ausência de incompatibilidade do instituto com o processo laboral (art. 769 da CLT; art. 15 do CPC). Ex.: ação trabalhista em que o autor pretende, tão somente, a declaração judicial de existência ou inexistência de relação de emprego entre ele e o réu. Também é possível que o autor, ou o réu, solicite que a sentença declare a validade ou falsidade de determinado documento constante dos autos.

A rigor, toda ação possui um conteúdo declaratório, sendo certo que a pretensão do réu é sempre no sentido de obter uma sentença declaratória negativa.

Por força dos arts. 461, 461-A e 273 do CPC/73, que têm como correspondentes os arts. 497, 498, 294, 519 e 536 do CPC[19], pode-se dizer que o processo civil brasileiro adotou o sincretismo entre as ações de conhecimento e as executivas. Há, portanto, uma unificação dos processos de conhecimento e de execução, o que implica dizer que, em regra, os atos de cognição e execução passam a ser praticados num único processo.

Quanto ao processo do trabalho, cremos que as ações que veiculam tutelas específicas (obrigações de fazer, não fazer e entregar) podem ter carga declaratória, condenatória, constitutiva, mandamental ou executiva *lato sensu*.

Há, porém, divergências quanto à aplicação do "processo sincrético" no âmbito do processo do trabalho no que diz respeito às ações que veiculam obrigação por quantia (de pagar), como veremos no Capítulo XXIII, itens 3, 6 e 7.

19. O art. 3º, XI e XII, da IN n. 39/2016 do TST autoriza a aplicação dos arts. 497 a 501 e 536 a 538 do CPC no processo do trabalho. A ADI n. 5.516 questiona a constitucionalidade da referida Instrução Normativa n. 39.

5.1.1.1. *Ação declaratória incidental*

O CPC/73 (arts. 5º e 325) previa a ação declaratória incidental. Trata-se de uma ação que tem cabimento quando no curso do processo se tornar litigiosa relação jurídica de cuja existência ou inexistência depender o julgamento da lide (mérito). A legitimidade para tal ação é conferida tanto ao autor quanto ao réu, que poderão requerer que o juiz declare, na sentença, a existência ou inexistência da relação jurídica. Essa decisão só produzirá os efeitos da coisa julgada se atendidos, cumulativamente, três requisitos: haver requerimento expresso da parte (CPC/73, arts. 5º e 325), ser o juiz competente em razão da matéria e constituir pressuposto necessário para o julgamento da lide.

Havia cizânia sobre o cabimento da ação declaratória incidental no processo do trabalho. Como o CPC não possui dispositivos correspondentes aos arts. 5º e 325 do CPC/73, parece-nos que tal cizânia perde importância prática e acadêmica.

5.1.1.2. *Ações inibitórias*

Além das ações declaratórias, constitutivas, condenatórias, mandamentais e executivas *lato sensu*, Luiz Guilherme Marinoni sustenta a existência da *ação inibitória*. Trata-se, segundo esse renomado autor, de

> ação de conhecimento de natureza preventiva, destinada a impedir a prática, a repetição ou a continuação do ilícito. A sua importância deriva do fato de que constitui ação de conhecimento que, efetivamente, pode inibir o ilícito. Dessa forma, distancia-se, em primeiro lugar, da ação cautelar, a qual é caracterizada por sua ligação com uma ação principal, e, depois, da ação declaratória, a qual já foi pensada como "preventiva", ainda que destituída de mecanismos de execução realmente capazes de impedir o ilícito[20].

Sem dúvida, o Estado Liberal não reconhecia a possibilidade de uma ação de conhecimento que possibilitasse ao juiz um poder "executivo" para atuar antes da lesão de um direito, ou seja, antes da violação de uma norma jurídica, pois isso implicaria violação ao direito de liberdade do réu. Tanto é assim, que a Constituição brasileira de 1969 (EC n. 1/69) dispunha em seu art. 153, § 4º: "A lei não poderá excluir da apreciação do Poder Judiciário qualquer lesão de direito individual".

Ocorre que, no Estado Democrático de Direito, a lei não poderá excluir da apreciação do Judiciário qualquer lesão ou ameaça a direito. É o que dispõe, textualmente,

20. MARINONI, Luiz Guilherme. *Técnica processual e tutela dos direitos*. São Paulo: Revista dos Tribunais, 2008. p. 192.

o inciso XXXV do art. 5º da CF/88, que também passa a ser fundamento da tutela (ação) inibitória em nosso ordenamento jurídico.

A tutela inibitória é destinada a impedir a possibilidade do ato ilícito,

ainda que se trate de repetição ou continuação. Assim, é voltada para o futuro, e não para o passado. De modo que nada tem a ver com o ressarcimento do dano e, por consequência, com os elementos para a imputação ressarcitória – os chamados elementos subjetivos, culpa ou dolo[21].

Além disso, destaca Marinoni,

> essa ação não requer nem mesmo a probabilidade do dano, contentando-se com a simples probabilidade de ilícito (ato contrário ao direito). Isso por uma razão simples: imaginar que a ação inibitória se destina a inibir o dano implica na suposição de que nada existe antes dele que possa ser qualificado de ilícito civil[22].

É importante notar que o art. 497 e seu parágrafo único do CPC[23] passaram a admitir expressamente não apenas a ação inibitória como também a ação de remoção do ilícito, nos seguintes termos:

> Art. 497. Na ação que tenha por objeto a prestação de fazer ou de não fazer, o juiz, se procedente o pedido, concederá a tutela específica ou determinará providências que assegurem a obtenção de tutela pelo resultado prático equivalente.
>
> Parágrafo único. Para a concessão da tutela específica destinada a inibir a prática, a reiteração ou a continuação de um ilícito, ou a sua remoção, é irrelevante a demonstração da ocorrência de dano ou da existência de culpa ou dolo.

Podemos mencionar, no processo do trabalho, alguns exemplos de ação (de conhecimento) inibitória, como a prevista no art. 659, IX, da CLT, segundo o qual o juiz pode conceder tutela inibitória para que o empregador se abstenha de transferir (CLT, art. 543) um dirigente sindical para localidade que impeça ou dificulte a sua atuação na defesa dos interesses coletivos ou individuais da categoria (CF, art. 8º, III). Nos casos de discriminação no ambiente do trabalho, a ação inibitória é meio de tutela bastante eficaz no aspecto preventivo. Pode ser manejada para inibir a realização de ato discriminatório contra mulheres, negros, homoafetivos etc.

21. MARINONI, Luiz Guilherme, op. cit., p. 195.

22. Idem.

23. O art. 3º, XI e XII, da IN n. 39/2016 do TST autoriza a aplicação dos arts. 497 a 501 e 536 a 538 do CPC no processo do trabalho. A ADI n. 5.516 questiona a constitucionalidade da referida Instrução Normativa n. 39.

O TST já reconheceu a aplicabilidade da tutela coletiva inibitória no processo do trabalho, nos seguintes termos:

> RECURSO DE REVISTA. 1. AÇÃO CIVIL PÚBLICA. DIREITOS DIFUSOS, COLETIVOS E INDIVIDUAIS HOMOGÊNEOS. LEGITIMIDADE DO MINISTÉRIO PÚBLICO DO TRABALHO. TUTELA INIBITÓRIA. ABSTENÇÃO DE INCLUSÃO DE CLÁUSULA EM CONVENÇÃO COLETIVA PREVENDO CONTRIBUIÇÃO ASSISTENCIAL A NÃO ASSOCIADOS. O Ministério Público do Trabalho detém legitimidade para pleitear, em ação civil pública, tutela inibitória na defesa de direitos difusos, coletivos e individuais homogêneos, especialmente quando relacionados à livre associação e sindicalização (CF, arts. 5º, II, e 8º, *caput*, e V), nos exatos limites dos arts. 127 e 129, III e IX, da Constituição Federal, 6º, VII, *a* e *d*, e 84 da Lei Complementar n. 75/93, 1º, IV, e 3º da Lei n. 7.347/85. Recurso de revista conhecido e provido. 2. CONTRIBUIÇÕES ASSISTENCIAIS. DEVOLUÇÃO DE DESCONTOS. A Constituição da República, em seus arts. 5º, XX, e 8º, V, assegura o direito de livre associação e sindicalização. É ofensiva a essa modalidade de liberdade cláusula constante de acordo, convenção coletiva ou sentença normativa estabelecendo contribuição em favor de entidade sindical a título de taxa para custeio do sistema confederativo, assistencial, revigoramento ou fortalecimento sindical e outras da mesma espécie, obrigando trabalhadores não sindicalizados. Sendo nulas as estipulações que inobservem tal restrição, tornam-se passíveis de devolução os valores irregularmente descontados (Precedente Normativo n. 119 e OJ n. 17, ambos da SDC/TST e Súmula 666/STF). Recurso de revista conhecido e provido (TST-RR 624-04.2010.5.09.0655, j. 14-12-2011, Rel. Min. Alberto Luiz Bresciani de Fontan Pereira, 3ª T., *DEJT* 19-1-2011).

É importante notar que a tutela inibitória pode ser deferida antecipadamente ou em caráter definitivo (CPC, arts. 294, 497 e 536; CDC, art. 84), podendo o juiz fixar multa, independentemente de requerimento do autor.

Registra-se que o art. 3º, XI e XII, da IN n. 39/2016 do TST autoriza a aplicação dos arts. 497 a 501 e 536 a 538 do CPC no processo do trabalho. Todavia, a ADI n. 5.516 questiona a constitucionalidade da referida Instrução Normativa n. 39.

5.1.1.3. Ação de remoção do ilícito

Outra ação de conhecimento bastante importante no Estado Democrático de Direito é a ação de remoção do ilícito. Leciona Marinoni:

> Se a ação inibitória se destina a impedir a prática, a repetição ou a continuação do ilícito, a ação de remoção do ilícito, como o próprio nome indica, dirige-se a remover

os efeitos de uma ação ilícita que já ocorreu. Esclareça-se que a ação inibitória, quando voltada a impedir a repetição do ilícito, tem por fim evitar a ocorrência de outro ilícito. Quando a ação inibitória objetiva inibir a continuação do ilícito, a tutela tem por escopo evitar o prosseguimento de um agir ou de uma atividade ilícita. Perceba-se que a ação inibitória somente cabe quando se teme um agir ou uma atividade. Ou melhor, a ação inibitória somente pode ser utilizada quando a providência jurisdicional for capaz de inibir o agir ou o seu prosseguimento, e não quando esse já houver sido praticado, estando presentes apenas os seus efeitos. Há diferença entre temer o prosseguimento de uma atividade ilícita e temer que os efeitos ilícitos de uma ação já praticada continuem a se propagar. Se o infrator já cometeu a ação cujos efeitos ilícitos permanecem, basta a remoção da situação de ilicitude. Nesse caso, ao contrário do que ocorre com a ação inibitória, o ilícito que se deseja atingir está no passado, e não no futuro[24].

O fundamento da ação de remoção do ilícito está no parágrafo único do art. 497 do CPC, que se mostra perfeitamente cabível no processo do trabalho (CLT, art. 769; CPC, art. 15). Nesse sentido, a propósito, o art. 3º, XI e XII, da IN n. 39/2016 do TST autoriza a aplicação do art. 497 do CPC no processo do trabalho. Todavia, a ADI n. 5.516 questiona a constitucionalidade da referida Instrução Normativa n. 39.

Assim, enquanto a ação inibitória tem natureza preventiva, a ação de remoção do ilícito tem por escopo eliminar ou remover os efeitos concretos decorrentes de um ato ilícito já praticado. À guisa de exemplo, se um empregador está na iminência de instalar um equipamento altamente tóxico que coloca em risco a vida e a saúde dos trabalhadores, o MPT (ou o sindicato da categoria profissional) pode ajuizar ação coletiva inibitória, inclusive com requerimento de tutela antecipada, para que o réu se abstenha de instalar o equipamento antes de adotar as medidas de saúde e segurança exigidas pelos órgãos públicos competentes. Caso, porém, o réu já tenha instalado o equipamento, os efeitos nocivos à vida e à saúde podem se perpetuar no tempo, o que empolga uma ação de remoção dos efeitos do ato ilícito perpetrado no passado.

5.1.2. Ações executivas

A ação executiva constitui o tradicional meio pelo qual o vencedor da demanda, isto é, o credor da obrigação reconhecida na sentença, pede a efetivação (realização prática) da sanção prevista no título judicial. Fala-se, assim, em ação de execução forçada ou ação de execução de sentença.

Com a introdução do chamado processo sincrético, tanto em relação às tutelas específicas (obrigações de fazer, não fazer ou entregar), quanto à tutela condenatória

24. Idem, ibidem, p. 205.

de obrigação de pagar, não há mais, em princípio, lugar para a ação de execução de sentença, mas, sim, para o cumprimento da sentença[25]. Essa afirmação decorre da interpretação sistemática dos arts. 497, 498, 513, 520, 523, 536 e 538 do CPC[26].

O ordenamento jurídico, todavia, confere a alguns documentos a mesma força executiva que as sentenças. São os chamados títulos executivos extrajudiciais. Para a satisfação do credor de um título extrajudicial, o ordenamento jurídico lhe confere a ação executiva, que prescinde de um processo de cognição.

Nos domínios do processo do trabalho, a doutrina majoritária sempre relutou em aceitar a existência de título executivo extrajudicial. Por exemplo, empregado credor de um cheque sem provisão de fundos emitido pelo empregador para o pagamento do salário não teria direito à ação de execução, pois teria de ajuizar uma reclamação (*rectius*, ação) trabalhista de conhecimento, e somente com a sentença poderia dar início ao processo de execução para satisfação do seu crédito.

O principal fundamento para não se admitir a execução extrajudicial no processo do trabalho repousaria na literalidade do art. 876 da CLT, que, em sua redação primitiva, dizia: "As decisões passadas em julgado ou das quais não tenha havido recurso com efeito suspensivo, e os acordos, quando não cumpridos, serão executados pela forma estabelecida neste Capítulo."

Com a promulgação da Lei n. 9.958, de 12 de janeiro de 2000, o referido art. 876 da CLT sofreu considerável alteração, na medida em que passou a admitir não apenas as sentenças de mérito ou homologatórias de acordos passíveis de execução, mas, também, os "termos de ajuste de conduta firmados perante o Ministério Público do Trabalho e os termos de conciliação firmados perante as Comissões de Conciliação Prévia".

Os termos de ajuste de conduta firmados perante o Ministério Público do Trabalho e os termos de conciliação firmados perante as Comissões de Conciliação Prévia são autênticos títulos executivos extrajudiciais. Para satisfazer os comandos obrigacionais desses títulos, portanto, não há mais necessidade de um longo processo de conhecimento.

Com a EC n. 45/2004, a ação de execução de multa aplicada pelas Superintendências Regionais do Trabalho passou a ser da competência da Justiça do Trabalho. Logo, surge uma nova possibilidade de ação de execução de título extrajudicial no processo do trabalho.

É preciso advertir, contudo, que, na seara do processo laboral, os demais títulos extrajudiciais previstos no art. 784 do CPC, ainda que decorrentes da relação emprega-

25. Sobre cumprimento da sentença, remetemos o leitor ao Capítulo XXIII, itens 3, 4 e 5.

26. O art. 3º, XI e XII, da IN n. 39/2016 do TST autoriza a aplicação dos arts. 497 a 501 e 536 a 538 do CPC no processo do trabalho. Na ADI n. 5.516, no entanto, questiona-se a constitucionalidade da referida Instrução Normativa n. 39.

tícia, continuam, no nosso sentir, a depender de uma sentença que lhes confira força executiva, tendo em vista a regra procedimental instituída pela IN n. 27/2005 do TST.

Ocorre que o art. 13 da IN n. 39 do TST[27] dispõe que: "Por aplicação supletiva do art. 784, I (art. 15 do CPC), o cheque e a nota promissória emitidos em reconhecimento de dívida inequivocamente de natureza trabalhista também são títulos extrajudiciais para efeito de execução perante a Justiça do Trabalho, na forma do art. 876 e s. da CLT".

5.1.3. Ações cautelares

As ações cautelares, também chamadas de ações preventivas, são aquelas que visam assegurar determinados direitos ou interesses a serem tutelados na fase de conhecimento (ou satisfeitos na fase de execução). Tais ações ensejam a instauração de um processo cautelar e têm por escopo assegurar o resultado útil do processo principal (de conhecimento ou de execução). Daí o caráter acessório da ação cautelar.

O CPC, no entanto, aboliu definitivamente o processo cautelar e, consequentemente, as ações cautelares.

Assim, por força dos arts. 294 a 311 do CPC, as ações cautelares deixaram de ser categoria jurídica integrante de um processo cautelar e passaram a integrar o Livro V da Parte Geral do novo estatuto do direito processual civil brasileiro.

Dessa forma, a tutela provisória de urgência, cautelar ou antecipada, poderá ser concedida em caráter antecedente ou incidental no mesmo processo de conhecimento, sendo que as referidas regras do CPC podem ser, no que couber, aplicadas no processo do trabalho (CLT, art. 769; CPC, art. 15).

5.2. Ações coletivas *stricto sensu* ou dissídios coletivos

As ações coletivas *stricto sensu* previstas na CLT têm um nome específico: *dissídios coletivos*[28]. Diferem-se, portanto, das ações coletivas *lato sensu* não previstas na CLT, como a ação civil pública, a ação civil coletiva, o mandado de injunção coletivo, a ação popular etc.

Os dissídios coletivos são, portanto, ações coletivas destinadas à defesa de interesses gerais e abstratos de categorias (profissional ou econômica), cujo objeto, via de regra, consiste na criação de novas normas (cláusulas) ou condições de trabalho mais benéficas do que as previstas em lei. A possibilidade de a Justiça do

27. A IN n. 39 do TST, porém, é objeto da ADI n. 5.516, em tramitação no STF.

28. Sobre dissídio coletivo, ver também Capítulo XXIV, item 3.

Trabalho criar normas trabalhistas por meio do dissídio coletivo[29] de natureza econômica é conhecida como "poder normativo". Sua previsão está albergada no § 2º do art. 114 da CF/88.

A decisão que põe termo ao conflito coletivo de trabalho recebe o nome de "sentença normativa", muito embora de "sentença" não se trate, mas, sim, de "acórdão" (CPC, art. 163) e vale lembrar que sua natureza jurídica é sempre declaratória ou constitutiva, ou seja, não existe dissídio coletivo de natureza condenatória.

5.3. Ações coletivas *lato sensu*

Com o advento do novo subsistema integrado de acesso metaindividual à jurisdição, por nós chamado de "jurisdição trabalhista metaindividual", a Justiça do Trabalho passou a ser competente, ainda, para processar e julgar as ações coletivas *lato sensu*, mormente a ação civil pública promovida pelo Ministério Público do Trabalho (CF, art. 129, III; LC n. 75/93, arts. 6º, VII, *a* e *d*, e 83, III).

As ações coletivas *lato sensu* não visam à criação de novas condições ou novas normas, tal como se dá com os dissídios coletivos. Pelo contrário, essas ações são, via de regra, de natureza condenatória, mandamental, inibitória ou executiva *lato sensu*, porque objetivam, em geral, a condenação, imposição ou abstenção do réu nas obrigações de fazer ou não fazer, ou a sua condenação em dinheiro, quando impossível ou inviável o cumprimento da obrigação específica.

No processo do trabalho, os principais legitimados para as ações coletivas *lato sensu* são o MPT e os sindicatos[30].

6. CONDIÇÕES DA AÇÃO

Já vimos que a ação é direito humano e fundamental, autônomo e abstrato, mas não é incondicionado. Pelo contrário, para o exercício válido do direito de ação, é imprescindível que o autor satisfaça determinadas condições (ou requisitos), sem as quais não poderá obter o pronunciamento judicial acerca da sua pretensão deduzida em juízo, aqui entendida no sentido de mérito, lide ou pedido.

Tanto é assim que o direito positivo brasileiro determina que o juiz deve indeferir a petição inicial quando a parte for "manifestamente ilegítima" (CPC, art. 330, II) ou extinguir o processo sem resolução de mérito quando "verificar ausência de legitimidade ou de interesse processual" (CPC, art. 485, VI).

---

29. Sobre dissídio coletivo, ver Capítulo XXIV, item 3.

30. Voltaremos ao assunto no Capítulo XXV, especialmente nos itens 6, 7 e 8.

O novo Código de Processo Civil, portanto, excluiu a possibilidade jurídica como condição da ação[31].

O exame das condições da ação deve ser feito no plano lógico e abstrato, isto é, *in status assertionis*. Daí o surgimento da chamada *teoria da asserção*, segundo a qual uma proposição afirmada na inicial pelo autor é considerada, em tese, como verdadeira. Como bem observa Kazuo Watanabe:

> O juízo preliminar de admissibilidade do exame do mérito se faz mediante o simples confronto entre a afirmativa feita na inicial pelo autor, considerada *in statu assertionis* e as condições da ação, que são a possibilidade jurídica[32], interesse de agir e legitimidade para agir. Positivo que seja o resultado dessa aferição, a ação estará em condições de prosseguir e receber o julgamento do mérito[33].

A jurisprudência segue o mesmo caminho, como se observa do seguinte julgado:

> RECURSO DE REVISTA. 1. PRELIMINAR DE ILEGITIMIDADE PASSIVA *AD CAUSAM*. INEXISTÊNCIA DE VÍNCULO EMPREGATÍCIO. Segundo a teoria da asserção, adotada pelo ordenamento jurídico brasileiro, a verificação das condições da ação se dá em conformidade com as alegações feitas pelo reclamante na inicial, ou seja, *in status assertionis*, e não por constatação da efetiva relação jurídica existente entre as partes, matéria que se confunde com o próprio mérito da demanda. *In casu*, o reclamante postula o reconhecimento de vínculo empregatício com a reclamada, sendo impossível afastar sua legitimidade passiva *ad causam*. Recurso de revista não conhecido. (...) VÍNCULO EMPREGATÍCIO. ADMINISTRAÇÃO PÚBLICA. CONTRATAÇÃO MEDIANTE EMPRESA INTERPOSTA. PERÍODO ANTERIOR À VIGÊNCIA DA CF/88. A decisão recorrida harmoniza-se com a jurisprudência pacífica desta Corte, consolidada na OJ n. 321 da SDI-1, no sentido de que é ilegal a contratação de trabalhadores por empresa interposta, formando-se o vínculo empregatício diretamente com o tomador dos serviços, inclusive ente público, em relação ao período anterior à vigência da CF/88. Recurso de revista não conhecido. (...) Recurso de revista conhecido e provido (TST-RR 728-47.2010.5.04.0004, Rel. Min. Dora Maria da Costa, j. 21-8-2013, 8ª T., *DEJT* 30-8-2013).

31. Cumpre ressaltar que o próprio Liebman, na terceira edição de seu *Manuale de diritto processuale civile*, não incluiu a possibilidade jurídica do pedido entre as condições da ação.
32. Lembramos que a possibilidade jurídica deixou de ser condição da ação no CPC.
33. *Da cognição no processo civil*, p. 62.

6.1. Possibilidade jurídica do pedido

Lembramos ao leitor que a possibilidade jurídica no CPC de 2015 deixou de ser condição da ação, razão pela qual perde importância prática e científica o seu estudo.

Para fins meramente históricos, contudo, vale registrar que, segundo a doutrina, a possibilidade jurídica do pedido possuiria duplo sentido. Seria, assim, juridicamente impossível o pedido: *a*) não amparado no direito objetivo (ex.: divórcio quando não havia lei permissiva); *b*) proibido de ser acolhido (ex.: art. 818/CC – proibição de reembolso de quantia paga voluntariamente para quitar dívida de jogo ou aposta).

É importante lembrar que o TST sustentava a impossibilidade jurídica do dissídio coletivo ajuizado por sindicato de servidores públicos da Administração Pública Direta, Autárquica ou Fundacional, ainda que regidos pela CLT (SDC, OJ n. 05). Tal verbete, porém, foi modificado e passou a ter a seguinte redação:

> OJ-SDC-5 – DISSÍDIO COLETIVO. PESSOA JURÍDICA DE DIREITO PÚBLICO. POSSIBILIDADE JURÍDICA. CLÁUSULA DE NATUREZA SOCIAL (redação alterada pela Res. n. 186/2012, *DEJT* divulgado em 25, 26 e 27-9-2012). Em face de pessoa jurídica de direito público que mantenha empregados, cabe dissídio coletivo exclusivamente para apreciação de cláusulas de natureza social. Inteligência da Convenção n. 151 da Organização Internacional do Trabalho, ratificada pelo Decreto Legislativo n. 206/2010.

6.2. Legitimidade das partes

A legitimidade das partes (*legitimatio ad causam*) é a titularidade ativa ou passiva da ação[34]. Seguindo as pegadas de Liebman, legitimação *ad causam*:

> É a pertinência subjetiva da ação, isto é, a identidade entre quem a propôs e aquele que, relativamente à lesão de um direito próprio (que afirma existente), poderá pretender para si o provimento da tutela jurisdicional pedido com referência àquele que foi chamado em juízo[35].

O art. 3º do CPC/73 dispunha que "para propor ou contestar a ação é necessário ter interesse e legitimidade". Tal regra foi revogada pelo art. 17 do CPC, *in verbis*: "Para postular em juízo é necessário ter interesse e legitimidade".

---

34. THEODORO JÚNIOR, Humberto. *Curso de direito processual civil*. Rio de Janeiro: Forense, 1998. v. I, p. 57.

35. LIEBMAN, Enrico Tullio. *Manual de direito processual civil*. Trad. Cândido Rangel Dinamarco. Rio de Janeiro: Forense, 1984. v. I, p. 159.

Andou bem o legislador do CPC, porquanto o termo postular tem significado mais amplo. Destarte, não apenas para propor ou contestar, como também para reconvir, intervir como terceiro ou formular qualquer postulação no decorrer do processo, é preciso ter legitimidade e interesse.

Comentando o preceptivo em causa, Nelson Nery Junior[36] obtempera que ele trata tanto da *legitimatio ad processum* (pressuposto processual) quanto da *legitimatio ad causam* (condição da ação), destacando, ainda, que a validade de ambas depende de autorização expressa do ordenamento jurídico.

No processo do trabalho, ainda reina um debate sobre a sentença que declara a inexistência de relação empregatícia. Para uns, seria terminativa, sendo o autor carecedor do direito de ação. Para outros, seria uma sentença definitiva, por ter o juiz julgado improcedente o pedido de reconhecimento do vínculo empregatício.

A jurisprudência tem-se inclinado, a nosso ver, acertadamente, pela segunda alternativa, como se depreende dos seguintes julgados:

> RECURSO DE REVISTA. DETRAN/PR. PRELIMINAR DE ILEGITIMIDADE PASSIVA *AD CAUSAM*. TEORIA DA ASSERÇÃO. No Direito Processual brasileiro as condições da ação – no caso, a legitimidade passiva *ad causam* – são analisadas de acordo com a teoria da asserção, ou seja, *in status assertionis*, o que impõe ao julgador o exame dos fatos alegados com a abstração inerente à autonomia do direito processual em relação ao direito material (a exemplo do que disciplina o CPC, em seus arts. 3º, 6º, 87, 267, I e VI, 295, II, etc.). Assim, a legitimidade passiva é atribuída àquele que figure como devedor no pedido juridicamente deduzido, independentemente da procedência meritória do requerimento. Dessa forma, apenas no âmbito do exame do mérito da demanda é que cabe analisar as delimitações em relação à efetiva responsabilidade de cada uma das partes. Nesse caso, conforme registrado pelo Regional, o reclamante indicou o Detran/PR como devedor da relação jurídica de direito material, resta evidenciado que o mesmo é parte legítima para figurar no polo passivo da ação. Recurso de revista não conhecido (...). Recurso de revista conhecido e parcialmente provido (TST-RR 67200-55.2005.5.09.0072, Rel. Min. Augusto César Leite de Carvalho, j. 28-8-2013, 6ª T., *DEJT* 30-8-2013).
>
> CARÊNCIA DA AÇÃO. Ocorre carência da ação quando não estão presentes suas condições, quais sejam: possibilidade jurídica do pedido, legitimidade (ativa e passiva) e interesse de agir. Sendo a ação direito público, subjetivo e abstrato, a análise das condições da ação deve ser feita *in abstracto*, mesmo porque tal não se confunde com o resultado da prestação jurisdicional. Os pedidos formulados na inicial são juridi-

36. *Comentários ao Código de Processo Civil*. Novo CPC – Lei 13.105/2015. São Paulo: Revista dos Tribunais, 2015. p. 375.

camente possíveis. O recorrido disse que trabalhou para a recorrente, logo, somente esta tem legitimidade passiva para responder a ação. O interesse de agir do recorrido surge em razão da resistência, pela recorrente, à sua pretensão, logo presentes as condições da ação. Se o recorrido faz jus ou não ao que pede, esta é matéria de mérito e será com ele apreciada. O reconhecimento da existência ou não da relação de emprego é uma prejudicial de mérito. Presentes as condições da ação, não há falar em carência da ação. VÍNCULO EMPREGATÍCIO – RECONHECIMENTO. O art. 843, § 1º, da CLT exige que o preposto tenha conhecimento dos fatos, sendo irrelevante a forma como obteve tal conhecimento. Quando o preposto não conhece todos os fatos que envolvem a demanda, é confesso quanto aos fatos que ignora. Além da confissão ficta decorrente do desconhecimento, houve confissão real de fiscalização dos serviços do recorrido, o que demonstra subordinação. A prova testemunhal comprovou o trabalho em condições que não podem ser interpretadas como empreitada. Presentes os requisitos caracterizadores da relação de emprego (art. 3º/CLT), correta a decisão que reconheceu o vínculo empregatício. JUSTA CAUSA PARA DISPENSA. Não tendo a reclamada contestado a alegação de dispensa imotivada, não pode inovar no recurso e pedir reconhecimento de justa causa que não alegou nem comprovou. A inovação recursal não é admitida. VALE-TRANSPORTE. O vale-transporte é devido ao empregado que utiliza transporte público para deslocar-se de sua residência para o trabalho. Tendo o reclamante confessado em seu depoimento pessoal que ia para o trabalho caminhando, certo é que não faz jus ao vale-transporte. Recurso ordinário conhecido. Recurso adesivo parcialmente conhecido. Ambos os recursos desprovidos (TRT 10ª R., RO n. 4.461/99, 3ª T., Rel. Juíza Cilene Ferreira Amaro Santos, *DJU* 17-3-2000, p. 23).

Pensamos, assim, que a questão da legitimação, como condição da ação, deve ser aferida *in abstracto*, a partir da afirmação do autor (teoria da asserção) na petição inicial. Se o autor alega que era empregado da ré, o caso é de se rejeitar a preliminar de ilegitimidade ativa ou passiva, devendo o juiz enfrentar, por meio de instrução probatória, se a referida alegação era ou não verdadeira. Se as provas revelarem inexistência de relação empregatícia, o caso é de improcedência do pedido, e não de carência do direito de ação. Todavia, se o autor, por exemplo, afirma que é irmão do ex-empregado e ajuíza ação em face do seu ex-empregador, sem ressaltar a morte ou ausência daquele, postulando verbas trabalhistas, o caso é, a nosso ver, de manifesta ilegitimidade ativa *ad causam*, devendo o juiz indeferir, de plano, a petição inicial, nos termos do inciso II do art. 330 do CPC, por ser o autor parte manifestante ilegítima.

A legitimidade *ad causam* pode ser *ordinária* ou *extraordinária*. Os legitimados ordinários são os próprios titulares dos interesses conflitantes, isto é, os sujeitos da lide. Atuam em nome e em defesa de si mesmos.

A legitimidade também pode ser exclusiva, quando somente o titular do direito material deduzido em juízo poder ser ou autor ou réu da ação, ou concorrente, quando a lei faculta a mais de uma pessoa ou ente defender o mesmo direito material veiculado na demanda.

6.2.1. Legitimação extraordinária e substituição processual

Além da legitimação ordinária, que implica a coincidência entre a titularidade do direito material e a legitimidade para ser parte, o nosso direito positivo prevê a chamada *legitimação extraordinária*, por meio da qual, em determinadas circunstâncias, pessoas ou entes, desde que autorizados por lei, podem figurar no processo em nome próprio, mas defendendo direito alheio. Essa figura jurídica estava prevista no art. 6º do CPC/73: "Ninguém poderá pleitear em nome próprio direito alheio, salvo quando autorizado por lei".

Ao elaborar o preceptivo em causa, o legislador brasileiro foi buscar inspiração no art. 81 do CPC italiano, segundo o qual: *Fuori dei casi espressamente previsti dalla lege, nessuno può far valere nel processo in nome proprio un diritto altrui.*

Deflui do cotejo dos dois dispositivos que, na Itália, a legitimação extraordinária só ocorre nos casos *expressamente previstos em lei*. A lei brasileira não emprega o termo "expressamente", com o que se abre a possibilidade de se interpretarem as normas que contemplem, implicitamente, tal legitimação[37].

A propósito, o art. 18 do CPC dispõe que ninguém poderá pleitear direito alheio em nome próprio, salvo quando "autorizado pelo ordenamento jurídico".

Dá-se, pois, a legitimidade extraordinária quando aquele que tem legitimidade para estar no processo como parte não é o mesmo que se diz titular do direito material discutido em juízo[38].

Alguns autores sustentam que a legitimação extraordinária configura verdadeira substituição processual[39]. Outros preconizam que esta constitui espécie do gênero legitimação extraordinária[40].

37. O art. 8º, III, da CF, por exemplo, não fala expressamente em legitimação extraordinária ou substituição processual. Mas, segundo interpretação dada pelo STF, está ali uma autêntica hipótese de substituição processual (RE n. 202.063-PR, Ac. 1ª T., Rel. Min. Octavio Gallotti, 27-6-97, *Informativo STF*, n. 78, 1º a 8 ago./97).

38. NERY JUNIOR, Nelson. *Código de processo civil comentado...*, cit., p. 388.

39. MAZZILLI, Hugo Nigro. *A defesa dos interesses difusos em juízo*, cit., p. 52; CARVALHO FILHO, José dos Santos. *Ação civil pública:* comentários por artigo, p. 78; THEODORO JÚNIOR, Humberto. *Direitos do consumidor*, p. 111.

40. Nelson Nery Junior (*Código de processo civil comentado...*, cit., p. 388), forte em Garbagnati (*Sostituzione*, p. 212), sustenta que a substituição processual, como espécie do gênero legitimação extraordinária, "é o fenômeno pelo qual alguém, autorizado por lei, atua em juízo como parte,

Há, ainda, os que advogam que a legitimação extraordinária deve vir sempre autorizada por lei, mas, para que exista, não basta a satisfação única desse requisito. Já a substituição processual se caracteriza sempre que estiverem simultaneamente presentes os seguintes requisitos: *a*) existência de lei atribuindo a alguém direito de ação de molde a que possa agir, em nome próprio, para a defesa de direito material alheio; *b*) ausência do titular daquele direito material como parte (principal). De modo que a substituição processual possibilite ao substituto a "promoção da *defesa do direito material* do legitimado *ad causam*, conferindo-lhe, portanto, legitimidade passiva", tal como ocorre no art. 72, II, do CPC. Isso quer dizer que, segundo os defensores dessa corrente, o substituto processual age na ausência do titular do direito material, mas atuando, sempre, no polo passivo da demanda, "sendo-lhe vedada a promoção da ação"[41].

Se, todavia, o vocábulo *gênero* constitui "grupo de seres que se assemelham por seus caracteres essenciais" ou "caráter comum a diversas espécies"[42], não seria adequado classificar a legitimação extraordinária como gênero, pois o emprego desse substantivo exige a presença simultânea de, pelo menos, duas espécies. Os defensores dessa classificação, porém, apontam apenas uma espécie: a substituição processual[43].

A doutrina pátria majoritária vem reconhecendo que o instituto da substituição processual, cuja origem é atribuída a Kohler, Wach e Chiovenda, consiste na permissão legal[44] para que alguém atue em juízo como parte (autor ou réu), em nome próprio, mas postulando direito de terceiro.

Regra geral, a substituição processual pode ser classificada:

a) quanto ao momento da sua formação

---

em nome próprio e no seu interesse, na defesa de pretensão alheia". No mesmo sentido: RODRIGUES, Marcelo Abelha. *Elementos de direito processual civil*, cit., v. 1, p. 200.

41. FIORILLO, Celso Antonio Pacheco. *Curso de direito ambiental brasileiro*. São Paulo: Saraiva, 2000. p. 226.

42. *Dicionário brasileiro da língua portuguesa*. Lisboa: Periberam Informática, 1999. p. 386.

43. No direito italiano, no entanto, Piero Calamandrei (*Direito processual civil*. Campinas: Bookseller, 1999. p. 296) aponta duas espécies de legitimação anômala: a "legitimação por categoria, em que o poder de acionar para modificar judicialmente uma certa relação ou *status* corresponde a pessoas pertencentes a um determinado círculo familiar ou social, distintas das que são diretamente partícipes da relação controvertida (exemplo: art. 117, CC, cf. § 37). Outro exemplo de legitimação anômala é, precisamente, o da substituição processual (...)". Parece-nos que o primeiro exemplo dado pelo mestre peninsular identifica-se com a hipótese prevista no art. 289, III, do CC de 1916, que é, segundo a doutrina majoritária pátria, um caso de substituição processual.

44. Nelson Nery Junior (*Código de Processo Civil comentado...*, cit., p. 388) registra que o direito positivo brasileiro não permite a substituição processual voluntária, ou seja, é inválida a cláusula contratual que a estipule fora dos casos expressos na lei ou decorrentes do sistema.

Neste caso, a substituição processual pode ser *inicial*, como na hipótese do marido que defendia os bens dotais da mulher (quando vigia o CC de 1916, art. 289, III), ou *superveniente*, tal como se dá no caso do art. 109, § 1º, do CPC.

b) quanto à exclusividade ou não do direito de ação

Pode ser *exclusiva*, como ocorria na hipótese do marido que, exclusivamente, possuísse a titularidade exclusiva para demandar em juízo na defesa dos bens dotais da mulher; ou *concorrente*, quando o substituído também tem legitimidade *ad causam*, tal como ocorre na hipótese em que o condômino ajuíza sozinho ação reivindicatória (CC de 2012, art. 1.314).

Nos domínios do processo do trabalho, os estudos sobre a substituição processual limitavam-se, antes da Constituição Federal de 1988, às hipóteses em que o sindicato ajuizava:

- ação trabalhista, postulando pagamento de adicional de insalubridade ou periculosidade em favor de grupo de associados (CLT, art. 195, § 2º);
- ação de cumprimento, em favor dos associados, visando ao pagamento de salários fixados na sentença normativa (CLT, art. 872, parágrafo único);
- ação trabalhista, em favor de todos os integrantes da categoria, objetivando o pagamento das correções automáticas dos salários (Lei n. 6.708/79, art. 3º, § 2º, e Lei n. 7.238/84, art. 3º, § 2º).

Nesse período, portanto, a jurisprudência do TST seguiu a linha restritiva, como se infere das Súmulas 271 (adicionais de insalubridade e de periculosidade)[45] e 286 (convenção coletiva)[46].

Com promulgação da CF/88, cujo art. 8º, III, assegura ao sindicato o direito de defender, judicial e administrativamente, os direitos e interesses individuais e coletivos da categoria, acirraram-se as discussões sobre a substituição processual trabalhista.

Em 3 de julho de 1989, sobreveio a Lei n. 7.788, que dispôs sobre política salarial, disciplinando, em seu art. 8º, *in verbis*:

45. "Súmula 271 – Substituição processual. Adicionais de insalubridade e de periculosidade. Legítima é a substituição processual dos empregados associados, pelo sindicato que congrega a categoria profissional, na demanda trabalhista cujo objeto seja adicional de insalubridade ou periculosidade." (Esta Súmula foi cancelada pela Res. TST n. 121/2003.)

46. "Súmula 286 – Sindicato. Substituição processual. Convenção coletiva. O sindicato não é parte legítima para propor, como substituto processual, demanda que vise à observância de convenção coletiva." (Resolução n. 19/1988, *DJ* 18-3-1988.) Esta Súmula foi revista pela Resolução TST n. 98, de 11-9-2000, ficando, assim, redigida: "Sindicato. Substituição Processual. Convenção e Acordos Coletivos. A legitimidade do sindicato para propor ação de cumprimento estende-se também à observância de acordo ou convenção coletivos."

> Nos termos do inciso III do art. 8º da Constituição Federal, as entidades sindicais poderão atuar como substitutos processuais da categoria, não tendo eficácia a desistência, a renúncia e a transação individuais.

A Lei n. 7.788 foi inteiramente revogada pelo art. 14 da Lei n. 8.030, de 12 de abril de 1990.

Em 14 de maio de 1990, entra em vigor a Lei n. 8.036, de 11 de maio de 1990, cujo art. 25 confere ao sindicato a legitimação para "acionar diretamente a empresa por intermédio da Justiça do Trabalho, para compeli-la a efetuar o depósito das importâncias devidas nos termos desta Lei". Para nós, o sindicato age, aqui, em nome próprio, mas, na defesa de interesse do trabalhador, vinculado à categoria correspondente, ou seja, trata-se, inegavelmente, de substituição processual.

Poucos meses depois, porém, foi editada a Lei n. 8.073, de 30 de julho de 1990, que instituiu nova política nacional de salários. Essa lei, não obstante o veto presidencial a quase todas as suas normas, manteve incólume o art. 3º, segundo o qual as "entidades sindicais poderão atuar como substitutos processuais dos integrantes da categoria".

Em sede doutrinária, há duas correntes que procuram interpretar o art. 8º, III, da CF. A primeira defende a tese de que esse dispositivo constitucional consagra amplamente a substituição processual[47]. A segunda vê nele simples reprodução do art. 513, *a*, da CLT, ou seja, um caso típico de representação judicial (ou legal), com o que a substituição processual continuaria a depender de expressa previsão na lei (CPC/73, art. 6º)[48].

O Tribunal Superior do Trabalho adotava a segunda corrente, como se depreendia da já cancelada Súmula 310 daquela Corte[49].

---

47. Pedro Paulo Manus (*Substituição processual no processo do trabalho*, p. 250) sustenta que, sob o plano jurídico, "não há como admitir outra conclusão a não ser a de que o art. 8º, III, da Constituição Federal reconheceu ao sindicato amplos poderes de substituição processual dos interesses individuais de todos os membros da categoria que representa. Não se limita, assim, a substituição processual no art. 6º do CPC. Embora subsista a regra do referido dispositivo legal comum, em Direito Processual do Trabalho o legislador constituinte entendeu de autorizar expressamente o sindicato a agir como substituto processual, de forma ampla, pelo texto expresso do art. 8º da Constituição Federal". No mesmo sentido: BATALHA, Wilson de Souza Campos. *Direito processual das coletividades e dos grupos*. São Paulo: LTr, 1992. p. 43; ANDRADE, Dárcio Guimarães. Substituição processual. *Revista Decisório Trabalhista*, Curitiba, n. 9, p. 9-16, set. 1988; SILVA, José Afonso da. *Curso de direito constitucional positivo*. São Paulo: Malheiros, 1993. p. 274.
48. ALMEIDA, Ísis de. *Manual de direito processual do trabalho*, p. 151-166; BERNARDES, Hugo Gueiros, *Revista LTr* 57-06/658; SÜSSEKIND, Arnaldo. *Instituições de direito do trabalho*. 19. ed. São Paulo: LTr, 1999. p. 1.138.
49. TST, Súmula 310: "Substituição processual. Sindicato. I – O art. 8º, III, da Constituição da República não assegura a substituição processual pelo sindicato. II – A substituição processual autorizada ao sindicato pelas Leis ns. 6.708, de 30-10-1979, e 7.238, de 29-10-1984, limitada aos associados, restringe-se às demandas que visem aos reajustes salariais previstos em

Em sentido oposto ao do TST, portanto na esteira da primeira corrente, o Supremo Tribunal Federal vem decidindo que o art. 8º, III, da CF confere às entidades sindicais o direito de atuar como substitutos processuais dos integrantes da categoria[50].

É de registrar, *en passant*, que o TST vem admitindo a substituição processual passiva quando o sindicato figura como réu na ação rescisória proposta contra decisão proferida em processo no qual tenha atuado, nessa qualidade, no polo ativo da demanda originária[51].

---

lei, ajuizadas até 3.7.89, data em que entrou em vigor a Lei n. 7.788. III – A Lei n. 7.788/89, em seu art. 8º, assegurou, durante sua vigência, a legitimidade do sindicato como substituto processual da categoria. IV – A substituição processual autorizada pela Lei n. 8.073, de 30-7-1990, ao sindicato alcança todos os integrantes da categoria e é restrita às demandas que visem à satisfação de reajustes salariais específicos resultantes de disposição prevista em lei de política salarial. V – Em qualquer ação proposta pelo sindicato como substituto processual, todos os substituídos serão individualizados na petição inicial e, para o início da execução, devidamente identificados pelo número da Carteira de Trabalho e Previdência Social ou de qualquer documento de identidade. VI – É lícito aos substituídos integrar a lide como assistente litisconsorcial, acordar, transigir e renunciar, independentemente de autorização ou anuência do substituto. VII – Na liquidação da sentença exequenda, promovida pelo substituto, serão individualizados os valores devidos a cada substituído, cujos depósitos para quitação serão levantados através de guias expedidas em seu nome ou de procurador com poderes especiais para esse fim, inclusive nas ações de cumprimento. VIII – Quando o sindicato for o autor da ação na condição de substituto processual, não serão devidos honorários advocatícios". (O cancelamento da Súmula 310 foi ratificado pela Res. TST n. 121/2003). No que tange à legitimação das federações nas ações de cumprimento, o TST editou a Súmula 359: "Substituição processual. Ação de cumprimento. Art. 872, parágrafo único, da CLT. Federação. Legitimidade. A federação não tem legitimidade para ajuizar a ação de cumprimento prevista no art. 872, parágrafo único, da CLT na qualidade de substituto processual da categoria profissional inorganizada" (A Súmula 359 foi cancelada pela Res. TST n. 121/2003).

50. Esta Corte firmou o entendimento segundo o qual o sindicato tem legitimidade para atuar como substituto processual na defesa de direitos e interesses coletivos ou individuais homogêneos da categoria que representa. (...) Quanto à violação ao art. 5º, LXX e XXI, da Carta Magna, esta Corte firmou entendimento de que é desnecessária a expressa autorização dos sindicalizados para a substituição processual" (STF-RE n. 555.720-AgR, Rel. Min. Gilmar Mendes, j. 30-9-2008, 2ª T., *DJE* de 21-11-2008). STF-RE 202.063-PR, Ac. 1ª T., Rel. Min. Octavio Gallotti, 27-6-97, *Informativo STF*, n. 78, 1º a 8-8-1997. Nesse julgado, a Turma invocou o art. 3º da Lei n. 8.073/90 para robustecer a tese de que o legislador ordinário acolheu o entendimento de que realmente o art. 8º, III, da CF permite que os sindicatos poderão atuar na defesa dos direitos e interesses coletivos ou individuais dos integrantes da categoria, como substitutos processuais. Com essa fundamentação, a Turma conheceu e deu provimento ao recurso extraordinário para que, afastada a preliminar de ilegitimidade ativa do sindicato, que atua em nome de parte de seus filiados pleiteando, em ação ordinária, o recebimento do "adicional noturno", o tribunal de origem prossiga no julgamento da apelação. Precedente citado no acórdão: AGRAG n. 153.148-PR (*DJU* de 17-11-95).
51. É essa a posição adotada na Súmula 406, II, do TST, *in verbis*: "Ação Rescisória. Réu sindicato. Substituto processual na ação originária. Inexistência de litisconsórcio passivo necessário".

No âmbito da jurisdição civil coletiva ou da jurisdição trabalhista metaindividual, o estudo da substituição processual revela-se extremamente importante, especialmente na temática da tutela dos interesses ou direitos individuais homogêneos[52], uma vez que os arts. 127 e 129, III, da CF, combinados com os arts. 21 da LACP, 91 e 92 do CDC, 6º, VII, *d*, 83 e 84 da LOMPU e 3º da Lei n. 8.073/90, conferem, segundo se verá mais adiante, legitimação extraordinária ao Ministério Público do Trabalho para defender, na qualidade de substituto processual, direitos ou interesses individuais homogêneos dos trabalhadores[53].

Dessa forma, partindo-se da premissa de que os direitos ou interesses individuais homogêneos são *materialmente individuais*, embora, em razão de sua origem comum, possam ser *processualmente tutelados por demanda coletiva*, conclui-se que a legitimação conferida às pessoas jurídicas e instituições arroladas no sistema integrado de acesso coletivo à justiça (CF/LACP/CDC) é do tipo extraordinária, ocorrendo aí o fenômeno da substituição processual.

Nesse sentido, o Pleno do STF já deixou assentado:

> PROCESSO CIVIL. SINDICATO. ART. 8º, III, DA CONSTITUIÇÃO FEDERAL. LEGITIMIDADE. SUBSTITUIÇÃO PROCESSUAL. DEFESA DE DIREITOS E INTERESSES COLETIVOS OU INDIVIDUAIS. RECURSO CONHECIDO E PROVIDO. O art. 8º, III, da Constituição Federal estabelece a legitimidade extraordinária dos sindicatos

52. É de ressaltar que alguns autores sustentam que a substituição processual se dá em todas as demandas que tenham por objeto a defesa dos interesses difusos, coletivos e individuais homogêneos, e não apenas nestes últimos. Nesse sentido, MAZZILLI, Hugo Nigro. *A defesa dos interesses difusos em juízo*, cit., p. 52. Adotando posição oposta, Paulo de Tarso Brandão (*Ação civil pública*, p. 118) sublinha que "na esfera da ação civil pública a questão da legitimidade tem outra natureza e em nenhum momento pode ser confundida com a legitimidade processual estudada na esfera do direito intersubjetivo. (...) Em síntese, a legitimidade para buscar em juízo a tutela dos interesses coletivos (abrangendo com tal expressão os interesses coletivos, difusos e individuais homogêneos) decorre da lei. Assim, na esfera da ação civil pública, não opera o conceito ou a noção de legitimidade extraordinária, uma vez que as pessoas jurídicas ou as instituições, são legitimadas por força de disposição legal; e, nesse caso, a legitimação é sempre ordinária".

53. Segundo Nelson Nery Junior (*Código de Processo Civil comentado*, cit., p. 390): "Para a propositura de ação civil pública na defesa de direitos difusos ou coletivos (*v.g.* dissídio coletivo: CF, art. 114, § 2º) têm os sindicatos legitimação autônoma para a condução do processo, já que possuem natureza jurídica de associação civil (LACP, art. 5º, CDC, art. 82, IV). Na defesa dos direitos individuais dos associados e integrantes da categoria, em ações relativas à atividade laboral e ações de cumprimento (CF, arts. 5º, XXI, e 8º, III; CLT, art. 872, parágrafo único) age o sindicato como substituto processual". No mesmo sentido, Pedro Paulo Teixeira Manus (op. cit., p. 241) leciona que "a legitimação do sindicato em matéria coletiva é ordinária, pois ele é a expressão viva da categoria, que é destinatária do interesse buscado. Quando se atribui ao sindicato legitimação para agir em nome próprio, mas buscando interesse de membros da categoria, esta é extraordinária". Em sentido contrário: VILHENA, Paulo Emílio Ribeiro de. *Ação civil pública e tutela do trabalhador*, p. 47; GONÇALVES, Aroldo Plínio. A ação civil pública na Justiça do Trabalho. *Revista LTr* 58-10/1.128; SAAD, Eduardo Gabriel. *A ação civil pública na Justiça do Trabalho*, p. 410.

para defender em juízo os direitos e interesses coletivos ou individuais dos integrantes da categoria que representam. Essa legitimidade extraordinária é ampla, abrangendo a liquidação e a execução dos créditos reconhecidos aos trabalhadores. Por se tratar de típica hipótese de substituição processual, é desnecessária qualquer autorização dos substituídos. Recurso conhecido e provido (STF-RE n. 193.503/SP, Rel. Min. Carlos Velloso, Rel. p/ acórdão Min. Joaquim Barbosa, j. 12-6-2006, TP, *DJe*-087, div. 23-8-2007, publ. 24-8-2007, *DJ* 24-8-2007, p. 56).

O TST, por sua vez, superou a sua posição restritiva e passou a adotar amplamente a substituição processual, como se infere do seguinte julgado da SBDI-1:

(...) SUBSTITUIÇÃO PROCESSUAL. LEGITIMIDADE AMPLA. ART. 8º, III, DA CONSTITUIÇÃO FEDERAL. A jurisprudência do Tribunal Superior do Trabalho firmou-se no sentido de que o sindicato legitima-se ao ajuizamento de reclamação trabalhista, na qualidade de substituto processual de forma ampla, para atuar na defesa de todos e quaisquer direitos subjetivos individuais e coletivos dos integrantes da categoria por ele representada. Interpretação restritiva em contrário não se coaduna com a amplitude do art. 8º, III, da Constituição Federal. Agravo interno a que se nega provimento, com fundamento no art. 894, § 2º, da CLT (TST-Ag-ED-E-ED-RR-210800-21.2008.5.15.0054, SBDI-1, Rel. Min. Marcio Eurico Vitral Amaro, *DEJT* 12-4-2019).

6.2.2. Legitimação autônoma para a condução do processo

Falou-se, no item precedente, que a defesa coletiva dos interesses individuais homogêneos realiza-se mediante legitimação extraordinária (ou substituição processual), uma vez que as pessoas jurídicas e os entes legalmente legitimados para a ação coletiva litigam em nome próprio, mas defendendo direitos (ou interesses) individuais alheios, cujos titulares poderiam, isoladamente ou formando litisconsórcio, propor ações individuais em defesa dos seus próprios interesses.

Idêntico raciocínio, contudo, não pode ser aplicado na temática da legitimação ativa na defesa dos interesses difusos ou coletivos *stricto sensu*, pois estes não são individuais, mas transindividuais. Vale dizer, os titulares do direito ou interesse material difuso são pessoas indeterminadas e unidas entre si por circunstâncias meramente fáticas. E os titulares do direito ou interesse material coletivo são pessoas indeterminadas, mas passíveis de serem identificadas, na medida em que pertencem a um grupo, classe ou categoria, estando, desse modo, vinculadas entre si ou com a parte contrária por intermédio de uma relação jurídica base[54].

54. Nelson Nery Junior (*Código de Processo Civil comentado*, cit., p. 1.866) observa, com razão, que a dicotomia clássica legitimação ordinária-extraordinária só tem cabimento para explicação

A par da transindividualidade, os interesses difusos e coletivos têm em comum a indivisibilidade, pois eventual lesão a esses interesses atinge indistintamente a todos os seus possíveis titulares, porquanto esse bem jurídico tutelado pelo ordenamento jurídico não comporta fragmentação.

Em tema de direitos ou interesses difusos e coletivos, portanto, verifica-se a insuficiência e a inadequação da clássica dicotomia legitimidade ordinária-legitimidade extraordinária, consubstanciada no art. 18 do CPC, cujo objeto repousa, exclusivamente, na tutela dos direitos individuais (ou subjetivos, na acepção tradicional).

Eis a razão que leva alguns autores à afirmação de que, em se tratando de defesa dos interesses difusos ou coletivos, a legitimação *ad causam* não é extraordinária (ou substituição processual)[55]. Trata-se, ao revés, de uma "legitimação autônoma"[56] ou, mais precisamente, "legitimação autônoma para a condução do processo"[57].

Nelson Nery Junior, principal jurista brasileiro a expor sobre essa nova espécie de *legitimatio ad causam*, foi buscar inspiração no direito alemão, em que há um instituto chamado *selbständige Prozebbführungsbefugnis*, destinado à tutela dos interesses difusos em juízo, que prescinde de recurso "aos mecanismos de direito material para explicar referida legitimação"[58].

de fenômenos envolvendo direito individual, o que não ocorre quando a lei legitima alguma entidade a defender direito não individual (coletivo ou difuso), pois esta não estará defendendo direito alheio em nome próprio, tendo em vista a impossibilidade de se identificar o titular do direito material. Esse ilustre jurista exemplifica: "Não poderia ser admitida ação judicial pelos 'prejudicados pela poluição' ou pelos 'consumidores de energia elétrica', enquanto classe ou grupo de pessoas" (Idem).

55. O STF entende que o art. 8º, III, da CF consagra a substituição processual tanto para a tutela de interesses individuais homogêneos quanto coletivos *stricto sensu* (RE n. 214.668, j. 12-6-2006, Rel. orig. Min. Carlos Velloso, Rel. p/ o acórdão Min. Joaquim Barbosa, in *Informativo* n. 431).

56. Luís Roberto Barroso (*O direito constitucional e a efetividade de suas normas*, p. 221) sustenta que a legitimação ativa para a ACP ou coletiva é "concorrente, autônoma e disjuntiva". Ada Pellegrini Grinover (*A marcha do processo*, p. 20) defende que, para "a tutela jurisdicional dos novos direitos (difusos, coletivos e individuais homogêneos), o legislador brasileiro escolheu a via da legitimação concorrente e autônoma, atribuindo titularidade ao Ministério Público, a outras entidades públicas e às associações pré-constituídas nos termos da lei civil (...)".

57. NERY JUNIOR, Nelson. *Princípios do processo civil na Constituição Federal*, cit., p. 116-117. No mesmo sentido: FIORILLO, Celso Antonio Pacheco. *Curso de direito ambiental brasileiro*. São Paulo: Saraiva, 2000. p. 231.

58. Ibidem, p. 116-117. No mesmo sentido: FIORILLO, Celso Antonio Pacheco, op. cit., p. 231. Em sentido contrário, isto é, entendendo que nas ações coletivas em defesa de qualquer interesse metaindividual (difuso, coletivo ou individual homogêneo) opera-se a legitimação extraordinária ou substituição processual: MAZZILLI, Hugo Nigro. *A defesa dos interesses difusos em juízo*, p. 52-53. Ada Pellegrini Grinover, na obra *Uma nova modalidade de legitimação à ação po-*

Afigura-se-nos, metodologicamente, correta a tese de Nelson Nery Junior. Acrescentamos apenas que, por considerarmos a legitimação autônoma para a condução do processo um *tertium genus*, melhor não qualificá-la como "ordinária", pois isso desaguaria, a nosso sentir, no equívoco cometido pelos que insistem em explicar essa nova modalidade de legitimação *ad causam* por meio da clássica dicotomia legitimação ordinária-extraordinária, própria do sistema liberal-individualista do CPC brasileiro, inaplicável, como vimos, ao sistema de proteção aos direitos ou interesses metaindividuais.

O TST vem adotando a teoria da legitimação autônoma para condução do processo como se vê do seguinte aresto:

> (...) PROCESSO COLETIVO. AÇÃO CIVIL PÚBLICA AJUIZADA PELO MTP. DIREITO METAINDIVIDUAL. IMPROCEDÊNCIA MERITÓRIA. COISA JULGADA *ERGA OMNES* APENAS EM RELAÇÃO AOS LEGITIMADOS ATIVOS PARA O PROCESSO COLETIVO. INEXISTÊNCIA EM RELAÇÃO ÀS PESSOAS NATURAIS LESADAS OU SUBSTITUÍDAS PROCESSUALMENTE. As ações coletivas julgadas improcedentes por outros motivos que não sejam a insuficiência de provas operam a coisa julgada *erga omnes*. Entretanto, tal efeito somente diz respeito aos agentes que detêm a legitimação autônoma para a condução do processo coletivo nos casos de direitos difusos e coletivos. Ou seja, àqueles que participaram do processo. Na hipótese de ação coletiva que verse sobre direitos individuais homogêneos, a coisa julgada *erga omnes* somente ocorre *secundum eventum litis*, somente no resultado procedente da demanda. Por exceção, no caso de improcedência, ocorre a coisa julgada em relação ao titular do direito individual, mas apenas se tiver atuado no processo coletivo como litisconsorte (no qual foi parte). Fora tal exceção, nada impede que as pessoas naturais lesadas, na hipótese de o direito ser metaindividual difuso ou coletivo, ou os substituídos processualmente, titulares do direito individual, na hipótese de direitos individuais homogêneos, busquem no judiciário a reparação para os danos sofridos. Afinal, tais pessoas sequer foram parte na demanda original. Inteligência do art. 103, §§ 1º e 2º, do CDC. Precedentes. Não conhecido. (...) (TST-RR 1240-42.2010.5.03.0009, Rel. Min. Emmanoel Pereira, j. 9-5-2012, 5ª T., *DEJT* 18-5-2012).

---

pular. Possibilidade de conexão, continência e litispendência, p. 24, chega a afirmar que, "do ponto de vista subjetivo, tanto na ação civil pública supramencionada, como na ação popular ajuizada pelo cidadão, os respectivos autores (o primeiro público, os demais populares) agem como substitutos processuais da coletividade". Em escrito mais moderno (*A marcha do processo*, p. 20), essa mesma autora não fala mais em substituição processual, como espécie de legitimação extraordinária, mas, sim, em legitimação autônoma.

6.3. Interesse processual

Não obstante certo segmento da doutrina defender o binômio necessidade-adequação, parece-nos que o *interesse processual* emerge do trinômio necessidade-utilidade-adequação.

Com efeito, a ação para ser apreciada meritoriamente deve ser utilizada quando houver *necessidade* de intercessão do Estado-juiz para que este possa tutelar o alegado direito vindicado pelo autor. Dito de outro modo, sem a ação, o autor ficaria privado de meios éticos e legais de obter a efetivação do seu direito lesado ou ameaçado de lesão.

A ação também deve ser *útil* para remediar ou prevenir o mal alegado pelo autor. Isso significa que não será útil se for empregada como mera consulta acadêmica ou instrumento de indagação, pois só a lesão ou a ameaça de lesão a bem jurídico, representado pela efetiva existência de uma lide, é que autoriza o exercício do direito de ação[59].

Além disso, a ação deve ser *adequada* a propiciar algum resultado útil ao autor. Daí alguns doutrinadores mencionarem a *adequação* como desdobramento do interesse processual, pois é imprescindível a existência de uma vinculação entre a situação lamentada pelo autor e o provimento jurisdicional concretamente solicitado[60].

O interesse processual não se confunde com o interesse material, porquanto, como adverte Enrico Tullio Liebman[61], o *interesse de direito material*, por ele chamado de *primário*, é aquele para cuja tutela se busca o manto protetor da tutela jurisdicional, ao passo que o *interesse processual*, que ele cognomina de *secundário*, visa a obtenção, por via do processo, da solução da lide.

No campo do processo do trabalho, seria carecedor da ação, por falta de interesse processual na modalidade *necessidade*, por exemplo, o empregador que ajuíza ação de inquérito para apuração de falta grave do empregado eleito para Comissão Interna de Prevenção de Acidente-CIPA, que é detentor de proteção da relação empregatícia contra dispensa arbitrária ou sem justa causa (ADCT, art. 10, II, *a*). Diferentemente do dirigente sindical, que só pode ser dispensado se cometer *falta grave* apurada em inquérito judicial específico (CF, art. 8º, VIII; CLT, arts. 494, 543 e 853), o empregado eleito membro de CIPA pode ser dispensado por justa causa e, somente se ele ajuizar ação trabalhista postulando reintegração, o empregador/réu poderá provar, em contestação, que a dispensa não foi arbitrária ou sem justa causa (CLT, art. 165, § único). Nesse sentido:

> GARANTIA PROVISÓRIA DO EMPREGO DE MEMBRO DE CIPA – INSTAURAÇÃO DE INQUÉRIO JUDICIAL PARA APURAÇÃO DE FALTA GRAVE – CARÊNCIA DE

59. THEODORO JÚNIOR, Humberto. *Curso de direito processual civil*, p. 56.
60. GRINOVER, Ada Pellegrini. *Teoria geral do processo*, p. 218.
61. *Manual...*, v. I, p. 122.

> AÇÃO. É juridicamente desnecessária a instauração de inquérito judicial para apuração de falta grave para dispensa de empregado membro de Comissão Interna de Prevenção de Acidentes – CIPA, ocorrendo carência do direito de ação, por ausência de interesse/necessidade de provimento judicial autorizativo para extinção do vínculo de labor. Inteligência do § único do art. 165 da CLT (TRT 17ª R., RO 0114600-89.2006.5.17.0013, 2ª T., Rel. Des. Carlos Henrique Bezerra Leite, Rev. Des. Wanda Lúcia Costa Leite França Decuzzi, *DEJT* 4-6-2008).

> MEMBRO DA CIPA. INSTAURAÇÃO DE INQUÉRITO PARA APURAÇÃO DE FALTA GRAVE. DESNECESSIDADE. JUSTO MOTIVO COMPROVADO EM JUÍZO. Consoante disposto no parágrafo único do art. 165 da Consolidação das Leis do Trabalho, ocorrendo a dispensa de membro da CIPA, detentor da proteção contra dispensa arbitrária prevista no art. 10, II, *a*, do ADCT da Constituição da República de 1988, cabe ao empregador, em caso de ajuizamento de reclamação trabalhista, comprovar a existência de justo motivo para tanto, sob pena de ser condenado a reintegrar o empregado. Conclui-se, dessarte, que se revela prescindível a instauração prévia de inquérito para apuração da falta grave, recaindo sobre o empregador o ônus de comprovar a existência de justo motivo a fundamentar a dispensa. Precedentes. Agravo de instrumento não provido (TST-AIRR 140500-50.2007.5.02.0371, Rel. Des. Lelio Bentes Corrêa, 1ª T., *DEJT* 7-6-2013).

Outro exemplo de falta de interesse na Justiça do Trabalho seria o do empregado de uma empresa pública que, em vez de ajuizar ação trabalhista em face do empregador, visando sustar um desconto salarial que considera indevido, impetra mandado de segurança contra o ato do diretor dizendo ser este autoridade administrativa. Ora, a ação escolhida pelo autor é inadequada ao fim colimado, resultando disso a carência da ação, por falta de interesse na modalidade inadequação da via eleita, pois a ação adequada, *in casu*, seria a reclamação trabalhista proposta em face da pessoa jurídica empregadora.

Podemos invocar, ainda, a OJ n. 188 da SBDI-1 do TST:

> DECISÃO NORMATIVA QUE DEFERE DIREITOS. FALTA DE INTERESSE DE AGIR PARA AÇÃO INDIVIDUAL. Falta interesse de agir para a ação individual, singular ou plúrima, quando o direito já foi reconhecido através de decisão normativa, cabendo, no caso, ação de cumprimento.

Resta frisar, finalmente, que há entendimentos no sentido de que o art. 625-D da CLT estabelece uma condição da ação, pois, se existir Comissão de Conciliação Prévia – CCP na localidade da prestação de serviços, a ausência de tentativa de conciliação perante tal comissão acarreta a falta de interesse processual do autor, na medida em que o referido dispositivo legal prescreve que "qualquer demanda de natureza trabalhista será submetida à Comissão de Conciliação Prévia". Nesse sentido, a 3ª Turma do

TST (RR n. 96.742/2003.5), em acórdão da lavra do Ministro Moura França já decidiu que a conciliação prévia é "uma limitação temporária de exercício do direito de ação, que até mesmo pode resultar em possíveis benefícios ao empregado e ao empregador, que têm assegurada a possibilidade de solução de suas divergências, sem a intervenção estatal", o que resultou na extinção do processo sem resolução de mérito[62].

De nossa parte, pensamos que a Comissão de Conciliação Prévia é um meio alternativo de acesso à Justiça, tal como preconizado por Mauro Cappelletti[63], e se situa na "terceira onda" de acesso a uma ordem justa. Para tanto, interpretamos o art. 625-D da CLT conforme os arts. 5º, XXXV, e 114 da CF, o que autoriza a ilação de que o trabalhador tem a opção de formular sua reclamação perante a CCP ou, se preferir, ajuizar diretamente a sua demanda perante a Justiça do Trabalho. No primeiro caso, o termo de conciliação que for lavrado valerá como título executivo extrajudicial (CLT, art. 876); no segundo, subentende-se que o trabalhador renunciou ao direito de ver sua pretensão solucionada extrajudicialmente, e preferiu exercer o direito fundamental de ação. Afinal, se a Justiça do Trabalho tem competência para "processar e julgar" (CF, art. 114), parece-nos óbvio que ela não pode negar-se a prestar a jurisdição por ausência de tentativa de conciliação extrajudicial, ou seja, se a Justiça Especializada pode o "mais" (processar e julgar), evidentemente que pode o "menos" (conciliar). O que não nos parece razoável é admitir que o trabalhador propusesse ação perante um órgão estatal competente para "processar e julgar" e este órgão, depois de "judicializado" o conflito, simplesmente lhe negasse o acesso à jurisdição, extinguindo o processo sem resolução do mérito sob o fundamento de que não houve tentativa de conciliação. Nesse sentido, o STF (ADI n. 2.160 MC/DF, j. 13-5-2009, red. p/ o acórdão Min. Marco Aurélio), por reputar caracterizada, em princípio, a ofensa ao princípio do livre acesso ao Judiciário (CF, art. 5º, XXXV), por maioria, deferiu, parcialmente, medidas cautelares em duas ações diretas de inconstitucionalidade – ajuizadas pela Confederação Nacional dos Trabalhadores no Comércio e pelo Partido Comunista do Brasil, pelo Partido Socialista Brasileiro, pelo Partido dos Trabalhadores e pelo Partido Democrático Trabalhista – para dar interpretação conforme a Constituição Federal, relativamente, ao art. 625-D da CLT, afastando a interpretação que considera obrigatória a submissão antecipada do trabalhador à Comissão de Conciliação Prévia. Logo, a passagem pela CCP, por ser facultativa, não pode ser considerada nem condição da ação nem pressuposto processual.

62. Há decisões do TST no sentido de que a ausência de conciliação perante a CCP constitui pressuposto processual negativo. Ver Capítulo VII, item 3.2.2.

63. *Acesso à justiça*, passim.

CAPÍTULO VII
Processo e Procedimento

1. NOÇÕES GERAIS DE PROCESSO

Como vimos em linhas pretéritas, a jurisdição constitui um poder-dever-função que o Estado avocou para si para tutelar direitos. Numa palavra, a jurisdição é, ao mesmo tempo, o poder, o dever e a função estatal não apenas de dizer o direito (*jus dicere*), mas, também, de efetivá-lo, de realizá-lo concretamente.

Estudamos, também, que não pode o Estado exercitar a função jurisdicional *ex officio*, e aproveitamos a oportunidade para dizer que reputamos incompatível com o novo Texto Constitucional a norma consolidada que permite ao presidente do tribunal do trabalho "instaurar de ofício a instância", na hipótese de greve (CLT, art. 856). É que o art. 114, § 2º, da CF/88 faculta apenas aos atores sociais diretamente interessados (sindicatos das categorias profissionais ou econômicas e – acrescentamos – os empregadores) a propositura do dissídio coletivo, sendo certo que o Ministério Público do Trabalho também detém a legitimação para a propositura do dissídio coletivo nos casos de greve que coloque em risco iminente a vida, a segurança e a saúde das pessoas, pois, nesses casos, o interesse público ou social justifica a atuação do *Parquet* como órgão agente em defesa da sociedade (CF, arts. 114, § 3º, e 127; Lei n. 7.783/89, art. 8º; e Lei Complementar n. 75/93, art. 83, VIII).

Vimos, ainda, que a ação, pelo menos na perspectiva individual, é um direito humano, fundamental, público, autônomo e abstrato, assegurado a qualquer pessoa (ou algumas entidades) para exigir do Estado-juiz a prestação da atividade jurisdicional na hipótese de lesão ou ameaça a direito.

Cabe, agora, frisar que a propositura da ação instaura o processo, que é o instrumento, o meio, a técnica de que se vale o Estado para promover a jurisdição de forma ética e justa. Daí a pertinente observação de José Roberto dos Santos Bedaque, para quem o

> processo não é mero instrumento técnico, nem o direito processual constitui ciência neutra, indiferente às opções ideológicas do Estado. Somente a conscientização, pelos processualistas, do caráter ético de sua ciência, da necessária "identidade ideológica entre processo e direito substancial", permitirá que o instrumento evolua para melhor atender a seus escopos. Nessa concepção axiológica de processo, como

instrumento de garantia de direitos, a visão puramente técnica não pode mais prevalecer, pois a ela se sobrepõem valores éticos de liberdade e justiça. Os princípios gerais do direito processual sofrem nítida influência do "clima" institucional e político do país[1].

Etimologicamente, "processo" significa "marcha avante", do latim *procedere*, ir adiante. Pode-se dizer, então, que o processo é o caminho para a solução do conflito submetido à jurisdição. Noutro falar, o processo é o ponto de intercessão entre a ação e a jurisdição.

Percucientes são as palavras de Marcelo Abelha Rodrigues:

> Mas, se processo é um caminho, então é porque deve ligar duas extremidades. Essas duas extremidades são a jurisdição e a ação. Exercita-se o direito de ação, provocando-se a jurisdição para a resolução de um conflito de interesses. O processo, então, se coloca neste hiato que separa a jurisdição da ação[2].

Em sentido amplo, o processo é o instrumento para a composição dos litígios que emergem da vida em sociedade. Em sentido estrito, é o conjunto de atos processuais que se coordenam e se desenvolvem desde o ajuizamento da ação até o cumprimento ou execução da sentença, para que o Estado-juiz cumpra a sua obrigação fundamental, que é a de entregar a prestação jurisdicional invocada, solucionando as lides ocorrentes, com a aplicação do *direito objetivo*, e entregando o bem da vida a quem tem o correspondente *direito subjetivo* (ou interesse juridicamente tutelado).

O caminhar do processo deve obedecer ao *due process of law* (devido processo legal), que é constituído de normas (princípios e regras) que norteiam a função jurisdicional do Estado, sendo certo que, no paradigma do Estado Democrático de Direito ou Estado Constitucional, como é o caso do Brasil, mostra-se absolutamente indispensável compreender o processo sob as lentes da Constituição. Logo, é preciso (re)interpretar o processo, incluído o do trabalho, por meio da chamada filtragem constitucional.

2. AS TEORIAS DO PROCESSO

Dentre as várias teorias do processo[3], como a contratualista, a quase contratualista, a da situação jurídica, a da satisfação de pretensões e a do serviço público,

1. BEDAQUE, José Roberto dos Santos. *Direito e processo:* influência do direito material sobre o processo. 5. ed. São Paulo: Malheiros, 2009. p. 23-24.
2. *Elementos...*, cit., p. 231.
3. Sobre as diversas teorias do processo, conferir: GONÇALVES, Willian Couto. *Uma introdução à filosofia do direito processual*. Rio de Janeiro: Lumen Juris, 2005. p. 129-139.

podemos dizer que a mais difundida entre os processualistas brasileiros é a teoria da relação jurídica. Todas essas teorias, é certo, refletem as diversas ideologias e os modelos jurídicos reinantes nos Estados em diversos momentos históricos.

Para a teoria da relação jurídica, que é a predominante na doutrina brasileira, o processo é constituído por três pessoas: o juiz, o autor e o réu. Atribui-se a Oskar Büllow[4] a formulação teórica de que o processo é uma relação jurídica dinâmica e complexa que se instaura entre o Estado-juiz e as partes.

Trata-se, a rigor, de uma relação triangular, na qual o juiz (Estado), o autor e o réu vinculam-se reciprocamente, mediante a distribuição de poderes, direitos e faculdades, ônus, obrigações e deveres.

Lembra Leonardo Greco[5] que na Alemanha ainda existe uma corrente doutrinária que advoga ser o processo uma relação jurídica angular – e não triangular –, em que todos os atos praticados no processo vinculam autor/juiz e réu/juiz, inexistindo nenhum vínculo direto entre as partes, uma vez que haverá sempre a intermediação do juiz.

Contrapondo-se à teoria pandetística da relação processual, Elio Fazzalari propõe uma nova teoria: o processo nada mais é do que o procedimento em contraditório. O processo, segundo esse mestre peninsular, é "uma estrutura na qual se desenvolvem, segundo o ordenamento estatal, numerosas atividades de direito público (principalmente deveres fundamentais do Estado, mas não somente) e algumas atividades de direito privado"[6]. Em outras palavras, o "processo é um procedimento do qual participam (são habilitados a participar) aqueles em cuja esfera jurídica o ato final é destinado a desenvolver efeitos: em contraditório e de modo que o autor do ato não possa obliterar as suas atividades"[7].

No mesmo sentido do referido autor italiano, Luiz Guilherme Marinoni leciona que o processo:

> (...) é um procedimento em contraditório, um procedimento adequado aos fins do Estado Constitucional. Em abstrato, o procedimento é uma sequência concatenada de posições jurídicas subjetivas simples (faculdades, poderes e imperativos de conduta) e complexas (direitos, pretensões, deveres e ônus); em concreto, uma sequência de atos processuais, oriundos do exercício de posições jurídicas subjetivas. O procedimento visa à obtenção da tutela jurisdicional[8].

---

4. *Teoria das exceções processuais e dos pressupostos processuais*, p. 5 e s.
5. GRECO, Leonardo. *Instituições de processo civil*, v. I, 3. ed. Rio de Janeiro: Forense, 2011. p. 209.
6. FAZZALARI, Elio. *Instituições de direito processual*. Trad. Elaine Nassif. Campinas: Bookseller, 2006. p. 27.
7. Idem, ibidem, p. 118-119.
8. MARINONI, Luiz Guilherme; MITIDIERO, Daniel. *Código de Processo Civil:* comentado artigo por artigo. São Paulo: Revista dos Tribunais, 2008. p. 266.

A jurisprudência do TST adota a teoria da relação jurídica processual, como se infere dos seguintes arestos:

> RECURSO DE REVISTA. COISA JULGADA. EFICÁCIA PRECLUSIVA. AÇÃO AUTÔNOMA VISANDO AO RECONHECIMENTO DA RESPONSABILIDADE SUBSIDIÁRIA DA EMPRESA TOMADORA DOS SERVIÇOS. INVIABILIDADE. A Subseção de Dissídios Individuais I, órgão uniformizador de jurisprudência *interna corporis*, julgando casos análogos, se posicionou no sentido de que, sob pena de cerceamento do direito de defesa, o reconhecimento da responsabilidade subsidiária está condicionado à presença do tomador de serviços na mesma *relação jurídica processual* do real empregador. Recurso de revista não conhecido, no particular (TST-RR 8900-55.2006.5.09.0011, 8ª T., Rel. Min. Dora Maria da Costa, unânime, *DEJT* 10-6-2010). (grifos nossos)
>
> RECURSO DE EMBARGOS REGIDO PELA LEI N. 11.496/2007 - PRESCRIÇÃO - REDARGUIÇÃO EM CONTRARRAZÕES AO RECURSO ORDINÁRIO PELA PARTE SUCUMBENTE NA REFERIDA PREJUDICIAL.1. Evidenciado o dissenso entre julgados proferidos por órgãos fracionários desta Corte, o recurso de embargos desafia conhecimento, a teor do art. 894, II, da CLT. 2. Controvérsia em torno da imposição, inclusive de ofício, de o Tribunal Regional examinar a prescrição renovada em contrarrazões ao recurso ordinário pela parte sucumbente apenas na referida prejudicial, sem a interposição de recurso ordinário adesivo. O reconhecimento de que houve arguição da prescrição na defesa e a recusa regional em examinar a matéria, porque própria de recurso adesivo, diante da sucumbência da parte nesse aspecto, configura negativa clara de vigência dos §§ 1º e 2º do art. 515 do CPC, dispositivos que preveem a devolução automática dos fundamentos da defesa à Corte de revisão ordinária. Não se mostra, pois, adequado exigir-se da parte recorrida a interposição de recurso adesivo, se são devolvidos à cognição judicial, com a interposição de recurso ordinário, todos os fundamentos de fato e de direito suscitados na defesa (CPC, art. 515, §§ 1º e 2º). *O sistema processual brasileiro, no que concerne aos recursos, ostenta natureza meramente revisional, não instaurando,* ex novo, *a relação jurídica processual, de sorte a possibilitar a dedução de alegações inéditas e a produção de novas provas*. Além disso, não há de se confundir a extensão do recurso - que se define por iniciativa da parte sucumbente, a quem cabe indicar as pretensões que pretende sejam reexaminadas (CPC, art. 515, *caput*) - com a profundidade da cognição a ser exercitada pelo Tribunal - que alcança fundamentos e questões vinculados às pretensões cujo exame é pretendido à Corte de revisão (CPC, art. 515, §§ 1º e 2º c/c a Súmula 393 do TST). No caso concreto, não havendo dúvida de que a prescrição foi suscitada perante as instâncias ordinárias "defesa e contrarrazões ao recurso ordinário", estava o Tribunal de origem obrigado a examiná-la, desde que observados, evidentemente, os demais pressupostos recursais próprios. Impositiva, pois, a

> restituição dos autos à Corte de origem para complementação da prestação jurisdicional, relativamente ao instituto da prescrição. Recurso de embargos conhecido e provido (TST-E-RR n. 1.661/2001-027-02-00.0, SBDI-1, Rel. Douglas Alencar Rodrigues, unânime, *DEJT* 28-10-2009). (grifos nossos)

Adotamos a teoria da relação jurídica processual triangular, com a advertência de Leonardo Greco, para quem é

> a relação processual que, na sua unidade e continuidade, mantém a coligação entre os vários sujeitos do processo e contém a disciplina das suas recíprocas relações. Se a relação processual não se enquadra no esquema típico da relação jurídica de direito substancial, isso prova apenas que as relações de direito processual têm características próprias e não que o processo não seja uma relação jurídica[9].

3. PRESSUPOSTOS PROCESSUAIS

Já vimos que as condições da ação são requisitos para que o Judiciário possa apreciar o mérito, acolhendo ou rejeitando o pedido formulado pelo autor. Já os pressupostos processuais são requisitos que dizem respeito à existência ou à validade da relação jurídica processual. Mais especificamente, os pressupostos processuais são elementos imprescindíveis para que a relação processual possa existir juridicamente (pressupostos processuais de existência) ou se desenvolver válida e regularmente (pressupostos processuais de validade).

O juiz deverá conhecer, de ofício, dos pressupostos processuais (CPC, arts. 485, IV, § 3º, e 337, § 5º). Na verdade, na instância ordinária, a apreciação dos pressupostos processuais, de ofício, deve ser feita tanto pelo juiz quanto pelos tribunais.

Na instância extraordinária, a decretação da ausência de pressupostos processuais depende de provocação expressa da parte por meio do recurso de natureza extraordinária (prequestionamento), ou seja, não pode o Tribunal Superior do Trabalho ou o Supremo Tribunal Federal ao apreciar recurso de revista ou recurso extraordinário decretar, de ofício, a extinção do processo por ausência de pressuposto processual, ainda que se trate de incompetência absoluta (TST/SBDI-1/OJ n. 62).

A ausência de pressupostos processuais pode implicar a extinção do processo sem resolução do mérito (CPC, art. 485, IV) ou a remessa do processo (ou melhor, dos autos) a outro órgão judicial, tal como ocorre, por exemplo, com a incompetência absoluta (CPC, art. 64, § 1º).

9. Idem, ibidem, p. 210.

Os pressupostos processuais podem ser classificados quanto à existência e à validade da relação processual. Adverte-se, desde logo, que não há uniformidade doutrinária a respeito da classificação a ser adotada, sendo certo que a lacuna normativa da legislação processual trabalhista a respeito dos pressupostos processuais autoriza a aplicação subsidiária e supletiva das normas do direito processual civil (CLT, art. 769; CPC, art. 15).

3.1. Pressupostos processuais de existência

Os pressupostos processuais de existência são chamados legalmente de pressupostos de constituição do processo (CPC, art. 485, IV). Sem eles, não se pode falar em existência jurídica do processo (ou da relação jurídica processual), muito embora este exista no plano fático. Dito doutro modo, existem os autos, mas juridicamente o processo não existe.

Rodrigo Klippel lembra que uma conclusão importante

> acerca da verificação de um vício de inexistência é a de que, findo o processo, é o mesmo insanável, já que a sua falta resultará na inexistência do processo no mundo do dever-ser. Impossível falar-se em análise da mácula à luz da instrumentalidade das formas (nulidade = erro de forma + prejuízo), pois, se não há formação da relação processual, juridicamente não há que se cogitar de quaisquer efeitos ou consectários do processo, motivo pelo qual basta a declaração de tal circunstância (*querela nullitatis*).

A ausência de qualquer um dos pressupostos de existência torna inexistente a própria relação jurídica processual. Consequentemente, será inexistente a sentença que nele for proferida sem a presença de tais pressupostos processuais, o que poderá empolgar, para uns, a ação rescisória (CPC, art. 966, V); para outros, a ação declaratória de inexistência da relação processual (*querela nullitatis insanabilis* – CPC, art. 966, § 4º).

Filiamo-nos à segunda corrente, pois a ausência de um pressuposto processual de existência implica o não nascimento da relação jurídica processual, pois esta não existe juridicamente, razão pela qual não se deve rescindir/anular a sentença que juridicamente não existe. Daí a simples declaração de sua inexistência, sem as formalidades da ação rescisória e, o que é mais importante, sem falar em prazo para o ajuizamento da ação declaratória de inexistência de relação jurídica (*querela nullitatis*), já que as ações meramente declaratórias não se sujeitam à prescrição ou à decadência. Uma advertência: mesmo no caso de inexistência da relação jurídica processual e, consequentemente, da sentença, esta produz efeitos até que seja declarada inexistente por decisão judicial. Vale dizer, na seara do direito processual o ato inexistente (ou nulo) produz efeitos.

Embora não haja uniformidade doutrinária a respeito da classificação dos pressupostos processuais, pensamos que, no processo do trabalho, são *pressupostos processuais de existência da relação processual*: a petição inicial, a jurisdição e a citação.

3.1.1. Petição inicial

A existência jurídica de um processo depende da existência de uma petição inicial (forma de exteriorização da demanda). A inércia é uma das características da jurisdição e seu exercício depende da provocação do interessado por meio da petição inicial.

O processo do trabalho admite a petição inicial verbal ou escrita (CLT, art. 840). Sobre petição inicial, *vide* Capítulo XII.

3.1.2. Jurisdição

A jurisdição, que é exercida por um juiz em nome do Estado, é realizada por meio do processo. Sem processo não há como ser exercida a jurisdição. O juiz que vai resolver (julgar) o processo deve estar investido legalmente no cargo e em pleno exercício da função estatal. Um juiz aposentado, por exemplo, não tem jurisdição. A sentença proferida por quem não tem jurisdição é inexistente. Sobre jurisdição trabalhista, *vide* Capítulos III e V, item 1.

3.1.3. Citação

Antes da citação já existe ação, mas ainda não existe a relação jurídica processual. Para que o processo possa existir, portanto, é preciso que o réu seja citado, salvo na hipótese do art. 332 do CPC, segundo o qual nas causas que dispensem a fase instrutória, o juiz, **independentemente da citação do réu**, julgará liminarmente improcedente o pedido que contrariar: I – enunciado de súmula do STF ou do STJ (ou do TST, acrescentamos); II – acórdão proferido pelo STF ou pelo STJ em julgamento de recursos repetitivos; III – entendimento firmado em incidente de resolução de demandas repetitivas ou de assunção de competência; IV – enunciado de súmula de tribunal de justiça sobre direito local. O juiz também poderá julgar liminarmente improcedente o pedido se verificar, desde logo, a ocorrência de decadência ou de prescrição (CPC, art. 332, § 1º).

O art. 337, I, do CPC dispõe que ao réu compete, antes de discutir o mérito, alegar a inexistência da citação.

Sobre citação no processo do trabalho, *vide* Capítulo VIII, item 1.1.1.

3.2. Pressupostos processuais de validade

A lei considera pressupostos de validade aqueles que dizem respeito ao desenvolvimento válido e regular da relação processual (CPC, art. 485, IV). A ausência dos pressupostos de validade torna nula a relação jurídica processual. Dito de outro modo, sem a presença dos pressupostos de validade, a relação processual existe, mas não é válida.

Os *pressupostos processuais de validade* podem ser *positivos* ou *negativos*. Aqueles devem ser identificados na mesma relação jurídica processual; estes, em outra. A falta dos pressupostos processuais de validade torna nula a relação processual, o que leva à extinção do processo sem resolução de mérito (CPC, art. 485, IV).

3.2.1. Pressupostos processuais positivos de validade

Os pressupostos processuais positivos de validade são identificados na mesma relação jurídica processual, ou seja, "dentro" do mesmo processo.

São *pressupostos processuais positivos de validade* da relação jurídica processual: a petição inicial apta, a competência do juízo, a capacidade postulatória, a capacidade processual, a citação válida e a imparcialidade do juiz.

3.2.1.1. Petição inicial apta

Não basta existir a petição inicial. É preciso que ela seja em estreita observância às regras legais para que tenha aptidão de instaurar uma relação jurídica processual que se desenvolva válida e regularmente.

O processo do trabalho, como decorrência lógica do *jus postulandi* conferido às próprias partes (CLT, art. 791), não é, salvo nas hipóteses da Súmula 425 do TST e da IN/TST n. 27/2005, tão rigoroso quanto à presença deste pressuposto processual (*vide* Capítulo XII).

3.2.1.2. Competência do juízo

A competência que deve ser, aqui, considerada é a absoluta. A competência relativa, por ser prorrogável, não é pressuposto processual de validade. A decisão proferida por juiz absolutamente incompetente implica nulidade de todos os atos processuais decisórios por ausência de pressuposto processual de validade.

Para que o processo seja válido, devem ser observadas, à luz do art. 337, II, do CPC, as regras de competência absoluta. No caso de incompetência absoluta, não há extinção do processo, e sim a remessa dos autos ao juízo competente (CPC, art. 64, § 3º).

Todavia, se a petição inicial tiver cumulação de pedidos, sendo a Justiça do Trabalho materialmente competente para um e materialmente incompetente para o outro, não devem os autos ser remetidos ao juízo cível competente, nem "dividido" o processo em dois (com formação de autos distintos para remessa ao juízo cível), pois isso implicaria sérios embaraços à prestação jurisdicional.

Neste caso, a solução mais adequada é a prevista na Súmula 170 do STJ, isto é, a competência será do "juízo onde primeiro for intentada a ação envolvendo acumulação de pedidos, trabalhista e estatutário, [para] decidi-la nos limites da sua jurisdição, sem prejuízo do ajuizamento de nova causa, com o pedido remanescente, no juízo próprio". Sobre competência absoluta, remetemos o leitor ao Capítulo V, item 2.6.

3.2.1.3. Capacidade postulatória

A capacidade postulatória é autorização legal para atuar no processo. No processo civil, em regra, a parte será representada em juízo por advogado regularmente inscrito na OAB, nos termos do art. 103 do CPC, sendo permitida a postulação em causa própria.

No processo do trabalho, o *jus postulandi* é facultado aos próprios sujeitos da lide, independentemente de representação por advogados (CLT, art. 791). Esta regra, porém, não alcança a ação rescisória, a ação cautelar, o mandado de segurança e os recursos de competência do Tribunal Superior do Trabalho (TST, Súmula 425), nem as novas ações que migraram, por força da EC n. 45/2004, para a Justiça do Trabalho (IN/TST n. 27/2005).

Além dos advogados (públicos ou particulares), também têm capacidade postulatória os defensores públicos e os membros do Ministério Público. A irregularidade de representação da parte ou do terceiro pode ser sanada antes da extinção do processo (*vide* Capítulo X, item 5).

3.2.1.4. Capacidade processual

Também chamada impropriamente de "legitimação processual", a capacidade processual abrange tanto a capacidade de ser parte como a capacidade processual propriamente dita. Trata-se de pressuposto processual positivo de validade que diz respeito às partes e aos terceiros.

Verificando a incapacidade processual, o juiz, suspendendo o processo, marcará prazo razoável para ser sanado o defeito, e o não cumprimento da determinação judicial implicará, caso o processo esteja tramitando na instância originária, uma das consequências previstas no art. 76, § 1º, do CPC[10], aplicado supletiva e subsidiariamente ao processo do trabalho (CLT, art. 769; CPC, art. 15). Sobre capacidade processual e capacidade de ser parte, remetemos o leitor ao Capítulo X, item 4.

10. O art. 3º, I, da IN n. 39/2016 do TST manda aplicar ao processo do trabalho o disposto no art. 76, §§ 1º e 2º, do CPC. A referida IN, no entanto, está sendo objeto da ADI n. 5.516 no STF.

3.2.1.5. Citação válida

Vimos, em linhas transatas, que a ausência de citação é pressuposto processual de existência, salvo na hipótese do art. 332, *caput*, e § 1º, do CPC. Já a regularidade da citação é pressuposto processual de validade da relação jurídica processual.

Para o processo se desenvolver válida e regularmente, é preciso que a citação seja válida. A ausência de citação (ou de citação válida) não acarreta a extinção do processo, e sim a determinação judicial de renovação desse ato processual.

O art. 337, II, do CPC, aplicável ao processo do trabalho (CLT, art. 769; CPC, art. 15), dispõe que incumbe ao réu, antes de discutir o mérito, alegar a nulidade da citação.

Sobre a citação no processo do trabalho, remetemos o leitor ao Capítulo VIII, item 1.1.1.

3.2.1.6. Imparcialidade do juiz

A validade da relação jurídica processual pressupõe a ausência de impedimento ou suspeição do juiz ou tribunal da causa. Trata-se de pressuposto processual de validade cuja ausência não implica extinção do processo (CPC, art. 485, IV), mas, sim, remessa dos autos a juiz não impedido ou suspeito (*vide* Capítulo XIV, item 4.1).

3.2.2. Pressupostos processuais negativos de validade

Os pressupostos processuais negativos de validade são identificados em outra relação jurídica processual, ou seja, "fora" do processo. Enquanto os pressupostos processuais positivos devem estar presentes para que o processo seja válido, os pressupostos processuais negativos não podem estar presentes para a validade do processo.

São *pressupostos processuais negativos de validade* da relação jurídica processual: a litispendência, a coisa julgada, a perempção e, segundo alguns, a convenção de arbitragem.

3.2.2.1. Litispendência

Há litispendência quando se repete ação que está em curso, nos termos do art. 337, §§ 1º, 2º e 3º, do CPC (*vide* Capítulo XIV, item 5.1.4), sendo que uma ação é idêntica a outra quando possui as mesmas partes, a mesma causa de pedir e o mesmo pedido.

Havendo litispendência, deve ser extinto sem resolução de mérito o processo ajuizado posteriormente (CPC, art. 485, V).

Em se tratando de ações coletivas e ações individuais, sustentamos que não há litispendência entre elas (*vide* Capítulo XIV, item 5.1.4).

3.2.2.2. Coisa julgada

Ocorre coisa julgada, nos termos do art. 337, §§ 1º e 2º, do CPC, quando há reprodução de ação idêntica a outra, mas a primeira já foi decidida por sentença, terminativa ou definitiva, transitada em julgado. A presença de coisa julgada implica a extinção do processo sem resolução de mérito (CPC, art. 485, V). É a preclusão máxima no processo (*vide* Capítulo XIV, item 5.1.4, e Capítulo XVII, item 6).

3.2.2.3. Perempção

No processo do trabalho, não há a figura da perempção nos moldes do art. 486, § 3º, do CPC[11], segundo o qual: "Se o autor der causa, por 3 (três) vezes, a sentença fundada em abandono da causa, não poderá propor nova ação contra o réu com o mesmo objeto, ficando-lhe ressalvada, entretanto, a possibilidade de alegar em defesa o seu direito".

Todavia, os arts. 731 e 732 da CLT prescrevem que, se o autor por duas vezes seguidas der causa ao arquivamento da reclamação (CLT, art. 844), perderá, pelo período de seis meses, o direito de propô-la novamente. Esse impedimento temporário de ajuizar a ação caracteriza um pressuposto processual negativo de validade. Daí a sugestão de parcela da doutrina em sustentar que no processo do trabalho ocorre apenas a perempção parcial ou temporária. Nesse sentido:

> I – RECURSO DE REVISTA DA BRASKEM. AUSÊNCIA DO RECLAMANTE POR DUAS VEZES CONSECUTIVAS À AUDIÊNCIA. ARQUIVAMENTO. PEREMPÇÃO TRABALHISTA (ARTS. 731, 732 E 844 DA CLT). Na hipótese, é incontroverso que o autor faltou à audiência em duas reclamatórias anteriormente ajuizadas e que ambas foram arquivadas em virtude de sua ausência. Além disso, verifica-se que a presente reclamatória foi ajuizada dentro dos seis meses subsequentes ao último arquivamento. Desta feita, o reconhecimento da perempção se impõe. Precedentes. Recurso de revista conhecido e provido. II – AGRAVO DE INSTRUMENTO DA PETROS. Tendo em vista o provimento do recurso de revista da Braskem, que resultou na extinção do processo sem resolução do mérito, resta prejudicada a análise do agravo de instrumento da Petros (TST-ARR 220-27.2011.5.04.0761, 2ª T., Rel. Min. Delaide Miranda Arantes, *DEJT* 27-4-2018).

No entanto, é possível defender que esse pressuposto processual constitui um obstáculo incompatível com o princípio da inafastabilidade da jurisdição, consagra-

11. O instituto da perempção é extraído da combinação dos arts. 485, II, III e V, e 486, § 3º, do CPC.

do explicitamente no art. 5º, XXXV, da CF (*vide* Capítulo XIV, item 5.1.5). Mas não é este o entendimento do TST:

> AGRAVO DE INSTRUMENTO. PEREMPÇÃO. ARTIGO 732 DA CLT. 1. Da redação contida nos artigos 844, 731 e 732 da Consolidação das Leis do Trabalho, uma vez não cumprido pela parte reclamante o dever processual de comparecimento à audiência, tem-se o arquivamento da reclamação trabalhista proposta. E, caso a parte reclamante dê causa ao arquivamento por duas vezes consecutivas, incorrerá na perda temporária - por seis meses - do direito de reclamar perante a Justiça do Trabalho, conforme penalidade capitulada no artigo 732 da CLT. 2. Na presente hipótese, o Tribunal Regional assentou no acórdão que "o reclamante ajuizou, antes da presente ação, outras duas reclamatórias [contra a reclamada] . A primeira, ajuizada em 28-05-2007 foi arquivada [por não comparecimento à audiência] em 12-07-2007 e a segunda, proposta em 07-11-2007, quando decorridos aproximadamente cinco meses da data do arquivamento da primeira, foi arquivada em 04-12-2007. Já a presente ação foi ajuizada em 30-04-2008 (fl. 02), quando, portanto, ainda não decorridos seis meses desde o arquivamento da segunda reclamatória proposta". 3. Sendo certo que o reclamante ajuizara a terceira reclamação trabalhista menos de 6 (seis) meses após o segundo arquivamento consecutivo por não comparecimento à audiência, em uma peculiar situação de ajuizamento de três ações seguidas em cerca de doze meses, correta a decisão que enquadrou o relapso demandante na punição prevista nos artigos 844, 731 e 732 da Consolidação das Leis do Trabalho. 4 . Agravo de Instrumento a que se nega provimento (TST-AIRR 13781-10.2010.5.04.0000, 1ª T., Rel. Des. Conv. Marcelo Lamego Pertence, *DEJT* 19-12-2016).

Diferentemente do processo civil, as hipóteses dos arts. 731 e 732 da CLT não levam à extinção do processo, e sim à eventual perda de direitos pela impossibilidade de invocar a jurisdição pelo prazo de seis meses, o que pode acarretar a incidência da prescrição da pretensão autoral.

3.2.2.4. Convenção de arbitragem

Dispõe o art. 485, VII, do CPC que o juiz não resolverá o mérito quando "acolher a alegação de existência de convenção de arbitragem ou quando o juízo arbitral reconhecer sua competência".

A convenção de arbitragem está prevista no art. 3º da Lei n. 9.307/96, segundo o qual as "partes interessadas podem submeter a solução de seus litígios ao juízo arbitral mediante convenção de arbitragem, assim entendida a cláusula compromissória e o compromisso arbitral".

A cláusula compromissória é a convenção por meio da qual as partes em um contrato comprometem-se a submeter à arbitragem os litígios que possam vir a surgir, relativamente a tal contrato (Lei n. 9.307/96, art. 4º).

Já o compromisso arbitral é a convenção mediante a qual as partes submetem um litígio à arbitragem de uma ou mais pessoas, podendo ser judicial ou extrajudicial. O compromisso arbitral judicial celebrar-se-á por termo nos autos, perante o juízo ou tribunal, onde tem curso a demanda. O compromisso arbitral extrajudicial será celebrado por escrito particular, assinado por duas testemunhas, ou por instrumento público (Lei n. 9.307/96, art. 9º).

A convenção de arbitragem, portanto, é um pressuposto processual negativo de validade que não pode ser conhecido de ofício pelo juiz, ou seja, é o único pressuposto que só pode ser apreciado pelo juiz se for arguido pelo réu (CPC, art. 485, § 3º).

Assim, acolhida a alegação do réu da existência de convenção de arbitragem ou se o juízo (ou tribunal) arbitral declarou-se competente para apreciar o conflito, o juiz deverá extinguir o processo sem resolução de mérito, nos termos do art. 485, VII, do CPC.

Não obstante a sua previsão constitucional (CF, art. 114, §§ 1º e 2º) como meio de solução dos conflitos coletivos de trabalho, a convenção de arbitragem não tem sido adotada na prática trabalhista, sendo certo que, quanto aos conflitos individuais de trabalho, a convenção arbitral é de duvidosa aplicação na seara laboral, mormente porque o direito do trabalho é informado pelo princípio da indisponibilidade dos direitos individuais dos trabalhadores (*vide* Capítulo I, itens 6.5 e 11).

É por isso que a convenção de arbitragem nos dissídios individuais oriundos da relação de emprego mostra-se incompatível com os princípios da proteção e da irrenunciabilidade. Nesse sentido:

> (...) ARBITRAGEM. DISSÍDIOS INDIVIDUAIS TRABALHISTAS. INCOMPATIBILIDADE. Nos dissídios coletivos, os sindicatos representativos de determinada classe de trabalhadores buscam a tutela de interesses gerais e abstratos de uma categoria profissional, como melhores condições de trabalho e remuneração. Os direitos discutidos são, na maior parte das vezes, disponíveis e passíveis de negociação, a exemplo da redução ou não da jornada de trabalho e de salário. Nessa hipótese, como defende a grande maioria dos doutrinadores, a arbitragem é viável, pois empregados e empregadores têm respaldo igualitário de seus sindicatos. No âmbito da Justiça do Trabalho, em que se pretende a tutela de interesses individuais e concretos de pessoas identificáveis, como, por exemplo, o salário e as férias, a arbitragem é desaconselhável, porque outro é o contexto: aqui, imperativa é a observância do princípio protetivo, fundamento do direito individual do trabalhador, que se justifica em face do desequilíbrio existente nas relações entre trabalhador "hipossuficiente" e empregador. Esse princípio, que alça patamar constitucional, busca, efetivamente, tratar os empregados de forma desigual para reduzir a desigualdade nas relações trabalhistas, de modo a limitar a autonomia privada. Imperativa, também,

é a observância do princípio da irrenunciabilidade, que nada mais é do que o desdobramento do primeiro. São tratados aqui os direitos do trabalho indisponíveis previstos, quase sempre, em normas cogentes, que confirmam o princípio protetivo do trabalhador. Incompatível, portanto, o instituto da arbitragem nos dissídios individuais trabalhistas, mormente quando, na hipótese dos autos, houve fraude na contratação do reclamante, ex-empregado, para continuar prestando as mesmas atividades por meio de empresa constituída por exigência da reclamada. Portanto, não há violação dos arts. 1.025 e 1.030 do antigo Código Civil e 1º e 31 da Lei n. 9.307/96. Recurso de revista não conhecido (...) (TST-RR 29400-11.2005.5.01.0041, j. 19-9-2012, Rel. Min. José Roberto Freire Pimenta, 2ª T., *DEJT* 28-9-2012).

A Lei n. 12.815/2013 (que revogou a Lei n. 8.630, a chamada Lei de Modernização dos Portos) prevê, em seu art. 37, §§ 1º, 2º e 3º, a possibilidade de compromisso arbitral para solução de conflitos entre trabalhadores portuários e os tomadores dos seus serviços, sendo certo que, nos termos do § 3º do referido artigo: "Os árbitros devem ser escolhidos de comum acordo entre as partes, e o laudo arbitral proferido para solução da pendência constitui título executivo extrajudicial". Além disso, com a ampliação da competência da Justiça do Trabalho (EC n. 45/2004), poderão surgir casos de convenção de arbitragem nos litígios oriundos das relações de trabalho. Nesses casos, parece-nos que o réu poderá suscitar a existência de compromisso arbitral ou convenção de arbitragem e o juiz, verificando a veracidade da alegação, deverá acolher a preliminar e extinguir o processo sem resolução do mérito.

A Lei n. 13.467/2017 inseriu na CLT o art. 507-A, segundo o qual "nos contratos individuais de trabalho cuja remuneração seja superior a duas vezes o limite máximo estabelecido para os benefícios do Regime Geral de Previdência Social, poderá ser pactuada cláusula compromissória de arbitragem, desde que por iniciativa do empregado ou mediante a sua concordância expressa, nos termos previstos na Lei n. 9.307, de 23 de setembro de 1996". Parece-nos inconstitucional a regra estabelecida no art. 507-A da CLT, na medida em que a nova regra estabelecida neste artigo viola o direito fundamental previsto no inciso XXXII do art. 7º da CF, o qual proíbe qualquer "distinção entre trabalho manual, técnico e intelectual ou entre os profissionais respectivos". Ora, o empregado com remuneração superior ao equivalente a duas vezes o teto dos benefícios do RGPS (R$ 11.678,90) é, certamente, exercente de trabalho técnico ou intelectual e ficaria numa situação de extrema vulnerabilidade diante do poder hierárquico do seu empregador, já que este, na verdade, é que teria o real interesse na instituição da cláusula em questão. Por outro lado, o art. 1º da Lei n. 9.307/1996 dispõe que as "pessoas capazes de contratar poderão valer-se da arbitragem para dirimir litígios relativos a direitos patrimoniais disponíveis", o que não se revela compatível com a indisponibilidade inerente aos direitos sociais, em regra fundamentais, dos trabalhadores.

3.2.2.5. *Falta de caução ou qualquer outra prestação exigida por lei*

A falta de caução ou qualquer outra prestação que a lei exigir como preliminar são pressupostos processuais que devem ser alegados pelo réu na contestação ou declarados de ofício pelo juiz (art. 337, XII, § 5º, do CPC). Constatada a ausência de qualquer um desses pressupostos processuais, o juiz deverá extinguir o processo sem resolução de mérito, nos termos do art. 485, IV e X, do CPC.

Parece-nos que esses pressupostos processuais (falta de caução ou prestação exigida por lei como preliminar) não se mostram compatíveis com os princípios da proteção e da finalidade social que informam o processo do trabalho, pelo menos no que diz respeito às ações oriundas da relação de emprego em que o autor seja empregado ou trabalhador avulso (*vide* Capítulo XIV, item 5.1.5).

3.2.2.6. *Ausência de tentativa de conciliação perante Comissão de Conciliação Prévia (CCP)*

Há jurisprudência que considera, contrariamente ao nosso entendimento (*vide* Capítulo VI, item 6.3), que o art. 625-D da CLT consagra uma espécie de pressuposto processual negativo. Nesse sentido:

> RECURSO DE REVISTA. COMISSÃO DE CONCILIAÇÃO PRÉVIA. SUBMISSÃO. OBRIGATORIEDADE. VIOLAÇÃO AO ART. 625-D DA CLT. A Submissão, pelo empregado, de sua pretensão à comissão de conciliação prévia constitui pressuposto processual negativo, ilação que se extrai do art. 625-D da CLT. Assim, a recusa injustificada de se submeter a pretensão à conciliação prévia enseja a extinção do processo sem resolução de mérito, na forma que preconizada no art. 267, IV, do CPC. Recurso de revista conhecido por violação do art. 625-D da CLT, e provido para extinguir o processo, sem resolução de mérito, por força do art. 267, IV, do Código de Processo Civil, restando prejudicada a análise dos demais temas do recurso (TST-RR 2635000-88.2000.5.09.0652, J. 30-10-2006, Rel. Juiz Conv. Ricardo Alencar Machado, 3ª T., *DJU* 24-11-2006).

Para nós, a Comissão de Conciliação Prévia – CCP nada mais é do que um "meio alternativo de solução extrajudicial dos conflitos intersubjetivos de natureza trabalhista", na perspectiva da "terceira onda" de acesso à Justiça preconizada por Mauro Cappelletti[12].

Como meio alternativo de acesso à justiça, não pode ser considerado um pressuposto processual, mas faculdade do interessado. Nessa perspectiva, o STF (ADI n.

12. Ver Capítulo VI, item 6.3 *supra*.

2.160 MC/DF, Rel. orig. Min. Octavio Gallotti, red. p/ o acórdão Min. Marco Aurélio, j. 13-5-2009), a nosso ver, acertadamente, deu interpretação conforme a Constituição ao art. 625-D da CLT e firmou o entendimento de que a passagem do trabalhador pela CCP é facultativa, razão pela qual não pode obstaculizar o acesso direto do cidadão ao Judiciário Trabalhista. Logo, para o STF, segundo nos parece, a submissão prévia do conflito individual de trabalho à CCP não é pressuposto processual, nem condição da ação, pois o juiz não pode, de ofício, conhecer dessa matéria, nem extinguir o processo sem resolução de mérito por não ter o autor se submetido à CCP. Nesse sentido, já defendemos como relator o seguinte:

> COMISSÃO DE CONCILIAÇÃO PRÉVIA. FACULDADE DO TRABALHADOR. Em decisão liminar em duas Ações Diretas de Inconstitucionalidade (ADIs ns. 2.139 e 2.160) ajuizadas por quatro partidos políticos e pela Confederação Nacional dos Trabalhadores do Comércio (CNTC), o Supremo Tribunal Federal deu interpretação conforme a Constituição Federal ao art. 625-D da CLT no sentido de que a Comissão de Conciliação Prévia encerra mais um meio alternativo de solução de conflitos individuais trabalhistas, não podendo ser imposta ao trabalhador que preferir o acesso direto à Justiça do Trabalho (TRT 17ª R., RO 0041000-48.2009.5.17.0007, 2ª T., Rel. Des. Carlos Henrique Bezerra Leite, *DEJT* 28-10-2010).

Ademais, o próprio TST, em última instância, em respeito às das decisões do Pretório Excelso, passou a considerar desnecessária a passagem obrigatória pela CCP (TST-E-RR 145600-62.2001.5.02.0058, j. 11-2-2010, Rel. Min. Luiz Philippe Vieira de Mello Filho, SBDI-1, *DEJT* 26-2-2010).

Urge destacar que, se o autor comparecer à CCP e firmar o termo de conciliação, este terá eficácia de título executivo extrajudicial (CLT, 625-E, § único) em relação às parcelas expressamente discriminadas, neste caso, o juiz deverá extinguir o processo sem resolução do mérito por ausência de interesse/necessidade do autor em provocar o Judiciário, pois o Termo de Conciliação firmado perante a CCP, por ser título executivo extrajudicial, equipara-se à sentença (título judicial).

O sobredito termo de conciliação, contudo, pode ser objeto de invalidação por meio de ação própria, caso o empregado/autor comprovar fraude ou vício de consentimento na celebração do respectivo termo. Nesse sentido:

> COMISSÃO DE CONCILIAÇÃO PRÉVIA. NULIDADE DO ACORDO. Configurado o desvirtuamento da atividade autocompositiva que constitui a razão de ser da Comissão de Conciliação Prévia, impõe-se a declaração de nulidade do acordo ali realizado, por aplicação do art. 9º da CLT (TRT 2ª R., RO 00030802720125020080, Rel. Des. Rosana de Almeida Buono, 3ª T., *DEJT* 25-3-2014).

3.3. Momento de examinar os pressupostos processuais

A verificação dos pressupostos processuais pode decorrer de provocação das partes ou de terceiros ou, ainda, de iniciativa do próprio juiz ou tribunal, de ofício. Não há preclusão *pro judicato* para apreciar os pressupostos processuais na instância ordinária (TST/SBDI-1/OJ n. 62).

Como questão de ordem pública, o juiz deve, de ofício, conhecer dos pressupostos processuais (CPC, arts. 337, § 5º, e 485, § 3º), em qualquer tempo e grau de jurisdição, enquanto não ocorrer o trânsito em julgado da sentença ou acórdão (de natureza terminativa ou definitiva), sendo vedada, em qualquer hipótese, a chamada "decisão surpresa" (CPC, art. 10), sob pena de nulidade.

Depois de proferida a sentença, não pode mais o juiz apreciar os pressupostos processuais, a teor do art. 836 da CLT e do art. 494 do CPC. Todavia, em sede de embargos de declaração, se o embargante alegar omissão de ponto sobre o qual deveria o juiz ou tribunal se pronunciar de ofício (CLT, art. 897-A, § 2º; CPC, arts. 494, II, e 1.022, II), parece-nos que qualquer pressuposto processual (ou condição da ação) poderá ser reapreciado pelo órgão prolator da decisão embargada, tendo em vista o disposto no art. 485, § 3º, do CPC.

Semelhantemente, em sede recursal na instância ordinária, isto é, em se tratando de recursos de natureza ordinária, inclusive no caso dos embargos de declaração, os pressupostos processuais também podem (e devem) ser, por força do efeito translativo (*vide* Capítulo XIX, item 6.3.3) inerente a tais recursos, analisados de ofício pelo relator, turma ou outro órgão colegiado do tribunal, ainda que a sentença seja totalmente omissa a respeito (CPC, art. 1.013, § 1º).

4. PROCESSO E PROCEDIMENTO

Não se confundem, pelo menos do ponto de vista conceitual, processo e procedimento. O processo, como já foi dito, constitui-se de um conjunto de atos processuais que vão se sucedendo de forma coordenada dentro da relação processual, até atingir a coisa julgada. Já o procedimento, ou rito, é a forma, o modo, a maneira como os atos processuais vão se projetando e se desenvolvendo dentro da relação jurídica processual. Procedimento, pois, é o *modus faciendi* do processo. É o aspecto exterior do processo.

Nas palavras de Elio Fazzalari, o procedimento "se apresenta, pois, como uma sequência de 'atos', os quais são previstos e valorados pelas normas (...) é, enfim, visto como uma série de 'faculdades', 'poderes', 'deveres', quantas e quais sejam as posições subjetivas possíveis de serem extraídas das normas"[13].

---

13. FAZZALARI, Elio. *Instituições de direito processual*, cit., p. 114.

Consoante Câmara,

> o processo é uma entidade complexa, de que o procedimento é dos elementos formadores. O procedimento, como vimos, é o aspecto extrínseco do processo. O processo não é o procedimento, mas o resultado da soma de diversos fatores, um dos quais é exatamente o procedimento (e os outros são o contraditório e a relação jurídica processual)[14].

E prossegue:

> Não há processo onde não houver procedimento. Mas a existência de um procedimento não é suficiente para que exista um processo, sendo necessária a existência, ainda, de uma relação jurídica processual, além da instauração do contraditório entre os sujeitos da referida relação[15].

Embora haja íntima relação entre o processo e o procedimento, havendo até quem defenda inexistir diferença entre ambos, o certo é que no nosso sistema constitucional há uma questão importantíssima, do ponto de vista teórico-prático, que exige a distinção entre estes dois institutos de direito processual. É que a Constituição Federal de 1988 dispõe, em seu art. 22, I, que "compete privativamente à União legislar" sobre "direito processual", e no seu art. 24, XI, prevê que "compete à União, aos Estados e ao Distrito Federal legislar concorrentemente" sobre "procedimento em matéria processual". Noutro falar, poderão surgir dúvidas consistentes a respeito da constitucionalidade de leis federais e estaduais, bem como conflitos de competência (concorrente) dos entes federativos para legislar sobre processo e procedimento.

Contudo, tendo em vista que a Justiça do Trabalho integra o Poder Judiciário da União, parece-nos que não haverá conflito entre a União, os Estados e o Distrito Federal para legislar sobre procedimento, pois somente a União tem competência para editar lei sobre processo do trabalho e procedimento em matéria de processo laboral. Dito de outro modo, não haverá tal conflito porque os Estados e o Distrito Federal não têm competência para legislar sobre procedimento em matéria de processo trabalhista.

De outro giro, sabe-se que os tribunais legislam sobre normas de processo, criando, por exemplo, recursos por meio de regimento interno, como é o caso do agravo regimental. Ora, parece-nos que criar um recurso não é mera regra de procedimento, e sim de processo. O STF, no entanto, entende que as normas que criam tais recursos regimentais são normas de procedimento, e não de processo. Afinal, dispõe o art. 96, I, *a*, da CF que aos tribunais compete privativamente "eleger seus órgãos diretivos e ela-

14. CÂMARA, Alexandre Freitas. *Lições de direito processual civil*. 18. ed. Rio de Janeiro: Lumen Juris, 2008. v. 1, p. 135.

15. Idem.

borar seus regimentos internos, com observância das normas de processo e das garantias processuais das partes, dispondo sobre competência e o funcionamento dos respectivos órgãos jurisdicionais e administrativos". Assim, podem os tribunais "legislar" regimentalmente sobre competência e funcionamento dos respectivos órgãos, desde que respeitem as normas de processo e as garantias processuais das partes.

5. TIPOS DE PROCEDIMENTO NO PROCESSO DO TRABALHO

No CPC de 1973, o processo de conhecimento abarcava dois procedimentos: *a*) *comum*, de aplicação geral em quase todas as ações, subdividindo-se em ordinário e sumário; *b*) *especial*, aplicável às ações de cognição específica.

O CPC excluiu o procedimento sumário. Na verdade, o CPC de 2015 instituiu, como regra, um único procedimento, que é o procedimento comum, o qual se encontra no Título I do Livro I da Parte Especial do Código, que trata do "Processo de Conhecimento e do Cumprimento da Sentença" e é aplicável subsidiariamente aos demais procedimentos especiais e ao processo de execução.

Com efeito, dispõe o art. 318 e seu parágrafo único do CPC:

> Art. 318. Aplica-se a todas as causas o procedimento comum, salvo disposição em contrário deste Código ou de lei.
>
> Parágrafo único. O procedimento comum aplica-se subsidiariamente aos demais procedimentos especiais e ao processo de execução.

Os procedimentos especiais no CPC estão também previstos na sua Parte Especial, Livro I ("Do Processo de Conhecimento e do Cumprimento da Sentença"), Título III, abrangendo os procedimentos especiais de jurisdição contenciosa (arts. 539 a 718) e os procedimentos especiais de jurisdição voluntária (arts. 719 a 770).

No processo do trabalho de conhecimento, há dois tipos de procedimentos:

- *Procedimento comum*, que se subdivide em *ordinário*, *sumário* e *sumaríssimo*.
- *Procedimento especial*, que é adotado para as ações especiais previstas na própria CLT, como o inquérito judicial para apuração de falta grave, o dissídio coletivo e a ação de cumprimento.

5.1. Procedimento comum

Nos sítios do processo do trabalho, o procedimento comum, como já salientamos, subdivide-se em ordinário, sumário e sumaríssimo.

5.1.1. Procedimento comum ordinário

O procedimento comum ordinário, que é o mais usual no processo do trabalho, encontra-se regulado, embora sem o desejável rigor metodológico entre as normas que lhe dizem respeito, do art. 837 ao art. 852 da CLT.

Pode-se dizer que, até o início dos anos 1970, o rito ordinário era único no processo do trabalho. Tinha a sua marca registrada na concentração dos atos processuais num único procedimento.

Corrobora tal afirmação o art. 843 da CLT, segundo o qual as ações individuais trabalhistas devem ser solucionadas numa única audiência. A prática revelou, no entanto, que essa norma, em função do seu desuso, deixou de ter eficácia. Isso se deu tanto em razão da elevação substancial do número de processos quanto pela complexidade dos novos conflitos submetidos à prestação jurisidicional desse ramo especializado do Poder Judiciário pátrio.

De tal arte, por força do costume, a *audiência* no procedimento ordinário trabalhista passou a ser, na prática, dividida em três partes:

a) Audiência inaugural de conciliação

Nela, devem comparecer as partes, acompanhadas ou não de seus representantes, entre eles, os advogados (CLT, art. 843 e parágrafos). É facultado ao réu fazer-se representar pelo gerente ou qualquer outro preposto que tenha conhecimento dos fatos, e cujas declarações obrigarão o proponente. Em se tratando de ações individuais plúrimas ou ações de cumprimento, os empregados poderão ser representados pelo sindicato da correspondente categoria profissional. Em caso de ausência do empregado motivada por doença ou qualquer outro motivo comprovadamente relevante, a lei lhe faculta a representação por outro empregado que pertença à mesma profissão ou pelo sindicato da sua categoria.

Aberta a audiência, o juiz deverá propor a conciliação (CLT, art. 846). Havendo acordo, será lavrado termo assinado pelas partes do processo (incluindo o juiz). Não havendo acordo, o réu terá vinte minutos para apresentar a sua defesa, após a leitura do teor da ação. Na prática, porém, a defesa do réu é escrita, e, desde logo, o juiz dá ciência desta ao autor, que, geralmente, dispõe de dez dias para impugná-la.

Na audiência dita inaugural, as partes já ficam intimadas para a audiência de instrução.

b) Audiência de instrução

Nesta audiência, também deverão comparecer as partes, sob pena de confissão quanto à matéria de fato, ocasião em que prestarão depoimentos. Em homenagem ao princípio da concentração dos atos processuais, é nesta assentada que são ouvidas as testemunhas. As partes poderão requerer a produção de prova pericial, e, se deferida, o processo, geralmente, fica suspenso para a conclusão do trabalho do perito.

Finda a instrução, as partes poderão aduzir suas razões finais, pelo prazo máximo de dez minutos cada uma.

Em seguida, o juiz deverá, mais uma vez, renovar a proposta de conciliação (CLT, art. 850). Não sendo esta obtida, designará a data para a audiência de julgamento.

c) Audiência de julgamento

A rigor, esta audiência jamais ocorre, uma vez que nela, raramente, as partes estarão presentes. Na prática, trata-se mais de um prazo fixado pelo juiz para a publicação da sentença, da qual as partes ficam, desde logo, intimadas. É da data da publicação da sentença, ou da data da juntada da ata de audiência contendo a decisão (se esta não for juntada aos autos no prazo improrrogável de quarenta e oito horas), que começa a correr o prazo para a eventual interposição de recurso.

5.1.2. Procedimento comum sumário

O procedimento comum sumário, no âmbito do processo laboral, foi introduzido pela Lei n. 5.584/70, cujo objetivo fundamental era empreender maior celeridade às causas trabalhistas com valor de até dois salários mínimos.

A Lei n. 5.584/70, portanto, instituiu a chamada "causa de alçada", que, na verdade, é uma ação submetida ao procedimento sumário, cuja regulação está prevista nos §§ 3º e 4º do art. 2º da referida lei, segundo os quais:

- quando o valor fixado para a causa, na forma deste artigo, não exceder de duas vezes o salário mínimo vigente na sede do Juízo, será dispensável o resumo dos depoimentos, devendo constar da ata a conclusão do juiz quanto à matéria de fato;
- salvo se versarem sobre matéria constitucional, nenhum recurso caberá das sentenças proferidas nos dissídios da alçada a que se refere o parágrafo anterior, considerado, para esse fim, o valor do salário mínimo à data do ajuizamento da ação.

Nos processos de exclusiva alçada das Varas, portanto, é dispensável, a critério do juiz, o resumo dos depoimentos, devendo constar da ata de audiência a conclusão a que se chegou quanto à matéria de fato.

Cumpre salientar que, na prática, são raras as ações trabalhistas que seguem o procedimento sumário.

Há, inclusive, dúvida sobre a constitucionalidade do art. 2º, § 2º, da Lei n. 5.584/70, por suposta violação ao princípio do duplo grau de jurisdição. A nosso ver, no entanto, este princípio comporta exceções, entre as quais se encaixa a prevista no preceptivo em causa. A rigor, o nosso ordenamento permite a existência de causas decididas em única instância. Aliás, a própria Constituição Federal assim estabelece no seu art. 102, III, ao dispor que compete ao STF julgar, mediante recurso extraordinário, *as causas decididas em única* ou última *instância*. Ora, se é possível a existência de causas decididas em única instância é porque nelas não há o duplo grau de jurisdição, máxime se considerarmos que o STF, em sede de recurso extraordinário, não funciona como instância revisora.

No que concerne ao procedimento sumário, há também cizânia doutrinária e jurisprudencial a respeito da constitucionalidade, ou não, do § 3º do art. 2º da Lei n. 5.584/70, que estabelece vinculação ao salário mínimo para fins de determinação da alçada. O TST, no afã de pacificar a matéria, editou, precipitadamente, a nosso ver, a Súmula 356, segundo a qual o referido dispositivo legal "foi recepcionado pela Constituição da República de 1988, sendo lícita a fixação do valor da causa com base no salário mínimo".

A bem ver, mostra-se açodada a posição do TST, máxime quando se verifica que a orientação do Pretório Excelso tem sido a de interpretar literalmente o art. 7º, IV, *in fine*, da CF/88, que veda a "vinculação do salário mínimo para qualquer fim".

Finalmente, cumpre ressaltar que o procedimento sumário não seria aplicável nas causas em que figurem pessoas jurídicas de direito público, pois a norma geral prevista no art. 2º, § 4º, da Lei n. 5.584/70 não teria revogado a norma especial prescrita no art. 1º, V, do DL n. 779/69, razão pela qual a sentença contrária às entidades de direito público estaria sujeita ao duplo grau de jurisdição obrigatório, não produzindo efeitos enquanto não confirmada pelo Tribunal Regional do Trabalho correspondente, que tem competência para apreciar a remessa necessária, ainda que não tenha sido interposto recurso ordinário pelo ente público.

Todavia, com a redação dada ao art. 496 do CPC (art. 475 do CPC/73) e o entendimento consagrado na Súmula 303 do TST, segundo a qual não há remessa necessária nas causas de valor acima de 100 (cem) salários mínimos, parece-nos não ser mais incompatível a adoção do procedimento sumário nas causas em que figurem entes públicos. A razão é simples: não há vedação legal expressa para o procedimento sumário nas causas em que figurem pessoas jurídicas de direito público, tal como ocorre, *v.g.*, com o procedimento sumaríssimo (CLT, art. 852-A, parágrafo único). Afinal, normas proibitivas devem ser interpretadas restritivamente.

O art. 496 do CPC, que dá novo tratamento à remessa necessária, mas não infirma os fundamentos que lançamos no parágrafo precedente, dispõe, *in verbis*:

> Art. 496. Está sujeita ao duplo grau de jurisdição, não produzindo efeito senão depois de confirmada pelo tribunal, a sentença:
>
> I – proferida contra a União, os Estados, o Distrito Federal, os Municípios e suas respectivas autarquias e fundações de direito público;
>
> II – que julgar procedentes, no todo ou em parte, os embargos à execução fiscal.
>
> § 1º Nos casos previstos neste artigo, não interposta a apelação no prazo legal, o juiz ordenará a remessa dos autos ao tribunal, e, se não o fizer, o presidente do respectivo tribunal avocá-los-á.
>
> § 2º Em qualquer dos casos referidos no § 1º, o tribunal julgará a remessa necessária.
>
> § 3º Não se aplica o disposto neste artigo quando a condenação ou o proveito econômico obtido na causa for de valor certo e líquido inferior a:

I – 1.000 (mil) salários mínimos para a União e as respectivas autarquias e fundações de direito público;

II – 500 (quinhentos) salários mínimos para os Estados, o Distrito Federal, as respectivas autarquias e fundações de direito público e os Municípios que constituam capitais dos Estados;

III – 100 (cem) salários mínimos para todos os demais Municípios e respectivas autarquias e fundações de direito público.

§ 4º Também não se aplica o disposto neste artigo quando a sentença estiver fundada em:

I – súmula de tribunal superior;

II – acórdão proferido pelo Supremo Tribunal Federal ou pelo Superior Tribunal de Justiça em julgamento de recursos repetitivos;

III – entendimento firmado em incidente de resolução de demandas repetitivas ou de assunção de competência;

IV – entendimento coincidente com orientação vinculante firmada no âmbito administrativo do próprio ente público, consolidada em manifestação, parecer ou súmula administrativa.

5.1.3. Procedimento comum sumaríssimo

O procedimento (ou rito) sumaríssimo, que é uma das espécies de procedimento comum na seara laboral, foi introduzido no processo do trabalho por força da Lei n. 9.957, de 13 de janeiro de 2000, que acrescentou à CLT os arts. 852-A a 852-I. Houve *vacatio* legis de sessenta dias, razão pela qual a nova lei entrou em vigor no dia 13 de março de 2000.

Advertimos, inicialmente, que o novo procedimento sumaríssimo não extinguiu o procedimento sumário previsto na Lei n. 5.584/70, uma vez que, a par de não ter havido revogação expressa na lei nova, inexiste qualquer incompatibilidade entre os dois textos legais da qual se possa inferir a revogação tácita da norma mais antiga.

A ideologia que orientou a edição da Lei n. 5.584/70 se coaduna com a Lei n. 9.957/2000: tornar o processo do trabalho mais célere e, ao mesmo tempo, mais seguro em virtude dos novos critérios objetivos adotados pelo legislador.

Lamentavelmente, o legislador excluiu expressamente da incidência do procedimento sumaríssimo as causas em que figurarem as pessoas jurídicas de direito público em geral, ou seja, os órgãos da Administração Direta, autárquica ou fundacional (CLT, art. 852-A, parágrafo único). Não gozam desse (inconstitucional, a nosso ver) privilégio os demais entes da administração indireta, a saber: as empresas públicas e as sociedades de economia mista.

A apreciação da ação submetida ao procedimento sumaríssimo deverá ocorrer no prazo máximo de quinze dias do seu ajuizamento, podendo constar de pauta especial, se necessário, de acordo com o movimento judiciário da Vara do Trabalho (CLT, art. 852-B, III).

O processo sujeito ao rito sumaríssimo deverá ser instruído e julgado em audiência única, salvo na hipótese do § 1º do art. 852-H da CLT, a critério do juiz.

O procedimento sumaríssimo só tem lugar nas ações trabalhistas individuais (simples ou plúrimas), cujo valor da causa seja superior a dois salários mínimos e inferior a quarenta salários mínimos. Isto porque, nas causas de até dois salários mínimos, como já vimos, o procedimento legal é o sumário e, nas causas de valor superior a quarenta salários mínimos, o ordinário.

Cremos serem incompatíveis com o procedimento sumaríssimo as ações coletivas *lato sensu*, isto é, aquelas que tenham por objeto a tutela dos interesses difusos, coletivos ou individuais homogêneos, lembrando que, nas ações em que o sindicato atua como substituto processual, busca-se a tutela de interesses coletivos ou individuais homogêneos (CF, art. 8º, III). E isso porque, de acordo com o art. 852-A da CLT, somente "os dissídios individuais cujo valor não exceda a quarenta vezes o salário mínimo vigente na data do ajuizamento da reclamação ficam submetidos ao procedimento sumaríssimo". Logo, o rito sumaríssimo somente será aplicável às ações individuais, sendo, portanto, incompatível com as ações coletivas.

O valor da causa, ante a lacuna normativa do texto obreiro consolidado, deve ser fixado com base nas regras contidas nos arts. 291 a 293 do CPC. Entre os critérios a serem observados, interessam para o processo do trabalho os previstos nos incisos I, II, V, VI, VII e VIII do art. 292 do CPC.

Vaticina o art. 852-B da CLT que, nas ações enquadradas no procedimento sumaríssimo, deverão ser observados dois requisitos de validade da relação processual:

> I – o pedido deverá ser certo ou determinado e indicará o valor correspondente;
>
> II – não se fará citação por edital, incumbindo ao autor a correta indicação do nome e endereço do reclamado.

No que concerne ao requisito constante do inciso I supracitado, parece-nos que houve um pequeno equívoco do legislador, pois o conectivo correto deve ser "e", e não "ou". Vale dizer, no procedimento sumaríssimo, o pedido deve ser *certo, determinado* e *líquido*. Por isso, entendemos que o valor da causa é requisito essencial na petição inicial da demanda sujeita ao procedimento sumaríssimo e deve corresponder exatamente ao valor do pedido (líquido).

Quanto ao inciso II, quis o legislador evitar no procedimento sumaríssimo a chamada "indústria da revelia".

O § 1º do art. 852-B da CLT estabelece uma rigorosa sanção para o autor, pois, se não atender ao disposto nos citados incisos I e II, o processo será extinto sem resolução de mérito, além de ser ele condenado ao pagamento de custas sobre o valor da causa.

Em outras edições desta obra, chegamos a sustentar o acerto do legislador, pelo menos no tocante ao inciso I supracitado. Vale dizer, o valor da causa deve corresponder ao valor líquido do pedido, para que o autor possa se beneficiar do procedimento sumaríssimo, sob pena de: *a*) extinção do processo sem apreciação meritória; e *b*) pagamento das custas sobre o valor atribuído à causa.

Melhor refletindo sobre a temática em questão, sobretudo com ênfase nos princípios constitucionais do acesso à justiça, da duração razoável do processo, da proporcionalidade e da vedação ao retrocesso social, alteramos a nossa posição.

Com efeito, se a demanda tramitar inadvertidamente pelo procedimento sumaríssimo, o juiz pode (ou melhor, deve), de ofício ou a requerimento de qualquer das partes ou do MPT, convertê-lo para o procedimento ordinário, desde que tal transmudação de rito não implique, no caso concreto, prejuízo às garantias fundamentais das partes, notadamente o direito à ampla defesa e ao contraditório. Nesse sentido, colhemos o seguinte julgado do TST:

> *A*) AGRAVO DE INSTRUMENTO EM RECURSO DE REVISTA. NULIDADE PROCESSUAL. CONVERSÃO DO RITO SUMARÍSSIMO PARA ORDINÁRIO. CITAÇÃO POR EDITAL. PREJUÍZO MANIFESTO CONFIGURADO. O presente agravo de instrumento merece provimento, com consequente processamento do recurso de revista, haja vista que a reclamada logrou demonstrar possível ofensa ao art. 852-B, II, § 1º, da CLT. Agravo de instrumento conhecido e provido. *B*) RECURSO DE REVISTA. NULIDADE PROCESSUAL. CONVERSÃO DO RITO SUMARÍSSIMO PARA ORDINÁRIO. CITAÇÃO POR EDITAL. PREJUÍZO MANIFESTO CONFIGURADO. Este Tribunal já se manifestou no sentido de que o não atendimento dos requisitos previstos no art. 852-B da CLT não importa necessariamente o arquivamento do feito, podendo o julgador, por questão de economia e celeridade processual e, desde que não haja prejuízo às partes, determinar a conversão do rito sumaríssimo em ordinário. No caso vertente, ao contrário do entendimento expendido pelo Regional, houve prejuízo manifesto às partes, uma vez que em face da conversão do rito sumaríssimo para ordinário, com a consequente citação por edital, as reclamadas foram consideradas revéis. Recurso de revista conhecido e provido (TST-RR 1067-55.2016.5.08.0207, 8ª T., Rel. Min. Dora Maria da Costa, *DEJT* 25-10-2018).

Destarte, verificando-se, por exemplo, que as partes ficaram impedidas de ouvir três testemunhas, com evidente cerceio ao direito de ampla defesa, deverá o juiz ou tribunal, de ofício, ou por provocação da parte prejudicada, decretar a nulidade da sentença, converter o rito para ordinário e determinar o retorno dos autos ao juízo de origem para reabertura da instrução. Se não houve lesão aos princípios da ampla defesa e do contraditório, parece-nos que o Tribunal deve apenas converter o procedimento sumaríssimo em ordinário e prosseguir no julgamento do feito, observando-se, no que couber, as normas do Regimento Interno, pois, *v.g.*, se houver previsão regimental para revisor nos recursos ordinários em procedimento ordinário, o processo deverá ser suspenso e os autos deverão ser distribuídos ao Revisor.

A respeito do requisito previsto no inciso II do art. 852-B da CLT, parece-nos que não há razoabilidade, sob pena de maltrato ao princípio do amplo acesso à Justiça (CF, art. 5º, LV), inviabilizar-se o procedimento sumaríssimo quando o autor desconhecer o endereço do réu. Ademais, se a notificação citatória for devolvida por "mudança de endereço do réu", deverá o juiz intimar o autor para fornecer o novo endereço e se este não souber ou não indicar outro endereço, aí, sim, poderia o juiz invocar o precepctivo em causa e extinguir o processo sem resolução do mérito.

De toda a sorte, parece-nos que a decisão judicial que mais se harmoniza com o princípio (ou direito fundamental) de acesso à justiça é a que determina a conversão do procedimento sumaríssimo em ordinário, e não a que extingue o processo sem resolução do mérito. Não é esse, porém, o entendimento do TST:

> AGRAVO DE INSTRUMENTO EM RECURSO DE REVISTA. RITO SUMARÍSSIMO. IMPOSSIBILIDADE DE CITAÇÃO POSTAL. AUSÊNCIA DE INDICAÇÃO DE ENDEREÇO VÁLIDO PELA AUTORA. ARQUIVAMENTO. CONVERSÃO DO RITO SUMARÍSSIMO PARA ORDINÁRIO. CITAÇÃO POR EDITAL. IMPOSSIBILIDADE. O Tribunal Regional manteve o arquivamento do processo consignando que o reclamante não atendeu ao disposto no art. 852-B, § 1º, da CLT, relativamente à indicação do endereço da parte reclamada, por se tratar de demanda submetida ao rito sumaríssimo. Com efeito, a decisão tal como posta não implica violação literal e direta do art. 5º, XXXV, da Constituição Federal, haja vista que a matéria debatida no recurso de revista se refere à aplicação da legislação infraconstitucional, de modo que sua afronta poderia se dar apenas de forma reflexa, a partir de eventual violação de norma de natureza infraconstitucional, o que não atende ao pressuposto de admissibilidade recursal, previsto no art. 896, § 9º, da CLT. Agravo de instrumento conhecido e não provido (TST-AIRR 590-80.2017.5.07.0027, 8ª T., Rel. Min. Dora Maria da Costa, *DEJT* 9-5-2019).

No procedimento sumaríssimo, todos os incidentes e exceções que possam interferir no prosseguimento da audiência e do processo deverão ser decididos de plano. As demais questões serão decididas na sentença (CLT, art. 852-G).

Cada parte somente poderá apresentar duas testemunhas, que deverão ser, comprovadamente, convidadas pelo autor ou pelo réu. Só haverá intimação de testemunha se esta, comprovadamente convidada pela parte, não comparecer à audiência (CLT, art. 852-H, §§ 2º e 3º). Como bem ressalta Vicente José Malheiros da Fonseca:

A comprovação depende de cada caso concreto, mas é aconselhável que seja feita por escrito, com aviso de recebimento. Se a testemunha, intimada, não comparecer, o juiz poderá determinar sua imediata condução coercitiva. Note-se que se trata de uma faculdade (e não uma obrigação) conferida ao juiz, que certamente sopesará as circunstâncias da causa[16].

Somente quando a prova do fato o exigir, ou for legalmente imposta (p. ex.: verificação de ambiente insalubre ou perigoso), será deferida prova técnica, incumbindo ao juiz, desde logo, fixar o prazo, o objeto da perícia e nomear perito. As partes serão intimadas a manifestar-se sobre o laudo, no prazo comum de cinco dias.

Na apreciação das provas, o juiz deverá "dar especial valor às regras de experiência comum ou técnica" (art. 852-D da CLT), o que, por certo, revela-se incompatível com a regra formalística do art. 375, *in fine*, do CPC, segundo o qual, "o juiz aplicará as regras de experiência comum subministradas pela observação do que ordinariamente acontece e, ainda, as regras de experiência técnica, ressalvado, quanto a estas, o exame pericial".

Na mesma linha de fortalecimento da independência do magistrado, o art. 852-I da CLT, além de dispensar o relatório nas sentenças sujeitas ao rito sumaríssimo, prescreve que o juiz deverá adotar, em cada caso, a decisão que reputar mais justa e equânime, atendendo aos fins sociais da lei e às exigências do bem comum. Essa norma, a nosso ver, nada mais fez do que reconhecer o que a moderna processualística tem preconizado: o juiz deve deixar de ser mero espectador neutro do processo para se tornar um agente político de transformação social. Para tanto, não poderá agir com arbitrariedade, pois o magistrado deve atuar sempre em sintonia com os princípios que fundamentam o Estado Democrático de Direito (CF, Título I, Capítulo I), em observância ao devido processo justo. Aliás, disposição semelhante à da CLT foi adotada no art. 8º do CPC: "Ao aplicar o ordenamento jurídico, o juiz atenderá aos fins sociais e às exigências do bem comum, resguardando e promovendo a dignidade da pessoa humana e observando a proporcionalidade, a razoabilidade, a legalidade, a publicidade e a eficiência".

O procedimento sumaríssimo admite a interposição de embargos declaratórios, inclusive com efeito modificativo, quando, na sentença, houver omissão ou contradição (CLT, art. 897-A) e recurso ordinário (CLT, art. 895, I), mas o cabimento de recurso de revista é restritivo (CLT, art. 896, § 9º).

16. FONSECA, Vicente José Malheiros da. Novas leis e velhas questões processuais trabalhistas. *Revista Juris Plenum Trabalhista e Previdenciária*. [CD-ROM]. Caxias do Sul: Plenum, out. 2009.

5.2. Procedimentos especiais

Remetemos o leitor ao Capítulo XXIV ("Procedimentos Especiais Trabalhistas").

5.3. O procedimento no processo do trabalho após a EC n. 45/2004 e a aplicação da Instrução Normativa n. 27/2005

É importante assinalar que o Pleno do TST, por meio da Resolução Administrativa n. 126/2005, e considerando o disposto na Emenda Constitucional n. 45/2004, que ampliou consideravelmente a competência da Justiça do Trabalho, resolveu, por unanimidade, editar a Instrução Normativa n. 27, de 16 de fevereiro de 2005.

Sem embargo da duvidosa inconstitucionalidade da referida Instrução Normativa por ofensa aos arts. 22, I, e 24, XI, da CF, que estabelecem, respectivamente, a competência privativa da União para legislar sobre "direito processual" e a competência concorrente da União, Estados e Distrito Federal para legislarem sobre "procedimentos em matéria processual"[17], transcreveremos os artigos daquele diploma normativo para, em seguida, fazermos nossos comentários a respeito de cada um deles.

Convém lembrar que a 1ª Jornada de Direito Material e Processual do Trabalho, realizada em Brasília-DF, aprovou o Enunciado n. 65, que propõe a aplicação do procedimento da CLT, ainda que adaptado, para as ações que envolvam matérias da nova competência da Justiça do Trabalho, excetuadas as ações com procedimentos especiais, devendo, porém, ser observado em qualquer hipótese o sistema recursal do processo do trabalho.

A Resolução em tela entrou em vigor na data de sua publicação no *DJU*, ou seja, no dia 22 de fevereiro de 2005. Ao contrário do que esperávamos, não houve grandes controvérsias acerca do procedimento que passou a ser adotado em relação às ações ajuizadas entre a data da publicação da EC n. 45 (31-12-2004) e a data de publicação da Resolução Administrativa n. 126/2005 do Pleno do TST.

Analisaremos, em seguida, os dispositivos da referida IN n. 27/2005 do TST.

5.3.1. Tramitação pelo rito ordinário ou sumaríssimo

Art. 1º As ações ajuizadas na Justiça do Trabalho tramitarão pelo rito ordinário ou sumaríssimo, conforme previsto na Consolidação das Leis do Trabalho, excepcio-

17. O TST já deixou assentado que é constitucional a IN n. 27 (RR 667100-08.2007.5.09.0872, Rel. Min. João Batista Brito Pereira, 5ª T., j. 25-5-2011, *DEJT* 3-6-2011).

nando-se, apenas, as que, por disciplina legal expressa, estejam sujeitas a rito especial, tais como o Mandado de Segurança, *Habeas Corpus*, *Habeas Data*, Ação Rescisória, Ação Cautelar e Ação de Consignação em Pagamento.

Embora faça referência apenas aos procedimentos ordinário e sumaríssimo, parece-nos que a regra em estudo alcança as ações submetidas ao procedimento sumário (as chamadas causas de alçada de valor igual ou inferior a dois salários mínimos) previstas nos §§ 3º e 4º do art. 2º da Lei n. 5.584/70, pois não há razoabilidade para o *discrimen*.

O preceito contido na norma em exame não é *numerus clausus*, porquanto outras ações, além das expressamente mencionadas, exigirão rito especial, como as ações monitórias e as ações de execução fiscal das multas aplicadas pela Superintendência Regional do Trabalho – SRT, como veremos mais adiante.

5.3.2. Sistemática recursal trabalhista

> Art. 2º A sistemática recursal a ser observada é a prevista na Consolidação das Leis do Trabalho, inclusive no tocante à nomenclatura, à alçada, aos prazos e às competências.
>
> Parágrafo único. O depósito recursal a que se refere o art. 899 da CLT é sempre exigível como requisito extrínseco do recurso, quando houver condenação em pecúnia.

Acrescentaríamos que a sistemática recursal a ser observada é a prevista não apenas na CLT, mas, também, na Lei n. 5.584/70, no Decreto-Lei n. 779/69 (no que couber) e na Lei n. 7.701/88.

Haverá necessidade de regulamentação do parágrafo único, porque, devido à ampliação da competência da Justiça do Trabalho para outras ações oriundas de relações de trabalho diversas da relação de emprego, poderá haver condenação de tomadores de serviços diversos dos empregadores.

Logo, surgirão obstáculos para operacionalizar os §§ 4º e 5º do art. 899 da CLT e inciso II, *d*, da IN/TST n. 3, de 5 de março de 1993, que pressupõem a existência de conta vinculada (FGTS) do empregado. Este problema, no entanto, foi sanado pela Súmula 426 do TST.

Todavia, a Lei n. 13.467/2017 alterou a redação do art. 899 da CLT, pois deu nova redação ao seu § 4º, revogou o § 5º e acrescentou os §§ 9º, 10 e 11.

Assim, com as novas regras impostas pela Lei n. 13.467/2017:

a) o depósito recursal deixou de ser feito na conta vinculada do FGTS e passou a ser realizado em conta vinculada do juízo e corrigido pelos mesmos índices da poupança;

b) o valor do depósito recursal será reduzido pela metade para entidades sem fins lucrativos, empregadores domésticos, microempreendedores individuais, microempresas e empresas de pequeno porte;

c) são isentos do depósito recursal os beneficiários da justiça gratuita, as entidades filantrópicas e as empresas em recuperação judicial;

d) o depósito recursal poderá ser substituído por fiança bancária ou seguro garantia judicial.

5.3.3. Pagamento das custas

Art. 3º Aplicam-se quanto às custas as disposições da Consolidação das Leis do Trabalho.

§ 1º As custas serão pagas pelo vencido, após o trânsito em julgado da decisão.

§ 2º Na hipótese de interposição de recurso, as custas deverão ser pagas e comprovado seu recolhimento no prazo recursal (arts. 789, 789-A, 790 e 790-A da CLT).

§ 3º Salvo nas lides decorrentes da relação de emprego, é aplicável o princípio da sucumbência recíproca, relativamente às custas.

No que concerne ao *caput* e aos §§ 1º e 2º, nenhum reparo a fazer, pois o procedimento para o pagamento das custas é o previsto nos arts. 789 a 790-A da CLT, independentemente da natureza da ação, seja a decorrente da relação de trabalho, seja a oriunda da relação de emprego, bem como as outras ações previstas nos incisos III e VII do art. 114 da CF.

Quanto ao § 3º, prevaleceu o princípio da proteção do empregado no âmbito do direito processual do trabalho, de modo que basta ao empregado ser vitorioso em um único pedido para que as custas sejam devidas apenas pelo empregador. Em outras palavras, não incide a sucumbência recíproca para fins de pagamento de custas processuais.

Parece-nos, outrossim, que nas ações oriundas das relações de trabalho avulso (CLT, art. 643, § 3º) ou dos contratos de pequena empreitada (CLT, art. 652, III), também não tem lugar o princípio da sucumbência recíproca para pagamento de custas, pois tais ações já estavam submetidas à legislação processual trabalhista antes da EC n. 45/2004 e da Lei n. 13.467/2017.

5.3.4. Emolumentos

Art. 4º Aos emolumentos aplicam-se as regras previstas na Consolidação das Leis do Trabalho, conforme previsão dos arts. 789-B e 790 da CLT.

Parágrafo único. Os entes públicos mencionados no art. 790-A da CLT são isentos do pagamento de emolumentos. (Parágrafo acrescentado pela Resolução n. 133/2005.)

Independentemente da natureza da lide, seja ela oriunda da relação de trabalho ou da relação de emprego, o procedimento para o pagamento dos emolumentos é o previsto nos arts. 789-B e 790-A da CLT.

5.3.5. Honorários advocatícios de sucumbência

> Art. 5º Exceto nas lides decorrentes da relação de emprego, os honorários advocatícios são devidos pela mera sucumbência.

É importante atentar para a Súmula 425 do TST, que, ao não mais permitir o *jus postulandi* na ação rescisória, na ação cautelar, no mandado de segurança e nos recursos para o TST, acaba admitindo, implicitamente, segundo pensamos, a condenação em honorários advocatícios pela mera sucumbência.

De toda a sorte, parece-nos que a Súmula 219 do TST deverá ser adaptada ao art. 791-A da CLT, incluído pela Lei n. 13.467/2017, uma vez que, em qualquer ação trabalhista (ajuizada após 11-11-2017), se a parte estiver sendo patrocinada por advogado, este terá direito a honorários advocatícios de sucumbência, sendo certo que, na hipótese de procedência parcial, o juízo arbitrará honorários de sucumbência recíproca, vedada a compensação entre os honorários (CLT, art. 791-A, § 3º).

5.3.6. Honorários periciais

> Art. 6º Os honorários periciais serão suportados pela parte sucumbente na pretensão objeto de perícia, salvo se beneficiária da justiça gratuita.
>
> Parágrafo único. Faculta-se ao juiz, em relação à perícia, exigir depósito prévio dos honorários, ressalvadas as lides decorrentes da relação de emprego.

Comentário:

O *caput* simplesmente repete a redação original do art. 790-B da CLT e se aplica a todas as ações, independentemente de serem oriundas da relação de emprego ou das demais relações de trabalho.

Ocorre que o art. 790-B da CLT foi alterado pela Lei n. 13.467/2017, dispondo, em verdadeiro retrocesso social que dificulta o acesso da pessoa considerada juridicamente necessitada à Justiça do Trabalho:

> Art. 790-B. A responsabilidade pelo pagamento dos honorários periciais é da parte sucumbente na pretensão objeto da perícia, ainda que beneficiária da justiça gratuita.
>
> § 1º Ao fixar o valor dos honorários periciais, o juízo deverá respeitar o limite máximo estabelecido pelo Conselho Superior da Justiça do Trabalho.

§ 2º O juízo poderá deferir parcelamento dos honorários periciais.

§ 3º O juízo não poderá exigir adiantamento de valores para realização de perícias.

§ 4º Somente no caso em que o beneficiário da justiça gratuita não tenha obtido em juízo créditos capazes de suportar a despesa referida no *caput*, ainda que em outro processo, a União responderá pelo encargo. (NR)

Já o parágrafo único do art. 6º da IN n. 27 faculta ao juiz exigir depósito prévio dos honorários periciais nas ações oriundas de relações de trabalho diversas da relação de emprego.

Nas ações oriundas das relações de trabalho avulso (CLT, art. 643, § 3º) ou dos contratos de pequena empreitada (CLT, art. 652, III), não poderia o juiz exigir do trabalhador avulso e do pequeno empreiteiro depósito prévio de honorários periciais, pois o procedimento trabalhista já era adotado para ambos antes da EC n. 45/2004.

O § 3º do art. 790-B da CLT (redação dada pela Lei n. 13.467/2017), no entanto, não faz nenhuma distinção a respeito da natureza das relações de trabalho deduzida nas demandas trabalhistas, uma vez que veda ao juízo "exigir adiantamento de valores para realização de perícias".

CAPÍTULO VIII
Atos, Termos, Prazos Processuais e Processo Informatizado

1. ATOS PROCESSUAIS

O conceito de ato processual deve ser formulado com âncora na teoria geral dos atos e fatos jurídicos em geral. *Fato jurídico* é o acontecimento em virtude do qual os direitos nascem, se modificam ou se extinguem. O *fato jurídico em sentido amplo* abrange os *fatos jurídicos em sentido estrito* (ordinários e extraordinários), os *atos jurídicos* (atos jurídicos em sentido estrito e os negócios jurídicos) e os *atos ilícitos*.

O *fato jurídico em sentido estrito* é o acontecimento involuntário, de ordem natural, que tem importância para o direito, tal como a morte, o nascimento, o desabamento de um prédio etc. Nem todos os eventos da natureza, contudo, têm importância para o direito, pois somente aqueles que produzem efeitos jurídicos interessam para a ciência jurídica.

Ato jurídico é todo acontecimento voluntário, isto é, dependente da vontade humana, que produz efeito jurídico.

Tem-se, assim, que os *fatos processuais* são acontecimentos involuntários, ou seja, independem da vontade humana, que ocorrem no processo, como a morte das partes ou de seus representantes (p. ex.: art. 331, I, do CPC).

Já os *atos processuais* são os acontecimentos voluntários que ocorrem no processo e dependem de manifestações dos sujeitos do processo. Os atos (jurídicos) processuais, portanto, podem ser *unilaterais*, como a petição inicial, ou *bilaterais*, como a suspensão consensual do processo (CPC, art. 313, II).

Ato processual ilícito é aquele praticado com dolo ou fraude processual. Pode-se dizer, ainda, que os atos atentatórios à dignidade da justiça são atos processuais ilícitos, como, por exemplo, os atos previstos no art. 774 do CPC, que é aplicável ao processo laboral (CLT, art. 769; CPC, art. 15).

Sistematizando os atos processuais, o CPC disciplina:

- a forma dos atos processuais em geral (arts. 188 a 192);
- a prática eletrônica dos atos processuais (arts. 193 a 199);
- os atos das partes (arts. 200 a 202);

- os pronunciamentos do juiz (arts. 203 a 205);
- os atos do escrivão ou do chefe de secretaria (arts. 206 a 211);
- o tempo (arts. 212 a 216) e o lugar dos atos processuais (art. 217);
- os prazos dos atos processuais (arts. 218 a 235);
- a comunicação dos atos processuais (arts. 236 e 237), abrangendo a citação (arts. 238 a 259), as cartas (arts. 260 a 268) e as intimações (arts. 269 a 275);
- as nulidades dos atos processuais (arts. 276 a 283);
- a distribuição, os registros e o valor da causa (arts. 284 a 293).

A CLT, de forma assistemática, trata dos atos, termos e prazos processuais nos arts. 770 a 782.

Assim, em linha de princípio, todos os atos processuais trabalhistas devem ser públicos. Aliás, o princípio da publicidade encontra fundamento de validade na própria Constituição Federal (art. 93, IX). Somente em casos excepcionais admite-se que o processo, na Justiça do Trabalho, corra em segredo de justiça, assim mesmo, quando o "interesse público ou social" o determinar. P. ex.: nas lides que possam implicar violação aos direitos da personalidade, especialmente os vinculados à intimidade e à vida privada dos litigantes, como as demandas que tratam de assédio sexual, discriminação por motivo de sexo, doença etc.

Os atos processuais trabalhistas devem ser realizados nos dias úteis, das 6 às 20 horas, nos termos do art. 770 da CLT. A jurisprudência, no entanto, tem mitigado a literalidade da norma em apreço, de acordo com a praxe forense ou previsão diversa nos regimentos internos dos Tribunais.

Vaticina o art. 771 da CLT que "os termos e atos processuais poderão ser escritos a tinta, datilografados ou a carimbo". Todavia, com os avanços tecnológicos dos últimos vinte anos, que trouxeram a informatização na quase totalidade dos serviços da atividade jurisdicional, essa norma tende a entrar em desuso. Os carimbos, não obstante, continuam sendo utilizados em larga escala. Há juízes que despacham utilizando caneta esferográfica.

De acordo com o art. 202 do CPC, é defeso às partes lançar nos autos cotas marginais ou interlineares[1], devendo o juiz mandar riscá-las, impondo a quem as escrever multa correspondente à metade do salário mínimo. Essa norma não se mostra incompatível com o processo do trabalho, razão pela qual, diante da omissão da legislação trabalhista, cremos ser aplicável neste setor especializado.

---

1. Cotas marginais ou interlineares são quaisquer anotações, comentários, rasuras, emendas, escritos, riscos, rabiscos, destaques, marcadores de textos etc. apostos de forma impertinente ou abusiva em quaisquer peças dos autos, comprometendo a fidedignidade ou fidelidade do conteúdo da peça ou alterando-lhes o teor ou substância. As partes, o MPT ou o servidor/escrivão devem comunicar o fato ao juiz, que, por sua vez, mandará riscar ou desconsiderar o ato irregular.

1.1. Comunicação dos atos processuais: notificação, citação e intimação

É preciso advertir, inicialmente, que na linguagem do direito processual do trabalho o vocábulo notificação é utilizado tanto para a citação quanto para a intimação. Mas no processo civil ou no processo do trabalho as citações e as intimações serão nulas quando feitas sem a observância das prescrições legais (CPC, art. 280).

1.1.1. Citação

Citação, cujo conceito é extraído do art. 238 do CPC, é o ato pelo qual são convocados o réu, o executado ou o interessado para integrar a relação processual.

Como a citação é pressuposto processual (*vide* Capítulo VII, item 3), o art. 239 do CPC dispõe que para "a validade do processo é indispensável a citação do réu ou do executado, ressalvadas as hipóteses de indeferimento da petição inicial ou de improcedência liminar do pedido".

Nos termos do § 1º do art. 239 do CPC, o comparecimento espontâneo do réu ou do executado supre a falta ou a nulidade da citação, fluindo a partir desta data o prazo para apresentação de contestação ou de embargos à execução. Entretanto, dispõe o § 2º do mesmo artigo que, se for rejeitada a alegação de nulidade, tratando-se de processo de:

I – conhecimento, o réu será considerado revel;

II – execução, o feito terá seguimento.

No processo do trabalho, a citação, que recebe o nome genérico de notificação, é feita nos termos do art. 841 da CLT, cabendo ao servidor público que receber a petição inicial da ação trabalhista notificar o réu, remetendo-lhe a segunda via da petição, para comparecer à audiência de conciliação, instrução e julgamento, que será a primeira desimpedida, depois de cinco dias.

Na verdade, a notificação inicial destinada ao réu é feita por meio de registro postal (CLT, art. 841, § 1º, primeira parte) e tem a função de **citá-lo** e, ao mesmo tempo, **intimá-lo** para comparecer à audiência e nela apresentar a sua resposta.

Se o réu criar embaraços ao recebimento da notificação citatória, ou não for encontrado, poderá tal ato processual ser feito por meio de edital, a ser publicado no órgão da imprensa oficial ou, ainda, mediante afixação da notificação no local próprio da sede da Vara ou do Juízo (CLT, art. 841, § 1º, segunda parte).

Há situações, porém, em que a prática recomenda a citação por mandado, por intermédio de oficial de justiça, como nas hipóteses em que o réu reside em propriedades rurais ou local de difícil acesso ou onde, notoriamente, não haja serviços regulares do correio. Colhe-se, a propósito, o seguinte julgado:

NOTIFICAÇÃO POSTAL. DEVOLUÇÃO. PROVIDÊNCIA SEGUINTE. CITAÇÃO POR MANDADO. Devolvida pelo Correio a notificação postal, a providência correta é a repetição do ato pelo oficial de justiça, por mandado do juiz, e não a extinção do processo sem resolução do mérito, devendo o serventuário diligenciar nas imediações do endereço fornecido para efetivamente cumprir o seu mister (TRT 3ª R., RO 0000523-55.2013.5.03.0096, Rel. Des. Rogerio Valle Ferreira, 6ª T., *DEJT* 30-8-2013).

No processo do trabalho, diferentemente do processo civil (CPC, art. 242), não se aplica o princípio da pessoalidade da citação (CLT, art. 841, § 1º), ou seja, ela é válida quando dirigida ao endereço correto do réu e pode ser recebida por qualquer pessoa lá presente, independentemente de ser representante legal ou procurador legalmente autorizado do réu. É, pois, do destinatário o ônus de provar a irregularidade da citação (TST, Súmula 16). Nesse sentido:

CITAÇÃO INICIAL. VIA POSTAL. ART. 841 DA CLT. NULIDADE NÃO CONFIGURADA. Segundo disposto no art. 841 da CLT, não há exigência da entrega pessoal da citação inicial, na medida em que, realizada por via postal, esta poderá ser recebida por qualquer pessoa que se encontrar no local, procedimento que também se observa quando a citação inicial é procedida por Oficial de Justiça, como no caso dos autos, em que a citação foi efetuada no endereço do executado na pessoa do seu filho, sendo, portanto, perfeitamente válida e eficaz, mormente quando inexistente prova em contrário. Agravo de petição desprovido (TRT 4ª R., AP 0102300-65.2005.5.04.0701, Rel. Hugo Carlos Scheuermann, *DJ* 21-1-2010).

CITAÇÃO POSTAL. ENTREGA NO ENDEREÇO DA RECLAMADA. No processo do trabalho considera-se feita a citação pela simples entrega do registro postal no endereço da reclamada. Assim, se a citação foi recebida pelo porteiro do prédio, consumado encontra-se o ato, devendo ser considerada válida a citação (TRT 17ª Reg., RO 0032600-23.2010.5.17.0003, Rel. Des. Carlos Henrique Bezerra Leite, 2ª T., *DEJT* 23-2-2011).

Todavia há casos em que a lei determina a citação pessoal do réu, isto é, via mandado e por meio de oficial de justiça. É o que ocorre, por exemplo, com a citação da União, que deve recair na pessoa do seu representante legal (LC n. 73/93, arts. 35, 36 e 37), dos Estados ou dos Municípios.

O § 3º do art. 242 do CPC determina que a "citação da União, dos Estados, do Distrito Federal, dos Municípios e de suas respectivas autarquias e fundações de direito público será realizada perante o órgão de Advocacia Pública responsável por sua representação judicial".

É importante assinalar que, nos termos do art. 880 da CLT, requerida a execução, o juiz "mandará expedir mandado de citação ao executado, a fim de que cumpra a decisão ou o acordo". Eis a única hipótese de citação pessoal prevista expressamente na legislação processual trabalhista pelo fato de ser feita por meio de oficial de justiça (CLT, art. 880, § 2º). Nesse sentido:

> REDIRECIONAMENTO DA EXECUÇÃO – INCLUSÃO DE SÓCIO – AUSÊNCIA DE CITAÇÃO PESSOAL – NULIDADE CONFIGURADA. No redirecionamento da execução para incluir sócio da empresa executada no polo passivo demanda, deve o Juízo determinar a citação de forma pessoal, consoante estatuído no art. 880 da CLT, sob pena de violação às garantias do devido processo legal e do contraditório e da ampla defesa. Inteligência da Súmula 22, deste E. TRT (TRT 1ª R., AP 00048009820095010003, Rel. Des. Angela Fiorencio Soares da Cunha, 4ª T. *DEJT* 21-3-2019).

Há, contudo, entendimento jurisprudencial no sentido de que a citação prevista no art. 880 da CLT não é pessoal, como se infere dos seguintes julgados:

> EXECUÇÃO TRABALHISTA. CITAÇÃO DA ESPOSA DO DEVEDOR. NULIDADE INEXISTENTE. A citação na execução trabalhista respalda-se no art. 880 da CLT e, no âmbito do Processo do Trabalho, não se exige a citação pessoal do devedor, revelando-se válida a citação perpetrada na pessoa da esposa do devedor (TRT 16ª R., AP 00346-2005-013-16-01-2, Rel. Des. Márcia Andrea Farias da Silva, j. 4-3-2008, *DJ* 8-4-2008).
>
> EXECUÇÃO. CITAÇÃO NA PESSOA DO ADVOGADO. VALIDADE. Nos exatos termos do art. 794 da CLT, em processos sujeitos à apreciação da Justiça do Trabalho, só haverá nulidade quando resultar dos atos inquinados manifesto prejuízo às partes litigantes no processo, o que, no caso, inexistiu, pois à parte, notificada da execução na pessoa do seu advogado, foi dada oportunidade de impugnar a penhora através dos embargos e do presente agravo, além de já ter utilizado dos embargos de terceiro. Cumpre salientar que o art. 880 da CLT não exige a citação pessoal do representante da empresa (TRT 9ª R., AP 01610-1993-662-09-00-5 (Ac. 10232-2005), Rel. Des. Luiz Eduardo Gunther, *DJ* 29-4-2005).

Há, ainda, entendimento doutrinário – ao qual nos filiamos – que reconhece a existência de uma lacuna ontológica no art. 880 da CLT, a exigir a sua interpretação evolutiva e conforme o princípio constitucional da duração razoável do processo, donde se extrai a reinterpretação do termo "citação", nele contido, como "intimação"[2].

2. Voltaremos a falar sobre este tema no Capítulo XXIII, item 7.2.

A citação válida, nos termos do art. 240 do CPC, ainda quando ordenada por juízo incompetente, induz litispendência, torna litigiosa a coisa e constitui em mora o devedor, ressalvado o disposto nos arts. 397 e 398 do Código Civil.

No processo do trabalho o simples protocolo da petição inicial tem o condão de interromper a prescrição com relação aos pedidos idênticos formulados na ação anterior (TST, Súmula 268). Logo, pouco importa se ocorreu a citação ou se ela for inválida para a interrupção da prescrição. Nesse sentido:

> RECURSO DE REVISTA. PRESCRIÇÃO QUINQUENAL. INTERRUPÇÃO DO PRAZO PELO AJUIZAMENTO DE AÇÃO ANTERIOR. Nos termos da Súmula 268 do TST, a ação trabalhista, ainda que arquivada, interrompe a prescrição somente em relação aos pedidos idênticos, sendo o entendimento desta Corte Superior no sentido de que a interrupção da prescrição alcança tanto a prescrição bienal como a quinquenal e de que o marco a partir do qual se faz a contagem retroativa do quinquênio para a verificação das parcelas prescritas é o ajuizamento da primeira ação, sob pena de não se considerar interrompida a prescrição. Precedentes da SDI-1/TST. Recurso de revista conhecido e provido (TST-RR 6542820125020020, Rel. Min. Dora Maria da Costa, 8ª T., *DEJT* 10-4-2015).

1.1.2. Intimação

Intimação, segundo definição do art. 269 do CPC, é o ato pelo qual se dá ciência a alguém dos atos e dos termos do processo. Trata-se de regra aplicável ao processo do trabalho (CLT, art. 769; CPC, art. 15).

O ofício de intimação deverá ser instruído com cópia do despacho, da decisão ou da sentença, sendo que a intimação da União, dos Estados, do Distrito Federal, dos Municípios e de suas respectivas autarquias e fundações de direito público será realizada perante o órgão de Advocacia Pública responsável por sua representação judicial.

O art. 270 do CPC dispõe que as intimações devem ser realizadas, sempre que possível, por meio eletrônico, na forma da lei, aplicando-se ao Ministério Público, à Defensoria Pública e à Advocacia Pública o disposto no § 1º do art. 246 do CPC.

Vale lembrar que a Lei n. 11.419/2006, que dispõe acerca da informatização do processo judicial, instituiu prazo de 10 dias para que as intimações realizadas eletronicamente sejam lidas. Após esse período, presume-se que o advogado foi intimado pelo sistema, ainda que tenha se mantido inerte. Isso vale para processos tramitando nos 1º e 2º graus de jurisdição.

As intimações são realizadas de ofício, em processos pendentes, salvo disposição em contrário (CPC, art. 71).

As intimações no processo do trabalho (autos físicos) são feitas, em regra, pelo correio. No Distrito Federal e nas capitais dos Estados e dos Territórios, consideram-se feitas as intimações pela só publicação dos atos no órgão oficial. Semelhantemente nas demais localidades, se houver órgão de publicação dos atos oficiais; não havendo, as intimações serão feitas por carta registrada, com aviso de recebimento.

É indispensável, sob pena de nulidade, que da publicação constem os nomes das partes e/ou de seus advogados[3], suficientes para sua identificação.

O art. 272 do CPC dispõe sobre as intimações aos advogados no processo físico, nos seguintes termos:

> Art. 272. Quando não realizadas por meio eletrônico, consideram-se feitas as intimações pela publicação dos atos no órgão oficial.
>
> § 1º Os advogados poderão requerer que, na intimação a eles dirigida, figure apenas o nome da sociedade a que pertençam, desde que devidamente registrada na Ordem dos Advogados do Brasil.
>
> § 2º Sob pena de nulidade, é indispensável que da publicação constem os nomes das partes e de seus advogados, com o respectivo número de inscrição na Ordem dos Advogados do Brasil, ou, se assim requerido, da sociedade de advogados.
>
> § 3º A grafia dos nomes das partes não deve conter abreviaturas.
>
> § 4º A grafia dos nomes dos advogados deve corresponder ao nome completo e ser a mesma que constar da procuração ou que estiver registrada na Ordem dos Advogados do Brasil.
>
> § 5º Constando dos autos pedido expresso para que as comunicações dos atos processuais sejam feitas em nome dos advogados indicados, o seu desatendimento implicará nulidade.
>
> § 6º A retirada dos autos do cartório ou da secretaria em carga pelo advogado, por pessoa credenciada a pedido do advogado ou da sociedade de advogados, pela Advocacia Pública, pela Defensoria Pública ou pelo Ministério Público implicará intimação de qualquer decisão contida no processo retirado, ainda que pendente de publicação.
>
> § 7º O advogado e a sociedade de advogados deverão requerer o respectivo credenciamento para a retirada de autos por preposto.
>
> § 8º A parte arguirá a nulidade da intimação em capítulo preliminar do próprio ato que lhe caiba praticar, o qual será tido por tempestivo se o vício for reconhecido.
>
> § 9º Não sendo possível a prática imediata do ato diante da necessidade de acesso prévio aos autos, a parte limitar-se-á a arguir a nulidade da intimação, caso em que o prazo será contado da intimação da decisão que a reconheça.

---

3. *Vide* art. 3º, § 2º, da Lei n. 8.906/94 (Estatuto da Advocacia e da OAB).

A respeito do § 5º do art. 272 do CPC, o art. 16 da IN n. 39/2016 do TST dispõe:

> Art. 16. Para efeito de aplicação do § 5º do art. 272 do CPC, não é causa de nulidade processual a intimação realizada na pessoa de advogado regularmente habilitado nos autos, ainda que conste pedido expresso para que as comunicações dos atos processuais sejam feitas em nome de outro advogado, se o profissional indicado não se encontra previamente cadastrado no Sistema de Processo Judicial Eletrônico, impedindo a serventia judicial de atender ao requerimento de envio da intimação direcionada. A decretação de nulidade não pode ser acolhida em favor da parte que lhe deu causa (CPC, art. 276).

A intimação do Ministério Público do Trabalho, em qualquer caso, isto é, seja atuando como parte, seja oficiando como *custos legis*, será feita pessoalmente (LC n. 75/93, art. 84, IV; CPC, art. 183, § 1º), por meio de oficial de justiça. As intimações da União serão feitas nas pessoas do Advogado da União, do Procurador Federal ou do Procurador da Fazenda Nacional que oficie nos respectivos autos (LC n. 73/93, art. 38).

Em suma, no processo do trabalho (autos físicos), a intimação pode ser feita: *a*) *por postagem*, que é realizada pelo Correio, sendo a mais usual, mormente no primeiro grau de jurisdição trabalhista; *b*) *pessoalmente*, por intermédio de Oficial de Justiça ou pelo Diretor de Secretaria; *c*) *por publicação do edital* no *Diário Oficial* ou no órgão que publicar o expediente da Justiça do Trabalho; *d*) *por afixação do edital* na sede da Vara do Trabalho, Juízo do Direito ou Tribunal do Trabalho.

Quando as partes são representadas por advogados, as notificações são remetidas aos endereços declinados pelos causídicos nos autos do processo, geralmente na petição inicial.

No caso de a parte possuir mais de um advogado nos autos e um deles requerer seja a intimação feita exclusivamente em seu nome, será inválida a intimação feita em nome de outro causídico, salvo se não houver prejuízo para a parte. Nesse sentido, o TST editou a Súmula 427:

> INTIMAÇÃO. PLURALIDADE DE ADVOGADOS. PUBLICAÇÃO EM NOME DE ADVOGADO DIVERSO DAQUELE EXPRESSAMENTE INDICADO. NULIDADE (editada em decorrência do julgamento do processo TST-IUJERR 5400-31.2004.5.09.0017 – Res. n. 174/2011, *DEJT* divulgado em 27, 30 e 31-5-2011). Havendo pedido expresso de que as intimações e publicações sejam realizadas exclusivamente em nome de determinado advogado, a comunicação em nome de outro profissional constituído nos autos é nula, salvo se constatada a inexistência de prejuízo.

Tratando-se de notificação postal, no caso de não ser encontrado o destinatário ou no de recusa de recebimento, o Correio ficará obrigado, sob pena de responsabilidade do servidor da ECT, a devolvê-la no prazo de 48 horas, ao juízo ou ao Tribunal de origem.

Nem sempre, porém, o Correio encaminha a devolução da notificação postal, não apenas quando o destinatário não é encontrado ou cria embaraços ao seu recebimento, mas, também, quando o destinatário não assina o recebimento. Para superar as dificuldades operacionais, o TST editou a Súmula 16, instituindo o critério da presunção *juris tantum* do recebimento da notificação:

> notificação – prova de seu recebimento. Presume-se recebida a notificação quarenta e oito horas depois de sua postagem. O seu não recebimento ou a entrega após o decurso desse prazo constituem ônus de prova do destinatário.

São admissíveis todos os meios lícitos para elidir a presunção relativa do recebimento ou entrega da notificação após o decurso do prazo assinalado no Verbete Sumular 16 do TST.

Sobre intimações eletrônicas no PJe, remetemos o leitor ao item 6.5.2, *infra*.

1.1.3. Ato processual por fac-símile

A Lei n. 9.800/99 permite a transmissão de dados e imagens por fac-símile, ou afim, nos atos processuais que dependem de petição escrita. Todavia, os originais deverão ser protocolados até cinco dias do prazo para a prática do respectivo ato. Inexistindo prazo legal ou judicial, os originais devem ser entregues em cinco dias contados da recepção dos dados.

No que concerne à interposição de recurso (ato processual) por fac-símile, o TST editou a Súmula 387, *in verbis*:

> RECURSO. FAC-SÍMILE. LEI N. 9.800/1999 (atualizada em decorrência do CPC de 2015, Res. n. 208/2016, *DEJT* divulgado em 22, 25 e 26-4-2016). I – A Lei n. 9.800, de 26-5-1999, é aplicável somente a recursos interpostos após o início de sua vigência. II – A contagem do quinquídio para apresentação dos originais de recurso interposto por intermédio de fac-símile começa a fluir do dia subsequente ao término do prazo recursal, nos termos do art. 2º da Lei n. 9.800, de 26-5-1999, e não do dia seguinte à interposição do recurso, se esta se deu antes do termo final do prazo. III – Não se tratando a juntada dos originais de ato que dependa de notificação, pois a parte, ao interpor o recurso, já tem ciência de seu ônus processual, não se aplica a regra do art. 224 do CPC de 2015 (art. 184 do CPC de 1973) quanto ao *dies a quo*, podendo coincidir com sábado, domingo ou feriado.
>
> IV – A autorização para utilização do fac-símile, constante do art. 1º da Lei n. 9.800, de 26-5-1999, somente alcança as hipóteses em que o documento é dirigido diretamente ao órgão jurisdicional, não se aplicando à transmissão ocorrida entre particulares.

1.1.4. Ato processual por *e-mail* (correio eletrônico)

Acompanhando os avanços tecnológicos no campo da informática aplicado ao direito processual, o Tribunal Pleno do TST, por meio da Resolução n. 132/2005, editou a Instrução Normativa n. 28/2005, que faculta às partes, advogados e peritos a utilização do correio eletrônico (*e-mail*) para a prática de atos processuais que antes só eram admitidos por petição escrita e devidamente protocolada.

A referida Instrução Normativa foi revogada expressamente pela IN TST n. 30/2007, sobre a qual falaremos no item 6 *infra*.

1.1.5. Cartas precatória, rogatória e de ordem

As disposições legais sobre as cartas encontram-se nos arts. 260 a 268 do CPC, que são aplicáveis, no que couber, ao processo do trabalho (CLT, art. 769; CPC, art. 15).

As cartas serão cumpridas por ordem judicial e, nos termos dos §§ 1º, 2º e 3º do art. 236 do CPC:

> § 1º Será expedida carta para a prática de atos fora dos limites territoriais do tribunal, da comarca, da seção ou da subseção judiciárias, ressalvadas as hipóteses previstas em lei.
>
> § 2º O tribunal poderá expedir carta para juízo a ele vinculado, se o ato houver de se realizar fora dos limites territoriais do local de sua sede.
>
> § 3º Admite-se a prática de atos processuais por meio de videoconferência ou outro recurso tecnológico de transmissão de sons e imagens em tempo real.

À luz dos incisos I, II e III do art. 237 do CPC, aplicáveis ao processo do trabalho (CLT, art. 769; CPC, art. 15), deverá ser expedida carta:

> I - **de ordem**, pelo tribunal, para juízo a ele vinculado, se o ato houver de se realizar fora dos limites territoriais do local de sua sede;
>
> II - **rogatória**, para que órgão jurisdicional estrangeiro pratique ato de cooperação jurídica internacional, relativo a processo em curso perante órgão jurisdicional brasileiro;
>
> III - **precatória**, para que órgão jurisdicional brasileiro pratique ou determine o cumprimento, na área de sua competência territorial, de ato relativo a pedido de cooperação judiciária formulado por órgão jurisdicional de competência territorial diversa.

Os requisitos essenciais da carta de ordem, da carta precatória e da carta rogatória estão previstos no art. 260 do CPC, a saber:

I – a indicação dos juízes de origem e de cumprimento do ato;

II – o inteiro teor da petição, do despacho judicial e do instrumento do mandato conferido ao advogado;

III – a menção do ato processual que lhe constitui o objeto;

IV – o encerramento com a assinatura do juiz.

O juiz mandará trasladar para a carta quaisquer outras peças, bem como instruí-la com mapa, desenho ou gráfico, sempre que esses documentos devam ser examinados, na diligência, pelas partes, pelos peritos ou pelas testemunhas.

Quando o objeto da carta for exame pericial sobre documento, este será remetido em original, ficando nos autos reprodução fotográfica.

Em todas as cartas declarará o juiz o prazo dentro do qual deverão ser cumpridas, atendendo à facilidade das comunicações e à natureza da diligência. A carta tem caráter itinerante; antes ou depois de lhe ser ordenado o cumprimento, poderá ser apresentada a juízo diverso do que dela consta, a fim de se praticar o ato. Havendo urgência, transmitir-se-ão a carta de ordem e a carta precatória por telegrama, radiograma ou telefone. A carta de ordem e a carta precatória, por telegrama ou radiograma, conterão, em resumo substancial, os requisitos mencionados no art. 260 do CPC.

Pode o juiz recusar o cumprimento de uma carta precatória? De acordo com o art. 267 do CPC, o juiz recusará cumprimento a carta precatória ou arbitral, devolvendo-a com decisão motivada quando:

I – a carta não estiver revestida dos requisitos legais;

II – faltar ao juiz competência em razão da matéria ou da hierarquia;

III – o juiz tiver dúvida acerca de sua autenticidade.

Parágrafo único. No caso de incompetência em razão da matéria ou da hierarquia, o juiz deprecado, conforme o ato a ser praticado, poderá remeter a carta ao juiz ou ao tribunal competente.

No processo civil, depois de cumprida a carta, esta será devolvida ao juízo de origem, no prazo de 10 (dez) dias, independentemente de traslado, sendo que as partes deverão pagar as custas correspondentes (CPC, art. 268).

No processo do trabalho, as custas, na fase de conhecimento (CLT, art. 789, § 1º), serão pagas pelo vencido depois de transitada em julgado a sentença (ou acórdão); na fase (ou processo de execução), as custas serão pagas pelo executado e pagas ao final da execução (CLT, art. 789-A).

2. TERMOS PROCESSUAIS

Termo, a rigor, é a redução escrita do "ato". Em outras palavras, termo é a reprodução gráfica do ato processual. A CLT dispõe, timidamente e de forma incompleta, sobre termos processuais nos arts. 771 a 773, o que permite a aplicação subsidiária, no que couber, dos arts. 206 a 211 do CPC, ou seja, desde que observada a principiologia peculiar do direito processual do trabalho.

A intenção do legislador é a de que os registros sejam feitos de forma indelével, insuscetíveis de rasuras que não sejam evidentes. Logo, não são admitidos no processo os termos lançados a lápis.

Os atos e termos processuais devem ser assinados pelas partes interessadas. Todavia, quando estas, por motivo justificado, não puderem fazê-lo, serão os atos firmados a rogo, na presença de duas testemunhas, sempre que não houver procurador legalmente constituído.

Os termos relativos ao andamento dos processos constarão de simples notas, datadas e rubricadas pelo chefe de secretaria ou escrivão.

3. PRAZOS PROCESSUAIS

Sendo o processo um caminhar adiante e cujo ponto culminante é a sentença (no processo de conhecimento) ou a satisfação do credor (no processo ou fase de execução), seria ilógico que os atos processuais não tivessem de observar determinadas regras quanto ao tempo, pois isso desaguaria na perpetuação da lide, colocando em risco a paz social e a própria segurança da atividade jurisdicional do Estado.

O prazo processual, portanto, corresponde ao lapso de tempo para prática ou abstinência do ato processual.

Há, pois, um tempo certo para a prática do ato processual, razão pela qual a Súmula 434 do TST (cancelada pela Res. TST n. 198/2015) considerava extemporâneo o recurso interposto antes da publicação do acórdão.

O art. 218, § 4º, do CPC, que é aplicável ao processo do trabalho (CLT, art. 769; CPC art. 15), dispõe que será considerado "tempestivo o ato praticado antes do termo inicial do prazo".

3.1. Classificação

Os prazos processuais comportam multifárias classificações.

Para fins didáticos, adotaremos a classificação ofertada por Marcelo Abelha Rodrigues[4].

4. *Elementos de direito processual civil*, p. 273.

3.1.1. Quanto à origem da fixação

Quanto à origem da sua fixação, os prazos podem ser: legais, judiciais ou convencionais.

Os prazos legais são os fixados pela própria lei (p. ex.: prazo para interposição de recursos, que, no processo do trabalho, é, em regra, de oito dias).

Os prazos judiciais são os fixados pelo juiz (p. ex.: prazo para o perito apresentar o laudo técnico, nos termos do art. 852-H, § 4º, da CLT).

Os prazos convencionais são os que podem ser objeto de acordo entre as partes (p. ex.: suspensão do processo para tentativa de acordo, nos termos do art. 313, II, do CPC). Todavia, a suspensão dos prazos, e do próprio processo, por convenção das partes, não poderá exceder seis meses. Findo este, o prazo convencional converte-se em prazo judicial, na medida em que o juiz ordenará o prosseguimento do processo, como determina o art. 313, §§ 4º e 5º, do CPC, aplicado subsidiariamente ao processo do trabalho.

3.1.2. Quanto à natureza

Quanto à sua natureza, os prazos processuais podem ser: dilatórios ou peremptórios.

Os prazos dilatórios, também chamados de *prazos prorrogáveis*, são os que decorrem de normas de natureza dispositiva, isto é, normas que permitem à parte dispor do prazo para a prática de determinado ato. Os prazos convencionais também são dilatórios. No processo do trabalho, tem sido comum o juiz deferir a dilatação do prazo de vista dos autos solicitado por uma parte para manifestar-se sobre determinado documento juntado pela outra parte. É importante assinalar que a prorrogação do prazo dilatório somente pode ser autorizada pelo juiz antes do seu término. Se for requerida a prorrogação depois do término do prazo, já haverá ocorrido a preclusão.

Os prazos peremptórios, também chamados de prazos *fatais* ou *improrrogáveis*, são os que decorrem de normas cogentes, imperativas ou de ordem pública. Os prazos peremptórios não podem ser reduzidos pelo juiz, salvo se houver concordância de todas as partes (CPC, art. 222, § 1º). O art. 775 da CLT previa que os prazos processuais seriam "contínuos e irreleváveis, podendo, entretanto, ser prorrogados pelo tempo estritamente necessário pelo juiz ou tribunal, ou em virtude de força maior, devidamente comprovada". A Lei n. 13.467/2017, no entanto, alterou o art. 775 da CLT, que passou a dispor que os "prazos estabelecidos neste Título serão contados em dias úteis, com exclusão do dia do começo e inclusão do dia do vencimento". Além disso, o seu § 1º admite que os "prazos podem ser prorrogados, pelo tempo estritamente necessário, nas seguintes hipóteses: I – quando o juízo entender necessário; II – em virtude de força maior, devidamente comprovada".

3.1.3. Quanto aos destinatários

Quanto ao sujeito a que se destinam, os prazos podem ser: próprios ou impróprios.

Prazos próprios são os destinados às partes. Os prazos próprios são também peremptórios e se sujeitam ao instituto da preclusão. Normalmente, são previstos em lei ou fixados judicialmente. Se não houver previsão legal ou judicial específica, incide a regra do art. 218, § 3º, do CPC, segundo a qual: "Inexistindo preceito legal ou prazo determinado pelo juiz, será de 5 (cinco) dias o prazo para a prática de ato processual a cargo da parte". Essa regra é aplicável ao processo do trabalho (CLT, art. 769; CPC, art. 15).

As pessoas jurídicas de direito público, ou seja, os órgãos da Administração Pública Direta, Autárquica e Fundacional da União, Estados, Distrito Federal e Municípios, têm prazo em quádruplo para preparar a contestação, razão pela qual deve ser de 20 dias o prazo entre a data do recebimento da notificação e a da audiência (DL n. 779/69, art. 1º, II), e em dobro para a interposição de qualquer recurso (DL n. 779/69, art. 1º, III). Nesses casos, portanto, por ausência de lacuna (CLT, art. 769), não se aplicam regras do CPC de 2015.

O Ministério Público do Trabalho, não havendo prazo legal específico (*v. g.*, art. 5º da Lei n. 5.584/70, que prevê o prazo de oito dias para o MPT emitir parecer nos autos do processo trabalhista), tem prazo em dobro para se manifestar nos autos e para recorrer, quer atue como órgão agente (parte), quer atue como órgão interveniente (*fiscal da ordem jurídica*), a teor do art. 180 do CPC, aplicado subsidiariamente ao processo do trabalho. Mesmo porque, se a Constituição principia que o Ministério Público, que compreende o da União[5] e o dos Estados, é uno e indivisível, não há razão lógica ou jurídica para estabelecer-se o *discrimen*.

Diz o art. 229 do CPC que os "litisconsortes que tiverem diferentes procuradores, de escritórios de advocacia distintos, terão prazos contados em dobro para todas as suas manifestações, em qualquer juízo ou tribunal, independentemente de requerimento". Cessa, porém, a contagem do prazo em dobro se, havendo apenas 2 (dois) réus for oferecida defesa por apenas um deles. De toda a sorte, preceitua o § 2º do art. 229 do CPC que não se aplica o prazo em dobro "aos processos em autos eletrônicos".

A *mens legis* do art. 229 do CPC (art. 191 do CPC/73) repousa no princípio da ampla defesa e do contraditório e pode ter por destinatário tanto os trabalhadores quanto os empregadores. A SBDI-1 do TST, não obstante, editou a OJ n. 310, *in verbis*:

> LITISCONSORTES. PROCURADORES DISTINTOS. PRAZO EM DOBRO. ART. 229, *CAPUT* E §§ 1º E 2º, DO CPC DE 2015. ART. 191 DO CPC DE 1973. INAPLICÁVEL AO PROCESSO DO TRABALHO (atualizada em decorrência do CPC de 2015). Inaplicável ao processo do trabalho a norma contida no art. 229, *caput* e §§ 1º e 2º, do CPC de 2015 (art. 191 do CPC de 1973), em razão de incompatibilidade com a celeridade que lhe é inerente.

5. Nos termos do art. 128 da CF/88, o Ministério Público da União abrange o MPF, o MPT, o MPM e o MPDFT.

Com o advento da EC n. 45/2004, porém, parece-nos viável a aplicação do art. 229 do CPC para as demandas oriundas das relações de trabalho diversas da relação de emprego. Não é este, porém, o entendimento jurisprudencial do TST.

Os prazos impróprios são os legalmente previstos e destinados aos juízes e aos servidores do Poder Judiciário. Diz-se *impróprios* porque não são vulneráveis ao instituto da preclusão. Daí por que, mesmo praticados fora do prazo, são válidos.

O art. 658, *d*, da CLT determina que os juízes do trabalho deverão despachar e praticar os atos processuais dentro dos prazos legais. O art. 226 do CPC diz que o juiz proferirá os despachos no prazo de 5 dias, as decisões interlocutórias no prazo de 10 dias e as sentenças no prazo de 30 dias. Os servidores têm prazo de 48 horas para remeter cópia da petição inicial ao réu (art. 841 da CLT) e para a juntada do termo de audiência aos autos (§ 2º do art. 851 da CLT). O descumprimento reiterado e sem justificativa de prazo processual destinado a juízes e servidores pode implicar sanções de ordem disciplinar, a cargo da Corregedoria da Justiça do Trabalho.

3.2. Contagem dos prazos

A contagem dos prazos no processo do trabalho é feita com base nos arts. 774 e 775 da CLT, aplicando-se, observado o disposto no art. 769 da CLT e art. 15 do CPC, as regras supletivas dos arts. 218 e seguintes do CPC.

Dispõe o art. 774 da CLT, *in verbis*:

> Salvo disposições em contrário, os prazos previstos neste Título contam-se, conforme o caso, a partir da data em que for feita pessoalmente, ou recebida a notificação, daquela em que for publicado o edital no jornal oficial ou no que publicar o expediente da Justiça do Trabalho, ou, ainda, daquela em que for afixado o edital, na sede da Vara, Juízo ou Tribunal.

O art. 774 da CLT deixa patente a regra geral, segundo a qual os prazos são contados a partir do conhecimento (do notificando) sobre os termos da notificação[6].

Já o art. 775 da CLT prescrevia que os prazos processuais, além de serem contínuos e irreleváveis (salvo motivo de força maior devidamente comprovada), seriam contados com exclusão do dia do começo e inclusão do dia do vencimento[7]. Esse dispositivo foi alterado pela Lei n. 13.467/2017, como veremos adiante.

6. Tratando-se de contagem de prazo para oferecimento de contestação em ação rescisória, a OJ n. 146 da SBDI-2 firmou o seguinte entendimento: "AÇÃO RESCISÓRIA. INÍCIO DO PRAZO PARA APRESENTAÇÃO DA CONTESTAÇÃO. ART. 774 DA CLT (*DJU* 10-11-2004). A contestação apresentada em sede de ação rescisória obedece à regra relativa à contagem de prazo constante do art. 774 da CLT, sendo inaplicável o art. 241 do CPC".

7. Regra semelhante é prevista no art. 224 do CPC: "Salvo disposição em contrário, os prazos serão contados excluindo o dia do começo e incluindo o dia do vencimento. § 1º Os dias do começo e do

Há que distinguir, portanto, *dois momentos* de fruição dos prazos processuais. O primeiro momento é designado como *dia do começo do prazo*, também chamado de *dies a quo*. O dia do começo é excluído da contagem do prazo e ocorre no momento em que a parte ou terceiro toma ciência do ato processual a ser praticado. Incide aqui o apotegma *dies a quo non computatur in termino*, isto é, o dia do começo não se computa no prazo.

Já o segundo momento é designado como *início da contagem do prazo*. O início da contagem do prazo ocorre no dia seguinte ao do começo do prazo. Dito de outro modo, a contagem do prazo processual inicia-se no dia seguinte ao da ciência do ato processual pela parte ou terceiro interessado e vai até o seu término (*dies ad quem*), que é o último dia do prazo processual. Incide, aqui, o brocardo *dies ad quem computatur in termino*, isto é, o dia do vencimento inclui-se na contagem do prazo. Todavia, os prazos que se vencerem em sábado, domingo e feriado ou não onde houver expediente forense terminarão no primeiro dia útil seguinte.

Eis alguns exemplos:

- *notificação por publicação* – o começo do prazo é o dia da própria publicação, sendo que o início da contagem do prazo opera-se no primeiro dia útil seguinte ao da publicação do ato. Se a publicação da notificação saiu no dia 10-5-2013 (sexta-feira), o começo do prazo ocorreu no dia 10-5-2013 e o início da contagem do prazo no dia 13-5-2013 (segunda-feira);
- *notificação postal* – o começo do prazo ocorre no dia da ciência do ato pela parte, presumindo-se recebida a notificação em 48 horas da data de sua postagem (Súmula 16 do TST). Se a notificação postal foi expedida no dia 10-5-2013 (sexta-feira), presume-se o seu recebimento 48 horas depois (na prática, contam-se 2 dias úteis), ou seja, no dia 14-5-2013 (terça-feira). O início da contagem do prazo se deu no dia 15-5-2013 (quarta-feira);
- *notificação eletrônica* – considera-se como data da publicação o primeiro dia útil seguinte ao da disponibilização da informação no Diário da Justiça eletrônico (CPC, art. 224, § 2º) e o início da contagem do prazo ocorrerá no primeiro dia útil que se seguir ao da publicação (CPC, art. 224, § 3º). As intimações serão feitas por meio eletrônico em portal próprio aos que se cadastrarem na forma da Lei n. 11.419/2006, dispensando-se a publicação no órgão oficial, inclusive eletrônico. Neste caso, o começo do prazo é o dia em que o intimando efetivar a consulta eletrônica ao teor da intimação, certificando-se nos autos do PJe. A data do início da contagem do prazo é o primeiro dia útil seguinte (Lei n. 11.419/2006, art. 5º).

---

vencimento do prazo serão protraídos para o primeiro dia útil seguinte, se coincidirem com dia em que o expediente forense for encerrado antes ou iniciado depois da hora normal ou houver

Se, todavia, a notificação foi postada no dia 8 de maio de 2013 (quarta-feira), presume-se (TST, Súmula 16) recebida no dia 10 de maio de 2013 (sexta-feira), que é o começo do prazo (*dies a quo*). Logo, o início da contagem do prazo ocorreu no dia 13 de maio de 2013 (segunda-feira). É o que se infere da Súmula 1 do TST:

> PRAZO JUDICIAL – INTIMAÇÃO EM SEXTA-FEIRA. Quando a intimação tiver lugar na sexta-feira, ou a publicação com efeito de intimação for feita nesse dia, o prazo judicial será contado da segunda-feira imediata, inclusive, salvo se não houver expediente, caso em que fluirá do dia útil que se seguir.

O art. 775, *caput*, da CLT (com redação dada pela Lei n. 13.467/2017) dispõe que: "Os prazos estabelecidos neste Título serão contados em dias úteis, com exclusão do dia do começo e inclusão do dia do vencimento".

O art. 218, § 4º, do CPC, que é aplicável ao processo do trabalho (CLT, art. 769; CPC art. 15), dispõe que será considerado "tempestivo o ato praticado antes do termo inicial do prazo".

O art. 216 do CPC considera feriados, para efeito forense, os sábados, os domingos e os dias em que não haja expediente forense, sendo certo que o art. 219 do mesmo Código dispõe que na "contagem de prazo em dias, estabelecido por lei ou pelo juiz, computar-se-ão somente os dias úteis", deixando claro o seu parágrafo que tal regra se aplica "somente aos prazos processuais".

Essas regras civilistas, evidentemente, não se aplicariam ao processo do trabalho, porquanto não havia lacuna normativa na CLT (art. 775).

Nesse sentido, aliás, dispõe o art. 2º, III, da IN n. 39/2016 do TST que não se aplica ao processo do trabalho o art. 219 do CPC (contagem de prazos em dias úteis).[8]

Ocorre que, pela nova redação dada ao art. 775 da CLT pela Lei n. 13.467/2017, os prazos "serão contados em dias úteis, com exclusão do dia do começo e inclusão do dia do vencimento", razão pela qual os prazos processuais na Justiça do Trabalho deverão ser contados em dias úteis, salvo se o juiz ou o tribunal do trabalho declarar, *incidenter tantum*, a inconstitucionalidade do novel art. 775 da CLT. Resta, assim, superado o entendimento constante do inciso III do art. 2º da IN/TST 39/2016.

Os §§ 1º e 2º do art. 775 da CLT (com redação dada pela Lei n. 13.467/2017) dispõem que os prazos podem ser prorrogados, pelo tempo estritamente necessário:

---

indisponibilidade da comunicação eletrônica. § 2º Considera-se como data de publicação o primeiro dia útil seguinte ao da disponibilização da informação no Diário da Justiça eletrônico. § 3º A contagem do prazo terá início no primeiro dia útil que seguir ao da publicação.

8. O art. 2º, III, da IN n. 39/2016 do TST atrita com o art. 775, *caput*, da CLT (com redação dada pela Lei n. 13.467/2017).

pelo juízo, quando entender necessário, ou em virtude de força maior, devidamente comprovada. Além disso, pode o juízo dilatar os prazos processuais ou alterar a ordem de produção dos meios de prova, adequando-os às necessidades do conflito de modo a conferir maior efetividade à tutela do direito.

Quanto à notificação postal recebida no sábado, o TST editou a Súmula 262, cujo item I dispõe:

> I – Intimada ou notificada a parte no sábado, o início do prazo se dará no primeiro dia útil imediato e a contagem, no subsequente.

Disciplina o art. 776 da CLT que o vencimento dos prazos será certificado nos processos pelos escrivães ou chefes de secretaria. Na verdade, porém, o prazo vence independentemente de qualquer proclamação ou reconhecimento, uma vez que é um fato processual decorrente do simples transcurso do tempo.

Contudo, para os efeitos legais decorrentes dos prazos, deve o seu vencimento (ou a ultrapassagem do lapso temporal) ser registrado nos autos, por certidão passada pelos Diretores de Secretaria (na Justiça do Trabalho) ou escrivães (nos Juízos de Direito investidos da jurisdição trabalhista).

3.3. Suspensão e interrupção dos prazos

A CLT não prevê, expressamente, uma seção ou capítulo relativo à suspensão ou interrupção dos prazos processuais, o que impunha a aplicação subsidiária do CPC/73, com as devidas e pertinentes adaptações.

O art. 775 da CLT, dispunha que os prazos seriam contínuos e o juiz poderia prorrogar os prazos se a parte provasse justa causa para a não realização do ato.

A Lei n. 13.467/2017, porém, alterou o art. 775 da CLT, que passou a ter a seguinte redação:

> Art. 775. Os prazos estabelecidos neste Título serão contados em dias úteis, com exclusão do dia do começo e inclusão do dia do vencimento.
>
> § 1º Os prazos podem ser prorrogados, pelo tempo estritamente necessário, nas seguintes hipóteses:
>
> I – quando o juízo entender necessário;
>
> II – em virtude de força maior, devidamente comprovada.
>
> § 2º Ao juízo incumbe dilatar os prazos processuais e alterar a ordem de produção dos meios de prova, adequando-os às necessidades do conflito de modo a conferir maior efetividade à tutela do direito.

Vê-se, portanto, que a nova regra consolidada permite ao juiz, mediante decisão (interlocutória) fundamentada, prorrogar ou dilatar os prazos processuais, bem como alterar a ordem de produção dos meios de prova, tudo com o escopo de adequar as regras processuais à máxima efetividade da tutela do direito material veiculado na lide.

Mas o que se entende por suspensão e interrupção do prazo?

Dá-se a *suspensão* quando se paralisa a contagem do prazo processual. Cessada a causa suspensiva, recomeça-se a contagem do prazo, isto é, retoma-se a contagem do prazo no estado em que parou. O art. 221 do CPC é um típico exemplo de suspensão do prazo processual "por obstáculo criado em detrimento da parte ou ocorrendo qualquer das hipóteses do art. 313, devendo o prazo ser restituído por tempo igual ao que faltava para sua complementação". Além disso, como os prazos processuais são contados apenas nos dias úteis, fica suspensa a contagem do prazo para prática de ato processual nos sábados, domingos e feriados.

Situação diversa se dá com a *interrupção* do prazo. É dizer, na interrupção, o prazo também se reinicia quando cessada a causa interruptiva; mas o prazo é devolvido integralmente à parte interessada, como se ele nunca tivesse iniciado. Um exemplo de interrupção do prazo ocorre com interposição dos embargos de declaração (CLT, art. 897-A, § 3º).

No processo do trabalho, há o problema do *recesso forense* anual (de 20 de dezembro a 6 de janeiro). A Lei n. 5.010, de 30 de maio de 1966, diz expressamente no seu art. 62 que:

> Além dos fixados em lei, serão feriados na Justiça Federal, inclusive nos Tribunais Superiores:
>
> I – os dias compreendidos entre 20 de dezembro e 6 de janeiro, inclusive;
>
> II – os dias da Semana Santa, compreendidos entre a quarta-feira e o domingo de Páscoa;
>
> III – os dias de segunda e terça-feira de Carnaval;
>
> IV – os dias 11 de agosto, 1º e 2 de novembro e 8 de dezembro.

Não obstante a literalidade do preceptivo em causa, que considera *feriado* o recesso forense da Justiça Federal, incluída a do Trabalho, não há uniformidade acerca da sua interpretação.

Para uns, o recesso, por ser mero feriado, não suspende o prazo processual.

Outros sustentam que o recesso *suspende* a contagem do prazo processual. Essa segunda corrente vem sendo adotada pelo TST (Súmula 262, II): "O recesso forense e as férias coletivas dos Ministros do Tribunal Superior do Trabalho suspendem os prazos recursais".

É preciso advertir, contudo, que o art. 93, XII, da CF, com a redação dada pela EC n. 45/2004, extinguiu as férias coletivas nos juízos e tribunais de segundo grau, inclusive determinando o funcionamento ininterrupto desses órgãos judiciários por meio de "juízes em plantão permanente".

Não há, porém, no novo texto constitucional, determinação expressa para a extinção do "recesso forense" previsto na Lei n. 5.010/66, o que, certamente, gerará controvérsias interpretativas. Como a nova redação da Súmula 262, parte II, é posterior à EC n. 45/2004, tudo leva a crer que o TST continua entendendo que o recesso forense não é incompatível com o novo texto da Lei Fundamental.

No CPC (art. 220) fica suspenso o curso do prazo processual nos dias compreendidos entre 20 de dezembro e 20 de janeiro, inclusive.

Esse dispositivo, segundo nos parece, seria aplicável supletivamente ao processo do trabalho (CLT, art. 769; CPC, art. 15). Ocorre que não existe mais lacuna no processo do trabalho, uma vez que o art. 775-A da CLT (incluído pela Lei n. 13.545/2017) dispõe, *in verbis*:

> Art. 775-A. Suspende-se o curso do prazo processual nos dias compreendidos entre 20 de dezembro e 20 de janeiro, inclusive.
>
> § 1º Ressalvadas as férias individuais e os feriados instituídos por lei, os juízes, os membros do Ministério Público, da Defensoria Pública e da Advocacia Pública e os auxiliares da Justiça exercerão suas atribuições durante o período previsto no *caput* deste artigo.
>
> § 2º Durante a suspensão do prazo, não se realizarão audiências nem sessões de julgamento.

Por outro lado, nos termos do art. 221 do CPC, aplicado subsidiariamente ao processo do trabalho (CLT, art. 769), fica suspenso o curso do prazo por obstáculo criado em detrimento da parte ou ocorrendo qualquer das hipóteses do art. 313 do CPC, devendo o prazo ser restituído por tempo igual ao que faltava para sua complementação. Além disso, ficam suspensos os prazos durante a execução de programa instituído pelo Poder Judiciário para promover a autocomposição, incumbindo aos tribunais especificar, com antecedência, a duração dos trabalhos.

4. DESPESAS PROCESSUAIS

Remetemos o leitor ao Capítulo XVII, item 5.8.2.

5. DISTRIBUIÇÃO E REGISTRO

Ocorre a distribuição quando dois ou mais juízes da mesma categoria e localidade são igualmente competentes para processar e julgar a demanda. Trata-se da competência cumulativa que, pela distribuição, a lei visa evitar. Todos os processos estão sujeitos a registro, devendo ser distribuídos onde houver mais de um juiz competente, de maneira alternada, obedecendo à rigorosa igualdade em consonância com o princípio do juiz natural.

Leciona Wagner D. Giglio que a "distribuição dos feitos visa dividir de forma equitativa o serviço entre juízes cumulativamente competentes e, também, evitar a possibilidade de escolha do juiz pelo autor"[9].

Nas localidades com mais de uma Vara do Trabalho, haverá um distribuidor, competindo-lhe: *a)* a distribuição, pela ordem rigorosa de entrada, e sucessivamente a cada Vara, dos feitos que, para esse fim, lhe forem apresentados pelos interessados; *b)* o fornecimento, aos interessados, do recibo correspondente a cada feito distribuído; *c)* a manutenção de 2 (dois) fichários dos feitos distribuídos, sendo um organizado pelos nomes dos reclamantes e o outro dos reclamados, ambos por ordem alfabética; *d)* o fornecimento a qualquer pessoa que o solicite, verbalmente ou por certidão, de informações sobre os feitos distribuídos; e *e)* a baixa na distribuição dos feitos, quando isto lhe for determinado pelos Juízes Titulares das Varas, formando fichários à parte, cujos dados poderão ser consultados pelos interessados.

Os distribuidores são designados pelo Presidente do Tribunal Regional do Trabalho, dentre os funcionários das Varas ou do próprio Tribunal.

Dispõe o art. 783 da CLT que a distribuição das reclamações será feita entre as Varas do Trabalho, ou os Juízes de Direito nos casos previstos no art. 669, § 1º (da CLT), pela ordem rigorosa de sua apresentação ao distribuidor, quando o houver. As reclamações serão registradas em livro próprio, rubricado em todas as folhas pela autoridade a que estiver subordinado o distribuidor (CLT, art. 784).

O distribuidor fornecerá ao interessado um recibo do qual constarão, essencialmente, o nome do reclamante e do reclamado, a data da distribuição, o objeto da reclamação e a Vara (ou o Juízo) a que coube a distribuição (CLT, art. 785), sendo certo que a reclamação verbal será distribuída antes de sua redução a termo.

Distribuída a reclamação verbal, o reclamante deverá, salvo motivo de força maior, apresentar-se, no prazo de 5 (cinco) dias, ao cartório ou à secretaria, para reduzi-la a termo, observando-se a regra estabelecida no art. 731 da CLT, de discutível constitucionalidade.

A reclamação escrita deverá ser formulada em 2 (duas) vias e, desde logo, acompanhada dos documentos em que se fundar (CLT, art. 787).

Feita a distribuição, a reclamação será remetida pelo distribuidor à Vara ou Juízo competente, acompanhada do bilhete de distribuição.

O juiz, de ofício ou a requerimento do interessado, corrigirá o erro ou a falta de distribuição, compensando-a. Portanto, ocorrendo qualquer irregularidade na distribuição, nenhuma nulidade deverá ser decretada, bastando o juiz corrigir o erro ou a falta de distribuição, mediante compensação entre os juízes cumulativamente competentes.

---

9. GIGLIO, Wagner D. *Direito processual do trabalho*. 15. ed. São Paulo: LTr, 2005. p. 107.

Em obediência ao princípio da publicidade, a distribuição poderá ser fiscalizada pela parte, por seu procurador, pelo Ministério Público e pela Defensoria Pública (CPC, art. 289). Este dispositivo é aplicável ao processo do trabalho (CLT, art. 769; CPC, art. 15).

O art. 290 do CPC dispõe que será "cancelada a distribuição do feito se a parte, intimada na pessoa de seu advogado, não realizar o pagamento das custas e despesas de ingresso em 15 (quinze) dias". Este dispositivo é inaplicável no processo do trabalho, pois o pagamento de custas e despesas processuais não é feito no momento da propositura da ação (CLT, art. 789, § 1º).

5.1. Distribuição por dependência

É importante assinalar que, nos termos do art. 286 do CPC, aplicável ao processo do trabalho (CLT, art. 769; CPC, art. 15), serão distribuídas "por dependência" as causas de qualquer natureza:

> I – quando se relacionarem, por conexão ou continência, com outra já ajuizada;
>
> II – quando, tendo sido extinto o processo sem resolução de mérito, for reiterado o pedido, ainda que em litisconsórcio com outros autores ou que sejam parcialmente alterados os réus da demanda;
>
> III – quando houver ajuizamento de ações nos termos do art. 55, § 3º, do CPC, ao juízo prevento.
>
> Parágrafo único. Havendo intervenção de terceiro, reconvenção ou outra hipótese de ampliação objetiva do processo, o juiz, de ofício, mandará proceder à respectiva anotação pelo distribuidor.

Essas hipóteses dizem respeito à modificação de competência funcional sucessiva, como já analisamos no Capítulo V, item 2.7.4.

Parece-nos inaplicável o art. 287 do CPC, que veda distribuição de petição não acompanhada do instrumento do mandato, ao processo do trabalho, quando se tratar de ação oriunda da relação de emprego. Todavia, por força da EC n. 45/2004, da IN n. 27/2005 do TST e da Súmula 425 do TST, não há vedação para migração de tal dispositivo civilista para o terreno do processo laboral quando se tratar de ação oriunda da relação de trabalho ou nos casos de ação rescisória, mandado de segurança e recursos de competência do TST.

6. PROCESSO INFORMATIZADO

Com a promulgação da Emenda Constitucional n. 45/2004, foi acrescentado o inciso LXXVIII ao art. 5º da Constituição da República, positivando, no catálogo dos direitos e garantias fundamentais, o princípio da duração razoável do processo, nos seguintes termos: "a todos, no âmbito judicial e administrativo, são assegurados a razoável duração do processo e os meios que garantam a celeridade de sua tramitação".

Como corolário do princípio da duração razoável do processo, os presidentes da República, do Supremo Tribunal Federal, do Senado Federal e da Câmara dos Deputados firmaram o Pacto para um Judiciário Célere e Republicano. Dentre os mecanismos utilizados para pôr em prática o referido Pacto, foi atribuído o "regime de prioridade" para a tramitação e aprovação do Projeto de Lei n. 5.828-C, o qual foi convertido na Lei n. 11.419/2006, que dispõe sobre a informatização do processo judicial, altera dispositivos do Código de Processo Civil e dá outras providências.

Na verdade, a Lei n. 11.419, que entrou em vigor no dia 20 de março de 2007, contém quatro partes: a primeira trata da informatização do processo judicial; a segunda, da comunicação eletrônica dos atos processuais; a terceira cuida do processo eletrônico e, finalmente, a última parte se ocupa das disposições gerais e finais.

No âmbito da Justiça do Trabalho, o TST editou a IN n. 30, publicada no *DOU* de 18 de setembro de 2007, regulamentando a Lei n. 11.419/2006, que dispõe sobre a informatização do processo judicial. Além disso, há alguns atos normativos que dispõem sobre processo judicial eletrônico na Justiça do Trabalho, a saber: Ato Conjunto TST/CSJT n. 15/2008; Ato Conjunto TST/CSJT n. 20/2009; Ato SEJUD/GP n. 342/2010; Ato Conjunto TST/CSJT n. 10/2010; Ato Conjunto TST/CSJT n. 21/2010; Resolução CSJT n. 136, de 29-4-2014.

6.1. A faculdade da utilização da informatização em qualquer processo judicial

Diz a Lei n. 11.419/2006:

> Art. 1º O uso de meio eletrônico na tramitação de processos judiciais, comunicação de atos e transmissão de peças processuais será admitido nos termos desta Lei.
>
> § 1º Aplica-se o disposto nesta Lei, indistintamente, aos processos civil, penal e trabalhista, bem como aos juizados especiais, em qualquer grau de jurisdição.

A utilização de meio eletrônico na tramitação de processos judiciais, a comunicação de atos processuais e a transmissão de peças processuais por meio eletrônico constitui faculdade dos jurisdicionados em qualquer processo judicial e em qualquer grau de jurisdição, seja de natureza civil, penal, trabalhista, eleitoral ou tributária, bem como nos processos submetidos aos Juizados Especiais.

Percebe-se, assim, que o comando normativo do § 1º do art. 1º da Lei n. 11.419 não é *numerus clausus*. Trata-se, pois, de um novo mecanismo, facultativo, de facilitação de acesso à justiça e de efetivação do processo. Ademais, a lei emprega o termo "será admitido", ou seja, há um comando normativo permissivo para que os tribunais brasileiros possam usar meios eletrônicos na tramitação de processos judiciais, comunicação de atos e transmissão de peças processuais.

É de se registrar, no entanto, que o art. 12 da Resolução CSJT n. 120, de 21 de fevereiro de 2013, que deu nova redação ao art. 21 da Resolução CSJT n. 94, de 23 de março de 2012, que institui o Sistema Processo Judicial Eletrônico da Justiça do Trabalho – PJe-JT, passou a tornar obrigatório o PJe nas unidades judiciárias que adotaram exclusivamente tal sistema.

Com efeito, os §§ 4º e 5º do art. 21 da Resolução CSJT n. 94/2012, com redação dada pela Resolução n. 120/201, dispõem, textualmente, sobre a obrigatoriedade de utilização do PJe-JT, nos seguintes termos:

> § 4º Em se tratando de processos recebidos em autos físicos nas unidades judiciárias que utilizam exclusivamente o PJe-JT, o magistrado deverá conceder prazo razoável para que a parte que se encontre assistida por advogado adote as providências necessárias à regular tramitação do feito no meio eletrônico, inclusive o seu prévio credenciamento no sistema, caso ainda não haja ocorrido, sob pena de extinção do processo, sem resolução do mérito, nos termos do art. 267, III, do CPC.
>
> § 5º As providências mencionadas no parágrafo anterior ficarão a cargo da Secretaria da Vara do Trabalho, na hipótese de a parte encontrar-se desassistida por advogado, na forma do art. 791 da CLT.

As Resoluções CSJT ns. 94/2012 e 120/2013 foram revogadas expressamente pela Resolução CSJT n. 136/2014, sendo que esta não contém disposição impositiva de obrigatoriedade do uso do sistema do PJe-JT como aqueloutras.

Não obstante, a Resolução CNJ n. 185, de 18 de dezembro de 2013, chancela a referida Resolução do CSJT n. 94/2012 e prevê a implantação do PJe em todo o Poder Judiciário brasileiro até 2018. Vale dizer, o Processo Judicial Eletrônico (PJe) é um sistema nacional de processo sem papel, que tramita exclusivamente pela internet. Inicialmente, foi desenvolvido para atender as necessidades da Justiça Federal, pelo TRF da 5ª Região (PE). A decisão de adotá-lo como modelo para todo o Judiciário partiu do Conselho Nacional de Justiça (CNJ), que buscará gradualmente a sua padronização dos mais de 40 tipos de processo eletrônico espalhados pelo país.

Assim, parece-nos que a nova Resolução CSJT n. 136/2014, embora não contenha disposição semelhante às Resoluções CSJT n. 94/2012 e 120/2013, não permite outra forma de acesso à justiça fora do sistema do PJe nas unidades judiciárias da Justiça do Trabalho que tenham instituído exclusivamente tal sistema.

Com efeito, dispõe o art. 1º da Resolução CSJT n. 136/2014:

Art. 1º A tramitação do processo judicial no âmbito da Justiça do Trabalho, a prática de atos processuais e sua representação por meio eletrônico, nos termos da Lei n. 11.419, de 19 de dezembro de 2006, serão realizadas exclusivamente por intermédio do Sistema Processo Judicial Eletrônico da Justiça do Trabalho – PJe-JT regulamentado por esta Resolução.

Ademais, nos termos do art. 47 da referida Resolução, a "implantação do PJe-JT poderá ocorrer: I – a partir da fase de conhecimento, hipótese em que implicará, para os processos novos, a superação dos atuais sistemas de gestão das informações processuais mantidos pelos Tribunais; II – a partir das fases de liquidação ou execução, após o trânsito em julgado do título, inclusive cartas precatórias executórias, execução de termo de ajuste de conduta e execuções fiscais".

Além disso, segundo o disposto no art. 48 da Resolução CSJT n. 136/2014, os "Tribunais encaminharão à Presidência do Conselho Superior da Justiça do Trabalho, no prazo de 30 (trinta) dias, cópias do ato constitutivo do Comitê Gestor Regional, do plano e do cronograma de implantação do PJe-JT, para o respectivo ano civil, para análise e prévia aprovação do Comitê Gestor Nacional das instalações nas Unidades Judiciárias remanescentes, em tempo adequado ao plano e à dimensão do cronograma", devendo o plano "descrever as ações e contemplar informações sobre os requisitos necessários à implantação, como infraestrutura de tecnologia da informação e capacitação de usuários".

Aliás, prevê o art. 50 da Resolução CSJT n. 136/2014 que, a partir da implantação do PJe-JT em unidade judiciária, fica vedada a utilização do e-DOC ou qualquer outro sistema de peticionamento eletrônico (ou físico, acrescentamos) para o envio de petições relativas aos processos que tramitam no PJe-JT. O descumprimento de tal determinação "implicará o descarte dos documentos recebidos, que não constarão de nenhum registro e não produzirão qualquer efeito legal", nos termos do parágrafo único do referido artigo.

6.2. Definições no PJe-JT

A nova lei preocupou-se em estabelecer definições dos novos institutos que passarão a ser utilizados na informatização do processo judicial.

Eis os novos institutos processuais denominados pelo § 2º do art. 1º da Lei n. 11.419:

I – meio eletrônico – é qualquer forma de armazenamento ou tráfego de documentos e arquivos digitais;

II – transmissão eletrônica – é toda forma de comunicação a distância com a utilização de redes de comunicação, preferencialmente a rede mundial de computadores;

III - assinatura eletrônica ou digital - é a forma de identificação inequívoca do signatário.

No âmbito da Justiça do Trabalho, o art. 2º da Resolução CSJT n. 136/2014 dispõe que o PJe-JT compreenderá o controle do sistema judicial trabalhista nos seguintes aspectos: I - a tramitação do processo; II - a padronização de todos os dados e informações compreendidas pelo processo judicial; III - a produção, registro e publicidade dos atos processuais; e IV - o fornecimento de dados essenciais à gestão das informações necessárias aos diversos órgãos de supervisão, controle e uso do sistema judiciário trabalhista.

Além disso, o art. 3º da referida Resolução estabelece as seguintes definições:

I - *certificado digital*: meio eletrônico de identificação de seu titular, pessoa física ou jurídica, destinado a identificá-lo eletronicamente em todos os acessos ao meio eletrônico (Internet), nos termos da Lei n. 11.419, de dezembro de 2006;

II - *assinatura eletrônica*, que compreende as seguintes formas de identificação inequívoca do signatário: *a*) assinatura digital: baseada em certificado digital, emitido por Autoridade Certificadora credenciada, na forma de lei ou regulamentação específica; *b*) usuário (nome de *login*) e senha, mediante cadastro no PJe-JT.

III - autos do processo eletrônico ou autos digitais: conjunto de metadados e documentos eletrônicos correspondentes a todos os atos, termos e informações do processo;

IV - *digitalização*: processo de reprodução ou conversão de fato ou coisa produzido originalmente em meio não digital para o formato digital;

V - *documento digital*: documento originalmente produzido em meio digital;

VI - *documento digitalizado*: reprodução digital de documento originalmente físico;

VII - *meio eletrônico*: ambiente de armazenamento ou tráfego de informações digitais;

VIII - *transmissão eletrônica*: toda forma de comunicação a distância com a utilização de redes de comunicação, preferencialmente a rede mundial de computadores;

IX - *usuários internos*: magistrados e servidores da Justiça do Trabalho, bem como outros a que se reconhecer acesso às funcionalidades internas do sistema de processamento em meio eletrônico, tais como estagiários e prestadores de serviço; e

X - *usuários externos*: todos os demais usuários, incluídas as partes, os advogados, os membros do Ministério Público do Trabalho, os auxiliares da justiça e os terceiros intervenientes.

6.2.1. Acesso ao sistema do PJe-JT

Para acesso ao PJe-JT é obrigatória a utilização de assinatura digital nas seguintes hipóteses: I – assinatura de documentos e arquivos; II – serviços com a exigência de identificação ou certificação digital; e III – consultas e operações que tramitem em sigilo ou em segredo de justiça.

Além da assinatura digital, o acesso ao sistema do PJe-JT também poderá ser feito por meio de utilização de usuário (*login*) e senha, na forma prevista no art. 7º da Resolução CNJ n. 185, de 18 de dezembro de 2013. Neste caso, o acesso ao sistema PJe-JT será exclusivamente para visualização de autos, exceto nas hipóteses de sigilo ou segredo de justiça.

Partes ou terceiros interessados desassistidos de advogados poderão apresentar peças processuais e documentos em papel, segundo as regras ordinárias, nos locais competentes para recebê-los, que serão digitalizados e inseridos no processo pela Unidade Judiciária. Essa faculdade poderá ser estendida aos advogados e membros do Ministério Público do Trabalho, em casos urgentes, devidamente comprovados, em que não for possível a prática de atos diretamente pelo sistema, ou em qualquer outra hipótese de justo impedimento de acesso, a critério do magistrado.

Dispõe o art. 7º da Resolução CSJT n. 136/2014 que constitui responsabilidade do usuário: I – o acesso ao seu provedor da internet e a configuração do computador utilizado nas transmissões eletrônicas; II – a aquisição, por si ou pela instituição à qual está vinculado, do certificado digital, padrão ICP-Brasil, tipo A-3 ou A-4, emitido por Autoridade Certificadora credenciada, e respectivo dispositivo criptográfico portável; III – o acompanhamento do regular recebimento das petições e documentos transmitidos eletronicamente.

6.2.2. Assinaturas digitais

Tal como ocorre com a assinatura de qualquer pessoa em documentos escritos, as assinaturas digitais também podem ser utilizadas para identificar autores ou coassinantes de dados eletrônicos.

As assinaturas digitais podem autenticar a identidade de quem assinou os dados, evitando falsificações. Também protegem a integridade dos dados, assegurando que a mensagem lida não seja alterada, tanto acidentalmente como intencionalmente. Além disso, as assinaturas digitais permitem provar futuramente quem participou de uma transação (uma capacidade chamada de não repúdio), impedindo que alguém possa negar que assinou ou recebeu os dados.

Todo certificado será objeto de uma solicitação, uma validação após comprovação do pagamento de sua respectiva taxa, uma emissão, o uso durante o seu período de validade e uma renovação ou uma revogação. Os Titulares de Certificado serão comunicados da necessidade da renovação. As solicitações de renovação de certificados implicam a geração de novo par de chaves antes da expiração do atual. O responsável pelo Certificado notificará a Autoridade Certificadora, enviando a Solicitação de Revogação para que esta promova a revogação do Certificado Digital emitido, sempre que ocorrer um dos seguintes eventos: houver mudança em qualquer informação contida no Certificado Digital; em caso de suspeita ou evidência de comprometimento de chaves privadas ou senhas, assim como da mídia de armazenamento; a pedido formal do Titular do Certificado Digital, quando não houver mais interesse na utilização do Certificado Digital.

6.3. Atos processuais por meios eletrônicos mediante credenciamento prévio

Prescreve o art. 2º da Lei n. 11.419/2006:

> Art. 2º O envio de petições, de recursos e a prática de atos processuais em geral por meio eletrônico serão admitidos mediante uso de assinatura eletrônica, na forma do art. 1º desta Lei, sendo obrigatório o credenciamento prévio no Poder Judiciário, conforme disciplinado pelos órgãos respectivos.
>
> § 1º O credenciamento no Poder Judiciário será realizado mediante procedimento no qual esteja assegurada a adequada identificação presencial do interessado.
>
> § 2º Ao credenciado será atribuído registro e meio de acesso ao sistema, de modo a preservar o sigilo, a identificação e a autenticidade de suas comunicações.
>
> § 3º Os órgãos do Poder Judiciário poderão criar um cadastro único para o credenciamento previsto neste artigo.

Tanto as petições quanto os recursos são espécies de atos processuais, razão pela qual seria dispensável mencioná-los no preceptivo em causa. De toda sorte, o legislador quis deixar claro que a prática de atos processuais de qualquer natureza pode ser feita, validamente, por meio eletrônico, desde que o interessado utilize a assinatura eletrônica por meio de cadastramento prévio junto ao órgão judiciário perante o qual será praticado o correspondente ato processual. O credenciamento será feito por meio de um procedimento que permita a adequada identificação presencial do interessado.

Segundo o Conselho Federal da OAB, é inconstitucional a exigência do cadastramento prévio de advogados nos órgãos do Poder Judiciário contida pelo art. 2º e seus parágrafos da Lei n. 11.419. É o que está sendo debatido na **ADI n. 3.880** (Rel. Min. Ricardo Lewandowski), pois, de acordo com a OAB, os meios excessivos de identificação do advogado para o exercício da profissão constituem ameaça aos direitos fundamentais do profissional e "esta será ainda mais preocupante se considerarmos que a maioria dos tribunais brasileiros ainda não se encontra suficientementе aparelhada para operar imediatamente com a assinatura com o uso da certificação digital".

Para a OAB, portanto, "há uma tendência de várias Cortes de criar restrições ao livre exercício da profissão, além das qualificações previstas na Lei n. 8.906/94, que regula a advocacia". Argumenta, ainda, que a função de credenciar os advogados é exclusiva da OAB, na medida em que "registrar e identificar os advogados é função da OAB, pela sua própria natureza. Daí, aqueles profissionais nela inscritos podem exercer a advocacia, independentemente de qualquer credenciamento noutro cadastro".

Além disso, a OAB sustenta na referida ADI que o art. 2º da Lei n. 11.419 viola o inciso XII, do art. 5º, da CF, pois, além de estar em conflito com a lei que regulamenta o exercício da profissão, "ensejará o acesso à Justiça a um grupo de usuários, sem que tenha a certeza de que sejam advogados, podendo não estar sequer habilitados ao exercício profissional".

De nossa parte, não vemos inconstitucionalidade nos dispositivos impugnados pela OAB. Não há violação ao princípio do acesso à justiça, na medida em que a nova lei se encontra em sintonia com a conhecida "terceira onda" mencionada por Mauro Cappelletti[10], ou seja, é mais um meio alternativo de facilitação do acesso à jurisdição que não impede os tradicionais métodos do processo não virtual, ou seja, "o sistema será uma alternativa a mais para a prestação do serviço, podendo o advogado que não o queira continuar a comunicar-se com o Judiciário pela via tradicional"[11]. Ademais, a ampla publicidade dos atos processuais, o cadastramento prévio e a assinatura digital no novo sistema facilitarão o controle mais efetivo por inúmeros usuários a respeito do regular exercício da advocacia.

De outro giro, em razão da utilização do certificado digital, não colhe o argumento de que o processo eletrônico seja mais vulnerável que o tradicional. Afinal, é sabido que o sistema eletrônico é, atualmente, empregado com segurança em grandes transações financeiras e comerciais, nas licitações públicas, na emissão de certidões negativas junto ao fisco e ao INSS, nas declarações anuais de rendimentos à Receita Federal (sem quebra de sigilo), nas eleições para escolha dos representantes máximos da nação etc.

Além disso, o novo sistema amplia o acesso durante as 24 horas do dia, mesmo estando fechado o fórum, e auxilia na questão ambiental, pois haverá redução do desmatamento de árvores para a fabricação de papel.

---

10. CAPPELLETTI, Mauro; GARTH, Bryant. *Acesso à justiça*. Trad. Ellen Gracie Northfleet. Porto Alegre: Sergio Antonio Fabris, 1988, passim.

11. SILVA JUNIOR, Walter Nunes da. Informatização do processo, p. 416. In: CHAVES, Luciano Athayde (Org.). *Direito processual do trabalho:* reforma e efetividade. São Paulo: LTr, 2007. p. 415-439. A Resolução CSJT n. 136/2014, no entanto, torna obrigatório o sistema do PJe em todas as unidades que utilizam tal processo eletrônico, como já salientamos nos itens 6.1 e 6.6.7 deste Capítulo.

No sistema do PJe-JT, prevê o art. 8º da Resolução n. 136/2014 que o credenciamento de advogados no sistema dar-se-á pela identificação do usuário por meio de seu certificado digital e remessa do formulário eletrônico disponibilizado no portal de acesso ao PJe-JT, devidamente preenchido e assinado digitalmente.

As alterações de dados cadastrais poderão ser feitas pelos próprios usuários, a qualquer momento, utilizando a funcionalidade específica do PJe-JT para este fim, salvo as informações cadastrais obtidas de bancos de dados credenciados, como Receita Federal, Justiça Eleitoral e OAB, que deverão ser atualizadas diretamente nas respectivas fontes.

O credenciamento implica a aceitação das normas estabelecidas nesta Resolução, assim como nas demais normas que vierem a regulamentar o uso do processo eletrônico no âmbito dos Tribunais e a responsabilidade do credenciado pelo uso indevido da assinatura digital.

O credenciamento de advogados na forma prevista neste artigo não dispensa a juntada de mandato, para fins do disposto no art. 104 do CPC.

As Presidências do Conselho Superior da Justiça do Trabalho e dos Tribunais Regionais do Trabalho adotarão as providências necessárias para fornecer, pelo menos, 2 (dois) certificados digitais para cada magistrado, preferencialmente de autoridades certificadoras diferentes, e pelo menos 1 (um) para os demais usuários internos do sistema.

Os órgãos da Justiça do Trabalho manterão instalados equipamentos à disposição das partes, advogados e interessados para consulta aos autos digitais, digitalização e envio das peças processuais e documentos em meio eletrônico. Para tanto, os órgãos da Justiça do Trabalho devem providenciar auxílio técnico presencial às pessoas com deficiência ou que comprovem idade igual ou superior a 60 (sessenta anos). Aos peticionários, inclusive advogados, com deficiência física impeditiva do uso adequado do sistema, será assegurado o direito de peticionamento físico, devendo as peças e documentos serem digitalizados e juntados ao sistema PJe-JT por servidor da unidade judiciária competente. Os órgãos da Justiça do Trabalho poderão celebrar convênios com a Ordem dos Advogados do Brasil ou outras associações representativas de advogados, bem como com outros órgãos públicos, para compartilhar responsabilidades na disponibilização de tais espaços, equipamentos e auxílio técnico presencial.

6.4. Comprovação da prática de ato processual por meio eletrônico

Vaticina o art. 3º da Lei n. 11.419/2006:

> Art. 3º Consideram-se realizados os atos processuais por meio eletrônico no dia e hora do seu envio ao sistema do Poder Judiciário, do que deverá ser fornecido protocolo eletrônico.

Parágrafo único. Quando a petição eletrônica for enviada para atender prazo processual, serão consideradas tempestivas as transmitidas até as 24 (vinte e quatro) horas do seu último dia.

Os atos processuais por meio eletrônico, inclusive a transmissão das peças processuais e a comunicação de atos, tais como citação, intimação, notificação etc., serão considerados realizados no dia e hora do seu envio ao sistema do órgão judiciário respectivo, cabendo a este fornecer o protocolo eletrônico do recebimento do ato.

Parece-nos que a redação da norma em questão poderá gerar dúvidas acerca da sua interpretação, pois o momento do envio do ato processual não se confunde com o momento do seu recebimento pelo órgão judiciário. A interpretação de tal norma não poderá implicar prejuízo para a ampla defesa e o contraditório. Em razão disso, cremos que o correto será considerar a data do envio do ato processual.

De toda sorte, estamos diante de um ato complexo, uma vez que ele somente se aperfeiçoa com a emissão do protocolo eletrônico. Tanto é assim que a interpretação sistemática do preceito ora focalizado em sintonia com o § 2º do art. 10 da Lei n. 11.419 prevê que, "se o Sistema do Poder Judiciário se tornar indisponível por motivo técnico, o prazo fica automaticamente prorrogado para o primeiro dia útil seguinte à resolução do problema".

O parágrafo único do art. 3º da Lei n. 11.419 amplia o prazo para a prática do ato processual, uma vez que, se a petição eletrônica for enviada para atender a prazo processual, será considerada tempestiva quando transmitida até as 24 (vinte e quatro) horas de seu último dia.

O § 3º do art. 2º da Lei n. 11.419 faculta a criação de um cadastro único, mas é de todo recomendável que haja a unificação do cadastramento, com vistas à uniformização dos procedimentos para facilitação do acesso à justiça.

6.5. A comunicação eletrônica dos atos processuais

6.5.1. Diário da Justiça eletrônico – *DJe*

Prevê o art. 4º da Lei n. 11.419/2006:

Art. 4º Os tribunais poderão criar Diário da Justiça eletrônico, disponibilizado em sítio da rede mundial de computadores, para publicação de atos judiciais e administrativos próprios e dos órgãos a eles subordinados, bem como comunicações em geral.

§ 1º O sítio e o conteúdo das publicações de que trata este artigo deverão ser assinados digitalmente com base em certificado emitido por Autoridade Certificadora credenciada na forma da lei específica.

§ 2º A publicação eletrônica na forma deste artigo substitui qualquer outro meio e publicação oficial, para quaisquer efeitos legais, à exceção dos casos que, por lei, exigem intimação ou vista pessoal.

§ 3º Considera-se como data da publicação o primeiro dia útil seguinte ao da disponibilização da informação no Diário da Justiça eletrônico.

§ 4º Os prazos processuais terão início no primeiro dia útil que seguir ao considerado como data da publicação.

§ 5º A criação do Diário da Justiça eletrônico deverá ser acompanhada de ampla divulgação, e o ato administrativo correspondente será publicado durante 30 (trinta) dias no Diário Oficial em uso.

A norma em apreço prevê a criação de um Diário de Justiça eletrônico que será disponibilizado pela internet e cujas publicações serão consideradas oficiais, substituindo e dispensando quaisquer outras publicações, salvo, é claro, aquelas que dizem respeito a comunicações pessoais de atos processuais previstas em lei.

No sistema do JPe-JT, o art. 23 da Resolução CSJT n. 136/2014 dispõe que "todas as citações, intimações e notificações, inclusive as destinadas à Fazenda Pública, far-se-ão por meio eletrônico", sendo certo que todos esses atos, desde que viabilizem o acesso à íntegra do processo correspondente, serão considerados vista pessoal do interessado para todos os efeitos legais.

Quando, por motivo técnico, for inviável o uso do meio eletrônico para a realização de citação, intimação ou notificação, ou ainda nas hipóteses de urgência/determinação expressa do magistrado, esses atos processuais poderão ser praticados segundo as regras ordinárias.

Na ocorrência de ato urgente em que o usuário externo não possua certificado digital para o peticionamento, ou em se tratando da hipótese prevista no art. 791 da CLT, a prática será viabilizada por intermédio de servidor da Unidade Judiciária destinatária da petição ou do setor responsável pela redução a termo e digitalização de peças processuais.

As intimações endereçadas aos advogados nos módulos de primeiro e segundo graus, cuja ciência não exija vista pessoal, as inclusões em pauta de órgão julgador colegiado, a publicação de acórdãos e de decisões monocráticas, deverão ser feitas por meio do *Diário Eletrônico da Justiça do Trabalho – DEJT*, hipótese em que a contagem dos prazos reger-se-á na forma prevista nos §§ 3º e 4º do art. 4º da Lei n. 11.419/2006.

Consideram-se realizadas as publicações no *DEJT* no primeiro dia útil seguinte ao da sua disponibilização no *Diário da Justiça eletrônico*, iniciando-se os prazos processuais no primeiro dia útil que se seguir.

6.5.2. Intimações eletrônicas

Dispõe o art. 5º da Lei n. 11.419/2006:

Art. 5º As intimações serão feitas por meio eletrônico em portal próprio aos que se cadastrarem na forma do art. 2º desta Lei, dispensando-se a publicação no órgão oficial, inclusive eletrônico.

§ 1º Considerar-se-á realizada a intimação no dia em que o intimando efetivar a consulta eletrônica ao teor da intimação, certificando-se nos autos a sua realização.

§ 2º Na hipótese do § 1º deste artigo, nos casos em que a consulta se dê em dia não útil, a intimação será considerada como realizada no primeiro dia útil seguinte.

§ 3º A consulta referida nos §§ 1º e 2º deste artigo deverá ser feita em até 10 (dez) dias corridos contados da data do envio da intimação, sob pena de considerar-se a intimação automaticamente realizada na data do término desse prazo.

§ 4º Em caráter informativo, poderá ser efetivada remessa de correspondência eletrônica, comunicando o envio da intimação e a abertura automática do prazo processual nos termos do § 3º deste artigo, aos que manifestarem interesse por esse serviço.

§ 5º Nos casos urgentes em que a intimação feita na forma deste artigo possa causar prejuízo a quaisquer das partes ou nos casos em que for evidenciada qualquer tentativa de burla ao sistema, o ato processual deverá ser realizado por outro meio que atinja a sua finalidade, conforme determinado pelo juiz.

§ 6º As intimações feitas na forma deste artigo, inclusive da Fazenda Pública, serão consideradas pessoais para todos os efeitos legais.

Nos termos do art. 5º *supra*, os interessados (em regra os advogados) que estiverem credenciados no sistema do PJe-JT serão intimados por meio eletrônico em portal próprio, com dispensa de publicação no Diário Oficial (impresso ou eletrônico), valendo registrar que tais intimações somente serão consideradas realizadas no dia em que o interessado a ser intimado realizar a consulta eletrônica ao teor da intimação, certificando-se nos autos a sua realização. Caso o interessado não realize a consulta, a lei presume que esta foi feita dentro do prazo máximo de dez dias, contados da data do envio da intimação.

É importante notar que a consulta realizada em dia não útil será considerada como efetivada no primeiro dia útil seguinte, o que, na prática, elastece o prazo para a prática do ato processual correspondente.

Valorizando o princípio da efetividade e da segurança do sistema, a lei prevê a possibilidade de o juiz determinar que a prática do ato processual se realize por outro meio diverso do eletrônico quando: houver urgência, puder causar prejuízo a qualquer das partes ou houver tentativa de violação ao próprio sistema eletrônico.

O art. 270 do CPC determina que as "intimações realizam-se, sempre que possível, por meio eletrônico, na forma da lei", aplicando-se ao Ministério Público, à Defensoria Pública e à Advocacia Pública o disposto no § 1º do art. 246 do CPC. Este dispositivo, por sua vez, dispõe: "Com exceção das microempresas e das empresas de pequeno porte, as empresas públicas e privadas são obrigadas a manter cadastro nos sistemas de processo em autos eletrônicos, para efeito de recebimento de citações e intimações, as quais serão efetuadas preferencialmente por esse meio", sendo este § 1º, nos termos do § 2º, ambos do art. 246 do CPC, aplicável "à União, aos Estados, ao Distrito Federal, aos Municípios e às entidades da administração indireta".

Importa ressaltar que o art. 16 da IN n. 39/2016 do TST dispõe sobre a validade da intimação direcionada a advogado não cadastrado no sistema do PJe, nos seguintes termos:

> Para efeito de aplicação do § 5º do art. 272 do CPC, não é causa de nulidade processual a intimação realizada na pessoa de advogado regularmente habilitado nos autos, ainda que conste pedido expresso para que as comunicações dos atos processuais sejam feitas em nome de outro advogado, se o profissional indicado não se encontra previamente cadastrado no Sistema de Processo Judicial Eletrônico, impedindo a serventia judicial de atender ao requerimento de envio da intimação direcionada. A decretação de nulidade não pode ser acolhida em favor da parte que lhe deu causa (CPC, art. 276).

6.5.3. Citações eletrônicas

Diz o art. 6º da Lei n. 11.419/2006:

> Art. 6º Observadas as formas e as cautelas do art. 5º desta Lei, as citações, inclusive da Fazenda Pública, excetuadas as dos Direitos Processuais Criminal e Infracional, poderão ser feitas por meio eletrônico, desde que a íntegra dos autos seja acessível ao citando.

Somente no processo criminal e naqueles processos que envolvam a prática de ato infracional por crianças ou adolescentes é que não será permitida a citação por meio eletrônico.

Como o processo do trabalho não cuida de questões de direito penal, uma vez que a Justiça do Trabalho não tem competência em matéria criminal (*vide* Capítulo V, item 2.1.1.1.10), então nos parece inaplicável na seara trabalhista a exceção contida no art. 6º da Lei n. 11.419/2006.

Nos termos do art. 24 da Resolução CSJT n. 136/2014, no instrumento de notificação ou citação constará indicação da forma de acesso ao inteiro teor da petição inicial no endereço referente à consulta pública do PJe-JT, cujo acesso também será disponibilizado nos sítios do Conselho Superior da Justiça do Trabalho e dos Tribunais Regionais do Trabalho na Rede Mundial de Computadores.

O art. 246, V, do CPC dispõe que a citação será feita:

> (...) V – por meio eletrônico, conforme regulado em lei.

§ 1º Com exceção das microempresas e das empresas de pequeno porte, as empresas públicas e privadas são obrigadas a manter cadastro nos sistemas de processo em autos eletrônicos, para efeito de recebimento de citações e intimações, as quais serão efetuadas preferencialmente por esse meio.

§ 2º O disposto no § 1º aplica-se à União, aos Estados, ao Distrito Federal, aos Municípios e às entidades da administração indireta.

6.5.4. Cartas precatórias, rogatórias e de ordem eletrônicas

O art. 7º da Lei n. 11.419/2006 dispõe:

Art. 7º As cartas precatórias, rogatórias, de ordem e, de um modo geral, todas as comunicações oficiais que transitem entre órgãos do Poder Judiciário, bem como entre os deste e os dos demais Poderes, serão feitas preferentemente por meio eletrônico.

A norma prevê preferência à remessa e ao cumprimento por meio eletrônico das cartas precatórias, rogatórias, de ordem, bem como às correspondências em geral, estas, inclusive, quando dirigidas aos demais Poderes.

Como o preceptivo em causa visa a efetivação dos atos de comunicação inter e intraórgãos públicos, cremos que haverá necessidade de atos regulamentares ulteriores, sendo o convênio, a nosso ver, uma medida importante para aproximar as instituições em prol da celeridade da prestação jurisdicional.

O art. 263 do CPC dispõe que as cartas deverão, preferencialmente, ser expedidas por meio eletrônico, caso em que a assinatura do juiz deverá ser eletrônica, na forma da lei. Neste caso, a carta de ordem e a carta precatória por meio eletrônico conterão, em resumo substancial, os requisitos mencionados no art. 250 do CPC, especialmente no que se refere à aferição da autenticidade.

Prevê o art. 232 do CPC que, nos atos de comunicação por carta precatória, rogatória ou de ordem, a realização da citação ou da intimação será imediatamente informada, por meio eletrônico, pelo juiz deprecado ao juiz deprecante.

6.6. Vantagens e desvantagens do processo judicial eletrônico – *PJe*

Segundo informações colhidas no site do CNJ: "o processo judicial eletrônico, tal como o processo judicial tradicional, em papel, é um instrumento utilizado para chegar a um fim: a decisão judicial definitiva capaz de resolver um conflito. A grande diferença entre um e outro é que o eletrônico tem a potencialidade de reduzir o tempo para se chegar à decisão"[12].

---

12. Disponível em: <http://www.cnj.jus.br/programas-de-a-a-z/sistemas/processo-judicial-eletronico-pje/o-sistema>. Acesso em: 14 dez. 2012.

Eis algumas vantagens[13] que o processo judicial eletrônico pode propiciar para a racionalização e redução do tempo de duração do processo:

- extinção de atividades antes existentes e desnecessárias em um cenário de processo eletrônico (juntadas de petições, baixa de agravos de instrumento, juntadas de decisões proferidas por Cortes especiais ou pelo Supremo Tribunal Federal);
- supressão da própria necessidade de formação de autos de agravo em razão da disponibilidade inerente do processo eletrônico;
- eliminação da necessidade de contagens e prestação de informações gerenciais para órgãos de controle (corregedorias e conselhos);
- o computador passa a realizar tarefas repetitivas antes executadas por pessoas, tais como contagem de prazos processuais e prescricionais;
- deslocamento da força de trabalho dedicada às atividades suprimidas para as remanescentes, aumentando a força de trabalho na área fim;
- execução de tarefas de forma paralela ou simultânea por várias pessoas.

Segundo o CNJ, para se entender a vantagem do PJe, basta "imaginar o Judiciário como um veículo que tem que transportar uma carga de um ponto a outro. A carga seria a decisão judicial, o motor, os magistrados e servidores; e o tempo e o combustível, o custo do processo judicial. Em um processo tradicional, o Judiciário seria um caminhão pesado, gastando mais combustível e levando mais tempo para chegar ao destino porque seu motor tem que mover, além da carga 'útil', a carga do próprio caminhão. No processo eletrônico, o Judiciário seria um veículo de passeio, com um motor mais leve, que consegue levar a carga ao destino mais rápido e com um custo menor"[14].

A partir das experiências relatadas por cada Seccional, a OAB[15] apontou os cinco maiores obstáculos à implantação do processo eletrônico: a infraestrutura deficiente de Internet; dificuldades de acessibilidade; problemas nos sistemas de processo eletrônico; necessidade de melhorias na utilização do sistema; e a falta de unificação dos sistemas de processo eletrônico.

6.6.1. Mudança na gestão material e humana dos órgãos judiciais

O processo eletrônico implica consideráveis *mudanças na gestão material e humana dos órgãos judiciais*, mormente na forma de operacionalizar o processo judicial, exigindo mudanças consideráveis nas rotinas e práticas tradicionais.

---

13. Disponível em: <http://www.cnj.jus.br/programas-de-a-a-z/sistemas/processo-judicial-eletronico-pje/o-sistema>. Acesso em: 14 dez. 2012.
14. Disponível em: <http://www.cnj.jus.br/programas-de-a-a-z/sistemas/processo-judicial-eletronico-pje/o-sistema>. Acesso em: 14 dez. 2012.
15. Disponível em: <http://www.oab.org.br/noticia/25217/oab-aponta-os-cinco-maiores-problemas-do-processo-judicial-eletronico>. Acesso em: 20 nov. 2014.

É preciso, porém, uma atenção redobrada da alta governança dos tribunais no que concerne à prevenção de doenças decorrentes do trabalho realizado por meio de computadores, pois as novas rotinas impostas pelo PJe poderão implicar prejuízos para a saúde dos servidores e magistrados, como a LER/DORT.

Lembra, a propósito, Sebastião Geraldo de Oliveira que:

> O grupo atual das LER/DORT é um exemplo das doenças do trabalho, já que podem ser adquiridas ou desencadeadas em qualquer atividade, sem vinculação direta a determinada profissão. Nas doenças do trabalho, as condições excepcionais ou especiais do trabalho determinam a quebra da resistência orgânica com a consequente eclosão ou exacerbação do quadro mórbido, e até mesmo o seu agravamento[16].

6.6.2. Características do processo judicial eletrônico

O processo judicial eletrônico possui algumas características[17] que o distinguem do processo judicial comum. Ei-las:

- *Ampla publicidade*, pois os autos do processo eletrônico ficam disponíveis na rede mundial de computadores, internet, qualquer pessoa, de qualquer lugar, poderá ver a situação de um processo e ler seu conteúdo na íntegra (desde que não se trate de um processo que tramite em segredo de justiça).
- *Velocidade*, na medida em que o PJe encontra-se em plena sintonia com o princípio da duração razoável do processo (CF, art. 5º, LXXVIII), com nítida economia de tempo com a prática de atos processuais, como citações, intimações etc.
- *Comodidade*, uma vez que a utilização da internet para o conhecimento e prática de atos processuais implica maior comodidade para os usuários. Com efeito, os magistrados poderão despachar em gabinetes virtuais sem necessidade de levar "os autos para casa", e os advogados não precisarão comparecer às Secretarias ou Cartórios para "fazer carga" dos autos.
- *Facilidade de acesso às informações*, porquanto no PJe as informações contidas no processo são facilmente acessadas por qualquer pessoa.
- *Digitalização dos autos*, pois o PJe não utiliza papel como meio físico. Assim, todos os documentos que compõem o caderno processual eletrônico devem ser digitalizados para serem juntados aos autos virtuais.

---

16. OLIVEIRA, Sebastião Geraldo de. *Indenizações por acidente do trabalho ou doença ocupacional.* São Paulo: LTr, 2009. p. 46.
17. SOARES, Tainy de Araújo. Processo judicial eletrônico e sua implantação no Poder Judiciário brasileiro. *Jus Navigandi*, Teresina, ano 17, n. 3307, 21 jul. 2012. Disponível em: <http://jus.com.br/revista/texto/22247>. Acesso em: 13 dez. 2012.

- *Segurança e autenticidade*, na medida em que as informações inseridas no sistema ficam sob a responsabilidade de guarda do setor da Tecnologia da Informação, que tem condições de monitorar a veracidade e autenticidade das informações e dos usuários do sistema.

6.6.3. Guarda dos autos

Os autos do processo judicial tradicional ficam sob a guarda e responsabilidade de quem detém os autos físicos, como o diretor de secretaria, o escrivão, o magistrado, os advogados ou o membro do Ministério Público.

No PJe, a responsabilidade recai sobre quem tem a atribuição de guardar os dados da instituição, ou seja, o pessoal da área de tecnologia da informação. Na verdade, os autos do PJe podem estar em todos os lugares, mas não em qualquer lugar, e sim em lugares apropriados: a tela do computador do magistrado, do servidor, dos advogados, das partes, do Ministério Público, do perito etc. Daí a importância da Tecnologia da Informação, que com o processo judicial eletrônico passará a ser considerada, ao lado dos gabinetes, das secretarias e dos cartórios, uma atividade-fim do Judiciário.

6.6.4. Redistribuição do trabalho

Vários atos processuais que, no processo tradicional, são praticados mecanicamente por servidores de secretarias e cartórios, com o PJe, passarão a ser praticados pelos gabinetes dos magistrados.

Logo, haverá necessidade de remanejamento dos servidores de secretarias e cartórios para os gabinetes dos magistrados. Essa mudança está a demonstrar como o PJe pode propiciar uma melhoria na atividade jurisdicional, já que é lá, nos gabinetes dos magistrados, que repousa a atividade-fim do Judiciário, consistente na prática de atos que justificam a existência da própria Instituição responsável pela distribuição da Justiça.

6.6.5. Tramitação do processo

O PJe dispensa práticas tradicionais na sua tramitação, como a obrigatoriedade de formação de instrumento em recursos como ao agravo de instrumento. Além disso, não há mais uma tramitação linear do procedimento, pois os autos do PJe podem estar em vários lugares ao mesmo tempo, retirando qualquer justificativa para a concessão de prazos privilegiados para alguns litigantes.

6.6.6. Funcionamento ininterrupto da prestação jurisdicional

A possibilidade de peticionamento durante as 24 horas do dia e 7 dias por semana facilita o melhor gerenciamento do tempo de trabalho dos usuários externos e internos do PJe. Noutro falar, o PJe promove o funcionamento ininterrupto do serviço público da prestação jurisdicional.

Além disso, a disponibilidade ininterrupta do sistema viabiliza o trabalho do magistrado, do advogado, do servidor, do membro do Ministério Público em qualquer lugar do mundo e em qualquer horário.

Há, porém, o receio de que os servidores e magistrados venham a trabalhar durante os repousos diários, semanais e anuais, bem como nos feriados e nas férias, o que nos parece inadmissível, especialmente nos sítios da Justiça do Trabalho, porquanto bem sabem os juízes os malefícios que a não desconexão do trabalho pode causar à saúde física e psíquica de qualquer trabalhador.

6.6.7. A facultatividade do processo eletrônico

Nos termos do art. 8º da Lei n. 11.419/2006:

> Os órgãos do Poder Judiciário poderão desenvolver sistemas eletrônicos de processamento de ações judiciais por meio de autos total ou parcialmente digitais, utilizando, preferencialmente, a rede mundial de computadores e acesso por meio de redes internas e externas.
>
> Parágrafo único. Todos os atos processuais do processo eletrônico serão assinados eletronicamente na forma estabelecida nesta Lei.

A lei dispõe que cada órgão do Poder Judiciário "poderá" desenvolver sistema eletrônico de processamento do caderno processual (autos), que pode ser total ou parcialmente virtual. O sistema eletrônico a ser utilizado deverá ser, preferencialmente, o da rede mundial de computadores acessada por meio da internet ou a intranet, sendo certo que todos os atos processuais do processo eletrônico, visando à segurança e à veracidade do sistema, serão assinados eletronicamente.

Sobre a questão da facultatividade do PJe-JT, remetemos o leitor ao item 6.1, *supra*.

6.6.8. Os atos processuais no processo eletrônico

Prescreve o art. 9º da Lei n. 11.419/2006:

> Art. 9º No processo eletrônico, todas as citações, intimações e notificações, inclusive da Fazenda Pública, serão feitas por meio eletrônico, na forma desta Lei.
>
> § 1º As citações, intimações, notificações e remessas que viabilizem o acesso à íntegra do processo correspondente serão consideradas vista pessoal do interessado para todos os efeitos legais.
>
> § 2º Quando, por motivo técnico, for inviável o uso do meio eletrônico para a realização de citação, intimação ou notificação, esses atos processuais poderão ser pra-

ticados segundo as regras ordinárias, digitalizando-se o documento físico, que deverá ser posteriormente destruído.

As citações, intimações e notificações, inclusive as das pessoas jurídicas de direito público e do Ministério Público, serão realizadas por meio eletrônico, desde que: *a*) os destinatários estejam previamente cadastrados nos sistemas eletrônicos dos Tribunais; *b*) os autos virtuais viabilizem o acesso à integra do seu conteúdo, abrangendo petições, documentos, despachos, decisões, laudos periciais, atas de audiências ou sessões etc.

Os §§ 1º e 2º do art. 246 do CPC dispõem que:

- com exceção das microempresas e das empresas de pequeno porte, as empresas públicas e privadas são obrigadas a manter cadastro nos sistemas de processo em autos eletrônicos, para efeito de recebimento de citações e intimações, as quais serão efetuadas preferencialmente por esse meio;
- o disposto no § 1º do art. 246 do CPC aplica-se à União, aos Estados, ao Distrito Federal, aos Municípios e às entidades da administração indireta.

Se, por qualquer motivo técnico, for inviável o uso do meio eletrônico, as citações, intimações e notificações deverão ser realizadas segundo as regras ordinárias, digitalizando-se o respectivo mandado (documento físico), a ser posteriormente destruído.

6.6.9. Distribuição, juntada de petições e prazo

O art. 10 da Lei n. 11.419/2006 diz:

Art. 10. A distribuição da petição inicial e a juntada da contestação, dos recursos e das petições em geral, todos em formato digital, nos autos de processo eletrônico, podem ser feitas diretamente pelos advogados públicos e privados, sem necessidade da intervenção do cartório ou secretaria judicial, situação em que a autuação deverá se dar de forma automática, fornecendo-se recibo eletrônico de protocolo.

§ 1º Quando o ato processual tiver que ser praticado em determinado prazo, por meio de petição eletrônica, serão considerados tempestivos os efetivados até as 24 (vinte e quatro) horas do último dia.

§ 2º No caso do § 1º deste artigo, se o Sistema do Poder Judiciário se tornar indisponível por motivo técnico, o prazo fica automaticamente prorrogado para o primeiro dia útil seguinte à resolução do problema.

§ 3º Os órgãos do Poder Judiciário deverão manter equipamentos de digitalização e de acesso à rede mundial de computadores à disposição dos interessados para distribuição de peças processuais.

O *caput* da regra em apreço prevê a possibilidade automática de distribuição da petição inicial, e de juntada de contestação, recursos e petições em geral, diretamente pelos advogados das partes mediante recibo eletrônico, sem necessidade de intervenção dos servidores do Judiciário. Trata-se de uma "revolução" quanto à prática de ato processual em relação ao processo tradicional, pois a distribuição deixa de ser ato praticado por servidor e passa a ser ato de responsabilidade do advogado.

O art. 285 do CPC dispõe:

> Art. 285. A distribuição, que poderá ser eletrônica, será alternada e aleatória, obedecendo-se rigorosa igualdade.
>
> Parágrafo único. A lista de distribuição deverá ser publicada no Diário de Justiça.

Há uma ampliação do prazo para a prática dos atos processuais, na medida em que eles serão considerados tempestivos se efetivados até as 24 horas do último dia do prazo (§ 1º do art. 10 da Lei n. 11.419/2006). Se, por motivo técnico, o sistema do Poder Judiciário se encontrar indisponível, o prazo para a prática do ato processual será automaticamente prorrogado para o primeiro dia útil seguinte à resolução do problema, nos termos do § 2º do art. 24 da IN TST n. 30/2007.

Acerca da ampliação do prazo no PJe, colecionamos o seguinte julgado:

> EMBARGOS DE DECLARAÇÃO. PETIÇÃO ELETRÔNICA. INDISPONIBILIDADE DO SISTEMA. 1. Somente quando o ato processual tiver que ser praticado em determinado prazo, por meio de petição eletrônica, nos autos de processo eletrônico, é que se aplica a regra do § 2º, do art. 10, da Lei n. 11.419/2006. 2. No caso do processo eletrônico, há uma prorrogação do prazo para a prática dos atos processuais, na medida em que eles serão considerados tempestivos se efetivados até as 24 horas do último dia do prazo e, somente nesses casos, se, por motivo técnico, o sistema do Poder Judiciário se encontrar indisponível, o prazo para a prática do ato processual será automaticamente prorrogado para o primeiro dia útil seguinte à resolução do problema (TRT 17ª R., ED 0070800-66.2010.5.17.0014, Rel. Des. Carlos Henrique Bezerra Leite, *DEJT* 23-5-2012).

A interpretação sistemática do *caput* e do § 3º do art. 10 da Lei n. 11.419/2006 autoriza dizer que as peças processuais, em geral, poderão ser digitalizadas e enviadas diretamente pelos próprios interessados, por meio de seus respectivos advogados. Todavia, os órgãos do Poder Judiciário têm o dever de manter equipamentos de digitalização e de acesso à rede mundial de computadores à disposição dos interessados.

CAPÍTULO IX
Nulidades Processuais

1. CONCEITO

Durante muito tempo, persistiu a ideia de que a falta de alguma formalidade dos atos processuais implicava a nulificação de todo o processo. Era o chamado sistema legalista ou formalista. Na fase da instrumentalidade do processo, passou-se a mitigar o rigor das formalidades dos atos e termos do processo e, consequentemente, das nulidades processuais. No atual sistema processual, isto é, no paradigma do Estado Democrático de Direito, passou-se a observar os fins sociais do processo, evitando-se, assim, declarar sua nulidade, mormente nos casos em que a ausência de alguma formalidade não provoque prejuízo para o direito das partes. Daí falar-se em sistema teleológico das nulidades.

O próprio art. 188 do CPC dispõe que os atos e os termos processuais independem de forma determinada, salvo quando a lei expressamente a exigir, considerando-se válidos os que, realizados de outro modo, preencham-lhe a finalidade essencial.

A lei não define a nulidade do ato processual, o que deixa à doutrina a tarefa de conceituá-la. À luz da teoria civilista, diz-se, comumente, que a nulidade de um ato ocorre quando lhe falta algum requisito que a lei prescreve como necessário para a sua validade.

Do ponto de vista do direito processual, a nulidade de um ato processual deve levar em conta o estado em que ele se encontra em determinada fase do processo e que pode privá-lo de produzir seus próprios efeitos ou destituir os efeitos de outros atos já produzidos.

É importante destacar que, diferentemente do direito material não penal, atos processuais, no processo civil ou trabalhista, embora nulos, produzem efeitos, sendo, portanto, necessária a interposição de recurso ou, quando cabível, o ajuizamento de ação própria para que cessem tais efeitos.

Nesse sentido, advertem Marinoni e Mitidiero:

> Não existem nulidades de pleno direito no processo civil, porquanto toda invalidade processual deve ser decretada pelo juiz. Até a manifestação jurisdicional, o ato pode ser desconforme ao seu modelo legal, mas jamais se pode dizê-lo

nulo. Todos os atos processuais são válidos e eficazes até que se decretem as suas invalidades[1].

Essa lição doutrinária é perfeitamente aplicável ao processo do trabalho, máxime em função do princípio da simplicidade que lhe é inerente. Exemplifica-se com o ato processual mais importante do processo, que é a sentença definitiva transitada em julgado. Se ela for proferida por juiz impedido ou juízo absolutamente incompetente (CPC, art. 966, II), embora juridicamente nula, goza de plena validade e eficácia até que seja desconstituída por outra decisão judicial (acórdão) proferida em sede de ação rescisória.

2. PRINCÍPIOS DAS NULIDADES PROCESSUAIS

Cabe advertir, de início, que o processo do trabalho contempla um capítulo próprio dedicado às nulidades processuais (arts. 794 a 798 da CLT), em função do que as normas do CPC somente ser-lhe-ão aplicadas subsidiariamente e, assim mesmo, desde que não contrariem os seus princípios peculiares.

Pode-se dizer que o sistema processual trabalhista de nulidades é regido por normas (princípios e regras) que levam em conta, sobretudo, as especificidades e institutos peculiares desse ramo especializado. Entretanto, é preciso lembrar que o nosso sistema processual, civil ou trabalhista, "foi pensado e construído para que não se decretem invalidades"[2]. Em outros termos, não há nulidade processual a ser decretada: se os fins de justiça do processo forem alcançados; se for realizada a finalidade do ato processual; se não houver manifesto prejuízo às partes.

2.1. Princípio da instrumentalidade das formas

Princípio da instrumentalidade das formas[3], também chamado de princípio da finalidade, considera que quando a lei prescrever determinada forma para o ato processual, sem cominar nulidade, o juiz considerará válido o ato se, realizado de outro modo, alcançar a sua finalidade.

O CPC, em seus arts. 188 e 277, consagra o princípio da instrumentalidade, nos seguintes termos:

---

1. MARINONI, Luiz Guilherme; MITIDIERO, Daniel. *Código de Processo Civil:* comentado artigo por artigo. São Paulo: Revista dos Tribunais, 2008. p. 239.
2. Idem, ibidem, p. 239.
3. Remetemos o leitor ao Capítulo XIX, item 6.2.1.

> Art. 188. Os atos e os termos processuais independem de forma determinada, salvo quando a lei expressamente a exigir, considerando-se válidos os que, realizados de outro modo, lhe preencham a finalidade essencial.
>
> Art. 277. Quando a lei prescrever determinada forma, o juiz considerará válido o ato se, realizado de outro modo, lhe alcançar a finalidade.

Este princípio também é encampado pelo direito processual do trabalho, como se infere da interpretação sistemática e teleológica dos arts. 795, 796, *a*, e 798 da CLT, *in verbis*:

> Art. 795. As nulidades não serão declaradas senão mediante provocação das partes, as quais deverão argui-las à primeira vez em que tiverem de falar em audiência ou nos autos.
>
> Art. 796. A nulidade não será pronunciada:
>
> *a)* quando for possível suprir-se a falta ou repetir-se o ato (...)
>
> Art. 798. A nulidade do ato não prejudicará senão os posteriores que dele dependam ou sejam consequência.

Sobre princípio da instrumentalidade das formas, colhemos o seguinte julgado:

> AGRAVO DE INSTRUMENTO EM RECURSO DE REVISTA REGIDO PELA LEI N. 13.015/2014. DEPÓSITO RECURSAL. GFIP. AUSÊNCIA DE AUTENTICAÇÃO MECÂNICA. PAGAMENTO ELETRÔNICO. COMPROVANTE DE PAGAMENTO. PRESENÇA DE ELEMENTOS IDENTIFICADORES. PRINCÍPIO DA INSTRUMENTALIDADE DAS FORMAS. DESERÇÃO NÃO CARACTERIZADA. A Presidência do Tribunal Regional considerou deserto o recurso de revista da Reclamada, ao fundamento de que o depósito recursal foi efetuado através da Guia de Depósito Judicial Trabalhista e não da Guia GFIP. Entretanto, verifica-se que, no caso dos autos, houve o devido recolhimento do depósito recursal, mediante guia própria (GFIP), atestado por comprovante de pagamento eletrônico, no prazo alusivo ao recurso de revista. Insta salientar a necessária observância dos princípios da razoabilidade, da instrumentalidade e da finalidade dos atos processuais que impede o excesso de rigor e formalismo para a prática do ato processual, se a lei assim não dispõe e se foi atingida a finalidade do ato. Assim, existindo elementos que vinculem os valores recolhidos a título de depósito recursal à demanda, é suficiente o comprovante de pagamento, efetuado por meio de pagamento eletrônico, não havendo que se falar em deserção do recurso de revista. Afastado o óbice apontado pelo Tribunal Regional para denegar seguimento ao recurso de revista e atendidos os demais pressupostos extrínsecos, passa-se à análise imediata dos seus pressupostos intrínsecos, nos termos da OJ n. 282 SDI-1/TST (...) (TST-AIRR 11633-32.2015.5.15.0004, 5ª T., Rel. Min. Douglas Alencar Rodrigues, *DEJT* 1º-7-2019).

2.2. Princípio do prejuízo ou da transcendência

O princípio do prejuízo, também chamado de princípio da transcendência[4], está intimamente ligado ao princípio da instrumentalidade das formas. Segundo o princípio em tela não haverá nulidade processual sem prejuízo manifesto às partes interessadas.

O princípio do prejuízo é inspirado no sistema francês (*pas de nullité sans grief*), sendo certo que o art. 794 da CLT o alberga, explicitamente, ao prescrever: "Nos processos sujeitos à apreciação da Justiça do Trabalho só haverá nulidade quando resultar dos atos inquinados manifesto prejuízo às partes litigantes".

Importa assinalar que o prejuízo referido no preceptivo em causa é de natureza processual, isto é, não se cogita, aqui, de prejuízo material, financeiro, econômico ou moral decorrente do conflito de direito material.

O § 1º do art. 282 do CPC dispõe que o ato, ainda que nulo, não será repetido nem sua falta será suprida quando não prejudicar a parte.

O parágrafo único do art. 283 do CPC é expresso ao dispor que: "Dar-se-á o aproveitamento dos atos praticados desde que não resulte prejuízo à defesa de qualquer parte".

Assim, por exemplo, se a parte notificada citatoriamente por edital comparece espontaneamente à audiência e apresenta sua defesa sem alegação de vício de citação, não poderá depois alegar nulidade por não ter sido citada regularmente, pois não houve prejuízo para o seu direito de defesa.

Se o empregador-recorrente suscita preliminar de nulidade da sentença por negativa de prestação jurisdicional e o tribunal verifica que, no mérito, a ação é improcedente, deixa de declarar a nulidade por inexistência de prejuízo ao recorrente (CPC, art. 282, § 2º).

A respeito do princípio do prejuízo ou da transcendência, invocamos alguns julgados:

> AGRAVO DE INSTRUMENTO. RECURSO DE REVISTA. PRELIMINAR DE NULIDADE POR CERCEAMENTO DE DEFESA. CARTA PRECATÓRIA. DEVOLUÇÃO. TESTEMUNHA NÃO LOCALIZADA. DECISÃO DENEGATÓRIA. MANUTENÇÃO. Segundo o princípio do prejuízo ou da transcendência, inserido no art. 794 da CLT, na Justiça do Trabalho somente haverá nulidade quando resultar dos atos inquinados manifesto prejuízo processual aos litigantes. Não há como assegurar o processamento do recurso de revista quando o agravo de instrumento interposto não desconstitui os fundamentos da decisão denegatória, que subsiste por seus próprios fundamentos. Agravo de instrumento desprovido (TST-AIRR 68641-

4. Princípio da transcendência não se confunde com transcendência de matéria como requisito de admissibilidade do recurso de revista (CLT, art. 896-A). Remetemos o leitor ao Capítulo XIX, item 6.2.3, e Capítulo XX, item 3.2.2.4.

49.2008.5.03.0067, 3ª T., Rel. Min. Mauricio Godinho Delgado, *DEJT* 15-3-2013).

NULIDADE PROCESSUAL. AUSÊNCIA DE INTIMAÇÃO DO RECLAMANTE. ERRO DE PROCEDIMENTO. PRINCÍPIO DA TRANSCENDÊNCIA. PREJUÍZO CONFIGURADO. De acordo com o princípio da transcendência, ligado umbilicalmente ao princípio da instrumentalidade das formas, não haverá nulidade sem prejuízo manifesto às partes litigantes. Entretanto, existente o erro de procedimento ou de julgamento que resulte em prejuízo à parte processual, impõe-se a anulação dos atos que não podem ser aproveitados, a fim de que se observe o procedimento legal, nos termos do art. 794, da CLT (TRT 3ª R., RO 0010122-37.2018.5.03.0033, Rel. Juiz Conv. Vitor Salino de Moura Eca, 8ª T. *DEJT* 19-9-2018).

2.3. Princípio da preclusão ou convalidação

O princípio da convalidação, também conhecido como princípio da preclusão[5], está consagrado no art. 795 da CLT, segundo o qual "as nulidades não serão declaradas senão mediante provocação das partes, as quais deverão argui-las à primeira vez em que tiverem de falar em audiência ou nos autos".

Tem-se entendido que a oportunidade para a parte arguir a nulidade em audiência encerra-se com a apresentação das razões finais. Isto porque, como é cediço, a audiência trabalhista é, *de lege lata*, sempre una – embora na prática forense isso, geralmente, não ocorra.

Se a parte não suscitar a nulidade na primeira oportunidade que tiver para falar em audiência ou nos autos, haverá a convalidação do ato, ou seja, o ato anteriormente nulo passa à condição de ato válido, caso em que estará precluso o direito de a parte, novamente, vir a alegar a nulidade do ato.

Consagrou-se, na prática processual trabalhista, o famoso "protesto nos autos", mediante registro na ata de audiência. Trata-se de um costume processual adotado pelas partes, geralmente representadas por advogados, para evitar a preclusão.

O princípio da convalidação só é aplicável às nulidades relativas, que são aquelas que dependem de provocação da parte interessada. Dito de outro modo, o princípio da convalidação ou preclusão não se aplica às nulidades absolutas ou quando a parte provar legítimo impedimento para a prática do ato. Nesse sentido, aliás, dispõe o parágrafo único do art. 278 do CPC, segundo o qual não se aplica a preclusão "às nulidades que o juiz deva decretar de ofício, nem prevalece a preclusão provando a parte legítimo impedimento". É o que ocorre, por exemplo, com as hipóteses previstas nos arts. 233, § 1º, 485, § 3º, 337, § 5º, 342, II, e 507 do CPC.

5. Sobre princípios da preclusão e convalidação, *vide* Capítulo I, item 5.5.7, e Capítulo XIX, itens 6.2.2 e 6.2.5.

É importante notar que o § 1º do art. 795 da CLT prescreve que deverá ser declarada *ex officio* a nulidade fundada em "incompetência de foro" e, em tal caso, "serão considerados nulos os atos decisórios".

A expressão "incompetência de foro" padece da boa técnica legislativa, razão pela qual devemos nos socorrer da interpretação lógica do texto legal, pois, do contrário, isto é, se nos valermos da interpretação gramatical ou literal, estaríamos dizendo que a incompetência territorial, que é relativa, deverá ser decretada de ofício.

De tal modo que por "foro" deve-se entender a jurisdição, ou seja, o "foro trabalhista", o "foro civil", o "foro penal" ou a matéria, isto é, a "matéria civil", a "matéria penal", a "matéria administrativa" etc. Assim, a ação ajuizada por servidor regido por estatuto próprio da Administração Pública pleiteando vantagem de natureza estatutária (p. ex.: anuênio) implica a "incompetência de foro" da Justiça do Trabalho, pois esta não possui competência, seja em razão da matéria, seja em razão da pessoa, para julgar a lide (STF, ADI n. 3.395). Vale dizer, o "foro" competente, *in casu*, é a Justiça comum, para onde o juiz do trabalho deverá, declarando fundamentadamente sua incompetência absoluta (decisão interlocutória), remeter os autos (CLT, art. 795, § 2º).

Acerca do princípio da preclusão, colacionamos algumas ementas:

> AGRAVO INTERNO. RECURSO EXTRAORDINÁRIO. PRINCÍPIO DA PRECLUSÃO. A ausência de impugnação do acórdão da Turma no momento processual adequado ocasiona a preclusão da oportunidade de recorrer, impossibilitando que a parte, após denegado o recurso extraordinário de outra integrante do polo passivo, interponha agravo interno em face da referida decisão. Neste contexto, o não conhecimento do presente agravo é medida que se impõe, e sendo constatado o caráter inadmissível do apelo, aplica-se a multa prevista no § 4º do art. 1.021 do CPC. Agravo interno não conhecido, com aplicação de multa (TST – Ag-AIRR 2129002320095020038, Rel. Min. Renato de Lacerda Paiva, Órgão Especial, *DEJT* 9-4-2019).
>
> PRECLUSÃO LÓGICA. Se o reclamante na inicial requer a exclusão da lide do sócio da empresa executada, reconhecendo que este, embora conste da composição societária da empresa, era, na verdade, empregado da empresa e não sócio de fato e, em agravo de petição, requer a penhora de salário do mesmo sócio para a satisfação da execução, o presente ato processual encontra-se em contradição com o ato anteriormente praticado, ofendendo a lógica do comportamento das partes, aflorando, *in casu*, a preclusão lógica (TRT 17ª R., AP 0029200-75.1999.5.17.0006, 2ª T., Rel. Des. Carlos Henrique Bezerra Leite, *DEJT* 9-11-2010).

2.4. Princípio da economia e celeridade processuais

O princípio da economia processual está implicitamente contido no art. 796, *a*, da CLT, segundo o qual a nulidade não será pronunciada quando for possível suprir-se a falta ou repetir-se o ato. Este princípio está intimamente ligado ao princípio da celeridade processual, segundo o qual o processo deve ser o mais rápido possível, pois justiça tardia é injustiça manifesta.

À luz do princípio da economia processual, se o réu comparece irregularmente representado por preposto não portador da carta de preposição, o juiz deverá, com base no art. 76 do CPC[6], subsidiariamente aplicado ao processo do trabalho (CLT, art. 769; CPC, art. 15), suspender o processo e determinar prazo razoável para ser sanado o vício e se o réu não cumprir a determinação judicial será considerado revel. A única adaptação que se faz necessária para a aplicação supletiva da referida regra do CPC ao processo do trabalho repousa, a nosso ver, na desnecessidade de suspensão do processo para que o defeito seja sanado. Vale dizer, o juiz pode, *in casu*, determinar, com base nos princípios da economia e celeridade, que a parte regularize a representação sem, no entanto, suspender o processo.

Segundo nos parece, o princípio da economia processual está consagrado também no art. 797 da CLT, bem como no art. 282 do CPC.

Com efeito, se, ao pronunciar a nulidade, o juiz deve declarar os atos a que ela se estende, é óbvio que, por economia (e celeridade) processual, declarará, também, explícita ou implicitamente, os atos válidos que serão aproveitados.

Sobre princípios da economia e celeridade processuais, trazemos a lume o seguinte aresto:

> RECURSO DE REVISTA. NULIDADE DO ACÓRDÃO REGIONAL POR NEGATIVA DE PRESTAÇÃO JURISDICIONAL. 1 – No que se refere aos temas "INDENIZAÇÃO POR DANOS MORAIS", "DOBRA DE FÉRIAS", "INTEGRAÇÃO DA PREVIDÊNCIA PRIVADA" e "COMPENSAÇÃO", o Tribunal Regional apreciou, detida e fundamentadamente, toda a matéria devolvida, pelo que não há falar em negativa de prestação jurisdicional. 2 – Quanto ao tema "NULIDADE DO PEDIDO DE DEMISSÃO. AUSÊNCIA DE HOMOLOGAÇÃO SINDICAL", com fundamento no art. 249, § 2º, do CPC/73 (art. 282, § 2º, do CPC/15), e observando os princípios da economia processual e da instrumentalidade das formas, deixo de analisar a nulidade arguida, em face da possibilidade de julgamento em favor da parte a quem aproveitaria a declaração de nulidade. Recurso de revista não conhecido (...) (TST-RR 15551320105150114, Rel. Min. Márcio Eurico Vitral Amaro, 8ª T., *DEJT* 14-12-2018).

2.5. Princípio do interesse

A parte tem o direito de demonstrar manifesto prejuízo ao seu direito de demandar em juízo, mas somente estará autorizada a arguir a nulidade do ato se, e somente se, não concorreu direta ou indiretamente para a ocorrência da irregularidade.

---

6. De acordo com o art. 3º, I, da IN n. 39/2016 do TST, é aplicável ao processo do trabalho o art. 76, §§ 1º e 2º (saneamento de incapacidade processual ou de irregularidade de representação).

Trata-se, pois, do princípio do interesse (ou da proibição do *nemo allegans propriam turpitudinem auditur*), que está previsto no art. 796, *b*, da CLT, segundo o qual a nulidade do ato processual não será pronunciada quando arguida por quem lhe tiver dado causa. Dito de outro modo, quem causou a nulidade processual não pode argui-la posteriormente.

No mesmo sentido, dispõe o art. 276 do CPC: "Quando a lei prescrever determinada forma sob pena de nulidade, a decretação desta não pode ser requerida pela parte que lhe deu causa".

O princípio do interesse, portanto, constitui postulado ético do processo e corolário do princípio da boa-fé (CPC, art. 5º), o qual não admite que alguém obtenha vantagem valendo-se de sua própria torpeza. Dito de outro modo, nenhum participante do processo poderá postular decretação de sua invalidade se ele mesmo lhe deu causa, pois, ao "praticar o ato viciado, a parte vê logicamente preclusa a possibilidade de alegar vício a que deu causa (preclusão lógica)"[7].

O princípio do interesse é reconhecido na seguinte ementa:

> PRELIMINAR DE NULIDADE DA SENTENÇA. Para efeito de eficácia da nulidade arguida, mister concorram as seguintes condições: (i) que os atos inquinados de nulos tenham resultado em manifesto prejuízo à parte (CLT, art. 794); (ii) que não seja possível se suprir a falta ou se repetir o ato, e (iii) que a nulidade não seja arguida por quem lhe tiver dado causa (CLT, art. 796, *a* e *b*). Não verificado cerceamento de defesa ou prejuízo, fica afastada a nulidade. PRESCRIÇÃO. O inc. XXIX do art. 7º da Constituição Federal prevê que o empregado terá o prazo de cinco anos (desde a lesão) para reclamar seus direitos, se o contrato de trabalho estiver em curso. Extinto o contrato, o prazo é reduzido para dois anos, enquanto corolário lógico-jurídico. Consoante o que dispõe a Súmula 268 do TST, a prescrição é interrompida quando da propositura de Reclamação Trabalhista em relação aos idênticos pedidos, sendo as demais pretensões abarcadas pela prescrição. ACÚMULO DE FUNÇÃO. INÉPCIA. DESVIO DE FUNÇÃO. REFLEXOS. Afasta-se a extinção do processo sem resolução de mérito em relação ao acúmulo funcional, e, prosseguindo no julgamento, deferem-se diferenças salariais com reflexos. Recurso do Reclamado conhecido e parcialmente provido. Recurso adesivo do Reclamante conhecido e parcialmente provido (TRT 10ª R., RO 00008714920165100104, Rel. Des. José Leone Cordeiro Leite, 3ª T., *DEJT* 19-12-2018).

2.6. Princípio da utilidade

O princípio da utilidade processual, que possui nítida aproximação com o princípio do prejuízo (ou transcendência) já examinado no item 3.2 *supra*, constitui coro-

7. MARINONI, Luiz Guilherme; MITIDIERO, Daniel. *Código de Processo Civil*..., cit., p. 239.

lário do princípio da economia processual e está consagrado literalmente no art. 798 da CLT, que diz: "A nulidade do ato não prejudicará senão os posteriores que dele dependam ou sejam consequência".

Semelhantemente, o CPC consagra o princípio em tela no art. 281:

> Anulado o ato, consideram-se de nenhum efeito todos os subsequentes que dele dependam, todavia, a nulidade de uma parte do ato não prejudicará as outras que dela sejam independentes.

Segundo o princípio da utilidade, devem-se aproveitar ao máximo os atos processuais posteriores, desde que estes não sofram reflexos da nulidade decretada judicialmente. De tal arte, os atos válidos anteriores à decretação de nulidade não são alcançados, nem aqueles que dela sejam independentes.

A lógica do sistema processual, portanto, reside no máximo aproveitamento e conservação dos atos processuais já praticados no processo. De tal modo, não havendo efetiva incompatibilidade entre a decretação de invalidade e a subsistência dos atos subsequentes, estes são considerados válidos e eficazes. De igual modo, sendo o ato processual decomponível, "é possível que qualquer parte juridicamente separável da parte nula seja considerada válida"[8].

Para ilustrar a aplicação do princípio da utilidade, colhe-se o seguinte julgado:

> AGRAVO. AGRAVO DE INSTRUMENTO. RECURSO DE REVISTA. NULIDADE PROCESSUAL. PRINCÍPIO DA UTILIDADE. A nulidade é medida extrema e que só deve ser acatada quando demonstrado patente prejuízo à parte, o que não se verifica na presente hipótese, tendo em vista os meios recursais utilizados pela reclamada para mudar o que restou decidido na origem. A efetividade do processo é assegurada entre outros pelo princípio da utilidade da prática dos atos processuais. No presente caso, a declaração de nulidade não se mostra útil e contraria o que informa o art. 5º, LXXVII, da CF/88 (...) (TST-Ag-AIRR 161100-18.2012.5.17.0010, 2ª T., Rel. Min. Maria Helena Mallmann, *DEJT* 9-3-2018).

Outro modo de aplicação do princípio da utilidade processual reside no art. 282, § 2º, do CPC, segundo o qual: "Quando puder decidir do mérito a favor da parte a quem aproveite a decretação da nulidade, o juiz não a pronunciará nem mandará repetir o ato ou suprir-lhe a falta". Nesse sentido:

> I – AGRAVO DE INSTRUMENTO DO RECLAMANTE. RECURSO DE REVISTA INTERPOSTO SOB A ÉGIDE DAS LEIS NS. 13.015/2014 E 13.105/2015 E ANTES

8. MARINONI, Luiz Guilherme; ARENHART, Sérgio Cruz; MITIDIERO, Daniel. *Novo Código de Processo Civil comentado*. São Paulo: Revista dos Tribunais, 2015. p. 294.

DA VIGÊNCIA DA LEI N. 13.467/2017 – PROVIMENTO. 1. NULIDADE. NEGATIVA DE PRESTAÇÃO JURISDICIONAL. Preliminar que se deixa de examinar, com base no art. 282, § 2º, do CPC. 2. NULIDADE DA SENTENÇA. PROVA EMPRESTADA. AUSÊNCIA DE PARTICIPAÇÃO DO LITIGANTE INTERESSADO. Diante de potencial violação do art. 5º, LV, da Carta Magna, merece processamento o recurso de revista. Agravo de instrumento conhecido e provido. II – RECURSO DE REVISTA INTERPOSTO SOB A ÉGIDE DAS LEIS NS. 13.015/2014 E 13.105/2015 E ANTES DA VIGÊNCIA DA LEI N. 13.467/2017. NULIDADE DA SENTENÇA. PROVA EMPRESTADA. AUSÊNCIA DE PARTICIPAÇÃO DO LITIGANTE INTERESSADO. 1.1. O indeferimento de pedido de produção de prova é legítimo se encontrar lastro no estado instrutório dos autos ou mesmo se for inútil para a demonstração do fato pretendido. 1.2. Configura-se, porém, o cerceamento de defesa, o acolhimento de prova oral como prova emprestada, sem anuência de ambas as partes, colhida em processo que não contou com a participação de nenhum dos litigantes interessados. Recurso de revista conhecido e provido (TST-RR 114964420165030135, Rel. Min. Alberto Luiz Bresciani de Fontan Pereira, 3ª T., *DEJT* 12-4-2019).

O princípio da utilidade ora focalizado não se confunde com o princípio da utilidade da execução para o credor (*vide* Capítulo XXIII, item 13.4).

3. ATOS PROCESSUAIS NULOS, ANULÁVEIS E INEXISTENTES

É preciso não confundir as nulidades no direito processual com as nulidades previstas no direito material. No direito civil, há os atos nulos e os atos anuláveis, enquanto no direito do trabalho, muito embora haja cizânia doutrinária no tocante aos atos anuláveis, o art. 9º da CLT declara nulos os atos praticados com o objetivo de impedir, fraudar ou desvirtuar os preceitos e normas de natureza trabalhista. Já no direito processual civil ou trabalhista, os atos processuais que contenham irregularidades, defeitos ou vícios podem ser nulos, anuláveis ou inexistentes.

Da mesma forma que os atos jurídicos em geral podem conter irregularidades ou vícios que contaminam ou podem contaminar a sua validade, os atos processuais também podem conter irregularidades, vícios ou defeitos que os tornam nulos ou anuláveis.

As irregularidades ou vícios processuais são classificados segundo a gravidade que representam para o processo. Assim, de acordo com as consequências que acarretam para o processo, temos quatro grupos de vícios processuais:

a) Meras irregularidades sem consequências processuais

Alguns atos processuais podem não se revestir das formalidades legais, mas não trazem consequência alguma para a validade do processo. Por exemplo, o art.

770 da CLT dispõe que os "atos processuais serão públicos salvo quando o contrário determinar o interesse social, e realizar-se-ão nos dias úteis das 6 (seis) às 20 (vinte) horas". Se a audiência ou sessão do tribunal terminar depois das 20 (vinte) horas, por exemplo, haverá mera irregularidade sem consequência para a validade do processo.

b) Irregularidades com sanções extraprocessuais

Alguns atos praticados sem observância de algum requisito legal geram apenas sanções fora do processo (geralmente, de ordem disciplinar), como é o caso do juiz que retarda, sem justificativa, a prática de algum ato (CPC, art. 143, II).

c) Irregularidades que acarretam nulidades processuais

Há, aqui, uma consequência processual de acordo com a gravidade da nulidade, que, por isso mesmo, pode ser relativa ou absoluta, como veremos no item 3.1 *infra*.

d) Irregularidades que acarretam a inexistência do ato processual

A sentença sem assinatura do juiz ou por juiz aposentado (ato de aposentadoria publicado no *Diário Oficial*), segundo entendimento quase unânime, é ato processual inexistente.

3.1. Nulidade absoluta e nulidade relativa do ato processual

A nulidade absoluta ocorre quando determinado ato fere norma de ordem pública, portanto indisponível pelas partes. Esta espécie de nulidade pode comprometer a validade total ou parcial do processo e não se sujeita, em princípio, à preclusão. Exemplifica-se com a incompetência absoluta. Se a sentença for proferida por juiz absolutamente incompetente, a consequência será a nulidade da sentença por ausência de pressuposto processual de validade da relação processual. Tal nulidade é tão grave que pode (e deve) ser decretada, de ofício, no mesmo processo (CPC, art. 377, § 5º), ou empolgar ação rescisória (CPC, art. 966, II).

Já a nulidade relativa corresponde a um vício sanável, porquanto decorrente de ato praticado no interesse da parte. Vale dizer, há um vício no ato praticado, mas ele pode ser convalidado por ação ou omissão da parte.

A nulidade relativa depende de provocação do interessado, uma vez que não pode ser pronunciada *ex officio*. A incompetência relativa, por exemplo, constitui um vício sanável, na medida em que pode ser prorrogada se o réu, nos termos do art. 800 da CLT, não oferecer exceção de incompetência. Dito doutro modo, se o réu não oferecer exceção de incompetência territorial no momento próprio, o vício da incompatibilidade relativa estará sanado automaticamente pela omissão do réu, e o processo prosseguirá normalmente.

É importante lembrar as pertinentes observações de Luiz Guilherme Marinoni, no sentido de que a invalidade processual:

> é o resultado de uma apreciação judicial a respeito da relevância de determinada infração à forma de um ato processual. Não existem nulidades de pleno direito em

processo civil, porquanto toda invalidade processual deve ser decretada pelo juiz. Até a manifestação jurisdicional, o ato pode ser desconforme ao seu modelo legal, mas jamais se pode dizê-lo nulo. Todos os atos processuais são válidos e eficazes até que se decretem as suas invalidades[9].

Em outras palavras, qualquer nulidade processual depende sempre de decretação judicial, pois o nosso sistema processual permite o trânsito em julgado de sentença inválida. É dizer, o ordenamento jurídico brasileiro reconhece a coisa julgada decorrente de sentença absolutamente nula, cujo exemplo mais expressivo é o da sentença proferida por juiz impedido ou juízo absolutamente incompetente (CPC, art. 966, II).

3.2. Ato processual inexistente

No que concerne aos atos processuais inexistentes, ou melhor, juridicamente inexistentes, não há sequer necessidade de ação rescisória, pois a parte poderá valer-se da ação declaratória de inexistência de ato processual (*querela nullitatis*).

Uma sentença é inexistente, portanto passível de invalidação, quando não observado um pressuposto processual de existência no processo em que ela foi prolatada, tal como ocorre no processo em que a citação foi considerada inexistente, como se vê do seguinte aresto:

> AÇÃO DECLARATÓRIA DE NULIDADE DE SENTENÇA POR INEXISTÊNCIA DE CITAÇÃO. A ação declaratória de nulidade ou *querela nullitatis* é o remédio processual eficaz para invalidar sentença após o trânsito em julgado em processo em que o réu não foi citado (TRT 17ª R., 0107500-19.2011.5.17.0010, Rel. Des. Cláudio Armando Couce de Menezes, *DEJT* 15-8-2012).

Reconhece-se, assim, que, sem um pronunciamento judicial, até mesmo os atos processuais inexistentes produzem efeitos e se sujeitam à preclusão quando não forem submetidos à apreciação jurisdicional. Dito doutro modo, um ato processual somente será considerado inexistente por meio de decisão judicial.

9. MARINONI, Luiz Guilherme; MITIDIERO, Daniel. *Código de Processo Civil*..., cit., p. 238.

CAPÍTULO X
Partes e Procuradores

1. SUJEITOS DO PROCESSO E SUJEITOS DA LIDE

A expressão "sujeitos do processo" possui significado mais abrangente do que "sujeitos da lide ou da demanda".

Os sujeitos da lide são os titulares da relação de direito material que figuram como partes no conflito de interesses deduzido em juízo. Nesse sentido, todos os que participam do contraditório são sujeitos da lide. Nem sempre coincidem os sujeitos da lide com os sujeitos do processo. No caso de substituição processual, por exemplo, o substituto é sujeito do processo (e da ação), e o trabalhador substituído processualmente é o sujeito de direito material (ou da lide).

Os principais sujeitos do processo são:

- as *partes* (autor e réu) – como o próprio termo está a dizer, parte é sempre parcial, pois tem interesse jurídico em sair vencedora na lide; logo, as partes são sujeitos do processo e sujeitos da lide. Os terceiros intervenientes também são sujeitos do processo e da lide.
- o *juiz* – como representante do Estado é sujeito do processo cujo papel é compor o conflito com imparcialidade e justiça, fazendo atuar o ordenamento jurídico. O juiz é, pois, sujeito (desinteressado) do processo no que concerne à pretensão deduzida pelas partes; logo, ele não é sujeito da lide.

Há, no entanto, outras pessoas que também atuam no processo, praticando atos processuais, mas não têm qualquer interesse (jurídico) na lide. São também sujeitos do processo os auxiliares da Justiça, que podem ser *permanentes* (p. ex.: distribuidor, secretário de audiência, oficial de justiça), *eventuais* (p. ex.: peritos, tradutores, intérpretes e outros) e *terceiros* (p. ex.: testemunhas, licitantes e outros).

Há, ainda, outros sujeitos que atuam no processo, incluído o do trabalho, representando as partes, como os advogados (CLT, art. 791, §§ 1º e 2º), e o Ministério Público do Trabalho, que pode atuar em nome próprio como órgão agente (substituto processual ou legitimado autônomo para a condução do processo) na defesa da ordem jurídica, do regime democrático e dos interesses metaindividuais, difusos, coletivos, sociais e individuais homogêneos ou indisponíveis (CF, art. 127; LC n. 75/93, art. 83;

Lei n. 7.347/85) ou como órgão interveniente (*fiscal do ordenamento jurídico*), emitindo pareceres nos autos quando entender presente o interesse público (social) que justifique a sua intervenção (LC n. 75/93, art. 83, II, VII, XII e XIII; Lei n. 5584/70, art. 5º).

2. PARTES

Os sujeitos do processo são todos aqueles que participam da relação processual. Os sujeitos imparciais do processo são os juízes, os peritos, o Ministério Público e os demais auxiliares de justiça. As partes, ao revés, são sujeitos interessados em um resultado que lhes seja favorável, em função do que são sempre parciais.

Sustentamos que, a partir da promulgação da Constituição Federal de 1988, o Ministério Público, quer atuando como órgão agente (parte), quer funcionando como órgão interveniente (*fiscal do ordenamento jurídico*), é sempre sujeito imparcial do processo[1]. Trata-se de órgão institucional estatal que atua desinteressadamente em defesa do interesse público (CF, art. 127), diferentemente do advogado, que, não obstante sua função seja de relevância social e, portanto, pública, atua sempre em defesa do seu cliente (particular ou público) mediante retribuição pela prestação do serviço advocatício.

As partes do processo são, de um lado, a pessoa (ou ente) que postula a prestação jurisdicional do Estado, e, de outro, a pessoa (ou ente) em relação à qual tal providência é pedida. Noutro falar, parte é "quem pede e contra quem se pede tutela jurisdicional"[2].

Na lição de Moacyr Amaral Santos:

> Partes, no sentido processual, são as pessoas que pedem ou em relação às quais se pede a tutela jurisdicional. Podem ser, e geralmente o são, sujeitos da relação jurídica substancial deduzida, mas esta circunstância não as caracteriza, porquanto nem sempre são sujeitos dessa relação. São, de um lado, as pessoas que pedem a tutela jurisdicional, isto é, formulam uma pretensão e pedem ao órgão jurisdicional a atuação da lei à espécie. Temos aí a figura do autor. É este que pede, por si ou por seu representante legal, a tutela jurisdicional. Pede-a ele próprio, se capaz para agir em juízo; (...) De outro lado, são partes as pessoas contra as quais, ou em relação às quais, se pede a tutela jurisdicional: sentença condenatória, providência executiva, ou providências cautelares (...)[3].

1. LEITE, Carlos Henrique Bezerra. *Ministério Público do Trabalho*, p. 95-104.
2. MARINONI, Luiz Guilherme; MITIDIERO, Daniel. *Código de processo civil:* comentado artigo por artigo. São Paulo: Revista dos Tribunais, 2008. p. 102.
3. *Primeiras linhas de direito processual civil*. v. I, p. 346.

No processo trabalhista, dada a sua origem histórica como órgão administrativo vinculado ao Poder Executivo, a parte ativa chama-se *reclamante* (autor) e a parte passiva, *reclamado* (réu). É importante notar, porém, que, na execução trabalhista, a CLT emprega as expressões *exequente* e *executado*. Nos dissídios coletivos, *suscitante* (geralmente, o sindicato da categoria profissional) e *suscitado* (sindicato patronal ou empresa). No inquérito judicial para apuração de falta grave, o autor (empregador) é chamado de requerente e o réu (empregado), requerido. Nos recursos trabalhistas, praticamente, não há distinção em relação ao processo civil, pois as partes são *recorrente* e *recorrido*, *agravante* e *agravado*, *embargante* e *embargado* etc.

Não se deve confundir o conceito de parte com o de parte legítima, pois a identificação desta última depende do exame das condições da ação (*legitimidade ad causam*).

3. LITISCONSÓRCIO

Quando figuram na relação processual apenas autor (reclamante) e réu (reclamado), diz-se que são as partes singulares. Vale dizer, a singularidade de partes ocorre no polo ativo ou passivo da relação processual.

É possível, no entanto, que haja pluralidade de pessoas no polo ativo ou no polo passivo da relação processual, ou em ambos. Dá-se, em tais situações, o fenômeno do *litisconsórcio*, que é a cumulação de lides que se ligam no plano subjetivo.

É preciso lembrar que não se aplica, no processo do trabalho, o prazo em dobro para os litisconsortes com procuradores distintos, tal como previsto no art. 229 do CPC. É o que se infere da OJ n. 310 da SBDI-1 do TST:

> LITISCONSORTES. PROCURADORES DISTINTOS. PRAZO EM DOBRO. ART. 229, *CAPUT* E §§ 1º E 2º, DO CPC DE 2015. ART. 191 DO CPC DE 1973. INAPLICÁVEL AO PROCESSO DO TRABALHO (atualizada em decorrência do CPC de 2015). Inaplicável ao processo do trabalho a norma contida no art. 229, *caput* e §§ 1º e 2º, do CPC de 2015 (art. 191 do CPC de 1973), em razão de incompatibilidade com a celeridade que lhe é inerente.

É importante destacar que o § 2º do art. 800 da CLT (redação dada pela Lei n. 13.467/2017), prevê que na hipótese de apresentação de exceção de incompetência territorial, "os autos serão imediatamente conclusos ao juiz, que intimará o reclamante e, **se existentes, os litisconsortes, para manifestação no prazo comum de cinco dias**" (grifos nossos), o que reforça a inaplicabilidade no processo laboral do prazo em dobro a que alude o art. 229 do CPC.

Não obstante, sabe-se que a EC n. 45/2004 trouxe para a Justiça do Trabalho a competência para outras ações oriundas das relações de trabalho, o que poderá mitigar a rigidez da referida Orientação Jurisprudencial. No entanto, o art. 1º da IN n.

27/2005 do TST manda aplicar o sistema processual previsto na CLT, afastando, em qualquer hipótese, a aplicação da regra contida no art. 229 do CPC.

O art. 11 da IN n. 41/2018 do TST dispõe que a "exceção de incompetência territorial, disciplinada no art. 800 da CLT, é imediatamente aplicável aos processos trabalhistas em curso, desde que o recebimento da notificação seja posterior a 11 de novembro de 2017 (Lei n. 13.467/2017)".

3.1. Espécies de litisconsórcio

O litisconsórcio pode ser classificado *quanto à posição dos litisconsortes* (CPC, art. 113, *caput*). Neste caso, pode ser *ativo* ou *passivo*, ou, ainda, *misto*.

Ocorre o *litisconsórcio ativo* quando duas ou mais pessoas se reúnem para ajuizar uma ação em face de uma única pessoa. Se uma só pessoa ajuíza ação em face de duas ou mais pessoas, estaremos diante do *litisconsórcio passivo*. Finalmente, se duas ou mais pessoas ajuízam ação em face de duas ou mais pessoas, teremos, aí, o *litisconsórcio misto*.

Outra classificação do litisconsórcio concerne ao *momento da sua formação*. Temos o *litisconsórcio inicial*, quando indicado, desde logo, na petição inicial, ou o *litisconsórcio ulterior*, que se forma no decorrer do prosseguimento do processo.

O art. 842, parágrafo único, da CLT, ao que nos parece, permite ambas as modalidades, sendo certo que o litisconsórcio ulterior se estabelece, em regra, quando for do tipo necessário[4].

O litisconsórcio também pode ser classificado *segundo a obrigatoriedade ou não da sua formação*. Neste caso, há o litisconsórcio *facultativo* e o *necessário*.

Diz o art. 114 do CPC:

> O litisconsórcio será necessário por disposição de lei ou quando, pela natureza da relação jurídica controvertida, a eficácia da sentença depender da citação de todos que devam ser litisconsortes.

Lecionam Marinoni e Mitidiero que:

> Litisconsórcio necessário pode advir de expressa disposição de lei ou da natureza incindível da relação jurídica de direito material afirmada em juízo (a relação tem de ser una e incindível: a existência de um feixe de relações jurídicas, ainda que entrelaçadas, não dá lugar à formação de litisconsórcio necessário unitário). No primeiro caso, o litisconsórcio será necessário simples (o órgão jurisdicional pode

4. TEIXEIRA FILHO, Manoel Antonio. *Curso de direito processual do trabalho*. São Paulo: LTr, 2009. v. 1, p. 264.

decidir de maneira não uniforme para as partes consorciadas); no segundo, necessário unitário (há dever de o juiz outorgar tutela jurisdicional de maneira uniforme para todos os litisconsortes)[5].

Tratando-se de litisconsórcio necessário passivo, o juiz tem o dever de ordenar que o autor, no prazo que determinar, promova a citação de todos os litisconsortes passivos, sob pena de extinção do processo sem resolução de mérito por ausência de pressuposto processual (CPC, art. 115, parágrafo único, c/c art. 485, X).

A Lei n. 13.467/2017 acrescentou o § 5º ao art. 611-A da CLT, *in verbis*:

> Os sindicatos subscritores de convenção coletiva ou de acordo coletivo de trabalho deverão participar, como **litisconsortes necessários**, em ação individual[6] ou coletiva, que tenha como objeto a anulação de cláusulas desses instrumentos.[7] (grifos nossos)

Todavia, estando "ausente litisconsórcio necessário ativo, tem o juiz o dever de determinar a sua citação de ofício (intervenção *iussu iudicis*)"[8].

Iussu iudicis é instituto de direito processual que estava previsto expressamente no CPC de 1939, que facultava ao juiz trazer para o processo qualquer pessoa para fazer parte do contraditório. O CPC/73 e o CPC não tratam, expressamente, da matéria, mas o art. 115, parágrafo único, do CPC prevê a possibilidade de aplicação do instituto somente na hipótese de litisconsorte necessário.

Parece-nos, porém, que o dispositivo em causa tem lugar em se tratando de litisconsórcio necessário, unitário e passivo, devendo o juiz determinar a intimação do autor para que este promova a citação do litisconsorte passivo necessário, sob pena de extinção do feito sem resolução de mérito (CPC, arts. 485, X, e 115, parágrafo único). Na hipótese de ausência de litisconsorte necessário, unitário e ativo, parece-nos que o juiz mandará intimar (e não "citar") o possível litisconsorte ativo unitário, dando-lhe ciência da demanda, para que venha, querendo, integrar o polo ativo da relação processual, explicitando que sofrerá os efeitos da coisa julgada.

---

5. MARINONI, Luiz Guilherme; MITIDIERO, Daniel. *Código de processo civil*..., cit., p. 132.
6. Não obstante a literalidade da regra do § 5º do art. 611-A da CLT, cremos que nas ações individuais a declaração de nulidade de cláusula de acordo ou convenção coletiva só poderá ser pronunciada *incidenter tantum* e produzirá apenas efeitos *inter partes*. Logo, não se trata de litisconsórcio necessário ou unitário, porque os sindicatos signatários dos referidos instrumentos de autocomposição não serão atingidos pela sentença.
7. A respeito da eficácia temporal do § 5º do art. 611-A da CLT, o art. 3º da IN n. 41/2018 do TST dispõe que: "Art. 3º A obrigação de formar o litisconsórcio necessário a que se refere o art. 611-A, § 5º, da CLT dar-se-á nos processos iniciados a partir de 11 de novembro de 2017 (Lei n. 13.467/2017)".
8. MARINONI, Luiz Guilherme; MITIDIERO, Daniel. *Código de processo civil*..., cit., p. 132.

Nesse sentido, Marcos José Cardoso Varela sustenta ser prudente que:

> O magistrado, por provocação da parte ou de ofício, determine a intimação dos possíveis litisconsortes, para que possam, querendo, intervir no processo, assegurando-se, desta forma, justas decisões geradoras de efeitos jurídicos mais amplos, o que reforça o princípio da segurança jurídica aos jurisdicionados. Essa eventual intervenção se daria por meio da assistência litisconsorcial e é chamada de intervenção *iussu iudicis*[9].

Ilustrativamente, se um sindicato, corréu de outro sindicato em ação anulatória de cláusula de convenção coletiva de trabalho proposta pelo MPT, com sentença de procedência transitada em julgado, ajuizar uma ação rescisória em face do MPT, deverá o Relator (ação rescisória é de competência originária dos tribunais) determinar, de plano, a intimação do outro sindicato corréu da ação anulatória originária, para intervir no feito rescisório como litisconsorte ativo unitário, informando-lhe que poderá sofrer os efeitos da decisão a ser proferida na demanda rescisória.

Finalmente, o litisconsórcio pode ser classificado *quanto à exigência ou não da uniformidade da decisão* a ser proferida. Assim, se a sentença tiver que ser uniforme para todos os litisconsortes, haverá o litisconsórcio *unitário*; não havendo tal uniformidade, estar-se-á diante de litisconsórcio *simples*.

No processo do trabalho, Mauro Schiavi[10] lembra a hipótese da ação anulatória de cláusula de convenção coletiva ajuizada pelo Ministério Público do Trabalho, na qual os sindicatos representativos das categorias econômica e profissional, subscritores do pacto coletivo, devem figurar como litisconsortes passivos necessários. Neste caso, pensamos que se trata de litisconsórcio passivo/necessário/unitário, pois a sentença que julgar procedente a ação anulatória retirará do mundo jurídico a cláusula convencional de maneira uniforme para os réus.

Outra hipótese de litisconsórcio necessário ocorre no mandado de segurança contra ato judicial, pois o réu (ou autor) da ação originária figurará obrigatoriamente no polo passivo da ação mandamental ao lado da autoridade coatora. Neste caso, trata-se de litisconsórcio necessário e simples, pois a decisão não será uniforme para os litisconsortes.

A respeito de litisconsórcio no processo do trabalho, invocamos os seguintes arestos:

9. VARELA, Marcos José Cardoso. *Intervenção* iussu iudicis *nos Juizados Especiais*. Disponível em: <http://www.lfg.com.br>. Acesso em: 21 maio 2009.

10. SCHIAVI, Mauro. *Manual de direito processual do trabalho*. 2. ed. São Paulo: LTr, 2009. p. 274-275.

RECURSO DE REVISTA. LITISCONSÓRCIO NECESSÁRIO. VIÚVA E EX-ESPOSA. AUSÊNCIA. COMPLEMENTAÇÃO DE PENSÃO. DIFERENÇAS. REGULAMENTO APLICÁVEL. 1. A teor do art. 114 do CPC de 2015, "o litisconsórcio será necessário por disposição de lei ou quando, pela natureza da relação jurídica controvertida, a eficácia da sentença depender da citação de todos que devam ser litisconsortes". 2. Ausente disposição de lei a ensejar o reconhecimento de litisconsórcio necessário no caso concreto, mister examinar se a natureza da relação jurídica entre a Reclamante e a cobeneficiária da pensão por morte (ex-esposa do empregado falecido) impõe a formação de litisconsórcio. 3. Na reclamação trabalhista de origem, a viúva postulou o pagamento de diferenças de complementação de pensão de acordo com as regras do "Regulamento interno - Plano Previdenciário CESP - Plano 4.819", vigente ao tempo da admissão do ex-empregado falecido. Pretensão também deduzida pela cobeneficiária em ação própria. 3. Com efeito. Eventual provimento da pretensão jurídica deduzida pela Autora não implicará em alteração do percentual da pensão repassado à cobeneficiária, mas apenas majoração de sua cota-parte. 4. A hipótese, portanto, não é de litisconsórcio necessário, mas, de conexão entre as ações ajuizadas pela cobeneficiária e a Autora, a ensejar a reunião das causas no juízo prevento, com vistas a evitar a prolação de decisões conflitantes. 5. Se, como no caso concreto, uma das ações já foi julgada (a da cobeneficiária), inviabiliza-se a reunião dos processos que, contudo, não impede o regular processamento da ação mais recente (Súmula 235 do STJ). 6. O Tribunal Regional, ao concluir que "o litisconsórcio é unitário, pois a decisão da ação proposta por uma das beneficiárias atinge o direito da outra legitimada" e, ainda, manter a extinção do processo sem exame do mérito, adotou entendimento que afronta, a um só tempo, os arts. 5º, XXXV, da Constituição Federal e 114, *caput*, do CPC de 2015. Recurso de revista de que se conhece e a que se dá provimento (TST-RR 7733420115020081, Rel. Des. Conv. Ubirajara Carlos Mendes, 7ª T., *DEJT* 9-11-2018).

LITISCONSÓRCIO NECESSÁRIO - FALTA DE CITAÇÃO - NULIDADE DO PROCESSO. Postulando o Autor na presente ação a declaração de que é o legítimo representante dos empregados do réu, que estão vinculados atualmente ao SINDTRAINDISTAL, inclusive para efeito de recolhimento das contribuições sindicais, para a eficácia da sentença a ser proferida, é necessária a citação do SINDTRAINDISTRAL eis que pela natureza da relação jurídica controvertida, na qual se discute a representação sindical, a decisão a ser proferida neste processo, interferirá na relação que este mantém com o Réu. O art. 8º, II, da CRFB/88 veda que mais de um sindicato dentro da mesma base territorial represente o mesmo grupo de trabalhadores em razão do princípio da unicidade sindical e, consequentemente, tem o SINDTRAINDISTRAL interesse em se opor a pretensão autoral, na qual se discute a representatividade sindical dos empregados da Reclamada

(TRT 1ª R., RO 01014872920175010013, Rel. Des. Jose Antonio Teixeira da Silva, *DEJT* 13-12-2018).

3.2. Litisconsórcio ativo ("reclamatória plúrima")

No processo do trabalho, dispõe o art. 842 da CLT, *in verbis*:

> Sendo várias as reclamações e havendo identidade de matéria, poderão ser acumuladas num só processo, se se tratar de empregados da mesma empresa ou estabelecimento.

Ocorre aí, segundo nos parece, uma cumulação subjetiva e objetiva de ações. Vale dizer, no processo do trabalho é lícito aos empregados de uma mesma empresa ou estabelecimento formar um litisconsórcio ativo facultativo (CPC, art. 113), desde que haja identidade de matérias, fenômeno que ocorre com bastante frequência e é intitulado de "dissídio individual plúrimo" ou "reclamatória plúrima" (CLT, art. 842).

Quanto ao cúmulo objetivo – sublinha com razão Marcelo Moura –, a CLT foi mais rigorosa que o CPC, pois exigiu

> identidade de matéria como requisito para o empregado formular vários pedidos em face do mesmo empregador, ou vários empregados em face do mesmo empregador. O CPC/73, na regra do art. 292, foi mais flexível, pois permite a cumulação, no mesmo processo, contra o mesmo réu, de vários pedidos, ainda que entre eles não haja conexão[11].

Com a ampliação da competência da Justiça do Trabalho para outras demandas distintas das oriundas da relação de emprego (CF, art. 114, I), cremos que, em tais casos, não haverá lugar para o dissídio individual plúrimo previsto no art. 842 da CLT. Em outros termos, quando os trabalhadores demandantes não forem empregados, é incabível o dissídio individual plúrimo, pois a literalidade da norma consolidada faz referência apenas a "empregados da mesma empresa ou estabelecimento". Logo, o instituto do litisconsórcio ativo entre "trabalhadores não empregados" deverá ser regulado pelos arts. 113 *usque* 118 do CPC, adotando-se, porém, no que couber, o procedimento do processo trabalhista (TST, IN n. 27/2005).

Há alguns inconvenientes apontados pela doutrina no tocante à aplicação do instituto do litisconsórcio no processo do trabalho, como, por exemplo, o número

---

11. MOURA, Marcelo. *Consolidação das leis do trabalho para concursos*. Salvador: JusPodivm, 2011, p. 1.123.

de testemunhas, que é limitado a três para cada polo da relação processual (e não por autor/litigante ou por fatos distintos). Cremos que isso não chega a ser um obstáculo intransponível, uma vez que a *mens legis* se encontra em sintonia com os princípios da duração razoável do processo e da economia processual, especialmente porque se pressupõe que a sentença produzirá efeitos idênticos para todos os litisconsortes.

Ademais, a reclamatória individual plúrima é uma faculdade conferida às partes que figuram no polo ativo da demanda, desde que haja identidade de matérias (causa de pedir e pedido) e a ação seja ajuizada em face do mesmo empregador ou, por interpretação extensiva do art. 842 da CLT, do mesmo grupo econômico (CLT, art. 2º, § 2º).

3.2.1. Litisconsórcio facultativo multitudinário

Os §§ 1º e 2º do art. 113 do CPC dispõem:

> § 1º O juiz poderá limitar o litisconsórcio facultativo quanto ao número de litigantes na fase de conhecimento, na liquidação de sentença ou na execução, quando este comprometer a rápida solução do litígio ou dificultar a defesa ou o cumprimento da sentença.
>
> § 2º O requerimento de limitação interrompe o prazo para manifestação ou resposta, que recomeçará da intimação da decisão que o solucionar.

Os dispositivos em causa permitem a limitação do litisconsórcio facultativo na hipótese em que o número de litigantes puder dificultar a defesa ou a rápida solução do processo. A limitação poderá ser feita pelo juiz, de ofício, ou a requerimento da parte. Esta regra somente se aplica em sede de litisconsórcio facultativo, pois, em se tratando de litisconsórcio necessário ou unitário, o juiz não poderá, em nenhuma hipótese, limitar o número de litisconsortes.

Caso o réu, no prazo da sua resposta, requeira a limitação dos litisconsortes, haverá interrupção do prazo processual para oferecimento da defesa, e não de mera suspensão. Logo, será restituído por inteiro ao demandado o prazo de que dispõe para responder à demanda, valendo lembrar que, no processo do trabalho, a resposta do réu é oferecida na própria audiência e logo após a (primeira) proposta de conciliação.

Não obstante a cizânia doutrinária e jurisprudencial a respeito, parece-nos incompatível com o processo do trabalho a limitação do número de autores, isto é, não há a permissão para que o juiz limite a quantidade de autores no polo ativo da demanda sob alegação de tratar-se de litisconsórcio multitudinário ou *monstrum*. É que, a nosso sentir, não há lacuna (normativa, ontológica ou axiológica) do processo laboral, pois entendemos que o art. 842 da CLT encontra-se em sintonia com o princípio constitucional da duração razoável do processo, que deve ser aplicado com maior ênfase na seara processual trabalhista em função da natureza dos créditos alimentícios normalmente postulados nas ações propostas na Justiça do Trabalho.

De toda a sorte, pesamos que se o juiz limitar o número de litisconsortes no polo ativo da demanda trabalhista, não poderá extinguir o processo sem resolução do mérito (CPC, art. 485, III e IV), e sim determinar a extração de cópia da petição inicial e documentos que a instruem e enviá-las ao distribuidor, certificando-se nos autos.

Na prática, a jurisprudência especializada, invocando o art. 842 da CLT, não vem limitando a formação litisconsorcial ativa, como se infere dos seguintes julgados:

> MANDADO DE SEGURANÇA. LITISCONSÓRCIO ATIVO FACULTATIVO. A faculdade atribuída ao Juiz prevista no parágrafo único do art. 46 do Código de Processo Civil não pode se sobrepor à faculdade direcionada às partes contida no art. 842 da CLT, o qual estabelece que "sendo várias as reclamações e havendo identidade de matéria, poderão ser acumuladas num só processo, se se tratar de empregados da mesma empresa ou estabelecimento". Não é lícito ao Juízo impetrado obstar a formação do litisconsórcio ativo facultativo em questão eis que atendidos os dois únicos requisitos estabelecidos no referido dispositivo celetista, quais sejam, a existência de identidade de matéria e do mesmo empregador (TRT 2ª R., MS 13093.2005.000.02.00-4, SDI, Rel. Des. Marcelo Freire Gonçalves, j. 26-11-2007, *DOESP* 11-1-2008).
>
> LITISCONSÓRCIO ATIVO FACULTATIVO. A faculdade do juiz de conhecer e desmembrar litisconsórcio facultativo estabelecido no art. 46, parágrafo único, do CPC, está limitada ao contido no art. 842 da CLT. Havendo comunhão de interesses e conexão de pretensões, não pode o magistrado extinguir o processo em relação aos litisconsortes, sob pena de violação a direito líquido e certo. A autorização legal é para limitar o litisconsórcio facultativo quanto ao número de litigantes, quando este comprometer a rápida solução do litígio ou dificultar a defesa (TRT 2ª R., RO 01303.2006.067.02.00-0, 7ª T., Rel. Des. Nelson Bueno do Prado, j. 8-3-2007, *DOESP* 23-3-2007).

No tocante à formação de litisconsórcio multitudinário no polo passivo, caberá ao juiz verificar, em cada caso, se o número excessivo de litisconsortes comprometerá a rápida solução do litígio ou dificultará a defesa ou o cumprimento da sentença.

Para finalizar este tópico, lembramos que litisconsórcio multitudinário somente seria de duvidosa aplicação no processo do trabalho em ações individuais ou plúrimas. Em ações coletivas ajuizadas pelos sindicatos ou MPT em defesa de direitos difusos, coletivos ou individuais homogêneos dos trabalhadores, estes figuram apenas como substituídos processualmente, e não como partes (litisconsortes), podendo, no entanto, atuar como assistentes do substituto. Nesse sentido:

AÇÃO COLETIVA PROPOSTA POR SINDICATO OBREIRO. SUBSTITUIÇÃO PROCESSUAL. AUSÊNCIA DE LITISCONSÓRCIO MULTITUDINÁRIO. É inaplicável o art. 46, parágrafo único, do CPC (art. 113, § 1º, do CPC), para a limitação do número de litisconsortes, em ação coletiva proposta pelo sindicato obreiro, como substituto processual, em defesa de direitos individuais homogêneos, na medida em que ele é o único autor e assim age com legitimação autônoma exclusiva prevista no art. 82, IV, da Lei n. 8.078/90, não havendo de se falar em litisconsórcio ativo multitudinário em relação aos empregados substituídos (MS-0010015-85.2012.5.18.0000, sessão plenária de 26-3-2013, Rel. Des. Platon Teixeira de Azevedo Filho, certidão de publicação do acórdão 9-4-2013) (TRT18, MS - 0010286-84.2018.5.18.0000, Rel. Welington Luis Peixoto, TP, *DEJT* 8-8-2018).

3.3. Litisconsórcio passivo

Tendo em vista que a CLT era lacunosa acerca da formação do litisconsórcio passivo, defendíamos a aplicabilidade subsidiária ao processo do trabalho das regras do CPC, por inexistência de incompatibilidade.

A Lei n. 13.467/2017, no entanto, acrescentou o § 5º ao art. 611-A da CLT, segundo o qual:

> Os sindicatos subscritores de convenção coletiva ou de acordo coletivo de trabalho deverão participar, como **litisconsortes necessários**, em ação individual ou coletiva, que tenha como objeto a anulação de cláusulas desses instrumentos. (grifos nossos)

Parece-nos razoável a formação litisconsorcial passiva necessária dos sindicatos subscritores de convenção ou acordo coletivo nas ações anulatórias (coletivas) promovidas pelo Ministério Público do Trabalho (LC n. 75/93, art. 83, IV), pois esses sujeitos da convenção ou acordo coletivo de trabalho, bem como os empregados e empregadores destinatários dos citados instrumentos coletivos, sofrerão diretamente os efeitos *ultra partes* do acórdão que vier a declarar a nulidade da cláusula impugnada. Entretanto, pensamos ser absolutamente inadequada e desnecessária a obrigatoriedade de participação dos sindicatos signatários dos referidos instrumentos coletivos de autocomposição nas ações individuais ajuizadas pelos empregados em face dos seus empregadores, uma vez que eventual declaração de nulidade da cláusula da convenção ou acordo coletivo somente poderá ser efetivada *incidenter tantum*, produzindo efeitos apenas para os sujeitos da lide individual. Em outros termos, a participação dos sindicatos signatários dos acordos ou convenções coletivas nas ações individuais poderá ensejar, não obstante a literalidade da regra prevista no § 5º do art. 611-A da CLT, a formação litisconsorcial passiva facultativa. Nesse sentido:

> LITISCONSÓRCIO NECESSÁRIO. SINDICATO. NÃO OCORRÊNCIA. Inaplicável o disposto no art. 611-A, § 5º, da CLT, tendo em vista que a presente demanda não se refere propriamente a ação que tenha como "objeto a anulação de cláusulas" de instrumento coletivo, esta sim a demandar a obrigatoriedade da formação do litisconsórcio com o sindicato subscritor da norma coletiva. O objeto da presente ação é o percebimento de diferenças de horas extras, e não a nulidade do ACT ou de alguma de suas cláusulas. NOVACAP. DIVISOR. INVALIDADE DE CLÁUSULA EM ACORDO COLETIVO. CONFIGURAÇÃO. O divisor utilizado para cálculo do valor do salário-hora é aferido pela jornada efetivamente trabalhada. Inválida cláusula de norma coletiva que estabelece divisor mais prejudicial ao trabalhador, são devidas diferenças salariais com base na aplicação de divisor compatível com a jornada efetivamente cumprida, conforme art. 64 da CLT (...) (TRT 10ª R., RO 00008121220175100012, Rel. Des. José Leone Cordeiro Leite, *DEJT* 9-11-2018).

A propósito, é até corriqueira a formação litisconsorcial passiva em se tratando de responsabilidade subsidiária, como ocorre nos casos de terceirização (TST, Súmula 331, IV) e empreitada (CLT, art. 455). Igualmente, é admitido o litisconsórcio passivo quando o autor alega a existência de responsabilidade solidária dos réus que pertençam ao mesmo grupo econômico (CLT, art. 2º, § 2º).

A prática trabalhista está a demonstrar que, nos casos em que o autor ajuíza reclamação trabalhista apenas em face do seu empregador formal, alguns juízes vêm determinando, de ofício, a inclusão do tomador dos seus serviços (ou do dono da obra) no polo passivo da demanda, o mesmo ocorrendo quando o autor ajuíza ação apenas em face do tomador dos seus serviços, silenciando-se quanto ao seu empregador formal. Em ambos os casos, parece-nos que não é permitido ao juiz determinar, de ofício, a citação dos corréus, pois isso implicaria inequívoca violação aos princípios da demanda (ou dispositivo) e da inércia da jurisdição, mesmo porque é direito fundamental do autor demandar em face de quem desejar.

Em se tratando de ação rescisória para desconstituir sentença proferida em ação coletiva proposta pelo sindicato (ou pelo MPT) que atuou como substituto processual em defesa de direitos ou interesses individuais homogêneos dos trabalhadores, não há litisconsórcio passivo necessário entre o substituto e os substituídos processualmente na ação originária. Nesse sentido, o TST editou a Súmula 406:

> AÇÃO RESCISÓRIA. LITISCONSÓRCIO. NECESSÁRIO NO POLO PASSIVO E FACULTATIVO NO ATIVO. INEXISTENTE QUANTO AOS SUBSTITUÍDOS PELO SINDICATO. I – O litisconsórcio, na ação rescisória, é necessário em relação ao polo passivo da demanda, porque supõe uma comunidade de direitos ou de obrigações que não admite solução díspar para os litisconsortes, em face da indivisibilidade do objeto. Já em relação ao polo ativo, o litisconsórcio é facultativo, uma

vez que a aglutinação de autores se faz por conveniência e não, pela necessidade decorrente da natureza do litígio, pois não se pode condicionar o exercício do direito individual de um dos litigantes no processo originário à anuência dos demais para retomar a lide. II – O Sindicato, substituto processual e autor da reclamação trabalhista, em cujos autos fora proferida a decisão rescindenda, possui legitimidade para figurar como réu na ação rescisória, sendo descabida a exigência de citação de todos os empregados substituídos, porquanto inexistente litisconsórcio passivo necessário.

Cada litisconsorte tem o direito de promover o andamento do processo, e todos devem ser intimados dos respectivos atos (CPC, art. 118).

Inovando parcialmente em relação ao art. 48 do CPC/73, o art. 117 do CPC prescreve que os litisconsortes serão considerados, em suas relações com a parte adversa, como litigantes distintos, exceto no litisconsórcio unitário, caso em que os atos e as omissões de um não prejudicarão os outros, mas poderão beneficiá-los.

O art. 1.005 do CPC dispõe:

> Art. 1.005. O recurso interposto por um dos litisconsortes a todos aproveita, salvo se distintos ou opostos os seus interesses.
>
> Parágrafo único. Havendo solidariedade passiva, o recurso interposto por um devedor aproveitará aos outros quando as defesas opostas ao credor lhes forem comuns.

Tratando-se de litisconsorte passivo em que houver condenação das empresas litisconsortes, o recurso interposto por uma delas pode, ou não, aproveitar a outra. Haverá o aproveitamento se forem comuns (litisconsórcio unitário) os interesses defendidos pelos litisconsortes passivos na demanda (ou no recurso – solidariedade passiva – CPC, art. 1.005, parágrafo único); caso contrário (litisconsórcio passivo simples), os litisconsortes serão considerados litigantes distintos (CPC, art. 1.005, *caput*).

O TST editou a Súmula 128, cujo item III prevê que:

> Havendo condenação solidária de duas ou mais empresas, o depósito recursal efetuado por uma delas aproveita as demais, quando a empresa que efetuou o depósito não pleiteia sua exclusão da lide.

4. CAPACIDADE DE SER PARTE E CAPACIDADE PROCESSUAL

Capacidade de ser parte, capacidade processual e capacidade postulatória, que constituem espécies de pressupostos processuais relativos às partes, são inconfundíveis. É o que procuraremos demonstrar adiante.

4.1. Capacidade de ser parte

Sabemos que toda pessoa humana, também chamada de pessoa natural ou pessoa física, é capaz de adquirir direitos e contrair obrigações. Trata-se da personalidade civil, que se inicia com o nascimento com vida, muito embora a lei já garanta ao nascituro, desde a concepção, alguns direitos fundamentais. Assim, *todo ser humano tem capacidade de ser parte*, independentemente de sua idade ou condição psíquica ou mental, seja para propor ação, seja para defender-se, seja para intervir na relação processual. É, pois, um direito universal conferido a toda pessoa humana.

Além das pessoas naturais, os ordenamentos jurídicos reconhecem às pessoas jurídicas a capacidade de ser parte, uma vez que também podem ser titulares de direitos e obrigações. As pessoas jurídicas, que não se confundem com as pessoas naturais, são abstrações criadas pelo gênio humano com vistas à facilitação da circulação da riqueza e dos negócios, principalmente o comércio. Por serem entes abstratos, a lei dispõe que necessitam ser representadas judicial e extrajudicialmente por determinada pessoa natural, como veremos mais adiante quando tratarmos do instituto da representação.

Existem, ainda, outros entes abstratos não reconhecidos juridicamente como pessoas jurídicas, mas que têm capacidade de ser parte, tal como ocorre com a massa falida, o espólio, o Ministério Público etc., sobre os quais falaremos mais à frente.

4.2. Capacidade processual

A *capacidade processual*, ou capacidade de estar em juízo, é outorgada pelo direito positivo às pessoas que possuem a *capacidade civil* (art. 70 do CPC). Entende-se por capacidade civil a faculdade que tem a pessoa de praticar todos os atos da vida civil e de administrar os seus bens. Em regra, a pessoa com capacidade de ser parte também terá capacidade processual. Todavia, há casos em que, embora tenha capacidade de ser parte, o titular do direito material não tem capacidade processual, isto é, capacidade de estar em juízo. É o que ocorre, por exemplo, com os absolutamente incapazes (CC, art. 3º; CPC, art. 71).

No direito do trabalho, a capacidade civil plena dos empregados dá-se aos 18 anos. Isso quer dizer que a partir dos 18 anos o empregado já pode demandar e ser demandado na Justiça do Trabalho, sendo-lhe lícito, também, constituir advogado. Tal ilação é extraída do art. 402 da CLT, segundo o qual se considera menor, para os efeitos do Direito do Trabalho, o trabalhador de 14 até 18 anos de idade. Logo, o trabalhador com idade igual ou superior a 18 anos é considerado maior e adquire a capacidade processual.

Em suma, com menos de 18 anos o trabalhador tem capacidade de ser parte no processo judicial, sendo, para tanto, representado (com menos de 16 anos) ou assistido (com idade entre 16 e 18 anos), mas não tem capacidade processual, pois esta é conferida ao seu representante ou assistente legal.

O art. 792 da CLT dispõe, textualmente, que "os maiores de 18 e os menores de 21 anos e as mulheres casadas poderão pleitear perante a Justiça do Trabalho sem a assistência de seus pais, tutores ou maridos".

Essa norma consolidada revela a histórica ideologia machista em relação à mulher, mas traduz um avanço para a libertação da mulher casada trabalhadora que, depois da CLT (1943), passou a ter, pelo casamento, capacidade processual trabalhista plena. Além disso, o dispositivo consolidado deve ser interpretado conforme a Constituição (arts. 5º, I, e 7º, XXXIII), bem como compatibilizar-se sistematicamente com o art. 402 da CLT, já mencionado, e o parágrafo único do art. 5º do Código Civil de 2002, segundo o qual a pessoa com menos de 18 anos poderá ser emancipada: pela concessão dos pais, pelo casamento, pelo exercício de emprego público efetivo, pela colação de grau em curso de Ensino superior ou pela existência de relação de emprego, desde que, neste último caso, o menor com 16 anos completos tenha economia própria, o que autorizaria dizer que o empregado a partir dos 16 (dezesseis) anos já poderia estar pessoalmente em juízo, ou seja, já adquiriria a capacidade processual. A questão é polêmica e, sobre ela, remetemos o leitor ao item 6.1.4 *infra*.

Com relação ao empregador pessoa física, é correto dizer que ele adquire a capacidade de estar em juízo nos termos do Código Civil, isto é, aos 18 anos ou, antes disso, se for emancipado (CCB, art. 5º, parágrafo único).

Assim, as pessoas emancipadas têm capacidade civil plena. Logo, também possuem capacidade processual, que é aquela exigida para estar em juízo.

Em conclusão: toda pessoa que possui capacidade civil plena (CC/2002, art. 5º e seu parágrafo único) também possui capacidade processual, isto é, capacidade para estar em juízo na condição de autor, réu ou terceiro.

5. CAPACIDADE POSTULATÓRIA (*JUS POSTULANDI*)

Capacidade postulatória, também chamada de *jus postulandi*, é a capacidade para postular em juízo. Trata-se de autorização reconhecida a alguém pelo ordenamento jurídico para praticar atos processuais.

No processo civil, salvo exceções previstas em lei, o *jus postulandi* é conferido monopolisticamente aos advogados. Trata-se, aqui, de um pressuposto processual referente às partes, pois estas devem estar representadas em juízo por advogados.

Nos domínios do processo do trabalho, como já vimos, a capacidade postulatória é facultada diretamente aos empregados e aos empregadores, nos termos do art. 791 da CLT, *in verbis*:

> Art. 791. Os empregados e os empregadores poderão reclamar pessoalmente perante a Justiça do Trabalho e acompanhar as suas reclamações até o final.

Pode-se dizer, portanto, que o *jus postulandi*, no processo do trabalho, *é a capacidade conferida por lei às partes*, como sujeitos da relação de emprego, *para postularem diretamente em juízo, sem necessidade de serem representadas por advogado.*

Com a promulgação da Constituição Federal de 1988, cujo art. 133 considera o advogado essencial à administração da Justiça, vozes categorizadas ecoaram no sentido de que o art. 791 da CLT não teria sido recepcionado pela nova ordem constitucional.

Sobreveio a Lei n. 8.906, de 4 de julho de 1994, que, em seu art. 1º, I, disciplina que são atividades privativas da advocacia "a postulação a qualquer órgão do Poder Judiciário e aos juizados especiais", a cizânia sobre a revogação ou não do art. 791 da CLT retornou à cena.

O STF, no entanto, nos autos da ADI n. 1.127-8, proposta pela AMB – Associação dos Magistrados do Brasil, decidiu que a capacidade postulatória do advogado não é obrigatória nos Juizados de Pequenas Causas (atualmente, Juizados Especiais), na Justiça do Trabalho e na chamada Justiça de Paz. Nestes, as partes podem exercer diretamente o *jus postulandi*. Vale dizer, no processo do trabalho o *jus postulandi* é uma faculdade das partes (empregado e empregador).

Na esteira da decisão sobranceira do Pretório Excelso, os tribunais trabalhistas vêm, majoritariamente, decidindo que o art. 791 da CLT continua em vigor.

Sobreleva registrar, por oportuno, que no processo do trabalho o *jus postulandi* das próprias partes só pode ser exercido junto aos órgãos que integram a Justiça do Trabalho. Isso significa que, na hipótese de interposição de recurso extraordinário para o Supremo Tribunal Federal, momento em que se esgota a "jurisdição trabalhista", a parte deverá estar necessariamente representada por advogado.

Convém advertir que o TST editou a Súmula 425, *in verbis*:

> *JUS POSTULANDI* NA JUSTIÇA DO TRABALHO. ALCANCE (Res. n. 165/2010, *DEJT* divulgado em 30-4-2010 e 3 e 4-5-2010). O *jus postulandi* das partes, estabelecido no art. 791 da CLT, limita-se às Varas do Trabalho e aos Tribunais Regionais do Trabalho, não alcançando a ação rescisória, a ação cautelar, o mandado de segurança e os recursos de competência do Tribunal Superior do Trabalho.

Como se vê, esta súmula permite o *jus postulandi* das partes apenas na instância ordinária (Varas do Trabalho e TRTs), o que, a nosso ver, viola a literalidade do art. 791 da CLT, segundo o qual empregado e empregador podem exercer a capacidade postulatória e "acompanhar as suas reclamações até o final". Ora, o TST é órgão que compõe a cúpula da Justiça do Trabalho e a novel súmula implica cerceio ao direito fundamental de acesso efetivo do cidadão a todos os graus da jurisdição deste ramo especializado do Poder Judiciário brasileiro.

As razões que empolgaram o novel verbete revelam uma nova política judiciária, certamente em decorrência do excesso de recursos em tramitação na mais alta Corte Trabalhista, no sentido de restringir o acesso direto das partes (reserva de mercado aos advogados) não apenas à instância extraordinária (recursos de revista e de embargos), o que se justificaria pela exigência do conhecimento técnico ou científico reconhecido apenas aos causídicos para a interposição de recursos de natureza extraordinária, como também à instância ordinária (recursos em mandado de segurança, ação rescisória e dissídios coletivos), o que se revela injustificável, pois o TST também tem competência para julgar recursos de natureza ordinária.

Quanto à ação rescisória e ao mandado de segurança, parece-nos razoável o entendimento adotado pela nova Súmula 425 do TST, pois estas demandas são reguladas por regras especiais.

É preciso alertar, para encerrar este tópico, que a EC n. 45/2004, ao ampliar a competência da Justiça do Trabalho, para processar e julgar outras ações oriundas da *relação de trabalho*, diversas da *relação de emprego*, exigirá uma reinterpretação do art. 791 da CLT mediante heterointegração sistemática com o art. 36 do CPC. Aliás, a IN/TST n. 27/2005 deixa implícita a ilação de que nessas novas demandas que passaram para a competência da Justiça do Trabalho é indispensável o patrocínio das partes por advogados.

Sobre representação da parte por advogado na Justiça do Trabalho, remetemos o leitor ao item 6.3 *infra*.

6. REPRESENTAÇÃO E ASSISTÊNCIA

Representar significa estar presente, no lugar de outra pessoa, praticando atos em nome do representado. Em linguagem processualística, podemos dizer que a representação ocorre quando alguém figura num dos polos da relação jurídica processual em nome e na defesa de interesse de outrem.

A representação pode ser *legal*, tal como ocorre com a representação das pessoas jurídicas de direito público (CPC, art. 75, I e II), ou *convencional*, como a dos representantes das pessoas jurídicas de direito privado em geral (CPC, art. 75, VIII, 1ª parte).

Já a assistência possui, em termos processuais, multifários significados, como a assistência interventiva, a litisconsorcial, a assistência judiciária, a assistência judicial dos menores etc.

Como bem observa Wagner D. Giglio, "a Consolidação das Leis do Trabalho não prima pela correção terminológica, e por vezes embaralha conceitos. Não se confundem representação e assistência"[12].

Estamos de pleno acordo com esse ilustre processualista laboral. A título ilustrativo, o art. 843, § 2º, da CLT permite a *representação* de um empregado por outro que pertença à mesma profissão ou pelo sindicato. Não se trata, aqui, em rigor, de representação, pois o empregado que comparece em lugar do outro à audiência não o representa processualmente, pois não poderá confessar, transigir, desistir da ação etc. A sua missão excepcional tem o condão apenas de evitar o arquivamento dos autos, ou seja, a extinção do processo sem resolução de mérito. Nada mais.

No mesmo passo, o art. 791, § 2º, da CLT, ao facultar às partes do dissídio coletivo a "assistência" por advogado, tornou a errar, porquanto, neste caso, o advogado não assiste à parte; representa-a.

6.1. Representação das pessoas físicas

Já foi dito que toda pessoa física que tem capacidade civil também tem capacidade processual.

E quanto às pessoas físicas que não têm capacidade civil, como poderão elas ter acesso ao Poder Judiciário?

Bem, de acordo com o art. 71 do CPC, aquele que não tem capacidade civil, ou seja, o incapaz, "será representado ou assistido por seus pais, por tutor ou por curador, na forma da lei".

Se o incapaz não tiver representante legal, ou se os interesses daquele colidirem com os deste, o juiz dar-lhe-á curador especial (art. 72, I, do CPC), o mesmo ocorrendo com relação ao réu preso e àquele citado por edital, ou com hora certa, enquanto não for constituído advogado (art. 72, II, do CPC).

Analisaremos, a seguir, se as referidas regras do direito civil e do direito processual civil podem ser aplicadas nos sítios do processo do trabalho.

6.1.1. Representação do empregado por sindicato

Nas ações individuais trabalhistas, os empregados e os empregadores poderão fazer-se representar por intermédio do respectivo sindicato representativo da categoria – profissional ou econômica – a que pertencem, nos termos do art. 791, § 1º, combinado com o art. 513, *a*, da CLT.

12. *Direito processual do trabalho*, cit., p. 101.

Estas normas, a nosso ver, devem ser aplicadas ao trabalhador avulso devido à sua equiparação constitucional ao empregado (CF, art. 7º, XXXIV).

É importante assinalar, com Wagner D. Giglio[13], que o art. 18 da Lei n. 5.584/70 revogou parcialmente o art. 791, § 1º, da CLT, ao dispor que a "assistência judiciária, nos termos da presente Lei, será prestada ao trabalhador ainda que não seja associado do respectivo sindicato".

Assim, a representação do trabalhador pelo sindicato de sua categoria profissional independe de ser ele sócio ou não da associação sindical correspondente.

6.1.2. Representação do empregado por outro empregado

No que concerne ao empregado que não comparece à audiência por motivo de doença ou qualquer outro motivo relevante, o art. 843, § 2º, da CLT permite que ele "poderá fazer-se representar por outro empregado que pertença à mesma profissão, ou pelo seu sindicato".

Tanto num caso, como noutro, não se trata de representação processual, uma vez que o fim objetivado pela norma repousa apenas na possibilidade de se evitar a extinção do processo sem resolução de mérito, ou "arquivamento da reclamação", na linguagem consolidada.

Vale dizer, o dirigente sindical ou o empregado da mesma profissão recebem um poder legal *sui generis*, não para representar processualmente o trabalhador ausente à audiência, mas, tão somente, para praticar um único ato processual: provar a existência da doença ou outro motivo relevante que impediu o autor de comparecer à assentada.

Não se cuida, pois, de representação, porque, a rigor, nem o dirigente sindical nem o empregado da mesma profissão poderão praticar atos processuais inerentes à representação, como confessar, transigir, desistir da ação, recorrer etc.

6.1.3. Representação dos empregados na reclamatória plúrima e na ação de cumprimento

Há de se registrar, ainda com relação à representação, outra impropriedade redacional, prevista no art. 843, *caput*, da CLT, segundo o qual, na audiência de julgamento, em se tratando de reclamatória plúrima ou ação de cumprimento, os empregados poderão fazer-se "representar" pelo sindicato de sua categoria.

No primeiro caso, está-se diante do litisconsórcio ativo e, no segundo, de substituição processual.

13. *Direito processual do trabalho*, cit., p. 104.

Ora, no litisconsórcio, o sindicato não representa os litisconsortes; geralmente, quem o faz é o advogado do próprio sindicato. Mas tornou-se costume, decorrente da praxe forense, a aceitação pelos juízes da chamada "comissão de representantes" dos litisconsortes ou dos substituídos, principalmente quando há um número grande de trabalhadores, que comparecem juntamente com o sindicato à audiência.

É importante assinalar que a representação ora focalizada é meramente fática, e não processual, pois o sindicato, neste caso, não poderá transigir, desistir da ação, confessar, recorrer etc.

Na ação de cumprimento, o sindicato atua como substituto processual, em função do que atua em nome próprio, defendendo direitos alheios (individuais homogêneos), independentemente de autorização dos substituídos.

6.1.4. Representação dos empregados menores

Já vimos que aos 18 anos o empregado adquire a maioridade trabalhista, em função do que, com essa idade, passa a ter plena capacidade processual, que é a capacidade de estar em juízo.

Ocorre que o art. 7º, XXXIII, da CF/88, com a nova redação dada ao inciso pela Emenda Constitucional n. 20/98, *DOU* de 16 de dezembro de 1998, estabelece a "proibição de trabalho noturno, perigoso ou insalubre a menores de 18 e de qualquer trabalho a menores de 16 anos, salvo na condição de aprendiz, a partir de 14 anos".

Transplantando a norma constitucional para os domínios do direito material e processual do trabalho, parece-nos factível concluir que, antes dos 16 anos, o trabalhador adolescente será *representado* pelos pais ou tutores. Se tiver mais de 16 e menos de 18 anos, será *assistido*.

Há, porém, um problema que, certamente, implicará acirrada cizânia. É que o art. 5º, parágrafo único, V, do CC de 2002 dispõe que cessa, para os menores, a incapacidade "pelo estabelecimento civil ou comercial, ou pela existência de relação de emprego, desde que, em função deles, o menor com 16 (dezesseis) anos completos tenha economia própria".

Wagner D. Giglio adota posição um pouco diferente, na medida em que, para esse processualista, "o menor, dos 14 aos 18 anos, é *assistido*, e não representado pelo responsável legal. Qualquer menção da lei a *representação* deve ser levada à conta da atecnia da CLT"[14].

Já Amauri Mascaro Nascimento sustenta que a CLT só trata da representação, que é de natureza processual, em função do que não há por que distinguir a assistência da representação, que são institutos de direito material[15].

14. *Direito processual do trabalho*, cit., p. 102.

15. *Curso de direito processual do trabalho*, cit., p. 176.

De toda sorte, não há negar que surgem no cotidiano forense inúmeras ações trabalhistas em que figuram autores com 9, 10, 11, 12, 13 e 14 anos de idade. Trata-se da exploração do trabalho infantil, uma chaga social que aflige, principalmente, os países subdesenvolvidos ou emergentes. Nestes casos, parece-nos que, embora nula a relação empregatícia, esta deve produzir todos os efeitos, como se válida fosse, razão pela qual os responsáveis legais poderão representar tais menores em ação que objetive a percepção das verbas trabalhistas correspondentes, sem prejuízo de indenizações por danos materiais e morais certamente sofridos em decorrência da exploração do trabalho infantil. Trata-se, em tais casos, de *representação*, e não de *assistência*.

Convém esclarecer, porém, que a CLT, em seu art. 793, com nova redação dada pela Lei n. 10.288, de 20 de setembro de 2001, não faz distinção entre os menores entre 14 e 18 anos, pois, simplesmente, vaticina que:

> A reclamação trabalhista do menor de 18 anos será feita por seus representantes legais e, na falta destes, pela Procuradoria da Justiça do Trabalho (*sic*), pelo sindicato, pelo Ministério Público estadual ou curador nomeado em juízo[16].

Assim, cotejando o art. 793 da CLT e o art. 5º, parágrafo único, V, do CCB, parece-nos factível a seguinte construção hermenêutica com relação à capacidade do empregado menor de 18 (dezoito) anos:

> *a) entre 16 completos e 18 anos incompletos* – adquire *capacidade plena (por emancipação) para exercer* todos aos atos da vida civil, desde que tenha carteira de trabalho devidamente anotada e percebendo os direitos sociais trabalhistas correspondentes. Logo, além de poder celebrar e rescindir contrato de trabalho, adquirirá capacidade processual para demandar pessoalmente (*jus postulandi*) na Justiça do Trabalho ou contratar advogado para representá-lo;
>
> *b) abaixo de 16 (dezesseis) anos* – é incapaz para a prática de atos da vida civil. Logo, será representado por quem detenha o poder familiar (CCB, art. 1.634) ou, na sua falta, de forma sucessiva, pelo MPT, pelo sindicato da correspondente categoria profissional, pelo MP estadual ou curador nomeado pelo juiz.

Parece-nos, porém, que, mesmo adquirindo a capacidade processual em decorrência de sua emancipação civil, contra o menor de 18 (dezoito) anos não corre prescrição, tendo em vista a norma especial mais favorável prevista no art. 440 da CLT.

---

16. A redação anterior do art. 793 era a seguinte: "Tratando-se de maiores de 14 anos e menores de 18 anos, as reclamações poderão ser feitas pelos seus representantes legais ou, na falta destes, por intermédio da Procuradoria da Justiça do Trabalho. Nos lugares onde não houver Procuradoria, o juiz ou presidente nomeará pessoa habilitada para desempenhar o cargo de curador à lide".

Além disso, não deixa o menor de 18 anos de ser destinatário das normas de proteção à sua higidez física, moral e mental. Vale dizer, as normas de ordem pública que visam à proteção da pessoa em desenvolvimento enquadram-se naquilo que se convencionou chamar de doutrina da proteção integral, que dá sustentáculo ao sistema internacional e interno de defesa e proteção das crianças e adolescentes.

De tal modo que, mesmo tendo capacidade processual, o menor de 18 anos não poderá trabalhar no horário noturno ou em atividades insalubres, perigosas, penosas ou que comprometam a sua sadia qualidade de vida, sendo certo que, ao menor de 16 anos, é vedado qualquer trabalho, salvo na condição de aprendiz, a partir dos 14 anos de idade.

A intenção do legislador, embora pecando pela atecnia redacional, foi a de alargar o acesso dos trabalhadores infantojuvenis à Justiça do Trabalho. Isso se deve, evidentemente, às recentes estatísticas dando conta de que milhões de crianças e adolescentes, dos 6 aos 18 anos incompletos, trabalham de forma subordinada e, não raro, em ambientes prejudiciais à sua saúde física e mental, comprometendo a sua dignidade enquanto pessoa humana merecedora de proteção especial do Estado, da família e de toda a sociedade.

No que concerne ao tema, colecionamos os seguintes julgados:

> RECURSO DO MINISTÉRIO PÚBLICO DO TRABALHO DA 4ª REGIÃO. INTERESSE DE MENOR. AUSÊNCIA DE INTERVENÇÃO DO MINISTÉRIO PÚBLICO. NULIDADE PROCESSUAL. Os dispositivos legais oriundos do Código de Processo Civil – arts. 82, I, 84 e 246, parágrafo único, devem merecer reservas de aplicação à espécie, uma vez que o Processo Trabalhista, neste particular, conta com normas próprias para reger a atuação do Ministério Público do Trabalho, não havendo previsão relativa à obrigatoriedade da presença do Órgão Ministerial, no primeiro grau de jurisdição, em caso de litígio versando sobre interesse de menores, mormente quando há a representação legal do menor, destacando que a atuação do Parquet é de ser entendida como sendo supletiva. É o que se depreende da literalidade dos arts. 83, II e V, e 112 da Lei Complementar n. 75/93. A nulidade processual decorre, necessariamente, de previsão legal. Inexistindo preceito legal concernente à indispensabilidade da intervenção do Ministério Público do Trabalho, na primeira instância, não há como declarar a nulidade postulada. Revista não conhecida. PRESCRIÇÃO. MENOR SUCESSOR DO EMPREGADO FALECIDO. O preceito legal insculpido no art. 440 da Consolidação das Leis do Trabalho, que disciplina a prescrição em sede trabalhista, está voltado ao menor empregado, qualidade jurídica diversa do menor sucessor de empregado falecido. Tratando-se de menor sucessor, o prazo prescricional é de ser contado com observância do inciso I do art. 169 do CCB, não se aplicando em relação aos demais herdeiros a regra do art. 171, por não se tratar o crédito trabalhista de obrigação indivisível e devido a credores solidários. Revista conhecida e parcialmente provida (*omissis*). Revista não conhecida (TST-RR n. 582.927, 4ª T., Rel. Convocado Juiz Luiz Antônio Lazarim. j. 19-5-2004, unânime, *DJ* 11-6-2004).

RECURSO DE EMBARGOS REGIDO PELA LEI Nº 11.496/2007. MANIFESTAÇÃO DO MINISTÉRIO PÚBLICO DO TRABALHO. INTERESSE DE MENOR. OBRIGATORIEDADE. A decisão ora embargada foi publicada na vigência da Lei nº 11.496/2007, que emprestou nova redação ao artigo 894 da Consolidação das Leis do Trabalho, no sentido de que o recurso de embargos só se viabiliza se demonstrada divergência entre arestos de Turmas desta Colenda Corte, ou entre arestos de Turmas e da SBDI1. Assim sendo, afigura-se imprópria a invocação de ofensa aos artigos 82, inciso I, 83, inciso I, 84 e 246 do Código de Processo Civil e 112 da Lei Complementar nº 75/89. De outra parte, o único aresto colacionado pela reclamada carece da especificidade almejada, atraindo o óbice da Súmula/TST nº 296, item I. Recurso de embargos não conhecido. PRESCRIÇÃO. HERDEIRO MENOR. O prazo prescricional, que teria o seu curso iniciado com a extinção do contrato de trabalho em decorrência do falecimento do empregado, tem sua contagem impedida em relação aos herdeiros absolutamente incapazes, a teor do que dispõe o inciso I do artigo 169 do Código Civil de 1916 (atual artigo 198, inciso I, do Código Civil de 2002). Precedentes desta SBDI1. Recurso de embargos conhecido e desprovido (TST-E-ED-RR-41200-91.2004.5.17.0181, SBDI-1, Rel. Min. Renato de Lacerda Paiva, *DEJT* 11-11-2011).

6.1.5. Representação do empregado falecido

A rigor, a representação do espólio, nos termos do art. 75, VII, do CPC, cabe ao inventariante.

Como a referida regra do processo civil pressupõe a abertura de inventário dos bens deixados pelo *de cujus*, e considerando que nem sempre é aberto inventário do empregado, ou porque não deixou bens, ou porque os seus familiares negligenciam em promoverem a abertura do inventário, o certo é que, na prática do processo laboral, no qual prevalece o princípio da instrumentalidade das formas, tem-se admitido que o empregado falecido seja representado por seus herdeiros ou dependentes ou, ainda, pelo seu espólio.

Lembra, com razão, Renato Saraiva que

> Na maioria das vezes, em face da insuficiência econômica do obreiro e consequente inexistência de bens, não há inventário do empregado falecido. Nessa hipótese, haverá habilitação incidente no processo diretamente pelos dependentes habilitados perante a Previdência Social (Lei n. 6.858/80, art. 1º). Caso não haja dependentes inscritos perante a Previdência Social, os sucessores é que serão habilitados[17].

17. SARAIVA, Renato. *Curso de direito processual do trabalho*. 5. ed. São Paulo: Método, 2008. p. 241.

De toda a sorte, existindo bens do empregado falecido ou se este deixou filhos menores, o correto é a abertura de inventário, "devendo o processo laboral ser suspenso até a nomeação de inventariante. Após a nomeação do inventariante e sua habilitação incidente nos autos, o processo volta ao seu curso normal"[18].

Colecionamos alguns julgados acerca da representação do empregado falecido na Justiça do Trabalho:

> (...) RECURSO DE REVISTA. ACIDENTE DE TRABALHO. MORTE DO EMPREGADO. INDENIZAÇÃO POR DANOS MORAIS E MATERIAIS SUPORTADOS PELO PAI DO DE *CUJUS*. ILEGITIMIDADE ATIVA *AD CAUSAM* DO ESPÓLIO. 1. A Corte de origem rejeitou a arguição de ilegitimidade ativa *ad causam* do espólio para postular indenização por danos morais e materiais decorrentes de acidente de trabalho com óbito. 2. Todavia, tanto a petição inicial quanto o acórdão regional deixam claro que o feito versa sobre danos morais e materiais suportados pelo pai do *de cujus* em razão da morte do trabalhador em acidente de trabalho (danos reflexos ou em ricochete). Não se trata, portanto, de pretensão de reparação de dano eventualmente sofrido pelo falecido, e da respectiva incorporação ao patrimônio a ser partilhado entre os herdeiros. Nesse contexto, efetivamente falece ao espólio legitimidade para figurar no polo ativo da lide. 3. Violação do art. 18 do CPC que se reconhece. Recurso de revista conhecido e provido (TST-RR 54100-11.2008.5.09.0013, 1ª T., Rel. Min. Hugo Carlos Scheuermann, *DEJT* 8-2-2019).
>
> RECURSO DE REVISTA EM FACE DE DECISÃO PUBLICADA ANTES DA VIGÊNCIA DA LEI N. 13.015/2014. ACIDENTE DE TRABALHO FATAL. PEDIDO DE INDENIZAÇÃO. DANO POR RICOCHETE. ILEGITIMIDADE *AD CAUSAM* DO ESPÓLIO. AÇÃO PROPOSTA INICIALMENTE PELA VIÚVA. ALTERAÇÃO DO POLO ATIVO DETERMINADA PELO MAGISTRADO. PECULIARIDADE DO CASO CONCRETO. A pretensão à indenização por dano material ou moral decorrente da perda de ente querido, vítima fatal de acidente de trabalho, doutrinariamente denominada de "Dano por Ricochete" não representa crédito do falecido, mas se insere na esfera jurídica do familiar sobrevivente, constituindo direito subjetivo próprio, no caso, da viúva do empregado morto. Nesses termos, é indiscutível a legitimidade para que postule, em nome próprio, a correspondente reparação pecuniária pela perda do esposo. De outro lado, por não representar crédito do falecido, tal pretensão não se insere dentre o conjunto de direitos e interesses a ser defendido pelo espólio, o que afasta a legitimidade deste para postular, em juízo, a mesma indenização compensatória pela morte do empregado. Precedentes. Não obstante, na hipótese vertente, consoante se extrai do exame da petição inicial, a presente ação trabalhista foi proposta pela viúva do *de cujus* e a altera-

18. Idem, ibidem.

ção, para que passasse a constar no polo ativo da ação o espólio do empregado, foi determinada pelo juiz da causa. Assim, diante do fato de a ação ter sido corretamente ajuizada e a modificação do polo ativo ter decorrido de determinação judicial, não se há falar no acolhimento da preliminar de ilegitimidade ativa e consequente extinção do processo sem resolução do mérito. Recurso de revista conhecido e não provido (...) (TST-RR 646-66.2010.5.09.0007, 7ª T., Rel. Min. Cláudio Mascarenhas Brandão, *DEJT* 1º-6-2018).

6.2. Representação das pessoas jurídicas e outros entes sem personalidade

Diz o art. 843 da CLT, *in verbis*:

Na audiência de julgamento deverão estar presentes o reclamante e o reclamado, independentemente do comparecimento de seus representantes, salvo nos casos de Reclamatórias Plúrimas ou Ações de Cumprimento, quando os empregados poderão fazer-se representar pelo sindicato de sua categoria.

Vê-se, pois, que o processo do trabalho exige a presença pessoal das partes na audiência. Todavia, o § 1º do art. 843 da mesma Consolidação faculta "ao empregador fazer-se substituir pelo gerente, ou qualquer outro preposto que tenha conhecimento do fato, e cujas declarações obrigarão o preponente".

Fazer-se substituir não guarda qualquer pertinência com a *substituição processual*, que é uma espécie de legitimação *ad causam* extraordinária.

O preposto, que é um representante *sui generis* do empregador pessoa jurídica, deverá ser um empregado seu, cuja missão é específica para substituí-lo na audiência e nela prestar declarações que o vincularão para fins de confissão quanto aos fatos deduzidos na relação processual.

Discute-se se o preposto deve ser empregado ou qualquer outra pessoa, como contadores, economistas, administradores, que não mantenham vínculo empregatício com o empregador.

Com o advento da EC n. 45/2004, que ampliou a competência da Justiça do Trabalho para outras demandas em que figurarão como partes pessoas diversas dos sujeitos da relação de emprego, certamente haverá questionamentos acerca da representação por preposto do tomador de serviço que não seja empregador. Indaga-se: será que o tomador de serviço, nas relações de trabalho diversas da de emprego, poderá ser representado por preposto, beneficiando-se da regra prevista no § 1º do art. 843 da CLT?

De nossa parte, parece-nos que a norma em questão é aplicável apenas ao empregador, em função do que, à míngua de previsão legal, a representação de qualquer outro tomador de serviço na audiência trabalhista deverá ser feita com base nas regras do CPC (arts. 75 e 76).

Ao lado das pessoas naturais ou físicas, há as pessoas jurídicas, de direito público ou de direito privado, cuja representação está disciplinada em vários incisos do art. 75 do CPC, *in verbis*:

> Art. 75. Serão representados em juízo, ativa e passivamente:
>
> I – a União, pela Advocacia-Geral da União, diretamente ou mediante órgão vinculado;
>
> II – o Estado e o Distrito Federal, por seus procuradores;
>
> III – o Município, por seu prefeito ou procurador;
>
> IV – a autarquia e a fundação de direito público, por quem a lei do ente federado designar;
>
> V – a massa falida, pelo administrador judicial;
>
> VI – a herança jacente ou vacante, por seu curador;
>
> VII – o espólio, pelo inventariante;
>
> VIII – a pessoa jurídica, por quem os respectivos atos constitutivos designarem ou, não havendo essa designação, por seus diretores;
>
> IX – a sociedade e a associação irregulares e outros entes organizados sem personalidade jurídica, pela pessoa a quem couber a administração de seus bens;
>
> X – a pessoa jurídica estrangeira, pelo gerente, representante ou administrador de sua filial, agência ou sucursal aberta ou instalada no Brasil;
>
> XI – o condomínio, pelo administrador ou síndico.
>
> § 1º Quando o inventariante for dativo, os sucessores do falecido serão intimados no processo no qual o espólio seja parte.
>
> § 2º A sociedade ou associação sem personalidade jurídica não poderá opor a irregularidade de sua constituição quando demandada.
>
> § 3º O gerente de filial ou agência presume-se autorizado pela pessoa jurídica estrangeira a receber citação para qualquer processo.
>
> § 4º Os Estados e o Distrito Federal poderão ajustar compromisso recíproco para prática de ato processual por seus procuradores em favor de outro ente federado, mediante convênio firmado pelas respectivas procuradorias.

Quanto aos itens I, II, III e IV *supra*, o TST editou a Súmula 436:

> REPRESENTAÇÃO PROCESSUAL. PROCURADOR DA UNIÃO, ESTADOS, MUNICÍPIOS E DISTRITO FEDERAL, SUAS AUTARQUIAS E FUNDAÇÕES PÚBLICAS. JUNTADA DE INSTRUMENTO DE MANDATO. I – A União, Estados, Municípios e Distrito Federal, suas autarquias e fundações públicas, quando representadas em

juízo, ativa e passivamente, por seus procuradores, estão dispensadas da juntada de instrumento de mandato e de comprovação do ato de nomeação. II – Para os efeitos do item anterior, é essencial que o signatário ao menos declare-se exercente do cargo de procurador, não bastando a indicação do número de inscrição na Ordem dos Advogados do Brasil.

É importante destacar que, em relação às autarquias dos Estados e dos Municípios, a SBDI-1/TST editou a OJ n. 318, *in verbis*:

> REPRESENTAÇÃO IRREGULAR. AUTARQUIA. Os Estados e os Municípios não têm legitimidade para recorrer em nome das autarquias detentoras de personalidade jurídica própria, devendo ser representadas pelos procuradores que fazem parte de seus quadros ou por advogados constituídos.

Tal entendimento deverá ser adaptado ao inciso IV do art. 75 do CPC.

No que tange ao inciso VIII do art. 75 do CPC, "o gerente de filial ou agência presume-se autorizado pela pessoa jurídica estrangeira a receber citação para qualquer processo" (art. 75, § 3º, do CPC).

Concernentemente às pessoas jurídicas de direito privado (inciso VIII do art. 75 do CPC), a praxe forense laboral não tem sido rigorosa quanto à necessidade de juntada dos atos constitutivos das pessoas jurídicas quando figurarem como empregadores, como se infere da OJ n. 255 da SBDI-1/TST, *in verbis*:

> MANDATO. CONTRATO SOCIAL. DESNECESSÁRIA A JUNTADA (atualizada em decorrência do CPC de 2015, Res. n. 208/2016). O art. 75, VIII, do CPC de 2015 (art. 12, VI, do CPC de 1973) não determina a exibição dos estatutos da empresa em juízo como condição de validade do instrumento de mandato outorgado ao seu procurador, salvo se houver impugnação da parte contrária.

Cumpre advertir, porém, para o que dispõe a Súmula 456 do TST:

> Súmula 456: REPRESENTAÇÃO. PESSOA JURÍDICA. PROCURAÇÃO. INVALIDADE. IDENTIFICAÇÃO DO OUTORGANTE E DE SEU REPRESENTANTE (inseridos os itens II e III em decorrência do CPC de 2015, Res. n. 211/2016). I – É inválido o instrumento de mandato firmado em nome de pessoa jurídica que não contenha, pelo menos, o nome do outorgante e do signatário da procuração, pois estes dados constituem elementos que os individualizam. II – Verificada a irregularidade de representação da parte na instância originária, o juiz designará prazo de 5 (cinco) dias para que seja sanado o vício. Descumprida a determinação, extinguirá o processo, sem resolução de mérito, se a providência couber ao reclamante, ou considerará revel o reclamado, se a providência lhe couber (art. 76, § 1º, do CPC de 2015). III – Caso a irregularidade de representação da parte seja constatada em fase recursal, o relator designará prazo de 5 (cinco) dias

para que seja sanado o vício. Descumprida a determinação, o relator não conhecerá do recurso, se a providência couber ao recorrente, ou determinará o desentranhamento das contrarrazões, se a providência couber ao recorrido (art. 76, § 2º, do CPC de 2015).

É importante ressaltar que, ao lado das pessoas físicas e das pessoas jurídicas, existem outros entes formais, verdadeiras universalidades de pessoas ou de bens, que, embora não tenham personalidade de pessoa física ou jurídica, podem estar representadas em juízo, tais como:

- a *massa falida*, pelo administrador judicial (CPC, art. 75, V);
- a *herança jacente* ou *vacante*, por seu curador (CPC, art. 75, VI);
- o *espólio*, pelo inventariante (CPC, art. 75, VII, e Lei n. 6.858/1980)[19];
- o *condomínio*, pelo administrador ou síndico (CPC, art. 75, XI).

Lembramos que a Lei n. 2.757, de 23 de abril de 1956, determina que, nos *condomínios residenciais e comerciais*, a representação em juízo dos empregadores deve recair na pessoa do síndico eleito pelos condôminos. A jurisprudência trabalhista já vinha admitindo a representação dos condomínios pelo seu administrador, por aplicação analógica do art. 12, IX, do CPC/73, o que o CPC agora autoriza expressamente.

Tratando-se de *empregador doméstico*, que pode ser pessoa física ou a família (LC n. 150/2015, art. 1º), a representação daquela pode ser feita tanto pelo marido, pela esposa, ou, ainda, por qualquer outra pessoa da família com capacidade de ser parte[20], como os filhos maiores. Aqui, segundo nos parece, há necessidade de uma boa dose de equidade, a fim de evitar injustiças e dificuldades à ampla defesa da família em juízo, o que foi reconhecido, inclusive, pela Súmula 377 do TST, que admite a representação do empregador doméstico por preposto não empregado.

Outra situação diferenciada é a do micro ou pequeno empresário, pois a exigência de preposto empregado pode inviabilizar os direitos fundamentais de seu acesso à justiça laboral e de ampla defesa.

---

19. "Representante – espólio – legitimidade. Prova-se a condição de herdeiro por documento da previdência social que comprove estarem os sucessores devidamente habilitados como dependentes do *de cujus*. É desnecessário a esse fim inventário ou arrolamento de bens. Exegese do art. 1º da Lei n. 6.858/80 e art. 2º do Decreto n. 85.845/81" (TRT 15ª R., Ac. SE n. 368/197-A, Rel. Juíza Eliana Felippe Toledo, *DOESP* 20-5-1997).

20. "PREPOSTO NÃO EMPREGADO – REVELIA E CONFISSÃO, SEGUNDO O PRECEDENTE N. 99, SDI/TST – O § 1º do art. 843 da CLT prevê que o empregador pode-se fazer substituir pelo gerente ou qualquer outro preposto. Prevalece, hoje, na jurisprudência dominante, o entendimento de que só pode ser preposto na Justiça do Trabalho quem na empresa for empregado, ressalvadas as hipóteses de empregador doméstico, que poderá ter como preposto qualquer pessoa da família (Precedente n. 99, SDI/TST)" (TRT 3ª R., RO n. 15.426/99, 4ª T., Rel. Juiz Mauricio J. Godinho Delgado, *DJMG* 1º-4-2000, p. 12). Observação: esta jurisprudência está superada pelo § 3º do art. 843 da CLT.

Daí a importância da Súmula 377 do TST, *in verbis*:

PREPOSTO. EXIGÊNCIA DA CONDIÇÃO DE EMPREGADO. Exceto quanto à reclamação de empregado doméstico, ou contra micro ou pequeno empresário, o preposto deve ser necessariamente empregado do reclamado. Inteligência do art. 843, § 1º, da CLT e do art. 54 da Lei Complementar n. 123, de 14 de dezembro de 2006.

Cumpre lembrar que o § 3º do art. 843 da CLT (redação dada pela Lei n. 13.467/2017) dispõe que o preposto "não precisa ser empregado da parte reclamada", razão pela qual a Súmula 377 do TST deverá ser cancelada ou adaptada ao novo dispositivo legal.

Quanto ao *grupo econômico* (CLT, art. 2º, § 2º), o entendimento cristalizado na Súmula 205 do TST (cancelada pela Res. TST n. 121/2003) apontava no sentido de que cada empresa integrante do grupo deveria ter o seu próprio preposto, nomeado pelo respectivo diretor ou outro representante previsto no estatuto social da empresa, pois cada uma conservaria a sua autonomia administrativa, jurídica e financeira. Há, porém, julgados que admitem que as empresas integrantes de grupo econômico possam ser representadas por um único diretor, que, por sua vez, poderá nomear um só preposto, necessariamente empregado de uma das empresas (TST/SDI-1 OJ n. 99), para representar todo o grupo[21]. Nessa ordem, por força do § 3º do art. 843 da CLT, o preposto da parte reclamada (*in casu*, o grupo econômico) não precisa mais ser empregado de nenhuma das empresas integrantes do grupo econômico.

6.3. Representação por advogado

O § 1º do art. 791 da CLT faculta a representação do empregado e do empregador por advogado. Vale dizer, a representação por advogado é facultativa no processo do trabalho, pois o *caput* do art. 791 da CLT permite que empregado e empregador possam demandar pessoalmente perante a Justiça do Trabalho, como já vimos em linhas transatas.

---

21. "REVELIA – INOCORRÊNCIA – PREPOSTO DE OUTRA EMPRESA COLIGADA – Segundo a melhor exegese do § 2º do art. 843 da CLT, o preposto precisa, necessariamente, ter conhecimento dos fatos e ainda, ser empregado da reclamada. Sendo o preposto empregado de outra empresa do mesmo grupo econômico, não há que se falar em revelia, eis que suas declarações têm o condão de vincular solidariamente todas as empresas coligadas, ainda que estas tenham personalidades jurídicas distintas" (TRT 23ª R., AC n. 4.550/96 (Ac. TP n. 1.578/97), Rel. Juiz José Simioni, *DJMT* 16-6-1997).
"REVELIA – PREPOSTO – GRUPO ECONÔMICO – Empregado de uma das empresas demandadas componentes de grupo econômico pode validamente representar todas em audiência sem se configurar revelia e confissão" (TRT 9ª R., RO n. 7.892/94, 3ª T., Ac. n. 13.990/95, Rel. Juiz João Oreste Dalazen, *DJPR* 9-6-1995).

Como já salientamos no item 5 *supra*, a Súmula 425 do TST, ao não mais permitir o *jus postulandi* das próprias partes (empregado e empregador) nos recursos dirigidos ao TST e nas ações originárias daquela Corte, deixou implícito que, nestes casos, a representação da parte por advogado será obrigatória.

É preciso advertir que a EC n. 45/2004, ao ampliar a competência da Justiça do Trabalho para processar e julgar outras ações oriundas da relação de trabalho, diversas da relação de emprego, exigirá nova interpretação do art. 791 da CLT, no sentido de considerar obrigatória a presença do advogado em tais demandas.

Caso a parte opte – fora das hipóteses obrigatórias previstas na Súmula 425 do TST e das novas ações oriundas da relação de trabalho – pode ser representada por advogado regularmente inscrito na OAB.

Com efeito, dispõem o art. 103 e seu parágrafo único do CPC que a "parte será representada em juízo por advogado regularmente inscrito na Ordem dos Advogados do Brasil", sendo-lhe "lícito postular em causa própria quando tiver habilitação legal".

Quando postular em causa própria, incumbe ao advogado (CPC, art. 106):

> I – declarar, na petição inicial ou na contestação, o endereço, seu número de inscrição na Ordem dos Advogados do Brasil e o nome da sociedade de advogados da qual participa, para o recebimento de intimações;
>
> II – comunicar ao juízo qualquer mudança de endereço.
>
> § 1º Se o advogado descumprir o disposto no inciso I, o juiz ordenará que se *supra* a omissão, no prazo de 5 (cinco) dias, antes de determinar a citação do réu, sob pena de indeferimento da petição.
>
> § 2º Se o advogado infringir o previsto no inciso II, serão consideradas válidas as intimações enviadas por carta registrada ou meio eletrônico ao endereço constante dos autos.

Não será permitido ao advogado postular em juízo sem procuração, salvo para evitar preclusão, decadência ou prescrição, ou para praticar ato considerado urgente, caso em que, independentemente de caução, deverá exibir a procuração no prazo de 15 (quinze) dias, prorrogável por igual período por despacho do juiz. O ato não ratificado será considerado ineficaz relativamente àquele em cujo nome foi praticado, respondendo o advogado pelas despesas e por perdas e danos (CPC, art. 104, §§ 1º e 2º).

A matéria é tratada na Súmula 456 do TST:

> I – É inválido o instrumento de mandato firmado em nome de pessoa jurídica que não contenha, pelo menos, o nome do outorgante e do signatário da procuração, pois estes dados constituem elementos que os individualizam. II – Verificada a irregularidade de representação da parte na instância originária, o juiz designará prazo de 5 (cinco) dias para que seja sanado o vício. Descumprida a

determinação, extinguirá o processo, sem resolução de mérito, se a providência couber ao reclamante, ou considerará revel o reclamado, se a providência lhe couber (art. 76, § 1º, do CPC de 2015). III – Caso a irregularidade de representação da parte seja constatada em fase recursal, o relator designará prazo de 5 (cinco) dias para que seja sanado o vício. Descumprida a determinação, o relator não conhecerá do recurso, se a providência couber ao recorrente, ou determinará o desentranhamento das contrarrazões, se a providência couber ao recorrido (art. 76, § 2º, do CPC de 2015).

O mandato pode ser *ad judicia*, que habilita o advogado para o foro em geral, e *ad judicia et extra*, que, além disso, dá poderes ao advogado para representar as partes também em quaisquer repartições oficiais.

O CPC sistematizou, em seu art. 105, a procuração geral para o foro (*ad judicia*), nos seguintes termos:

> Art. 105. A procuração geral para o foro, outorgada por instrumento público ou particular assinado pela parte, habilita o advogado a praticar todos os atos do processo, exceto receber citação, confessar, reconhecer a procedência do pedido, transigir, desistir, renunciar ao direito sobre o qual se funda a ação, receber, dar quitação, firmar compromisso e assinar declaração de hipossuficiência econômica, que devem constar de cláusula específica.
>
> § 1º A procuração pode ser assinada digitalmente, na forma da lei.
>
> § 2º A procuração deverá conter o nome do advogado, seu número de inscrição na Ordem dos Advogados do Brasil e endereço completo.
>
> § 3º Se o outorgado integrar sociedade de advogados, a procuração também deverá conter o nome dessa, seu número de registro na Ordem dos Advogados do Brasil e endereço completo.
>
> § 4º Salvo disposição expressa em sentido contrário constante do próprio instrumento, a procuração outorgada na fase de conhecimento é eficaz para todas as fases do processo, inclusive para o cumprimento de sentença.

O advogado devidamente inscrito na OAB tem, nos termos do art. 107 do CPC, direito a:

> I – examinar, em cartório de fórum e secretaria de tribunal, mesmo sem procuração, autos de qualquer processo, independentemente da fase de tramitação, assegurados a obtenção de cópias e o registro de anotações, salvo na hipótese de segredo de justiça, nas quais apenas o advogado constituído terá acesso aos autos;
>
> II – requerer, como procurador, vista dos autos de qualquer processo, pelo prazo de 5 (cinco) dias;

> III – retirar os autos do cartório ou da secretaria, pelo prazo legal, sempre que neles lhe couber falar por determinação do juiz, nos casos previstos em lei.
>
> § 1º Ao receber os autos, o advogado assinará carga em livro ou documento próprio.
>
> § 2º Sendo o prazo comum às partes, os procuradores poderão retirar os autos somente em conjunto ou mediante prévio ajuste, por petição nos autos.
>
> § 3º Na hipótese do § 2º, é lícito ao procurador retirar os autos para obtenção de cópias, pelo prazo de 2 (duas) a 6 (seis) horas, independentemente de ajuste e sem prejuízo da continuidade do prazo.
>
> § 4º O procurador perderá no mesmo processo o direito a que se refere o § 3º se não devolver os autos tempestivamente, salvo se o prazo for prorrogado pelo juiz.

No que diz respeito à atuação do advogado em localidade diversa da Seccional de sua inscrição, o TST/SBDI-1 editou a OJ n. 7:

> ADVOGADO. ATUAÇÃO FORA DA SEÇÃO DA OAB ONDE O ADVOGADO ESTÁ INSCRITO. AUSÊNCIA DE COMUNICAÇÃO (LEI N. 4.215/1963, § 2º, ART. 56). INFRAÇÃO DISCIPLINAR. NÃO IMPORTA NULIDADE. A despeito da norma então prevista no art. 56, § 2º, da Lei n. 4.215/63, a falta de comunicação do advogado à OAB para o exercício profissional em seção diversa daquela na qual tem inscrição não importa nulidade dos atos praticados, constituindo apenas infração disciplinar, que cabe àquela instituição analisar.

Quanto ao reconhecimento de firma, a Lei n. 8.952/94 tornou-a dispensável tanto para a outorga do instrumento do mandato quanto para o seu substabelecimento. No tocante ao reconhecimento de firma em substabelecimento, dispõe a OJ n. 75 da SBDI-1/TST:

> SUBSTABELECIMENTO SEM O RECONHECIMENTO DE FIRMA DO SUBSTABELECENTE. INVÁLIDO (ANTERIOR À LEI N. 8.952/94). Não produz efeitos jurídicos recurso subscrito por advogado com poderes conferidos em substabelecimento em que não consta o reconhecimento de firma do outorgante. Entendimento aplicável antes do advento da Lei n. 8.952/94.

No que concerne à necessidade de procuração nos autos de agravo de instrumento, a OJ n. 110 da SBDI-1, segundo a qual a procuração existente apenas nos autos de agravo de instrumento, ainda que em apenso, não legitimaria a atuação de advogado nos processos de que se originou o agravo, foi cancelada pela Res. TST n. 212/2016 em decorrência do CPC (em especial o art. 105, § 4º).

Outra questão importante sobre a representação processual do advogado em agravo de instrumento está prevista na OJ n. 374 da SBDI-1/TST:

AGRAVO DE INSTRUMENTO. REPRESENTAÇÃO PROCESSUAL. REGULARIDADE. PROCURAÇÃO OU SUBSTABELECIMENTO COM CLÁUSULA LIMITATIVA DE PODERES AO ÂMBITO DO TRIBUNAL REGIONAL DO TRABALHO. É regular a representação processual do subscritor do agravo de instrumento ou do recurso de revista que detém mandato com poderes de representação limitados ao âmbito do Tribunal Regional do Trabalho, pois, embora a apreciação desse recurso seja realizada pelo Tribunal Superior do Trabalho, a sua interposição é ato praticado perante o Tribunal Regional do Trabalho, circunstância que legitima a atuação do advogado no feito.

No que concerne às condições de validade do mandato e do substabelecimento, o TST converteu diversas orientações jurisprudenciais e editou a Súmula 395:

MANDATO E SUBSTABELECIMENTO. CONDIÇÕES DE VALIDADE (nova redação dos itens I e II e acrescido o item V em decorrência do CPC de 2015). I - Válido é o instrumento de mandato com prazo determinado que contém cláusula estabelecendo a prevalência dos poderes para atuar até o final da demanda (§ 4º do art. 105 do CPC de 2015). II - Se há previsão, no instrumento de mandato, de prazo para sua juntada, o mandato só tem validade se anexado ao processo o respectivo instrumento no aludido prazo. III - São válidos os atos praticados pelo substabelecido, ainda que não haja, no mandato, poderes expressos para substabelecer (art. 667, e parágrafos, do Código Civil de 2002). IV - Configura-se a irregularidade de representação se o substabelecimento é anterior à outorga passada ao substabelecente. V - Verificada a irregularidade de representação nas hipóteses dos itens II e IV, deve o juiz suspender o processo e designar prazo razoável para que seja sanado o vício, ainda que em instância recursal (art. 76 do CPC de 2015).

No tocante à exibição dos estatutos da empresa como condição de validade da procuração, a SBDI-1 editou a OJ n. 255:

MANDATO. CONTRATO SOCIAL. DESNECESSÁRIA A JUNTADA (atualizada em decorrência do CPC de 2015). O art. 75, VIII, do CPC de 2015 (art. 12, VI, do CPC de 1973) não determina a exibição dos estatutos da empresa em juízo como condição de validade do instrumento de mandato outorgado ao seu procurador, salvo se houver impugnação da parte contrária.

Na fase recursal, a Súmula 383 do TST, em sua redação original, dispunha:

I - É inadmissível, em instância recursal, o oferecimento tardio de procuração, nos termos do art. 37 do CPC, ainda que mediante protesto por posterior juntada, já que a interposição de recurso não pode ser reputada ato urgente.

II – Inadmissível na fase recursal a regularização da representação processual, na forma do art. 13 do CPC, cuja aplicação se restringe ao Juízo de 1º grau.

Esta Súmula 383 do TST, que diz respeito à juntada de procuração na fase recursal, faz alusão aos arts. 13 e 37 do CPC/73. Ocorre que o art. 76 do CPC trata da matéria nos seguintes termos:

> Art. 76. Verificada a incapacidade processual ou a irregularidade da representação da parte, o juiz suspenderá o processo e designará prazo razoável para que seja sanado o vício.
>
> § 1º Descumprida a determinação, caso o processo esteja na instância originária:
>
> I – o processo será extinto, se a providência couber ao autor;
>
> II – o réu será considerado revel, se a providência lhe couber;
>
> III – o terceiro será considerado revel ou excluído do processo, dependendo do polo em que se encontre.
>
> § 2º Descumprida a determinação em fase recursal perante tribunal de justiça, tribunal regional federal ou tribunal superior, o relator:
>
> I – não conhecerá do recurso, se a providência couber ao recorrente;
>
> II – determinará o desentranhamento das contrarrazões, se a providência couber ao recorrido.

O TST, então, resolveu alterar a Súmula 383, que passou a ter a seguinte redação:

> Súmula 383 – RECURSO. MANDATO. IRREGULARIDADE DE REPRESENTAÇÃO. CPC DE 2015, ARTS. 104 E 76, § 2º (nova redação em decorrência do CPC de 2015, Res. n. 210/2016, *DEJT* divulgado em 30-6-2016, 1º e 4-7-2016).
>
> I – É inadmissível recurso firmado por advogado sem procuração juntada aos autos até o momento da sua interposição, salvo mandato tácito. Em caráter excepcional (art. 104 do CPC de 2015), admite-se que o advogado, independentemente de intimação, exiba a procuração no prazo de 5 (cinco) dias após a interposição do recurso, prorrogável por igual período mediante despacho do juiz. Caso não a exiba, considera-se ineficaz o ato praticado e não se conhece do recurso.
>
> II – Verificada a irregularidade de representação da parte em fase recursal, em procuração ou substabelecimento já constante dos autos, o relator ou o órgão competente para julgamento do recurso designará prazo de 5 (cinco) dias para que seja sanado o vício. Descumprida a determinação, o relator não conhecerá do recurso, se a providência couber ao recorrente, ou determinará o desentranhamento das contrarrazões, se a providência couber ao recorrido (art. 76, § 2º, do CPC de 2015).

Quanto à regularidade de representação e substabelecimento não datado, lembramos o teor da OJ n. 371 da SBDI-1/TST:

> IRREGULARIDADE DE REPRESENTAÇÃO. SUBSTABELECIMENTO NÃO DATADO. INAPLICABILIDADE DO ART. 654, § 1º, DO CÓDIGO CIVIL (atualizada em decorrência do CPC de 2015, Res. n. 208/2016). Não caracteriza a irregularidade de representação a ausência da data da outorga de poderes, pois, no mandato judicial, ao contrário do mandato civil, não é condição de validade do negócio jurídico. Assim, a data a ser considerada é aquela em que o instrumento for juntado aos autos, conforme preceitua o art. 409, IV, do CPC de 2015 (art. 370, IV, do CPC de 1973). Inaplicável o art. 654, § 1º, do Código Civil.

No que concerne à obtenção da justiça gratuita, não havia necessidade de poderes especiais ao advogado no instrumento de mandato. Era o que previa a OJ n. 331 da SBDI-1 do TST, que, no entanto, foi cancelada pela Resolução TST n. 210/2016, *DEJT* 30-6-2016, 1º e 4-7-2016, uma vez que o art. 105 do CPC dispõe que a declaração de hipossuficiência econômica deve constar de cláusula específica do instrumento de mandato.

6.3.1. Mandato tácito ou *apud acta*

É importante assinalar que no processo do trabalho são admitidos o *mandato tácito* e o "*apud acta*".

Embora a jurisprudência majoritária não faça distinção entre mandato tácito e mandato *apud acta*, parece-nos factível dizer que o *mandato tácito* decorre de um conjunto de atos praticados pelo advogado em nome da parte ou da sua simples presença em audiência, embora nos autos não conste o instrumento de mandato.

No mandato tácito, o mandatário, isto é, o advogado, estará autorizado apenas a praticar os atos inerentes aos poderes da cláusula *ad judicia*. Logo, não poderá praticar atos jurídicos que dependam da outorga de poderes especiais, como confessar, desistir, transigir, renunciar, receber, dar quitação, substabelecer etc. É o que se infere do art. 105 do CPC. Exatamente por isso o TST (SBDI-1, OJ n. 200) considera inválido o substabelecimento de advogado investido de mandato tácito.

Já o mandato *apud acta* exsurge pelo fato de o nome do patrono da parte constar da ata de audiência. No mandato *apud acta*, também devem ser observadas as restrições do art. 105 do CPC, em função do que os poderes do advogado são apenas os da cláusula *ad judicia*, salvo se houver previsão expressa de outorga de poderes especiais na própria ata de audiência.

É importante ressaltar que a Lei n. 12.437, de 6 de julho de 2011, acresceu o § 3º ao art. 791 da CLT, nos seguintes termos:

> A constituição de procurador com poderes para o foro em geral poderá ser efetivada, mediante simples registro em ata de audiência, a requerimento verbal do advogado interessado, com anuência da parte representada.

O preceptivo em causa consagra, a nosso sentir, o reconhecimento da procuração *apud acta*, com poderes *ad judicia*, no sistema processual trabalhista, prestigiando, ao mesmo tempo, os princípios da oralidade, simplicidade e facilitação do acesso à justiça.

6.3.2. Representação por estagiário de direito

Os estagiários poderão atuar na Justiça do Trabalho, mas alguns atos processuais são privativos do advogado, como assinar petição inicial, interpor recursos, comparecer à audiência, fazer sustentação oral etc.

Para tais atos, os estagiários deverão estar acompanhados por advogados regularmente inscritos na OAB, podendo assinar em conjunto as peças processuais.

Nesse passo, é importante lembrar a OJ n. 319 da SBDI-1/TST, *in verbis*:

> REPRESENTAÇÃO REGULAR. ESTAGIÁRIO. HABILITAÇÃO POSTERIOR (*DJ* 11-8-2003). Válidos são os atos praticados por estagiário se, entre o substabelecimento e a interposição do recurso, sobreveio a habilitação, do então estagiário, para atuar como advogado.

6.4. Assistência judiciária gratuita, benefício da justiça gratuita e princípio da gratuidade nas ações coletivas

Nos termos do art. 14 da Lei n. 5.584, de 26 de junho de 1970, na Justiça do Trabalho, a Assistência Judiciária a que se refere a Lei n. 1.060, de 5 de fevereiro de 1950, será prestada pelo Sindicato da categoria profissional a que pertencer o trabalhador.

O § 1º do art. 14 da Lei n. 5.584 estabelece que a assistência judiciária é devida a todo trabalhador que perceber salário igual ou inferior ao dobro do salário mínimo legal, ficando, porém, assegurado idêntico direito ao trabalhador de maior salário, uma vez provado que sua situação econômica não lhe permita demandar, sem prejuízo do sustento próprio ou de sua família.

A Lei n. 10.288, de 20 de setembro de 2001, revogou, tácita e parcialmente, o § 1º do art. 14 da Lei n. 5.584/70, ao acrescentar o § 10 ao art. 789 da CLT, nos seguintes termos:

> O sindicato da categoria profissional prestará *assistência judiciária gratuita* ao trabalhador desempregado ou que perceber *salário inferior a cinco salários mínimos* ou que declare, sob responsabilidade, não possuir, em razão dos encargos próprios e familiares, condições econômicas de prover à demanda. (grifos nossos)

Demonstrando desconhecimento do ordenamento jurídico, o legislador editou a Lei n. 10.537, de 28 de agosto de 2002, que, dando nova redação ao art. 789 da CLT, simplesmente suprimiu o § 10. Além disso, a Lei n. 10.537 acrescentou o § 3º ao art. 790, facultando aos juízes conceder o *benefício da justiça gratuita* "àqueles que perceberem salário igual ou inferior ao dobro do mínimo legal, ou declararem, sob as penas da lei, que não estão em condições de pagar as custas do processo sem prejuízo do sustento próprio ou de sua família".

Por força da Lei n. 13.467/2017, o § 3º do art. 790 da CLT passou a ter a seguinte redação:

> É facultado aos juízes, órgãos julgadores e presidentes dos tribunais do trabalho de qualquer instância conceder, a requerimento ou de ofício, o benefício da justiça gratuita, inclusive quanto a traslados e instrumentos, àqueles que perceberem salário igual ou inferior a 40% (quarenta por cento) do limite máximo dos benefícios do Regime Geral de Previdência Social.

Diante dessa confusão legislativa, indaga-se: será que a assistência judiciária na Justiça do Trabalho constitui "monopólio" das entidades sindicais dos trabalhadores[22]?

Primeiramente, parece-nos importante distinguir *assistência judiciária gratuita* de *benefício da justiça gratuita*, porquanto, a nosso ver, a assistência judiciária, nos domínios do processo do trabalho, continua sendo monopólio das entidades sindicais, pois a Lei n. 10.288/2001 apenas derrogou (revogação parcial) o art. 14 da Lei n. 5.584/70, mesmo porque o seu art. 18 prescreve que a "assistência judiciária, nos termos da presente lei, será prestada ao trabalhador ainda que não seja associado do respectivo sindicato". Na assistência judiciária, portanto, temos o *assistente* (sindicato) e o *assistido* (trabalhador), cabendo ao primeiro oferecer serviços jurídicos em juízo ao segundo.

A assistência judiciária gratuita abrange o benefício da justiça gratuita e talvez por isso tenha surgido a confusão a respeito destes dois institutos.

Com efeito, o benefício da justiça gratuita, que é regulado pelo art. 790, § 3º, da CLT (com nova redação dada pela Lei n. 13.467/2017), pode ser concedido, a requerimento da parte ou de ofício, por qualquer juiz de qualquer instância a qualquer trabalhador, independentemente de ser ele patrocinado por advogado ou sindicato, que litigue na Justiça do Trabalho, desde que perceba salário igual ou inferior a 40% (quarenta por cento) do limite máximo dos benefícios do Regime Geral de Previdência Social. Esta regra é, evidentemente, destinada a quem recebe salário, ou seja, o trabalhador, e o critério é objetivo (valor do salário igual ou inferior a 40% do teto previdenciário).

A prova da situação de miserabilidade econômica poderia ser feita mediante simples declaração, na própria petição inicial ou em documento a ela anexado, consoante previsão do § 1º do art. 4º da Lei n. 1.060/50 (redação dada pela Lei n. 7.510/86). Nesse sentido, a SBDI-1 do TST editou (*DJU* de 11-8-2003) a OJ n. 304, *in verbis*:

22. Autores há, não obstante, que sustentam que o art. 5º, LXXIV, da CF teria "revogado" o art. 14 da Lei n. 5.584/1970. Nesse sentido: Martins, Sergio Pinto. *Direito processual do trabalho*. 21. ed., p. 201.

HONORÁRIOS ADVOCATÍCIOS. ASSISTÊNCIA JUDICIÁRIA. DECLARAÇÃO DE POBREZA. COMPROVAÇÃO. Atendidos os requisitos da Lei n. 5.584/70 (art. 14, § 2º), para a concessão da assistência judiciária, basta a simples afirmação do declarante ou de seu advogado, na petição inicial, para considerar configurada a sua situação econômica (art. 4º, § 1º, da Lei n. 7.510/86, que deu nova redação à Lei n. 1.060/50)[23].

A referida OJ n. 304, no entanto, foi aglutinada à Súmula 463 do TST, que passou a ter a seguinte redação: "I – a partir de 26-6-2017, para a concessão da assistência judiciária gratuita à pessoa natural, basta a declaração de hipossuficiência econômica firmada pela parte ou por seu advogado, desde que munido de procuração com poderes específicos para esse fim (art. 105 do CPC de 2015); II – No caso de pessoa jurídica, não basta a mera declaração: é necessária a demonstração cabal de impossibilidade de a parte arcar com as despesas do processo".

Ocorre que o § 4º do art. 790 da CLT (incluído pela Lei n. 13.467/2017) dispõe que o "benefício da justiça gratuita será concedido à parte que comprovar insuficiência de recursos para o pagamento das custas do processo".

Vale dizer, *de lege lata*, se a parte for pessoa natural, obterá o benefício da justiça gratuita se alegar que recebe remuneração mensal igual ou inferior a 40% do teto dos benefícios do regime geral da Previdência Social (CLT, art. 790, § 3º). Se receber salário superior a 40% do teto previdenciário, deverá comprovar a sua hipossuficiência econômica, não sendo suficiente a mera declaração.

Essa exigência de comprovação constitui retrocesso social e obstáculo do acesso à Justiça (do Trabalho) para o demandante em situação de precariedade econômica, razão pela qual deve ser interpretada conforme a CF para se entender que a simples declaração de hipossuficiência econômica gera a presunção *juris tantum* em favor do declarante.

Aliás, verifica-se uma lacuna axiológica no § 4º do art. 790 da CLT se comparado com o art. 99, § 3º, do CPC, segundo o qual: "Presume-se verdadeira a alegação de insuficiência deduzida exclusivamente por pessoa natural".

Não há uniformidade entre as Turmas do TST a respeito da exigência de comprovação da hipossuficiência econômica para a concessão da justiça gratuita ao trabalhador, como se infere dos seguintes arestos:

RECURSO DE REVISTA. ACÓRDÃO PUBLICADO NA VIGÊNCIA DA LEI N. 13.467/2017. JUSTIÇA GRATUITA. REQUISITOS. COMPROVAÇÃO DA HIPOSSUFICIÊNCIA ECONÔMICA. TRANSCENDÊNCIA JURÍDICA RECONHECIDA. A denominada Reforma Trabalhista (Lei n. 13.467/2017) modificou os requisitos para a

23. Há erro de remissão na parte final desta OJ, pois o art. 4º, § 1º, é da Lei n. 1.060/50, com redação dada pela Lei n. 7.510/86.

concessão do benefício da gratuidade da justiça, exigindo-se, agora, não apenas a mera declaração ou afirmação de que a parte não possui condições de arcar com as despesas do processo sem prejuízo do seu sustento e da sua família, como também a comprovação da situação de insuficiência de recursos, nos termos do art. 790, §§ 3º e 4º, da CLT. No caso, considerando que a reclamação trabalhista foi ajuizada sob a égide da Lei n. 13.467/2017 (reforma trabalhista) e havendo, agora, norma específica sobre a concessão da justiça gratuita no âmbito da Justiça do Trabalho, **competia ao reclamante provar a efetiva insuficiência de recursos**, ônus do qual se desincumbiu. A informação constante da inicial no sentido de que o reclamante encontra-se desempregado, somado ao fato de que, na vigência do contrato de trabalho em questão, bem como no contrato seguinte, percebeu salário inferior a 40% do teto da Previdência Social (conforme anotações lançadas em sua CTPS), autorizam, nos termos do art. 790, § 3º, da CLT, a concessão do benefício da gratuidade processual, inclusive, de ofício. Recurso de revista conhecido e provido (TST-RR 10000484320185020320, Rel. Min. Breno Medeiros, 5ª T., *DEJT* 28-6-2019 – grifos nossos).

RECURSO DE REVISTA INTERPOSTO SOB A ÉGIDE DA LEI N. 13.467/17 – JUSTIÇA GRATUITA – DECLARAÇÃO DE POBREZA – PRESUNÇÃO RELATIVA DE VERACIDADE NÃO ELIDIDA POR PROVA EM SENTIDO CONTRÁRIO. A **existência de declaração de miserabilidade é suficiente à concessão do benefício da assistência judiciária gratuita. Aplica-se a Súmula 463, I, do TST**. CONTRATO DE TRABALHO – PEJOTIZAÇÃO – HONORÁRIOS ADVOCATÍCIOS. Os tópicos não comportam exame, uma vez que foi negado seguimento ao Recurso pelo Eg. TRT sem interposição de Agravo de Instrumento. Art. 1º da Instrução Normativa n. 40 do TST. Recurso de revista parcialmente conhecido e provido (TST-RR 10013344320175020271, Rel. Min. Maria Cristina Irigoyen Peduzzi, 8ª T., *DEJT* 28-6-2019 – grifos nossos).

Parece-nos viável, com base no art. 5º, LXXIV, da CF, a concessão do benefício da gratuidade (justiça gratuita) quando se tratar de empregador pessoa física que declarar (CPC, art. 99, § 3º) não possuir recursos para o pagamento das custas sem prejuízo do sustento próprio ou de sua família, como nos casos de empregador doméstico, trabalhadores autônomos quando figurarem como empregadores ou pequenos empreiteiros na mesma condição.

A jurisprudência do TST, no entanto, vem se firmando no sentido de que o empregador, pessoa natural ou jurídica, deverá comprovar a sua situação de hipossuficiência econômica para obter o benefício da justiça gratuita. A concessão do benefício, entretanto, abrange apenas a isenção do pagamento de custas, não alcançando o depósito recursal. Nesse sentido:

AGRAVO EM AGRAVO DE INSTRUMENTO EM RECURSO DE REVISTA – DESERÇÃO – JUSTIÇA GRATUITA – EMPREGADOR PESSOA JURÍDICA – INSUFICIÊN-

CIA ECONÔMICA – NÃO COMPROVAÇÃO – ISENÇÃO DO DEPÓSITO RECURSAL – IMPOSSIBILIDADE – APLICAÇÃO DE MULTA POR PROTELAÇÃO. 1 . O deferimento dos benefícios da justiça gratuita para as pessoas jurídicas exige a demonstração cabal da impossibilidade de arcar com as despesas do processo, o que não ocorreu no caso. 2. Além disso, a justiça gratuita, com a isenção do pagamento das custas processuais, não abrange o depósito recursal trabalhista, que tem natureza jurídica absolutamente diversa das despesas processuais e tem a finalidade de garantir a futura execução. 3. Em virtude do manifesto intuito protelatório das agravantes, impõe-se a aplicação da multa específica prevista no art. 1.021, § 4º, do CPC/2015, no importe de 5% do valor atualizado da causa. Agravo desprovido, com aplicação de multa por protelação (TST – Ag-AIRR: 10716732016503001 6, Rel. Min. Luiz Philippe Vieira de Mello Filho, 7ª T., *DEJT* 18-11-2019).

AGRAVO DE INSTRUMENTO EM RECURSO DE REVISTA INTERPOSTO SOB A ÉGIDE DA LEI 13.015/2014. DESERÇÃO DO RECURSO DE REVISTA INTERPOSTO ANTES DA REFORMA TRABALHISTA. BENEFÍCIO DA JUSTIÇA GRATUITA. EMPREGADOR PESSOA FÍSICA. AUSÊNCIA DE RECOLHIMENTO DO DEPÓSITO RECURSAL. INSUFICIÊNCIA ECONÔMICA NÃO COMPROVADA. O benefício da justiça gratuita pode ser concedido ao empregador pessoa física, desde que comprovada, de maneira inequívoca, a sua insuficiência econômica, limitando-se a gratuidade às custas processuais, não alcançando, desse modo, o depósito recursal, cuja natureza é de garantia do juízo nos termos do art. 899, § 1º, da CLT. Julgados. Agravo de instrumento a que se nega provimento (TST-AIRR 104308420165030052, Rel. Min. Márcio Eurico Vitral Amaro, 8ª T., *DEJT* 5-10-2018).

A OJ n. 269 da SBDI-1/TST dispõe que "o benefício da justiça gratuita pode ser requerido em qualquer tempo ou grau de jurisdição, desde que, na fase recursal, seja o requerimento formulado no prazo alusivo ao recurso", e, se o requerimento formulado na fase recursal for indeferido, "cumpre ao relator fixar prazo para que o recorrente efetue o preparo (art. 99, § 7º, do CPC de 2015)".

De acordo com o art. 3º da Lei n. 1.060/50, a assistência judiciária compreende as seguintes isenções: taxas judiciárias e dos selos; emolumentos e custas devidos aos juízes, órgãos do Ministério Público e serventuários da Justiça; despesas com as publicações indispensáveis no jornal encarregado da divulgação dos atos oficiais; indenizações devidas às testemunhas que, quando empregados, receberão do empregador salário integral, como se em serviço estivessem, ressalvado o direito regressivo contra o poder público federal, no Distrito Federal e nos Territórios; ou contra o poder público estadual, nos Estados; honorários de advogado e peritos.

O § 1º do art. 98 do CPC, no entanto, dispõe que a gratuidade da justiça compreende: I – as taxas ou as custas judiciais; II – os selos postais; III – as despesas com publicação na imprensa oficial, dispensando-se a publicação em outros meios; IV – a indenização devida à testemunha que, quando empregada, receberá do empregador salário integral, como se em serviço estivesse; V – as despesas com a realização de exame de código genético – DNA e de outros exames considerados essenciais; VI – os honorários do advogado e do perito e a remuneração do intérprete ou do tradutor nomeado para apresentação de versão em português de documento redigido em língua estrangeira; VII – o custo com a elaboração de memória de cálculo, quando exigida para instauração da execução; VIII – os depósitos previstos em lei para interposição de recurso, para propositura de ação e para a prática de outros atos processuais inerentes ao exercício da ampla defesa e do contraditório; IX – os emolumentos devidos a notários ou registradores em decorrência da prática de registro, averbação ou qualquer outro ato notarial necessário à efetivação de decisão judicial ou à continuidade de processo judicial no qual o benefício tenha sido concedido. Parece-nos que a regra do CPC (art. 98, § 1º), por ser posterior, revogou tacitamente a regra da Lei n. 1.060/1950 (art. 3º).

Ocorre que, nos termos do art. 790-B, *caput*, e § 4º, da CLT (com redação dada pela Lei n. 13.467/2017), a "responsabilidade pelo pagamento dos honorários periciais é da parte sucumbente na pretensão objeto da perícia, ainda que beneficiária da justiça gratuita" e "somente no caso em que o beneficiário da justiça gratuita não tenha obtido em juízo créditos capazes de suportar a despesa referida no *caput*, ainda que em outro processo, a União responderá pelo encargo".

Além disso, por força do art. 791-A da CLT (com redação dada pela Lei n. 13.467/2017), os honorários advocatícios passaram a ser devidos em qualquer ação na Justiça do Trabalho (patrocinada por advogado, evidentemente), sendo certo que: "Vencido o beneficiário da justiça gratuita, desde que não tenha obtido em juízo, ainda que em outro processo, créditos capazes de suportar a despesa, as obrigações decorrentes de sua sucumbência ficarão sob condição suspensiva de exigibilidade e somente poderão ser executadas se, nos dois anos subsequentes ao trânsito em julgado da decisão que as certificou, o credor demonstrar que deixou de existir a situação de insuficiência de recursos que justificou a concessão de gratuidade, extinguindo-se, passado esse prazo, tais obrigações do beneficiário" (CLT, art. 791-A, § 4º).

Há entendimento no sentido de que a aplicação de pena por litigância de má-fé é incompatível com a concessão do benefício da justiça gratuita ou da assistência judiciária gratuita. Pedimos vênia para divergir de tal entendimento, uma vez que estamos diante de institutos diversos e não há previsão legal nas ações individuais para a perda do benefício da gratuidade ou da assistência judiciária gratuita para o litigante de má-fé. Ademais, o § 4º do art. 98 do CPC, aplicado supletivamente ao processo do trabalho, dispõe que: "A concessão de gratuidade não afasta o dever de o beneficiário pagar, ao final, as multas processuais que lhe sejam impostas."

Advertimos que a Assistência Judiciária Gratuita e o Benefício da Justiça Gratuita, institutos de direito processual individual, não se confundem com o princípio da gratuidade, que é inerente ao direito processual coletivo. Nos primeiros há isenção de custas e demais despesas processuais concedidas a requerimento da parte ou de ofício pelo magistrado, desde que o trabalhador declare (ou a pessoa jurídica comprove) situação de hipossuficiência econômica para demandar, enquanto no princípio da gratuidade, que é norma de ordem pública, portanto independentemente de requerimento ou de qualquer declaração da parte, não há quaisquer despesas para o autor da ação coletiva, salvo quando este for uma associação que esteja litigando de má-fé.

Com efeito, o princípio da gratuidade (nas ações coletivas) é muito mais amplo que a assistência judiciária gratuita e o benefício da gratuidade, pois se trata de princípio atinente ao microssistema de acesso coletivo ao Poder Judiciário brasileiro.

Assim, nas ações civis públicas (ou coletivas) para tutela de direitos difusos, coletivos ou individuais homogêneos, dispõe o art. 18 da Lei n. 7.347/85, com redação dada pela Lei n. 8.078/90, *in verbis*:

> não haverá adiantamento de custas, emolumentos, honorários periciais e quaisquer outras despesas, nem condenação da associação autora, salvo comprovada má-fé, em honorários de advogado, custas e despesas processuais.

Idêntica regra é prevista no art. 87 do CDC (Lei n. 8.078/90):

> Nas ações coletivas de que trata este Código não haverá adiantamento de custas, emolumentos, honorários periciais e quaisquer outras despesas, nem condenação da associação autora, salvo comprovada má-fé, em honorários de advogados, custas e despesas processuais.

Ora, se o princípio da gratuidade é aplicável em todas as ações coletivas propostas em qualquer setor do Poder Judiciário brasileiro, com muito mais ênfase ele deve ser aplicado no âmbito da Justiça do Trabalho dada a nítida função social desse ramo especializado, mesmo porque, como já vimos em outra parte deste livro, a jurisdição trabalhista metaindividual é efetivada por meio de normas do referido microssistema de acesso coletivo à justiça, restando à CLT o papel de fonte subsidiária (Lei n. 7.347/85, art. 19; CDC, art. 90). Nesse sentido:

> AÇÃO COLETIVA AJUIZADA POR SINDICATO. DESPESAS PROCESSUAIS. PRINCÍPIO DA GRATUIDADE. Na ação em que o sindicato defende interesses da categoria aplica-se o microssistema processual composto por normas da CF (arts. 129, III, § 1º e 8º, III), da Lei n. 7.347/85 (LACP) e Lei n. 8.078/90 (CDC). Logo, à luz do princípio da gratuidade albergado nos arts. 87 do CDC e 18 da LACP, não haverá adiantamento de custas, emolumentos, honorários periciais e quaisquer outras despesas, nem condenação da associação autora, salvo comprovada má-fé, em honorários de advogados, custas e despesas processuais (TRT 17ª R., RO 00012386220175170001, Rel. Des. Daniele Corrêa Santa Catarina, 3ª T., *DEJT* 12-4-2019).

Diversamente do processo individual, no qual o beneplácito da assistência judiciária gratuita e o benefício da gratuidade podem ser concedidos ao litigante de má-fé, o princípio da gratuidade no processo coletivo encontra uma exceção. É o que prevê o parágrafo único do art. 87 do CDC:

> Em caso de litigância de má-fé, a associação autora e os diretores responsáveis pela propositura da ação serão solidariamente condenados em honorários advocatícios e ao décuplo das custas, sem prejuízo da responsabilidade por perdas e danos.

Numa palavra, a sanção expressa para o autor da ação coletiva considerado litigante de má-fé é muito severa e seu objetivo é evitar as chamadas ações coletivas temerárias propostas por associações de direito privado, como é o caso dos sindicatos brasileiros, pois os seus diretores serão corresponsáveis pelo pagamento do décuplo do valor das custas processuais e pelos danos materiais e morais eventualmente sofridos pelo réu da demanda coletiva.

Sobre despesas processuais e princípio da gratuidade no microssistema do processo coletivo, remetemos o(a) leitor(a) ao Capítulo XVIII, item 1.5.

6.5. Assistência judiciária e Defensoria Pública da União

É importante notar que a Lei Complementar n. 80, de 12 de janeiro de 1994, que dispõe sobre a organização da Defensoria Pública, não revogou a Lei n. 5.584/70, pois aquela é lei geral aplicável a todas as pessoas e em qualquer processo no âmbito da Justiça Comum, federal ou estadual; esta é lei especial aplicável, exclusivamente, no âmbito dos processos que tramitam na Justiça (especial) do Trabalho nos quais figurem como partes empregado e empregador.

Todavia é imperioso lembrar que, com a ampliação da competência da Justiça do Trabalho (EC n. 45/2004) para processar e julgar demandas oriundas da relação de trabalho diversas da relação de emprego, a atuação da *Defensoria Pública da União* (Lei Complementar n. 80/94, art. 4º, III e V), deverá se tornar obrigatória, seja para propor ação ou promover a defesa da parte que, não sendo empregado ou trabalhador avulso, necessitar da assistência judiciária gratuita.

Na falta de Defensoria Pública da União, poderá o juiz nomear advogado dativo para tal mister.

É importante lembrar que o CPC deu tratamento diferenciado à Defensoria Pública nos seguintes termos:

> Art. 185. A Defensoria Pública exercerá a orientação jurídica, a promoção dos direitos humanos e a defesa dos direitos individuais e coletivos dos necessitados, em todos os graus, de forma integral e gratuita.

Art. 186. A Defensoria Pública gozará de prazo em dobro para todas as suas manifestações processuais.

§ 1º O prazo tem início com a intimação pessoal do defensor público, nos termos do art. 183, § 1º.

§ 2º A requerimento da Defensoria Pública, o juiz determinará a intimação pessoal da parte patrocinada quando o ato processual depender de providência ou informação que somente por ela possa ser realizada ou prestada.

§ 3º O disposto no *caput* aplica-se aos escritórios de prática jurídica das faculdades de Direito reconhecidas na forma da lei e às entidades que prestam assistência jurídica gratuita em razão de convênios firmados com a Defensoria Pública.

§ 4º Não se aplica o benefício da contagem em dobro quando a lei estabelecer, de forma expressa, prazo próprio para a Defensoria Pública.

Art. 187. O membro da Defensoria Pública será civil e regressivamente responsável quando agir com dolo ou fraude no exercício de suas funções.

Em se tratando de tutela de direitos ou interesses metaindividuais, parece-nos que a interpretação sistemática do art. 129, § 1º, da CF, do art. 5º, II, da Lei n. 7.347/85, do art. 4º, VII, da Lei Complementar n. 80/94 e do art. 81, III, do CDC confere à Defensoria Pública da União legitimidade concorrente e disjuntiva com o MPT e os sindicatos para promover ação civil pública no âmbito da Justiça do Trabalho em defesa dos direitos ou interesses metaindividuais dos trabalhadores. Neste caso, porém, a Defensoria Pública da União atuará como substituta processual, visando à facilitação do acesso coletivo à Justiça do Trabalho.

Outro importante papel da Defensoria Pública da União na Justiça do Trabalho, não na assistência judiciária, como substituta processual ou legitimada autônoma para a condução do processo, é promover as ações coletivas (ou civis públicas) para tutela dos direitos metaindividuais dos trabalhadores e dos empregados, uma vez que a legitimação em tais ações é concorrente e disjuntiva (CF, art. 129, III, § 1º; LACP, art. 5º, II).

7. SUBSTITUIÇÃO PROCESSUAL

Remetemos o leitor ao Capítulo VI, item 6.2.1.

8. SUCESSÃO PROCESSUAL

A sucessão processual, ou de partes, não se confunde com a substituição processual. Nesta, o substituto age em nome próprio na defesa de interesse material de pessoa (ou pessoas) que não figura formalmente na relação processual. Naquela, uma parte sai da relação processual e em seu lugar entra outra pessoa, que vai assumir a titularidade da ação, seja no polo ativo, seja no passivo. A sucessão de parte pode decorrer de ato *inter vivos* ou *causa mortis*.

A sucessão processual da parte, quando esta é pessoa física, ocorre com a morte. Assim, falecendo empregado ou empregador durante o processo, serão substituídos pelo espólio, que é, segundo já vimos, representado pelo inventariante. Nestes casos, opera-se o incidente processual da habilitação, devendo o juiz determinar a suspensão do feito e proferir decisão (CPC, arts. 313, I, 687 e 692). Nesse sentido:

> ILEGITIMIDADE ATIVA. COMPANHEIRA. IRREGULARIDADE DA SUCESSÃO PROCESSUAL. Não comprovada a condição de companheira do *de cujus*, tampouco de dependente habilitada perante o INSS ou sua nomeação como inventariante, tem-se por ilegítima a parte ativa, sobretudo quanto decorrido in albis o prazo para a regularização da sucessão processual. A morosidade imputada à parte para a propositura da ação de inventário, afasta a tese de cerceamento de direito do espólio e o pleito de dilação de prazo para sanar a irregularidade no presente feito trabalhista (TRT 3ª R., RO 0010285-97.2016.5.03.0029, 4ª T., Rel. Juiz Com. Antonio Carlos R. Filho, *DEJT* 11-6-2018).

É de se destacar, porém, que a morte do empregador pessoa física (ou constituído em empresa individual) não implica, necessariamente, a extinção do contrato de trabalho (CLT, art. 483, § 2º), mas, se a morte ocorrer no curso do processo, deverá o juiz intimar o espólio, como sucessor da parte, que passará a ser representado pelo inventariante.

Tratando-se de "pequenas heranças", a Lei n. 6.858, de 24 de novembro de 1980, permite que os "dependentes econômicos" do empregado falecido possam receber, por meio de alvará judicial, as suas respectivas cotas de salários, saldos salariais, férias, décimo terceiro salário, FGTS etc., relativas ao extinto contrato de trabalho, independentemente de inventário ou arrolamento. São dependentes para essa modalidade de sucessão processual os beneficiários do *de cujus* perante a Previdência Social (art. 16 da Lei n. 8.213/91). Nesse sentido:

> HABILITAÇÃO. HERDEIROS. APLICABILIDADE DA LEI. 6.858/80. Os pagamentos dos créditos decorrentes do contrato de trabalho mantido pelo de cujus são devidos aos dependentes habilitados junto à Previdência e, sucessivamente, na falta de existirem tais dependentes, aos sucessores relacionados no art. 1.829 do Código Civil (TRT 5ª R., AP: 00304007820075050004 BA, Rel. Des. Luiz Roberto Mattos, 1ª T., *DEJT* 10-12-2018).

Quando o empregador for pessoa jurídica, haverá sucessão processual nas hipóteses previstas nos arts. 10 e 448 da CLT, *in verbis*:

> Art. 10. Qualquer alteração na estrutura jurídica da empresa não afetará os direitos adquiridos por seus empregados.

> Art. 448. A mudança na propriedade ou na estrutura jurídica da empresa não afetará os contratos de trabalho dos respectivos empregados.

Esses dois dispositivos legais demonstram que, para efeito da relação empregatícia, o contrato de trabalho vincula-se à empresa, pouco importando quem seja o seu titular. Assim, se a sucessão de empresas ocorrer antes do ajuizamento da ação trabalhista pelo empregado, a empresa sucessora será a legitimada passiva para a causa. Se a sucessão de empresas ocorrer no curso do processo, dá-se mera alteração da titularidade da ação, uma vez que a sucessora passa a responder integralmente pelos débitos trabalhistas. Trata-se, em ambos os casos, do instituto da despersonalização do proprietário da empresa, pois os contratos de trabalho vinculam-se ao empreendimento, à empresa, e não à figura do seu proprietário.

Entretanto, a Lei n. 13.467/2017 inseriu na CLT o art. 448-A e seu parágrafo único, que dispõem:

> Art. 448-A. Caracterizada a sucessão empresarial ou de empregadores prevista nos arts. 10 e 448 desta Consolidação, as obrigações trabalhistas, inclusive as contraídas à época em que os empregados trabalhavam para a empresa sucedida, são de responsabilidade do sucessor.
>
> Parágrafo único. A empresa sucedida responderá solidariamente com a sucessora quando ficar comprovada fraude na transferência.

Sobre sucessão, a jurisprudência do TST tem adotado os mais variados entendimentos:

> BANCOS. SUCESSÃO TRABALHISTA. As obrigações trabalhistas, inclusive as contraídas à época em que os empregados trabalhavam para o banco sucedido, são de responsabilidade do sucessor, uma vez que a este foram transferidos os ativos, as agências, os direitos e deveres contratuais, caracterizando típica sucessão trabalhista (TST/SBDI-1, OJ n. 261).
>
> CONTRATO DE CONCESSÃO DE SERVIÇO PÚBLICO. RESPONSABILIDADE TRABALHISTA. Celebrado contrato de concessão de serviço público em que uma empresa (primeira concessionária) outorga a outra (segunda concessionária), no todo ou em parte, mediante arrendamento, ou qualquer outra forma contratual, a título transitório, bens de sua propriedade: I – em caso de rescisão do contrato de trabalho após a entrada em vigor da concessão, a segunda concessionária, na condição de sucessora, responde pelos direitos decorrentes do contrato de trabalho, sem prejuízo da responsabilidade subsidiária da primeira concessionária pelos débitos trabalhistas contraídos até a concessão; II – no tocante ao contrato de trabalho extinto antes da vigência da concessão, a responsabilidade pelos direitos dos trabalhadores será exclusivamente da antecessora (TST/SBDI-1, OJ n. 225).

PENHORA. SUCESSÃO. ART. 100 DA CF/1988. EXECUÇÃO. É válida a penhora em bens de pessoa jurídica de direito privado, realizada anteriormente à sucessão pela União ou por Estado-membro, não podendo a execução prosseguir mediante precatório. A decisão que a mantém não viola o art. 100 da CF/1988 (TST/SBDI-1, OJ n. 343).

No que concerne à cessão de crédito trabalhista, o que implicaria sucessão (por sub-rogação) no polo ativo da demanda, o art. 100 da Consolidação dos Provimentos da Corregedoria-Geral da Justiça do Trabalho, de 2008, vedava tal espécie de negócio jurídico entre empregado e terceiro que não figure como sujeito da lide. Mas a atual Consolidação dos Provimentos da CGJT, aprovada pelo Ato n. 6/GCGJT, de 31 de maio de 2017, não mais prevê a vedação da cessão de créditos trabalhistas.

Não obstante, com a ampliação da competência da Justiça do Trabalho (EC n. 45/2004), não há óbices à cessão de créditos de natureza não trabalhista, isto é, entre demandantes não considerados empregados ou empregadores, razão pela qual o conceito de sucessão processual deverá ser ampliado, nos moldes do CPC, para permitir a sua aplicabilidade nas demandas oriundas das relações de trabalho distintas da relação de emprego.

9. DEVERES DAS PARTES E DE TODOS QUE PARTICIPAM DO PROCESSO

O conteúdo ético do processo encontra fundamento no princípio da probidade processual. A CLT é omissa a respeito da ética processual, razão pela qual se impõe, a nosso ver, a aplicação subsidiária e supletiva do CPC, com as necessárias adaptações.

Podemos dizer que a boa-fé é norma (princípio, valor e regra) fundamental do direito processual (civil e trabalhista) brasileiro, tal como já vimos no Capítulo I deste livro. Na verdade, o princípio da boa-fé encontra-se expressamente previsto nos arts. 5º, 322, § 2º, e 489, § 3º, do CPC.

Como corolário do princípio da boa-fé, o CPC estabelece diversas disposições sobre os deveres das partes e dos seus procuradores. É o que se infere do art. 77 do CPC:

> Art. 77. Além de outros previstos neste Código, são deveres das partes, de seus procuradores e de todos aqueles que de qualquer forma participem do processo:
>
> I – expor os fatos em juízo conforme a verdade;
>
> II – não formular pretensão ou de apresentar defesa quando cientes de que são destituídas de fundamento;
>
> III – não produzir provas e não praticar atos inúteis ou desnecessários à declaração ou à defesa do direito;

IV – cumprir com exatidão as decisões jurisdicionais, de natureza provisória ou final, e não criar embaraços à sua efetivação;

V – declinar, no primeiro momento que lhes couber falar nos autos, o endereço residencial ou profissional onde receberão intimações, atualizando essa informação sempre que ocorrer qualquer modificação temporária ou definitiva;

VI – não praticar inovação ilegal no estado de fato de bem ou direito litigioso.

É importante notar que, nos termos do § 1º do art. 77 do CPC, apenas nas "hipóteses dos incisos IV e VI, o juiz advertirá qualquer das pessoas mencionadas no *caput* de que sua conduta poderá ser punida como ato atentatório à dignidade da justiça". Igualmente o § 2º do mesmo artigo dispõe que a "violação ao disposto nos incisos IV e VI constitui ato atentatório à dignidade da justiça, devendo o juiz, sem prejuízo das sanções criminais, civis e processuais cabíveis, aplicar ao responsável multa de até vinte por cento do valor da causa, de acordo com a gravidade da conduta".

No entanto, ao que nos parece, todas as demais hipóteses (incisos I, II, III e V do art. 77 do CPC) também deveriam ser consideradas como atos atentatórios à dignidade da justiça, mormente para os fins da incidência da multa prevista nos §§ 3º, 4º e 5º do citado art. 77.

O dever de não causar embaraço à administração da justiça constitui novidade no direito positivo brasileiro e encontra inspiração no *contempt of court* do sistema estadunidense que pode ser definido como "a prática de qualquer ato que tenda a ofender um juiz ou tribunal na administração da justiça, ou a diminuir sua autoridade ou dignidade, incluindo a desobediência a uma ordem"[24].

Dispõe o § 7º do art. 77 do CPC que, ao reconhecer a violação ao disposto no inciso VI do mesmo artigo, o juiz determinará o restabelecimento do estado anterior, podendo, ainda, proibir a parte de falar nos autos até a purgação do atentado, sem prejuízo da aplicação da multa prevista no § 2º.

Ressaltando o caráter personalíssimo da sanção processual, o § 8º do art. 77 do CPC dispõe que o representante judicial da parte não pode ser compelido a cumprir decisão em seu lugar.

Outra conduta não permitida pelo CPC está prevista em seu art. 78, segundo o qual: "É vedado às partes, a seus procuradores, aos juízes, aos membros do Ministério Público e da Defensoria Pública e a qualquer pessoa que participe do processo empregar expressões ofensivas nos escritos apresentados".

Quando expressões ou condutas ofensivas forem manifestadas oral ou presencialmente, o juiz advertirá o ofensor de que não as deve usar ou repetir, sob pena de lhe ser cassada a palavra (CPC, art. 78, § 1º).

---

24. GRINOVER, Ada Pellegrini. Abuso do processo e resistência às ordens judiciárias, apud NERY JUNIOR, Nelson. *Código de Processo Civil Comentado*..., 6. ed. (adendo), p. 7.

De ofício ou a requerimento do ofendido, o juiz determinará que as expressões ofensivas sejam riscadas e, a requerimento do ofendido, determinará a expedição de certidão com inteiro teor das expressões ofensivas e a colocará à disposição da parte interessada (CPC, art. 78, § 2º).

Lamentavelmente, o § 6º do art. 77 do CPC dispõe:

> Aos advogados públicos ou privados e aos membros da Defensoria Pública e do Ministério Público não se aplica o disposto nos §§ 2º a 5º, devendo eventual responsabilidade disciplinar ser apurada pelo respectivo órgão de classe ou corregedoria, ao qual o juiz oficiará.

Essa regra, como se vê, introduziu uma ressalva para os advogados, defensores públicos e membros do MP no tocante ao dever de não criar embaraço à administração da justiça, deixando claro que eles se sujeitam, exclusivamente, aos respectivos estatutos legais especiais.

Na verdade, também estão excluídos da sanção prevista neste preceptivo os sujeitos do processo submetidos a estatuto regulador do exercício ético-profissional, como os juízes (LC n. 35/79) e os servidores públicos (Lei n. 8.112/90).

Os demais sujeitos da lide e do processo que praticarem ato atentatório ao exercício da jurisdição serão responsabilizados, podendo o juiz, sem prejuízo das sanções criminais, civis e processuais cabíveis, aplicar ao responsável multa em montante a ser fixado de acordo com a gravidade da conduta.

10. LITIGÂNCIA DE MÁ-FÉ

Nos termos do art. 79 do CPC, responde por perdas e danos aquele que litigar de má-fé como autor, réu ou interveniente, sendo certo que o art. 80 do mesmo Código considera litigante de má-fé aquele que:

> I – deduzir pretensão ou defesa contra texto expresso de lei ou fato incontroverso;
>
> II – alterar a verdade dos fatos;
>
> III – usar do processo para conseguir objetivo ilegal;
>
> IV – opuser resistência injustificada ao andamento do processo;
>
> V – proceder de modo temerário em qualquer incidente ou ato do processo;
>
> VI – provocar incidente manifestamente infundado;
>
> VII – interpuser recurso com intuito manifestamente protelatório.

De ofício ou a requerimento, o juiz condenará o litigante de má-fé a pagar multa, que deverá ser superior a um por cento e inferior a dez por cento do valor corrigido da causa, a indenizar a parte contrária pelos prejuízos que esta sofreu e a arcar com os honorários advocatícios e com todas as despesas que efetuou (CPC, art. 81).

Quando forem dois ou mais os litigantes de má-fé, o juiz condenará cada um na proporção de seu respectivo interesse na causa ou solidariamente aqueles que se coligaram para lesar a parte contrária (CPC, art. 81, § 1º). Se o valor da causa for irrisório ou inestimável, a multa poderá ser fixada em até dez vezes o valor do salário mínimo. O valor da indenização será fixado pelo juiz ou, caso não seja possível mensurá-lo, liquidado por arbitramento ou pelo procedimento comum, nos próprios autos.

É importante lembrar, como já vimos no item 6.5 *supra*, que nas ações coletivas submetidas ao microssistema do processo coletivo (CF/LACP/CDC) a litigância de má-fé da associação (ou sindicato) autora implica sua condenação – e solidariamente dos seus diretores que contrataram o advogado signatário de petição inicial da demanda coletiva – em multa equivalente ao décuplo do valor das custas, sem prejuízo da reparação por danos materiais e morais sofridos pelo réu (CDC, art. 87, § único).

11. ASSÉDIO PROCESSUAL

Figura nova que vem sendo reconhecida pela doutrina é o assédio processual. Trata-se de um desdobramento do assédio moral, instituto de direito material, que pode assumir contornos próprios nos sítios do direito processual, civil ou trabalhista.

Ressaltam Irany Ferrari e Melchíades Rodrigues Martins que a relação entre assédio processual e assédio moral:

> é porque os elementos componentes deste último se assemelham àqueles, em virtude da sua ocorrência pelas práticas reiteradas de atos que visam a retardar o desfecho do processo, como a criação de incidentes no curso do processo, reiteração de atos que sabidamente seriam inócuos para mudar a situação do processo e outras hipóteses que indicam a sua ocorrência[25].

Nilton Rangel Barretto e Jaime Hillesheim conceituam assédio processual como "o conjunto de práticas reprováveis de uma das partes do processo, observadas ao longo do seu desenrolar, que aterrorizando, desgastando, desestimulando e humilhando a parte adversa, visam tumultuar e protelar o feito"[26].

Vê-se, pois, que o assédio processual caracteriza-se pela reiteração de atos praticados por uma parte com o intuito de humilhar ou desestimular a outra, mediante utilização de artifícios aparentemente válidos, mas que visam, de forma dissimula-

25. FERRARI, Irany; MARTINS, Melchíades Rodrigues. *Dano moral:* múltiplos aspectos nas relações de trabalho. 3. ed. São Paulo: LTr, 2008. p. 176.
26. BARRETTO, Nilton Rangel; HILLESHEIM, Jaime. *Litigância de má-fé e lealdade processual.* Curitiba: Juruá, 2006. p. 159.

da, à obtenção de vantagem de ordem processual, o que, não raro, implica vantagens de ordem econômica para quem pratica o assédio processual.

Se o processo é instrumento ético de composição de conflitos e se o juiz tem o dever de zelar pela boa administração da justiça, observando os princípios que sustentam o Estado Democrático de Direito (CF, art. 1º), como a dignidade da pessoa humana e a cidadania, e norteiam os atos da Administração Pública (CF, art. 37), como a moralidade e a eficiência, cremos ser factível o reconhecimento do assédio processual na Justiça do Trabalho, máxime se considerarmos a possibilidade de aplicação das normas fundamentais que alicerçam a reparabilidade de danos por assédio moral (CF, art. 5º, V e X), bem como as previstas no plano infraconstitucional (CC, arts. 186, 187 e 927).

O assédio processual não se confunde com litigância de má-fé ou ato atentatório à dignidade da justiça, porque esses institutos estão expressamente previstos na legislação processual (CPC, arts. 79, 80, 81, 772, II, e 774) e são tipificados, em regra, por um ou alguns atos processuais previstos em lei; aquele "é conduta insidiosa, não prevista em lei, mas que tem por objetivo minar a resistência do litigante, atentando contra a sua dignidade, desencorajando-o a litigar"[27]. Além disso, as sanções para a litigância de má-fé ou ato atentatório à dignidade da justiça já estão expressamente previstas no CPC (arts. 81, 311, I, e 774, parágrafo único), enquanto, no assédio processual, a fixação do valor de danos morais causados à vítima deve ser fixado pelo juiz, de ofício ou a requerimento, nos próprios autos, com base no juízo de equidade de ponderação, levando em conta a intensidade do assédio e seus efeitos negativos para a prestação jurisdicional, os danos sofridos pela vítima em sua honra, dignidade, intimidade, as condições socioeconômicas do assediador e do assediado, os fins pedagógicos e a compensação adequada da vítima.

Eis alguns exemplos de assédio processual na esfera trabalhista: incidentes processuais reiterados do reclamado com o propósito de procrastinar o andamento do feito com o objetivo de pressionar o reclamante a celebrar acordo que lhe é altamente desvantajoso; recusa reiterada do reclamado em receber a notificação inicial em procedimento sumaríssimo (CLT, art. 852-B, II), objetivando, maliciosamente, impedir o acesso do trabalhador à justiça; ajuizamento de diversas ações contra o mesmo empregador com o objetivo de dificultar, maliciosamente, o seu direito de ampla defesa[28].

Mauro Schiavi[29] defende, inclusive, a possibilidade de assédio processual praticado pelo próprio magistrado, como nos casos em que este tenta abusiva e reiterada-

27. SCHIAVI, Mauro. *Ações de reparação por danos morais decorrentes da relação de trabalho*. 3. ed. São Paulo: LTr, 2009. p. 284.

28. *Ações de reparação por danos morais decorrentes da relação de trabalho* cit., p. 285.

29. Idem, ibidem.

mente a conciliação sob a alegança intimidatória de que o processo vai demorar demais ou que há chances de o autor não receber nada ou de que a condenação vai "quebrar" a empresa.

Sobre assédio processual há cizânia jurisprudencial como se infere dos seguintes julgados:

> INDENIZAÇÃO POR DANO MORAL. ASSÉDIO PROCESSUAL. CONSTATAÇÃO DE SIMULAÇÃO ENTRE AS RECLAMADAS. APLICABILIDADE DO CÓDIGO CIVIL. 1. A questão envolvendo indenização por danos morais decorrente de ato ilícito é matéria eminentemente de Direito Civil, cuja competência se desloca para a Justiça do Trabalho quando o ato lesivo decorre da relação de emprego, razão por que são perfeitamente aplicáveis os dispositivos do Código Civil com relação ao tema. 2. As reclamadas, por um lado, não impugnam o fundamento exposto pelo Tribunal Regional para considerar ter havido simulação entre as empresas para propiciar uma ilegítima interferência da primeira reclamada em processo anterior entre as partes, com interposição de recursos ilegítimos, portanto. Por outro lado, verifica-se a incidência da Súmula 126 desta Corte, pois não há como pretender-se considerar a apreciação da legitimidade da interposição dos referidos recursos, como sustentam as partes ter ocorrido, sem se revolver o contexto probatório acerca da constatada simulação. A incidência da Súmula 126 desta Corte, por si só, impede o exame do Recurso tanto por violação a disposição de lei como por divergência jurisprudencial. Recursos de Revista de que não se conhece (TST-RR 1597-41.2010.5.03.0035, Rel. João Batista Brito Pereira, 5ª T., *DEJT* 27-9-2013).
>
> ASSÉDIO PROCESSUAL. CARACTERIZADO. INDENIZAÇÃO. Viabilidade da configuração de ofício do reconhecimento de ato de improbidade processual caracterizador de assédio processual, fundamento da indenização respectiva em favor dos trabalhadores lesados com prática predatória das empresas (TRT 4ª R., RS 0001265-61.2012.5.04.0331, Rel. Des. Vania Mattos, j. 22-8-2013).

CAPÍTULO XI
Intervenção de Terceiros

1. CONCEITO

Dá-se a intervenção de terceiros quando uma pessoa ou ente que não figurou originariamente como autor ou réu no processo judicial nele ingressa para defender seus próprios interesses ou os de uma das partes primitivas da relação processual.

Segundo Leonardo Greco,

> os sujeitos do processo que exercem no processo atividade preponderantemente postulatória, mas não são as partes originárias, serão considerados terceiros. O perito e a testemunha, por exemplo, não exercem, em caráter preponderante, atividade postulatória, mas probatória, de modo que não são considerados terceiros intervenientes – que são sujeitos postulantes –, mas sujeitos probatórios[1].

Todavia, não é qualquer interesse que justifica a validade da intervenção de terceiros. É preciso que esse interesse seja jurídico. O simples interesse exclusivamente econômico, financeiro, político, moral etc. não autoriza a intervenção de terceiros. Dá-se o interesse jurídico quando há uma relação jurídica material entre o terceiro e a(s) parte(s) que figura(m) no processo, como, por exemplo, o interesse do sublocatário em face do locatário na ação de despejo proposta pelo locador. O sublocatário, *in casu*, que vier a intervir no processo tem interesse jurídico no resultado da demanda, pois, certamente, o seu contrato de sublocação será atingido com a decisão judicial.

Pelo fenômeno da intervenção, um terceiro, até então estranho ao processo, torna-se parte, ou seu coadjuvante. Ao se tornar parte na relação processual, o terceiro poderá sofrer os efeitos da coisa julgada.

Por se tratar de um incidente processual, causando, em razão disso, demora na prestação jurisdicional, a intervenção de terceiros só deve ser admitida em situações especiais expressamente previstas em lei.

O processo do trabalho é omisso a respeito da intervenção de terceiros. Daí a necessidade da aplicação subsidiária do CPC, com as necessárias cautelas e adaptações, como veremos mais adiante.

1. GRECO, Leonardo. *Instituições de processo civil*. 3. ed. Rio de Janeiro: Forense, 2011. v. I, p. 413.

Se já existia acirrada cizânia doutrinária e jurisprudencial sobre o cabimento da intervenção de terceiro nos domínios do processo do trabalho, é previsível que a problemática tenda a aumentar em virtude da ampliação da competência da Justiça do Trabalho imposta pela EC n. 45/2004.

Para fins comparativos e tendo em vista a similitude de escopos jurídicos, políticos, econômicos e sociais dos Juizados Especiais Cíveis e da Justiça do Trabalho, cumpre advertir, desde logo, que o art. 10 da Lei n. 9.099/95 dispõe: "Não se admitirá, no processo, qualquer forma de intervenção de terceiro nem de assistência. Admitir-se-á o litisconsórcio". Todavia, o art. 1.062 do CPC admite uma espécie de intervenção de terceiro (desconsideração da personalidade da pessoa jurídica) no processo de competência dos juizados especiais.

Cumpre lembrar que na 1ª Jornada de Direito Material e Processual do Trabalho, realizada em Brasília-DF, em 23 de novembro de 2007, foi aprovado o Enunciado n. 68, que admite com cautela a intervenção de terceiros no processo do trabalho, nos seguintes termos:

> INTERVENÇÃO DE TERCEIROS. I – Admissibilidade da intervenção de terceiros nos Processos submetidos à jurisdição da Justiça do Trabalho. II – Nos processos que envolvem crédito de natureza privilegiada, a compatibilidade da intervenção de terceiros está subordinada ao interesse do autor, delimitado pela utilidade do provimento final. III – Admitida a denunciação da lide, é possível à decisão judicial estabelecer a condenação do denunciado como corresponsável.

O CPC dedica o Título III do Livro II da Parte Geral (arts. 119 a 138) à intervenção de terceiros, abrangendo a assistência, a denunciação da lide, o chamamento ao processo, o incidente de desconsideração da personalidade jurídica e o *amicus curiae*.

É preciso advertir que o rol das intervenções de terceiro previsto no referido Título III do Livro II da Parte Geral do CPC não é taxativo, porquanto existem outras modalidades de intervenção de terceiros dispersas no próprio Código, como, por exemplo, as previstas nos arts. 338 e 339 (quando o réu alega ilegitimidade passiva e indica outra parte para compor o polo passivo da relação processual); no art. 343, §§ 3º e 4º (que admite a intervenção de terceiros na reconvenção); nos arts. 674 a 681 (embargos de terceiro); nos arts. 682 a 686 (oposição) etc.

Foi proscrito do CPC o instituto da nomeação à autoria. Em contrapartida, passaram a integrar o elenco da intervenção de terceiros o incidente de desconsideração da personalidade jurídica e o *amicus curiae*.

2. CLASSIFICAÇÃO

A intervenção de terceiros pode ser: *a*) *provocada* (ou coacta); *b*) *espontânea* (ou voluntária); *c*) *ad coadjuvandum*; *d*) *ad excludendum*.

Na denunciação da lide e no chamamento ao processo a intervenção *é provocada*, pois o incidente da intervenção é provocado por uma das partes originárias do processo.

Já na assistência, na oposição e nos embargos de terceiro, a intervenção é *espontânea*, porquanto o próprio terceiro, independentemente de provocação das partes originárias da relação processual, requer ao juiz autorização para intervir no feito.

Dá-se a intervenção *ad coadjuvandum* quando o terceiro interveniente auxilia uma das partes a obter um pronunciamento judicial favorável, como na assistência simples.

Por outro lado, na intervenção *ad excludendum* o terceiro intenta a exclusão de uma ou de ambas as partes, como na oposição, respectivamente.

3. TIPOLOGIA

São diversas as modalidades de intervenção de terceiro no processo civil. Analisaremos, em seguida, aquelas que podem ou não ser adotadas no processo do trabalho.

3.1. Assistência

O CPC, que reconhece a assistência simples e a assistência litisconsorcial como modalidades de intervenção de terceiros, corrigiu equívoco do CPC/73, que inseria tal instituto no capítulo reservado ao litisconsórcio.

O novo diploma do processo civil brasileiro contempla disposições comuns a ambas as modalidades de assistência nos arts. 119 e 120:

> Art. 119. Pendendo causa entre 2 (duas) ou mais pessoas, o terceiro juridicamente interessado em que a sentença seja favorável a uma delas poderá intervir no processo para assisti-la.
>
> Parágrafo único. A assistência será admitida em qualquer procedimento e em todos os graus de jurisdição, recebendo o assistente o processo no estado em que se encontre.
>
> Art. 120. Não havendo impugnação no prazo de 15 (quinze) dias, o pedido do assistente será deferido, salvo se for caso de rejeição liminar.
>
> Parágrafo único. Se qualquer parte alegar que falta ao requerente interesse jurídico para intervir, o juiz decidirá o incidente, sem suspensão do processo.

A assistência é uma espécie de intervenção espontânea, na qual o terceiro simplesmente ingressa na relação processual em curso, sem necessidade de propor uma ação para tal fim. Na verdade, o terceiro assistente torna-se sujeito do processo, mas não chega a se tornar parte, uma vez que se insere na relação processual com a finalidade exclusiva de auxiliar uma das partes. Seu interesse é "jurídico", pois consiste em que a sentença venha a ser favorável ao assistido.

A assistência pode ser *simples* (ou adesiva) ou *litisconsorcial*.

A *assistência simples* está prevista nos arts. 121 a 123 do CPC.

Com efeito, dispõe o art. 121 do CPC que o "assistente simples atuará como auxiliar da parte principal, exercerá os mesmos poderes e sujeitar-se-á aos mesmos ônus processuais que o assistido". Mas, nos termos do parágrafo único do mesmo artigo: "Sendo revel ou, de qualquer outro modo, omisso o assistido, o assistente será considerado seu substituto processual".

A assistência simples (CPC, art. 12) não impede que a parte principal:

- reconheça a procedência do pedido;
- desista da ação;
- renuncie ao direito sobre o que se funda a ação; ou
- transija sobre direitos controvertidos.

Nos termos do art. 123 do CPC, transitada em julgado a sentença no processo em que interveio o assistente, este não poderá, em processo posterior, discutir a justiça da decisão, salvo se alegar e provar que:

> I – pelo estado em que recebeu o processo ou pelas declarações e pelos atos do assistido, foi impedido de produzir provas suscetíveis de influir na sentença;
>
> II – desconhecia a existência de alegações ou de provas das quais o assistido, por dolo ou culpa, não se valeu.

A assistência simples é também permitida nas ações civis públicas (ou coletivas *lato sensu*), em defesa dos interesses individuais homogêneos como prevê o art. 94 do CDC (Lei n. 8.078/90), embora essa norma empregue, de forma atécnica, o termo "litisconsorte". É que, nas ações civis públicas, só pode haver litisconsórcio entre os legitimados arrolados no art. 5º da Lei n. 7.347/85 e no art. 82 do CDC.

No que concerne à assistência litisconsorcial, dispõe o art. 124 do CPC:

> Art. 124. Considera-se litisconsorte da parte principal o assistente sempre que a sentença influir na relação jurídica entre ele e o adversário do assistido.

A assistência litisconsorcial assemelha-se a uma espécie de litisconsórcio facultativo ulterior, na medida em que o assistente litisconsorcial poderia, desde o início do processo, ter sido litisconsorte facultativo da parte assistida.

Tratando-se de substituição processual, a assistência litisconsorcial foi admitida no processo do trabalho, como se inferia do item VI da Súmula 310 do TST[2], segundo a qual, na demanda em que o sindicato figurasse como substituto processual, seria "lícito aos substituídos integrar a lide como assistente litisconsorcial, acordar, transigir e renunciar, independentemente de autorização ou anuência do substituto". Com o cancelamento do referido verbete, não há mais previsão para a assistência litisconsorcial do trabalhador substituído processualmente pelo sindicato na demanda coletiva.

É admissível a assistência simples ou adesiva no processo do trabalho, tal como prevê a Súmula 82 do TST, *in verbis*:

> "ASSISTÊNCIA. A intervenção assistencial, simples ou adesiva, só é admissível se demonstrado o interesse jurídico e não o meramente econômico".

Cláudio Armando Couce de Menezes aponta, com referência a dispositivos do CPC/73, as seguintes diferenças entre assistência simples e litisconsorcial:

> *a)* na assistência simples, a relação jurídica é com o assistido e na assistência litisconsorcial é com a parte contrária à do assistido;
>
> *b)* na assistência litisconsorcial, o direito é tanto do assistido quanto do assistente; já na assistência simples o direito é somente do assistido;
>
> *c)* na assistência litisconsorcial, não se aplica o disposto no art. 53 do CPC, pois o assistente litisconsorcial poderá se opor à desistência do assistido, à procedência do pedido, à transação e ao acordo, porque ele é parte, é litisconsorte;
>
> *d)* o assistente coadjuvante não pode assumir, em face do pedido, posição diversa da do assistido; o assistente litisconsorcial pode fazê-lo;
>
> *e)* a assistência simples cessa nos casos em que o processo termina por vontade do assistido (art. 53); a litisconsorcial possibilita a defesa do interveniente, mesmo que a parte originária tenha desistido, transacionado ou reconhecido[3].

A respeito da assistência no processo do trabalho colhemos os seguintes julgados:

> INTERVENÇÃO DE TERCEIRO. ASSISTÊNCIA. CABIMENTO. Excluída a hipótese das reclamações trabalhistas, a assistência, como forma de intervenção de terceiros no processo, é cabível nas causas em que não sejam partes empregado e empregador. Não tendo, porém, o assistente praticado qualquer ato processual em favor do

---

2. A Súmula 310 foi cancelada pelo Tribunal Pleno do TST, na Sessão de Julgamento do dia 25-10-2003, quando os Ministros apreciavam o recurso de embargos (ERR n. 17.894/95).

3. MENEZES, Cláudio Armando Couce de. *Intervenção de terceiros no processo civil e no processo do trabalho*, p. 9 e s.

assistido até a prolação da sentença, resta indeferido o seu pedido de assistência, diante do seu evidente desinteresse na causa, procedimento incompatível com tal forma de intervenção (TRT 3ª R., RO 00392-2005-074-03-00-0, 4ª T., Rel. Des. Tarcísio Alberto Giboski, *DJ* 8-11-2005).

AGRAVO DE INSTRUMENTO. ADMISSIBILIDADE. RECURSO DE REVISTA. AÇÃO CIVIL PÚBLICA. MINISTÉRIO PÚBLICO. INTERVENÇÃO DE TERCEIRO. ASSISTÊNCIA SIMPLES. A ação civil pública objetiva assegurar direitos transindividuais de que são titulares pessoas indeterminadas. Daí por que, em virtude do objeto a ser tutelado, somente aqueles agentes especificados nos incisos do art. 5º da Lei n. 7.347/85 podem ser titulares da ação civil pública. Ocorre que, conforme doutrinariamente concebido, assistente não é parte. Apenas mantém uma relação jurídica que poderá ser atingida pelos efeitos da decisão que vier a solucionar a demanda. Por isso, pode intervir no feito e auxiliar a parte na obtenção de *decisum* favorável, do qual surtirão efeitos imediatos em relação ao assistido e apenas mediatos para o assistente. Isso significa dizer que terceiros interessados podem compor a lide na condição de assistentes simples: primeiro, porque não há vedação expressa nesse sentido; e segundo, porque, apesar de não deterem legitimação para propor a ação civil, não se lhes pode retirar o interesse no resultado da ação ajuizada pelo Ministério Público. Por esse ângulo e observado o critério objetivo de admissibilidade do recurso de revista, segundo a alínea *c* do art. 896 da CLT, não há como reconhecer vulnerados, em sua literalidade, os artigos 3º do CPC e 5º da Lei n. 7.347/85, máxime por nada obstarem a intervenção de terceiros em ação civil pública: o primeiro apenas reconhece que a propositura e contestação de ações estão subordinadas ao interesse e legitimidade; e o segundo, por sua vez, apenas enumera quem pode propor ação civil pública. Agravo de instrumento a que se nega provimento (TST-AIRR 42840-56.2007.5.10.0008, Red. Desig. Min. Emmanoel Pereira, j. 7-4-2010, 5ª T., *DEJT* 7-5-2010).

3.2. Oposição

O instituto da oposição, que estava previsto no art. 56 do CPC/73, foi deslocado para o Capítulo VIII do Título III da Parte Especial do CPC, ou seja, passou a figurar como um procedimento especial de jurisdição contenciosa.

Trata-se de modalidade de intervenção voluntária, na medida em que ninguém é obrigado a ser opoente. Na verdade, aquele que poderia intervir como opoente e não o faz não será afetado pela coisa julgada, razão pela qual é lícito ao terceiro, em princípio, aguardar o término do processo e ajuizar ação autônoma em face da parte vencedora da demanda.

A oposição é uma ação? Parece-nos que sim. É uma ação de oposição incidental ao processo de conhecimento. Se é ação, então, ela instaura processo novo em que o *opoente* é o novo autor, sendo novos réus o autor e o réu da ação originária, que passam à condição de litisconsortes passivos, como *opostos*.

Com efeito, dispõem os arts. 682 a 685 do CPC:

> Art. 682. Quem pretender, no todo ou em parte, a coisa ou o direito sobre que controvertem autor e réu poderá, até ser proferida a sentença, oferecer oposição contra ambos.
>
> Art. 683. O opoente deduzirá o pedido em observação aos requisitos exigidos para propositura da ação.
>
> Parágrafo único. Distribuída a oposição por dependência, serão os opostos citados, na pessoa de seus respectivos advogados, para contestar o pedido no prazo comum de 15 (quinze) dias.
>
> Art. 684. Se um dos opostos reconhecer a procedência do pedido, contra o outro prosseguirá o opoente.
>
> Art. 685. Admitido o processamento, a oposição será apensada aos autos e tramitará simultaneamente à ação originária, sendo ambas julgadas pela mesma sentença.
>
> Parágrafo único. Se a oposição for proposta após o início da audiência de instrução, o juiz suspenderá o curso do processo ao fim da produção das provas, salvo se concluir que a unidade da instrução atende melhor ao princípio da duração razoável do processo.
>
> Art. 686. Cabendo ao juiz decidir simultaneamente a ação originária e a oposição, desta conhecerá em primeiro lugar.

Há relação entre oposição e embargos de terceiro? Parece-nos que sim.

Oposição e embargos de terceiro são processos incidentes, instaurados por meio de ação (com petição inicial, por força dos arts. 683 e 677 do CPC) que fará nascer uma nova relação jurídica processual. Tanto é assim que haverá citação, contraditório, instrução, sentença, recursos etc.

A única ressalva, no processo do trabalho, a rigor, fica por conta do formalismo: nos embargos de terceiro há formação de novos autos; na oposição, as duas relações processuais correm nos mesmos autos. Os embargos de terceiro cabem no processo de conhecimento, no cumprimento da sentença e no processo de execução (CPC, art. 675); a oposição não cabe no cumprimento da sentença ou no processo de execução, pois, de acordo com o art. 682 do CPC, ela só tem lugar antes de proferida a sentença no processo de conhecimento.

Por ser ação incidental, a oposição deve observar todas as condições e pressupostos processuais que autorizam o julgamento do pedido (mérito) que nela se contém.

Como bem observa Cláudio Armando Couce de Menezes,

> a oposição pressupõe a disputa entre autor e réu sobre determinado direito ou coisa, que um terceiro interveniente entende ser seu ou sua. Consequentemente, ele

intervém na relação processual como terceiro interessado, apresentando uma nova demanda em face dos dois litigantes originários, autor e réu, que passam a ser opostos[4].

O principal entrave para o cabimento da oposição no processo do trabalho repousa no retardamento que o instituto provoca na prestação jurisdicional. Há, no entanto, outros obstáculos.

Alguns sustentam o descabimento da oposição no processo do trabalho, porque a Justiça Trabalhista não tem competência para julgar a segunda relação processual. A oposição faz surgir duas demandas: na primeira, a Justiça do Trabalho seria competente para apreciar; e, na segunda, a Justiça do Trabalho já não o seria, pois consistiria em litígio entre dois empregados, duas pessoas físicas prestadoras de serviços. Assim, existiria incompetência em razão da matéria (ou da pessoa) quanto a uma das pretensões manifestadas.

Contra tal entendimento, levanta-se Cláudio Armando Couce de Menezes, para quem, se um dos opostos (o empregado) reconhecesse a procedência do pedido, contra o outro (o empregador) prosseguiria o opoente (art. 58 do CPC/1973; art. 684 do CPC/2015), afastando o óbice defendido por Manoel Antonio Teixeira Filho. Mas, se aquele que admitir procedência do pedido for o empregador, continuando a relação entre os dois empregados (art. 58 do CPC/1973; art. 684 do CPC/2015), realmente difícil fica a defesa do cabimento da oposição no processo laboral[5].

Com a nova redação do art. 114 da CF, por força da EC n. 45/2004, Manoel Antonio Teixeira Filho leciona que "é possível sustentar-se a competência dessa Justiça para solucionar litígios entre trabalhadores, desde que oriundo de uma relação de trabalho (art. 114, I)"[6]. Mas, segundo esse ilustre processualista, se outra empresa intervier no processo, na qualidade de opoente, e o vendedor autônomo reconhecer, por exemplo, que o mostruário pertence a opoente, desapareceria a competência da Justiça do Trabalho, uma vez que o conflito de interesses passaria a envolver duas pessoas jurídicas[7].

Não obstante a autoridade e o respeito que nutrimos pelo referido jurista, parece-nos que não há razão para admitir a oposição no processo do trabalho, pois as regras constitucionais de competência da Justiça do Trabalho continuam sendo, mesmo com o advento da EC n. 45/2004, em razão da *matéria* e das *pessoas*, uma vez que lhe compete processar e julgar as *ações oriundas*:

a) da *relação de emprego*, o que pressupõe dois sujeitos em posições antagônicas entre si, isto é, empregado e empregador;

---

4. *Intervenção de terceiros no processo civil e no processo do trabalho*, p. 9 e s.

5. Idem.

6. TEIXEIRA FILHO, Manoel Antonio. *Breves comentários à reforma do Poder Judiciário*. São Paulo: LTr, 2005. p. 152.

7. Idem.

b) da *relação de trabalho*, ou seja, entre trabalhador e tomador do seu serviço.

Não há, por conseguinte, previsão constitucional ou infraconstitucional para a Justiça do Trabalho processar e julgar ações entre dois tomadores de serviço ou entre dois trabalhadores, pois, em ambas as hipóteses, não há relação de trabalho ou relação de emprego entre eles.

Todavia, há uma hipótese que não pode ser descartada. É a da ação declaratória proposta por um sindicato em face de outro sindicato em que aquele pretende uma declaração de que é o único representante da categoria dos trabalhadores de uma empresa. Um terceiro sindicato ajuíza uma ação (incidental) de oposição, dizendo-se o autêntico representante da referida categoria profissional, e não os dois que figuram como autor e réu. Nesse caso, não há o óbice da incompetência, uma vez que o inciso III do art. 114 da CF (com redação dada pela EC n. 45/2004) prevê a competência da Justiça do Trabalho para as ações sobre representação sindical entre sindicatos.

3.3. Nomeação à autoria

Esta espécie de intervenção provocada de terceiro encontrava-se regulada nos arts. 62 a 69 do CPC de 1973. Dizia o art. 62 do CPC/73: "Aquele que detiver a coisa em nome alheio, sendo-lhe demandada em nome próprio, deverá nomear à autoria o proprietário ou o possuidor".

O Código de Processo Civil de 2015 extinguiu o instituto da nomeação à autoria. Entretanto, o art. 339 do CPC, aplicável ao processo do trabalho (CLT, art. 769; CPC, art. 15), introduziu uma modalidade semelhante à nomeação à autoria nos seguintes termos:

> Art. 339. Quando alegar sua ilegitimidade, incumbe ao réu indicar o sujeito passivo da relação jurídica discutida sempre que tiver conhecimento, sob pena de arcar com as despesas processuais e de indenizar o autor pelos prejuízos decorrentes da falta de indicação.
>
> § 1º O autor, ao aceitar a indicação, procederá, no prazo de 15 (quinze) dias, à alteração da petição inicial para a substituição do réu, observando-se, ainda, o parágrafo único do art. 338.
>
> § 2º No prazo de 15 (quinze) dias, o autor pode optar por alterar a petição inicial para incluir, como litisconsorte passivo, o sujeito indicado pelo réu.

3.4. Denunciação da lide

A denunciação da lide estava prevista nos arts. 70 a 76 do CPC/73. O CPC regula o instituto nos arts. 125 a 129.

Trata-se de uma forma provocada de intervenção de terceiro.

Com efeito, dispõe o art. 125 do CPC:

> Art. 125. É admissível a denunciação da lide, promovida por qualquer das partes:
>
> I – ao alienante imediato, no processo relativo à coisa cujo domínio foi transferido ao denunciante, a fim de que possa exercer os direitos que da evicção lhe resultam;
>
> II – àquele que estiver obrigado, por lei ou pelo contrato, a indenizar, em ação regressiva, o prejuízo de quem for vencido no processo.
>
> § 1º O direito regressivo será exercido por ação autônoma quando a denunciação da lide for indeferida, deixar de ser promovida ou não for permitida.
>
> § 2º Admite-se uma única denunciação sucessiva, promovida pelo denunciado, contra seu antecessor imediato na cadeia dominial ou quem seja responsável por indenizá-lo, não podendo o denunciado sucessivo promover nova denunciação, hipótese em que eventual direito de regresso será exercido por ação autônoma.

A citação do denunciado será requerida na petição inicial, se o denunciante for autor, ou na contestação, se o denunciante for réu, devendo ser realizada na forma e nos prazos previstos no art. 131 do CPC.

Feita a denunciação pelo autor, o denunciado poderá assumir a posição de litisconsorte do denunciante e acrescentar novos argumentos à petição inicial, procedendo-se em seguida à citação do réu (CPC, art. 127).

Nos termos do art. 128 do CPC, feita a denunciação pelo réu:

> I – se o denunciado contestar o pedido formulado pelo autor, o processo prosseguirá tendo, na ação principal, em litisconsórcio, denunciante e denunciado;
>
> II – se o denunciado for revel, o denunciante pode deixar de prosseguir com sua defesa, eventualmente oferecida, e abster-se de recorrer, restringindo sua atuação à ação regressiva;
>
> III – se o denunciado confessar os fatos alegados pelo autor na ação principal, o denunciante poderá prosseguir com sua defesa ou, aderindo a tal reconhecimento, pedir apenas a procedência da ação de regresso.
>
> Parágrafo único. Procedente o pedido da ação principal, pode o autor, se for o caso, requerer o cumprimento da sentença também contra o denunciado, nos limites da condenação deste na ação regressiva.

Se o denunciante for vencido na ação principal, o juiz passará ao julgamento da denunciação da lide. Se o denunciante for vencedor, a ação de denunciação não terá o seu pedido examinado, sem prejuízo da condenação do denunciante ao pagamento das verbas de sucumbência em favor do denunciado (CPC, art. 129).

A vantagem da denunciação à lide é a de concentrar em um só processo a solução de duas pendências judiciais. Na primeira delas, resolve-se o litígio entre as partes originais. Na outra, em caso de condenação do denunciante, será julgado seu direito ao ressarcimento por parte do terceiro, dispensando outro processo judicial.

O principal objetivo da denunciação da lide é antecipar uma ação que o denunciante poderia propor após a eventual sucumbência na demanda principal, uma vez que no mesmo processo surgem duas relações jurídicas processuais.

Na denunciação da lide, a sentença conterá dois títulos, uma vez que julgará tanto a lide entre as partes originárias quanto a lide que decorre da denunciação.

Parece-nos incabível a denunciação da lide no Processo do Trabalho na hipótese do inciso I do art. 125 do CPC.

Há, todavia, cizânia doutrinária e jurisprudencial no tocante ao inciso II do mesmo artigo, sendo a hipótese mais citada a prevista no art. 455 da CLT, que trata da responsabilidade subsidiária do empreiteiro em relação aos débitos trabalhistas não adimplidos pelo subempreiteiro, pois, se o empreiteiro cumpre a obrigação, a lei lhe assegura direito de regresso em face do subempreiteiro.

Pensamos ser incabível a denunciação da lide em tal hipótese, pois a Justiça do Trabalho é incompetente para processar e julgar a segunda lide, ou seja, aquela que surge entre o denunciante (empreiteiro) e o denunciado (subempreiteiro), pois ambos se encontram na relação processual na qualidade de corresponsáveis pelas obrigações trabalhistas, isto é, como "empregadores".

Outro exemplo de discutível cabimento da denunciação da lide na seara laboral é o previsto no art. 486 da CLT, que trata do chamado *factum principis*. Essa norma, entretanto, utiliza impropriamente a expressão "chamamento à autoria", consentânea com o CPC de 1939. Ressalte-se que a interpretação lógica do art. 486 da CLT autoriza a conclusão de que a expressão "chamamento à autoria" deve ser substituída por "denunciação da lide".

Na visão do TST, consubstanciada na OJ n. 227 da SBDI-1 (posteriormente cancelada), era incompatível a denunciação da lide com o processo do trabalho. Todavia, com a nova redação do art. 114 da CF/88, em decorrência da EC n. 45/2004, a 1ª Turma do TST, em sede de agravo de instrumento (TST-AIRR n. 780.130/2001.8), enfrentou a questão. O caso emblemático foi adotado porque, em face da possibilidade de condenação ao pagamento de verbas trabalhistas, a MRS Logística S/A denunciou à lide a Rede Ferroviária Federal – RFFSA. A ligação jurídica entre ambas decorreu de contrato em que a MRS sucedeu a RFFSA na exploração de linhas ferroviárias. Diante de reclamação trabalhista contra a MRS promovida por um empregado, contratado originalmente pela RFFSA, a empresa sucessora decidiu denunciar à lide a Rede Ferroviária. A possibilidade, contudo, foi negada pela primeira instância e, posteriormente, pelo TRT da 1ª Região, que entendeu que a ocorrência da sucessão trabalhista inviabilizou a utilização do instrumento processual, também considerado incompatível com o processo trabalhista pela OJ n. 227 da SDI-1 do TST. O ministro Lélio Bentes Corrêa – relator da questão na Primeira Turma do TST – observou que o entendimento da OJ n. 227 foi consolidado à época da redação original do art. 114 da Constituição. Após a promulgação da EC n. 45, o dispositivo ampliou a prerrogativa dos magistrados trabalhistas para o exame de todas as ações oriundas da relação de trabalho. "Não há dúvida de que o litígio entre as empresas na definição da responsabilidade pelos créditos do empregado configura inapelavelmente conflito oriundo da relação de trabalho inserindo-se, assim, na competência da Justiça do Trabalho", afirmou o Ministro Lélio Bentes ao admitir o exame da denunciação à lide, o que revelaria a incompatibilidade da OJ n. 227. Os demais integrantes da Primeira Turma concordaram com o relator, mas o resultado do julgamento teve seu pronunciamento transferido para outra oportunidade a ser analisada pelo Pleno do TST sobre o tema. No final de 2005, o TST cancelou a OJ n. 227 da SBDI-1.

De nossa parte, não obstante o cancelamento da OJ n. 227 da SBDI-1, defendíamos que não haveria razão para admitirmos a denunciação da lide no processo do trabalho, pois a competência da Justiça do Trabalho continua vinculada à matéria e às pessoas, isto é, às lides oriundas da relação de emprego (entre empregado e empregador) e, por força da EC n. 45/2004, da relação de trabalho (entre trabalhador e tomador do seu serviço), inexistindo previsão na CF ou na lei para a Justiça do Trabalho processar e julgar as ações entre tomadores de serviço ou entre trabalhadores.

Entretanto, aprofundando a pesquisa sobre esse tormentoso tema, passamos a ampliar as hipóteses de denunciação da lide no processo do trabalho.

Com efeito, em elucidativo artigo publicado na Revista do TST, José Roberto Freire Pimenta reconhece a necessidade de se ampliar as hipóteses de intervenção de terceiros no processo do trabalho:

> Silente nesse aspecto a referida Instrução Normativa n. 27/05, trata-se aqui de uma das mais relevantes conseqüências processuais acarretadas pela recente ampliação de competência da Justiça do Trabalho (alcançando, inclusive, os processos que tenham por objeto principal as lides decorrentes da relação de emprego, mas que, acessoriamente, atraiam a participação de terceiros na defesa de seus próprios direitos e interesses).
>
> Bem sintetizando a nova posição a respeito, merece aqui ser mencionada a Conclusão Preliminar n. 11 dos Juízes do trabalho da Bahia, reunidos na 1ª Jornada Baiana sobre Novas Competências da Justiça do Trabalho, realizada nos dias 28 e 29 de janeiro de 2005, pela clareza e precisão de seu enunciado: "INTERVENÇÃO DE TERCEIROS – POSSIBILIDADE – As hipóteses de intervenção de terceiros passam

a ser admitidas no processo do trabalho, uma vez que a competência deixa de ser definida em função da pessoa".[8]

Em nota de rodapé do referido artigo, José Roberto Freire Pimenta adverte, com inteira razão, que:

> São interessantes alguns dos exemplos de casos em que **passará a ser possível a intervenção de terceiros**, nos feitos que a partir de agora tramitarem na **Justiça do Trabalho**, dados pelo i. autor ora mencionado: *a)* ***denunciação da lide:*** **será agora possível, para que o denunciante faça uso, no mesmo processo, da ação regressiva e respectiva execução, nos mesmos autos**, na qualidade de sucessor contra o sucedido **ou na qualidade de devedor solidário que suportou a satisfação do débito, contra os demais devedores solidários** (...)[9] (grifos nossos).

Nesse contexto, o TST vem entendendo que

> apesar do cancelamento da Orientação Jurisprudencial n. 227 da SBDI-1 do TST e a ampliação da competência da Justiça do Trabalho pela Emenda Constitucional n. 45/2004, o cabimento do instituto da denunciação da lide deve ser examinado caso a caso, à luz da competência desta Justiça Especializada para dirimir a controvérsia entre denunciante e denunciado e dos princípios que norteiam o Processo do Trabalho, especialmente os da celeridade, efetividade e simplicidade (TST-ARR 10658-87.2015.5.01.0266, j. 18-4-2018, Rel. Min. Alberto Luiz Bresciani de Fontan Pereira, 3ª T., *DEJT* 27-4-2018).

Por outro lado, parece-nos que as possibilidades de denunciação da lide devem ser ampliadas em sede de ações coletivas, especialmente nas ações civis públicas que veiculem obrigações de fazer e pagar propostas em face apenas de um dos coobrigados, como nos casos de responsabilidade solidária ou subsidiária daquele que estiver obrigado, por lei ou pelo contrato, a indenizar, em ação regressiva, o prejuízo de quem for vencido no processo.

Nesse sentido, colhemos judicioso artigo de Juliana Augusta Medeiros de Barros sobre intervenção de terceiros:

> As possibilidades de denunciação da lide e chamamento ao processo que se vislumbram no processo coletivo do trabalho, segundo Adamovich, dizem respeito aos

8. PIMENTA, José Roberto Freire. A nova competência da Justiça do Trabalho para lides não decorrentes da relação de emprego: aspectos processuais e procedimentais. *Rev. TST*, Brasília, vol. 71, n. 1, jan/abr 2005, p. 129.
9. PIMENTA, José Roberto Freire. A nova competência da Justiça do Trabalho para lides não decorrentes da relação de emprego: aspectos processuais e procedimentais. *Rev. TST*, Brasília, vol. 71, nº 1, jan/abr 2005, p. 130.

incisos III dos arts. 70 e 77. **O art. 70, III, do CPC**[10] **pode ser aplicado no caso, por exemplo, de ação civil pública para tutela do meio ambiente de trabalho e consequente indenização das perdas sofridas pelos trabalhadores, quando movida em face de empresa tomadora de serviços que denuncia à lide a empresa prestadora de serviços** ou de trabalho temporário[11] (grifos nossos).

De outro giro, entendemos incabível, no processo do trabalho, a denunciação da lide entre empregador e empresa seguradora. Nesse sentido:

> RECURSO DE EMBARGOS. REGÊNCIA DA LEI N. 11.496/2007. INDENIZAÇÃO POR DANO MORAL E MATERIAL. ACIDENTE DE TRABALHO. DENUNCIAÇÃO DA LIDE ÀS EMPRESAS SEGURADORAS. IMPOSSIBILIDADE. 1. A eg. Quarta Turma proferiu acórdão em harmonia com a jurisprudência deste Tribunal Superior, ao não conhecer do recurso de revista quanto à denunciação da lide, sob o fundamento de que, embora o instituto seja compatível com o processo do trabalho, extrapola a competência material da Justiça do Trabalho a controvérsia sobre a relação jurídica existente entre as empresas seguradoras e o empregador. 2. Nesse contexto, o recurso de embargos se afigura incabível, nos termos do art. 894, II, da CLT, considerada a redação dada pela Lei n. 11.496/2007. Recurso de embargos de que não se conhece (TST-E-ED-ED-RR 106400-63.2005.5.03.0031, Rel. Min. Walmir Oliveira da Costa, j. 1º-12-2016, SBDI-I, *DEJT* 9-12-2016).

Outra hipótese polêmica é a que diz respeito à possibilidade de denunciação da lide na ação de indenização por danos morais decorrentes de assédio sexual ou moral em que o empregador figure como denunciante e o gerente (assediador direto) como denunciado. Parece-nos cabível a denunciação da lide neste caso, pois a lide secundária entre o empregador-réu-denunciante e o gerente (denunciado) é oriunda da relação de trabalho, sendo competente a Justiça do Trabalho para apreciar tal intervenção de terceiro, *ex vi* do disposto no art. 114, VI, da CF e nos arts. 932, III, e 942, parágrafo único, do CC, uma vez que o gerente, *in casu*, é solidariamente responsável com o empregador pela reparação civil.

Trazemos à baila outros julgados sobre denunciação da lide no processo do trabalho:

> (...) DENUNCIAÇÃO DA LIDE. Com efeito, com o advento da Emenda Constitucional n. 45/2004 e o elastecimento da competência da Justiça do Trabalho, tornou-se

---

10. Correspondente ao inciso II do art. 125 do CPC/2015.

11. BARROS, Juliana Augusta Medeiros de. A intervenção de terceiros nas ações coletivas: intervenção individual do art. 94 do CDC e intervenção dos colegitimados. In: PIMENTA, José Roberto Freire; BARROS, Juliana Augusta Medeiros de; FERNANDES, Nadia Soraggi (Coords.). *Tutela Metaindividual Trabalhista*. São Paulo: LTr, 2009. p. 171.

possível, em tese, a denunciação da lide, desde que relacionada à relação de trabalho, uma vez que o art. 114 da Constituição Federal passou a autorizar o exame amplo de questões afetas a estas relações. Todavia, esta Corte vem sedimentando o entendimento de que a denunciação da lide só pode ser acolhida nas hipóteses atinentes à competência da Justiça do Trabalho, em nome dos princípios norteadores do processo do trabalho, notadamente os princípios da celeridade, da efetividade e da simplicidade. *In casu*, o Tribunal de origem consignou que esta Justiça Especializada não é competente para "julgar a pretensão regressiva da denunciante em relação à denunciada, vez que trata-se de matéria de natureza eminentemente civil". Portanto, a pretensão da recorrente não merece ser acolhida, pois, no caso de ocorrer a denunciação, haveria uma segunda relação jurídica de natureza civil, que refoge da competência da Justiça do Trabalho. Agravo de instrumento desprovido (TST-AIRR 49640-24.2006.5.18.0005, j. 13-11-2012, Rel. Min. José Roberto Freire Pimenta, 2ª T., *DEJT* 23-11-2012).

(...) DENUNCIAÇÃO DA LIDE. A aplicabilidade do instituto da denunciação da lide no processo do trabalho, a despeito da ampliação da competência desta Justiça Especial, deve ser analisada caso a caso, considerando-se o interesse do trabalhador na celeridade processual, tendo em vista a natureza alimentar dos créditos trabalhistas, bem como a própria competência da Justiça do Trabalho para apreciar a controvérsia surgida entre o denunciante e o denunciado (...) (TST-RR 1261/2005-663-09-00.2, j. 21-10-2009, Rel. Min. Aloysio Corrêa da Veiga, 6ª T., *DEJT* 29-10-2009).

3.5. Chamamento ao processo

É modalidade de intervenção de terceiro provocada que estava disciplinada nos arts. 77 a 80 do CPC/73.

O CPC regula o instituto do chamamento ao processo nos arts. 130 a 132.

Com efeito, dispõe o art. 130 do CPC que é admissível o chamamento ao processo, requerido pelo réu:

> I – do afiançado, na ação em que o fiador for réu;
>
> II – dos demais fiadores, na ação proposta contra um ou alguns deles;
>
> III – dos demais devedores solidários, quando o credor exigir de um ou de alguns o pagamento da dívida comum.

A citação daqueles que devam figurar em litisconsórcio passivo será requerida pelo réu na contestação e deve ser promovida no prazo de 30 (trinta) dias, sob pena de ficar sem efeito o chamamento. Se o chamado residir em outra comarca, seção ou subseção judiciárias, ou em lugar incerto, o prazo será de 2 (dois) meses (CPC, art. 131).

A sentença de procedência valerá como título executivo em favor do réu que satisfizer a dívida, a fim de que possa exigi-la, por inteiro, do devedor principal, ou, de cada um dos codevedores, a sua quota, na proporção que lhes tocar (CPC, art. 132).

O chamamento ao processo é uma espécie de intervenção facultada ao réu para requerer ao juiz a convocação para integrar a lide, como seu litisconsorte, o devedor principal, os corresponsáveis ou coobrigados solidários que serão responsabilizados pelas obrigações correspondentes.

A finalidade do instituto é trazer para o mesmo processo outros responsáveis pelo débito reclamado pelo autor.

Cláudio Armando Couce de Menezes, em lição que continua atual, sustenta que a diferença entre a denunciação da lide e o chamamento ao processo está em que naquela o terceiro não tem vínculo ou obrigação alguma com a parte contrária da ação principal, enquanto neste todas as pessoas aludidas no art. 77 do CPC/73 (CPC, art. 130) estão vinculadas à parte contrária[12].

Nos domínios do processo do trabalho, a única hipótese plausível de cabimento do instituto sob exame é a prevista no inciso III do art. 130 do CPC e, ainda assim, não se mostra cabível o instituto no processo (ou fase) de execução ou no dissídio coletivo.

Eis algumas hipóteses de chamamento ao processo admitidas na Justiça do Trabalho:

- "grupo empresarial", também chamado de "solidariedade de empregadores", consubstanciado no art. 2º, § 2º, da CLT;
- condomínio residencial que não possui convenção devidamente registrada, situação em que o condômino demandado pode chamar ao processo os demais condôminos como corresponsáveis pelas obrigações trabalhistas;
- sociedade de fato irregularmente constituída, na qual todos os sócios são solidariamente responsáveis pelas obrigações trabalhistas;
- consórcio de empregadores rurais, pois todos são responsáveis solidários pelas obrigações trabalhistas, por aplicação conjunta do art. 3º, § 2º, da Lei n. 5.889/1973 e do art. 25-A da Lei n. 10.256, de 9-7-2001.

Colhem-se alguns julgados sobre chamamento ao processo na seara laboral:

> COMPLEMENTAÇÃO DE APOSENTADORIA. INDEFERIMENTO DO PEDIDO DE CHAMAMENTO AO PROCESSO DA FAZENDA PÚBLICA DO ESTADO DE SÃO PAULO. 1. A jurisprudência desta Corte superior tem decidido que é possível a intervenção de terceiros na modalidade de chamamento ao processo na Justiça do Trabalho, desde que, no caso concreto, seja observado o interesse do trabalhador na

12. *Intervenção de terceiros no processo civil e no processo do trabalho*, p. 9 e s.

celeridade processual, considerando a natureza alimentar dos créditos postulados. 2. Observa-se, todavia, que o instituto não é adequado à presente hipótese, visto que o pretendido chamamento ao processo não consiste em medida que vá ao encontro dos interesses do reclamante. 3. O objeto da presente reclamação é a responsabilização da Fundação para o Desenvolvimento da Educação – FDE, sucessora da COMPANHIA DE CONSTRUÇÕES ESCOLARES DO ESTADO DE SÃO PAULO – CONESP, na qualidade de empregadora, pela complementação de aposentadoria, sendo certo que a Fazenda Pública do Estado de São Paulo apenas cuida do repasse das verbas para o custeio das complementações de aposentadoria. 4. Tem-se, portanto, que não se trata de litisconsórcio necessário, na medida em que o Estado de São Paulo seria mero repassador do numerário para o pagamento da complementação de aposentadoria. Incólumes os arts. 47 e 77, III, do CPC. 5. Agravo de instrumento a que se nega provimento (TST-AIRR 3204408219985020017, 1ª T., Rel. Des. Conv. Marcelo Lamego Pertence, *DEJT* 18-8-2015).

NULIDADE DA SENTENÇA – CERCEAMENTO DE DEFESA NÃO CONFIGURADO – INDEFERIMENTO DO PEDIDO DE DENUNCIAÇÃO DA LIDE/CHAMAMENTO AO PROCESSO. No caso em questão verifica-se que o ora recorrente, S.A. "O Estado de São Paulo", é sócio da empresa que pretende denunciar à lide, além de ser o final destinatário dos serviços prestados pelo reclamante. Conforme consignado pelo Regional, não há falar em cerceamento de defesa em razão do indeferimento dos pedidos de denunciação à lide e chamamento ao processo, uma vez que cabe ao autor escolher contra quem formulará a pretensão a ser deduzida em juízo. Assim, a *contrario sensu*, inviável ao réu o requerimento de inclusão de terceiro no polo passivo da demanda. Desse modo, não há falar em configuração do alegado cerceamento do direito de defesa nem em ofensa ao art. 5º, LIV e LV, da Constituição Federal. Neste contexto, ilesos, também, os arts. 70, III, do CPC e 769 da CLT. Recurso de revista não conhecido. RESPONSABILIDADE SUBSIDIÁRIA. TOMADOR DE SERVIÇOS. DECISÃO REGIONAL EM CONSONÂNCIA COM A SÚMULA 331, IV, DO TST. O Regional consignou que S.A. O Estado de São Paulo na qualidade de tomador de serviços, era beneficiário dos serviços prestados pelo reclamante, em razão do contrato celebrado entre as empresas para a prestação de serviços. Salientou, ainda, que não se encontram presentes nos autos as características próprias de que as atividades das reclamadas são independentes (franquias), como pretende fazer crer a recorrente, tendo em vista que as reclamadas não se desincumbiram de tal comprovação, tratando-se, pois, a hipótese de verdadeira terceirização de serviços. Portanto, o Regional, ao atribuir responsabilidade subsidiária às reclamadas, decidiu em harmonia com o item IV da Súmula 331 deste Tribunal, cujo entendimento é de que responde o tomador de serviços, de forma subsidiária, pelos créditos trabalhistas do autor não adimplidos pela empresa prestadora dos serviços. Recurso de revista não conhecido. (...) (TST-RR 719008020095020314, Rel. Min. José Roberto Freire Pimenta, 2ª T., *DEJT* 21-8-2015).

> CHAMAMENTO AO PROCESSO – Ao contrário do quanto alegado pelas recorrentes, não há que se falar em formação de litisconsórcio passivo necessário para a composição do polo passivo, na medida em que incumbe ao autor indicar os réus que pretende ver responsabilizados, ainda mais quando se trata de empresa integrante do mesmo grupo econômico de outra que já integra o polo passivo da lide, sendo desnecessária a presença de todos os entes do grupo. Neste sentido, inclusive, foi a fundamentação para o cancelamento da Súmula 205 do C. TST (TRT 2ª R., RO 00011223220135020060A28, Rel. Des. Odette Silveira Moraes, 11ª T. *DEJT* 10-3-2015).

Registre-se, em arremate, que, com a ampliação da competência da Justiça do Trabalho por força da EC n. 45/2004, novas hipóteses de chamamento ao processo poderão ser processadas e julgadas nesse ramo do Judiciário.

3.6. Incidente de desconsideração da personalidade jurídica

O instituto da desconsideração da personalidade jurídica, cuja origem é atribuída aos sistemas de *Common Law*, vem sendo paulatinamente adotado no Brasil em diversos microssistemas do direito material, como o Direito Comercial, o Direito Civil, o Direito das Relações de Consumo e o Direito Tributário.

Na seara trabalhista, a desconsideração da personalidade jurídica do empregador vem sendo tradicionalmente utilizada, mormente em sede de execução trabalhista, e consiste na possibilidade de a execução em face da empresa executada ser redirecionada ao patrimônio dos seus sócios, a fim de viabilizar a satisfação dos créditos dos trabalhadores constantes do título judicial. Uma das características da adoção do instituto na seara trabalhista era, até a entrada em vigor da Lei n. 13.467/2017, a ausência de regras claras para o procedimento a ser adotado na prática justrabalhista.

O CPC (Lei n. 13.105/2015) passou a disciplina-lo expressamente não como um princípio e sim como um incidente processual. É o que se infere dos seus arts. 133 a 137.

Na verdade, o CPC prevê o incidente de desconsideração da personalidade jurídica como uma espécie de intervenção de terceiros "cabível em todas as fases do processo de conhecimento, no cumprimento de sentença e na execução fundada em título executivo extrajudicial" (CPC, art. 134).

A *despersonalização do empregador*, ou desconsideração da personalidade jurídica do empregador é, a rigor, um princípio do direito material trabalhista extraído da interpretação sistemática dos arts. 2º, § 2º, 10, 448 e 449 da CLT, *in verbis*:

> Art. 2º Considera-se empregador a empresa, individual ou coletiva, que, assumindo os riscos da atividade econômica, admite, assalaria e dirige a prestação pessoal de serviço.

> (...) § 2º Sempre que uma ou mais empresas, tendo, embora, cada uma delas, personalidade jurídica própria, estiverem sob a direção, controle ou administração de outra, constituindo grupo industrial, comercial ou de qualquer outra atividade econômica, serão, para os efeitos da relação de emprego, solidariamente responsáveis a empresa principal e cada uma das subordinadas.
>
> Art. 10. Qualquer alteração na estrutura jurídica da empresa não afetará os direitos adquiridos por seus empregados.
>
> Art. 448. A mudança na propriedade ou na estrutura jurídica da empresa não afetará os contratos de trabalho dos respectivos empregados.
>
> Art. 449. Os direitos oriundos da existência do contrato de trabalho subsistirão em caso de falência, concordata ou dissolução da empresa.

Como se vê, pela inteligência dos preceptivos em causa, o Direito do Trabalho, fundado no princípio da proteção ao trabalhador, adotou, como desdobramento deste, o princípio da despersonificação ou despersonalização do empregador, vinculando a figura do trabalhador pessoalmente à empresa, independentemente do seu proprietário momentâneo. Em outras palavras, a vinculação decorrente da relação empregatícia ocorre entre o empregado e a empresa, e não ao seu proprietário, salvo, é claro, quando o empregador for pessoa física.

É marcante a influência da teoria institucionalista seguida por dois dos integrantes da Comissão que elaborou o projeto da CLT: Dorval Lacerda e Rego Monteiro. Mas, na verdade, como revela Arnaldo Süssekind, ladeado por Segadas Vianna, ambos integrantes da referida Comissão,

> não pretendeu a Consolidação, na solução realista que adotou, inovar o sistema legal alusivo aos sujeitos de direito das relações jurídicas, para classificar a empresa como pessoa jurídica, independentemente da pessoa do seu proprietário (subjetivação da empresa)[13].

A rigor – prossegue o saudoso coautor intelectual da CLT:

> o entendimento foi unânime no sentido de reconhecer que os direitos e obrigações trabalhistas nascem, persistem e extinguem-se em razão do funcionamento da empresa. Daí a decisão de consagrar-se a despersonalização do empregador, motivador da continuidade do contrato de trabalho. E a redação do art. 2º da CLT acabou refletindo, em parte, a mencionada e inconciliável controvérsia[14].

13. SÜSSEKIND, Arnaldo. *A consolidação das leis do trabalho histórica*. SANTOS, Aloysio (org.). Rio de Janeiro: Senai, Sesi, 1993. p. 20.
14. SÜSSEKIND, Arnaldo. *Curso de direito do trabalho*. Rio de Janeiro: Renovar, 2002. p. 186-187.

Pode-se afirmar, assim, que a legislação trabalhista brasileira adotou a teoria (ou princípio) da despersonalização do empregador, uma vez que o contrato de trabalho e, consequentemente, o empregado ficam vinculados à empresa, e não à pessoa física (ou jurídica) proprietária eventual dessa mesma empresa.

Nessa perspectiva, salienta Vólia Bonfim Cassar que

> o contrato de trabalho leva mais em consideração a empresa (a atividade econômica organizada, o empreendimento) que a pessoa que a explora (empresário). A CLT, desde 1943, adotou esta postura progressista, com o objetivo de proteger o trabalhador, vinculando-o à empresa, independentemente dos titulares dela[15].

Na mesma linha, Maurício Godinho Delgado acrescenta que a característica da despersonalização da figura do empregador consiste na circunstância de autorizar a ordem justrabalhista a plena modificação do sujeito passivo da relação de emprego (o empregador), sem prejuízo da preservação completa do contrato empregatício com o novo titular[16].

Ainda na mesma direção, adverte Cleber Lúcio de Almeida que

> os arts. 2º, § 2º, 10, 445 e 448 da CLT, 3º da Lei n. 2.757/56 e 16 da Lei n. 6.019/74 operam a despersonalização das obrigações decorrentes da relação de emprego, deixando claro que respondem pelos créditos do trabalhador todos aqueles que foram beneficiados pelos seus serviços, o que resulta na consagração de um verdadeiro princípio do direito do trabalho, qual seja, o princípio da despersonalização das obrigações decorrentes da relação de emprego[17].

Daí a imbricação jurídica entre a despersonalização do empregador e a desconsideração da personalidade da pessoa jurídica, pois, como bem destaca Maurício Godinho Delgado,

> a despersonalização do empregador tem despontado como importante fundamento para a desconsideração do manto da pessoa jurídica, em busca da responsabilização subsidiária dos sócios integrantes da entidade societária, em contexto de frustração patrimonial pelo devedor principal na execução trabalhista. Pela despersonalização inerente ao empregador, tem-se compreendido existir intenção da ordem justrabalhista de enfatizar o fato da organização empresarial, enquanto complexo de relações materiais, imateriais e de sujeitos jurídicos, independentemente do envoltório formal a presidir sua atuação no campo da economia e da sociedade. Com isso, a desconsideração societária, em quadro de frustração da execução da coisa

15. CASSAR, Vólia Bonfim. *Curso de direito do trabalho*. 10. ed. Rio de Janeiro: Método, 2014. p. 416.

16. DELGADO, Maurício Godinho. *Curso de direito do trabalho*. 14. ed. São Paulo: LTr, 2015. p. 433.

17. ALMEIDA, Cleber Lúcio de. Incidente de desconsideração da personalidade jurídica. In: MIESSA, Elisson (org.). *O novo CPC e seus reflexos no processo do trabalho*. Salvador: JusPodivm, 2015. p. 285.

julgada trabalhista, derivaria das próprias características impessoais assumidas pelo sujeito passivo no âmbito da relação de emprego[18].

Importante registrar que, antes mesmo da Lei n. 13.467/2017, do CPC de 2015, do CDC (Lei n. 8.078/90) e do Código Civil de 2002, a jurisprudência obreira, com arrimo nos arts. 2º, 10, 448, 449 e 878 da CLT, já adotava a desconsideração da personalidade jurídica da empresa com o escopo de tornar efetiva a execução trabalhista. Reconhecia-se, assim, na fase de execução da sentença uma responsabilidade objetiva dos sócios pelos débitos trabalhistas pela simples inexistência de bens da empresa.

Não há mais lacuna na legislação processual trabalhista a respeito do instituto sob exame, tendo em vista que o art. 855-A da CLT, introduzido pela Lei n. 13.467/2017, dispõe, *in verbis*:

> Art. 855-A. Aplica-se ao processo do trabalho o incidente de desconsideração da personalidade jurídica previsto nos arts. 133 a 137 da Lei n. 13.105, de 16 de março de 2015 – Código de Processo Civil.
>
> § 1º Da decisão interlocutória que acolher ou rejeitar o incidente: I – na fase de cognição, não cabe recurso de imediato, na forma do § 1º do art. 893 desta Consolidação; II – na fase de execução, cabe agravo de petição, independentemente de garantia do juízo; III - cabe agravo interno se proferida pelo relator em incidente instaurado originariamente no tribunal.
>
> § 2º A instauração do incidente suspenderá o processo, sem prejuízo de concessão da tutela de urgência de natureza cautelar de que trata o art. 301 da Lei n. 13.105, de 16 de março de 2015 (Código de Processo Civil).

A desconsideração da personalidade da pessoa jurídica que figurar no polo passivo da relação jurídica processual é uma das espécies de intervenção de terceiro no processo civil (CPC, Parte Geral, Livro III, Título III), cujos arts. 133 a 137 dispõem:

> Art. 133. O incidente de desconsideração da personalidade jurídica será instaurado a pedido da parte ou do Ministério Público, quando lhe couber intervir no processo. § 1º O pedido de desconsideração da personalidade jurídica observará os pressupostos previstos em lei. § 2º Aplica-se o disposto neste Capítulo à hipótese de desconsideração inversa da personalidade jurídica.
>
> Art. 134. O incidente de desconsideração é cabível em todas as fases do processo de conhecimento, no cumprimento de sentença e na execução fundada em título executivo extrajudicial. § 1º A instauração do incidente será imediatamente comunicada ao distribuidor para as anotações devidas. § 2º Dispensa-se a instauração do incidente se a desconsideração da personalidade jurídica for requerida na petição

18. *Curso de direito do trabalho*, p. 434.

> inicial, hipótese em que será citado o sócio ou a pessoa jurídica. § 3º A instauração do incidente suspenderá o processo, salvo na hipótese do § 2º. § 4º O requerimento deve demonstrar o preenchimento dos pressupostos legais específicos para desconsideração da personalidade jurídica.
>
> Art. 135. Instaurado o incidente, o sócio ou a pessoa jurídica será citado para manifestar-se e requerer as provas cabíveis no prazo de 15 (quinze) dias.
>
> Art. 136. Concluída a instrução, se necessária, o incidente será resolvido por decisão interlocutória. Parágrafo único. Se a decisão for proferida pelo relator, cabe agravo interno.
>
> Art. 137. Acolhido o pedido de desconsideração, a alienação ou a oneração de bens, havida em fraude de execução, será ineficaz em relação ao requerente.

A interpretação sistemática dos dispositivos supracitados autoriza dizer que a desconsideração da personalidade jurídica prevista na CLT e no CPC pode ser classificada como um incidente processual em que o sócio poderá intervir no feito como terceiro (CPC, art. 133) ou como simples litisconsórcio passivo facultativo (CPC, art. 134, § 2º).

Ressalte-se que o TST vem admitindo a competência da Justiça do Trabalho até mesmo para desconsiderar a personalidade jurídica da empresa executada nos casos de grupo econômico de massa falida ou de recuperação judicial e redirecionar a execução em face do seu sócio. Nesse sentido: "(...) COMPETÊNCIA DA JUSTIÇA DO TRABALHO. DESCONSIDERAÇÃO DA PERSONALIDADE JURÍDICA. REDIRECIONAMENTO DA EXECUÇÃO CONTRA O PATRIMÔNIO DO SÓCIO. O TST firmou o entendimento de que é possível o redirecionamento da execução ao patrimônio dos sócios ou integrantes do mesmo grupo econômico da empresa falida ou em recuperação judicial, hipótese em que subsistirá a competência da Justiça do Trabalho para processar os atos executórios, à medida que eventual constrição não recairá sobre bens da massa falida, a atrair a competência universal do juízo falimentar. Recurso de revista conhecido e provido" (TSTRR-415-97.2013.5.15.0029, 8ª T., Rel. Min. Marcio Eurico Vitral Amaro, *DEJT* 14-8-2020).

Lembramos que o art. 6º da IN/TST n. 39/2016 autoriza a aplicação no processo do trabalho do incidente de desconsideração da personalidade jurídica regulado no Código de Processo Civil (arts. 133 a 137), assegurada a iniciativa também do juiz do trabalho na fase de execução (CLT, art. 878).

O art. 6º da IN/TST n. 39/2016 foi literalmente absorvido pelo art. 855-A da CLT, sendo inclusive revogado expressamente pelo art. 21 da IN n. 41/2018 do TST.

Ademais, o incidente da desconsideração da personalidade jurídica no processo do trabalho está previsto, inclusive, nos arts. 56, 86 a 89 da Consolidação do Provimentos da Corregedoria-Geral da Justiça do Trabalho,[19] os quais dispõem, em síntese, que:

19. *Diário Eletrônico da Justiça do Trabalho:* caderno judiciário do Tribunal Superior do Trabalho,

I – se não for requerida na petição inicial, a desconsideração da personalidade jurídica prevista no artigo 855-A da CLT será processada como incidente processual, tramitando nos próprios autos do Processo Judicial Eletrônico em que foi suscitada, vedada sua autuação como processo autônomo, tanto nas unidades de primeiro como nas de segundo graus da Justiça do Trabalho;

II – a instauração do incidente suspenderá o processo, sem prejuízo de concessão da tutela de urgência de natureza cautelar de que trata o art. 301 do CPC;

III – instaurado o incidente, a parte contrária e os requeridos serão notificados para se manifestar e requerer as provas cabíveis no prazo de 15 (quinze) dias. Havendo necessidade de prova oral, o juiz designará audiência para sua coleta;

IV – concluída a instrução, o incidente será resolvido por decisão interlocutória, da qual serão as partes e demais requeridos intimados.

V – da decisão proferida: a) na fase de cognição, não cabe recurso de imediato (§ 1º do art. 893 da CLT); b) na fase de execução, cabe agravo de petição, em 8 (oito) dias, independentemente de garantia do juízo.

Na hipótese de o incidente for requerido originalmente no Tribunal, prevê o art. 90 da Consolidação dos Provimentos da CGJT que "a competência para sua instauração, para decisão de pedidos de tutela provisória e para a instrução será do relator", sendo que este "poderá decidir monocraticamente o incidente ou submetê-lo ao colegiado, juntamente com o recurso". Da decisão monocrática do relator "caberá agravo interno, nos termos do Regimento do Tribunal".

O art. 91 da Consolidação dos Provimentos da CGJT, reafirmando que o processo ficará suspenso, prevê que depois de "decidido o incidente ou julgado o recurso, os autos retomarão seu curso regular".

O art. 13 da IN/TST n. 41/2018, tratando que direito intertemporal, prevê que "a partir da vigência da Lei nº 13.467/2017, a iniciativa do juiz na execução de que trata o art. 878 da CLT e no incidente de desconsideração da personalidade jurídica a que alude o art. 855-A da CLT ficará limitada aos casos em que as partes não estiverem representadas por advogado".

Dessa forma, para que o órgão judicial redirecione a execução em face dos sócios, por simples despacho e sem observar os referidos dispositivos, deverá declarar, *incidenter tantum*, a inconstitucionalidade do art. 855-A da CLT (em especial o seu § 2º, que determina a suspensão do processo) e dos atos normativos supracitados, por violação aos princípios da duração razoável do processo, da vedação do retrocesso social e do efetivo acesso à justiça, os quais devem ser aplicados com maior ênfase no processo laboral em razão da natureza alimentícia dos direitos tutelados. Em outras palavras, não

---

Brasília, DF, n. 2928, p. 1-28, 6 mar. 2020. Republicação 1.

é permitido ao órgão julgador ignorar a lei e os atos normativos que tratam do incidente em exame nem negar-lhes vigência, salvo de declará-los inconstitucionais.

Não é esse, porém, o entendimento que vem prevalecendo na jurisprudência especializada, como se observa do seguinte julgado (que não trata da questão da inconstitucionalidade do art. 855-A da CLT):

> RECURSO ORDINÁRIO. MANDADO DE SEGURANÇA. ATO COATOR QUE DETERMINOU QUE CABERIA AO EXEQUENTE PROVIDENCIAR A INSTAURAÇÃO DO INCIDENTE DE DESCONSIDERAÇÃO DA PERSONALIDADE JURÍDICA DA EMPRESA EXECUTADA. ATO PROFERIDO APÓS A ENTRADA EM VIGOR DA LEI Nº 13.467/2017. FASE DE EXECUÇÃO DE SENTENÇA. EXISTÊNCIA DE RECURSO PRÓPRIO. INCIDÊNCIA DA ORIENTAÇÃO JURISPRUDENCIAL Nº 92 DA SBDI-2. Nos termos da Orientação Jurisprudencial nº 92 da SBDI-2, "não cabe mandado de segurança contra decisão judicial passível de reforma mediante recurso próprio, ainda que com efeito diferido". *In casu*, foi impetrado Mandado de Segurança contra ato que, em fase de execução de sentença, determinou que caberia ao exequente promover a instauração do incidente de desconsideração da personalidade jurídica da empresa executada. Ora, tratando-se de ato praticado no curso da fase de execução, o impetrante deveria valer-se dos meios legalmente previstos para impugnar a aludida decisão judicial (art. 897, "a", da CLT), no caso, o Agravo de Petição. Registre-se, por oportuno, que, conquanto esta Subseção permita a mitigação do entendimento firmado na Orientação Jurisprudencial nº 92 da SBDI-2 quando evidenciado o caráter teratológico do ato impugnado, bem como nas hipótese em que há possibilidade de lesão iminente ao direito da parte, no caso em apreço não estão presentes quaisquer dessas hipóteses. Isso porque, tendo o ato coator sido praticado em setembro de 2018, ou seja, quando já em vigor a Lei nº 13.467/2017, tem-se que a alteração legislativa promovida no texto consolidado, inclusive na atuação de ofício do magistrado na execução (art. 878 da CLT), já tem aplicação imediata, razão pela qual eventual questionamento quanto ao acerto, ou não, da decisão que aplica a atual redação do art. 878 da CLT, deve ser impugnada pelos meios processuais próprios. Correto, portanto, o acórdão recorrido que, com fundamento na Orientação Jurisprudencial nº 92 da SBDI-2 do TST e na Súmula nº 267 do TST, entendeu incabível o Mandado de Segurança. Recurso Ordinário conhecido e não provido" (TST-RO 101686-56.2018.5.01.0000, SBDI-2, Rel. Min. Luiz Jose Dezena da Silva, *DEJT* 3-7-2020).

Ressalte-se, nesse passo, que há uma regra prevista no interior do capítulo alusivo ao incidente da desconsideração da personalidade jurídica, qual seja a prevista no § 2º do art. 134 do CPC, segundo a qual deve ser dispensada "a instauração do incidente se a desconsideração da personalidade jurídica for requerida na petição inicial, hipótese em que será citado o sócio ou a pessoa jurídica".

O art. 56 da Consolidação dos Provimentos da CGJT dispõe que o **nome do sócio constará da autuação do processo sempre que requerido pela parte na petição inicial** ou quando incluído pelo juiz mediante julgamento de Incidente de Desconsideração da Personalidade Jurídica da sociedade empresarial, em qualquer fase do processo.

Neste caso, em rigor científico, não se está diante de um incidente processual de intervenção de terceiros, e sim de um litisconsórcio passivo facultativo. Noutro falar, se o próprio reclamante (sujeito da relação de emprego ou da relação de trabalho avulso), *a spontae sua*, propõe a ação trabalhista incluindo no polo passivo da petição inicial a empresa e o sócio (litisconsórcio passivo facultativo), não haverá ofensa aos princípios supracitados, em especial aos princípios da proteção, celeridade e simplicidade processuais, já que ambos os réus serão simultaneamente notificados (citados e intimados) para comparecerem à audiência e nela apresentarem, querendo, as suas respectivas defesas (CLT, arts. 841, 843 e 847).

Neste caso, porém – é importante repetir –, não se trata de incidente processual, e sim de simples litisconsórcio passivo facultativo, o que não se revela, na espécie, incompatível com a principiologia constitucional e infraconstitucional do processo do trabalho.

É importante destacar que a desconsideração invertida da personalidade jurídica (CPC, art. 133, § 2º), que ocorre quando se pretende responsabilizar a pessoa jurídica por atos praticados pelas pessoas físicas que a controlam ou a dirigem, também pode ser requerida na petição inicial, dispensando-se, portanto, o incidente (CPC, art. 134, § 2º).

Caso o reclamante opte pela utilização da regra prevista no § 2º do art. 134 do CPC, a decisão acerca da mantença ou não do sócio no polo passivo do processo laboral na fase de conhecimento caracteriza-se como uma decisão interlocutória (CPC, art. 1.015, IV), irrecorrível de imediato no processo do trabalho (CLT, art. 893, § 1º). Contra tal decisão, em tese, caberá a impetração de mandado de segurança, o que poderá retardar, em última análise, a efetividade e celeridade da prestação jurisdicional.

Como o art. 855-A da CLT manda aplicar, sem qualquer ressalva, os arts. 133 a 137 do CPC, penso que não há nenhum obstáculo à aplicação do § 2º do art. 134 do CPC nos sítios do processo laboral, seja pela lacuna normativa da CLT, seja pela ausência de incompatibilidade com os princípios e regras do processo do trabalho.

3.6.1. O incidente da desconsideração da personalidade jurídica do CPC nas ações coletivas

As ações coletivas oriundas das relações de trabalho previstas no microssistema do processo coletivo são ajuizadas na Justiça do Trabalho por aplicação sistemática dos arts. 114, I, VI e IX, 129, III, § 1º, e 8º, III, da CF e das disposições normativas da

Lei Complementar n. 75/93 (art. 83, III, c/c art. 6º, VII), Lei n. 7.347/85 e CDC (Parte Processual), restando à CLT e ao CPC, desde que a disposição a ser migrada não seja incompatível com a principiologia do microssistema do processo coletivo, o papel de fontes subsidiárias (Lei n. 7.347/85, art. 19; CDC, art. 90). Inverte-se, assim, a interpretação e aplicação das regras previstas nos arts. 769 da CLT e 15 do CPC.

Nesse passo, parece-nos que se a ação coletiva tiver por objeto a tutela de direitos metaindividuais relacionados ao meio ambiente do trabalho, por exemplo, a desconsideração da personalidade jurídica da empresa-ré encontra previsão no art. 4º da Lei n. 9.605/98, segundo o qual: "Poderá ser desconsiderada a pessoa jurídica sempre que sua personalidade for obstáculo ao ressarcimento de prejuízos causados à qualidade do meio ambiente".

Vale dizer, em sede de tutela coletiva de direitos metaindividuais parece-nos que a fonte primária que autoriza a desconsideração da personalidade jurídica da empresa-ré é o dispositivo supracitado que, a rigor, adota a teoria menor ou objetiva, bastando a inexistência ou insuficiência de bens da empresa para que o juiz determine o redirecionamento da execução para atingir os bens dos sócios.

Quanto ao procedimento, afigura-se-nos que se a ação coletiva proposta na Justiça do Trabalho tiver como causa de pedir fatos ou fundamentos vinculados à relação empregatícia ou à relação de trabalho avulso, deve-se aplicar primeiro a CLT, que, *in casu*, prefere ao CPC. Vale dizer, não há lugar para o incidente previsto no art. 133 do CPC, já que por simples despacho na fase de execução o juiz, de ofício, pode ordenar o redirecionamento da execução coletiva para os bens dos sócios, desde que a empresa executada não possua bens suficientes à satisfação dos créditos reconhecidos no título judicial.

Entretanto, com o advento do art. 855-A da CLT, haverá cizânia para a aplicação da desconsideração da personalidade jurídica nas ações coletivas propostas na Justiça do Trabalho, com tendência à adoção da literalidade da nova regra celetista, caso os juízes e tribunais trabalhistas não declarem a sua inconstitucionalidade, como sustentamos em linhas transatas.

Nada obsta a que o autor da ação coletiva proposta na Justiça do Trabalho utilize a faculdade prevista no art. 134, § 2º, do CPC, caso em que, por ausência de incompatibilidade principiológica, poderá surgir, não uma intervenção de terceiros, e sim um litisconsórcio passivo facultativo na demanda coletiva.

Em se tratando de ação coletiva para tutela: *a*) de direitos individuais homogêneos, o procedimento da liquidação e execução será o do CDC (arts. 91 *et seq.*); *b*) de direitos difusos ou coletivos, o procedimento será o do CPC, porém com destinação dos valores arrecadados a *fluid recovery* (Lei n. 7.347/85, art. 13; CDC, art. 100, parágrafo único).

3.7. *Amicus curiae*

Outra modalidade de intervenção de terceiros introduzida pelo CPC é o *amicus curiae*. Trata-se de uma figura que pode contribuir para a democratização do acesso ao

Judiciário e às decisões judiciais, especialmente naquelas situações em que o Direito, por si só, não se revela suficiente para a resolução justa e adequada dos conflitos sociais.

Com efeito, dispõe o art. 138 do CPC que o "juiz ou o relator, considerando a relevância da matéria, a especificidade do tema objeto da demanda ou a repercussão social da controvérsia, poderá, por decisão irrecorrível, de ofício ou a requerimento das partes ou de quem pretenda manifestar-se, solicitar ou admitir a participação de pessoa natural ou jurídica, órgão ou entidade especializada, com representatividade adequada, no prazo de 15 (quinze) dias de sua intimação".

É importante ressaltar que, nos termos do § 1º do art. 138 do CPC, a intervenção do *amicus curiae* não implica alteração de competência nem autoriza a interposição de recursos, ressalvadas a oposição de embargos de declaração e o recurso da decisão que julgar o incidente de resolução de demandas repetitivas.

Os poderes do *amicus curiae* na relação processual serão determinados pelo magistrado que solicitar ou admitir esta modalidade de intervenção de terceiro (CPC, art. 138, § 2º).

Parece-nos que o *amicus curiae* poderá ser admitido no processo do trabalho, tendo em vista a lacuna do processo do trabalho e a ausência de incompatibilidade com a sua principiologia (CLT, art. 769; CPC, art. 15), mormente pelo fato de que tal modalidade de intervenção somente poderá ocorrer nos casos de matéria altamente relevante, cuja especificidade do tema objeto da demanda ou a repercussão social da controvérsia implicar a real necessidade de o Judiciário aberto à sociedade de intérpretes da Constituição ouvir pessoas com elevado grau de conhecimento da matéria em discussão ou entidades que tenham efetiva representatividade daqueles que poderão ser atingidos pela decisão judicial.

É importante lembrar que o art. 3º, II, da IN n. 39/2016 do TST[20] admite a aplicação subsidiária do *amicus curiae* no processo do trabalho (CPC, art. 138 e parágrafos).

Para encerrar este tópico, convém advertir que os §§ 3º e 4º do inciso I do art. 702 da CLT (redação dada pela Lei n. 13.467/2017) determinam que, no âmbito do TST, as sessões de julgamento sobre estabelecimento ou alteração de súmulas e outros enunciados de jurisprudência deverão ser públicas, divulgadas com, no mínimo, trinta dias de antecedência, e deverão possibilitar a sustentação oral pelo Procurador-Geral do Trabalho, pelo Conselho Federal da Ordem dos Advogados do Brasil, pelo Advogado-Geral da União e por confederações sindicais ou entidades de classe de âmbito nacional, aplicando-se rol equivalente no âmbito dos Tribunais Regionais do Trabalho, ou seja, esses atores jurídicos atuarão como representantes das instituições a que pertencem e funcionarão como verdadeiros amigos da corte na criação ou alteração de súmulas e orientações jurisprudenciais.

20. A inconstitucionalidade da IN n. 39/2016 do TST está sendo questionada no STF (ADI n. 5.516).

CAPÍTULO XII
Petição Inicial

1. NOÇÕES PRELIMINARES

Diz o art. 2º do CPC, aplicável ao processo do trabalho (CLT, art. 769; CPC, art. 15), que o processo começa por iniciativa da parte e se desenvolve por impulso oficial, salvo as exceções previstas em lei. A petição inicial é, portanto, a peça inaugural do processo, sendo, também, apelidada de "peça exordial", "peça vestibular", "peça de ingresso", "peça preambular" ou, simplesmente, "inicial".

O adjetivo "inicial" significa que é o primeiro requerimento dirigido pela parte à autoridade judiciária para, segundo os preceitos legais, iniciar o processo. No processo, há outras petições, como a petição do réu, a petição recursal, a petição do terceiro, as petições avulsas etc.

Na verdade, a petição inicial é o veículo, o meio, o instrumento pelo qual o autor exerce o direito fundamental de acesso à justiça. Trata-se, pois, do ato processual mais importante para o exercício desse direito. Além disso, a petição inicial é *pressuposto processual de existência* da própria relação jurídica que se formará em juízo. Sem petição inicial, o processo não existe. Se a petição inicial for inepta, o caso é de *pressuposto processual de validade* (ou desenvolvimento) da relação processual.

Diferentemente do processo civil (CPC, art. 319), a CLT (art. 840) não utiliza o termo "petição inicial". Na verdade, o texto consolidado confunde petição inicial com "reclamação", sendo que esta, como já foi dito, é apenas o *nomen iuris* atribuído à ação trabalhista.

Transplantando a norma inscrita no art. 839 da CLT para a linguagem da ciência processual, podemos dizer que a petição inicial da ação trabalhista pode ser formulada:

- pelos sujeitos da relação de emprego, isto é, pelos empregados e empregadores ou pelos trabalhadores avulsos por equiparação constitucional, pessoalmente (*jus postulandi*), ou por seus representantes;
- pelos sindicatos, em defesa dos interesses ou direitos coletivos ou individuais da categoria que representam;
- pelo Ministério Público do Trabalho, nos casos previstos em lei.

Com a ampliação da competência da Justiça do Trabalho (CF, art. 114, com nova redação dada pela EC n. 45/2004), a petição inicial no processo do trabalho também poderá ser apresentada:

- por outros titulares da relação de trabalho, como os trabalhadores autônomos, eventuais, voluntários, estagiários e os tomadores dos seus serviços (*vide* Capítulo V, item 2.2.1);
- pela União, na hipótese de ação de cobrança das multas impostas aos empregadores pela SRT (Superintendência Regional do Trabalho);
- pelos sindicatos, nas hipóteses de lides intersindicais ou entre eles e seus representados ou filiados;
- pelos empregadores ou tomadores de serviços, quando sujeitos de uma relação de emprego ou de trabalho, respectivamente.

Nas localidades em que houver apenas uma Vara do Trabalho (ou Juizado de Direito), a petição será protocolada *diretamente na Secretaria da Vara* ou no cartório do Juízo (CLT, art. 837). Se na localidade houver mais de uma Vara ou Juízo, a petição inicial será, primeiramente, sujeita à *distribuição* (CLT, art. 838, c/c os arts. 783 a 788).

2. REQUISITOS DA PETIÇÃO INICIAL

Os requisitos da petição inicial da ação trabalhista individual estão previstos no art. 840 da CLT, razão pela qual não se mostram aplicáveis, em princípio, as regras subsidiárias do CPC/2015 (art. 319).

Com efeito, o art. 840 da CLT diz que a petição inicial poderá ser escrita ou verbal. Se verbal, deverá ser reduzida a termo (termo de reclamação), em duas vias datadas e assinadas pelo Diretor de Secretaria ou escrivão. Nas localidades com mais de uma Vara ou Juízo, a petição inicial verbal deverá ser distribuída antes de sua redução a termo.

A petição inicial verbal deve observar, no que couber, os requisitos exigidos para a petição inicial escrita (CLT, art. 840, § 2º). A redução a termo da petição verbal é feita por um servidor público da Vara do Trabalho ou Juízo de Direito.

A petição inicial da ação trabalhista individual escrita (CLT, art. 840), geralmente subscrita por advogado, é a mais utilizada nos foros trabalhistas. Não obstante, tanto a petição inicial escrita quanto a verbal devem ser registradas em livro próprio, devendo o Distribuidor (ou Diretor da Secretaria) fornecer ao interessado um recibo, do qual constarão o nome do autor e do réu, a data da distribuição (ou protocolo na Secretaria da Vara ou Cartório do Juízo), o objeto da ação e o Juízo ou Vara a quem for dirigida ou distribuída.

Tratando-se de ação oriunda de relação de trabalho distinta da relação de emprego ou da relação de trabalho avulso (CF, art. 114, I, com nova redação dada pela EC n. 45/2004), parece-nos que não é incompatível a utilização da petição inicial verbal, pois o art. 840 da CLT não tem por destinatários exclusivos o empregado e o empregador.

Todavia, em se tratando de lides sobre representação sindical (CF, art. 114, III), mandados de segurança, *habeas corpus* e *habeas data* (idem, IV) e ações relativas às penalidades administrativas impostas aos empregadores pela DRT (idem, VII), parece-nos incabível a petição verbal, pois tais demandas envolvem matérias eminentemente técnicas, o que exige a representação da parte por advogado. De acordo com o art. 1º da IN/TST n. 27/2005, devem ser escritas as petições iniciais de mandado de segurança, *habeas corpus*, *habeas data*, ação rescisória, ação cautelar e ação de consignação em pagamento e, no mesmo sentido, prevê a Súmula 425 do TST. Por interpretação lógica, parece-nos que também devem ser escritas as petições iniciais da ação civil pública, da ação civil coletiva e da ação anulatória coletiva de cláusulas convencionais.

A petição inicial do dissídio coletivo (CLT, art. 856) e do inquérito para apuração de falta grave deve ser, necessariamente, escrita (CLT, art. 853).

Vê-se, assim, com base na literalidade do texto obreiro consolidado, que o processo do trabalho, regido que é pelo princípio da simplicidade, não exige alguns requisitos formais previstos no CPC, tais como: os fundamentos jurídicos do pedido, as provas com que o autor pretende demonstrar a verdade dos fatos alegados e o requerimento para a citação do réu.

Não obstante, a doutrina e a jurisprudência trabalhistas vêm exigindo, em alguns casos, alguns requisitos típicos da petição inicial do processo civil. É o que veremos mais adiante.

De acordo com a literalidade do § 1º do art. 840 da CLT, com nova redação dada pela Lei n. 13.467/2017, a *petição inicial escrita nos dissídios individuais* deverá conter seis requisitos:

a) a designação do Juízo;

b) a qualificação das partes;

c) a breve exposição dos fatos de que resulte o dissídio;

d) o pedido, que deverá ser certo, determinado e com indicação de seu valor;

e) a data; e

f) a assinatura do reclamante ou de seu representante.

Foram, assim, por força da Lei n. 13.467/2017, instituídos novos requisitos da petição inicial da reclamação trabalhista no tocante à designação do Juízo e ao pedido, o qual deverá ser: I – certo; II – determinado; III – com indicação de seu valor.

É importante relembrar que a ampliação da competência da Justiça do Trabalho para outras demandas oriundas da relação de trabalho (EC n. 45/2004) em nada altera, a princípio, os requisitos da petição inicial das ações individuais nela ajuizadas, como se depreende do art. 1º da Instrução Normativa TST n. 27/2005, *in verbis*:

> Art. 1º As ações ajuizadas na Justiça do Trabalho tramitarão pelo rito ordinário ou sumaríssimo, conforme previsto na Consolidação das Leis do Trabalho, excepcio-

nando-se, apenas, as que, por disciplina legal expressa, estejam sujeitas a rito especial, tais como o Mandado de Segurança, *Habeas Corpus*, *Habeas Data*, Ação Rescisória, Ação Cautelar e Ação de Consignação em Pagamento.

A parte final do preceptivo em causa, ao utilizar o termo "tais como", deixa implícito que são meramente exemplificativas as ações de "rito especial" ajuizáveis na Justiça do Trabalho. Na verdade, como veremos no Capítulo XXV, outras inúmeras ações podem ser propostas nesta Justiça especializada.

Em qualquer caso, a petição inicial deverá conter, ao menos, duas vias (CLT, art. 787)[1], pois uma delas será a peça inaugural do processo e a outra, a contrafé, sendo esta última entregue ao réu, juntamente com a notificação citatória. Havendo pluralidade de réus, a petição inicial deverá conter o número de vias correspondente a cada réu.

No processo judicial eletrônico, porém, não haverá necessidade nem da via original, nem da contrafé (Lei n. 11.419/2006, art. 9º, § 1º).

No que concerne à eficácia temporal do art. 840, §§ 1º, 2º e 3º, da CLT, com redação dada pela Lei n. 13.467/2017, o TST editou a IN n. 41/2018, cujo art. 12, *caput*, dispõe: "Os arts. 840 e 844, §§ 2º, 3º e 5º, da CLT, com as redações dadas pela Lei n. 13.467, de 13 de julho de 2017, não retroagirão, aplicando-se, exclusivamente, às ações ajuizadas a partir de 11 de novembro de 2017".

Examinaremos, em seguida, cada um dos elementos ou requisitos da petição inicial.

Antes, é preciso advertir que, não obstante o silêncio da lei a respeito da clareza, precisão, elegância e concisão, como requisitos da petição inicial, pensamos que tais predicados são altamente relevantes para o sucesso da pretensão autoral. Petições iniciais mal redigidas, obscuras, imprecisas, deselegantes ou prolixas dificultam a efetivação do direito fundamental do autor de acesso ao Judiciário, além de maltratar os princípios do devido processo legal, do contraditório e da ampla defesa e da duração razoável do processo, prejudicam a boa prestação jurisdicional.

2.1. Endereçamento ou designação do Juízo

A designação do Juízo ao qual é dirigida a petição inicial ou, simplesmente, o endereçamento da inicial, é requisito essencial, cujo objetivo repousa na indicação do órgão judicial competente para processar e julgar a demanda. Não deve ser indicado o nome do juiz, mas, sim, do órgão judicial. Exemplo: "Excelentíssimo Senhor Juiz Titular da ___ Vara do Trabalho de Vitória-ES".

---

1. Nos termos do art. 787 da CLT: "A reclamação escrita deverá ser formulada em 2 (duas) vias e desde logo acompanhada dos documentos em que se fundar".

É importante lembrar que a Resolução CSJT n. 104, de 25-5-2012, uniformizou os vocábulos de tratamento dispensados aos magistrados de 1ª e 2ª instância no âmbito da Justiça do Trabalho. Assim, nos termos do art. 1º da referida Resolução, os vocábulos de tratamento dos magistrados de 1ª e 2ª instância no âmbito da Justiça do Trabalho são uniformizados em "Juiz do Trabalho Substituto", "Juiz Titular de Vara do Trabalho" e "Desembargador do Trabalho".

Ocorre que o § 1º do art. 840 da CLT (redação dada pela Lei n. 13.467/2017) dispõe que a reclamação deverá conter "a designação do juízo".

Logo, na primeira instância da Justiça do Trabalho, a petição inicial deve ser sempre dirigida ao Juízo da Vara do Trabalho, e não ao Juiz ou à Juíza, titular ou substituto(a), do Trabalho. A alteração legislativa, que também ocorreu no processo civil, está fundada no princípio do juiz natural e tem por objetivo impessoalizar o órgão judicial destinatário da petição inicial. Entretanto, não haverá nulidade se a petição inicial for dirigida ao "Excelentíssimo Senhor Juiz do Trabalho (gênero, ressaltamos) da Vara do Trabalho", porque, nesse caso, também não haverá pessoalização da figura do magistrado (ou magistrada).

O peticionário, no "processo físico", deve deixar um espaço em branco antes da expressão "Juízo da Vara do Trabalho" em virtude da distribuição, pois somente depois desta é que, nos lugares em que há mais de uma unidade judiciária (Vara ou Juízo de Direito), será sorteado o órgão judicial que irá processar e julgar a demanda.

No entanto, no processo judicial eletrônico a distribuição da petição inicial em formato digital pode ser feita diretamente pelos advogados públicos e privados, sem necessidade da intervenção do cartório ou secretaria judicial, situação em que a autuação deverá se dar de forma automática, fornecendo-se recibo eletrônico de protocolo (Lei n. 11.419/2006, art. 10). Dessa forma, não há necessidade daquele espaçamento em branco.

Nos Tribunais Regionais do Trabalho ou no Tribunal Superior do Trabalho, a petição inicial deve ser dirigida ao respectivo Presidente. É o que ocorre com as ações de competência originária dos tribunais, como a ação rescisória, o dissídio coletivo, o mandado de segurança contra ato judicial etc. Exemplo: "Excelentíssimo Senhor Desembargador Presidente do Egrégio Tribunal Regional do Trabalho da 17ª Região" ou "Excelentíssimo Senhor Ministro Presidente do Egrégio Tribunal Superior do Trabalho".

Depois da distribuição do processo ao Relator, a este devem ser dirigidas quaisquer outras petições. Exemplo: "Excelentíssimo Senhor Ministro (ou Desembargador) Relator".

É muito importante o correto endereçamento da petição inicial não apenas pela indicação do órgão judicial competente para processar e julgar a ação, como também para se evitar desperdício de tempo e custos processuais pela errônea indicação do órgão judicial ao qual é dirigida.

2.2. Qualificação das partes

Nos termos do § 1º do art. 840 da CLT, a petição inicial deve conter a qualificação das partes.

O inciso II do art. 319 do CPC dispõe que a petição incial deve conter: "os nomes, os prenomes, o estado civil, a existência de união estável, a profissão, o número de inscrição no Cadastro de Pessoas Físicas ou no Cadastro Nacional da Pessoa Jurídica, o endereço eletrônico, o domicílio e a residência do autor e do réu".

Há, pois, lacuna parcial da CLT, o que autoriza a aplicação supletiva do CPC (art. 15), de modo que, por força da teoria do diálogo das fontes ou da heterointegração desses dois microssistemas, parece-nos que a petição inicial trabalhista deverá conter em relação às partes pessoas físicas: os nomes e os prenomes, o estado civil ou existência de união estável, a profissão, o da CTPS, do NIS (ou PIS/PASEP) e do CPF, evitando-se, assim, futuros problemas com homônimos que poderão gerar nulidades processuais ou prejuízos materiais para as partes, o domicílio e a residência do autor e do réu.

Tratando-se de pessoas jurídicas, a petição inicial deve conter o nome ou razão social, indicando se é de direito público ou privado, bem como o CNPJ e o endereço físico completo (e o endereço eletrônico, se houver).

De acordo com os §§ 1º, 2º e 3º do art. 319 do CPC:

- caso não disponha das informações previstas no inciso II do art. 319 do CPC, poderá o autor, na petição inicial, requerer ao juiz diligências necessárias a sua obtenção;
- a petição inicial não será indeferida se, a despeito da falta de informações a que se refere o inciso II do art. 319 do CPC, for possível a citação do réu.
- a petição inicial não será indeferida pelo não atendimento ao disposto no inciso II do art. 319 do CPC, se a obtenção de tais informações tornar impossível ou excessivamente oneroso o acesso à justiça.

Tendo em vista a lacuna normativa da CLT e a ausência de incompatibilidade procedimental, pensamos ser aplicáveis supletivamente ao processo do trabalho as regras dos §§ 1º, 2º e 3º do art. 319 CPC.

Havendo litisconsortes passivos, como no casos de empreitada ou de terceirização (responsabilidade subsidiária), é condição necessária a inclusão de cada uma das empresas tomadoras do serviço no polo passivo, a fim de que elas constem do título executivo judicial e possam figurar como executadas. Na hipótese de grupo econômico (responsabilidade solidária), esse também era o entendimento conforme a Súmula 205 do TST. Com o cancelamento dessa súmula, deixou de haver obstáculo à inclusão no processo de empresas do grupo econômico na fase de execução, mesmo que não tivessem integrado o polo passivo como ré na fase de conhecimento. Todavia, tendo em vista as divergências doutrinária e jurisprudencial a respeito, **recomenda-se**, para se evitar nulidades por cerceio ao direito de ampla defesa, inserir na fase de conhecimento todas as empresas integrantes do grupo econômico no polo passivo da demanda.

Não é necessário indicar o nome dos sócios no polo passivo da demanda, pois eventual responsabilidade destes decorrerá da adoção, pelo magistrado, na fase (ou processo) de execução, da teoria da desconsideração da personalidade jurídica da empresa ré com a qual mantêm ou mantiveram relação jurídica. Sobre desconsideração da personalidade jurídica, remetemos o leitor ao Capítulo XI, item 3.6.

De acordo com o parágrafo único do art. 274 do CPC, cuja primeira parte é aplicável ao processo do trabalho (CLT, art. 769; CPC, art. 15): "Presumem-se válidas as intimações dirigidas ao endereço constante dos autos, ainda que não recebidas pessoalmente pelo interessado, se a modificação temporária ou definitiva não tiver sido devidamente comunicada ao juízo, fluindo os prazos a partir da juntada aos autos do comprovante de entrega da correspondência no primitivo endereço".

Vale dizer, não se aplica a parte final do parágrafo único do art. 274 do CPC no processo do trabalho, tendo em vista que a CLT não é omissa a respeito da fluência dos prazos processuais, como já vimos no Capítulo VIII, item 3.

2.2.1. Substituição processual e rol de substituídos

Nas ações coletivas, em que o autor (geralmente, o sindicato ou o MPT) age em nome próprio na defesa de interesses individuais homogêneos (CF, art. 8º, III; LACP, art. 5º; CDC, arts. 82 e 91), não há necessidade de apresentação do rol dos substituídos, pois este não se coaduna com o instituto da substituição processual, mormente, devido ao cancelamento da Súmula 310 do TST, que exigia tal rol.

Nesse sentido, o Enunciado n. 77 aprovado na 1ª Jornada de Direito Material e Processual do Trabalho, em Brasília-DF:

> AÇÃO CIVIL PÚBLICA. INTERESSES INDIVIDUAIS HOMOGÊNEOS. LEGITIMAÇÃO DOS SINDICATOS. DESNECESSIDADE DE APRESENTAÇÃO DE ROL DOS SUBSTITUÍDOS. I – Os sindicatos, nos termos do art. 8º, III, da CF, possuem legitimidade extraordinária para a defesa dos direitos e interesses – individuais e metaindividuais – da categoria respectiva em sede de ação civil pública ou outra ação coletiva, sendo desnecessária a autorização e indicação nominal dos substituídos (...).

Parece-nos, pois, de duvidosa constitucionalidade a exigência contida no parágrafo único do art. 2º-A da Lei n. 9.494/97 (incluído pela Medida Provisória n. 2.180-35, de 2001), que assim dispõe:

> Nas ações coletivas propostas contra a União, os Estados, o Distrito Federal, os Municípios e suas autarquias e fundações, a petição inicial deverá obrigatoriamen-

te estar instruída com a ata da assembleia da entidade associativa que a autorizou, acompanhada da *relação nominal dos seus associados e indicação dos respectivos endereços*. (grifos nossos)

Com efeito, o STF já se manifestou no sentido de que é desnecessária a autorização dos substituídos para ajuizamento da ação:

> Esta Corte firmou o entendimento segundo o qual o sindicato tem legitimidade para atuar como substituto processual na defesa de direitos e interesses coletivos ou individuais homogêneos da categoria que representa. (...) Quanto à violação ao art. 5º, LXX e XXI, da Carta Magna, esta Corte firmou entendimento de que é desnecessária a expressa autorização dos sindicalizados para a substituição processual (STF-RE n. 555.720-AgR, voto do Rel. Min. Gilmar Mendes, j. 30-9-2008, 2ª T., *DJE* 21-11-2008)[2].
>
> AGRAVO REGIMENTAL EM RECURSO EXTRAORDINÁRIO. DIREITO CONSTITUCIONAL E DIREITO PROCESSUAL CIVIL. REPRESENTAÇÃO SINDICAL. ART. 8º, III, DA CF/88. AMPLA LEGITIMIDADE. Comprovação da filiação na fase de conhecimento. Desnecessidade. Agravo regimental a que se nega provimento (STF-RE n. 696.845-AgR, Relator o Ministro Luiz Fux, 1ª T., *DJe* 19-11-2012).
>
> Sindicato. Substituição processual. Art. 8º, III, da CR. Comprovação da situação funcional de cada substituído na fase de conhecimento. Prescindibilidade. É prescindível a comprovação da situação funcional de cada substituído, na fase de conhecimento, nas ações em que os sindicatos agem como substituto processual (STF-RE n. 363.860-AgR, Rel. Min. Cezar Peluso, j. 25-9-2007, 2ª T., *DJ* 19-10-2007)[3].

Logo, atrita-se com a Constituição da República a exigência legal para que a petição inicial da ação coletiva seja acompanhada da ata da assembleia geral, relação nominal dos associados e respectivos endereços, mormente no caso dos sindicatos que têm a legitimidade ativa *ad causam* autorizada diretamente pela Constituição Federal (art. 8º, III, e art. 129, III, § 1º) para defenderem os interesses coletivos e individuais da categoria.

2.3. Breve exposição dos fatos de que resulte o dissídio (causa de pedir)

O § 1º do art. 840 da CLT exige que a petição inicial, dentre outros requisitos, contenha uma "breve exposição dos fatos de que resulte o dissídio".

2. No mesmo sentido: RE n. 217.566-AgR, Rel. Min. Marco Aurélio, j. 8-2-2011, 1ª T., *DJe* 3-3-2011.

3. No mesmo sentido: AI n. 760.327-AgR, Rel. Min. Ellen Gracie, j. 17-8-2010, 2ª T., *DJe* 3-9-2010.

Há certa cizânia a respeito desse requisito da petição inicial da ação trabalhista individual. Para uns, não há necessidade da indicação dos fundamentos jurídicos do pedido, mesmo porque o processo laboral admite o *jus postulandi* pelas próprias partes. Outros entendem que esse requisito – breve relato dos fatos – corresponde ao fundamento jurídico do pedido.

A nosso ver, ainda que não se apliquem os rigorismos do processo civil (CPC, art. 319, III), é preciso, ao menos, que haja alguns elementos na petição inicial para viabilizar o exercício das garantias constitucionais de acesso ao Poder Judiciário consubstanciadas nos princípios do devido processo legal, do contraditório e da ampla defesa.

Afinal, no que respeita à causa de pedir, o nosso sistema processual adotou o *princípio* (ou teoria) *da substanciação da causa de pedir*, segundo o qual a petição inicial deve conter a descrição dos fatos oriundos da relação de direito material e os fundamentos jurídicos do pedido.

O princípio da substanciação contrapõe-se ao *princípio da individualização*, pois este se contenta com a mera afirmação da relação jurídica material que fundamenta o pedido, isto é, "basta ao autor apontar genericamente o título com que age em juízo, como, por exemplo, o de proprietário, o de locatário, o de credor"[4] e formule o pedido.

Não é suficiente, à luz do princípio da substanciação, que o empregado simplesmente alegue que é sujeito da relação de emprego (empregado) e formule pedido de anotação da CTPS (teoria da individualização), pois o nosso direito processual (civil ou trabalhista) exige que o demandante justifique a razão pela qual afirma que é sujeito da relação de emprego, declinando, por exemplo, a existência de subordinação, do pagamento de salário, da pessoalidade e da não eventualidade na prestação do serviço.

É importantíssima a indicação da causa de pedir, porque:

- constitui, ao lado das partes e do pedido, um dos elementos da ação;
- permite a observância do princípio da inalterabilidade da demanda, consagrado no art. 329, II, do CPC;
- possibilita a verificação da possibilidade jurídica do pedido, como uma das condições da ação;
- auxilia no exame da ocorrência dos institutos da conexão, continência, litispendência e coisa julgada.

A petição inicial da ação trabalhista individual, portanto, deve conter os fundamentos fáticos e jurídicos. Não há necessidade de indicação do fundamento legal[5].

4. THEODORO JÚNIOR, Humberto. *Curso de direito processual civil*. 48. ed. Rio de Janeiro: Forense, 2008. v. I, p. 405.

5. Na ação rescisória fundada no inciso V do art. 485 do CPC/73 (art. 966, V, do CPC), afiguram-se-nos imprescindíveis os fundamentos jurídicos e legais que empolgam a petição inicial (TST,

AGRAVO DE INSTRUMENTO. RECURSO DE REVISTA. DANO MORAL. INDENIZAÇÃO. Conforme a simplificação anotada pelo art. 840, § 1º, da CLT, a reclamação deverá conter apenas o endereçamento ao juiz a quem for dirigida, a qualificação do reclamante e do reclamado, uma breve exposição dos fatos de que resulte o dissídio, o pedido, a data e a assinatura do reclamante ou de seu representante, *não se exigindo, dessa forma, a denúncia expressa do dispositivo de lei tido por violado*. Agravo de instrumento a que se nega provimento (TST-AIRR 1366/1998-012-15-40.1, j. 13-5-2009, Rel. Min. Horácio Raymundo de Senna Pires, 6ª T., *DEJT* 22-5-2009). (grifos nossos)

Alguns processualistas afirmam que os fatos constituem a causa de pedir remota e os fundamentos jurídicos do pedido, a causa de pedir próxima[6]. Há, porém, quem sustente serem os fatos a causa de pedir próxima e os fundamentos jurídicos do pedido, a causa de pedir remota[7].

A nosso ver, os *fatos narrados na petição inicial* correspondem à *causa de pedir próxima* ou *imediata*. Vale dizer, são os fatos que dão origem à ameaça ou à lesão do direito material da parte. Geralmente, a causa de pedir próxima diz respeito ao descumprimento, pelo empregador, das normas contratuais e legais que guarnecem o contrato individual de trabalho. O autor deve, assim, apontar, na inicial, as datas de admissão e dispensa, a função que exercia na empresa, o salário, a jornada de trabalho etc.

Fundamentos jurídicos do pedido são os que compõem a *causa de pedir remota* ou *mediata*. É dizer, o autor deve indicar o *porquê* do seu pedido. Assim, se o autor pede aviso prévio, deverá indicar na petição inicial que a dispensa se deu sem justa causa. Se pede horas extras, deverá indicar, como causa de pedir, que cumpria jornada além do limite máximo permitido.

Cumpre advertir, no entanto, que há cizânia jurisprudencial a respeito da necessidade de indicar, na inicial trabalhista, os fundamentos jurídicos do pedido. Entretanto, a nosso sentir, o fundamento jurídico do pedido, além de propiciar a ampla defesa, é de suma importância para a verificação da competência, litispendência, coisa julgada, continência e conexão. Colhem-se, por oportuno, o seguinte julgado:

Súmula 408). Igualmente no mandado de segurança impetrado contra ato judicial trabalhista, pois a demonstração do direito líquido e certo exige, ao menos, a indicação da norma que o impetrante alega ter sido violada. Nessas demandas, portanto, é praticamente imprescindível o patrocínio da causa por um advogado.

6. Cf. GRECO FILHO, Vicente. *Direito processual civil brasileiro*. v. 1, p. 91.
7. Nesse sentido: RODRIGUES, Marcelo Abelha. *Elementos de direito processual civil*. v. 2, p. 31. NERY JUNIOR, Nelson; NERY, Rosa Maria de Andrade. *Comentários ao Código de Processo Civil: novo CPC – Lei n. 13.105/2015*. São Paulo: Revista dos Tribunais, 2015. p. 856.

> RECURSO DE REVISTA. LITISPENDÊNCIA. CAUSA DE PEDIR. Incontroverso nos autos a identidade de partes e do pedido e, tendo o Eg. Tribunal Regional estabelecido como pressuposto fático que tanto a causa de pedir próxima (nulidade do ato demissionário) como a causa de pedir remota (demissão imotivada do autor) são as mesmas em ambas as ações, não há como se afastar a litispendência declarada. Recurso de revista não conhecido (TST-RR 524/2004-007-10-00.2, j. 20-8-2008, Rel. Min. Aloysio Corrêa da Veiga, 6ª T., *DJ* 22-8-2008).

Convém lembrar que há situações especiais em que o juiz não estará adstrito à causa de pedir, podendo, assim, proferir decisão *extra petita*. É o que se infere da Súmula 293 do TST:

> ADICIONAL DE INSALUBRIDADE. CAUSA DE PEDIR. AGENTE NOCIVO DIVERSO DO APONTADO NA INICIAL. A verificação mediante perícia de prestação de serviços em condições nocivas, considerado agente insalubre diverso do apontado na inicial, não prejudica o pedido de adicional de insalubridade.

Em sede de ação rescisória, temos duas situações distintas. Tratando-se de alegação ou de manifesta violação de norma jurídica (CPC, art. 966, V), parece-nos que há obrigatoriedade da fundamentação legal do pedido, sob pena de violação aos princípios da legalidade e da ampla defesa.

Pensamos, todavia, nas demais hipóteses do art. 966 do CPC ser possível a aplicação do princípio *iura novit curia* (o juiz conhece o direito curial, ou federal) no processo do trabalho.

Nesse sentido, a Súmula 408 do TST:

> AÇÃO RESCISÓRIA. PETIÇÃO INICIAL. CAUSA DE PEDIR. AUSÊNCIA DE CAPITULAÇÃO OU CAPITULAÇÃO ERRÔNEA NO ART. 966 DO CPC DE 2015. ART. 485 DO CPC DE 1973. PRINCÍPIO *IURA NOVIT CURIA* (nova redação em decorrência do CPC de 2015, Res. n. 208/2016, *DEJT* divulgado em 22, 25 e 26-4-2016). Não padece de inépcia a petição inicial de ação rescisória apenas porque omite a subsunção do fundamento de rescindibilidade no art. 966 do CPC de 2015 (art. 485 do CPC de 1973) ou o capitula erroneamente em um de seus incisos. Contanto que não se afaste dos fatos e fundamentos invocados como causa de pedir, ao Tribunal é lícito emprestar-lhes a adequada qualificação jurídica (*iura novit curia*). No entanto, fundando-se a ação rescisória no art. 966, V, do CPC de 2015 (art. 485, V, do CPC de 1973), é indispensável expressa indicação, na petição inicial da ação rescisória, da norma jurídica manifestamente violada (dispositivo legal violado sob o CPC de 1973), por se tratar de causa de pedir da rescisória, não se aplicando, no caso, o princípio *iura novit curia*.

Para encerrar este tópico, não podemos olvidar que a ampliação da competência da Justiça do Trabalho para outras ações oriundas da relação de trabalho nas quais será obrigatória o patrocínio da causa por advogado, ou nas ações oriundas da relação de emprego em que a parte estiver representada por advogado (CLT, art. 791-A), poderá implicar a observância da causa de pedir nos moldes do art. 319 do CPC, como requisito formal da petição inicial.

2.4. O pedido

O pedido, como já ressaltamos anteriormente, é o objeto da ação. É ele que faz com que o autor "bata às portas" do Poder Judiciário para postular a restauração de seu direito, que alega ter sido violado, agredido ou ameaçado de lesão pelo outro sujeito da relação jurídica de direito material: o réu.

Pertinente, portanto, a observação de Marinoni e Mitidiero, no sentido de que é:

> preciso que o pedido do demandante seja compreendido na perspectiva da tutela do direito reclamado em juízo. Apenas desse modo será possível pensar na providência jurisdicional que melhor realize a tutela do direito solicitada pelo demandante[8].

É, pois, o pedido que motiva e dá vida à instauração do processo, tornando-se, assim, o elemento medular da petição inicial. O pedido é, portanto, o "projeto da sentença". Nesse sentido, o pedido do autor estabelece os limites da tutela jurisdicional em função do princípio da congruência entre o pedido e a sentença (CLT, art. 832; CPC, arts. 2º, 141 e 492).

Em certas situações, contudo, pode o juiz conceder tutela jurisdicional diversa da postulada pelo autor, tal como previsto nos arts. 497 e 536 do CPC, os quais autorizam o magistrado a prestar tutela específica ou conceder tutela que propicie à parte resultado equivalente. Além disso, o juiz pode prolatar sentença mandamental, desde que esta se mostre a mais adequada e efetiva, mesmo quando tenha o autor postulado sentença executiva *lato sensu*[9].

Na linguagem do direito processual, o termo "pedido" é sinônimo de mérito, objeto litigioso, *res in iudicium deducta*, lide e bem da vida.

A CLT (redação original do art. 840, § 1º) não continha maiores detalhes sobre o conteúdo e as especificações do pedido, o que autorizaria a aplicação subsidiária do

8. MARINONI, Luiz Guilherme; MITIDIERO, Daniel. *Código de Processo Civil:* comentado artigo por artigo. São Paulo: Revista dos Tribunais, 2008. p. 291-292.

9. Idem, ibidem, p. 292.

CPC, observando-se as necessárias adequações exigidas pelo princípio da simplicidade, que informa o processo laboral.

Com efeito, nos termos do art. 286 do CPC/73, o "pedido deve ser certo ou determinado".

O inciso I do art. 852-B da CLT (procedimento sumaríssimo) também dispõe que "o pedido deverá ser certo ou determinado e indicará o valor correspondente". A doutrina é praticamente unânime ao reconhecer o erro técnico do legislador ao empregar o termo "ou", em lugar do conectivo "e". Isto porque, em rigor científico, o pedido tem de ser necessariamente certo e indiscutivelmente determinado. Não basta, apenas, uma qualidade do pedido: certo ou determinado. É indispensável que ambas as qualidades do pedido estejam presentes na petição inicial: certeza e determinação.

O CPC corrigiu o erro acima apontado ao estabelecer a observância do pedido certo e determinado, como se depreende dos seus arts. 322 e 324, *in verbis*:

> Art. 322. O pedido deve ser certo.
>
> § 1º Compreendem-se no principal os juros legais, a correção monetária e as verbas de sucumbência, inclusive os honorários advocatícios.
>
> § 2º A interpretação do pedido considerará o conjunto da postulação e observará o princípio da boa-fé.
>
> Art. 324. O pedido deve ser determinado.
>
> § 1º É lícito, porém, formular pedido genérico:
>
> I – nas ações universais, se o autor não puder individuar os bens demandados;
>
> II – quando não for possível determinar, desde logo, as consequências do ato ou do fato;
>
> III – quando a determinação do objeto ou do valor da condenação depender de ato que deva ser praticado pelo réu.
>
> § 2º O disposto neste artigo aplica-se à reconvenção.

O § 1º do art. 840 da CLT passou a prever, expressamente, que o pedido "deverá ser certo, determinado e com indicação do seu valor".

Assim, o pedido na petição inicial da ação trabalhista deve ser certo, isto é, expresso, exteriorizado, inconfundível. Por isso que o autor, na inicial, não deve deixar transparecer pedido tácito.

Também é requisito imprescindível do pedido a sua determinação, isto é, ele deve ser definido e delimitado, em sua qualidade e quantidade. É preciso, pois, que o pedido seja expresso, exteriorizado, inconfundível, definido e delimitado para que o Juiz possa se pronunciar com eficiência e presteza sobre se o pedido é ou não procedente, quando da prolação da sentença.

A lei permite, no entanto, que o autor formule *pedido genérico* em três situações descritas no art. 324, § 1º, do CPC.

Na verdade, o que o § 1º do art. 324 do CPC permite é que o pedido mediato seja genérico, na medida em que o pedido imediato há de ser sempre certo e determinado.

A hipótese prevista no inciso I do § 1º do art. 324 do CPC não tem aplicabilidade no processo individual do trabalho, porquanto neste não há lugar para ações universais, como é o caso da falência. Afinal, a Justiça do Trabalho não tem competência para processar e julgar ações de falência.

Em se tratando de ações coletivas que tenham por objeto a indenização por danos causados a direitos (ou interesses) individuais homogêneos, é obrigatória a formulação de pedido genérico, que desaguará em prolação de sentença genérica com a apuração do *quantum debeatur* em liquidação por artigos (CDC, arts. 95 e 98). Neste caso, como não se pode precisar de imediato e definitivamente as consequências do ato ilícito praticado pelo réu, estamos diante da hipótese prevista no inciso II do § 1º do art. 324 do CPC.

Nas ações de indenização por acidente do trabalho, o pedido poderá ser genérico se as consequências do ato ilícito perpetrado pelo réu não puderem ser apuradas de modo definitivo, como é o caso das sequelas dos tratamentos de saúde que se prolongarão no tempo depois da propositura da ação.

O pedido genérico, não obstante seja certo quanto à existência e determinado ao menos quanto ao *gênero*, é quantitativamente indeterminado, porém determinável em posterior liquidação de sentença. É o que ocorre, por exemplo, na ação em que o empregado postula a condenação do empregador a entregar-lhe 10 (dez) sacas de café como parte do pagamento dos salários avençados. Neste caso, o valor da condenação dependerá de ato a ser praticado pelo empregador, incidindo a regra do inciso III do § 1º do art. 324 do CPC.

Além disso, o pedido deve ter correlação lógica com a causa de pedir (próxima e remota), uma vez que a correta e exata especificação dos pedidos é de fundamental importância para o êxito da demanda.

Quanto à indicação do valor do pedido ou do pedido líquido, remetemos o leitor ao item 2.4.1.6, *infra*.

2.4.1. Classificação dos pedidos

Embora não haja uniformidade doutrinária a respeito, parece-nos que os pedidos comportam a seguinte classificação: simples ou cumulado; principal, acessório e implícito; alternativo; sucessivo; sucessivo eventual ou subsidiário; líquido ou ilíquido.

Examinemos cada uma das espécies de pedidos.

2.4.1.1. Pedidos simples ou cumulados

O pedido simples é aquele que contém uma única postulação na ação proposta. Exemplo: o autor pede apenas o pagamento do salário do último mês em que trabalhou na empresa.

Sabe-se, porém, que o direito processual civil admite dois tipos de cumulações de ações. A subjetiva, denominada litisconsórcio, é a que trata da reunião de pessoas no polo ativo, passivo ou em ambos da relação jurídica processual. Já a cumulação objetiva ocorre quando o autor deduz mais de um pedido na petição inicial, com o escopo de que todos eles sejam apreciados na sentença.

A cumulação objetiva de ações nada mais é do que a cumulação de pedidos numa mesma ação. O art. 327 do CPC dispõe, *in verbis*: "É lícita a cumulação, em um único processo, contra o mesmo réu, de vários pedidos, ainda que entre eles não haja conexão".

Assim, o direito positivo brasileiro permite que, na mesma ação, o autor formule uma série de pedidos de forma cumulativa, não havendo obrigatoriedade da existência de conexão entre eles, mas o juiz deverá ser competente para processar e julgar todos os pedidos cumulados na mesma demanda. Os pedidos cumulados, diferentemente do que se dá no processo civil, são os mais frequentes na praxe forense laboral. Exemplo: o autor formula, na mesma petição inicial, pedidos de horas extras, 13º salário, férias, depósitos fundiários etc.

É de registrar, todavia, que o § 1º do art. 327 do CPC estabelece os seguintes requisitos de admissibilidade da cumulação de pedidos:

I – que os pedidos sejam compatíveis entre si;

II – que seja competente para conhecer deles o mesmo juízo;

III – que seja adequado para todos os pedidos o tipo de procedimento.

Seriam incompatíveis, por exemplo, a cumulação do pedido de reintegração ao emprego com o pedido de rescisão indireta do contrato de trabalho.

De outra parte, não é lícita a cumulação quando o juiz do trabalho for competente para um pedido e incompetente para o outro, como, por exemplo, o servidor celetista que passa à condição de estatutário por força de conversão legal de regime jurídico de trabalho e cumula pedido de FGTS (relativo ao regime celetista) e quinquênio (relativo ao regime estatutário). Neste caso, tendo em vista que o entendimento do STF de que a ação oriunda da relação de trabalho de natureza institucional ou administrativa é da competência da Justiça Comum, a solução que nos parece mais adequada é julgar extinto o último pedido, por ausência de pressuposto de desenvolvimento válido do processo no âmbito da Justiça do Trabalho (CPC, art. 485, IV). Nesse sentido, a Súmula 170 do STJ:

> Compete ao juízo onde primeiro for intentada a ação envolvendo acumulação de pedidos, trabalhista e estatutário, decidi-la nos limites de sua jurisdição, sem prejuízo do ajuizamento de nova causa, com o pedido remanescente, no juízo próprio.

O §§ 1º e 2º do art. 45 do CPC, ao que nos parece, podem ser aplicados supletiva e subsidiariamente ao processo do trabalho para solucionar o problema da vedação da cumulação de pedidos em razão da incompetência absoluta da Justiça do Trabalho para apreciar um deles.

Com efeito, dispõe o referido dispositivo:

> Art. 45. Tramitando o processo perante outro juízo, os autos serão remetidos ao juízo federal competente se nele intervier a União, suas empresas públicas, entidades autárquicas e fundações, ou conselho de fiscalização de atividade profissional, na qualidade de parte ou de terceiro interveniente, exceto as ações:
>
> I – de recuperação judicial, falência, insolvência civil e acidente de trabalho;
>
> II – sujeitas à justiça eleitoral e à justiça do trabalho.
>
> § 1º Os autos não serão remetidos se houver pedido cuja apreciação seja de competência do juízo perante o qual foi proposta a ação.
>
> § 2º Na hipótese do § 1º, o juiz, ao não admitir a cumulação de pedidos em razão da incompetência para apreciar qualquer deles, não examinará o mérito daquele em que exista interesse da União, de suas entidades autárquicas ou de suas empresas públicas.
>
> § 3º O juízo federal restituirá os autos ao juízo estadual sem suscitar conflito se o ente federal cuja presença ensejou a remessa for excluído do processo.

Assim, reafirma-se que havendo cumulação de pedidos, sendo a Justiça do Trabalho incompetente para apreciar qualquer deles, deverá julgá-lo extinto sem resolução de mérito, por ausência de pressuposto processual (CPC, art. 485, IV).

Para finalizar este tópico, é preciso alertar que, quando para cada tipo de pedido corresponder tipo diverso de procedimento, admitir-se-á a cumulação, se o autor optar pelo procedimento comum, nos termos do art. 327, § 2º, do CPC:

> Quando, para cada pedido, corresponder tipo diverso de procedimento, será admitida a cumulação se o autor empregar o procedimento comum, sem prejuízo do emprego das técnicas processuais diferenciadas previstas nos procedimentos especiais a que se sujeitam um ou mais pedidos cumulados, que não forem incompatíveis com as disposições sobre o procedimento comum.

Esta norma, a nosso ver, é compatível com o princípio da máxima efetividade do direito fundamental de acesso à justiça, sendo, portanto, aplicável ao processo do trabalho, máxime pela existência de lacuna normativa no texto obreiro consolidado (CLT, art. 769; CPC, art. 15).

2.4.1.2. *Pedidos principal, acessório e implícito*

Aqui se segue a mesma regra das obrigações principal e acessória. O art. 293 do CPC/73 prescrevia que os pedidos devem ser interpretados restritivamente, compreendendo-se, entretanto, no principal, os juros legais.

O CPC não repete tal comando normativo. Ao revés, o § 2º do art. 322 do CPC dispõe que a "interpretação do pedido considerará o conjunto da postulação e observará o princípio da boa-fé".

Assim, se o autor pede o pagamento do salário do último mês trabalhado, este será o pedido principal, enquanto os juros de mora serão pedidos acessórios.

Quanto aos juros e à correção monetária, o § 1º do art. 322 do CPC dispõe: "Compreendem-se no principal os juros legais, a correção monetária e as verbas de sucumbência, inclusive os honorários advocatícios".

Registre-se que a Súmula 211 do TST prevê, textualmente:

> JUROS DE MORA E CORREÇÃO MONETÁRIA. INDEPENDÊNCIA DO PEDIDO INICIAL E DO TÍTULO EXECUTIVO JUDICIAL. Os juros de mora e a correção monetária incluem-se na liquidação, ainda que omisso o pedido inicial ou a condenação.

Vê-se, assim, que o verbete em causa considera que os juros e a correção monetária devem ser incluídos na liquidação, ainda que não constem expressamente da sentença. Em outros termos, o TST entende que o silêncio da sentença não produz coisa julgada quanto a juros de mora e correção monetária, uma vez que tais valores devem ser incluídos na liquidação ainda que omisso o pedido inicial ou a sentença.

Outra hipótese de pedido implícito é a prevista no art. 323 do CPC:

> Art. 323. Na ação que tiver por objeto cumprimento de obrigação em prestações sucessivas, essas serão consideradas incluídas no pedido, independentemente de declaração expressa do autor, e serão incluídas na condenação, enquanto durar a obrigação, se o devedor, no curso do processo, deixar de pagá-las ou de consigná-las.

Não há confundir pedido acessório com pedido implícito, na medida em que a regra geral é a de que o autor deve formular expressamente o pedido. A jurisprudência, contudo, não é pacífica a respeito da validade do pedido implícito:

> PETIÇÃO INICIAL. AUSÊNCIA DE PEDIDO EXPRESSO DE RECONHECIMENTO DO VÍNCULO DE EMPREGO. IRRELEVÂNCIA. OBRIGAÇÃO OFICIAL. É irrele-

vante a falta de pedido expresso de reconhecimento do vínculo de emprego na petição inicial, se a causa de pedir e o pedido conduzem a essa conclusão. O registro da CTPS, se reconhecido o vínculo, é um dever do ofício do juiz, conforme art. 39, § 2º, da CLT (TRT 2ª R., RO 00726.2003.035.02.00-6, 9ª T., Rel. Luiz Edgar Ferraz de Oliveira. j. 8-6-2006, *DO* 30-6-2006).

ADICIONAL DE HORAS EXTRAS. O direito à remuneração do trabalho extraordinário com adicional de, no mínimo, 50% do valor da hora normal está previsto no art. 7º, XVI, da CF. Em havendo a prestação de horas extras, estas devem ser remuneradas com adicional de, no mínimo, 50%, independentemente de requerimento expresso nesse sentido. Trata-se de pedido implícito, que corresponde àquele que não precisa ser formulado, considerando que resulta dos próprios limites da controvérsia, e se a condenação não impuser tal adicional, as horas extras deferidas findariam sendo tratadas como normais. Recurso patronal improvido, no particular (TRT 6ª R., RO 02240-2008-144-06-00-4, 3ª T., Rel. Des. José Luciano Alexo da Silva, *DOE* 10-9-2009).

ADICIONAL DE INSALUBRIDADE. INCORPORAÇÃO AO SALÁRIO MENSAL. PRESTAÇÃO PERIÓDICA. PEDIDO IMPLÍCITO. O adicional de insalubridade consiste em prestação periódica devida enquanto o obreiro permanecer exercendo atividade em condições insalubres, motivo pelo qual a incorporação da parcela ao salário mensal considera-se implicitamente incluída no pedido genérico de cumprimento da obrigação, na forma do art. 290 do CPC (TRT 14ª R., AP 00132.2005.081.14.00-2, Rel. Des. Elana Cardoso Lopes Leiva de Faria, *DOE* 14-5-2007).

AGRAVO DE PETIÇÃO. EXCESSO DE EXECUÇÃO. TERÇO CONSTITUCIONAL. Não há excesso de execução na decisão que determinou a inclusão do terço constitucional nos cálculos homologados, tendo em vista que o acréscimo constitucional é pedido implícito inerente ao pagamento das férias anuais remuneradas, garantido constitucionalmente. Inteligência da Súmula 328 do E. TST (TRT 17ª R., AP 0089100-59.2008.5.17.0010, Rel. Des. Carlos Henrique Bezerra Leite, *DEJT* 29-10-2013).

2.4.1.2.1. Pedido implícito e princípio da extrapetição

Dispõe o art. 322 do CPC, aplicável ao processo do trabalho (CLT, art. 769; CPC, art. 15):

Art. 322. O pedido deve ser certo.

§ 1º Compreendem-se no principal os juros legais, a correção monetária e as verbas de sucumbência, inclusive os honorários advocatícios.

§ 2º A interpretação do pedido considerará o conjunto da postulação e observará o princípio da boa-fé.

Diversamente do que ocorre no pedido implícito, onde há uma relação vinculativa entre o pedido principal e o acessório (CPC, art. 322, § 1º), o princípio da extrapetição permite que o juiz, na sentença, condene o réu em pedido não considerado acessório.

É importante notar que no atual modelo constitucional de direito processual é possível a quebra da congruência entre o pedido e a sentença. É o que se depreende dos arts. 497 e 536 do CPC, que conferem ao juiz o poder de conceder tutela específica ou assegurar o resultado útil do processo, fixando multas ou adotando "medidas necessárias", ainda que não postuladas na petição inicial.

Como salienta Marinoni, na hipótese do art. 497 do CPC, "pode o juiz, desprendendo-se do pedido formulado pela parte, converter a obrigação que do pedido decorre em outra, desde que por aí se possa alcançar um resultado prático equivalente àquele que seria obtido com a observância daquela obrigação"[10].

Nas ações coletivas, igualmente, por força do art. 84 do CDC, há incidência do princípio da extrapetição.

A CLT, a nosso sentir, permite a aplicação o julgamento *extra petita* no seu art. 496.

Aliás, o item II da Súmula 396 do TST consagra o princípio da extrapetição nos seguintes termos: "Não há nulidade por julgamento *extra petita* da decisão que deferir salário quando o pedido for de reintegração, dados os termos do art. 496 da CLT".

2.4.1.3. Pedidos alternativos

O pedido alternativo é aquele em que a obrigação, por força do contrato ou da lei, pode ser cumprida de mais de uma forma.

Com efeito, diz o art. 325 do CPC:

> Art. 325. O pedido será alternativo quando, pela natureza da obrigação, o devedor puder cumprir a prestação de mais de um modo.
>
> Parágrafo único. Quando, pela lei ou pelo contrato, a escolha couber ao devedor, o juiz lhe assegurará o direito de cumprir a prestação de um ou de outro modo, ainda que o autor não tenha formulado pedido alternativo.

---

10. MARINONI, Luiz Guilherme; ARENHART, Sérgio Cruz; MITIDIERO, Daniel. *Novo Código de Processo Civil comentado*. São Paulo: Revista dos Tribunais, 2015. p. 505.

Um exemplo de pedido alternativo pode ocorrer quando o réu, empregador, comprometer-se a conceder um prêmio ao empregado mais assíduo, cabendo-lhe escolher entre o pagamento das mensalidades de um curso a ser realizado no estrangeiro ou o pagamento das passagens aéreas. Percebe-se que a obrigação do empregador, neste caso, é tipicamente alternativa, o que implica dizer que o autor somente poderá formular pedido alternativo: ou o pagamento das mensalidades, ou o pagamento das passagens aéreas. A escolha caberá ao réu, se procedente o pedido.

2.4.1.4. Pedidos sucessivos

Os pedidos sucessivos encontravam previsão no art. 289 do CPC/73: "É lícito formular mais de um pedido em ordem sucessiva, a fim de que o Juiz conheça do posterior, em não podendo acolher o anterior".

O CPC, em seu art. 326, alterou a nomenclatura do pedido sucessivo para pedido subsidiário, *in verbis*:

> Art. 326. É lícito formular mais de um pedido em ordem subsidiária, a fim de que o juiz conheça do posterior, quando não acolher o anterior.
>
> Parágrafo único. É lícito formular mais de um pedido, alternativamente, para que o juiz acolha um deles.

Leciona Nelson Nery Junior que: "Pedido sucessivo é aquela pretensão subsidiária deduzida pelo autor, no sentido de que, em não podendo o juiz acolher o pedido principal, passa a examinar o sucessivo"[11].

Nos pedidos sucessivos, portanto, vê-se que o primeiro pedido é prejudicial em relação ao segundo. Em outros termos, se for acolhido o primeiro pedido, o juiz não poderá mais apreciar o segundo, o terceiro ou os demais pedidos sucessivos contidos na petição inicial.

Exemplo: a empregada gestante dispensada sem justa causa formula pedido de reintegração ou, se esta não for possível por motivos alheios à sua vontade, a indenização do período estabilitário correspondente. Neste caso, o juiz deverá apreciar, primeiramente, o pedido de reintegração. Caso não seja possível acolhê-lo, aí, sim, poderá o juiz, sucessivamente, converter a reintegração em indenização (CLT, art. 496), sem que se possa falar em julgamento *extra petita*. Nesse sentido, o item II da Súmula 396 do TST:

---

11. NERY JUNIOR, Nelson; NERY, Rosa Maria de Andrade. *Comentários ao Código de Processo Civil: novo CPC – Lei n. 13.105/2015*. São Paulo: Revista dos Tribunais, 2015. p. 896.

> ESTABILIDADE PROVISÓRIA. PEDIDO DE REINTEGRAÇÃO. CONCESSÃO DO SALÁRIO RELATIVO AO PERÍODO DE ESTABILIDADE JÁ EXAURIDO. INEXISTÊNCIA DE JULGAMENTO *EXTRA PETITA*. I – Exaurido o período de estabilidade, são devidos ao empregado apenas os salários do período compreendido entre a data da despedida e o final do período de estabilidade, não lhe sendo assegurada a reintegração no emprego. II – Não há nulidade por julgamento *extra petita* da decisão que deferir salário quando o pedido for de reintegração, dados os termos do art. 496 da CLT.

Em sede de ação rescisória, o TST admite a cumulação sucessiva de pedidos, como se infere da OJ n. 78 da SBDI-2, *in verbis*:

> AÇÃO RESCISÓRIA. CUMULAÇÃO SUCESSIVA DE PEDIDOS. RESCISÃO DA SENTENÇA E DO ACÓRDÃO. AÇÃO ÚNICA. ART. 326 DO CPC DE 2015. ART. 289 DO CPC DE 1973 (atualizada em decorrência do CPC de 2015, Res. n. 208/2016, *DEJT* divulgado em 22, 25 e 26-4-2016). É admissível o ajuizamento de uma única ação rescisória contendo mais de um pedido, em ordem sucessiva, de rescisão da sentença e do acórdão. Sendo inviável a tutela jurisdicional de um deles, o julgador está obrigado a apreciar os demais, sob pena de negativa de prestação jurisdicional.

Outros pedidos sucessivos/subsidiários, certamente, surgirão na Justiça do Trabalho em decorrência da ampliação de sua competência (EC n. 45/2004), como na hipótese em que o autor, contratado como trabalhador autônomo, alegar que, em verdade, é um empregado. Neste caso, poderá ele formular o pedido de reconhecimento de vínculo empregatício e os consectários de estilo (anotação de CTPS, férias, aviso prévio, natalinas etc.) e, sucessivamente (se o juiz não acolher tal pleito), o pagamento de verbas inerentes ao contrato de natureza civil, como o preço ajustado, indenizações por culpa contratual, danos morais, reajustes dos valores contratuais etc. Antes da nova redação do inciso I do art. 114 da CF, o juiz do trabalho não poderia examinar tal pedido sucessivo, pois não tinha competência para isso. Vale dizer, quando o juiz rejeitava o pedido de reconhecimento de vínculo empregatício, limitava-se, simplesmente, a julgar improcedente a demanda como um todo.

A distinção entre pedidos alternativos e sucessivos repousa na circunstância de que, nos pedidos alternativos, um exclui o outro; nos pedidos sucessivos, o posterior só poderá ser apreciado se o juiz não puder acolher o anterior.

Colacionamos alguns arestos alusivos a pedidos sucessivos:

> AGRAVO DE INSTRUMENTO EM RECURSO DE REVISTA. RECURSO INTERPOSTO NA VIGÊNCIA DA LEI N. 13.015/2014 E REGIDO PELO CPC/2015 E PELA INSTRUÇÃO NORMATIVA N. 40/2016 DO TST. INÉPCIA DA PETIÇÃO INICIAL. PEDIDOS SUCESSIVOS. Inepta será a petição inicial que impossibilite a compreensão do pedido, em prejuízo ao direito de defesa da parte adversa, o que não se verificou

na espécie. Da leitura da exordial, depreende-se que a reclamante postulou o reconhecimento do vínculo empregatício com o grupo econômico, na qualidade de bancária, e, sucessivamente, na qualidade de securitária. O Regional foi categórico ao consignar que inexistiu irregularidade na formulação dos pedidos da autora, visto que todos os pedidos reputaram-se determinados, ressaltando a licitude em cumular vários pedidos, inclusive subsidiários e alternativos, razão pela qual concluiu que foram atendidos todos os requisitos elencados no art. 330 do CPC/2015 e, por conseguinte, não acolheu a preliminar suscitada pelos réus. Agravo de instrumento desprovido (...) (TST-AIRR 102292320165180231, Rel. Min. José Roberto Freire Pimenta, 2ª T., *DEJT* 17-8-2018).

AGRAVO DE INSTRUMENTO. HORAS EXTRAS, INDENIZAÇÃO POR DANO MORAL E ADICIONAL DE INSALUBRIDADE. RAZÕES DISSOCIADAS DOS FUNDAMENTOS DA DECISÃO AGRAVADA. (...) MULTA PREVISTA NOS ARTS. 467 E 477 DA CONSOLIDAÇÃO DAS LEIS DO TRABALHO. HONORÁRIOS ADVOCATÍCIOS. PEDIDOS SUCESSIVOS. O exame dos pedidos sucessivos depende da procedência do pedido principal. Como a reclamante formulou os pedidos de aplicação das multas em epígrafe e da indenização dos honorários advocatícios com base na procedência do pedido de pagamento de horas extras e de adicional de insalubridade, e estes não foram concedidos, afigura-se escorreita a decisão proferida pelo Tribunal Regional no sentido de reputar prejudicado o exame dos pedidos sucessivos. Agravo de Instrumento a que se nega provimento (TST-AIRR 16582020105020231, Rel. Min. Lelio Bentes Corrêa, 1ª T., *DEJT* 10-11-2017).

2.4.1.5. Pedido sucessivo eventual ou subsidiário

Enquanto no pedido sucessivo há uma cumulação de pedidos, mas o segundo pedido só pode ser apreciado se o primeiro for rejeitado, no pedido sucessivo eventual ou pedido subsidiário também há cumulação objetiva de pedidos, porém o segundo pedido somente poderá ser apreciado e deferido se o juiz acolher o primeiro.

Reconhecemos, contudo, que parte da doutrina não faz distinção entre pedido sucessivo (ou pedido sucessivo eventual) e pedido subsidiário.

Adverte Luis Guilherme Aidar Bondioli que "o *caput* do art. 326 do CPC/2015 praticamente repete os termos do art. 289 do CPC/1973, com uma pequena alteração terminológica (troca da palavra sucessiva para subsidiária)".[12]

Alexandre Freitas Câmara faz distinção entre cumulação sucessiva e cumulação eventual:

12. BONDIOLI, Luis Guilherme Aidar. Do processo de conhecimento e do cumprimento da sentença. In: WAMBIER, Teresa Arruda Alvim et al. (Coords.). *Breves comentários ao novo código de processo civil*. São Paulo: Revista dos Tribunais, 2015. p. 830.

A cumulação é sucessiva quando o segundo pedido só pode ser examinado se o primeiro for procedente. É o que se dá no caso de o autor, alegando ter o réu deixado de pagar as prestações relativas a um contrato de promessa de compra e venda de um imóvel, postula a rescisão do contrato e a reintegração na posse do bem. O segundo pedido (reintegração na posse) só poderá ser apreciado se o primeiro (rescisão do contrato) tiver sido julgado procedente. A cumulação é eventual quando o segundo pedido só pode ser examinado se o primeiro não for acolhido (art. 326 do CPC). Em casos assim, há um pedido principal, que o autor pretende ver preferencialmente acolhido e, caso venha a ser rejeitado, há um pedido subsidiário a ser examinado (...).[13]

Marinoni, Arenhart e Mitidiero lecionam que há "cumulação sucessiva de pedidos quando o autor formula dois pedidos pretendendo o acolhimento de ambos, sendo o acolhimento do primeiro pedido pressuposto lógico e essencial para a análise do pedido sucessivo. Trata-se de figura oposta à cumulação alternativa: enquanto nessa o pedido subsidiário só é analisado na eventualidade de improcedência do pedido principal, na cumulação sucessiva o pedido sucessivo só é analisado na eventualidade de julgar-se procedente o primeiro pedido formulado. A base para a cumulação sucessiva de pedidos está no art. 327, CPC. O juiz só analisa o pedido sucessivo se acolher o primeiro pedido"[14].

A nosso ver, o pedido sucessivo é o previsto no art. 326, *caput*, do CPC (correspondente ao art. 289 do CPC/1973), o qual foi apelidado de "pedido em ordem subsidiária" pelo legislador. Já o pedido subsidiário (ou pedido sucessivo eventual) encontra suporte jurídico no art. 327 do CPC, que admite a cumulação, em um único processo, contra o(s) mesmo(s) réu(s), ainda que entre eles não haja conexão, desde que os pedidos sejam compatíveis entre si, seja competente para conhecer deles o mesmo juízo e seja adequado para todos os pedidos o mesmo procedimento.

Exemplo de pedido sucessivo eventual (ou subsidiário) no processo do trabalho ocorre nos casos de terceirização, isto é, quando o autor pede a condenação direta (pedido principal) da empresa que o contratou formalmente pelas verbas trabalhistas por ela não adimplidas e a condenação subsidiária (pedido sucessivo eventual ou subsidiário) da empresa tomadora dos seus serviços (TST, Súmula 331, IV). Vale dizer, o segundo pedido (pedido sucessivo eventual ou subsidiário) em relação à empresa tomadora só será apreciado se o juiz acolher o primeiro pedido (pedido principal) em relação à empresa que contratou formalmente o autor. Se o pedido principal não

13. CÂMARA, Alexandre Freitas. *O novo processo civil brasileiro*. 2. ed. Rio de Janeiro: Atlas, 2016, p. 195.

14. MARINONI, Luiz Guilherme; ARENHART, Sérgio Cruz; MITIDIERO, Daniel. *Novo Código de Processo Civil comentado*. São Paulo: Revista dos Tribunais, 2015. p. 346-347.

for acolhido, o juiz não poderá apreciar o pedido de responsabilidade subsidiária do tomador do serviço terceirizado, ficando mesmo "prejudicado" por perda de objeto.

O TST entendeu que, se houve a procedência do pedido principal nas instâncias ordinárias e o pedido subsidiário nunca foi apreciado porque prejudicado, deverá o TST, caso reforme o acórdão regional e julgue improcedente o pedido principal, devolver os autos à Vara do Trabalho para apreciação do pedido sucessivo, por aplicação do art. 326 do CPC, sendo, assim, afastada a preclusão (TST-E-ED-RR-219-56.2010.5.05.0015, SBDI-1, Rel. Min. José Roberto Freire Pimenta, 7-11-2019).

2.4.1.6. Pedidos líquidos e ilíquidos

O pedido líquido é aquele que já especifica o *quantum debeatur*, ou seja, o autor já delimita, na petição inicial, de forma qualitativa e quantitativa, os valores que o autor sustenta ser titular em relação ao réu. Exemplo: aviso prévio não pago no valor de R$ 500,00.

Já o pedido ilíquido contém apenas o *an debeatur*, isto é, o autor apenas indica que determinada parcela é devida, mas não especifica o *quantum debeatur*. Exemplo: adicional de insalubridade não pago durante todo o contrato, a ser apurado em liquidação de sentença.

Nas ações trabalhistas sujeitas ao procedimento sumaríssimo, o autor deverá formular pedido certo e determinado, indicando, desde logo, "o valor correspondente" (CLT, art. 852-B, I), isto é, o pedido há de ser, necessariamente, certo, determinado e com indicação de seu valor.

Nas ações submetidas ao procedimento ordinário, o § 1º do art. 840 da CLT, com redação dada pela Lei n. 13.467/2017, dispõe que o pedido "deverá ser certo, determinado e com indicação de seu valor".

Caso o autor não formule na petição inicial pedido certo, determinado e com indicação de seu valor, dispõe a lei que o processo será extinto sem resolução do mérito (CLT, art. 840, § 3º), arcando o autor, no procedimento sumaríssimo, com o pagamento de custas calculadas sobre o valor da causa, nos termos do § 1º do art. 852-B da CLT. Já no procedimento comum, apenas o pedido que não for certo, determinado e líquido será julgado extinto sem resolução do mérito.

Todavia, é factível sustentar que, no procedimento sumaríssimo, a solução que se mostra mais justa e em sintonia com o princípio da economia processual não é extinguir o processo, mas, sim, adaptá-lo ao procedimento comum (ordinário), como já vimos no Capítulo VII, item 5.1.3.

Ocorre que o § 3º do art. 840 da CLT (com redação dada pela Lei n. 13.467/2017), aplicável ao procedimento comum, passou a dispor que os pedidos que não atenderem ao disposto no § 1º (ou seja, se o autor não formular pedido certo, determinado e com indicação de seu valor) "serão julgados extintos sem resolução do mérito".

Assim, a diferença básica entre o § 2º do art. 852-B e o § 3º do art. 840 da CLT reside no procedimento:

a) no **procedimento sumaríssimo**, haverá extinção do processo (arquivamento da reclamação) e condenação ao autor ao pagamento das custas sobre o valor da causa);

b) no **procedimento comum ordinário** (ou sumário), haverá extinção do(s) pedido(os) sem resolução do mérito, continuando a tramitação do processo em relação aos demais pedidos.

Todavia, se houver, *ad argumentandum tantum*, apenas um pedido na petição inicial (o que é muito raro), seja no procedimento ordinário ou no sumaríssimo, a consequência, de *lege lata*, será a extinção do processo sem resolução do mérito.

Parece-nos, contudo, que os dispositivos supracitados devem ser interpretados conforme a Constituição, de modo a afastar a interpretação que implique obstáculo ao direito fundamental de acesso da parte ao Poder Judiciário, especialmente à Justiça do Trabalho em razão da sua notória função social e onde ainda remanesce o *jus postulandi* (CLT, art. 791) na instância ordinária (TST, Súmula 425).

Especificamente em relação ao § 3º do art. 840 da CLT, indaga-se: e se a petição inicial tiver pedido ilíquido? Neste caso, penso que o juiz deverá interpretar essa regra conforme a Constituição (CF, art. 5º, XXXV), de modo a considerar que a liquidez do pedido é faculdade do autor, e não obrigação.

Trata-se de interpretação analógica dada pelo STF ao art. 625-D da CLT, que foi interpretado conforme a Constituição no sentido de ser faculdade do autor a submissão da demanda à CCP (STF ADI n. 2.139-7), de modo que qualquer juiz ou tribunal pode/deve, incidentalmente, interpretar o § 3º do art. 840 da CLT conforme a CF para assegurar ao autor o pleno exercício do seu direito fundamental de acesso à justiça.

Ainda que assim não fosse, parece-nos que, se o juiz deverá, caso interprete literalmente o § 3º do art. 840 da CLT, observar o princípio da vedação da decisão surpresa, ou seja, antes de extinguir o processo ou o pedido sem resolução do mérito, deverá dar oportunidade à parte para sanar eventual defeito, falha ou irregularidade na petição inicial, especialmente no tocante à iliquidez do pedido.

É importante lembrar que, à luz do princípio da congruência que se extraía da lei civil de ritos (CPC/73, art. 459, parágrafo único) – aplicável aos processos individuais –, quando o autor formulasse pedido líquido era vedado ao juiz proferir sentença ilíquida.

Ocorre que o CPC de 2015 não contém regra correspondente ao parágrafo único do art. 459 do CPC/73. Além disso, foi proscrita a regra da interpretação restritiva do pedido, tal como a prevista no art. 293 do CPC/73. Pelo contrário, o § 2º do art. 322 do CPC, aplicável ao processo do trabalho (CLT, art. 769; CPC, art. 15), dispõe que: "A interpretação do pedido considerará o conjunto da postulação e observará o princípio da boa-fé". A 5ª Turma do TST (RR-12131-83.2016.5.18.0013), no entanto, entendeu que é obrigatória a limitação da condenação à quantia líquida e certa postulada na peça exordial, se houver, sob penas de possível violação aos arts. 141 e 492 do CPC.

Entendemos por "conjunto da postulação" não apenas o que está expresso na causa de pedir (fundamentos fáticos e jurídicos) e no pedido constantes da petição inicial como também o que consta da contestação.

Afinal, o réu, ao apresentar a contestação, também formula pedidos e causa de pedir (fundamentos fáticos e jurídicos), cabendo ao juiz, interpretando o conjunto da postulação e com base no princípio da boa-fé (objetiva e subjetiva), apreciar a lide (pedidos) e seus fundamentos, o que lhe permitirá proferir uma decisão efetivamente justa, que é aquela que se encontra em fina sintonia com os valores e princípios da Constituição Federal, como, aliás, determina o CPC (arts. 1º e 8º).

Alguns autores defendem que "o que o novo art. 840, § 1º, da CLT agora exige, é que para além da liquidez da obrigação (certeza e determinação), também o autor já deva trazer a liquidação do valor do seu pedido, o seu resultado aritmético, o valor que entende devido, como de resto já faz o art. 292, I, do CPC, sujeito apenas à atualização, com aplicação de correção e juros, bem como dos honorários, juntando com a petição inicial a planilha de cálculos".[15]

Divergimos, *data venia*, desse entendimento, o qual se ancora, exclusivamente, na literalidade da regra legal. Além disso, tal interpretação é, contraditoriamente, contra a literalidade do preceito normativo em causa, na medida em que cria obrigação para o autor literalmente não prevista, qual seja, a de que o autor terá de juntar "com a petição inicial a planilha de cálculos". A nosso sentir, tal determinação judicial é, a par de teratológica (TST-RO-368-24.2018.5.12.0000, SBDI-II, Rel. Min. Maria Helena Mallmann, *DEJT* 1º-10-2019), manifestamente inconstitucional, por ferir princípios da legalidade e da separação de poderes, já que não cabe ao Judiciário criar obrigação não prevista em lei, além de criar obstáculos ilegais para o acesso à Justiça do Trabalho.

Afigura-se-nos, portanto, que é factível interpretar a expressão "com indicação de seu valor", contida no § 1º do art. 840 da CLT, não por meio do método literal ou gramatical, e sim com base no método teleológico.

De tal arte, não seria obrigatória a indicação precisa ou exata do valor do pedido, bastando que o autor apresente um valor estimado ao(s) pedido(s). Logo, não há suporte jurídico no § 1º do art. 840 da CLT que autorize o juízo a determinar que o autor liquide o pedido sob pena de sua extinção sem resolução do mérito. Tal decisão (interlocutória), a nosso sentir, ofenderá direito líquido e certo do autor a ensejar, de imediato, o manejo de mandado de segurança por violação ao art. 5º, XXXV, da CF, ante o princípio da irrecorribilidade imediata das decisões interlocutórias (CLT, art. 893, § 1º), podendo o autor, ainda, formular o protesto nos autos, a fim de evitar a preclusão, e aguardar a sentença de extinção do processo sem resolução do mérito (CLT, art. 840, § 3º), interpondo o recurso ordinário.

15. MOLINA, André Araújo. A nova petição inicial trabalhista, Rev. TST, São Paulo, vol. 84, n. 2, abr/jun 2018, p. 194.

Cumpre lembrar que a respeito da interpretação dos §§ 1º e 2º do art. 840 da CLT, o TST editou a IN n. 41/2018, cujo art. 12, § 2º, dispõe que: "Para o fim do que dispõe o art. 840, §§ 1º e 2º, da CLT, o valor da causa será estimado, observando-se, no que couber, o disposto nos arts. 291 a 293 do Código de Processo Civil".

Vale dizer, por meio da referida Instrução Normativa o TST já antecipa o seu entendimento no sentido de que o termo "com indicação de seu valor" não diz respeito ao pedido, e sim ao "valor estimado da causa", aplicando-se, supletivamente, no que couber, os arts. 291 a 293 do CPC, que dispõem, *in verbis*:

> Art. 291. A toda causa será atribuído valor certo, ainda que não tenha conteúdo econômico imediatamente aferível.
>
> Art. 292. O valor da causa constará da petição inicial ou da reconvenção e será:
>
> I – na ação de cobrança de dívida, a soma monetariamente corrigida do principal, dos juros de mora vencidos e de outras penalidades, se houver, até a data de propositura da ação; II – na ação que tiver por objeto a existência, a validade, o cumprimento, a modificação, a resolução, a resilição ou a rescisão de ato jurídico, o valor do ato ou o de sua parte controvertida; III – na ação de alimentos, a soma de 12 (doze) prestações mensais pedidas pelo autor; IV – na ação de divisão, de demarcação e de reivindicação, o valor de avaliação da área ou do bem objeto do pedido; V – na ação indenizatória, inclusive a fundada em dano moral, o valor pretendido; VI – na ação em que há cumulação de pedidos, a quantia correspondente à soma dos valores de todos eles; VII – na ação em que os pedidos são alternativos, o de maior valor; VIII – na ação em que houver pedido subsidiário, o valor do pedido principal.
>
> § 1º Quando se pedirem prestações vencidas e vincendas, considerar-se-á o valor de umas e outras.
>
> § 2º O valor das prestações vincendas será igual a uma prestação anual, se a obrigação for por tempo indeterminado ou por tempo superior a 1 (um) ano, e, se por tempo inferior, será igual à soma das prestações.
>
> § 3º O juiz corrigirá, de ofício e por arbitramento, o valor da causa quando verificar que não corresponde ao conteúdo patrimonial em discussão ou ao proveito econômico perseguido pelo autor, caso em que se procederá ao recolhimento das custas correspondentes.
>
> Art. 293. O réu poderá impugnar, em preliminar da contestação, o valor atribuído à causa pelo autor, sob pena de preclusão, e o juiz decidirá a respeito, impondo, se for o caso, a complementação das custas.

Dessa forma, parece-nos que, nos termos do art. 291 do CPC, a "toda causa será atribuído valor certo", ou seja, o legislador não exigiu valor "líquido", razão pela qual andou bem a IN n. 41/2018 do TST, ao prescrever que a petição inicial precisa apenas conter o valor da causa "por estimativa", tendo como parâmetros o disposto nos incisos I a VIII do art. 292 do CPC, à exceção – a nosso sentir – do inciso IV (ação de divisão, remarcação ou reivindicação), por não ser esta ação cabível no processo do trabalho, e do § 3º (correção de ofício e por arbitramento do valor da causa), porque, diferentemente do processo civil, as custas não são pagas no início do processo, e sim após o trânsito em julgado da decisão ou como pressuposto recursal (CLT, art. 789, § 1º), sendo certo, ainda, que o art. 2º da Lei n. 5.584/70 já dispõe sobre as regras aplicáveis à fixação do valor da causa no processo do trabalho.

De toda a sorte, por aplicação supletiva do CPC, diante de pedido sem indicação do valor o juízo não deverá extinguir de logo o pedido sem resolução do mérito, e sim oportunizar o autor a corrigir a "falha" identificada pelo órgão julgador (TST, Súmula 263), como veremos mais adiante.

Registre-se, por fim, que nas ações coletivas para tutela de interesses individuais homogêneos, a condenação será **sempre** genérica (CDC, art. 95), razão pela qual, em virtude do princípio lógico, o pedido em tais ações deverá ser, necessariamente, genérico, mesmo porque a sentença genérica de procedência produzirá coisa julgada com eficácia *erga omnes* (CDC, art. 103) e os valores devidos aos titulares do direito material serão apurados individualmente na fase de liquidação por artigos (ou procedimento comum, na linguagem do CPC/2015). Nesse sentido:

> TUTELA DOS DIREITOS INDIVIDUAIS HOMOGÊNEOS. SUBSTITUIÇÃO PROCESSUAL. INÉPCIA DA PETIÇÃO INICIAL. APLICAÇÃO DO MICROSSISTEMA DO CÓDIGO DE DEFESA DO CONSUMIDOR. Em se tratando de ação coletiva para tutela de direitos individuais homogêneos decorrentes de origem comum, consubstanciados em avença coletiva que veda o labor aos domingos sem aquiescência do Sindicato, não há que se falar em inépcia da inicial por ser o pedido genérico, pois somente na fase de liquidação e execução serão apurados os prejuízos efetivamente sofridos pelos substituídos processualmente na fase cognitiva e que se habilitarem nos autos, inteligência dos arts. 8º, III, da CF e 95 do CDC, pois se a condenação é sempre genérica, o pedido também há de ser genérico (TRT 17ª R., RO 0058100-25.2009.5.17.0004, 2ª T., Rel. Des. Carlos Henrique Bezerra Leite, *DEJT* 31-8-2010).

2.4.1.7. Pedidos cominatórios

O pedido cominatório, que estava previsto no art. 287 do CPC/73, não possui correspondente no CPC de 2015.

Entretanto, o CPC ampliou a possibilidade de tutelas específicas, inibitórias ou de remoção do ilícito. É o que se infere da interpretação sistemática dos arts. 497 a 501 do CPC:

> Art. 497. Na ação que tenha por objeto a prestação de fazer ou de não fazer, o juiz, se procedente o pedido, concederá a tutela específica ou determinará providências que assegurem a obtenção de tutela pelo resultado prático equivalente.

Parágrafo único. Para a concessão da tutela específica destinada a inibir a prática, a reiteração ou a continuação de um ilícito, ou a sua remoção, é irrelevante a demonstração da ocorrência de dano ou da existência de culpa ou dolo.

Art. 498. Na ação que tenha por objeto a entrega de coisa, o juiz, ao conceder a tutela específica, fixará o prazo para o cumprimento da obrigação.

Parágrafo único. Tratando-se de entrega de coisa determinada pelo gênero e pela quantidade, o autor individualizá-la-á na petição inicial, se lhe couber a escolha, ou, se a escolha couber ao réu, este a entregará individualizada, no prazo fixado pelo juiz.

Art. 499. A obrigação somente será convertida em perdas e danos se o autor o requerer ou se impossível a tutela específica ou a obtenção de tutela pelo resultado prático equivalente.

Art. 500. A indenização por perdas e danos dar-se-á sem prejuízo da multa fixada periodicamente para compelir o réu ao cumprimento específico da obrigação.

Art. 501. Na ação que tenha por objeto a emissão de declaração de vontade, a sentença que julgar procedente o pedido, uma vez transitada em julgado, produzirá todos os efeitos da declaração não emitida.

Tais disposições legais são plenamente aplicáveis no processo do trabalho (CLT, art. 769; CPC, art. 15). Nesse mesmo sentido dispõe expressamente o art. 3º, XI, da IN n. 39/2016 do TST, no sentido de permitir a aplicação no processo do trabalho dos arts. 497 a 501 do CPC.

Pedido cominatório diz respeito às obrigações de fazer, ou de não fazer, bem como às obrigações de entregar coisa, sendo incabível nas ações que tenham por objeto obrigação de dar (STF, Súmula 500) ou pagar.

Quanto à obrigação de dar, parece-nos parcialmente superado o entendimento cristalizado na Súmula 500 do Pretório Excelso, por força dos arts. 497 a 500 do CPC.

À guisa de exemplo, é lícito ao dirigente sindical formular pedido cominatório em face do empregador que o dispensou sem ter ajuizado o competente inquérito judicial para apuração de falta grave, requerendo aplicação de multa diária enquanto não cumprida a decisão.

No processo laboral, é muito comum a acumulação do pedido cominatório com outros pedidos concernentes às obrigações de entregar coisa e de fazer.

As ações civis públicas veiculam, via de regra, pedidos cominatórios (Lei n. 7.347/85, art. 3º).

2.5. A data

A data da assinatura da petição inicial escrita corresponde à data em que ela for protocolada. Sendo a petição inicial verbal, é a data em que a parte comparece pessoalmente à Vara do Trabalho para apresentar sua reclamação.

A data na petição inicial, ao que nos parece, não é requisito essencial, pois a data a ser considerada é a do protocolo da Vara do Trabalho ou Juízo de Direito, ou, ainda, da Distribuição ou da Atermação (CLT, art. 841, § 2º), conforme o caso.

No PJe, a data da assinatura da petição inicial é feita direta e automaticamente pelo advogado no momento da distribuição. Não há necessidade de intervenção do cartório ou secretaria judicial, uma vez que o ato é praticado por meio eletrônico. A autuação, assim, é automática, e o próprio sistema fornecerá recibo eletrônico de protocolo.

2.6. A assinatura do subscritor

É interessante notar que o CPC não exige a assinatura do subscritor – sempre advogado – da petição inicial.

Já o processo do trabalho impõe a assinatura da parte, ou do seu representante, como requisito essencial da petição inicial da ação trabalhista, seja ela escrita ou, depois de reduzida a termo, verbal (CLT, art. 840, §§ 1º e 2º).

A petição inicial apócrifa, isto é, sem assinatura do seu subscritor, é mais que nula; é inexistente, o que, a rigor, inviabilizaria até mesmo a aplicação da regra do art. 321 do CPC.

Todavia, em homenagem aos princípios da simplicidade e da economia processuais, tão caros ao processo do trabalho, nada impede que o juiz, em audiência, permita o saneamento do vício processual, desde que isso não traga prejuízo para o réu, sob pena de extinção do processo, com base no art. 485, IV, do CPC.

A petição inicial, no sistema do PJe, só pode ser feita mediante aquisição de Certificado Digital de Assinatura (Certificação ICP - Brasil). Logo, a petição inicial no processo judicial eletrônico para ser distribuída pressupõe a assinatura eletrônica do seu subscritor, sendo importante destacar que essa assinatura eletrônica possui a mesma validade jurídica da assinatura equivalente em papel assinado de próprio punho.

2.7. Documentos que devem acompanhar a petição inicial

Prescreve o art. 787 da CLT que a petição inicial escrita "deverá ser formulada em duas vias e desde logo acompanhada dos documentos em que se fundar".

Na prática forense laboral, tal regra raramente é observada e a razão é simples: dificilmente o autor da ação trabalhista, que geralmente é o trabalhador, dispõe dos documentos alusivos à comprovação dos fatos pertinentes à relação empregatícia. Quase sempre, a petição inicial é acompanhada apenas de cópia da CTPS (na parte do contrato de trabalho). Se o pedido é de reconhecimento de vínculo empregatício, a inicial, geralmente, não é acompanhada de nenhum documento.

Quando o autor formula pedido fundado em acordo ou convenção coletiva de trabalho, direito municipal, estadual ou estrangeiro, os documentos correspondentestes devem acompanhar a petição inicial. Outra hipótese de documento que deve acompanhar obrigatoriamente a inicial se dá quando o autor pede algum crédito trabalhista e diz que houve interrupção da prescrição, caso em que a inicial deverá ser acompanhada do documento que comprova tal fato.

De toda a sorte, se o juiz entender que algum documento deve obrigatoriamente acompanhar a petição inicial, não poderá, de plano, indeferi-la, mas, sim, conceder um prazo de dez dias, para que o autor a complete. Se o autor não cumprir a diligência, o juiz indeferirá a petição inicial (ou o pedido pertinente), nos termos do art. 321 do CPC, aplicável ao processo do trabalho (CLT, art. 769), que diz:

> Art. 321. O juiz, ao verificar que a petição inicial não preenche os requisitos dos arts. 319 e 320 ou que apresenta defeitos e irregularidades capazes de dificultar o julgamento de mérito, determinará que o autor, no prazo de 15 (quinze) dias, a emende ou a complete, indicando com precisão o que deve ser corrigido ou completado.
>
> Parágrafo único. Se o autor não cumprir a diligência, o juiz indeferirá a petição inicial.

Vejamos a interpretação do art. 284 do CPC/73 (correspondente ao art. 321 do CPC) pelos Tribunais:

> PROVA. JUNTADA DE DOCUMENTOS. MOMENTO OPORTUNO. Nos termos do art. 396 do CPC, compete à parte instruir a petição inicial (art. 283), ou a resposta (art. 297), com os documentos destinados a provar-lhe as alegações, sendo estes os momentos da juntada dos documentos. No mesmo sentido o art. 787 da CLT, segundo o qual a reclamação, desde logo, deve vir acompanhada dos documentos em que se fundar. Assim, ultrapassada esta oportunidade, precluso está o direito da reclamante de fazer juntada de qualquer documento que sirva para demonstrar os fatos narrados na inicial, eis que permitida apenas a juntada de documentos novos. Cumpre registrar que por documentos novos se entendem aqueles que foram produzidos após o ajuizamento da ação ou que, por algum motivo, a parte se encontrava impedida de ter acesso a eles, não sendo este o caso dos autos. Portanto, considerando que vários pedidos foram postulados com amparo em instrumento normativo, que não veio aos autos, não há como deferir as verbas pleiteadas (TRT 3ª R., RO 00119-2006-108-03-00-9, 5ª T., Rel. Lucilde D'Ajuda Lyra de Almeida, *DJMG* 2-9-2006).
>
> INTERRUPÇÃO DA PRESCRIÇÃO. NECESSIDADE DE COMPROVAÇÃO. IMPOSSIBILIDADE DE FAZÊ-LO EM SEDE RECURSAL. A questão ventilada neste recurso, na verdade, refoge ao tema prescrição/interrupção. O entendimento quanto à interrupção da prescrição por ajuizamento de reclamatória anterior, já se encontra cristalizada em nossos Tribunais, tendo a este respeito, o c. TST editado a Súmula 268. Na verdade, o ponto que merece análise é relativo à incidência do princípio da preclusão. O Reclamante, quando da interposição da ação, contrariamente ao disposto no art. 787 da CLT, não carreou aos autos documento de suma

importância para o deslinde da contenda, qual seja, comprovante de ajuizamento de reclamatória anterior, com identidade de pedidos, interruptiva do prazo prescricional. Da análise dos autos, verifica-se que as Reclamadas pleitearam expressamente o reconhecimento da prescrição bienal. Diante do teor dos argumentos das Reclamadas, impossível ao Reclamante não contrapô-los, argumentando em réplica e efetuando a juntada de documentos, porém, quando instado a se manifestar sobre as defesas, não teceu uma linha argumentativa sequer sobre a aventada prescrição. Somente após a publicação da r. sentença que acolheu a prescrição do direito de ação, decidiu manifestar-se aduzindo a existência de reclamatória anteriormente arquivada. Na sentença, verifica-se a análise ponderada da situação fática e de direito. Analisou-se o período contratual, a projeção do aviso prévio e a suspensão da prescrição de que trata o art. 625-G da CLT, alegada pelo Reclamante na inicial e comprovada com o documento de fl. 29. Deste modo, restou precluso o direito do Reclamante em comprovar a interrupção da prescrição. Não o fez no decorrer da instrução processual, não pode fazê-lo em sede recursal, a uma, pela impossibilidade de juntada de documentos nesta fase e, a duas, pela inovação pleiteada, vez que, não houve impugnação das alegações contestatórias de modo a facultar a existência do contraditório a exigir do Juízo originário manifestação específica sobre o tema (TRT 9ª R., RO 02424-2005-513-09-00-0, 1ª T., Rel. Des. Ubirajara Carlos Mendes, *DJ* 14-8-2007).

2.8. Outros requisitos de aplicação duvidosa no processo do trabalho

Com base na literalidade do art. 840 da CLT, pode-se dizer que o processo do trabalho, regido que é pelo princípio da simplicidade, não exige alguns requisitos previstos no art. 319 do CPC, tais como o valor da causa[16], as provas com que o autor pretende demonstrar a verdade dos fatos alegados e a opção do autor pela realização ou não de audiência de conciliação ou de mediação.

Todavia, a interpretação sistemática do § 1º do art. 840 e do art. 787 da CLT autoriza dizer que, além dos requisitos supracitados, a petição inicial escrita "deverá ser formulada em 2 (duas) vias e desde logo acompanhada dos documentos em que se fundar". No processo judicial eletrônico, não há necessidade de duas vias, pois o reclamado, ao ser citado, recebe uma senha de acesso à petição inicial e documentos que a acompanham.

16. É factível sustentar, com base no art. 12, § 2º, da IN n. 41/2018 do TST, que nas hipóteses do art. 852-B, I, e do § 1º do art. 840 da CLT há necessidade de indicação do valor da causa por estimativa na petição inicial trabalhista.

Na prática, porém, nem sempre o autor disporá de documentos, como ocorre na hipótese em que postula vínculo empregatício decorrente de contrato de trabalho verbal ou tácito. Nestes casos, quem detém documentos a respeito da relação de direito material deduzida em juízo é o réu, e não o autor, mesmo porque, em grande parte das ações trabalhistas, a prova autoral é geralmente oral/testemunhal.

2.8.1. A especificação das provas

No que tange à especificação das provas, entendemos desnecessária a aplicação subsidiária do CPC, porquanto as provas são, a princípio, produzidas em audiência, uma vez que no procedimento ordinário trabalhista o art. 845 da CLT dispõe que o "reclamante e o reclamado comparecerão à audiência acompanhados das suas testemunhas, apresentando, nessa ocasião, as demais provas".

No procedimento sumaríssimo, prescreve o art. 852-H da CLT que "todas as provas serão produzidas na audiência de instrução e julgamento, ainda que não requeridas previamente".

Revela-se, portanto, inócuo inserir na petição inicial trabalhista a expressão "protesto por todos os meios de prova em direito admitidos", tradicionalmente adotada na inicial do processo civil.

2.8.2. Requerimento para citação

O requerimento para citação do réu não está mais previsto no CPC (art. 319) como requisito da petição. Todavia, o inciso II do art. 319 do CPC exige que o autor apresente na exordial "os nomes, os prenomes, o estado civil, a existência de união estável, a profissão, o número de inscrição no Cadastro de Pessoas Físicas ou no Cadastro Nacional da Pessoa Jurídica, o endereço eletrônico, o domicílio e a residência do autor e do réu", sendo certo que os §§ 1º, 2º e 3º do referido art. 319 dispõem:

> § 1º Caso não disponha das informações previstas no inciso II, poderá o autor, na petição inicial, requerer ao juiz diligências necessárias a sua obtenção.
>
> § 2º A petição inicial não será indeferida se, a despeito da falta de informações a que se refere o inciso II, for possível a citação do réu.
>
> § 3º A petição inicial não será indeferida pelo não atendimento ao disposto no inciso II deste artigo se a obtenção de tais informações tornar impossível ou excessivamente oneroso o acesso à justiça.

Não obstante, já vimos que a notificação citatória no processo do trabalho é ato processual praticado por servidor público, e não pelo magistrado (CLT, arts. 838 e 841).

É, pois, automática a notificação citatória do réu no processo do trabalho, independentemente de requerimento do autor ou de despacho do juiz.

2.8.3. Valor da causa

Quanto ao valor da causa, há divergências quanto à sua exigência no processo laboral. Alguns o consideram requisito essencial da petição inicial da ação trabalhista, cujo objetivo é estabelecer o tipo de procedimento a ser adotado (ordinário, sumário ou sumaríssimo) e, consequentemente, possibilitar a interposição de recursos.

Outros advogam a desnecessidade da indicação na petição inicial, uma vez que o juiz pode, de ofício, fixá-lo, quando omissa a peça vestibular a respeito.

De lege lata, o valor da causa é requisito obrigatório apenas para as causas sujeitas ao procedimento sumaríssimo, por força da aplicação conjunta dos arts. 852-A e 852-B, I, § 1º, da CLT, e deve corresponder ao valor do pedido (ou somatória dos valores dos pedidos).

Já nas ações individuais submetidas aos procedimentos ordinário e sumário, se o autor não indicar o valor da causa, o juiz, antes de passar à instrução da causa, deverá fixá-lo para determinação da alçada (Lei n. 5.584/70, art. 2º). Vale dizer, se omissa a petição inicial quanto ao valor da causa nos procedimentos ordinário e sumário, cabe ao juiz fixá-lo de ofício, ainda que na própria sentença.

Entretanto, o § 3º do art. 840 da CLT, com redação dada pela Lei n. 13.467/2017, dispõe que se a petição inicial não contiver pedido certo, determinado e "com indicação de seu valor", implicará extinção dos pedidos sem resolução do mérito.

A nosso sentir, o § 3º do art. 840 da CLT deve ser interpretado conforme a Constituição (CF, art. 5º, XXXV), de modo a considerar que a liquidez do pedido é faculdade do autor, e não obrigação. Trata-se de situação semelhante à obrigatoriedade de passagem pela Comissão de Conciliação Prévia, como consta do art. 625-D da CLT, que foi interpretado conforme a Constituição no sentido de ser faculdade do autor a submissão da demanda à CCP (STF ADI n. 2.139-7).

Aliás, o art. 12, § 2º, da IN n. 41/2018 do TST, interpretando o § 1º do art. 840 da CLT, dispõe que "o valor da causa será estimado, observando-se, no que couber, o disposto nos art. 291 a 293 do Código de Processo Civil".

Dessa forma, o valor da causa na petição inicial trabalhista deverá observar, no que couber, o disposto no art. 292 do CPC, ou seja:

> I – na ação de cobrança de dívida, a soma monetariamente corrigida do principal, dos juros de mora vencidos e de outras penalidades, se houver, até a data de propositura da ação;
>
> II – na ação que tiver por objeto a existência, a validade, o cumprimento, a modificação, a resolução, a resilição ou a rescisão de ato jurídico, o valor do ato ou o de sua parte controvertida;
>
> III – na ação de alimentos, a soma de 12 (doze) prestações mensais pedidas pelo autor;
>
> IV – na ação de divisão, de demarcação e de reivindicação, o valor de avaliação da área ou do bem objeto do pedido;

V – na ação indenizatória, inclusive a fundada em dano moral, o valor pretendido;

VI – na ação em que há cumulação de pedidos, a quantia correspondente à soma dos valores de todos eles;

VII – na ação em que os pedidos são alternativos, o de maior valor;

VIII – na ação em que houver pedido subsidiário, o valor do pedido principal.

§ 1º Quando se pedirem prestações vencidas e vincendas, considerar-se-á o valor de umas e outras.

§ 2º O valor das prestações vincendas será igual a uma prestação anual, se a obrigação for por tempo indeterminado ou por tempo superior a 1 (um) ano, e, se por tempo inferior, será igual à soma das prestações.

§ 3º O juiz corrigirá, de ofício e por arbitramento, o valor da causa quando verificar que não corresponde ao conteúdo patrimonial em discussão ou ao proveito econômico perseguido pelo autor, caso em que se procederá ao recolhimento das custas correspondentes.

Parece-nos, assim, que o TST passou a exigir o valor da causa estimado como requisito da petição inicial trabalhista, contrariando, dessa forma, o que dispõe o art. 2º da Lei n. 5.584/70, segundo o qual, somente se o autor não indicar o valor da causa, o juiz arbitra-lo-á. Vale dizer, apenas no caso de o autor não indicar o valor da causa é que o juiz poderia arbitrá-lo para fins de fixação da alçada. Pela teoria do ordenamento jurídico, a Lei n. 13.467/2017, por ser geral, não revogaria a Lei n. 5.584/70, que é especial.

Todavia, tudo está a indicar que a tendência jurisprudencial será seguir a Instrução Normativa TST n. 41/2018, mesmo porque a CLT utiliza o valor da causa como parâmetro de diversos institutos de direito processual, como se infere dos arts. 789, II e III; 793-C, § 2º; 836; 852-B, § 1º e 896-A, § 1º, I.

Nessa toada, lembramos que o art. 3º, IV e V, da IN/TST n. 39/2016 manda aplicar o art. 292, V (valor pretendido na ação indenizatória, inclusive a fundada em dano moral) e § 3º (correção de ofício do valor da causa) do CPC ao processo do trabalho.

Tratando-se de mandado de segurança e ação rescisória, a jurisprudência do TST vinha sendo rigorosa em não admitir a majoração de ofício do valor da causa. Era o que dispunha a OJ n. 155 da SBDI-2 que, no entanto, foi cancelada em decorrência do CPC/2015 pela Resolução TST n. 206/2016, *DEJT* divulgado em 18, 19 e 20-4-2016.

Na ação rescisória, em função do cancelamento da OJ n. 147 da SBDI-2, o valor da causa deve observar as regras contidas nos arts. 2º, 3º e 4º da Instrução Normativa TST n. 31/2007, ou seja, quando visar desconstituir decisão da:

I – fase de conhecimento corresponderá: *a*) no caso de improcedência, ao valor dado à causa do processo originário ou aquele que for fixado pelo Juiz; *b*) no caso de procedência, total ou parcial, ao respectivo valor arbitrado à condenação.

II – fase de execução corresponderá ao valor apurado em liquidação de sentença.

2.9. Petição inicial no PJe-JT

De acordo com o art. 19 da Resolução CSJT 185, de 24-3-2017, com nova redação dada pela Resolução CSJT 241, de 31-5-2019:

> Art. 19. A distribuição da ação e a juntada da resposta, dos recursos e das petições em geral, todos em formato digital, nos autos de processo eletrônico, serão feitas diretamente por aquele que tenha capacidade postulatória, sem necessidade da intervenção da secretaria judicial, de forma automática.
>
> § 1º **A petição inicial conterá, além dos requisitos do art. 840, § 1º, da CLT, a indicação do CPF ou CNPJ das partes**, na forma do art. 15, *caput*, da Lei nº 11.419/2006.
>
> § 2º É de responsabilidade exclusiva do autor cadastrar corretamente todos os assuntos abordados na petição inicial, bem como indicar a correta e precisa atividade econômica do réu exercida pelo autor, conforme opções disponibilizadas pelo Sistema.
>
> § 3º **No lançamento de dados do processo pelo usuário externo, além dos dados contidos no § 2º, sempre que possível serão fornecidos**, na forma do art. 31, II, da Consolidação dos Provimentos da Corregedoria-Geral da Justiça do Trabalho (CPCGJT)[17] e do art. 2º do Provimento nº 61/2017 da Corregedoria Nacional de Justiça: I – o CEI (Cadastro Específico do INSS contendo número da matrícula do empregador pessoa física); II – o Número de Identificação do Trabalhador (NIT) perante o INSS; III – o PIS ou PASEP; IV – o número da CTPS do empregado; V – o CNAE (Classificação Nacional de Atividades Econômicas – código do ramo de atividade) do empregador; VI – profissão; VII – nacionalidade; VIII – estado civil, existência de união estável e filiação; IX – e-mail (correio eletrônico)
>
> § 4º O PJe fornecerá, na distribuição da ação, o número atribuído ao processo, o órgão julgador para o qual foi distribuída e, se for o caso, o local, a data e o horário de realização da audiência, da qual estará a parte autora imediatamente intimada.

É importante atentar para o § 1º do art. 840 da CLT, com redação dada pela Lei n. 13.467/2017, no que toca aos novos requisitos exigidos para a petição inicial no processo do trabalho.

17. Este dispositivo não consta mais da nova CPCGJT (*DEJT*, caderno judiciário do TST, Brasília, DF, n. 2928, p. 1-28, 6 mar. 2020), que dispõe, em seu art. 39, que: "A autuação e a manutenção dos registros dos processos observarão as diretrizes estabelecidas pelo Conselho Superior da Justiça do Trabalho e pelo Comitê Gestor Nacional do Processo Judicial Eletrônico".

3. ALTERAÇÃO DA PETIÇÃO INICIAL

Como corolário dos princípios da estabilização da demanda e da preclusão, feita a citação, não poderá o autor alterar o pedido ou a causa de pedir, sem o consentimento do réu (CPC, art. 329, I).

Há, porém, exceções a tais princípios, desde que observados alguns requisitos previstos em lei. Trata-se da alteração da petição inicial, gênero que tem como espécies o aditamento (CPC, art. 329, I) e a emenda (CPC, art. 321).

3.1. Aditamento da petição inicial

Antes do recebimento da notificação citatória pelo réu, ao autor é facultado alterar o pedido e a causa de pedir por meio de simples aditamento da petição inicial. É condição para a validade do aditamento que o autor o formule antes da citação do réu.

Com efeito, o art. 329, I, do CPC, aplicável ao processo do trabalho por força do art. 769 da CLT, prescreve que o autor poderá: "Até a citação, aditar ou alterar o pedido e a causa de pedir, independentemente do consentimento do réu".

Já o aditamento da inicial depois da notificação citatória do réu só será admitido com a concordância deste. Trata-se da interpretação *a contrario sensu* do art. 329, I, do CPC.

No processo do trabalho, não raro, o autor formula requerimento de aditamento da inicial na própria audiência, caso em que o juiz indaga ao réu se concorda ou não com o aditamento. Se a resposta for positiva, o juiz autoriza o aditamento. Se negativa, não há previsão legal para o juiz impor ao réu a aceitação. Neste caso, restaria ao autor elaborar nova petição inicial, instaurando outro processo, o que colocaria em xeque o princípio da economia processual.

Há, contudo, entendimento doutrinário[18] o sentido de que, quando o pedido de aditamento é feito na própria audiência, antes da apresentação da resposta do réu, o juiz deve autorizá-lo, designando nova audiência, ficando, desde logo, notificadas as partes.

Apresentada a defesa, já não será mais possível aditar a inicial sem consentimento do réu. Não obstante, há entendimentos na doutrina e na jurisprudência no sentido de que só haverá nulidade se o réu demonstrar prejuízo para o exercício do seu direito de ampla defesa e contraditório.

A respeito de aditamento à petição inicial, recolhemos alguns verbetes jurisprudenciais:

> ADITAMENTO DA PETIÇÃO INICIAL – POSSIBILIDADE. De acordo com o artigo 294 do CPC, de aplicação subsidiária no processo do trabalho, o autor só poderá aditar o pedido antes da citação. Nesse diapasão, o pedido aditado após a audiência inaugural

18. MARTINS, Sergio Pinto. *Direito processual do trabalho*, op. cit., p. 239.

só poderá ser analisado pelo juízo com o consentimento do réu, a teor do disposto no art. 264 do CPC, também aplicado subsidiariamente à espécie (TRT 3ª R., RO 00891-2005-007-03-00-5, 2ª T., Rel. Des. Sebastião Geraldo de Oliveira, *DJMG* 13-9-2006).

NULIDADE PROCESSUAL. ADITAMENTO À PETIÇÃO INICIAL APÓS A NOTIFICAÇÃO DO RÉU. INOCORRÊNCIA. Assegurado prazo para apresentação de defesa após o aditamento da petição inicial, e por mais de 10 (dez) dias, lapso superior ao legalmente previsto na legislação trabalhista, por interpretação do art. 841, *caput*, parte final, da CLT, fica evidente a ausência de prejuízos à ré, que teve assegurados o devido processo legal, a ampla defesa e o contraditório. Recurso provido para declarar a nulidade do feito e determinar o retorno dos autos à origem, para reabertura da instrução (TRT 9ª, Proc. 2422-2008-322-9-0-8, Rel. Des. Marlene T. Fuverki Suguimatsu, 2ª T., *DEJT* 15-7-2011).

ADITAMENTO DA PETIÇÃO INICIAL. Se o aditamento saneou erro material promovido nos fundamentos e no pedido da peça inicial, não há como se extinguir o processo sem resolução do mérito por inépcia. Recurso do autor a que se dá provimento, nesta parte, para determinar a devolução dos autos ao Juízo do primeiro grau para apreciação do mérito do pedido (TRT 6ª R., RO 00595-2008-008-06-00-7, 3ª T., Rel. Des. Zeneide Gomes da Costa, *DOE* 29-7-2009).

ADITAMENTO À PETIÇÃO INICIAL E JUNTADA DE DOCUMENTOS APÓS A CITAÇÃO DA RÉ. CONCESSÃO DE PRAZO PARA ALTERAÇÃO DOS TERMOS DA CONTESTAÇÃO. AUSÊNCIA DE PREJUÍZO PARA A DEFESA – O aditamento à petição inicial em nada prejudicou a ação defensiva da Ré, visto que lhe foi entregue, no ato da audiência inaugural, a contrafé da emenda, como também lhe foi concedido prazo – em homenagem aos princípios do contraditório e da ampla defesa – para que alterasse os termos da defesa, e rebatesse, assim, os pedidos acrescidos pelo Autor. Recurso improvido (...) (TRT 23ª, RO 00469.2010.022.23.00-0, Rel. Des. Osmair Couto, 1ª T., *DEJT* 26-4-2012).

PRESCRIÇÃO. INTERRUPÇÃO. ADITAMENTO. PETIÇÃO INICIAL. A interrupção da prescrição ocorre apenas em relação aos pedidos nela formulados. No caso em tela, a parcela: reembolso de quilometragem foi postulada via aditamento da petição inicial. Nesse sentido, a interrupção da prescrição em relação a ela só poderá ocorrer na data de sua apresentação ao Juízo, pois é a partir deste momento que se tem conhecimento de sua existência. Contudo, o aditamento foi efetuado quando já havia se operado a prescrição bienal. Recurso improvido (TRT 8ª, RO 01616-2008-003-08-00-9, 1ª T., Rel. Des. Rosita de Nazare Sidrim Nassar, *DJe* 27-8-2009).

3.2. Emenda à petição inicial

O art. 321 do CPC prevê que o juiz, verificando que a petição inicial não preenche os requisitos exigidos nos arts. 319 e 320, ou que apresenta defeitos e irregularidades capazes de dificultar o julgamento de mérito, determinará que o autor, no prazo de quinze dias, a emende ou a complete, indicando com precisão o que deve ser corrigido ou completado. Se o autor não cumprir a diligência, o juiz indeferirá a petição inicial (CPC, art. 321, parágrafo único).

A *petição inicial apta* é pressuposto processual de validade da relação processual, e o seu indeferimento acarreta a extinção do processo sem resolução do mérito, nos termos do art. 485, I, do CPC.

Depois de apresentada a resposta do réu, que no processo do trabalho ocorre em audiência (CLT, arts. 846 e 847), o caso não é mais de indeferimento da petição inicial que apresenta irregularidades ou desacompanhada de documento essencial à propositura da ação, mas, sim, de extinção do feito sem resolução do mérito por ausência de pressuposto processual de validade (CPC, art. 485, IV).

Estas normas são aplicáveis no processo do trabalho, como se infere da Súmula 263 do TST:

> PETIÇÃO INICIAL. INDEFERIMENTO. INSTRUÇÃO OBRIGATÓRIA DEFICIENTE (atualizada em decorrência do CPC de 2015) – Res. n. 208/2016, *DEJT* divulgado em 22, 25 e 26-4-2016.
>
> Salvo nas hipóteses do art. 330 do CPC de 2015 (art. 295 do CPC de 1973), o indeferimento da petição inicial, por encontrar-se desacompanhada de documento indispensável à propositura da ação ou não preencher outro requisito legal, somente é cabível se, após intimada para suprir a irregularidade em 15 (quinze) dias, mediante indicação precisa do que deve ser corrigido ou completado, a parte não o fizer (art. 321 do CPC de 2015).

Na linha desse verbete sumular, defendíamos não ser possível a emenda à inicial para alterar o polo passivo da demanda.

Todavia, os arts. 338 e 339 do CPC passaram a permitir a alteração da petição inicial para modificar o polo passivo da demanda, nos seguintes termos:

> Art. 338. Alegando o réu, na contestação, ser parte ilegítima ou não ser o responsável pelo prejuízo invocado, o juiz facultará ao autor, em 15 (quinze) dias, a alteração da petição inicial para substituição do réu.
>
> Parágrafo único. Realizada a substituição, o autor reembolsará as despesas e pagará os honorários ao procurador do réu excluído, que serão fixados entre três e cinco por cento do valor da causa ou, sendo este irrisório, nos termos do art. 85, § 8º.
>
> Art. 339. Quando alegar sua ilegitimidade, incumbe ao réu indicar o sujeito passivo da relação jurídica discutida sempre que tiver conhecimento, sob pena de arcar com as despesas processuais e de indenizar o autor pelos prejuízos decorrentes da falta de indicação.

§ 1º O autor, ao aceitar a indicação, procederá, no prazo de 15 (quinze) dias, à alteração da petição inicial para a substituição do réu, observando-se, ainda, o parágrafo único do art. 338.

§ 2º No prazo de 15 (quinze) dias, o autor pode optar por alterar a petição inicial para incluir, como litisconsorte passivo, o sujeito indicado pelo réu.

À exceção do parágrafo único do art. 338 do CPC, parece-nos aplicáveis no processo do trabalho (CLT, art. 769; CPC, art. 15) as referidas regras do CPC que facultam ao autor, aceitando a indicação do novo legitimado, alterar a petição inicial para substituição do réu primitivo ou inclusão do novo réu com formação de um litisconsórcio passivo.

Quanto a eventuais defeitos contidos na petição inicial das ações sujeitas ao procedimento sumaríssimo, ou seja, se o autor não formular pedido certo, determinado e com indicação do valor, o juiz, por força da norma imperativa do art. 852-B, § 1º, da CLT, deverá, depois de observada a diligência de que cuida a Súmula 263 do TST, extinguir o processo sem resolução de mérito e condenar o autor ao pagamento de custas sobre o valor atribuído à causa. Há, porém, entendimento no sentido de não se extinguir o processo e, sim, converter o procedimento sumaríssimo em ordinário, o que nos parece mais correto. Nesse sentido:

> RITO SUMARÍSSIMO × ORDINÁRIO. VALOR DA CAUSA. CARACTERIZAÇÃO. *A atribuição à causa de valor inferior ao limite de quarenta salários mínimos, por si só, não sujeita a demanda ao procedimento sumaríssimo, se verificadas as condições aptas ao desenvolvimento sob o ordinário. Nesta hipótese, a adequação desse valor* ex officio, *viabilizando o prosseguimento do feito pelo Rito Comum, mostra-se a solução adequada.* Traduz-se em rigor excessivo a decisão que extingue o feito sem conferir à parte a possibilidade de emendar a peça inicial, além de colidir frontalmente com os princípios de economia e celeridade processuais, norteadores da processualística trabalhista, especialmente, quando não representar prejuízo ao exercício do direito de defesa (TRT 2ª R., RO 00877.2001.005.02.00-0, 4ª T., Rel. Des. Paulo Augusto Câmara, j. 6-12-2005, *DOESP* 13-1-2006) (grifos nossos).

Ocorre que no procedimento ordinário a petição inicial, por força dos §§ 1º e 3º do art. 840 da CLT (com redação dada pela Lei n. 13.467/2017), também passou a ter pedido certo, determinado e com indicação do valor, razão pela qual remetemos o leitor ao item 2.4.1.6 deste Capítulo.

Vale lembrar que, em sede de mandado de segurança, não há lugar para emenda à inicial, como se infere da Súmula 415 do TST (já atualizada pelo CPC/2015), *in verbis*:

> MANDADO DE SEGURANÇA. PETIÇÃO INICIAL. ART. 321 DO CPC DE 2015. ART. 284 DO CPC de 1973. INAPLICABILIDADE. Exigindo o mandado de seguran-

ça prova documental pré-constituída, inaplicável o art. 321 do CPC de 2015 (art. 284 do CPC de 1973) quando verificada, na petição inicial do *mandamus*, a ausência de documento indispensável ou de sua autenticação.

4. INDEFERIMENTO DA PETIÇÃO INICIAL

O art. 330 do CPC prevê que a petição inicial será indeferida quando:

> I – for inepta; II – a parte for manifestamente ilegítima; III – o autor carecer de interesse processual; IV – não atendidas as prescrições dos arts. 106 e 321.
>
> § 1º Considera-se inepta a petição inicial quando:
>
> I – lhe faltar pedido ou causa de pedir; II – o pedido for indeterminado, ressalvadas as hipóteses legais em que se permite o pedido genérico; III – da narração dos fatos não decorrer logicamente a conclusão; IV – contiver pedidos incompatíveis entre si.

O indeferimento, *ab initio*, da petição inicial é raramente observado no processo do trabalho, uma vez que o juiz geralmente dela só toma conhecimento na própria audiência. Ademais, no processo laboral o juiz, via de regra, não despacha a petição inicial, determinando a citação do réu. Esse ato processual é feito automaticamente pela Secretaria da Vara (ou pelo Distribuidor), nos termos dos arts. 838 e 841 da CLT.

Além disso, há forte tendência a aproveitar ao máximo os pedidos contidos na petição inicial, mormente quando a parte postula pessoalmente (*jus postulandi*), isto é, desacompanhada de advogado (CLT, art. 791), sendo certo que, nos termos da Súmula 263 do TST, salvo nas hipóteses do art. 330 do CPC de 2015, o indeferimento da petição inicial, por encontrar-se desacompanhada de documento indispensável à propositura da ação ou não preencher outro requisito legal, somente é cabível se, após intimada para suprir a irregularidade em 15 (quinze) dias, mediante indicação precisa do que deve ser corrigido ou completado, a parte não o fizer (art. 321 do CPC de 2015).

Assim, no quotidiano forense os juízes aguardam a apresentação da defesa em audiência e, verificando que o réu se manifesta eficazmente sobre os pedidos formulados na demanda, acabam por admitir petições iniciais falhas, confusas e, às vezes, ininteligíveis. É que, em tais casos, não se pode falar em violação ao princípio do contraditório e da ampla defesa, pois, se a peça de resistência do réu possibilita a cognição plena da demanda, poderá o juiz do trabalho adentrar no exame do mérito, em busca da correta aplicação do Direito e da promoção da Justiça. Afinal, dispõe o art. 322, § 2º, do CPC que a interpretação sistemática dos pedidos considerará o conjunto da postulação e observará os princípios da boa-fé e da supremacia das decisões de mérito (CPC, arts. 4º e 6º).

Algumas vezes, temos nos deparado com petições iniciais que veiculam, de maneira lacônica, pedido de "reflexos nas verbas contratuais e resilitórias". A nosso sentir, tal pedido, a princípio, revela-se inepto, na medida em que, além de extremamente genérico, não indica a causa de pedir, tornando, destarte, impossível ou bastante difícil tanto para o réu exercer o direito de ampla defesa quanto para o juiz "adivinhar" qual(is) parcela(s) deve(m) contemplar os "reflexos" pretendidos pelo autor, o que dificulta sobremaneira a liquidação e gera efeitos deletérios para a celeridade processual. Entretanto, o comportamento do réu poderá elidir a inépcia do pedido (ou da própria inicial), como no caso em que ele se manifesta precisamente sobre a matéria pertinente, pois, neste caso, não haverá violação ao princípio da ampla defesa, e sim observância do disposto nos arts. 4º, 6º e 322, § 2º, do CPC.

É importante destacar, ainda, que o art. 488 do CPC, na linha da proposta doutrinária ora defendida, dispõe: "Desde que possível, o juiz resolverá o mérito sempre que a decisão for favorável à parte a quem aproveitaria eventual pronunciamento nos termos do art. 485" do CPC. No mesmo sentido, prevê o art. 317 do CPC que: "Antes de proferir decisão sem resolução de mérito, o juiz deverá conceder à parte oportunidade para, se possível, corrigir o vício".

A inépcia da petição inicial, por ser a petição apta pressuposto de validade da relação processual, pode (e deve) ser declarada, por provocação do réu ou *ex officio* pelo juiz, em qualquer grau de jurisdição (segundo a jurisprudência, na instância ordinária), enquanto não transitada em julgado a sentença (ou acórdão), devendo o juiz, sempre que possível, oferecer à parte a oportunidade para corrigir eventual vício que ela contenha e que possa dificultar o julgamento do mérito.

É importante ressaltar que o § 3º do art. 840 da CLT (incluído pela Lei n. 13.467/2017) dispõe que os "pedidos que não atendam ao disposto no § 1º deste artigo serão julgados extintos sem resolução do mérito". No entanto, o juiz, antes de extinguir o pedido (ou a própria petição inicial) sem resolução de mérito, deverá, por força do art. 321 e seu parágrafo único do CPC, conceder prazo de 15 dias úteis ao autor para corrigir o vício ou emendar a petição inicial. Se o autor não cumprir a diligência, aí, sim, o juiz indeferirá a petição inicial (TST, Súmula 263). Nesse sentido:

> RECURSO ORDINÁRIO. INDEFERIMENTO DA PETIÇÃO INICIAL. REFORMA TRABALHISTA. LEI N. 13.467/2017. NECESSIDADE DE LIQUIDAÇÃO DOS PEDIDOS. ART. 840, § 1º, DA CLT. VÍCIO SANÁVEL. ART. 769 DA CLT. PRINCÍPIOS DO DIREITO DO TRABALHO DA SIMPLICIDADE, CELERIDADE, DA ECONOMIA PROCESSUAL E DA INSTRUMENTALIDADE DAS FORMAS. SÚMULA 263 DO TST. EMENDA À INICIAL. POSSIBILIDADE. A Lei n. 13.467/2017 modificou o conteúdo do § 1º e acrescentou o § 3º ao art. 840 da CLT, estabelecendo a necessidade de que os pedidos formulados nas reclamatórias trabalhistas sejam certos, determinados e com seus valores devidamente indicados. Impede registrar, entretanto, que a interpretação dessa exigência, não pode encerrar qualquer contradição com os demais dispositivos da CLT e em especial, aos princípios protetores do direito do trabalho, tais como o do amplo acesso à justiça, da celeridade, da economia processual e da instrumentalidade das formas. Inegável, pois, a possibilidade de havendo algum vício sanável na petição ini-

cial, sem, entretanto, haver manifesto prejuízo à parte contrária, nos termos do art. 769, da CLT, ser possível a concessão de emenda à inicial, com amparo nos arts. 317 e 321 do NCPC. Sentença reformada (TRT 7ª, RO 00001738420185070030, Rel. Des. FRANCISCO JOSÉ GOMES DA SILVA, *DEJT* 26-9-2018).

AÇÃO AJUIZADA APÓS O ADVENTO DA REFORMA TRABALHISTA. EXTINÇÃO DO FEITO SEM RESOLUÇÃO DO MÉRITO. PETIÇÃO INICIAL. ART. 840, § 1º DA CLT (LEI N. 13.467/17). AUSÊNCIA DE INTIMAÇÃO DA PARTE PARA EMENDA DA INICIAL. O indeferimento da inicial, nos termos do art. 840, § 3º da CLT, sem possibilitar ao autor a emenda da inicial, viola à lei (art. 321 do CPC), bem como o acesso à Justiça e aos princípios da economia processual, celeridade e efetividade, consagrados constitucionalmente (TRT 17ª, RO 00008606920185170002, Rel. Des. CLÁUDIO ARMANDO COUCE DE MENEZES, *DEJT* 15-4-2019).

De outro giro, não pode ser declarada de ofício a inépcia da petição na instância extraordinária, em função da exigência do prequestionamento, que é pressuposto específico dos recursos de revista, de embargos para a SBDI-1 e extraordinário.

4.1. Improcedência liminar do pedido

Remetemos o leitor ao Capítulo XVII, item 5.11, que trata da sentença de improcedência liminar.

5. DA TUTELA PROVISÓRIA: CABIMENTO NO PROCESSO DO TRABALHO

A Constituição Federal de 1988 assegura, em seu art. 5º, os direitos fundamentais do amplo acesso ao Judiciário, tanto nas lesões como nas ameaças a direito (inciso XXXV), e da duração razoável do processo e os meios que garantam a celeridade de sua tramitação (inciso LXXVIII). Tais normas inspiraram o legislador a reconhecer, definitivamente, a necessidade de buscar novos meios que possam tornar o processo mais ágil e útil à sociedade, evitando, assim, a prestação jurisdicional intempestiva.

Dentre os diversos institutos processuais que têm por escopo a celeridade e a efetividade da função jurisdicional do Estado, destaca-se a chamada antecipação de tutela, cuja aplicação generalizada, na processualística civil brasileira, somente foi possível a partir das reformas introduzidas pela Lei n. 8.952, de 14 de dezembro de 1994, e pela Lei n. 10.444, de 7 de maio de 2002, que deram novas redações aos arts. 273 e 461 do CPC/73.

O CPC, a par de proscrever o processo cautelar, dedicou o Livro V da Parte Geral à Tutela Provisória, que pode fundamentar-se em urgência ou evidência.

Com efeito, dispõe o art. 294 do CPC que: "A tutela provisória pode fundamentar-se em urgência ou evidência".

O parágrafo único do referido art. 294, por sua vez, diz que a "tutela provisória de urgência, cautelar ou antecipada, pode ser concedida em caráter antecedente ou incidental".

Analisando o CPC[19], podemos dizer, então, que existem cinco modalidades de tutela provisória:

- tutela provisória de urgência cautelar antecedente;
- tutela provisória de urgência cautelar incidente;
- tutela provisória de urgência antecipada antecedente;
- tutela provisória de urgência antecipada incidente;
- tutela provisória da evidência.

A rigor, o legislador deveria ter adotado o termo "tutela de cognição sumária" em lugar de "tutela provisória".

Na verdade, podemos inferir que a tutela da evidência exige requisitos ligados ao juízo de verossimilhança. Já as tutelas de urgência exigem, além da verossimilhança, um juízo vinculado ao *periculum in mora*.

Os arts. 295 a 299 do CPC estabelecem algumas normas gerais para a concessão de qualquer espécie de tutela provisória, a saber:

- A tutela provisória requerida em caráter incidental independe do pagamento de custas (art. 295).
- A tutela provisória conserva sua eficácia na pendência do processo, mas pode, a qualquer tempo, ser revogada ou modificada. Salvo decisão judicial em contrário, a tutela provisória conservará a eficácia durante o período de suspensão do processo (art. 296).
- O juiz poderá determinar as medidas que considerar adequadas para efetivação da tutela provisória. A efetivação da tutela provisória observará as normas referentes ao cumprimento provisório da sentença, no que couber (art. 297).
- Na decisão que conceder, negar, modificar ou revogar a tutela provisória, o juiz motivará seu convencimento de modo claro e preciso (art. 298).
- A tutela provisória será requerida ao juízo da causa e, quando antecedente, ao juízo competente para conhecer do pedido principal. Ressalvada disposição especial, na ação de competência originária de tribunal e nos recursos a tutela provisória será requerida ao órgão jurisdicional competente para apreciar o mérito (art. 299).

19. BUENO, Cassio Scarpinella. *Manual de direito processual civil*. São Paulo: Saraiva, 2015, p. 218.

A CLT, como se sabe, contempla apenas duas hipóteses especiais que permitem ao juiz, no curso do processo de conhecimento, conceder medida liminar. É o que dispõem os incisos IX e X do art. 659 da CLT, segundo os quais compete ao juiz presidente (atualmente, juiz do trabalho da Vara do Trabalho) conceder medida liminar, até decisão final do processo, em reclamações trabalhistas que:

- visem tornar sem efeito transferência de empregado disciplinada pelos parágrafos do art. 469 da CLT;
- visem reintegrar no emprego dirigente sindical afastado, suspenso ou dispensado pelo empregador.

Vê-se, portanto, que a CLT não trata genericamente do instituto da tutela provisória, na medida em que não a prevê para as demais hipóteses em que se verifique a necessidade de sua aplicação.

Aliás, é seguramente no processo do trabalho, dado o seu escopo social de tornar realizável o direito material do trabalho, que o instituto da tutela provisória se torna instrumento não apenas útil, mas, sobretudo, indispensável.

Com efeito, os pedidos veiculados nas iniciais trabalhistas são, via de regra, relativos a salários, ou seja, parcelas com nítida natureza alimentícia.

De tal arte, cremos ser perfeitamente aplicável a tutela provisória nos domínios do processo do trabalho, seja por omissão da CLT quanto ao aspecto genérico aqui enfocado, seja pela ausência de incompatibilidade com a principiologia que informa este setor especializado do direito processual (CLT, art. 769).

Na verdade, uma das espécies de tutela provisória – a tutela antecipada – vem sendo largamente utilizada no processo do trabalho.

É importante lembrar que o art. 3º, VI, da IN n. 39/2016 do TST autoriza a aplicação subsidiária e supletiva dos arts. 294 a 311 do CPC, que dispõem sobre a tutela provisória.

5.1. Tutela provisória de urgência

Nos termos do art. 300 do CPC, a "tutela de urgência será concedida quando houver elementos que evidenciem a probabilidade do direito e o perigo de dano ou o risco ao resultado útil do processo".

Na verdade, esse dispositivo alberga, de modo mais sofisticado, o conteúdo do art. 273 do CPC/73, na medida em que exige:

- para a concessão da tutela antecipada, os já conhecidos pressupostos do *fumus boni iuris* e do *periculum in mora*;
- para a concessão da tutela cautelar, o risco ao resultado útil do processo.

Em ambas as hipóteses, para a concessão da tutela de urgência, o juiz pode, conforme o caso, exigir caução real ou fidejussória idônea para ressarcir os danos que a outra parte possa vir a sofrer, podendo a caução ser dispensada se a parte economicamente hipossuficiente não puder oferecê-la. É o que dispõe o § 1º do art. 300 do CPC, sendo certo, no entanto, que a exigência da caução não se afigura compatível com o processo do trabalho (CLT, art. 769), pelo menos nas ações oriundas da relação de emprego.

A tutela provisória de urgência pode ser concedida liminarmente ou após justificação prévia.

A tutela de urgência de natureza antecipada não será concedida quando houver perigo de irreversibilidade dos efeitos da decisão.

A tutela de urgência de natureza cautelar, de acordo com o art. 301 do CPC, pode ser efetivada mediante arresto, sequestro, arrolamento de bens, registro de protesto contra alienação de bem e qualquer outra medida idônea para asseguração do direito.

O CPC, diversamente do CPC/73, não estabelece definições ou procedimentos específicos para o arresto, o sequestro, o arrolamento de bens ou o registro de protesto contra alienação de bens. Parece-nos que não devemos invocar normas do CPC/73 revogado, e sim dar a máxima efetividade aos dispositivos do CPC, de modo a interpretar, no caso concreto, que essa enumeração de medidas cautelares do art. 301 é meramente exemplificativa. É dizer, havendo necessidade de uma medida cautelar, pouco importa o *nomen juris* adotado pelo autor, bastando apenas ao juiz verificar se estão ou não presentes os requisitos estabelecidos para concessão dessas medidas, quais sejam: *fumus boni iuris* (juízo de probabilidade) e o *periculum in mora* (perigo de dano ou o risco ao resultado útil do processo).

Dispõe o art. 302 do CPC que, independentemente da reparação por dano processual, a parte responde pelo prejuízo que a efetivação da tutela de urgência causar à parte adversa, se:

> I – a sentença lhe for desfavorável;
>
> II – obtida liminarmente a tutela em caráter antecedente, não fornecer os meios necessários para a citação do requerido no prazo de 5 (cinco) dias;
>
> III – ocorrer a cessação da eficácia da medida em qualquer hipótese legal;
>
> IV – o juiz acolher a alegação de decadência ou prescrição da pretensão do autor.
>
> Parágrafo único. A indenização será liquidada nos autos em que a medida tiver sido concedida, sempre que possível.

Como se vê, a norma em apreço confere poderes ao juiz para promover a liquidação, nos mesmos autos, em caso de prejuízo causado à parte pela efetivação da tutela provisória. Há de se ter cautela com a aplicação do parágrafo único em apreço no processo do trabalho, pois o incidente pode implicar ofensa ao princípio da celeridade processual, mormente nas ações que veiculem verbas de natureza alimentícia.

5.2. Natureza jurídica

A tutela provisória antecipada, quando concedida, proporciona antes da decisão definitiva e no mesmo processo em que é solicitada o próprio bem da vida afirmado pelo autor na petição inicial. Trata-se, pois, de uma versão da máxima de Chiovenda, para quem "na medida do que for praticamente possível o processo deve proporcionar a quem tem um direito tudo aquilo e precisamente aquilo que ele tem o direito de receber"[20].

Trata-se, pois, de uma técnica processual que propicia ao juiz, atendidos determinados pressupostos, proferir decisão que tenha por objetivo assegurar o resultado útil do processo de conhecimento, o cumprimento da sentença ou o processo de execução, ou satisfazer, desde logo, a pretensão do demandante.

Afigura-se-nos, portanto, que as tutelas provisórias antecipadas encerram provimento judicial híbrido com eficácia cautelar, mandamental ou executiva *lato sensu*.

O modo de efetivação da tutela provisória antecipada é tema que merece algumas palavras. Sem sombra de dúvida, a finalidade da obtenção da tutela provisória antecipada é a realização no mundo dos fatos de efeitos que seriam advindos com a própria tutela concedida ao final. Portanto, sua finalidade é justamente antecipar, provisoriamente, o cumprimento do provimento meritório que seria concedido ao final, compreendendo não só a ideia de execução forçada, mas também os casos de execução imprópria dos provimentos declaratórios e constitutivos.

5.3. O ato judicial que concede a tutela antecipada

Na dicção do art. 273 do CPC/73, o "juiz poderia" conceder a antecipação dos efeitos da tutela de mérito. Já o art. 300 do CPC dispõe que a "tutela de urgência será concedida quando houver elementos que evidenciem a probabilidade do direito e o perigo de dano ou o risco ao resultado útil do processo".

Assim, atendidos os pressupostos legais arrolados no referido preceptivo, o juiz não pode deixar de conceder a tutela provisória de urgência, sob pena de tornar letra morta a norma legal sob exame, além de olvidar os princípios constitucionais do acesso ao Judiciário na hipótese de ameaça a direito e da duração razoável do processo.

A tutela provisória de urgência pode ser concedida total ou parcialmente, isto é, abrangendo todo o pedido contido na petição inicial ou parte dele ou, ainda, todos os pedidos ou apenas um ou alguns deles.

---

20. Apud VIGILAR, José Marcelo Menezes. *Ação civil pública*. p. 63.

Dispõe o art. 298 do CPC que: "Na decisão que conceder, negar, modificar ou revogar a tutela provisória, o juiz motivará seu convencimento de modo claro e preciso".

A exigência da fundamentação da decisão não é dirigida à parte que solicita a antecipação da tutela, mas, sim, ao juiz. Vale dizer, são inválidas as decisões que simplesmente concedem a tutela provisória por: "presentes os pressupostos legais (...)", "satisfeitos os requisitos de lei (...)".

São igualmente inválidas as decisões que laconicamente denegam a tutela provisória, por: "falta de amparo legal (...)", "inexistência dos requisitos legais (...)" etc.

Ora, a fundamentação de todas as decisões do Poder Judiciário constitui um dos princípios constitucionais mais importantes no Estado Democrático de Direito, sendo certo que o inciso IX do art. 93 da CF considera nula qualquer decisão judicial que careça de fundamentação. No mesmo sentido, dispõe o § 1º do art. 489 do CPC.

Da decisão que concede ou nega tutela provisória no processo do trabalho não cabe recurso, exceto os embargos de declaração, como, aliás, prevê o art. 1.022, II, do CPC, aplicável supletivamente ao processo do trabalho por ausência de incompatibilidade com os princípios que o informam (CLT, art. 769).

De acordo com o § 3º do art. 300 do CPC a "tutela de urgência de natureza antecipada não será concedida quando houver perigo de irreversibilidade dos efeitos da decisão". Esse preceptivo impõe ao juiz o dever de avaliar, com razoabilidade e proporcionalidade, se, na sentença que prolatará, o pedido contido na inicial poderá ser julgado improcedente e as consequências que disso resultará para o réu. Trata-se, evidentemente, de um juízo de valor que o magistrado deve fazer acerca dos efeitos da antecipação da tutela.

Acreditamos que, no processo do trabalho, o requisito em tela deve ser sopesado com a natureza alimentícia dos valores geralmente postulados pelos trabalhadores, pois, se de um lado o empregador pode ter algum prejuízo de ordem econômica, de outro, é certo, o empregado pode ter comprometidas não apenas a sua própria subsistência e dignidade, como também a da sua família.

5.4. Procedimento da tutela provisória de urgência antecipada antecedente

Os arts. 303 e 304 do CPC regulam o procedimento que deve ser observado para a concessão da tutela provisória de urgência antecipada requerida em caráter antecedente.

Assim, nos casos em que a urgência for contemporânea à propositura da ação, a petição inicial pode limitar-se ao requerimento da tutela antecipada e à indicação do pedido de tutela final, com a exposição da lide, do direito que se busca realizar e do perigo de dano ou do risco ao resultado útil do processo.

Concedida a tutela antecipada, o § 1º do art. 303 do CPC determina que:

I – o autor deverá aditar a petição inicial, com a complementação de sua argumentação, a juntada de novos documentos e a confirmação do pedido de tutela final, em 15 (quinze) dias ou em outro prazo maior que o juiz fixar;

II – o réu será citado e intimado para a audiência de conciliação ou de mediação na forma do art. 334 do CPC;

III – não havendo autocomposição, o prazo para contestação será contado na forma do art. 335 do CPC.

Não realizado o aditamento a que se refere o inciso I do § 1º do art. 303 do CPC, o processo será extinto sem resolução do mérito. Tal aditamento será feito nos mesmos autos, sem incidência de novas custas processuais.

Parece-nos inaplicável o § 4º do art. 303 do CPC ao processo do trabalho, uma vez que o valor da causa não é, salvo no caso de procedimento sumaríssimo, requisito da petição inicial.

O autor indicará na petição inicial, ainda, que pretende valer-se do benefício previsto no *caput* do art. 303 do CPC.

Inovando em relação ao CPC de 1973, o § 6º do art. 303 do CPC faculta ao juiz, entendendo que não existem elementos para a concessão de tutela antecipada, determinar a emenda da petição inicial em até 5 (cinco) dias, sob pena de ser indeferida e de o processo ser extinto sem resolução de mérito.

Diz o art. 304 do CPC que a tutela antecipada, concedida em caráter antecedente, "torna-se estável se da decisão que a conceder não for interposto o respectivo recurso". Este dispositivo e seus §§ 1º a 5º, ao que nos parece, são inaplicáveis no processo do trabalho por incompatibilidade com o princípio da irrecorribilidade imediata das decisões interlocutórias (CLT, art. 893, § 1º).

De acordo com o § 6º do art. 304 do CPC, a "decisão que concede a tutela não fará coisa julgada, mas a estabilidade dos respectivos efeitos só será afastada por decisão que a revir, reformar ou invalidar, proferida em ação ajuizada por uma das partes".

Segundo a Súmula 414 do TST:

> MANDADO DE SEGURANÇA. TUTELA PROVISÓRIA CONCEDIDA ANTES OU NA SENTENÇA (nova redação em decorrência do CPC de 2015, Res. n. 217/2017, *DEJT* divulgado em 20, 24 e 25-4-2017). I – A tutela provisória concedida na sentença não comporta impugnação pela via do mandado de segurança, por ser impugnável mediante recurso ordinário. É admissível a obtenção de efeito suspensivo ao recurso ordinário mediante requerimento dirigido ao tribunal, ao relator ou ao presidente ou ao vice-presidente do tribunal recorrido, por aplicação subsidiária ao processo do trabalho do art. 1.029, § 5º, do CPC de 2015. II – No caso de a tutela

provisória haver sido concedida ou indeferida antes da sentença, cabe mandado de segurança, em face da inexistência de recurso próprio. III – A superveniência da sentença, nos autos originários, faz perder o objeto do mandado de segurança que impugnava a concessão ou o indeferimento da tutela provisória.

5.5. Procedimento da tutela provisória de urgência cautelar antecedente

Tratando-se de tutela provisória de urgência cautelar requerida em caráter antecedente, os arts. 305 a 310 do CPC regulam o procedimento a ser observado. Esse procedimento, como já afirmamos alhures, extinguiu o processo cautelar previsto no Livro III do CPC de 1973.

Dessa forma, dispõe o art. 305 do CPC:

> Art. 305. A petição inicial da ação que visa à prestação de tutela cautelar em caráter antecedente indicará a lide e seu fundamento, a exposição sumária do direito que se objetiva assegurar e o perigo de dano ou o risco ao resultado útil do processo.

Reconhecendo a fungibilidade entre as tutelas provisórias de urgência cautelar e antecipada, o parágrafo único do art. 305 do CPC manda o juiz, caso entenda que o pedido cautelar tenha natureza de tutela antecipada, observar o disposto no art. 303 do CPC, ou seja, observará o juiz o procedimento inerente à tutela provisória antecipada.

O réu será citado para, no prazo de cinco dias, contestar o pedido e indicar as provas que pretende produzir (CPC, art. 306). Não sendo contestado o pedido, os fatos alegados pelo autor presumir-se-ão aceitos pelo réu como ocorridos, caso em que o juiz decidirá dentro de cinco dias (CPC, art. 307).

Havendo contestação tempestiva, o parágrafo único do art. 307 do CPC manda observar o procedimento comum.

Diz o art. 308 do CPC que: "Efetivada a tutela cautelar, o pedido principal terá de ser formulado pelo autor no prazo de 30 (trinta) dias, caso em que será apresentado nos mesmos autos em que deduzido o pedido de tutela cautelar, não dependendo do adiantamento de novas custas processuais".

O § 1º do art. 308 do CPC faculta ao autor formular o pedido principal conjuntamente com o pedido de tutela cautelar. Trata-se de técnica já consagrada há muito tempo na CLT (art. 659, IX e X).

A causa de pedir constante da petição inicial poderá ser aditada no momento de formulação do pedido principal (CPC, art. 308, § 2º).

O procedimento previsto nos §§ 3º e 4º do art. 308 do CPC se afigura incompatível com os procedimentos ordinário, sumário e sumaríssimo da CLT.

O art. 309 do CPC estabelece a cessação da eficácia da tutela cautelar concedida em caráter antecedente, se:

I – o autor não deduzir o pedido principal no prazo legal;

II – não for efetivada dentro de 30 (trinta) dias;

III – o juiz julgar improcedente o pedido principal formulado pelo autor ou extinguir o processo sem resolução de mérito.

Dispõe o parágrafo único do art. 309 do CPC que, se "por qualquer motivo cessar a eficácia da tutela cautelar, é vedado à parte renovar o pedido, salvo sob novo fundamento".

O indeferimento da tutela cautelar não obsta a que a parte formule o pedido principal, nem influi no julgamento desse, salvo se o motivo do indeferimento for o reconhecimento de decadência ou de prescrição (CPC, art. 310).

5.6. Tutela antecipada contra o Poder Público

Tema que gera polêmica é o que diz respeito à possibilidade de ser concedida tutela antecipada em face de pessoas jurídicas de direito público, uma vez que estas, como se sabe, desfrutam de algumas prerrogativas previstas em lei ou na própria Constituição Federal, dentre elas, o duplo grau de jurisdição obrigatório (DL n. 779/69; CPC, art. 496) das sentenças que lhes forem total ou parcialmente desfavoráveis e o procedimento do precatório, que impede a execução imediata das tutelas pecuniárias (CF, art. 100), o que, por si só, já seria condição suficiente para obstaculizar a concessão de tutela antecipada em seu desfavor.

Além disso, o art. 1º da Lei n. 9.494/97 veda a concessão de tutela antecipada requerida contra a Fazenda Pública nos seguintes casos:

- reclassificação funcional ou equiparação de servidores públicos;
- concessão de aumento ou extensão de vantagens pecuniárias;
- outorga ou acréscimo de vencimentos;
- pagamento de vencimentos e vantagens pecuniárias a servidor público;
- esgotamento, total ou parcial, do objeto da ação, desde que esta diga respeito, exclusivamente, a qualquer das matérias acima referidas.

O STF (RE n. 495.740-DF, Rel. Min. Celso de Mello, 2-6-2009)[21], contudo, em julgamento histórico, admitiu a concessão de tutela contra a Fazenda Pública nos

21. No caso, o Ministério Público requerera a antecipação dos efeitos da tutela com objetivo de preservar condições mínimas de subsistência e de dignidade de um menor impúbere, a quem reconhecido, pela Turma, o direito à indenização, em decorrência de ato imputável ao Distrito Federal. Em sede de recurso extraordinário, este órgão fracionário

casos concretos em que se verifica violação ao princípio da dignidade da pessoa humana. Foi o que restou assentado no referido julgado em que "o direito material vindicado em favor de menor impúbere fora plenamente reconhecido pelo próprio Supremo, quando do julgamento da causa, de que resultara a sucumbência integral do Distrito Federal. Enfatizou-se que mais do que a verossimilhança do pleito jurídico, achava-se presente, na espécie, o próprio reconhecimento da postulação de direito material deduzida nos autos, a legitimar, em consequência, o atendimento da pretendida antecipação dos efeitos da tutela jurisdicional. No que tange ao requisito do *periculum in mora*, ressaltou-se que o Ministério Público justificara, de maneira adequada, as razões que caracterizariam a concreta ocorrência, na hipótese, da situação de fundado receio de dano irreparável ou de difícil reparação (CPC, art. 273, I; CPC, art. 300). Considerou-se o gravíssimo quadro que se criara em torno do menor impúbere, que permanentemente necessita de cuidados especiais tão dispendiosos que chegam a comprometer o modesto orçamento doméstico de sua família. Decisão referendada para, além de determinar a inclusão, a partir de 1º-10-2008, na folha de pagamento da entidade pública, do valor mensal referente a 2 salários mínimos a título de pensão enquanto viver o hipossuficiente, também deferir a antecipação dos efeitos da tutela jurisdicional quanto ao pagamento dos valores atrasados da pensão mensal, desde o nascimento do menor, bem como o do valor equivalente a 80 salários mínimos, a título de indenização por danos morais à servidora, estabelecendo o prazo de 30 dias, sob pena, em caso de descumprimento dessa determinação, de imediata incidência da multa cominatória, de R$ 20.000,00 por dia, nos termos do art. 461, § 5º, do CPC/73. Determinou-se, ainda, fosse observada a cominação da multa diária em caso de inexecução de qualquer das medidas objeto da presente tutela antecipatória".

De toda a sorte, parece-nos que, nas hipóteses previstas nos §§ 3º e 4º do art. 496 do CPC, é possível a tutela provisória de urgência antecipada em primeira instância contendo obrigação de pagar em desfavor das pessoas jurídicas de direito público, pois em tais casos não há que se falar em remessa necessária obrigatória.

5.7. Tutela provisória da evidência

A tutela provisória da evidência exige requisitos vinculados à verossimilhança, enquanto as tutelas provisórias de urgência exigem, além de um juízo de verossimilhança, um juízo vinculado ao *periculum in mora*.

---

assentara a responsabilidade objetiva do ente público na contaminação da genitora do citado menor, por citomegalovírus, com o qual tivera contato durante o período gestacional em função de suas atividades laborais como servidora pública de hospital daquela unidade federativa. Em virtude dessa infecção, a criança nascera com má-formação encefálica, paralisia cerebral, cegueira, tetraplegia e epilepsia (STF-RE n. 495.740, Rel. Min. Celso de Mello).

Com efeito, dispõe o art. 311 do CPC que a "tutela da evidência será concedida, independentemente da demonstração de perigo de dano ou de risco ao resultado útil do processo, quando:

I – ficar caracterizado o abuso do direito de defesa ou o manifesto propósito protelatório da parte;

II – as alegações de fato puderem ser comprovadas apenas documentalmente e houver tese firmada em julgamento de casos repetitivos ou em súmula vinculante;

III – se tratar de pedido reipersecutório fundado em prova documental adequada do contrato de depósito, caso em que será decretada a ordem de entrega do objeto custodiado, sob cominação de multa;

IV – a petição inicial for instruída com prova documental suficiente dos fatos constitutivos do direito do autor, a que o réu não oponha prova capaz de gerar dúvida razoável.

Parágrafo único. Nas hipóteses dos incisos II e III, o juiz poderá decidir liminarmente.

Parece-nos inaplicável ao processo do trabalho, por incompatibilidade, o disposto no inciso III do art. 311 do CPC.

A tutela da evidência distingue-se das outras tutelas provisórias em função da elevada probabilidade de existência do direito do alegado pelo autor, a exigir, de pronto, a concessão de um provimento judicial, independentemente do exame do *periculum in mora*. Trata-se, pois, de uma tutela provisória sempre incidente, não sendo possível a tutela da evidência antecedente.

As tutelas da evidência só podem, em princípio, ser requeridas pela parte, pelo terceiro ou pelo MPT quando atuar como fiscal do ordenamento jurídico.

Defendemos, no entanto, a possibilidade de o juiz do trabalho, de ofício, ordenar uma tutela da evidência nas hipóteses previstas nos incisos I, II e IV do art. 311 do CPC. Afinal, as tutelas da evidência têm natureza híbrida de cognição cautelar, executiva *lato sensu* e mandamental. Logo, como o juiz do trabalho pode promover a execução de ofício, há permissão legal para que ele, de ofício, conceda a tutela da evidência nos casos mencionados. Entretanto, com o art. 878 da CLT, a execução de ofício só será permitida quando o exequente não estiver representado por advogado, o que restringirá a possibilidade das tutelas provisórias *ex officio*.

De toda a sorte, a tutela "liminar" da evidência, tendo em vista a regra disposta no parágrafo único do art. 311 do CPC, só poderá ser concedida pelo juiz do trabalho, a requerimento da parte, quando as alegações de fato puderem ser comprovadas apenas documentalmente "e" houver tese firmada em julgamento de casos repetitivos ou em súmula vinculante.

CAPÍTULO XIII
Audiência

1. GENERALIDADES

Em linguagem simples, podemos dizer que a audiência é o lugar e o momento em que os juízes ouvem as partes. Também significa sessão marcada ou determinada pelo juiz, à qual as partes deverão comparecer. Na audiência, são produzidos diversos atos processuais.

Na Justiça do Trabalho, as audiências (ou sessões) são públicas e realizadas na sede do Juízo (ou Tribunal). Todavia, em casos especiais, poderá ser designado outro local para a realização das audiências, mediante edital afixado na sede do Juízo do Tribunal, com a antecedência mínima de 24 horas.

A Constituição Federal (art. 93, IX) determina que todos os julgamentos dos órgãos do Poder Judiciário serão públicos, sendo certo que, no processo do trabalho, é na audiência que se concentra a quase totalidade dos atos processuais.

Somente em casos excepcionais, e desde que haja previsão legal, poderá o juiz, se o interesse público o exigir, limitar a presença, em determinados atos, às próprias partes e aos seus advogados (CF, art. 93, IX, parte final).

O funcionamento das audiências ocorre em dias úteis, previamente fixados, entre 8 e 18 horas, não podendo ultrapassar cinco horas seguidas, salvo quando houver matéria urgente. A lei, no entanto, admite que, havendo necessidade imperiosa, poderão ser convocadas audiências extraordinárias, desde que seja afixado edital na sede do Juízo do Tribunal, com a antecedência mínima de 24 horas.

A ampliação da competência da Justiça do Trabalho promovida pela EC n. 45/2004 em nada alterou o procedimento das audiências trabalhistas, mesmo nas ações oriundas de relações de trabalho diversas da relação de emprego. É o que se infere do art. 1º da Instrução Normativa TST n. 27/2005.

2. PRESENÇA DO JUIZ E SERVIDORES NAS AUDIÊNCIAS

Segundo o disposto no art. 814 da CLT, às audiências deverão estar presentes, comparecendo com a necessária antecedência, os escrivães ou os chefes de Secretaria (atualmente, Diretores de Secretaria). Esta norma tem por destinatários os servidores encarregados da parte burocrática da audiência.

À hora marcada, o juiz presidente declarará aberta a audiência, sendo feita pelo Diretor de Secretaria ou escrivão a chamada (ou pregão) das partes, testemunhas e demais pessoas que devem comparecer.

Se, todavia, até 15 minutos após a hora marcada, o juiz ou presidente não houver comparecido, os presentes poderão retirar-se, devendo o ocorrido constar do livro de registro das audiências. É o que diz o parágrafo único do art. 815 da CLT, cujo destinatário é o juiz. Vale dizer, o atraso tolerável sem justificativa por apenas 15 minutos é apenas para o magistrado. As partes e seus representantes, inclusive os advogados, não têm qualquer tolerância quanto a atrasos, como se verá mais adiante.

3. PODER DE POLÍCIA

As audiências e sessões judiciárias devem processar-se com ordem e tranquilidade, cabendo aos juízes ordenar medidas para a manutenção do respeito por parte dos espectadores, inclusive requisitando a força pública, se necessário, fazendo prender e autuar os desobedientes, evacuar a sala, interromper os trabalhos e tomar outras medidas que sejam convenientes.

Com efeito, vaticina o art. 816 da CLT que o "juiz ou presidente manterá a ordem nas audiências, podendo mandar retirar do recinto os assistentes que a perturbarem".

Trata-se do exercício do poder de polícia pelo juiz, também chamado de poder de polícia processual, que é um princípio elementar para manutenção da ordem, do decoro e da segurança nos recintos destinados às audiências e sessões dos tribunais.

O dispositivo consolidado (art. 769) permite aplicação supletiva do art. 360 do CPC (art. 15), que dispõe, *in verbis*:

> Art. 360. O juiz exerce o poder de polícia, incumbindo-lhe:
>
> I – manter a ordem e o decoro na audiência;
>
> II – ordenar que se retirem da sala de audiência os que se comportarem inconvenientemente;
>
> III – requisitar, quando necessário, força policial;
>
> IV – tratar com urbanidade as partes, os advogados, os membros do Ministério Público e da Defensoria Pública e qualquer pessoa que participe do processo;
>
> V – registrar em ata, com exatidão, todos os requerimentos apresentados em audiência.

Assim, no caso de perturbação da ordem, a primeira medida deverá ser a retirada do perturbador e, se for o caso, até mesmo, sua prisão por desacato.

4. REGISTRO DAS AUDIÊNCIAS

Determina o art. 817 da CLT que o "registro das audiências será feito em livro próprio, constando de cada registro os processos apreciados e a respectiva solução, bem como as ocorrências eventuais".

Os livros próprios de registro continuam existindo. Os termos de audiência, no entanto, não são mais manuscritos ou datilografados, mas digitados por meio eletrônico.

É facultado a qualquer interessado requerer certidão dos atos realizados na audiência. Geralmente, as Varas fornecem cópias das atas de audiências na própria sessão. O direito de obtenção de certidões não é absoluto, porquanto o requerente deverá demonstrar interesse jurídico.

5. AUDIÊNCIA DE CONCILIAÇÃO, INSTRUÇÃO E JULGAMENTO

Os arts. 843 a 852 da CLT e 2º, 3º e 4º da Lei n. 5.584/70 tratam da "Audiência de Julgamento", no procedimento ordinário e sumário. No procedimento sumaríssimo, a audiência é regulada nos arts. 852-C e seguintes da CLT[1].

O art. 849 da CLT prescreve que a audiência de julgamento deverá ser contínua, admitindo, no entanto, que, por motivo de força maior, poderá o juiz determinar a sua continuação para a primeira desimpedida, independentemente de nova notificação.

O costume processual, portanto, acabou fracionando a audiência de julgamento em três: "audiência de conciliação", "audiência de instrução" e "audiência de julgamento".

Cumpre advertir, entretanto, que nem todos os juízes fracionam as audiências, o que recomenda aos advogados e às partes redobrado cuidado, a fim de evitar surpresas de última hora. O ideal é que as partes e seus advogados comportem-se como se a audiência fosse sempre una, pois o juiz é que, com base no art. 765 da CLT, tem a faculdade de fracionar ou não a audiência.

A "audiência de conciliação", também chamada de "audiência inaugural", é destinada apenas à tentativa de conciliação. É o que diz o art. 846, §§ 1º e 2º, da CLT[2], *in verbis*:

> Art. 846. Aberta a audiência, o Juiz ou presidente proporá a conciliação.
>
> § 1º Se houver acordo lavrar-se-á termo, assinado pelo presidente e pelos litigantes, consignando-se o prazo e demais condições para seu cumprimento.

---

1. Sobre procedimentos ordinário, sumário e sumaríssimo, *vide* Capítulo VII, item 5.
2. Redação dada pela Lei n. 9.022, de 5 de abril de 1995.

> § 2º Entre as condições a que se refere o parágrafo anterior, poderá ser estabelecida a de ficar a parte que não cumprir o acordo obrigada a satisfazer integralmente o pedido ou pagar uma indenização convencionada, sem prejuízo do cumprimento do acordo.

Vale ressaltar que, no caso de conciliação, o termo que for lavrado valerá como decisão irrecorrível, somente atacável, em tese, por ação rescisória (TST, Súmula 259), salvo para a Previdência Social quanto às contribuições que lhe forem devidas. É o que dispõe o parágrafo único do art. 831 da CLT, com nova redação dada pela Lei n. 10.035/2000.

Não havendo acordo, isto é, frustrada a primeira proposta de conciliação, o reclamado terá vinte minutos para apresentar a sua defesa, após a leitura da petição inicial, quando esta não for dispensada por ambas as partes (CLT, art. 847). Na prática, porém, a peça de defesa do reclamado é escrita e entregue ao juiz que, *incontinenti*, entrega-a ao reclamante (ou seu representante), não havendo leitura alguma das peças processuais.

Segundo o art. 848 da CLT, terminada a defesa, inicia-se a instrução do processo, podendo o juiz, de ofício, interrogar as partes. Na prática, o juiz designa nova "audiência de instrução", também chamada de "audiência em prosseguimento", que é destinada à produção das provas.

Finda a "audiência de instrução", as partes poderão apresentar razões finais orais por dez minutos cada uma. Em seguida, o juiz deve renovar a proposta de conciliação e, não se realizando esta, proferirá a sentença. Na prática, porém, o juiz não profere a sentença neste momento, uma vez que, geralmente, designa nova audiência – esta, sim, de julgamento – cujo objetivo se restringe à publicação da sentença, dela ficando cientes as partes.

Os trâmites de instrução e julgamento da reclamação serão resumidos em ata, na qual constará, na íntegra, a decisão. A ata de julgamento, devidamente assinada pelo juiz, será juntada ao processo no prazo improrrogável de 48 horas, contado da audiência de julgamento (CLT, art. 851, § 2º). Caso não observado esse prazo, o TST firmou jurisprudência no sentido de que o prazo para recursos será contado da data em que a parte receber a intimação da sentença (Súmula 30).

No procedimento sumaríssimo (CLT, art. 852-C), o processo deverá ser instruído e julgado em audiência única, sendo decididos, de plano, todos os incidentes e exceções que possam interferir no prosseguimento da audiência e dos processos. As demais questões serão decididas na sentença. Todas as provas serão produzidas na audiência, ainda que não requeridas pelas partes. O número de testemunhas é reduzido a duas para cada parte. A interrupção da audiência terá a duração máxima de trinta dias.

5.1. Audiência por videoconferência

Os arts. 236, § 3º; 385, § 3º; 453, §§ 1º e 2º; 461, § 2º, e 937, § 4º, do CPC permitem a utilização da videoconferência para a prática de diversos atos processuais, como: o depoimento pessoal da parte (ou da testemunha) que residir em comarca ou subseção judiciária diversa daquela em que tramita o processo, o que poderá, inclusive, ocorrer durante a realização da audiência de instrução e julgamento; a acareação de testemunhas; a sustentação oral do advogado com domicílio profissional diverso da sede do tribunal.

Essas regras do CPC têm por escopo evitar despesas e custos desnecessários e, com isso, reduzir barreiras que impedem ou dificultam o acesso à justiça. Entretanto, há cizânia sobre a aplicação das referidas regras para a realização das audiências na Justiça do Trabalho. A divergência é mais tênue quando se trata de audiências de conciliação. Em relação às audiências de instrução para depoimento das partes ou inquirição de testemunhas, há resistência doutrinária e jurisprudencial em função das características do processo do trabalho, no qual predomina a desigualdade econômica e social das partes (trabalhadores e empregadores) e, consequentemente, as dificuldades de acesso à parte mais vulnerável aos meios tecnológicos para a prática do ato processual.

O Ato Conjunto CSJT GP VP e CGJT n. 6 de 4-5-2020 tornou obrigatória a realização de audiências de conciliação e de instrução por meio de videoconferências durante o estado de calamidade decorrente da pandemia do coronavírus (Covid-19), como forma de manter o isolamento social e evitar contágio e disseminação dessa terrível doença.

A Associação Nacional dos Magistrados da Justiça do Trabalho (Anamatra) encaminhou ofícios aos signatários do referido Ato Conjunto externando preocupação com a determinação de realização obrigatória de audiências, em especial aquelas destinadas à colheita de provas orais. Segundo a Anamatra, a determinação, contida no art. 16 do referido ato normativo, viola a independência funcional dos magistrados e contraria os princípios positivados pelo Conselho Nacional de Justiça (CNJ) nas Resoluções n. 313 e 314/2020. Os atos do CNJ têm como objetivo central o de uniformizar o funcionamento do Poder Judiciário nesse período de excepcionalidade, tendo em vista que a existência de critérios conflitantes quanto à tramitação dos processos gera insegurança jurídica para todos os envolvidos na relação processual. As Resoluções do CNJ, segundo a Anmatra, resultaram do trabalho conjunto do "Comitê para o acompanhamento e supervisão das medidas de prevenção ao contágio pelo Novo Coronavírus – Covid-19", e foram construídas com a concepção de que o magistrado e a magistrada devem ter liberdade para analisar as melhores condições de realização de audiências.

Nos ofícios supracitados, a Anamatra explica que a imposição para a realização das audiências telepresenciais, inclusive com possível apuração de responsabilidade civil e penal dos magistrados (arts. 2º e 16 do Ato Conjunto n. 6/2020), não considera quaisquer das dificuldades previamente reconhecidas pelo CNJ para a edição de seus atos. Entre os exemplos apontados pela Anamatra nesse sentido está a obrigação de realização de audiências unas e de instrução, que demandam, via de regra, a oitiva de partes e testemunhas. Para a Anamatra: "Existem inúmeras dificuldades na realização desse tipo de colheita de provas e uma delas é insuperável: a lisura na colheita de toda a prova oral, evitando-se, durante o depoimento, contato algum com fatores externos. A obrigatoriedade, sem dúvida, poderá colocar em risco a segurança na prática do ato processual".

Para a Anamatra, o Ato Conjunto também desconsiderou as diversas realidades existentes no país, inclusive dentro de um mesmo TRT, a exemplo da dificuldade de acesso aos recursos tecnológicos por trabalhadores rurais e do acesso à internet que pode não suportar, por exemplo, uma videoconferência. "No momento em que se obriga os magistrados de todo o Brasil a fazerem audiências por videoconferência, sob pena de responsabilidade, a ordem será destinada, inclusive, a essas localidades, a despeito das dificuldades de sua concretização".

6. COMPARECIMENTO DAS PARTES

O art. 843 da CLT exige que "na audiência de julgamento deverão estar presentes o reclamante e o reclamado, independentemente do comparecimento de seus representantes, salvo nos casos de Reclamatórias Plúrimas ou Ações de Cumprimento, quando os empregados poderão fazer-se representar pelo sindicato de sua categoria".

No processo do trabalho, portanto, é obrigatória a presença das partes em todas as audiências na primeira instância, isto é, nas Varas do Trabalho. No caso de ausência das partes, haverá consequências processuais (art. 844 e seus parágrafos da CLT), como veremos adiante.

6.1. Comparecimento do empregador ou do preposto

Reafirmamos que as partes têm o dever de comparecer pessoalmente à audiência. O § 1º do art. 843 da CLT, no entanto, faculta ao empregador fazer-se substituir (*rectius*, representar) pelo gerente ou qualquer outro preposto que tenha conhecimento do fato e cujas declarações obrigarão o preponente.

A jurisprudência do TST (SBDI-1/OJ n. 99) previa que o preposto deveria ser necessariamente empregado do reclamado, salvo se este fosse empregador doméstico. O art. 54 da Lei Complementar n. 132/2006 também facultou ao "empregador de microempresa ou de empresa de pequeno porte fazer-se substituir ou representar perante a Justiça do Trabalho por terceiros que conheçam dos fatos, ainda que não possuam vínculo trabalhista ou societário".

Com isso, o TST passou a ampliar a possibilidade de representação patronal por preposto não empregado também para o micro ou pequeno empresário, como se depreendia da Súmula 377 do TST, que restou superada pelo § 3º do art. 843 da CLT, incluído pela Lei n. 13.467/2017, já que o preposto a que se refere o § 1º do mesmo artigo não precisa ser empregado da parte reclamada. Em se tratando de grupo econômico (TST, Súmula 129), parece-nos que o preposto, que não precisa ser empregado por força do § 3º do art. 843 da CLT, poderá representar todas as empresas do grupo. Afinal, se cada empresa do grupo econômico goza de autonomia, parece-nos que elas assumirão o risco de indicarem o mesmo preposto, pois este, presumivelmente, tem "conhecimento do fato e cujas declarações obrigarão o preponente" (CLT, art. 843, § 1º).

6.2. Comparecimento do preposto/advogado

Alguns julgados admitem que o advogado empregado atue, simultaneamente, como preposto do réu, o que não nos parece válido, uma vez que o causídico, na relação jurídica estabelecida com o cliente, está obrigado a manter o sigilo profissional, o que torna incompatível o exercício concomitante das duas funções.

No TST, porém, há divergência turmária, mas a SBDI-1, contudo, vem admitindo a atuação simultânea, no mesmo processo, do advogado empregado como preposto do empregador.

Por força do § 3º do art. 843 da CLT (incluído pela Lei n. 13.467/2017), o preposto não precisa mais ser empregado da parte reclamada. Entretanto, o art. 23 do Código de Ética e Disciplina dos Advogados dispõe, *in verbis*: "É defeso ao advogado funcionar no mesmo processo, simultaneamente, como patrono e preposto do empregador ou cliente".

Vale dizer, viola o Código de Ética o advogado – empregado ou autônomo – que atuar simultaneamente, no mesmo processo, como advogado e preposto do empregador ou cliente. E a razão reside no fato de que o advogado tem o dever de guardar sigilo profissional, o que poderia, no caso concreto, colidir com o princípio da busca da verdade real e sérios embaraços para a aplicação da confissão.

Importante lembrar que de acordo com o § 5º do art. 844 da CLT (incluído pela Lei n. 13.467/2017): "Ainda que ausente o reclamado, presente o advogado na audiência, serão aceitos a contestação e os documentos eventualmente apresentados". Não obstante, o art. 12, § 3º, da IN/TST n. 41/2018, dispõe que: "Nos termos do art. 843, § 3º, e do art. 844, § 5º, da CLT, não se admite a cumulação das condições de advogado e preposto". Dessa forma, o reclamado que não comparecer à audiência inaugural será revel, já que seu advogado não pode cumular a função de preposto, mas a confissão será confrontada com a contestação e os documentos eventualmente apresentados pelo causídico.

6.3. Ausência do reclamante à audiência inaugural

Se, por doença ou qualquer outro motivo relevante, devidamente comprovado, não for possível ao empregado comparecer pessoalmente, poderá fazer-se representar por outro empregado que pertença à mesma profissão, ou pelo seu sindicato (CLT, art. 843, § 2º).

A representação, aqui, segundo nos parece, cinge-se à comprovação do motivo que ensejou a ausência do reclamante e tem por objetivo evitar o arquivamento dos autos (extinção do processo sem julgamento do mérito).

Noutro falar, o representante do trabalhador não poderá confessar, transigir, renunciar ao direito sobre o qual se funda a ação, recorrer etc.

A Lei n. 13.467/2017 inseriu no art. 844 da CLT os §§ 2º e 3º, segundo os quais "na hipótese de ausência do reclamante, este será condenado ao pagamento das custas calculadas na forma do art. 789 da CLT, ainda que beneficiário da justiça gratuita, salvo se comprovar, no prazo de quinze dias, que a ausência ocorreu por motivo legalmente justificável" e "o pagamento das custas a que se refere o § 2º é condição para a propositura de nova demanda".

É dizer, se o reclamante, que pode ser o trabalhador ou o empregador, não comparecer injustificadamente à audiência inaugural, os autos deverão ser arquivados e, ainda que beneficiário da justiça gratuita, terá de pagar as custas do processo.

Parece-nos inconstitucional a exigência do pagamento das custas ao reclamante beneficiário da justiça gratuita como condição para propositura de nova ação por violação ao art. 5º, XXXV, XXXVI e LXXIV, da CF, o que é, inclusive, objeto da ADI 5.766 (Rel. Min. Luiz Roberto Barroso), ajuizada pelo Procurador-Geral da República. Em sentido contrário:

> AGRAVO DE INSTRUMENTO EM RECURSO DE REVISTA. RITO SUMARÍSSIMO. AÇÃO PROPOSTA NA VIGÊNCIA DA LEI N. 13.467/17. AUSÊNCIA DA RECLAMANTE À AUDIÊNCIA. PAGAMENTO DE CUSTAS. Prescinde de reforma o acórdão que manteve a condenação da reclamante, ainda que beneficiária da justiça gratuita, ao pagamento das custas processuais, nos termos do art. 844, § 2º, da CLT, ante a ausência injustificada à audiência. Não se constata violação direta e literal do art. 5º, XXXV, XXXVI e LXXIV, da CF. Agravo de instrumento conhecido e não provido (TST-AIRR 1000032-59.2018.5.02.0039, 8ª T., Rel. Min. Dora Maria da Costa, *DEJT* 14-6-2019).

De toda a sorte, caso não vingue a inconstitucionalidade do § 2º do art. 844 da CLT, parece-nos que o juiz, antes de arquivar os autos, deverá intimar o reclamante para, no prazo de quinze dias, apresentar justificativa da sua ausência à audiência inaugural. Essa intimação é, a nosso sentir, condição imprescindível para a aplicação da penalidade a que se refere o § 3º do art. 844 da CLT.

O termo "motivo legalmente justificável" previsto no § 2º do art. 844 da CLT deve ser interpretado ampliativamente, devendo o juiz interpretar a referida regra conforme os fins sociais do processo do trabalho e observar os princípios da dignidade da pessoa humana, da razoabilidade e da proporcionalidade (CPC, art. 8º), além dos princípios da boa-fé, da colaboração e do princípio/direito fundamental de acesso à justiça (CF, art. 5º, XXXV).

Assim, deve ser considerado motivo legalmente justificável qualquer alegação razoável do reclamante, havendo presunção *juris tantum* de verdade, como, por exemplo, que não tinha dinheiro para pagar a passagem do ônibus, foi levar o filho ao médico, teve entrevista para conseguir novo emprego etc.

Ademais, o juiz deve ter o máximo empenho, à luz dos princípios da eficiência e da supremacia da tutela de mérito, para evitar a extinção do processo sem resolução do mérito, o que, a nossos sentir, conduz à ilação de que o juiz deve adotar todas as providências possíveis para aproveitamento dos atos processuais já praticados, o que passa, necessariamente, pela necessidade de intimação do reclamante para se manifestar no processo antes de aplicar as sanções previstas nos §§ 2º e 3º do art. 844 da CLT, incluídos pela Lei n. 13.467/2017. Em sentido semelhante:

> AGRAVO DE INSTRUMENTO EM RECURSO DE REVISTA. NÃO CONHECIMENTO DO RECURSO ORDINÁRIO DO RECLAMANTE. DESERÇÃO. NÃO RECOLHIMENTO DE CUSTAS PROCESSUAIS. O Tribunal Regional registrou que a presente ação foi proposta já na vigência da Lei n. 13.467/2017, aplicando o disposto no art. 844, § 2º, da CLT: "Na hipótese de ausência do reclamante, este será condenado ao pagamento das custas calculadas na forma do art. 789 desta Consolidação, ainda que beneficiário da justiça gratuita, salvo se comprovar, no prazo de quinze dias, que a ausência ocorreu por motivo legalmente justificável". Consta na decisão recorrida que foi aberto prazo para o reclamante comprovar que a ausência na audiência inaugural ocorreu por motivo legalmente justificável, porém a parte não apresentou justificativa no prazo estabelecido. Neste contexto, a decisão recorrida, que não conheceu do recurso ordinário do reclamante e manteve a condenação ao pagamento de custas processuais, não viola os arts. 5º, XXXV e LXXIV, da CF, 790, §§ 3º e 4º, 790-A e 844, §§ 2º e 3º, da CLT e 98, § 1º, I e IV, do NCPC. Agravo de instrumento conhecido e não provido (TST-AIRR 4971620185080008, Rel. Min. Dora Maria da Costa, 8ª T., *DEJT* 17-5-2019).

6.4. Comparecimento das partes no dissídio individual plúrimo

Tal como dispõe o art. 843 da CLT, na audiência de julgamento deverão estar presentes o reclamante e o reclamado, independentemente do comparecimento de seus representantes, "salvo, nos casos de Reclamatórias Plúrimas ou Ações de Cumprimento, quando os empregados poderão fazer-se representar pelo Sindicato de sua categoria".

Nas ações (reclamatórias) plúrimas, também chamadas de dissídios individuais plúrimos, que nada mais são do que uma espécie de cumulação objetiva e subjetiva de ações (CLT, art. 842), os empregados poderão fazer-se representar pelo sindicato da categoria profissional correspondente, como prevê o art. 843 da CLT. O sindicato, aqui, atua como representante, razão pela qual deverá juntar instrumento de mandato (procuração) aos autos.

Trata-se, pois, de faculdade conferida aos trabalhadores, mas caberá ao juiz examinar, no caso concreto, a viabilidade da representação sindical dos litisconsortes ativos.

Não pode o juiz, porém, extinguir o processo sem resolução de mérito em relação aos trabalhadores que não compareceram à audiência em reclamatória plúrima na qual foram representados pelo sindicato. Nesse sentido:

> EXTINÇÃO DO PROCESSO SEM JULGAMENTO DO MÉRITO. ARQUIVAMENTO. AUTOR AUSENTE NA AUDIÊNCIA INAUGURAL. Nos termos do art. 843, *caput*, da CLT, em havendo litisconsórcio ativo, é permitido ao sindicato da categoria a representação do reclamante, independentemente de qualquer outra condição. Ocorre que não se trata a hipótese dos autos de ação plúrima, mas sim feito ajuizado por um único reclamante. De outro giro, pelo desenho do § 2º do já citado art. 843 da CLT, cabível a representação em caso de doença ou outro motivo poderoso, devidamente comprovado, circunstância não constatada in casu, pois inexiste nos autos qualquer justificava acerca da ausência do recorrido na audiência inaugural. O art. 844 da CLT expõe que "o não comparecimento do reclamante à audiência importa o arquivamento da reclamação", ou seja, a consequência regular para a ausência do obreiro à audiência é o arquivamento da reclamação trabalhista, que somente não ocorrerá se, cumulativamente, restar comprovada doença ou motivo poderoso para a ausência e o empregado se fizer representado por colega de profissão ou pela entidade de classe. Com efeito, na presente demanda o reclamante postula direitos próprios em nome próprio, não havendo prova da impossibilidade de sua presença na audiência, nem mesmo se tratando da ação plúrima, inaplicável à hipótese o previsto no art. 843 da CLT, *caput* e § 2º da CLT. Portanto, por não restar configurada as exceções legais que possibilitam o não comparecimento da parte em audiência, há que se concluir arquivamento do feito. Recurso provido (TRT 17ª R., RO 00010741220175170191, Rel. Des. Cláudio Armando Couce de Menezes, j. 12-3-2019, publ. 20-3-2019).

Quando a ação plúrima envolver grande contingente de trabalhadores não representados pelo sindicato e patrocinados por diferentes advogados, é de todo recomendável que a representação dos autores seja implementada por um grupo ou comissão dos litisconsortes, a fim de se assegurar a adequada representação dos autores, evitar tumulto na audiência e prejudicar a celeridade processual.

6.5. Comparecimento da parte e não comparecimento do seu advogado

Como já vimos, as partes devem comparecer à audiência (CLT, art. 843), independentemente do comparecimento de seus advogados. Ocorrendo, porém, motivo relevante, poderá o juiz suspender o julgamento e designar nova audiência, como se infere da dicção do § 1º do art. 844 da CLT.

A propósito, o art. 362, II, do CPC dispõe que a "audiência poderá ser adiada: se não puder comparecer, por motivo justificado, qualquer pessoa que dela deva necessariamente participar". No processo civil, como se sabe, o *jus postulandi* é exclusivo do advogado. No processo do trabalho, no entanto, o *jus postulandi* é exercido, facultativamente, pelas próprias partes (CLT, art. 791; TST, Súmula 425).

Assim, se o advogado da parte não puder comparecer à audiência, não haverá obrigatoriedade de o juiz determinar a suspensão do feito e designar nova audiência. A parte deve, pois, ficar atenta a respeito da decisão do juiz sobre o requerimento de adiamento da audiência pelo não comparecimento do causídico, não sendo o indeferimento causa de nulidade ou de cerceio de defesa.

O art. 3º, VI, da IN n. 39/2016 do TST dispõe que não se aplica ao processo do trabalho o disposto no inciso III do art. 362 do CPC, que prevê o adiamento da audiência em razão de atraso injustificado superior a 30 minutos. Não obstante a inconstitucionalidade da referida Instrução Normativa, como se sustenta na ADI n. 5.516, ajuizada pela Anamatra, parece-nos que o inciso III do art. 362 do CPC é, realmente, incompatível com os princípios da celeridade e do próprio procedimento adotado pelo processo do trabalho.

6.6. Comparecimento das partes na ação de cumprimento

Quanto ao comparecimento das partes na ação de cumprimento (CLT, art. 872, par. único), parece-nos que obrou em parcial equívoco o legislador. Isso porque, como veremos no Capítulo XXIV, item 4, há duas espécies de ação de cumprimento: coletiva e individual.

A *ação de cumprimento coletiva* é proposta pelo sindicato, na qual age sem autorização dos trabalhadores e, não obstante o art. 843 da CLT empregar impropriamente o termo "representar", o sindicato age, juridicamente, como legitimado extraordinário *ad causam* (substituto processual) dos trabalhadores (*vide* Capítulo VI, item 6.2.1, e Capítulo X, item 4). É dizer, o sindicato atua em nome próprio na defesa dos interesses (individuais homogêneos) alheios, razão pela qual ele – sindicato – será o autor da demanda, o que, por óbvio, dispensa a presença dos titulares do direito material deduzido em juízo (substituídos processuais). Trata-se, a nosso ver, da interpretação e aplicação sistemática do art. 8º, III, da CF combinado com o parágrafo único do art. 872 da CLT.

Afinal, o sindicato, quando atua como substituto processual, é parte processual, razão pela qual não há base legal para exigir a presença dos substituídos processualmente à audiência.

Já a *ação de cumprimento individual* pode ser simples ou plúrima. Na simples, o próprio trabalhador é autor da ação (legitimidade ordinária) e deverá comparecer pessoalmente à audiência. Na plúrima, os trabalhadores poderão ser representados pelo sindicato da correspondente categoria profissional. A jurisprudência vem admitindo, na hipótese de grande número de litisconsortes na reclamação plúrima, a formação de uma comissão de empregados que representará todos os demais litisconsortes.

Nesse sentido, a 1ª Turma do TST já decidiu que: "1. Consoante o disposto no artigo 843, cabeça, da Consolidação das Leis do Trabalho, a presença das partes à audiência, em regra, é imprescindível, admitindo-se, no entanto, que nas ações plúrimas os reclamantes sejam representados em audiência pelo sindicato. 2. Na hipótese dos autos, apresentou-se à audiência apenas comissão formada por parte dos reclamantes, sendo admitida sob o fundamento de que a matéria em exame não desafia dilação probatória. 3. Não há falar em obrigatoriedade de que todos os autores estejam presentes à sessão, visto que tal medida não traria qualquer alteração para o desfecho da controvérsia, diante da prescindibilidade da colheita dos depoimentos pessoais, o que autoriza o magistrado a deferir o comparecimento apenas da comissão de reclamantes à audiência, sem qualquer restrição à capacidade de defesa da parte adversa. 4. Assim, o grande número de litisconsortes no polo ativo da reclamação, bem como a constatação de que a matéria em exame é estritamente de direito, torna razoável a admissibilidade do comparecimento à audiência apenas de uma comissão representante dos autores, porquanto evita tumulto na audiência, além de se coadunar com a celeridade processual que caracteriza esta Justiça Especializada, nos termos do inciso LXXVIII do artigo 5º da Lei Magna (...)". (TST-RR 864004020075020018, 1ª T., Rel. Des. Conv. Marcelo Lamego Pertence, *DEJT* 18-8-2015).

6.7. Não comparecimento simultâneo do autor e do réu

Situação deveras interessante poderá ocorrer com o não comparecimento simultâneo do autor e do réu à **audiência inaugural** (ou audiência una). Neste caso, há quem sustente que o juiz deve julgar o processo no estado em que se encontra, isto é, se a matéria for unicamente de direito, proferirá logo a sentença; se a matéria for fática, decidirá aplicando as regras de distribuição do ônus da prova.

De nossa parte, parece-nos que o juiz deveria extinguir o feito sem resolução do mérito, determinando o arquivamento dos autos (CLT, art. 844, 1ª parte), por ser decisão que implica menor sacrifício para ambas as partes.

Nesse sentido, leciona com percuciência Manoel Antonio Teixeira Filho:

> Sendo una e contínua a audiência, e a ela nenhuma das partes comparecer, a consequência será a extinção do processo sem resolução do mérito, facultando-se ao au-

tor ajuizar, outra vez, a ação. Nota-se, assim, que a solução para este caso é idêntica à que se dá quando a ausência é, apenas, do autor. Acontece, como já dissemos, que o legislador do processo do trabalho tornou indispensável a presença do autor na audiência (una, no caso), particularidade que fez com que a doutrina e a jurisprudência adotassem o mesmo princípio em relação à audiência inicial, esta instituída pela praxe judiciária. Como, por força de lei é fundamental a presença do autor na audiência (seja inicial ou una), não há possibilidade de o juiz, ausente aquele, proferir julgamento antecipado da lide, sob argumento de que se trata de matéria somente de direito. Essa atitude do magistrado, além de implicar transgressão aos arts. 764, *caput*, e § 1º, e 844, *caput*, da CLT, acarreta prejuízo ao autor (se a sentença lhe for desfavorável), pois esta não poderá promover, outra vez, a ação; sob certo aspecto, o próprio réu poderia sentir-se prejudicado, pois apesar de vencedor na causa não pôde exercer o seu direito constitucional de ampla defesa. A sentença, emitida em tais circunstâncias, seria nula, sob a perspectiva de ambos os litigantes[3].

Assim, já decidiu o TST que: "(...) Constatada a ausência simultânea das partes, deve o processo ser extinto sem resolução do mérito, pois a verificação da hipótese de arquivamento antecede o exame dos efeitos da ausência do reclamado, uma vez que apenas se há falar em revelia e pena de confissão caso a reclamação não seja preliminarmente extinta sem resolução do mérito. Recurso ordinário provido" (...) (TST-ROAR 609400-36.2002.5.09.0909, Rel. Min. Emmanoel Pereira, SBDI-2, *DEJT* 13-5-2011).

Importante lembrar que, nos termos dos §§ 2º e 3º do art. 844 da CLT, acrescentados pela Lei n. 13.467/2017, "na hipótese de ausência do reclamante, este será condenado ao pagamento das custas calculadas na forma do art. 789 desta Consolidação, ainda que beneficiário da justiça gratuita, salvo se comprovar, no prazo de quinze dias, que a ausência ocorreu por motivo legalmente justificável", sendo que o pagamento das custas "é condição para a propositura de nova demanda". Esses parágrafos, a nosso ver, são flagrantemente inconstitucionais, por violarem os princípios do acesso à justiça (art. 5º, XXXV, XXXVI e LXXIV, da CF), o que, aliás, é objeto da ADI n. 5.766, que tem como Relator o Ministro Roberto Barroso.

Enquanto o STF não julga a ADI n. 5.766, alguns tribunais regionais do trabalho vêm decidindo neste sentido:

AUSÊNCIA DO RECLAMANTE À AUDIÊNCIA INAUGURAL. ARQUIVAMENTO DA RECLAMATÓRIA. APLICAÇÃO DO ART. 844 DA CLT. JUSTIFICATIVA PLAU-

3. TEIXEIRA FILHO, Manoel Antonio. *Manual da audiência na justiça do trabalho*. São Paulo: LTr, 2010. p. 89.

> SÍVEL APRESENTADA PELO RECLAMANTE. INCONSTITUCIONALIDADE DOS §§ 2º e 3º DO ART. 844 DA CLT. ISENÇÃO DAS CUSTAS PROCESSUAIS. Ajuizada a ação após o início da vigência da Lei n. 13.467/2017, aplica-se ao caso o disposto no § 2º do art. 844 da CLT, introduzido pela referida lei. No caso dos autos, o reclamante apresentou justificativa plausível para a sua ausência à audiência inaugural. Ademais, nos autos da ArgInc-0010676-71.2018.5.03.0000, o Pleno deste Regional entendeu que "São inconstitucionais a expressão 'ainda que beneficiário da justiça gratuita', constante do § 2º, e a íntegra do § 3º, ambos dispositivos do art. 844 da CLT, na redação dada pela Lei n. 13.467/2017, por violação direta e frontal aos princípios constitucionais da isonomia (art. 5º, *caput*, da CR), da inafastabilidade da jurisdição (art. 5º, XXXV, da CR) e da concessão de justiça gratuita àqueles que dela necessitarem (art. 5º, LXXIV, da CR)", decisão esta que deve ser observada. Desta forma, deve ser o reclamante isento do pagamento das custas processuais a que foi condenado até porque comprovou os requisitos de concessão da justiça gratuita (TRT 3ª, RO 0010101-08.2018.5.03.0083, Rel. Juiz Conv. Antonio Carlos R.Filho, 2ª T., *DEJT* 3-10-2018).

Há julgados do TST (AIRR-1000032-59.2018.5.02.0039, 8ª Turma, Rel. Min. Dora Maria da Costa, *DEJT* 14-6-2019) no sentido de que não viola a CF a decisão que mantém a exigência do pagamento das custas no caso de reclamante ausente à audiência inaugural.

De outro giro, em se tratando de **audiência em prosseguimento** (audiência de instrução) para a qual as partes tenham sido intimadas para depor nos termos da Súmula 74 do TST, o não comparecimento de ambas não deve implicar o arquivamento dos autos (extinção sem resolução do mérito) e, sim, o julgamento do processo segundo a dinâmica da distribuição do ônus da prova. Nesse sentido:

> CONFISSÃO FICTA DE AMBAS AS PARTES. NÃO COMPARECIMENTO PARA A AUDIÊNCIA DE INSTRUÇÃO. Quando autor e réu deixam de comparecer à audiência de instrução, na qual deveriam depor, apesar de regularmente cientes na assentada anterior, aplica-se a confissão ficta a ambos, devendo os pedidos serem apreciados com base nas regras de distribuição do ônus da prova e nas provas pré-constituídas (TRT 5ª R., RO 0001862-43.2012.5.05.0641, Rel. Des. Paulo Sérgio Sá, 4ª T., *DEJT* 19-5-2015).

7. ARQUIVAMENTO DOS AUTOS E CONFISSÃO DO AUTOR

Diz o art. 844 da CLT que o não comparecimento do reclamante à audiência importa o arquivamento da reclamação. Há erronia técnica no emprego do termo "arquivamento da reclamação". Na linguagem da ciência processual, a reclamação é a ação, sendo que esta não é arquivada, pois é um direito da parte (*vide* Capítulo VI, item 3); os autos do processo é que são arquivados.

Tecnicamente, portanto, ocorre, na hipótese em tela, a extinção do processo sem resolução de mérito (CPC, art. 485, VI), por ausência de interesse de agir do autor, ou seja, trata-se de uma carência de ação superveniente por perda de objeto da demanda. No CPC de 1939, esse ato era chamado de "absolvição da instância". Há quem sustente que o arquivamento dos autos pelo não comparecimento do reclamante à audiência dita inaugural equivale à desistência da ação. O TST, no entanto, não considera o arquivamento uma desistência da ação, como se observa do seguinte aresto:

> RECURSO DE REVISTA. PEREMPÇÃO TEMPORÁRIA. O eg. Tribunal Regional consignou que houve dois arquivamentos ocasionados por pedido de desistência da reclamante, e não por falta de comparecimento à audiência. Os arts. 731 e 732 da CLT são explícitos em demonstrar as situações em que cabe a aplicação da penalidade ao autor, não se enquadrando em nenhuma delas a desistência da ação. Nos termos do art. 844 da CLT, apenas o não comparecimento do autor à audiência importa no arquivamento da reclamação, nada dispondo o texto legal acerca da desistência promovida a tempo pelo reclamante. Incólumes os arts. 731 e 732 da CLT. Recurso de revista não conhecido (...) (TST-RR 6570920125080119, Rel. Min. Aloysio Corrêa da Veiga, 6ª T., *DEJT* 23-5-2014).

Ocorrendo o arquivamento dos autos (por meio de sentença terminativa) em virtude da ausência do autor à audiência dita inaugural, não há possibilidade fática da proposta de conciliação pelo juiz nem da apresentação da defesa do réu. Também não há confissão ficta do autor, pois este poderá ajuizar novamente a ação.

Se o autor, porém, der causa a dois arquivamentos seguidos, sem motivo relevante, ficará impedido de ajuizar qualquer ação trabalhista (perempção temporária) pelo prazo de seis meses, nos termos dos arts. 731 e 732 da CLT. Esses dois dispositivos devem ser interpretados conforme o princípio da inafastabilidade do acesso à justiça (CF, art. 5º, XXXV). Em sentido semelhante, colacionamos o seguinte julgado:

> ART. 732 DA CLT. PEREMPÇÃO TEMPORÁRIA. INTERPRETAÇÃO RESTRITIVA. Considerando a previsão constitucional que garante o direito de ação e a inafastabilidade da jurisdição (art. 5º, XXXV), a hipótese de perda do direito de reclamar, pelo prazo de 06 meses, prevista no art. 732 da CLT, enseja interpretação restritiva, somente incidindo na hipótese de o empregado ter dado causa a dois arquivamentos seguidos na forma do art. 844 consolidado, ou seja, por faltar à audiência inaugural. Diversamente do que anteviu o Julgador originário, não se encontra presente o duplo arquivamento com fulcro no art. 844 da CLT. Recurso autoral conhecido e provido para determinar o retorno dos autos à Vara de origem para apreciação dos pedidos (TRT 1ª R., RO 00100298620145010060, Rel. Des. Sayonara Grillo Coutinho Leonardo da Silva, 7ª T., *DEJT* 10-9-2015).

Em sentido contrário, o TST deixa implícito o seu entendimento pela constitucionalidade do art. 732 da CLT, como se infere do seguinte aresto:

RECURSO DE REVISTA – JUSTIÇA GRATUITA – REQUISITOS – ABUSO DO DIREITO DE AÇÃO – INAPLICABILIDADE DE SANÇÃO RELATIVA AO INDEFERIMENTO DO BENEFÍCIO – ARQUIVAMENTO DE AÇÕES ANTERIORES – PREVISÃO APENAS DE PEREMPÇÃO TEMPORÁRIA EXPRESSA NA REGRA DOS ARTS. 731 E 732 DA CLT. A medida sancionatória prevista na CLT para aquele que der causa ao arquivamento da ação por duas vezes é única e específica, conforme se infere dos seus arts. 731 e 732. Assim, não se cogita de cominação outra que não a perempção temporária a ser aplicada ao reclamante. Dessa forma, não se afigura apropriado o indeferimento do benefício da Justiça Gratuita com esteio na indicação de que os arquivamentos das ações intentadas pelo reclamante se configuraram em abuso do direito. Recurso de revista conhecido e provido (TST-RR 3708420135150129, Rel. Min. Luiz Philippe Vieira de Mello Filho, 7ª T., *DEJT* 19-2-2016).

Caso o autor não compareça à "audiência em prosseguimento", que, na prática, como já vimos, ocorre após a "audiência de conciliação", não há falar em "arquivamento" (extinção do processo sem resolução do mérito), mas poderá haver confissão quanto à matéria de fato, se ele for expressamente intimado com essa cominação para a audiência em prosseguimento. É que, neste caso, a defesa do réu já foi apresentada, formando, assim, a *litiscontestatio*.

A matéria é tratada nas Súmulas 9 e 74 do TST, *in verbis*:

Súmula 9 – ARQUIVAMENTO DA RECLAMAÇÃO – AUSÊNCIA DO RECLAMANTE APÓS CONTESTADA A AÇÃO. A ausência do reclamante, quando adiada a instrução após contestada a ação em audiência, não importa arquivamento do processo.

Súmula 74 – CONFISSÃO. I – Aplica-se a confissão à parte que, expressamente intimada com aquela cominação, não comparecer à audiência em prosseguimento, na qual deveria depor. II – A prova pré-constituída nos autos pode ser levada em conta para confronto com a confissão ficta (art. 400, I, CPC), não implicando cerceamento de defesa o indeferimento de provas posteriores. III – A vedação à produção de prova posterior pela parte confessa somente a ela se aplica, não afetando o exercício, pelo magistrado, do poder/dever de conduzir o processo.

Há quem sustente[4] a ilegalidade do item I da Súmula 74 do TST, sob o fundamento de que não há, na legislação processual trabalhista em vigor, previsão para a confissão

4. MENEZES, Cláudio Armando Couce de. *Direito processual do trabalho*. São Paulo: LTr, 1996. p. 119-127.

ficta do reclamante que não comparece à audiência, pois tal consequência processual só é destinada expressamente ao reclamado (CLT, art. 844). De toda sorte, nos termos do item I da Súmula 74 do TST, só haverá confissão do reclamante se, cumulativamente, houver: *a*) sua intimação para comparecer à audiência em prosseguimento; e *b*) a expressa previsão da aplicação da confissão caso não compareça à referida audiência.

8. REVELIA E CONFISSÃO

Revelia e contumácia são geralmente usadas como expressões sinônimas. É natural que isso ocorra, uma vez que, tradicionalmente, o não comparecimento da parte perante a autoridade judiciária era considerada uma atitude ofensiva e desrespeitosa.

"Revelia", aliás, origina-se do latim *rebellis*, de rebeldia, qualidade da pessoa rebelde. Já "contumácia" advém do latim *contumax*, que quer dizer orgulhoso, insolente, altivo, de quem pratica a contumélia, injúria.

Atualmente, já não há razão para o emprego comum dos termos "revelia" e "contumácia", porquanto o CPC/73, no seu art. 319, deixava patente que ocorria a revelia "se o réu não contestar a ação".

O art. 344 do CPC, em redação mais clara, dispõe: "Se o réu não contestar a ação, será considerado revel e presumir-se-ão verdadeiras as alegações de fato formuladas pelo autor".

Vale dizer, revel é aquele que não contesta a ação. Contumaz, por exclusão, é aquele que não comparece à audiência.

No processo do trabalho, se o réu não comparece à audiência, será revel e contumaz, além de confesso, pois, nos termos do art. 844 da CLT, "o não comparecimento do reclamado importa revelia, além de confissão quanto à matéria de fato". Mas, se comparecer e, por algum motivo, aduzir a sua defesa (oralmente ou por escrito), será apenas revel, mas não contumaz.

Tanto o autor quanto o réu poderão ser contumazes, mas somente o réu poderá ser revel[5]. É importante a distinção, pois revelia não é pena nem sanção. Na verdade, *a revelia é uma faculdade* do réu, que, citado, opta por não se defender. É a chamada teoria da *autodeterminação*, preconizada por Rispoli, atualmente conhecida por *teoria da inatividade*, aperfeiçoada por Chiovenda. Essa nova teoria absorve a ideia de que a atitude negativa do réu é, a rigor, uma inatividade lícita que não prejudica o processo; pelo contrário, abrevia-o[6].

A revelia implica o prosseguimento do processo em face do réu, independentemente de intimação ou notificação para a contagem do início dos prazos, ou para atos

5. RODRIGUES, Marcelo Abelha. *Elementos de direito processual civil*, v. 2, p. 141.
6. RODRIGUES, Marcelo Abelha, op. cit., p. 142.

do processo. O art. 346 do CPC dispõe que os prazos contra o revel que não tenha patrono nos autos fluirão da data de publicação do ato decisório no órgão oficial, sendo certo que, de acordo com o parágrafo único do mesmo artigo, o revel poderá intervir no processo em qualquer fase, recebendo-o no estado em que se encontrar. Prestigiou-se, assim, o papel do advogado constituído pelo revel, o qual deverá ser intimado dos atos do processo. Há lacuna normativa na CLT a tal respeito, o que permite a aplicação subsidiária do art. 346, parágrafo único, do CPC, por inexistir incompatibilidade com os princípios do processo do trabalho.

É preciso lembrar, contudo, que, no processo do trabalho, há uma regra específica que determina a intimação da sentença ao revel, mesmo que este não tenha constituído advogado nos autos. É o que se infere da segunda parte do art. 852 da CLT: "No caso de revelia, a notificação far-se-á pela forma estabelecida no § 1º do art. 841". Ou seja, a intimação da sentença em relação ao réu revel "será feita em registro postal com franquia".

O principal efeito da revelia incide sobre a prova, uma vez que, se o réu não contestar a ação, serão considerados verdadeiros os fatos alegados pelo autor na petição inicial, dispensando-se a produção de outras provas sobre tais fatos. Se a matéria for de direito, no entanto, não há falar em confissão ficta.

De acordo com o § 4º do art. 844 da CLT (redação dada pela Lei n. 13.467/2017), a revelia não produz o efeito da confissão ficta se:

> I – havendo pluralidade de reclamados, algum deles contestar a ação;
>
> II – o litígio versar sobre direitos indisponíveis;
>
> III – a petição inicial não estiver acompanhada de instrumento que a lei considere indispensável à prova do ato;
>
> IV – as alegações de fato formuladas pelo reclamante forem inverossímeis ou estiverem em contradição com prova constante dos autos.

A confissão de que trata o art. 844 da CLT é a confissão ficta, também chamada de confissão presumida ou tácita, que ocorre pelo não comparecimento do réu à audiência inaugural (ou una). Opõe-se à confissão expressa, uma vez que a ficta se verifica quando a parte não comparece em juízo para depor ou comparece e se recusa a prestar depoimento ou a responder. Já a confissão expressa é aquela na qual a parte comparece e depõe sobre os fatos que lhe são perguntados.

A Súmula 74, I, do TST disciplina que se aplica a confissão à parte que, expressamente intimada com aquela cominação, não comparecer à audiência em prosseguimento, na qual deveria depor, sendo certo que, nos termos do item II da referida Súmula, a prova pré-constituída nos autos pode ser levada em conta para confronto com a confissão ficta (arts. 442 e 443, do CPC de 2015 – art. 400, I, do CPC de 1973), não implicando cerceamento de defesa o indeferimento de provas posteriores. Já a vedação à produção de prova posterior pela parte confessa, consoante item III da Súmula em questão, somente a ela se aplica, não afetando o exercício, pelo magistrado, do poder/dever de conduzir o processo.

Colacionamos, a seguir, um julgado que estabelece a distinção entre revelia e confissão ficta:

> (...) SÚMULA 331, IV E V, DO TST. RATIO DECIDENDI. REGISTRO FÁTICO NO ACÓRDÃO REGIONAL DE NÃO COMPARECIMENTO DA TOMADORA DE SERVIÇOS (UNIÃO) À AUDIÊNCIA. CONFISSÃO FICTA QUANTO À AUSÊNCIA DE FISCALIZAÇÃO. ORIENTAÇÃO JURISPRUDENCIAL N. 152 DA SBDI-1 DO TST. No julgamento do RE n. 760.931, o Supremo Tribunal Federal firmou a seguinte tese, com repercussão geral: "O inadimplemento dos encargos trabalhistas dos empregados do contratado não transfere automaticamente ao Poder Público contratante a responsabilidade pelo seu pagamento, seja em caráter solidário ou subsidiário, nos termos do art. 71, § 1º, da Lei n. 8.666/93". (...) Como se sabe, o não comparecimento do reclamado à audiência enseja revelia e a confissão ficta quanto à matéria de fato, nos termos do art. 844 da CLT e da Súmula 74 do TST. Por outro lado, esta Corte Superior já estabeleceu que as pessoas jurídicas de direito público estão sujeitas à revelia prevista no mencionado dispositivo, conforme a diretriz da Orientação Jurisprudencial n. 152 da SBDI-1. Nesse contexto, nem sequer cabe discutir acerca do ônus da prova quanto à fiscalização, nos termos do art. 334, IV, do CPC/73. Deve, portanto, ser mantida a responsabilidade do ente público. Agravo de instrumento conhecido e não provido (...) (TST-AIRR 116337220145010031, Rel. Min. Cláudio Mascarenhas Brandão, 7ª T., *DEJT* 7-12-2018).

O § 5º do art. 844 da CLT, incluído pela Lei n. 13.467/2017, dispõe que: "Ainda que ausente o reclamado, presente o advogado na audiência, serão aceitos a contestação e os documentos eventualmente apresentados". Em outras palavras, ainda que revel o reclamado, a nova norma permite que, se seu advogado estiver presente à audiência inaugural, o juiz deverá aceitar a juntada da contestação e dos documentos que a instruem, de modo a impedir que a revelia produza o efeito da confissão ficta quanto às alegações de fato formuladas pelo reclamante estiverem em contradição com prova constante dos autos (CLT, art. 844, § 4º, *in fine*).

Para elidir a revelia, não basta a presença do advogado do réu na audiência, pois é imprescindível a apresentação de atestado médico que declare expressamente a impossibilidade de locomoção do empregador ou seu preposto. Nesse sentido, o TST editou a Súmula 122:

> A reclamada, ausente à audiência em que deveria apresentar defesa, é revel, ainda que presente seu advogado munido de procuração, podendo ser ilidida a revelia mediante a apresentação de atestado médico, que deverá declarar, expressamente, a impossibilidade de locomoção do empregador ou do seu preposto no dia da audiência.

8.1. Revelia e confissão das pessoas jurídicas de direito público

As pessoas jurídicas de direito público se sujeitam à revelia prevista no art. 844, *caput*, da CLT, como se depreende da OJ n. 152 da SBDI-1 do TST.

Quanto à confissão ficta, pensamos que ela não se aplica às pessoas jurídicas de direito público, por serem os bens públicos indisponíveis, impenhoráveis e inalienáveis, razão pela qual deles não pode dispor o administrador público, salvo, é claro, quando houver lei autorizativa. Não é este, porém, o entendimento jurisprudencial do TST:

> AGRAVO DE INSTRUMENTO. RECURSO DE REVISTA INTERPOSTO SOB A ÉGIDE DAS LEIS NS. 13.015/2014, 13.105/2015 E 13.467/2017. DESCABIMENTO. ENTE PÚBLICO. REVELIA E CONFISSÃO FICTA. As prerrogativas processuais da Fazenda Pública estão expressas no ordenamento jurídico, não se as podendo estender para além do que autoriza o princípio da isonomia. Não só se submetem as pessoas jurídicas de direito público ao reconhecimento da revelia como à aplicação da pena de confissão ficta, quando a tanto derem causa. A dicção da OJ n. 152 da SBDI-1 faz incabível o recurso de revista (Súmula 333 do TST; CLT, art. 896, § 4º). Agravo de instrumento conhecido e desprovido (TST-AIRR 2126272016511003, Rel. Min Alberto Luiz Bresciani de Fontan Pereira, 3ª T., *DEJT* 14-12-2018).

8.2. Revelia e comparecimento do advogado não empregado

Advogado que comparece à audiência, portando a contestação, procuração e contrato social da empresa ré, embora ausente o proprietário da empresa ou o seu preposto, pode apresentar a contestação? Há revelia? Há confissão ficta?

De acordo com o art. 844 da CLT, o não comparecimento da parte, salvo nas hipóteses permitidas no art. 843 e seus parágrafos, todos da CLT, caracterizará a revelia, sofrendo o réu os efeitos sobre a matéria fática (confissão ficta), razão pela qual não pode o juiz receber a contestação.

A jurisprudência dominante no TST prevê o afastamento da revelia nos casos em que o empregador ou seu preposto deixarem de comparecer à audiência por motivo de saúde, desde que o seu advogado esteja presente. Nesse sentido é a Súmula 122 daquela Corte:

> REVELIA. ATESTADO MÉDICO. A reclamada, ausente à audiência em que deveria apresentar defesa, é revel, ainda que presente seu advogado munido de procuração, podendo ser ilidida (*rectius*, elidida)[7] a revelia mediante a apresentação de atestado

7. A nosso ver, o termo correto que deveria constar da Súmula 122 do TST é: "podendo ser elidida", e não "ilidida". Segundo o *Dicionário Houaiss da Língua Portuguesa*, o verbo *elidir* (com "e")

médico, que deverá declarar, expressamente, a impossibilidade de locomoção do empregador ou do seu preposto no dia da audiência.

A presença apenas do advogado do reclamado à audiência, segundo a jurisprudência trabalhista majoritária, não afasta revelia nem a confissão ficta, como se infere da Súmula 122 do TST.

É preciso advertir, contudo, que, nos termos do § 5º do art. 844 da CLT (redação dada pela Lei n. 13.467/2017): "Ainda que ausente o reclamado, presente o advogado na audiência, serão aceitos a contestação e os documentos eventualmente apresentados".

Assim, embora revel e confesso quanto à matéria de fato (CLT, art. 844, *caput*), o juiz deverá receber a contestação e determinar a juntada dos documentos apresentados pelo advogado da reclamada à audiência inaugural. Com isso, o juiz poderá confrontar a contestação e os documentos que a acompanham com os fatos alegados pelo reclamante na petição inicial e, eventualmente, mitigar os efeitos da confissão ficta.

Segundo o que prevê o art. 12, § 3º, da IN n. 41/2018 do TST: "Nos termos do art. 843, § 3º, e do art. 844, § 5º, da CLT, não se admite a cumulação das condições de advogado e preposto". Não obstante, há julgados do próprio TST em sentido contrário:

> RECURSO DE REVISTA. 1. PRELIMINAR DE NULIDADE. NEGATIVA DE PRESTAÇÃO JURISDICIONAL. POSSIBILIDADE DE DECIDIR O MÉRITO FAVORAVELMENTE À PARTE RECORRENTE. APLICAÇÃO DO ART. 282, § 2º, DO CPC NÃO CONHECIMENTO. A preliminar suscitada não enseja análise no presente apelo, uma vez que, mesmo que se reconhecesse a existência da nulidade apontada, ela não seria objeto de pronunciamento, ante a possibilidade de decidir o mérito do recurso favoravelmente à parte recorrente, na forma autorizada pelo art. 282, § 2º, do CPC. 2. ADVOGADO E PREPOSTO. ATUAÇÃO SIMULTÂNEA. PROVIMENTO. Este Tribunal tem se orientado no sentido de que é possível a atuação simultânea nas funções de advogado e preposto, ainda que no mesmo processo,desde que regularmente constituído . Recurso de revista de que se conhece e a que se dá provimento (TST-RR 1857820145120037, Rel. Min. Guilherme Augusto Caputo Bastos, 4ª T., *DEJT* 22-3-2019).
>
> I – AGRAVO DE INSTRUMENTO DO RECLAMANTE RECURSO DE REVISTA. LEI N. 13.015/2014. REGULARIDADE DE REPRESENTAÇÃO DA RECLAMADA. PREPOSTO. REVELIA E CONFISSÃO NÃO CARACTERIZADAS. O Tribunal Regional manteve a sentença que declarou ser regular a representação da reclamada em Juízo, entendendo que os atuais sócios, mediante instrumento público de procuração, nomearam terceiro como procurador da empresa, conferindo-lhe plenos poderes

significa "retirar, excluir, eliminar". Já o verbo *ilidir* (com "i"), significa "destruir refutando, rebatendo, esp. em terminologia forense". Na hipótese da Súmula em questão, parece-nos que a intenção é eliminar, excluir, retirar a revelia.

> para representar a empresa outorgante perante a Justiça do Trabalho. Registrou que não houve cumulação das funções de preposto e advogado. Nestes termos, correta a decisão de origem de afastar a aplicação da Súmula 377 do TST, ante a existência de poderes para representar a reclamada judicialmente (...) (TST-ARR 10605952013519000l, Rel. Min. Maria Helena Mallmann, 2ª T., *DEJT* 5-4-2019).

8.3. Comparecimento do preposto sem carta de preposição

É importante lembrar que com o advento do § 3º do art. 843 da CLT (redação dada pela Lei n. 13.467/2017), o preposto "não precisa ser empregado da parte reclamada".

O comparecimento do preposto sem carta de preposição enseja, a nosso ver, irregularidade de representação, devendo o juiz suspender o feito e assinalar prazo razoável para o réu sanar a irregularidade, nos termos do art. 76 do CPC aplicado subsidiariamente ao processo do trabalho (CLT, art. 769). Nesse sentido:

> PRESENÇA DO PREPOSTO SEM CARTA DE PREPOSIÇÃO. REVELIA. NÃO CONFIGURAÇÃO. No processo do trabalho, a revelia pressupõe a ausência da reclamada à audiência inaugural (art. 844, da CLT). A presença do preposto na audiência, sem a carta de preposição, apenas poderá gerar o decreto da revelia, se assinado prazo para a adequação da representação processual, com expressa referência à consequência prevista no inciso II do § 1º do art. 76 do Novo CPC (art. 769 da CLT), não ocorrer efetivamente a regularização (TRT 3ª, RO 0010632-29.2016.5.03.0095, Rel. Juiz Conv. Frederico Leopoldo Pereira, 3ª T., *DEJT* 1º-8-2017).

Alguns juízes, em homenagem ao princípio da celeridade, determinam, sem suspensão do feito, que o réu sane a irregularidade em determinado prazo, sob pena de serem considerados inexistentes os atos praticados no processo.

Se o preposto não comparecer ou não estiver munido de carta de preposição, mas presente o advogado da reclamada, incidirá o § 5º do art. 844 da CLT (redação dada pela Lei n. 13.467/2017): "Ainda que ausente o reclamado, presente o advogado na audiência, serão aceitos a contestação e os documentos eventualmente apresentados".

8.4. Atrasos das partes: revelia e arquivamento

Determina o art. 815 da CLT que, na hora marcada, o juiz ou presidente declarará aberta a audiência, sendo feita pelo secretário ou escrivão a chamada das partes, testemunhas e demais pessoas que devam comparecer. Se, até 15 (quinze) minutos após a hora marcada, o juiz ou presidente não houver comparecido, os presentes poderão retirar-se, devendo o ocorrido constar do livro de registro das audiências.

Assim, a previsão do atraso para comparecimento de até quinze minutos é exclusivo para o juiz. Noutro falar, não há previsão legal para atrasos das partes. Logo, não há como afastar o "arquivamento dos autos" para o autor e a revelia para o réu no caso de atraso à audiência. Entretanto, ocorrendo motivo relevante, poderá o juiz suspender o julgamento, designando nova audiência, conforme preceitua o § 1º do art. 844 da CLT.

A OJ n. 245 da SBDI-1, contudo, não prevê exceções: "REVELIA. ATRASO. AUDIÊNCIA. Inexiste previsão legal tolerando atraso no horário de comparecimento da parte na audiência".

8.5. Revelia em ação rescisória

Em sede de ação rescisória, pode ocorrer a revelia, que é a ausência de apresentação de defesa, mas a revelia, *in casu*, não implica confissão ficta. É o que diz a Súmula 398 do TST:

> AÇÃO RESCISÓRIA. AUSÊNCIA DE DEFESA. INAPLICÁVEIS OS EFEITOS DA REVELIA (alterada em decorrência do CPC de 2015, Res. n. 219/2017, republicada em razão de erro material - *DEJT* divulgado em 12, 13 e 14-7-2017). Na ação rescisória, o que se ataca é a decisão, ato oficial do Estado, acobertado pelo manto da coisa julgada. Assim, e considerando que a coisa julgada envolve questão de ordem pública, a revelia não produz confissão na ação rescisória.

8.6. Revelia e litisconsórcio

Dispõe o art. 117 do CPC que: "Os litisconsortes serão considerados, em suas relações com a parte adversa, como litigantes distintos, exceto no litisconsórcio unitário, caso em que os atos e as omissões de um não prejudicarão os outros, mas os poderão beneficiar".

Prevê o § 4º do art. 844 da CLT que a revelia não produz a confissão ficta se, "havendo pluralidade de reclamados, algum deles contestar a ação".

Sabe-se que, nos termos do art. 344 do CPC, se o réu não contestar a ação, reputar-se-ão verdadeiros os fatos afirmados pelo autor. Contudo, o art. 345, I, do mesmo diploma legal diz que revelia não induz os efeitos da confissão se, havendo pluralidade de réus, algum deles contestar a ação.

Além disso, prevê o art. 391 do CPC que a "confissão judicial faz prova contra o confitente, não prejudicando, todavia, os litisconsortes".

Consoante lição de Nelson Nery Junior:

> Caso um dos litisconsortes passivos conteste a ação, não ocorrem os efeitos da revelia quanto ao outro litisconsorte, revel. Essa não ocorrência, entretanto, de-

pende de os interesses do contestante serem comuns ao do revel. Caso os interesses dos litisconsortes sejam opostos, há os efeitos da revelia, não incidindo o CPC, art. 345, I[8].

Há quem defenda que, na seara do processo do trabalho, nos casos de responsabilidade subsidiária ocorre a figura do litisconsorte necessário, como se vê do seguinte julgado:

> REVELIA – LITISCONSÓRCIO NECESSÁRIO – DEFESA APRESENTADA PELA CORRECLAMADA – APROVEITAMENTO À PRIMEIRA – CABIMENTO. REVELIA E LITISCONSÓRCIO NECESSÁRIO. EFEITOS. Arts. 47 e 320 do CPC. É certo que a ausência da reclamada à audiência na qual deveria depor atrai a aplicação da revelia e da confissão quanto à matéria de fato (art. 844 da CLT e Súmula 74 do col. TST). Em razão do pedido de condenação subsidiária da tomadora de serviços, configurou-se litisconsórcio necessário (art. 47 do CPC). Apesar da declaração da revelia atingir a parte ausente, é certo que a defesa apresentada pela correclamada aproveita à primeira, desde que haja impugnação pontual de todos os fatos alegados na exordial (art. 320, I, do CPC). Todavia, a defesa genérica, baseada na negativa do vínculo, não se resolve em favor da parte revel (TRT 2ª R., RO 00938200443302004, 4ª T., Rel. Juiz Paulo Augusto Câmara, *DJSP* 22-6-2007).

Parece-nos, entretanto, que, nos casos de responsabilidade subsidiária reconhecida no art. 455 da CLT ou na Súmula 331, IV, do TST, ocorre apenas a formação de um litisconsórcio passivo facultativo (e não necessário ou unitário)[9], sendo, em tal caso, opostos os interesses dos corréus, na medida em que o responsável subsidiário sempre (ou quase sempre) intenta afastar a sua responsabilidade em relação aos débitos trabalhistas não adimplidos pelo devedor principal. De tal modo que, a nosso ver, a revelia e a confissão da primeira ré, isto é, da empresa (empregador formal) que figurar como devedora principal, induzem os seus efeitos em relação à segunda ré (tomadora da mão de obra e devedora subsidiária).

Como se vê, o referido § 4º do art. 844 da CLT, reproduzindo literalmente o disposto no art. 345 do CPC, adotou o entendimento de que havendo pluralidade de reclamados (litisconsórcio) e se pelo menos um deles comparecer à audiência inaugural e contestar a ação a revelia dos ausentes não produzirá para eles os efeitos da confissão.

É preciso destacar, contudo, que a regra do incido I do art. 345 do CPC (idêntica à do inciso I do § 4º do art. 844 da CLT) só é aplicável: *i*) na hipótese de litiscon-

8. NERY JUNIOR, Nelson; NERY, Rosa Maria Andrade. *Comentários ao Código de Processo Civil: novo CPC – Lei n. 13.105/2015*. São Paulo: Revista dos Tribunais, 2015, p. 959.

9. Remetemos o leitor ao Capítulo X, item 3.

sórcio unitário; ou *ii)* de litisconsórcio simples, desde que a defesa apresentada por um litisconsorte guardar pertinência fática comum em relação àquele(s) que não contestou(aram) a ação.

8.7. Réu revel citado por edital e o curador especial

O art. 72 do CPC prescreve que o juiz nomeará curador especial: *a)* o incapaz, se não tiver representante legal ou se os interesses deste colidirem com os daquele, enquanto durar a incapacidade; *b)* o réu preso revel, bem como o réu revel citado por edital ou com hora certa, enquanto não for constituído advogado.

A CLT é omissa a respeito do instituto da curadoria especial, mas há que se examinar a compatibilidade da norma civilista acima citada com os princípios que fundamentam e informam o processo laboral.

Posto, assim, o problema, pensamos que na hipótese de incapaz que não tiver representante legal, ou se os interesses deste colidirem com os daquele, já vimos que o MPT poderá atuar como curador especial (substituto processual) do menor, na hipótese do art. 793 da CLT (*vide* Capítulo IV, item 8.1.1), tanto no polo ativo quanto no polo passivo da demanda.

Quanto ao réu preso, haveria apenas a hipótese de o réu ser o trabalhador ou o empregador pessoa física. Neste caso, o MPT não deveria atuar como curador à lide, pois pressupõe-se que tanto o trabalhador quanto o empregador sejam maiores e capazes. Nada impediria, contudo, que o juiz nomeasse um advogado dativo como curador especial[10], mas tal providência implicaria sérios embaraços para a celeridade da prestação jurisdicional e atrairia o óbice da parte final do art. 769 da CLT.

No tocante ao revel citado por edital ou com hora certa, cremos que, não obstante o disposto no § 1º do art. 841 da CLT, a nomeação de curador à lide poderia ocorrer no processo do trabalho se o réu revel fosse um incapaz, mas, aí, cairíamos na hipótese do inciso I do art. 72 do CPC. A jurisprudência especializada é contra a aplicação de tal disposição legal no processo do trabalho, como se infere do seguinte julgado:

> RECURSO DE REVISTA. MAIOR INCAPAZ. COMPETÊNCIA DA JUSTIÇA DO TRABALHO PARA NOMEAÇÃO DE CURADOR ESPECIAL. ART. 793 DA CLT. LIMITAÇÃO ÀS HIPÓTESES EM QUE OS LITIGANTES FOREM MENORES DE 18 ANOS. NÃO PROVIMENTO. No processo trabalhista o encargo de curador especial pode ser exercido pelo Ministério Público do Trabalho no caso da reclamação trabalhista do menor de 18 anos e quando não houver representantes legais (art. 793 da

10. SCHIAVI, Mauro. *Manual de direito processual do trabalho*. São Paulo: LTr, 2008. p. 387.

CLT). Existe, portanto, previsão específica na CLT tão somente para o caso da curadoria especial para o menor incapaz. Nos demais casos, quando há necessidade de nomeação de curador especial para representar o maior incapaz nos atos da vida civil, a Justiça do Trabalho não detém competência para tanto, uma vez que a curatela é matéria eminentemente civil, disciplinada pelos arts. 1.767 a 1.783 do CC. A propósito, esta Corte Superior vem firmando o entendimento de que o referido art. 793 da CLT limita a necessidade de nomeação de curador especial às hipóteses em que os litigantes forem menores de 18 anos. Precedentes. Dessa forma, as controvérsias envolvendo questões relativas ao estado das pessoas, tais como a incapacidade e a curatela, devem ser submetidas à Justiça Comum, cabendo ao Juízo cível nomear o curador para representar o maior incapaz. Portanto, não merece reparos a decisão regional que determinou a suspensão do processo até que seja solucionada a questão da capacidade processual e representação da parte no juízo competente, nos termos do art. 265 do CPC. Recurso de revista de que se conhece e a que se nega provimento (TST-RR 94800812009514004, Rel. Min. Guilherme Augusto Caputo Bastos, 5ª T., *DEJT* 7-8-2015).

9. COMPARECIMENTO DAS TESTEMUNHAS

Inspirando-se no princípio da concentração dos atos processuais em audiência, o art. 845 da CLT determina que o "reclamante e o reclamado comparecerão à audiência acompanhados das suas testemunhas, apresentando, nessa ocasião, as demais provas".

Esse dispositivo deve ser interpretado sistematicamente com o art. 825 e seu parágrafo único da mesma Consolidação, segundo os quais:

> Art. 825. As testemunhas comparecerão à audiência independentemente de notificação ou intimação.
>
> Parágrafo único. As que não comparecerem serão intimadas, *ex officio*, ou a requerimento da parte, ficando sujeitas à condução coercitiva, além das penalidades do art. 730, caso, sem motivo justificado, não atendam à intimação.

Disso resulta que, em havendo norma expressa na CLT, não há lugar para a aplicação subsidiária dos arts. 357, § 4º, e 350 do CPC, que exigem apresentação prévia do rol de testemunhas.

Assim, o comparecimento de testemunhas à audiência trabalhista, acompanhando as partes, independe de notificação ou intimação. Basta, tão somente, que as partes as convidem para a sessão solene. Caso não compareçam, aí, sim, deverão ser intimadas, de ofício ou a requerimento das partes, sujeitando-se, inclusive, à condução coercitiva, sem prejuízo da multa prevista no art. 730 da CLT.

A lei processual trabalhista, portanto, prevê apenas duas situações: as testemunhas deverão comparecer à audiência ou, caso não compareçam, serão notificadas ou intimadas para tanto. Ora, se a lei não faz outras distinções, não é lícito ao intérprete fazê-lo.

Há, contudo, divergência jurisprudencial a respeito de apresentação do rol de testemunhas no processo do trabalho. Mas, em recente julgado, a SBDI-1/TST pacificou a questão nos seguintes termos:

> AGRAVO INTERPOSTO CONTRA DECISÃO MONOCRÁTICA DO RELATOR DENEGATÓRIA DE SEGUIMENTO DE EMBARGOS REGIDOS PELA LEI N. 13.015/2014. CERCEAMENTO DE DEFESA. AUDIÊNCIA DE ENCERRAMENTO DA INSTRUÇÃO. AUSÊNCIA DE APRESENTAÇÃO DO ROL DE TESTEMUNHAS. INDEFERIMENTO DO REQUERIMENTO DE ADIAMENTO DA AUDIÊNCIA PARA INTIMAÇÃO DE TESTEMUNHAS. Na hipótese, a Juíza, ao designar a audiência para encerramento da instrução, determinou às partes a intimação das suas testemunhas, se fosse o caso. Sobre a questão dos autos, o art. 825 da CLT dispõe o seguinte: "Art. 825 – As testemunhas comparecerão a audiência independentemente de notificação ou intimação. Parágrafo único – As que não comparecerem serão intimadas, *ex officio* ou a requerimento da parte, ficando sujeitas a condução coercitiva, além das penalidades do art. 730, caso, sem motivo justificado, não atendam à intimação". Importante destacar, também, o que prevê o art. 845 da CLT, *in verbis*: "Art. 845 – O reclamante e o reclamado comparecerão à audiência acompanhados das suas testemunhas, apresentando, nessa ocasião, as demais provas". Ressalte-se que o art. 765 da CLT assegura ampla liberdade aos Juízes e Tribunais do trabalho na direção do processo, devendo velar pelo rápido andamento das causas. No Processo do Trabalho, as partes devem comparecer à audiência acompanhadas de suas testemunhas, independentemente de haver, ou não, intimação. Na hipótese de não comparecimento das testemunhas, estas devem ser intimadas a comparecimento, inclusive sob pena de condução coercitiva. Portanto, em tese, no âmbito processual trabalhista, não há obrigação da parte de requerer, previamente, o arrolamento de testemunha. Não se olvida que esta Corte tem posicionamento firmado de que o indeferimento da prova testemunhal, ante o não comparecimento da testemunha na audiência de instrução e julgamento, induz ao entendimento de que houve cerceamento do direito de defesa. Todavia, esse não é o caso dos autos, em que o reclamante foi notificado da necessidade de indicação, na audiência de prosseguimento, da necessidade de arrolamento das testemunhas para intimação. Comparecendo o reclamante à audiência seguinte desacompanhado das suas testemunhas e não tendo apresentado o rol prévio para intimação delas, o juiz indeferiu seu requerimento de adiamento. Assim, havendo ciência prévia às partes quanto à necessidade de apresentação do rol de testemunhas para intimação, de modo que as não arroladas

deveriam ser trazidas independentemente de intimação, sob pena de não serem ouvidas, é incabível o adiamento da audiência para intimá-las. Nesse contexto, não houve cerceamento do direito de defesa do reclamante, mas estrita observância às normas que regem o processo do trabalho, quais sejam os arts. 825 e 845 da CLT. Esse foi o entendimento que prevaleceu, por maioria de 9x3, nesta Subseção no julgamento do Processo E-RR – 1810-18.2012.5.15.0108, em 12-4-2018, acórdão publicado no *DEJT* de 20-4-2018, de Relatoria do Ministro Hugo Carlos Scheuermann, ocasião em que, no exame de idêntica controvérsia, decidiu-se que o indeferimento do pedido de adiamento da audiência, para que fosse intimada a testemunha não arrolada e que não compareceu espontaneamente, não viola o art. 825 da CLT, tampouco caracteriza cerceamento de defesa. Agravo desprovido (TST-Ag-E-RR: 548007820115170006, Rel. Min. José Roberto Freire Pimenta, SBDI-1, *DEJT* 21-6-2019).

9.1. Comparecimento das testemunhas no procedimento sumaríssimo

No procedimento sumaríssimo, as testemunhas, até o máximo de duas para cada parte, comparecerão à audiência de instrução e julgamento independentemente de intimação, sendo certo que só será deferida intimação de testemunha que, comprovadamente convidada, deixar de comparecer.

É ônus da parte, no procedimento sumaríssimo, provar que convidou a testemunha, sob pena de perda da prova. Não comparecendo a testemunha intimada, o juiz poderá determinar sua imediata condução coercitiva (CLT, art. 852-H, §§ 3º e 4º). Nesse sentido:

AGRAVO DE INSTRUMENTO. LEI N. 13.467/2017. NULIDADE POR CERCEAMENTO DO DIREITO DE DEFESA. INDEFERIMENTO DO PEDIDO DE INTIMAÇÃO DE TESTEMUNHAS AUSENTES À AUDIÊNCIA. TRANSCENDÊNCIA. O processamento do recurso de revista na vigência da Lei n. 13.467/2017 exige que a causa ofereça transcendência com relação aos reflexos gerais de natureza econômica, política, social ou jurídica, a qual deve ser analisada de ofício e previamente pelo Relator (arts. 896-A, da CLT, 246 e 247 do RITST). Constatada a transcendência política da causa e demonstrada possível violação do art. 5º, LV, da Constituição Federal, deve ser processado o recurso de revista. Agravo de instrumento de que se conhece e a que se dá provimento para determinar o processamento do recurso de revista. RECURSO DE REVISTA. NULIDADE POR CERCEAMENTO DO DIREITO DE DEFESA. INDEFERIMENTO DO PEDIDO DE INTIMAÇÃO DE TESTEMUNHAS AUSENTES À AUDIÊNCIA. A Consolidação das Leis do Trabalho possui regramento específico a respeito da prova testemunhal no art. 825 da CLT, o qual não exige comprovação escrita de intimação de testemunhas. A aplicação das regras do CPC está adstrita às hipóteses de omissão da CLT e compatibilidade com o Processo do Trabalho (art. 769 da CLT). A exigência de comprovação de convite de testemunhas existe apenas no procedimento sumaríssimo e não pode ser transposta para o procedimento ordinário. O art. 825, parágrafo único, da CLT determina o comparecimento das testemunhas independentemente de intimação, mas assegura a intimação das testemunhas que não comparecerem, a requerimento da parte ou ex officio pelo condutor da audiência. Em face da referida regra processual, esta Corte Superior tem decidido ser obrigatória a intimação da testemunha ausente à audiência, quando expressamente requerida pela parte, resultando cerceamento do direito de defesa o seu indeferimento pelo Julgador e o consequente não adiamento da audiência. Uma vez que o art. 455, § 1º, do CPC não se aplica ao Processo do Trabalho, em face da regra específica do art. 825, parágrafo único da CLT, o fato de ter constado tal determinação na ata da primeira audiência, em nada altera a presente conclusão, haja vista que o descumprimento da regra do art. 825, parágrafo único, da CLT, ocorreu na segunda audiência, quando foram registrados os protestos devidos, não havendo falar em inércia do Autor ou preclusão. Recurso de revista de que se conhece e a que se dá provimento (TST-RR 9198620165060017, Rel. Des. Conv. Cilene Ferreira Amaro Santos, 6ª T., *DEJT* 1º-3-2019).

10. PROPOSTAS DE CONCILIAÇÃO

Já vimos que o processo do trabalho é informado pelo princípio da conciliação, como se infere da interpretação sistemática dos arts. 764, 831, 846, 847, 850, 852-E, 862 e 863 da CLT.

Nos processos submetidos aos procedimentos ordinário e sumário, há duas oportunidades em que o juiz deverá propor a conciliação. A primeira ocorre logo na abertura da audiência (CLT, art. 846) e a segunda, após a apresentação das razões finais pelas partes (CLT, art. 850). O art. 831 da CLT reafirma a necessidade das duas propostas de conciliação ao determinar que a sentença será proferida "depois de rejeitada pelas partes a proposta de conciliação".

Convém advertir, no entanto, que, historicamente, a primeira proposta de conciliação era feita depois de apresentada a defesa pelo reclamado. Todavia, com o advento da Lei n. 9.022, de 5 de abril de 1995, o art. 846 da CLT passou a ter a seguinte redação: "Art. 846. Aberta a audiência, o Juiz ou presidente proporá a conciliação".

Embora não haja previsão legal expressa na hipótese de inobservância do preceptivo em causa, tem-se entendido que se o juiz não propõe a conciliação, haverá nulidade absoluta dos atos processuais posteriores. Parece-nos acertado esse entendimento, uma vez que a proposta de conciliação no processo trabalhista é matéria de ordem pública.

O entendimento que vem prevalecendo no TST é no sentido de que somente a ausência de proposta de conciliação na audiência inaugural acarreta nulidade processual. Noutro falar, a "ausência de renovação da proposta conciliatória, por si só, não gera nulidade processual, porquanto de tal procedimento não decorre, em princípio, nenhum prejuízo às partes, visto que a liberdade das partes para pôr fim ao processo por meio da autocomposição não se extingue com o procedimento conciliatório, consoante dispõe o art. 763, § 3º, da CLT (...) (TST-AIRR 4731220115050462, Rel. Des. Conv. Marcelo Lamego Pertence, 1ª T., *DEJT* 22-3-2016).

Entretanto, a nulidade somente poderá ser declarada se a parte manifestar seu inconformismo na própria audiência ou na primeira vez que teve oportunidade de se manifestar nos autos. Nesse sentido:

> AGRAVO DE INSTRUMENTO. RECURSO DE REVISTA. NULIDADE PROCESSUAL. AUSÊNCIA DE RENOVAÇÃO DA PROPOSTA DE CONCILIAÇÃO. NÃO CONFIGURAÇÃO. DECISÃO DENEGATÓRIA. MANUTENÇÃO. Dada oportunidade às partes para apresentar razões finais, incumbia a qualquer uma delas arguir a nulidade processual em questão por meio de suas razões finais, consoante o que estabelece o art. 795 da CLT. Se assim não o fez, restou preclusa a oportunidade de fazê-lo. Portanto, não há como assegurar o processamento do recurso de revista quando o agravo de instrumento interposto não desconstitui os fundamentos da decisão denegatória, que, assim, subsiste por seus próprios fundamentos. Agravo de instrumento desprovido (TST-AIRR 10124020105050194, Rel. Min. Mauricio Godinho Delgado, 3ª T., *DEJT* 6-6-2014).

É preciso lembrar, ainda, que a conciliação deixou de estar prevista expressamente no art. 114 da CF[11], que não mais utiliza o termo "conciliar e julgar", mas, tão somente, "processar e julgar".

Além disso, há algumas situações específicas que inviabilizam ou impedem a proposta de conciliação, como, por exemplo, nas hipóteses de ausência de uma parte, ou de ambas, à audiência. Igualmente, quando o juiz verifica, antes mesmo de iniciar a audiência, que não foram satisfeitos os pressupostos processuais (*v.g.*, incompetência absoluta) ou as condições da ação (*v.g.*, ausência de interesse de agir).

Tais questões, por também serem de ordem pública, podem, ou melhor, devem ser apreciadas antes mesmo da primeira proposta de conciliação. Na prática, porém, os juízes do trabalho deixam para apreciar os pressupostos processuais e as condi-

11. Remetemos o leitor ao Capítulo I, item 6.6.

ções da ação após a apresentação da defesa, o que, nos termos do art. 846 da CLT, só ocorre após frustrada a primeira proposta de conciliação.

11. ACORDO E TERMO DE CONCILIAÇÃO

Se o juiz lograr êxito na sua proposta de conciliação, isto é, se houver acordo entre os litigantes, será lavrado um termo assinado pelo Juiz Titular ou Substituto da Vara e pelas partes. Tal termo de conciliação, por ser irrecorrível, produz os mesmos efeitos de uma sentença. Aliás, trata-se de uma sentença homologatória de transação entre as partes, porém irrecorrível, o que levou o TST a editar a Súmula 259, dispondo que somente por ação rescisória é possível desconstituir o referido termo de conciliação.

Com efeito, diz o art. 831 da CLT que a decisão será proferida depois de rejeitada pelas partes a proposta de conciliação, sendo certo que, nos termos do parágrafo único do mesmo artigo, no caso de conciliação, o termo que for lavrado valerá como decisão irrecorrível, salvo para a Previdência Social quanto às contribuições que lhe forem devidas.

Se as partes estiverem representadas por advogados, estes poderão assinar o termo, desde que tenham poderes especiais para transigir ou firmar acordo.

Do termo de acordo, devem constar o prazo, se for o caso, e as demais condições para o seu cumprimento. É o que diz o § 1º do art. 846 da CLT. Entre as condições referidas neste parágrafo, poderá ser estabelecida a de ficar a parte que não cumprir o acordo obrigada a satisfazer integralmente o pedido ou a pagar uma indenização convencionada, sem prejuízo do cumprimento do acordo.

Vale dizer, o descumprimento do acordo poderá ensejar não três, como aparentemente quer dizer a norma, mas, sim, quatro situações, isoladas ou cumulativamente:

a) a satisfação integral dos valores constantes do pedido formulado na petição inicial;

b) o pagamento de uma indenização convencionada;

c) as duas hipóteses acima, cumulativamente;

d) ocorrendo qualquer uma das três situações acima, não haverá prejuízo do cumprimento integral do acordo.

Geralmente, as partes estipulam uma multa pelo descumprimento do acordo. Essa multa não poderá ser superior à obrigação principal, pois a sua natureza é de cláusula penal (CC, art. 412).

É lícito às partes celebrar acordo que ponha termo ao processo, mesmo depois de encerrado o juízo conciliatório (CLT, art. 764). Caso não haja acordo, passa-se à fase da apresentação da resposta pelo réu, sobre a qual falaremos no Capítulo XIV.

Para encerrar este tópico, é importante assinalar que o juiz não está obrigado a homologar o acordo entabulado diretamente pelas partes, não constituindo o ato de indeferimento violação a direito líquido e certo dos interessados. Nesse sentido, o TST editou a Súmula 418, segundo a qual: "A homologação de acordo constitui faculdade do juiz, inexistindo direito líquido e certo tutelável pela via do mandado de segurança".

É de se ressaltar que o ato de indeferimento, por ser uma decisão judicial, deve ser fundamentado, sob pena de nulidade (CF, art. 93, IX). Logo, se o objeto do mandado de segurança for a ausência de fundamentação, aí, sim, poderá existir violação a direito líquido e certo do impetrante.

12. TERMO DE CONCILIAÇÃO E CONTRIBUIÇÕES PREVIDENCIÁRIAS

Previa o parágrafo único do art. 831 da CLT que, no caso de conciliação, o termo que fosse lavrado valeria como decisão irrecorrível para as partes e somente por ação rescisória poderia ser desconstituído (TST, Súmula 259).

Por força da Emenda Constitucional n. 20/98, que inseriu o § 3º no art. 114 da CF (em sua redação original), a Justiça do Trabalho passou a ser competente para processar e julgar as questões relativas às contribuições previdenciárias que incidirem sobre as sentenças e acordos homologados por esse ramo especializado do Poder Judiciário.

O referido § 3º foi convertido, por força da EC n. 45/2004, no inciso VIII do art. 114 da CF, dispondo que compete à Justiça do Trabalho processar e julgar "a execução, de ofício, das contribuições sociais previstas no art. 195, I, *a*, e II (da CF), e seus acréscimos legais, decorrentes das sentenças que proferir".

Assim, com base na Lei n. 10.035, de 25 de outubro de 2000, o parágrafo único do art. 831 da CLT sofreu alteração, passando a vigorar com a seguinte redação: "No caso de conciliação, o termo que for lavrado valerá como decisão irrecorrível, salvo para a Previdência Social quanto às contribuições que lhe forem devidas". Logo, a União (sucessora do INSS) poderá interpor recurso ordinário relativamente às contribuições previdenciárias que entender devidas.

Sobre recurso interposto pela União em matéria de contribuição previdenciária, *vide* Capítulo XIX, item 12.3.

Sobre execução da contribuição previdenciária, *vide* Capítulo XXIII, item 32.

CAPÍTULO XIV
Defesa do Réu

1. BILATERALIDADE DA AÇÃO E DA DEFESA

Em todos os setores do direito processual, a reação à ação é corolário lógico dos princípios do contraditório e da ampla defesa, já estudados no Capítulo I, itens 5.4.2.2 e 5.4.2.3.

Ação e reação (defesa) caracterizam-se, portanto, pela bilateralidade. A ação é dirigida contra o Estado-Juiz, sendo certo que a resposta do réu também o é. Na ação, o autor formula um pedido endereçado ao órgão jurisdicional, tendo por escopo produzir efeitos na esfera jurídica de outra pessoa: o réu.

Ao réu também se reconhece o direito fundamental de formular um pedido endereçado ao órgão jurisdicional, no sentido de que a pretensão do autor seja rejeitada.

Os princípios constitucionais do contraditório e da ampla defesa têm natureza dúplice, pois seus destinatários são o autor e o réu. Aliás, a Constituição Federal elegeu tais princípios como uma das garantias fundamentais de qualquer litigante, em processo judicial ou administrativo. Por litigante, deve-se adotar a técnica da interpretação ampliativa, de modo a abranger toda e qualquer pessoa, física ou jurídica, ou ente despersonalizado com capacidade postulatória, que figure como parte ou terceiro na relação jurídica processual.

2. DIREITO DE DEFESA DO RÉU

O direito de defesa do réu, portanto, encontra seu principal fundamento de validade na Constituição Federal, consubstanciando-se nos princípios do devido processo legal (art. 5º, LIV), da inafastabilidade da jurisdição (art. 5º, XXXV), do contraditório e da ampla defesa, com os meios e recursos a ela inerentes (art. 5º, LV).

O § 3º do art. 841 da CLT (redação dada pela Lei n. 13.467/2017) dispõe que depois de "oferecida a contestação, ainda que eletronicamente, o reclamante não poderá, sem o consentimento do reclamado, desistir da ação", o que confirma que o réu possui um direito de defesa em relação ao autor.

O CPC/73, em seu art. 297, disciplinava que, após a citação, o réu poderia oferecer exceção, contestação e reconvenção. Agiu bem o legislador, uma vez que a resposta do réu abrange essas três modalidades. Na verdade, somente as exceções e a contestação são verdadeiramente defesas.

Vale dizer, defesa é gênero que tem como espécies a exceção e a contestação. Já a reconvenção não constitui propriamente defesa. Ao revés, é ação do réu em face do autor dentro do mesmo processo em que aquele é demandado por este.

O CPC extinguiu as exceções como modalidades de resposta do réu, passando a prever apenas a contestação (arts. 335 a 342) e a reconvenção (art. 343).

A CLT só prevê expressamente a defesa (no sentido de contestação), e duas modalidades de exceção com suspensão do processo: a exceção de suspeição e a exceção de incompetência (art. 799, *caput*).

As demais exceções, nos termos do § 1º do referido art. 799 da CLT, "serão alegadas como matéria de defesa".

Não havia regramento próprio na CLT a respeito da reconvenção. Todavia, a Lei n. 13.467/2017 inseriu na CLT o art. 791-A, § 5º, que prevê o cabimento de "honorários de sucumbência na reconvenção". Logo, será cabível a aplicação do CPC no que tange à reconvenção, com alguns temperamentos em função das peculiaridades procedimentais do processo laboral.

Nos tópicos seguintes, analisaremos as espécies de respostas do reclamado no processo do trabalho, procurando, com base na teoria geral do processo, cuja gênese é inspirada nos princípios constitucionais do devido processo legal, inafastabilidade do acesso à jurisdição, contraditório e ampla defesa, oferecer uma contribuição metodológica em relação às questões mais controvertidas que surgem na prática forense laboral.

2.1. Prazo da contestação

Diferentemente do processo civil, que confere ao réu o prazo de quinze dias para a contestação do réu (CPC, art. 335)[1], no processo do trabalho, aberta a audiência, o juiz proporá a conciliação e, não havendo acordo, o reclamado terá 20 (vinte) minutos para aduzir sua defesa, após a leitura da reclamação, quando esta não for dispensada por ambas as partes (CLT, arts. 846 e 847). *De lege lata*, portanto, o reclamado tem vinte minutos para apresentar a sua contestação em audiência.

Na prática, porém, sabe-se que o reclamado, em regra acompanhado por advogado, apresenta a contestação em petição escrita. É o costume processual que, salvo se não implicar prejuízo para a ampla defesa do réu – que tem o direito de apresentar defesa oral –, não gera nulidade processual.

Como a defesa do réu é apresentada em audiência que, nos termos do art. 841 da CLT, ocorrerá no mínimo no prazo de cinco dias depois do recebimento da notificação

1. O art. 2º, V, da IN n. 39/2016 do TST dispõe que não se aplica o art. 335 do CPC (prazo para contestação) ao processo do trabalho. A inconstitucionalidade dessa Instrução Normativa é objeto da ADI n. 5.516 no STF.

citatória, tem-se que o réu terá o **prazo legal mínimo de cinco dias para preparar** a sua resposta escrita (e vinte minutos para apresentá-la em audiência). É óbvio que, se aquele prazo de cinco dias não for observado e o réu comparecer e apresentar sua defesa sem alegar nenhuma nulidade, deverá o juiz prosseguir normalmente com o andamento do processo, uma vez que não se declara nulidade se não houve manifesto prejuízo às partes (CLT, art. 794). Todavia, no caso de revelia, parece-me que o juiz, de ofício, deve determinar a realização de nova notificação citatória para que o réu compareça à audiência que deverá respeitar o interstício mínimo de cinco dias entre a data do recebimento da notificação pelo réu e a realização da audiência.

Tratando-se de pessoa jurídica de direito público, o prazo mínimo para preparação da contestação do réu é contado em quádruplo, ou seja, 20 (vinte) dias contados da citação (DL n. 779/69, art. 1º, II).

Em síntese, o réu tem direito ao prazo mínimo de cinco dias para *preparar* a sua defesa e vinte minutos para *apresentá-la* em audiência.

A inobservância do prazo mínimo de cinco dias implica a nulidade dos atos processuais subsequentes por violação aos princípios do devido processo legal e da ampla defesa, devendo o juiz, a requerimento do réu, ou, de ofício, no caso de revelia, designar nova audiência, a qual deverá ocorrer no prazo mínimo de cinco dias. Nesse sentido:

> (...) RECURSO DE REVISTA. PROCESSO SOB A ÉGIDE DA LEI N. 13.015/2014. INTERSTÍCIO DE CINCO DIAS ENTRE A CITAÇÃO E A DATA DE AUDIÊNCIA NÃO OBSERVADO (ART. 841, *CAPUT* , da CLT). DESRESPEITO AO DEVIDO PROCESSO LEGAL. O Judiciário Trabalhista é o mais célere do País, em face da existência de prazos exíguos para atos processuais na CLT e da simplificação e uniformização dos ritos processuais sob sua direção. Nesse quadro, é de cinco dias, e não quinze (como no CPC), o prazo para comparecimento a Juízo e apresentação de defesa, após recebida a citação, que também é simplificada pela via postal (art. 841, CLT). Encurtar, entretanto, por interpretação, tal curtíssimo prazo, exigindo que o Reclamado compareça a Juízo, em prazo inferior aos cinco dias da citação, para arguir manifesta nulidade, resultante de erro no agendamento oficial das audiências, é tornar desproporcional a busca de celeridade no processo público, afrontando não só a regra objetiva da CLT (5 dias) como o princípio e a regra constitucionais da ampla defesa (art. 5º, LV, CF). Recurso conhecido e provido" (RR-10366-34.2015.5.03.0109, 3ª Turma, Relator Ministro Mauricio Godinho Delgado, *DEJT* 27-10-2017).

De acordo com o parágrafo único do art. 847 da CLT (acrescentado pela Lei n. 13.467/2017), a parte poderá apresentar defesa escrita pelo sistema do PJe até a audiência.

Nesse passo, é importante destacar o disposto no art. 22 da Resolução CSJT n. 185/2017, com nova redação dada pela Resolução CSJT n. 241/2020, o qual prevê que a "contestação ou a reconvenção e seus respectivos documentos deverão ser protocolados no PJe até a realização da proposta de conciliação infrutífera, com a utilização de equipamento próprio, sendo automaticamente juntados, facultada a apresentação de defesa oral, na forma do art. 847, da CLT".

Entretanto, o § 1º do referido art. 22 dispõe que no "expediente de notificação inicial ou de citação constará recomendação para que a contestação ou a reconvenção e os documentos que as acompanham sejam protocolados no PJe com pelo menos 48h de antecedência da audiência".

Como se vê, há uma recomendação, ou seja, uma faculdade para que o reclamado protocole a contestação (ou a reconvenção) e respectivos documentos com antecedência de, pelo menos, 48 horas da realização da audiência (inaugural). Caso o reclamado opte por apresentar contestação (ou reconvenção) até o momento de realização da audiência inaugural, não haverá nenhuma nulidade, tendo em vista o disposto no parágrafo único do art. 847 da CLT.

3. ESPÉCIES DE DEFESAS DO RÉU

Como já ressaltado em linhas transatas, os arts. 335 e 343 do CPC preveem apenas duas modalidades de resposta do réu: a contestação e a reconvenção.

Parece-nos que essas normas podem ser aplicadas supletivamente ao processo do trabalho, desde que observados os seus princípios peculiares.

Assim, tendo em vista o princípio da concentração dos atos processuais, o réu poderá, na própria audiência para a qual fora notificado (na verdade citado e intimado ao mesmo tempo), oferecer contestação e/ou reconvenção.

No processo do trabalho, as exceções e a contestação deveriam ser oferecidas em audiência, depois de frustrada a primeira proposta de conciliação. É o que prevê o art. 847 da CLT, *in verbis*:

> Não havendo acordo, o reclamado terá vinte minutos para aduzir sua defesa, após a leitura da reclamação, quando esta não for dispensada por ambas as partes.

Na prática, porém, em virtude da grande quantidade de audiências e da crescente complexidade dos conflitos intersubjetivos submetidos à Justiça do Trabalho, não apenas as exceções e a contestação, como também a reconvenção, são apresentadas por escrito na própria audiência.

Não obstante, parece-nos que é direito fundamental do réu valer-se do comando normativo do art. 847 da CLT e apresentar oralmente, pelo prazo de até vinte minutos, contestação, exceção e reconvenção. Nesse caso, revela-se arbitrário e ilegal o ato do juiz que exige a apresentação por escrito de tais atos processuais.

4. EXCEÇÕES

Em linguagem coloquial, o termo "exceção" significa aquilo que não constitui a regra geral. Do ponto de vista jurídico, o vocábulo "exceção" comporta multifários significados. Ora significa simplesmente defesa, ora quer dizer defesa indireta contra o mérito, ora traduz a ideia de defesa indireta contra o processo, visando a estendê-lo ou a extingui-lo.

Em suma, a palavra "exceção", à luz da ciência do direito, significa, *em sentido lato*, defesa. Nas palavras de Moacyr Amaral Santos:

> O próprio vocábulo *exceção*, em processo, é usado em várias acepções. Num sentido amplíssimo, por exceção se entende qualquer defesa do Réu, de natureza processual ou de mérito. Exceção é sinônimo de defesa. Direito de defesa ou direito de exceção são expressões equivalentes. Assim consideradas, as exceções podem ser classificadas quanto ao rito e quanto ao mérito. Num sentido menos amplo, chama-se exceção a defesa indireta de mérito, a objeção sob as duas modalidades, exceção e objeção ou contestação indireta do mérito. Sob esse critério, fala-se em exceção de pagamento, de novação, em exceção de compensação ou de prescrição. Num sentido restrito, ou técnico, por exceção se entende a defesa de mérito indireta consistente na alegação de fatos geradores do direito de impedir os efeitos da ação, sem negar o fato jurídico constitutivo da pretensão do Autor. A essa modalidade de defesa dá-se o nome de exceção substancial, ou *exceptio stricti juris*, que consiste na alegação de fatos que, por si mesmos, não excluem a ação, mas conferem ao réu o poder jurídico de anular-lhe os efeitos. (...) Processuais seriam defesas contra o processo, visando a trancá-lo ou dilatá-lo; substanciais seriam apenas as exceções materiais no sentido restrito (*exceptio stricti juris*)[2].

O CPC de 1973 deu tratamento metodologicamente restrito ao instituto da exceção. Vale dizer, a palavra "exceção" passou a ter sentido técnico e específico de defesa indireta do processo, na medida em que seu único objetivo repousa no afastamento do processo do juiz suspeito, impedido ou relativamente incompetente. É o que se infere do art. 304 do CPC/73, que só previa as exceções de suspeição, de impedimento e de incompetência relativa.

Disso resulta, por exclusão, que questões relativas à litispendência, coisa julgada e incompetência absoluta deveriam ser alegadas em contestação como preliminares, e não como exceções.

Eram três, portanto, as exceções previstas no CPC/73: a exceção de incompetência (relativa), a exceção de suspeição e a exceção de impedimento.

2. *Primeiras linhas de direito processual civil*. São Paulo: Saraiva, 1977. p. 165.

O CPC de 2015 proscreveu as exceções como espécies de resposta do réu.

A CLT, no entanto, em seu art. 799, dispõe literalmente que, nas "causas da jurisdição da Justiça do Trabalho, somente podem ser opostas, com suspensão do feito, as exceções de suspeição ou incompetência". Logo em seguida, no § 1º do dispositivo em causa, salienta que as "demais exceções serão alegadas como matéria de defesa".

Vê-se, sem maior esforço, que a CLT emprega o vocábulo "exceção" no sentido amplo, descurando, assim, da metodologia adotada pelo CPC de 1973 e silenciando, inclusive, quanto à exceção de impedimento. O CPC de 2015 radicalizou e simplesmente extinguiu os institutos das exceções.

4.1. Exceções e suspensão do processo

No processo do trabalho, as exceções de suspeição (e de impedimento, segundo pensamos), não obstante suspendam o processo, devem ser apresentadas juntamente com a contestação, isto é, na audiência para a qual fora notificado o reclamado.

Em outras palavras, os arts. 799 e 847 da CLT devem ser interpretados sistematicamente, de maneira que, em homenagem ao princípio da concentração dos atos processuais, as exceções de suspeição (ou de impedimento), a contestação e a reconvenção devem ser apresentadas na mesma audiência inaugural (ou audiência una).

4.2. Exceções de suspeição e impedimento

As mesmas razões de ordem lógica, jurídica e ética que empolgam a exceção de suspeição devem ser estendidas à de impedimento, qual seja, incompatibilizar o juiz para o exercício da função jurisdicional em determinado processo, a fim de evitar que ele aja com parcialidade, seja por motivos intrínsecos (suspeição), seja por motivos extrínsecos (impedimento). Tanto a suspeição quanto o impedimento constituem, pois, matérias de relevante interesse público, porque dizem respeito à imparcialidade do juiz e à credibilidade do próprio Poder Judiciário perante a sociedade.

Justifica-se a omissão da CLT a respeito da exceção de impedimento porque quando da sua promulgação, em 1943, era o CPC de 1939 o diploma subsidiário, e não o CPC de 1973. Este diploma legal, como já vimos, alargou o espectro da exceção de suspeição, que passou a abarcar a de impedimento. Nesse passo, parece-nos que obrou com inteiro acerto o legislador de 1973, sendo, pois, factível, diante da lacuna normativa da CLT, a aplicação subsidiária do CPC, no particular.

É verdade que o CPC não mais prevê o impedimento e a suspeição do juiz como exceções, ou seja, como modalidades de resposta do réu, e sim como incidentes processuais, os quais são igualmente aplicáveis, no que couber, ao membro do Ministério Público, ao serventuário da justiça e ao perito.

De acordo com o art. 801 da CLT, o juiz, titular ou substituto, é obrigado a dar-se por suspeito, e pode ser recusado, por alguns dos seguintes motivos, em relação à pessoa dos litigantes:

a) inimizade pessoal;

b) amizade íntima;

c) parentesco por consanguinidade ou afinidade até o terceiro grau civil;

d) interesse particular na causa.

Mesmo havendo suspeição do juiz, o parágrafo único do art. 801 da CLT, todavia, considera suprida a irregularidade se:

a) o recusante houver praticado algum ato pelo qual haja consentido na pessoa do juiz, não mais podendo alegar exceção de suspeição, salvo sobrevindo novo motivo;

b) constar do processo que o recusante deixou de alegá-la anteriormente, quando já a conhecia, ou que, depois de conhecida, aceitou o juiz recusado ou, finalmente, se procurou de propósito o motivo de que ela se originou.

4.2.1. Procedimento das exceções de suspeição e impedimento

O procedimento da exceção de suspeição (e, segundo pensamos, de impedimento) está regulado no art. 802 e seus §§ 1º e 2º, da CLT, *in verbis*:

> Art. 802. Apresentada a exceção de suspeição, o juiz ou Tribunal designará audiência dentro de 48 (quarenta e oito) horas, para instrução e julgamento da exceção.
>
> § 1º Nas Juntas de Conciliação e Julgamento (atualmente Varas do Trabalho) e nos Tribunais Regionais, julgada procedente a exceção de suspeição, será logo convocado para a mesma audiência ou sessão, ou para a seguinte, o suplente do membro suspeito, o qual continuará a funcionar no feito até decisão final. Proceder-se-á da mesma maneira quando algum dos membros se declarar suspeito.
>
> § 2º Se se tratar de suspeição de Juiz de Direito, será este substituído na forma da organização judiciária local.

Parece-nos, todavia, que o § 1º do art. 802 da CLT se atrita parcialmente com a Emenda Constitucional n. 24, na medida em que não faz sentido o próprio juiz peitado (ou impedido) instruir e julgar a exceção de suspeição contra si oposta. A rigor, o julgamento deveria ser feito por um órgão colegiado, dele não participando o juiz "interessado".

O § 1º do art. 802 da CLT, portanto, compatibilizava-se, na primeira instância, quando o órgão julgador era a Junta de Conciliação e Julgamento, isto é, um órgão colegiado.

A partir do instante em que a Vara do Trabalho passa a funcionar apenas com juiz singular, pensamos que o julgamento da exceção de suspeição ou impedimento deveria ser da competência do juízo *ad quem*[3], aplicando-se, nesse caso, as regras dos arts. 313 e 314 do CPC/73.

O CPC, no entanto, de modo muito mais didático, prevê, em seus arts. 144 e 145, os casos de impedimento e suspeição, respectivamente:

> Art. 144. Há impedimento do juiz, sendo-lhe vedado exercer suas funções no processo:
>
> I – em que interveio como mandatário da parte, oficiou como perito, funcionou como membro do Ministério Público ou prestou depoimento como testemunha;
>
> II – de que conheceu em outro grau de jurisdição, tendo proferido decisão;
>
> III – quando nele estiver postulando, como defensor público, advogado ou membro do Ministério Público, seu cônjuge ou companheiro, ou qualquer parente, consanguíneo ou afim, em linha reta ou colateral, até o terceiro grau, inclusive;
>
> IV – quando for parte no processo ele próprio, seu cônjuge ou companheiro, ou parente, consanguíneo ou afim, em linha reta ou colateral, até o terceiro grau, inclusive;
>
> V – quando for sócio ou membro de direção ou de administração de pessoa jurídica parte no processo;
>
> VI – quando for herdeiro presuntivo, donatário ou empregador de qualquer das partes;
>
> VII – em que figure como parte instituição de ensino com a qual tenha relação de emprego ou decorrente de contrato de prestação de serviços;
>
> VIII – em que figure como parte cliente do escritório de advocacia de seu cônjuge, companheiro ou parente, consanguíneo ou afim, em linha reta ou colateral, até o terceiro grau, inclusive, mesmo que patrocinado por advogado de outro escritório;
>
> IX – quando promover ação contra a parte ou seu advogado.
>
> § 1º Na hipótese do inciso III, o impedimento só se verifica quando o defensor público, o advogado ou o membro do Ministério Público já integrava o processo antes do início da atividade judicante do juiz.
>
> § 2º É vedada a criação de fato superveniente a fim de caracterizar impedimento do juiz.

3. No mesmo sentido: SCHIAVI, Mauro. *Manual de direito processual do trabalho*. 2. ed. São Paulo: LTr, 2009. p. 495. Diz esse autor que "quem deve julgar as exceções de impedimento e suspeição arguidas em face de Juiz do Trabalho é o TRT e não o Juiz monocrático da Vara do Trabalho, estando revogado o art. 802 da CLT".

§ 3º O impedimento previsto no inciso III também se verifica no caso de mandato conferido a membro de escritório de advocacia que tenha em seus quadros advogado que individualmente ostente a condição nele prevista, mesmo que não intervenha diretamente no processo.

Art. 145. Há suspeição do juiz:

I – amigo íntimo ou inimigo de qualquer das partes ou de seus advogados;

II – que receber presentes de pessoas que tiverem interesse na causa antes ou depois de iniciado o processo, que aconselhar alguma das partes acerca do objeto da causa ou que subministrar meios para atender às despesas do litígio;

III – quando qualquer das partes for sua credora ou devedora, de seu cônjuge ou companheiro ou de parentes destes, em linha reta até o terceiro grau, inclusive;

IV – interessado no julgamento do processo em favor de qualquer das partes.

§ 1º Poderá o juiz declarar-se suspeito por motivo de foro íntimo, sem necessidade de declarar suas razões.

§ 2º Será ilegítima a alegação de suspeição quando:

I – houver sido provocada por quem a alega;

II – a parte que a alega houver praticado ato que signifique manifesta aceitação do arguido.

No que concerne aos incidentes processuais de impedimento e de suspeição, o CPC dispõe:

Art. 146. No prazo de 15 (quinze) dias, a contar do conhecimento do fato, a parte alegará o impedimento ou a suspeição, em petição específica dirigida ao juiz do processo, na qual indicará o fundamento da recusa, podendo instruí-la com documentos em que se fundar a alegação e com rol de testemunhas.

§ 1º Se reconhecer o impedimento ou a suspeição ao receber a petição, o juiz ordenará imediatamente a remessa dos autos a seu substituto legal, caso contrário, determinará a autuação em apartado da petição e, no prazo de 15 (quinze) dias, apresentará suas razões, acompanhadas de documentos e de rol de testemunhas, se houver, ordenando a remessa do incidente ao tribunal.

§ 2º Distribuído o incidente, o relator deverá declarar os seus efeitos, sendo que, se o incidente for recebido:

I – sem efeito suspensivo, o processo voltará a correr;

II – com efeito suspensivo, o processo permanecerá suspenso até o julgamento do incidente.

§ 3º Enquanto não for declarado o efeito em que é recebido o incidente ou quando este for recebido com efeito suspensivo, a tutela de urgência será requerida ao substituto legal.

> § 4º Verificando que a alegação de impedimento ou de suspeição é improcedente, o tribunal rejeitá-la-á.
>
> § 5º Acolhida a alegação, tratando-se de impedimento ou de manifesta suspeição, o tribunal condenará o juiz nas custas e remeterá os autos ao seu substituto legal, podendo o juiz recorrer da decisão.
>
> § 6º Reconhecido o impedimento ou a suspeição, o tribunal fixará o momento a partir do qual o juiz não poderia ter atuado.
>
> § 7º O tribunal decretará a nulidade dos atos do juiz, se praticados quando já presente o motivo de impedimento ou de suspeição.
>
> Art. 147. Quando 2 (dois) ou mais juízes forem parentes, consanguíneos ou afins, em linha reta ou colateral, até o terceiro grau, inclusive, o primeiro que conhecer do processo impede que o outro nele atue, caso em que o segundo se escusará, remetendo os autos ao seu substituto legal.
>
> Art. 148. Aplicam-se os motivos de impedimento e de suspeição:
>
> I – ao membro do Ministério Público;
>
> II – aos auxiliares da justiça;
>
> III – aos demais sujeitos imparciais do processo.
>
> § 1º A parte interessada deverá arguir o impedimento ou a suspeição, em petição fundamentada e devidamente instruída, na primeira oportunidade em que lhe couber falar nos autos.
>
> § 2º O juiz mandará processar o incidente em separado e sem suspensão do processo, ouvindo o arguido no prazo de 15 (quinze) dias e facultando a produção de prova, quando necessária.
>
> § 3º Nos tribunais, a arguição a que se refere o § 1º será disciplinada pelo regimento interno.
>
> § 4º O disposto nos §§ 1º e 2º não se aplica à arguição de impedimento ou de suspeição de testemunha.

Na verdade, tanto o impedimento quanto a suspeição, por dizerem respeito à credibilidade da imparcialidade do próprio Poder Judiciário perante a sociedade e à segurança jurídica dos jurisdicionados, deveriam ter os mesmos critérios de procedimento, seja no processo civil, seja no processo do trabalho, mormente em função da extinção do órgão colegiado na primeira instância da Justiça do Trabalho.

Nesse passo, é importante ressaltar que os arts. 20 e 21 da Consolidação dos Provimentos da Corregedoria-Geral da Justiça do Trabalho[4] dispõem sobre o procedimento da suspeição e do impedimento nas Varas do Trabalho, nos seguintes termos:

4. Fonte: *Diário Eletrônico da Justiça do Trabalho:* caderno judiciário do Tribunal Superior do Trabalho, Brasília, DF, n. 2928, p. 1-28, 6 mar. 2020. Republicação 1.

Art. 20. Se o juiz de 1º grau não reconhecer o impedimento ou a suspeição alegada, será aplicado o procedimento previsto no art. 146 do CPC de 2015, exceto, quanto a este último, na parte relativa à condenação às custas ao magistrado.

§ 1º Nas Unidades Judiciárias que contam com a designação permanente de mais de um magistrado, caso seja reconhecido o impedimento ou a suspeição de um deles, os autos do processo deverão ser encaminhados imediatamente a um dos demais em condições de atuar no feito, para dar-lhe prosseguimento, no prazo máximo de 10 (dez) dias.

§ 2º Não havendo mais de um magistrado atuando na Unidade por ocasião do reconhecimento do impedimento ou da suspeição, ou na hipótese de todos encontrarem-se inaptos para atuar no feito, será designado qualquer outro magistrado, segundo juízo de conveniência da Administração do Tribunal, observados os critérios de impessoalidade, alternância e aleatoriedade na designação, que deverá recair, preferencialmente, sobre aqueles que atuarem na própria sede do Juízo a que pertence o processo, ou em localidade contígua.

Art. 21. Na hipótese de impedimento ou suspeição de desembargador do trabalho, contemporânea ao julgamento do processo, este será mantido em pauta com a convocação de outro desembargador para compor o *quorum* do julgamento.

A não observância, portanto, das regras supratranscritas poderá ensejar a apresentação de reclamação correicional.

O réu, no processo do trabalho, poderá oferecer mais de uma exceção ao mesmo tempo. Por razões lógicas, a exceção de suspeição (ou impedimento) precede à de incompetência, pois o juiz suspeito (ou impedido) nem sequer poderá declarar-se incompetente.

Se o fato que ocasionou a suspeição ou o impedimento for posterior à audiência, a parte (autor ou réu) deverá alegar a nulidade na primeira vez em que tiver de falar em audiência ou nos autos, sob pena de preclusão (CLT, art. 795). Nesse sentido:

> EXCEÇÃO DE SUSPEIÇÃO. PRECLUSÃO. No tocante ao prazo para o oferecimento da exceção de suspeição, o § 1º do art. 138 do CPC, dispõe que "(...) a parte interessada deverá arguir o impedimento ou a suspeição, em petição fundamentada e devidamente instruída, na primeira oportunidade em que lhe couber falar nos autos (...)". A CLT, por sua vez, no parágrafo único, do art. 801, prevê que se a parte "(...) houver praticado algum ato pelo qual haja consentido na pessoa do juiz, não mais poderá alegar a exceção de suspeição, salvo sobrevindo novo motivo". Dispõe, ainda, esse mesmo dispositivo legal, que "a suspeição não será também admitida, se do processo constar que o recusante deixou de alegá-la anteriormente, quando já a conhecia, ou que, depois de conhecida, aceitou o juiz recusado ou, finalmente, se procurou de pro-

pósito o motivo de que ela se originou.". Logo, ocorrerá a preclusão se a parte a quem prejudica não arguir a tempo a suspeição, presumindo-se aceito o juiz, hipótese dos autos, em que a excipiente apresentou exceção sobre os fatos por ela apontados como ensejadores da suspeição depois de transcorridos os prazos legais. Exceção de suspeição não conhecida (TRT 6ª R., ExcSusp 0000374-04.2015.5.06.0000, Reda. Des. Ruy Salathiel de Albuquerque e Mello Ventura, TP, *DEJT* 23-9-2015).

Também não se aplica no processo do trabalho a regra do art. 299, parte final, do CPC/73 (sem correspondente no CPC/2015), uma vez que a exceção será processada nos próprios autos da reclamação trabalhista. Ademais, a decisão que julga exceção, por ser interlocutória, não desafia, em princípio, nenhum recurso de imediato, o que reforça a desnecessidade da autuação da exceção em separado. Nesse sentido:

RECURSO ORDINÁRIO EM MANDADO DE SEGURANÇA. EXCEÇÃO DE SUSPEIÇÃO. DECISÃO INTERLOCUTÓRIA. INADEQUAÇÃO DA VIA ELEITA. ORIENTAÇÃO JURISPRUDENCIAL N. 92 DA SBDI-2. Hipótese em que a autoridade coatora denegou o processamento do incidente previsto no art. 146 do NCPC, porquanto a parte interessada deixou transcorrer *in albis* o prazo de 15 (quinze) dias a contar do conhecimento do fato que gerou a alegada suspeição. O art. 799, § 2º, da Consolidação das Leis do Trabalho dispõe que: "Das decisões sobre exceções de suspeição e de incompetência, salvo, quanto a estas, se terminativa do feito, não caberá recurso, podendo, no entanto, as partes alegá-las novamente no recurso que couber da decisão final". Não obstante se trate de decisão interlocutória, que não enseja a interposição imediata de recurso, consoante o mencionado dispositivo e a Súmula 214 deste Tribunal Superior, há previsão expressa de que o meio próprio para impugná-la é o recurso ordinário. Registre-se, ainda, que a parte pode utilizar-se do recurso administrativo, qual seja, a correição parcial, que inclusive, a teor do art. 34, §1º, *c*, do Regimento Interno do Tribunal Regional da 12ª Região, possui efeito suspensivo. Assim, existindo medida processual própria para corrigir suposta ilegalidade cometida pela autoridade apontada como coatora, como o recurso ordinário, incabível a impetração de mandado de segurança, conforme entendimento consubstanciado na Orientação Jurisprudencial n. 92 da SBDI-2 e no art. 5º, II, da Lei n. 12.016/2009. Precedentes da SBDI-2. Recurso ordinário conhecido e não provido (TST-RO442-49.2016.5.12.0000, SBDI-2, Rel. Min. Maria Helena Mallmann, *DEJT* 11-4-2017).

4.3. Exceção de incompetência

Diz o art. 799, § 2º, da CLT que "das decisões sobre exceções de suspeição e incompetência, salvo, quanto a estas, se terminativas do feito, não caberá recurso, podendo, no entanto, as partes alegá-las novamente no recurso que couber da decisão final".

O procedimento da exceção de incompetência estava regulado nos termos da redação original do art. 800 da CLT, segundo o qual: "Apresentada a exceção de incompetência, abrir-se-á vista dos autos ao exceto, por 24 horas improrrogáveis, devendo a decisão ser proferida na primeira audiência ou sessão que se seguir".

Com o advento da Lei n. 13.467/2017, houve alteração do procedimento da exceção de incompetência territorial, pois o art. 800 da CLT passou a ter a seguinte redação:

> Art. 800. Apresentada exceção de incompetência territorial no prazo de cinco dias a contar da notificação, antes da audiência e em peça que sinalize a existência desta exceção, seguir-se-á o procedimento estabelecido neste artigo.
>
> § 1º Protocolada a petição, será suspenso o processo e não se realizará a audiência a que se refere o art. 843 desta Consolidação até que se decida a exceção.
>
> § 2º Os autos serão imediatamente conclusos ao juiz, que intimará o reclamante e, se existentes, os litisconsortes, para manifestação no prazo comum de cinco dias.
>
> § 3º Se entender necessária a produção de prova oral, o juízo designará audiência, garantindo o direito de o excipiente e de suas testemunhas serem ouvidos, por carta precatória, no juízo que este houver indicado como competente.
>
> § 4º Decidida a exceção de incompetência territorial, o processo retomará seu curso, com a designação de audiência, a apresentação de defesa e a instrução processual perante o juízo competente.

No que tange à eficácia temporal do preceptivo em causa, o art. 11 da IN n. 41/2018 do TST dispõe que: "A exceção de incompetência territorial, disciplinada no art. 800 da CLT, é imediatamente aplicável aos processos trabalhistas em curso, desde que o recebimento da notificação seja posterior a 11 de novembro de 2017 (Lei n. 13.467/2017)".

Se o reclamado não apresentar exceção de incompetência ou apresentá-la serodiamente ocorrerá a preclusão e, consequentemente, o juízo a quem fora endereçada a petição inicial será o competente territorialmente para processar e julgar a demanda. Nesse sentido:

> EXCEÇÃO DE INCOMPETÊNCIA TERRITORIAL. PRAZO. PRECLUSÃO. O art. 800 da CLT, com redação que lhe foi conferida pela Lei n. 13.467/17, estabelece o prazo peremptório de 5 dias para a apresentação da exceção de incompetência territorial, contados da citação. Ultrapassado esse quinquídio, opera-se a preclusão temporal e prorroga-se a competência da Vara perante a qual foi proposto o feito (TRT 3ª R., RO 0010096-07.2019.5.03.0097, Rel. conv. Juíza Olivia Figueiredo Pinto Coelho, 10ª T., *DEJT* 30-5-2019).

Apresentada a exceção de incompetência territorial, os autos serão imediatamente conclusos ao juiz, devendo este determinar a imediata intimação do reclamante e, se existentes, dos litisconsortes, para manifestação no prazo comum de até cinco dias úteis.

Parece-me que o juiz poderá, de plano, rejeitar a exceção se sua decisão estiver fundada em elementos constantes dos autos, inexistindo, nessa hipótese, qualquer prejuízo ao reclamante, ao seu litisconsorte ou ao reclamado/excipiente, desde que o juiz tenha a cautela de verificar a possibilidade de intimar as partes de sua decisão que rejeitar a exceção e observar o prazo de cinco dias úteis entre a intimação da decisão e a realização da audiência.

Com efeito, o § 4º do art. 800 da CLT permite que o juiz, se entender desnecessária a produção de provas, rejeite, de plano, a exceção de incompetência territorial, caso em que o processo continuará seu curso normal, com o aproveitamento da audiência já designada, se não houver prejuízos para as partes.

Entretanto, se entender necessária a produção de prova oral (CLT, art. 800, § 3º), o juízo designará audiência, garantindo o direito de o excipiente e de suas testemunhas serem ouvidas, por carta precatória, no juízo que este houver indicado como competente. Nesse caso, o processo ficará suspenso para instrução e prolação da decisão sobre o incidente processual provocado pelo reclamado.

Advertimos o leitor que a expressão "exceção de incompetência terminativa do feito" significa que, se o juiz acolhê-la, deverá remeter os autos para outro órgão jurisdicional diverso da Justiça do Trabalho. Noutro falar, a decisão que acolhe a "exceção terminativa do feito", embora interlocutória, implica a "terminação" (saída) do processo na Justiça do Trabalho e sua remessa a outro ramo do Judiciário.

Na verdade, a decisão "terminativa do feito" concerne à declaração judicial de incompetência absoluta, isto é, incompetência em razão da matéria, da pessoa ou da função, sendo que a alegação de incompetência absoluta não deve ser objeto de exceção e, sim, de preliminar apresentada na própria contestação. Tanto é assim que o art. 795, § 1º, da CLT determina que a incompetência de "foro" deverá ser declarada de ofício pelo juiz. Ora, se deve ser declarada de ofício, salta aos olhos que se trata, *in casu*, de incompetência absoluta em razão da matéria.

Já vimos (*vide* Capítulo V, item 2.6) que a "incompetência de foro" diz respeito ao "foro trabalhista", isto é, concerne à incompetência absoluta em razão da "matéria trabalhista", e não à incompetência territorial, como pode parecer à primeira vista.

Tratando-se a hipótese do art. 800 da CLT de incompetência relativa, isto é, incompetência territorial, o processo continua tramitando no âmbito da Justiça do Trabalho, uma vez que o juiz de uma Vara do Trabalho, ao acolher a exceção de incompetência oposta pelo réu e declarar-se incompetente territorialmente, simplesmente remeterá os autos do processo a outro órgão judicial da Justiça do Trabalho que entender competente para processar e julgar a demanda.

Cabe ressalvar, contudo, que a letra c da Súmula 214 do TST passou a admitir recurso ordinário da decisão interlocutória que, acolhendo exceção de incompetência em razão do lugar (que é relativa), remete os autos para Juízo (Vara) do Trabalho pertencente a Tribunal Regional do Trabalho distinto daquele a que se vincula o juízo trabalhista prolator da decisão interlocutória.

Se ambos os juízes se derem por competentes, haverá conflito positivo de competência. Se ambos se declararem incompetentes, haverá conflito negativo de competência (CLT, arts. 803 a 812).

4.3.1. Exceção de incompetência relativa apresentada no domicílio do réu

É importante destacar que pelo parágrafo único do art. 305 do CPC/73 a petição poderia ser protocolizada no juízo de domicílio do réu, com requerimento de sua imediata remessa ao juízo que determinou a citação. Tratava-se de uma faculdade conferida ao réu, propiciando-lhe facilitação do seu acesso à Justiça.

O art. 340 do CPC/2015, por sua vez, dispõe que, no caso de "alegação de incompetência relativa ou absoluta, a contestação poderá ser protocolada no foro de domicílio do réu, fato que será imediatamente comunicado ao juiz da causa, preferencialmente por meio eletrônico".

Não há lacunas normativas, ontológica ou axiológica da CLT, no particular, uma vez que no processo do trabalho, de acordo com a nova redação dada pela Lei n. 13.467/2017 ao art. 800 da CLT, o reclamado poderá oferecer exceção de incompetência territorial no prazo de cinco dias úteis (CLT, art. 775, *caput*) a contar do recebimento da notificação (citação), antes da audiência e em peça que sinalize a existência desta exceção.

Protocolada a petição da exceção de incompetência territorial perante o juízo ao qual fora endereçada a petição inicial, será suspenso o processo e não se realizará a audiência a que se refere o art. 843 da CLT até que se decida a exceção.

Ademais, não podemos nos esquecer de que a imensa maioria das ações trabalhistas é proposta pelo trabalhador (autor), e a norma do CPC supracitada visa beneficiar justamente o réu (em regra, empregador, especialmente aquele que possui filiais, agências ou estabelecimentos espalhados pelo Brasil), o que pode, na prática, retardar a prestação jurisdicional. Em suma, o art. 340 do CPC revela-se incompatível com o procedimento do texto consolidado e com os princípios da proteção processual ao trabalhador, da conciliação, da concentração e da celeridade que norteiam o processo laboral.

5. CONTESTAÇÃO

A contestação é a forma mais usual e contundente de resposta do réu. É uma espécie de reação do réu à ação do autor. Na linguagem comum, contestação significa negação, resistência, discussão, debate.

Nos domínios da ciência processual, contestação é uma das modalidades de resposta do réu pela qual ele exerce seu direito fundamental de defesa em face da ação ajuizada pelo autor. Trata-se de ato processual pelo qual o réu se insurge, de todos os modos legalmente previstos e moralmente aceitos, contra a pretensão deduzida pelo autor, na inicial. É também apelidada de peça de resistência ou peça de bloqueio.

A CLT não define a contestação, uma vez que emprega genericamente o vocábulo "defesa". Compatível, portanto, a aplicação subsidiária do art. 336 do CPC, segundo o qual:

> Art. 336. Incumbe ao réu alegar, na contestação, toda a matéria de defesa, expondo as razões de fato e de direito com que impugna o pedido do autor e especificando as provas que pretende produzir.

Essa norma consagra, a um só tempo, o princípio da concentração da defesa e o princípio da eventualidade. Isso quer dizer que o réu deve alegar todo e qualquer tipo ou modalidade de resistência à pretensão do autor (concentração), para que o juiz conheça das posteriores eventualmente (eventualidade), se as anteriores forem repelidas.

De tal arte que, mesmo se o réu tiver fundada razão para supor que um só ponto de sua peça de resistência será suficiente para rechaçar a pretensão do autor, ainda assim deverá alegar toda a matéria, de fato e de direito, que lhe for possível deduzir em juízo. Se não o fizer no momento oportuno, que no processo do trabalho é a audiência, estará preclusa a sua pretensão no processo, salvo quando se tratar de matéria de ordem pública.

No processo do trabalho, não se aplica a parte final do art. 336 do CPC, porquanto desnecessária a especificação, seja na petição inicial, seja na contestação, das provas que as partes pretendem produzir. Com efeito, o art. 845 da CLT dispõe que as partes deverão comparecer à audiência "acompanhadas de suas testemunhas, apresentando, nessa ocasião, as demais provas".

Tanto no processo civil quanto no trabalhista, a *contestação por negação geral* é ineficaz, arcando o réu com o ônus de serem considerados verdadeiros os fatos articulados na petição inicial.

No processo civil, a contestação pode ser indeferida pelo juiz em duas situações especiais: quando for intempestiva e quando faltar o instrumento de mandato conferido ao advogado. Essas duas hipóteses são de difícil aplicação no processo do trabalho, uma vez que a contestação é apresentada na própria audiência, logo após a primeira proposta de conciliação malograda (CLT, art. 847). Se o réu constitui advogado, mas comparece pessoalmente ou representado por preposto, sanada estará a irregularidade concernente à falta de instrumento de mandato. Aliás, nessa segunda hipótese, dá-se o chamado *mandato tácito* ou *procuração "apud acta"*, sobre os quais já falamos no capítulo referente às partes e procuradores.

Como já vimos no item 2.1, *supra*, não se aplica ao processo do trabalho o prazo de quinze dias para a contestação do réu (CPC, art. 335)[5], pois o reclamado terá 20 (vinte) minutos para aduzir sua defesa em audiência, após a leitura da reclamação, quando esta não for dispensada por ambas as partes (CLT, arts. 846 e 847).

Lembramos que o § 3º do art. 841 da CLT dispõe que, depois de oferecida a contestação, o reclamante não poderá, sem o consentimento do reclamado, desistir da ação. O § 4º do art. 485 do CPC prevê regra idêntica, sendo certo que o § 5º do mesmo artigo prescreve que "a desistência da ação pode ser apresentada até a sentença".

No sistema do PJe (Processo Judicial Eletrônico), o parágrafo único do art. 847, acrescentado pela Lei n. 13.467/2017, prevê que a parte poderá apresentar defesa escrita até a audiência.

A Resolução CSJT n. 241/2020 dispõe, em seu art. 22, que a "contestação ou a reconvenção e seus respectivos documentos deverão ser protocolados no PJe até a realização da proposta de conciliação infrutífera, com a utilização de equipamento próprio, sendo automaticamente juntados, facultada a apresentação de defesa oral, na forma do art. 847, da CLT".

Não obstante, o § 1º do art. 22 da Resolução supracitada prevê que no "expediente de notificação inicial ou de citação constará recomendação para que a contestação ou a reconvenção e os documentos que as acompanham sejam protocolados no PJe com pelo menos 48h de antecedência da audiência", podendo o réu atribuir sigilo à contestação e à reconvenção, bem como aos documentos que as acompanham, devendo o magistrado retirar o sigilo caso frustrada a tentativa conciliatória (CSJT, Res. n. 241/2020, art. 22, § 5º).

A contestação pode ser dirigida: contra o processo ou contra o mérito.

5.1. Contestação contra o processo

Na contestação contra o processo, o réu ataca não a lide, o pedido, a pretensão ou o bem da vida vindicado pelo autor, e sim o processo ou a ação. No primeiro caso, alega que não foram satisfeitos os pressupostos processuais, como a incompetência absoluta, a inépcia da inicial, a coisa julgada, a litispendência etc.; no segundo, aduz que não estão presentes as condições da ação, como a possibilidade jurídica do pedido, a legitimação do autor para a causa e o interesse processual.

A contestação contra o processo, também conhecida por *defesa processual* ou simplesmente *objeção*, está prevista no art. 337 do CPC, que, a nosso ver, é aplicável com algumas adaptações ao processo do trabalho.

5. O art. 2º, V, da IN n. 39/2016 do TST dispõe que não se aplica o art. 335 do CPC (prazo para contestação) ao processo do trabalho. A inconstitucionalidade dessa Instrução Normativa foi questionada no STF (ADI n. 5.516).

Aqui o réu limita-se a alegar que não estão satisfeitos os pressupostos processuais (CPC, arts. 337, I, II, III, V, VI, VII e VIII, e 485, IV) ou as condições da ação (CPC, arts. 301, XI, e 485, VI).

Assim, compete ao réu, antes de discutir o mérito, isto é, antes de se insurgir contra os fatos e o pedido constantes da petição inicial, alegar:

I – inexistência ou nulidade da citação;

II – incompetência absoluta e relativa (*vide* CLT, arts. 799, § 2º e 800);

III – incorreção do valor da causa;

IV – inépcia da petição inicial;

V – perempção;

VI – litispendência;

VII – coisa julgada;

VIII – conexão;

IX – incapacidade da parte, defeito de representação ou falta de autorização;

X – convenção de arbitragem;

XI – ausência de legitimidade ou de interesse processual;

XII – falta de caução ou de outra prestação que a lei exige como preliminar;

XIII – indevida concessão do benefício de gratuidade de justiça.

O art. 337 do CPC não apresenta uma sequência lógica das questões processuais que devem ser, preliminarmente, levantadas pelo réu.

Procuraremos, a seguir, estabelecer uma ordem lógica das questões preliminares que devem ser arguidas pelo réu na contestação antes de manifestar-se sobre o mérito.

5.1.1. Incompetência absoluta

No processo do trabalho, como já vimos, a incompetência relativa é arguida por meio de exceção (CLT, art. 800). A incompetência absoluta é suscitada na própria contestação, como questão preliminar.

A incompetência absoluta é a primeira preliminar que deve ser levantada pelo réu, pois, se o juiz é absolutamente incompetente, não poderá praticar atos decisórios no processo. Na verdade, o juiz absolutamente incompetente não poderá, em princípio, extinguir o processo, e sim remeter os autos ao juízo para quem declinar a competência (CPC, art. 64, § 3º). No CPC/73, em princípio, eram considerados nulos os atos decisórios praticados por juiz absolutamente incompetente. Todavia, o § 4º do art. 64 do CPC (aplicável tanto à incompetência absoluta quanto à relativa) dispõe: "Salvo decisão judicial em sentido contrário, conservar-se-ão os efeitos de decisão proferida pelo juízo incompetente até que outra seja proferida, se for o caso, pelo juízo competente".

Caso o réu não suscite a incompetência absoluta, o órgão julgador deverá decretá-la em qualquer tempo ou grau de jurisdição (na instância ordinária). Com efeito, dispunha o art. 113 do CPC/73 que a "incompetência absoluta deve ser declarada de ofício e pode ser alegada em qualquer tempo e grau de jurisdição, independentemente de exceção". O art. 64, § 1º, do CPC dispõe: "A incompetência absoluta pode ser alegada em qualquer tempo e grau de jurisdição e deve ser declarada de ofício".

Vale dizer, tanto o juiz do trabalho quanto o desembargador do Tribunal Regional do Trabalho têm o dever de decretar, de ofício, a incompetência absoluta. Esta, porém, por interpretação lógica e sistemática, não poderá ser decretada de ofício pelo TST (instância extraordinária), pois o recurso de revista exige o prequestionamento, como veremos mais adiante.

Para a parte, não há preclusão para arguir a incompetência absoluta, ou seja, enquanto a sentença não transitar em julgado, a parte poderá arguir a incompetência absoluta. Todavia, o § 1º do art. 113 do CPC/73 dispunha que: "Não sendo, porém, deduzida no prazo da contestação, ou na primeira vez em que lhe couber falar nos autos, a parte responderá integralmente pelas custas". O CPC não prevê sanção pela não arguição da incompetência na contestação.

Sobre a distinção entre competência absoluta e competência relativa, *vide* Capítulo V, item 2.6.

5.1.2. Inépcia da petição inicial

Como preliminar, deve o réu suscitar a inépcia da petição inicial na própria contestação. A decretação da inépcia da inicial implica extinção do processo sem resolução do mérito. Se apenas um pedido é inepto (cumulação de pedidos), o processo será extinto apenas com relação a este pedido.

Considera-se inepta a petição inicial que não preenche os requisitos formais exigidos pela legislação processual (CLT, art. 840, § 3º; CPC, art. 330, § 1º), como já vimos no Capítulo XII, item 4.

5.1.3. Inexistência ou nulidade da citação

A citação, como já vimos (*vide* Capítulo VII, item 3.1), é um pressuposto processual de existência (constituição) da relação processual, pelo menos na perspectiva do réu[6].

6. BUENO, Cassio Scarpinella. *Curso sistematizado de direito processual civil*. São Paulo: Saraiva, 2007. v. I, p. 396.

Para a validade do processo, é indispensável a citação do réu (CPC, art. 239). Sem citação, salvo nos casos do art. 239 do CPC (indeferimento da petição inicial ou improcedência liminar do pedido), há vício insuperável, pois não existirá processo e, consequentemente, a sentença nele proferida será inexistente. Há quem sustente que em tal caso não há necessidade de ação rescisória para a sua desconstituição, bastando simples propositura de ação declaratória de inexistência de ato jurídico processual (*querela nullitatis*). É o que ocorre, por exemplo, quando o juiz decreta a revelia e, posteriormente, verifica que o réu não foi citado em função da devolução da notificação citatória pelo Correio informando tal fato. A inexistência de citação torna inexistente a relação jurídica processual para o réu, salvo, é claro, nas hipóteses do art. 239 do CPC, que é aplicável supletiva e subsidiariamente ao processo do trabalho (CLT, art. 769; CPC, art. 15).

Se a citação existe, mas apresenta defeito capaz de tornar inválido o processo e a sentença nele proferida, temos a hipótese de pressuposto processual de validade (desenvolvimento) da relação jurídica deduzida em juízo. A citação nula pode ser, em tese, fustigada por ação rescisória. É o que se dá, por exemplo, quando não observado o prazo mínimo de cinco dias entre a data do recebimento da notificação citatória e a audiência (CLT, art. 841), sendo tal prazo computado em quádruplo para as pessoas jurídicas de direito público (DL n. 779/69, art. 1º, II).

Tanto na citação inexistente quanto na citação nula, se o réu comparece espontaneamente à audiência e apresenta sua defesa, não haverá invalidade a ser decretada (CPC, art. 214, § 1º). E se o réu comparecer apenas para arguir a nulidade, será considerada realizada a citação na data em que ele ou seu advogado for intimado da respectiva decisão (CPC, art. 239, § 1º).

O TST já admitia, antes da Lei n. 11.232/2005, a possibilidade de se discutir a nulidade ou inexistência da citação em sede de embargos à execução na hipótese de revelia. É o que se extrai do seguinte aresto:

> AGRAVO DE INSTRUMENTO. RECURSO DE REVISTA EM EXECUÇÃO. NULIDADE DA CITAÇÃO INICIAL. ARGUIÇÃO EM EMBARGOS À EXECUÇÃO. POSSIBILIDADE. ART. 741, I, DO CPC. De acordo com o art. 741, I, do Código de Processo Civil, de aplicação subsidiária ao Direito Processual do Trabalho consoante o art. 769 da CLT, a nulidade da citação inicial no processo de conhecimento, no caso de a ação ter corrido à revelia da reclamada, pode ser arguida em embargos à execução. Logo, viola os princípios do contraditório e da ampla defesa, insculpidos no inciso LV do art. 5º da Constituição Federal, decisão do Tribunal Regional que deixa de apreciar a questão, por entender incompatível com o referido meio processual. Recurso de revista conhecido e provido (TST-RR 4262/2002-900-02-00.6, j. 10-9-2003, Rel. Min. Lelio Bentes Corrêa, 1ª T., *DJ* 5-3-2004).

A respeito de citação, como ato processual, remetemos o leitor ao Capítulo VIII, item 1.1.

5.1.4. Litispendência e coisa julgada

De acordo com o § 1º do art. 337 do CPC: "Verifica-se a litispendência ou a coisa julgada, quando se reproduz ação anteriormente ajuizada". Uma ação é idêntica à outra quando em ambas figuram as mesmas partes, a mesma causa de pedir e o mesmo pedido (CPC, art. 337, § 2º). Esses dispositivos são aplicáveis ao processo do trabalho, seja em razão da lacuna normativa, seja em função da compatibilidade com os seus princípios peculiares.

Dá-se a litispendência quando se repete ação que está em curso, isto é, quando há duas ou mais ações idênticas tramitando perante o mesmo ou juízos diversos. Já a coisa julgada ocorre quando se repete ação que já foi decidida por sentença de que não caiba recurso.

Verificando a litispendência ou a coisa julgada, o juiz deverá extinguir o processo sem resolução do mérito, nos termos do art. 485, V, do CPC.

5.1.4.1 Litispendência e coisa julgada entre ação coletiva e ação individual

Entendemos inexistir litispendência (ou coisa julgada) entre ação individual e ação coletiva, seja pela ausência de identidade de partes, seja pela diversidade de pedidos[7].

Ademais, a coisa julgada na ação individual produz efeitos *inter partes*, não beneficiando nem prejudicando terceiros (CPC, art. 472); na ação coletiva, a coisa julgada decorrente de sentença de procedência produzirá efeitos *erga omnes*, quando se tratar de tutela de interesses difusos ou individuais homogêneos, ou *ultra partes*, na hipótese de tutela de interesses coletivos *stricto sensu* (CDC, arts. 103 e 104).

Felizmente, vislumbramos a evolução da jurisprudência do TST em aplicar o art. 104 do CDC nas ações coletivas propostas na Justiça do Trabalho, como se infere do seguinte julgado:

7. Para a jurisprudência majoritária há litispendência entre ação individual e ação coletiva quando o sindicato atua como substituto processual em defesa de interesses individuais homogêneos. O equívoco de tal entendimento, *data venia*, reside na exigência de rol de substituídos na ação coletiva e na negativa de vigência dos arts. 103 e 104 do CDC, plenamente aplicáveis no processo do trabalho, como já vimos no Capítulo III, item 6. Nesse sentido: "Não se acolhe a litispendência em dissídio individual por motivo de ação proposta por sindicato na condição de substituto processual, facultando-se, entretanto, à reclamada, provar, na fase executória, o pagamento do crédito ao empregado" (TRT 3ª R., 3ª T., RO n. 01938/94, Rel. Juiz Antonio Álvares da Silva, *DJMG* 22-8-95, p. 51). Em sentido contrário: "Havendo demonstração nos autos de que o demandante foi substituído em processo movido pelo sindicato representativo de sua categoria profissional, o acionamento individual objetivando pretensão idêntica contra o mesmo empregador importa litispendência" (TRT 12ª R., 1ª T., Ac. n. 009390/94, Rel. Juiz Darci Fuga, *DJSC* 17-2-95, p. 64).

EMBARGOS REGIDOS PELA LEI Nº 11.496/2007. AÇÃO COLETIVA AJUIZADA POR SINDICATO COMO SUBSTITUTO PROCESSUAL E AÇÃO INDIVIDUAL PROPOSTA POR EMPREGADO SUBSTITUÍDO. LITISPENDÊNCIA. INEXISTÊNCIA. Segundo o entendimento pacificado nesta Subseção, a ação coletiva não induz litispendência para a ação individual, diante da falta da necessária identidade subjetiva, uma vez que, na ação coletiva, o sindicato exerce a legitimidade extraordinária para atuar como substituto processual na defesa em Juízo dos direitos e interesses coletivos ou individuais da categoria que representa, defendendo direito de outrem, em nome próprio, enquanto, na ação individual, a parte busca o seu próprio direito individualmente. Assim, ausente a necessária identidade subjetiva, não se pode ter como configurada a tríplice identidade que caracteriza a litispendência. Ademais, consoante entendimento desta Subseção, a tutela coletiva concorre para a igualdade de tratamento e também para a objetivização do conflito trabalhista, sem expor o titular do direito ao risco de uma demanda que não moveu, ou não pôde mover sem oferecer-se à represália patronal. Portanto, a ação ajuizada pelo sindicato da categoria profissional, na qualidade de substituto processual, não acarreta litispendência nem faz coisa julgada em relação à reclamação trabalhista idêntica proposta pelo empregado individualmente. Ressalta-se que, embora a primeira parte do artigo 104 do CDC, literalmente, afaste a litispendência somente entre as ações coletivas que visam à tutela dos interesses ou direitos difusos e coletivos e as ações individuais, a doutrina e a jurisprudência mais atualizadas e igualmente já pacificadas, diante da teleologia desse dispositivo, consideram que essa redação não exclui de sua incidência as ações coletivas de defesa dos interesses individuais homogêneos. Embargos não conhecidos (...). (TST-E-RR-152800-61.2009.5.22.0001, SBDI-1, Rel. Min. Jose Roberto Freire Pimenta, *DEJT* 5-4-2019).

5.1.5. Perempção e falta de caução

A perempção prevista no CPC (art. 337, V), observada a advertência que fizemos no Capítulo VII, item 3.2.2.3, e a falta de caução (CPC, art. 337, XII)[8], em princípio, não têm aplicação no processo do trabalho.

Advertimos que a desistência da ação não se equipara à "perempção celetista" (CLT, arts. 731 e 732), como se infere do seguinte julgado:

8. Nas ações anulatórias de débitos fiscais decorrentes das penalidades impostas pelos órgãos de fiscalização do trabalho (CF, art. 114, VII), poderá o juiz exigir caução, por exemplo, para conceder liminar ou antecipação de tutela que tenha por objeto a suspensão do registro do devedor junto ao Cadin – Cadastro Nacional dos Devedores da Administração Pública Federal.

RECURSO DE REVISTA INTERPOSTO NA VIGÊNCIA DA LEI Nº 13.015/14. DESISTÊNCIA DE RECLAMAÇÕES TRABALHISTAS ANTERIORES. PEREMPÇÃO. NÃO CONFIGURAÇÃO. Da interpretação sistêmica dos arts. 731, 732 e 844 da CLT, tem-se que a desistência da ação não enseja a perempção. Com efeito, o art. 732 da CLT refere-se expressamente ao arquivamento de que se ocupa o art. 844 da CLT, ou seja, em decorrência do não comparecimento do reclamante à audiência, o que não se confunde com a hipótese de desistência da ação. Delineado o quadro fático de que os arquivamentos foram ocasionados por desistência do reclamante, e não por falta de seu comparecimento à audiência, não há se falar em perempção. Recurso de revista conhecido e provido (TST-RR 89-72.2016.5.08.0209, 1ª T., Rel. Min. Walmir Oliveira da Costa, *DEJT* 15-6-2018).

Não obstante, com a ampliação da competência da Justiça do Trabalho para outras ações oriundas da relação de trabalho distintas da relação de emprego, haverá situações em que se tornará possível a aplicação dos referidos institutos na processualística laboral.

5.1.6. Conexão e continência

Ainda em sede de preliminar, o réu deve levantar a questão da existência de conexão ou continência, que já abordamos no Capítulo V, item 2.7.2.

É importante salientar que o acolhimento da preliminar de conexão ou continência não leva à extinção do processo, e sim à reunião perante o juízo prevento das ações que tramitam separadamente, que será o competente para a instrução e o julgamento simultâneo (CPC, art. 58), sendo incabível a reunião de ações quando em qualquer delas já houver sentença, independentemente de seu trânsito em julgado.

5.1.7. Incapacidade da parte, defeito de representação e falta de autorização

Quanto à incapacidade da parte e defeito de representação (*vide* Capítulo X), vale registrar que o art. 337, IX, do CPC determina que o réu, em preliminar, tem o ônus de alegar questões relativas à incapacidade postulatória, à incapacidade de ser parte ou incapacidade para estar em juízo.

Havendo defeito de representação (CPC, art. 75), cabe ao réu levantar a questão preliminarmente, devendo o juiz observar o disposto no art. 76 do CPC, aplicável ao processo do trabalho (TST/IN n. 39/2016, art. 3º, I)[9].

---

9. A inconstitucionalidade da IN n. 39/2016 do TST foi questionada pela Anamatra no STF (ADI

A respeito da falta de autorização, o CPC prevê as ações sobre direitos reais imobiliários, nas quais é exigida a autorização do marido ou da mulher (art. 73). No processo do trabalho, podemos mencionar a exigência de autorização da assembleia geral da categoria para o ajuizamento de dissídio coletivo (CLT, art. 859), lembrando que nesta ação o sindicato atua como representante da categoria.

Em se tratando de substituição processual (CF, art. 8º), em que o sindicato atua em nome próprio na defesa de interesses individuais homogêneos dos trabalhadores, não se exige autorização dos substituídos, tal como o exigia a cancelada Súmula 310 do TST. Nesse sentido:

> EMBARGOS DE DECLARAÇÃO. OMISSÃO. SUBSTITUIÇÃO PROCESSUAL. AUTORIZAÇÃO E INDIVIDUALIZAÇÃO DOS SUBSTITUÍDOS. DESNECESSIDADE. A CF, aberta aos processos coletivos, outorgou legitimidade extraordinária aos sindicatos para atuarem como substitutos processuais (CF, 8º, III), sendo dispensável (à capacidade processual), por isso: *a*) a autorização dos substituídos ou previsão no estatuto social; *b*) exibição do rol dos substituídos (...) (TRT 24ª R., 00015134820105240005, Rel. Des. Júlio César Bebber, TP., *DEJT* 8-9-2014).

> SUBSTITUIÇÃO PROCESSUAL. LEGITIMIDADE ATIVA DO SINDICATO. A Constituição Federal, em seu art. 8º, III, assegura a ampla substituição processual, a ser exercida pelas entidades representativas das categorias profissionais na defesa dos direitos e interesses individuais dos substituídos, o que independe de autorização ou da condição de associado destes (TRT 4ª R., RO 00200495920165040812, 7ª T., *DEJT* 25-4-2019).

5.1.8. Carência de ação

São condições da ação a legitimidade (ativa e passiva) e o interesse processual (necessidade/utilidade/adequação). Com o CPC/2105, a possibilidade jurídica do pedido (ou melhor, da demanda) deixou de figurar como uma das condições da ação[10].

Cabe agora destacar que, ao contestar a ação (art. 337, XI, do CPC), incumbe ao réu, antes de discutir o mérito, alegar: "(...) XI – ausência de legitimidade ou de interesse processual".

Por sua vez, inovando em relação ao CPC/73, dispõem os arts. 338 e 339 do CPC/2015:

n. 5.516).

10. Sobre carência de ação, vide Capítulo VI, item 6.

Art. 338. Alegando o réu, na contestação, ser parte ilegítima ou não ser o responsável pelo prejuízo invocado, o juiz facultará ao autor, em 15 (quinze) dias, a alteração da petição inicial para substituição do réu. Parágrafo único. Realizada a substituição, o autor reembolsará as despesas e pagará os honorários ao procurador do réu excluído, que serão fixados entre três e cinco por cento do valor da causa ou, sendo este irrisório, nos termos do art. 85, § 8º.

Art. 339. Quando alegar sua ilegitimidade, incumbe ao réu indicar o sujeito passivo da relação jurídica discutida sempre que tiver conhecimento, sob pena de arcar com as despesas processuais e de indenizar o autor pelos prejuízos decorrentes da falta de indicação. § 1º O autor, ao aceitar a indicação, procederá, no prazo de 15 (quinze) dias, à alteração da petição inicial para a substituição do réu, observando-se, ainda, o parágrafo único do art. 338. § 2º No prazo de 15 (quinze) dias, o autor pode optar por alterar a petição inicial para incluir, como litisconsorte passivo, o sujeito indicado pelo réu.

Parece-nos que os arts. 338, *caput*, e 339 e seus §§ 1º e 2º do CPC são aplicáveis, supletiva e subsidiariamente, ao processo do trabalho, tanto pela existência de lacuna normativa do texto obreiro consolidado quanto pela compatibilidade dessas regras com os princípios que informam o processo laboral, sobretudo os princípios da simplicidade, da economia e do máximo aproveitamento dos atos processuais.

Semelhante raciocínio, contudo, não ocorre relativamente ao parágrafo único do art. 338 do CPC, que é inaplicável ao processo do trabalho, máxime nas ações oriundas da relação de emprego em que figurem o trabalhador no polo ativo da demanda, sendo certo, ainda, que as despesas processuais na Justiça do Trabalho são pagas ao final.

5.1.9. O momento de apreciação das matérias do art. 337 do CPC

É importante ressaltar que, com exceção da incompetência relativa e da convenção de arbitragem, esta última de duvidosa aplicação nas ações individuais oriundas da relação de emprego (dissídios individuais), o juiz conhecerá de ofício todas as matérias enumeradas nos incisos do art. 337 do CPC.

Dito de outro modo, salvo no que concerne à incompetência relativa e à convenção de arbitragem, não ocorre a preclusão em relação às matérias conhecíveis de ofício enquanto a sentença não transitar em julgado (CPC, art. 337, § 5º). Com relação à conexão ou à continência, porém, se o juiz não acolher a correspondente preliminar, nem dela conhecer de ofício, haverá preclusão de tais matérias, ou seja, se houve julgamento de uma das causas conexas ou continentes será incabível a reunião das ações que correm em separado.

De toda sorte, cabe ao réu alegar as matérias constantes do art. 337 do CPC na contestação (ou, oralmente, na audiência), a título de preliminar, sob pena de sofrer as sanções do art. 485, § 3º, parte final, do CPC.

O art. 337 do CPC deve ser interpretado sistematicamente com o art. 485 do mesmo diploma legal.

Assim, além das matérias arroladas no art. 301 do CPC, deverá o réu alegar outras, dentre as previstas no art. 485 do CPC e que não constam desse dispositivo ora em comento, como, por exemplo, o fato de o autor já ter desistido da ação e, no entanto, a relação processual continuar fluindo.

Depois da contestação, só é lícito ao réu deduzir novas alegações quando: relativas a direito superveniente; competir ao juiz conhecer delas de ofício (como pressupostos processuais e condições da ação); por expressa autorização legal, puderem ser formuladas em qualquer tempo e juízo.

5.2. Contestação contra o mérito

Há mais de um modo de o réu opor-se ao mérito (pedido) formulado pelo autor na petição inicial. Na verdade, a contestação contra o mérito pode ser *indireta* ou *direta*.

5.2.1. Contestação indireta do mérito (fatos impeditivos, modificativos e extintivos)

Na contestação indireta do mérito, também cognominada de "exceção substancial", o réu reconhece o fato constitutivo do direito do autor, mas opõe outro fato impeditivo, modificativo ou extintivo do pedido formulado na petição inicial.

Fatos impeditivos são os que provocam a ineficácia dos fatos constitutivos alegados pelo autor. Aqui o réu não ataca o direito alegado pelo autor, apenas opõe um fato que impede o exercício daquele direito. Exemplos: o reclamante pede pagamento de aviso prévio, alegando ter sido despedido sem justa causa, e o reclamado reconhece a despedida, mas alega que ela se deu em virtude de ato de improbidade do reclamante (CLT, art. 482, *a*); o reclamante pede equiparação salarial, apontando o paradigma (CLT, art. 461, *caput*), e o reclamado se defende alegando e provando que a empresa possui quadro de carreira homologado pelo Ministério do Trabalho e Emprego que assegura promoção alternada por antiguidade e merecimento (CLT, art. 461, § 2º; Súmula 6, item I, do TST), o que impedirá a apreciação do fato constitutivo do direito à equiparação salarial.

No julgamento do RE nº 760.931/DF, com repercussão geral reconhecida (Tema 246), o STF firmou a tese de que "o inadimplemento dos encargos trabalhistas dos empregados do contratado não transfere automaticamente ao Poder Público contratante a responsabilidade pelo seu pagamento, seja em caráter solidário ou subsidiário, nos termos do art. 71, § 1º, da Lei nº 8.666/93". A *ratio decidendi* da referida decisão levou a SBDI-1/TST, em sua composição plena, a concluir que o STD não emitiu tese vinculante quanto à distribuição do ônus da prova relativa à fiscalização e, nessa esteira, concluiu que incumbe à Administração Pública o ônus da prova da fiscalização dos contratos de prestação de serviços, por se tratar de **fato impeditivo da responsabilização subsidiária** (TST-E-ED-RR-62-40.2017.5.20.0009, SBDI-I, Rel. Márcio Eurico Vitral Amaro, 10-9-2020).

Fatos modificativos são os que implicam alteração dos fatos constitutivos alegados pelo autor. Aqui o réu chega a reconhecer parcialmente o direito alegado pelo autor, mas opõe um fato que altera a relação jurídica material alegada pelo reclamante. Exemplos: ao alegar que o reclamante era trabalhador autônomo e não empregado, o reclamado atrai para si o ônus de provar o fato modificativo do direito do autor, qual seja, a existência de uma relação jurídica de natureza autônoma diversa da relação empregatícia; o reclamante pede o pagamento de horas extras por ter trabalhado como bancário em jornada superior a seis horas diárias e o reclamado reconhece a jornada superior a seis horas, mas alega um fato modificativo no sentido de que o reclamante passou a ocupar cargo de gerente-geral da agência durante o período vindicado na petição inicial.

Fatos extintivos são os que eliminam, extinguem ou tornam sem valor a obrigação assumida pelo réu, por não ser ela mais exigível. Exemplo: o reclamante pede o pagamento de saldo de salários, e o reclamado alega que efetuou o respectivo pagamento, tendo o ônus de provar o fato extintivo do direito do autor (colacionar aos autos o correspondente comprovante de quitação). A renúncia, a transação, a prescrição e a decadência são também fatos extintivos do direito do autor. A nosso ver, a compensação e a retenção, previstas expressamente no art. 767 da CLT, são também modalidades de fatos extintivos do direito alegado pelo autor. O TST editou a Súmula 461, segundo a qual: "É do empregador o ônus da prova em relação à regularidade dos depósitos do FGTS, pois o pagamento é fato extintivo do direito do autor (art. 373, II, do CPC de 2015)".

5.2.1.1. *Prescrição e decadência*

A prescrição e a decadência, como já vimos, são exemplos de fatos extintivos da relação de direito material, razão pela qual, quando acolhidas, extinguem o processo com resolução do mérito (CPC, art. 487, II).

Por não estarem catalogadas no rol das preliminares previstas no art. 337 do CPC, devem ser alegadas como defesa indireta de mérito, isto é, como prejudiciais, e não como "preliminares do mérito", expressão que, na linguagem da moderna ciência processual, encerra uma *contradictio in terminis* (contradição entre os termos).

No que concerne à prescrição, recomendamos a leitura das Súmulas 6 (item IX), 153, 156, 199, 206, 268, 275, 294, 308, 326, 327, 350, 362, 373 e 382 do TST, bem como as Orientações Jurisprudenciais da SBDI-1 ns. 38, 76, 83, 129, 175, 242, 243, 271 e 344. Ver, ainda, a OJ n. 37 da SBDI-2.

A Lei n. 13.467/2017 alterou o art. 11 da CLT, que passou a ter a seguinte redação:

> Art. 11. A pretensão quanto a créditos resultantes das relações de trabalho prescreve em cinco anos para os trabalhadores urbanos e rurais, até o limite de dois anos após a extinção do contrato de trabalho.
>
> § 1º O disposto neste artigo não se aplica às ações que tenham por objeto anotações para fins de prova junto à Previdência Social.
>
> § 2º Tratando-se de pretensão que envolva pedido de prestações sucessivas decorrente de alteração ou descumprimento do pactuado, a prescrição é total, exceto quando o direito à parcela esteja também assegurado por preceito de lei.
>
> § 3º A interrupção da prescrição somente ocorrerá pelo ajuizamento de reclamação trabalhista, mesmo que em juízo incompetente, ainda que venha a ser extinta sem resolução do mérito, produzindo efeitos apenas em relação aos pedidos idênticos.

Na verdade, há erronia técnica no texto legal, uma vez que a prescrição é da pretensão, e não da ação. De toda sorte, a alteração do art. 11, *caput*, apenas se adequou ao comando do art. 7º, XXIX, da CF, sendo certo que o acréscimo dos §§ 2º e 3º foi inspirado na jurisprudência do TST (Súmulas 268 e 294).

Além disso, a referida lei acrescentou à CLT o art. 11-A, instituindo a prescrição intercorrente, *in verbis*:

> Art. 11-A. Ocorre a prescrição intercorrente no processo do trabalho no prazo de dois anos.
>
> § 1º A fluência do prazo prescricional intercorrente inicia-se quando o exequente deixa de cumprir determinação judicial no curso da execução.
>
> § 2º A declaração da prescrição intercorrente pode ser requerida ou declarada de ofício em qualquer grau de jurisdição.

A respeito da eficácia temporal dessa nova regra, o TST editou a IN n. 41/2018, cujo art. 2º dispõe que "fluxo da prescrição intercorrente conta-se a partir do descumprimento da determinação judicial a que alude o § 1º do art. 11-A da CLT, desde que feita após 11 de novembro de 2017 (Lei n. 13.467/2017)".

Com a ampliação da competência da Justiça do Trabalho (EC n. 45/2004) para processar e julgar outras demandas oriundas das relações de trabalho diversas da relação de emprego, o juiz deverá – segundo pensamos – aplicar as regras alusivas à prescrição do direito material sobre que versar a demanda.

Vale dizer, a norma geral aplicável será, em linha de princípio, a do Código Civil de 2002, ressalvadas as regras sobre prescrição previstas em leis especiais. Afinal, prescrição é instituto de direito material, devendo o processo adequar-se à natureza da lide, e não esta à natureza daquele.

Ainda sobre prescrição, é importante lembrar os Enunciados ns. 45, 46, 47 e 61 aprovados na 1ª Jornada de Direito Material e Processual do Trabalho, realizada em Brasília-DF, no dia 23 de novembro de 2007.

No que tange à decadência, o Código Civil de 2002 (arts. 207 a 211) dispõe que, salvo disposição legal em contrário, não se aplicam à decadência as normas que impedem, suspendem ou interrompem a prescrição. A decadência pode ser legal ou contratual. A decadência estabelecida em lei não admite renúncia e deve ser decretada, de ofício, pelo juiz. Já na decadência contratual, a parte a quem ela aproveita pode alegá-la em qualquer grau de jurisdição, mas o juiz não pode suprir a alegação.

Sobre decadência em matéria trabalhista o STF editou a Súmula 403: "É de decadência o prazo de trinta dias para instauração do inquérito judicial, a contar da suspensão, por falta grave, de empregado estável".

No âmbito do TST, diversas orientações jurisprudenciais dispersas sobre decadência foram unificadas nas Súmulas 62 e 100.

Sobre decadência, consultar também OJs da SBDI-2 ns. 12, 18, 80 e 127.

5.2.1.1.1. *Prescrição pronunciada de ofício*

A prescrição, ao contrário da decadência, não poderia ser pronunciada de ofício pelo juiz, salvo se versasse sobre direitos não patrimoniais. Todavia, o § 5º do art. 219 do CPC/73, com redação dada pelo art. 3º da Lei n. 11.280, de 16 de fevereiro de 2006, passou a preceituar: "O juiz pronunciará, de ofício, a prescrição".

O CPC (art. 487, II) prevê que haverá resolução de mérito quando o juiz decidir, de ofício ou a requerimento, sobre a ocorrência de decadência ou prescrição.

O fundamento da prescrição de ofício, no processo civil, reside na segurança jurídica, na celeridade processual e na premissa de que os direitos patrimoniais são disponíveis. É o que se depreende do seguinte trecho:

> Não há mais qualquer restrição ao reconhecimento e declaração de ofício da prescrição pelo magistrado, mesmo nas causas que envolvam direitos patrimoniais. Mais do que ressaltar o caráter disponível dos direitos patrimoniais, a norma prestigia a segurança das relações sociais consolidadas com o tempo, na medida em que a falta de manejo da ação no prazo previsto em lei vem a ser entendida pela norma como uma renúncia do autor ao direito de propor a ação. Em outras palavras, a *ratio essendi* da norma é a seguinte: se os direitos patrimoniais são disponíveis, a não propositura da ação pelo autor, dentro do prazo prescricional, deve ser interpretado como disposição, renúncia do direito de ação, consolidando uma situação perfeitamente enquadrável no conceito de direito adquirido, incorporado ao patrimônio do réu e que, por ser direito previsto na Constituição Federal, no capítulo dos direitos

e deveres individuais e coletivos (art. 5º, XXXVI), não pode ser olvidado pelo magistrado, sob pena de ofensa à Carta Magna"[11].

Ressaltamos que não era pacífica a aceitação da aplicação da regra do art. 487, II, do CPC (§ 5º do art. 219 do CPC/73) nos sítios do processo do trabalho. Para uns, ela deve ser aplicada integralmente, pois, se do ponto de vista metodológico o direito material e processual do trabalho sempre se socorreu subsidiariamente das mesmas (e antigas) regras do CPC e do CC alusivas à prescrição, não haveria embasamento científico para deixar de fazê-lo diante das suas novas redações[12].

Para outros, a nova regra prescricional não se aplica no processo laboral em razão da indisponibilidade do crédito trabalhista (natureza alimentícia) e da situação de vulnerabilidade jurídica, econômica e social do trabalhador, especialmente pelo entendimento majoritário da doutrina e da jurisprudência especializadas do chamado "direito potestativo" de dispensa reconhecido ao empregador, o que, na prática, impede que o empregado no curso da relação empregatícia possa exercer o seu direito de acesso à justiça[13].

Finalmente, há os que, com âncora no princípio da colaboração, admitem a prescrição *ex officio*, desde que o juiz, antes de decretá-la, abra vistas dos autos ao autor, para que demonstre a existência de causa impeditiva, interruptiva ou suspensiva da prescrição (CC, arts. 197 a 204), e ao réu, para que se manifeste a respeito da prescrição, valendo o silêncio como renúncia tácita[14]. Em semelhante sentido, aliás, dispõe o parágrafo único do art. 487 do CPC: "Ressalvada a hipótese do § 1º do art. 332, a prescrição e a decadência não serão reconhecidas sem que antes seja dada às partes oportunidade de manifestar-se".

Todos os argumentos são defensáveis e respeitáveis, mas preferimos a última corrente, com a advertência de que, no processo do trabalho, a simples propositura

11. BOTELHO, Marcos César. As alterações das Leis ns. 11.276, 11.277 e 11.280. *Jus Navigandi*, Teresina, ano 10, n. 1098, 4 jul. 2006. Disponível em: <http://jus2.uol.com.br/doutrina/texto.asp?id=8598>. Acesso em: 26 dez. 2006.

12. Nesse sentido: PINTO, José Augusto Rodrigues. Reconhecimento *ex officio* da prescrição e processo do trabalho. *Revista LTr*, São Paulo: LTr, v. 70, n. 4, p. 391 e s., abr. 2006; CHAVES, Luciano Athayde. *A recente reforma no processo comum e seus reflexos no direito judiciário do trabalho*. 2. ed. São Paulo: LTr, p. 145-156 e HERKENHOFF FILHO, Hélio Estellita. *Reformas no Código de Processo Civil e implicações no processo trabalhista*. Rio de Janeiro: Lumen Juris, 2006. p. 32.

13. É a posição de: VALÉRIO, J. N. Vargas. Decretação da prescrição de ofício – óbices jurídicos, políticos, sociais, lógicos, culturais e éticos. *Revista LTr*, São Paulo: LTr, v. 70, n. 9, p. 1071 e s., set. 2006, e MAIOR, Jorge Luiz Souto. Reflexos das alterações do Código de Processo Civil no processo do trabalho. *Revista LTr*, São Paulo: LTr, v. 70, n. 8, p. 920 e s., ago. 2006.

14. Nesse sentido: MARANHÃO, Ney Stany Morais. Pronunciamento *ex officio* da prescrição e processo do trabalho. *Revista LTr*, v. 71, n. 4, p. 391-401, abr. 2007.

da demanda interrompe a prescrição (TST, Súmula 268), sendo certo que, por força da norma especial do art. 440 da CLT, "contra menores não corre nenhum prazo de prescrição".

Com efeito, não nos parece sustentável a tese da inconstitucionalidade da decretação judicial de ofício da prescrição, pois este instituto pertence, inclusive, ao Direito Constitucional (do Trabalho), tendo em vista o disposto no inciso XXIX, do art. 7º, da CF. Ora, se as normas constitucionais são de ordem pública por excelência, então já seria sustentável a tese da decretação da prescrição, de ofício, dos créditos trabalhistas antes mesmo da vigência da Lei n. 11.280/2006.

Além disso, o art. 11 da Lei n. 11.280/2006 revogou expressamente o art. 194 da Lei n. 10.406, de 10 de janeiro de 2002 (Código Civil), segundo o qual o juiz não poderia suprir, de ofício, a alegação de prescrição, salvo se favorecesse o absolutamente incapaz. Assim, em qualquer hipótese, o juiz deverá decretar, de ofício, a prescrição, independentemente de arguição das partes, desde que observadas as condições acima explicitadas.

Cumpre-nos advertir, contudo, que a SBDI-1 do TST não vem admitindo a prescrição de ofício no processo do trabalho:

> RECURSO DE EMBARGOS REGIDO PELA LEI N. 11.496/2007. RECURSO DE REVISTA. PRESCRIÇÃO. PRONÚNCIA DE OFÍCIO. IMPOSSIBILIDADE. INCOMPATIBILIDADE DO ART. 219, § 5º, DO CPC COM O PROCESSO DO TRABALHO. O art. 219, § 5º, do CPC, que possibilita a pronúncia de ofício da prescrição pelo juiz, não se aplica subsidiariamente ao Processo do Trabalho, porque não se coaduna com a natureza alimentar dos créditos trabalhistas e com o princípio da proteção ao hipossuficiente. Precedentes desta Subseção Especializada. Recurso de embargos conhecido e não provido (TST-E-RR 82841-64.2004.5.10.0016, Rel. Min. Dora Maria da Costa, SBDI-1, *DEJT* 7-3-2014).

Vê-se, assim, que na esteira do entendimento do TST a prescrição decretada de ofício é incompatível com o processo do trabalho "em face da natureza alimentar dos créditos trabalhistas" e por ferir princípios constitucionais, como o da valorização do trabalho e do emprego, da norma mais favorável e da função socioambiental da propriedade, bem como princípios peculiares do processo laboral.

Entretanto, no processo do trabalho, com o advento da EC n. 45/2004, novas ações que veiculam créditos de natureza diversa dos créditos trabalhistas alimentares passaram a ser da competência da Justiça do Trabalho, o que nos autoriza dizer que em tais ações não há qualquer obstáculo para a aplicação da regra do art. 487, II, do CPC (CPC/73, art. 219, § 5º), sendo importante ressaltar que, se o órgão julgador for pronunciar a prescrição de ofício, deverá, antes, observar a regra contida no parágrafo único do art. 487 do CPC.

5.2.1.1.1.1. Prescrição intercorrente pronunciada de ofício

No que concerne à prescrição intercorrente, que é aquela que surge no curso da execução (cumprimento de sentença), o art. 11-A da CLT (inserido pela Lei n. 13.467/2017) prevê, em seu § 2º, a possibilidade de sua declaração por provocação da parte ou pronunciamento judicial de ofício em qualquer grau de jurisdição, desde que, a nosso sentir, este pronunciamento seja feito na instância ordinária.

Sobre a eficácia temporal dessa nova regra, o art. 2º da IN n. 41/2018 do TST dispõe que o "fluxo da prescrição intercorrente conta-se a partir do descumprimento da determinação judicial a que alude o § 1º do art. 11-A da CLT, desde que feita após 11 de novembro de 2017 (Lei n. 13.467/2017)".

5.2.1.1.2. Prescrição em ações coletivas

É importante sublinhar que não há lugar para prescrição nas ações coletivas destinadas à tutela de interesses difusos ou coletivos, pois o titular de tais demandas não é o titular do direito (metaindividual) deduzido em juízo, mesmo porque tais direitos pertencem não a um indivíduo, mas a uma coletividade (titular dos interesses difusos) ou a um grupo, classe ou categoria de pessoas (titular dos interesses coletivos *stricto sensu*).

Quanto aos direitos individuais homogêneos, também não poderá ser decretada, de ofício, a prescrição, pois na ação coletiva em defesa de tais direitos não há identificação, no processo de conhecimento, dos titulares do direito material, o que somente ocorrerá na liquidação[15] e execução a título individual.

Ademais, o sindicato (ou o MPT) poderá ajuizar ação coletiva, como substituto processual (CF, art. 8º, III), em defesa dos interesses individuais homogêneos, porquanto a propositura de tal demanda coletiva interrompe a prescrição dos créditos dos substituídos. Nesse sentido, a 5ª Turma do TST deixou assentado que a ação coletiva movida por sindicato interrompe o prazo de prescrição (AI-RR n. 7514-2002-652-09-40.0, Rel. Ministro Emmanoel Pereira).

Tal entendimento acabou se transformando na OJ n. 359 da SBDI-1, segundo a qual: "A ação movida por sindicato, na qualidade de substituto processual, interrompe a prescrição, ainda que tenha sido considerado parte ilegítima *ad causam*".

5.2.1.1.3. Prescrição arguida pelo Ministério Público do Trabalho

O Ministério Público do Trabalho, quando oficia como órgão interveniente (*custos legis*), possui legitimidade para arguir a prescrição em favor de ente público.

---

15. LEITE, Carlos Henrique Bezerra. *Liquidação na ação civil pública*. São Paulo: LTr, 2004. p. 151 e s.

Com efeito, o *Parquet* defende o interesse e o patrimônio públicos, e não o interesse dos governantes, evitando, em última análise, a "sangria" dos cofres públicos ocasionada por desleixo ou má-fé de alguns – felizmente poucos – procuradores ou representantes das pessoas jurídicas de direito público, em prejuízo de toda a sociedade.

Ademais, o art. 112 da Lei n. 8.112/90 dispõe que a "prescrição é de ordem pública, não podendo ser relevada pela administração". Embora tal regra esteja prevista na lei que regula o regime jurídico único dos servidores federais, parece-nos que sua gênese é inerente a qualquer regime de servidor público, posto que celetista, da administração direta, autárquica e fundacional de quaisquer dos entes da Federação. A finalidade de tal regra é uma só: proteger o patrimônio público e as finanças públicas.

O TST, no entanto, adotou tese diversa, como se infere da OJ n. 130 da SBDI-1 daquela Corte, segundo a qual: "Ao exarar o parecer na remessa de ofício, na qualidade de *custos legis*, o Ministério Público não tem legitimidade para arguir a prescrição em favor de entidade de direito público, em matéria de direito patrimonial".

Esse entendimento deve ser alterado, mormente em função do disposto no art. 487, II, do CPC (do § 5º do art. 219 do CPC/73), pois se esta norma prevê a possibilidade de decretação judicial de ofício da prescrição [16], então, com maior razão, o MPT tem legitimidade e interesse para argui-la, especialmente quando a prescrição otimizar a proteção do erário público.

O § 2º do art. 11-A da CLT prevê a possibilidade de declaração de ofício da prescrição intercorrente em qualquer grau de jurisdição. Logo, o MPT está autorizado a requerer a aplicação desta modalidade de prescrição.[17]

5.2.1.1.4. Momento de arguição da prescrição

O art. 193 do Código Civil dispõe que a "prescrição pode ser alegada em qualquer grau de jurisdição, pela parte a quem aproveita".

O § 2º do art. 11-A da CLT prevê a possibilidade de declaração de ofício (ou a requerimento da parte) da prescrição intercorrente em qualquer grau de jurisdição.

O TST, no entanto, não admitia[18] a prescrição intercorrente (Súmula 114, superada pelo § 2º do art. 11-A da CLT), porém admite a arguição da prescrição "comum" até a "instância ordinária", ou seja, o réu que não a alegar na contestação poderá fazê-

16. A SBDI-1 do TST, no entanto, não admite a prescrição de ofício (TST-E-RR 82841-64.2004.5.10.0016, Rel. Min. Dora Maria da Costa, SBDI-1, *DEJT* 7-3-2014).
17. A respeito da eficácia temporal dessa nova regra, o TST editou a IN n. 41/2018, cujo art. 2º dispõe que o "fluxo da prescrição intercorrente conta-se a partir do descumprimento da determinação judicial a que alude o § 1º do art. 11-A da CLT, desde que feita após 11 de novembro de 2017 (Lei n. 13.467/2017)".
18. O TST passou a permitir a prescrição intercorrente nos termos do art. 2º da IN n. 41/2018.

-lo nas razões de recurso ordinário (Súmula 153), ainda que a sentença não se tenha pronunciado a respeito de tal matéria.

Em função do art. 219, § 5º, do CPC/73 (CPC, art. 487, II), já vimos que há grande cizânia a respeito da autorização legal para que os órgãos judiciais que compõem a "instância ordinária" (Juízes das Varas e dos Tribunais Regionais do Trabalho) possam decretar, de ofício, a prescrição, isto é, independentemente de arguição das partes.

Não se admite a prescrição arguida pela primeira vez apenas em recurso de revista, pois a competência para julgar tal recurso é da "instância extraordinária", ou seja, do TST, o que exige o prequestionamento da matéria (TST, Súmula 297).

Sustentávamos, com base no § 5º do art. 219 do CPC/73 (CPC, art. 487, II), que a prescrição poderia ser arguida em contrarrazões ao recurso ordinário. Este entendimento prevaleceu no TST, como se infere do seguinte julgado:

> RECURSO DE REVISTA. SOB A ÉGIDE DA LEI N. 13.015/2014. PRESCRIÇÃO ARGUIDA PELA PRIMEIRA VEZ EM CONTRARRAZÕES AO RECURSO ORDINÁRIO. Nos termos da jurisprudência desta Corte, a prescrição deve ser arguida até a instância ordinária, seja por meio de recurso ordinário ou em contrarrazões ao recurso ordinário interposto pela parte adversa. No caso concreto, ocorrida a revelia da ré, não foi juntada defesa na fase instrutória, tendo sido arguida a prescrição, pela primeira vez, em contrarrazões ao recurso ordinário da trabalhadora. Competia ao Regional a análise respectiva. Incidência da Súmula 153 do TST. Há precedentes. Recurso de revista conhecido e provido (TST-RR 66-22.2012.5.15.0129, 6ª T., Rel. Min. Augusto César Leite de Carvalho, *DEJT* 23-11-2018).

Alguns autores chegam a admitir que na prescrição possa ser arguida até mesmo no momento da sustentação oral em recurso ordinário na Sessão de Julgamento do Tribunal Regional do Trabalho – tese da qual não comungamos – por excluir da outra parte a possibilidade de participar do contraditório.

A polêmica a respeito da aplicação do art. 487, II, do CPC/2015 no processo do trabalho continuará existindo, inclusive no que concerne ao momento de arguição da prescrição (*vide* Capítulo XIX, item 11.1). De toda sorte, parece-nos que não há possibilidade de arguição da prescrição em sustentação oral pela incidência da preclusão, já que tal matéria só poderia ter sido deduzida em recurso. Nesse sentido, a jurisprudência do TST:

> RECURSO DE REVISTA – PRESCRIÇÃO – MOMENTO FINAL PARA ARGUIÇÃO – Este Tribunal Superior, por meio da Súmula 153, firmou entendimento de que somente até as razões do Recurso Ordinário admite-se à parte reclamada suscitar a prescrição, de modo a viabilizar a sua discussão no âmbito do Tribunal Regional.

Não se pode conhecer de prescrição arguida pela primeira vez em sustentação oral por ocasião do julgamento do Recurso Ordinário, visto que se trata de matéria vinculada ao mérito. Precedentes SDI-1. Recurso não conhecido (...) (TST-RR 230800-09.2007.5.09.0195, Rel. Juiz Convocado Sebastião Geraldo de Oliveira, 8ª T., *DEJT* 11-11-2011).

5.2.1.1.5. Interrupção da prescrição

No processo do trabalho, o simples ajuizamento de ação trabalhista, ainda que "arquivada" pelo não comparecimento do autor à audiência "inaugural", interrompe a prescrição em relação a pedidos idênticos (TST, Súmula 268). Neste caso, a prescrição será interrompida, ainda que o juízo trabalhista seja absolutamente incompetente ou ocorra extinção do processo sem resolução de mérito.

Todavia a interrupção da prescrição ocorre apenas em relação aos pedidos formulados na petição inicial da ação anteriormente ajuizada. Logo, se o reclamante ajuizar outra demanda postulando pedido(s) diverso(s) daquele(s) formulado(s) na ação anterior, não haverá interrupção da prescrição.

Afinal, nos termos do art. 337, § 2º, do CPC, uma ação é idêntica à outra quando possui as mesmas partes, a mesma causa de pedir e o mesmo pedido. Um pedido somente é idêntico a outro quando fundado na mesma causa de pedir. Caso a parte altere a causa de pedir, acrescendo-lhe novos fatos e alterando a base de cálculo dos pedidos, fica desfigurada a identidade de ações necessária para que se verifique a interrupção da prescrição.

A nosso ver, portanto, não é apenas a identidade do pedido que interrompe a prescrição, mas também a causa de pedir. Destarte, se o autor ajuizar ação trabalhista postulando reintegração (pedido), fundado na alegação de ser dirigente sindical (causa de pedir), e, depois, desistir da ação e propuser outra ação postulando reintegração, a interrupção do prazo prescricional só alcançará a reintegração fundada na referida causa de pedir. Noutro falar, se o autor, em ação posterior, pede reintegração, mas inova a causa de pedir, alegando, por exemplo, que era membro de CIPA, não haverá interrupção da prescrição. Há entendimento no sentido de que a prescrição da pretensão interrompida pelo ajuizamento de ação anterior, ainda que "arquivada", é a bienal, e não a quinquenal.

Não concordamos, *data venia*, com tal entendimento, uma vez que não há distinção, para fins de interrupção do prazo, se a prescrição é quinquenal ou bienal. Ora, onde a lei não distingue não é lícito ao intérprete fazê-lo. Nesse sentido:

RECURSO DE REVISTA. PRESCRIÇÃO QUINQUENAL. INTERRUPÇÃO. AÇÃO ANTERIORMENTE AJUIZADA E ARQUIVADA. A legislação aplicável à prescrição, notadamente os arts. 219, § 1º, do Código de Processo Civil e 202 do Código Civil, não distinguiu entre prescrição bienal e quinquenal para a aplicação dos efeitos interruptivos, matéria que sequer foi abordada pelo legislador constituinte. Assim, não se encontra autorizado o julgador-intérprete a fazer distinção onde a lei, tampouco a Constituição, o fizeram. Isso porque, tanto o biênio quanto o quinquênio são igualmente prazos prescricionais, não havendo razoável lógica em se admitir os efeitos da prescrição em relação ao biênio e subtraí-lo ao prazo quinquenal. O ajuizamento da reclamação trabalhista interrompe a prescrição, tanto bienal quanto quinquenal. A contagem do biênio recomeça a partir do término da condição interruptiva, pois, nos termos do art. 202, parágrafo único, do Código Civil, conclui-se que o termo a quo do prazo prescricional bienal inicia-se no dia subsequente "do último ato do processo para a interromper". Já em relação à prescrição quinquenal, computa-se o termo a quo retrospectivamente à propositura da primeira reclamação trabalhista. Recurso de revista não conhecido (...) (TST-RR 231/2002-654-09-00.5, 5ª T., Rel. Min. Emmanoel Pereira, *DJe* 20-8-2009).

Tratando-se de ação proposta pelo sindicato como substituto processual dos titulares dos direitos individuais homogêneos, a SBDI-1 editou a OJ n. 359:

SUBSTITUIÇÃO PROCESSUAL. SINDICATO. LEGITIMIDADE. PRESCRIÇÃO. INTERRUPÇÃO. A ação movida por sindicato, na qualidade de substituto processual, interrompe a prescrição, ainda que tenha sido considerado parte ilegítima *ad causam*.

Outra forma de interromper a prescrição é o protesto judicial, como se infere do art. 202, II, do Código Civil. Para tanto, é cabível o protesto judicial (CPC, art. 726, § 1º), que pode ser ajuizado na Justiça do Trabalho (vide Capítulo XXV, item 9.2). Nesse sentido:

RECURSO DE REVISTA. PRESCRIÇÃO QUINQUENAL. INTERRUPÇÃO. PROTESTO JUDICIAL. O art. 202, II, do Código Civil consigna que o protesto judicial interrompe a prescrição. Sendo apresentado o protesto interruptivo, não se pode atribuir à parte a inércia que caracteriza a perda do direito pela prescrição, porquanto, na Justiça do Trabalho, esse ato é suficiente para interromper tanto o prazo prescricional bienal quanto o quinquenal (TST-RR 2024/2001-491-05-00.0, 2ª T., Min. Rel. João Batista Brito Pereira, *DJe* 6-8-2009).

É importante lembrar, nesse passo, a OJ n. 370 da SBDI-1/TST:

FGTS. MULTA DE 40%. DIFERENÇAS DOS EXPURGOS INFLACIONÁRIOS. PRESCRIÇÃO. INTERRUPÇÃO DECORRENTE DE PROTESTOS JUDICIAIS (*DEJT* divulgado em 3, 4 e 5-12-2008). O ajuizamento de protesto judicial dentro do biênio posterior à Lei Complementar n. 110, de 29-6-2001, interrompe a prescrição, sendo irrelevante o transcurso de mais de dois anos da propositura de outra medida acautelatória, com o mesmo objetivo, ocorrida antes da vigência da referida lei, pois ainda não iniciado o prazo prescricional, conforme disposto na Orientação Jurisprudencial n. 344 da SBDI-1.

5.2.1.2. Prescrição intercorrente

No que concerne à prescrição intercorrente, que é aquela que surge no curso da ação, há uma divergência jurisprudencial difícil de contornar. Para o STF, o direito trabalhista admite a prescrição intercorrente (Súmula 327). Já para o TST: "É inaplicável na Justiça do Trabalho a prescrição intercorrente" (Súmula 114).

De nossa parte, pensamos ser aplicável a prescrição intercorrente no processo do trabalho, como, aliás, prevê o art. 884, § 1º, da CLT, que consagra a prescrição como "matéria de defesa" nos embargos à execução.

Ora, tal prescrição só pode ser a intercorrente, pois seria inadmissível arguir prescrição sobre pretensão já apreciada na fase cognitiva por sentença transitada em julgado. Um exemplo: na liquidação por artigos, se o juiz ordenar a apresentação dos artigos de liquidação e o liquidante deixar transcorrer *in albis* o prazo de dois anos (se o contrato estiver em vigor, 5 anos), cremos que *o executado* pode arguir a prescrição intercorrente ou o juiz pronunciá-la de ofício, nos termos do art. 487, II, do CPC (art. 219, § 5º, do CPC/73). E nem se argumente com violação ao art. 878 da CLT, pois a *execução trabalhista* pode ser *ex officio*, mas a liquidação por artigos depende de iniciativa da parte. Ora, sem título executivo líquido e certo, não há como ser promovida a execução.

De outra parte, o § 4º do art. 40 da Lei n. 6.830, de 22 de setembro de 1980 (aplicável no que couber, à execução trabalhista, a teor do art. 889 da CLT), com redação dada pela Lei n. 11.051, de 29 de dezembro de 2004, prevê outra hipótese de prescrição intercorrente, decretada de ofício, nos seguintes termos: "Se da decisão que ordenar o arquivamento tiver decorrido o prazo prescricional, o juiz, depois de ouvida a Fazenda Pública, poderá, de ofício, reconhecer a prescrição intercorrente e decretá-la de imediato".

Com o advento da Lei n. 13.467/2017, que acrescentou o art. 11-A à CLT, a prescrição intercorrente passou a ser expressamente admitida no processo do trabalho, nos seguintes termos:

> Art. 11-A. Ocorre a prescrição intercorrente no processo do trabalho no prazo de dois anos.
>
> § 1º A fluência do prazo prescricional intercorrente inicia-se quando o exequente deixa de cumprir determinação judicial no curso da execução.
>
> § 2º A declaração da prescrição intercorrente pode ser requerida ou declarada de ofício em qualquer grau de jurisdição.

Cumpre lembrar, para finalizar este tópico, que a ampliação da competência da Justiça do Trabalho para outras demandas oriundas da relação de trabalho *lato sensu*, a questão da prescrição intercorrente, ampliará a cizânia doutrinária e jurisprudencial a respeito da interpretação a ser dada ao art. 11-A da CLT.

A respeito da eficácia temporal dessa nova regra, o TST, contrariando a sua própria Súmula 114, editou a IN n. 41/2018, cujo art. 2º dispõe que o "fluxo da prescrição intercorrente conta-se a partir do descumprimento da determinação judicial a que alude o § 1º do art. 11-A da CLT, desde que feita após 11 de novembro de 2017 (Lei n. 13.467/2017)". Vale dizer, para o TST somente incidirá prescrição intercorrente se o descumprimento, pelo credor/exequente, da determinação judicial para que promova o prosseguimento frutífero da execução ocorrer depois da *vacatio legis* da Lei da Reforma Trabalhista.

No tocante à decretação de prescrição intercorrente, inclusive de ofício, nas ações de cobrança de multas administrativas, colhemos o seguinte julgado:

> EXECUÇÃO FISCAL. PRESCRIÇÃO INTERCORRENTE. APLICAÇÃO DE OFÍCIO. POSSIBILIDADE. Com a inclusão do § 4º ao art. 40 da Lei de Execuções Fiscais pela Lei n. 11.051, de 29-12-2004, fica expressamente admitida a aplicação da prescrição de ofício, desde que ouvida a Fazenda Pública, após cinco anos da decisão que ordenar o arquivamento dos autos, seja na hipótese de falta de citação, ou na ausência de bens penhoráveis, como ocorre *in casu* (TRT 17ª R., AP 0129200-24.2006.5.17.0011, 2ª Turma, Rel. Des. Carlos Henrique Bezerra Leite, Rev. Des. Claudia Cardoso de Souza, *DEJT* 30-6-2009).

5.2.1.3. Compensação, retenção e dedução

No processo do trabalho, a compensação e a retenção também são consideradas contestação (defesa) indireta do mérito, uma vez que constituem fatos extintivos do direito alegado pelo autor. Como bem observa Emílio Gonçalves:

> a compensação constitui defesa indireta de mérito, por constituir fato extintivo do direito do reclamante até o limite em que se iguala ao respectivo crédito, implicando, em princípio, o reconhecimento da juridicidade do pedido do reclamante, embora a alegação de compensação não impeça o reclamado de opor outras defesas contra o pedido. (...) Poderá, desta forma, alegar que o crédito pleiteado na inicial é inexistente, porque o fato constitutivo não ocorreu, mas que, se tivesse ocorrido, fora extinto pela compensação[19].

19. *Manual de prática processual trabalhista*, p. 149.

Vaticina o art. 767 da CLT: "A compensação, ou retenção, só poderá ser arguida como matéria de defesa".

Se o reclamado não alegar a compensação na contestação, não poderá fazê-lo em outra oportunidade, uma vez que estará preclusa a matéria (TST, Súmula 48). Além disso, a jurisprudência vem decidindo:

> (...) COMPENSAÇÃO. PRECLUSÃO. AUSÊNCIA DE ARGUIÇÃO NA CONTESTAÇÃO. 1 – À luz do princípio da eventualidade, toda a matéria de defesa deve ser suscitada em contestação, sob pena de preclusão. Sob esse prisma, nos termos da Súmula 48 do TST, a compensação – matéria de defesa – somente pode ser arguida na contestação. 2. Assim, contraria a Súmula 48 do TST acórdão no qual o TRT defere a compensação arguida tão somente nas razões do recurso ordinário. 3 – Recurso de revista de que se conhece e a que se dá provimento (TST-ARR 1585-30.2012.5.01.0482, 6ª T., Rel. Min. Kátia Magalhães Arruda, *DEJT* 23-11-2018).

Na compensação, que é forma indireta de extinção das obrigações, duas pessoas reúnem reciprocamente as qualidades de credor e devedor. Assim, sempre que o reclamado entender que é credor do reclamante poderá requerer ao juiz que a dívida do empregado possa ser compensada com os eventuais créditos deste.

A compensação, todavia, restringe-se à dívida de natureza trabalhista (TST, Súmula 18), como adiantamentos salariais, aviso prévio, danos causados pelo empregado oriundos da relação empregatícia. Não se admite a compensação de dívida de natureza civil ou comercial.

O § 5º do art. 477 da CLT dispõe que, na rescisão, qualquer compensação no pagamento a que fizer jus o empregado não poderá exceder o equivalente a um mês de sua remuneração.

Exemplos de compensação: *a)* aviso prévio não dado pelo empregado-reclamante que pede a sua demissão (CLT, art. 487, § 2º); *b)* prejuízo decorrente de dolo causado pelo empregado-reclamante no curso do contrato de trabalho (CLT, art. 462, § 1º). Em ambos os casos, a lei faculta ao reclamado pedir ao juiz que autorize a compensação de tais débitos com os eventuais créditos a que o empregado-reclamante tenha direito.

Não se deve confundir *compensação* com *dedução*. A compensação depende de pedido expresso do reclamado na contestação (CLT, art. 767). Já a dedução pode ser autorizada de ofício pelo juiz e decorre da aplicação do princípio *non bis in idem*, evitando-se, com isso, o enriquecimento sem causa de uma parte em detrimento da outra.

Ouçamos a jurisprudência:

> EMBARGOS REGIDOS PELA LEI N. 11.496/2007. CAIXA ECONÔMICA FEDERAL. BANCÁRIO. PLANO DE CARGOS EM COMISSÃO. OPÇÃO PELA JORNADA DE OITO HORAS. INEFICÁCIA. EXERCÍCIO DE FUNÇÕES MERAMENTE TÉCNI-

CAS. NÃO CARACTERIZAÇÃO DE EXERCÍCIO DE FUNÇÃO DE CONFIANÇA. DEDUÇÃO. PARTE FINAL DA ORIENTAÇÃO JURISPRUDENCIAL TRANSITÓRIA N. 70 DA SBDI-1 DO TST. Discute-se, no caso, a possibilidade de dedução das horas extras deferidas em razão do reconhecimento da jornada de seis horas à reclamante, por não possuir especial fidúcia a justificar seu enquadramento no art. 224, § 2º, da CLT, com a diferença entre a gratificação de função prevista no plano de cargos e salários para a jornada de oito horas e a fixada para a jornada de seis horas. A decisão embargada, em que se determinou a dedução em comento, está em consonância com o entendimento consubstanciado na parte final da Orientação Jurisprudencial Transitória n. 70 da SBDI-1 do TST, que dispõe: "Ausente a fidúcia especial a que alude o art. 224, § 2º, da CLT, é ineficaz a adesão do empregado à jornada de oito horas constante do Plano de Cargos em Comissão da Caixa Econômica Federal, o que importa no retorno à jornada de seis horas, sendo devidas como extras a sétima e a oitava horas laboradas. A diferença de gratificação de função recebida em face da adesão ineficaz poderá ser compensada com as horas extraordinárias prestadas". Embargos não conhecidos (TST-E-ED-RR 119140-76.2006.5.04.0003, Rel. Min. José Roberto Freire Pimenta, SBDI-1, *DEJT* 29-11-2013).

RECURSO DE REVISTA. 1. COMPENSAÇÃO/DEDUÇÃO. VALORES PAGOS. DEDUÇÃO GLOBAL. Esta colenda Corte já firmou jurisprudência no sentido de que não há falar em compensação das parcelas pagas sob o mesmo título, mês a mês, e sim na dedução, pelo abatimento do que foi pago seguindo o critério global, com o fim de se evitar enriquecimento ilícito do empregado, que acaba por receber, em relação a mesma parcela, por duas vezes. Recurso de revista conhecido e provido (...) (TST-RR 1435000-83.2006.5.09.0004, Rel. Min. Guilherme Augusto Caputo Bastos, 5ª T., *DEJT* 30-8-2013).

A *retenção*, como o próprio nome está a dizer, consiste no direito que o reclamado tem de reter alguma coisa do reclamante até que este quite sua dívida em relação àquele. A retenção, tal como a compensação, deve ser requerida pelo reclamado na contestação (CLT, art. 767), sob pena de preclusão.

No que tange à temática tratada neste tópico, o TST editou as seguintes súmulas:

Súmula 87 – PREVIDÊNCIA PRIVADA. Se o empregado, ou seu beneficiário, já recebeu da instituição previdenciária privada, criada pela empresa, vantagem equivalente, é cabível a dedução de seu valor do benefício a que faz jus por norma regulamentar anterior.

Súmula 401 – AÇÃO RESCISÓRIA. DESCONTOS LEGAIS. FASE DE EXECUÇÃO. SENTENÇA EXEQUENDA OMISSA. INEXISTÊNCIA DE OFENSA À COISA JULGADA. Os descontos previdenciários e fiscais devem ser efetuados pelo juízo executório, ainda que a sentença exequenda tenha sido omissa sobre a questão, dado o caráter de ordem pública ostentado pela norma que os disciplina. A ofensa à coisa julgada somente poderá ser caracterizada na hipótese de o título exequendo, expressamente, afastar a dedução dos valores a título de imposto de renda e de contribuição previdenciária.

Há retenção que deve ser autorizada de ofício pelo juiz. Exemplo clássico de retenção legal é o imposto de renda. Vale dizer, o imposto de renda deve ser retido e recolhido pelo empregador dos rendimentos pagos ao empregado, por força do que consta no art. 46 da Lei n. 8.541/92.

Sobre retenção e dedução do imposto de renda e das contribuições previdenciárias, consultar, também, os Provimentos da Corregedoria-Geral da Justiça do Trabalho ns. 1/1996, 2/1993 e 3/2005, bem como o art. 72, § 2º, da Consolidação dos Provimentos da CGJT/2016.

Além disso, recolhemos outros julgados pertinentes:

> (...) CONTRIBUIÇÃO FISCAL. CRITÉRIO DE APURAÇÃO. VIOLAÇÃO DOS ARTS. 186 E 927 DO CÓDIGO CIVIL. IMPERTINÊNCIA. NÃO CONHECIMENTO. O Tribunal Regional entendeu que a responsabilidade pelo recolhimento das contribuições social e fiscal, resultante de condenação judicial referente a verbas remuneratórias, é do empregador e incide sobre o total da condenação. Contudo, a culpa do empregador pelo inadimplemento das verbas remuneratórias não exime a responsabilidade do empregado pelos pagamentos do imposto de renda devido e da contribuição previdenciária que recaia sobre sua quota-parte. Entendimento consubstanciado na Súmula 368, II, e Orientação Jurisprudencial n. 363 da SBDI-1. Logo, afigura-se impertinente a alegação de afronta aos arts. 186 e 927 do Código Civil. Recurso de revista de que não se conhece (TST-RR 56200-61.2010.5.17.0007, 4ª T., Rel. Min. Guilherme Augusto Caputo Bastos, *DEJT* 28-6-2019).
>
> (...) DESCONTO DE IMPOSTO DE RENDA. CRITÉRIO DE RETENÇÃO. A partir da publicação da MP n. 497, em 28-7-2010 (que instituiu nova regra para o cálculo do imposto de renda), convertida na Lei n. 12.350, de 20-12-2010, publicada em 21-12-2010 (introdutória do art. 12-A da Lei n. 7.713/88), regulamentada pela IN n. 1.127, de 8-2-2011, da Receita Federal do Brasil, a apuração do imposto sobre os rendimentos do trabalho recebidos acumuladamente (RRA), correspondentes a anos anteriores ao do recebimento resultante de decisão judicial, passa a ser feita mês a mês, e não mais sobre o montante global dos créditos apurados ao final, como vinha sendo feito até então (Súmula 368, II, *in fine*, do TST). Recurso de revista conhecido e provido (TST-RR 104-76.2010.5.02.0384, Rel. Min. Augusto César Leite de Carvalho, 6ª T., *DEJT* 29-11-2013).

5.2.2. Contestação direta do mérito

Dá-se a contestação direta, também chamada de defesa direta de mérito, quando o réu ataca o fato constitutivo do direito alegado pelo autor, seja pela *negativa de sua existência*, seja pela *negativa de seus efeitos jurídicos*.

5.2.2.1. Negativa dos fatos constitutivos

Se o réu negar a existência dos fatos constitutivos do direito do autor, fará com que ao autor caiba provar tais fatos constitutivos no decorrer da instrução.

No processo do trabalho, podemos exemplificar *negativa da existência* do fato constitutivo quando o reclamante alega ter direito a horas extras e o reclamado nega que tenha havido trabalho em regime de sobrejornada, juntando os cartões de ponto correspondentes. Caberá, pois, ao reclamante, na instrução, provar que realizou as horas extras.

A negativa dos fatos pelo réu, contudo, não poderá ser genérica. É que, em nosso sistema, ressalvadas algumas exceções plenamente justificáveis, não se admite a contestação por negação geral.

Com efeito, preceitua o art. 341 do CPC: "Incumbe também ao réu manifestar-se precisamente sobre as alegações de fato constantes da petição inicial, presumindo-se verdadeiras as não impugnadas...".

A presunção de veracidade dos fatos não impugnados é relativa. Trata-se, pois, de confissão ficta, razão pela qual pode ceder, como prevê o art. 341, I, II e III, do CPC, ou seja, quando:

a) não for admissível, a seu respeito, a confissão – há quem entenda que nas ações em que as pessoas jurídicas de direito público figuram como rés não há como admitir a confissão ficta[20]. Outro exemplo: nas ações trabalhistas que contemplam pedido de adicional de insalubridade ou periculosidade, pois, nestes casos, o juiz não pode prescindir da prova técnica;

b) a petição inicial não estiver acompanhada do instrumento público que a lei considerar da substância do ato – esta hipótese é de remota aplicação no processo do trabalho;

c) estiverem os fatos em contradição com a defesa, considerada em seu conjunto – cabe ao juiz sopesar os fatos constitutivos em relação à contestação como um todo. Esta regra tem por objetivo evitar a perpetração da injustiça manifesta.

O CPC (art. 341, parágrafo único) somente admite a contestação por negação geral quando se tratar de defesa apresentada por defensor público, advogado dativo ou curador especial.

Parece-nos que essa regra também se aplica quando o MPT atua no processo laboral na hipótese prevista no art. 793 da CLT.

20. Cf. MORAES, José Diniz de. *Confissão e revelia de ente público*. São Paulo: LTr, 1999. p. 157 e s.

5.2.2.2. Negativa dos efeitos dos fatos constitutivos

Como já ressaltamos acima, o réu também poderá, na contestação, reconhecer a real existência e veracidade dos fatos alegados pelo autor, mas negar-lhes as consequências jurídicas alvitradas na petição inicial.

Neste caso, ante a confissão do réu a respeito dos fatos constitutivos do autor, este fica liberado do ônus de prová-los.

Todavia, o réu asseverará, em sua postura defensiva, que os fatos não produzem os efeitos jurídicos pretendidos pelo autor, que, assim, não poderá merecer a tutela jurisdicional postulada na exordial.

Evidentemente que a matéria será abordada na sentença, cabendo ao juiz, tão somente, examinar o direito que foi invocado pelo autor, para, então, verificar se, realmente, ele tem razão ou não.

No processo do trabalho, acenamos com o seguinte exemplo: o reclamante pede adicional de transferência e o reclamado, reconhecendo o fato da transferência, alega que não é devido o adicional porque a transferência é definitiva, e não provisória, como exige o art. 469, § 3º, parte final, da CLT.

5.2.3. Fatos supervenientes

É importante ressaltar que, nos termos do art. 342 do CPC, aplicável subsidiariamente ao processo do trabalho (CLT, art. 769), depois da contestação, só é lícito ao réu deduzir novas alegações quando:

> I - relativas a direito ou a fato superveniente;
>
> II - competir ao juiz conhecer delas de ofício;
>
> III - por expressa autorização legal, puderem ser formuladas em qualquer tempo e grau de jurisdição.

6. RECONVENÇÃO

Como já sublinhado, a reconvenção é uma das modalidades de resposta do réu. Não se trata de defesa, pois esta concerne apenas às exceções e à contestação. Cuida-se, isto sim, de um contra-ataque do réu em face do autor dentro do mesmo processo.

Dito de outro modo, a reconvenção é uma ação que o réu propõe, em face do autor, dentro do mesmo processo em que o primeiro é demandado, buscando tutela jurisdicional em que se resguarde um direito seu que alega ter sido lesado ou ameaçado de lesão pelo autor.

Nas palavras precisas de Nelson Nery Junior:

Reconvenção é um modo de exercício do direito de ação, sob a forma de contra-ataque do réu contra o autor, dentro do processo já iniciado, ensejando processamento simultâneo com a ação principal (*simultaneus processus*), a fim de que o Juiz resolva as duas lides na mesma sentença[21].

Há, portanto, uma cumulação objetiva de ações (principal e reconvencional) no mesmo processo.

Há quem sustente o descabimento da reconvenção no processo do trabalho. O principal argumento repousa na previsão expressa da compensação e da retenção como matérias típicas de defesa, e não de reconvenção, razão pela qual não haveria omissão da CLT a respeito, impedindo, assim, a aplicação subsidiária do CPC. Todavia, cerramos fileira com a corrente majoritária, no sentido de que a reconvenção é perfeitamente compatível com o processo do trabalho, desde que sejam observadas algumas peculiaridades ínsitas a esse setor especializado do direito processual, mormente no que tange ao procedimento a ser observado.

Ora, sendo a reconvenção uma ação, não pode a lei, *in casu* a CLT, impedir o seu exercício por quem se sentir lesado ou ameaçado em um direito. Aliás, negar a reconvenção é violar o princípio constitucional da inafastabilidade do acesso ao Poder Judiciário (CF, art. 5º, XXXV).

Ademais, o processamento simultâneo da ação e da reconvenção repousa nos princípios da celeridade processual e da economia processual, os quais, no processo do trabalho, devem encontrar acolhida com muito maior ênfase.

6.1. Requisitos específicos da reconvenção

É certo, porém, que a reconvenção, como qualquer ação, exige do réu-reconvinte a satisfação dos pressupostos processuais e das condições da ação, além de observar alguns requisitos específicos exigidos por lei para o seu cabimento, seja no processo civil, seja no trabalhista.

Com efeito, dispõe o art. 343 do CPC, *in verbis*:

> Art. 343. Na contestação, é lícito ao réu propor reconvenção para manifestar pretensão própria, conexa com a ação principal ou com o fundamento da defesa.
>
> § 1º Proposta a reconvenção, o autor será intimado, na pessoa de seu advogado, para apresentar resposta no prazo de 15 (quinze) dias.
>
> § 2º A desistência da ação ou a ocorrência de causa extintiva que impeça o exame de seu mérito não obsta ao prosseguimento do processo quanto à reconvenção.
>
> § 3º A reconvenção pode ser proposta contra o autor e terceiro.

21. *Código de Processo Civil comentado*, p. 808.

§ 4º A reconvenção pode ser proposta pelo réu em litisconsórcio com terceiro.

§ 5º Se o autor for substituto processual, o reconvinte deverá afirmar ser titular de direito em face do substituído, e a reconvenção deverá ser proposta em face do autor, também na qualidade de substituto processual.

§ 6º O réu pode propor reconvenção independentemente de oferecer contestação.

Comentando o dispositivo correspondente, Nelson Nery Junior[22] leciona que, além de exigir-se a satisfação das condições da ação e dos pressupostos processuais, para a admissibilidade da reconvenção, que tem natureza de ação, mas é formulada como pedido contraposto na contestação existem quatro pressupostos específicos:

a) que o juiz da causa principal não seja absolutamente incompetente para julgar a reconvenção

A reconvenção deve versar, pois, sobre demanda oriunda da relação de emprego ou da relação de trabalho, ou, ainda, das demais hipóteses previstas no art. 114 da CF, com redação dada pela EC n. 45/2004.

b) haver compatibilidade entre os ritos procedimentais da ação principal e da ação reconvencional

Há quem sustente a incompatibilidade da reconvenção com a reclamação trabalhista submetida ao procedimento sumário (Lei n. 5.584/70, art. 2º, §§ 3º e 4º), por aplicação analógica do art. 315 do CPC/73; CPC, art. 343); ou sumaríssimo (CLT, arts. 852-A e s.), por aplicação analógica do art. 31 da Lei n. 9.099/95, que instituiu os Juizados Especiais. Pensamos, contudo, que a analogia é incabível na espécie, pois restringe o direito constitucional de ação, olvidando, assim, o princípio da inafastabilidade da jurisdição.

c) haver processo pendente

A reconvenção tem lugar quando a ação principal estiver em curso, sendo certo que o momento próprio para a apresentação da reconvenção trabalhista é na audiência dita inaugural (CLT, art. 847).

d) haver conexão (CPC, art. 103; CPC, art. 55) entre a reconvenção, a ação principal ou algum dos fundamentos da defesa

22. NERY JUNIOR, Nelson; NERY, Rosa Maria de Andrade. *Comentários ao Código de Processo Civil: novo CPC – Lei n. 13.105/2015*. São Paulo: Revista dos Tribunais, 2015. p. 948.

É inadmissível a reconvenção no cumprimento da sentença ou no processo de execução, porque nestes casos não há sentença, e sim constrição judicial.

O TST, prestigiando o princípio da instrumentalidade das formas, vem admitindo – o que agora fica reforçado com o art. 343 do CPC – a apresentação da contestação e da reconvenção numa mesma peça processual, sem que isso implicasse violação ao art. 299 do CPC/73 (TST-ROAR 691/2007-000-12-00.0, SBDI-2 do TST, Rel. Min. Pedro Paulo Manus, *DJe* 4-6-2009).

6.2. Reconvenção e inquérito judicial

Nas ações com natureza dúplice, não é pacífico o entendimento sobre o cabimento da reconvenção. No processo do trabalho, o exemplo mais comum de ação dúplice é o do inquérito judicial para apuração de falta grave.

Com efeito, o art. 495 da CLT dispõe, *in verbis*:

> Reconhecida a inexistência de falta grave praticada pelo empregado, fica o empregador obrigado a readmiti-lo no serviço e a pagar-lhe os salários a que teria direito no período da suspensão.

Assim, se o inquérito for julgado improcedente, não há necessidade de o empregado reconvir, pois o empregador é obrigado a readmiti-lo (*rectius*, reintegrá-lo) no serviço e a efetuar o pagamento da remuneração referente a todo o período anterior ao afastamento.

Se o empregado, em tal caso, ajuizar a reconvenção, pensamos que ele será carecedor do direito de ação, por lhe faltar interesse processual, uma vez que o bem da vida perseguido pode lhe ser dado independentemente da propositura da demanda reconvencional.

Se, todavia, o objeto da reconvenção for mais amplo que o inquérito, como, por exemplo, se o empregado pede, além da reintegração e salários do período de afastamento, danos morais ou outras parcelas distintas dos salários, terá ele, a nosso ver, interesse processual na reconvenção no que concerne a tais pedidos.

A jurisprudência não é unívoca a respeito da cumulação objetiva entre o inquérito judicial e a reconvenção. Há, porém, julgado do TST permitindo tal cumulação (TST-RR 103300-62.2005.5.21.0011, 1ª T., Rel. Min. Hugo Carlos Scheuermann, *DEJT* 25-4-2014).

6.3. Reconvenção e ação de consignação em pagamento

Com o advento da Lei n. 8.951, de 13-12-1994, a ação de consignação em pagamento passou a ter natureza dúplice (art. 899, §§ 1º e 2º, do CPC/73; CPC, art. 545), tornando-se, pois, desnecessária a reconvenção, sendo admtido o pedido contraposto na própria contestação, desde que o pleito guarde relação direta com a controvérsia, retirando a necessidade de se apresentar reconvenção. Nesse sentido:

> (...) AÇÃO DE CONSIGNAÇÃO EM PAGAMENTO. PEDIDO CONTRAPOSTO. POSSIBILIDADE. Trata-se de ação de consignação em pagamento em que a Corte Regional considerou regular a apresentação de pedido contraposto na contestação. A empresa argumenta que o correto procedimento é aquele previsto nos arts. 890 e 896 do CPC de 1973, em que o consignado teria que se valer da reconvenção para apresentar pedido contraposto. Ocorre que a jurisprudência desta Corte Superior caminhou no sentido de considerar oportuna a apresentação de pedido contraposto na contestação à ação de consignação em pagamento, desde que o pleito guarde relação direta com a controvérsia, retirando a necessidade de se apresentar reconvenção, conforme entendimento extraído da exegese do art. 896 do CPC/1973, do qual se extrai a natureza dúplice da ação. Precedentes. Nesse quadro, tem-se que o Tribunal Regional, ao convalidar a decisão do juízo originário, que considerou regular a apresentação de pedido contraposto na contestação da presente ação de consignação de pagamento, decidiu conforme a jurisprudência notória, atual e iterativa desta Corte, o que inviabiliza o processamento do recurso de revista nos moldes do § 7º do art. 896 da CLT e da Súmula nº 333 do TST. Agravo conhecido e desprovido (Ag-AIRR-264-69.2014.5.03.0017, 3ª T., Rel. Min. Alexandre de Souza Agra Belmonte, *DEJT* 29-6-2018).

Todavia, como já frisamos em relação ao inquérito judicial, se o objeto da reconvenção for mais amplo que aquilo que o caráter dúplice da consignatória puder proporcionar ao réu-reconvinte, aí residirá o seu interesse processual, devendo o juiz apreciar o mérito da ação reconvencional, desde que, é claro, estejam presentes os pressupostos processuais, as condições da ação e os requisitos específicos da reconvenção.

A jurisprudência vem admitindo a cumulação objetiva entre ação de consignação e reconvenção:

> AGRAVO DE INSTRUMENTO DO RECLAMANTE. CERCEAMENTO DE DEFESA. DESERÇÃO DO RECURSO ORDINÁRIO. RECLAMAÇÃO TRABALHISTA EM PAGAMENTO CUMULADA COM RECONVENÇÃO. AUSÊNCIA DE PAGAMENTO DAS CUSTAS DE UMA DAS AÇÕES. PROVIMENTO. O agravo de instrumento deve ser provido, por possível violação ao art. 5º, LV, da Constituição Federal. Agravo de instrumento provido. RECURSO DE REVISTA DO RECLAMANTE. CERCEAMENTO DE DEFESA. DESERÇÃO DO RECURSO ORDINÁRIO. AÇÃO DE CONSIGNAÇÃO EM PAGAMENTO CUMULADA COM RECONVENÇÃO. AUSÊNCIA DE PAGAMENTO DAS CUSTAS DE UMA DAS AÇÕES. A reclamação trabalhista e a reconvenção, não obstante sejam julgadas em uma única sentença, com prestação jurisdicional una, são ações autônomas. Disso decorre que a parte sucumbente não se encontra impedida de recorrer apenas quanto ao objeto de uma das ações, sendo possível, ain-

da, ao julgador conhecer do recurso apenas com relação à ação cujos pressupostos tenham sido regularmente atendidos, a exemplo do preparo. Dessa forma, se a parte sucumbente em ambas as ações, ao recorrer ordinariamente, deposita apenas o valor das custas relativas à reconvenção, mas se insurge simultaneamente com relação aos temas da reconvenção e da reclamação trabalhista, deve ter declarado deserto seu recurso com relação à reclamação trabalhista. A decisão que declara a deserção integral do recurso ordinário, portanto, acarreta o cerceamento do direito de defesa da parte e a violação ao princípio do contraditório, previsto no art. 5º, LV, da Constituição Federal. Recurso de revista conhecido e parcialmente provido (TST-RR 858-27.2012.5.01.0044, 6ª T., Rel. Min. Aloysio Correa da Veiga, *DEJT* 22-11-2019).

6.4. Reconvenção em dissídio coletivo

Tendo em vista que o dissídio coletivo pode ter natureza declaratória, constitutiva ou mista, não nos parece incompatível que o suscitado (réu) possa oferecer reconvenção ou pedido contraposto. Todavia exige-se que haja conexão entre a reconvenção e o dissídio coletivo. Nesse sentido é o atual entendimento do TST, como se infere do seguinte julgado:

> I – DISSÍDIO COLETIVO DE NATUREZA ECONÔMICA AJUIZADO POR SINDICATO PATRONAL – PRELIMINAR DE EXTINÇÃO DO PROCESSO SEM RESOLUÇÃO DO MÉRITO – ARGUIÇÃO DE OFÍCIO – FALTA DE INTERESSE DE AGIR. A jurisprudência desta Seção entende pela falta de interesse de agir do empregador para ajuizar Dissídio Coletivo de Natureza Econômica, já que dispõe de meios extrajudiciais para conceder benefícios a seus empregados, o que enseja a extinção, de ofício, do processo sem resolução do mérito, com base no art. 485, VI, do CPC de 2015. Extinção sem resolução do mérito do Dissídio Coletivo de Natureza Econômica ajuizado pelo SETRANSBEL. II – RECURSO ORDINÁRIO DO SINDICATO DOS TRABALHADORES EM TRANSPORTES RODOVIÁRIOS DO ESTADO DO PARÁ. Prejudicado pela extinção sem resolução do mérito do Dissídio Coletivo suscitado pelo sindicato patronal. III – EXISTÊNCIA DE RECONVENÇÃO NÃO INSTRUÍDA E JULGADA PELA CORTE DE ORIGEM – RETORNO DOS AUTOS. O sindicato profissional, em contestação, requereu o indeferimento do pedido inicial e a fixação de jornada diversa conforme pretensão própria. Conclui-se pela existência de reconvenção, nos termos do art. 343 do CPC de 2015. Determinação de retorno dos autos à Corte de origem para analisar a reconvenção como entender de direito (TST-RO 444-93.2017.5.08.0000, SDC, Rel. Min. Maria Cristina Irigoyen Peduzzi, *DEJT* 28-5-2018).[23]

23. No mesmo sentido: TST-RO 1002338-26.2015.5.02.0000, SDC, Rel. Min. Ives Gandra Martins Filho, *DEJT* 19-12-2018.

6.5. Reconvenção, compensação e dedução

É importante assinalar, de início, que a dedução, a compensação e a reconvenção são inconfundíveis. A dedução pode ser autorizada de ofício pelo juiz na sentença de cognição, diante da prova produzida, impedindo o enriquecimento sem causa de uma parte em detrimento do empobrecimento da outra. A dedução também pode ser requerida pela parte a quem ela aproveita.

A compensação, como já visto, é um instituto de direito material, podendo, no entanto, ser invocada no processo do trabalho:

a) como matéria de contestação (CLT, art. 767), como pedido contraposto, desde que o montante a ser compensado seja igual ou inferior a uma remuneração mensal do empregado (CLT, art. 477, §§ 4º e 5º);

b) por meio de reconvenção (CLT, art. 769, c/c art. 343 do CPC), desde que presentes os pressupostos processuais, as condições da ação e os requisitos específicos da reconvenção, se o montante a ser compensado for superior a uma remuneração mensal do empregado.

Neste último caso, convém trazer à colação o seguinte julgado:

> DEDUÇÃO. COMPENSAÇÃO. RECONVENÇÃO. NÃO SE CONFUNDEM. Não há de se confundir a mera dedução de quantias pagas sob o mesmo título, com a compensação. Enquanto aquela pode ser efetuada naturalmente pela sentença de cognição, quando a prova vem aos autos, impedindo o enriquecimento ilícito, a compensação (instituto de direito material) é invocada através de reconvenção que é instituto de direito processual. Ou seja, ação que o réu move ao autor, no mesmo processo deste, porque, diz o CPC, art. 315, poder fazê-lo toda vez que a reconvenção seja conexa com a ação principal ou com o fundamento da defesa (TRT 6ª R., RO n. 1.565/99, 1ª T., Rel. Juiz Milton Gouveia, *DOEPE* 20-1-2000).

Para encerrar este tópico, convém lembrar o disposto na OJ n. 356 da SBDI-1/TST, segundo a qual: "Os créditos tipicamente trabalhistas reconhecidos em juízo não são suscetíveis de compensação com a indenização paga em decorrência de adesão do trabalhador a Programa de Incentivo à Demissão Voluntária (PDV)".

6.6. A defesa na reconvenção

Já foi dito que, no processo do trabalho, a resposta do reclamado, que abrange a defesa e a reconvenção, é feita na própria audiência, dita inaugural, dispondo o reclamado-reconvinte de vinte minutos para tanto. Na prática, porém, tais espécies de respostas do réu são apresentadas por meio de petições escritas.

Assim, a defesa na reconvenção não se limita à contestação, como a literalidade do art. 343, § 1º, do CPC pode fazer transparecer, podendo o reclamado-reconvinte tanto oferecer exceções (de suspeição, impedimento ou incompetência relativa) quanto apresentar contestação, levantando preliminares (CPC, art. 337) ou discutindo o mérito, de forma direta ou indireta, como já vimos alhures.

Embora a lei não a vede expressamente, não tem sido aceita a reconvenção da reconvenção, pois isso, é óbvio, poderia implicar tumulto processual e eternização do processo.

Recomenda-se a apresentação da reconvenção em peça distinta da contestação (CPC, art. 343)[24], muito embora isso não seja obrigatório, porquanto o processo do trabalho, em função do princípio da simplicidade, admite a cumulação dessas duas espécies de respostas na mesma peça processual.

6.7. Revelia e confissão ficta na reconvenção

Sendo a reconvenção uma ação, salta aos olhos que, se o autor-reconvindo não apresentar defesa, será ele considerado revel e confesso quanto à matéria de fato, nos termos do art. 344 do CPC.

No processo do trabalho, porém, a revelia e a confissão ficta têm previsão expressa nos arts. 843 e seguintes da CLT, isto é, dá-se a revelia pelo não comparecimento à audiência, sendo a confissão ficta mera consequência da ausência injustificada do réu, como já vimos.

Não obstante, se o reclamante-reconvindo presente à audiência não apresentar defesa à reconvenção, sofrerá ele os efeitos da confissão presumida ou ficta quanto à matéria de fato deduzida pelo reclamado-reconvinte.

Temos para nós que ao reclamante-reconvindo deverá, nos termos do art. 841 da CLT, ser concedido o prazo de cinco dias para a preparação de sua defesa à reconvenção, salvo se ele abrir mão desse prazo na própria audiência, mediante certificação em ata. Se o juiz conceder o prazo, a audiência será suspensa, devendo designar outra data para o seu prosseguimento.

6.8. A resolução do processo da ação e da reconvenção

Embora corram no mesmo processo, ação e reconvenção são institutos autônomos. Cada qual tem sua vida própria e independente. É o que deflui do art. 343, § 2º, do CPC, segundo o qual "A desistência da ação ou a ocorrência de causa extintiva que impeça o exame de seu mérito não obsta ao prosseguimento do processo quanto à reconvenção".

24. Diz o art. 343 do CPC: "Na contestação, é lícito ao réu propor reconvenção para manifestar pretensão própria, conexa com a ação principal ou com o fundamento da defesa".

Assim, a desistência da ação principal ou qualquer outra causa extintiva antecipada do processo principal não implica a paralisação ou extinção da ação reconvencional, cujo procedimento continua, até a prolação da sentença de mérito, desde que presentes os pressupostos processuais, as condições da ação e os requisitos específicos da reconvenção.

Caso o reclamado-reconvinte desista da reconvenção, a ação principal também terá seu curso normal até a decisão final.

6.9. Julgamento simultâneo da ação e da reconvenção

Como corolário do processo único para a ação e a reconvenção, o art. 318 do CPC/73 determinava que o julgamento de ambas as demandas ocorreria na mesma sentença. Tendo em vista o caráter imperativo da norma em questão, seria nula a sentença que julgasse apenas a ação principal, deixando de julgar a reconvenção. Nesse sentido:

> RECLAMAÇÃO TRABALHISTA E RECONVENÇÃO. RECURSO. CUSTAS. RECOLHIMENTO DE VALOR INSUFICIENTE. DESERÇÃO. Não se conhece, por deserto, recurso ordinário interposto pela reclamada se o recolhimento das custas revela-se insuficiente, por não ter englobado o total devido, referente à reclamação trabalhista e à reconvenção. Em que pese a reconvenção ser uma ação autônoma e que a extinção ou desistência da ação principal não obsta o seu prosseguimento, ela é decidida em uma única oportunidade e na mesma sentença que aprecia a causa principal, comportando um só recurso que se sujeita aos pressupostos recursais extrínsecos e intrínsecos. Não conhecido o apelo patronal, igual sorte se reserva ao recurso adesivo do reclamante (TRT 2ª R., ROS 01856.2006.316.02.00-5, 4ª T., Rel. Des. Ricardo Artur Costa e Trigueiros, *DOE* 20-1-2009).

Ocorre que o CPC de 2015 não contém mais um dispositivo correspondente ao art. 318 do CPC/73. Defendíamos na edição passada que o art. 487, I, do CPC autorizaria a ilação de que deve haver, na sentença, julgamento simultâneo entre ação e reconvenção. Nesse caso, a sentença teria ao menos dois capítulos: um destinado à ação e o outro à reconvenção. Reformulamos nosso entendimento para reconhecer que a inexistência da obrigatoriedade de julgamento simultâneo entre a ação e a reconvenção no CPC de 2015 foi proposital, tendo em vista que em seus arts. 332, 343, § 2º, 354, parágrafo único, e 356 há permissão legal para julgamentos fracionados de mérito. Nesses casos, tanto a ação quanto a reconvenção podem ter julgamentos em momentos distintos, sem que isso implique qualquer nulidade.

7. IMPUGNAÇÃO AO VALOR DA CAUSA

A impugnação ao valor da causa não constava expressamente no CPC/73 como espécie de resposta do réu.

Todavia assiste razão a Renato Saraiva ao considerar "que tal impugnação se qualifica como modalidade de defesa, pelo fato de impugnar requisito da petição inicial (o valor da causa), adequando o valor da causa à pretensão econômica postulada, gerando, por consequência, a modificação da base de cálculo das custas judiciais atinentes"[25].

O art. 337, III, do CPC é expresso ao incumbir ao réu, antes de discutir o mérito, alegar (...) incorreção do valor da causa. No mesmo sentido, o art. 293 do CPC dispõe que o "réu poderá impugnar, em preliminar da contestação, o valor atribuído à causa pelo autor, sob pena de preclusão, e o juiz decidirá a respeito, impondo, se for o caso, a complementação das custas".

Conforme já salientamos (*vide* Capítulo XII, item 2.8.3), o valor da causa, salvo no procedimento sumaríssimo, não é requisito essencial da petição inicial da ação trabalhista. Poderão surgir dúvidas a respeito da exigência do valor da causa nas novas ações que passaram para a competência da Justiça do Trabalho por força da EC n. 45/2004.

Não obstante, e tendo em vista a lacuna normativa da legislação processual trabalhista a respeito do conteúdo da impugnação ao valor da causa, parece-nos que devem incidir as regras previstas no CPC, com as necessárias adaptações ao processo do trabalho, especialmente aquelas estabelecidas no art. 2º da Lei n. 5.584/70, no que couber.

Vale dizer, o autor, ao atribuir valor à causa na petição inicial, deverá observar, no que couber, os critérios quantitativos indicados nos incisos do art. 292 do CPC[26], facultando-se ao réu o direito de impugnação ao valor atribuído pelo autor ou fixado pelo juiz.

Nesse caso, o réu deverá observar dois procedimentos distintos, a saber:

a) Petição inicial omissa sobre o valor da causa

Se a petição inicial é omissa, o juiz, de ofício (ou mediante simples requerimento do réu), antes de passar à instrução, deverá arbitrar o valor da causa para determinação da alçada (Lei n. 5.584/70, art. 2º, *caput*), isto é, do procedimento a ser adotado (sumário ou ordinário), podendo qualquer das partes, até as razões finais (nada impede que o réu já apresente impugnação na própria contestação), impugnar (oralmente ou por escrito) o valor judicialmente fixado. Caso o juiz acolha ou rejeite a impugnação, a parte prejudicada poderá interpor pedido (recurso) de revisão do valor da causa fixado, no prazo de 48 horas, ao Presidente do Tribunal Regional do Trabalho (Lei n. 5.584/70, art. 2º, *caput* e § 1º), sendo que tal recurso inominado não possui efeito suspensivo (*vide* Capítulo XX, item 9.7).

25. SARAIVA, Renato. *Curso de direito processual do trabalho*. 5. ed. São Paulo: Método, 2008. p. 365.

26. O art. 3º, IV, da IN n. 39/2016 do TST dispõe que se aplica ao processo do trabalho o disposto no art. 292, V, do CPC (valor pretendido na ação indenizatória, inclusive a fundada em dano moral). A inconstitucionalidade desta Instrução Normativa n. 39 é discutida no STF (ADI n. 5.516).

b) Petição inicial que contém o valor da causa

Se a inicial não é omissa sobre o valor da causa, o juiz não poderá alterá-lo de ofício, conforme consta do art. 2º, *caput*, da Lei n. 5.584/70. Todavia, o réu poderá, em preliminar da contestação, impugnar o valor da causa atribuído pelo autor (CPC, art. 337, III).

Nesse sentido, dispõe a Súmula 71 do TST que a "alçada é fixada pelo valor dado à causa na data de seu ajuizamento, desde que não impugnado, sendo inalterável no curso do processo".

Com âncora nos princípios da simplicidade, oralidade e concentração dos atos processuais (CLT, art. 847), aplicáveis com maior ênfase na seara laboral, parece-nos que, na hipótese em exame, a impugnação ao valor da causa pode ser apresentada (oralmente ou por escrito) na própria contestação, como preliminar, não havendo necessidade de apresentação de peça autônoma, nem de realização da prova pericial para determinação judicial do valor.

Por ser simples incidente processual, não há razão, no processo do trabalho, para a sua autuação em apenso, como exigia o art. 261 do CPC/73 (sem correspondente no CPC), sendo que a réplica do autor pode ser formulada na própria audiência. A impugnação ao valor da causa não suspende o processo trabalhista.

Da decisão do juiz que acolher ou rejeitar a impugnação ao valor da causa atribuído na petição inicial, parece-nos inaplicável a regra prevista no § 1º do art. 2º da Lei n. 5.584/70, que é específica para a hipótese da alínea *a supra*, pois se trata de decisão interlocutória para cuja recorribilidade imediata não existe previsão (CLT, art. 893, § 1º). Poderá, porém, a parte prejudicada manifestar "protesto" na primeira vez que tiver de falar nos autos ou em audiência, para o fim de evitar preclusão, e, posteriormente, levantar a questão em sede de recurso ordinário.

Uma advertência importante: em qualquer das hipóteses acima explicitadas, se não houver impugnação, presume-se aceito o valor da causa atribuído pelo autor na petição inicial ou arbitrado pelo juiz, sendo tal valor inalterável no curso do processo (Súmula 71 do TST).

Para encerrar este tópico, é de suma importância registrar que o inciso V do art. 3º da IN n. 39/2016 do TST[27], contrariando o entendimento cristalizado em sua Súmula 71, manda aplicar ao processo do trabalho o art. 292, § 3º, do CPC, segundo o qual: "O juiz corrigirá, de ofício e por arbitramento, o valor da causa quando verificar que não corresponde ao conteúdo patrimonial em discussão ou ao proveito econômico perseguido pelo autor, caso em que se procederá ao recolhimento das custas correspondentes".

27. A inconstitucionalidade desta Instrução Normativa n. 39 é objeto da ADI 5516 no STF.

CAPÍTULO XV
Das Provas no Processo do Trabalho

1. A INSTRUÇÃO DO PROCESSO

A instrução é a fase do processo de conhecimento em que são colhidas as provas que formarão o convencimento do juiz acerca dos fatos narrados pelo autor, réu ou terceiro. Daí por que o art. 832 da CLT prevê que, na sentença, o juiz deve apreciar provas produzidas nos autos.

Nos termos do art. 848 e seus §§ 1º e 2º da CLT, a instrução do processo trabalhista inicia-se logo após a apresentação da defesa do réu, *in verbis*:

> Art. 848. Terminada a defesa, seguir-se-á a instrução do processo, podendo o presidente, *ex officio* ou a requerimento de qualquer juiz temporário, interrogar os litigantes.
>
> § 1º Findo o interrogatório, poderá qualquer dos litigantes retirar-se, prosseguindo a instrução com o seu representante.
>
> § 2º Serão, a seguir, ouvidas as testemunhas, os peritos e os técnicos, se houver.

Divergem os autores acerca da delimitação da instrução processual: para uns a instrução abrange as provas e as alegações; para outros, apenas as provas são objeto desta fase.

Os meios de prova na CLT estão previstos basicamente nos arts. 818 a 830. Em função dos princípios da celeridade e da simplicidade, que residem com maior ênfase no processo trabalhista, o legislador houve por bem regular a instrução de forma bastante singela e, em alguns casos, omitindo pontos de extrema importância para o deslinde da pendenga judicial.

Assim, em face da escassez de normas trabalhistas sobre a temática da prova, há necessidade de o intérprete utilizar a lei processual civil como fonte subsidiária, com devidas cautelas, é claro, como exige o art. 769 da CLT.

Nesse passo, dispunha o art. 451 do CPC/73 que "ao iniciar a instrução, o juiz, ouvidas as partes, fixará os pontos controvertidos sobre que incidirá a prova". O CPC não possui dispositivo correspondente, mas, de toda sorte, seu art. 357, II, que trata da decisão saneadora do processo, dispõe que o juiz deverá "delimitar as questões de fato sobre as quais recairá a atividade probatória, especificando os meios de prova admitidos".

Embora a CLT não preveja a referida decisão saneadora do processo, parece-nos que o juiz do trabalho, em homenagem à celeridade, à simplicidade e à eficiência do processo do trabalho, tem o poder-dever de esclarecer as partes a respeito dos pontos controvertidos que incidirão nas provas, concitando-as a colaborar para a efetividade do processo laboral rumo ao julgamento de mérito.

2. CONCEITO DE PROVA

Não é unívoco o conceito de prova. No sentido filosófico, é aquilo que serve para estabelecer uma verdade por verificação ou demonstração, dando-nos a ideia de ensaio, experiência, provação, isto é, o ato de provar, de experimentar, por exemplo, o sabor de uma substância alimentar. Na linguagem da matemática, prova é a operação pela qual se verifica a exatidão de um cálculo. Do ponto de vista esportivo, prova é a competição entre esportistas, que consiste em corrida (a pé, de bicicleta, automóvel etc.), arremesso, salto etc., e na qual buscam classificação[1].

Nos domínios da ciência jurídica processual, a palavra "prova" também pode ser empregada com diversas acepções. Às vezes, concerne à atuação das partes no processo com o objetivo de evidenciar a existência do fato que pretendem demonstrar em juízo. Nesse sentido, utiliza-se a expressão "produzir a prova".

O vocábulo "prova" também pode ser empregado no sentido de "meio de prova", ou seja, o modo pelo qual a parte intenta evidenciar os fatos que deseja demonstrar em juízo. A prova documental, por exemplo, é o meio pelo qual a parte pretende demonstrar documentalmente a existência de um fato.

Finalmente, prova também pode ser utilizada como "convencimento do juiz", de acordo com os elementos constantes dos autos do processo. Nesse sentido, fala-se, por exemplo, que determinado fato restou provado em função do convencimento do juiz sobre a sua existência ou inexistência.

Há, portanto, íntima relação entre prova e instrução probatória, pois, nas palavras de Liebman:

> Chama-se de provas os meios que servem para dar conhecimento de um fato, e por isso a fornecer a demonstração e a formar a convicção da verdade do próprio fato; e chama-se instrução probatória a fase do processo dirigida a formar e colher as provas necessárias para essa finalidade[2].

Pode-se dizer, portanto, nessa perspectiva tradicional, isto é, do Estado Liberal, que a prova, nos domínios do direito processual, seria o meio lícito para demonstrar

1. *Dicionário prático Michaelis*. São Paulo: DTS Software Brasil, ed. em CD-ROM, maio 1998.
2. LIEBMAN, Enrico Tullio. *Manual de direito processual civil*. Tocantins: Intelectus, 2003. v. 2, p. 80.

a veracidade ou não de determinado fato com a finalidade de convencer o juiz acerca da sua existência ou inexistência.

Sabe-se, porém, que, no atual modelo constitucional do direito processual, há uma nova proposta doutrinária para conceituar a prova fundada não mais na busca da verdade e, sim, na argumentação dos sujeitos que participam do processo, isto é, "um meio retórico, indispensável ao debate jurídico"[3].

Isso porque, na atual concepção de direito processual à luz do Estado Democrático de Direito, o processo deve ser visto como palco de discussões, figurando a tópica como o método de atuação do magistrado e dos outros participantes do processo. Logo, o objetivo da prova não é mais a reconstrução do fato, mas o convencimento do juiz e dos demais sujeitos do processo acerca da veracidade das alegações a respeito do fato[4].

De tal arte, seguindo as pegadas de Marinoni e Arenhart, pode-se dizer que "prova é todo meio retórico, regulado pela lei, dirigido a, dentro dos parâmetros fixados pelo direito e de critérios racionais, convencer o Estado-juiz da validade das proposições, objeto de impugnação, feitas no processo"[5].

Na mesma linha, José Aparecido dos Santos, criticando a visão tradicional da prova como busca da verdade, propõe que: "demonstrar a verdade não é submeter um objeto para ser apreendido por um sujeito cognoscente, mas lançar bases para a *compreensão* de uma ou várias proposições"[6].

3. PRINCÍPIOS PROBATÓRIOS

Há alguns princípios que norteiam a temática probatória como veremos a seguir.

3.1. Princípio do contraditório e da ampla defesa

As partes têm o direito fundamental de se manifestarem reciprocamente sobre as provas apresentadas. Trata-se de um princípio constitucional explícito que deve ser observado em qualquer processo (CF, art. 5º, LV) judicial ou administrativo.

As partes também devem ter igualdade de oportunidades para apresentarem suas provas nos momentos processuais próprios.

É importante assinalar que, por força do art. 765 da CLT:

3. MARINONI, Luiz Guilherme; ARENHART, Sérgio Cruz. *Processo de conhecimento*. 7. ed. São Paulo: Revista dos Tribunais, 2008. p. 258.

4. MARINONI, Luiz Guilherme; ARENHART, Sérgio Cruz, op. cit., mesma página.

5. Idem, p. 264.

6. SANTOS, José Aparecido dos. Teoria geral das provas e provas em espécie. In: CHAVES, Luciano Athayde (Org.). *Curso de processo do trabalho*. São Paulo: LTr, 2009. p. 555.

Os Juízos e Tribunais do Trabalho terão ampla liberdade na direção do processo e velarão pelo andamento rápido das causas, podendo determinar qualquer diligência necessária ao esclarecimento delas.

Em sentido mais amplo, o art. 370 do CPC, aplicável supletivamente ao processo do trabalho (CPC, art. 15):

> Art. 370. Caberá ao juiz, de ofício ou a requerimento da parte, determinar as provas necessárias ao julgamento do mérito.
>
> Parágrafo único. O juiz indeferirá, em decisão fundamentada, as diligências inúteis ou meramente protelatórias.

Assim, se o juiz indefere o retorno dos autos ao perito, para esclarecimentos adicionais solicitados pela parte, sob o fundamento de que tal providência nada acrescentaria ou esclareceria a respeito de aspectos relevantes à composição do litígio, uma vez que o laudo pericial minucioso já seria o suficiente para dar suporte ao deslinde da matéria, não há violação ao princípio do contraditório. Eis alguns julgados:

> NULIDADE PROCESSUAL. CERCEAMENTO DE DEFESA. RETORNO DOS AUTOS AO PERITO. ESCLARECIMENTOS. INDEFERIMENTO. O reconhecimento de violação ao princípio do contraditório e da ampla defesa assegurado no art. 5º, LV, da Constituição Federal, pressupõe a não observância dos ditames da lei processual, o que não se verifica nos presentes autos. Com efeito, por força do disposto no art. 130 do CPC, cabe ao Juiz, de ofício ou a requerimento das partes, determinar as provas necessárias à instrução do processo, bem como indeferir diligências inúteis ou meramente protelatórias. No caso em tela, o retorno dos autos ao perito – para esclarecimentos adicionais – nada acrescentaria ou esclareceria a respeito de aspectos relevantes à composição do litígio. Isto porque o juiz de primeiro grau já considerara o laudo pericial minucioso o suficiente a dar suporte ao deslinde da matéria. Inútil, portanto, à formação do convencimento do órgão judicante. Daí o indeferimento do pedido de com vistas à obtenção de supostos esclarecimentos adicionais. Violação do art. 5º, LV, da Constituição Federal não configurada. Recurso de revista não conhecido (...) (TST-RR 113800/2003-900-04-00.0, 5ª T., Rel. Min. Emmanoel Pereira, *DJe* 25-6-2009).
>
> (...) CERCEAMENTO DE DEFESA. CARTÕES DE PONTO. NÃO DETERMINAÇÃO DE JUNTADA. HORAS EXTRAS. Incumbia à reclamada, independentemente de determinação judicial, a demonstração da jornada efetivamente cumprida pela autora, mediante a apresentação dos respectivos cartões de frequência, ônus do qual não se desincumbiu, fato que gera presunção de veracidade da jornada alegada, nos termos da Súmula 338 do TST. A decisão regional, em que se indefere o pleito de horas extras, por ausência de prova, ofende o princípio do contraditório e da ampla defesa insculpido no art. 5º, LV, da Carta Magna. Recurso de revista conhe-

cido e provido (TST-RR 485/2003-077-03-00.1, 2ª T., Rel. Min. Vantuil Abdala, unânime, *DJe* 4-6-2009).

RESCISÃO INDIRETA. INÉPCIA DA INICIAL. Havendo pedido expresso, na exordial, de rescisão indireta do contrato de trabalho, apontando-se, inclusive o motivo determinante para tanto, despiciendo renová-lo na parte conclusiva, notadamente se essa omissão não causou óbice ao princípio do contraditório e ampla defesa, bem como à entrega da prestação jurisdicional (TST-AIRR 9/2006-241-04-40, 1ª T., Rel. Min. Dora Maria da Costa, j. 31-10-2007, *DJU* 7-12-2007).

FGTS. MULTA DE 40%. DIFERENÇAS DECORRENTES DOS EXPURGOS INFLACIONÁRIOS. RESPONSABILIDADE PELO PAGAMENTO. EMBARGOS DE DECLARAÇÃO CONVERTIDOS EM AGRAVO. ARGUIÇÃO DE PRESCRIÇÃO EM CONTRARRAZÕES. IMPOSSIBILIDADE. Caso concreto em que se mantém o provimento dado ao Recurso de Revista do Reclamante, com fundamento na OJ n. 341 da SDI-1 do TST. Motivos: inadmissibilidade da arguição de prescrição em contrarrazões, porque a razão de ser destas corresponde à observância do princípio do contraditório e da ampla defesa, princípio esse que, nesse caso, em que se viabilizaria a arguição de preliminar prejudicial de mérito em contrarrazões, não poderia ser cumprido relativamente à parte recorrente. Inocorrência de ofensa ao art. 5º, II e XXXVI, da Constituição. Revela intuito protelatório a Reclamada pretender desconhecer as diferenças relativas à multa de 40% do FGTS decorrentes dos expurgos inflacionários, em face dos termos expressos da Lei n. 110/2001, sem falar da jurisprudência do Supremo Tribunal Federal e do Superior Tribunal de Justiça, as quais motivaram a edição dessa lei. Agravo em Recurso de Revista a que se nega provimento (TST-RR 1450/2003-341-01-00, 3ª T., Rel. Min. Carlos Alberto Reis de Paula, j. 27-6-2007, *DJU* 24-8-2007).

3.2. Princípio da necessidade da prova

As alegações das partes em juízo não são suficientes para demonstrar a verdade ou não de determinado fato.

É necessário que a parte faça prova de suas alegações, pois os fatos não provados são inexistentes no processo. Daí o princípio da necessidade da prova, sobre o qual colecionamos alguns julgados:

RECURSO ORDINÁRIO. NULIDADE PROCESSUAL. ENCERRAMENTO ABRUPTO DA INSTRUÇÃO PROCESSUAL. INDEFERIMENTO DA PRODUÇÃO DE PROVAS. Não se ignora que o juiz é o destinatário final da prova, uma vez que o princípio do livre convencimento motivado confere ao juiz liberdade na apreciação e valoração da prova, bastando que fundamente a sua decisão, conforme arts. 130 e

131 do CPC c/c art. 765 da CLT e inciso IX do art. 93 da CF. No entanto, o referido princípio não deve conflitar, mas ao contrário, deve harmonizar-se com o princípio da necessidade da prova, segundo o qual as partes devem fazer prova de suas alegações. Se o reclamante pleiteia indenização por acidente de trabalho, o Juízo de origem não pode encerrar a instrução processual, obstando o direito da parte de produzir prova essencial ao deslinde da controvérsia e que não se encontra nos autos, sob pena de configurar cerceamento ao direito de prova (art. 332 do CPC) e ofensa ao devido processo legal e ampla defesa (incisos LIV e LV do art. 5º da CF) (TRT 2ª R., RO 01035.2005.317.02.00-4, 12ª T., Rel. Des. Marcelo Freire Gonçalves, j. 14-2-2008, *DO* 22-2-2008).

ARGUIÇÃO DE NULIDADE. INDEFERIMENTO DE PERÍCIA CONTÁBIL. Ausência de demonstração, pela parte, da necessidade da prova técnica requerida. Caso em que o autor, instado a apontar, ainda que por amostragem, as diferenças que pretendia apurar, deixou de fazê-lo. Inocorrência de cerceamento do direito de defesa. Preliminar rejeitada. [...] (TRT 4ª R., RO 00941-2001-811-04-00-0, 7ª T., Rel. Des. Flávio Portinho Sirangelo, j. 12-5-2004, *DO* 21-5-2004).

AGRAVO DE INSTRUMENTO. RECURSO DE REVISTA. PLANO DE PREVIDÊNCIA PRIVADA. RECUSA À ADESÃO. DANO MORAL. ATO DISCRIMINATÓRIO NÃO DEMONSTRADO. SÚMULA 126/TST. A dispensa da demonstração de prejuízo concreto, não afasta a necessidade da prova do ato violador de direitos decorrentes da personalidade para a condenação ao pagamento de indenização por dano moral. Constando na decisão regional a inexistência de comprovação do pedido de adesão da reclamante ao plano de previdência complementar, bem como da recusa das reclamadas, a pretensão da demandante de obter decisão em sentido diverso é obstaculizada pela Súmula 126/TST. Análise de violação de dispositivos de lei inviabilizada devido à ausência de prequestionamento (Súmula 297/TST). Divergência jurisprudencial específica não demonstrada (Súmula 296/TST). Agravo de instrumento não provido (TST-AIRR 345/2004-003-21-40, 6ª T., Rel. Min. Rosa Maria Weber Candiota da Rosa, j. 29-8-2007, *DJU* 14-9-2007).

I – FILMES ERÓTICOS. PRODUÇÃO E COMERCIALIZAÇÃO. ATIVIDADE LEGAL. O fato de a reclamada ter por objeto a produção de filmes eróticos e pornográficos bizarros não cria presunção "ética" de veracidade quanto às alegações do reclamante, pois como ele mesmo admitiu, estas não são atividades "sigilosas, clandestinas e até proibidas". Óbvio o farisaísmo da crítica do autor a essas atividades comerciais contra as quais verbera, insistindo, todavia, em nelas engajar-se como empregado. II – PERÍODOS DE TRABALHO NEGADOS. ÔNUS DE PROVA DO RECLAMANTE. Para os períodos em que há negativa da defesa quanto ao trabalho prestado, é do reclamante, e não da reclamada, o ônus da prova da prestação laboral, por se tratar de fato constitutivo da pretensão (art. 818, CLT; 333, II, CPC). *In casu*, o demandante não se desincumbiu desse encargo, vez que suas testemunhas deram depoimentos inseguros e meramente opinativos. Não supre a necessidade da prova do autor o fato de a reclamada ter admitido que mantinha empregados sem registro, vez que essa circunstância não foi reconhecida com relação ao reclamante e tampouco houve confissão quanto aos períodos negados na contestação (TRT 2ª R., RO 00983.2006.442.02.00-1, 4ª T., Rel. Des. Ricardo Artur Costa e Trigueiros, j. 27-5-2008, *DOE* 6-6-2008).

3.3. Princípio da unidade da prova

A prova deve ser examinada no seu conjunto, formando um todo unitário, em função do que não se deve apreciar a prova isoladamente.

A confissão, por exemplo, deve ser analisada em seu conjunto, e não de forma isolada em cada uma de suas partes. Se houver divergência entre laudo pericial e prova testemunhal, cabe ao juiz examinar ambos para formar o seu convencimento motivado.

Eis alguns arestos jurisprudenciais:

PRINCÍPIO DA UNIDADE PROBATÓRIA. LAUDO PERICIAL E PROVA TESTEMUNHAL DIVERGENTES. Não se pode decidir apenas com base no laudo pericial e desprezar a prova testemunhal, em face do princípio da unidade da prova, segundo o qual "a prova deve ser examinada no seu conjunto, formando um todo unitário, em função do que não se deve apreciar a prova isoladamente." Cabe ao Juízo comparar todos os elementos probatórios, mormente quando a prova testemunhal diverge da conclusão do perito e ainda mais quando o próprio laudo contém elementos que revelam a sua inconsistência (TRT 10ª R., RO 2/2009-004-10-00.6, 1ª T., Rel. Des. Flávia Simões Falcão, *DJe* 20-8-2009).

UNIDADE DA PROVA. ÔNUS PROBATÓRIO. A prova deve ser examinada no seu conjunto, devendo o Juiz analisar todo o estuário probatório sem, *a priori*, preocupar-se com as regras da prova. Todo o material produzido nos autos deve ser analisado para a distribuição do direito. Todavia, somente quando dos autos não constarem elementos suficientes para a análise do pleito, se faz necessário usar do artifício da distribuição do *onus probandi* (TRT 6ª R., RO 00646-2005-102-06-00-8, 1ª T., Rel. Juiz Marcelo da Veiga Pessoa Bacallá, j. 29-11-2005, *DOE* 17-12-2005).

3.4. Princípio da proibição da prova obtida ilicitamente

As partes têm o dever de agir com lealdade em todos os atos processuais, mormente na produção de prova. O princípio da licitude da prova encontra residência no art. 5º, LVI, da CF, segundo o qual "são inadmissíveis, no processo, as provas obtidas por meios ilícitos".

O art. 369 do CPC também assegura às partes "o direito de empregar todos os meios legais, bem como os moralmente legítimos, ainda que não especificados neste Código, para provar a verdade dos fatos em que se funda o pedido ou a defesa e influir eficazmente na convicção do juiz".

É factível afirmar que prova ilícita é aquela que implica violação de norma do direito material, uma vez que é obtida por meio de ato ilícito. Já as provas que decorrem de violação de norma processual são chamadas ilegítimas.

O princípio da proibição de prova ilícita vem sendo mitigado, em casos concretos, com base nos princípios da proporcionalidade (ou da razoabilidade), segundo o qual não se deve chegar ao extremo de negar validade a toda e qualquer prova obtida por meios ilícitos, como, por exemplo, uma gravação sub-reptícia utilizada por empregada que deseja fazer prova de que fora vítima de assédio sexual pelo seu empregador ou superior hierárquico, sem o conhecimento deste.

A revista íntima também pode ensejar a violação ao princípio em epígrafe. Há entendimentos que admitem a revista íntima, desde que o empregador adote todos os meios necessários à preservação da intimidade e da dignidade do trabalhador. Nesse sentido:

> DANO MORAL – REVISTA DOS EMPREGADOS. Tratando-se de estabelecimento comercial, é justificável que a empresa utilize da revista em seus empregados, a fim de proteger seu patrimônio. Contudo, comprovado nos autos que não foram respeitadas a honra, a imagem, a privacidade e a dignidade dos empregados, havendo revista íntima, com exposição e contato de partes íntimas do corpo, andou bem a r. sentença ao deferir o pleito de indenização (TRT 3ª R., RO 00295.2004.104.03.00-3, 5ª T., Rel. Juiz Danilo Siqueira de Castro Faria, *DO* 5-2-2005).

É importante assinalar, entretanto, que o Enunciado n. 15 aprovado na 1ª Jornada de Direito Material e Processual do Trabalho repudia qualquer tipo de revista promovida pelo empregador, *in verbis*:

> REVISTA DE EMPREGADO. I – REVISTA – ILICITUDE. Toda e qualquer revista, íntima ou não, promovida pelo empregador ou seus prepostos em seus empregados e/ou em seus pertences, é ilegal, por ofensa aos direitos fundamentais da dignidade e intimidade do trabalhador. II – REVISTA ÍNTIMA – VEDAÇÃO A AMBOS OS SEXOS. A norma do art. 373-A, VI, da CLT, que veda revistas íntimas nas empregadas, também se aplica aos homens em face da igualdade entre os sexos inscrita no art. 5º, I, da Constituição da República.

Na linha do referido verbete, invocamos o seguinte julgado:

> DANO MORAL. REVISTA ÍNTIMA. Agride a pessoa quanto ao seu direito à intimidade, à privacidade e à honra revista íntima realizada na empresa fabricante de

lingerie quanto a mais de uma empregada de cada vez, obrigando-a a praticamente despir-se na presença de outras pessoas, mormente seus colegas de trabalho. E as circunstâncias que levam a essa proibição enveredam por diversos caminhos, atingindo valores tanto estéticos e a autoestima da laborista, assim como religiosos e morais, levando-a desde o constrangimento até a vergonha e medo, magoando-a e a fazendo sofrer da lesão e desrespeito à sua dignidade (TRT 2ª R., RO 23560.2002.902.02.00-8, 10ª T., Rel. Juíza Sônia Aparecida Gindro, *DOE* 15-7-2003).

Sobre prova ilícita na seara laboral, colacionamos os seguintes julgados:

DA DESCONSTITUIÇÃO DA SENTENÇA HOMOLOGATÓRIA DE ACORDO. O art. 5º, XII, da CF/88 exige, de forma expressa, autorização judicial para a quebra do sigilo das comunicações telefônicas. Tal autorização deve ser dada previamente, para que o meio de prova possa ser considerado lícito. Em decorrência, aplica-se à espécie a tese da contaminação dos frutos da árvore envenenada, pela qual todos os demais atos processuais embasados em prova ilícita não se prestam às consequências probatórias visadas pela parte. Ação improcedente (TRT 4ª R., AR 00489.000/02-9, SBDI-2, Rel. Juíza Ana Rosa Pereira Zago Sagrilo, *DJ* 18-5-2004).

RECURSO DA RECLAMADA. PROVA ILÍCITA. INDENIZAÇÃO POR DANO MORAL. Discussão a respeito da admissibilidade da gravação de conversa mantida entre a reclamante e a representante da reclamada, sem o conhecimento da última, como meio de prova lícito a comprovar o dano moral alegadamente sofrido pela autora que perde em importância na medida que produzida prova oral, por si só, suficiente ao deferimento do pedido, no particular. Recurso não provido (TRT 4ª R., RO 01263.771/01-7, 3ª T., Rel. Juíza Maria Beatriz Condessa Ferreira, *DJ* 28-4-2003).

PRELIMINAR DE NULIDADE DO JULGADO POR CERCEAMENTO DE DEFESA. PROVA ILÍCITA. ACESSO PELO EMPREGADOR À CAIXA DE E-MAIL CORPORATIVO FORNECIDA AO EMPREGADO. ÓBICE DA SÚMULA 126 DO TST. 1. Consoante a diretriz da Súmula 126 do TST, é incabível o recurso de revista para reexame de fatos e provas. 2. *In casu*, pretende o Reclamante modificar a decisão vergastada, ao argumento de que a prova acostada aos autos é ilícita, porquanto consubstanciada no acesso à sua conta de e-mail pessoal, quando o Regional, ao enfrentar a questão, entendeu que a prova era lícita, porque se tratava de acesso, pela Reclamada, ao conteúdo do e-mail corporativo fornecido ao Reclamante para o exercício de suas atividades funcionais, do qual se utilizava de forma imprópria, recebendo fotos com conteúdo que estimulava e reforçava comportamentos preconceituosos. Além disso, os e-mails continham conversas fúteis que se traduziam em desperdício de tempo. 3. Com efeito, as alegações obreiras esbarram no óbice do referido verbete sumulado, porquanto pretendem o revolvimento do conjunto fático-probatório dos autos. 4. Por outro lado, ainda que o presente recurso não ultrapasse a barreira do conhecimento, a controvérsia em torno da licitude ou não da prova acostada pela Reclamada, consubstanciada no acesso à caixa de e-mail corporativo utilizado pelo Reclamante, é matéria que merece algumas considerações. 5. O art. 5º, X e XII, da CF garante ao cidadão a inviolabilidade da intimidade, da vida privada, da honra, da imagem das pessoas, bem como o sigilo de suas correspondências, dados e comunicações telegráficas e telefônicas. 6. A concessão, por parte do empregador, de caixa de e-mail a seus empregados em suas dependências tem por finalidade potencializar a agilização e eficiência de suas funções para o alcance do objeto social da empresa, o qual justifica a sua própria existência e deve estar no centro do interesse de todos aqueles que dela fazem parte, inclusive por meio do contrato de trabalho. 7. Dessa forma, como instrumento de alcance desses objetivos, a caixa do e-mail corporativo não se equipara às hipóteses previstas nos incisos X e XII do art. 5º da CF, tratando-se, pois, de ferramenta de trabalho que deve ser utilizada com a mesma diligência emprestada a qualquer outra de natureza diversa. Deve o empregado zelar pela sua manutenção, utilizando-a de forma segura e adequada e respeitando os fins para que se destinam. Mesmo porque, como assinante do provedor de acesso à Internet, a empresa é responsável pela sua utilização com observância da lei. 8. Assim, se o empregado eventualmente se utiliza da caixa de e-mail corporativo para assuntos particulares, deve fazê-lo consciente de que o seu acesso pelo empregador não representa violação de suas correspondências pessoais, tampouco violação de sua privacidade ou intimidade, porque se trata de equipamento e tecnologia fornecidos pelo empregador para utilização no trabalho e para alcance das finalidades da empresa. 9. Nessa esteira, entendo que não se configura o cerceamento de defesa a utilização de prova consubstanciada no acesso à caixa de e-mail fornecido pelo empregador aos seus empregados. Agravo de instrumento desprovido (TST-AIRR 1542/2005-055-02-40, 7ª T., Rel. Min. Ives Gandra Martins Filho, j. 4-6-2008, *DJ* 6-6-2008).

PROVA ILÍCITA. GRAVAÇÃO CLANDESTINA. INADMISSIBILIDADE. Em que se pese o Juiz de primeiro grau não ter apreciado a transcrição da gravação do diálogo entre o recorrente e o sócio proprietário da reclamada, tal meio de prova, pelo modo como foi obtida, clandestinamente, na forma do art. 5º, LVI, CR/88 e art. 332 do CPC, não é legítimo (TRT 3ª R., RO 01190-2005-030-03-00-0, 2ª T., Rel. Juiz Convocado Paulo Maurício Ribeiro Pires, *DJMG* 14-2-2007).

PROVA ILÍCITA. CERCEAMENTO DE DEFESA NÃO CARACTERIZADA. GRAVAÇÃO DE CONVERSA TELEFÔNICA CLANDESTINA. A interceptação de conversa telefônica de empregado, sob a supervisão de "autoridade policial civil", justificada como medida de prevenção de possíveis desvios de comportamento e estribada na equivocada premissa de seu uso como instrumento de controle e gestão das atividades empresariais, constitui grave violação aos direitos inerentes ao sigilo das comunicações, à liberdade de manifestação do pensamento, à privacidade e intimidade, que a Constituição Federal cuidou de resguardar, no âmbito dos direitos e garantias fundamentais (art. 5º, IV, X e XII). A escuta telefônica clandestina, realizada sem o consentimento do trabalhador e autorização judicial, não tem amparo legal, e o seu indeferimento não caracteriza cerceamento ao direito de defesa (CF/88, art. 5º, LVI e CPC, art. 332) (TRT 3ª R., RO 00739-2005-091-03-00-0, 2ª T., Rel. Des. Antônio Gomes de Vasconcelos, *DJMG* 3-5-2006).

3.5. Princípio do livre convencimento *versus* dever de fundamentar a decisão

São dois os sistemas jurídicos acerca da posição do juiz na aferição da prova processual, os quais são informados por dois princípios: o do livre convencimento e o da certeza legal.

O sistema do livre convencimento opõe-se ao sistema da certeza legal, pois neste o valor das provas já estava preestabelecido em lei, não tendo o juiz nenhuma liberdade na sua apreciação. O sistema da certeza legal decorria do receio de arbítrio judicial. Havia então uma hierarquia das provas, ficando o juiz impedido também de admitir provas que a lei não especificasse.

O ordenamento jurídico brasileiro adota o princípio do livre convencimento, também chamado de princípio da persuasão racional. Esse princípio, na verdade, encerra a base de um sistema processual em que o juiz forma a sua convicção apreciando livremente o valor das provas dos autos. A liberdade de que goza o juiz não pode, porém, converter-se em arbítrio, sendo, antes, um dever motivar o seu raciocínio.

O princípio do livre convencimento estava consagrado expressamente no art. 131 do CPC/73, sendo certo que a CLT também o contempla implicitamente no art. 765, que confere ao juiz ampla liberdade na condução do processo, e no art. 832, que determina constarem da sentença "a apreciação das provas" e "os fundamentos da decisão".

O art. 371 do CPC, no entanto, dispõe: "O juiz apreciará a prova constante dos autos, independentemente do sujeito que a tiver promovido, e indicará na decisão as razões da formação de seu convencimento".

Há quem sustente que o princípio do livre convencimento está extinto no CPC e, por essa razão, também não sobreviveria no processo do trabalho. Nesse sentido, sustenta William Santos Ferreira:

Não há liberdade no ato de julgamento, há um dever de fundamentar a posição tomada, que deve ter como pauta de conduta a preocupação em buscar convencer as partes acerca da correção do posicionamento judicial (persuasão racional das partes), isto é uma mutação revolucionária na normatização do ato de julgar, porque a decisão não é propriamente imposta, mas disposta a convencer[7].

Realmente, no modelo constitucional de processo, ou melhor, no paradigma do Estado Democrático de Direito, a decisão judicial devidamente fundamentada não é decorrência do livre convencimento do julgador, e sim da construção de um raciocínio destinado a convencer as partes a respeito da legal, adequada e justa composição da lide. Daí a importância dos incisos I, II, III e IV do § 1º do art. 489 do CPC, os quais visam, evidentemente, impedir decisões arbitrárias ou abusivas.

Há, portanto, necessidade de se reinterpretar o art. 765 da CLT conforme a Constituição, isto é, com os valores e as normas que fundamentam o Estado Democrático de Direito, tal como dispõem os arts. 1º e 8º do CPC, aplicados supletiva e subsidiariamente ao processo do trabalho, a fim de que este também seja um processo constitucionalizado.

Sobre o princípio em tela, entretanto, trazemos à colação alguns arestos inspirados nos arts. 765 da CLT e 125 e 131 do CPC/73:

> TESTEMUNHA CONTRADITADA POR LITIGAR CONTRA O RECLAMADO. INSUSPEIÇÃO. LIVRE CONVENCIMENTO DO JUIZ. A testemunha da defesa, contraditada pela reclamada, pelo fato de litigar contra a própria em outra ação, não é suspeita, em face do livre convencimento do Juiz na análise das provas. Multa do art. 477, § 8º, da CLT em face do pagamento a menor das verbas rescisórias. Indeferimento. Indefere-se a aplicação da multa do art. 477, § 8º, da CLT se a reclamada cumpriu sua obrigação no prazo previsto pelo § 6º do mesmo artigo. Além, do mais, as verbas deferidas ainda estão sendo discutidas na presente reclamação. Juros de mora. Aplicação aos débitos trabalhistas contados do ajuizamento da reclamatória. É indiscutível que os juros de mora, na base de 1% (um por cento) ao mês, fixados pelo art. 39 da Lei n. 8.177/91, e seu parágrafo 1º, aplicam-se aos débitos oriundos das reclamações trabalhistas, contados do ajuizamento da reclamatória (TRT 21ª R., RO 00349-2006-016-21-00-6, Rel. Des. Raimundo de Oliveira, j. 8-3-2007, *DJE* 14-4-2007).
>
> NULIDADE. CERCEAMENTO DO DIREITO A DEFESA NÃO CONFIGURADO. É legítimo o indeferimento de prova estranho aos pontos controvertidos da lide. A

---

7. In: WAMBIER, Teresa Arruda Alvim et al. (Coords.). *Breves comentários ao novo Código de Processo Civil*. São Paulo: Revista dos Tribunais, 2015. p. 1.001.

realização de diligências constitui prerrogativa do Magistrado em decorrência do princípio do livre convencimento e da celeridade processual (arts. 131 e 125, II, do CPC), bem como da ampla liberdade na direção do processo (art. 765 da CLT), desde que haja pertinência entre a prova a ser produzida e a questão em debate. A processualística não compactua com procedimentos procrastinatórios. Cerceamento de defesa não configurado. Nulidade rejeitada (TRT 2ª R., RO 00464.2004.491.02.00-1, 4ª T., Rel. Des. Paulo Augusto Camara, j. 24-4-2007, *DO* 8-5-2007).

3.6. Princípio da oralidade

No processo do trabalho, as provas devem ser realizadas, preferencialmente, na audiência de instrução e julgamento, isto é, oralmente e na presença do juiz.

Este princípio está positivado em diversos artigos da CLT, principalmente no seu art. 845, segundo o qual "o reclamante e o reclamado comparecerão à audiência acompanhados de suas testemunhas, apresentando, nessa ocasião, as demais provas". Outros dispositivos consolidados também encampam o princípio, como se vê da leitura dos seus arts. 848 *usque* 852 e 852-H.

Alguns julgados corroboram o papel do princípio da oralidade para a produção da prova no processo do trabalho:

CORREIÇÃO PARCIAL. AUDIÊNCIA DE INSTRUÇÃO. REPRODUÇÃO FIEL. GRAVAÇÃO. A audiência constitui a exteriorização do princípio da oralidade, que informa o processo do trabalho. Presta-se para a produção da prova oral, e materialização dos requerimentos das partes. Assume importância extraordinária e quando nela a defesa é produzida por escrito ou oralmente. Não constitui, assim, palco para confronto entre advogados ou entre advogado e Juiz. Certo que ao último cabe a direção do processo, como está escrito no art. 125 do CPC. Mas a ata deve reproduzir com fidelidade o que se postulou, o que se contrapôs à postulação, e o que se decidiu. Nem por outra razão tenho defendido que o gravador deve ser reconhecido como instrumento de trabalho tanto para os advogados como para o Juiz (TRT 2ª R., Agravo Regimental de Decisão Correicional n. 12765.2004.000.02.00-3, SDI, Rel. Des. José Carlos da Silva Arouca, j. 12-4-2005, *DO* 20-5-2005).

VALORAÇÃO DA PROVA. PRINCÍPIO DA ORALIDADE. Razões apontadas para questionamento da valoração do conjunto da prova testemunhal não podem prosperar, quando tal avaliação está intimamente ligada ao princípio da oralidade que permite ao juízo, condutor do processo, estar frente a frente com as partes e testemunhas, o que lhe possibilita perceber a veracidade e firmeza das declarações prestadas (TRT 3ª R., RO 992/2008-094-03-00.5, 7ª T., Rel. Des. Paulo Roberto de Castro, *DJe* 22-6-2009).

3.7. Princípio da imediação

Princípio da imediação é de natureza processual e não se confunde com o princípio da imediatidade, que é instituto de direito material do trabalho e diz respeito ao lapso de tempo razoável entre a falta cometida pelo empregado e a punição aplicada pelo empregador[8]. Todavia, há quem utilize os termos imediação e imediatidade como sinônimos para fins processuais[9].

O princípio da imediação estabelece que o juiz, como diretor do processo (CLT, art. 765), é quem colhe, direta e imediatamente, a prova.

No processo do trabalho, o princípio da imediação está previsto no art. 848 da CLT, que faculta ao juiz, de ofício, interrogar os litigantes, e no art. 852-D (procedimento sumaríssimo), que confere ao juiz ampla liberdade para determinar as provas a serem produzidas, considerando o ônus probatório de cada litigante, podendo, ainda, dar especial valor às regras de experiência comum ou técnica.

Nos tribunais, o princípio da imediação vem sendo invocado para prestigiar a valoração da prova oral realizada pelo juiz de primeira instancia que teve contato direto com as partes e testemunhas, estando, assim, em melhores condições de analisar os depoimentos, os comportamentos, os olhares, os gestos das partes e testemunhas etc.

O princípio da imediação é reconhecido amplamente na jurisprudência trabalhista, como se vê dos seguintes arestos:

> REGISTRO DA JORNADA DE TRABALHO. FRAUDE. PRINCÍPIO DA IMEDIAÇÃO. O juízo singular colhe diretamente e imediatamente a prova oral, razão pela qual possui condições de avaliar uma série valiosa de elementos não perceptíveis através da simples leitura dos autos (princípio da imediação). Tendo o juízo de origem, valorando a prova testemunhal, se convencido que não houve efetivamente fraude nos registros da jornada de trabalho, não há como o juízo revisor compreender de modo diverso sem a evidência de equívocos patentes na valoração probatória. Man-

8. "JUSTA CAUSA. PRINCÍPIO DA IMEDIATIDADE NA APLICAÇÃO DA PENA. A não observância ao princípio da imediatidade na aplicação da penalidade máxima, ante a ocorrência de falta reputada grave pelo empregador, atrai a presunção de perdão tácito. A questão não se caracteriza apenas pelo transcurso do tempo, mas também por qualquer medida adotada pelo empregador reveladora da inequívoca intenção de manter o empregado em seus quadros" (TRT 2ª R., Recurso Ordinário em Rito Sumaríssimo, Processo n. 01770.2004.030.02.00-2 (20050455057), 4ª T., Rel. Des. Paulo Augusto Camara, j. 12-7-2005, *DO* 22-7-2005).

9. "RELATIVIZAÇÃO DA PROVA TESTEMUNHAL. PRINCÍPIO DA IMEDIAÇÃO. Com amparo no princípio da imediação ou da imediatidade, deve-se privilegiar a impressão pessoal do juiz instrutor, fruto do seu contato pessoal com as testemunhas" (TRT 3ª R., RO 14/2009-055-03-00.1, 9ª T., Rel. Des. Ricardo Antônio Mohallem, *DJe* 4-8-2009).

tém-se, desse modo, o não reconhecimento da fraude nos registros da jornada. Recurso obreiro não provido (TRT 6ª R., RO 0001035-40.2017.5.06.0411, Redator Des. Fabio Andre de Farias, 2ª T., 25-3-2019).

VALORAÇÃO DA PROVA ORAL. PRINCÍPIO DA IMEDIAÇÃO. O Tribunal, em sua tarefa revisora, deve prestigiar a valoração da prova oral realizada pelo juiz que teve contato direto com as partes e testemunhas, o que lhe confere melhores condições de analisar a convicção e a sinceridade com que prestadas as informações. É preciso valorar a circunstância de que o juiz do caso, na maioria das vezes, reúne melhores condições para proferir o julgamento sobre questões de fato que se apresentam controvertidas, pois esse contato direto lhe permite examinar reações e extrair impressões que a leitura fria da transcrição dos depoimentos normalmente não revela (TRT 4ª R., RO 00212669020155040451, 11ª T., *DEJT* 14-3-2019).

O princípio da imediação foi mitigado pelo art. 459 do CPC, segundo o qual as "perguntas serão formuladas pelas partes diretamente à testemunha, começando pela que a arrolou (...)".

O art. 11 da IN n. 39/2016 do TST[10], no entanto, dispõe que: "Não se aplica ao Processo do Trabalho a norma do art. 459 do CPC no que permite a inquirição direta das testemunhas pela parte (CLT, art. 820)".

3.8. Princípio da aquisição processual

A prova produzida, independentemente de quem a produziu, é adquirida pelo processo, ou melhor, pelos autos, dele não podendo mais ser retirada ou desentranhada, salvo em situações especiais legalmente autorizadas, como as previstas nos arts. 234 e 432, parágrafo único, do CPC.

Vale dizer, as provas não pertencem às partes, e sim ao processo ou, segundo alguns, ao juízo. Daí o princípio da aquisição processual da prova.

Acerca do princípio em tela, colhe-se o seguinte julgado:

ÔNUS DA PROVA. VALORAÇÃO. PRINCÍPIO DA COMUNHÃO DA PROVA. As regras de distribuição do ônus da prova apenas servem como critério de julgamento quando há situação controvertida e não comprovada nos autos. Em sentido contrário, havendo comprovação de determinado fato, a prova revela-se apta a contribuir com o deslinde da controvérsia, pouco importando quem a produziu, e

10. A IN n. 39/2016 do TST é alvo da ADI n. 5.516, em tramitação no STF.

até mesmo quando produzida por determinação judicial. Trata-se do princípio da aquisição processual ou da comunhão da prova. Uma vez produzida, ela passa a fazer parte do processo, devendo o Juízo fundamentar sua conclusão por qualquer elemento de convicção presente nos autos, independentemente do sujeito que o tiver oferecido, em consonância com art. 371 do CPC/2015 (TRT 3ª T., RO 0012335-73.2016.5.03.0069, Rel. Juiz Conv. Cleber Lucio de Almeida, 7ª. T., *DEJT* 14-5-2019).

3.9. Princípio *in dubio pro misero* ou *pro operario*

O princípio *in dubio pro misero* ou *in dubio pro operario* é um desdobramento do princípio da proteção (ou tutelar) consagrado no Direito do Trabalho e tem aplicação quando a mesma norma comportar mais de uma interpretação, prevalecendo aquela que propicie maior vantagem ao trabalhador.

O princípio ora focalizado não é aceito pacificamente pela doutrina no âmbito do Direito Processual do Trabalho, pois, neste, o juiz deve velar pelo tratamento igualitário às partes, orientando-se, em tal mister, pela teoria da distribuição do ônus da prova.

Nos sítios do processo do trabalho, o princípio *in dubio pro misero* consiste na possibilidade de o juiz, em caso de dúvida razoável, interpretar a prova em benefício do empregado, geralmente autor da ação trabalhista.

Colhe-se, a propósito, a lição de Francisco Rossal de Araújo que, pela erudição, merece ser transcrita integralmente:

> O direito processual não é a forma do direito material. A verdadeira antítese não é direito material/direito formal, mas direito material/direito instrumental. Como instrumento, o processo possui formas próprias e matéria própria, independentes da matéria e da forma da realidade jurídica (material), sobre a qual opera. O requisito fundamental para que o instrumento possa atingir e realizar o seu objetivo é a adequação. Essa adequação assume três aspectos: subjetiva, objetiva e teleológica. Deve adaptar-se ao sujeito que a maneja (adequação subjetiva), deve adaptar-se ao objeto ao qual se destina (adequação objetiva) e deve considerar o fim a que visa. O processo deve se adaptar ao direito material sobre o qual opera. O Processo Penal ao Direito Penal, o Processo Civil ao Direito Civil e o Processo do Trabalho ao Direito do Trabalho. Se o Direito do Trabalho possui características e princípios próprios, por decorrência o Processo do Trabalho também os terá, realizando a adaptação teleológica mencionada no parágrafo anterior. Se no Direito do Trabalho opera o princípio da proteção, também no Processo do Trabalho ele operará, realizando-se as necessárias adaptações e adequações aos outros princípios do processo. A boa regra de prudência aconselha que não é a lide que deve adaptar-se ao processo, mas

a estrutura do processo que deve adaptar-se à natureza da lide. É certo que não podem ser abandonadas no Processo do Trabalho as conquistas fundamentais do processo, como o Juiz natural, o direito de defesa, o contraditório, a simetria ou igualdade de oportunidades às partes. Mas essas garantias deverão ter um novo enfoque, não mais puramente individualista, mas sim de garantias sociais[11].

Parece-nos que no atual estágio de desenvolvimento do direito processual, especialmente com a possibilidade de o juiz distribuir dinamicamente o ônus da prova (CLT, art. 818, § 1º), não há mais necessidade de aplicação do princípio *in dubio pro operario* nos sítios do processo laboral, pois o magistrado, inclusive com base no princípio da proteção processual e na presunção de vulnerabilidade e hipossuficiência do trabalhador (autor ou réu), poderá inverter os critérios do ônus probatório em seu favor.

A jurisprudência era vacilante a respeito da aplicação do princípio *in dubio pro operario* no âmbito do processo do trabalho. Mas, atualmente, há uma tendência jurisprudencial pela sua inaplicabilidade, como se infere das seguintes ementas:

> AGRAVO DE INSTRUMENTO EM RECURSO DE REVISTA INTERPOSTO PELO RECLAMANTE. ADICIONAL DE INSALUBRIDADE. O Tribunal Regional decidiu a controvérsia com base na distribuição do encargo probatório entre as partes, por constatar ser hipótese de prova testemunhal dividida quanto ao fato de que efetivamente o reclamante fizesse a limpeza dos banheiros nas dependências da reclamada. Além disso, consignou aquela Corte que "nenhuma prova foi produzida quanto à grande circulação de pessoas nos referidos banheiros, ônus que também recaía sobre o demandante, valendo ressaltar que o laudo pericial demonstra que o estabelecimento era de pequeno porte". Com efeito, nos termos da jurisprudência desta Corte, na hipótese de prova dividida, deve-se julgar em desfavor de quem detinha o ônus da prova. Intacto, pois, o art. 818 da CLT. Agravo de instrumento conhecido e não provido (...) (TST-ARR-1402-97.2016.5.12.0034, 8ª T., *DEJT* 8-2-2019).
>
> AGRAVO EM AGRAVO DE INSTRUMENTO EM RECURSO DE REVISTA – PROCESSO ANTERIOR À ÉGIDE DA LEI N. 13.015/2014 – HORAS EXTRAORDINÁRIAS – INVALIDADE DOS CONTROLES DE PONTO – PROVA DIVIDIDA. Ocorrendo prova que as instâncias ordinárias consideraram dividida (ou seja, inconclusiva), como *in casu*, decide-se em desfavor de quem tinha o ônus de comprovar suas alegações e não o fez, o que, nesta hipótese, corresponde à reclamante. Agravo desprovido (...) (TST-AgR-AIRR 1160-25.2010.5.09.0005, 7ª T., Rel. Min. Luiz Philippe Vieira de Mello Filho, *DEJT* 10-8-2018).

11. ARAÚJO, Francisco Rossal de. Princípios probatórios do processo do trabalho. *Revista Síntese Jurídica*, Porto Alegre, n. 108, p. 130 e s., maio 1998.

3.10. Princípio da busca da verdade real

Já antecipamos que o moderno conceito de prova não está vinculado à ideia de busca da verdade, e sim à argumentação dos sujeitos do processo, pois, como adverte Leonardo Greco, "prova é o meio lógico por meio do qual se constrói o julgamento"[12].

É por isso que Marinoni e Arenhart sustentam que

> a prova não se destina a provar fatos, mas sim "afirmações de fato". É, com efeito, a alegação, e não o fato, que pode corresponder ou não à realidade daquilo que se passou fora do processo. O fato não pode ser qualificado de verdadeiro ou falso, já que esse existe ou não existe. É a alegação do fato que, em determinado momento, pode assumir importância jurídico-processual e, assim, assumir relevância a demonstração da veracidade da alegação do fato[13].

Fato, então, "não é um evento da realidade, mas uma construção linguística que representa uma interpretação de múltiplos fenômenos, reduzidos a uma ou algumas fórmulas linguísticas simplificadoras"[14].

O princípio da busca da verdade real é extraído do art. 371 do CPC e dos arts. 765 e 852-D da CLT, donde se conclui que o juiz tem liberdade na condução do processo na busca de elementos probatórios que formem o seu convencimento sobre a alegação das partes a respeito dos fatos que tenham importância para a prolação de uma decisão fundamentada, adequada e justa.

Verdade real e verdade formal são inconfundíveis para os fins da teoria da prova. A primeira decorre dos fatos que realmente acontecem na vida, ou seja, a verdade em si; a segunda corresponde aos elementos constantes dos autos, como resultado das provas produzidas pelos sujeitos do processo[15].

Não obstante, José Aparecido dos Santos adverte, com razão, que:

> Seria muita pretensão imaginar que no processo a verdade real pudesse ser apreendida, pois a verdade que ali se obtém, por mais adequada que seja, é sempre uma verdade dirigida exclusivamente ao próprio processo e à decisão pretendida. Não é por outro motivo que os "fundamentos", ou seja, a "verdade dos fatos" admitida na sentença, não transitam em julgado (art. 469, II, do CPC). Isso não representa des-

12. GRECO, Leonardo. O conceito de prova. In: MARINONI, Luiz Guilherme (Org.). *Estudos de direito processual civil:* homenagem ao professor Egas Dirceu Moniz de Aragão. São Paulo: Revista dos Tribunais, 2006. p. 368.
13. MARINONI, Luiz Guilherme; ARENHART, Sérgio Cruz. *Processo de conhecimento*, cit., p. 265.
14. SANTOS, José Aparecido dos. Teoria geral das provas e provas em espécie, cit., p. 557.
15. TEIXEIRA FILHO, Manoel Antonio. *A prova no processo do trabalho*. 8. ed. São Paulo: LTr, 2003. p. 39-40.

prezo da verdade, mas honestidade para com ela. Há, de fato, uma exigência ética de busca da verdade, mas essa busca está em relação direta com as afirmações das partes e, qualquer que seja, essa verdade só é produzida no próprio processo (...) Em resumo: a verdade real corresponde ao interesse de adequar a verdade construída no processo com outros discursos existentes fora dele, como o de interesse social[16].

A jurisprudência reconhece o princípio em tela, como se infere do seguinte aresto:

AGRAVO DE INSTRUMENTO EM RECURSO DE REVISTA. PROVA DOCUMENTAL. APRESENTAÇÃO APÓS O ENCERRAMENTO DA INSTRUÇÃO PROCESSUAL. AUSÊNCIA DE JUSTIFICATIVA. Numa intepretação sistêmica com o Código de Processo Civil, bem como em face da redação do art. 845 da CLT, doutrina e jurisprudência trabalhista vêm admitindo a juntada de documentos após o ajuizamento da demanda, mas desde que antes do término da instrução processual. Referida mitigação do rigor do art. 787 da CLT visa justamente garantir a observância do princípio da busca da verdade real. Por outro lado, o processo é composto por uma sucessão lógica de atos encadeados, cujo objetivo é a decisão definitiva de mérito. A "andar pra frente" é necessário na busca da prestação jurisdicional efetiva e em tempo razoável, e a importância da questão se evidencia na existência do instituto da preclusão. Por esta razão é que a juntada de documentos de forma extemporânea pressupõe justo motivo, na medida em que, para sua aceitação, imperiosa será a intimação da parte contrária para oportuna manifestação, abrindo-se, novamente, fase processual outrora encerrada. No caso específico dos autos, o Regional deixou assente que a apresentação de documentos em momento inoportuno não veio acompanhada de justificativa. Assim, partindo-se desta indissociável premissa fática, não há de se falar em modificação do julgado, na medida em que a decisão recorrida, diferentemente do que afirma o Agravante, buscou conferir plena observância das normas que regem o trâmite processual. Agravo de Instrumento conhecido e não provido (TST-AIRR 1001552-41.2016.5.02.0066, 1ª T., Rel. Des. Conv. Roberto Nobrega de Almeida Filho, *DEJT* 23-11-2018).

3.11. Máximas de experiência

O art. 852-D da CLT dispõe que:

O juiz dirigirá o processo com liberdade para determinar as provas a serem produzidas, considerado o ônus probatório de cada litigante, podendo limitar ou ex-

16. SANTOS, José Aparecido dos. Teoria geral das provas e provas em espécie, cit., p. 558-559.

cluir as que considerar excessivas, impertinentes ou protelatórias, bem como para apreciá-las e **dar especial valor às regras de experiência comum ou técnica.** (grifos nossos)

O art. 375 do CPC, por sua vez, dispõe que o "juiz aplicará as regras de experiência comum subministradas pela observação do que ordinariamente acontece e, ainda, as regras de experiência técnica, ressalvado, quanto a estas, o exame pericial".

Em rigor, as máximas ou regras de experiência comum ou técnica são autorizações conferidas ao juiz para que diante de um caso concreto possa, à luz da sua cultura e dos conhecimentos adquiridos no exercício da nobre função judicante ou de funções essenciais à Justiça, levar em conta para a formação do seu convencimento a respeito das alegações concernentes aos fatos carreados aos autos pelas partes. Um exemplo de aplicação das máximas ou regras de experiência ocorreria na hipótese em que o juiz determina em um dado processo inspeção judicial, rejeitando a produção de prova pericial, para apurar o trajeto e o local de difícil acesso para fins de deferimento ou não do pedido de condenação do réu em horas *in itinere*. A experiência adquirida no referido processo poderá ser utilizada em outros processos ajuizados em face do mesmo réu.

A jurisprudência reconhece as máximas de experiência, como se infere dos seguintes arestos:

> INTERVALO INTERJORNADA. UTILIZAÇÃO DAS MÁXIMAS DE EXPERIÊNCIA PELO JULGADOR. Entendo que com acerto decidiu o r. Julgador primário, a quem coube, ao sopesar o valor de todo o conjunto probatório, utilizar-se, além do princípio da razoabilidade, as máximas de experiência referidas no art. 335 do CPC. Ditas regras de experiência comum são formadas com base na observação, pelo Juiz, daquilo que habitualmente acontece, e, por força disso, passam a ser por ele aplicadas, incorporando-se ao leque de conhecimentos, ponderações e considerações de que é composto o seu mister de julgar e que são determinantes para a formação do seu livre convencimento na apreciação de cada demanda (TRT 2ª R., RO 00020993220135020025 A28, Rel. Des. Odette Silveira Moraes, 11ª T., *DEJT* 1-7-2015).
>
> TRABALHADOR DOMÉSTICO. VALE-TRANSPORTE. PAGAMENTO SEM REGISTRO. MÁXIMAS DE EXPERIÊNCIA. A relação de trabalho doméstico instaura entre as partes situações peculiares, tais como confiança diferenciada, maior proximidade de trato entre empregador e empregado e, no mais das vezes, maior informalidade, seja na prestação de serviços, seja na sua contrapartida (remuneração), circunstância que não implica em negativa de aplicação da legislação vigente, mas impõe reconhecimento de fatos habituais nesta específica relação de emprego,

dentre eles o pagamento informal do transporte utilizado pelo trabalhador. Aplicação de máximas de experiência e reconhecimento dos pagamentos realizados sem registro como vale-transporte (TRT 2ª R., RO 00019041420135020036 A28, Rel. Des. Rosa Maria Zuccaro, 2ª T., *DEJT* 18-3-2014).

4. OBJETO DA PROVA

O objeto da prova pode ser assim problematizado: o que provar? Constituem objeto da prova os fatos relevantes, pertinentes e controvertidos.

Em linha de princípio, apenas os fatos devem ser provados, pois a parte não é obrigada a provar o direito, uma vez que o nosso sistema processual consagra o apotegma latino *da mihi factum, dabo tibi jus* (dá-me o fato, dar-te-ei o direito). Há, portanto, uma presunção legal de que o juiz conhece o direito (*jura novit curia*) e, por via de consequência, as normas que compõem o ordenamento jurídico.

Trata-se de presunção absoluta em relação ao direito federal, uma vez que o juiz pode, nos termos do art. 376 do CPC, determinar a comprovação do teor e vigência do direito estrangeiro, municipal, estadual, distrital ou consuetudinário invocado pela parte. Nesse caso, o juiz deverá conceder um prazo razoável para que a parte cumpra a determinação.

Embora o processo do trabalho não contemple regra semelhante, entendemos, com abrigo no art. 769 da CLT, que o juiz do trabalho também pode, invocando a aplicação analógica do art. 376 do CPC, determinar que a(s) parte(s) prove(m) o teor e a vigência não apenas das referidas espécies normativas, como também dos Acordos Coletivos, Convenções Coletivas, Regulamentos Empresariais, Sentenças Normativas ou Direito Comparado que invocar(em) como fundamento jurídico da ação ou da defesa.

4.1. Fatos que não dependem de prova

Mencionamos acima que, via de regra, somente os fatos devem ser provados. Cabe agora apontar as exceções a essa regra, uma vez que nem todos os fatos necessitam ser provados em juízo.

Com efeito, vaticina o art. 374 do CPC que não dependem de prova os fatos: I – notórios; II – afirmados por uma parte e confessados pela parte contrária; III – admitidos, no processo, como incontroversos; IV – em cujo favor milita presunção legal de existência ou de veracidade.

É notório o fato inerente à cultura mediana de determinado meio social no momento do julgamento da causa. É desnecessário provar, por exemplo, que em determinadas datas tradicionais, como Natal, Dia das Mães etc., há aumento das vendas, pois isso é um fato notório. O aumento das vendas, porém, não significa que o aumento da jornada também seja um fato notório. Assim, o aumento das vendas, nas referidas datas, não precisa ser provado. Já o aumento da jornada, sim. Eis alguns exemplos de fatos notórios capturados da jurisprudência:

> DEPÓSITO RECURSAL. CREDENCIAMENTO BANCÁRIO. PROVA DISPENSÁVEL. O credenciamento dos bancos para o fim de recebimento do depósito recursal é fato notório, independendo da prova (TST, Súmula 217).
>
> DESERÇÃO DO RECURSO ORDINÁRIO. CUSTAS E DEPÓSITO RECURSAL. RECOLHIMENTO EM ESTABELECIMENTO BANCÁRIO PARTICULAR. É desnecessário para que se tenha por efetuado o pagamento das custas processuais o recolhimento em banco oficial, bastando que tenha sido feito em instituições financeiras integrantes da Rede Arrecadadora de Receitas Federais, conforme preconiza o item IV da Instrução Normativa n. 20 do TST. No que tange ao depósito recursal, a teor da Instrução Normativa n. 26 do TST, o pagamento pode ser efetuado em agência da Caixa Econômica Federal ou em banco conveniado, sendo pacífico que o referido convênio, por ser fato notório, independe de prova, nos termos da Súmula 217 desta Corte. Precedentes. Recurso de revista conhecido e provido (TST-RR 487/2005-021-03-00.8, 5ª T., Rel. Min. Emmanoel Pereira, *DJe* 28-5-2009).

Igualmente, não há necessidade de provar fatos confessados e incontroversos. Aliás, todo fato confessado, ou seja, alegado por uma parte e confirmado pela outra, é incontroverso; mas nem todo fato incontroverso é confesso. O fato incontroverso é aquele admitido no processo, independentemente de alegação ou confirmação das partes, como, por exemplo, o interrogatório de uma testemunha ou a perda de um prazo. É relevante destacar que há alguns fatos que, mesmo diante da confissão ficta ou real, necessitam ser provados. É o que ocorre, por exemplo, com o adicional de insalubridade (ou de periculosidade), pois, mesmo diante da revelia e confissão do réu, o juiz deverá determinar a realização da prova pericial (CLT, art. 195, § 2º) para apurar o fato alegado (existência de ambiente insalubre ou perigoso) pelo autor.

Sobre fatos incontroversos, recolhemos alguns julgados:

> AGRAVO DE INSTRUMENTO. RECURSO DE REVISTA. PROCESSO SOB A ÉGIDE DA LEI N. 13.015/2014 E ANTERIOR À LEI N. 13.467/2017. ADICIONAL DE INSALUBRIDADE. CONFISSÃO FICTA DA RECLAMADA. FATOS INCONTROVERSOS. PRESCINDIBILIDADE DE PERÍCIA TÉCNICA. Regra geral, para a caracterização da insalubridade, é necessária a realização de perícia técnica (art. 195, § 2º, da CLT). Todavia, o Tribunal Regional manteve a sentença que condenou a Reclamada por não carrear aos autos os documentos ambientais necessários, ainda que devidamente intimada para tanto. A referência, no acórdão recorrido, a respeito do ônus da

prova não suplanta a inversão ocorrida no processo pela circunstância de não ter a Ré juntado os referidos documentos. Além disso, a Corte de origem destacou que não foi trazido aos autos qualquer comprovante de entrega de EPI ao Autor. Destarte, têm-se por incontroversas as condições de trabalho no caso em comento, assim como a não entrega de todos os equipamentos de proteção individual essenciais a elidir os agentes nocivos à saúde do Obreiro – fato inconteste, à luz da Súmula 126/TST. Nesse contexto, torna-se dispensável a realização da prova técnica exigida no art. 195, § 2º, da CLT, em razão do disposto na lei processual civil (arts. 130 e 131, CPC/1973; arts. 370 e 371, CPC/2015). Julgados desta Corte. Agravo de instrumento desprovido (TST – AIRR 18891820155080130, Rel. Min. Mauricio Godinho Delgado, 3ª T., *DEJT* 17-8-2018).

ACORDO HOMOLOGADO EM JUÍZO SEM RECONHECIMENTO DE VÍNCULO EMPREGATÍCIO. CONTRIBUIÇÃO PREVIDENCIÁRIA DEVIDA. Mesmo quando as partes não reconhecem o vínculo de emprego, a incidência da contribuição previdenciária deve ser deferida. O acordo em Juízo não afasta o fato incontroverso de que houve prestação de serviços a título oneroso do Reclamante para a Reclamada. E, mesmo que não se considere a natureza da relação havida como de emprego, na forma do art. 3º da CLT, há que se ter em vista que as demais prestações de serviços, seja na condição de autônomo ou como trabalhador eventual, também sofrem incidência de contribuição previdenciária, consoante o disposto no art. 195, I, *a*, da Constituição Federal (TRT 2ª R., Recurso Ordinário em Rito Sumaríssimo 01041.2007.431.02.00-8, 4ª T., Rel. Des. Sérgio Winnik, j. 9-12-2008, *DOE* 16-1-2009).

No que concerne aos fatos confessados que não dependem de prova, invocamos os seguintes arestos:

PREPOSTO. DESCONHECIMENTO DE FATOS. CONFISSÃO "FICTA". A confissão "ficta" somente deve ser aplicada quando o preposto ou representante legal da ré, ou mesmo o próprio reclamante, se recusar a depor, ou se valer de subterfúgios, evasivas e reticências para evitar uma confissão real e expressa, o que não se observa no presente feito (TRT 3ª R., RO 0010595-79.2018.5.03.0176, Rel. Juiz Conv. Vitor Salino de Moura Eca, 10ª T., *DEJT* 4-4-2019).

AGRAVO DE INSTRUMENTO EM RECURSO DE REVISTA INTERPOSTO PELA RECLAMADA (...) RECURSO DE REVISTA INTERPOSTO PELA RECLAMANTE – JORNADA DE TRABALHO – PREPOSTO – DESCONHECIMENTO DOS FATOS – CONFISSÃO FICTA. 1. O desconhecimento dos fatos da causa pelo representante legal da reclamada ou pelo preposto por ela indicado importa aplicação da confissão ficta, presumindo-se verdadeiros os fatos articulados pelo autor na inicial, sobre os quais não haja prova em contrário já produzida nos autos, uma vez que, a teor do § 1º do art. 843 da CLT, a representação patronal em juízo se faz por empregado que tenha conhecimento dos fatos, e cujas declarações obrigarão o proponente. 2. Assim, a decisão regional que afasta a aplicação da confissão ficta do preposto da reclamada sob o argumento de que ele deixou de responder ao que lhe foi perguntado por motivo justificado, pois "não poderia depor sobre fatos ocorridos no exterior, já que nunca trabalhou no exterior", viola o art. 350 do CPC/73. Recurso de revista conhecido e provido (...) (TST-ARR 817002720075010025, 7ª T., Rel. Des. Conv. Francisco Rossal De Araújo, *DEJT* 26-10-2018).

Os fatos cuja existência é legalmente presumida também prescindem de prova. Assim, por exemplo, o reclamante não precisa provar o vício de vontade ao renunciar o direito a férias anuais remuneradas, pois há uma presunção legal de que tal renúncia é viciada. Ressalte-se, porém, que nem toda presunção legal da existência de um fato é absoluta (*jure et de jure*). As anotações na CTPS, por exemplo, constituem um fato, mas a presunção de sua existência é apenas relativa (*juris tantum*), consoante jurisprudência do TST (Súmula 12).

5. ÔNUS DA PROVA

O ônus da prova pode ser assim problematizado: quem deve provar? Em princípio, as partes têm o ônus de provar os fatos jurídicos narrados na petição inicial ou na peça de resistência (contestação), bem como os que se sucederem no evolver da relação processual.

O art. 818 da CLT estabelecia textualmente que "o ônus de provar as alegações incumbe à parte que as fizer". Essa regra, que tem origem em 1943 e dada a sua excessiva simplicidade, cedeu lugar, não obstante a inexistência de omissão do texto consolidado, à aplicação sistemática do art. 373 do CPC, segundo o qual cabe ao autor a demonstração dos fatos constitutivos do seu direito e ao réu, a dos fatos impeditivos, extintivos ou modificativos do alegado direito do autor[17].

É importante salientar que a Lei n. 13.467/2017, dando nova redação ao art. 818 da CLT, passou a adotar a sistemática do CPC, nos seguintes termos:

> Art. 818. O ônus da prova incumbe:
>
> I – ao reclamante, quanto ao fato constitutivo de seu direito;
>
> II – ao reclamado, quanto à existência de fato impeditivo, modificativo ou extintivo do direito do reclamante.

17. Sobre fatos impeditivos, modificativos e extintivos, ver Capítulo XIV, item 5.2.1, que trata da contestação indireta do mérito.

> § 1º Nos casos previstos em lei ou diante de peculiaridades da causa relacionadas à impossibilidade ou à excessiva dificuldade de cumprir o encargo nos termos deste artigo ou à maior facilidade de obtenção da prova do fato contrário, poderá o juízo atribuir o ônus da prova de modo diverso, desde que o faça por decisão fundamentada, caso em que deverá dar à parte a oportunidade de se desincumbir do ônus que lhe foi atribuído.
>
> § 2º A decisão referida no § 1º deste artigo deverá ser proferida antes da abertura da instrução e, a requerimento da parte, implicará o adiamento da audiência e possibilitará provar os fatos por qualquer meio em direito admitido.
>
> § 3º A decisão referida no § 1º deste artigo não pode gerar situação em que a desincumbência do encargo pela parte seja impossível ou excessivamente difícil.

Recolhemos, neste passo, a síntese formulada por Heloisa Pinto Marques:

> Quando o réu admite o fato alegado pelo autor, mas lhe opõe outro que lhe impeça os efeitos, estamos diante de fato impeditivo. Na hipótese do trabalho aos domingos, por exemplo, a reclamada, admitindo o trabalho aos domingos, alega que era compensado nas segundas-feiras. Neste caso cabe à reclamada demonstrar que havia folga naquele dia. Os fatos extintivos são aqueles opostos ao direito alegado, com condições de torná-lo inexigível. Acontece, por exemplo, quando a reclamada admite que o reclamante trabalhava aos domingos, sem compensação, mas aduz ter pago os valores devidos a este título. Competirá, pois, à reclamada demonstrar o pagamento. Por fim, fatos modificativos são aqueles que, sem negar os fatos alegados pelo autor, inserem modificação capaz de obstar os efeitos desejados. É o caso, por exemplo, da reclamada alegar que o reclamante trabalhava aos domingos no estabelecimento empresário, mas que nesses dias o trabalho era voluntário, com fins de benemerência, já que a empresa cedia os equipamentos e material para produzir alimentos para serem distribuídos para a comunidade e que não havia obrigatoriedade de comparecimento. Compete à reclamada sua demonstração[18].

O art. 818, I e II, da CLT consagra o critério da distribuição estática do ônus da prova, enquanto os §§ 1º, 2º e 3º do mesmo artigo dizem respeito ao critério da distribuição dinâmica do *onus probandi*.

No que concerne ao critério estático, por exemplo, diante de ação cujo objeto repouse no reconhecimento da relação de emprego compete ao reclamante provar a prestação de serviços ao suposto empregador (fato constitutivo). Se o reclamado, na

18. MARQUES, Heloisa Pinto. A prova no processo do trabalho. *Revista Ciência Jurídica*, Belo Horizonte, n. 14, p. 19 e s., mar./abr. 1999.

defesa, admitir a prestação de serviços, mas alegar ter sido a relação jurídica diversa da empregatícia (por exemplo, relação de trabalho autônomo, eventual, cooperativado, de empreitada, de parceria etc.), atrairá para si o ônus de provar a existência de relação de trabalho diversa da tutelada pelo Direito do Trabalho (fato impeditivo do direito do autor). Nesse sentido:

> RELAÇÃO DE EMPREGO. ÔNUS DA PROVA. Reconhecida a prestação de serviços e imputando a reclamada fato obstativo ao reconhecimento da relação de emprego, compete a esta o ônus da prova (TRT 1ª R., RO 01003156120175010301, Rel. Des. Tania da Silva Garcia, *DEJT* 27-4-2019).
>
> RELAÇÃO DE EMPREGO. ÔNUS DA PROVA. FATO IMPEDITIVO DO DIREITO DA AUTORA. Negada a prestação de serviços, incumbe à parte autora demonstrar a verificação dos pressupostos de caracterização da relação empregatícia, nos termos do art. 3º da CLT. A *contrario sensu*, admitida a prestação, mas sendo-lhe imputada natureza diversa da empregatícia, inverte-se o *onus probandi*, que passa a ser da reclamada, nos termos do art. 818 da CLT c/c inciso II do art. 333 do CPC (TRT-1ª R., RO 13127320105010077, Rel. Des. Valmir de Araujo Carvalho, 2ª T., *DEJT* 28-11-2012).

Quanto ao ônus de provar o término da relação empregatícia, o TST sufragou a Súmula 212, segundo a qual: "O ônus de provar o término do contrato de trabalho, quando negados a prestação de serviço e o despedimento, é do empregador, pois o princípio da continuidade da relação de emprego constitui presunção favorável ao empregado".

Outro tema rotineiro na prática forense laboral diz respeito ao ônus da prova atinente à equiparação salarial, que, segundo o item VIII da Súmula 6 do TST: "É do empregador o ônus da prova do fato impeditivo, modificativo ou extintivo da equiparação salarial".

No que respeita ao vale-transporte, o art. 1º da Lei n. 7.418/85, com a redação dada pela Lei n. 7.619/87, dispõe que o empregador, pessoa física ou jurídica, antecipará o referido benefício ao empregado

> para utilização efetiva em despesas de deslocamento residência-trabalho e vice-versa, através do sistema de transporte coletivo público, urbano ou intermunicipal e/ou interestadual com características semelhantes aos urbanos, geridos diretamente ou mediante concessão ou permissão de linhas regulares e com tarifas fixadas pela autoridade competente, excluídos os serviços seletivos e os especiais.

Interpretando o preceptivo em causa, a SBDI-1 do TST editou a Orientação Jurisprudencial n. 215: "É do empregado o ônus de comprovar que satisfaz os requisitos indispensáveis à obtenção do vale-transporte". Este verbete, no entanto, foi cancelado pela Resolução TST n. 175/2011 (*DEJT* divulgado em 27, 30 e 31-5-2011), o que, a nosso sentir, significa que o juiz poderá no caso concreto valer-se da inversão do ônus da prova e determinar que o réu faça a prova de que o autor não preenche os requisitos para a obtenção do vale-transporte. A Súmula 460 do TST, nesse passo, adotou a seguinte tese: "É do empregador o ônus de comprovar que o empregado não satisfaz os requisitos indispensáveis para a concessão do vale-transporte ou não pretenda fazer uso do benefício".

No que tange ao ônus da prova acerca de diferenças do FGTS, o TST editou a Súmula 461, *in verbis*: "É do empregador o ônus da prova em relação à regularidade dos depósitos do FGTS, pois o pagamento é fato extintivo do direito do autor (art. 373, II, do CPC de 2015)".

A respeito do ônus da prova do não recebimento de notificação depois de 48 horas de sua postagem, a Súmula 16 do TST diz que tal ônus é do destinatário.

Quanto ao ônus de provar horas extras, ressalvada a hipótese prevista na Súmula 338 do TST, a jurisprudência majoritária aponta no seguinte sentido:

> CARTÕES DE PONTO SEM ASSINATURA. ÔNUS DA PROVA. HORAS EXTRAS. A mera ausência de assinatura do trabalhador nos controles de horário , não é, por si só, suficiente de per si para invalidar os documentos como meio de prova. Nesse passo, tendo o autor afirmado a existência de horas extras devidas, bem como impugnado os cartões de ponto trazidos aos autos, permaneceu com ele o ônus de demonstrar os fatos constitutivos deste direito buscado, nos termos dos arts. 818 da CLT e 373, I, do CPC de 2015 (art. 333, I, do CPC/73), do qual não logrou se desincumbir, eis que não produziu prova alguma de suas alegações (TRT 1ª R., RO 01014480920165010032, Rel. Des. Gustavo Tadeu Alkmim, *DEJT* 4-4-2019).
>
> ÔNUS DA PROVA. HORAS EXTRAS INDEVIDAS. Consoante o disposto no art. 74, § 2º, da CLT, os cartões de ponto são o meio de prova, por excelência, da mensuração da jornada de trabalho. Sendo anexados os controles pela reclamada, prevalecem os horários ali consignados, à míngua de vícios constatáveis in ictu oculi e prova robusta em sentido contrário. Não havendo o reclamante apontado, sequer por amostragem, as alegadas diferenças, o que poderia ter feito através do contraste entre as informações constatantes dos cartões de ponto e das fichas financeiras, tem-se como efetivamente quitadas as horas extras no período em que vieram aos autos os controles de horários. Recurso a que se dá provimento parcial (TRT 6ª R., RO 0001726-52.2015.5.06.0014, Red. Des. Milton Gouveia da Silva Filho, 3ª. T., *DEJT* 7-2-2019).

5.1. O problema do ônus da prova do fato negativo

Há um tormentoso problema acerca do *onus probandi* dos chamados *fatos negativos*, porque, como bem observa Marcelo Abelha Rodrigues, durante muito tempo e sob influência do direito romano eram dispensados de prova, sob a alegação de que quem os deveria provar era quem os afirmava, e não quem os negava. Logo, a negativa da parte excluía dela o ônus de prová-los. Todavia, hodiernamente, este não é o alvitre com relação aos fatos negativos, já que prevalece a regra de que, se a negativa resulta de uma afirmação que se pretende obter por via de uma declaração negativa, impõe-se à parte que nega o ônus de prová-lo[19].

Na verdade, toda negação contém, implicitamente, uma afirmação, pois, quando se atribui a um objeto determinado predicado, acaba-se por negar todos os demais predicados contrários ou diversos do mesmo objeto. Assim, por exemplo, ao alegar o empregador que não dispensou o empregado sem justa causa (negação do fato), estará aquele alegando, implicitamente (afirmação), que este abandonou o emprego ou se demitiu.

O problema do ônus de provar fato negativo ainda está longe de uma solução jurisprudencial unívoca. Colecionamos alguns julgados que abordam o tema:

> ENTES PÚBLICOS. TERCEIRIZAÇÃO. CULPA *IN VIGILANDO*. ÔNUS PROBATÓRIO. PRINCÍPIO DA APTIDÃO DA PROVA. A regra de distribuição do ônus da prova impõe à Administração Pública a demonstração do regular cumprimento das suas obrigações legais. Primeiro, porque se trata de fato impeditivo do direito do trabalhador (art. 333, II, do CPC). Segundo, porque não se pode atribuir ao obreiro o ônus de provar fato negativo, mormente para colacionar documentos aos quais não tem acesso dentro da normalidade, o que seria contrário ao princípio da aptidão para a prova (TRT 3ª R., RO 0000623-38.2013.5.03.0022, Rel. Juiz Conv. Vitor Salino de Moura Eca, 3ª T., *DEJT* 21-7-2014).
>
> RECURSO DE REVISTA INTERPOSTO SOB A ÉGIDE DA LEI N. 13.015/14 – RESPONSABILIDADE SUBSIDIÁRIA – ADMINISTRAÇÃO PÚBLICA – CULPA *IN VIGILANDO* CARACTERIZADA – SÚMULA 331, V, DO TST 1. O acórdão regional está em harmonia com a Súmula 331, V, do TST, pois a responsabilização subsidiária do ente público decorreu do reconhecimento de conduta culposa na fiscalização do cumprimento do contrato. 2. Compete à Administração Pública o ônus da prova quanto à fiscalização, considerando que: i) a existência de fiscalização do contrato é fato impeditivo, modificativo ou extintivo do direito do empregado; ii) a obrigação de fiscalizar a execução do contrato decorre da lei (arts. 58, III, e 67 da Lei n. 8.666/93); e iii) não se pode exigir do trabalhador a prova de fato negativo ou que apresente documentos aos quais não tem acesso, em atenção ao princípio da aptidão para a prova. Julgados. MULTA POR OPOSIÇÃO DE EMBARGOS DE DECLA-

19. *Elementos de direito processual civil*, v. II, p. 171.

RAÇÃO PROTELATÓRIOS – ART. 896, § 1º-A, I, DA CLT – TRANSCRIÇÃO DA PARTE DISPOSITIVA DO ACÓRDÃO O Recurso de Revista não reúne condições de processamento, no ponto, por desatender ao requisito previsto no art. 896, § 1º-A, I, da CLT (redação da Lei n. 13.015/2014), de transcrever a decisão recorrida no que consubstancia o prequestionamento da controvérsia objeto do recurso de revista. A transcrição somente da parte dispositiva do acórdão não atende à exigência inserta no preceito legal, uma vez que não explicita a tese jurídica adotada pelo Tribunal Regional, na forma da Súmula 297 do TST. CUSTAS – ISENÇÃO – FUNDAÇÃO PÚBLICA ESTADUAL. Sendo incontroversa a natureza pública da Reclamada, deve-lhe ser assegurada a isenção de custas prevista no art. 790-A da CLT. Recurso de Revista parcialmente conhecido e provido (TST-RR 1046-69.2012.5.01.0060, Rel. Min. Maria Cristina Irigoyen Peduzzi, 8ª T., *DEJT* 24-6-2016).

5.2. Inversão do ônus da prova antes da Lei n. 13.467/2017

A jurisprudência trabalhista vinha mitigando a rigidez dos arts. 818, *caput*, da CLT e 373, *caput*, do CPC (CPC/73, art. 333), passando a admitir a inversão do ônus da prova em algumas hipóteses, como, por exemplo, o registro de horário para fins de comprovação de horas extras. **É o que se vê da Súmula 338, III, do TST, *in verbis***: "Os cartões de ponto que demonstram horários de entrada e saída uniformes são inválidos como meio de prova, invertendo-se o ônus da prova, relativo às horas extras, que passa a ser do empregador, prevalecendo a jornada da inicial se dele não se desincumbir".

O CDC consagra expressamente o princípio da inversão do ônus da prova, como se infere do seu art. 6º, VIII, que considera como um dos direitos básicos do consumidor, "a facilitação da defesa de seus direitos, inclusive com a inversão do ônus da prova, a seu favor, no processo civil, quando, a critério do juiz, for verossímil a alegação ou quando for ele hipossuficiente, segundo as regras ordinárias de experiência".

Ora, é exatamente o requisito da hipossuficiência (geralmente econômica) do empregado perante seu empregador que autorizaria o juiz do trabalho a adotar a inversão do *onus probandi*.

Para promover a inversão do ônus da prova, Edilton Meireles, que defende a aplicação do art. 6º, VIII, do CDC no processo do trabalho, adverte que:

> ao juiz cabe, considerando as regras ordinárias de experiência, apreciar se a alegação é verossímil ou se a parte requerente é hipossuficiente. Quanto à hipossuficiência, ao Juiz Trabalhista, segundo regras de experiência, cabe decidir se, mesmo percebendo ganhos acima de dois salários mínimos, o reclamante-trabalhador tem condições ou não de arcar com os custos do processo laboral. Da mesma forma, essas regras de experiência devem ser utilizadas na inversão do ônus da prova com fundamento na hi-

> possuficiência do autor, para que se evitem situações que afrontem o bom senso e agridam o princípio da razoabilidade. Conquanto a lei utilize da conjunção disjuntiva "ou" ao mencionar os pressupostos necessários à inversão do ônus da prova (verossímil a alegação "ou" hipossuficiente o demandante), entendemos que sempre que seja inverossímil a alegação da inicial, o Juiz não deve inverter esse encargo, mesmo diante da hipossuficiência do autor, sob pena de possibilitar que o processo se transforme em instrumento de locupletamento ilícito por parte do requerente[20].

No mesmo sentido, referindo-se à aplicabilidade do CDC no processo laboral, é a lição de Carlos Alberto Reis de Paula, para quem a

> Inversão do ônus da prova está consagrada legalmente, sendo explicitado o critério para a sua aplicação. O interesse para o direito processual do trabalho está em que tem-se uma previsão legal, que pode ser invocada em subsidiariedade pelo juiz, valendo a orientação seguida pelo legislador como uma referência relevante, a indicar o critério para a sua invocação, o que é perfeitamente factível se considerarmos, como sublinhado, a situação próxima entre o consumidor e o trabalhador[21].

Parece-nos que já não haveria mais dúvida sobre o cabimento da inversão do ônus da prova nos domínios do direito processual do trabalho, não apenas pela aplicação analógica do art. 6º, VIII, do CDC, mas também pela autorização contida no art. 852-D da CLT, *in verbis*:

> O juiz dirigirá o processo com liberdade para determinar as provas a serem produzidas, considerado o ônus probatório de cada litigante, podendo limitar ou excluir as que considerar excessivas, impertinentes ou protelatórias, bem como para apreciá-las e dar especial valor às regras de experiência comum ou técnica.

Poder-se-ia dizer que tal regra é específica do procedimento sumaríssimo. Todavia, entendemos que, em matéria de prova, não é o procedimento que vai impedir o juiz de dirigir o processo em busca da verdade real, levando em conta as dificuldades naturais que geralmente o empregado-reclamante enfrenta nas lides trabalhistas.

Com o advento do CPC de 2015, aplicável supletivamente ao processo do trabalho (CLT, art. 769; CPC, art. 15), a inversão do ônus da prova passou a ser expressamente prevista no § 1º do art. 373.

---

20. MEIRELES, Edilton. Inversão do ônus da prova no processo trabalhista. *Revista Juris Plenum* [CD-ROM], Caxias do Sul-RS: Plenum, v. 2, 2005.
21. PAULA, Carlos Alberto Reis de. *A especificidade do ônus da prova no processo do trabalho*. 2. ed. São Paulo: LTr, 2010. p. 130.

A Lei n. 13.467/2017, acrescentou o § 1º ao art. 818 da CLT, passando a permitir, com redação praticamente idêntica à do CPC, a distribuição dinâmica e a inversão do ônus da prova, como veremos no item 5.3 *infra*.

5.3. Moderna teoria da distribuição dinâmica do ônus da prova

O critério da distribuição estática do ônus da prova nos moldes do *caput* do art. 373 do CPC e do art. 818, I e II, da CLT pode, em alguns casos, tornar excessivamente difícil (ou impossível) a uma das partes o exercício do direito fundamental de efetivo acesso justo à justiça.

Daí o surgimento da moderna doutrina da distribuição dinâmica do ônus da prova, adotada por diversos autores argentinos[22], que vem sendo aceita por renomados doutrinadores brasileiros, dentre eles Alexandre Freitas Câmara, para quem

> moderna doutrina tem afirmado a possibilidade de uma distribuição dinâmica do ônus da prova, por decisão judicial, cabendo ao magistrado atribuir ônus da prova à parte que, no caso concreto, revele ter melhores condições de a produzir. Busca-se, com isso, permitir que o juiz modifique a distribuição do ônus da prova quando verifique que este impõe a uma das partes o ônus da prova "diabólica" (isto é, a prova de impossível produção)[23].

No mesmo sentido, Leonardo Greco sustenta que o

> juiz deve sair da inércia para suprir as deficiências de iniciativa probatória das partes, aplicando fundamentadamente a regra da chamada carga dinâmica das provas, ou buscando, ele próprio, as provas, de modo que se certifique de que foram esgotados todos os meios legítimos e acessíveis de busca da verdade[24].

Na mesma linha, Elpídio Donizetti leciona que para se evitar decisões injustas, decorrentes da aplicação injusta da regra do art. 333 do CPC/73 (CPC, art. 373), deve-se adotar a

22. PEYRANO, Jorge W.; CHIAPPANI, Julio O. Lineamientos de las cargas probatorias dinámicas. In: PEYRANO, Jorge W.; WHITE, Inés Lépori (Coords.). *Cargas probatorias dinámicas*. Santa Fe: Rubinzal-Culzoni, 2004. p. 13 e s.
23. CÂMARA, Alexandre Freitas. *Lições de direito processual civil*. 25. ed. São Paulo: Atlas, 2014. v. 1, p. 439.
24. GRECO, Leonardo. *Instituições de processo civil*: processo de conhecimento. 2. ed. Rio de Janeiro: Forense, 2011. p. 109.

Distribuição dinâmica do ônus da prova para as hipóteses em que o magistrado, considerando o caso concreto, distribui ele mesmo o ônus probatório, atribuindo-o à parte que tenha melhores condições de suportá-lo. Desse modo, de acordo com a teoria da distribuição dinâmica do ônus da prova, o encargo probatório deve ser atribuído casuisticamente, de modo dinâmico, concedendo-se ao juiz, como gestor das provas, poderes para avaliar qual das partes terá maiores facilidades na sua produção[25].

Adverte, contudo, Alexandre Freitas Câmara que:

> Só se justifica essa distribuição dinâmica do ônus da prova, frise-se, quando a parte a quem normalmente incumbiria o ônus não tenha sequer condições mínimas de produzi-la. Desse modo, a aplicação da teoria dinâmica do ônus da prova se revela como uma forma de equilibrar as forças na relação processual, o que nada mais é do que uma aplicação do princípio da isonomia (...). Registre-se, porém, por amor à clareza, que a distribuição dinâmica do ônus da prova não é regra, mas exceção[26].

A nosso sentir, a teoria da distribuição dinâmica do ônus da prova encontra fundamento nos princípios da dignidade da pessoa humana (CF, art. 1º, III), da igualdade formal e substancial das partes (CF, arts. 3º, III, 5º, *caput*), do acesso justo à Justiça (CF, art. 5º, XXXV), da lealdade, boa-fé e veracidade (CPC, arts. 77, 79, 80, 81 e 139) e da cooperação (CPC, arts. 378, 379, 386 e 396).

Nesse passo, é importante destacar que o CPC, em seu art. 373, § 1º, prevê expressamente que:

> Nos casos previstos em lei ou diante de peculiaridades da causa relacionadas à impossibilidade ou à excessiva dificuldade de cumprir o encargo nos termos do *caput* ou à maior facilidade de obtenção da prova do fato contrário, poderá o juiz atribuir o ônus da prova de modo diverso, desde que o faça por decisão fundamentada, caso em que deverá dar à parte a oportunidade de se desincumbir do ônus que lhe foi atribuído.

O § 2º do mesmo art. 373 do CPC, no entanto, dispõe que a decisão que adotar a distribuição dinâmica do ônus da prova, "não pode gerar situação em que a desincumbência do encargo pela parte seja impossível ou excessivamente difícil".

25. DONIZETTI, Elpídio. *Curso didático de direito processual civil*. 18. ed. São Paulo: Atlas, 2014. p. 602.

26. Op. cit., p. 439-440.

Acreditamos que no processo do trabalho há amplo espaço para a adoção da teoria da distribuição dinâmica do ônus da prova, especialmente pelo fato de que nas demandas judiciais é justamente o empregador, e não o empregado, que se encontra em melhores condições de produzir a prova, razão pela qual a adoção da teoria tradicional da distribuição estática do ônus da prova, em tais casos, pode inviabilizar a prestação da tutela jurisdicional justa, adequada e efetiva.

Nesse passo, é importante registrar que o inciso VII do art. 3º da IN n. 39/2016 do TST permite a aplicação supletiva e subsidiária dos §§ 1º e 2º do art. 373 do CPC no processo do trabalho. Embora essa Instrução Normativa 39 do TST tenha a sua constitucionalidade questionada no STF (ADI n. 5.516), o certo é que o TST já acena com a aplicação da regra da distribuição dinâmica do ônus da prova na seara laboral.

Finalmente, o § 3º do art. 373 do CPC dispõe que a distribuição diversa do ônus da prova também pode ocorrer por convenção das partes, salvo quando: I – recair sobre direito indisponível da parte; II – tornar excessivamente difícil a uma parte o exercício do direito. Ademais, o § 4º do art. 373 do mesmo *Codex* dispõe que a "convenção de que trata o § 3º pode ser celebrada antes ou durante o processo". Esses dispositivos, porém, dificilmente serão aplicados no processo do trabalho, tendo em vista a indisponibilidade dos direitos veiculados nas ações trabalhistas, salvo nas ações oriundas da relação de trabalho diversa da relação de emprego.

O inciso VII do art. 2º da IN n. 39/2016 do TST[27], cujo conteúdo adotamos, não autoriza a aplicação do art. 373, §§ 3º e 4º, do CPC (distribuição diversa do ônus da prova por convenção das partes) no processo do trabalho.

Na linha do que defendemos, o art. 818, § 1º, da CLT, com redação dada pela Lei n. 13.467/2017, passou a prever, expressamente, a possibilidade de o juiz adotar a teoria da distribuição dinâmica do encargo probatório, nos seguintes termos:

> Nos casos previstos em lei ou diante de peculiaridades da causa relacionadas à impossibilidade ou à excessiva dificuldade de cumprir o encargo nos termos deste artigo ou à maior facilidade de obtenção da prova do fato contrário, poderá o juízo atribuir o ônus da prova de modo diverso, desde que o faça por decisão fundamentada, caso em que deverá dar à parte a oportunidade de se desincumbir do ônus que lhe foi atribuído.

Não obstante a lei estabeleça que o juiz "poderá" atribuir o ônus da prova de modo diverso da regra geral prevista nos incisos I e II do art. 818 da CLT, parece-nos que não se trata de mera faculdade do órgão julgador, e sim de um "poder-de-

27. A constitucionalidade da Instrução Normativa n. 39 do TST é questionada no STF (ADI n. 5.516).

ver", isto é, se estiverem presentes quaisquer das condições previstas no § 1º do art. 818 da CLT, caberá proferir decisão interlocutória fundamentando os motivos da necessidade da inversão da distribuição do ônus probatório de acordo com as aptidões das partes.

A decisão fundamentada que determina a distribuição dinâmica do encargo probatório deverá ser proferida antes da abertura da instrução, e, a requerimento da parte, implicará o adiamento da audiência e possibilitará provar os fatos por qualquer meio em direito admitido (CLT, art. 818, § 2º), sendo certo que tal decisão não poderá gerar situação em que a desincumbência do encargo pela parte seja impossível ou excessivamente difícil (CLT, art. 818, § 3º).

É importante lembrar que, segundo o TST, não cabe inversão do ônus da prova para determinar que a parte proceda ao adiantamento dos honorários periciais para apuração de insalubridade ou periculosidade, pois se trata de "prova obrigatória, a teor do art. 195, § 2º, da CLT, que é norma imperativa, não existindo lacuna para que a prova não seja produzida diante da discussão de ônus" (TST-RO 10910832013501000O, Rel. Min. Maria Helena Mallmann, SBDI-2, *DEJT* 7-1-2019).

5.3.1. Momento processual para inversão do ônus da prova

Outra questão importante: qual o momento processual em que o juiz deve decidir sobre a distribuição dinâmica (ou inversão) do ônus da prova?

Havia muita discussão na doutrina e na jurisprudência para responder à pergunta.

Importa referir que o STJ alterou a sua jurisprudência, passando a entender que inversão do ônus da prova é regra de instrução, devendo a decisão judicial que determiná-la ser proferida preferencialmente na fase de saneamento do processo ou, pelo menos, assegurar à parte a quem não incumbia inicialmente o encargo a reabertura de oportunidade para manifestar-se nos autos (STJ-EREsp n. 422.778-SP, 2ª Seção, Rel. originário Min. João Otávio de Noronha, Rel. para o acórdão Min. Maria Isabel Gallotti, j. 29-2-2012).

Chegamos a defender em edições passadas desta obra que a inversão do ônus da prova seria regra de julgamento, cabendo ao juiz, na sentença, fundamentar (CF, art. 93, IX) a respeito de quem era o *onus probandi*, informando, inclusive, a razão que o levou a inverter o ônus probatório para proferir a decisão.

Ocorre que a Lei n. 13.467/2017, acrescentou o § 2º ao art. 818 da CLT, passando a dispor, expressamente, que a decisão que determinar a distribuição dinâmica (ou inversão) do ônus da prova "deverá ser proferida antes da abertura da instrução e, a requerimento da parte, implicará o adiamento da audiência e possibilitará provar os fatos por qualquer meio em direito admitido".

Nessa ordem, a decisão que determinar a inversão do ônus da prova deverá ser fundamentada, sob pena de nulidade (CF, art. 93, IX) e proferida antes da abertura da instrução, cabendo ao juiz dar à parte a oportunidade de se desincumbir do ônus que lhe foi atribuído.

O adiamento da audiência para possibilitar a desincumbência do encargo probatório somente ocorrerá se houver requerimento da parte. Se houver o requerimento, o juiz não poderá prosseguir com a audiência, pois isso caracterizará cerceio do direito de defesa da parte a quem fora atribuído o *onus probandi*, sendo facultada a esta "provar os fatos por qualquer meio em direito admitido".

Dispõe o § 3º do art. 818 da CLT que a decisão que determinar a inversão do ônus probatório não poderá "gerar situação em que a desincumbência do encargo pela parte seja impossível ou excessivamente difícil", como na hipótese de o juiz determinar que a empresa comprove que o ambiente de trabalho era salubre quando o estabelecimento em que o trabalhador exercia suas funções já estava extinto.

A nosso sentir, a distribuição dinâmica (ou inversão) do ônus da prova não poderá, à luz do princípio da proteção processual [28], ser atribuída ao trabalhador, ainda que este figure como réu da demanda trabalhista. Demais disso, a relação processual trabalhista é estabelecida entre partes materialmente desiguais, razão pela qual nos parece que inverter-se o *onus probandi* em desfavor do trabalhador implicará violação ao princípio da vedação do retrocesso social, porquanto o *caput* do art. 7º da CF (progressividade do sistema normativo de proteção aos trabalhadores) também se aplica aos direitos processuais dos trabalhadores urbanos e rurais, e não apenas aos seus direitos materiais.

Caso o processo esteja tramitando no Tribunal, dispõe o art. 932, I, do CPC subsidiariamente aplicado ao processo do trabalho, que compete ao relator "dirigir e ordenar o processo no tribunal, inclusive em relação à produção de prova", sendo certo que, nos termos do § 3º do art. 838 do mesmo Código, se for reconhecida a necessidade de produção de prova, o relator converterá o julgamento em diligência, que se realizará no tribunal ou em primeiro grau de jurisdição, decidindo-se o recurso após a conclusão da instrução. Caso o relator não determine tal diligência, poderá fazê-lo o órgão colegiado competente para julgamento do recurso (CPC, art. 938, § 4º).

6. MEIOS DE PROVA

Os meios de prova podem ser sintetizados na seguinte pergunta: como provar? A resposta é obtida pela conjugação do art. 5º, LVI, da CF, segundo o qual "são inad-

28. *Vide* Capítulo I, item 6.1.

missíveis, no processo, as provas obtidas por meios ilícitos", e do art. 369 do CPC, que aponta no sentido de que "as partes têm o direito de empregar todos os meios legais, bem como os moralmente legítimos, ainda que não especificados neste Código, para provar a verdade dos fatos em que se funda o pedido ou a defesa e influir eficazmente na convicção do juiz".

Passaremos a analisar os meios de prova mais utilizados no processo do trabalho.

6.1. Depoimento pessoal e interrogatório

No processo civil, cabe à parte requerer o depoimento pessoal da outra parte, a fim de que esta seja interrogada na audiência de instrução e julgamento, sem prejuízo do poder do juiz de ordená-lo de ofício (CPC, art. 385).

Já no processo do trabalho, o art. 848 da CLT dispõe, *in verbis*:

> Terminada a defesa, seguir-se-á a instrução do processo, podendo o presidente, *ex officio* ou a requerimento de qualquer juiz temporário, interrogar os litigantes.

Ante a literalidade do preceptivo em causa, alguns autores sustentam que não cabe no processo do trabalho a aplicação subsidiária do art. 385 do CPC (art. 343 do CPC/73), com o que a parte não teria o direito de requerer o depoimento pessoal da outra.

Parece-nos, contudo, que o art. 848 da CLT deve ser interpretado sistematicamente com o art. 820 da mesma consolidação, que diz:

> As partes e testemunhas serão inquiridas pelo juiz ou presidente, podendo ser reinquiridas, por seu intermédio, a requerimento dos juízes classistas, das partes, seus representantes ou advogados.

Ora, inquirir tem o mesmo significado de interrogar, donde se conclui que, se o juiz não interrogar as partes, qualquer delas pode requerer, por seu intermédio, o interrogatório recíproco. Essa nossa posição encontra albergue no princípio da ampla defesa e do contraditório, previsto no art. 5º, LV, da CF, devendo a norma infraconstitucional consolidada amoldar-se ao novo direito constitucional processual, permitindo-se, assim, que a parte possa requerer o depoimento pessoal da outra. O requerimento, contudo, poderá ser validamente indeferido, desde que o juiz fundamente a sua decisão, sem que isso configure cerceio do direito de defesa, isto é, desde que a sentença se funde em outros elementos probatórios carreados aos autos.

Recolhemos, a propósito, os seguintes julgados:

> (...) II – RECURSO DE REVISTA – NULIDADE. CERCEAMENTO DO DIREITO DE DEFESA. INDEFERIMENTO DO DEPOIMENTO PESSOAL DO RECLAMANTE.

Consoante os arts. 130 do CPC/73 e 765 da CLT, o juiz possui ampla liberdade na condução do processo, podendo indeferir diligências inúteis ou meramente protelatórias, a fim de zelar pelo rápido andamento das causas. Logo, o indeferimento do interrogatório do reclamante não configura cerceamento do direito de defesa da reclamada, pois a oitiva das partes constitui faculdade do juiz, consoante o disposto no art. 848 da CLT. Precedentes. Recurso de revista não conhecido. CERCEAMENTO DO DIREITO DE DEFESA. PROVA EMPRESTADA. AUSÊNCIA DE CONCORDÂNCIA DA RECLAMADA. Não viola o princípio do contraditório e da ampla defesa a utilização de prova emprestada quando há similitude de fatos e desde que permitido o exercício do contraditório. Precedentes. Recurso de Revista não conhecido. QUITAÇÃO. EFICÁCIA LIBERATÓRIA. SÚMULA 330 DO TST. A decisão regional encontra-se em consonância com a jurisprudência desta Corte, no sentido de que a interpretação que se extrai da Súmula 330 do TST é a de que a eficácia liberatória do termo de rescisão do contrato de trabalho, ainda que sem ressalvas, restringe-se somente às parcelas e valores nele consignados, não impedindo à parte o ajuizamento da ação com o fim de recebimento de eventuais diferenças. Recurso de revista não conhecido. HORAS EXTRAS. INTERVALO INTRAJORNADA. CARTÕES DE PONTO. INVALIDADE. A decisão regional observou os termos dos arts. 818 da CLT, 131 e 333, I, do CPC/73, uma vez que cabia ao reclamante comprovar que laborava em jornada distinta da anotada nos controles de ponto, ônus do qual se desincumbiu a contento. Recurso de revista não conhecido. MULTA DO ART. 475-J DO CPC DE 1973. INAPLICABILIDADE AO PROCESSO DO TRABALHO. Esta Corte pacificou o entendimento de que o art. 475-J do CPC de 1973 é incompatível com o processo do trabalho, uma vez que a execução trabalhista possui regramento próprio previsto na CLT (art. 876 e seguintes). Precedentes da SBDI-1. Recurso de revista conhecido e provido (TST-RR 179-14.2011.5.06.0144, Rel. Min. Márcio Eurico Vitral Amaro, 8ª T., *DEJT* 30-5-2016).

I – AGRAVO DE INSTRUMENTO EM RECURSO DE REVISTA. PRELIMINAR DE NULIDADE POR CERCEAMENTO DE DEFESA. REQUERIMENTO DE RETIRADA DO PREPOSTO DA SALA DE AUDIÊNCIA DURANTE O DEPOIMENTO DO RECLAMANTE. INDEFERIMENTO. PREJUÍZO À CONFISSÃO DO PREPOSTO. ART. 344, PARÁGRAFO ÚNICO, DO CPC. APLICABILIDADE AO PROCESSO DO TRABALHO. CERCEAMENTO DE DEFESA CONFIGURADO. Demonstrada possível violação do art. 5º, LV, da Constituição Federal, impõe-se o provimento do agravo de instrumento para determinar o processamento do recurso de revista. Agravo de instrumento provido. II – RECURSO DE REVISTA. PRELIMINAR DE NULIDADE POR CERCEAMENTO DE DEFESA. REQUERIMENTO DE RETIRADA DO PREPOSTO DA SALA DE AUDIÊNCIA DURANTE O DEPOIMENTO DO RECLAMANTE. INDEFERIMENTO. PREJUÍZO À CONFISSÃO DO PREPOSTO. ART. 344, PARÁGRAFO ÚNICO, DO CPC. APLICABILIDADE AO PROCESSO DO TRABALHO.

CERCEAMENTO DE DEFESA CONFIGURADO. 1 – Hipótese em que o juízo de origem indeferiu o pedido do reclamante para que a preposta, que ainda não havia prestado depoimento, se retirasse da sala de audiência, o que obstou a que se apurasse a confissão da representante da reclamada. 2 – Consoante disciplina o parágrafo único do art. 344 do CPC, "é defeso, a quem ainda não depôs, assistir ao interrogatório da outra parte". 3 – O referido dispositivo compatibiliza-se perfeitamente com o Processo do Trabalho, nos termos do que dispõe o art. 769 da CLT, principalmente pelo fato de que, no caso, a preposta se fazia acompanhar por advogado que, permanecendo no local, poderia efetuar as perguntas que considerasse pertinentes. 4 – Assim, patente o prejuízo do reclamante, obstado de viabilizar a confissão da preposta, por meio de um procedimento legal, perfeitamente aplicável no Processo do Trabalho, impõe-se reconhecer a nulidade processual, por cerceamento de defesa. Precedentes. Recurso de revista conhecido e provido (TST-RR 398-46.2012.5.03.0024, Rel. Min. Delaíde Miranda Arantes, 2ª T., *DEJT* 12-2-2016).

INDEFERIMENTO DE PROVA. CERCEAMENTO DE DEFESA. O recorrente requereu ao Juízo que fosse tomado o depoimento da parte contrária, tendo sido a pretensão indeferida sob a fundamentação de que o interrogatório das partes é faculdade do Juiz (CLT, art. 848, *caput*). Nada obstante ser esta a literalidade do texto legal, o Juiz, quando instado por um dos litigantes a proceder ao interrogatório da parte contrária, não pode se eximir da prática do ato sob a alegação de que a inquirição é facultativa. É certo que o Magistrado é o diretor do processo (CLT, art. 765 e CPC, art. 131), porém, a limitação à produção probatória se restringe àquela inútil ou manifestamente protelatória. Deixar de ouvir a parte pode representar a subtração de elemento de convicção importante, na medida em que através do interrogatório é possível se extrair confissão judicial (CPC, art. 349) que pode alterar a persuasão do julgador. O indeferimento do ato inquisitorial, por mera presunção de desnecessidade, traduz negativa de jurisdição, resultando em inequívoco cerceamento de defesa (TRT 2ª R., AI 02437.2003.070.02.01-1, 8ª T., Rel. Juiz Rovirso Aparecido Boldo, *DOE* 8-3-2005).

CERCEAMENTO DE DEFESA E CONSEQUENTE NULIDADE PROCESSUAL. O magistrado trabalhista possui o interesse de ordem pública e o dever de interrogar o litigante, mormente quando o advogado da parte ausente requer e protesta pela oitiva daquela presente em audiência, e principalmente quando as questões da lide (pretensão resistida) são controversas e não são de direito. Não é por motivo outro que o saudoso jurista e Juiz Carrion criticava com dureza a redação contida no *caput* do art. 848 Consolidado (redação da Lei n. 9.022/95), afirmando que indeferir requerimento de interrogatório da parte constitui gravíssimo cerceamento de defesa. Nulidade que se configura por afronta ao art. 5º, LV, da CF/1988 (TRT 2ª R., RO 02823.2001.021.02.00-9, 5ª T., Rel. Juiz Ricardo Verta Luduvice, *DOE* 28-5-2004).

NULIDADE PROCESSUAL. CERCEAMENTO DO DIREITO DE DEFESA. NÃO

CONFIGURAÇÃO. Pode o magistrado, utilizando-se da faculdade que lhe confere o art. 848, *caput* da Consolidação das Leis do Trabalho, dispensar o interrogatório da Parte, bem assim a produção de prova testemunhal. Para a configuração do cerceamento do direito de defesa, faz-se necessária a demonstração cabal da necessidade da oitiva de testemunhas para a corroboração das alegações expendidas na lide. No caso dos autos, a demanda versava sobre matéria exclusivamente de direito, razão pela qual o Juízo dispensou a prova oral, cuja produção retardaria desnecessariamente a prestação jurisdicional. Preliminar rejeitada. Recurso a que se nega provimento (TRT 6ª R., RO 00605.2004.017.06.00-1, 1ª T., Rel. Juíza Eneida Melo Correia de Araújo, *DOE* 29-1-2005).

Nos termos do art. 460 do CPC, aplicável supletivamente ao processo do trabalho (CLT, art. 769; CPC, art. 15), o depoimento poderá ser documentado por meio de gravação. Quando digitado ou registrado por taquigrafia, estenotipia ou outro método idôneo de documentação, o depoimento será assinado pelo juiz, pelo depoente e pelos procuradores. Se houver recurso em processo em autos não eletrônicos, o depoimento somente será digitado quando for impossível o envio de sua documentação eletrônica. Tratando-se de autos eletrônicos, observar-se-á o disposto no CPC e na legislação específica sobre a prática eletrônica de atos processuais (Lei n. 11.419/2006).

6.1.1. Confissão real e ficta

O objetivo principal do depoimento pessoal das partes é a obtenção da confissão real, que é a principal prova, a chamada rainha das provas. Na confissão real, portanto, visa-se ao reconhecimento da veracidade dos fatos alegados pelas partes, obtida com seu próprio depoimento ou feita por procurador com poderes expressos para tal ato.

A confissão real goza de presunção absoluta, razão pela qual: *a)* a parte a quem ela aproveita retira de si o *onus probandi* do fato confessado; *b)* o juiz tem o dever de acatá-la como fator determinante para o deslinde da questão, sendo-lhe lícito, inclusive, relevar pequenos defeitos formais da petição inicial ou da defesa se improcedente o pedido; *c)* é indivisível, isto é, deve ser considerada por inteiro, não podendo ser aceita no tópico em que beneficia a parte e rejeitada no que lhe for desfavorável (CPC, art. 395).

Sobre confissão real, colhemos os seguintes julgados:

RECURSO DE REVISTA. CONFISSÃO REAL DO PREPOSTO. DISPENSA DE OITIVA DE TESTEMUNHAS. CERCEAMENTO DE DEFESA NÃO CONFIGURADO. Nos termos do art. 765 da CLT, o Juízo tem ampla liberdade na direção do processo, devendo velar pelo rápido andamento da causa, cabendo ao magistrado indeferir as diligências inúteis ou meramente protelatórias. Dirimida a controvérsia pela aplicação da confissão real, a dispensa da oitiva das testemunhas decorreu da sua desnecessidade. Recurso de revista de que não se conhece (...) (TST-RR 175600-80.2008.5.15.0044, Rel. Min. Conv. Valdir Florindo, 7ª T., *DEJT* 3-6-2013).

AGRAVO DE INSTRUMENTO EM RECURSO DE REVISTA. CTPS. ADMISSÃO. ÔNUS DA PROVA. REVELIA E CONFISSÃO REAL. Inexiste violação literal do art. 302 do CPC, porque a reclamada impugnou o termo inicial do pacto laboral, conforme consta na contestação, na medida em que consignou que a reclamante faltou com a verdade em relação ao início do contrato de trabalho no período de 1-8-2004 a 1-7-2009, bem como em relação à remuneração e ao cumprimento da jornada de trabalho. Inexiste violação literal do art. 348 do CPC, uma vez que, nas alegações finais, não se constata confissão a respeito dos fatos, na medida em que existe afirmação expressa de que os pedidos pleiteados na reclamatória são insubsistentes e carecedores de ação. Dessa forma, restam intactos os arts. 302 e 348 do CPC, sendo impossível aplicar, ao caso, a revelia e a confissão real. Agravo de instrumento a que se nega provimento (TST-AIRR 192-04.2011.5.05.0641, Rel. Min. Pedro Paulo Manus, 7ª T., *DEJT* 22-2-2013).

HORAS EXTRAS. CONFISSÃO REAL. A concordância da reclamada com os fatos deduzidos à inicial implica confissão real, devendo ser deferido o pedido de horas extras se constatada a extrapolação da jornada semanal limitada em 44 horas (CF, art. 7º, XIII) (TRT-10ª R., RO 00528-2012-101-10-00-0, Rel. Des. Pedro Luis Vicentin Foltran, 1ª T., *DEJT* 7-11-2013).

Já a confissão ficta goza de presunção relativa. Por isso é que a confissão ficta prevalece enquanto não houver outros meios probatórios constantes dos autos capazes de elidi-la, como a prova documental, a prova testemunhal e, até mesmo, a confissão real.

Dá-se a confissão ficta ao reclamado pelo não comparecimento à audiência inaugural e a qualquer parte pelo não comparecimento da parte à audiência em que deveria prestar seu depoimento pessoal, desde que devidamente intimada para tal fim. Contudo, se existir outra prova pré-constituída nos autos, o juiz poderá utilizá-la para afastar a confissão ficta.

Nesse sentido, a Súmula 74 do TST[29], que, depois de muita divergência interpretativa, passou a ter a seguinte redação:

29. De acordo com o § 1º do art. 385 do CPC: "Se a parte, pessoalmente intimada para prestar depoimento pessoal e advertida da pena de confesso, não comparecer ou, comparecendo, se recusar a depor, o juiz aplicar-lhe-á a pena".

> CONFISSÃO (atualizada em decorrência do CPC de 2015). I – Aplica-se a confissão à parte que, expressamente intimada com aquela cominação, não comparecer à audiência em prosseguimento, na qual deveria depor. II – A prova pré-constituída nos autos pode ser levada em conta para confronto com a confissão ficta (arts. 442 e 443, do CPC de 2015 – art. 400, I, do CPC de 1973), não implicando cerceamento de defesa o indeferimento de provas posteriores. III – A vedação à produção de prova posterior pela parte confessa somente a ela se aplica, não afetando o exercício, pelo magistrado, do poder/dever de conduzir o processo.

Caso a parte compareça à audiência e se recuse a responder às perguntas formuladas pelo juiz ou afirme ignorar os fatos relevantes e pertinentes para a solução da lide, também haverá confissão ficta (CPC, art. 385, § 1º).

Convém lembrar que, em sede de ação rescisória, a revelia não implica confissão ficta. Nesse sentido, a Súmula 398 do TST:

> AÇÃO RESCISÓRIA. AUSÊNCIA DE DEFESA. INAPLICÁVEIS OS EFEITOS DA REVELIA. Na ação rescisória, o que se ataca na ação é a sentença, ato oficial do Estado, acobertado pelo manto da coisa julgada. Assim, e considerando que a coisa julgada envolve questão de ordem pública, a revelia não produz confissão na ação rescisória.

6.2. Prova testemunhal

Há um consenso geral na afirmação de que a prova testemunhal é o meio de prova mais inseguro. Não obstante, tornou-se o meio mais utilizado no processo do trabalho, sendo certo que não raro constitui o único meio de prova nesse setor especializado do Poder Judiciário brasileiro.

Afinal, não mais subsiste no sistema processual brasileiro o antigo adágio *testis unus testis nullus* (testemunho único, testemunho nulo), porquanto a Justiça se orienta pela qualidade dos depoimentos e não pelo seu número.

A nosso ver, não se aplicaria ao processo do trabalho a regra do art. 401 do CPC/73 (sem correspondente no CPC), segundo o qual a prova exclusivamente testemunhal só seria admitida nos contratos cujo valor não excedesse ao décuplo do salário mínimo. E isto porque a lei trabalhista admite até mesmo o contrato de trabalho tácito[30], independentemente do seu valor pecuniário, que é, geralmente, a própria remuneração do empregado. Como os fatos comportam inúmeras versões,

30. LEITE, Carlos Henrique Bezerra. *Curso de direito do trabalho*. 7. ed. São Paulo: Saraiva, 2016. p. 339-340.

as testemunhas geralmente carregam a marca da subjetividade em seus relatos, razão pela qual a verificação e a valoração da autenticidade ou não do depoimento da testemunha constituem elementos que irão formar o convencimento motivado do magistrado (CLT, art. 765; CPC, art. 371).

Quem pode ser testemunha? Qualquer pessoa natural que esteja no pleno exercício da sua capacidade civil e que, não sendo impedida ou suspeita, tenha conhecimento dos fatos relativos ao conflito de interesses veiculado no processo no qual irá depor.

Assim, não podem ser testemunhas as pessoas incapazes, impedidas ou suspeitas.

Todavia, os §§ 4º e 5º do art. 447 do CPC dispõem, *in verbis*:

> § 4º Sendo necessário, pode o juiz admitir o depoimento das testemunhas menores, impedidas ou suspeitas.
>
> § 5º Os depoimentos referidos no § 4º serão prestados independentemente de compromisso, e o juiz lhes atribuirá o valor que possam merecer.

Convém lembrar, entretanto, que o art. 228 do Código Civil não admite como testemunhas:

> I – os menores de dezesseis anos;
>
> II – aqueles que, por enfermidade ou retardamento mental, não tiverem discernimento para a prática dos atos da vida civil;
>
> III – os cegos e surdos, quando a ciência do fato que se quer provar dependa dos sentidos que lhes faltam;
>
> IV – o interessado no litígio, o amigo íntimo ou o inimigo capital das partes;
>
> V – os cônjuges, os ascendentes, os descendentes e os colaterais, até o terceiro grau de alguma das partes, por consanguinidade, ou afinidade.

Todavia, o parágrafo único excepciona que, para a prova de fatos que só elas conheçam, pode o juiz admitir o depoimento das pessoas a que se refere esse artigo.

Vaticina o art. 829 da CLT, *in verbis*:

> A testemunha que for parente até o terceiro grau civil, amigo íntimo ou inimigo de qualquer das partes, não prestará compromisso, e seu depoimento valerá como simples informação.

A norma consolidada, sem o primor metodológico do art. 447 do CPC, trata, ao mesmo tempo, da suspeição ou impedimento da testemunha.

A interpretação sistemática do art. 829 da CLT e do art. 447 do CPC autoriza a ilação de que não poderão ser ouvidas como testemunhas, e sim como simples informantes: os parentes, em linha reta, colateral ou por afinidade, de qualquer das partes até o terceiro grau, por aplicação analógica dos arts. 1.591 a 1.595 do CC (pais, filhos, irmãos, avós, bisavós, netos, bisnetos, tios, sobrinhos, cônjuge ou companheiro), o tutor, o representante legal da pessoa jurídica, o amigo íntimo ou o inimigo capital de qualquer das partes, o condenado por falso testemunho, o que por seus costumes não for digno de fé, o interessado no litígio.

No que respeita à testemunha que litiga em face do mesmo empregador em outro processo, o TST editou a Súmula 357, segundo a qual "não torna suspeita a testemunha o simples fato de estar litigando ou de ter litigado contra o mesmo empregador".

O processo do trabalho, dispondo de forma diferente do processo civil, admite, em regra, que cada parte indique apenas três testemunhas, salvo no caso de inquérito judicial para apuração de falta grave, quando esse número pode ser elevado a seis, nos termos do art. 821 da CLT. Além disso, nas ações submetidas ao procedimento sumaríssimo são permitidas apenas duas testemunhas para cada parte (CLT, art. 852-H, § 2º).

Quando os litisconsortes tiverem interesses conflituosos, o bom senso recomenda que a regra rígida do número de testemunhas possa ser mitigada, a fim de permitir ao juiz um melhor convencimento acerca dos fatos alegados pelos litisconsortes.

É importante salientar que o princípio inquisitivo permite ao juiz, não obstante o limite fixado na lei, determinar a intimação de testemunhas referidas nos depoimentos das partes ou de outras testemunhas, cuja oitiva seja essencial para o deslinde da controvérsia. Essas testemunhas são chamadas de "testemunhas do juízo". É o que autoriza o art. 461, I, do CPC, aplicável ao processo do trabalho por força dos arts. 769 da CLT e 15 do CPC.

Há uma peculiaridade no processo do trabalho referente à possibilidade da substituição de testemunhas, ainda que arroladas previamente. É que na Justiça do Trabalho as partes podem comparecer à audiência acompanhadas das suas testemunhas (CLT, art. 845). Adotando-se o método lógico de interpretação deste preceptivo legal, parece-nos que, na assentada, as partes poderão substituir as testemunhas anteriormente arroladas.

Aliás, no que tange ao rol de testemunhas, afigura-se-nos que no processo do trabalho, ao contrário do processo civil, não há obrigatoriedade de sua apresentação (CLT, arts. 825 e 845). Somente quando a testemunha não comparecer espontaneamente à audiência é que o juiz poderá, de ofício ou a requerimento da parte, determinar a sua intimação, nos termos do parágrafo único do art. 825 da CLT. Caso a testemunha, sem motivo justificado, não atenda à intimação, poderá ser conduzida coercitivamente, e estará sujeita ao pagamento da multa prevista no art. 730 da CLT.

Alguns magistrados, às vezes, preocupados com a celeridade processual, vêm determinando, sob pena de preclusão da produção da prova, que a parte prove o "convite" feito à testemunha antes de determinar a sua intimação.

Todavia, em se tratando de *procedimento ordinário*, a lei não exige tal prova, bastando, a nosso ver, a simples afirmação em juízo. Nesse sentido, colhem-se alguns julgados:

> CERCEAMENTO DE DEFESA – RITO ORDINÁRIO – TESTEMUNHA AUSENTE – PEDIDO DE NOTIFICAÇÃO INDEFERIDO – PROVA DO CONVITE FORMULADO DESNECESSÁRIA – NULIDADE PROCESSUAL CONFIGURADA. Caracteriza cerceamento de defesa e enseja declaração de nulidade processual a rejeição de pedido, formulado pelo reclamado após a apresentação da defesa, de notificação de testemunha que não compareceu à audiência inaugural, por ausência de prova do convite articulado, em face de o parágrafo único do art. 852 da CLT não prescrever tal exigência (TRT-20ª R., RECORD 0126600-73.2006.5.20.0002, *DJ/SE* 18-5-2007).
>
> NÃO COMPARECIMENTO DA TESTEMUNHA. ADIAMENTO DA AUDIÊNCIA. CERCEAMENTO DE DEFESA. PROVA DO CONVITE. Indeferimento do pedido de adiamento da audiência, por ausência de testemunha que, embora convidada pela parte interessada no seu depoimento, não comparece para depor, restringe a garantia da ampla defesa, apenando quem tem o dever de provar a veracidade dos fatos alegados. A lei não exige prova do convite, até porque como de ordinário acontece, este é sempre feito de forma verbal. Salvo se a testemunha não comparecer, daí sim, passa-se à regra do convite formal (art. 825, parágrafo único, da CLT) (TRT-2ª R., RECORD 00438-2004-501-02-00-6, Rel. Des. Ivani Contini Bramante, 6ª T., *DOESP* 10-2-2006).

Cumpre advertir, por oportuno, que nas causas submetidas ao *procedimento sumaríssimo*, aí, sim, a intimação das testemunhas só será feita se a testemunha comprovadamente convidada não comparecer. É o que dispõe o art. 852-H, §§ 3º e 4º, da CLT, que, por serem normas restritivas de direito, não podem ser aplicadas analogicamente às causas submetidas ao procedimento ordinário ou sumário. A prova do convite pode ser feita por todos os meios moralmente lícitos, mas é recomendável que a parte cuide de remeter o convite pelo Correio, por meio de carta registrada com AR – Aviso de Recebimento. Colhem-se alguns julgados:

> 1. PRELIMINAR DE CERCEAMENTO DE DEFESA. PROCEDIMENTO SUMARÍSSIMO. NECESSIDADE DE PROVA DO CONVITE PARA INTIMAÇÃO DE TESTEMUNHA QUE NÃO COMPARECE À AUDIÊNCIA. O art. 852-H da CLT dispõe que, no procedimento sumaríssimo, as testemunhas comparecerão em juízo independentemente de intimação, só sendo deferida a notificação de testemunha cujo convite houver sido comprovado. Não havendo prova nos autos de convite feito às testemunhas, inexiste cerceamento do direito à ampla defesa e ao contraditório pelo não adiamento da audiência e encerramento da instrução. 2. MÉRITO. A parte recla-

mante, em seu recurso, limitou-se a transcrever os termos da petição inicial e da sentença, e a alegar que as provas existentes nos autos não foram devidamente analisadas pelo juízo de 1º grau. Constatando-se que elas apenas corroboram a improcedência dos pleitos formulados pelo reclamante, deve ser mantida a sentença. Recurso conhecido e improvido (TRT-7ª R., RO 0000190-4220115070006, Rel. Des. Francisco Tarcisio Guedes Lima Verde Junior, 1ª T., *DEJT* 9-5-2012).

CERCEAMENTO DE DEFESA – Caracteriza-se como cerceamento de defesa, o indeferimento do adiamento da audiência para oitiva de testemunhas convidadas pelas partes, na forma do art. 825 da CLT, sob o fundamento de que não houve prova do convite, pois tal prova somente é exigida no procedimento sumaríssimo (TRT-1ª R., RO 11747020115010013, Rel. Des. Giselle Bondim Lopes Ribeiro, 8ª T., *DEJT* 26-11-2012).

Há algumas peculiaridades no tocante à produção da prova testemunhal. No procedimento ordinário, por exemplo, diz o art. 828 da CLT que os depoimentos das testemunhas serão resumidos pelo juiz e reduzidos a termo.

No procedimento sumaríssimo, o art. 852-F da CLT prescreve que na ata de audiência serão registrados resumidamente os atos essenciais, as afirmações fundamentais das partes e as informações úteis à solução da causa trazidos pela prova testemunhal.

Já no procedimento sumário (Lei n. 5.584/70, art. 2º, § 3º) é dispensado o resumo dos depoimentos, na medida em que deve constar da ata apenas a conclusão do juiz quanto à matéria de fato.

O depoimento das partes e das testemunhas que não souberem falar a língua nacional será feito por meio de intérprete nomeado pelo juiz (CLT, art. 819). A mesma regra é aplicada quando se tratar de surdo-mudo, ou de mudo, que não saiba escrever. Em ambos os casos, nos termos do § 2º do art. 819 da CLT, as despesas correrão por conta da parte a que interessar o depoimento.

Ocorre que o § 2º do art. 819 da CLT foi alterado pela Lei n. 13.660/2018, passando a ter a seguinte redação: "As despesas decorrentes do disposto neste artigo correrão por conta da parte sucumbente, salvo se beneficiária de justiça gratuita".

A nova regra agravou a situação da parte sucumbente, a qual terá que arcar com as despesas tanto do intérprete seu quanto do trazido pela parte adversária.

É interessante notar que a Lei n. 13.660 é de 8-5-2018, ou seja, posterior à Lei n. 13.467/2017 (Lei da Reforma Trabalhista), deu um tratamento diferenciado no tocante aos honorários do intérprete para o beneficiário da justiça gratuita sucumbente. Vale dizer, o beneficiário da justiça gratuita sucumbente no processo do trabalho será responsável pelo pagamento dos honorários periciais (CLT, art. 790-B) e dos honorários advocatícios da parte adversa (CLT, art. 791-A, § 4º), mas não arcará com o pagamento dos honorários do intérprete nomeado pelo juiz (CLT, art. 812, § 2º).

As testemunhas não poderão sofrer qualquer desconto pelas faltas ao serviço, ocasionadas pelo seu comparecimento para depor, quando devidamente arroladas ou convocadas (CLT, art. 822; CPC, art. 463). Essa mesma regra é aplicada ao empregado que figure como parte na ação trabalhista (TST, Súmula 155).

De acordo com o art. 730 da CLT, com redação dada pela MP n. 905/2019, "àqueles que se recusarem a depor como testemunhas, sem motivo justificado, será aplicada a multa prevista no inciso II do *caput* do art. 634-A da CLT".

Se a testemunha for servidor público e tiver de depor em hora de serviço, será requisitado ao chefe da repartição para comparecer à audiência marcada (CLT, art. 823).

O juiz ou presidente deverá adotar todas as providências necessárias para que o depoimento de uma testemunha não seja ouvido pelas demais que tenham de depor no processo (CLT, art. 824). A CLT é omissa no que atina à ordem dos depoimentos das testemunhas, em função do que nos parece factível a aplicação subsidiária do art. 456 do CPC. Todavia há quem defenda que, no silêncio eloquente da CLT, o juiz, como presidente da audiência, pode determinar a oitiva da testemunha da parte que tiver o ônus de provar o correspondente fato.

Toda testemunha, antes de prestar o compromisso legal, será qualificada, indicando nome, nacionalidade, profissão, idade, residência e, quando empregada, o tempo de serviço prestado ao empregador, ficando sujeita, em caso de falsidade, às leis penais (CLT, art. 828).

Embora omissa a CLT, entendemos que a oportunidade para a parte contraditar a testemunha é logo após a sua qualificação e antes que preste o compromisso de dizer a verdade sobre o que sabe e lhe for perguntado (CPC, arts. 457, § 1º, e 458), devendo o juiz advertir à testemunha que incorre em sanção penal quem faz afirmação falsa, cala ou oculta a verdade).

Os depoimentos das testemunhas serão resumidos, por ocasião da audiência, pelo diretor de secretaria da Vara do Trabalho ou funcionário para esse fim designado, devendo a súmula do depoimento ser assinada pelo juiz e pelos depoentes.

6.3. Prova documental

A doutrina é praticamente unânime em afirmar que a legislação trabalhista não cuidou metodologicamente da prova documental, como o fizeram o CPC de 1973 e o CPC de 2015.

Na verdade, a CLT faz referência a documentos, ainda que de forma não sistematizada, nos seguintes artigos:

> Art. 777. Os requerimentos e documentos apresentados, os atos e termos processuais, as petições ou razões de recursos e quaisquer outros papéis referentes aos feitos formarão os autos dos processos, os quais ficarão sob a responsabilidade dos escrivães ou chefes de secretaria.

> Art. 780. Os documentos juntos aos autos poderão ser desentranhados somente depois de findo o processo, ficando traslado.
>
> Art. 787. A reclamação escrita deverá ser formulada em 2 (duas) vias e desde logo acompanhada dos documentos em que se fundar.
>
> Art. 830. O documento em cópia oferecido para prova poderá ser declarado autêntico pelo próprio advogado, sob sua responsabilidade pessoal.
>
> Parágrafo único. Impugnada a autenticidade da cópia, a parte que a produziu será intimada para apresentar cópias devidamente autenticadas ou o original, cabendo ao serventuário competente proceder à conferência e certificar a conformidade entre esses documentos (*caput* e parágrafo único com redação dada pela Lei n. 11.925/2009).

Pensamos que o CPC, por autorização do seu art. 15, pode ser aplicado supletiva e subsidiariamente ao processo do trabalho no tocante à prova documental, exceto quanto às regras expressamente previstas nos artigos consolidados acima transcritos e, ainda assim, desde que a migração normativa não implique ferimento aos princípios e peculiaridades do procedimento nas ações trabalhistas (CLT, art. 769).

Tudo somado, podemos dizer que os documentos que estiverem de posse do autor e do réu devem acompanhar não apenas a petição inicial (CLT, art. 787), como também a defesa (CPC, art. 434), ante o caráter de bilateralidade da ação e da defesa, o que impõe o tratamento paritário entre as partes.

O descumprimento dessa regra pode ensejar: *a*) o encerramento da instrução sem direito das partes à suspensão ou adiamento da audiência para apresentação dos documentos que deveriam acompanhar a petição inicial e a contestação, salvo se a parte provar motivo relevante ou se o documento tiver por objetivo contrapor; *b*) a desconsideração do documento juntado serodiamente; *c*) a preclusão.

Sobre o momento de produção da prova documental, colhemos os seguintes julgados:

> MOMENTO PROCESSUAL PARA PRODUÇÃO DE PROVA DOCUMENTAL. CONTROLES DE JORNADA. O momento ordinário para a exibição dos cartões de ponto é por ocasião do oferecimento da defesa ou, ainda, no prazo assinalado pelo Juízo, no curso da instrução processual (TRT-6ª R., RO 0114500-23.2009.5.06.0018, Rel. Des. Patrícia Coelho Brandão Vieira, *DO* 18-8-2011).
>
> CERCEAMENTO DE DEFESA – INDEFERIMENTO – PRODUÇÃO DE PROVA DOCUMENTAL E ORAL – REVELIA – INOCORÊNCIA. Inexiste cerceamento de defesa pelo indeferimento do pedido de juntada de documentos e de ouvidas de testemunhas, quando requerido em assentadas posteriores a decretação da revelia e com a finalidade de provar fatos abrangidos pela confissão ficta, conforme se infere da orientação contida na Súmula 74, II, do TST (TRT-5ª, RECORD 0038900-21.2008.5.05.0030, Rel. Des. Marama Carneiro, 1ª T., *DJ* 24-9-2009).

EXIBIÇÃO OU JUNTADA (FASE INSTRUTÓRIA) – Juntada de documentos. Momento. O reclamante juntou as normas coletivas em 24-7-1996. A ação foi proposta em 14-12-1995. A reclamação já estava contestada quando foram juntados os documentos pela secretaria em 5-9-1996, que não foram apresentados na Junta do Guarujá, mas na cidade de Santos, sendo que a empresa não teve ciência dos referidos documentos para apresentar seu direito de defesa e o contraditório. Impossível a juntada de documentos que deveriam ter vindo com a inicial, conforme o art. 787, da CLT, que ficam desconsiderados (TRT 2ª R., Ac. 19990357750, 3ª T., Rel. Juiz Sergio Pinto Martins, *DOESP* 27-7-1999).

REVELIA – ADVOGADO SEM PROCURAÇÃO OU SUBSTABELECIMENTO – INDEFERIMENTO DE PRODUÇÃO DE PROVA DOCUMENTAL – CERCEAMENTO DE DEFESA – Não há que se falar em cerceamento de defesa pelo indeferimento da juntada de documentos, quando revel a reclamada o advogado que comparece à audiência não se encontra munido de procuração ou substabelecimento, pois impedido de atuar em juízo em nome da parte, tornando inexistentes os atos assim praticados nos termos do art. 37 e parágrafo único do supletivo CPC, consequentemente, não configurada na hipótese o *animus* de defesa (TRT-5ª R., RO 0027700-93.2008.5.05.0134, Rel. Des. Marama Carneiro, 1ª T., *DJ* 13-11-2008).

Em sede recursal, a juntada de documentos só é admitida excepcionalmente (TST, Súmula 8). Caso admitido o documento, a parte contrária deverá ser intimada para se pronunciar a seu respeito, sob pena de caracterizar violação ao princípio do contraditório e da ampla defesa.

O art. 830 da CLT exigia a autenticação do documento, mas o próprio TST, por meio da Orientação Jurisprudencial n. 36 da SBDI-1, mitigou a rigidez dessa norma legal:

> O instrumento normativo em cópia não autenticada possui valor probante, desde que não haja impugnação ao seu conteúdo, eis que se trata de documento comum às partes.

Ocorre que o art. 830 da CLT passou a ter nova redação dada pela Lei n. 11.925/2009, passando a permitir que o documento apresentado em cópia destinado à produção de prova "poderá ser declarado autêntico pelo próprio advogado, sob sua responsabilidade pessoal", sendo certo que, por força do parágrafo único do artigo em causa, havendo impugnação acerca da "autenticidade da cópia, a parte que a produziu será intimada para apresentar cópias devidamente autenticadas ou o original, cabendo ao serventuário competente proceder à conferência e certificar a conformidade entre esses documentos". Parece-nos que somente o advogado está autorizado a declarar a autenticidade da cópia do documento apresentado como prova, não sendo estendida tal prerrogativa à parte, ainda que litigue pessoalmente (*jus postulandi*).

Caso o advogado não apresente o original do documento impugnado, será ele responsabilizado pessoalmente no âmbito criminal, civil, administrativo e ético, devendo o juiz, de ofício, ou a requerimento do interessado, noticiar o fato ao Ministério Público e à Ordem dos Advogados do Brasil, para a competente apuração e sanção.

De acordo com o art. 425 do CPC (CPC/73, art. 365), aplicável ao processo do trabalho (CLT, art. 769), fazem a mesma prova que os originais:

> I – as certidões textuais de qualquer peça dos autos, do protocolo das audiências ou de outro livro a cargo do escrivão ou do chefe de secretaria, se extraídas por ele ou sob sua vigilância e por ele subscritas; II – os traslados e as certidões extraídas por oficial público de instrumentos ou documentos lançados em suas notas; III – as reproduções dos documentos públicos, desde que autenticadas por oficial público ou conferidas em cartório com os respectivos originais; IV – as cópias reprográficas de peças do próprio processo judicial declaradas autênticas pelo advogado, sob sua responsabilidade pessoal, se não lhes for impugnada a autenticidade; V – os extratos digitais de bancos de dados públicos e privados, desde que atestado pelo seu emitente, sob as penas da lei, que as informações conferem com o que consta na origem; VI – as reproduções digitalizadas de qualquer documento público ou particular, quando juntadas aos autos pelos órgãos da justiça e seus auxiliares, pelo Ministério Público e seus auxiliares, pela Defensoria Pública e seus auxiliares, pelas procuradorias, pelas repartições públicas em geral e por advogados, ressalvada a alegação motivada e fundamentada de adulteração.

Nos termos dos §§ 1º e 2º do art. 425 do CPC, os originais dos documentos digitalizados, mencionados no inciso VI supratranscrito, deverão ser preservados pelo seu detentor até o final do prazo para propositura de ação rescisória. Além disso, tratando-se de cópia digital de título executivo extrajudicial ou de outro documento relevante à instrução do processo, o juiz poderá determinar o seu depósito em cartório ou secretaria.

Quando a lei exigir, como da substância do ato, o instrumento público, nenhuma outra prova, por mais especial que seja, pode suprir-lhe a falta (CPC, art. 406). Vale registrar, por oportuno, que a 1ª Turma do TST negou provimento ao agravo de instrumento interposto pela Diocese de Uberlândia, terceira interessada em processo trabalhista em fase de execução, que perdeu um apartamento por não possuir registro do imóvel em cartório (TST-AIRR n. 1129/2003-104-03-40.8).

Importante assinalar que as declarações constantes do documento particular, escrito e assinado ou somente assinado, presumem-se verdadeiras em relação ao signatário. Quando, todavia, contiver declaração de ciência, relativa a determinado fato, o documento particular prova a declaração, mas não o fato declarado, competindo ao interessado em sua veracidade o ônus de provar a existência de tal fato.

Registre-se que, não obstante o direito material do trabalho permitir até mesmo o contrato de trabalho tácito ou verbal (CLT, art. 442), a própria CLT abre exceções quanto a alguns atos cuja prova escrita (documental) é imprescindível, como, por exemplo, para a comprovação: do pagamento de salários (CLT, art. 464); do acordo de prorrogação de jornada (CLT, art. 59); a concessão ou pagamento das férias (CLT, arts. 135 e 145, parágrafo único); a concessão do descanso da gestante (CLT, art. 392) etc. Em todos esses casos, nenhum outro meio de prova distinto do documental surtirá efeito.

Quanto ao recibo de quitação das verbas decorrentes da extinção do contrato de trabalho, o art. 477 da CLT exige algumas formalidades especiais. Assim, só será aceito o pedido de demissão de empregado com mais de um ano de serviços prestados ao mesmo empregador se homologado perante o sindicato de sua categoria. De igual modo, o recibo de quitação das verbas rescisórias deverá especificar as parcelas e os valores respectivos, sendo válido apenas quanto a essas verbas. A ausência dessas formalidades implica a inexistência do pagamento, com o que o empregador ficará obrigado a efetuar novo pagamento, pois não se admite outro meio de prova a tal respeito.

Sobre a quitação das parcelas rescisórias, o TST editou a polêmica Súmula 330, que sofreu algumas modificações até chegar à atual redação:

> QUITAÇÃO. VALIDADE. A quitação passada pelo empregado, com assistência de entidade sindical de sua categoria, ao empregador, com observância dos requisitos exigidos nos parágrafos do art. 477 da CLT, tem eficácia liberatória em relação às parcelas expressamente consignadas no recibo, salvo se oposta ressalva expressa e especificada ao valor dado à parcela ou parcelas impugnadas.
>
> I – A quitação não abrange parcelas não consignadas no recibo de quitação e, consequentemente, seus reflexos em outras parcelas, ainda que estas constem desse recibo.
>
> II – Quanto a direitos que deveriam ter sido satisfeitos durante a vigência do contrato de trabalho, a quitação é válida em relação ao período expressamente consignado no recibo de quitação.

As anotações feitas na CTPS gozam de presunção *iuris tantum*, admitindo, assim, outros meios de prova para elidi-las (Súmula 12 do TST e Súmula 225 do STF). Cabem, aqui, as lúcidas observações de José Affonso Dallegrave, para quem a presunção *iuris tantum* é apenas para o empregado, pois, para o empregador, a presunção de veracidade das anotações por ele feitas na CTPS é *iure et de iure*, salvo se o empregador provar que a anotação resultou de manifesto erro material[31].

No procedimento sumaríssimo, todas as provas, inclusive a documental, devem ser produzidas na audiência de instrução e julgamento, não sendo obrigatório o requerimento prévio para tal mister. Em caso de apresentação de documento, o juiz abrirá o

31. DALLEGRAVE, José Affonso. *Contrato individual de trabalho* – uma visão estrutural. São Paulo: LTr, 1998. p. 112 e 113.

contraditório na própria audiência, podendo o juiz, em decisão fundamentada, conceder prazo para a parte manifestar-se sobre ele, quando se tratar de questão complexa que exija a interrupção da audiência. É o que deflui do art. 852-H e seu § 1º da CLT, *in verbis*:

> Art. 852-H. Todas as provas serão produzidas na audiência de instrução e julgamento, ainda que não requeridas previamente.
>
> § 1º Sobre os documentos apresentados por uma das partes manifestar-se-á imediatamente a parte contrária, sem interrupção da audiência, salvo absoluta impossibilidade, a critério do juiz.

A Lei n. 13.784/2019, também chamada de Lei da Liberdade Econômica, prevê, em seu art. 3º, inciso X, que são direitos de toda pessoa, natural ou jurídica, essenciais para o desenvolvimento e o crescimento econômicos do País: "arquivar qualquer documento por meio de microfilme ou por meio digital, conforme técnica e requisitos estabelecidos em regulamento, hipótese em que se equiparará a documento físico para todos os efeitos legais e para a comprovação de qualquer ato de direito público", sendo certo que o Decreto n. 10.278/2020 regulamenta o referido inciso X "para estabelecer a técnica e os requisitos para a digitalização de documentos públicos ou privados, a fim de que os documentos digitalizados produzam os mesmos efeitos legais dos documentos originais".

É lícito às partes, em qualquer tempo, juntar aos autos documentos novos, quando destinados a fazer prova de fatos ocorridos depois dos articulados, ou para contrapô-los aos que foram produzidos nos autos (CPC, art. 435). A interpretação lógica desse dispositivo, que é aplicável ao processo do trabalho, leva à ilação de que a juntada de documento novo só pode ser feita até o final da instrução e antes da sentença, uma vez que, segundo o art. 398 do CPC/73, "sempre que uma das partes requerer a juntada de documento aos autos, o juiz ouvirá, a seu respeito, a outra, no prazo de 5 (cinco) dias". O § 1º do art. 437 do CPC dispõe: "Sempre que uma das partes requerer a juntada de documento aos autos, o juiz ouvirá, a seu respeito, a outra parte, que disporá do prazo de 15 (quinze) dias para adotar qualquer das posturas indicadas no art. 436". Parece-nos que a ampliação do prazo processual se revela inconstitucional por violação ao princípio da duração razoável do processo.

Em se tratando de documentos públicos indispensáveis à prova dos fatos alegados pelas partes, o art. 438 do CPC prescreve de forma imperativa, isto é, independentemente de requerimento da parte interessada, que o "juiz requisitará às repartições públicas em qualquer tempo ou grau de jurisdição: I – as certidões necessárias à prova das alegações das partes; II – os procedimentos administrativos nas causas em que forem interessados a União, os Estados, o Distrito Federal, os Municípios, ou entidades da administração indireta". Nesse último caso, recebidos os autos do processo (ou procedimento) administrativo, o juiz mandará extrair, no prazo máximo e improrrogável de trinta dias, certidões ou reproduções fotográficas das peças indicadas pelas partes ou de ofício; findo o prazo, devolverá os autos à repartição de origem.

6.3.1. Incidente de falsidade documental

É permitido à parte contra quem foi produzido o documento suscitar o incidente de sua falsidade. A CLT não trata dessa questão, o que impõe a aplicação subsidiária do CPC, a saber:

> Art. 430. A falsidade deve ser suscitada na contestação, na réplica ou no prazo de 15 (quinze) dias, contado a partir da intimação da juntada do documento aos autos.
>
> Parágrafo único. Uma vez arguida, a falsidade será resolvida como questão incidental, salvo se a parte requerer que o juiz a decida como questão principal, nos termos do inciso II do art. 19.

Tendo em vista a peculiaridade procedimental do processo do trabalho, parecem-nos pertinentes as ponderações de Wagner Giglio, para quem

> a reclamada não toma necessariamente ciência dos documentos que informam a petição inicial da ação principal, senão em audiência quando deve apresentar a resposta, porque não há obrigatoriedade de fornecê-los em duplicata, nem mesmo de mencioná-los, na peça vestibular. Assim sendo, em qualquer hipótese deve ser aberto o prazo de 10 dias para arguição de falsidade, adaptando-se a regra do art. 390 do CPC às peculiaridades do procedimento na Justiça do Trabalho. Intimada do incidente, a parte que produziu o documento terá o prazo de dez dias para contrariá-lo, ordenando o juiz, em seguida, a realização de prova pericial, salvo se quem juntou o documento se dispuser a retirá-lo e a parte contrária concordar com o desentranhamento[32].

De acordo com o art. 431 do CPC, a parte arguirá a falsidade expondo os motivos em que se fundam a sua pretensão e os meios com que provará o alegado. Depois de ouvida a outra parte no prazo de 15 (quinze) dias, será realizado o exame pericial (CPC, art. 432). Mas não se procederá ao exame pericial se a parte que produziu o documento concordar em retirá-lo.

Digna de nota é regra prevista no art. 433 do CPC:

> A declaração sobre a falsidade do documento, quando suscitada como questão principal, constará da parte dispositiva da sentença e sobre ela incidirá também a autoridade da coisa julgada.

6.3.2. Exibição de documentos

Se a parte pretender provar suas alegações por meio de documentos que se encontram em poder da outra parte, deverá pedir ao juiz que determine sua exibição,

32. *Direito processual do trabalho.* 11. ed. São Paulo: Saraiva, 2000. p. 200.

sob pena de serem considerados como verdadeiros os fatos que a parte interessada pretendia provar com o respectivo documento.

A matéria está prevista no CPC, que trata dos requisitos a serem observados, inexistindo regras específicas na CLT.

Assim, o incidente processual de exibição de documentos, nos termos do art. 397 do CPC, será feito mediante pedido da parte que conterá:

> I – a individuação, tão completa quanto possível, do documento ou da coisa;
>
> II – a finalidade da prova, indicando os fatos que se relacionam com o documento ou com a coisa;
>
> III – as circunstâncias em que se funda o requerente para afirmar que o documento ou a coisa existe e se acha em poder da parte contrária.

O prazo da resposta ao incidente de exibição de documentos é de cinco dias contados da intimação do requerido (CPC, art. 398). Se o requerido afirmar que não possui o documento ou a coisa, o juiz permitirá que o requerente prove, por qualquer meio, testemunhal, por exemplo, que a declaração não corresponde à verdade (CPC, art. 398, parágrafo único).

O juiz, no entanto, não admitirá a recusa se: I – o requerido tiver obrigação legal de exibir; II – o requerido tiver aludido ao documento ou à coisa, no processo, com o intuito de constituir prova; III – o documento, por seu conteúdo, for comum às partes (CPC, art. 399).

É importante salientar que, se o requerido não efetuar a exibição, nem fizer qualquer declaração no prazo legal ou judicial, ou se a recusa for havida por ilegítima, o juiz proferirá decisão admitindo como verdadeiros os fatos que, por meio do documento ou da coisa, a parte pretendia provar (CPC, art. 400). Essa decisão é tipicamente interlocutória, razão pela qual, no processo do trabalho, não há recurso para impugná-la.

No tocante à exibição de documentos, colhe-se o seguinte julgado:

> AÇÃO DE EXIBIÇÃO DE DOCUMENTOS. OBRIGAÇÃO DE FAZER. MULTA. LICITUDE. 1. Ainda que o pedido de exibição de documento recaia sobre aquele com a característica de comum às partes, a circunstância não afasta a necessária prática do ato, em relação a quem detém o dever legal de preservá-lo. 2. A imposição de multa, decorrente do eventual descumprimento de obrigação de fazer, além de não padecer de qualquer vício e encontrar previsão legal (art. 461 do CPC), ostenta harmonia com o princípio da efetividade das decisões judiciais (TRT-10ª R., RO 00462-2011-009-10-00-0, Rel. Des. João Amílcar, 2ª T., *DEJT* 5-7-2013).
>
> EXIBIÇÃO DE DOCUMENTO. NÃO SATISFAÇÃO DA ORDEM. PRESUNÇÃO RELATIVA DE VERACIDADE DO ALEGADO. ART. 359 DO CPC. Tendo o Juízo ordenado, reiteradamente, a exibição de documento necessário ao deslinde do processo, com a advertência da aplicação do art. 359 do CPC, à parte. E, deixando esta de cumprir tal

determinação; passa a ser admitida como verdadeira a alegação advinda do "ex adverso", a qual buscava-se provar por meio do aludido documento (TRT 3ª R., RO 00767-2006-023-03-00-0, 6ª T., Rel. Juiz Hegel de Brito Boson, *DJMG* 23-2-2007).

Tratando-se de documento que esteja em poder de terceiro, o juiz mandará citá-lo para responder no prazo de quinze dias (CPC, art. 401).

Se o terceiro (ou a parte), sem justo motivo (CPC, arts. 402 e 403), negar a obrigação de exibir, ou a posse do documento ou da coisa, o juiz designará audiência especial, tomando-lhe o depoimento, bem como o das partes e, se necessário, de testemunhas. Em seguida, proferirá decisão interlocutória, irrecorrível de imediato no processo do trabalho.

6.3.3. Documento eletrônico

Os arts. 11 e 13 da Lei n. 11.419/2006, aplicáveis expressamente ao processo do trabalho (art. 1º, § 1º), dispõem sobre a produção, juntada e exibição de documentos produzidos eletronicamente, nos seguintes termos:

Art. 11. Os documentos produzidos eletronicamente e juntados aos processos eletrônicos com garantia da origem e de seu signatário, na forma estabelecida nesta Lei, serão considerados originais para todos os efeitos legais.

§ 1º Os extratos digitais e os documentos digitalizados e juntados aos autos pelos órgãos da Justiça e seus auxiliares, pelo Ministério Público e seus auxiliares, pelas procuradorias, pelas autoridades policiais, pelas repartições públicas em geral e por advogados públicos e privados têm a mesma força probante dos originais, ressalvada a alegação motivada e fundamentada de adulteração antes ou durante o processo de digitalização.

§ 2º A arguição de falsidade do documento original será processada eletronicamente na forma da lei processual em vigor.

§ 3º Os originais dos documentos digitalizados, mencionados no § 2º deste artigo, deverão ser preservados pelo seu detentor até o trânsito em julgado da sentença ou, quando admitida, até o final do prazo para interposição de ação rescisória.

§ 4º (VETADO).

§ 5º Os documentos cuja digitalização seja tecnicamente inviável devido ao grande volume ou por motivo de ilegibilidade deverão ser apresentados ao cartório ou secretaria no prazo de 10 (dez) dias contados do envio de petição eletrônica comunicando o fato, os quais serão devolvidos à parte após o trânsito em julgado.

§ 6º Os documentos digitalizados juntados em processo eletrônico somente estarão disponíveis para acesso por meio da rede externa para suas respectivas partes processuais e para o Ministério Público, respeitado o disposto em lei para as situações de sigilo e de segredo de justiça.

(...)

Art. 13. O magistrado poderá determinar que sejam realizados por meio eletrônico a exibição e o envio de dados e de documentos necessários à instrução do processo.

§ 1º Consideram-se cadastros públicos, para os efeitos deste artigo, dentre outros existentes ou que venham a ser criados, ainda que mantidos por concessionárias de serviço público ou empresas privadas, os que contenham informações indispensáveis ao exercício da função judicante.

§ 2º O acesso de que trata este artigo dar-se-á por qualquer meio tecnológico disponível, preferentemente o de menor custo, considerada sua eficiência.

§ 3º (VETADO).

Como se vê, os documentos eletrônicos, desde que garantidos quanto à origem e aos seus signatários, serão considerados originais, enquanto os extratos digitais e os documentos digitalizados pelos órgãos da Justiça e seus auxiliares, pelo Ministério Público e seus auxiliares, pelas procuradorias, pelas autoridades policiais, pelas repartições públicas em geral e por advogados públicos e privados, têm a mesma força probante dos originais, salvo se houver arguição de falsidade, de forma motivada e fundamentada, consubstanciada em adulteração ocorrida antes ou durante o processo de digitalização. A arguição também será processada eletronicamente.

Além disso, poderá o juiz determinar a exibição e o envio de dados e de documentos necessários à instrução do processo.

6.4. Perícia

Quando a prova de determinados fatos alegados pelas partes depender de conhecimentos técnicos ou científicos, o juiz será assistido por um perito, que é considerado um auxiliar da justiça (CPC, art. 156).

A prova pericial pode consistir em exame, vistoria ou avaliação, cabendo ao *expert* elaborar laudo pericial, que conterá os dados técnicos necessários ao esclarecimento dos fatos e à formação da convicção do juiz. Todavia, por mais detalhado e consistente que seja o trabalho do perito, o juiz não fica "adstrito ao laudo pericial, podendo formar seu convencimento com base em outros fatos ou elementos provados nos autos". Era o que dispunha o art. 436 do CPC/73. O CPC (art. 479) dá um tratamento diferenciado à espécie, nos seguintes termos:

> O juiz apreciará a prova pericial de acordo com o disposto no art. 371, indicando na sentença os motivos que o levaram a considerar ou a deixar de considerar as conclusões do laudo, levando em conta o método utilizado pelo perito.

Nos termos do parágrafo único do art. 464 do CPC, aplicável ao processo do trabalho (CLT, art. 769), o juiz indeferirá a perícia quando: I – a prova do fato não depender de conhecimento especial de técnico; II – for desnecessária em vista de outras provas produzidas; III – a verificação for impraticável.

Importante notar que, de acordo com os §§ 2º a 4º do art. 464 do CPC, o juiz, de ofício ou a requerimento das partes, poderá, em substituição à perícia, determinar a produção de prova técnica simplificada, quando o ponto controvertido for de menor complexidade. A prova técnica simplificada consistirá apenas na inquirição de especialista, pelo juiz, sobre ponto controvertido da causa que demande especial conhecimento científico ou técnico. Durante a arguição, o especialista, que deverá ter formação acadêmica específica na área objeto de seu depoimento, poderá valer-se de qualquer recurso tecnológico de transmissão de sons e imagens com o fim de esclarecer os pontos controvertidos da causa.

Escolhidos dentre profissionais de nível universitário, os peritos deverão estar devidamente inscritos no órgão de classe competente, ao qual compete expedir certidão comprobatória da especialidade na matéria sobre que os peritos deverão opinar.

Quando se tratar de exame que tenha por objeto a autenticidade ou falsidade de documento (*v.g.*, exame grafotécnico), bem como matéria de natureza médico-legal, a escolha do perito deverá recair preferencialmente entre os servidores públicos que exerçam os correspondentes cargos técnicos nos órgãos da Administração Pública.

O perito tem o dever de bem cumprir o ofício, observando os prazos legais e empregando toda a sua diligência. Poderá, todavia, escusar-se do encargo, desde que alegue motivo legítimo. A escusa será apresentada dentro de cinco dias, contados da intimação ou do impedimento superveniente, sob pena de se reputar renunciado o direito a alegá-la (CPC, arts. 157 e 467).

O perito que, por dolo ou culpa, prestar informações inverídicas responderá pelos prejuízos que causar à parte, ficará inabilitado, por dois anos, a funcionar em outras perícias e incorrerá na sanção que a lei penal estabelecer.

A CLT previa a produção da prova pericial no seu art. 826, que facultava a cada uma das partes apresentar um perito ou técnico, que estavam obrigados a prestar compromisso. Esse dispositivo foi revogado tacitamente pelo art. 3º e seu parágrafo único da Lei n. 5.584/70, *in verbis*:

> Art. 3º Os exames periciais serão realizados por perito único designado pelo juiz, que fixará o prazo para entrega do laudo.
>
> Parágrafo único. Permitir-se-á a cada parte a indicação de um assistente, cujo laudo terá que ser apresentado no mesmo prazo assinado para o perito, sob pena de ser desentranhado dos autos.

Atualmente, apenas o perito nomeado pelo juiz está obrigado a prestar compromisso para desempenhar a função de auxiliar do juízo, estando, por isso, sujeito aos mesmos impedimentos e suspeições dos magistrados (CPC, art. 148, II). Já os assistentes técnicos atuam como meros "ajudantes técnicos" das partes, e, nessa condição, não prestam compromisso. Por óbvio que contra os peritos assistentes não cabe exceção de suspeição.

Com efeito, prescreve o art. 827 da CLT que "o juiz ou presidente poderá arguir os peritos compromissados ou os técnicos, e rubricará, para ser junto ao processo, o laudo que os primeiros tiverem apresentado". Não se aplica, pois, ao processo do trabalho o art. 466, *caput*, do CPC, segundo o qual o "perito cumprirá escrupulosamente o encargo que Ihe foi cometido, independentemente de termo de compromisso". Todavia, o § 1º do referido dispositivo civilista ("Os assistentes técnicos são de confiança da parte, não sujeitos a impedimento ou suspeição") não é incompatível com o art. 827 da CLT.

A produção da prova pericial no processo do trabalho poderá ser requerida pela parte ou determinada, de ofício, pelo juiz. Todavia, se o pedido versar pagamento de adicional de insalubridade ou periculosidade, o juiz estará obrigado a determinar a realização da prova pericial, ainda que o réu seja revel e confesso quanto à matéria de fato. É o que se depreende do art. 195, *caput* e § 2º, da CLT, *in verbis*:

> Arguida em juízo insalubridade ou periculosidade, seja por empregado, seja por Sindicato em favor de grupo de associados, o juiz designará perito habilitado na foma deste artigo, e, onde não houver, requisitará perícia ao órgão competente do Ministério do Trabalho.

Interpretando o alcance do preceptivo em causa, o TST já decidiu:

> EMBARGOS – ADICIONAL DE PERICULOSIDADE – CONFISSÃO FICTA. O magistrado não se encontra vinculado aos fatos deduzidos na inicial quando aplicada a pena de confissão, podendo se valer de outras provas constantes dos autos. Nesse sentido e considerando que a norma cogente do art. 195, § 2º, da CLT obriga a designação de perícia técnica para confirmação da periculosidade apontada, conclui-se que o deferimento do adicional de periculosidade não pode estar fundado apenas na pena de confissão, sendo indispensável a prova técnica. Recurso de embargos não conhecido (TST-ERR n. 354.556, SBDI-1, Rel. Min. Vantuil Abdala, *DJU* 24-11-2000, p. 509).
>
> I – AGRAVO DE INSTRUMENTO EM RECURSO DE REVISTA – ADICIONAL DE PERICULOSIDADE. REVELIA E CONFISSÃO. PROVA PERICIAL. IMPRESCINDIBILIDADE. Constatada possível violação do 195 da CLT, impõe-se o provimento do Agravo de Instrumento para determinar o processamento do Recurso de Revista. Agravo de Instrumento a que se dá provimento. II – RECURSO DE REVISTA – RESPONSABILIDADE SUBSIDIÁRIA. TERCEIRIZAÇÃO. Estando a decisão recorrida

em consonância com a Súmula 331, IV, do TST, o Recurso de Revista encontra óbice no art. 896, § 4º, da CLT e na Súmula 333 do TST. Recurso de Revista não conhecido. HORAS EXTRAS. ÔNUS DA PROVA. A falta do devido prequestionamento impede a aferição de ofensa aos preceitos invocados, nos termos da Súmula 297, I, do TST. Recurso de Revista não conhecido. ADICIONAL DE PERICULOSIDADE. REVELIA E CONFISSÃO. PROVA PERICIAL. IMPRESCINDIBILIDADE. Condenação a adicional de periculosidade em mera decorrência da revelia e confissão da primeira Reclamada e da responsabilidade subsidiária da segunda, independentemente da realização de prova pericial. Ofensa ao art. 195 da CLT, segundo o qual a caracterização e classificação da insalubridade e da periculosidade far-se-ão por meio de perícia. Recurso de Revista conhecido e provido (TST-RR 212040-14.2001.5.01.0011, Rel. Min. Márcio Eurico Vitral Amaro, 8ª T., *DJ* 28-8-2009).

Em sentido contrário:

AGRAVO DE INSTRUMENTO. RECURSO DE REVISTA. ADICIONAL DE PERICULOSIDADE. PROVA. Nos termos do art. 427 do CPC, o juiz pode dispensar a prova pericial quando existirem nos autos documentos que considere elucidativos, principalmente se assentado pelo Regional que a Reclamada pagou durante um período o adicional; o labor em condições de risco foi atestado por comissão constituída pela empresa e as conclusões da referida comissão não foram impugnadas pela Reclamada. Agravo de instrumento desprovido (TST-AIRR 1041/2001-461-01-40, 6ª T., Rel. Min. Mauricio Godinho Delgado, j. 27-8-2008, *DJ* 29-8-2008).

INDENIZAÇÃO POR DANOS MORAIS E MATERIAIS DECORRENTES DE DOENÇA PROFISSIONAL. NECESSIDADE DE LAUDO PERICIAL. Nas hipóteses em que se necessita de conhecimento técnico, o perito é o próprio juiz da causa, além de dispor de amplos poderes de fazer a colheita da prova, como se juiz fosse, de acordo com o art. 446, II, do CPC. E as conclusões do especialista, desde que estejam baseadas em conhecimento técnico-científico, prevalecem, como se fossem a própria sentença, não podendo o juiz interferir nos trabalhos, porque ele é carecedor de conhecimento técnico ou científico. Frise-se, que esta forma de interpretação não é incompatível com a redação dada ao art. 436 do CPC, no sentido de que "o Juiz não está adstrito ao laudo pericial, podendo formar a sua convicção com outros elementos ou fatos provados nos autos". Não pode haver confusão na interpretação deste artigo, e o julgador, realmente, não está preso ao laudo. Por outro lado, para exercer esta liberdade, há de formar a sua convicção com outros elementos ou fatos provados nos autos. Isto significa que, necessitando de conhecimento técnico, os outros elementos ou fatos deverão advir de outra prova técnica. A nova redação dada ao art. 427 do CPC tem o sentido de que "o juiz poderá dispensar a prova pericial quando as partes, na inicial e na contestação, apresentarem sobre as questões de fato pareceres técnicos ou elucidativos que considerar suficientes", sendo esta a hipótese dos autos (TRT 3ª R., RO 00231-2007-027-03-00-0, 3ª T., Rel. Des. Bolívar Viégas Peixoto, *DJMG* 10-5-2008).

Importa destacar que, na hipótese de fechamento do estabelecimento, impedindo a realização de exame pericial para apuração de insalubridade, poderá o juiz valer-se de outros meios de prova para deferir o respectivo adicional. É o que deixou assentado a OJ n. 278 da SBDI-1:

> ADICIONAL DE INSALUBRIDADE. PERÍCIA. LOCAL DE TRABALHO DESATIVADO. A realização de perícia é obrigatória para a verificação de insalubridade. Quando não for possível sua realização, como em caso de fechamento da empresa, poderá o julgador utilizar-se de outros meios de prova.

Parece-nos aplicável ao processo do trabalho a regra prevista no art. 472 do CPC, segundo a qual o juiz "poderá dispensar prova pericial quando as partes, na inicial e na contestação, apresentarem sobre as questões de fato pareceres técnicos ou documentos elucidativos que considerar suficientes".

Na 1ª Jornada de Direito Material e Processual do Trabalho, realizada em Brasília-DF, foi aprovado, em 23 de novembro de 2007, o Enunciado n. 54, que admite a dispensa de prova pericial, nos seguintes termos:

> PROVA PERICIAL. POSSIBILIDADE DE DISPENSA. Aplica-se o art. 427 do Código de Processo Civil no processo do trabalho, de modo que o juiz pode dispensar a produção de prova pericial quando houver prova suficiente nos autos.

É preciso lembrar que há entendimento do TST dispensando a prova pericial quando a empresa já vinha pagando o adicional de insalubridade no grau postulado pelo autor na inicial. É o que se vê do seguinte aresto:

> AGRAVO DE INSTRUMENTO. RECURSO DE REVISTA. ADICIONAL DE INSALUBRIDADE. PROVA PERICIAL. Restando consignado nos autos que a empresa já efetuava o pagamento do adicional de insalubridade no grau postulado, o c. Tribunal Superior do Trabalho admite, sem violação ao art. 195 da CLT, a dispensa da prova pericial quando perseguidas apenas diferenças. Precedentes da eg. SBDI-1. Agravo de instrumento a que se nega provimento (TST AIRR n. 86.594/2003-900-04-00.0, 3ª T., Rel. Juiz Convocado Ricardo Machado, *DJ* 2-9-2005).

Embora não haja regra clara na CLT, a interpretação lógica, e não a gramatical, do art. 848, § 2º, da CLT, autoriza dizer que a prova pericial é sempre produzida antes da testemunhal, pois se, na audiência, o perito será ouvido depois das testemunhas, é óbvio que o laudo pericial já consta dos autos antes mesmo da tomada do seu depoimento.

O art. 195 da CLT disciplina que a caracterização e classificação da insalubridade e periculosidade far-se-ão por meio de perícia a cargo de médico do trabalho ou engenheiro do trabalho, registrado no Ministério do Trabalho e Emprego, não havendo obrigatoriedade de que o médico verifique somente as condições insalubres e o engenheiro, as perigosas. Nesse sentido, a Orientação Jurisprudencial n. 165 da SBDI-1 do TST.

Tratando-se de ação trabalhista submetida ao procedimento sumaríssimo, o § 4º do art. 852-H da CLT prescreve literalmente que "somente quando a prova do fato o exigir, ou for legalmente imposta, será deferida prova técnica, incumbindo ao juiz, desde logo, fixar o prazo, o objeto da perícia e nomear perito". As partes serão intimadas a manifestar-se sobre o laudo, no prazo comum de cinco dias. Embora as provas, no procedimento sumaríssimo, devam ser todas produzidas em audiência, o § 7º do art. 852-H da CLT prevê a possibilidade de "interrupção" (*rectius*, suspensão) da audiência, sendo que o seu prosseguimento e a prolação da sentença dar-se-ão no prazo máximo de trinta dias, salvo motivo relevante, justificado nos autos pelo juiz da causa.

A quem cabe o ônus de pagar os serviços técnicos do perito e do assistente técnico? O perito será pago pela parte que requereu a prova. Não obstante, se a prova pericial for requerida por ambas ou determinada, de ofício, pelo juiz, as despesas serão suportadas pelo autor, nos termos do art. 95 do CPC (art. 33 do CPC/73).

Nos termos da redação original do art. 790-B da CLT, a responsabilidade pelo pagamento dos honorários periciais é da parte sucumbente na pretensão objeto da perícia, salvo se beneficiária de justiça gratuita. Vale dizer, a expressão "sucumbente na pretensão objeto da perícia" deve ser interpretada como "sucumbente no pedido objeto da perícia". Por exemplo, se o laudo pericial for desfavorável ao autor (trabalhador), mas o juiz, que não está adstrito à prova pericial, julgar procedente o pedido de adicional de insalubridade, o sucumbente na pretensão objeto da perícia será o réu (empregador).

O referido art. 790-B da CLT, alterado pela Lei n. 13.467/2017, passou a dispor que a responsabilidade pelo pagamento dos honorários periciais é da parte sucumbente na pretensão objeto da perícia, "ainda que beneficiária da justiça gratuita". Neste caso, "vencido o beneficiário da justiça gratuita, desde que não tenha obtido em juízo, ainda que em outro processo, créditos capazes de suportar a despesa, as obrigações decorrentes de sua sucumbência ficarão sob condição suspensiva de exigibilidade e somente poderão ser executadas se, nos dois anos subsequentes ao trânsito em julgado da decisão que as certificou, o credor demonstrar que deixou de existir a situação de insuficiência de recursos que justificou a concessão de gratuidade, extinguindo-se, passado esse prazo, tais obrigações do beneficiário" (CLT, art. 791-A, § 4º). Além disso, somente no caso em que o beneficiário da justiça gratuita não tenha obtido em juízo créditos capazes de suportar as despesas relativas ao pagamento de honorários periciais, ainda que em outro processo, a União responderá pelo encargo" (CLT, art. 790, § 4º).

Não havia previsão legal para "adiantamento" ou "depósito prévio" de parte dos honorários periciais, embora a prática forense demonstre o contrário. A jurisprudência majoritária sustenta ser incabível o depósito prévio (adiantamento) dos honorários periciais, o que levou a SBDI-2 do TST a editar a OJ n. 98, que admite a impetração de mandado de segurança para atacar ato do juiz que exige o depósito prévio dos honorários periciais. Todavia, por força da EC n. 45/2004 e da IN n. 27 do TST (art. 6º, § único), é facultado ao juiz, em relação à perícia, exigir depósito prévio dos honorários periciais nas lides oriundas da relação de trabalho ou distintas da relação de emprego.

Não obstante, o § 3º do art. 790-B da CLT dispõe que o juízo "não poderá exigir adiantamento de valores para realização de perícias". Assim, em qualquer ação na Justiça do Trabalho não é permitido o adiantamento de honorários periciais.

Quanto aos honorários do assistente técnico, o TST editou a Súmula 341, segundo a qual a "indicação do perito assistente é faculdade da parte, a qual deve responder pelos respectivos honorários, ainda que vencedora no objeto da perícia".

Após a nomeação do perito, as partes tinham o prazo de cinco dias para apresentar os quesitos e nomear assistente técnico (CPC/73, art. 421, § 1º). Esse prazo foi ampliado para quinze dias, como se infere do art. 465, § 1º, do CPC.

O art. 469 do CPC permite a apresentação de quesitos suplementares, observando-se o contraditório.

Em se tratando de apuração de periculosidade ou insalubridade, é válido o laudo elaborado tanto por engenheiro quanto por médico do trabalho. Nesse sentido, a OJ n. 165 da SBDI-1:

> PERÍCIA. ENGENHEIRO OU MÉDICO. ADICIONAL DE INSALUBRIDADE E PERICULOSIDADE. VÁLIDO. ART. 195 DA CLT. O art. 195 da CLT não faz qualquer distinção entre o médico e o engenheiro para efeito de caracterização e classificação da insalubridade e periculosidade, bastando para a elaboração do laudo seja o profissional devidamente qualificado.

Apresentado o laudo pericial, o juiz determinará a intimação das partes para se manifestarem sobre ele. Poderá o juiz, ainda, ouvir o perito em audiência para prestar esclarecimentos (CLT, art. 827).

É lícito ao juiz determinar, de ofício ou a requerimento da parte, a realização de nova perícia, quando a matéria não lhe parecer suficientemente esclarecida (CPC/73, art. 437; CPC, art. 480). Esta norma é aplicável ao processo do trabalho, como se depreende dos seguintes verbetes:

> NULIDADE POR CERCEAMENTO DE PROVA. INDEFERIMENTO DE NOVA PERÍCIA. NULIDADE INEXISTENTE. O art. 437 do CPC, atribui ao Juiz a faculda-

de de determinar a realização de nova perícia. A rejeição não gera nulidade, se a perícia realizada satisfaz a exigência da Lei e da demanda (TRT 2ª R., RO 00629.2003.465.02.00-8, 9ª T., Rel. Juiz Luiz Edgar Ferraz de Oliveira, j. 27-10-2005, *DO* 2-12-2005).

CERCEAMENTO DE DEFESA. REALIZAÇÃO DE 2ª PERÍCIA. Dispõe o art. 437 do CPC que o juiz poderá determinar a realização de uma segunda perícia quando entender que a matéria não está suficientemente esclarecida. Como a prova pericial produzida permitiu a apreciação do pedido e a formação do convencimento do julgador, a pretensão de nova perícia não encontra justificativa e contraria o princípio da celeridade processual (TRT 3ª R., RO 00903-2007-026-03-00-1, 2ª T., Rel. Des. Luiz Ronan Neves Koury, *DJMG* 11-4-2008).

PROVA. REALIZAÇÃO DE SEGUNDA PERÍCIA. A produção de uma nova prova técnica não constitui direito da parte, uma vez que a própria lei a condiciona ao prudente arbítrio do juiz, amparado em sua liberdade de convicção, inserida no art. 131 do CPC (*v.* art. 437/CPC). A pretensão de uma segunda perícia somente tem lugar quando o juiz não sentir segurança na já realizada nos autos. E a insatisfação a justificar uma nova perícia é a do Juiz e não da parte. Assim, compete à parte interessada provocar a manifestação do perito, por intermédio da formulação de quesitos, a fim de demonstrar a assertiva de suas alegações, quais sejam, de que a prova é demasiadamente precária, que o expert não avaliou ou apurou adequadamente os fatos, e que o laudo não se apresenta como instrumento hábil a formar o convencimento do julgador (TRT 3ª R., RO 1205/2008-112-03-00.0, 10ª T., Rel. Juíza Taisa Maria M. de Lima, *DJe* 16-6-2009).

ADICIONAL DE INSALUBRIDADE. PERÍCIA. Nos termos do art. 437 do CPC a realização de nova perícia só se justifica quando a matéria não parecer suficientemente esclarecida para o Juiz. Se o perito oficial, por meio de laudo fundamentado, afastou a caracterização da insalubridade no ambiente de trabalho do autor, o indeferimento do pedido de realização de nova perícia técnica não configura cerceio do direito de produção de prova (TRT 3ª R., RO 00753-2008-055-03-00-2, 7ª T., Rel. Des. Alice Monteiro de Barros, *DJMG* 16-4-2009).

DESCONSIDERAÇÃO DO LAUDO PERICIAL. PEDIDO DE SUBSTITUIÇÃO DO PERITO E ELABORAÇÃO DE NOVA PERÍCIA POR OUTRO PROFISSIONAL. Dispõe o art. 437 do CPC que a segunda perícia poderá ser determinada quando o juiz entender que a matéria não lhe parece suficientemente esclarecida. Se os elementos probatórios dos autos bem como a perícia realizada permitem ao juiz apreciar o pedido, sendo suficientes para a formação de seu convencimento, tendo sido levantadas as circunstâncias técnicas e fáticas, com respostas a todos os quesitos apresentados, a realização de nova perícia não encontra justificativa, mormente quando não há qualquer motivo plausível para desconsiderar o trabalho técnico elaborado por perito de confiança do juízo, profissional legalmente habilitado, não tendo sido comprovada qualquer irregularidade na sua formação, nem evidenciado que houve informações inverídicas por ele prestadas (TRT 3ª R., RO 00702-2008-063-03-00-5, 3ª T., Rel. Des. Bolívar Viégas Peixoto, *DJMG* 23-3-2009).

A segunda perícia, quando determinada pelo juiz, rege-se pelas disposições estabelecidas para a primeira e tem por objeto os mesmos fatos sobre os que recaiu a primeira. Na verdade, dispõe o art. 480, § 1º, do CPC (art. 438 do CPC/73) que a segunda perícia destina-se a corrigir eventual omissão ou inexatidão dos resultados constantes da primeira.

Cumpre ressaltar, por oportuno, que a segunda perícia não substitui a primeira, cabendo ao juiz apreciar livremente o valor de ambas. Nesse sentido:

> LAUDO PERICIAL. NOVA PERÍCIA. DESNECESSIDADE. A teor do art. 437 do CPC, o juiz pode, de ofício ou a requerimento da parte, determinar a realização de nova perícia quando a matéria não lhe parecer suficientemente esclarecida. Trata-se de desdobramento do princípio do livre convencimento motivado, previsto no art. 131 do CPC. Dessa forma, realizada a segunda perícia com conclusão diversa da primeira, não está o juiz obrigado a determinar uma terceira perícia, se estiver convencido da matéria em debate (TRT 3ª R., RO 00889-2007-010-03-00-0, 5ª T., Rel. Des. Rogério Valle Ferreira, *DJMG* 6-9-2008).

A parte que sucumbir no pedido relativo à prova pericial arcará com o pagamento dos dois honorários periciais, conforme já decidiu o TST:

> (...) HONORÁRIOS PERICIAIS. Provido o recurso de revista para atribuir o pagamento da segunda perícia também à reclamada, nos termos da jurisprudência dominante desta Corte e do art. 790-B da CLT, indicativos da inteligência de que a mera sucumbência já obriga a parte vencida ao total ônus pericial (TST-RR 768.075/2001.5, 6ª T., Rel. Min. Aloysio Corrêa da Veiga, j. 13-12-2006, *DO* 9-2-2007).

No procedimento de liquidação de sentença: "Tratando-se de cálculos de liquidação complexos, o juiz poderá nomear perito para a elaboração e fixará, depois da conclusão do trabalho, o valor dos respectivos honorários com observância, entre outros, dos critérios de razoabilidade e proporcionalidade" (CLT, art. 879, § 6º, com redação dada pela Lei n. 12.405, de 16 de maio de 2011, *DOU* 17-5-2011).

6.4.1. Prova pericial emprestada

Há controvérsia sobre o cabimento da prova pericial emprestada, que é aquela produzida em outro processo judicial e aproveitada em outro processo distinto. Para uns, a prova emprestada é nula por violar os princípios do contraditório e da ampla defesa. Outros sustentam a sua validade, por estar em conformidade ao princípio da efetividade da tutela jurisdicional.

O art. 372 do CPC autoriza, de modo amplo, que o juiz poderá admitir a utilização de qualquer prova produzida em outro processo, atribuindo-lhe o valor que considerar adequado, observado o contraditório.

Essa regra, a princípio, somente não se aplicaria ao processo laboral diante de prova pericial para apuração de insalubridade ou periculosidade CLT (art. 195, § 2º), pois, neste caso, não há lacuna normativa no Texto Obeiro, já que "o juiz designará perito habilitado" e, onde não houver, "requisitará perícia ao órgão competente do Ministério do Trabalho".

A jurisprudência majoritária, no entanto, vem admitindo a prova pericial emprestada como se vê dos seguintes arestos:

> AGRAVO. DECISÃO MONOCRÁTICA. PROCESSO EM FASE DE EXECUÇÃO. PROVA PERICIAL EMPRESTADA. CERCEAMENTO DO DIREITO DE DEFESA. NÃO CONFIGURAÇÃO. Nos termos da jurisprudência desta Corte, é possível a utilização da prova pericial emprestada pelo julgador, desde que haja identidade dos fatos analisados no laudo pericial emprestado e no caso em julgamento, o que se verificou na hipótese em exame. Ademais, foi garantido o direito ao contraditório e à ampla defesa, com os meios e recursos inerentes, inclusive com a oposição dos embargos à execução, nos quais é permitido ao executado alegar qualquer matéria que lhe seria lícito deduzir como defesa em processo de conhecimento. Logo, intacto o art. 5º, LV, da Constituição Federal. Precedentes. Agravo a que se nega provimento (TST-Ag-AIRR 35600562004502O036, Rel. Min. Emmanoel Pereira, 5ª T., *DEJT* 8-5-2015).
>
> PROCEDIMENTO SUMARÍSSIMO. NULIDADE. CERCEAMENTO DE DEFESA. ADICIONAL DE PERICULOSIDADE. PROVA PERICIAL EMPRESTADA. A lei não exige que o laudo pericial por meio do qual se constata a periculosidade ensejadora do pagamento de adicional de risco no trabalho do reclamante seja elaborado exclusivamente para cada hipótese. Com efeito, tanto a doutrina quanto a jurisprudência têm se manifestado no sentido de que é admissível a prova pericial emprestada, desde que caracterizada a identidade dos fatos. Esta é a hipótese dos autos, consoante atestado pela Corte de origem. Não há falar, portanto, em invalidade da prova emprestada, mormente quando o Juízo de origem, além de oportunizar à reclamada a produção de contraprova, assegurou-lhe todas as oportunidades para que se manifestasse a respeito do laudo pericial juntado pelo reclamante na sua inicial. Agravo de instrumento a que se nega provimento (TST-AIRR 643-50.2011.5.08.0122, Rel. Min. Lelio Bentes Corrêa, 1ª T., *DEJT* 17-5-2013).

Há entendimento jurisprudencial no sentido de admitir a prova pericial emprestada mesmo diante do não consentimento da parte, como se vê do seguinte julgado:

RECURSO DE REVISTA. NÃO REGIDO PELA LEI N. 13.015/2014. 1. NULIDADE DA SENTENÇA. CERCEAMENTO DE DEFESA. USO DE PROVA PERICIAL EMPRESTADA SEM CONCORDÂNCIA DO RECLAMANTE. A jurisprudência deste Tribunal admite a utilização da prova emprestada como meio de comprovação das condições de insalubridade, desde que haja identidade dos fatos analisados no laudo pericial emprestado e no caso em julgamento. Nessa esteira, a utilização de laudo pericial de outro processo, o qual retratava a mesma situação de trabalho do empregado, não implica mácula a preceito constitucional. Além disso, o Reclamante, embora não tenha concordado com a prova emprestada utilizada, teve oportunidade de apresentar laudos periciais diversos consoante facultado pelo Juízo de primeiro grau. Não há falar, portanto, em cerceamento de defesa. Precedentes. Incide o óbice da Súmula 333 do TST ao conhecimento da revista. Recurso de revista não conhecido (...) (TST-RR 4508220135200008, Rel. Min. Douglas Alencar Rodrigues, 7ª T., *DEJT* 14-10-2016).

6.5. Inspeção judicial

A CLT é omissa a respeito da inspeção judicial. Não obstante, o princípio inquisitivo consubstanciado no seu art. 765 confere ao juiz do trabalho amplos poderes na condução do processo, sendo certo que a aplicação subsidiária do CPC, no tocante a esse meio de prova, mostra-se compatível com a busca da almejada verdade real, que é observada com muito mais ênfase no processo laboral.

A inspeção judicial tem lugar quando houver necessidade de o juiz deslocar-se até o local onde se encontre a pessoa ou coisa.

Assim, com base no art. 481 do CPC, o juiz, de ofício ou a requerimento da parte, pode, em qualquer fase do processo, inspecionar pessoas ou coisas, a fim de se esclarecer sobre fato que seja pertinente para a decisão da causa.

Nesse sentido:

INSPEÇÃO JUDICIAL – MEIO DE PROVA – PROCEDIMENTO DE OFÍCIO. O procedimento da inspeção judicial está previsto no art. 440 do CPC, aplicado subsidiariamente ao processo do trabalho, e de sua leitura extrai-se que a medida, elencada entre as provas previstas no Capítulo VI, Título VIII, que trata do Procedimento Ordinário, pode ser realizada de ofício, ou a requerimento da parte, justamente para esclarecer fato que interesse à decisão da causa. Cabendo ao Juiz com exclusividade a direção do processo, conforme art. 130/CPC, por óbvio que dele o Juízo sobre a necessidade da realização da medida, para esclarecimento da verdade real (TRT 3ª R., RO 00425-2005-152-03-00-2, 6ª T., Rel. Des. Antônio Fernando Guimarães, *DJMG* 10-8-2006).

O art. 482 do CPC determina que, ao realizar a inspeção, o juiz poderá ser assistido por um ou mais peritos. O art. 441 do CPC/73 previa a *inspeção direta*. Embora a lei não mencione, cremos ser também factíveis tanto a inspeção direta como a inspeção indireta, que é a realizada, *v.g.*, por delegação do juiz relator do processo, como no caso de necessidade desse meio de prova em sede de ação rescisória (CPC, art. 972).

O art. 483 do CPC estabelece alguns critérios para que esse meio de prova seja realizado, ou seja, o juiz poderá realizar a inspeção quando: *a)* julgar necessário para melhor verificação ou interpretação dos fatos que deva observar; *b)* a coisa não puder ser apresentada em juízo sem consideráveis despesas ou graves dificuldades; *c)* determinar a reconstituição dos fatos.

As partes têm direito a assistir à inspeção, prestando esclarecimentos e fazendo observações que reputarem de interesse para a causa (CPC, art. 483). Há, porém, entendimento jurisprudencial no sentido de que a ausência de intimação das partes para a realização da inspeção judicial não caracteriza cerceio do direito de defesa, como se infere do seguinte aresto:

> AGRAVO DE INSTRUMENTO EM RECURSO DE REVISTA. NULIDADE DO ACÓRDÃO. CERCEAMENTO DE DEFESA. INSPEÇÃO JUDICIAL. O entendimento da eg. Turma foi no sentido de repelir a alegada nulidade do acórdão por cerceamento de defesa. Remarcou o seguinte: Tampouco houve nulidade pelo fato do Juízo ter comparecido em inspeção judicial, sem ter convocado o reclamante ou o seu patrono para a diligência. A inspeção judicial é prevista nos arts. 440 a 443 do CPC, e poderá ser realizada de ofício ou a requerimento da parte, em qualquer fase do processo a fim de esclarecer fato que interesse à decisão da causa: o juiz poderá ser assistido de um ou mais peritos. Os dispositivos legais não determinam que a inspeção judicial deverá, necessariamente, ser assistida pelas partes, sob pena de nulidade. Essas têm direito a participar da diligência caso queiram, mas o fato da inspeção ter sido realizada sem a presença de uma das partes não invalida o processado. Agravo conhecido, mas não provido (TST-AIRR 271/1999-421-02-40.6, 3ª T., Rel. Juiz Convocado José Ronald C. Soares, j. 8-3-2006, *DJ* 31-3-2006).

Em sentido contrário, colhemos o seguinte julgado:

> INSPEÇÃO JUDICIAL. PUBLICIDADE. CONTRADITÓRIO. Considerando que o auto da inspeção judicial não foi trazido aos autos e que as partes não foram intimadas a participarem do referido ato processual, oportunidade em que poderiam prestar os esclarecimentos ou fazer as observações que entendessem necessárias, conforme lhes faculta o art. 442, parágrafo único, do CPC, impõe-se sua desconsideração como meio de prova, em obediência aos princípios da publicidade e do contraditório (TRT 3ª R., RO 00820-2005-028-03-00-3, 8ª T., Rel. Des. Olívia Figueiredo Pinto Coelho, *DJMG* 18-3-2006).

Concluída a diligência, o juiz mandará lavrar auto circunstanciado, mencionando nele tudo quanto for útil ao julgamento da causa (CPC, art. 484). O auto lavrado poderá ser instruído com desenho, gráfico ou fotografia.

Sobre inspeção judicial, recolhemos outros arestos:

AGRAVO DE INSTRUMENTO EM RECURSO DE REVISTA. PROCESSO SUJEITO AO RITO SUMARÍSSIMO. HORAS *IN ITINERE* DISCIPLINADAS EM NORMA COLETIVA. VIOLAÇÃO DO ART. 7º, XXVI, DA CARTA MAGNA NÃO CONFIGURADA. Na hipótese dos autos, deve ser mantida a decisão do Regional que não conferiu validade ao acordo coletivo de trabalho, quanto às horas *in itinere*, porque, após análise de prova emprestada não impugnada pela reclamada (inspeção judicial realizada pelo Juízo da 1ª Vara do Trabalho de Parauapebas), ficou consignado que não havia transporte público, o que contraria a assertiva contida no instrumento coletivo no sentido de que o transporte oferecido pela empresa seria por mera liberalidade. Nesse sentido, não se constata violação direta e literal do art. 7º, XXXVI, da CF. DO ADICIONAL DE INSALUBRIDADE. Sobre o tópico, o recurso encontra-se mal fundamentado, pois não há indicação de afronta a dispositivo da Constituição Federal, tampouco indicação de contrariedade à súmula de jurisprudência uniforme do TST, o que desatende aos comandos do art. 896, § 6º, da CLT. Agravo de instrumento conhecido e não provido (TST-AIRR 792/2007-126-08-40, 8ª T., Rel. Min. Dora Maria da Costa, j. 1º-10-2008, *DJ* 3-10-2008).

CERCEAMENTO DE DEFESA. INDEFERIMENTO DOS PEDIDOS DE PRODUÇÃO DE PROVA PERICIAL E DE REALIZAÇÃO DE INSPEÇÃO JUDICIAL. I – O indeferimento da prova pericial decorreu da aplicação à espécie do inciso I do parágrafo único do art. 420 do CPC, já que, tratando-se de comprovação de existência de horas extras inadimplidas, não se faz indispensável conhecimento especial de técnico. Por outro lado, como bem ressaltado no acórdão hostilizado, a realização de inspeção judicial configura faculdade conferida ao juiz quando se torna necessário o esclarecimento de fato que interesse à decisão da causa, hipótese não delineada nestes autos. II – Foram bem aplicados os dispositivos atinentes à produção de prova pericial e à determinação da realização de inspeção judicial, emprestando-se interpretação razoável aos arts. 420, 427 e 440 do CPC. Não se divisa, ademais, ofensa ao princípio da inafastabilidade da prestação jurisdicional, ao devido processo legal, tampouco negativa às garantias constitucionais ao contraditório e à ampla defesa, insertos nos incisos XXXV, LIV e LV do art. 5º da Constituição. III – Recurso não conhecido (...) (TST-RR 587/2005-132-05-01, 4ª T., Rel. Min. Barros Levenhagen, j. 23-4-2008, *DJ* 2-5-2008).

SISTEMA DE PONTO ELETRÔNICO. INVALIDADE DOS REGISTROS DE HORÁRIOS. Situação em que foram constatadas irregularidades no sistema de ponto eletrônico em inspeção judicial realizada na sede da empresa. Divergência entre os horários registrados nos relatórios de *login/logout* e aqueles que constam nas folhas de ponto. Circunstância que, aliada ao fato de que somente os supervisores e os gestores têm acesso ao sistema, dependendo deles o cômputo das horas extras, evidencia a manipulação dos registros de horários. Aplicação dos arts. 9º e 74, § 2º, da CLT (TRT 4ª R., RO 00195-2006-023-04-00-3, 1ª T., Rel. Des. José Felipe Ledur, *DO* 1º-4-2008).

6.6. Prova emprestada no CPC e sua aplicação no processo do trabalho

É importante salientar que o STF (HC n. 95.186) já vinha admitindo a prova emprestada até mesmo no processo criminal (onde imperam regras muito mais rígidas acerca da produção de provas).

No julgamento unânime do referido *habeas corpus*, o relator, ministro Ricardo Lewandowski, lembrou em seu voto que a jurisprudência da Corte permite a utilização de provas colhidas em outro processo, desde que seja dada à defesa a oportunidade de se manifestar sobre estas provas, respeitando os princípios constitucionais da ampla defesa e do contraditório.

O art. 372 do CPC prevê a possibilidade de adoção da prova emprestada, *in verbis*: "O juiz poderá admitir a utilização de prova produzida em outro processo, atribuindo-lhe o valor que considerar adequado, observado o contraditório".

Tal regra pode ser perfeitamente aplicada subsidiariamente no processo do trabalho (CLT, art. 769; CPC, art. 15).

Como se vê, trata-se de uma faculdade conferida ao juiz ("poderá admitir") para, no caso concreto sob sua cognição, aproveitar prova produzida em outro processo, seja civil, trabalhista, administrativo, inquérito civil, e trasladá-la para o processo sob sua direção, desde que intime as partes para, querendo, sobre ela (prova emprestada) se manifestar.

Não há, portanto, necessidade de aquiescência da parte para que o juiz admita a prova emprestada, seja pericial, documental, testemunhal, inspeção judicial etc., desde que assegure à parte a faculdade de exercer o direito fundamental ao contraditório não apenas no processo de origem como também no processo para o qual poderá ser utilizada.

Caberá ao órgão julgador atribuir o valor que entender merecer a prova emprestada, nos termos dos arts. 370 e 372 do CPC, aplicáveis subsidiariamente ao processo do trabalho (CLT, art. 769; CPC, art. 15).

CAPÍTULO XVI
Da Suspensão do Processo

1. GENERALIDADES

A CLT não contém um sistema próprio acerca da suspensão do processo tal como o previsto nos arts. 313 a 315 do CPC.

Trata-se de lacuna normativa que exige a verificação, em cada caso, do requisito da compatibilidade principiológica (CLT, art. 769) para viabilizar sua aplicação ao processo do trabalho.

Na verdade, a CLT somente prevê a suspensão do processo nos casos dos incidentes processuais da exceção de incompetência e da suspeição (art. 799) ou, ainda, quando ocorrer "motivo relevante, poderá o presidente (*rectius*, o juiz) suspender o julgamento, designando nova audiência" (CLT, art. 844, parágrafo único).

Em sede de incidente de recursos de revista repetitivos, os §§ 3º e 5º do art. 896-C da CLT dispõem, respectivamente, que: o "Presidente do Tribunal Superior do Trabalho oficiará os Presidentes dos Tribunais Regionais do Trabalho para que suspendam os recursos interpostos em casos idênticos aos afetados como recursos repetitivos, até o pronunciamento definitivo do Tribunal Superior do Trabalho" e o "relator no Tribunal Superior do Trabalho poderá determinar a suspensão dos recursos de revista ou de embargos que tenham como objeto controvérsia idêntica à do recurso afetado como repetitivo".

Além disso, o § 1º do art. 775 da CLT dispõe que os prazos podem ser prorrogados, pelo tempo estritamente necessário, nas seguintes hipóteses: I – quando o juízo entender necessário; II – em virtude de força maior, devidamente comprovada, sendo certo, ainda, que o § 2º do referido artigo prevê que ao "juízo incumbe dilatar os prazos processuais e alterar a ordem de produção dos meios de prova, adequando-os às necessidades do conflito de modo a conferir maior efetividade à tutela do direito". Ora, prorrogação e dilatação de prazo implicam, *mutatis mutandis*, suspensão da sua contagem.

Assim, considerando-se que a suspensão do processo é instituto inerente ao sistema processual em geral que repercute no subsistema (ou microssistema) processual trabalhista, analisaremos em seguida as hipóteses previstas no CPC que podem ser aplicadas ao processo laboral.

Destacamos, desde logo, que não se aplica ao processo do trabalho, por manifesta incompatibilidade, a hipótese de suspensão processual prevista no inciso VII do art. 313 do CPC, pois é da Justiça do Trabalho a competência para processar e julgar as ações de indenização por acidentes do trabalho (CF, art. 114, VI; Súmula Vinculante 22).

2. SUSPENSÃO POR MORTE OU PERDA DA CAPACIDADE PROCESSUAL

Nos termos do inciso I do art. 313 do CPC (art. 265, I, do CPC/73), suspende-se o processo pela morte ou pela perda da capacidade processual de qualquer das partes, de seu representante legal ou de seu procurador. Trata-se de norma perfeitamente aplicável ao processo do trabalho, devendo o juiz valer-se da regra subsidiária prevista no art. 76 do CPC.

É importante salientar que, por força do § 1º do art. 313 do CPC, no caso de morte ou perda da capacidade processual de qualquer das partes, ou de seu representante legal, provado o falecimento ou a incapacidade, o juiz suspenderá o processo, nos termos do art. 689 do CPC, isto é, deverá determinar a habilitação dos sucessores nos autos do processo principal, na instância em que estiver, suspendendo-se, a partir de então, o processo.

Por outro lado, diz o § 2º do art. 313 do CPC que se não for ajuizada ação de habilitação, ao tomar conhecimento da morte, o juiz determinará a suspensão do processo e observará o seguinte:

> I – falecido o réu, ordenará a intimação do autor para que promova a citação do respectivo espólio, de quem for o sucessor ou, se for o caso, dos herdeiros, no prazo que designar, de no mínimo 2 (dois) e no máximo 6 (seis) meses;
>
> II – falecido o autor e sendo transmissível o direito em litígio, determinará a intimação de seu espólio, de quem for o sucessor ou, se for o caso, dos herdeiros, pelos meios de divulgação que reputar mais adequados, para que manifestem interesse na sucessão processual e promovam a respectiva habilitação no prazo designado, sob pena de extinção do processo sem resolução de mérito.

Como o processo do trabalho faculta o *jus postulandi* das próprias partes nas ações oriundas da relação de emprego e, por equiparação constitucional, da relação de trabalho avulso (CLT, art. 791), chegamos a afirmar, em edições passadas deste livro, que o § 2º do art. 265 do CPC/73 não seria aplicável nos sítios do processo especializado.

Melhor refletindo sobre a temática em causa, reconhecemos que estávamos equivocados. Expliquemos. Se o *jus postulandi* é uma faculdade, ou melhor, um direito processual conferido aos litigantes (CLT, art. 791), não seria justo ou razoável dificultar o acesso à justiça e o amplo direito de defesa da parte que contratou um advogado para representá-la em juízo.

Logo, no caso de falecimento do advogado contratado pela parte, ainda que iniciada a audiência, deve o magistrado trabalhista observar a regra do § 3º do art. 313 do CPC, tendo em vista a lacuna normativa no texto obreiro consolidado e a ausência de incompatibilidade com os princípios do processo laboral.

Assim, no caso de morte do procurador de qualquer das partes, ainda que iniciada a audiência de instrução e julgamento, o juiz determinará que a parte constitua novo mandatário, no prazo de quinze dias, ao final do qual extinguirá o processo sem resolução de mérito, se o autor não nomear novo mandatário, ou ordenará o prosseguimento do processo à revelia do réu, se falecido o procurador deste.

A jurisprudência trabalhista, contudo, é cautelosa quanto à suspensão do processo por morte do advogado:

> MORTE DE UM DOS REPRESENTANTES DA PARTE. PRAZOS. SUSPENSÃO DO PROCESSO. ART. 265, I, DO CPC. INAPLICABILIDADE. 1. É correta a afirmativa – não implicando ofensa à literalidade do art. 265, I, do CPC – de que a morte de um dos advogados da parte, ainda no caso de ser aquele em nome do qual as notificações eram feitas, não tem o condão de suspender o processo e, por conseguinte, a contagem dos prazos recursais, quando o segundo causídico já havia participado no processo, tendo, inclusive, oferecido memorial constando razões finais da Reclamada. É evidente, portanto, que a morte de um dos advogados não causou danos diretos à parte, pois mantida a oportunidade de produção de alegações e de defesa, cujo exercício, substancialmente, buscou o legislador preservar, quando da edição do art. 265, I, do CPC. 2. Agravo de instrumento desprovido (TST-AIRR 122940-59.2000.5.04.0024, Rel. Min. Emmanoel Pereira, 1ª T., *DJ* 20-5-2005).

3. SUSPENSÃO DO PROCESSO POR CONVENÇÃO DAS PARTES

Também poderá ser suspenso o processo trabalhista por convenção das partes (CPC, art. 313, II). Mas, neste caso, a suspensão nunca poderá exceder seis meses (CPC, art. 313, § 4º). Decorrido este prazo, os autos serão conclusos ao juiz, que ordenará o prosseguimento do processo.

Esta regra é aplicável ao processo do trabalho, tendo em vista a lacuna normativa do texto consolidado e a ausência de sua incompatibilidade com a principiologia do processo laboral (CLT, art. 769).

4. SUSPENSÃO DO PROCESSO POR ARGUIÇÃO DE IMPEDIMENTO OU DE SUSPEIÇÃO

A suspensão do processo pelo motivo previsto no inciso III do art. 313 do CPC (quando for proposto o incidente de suspeição ou impedimento do juiz) não se aplica ao processo do trabalho, tendo em vista a regra específica do art. 799 da CLT, como já vimos no Capítulo XIV, item 4.

5. SUSPENSÃO POR DEPENDÊNCIA DE JULGAMENTO DE OUTRO PROCESSO

Outra hipótese de suspensão do processo poderá ocorrer, nos termos das alíneas *a* e *b* do inciso V do art. 313 do CPC, isto é, quando a sentença de mérito:

a) depender do julgamento de outra causa ou da declaração de existência ou de inexistência de relação jurídica que constitua o objeto principal de outro processo pendente;

b) tiver de ser proferida somente após a verificação de determinado fato ou a produção de certa prova, requisitada a outro juízo.

No processo do trabalho podem ocorrer inúmeras situações relativas à suspensão processual na hipótese do preceptivo em causa, como se infere dos seguintes julgados:

> SUSPENSÃO DO PROCESSO. SITUAÇÃO FÁTICA E JURÍDICA ENQUADRADA NA DISPOSIÇÃO CONTIDA NO ART. 265, IV, *A*, DO CPC. O art. 265, IV, *a*, do CPC permite a suspensão do processo, quando a sentença de mérito depender do julgamento de outra causa ou da declaração da existência ou inexistência de relação jurídica que constitua o objeto principal de outro processo pendente. Neste sentido, torna-se indispensável diante da situação fática e jurídica evidenciada nestes autos, haja vista a tramitação de duas reclamações nesta Justiça Especializada com as mesmas partes, causa de pedir e pedido. Não se trata de litispendência, já que na ação principal o pedido de pagamento de participação nos lucros foi extinto sem resolução do mérito, e não houve recurso por parte do reclamante com relação a essa matéria, transitando em julgado a matéria não impugnada. Nesse contexto, a suspensão do processo é medida que se impõe até o trânsito em julgado da demanda principal (...) (TRT-6ª R., RO 0000836-80.2010.5.06.0211, Rel. Des. Acácio Júlio Kezen Caldeira, *DO* 9-8-2011).
>
> SUSPENSÃO DO FEITO. ART. 265, IV, DO CPC. No caso, os pedidos referentes ao pagamento de adicional de periculosidade e FGTS não recolhido não dependem do trânsito em julgado em ação trabalhista diversa que pende de julgamento, não sendo, pois, devida a suspensão, nos termos do art. 265, IV, *a*, do CPC (TRT-1ª T., RO 911002220085010028, Rel. Des. Maria Aparecida Coutinho Magalhães, 2ª T., *DEJT* 11-7-2012).

> SUSPENSÃO DO FEITO. ART. 265, IV, DO CPC. No caso, o pedido de indenização por danos morais e materiais, baseada em Convenção Coletiva cuja representatividade do sindicato encontra-se *sub judice* (processo n. 0085700-60.2005.5.04.0121), que pende de julgamento, devida a suspensão, nos termos do art. 265, IV, *a*, do CPC. (...) (TRT-4ª T., RO 0148200-26.2009.5.04.0121, Rel. Des. Ricardo Carvalho Fraga, j. 15-6-2011).

Outra hipótese é a do empregado dispensado por justa causa por alegado ato de improbidade (*v.g.*, furto), mas existe uma ação penal que tem por objeto a comprovação da autoria e da materialidade do crime de furto. Neste caso, parece-nos que o juiz poderá determinar a suspensão do processo e aguardar o julgamento do processo criminal, na medida em que, embora a responsabilidade civil (e trabalhista) seja independente da criminal, não se poderá questionar mais sobre a existência do fato, ou sobre quem seja o seu autor, quando estas questões se acharem decididas no juízo criminal (CC, art. 935). A regra em apreço é altamente salutar, pois tem por escopo evitar decisões judiciais conflitantes sobre o mesmo fato. Mas o período de suspensão nunca poderá exceder 1 (um) ano (CPC, art. 313, § 4º).

Todavia, o art. 315 do CPC dispõe:

> Art. 315. Se o conhecimento do mérito depender de verificação da existência de fato delituoso, o juiz pode determinar a suspensão do processo até que se pronuncie a justiça criminal.
>
> § 1º Se a ação penal não for proposta no prazo de 3 (três) meses, contado da intimação do ato de suspensão, cessará o efeito desse, incumbindo ao juiz cível examinar incidentemente a questão prévia.
>
> § 2º Proposta a ação penal, o processo ficará suspenso pelo prazo máximo de 1 (um) ano, ao final do qual aplicar-se-á o disposto na parte final do § 1º.

De toda a sorte, a jurisprudência do TST vem entendendo que se trata de uma faculdade do juiz, pois a lei diz que ele "poderá" mandar suspender o feito. Nesse sentido:

> RECURSO DE REVISTA. SUSPENSÃO DO PROCESSO. INVESTIGAÇÃO CRIMINAL. 1. A mera existência de notícia-crime contra o reclamante não tem o condão de suspender o trâmite da ação trabalhista, uma vez que nem as decisões proferidas pela Justiça Criminal vinculam os julgamentos da Justiça do Trabalho. 2. Não está, portanto, o Juízo Trabalhista obrigado a suspender o processo diante da apuração dos fatos na esfera criminal, porquanto a suspensão é mera faculdade do magistrado, consoante o disposto no art. 110 do Código de Proces-

so Civil. 3. Incólume o art. 265, IV, *b*, do Código de Processo Civil. Recurso de revista não conhecido. ACIDENTE DE TRABALHO. CONTRATO DE EXPERIÊNCIA. JURISPRUDÊNCIA INSERVÍVEL. A caracterização de divergência jurisprudencial não pode prescindir da especificidade do modelo colacionado, na forma da Súmula 296, I, do Tribunal Superior do Trabalho. Recurso de revista não conhecido (TST-RR 92004/2003-900-04-00.9, Rel. Min. Lelio Bentes Corrêa, 1ª T., *DJ* 23-10-2009).

CERCEAMENTO DE DEFESA. SUSPENSÃO DA RECLAMAÇÃO TRABALHISTA ATÉ O JULGAMENTO DO PROCESSO CRIMINAL. Nenhum dos arestos citados no apelo (fls. 232/1235) enfrenta a circunstância fática relatada no *decisum*, de que o conjunto probatório existente nos autos é suficiente para o deslinde da questão, daí a inexistência de cerceamento de defesa em face do indeferimento do pedido de suspensão da ação trabalhista até o julgamento do processo criminal. Assim, por não enfocarem tal particularidade, os paradigmas acostados carecem da especificidade exigida pelas Súmulas 23 e 296 do TST. Não evidenciada, igualmente, afronta aos preceitos constitucionais invocados. A existência de processo-crime para a apuração de ato de improbidade atribuído ao reclamante não tem o condão de suspender o trâmite da ação trabalhista, uma vez que, a par da incompatibilidade com os princípios que regem o direito do trabalho, a CLT não contém norma específica no sentido de vincular os julgamentos desta Justiça Especializada àqueles proferidos na Justiça Criminal. Com efeito, a prática de falta grave capaz de pôr fim ao contrato de trabalho deve ser provada pelo empregador nesta esfera do Poder Judiciário, cabendo ao Juiz do Trabalho, à luz dos princípios que regem a entrega da prestação jurisdicional, aplicar a norma legal ao caso concreto, para acolher ou rejeitar o fato impeditivo do direito alegado. Por essas razões, é de se reconhecer que o acórdão recorrido não violou a literalidade do art. 5º, XXXV, LIV e LV, ou art. 93, X, da CF/1988. Se é certo que o princípio da inafastabilidade da jurisdição assegura a todos o direito de ação, é certo, também, que a esse direito não está atrelado o resultado da entrega da prestação jurisdicional, uma vez que o Estado não se obriga a decidir em favor do autor ou do réu, cumprindo-lhe apenas aplicar o direito ao caso concreto desenhado nos autos. Nesse passo, se o provimento jurisdicional, ainda que contrário ao interesse da parte, está conforme a legislação infraconstitucional que espelha referido princípio, não cabe pretender o acolhimento de manifestação de inconformismo por violação àquele dispositivo da Carta Magna. Inviável, pois, o processamento do recurso de revista pela alínea c do art. 896 da CLT. Não há dúvida de que o disposto no art. 110 do CPC não constitui norma de caráter cogente, porquanto representa mera faculdade do juiz, exercitável quando se faça necessário aguardar a decisão da ação penal. Não está o Juízo Trabalhista, diante da apuração dos fatos na esfera criminal, obrigado a suspender o processo. Nos próprios termos legais, tal suspensão é definida como faculdade: (...), pode o juiz mandar sobrestar (...). Não há como ocorrer violação de lei pela não observância de determinado ato processual se a própria lei o define como faculdade. Ademais, na hipótese dos autos, o Regional explicitou que o conjunto probatório existente nos autos foi suficiente para o deslinde da questão, deixando mais do que evidenciada a desnecessidade de suspensão do andamento do processo trabalhista enquanto pendente a ação penal. Recurso não conhecido. JUSTA CAUSA. CONFIGURAÇÃO. VALORAÇÃO E ÔNUS DA PROVA. O julgador *a quo* viu-se na contingência de afastar a justa causa porque não foi comprovado, seja pela prova testemunhal, seja pela documental, que o reclamante tivesse praticado ou participado dos atos delituosos relatados. Sendo assim, do acórdão regional é fácil inferir ter a Corte *a quo* decidido por incursão pelo conjunto fático-probatório constante dos autos. Nesse passo, para demover a moldura fática retratada no acórdão impugnado seria necessário incursão inadmitida no universo probatório dos autos, sendo certo que a Instância Ordinária é soberana na sua apreciação, a teor do Verbete 126 do TST. A aplicação da referida súmula afasta, por si só, a possibilidade de veicular o apelo por suposta violação. Quanto ao ônus da prova das horas extras, é forçoso concluir que o Tribunal *a quo* valorou a prova testemunhal em confronto com os demais elementos fáticos existentes nos autos, restando evidenciado não ter dirimido a controvérsia pelo prisma do ônus subjetivo da prova, mas, sim, pelo conjunto probatório, louvando-se no princípio da persuasão racional do art. 131 do CPC, sendo certo que o julgador identificou claramente as provas e os fundamentos que considerou pertinentes para afastar a justa causa imputada ao reclamante, daí não exsurgindo afronta ao art. 818 da CLT e 333, I, do CPC, mas sim exegese compatível com os seus termos, a teor da Súmula 221 do TST. Recurso não conhecido (TST-RR 86800-10.1999.5.10.0019, Rel. Min. Antônio José de Barros Levenhagen, 4ª T., *DJ* 24-2-2006).

5.1. Processos suspensos em razão de repercussão geral

A repercussão geral é um instituto processual que reserva ao STF o julgamento exclusivo de temas, trazidos em recursos extraordinários, que apresentem questões relevantes do ponto de vista econômico, político, social ou jurídico, que ultrapassem os interesses subjetivos da causa.

A identificação de controvérsia enseja a eleição de representativo (art. 543-B, § 1º, do CPC), que sofrerá juízo de admissibilidade para remessa ao STF e o sobrestamento (suspensão) dos demais recursos que versem sobre a mesma questão. As controvérsias atualmente identificadas podem ser consultadas no *site* do STF.

O CPC prevê que a identificação de controvérsia e a eleição de representativos deve ser feita pelos tribunais de origem, que não deverão remeter ao STF processos que: *a*) tratem de controvérsia já identificada e publicada no *site*; *b*) tratem de controvérsia ainda não identificada e que não contenham indicação de se tratar de representativo; e *c*) tratem de controvérsia ainda não identificada e que não contenham indicação de se tratar de processo "único".

Atualmente, os tribunais não têm observado essa regra, de forma que o STF tem assumido o ônus de identificar controvérsias, eleger representativos e de devolver à origem, para sobrestamento, os demais.

A suspensão dos processos deve ser determinada pelo tribunal de origem, antes do juízo de admissibilidade do recurso. No caso de o STF tornar pública controvérsia ou julgar preliminar de repercussão geral, entre o juízo de admissibilidade e a efetiva remessa do processo, o tribunal deve sobrestá-lo. O sobrestamento também pode ser determinado, pelo ministro Relator, no STF.

5.2. Suspensão pela admissão de incidente de resolução de demandas repetitivas

O art. 313, IV, do CPC também determina a suspensão do processo pela admissão de incidente de resolução de demandas repetitivas (IRDR).

Esta hipótese constitui novidade em relação ao CPC/73. Percebe-se que, neste caso, não haverá prazo legal para a suspensão do processo em virtude de admissão do IRDR, cabendo ao Relator do incidente a decisão sobre a questão.

É importante ressaltar que o § 3º do art. 979 do CPC manda aplicar ao IRDR o procedimento alusivo ao julgamento de recursos repetitivos e da repercussão geral em recurso extraordinário.

De acordo com o art. 8º da IN n. 39/2016 do TST[1], aplicam-se ao Processo do Trabalho as normas dos arts. 976 a 986 do CPC, que regem o incidente de resolução de demandas repetitivas (IRDR). Neste caso, dispõe o § 1º do art. 8º da referida Instrução Normativa:

> Admitido o incidente, o relator suspenderá o julgamento dos processos pendentes, individuais ou coletivos, que tramitam na Região, no tocante ao tema objeto de IRDR, sem prejuízo da instrução integral das causas e do julgamento dos eventuais pedidos distintos e cumulativos igualmente deduzidos em tais processos, inclusive, se for o caso, do julgamento antecipado parcial do mérito.

1. A constitucionalidade da IN n. 39/2016 do TST é objeto da ADI n. 5.516, em tramitação no STF.

6. SUSPENSÃO CONDICIONADA A FATO OU A REALIZAÇÃO DE PROVA REQUISITADA

Preceitua o art. 313, V, *b*, do CPC, que o processo deve ser suspenso quando a sentença de mérito "não puder ser proferida senão depois de verificado determinado fato, ou de produzida certa prova, requisitada a outro juízo".

A primeira parte desta norma mostra-se compatível com o processo laboral pelas mesmas razões acima apontadas, o que não ocorre com a segunda parte, uma vez que a Justiça do Trabalho, *por s*er especializada, estabelece que a prova seja nela produzida e não requisitada a outro ramo do Poder Judiciário.

Todavia, em se tratando de requisição de produção de prova a um órgão da própria Justiça do Trabalho (ou Juiz de Direito com jurisdição trabalhista estendida), por meio de carta precatória (CPC, art. 377), somente haverá suspensão do processo se a prova nela solicitada apresentar-se imprescindível.

7. SUSPENSÃO CONDICIONADA A JULGAMENTO DE QUESTÃO DE ESTADO

O processo também deveria ser suspenso, nos termos do art. 265, IV, *c*, do CPC/73, isto é, quando a sentença definitiva "tiver por pressuposto o julgamento de questão de estado, requerido como declaração incidente". Esta norma não possui correspondente no CPC.

Além disso, tal regra se mostra inaplicável no processo do trabalho, pois neste a controvérsia envolvendo a existência ou inexistência de relação de emprego (e, por força do art. 114 da CF, relação de trabalho) constitui matéria de mérito, e como ela deve ser decidida, não ensejando, a nosso ver, a incidência da declaração incidente, no particular.

8. SUSPENSÃO POR MOTIVO DE FORÇA MAIOR

O art. 313, VI, do CPC prevê a suspensão do processo *por motivo de força maior.*

É o que pode ocorrer em situações que impliquem a impossibilidade da prática de atos processuais, como mudança das instalações da Vara ou Tribunal, ausência de juiz, extravio dos autos, greve de servidores da Justiça do Trabalho, greve dos bancários que impeça o pagamento de custas ou depósito recursal etc.

O art. 849 da CLT prevê uma hipótese de suspensão do processo, pois prescreve que "a audiência de julgamento será contínua; mas, se não for possível, por motivo de força maior, concluí-la no mesmo dia, o juiz ou presidente marcará a sua continuação para a primeira desimpedida, independentemente de nova notificação".

A Lei n. 13.363/2016, publicada no *Diário Oficial da União* de 28 de novembro de 2016, prevendo duas hipóteses específicas de força maior, inseriu os incisos IX e X ao art. 313 do CPC, assegurando a suspensão do processo pelo parto (ou concessão de adoção) quando a advogada for a única patrona da causa (30 dias), ou quando o advogado que se tornar pai for o único patrono da causa (8 dias).

9. SUSPENSÃO DO PROCESSO INDIVIDUAL PARA AGUARDAR DECISÃO EM PROCESSO COLETIVO

Além das hipóteses supracitadas, todas concernentes ao processo individual, a interpretação sistemática nos permite dizer que há outra hipótese de suspensão constante do art. 104 do CDC, segundo o qual:

> As ações coletivas, previstas nos incisos I e II do parágrafo único do art. 81, não induzem litispendência para as ações individuais, mas os efeitos da coisa julgada *erga omnes* ou *ultra partes* a que aludem os incisos II e III do artigo anterior não beneficiarão os autores das ações individuais, se não for requerida sua *suspensão no prazo de 30 (trinta) dias*, a contar da ciência nos autos do ajuizamento da ação coletiva (grifos nossos).

Pensamos, como já vimos no Capítulo XIV, item 5.1.4, que não há litispendência entre ação coletiva (para tutela de interesses difusos, coletivos ou individuais homogêneos) e ação individual.

O dispositivo em tela reforça a nossa tese, pois deixa claro que podem coexistir ação coletiva e ação individual, pois se não for requerida a suspensão do processo da ação individual a contar da ciência (do seu autor) nos autos da ação coletiva, ambos os processos continuarão as suas respectivas marchas rumo à coisa julgada.

Assim, revela-se ilegal a determinação do juiz que, invocando o inciso IV do art. 265 do CPC, determina:

- de ofício ou a requerimento do réu, a suspensão da ação individual para aguardar o julgamento de mérito da ação coletiva[2], sem que tenha havido o requerimento expresso do autor da ação individual para a suspensão da sua ação individual, no prazo de trinta dias contados da sua ciência da existência da ação coletiva;

2. É importante ressaltar que são coletivas as ações em que o sindicato atua como substituto processual em defesa de interesses coletivos ou individuais homogêneos (CF, art. 8º, III; LACP, art. 5º, V; CDC, art. 82, IV), bem como as ações civis públicas e ações civis coletivas ajuizadas na Justiça do Trabalho.

- de ofício ou a requerimento do autor ou do réu, a suspensão da ação coletiva para aguardar o julgamento de mérito da ação individual, sendo que neste caso a ilegalidade é ainda mais contundente, pois implicará um tratamento preferencial a um interesse individual em detrimento de interesses metaindividuais.

E se coexistirem duas ou mais ações coletivas (ou civis públicas) idênticas ou conexas? Neste caso, não há lugar para suspensão de nenhum processo coletivo, e sim a determinação legal para a reunião de todos os processos coletivos no juízo prevento. Nesse sentido, dispõe o parágrafo único do art. 2º da Lei n. 7.347/85 que a propositura da ação coletiva prevenirá a jurisdição do juízo para todas as ações coletivas "posteriormente intentadas que possuam a mesma causa de pedir ou o mesmo objeto". No processo do trabalho, será preventa para as ações coletivas idênticas ou conexas a Vara do Trabalho do local do dano em que foi primeiramente protocolada (ou distribuída) a petição inicial da ação coletiva, observando-se os parâmetros adotados pela novel OJ/SBDI-2 n. 130.

10. PROIBIÇÃO DE PRATICAR ATOS DURANTE A SUSPENSÃO PROCESSUAL

É regra geral da suspensão processual a prevista no art. 314 do CPC.

Durante a suspensão é vedado praticar qualquer ato processual, podendo o juiz, todavia, determinar a realização de atos urgentes a fim de evitar dano irreparável, salvo no caso de arguição de impedimento e de suspeição.

Assim, durante a suspensão, o juiz, desde que contra si não tenha sido arguida a suspeição ou o impedimento, poderá conceder tutelas de urgência (antecipada ou cautelar), quando houver *fumus boni iuris* e *periculum in mora*.

CAPÍTULO XVII
Razões Finais, Sentença e Coisa Julgada

1. RAZÕES FINAIS

As razões finais, também chamadas de alegações finais, constituem faculdades conferidas às partes para se manifestarem nos autos logo depois da instrução e antes da prolação da sentença. Embora importantes, as razões finais não são obrigatórias.

O art. 850 da CLT prescreve que depois de "terminada a instrução, poderão as partes aduzir razões finais, em prazo não excedente de dez minutos para cada uma. Em seguida, o juiz ou presidente renovará a proposta de conciliação, e não se realizando esta, será proferida a decisão".

Vê-se, assim, que o processo do trabalho, fiel aos princípios da oralidade e da concentração dos atos, prevê razões finais apresentadas oralmente, tendo cada parte o prazo de dez minutos para oferecê-las. Havendo pluralidade de reclamantes ou de reclamados, ainda que representados por diferentes procuradores, o prazo de dez minutos deve ser dividido entre os litisconsortes.

Quando a sentença não é proferida na própria audiência, os juízes têm permitido que as partes ofereçam razões finais por escrito, isto é, em forma de memoriais. Nesse caso, há a conversão das razões finais orais em memoriais (peça escrita).

Tal conversão constitui faculdade do julgador e é extraída por aplicação analógica do § 2º do art. 364 do CPC, *in verbis*: "Quando a causa apresentar questões complexas de fato ou de direito, o debate oral poderá ser substituído por razões finais escritas, que serão apresentadas pelo autor e pelo réu, bem como pelo Ministério Público, se for o caso de sua intervenção, em prazos sucessivos de 15 (quinze) dias, assegurada vista dos autos".

Como já foi dito, não há obrigatoriedade da apresentação das razões finais pelas partes. Isso significa que se a parte não manifestar interesse em apresentá-las ou se o juiz não conceder tal oportunidade e a parte não formular seu inconformismo na própria audiência, nenhuma nulidade será declarada, restando, portanto, preclusa a matéria.

Como a audiência no processo do trabalho é una (CLT, art. 849), o chamado "protesto" apresentado por uma parte durante a instrução não precisa ser renovado em razões finais, não correndo, *in casu*, a preclusão. Nesse sentido:

> RECURSO DE REVISTA DA RECLAMANTE. RECURSO ANTERIOR À LEI N. 13.015/2014. CONEXÃO E CONTINÊNCIA. INDEFERIMENTO. PROTESTO EM AUDIÊNCIA NÃO RENOVADO EM RAZÕES FINAIS. PRECLUSÃO. INOCORRÊNCIA. 1. O TRT reconheceu que, após o indeferimento de seu pedido de reunião de processos por conexão e continência, o reclamante protestou em audiência. Não obstante, entendeu que a questão relativa à conexão e continência estava preclusa porque, além de não ter havido a arguição expressa de nulidade processual em audiência, nas razões finais, apresentadas pela reclamante por memoriais, igualmente não houve menção à ocorrência de cerceamento de defesa. 2. À luz da jurisprudência desta Corte, o registro de protestos em audiência mostra-se suficiente para afastar a preclusão, sendo desnecessária a renovação da insurgência em razões finais. Precedentes. 3. Nesse contexto, as exigências impostas no acórdão recorrido, relativas à arguição expressa de nulidade em audiência e de sua renovação em razões finais, quando já registrados os protestos naquela oportunidade, acarretam formalismo exacerbado e caracterizam má aplicação do art. 795 da CLT. Recurso de revista conhecido e provido (TST-RR 11126220125090016, Rel. Min. Hugo Carlos Scheuermann, 1ª T., *DEJT* 23-11-2018).
>
> RECURSO DE REVISTA. ACÓRDÃO PUBLICADO NA VIGÊNCIA DA LEI N. 13.015/2014. NULIDADE. CERCEAMENTO DE DEFESA. EXPEDIÇÃO DE OFÍCIO. PROTESTOS EM AUDIÊNCIA. AUSÊNCIA DE RENOVAÇÃO DA ARGUIÇÃO DE NULIDADE NAS RAZÕES FINAIS. PRECLUSÃO. NÃO OCORRÊNCIA. É firme a jurisprudência desta Corte no sentido de que a ausência de renovação nas razões finais dos protestos realizados em audiência quanto ao indeferimento de produção de prova não configura preclusão do direito da parte de arguir a nulidade. Dessa forma, o Tribunal Regional, ao considerar necessária a expressa arguição da nulidade em sede de razões finais, mesmo já registrados os protestos em audiência, importou em ofensa ao art. 5º, LV, da Constituição Federal. Recurso de revista conhecido e provido (TST-RR 3205520145090011, Rel. Min. Breno Medeiros, 5ª T., *DEJT* 23-3-2018).

Tendo em vista que, de *lege lata*, o processo do trabalho adota a audiência una (ou única), as razões finais, embora facultativas, assumem um papel importantíssimo não apenas para a arguição de nulidades (CLT, art. 795) ocorridas no curso da instrução, como também para facilitação do convencimento do juiz. Se a parte não protestar contra nulidades na própria audiência de instrução, poderá fazê-lo no momento de apresentar suas razões finais e, neste caso, não haverá preclusão. Nesse sentido:

> RECURSO DE REVISTA. LEI N. 13.467/2017. CERCEAMENTO DO DIREITO DE DEFESA. INDEFERIMENTO DE PRAZO PARA APRESENTAÇÃO DE CONTESTAÇÃO, DOCUMENTOS E PROVA ORAL FORMULADA PELA ADVOGADA DE RÉU REVEL. AUSÊNCIA DE PROTESTOS NA AUDIÊNCIA. DEFERIMENTO DE PRAZO PARA APRESENTAÇÃO DE RAZÕES FINAIS ESCRITAS. CERCEAMENTO DE DEFESA ALEGADO EM RAZÕES FINAIS ESCRITAS. AUSÊNCIA DE PRECLUSÃO. TRANSCENDÊNCIA. (...) A arguição de nulidade deve ser realizada "na primeira vez em que tiverem de falar em audiência ou nos autos". A conjunção coordenada alternativa nos induz à conclusão de que a parte pode realizar o protesto de forma imediata ao indeferimento, sem necessidade de renová-lo em razões finais ou pode apresentá-lo apenas em razões finais, orais ou escritas. No caso, o protesto não foi feito de forma imediata em audiência, mas foi realizado em razões finais escritas, conforme facultado pelo magistrado condutor da audiência. Dessa forma, não houve preclusão para se insurgir quanto ao indeferimento do pleito de prazo para apresentação de defesa, documentos e produção de prova oral. Embora afastada a preclusão, não há como acolher a irresignação da reclamada. Isso porque, no período anterior à Lei n. 13.467/2017, como no caso dos autos, a ausência da reclamada na audiência inicial resulta em revelia, mesmo que o seu advogado tenha comparecido a audiência (Súmula 122 do TST). Sendo a parte revel, o indeferimento de prazo para apresentação de contestação, documentos e prova oral não constitui cerceamento do direito de defesa, nos termos da Súmula 74, II, do TST e art. 847 da CLT. Recurso de revista de que não se conhece (TST-RR 106374420165090011, Rel. Des. Conv. Cilene Ferreira Amaro Santos, 6ª T., *DEJT* 7-6-2019).

Como adverte Wagner D. Giglio, "as alegações finais fornecem valioso subsídio aos julgadores, podem convencê-los a adotar a tese defendida e até a mudar-lhes a convicção anterior e intimamente firmada" [1].

Com a extinção da representação classista (EC n. 24/99), o parágrafo único do art. 850 da CLT tornou-se uma norma sem sentido, vigendo apenas temporariamente, ou seja, até o término do mandato dos juízes classistas. De toda sorte, cremos ser

1. *Direito processual do trabalho*, p. 236.

pertinente a mens legis do dispositivo em apreço apenas no tocante à obrigatoriedade de a decisão atender "ao cumprimento da lei" e "ao interesse social".

2. CONCILIAÇÃO PRÉ-DECISÓRIA

Já estudamos que a conciliação constitui um dos princípios peculiares do processo do trabalho. A CLT consagra-a em diversos artigos. Interessa-nos, agora, enfrentar o problema da ausência da derradeira proposta conciliatória no processo do trabalho.

Pois bem.

Findas as alegações finais, o juiz, por força do art. 850 da CLT, deve renovar a proposta de conciliação. No mesmo sentido, o art. 831 do mesmo diploma legal determina que a decisão somente será proferida "depois de rejeitada pelas partes a proposta de conciliação".

Parece-nos que essa segunda proposta de conciliação tem peso maior que a primeira, pois esta deve ser feita na abertura da audiência (CLT, art. 846), isto é, quando ainda o juiz desconhece a *litiscontestatio*.

De outro giro, o art. 764, § 3º, da CLT, dispõe que é "lícito às partes celebrar acordo que ponha termo ao processo, ainda mesmo depois de encerrado o juízo conciliatório".

Noutro falar, a ausência das propostas conciliatórias, a nosso sentir, não nulifica o processo, salvo se a parte demonstrar a existência de prejuízo.

O TST, no entanto, entende que a ausência da segunda proposta conciliatória só resulta em nulidade se houver demonstração de prejuízo. É o que se infere do seguinte julgado:

> RECURSO DE REVISTA DA RECLAMADA. NULIDADE PROCESSUAL. AUSÊNCIA DE RENOVAÇÃO DA PROPOSTA CONCILIATÓRIA 1. A ausência de renovação da proposta conciliatória não resulta em nulidade da sentença, exceto se houver demonstração de prejuízo, uma vez que a lei autoriza as partes a celebrar acordo em qualquer fase do processo. 2. Decisão regional proferida em consonância com esse entendimento. 3. Recurso de revista de que se conhece e a que se nega provimento (...) (TST-RR 32272008620085090002, Rel. Min. João Oreste Dalazen, 4ª T., *DEJT* 5-6-2015).

No procedimento sumaríssimo, ao contrário do que se dá nos procedimentos ordinário e sumário, existe apenas uma proposta de conciliação. Não obstante, o art. 852-E da CLT dispõe que o juiz deve esclarecer às partes presentes sobre as vantagens da conciliação e usará os meios adequados de persuasão para a solução conciliatória do litígio "em qualquer fase da audiência".

Para encerrar este tópico, cumpre lembrar que o juiz não está obrigado a homologar proposta de acordo, ainda que formulada por ambas as partes. Afinal, o processo é instrumento de efetivação do direito material, razão pela qual o juiz pode (e deve) recusar-se a chancelar propostas conciliatórias que, na essência, impliquem autênticas renúncias a direitos fundamentais/indisponíveis do trabalhador. É nula, porém, a decisão judicial que rejeitar a conciliação requerida pelas partes sem a devida fundamentação, como exige o art. 93, IX, da CF. Nesse sentido:

> RECURSO ORDINÁRIO. MANDADO DE SEGURANÇA. INDEFERIMENTO DE HOMOLOGAÇÃO DE ACORDO. AUSÊNCIA DE ILEGALIDADE OU ABUSO DE PODER. I - Na conformidade dos arts. 652, 764 e § 1º, 846 e 850 da CLT, indicados pelo recorrente, os processos submetidos à apreciação da Justiça do Trabalho estão sempre sujeitos à conciliação, sendo lícito às partes celebrar acordo e ao juiz propor solução conciliatória dos conflitos. II - Desses dispositivos não se infere, contudo, a obrigatoriedade de o juiz homologar acordo celebrado entre as partes, podendo não fazê-lo, por cautela. III - É o que se constata do ato impugnado, em que a autoridade registrou ser necessária prévia intervenção do Ministério Público na qualidade de *custos legis*, porque a matéria versada nos autos refere-se às condições do ambiente de trabalho. IV - Diante do fundamento da decisão e não consistindo a homologação de acordo em obrigação do julgador, resta afastado o alegado direito líquido e certo a ser protegido nesta ação. V - Nesse sentido, aliás, é a Súmula 418 desta Corte, segundo a qual, "A concessão de liminar ou a homologação de acordo constituem faculdade do juiz, inexistindo direito líquido e certo tutelável pela via do mandado de segurança". VI - Recurso a que se nega provimento (TST-ROAG 700/2008-000-15-40.2, SBDI-2, Rel. Min. Antônio José de Barros Levenhagen, j. 24-3-2009, *DJ* 3-4-2009).

3. ACORDO (TERMO DE CONCILIAÇÃO)

Vaticina o parágrafo único do art. 831 da CLT que, no caso de conciliação, "o termo que for lavrado valerá como decisão irrecorrível, salvo para a Previdência Social, quanto às contribuições que lhe forem devidas".

Dito de outra forma, no processo do trabalho o acordo homologado judicialmente será equiparado à sentença de mérito, pois somente por ação rescisória poderá ser impugnado (TST, Súmula 259), e produzirá eficácia de coisa julgada em relação às partes que figurarem no título executivo, exceto para a Previdência Social, uma vez que esta não figurou como sujeito da lide no processo (ou fase) de conhecimento.

Na verdade, por força do inciso VIII do art. 114 da CF, com redação dada pela EC n. 45/2004, a União (sucessora processual da autarquia federal – INSS, *ex vi* do § 4º do art. 832 da CLT, com redação dada pela Lei n. 11.457/2007) poderá interpor recurso ordinário contra a decisão homologatória de acordo (transação) entre as partes, cujas razões recursais ficam adstritas às contribuições previdenciárias devidas àquela autarquia federal, cabendo ao TRT apreciar e julgar o referido recurso.

Sobre outras considerações sobre o termo de conciliação, seu objeto e conteúdo, remetemos o leitor ao Capítulo XIII, itens 11 e 12.

4. CONVERSÃO DO JULGAMENTO EM DILIGÊNCIA

Se no momento de redigir a sentença o juiz verificar a existência de irregularidades que poderiam ter sido corrigidas no momento oportuno e não o foram, poderá converter o julgamento em diligência, cujo escopo reside no saneamento da irregularidade.

A base legal para a conversão do julgamento em diligência encontra-se no art. 765 da CLT, que permite ao juiz ampla liberdade na condução do processo, e no art. 796, *a*, da mesma Consolidação, uma vez que a nulidade não será pronunciada "quando for possível suprir-se a falta ou repetir-se o ato".

Na verdade, a conversão do julgamento em diligência é medida salutar, pois o próprio juiz, verificando que existe no processo alguma irregularidade que possa acarretar a sua nulidade, determina, de ofício ou a requerimento da parte ou do MPT, a (re)ratificação de determinado ato importante para a validade da relação jurídica processual.

Assim, a conversão do julgamento em diligência constitui uma providência saneadora[2] que se encontra em sintonia com o princípio da economia processual, na medida em que pode evitar a decretação de nulidade do processo pelo tribunal competente para processar e julgar o recurso correspondente, como, por exemplo, na hi-

2. TEIXEIRA FILHO, Manoel Antonio. *A sentença no processo do trabalho*. São Paulo: LTr, 1994. p. 373-374.

pótese em que o juiz verificar que não formulou a segunda proposta de conciliação ou que não tenha oferecido oportunidade para uma parte manifestar-se sobre o laudo pericial ou documento juntado pela outra parte. Em tais circunstâncias, o juiz estará salvaguardando o processo de eventuais nulidades.

5. PODERES, DEVERES E RESPONSABILIDADES DO JUIZ

O CPC dedica os arts. 139 a 143 aos poderes, deveres e responsabilidades do juiz. Estas regras, a nosso sentir, devem ser aplicadas a todos os magistrados, incluindo desembargadores e ministros.

Assim, nos termos do art. 139 do CPC, o juiz tem o poder de dirigir o processo conforme as disposições legais. Porém, tem o dever de:

I – assegurar às partes igualdade de tratamento;

II – velar pela duração razoável do processo;

III – prevenir ou reprimir qualquer ato contrário à dignidade da justiça e indeferir postulações meramente protelatórias;

IV – determinar todas as medidas indutivas, coercitivas, mandamentais ou sub-rogatórias necessárias para assegurar o cumprimento de ordem judicial, inclusive nas ações que tenham por objeto prestação pecuniária;

V – promover, a qualquer tempo, a autocomposição, preferencialmente com auxílio de conciliadores e mediadores judiciais;

VI – dilatar os prazos processuais e alterar a ordem de produção dos meios de prova, adequando-os às necessidades do conflito de modo a conferir maior efetividade à tutela do direito;

VII – exercer o poder de polícia, requisitando, quando necessário, força policial, além da segurança interna dos fóruns e tribunais;

VIII – determinar, a qualquer tempo, o comparecimento pessoal das partes, para inquiri-las sobre os fatos da causa, hipótese em que não incidirá a pena de confesso;

IX – determinar o suprimento de pressupostos processuais e o saneamento de outros vícios processuais;

X – quando se deparar com diversas demandas individuais repetitivas, oficiar o Ministério Público, a Defensoria Pública e, na medida do possível, outros legitimados a que se referem o art. 5º da Lei n. 7.347, de 24 de julho de 1985, e o art. 82 da Lei n. 8.078, de 11 de setembro de 1990, para, se for o caso, promover a propositura da ação coletiva respectiva.

> Parágrafo único. A dilação de prazos prevista no inciso VI somente pode ser determinada antes de encerrado o prazo regular.

Ainda no rol dos deveres, dispõe o art. 140 do CPC que o juiz não se exime de decidir sob a alegação de lacuna ou obscuridade do ordenamento jurídico, sendo certo que o juiz só decidirá por equidade nos casos previstos no ordenamento jurídico.

Outro dever importante está previsto no art. 8º do CPC, segundo o qual, ao aplicar o ordenamento jurídico, o juiz atenderá aos fins sociais e às exigências do bem comum, resguardando e promovendo a dignidade da pessoa humana e observando a proporcionalidade, a razoabilidade, a legalidade, a publicidade e a eficiência.

Como desdobramento do princípio da imparcialidade, o juiz deverá decidir o mérito nos limites propostos pelas partes, sendo-lhe vedado conhecer de questões não suscitadas a cujo respeito a lei exige iniciativa da parte (CPC, art. 141).

O art. 142 do CPC, no entanto, confere ao juiz o poder-dever de proferir decisão que impeça os objetivos das partes, aplicando, de ofício, as penalidades da litigância de má-fé, quando se convencer de que, pelas circunstâncias, autor e réu se serviram do processo para praticar ato simulado ou conseguir fim vedado por lei.

É importante destacar que o art. 143 do CPC estabelece a responsabilidade civil e regressiva do juiz por perdas e danos quando:

> I – no exercício de suas funções, proceder com dolo ou fraude;
>
> II – recusar, omitir ou retardar, sem justo motivo, providência que deva ordenar de ofício ou a requerimento da parte.
>
> Parágrafo único. As hipóteses previstas no inciso II somente serão verificadas depois que a parte requerer ao juiz que determine a providência e o requerimento não for apreciado no prazo de 10 (dez) dias.

5.1. Atos (pronunciamentos) do juiz

Na dicção do art. 203 do CPC, os atos processuais (pronunciamentos) escritos do juiz consistirão em sentenças, decisões interlocutórias e despachos. Nos §§ 1º, 2º e 3º do mesmo preceptivo, há a definição de cada um desses atos judiciais, *in verbis*:

> § 1º Ressalvadas as disposições expressas dos procedimentos especiais, sentença é o pronunciamento por meio do qual o juiz, com fundamento nos arts. 485 e 487, põe fim à fase cognitiva do procedimento comum, bem como extingue a execução.

§ 2º Decisão interlocutória é todo pronunciamento judicial de natureza decisória que não se enquadre no § 1º.

§ 3º São despachos todos os demais pronunciamentos do juiz praticados no processo, de ofício ou a requerimento da parte.

O § 4º do art. 203 do CPC deixa claro que os "atos meramente ordinatórios, como a juntada e a vista obrigatória, independem de despacho, devendo ser praticados de ofício pelo servidor e revistos pelo juiz quando necessário".

É certo que existem outros atos (pronunciamentos), não escritos, que o juiz pratica no processo, como, por exemplo, o ato de presidir audiências, a inspeção judicial, tomar depoimento das testemunhas, interrogar as partes etc., os quais não se encaixam adequadamente na moldura do art. 203 do CPC.

A CLT não adota a metodologia do CPC; mas a teoria geral do processo está a revelar que os referidos atos judiciais são praticados em qualquer processo, seja ele civil, penal, eleitoral, administrativo ou trabalhista.

Na verdade, a CLT, em regra, emprega o termo "decisão" no sentido amplo, o que exige do intérprete a devida cautela para desvendar, no contexto, o seu exato sentido. Noutro falar, a expressão "decisão", no processo do trabalho, pode ser utilizada em lugar de "sentença" ou de "decisão interlocutória".

Um exemplo suficiente para corroborar tal assertiva é extraído do art. 799, § 2º, da CLT, *in verbis*:

> Das *decisões sobre exceções* de suspeição e incompetência, salvo, quanto a estas, se *terminativas do feito*, não caberá recurso, podendo, no entanto, as partes alegá-las novamente no recurso que couber da *decisão final*. (grifos nossos)

No primeiro caso ("decisão sobre exceções"), estamos diante de decisão interlocutória, pois por meio dela o juiz resolve questão incidente sem extinguir o processo.

No segundo caso ("decisão terminativa do feito sobre incompetência"), estamos, igualmente, diante de decisão interlocutória, pois a decisão que pronuncia a incompetência da Justiça do Trabalho para processar a causa não extingue o processo, mas apenas remete os autos ao juízo que o magistrado entender competente para prosseguir no julgamento da demanda. A expressão "terminativa do feito" significa apenas que a decisão (interlocutória) determina que o processo "sai" do âmbito da Justiça do Trabalho e é remetido a outro ramo do Poder Judiciário, o que empolga, excepcionalmente, a interposição de recurso ordinário, embora não se trate de sentença. É o que se depreende da Súmula 214 do TST:

> Na Justiça do Trabalho, nos termos do art. 893, § 1º, da CLT, as decisões interlocutórias não ensejam recurso imediato, salvo nas hipóteses de decisão: *a*) de Tribunal

Regional do Trabalho contrária à Súmula ou Orientação Jurisprudencial do TST; *b*) suscetível de impugnação mediante recurso para o mesmo Tribunal; *c*) que acolhe exceção de incompetência territorial, com a remessa dos autos para Tribunal Regional distinto daquele a que se vincula o juízo excepcionado, consoante o disposto no art. 799, § 2º, da CLT.

No terceiro caso ("decisão final"), estamos diante de autêntica sentença, que pode ser terminativa ou definitiva, ou seja, com ou sem resolução de mérito.

No procedimento sumaríssimo há no art. 852-G da CLT uma regra a respeito do momento de proferir decisões interlocutórias e sentença nos seguintes termos: "Serão decididos, de plano, todos os incidentes e exceções que possam interferir no prosseguimento da audiência e do processo. As demais questões serão decididas na sentença".

5.2. Sentença e justiça

Para os defensores do formalismo jurídico a sentença é uma peça processual calcada num silogismo: a premissa maior (lei), a premissa menor (fatos que gravitam em torno do caso concreto) e o dispositivo (conclusão).

Essa fórmula lógica e matemática atribuída à sentença tem sido alvo de fundadas críticas na moderna fase do direito processual. Dito de outro modo, há, atualmente, uma resistência a essa concepção formalística da sentença como mera operação lógica que considera o juiz um autômato na condução do processo e na aplicação da lei.

Com efeito, há nítida tendência à socialização do processo, o que permite ao juiz libertar-se do legalismo (forma deturpada do princípio da legalidade) e buscar a promoção da justiça social. Nessa sua nova função promocional, o juiz deixa de ser "escravo da lei" para se transformar em autêntico agente político de transformação social. Político com "P" maiúsculo, isto é, o juiz passa a ser o principal ator estatal cuja missão precípua repousa na promoção da justiça social.

Essa moderna fase do direito processual está a exigir urgente mudança de mentalidade dos operadores jurídicos em geral, principalmente dos juízes, pois o novo ordenamento jurídico inaugurado a partir da Constituição de 1988 insere os princípios fundamentais da cidadania, da dignidade da pessoa humana, do valor social do trabalho e da livre-iniciativa como verdadeiras "normas de introdução" ao direito brasileiro.

O julgar com equidade passa a ser não apenas uma necessidade para corrigir as desigualdades sociais, mas, sobretudo, um dever do juiz (CPC, arts. 1º e 8º).

É preciso deixar claro que essa nova função política do magistrado não deve ser exercida de forma aleatória, o que poderia implicar decisões arbitrárias. Ao revés, a atuação do juiz há de ser pautada na fiel aplicação dos princípios (e objetivos) constitucionais nos casos que lhe são submetidos à cognição e julgamento. Esses princípios, pois, servirão de alicerce não apenas para a solução da lide (função normativa dos princípios), mas também para a nova hermenêutica das normas que compõem o direito positivo (função interpretativa dos princípios).

Com efeito, as recentes reformas do direito processual penal, civil e trabalhista apontam nessa direção, como se infere do art. 6º da Lei n. 9.099/95, que introduziu os Juizados Especiais Cíveis e Criminais, *in verbis*:

> O Juiz adotará em cada caso a decisão que reputar mais justa e equânime, atendendo aos fins sociais da lei e às exigências do bem comum.

Nos domínios do direito processual do trabalho, podemos dizer que a Lei n. 9.957, de 12 de janeiro de 2000, que introduziu na CLT o procedimento sumaríssimo, seguiu a mesma diretriz, ao prescrever no art. 852-I, § 1º, que "o juízo adotará em cada caso a decisão que reputar mais justa e equânime, atendendo aos fins sociais da lei e às exigências do bem comum".

Colhem-se, neste passo, as lúcidas palavras de Manoel Antonio Teixeira Filho, para quem:

> O vocábulo equidade (do latim *aequitas*, de *aequus*: igual, igualitário) significa, no plano jurídico, a regra de Direito Natural, capaz de sobrepor-se ao próprio Direito Positivo. Os princípios da equidade, por isso, se fundam na razão absoluta. O juízo de equidade é o que se baseia, portanto, nas circunstâncias especiais de cada caso concreto, levando-se em conta os critérios de justiça e razoabilidade. Desta forma, se determinada norma legal revelar-se injusta, poderá o juiz, valendo-se do mencionado princípio, desfazer a injustiça, aplicando as regras que derivam do Direito Natural[3].

No mesmo sentido, observa Sálvio de Figueiredo:

> A interpretação das leis não deve ser formal, mas sim, antes de tudo, real, humana, socialmente útil (...). Se o juiz não pode tomar liberdades inadmissíveis com a lei, julgando *contra legem*, pode e deve, por outro lado, optar pela interpretação que mais atenda às aspirações da Justiça e do bem comum[4].

Os arts. 1º e 8º do CPC, que enaltecem o novo papel do juiz na interpretação e aplicação do ordenamento jurídico, são plenamente aplicáveis ao processo do traba-

3. TEIXEIRA FILHO, Manoel Antonio. *O procedimento sumaríssimo no processo do trabalho*. São Paulo: LTr, 2000. p. 122.
4. *Revista STJ* 26/378, p. 384, apud TEIXEIRA FILHO, Manoel Antonio, op. cit., p. 122.

lho porque são normas fundamentais de qualquer processo no Estado Democrático de Direito, o que, seguramente, exige uma nova mentalidade do magistrado trabalhista no tocante às decisões que profere.

5.3. Novo conceito de sentença

Na dicção do § 1º do art. 203 do CPC, sentença "é o pronunciamento por meio do qual o juiz, com fundamento nos arts. 485 e 487, põe fim à fase cognitiva do procedimento comum, bem como extingue a execução".

Não houve alteração da definição legal de despacho e de decisão interlocutória.

Sentença, porém, deixou de ser ato do juiz que põe termo ao processo, com ou sem julgamento do mérito, e passou a ser o ato do juiz que, com ou sem resolução do mérito, extingue a fase cognitiva do procedimento em primeiro grau de jurisdição ou a execução.

Corrigiu-se, assim, uma tautologia, pois, na verdade, a extinção do processo não ocorre com a sentença (ou acórdão), e sim com o esgotamento do prazo para eventual recurso destinado à sua reforma ou anulação.

Andou bem o legislador, no particular, uma vez que, com o desaparecimento do "processo de execução de título judicial" e o surgimento de uma "fase de execução" dentro do próprio processo de conhecimento, a sentença definitiva deixa de ser o ato pelo qual o juiz "esgota" a sua função jurisdicional.

Com efeito, a redação original do art. 463 do CPC/73 dispunha que, com a publicação da "sentença de mérito, o juiz cumpre e acaba o ofício jurisdicional". Todavia, com o advento da Lei n. 11.232/2005 e, agora, por força do art. 494 do CPC: "Publicada a sentença, o juiz só poderá alterá-la...".

Vale dizer, com a prolação da sentença definitiva, isto é, aquela que aprecia mérito (pedido), já não mais implicará o término do ofício jurisdicional, na medida em que o juiz continuará praticando, no mesmo processo cognitivo, isto é, independentemente de instauração de um "novo" processo (de execução)[5], atos destinados ao cumprimento das obrigações nela contidas, nos termos dos arts. 513 a 538 do CPC.

Houve, portanto, substancial alteração do conceito de sentença, pois o sistema anterior apenas levava em conta os efeitos da sentença, enquanto no atual o que importa, a rigor, é o seu conteúdo. Dito de outro modo, de acordo com o CPC de 2015, que mantém o critério do CPC/73 (com as alterações introduzidas pela Lei n.

5. Salvo quando se tratar de processo de execução de título judicial contra as pessoas jurídicas de direito público, como veremos no Capítulo XXIII, item 32.

11.232/2005), o conceito de sentença deverá ser examinado não mais pelo seu efeito, e sim pelo seu conteúdo[6].

Afinal, como se infere da Exposição de Motivos da Lei n. 11.232/2005, perfeitamente adaptada ao CPC, "a efetivação forçada da sentença condenatória será feita como etapa final do processo de conhecimento, após um *tempus iudicati*, sem a necessidade de um processo autônomo de execução (afastam-se os princípios teóricos em homenagem à eficiência e brevidade)".

Com efeito, nos termos do art. 523 do CPC, no caso de condenação em quantia certa, ou já fixada em liquidação, e no caso de decisão sobre parcela incontroversa, o cumprimento definitivo da sentença far-se-á a requerimento do exequente, sendo o executado intimado para pagar o débito, inexistindo mais um processo autônomo de execução da sentença condenatória em obrigação de pagar, de fazer, de não fazer ou entregar coisa.

Marcelo Moura, a propósito, faz importante observação acerca da necessidade de heterointegração dos subsistemas do direito processual civil e trabalhista no sentido de que sentença passou a ser o "pronunciamento judicial pelo qual o juiz, analisando ou não o mérito da causa, põe fim a uma etapa (cognitiva ou executiva) do procedimento em primeira instância"[7]. E isto porque, antes da Lei n. 11.232, havia duas sentenças: uma para extinguir o processo de conhecimento e outra para extinguir o processo de execução. Depois da vigência da referida lei, e, principalmente, com o advento do CPC, aquelas duas sentenças foram fundidas numa só, ou seja, com o processo sincrético haverá apenas uma sentença que extingue não apenas a fase de cognição como também a fase de execução.

De toda sorte, parece-nos que é possível esboçar, com base no seu conteúdo, *dois conceitos de sentença*.

5.3.1. Novo conceito de sentença terminativa

À luz do novo Código de Processo Civil, conceituamos a *sentença terminativa como o provimento judicial que, sem apreciar o mérito, resolve o procedimento no primeiro grau de jurisdição ou a execução.*

É o que se dá com todas as hipóteses previstas nos incisos do art. 485 do CPC. A sentença terminativa tem por escopo resolver a relação jurídica processual sem se pronunciar sobre a lide (pedido). Em regra, ao proferir a sentença terminativa, o juiz acaba o seu ofício jurisdicional.

6. No mesmo sentido: NEVES, Daniel Amorim Assumpção; RAMOS, Glauco Gumerato; FREIRE, Rodrigo da Cunha Lima; MAZZEI, Rodrigo. *Reforma do CPC:* Leis ns. 11.187/2005, 11.232/2005, 11.276/2006, 11.277/2006 e 11.280/2006. São Paulo: Revista dos Tribunais, 2006. p. 75-86.

7. MOURA, Marcelo. *Consolidação das Leis do Trabalho para concursos*. Salvador: JusPodivm, 2011. p. 1.068.

Há, porém, situações, como as previstas nos arts. 331 e 494 do CPC e no art. 897-A da CLT, em que a sentença, mesmo terminativa, não implica automática extinção do procedimento em primeiro grau, pois se houver interposição de apelação (ou recurso ordinário trabalhista) ou de embargos de declaração (com efeitos infringentes) a sentença pode, em tese, ser modificada pelo próprio juiz que a proferiu e em seu lugar surgir uma sentença definitiva. É o que ocorreria, por exemplo, com uma sentença que declara o autor carecedor de ação por ausência de interesse (sentença terminativa – CPC, art. 485, VI), mas é omissa a respeito da prescrição arguida em contestação. Interpostos embargos de declaração para sanar a omissão, o juiz, conhecendo e dando provimento aos declaratórios, pronuncia a prescrição (sentença definitiva – CPC, art. 487, II).

5.3.2. Novo conceito de sentença definitiva

Depois da vigência da Lei n. 11.232 e de acordo com o CPC, a sentença definitiva passa a ser o provimento judicial que, *apreciando e resolvendo o mérito da demanda, pode implicar a extinção do procedimento em primeiro grau de jurisdição.* É o que ocorre com as hipóteses do art. 487 do CPC.

Com efeito, a sentença definitiva *pode implicar* a extinção do procedimento em primeiro grau, tal como se dá com a sentença eminentemente declaratória de procedência, ou com qualquer sentença de improcedência[8], se em ambos os casos não houver interposição tempestiva de recurso ordinário (apelação cível).

Não há negar que nestes casos ocorre a extinção do procedimento no primeiro grau de jurisdição (e do próprio processo de conhecimento, se não houver interposição de recurso), já que, com a prolação da sentença, o juiz cumpre e acaba o seu ofício jurisdicional, razão pela qual não praticará nenhum outro ato judicial subsequente, salvo, é claro, aqueles que tiverem por objeto, se for o caso, o pagamento das despesas processuais decorrentes da sucumbência ou, ainda, nas hipóteses dos arts. 332, § 1º, 296 e 494 do CPC e art. 897-A da CLT.

Fenômeno semelhante ocorre com as sentenças constitutivas de procedência, pois estas simplesmente criam, modificam ou extinguem relações jurídicas, ou seja, contêm operações meramente cognitivas. Se de tal sentença não houver recurso, estará realmente exaurido o ofício jurisdicional do juiz que a prolatou.

Tratando-se, porém, de sentença condenatória, mandamental ou executiva *lato sensu*, parece-nos não haver dúvida de que, nestes casos, não existirá extinção do

---

8. É importante ressalvar que a sentença de improcedência, isto é, aquela que rejeita o pedido, nos chamados "processos repetitivos" poderá ser reformada pelo próprio juiz que a prolatou (CPC, art. 332; CPC/73, art. 285-A, § 1º).

procedimento no primeiro grau mesmo depois de proferida a sentença, uma vez que o próprio juiz que a proferiu continuará praticando atos posteriores, visando ao efetivo cumprimento do seu conteúdo.

Como bem observam Marinoni e Arenhart:

> As sentenças de procedência que não precisam que o processo se desenvolva em uma fase de execução, para satisfazer o autor, obviamente extinguem o processo (sentenças declaratória e constitutiva). Apenas a sentença que condena ao pagamento de quantia certa, assim como as sentenças que impõem não fazer, fazer ou entrega de coisas (arts. 461 e 461-A, CPC), acolhem o pedido sem extinguir o processo[9].

Além disso, andou bem o legislador ao alterar a antiga redação do art. 269 do CPC/73 ("*Extingue-se o processo com julgamento do mérito...*") para, nos termos do art. 487 do CPC, "*Haverá resolução de mérito...*", na medida em que "julgamento do mérito" só ocorria, a rigor, na hipótese do inciso I ("quando juiz acolher ou rejeitar o pedido do autor")[10], ao passo que nos casos dos incisos II, III e V não se observava, em precisão científica, "julgamento do pedido". Correta, pois, a alteração do termo julgamento por resolução, "já que a expressão *resolver* é mais ampla que *julgar*"[11].

A sentença definitiva, portanto, salvo a de conteúdo eminentemente declaratório ou constitutivo – com as observações que expendemos alhures –, passa a ser, nos termos do art. 487 do CPC, *o ato pelo qual o juiz resolve o mérito, sem, contudo, extinguir o processo*. E a razão é simples: o cumprimento da sentença dar-se-á, a princípio, no mesmo processo e nos mesmos autos, perante o mesmo "juízo que processou a causa no primeiro grau de jurisdição" (CPC, art. 516, II), independentemente de instauração de um "processo de execução de sentença".

Com efeito, dispõe o art. 487 do CPC:

> Art. 487. Haverá resolução de mérito quando o juiz:

---

9. MARINONI, Luiz Guilherme; ARENHART, Sérgio Cruz. *Processo de conhecimento*. 7. ed. São Paulo: Revista dos Tribunais, 2008. p. 410.
10. Para alguns autores, a hipótese do inciso IV do art. 269 do CPC/73 (CPC, art. 485, IV) é "assimilável à improcedência do pedido, de sorte que o pronunciamento do juiz que reconhece a prescrição ou a decadência do direito também consiste em julgamento do mérito da causa, na medida em que conduzem à improcedência do pedido" (WAMBIER, Luiz Rodrigues; WAMBIER, Teresa Arruda Alvim; MEDINA, José Miguel Garcia. *Breves comentários à nova sistemática processual civil*. São Paulo: Revista dos Tribunais, 2006. p. 61).
11. WAMBIER, Luiz Rodrigues; WAMBIER, Teresa Arruda Alvim; MEDINA, José Miguel Garcia. *Breves comentários à nova sistemática processual civil*..., cit., p. 61.

I – acolher ou rejeitar o pedido formulado na ação ou na reconvenção;

II – decidir, de ofício ou a requerimento, sobre a ocorrência de decadência ou prescrição;

III – homologar:

a) o reconhecimento da procedência do pedido formulado na ação ou na reconvenção;

b) a transação;

c) a renúncia à pretensão formulada na ação ou na reconvenção.

Parágrafo único. Ressalvada a hipótese do § 1º do art. 332, a prescrição e a decadência não serão reconhecidas sem que antes seja dada às partes oportunidade de manifestar-se.

Com razão Daniel Amorim Assumpção Neves, ao salientar, em comentário ao CPC/73, aplicável ao CPC, que o

> advento generalizado das ações sincréticas, independentemente da natureza da obrigação objeto da condenação, obrigou o legislador a repensar o conceito de sentença, modificando o critério utilizado anteriormente. Em vez do efeito da decisão, o novo conceito de sentença tem como critério conceitual o conteúdo do pronunciamento, fazendo expressa remissão aos arts. 267 e 269 do CPC (...). Com o novo conceito de sentença, o que importará será o conteúdo do ato, passando a ser irrelevante sua repercussão na continuidade do processo[12].

Como a CLT não define a sentença, impõe-se a aplicação subsidiária e supletiva do CPC (art. 15), tendo em vista a lacuna normativa e ontológica do texto obreiro e a perfeita compatibilidade do novel conceito de sentença do processo civil com as normas (gênero), princípios e regras (espécies de normas) do processo do trabalho (CLT, art. 769).

Ademais, se a sentença é o ato judicial com aptidão de produzir a coisa julgada, que é um direito ou garantia fundamental proclamado solenemente no art. 5º, XXXVI, da CF, então o conceito de sentença civil não pode ser diferente da sentença trabalhista.

Na verdade, a CLT emprega genericamente o vocábulo "decisão", ora no sentido de acórdão (definitivo, terminativo ou interlocutório) ou sentença (terminativa ou definitiva), ora de decisão interlocutória (*v.g.*, arts. 659, IX e X, 672, § 2º, 797, 832, 833, 834, 835 e 850).

---

12. NEVES, Daniel Amorim Assumpção; RAMOS, Glauco Gumerato; FREIRE, Rodrigo da Cunha Lima; MAZZEI, Rodrigo. *Reforma do CPC*..., cit., p. 79-80.

Nesse passo, adverte Júlio César Bebber, em magistério aplicável ao CPC:

> A omissão de regulamentação específica pelas normas processuais trabalhistas, bem como a ausência de incompatibilidade com a ordem jurídica processual trabalhista e com os princípios do processo do trabalho, por isso, conduzem à utilização subsidiária do art. 162 do CPC (CLT, art. 769)[13].

Esse mesmo autor conclui:

> Assim, (*a*) se a sentença é o pronunciamento do juiz que examina a relação jurídica processual (extingue o processo) e material, e (*b*) se a sentença que examina o mérito não extingue o processo (CPC, art. 269), inegável a conclusão de que também no processo do trabalho foi instalado o modelo do *processo sincrético* para as obrigações de pagar[14].

De nossa parte, pois, parece-nos inegável a necessidade da adoção do novo conceito de sentença previsto nos arts. 203, § 1º, 485 e 487 do CPC nos sítios do processo do trabalho.

Do contrário, ficará seriamente ameaçado o sistema do *Direito Constitucional Processual*, que é integrado pelos subsistemas do processo civil e trabalhista.

Há, pois, que instaurar uma nova mentalidade a respeito da mitigação do dogma constante da regra do art. 769 da CLT, como já advertimos anteriormente com a aplicação do sistema do acesso à jurisdição trabalhista metaindividual, segundo o qual nas ações civis públicas as fontes normativas primárias são LACP (Lei n. 7.347/85) e a parte processual do CDC (Lei n. 8.078/90), restando à CLT o papel de mera fonte secundária ou subsidiária e, ainda, assim, sujeita ao controle de compatibilidade do novel sistema de acesso coletivo à Justiça do Trabalho[15].

É preciso, portanto, romper com o formalismo jurídico e estabelecer o *diálogo das fontes normativas* infraconstitucionais do CPC e da CLT, visando à concretização do *princípio da máxima efetividade* das normas (princípios e regras) constitucionais de direito processual, especialmente o novel princípio da "duração razoável do processo com os meios que garantam a celeridade de sua tramitação" (CF, art. 5º, LXXVIII).

---

13. BEBBER, Júlio César. Reforma do CPC – processo sincrético e repercussões no processo do trabalho. *Revista LTr*, São Paulo, v. 70, n. 2, p. 139, fev. 2006.

14. Idem, ibidem, p. 141.

15. LEITE, Carlos Henrique Bezerra. *Ação civil pública na perspectiva dos direitos humanos*. São Paulo: LTr, 2008. p. 79-92. Ver também: LEITE, Carlos Henrique Bezerra. *Liquidação na ação civil pública*. São Paulo: LTr, 2004. p. 34-40, no qual sustentamos a relativização da autonomia do direito processual do trabalho.

Como bem salienta Francisco Montenegro Neto, cuja lição se solidifica com o CPC:

> Os processos civil e trabalhista, agora com as suas execuções de título judicial assemelhadas, porquanto sejam fases processuais – passando a recente alteração do processo civil (Lei n. 11.232) a eliminar burocracia e orientar-se pelo maior desembaraço que sempre norteou a execução trabalhista (o processo de execução de título judicial no processo civil doravante correrá nos mesmos autos da ação de conhecimento, como sempre ocorreu no processo do trabalho) –, são regramentos que se entrelaçam e fazem parte de um ordenamento jurídico único, jungidos a uma mesma *Lex Mater*, a Constituição Federal, à qual devem forçosamente se adaptar, não esperando que o contrário ocorra por via das emendas que se sucedem[16].

Ademais, se o processo nada mais é do que *instrumento de realização do direito material*, é condição necessária a aplicação das normas do CPC que, na prática, impliquem a operacionalização do princípio da máxima efetividade da tutela jurisdicional, que tem no princípio da celeridade uma de suas formas de manifestação.

Isso significa que as normas do processo civil, desde que impliquem maior efetividade à tutela jurisdicional dos direitos sociais trabalhistas, devem ser aplicáveis nos domínios do processo do trabalho como imperativo de promoção do acesso do cidadão-trabalhador à jurisdição tempestiva, adequada e justa[17].

O próprio TST acabou abarcando, implicitamente, essa nova hermenêutica constitucional ao romper com o dogma da autonomia absoluta do processo do traba-

---

16. MONTENEGRO NETO, Francisco. A nova execução e a influência do processo do trabalho no processo civil. *Jus Navigandi*, Teresina, a. 10, n. 928, 17 jan. 2006. Disponível em: <http://jus2.uol.com.br/doutrina/texto.asp?id=7835>. Acesso em: 20 maio 2006.
17. Sob esse aspecto divergimos, *data maxima venia*, do entendimento do renomado processualista Manoel Antonio Teixeira Filho (As novas leis alterantes do processo civil e repercussão no processo do trabalho, *Revista LTr*, São Paulo, v. 70, n. 3, p. 274-275, mar. 2006), para quem "nenhum intérprete ou operador do Direito está legalmente autorizado a colocar à margem esses dispositivos da legislação processual trabalhista, para *substituí-los* – de maneira arbitrária, portanto – pelos componentes da Lei n. 11.232/2005. Bem ou mal, pois, a CLT contém normas reguladoras do procedimento da *liquidação* e do processo de *execução*. Sob esse aspecto, torna-se irrelevante o fato de as disposições da citada Lei serem, em tese, mais eficientes do que as integrantes do processo do trabalho; a isto sobreleva a particularidade, já ressaltada, de este processo não ser omisso quanto às matérias tratadas por aquela norma processual civil". Não vemos arbitrariedade na aplicação das normas do processo civil que impliquem maior efetividade do processo do trabalho e, sim, a adoção de uma nova hermenêutica constitucional, calcada na realização dos princípios constitucionais. Afinal, violar um princípio (justiça) é muito mais grave que violar uma regra (lei).

lho (art. 769 da CLT), como se pode extrair, *v.g.*, da Súmula 303 daquela Corte[18], segundo a qual – mesmo diante da norma processual trabalhista especial constante do art. 1º, V, do Decreto-lei n. 779/69, que determina a remessa necessária obrigatória de sentença total ou parcialmente desfavorável aos entes públicos – é aplicável a norma do § 2º do art. 475 do CPC/73 (CPC, art. 496, §§ 3º e 4º).

Por outro lado, não é razoável admitir que a ampliação da competência da Justiça do Trabalho para processar e julgar ações oriundas das relações de trabalho distintas da relação de emprego (CF art. 114, I) possa implicar (pela não aplicação das novas normas do CPC nas hipóteses em que estas se mostrarem mais efetivas do que as da CLT) retrocesso (jurídico e social) do acesso dos novos cidadãos (trabalhadores *lato sensu*) à Justiça do Trabalho.

Dito de outro modo, seria ilógico e manifestamente injusto transferir, via Emenda Constitucional n. 45/2004, as demandas oriundas da relação de trabalho *lato sensu* para a competência da Justiça do Trabalho e, pela não aplicação de novas normas do CPC, reduzir a efetividade da tutela jurisdicional (em sentido formal e material) dos sujeitos das referidas demandas.

Oportuna, nesse passo, a percuciente advertência de José Roberto dos Santos Bedaque, igualmente aplicável na perspectiva do CPC:

> A efetividade da tutela jurisdicional depende muito da sensibilidade do jurista, principalmente do estudioso do direito processual, que deve criar soluções visando a tornar o instrumento adequado à realidade social a que ele será aplicado[19].

---

18. TST, Súmula 303: "FAZENDA PÚBLICA. REEXAME NECESSÁRIO (nova redação em decorrência do CPC de 2015). I – Em dissídio individual, está sujeita ao reexame necessário, mesmo na vigência da Constituição Federal de 1988, decisão contrária à Fazenda Pública, salvo quando a condenação não ultrapassar o valor correspondente a: *a)* 1.000 (mil) salários mínimos para a União e as respectivas autarquias e fundações de direito público; *b)* 500 (quinhentos) salários mínimos para os Estados, o Distrito Federal, as respectivas autarquias e fundações de direito público e os Municípios que constituam capitais dos Estados; *c)* 100 (cem) salários mínimos para todos os demais Municípios e respectivas autarquias e fundações de direito público. II – Também não se sujeita ao duplo grau de jurisdição a decisão fundada em: *a)* súmula ou orientação jurisprudencial do Tribunal Superior do Trabalho; *b)* acórdão proferido pelo Supremo Tribunal Federal ou pelo Tribunal Superior do Trabalho em julgamento de recursos repetitivos; *c)* entendimento firmado em incidente de resolução de demandas repetitivas ou de assunção de competência; *d)* entendimento coincidente com orientação vinculante firmada no âmbito administrativo do próprio ente público, consolidada em manifestação, parecer ou súmula administrativa. III – Em ação rescisória, a decisão proferida pelo Tribunal Regional do Trabalho está sujeita ao duplo grau de jurisdição obrigatório quando desfavorável ao ente público, exceto nas hipóteses dos incisos anteriores. IV – Em mandado de segurança, somente cabe reexame necessário se, na relação processual, figurar pessoa jurídica de direito público como parte prejudicada pela concessão da ordem. Tal situação não ocorre na hipótese de figurar no feito como impetrante e terceiro interessado pessoa de direito privado, ressalvada a hipótese de matéria administrativa.
19. BEDAQUE, José Roberto dos Santos. *Direito e processo:* influência do direito material sobre o processo. 3. ed. São Paulo: Malheiros, 2003. p. 33.

Na mesma esteira, Valentin Carrion já salientava, em comentário ao art. 769 da CLT:

> Perante novos dispositivos do processo comum, o intérprete necessita fazer uma primeira indagação: se, não havendo incompatibilidade, permitir-se-ão a celeridade e a simplificação, que sempre foram almejadas. Nada de novos recursos, novas formalidades inúteis e atravancadoras[20].

Em semelhante escólio, lembra Daisson Flach que o

> direito ao *devido processo legal*, ou ao *justo processo*, garantia que, de certa forma, sintetiza as demais, é, portanto, entendido em suas duas dimensões: formal e material. Deve o processo estruturar-se formalmente de modo a dar cumprimento, tanto quanto possível, aos vários princípios implicados, estabelecendo, a cada passo, a sua devida ponderação. A noção atual de instrumentalidade postula um processo tecnicamente estruturado que possa atender aos aspectos éticos da atividade judiciária. As garantias formais não são um fim em si mesmas, devendo oferecer, dentro das possibilidades, resultado materialmente justo[21].

É, pois, na Justiça do Trabalho que o princípio da máxima efetividade da tutela jurisdicional encontra solo fértil para ampla aplicação, mormente na fase de cumprimento de sentença que contenha obrigação por quantia certa (créditos de natureza alimentícia). Eis aí a aproximação do direito processual ao direito material, propiciando o acesso à jurisdição justa.

Afinal, o nosso ordenamento jurídico guarda em seu patamar mais alto, como verdadeiras cláusulas de direito fundamental, o princípio do direito (norma) mais favorável à pessoa humana, *em geral* (CF, art. 5º, § 2º), e o princípio do direito (norma) mais favorável ao cidadão-trabalhador, *em particular* (CF, art. 7º, *caput*), não havendo distinção constitucional entre normas que contemplam direito material e direito processual.

Como bem lembra Luiz Guilherme Marinoni:

> Diante da transformação da concepção de direito, não há mais como sustentar antigas teorias da jurisdição, que reservavam ao juiz a função de declarar o direito ou

20. CARRION, Valentin. *Comentários à Consolidação das Leis do Trabalho*. 31. ed. São Paulo: LTr, p. 584.

21. FLACH, Daisson. Processo e realização constitucional: a construção do "devido processo". In: AMARAL, Guilherme Rizzo; CARPENA, Márcio Louzada (Coords.). *Visões críticas do processo civil brasileiro:* uma homenagem ao prof. Dr. José Maria Rosa Tesheiner. Porto Alegre: Livraria do Advogado, 2005. p. 20.

de criar a norma individual, submetidas que eram ao princípio da supremacia da lei e ao positivismo acrítico. O Estado constitucional inverteu os papéis da lei e da Constituição, deixando claro que a legislação deve ser compreendida a partir dos princípios constitucionais de justiça e dos direitos fundamentais. Expressão concreta disso são os deveres de o juiz interpretar a lei de acordo com a Constituição, de controlar a constitucionalidade da lei, especialmente atribuindo-lhe novo sentido para evitar a declaração de inconstitucionalidade, e de suprir a omissão legal que impede a proteção de um direito fundamental. Isso para não falar do dever, também atribuído à jurisdição pelo constitucionalismo contemporâneo, de tutelar os direitos fundamentais que se chocam no caso concreto[22].

Aliás, a busca pela efetividade do processo do trabalho é, inegavelmente, uma maneira de interpretar e aplicar regras e princípios concernentes aos direitos fundamentais, além de melhorar a condição social dos trabalhadores, especialmente em nosso país, na medida em que, por meio dele (processo do trabalho), podem ser reprimidas (ou evitadas) condutas socialmente indesejáveis dos "tomadores de serviços" que, sistemática e massivamente, lesam os direitos sociais trabalhistas, o que exige uma nova mentalidade a respeito do papel da Justiça do Trabalho como instituição guardiã da ordem justrabalhista.

5.4. A classificação quinária das sentenças

Demonstrada a necessidade, tanto no processo civil quanto no processo do trabalho, de se estabelecer novo conceito de sentença, procuraremos, neste tópico, ensaiar uma nova classificação das sentenças.

As sentenças, segundo doutrina tradicional, são classificadas segundo os efeitos que exercem no processo. Teríamos, então, as sentenças que extinguiriam o processo *sem* e *com* "julgamento" do mérito. Esta classificação era extraída da redação original dos arts. 162, § 1º, 267 e 269, do CPC/73.

A partir da vigência da Lei n. 11.232/2005, tal classificação, como vimos alhures, já não pode mais ser adotada. Na verdade, antes mesmo da Lei n. 11.232, alguns processualistas já classificavam a sentença de acordo com o provimento jurisdicional solicitado pelo autor. Teríamos, assim, sentenças declaratória, constitutiva, condenatória, mandamental ou executiva *lato sensu*, conforme provenham de ações declaratória, constitutiva, condenatória, mandamental ou executiva *lato sensu*, respectivamente.

22. MARINONI, Luiz Guilherme. A jurisdição no Estado contemporâneo. In: MARINONI, Luiz Guilherme (Coord.). *Estudos de direito processual civil:* homenagem ao professor Egas Dirceu Moniz de Aragão. São Paulo: Revista dos Tribunais, 2005. p. 65.

Não obstante, existe ainda certa corrente doutrinária que rejeita essa classificação quinária, sob o fundamento de que a sentença condenatória já abrangeria o que se reconhece hoje como sentença mandamental ou executiva *lato sensu*.

Ocorre que os arts. 461 e 461-A do CPC/73 (e arts. 84 do CDC e 11 da LACP), o que agora é reforçado com os arts. 497 e 498 do CPC, positivaram no nosso direito processual as chamadas sentenças mandamentais e executivas *lato sensu*, nos seguintes termos:

> Art. 497. Na ação que tenha por objeto a prestação de fazer ou de não fazer, o juiz, se procedente o pedido, concederá a tutela específica ou determinará providências que assegurem a obtenção de tutela pelo resultado prático equivalente.
>
> Art. 498. Na ação que tenha por objeto a entrega de coisa, o juiz, ao conceder a tutela específica, fixará o prazo para o cumprimento da obrigação.

Além disso, o parágrafo único do art. 497 do CPC prevê expressamente as tutelas específicas inibitórias e de remoção do ilícito:

> Para a concessão da tutela específica destinada a inibir a prática, a reiteração ou a continuação de um ilícito, ou a sua remoção, é irrelevante a demonstração da ocorrência de dano ou da existência de culpa ou dolo.

As tutelas inibitória e de remoção do ilícito são tutelas genuinamente preventivas e têm como pressuposto a probabilidade da prática, da repetição ou da continuação de ato contrário ao direito[23]. Estas tutelas têm natureza mandamental ou executiva *lato sensu*.

Adotamos, assim, a classificação quinária das sentenças. Essa classificação tem importância especialmente didática, porquanto é sabido que, na prática, as sentenças contêm comandos mistos, ou seja, declaratórios, constitutivos, condenatórios ou mandamentais. A sentença que declara a existência da relação empregatícia, por exemplo, condena o réu em custas e demais despesas processuais. Na sentença que condena o réu a indenizar danos materiais ou morais, há a declaração relativa ao direito violado e a constituição da respectiva obrigação.

Pode-se dizer, assim, que a classificação das sentenças definitivas leva em conta o seu conteúdo preponderante. É dizer que as sentenças definitivas são predominantemente condenatórias, constitutivas, declaratórias, mandamentais ou executivas *lato sensu*.

23. MARINONI, Luiz Guilherme; ARENHART, Sérgio Cruz; MITIDIERO, Daniel. *Novo Código de Processo Civil comentado*. São Paulo: Revista dos Tribunais, 2015. p. 503.

5.4.1. Sentença declaratória

Em todas as ações de conhecimento, existe um acertamento, ou seja, uma declaração acerca do objeto do processo. Daí se denominarem também ações de acertamento, pois nelas são proferidas decisões que reconhecem a existência e a certeza de um direito.

Diz-se que é declaratória (ou meramente declaratória) a sentença que se limita a declarar a existência ou inexistência de uma relação jurídica ou autenticidade ou falsidade de um documento. A sentença declaratória é também chamada de sentença autossuficiente, uma vez que com a sua prolação o autor obtém, desde logo, a tutela do direito postulado na petição inicial[24].

Com efeito, dispõe o art. 19 do CPC, aplicável ao processo do trabalho por força do art. 769 da CLT e art. 15 do CPC, que o interesse do autor pode limitar-se à declaração: I – da existência ou da inexistência ou modo de ser de uma relação jurídica; II – da autenticidade ou falsidade de documento.

O nosso sistema processual admite a ação declaratória, ainda que tenha ocorrido a violação do direito (CPC, art. 20). A SBDI-1 do TST editou a OJ n. 276, segundo a qual é "incabível ação declaratória visando a declarar direito à complementação de aposentadoria, se ainda não atendidos os requisitos necessários à aquisição do direito, seja por via regulamentar, ou por acordo coletivo". Vale dizer, não cabe ação declaratória visando à declaração de um direito (relação jurídica) se o reconhecimento deste ainda depende da satisfação de alguma condição.

Na verdade, são sentenças declaratórias não apenas as que julgam procedente pedido inscrito em ação exclusivamente declaratória, como também as proferidas em quaisquer outras ações condenatórias ou constitutivas. Afinal, em todas as sentenças há um conteúdo declaratório.

Em todas as ações cujos pedidos são julgados procedentes ou improcedentes, há, de forma implícita, uma declaração positiva ou negativa, na medida em que é preciso que o juiz, preambularmente, acerte o direito em questão para, ao depois, extrair desse direito as consequências impostas pela sentença.

Cumpre advertir que a sentença de improcedência do pedido será sempre declaratória (ou declaratória negativa), ainda que a ação seja constitutiva ou condenatória.

No processo do trabalho, são declaratórias as sentenças que reconhecem a existência de relação empregatícia entre autor e réu. Na prática, porém, o pedido não se limita à declaração de reconhecimento do vínculo de emprego, pois o autor também

24. MARINONI, Luiz Guilherme et al. *Novo Código de Processo Civil comentado*. São Paulo: Revista dos Tribunais, 2015. p. 528.

formula pedidos condenatórios correspondentes às verbas trabalhistas contratuais ou rescisórias de que alega ser credor.

Os efeitos da sentença declaratória são *ex tunc*, isto é, retroagem no tempo à data da celebração da relação jurídica reconhecida judicialmente.

5.4.1.1. Sentença que declara a inexistência de relação empregatícia

Outra questão muito debatida nos domínios do processo do trabalho é a que diz respeito à sentença que, reconhecendo a inexistência de vínculo empregatício entre autor e réu, declara o primeiro "carecedor da ação" por ilegitimidade ativa *ad causam*.

A nosso sentir, não obstante conste do dispositivo da sentença a extinção do feito sem resolução do mérito, nos termos do art. 485, VI, do CPC, parece-nos que, se houve necessidade de instrução probatória para tal conclusão, deve-se interpretar a sentença como definitiva (CPC, art. 487, I).

A questão não é meramente cerebrina, pois, se se admite a sentença terminativa, poderá o autor, após seu trânsito em julgado, ajuizar novamente a mesma ação quantas vezes quiser. Mas, se a opção for pela sentença definitiva, com o seu trânsito em julgado, restará apenas a ação rescisória como única possibilidade de modificá-la.

5.4.1.2. Declaração incidental de existência de relação jurídica litigiosa

Outra questão que a Justiça do Trabalho passou a enfrentar a partir da EC n. 45/2004 é a que diz respeito à declaração incidental de existência, de inexistência ou do modo de ser da relação jurídica de trabalho sujeita à competência da Justiça Laboral (CF, art. 114, I).

O CPC prevê que para "postular em juízo é necessário ter interesse e legitimidade" (art. 17). O "interesse do autor pode limitar-se à declaração da existência, da inexistência ou do modo de ser de uma relação jurídica" (art. 19), sendo "admissível a ação meramente declaratória, ainda que tenha ocorrido a violação do direito" (art. 20). Esses dispositivos são aplicáveis ao processo do trabalho (CPC, art. 15; CLT, art. 769) e concernem à possibilidade de ajuizamento de ação declaratória autônoma.

Com relação à ação declaratória incidental, que tinha residência específica no art. 325 do CPC de 1973, não há dispositivo correspondente no CPC de 2015, uma vez que este promoveu a inclusão das questões prejudiciais nos limites objetivos da coisa julgada, sem necessidade de a parte ajuizar ação declaratória incidental.

Com efeito, dispõe o art. 503, *caput*, do CPC, aplicável ao processo do trabalho (CLT, art. 769; CPC, art. 15), que a decisão que julgar total ou parcialmente o mérito tem força de lei nos limites da questão principal expressamente decidida, sendo certo que, por força do seu § 1º, o disposto no *caput* aplica-se à resolução de questão prejudicial, decidida expressa e incidentemente no processo, se:

I – dessa resolução depender o julgamento do mérito;

II – a seu respeito tiver havido contraditório prévio e efetivo, não se aplicando no caso de revelia;

III – o juízo tiver competência em razão da matéria e da pessoa para resolvê-la como questão principal.

A guisa de exemplo, se um trabalhador, não associado ao sindicato representativo de sua categoria profissional, ajuíza ação trabalhista e pede devolução de valores descontados em seu salário pelo reclamado a título de taxa de fortalecimento sindical prevista em cláusula de acordo coletivo de trabalho, o trabalhador poderá requerer (ou juiz, de ofício, poderá declarar) incidentalmente a nulidade da referida cláusula e julgar procedente o pedido.

Não se aplica, porém, a hipótese do § 1º do art. 503 do CPC, seja no processo civil ou no trabalhista, se no processo houver restrições probatórias ou limitações à cognição que impeçam o aprofundamento da análise da questão prejudicial.

5.4.1.3. Declaração incidental de inconstitucionalidade exercida por juiz singular

Como é sabido, o controle de constitucionalidade de lei ou ato normativo do Poder Público no sistema constitucional brasileiro pode ser exercido na forma concentrada ou na forma difusa.

O controle concentrado é exercido monopolisticamente pelo Supremo Tribunal Federal, por meio das seguintes ações de sua competência originária: ADI – Ação Direta de Inconstitucionalidade (CF, art. 102, I, *a*), ADC – Ação Declaratória de Constitucionalidade (idem), ADPF – Arguição de Descumprimento de Preceito Fundamental (CF, art. 102, § 1º), ADI por omissão (CF, art. 103, § 2º) ou ADI interventiva (CF, art. 36, III).

Já o controle difuso, também chamado de controle repressivo, é exercido pela via da exceção ou defesa. Por isso mesmo, o controle difuso é aberto, porquanto exercido por qualquer juiz ou tribunal do Poder Judiciário, observando-se as regras de competência funcional.

Interessa-nos aqui o controle difuso, que é exercido por um juiz do trabalho diante de um caso concreto que exige uma declaração *incidenter tantum* (declaração incidental no curso do processo), prejudicialmente ao exame do mérito (pedido). A declaração incidental de inconstitucionalidade pode ser proferida de ofício pelo juiz ou a requerimento do autor, réu ou terceiro juridicamente interessado.

Vamos a um exemplo.

Se o autor, servidor público celetista municipal, pede o pagamento de uma vantagem criada por lei municipal cuja iniciativa não fora do prefeito, o juiz pode, de ofício ou a requerimento do réu, declarar incidentalmente a inconstitucionalidade da referida lei com fundamento no art. 61, § 1º, *a*, da CF, pois a iniciativa das leis que impliquem aumento de remuneração dos servidores é de iniciativa privativa do Chefe do Poder Executivo Federal, Estadual ou Municipal.

Nos tribunais, a competência para o controle difuso de constitucionalidade é atribuída ao Tribunal Pleno ou a um Órgão Especial, sendo exigido um quórum específico: a maioria absoluta dos membros do Tribunal Pleno ou Órgão Especial (CF, art. 97; Súmula Vinculante STF 10). Nesses casos, o procedimento do incidente de arguição de inconstitucionalidade será disciplinado pelos arts. 948 a 950 do CPC, como veremos no Capítulo XXI, item 2.

5.4.2. Sentença constitutiva

Sentença constitutiva é aquela que julga procedente uma ação constitutiva. Diz-se que uma ação é constitutiva quando tem por objeto criar, modificar ou extinguir determinada relação jurídica. Ex.: divórcio, anulação de casamento, falência, interdição etc.

As sentenças constitutivas são também chamadas de autossuficientes[25], uma vez que não necessitam de cumprimento, porquanto a sua prolação realiza de pronto a tutela do direito postulado pelo autor.

No processo do trabalho, são exemplos de sentenças constitutivas as que julgam procedente pedido de rescisão indireta (CLT, art. 483), autorizam a resolução do contrato de trabalho do empregado portador de estabilidade ou garantia no emprego (CLT, art. 494) etc.

Em geral, as sentenças constitutivas produzem efeitos *ex nunc*, isto é, a partir do seu trânsito em julgado, mas a lei pode dispor diferentemente.

No processo do trabalho, por exemplo, a sentença que anula a transferência de um empregado produz efeitos retroativos à data em que houve a alteração contratual, uma vez que o art. 9º da CLT considera nulos os atos praticados com o objetivo de desvirtuar, impedir ou fraudar a aplicação dos direitos materiais trabalhistas.

---

25. MARINONI, Luiz Guilherme et al. *Novo Código de Processo Civil comentado*. São Paulo: Revista dos Tribunais, 2015. p. 528.

5.4.3. Sentença condenatória

Sentença condenatória é a que julga procedente o pedido inscrito em uma ação condenatória. Tecnicamente, a expressão "sentença condenatória" só deveria ser usada na ação condenatória. Todavia, no quotidiano forense ela tem sido observada no *decisum* (parte dispositiva) da sentença proferida em qualquer tipo de ação. Isso ocorre porque, via de regra, a sentença, ainda que proferida em ação meramente declaratória, condena a parte sucumbente a pagar despesas processuais, como custas, honorários advocatícios, honorários periciais etc.

São condenatórias as sentenças que impõem ao vencido uma obrigação de satisfazer o direito reconhecido judicialmente. As obrigações impostas ao vencido nas sentenças condenatórias podem ser de: fazer, não fazer, entregar ou pagar quantia (CPC/73, art. 475-I; CPC, art. 513).

As sentenças condenatórias são as mais usuais no processo do trabalho, como, por exemplo, a que condena o réu a pagar horas extras, salários em atraso, férias etc. Por isso mesmo as sentenças condenatórias, em regra, produzem efeitos *ex tunc*, isto é, retroagem à data da violação do direito.

5.4.4. Sentenças mandamentais e executivas *lato sensu*

Embora a doutrina tradicional do processo não reconheça a classificação quinária das sentenças de conhecimento, sob o fundamento de que a sentença condenatória já abrangeria o que se reconhece hoje como sentença mandamental ou sentença executiva *lato sensu*, valemo-nos das lúcidas palavras de Sérgio Torres Teixeira, para quem:

> sentença mandamental se aproxima, mas não se confunde com a sentença executiva *lato sensu*. Ambas guardam estreitas semelhanças em virtude da natureza auto-operante dos respectivos provimentos jurisdicionais, prescindindo de posterior processo de execução *ex intervallo*. Distinguem-se, contudo, quanto ao objeto imediato da respectiva tutela jurisdicional. Na decisão executiva em sentido amplo, o objetivo é entregar o bem litigioso ao credor, proporcionando transformações no plano empírico mediante a transferência do domínio da coisa litigiosa. Almeja, portanto, a passagem para a esfera jurídica do vencedor aquilo que deveria estar lá (mas não está). Há, pois, atividade essencialmente executiva na sua operação: retirar do patrimônio do sucumbente o bem e transferir esta para a órbita material do credor. Na sentença mandamental, por outro lado, o objeto imediato é a imposição de uma ordem de conduta, determinando a imediata realização de um ato pela parte vencida ou sua abstenção quanto a certa prática. Atua sobre a vontade do vencido e não sobre o seu patrimônio, utilizando medidas não propriamente executivas, no sentido técnico do termo, mas

meios para pressionar psicologicamente o obrigado a satisfazer a prestação devida e, com isso, cumprir o comando judicial emitido pelo Estado-Juiz[26].

Tais sentenças não podem ser adequadamente inseridas na classificação trinária, pois, a rigor, não são exatamente declaratórias, constitutivas ou condenatórias.

Com efeito, o moderno direito processual civil, seguindo as tendências de ampliação de acesso à justiça e da instituição de um "processo de resultados", passou a admitir a existência de sentenças mandamentais, como as previstas nas ações de mandado de segurança, *habeas data* e *habeas corpus*, bem como as previstas nos arts. 536, § 1º, 537 e 538 do CPC (arts. 461, § 4º, e 461-A, do CPC/73). Essas sentenças contêm uma ordem, uma determinação, dirigida à autoridade impetrada ou ao réu para que faça ou deixe de fazer alguma coisa.

Lembra Ada Pellegrini Grinover que: "O art. 84 do Código de Defesa Consumidor e, agora, o art. 461 do Código de Processo Civil demandam uma profunda revisão da crítica à existência da sentença mandamental, hoje realidade incorporada ao processo civil comum"[27].

Destarte, no cumprimento de sentença que reconheça a exigibilidade de obrigação de fazer ou de não fazer, o juiz poderá, de ofício ou a requerimento, para a efetivação da tutela específica ou a obtenção de tutela pelo resultado prático equivalente, determinar as medidas necessárias à satisfação do exequente (CPC, art. 536).

Além disso, foram positivadas em nosso ordenamento as sentenças executivas *lato sensu*, pois, nas ações que tenham por objeto o cumprimento da obrigação de fazer ou não fazer, o juiz poderá, na sentença, se procedente o pedido, determinar providências que assegurem o resultado prático equivalente ao do adimplemento, independentemente da instauração de um processo de execução. É o que ocorre, por exemplo, nas hipóteses do § 1º do art. 536 e do art. 538 do CPC (arts. 461, § 5º, e 461-A do CPC/73).

Essas normas facultam ao juiz, para a efetivação da tutela específica ou a obtenção do resultado prático equivalente, determinar, de ofício ou a requerimento, as medidas necessárias, tais como a imposição de multa por tempo de atraso, busca e apreensão, remoção de pessoas e coisas, desfazimento de obras e impedimento de atividade nociva, se necessário com requisição de força policial.

---

26. TEIXEIRA, Sérgio Torres. Evolução do modelo processual brasileiro: o novo perfil da sentença mandamental diante das últimas etapas da reforma processual. In: DUARTE, Bento Herculano; DUARTE, Ronnie Preus (Coords.). *Processo civil:* aspectos relevantes – estudos em homenagem ao prof. Ovídio A. Baptista da Silva. São Paulo: Método, 2005. p. 328-329.

27. GRINOVER, Ada Pellegrini. Tutela jurisdicional nas obrigações de fazer e não fazer. *Juris Plenum Ouro*. Caxias do Sul: Plenum, n. 15, set./out. 2010. 1 DVD.

5.4.4.1. Medidas indutivas e coercitivas nas sentenças condenatórias de obrigação de pagar

Por força do art. 139, IV, do CPC, que está em sintonia com a efetividade do processo, o juiz tem o poder-dever de:

> determinar todas as medidas indutivas, coercitivas, mandamentais ou sub-rogatórias necessárias para assegurar o cumprimento de ordem judicial, inclusive nas ações que tenham por objeto prestação pecuniária.

Essa norma, tendo em vista a lacuna normativa da CLT e a perfeita compatibilidade com a principiologia do processo do trabalho, pode e deve ser amplamente utilizada na Justiça Obreira para assegurar a efetividade tanto das sentenças que contenham obrigação de fazer, não fazer ou entregar como as que condenarem o réu na obrigação de pagar quantia.

O objetivo da norma em tela, como adverte Marinoni, "é dotar o magistrado de amplo espectro de instrumentos para o cumprimento de ordens judiciais, inclusive para tutela de prestações pecuniárias (art. 536, CPC)"[28].

Vê-se, assim, que a intenção da norma em apreço é conferir ao magistrado o poder-dever de tornar efetivas as ordens judiciais que ele determinar no processo, sendo-lhe permitida a imposição de *astreintes* inclusive, o que é novidade introduzida pelo CPC de 2015, para compelir o réu a cumprir obrigações pecuniárias contidas em decisões que deferem tutela provisória ou sentença.

Dessa forma, poderá o juiz do trabalho, por exemplo, verificando que o réu intenta procrastinar o cumprimento da decisão judicial que ordena o réu a pagar verbas rescisórias, estabelecer uma multa periódica de 20% por mês de atraso, para induzir o réu a cumprir a obrigação, pois esta multa periódica (*astreinte*) será imposta pelo comportamento protelatório do devedor (CPC, art. 139, IV) em ação que tenha por objeto prestação pecuniária.

5.4.4.2. Hipoteca e protesto da sentença em órgãos de proteção ao crédito

A Lei n. 13.467/2017 acrescentou à CLT o art. 883-A, segundo o qual:

> A decisão judicial transitada em julgado somente poderá ser levada a protesto, gerar inscrição do nome do executado em órgãos de proteção ao crédito ou no Banco Na-

28. MARINONI, Luiz Guilherme et al. *Novo Código de Processo Civil comentado*. São Paulo: Revista dos Tribunais, 2015. p. 213.

cional de Devedores Trabalhistas (BNDT), nos termos da lei, depois de transcorrido o prazo de quarenta e cinco dias a contar da citação do executado, se não houver garantia do juízo.

A inspiração desse dispositivo tem origem nos arts. 517 e 523 do CPC, que preveem o prazo de quinze dias para o cumprimento definitivo da sentença, e 782 do CPC, cujos §§ 3º, 4º e 5º dispõem, *in verbis*:

> Art. 782 (...)
>
> § 3º A requerimento da parte, o juiz pode determinar a inclusão do nome do executado em cadastros de inadimplentes.
>
> § 4º A inscrição será cancelada imediatamente se for efetuado o pagamento, se for garantida a execução ou se a execução for extinta por qualquer outro motivo.
>
> § 5º O disposto nos §§ 3º e 4º aplica-se à execução definitiva de título judicial.

A intenção do legislador é salutar, porém não faz sentido conceder ao devedor o prazo de quarenta e cinco dias a contar da sua citação, caso não garanta o juízo da execução. Ora, os créditos trabalhistas reconhecidos em sentença definitiva possuem, em regra, natureza alimentícia. Logo, por violação aos princípios da razoabilidade e da proporcionalidade (CPC, art. 8º, aplicável ao processo do trabalho por força do art. 769 da CLT), penso que o juiz do trabalho deve reconhecer lacuna axiológica parcial no art. 883-A da CLT e aplicar supletivamente o prazo de quinze dias (CPC, art. 523) para que a sentença transitada em julgado possa ser levada a protesto ou à inscrição em órgãos de proteção ao crédito (SPC ou Serasa, por exemplo).

Aliás, o art. 17 da IN/TST n. 39/2016 já autoriza a aplicação subsidiária e supletiva dos arts. 495, 517 e 782, §§ 3º a 5º do CPC, *in verbis*:

> Art. 17. Sem prejuízo da inclusão do devedor no Banco Nacional de Devedores Trabalhistas (CLT, art. 642-A), aplicam-se à execução trabalhista as normas dos arts. 495, 517 e 782, §§ 3º, 4º e 5º do CPC, que tratam respectivamente da hipoteca judiciária, do protesto de decisão judicial e da inclusão do nome do executado em cadastros de inadimplentes.

A respeito do direito intertemporal, o art. 15 da IN n. 41/2018 do TST dispõe que o "prazo previsto no art. 883-A da CLT, para as medidas de execução indireta nele especificadas, aplica-se somente às execuções iniciadas a partir de 11 de novembro de 2017".

No tocante à hipoteca judiciária, dispõe o art. 495 do CPC:

> Art. 495. A decisão que condenar o réu ao pagamento de prestação consistente em dinheiro e a que determinar a conversão de prestação de fazer, de não fazer ou de dar

coisa em prestação pecuniária valerão como título constitutivo de hipoteca judiciária.

§ 1º A decisão produz a hipoteca judiciária:

I – embora a condenação seja genérica;

II – ainda que o credor possa promover o cumprimento provisório da sentença ou esteja pendente arresto sobre bem do devedor;

III – mesmo que impugnada por recurso dotado de efeito suspensivo.

§ 2º A hipoteca judiciária poderá ser realizada mediante apresentação de cópia da sentença perante o cartório de registro imobiliário, independentemente de ordem judicial, de declaração expressa do juiz ou de demonstração de urgência.

§ 3º No prazo de até 15 (quinze) dias da data de realização da hipoteca, a parte informá-la-á ao juízo da causa, que determinará a intimação da outra parte para que tome ciência do ato.

§ 4º A hipoteca judiciária, uma vez constituída, implicará, para o credor hipotecário, o direito de preferência, quanto ao pagamento, em relação a outros credores, observada a prioridade no registro.

§ 5º Sobrevindo a reforma ou a invalidação da decisão que impôs o pagamento de quantia, a parte responderá, independentemente de culpa, pelos danos que a outra parte tiver sofrido em razão da constituição da garantia, devendo o valor da indenização ser liquidado e executado nos próprios autos.

5.5. Colusão ou lide simulada

Há outra hipótese de sentença terminativa que está prevista não no art. 485 do CPC (art. 267 do CPC/73), mas no art. 142 do CPC (art. 129 do CPC/73), *in verbis*:

Art. 142. Convencendo-se, pelas circunstâncias, de que autor e réu se serviram do processo para praticar ato simulado ou conseguir fim vedado por lei, o juiz proferirá decisão que impeça os objetivos das partes, aplicando, de ofício, as penalidades da litigância de má-fé.

Na verdade, essa forma de extinção do processo sem resolução do mérito está autorizada no inciso X do art. 485 do CPC, segundo o qual o juiz não resolverá o mérito quando "nos demais casos prescritos neste Código". Trata-se, pois, de uma categoria especial de sentença terminativa.

A jurisprudência majoritária vem interpretando o art. 129 do CPC de 1973 (CPC/2015, art. 142) como hipótese de extinção do feito sem resolução do mérito por carência do direito de ação, combinando, assim, o art. 129 com o inciso VI do art. 267 do CPC/73 (CPC/2015, art. 485, X). É o que se infere do seguinte julgado:

LIDE SIMULADA. Comprovado nos autos que a propositura da presente ação trabalhista teve como objetivo a colusão entre as partes, a fim de causar prejuízo a terceiro, bem como fraudar a aplicação da lei, correta a r. sentença originária que declarou o autor carecedor de ação e, por conseguinte, julgou extinto o processo sem resolução do mérito, de acordo com o inciso VI do art. 267 c/c art. 129, ambos do CPC (TRT-10ª R., RO 00203-2012-821-10-00-0 RO, Rel. Des. Maria Regina Machado Guimarães, 2ª T., *DEJT* 1º-3-2013).

5.6. Sentença e termo de conciliação

No âmbito do processo do trabalho, existe cizânia doutrinária e jurisprudencial acerca da natureza do termo de conciliação previsto no art. 831, parágrafo único, da CLT. Há uma corrente que o equipara à sentença de mérito (CPC, art. 487, III, *b*), uma vez que, na literalidade do preceptivo em causa, o termo de conciliação "valerá como decisão irrecorrível", desafiando, apenas, ação rescisória, nos estreitos limites dessa ação especial, como já firmou jurisprudência o TST (Súmula 259), "salvo para a Previdência Social quanto às contribuições que lhe forem devidas", como ressalta a parte final do parágrafo único do art. 831 da CLT, com redação dada pela Lei n. 10.035/2000.

Outra corrente menciona que o termo de conciliação não corresponde à sentença de mérito, pois o Judiciário não apreciou a lide, isto é, não houve pronunciamento judicial acerca do pedido, mas mera administração judicial de interesses privados. Para os defensores dessa corrente, o termo de conciliação seria mero ato processual de jurisdição voluntária, com o que, "em ação ordinária, poder-se-á discutir o alcance do conteúdo e rescindir o ato jurídico que não constitui coisa julgada"[29].

Interessante e fecunda é a posição de Elaine Noronha Nassif, para quem a conciliação é o "negócio jurídico homologado pelo juiz, resultante de um procedimento autônomo em relação ao processo oral e informal do qual pode ter ou não participado o juiz, empregando ou não seus bons ofícios e persuasão. O conceito de conciliação judicial, tal como disposto pelo ordenamento jurídico brasileiro é: o procedimento irritual, oral e informal, realizado antes ou depois de instaurado o processo (contraditório), com vistas a buscar uma solução da controvérsia fora da jurisdição e do processo, mediante a elaboração de um acordo que, após homologado por despacho, substitui eventual medida cautelar ou sentença, faz coisa julgada imediata e adquire a qualidade de título executivo judicial"[30].

---

29. CARRION, Valentin. *Comentários...*, nota 7 ao art. 831.

30. *Conciliação judicial e indisponibilidade de direitos:* paradoxos da "justiça menor" no processo civil

Vê-se, assim, que, independentemente da natureza jurídica do termo de conciliação, o certo é que ele adquire (*i*) a qualidade de coisa julgada em relação às partes que figuraram na relação jurídica processual cognitiva e (*ii*) a força de título executivo judicial. Nesse sentido:

> RECURSO DE REVISTA DOS RECLAMANTES JOSÉ ALAIR E LUIZ JOSÉ. COISA JULGADA - QUITAÇÃO TOTAL DO CONTRATO DE TRABALHO - DIREITO ÀS DIFERENÇAS DO ACRÉSCIMO DA MULTA DE 40% SOBRE O FGTS - EXPURGOS INFLACIONÁRIOS. O termo de conciliação, assinado pelas partes e homologado pelo juiz equivale à sentença, a teor do art. 448 do Código de Processo Civil, e conforme o art. 831 da Consolidação das Leis do Trabalho, trata-se de decisão irrecorrível. A transação produz entre as partes coisa julgada material, somente podendo ser atacada por ação rescisória, em face de dolo, violência ou erro essencial. Lei posterior, no caso a Lei Complementar n. 110, promulgada depois do trânsito em julgado da decisão judicial homologatória, não pode retroagir para alterar as condições do acordo, sem ofensa ao art. 5º, XXXVI, da Constituição Federal, que dispõe: "a lei não prejudicará o direito adquirido, o ato jurídico perfeito e a coisa julgada". Recurso de revista conhecido e desprovido (...) (TST-RR 513/2004-111-03-00.8, 2ª T., Rel. Min. Renato de Lacerda Paiva, *DEJT* 19-11-2009).

5.7. Elementos essenciais da sentença

M. P. Fabreguettes escreveu que uma sentença deve ser completa, clara e concisa. É o que se chama de teoria dos três "c"[31].

No processo do trabalho, o art. 832 da CLT dispõe expressamente sobre os elementos que devem constar da sentença. São eles:

- o nome das partes;
- o resumo do pedido e da defesa;
- a apreciação das provas;
- os fundamentos da decisão;
- a respectiva conclusão.

---

e trabalhista. Belo Horizonte, 2004. p. 192-193. Tese de doutoramento, sob orientação do prof. Márcio Túlio Viana, defendida em 28-9-2004, na Faculdade Mineira de Direito da PUC-MG, de cuja Banca Examinadora tive a honra de participar. A tese foi transformada em livro com o mesmo título, editado pela LTr.

31. *La logique judiciaire et l'art de juger.* Paris: Librairie Générale de Droit et Jurisprudence, 1914, apud ENCICLOPÉDIA JURÍDICA LEIB SOIBELM, CD-ROM. São Paulo: Elfez, maio 1998.

Já o art. 489 do CPC disciplina os elementos essenciais da sentença nos seguintes termos:

> Art. 489. São elementos essenciais da sentença:
>
> I – o relatório, que conterá os nomes das partes, a identificação do caso, com a suma do pedido e da contestação, e o registro das principais ocorrências havidas no andamento do processo;
>
> II – os fundamentos, em que o juiz analisará as questões de fato e de direito (*vide* epígrafe 5.7.2, *infra*);
>
> III – o dispositivo, em que o juiz resolverá as questões principais que as partes lhe submeterem.

O cotejo analítico dos arts. 832 da CLT e 489 do CPC autoriza-nos a dizer que os requisitos constantes das alíneas *a* e *b supra* equivalem ao *relatório* (inciso I do art. 489 do CPC); os das letras *c* e *d*, aos *fundamentos* (inciso II), e a "conclusão" (letra *e*) corresponde ao *dispositivo* (inciso III).

5.7.1. Relatório

No relatório, deve constar o nome das partes. Em se tratando de ações individuais plúrimas, todos os litisconsortes devem estar nominados. Na substituição processual, a parte é o substituto processual, e não o substituído, razão pela qual não há necessidade da identificação destes últimos, malgrado o entendimento jurisprudencial consubstanciado na já cancelada Súmula 310, V, do TST, que, a nosso ver, acabava por descaracterizar o instituto e, o que é mais grave, impedia ou dificultava o amplo acesso coletivo dos trabalhadores à Justiça, ante o temor de perderem o emprego em virtude de sua identificação nos autos do processo, além de estarem vulneráveis a pressões para "desistirem" da ação.

O relatório ou histórico da sentença tem por objetivo registrar o objeto da lide, com o resumo do pedido e da resposta, bem como as principais ocorrências processuais, como provas, propostas de conciliação, razões finais etc. Também objetiva a comprovação de que o juiz examinou e estudou as questões discutidas nos autos, sendo essa, segundo a doutrina, a função mais importante do relatório.

Observa José Augusto Rodrigues Pinto que, na atualidade,

> marcada pela técnica redutora da informática, o relatório deve deixar de lado o papel de *repetidor* do texto dos autos, para assumir o de *índice* de seus componentes, facilitando a localização das peças fundamentais[32].

---

32. PINTO, José Augusto Rodrigues. *Processo trabalhista de conhecimento*. 6. ed. São Paulo: LTr, 2001. p. 441.

No processo do trabalho, a prática tem demonstrado que os relatórios geralmente não observam o comando legal (CLT, art. 832), o que tem gerado a proliferação de recursos nos quais são arguidas preliminares de nulidade do julgado por ausência de prestação jurisdicional completa, retardando, assim, a entrega desta última.

Em se tratando de ação sujeita ao procedimento sumaríssimo, a lei dispensa-o expressamente (CLT, art. 852-I), não obstante o juiz seja obrigado, na sentença, a fazer constar "o resumo dos fatos relevantes ocorridos na audiência", o que não deixa de ser, a nosso ver, uma forma sintética de relatório, que, via de regra, acaba ficando implícito na fundamentação.

Sentença sem relatório, salvo se for prolatada em procedimento sumaríssimo, é nula de pleno direito, tendo em vista o caráter imperativo do art. 832 da CLT, combinado com o art. 489, I, do CPC.

5.7.2. Fundamentação

A fundamentação ou motivação constitui a base intelectual da sentença ou as razões de decidir do órgão judicial. Nela, o juiz revela todo o raciocínio desenvolvido acerca da apreciação das questões processuais, das provas produzidas e das alegações das partes, que são os dados que formarão o alicerce da decisão.

O art. 832 da CLT dispõe que da sentença "deverão constar o nome das partes, o resumo do pedido e da defesa, a apreciação das provas, **os fundamentos da decisão** e a respectiva conclusão" (g. n.).

A fundamentação de toda e qualquer decisão judicial, seja sentença terminativa ou definitiva, seja decisão interlocutória, ostenta dignidade de garantia constitucional, porquanto encontra residência expressa no art. 93, IX, da CF. Sua inobservância implica nulidade absoluta da decisão judicial.

Há, na fundamentação, uma ordem lógica que deve nortear o enfrentamento das questões fáticas e jurídicas, ainda que não tenham sido suscitadas pelas partes.

Assim, devem ser objeto de exame circunstanciado na fundamentação: em primeiro lugar, os pressupostos processuais (de constituição e de desenvolvimento); em seguida, as condições da ação (legitimação das partes e interesse processual); depois, as questões prejudiciais de mérito (prescrição, decadência), e, por último, o mérito propriamente dito, ou seja, o pedido, a lide, o objeto litigioso.

A ausência de motivação ou fundamentação enseja negativa de prestação jurisdicional por violação ao art. 93, IX, da CF, art. 832 da CLT ou art. 489 do CPC , consoante iterativa e atual jurisprudência do TST:

RECURSO DE REVISTA. NULIDADE DO ACÓRDÃO REGIONAL POR NEGATIVA DE PRESTAÇÃO JURISDICIONAL. Verifica-se que o TRT, mesmo instado mediante oposição de embargos de declaração, não se manifestou acerca do tópico do recurso ordinário do autor, atinente a "diferenças salariais de agosto a dezembro/2014", sob a justificativa de que a sentença foi omissa quanto ao tema sem que tenham sido opostos os competentes embargos declaratórios para sanar a falha, operando-se a preclusão. Com efeito, conforme dispõe a norma contida no art. 1.013, *caput*, do CPC/2015, "a apelação devolverá ao tribunal o conhecimento da matéria impugnada". O parágrafo primeiro do dispositivo em apreço consagra o princípio do efeito devolutivo em profundidade, no sentido de que serão "objeto de apreciação e julgamento pelo tribunal todas as questões suscitadas e discutidas no processo, ainda que não tenham sido solucionadas, desde que relativas ao capítulo impugnado". O parágrafo segundo, por sua vez, estabelece que na hipótese de o pedido ou a defesa ter mais de um fundamento e o juiz acolher apenas um deles, a apelação devolverá ao tribunal o conhecimento dos demais. Ainda, a Súmula 393, I, desta Corte preconiza que "o efeito devolutivo em profundidade do recurso ordinário, que se extrai do § 1º do art. 1.013 do CPC de 2015 (art. 515, §1º, do CPC de 1973), transfere ao Tribunal a apreciação dos fundamentos da inicial ou da defesa, não examinados pela sentença, ainda que não renovados em contrarrazões, desde que relativos ao capítulo impugnado". Desse modo, devolvida a apreciação da matéria mediante interposição do recurso ordinário, não se operou a mencionada preclusão, revelando-se imprópria recusa de manifestação da Corte de origem sobre o tema. Nesse contexto, o Tribunal Regional, ao não enfrentar as questões suscitadas no recurso ordinário e nos embargos de declaração interpostos pelo autor, sobre o pedido de pagamento das diferenças salariais dos meses de agosto a dezembro de 2014, negou à parte a adequada prestação jurisdicional. Também não houve qualquer pronunciamento da Corte de origem sobre a alegação do autor de inclusão de seu nome no SPC e Serasa por ausência de pagamentos por parte da agravada, como fundamento a ensejar a indenização por dano moral, aduzida em sede de recurso ordinário e reiterada nos embargos de declaração opostos pela parte autora. Incorreu, assim, em ofensa ao art. 93, IX, da Constituição Federal. Recurso de revista de que se conhece e a que se dá provimento (TST-ARR 115-24.2015.5.02.0031, 7ª T., Rel. Des. Conv. Roberto Nobrega de Almeida Filho, *DEJT* 1º-7-2019).

EMBARGOS DE DECLARAÇÃO. PROCESSO SOB A ÉGIDE DA LEI N. 13.015/2014 E ANTERIOR À LEI N. 13.467/2017. OMISSÃO. CONTRADIÇÃO. INEXISTÊNCIA. A matéria sobre a qual a Embargante alega ter havido omissão – "preliminar de nulidade do julgado por negativa de prestação jurisdicional" – foi devidamente analisada e fundamentada no acórdão embargado, em consonância com o princípio constitucional da motivação das decisões judiciais (art. 93, IX, da CF), também referido na lei ordinária – arts. 832 da CLT e 489 do CPC/2015 (art. 458 do CPC/1973). Se a argumentação posta nos embargos não se insere em nenhum dos vícios mencionados nos arts. 897-A da CLT e 1.022 do CPC/2015 (art. 535 do CPC/1973), deve ser desprovido o recurso. Embargos de declaração desprovidos" (TST-ED-AIRR-19736.2016.5.05.0193, 3ª T., Rel. Min. Mauricio Godinho Delgado, *DEJT* 1º-7-2019).

Alguns juízes, *venia permissa*, talvez por excesso de trabalho, sustentam que não são obrigados a examinar todas as questões suscitadas pelas partes, bastando apenas informar, na decisão, os motivos do seu convencimento.

Não é esse, segundo pensamos, o melhor procedimento a ser adotado, haja vista que a fundamentação exauriente traduz a verdadeira prestação jurisdicional e encerra garantia fundamental reconhecida a todo litigante em processo judicial. Entendimento contrário impede que a parte possa ter acesso amplo às Cortes Superiores, o que viola o princípio da ampla defesa.

Registre-se que o STF, no julgamento do RE-222.368-PE, Rel. Ministro Celso de Mello, em 28 de fevereiro de 2002, com publicação no *DJU* de 8 de março de 2002, já decidiu que

> o que a Constituição exige, no art. 93, IX, é que a decisão judicial seja fundamentada. Não, que a fundamentação seja correta, na solução das questões de fato ou de direito da lide: declinadas no julgado as premissas corretamente assentadas ou não, mas coerentes com o dispositivo do acórdão, está satisfeita a exigência constitucional (*RTJ* 150/269, Rel. Min. Sepúlveda Pertence).

É importante ressalvar, enfim, que nem todas as alegações deduzidas ou suscitadas no processo devem ser apreciadas na fundamentação da sentença, mas o juiz tem o dever de enfrentar todos os argumentos deduzidos no processo capazes de, em tese, infirmar a conclusão judicial adotada, como veremos no tópico seguinte.

5.7.2.1. Fundamentação exauriente no CPC

Os §§ 1º a 3º do art. 489 do CPC passaram a exigir maior detalhamento da fundamentação, a chamada fundamentação exauriente ou fundamentação analítica, nos seguintes termos:

> Art. 489. (...)
>
> § 1º Não se considera fundamentada qualquer decisão judicial, seja ela interlocutória, sentença ou acórdão, que:
>
> I – se limitar à indicação, à reprodução ou à paráfrase de ato normativo, sem explicar sua relação com a causa ou a questão decidida;
>
> II – empregar conceitos jurídicos indeterminados, sem explicar o motivo concreto de sua incidência no caso;

III – invocar motivos que se prestariam a justificar qualquer outra decisão;

IV – não enfrentar todos os argumentos deduzidos no processo capazes de, em tese, infirmar a conclusão adotada pelo julgador;

V – se limitar a invocar precedente ou enunciado de súmula, sem identificar seus fundamentos determinantes nem demonstrar que o caso sob julgamento se ajusta àqueles fundamentos;

VI – deixar de seguir enunciado de súmula, jurisprudência ou precedente invocado pela parte, sem demonstrar a existência de distinção no caso em julgamento ou a superação do entendimento.

§ 2º No caso de colisão entre normas, o juiz deve justificar o objeto e os critérios gerais da ponderação efetuada, enunciando as razões que autorizam a interferência na norma afastada e as premissas fáticas que fundamentam a conclusão.

§ 3º A decisão judicial deve ser interpretada a partir da conjugação de todos os seus elementos e em conformidade com o princípio da boa-fé.

Eis uma das questões que suscitam grandes debates doutrinários: os §§ 1º e 2º do art. 489 do CPC são aplicáveis no processo do trabalho?

Para uns, a resposta é não, pois, além de inexistir lacuna da CLT, já que o art. 832 exige apenas os fundamentos da sentença, a aplicação dos referidos dispositivos na seara laboral colide com os princípios da simplicidade e da celeridade que informam o processo do trabalho, máxime porque neste setor especializado a petição inicial veicula normalmente múltiplos pedidos lastreados em inúmeras causas de pedir e, se o juiz do trabalho for compelido a fundamentar de forma exauriente todos os argumentos deduzidos pelas partes, restariam olvidados os princípios constitucionais de efetividade do acesso à justiça e da duração razoável do processo.

Outros sustentam que, por força do art. 15 do CPC, a lacuna da CLT permite a aplicação subsidiária e supletiva dos citados dispositivos, mesmo porque eles efetivam os princípios constitucionais do contraditório e ampla defesa, da segurança jurídica e da fundamentação das decisões judiciais (CF, arts. 5º, LV, e 93, IX), aumentando a confiança dos jurisdicionados no Poder Judiciário e reduzindo a litigiosidade e o elevado número de recursos judiciais.

Já expusemos em outras partes deste livro que defendemos a heterointegração dos microssistemas processuais civil e trabalhista, mediante o diálogo virtuoso de suas fontes normativas.

Entendemos que no Estado Democrático de Direito é dever das partes, do juiz e de todos que participam da relação jurídica processual colaborar para que o serviço público jurisdicional seja prestado com qualidade e eficiência, de modo a propiciar a tutela adequada, tempestiva e justa dos direitos, especialmente dos direitos humanos fundamentais de ordem social, como o são os direitos sociais dos trabalhadores.

Afinal, como salientam Marinoni, Arenhart e Mitidiero:

> A fundamentação das decisões judiciais é o ponto central em que se apoia o Estado Constitucional, constituindo elemento inarredável de nosso processo justo (...) a justificação das decisões judiciais serve como ferramenta para o adequado funcionamento do sistema jurídico. A fundamentação deve ser concreta, estruturada e completa: deve dizer respeito ao caso concreto, estruturando-se a partir de conceitos e critérios claros e pertinentes e conter uma completa análise dos argumentos relevantes sustentados pelas partes em suas manifestações. Fora daí, não se considera fundamentada qualquer decisão (arts. 93, IX, CF, e 9º, 10, 11 e 489, §§ 1º e 2º, CPC).[33]

No mesmo sentido, Nery Junior[34] ressalta que a fundamentação é extremamente importante na construção do raciocínio do juiz, que justifica seu *status* constitucional: como extensão do poder estatal, e como entidade imparcial no processo, o juiz deve expor os motivos que lhe formaram o convencimento, como mostra de que o dever do Estado de distribuir justiça foi cumprido, e também como expressão do princípio do contraditório e ampla defesa.

É imperioso notar que a fundamentação exauriente propiciará a formação dos precedentes judiciais e permitirá às partes, por exemplo, saber se sua causa será ou não alcançada pelos incidentes de resolução de demandas repetitivas ou recursos repetitivos.

De lege lata, portanto, **não será considerada fundamentada qualquer decisão, seja ela interlocutória, sentença ou acórdão,** que:

a) se limitar à indicação, à reprodução ou à paráfrase de ato normativo, sem explicar sua relação com a causa ou a questão decidida

Porque o órgão julgador tem o dever de examinar o caso concreto, apontando as razões que o levaram a interpretar e aplicar determinada prescrição normativa, já que no Estado Democrático de Direito o juiz é responsável pela criação de norma jurídica. Assim, não basta o juiz indicar o preceito normativo. É preciso que ele o examine à luz dos fatos e do direito alegado pelas partes.

b) empregar conceitos jurídicos indeterminados, sem explicar o motivo concreto de sua incidência no caso

Porquanto o ordenamento jurídico no Estado Democrático de Direito está recheado de conceitos jurídicos indeterminados, princípios gerais do direito, conceitos

33. MARINONI, Luiz Guilherme; ARENHART, Sérgio Cruz; MITIDIERO, Daniel. *Novo Código de Processo Civil comentado.* São Paulo: Revista dos Tribunais, 2015. p. 492.

34. NERY JUNIOR, Nelson; NERY, Rosa Maria de Andrade. *Comentários ao Código de Processo Civil: novo CPC – Lei n. 13.105/2015.* São Paulo: Revista dos Tribunais, 2015. p. 1.153.

vagos ou cláusulas gerais, como "função social", "dignidade humana", "boa-fé", "medidas necessárias" etc., servindo a fundamentação para impedir o arbítrio do juiz nos casos concretos que lhe são submetidos à cognição.

Leciona Nelson Nery Junior que os conceitos legais indeterminados e as cláusulas gerais são enunciações abstratas feitas pela lei, que exigem valoração para que o juiz possa preencher o seu conteúdo. Preenchido o conteúdo valorativo por obra do juiz, este decidirá de acordo com a consequência previamente estabelecida pela lei (conceito legal indeterminado) ou construirá a solução que lhe parecer a mais adequada para o caso concreto (cláusula geral)[35].

Reforça-se, aqui, o papel do juiz como protagonista na interpretação e aplicação do ordenamento jurídico.

c) invocar motivos que se prestariam a justificar qualquer outra decisão

Uma vez que o nosso sistema constitucional reconhece a existência de desigualdades sociais e regionais (CF, art. 3º, III), é dever do juiz fundamentar a sua decisão de modo a identificar os fatos, os valores e as condições sociais, econômicas, culturais, políticas e jurídicas das partes na promoção da tutela jurisdicional.

d) não enfrentar todos os argumentos deduzidos no processo capazes de, em tese, infirmar a conclusão adotada pelo julgador

Pois é dever do juiz, como sujeito do processo, participar e promover o debate em torno da construção da decisão judicial.

É preciso advertir, contudo, que, assim como o juiz não pode proferir "decisão surpresa", as partes também não podem trazer aos autos "argumento surpresa".

Dessa forma, os argumentos equivalem aos fundamentos jurídicos da postulação autoral ou da defesa, razão pela qual somente os fundamentos realmente importantes e que poderiam, em tese, alterar o comando sentencial devem ser enfrentados na fundamentação.

Havendo omissão na decisão, cabe à parte interpor embargos de declaração, os quais não poderão mais ser rejeitados "ao argumento de que o juiz não está obrigado a pronunciar-se sobre todos os pontos da causa"[36].

Na verdade, o juiz tem o dever de se pronunciar sobre as matérias, questões e pontos que possam influir no acolhimento ou na rejeição do pedido formulado na ação ou na defesa.

Eis o entendimento recente do STJ, órgão que dá a última palavra sobre interpretação infraconstitucional:

> O julgador não está obrigado a responder a todas as questões suscitadas pelas partes, quando já tenha encontrado motivo suficiente para proferir a decisão. A pres-

35. Idem, ibidem, p. 1.155.

36. Idem, ibidem.

crição trazida pelo art. 489 do CPC/2015 veio confirmar a jurisprudência já sedimentada pelo Colendo Superior Tribunal de Justiça, sendo dever do julgador apenas enfrentar as questões capazes de infirmar a conclusão adotada na decisão recorrida (STJ, EDcl no MS n. 21.315 / DF, S1 – *DJe* 15-6-2016).

Pedimos vênia para dissentir parcialmente do referido julgado do STJ, uma vez que o inciso IV do § 1º do art. 489 do CPC não trata de questões, e sim dos "argumentos deduzidos no processo capazes de, em tese, infirmar a decisão", isto é, os argumentos dedutíveis são aqueles fundamentos jurídicos contidos na inicial e na contestação (ou aqueles relativos a fatos jurídicos novos e supervenientes à decisão) que foram omitidos na sentença ou no acórdão, os quais, se fossem, em tese, acolhidos pelo julgador, implicariam alteração do julgado.

Não obstante, os incisos III a VI do art. 15 da IN n. 39/2016 do TST – de duvidosa constitucionalidade (STF-ADI n. 5.516-DF, Rel. Min. Cármen Lúcia) – dispõem que o atendimento à exigência legal de fundamentação das decisões judiciais (CPC, art. 489, § 1º) no Processo do Trabalho observará o seguinte:

> (...) III – não ofende o art. 489, § 1º, IV, do CPC a decisão que deixar de apreciar questões cujo exame haja ficado prejudicado em razão da análise anterior de questão subordinante.
>
> IV – o art. 489, § 1º, IV, do CPC não obriga o juiz ou o Tribunal a enfrentar os fundamentos jurídicos invocados pela parte, quando já tenham sido examinados na formação dos precedentes obrigatórios ou nos fundamentos determinantes de enunciado de súmula.
>
> V – decisão que aplica a tese jurídica firmada em precedente, nos termos do item I, não precisa enfrentar os fundamentos já analisados na decisão paradigma, sendo suficiente, para fins de atendimento das exigências constantes no art. 489, § 1º, do CPC, a correlação fática e jurídica entre o caso concreto e aquele apreciado no incidente de solução concentrada.
>
> VI – é ônus da parte, para os fins do disposto no art. 489, § 1º, V e VI, do CPC, identificar os fundamentos determinantes ou demonstrar a existência de distinção no caso em julgamento ou a superação do entendimento, sempre que invocar precedente ou enunciado de súmula.

e) se limitar a invocar precedente ou enunciado de súmula, sem identificar seus fundamentos determinantes nem demonstrar que o caso sob julgamento se ajusta àqueles fundamentos

Com efeito, não se considera fundamentada a decisão que se limita à simples citação ou transcrição de precedente, súmula ou orientação jurisprudencial para deferir ou indeferir a postulação das partes, pois deve o juiz fazer a análise dos fatos e dos direitos alegados pelas partes sob a perspectiva do verbete invocado. A hipótese em tela se assemelha àqueloutra prevista no inciso I do § 1º do art. 489 do CPC.

De acordo com os incisos I, II e VI do art. 15 da IN n. 39/2106, o atendimento à exigência legal de fundamentação das decisões judiciais (CPC, art. 489, § 1º) no Processo do Trabalho observará o seguinte:

> I – por força dos arts. 332 e 927 do CPC, adaptados ao Processo do Trabalho, para efeito dos incisos V e VI do § 1º do art. 489 considera-se "precedente" apenas:
>
> *a)* acórdão proferido pelo Supremo Tribunal Federal ou pelo Tribunal Superior do Trabalho em julgamento de recursos repetitivos (CLT, art. 896-B; CPC, art. 1.046, § 4º);
>
> *b)* entendimento firmado em incidente de resolução de demandas repetitivas ou de assunção de competência;
>
> *c)* decisão do Supremo Tribunal Federal em controle concentrado de constitucionalidade;
>
> *d)* tese jurídica prevalecente em Tribunal Regional do Trabalho e não conflitante com súmula ou orientação jurisprudencial do Tribunal Superior do Trabalho (CLT, art. 896, § 6º);
>
> *e)* decisão do plenário, do órgão especial ou de seção especializada competente para uniformizar a jurisprudência do tribunal a que o juiz estiver vinculado ou do Tribunal Superior do Trabalho;
>
> II – para os fins do art. 489, § 1º, V e VI, do CPC, considerar-se-ão unicamente os precedentes referidos no item anterior, súmulas do Supremo Tribunal Federal, orientação jurisprudencial e súmula do Tribunal Superior do Trabalho, súmula de Tribunal Regional do Trabalho não conflitante com súmula ou orientação jurisprudencial do TST, que contenham explícita referência aos fundamentos determinantes da decisão (*ratio decidendi*);
>
> (...) VI – é ônus da parte, para os fins do disposto no art. 489, § 1º, V e VI, do CPC, identificar os fundamentos determinantes ou demonstrar a existência de distinção no caso em julgamento ou a superação do entendimento, sempre que invocar precedente ou enunciado de súmula.

f) deixar de seguir enunciado de súmula, jurisprudência ou precedente invocado pela parte, sem demonstrar a existência de distinção no caso em julgamento ou a superação do entendimento

Neste caso, adverte Nelson Nery Junior, com razão, que somente a súmula vinculante editada pelo STF, nos casos e formas estabelecidos na CF, tem natureza de texto normativo geral e abstrato, equivalendo, portanto, à lei[37].

37. NERY JUNIOR, Nelson, op. cit., p. 1.156. Em sentido contrário, Marinoni, Arenhart e Mitidiero sustentam que a vinculação do juiz aos precedentes e súmulas simples dos tribunais não é inconstitucional.

Nessa perspectiva, revela-se inconstitucional não somente o inciso VI sob exame, como também os incisos III, IV e V do art. 927 do CPC. Logo, a não aplicação de súmula simples ou jurisprudência (precedente) dos tribunais aos quais esteja vinculado o juiz não implica falta de fundamentação, pois o magistrado somente está obrigado a seguir e aplicar a súmula vinculante ou as decisões proferidas pelo STF em controle concentrado (CPC, art. 927, I e II, do CPC).

O inciso I o art. 15 da IN n. 39/2106 do TST considera "precedente" apenas: *a*) acórdão proferido pelo STF ou pelo TST em julgamento de recursos repetitivos (CLT, art. 896-B; CPC, art. 1.046, § 4º); *b*) entendimento firmado em incidente de resolução de demandas repetitivas ou de assunção de competência; *c*) decisão do STF em controle concentrado de constitucionalidade; *d*) tese jurídica prevalecente em Tribunal Regional do Trabalho e não conflitante com súmula ou orientação jurisprudencial do TST (CLT, art. 896, § 6º); *e*) decisão do plenário, do órgão especial ou de seção especializada competente para uniformizar a jurisprudência do tribunal a que o juiz estiver vinculado ou do TST.

Além disso, o inciso II do art. 15 da referida IN n. 39/2016 do TST dispõe que somente serão considerados, para os fins dos incisos V e VI do § 1º do art. 489 do CPC, os precedentes, súmulas do STF, orientação jurisprudencial e súmula do TST, súmula de TRT não conflitante com súmula ou orientação jurisprudencial do TST, que contenham explícita referência aos fundamentos determinantes da decisão (*ratio decidendi*).

Caso o STF venha a declarar que são constitucionais os referidos dispositivos do CPC, bem como a própria Instrução Normativa n. 39 do TST (ver ADI n. 5.516 em tramitação no STF), aí, sim, será nula a sentença, por deficiência de fundamentação, que deixar de enfrentar que o enunciado de súmula simples, a jurisprudência ou o precedente invocado pela parte é distinto (*distinguish*) do caso em julgamento ou que tenha sido superado (*overruling*) por novo entendimento pelos tribunais a respeito da súmula, da jurisprudência ou do precedente invocado pela parte.

5.7.2.2. Fundamentação da Sentença na LINDB

Com o advento da Lei n. 13.655/2018, que acrescentou, dentre outros, os arts. 20 e 21 à Lei de Introdução as Normas do Direito Brasileiro – LINDB, podemos inferir que novos valores e requisitos passaram a ser exigidos em qualquer decisão administrativa ou judicial.

Com efeito, dispõe o art. 20 e seu parágrafo único da LINDB, *in verbis*:

> Art. 20. Nas esferas administrativa, controladora e **judicial, não se decidirá com base em valores jurídicos abstratos sem que sejam consideradas as consequências práticas da decisão.**

Parágrafo único. A **motivação demonstrará a necessidade e a adequação da medida imposta ou da invalidação de ato, contrato, ajuste, processo ou norma administrativa, inclusive em face das possíveis alternativas.** (g. n.)

Além disso, por força do art. 21 da LINDB, a "decisão que, nas esferas administrativa, controladora ou judicial, decretar a invalidação de ato, contrato, ajuste, processo ou norma administrativa deverá indicar de modo expresso suas consequências jurídicas e administrativas", sendo certo que, nos termos do parágrafo único do mesmo artigo, tal decisão "deverá, quando for o caso, indicar as condições para que a regularização ocorra de modo proporcional e equânime e sem prejuízo aos interesses gerais, não se podendo impor aos sujeitos atingidos ônus ou perdas que, em função das peculiaridades do caso, sejam anormais ou excessivos".

Parece-nos que tais dispositivos são aplicáveis em qualquer processo, incluído o do Trabalho, máxime porque estão em harmonia, a nosso ver, com o CPC de 2015 e com o sistema de precedentes judiciais.

5.7.3. Dispositivo

Dispositivo, conclusão ou *decisum* são expressões sinônimas empregadas para designar a parte final da sentença que será, posteriormente, coberta pelo manto da coisa julgada.

O *decisum* há de observar o princípio lógico ou da congruência[38]. Isso significa que a conclusão deve guardar rigorosa sintonia com as demais partes da sentença, ou seja, com as razões fáticas e jurídicas que conduziram o raciocínio do juiz e com os elementos noticiados no relatório.

É, pois, na conclusão que o juiz cumpre a sua função no processo de cognição, acolhendo ou rejeitando as pretensões das partes ou, ainda, declarando extinto o processo sem resolução do mérito.

Sentença sem dispositivo é mais que nula. É inexistente[39]. Essa assertiva é de fundamental importância para se aferir, por exemplo, a necessidade ou não de propositura de ação rescisória para a sua desconstituição.

O dispositivo, quanto à forma, pode ser *direto* ou *indireto*.

No *dispositivo direto*, o juiz exprime diretamente, com as suas próprias palavras, a conclusão da sentença, como, por exemplo: "... julgo procedente o pedido, para condenar o réu a pagar ao autor as diferenças salariais decorrentes do desvio de função, referentes ao período de 1º-1-2013 a 10-3-2014...".

---

38. MENEZES, Cláudio Armando Couce de. Sentença. *Revista Síntese Trabalhista*, Porto Alegre, n. 90, p. 10 e s., dez. 1996.

39. TEIXEIRA FILHO, Manoel Antonio. *A sentença no processo do trabalho*. São Paulo: LTr, 1994. p. 359-360.

Já no *dispositivo indireto*, o juiz reporta-se ao pedido descrito na petição inicial, declarando-o procedente ou improcedente. Exemplo: "... julgo procedente o pedido formulado na alínea *a* do item 15 da petição inicial...". Há casos em que o juiz simplesmente sentencia: "... julgo procedente a ação na forma do pedido".

Pertinente, neste passo, a observação de Francisco Antonio de Oliveira, para quem:

> o dispositivo indireto deve ser evitado por desmerecer o julgado e dificultar sobremaneira os demais atos posteriores, em especial a liquidação de sentença e a própria execução, obrigando a todos, inclusive ao próprio juiz, com leitura ociosa que poderia ser evitada com *decisum* direto, claro. A fazer uso da lei do mínimo esforço o julgador demonstra preguiça e deixa expresso na sentença esse seu defeito para que todos vejam[40].

Por outro lado, a prática forense trabalhista tem revelado, não raro, a existência de sentenças em que o dispositivo se limita a reportar-se à fundamentação. Há quem sustente que o *decisum* remissivo à fundamentação não invalida a decisão, pois a sentença, como norma jurídica que é, comporta interpretação e, com isso, o intérprete deve pesquisar no conjunto da sentença onde está a parte ou o item que realmente contempla o dispositivo.

Parece-nos, no entanto, que a prática de se remeter à fundamentação do desfecho da lide pode redundar em insegurança e incertezas a respeito do que, efetivamente, transitou ou não em julgado, gerando discussões intermináveis, o que, convenhamos, acaba por retardar a prestação jurisdicional.

5.8. Requisitos complementares da sentença

Além dos requisitos essenciais, acima mencionados, o processo do trabalho exige alguns requisitos complementares que devem constar da parte final da sentença, ou seja, no dispositivo.

Com efeito, a CLT prevê em seu art. 832 e seus parágrafos, *in verbis*:

> Art. 832. Da decisão deverão constar o nome das partes, o resumo do pedido e da defesa, a apreciação das provas, os fundamentos da decisão e a respectiva conclusão.
>
> § 1º Quando a decisão concluir pela procedência do pedido, determinará o prazo e as condições para o seu cumprimento.

40. OLIVEIRA, Francisco Antonio de. *O processo na justiça do trabalho*. 4. ed. São Paulo: Revista dos Tribunais, 1999. p. 562.

§ 2º A decisão mencionará sempre as custas que devam ser pagas pela parte vencida.

§ 3º As decisões cognitivas ou homologatórias deverão sempre indicar a natureza jurídica das parcelas constantes da condenação ou do acordo homologado, inclusive o limite de responsabilidade de cada parte pelo recolhimento da contribuição previdenciária, se for o caso (Incluído pela Lei n. 10.035/2000).

§ 4º A União será intimada das decisões homologatórias de acordos que contenham parcela indenizatória, na forma do art. 20 da Lei n. 11.033, de 21 de dezembro de 2004, facultada a interposição de recurso relativo aos tributos que lhe forem devidos (Redação dada pela Lei n. 11.457/2007).

§ 5º Intimada da sentença, a União poderá interpor recurso relativo à discriminação de que trata o § 3º deste artigo (Incluído pela Lei n. 11.457, de 2007).

§ 6º O acordo celebrado após o trânsito em julgado da sentença ou após a elaboração dos cálculos de liquidação de sentença não prejudicará os créditos da União (Incluído pela Lei n. 11.457/2007).

§ 7º O Ministro de Estado da Fazenda poderá, mediante ato fundamentado, dispensar a manifestação da União nas decisões homologatórias de acordos em que o montante da parcela indenizatória envolvida ocasionar perda de escala decorrente da atuação do órgão jurídico (Incluído pela Lei n. 11.457/2007).

A Lei n. 13.876, de 20-9-2019, acrescentou ao art. 832 da CLT os §§ 3º-A e 3º-B, *in verbis*:

Art. 832......

(...) § 3º-A. Para os fins do § 3º deste artigo, salvo na hipótese de o pedido da ação limitar-se expressamente ao reconhecimento de verbas de natureza exclusivamente indenizatória, a parcela referente às verbas de natureza remuneratória não poderá ter como base de cálculo valor inferior:

I – ao salário-mínimo, para as competências que integram o vínculo empregatício reconhecido na decisão cognitiva ou homologatória; ou

II – à diferença entre a remuneração reconhecida como devida na decisão cognitiva ou homologatória e a efetivamente paga pelo empregador, cujo valor total referente a cada competência não será inferior ao salário-mínimo.

§ 3º-B Caso haja piso salarial da categoria definido por acordo ou convenção coletiva de trabalho, o seu valor deverá ser utilizado como base de cálculo para os fins do § 3º-A deste artigo.

Assim, as decisões cognitivas ou homologatórias deverão sempre indicar a natureza jurídica das parcelas constantes da condenação ou do acordo homologado para fins de incidência de contribuições previdenciárias, salvo na hipótese de o pedido da ação limitar-se expressamente ao reconhecimento de verbas de natureza exclusivamente indenizatória, caso em que a parcela referente às verbas de natureza remuneratória não poderá ter como base de cálculo valor inferior ao salário-mínimo (CLT, art. 832, § 3º-A, I) ou à diferença entre a remuneração reconhecida como devida na decisão cognitiva ou homologatória e a efetivamente paga pelo empregador, cujo valor total referente a cada competência não será inferior ao salário-mínimo (CLT, art. 832, § 3º-A, II).

Na hipótese de existência de piso salarial da categoria definido por instrumento de autocomposição coletiva, o seu valor deverá ser utilizado como base de cálculo para os fins do § 3º-A do art. 832 da CLT.

5.8.1. Prazo e condições para cumprimento da sentença

De acordo com o § 1º do art. 832 da CLT, a sentença que julgar procedente o pedido deverá determinar o prazo e as condições para o seu cumprimento.

Nesse caso, deve-se fazer coincidir o prazo para cumprimento com o último recurso cabível da decisão a ser cumprida, ou seja, 8 (oito) dias. Tal regra, porém, não se aplica nas sentenças desfavoráveis aos entes de direito público, salvo na hipótese de não cabimento do duplo grau de jurisdição obrigatório (Súmula 303 do TST).

Destaca-se, ainda, o disposto no art. 729 da CLT, com redação dada pela MP n. 905/2019, que ao "empregador que deixar de cumprir decisão transitada em julgado sobre a readmissão ou a reintegração de empregado, além do pagamento dos salários devido ao referido empregado, será aplicada multa de natureza leve, prevista no inciso II do *caput* do art. 634-A da CLT".

Sobre cumprimento da sentença trabalhista, remetemos o leitor ao Capítulo XXII.

5.8.2. Despesas processuais

Remetemos o leitor ou a leitora ao Capítulo XVIII.

5.8.3. Responsabilidade pelo recolhimento da contribuição previdenciária e imposto de renda

Seguindo a diretriz do inciso VIII do art. 114 da CF, que prevê a competência da Justiça do Trabalho para a execução, de ofício, das contribuições sociais, decorrentes das sentenças que proferir, o § 3º do art. 832 da CLT determina que as sentenças cognitivas (*rectius,* sentenças condenatórias) ou homologatórias deverão sempre indicar a natureza jurídica das parcelas constantes da condenação ou do acordo homologado, inclusive o limite de responsabilidade de cada parte pelo recolhimento da contribuição previdenciária, se for o caso.

Tratando-se de sentença homologatória de acordo entabulado entre as partes, apelidado de "Termo de Conciliação" (CLT, art. 831, parágrafo único), que contenha parcela indenizatória, será dela intimado o INSS, por via postal, para, querendo, interpor recurso relativo às contribuições que entender lhe forem devidas. Sobre esse "recurso", remetemos o leitor ao Capítulo XIX, item 12.3.

A respeito da competência e da responsabilidade pelo recolhimento das contribuições previdenciárias, o TST deu nova redação ao item I da Súmula 368, para reafirmar que:

> A Justiça do Trabalho é competente para determinar o recolhimento das contribuições fiscais. A competência da Justiça do Trabalho, quanto à execução das contribuições previdenciárias, limita-se às sentenças condenatórias em pecúnia que proferir e aos valores, objeto de acordo homologado, que integrem o salário de contribuição.

As sentenças condenatórias que julgam procedente o pedido de obrigação de pagar, ou as que homologarem acordos, deverão sempre indicar a natureza jurídica das parcelas constantes da condenação ou do acordo homologado, inclusive o limite de responsabilidade de cada parte pelo recolhimento da contribuição previdenciária, se for o caso. É o que diz o § 3º do art. 832 da CLT, com redação dada pela Lei n. 10.035/2000.

Nesse sentido, destaca-se o item II da Súmula 368 do TST:

> (...) II – É do empregador a responsabilidade pelo recolhimento das contribuições previdenciárias e fiscais, resultantes de crédito do empregado oriundo de condenação judicial. A culpa do empregador pelo inadimplemento das verbas remuneratórias, contudo, não exime a responsabilidade do empregado pelos pagamentos do imposto de renda devido e da contribuição previdenciária que recaia sobre sua quota-parte.

No que tange à necessidade de discriminação das parcelas previdenciárias em acordo homologado em juízo, prevê a OJ n. 368 da SBDI-1/TST:

> DESCONTOS PREVIDENCIÁRIOS. ACORDO HOMOLOGADO EM JUÍZO. INEXISTÊNCIA DE VÍNCULO EMPREGATÍCIO. PARCELAS INDENIZATÓRIAS. AUSÊNCIA DE DISCRIMINAÇÃO. INCIDÊNCIA SOBRE O VALOR TOTAL (*DJe* divulgado em 3, 4 e 5-12-2008). É devida a incidência das contribuições para a Previdência Social sobre o valor total do acordo homologado em juízo, independentemente do reconhecimento de vínculo de emprego, desde que não haja discriminação das parcelas sujeitas à incidência da contribuição previdenciária, conforme parágrafo único do art. 43 da Lei n. 8.212, de 24-7-1991, e do art. 195, I, *a*, da CF/1988 (SBDI-1, OJ n. 368).

É importante reiterar – como já vimos no item 5.8 *supra* – que, nos termos dos §§ 3º, 3º-A e 3º-B do art. 832 da CLT, as decisões cognitivas ou homologatórias deverão sempre indicar a natureza jurídica das parcelas constantes da condenação ou do acordo homologado para fins de incidência de contribuições previdenciárias.

Caso a sentença seja omissa a respeito dos descontos relativos à contribuição previdenciária ou ao imposto de renda, o TST entende que não há violação à lei a ponto de rescindir o julgado, salvo se expressamente a sentença tenha excluído a incidência de tais descontos. É o que se infere da Súmula 401 daquela Corte:

> AÇÃO RESCISÓRIA. DESCONTOS LEGAIS. FASE DE EXECUÇÃO. SENTENÇA EXEQUENDA OMISSA. INEXISTÊNCIA DE OFENSA À COISA JULGADA. Os descontos previdenciários e fiscais devem ser efetuados pelo juízo executório, ainda que a sentença exequenda tenha sido omissa sobre a questão, dado o caráter de ordem pública ostentado pela norma que os disciplina. A ofensa à coisa julgada somente poderá ser caracterizada na hipótese de o título exequendo, expressamente, afastar a dedução dos valores a título de imposto de renda e de contribuição previdenciária.

5.9. Julgamento *citra, ultra* e *extra petita*

A validade da sentença não fica adstrita à satisfação dos requisitos essenciais consubstanciados no art. 832 da CLT, uma vez que, em nosso sistema processual, o juiz não pode, ressalvados alguns casos especiais, decidir acima, fora ou aquém dos limites da lide, ou seja, do pedido. Daí falar-se em proibição de julgamentos *ultra petita*, *extra petita* ou *citra petita*.

Com efeito, diz o art. 492 do CPC que é defeso ao juiz proferir sentença, a favor do autor, de natureza diversa da pedida, bem como condenar o réu em quantidade superior ou em objeto diverso do que lhe foi demandado.

Enfatizando tal proibição, o art. 141 do CPC prescreve que o juiz deve decidir o mérito nos limites propostos pelas partes, sendo-lhe vedado conhecer de questões, não suscitadas, a cujo respeito a lei exige a iniciativa da parte.

Obtempera o saudoso Valentin Carrion que:

> a sentença que julga *ultra petita* (além do pleiteado) e a que o faz *extra petita* (fora do que o autor pretendeu) são reformáveis, mediante recurso; a sentença *citra petita* (que não se manifesta sobre algum dos pedidos) é anulável[41].

Além de ser atacável por recurso, a sentença que contém julgamento *extra*, *ultra* ou *citra petita* pode ser passível de ataque por ação rescisória, a teor do art. 966, V, do CPC, por violação aos arts. 832 da CLT e 492 do CPC.

Cumpre assinalar, no entanto, que há algumas exceções legais que autorizam o julgamento *extra* ou *ultra petita*. Exemplo de julgamento *extra petita* é o previsto no art. 496 da CLT, segundo o qual:

41. *Comentários à Consolidação das Leis do Trabalho*. São Paulo: Saraiva, 2000. p. 611.

> Quando a reintegração do empregado estável for desaconselhável, dado o grau de incompatibilidade resultante do dissídio, especialmente quando for o empregador pessoa física, o tribunal do trabalho poderá converter aquela obrigação em indenização.

Assim, mesmo se o autor, portador de estabilidade no emprego, tiver pedido apenas a reintegração, a sentença poderá decidir fora do pedido formulado na petição inicial.

Nesse sentido, a Súmula 396 do TST dispõe, *in verbis*:

> ESTABILIDADE PROVISÓRIA. PEDIDO DE REINTEGRAÇÃO. CONCESSÃO DO SALÁRIO RELATIVO AO PERÍODO DE ESTABILIDADE JÁ EXAURIDO. INEXISTÊNCIA DE JULGAMENTO *EXTRA PETITA*. I – Exaurido o período de estabilidade, são devidos ao empregado apenas os salários do período compreendido entre a data da despedida e o final do período de estabilidade, não lhe sendo assegurada a reintegração no emprego. II – Não há nulidade por julgamento *extra petita* da decisão que deferir salário quando o pedido for de reintegração, dados os termos do art. 496 da CLT.

Como exemplo de julgamento *ultra petita*, apontamos a hipótese contemplada no art. 467 da CLT, *in verbis*:

> Em caso de rescisão de contrato de trabalho, havendo controvérsia sobre o montante das verbas rescisórias, o empregador é obrigado a pagar ao trabalhador, à data do comparecimento à Justiça do Trabalho, a parte incontroversa dessas verbas, sob pena de pagá-las acrescidas de cinquenta por cento (Nova redação dada ao artigo pela Lei n. 10.272, de 5-9-2001, *DOU* 6-9-2001).

Nesse caso, o juiz poderá, mesmo se omissa a petição inicial, proferir decisão que condene o empregador a pagar as verbas incontroversas acrescidas de cinquenta por cento.

No que tange ao julgamento *citra petita*, o TST pacificou o entendimento de que tal vício empolga até mesmo ação rescisória (OJ n. 41 da SBDI-2). Um exemplo válido de sentença *citra petita* é, a nosso sentir, o previsto no art. 484 da CLT, que permite ao juiz, no caso de culpa recíproca, reduzir a indenização que seria devida ao empregado.

É importante salientar que no caso de sentença *citra* (ou *infra*) *petita*, a parte interessada deve opor embargos de declaração para sanar a omissão do julgado e, caso persista o vício, deve interpor recurso ordinário com preliminar de nulidade da sentença por negativa de prestação jurisdicional ou ausência de prestação jurisdicional completa. Não adotando nenhuma dessas providências, haverá preclusão. Nesse sentido:

> JULGAMENTO *CITRA PETITA*. AUSÊNCIA DE OPOSIÇÃO DE EMBARGOS DE DECLARAÇÃO PARA SANAR OMISSÕES E NÃO VEICULAÇÃO, EM SEDE RECURSAL, DE NULIDADE DA SENTENÇA POR JULGAMENTO *CITRA PETITA*. No caso de julgamento *citra* (ou *infra*) *petita*, ou seja, quando a sentença é omissa a respeito

de pedido (arts. 832 da CLT e 128, 458 e 460 da CLT), a parte interessada pode apresentar embargos declaratórios, inclusive com efeito modificativo, ou interpor, desde logo, recurso ordinário com preliminar de nulidade da sentença por julgamento *citra petita*. Omitindo-se o recorrente e não opondo embargos de declaração para sanar omissões e não suscitando, em sede recursal, nulidade da sentença por julgamento *citra petita*, impedido está o conhecimento do apelo quanto às matérias não analisadas pelo juízo *a quo* (...) (TRT 17ª R., RO 0099400-06.2010.5.17.0012, Rel. Des. Carlos Henrique Bezerra Leite, *DEJT* 9-11-2012).

5.10. Julgamento parcial antecipado (sentença parcial de mérito)

Dispõe o art. 356 do CPC, *in verbis*:

Art. 356. O juiz decidirá parcialmente o mérito quando um ou mais dos pedidos formulados ou parcela deles:

I – mostrar-se incontroverso;

II – estiver em condições de imediato julgamento, nos termos do art. 355.

§ 1º A decisão que julgar parcialmente o mérito poderá reconhecer a existência de obrigação líquida ou ilíquida.

§ 2º A parte poderá liquidar ou executar, desde logo, a obrigação reconhecida na decisão que julgar parcialmente o mérito, independentemente de caução, ainda que haja recurso contra essa interposto.

§ 3º Na hipótese do § 2º, se houver trânsito em julgado da decisão, a execução será definitiva.

§ 4º A liquidação e o cumprimento da decisão que julgar parcialmente o mérito poderão ser processados em autos suplementares, a requerimento da parte ou a critério do juiz.

§ 5º A decisão proferida com base neste artigo é impugnável por agravo de instrumento.

O art. 355 do CPC, por sua vez, autoriza o juiz a julgar antecipadamente o pedido, proferindo sentença com resolução de mérito, quando:

I – não houver necessidade de produção de outras provas;

II – o réu for revel, ocorrer o efeito previsto no art. 344 e não houver requerimento de prova, na forma do art. 349.

Vale dizer, tanto nas hipóteses do art. 355 quanto do art. 356 do CPC, o ato que julga antecipadamente o mérito, parcial ou integralmente, é sentença.

A CLT não contém regra semelhante, razão pela qual o TST editou a IN n. 39/2016, cujo art. 5º manda aplicar "ao Processo do Trabalho as normas do art. 356,

§§ 1º a 4º, do CPC que regem o julgamento antecipado parcial do mérito, cabendo recurso ordinário de imediato da sentença".

Sem embargo da questão da inconstitucionalidade da referida IN, como vimos no Capítulo I, item 4.2.1, parece-nos que ela também viola os arts. 769 e 893, § 1º, da CLT, uma vez que o art. 356 do CPC se mostra incompatível com os princípios da simplicidade, celeridade e economia processuais, bem como o princípio da irrecorribilidade imediata das decisões interlocutórias que informam o processo do trabalho.

Com efeito, no processo do trabalho as petições iniciais veiculam, em regra, quantidade considerável de pedidos (dez ou mais pedidos), sendo certo que a possibilidade de interposição de recurso ordinário de imediato contra o ato judicial que julga parcialmente o mérito, ou seja, acolhendo um ou mais pedidos, poderá causar sérios embaraços à simplicidade e à celeridade do processo laboral. Afinal, o julgamento antecipado parcial de pedidos implica, na verdade, separação de ações, pois cada pedido corresponde a uma ação, o que poderá desestimular a cumulação objetiva de pedidos (ações) no mesmo processo, comprometendo, assim, a celeridade processual e aumentando o número de processos em tramitação na Justiça do Trabalho.

Além disso, a referida Instrução Normativa cria uma possibilidade de interposição imediata de recurso ordinário contra decisão interlocutória, pois a natureza jurídica do ato que julga parcialmente o mérito é, nos termos da lei (CPC, art. 356, § 5º), impugnável por agravo de instrumento, que é o recurso próprio no processo civil para impugnar decisões interlocutórias.

Ora, se é decisão interlocutória, não há como se admitir a interposição imediata de recurso ordinário, haja vista a vedação contida no § 1º do art. 893 da CLT.

Parece-nos mais adequado ao processo do trabalho o juiz, em lugar de proferir julgamento parcial antecipado, deferir tutela da evidência nos casos de pedidos incontroversos, desnecessidade de produção de outras provas, abuso do direito de defesa ou manifesto propósito protelatório do réu, como já vimos no Capítulo XII, item 5.7.

Advertimos, contudo, que a alta governança da Justiça do Trabalho editou no dia 10-8-2020 o Ato Conjunto TST.CSJT.CGJT 3/2020, que dispõe sobre o processamento dos feitos, no primeiro grau de jurisdição, nos casos de decisão parcial do mérito. Referido ato busca solucionar o descompasso provocado pela decisão parcial do mérito entre a tramitação do processo principal e de eventual processo suplementar.

De acordo com o ato em questão, da sentença que julgar parcialmente o mérito caberá recurso ordinário, aplicando-se as regras relativas ao depósito recursal e ao pagamento das custas processuais. O recurso ordinário e as contrarrazões serão recebidos nos autos principais. O agravo de instrumento interposto à decisão que denega seguimento ao recurso ordinário e a sua contraminuta também serão recebidos nos autos do processo principal.

O ato também dispõe que o processo será autuado na **Classe 12760** (Recurso de Julgamento Parcial pela Vara do Trabalho) após proferido pelo magistrado o despacho nos autos principais, determinando a remessa do recurso à instância superior. Nos autos do processo suplementar constará cópia do inteiro teor do processo principal, e, em sua autuação, será obrigatória a indicação do número do processo principal.

Além disso, a Secretaria da Vara do Trabalho deverá lavrar certidão nos autos do processo principal informando a existência de processo suplementar autuado na classe 12760 – Recurso de Julgamento Parcial.

O art. 3º do Ato Conjunto TST.CSJT.CGJT 3/2020 prevê o cabimento de agravo de instrumento da decisão que denegar seguimento ao recurso ordinário da sentença parcial de mérito, sendo que tanto o agravo de instrumento e a sua contraminuta serão recebidos nos autos do processo principal.

Nos casos de reforma ou anulação da sentença parcial de mérito, com a determinação de novo julgamento, a nova decisão será proferida nos próprios autos do processo autuado na **Classe 12760**. Caso o processo principal já se encontre apto a julgamento, o juiz deverá extinguir o processo suplementar e determinar o traslado das peças inéditas para os autos do processo principal, para julgamento único.

No lançamento do resultado do julgamento do processo principal, deverá ser levado em consideração o julgamento do processo como um todo pelo 1º grau, ou seja, a combinação da sentença parcial do mérito com a sentença final, independentemente do resultado de eventual reforma da sentença parcial.

5.11. Sentença de improcedência liminar

Prevê o art. 332 do CPC, *in verbis*:

> Art. 332. Nas causas que dispensem a fase instrutória, o juiz, independentemente da citação do réu, julgará liminarmente improcedente o pedido que contrariar:
>
> I – enunciado de súmula do Supremo Tribunal Federal ou do Superior Tribunal de Justiça;
>
> II – acórdão proferido pelo Supremo Tribunal Federal ou pelo Superior Tribunal de Justiça em julgamento de recursos repetitivos;
>
> III – entendimento firmado em incidente de resolução de demandas repetitivas ou de assunção de competência;
>
> IV – enunciado de súmula de tribunal de justiça sobre direito local.
>
> § 1º O juiz também poderá julgar liminarmente improcedente o pedido se verificar, desde logo, a ocorrência de decadência ou de prescrição.
>
> § 2º Não interposta a apelação, o réu será intimado do trânsito em julgado da sentença, nos termos do art. 241.
>
> § 3º Interposta a apelação, o juiz poderá retratar-se em 5 (cinco) dias.
>
> § 4º Se houver retratação, o juiz determinará o prosseguimento do processo, com a citação do réu, e, se não houver retratação, determinará a citação do réu para apresentar contrarrazões, no prazo de 15 (quinze) dias.

Essa norma, que tem como correspondente o art. 285-A do CPC/73, tem por objeto impedir a realização de outras fases procedimentais na hipótese em que o juiz já possui elementos suficientes e legalmente previstos para, de pronto, proferir sentença de improcedência.

Na verdade, a finalidade da norma extraída no art. 332 do CPC é estabelecer uma vinculação do juiz a um sistema de precedentes judiciais e enunciados de súmulas, a exemplo do que ocorre com os arts. 489, § 1º, VI, 927, II, III, IV e V, e 1.022, parágrafo único, do CPC.

No tocante à possibilidade de improcedência liminar do pedido nas hipóteses de ocorrência de decadência ou prescrição, o § 1º do art. 332 do CPC possui como correspondente os arts. 219, § 5º, e 295, IV, do CPC/73.

O TST, antecipando-se às divergências que naturalmente surgirão das interpretações dadas por Juízes e Tribunais Regionais do Trabalho, editou a IN n. 39/2016, de duvidosa constitucionalidade, como sustenta a Anamatra em ação direta no STF (ADI n. 5.516).

O art. 7º da referida IN n. 39/2016 do TST dispõe, *in verbis*:

> Art. 7º Aplicam-se ao Processo do Trabalho as normas do art. 332 do CPC, com as necessárias adaptações à legislação processual trabalhista, cumprindo ao juiz do trabalho julgar liminarmente improcedente o pedido que contrariar:
>
> I – enunciado de súmula do Supremo Tribunal Federal ou do Tribunal Superior do Trabalho (CPC, art. 927, V);
>
> II – acórdão proferido pelo Supremo Tribunal Federal ou pelo Tribunal Superior do Trabalho em julgamento de recursos repetitivos (CLT, art. 896-B; CPC, art. 1.046, § 4º);
>
> III – entendimento firmado em incidente de resolução de demandas repetitivas ou de assunção de competência;
>
> IV – enunciado de súmula de Tribunal Regional do Trabalho sobre direito local, convenção coletiva de trabalho, acordo coletivo de trabalho, sentença normativa ou regulamento empresarial de observância obrigatória em área territorial que não exceda à jurisdição do respectivo Tribunal (CLT, art. 896, *b, a contrario sensu*).
>
> Parágrafo único. O juiz também poderá julgar liminarmente improcedente o pedido se verificar, desde logo, a ocorrência de decadência.

Sem adentrar no mérito da discussão sobre a inconstitucionalidade da IN n. 39/2016 do TST, o certo é que o seu art. 7º, parágrafo único, deixa claro que o juiz poderá julgar liminarmente improcedente o pedido quando ocorrer a decadência, mas não a prescrição. É que, sendo fiel à sua jurisprudência, o TST não admite a decretação da prescrição de ofício pelo juiz, como já vimos no Capítulo XIV, item 5.2.1.1.1.

Tendo em vista que no processo do trabalho o juiz só toma ciência da petição inicial na própria audiência dita inaugural, já tendo sido citado o réu para a referida audiência, impõem-se algumas adaptações para que o art. 332 do CPC possa se compatibilizar com o procedimento previsto na CLT.

Assim, da decisão que julgar liminarmente improcedente a demanda caberá recurso ordinário (CLT, art. 895, *a*), podendo o juiz retratar-se em 5 (cinco) dias. Se houver retratação, o juiz determinará o prosseguimento do processo, com a citação ou intimação do réu (dependendo da verificação a respeito da existência ou não da notificação do réu para comparecer à audiência trabalhista), e, se não houver retratação, determinará a citação ou intimação (dependendo do comparecimento ou não do réu à audiência) do réu para apresentar contrarrazões, no prazo 8 (oito) dias.

5.12. Intimação da sentença

De acordo com o disposto no art. 852 da CLT, as partes serão intimadas da sentença na própria audiência em que for proferida, salvo no caso de revelia, pois o reclamado revel será intimado nos termos do art. 841, § 1º, da CLT, isto é, mediante registro postal com franquia[42]. Se o reclamado criar embaraços ao recebimento da notificação intimatória ou não for encontrado, far-se-á a tal notificação por edital, inserto no jornal oficial ou no que publicar o expediente forense, ou, na falta, afixado na sede da Vara do Trabalho ou Juízo de Direito (com jurisdição estendida).

O prazo para recurso da parte que, intimada, não comparecer à audiência em prosseguimento para a prolação da sentença, conta-se, no entanto, da sua publicação (TST, Súmula 197).

Vaticina o § 2º do art. 851 da CLT que: "A ata será, pelo juiz ou presidente, junta ao processo, devidamente assinada, no prazo improrrogável de 48 horas". Se esse prazo não for observado pelo juízo, as partes deverão novamente ser intimadas da sentença, desta feita por via postal. Nesse caso, o prazo para o recurso correspondente será contado da data em que a parte receber a intimação da sentença (TST, Súmula 30).

6. COISA JULGADA

Durante muito tempo a coisa julgada foi considerada como principal efeito da sentença. Modernamente, a coisa julgada deixa de ser mero efeito e passa a ser con-

---

42. Nesse sentido: "TRÂNSITO EM JULGADO – REPRESENTAÇÃO DO RÉU EM JUÍZO. Considera-se revel a empresa que, não obstante regularmente citada, não se faça representar regularmente em juízo. Consequência, contudo, dessa revelia é a imposição de intimação da sentença, para que, querendo, interponha o competente recurso ordinário, nos termos do art. 852, *in fine*, da CLT. Em não havendo tal intimação, não se configura o trânsito em julgado da decisão exequenda" (TRT 3ª R., AP 00210-2004-068-03-00-8, 8ª T., Rel. Des. Heriberto de Castro, *DJMG* 27-8-2005).

cebida como qualidade especial da sentença, que, por força de lei, a torna imutável e as questões nela decididas indiscutíveis, dentro ou fora do processo. Na verdade, é a coisa julgada que produz efeitos dentro (coisa julgada formal) ou fora do processo (coisa julgada material).

O fundamento da coisa julgada reside não na preocupação de valorar a sentença diante dos fatos (verdade) ou dos direitos (justiça), mas no imperativo de ordem prática, qual seja, o de não mais permitir que retornem à discussão questões já soberanamente decididas pelo Poder Judiciário. Em outros termos, o objeto da coisa julgada repousa na segurança das relações jurídicas e na pacificação dos conflitos, possibilitando, assim, a convivência social.

No direito positivo brasileiro, o art. 337, §§ 1º e 2º, do CPC oferece-nos alguns elementos que servem para identificar a coisa julgada, não apenas como qualidade da sentença, mas também como pressuposto de validade da relação processual.

Assim, verifica-se a coisa julgada quando se reproduz ação anteriormente ajuizada, sendo certo que uma ação é idêntica a outra quando tem as mesmas partes, a mesma causa de pedir e o mesmo pedido.

E, no § 3º do mesmo artigo, explicita que "há coisa julgada, quando se repete ação que já foi decidida por sentença, de que não caiba recurso".

De outra parte, o art. 502 do CPC preceitua, *in verbis*: "Denomina-se coisa julgada material a autoridade que torna imutável e indiscutível a decisão de mérito não mais sujeita a recurso".

Na verdade, o adjetivo "material" é apenas indicativo, isto é, serve para evidenciar, metodologicamente, a existência de outra espécie de coisa julgada além da material: a formal.

6.1. Coisa julgada formal

Embora não seja pacífico o entendimento de que a coisa julgada formal não seria propriamente coisa julgada, mas simples forma de preclusão impeditiva da impugnação e reexame da sentença na mesma relação processual, o certo é que se tornou lugar-comum a distinção entre coisa julgada material e formal.

De tal arte, podemos dizer que a coisa julgada formal representa a estabilidade que a sentença adquire no processo em que foi proferida, quer tenha havido análise de mérito, quer não tenha ocorrido tal investigação.

Com efeito, tanto as sentenças terminativas (CPC, art. 485) quanto as definitivas (CPC, art. 487) atingem o estado de coisa julgada formal, uma vez que esta surge tão somente como consequência da preclusão recursal, isto é, no mesmo processo já não será mais possível impugnar, seja por meio de recurso ou qualquer outro meio, a sentença que transitou em julgado.

A coisa julgada formal não impede a propositura de nova demanda, porquanto torna a decisão imodificável apenas no processo em que esta foi prolatada, salvo nas hipóteses previstas no art. 485, V, do CPC, isto é, quando o processo anterior tenha sido extinto sem resolução de mérito em virtude de sentença que pronunciara a coisa julgada, a litispendência ou a perempção, este último instituto incompatível, como já vimos, com o processo do trabalho.

6.2. Coisa julgada material

A sentença que julgar total ou parcialmente a lide, ou seja, o pedido, tem força de lei nos limites da lide e das questões decididas. É exatamente a sentença, que resolve o processo com apreciação do pedido, acolhendo-o total ou parcialmente, que transitada em julgado produz a coisa julgada material, também chamada de *res judicata*.

A coisa julgada material (CPC, art. 502) merece especial proteção da ordem constitucional, já que a Carta Magna a põe a salvo até mesmo da eficácia retroativa de lei superveniente (CF, art. 5º, XXXVI). Trata-se, igualmente, de evento típico, que só diz respeito às sentenças de mérito, isto é, às sentenças que resolvem, no todo ou em parte, o mérito (CPC, art. 503)[43].

Se há dois pesos que equilibram a balança do Direito – o ideal de justiça e o de segurança –, a coisa julgada material consagra o último, pois seria intolerável a possibilidade eterna de demandas sobre uma mesma lide[44].

Na verdade, a coisa julgada material abrange a coisa julgada formal. Dito de outro modo: toda coisa julgada material é também formal.

A distinção basilar entre coisa julgada formal e material repousa na circunstância de que aquela limita sua eficácia ao processo em que a sentença foi proferida, não impedindo, assim, que a lide (mérito) possa ser novamente submetida à apreciação judicial, contanto que em outro processo, salvo nas hipóteses previstas no inciso V do art. 485 do CPC, por expressa determinação do art. 486, § 1º, do mesmo diploma; enquanto esta projeta sua eficácia para fora do processo no qual foi prolatada a sentença, tornando-a imutável, não apenas no processo originário, mas em qualquer outro que porventura venha a ser iniciado.

O principal objetivo, pois, da coisa julgada material é estabilizar definitivamente a relação jurídica que foi submetida à prestação jurisdicional do Estado-juiz.

Somente a coisa julgada material pode ser impugnada pela ação rescisória (CPC, art. 966).

43. THEODORO JÚNIOR, Humberto. A coisa julgada e a rescindibilidade da sentença. *Revista Juris Síntese*, Porto Alegre, n. 219, p. 5 e s., jan. 1996.

44. Idem.

Resumindo, a sentença que resolver o processo sem apreciação do mérito transita em julgado, fazendo apenas coisa julgada formal; porém não gera os drásticos efeitos da coisa julgada material, pois esta só se forma na sentença que resolve o processo com análise do mérito.

No processo do trabalho, a Súmula 259 do TST reconhece implicitamente que o termo de conciliação homologado judicialmente produz os mesmos efeitos da coisa julgada material, já que somente "por ação rescisória é impugnável o termo de conciliação previsto no parágrafo único do art. 831 da CLT".

A OJ n. 132 da SBDI-2/TST corrobora tal entendimento, nos seguintes termos:

> AÇÃO RESCISÓRIA. ACORDO HOMOLOGADO. ALCANCE. OFENSA À COISA JULGADA (*DJ* 4-5-2004). Acordo celebrado – homologado judicialmente – em que o empregado dá plena e ampla quitação, sem qualquer ressalva, alcança não só o objeto da inicial, como também todas as demais parcelas referentes ao extinto contrato de trabalho, violando a coisa julgada, a propositura de nova reclamação trabalhista.

Uma questão interessante que pode surgir no processo do trabalho em decorrência da ampliação da competência da Justiça do Trabalho diz respeito à sentença homologatória de acordo extrajudicial celebrado entre o empregador e os herdeiros do empregado falecido vítima de acidente do trabalho perante uma Vara da Justiça Comum antes da EC n. 45/2004, no qual as partes deram plena quitação de todos os direitos e obrigações decorrentes do referido acidente do trabalho. Se aqueles mesmos herdeiros ajuizarem uma ação acidentária perante a Justiça do Trabalho postulando os mesmos direitos daquela ação anteriormente proposta perante a Justiça Comum, pode-se falar em eficácia preclusiva da coisa julgada? A nosso ver, se a competência material na época do ajuizamento da ação era da Justiça comum, a sentença homologatória do acordo extrajudicial firmado entre as partes é título executivo judicial (CPC, art. 515, VII) e, a nosso sentir, produz idênticos efeitos aos da coisa julgada (preclusão máxima), razão pela qual na ação acidentária ajuizada na Justiça do Trabalho o réu pode levantar preliminar de existência de coisa julgada (e o juiz deve conhecê-la de ofício), devendo o processo trabalhista ser extinto sem resolução do mérito, nos termos do art. 485, IV, do CPC aplicado subsidiariamente à espécie.

6.2.1. Relativização da coisa julgada material

Por força da MP n. 2.180-35/2001, houve acréscimo do § 5º ao art. 884 da CLT, que introduziu, em nosso sistema processual, uma forma de relativização da coisa julgada material[45].

45. No âmbito do processo civil, a referida MP n. 2.180-35/2001 havia inserido dispositivo idêntico no CPC, mas o § 1º do novel art. 475-L, com redação dada pela Lei n. 11.232/2005, afasta a tese da inconstitucionalidade formal.

Com efeito, dispõe o § 5º do art. 884 da CLT, *in verbis*:

> Considera-se inexigível o título judicial fundado em lei ou ato normativo declarados inconstitucionais pelo Supremo Tribunal Federal ou em aplicação ou interpretação tidas por incompatíveis com a Constituição Federal.

Este dispositivo consolidado autoriza a desconsideração do título judicial fundado em lei ou ato normativo declarados inconstitucionais pelo Supremo Tribunal Federal, ou fundado em aplicação ou interpretação da lei ou ato normativo tidos pelo Supremo Tribunal Federal como incompatíveis com a Constituição Federal. De tal arte, presentes as hipóteses mencionadas no referido § 5º do art. 884 da CLT, a coisa julgada não seria obstáculo para afastar a exigibilidade do título judicial. Em suma, ter-se-ia a relativização da coisa julgada sempre que esta fosse "inconstitucional".

Antes de abordamos a "coisa julgada inconstitucional", cabe indagar se a medida provisória que a consagrou não é, por sua vez, inconstitucional[46]. Isto porque não são poucos os juristas que vislumbram afronta aos requisitos formais da Magna Carta no tocante à expedição de medidas provisórias, além de afronta direta à Constituição por desrespeito ao mandamento que agasalha a intangibilidade da coisa julgada.

No aspecto formal, cabe a indagação acerca da possibilidade de inovação processual veiculada por meio de medida provisória. Na ADI n. 1.910-1 (j. 22-4-1999, Rel. Min. Sepúlveda Pertence), o STF suspendeu a eficácia de norma processual levada a efeito por MP, já se antecipando à EC n. 32/2001 que vedou, taxativamente, a edição desses expedientes legislativos em matéria processual, para evitar os abusos cometidos nessa área. Cumpre lembrar que o Executivo estava a legislar diariamente, em desrespeito ao poder competente e, pior ainda, de maneira casuística e arbitrária.

Quanto ao requisito material, há uma corrente doutrinária que sustenta ser a coisa julgada um direito/garantia fundamental, verdadeira cláusula pétrea, imune à relativização, até mesmo por emenda constitucional, salvo, é claro, nas hipóteses de cabimento da ação rescisória. Mas há outra corrente que advoga ser possível a relativização da coisa julgada, sobretudo nas sentenças proferidas nas ações de investigação de paternidade (quando ainda não existia o exame de DNA) ou na chamada coisa julgada inconstitucional, que é a hipótese do § 5º do art. 884 da CLT.

Na verdade, não é a coisa julgada que pode ser acoimada de inconstitucional e, sim, a sentença da qual ela se originou. Ora, vivemos em um estado democrático de direito e não seria razoável admitir a intangibilidade absoluta da coisa julgada em situações em que ela se mostra em clara e manifesta contrariedade à Constituição Federal. Nesse sentido, colacionamos o seguinte julgado:

46. Existe no STF a ADI n. 2.418 que questiona a constitucionalidade do § 5º do art. 884 da CLT.

COISA JULGADA INCONSTITUCIONAL. INEXIGIBILIDADE DO TÍTULO EXECUTIVO. CONTROLE DIFUSO DE CONSTITUCIONALIDADE. POSSIBILIDADE. EMBARGOS À EXECUÇÃO. A Constituição possui preeminência dentro da ordem jurídica pátria, e, por isso, todas as leis e atos normativos devem guardar conformidade com seus preceitos. O sistema de controle de constitucionalidade permite ao Juiz, pelo meio difuso e em cada caso concreto, rejeitar a aplicação de leis e atos normativos que não estejam em consonância com as normas e princípios constitucionais. Essa possibilidade de controle incidental não afasta da fiscalização jurisdicional de constitucionalidade as decisões exaradas pelo próprio Poder Judiciário, mesmo que transitadas em julgado, por se constituírem também em atos normativos, ainda que de aplicação restrita. Desta forma, torna-se inadmissível que, por apego à coisa julgada, uma decisão judicial que afronte diretamente os princípios e normas constitucionais possa ser considerada válida e executada pelo mesmo poder que tem o dever de recusar a aplicação de normas contrárias à Constituição. A coisa julgada inconstitucional não produz os efeitos jurídicos programados quando a própria sentença possui vícios insanáveis, dentre os quais a desconformidade direta com a Constituição. Os embargos à execução, dentre outros, constituem-se em meio processual próprio para declaração de inexigibilidade do título executivo por incompatível com a Constituição Federal (art. 884, § 5º da CLT) (TRT 12ª R., AP 04485.1991.001.12.01-0, 1ª T., Rel. Juíza Sandra Márcia Wambier, j. 25-5-2004).

É preciso, entretanto, estabelecer certos limites para a aplicabilidade do § 5º do art. 884 da CLT (caso o STF o declare constitucional). Nesse sentido, lembra com razão Elpídio Donizetti que o título judicial "somente pode ser reputado inexigível quando: *a)* o trânsito em julgado do acórdão do STF, contendo a declaração de inconstitucionalidade da lei ou a aplicação ou interpretação tida por inconstitucional, tiver ocorrido antes do trânsito em julgado da decisão exequenda; *b)* os efeitos da declaração de inconstitucionalidade da lei, ou da aplicação ou interpretação tida por inconstitucional, por *erga omnes*, isto é, decorrer de acórdão do STF, oriundo de controle abstrato (ADI, ADC ou ADPF), ou de controle concreto (RE, por exemplo), se o Senado Federal tiver expedido resolução suspendendo a execução da lei (CF, art. 52, X) antes do trânsito em julgado do título exequendo; *c)* a arguição de inconstitucionalidade se der em impugnação (prazo de quinze dias, a contar da impugnação da penhora) ou em ação rescisória (CPC, art. 966, V), no prazo de dois anos a contar do trânsito em julgado do título exequendo"[47]. E adverte o renomado autor que essa "é a interpretação que harmoniza a possibilidade de desconstituição de título judicial com a garantia

47. DONIZETTI, Elpídio. *Curso didático de direito processual civil*. 7. ed. Rio de Janeiro: Lumen Juris, 2008. p. 368-369.

da coisa julgada. Qualquer outra interpretação fora desses parâmetros ofende o art. 5º, XXXVI, da CF e, portanto, será reputada inconstitucional"[48].

No tocante à coisa julgada nas ações coletivas (ações civis públicas e ações civis coletivas), é importante lembrar o sistema próprio e específico, cujas fontes normativas primárias são a LACP (Lei n. 7.347/85, art. 16) e a parte processual do CDC (Lei n. 8.078/90, art. 103). Assim, por força do art. 21 da LACP – que autoriza a aplicação subsidiária do Título III do Código de Defesa do Consumidor –, pode-se dizer que a sentença (definitiva) proferida em ação civil pública fará coisa julgada: *a) erga omnes*, salvo se o pedido for julgado improcedente, por insuficiência de provas, quando o seu objeto for a defesa de interesses ou direitos difusos (CDC, art. 81, I, c/c art. 103, I); *b) ultra partes*, mas limitadamente ao grupo, categoria ou classe de pessoas, exceto na hipótese de improcedência por falta de provas, quando a ação tiver por escopo a defesa de direitos ou interesses coletivos (CDC, art. 81, II, c/c. art. 103, II); *c) erga omnes*, apenas em caso de procedência do pedido (*in utilibus*), para beneficiar todos os trabalhadores ou sucessores (CDC, art. 81, III, c/c art. 103, III)[49].

7. LIMITES OBJETIVOS E SUBJETIVOS DA COISA JULGADA

A doutrina é praticamente unânime em afirmar que a coisa julgada material deve obedecer a certos limites. Esses limites são chamados de subjetivos e objetivos.

7.1. Limites subjetivos

Para examinar os limites subjetivos da coisa julgada, deve-se formular a seguinte pergunta: quem, na sentença, é atingido pela autoridade da coisa julgada?

Para responder à primeira pergunta, mister distinguir as ações em que se formou a *res judicata*, porquanto, nas ações individuais (simples ou plúrimas), a regra geral é no sentido de que somente as partes são atingidas pela autoridade de coisa julgada e, apenas por exceção, terceiros juridicamente interessados poderão ser atingidos, como, por exemplo, o sucessor (*causa mortis*) e o cessionário. É o que prescreve o art. 506 do CPC, *in verbis*:

> Art. 506. A sentença faz coisa julgada às partes entre as quais é dada, não prejudicando terceiros.

---

48. Idem, ibidem, p. 369.

49. Para maior aprofundamento do estudo da coisa julgada nas ações coletivas, consultar: LEITE, Carlos Henrique Bezerra. *Ação civil pública na perspectiva dos direitos humanos*. 2. ed. São Paulo: LTr, 2008. p. 170-178.

Já nas ações coletivas *lato sensu*, a ideologia que inspirou o modelo individualista do CPC e da CLT (na parte dos "dissídios individuais") mostra-se inadequada e insuficiente para a solução da pergunta. Na coisa julgada nas diversas espécies de ações coletivas, como a ação popular, a ação civil pública, o dissídio coletivo etc., a regra básica é a de que as sentenças nelas proferidas fazem coisa julgada *erga omnes* ou *ultra pars*. Daí a necessidade de aplicação apriorística das normas previstas no CDC (Título III) em tema de tutela de interesses metaindividuais, que são os interesses difusos, coletivos ou individuais homogêneos.

Com efeito, dispõe o art. 103 do CDC, *in verbis*:

> Art. 103. Nas ações coletivas de que trata este Código, a sentença fará coisa julgada:
>
> I – *erga omnes*, exceto se o pedido for julgado improcedente por insuficiência de provas, hipótese em que qualquer legitimado poderá intentar outra ação, com idêntico fundamento, valendo-se de nova prova, na hipótese do inciso I do parágrafo único do art. 81;
>
> II – *ultra partes*, mas limitadamente ao grupo, categoria ou classe, salvo improcedência por insuficiência de provas, nos termos do inciso anterior, quando se tratar da hipótese prevista no inciso II do parágrafo único do art. 81;
>
> III – *erga omnes*, apenas no caso de procedência do pedido, para beneficiar todas as vítimas e seus sucessores, na hipótese do inciso III do parágrafo único do art. 81.
>
> § 1º Os efeitos da coisa julgada previstos nos incisos I e II não prejudicarão interesses e direitos individuais dos integrantes da coletividade, do grupo, categoria ou classe.
>
> § 2º Na hipótese prevista no inciso III, em caso de improcedência do pedido, os interessados que não tiverem intervindo no processo como litisconsortes poderão propor ação de indenização a título individual.
>
> § 3º Os efeitos da coisa julgada de que cuida o art. 16, combinado com o art. 13 da Lei n. 7.347, de 24 de julho de 1985, não prejudicarão as ações de indenização por danos pessoalmente sofridos, propostas individualmente ou na forma prevista neste Código, mas, se procedente o pedido, beneficiarão as vítimas e seus sucessores, que poderão proceder à liquidação e à execução, nos termos dos arts. 96 a 99.
>
> § 4º Aplica-se o disposto no parágrafo anterior à sentença penal condenatória.

Vê-se, portanto, que, na temática da tutela dos interesses metaindividuais, a coisa julgada possui regramento legal próprio, razão pela qual somente em caso de lacuna caberá a aplicação das normas da CLT e do CPC como fontes subsidiárias, e, ainda assim, desde que, para isso, não haja incompatibilidade com o novo sistema integrado de acesso metaindividual ao Poder Judiciário[50], formado pelas normas da Constituição Federal, do Código de Defesa do Consumidor, da Lei da Ação Civil Pública, da Lei Complementar n. 75/93 etc.

Como bem acentua Sérgio Gilberto Porto:

> O rompimento imposto por estes diplomas com o sistema, que até então estava a viger, verdadeiramente se impunha, eis que novas categorias estavam sendo postas em causa, reclamando, pois, nova disciplina. Assim, flagrante o acerto da conduta adotada pelo legislador, o qual, com isso, implicitamente reconheceu a imprestabilidade (ao menos parcial) do ordenamento processual existente para a integral solução dos conflitos não individuais[51].

7.2. Limites objetivos

Quanto aos limites objetivos da coisa julgada, a pergunta é: o que, na sentença, efetivamente adquire autoridade de coisa julgada?

Não há, em doutrina, a desejável uniformidade para responder à indagação, mormente se levarmos em conta a discussão travada, no Brasil, entre Liebman e Barbosa Moreira a respeito da natureza jurídica da coisa julgada, pois, para o mestre peninsular, seria uma qualidade da sentença que a torna intangível no mesmo ou em qualquer outro processo, enquanto para o mestre patrício essa qualidade não seria capaz de tornar os efeitos imodificáveis, pois estes são absolutamente mutáveis[52].

De lege lata, o art. 503 do CPC prescreve, *in verbis*:

> Art. 503. A decisão que julgar total ou parcialmente o mérito tem força de lei nos limites da questão principal expressamente decidida.
>
> § 1º O disposto no *caput* aplica-se à resolução de questão prejudicial, decidida expressa e incidentemente no processo, se:
>
> I – dessa resolução depender o julgamento do mérito;
>
> II – a seu respeito tiver havido contraditório prévio e efetivo, não se aplicando no caso de revelia;

50. Sobre o novo sistema de acesso metaindividual à Justiça do Trabalho, remetemos o leitor ao Capítulo IV, item 2. Para uma investigação mais aprofundada sobre esse tema, recomendamos a leitura do nosso livro *Ação civil pública na perspectiva dos direitos humanos*. São Paulo: LTr, 2008, *passim*.
51. PORTO, Sérgio Gilberto. Classificação das ações, sentenças e coisa julgada. *Revista Juris Síntese*, Porto Alegre, n. 203, p. 112 e s., set. 1994.
52. Idem.

> III – o juízo tiver competência em razão da matéria e da pessoa para resolvê-la como questão principal.
>
> § 2º A hipótese do § 1º não se aplica se no processo houver restrições probatórias ou limitações à cognição que impeçam o aprofundamento da análise da questão prejudicial.

De tal arte, a coisa julgada faz lei entre as partes nos limites da lide, ou seja, do pedido e da causa de pedir, bem como das questões decididas no processo, desde que constem do *decisum*.

Por outro lado, o art. 504 do CPC oferece-nos, por via reflexa, as matérias que não estão cobertas pelo manto da coisa julgada, a saber:

> Art. 504. Não fazem coisa julgada:
>
> I – os motivos, ainda que importantes para determinar o alcance da parte dispositiva da sentença;
>
> II – a verdade dos fatos, estabelecida como fundamento da sentença;

Cumpre assinalar, para encerrar este tópico, que não são alcançadas pela coisa julgada material as sentenças que têm como base relação jurídica continuativa (CPC, art. 505; CPC/73, art. 471). Vale dizer, as sentenças que contêm a cláusula *rebus sic stantibus* não transitam em julgado o que não deixa de ser uma forma de aplicação da teoria da imprevisão na seara processual. Um exemplo na seara laboral pode ocorrer nas ações em que as empresas são condenadas a pagar adicional de insalubridade. Alteradas as condições que ensejavam o respectivo pagamento, nova sentença poderá vir a ser prolatada, desde que a parte interessada ajuíze ação revisional. Outro exemplo é o previsto no art. 873 da CLT.

Em suma, se é factível ação revisional contra determinada sentença é porque há indícios de que ela não reúne as qualidades necessárias para produzir a coisa julgada material.

8. AUTONOMIA DA COISA JULGADA NO PROCESSO DO TRABALHO

Cuida-se agora da polêmica questão em torno do alcance da coisa julgada formada no processo civil (e penal) e sua repercussão no processo do trabalho.

Tendo em vista a lacuna do texto obreiro, impõe-se, por inexistência de incompatibilidade, a aplicação analógica – tal como autorizado pelo art. 8º e seu parágrafo da CLT – do art. 935 do CC, *in verbis*:

> A responsabilidade civil é independente da criminal, não se podendo questionar mais sobre a existência do fato, ou sobre quem seja o seu autor, quando estas questões se acharem decididas no juízo criminal.

A migração de tal norma para os domínios do processo do trabalho tem sido observada principalmente nas demandas em que se discute a existência de justa causa, em que o empregado é acusado de prática de ato de improbidade (CLT, art. 482, *a*).

Desse modo, havendo condenação do empregado, *v.g.*, por apropriação indébita, mediante sentença criminal transitada em julgado, cujo *decisum* certifica o fato e a autoria do delito, essas duas questões já não mais poderão ser objeto de discussão no processo do trabalho. Isso porque a garantia constitucional da coisa julgada não faz distinção a respeito do processo em que ela se cristaliza, seja no processo penal, no civil, no trabalhista, no eleitoral.

Do mesmo modo, se a coisa julgada no processo criminal reconhecer a inexistência do fato delituoso, ou a não autoria do empregado, bem como se reconhecer a sua autoria, mas o absolver por excludentes de criminalidade, *v.g.*, a legítima defesa, tais matérias estarão cobertas pelo manto da coisa julgada material (penal) e, em razão disso, não poderão ser objeto de nova decisão no processo do trabalho.

Colhem-se, a propósito, os seguintes julgados:

> SENTENÇA PENAL CONDENATÓRIA COM TRÂNSITO EM JULGADO. CRIME DE APROPRIAÇÃO INDÉBITA. REPERCUSSÃO NO JUÍZO TRABALHISTA. ART. 935 DO CÓDIGO CIVIL. FATO NOVO. ART. 462 DO CPC. 1. Sendo una a jurisdição, é de se compreender a inspiração da norma contida no art. 935 do Código Civil, para reconhecer os efeitos extrapenais da sentença criminal transitada em julgado, de sorte que não será possível, independentemente das provas produzidas durante a instrução da Reclamação Trabalhista, solução diversa daquela proferida na ação penal acerca dos fatos até então debatidos, qual seja os atos de improbidade praticados pela reclamante. 2. Hipótese que não configura reexame de fatos em sede extraordinária, procedimento vedado pela Súmula 126 desta Corte, porque os fatos já foram apreciados pelo juízo criminal, que a eles deu o devido enquadramento jurídico, cabendo, agora, declarar os efeitos jurídicos na extinção do vínculo de emprego, por justa causa, capitulado no art. 482, *a*, da CLT. Do contrário, significaria remeter os autos ao juízo trabalhista para que pudesse, diante de novos fatos, proferir nova decisão de mérito, em ofensa ao art. 463 do CPC, segundo o qual ao publicar a sentença de mérito, o juiz cumpre e acaba o ofício jurisdicional, só podendo alterá-la mediante embargos de declaração ou para corrigir inexatidões materiais ou retificar erros de cálculo. 3. É nesta Corte que a repercussão da sentença penal condenatória, com trânsito em julgado, deve influir no julgamento do Recurso de Embargos (transitada a sentença penal condenatória em 17-11-2004, após a interposição do presente Recurso de Embargos, em 8-8-2003). 4. Manifestação da reclamada, apresentando sentença penal condenatória da reclamante transitada em julgado, que se recebe para, atendendo aos fins do art. 462 do CPC, reconhecer a dispensa por justa causa da reclamante em face dos atos de improbidade, e, consequentemente

julgar improcedentes os pedidos deduzidos na reclamação trabalhista, invertendo-se o ônus da sucumbência em relação às custas (TST-E-RR-809.622/2001.5, ac. SBDI-1, *DJ* 1º-9-2006, Rel. Min. João Batista Brito Pereira).

JUSTA CAUSA – FURTO DE MATERIAL DO ALMOXARIFADO DA RECLAMADA – FRAGILIDADE DA PROVA PRODUZIDA – AUSÊNCIA DE COMPROVAÇÃO DO TRÂNSITO EM JULGADO DA SENTENÇA PENAL CONDENATÓRIA – DECISÃO REGIONAL PROFERIDA COM BASE NOS ELEMENTOS CONSTANTES DOS AUTOS. 1. De acordo com os arts. 131 do CPC e 852-D da CLT (princípios do livre convencimento e da busca da verdade real), o julgador apreciará livremente as provas produzidas nos autos, valorando-as conforme o seu convencimento e conferindo, a cada uma delas, o peso que, diante do caso concreto, considerar apropriado. 2. *In casu*, o Regional, com base no conjunto fático-probatório colacionado, concluiu que não restaram robustamente comprovados os fatos que deram ensejo à dispensa por justa causa do Obreiro, qual seja, furto de barras de cobre do almoxarifado, sendo insuficiente a existência de meros indícios. Ponderou que a apresentação de sentença proferida em ação penal, como fato novo, não importa em modificação do julgado em sede de embargos de declaração, tendo sido a controvérsia dirimida com base nos elementos constantes dos autos. 3. Muito embora a apresentação da sentença penal condenatória proferida pelo Juízo Criminal de Curitiba pudesse, em tese, modificar o julgado na seara trabalhista, a teor do que dispõe o art. 935 do CC, na hipótese em análise a Reclamada não apresentou a prova do trânsito em julgado da aludida sentença penal, o que, efetivamente, tornaria indiscutível a autoria e a materialidade dos fatos alegados na presente ação, consoante citado dispositivo legal, bem como da ilação que se extrai da alínea *d* do art. 482 da CLT. 4. Assim sendo, considerando que não foi trazida aos autos o trânsito em julgado da aludida sentença penal, forçoso reconhecer que a prova da justa causa ensejadora da dispensa do Reclamante deveria ter sido robustamente demonstrada nesta esfera do Poder Judiciário, cabendo ao juiz proferir decisão aplicando a norma legal ao caso concreto, como de fato ocorreu na hipótese, onde restou afastada a penalidade máxima imposta ao Empregado, diante da fragilidade da prova produzida frente a gravidade do crime que lhe foi imputado. Recurso de revista não conhecido (TST-RR 710/2005-005-09-00.5, 7ª T., Rel. Min. Maria Doralice Novaes, *DEJT* 17-12-2009).

A primeira parte do art. 935 do CC, no entanto, prescreve que a responsabilidade civil, que abrange a trabalhista, é independente da responsabilidade penal, razão pela qual é juridicamente possível que, mesmo que o ato do empregado não configure ilícito penal, isso não afasta a possibilidade de restar configurada a justa causa para a resolução do contrato de trabalho.

Ademais, como já vimos no Capítulo XVI, item 5, não está o juiz do trabalho obrigado a suspender o processo trabalhista e aguardar o desfecho do processo criminal para fins de responsabilidade trabalhista.

CAPÍTULO XVIII
Despesas Processuais

1. DESPESAS PROCESSUAIS

Despesas processuais, como leciona José Augusto Rodrigues Pinto, "são todos os gastos que as partes realizem dentro ou fora do processo, para prover-lhe o andamento ou atender com mais segurança a seus interesses na demanda"[1].

Para Marinoni e Mitidiero, as "despesas processuais são todo os gastos econômicos indispensáveis que os participantes do processo tiveram de despender em virtude da instauração, do desenvolvimento e do término da instância"[2].

As despesas processuais, portanto, correspondem aos custos econômicos e financeiros do processo suportados pelos que dele participam.

Pode-se dizer que as despesas são o gênero que tem como espécies as custas, os honorários do perito, do assistente técnico e do advogado, os emolumentos, as indenizações de viagens, as diárias de testemunhas, as multas impostas pelo juiz e todos os demais gastos realizados pelos participantes da relação processual.

Existem despesas que são *voluntárias*, como os honorários dos assistentes técnicos, e outras que são *obrigatórias*, como as custas e os emolumentos.

1.1. Custas e emolumentos

As *custas*, à luz do art. 145, II, da CF e do art. 77 do CTN, têm natureza jurídica de taxa (melhor seria empregar o termo "taxa judiciária"), espécie do gênero tributo, pois são valores pagos pela parte ao Estado em decorrência da prestação de um serviço público específico: a prestação jurisdicional. Nessa perspectiva, os jurisdicionados são os usuários dos serviços (públicos) jurisdicionais prestados pelo Estado.

Tendo em vista que a Justiça do Trabalho integra o Poder Judiciário da União, as custas no processo do trabalho têm como destinatária a União.

---

1. PINTO, José Augusto Rodrigues. *Processo trabalhista de conhecimento*. 7. ed. São Paulo: LTr, 2005. p. 291.
2. MARINONI, Luiz Guilherme; MITIDIERO, Daniel. *Código de Processo Civil comentado artigo por artigo*. São Paulo: Revista dos Tribunais, 2008. p. 117.

Os *emolumentos* são ressarcimentos das despesas efetuadas pelos órgãos da Justiça do Trabalho pelo fornecimento de traslados, certidões, cartas etc. ao usuário (parte interessada). Os emolumentos também podem ser enquadrados na categoria de taxa, pois não deixam de ser um valor pago pelo usuário como contraprestação do serviço público jurisdicional federal a ele prestado por um órgão (Justiça do Trabalho) que integra o Poder Judiciário da União.

A Lei n. 10.537, de 27 de agosto de 2002 (*DOU* de 28-8-2002), modificou o texto da CLT, especificamente os seus arts. 789 e 790, acrescentando ainda os arts. 789-A, 789-B, 790-A e 790-B. As novas regras sobre custas e emolumentos na Justiça do Trabalho passaram a produzir efeitos a partir de 28 de outubro de 2002.

Com as alterações introduzidas no art. 789 da CLT pela Lei n. 10.537 e, posteriormente, pela Lei n. 13.467/2017, as custas relativas ao processo trabalhista de conhecimento, nos dissídios individuais e coletivos ou em quaisquer outras ações (ou procedimentos) de competência da Justiça do Trabalho incidirão na base de 2% (dois por cento), observado o mínimo de R$ 10,64 (dez reais e sessenta e quatro centavos) e o máximo de quatro vezes o limite máximo dos benefícios do Regime Geral de Previdência Social, e serão calculadas:

- sobre o valor do acordo homologado ou da condenação;
- sobre o valor da causa – quando houver extinção do processo sem resolução do mérito ou o pedido for julgado totalmente improcedente;
- sobre o valor da causa – no caso de procedência do pedido formulado em ação declaratória e em ação constitutiva;
- sobre o valor que o juiz fixar – quando o valor da causa for indeterminado.

As regras previstas nos §§ 1º a 4º do art. 789 da CLT pacificaram algumas divergências doutrinárias e jurisprudenciais no tocante às custas, ao dispor que:

- as custas serão pagas pelo vencido, após o trânsito em julgado da decisão;
- no caso de recurso, as custas serão pagas e comprovado seu recolhimento dentro do prazo recursal (ver Súmulas 25, 36, 53, 86 e 170 do TST, bem como as OJs ns. 33, 140 e 158 da SBDI-1 e OJs ns. 88 e 91 da SBDI-2);
- sempre que houver acordo (termo de conciliação), o pagamento das custas caberá em partes iguais aos litigantes, salvo ajuste em contrário. Todavia, caso o acordo estipule que as custas serão de responsabilidade do empregado (ou trabalhador avulso), é facultado ao juiz isentá-lo da parte que lhe caiba (CLT, arts. 790, § 3º e 790-A, *caput*);
- nos dissídios coletivos, as partes vencidas responderão solidariamente pelas custas calculadas sobre o valor arbitrado pelo Tribunal (órgão colegiado) ou fixado pelo seu Presidente.

Tendo em vista a EC n. 45/2004, que ampliou a competência da Justiça do Trabalho para outras demandas oriundas da relação de trabalho (CF, art. 114 e IN TST n. 27/2005), podemos dizer que, no processo do trabalho, o princípio da sucumbência recíproca (salvo com relação a honorários advocatícios, a teor do § 3º do art. 791-A da CLT) será aplicado de acordo com a espécie de demanda.

Nesse sentido, aliás, é a IN/TST n. 27/2005:

> Art. 3º Aplicam-se quanto às custas as disposições da Consolidação das Leis do Trabalho.
>
> § 1º As custas serão pagas pelo vencido, após o trânsito em julgado da decisão.
>
> § 2º Na hipótese de interposição de recurso, as custas deverão ser pagas e comprovado seu recolhimento no prazo recursal (arts. 789, 789-A, 790 e 790-A da CLT).
>
> § 3º **Salvo nas lides decorrentes da relação de emprego**[3]**, é aplicável o princípio da sucumbência recíproca, relativamente às custas.** (grifos nossos)

Assim se for ação oriunda da relação de emprego (e da relação de trabalho avulso, por extensão), aplicam-se as regras da CLT sobre custas, de modo que, havendo sucumbência recíproca em demanda oriunda da relação de emprego, apenas o empregador estará obrigado ao pagamento das custas. Noutro falar, se o autor (empregado) cumular pedidos e apenas um for acolhido, a sentença condenará o réu (empregador) ao pagamento integral das custas.

Em síntese, diferentemente do que ocorre com honorários advocatícios e periciais, na hipótese de procedência parcial dos pedidos, ou seja, reclamante e reclamado simultaneamente vencedores e vencidos nas ações oriundas da relação de emprego (e, por extensão, relação de trabalho avulso), não haverá sucumbência recíproca para fins de pagamento de custas.

No caso de acordo, porém, se outra forma não for convencionada, o pagamento das custas será *pro rata*, isto é, rateado em partes iguais para as partes, podendo o juiz, no entanto, dispensar o empregado da parte que lhe couber.

Tratando-se de ações oriundas de relações de trabalho diversas da relação de emprego (ou da relação de trabalho avulso), aplicam-se as regras do CPC (art. 86), inclusive no que concerne à sucumbência recíproca, no que couber.

O § 4º do art. 789 da CLT, em sua relação original, previa que no caso de inquérito judicial para apuração de falta grave caberia à empresa recolher as custas, cujo valor seria calculado sobre seis vezes o salário mensal do(s) empregado(s), antes da prolação da sentença. Essa regra, porém, não foi reproduzida na nova redação do art. 789 da CLT, razão pela qual houve, a nosso ver, a sua revogação tácita.

3. *Vide* § 3º do art. 791-A da CLT, incluído pela Lei n. 13.467/2017.

Logo, as custas, na ação de inquérito judicial para apuração de falta grave, serão pagas após o trânsito em julgado da sentença ou, em caso de recurso, no prazo para a sua interposição.

Se o pedido for julgado improcedente *in totum*, o autor (empregado) só ficará livre do pagamento das custas se estiver litigando sob o pálio da assistência judiciária (Lei n. 5.584/70, art. 14) ou se o juiz dispensá-lo (benefício da gratuidade) do respectivo pagamento (CLT, art. 790, § 3º).

Ainda assim, "somente no caso em que o beneficiário da justiça gratuita não tenha obtido em juízo créditos capazes de suportar a despesa referida no *caput*, ainda que em outro processo, a União responderá pelo encargo" (CLT, art. 790-B, § 4º, incluído pela Lei n. 13.467/2017).[4]

Nos dissídios coletivos, as partes vencidas responderão solidariamente pelo pagamento das custas, calculadas sobre o valor arbitrado na decisão, ou pelo Presidente do Tribunal (§ 4º do art. 789 da CLT). As "partes vencidas", a nosso ver, constituem o litisconsórcio sucumbente. Não nos parece que a norma em causa possa ser interpretada a ponto de se aceitar que na hipótese de sucumbência recíproca nos dissídios coletivos – e é isso que geralmente ocorre – o suscitante e o suscitado sejam solidariamente responsáveis pelo pagamento das custas. Fosse a *mens legis* no sentido de estabelecer solidariedade entre suscitante e suscitado, bastaria dizer "as partes responderão solidariamente", ou seja, não haveria razão para constar do dispositivo legal o qualificativo "partes vencidas".

De acordo com a nova redação dada ao art. 790 da CLT, em todos os órgãos da Justiça do Trabalho, bem como nos Juízos de Direito com Jurisdição estendida, a forma de pagamento das custas e emolumentos obedecerá às instruções que serão expedidas pelo Tribunal Superior do Trabalho.

Seguindo a diretriz constitucional de alargamento do acesso ao Judiciário, o § 3º do art. 790 da CLT, com sua nova redação dada pela Lei n. 13.467/2017, faculta "aos juízes, órgãos julgadores e presidentes dos tribunais do trabalho de qualquer instância conceder, a requerimento ou de ofício, o benefício da justiça gratuita, inclusive quanto a traslados e instrumentos, àqueles que perceberem salário igual ou inferior a 40% (quarenta por cento) do limite máximo dos benefícios do Regime Geral de Previdência Social".

Tratando-se de empregado que não tenha obtido o benefício da justiça gratuita, ou isenção de custas, o sindicato que houver intervindo no processo responderá solidariamente pelo pagamento das custas devidas. É o que prescreve o § 1º do art. 790 da CLT.

Além dos beneficiários da justiça gratuita, o art. 790-A da CLT prevê a isenção do pagamento de custas:

---

4. Este dispositivo tem a sua constitucionalidade questionada no STF (ADI n. 5.766, Rel. Min. Roberto Barroso).

- à União, aos Estados, ao Distrito Federal, aos Municípios e às respectivas autarquias e fundações públicas federais, estaduais ou municipais que não explorem atividade econômica;
- ao Ministério Público do Trabalho.

As isenções, todavia, nos termos do parágrafo único do art. 790-A da CLT, não alcançam as entidades fiscalizadoras do exercício profissional, como OAB, Conselhos de Medicina, Engenharia, Enfermagem etc. nem eximem as pessoas jurídicas, a União, os Estados, o Distrito Federal, os Municípios e respectivas autarquias e fundações públicas federais, estaduais ou municipais de reembolsar as despesas judiciais realizadas pela parte vencedora.

No caso de não pagamento das custas, far-se-á a execução da respectiva importância, segundo o procedimento estabelecido nos arts. 876 e seguintes da CLT.

Na execução, superando entendimento jurisprudencial anterior, a Lei n. 10.537, de 27 de agosto de 2002, que inseriu o art. 789-A à CLT, determinou que as custas serão devidas, sempre a cargo do executado e pagas ao final, donde se conclui que o pagamento das custas não constitui pressuposto de admissibilidade dos recursos no processo (ou fase) de execução.

Com efeito, diz o art. 789-A da CLT que no "processo de execução são devidas custas, sempre de responsabilidade do executado e pagas ao final".

A tabela de custas no processo (ou fase) de execução é a seguinte:

I – autos de arrematação, de adjudicação e de remição: 5% (cinco por cento) sobre o respectivo valor, até o máximo de R$ 1.915,38 (um mil novecentos e quinze reais e trinta e oito centavos);

II – atos dos oficiais de justiça, por diligência certificada:

a) em zona urbana: R$ 11,06 (onze reais e seis centavos);

b) em zona rural: R$ 22,13 (vinte e dois reais e treze centavos);

III – agravo de instrumento: R$ 44,26 (quarenta e quatro reais e vinte seis centavos);

IV – agravo de petição: R$ 44,26 (quarenta e quatro reais e vinte e seis centavos);

V – embargos à execução, embargos de terceiro e embargos à arrematação: R$ 44,26 (quarenta e quatro reais e vinte e seis centavos);

VI – recurso de revista: R$ 55,35 (cinquenta e cinco reais e trinta e cinco centavos);

VII – impugnação à sentença de liquidação: R$ 55,35 (cinquenta e cinco reais e trinta e cinco centavos);

VIII – despesa de armazenagem em depósito judicial por dia: 0,1% (um décimo por cento) do valor da avaliação;

IX – cálculos de liquidação realizados pelo contador do juízo – sobre o valor liquidado: 0,5% (cinco décimos por cento) até o limite de R$ 638,46 (seiscentos e trinta e oito reais e quarenta e seis centavos).

Os emolumentos não constituem requisito essencial ou complementar da sentença trabalhista, pois a responsabilidade pelo seu pagamento não é do sucumbente e, sim, do requerente, conforme dicção do art. 789-B da CLT (com redação dada pela Lei n. 10.537, de 27-8-2002). Este dispositivo estabeleceu os valores dos emolumentos com base na seguinte tabela:

I – *autenticação de traslado de peças mediante cópia reprográfica apresentada pelas partes* – por folha: R$ 0,55 (cinquenta e cinco centavos de real);

II – *fotocópia de peças* – por folha: R$ 0,28 (vinte e oito centavos de real); (Incluído pela Lei n. 10.537. de 27-8-2002);

III – autenticação de peças – por folha: R$ 0,55 (cinquenta e cinco centavos de real);

IV – *cartas de sentença, de adjudicação, de remição e de arrematação* – por folha: R$ 0,55 (cinquenta e cinco centavos de real);

V – certidões – por folha: R$ 5,53 (cinco reais e cinquenta e três centavos). (grifos nossos)

Para terminar este tópico, é importante ressaltar que, sobre os procedimentos para o recolhimento das custas e emolumentos devidos à União no âmbito da Justiça do Trabalho, o TST editou a Instrução Normativa n. 20, de 24 de setembro de 2002, alterada parcialmente pela RA n. 900/2002.

1.1.1. Pagamento de custas e emolumentos

O pagamento das custas e emolumentos no âmbito da Justiça do Trabalho, desde 1º de janeiro de 2011, é realizado exclusivamente mediante Guia de Recolhimento da União – GRU Judicial, por força do Ato Conjunto n. 21/2010 TST.CSJT.GP.SG, divulgado no *Diário Eletrônico da Justiça do Trabalho* de 9 de dezembro de 2010.

A migração da arrecadação de custas e emolumentos de DARF para GRU tem por objetivo proporcionar ao TST e TRTs um melhor acompanhamento e controle das receitas, uma vez que, com o uso da GRU, será possível verificar individualmente cada recolhimento efetuado, por meio de consulta ao SIAFI, e obter informações sobre Unidade Gestora, contribuinte, valor pago e código de recolhimento.

Eis o teor do Ato Conjunto n. 21/TST.CSJT.GP.SG, de 7 de dezembro de 2010, que dispõe sobre o recolhimento de custas e emolumentos na Justiça do Trabalho, *in verbis*:

Art. 1º A partir de 1º de janeiro de 2011, o pagamento das custas e dos emolumentos no âmbito da Justiça do Trabalho deverá ser realizado, exclusivamente, mediante Guia de Recolhimento da União - GRU Judicial, sendo ônus da parte interessada efetuar seu correto preenchimento.

Art. 2º A emissão da GRU Judicial deverá ser realizada por meio do sítio da Secretaria do Tesouro Nacional na internet (www.stn.fazenda.gov.br), ou em Aplicativo Local instalado no Tribunal, devendo o recolhimento ser efetuado exclusivamente no Banco do Brasil ou na Caixa Econômica Federal.

§ 1º O preenchimento da GRU Judicial deverá obedecer às orientações contidas no **Anexo I**.

§ 2º O pagamento poderá ser feito em dinheiro em ambas as instituições financeiras ou em cheque somente no Banco do Brasil.

Art. 3º Na emissão da GRU Judicial serão utilizados os seguintes códigos de recolhimento:

18740-2 - STN-CUSTAS JUDICIAIS (CAIXA/BB)

18770-4 - STN-EMOLUMENTOS (CAIXA/BB)

Art. 4º Até 31 de dezembro de 2010, serão válidos tanto os recolhimentos efetuados por meio de Documento de Arrecadação de Receitas Federais - DARF, em conformidade com as regras previstas na Instrução Normativa n. 20 do Tribunal Superior do Trabalho, de 24 de setembro de 2002, quanto os realizados de acordo com as diretrizes estabelecidas por este Ato.

Art. 5º Este Ato entra em vigor na data de sua publicação.

Caso a parte recorrente e sucumbente deixe de efetuar o recolhimento das custas por meio da GRU Judicial, a consequência será: a cobrança judicial, no caso de trânsito em julgado da sentença; ou a deserção, no caso de interposição de recurso.

A SBDI-1, no entanto, vem relativizando a formalidade para o recolhimento das custas, como se infere do seguinte julgado:

(...) RECURSO DE EMBARGOS INTERPOSTO SOB A ÉGIDE DA LEI N. 11.496/2007. CUSTAS PROCESSUAIS. COMPROVANTE ELETRÔNICO DE RECOLHIMENTO. DESERÇÃO NÃO CONFIGURADA. 1. Consoante a Instrução Normativa n. 20, com a redação dada pela Resolução Administrativa n. 902/2002 desta Corte superior, e o Ato Conjunto n. 21/2010 - TST.CSJT.SG, que dispõem sobre os procedimentos para o recolhimento de custas e emolumentos devidos à União no âmbito da Justiça do Trabalho, exige-se, tão somente, que o pagamento das custas seja efetuado no prazo recursal e no valor estipulado na sentença. 2. Não pode o excesso de rigor formal, no exame dos pressupostos de admissibilidade recursal, configurar óbice ao uso de novos métodos disponibilizados às partes para o recolhimento de custas e

> emolumentos. Com efeito, as instituições bancárias oferecem, atualmente, a possibilidade de pagamento de tributos por meio eletrônico (internet), e o recolhimento de custas mediante a guia GRU não é exceção. 3. Não se detecta irregularidade no comprovante eletrônico de recolhimento de custas carreado aos presentes autos, de onde se extraem os seguintes dados: nome de quem efetuou o recolhimento, a informação Convênio STN – GRU JUDICIAL , o valor recolhido, a data do recolhimento das custas processuais e o número do código de barras, sendo certo que a última sequência do referido código (impresso também em algarismos arábicos, no documento) corresponde ao número do CPF do reclamante. 4 . Em tal hipótese, uma vez verificado o efetivo recolhimento das custas em favor da União – alcançando-se, assim, a finalidade do ato processual – não se afigura razoável declarar a deserção do apelo em razão da ausência do traslado da guia GRU, sob pena de incorrer-se em ofensa ao disposto no art. 5º, LV, da Constituição da República. 5. Recurso de embargos conhecido e provido (E-ED-Ag-RR-15-15.2010.5.04.0702, Subseção I Especializada em Dissídios Individuais, Relator Ministro Lelio Bentes Corrêa, *DEJT* 13-11-2014).

Importante lembrar, por outro lado, que ausência de pagamento de custas não se confunde com insuficiência do valor pago a título de custas, pois neste último caso a deserção somente seria aplicada depois de intimada a parte para completar o valor (TST/SBDI-1 OJ n. 140). Nesse sentido:

> RECURSO DE REVISTA. DESERÇÃO DO RECURSO ORDINÁRIO INTERPOSTO NA VIGÊNCIA DO CÓDIGO DE PROCESSO CIVIL DE 2015. CUSTAS PROCESSUAIS. UTILIZAÇÃO DE GUIA IMPRÓPRIA. AUSÊNCIA DA GUIA GRU. INAPLICABILIDADE DA OJ N. 140 DA SDI-I/TST. Esta c. Corte firmou o entendimento, consubstanciado na Orientação Jurisprudencial n. 140 da SDI-I/TST, no sentido de que "em caso de recolhimento insuficiente das custas processuais ou do depósito recursal, somente haverá deserção do recurso se, concedido o prazo de 5 (cinco) dias previsto no § 2º do art. 1.007 do CPC de 2015, o recorrente não complementar e comprovar o valor devido". O caso dos autos remete a ausência de comprovação do correto recolhimento das custas processuais pela não apresentação da Guia GRU Judicial, não atraindo, assim, a hipótese da OJ n. 140 da SBDI-1 do TST. Precedentes. Recurso de revista de que não se conhece (TST-RR 1340-70.2016.5.09.0671, Rel. Des. Conv. Cilene Ferreira Amaro Santos, 6ª T., *DEJT* 6-4-2018).

1.1.2. Isenção ou dispensa do pagamento das despesas processuais

Na Justiça do Trabalho, são isentos do pagamento de quaisquer despesas processuais:

- os trabalhadores que litiguem sob o pálio da assistência judiciária gratuita (Lei n. 5.584/1970, arts. 14 a 19);
- as pessoas jurídicas de direito público (CLT, art. 790-A, I);
- o Ministério Público do Trabalho (CLT, art. 790-A, II).

É preciso advertir, contudo, que, nos termos do parágrafo único do art. 790-A da CLT:

> A isenção prevista neste artigo não alcança as entidades fiscalizadoras do exercício profissional, nem exime as pessoas jurídicas de direito público referidas no inciso I da obrigação de reembolsar as despesas judiciais realizadas pela parte vencedora.

Podem ser dispensados do pagamento de despesas processuais:

- trabalhadores que não litiguem sob o pálio da assistência judiciária gratuita, mas tenham recebido judicialmente o benefício da gratuidade (CLT, art. 790, § 3º);
- pessoas físicas empregadoras ou a família empregadora que declararem, sob as penas da lei, que não têm condições de arcar com as despesas do processo em prejuízo do sustento próprio ou de suas famílias;
- pessoas jurídicas de direito privado que comprovarem insuficiência econômica, não bastando a simples declaração unilateral.

É importante notar que, segundo o § 4º do art. 790 da CLT, o benefício da justiça gratuita será **concedido à parte que comprovar insuficiência de recursos** para o pagamento das custas do processo.

Essa comprovação poderá criar obstáculos de acesso do trabalhador à Justiça do Trabalho, razão pela qual pensamos que, se o trabalhador receber salário igual ou inferior a 40% do limite máximo dos benefícios do regime geral da Previdência Social, já haverá a presunção legal, independentemente de alegação ou requerimento do trabalhador, para que ele obtenha a gratuidade da justiça.

Caso ele perceba salário superior àquele limite máximo dos benefícios previdenciários, aí sim terá que requerer o benefício da justiça gratuita mediante simples alegação de que não está em condições financeiras de demandar sem o prejuízo do sustento próprio ou de sua família, cabendo ao juiz analisar cada caso concreto para conceder ou não o benefício da gratuidade da justiça.

Dessa forma, a expressão "o benefício da justiça gratuita será concedido à parte que comprovar insuficiência de recursos para o pagamento das custas do processo" (CLT, art. 790, § 4º) deve, com base no inciso XXXV do art. 5º da CF e por aplicação supletiva do art. 99 do CPC, ser interpretado nos seguintes termos:

> I – o pedido de gratuidade da justiça pode ser formulado na petição inicial, na contestação, na petição para ingresso de terceiro no processo ou em recurso:

II – o juiz somente poderá indeferir o pedido se houver nos autos elementos que evidenciem a falta dos pressupostos legais para a concessão de gratuidade, devendo, antes de indeferir o pedido, determinar à parte a comprovação do preenchimento dos referidos pressupostos (CPC, art. 99, § 2º);

III – presume-se verdadeira a alegação de insuficiência deduzida exclusivamente por pessoa natural (CPC, art. 99, § 3º);

IV – a assistência do requerente por advogado particular não impede a concessão de gratuidade da justiça (CPC, art. 99, § 4º). Neste caso, o recurso que verse exclusivamente sobre valor de honorários de sucumbência fixados em favor do advogado de beneficiário estará sujeito a preparo, salvo se o próprio advogado demonstrar que tem direito à gratuidade (CPC, art. 99, § 5º);

V – O direito à gratuidade da justiça é pessoal, não se estendendo a litisconsorte ou a sucessor do beneficiário, salvo requerimento e deferimento expressos (CPC, art. 99, § 6º);

VI – Requerida a concessão de gratuidade da justiça em recurso, o recorrente estará dispensado de comprovar o recolhimento do preparo, incumbindo ao relator, neste caso, apreciar o requerimento e, se indeferi-lo, fixar prazo para realização do recolhimento (CPC, art. 99, § 7º).

A nosso ver, continua válido o entendimento constante da OJ n. 269, I, da SBDI-1/TST, que, independentemente do salário, exige simples afirmação do trabalhador ou do seu advogado na petição inicial ou no prazo alusivo à interposição de recurso. Indeferido o requerimento de justiça gratuita formulado na fase recursal, cumpre ao relator fixar prazo para que o recorrente efetue o preparo, por força do item II da OJ n. 269 da SBDI-1, que autoriza a aplicação do art. 99, § 7º, do CPC.

O item I da Súmula 463 do TST, por sua vez, prevê que: "A partir de 26-6-2017, para a concessão da assistência judiciária gratuita à pessoa natural, basta a declaração de hipossuficiência econômica firmada pela parte ou por seu advogado, desde que munido de procuração com poderes específicos para esse fim (art. 105 do CPC de 2015)". Vale dizer, nos termos desse verbete, que está em sintonia com o CPC (art. 99, § 3º), seja trabalhador (ainda que autônomo) ou empregador pessoa física (ou natural), é suficiente simples declaração de hipossuficiência econômica para a obtenção do benefício da justiça gratuita.

No tocante às pessoas jurídicas de direito privado, inclusive os sindicatos, há necessidade de comprovação de insuficiência econômica. Nesse sentido, a Súmula 463, II, do TST prevê que: "No caso de pessoa jurídica, não basta a mera declaração: é necessária a demonstração cabal de impossibilidade de a parte arcar com as despesas do processo".

Importante registrar que o art. 4º da IN n. 41/2018 do TST, dispondo sobre direito intertemporal, prevê que o "art. 789, *caput*, da CLT aplica-se nas decisões que fixem custas, proferidas a partir da entrada em vigor da Lei n. 13.467/2017" e o art. 5º da referida IN dispõe que o "art. 790-B, *caput* e §§ 1º a 4º, da CLT, não se aplica aos processos iniciados antes de 11 de novembro de 2017 (Lei n. 13.467/2017)".

Outras questões sobre assistência judiciária gratuita, benefício da gratuidade e princípio da gratuidade, remetemos o(a) leitor(a) ao Capítulo X, item 6.4.

1.2. Honorários advocatícios

Os honorários advocatícios na Justiça do Trabalho, nas lides oriundas da relação de emprego ou relação de trabalho avulso, eram devidos apenas na hipótese do art. 14 da Lei n. 5.584/70. Vale dizer, nos termos desse preceptivo, os honorários advocatícios no processo do trabalho não decorriam da simples sucumbência, nem seriam destinados ao advogado e, sim, ao sindicato que prestou assistência judiciária ao trabalhador. Nesse sentido era a antiga redação da Súmula 219 do TST.

Com efeito, nos termos do art .16 da Lei n. 5.584/1970, os "honorários do advogado pagos pelo vencido reverterão em favor do Sindicato assistente". Ocorre que o referido artigo foi revogado expressamente pela Lei n. 13.725, de 4-10-2018 (*DOU* 5-10-2018).

Aliás, os §§ 6º e 7º do art. 22 da Lei n. 8.906, de 4-7-1994 (incluídos pela Lei n. 13.725/2018) passaram a prescrever que:

a) pertencem ao advogado os honorários assistenciais de sucumbência, compreendidos como os fixados em ações coletivas propostas por entidades de classe em substituição processual, sem prejuízo aos honorários convencionais;

b) os honorários convencionados com entidades de classe para atuação em substituição processual poderão prever a faculdade de indicar os beneficiários que, ao optarem por adquirir os direitos, assumirão as obrigações decorrentes do contrato originário a partir do momento em que este foi celebrado, sem a necessidade de mais formalidades.

Cumpre lembrar que, invocando o tratamento da matéria pelo CPC/2015, o TST alterou, substancialmente, a Súmula 219, que passou a ter a seguinte redação:

> Súmula 219 – HONORÁRIOS ADVOCATÍCIOS. CABIMENTO. I – Na Justiça do Trabalho, a condenação ao pagamento de honorários advocatícios não decorre pura e simplesmente da sucumbência, devendo a parte, concomitantemente: *a)* estar assistida por sindicato da categoria profissional; *b)* comprovar a percepção de salário inferior ao dobro do salário mínimo ou encontrar-se em situação econômica que não lhe permita demandar sem prejuízo do próprio sustento ou da respectiva família (art. 14, § 1º, da Lei n. 5.584/1970). II – É cabível a condenação ao pagamento de

honorários advocatícios em ação rescisória no processo trabalhista. III – São devidos os honorários advocatícios nas causas em que o ente sindical figure como substituto processual e nas lides que não derivem da relação de emprego. IV – Na ação rescisória e nas lides que não derivem de relação de emprego, a responsabilidade pelo pagamento dos honorários advocatícios da sucumbência submete-se à disciplina do Código de Processo Civil (arts. 85, 86, 87 e 90). V – Em caso de assistência judiciária sindical ou de substituição processual sindical, excetuados os processos em que a Fazenda Pública for parte, os honorários advocatícios são devidos entre o mínimo de dez e o máximo de vinte por cento sobre o valor da condenação, do proveito econômico obtido ou, não sendo possível mensurá-lo, sobre o valor atualizado da causa (CPC de 2015, art. 85, § 2º). VI – Nas causas em que a Fazenda Pública for parte, aplicar-se-ão os percentuais específicos de honorários advocatícios contemplados no Código de Processo Civil.

Merece críticas a nova redação da Súmula 219 do TST.

Primeiro, porque nos parece de duvidosa constitucionalidade alterar súmula sem que tenha havido divergência jurisprudencial em sede de recurso de competência do TST. Agindo assim, o TST "legislou" de ofício, violando, ao mesmo tempo, os princípios da separação dos Poderes do Estado e o da competência privativa para legislar sobre Direito Processual (CF, arts. 2º e 22, I).

Segundo, porque a Súmula 219 não faz menção a algumas ações oriundas das relações de trabalho que já eram da competência da Justiça do Trabalho bem antes da EC n. 45/2004, como as ações oriundas da relação de trabalho avulso (CLT, art. 643), doméstico (Decreto n. 71.885/73, art. 2º, parágrafo único) e dos contratos de pequena empreitada, tendo como sujeito prestador do serviço o operário ou artífice (CLT, art. 652, III). Nessas ações, embora oriundas da relação de trabalho, o regime de honorários advocatícios na Justiça do Trabalho sempre se deu nos termos do item I da Súmula 219 do TST.

Terceiro, porquanto perdeu o TST a grande chance de dispor sobre os honorários advocatícios decorrentes de sucumbência recursal (CPC, art. 85, §§ 11 e 12).

Entretanto, todas as teses fixadas na Súmula 219 do TST deverão ser reexaminadas em função do art. 791-A da CLT, acrescentado pela Lei n. 13.467/2017, *in verbis*:

> Art. 791-A. Ao advogado, ainda que atue em causa própria, serão devidos honorários de sucumbência, fixados entre o mínimo de 5% (cinco por cento) e o máximo de 15% (quinze por cento) sobre o valor que resultar da liquidação da sentença, do proveito econômico obtido ou, não sendo possível mensurá-lo, sobre o valor atualizado da causa.
>
> § 1º Os honorários são devidos também nas ações contra a Fazenda Pública e nas ações em que a parte estiver assistida ou substituída pelo sindicato de sua categoria.

§ 2º Ao fixar os honorários, o juízo observará:

I – o grau de zelo do profissional;

II – o lugar de prestação do serviço;

III – a natureza e a importância da causa;

IV – o trabalho realizado pelo advogado e o tempo exigido para o seu serviço.

§ 3º Na hipótese de procedência parcial, o juízo arbitrará honorários de sucumbência recíproca, vedada a compensação entre os honorários.

§ 4º Vencido o beneficiário da justiça gratuita, desde que não tenha obtido em juízo, ainda que em outro processo, créditos capazes de suportar a despesa, as obrigações decorrentes de sua sucumbência ficarão sob condição suspensiva de exigibilidade e somente poderão ser executadas se, nos dois anos subsequentes ao trânsito em julgado da decisão que as certificou, o credor demonstrar que deixou de existir a situação de insuficiência de recursos que justificou a concessão de gratuidade, extinguindo-se, passado esse prazo, tais obrigações do beneficiário.

§ 5º São devidos honorários de sucumbência na reconvenção.

Dessa forma, continua existindo a faculdade do *jus postulandi* das próprias partes (CLT, art. 791 e Súmula 425 do TST), aplicando-se, no que couber, a Súmula 219 do TST. Entretanto, caso a parte esteja litigando com o patrocínio de advogado, a este serão devidos honorários advocatícios nos termos do art. 791-A da CLT. Se o advogado estiver atuando em causa própria também terá direito a honorários advocatícios de sucumbência.

No tocante à eficácia temporal desse dispositivo consolidado, o art. 6º da IN n. 41/2018 do TST prevê que "a condenação em honorários advocatícios sucumbenciais, prevista no art. 791-A, e parágrafos, da CLT, será aplicável apenas às ações propostas após 11 de novembro de 2017 (Lei n. 13.467/2017). Nas ações propostas anteriormente, subsistem as diretrizes do art. 14 da Lei n. 5.584/1970 e das Súmulas 219 e 329 do TST".

É importante lembrar que o STF, em acórdão turmário, entendeu que o direito aos honorários advocatícios sucumbenciais previstos no art. 791-A da CLT surge no instante da prolação da sentença, e não do ajuizamento da ação, como entendeu o TST (art. 6º da IN n. 41/2018 do TST). Vejam:

> AGRAVO INTERNO. RECURSO EXTRAORDINÁRIO COM AGRAVO. HONORÁRIOS ADVOCATÍCIOS NO PROCESSO DO TRABALHO. ART. 791-A DA CONSOLIDAÇÃO DAS LEIS DO TRABALHO, INTRODUZIDO PELA LEI N. 13.467/2017. INAPLICABILIDADE A PROCESSO JÁ SENTENCIADO. 1. A parte vencedora pede a fixação de honorários advocatícios na causa com base em direito superveniente – a Lei n. 13.467/2017, que promoveu a cognominada "Reforma Trabalhista". 2. O direito

aos honorários advocatícios sucumbenciais surge no instante da prolação da sentença. Se tal crédito não era previsto no ordenamento jurídico nesse momento processual, não cabe sua estipulação com base em lei posterior, sob pena de ofensa ao princípio da irretroatividade da lei. 3. Agravo interno a que se nega provimento (STF-ARE n. 1.014.675 AgR, Rel. Min. Alexandre de Moraes, Primeira Turma, j. 23-3-2018, processo eletrônico *DJe*-070 divulg. 11-04-2018, public. 12-4-2018).

O STF, apreciando caso concreto, entendeu que o marco temporal para a incidência de honorários advocatícios sucumbenciais é a data da prolação da sentença, mas não examinou questão sob o enfoque do direito intertemporal da aplicação da Lei n. 13.467/2017.

Em outras palavras, parece-nos que a razão está com o TST (art. 6º da IN n. 41/2018 do TST), ou seja, somente nas ações ajuizadas na Justiça do Trabalho após 11-11-2017 (data de início da vigência da Lei n. 13.467), ao advogado que nela atuar, ainda que em causa própria, serão devidos honorários advocatícios de sucumbência, fixados entre o mínimo de 5% (cinco por cento) e o máximo de 15% (quinze por cento) sobre o valor que resultar:

- da liquidação da sentença[5];
- do proveito econômico obtido pela parte vencedora; ou
- sobre o valor atualizado da causa.

Como a lei utiliza o termo "serão fixados", deverá o juiz arbitrar na sentença (aplicação supletiva do art. 85 do CPC), de ofício, isto é, independentemente de pedido da(s) parte(s), o valor dos honorários advocatícios sucumbenciais, levando em conta o grau de zelo do profissional, o lugar de prestação do serviço, a natureza e a importância da causa, o trabalho realizado pelo advogado e o tempo exigido para o seu serviço.

Entretanto, à luz dos princípios da dignidade da pessoa humana, do valor social do trabalho, da correção das desigualdades sociais, da vedação do retrocesso social, da razoabilidade, da proporcionalidade, da proteção processual e do acesso à justiça, bem como o fato de que, em regra, os créditos dos trabalhadores tutelados em ações trabalhistas, além de serem direitos fundamentais sociais, têm por finalidade prover a subsistência do cidadão trabalhador e da sua família, parece-nos razoável que, na hipótese de o trabalhador ser, total ou parcialmente, sucumbente, o percentual dos honorários advocatícios deverá ser o menos oneroso possível, ou seja, arbitrado pelo juiz no valor mínimo de 5% (cinco por cento).

5. O que reforça a desnecessidade de pedido líquido (CLT, art. 840, § 1º).

É importante destacar que há acórdão turmário no sentido de que não viola a CF a condenação do trabalhador em honorários advocatícios no caso de improcedência total dos pedidos formulados na reclamação trabalhista. Nesse sentido:

> (...) HONORÁRIOS ADVOCATÍCIOS SUCUMBENCIAIS. APLICAÇÃO DO ART. 791-A DA CLT INCLUÍDO PELA LEI N. 13.467/2017. IN N. 41/18 DO TST . Nos termos da IN n. 41/18 do TST, a condenação em honorários advocatícios sucumbenciais, prevista no art. 791-A, e parágrafos, da CLT, será aplicável às ações propostas após 11 de novembro de 2017 (Lei n. 13.467). Considerando-se que a presente reclamação trabalhista, julgada totalmente improcedente, foi ajuizada na vigência da referida lei, em 20-6-2018, a condenação do autor ao pagamento de honorários advocatícios de sucumbência se amolda à nova sistemática processual, e, portanto, não viola os indigitados artigos da Constituição da República. Precedentes. Recurso de revista não conhecido (TST-RR 1000718-51.2018.5.02.0718, 3ª T., Rel. Min. Alexandre de Souza Agra Belmonte, *DEJT* 21-6-2019).

Se a sentença ou acórdão forem omissos e transitarem em julgado, parece-nos que somente por ação autônoma poderá o causídico da parte vencedora postular os honorários advocatícios de sucumbência. Tal ação deverá ser proposta na própria Justiça do Trabalho (CF, art. 114, I).

Os honorários advocatícios são devidos também nas ações:

- contra a Fazenda Pública (aplicando-se, supletivamente, as regras dos §§ 3º a 7º do art. 85 do CPC);
- em que a parte estiver assistida pelo sindicato de sua categoria (arts. 14 et seq. da Lei n. 5.584/1970); ou
- substituída processualmente pelo sindicato de sua categoria (*vide* subitem 1.2.2, *infra*).

Os honorários advocatícios são devidos, ainda, na reconvenção[6].

De acordo com o § 18 do art. 85 do CPC, aplicável subsidiariamente ao processo do trabalho, caso a decisão transitada em julgado seja omissa quanto ao direito aos honorários advocatícios ou ao seu valor, é cabível ação autônoma para sua definição e cobrança, cuja competência será da Justiça do Trabalho (CF, art. 114, I).

6. Sobre reconvenção, remetemos o leitor ao Capítulo XIV, item 6.

1.2.1. Honorários advocatícios na sucumbência recíproca

Na Justiça do Trabalho, no regime anterior à edição e vigência da Lei n. 13.467/2017, os honorários advocatícios eram devidos somente pelo empregador, nunca pelo empregado, e se revertiam em favor do sindicato assistente (Lei n. 5.584/1970, art. 16), em razão do princípio de proteção processual ao trabalhador, consoante entendimento sedimentado na Súmula 219 do TST.

O § 3º do art. 791-A da CLT, incluído pela Lei n. 13.467/2017, porém, alterou profundamente a processualística laboral, na medida em que instituiu a obrigatoriedade de pagamento de honorários advocatícios na hipótese de sucumbência recíproca, dispondo que na "hipótese de procedência parcial, o juízo arbitrará honorários de sucumbência recíproca, vedada a compensação entre os honorários", sendo vedado ao juiz autorizar a compensação entre os honorários advocatícios, porque estes "constituem direito do advogado e têm natureza alimentar, com os mesmos privilégios dos créditos oriundos da legislação do trabalho" (CPC, art. 85, § 14, aplicado supletivamente ao processo do trabalho).

Como a CLT não estabelece critérios acerca da sucumbência recíproca, pensamos ser aplicável, supletivamente (heterointegração dos microssistemas dos processos civil e trabalhista), o disposto no parágrafo único do art. 86 do CPC, *in verbis*:

> Art. 86. Se cada litigante for, em parte, vencedor e vencido, serão proporcionalmente distribuídas entre eles as despesas.
>
> Parágrafo único. Se um litigante sucumbir em parte mínima do pedido, o outro responderá, por inteiro, pelas despesas e pelos honorários.

Como se sabe, nas ações trabalhistas, diferentemente do que ocorre no processo civil, geralmente são formulados inúmeros pedidos referentes às verbas rescisórias e contratuais, como adicional de horas extras, adicionais de insalubridade ou periculosidade, férias, repouso semanal remunerado etc. Além disso, é considerável o elevado número de ações trabalhistas nas quais se postulam indenizações por danos materiais e morais.

Todos esses pedidos veiculam direitos fundamentais civis e sociais dos trabalhadores a exigir adequada hermenêutica constitucional para o aplicador da nova regra reformista (CLT, art. 791-A) em relação ao conceito de sucumbência recíproca em desfavor do trabalhador.

Diante de tais circunstâncias, lembram Maurício Godinho Delgado e Gabriela Neves Delgado, que

> a interpretação lógico-racional, sistemática e teleológica do novo preceito da CLT (art. 791-A) pode atenuar a concepção de sucumbência recíproca, tal como o formulado na Súmula 326 do STJ: *Na ação de indenização por dano moral, a condenação em montante inferior ao postulado na inicial não implica sucumbência recíproca*. A mesma

linha interpretativa poderia conduzir semelhante compreensão para outros pleitos, minorando as repercussões da nova regra jurídica.[7]

Com razão os referidos autores ao afastarem o método de intepretação meramente literal do art. 791-A da CLT, mas, a nosso ver, é preciso avançar mais e, como arrimo em outros métodos interpretativos, especialmente o da interpretação conforme a Constituição, estabelecer um conceito de "parte mínima dos pedidos" adaptado ao processo do trabalho.

Antes de tudo, é preciso reconhecer que o termo "parte mínima do pedido" ou, simplesmente, "sucumbência mínima", prevista no parágrafo único do art. 86 do CPC consagra típico conceito indeterminado, tratando-se, como sustentam STRECK, NUNES e CUNHA, de:

> um instituto jurídico que não possui uma conceituação fechada, demandando apreciação no caso concreto, onde as decisões judiciais anteriores podem servir como significativo subsídio para orientar as valorações futuras, numa permanente coordenação entre programa normativo e âmbito normativo, uma vez que tais categorias não são simplesmente dedutíveis da lógica formal, lembrando que a metodologia jurídica não se esgota nem a hermenêutica nem na dogmática, só podendo ser compreendida na medida em que se eleva acima dos preceitos do ordenamento e os examina à luz do conhecimentos gerais da hermenêutica[8].

Na edição passada deste livro, chegamos a sustentar que se o trabalhador/reclamante sucumbisse em menos da metade dos pedidos, o empregador/réu deveria arcar integralmente com os ônus da sucumbência no tocante aos honorários advocatícios. Para tanto, defendíamos que no processo do trabalho o conceito de "parte mínima do pedido" (CPC, art. 86, parágrafo único) deveria corresponder a "menos da metade dos pedidos".

Melhor refletindo sobre a temática em questão, passamos a levar em conta que para a aplicação supletiva do CPC, o juiz, ao interpretar o pedido, "considerará o conjunto da postulação e observará o princípio da boa-fé" (CPC, art. 322, § 2º), máxime porque entre os processualistas civis existem proposições mais abertas ao conceito de sucumbência mínima, como se depreende, por exemplo, da formulada por Ronaldo Cremer, para quem:

---

7. DELGADO, Maurício Godinho; DELGADO, Gabriela Neves. *A reforma trabalhista no Brasil:* com os comentários à Lei n. 13.467/2017. São Paulo: LTr, 2017, p. 329.

8. STRECK, Lenio Luiz; NUNES, Dierle; CUNHA, Leonardo Carneiro da. *Comentários ao código de processo civil.* São Paulo: Saraiva, 2016, p. 156.

a parte que sucumbir em parte mínima do pedido – como, por exemplo, o autor ter apenas um dos cinco pedidos formulados julgado improcedente –, a outra parte será condenada a pagar, integralmente, os honorários e as despesas.[9]

Sabe-se, contudo, que a verdadeira intenção do legislador reformista da CLT foi inibir as "aventuras judiciárias" e os "abusos demandistas" dos trabalhadores que formulam muitos pedidos na Justiça do Trabalho.

Daí a importância de o juiz, ao aplicar o art. 791-A e seus parágrafos da CLT, levar em conta a existência ou não de "abuso do direito de demandar" ou "aventura judiciária" e, concomitantemente, observar o princípio da função social do processo, contido no art. 8º do CPC[10] aplicável subsidiária e supletivamente ao processo laboral (CLT, art. 769; CPC, art. 15).

Nesse passo, parece-nos que a interpretação sistemática e lógica do § 3º do art. 791-A da CLT e do parágrafo único do art. 86 do CPC, em harmonia com o princípios da boa-fé e da inafastabilidade do acesso à justiça, é esta: se o conjunto da postulação indicar que o autor/trabalhador for vencedor nos pedidos qualitativa ou quantitativamente mais importantes, então ele sucumbirá em parte mínima dos pedidos, não havendo lugar para a aplicação da sucumbência recíproca.

Ressaltamos que o conceito de pedidos qualitativa ou quantitativamente mais importantes nos sítios do processo do trabalho decorre da natureza dos direitos materiais deduzidos na demanda. Afinal, os créditos trabalhistas são, em linha de princípio, decorrentes de direitos fundamentais dos trabalhadores e têm por objetivos assegurar os princípios da dignidade da pessoa humana, da razoabilidade, da proporcionalidade, da igualdade substancial e da solidariedade.

Daí a importância da interpretação da expressão "parte mínima do pedido", contida no parágrafo único do art. 86 do CPC, conforme a Constituição, como, aliás, prescrevem expressamente os arts. 1º e 8º do CPC, ambos, iniludivelmente, aplicados subsidiariamente ao processo do trabalho, seja por lacuna normativa do Texto Obreiro, seja pela integral compatibilidade desses dispositivos com os princípios do processo laboral.

À guisa de exemplo, se o autor/trabalhador postular reconhecimento de vínculo empregatício, férias vencidas, horas extras, 13º salário, FGTS, adicional de insalubridade, aviso prévio, reflexos na verbas resilitórias e indenização por danos materiais morais decorrentes de doença ocupacional e a sentença julgar procedentes os quatro

9. CRAMER, Ronaldo. Comentários aos arts. 82 a 97. In: BUENO, Cassio Scarpinella. *Comentários ao código de processo civil*. V. 1. São Paulo: Saraiva, 2017, p. 451.

10. CPC, art. 8º: "Ao aplicar o ordenamento jurídico, o juiz atenderá aos fins sociais e às exigências do bem comum, resguardando e promovendo a dignidade da pessoa humana e observando a proporcionalidade, a razoabilidade, a legalidade, a publicidade e a eficiência".

primeiros pedidos, procedentes em parte o quinto e o sexto pedidos e improcedentes os demais pedidos, parece-nos que, *in casu*, o autor foi vencedor no tocante aos aspectos qualitativos e/ou quantitativos dos pedidos.

Com efeito, se foi declarado judicialmente o direito fundamental do trabalhador ao reconhecimento da relação empregatícia, todos os demais direitos deferidos são dele decorrentes e igualmente fundamentais, como férias, horas extras, 13º salário, indenização por danos materiais morais decorrentes de doença ocupacional etc. Logo, ele sucumbiu, no conjunto da postulação, em parte mínima dos pedidos, razão pela qual o réu deverá responder, por inteiro, pelos honorários advocatícios.

Pedimos vênia para trazer à colação, por similitude jurídica, um julgado do STJ a respeito do conceito de parte mínima do pedido:

> EMBARGOS DE DECLARAÇÃO NO RECURSO ESPECIAL. APELO NOBRE PARCIALMENTE PROVIDO. ÔNUS DE SUCUMBÊNCIA. OMISSÃO. DECAIMENTO DE PARTE MÍNIMA DO PEDIDO. MANUTENÇÃO DA DISTRIBUIÇÃO DOS ÔNUS SUCUMBENCIAIS FIXADA PELAS INSTÂNCIAS ORDINÁRIAS. EMBARGOS ACOLHIDOS SEM EFEITO INFRINGENTE. 1. **A autora da ação, ora embargada, sagrou-se vencedora na maior parte dos pedidos, porquanto vitoriosa integralmente quanto à pretensão de indenizações aos lucros cessantes e por dano moral, decaindo parcialmente apenas no tocante ao pedido de indenização por danos emergentes.** 2. No caso, a distribuição dos ônus sucumbenciais fixada perante a instância local não merece revisão, devendo ser observada a regra do parágrafo único do art. 21 do CPC/73, que estabelece: "Se um litigante decair de parte mínima do pedido, o outro responderá, por inteiro, pelas despesas e honorários." 3. Embargos acolhidos sem atribuição de efeito modificativo (STJ-EDcl no REsp n. 981.551/ES, Rel. Ministro Raul Araújo, 4ª T., j. 14-2-2017, *DJe* 23-2-2017 – grifos nossos).

Esse julgado do STJ se encaixa como luva aos inúmeros pedidos apresentados nas ações trabalhistas.

Igualmente, com amparo no conceito de "parte mínima do pedido" adaptado ao processo do trabalho, pensamos que não haverá sucumbência recíproca na hipótese em que um pedido não for acolhido integralmente.

Esse entendimento, a propósito, já foi pacificado pela Súmula 326 do STJ para fins de afastar a sucumbência recíproca em ação de indenização por dano moral na qual a condenação tenha sido fixada em montante inferior ao postulado na petição inicial.

De tal arte, e considerando as peculiaridades do processo do trabalho, no qual avulta a necessidade de intepretação de normas jurídicas que impliquem maior grau de proteção ao trabalhador, a gênese da Súmula 326 do STJ deve ser ampliada para fins afastar a sucumbência recíproca quando o trabalhador decair em parte mínima do mesmo pedido, independentemente de se tratar de ação de indenização por danos morais ou materiais ou qualquer outra ação por ele proposta na Justiça do Trabalho.

Por exemplo, se o autor formular pedido de 10 horas extras semanais, e o juiz deferir parcialmente apenas 1, 2, 3, 5 ou 6 horas semanais, pode-se inferir que o bem da vida (direito fundamental a horas extras) foi deferido ao autor, tendo este sucumbido em parte mínima do mesmo pedido.

Afinal, não seria razoável admitir que o autor/trabalhador venha a retirar de parte do crédito correspondente ao seu direito fundamental reconhecido e garantido em juízo para pagar despesas processuais, inclusive honorários advocatícios.

É importante lembrar, ainda a respeito da sucumbência recíproca, que o Enunciado n. 99 aprovado na Jornada de Direito, *in verbis*:

> SUCUMBÊNCIA RECÍPROCA. O juízo arbitrará honorários de sucumbência recíproca (art. 791-A, § 3º, da CLT) apenas em caso de indeferimento total do pedido específico. O acolhimento do pedido, com quantificação inferior ao postulado, não caracteriza sucumbência parcial, pois a verba postulada restou acolhida. Quando o legislador mencionou "sucumbência parcial", referiu-se ao acolhimento de parte dos pedidos formulados na petição inicial.

De outro giro, prevê o art. 90 e seus §§ 1º a 4º do CPC que se a sentença for proferida "com fundamento em desistência, em renúncia ou em reconhecimento do pedido, as despesas e os honorários serão pagos pela parte que desistiu, renunciou ou reconheceu".

Sendo parcial a desistência, a renúncia ou o reconhecimento, a responsabilidade pelas despesas e pelos honorários será proporcional à parcela reconhecida, à qual se renunciou ou da qual se desistiu. Havendo transação e nada tendo as partes disposto quanto às despesas, estas serão divididas igualmente.

Se a transação ocorrer antes da sentença, as partes ficam dispensadas do pagamento das custas processuais remanescentes, se houver. Se o réu reconhecer a procedência do pedido e, simultaneamente, cumprir integralmente a prestação reconhecida, os honorários serão reduzidos pela metade, aplicando-se, aqui, o conceito de "parte mínima do pedido" (CPC, art. 86, parágrafo único), como sustentamos em linhas transatas.

A CLT, posto que profundamente modificada pela Lei n. 13.467/2017, não trata especificamente dos honorários advocatícios nos casos enunciados pelo art. 90 do CPC, razão pela qual exsurge cizânia sobre sua aplicação nos sítios do processo laboral.

A nosso sentir, porém, se o trabalhador/reclamante desistir da ação ou renunciar integralmente direitos sobre que se funda a ação, deverá arcar com as despesas (custas), inclusive honorários advocatícios de sucumbência.

Entretanto, à luz do princípio da proteção processual, bem como dos princípios da dignidade da pessoa humana, do valor social do trabalho, da razoabilidade e da proporcionalidade, se o trabalhador demandante desistir parcialmente da ação ou renunciar a apenas um ou alguns pedidos e se, no conjunto da postulação, os pedidos mais importantes, qualitativa ou quantitativamente considerados, forem julgados procedentes, será exclusivamente do empregador/reclamado todos os ônus da sucumbência, não sendo aplicável a sucumbência recíproca.

Finalmente, à luz dos princípios constitucionais da correção das desigualdades sociais, da vedação do retrocesso social, da razoabilidade, da proporcionalidade, da proteção processual e do acesso à justiça, bem como o fato de que, em regra, os créditos dos trabalhadores tutelados em ações trabalhistas, além de serem direitos fundamentais sociais, têm por finalidade prover a subsistência do cidadão trabalhador e da sua família, parece-nos razoável que na hipótese aplicação da sucumbência recíproca o percentual dos honorários advocatícios a cargo do trabalhador deverá ser, em regra, arbitrado valor mínimo de 5% (cinco por cento), mormente nos casos em que ele for destinatário da gratuidade da justiça.

1.2.1.1. Honorários advocatícios de sucumbência e benefício da justiça gratuita

O § 4º do art. 791-A da CLT, incluído pela Lei n. 13.467/2017, dispõe que se o beneficiário da justiça gratuita for vencido,

> desde que não tenha obtido em juízo, ainda que em outro processo, créditos capazes de suportar a despesa, as obrigações decorrentes de sua sucumbência ficarão sob condição suspensiva de exigibilidade e somente poderão ser executadas se, nos dois anos subsequentes ao trânsito em julgado da decisão que as certificou, o credor demonstrar que deixou de existir a situação de insuficiência de recursos que justificou a concessão de gratuidade, extinguindo-se, passado esse prazo, tais obrigações do beneficiário.

Esse novel dispositivo é, a nosso sentir, manifestamente inconstitucional por violação ao direito fundamental de acesso à justiça para o cidadão/trabalhador/pobre, o que levou o Procurador-Geral da República – PGR, inclusive, a ajuizar a ADI n. 5.766, sustentando que gratuidade judiciária ao trabalhador pobre equivale à garantia inerente ao mínimo existencial.

Na referida ação, o PGR argumenta – com razão – que ao pleitear na Justiça do Trabalho cumprimento de direitos trabalhistas inadimplidos os trabalhadores carecedores de recursos buscam satisfazer prestações materiais indispensáveis à sua sobrevivência e à da sua família.

Na contramão do entendimento do PGR, a 3ª Turma do TST decidiu que:

> A Reforma Trabalhista, implementada pela Lei n. 13.467/2017, sugere uma alteração de paradigma no direito material e processual do trabalho. No âmbito do processo do trabalho, a imposição pelo legislador de honorários sucumbenciais ao reclamante re-

> flete a intenção de desestimular lides temerárias. É uma opção política. 2. Por certo, sua imposição a beneficiários da Justiça gratuita requer ponderação quanto à possibilidade de ser ou não tendente a suprimir o direito fundamental de acesso ao Judiciário daquele que demonstrou ser pobre na forma da Lei. 3. Não obstante, a redação dada ao art. 791, § 4º, da CLT, demonstrou essa preocupação por parte do legislador, uma vez que só será exigido do beneficiário da Justiça gratuita o pagamento de honorários advocatícios se ele obtiver créditos suficientes, neste ou em outro processo, para retirá-lo da condição de miserabilidade. Caso contrário, penderá, por dois anos, condição suspensiva de exigibilidade. A constatação da superação do estado de miserabilidade, por óbvio, é Poder Judiciário Justiça do Trabalho Tribunal Superior do Trabalho casuística e individualizada. 4. Assim, os condicionamentos impostos restauram a situação de isonomia do atual beneficiário da Justiça gratuita quanto aos demais postulantes. Destaque-se que o acesso ao Judiciário é amplo, mas não incondicionado. Nesse contexto, a ação contramajoritária do Judiciário, para a declaração de inconstitucionalidade de norma, não pode ser exercida no caso, em que não se demonstra violação do princípio constitucional de acesso à Justiça. Agravo de instrumento conhecido e desprovido" (TST-AIRR-2054-06.2017.5.11.0003, Rel. Min. Alberto Bresciani).

Divergimos, *data venia*, do entendimento adotado pela 3ª Turma do TST, que invocou a opção política do legislador em "desestimular lides temerárias" por meio da imposição da sucumbência em honorários advocatícios ao beneficiário da justiça gratuita, uma vez que já existe, no processo do trabalho e no processo civil, normas atinentes à litigância de má-fé destinadas àqueles que propõem "lides temerárias".

1.2.1. Honorários advocatícios nas ações acidentárias

Como é sabido, o TST firmou entendimento de que os honorários advocatícios pela mera sucumbência nas ações acidentárias somente são devidos na hipótese em que a ação tenha sido ajuizada na Justiça comum e, posteriormente, encaminhada à Justiça do Trabalho. É o que dispõe a OJ n. 421 da SBDI-1 do TST, *in verbis*:

> HONORÁRIOS ADVOCATÍCIOS. AÇÃO DE INDENIZAÇÃO POR DANOS MORAIS E MATERIAIS DECORRENTES DE ACIDENTE DE TRABALHO OU DE DOENÇA PROFISSIONAL. AJUIZAMENTO PERANTE A JUSTIÇA COMUM ANTES DA PROMULGAÇÃO DA EMENDA CONSTITUCIONAL N. 45/2004. POSTERIOR REMESSA DOS AUTOS À JUSTIÇA DO TRABALHO. ART. 85 DO CPC DE 2015. ART. 20 DO CPC DE 1973. INCIDÊNCIA (atualizada em decorrência do CPC de 2015, Res. n. 208/2016). A condenação em honorários advocatícios nos autos de ação de indenização por danos morais e materiais decorrentes de acidente de trabalho ou de doença profissional, remetida à Justiça do Trabalho após ajuizamento na Justiça co-

mum, antes da vigência da Emenda Constitucional n. 45/2004, decorre da mera sucumbência, nos termos do art. 85 do CPC de 2015 (art. 20 do CPC de 1973), não se sujeitando aos requisitos da Lei n. 5.584/1970.

Ousamos divergir, ainda que parcialmente, do entendimento do TST, pois, se com o advento da EC n. 45/2004, a Justiça do Trabalho passou a ser competente para processar e julgar as ações de acidentes do trabalho, então os honorários advocatícios devem sempre ser suportados pela parte sucumbente, independentemente de terem sido tais ações ajuizadas na Justiça Comum ou na Justiça Laboral, ou de estarem preenchidos os requisitos previstos na Lei n. 5.584/70.

Isso porque, embora tais ações sejam oriundas da relação de emprego (e não da relação de trabalho, salvo no caso de trabalho avulso), seria um retrocesso manifesto expungir uma situação fático-jurídica de vantagem processual dos demandantes (e seus advogados) a interpretação do art. 114, VI, da CF que afaste a condenação do sucumbente em honorários advocatícios. Noutros termos, afigura-se-nos que, à luz do princípio da vedação do retrocesso social, os honorários advocatícios nas ações acidentárias (indenizatórias, portanto) ajuizadas depois da EC n. 45/2004 na Justiça do Trabalho (ou ajuizadas e não julgadas na Justiça comum antes da EC n. 45/2004) são devidos pela mera sucumbência.

Trata-se, portanto, de uma exceção à hipótese prevista na primeira parte do art. 5º da IN n. 27 do TST, pois as ações acidentárias são oriundas da relação de emprego (ou da relação de trabalho avulso). Não é razoável interpretar restritivamente a norma do inciso VI do art. 114 da CF, com redação dada pela EC n. 45/2004, para retirar das partes (e seus advogados) uma situação processual e econômica mais vantajosa pela simples transferência de competência em razão da matéria.

Com o advento da Lei n. 13.467/2017, que acrescentou o art. 791-A à CLT, continua existindo a faculdade do *jus postulandi* das próprias partes (CLT, art. 791 e Súmula 425 do TST), mas, se elas optarem por contar com o patrocínio de advogados, a estes serão devidos honorários advocatícios nos termos do art. 791-A da CLT. Neste caso, deixam de ser aplicados, por incompatibilidade, os dispositivos e os verbetes jurisprudenciais do TST que restringem o cabimento de honorários advocatícios nos sítios do processo do trabalho.

De acordo com o § 9º do art. 85 do CPC, aplicável subsidiariamente ao processo laboral, na ação de indenização por ato ilícito contra pessoa, o percentual de honorários advocatícios sucumbenciais incidirá sobre a soma das prestações vencidas acrescida de 12 (doze) prestações vincendas.

1.2.2.1. *Honorários advocatícios em outras ações indenizatórias*

Com o advento do Código Civil de 2002, que prevê, nos arts. 389 e 404, a condenação do réu por perdas e danos em virtude de inadimplemento de obrigação legal ou contratual, abrangendo honorários advocatícios, algumas vozes da doutrina justrabalhista passaram a admitir, no processo do trabalho, a incidência das referidas normas sob o fundamento de que o trabalhador, quando vai a juízo, deve ser reparado integralmente pelos danos que o empregador lhe causou.

Aliás, nesse sentido aponta o Enunciado n. 53 da 1ª Jornada de Direito Material e Processual do Trabalho.

Parece-nos que os honorários previstos nos arts. 389 e 404 do Código Civil não se confundem com os honorários advocatícios de sucumbência; ao revés, têm natureza de indenização em favor da parte prejudicada pela inadimplência de obrigação legal ou contratual.

Assim, considerando que o inciso VI do art. 114 da CF reconhece a competência da Justiça do Trabalho para processar e julgar "as ações de indenização por dano moral ou patrimonial, decorrentes da relação de trabalho", cremos ser juridicamente viável – apenas nas ações indenizatórias – o pedido de condenação do réu em perdas e danos, abrangidos os honorários advocatícios, desde que estes tenham sido pagos (adiantados) pelo vencedor da demanda, sem prejuízo dos honorários advocatícios decorrentes da mera sucumbência (TST/IN n. 27/2005, art. 5º).

Frise-se que tanto o trabalhador (ou empregado) quanto o tomador de seus serviços (ou empregador) podem ser condenados em ações indenizatórias na Justiça do Trabalho, abarcando, em tais casos, os honorários advocatícios previstos nas citadas normas do Código Civil, sendo certo que tal condenação não se confunde com a ação de cobrança de verba honorária contratual ajuizada por advogado em face de seu cliente, pois, neste caso, aflora-se a incompetência da Justiça do Trabalho, como já vimos no Capítulo V, item 2.1.1.2.3.1.

O TST, contudo, já enfrentou a questão em acórdão turmário, no sentido de que é "inaplicável o disposto no art. 389 do Código Civil, tendo em vista que, na Justiça do Trabalho, os pressupostos para o deferimento dos honorários advocatícios encontram-se previstos no art. 14 da Lei n. 5.584/70" (RR 2080/2005-135-15-00.0, j. 23-9-2009, Rel. Min. Alberto Luiz Bresciani de Fontan Pereira, 3ª T., *DEJT* 9-10-2009).

Em outro julgado, o TST também entendeu que os "honorários advocatícios na Justiça do Trabalho regem-se pelas disposições contidas na Lei n. 5.584/70, nos termos de seu art. 14 e seguintes. A incidência da norma específica afasta a aplicação do art. 389 do Código Civil, em face do disposto no art. 769 da Consolidação das Leis do Trabalho" (TST-RR 1306/2003-003-20-00.4, j. 19-8-2009, Rel. Min. João Batista Brito Pereira, 5ª T., *DEJT* 28-8-2009). No mesmo sentido:

> AGRAVO DE INSTRUMENTO. HONORÁRIOS ADVOCATÍCIOS. SÚMULAS 219 E 329 DO TST. INAPLICABILIDADE DOS ARTS. 389 E 404 DO CÓDIGO CIVIL. Revelada a contrariedade à Súmula 219 do TST, dá-se provimento ao Agravo de Instrumento para determinar o processamento do Recurso de Revista. Agravo de Instru-

> mento provido. RECURSO DE REVISTA. HONORÁRIOS ADVOCATÍCIOS. SÚMULAS 219 E 329 DO TST. INAPLICABILIDADE DOS ARTS. 389 E 404 DO CÓDIGO CIVIL. A questão do deferimento dos honorários assistenciais no âmbito da Justiça do Trabalho está pacificada por este Tribunal por meio da Súmula 219, cuja orientação foi mantida mesmo após a promulgação da Constituição Federal de 1988, como confirma o Verbete Sumular 329. Impende registrar, por oportuno, que, havendo norma específica quanto ao cabimento dos honorários advocatícios na seara da Justiça do Trabalho, não há de se aplicar a legislação civil, no caso o art. 389 do Código Civil. Precedentes da Corte. Dessa feita, constatado que o Reclamante não se encontra assistido por seu sindicato profissional, torna-se indevida a indenização substitutiva à condenação em honorários advocatícios. Recurso de Revista conhecido em parte e provido (TST-RR 1573-21.2010.5.24.0005, Rel. Min. Maria de Assis Calsing, 4ª T., *DEJT* 11-10-2013).

Como o art. 791-A da CLT trata apenas dos honorários de sucumbência, fica inalterado o entendimento por nós adotado no sentido de que nas ações indenizatórias poderiam ser incluídos os honorários advocatícios contratuais antecipados pela parte vencedora da demanda, pois se trata de ação indenizatória oriunda da relação de trabalho. Mas, como já advertimos, o TST provavelmente não alterará a sua jurisprudência, no particular.

1.2.3. Honorários advocatícios na substituição processual

Nos domínios do direito processual individual do trabalho, os honorários advocatícios só seriam devidos, salvo na hipótese de demanda oriunda da Justiça Comum, por força da EC n. 45/2004, quando o sindicato figurasse como assistente de demandante que não estivesse em condições de arcar com as despesas do processo, sem que comprometesse o seu próprio sustento, na forma da Súmula 219, I, do TST, ou como substituto processual, nos termos do item III da referida súmula.

Ocorre que, em se tratando de ação em que o sindicato figura como substituto processual em defesa de interesses individuais homogêneos da categoria (ou parte dela) que representa, o sistema processual aplicável não é mais o do processo trabalhista individual, mas, sim, o consubstanciado nas normas da CF, da Lei da Ação Civil Pública (Lei n. 7.347/85) e CDC (Lei n. 8.078/90).

De tal arte, a interpretação sistemática das normas que compõem esse novel sistema de acesso metaindividual ao Judiciário prevê, nos arts. 87 e seu parágrafo do CDC (que está no capítulo das ações coletivas para tutela dos interesses individuais homogêneos), *in verbis*:

> Art. 87. Nas ações coletivas de que trata este código não haverá adiantamento de custas, emolumentos, honorários periciais e quaisquer outras despesas, nem con-

denação da associação autora, salvo comprovada má-fé, em honorários de advogados, custas e despesas processuais.

Parágrafo único. Em caso de litigância de má-fé, a associação autora e os diretores responsáveis pela propositura da ação serão solidariamente condenados em honorários advocatícios e ao décuplo das custas, sem prejuízo da responsabilidade por perdas e danos.

Ora, se a própria associação – gênero que tem como uma das espécies a associação sindical – pode ser condenada em honorários advocatícios caso sucumbente (e de má-fé), é óbvio, e com muito mais razão, que ela deve ser beneficiária de tal verba na hipótese de vencedora da demanda coletiva.

Aliás, a coletivização das demandas em uma sociedade de massa, como a que vivemos hoje, impõe a adoção de novas técnicas de encorajamento para que os representantes ideológicos dos interesses metaindividuais em juízo promovam a sua defesa coletiva. Não é por outra razão que o inciso III do art. 129 da CF emprega o termo "promover" no que diz respeito ao ajuizamento de ação civil pública, espécie do gênero ação coletiva. Andou bem o TST, portanto, em cancelar a Súmula 310, que obstaculizava a pretensão do ora recorrente.

Por outro lado, não seria razoável admitir que o sindicato, quando atua como assistente (*rectius*, representante) dos trabalhadores em ações individuais plúrimas, seja destinatário de honorários advocatícios decorrentes de sucumbência e, quando age como substituto processual em defesa de interesses individuais homogêneos – que é demanda muito mais importante do ponto de vista político, social e econômico do acesso coletivo ao aparelho judiciário –, não seja merecedor de tal verba. Nesse sentido:

ILEGITIMIDADE ATIVA. SINDICATO. DIREITOS INDIVIDUAIS HOMOGÊNEOS: O sindicato é parte legítima para defender os interesses individuais homogêneos dos trabalhadores que tenham trabalhado em jornada excessiva, sendo viável, portanto, o uso da ação coletiva. HONORÁRIOS ADVOCATÍCIOS. SINDICATO AUTOR. Não seria razoável admitir que o sindicato quando atua como assistente (*rectius*, representante) dos trabalhadores em ações individuais plúrimas seja destinatário de honorários advocatícios decorrentes de sucumbência e quando age como substituto processual em defesa de interesses individuais homogêneos – que é demanda muito mais importante do ponto de vista do acesso coletivo ao aparelho judiciário – não seja merecedor de tal verba (TRT 17ª R., RO 0097400-60.2011.5.17.0121, Rel. Desembargador Carlos Henrique Bezerra Leite, *DEJT* 10-10-2012).

O TST, no entanto, vinha deferindo honorários advocatícios ao sindicato atuando como substituto processual apenas quando os substituídos processualmente recebessem salário até o dobro do mínimo legal ou declarassem situação de precariedade econômica. É o que se vê do seguinte julgado:

> RECURSO DE REVISTA. SINDICATO. SUBSTITUTO PROCESSUAL. HONORÁRIOS DE ADVOGADO. A substituição processual pelo sindicato tem previsão constitucional, decorrendo o pagamento de honorários de advogado, em favor do sindicato, da expressa menção do art. 16 da Lei n. 5.584/70. Havendo pronunciamento por parte da Eg. Corte *a quo* a respeito da existência dos requisitos necessários para o deferimento dos honorários de advogado, na forma do art. 14 da Lei n. 5.584/70 c/c a Súmula 219 e a Orientação Jurisprudencial n. 305 da SBDI-1, ou seja, a comprovação da percepção de salário inferior ao dobro do mínimo legal ou encontrar-se o empregado em situação econômica que não lhe permita demandar sem prejuízo do próprio sustento ou da respectiva família, há que se conceder honorários advocatícios, ainda que atuando como substituto processual o sindicato. Recurso de revista conhecido e provido (TST-RR 622/2005-002-08-00.0, j. 21-10-2009, Rel. Min. Aloysio Corrêa da Veiga, 6ª T., *DEJT* 29-10-2009).

O equívoco desse julgado, data maxima venia, está em continuar exigindo (explícita ou implicitamente) a famigerada lista de substituídos (por exigir declaração de pobreza econômica de cada trabalhador na fase cognitiva) e insistir em negar vigência e aplicabilidade ao art. 87 do CDC nos sítios do processo do trabalho, pois, nas ações em que o sindicato atua como substituto processual, ele age em nome próprio na defesa dos interesses individuais homogêneos dos trabalhadores integrantes da categoria que representa. Vale dizer, o referido julgado da mais alta Corte Obreira representava sérios obstáculos ao acesso coletivo dos trabalhadores à Justiça do Trabalho, como já vimos nos Capítulos III e VI, item 6.2.1, malferindo, assim, o disposto no art. 5º, XXXV, da CF, o que, provavelmente, o próprio TST a alterar tal entendimento, passando a admitir os honorários advocatícios na substituição processual, independentemente da condição econômica dos substituídos, como se depreende do seguinte julgado:

> RECURSO DE EMBARGOS INTERPOSTO PELO SINDICATO. REGÊNCIA DA LEI N. 11.496/2007. HONORÁRIOS ADVOCATÍCIOS. SINDICATO COMO SUBSTITUTO PROCESSUAL. A jurisprudência desta Corte Superior, mediante o item III da Súmula 219, uniformizou-se no sentido de que são devidos os honorários advocatícios, pela mera sucumbência, nas causas em que o ente sindical figure como substituto processual, sem a exigência de comprovação da hipossuficiência de cada um dos substituídos. Recurso de embargos conhecido e provido (...) (TST-E-ED-RR-113800-54.2007.5.17.0004, SBDI-1, Rel. Min. Walmir Oliveira da Costa, *DEJT* 14-12-2018).

Destaca-se que o julgado acima faz referência ao item III na Súmula 219, segundo o qual: "São devidos os honorários advocatícios nas causas em que o ente sindical figure como substituto processual e nas lides que não derivem da relação de emprego".

O item V da Súmula 219 do TST, por sua vez, dispõe que:

> Em caso de assistência judiciária sindical ou de substituição processual sindical, excetuados os processos em que a fazenda pública for parte, os honorários advocatícios são devidos entre o mínimo de dez e o máximo de vinte por cento sobre o valor da condenação, do proveito econômico obtido ou, não sendo possível mensurá-lo, sobre o valor atualizado da causa (CPC de 2015, art. 85, § 2º).

Essa parte da Súmula 219 do TST deverá ser parcialmente modificada no tocante aos percentuais, pois o art. 791-A, *caput*, e § 1º, da CLT, com redação dada pela Lei n. 13.467/2017, prevê, expressamente, que os honorários advocatícios na substituição processual serão fixados entre o mínimo de 5% e o máximo de 15%.

É importante lembrar que o parágrafo único do art. 87 do CDC confirma o princípio contido no seu *caput*, isto é, o sindicato autor de ação coletiva (ou civil pública) na Justiça do Trabalho que comprovadamente litigar de má-fé responderá solidariamente com os seus diretores (em regra, o Presidente), além do décuplo do valor das custas processuais, pelos ônus da sucumbência, o que abrange as demais despesas processuais, honorários advocatícios, honorários periciais e indenizações por danos materiais e morais sofridos pelo réu da demanda coletiva.

Ademais, os honorários do advogado da parte vencedora, total ou parcialmente, nos termos do art. 791-A da CLT, com redação dada pela Lei n. 13.467/2017, passaram a ser devidos pela mera sucumbência em qualquer ação (individual ou coletiva) na Justiça do Trabalho.

Com efeito, o § 1º do art. 791-A da CLT prevê expressamente que os honorários advocatícios de sucumbência são devidos também nas ações "em que a parte estiver assistida ou substituída pelo sindicato de sua categoria".

E para espancar qualquer dúvida, sobreveio a Lei n. 13.725, de 4-10-2018, que, acrescentado o § 6º ao art. 22 da Lei n. 8.906, de 4-7-1994, passou a assegurar "honorários assistenciais" ao advogado da entidade de classe que atuou como substituta processual em ações coletivas.

Dessa forma, os honorários advocatícios de sucumbência pagos pelo vencido no âmbito da Justiça do Trabalho nas causas em que o sindicato tenha prestando assistência judiciária ao trabalhador passaram a pertencer exclusivamente ao advogado contratado pela entidade sindical (§ 6º ao art. 22 da Lei n. 8.906, de 4-7-1994).

De outro giro, de acordo com o § 7º do art. 22 da Lei n. 8.906/1994, acrescentado pela Lei n. 13.725/2018, os "honorários convencionados com entidades de classe para atuação em substituição processual poderão prever a faculdade de indicar os beneficiários que, ao optarem por adquirir os direitos, assumirão as obrigações decorrentes do contrato originário a partir do momento em que este foi celebrado, sem a necessidade de mais formalidades".

1.2.4. Honorários advocatícios nas ações oriundas da relação de trabalho

Nas ações que foram transferidas para a competência da Justiça do Trabalho (CF, art. 114, com redação dada pela EC n. 45/2004), os honorários advocatícios são devidos pela mera sucumbência. É o que se depreende da aplicação sistemática do art. 5º da IN/TST n. 27/2005 e dos itens III, IV e V da Súmula 219 do TST:

> (...) III – São devidos os honorários advocatícios (...) nas lides que não derivem da relação de emprego.
>
> IV – (...) nas lides que não derivem de relação de emprego, a responsabilidade pelo pagamento dos honorários advocatícios da sucumbência submete-se à disciplina do CPC (arts. 85, 86, 87 e 90).
>
> V – Em caso de assistência judiciária sindical ou de substituição processual sindical, excetuados os processos em que a Fazenda Pública for parte, os honorários advocatícios são devidos entre o mínimo de dez e o máximo de vinte por cento sobre o valor da condenação, do proveito econômico obtido ou, não sendo possível mensurá-lo, sobre o valor atualizado da causa (CPC de 2015, art. 85, § 2º).

Nestes casos, aplicar-se-iam as regras do CPC (arts. 85 a 97), sendo desnecessário o pedido de condenação do sucumbente em honorários advocatícios, uma vez que as normas cogentes previstas nos arts. 82, § 2º, e 85 do CPC determinam que a sentença "condenará o vencido a pagar ao vencedor as despesas que antecipou e os honorários advocatícios". Mas, se houver procedência parcial do pedido, autor e réu "serão recíproca e proporcionalmente distribuídos e compensados entre eles os honorários e as despesas" (CPC, art. 86).

Com o art. 791-A da CLT, com redação dada pela Lei n. 13.467/2017, serão sempre devidos honorários advocatícios quando a parte (trabalhador ou tomador do serviço, pessoa física ou jurídica, de direito público ou privado) estiver litigando sob o patrocínio de advogado, independentemente de assistência judiciária sindical ou qualquer outra condição. Basta haver sucumbência total ou parcial para que o advogado que atuou na causa tenha direito de receber honorários sucumbenciais.

1.3. Honorários periciais

Os honorários periciais são despesas que devem ser pagas pela parte sucumbente no pedido que demandou a realização do trabalho do perito. Era o que dispunha a redação original do art. 790-B da CLT: "A responsabilidade pelo pagamento dos honorários periciais é da parte sucumbente na pretensão objeto da perícia, salvo se beneficiária de justiça gratuita".

A Lei n. 13.467/2017 alterou o art. 790-B da CLT, que passou a ter a seguinte redação:

> Art. 790-B. A responsabilidade pelo pagamento dos honorários periciais é da parte sucumbente na pretensão objeto da perícia, ainda que beneficiária da justiça gratuita.
>
> § 1º Ao fixar o valor dos honorários periciais, o juízo deverá respeitar o limite máximo estabelecido pelo Conselho Superior da Justiça do Trabalho.
>
> § 2º O juízo poderá deferir parcelamento dos honorários periciais.
>
> § 3º O juízo não poderá exigir adiantamento de valores para realização de perícias.
>
> § 4º Somente no caso em que o beneficiário da justiça gratuita não tenha obtido em juízo créditos capazes de suportar a despesa referida no *caput*, ainda que em outro processo, a União responderá pelo encargo. (NR)

Assim, por exemplo, se o reclamante formular na ação dez pedidos que não demandem perícia e um que exija a prova pericial, *v.g.*, adicional de insalubridade, havendo indeferimento deste último pedido, será o reclamante condenado a pagar os honorários periciais, ainda que beneficiário da justiça gratuita (CLT, art. 790, § 3º). Neste caso, se ele obteve o benefício da justiça gratuita, mas os demais créditos decorrentes da ação (ou em outras ações judiciais) forem superiores ao valor devido a título de honorários periciais, o trabalhador sucumbente no pedido objeto da perícia será responsável pelo pagamento dessa despesa processual.

Em outras palavras, a União somente arcará com o pagamento dos honorários periciais se o sucumbente no pedido que ensejou a prova pericial for beneficiário da justiça gratuita e não obtiver em juízo créditos capazes de suportar essa verba pericial.

Sustentamos a inconstitucionalidade do art. 790-B, *caput*, no tocante à expressão "ainda que beneficiária da justiça gratuita" e a inconstitucionalidade total do § 4º do referido artigo. Essas novas regras violam o direito fundamental de acesso à justiça para o trabalhador pobre, isto é, beneficiário da justiça gratuita que busca na Justiça do Trabalho a percepção de verbas de caráter alimentício que compreendem o conceito de mínimo existencial indispensável à efetivação do princípio da dignidade da pessoa humana. Nesse sentido, aliás, tramita no STF a ADI n. 5.766, ajuizada pelo Procurador-Geral da República.

Caso o STF não acolha os pedidos formulados na referida ADI n. 5.766, haverá necessidade de alteração parcial do entendimento adotado pela Súmula 457 do TST:

> HONORÁRIOS PERICIAIS. BENEFICIÁRIO DA JUSTIÇA GRATUITA. RESPONSABILIDADE DA UNIÃO PELO PAGAMENTO. RESOLUÇÃO N. 66/2010 DO CSJT.

> OBSERVÂNCIA. A União é responsável pelo pagamento dos honorários de perito quando a parte sucumbente no objeto da perícia for beneficiária da assistência judiciária gratuita, observado o procedimento disposto nos arts. 1º, 2º e 5º da Resolução n. 66/2010 do Conselho Superior da Justiça do Trabalho – CSJT.

Para ser destinatário de tal verba honorária, o perito deverá se habilitar perante o órgão judiciário correspondente para receber o valor fixado em seu orçamento.

Tratando-se de empregado que não tenha obtido o benefício da justiça gratuita, ou isenção de custas, o sindicato que houver intervindo – como assistente, ressaltamos – no processo responderá solidariamente pelo pagamento das custas devidas (CLT, art. 790, § 1º).

Em algumas Varas do Trabalho há juízes que exigem depósito prévio dos honorários periciais. O TST, no entanto, entende que tal prática é ilegal consoante dispõe a OJ n. 98 da SBDI-2. Tal verbete, no entanto, só é aplicável nas ações oriundas da relação de emprego ou relação de trabalho avulso, ou seja, nos termos do parágrafo único do art. 6º da IN n. 27/2005 do TST, é possível haver depósito prévio de honorários periciais nas novas ações que foram transferidas para a competência da Justiça do Trabalho por força da EC n. 45/2004.

Entretanto, com o § 3º do art. 790-B da CLT, o "juízo não poderá exigir adiantamento de valores para realização de perícias", razão pela qual em nenhuma hipótese será mais permitida a exigência de adiantamento de honorários periciais.

Quanto aos honorários do assistente técnico, o TST editou a Súmula 341 reconhecendo a voluntariedade das despesas com assistente técnico, nos seguintes termos:

> HONORÁRIOS DO ASSISTENTE TÉCNICO. A indicação do perito assistente é faculdade da parte, a qual deve responder pelos respectivos honorários, ainda que vencedora no objeto da perícia.

Tal verbete, a nosso sentir, não se aplica às ações que foram transferidas para a competência da Justiça do Trabalho, pois o art. 84 do CPC dispõe que as "despesas abrangem as custas dos atos do processo, a indenização de viagem, a diária de testemunha e a remuneração do assistente técnico".

1.4. HONORÁRIOS DO INTÉRPRETE

A Lei n. 13.660/2018 alterou o § 2º do art. 819 da CLT, que passou a ter a seguinte redação:

> Art. 819. O depoimento das partes e testemunhas que não souberem falar a língua nacional será feito por meio de intérprete nomeado pelo juiz ou presidente.

> § 1º Proceder-se-á da forma indicada neste artigo, quando se tratar de surdo-mudo, ou de mudo que não saiba escrever.
>
> § 2º As despesas decorrentes do disposto neste artigo correrão por conta da parte sucumbente, salvo se beneficiária de justiça gratuita.

O § 2º do art. 819 da CLT agravou a situação da parte sucumbente, pois esta terá que arcar com as despesas tanto do intérprete seu quanto do trazido pela parte adversária.

Registra-se, contudo, que a Lei n. 13.660/2018 é posterior à Lei n. 13.467/2017 (Lei da Reforma Trabalhista), porém deu um tratamento mais adequado ao beneficiário da justiça gratuita que for sucumbente em honorários do intérprete. Noutro falar, ele será responsável pelo pagamento de honorários periciais (CLT, art. 790-B) e honorários advocatícios da parte adversa (CLT, art. 791-A, § 4º), mas não será responsável pelo pagamento dos honorários do intérprete nomeado pelo juiz, por força do art. 819, § 2º, da CLT.

A Lei n. 13.660/2018 deixa claras, sem outras considerações, a contradição e a baixíssima qualidade técnica dos legisladores brasileiros.

1.5. Despesas processuais no microssistema do processo coletivo

Nas ações coletivas *lato sensu* (ação civil pública, ação civil coletiva etc.), inclusive nas ações em que o sindicato ou o MPT atuarem como substitutos processuais em defesa de interesses individuais homogêneos, há regramento específico no microssistema do processo coletivo sobre despesas processuais, sendo, pois, inaplicáveis as regras da CLT ou da Lei n. 5.584/70 alusivas a pagamento, isenção ou dispensa de custas e outras despesas processuais.

É o que se infere do art. 18 da LACP:

> Art. 18. Nas ações de que trata esta lei, não haverá adiantamento de custas, emolumentos, honorários periciais e quaisquer outras despesas, nem condenação da associação autora, salvo comprovada má-fé, em honorários de advogado, custas e despesas processuais.

O art. 87 e seu parágrafo único, do CDC, por sua vez, dispõem:

> Art. 87. Nas ações coletivas de que trata este código não haverá adiantamento de custas, emolumentos, honorários periciais e quaisquer outras despesas, nem condenação da associação autora, salvo comprovada má-fé, em honorários de advogados, custas e despesas processuais.

Parágrafo único. Em caso de litigância de má-fé, a associação autora e os diretores responsáveis pela propositura da ação serão solidariamente condenados em honorários advocatícios e ao décuplo das custas, sem prejuízo da responsabilidade por perdas e danos.

Estes dispositivos do microssistema do direito processual coletivo brasileiro, composto de normas da CF (arts. 8º, III, e 129, III, § 1º), da Lei n. 7.347/85 (Lei da Ação Civil Pública) e da parte processual da Lei n. 8.078/90 (Código de Defesa do Consumidor), consagram o *princípio da gratuidade das ações coletivas* (ou ações civis públicas) para tutela dos direitos ou interesses difusos, coletivos ou individuais homogêneos. Nesse sentido:

> SINDICATO. SUBSTITUTO PROCESSUAL. PRINCÍPIO DA GRATUIDADE. De acordo com o princípio da gratuidade que informa o novel sistema de acesso metaindividual ao Judiciário (CF, arts. 8º, III, e 129, III, § 1º; Lei n 7.347/85, art. 18, e Lei n. 8.078/90, art. 87) não haverá adiantamento de custas, emolumentos, honorários periciais e quaisquer outras despesas, nem condenação da associação autora, salvo comprovada má-fé, em honorários de advogados, custas e despesas processuais (TRT 17ª R., RO 0064100-10.2011.5.17.0121, Rel. Des. Carlos Henrique Bezerra Leite, *DEJT* 17-9-2012).

A *mens legis* no microssistema do processo coletivo é realmente incentivar a coletivização do acesso à justiça por meio do princípio da gratuidade que, diferentemente das regras da legislação processual trabalhista, isenta *a prima facie* todos os autores das ações coletivas (ou civis públicas) de adiantamento de quaisquer despesas processuais e, ao final, ainda que total ou parcialmente vencidas, dos ônus de sucumbência.

O princípio da gratuidade nas ações coletivas é uma vantagem destinada apenas aos autores, e não ao(s) réu(s). Se houver sucumbência dos réus nas ações coletivas, estes responderão integralmente por todas as despesas processuais.

A exceção contida no parágrafo único do art. 87 do CDC confirma o princípio da gratuidade das ações coletivas *lato sensu* ao dispor que se a associação (ou sindicato) autora litigar de comprovada má-fé, além de suportar os ônus da sucumbência, será condenada solidariamente com os seus diretores responsáveis pela propositura da ação coletiva em honorários advocatícios e o décuplo do valor das custas e poderá, ainda, responder por danos materiais e morais causados ao réu da demanda coletiva.

Referente a outras questões sobre princípio da gratuidade nas ações coletivas, remetemos o(a) leitor(a) ao Capítulo X, item 6.4.

CAPÍTULO XIX
Teoria Geral dos Recursos Trabalhistas

1. CONSIDERAÇÕES PREAMBULARES

Etimologicamente, a palavra "recurso" provém do latim (*recursus, us*), dando-nos a ideia da repetição de um caminho anteriormente percorrido.

Na Antiguidade, a Justiça era uma emanação do poder real. Nessa época, havia a previsão para a parte, inconformada com a decisão de quem julgasse o feito, recorrer ao rei, que era o órgão supremo do Estado. Surgia, então, o instituto do recurso[1].

O juiz é um ser humano, e como tal não recebeu o dom divino da infalibilidade. Esse fato, que não é ignorado pela sociedade, permite àquele que se sentiu injustiçado com determinada decisão judicial o direito de vê-la reexaminada por um juízo colegiado, composto de julgadores presumivelmente mais experientes e capacitados.

Os recursos são comumente os remédios mais utilizados para impugnar decisões judiciais. Mas não são os únicos. Existem, também, as chamadas ações autônomas de impugnação contra atos decisórios, como o mandado de segurança, a ação rescisória, os embargos do devedor e os embargos de terceiro.

2. CONCEITO DE RECURSO

A palavra *recurso* pode ser entendida em sentido amplo e em sentido restrito. Em sentido amplo, é um remédio, isto é, um meio de proteger um direito: ações, recursos processuais ou administrativos, exceções, contestações, reconvenção, medidas cautelares. Em sentido restrito, é a provocação de um novo julgamento, na mesma relação processual, da decisão pela mesma ou por outra autoridade judiciária superior.

Diversos são os conceitos formulados sobre recurso. Para Isis de Almeida, recurso "é um dos meios de que pode valer-se a parte, inconformada com a decisão judicial, que lhe foi desfavorável, para vê-la reexaminada na mesma ou na instância superior"[2].

1. MALTA, Christovão Piragibe Tostes. *Prática do processo trabalhista*. 21. ed. São Paulo: LTr, 1990. p. 323.
2. *Manual de direito processual do trabalho*. 5. ed. São Paulo: LTr, 1991. v. 2, p. 301.

Amauri Mascaro Nascimento leciona que "recursos constituem um instrumento assegurado aos interessados para que, sempre que vencidos, possam pedir aos órgãos jurisdicionais um novo pronunciamento sobre a questão decidida"[3]. No dizer de Pedro Batista Martins, "recurso é o poder que se reconhece à parte vencida, em qualquer incidente ou no mérito da demanda, de provocar o reexame da questão decidida pela mesma autoridade judiciária, ou por outra de hierarquia superior"[4].

Recursos, segundo Frederico Marques, "são atos processuais que têm por finalidade a obtenção de novo exame, total ou parcial, de um ato jurídico"[5]. José Janguiê Bezerra Diniz pontifica que "recurso é o remédio processual que a lei coloca à disposição das partes, do Ministério Público ou de um terceiro, a fim de que a decisão judicial possa ser submetida a novo julgamento, por órgão de jurisdição hierarquicamente superior, em regra, àquele que a proferiu"[6].

Manoel Antonio Teixeira Filho refere que "recurso é o direito que a parte vencida ou o terceiro possui de, na mesma relação processual, e atendidos os pressupostos de admissibilidade, submeter a matéria contida na decisão recorrida a reexame, pelo mesmo órgão prolator, ou por órgão distinto e hierarquicamente superior, com o objetivo de anulá-la, ou de reformá-la, total ou parcialmente"[7].

Ensina-nos José Carlos Barbosa Moreira que os "meios de impugnação dividem-se em duas grandes classes: a dos *recursos* – assim chamados os que se podem exercitar *dentro* do processo em que surgiu a decisão impugnada – e o das *ações impugnativas autônomas*, cujo exercício, em regra, pressupõe a irrecorribilidade da decisão, ou seja, o seu trânsito em julgado. No direito brasileiro, protótipo da segunda classe é a ação rescisória"[8].

Para Luiz Guilherme Marinoni, recurso é "um meio voluntário de impugnação de decisões judiciais, interno ao processo, que visa à reforma, à anulação ou ao aprimoramento da decisão atacada"[9].

Eis, modestamente, o nosso conceito: *recurso, como espécie de remédio processual, é um direito assegurado por lei para que a parte, o terceiro juridicamente interessado ou o*

---

3. *Curso de direito processual do trabalho*. 15. ed. São Paulo: LTr, 1994. p. 281.
4. Apud NASCIMENTO, Amauri Mascaro. In: *Curso de direito processual do trabalho*. 15. ed. São Paulo: LTr, 1994. p. 281.
5. Idem.
6. DINIZ, José Janguiê Bezerra. In: *Os recursos no direito processual trabalhista*: teoria, prática e jurisprudência. Brasília: Consulex, 1996. p. 28.
7. *Sistema dos recursos trabalhistas*. 5. ed. São Paulo: LTr, 1991. p. 66.
8. *Novo processo civil brasileiro*. 15. ed. Rio de Janeiro: Forense, 1993. p. 139.
9. MARINONI, Luiz Guilherme; ARENHART, Sérgio Cruz; MITIDIERO, Daniel. *Novo Código de Processo Civil comentado*. São Paulo: Revista dos Tribunais, 2015. p. 923.

Ministério Público possam provocar o reexame da decisão proferida na mesma relação jurídica processual, retardando[10]*, assim, a formação da coisa julgada.*

Frise-se que todos os conceitos aqui lançados dizem respeito à teoria geral dos recursos, aplicáveis, portanto, a todos os ramos do direito processual, aí incluído o direito processual do trabalho.

3. NATUREZA JURÍDICA DOS RECURSOS TRABALHISTAS

Há cizânia doutrinária no tocante à natureza jurídica dos recursos em geral.

Duas correntes se destacam: recurso como ação autônoma de impugnação; recurso como prolongamento do exercício do direito de ação.

3.1. Recurso como ação autônoma de impugnação

Segundo esta corrente doutrinária, o recurso é uma ação autônoma relativamente àquela que lhe deu origem. Seria, pois, uma nova ação, de natureza constitutiva negativa, independente daquela que surgiu com a petição inicial.

Os defensores desta corrente, segundo Nelson Nery Junior[11], são Gilles, Betti, Provinciali, Mortara, Guasp e Del Pozzo. Para esses autores, portanto, o direito de recorrer constitui (novo) exercício, após a decisão judicial, do próprio direito de ação.

Exemplo de ação autônoma de impugnação é a ação rescisória, que, entre nós, constitui remédio apto a atacar, em outra relação processual e nas hipóteses expressamente admitidas (CPC, art. 966), as decisões de mérito transitadas em julgado.

3.2. Recurso como prolongamento do exercício do direito de ação

A segunda corrente, majoritária e à qual nos filiamos, defende que recurso é a continuação do procedimento, atuando como prolongamento do exercício do direito de ação dentro do mesmo processo.

Por essa razão, doutrina Nelson Nery Junior que recurso não é, em sentido estrito, o próprio direito de ação, já que pressupõe a existência de lide pendente sobre a qual ainda não se formou a coisa julgada[12].

---

10. Equivocam-se os que sustentam que o recurso impede a formação da coisa julgada. Na verdade, o recurso apenas retarda, mas não impede a produção da coisa julgada. Esta, seja material ou simplesmente formal, constitui algo inevitável em todo e qualquer processo judicial.
11. NERY JUNIOR, Nelson, op. cit., p. 41.
12. Idem.

São adeptos dessa corrente, além do precitado autor, Rocco, Schlosser, Kisch, Rosemberg, Schwab, Barbosa Moreira, Manoel Antonio Teixeira Filho, Sergio Bermudes, José Janguiê Bezerra Diniz e outros.

Podemos dizer, então, que: *a)* qualquer recurso constitui corolário, prolongamento, do exercício do direito de ação; *b)* essa concepção é aplicável tanto no processo civil quanto no processo trabalhista.

4. CLASSIFICAÇÃO DOS RECURSOS

Não há uniformidade entre as classificações propostas pelos autores patrícios.

Para Lúcio Rodrigues de Almeida[13], os recursos podem ser classificados quanto:

a) à autoridade à qual se dirigem

Os recursos podem ser *próprios* (julgados por órgão de jurisdição superior, como o recurso ordinário, a apelação cível, o recurso de revista, os agravos, o recurso extraordinário etc.) ou *impróprios* (dirigidos e julgados ao mesmo órgão prolator da decisão impugnada, como os embargos de declaração, os embargos infringentes);

b) à matéria

Os recursos podem ser *ordinários* ou *extraordinários*. São *ordinários* os recursos que têm por escopo a tutela do direito subjetivo das partes[14], pois visam obter a revisão da matéria fática e/ou jurídica contida na decisão recorrida. Os recursos ordinários, portanto, atendem ao direito (ou garantia) constitucional ao duplo grau de jurisdição, uma vez que "devolvem" ao Tribunal *ad quem* o exame completo da matéria impugnada, como o recurso ordinário trabalhista ou a apelação cível. São *extraordinários* os recursos que têm por escopo a tutela do direito objetivo e, por isso, não se destinam a corrigir a injustiça da decisão recorrida, nem permitem rediscussão de matéria fática ou reexame de provas[15], como ocorre com o recurso de revista, o recurso de embargos (no TST), o recurso especial, o recurso extraordinário (ver Súmula 126 do TST e Súmula 279 do STF)[16];

---

13. ALMEIDA, Lúcio Rodrigues de. *Recursos trabalhistas*. Rio de Janeiro: Aide, 1996. p. 15-16.
14. BEBBER, Júlio César. Teoria geral dos recursos trabalhistas e recursos em espécie. In: CHAVES, Luciano Athayde (Org.). *Curso de processo do trabalho*. São Paulo: LTr, 2009. p. 802.
15. Idem.
16. Em alguns países do "Velho Continente", existe a distinção entre recursos ordinários, que são os que cabem contra decisões que ainda não passaram em julgado, e extraordinários, que podem ser interpostos contra decisões que já passaram em julgado. A doutrina francesa faz distinção entre "autoridade da coisa julgada", "força da coisa julgada" e "decisão irrevogável": a primeira tem todas as decisões desde que proferidas; a segunda passa a existir com a preclusão dos recursos ordinários; a terceira surge quando não se possa atacar a decisão nem mesmo com o recurso extraordinário (recurso de cassação e outros). No Brasil, sempre se considerou como recurso extraordinário aquele que era dirigido a um poder diferente do Judiciário: príncipe,

c) à extensão da matéria

O recurso pode ser *total* (quando ataca todo o conteúdo impugnável da decisão judicial) ou *parcial* (quando ataca apenas parte ou partes da decisão hostilizada);

d) à forma de recorrer

O recurso pode ser *principal* (interposto no prazo comum por uma ou ambas as partes, na hipótese de "sucumbência recíproca") ou *adesivo* (interposto no prazo alusivo a contrarrazões, nos termos do art. 997, §§ 1º e 2º, do CPC (art. 500 do CPC/73) e Súmula 283 do TST.

José Janguiê Bezerra Diniz[17] acrescenta outra classificação:

a) recurso que ataca o "error in procedendo"

Visa a anular o erro formal que o magistrado cometeu no decurso do processo, isto é, durante a tramitação deste. Exemplo: quando o juiz indefere a oitiva de testemunha da parte, ensejando cerceio ao seu direito de defesa. O recurso utilizado para anular esse erro de procedimento é chamado de recurso acerca do *error in procedendo*;

b) recurso que ataca o "error in judicando"

Visa a reformar a sentença do juiz que errou ao julgar a lide, deixando de aplicar corretamente o direito ao caso concreto. Aqui, o vício não é da forma, mas de fundo, ou seja, refere-se ao próprio mérito da causa.

No dizer de Humberto Theodoro Júnior[18], os recursos se classificam quanto:

a) ao fim colimado pelo recorrente (reforma, invalidação, esclarecimento ou integração);

b) ao juiz que os decide (o próprio órgão prolator ou outro hierarquicamente superior);

c) à marcha do processo a caminho da execução.

Manoel Antonio Teixeira Filho[19], após sistematizar os *remédios utilizáveis contra as resoluções judiciais trabalhistas* em recursos, ações autônomas de impugnação,

chefe do executivo. Todos os outros, decididos por agentes de um mesmo Poder, seriam recursos ordinários. Mas a diferença era feita apenas segundo o órgão ao qual se dirigia o recurso, não se duvidando de que não havia coisa julgada enquanto recorrível a decisão por qualquer forma. Recurso é sempre o prosseguimento do mesmo processo, razão pela qual, em nosso direito positivo, a coisa julgada (formal ou material) só pode ser atacada mediante processo autônomo (*v.g.*, ação rescisória), daí por que não se pode acolher no Brasil a lição dos processualistas estrangeiros sobre a distinção entre recursos ordinários e extraordinários. De outros pontos de vista, continua-se a usar a classificação: ordinários seriam os recursos mais usados, os mais comumente admitidos ou interpostos, os que têm quase sempre os efeitos devolutivo e suspensivo, os que são resolvidos pela justiça local, aqueles em que se pode discutir matéria de fato; extraordinário é o recurso excepcional, o que só tem efeito devolutivo, o que só admite discussão em matéria de direito, o que é julgado por uma justiça autônoma, o que além da sucumbência exige uma série de outros pressupostos para ser utilizado.

17. DINIZ, José Janguiê Bezerra, op. cit., p. 29-32.

18. Apud TEIXEIRA FILHO, Manoel Antonio, op. cit., p. 75.

19. TEIXEIRA FILHO, Manoel A., op. cit., p. 77-81.

medidas saneadoras, providências corretivas, providências ordenadoras do procedimento e atos protectivos de direito, classifica os recursos em:

a) extraordinários ou *ordinários*;

b) não liberatórios, dirigidos ao mérito (RO, RR, AP, RE, Embargos no TST), ou *liberatórios*, não dirigidos ao mérito (AI)[20];

c) devolutivos ou *suspensivos*;

d) de julgamento colegiado ou *de julgamento monocrático*.

5. SISTEMAS RECURSAIS

Tal como ocorre com os demais ramos do direito processual, no processo trabalhista também encontramos dois sistemas que orientam o seu universo recursal: o ampliativo e o limitativo.

É importante assinalar que a ampliação da competência da Justiça do Trabalho, em decorrência da promulgação da EC n. 45/2004, não alterou o sistema recursal trabalhista, como se infere do art. 2º e seu parágrafo único da IN TST n. 27/2005, *in verbis*:

> Art. 2º A sistemática recursal a ser observada é a prevista na Consolidação das Leis do Trabalho, inclusive no tocante à nomenclatura, à alçada, aos prazos e às competências.
>
> Parágrafo único. O depósito recursal a que se refere o art. 899 da CLT é sempre exigível como requisito extrínseco do recurso, quando houver condenação em pecúnia.

5.1. Sistema ampliativo

O *sistema ampliativo* é aquele que admite inúmeros recursos, de maneira a assegurar aos litigantes o amplo direito de impugnação das decisões judiciais. Dito de outro modo, no sistema ampliativo não existe decisão irrecorrível.

Este sistema constitui corolário do princípio do duplo grau de jurisdição, e seu escopo consiste, basicamente, em outorgar maior segurança jurídica aos julgados.

5.2. Sistema limitativo

No sistema limitativo, nem todas as decisões judiciais são impugnáveis por recurso.

No caso das decisões proferidas pelas Varas do Trabalho no procedimento sumário, por exemplo, o art. 2º, § 4º, da Lei n. 5.584/70 deixa transparecer que a

20. Embora dessa classe também participem, segundo esse renomado autor, a correição parcial e o pedido de revisão do valor da causa.

legislação processual trabalhista brasileira adota parcialmente o sistema limitativo, ao estabelecer que:

> Salvo quando versarem sobre matéria constitucional, nenhum recurso caberá das decisões proferidas nos dissídios de alçada a que se refere o parágrafo anterior (valor da causa fixado em dois salários mínimos), considerado, para esse fim, o valor do *salário mínimo* à data do ajuizamento da ação[21].

O sistema limitativo, portanto, tem por escopo conferir maior celeridade ao processo trabalhista, máxime se considerarmos a natureza nitidamente alimentícia dos créditos vindicados nos dissídios individuais trabalhistas.

Vozes há, entretanto, ecoando no sentido da incompatibilidade do precitado dispositivo legal com os princípios constitucionais do duplo grau de jurisdição[22], do contraditório e da ampla defesa (CF, art. 5º, LV), ainda mais quando a própria Constituição veda a *vinculação do salário mínimo* para qualquer fim (art. 7º, IV, *in fine*).

Tendo em vista que qualquer sistema é calcado em princípios, falaremos em seguida sobre os princípios recursais no sistema processual trabalhista.

6. PRINCÍPIOS RECURSAIS NO PROCESSO DO TRABALHO

Não há uniformidade doutrinária a respeito da enumeração dos princípios que informam o sistema dos recursos trabalhistas.

Sabe-se que a autonomia de determinado ramo do direito exige que ele possua princípios próprios ou peculiares. Com o fenômeno da constitucionalização do direito (material e processual), a principiologia jurídica experimenta novos métodos hermenêuticos que reconhecem a supremacia dos princípios sobre as regras.

Não obstante, reconhece-se que existem princípios recursais que são comuns a dois ou mais ramos da árvore jurídica processual, sem que isso comprometa a autonomia de cada um deles. É o que se dá com o sistema recursal do direito processual do trabalho, como veremos a seguir.

6.1. Princípio do duplo grau de jurisdição

O duplo grau de jurisdição é uma previsão normativa – explícita ou implícita – contida em um sistema jurídico para que as decisões judiciais de um processo possam

21. A alçada é fixada pelo valor dado à causa na data do seu ajuizamento, desde que não impugnado, sendo inalterável no curso do processo (TST, Súmula 71).
22. Sobre duplo grau de jurisdição, ver item 6.1 *infra*.

ser submetidas, por intermédio de um recurso voluntário ou de ofício, a um novo julgamento por um órgão judicial, geralmente colegiado, e hierarquicamente superior.

Na lição de Nelson Nery Junior, tal princípio consiste "em estabelecer a possibilidade de a sentença definitiva ser reapreciada por órgão de jurisdição, geralmente de hierarquia superior à daquele que a proferiu, o que se faz necessário pela interposição de recurso"[23].

Luiz Guilherme Marinoni lembra que:

> Ter direito ao duplo grau de jurisdição significa ter direito a um exame do mérito da controvérsia por dois juízos distintos. Embora esse duplo exame seja a regra no processo civil, dada a previsão constitucional de competências recursais aos tribunais, várias são as exceções: quando o feito é de competência originária do STF (CF, art. 102, I), evidentemente não se pode exigir a observância do duplo grau de jurisdição. Quando o legislador infraconstitucional permite que o tribunal se pronuncie a respeito de matéria não versada na decisão atacada (CPC, art. 515, § 3º), também está excepcionando a regra do duplo grau de jurisdição[24].

O duplo grau de jurisdição foi previsto expressamente no art. 158 da Constituição brasileira de 1824. As demais Cartas republicanas, inclusive a CF de 1988 (art. 5º, LIV, LV, LVI, §§ 2º e 3º), não o contemplam de forma explícita, o que propicia divergências doutrinárias e jurisprudenciais acerca não somente de sua existência, como também do seu *status* constitucional.

Afinal, o duplo grau de jurisdição é princípio, direito ou garantia? Não há uniformidade entre os doutrinadores. Para Ivo Dantas[25], pode ser princípio ou garantia constitucional (*Constituição e processo*. Curitiba: Juruá, 2003. p. 188). Já Nelson Nery Junior sustenta que o princípio do duplo grau de jurisdição é "garantia fundamental de boa justiça"[26].

É preciso destacar, contudo, que a Convenção Americana sobre Direitos Humanos (22-11-1969), ratificada pelo Brasil (Decreto n. 678, de 6-11-1992), assegura, no art. 8º (Garantias Judiciais), § 10, a toda pessoa o "direito de recorrer da sentença para juiz ou tribunal superior".

Assim, podemos dizer que duplo grau de jurisdição é um direito humano conferido a toda pessoa de interpor recurso das decisões judiciais para um juiz ou um tribunal superior. Ademais, em nosso sistema, é também um direito fundamental, já

23. NERY JUNIOR, Nelson. *Princípios fundamentais:* teoria geral dos recursos. 4. ed. São Paulo: Revista dos Tribunais, 1997. p. 41.

24. MARINONI, Luiz Guilherme; MITIDIERO, Daniel. *Código de Processo Civil...*, cit., p. 505.

25. DANTAS, Ivo. *Constituição e processo*. Curitiba: Juruá, 2003. p. 188.

26. NERY JUNIOR, Nelson, op. cit., p. 37.

que recepcionado pelos §§ 2º e 3º do art. 5º da CF/88. Embora humano e fundamental, o direito de recorrer não é absoluto.

O STF (HC n. 88.420/PR, Rel. Min. Ricardo Lewandowski, 1ª T., *DJe*-032, divulg. 6-6-2007, publ. 8-6-2007) já deixou assentado que o

> acesso à instância recursal superior consubstancia direito que se encontra incorporado ao sistema pátrio de direitos e garantias fundamentais. (...) Ainda que não se empreste dignidade constitucional ao duplo grau de jurisdição, trata-se de garantia prevista na Convenção Interamericana de Direitos Humanos, cuja ratificação pelo Brasil deu-se em 1992, data posterior à promulgação do Código de Processo Penal. (...) A incorporação posterior ao ordenamento brasileiro de regra prevista em tratado internacional tem o condão de modificar a legislação ordinária que lhe é anterior.

Idêntico raciocínio há de ser aplicado aos sistemas recursais do processo civil e do processo do trabalho, pois ambos são anteriores à vigência doméstica do referido Tratado de Direitos Humanos.

É preciso advertir, todavia, que a competência originária do STF (CF, art. 102, I) revela que há julgamentos sem duplo grau de jurisdição. O art. 102, III, da CF, por sua vez, diz que compete ao STF julgar, mediante recurso extraordinário, as causas decididas "em única" ou última instância. Ora, se há causas decididas em "única instância" é porque nelas não haverá duplo grau de jurisdição, sabido que recurso de natureza extraordinária objetiva apenas uniformizar a interpretação de normas alusivas ao direito federal. Por isso é que os recursos de natureza extraordinária não têm por escopo o reexame de fatos e provas e, consequentemente, não se prestam a efetivar o princípio do duplo grau de jurisdição.

Na processualística laboral, a discussão ganha maior importância, em face da regra contida no art. 2º, § 4º, da Lei n. 5.584/70. Perfilhamos o entendimento segundo o qual o preceptivo em causa não afronta o princípio insculpido no art. 5º, LV, do Código Supremo. Para tanto, adotamos o magistério de Manoel Antonio Teixeira Filho[27], para quem o

> vocábulo recursos não foi utilizado pelo constituinte em seu sentido técnico e estrito, como meio de impugnação aos provimentos jurisdicionais e sim como significante, genérico, do complexo de medidas e meios necessários à garantia da ampla defesa, da qual o contraditório constitui espécie. É relevante destacar que a Constituição Federal de 1969 assegurava aos acusados (logo, no processo penal) a ampla defesa, "com os recursos a ela inerentes" (art. 153, § 15), e o contraditório (§ 16), ao passo que a atual, segundo vimos, amplia essa garantia aos litigantes (alcançando,

27. TEIXEIRA FILHO, Manoel Antonio. *Sistema dos recursos trabalhistas*. São Paulo: LTr, 1991. p. 59-61.

portanto, o processo civil e, por extensão, o do trabalho (...). É oportuno dizer que os princípios nucleares, informadores do processo do trabalho, estão a alvitrar que, aproveitando-se a experiência vitoriosa da Lei n. 5.584/70, sejam ampliados, *de lege ferenda* os casos de irrecorribilidade das sentenças de primeiro grau, ressalvando-se, sempre, o envolvimento de ofensa à Constituição –, com o que poderão ser obstados, em larga medida, os propósitos, amiúde percebidos, de retardar a formação da coisa julgada e que ficam tão a gosto daqueles que se comprazem em fazer mau uso dos institutos que o processo lhes coloca ao alcance.

Nesse sentido, é o entendimento sedimentado na Súmula 356 do TST, valendo lembrar que a Súmula 640 do STF reconhece o cabimento de "recurso extraordinário contra decisão proferida por juiz de primeiro grau nas causas de alçada", o que reforça a tese da constitucionalidade do § 4º do art. 2º da Lei n. 5.584/70[28].

Vale registrar, ainda, que a Súmula 303 do TST também mitiga o princípio do duplo grau de jurisdição ao desobrigar a remessa necessária *ex officio* nas sentenças desfavoráveis às pessoas jurídicas de direito público "quando a condenação não ultrapassar o valor correspondente a: *a)* 1.000 (mil) salários mínimos para a União e as respectivas autarquias e fundações de direito público; *b)* 500 (quinhentos) salários mínimos para os Estados, o Distrito Federal, as respectivas autarquias e fundações de direito público e os Municípios que constituam capitais dos Estados; *c)* 100 (cem) salários mínimos para todos os demais Municípios e respectivas autarquias e fundações de direito público.

6.2. Princípio da irrecorribilidade imediata das decisões interlocutórias

O princípio da irrecorribilidade imediata das decisões interlocutórias é também chamado de princípio da concentração. De forma diversa do que ocorre com o processo civil, cujas decisões interlocutórias proferidas no curso do processo podem ser impugnadas por agravo de instrumento, o direito processual do trabalho não admite recurso específico contra tais espécies de atos judiciais, salvo situações muito específicas que serão adiante analisadas.

É dizer, a regra geral reside na irrecorribilidade imediata, por intermédio de recurso próprio, contra as decisões interlocutórias, como se infere do disposto no § 1º do art. 893 da CLT, *in verbis*:

> Os incidentes do processo são resolvidos pelo próprio Juízo ou Tribunal, admitindo-se a apreciação do merecimento das decisões interlocutórias somente em recursos da decisão definitiva.

28. Sobre recurso extraordinário de decisão proferida em causa de "única instância", ver Cap. XX, item 7.3.2.2.

Interpretando o preceptivo em causa, o Tribunal Superior do Trabalho editou o antigo Enunciado n. 214, com redação dada pela Resolução TST n. 121/2003, *in verbis*:

> Decisão interlocutória. Irrecorribilidade – Nova redação. Na Justiça do Trabalho, as decisões interlocutórias somente ensejam recurso imediato quando suscetíveis de impugnação mediante recurso para o mesmo Tribunal ou na hipótese de acolhimento de exceção de incompetência, com a remessa dos autos para Tribunal Regional distinto daquele a que se vincula o juízo excepcionado, consoante disposto no art. 799, § 2º, da CLT.

Segundo esse entendimento, a decisão interlocutória, no processo do trabalho, somente empolgaria a interposição imediata de recurso se: *a)* permitisse recurso para o mesmo Tribunal, como o agravo regimental da decisão do Juiz Relator que defere ou indefere liminar; *b)* acolhesse exceção de incompetência em razão do lugar (relativa) e remetesse os autos para Tribunal distinto daquele a que se vincula o juiz prolator da decisão.

Todavia, por força da Resolução TST n. 127/2005, publicada no *DJU* de 16 de março de 2005, o Enunciado n. 214 foi convertido na Súmula 214, que criou mais uma hipótese de cabimento de recurso contra decisões interlocutórias, nos seguintes termos:

> DECISÃO INTERLOCUTÓRIA. IRRECORRIBILIDADE – Nova redação. Na Justiça do Trabalho, nos termos do art. 893, § 1º, da CLT, as decisões interlocutórias não ensejam recurso imediato, salvo nas hipóteses de decisão: *a)* de Tribunal Regional do Trabalho contrária à Súmula ou Orientação Jurisprudencial do Tribunal Superior do Trabalho; *b)* suscetível de impugnação mediante recurso para o mesmo Tribunal; *c)* que acolhe exceção de incompetência territorial, com a remessa dos autos para Tribunal Regional distinto daquele a que se vincula o juízo excepcionado, consoante o disposto no art. 799, § 2º, da CLT.

Andou bem o TST ao permitir a interposição imediata de recurso de decisões dos TRTs contrárias às Súmulas ou Orientações Jurisprudenciais. Trata-se de homenagem aos princípios da economia e celeridade processuais, pois evita que o processo retorne à Vara do Trabalho quando a decisão atacada (do TRT) esteja em desconformidade com o entendimento sumulado, reiterado e atual do TST. Nesse sentido, colhemos um julgado esclarecedor sobre a aplicabilidade da referida Súmula:

> RECURSO DE REVISTA. PRELIMINAR DE NÃO CONHECIMENTO ARGUIDA PELA RECLAMANTE EM CONTRARRAZÕES. DECISÃO REGIONAL QUE AFASTA A PRESCRIÇÃO TOTAL E DETERMINA O RETORNO DOS AUTOS À VARA DO

TRABALHO. DECISÃO INTERLOCUTÓRIA. RECORRIBILIDADE. INCIDÊNCIA DA EXCEÇÃO CONTIDA NA ALÍNEA *A* DA SÚMULA 214 DO TST. Consoante entendimento da alínea *a* da Súmula 214 desta Corte, quando a decisão de Tribunal Regional do Trabalho contraria Súmula ou Orientação Jurisprudencial do Tribunal Superior do Trabalho, é suscetível a interposição imediata do recurso de revista, constituindo em uma das hipóteses de exceção à irrecorribilidade imediata das decisões interlocutórias. No caso dos autos, embora o Regional tenha afastado a prescrição total e determinado o retorno dos autos à origem, o reclamado, nas razões do recurso de revista, sustenta a existência de contrariedade à Súmula 294 do TST, pretendendo que seja declarada a prescrição total do pleito relativo às diferenças decorrentes da supressão dos anuênios e da diminuição dos percentuais de promoção, sob a alegação de que tais parcelas não estão asseguradas por preceito de lei. Preliminar rejeitada (...) (TST-RR 123200-82.2004.5.04.0029, j. 1º-12-2010, Rel. Min. Augusto César Leite de Carvalho, 6ª T., *DEJT* 10-12-2010).

Por outro lado, pensamos, *data venia*, que a Súmula 214 do TST, embora pareça exaurir o tema, na verdade descuidou de mencionar outras decisões interlocutórias suscetíveis de interposição imediata de recurso.

Basta lembrar a decisão interlocutória que acolhe preliminar de incompetência (absoluta) em razão da matéria ou da pessoa. Nesse caso, trata-se de "decisão interlocutória terminativa do feito", pois *o processo* (ou melhor, os autos) *é remetido* para outro ramo do Poder Judiciário. A redação primitiva da Súmula 214 encampava corretamente tal entendimento, o qual não foi mais previsto na nova redação do referido verbete.

De nossa parte, pensamos que o art. 799, § 2º, da CLT, a despeito da nova redação da Súmula 214, do TST, continua permitindo a interposição imediata de recurso contra a decisão interlocutória terminativa do feito. Ora, por interpretação lógica, se é admitido o recurso contra decisão interlocutória que acolhe exceção de incompetência em razão do lugar e o processo continua "dentro" da Justiça do Trabalho, com muito mais razão deve ser admitido o recurso contra decisão que acolhe preliminar, ou declara, de ofício, a incompetência em razão da matéria ou da pessoa e o processo é remetido para "fora" da Justiça Especializada.

Outra exceção ao princípio da irrecorribilidade imediata não prevista na nova redação da Súmula 214 é aquela contida nos §§ 1º e 2º do art. 2º da Lei n. 5.584, de 26 de junho de 1970, ou seja, quando o juiz mantiver o valor da causa fixado para fins de alçada, poderá a parte formular *pedido de revisão*[29] que será julgado pelo Presidente do Tribunal ao qual está vinculado o juiz prolator da decisão.

---

29. Sobre pedido de revisão, ver Capítulo XX, item 9.

Ademais, não se pode esquecer da possibilidade de interposição imediata do agravo de instrumento contra decisão (denominada impropriamente "despacho" no art. 897, *b*, da CLT) que denega seguimento a recurso. Trata-se, pois, de outra exceção ao princípio ora focalizado.

Em linha de princípio, portanto, somente na interposição de recurso contra a decisão final (efeito diferido do recurso ordinário), poderá o recorrente suscitar, como matéria preliminar de suas razões recursais, todas as decisões interlocutórias proferidas no curso do processo, desde que tenha manifestado o seu inconformismo (o conhecido "protesto nos autos") nos termos do art. 795, *in fine*, da CLT, sob pena de preclusão.

Dada a importância dos princípios norteadores das nulidades processuais e sua relação com o princípio da irrecorribilidade imediata das decisões interlocutórias, convém tecermos sobre eles algumas considerações.

6.2.1. Princípio da instrumentalidade das formas

As formas assumem caráter meramente instrumental, não passando de meios para a consecução dos fins; quando estes são atingidos, não se deve, como regra geral, o recurso ser manejado com o objetivo de declarar nulidade de ato processual que tenha atingido os fins do processo, que é o de realizar o direito material das partes.

Sobre o princípio da instrumentalidade, remetemos o leitor ao Capítulo IX, item 2.1.

6.2.2. Princípio da preclusão

Trata-se de princípio que pode ser encontrado tanto no CPC (arts. 188 e 278) quanto na CLT (art. 795), e diz respeito às nulidades relativas ou anulabilidades[30].

Vale dizer, tratando-se de nulidade absoluta decorrente de inobservância de norma de ordem pública, conhecível, portanto, *ex officio* pelo juiz, não há lugar para a preclusão. Dessa forma, questões alusivas a condições da ação ou pressupostos processuais não se sujeitam à preclusão, podendo ser renovadas (ou apreciadas de ofício pelo tribunal) no recurso, ainda que não tenham sido suscitadas pelas partes.

A preclusão pode ser lógica, consumativa e temporal. Dá-se a preclusão lógica quando a parte pratica ato incompatível com o anteriormente praticado; por exemplo, a parte que ofereceu exceção de incompetência não poderá suscitar o conflito de competência (CLT, art. 806; CPC, art. 952).

A preclusão consumativa ocorre, por exemplo, quando a parte apresenta contestação e, estando no prazo, intenta apresentar nova resposta.

30. Sobre preclusão, remetemos o leitor ao Capítulo I, item 5.5.7, e ao Capítulo IX, item 2.3.

Dá-se a preclusão temporal, que é a mais comum, na hipótese de perda de prazo para a prática de algum ato processual a cargo da parte.

Há, ainda, outras espécies de preclusão, como já vimos no Capítulo I, item 5.5.7, e no Capítulo IX, item 2.3.

Sobre preclusão, o TST editou as seguintes Súmulas:

> EMBARGOS DECLARATÓRIOS. OMISSÃO EM RECURSO DE REVISTA. PRECLUSÃO. Ocorre preclusão se não forem opostos embargos declaratórios para suprir omissão apontada em recurso de revista ou de embargos (Súmula 184).
>
> PREQUESTIONAMENTO. OPORTUNIDADE. CONFIGURAÇÃO: I. Diz-se prequestionada a matéria ou questão quando na decisão impugnada haja sido adotada, explicitamente, tese a respeito. II. Incumbe à parte interessada, desde que a matéria haja sido invocada no recurso principal, opor embargos declaratórios objetivando o pronunciamento sobre o tema, sob pena de preclusão. III. Considera-se prequestionada a questão jurídica invocada no recurso principal sobre a qual se omite o Tribunal de pronunciar tese, não obstante opostos embargos de declaração (Súmula 297).

6.2.3. Princípio da transcendência ou prejuízo

O princípio da transcendência, também chamado de princípio do prejuízo, guarda pertinência temática com as nulidades relativas, uma vez que só devem ser declaradas em grau recursal se e quando acarretarem manifestos prejuízos aos direitos fundamentais das partes[31].

Trata-se da aplicação da parêmia francesa *pas de nullité sans grief* (não há nulidade sem prejuízo).

Entre nós, o princípio da transcendência está consagrado no art. 794 da CLT e no art. 282, § 1º, do CPC.

Advertimos que não se deve confundir princípio da transcendência com o pressuposto recursal específico da transcendência no recurso de revista (*vide* Capítulo XX, item 3.2.2.4).

6.2.4. Princípio da proteção ou do interesse

O princípio da proteção ou do interesse[32], que é aplicável na hipótese de nulidade relativa, encontra residência no art. 796, *b*, da CLT e no art. 276 do CPC.

31. Sobre princípio da transcendência, ver também Capítulo IX, item 2.2.

32. Alguns autores chamam o princípio consagrado na alínea *b* do art. 796 da CLT de princípio do interesse. Nesse sentido, defende Marcos Fava (In: CHAVES, Luciano Athayde (Org.). *Curso de processo do trabalho*. São Paulo: LTr, 2009, p. 500): "Desde que tenha dado azo ao ato que inquina de nulo, não poderá a parte arguir o vício, por falta de interesse, mantendo-se os efeitos

À luz do princípio em tela, a nulidade só deve ser decretada quando não for possível suprir-se a falta ou repetir-se o ato, sendo certo que, por ser o processo um meio ético de solução de conflitos, a nulidade não pode ser alegada por quem lhe deu causa. Afinal, *nemo allegans propriam turpitudinem auditur* (ninguém pode beneficiar-se da própria torpeza).

Outras considerações sobre o princípio do interesse, *vide* Capítulo IX, item 2.5.

6.2.5. Princípio da convalidação

No respeitante ao princípio sob enfoque, a doutrina geralmente indica os arts. 795 da CLT e 278 do CPC.

É de ressaltar, porém, que os referidos dispositivos, como demonstrado no Capítulo I, item 5.5.7, e Capítulo IX, item 2.3, dizem respeito à preclusão.

Colhe-se, por pertinente, o lapidar ensinamento de Manoel Antonio Teixeira Filho, para quem:

> o princípio da convalidação emana de uma regra processual muito ampla, que se encontra disseminada em vários pontos do CPC, de acordo com o qual o silêncio de uma das partes faz gerar a aceitação do ato praticado pelo adversário, ou induz à veracidade das alegações feitas por este. É, portanto, nessa larga moldura que se encaixa o princípio em análise, com a singularidade de que, aqui, o silêncio da parte tem eficácia convalidadora do ato praticado pelo adversário ou pelo juiz – atendidas, por certo, as restrições legais, designadamente as que dizem respeito às normas de ordem pública. Assim, se a nulidade for *relativa*, o silêncio da parte a convalidará; se for *absoluta*, não[33] (grifo nosso).

Um exemplo típico é o da incompetência relativa. Se o réu não oferece, no prazo legal, a exceção, a competência territorial se convalida, em função de seu silêncio. Neste caso, o juiz que era territorialmente incompetente para a causa deixa de sê-lo pela ausência de manifestação do réu ou se esta manifestação ocorrer serodiamente, ou seja, fora do prazo legal.

6.2.6. Princípio da causalidade, utilidade ou aproveitamento

Por estarem os atos processuais em estado de dependência recíproca, ou seja, por dependerem uns dos outros, dita o princípio da causalidade, também chamado

---

da validade do passo processual, em prestígio à economia, sem se olvidar do dever geral de lealdade dos litigantes".

33. *Curso de processo do trabalho:* perguntas e respostas sobre assuntos polêmicos em opúsculos específicos, n. 7: nulidades. São Paulo: LTr, 1997. p. 26.

de princípio da utilidade ou do aproveitamento, que sempre que possível serão aproveitados os atos que não foram contaminados pela invalidação de outro ato.

Assim, se o provimento de um recurso implicar a nulidade de um determinado ato, os demais atos processuais praticados que puderem ser aproveitados não serão invalidados.

O princípio em tela está assentado no art. 798 da CLT, como já vimos no Capítulo IX, item 2.6.

6.3. Princípio da manutenção dos efeitos da sentença

Giza o art. 899 da CLT que os recursos trabalhistas terão efeito meramente devolutivo. Por essa razão, não há necessidade de o juiz declarar o efeito em que recebe o recurso para, só então, remetê-lo ao juízo *ad quem*. No silêncio, pois, incide a regra legal, em função do que não precisaria o juiz pronunciar o óbvio.

Vê-se, assim, que nos domínios do processo do trabalho a regra é a não suspensão dos efeitos da sentença. Dito doutro modo, no processo do trabalho a regra é a permissão para o cumprimento provisório da sentença.

Antes da edição da Lei n. 8.432/92, que alterou a redação do art. 897 da CLT, era possível o sobrestamento do feito, a critério do juiz, até o julgamento final de recursos como agravo de instrumento e agravo de petição. Com a nova redação dada aos parágrafos do art. 897 da CLT, essa possibilidade de "sobrestamento do feito", que nada mais era do que uma forma de se dar efeito suspensivo ao agravo de petição, restou inteiramente afastada, podendo a parte extrair carta de sentença, e proceder, a qualquer tempo, ao cumprimento (execução) provisório do julgado (CLT, art. 899) ou a execução definitiva (cumprimento definitivo) das parcelas incontroversas (CLT, art. 897, § 1º), se for o caso.

6.3.1. Efeito devolutivo

O efeito devolutivo dos recursos, que decorre do princípio dispositivo, é ínsito aos sistemas jurídicos que adotam o duplo grau de jurisdição. Por efeito devolutivo deve-se entender a delimitação da matéria submetida à apreciação e julgamento pelo órgão judicial destinatário do recurso, uma vez que este, como é cediço, só poderá, em regra, julgar as questões debatidas no processo e que constem das razões recursais, mediante pedido de nova decisão.

O efeito devolutivo dos recursos, portanto, impede que o juízo *ad quem* profira julgamento além, aquém ou fora do contido nas razões recursais. É o que também ocorre na primeira instância, uma vez que os arts. 141 e 492 do CPC vedam a sentença *ultra*, *extra* ou *citra petita*.

Percebe-se, então, que o efeito devolutivo também está vinculado ao princípio da dialeticidade, sobre o qual falaremos no item 6.6 *infra*.

Não é outro o significado do apotegma latino que consagra o *tantum devolutum quantum appellatum*, perfeitamente aplicável ao processo do trabalho, não colhendo a interpretação literal do disposto no art. 899 da CLT no sentido de que os recursos trabalhistas, por serem interpostos mediante simples petição, não necessitariam delimitar as questões impugnadas e o pedido de nova decisão.

Ora, a não delimitação de matéria, ou seja, a ausência de impugnação ao capítulo da decisão recorrida, pode implicar cerceio do direito de ampla defesa e do contraditório para o recorrido. Além disso, a inexistência de impugnação específica e delimitada do capítulo da decisão hostilizada impede verificar quais matérias estariam ou não cobertas pela coisa julgada, na medida em que as matérias não impugnadas nos recursos de natureza ordinária (salvo as de ordem pública) transitam imediatamente em julgado.

O efeito devolutivo pode ser examinado em relação à sua *extensão* ou à sua *profundidade*.

No que concerne à *extensão* do efeito devolutivo, deve-se verificar a *quantidade* de matérias veiculadas no recurso que serão apreciadas e julgadas pelo órgão *ad quem*.

A base legal da extensão do efeito devolutivo está consagrada no art. 1.013, *caput*, e seu § 1º, do CPC. Vale dizer, o *efeito devolutivo em extensão diz respeito ao conhecimento pelo tribunal das matérias impugnadas ou das questões suscitadas e discutidas no processo, ainda que não tenham sido solucionadas, desde que relativas ao capítulo impugnado.*

Entende-se por capítulo impugnado qualquer decisão pronunciada na sentença, pois, como lembra Alexandre Freitas Câmara:

> A cada decisão proferida no pronunciamento judicial corresponde um capítulo da sentença (ou, mais propriamente, um capítulo do pronunciamento, já que este pode não ser exatamente uma sentença). E tais capítulos podem ser independentes (como o é, por exemplo, o caso dos capítulos que julgam pedidos formulados em um mesmo processo em cumulação simples) ou não (como no caso em que o juiz aprecia o pedido principal e, além disso, impõe ao vencido o custo econômico do processo, condenando-o a pagar despesas processuais e honorários advocatícios)[34].

É extremamente importante compreender a teoria dos capítulos da sentença (ou do pronunciamento judicial), pois a ausência de impugnação específica a determinado capítulo da sentença implica o imediato trânsito em julgado deste mesmo capítulo, ressalvadas, é claro, aquelas questões de ordem pública contidas (ou que deveriam estar contidas) no capítulo e conhecíveis de ofício pelo órgão *ad quem*.

34. CÂMARA, Alexandre Freitas. *O novo processo civil brasileiro*. 2. ed. São Paulo: Atlas, 2016. p. 285.

Quanto à *profundidade* do efeito devolutivo, deve-se examinar a qualidade das matérias que são submetidas à apreciação do órgão *ad quem*. Noutro falar, *a profundidade do efeito devolutivo diz respeito à existência de pluralidade de fundamentos contidos no pedido (petição inicial) ou na defesa (contestação) e o juiz tenha acolhido apenas um deles, silenciando-se quanto aos demais fundamentos (causa de pedir)*. Neste caso, a apelação (ou recurso ordinário trabalhista) devolve ao tribunal o conhecimento de todos os fundamentos da inicial e da defesa.

A profundidade do efeito devolutivo é inerente a todos os recursos, e não apenas à apelação (recurso ordinário, no processo do trabalho), e sua base legal está consagrada no § 2º do art. 1.013 do CPC, *in verbis*: "Quando o pedido ou a defesa tiver mais de um fundamento e o juiz acolher apenas um deles, a apelação devolverá ao tribunal o conhecimento dos demais".

Exemplifiquemos. Uma trabalhadora ajuíza reclamação trabalhista, apontando como causa de pedir o direito à estabilidade no emprego por dois fundamentos (gravidez e eleição para CIPA – Comissão Interna de Prevenção de Acidentes) e formula pedido de reintegração. A sentença julga procedente o pedido, acolhendo apenas um fundamento (gravidez), omitindo-se quanto ao segundo fundamento (eleição para CIPA). Neste caso, pode (e deve) o tribunal, por força do *efeito devolutivo em profundidade*, apreciar os dois fundamentos, independentemente da manifestação (recurso ou contrarrazões) da trabalhadora. Vale dizer, o tribunal pode negar provimento ao recurso ordinário interposto pelo empregador se, analisando o segundo fundamento da causa de pedir (membro eleito de CIPA), entender, por fundamento diverso do adotado pelo juízo *a quo*, ser a trabalhadora/recorrida destinatária de estabilidade provisória.

O efeito devolutivo em profundidade, portanto, depende sempre da existência de mais de um fundamento do pedido (ou da defesa), desde que a sentença tenha acolhido apenas um deles, cabendo ao órgão *ad quem*, ao depois de conhecer do recurso ordinário, examinar todos os fundamentos jurídicos do pedido ou da defesa, independentemente de impugnação específica do recorrente ou do recorrido.

Vale dizer, quanto aos fundamentos do pedido ou da defesa, o tribunal, como bem advertem Marinoni e Arenhart, "é livre para examinar todos, ainda que não hajam sido expressamente referidos nas razões do recurso interposto (efeito devolutivo em profundidade)"[35].

Sobre efeito devolutivo em profundidade, o TST, invocando equivocadamente, *data venia*, o § 1º do art. 515 do CPC/73, editou a Súmula 393:

RECURSO ORDINÁRIO. EFEITO DEVOLUTIVO EM PROFUNDIDADE. ART. 515, § 1º, DO CPC. O efeito devolutivo em profundidade do recurso ordinário, que se

35. MARINONI, Luiz Guilherme; ARENHART, Sérgio Cruz. *Curso de processo civil*: processo de conhecimento. São Paulo: Revista dos Tribunais, 2008. v. 2, p. 523.

extrai do § 1º do art. 515 do CPC, transfere ao Tribunal a apreciação dos fundamentos da inicial ou da defesa, não examinados pela sentença, ainda que não renovados em contrarrazões. Não se aplica, todavia, ao caso de pedido não apreciado na sentença, salvo a hipótese contida no § 3º do art. 515 do CPC.

Recentemente, em função da entrada em vigor do CPC de 2015, a Súmula 393 do TST foi alterada, passando a ter a seguinte redação:

> RECURSO ORDINÁRIO. EFEITO DEVOLUTIVO EM PROFUNDIDADE. ART. 1.013, § 1º, DO CPC DE 2015. ART. 515, § 1º, DO CPC DE 1973 (nova redação em decorrência do CPC de 2015, Res. n. 208/2016, *DEJT* divulgado em 22, 25 e 26-4-2016). I – O efeito devolutivo em profundidade do recurso ordinário, que se extrai do § 1º do art. 1.013 do CPC de 2015 (art. 515, § 1º, do CPC de 1973), transfere ao Tribunal a apreciação dos fundamentos da inicial ou da defesa, não examinados pela sentença, ainda que não renovados em contrarrazões, desde que relativos ao capítulo impugnado. II – Se o processo estiver em condições, o tribunal, ao julgar o recurso ordinário, deverá decidir desde logo o mérito da causa, nos termos do § 3º do art. 1.013 do CPC de 2015, inclusive quando constatar a omissão da sentença no exame de um dos pedidos.

Como já vimos, o *caput* e o § 1º do art. 1.013 do CPC (§ 1º e o *caput* do art. 515 do CPC/73) dizem respeito ao *efeito devolutivo em extensão* (quantidade de matérias), e não *em profundidade* (qualidade das matérias).

O item I da Súmula 393 do TST manteve a devolutibilidade de todos os fundamentos da petição inicial e da defesa do réu, ainda que não renovadas em contrarrazões. Entretanto, esse efeito devolutivo alcançará apenas os capítulos impugnados expressamente no recurso ordinário. Logo, o tribunal regional não poderá conhecer de fundamentos da inicial ou da contestação referentes a capítulos (decisões relativas a pedidos e matérias) que não foram impugnados no recurso ordinário.

Exemplifiquemos. Se a inicial contém pedidos de condenação do réu em adicional de insalubridade e horas extras e a sentença julga procedentes ambos os pedidos. Se o réu, entretanto, interpuser recurso ordinário impugnando apenas o capítulo da sentença relativo às horas extras, não poderá o TRT apreciar os fundamentos do capítulo da sentença que deferiu o adicional de insalubridade.

Por outro lado, o item II da Súmula 393 do TST não guarda pertinência com o preâmbulo da súmula, ou seja, não diz respeito ao efeito devolutivo, e sim ao efeito expansivo do recurso ordinário (*vide* item 6.3.7, *infra*).

Sobre o referido verbete sumular, colhemos alguns julgados, ainda inspirados no CPC/73:

> AUSÊNCIA DE FUNDAMENTAÇÃO DO ACÓRDÃO. RECURSO ORDINÁRIO. EFEITO DEVOLUTIVO EM PROFUNDIDADE. FUNDAMENTO DA DEFESA E

CONTRARRAZÕES NÃO EXAMINADO PELO TRIBUNAL. RESPONSABILIDADE PELO PAGAMENTO. Tendo o Tribunal *a quo* reformado a sentença para julgar procedentes em parte os pedidos, as questões afetas à União trazidas em contestação e renovadas em contrarrazões deveriam ser apreciadas. A União, como parte então vencedora, não tinha interesse recursal para atacar a sentença, com insistência no fundamento da defesa que não tinha sido acolhido, notadamente sua responsabilização no pagamento dos créditos trabalhistas. Assim, tal tema estava dentro da esfera da devolutividade do recurso ordinário agitado (como na apelação civil), cabendo ao Tribunal apreciar expressamente, com a devida fundamentação (Súmula 393/TST). Não o fazendo, mas se limitando a condenar o segundo reclamado, vulnera diretamente o art. 93, IX, da Constituição Federal. Recurso de revista conhecido e provido (TST-RR 92000-74.2007.5.04.0733, 6ª T., Rel. Min. Augusto César Leite de Carvalho, *DEJT* 8-4-2010).

PRINCÍPIO DA DEVOLUTIVIDADE - ART. 515 DO CPC - NULIDADE DO JULGADO. O efeito devolutivo previsto no art. 515 do CPC faz com que seja devolvido ao Tribunal *ad quem* o conhecimento de toda a matéria efetivamente impugnada pelo apelante nas razões de recurso. O Recurso Ordinário pode ser utilizado tanto para a correção de injustiças, como para a revisão e reexame das provas. A limitação do mérito do recurso, fixada pelo efeito devolutivo, tem como consequências: *a*) a limitação do conhecimento do tribunal, que fica restrito à matéria efetivamente impugnada; *b*) proibição para reforma para pior; *c*) proibição de inovar em sede de apelação (proibição de modificar a causa de pedir ou o pedido). O § 1º do referido dispositivo legal prevê que serão objeto de apreciação e julgamento pelo tribunal todas as questões suscitadas e discutidas no processo, ainda que a sentença não as tenha julgado por inteiro. Mesmo que a sentença não tenha apreciado todas as questões suscitadas e discutidas pelas partes interessadas, o Recurso Ordinário transfere o exame destas questões ao tribunal, não por força do efeito devolutivo, que exige comportamento ativo da Recorrente, mas em virtude do efeito translativo do recurso. Recurso de Embargos não conhecido (TST-E-RR n. 719685/RS, SBDI-1, Rel. Min. Carlos Alberto Reis de Paula, *DJ* 13-6-2003).

Vê-se que neste último aresto da SBDI-1 do TST há menção tanto ao efeito devolutivo quanto ao efeito translativo. De fato, o efeito devolutivo em profundidade pode confundir-se com o efeito translativo, como veremos mais adiante (*vide* item 6.3.3, *infra*).

No que concerne à prescrição arguida em contestação, mas não renovada em contrarrazões ao recurso ordinário, o TST vem entendendo que o efeito devolutivo submete automaticamente ao TRT o conhecimento de tal matéria, independentemente de recurso próprio do réu ou de arguição em contrarrazões. É o que se infere do seguinte julgado:

I – AGRAVO DE INSTRUMENTO EM RECURSO DE REVISTA – PRESCRIÇÃO. ARGUIÇÃO EM CONTESTAÇÃO. DEVOLUTIVIDADE. AMPLITUDE. Constatada possível violação do art. 515, § 1º, do CPC, merece provimento o Agravo de Instrumento para determinar o processamento do Recurso de Revista. II – RECURSO DE REVISTA – PRELIMINAR DE NULIDADE DO ACÓRDÃO REGIONAL POR NEGATIVA DE PRESTAÇÃO JURISDICIONAL. O Regional solucionou a controvérsia de forma fundamentada, não se cogitando de negativa de prestação jurisdicional. Recurso de Revista não conhecido. PRESCRIÇÃO. ARGUIÇÃO EM CONTESTAÇÃO. DEVOLUTIVIDADE. AMPLITUDE. Consoante o disposto no art. 515, § 1º, do CPC e na Súmula 393 do TST, o Recurso Ordinário devolve ao Tribunal a apreciação de todas as questões suscitadas na defesa, ainda que não apreciadas pela sentença e não renovadas em contrarrazões. Assim, tendo sido fixado pelo Regional que a prescrição foi arguida em contestação, não se impõe ao Reclamado, vitorioso, o ônus de reiterar expressamente, na instância recursal, as prejudiciais não acolhidas na sentença. Tais questões de qualquer modo refogem à preclusão e ficam sujeitas à cognição do Tribunal, em caso de interposição de recurso pela parte sucumbente na primeira instância. Recurso de Revista conhecido e provido (...) (TST-RR 129640-84.1996.5.01.0053, j. 1º-12-2010, Rel. Min. Márcio Eurico Vitral Amaro, 8ª T., *DEJT* 10-12-2010).

Outro aspecto que deve ser ressaltado concerne ao fato de que o recurso recebido apenas no efeito devolutivo permite, desde logo, o cumprimento provisório (execução provisória) da decisão hostilizada.

Por fim, vale lembrar que o capítulo da sentença que ratifica, concede ou revoga tutela provisória pode ser impugnado por recurso ordinário (CPC, arts. 1.009, § 3º, 1.013, § 4º).

6.3.2. Efeito suspensivo

Ao contrário do que ocorre no processo civil, em que há inúmeras possibilidades de concessão de efeito suspensivo à apelação (CPC, art. 1.012), no processo do trabalho, como dito, os recursos não possuem, em regra, efeito suspensivo.

Entre as exceções, encontramos a contida no art. 14 da Lei n. 10.192, de 14 de fevereiro de 2001 (*DOU* 16-2-2001), segundo o qual o "recurso interposto de decisão normativa da Justiça do Trabalho terá efeito suspensivo, na medida e extensão conferidas em despacho do Presidente do Tribunal Superior do Trabalho".

Visando à regulamentação da norma acima citada, o TST editou a Resolução n. 120, de 2 de outubro de 2003 (*DJU* 9-10-2003), aprovando a Instrução Normativa n. 24, que prescreve:

I – Ao Presidente do Tribunal Superior do Trabalho é facultada a designação de audiência de conciliação relativamente a pedido de concessão de efeito suspensivo a recurso ordinário interposto à decisão normativa da Justiça do Trabalho; **II – Poderá o Presidente do Tribunal Superior do Trabalho, antes de designar audiência prévia de conciliação, conceder ao requerido o prazo de 5 (cinco) dias, para, querendo, manifestar-se sobre o pedido de efeito suspensivo;** III – O Ministério Público do Trabalho, por intermédio da Procuradoria-Geral do Trabalho, será comunicado do dia, hora e local da realização da audiência, enquanto as partes serão notificadas; IV – Havendo transação nessa audiência, as condições respectivas constarão de ata, facultando-se ao Ministério Público do Trabalho emitir parecer oral, sendo, em seguida, sorteado Relator, que submeterá o acordo à apreciação da Seção Especializada em Dissídios Coletivos, na primeira sessão ordinária subsequente ou em sessão extraordinária designada para esse fim; V – O Presidente do Tribunal Superior do Trabalho poderá submeter o pedido de efeito suspensivo à apreciação da Seção Especializada em Dissídios Coletivos, desde que repute a matéria de alta relevância.

É de se registrar que o Presidente do Tribunal Regional do Trabalho não tem a faculdade de conceder efeito suspensivo ao recurso de revista, uma vez que o art. 896, § 2º, da CLT, com nova redação dada pela Lei n. 9.756/98, não mais prevê tal faculdade.

O principal atributo do efeito suspensivo concedido ao recurso é o de adiar os efeitos da decisão impugnada, não admitindo, portanto, a execução provisória do julgado.

Em se tratando de efeito suspensivo em recurso ordinário de sentença normativa, o TST editou a Súmula 279, segundo a qual a "cassação de efeito suspensivo concedido a recurso interposto de sentença normativa retroage à data do despacho que o deferiu".

Além disso, o TST admite a tutela cautelar para dar efeito suspensivo a recurso ordinário interposto de sentença que ratifica a antecipação de tutela. É o que se vê da Súmula 414, I, do TST, segundo a qual a

> I – A tutela provisória concedida na sentença não comporta impugnação pela via do mandado de segurança, por ser impugnável mediante recurso ordinário. É admissível a obtenção de efeito suspensivo ao recurso ordinário mediante requerimento dirigido ao tribunal, ao relator ou ao presidente ou ao vice-presidente do tribunal recorrido, por aplicação subsidiária ao processo do trabalho do art. 1.029, § 5º, do CPC de 2015.

6.3.3. Efeito translativo

Já dissemos que o efeito devolutivo dos recursos, corolário do princípio dispositivo, impede que o juízo *ad quem* profira julgamento além, aquém ou fora do pedido formulado nas razões recursais, a exemplo do que se dá na primeira instância (arts. 141 e

492 do CPC) quanto à vedação da sentença *ultra*, *extra* ou *citra petita*. Essas regras são aplicáveis subsidiariamente ao processo do trabalho (CLT, art. 769; CPC, art. 15).

Cumpre assinalar, no entanto, que o sistema processual pátrio autoriza o tribunal a decidir questões alheias ao que consta do recurso ou das contrarrazões, e, ainda assim, não se poderá falar que houve julgamento *ultra*, *citra* ou *extra petita*, nem violação ao princípio do *non reformatio in pejus*.

Estamos falando daquelas questões de ordem pública, que devem ser conhecidas de ofício pelo juiz ou tribunal, a respeito das quais não se opera a preclusão, como ocorre, por exemplo, com o disposto nos arts. 485, § 3º, e 337, § 5º, do CPC (arts. 267, § 3º, e 301, § 4º, do CPC/73).

A translação (ou transferência) dessas questões ao juízo *ad quem* está autorizada pelos arts. 1.013, §§ 1º e 2º, do CPC (arts. 515, §§ 1º e 2º, e 516 do CPC/73), segundo magistério de Nelson Nery Junior[36].

O efeito translativo, semelhantemente ao efeito devolutivo, encontra suporte jurídico nos arts. 1.013, §§ 1º e 2º, do CPC (arts. 515, §§ 1º e 2º, e 516 do CPC/73), sendo que ambos concernem às matérias e questões submetidas automaticamente à cognição do juízo *ad quem*.

Nesse passo, advertem Marinoni, Arenhart e Mitidiero que:

> Independentemente de efetiva impugnação pela parte, restam submetidas ao tribunal, em face do efeito translativo, as questões conhecíveis de ofício (por exemplo, arts. 337, § 5º, 485, § 3º, 487, II, CPC), "todas as questões suscitadas e discutidas no processo, ainda que não tenham sido solucionadas, desde que relativas ao capítulo impugnado" (art. 1.013, § 1º, CPC) – vale dizer, ainda que o magistrado tenha se omitido em apreciá-las em sentença, nada obstante suscitadas e discutidas pelas partes no processo, e todos os fundamentos arguidos pelas partes no primeiro grau de jurisdição que podem servir para a solução do caso levado a juízo (...) Nesse caso, o tribunal pode decidir a respeito sem proibição de *reformatio in pejus*, já que a matéria é trasladada ao conhecimento do tribunal independentemente de qualquer manifestação de vontade da parte[37].

Na esteira do TST, o efeito translativo tem lugar em três situações: questões conhecíveis de ofício ou de ordem pública; omissão de questões na sentença embora as partes as tenham suscitado; todos os fundamentos apresentados pelas partes não enfrentados na sentença. Nesse sentido:

36. NERY JUNIOR, Nelson. *Princípios fundamentais:* teoria geral dos recursos. 4. ed. São Paulo: Revista dos Tribunais, 1997. p. 409-410.

37. MARINONI, Luiz Guilherme; ARENHART, Sérgio Cruz; MITIDIERO, Daniel. *Novo Código de Processo Civil comentado*. São Paulo: Revista dos Tribunais, 2015. p. 944.

RECURSO DE REVISTA. PRINCÍPIO DA DEVOLUTIVIDADE. EFEITO TRANSLATIVO. NULIDADE DO JULGADO. IMPOSSIBILIDADE. O efeito translativo recursal, ainda quando absorva a devolutividade, revela-se em três situações específicas: devolvem-se ao tribunal as questões conhecíveis de ofício ou de ordem pública; as questões das quais o juiz tenha se omitido no exame ao proferir sentença, não obstante tenham as partes as suscitado e discutido no processo (art. 515, § 1º, do CPC) e todos os fundamentos aventados pelas partes na instância ordinária (art. 515, § 2º, do CPC). *In casu*, a parte invoca um direito ou pedido (integração da ajuda de custo no salário), o que leva a afastar a tese do efeito translativo do recurso, pois este envolve questões levantadas pelas partes. Exegese da Súmula 393 do TST, *verbis*: "O efeito devolutivo em profundidade do recurso ordinário, que se extrai do § 1º do art. 515 do CPC, transfere automaticamente ao Tribunal a apreciação de fundamento da defesa não examinado pela sentença, ainda que não renovado em contrarrazões. Não se aplica, todavia, ao caso de pedido não apreciado na sentença". Recurso de revista não conhecido (TST-RR 121400-40.2005.5.02.0061, Rel. Min. Augusto César Leite de Carvalho, 6ª T., *DEJT* 26-8-2011).

O efeito translativo, que também é uma das manifestações do princípio inquisitivo, tem lugar, segundo pensamos, apenas nos recursos de natureza ordinária[38], sendo também inerente à remessa necessária das sentenças proferidas contra as pessoas jurídicas de direito público (DL n. 779/69, art. 1º, V), pois estas, salvo nas hipóteses previstas na Súmula 303 do TST, só produzem efeito depois de confirmadas pelo Tribunal.

A Súmula 393 do TST admite o efeito translativo do recurso ordinário (embora mencione efeito devolutivo em profundidade) não apenas com relação às questões de ordem pública. Vale dizer, o TST permite que os fundamentos jurídicos da defesa, ainda que não renovados em contrarrazões[39], sejam conhecidos pelo juízo *ad quem*. É o que ocorre, por exemplo, com a prescrição suscitada como fundamento da contestação e não renovada em contrarrazões do recurso ordinário. A Súmula 393, no entanto, não se aplicaria à compensação não suscitada na contestação, pois tal instituto, a rigor, é autêntico pedido contraposto do réu em face do autor.

Sobre efeito translativo nos recursos trabalhistas, colacionamos outros julgados:

EXTINÇÃO SEM RESOLUÇÃO DO MÉRITO DE DEMANDA JULGADA IMPROCEDENTE EM PRIMEIRO GRAU. EFEITO TRANSLATIVO. *REFORMATIO IN PEJUS* QUE NÃO SE RECONHECE. A extinção sem resolução de mérito de feito julgado

38. É que os recursos de natureza extraordinária dependem de prequestionamento, ou seja, dependem de impugnação expressa da parte à decisão recorrida, o que não ocorre com o efeito translativo.

39. Sobre contrarrazões, remetemos o leitor ao item 11 deste Capítulo.

improcedente pelo Juízo de primeiro grau não configura reforma *in pejus*, visto que, no caso, por força do efeito translativo, está o Tribunal Regional obrigado a se pronunciar de ofício sobre matéria de ordem pública. A legitimidade das partes trata-se de condição da ação, cujo exame independe de provocação (art. 267, VI, § 3º, do Código de Processo Civil). No caso, ante a ausência de responsabilidade da sucedida, concluiu o Tribunal Regional pela ilegitimidade passiva *ad causam*. Agravo de instrumento a que se nega provimento (TST-AIRR 116440-97.2006.5.15.0011, Rel. Min. Lelio Bentes Corrêa, 1ª T., *DEJT* 30-9-2011).

RECURSO ORDINÁRIO EM AÇÃO RESCISÓRIA AJUIZADA SOB A ÉGIDE DO CPC DE 2015. ILEGITIMIDADE ATIVA *AD CAUSAM*. ARGUIÇÃO DE OFÍCIO. ESTADO DO AMAPÁ. TERCEIRO INTERESSADO. AUSÊNCIA DE INTERESSE JURÍDICO. EXTINÇÃO DO PROCESSO SEM RESOLUÇÃO DO MÉRITO. (...) Em sede de recurso ordinário, ao órgão julgador cumpre examinar de ofício as matérias de ordem pública, tal como a legitimidade para a causa, à luz do efeito translativo próprio aos recursos de índole ordinária (arts. 485, § 3º, 337, § 5º, e 1.013, §§ 1º e 2º, do CPC de 2015). 3. Na ação matriz, o Autor, ESTADO DO AMAPÁ, não figurou como parte. A legitimidade para a ação é verificada sob a perspectiva do interesse afirmado pelo autor e do interesse que se opõe à pretensão deduzida em juízo. Deve ser analisada a situação jurídica da parte em relação ao objeto litigioso da demanda, com vistas a aferir se o autor possui a titularidade do direito postulado, bem como se a parte ré é a pessoa que irá suportar os efeitos do provimento jurisdicional. No caso específico da ação rescisória, há expressa disposição legal acerca da legitimidade ativa para a proposição pelo terceiro juridicamente interessado (art. 967 do CPC de 2015). Ocorre, todavia, que a relação jurídica existente entre a entidade CAIXA ESCOLAR PROF. RUTH DE ALMEIDA BEZERRA – pessoa jurídica de direito privado, cujos contratos são regidos pela CLT, sem relação com a Administração Pública – e o ESTADO DO AMAPÁ, ora Autor, não é afetada pela discussão travada no processo matriz. A questão debatida na ação primitiva, concernente ao pagamento de salários retidos, férias + 1/3, vale transporte, vale alimentação, horas extras, adicional de insalubridade, indenização por danos morais e multa do art. 467 da CLT, não diz respeito ao Autor. Este não possui interesse jurídico na demanda porque o julgamento proferido na ação originária não produz repercussão jurídica no vínculo que mantém com a entidade reclamada. Na verdade, é tão somente econômico o efeito provocado pela decisão rescindenda na relação jurídica mantida entre a entidade e o ente público. E o interesse meramente econômico, como se sabe, não habilita o Autor ao ajuizamento da ação rescisória. 4. E não há qualquer dispositivo legal que determine a existência de litisconsórcio necessário, tampouco a relação de direito material examinada (relação de trabalho mantida entre a reclamante MARIA DO ESPÍRITO SANTO DA SILVA BARRETO e a reclamada CAIXA ESCOLAR PROF. RUTH DE ALMEIDA BEZERRA) se apresenta indivisível quanto ao ESTADO DO AMAPÁ, não havendo, pois, justificativa legal para a inclusão do ente público no polo passivo da causa originária. Descabe cogitar, portanto, de ofensa ao art. 5º, LV, da CF. 5. Reconhecida a ilegitimidade ativa *ad causam*, extingue-se o processo sem resolução do mérito, com fulcro no art. 485, VI, do CPC de 2015. Precedentes específicos da SBDI-2 do TST. Recurso ordinário conhecido e, de ofício, extinto o processo sem resolução do mérito" (TST-RO 493-03.2018.5.08.0000, SBDI-2, Rel. Min. Douglas Alencar Rodrigues, *DEJT* 5-4-2019).

Há entendimento jurisprudencial que confere efeito translativo aos embargos de declaração e ao agravo de petição, como se vê dos seguintes arestos:

> EMBARGOS DECLARATÓRIOS. EFEITO TRANSLATIVO. POSSIBILIDADE DE ANÁLISE DE QUESTÕES QUE DIGAM RESPEITO A SUPOSTAS NULIDADES ABSOLUTAS. Embora os embargos declaratórios, em regra, só se prestem a análise de alegações de omissão, obscuridade ou contradição da decisão, ou ainda de manifesto equívoco acerca de pressupostos recursais extrínsecos, o efeito translativo dos recursos permite a análise de questões concernentes a nulidades absolutas, até porque tais matérias poderiam ser conhecidas de ofício. Contudo, verificando-se a inexistência de qualquer nulidade, deve ser mantida a decisão embargada. Embargos declaratórios conhecidos e acolhidos para prestar esclarecimentos adicionais, sem efeito modificativo (TRT-16ª R., RO 01420-2004-001-16-00-4, Rel. Des. José Evandro de Souza, *DEJT* 15-2-2011).
>
> AGRAVO DE PETIÇÃO. Por força do efeito translativo que emana do art. 516 do CPC, é de se conhecer de agravo de petição que, a despeito de ter sido irregularmente recebido pelo MM. Juiz de primeiro, demanda o conhecimento de matérias de natureza eminentemente processual e, portanto, de ordem pública, cujo conhecimento, ainda que de ofício, é devolvido ao Tribunal *ad quem* (TRT 3ª R., AP 00100-2000-098-03-00-4, 3ª T., Divinópolis, Rel. Des. Maria Cristina Diniz Caixeta, j. 26-1-2005, *DJMG* 26-2-2005).

6.3.4. Efeito substitutivo

A decisão proferida pelo juízo *ad quem* substitui a decisão recorrida no que tiver sido objeto do recurso (CPC, art. 1.008; CPC/73, art. 512).

Segundo José Janguiê Bezerra Diniz:

> somente existe efeito substitutivo quando o objeto da impugnação for o *error in judicando*. Em se tratando de *error in procedendo*, a substitutividade somente ocorrerá se negado provimento ao recurso, pois, em sendo provido, anulará a decisão recorrida[40].

40. Op. cit., p. 41.

No mesmo sentido, Cassio Scarpinella Bueno leciona que o

> efeito substitutivo, contudo, deixa de operar naqueles casos em que a decisão recorrida é anulada pelo reconhecimento do *error in procedendo*. Em tais situações, porque a função do órgão *ad quem* é verdadeiramente rescindente, a sua própria decisão não prevalece sobre a anterior, que deixa de existir juridicamente"[41].

Semelhantemente, Daniel Assumpção e Rodrigo Freire:

> Ocorrerá efeito substitutivo quando o órgão *ad quem*: *a*) conhecer do recurso e negar provimento, pelos mesmos fundamentos ou por outros fundamentos; ou *b*) conhecer do recurso e der provimento em razão de *error in judicando* – a decisão recorrida é tida como injusta devido a uma má apreciação do fato ou do direito, motivo pelo qual será reformada, e não anulada[42].

Assim, o efeito substitutivo tem lugar quando o objeto do recurso for o *error in judicando*, de modo que haverá efeito substitutivo quando: *a*) o recurso é conhecido e provido pelo mérito da causa; *b*) o recurso é conhecido e não provido, isto é, o tribunal "mantém" a sentença de mérito pelos mesmos ou por outros fundamentos da decisão recorrida.

Em outros termos, só haverá efeito substitutivo se – e quando – o órgão judicial superior conhecer do recurso e, em seguida, apreciar e julgar o mérito da causa, ainda que tal julgamento se limite a manter integralmente a sentença de mérito.

Didaticamente, o TST editou a Súmula 192, explicitando, para fins de cabimento e competência da ação rescisória, a definição de efeito substitutivo, nos seguintes termos:

> I – Se não houver o conhecimento de recurso de revista ou de embargos, a competência para julgar ação que vise a rescindir a decisão de mérito é do TRT, ressalvado o disposto no item II.
>
> II – Acórdão rescindendo do TST que não conhece de recurso de embargos ou de revista, analisando arguição de violação de dispositivo de lei material ou decidindo em consonância com súmula de direito material ou com iterativa, notória e atual jurisprudência de direito material da SDI (Súmula 333), examina o mérito da causa, cabendo ação rescisória da competência do TST.

---

41. BUENO, Cassio Scarpinella. *Curso sistematizado de direito processual civil*. São Paulo: Saraiva, 2008. v. 5, p. 88.
42. NEVES, Daniel Amorim Assumpção; FREIRE, Rodrigo da Cunha. *CPC para concursos*. Salvador: JusPodivm, 2010. p. 590.

III – Sob a égide do art. 512 do CPC de 1973, é juridicamente impossível o pedido explícito de desconstituição de sentença quando substituída por acórdão do TRT ou superveniente sentença homologatória de acordo que puser fim ao litígio.

IV – Na vigência do CPC de 1973, é manifesta a impossibilidade jurídica do pedido de rescisão de julgado proferido em agravo de instrumento que, limitando-se a aferir o eventual desacerto do juízo negativo de admissibilidade do recurso de revista, não substitui o acórdão regional, na forma do art. 512 do CPC.

V – A decisão proferida pela SBDI, em agravo regimental, calcada na Súmula 333, substitui acórdão de Turma do TST, porque emite juízo de mérito, comportando, em tese, o corte rescisório.

6.3.5. Efeito extensivo

Diz o art. 1.005 e seu parágrafo único do CPC:

Art. 1.005. O recurso interposto por um dos litisconsortes a todos aproveita, salvo se distintos ou opostos os seus interesses.

Parágrafo único. Havendo solidariedade passiva, o recurso interposto por um devedor aproveitará aos outros quando as defesas opostas ao credor lhes forem comuns.

O efeito extensivo tem aplicabilidade na hipótese de litisconsórcio unitário, isto é, aquele que ocorre quando a decisão judicial deve ser uniforme para todos os litisconsortes.

Pertinente, pois, a observação de Manoel Antonio Teixeira Filho a respeito da migração da regra do art. 509 e seu parágrafo do CPC/73 (CPC/2015, art. 1.005, parágrafo único) para o processo do trabalho:

a) sempre que os interesses dos litisconsortes forem distintos, o recurso interposto por um não aproveitará aos demais, pois se trata do regime litisconsorcial meramente *facultativo* (*caput*); e

b) o recurso interposto por um dos litisconsortes só beneficiará aos demais se o litisconsórcio for *unitário*, pois a lei se refere ao fato de as defesas apresentadas serem *comuns* a todos (parágrafo único)[43].

De acordo com o item III da Súmula 128 do TST:

Havendo condenação solidária de duas ou mais empresas, o depósito recursal efetuado por uma delas aproveita as demais, quando a empresa que efetuou o depósito não pleiteia sua exclusão da lide.

43. *Curso de processo do trabalho,* n. 11: recursos – parte geral. São Paulo: LTr, 1997. p. 37.

Assim, se forem colidentes os interesses dos litisconsortes, o recurso interposto por um deles não aproveita os demais, tal como ocorre quando um litisconsorte, condenado solidária ou subsidiariamente, pretender a sua exclusão do processo. Nesse sentido:

> AGRAVO DA PRIMEIRA RECLAMADA (EMPREGADORA). AGRAVO DE INSTRUMENTO EM RECURSOS DE REVISTA. ACÓRDÃO PUBLICADO NA VIGÊNCIA DA LEI N. 13.015/2014. DESERÇÃO DO RECURSO ORDINÁRIO APROVEITAMENTO DO DEPÓSITO RECURSAL EFETUADO PELA SEGUNDA RECLAMADA QUE BUSCA SUA EXCLUSÃO DA LIDE. Nos termos da Súmula 128, III do TST, "havendo condenação solidária de duas ou mais empresas, o depósito recursal efetuado por uma delas aproveita as demais, quando a empresa que efetuou o depósito não pleiteia sua exclusão da lide (ex-OJ n. 190 da SBDI-1 – inserida em 8-11-2000)". Nesse contexto, como a SEGUNDA RECLAMADA pleiteou a sua exclusão da lide, os recolhimentos por ela efetuados não aproveitam à agravante, nos termos da Súmula 128, III, do C. TST, remanescendo a deserção, uma vez que ela não comprovou o depósito recursal relativo ao recurso de revista. Agravo não provido (...) (TST-ARR 11300-14.2014.5.13.0023, 5ª T., Rel. Min. Breno Medeiros, *DEJT* 28-6-2019).
>
> (...) RECURSO DE REVISTA INTERPOSTO PELA RECLAMADA A&C CENTRO DE CONTATOS S.A. PROCEDIMENTO SUMARÍSSIMO. DESERÇÃO. PRETENSÃO DE IMPROCEDÊNCIA DO PEDIDO DE RECONHECIMENTO DO VÍNCULO DE EMPREGO DIRETO. EQUIVALÊNCIA À EXCLUSÃO DA LIDE. Verifica-se que a recorrente (prestadora de serviços) não efetuou nenhum depósito recursal. Nos termos do item III da Súmula 128 do TST, o depósito recursal efetuado por um dos devedores solidários aproveita aos demais quando a empresa que efetuou o depósito não pleiteia sua exclusão da lide. No caso, a segunda reclamada (tomadora de serviços), insurge-se contra o reconhecimento do vínculo de emprego reconhecido diretamente entre ela e a autora, postulando a sua absolvição, o que equivale a pedido de exclusão da lide. Desse modo, inviável o aproveitamento do preparo realizado pela outra demandada. Julgados. Recurso de revista não conhecido (TST-RR 1776-40.2011.5.03.0002, 8ª T., Rel. Min. Márcio Eurico Vitral Amaro, *DEJT* 10-5-2019).

6.3.6. Efeito regressivo

Este efeito tem cabimento na hipótese de possibilidade de retratação ou reconsideração pelo mesmo juízo prolator do *decisum*, como ocorre no agravo de instrumento e no agravo regimental.

Importa dizer que o art. 331 do CPC (art. 296 do CPC/73), confere ao juiz, no caso de apelação interposta pelo autor, a possibilidade de, no prazo de cinco dias, reformar ou reconsiderar a sua decisão que tenha indeferido a petição inicial.

Essa norma, a nosso sentir, pode ser aplicável ao processo do trabalho, não obstante a regra do art. 893, § 1º, *in fine*, da CLT. E isto porque tal providência se coaduna com os princípios da simplicidade, celeridade e economia processuais, que devem sempre nortear a conduta dos órgãos da Justiça do Trabalho.

Outra manifestação do efeito regressivo é extraída do art. 332, §§ 3º e 4º, do CPC (§ 1º do art. 285-A do CPC/73), que dispõe sobre a improcedência liminar do pedido, também aplicável ao processo laboral (CLT, art. 769; CPC, art. 15; IN n. 39/2016, art. 7º).

O TST também admite o efeito regressivo nos embargos de declaração, como se depreende dos seguintes julgados:

> RECURSO DE REVISTA. 1. PRELIMINAR. NULIDADE. NEGATIVA DE PRESTAÇÃO JURISDICIONAL. O recorrente não demonstrou ter oposto embargos de declaração, cujo efeito regressivo permitiria a correção de eventual omissão pelo próprio órgão prolator da decisão. Assim, a ausência de comunicação do vício formal por meio do instrumento processual adequado acarretou a preclusão do tema suscitado em recurso de revista, conforme entendimento consagrado pela Súmula 184. Recurso de revista não conhecido (...) (TST-RR 122100-85.2008.5.01.0207, Rel. Min. Guilherme Augusto Caputo Bastos, 5ª T., *DEJT* 31-5-2013).
>
> ACÓRDÃO REGIONAL. NEGATIVA DE PRESTAÇÃO JURISDICIONAL. EMBARGOS DE DECLARAÇÃO. AUSÊNCIA. PRECLUSÃO. 1. Abstendo-se a parte de interpor embargos de declaração contra acórdão regional, cujo efeito regressivo permitiria correção de eventual omissão pelo próprio órgão prolator da decisão, ocorre a preclusão da ulterior alegação de negativa de prestação jurisdicional nas razões do recurso de revista. Aplicação, por analogia, do entendimento consagrado na Súmula 184 do TST. 2. Agravo de instrumento a que se nega provimento, amplamente (TST-AIRR 805-66.2010.5.18.0004, Rel. Min. João Oreste Dalazen, 4ª T., *DEJT* 25-10-2013).

6.3.7. Efeito expansivo

O efeito expansivo é pouco reconhecido pela doutrina, mas há autores, como Nelson Nery Junior[44] e Cassio Scarpinella Bueno[45], que defendem a sua existência, especialmente em função do § 3º do art. 515 do CPC/73 (CPC, art. 1.013, § 3º), aplicável ao recurso ordinário previsto no processo do trabalho, por força do art. 769 da CLT e do art. 15 do CPC.

Na verdade, o efeito expansivo do recurso foi significativamente ampliado no CPC, nos termos dos §§ 3º, 4º e 5º do art. 1.013, *in verbis*:

---

44. NERY JR., Nelson. *Teoria geral dos recursos*. 6. ed. São Paulo: Revista dos Tribunais, 2004. p. 477-482.

45. BUENO, Cassio Scarpinella. *Curso sistematizado de direito processual civil*. Recursos. Processos e incidentes nos tribunais. Sucedâneos recursais: técnicas de controle das decisões jurisdicionais. São Paulo: Saraiva, 2008. v. 5, p. 83.

(...) § 3º Se o processo estiver em condições de imediato julgamento, o tribunal deve decidir desde logo o mérito quando: I – reformar sentença fundada no art. 485; II – decretar a nulidade da sentença por não ser ela congruente com os limites do pedido ou da causa de pedir; III – constatar a omissão no exame de um dos pedidos, hipótese em que poderá julgá-lo; IV – decretar a nulidade de sentença por falta de fundamentação.

§ 4º Quando reformar sentença que reconheça a decadência ou a prescrição, o tribunal, se possível, julgará o mérito, examinando as demais questões, sem determinar o retorno do processo ao juízo de primeiro grau.

§ 5º O capítulo da sentença que confirma, concede ou revoga a tutela provisória é impugnável na apelação.

O item II da Súmula 393 do TST reconhece, implicitamente, a aplicabilidade do efeito expansivo no recurso ordinário:

(...) II – Se o processo estiver em condições, o tribunal, ao julgar o recurso ordinário, deverá decidir desde logo o mérito da causa, nos termos do § 3º do art. 1.013 do CPC de 2015, inclusive quando constatar a omissão da sentença no exame de um dos pedidos.

Para estudo mais profundo sobre efeito expansivo do recurso ordinário, remetemos o leitor ao Capítulo XX, item 2.3.3.

6.3.8. Efeito diferido

Embora pouco estudado na doutrina, o efeito diferido também é aplicável nos recursos trabalhistas que visam anular decisões interlocutórias proferidas no processo, mas que não poderiam ser imediatamente objeto de impugnação recursal.

Tal efeito decorre do princípio da irrecorribilidade imediata das decisões interlocutórias e encontra-se previsto implicitamente no § 1º do art. 893 da CLT, segundo o qual: "Os incidentes do processo são resolvidos pelo próprio Juízo ou Tribunal, admitindo-se a apreciação do merecimento das decisões interlocutórias somente em recursos da decisão definitiva".

Vale dizer, as decisões interlocutórias no processo do trabalho, salvo exceções já examinadas no item 6.2, *supra*, somente podem ser impugnadas juntamente com o recurso que couber (recurso ordinário, nos termos do art. 895 da CLT) da decisão final (sentença ou acórdão) no processo de conhecimento, como questão preliminar, desde, é claro, que o recorrente tenha manifestado o seu inconformismo na audiência ou primeira vez que teve oportunidade de falar nos autos (CLT, art. 795).

Assim, o recurso ordinário, por exemplo, pode possuir efeito diferido quando impugnar decisão interlocutória que não seria recorrível imediatamente no momento em que ocorreu a nulidade alegada em preliminar recursal.

Por essa razão, o TST editou a OJ n. 92 da SBDI-2, que não admite mandado de segurança contra decisão passível de impugnação por recurso, ainda que este tenha efeito diferido. No mesmo sentido:

> RECURSO ORDINÁRIO EM MANDADO DE SEGURANÇA. I – DETERMINAÇÃO DE REINCLUSÃO DO FEITO EM PAUTA E DE INTIMAÇÃO DA RECLAMADA POR MANDADO. CERCEAMENTO DE DEFESA. EXISTÊNCIA DE MEDIDA PROCESSUAL PRÓPRIA. AUSÊNCIA DE INTERESSE DE AGIR. ORIENTAÇÃO JURISPRUDENCIAL N. 92 DA SBDI-2. INCIDÊNCIA. A jurisprudência desta egrégia SBDI-2, consubstanciada na Orientação Jurisprudencial n. 92, segue no sentido de que "não cabe mandado de segurança contra decisão judicial passível de reforma mediante recurso próprio, ainda que com efeito diferido". Idêntica interpretação também se verifica na Súmula 267 do STF. A existência de medida processual própria para impugnar o ato apontado como coator, na forma do art. 5º, II, da Lei n. 12.016/2009 afasta o cabimento desse *writ* por subsidiariedade, evidenciando a ausência do interesse de agir do postulante. No caso em exame, o ato apontado como coator, consistente em determinação para reinclusão do feito em pauta e intimação da Reclamada por mandado, mesmo reconhecendo a existência de citação, comporta a oposição de recurso ordinário quando da impugnação da sentença a ser proferida nos respectivos autos (art. 893, § 1º, da CLT). Eventual nulidade do processo por cerceamento do direito de defesa deve ser resolvida na fase processual ordinária. Assim, deve ser denegada a segurança, na forma do § 5º do art. 6º da Lei n. 12.016/2009, e não indeferida a petição inicial, como fez o TRT de origem. Segurança denegada de ofício (...) (TST-RO 101050-27.2017.5.01.0000, SBDI-2, Rel. Min. Emmanoel Pereira, *DEJT* 21-6-2019).

6.4. Princípio da singularidade, unirrecorribilidade ou unicidade recursal

O princípio da singularidade, também chamado de princípio da unirrecorribilidade ou unicidade recursal, não permite a interposição de mais de um recurso contra a mesma decisão (ou capítulo da mesma decisão). É dizer, os recursos não podem ser utilizados simultaneamente, mas sim sucessivamente, obedecendo-se à hierarquia dos órgãos jurisdicionais (graus de jurisdição).

Este princípio constava expressamente do art. 809 do CPC de 1939 e do art. 498 do CPC/73. Todavia, a Lei n. 10.352/2001 deu nova redação ao art. 498 do CPC/73, passando a admitir a interposição de mais de um recurso contra a mesma decisão.

O art. 1.031 do CPC prevê expressamente que, na "hipótese de interposição conjunta de recurso extraordinário e recurso especial, os autos serão remetidos ao Superior Tribunal de Justiça". Concluído o julgamento do recurso especial, os autos serão remetidos ao STF para apreciação do recurso extraordinário, se este não estiver prejudicado. Se o relator do recurso especial considerar prejudicial o recurso extraordinário, em decisão irrecorrível, sobrestará o julgamento e remeterá os autos ao Supremo Tribunal Federal. Neste caso, se o relator do recurso extraordinário, em decisão irrecorrível, rejeitar a prejudicialidade, devolverá os autos ao STJ para o julgamento do recurso especial.

Cremos que não violam o princípio da unirrecorribilidade as conhecidas "razões adicionais", que, em rigor, constituem novo recurso contra nova decisão. Expliquemo-nos.

Suponhamos que o réu tenha se apressado em interpor recurso ordinário antes da interposição dos embargos de declaração pelo autor. Se a decisão dos embargos declaratórios modificar a sentença anteriormente proferida, acarretando prejuízo ao réu, afigura-se-nos que poderá ele interpor ou aditar razões adicionais ao recurso anteriormente interposto, pois não seria lógico ou juridicamente razoável que o exercício regular de um direito (interposição do recurso ordinário dentro do prazo recursal) redundasse em situação de desfavorabilidade àquele que o exerceu.

Todavia, o princípio da unirrecorribilidade é violado se a parte interpõe recurso ordinário e, posteriormente, não havendo modificação da sentença por meio de embargos declaratórios, avia recurso adesivo ao recurso ordinário interposto pela outra parte da mesma sentença inalterada. Vale dizer, a interposição anterior do recurso ordinário implica, para o recorrente, preclusão consumativa para a interposição posterior de recurso adesivo. Nesse sentido:

> RECURSO DE REVISTA. RECURSO ORDINÁRIO ADESIVO. NÃO CONHECIMENTO. PRINCÍPIO DA UNIRRECORRIBILIDADE OU SINGULARIDADE RECURSAL. Se a parte já se utilizou do recurso principal, inadmissível a interposição de recurso adesivo ou subordinado contra a mesma decisão, sob pena de ofensa ao princípio da unirrecorribilidade ou singularidade recursal, segundo o qual, para cada ato judicial recorrível, existe um único recurso previsto pelo ordenamento jurídico positivo, sendo proibida a interposição simultânea ou cumulativa de outro recurso, com a finalidade de impugnar o mesmo ato de jurisdição, ante a preclusão consumativa. Precedentes. Recurso de revista de que não se conhece (TST-RR 114400-82.2006.5.15.0128, Rel. Min. Walmir Oliveira da Costa, 1ª T., *DEJT* 7-6-2013).

6.5. Princípio da conversibilidade ou fungibilidade

O CPC de 1939 admitia a interposição de um recurso em lugar de outro (art. 810). Tal faculdade não foi permitida pelo CPC/73.

Entretanto, seria possível sustentar que, com base no art. 250 do CPC/73 ("o erro de forma do processo acarreta unicamente a anulação dos atos que não possam ser aproveitados, devendo praticar-se os que forem necessários"), estaria permitido o aproveitamento de um recurso inadequado. Esse dispositivo consagra o princípio da instrumentalidade das formas dos atos processuais, o qual é reproduzido quase que literalmente no art. 283 do CPC.

No processo laboral, à luz do princípio da simplicidade, a instrumentalidade das formas dos atos processuais sempre foi adotada, principalmente, pelo fato de os recursos trabalhistas terem, em geral, o mesmo prazo para interposição (oito dias, salvo os embargos de declaração, cujo prazo é de cinco dias), prevalecendo, entretanto, a ressalva da má-fé do recorrente.

Noutro falar, interposto um recurso trabalhista em lugar de outro, dentro do prazo alusivo ao recurso próprio, não se perde aquele, salvo no caso de evidente má-fé do recorrente. É o que dispõem a OJ n. 69 da SBDI-2/TST e a Súmula 421, II, do TST.

Contudo, a SBDI-2 editou a OJ n. 152, firmando entendimento de que não há lugar para a incidência do princípio da fungibilidade na hipótese de erro grosseiro. Eis o teor da referida OJ n. 152:

> AÇÃO RESCISÓRIA E MANDADO DE SEGURANÇA. RECURSO DE REVISTA DE ACÓRDÃO REGIONAL QUE JULGA AÇÃO RESCISÓRIA OU MANDADO DE SEGURANÇA. PRINCÍPIO DA FUNGIBILIDADE. INAPLICABILIDADE. ERRO GROSSEIRO NA INTERPOSIÇÃO DO RECURSO (*DJe* divulgado em 3, 4 e 5-12-2008). A interposição de recurso de revista de decisão definitiva de Tribunal Regional do Trabalho em ação rescisória ou em mandado de segurança, com fundamento em violação legal e divergência jurisprudencial e remissão expressa ao art. 896 da CLT, configura erro grosseiro, insuscetível de autorizar o seu recebimento como recurso ordinário, em face do disposto no art. 895, *b*, da CLT.

Esse verbete encontra-se em sintonia com a Súmula 425 do TST, pois esta não mais permite o *jus postulandi* (CLT, art. 791) nas hipóteses de recursos endereçados àquela Corte Superior.

6.6. Princípio da dialeticidade ou discursividade

Diz o art. 899, *caput*, da CLT que "os **recursos serão interpostos por simples petição** e terão efeito meramente devolutivo, salvo as exceções previstas neste Título, permitida a execução provisória até a penhora". (grifos nossos)

Esse dispositivo não deve ser interpretado literalmente[46], pois é da índole dos recursos, mesmo os previstos na CLT, que o recorrente decline as razões de seu inconformismo com a decisão hostilizada. Afinal, recurso sem fundamentação, ou razões

46. Em sentido contrário, Teixeira Filho, Manoel Antonio (*Sistema dos recursos trabalhistas*. São Paulo: LTr, 1991. p. 116-118) e Giglio, Wagner D. (*Direito processual do trabalho*. São Paulo: Saraiva, 2000. p. 396-397).

recursais, é o mesmo que recurso genérico, petição inicial sem causa de pedir (ou breve relato dos fatos) ou contestação por "negação geral".

Ademais, como poderia a outra parte – recorrida – exercer plenamente o seu direito de ampla defesa se o recorrente não indicasse os motivos com que impugna a decisão recorrida? O *jus postulandi* e o princípio da simplicidade, que são infraconstitucionais, não podem olvidar os princípios constitucionais do contraditório e da ampla defesa.

A indicação dos capítulos impugnados da decisão recorrida permite saber, ainda, se outras partes ou capítulos não impugnados transitaram ou não em julgado. Exemplo: o empregado ajuíza ação postulando os pedidos A, B e C, sendo que a sentença julga procedente o pedido A e improcedentes os pedidos B e C. Neste caso, se o recurso interposto pelo empregado não declinar especificamente o capítulo impugnado, não se poderá identificar se a sentença transitou em julgado em relação aos pedidos B ou C.

A interpretação literal da lei (CLT, art. 899) poderia endossar, por outro lado, a prática de recursos meramente procrastinatórios, em detrimento dos postulados éticos do processo e mesmo da sua celeridade, tão caros ao processo trabalhista.

O princípio ora focalizado, pois, informa que o recurso deve ser discursivo, dialético. Cabe ao recorrente, portanto, indicar no apelo as partes ou capítulos da sentença que pretende impugnar e as respectivas razões da impugnação, possibilitando, assim, ao juízo *ad quem* a verificação da validade e da justiça da decisão recorrida.

A não observância pelo recorrente do princípio da dialeticidade implica o não conhecimento do seu recurso por irregularidade formal.

Colhe-se, a propósito, o magistério de Valentin Carrion:

> A interposição dos recursos dispensa formalidades. As razões do inconformismo da parte são requisitos para apreciação do mérito e até para o seu recebimento pelo Juízo recorrido ou simples conhecimento prefacial pelo Juízo *a quo*. A interposição "por simples petição" (CLT, art. 899) significa não haver necessidade de outras formalidades, como, por exemplo, o "termo de agravo nos autos", que era exigido no CPC de 1939, art. 852, vigente quando promulgada a CLT. Mas a fundamentação é indispensável, não só para saber quais as partes da sentença recorrida que transitaram em julgado, como para analisar as razões que o Tribunal deverá examinar, convencendo-se ou não, para reformar o julgado. O processo é um instrumento técnico; os injustiçados só têm a ganhar com seu maior aperfeiçoamento técnico e lógico[47].

No mesmo sentido, Décio Sebastião Daidone, para quem:

> simples petição não significa que possa ser apenas por meio de uma peça, apenas solicitando a revisão recursal pelo Tribunal *ad quem*, sem qualquer fundamentação

47. *Comentários à Consolidação das Leis do Trabalho*. Ed. em CD-ROM, 1996, nota 1 ao art. 899 da CLT, p. 726.

fática ou de direito. Poderá haver, sim, uma "simples petição", mas de encaminhamento das razões recursais, em que por outro lado (...) deverá conter toda a matéria e fundamentos do que se pretende revisar[48].

Ademais, há recursos, como os de natureza extraordinária (recurso de revista, recurso de embargos), que, por serem eminentemente técnicos, exigem até mesmo que o recorrente aponte o dispositivo de lei que entende violado literalmente pela decisão recorrida. Nessa linha, é a Súmula 221 do TST. Aliás, os recursos dirigidos ao TST devem ser subscritos por advogados, consoante dispõe a Súmula 425 daquela Corte.

De outra parte, parece-nos irrefletida a tese dos que discriminam os recursos subscritos por advogados, os quais teriam de ser fundamentados, e os subscritos pela própria parte (*jus postulandi*), que prescindiriam de fundamentação. Não há base lógica ou jurídica para tal *discrimen*.

É importante destacar que o TST editou a Súmula 422, alterada recentemente para se adequar ao CPC, que prevê *in verbis*:

> SÚMULA 422. RECURSO. FUNDAMENTO AUSENTE OU DEFICIENTE. NÃO CONHECIMENTO (redação alterada, com inserção dos itens I, II e III, Res. n. 199/2015, *DEJT* divulgado em 24, 25 e 26-6-2015, com errata publicada no *DEJT* divulgado em 1º-7-2015). I – Não se conhece de recurso para o Tribunal Superior do Trabalho se as razões do recorrente não impugnam os fundamentos da decisão recorrida, nos termos em que proferida. II – O entendimento referido no item anterior não se aplica em relação à motivação secundária e impertinente, consubstanciada em despacho de admissibilidade de recurso ou em decisão monocrática.
>
> III – Inaplicável a exigência do item I relativamente ao recurso ordinário da competência de Tribunal Regional do Trabalho, exceto em caso de recurso cuja motivação é inteiramente dissociada dos fundamentos da sentença.

O item II da Súmula 422 do TST não admite a aplicação do princípio (que também é um pressuposto recursal) da dialeticidade em relação à motivação secundária e impertinente, consubstanciada em despacho de admissibilidade de recurso ou em decisão monocrática.

Como se infere do item III da Súmula 422 do TST, só se aplicaria o princípio da dialeticidade: *a*) aos "recursos para o TST", isto é, aos recursos de natureza extraordinária; *b*) ao recurso ordinário dirigido ao TRT cuja motivação for inteiramente dissociada dos fundamentos da sentença.

---

48. DAIDONE, Décio Sebastião. *Direito processual do trabalho ponto a ponto*. São Paulo: LTr, 2001. p. 280.

Vê-se, assim, que o item III da Súmula 422 do TST não admite a aplicação do princípio da dialeticidade nos recursos de natureza ordinária de competência recursal de TRT, "exceto em caso de recurso cuja motivação é inteiramente dissociada dos fundamentos da sentença". Tal ressalva é, seguramente, um conceito legal indeterminado, cabendo ao Relator, no caso concreto, proceder ao exame das razões recursais e afirmar se elas são ou não "inteiramente dissociadas dos fundamentos da sentença". Mas, neste caso, estaremos diante da impossibilidade de conhecimento do recurso por "inovação recursal".

Não se deve olvidar, ainda, que o art. 1.010, II e III, do CPC passou a exigir que a apelação (equivalente ao recurso ordinário trabalhista) contenha tanto a exposição do fato e do direito quanto as razões do pedido de reforma ou de decretação de nulidade da sentença.

Além disso, o item XXVIII do art. 3º da IN n. 39/2016 do próprio TST manda aplicar ao processo do trabalho o disposto nos "arts. 1.013 a 1.014 (efeito devolutivo do recurso ordinário – força maior)".

De outro lado, o item I da Súmula 393 do TST, já "adaptada ao art. 1.013 do CPC", adota a teoria da impugnação dos capítulos da sentença atacada por recurso ordinário, nos seguintes termos:

> SÚMULA 393. RECURSO ORDINÁRIO. EFEITO DEVOLUTIVO EM PROFUNDIDADE. ART. 1.013, § 1º, DO CPC DE 2015. ART. 515, § 1º, DO CPC DE 1973. I – O efeito devolutivo em profundidade do recurso ordinário, que se extrai do § 1º do art. 1.013 do CPC de 2015 (art. 515, § 1º, do CPC de 1973), transfere ao Tribunal a apreciação dos fundamentos da inicial ou da defesa, não examinados pela sentença, ainda que não renovados em contrarrazões, desde que relativos ao capítulo impugnado.

Ora, se o efeito devolutivo em profundidade do recurso ordinário transfere ao TRT, segundo o item I da Súmula 393 do TST, a apreciação de fundamentos da inicial ou da defesa, "desde que relativos ao capítulo impugnado", então salta aos olhos que para o TST há necessidade de impugnação específica da parte da sentença atacada pelo recurso ordinário. Em outras palavras, o item I, parte final, da Súmula 393 do TST exige a dialeticidade em relação ao capítulo impugnado como pressuposto de admissibilidade do recurso ordinário.

Há, portanto, manifesta contradição entre o item I, parte final, da Súmula 393 e o item III da Súmula 422, ambas do TST.

A jurisprudência dos TRTs, a nosso ver, acertadamente, vem se inclinando, ainda que sob o enfoque do art. 514, II, do CPC/73, pela rejeição do item III da Súmula 422 do TST e pela aplicação do princípio da dialeticidade aos recursos de natureza ordinária, como se observa das seguintes ementas:

> PRINCÍPIO DA DIALETICIDADE. O art. 1.010, II, do CPC invoca o princípio da dialeticidade e impõe ao recorrente a impugnação expressa dos fundamentos da

decisão hostilizada, o que não se vislumbra na espécie. Interpretação da Súmula 51 deste E. TRT (TRT 1ª R., RO 01014822520175010007, Rel. Des. Carlos Henrique Chernicharo, *DEJT* 12-7-2019).

PRINCÍPIO DA DIALETICIDADE. A interposição de apelo cuja motivação é completamente indiferente aos fundamentos da decisão guerreada, nos termos em que proferida, implica o não conhecimento da peça recursal. Aplicação das diretrizes da Súmula 422, do TST. Recurso obreiro não conhecido, por ofensa ao princípio da dialeticidade. (TRT 6ª R., RO 0000648-71.2016.5.06.0019, Red. Des. Roberta Correa de Araujo Monteiro, 4ª T., *DEJT* 28-2-2019).

RECURSO ORDINÁRIO. NÃO CONHECIMENTO DO RECURSO. AUSÊNCIA DE FUNDAMENTAÇÃO. PRINCÍPIO DA DIALETICIDADE RECURSAL E PRINCÍPIO DA SIMPLICIDADE. O princípio da simplicidade, previsto no art. 899 da CLT, somente se aplica à petição de interposição, sendo necessário que o autor aponte em suas razões a ilegalidade ou injustiça da decisão recorrida, fundamentando o argumento do recurso, possibilitando à instância revisora confrontar as razões do recorrente com as razões da decisão recorrida (princípio da dialeticidade). Considerando que o presente recurso não preenche os requisitos de admissibilidade quanto à sua regularidade formal, pois não impugnou os fundamentos da sentença, inviabilizado está o seu conhecimento (TRT 2ª R., RO SP 00007211720125020303, Rel. Des. Bianca Bastos, 9ª T., *DEJT* 6-8-2013).

6.7. Princípio da voluntariedade

O sistema recursal trabalhista também é orientado pelo princípio da voluntariedade, pois, sendo o recurso, como já frisamos em linhas pretéritas, um prolongamento do exercício do direito de ação, é óbvio que os tribunais não poderão, em linha de princípio, apreciar matérias que não foram levadas à sua cognição pelas partes.

Assim, é preciso que a parte deixe clara a sua intenção de recorrer, que é um ato processual voluntário. A interposição do recurso, portanto, encerra uma manifestação do princípio dispositivo em outra fase do processo, que é a fase recursal. É por essa razão que a remessa *ex officio* não pode ser, como veremos no item 8 *infra*, considerada recurso.

Destarte, não poderá o juízo *ad quem* conhecer de matérias não agitadas no recurso, salvo aquelas consideradas de ordem pública a cujo respeito, enquanto não configurada a *res judicata*, não tenha operado a preclusão (CPC, art. 485, § 3º, por exemplo).

Os §§ 1º a 3º do art. 1.013 do CPC, no entanto, permitem ao juízo ad quem, na apelação (e por similitude no recurso ordinário), conhecer de questões suscitadas e discutidas no processo, ainda que não tenham sido solucionadas, desde que relativas ao capítulo impugnado ou de fundamentos contidos no pedido ou na defesa ou, ainda, apreciar o próprio mérito em algumas hipóteses quando o processo estiver em condições de imediato julgamento. Trata-se, neste caso, de aplicação do efeito translativo inerente aos recursos de natureza ordinária.

6.8. Princípio da proibição da *reformatio in pejus*

O princípio da proibição da *reformatio in pejus* decorre de dois outros princípios: duplo grau de jurisdição e dispositivo.

O princípio em epígrafe proíbe que, no julgamento de um recurso, o órgão judicante superior profira decisão que piore o resultado meritório da demanda para o recorrente.

Se não houve recurso contra uma parte do *decisum* desfavorável a um dos demandantes, tal parte torna-se intangível, isto é, transita em julgado, não podendo ser atingida pelo julgamento das outras partes que foram devolvidas, no apelo, ao conhecimento da instância superior.

Esse princípio, todavia, não é adotado expressamente pelo CPC, mas é largamente aceito pela doutrina e jurisprudência.

Cumpre assinalar que o princípio em tela não tem o condão de alcançar aquelas questões de ordem pública, conhecíveis de ofício em qualquer tempo e grau de jurisdição (CPC, art. 485, § 3º). Noutro falar, não há violação ao princípio em tela quando o tribunal reconhece efeito translativo ao recurso, como já vimos no item 6.3.3 *supra*.

À guisa de ilustração, imaginemos a hipótese em que o autor formule pedido de adicional de produtividade na base de 100%, obtendo sentença meritória de procedência parcial, ou seja, a Vara do Trabalho defere-lhe apenas 50%. Irresignado, o autor recorre, pleiteando reforma parcial do julgado. O tribunal, de ofício ou mediante provocação do recorrido, constata a existência de coisa julgada em relação ao referido pedido e julga extinto o processo sem resolução de mérito (CPC, art. 485, V). Essa nova decisão piorou, à evidência, a situação anterior em que se encontrava o autor. Todavia, não há falar, *in casu*, em maltrato ao princípio ora focalizado, pois a matéria relativa à coisa julgada, por ser de ordem pública, é conhecível de ofício pelo juízo *ad quem*, nos termos do § 3º do art. 485 do CPC.

6.9. Princípio da taxatividade

Os recursos devem estar expressamente previstos em lei, sendo certo que à União compete legislar privativamente sobre direito processual (CF, art. 22, I). Logo, somente a lei federal é que pode criar recursos judiciais. Os recursos, portanto, são *numerus clausus*, isto é, taxativamente previstos em lei federal.

Daí por que alguns autores sustentam a inconstitucionalidade dos recursos regimentais, ou seja, aqueles criados por regimentos internos dos tribunais.

O art. 893, *caput*, da CLT dispõe sobre o elenco dos recursos trabalhistas, a saber: I – embargos; II – recurso ordinário; III – recurso de revista; IV – agravo (de instrumento e de petição).

O § 2º do mesmo artigo, porém, prevê o cabimento do recurso extraordinário para o Supremo Tribunal Federal.

Além desses recursos, há, ainda, os embargos de declaração (CLT, art. 897-A), o recurso (pedido) de revisão (Lei n. 5.584/70, art. 2º, § 1º) e o agravo regimental das decisões do Corregedor (CLT, art. 709, § 1º).

Por força do art. 769 da CLT, há o cabimento do recurso adesivo no processo do trabalho (TST, Súmula 283).

É importante salientar que, não obstante a ampliação da competência da Justiça do Trabalho por força da EC n. 45/2004, a "sistemática recursal a ser observada é a prevista na Consolidação das Leis do Trabalho, inclusive no tocante à nomenclatura, à alçada, aos prazos e às competências" (TST, IN n. 27/2005, art. 2º).

Por fim, os §§ 1º e 2º do art. 1º da IN n. 39/2016 do TST (*vide* ADI n. 5.516) autorizam a aplicação do CPC, subsidiária e supletivamente, aos recursos no processo do trabalho, desde que observado: *a)* em todo caso, o princípio da irrecorribilidade em separado das decisões interlocutórias, de conformidade com o art. 893, § 1º da CLT e Súmula 214 do TST; *b)* o prazo de 8 (oito) dias para interpor e contra-arrazoar todos os recursos trabalhistas, inclusive agravo interno e agravo regimental (art. 6º da Lei n. 5.584/70 e art. 893 da CLT), exceto embargos de declaração (CLT, art. 897-A).

7. PRESSUPOSTOS RECURSAIS GENÉRICOS

A admissibilidade dos recursos está condicionada à satisfação, pelo recorrente, de pressupostos (ou requisitos) previstos em lei para que o recurso interposto possa ser conhecido.

O não atendimento desses pressupostos recursais deságua na inadmissibilidade (ou não conhecimento) do recurso pelo mesmo órgão judicial prolator da decisão ou por outro órgão hierarquicamente superior. Vale dizer, a ausência de satisfação dos pressupostos de admissibilidade impede o exame do mérito do recurso pelo órgão competente para sua apreciação.

A doutrina classifica os pressupostos recursais em *subjetivos* (ou intrínsecos) e *objetivos* (ou extrínsecos).

Alerte-se que, além dos pressupostos genéricos, sobre os quais nos debruçaremos neste tópico, há outros pressupostos específicos comuns aos recursos de natureza extraordinária (ex.: recurso extraordinário, embargos no TST e recurso de revista), como o prequestionamento, a delimitação de matéria, a existência de divergência jurisprudencial etc. Retornaremos ao tema alusivo a pressupostos recursais específicos no próximo capítulo.

Estudaremos, agora, os pressupostos recursais genéricos, que podem ser subjetivos e objetivos.

7.1. Pressupostos subjetivos (ou intrínsecos)

Os pressupostos subjetivos ou intrínsecos dizem respeito aos atributos do recorrente, o que pode ser traduzido na seguinte indagação: quem pode recorrer? Os pressupostos subjetivos são classificados em legitimidade, capacidade e interesse.

a) Legitimidade

A legitimidade recursal é a habilitação outorgada por lei (CPC, art. 996) àquele que tenha participado, como parte, do processo em primeiro grau de jurisdição, ainda que revel.

Além das partes originárias da relação processual, têm legitimação para interpor recurso, na qualidade de terceiro prejudicado ou juridicamente interessado:

1) o sucessor ou herdeiro (CLT, arts. 10 e 448);

2) a empresa condenada solidária ou subsidiariamente (CLT, art. 2º, § 2º; TST, Súmula 331, IV);

3) o subempreiteiro, o empreiteiro principal ou o dono da obra (CLT, art. 455);

4) os sócios de fato nas sociedades não juridicamente constituídas, além das pessoas físicas e jurídicas por força de normas de direito civil, que se vinculem à parte que figurou na demanda (CCB, art. 265);

5) os litisconsortes (CPC, art. 118) e assistentes (simples ou litisconsorciais – arts. 121 e 124 do CPC);

6) o substituto processual (CF, art. 8º, III; CPC, art. 18; Lei n. 7.347/1985, art. 5º; CDC, arts. 81, 82, 91 e 92).

Também possui legitimidade *ad recursum* o Ministério Público do Trabalho, tanto nos processos em que figura como parte como naqueles em que oficia como *custos legis*, segundo o disposto no art. 83, VI, da Lei Complementar n. 75/93.

Se o assistente foi aceito pelo juízo *a quo* e atingido, solidária ou subsidiariamente, pela condenação, também possuirá legitimidade para recorrer. Mas, se aparece pela primeira vez no processo, interpondo recurso e alegando sua condição de assistente, é terceiro prejudicado, devendo, tão somente, comprovar o nexo de interdependência entre o interesse alegado e a relação jurídica (material) submetida à cognição judicial.

Nos termos da literalidade do art. 898 da CLT, têm legitimidade para recorrer das decisões proferidas em dissídio coletivo que afetem empresa de serviço público ou, em qualquer caso, das decisões proferidas em revisão, nos casos de dissídio coletivo, além das partes, o Presidente do Tribunal Regional do Trabalho e o Ministério Público do Trabalho[49].

49. Há fortes razões para se interpretar como não recepcionada pela CF/88 a parte do art. 898 da CLT que prevê a legitimidade recursal do Presidente do Tribunal para recorrer das decisões

b) Capacidade

Não basta a legitimidade. É preciso, também, que o recorrente, no momento da interposição do recurso, esteja plenamente capaz (CCB, arts. 3º, 4º e 5º). Trata-se da capacidade recursal.

Dessa forma, se o recorrente não se encontrar mentalmente apto à prática de atos da vida civil, então não terá capacidade para recorrer, devendo, neste caso, ser legalmente representado nos termos da Lei Civil, conforme a hipótese (CPC, arts. 71 e 72). Neste caso, o Relator deverá suspender o processo concedendo prazo razoável para sanear a incapacidade processual do recorrente ou do recorrido, observando-se o disposto no art. 76, §§ 1º e 2º, do CPC. No mesmo sentido é o item I do art. 3º da IN n. 39/2016 do TST.

c) Interesse

Se o recurso é um prolongamento do exercício do direito de ação ou do direito de defesa, então, o interesse recursal repousa no binômio utilidade-necessidade.

Vale dizer, o recurso deve ser necessário ao recorrente, como meio de obter a anulação ou reforma da decisão impugnada, ou seja, a necessidade justifica-se "porque só com a interposição do recurso a remoção do gravame será alcançada"[50].

Além disso, o recurso deve ser útil ao recorrente, pois, se o bem jurídico por ele perseguido for espontaneamente satisfeito pelo recorrido depois de proferida a decisão impugnada, não haverá utilidade do recurso. Ademais, a utilidade do recurso é aferível pela existência de gravame – prejuízo ou sucumbência – suportado pela parte ou pelo terceiro interveniente.

Há autores que, com base na literalidade do art. 996 do CPC ("parte vencida") advogam ser o interesse mero corolário da sucumbência.

Manoel Antonio Teixeira Filho refere que a simples sucumbência é insuficiente para explicitar o interesse recursal, pois este

> radica na situação desfavorável em que foi lançada a parte recorrente pelo pronunciamento jurisdicional, motivo por que as leis processuais lhe concedem a possibilidade de tentar elidir, mediante os meios recursórios, esse estado de desfavorabilidade[51].

Afigura-se-nos com razão o referido autor.

---

proferidas em dissídio coletivo que afetem empresa de serviço público ou, em qualquer caso, das proferidas nos dissídios coletivos de revisão. Com relação ao Ministério Público do Trabalho, já vimos que ele não atua mais como representante judicial da União, como se deduz do art. 129, IX, da Constituição Federal. Poderá o *Parquet*, no entanto, interpor o recurso em exame se entender presente interesse público que justifique a sua atuação. Sobre recursos interpostos pelo MPT, *vide* item 12.2 deste Capítulo.

50. BUENO, Cassio Scarpinella. *Curso sistematizado de direito processual civil*, cit., p. 44.

51. *Sistema...*, p. 121.

Com efeito, há casos em que, mesmo obtendo sentença de mérito favorável, a parte possui interesse em recorrer, como se dá, por exemplo, na hipótese em que a Vara do Trabalho, rejeitando o pedido contraposto de compensação formulado em contestação (CLT, art. 767), julga improcedente o pedido formulado pelo autor.

Ora, nesse caso, há lídimo interesse do réu em interpor recurso ordinário para que o tribunal aprecie e julgue aquele pedido contraposto. E nem se argumente que os §§ 1º e 2º do art. 1.013 do CPC (§§ 1º e 2º do art. 515 do CPC/73) tornariam desnecessário o recurso ordinário, uma vez que o efeito devolutivo – em extensão e profundidade – alcança apenas os capítulos impugnados da sentença pelo recurso ordinário (TST, Súmula 393, I).

7.2. Pressupostos objetivos (ou extrínsecos)

Os pressupostos objetivos são os que se relacionam aos aspectos extrínsecos dos recursos. São eles: a recorribilidade do ato, a adequação, a tempestividade, a representação, o preparo e a inexistência de fato extintivo ou impeditivo do direito de recorrer.

7.2.1. Cabimento

O primeiro pressuposto objetivo digno de consideração é o do cabimento do recurso. Vale dizer, é necessário verificar se o ato judicial atacado é recorrível, pois o recurso somente poderá ser admitido, se inexistir, no ordenamento jurídico, óbice ao exercício do direito de recorrer.

Com efeito, há alguns pronunciamentos judiciais que não são passíveis de ataque por via recursal, como, *v.g.*, as sentenças proferidas nas causas de alçada, salvo se o recurso versar matéria constitucional (Lei n. 5.584/70, art. 2º, § 4º), os despachos de mero expediente (CPC, art. 1.001) e, salvo situações excepcionais, as decisões interlocutórias (CLT, art. 893, § 1º, e Súmula 214 do TST).

Destarte, verificando o órgão julgador a existência de veto legal ao exercício da pretensão recursal, não poderá admitir (juízo de admissibilidade *a quo*) ou não conhecer do recurso (juízo de admissibilidade *ad quem*), por não ser recurso cabível na espécie, uma vez que o pronunciamento judicial atacado é irrecorrível.

7.2.2. Adequação

Não basta que o ato judicial atacado seja recorrível. É imprescindível que o recurso utilizado esteja em conformidade com a lei que estabelece determinados regramentos para possibilitar a impugnação da decisão judicial. É dizer, existe um recurso adequado e próprio para atacar o ato judicial passível de impugnação recursal.

Assim, da sentença proferida pela Vara do Trabalho cabe recurso ordinário; do ato judicial que denega seguimento a recurso cabe agravo de instrumento; da sentença que não se pronuncia sobre matéria suscitada pela parte cabem embargos de declaração etc.

A má adequação do recurso, entretanto, não pode prejudicar o recorrente, máxime no processo do trabalho, em que se admite o *jus postulandi* dos empregados e empregadores (CLT, art. 791) na instância ordinária (TST, Súmula 425).

Já falamos alhures sobre a possibilidade de o órgão julgador conhecer, em decorrência da aplicação do princípio da fungibilidade (ou conversibilidade), de um recurso inadequadamente interposto por outro previsto em lei, salvo no caso de comprovada má-fé do recorrente ou erro grosseiro (TST/OJ SBDI-2 n. 152).

Sustentamos, doutra parte, não ser razoável a aplicação do princípio da fungibilidade quando o recorrente for o Ministério Público do Trabalho, uma vez que sua atuação (seja como fiscal da ordem jurídica, seja como órgão agente) dar-se-á sempre em defesa do ordenamento jurídico. Logo, afigura-se-nos que a Instituição Ministerial, por decorrência lógica de sua atuação e da notória especialização de seus órgãos, tem o dever de utilizar o recurso adequado. A questão, porém, não é pacífica.

7.2.3. Tempestividade

O direito de recorrer deve ser exercitado no prazo legalmente fixado, razão pela qual os prazos para a interposição de recursos são peremptórios, ou seja, não podem as partes, por convenção, prorrogá-los ou alterá-los (CPC, art. 223), embora a parte possa renunciar ao direito de recorrer (CPC, art. 999).

Decorrido o prazo para a interposição do recurso, ocorre a preclusão temporal do direito de recorrer.

Os prazos fixados para os recursos previstos na CLT são de oito dias (Lei n. 5.584/70, art. 6º; TST/IN n. 39/2016, art. 1º, § 2º), salvo no caso dos embargos de declaração (cinco dias), contados da data da intimação da sentença ou do acórdão.

Quando a sentença é prolatada em audiência, conta-se o prazo para o recurso da data da sua leitura, com as partes presentes. Assim, a juntada da ata que contém aquela decisão deve ser feita em 48 horas. Se não juntada a ata em 48 horas, as partes deverão ser intimadas, via postal, da decisão. É o que deflui dos arts. 851, § 2º, e 852 da CLT, bem como das Súmulas 30 e 197 do TST.

No caso de feriado local, dispõe a Súmula 385 do TST:

> I – Incumbe à parte o ônus de provar, quando da interposição do recurso, a existência de feriado local que autorize a prorrogação do prazo recursal.
>
> II – Na hipótese de feriado forense, incumbirá à autoridade que proferir a decisão de admissibilidade certificar o expediente nos autos.
>
> III – Na hipótese do inciso II, admite-se a reconsideração da análise da tempestividade do recurso, mediante prova documental superveniente, em Agravo Regimental, Agravo de Instrumento ou Embargos de Declaração.

Para os *litisconsortes com diferentes procuradores* o prazo de recurso deveria ser contado em dobro, a teor do art. 229 do CPC, c/c o art. 769 da CLT. Entretanto, esse não é o entendimento adotado pela OJ n. 310 da SBDI-1 do TST:

> LITISCONSORTES. PROCURADORES DISTINTOS. PRAZO EM DOBRO. ART. 229, *CAPUT* E §§ 1º E 2º, DO CPC DE 2015. ART. 191 DO CPC DE 1973. INAPLICÁVEL AO PROCESSO DO TRABALHO (atualizada em decorrência do CPC de 2015; Res. n. 208/2016, *DEJT* divulgado em 22, 25 e 26-4-2016). Inaplicável ao processo do trabalho a norma contida no art. 229, *caput* e §§ 1º e 2º, do CPC de 2015 (art. 191 do CPC de 1973), em razão de incompatibilidade com a celeridade que lhe é inerente.

É, contudo, computado *em dobro o prazo* para recurso das *pessoas jurídicas de direito público* (DL n. 779/69), isto é, União, Estados, Distrito Federal e Municípios, bem como as suas respectivas autarquias e fundações públicas. Tal prerrogativa processual não é estendida às empresas públicas e sociedades de economia mista (CF, art. 173, § 1º), por serem pessoas jurídicas de direito privado, embora integrantes da administração pública indireta (DL n. 200/67).

Vale salientar que o recurso interposto antes do começo do prazo recursal era considerado extemporâneo; consequentemente, seria denegado o seu prosseguimento pelo juízo *a quo* ou o juízo *ad quem* dele não conheceria. Nesse sentido era a Súmula 434 do TST:

> RECURSO. INTERPOSIÇÃO ANTES DA PUBLICAÇÃO DO ACÓRDÃO IMPUGNADO. EXTEMPORANEIDADE. I – É extemporâneo recurso interposto antes de publicado o acórdão impugnado. II – A interrupção do prazo recursal em razão da interposição de embargos de declaração pela parte adversa não acarreta qualquer prejuízo àquele que apresentou seu recurso tempestivamente.

Essa súmula foi cancelada pelo TST pela Res. n. 198/2015 (editada na *vacatio legis* do CPC/2015), provavelmente porque os ministros já tinham ciência do disposto no § 4º do art. 218 do CPC/2015, *in verbis*: "Será considerado tempestivo o ato praticado antes do termo inicial do prazo".

O art. 219 do CPC dispõe que na "contagem de prazo em dias, estabelecido por lei ou pelo juiz, computar-se-ão somente os dias úteis". Essa regra não era aplicável ao processo do trabalho, uma vez que o art. 775 da CLT dispunha expressamente que os prazos processuais "contam-se com exclusão do dia do começo e inclusão do dia do vencimento, e são contínuos e irreleváveis, podendo, entretanto, ser prorrogados pelo tempo estritamente necessário pelo juiz ou tribunal, ou em virtude de força maior, devidamente comprovada".

Ocorre que a Lei n. 13.467/2017 alterou o art. 775 da CLT, que passou a ter a seguinte redação: "Os prazos estabelecidos neste Título **serão contados em dias úteis**, com exclusão do dia do começo e inclusão do dia do vencimento". (grifos nossos).

Sobre prazo, inclusive para fins de recurso, recomendamos a leitura do Capítulo VIII, item 3, e das Súmulas 1, 16, 30, 197, 385 e 387 do Tribunal Superior do Trabalho.

7.2.3.1. Recesso forense

Tema que vem suscitando cizânia doutrinária e jurisprudencial é o que diz respeito à fluência do prazo recursal durante o *recesso de fim de ano* no Judiciário Trabalhista, que se dá no período de 20 de dezembro a 6 de janeiro.

Para nós, o recesso forense é, *de lege lata*, feriado, a teor do que dispõe o art. 62 da Lei n. 5.016/66. Mas a questão não é pacífica.

Impende salientar que, por força do art. 183 do Regimento Interno do TST:

> Art. 183. A contagem dos prazos no Tribunal será feita segundo as normas estabelecidas nas leis processuais, aplicáveis ao processo do trabalho, ainda que se trate de procedimento administrativo.
>
> § 1º O recesso forense e as férias coletivas dos Ministros suspendem os prazos recursais.
>
> § 2º Nos casos deste artigo, os prazos começam ou continuam a fluir no dia de reabertura do expediente forense.

Sabe-se, porém, que a EC n. 45/2004 instituiu o princípio da razoabilidade da duração do processo (CF, art. 5º, LXXVIII), além de determinar, no art. 93, que Lei Complementar, que instituirá o Estatuto Nacional da Magistratura, deverá observar os princípios: *a) da atividade jurisdicional ininterrupta*, sendo vedadas férias coletivas nos juízos e tribunais de segundo grau, funcionando, nos dias em que não houver expediente forense normal, juízes em plantão permanente (CF, art. 93, XII); *b) da distribuição imediata de processos*, em todos os graus de jurisdição (CF, art. 93, XV).

Com todos esses princípios instituídos pela EC n. 45/2004, será que o recesso forense continuará existindo na Justiça do Trabalho?

A resposta, ao que nos parece, encontra-se no item II da Súmula 262 do TST, *in verbis*:

> PRAZO JUDICIAL. NOTIFICAÇÃO OU INTIMAÇÃO EM SÁBADO. RECESSO FORENSE. I – Intimada ou notificada a parte no sábado, o início do prazo se dará no primeiro dia útil imediato e a contagem, no subsequente. II – O recesso forense e as férias coletivas dos Ministros do Tribunal Superior do Trabalho suspendem os prazos recursais.

Vale dizer, segundo o entendimento sumulado do TST, mesmo após a EC n. 45/2004, continuarão existindo na Justiça do Trabalho: *a)* o *recesso forense*, no âmbito dos TRTs e Varas do Trabalho; e *b)* as *férias coletivas*, no âmbito do TST. Em ambos os casos, haverá suspensão dos prazos recursais.

Ocorre que o art. 220 do CPC dispõe, *in verbis*:

> Art. 220. Suspende-se o curso do prazo processual nos dias compreendidos entre 20 de dezembro e 20 de janeiro, inclusive.
>
> § 1º Ressalvadas as férias individuais e os feriados instituídos por lei, os juízes, os membros do Ministério Público, da Defensoria Pública e da Advocacia Pública e os auxiliares da Justiça exercerão suas atribuições durante o período previsto no *caput*.
>
> § 2º Durante a suspensão do prazo, não se realizarão audiências nem sessões de julgamento.

Sobreveio a Lei n. 13.545, de 19-12-2017, que, reproduzindo integralmente o art. 220 do CPC, inseriu o art. 775-A à CLT, *in verbis*:

> Art. 775-A. Suspende-se o curso do prazo processual nos dias compreendidos entre 20 de dezembro e 20 de janeiro, inclusive.
>
> § 1º Ressalvadas as férias individuais e os feriados instituídos por lei, os juízes, os membros do Ministério Público, da Defensoria Pública e da Advocacia Pública e os auxiliares da Justiça exercerão suas atribuições durante o período previsto no *caput* deste artigo.
>
> § 2º Durante a suspensão do prazo, não se realizarão audiências nem sessões de julgamento.

7.2.4. Regularidade de representação

Como é sabido, o processo do trabalho admite que o *jus postulandi* possa ser exercido pelas próprias partes (CLT, art. 791), sendo, porém, facultado a estas a possibilidade de constituírem advogados.

De plano, contudo, é importante lembrar que o TST editou a Súmula 425, *in verbis*:

> O *jus postulandi* das partes, estabelecido no art. 791 da CLT, limita-se às Varas do Trabalho e aos Tribunais Regionais do Trabalho, não alcançando a ação rescisória, a ação cautelar, o mandado de segurança e os *recursos de competência do Tribunal Superior do Trabalho* (grifos nossos).

A par da duvidosa constitucionalidade da referida Súmula, uma vez que adota interpretação contra literal disposição do art. 791 da CLT e invade área reservada à competência privativa do Congresso Nacional (CF, art. 22, I), parece-nos que há um equívoco, *data venia*, na parte final da Súmula 425, uma vez que "os recursos de competência do TST" podem ter natureza ordinária ou extraordinária. Noutro falar, a capacitação técnica exigida pelo TST para interposição de recurso só se justificaria na hipótese de recurso de natureza extraordinária, como o recurso de revista (CLT, art. 896) e o recurso de embargos (CLT, art. 894), bem como os agravos (regimentais ou de instrumento) ou embargos de declaração relacionados a tais recursos.

Ocorre que o TST também processa e julga recursos de natureza ordinária, como o recurso ordinário interposto das decisões proferidas pelos Tribunais Regionais do Trabalho, em processos de sua competência originária, quer nos dissídios individuais, quer nos dissídios coletivos (CLT, art. 895, II), valendo lembrar que nos "dissídios coletivos é facultado aos interessados a assistência por advogado" (CLT, art. 791, § 2º). Logo, sugere-se, *venia permissa*, a retificação da parte final da Súmula 425 do TST, no sentido de não se admitir o *jus postulandi* das partes nos "recursos de natureza extraordinária de competência do TST".

No cotidiano forense trabalhista, como é notório, são raros os processos em que a parte atua pessoalmente. Geralmente, são patrocinadas por advogados particulares ou por advogados constituídos por sindicatos.

Assim, se a parte estiver assistida por advogado, este deverá estar devidamente constituído nos autos, mediante instrumento de mandato (procuração), não se exigindo o reconhecimento de firma nem do constituinte depois do advento da Lei n. 8.906/94, nem do substabelecente (TST/SBDI-1 OJ n. 75).

A jurisprudência vem admitindo o mandato tácito e a procuração *apud acta*, conforme já vimos no Capítulo X, item 6.3.1.

Com efeito, dispõe a OJ n. 286 da SBDI-1 do TST:

> AGRAVO DE INSTRUMENTO. TRASLADO. MANDATO TÁCITO. ATA DE AUDIÊNCIA. CONFIGURAÇÃO. I – A juntada da ata de audiência, em que consignada a presença do advogado, desde que não estivesse atuando com mandato expresso, torna dispensável a procuração deste, porque demonstrada a existência de mandato tácito. II – Configurada a existência de mandato tácito fica suprida a irregularidade detectada no mandato expresso.

O TST (OJ n. 200 da SBDI-1) considera inválido o substabelecimento de advogado investido de mandato tácito.

Quanto à verificação da ausência de poderes específicos contidos na procuração, para fins de exame da irregularidade de representação, a SBDI-2/TST adotou a OJ n. 151:

> AÇÃO RESCISÓRIA E MANDADO DE SEGURANÇA. IRREGULARIDADE DE REPRESENTAÇÃO PROCESSUAL VERIFICADA NA FASE RECURSAL. PROCURAÇÃO OUTORGADA COM PODERES ESPECÍFICOS PARA AJUIZAMENTO DE RECLAMAÇÃO TRABALHISTA. VÍCIO PROCESSUAL INSANÁVEL (*DJe* divulgado em 3, 4 e 5-12-2008). A procuração outorgada com poderes específicos para ajuizamento de reclamação trabalhista não autoriza a propositura de ação rescisória e mandado de

segurança, bem como não se admite sua regularização quando verificado o defeito de representação processual na fase recursal, nos termos da Súmula 383, II, do TST.

O art. 105 do CPC, aplicável ao processo do trabalho quando a parte é representada por advogado, dispõe que:

> Art. 105. A procuração geral para o foro, outorgada por instrumento público ou particular assinado pela parte, habilita o advogado a praticar todos os atos do processo, exceto receber citação, confessar, reconhecer a procedência do pedido, transigir, desistir, renunciar ao direito sobre o qual se funda a ação, receber, dar quitação, firmar compromisso e assinar declaração de hipossuficiência econômica, que devem constar de cláusula específica.
>
> § 1º A procuração pode ser assinada digitalmente, na forma da lei.
>
> § 2º A procuração deverá conter o nome do advogado, seu número de inscrição na Ordem dos Advogados do Brasil e endereço completo.
>
> § 3º Se o outorgado integrar sociedade de advogados, a procuração também deverá conter o nome dessa, seu número de registro na Ordem dos Advogados do Brasil e endereço completo.
>
> § 4º Salvo disposição expressa em sentido contrário constante do próprio instrumento, a procuração outorgada na fase de conhecimento é eficaz para todas as fases do processo, inclusive para o cumprimento de sentença.

No que tange à representação da União por assistente jurídico, a SBDI-1 Transitória editou a OJ n. 65:

> REPRESENTAÇÃO JUDICIAL DA UNIÃO. ASSISTENTE JURÍDICO. APRESENTAÇÃO DO ATO DE DESIGNAÇÃO (*DJe* divulgado em 3, 4 e 5-12-2008). A ausência de juntada aos autos de documento que comprove a designação do assistente jurídico como representante judicial da União (art. 69 da Lei Complementar n. 73, de 10-2-1993) importa irregularidade de representação.

Quanto à representação processual das pessoas jurídicas de direito público em geral, a Súmula 436 do TST estabelece os seguintes critérios:

> I – A União, Estados, Municípios e Distrito Federal, suas autarquias e fundações públicas, quando representadas em juízo, ativa e passivamente, por seus procuradores, estão dispensadas da juntada de instrumento de mandato e de comprovação do ato de nomeação.
>
> II – Para os efeitos do item anterior, é essencial que o signatário ao menos declare-se exercente do cargo de procurador, não bastando a indicação do número de inscrição na Ordem dos Advogados do Brasil.

A verificação da regularidade de representação como pressuposto de admissibilidade recursal deveria ser feita no momento da interposição do recurso, sendo inválida a juntada do instrumento do mandato na instância recursal. Nesse sentido dispunha a Súmula 383 do TST.

Ocorre que o art. 3º, I, da IN n. 39/2016 do TST, sem embargo de sua suspeitável inconstitucionalidade (STF-ADI n. 5.516), dispõe ser aplicável ao processo do trabalho, em face de omissão e compatibilidade, o art. 76, §§ 1º e 2º, do CPC (saneamento de incapacidade processual ou de irregularidade de representação.

Nessa ordem, verificada a irregularidade de representação do recorrente ou do recorrido, o relator suspenderá o processo e designará prazo razoável para que seja sanado o vício. Descumprida a determinação em fase recursal perante TRT ou TST, o relator:

> I – não conhecerá do recurso, se a providência couber ao recorrente;
>
> II – determinará o desentranhamento das contrarrazões, se a providência couber ao recorrido.

Além disso, o TST resolveu alterar a redação da Súmula 383 – a nosso ver, de modo ilegal, já que o fez por meio de ato administrativo (Resolução n. 203, de 15-3-2016) instituidor da Instrução Normativa n. 39/2016, e não por meio de recursos judiciais, incidentes processuais ou precedentes judiciais –, que passou a ter a seguinte redação:

> SÚMULA 383. RECURSO. MANDATO. IRREGULARIDADE DE REPRESENTAÇÃO. CPC DE 2015, ARTS. 104 E 76, § 2º (nova redação em decorrência do CPC de 2015; Res. n. 210/2016, *DEJT* divulgado em 30-6-2016, 1º e 4-7-2016). I – É inadmissível recurso firmado por advogado sem procuração juntada aos autos até o momento da sua interposição, salvo mandato tácito. Em caráter excepcional (art. 104 do CPC de 2015), admite-se que o advogado, independentemente de intimação, exiba a procuração no prazo de 5 (cinco) dias após a interposição do recurso, prorrogável por igual período mediante despacho do juiz. Caso não a exiba, considera-se ineficaz o ato praticado e não se conhece do recurso. II – Verificada a irregularidade de representação da parte em fase recursal, em procuração ou substabelecimento já constante dos autos, o relator ou o órgão competente para julgamento do recurso designará prazo de 5 (cinco) dias para que seja sanado o vício. Descumprida a determinação, o relator não conhecerá do recurso, se a providência couber ao recorrente, ou determinará o desentranhamento das contrarrazões, se a providência couber ao recorrido (art. 76, § 2º, do CPC de 2015).

Não há obrigatoriedade de indicação da data do substabelecimento para fins de regularidade de representação, como se infere da OJ n. 371 da SBDI-1/TST (atualizada em decorrência do CPC de 2015):

Não caracteriza a irregularidade de representação a ausência da data da outorga de poderes, pois, no mandato judicial, ao contrário do mandato civil, não é condição de validade do negócio jurídico. Assim, a data a ser considerada é aquela em que o instrumento for juntado aos autos, conforme preceitua o art. 409, IV, do CPC de 2015 (art. 370, IV, do CPC de 1973). Inaplicável o art. 654, § 1º, do Código Civil.

Quanto à regularidade de representação na procuração juntada em agravo de instrumento que contenha cláusula limitativa dos poderes do advogado ao âmbito de determinado TRT, a OJ n. 374 da SBDI-1/TST considera "regular a representação processual do subscritor do agravo de instrumento ou do recurso de revista que detém mandato com poderes de representação limitados ao âmbito do TRT, pois, embora a apreciação desse recurso seja realizada pelo TST, a sua interposição é ato praticado perante o TRT, circunstância que legitima a atuação do advogado no feito".

Os tribunais não vinham admitindo recurso apócrifo, pois exigiam a assinatura do advogado na peça recursal ou nas razões recursais, sob pena de o recurso ser considerado inexistente, como se infere do seguinte julgado:

> RECURSO APÓCRIFO – NÃO ADMISSIBILIDADE. Conforme a inteligência dos arts. 159 e 169 do CPC, em conjunto com os arts. 769 e 840, § 1º, da CLT, a assinatura é requisito essencial e formal à validade das petições, atos e termos do processo, tendo como escopo apontar a sua autoria, assegurar a sua inalterabilidade e sobretudo a segurança jurídica. Portanto, deve ser considerado apócrifo o apelo que apresenta assinatura xerocada nas razões do recurso, enquanto na petição de encaminhamento apresenta assinatura distinta daquela firmada pelo procurador da recorrente em todas as suas manifestações nos autos, o que acarreta a sua não admissibilidade, nos termos do entendimento consolidado na OJ n. 120 da SDI-1 do colendo TST (TRT 3ª R., RO 898/2008-082-03-00.6, 2ª T., Rel. Juiz conv. João Bosco Pinto Lara, *DEJT* 20-4-2010).

Todavia, o TST, em decorrência do CPC, alterou a OJ n. 120 da SBDI-1, que passou a ter a seguinte redação:

> RECURSO. ASSINATURA DA PETIÇÃO OU DAS RAZÕES RECURSAIS. ART. 932, PARÁGRAFO ÚNICO, DO CPC DE 2015 (alterada em decorrência do CPC de 2015, Res. n. 212/2016, *DEJT* divulgado em 20, 21 e 22-9-2016). I – Verificada a total ausência de assinatura no recurso, o juiz ou o relator concederá prazo de 5 (cinco) dias para que seja sanado o vício. Descumprida a determinação, o recurso será reputado inadmissível (art. 932, parágrafo único, do CPC de 2015). II – É válido o recurso assinado, ao menos, na petição de apresentação ou nas razões recursais.

No processo judicial eletrônico –PJe, para praticar qualquer ato processual, inclusive recorrer, o advogado vai precisar de um certificado digital, ferramenta que exerce a função da assinatura pessoal em ambientes virtuais.

A respeito das condições de validade do mandato e do substabelecimento, o TST editou a Súmula 395 (alterada pela Res. n. 211/2016), segundo a qual:

> I – Válido é o instrumento de mandato com prazo determinado que contém cláusula estabelecendo a prevalência dos poderes para atuar até o final da demanda (§ 4º do art. 105 do CPC de 2015). II – Se há previsão, no instrumento de mandato, de prazo para sua juntada, o mandato só tem validade se anexado ao processo o respectivo instrumento no aludido prazo. III – São válidos os atos praticados pelo substabelecido, ainda que não haja, no mandato, poderes expressos para substabelecer (art. 667, e parágrafos, do Código Civil de 2002). IV – Configura-se a irregularidade de representação se o substabelecimento é anterior à outorga passada ao substabelecente. V – Verificada a irregularidade de representação nas hipóteses dos itens II e IV, deve o juiz suspender o processo e designar prazo razoável para que seja sanado o vício, ainda que em instância recursal (art. 76 do CPC de 2015).

Concernentemente à regularidade de representação em sede de agravo de instrumento, a OJ n. 110 da SBDI-1/TST dispunha que a "existência de instrumento de mandato apenas nos autos de agravo de instrumento, ainda que em apenso, não legitima a atuação de advogado nos processos de que se originou o agravo". Este verbete, *data venia*, não encontrava fundamentação legal, além de padecer de falta de razoabilidade. Afinal, se o TST admite até o mandato tácito, forçoso é reconhecer que um mandato expresso no agravo de instrumento gera a presunção de que o outorgante conferiu poderes para o outorgado atuar em juízo em qualquer processo que tenha relação de pertinência com o objeto do agravo. Felizmente, a referida OJ n. 110 foi cancelada pela Resolução n. TST 212/2016.

Nos termos da OJ n. 318 da SBDI-1/TST, os "Estados e os Municípios não têm legitimidade para recorrer em nome das autarquias detentoras de personalidade jurídica própria, devendo ser representadas pelos procuradores que fazem parte de seus quadros ou por advogados constituídos".

Outro tema importante e até corriqueiro na prática forense laboral é o que diz respeito à atuação do estagiário de Direito que, no curso do processo, obtém a habilitação profissional perante a OAB. Neste caso, de acordo com a OJ n. 319 da SBDI-1/TST: "Válidos são os atos praticados por estagiário se, entre o substabelecimento e a interposição do recurso, sobreveio a habilitação, do então estagiário, para atuar como advogado".

Alerte-se que a EC n. 45/2004 ampliou a competência da Justiça do Trabalho para novas demandas diversas das oriundas da relação de emprego, de modo que, a nosso ver, em se tratando de demandas em que não sejam partes empregado e empregador, não há lugar para o *jus postulandi*. Dito de outro modo, a faculdade de postular pessoalmente, inclusive para interpor recursos, na Justiça do Trabalho é atribuída exclusivamente ao empregado (por extensão ao trabalhador avulso) e ao empregador (por extensão ao tomador do serviço prestado pelo trabalhador avulso), razão pela qual os recursos interpostos pelos demais trabalhadores ou tomadores de serviços deverão ser subscritos por advogados, sob pena de irregularidade de representação. Em sentido contrário, lembramos o Enunciado n. 67 da I Jornada de Direito Material e Processual do Trabalho (Brasília-DF, 2007), segundo o qual a "faculdade de as partes reclamarem, pessoalmente, seus direitos perante a Justiça do Trabalho e de acompanharem suas reclamações até o final, contida no art. 791 da CLT, deve ser aplicada às lides decorrentes da relação de trabalho".

No que diz respeito à regularidade de representação da pessoa jurídica de direito privado, recentemente, o TST resolveu, invocando o CPC, dar nova redação à Súmula 456, *in verbis*:

> I – É inválido o instrumento de mandato firmado em nome de pessoa jurídica que não contenha, pelo menos, o nome do outorgante e do signatário da procuração, pois estes dados constituem elementos que os individualizam. II – Verificada a irregularidade de representação da parte na instância originária, o juiz designará prazo de 5 (cinco) dias para que seja sanado o vício. Descumprida a determinação, extinguirá o processo, sem resolução de mérito, se a providência couber ao reclamante, ou considerará revel o reclamado, se a providência lhe couber (art. 76, § 1º, do CPC de 2015). III – Caso a irregularidade de representação da parte seja constatada em fase recursal, o relator designará prazo de 5 (cinco) dias para que seja sanado o vício. Descumprida a determinação, o relator não conhecerá do recurso, se a providência couber ao recorrente, ou determinará o desentranhamento das contrarrazões, se a providência couber ao recorrido (art. 76, § 2º, do CPC de 2015).

7.2.5. Preparo

Diferentemente do processo civil, que exige apenas o pagamento das custas para fins recursais, no processo do trabalho há, em alguns casos, exigência não só do recolhimento das custas, como também do depósito recursal (ou depósito prévio pecuniário).

7.2.5.1. Custas

As custas, como já vimos no Capítulo XVIII, item 1.1, são espécie do gênero tributo (CF, art. 145, II), isto é, são taxas devidas ao Estado como contraprestação do serviço público de natureza jurisdicional. Destarte, se a prestação jurisdicional é um serviço público *lato sensu*, então pode o Estado instituir taxa para pagamento do serviço utilizado pelo jurisdicionado (usuário). Aliás, dispõe o art. 24, IV, da CF que "compete à União, aos Estados e ao Distrito Federal legislar concorrentemente sobre (...) IV – custas dos serviços forenses", deixando clara, a nosso sentir, a sua natureza de taxa.

A própria OJ n. 74 da SBDI-1/TST (transitória), ao reconhecer a validade da isenção tributária conferida por lei a uma instituição hospitalar, ratificou a natureza de taxa das custas processuais, isto é, uma espécie do gênero tributo, nos seguintes termos: "A isenção tributária concedida pelo art. 15 da Lei n. 5.604, de 2-9-1970, ao Hospital de Clínicas de Porto Alegre compreende as custas processuais, por serem estas espécie do gênero tributo".

Como a Justiça do Trabalho integra o Poder Judiciário Federal, as custas no processo trabalhista devem ser fixadas por lei federal. Nessa linha, o art. 790 da CLT, com redação dada pela Lei n. 10.537/2002, dispõe:

> Nas Varas do Trabalho, nos Juízos de Direito, nos Tribunais e no Tribunal Superior do Trabalho, a forma de pagamento das custas e emolumentos obedecerá às instruções que serão expedidas pelo Tribunal Superior do Trabalho.

Advirta-se, desde logo, que no processo (ou fase) de execução as custas são pagas ao final, razão pela qual não constituem pressuposto de admissibilidade de recursos interpostos contra decisões proferidas nessa fase processual (CLT, art. 789-A).

Para fins de *interposição de recursos no processo de conhecimento,* o art. 789 da CLT (com redação dada pela Lei n. 10.537, de 27-8-2002) dispõe que nos "dissídios individuais e nos dissídios coletivos do trabalho, nas ações e procedimentos de competência da Justiça do Trabalho, bem como nas demandas propostas perante a Justiça Estadual, no exercício da jurisdição trabalhista, as custas relativas ao processo de conhecimento incidirão à base de 2% (dois por cento), observado o mínimo de R$ 10,64 (dez reais e sessenta e quatro centavos)".

O cálculo das custas, no processo de cognição, deverá observar as seguintes regras:

> I – quando houver acordo ou condenação, sobre o respectivo valor;
>
> II – quando houver extinção do processo, sem julgamento do mérito, ou julgado totalmente improcedente o pedido, sobre o valor da causa;
>
> III – no caso de procedência do pedido formulado em ação declaratória e em ação constitutiva, sobre o valor da causa;
>
> IV – quando o valor for indeterminado, sobre o que o juiz fixar.

No caso de interposição de recurso no processo (fase) de conhecimento, portanto, as custas serão pagas e comprovado o respectivo recolhimento dentro do prazo recursal. Não sendo líquida a condenação, deverá o juízo arbitrar um valor para fins de fixação do montante das custas processuais (CLT, art. 789, IV).

A sentença deve sempre mencionar "as custas que devem ser pagas pela parte vencida" (CLT, art. 832, § 2º).

Se a sentença for omissa sobre custas, deverá a parte interpor embargos de declaração, ficando, pois, interrompido o prazo respectivo para o recurso e, consequentemente, para o pagamento das custas. Neste caso, o prazo para o pagamento das custas recomeçará a correr a partir da intimação da sentença (dos embargos declaratórios) que fixar o valor das custas (TST, Súmula 53).

A norma que exige o pagamento das custas como pressuposto recursal (CLT, art. 789, § 1º) há de ser interpretada restritivamente, razão pela qual as demais despesas processuais, como honorários periciais, honorários advocatícios e emolumentos processuais, não constituem pressupostos de admissibilidade dos recursos trabalhistas.

Todas as observações acima, em linhas gerais, não foram alteradas pela EC n. 45/2004, como se depreende do art. 3º da IN TST n. 27/2005:

> Art. 3º Aplicam-se quanto às custas as disposições da Consolidação das Leis do Trabalho.
>
> § 1º As custas serão pagas pelo vencido, após o trânsito em julgado da decisão.
>
> § 2º Na hipótese de interposição de recurso, as custas deverão ser pagas e comprovado seu recolhimento no prazo recursal (arts. 789, 789-A, 790 e 790-A da CLT).

Cumpre advertir, porém, que, em se tratando de ações oriundas de relações de trabalho e da relação de emprego (CLT, art. 791-A, § 3º), deverá o juiz observar, na sentença, o princípio da sucumbência recíproca, consagrado no art. 86 do CPC:

> Art. 86. Se cada litigante for, em parte, vencedor e vencido, serão proporcionalmente distribuídas entre eles as despesas.
>
> Parágrafo único. Se um litigante sucumbir em parte mínima do pedido, o outro responderá, por inteiro, pelas despesas e pelos honorários.

Já vimos (Capítulo XVIII, item 1) que as custas também são espécies de despesas processuais. Logo, podemos concluir que, se autor e réu, não sendo empregado e empregador (ou, por extensão, trabalhador avulso e tomador do seu serviço), tiverem seus pedidos acolhidos parcialmente, ambos deverão recolher as custas, de modo proporcional, como pressuposto de admissibilidade do recurso correspondente. É o que se extrai da dicção do § 3º do art. 3º da IN TST n. 27/2005, *in verbis*:

> Salvo nas lides decorrentes da relação de emprego[52], é aplicável o princípio da sucumbência recíproca, relativamente às custas.

Como decorrência da autorização legislativa contida no art. 790 da CLT, o TST, em sua composição Plena, foi editado o Ato Conjunto n. 21/2010 TST.CSJT.GP.SG, divulgado no *Diário Eletrônico da Justiça do Trabalho* de 9 de dezembro de 2010, instituindo um novo sistema de recolhimento de custas e emolumentos no âmbito da Justiça do Trabalho.

52. *Vide* § 3º do art. 791-A da CLT, incluído pela Lei n. 13.467/2017.

Nos termos do referido Ato, que entrou em vigor a partir de 1º de janeiro de 2011, o *pagamento das custas e emolumentos* no âmbito da Justiça do Trabalho *deverá ser realizado exclusivamente mediante Guia de Recolhimento da União* – GRU Judicial.

Embora o Ato Conjunto em questão (art. 4º) não revogue expressamente a IN/TST n. 20/2002, cremos que houve sua tácita revogação, por manifesta incompatibilidade entre estas duas espécies normativas. Logo, havendo antinomia entre atos normativos de idêntica hierarquia, por versarem sobre idêntica matéria, deve prevalecer o critério da prevalência da norma posterior, que revoga a norma anterior.

Segundo informações colhidas no *site* do TST (<www.tst.jus.br>), "a migração da arrecadação de custas e emolumentos de DARF para GRU proporcionará aos Tribunais Regionais do Trabalho um melhor acompanhamento e controle, uma vez que, com o uso da GRU, será possível verificar cada recolhimento efetuado individualmente, por meio de consulta ao SIAFI, e obter informações sobre Unidade Gestora, contribuinte, valor pago e código de recolhimento".

Noutro falar, a partir de 1º de janeiro de 2011, o não recolhimento das custas por meio da GRU Judicial, como prevê o Ato Conjunto n. 21/2010-TST.CSJT.GP.SG, implica deserção do recurso. Nesse sentido:

> AGRAVO DE INSTRUMENTO. RECURSO DE REVISTA. CUSTAS. GUIA GRU. DARF. Não merece processamento o recurso de revista interposto pela reclamada, por deserção, uma vez que o recolhimento das custas processuais, que é ônus exclusivo da parte recorrente, não atendeu aos comandos do Ato Conjunto TST/CSJT n. 21, de 7-12-2010, que estabeleceu que a partir de 1º-1-2011, o pagamento das custas e emolumentos no âmbito da Justiça do Trabalho deverá ser realizado, exclusivamente, mediante Guia de recolhimento da União – GRU Judicial. Agravo de Instrumento não provido (TST-AIRR 3621-05.2010.5.18.0171, j. 14-12-2011, Rel. Juiz Conv. Sebastião Geraldo de Oliveira, 8ª T., *DEJT* 19-12-2011).

Há, contudo, controvérsias no que tange ao fato de o preenchimento incorreto da GRU levar à deserção do recurso como se infere dos seguintes julgados:

> RECURSO DE REVISTA. DESERÇÃO DO RECURSO ORDINÁRIO. CUSTAS. PREENCHIMENTO DA GUIA GRU. DESERÇÃO AFASTADA. Em conformidade com a jurisprudência desta Corte, implica ofensa ao art. 5º, LV, da Constituição Federal o não conhecimento do recurso ordinário, por deserção, ao fundamento de que incorreto o preenchimento da guia de recolhimento de custas, quando presentes outros elementos capazes de vincular tal recolhimento ao respectivo processo, uma vez que inexiste exigência legal naquele sentido (CLT, art. 790). Recurso de revista conhecido e provido (TST-RR 37-16.2010.5.02.0254, Rel. Min. Mauricio Godinho Delgado, 3ª T., *DEJT* 24-5-2013).
>
> AGRAVO DE INSTRUMENTO. PROCESSO ELETRÔNICO. GUIA DE RECOLHIMENTO DE CUSTAS COM AUTENTICAÇÃO MECÂNICA ILEGÍVEL. DETERMI-

NAÇÃO DE DILIGÊNCIA. CERTIDÃO EMITIDA PELO TRT DE ORIGEM NO SENTIDO DE QUE NÃO HÁ REGISTRO DE AUTENTICAÇÃO BANCÁRIA NA GUIA GRU. DESERÇÃO. Nos termos da IN n. 16, X, desta Corte, é ônus do agravante velar pela adequada formação do instrumento. A par disso, embora se trate de processo eletrônico, o fato é que houve diligência ao TRT de origem a fim de regularizar a digitalização ou providenciar certidão para suprir a deficiência constatada. De tal modo, certificado pelo Tribunal Regional que o comprovante de pagamento das custas encontra-se com autenticação mecânica ilegível, inviabiliza-se a aferição do preparo do recurso de revista, impondo-se reconhecer a deficiência de traslado conduzindo à inviabilidade de seguimento do recurso interposto. Agravo de instrumento não conhecido (TST-AIRR 1002-17.2011.5.06.0005, Rel. Min. Mauricio Godinho Delgado, 3ª T., *DEJT* 9-8-2013).

A jurisprudência majoritária não admite a utilização de guia imprópria para recolhimento das custas:

EMBARGOS DE DECLARAÇÃO. DESERÇÃO DO RECURSO ORDINÁRIO. RECOLHIMENTO DAS CUSTAS PROCESSUAIS NA GUIA DARF APÓS A EDIÇÃO DO ATO CONJUNTO N. 21/2010 DO TST/CSJT. GUIA IMPRÓPRIA. Nega-se provimento a embargos de declaração, quando não verificada nenhuma das hipóteses de cabimento previstas nos arts. 535 do CPC e 897-A da CLT. Embargos declaratórios não providos (TST-ED-AIRR 114-60.2010.5.01.0025, Rel. Min. Augusto César Leite de Carvalho, 6ª T., *DEJT* 18-10-2013).

RECURSO ORDINÁRIO EM DISSÍDIO COLETIVO. CUSTAS PROCESSUAIS. RECOLHIMENTO EM GUIA IMPRÓPRIA. DESERÇÃO. NÃO CONHECIMENTO. A partir de 1º-1-2011, deve-se realizar o pagamento das custas, exclusivamente, mediante GRU – Guia de Recolhimento da União, segundo dispõe o Ato Conjunto TST/CSJT/GP/SG n. 21, de 07 de dezembro de 2010. Incidência do art. 790 da CLT. Recolhimento de custas efetuado por meio de guia DARF, após aquela data, não atende a exigência legal, o que gera a deserção do recurso ordinário. Recurso Ordinário de que não se conhece (TST-RO 2012000-41.2008.5.02.0000, Rel. Min. Márcio Eurico Vitral Amaro, SDC, *DEJT* 25-10-2013).

RECURSO DE REVISTA. DESERÇÃO DO RECURSO ORDINÁRIO. RECOLHIMENTO DE CUSTAS PROCESSUAIS EM GUIA IMPRÓPRIA. I. Hipótese em que não se demonstrou a presença dos pressupostos previstos no art. 896 da CLT quanto aos temas ora consignados. II. Recurso de revista de que não se conhece (TST-RR 279-41.2010.5.06.0002, Rel. Min. Fernando Eizo Ono, 4ª T., *DEJT* 14-6-2013).

É relevante destacar que o relator, verificando a ausência do pagamento ou do recolhimento incorreto das custas, deverá observar o disposto no parágrafo único do art. 932 do CPC:

Antes de considerar inadmissível o recurso, o relator concederá o prazo de 5 (cinco) dias ao recorrente para que seja sanado vício ou complementada a documentação exigível.

Essa regra do CPC atrita com o princípio da celeridade, inerente ao processo do trabalho. Todavia, o art. 10 da IN n. 39/2016 do TST autoriza sejam aplicadas no processo do trabalho não apenas as normas do parágrafo único do art. 932 do CPC como também as previstas nos §§ 1º a 4º do art. 938 e nos §§ 2º e 7º do art. 1.007, todos do CPC.

Cabe aqui uma advertência: o relator (ou a turma) só poderá conceder prazo de cinco dias ao recorrente para sanar vício relativo aos pressupostos recursais ou complementar documento exigível na hipótese de recurso tempestivo, como, aliás, prevê o art. 896, § 10, da CLT, que, por analogia e interpretado sistematicamente com o parágrafo único do art. 932 do CPC, pode ser aplicado a qualquer recurso no âmbito da Justiça do Trabalho.

A lei (§ 3º do art. 790 da CLT) faculta aos juízes, órgãos julgadores e presidentes dos tribunais do trabalho de qualquer instância conceder, a requerimento ou de ofício, o benefício da justiça gratuita, inclusive quanto a traslados e instrumentos, àqueles que perceberem salário igual ou inferior a 40% (quarenta por cento) do limite máximo dos benefícios do Regime Geral de Previdência Social.

De acordo com o que dispõe o art. 790-A da CLT, são isentos do pagamento de custas:

- os *beneficiários de justiça gratuita*, isto é, aqueles que litigam sob o pálio da assistência judiciária sindical (Lei n. 5.584/1970, art. 14) ou que tenham obtido o *benefício da gratuidade* (CLT, art. 790, § 3º);
- as *pessoas jurídicas de direito público*, ou seja, a União, os Estados, o Distrito Federal, os Municípios e respectivas autarquias e fundações públicas federais, estaduais ou municipais que não explorem atividade econômica. Tal isenção não alcança as empresas públicas (exceto a Empresa Brasileira de Correios e Telégrafos, por força da OJ n. 147/SBDI-1/TST, item II), as sociedades de economia mista, as permissionárias e concessionárias de serviço público, bem como as entidades fiscalizadoras do exercício profissional. Além disso, a isenção das custas conferida às pessoas jurídicas de direito público não as exime da obrigação de reembolsar as despesas judiciais realizadas pela parte vencedora;
- o *Ministério Público do Trabalho*.

Além dessas pessoas ou entidades, também está isenta do pagamento de custas processuais a *Massa Falida*, por força do TST, Súmula 86:

DESERÇÃO. MASSA FALIDA. EMPRESA EM LIQUIDAÇÃO EXTRAJUDICIAL. Não ocorre deserção de recurso da massa falida por falta de pagamento de custas ou de depósito do valor da condenação. Esse privilégio, todavia, não se aplica à empresa em liquidação extrajudicial.

Tratando-se de empregado que não tenha obtido o benefício da justiça gratuita, ou isenção de custas, o sindicato que houver intervindo no processo prestando-lhe assistência judiciária responderá solidariamente pelo pagamento das custas devidas (CLT, art. 790, § 1º). Isso significa que caberá ao sindicato que tiver atuado como assistente do empregado demandante (Lei n. 5.584/70, art. 14) efetuar o pagamento das custas como pressuposto de admissibilidade do recurso, sob pena de deserção.

A jurisprudência tem admitido a isenção das custas ao trabalhador recorrente, se o requerimento for feito na própria peça recursal encaminhada ao Relator do processo. A OJ n. 269 da SBDI-1/TST prevê que "o benefício da justiça gratuita pode ser requerido em qualquer tempo ou grau de jurisdição, desde que, na fase recursal, seja o requerimento formulado no prazo alusivo ao recurso" e se o requerimento formulado na fase recursal for indeferido, "cumpre ao relator fixar prazo para que o recorrente efetue o preparo (art. 99, § 7º, do CPC de 2015)".

No processo (individual) do trabalho, não há pagamento de custas *pro rata*. É dizer, se pelo menos um pedido formulado na ação trabalhista for acolhido pela sentença, caberá ao vencido, ainda que parcialmente, o pagamento respectivo. Essa era a regra anterior à EC n. 45/2004 e continua válida para as ações oriundas da relação de emprego, tendo em vista que a Lei n. 13.467/2017 prevê apenas sucumbência recíproca para pagamento de honorários advocatícios, mas não para pagamento de custas.

Todavia, em se tratando de ações oriundas da relação de trabalho diversa da relação de emprego, há de ser observado o princípio da sucumbência recíproca, a teor do § 3º do art. 3º da IN TST n. 27/2005.

Nos casos de dissídios coletivos, as partes vencidas responderão solidariamente pelo pagamento das custas, calculadas sobre o valor arbitrado na decisão ou fixado pelo Presidente do Tribunal (CLT, art. 789, § 4º).

É preciso muito cuidado do recorrente no tocante ao recolhimento das custas, pois, além dos obstáculos acima mencionados, o TST vem adotando outros, como se infere dos seguintes verbetes:

> CUSTAS PROCESSUAIS. INVERSÃO DO ÔNUS DA SUCUMBÊNCIA. (alterada a Súmula e incorporadas as OJs ns. 104 e 186 da SBDI-I, Res. n. 197/2015, *DEJT* de 14, 15 e 18-5-2015). I – A parte vencedora na primeira instância, se vencida na segunda, está obrigada, independentemente de intimação, a pagar as custas fixadas na sentença originária, das quais ficara isenta a parte então vencida; II – No caso de inversão do ônus da sucumbência em segundo grau, sem acréscimo ou atualização do valor das custas e se estas já foram devidamente recolhidas, descabe um novo pagamento pela parte vencida, ao recorrer. Deverá ao final, se sucumbente, reembolsar a quantia

(ex-OJ n. 186 da SBDI-I); III – Não caracteriza deserção a hipótese em que, acrescido o valor da condenação, não houve fixação ou cálculo do valor devido a título de custas e tampouco intimação da parte para o preparo do recurso, devendo ser as custas pagas ao final (ex-OJ n. 104 da SBDI-I); IV – O reembolso das custas à parte vencedora faz-se necessário mesmo na hipótese em que a parte vencida for pessoa isenta do seu pagamento, nos termos do art. 790-A, parágrafo único, da CLT (TST, Súmula 25).

CUSTAS. Nas ações plúrimas, as custas incidem sobre o respectivo valor global (TST, Súmula 36).

CUSTAS. O prazo para pagamento das custas, no caso de recurso, é contado da intimação do cálculo (TST, Súmula 53).

DESERÇÃO. MASSA FALIDA. EMPRESA EM LIQUIDAÇÃO EXTRAJUDICAL (incorporada a OJ n. 31 da SBDI-I, Res. n. 129/2005, *DJU* 20-4-2005). Não ocorre deserção de recurso da massa falida por falta de pagamento de custas ou de depósito do valor da condenação. Esse privilégio, todavia, não se aplica à empresa em liquidação extrajudicial (TST, Súmula 86).

SOCIEDADE DE ECONOMIA MISTA. CUSTAS. Os privilégios e isenções no foro da Justiça do Trabalho não abrangem as sociedades de economia mista, ainda que gozassem desses benefícios anteriormente ao Decreto-Lei n. 779, de 21-8-1969. Ex-prejulgado n. 50 (TST, Súmula 170).

DESERÇÃO. CUSTAS. CARIMBO DO BANCO. VALIDADE. Inserida em 25-11-1996 O carimbo do banco recebedor na guia de comprovação do recolhimento das custas supre a ausência de autenticação mecânica (TST/SBDI-1, OJ n. 33).

DEPÓSITO RECURSAL E CUSTAS PROCESSUAIS. RECOLHIMENTO INSUFICIENTE. DESERÇÃO (nova redação em decorrência do CPC de 2015, Res. n. 217/2017, *DEJT* divulgado em 20, 24 e 25-4-2017). Em caso de recolhimento insuficiente das custas processuais ou do depósito recursal, somente haverá deserção do recurso se, concedido o prazo de 5 (cinco) dias previsto no § 2º do art. 1.007 do CPC de 2015, o recorrente não complementar e comprovar o valor devido (TST/SBDI-1, OJ n. 140).

CUSTAS. COMPROVAÇÃO DE RECOLHIMENTO. DARF ELETRÔNICO. VALIDADE. Inserida em 26-3-1999. O denominado "DARF ELETRÔNICO" é válido para comprovar o recolhimento de custas por entidades da administração pública federal, emitido conforme a IN-SRF n. 162, de 4-11-1988 (TST/SBDI-1, OJ n. 158).

AGRAVO DE INSTRUMENTO. TRASLADO. LEI N. 9.756/98. GUIAS DE CUSTAS E DE DEPÓSITO RECURSAL. Para a formação do agravo de instrumento, não é necessária a juntada de comprovantes de recolhimento de custas e de depósito recursal relativamente ao recurso ordinário, desde que não seja objeto de controvérsia no recurso de revista a validade daqueles recolhimentos (TST/SBDI-1, OJ n. 217).

CUSTAS. EMBARGOS DE TERCEIRO. INTERPOSTOS ANTERIORMENTE À LEI N. 10.537/2002. INEXIGÊNCIA DE RECOLHIMENTO PARA A INTERPOSIÇÃO DE AGRAVO DE PETIÇÃO. Tratando-se de embargos de terceiro, incidentes em execução, ajuizados anteriormente à Lei n. 10.537/2002, incabível a exigência do recolhimento de custas para a interposição de agravo de petição por falta de previsão legal (TST/SBDI-1, OJ n. 53 – transitória).

MANDADO DE SEGURANÇA. VALOR DA CAUSA. CUSTAS PROCESSUAIS. CABIMENTO. Inserida em 13-3-2002. Incabível a impetração de mandado de segurança contra ato judicial que, de ofício, arbitrou novo valor à causa, acarretando a majoração das custas processuais, uma vez que cabia à parte, após recolher as custas, calculadas com base no valor dado à causa na inicial, interpor recurso ordinário e, posteriormente, agravo de instrumento no caso de o recurso ser considerado deserto (TST/SBDI-2, OJ n. 88).

CUSTAS. MANDADO DE SEGURANÇA. RECURSO ORDINÁRIO. EXIGÊNCIA DO PAGAMENTO. É responsabilidade da parte, para interpor recurso ordinário em mandado de segurança, a comprovação do recolhimento das custas processuais no prazo recursal, sob pena de deserção (TST/SBDI-2, OJ n. 148).

CUSTAS. AUSÊNCIA DE INTIMAÇÃO. DESERÇÃO. CARACTERIZAÇÃO (INSERIDA EM 19-8-1998). A deserção se impõe mesmo não tendo havido intimação, pois incumbe à parte, na defesa do próprio interesse, obter os cálculos necessários para efetivar o preparo (TST/SDC/OJ n. 27).

A respeito de outras questões pertinentes a custas, remetemos o leitor ao Capítulo XVIII, item 1.1.

7.2.5.1.1. Pagamento de multa por reiteração de embargos procrastinatórios como pressuposto recursal

A multa por litigância de má-fé (CPC, art. 81), embora constitua espécie de despesa processual, não se confunde com as custas, pois estas possuem natureza jurídica de tributo (taxa judiciária); aquela tem natureza indenizatória. Destarte, de acordo com a OJ n. 409 da SBDI-1/TST:

MULTA POR LITIGÂNCIA DE MÁ-FÉ. RECOLHIMENTO. PRESSUPOSTO RECURSAL. INEXIGIBILIDADE (nova redação em decorrência do CPC de 2015; Res. n. 209/2016, *DEJT* divulgado em 1º, 2 e 3-6-2016). O recolhimento do valor da multa imposta como sanção por litigância de má-fé (art. 81 do CPC de 2015 – art. 18 do CPC de 1973) não é pressuposto objetivo para interposição dos recursos de natureza trabalhista.

O art. 1.026, § 2º, do CPC, no entanto, prevê que na hipótese de embargos protelatórios, o órgão judicial deve condenar o embargante na multa não excedente de 2% (dois por cento) sobre o valor atualizado da causa. Esta multa também não é pressuposto de admissibilidade recursal.

Entretanto, no caso de **reiteração de embargos declaratórios procrastinatórios**, o § 3º do art. 1.026 do CPC, aplicável ao processo do trabalho (CLT, art. 769), estabelece que:

> Na reiteração de embargos de declaração manifestamente protelatórios, a multa será elevada a até dez por cento sobre o valor atualizado da causa, e a interposição de qualquer recurso ficará condicionada ao depósito prévio do valor da multa, à exceção da Fazenda Pública e do beneficiário de gratuidade da justiça, que a recolherão ao final.

Ora, se o processo do trabalho prevê o instituto dos embargos de declaração (CLT, art. 897-A), mas é silente (lacuna normativa) a respeito do seu cabimento e demais especificidades inerentes a essa modalidade recursal, então nos parece que a regra do parágrafo único do art. 1.026, §§ 2º e 3º, do CPC (art. 538 do CPC/73) deve incidir na espécie, porque compatível, *in casu*, com o princípio da celeridade do sistema processual trabalhista.

Nessa linha, cumpre lembrar que o art. 9º da IN n. 39/2016 do TST dispõe que o "cabimento dos embargos de declaração no Processo do Trabalho, para impugnar qualquer decisão judicial, rege-se pelo art. 897-A da CLT e, supletivamente, pelo Código de Processo Civil (arts. 1.022 a 1.025; §§ 2º, 3º e 4º do art. 1.026), excetuada a garantia de prazo em dobro para litisconsortes (§ 1º do art. 1.023)".

7.2.5.1.2 Pagamento de multa por agravo interno declarado manifestamente inadmissível

Outra multa que pode ser exigida como pressuposto recursal é a prevista nos §§ 4º e 5º do art. 1.021 do CPC (CPC/73, art. 557, § 2º), *in verbis*:

> (...) § 4º Quando o agravo interno for declarado manifestamente inadmissível ou improcedente em votação unânime, o órgão colegiado, em decisão fundamentada, condenará o agravante a pagar ao agravado multa fixada entre um e cinco por cento do valor atualizado da causa.
>
> § 5º **A interposição de qualquer outro recurso está condicionada ao depósito prévio do valor da multa prevista no § 4º**, à exceção da Fazenda Pública e do beneficiário de gratuidade da justiça, que farão o pagamento ao final. (grifos nossos)

Registra-se, nesse passo, que de acordo com a Súmula 435 do TST, com nova redação dada em decorrência do CPC: "Aplica-se subsidiariamente ao processo do trabalho o art. 932 do CPC de 2015 (art. 557 do CPC de 1973)".

O não recolhimento da multa aplicada no caso de agravo interno declarado manifestamente inadmissível ou improcedente em votação unânime (CPC, art. 1.021, §§ 3º e 4º; CPC/73, art. 557, § 2º) dentro do prazo alusivo a qualquer outro recurso subsequente implicará sua deserção.

7.2.5.2. Depósito recursal

No que concerne ao depósito recursal, dispõe o art. 899 da CLT (com as alterações da Lei n. 13.467/2017 aos §§ 4º, 9º, 10 e 11), *in verbis*:

> Art. 899. Os recursos serão interpostos por simples petição e terão efeito meramente devolutivo, salvo as exceções previstas neste Título, permitida a execução provisória até a penhora.
>
> § 1º Sendo a condenação de valor até 10 (dez) vezes o salário mínimo regional, nos dissídios individuais, só será admitido o recurso inclusive o extraordinário, mediante prévio depósito da respectiva importância. Transitada em julgado a decisão recorrida, ordenar-se-á o levantamento imediato da importância de depósito, em favor da parte vencedora, por simples despacho do juiz.
>
> § 2º Tratando-se de condenação de valor indeterminado, o depósito corresponderá ao que for arbitrado, para efeito de custas, pela Junta ou Juízo de Direito, até o limite de 10 (dez) vezes o salário mínimo da região.
>
> § 3º (Revogado pela Lei n. 7.033, de 5-10-1982)
>
> § 4º O depósito recursal será feito em conta vinculada ao juízo e corrigido com os mesmos índices da poupança.
>
> § 5º (Revogado pela Lei n. 13.467, de 13-7-2017)
>
> § 6º Quando o valor da condenação, ou o arbitrado para fins de custas, exceder o limite de 10 (dez) vezes o salário mínimo da região, o depósito para fins de recursos será limitado a este valor.
>
> § 7º No ato de interposição do agravo de instrumento, o depósito recursal corresponderá a 50% (cinquenta por cento) do valor do depósito do recurso ao qual se pretende destrancar. (Incluído pela Lei n. 12.275, de 2010).
>
> § 8º Quando o agravo de instrumento tem a finalidade de destrancar recurso de revista que se insurge contra decisão que contraria a jurisprudência uniforme do Tribunal Superior do Trabalho, consubstanciada nas suas súmulas ou em orienta-

ção jurisprudencial, não haverá obrigatoriedade de se efetuar o depósito referido no § 7º deste artigo.

§ 9º O valor do depósito recursal será reduzido pela metade para entidades sem fins lucrativos, empregadores domésticos, microempreendedores individuais, microempresas e empresas de pequeno porte.

§ 10. São isentos do depósito recursal os beneficiários da justiça gratuita, as entidades filantrópicas e as empresas em recuperação judicial.

§ 11. O depósito recursal poderá ser substituído por fiança bancária ou seguro garantia judicial.

No tocante à eficácia temporal, o TST editou a IN n. 41/2018, cujo art. 20 dispõe que: "As disposições contidas nos §§ 4º, 9º, 10 e 11 do art. 899 da CLT, com a redação dada pela Lei n. 13.467/2017, serão observadas para os recursos interpostos contra as decisões proferidas a partir de 11 de novembro de 2017".

O depósito recursal é pressuposto recursal objetivo (extrínseco) do recurso ordinário, do recurso de revista, do recurso de embargos de divergência (para a SBDI-1), do agravo de instrumento e do recurso extraordinário contra decisão condenatória de obrigação de pagar.

A *contrario sensu*, isto é, tratando-se de sentença condenatória de obrigação de fazer, não fazer ou entregar coisa, ou, ainda, sentença meramente declaratória ou constitutiva, bem como sentença mandamental ou executiva *lato sensu*, não há falar em depósito recursal. Nesse sentido, dispõe a Súmula 161 do TST:

> DEPÓSITO. CONDENAÇÃO A PAGAMENTO EM PECÚNIA. Se não há condenação a pagamento em pecúnia, descabe o depósito de que tratam os §§ 1º e 2º do art. 899 da CLT. Ex-Prejulgado n. 39.

O depósito recursal não tem natureza jurídica de "taxa" (tributo), e sim de garantia do Juízo recursal para futura execução em ação trabalhista individual que veicule verba de natureza alimentar, o que pressupõe a existência de decisão (sentença ou acórdão) condenatória de obrigação de pagamento em pecúnia, com valor líquido ou arbitrado pelo órgão judicial.

Com o advento da Constituição Federal de 1988, alguns autores manifestaram-se pela inconstitucionalidade do depósito recursal, sob o argumento de que ele impede o exercício do amplo direito de defesa com os meios e recursos a ela inerentes (CF, art. 5º, LV). Houve, inclusive, o ajuizamento das ADIs ns. 836 e 884 perante o STF, que, por sua vez, negou a liminar postulada em ambas as ações, sendo certo, ainda, que o Pretório Excelso julgou prejudicadas as referidas ações, tendo em vista que houve alteração do texto legal impugnado e não houve aditamento das respectivas petições iniciais. Logo, o depósito recursal previsto no art. 899 da CLT continua em plena vigência.

Para nós, não há falar em inconstitucionalidade do art. 899 da CLT, uma vez que o duplo grau de jurisdição não é princípio absoluto, nem está previsto expressamente na Constituição, já que esta admite até mesmo a existência de causas julgadas em instância única (CF, art. 102, III). Doutra parte, o depósito recursal constitui mera garantia do juízo, evitando, assim, a interposição temerária ou procrastinatória de recursos.

O Eg. TST já enfrentou a questão, como se vê do seguinte julgado:

> AGRAVO DE INSTRUMENTO EM RECURSO DE REVISTA. DEPÓSITO RECURSAL. CONSTITUCIONALIDADE. DESERÇÃO. A jurisprudência deste Tribunal é firme no sentido de que a exigência do depósito prévio para a interposição de recurso, conforme impõe o art. 899, parágrafos, da CLT, é compatível com a ordem constitucional vigente. Agravo de Instrumento conhecido e desprovido (TST-AIRR 208740-06.2006.5.02.0055, Rel. Min. Maria de Assis Calsing, 4ª T., *DEJT* 30-9-2011).

É importante lembrar que o Pleno do STF (RE 607447), em sessão virtual, realizada em 22-5-2020, decidiu que não é necessário o depósito recursal para a admissibilidade de recurso extraordinário. A matéria constitucional, com repercussão geral reconhecida em 2013, sendo aprovada a seguinte tese de repercussão geral (Tema 679): "Surge incompatível com a Constituição Federal exigência de depósito prévio como condição de admissibilidade do recurso extraordinário, no que não recepcionada a previsão constante do § 1º do artigo 899 da Consolidação das Leis do Trabalho, sendo inconstitucional a contida na cabeça do artigo 40 da Lei nº 8.177/1991 e, por arrastamento, no inciso II da Instrução Normativa nº 3/1993 do Tribunal Superior do Trabalho".

Embora a tese de repercussão geral seja concernente à inexigibilidade do depósito recursal no recurso extraordinário, o STF assentou a não recepção do § 1º do art. 899 da CLT[53] e a inconstitucionalidade do *caput* do art. 40 da Lei n. 8.177/91,[54] o que poderá reacender a discussão sobre a extensão dos efeitos da decisão e da tese aos

53. CLT, art. 899, § 1º: "Sendo a condenação de valor até 10 (dez) vêzes o salário-mínimo regional, nos dissídios individuais, só será admitido o recurso inclusive o extraordinário, mediante prévio depósito da respectiva importância. Transitada em julgado a decisão recorrida, ordenar-se-á o levantamento imediato da importância de depósito, em favor da parte vencedora, por simples despacho do juiz" (Redação dada pela Lei n. 5.442/68).

54. Lei n. 8.177/91, art. 40: "Art. 40. O depósito recursal de que trata o art. 899 da Consolidação das Leis do Trabalho fica limitado a Cr$ 20.000.000,00 (vinte milhões de cruzeiros), nos casos de interposição de recurso ordinário, e de Cr$ 40.000.000,00 (quarenta milhões de cruzeiros), em se tratando de recurso de revista, embargos infringentes e recursos extraordinários, sendo devido a cada novo recurso interposto no decorrer do processo" (Redação dada pela Lei n. 8.542/92).

demais recursos trabalhistas nos quais é exigido o depósito recursal prévio como pressuposto de suas admissibilidades.

Diz o art. 7º da Lei n. 5.584/70, *in verbis*: "A comprovação do depósito da condenação (CLT, art. 899, §§ 1º a 5º) terá que ser feita dentro do prazo para a interposição do recurso, sob pena de ser este considerado deserto".

A Súmula 245 do TST interpreta os referidos dispositivos nos seguintes termos: "O depósito recursal deve ser feito e comprovado no prazo alusivo ao recurso. A interposição antecipada deste não prejudica a dilação legal". Em outras palavras, havendo a interposição de recurso antes de vencido o prazo recursal, o depósito pode ser feito até o último dia do prazo para o respectivo recurso.

Ressalte-se, por oportuno, que a exigência do depósito recursal consagra, substancialmente, a concretização dos princípios da proteção processual ao trabalhador e da isonomia real, sabido que o empregador, em regra, réu, é economicamente superior ao empregado, este geralmente o autor da demanda trabalhista.

Exatamente por isso é que o depósito recursal tem por destinatário exclusivo o empregador, tomador do serviço, condenado judicialmente a pagar quantia ao empregado ou trabalhador avulso. É dizer, a interpretação lógica que se extrai da redação anterior dos §§ 1º a 6º do art. 899 da CLT aponta no sentido de que somente o empregador (ou tomador do serviço) condenado em obrigação de pagar poderia ser o responsável pelo depósito recursal, uma vez que este tem por finalidade garantir, ainda que parcialmente, o juízo da execução.

Reafirma-se que a exigência do depósito recursal a cargo exclusivo do empregador é uma das manifestações do princípio da proteção processual do trabalhador, como vimos no Capítulo I, item 6.1. Nesse sentido, trazemos à colação um importante julgado da SBDI-1/TST:

> RECURSO DE EMBARGOS. RECONVENÇÃO PELO EMPREGADO. IMPOSSIBILIDADE DE DECLARAR DESERÇÃO. NÃO RECOLHIMENTO DO DEPÓSITO RECURSAL. Nos termos do art. 899, § 4º, da CLT, o depósito recursal será feito na conta vinculada do empregado. Não havendo previsão legal para que o empregado proceda ao depósito, não há se falar em deserção do recurso de revista do empregado, pela ausência do recolhimento do depósito recursal. Ainda que se trate de recurso interposto em sede de reconvenção, em que há condenação ao empregado/reclamante, não cabe recolhimento do depósito recursal. Embargos conhecidos e desprovidos (...) (TST-E-RR 74900-63.2008.5.10.0003, j. 23-9-2010, Rel. Min. Aloysio Corrêa da Veiga, SBDI-1, *DEJT* 1º-10-2010).

Destarte, a nova redação dada pela Lei n. 13.467/2017 aos §§ 4º e 11 do art. 899 da CLT colide com o princípio da proteção processual ao trabalhador, na medida em que o depósito recursal, além de não mais ser feito em conta vinculada do FGTS do trabalhador, e sim em **conta vinculada ao juízo** e corrigido pelos mesmos índices da caderneta de poupança, também poderá ser substituído por fiança bancária ou seguro-garantia judicial.

No tocante ao seguro garantia judicial, há a questão do seu prazo de vigência, o que o tornaria incompatível com a finalidade do depósito recursal. A 6ª Turma do TST, porém, entendeu que o art. 899, § 11, da CLT não impôs nenhuma restrição/limitação quanto ao prazo de vigência da apólice. Nem mesmo a OJ 59 da SBDI-1, ao equiparar o seguro garantia judicial a dinheiro, faz referência ao requisito imposto pelo eg. TRT (prazo de vigência indeterminado). Isso porque, pela própria natureza do contrato de seguro, não há como se estabelecer cobertura por prazo indeterminado (art. 760 do CCB e art. 8º da Circular n. 477, de 30-9-2013, emitida pela Superintendência de Seguros Privados – SUSEP). Na interposição do recurso ordinário (26-2-2018), a reclamada anexou apólice de seguro garantia judicial no valor de R$ 9.189,00, com vigência até 23-2-2020, razão pela qual a Turma, reconhecendo transcendência jurídica, conheceu e deu provimento ao recurso de revista (TST-RR-11135– 26.2016.5.03.0006, 6ª T., Rel. Des. Conv. Cilene Ferreira Amaro Santos, julgado em 7-8-2019).

Fica, assim, superada a exigência da utilização da Guia GFPI prevista na Súmula 426 do TST. Mas isso não implica afirmar que o princípio da proteção processual do trabalhador tenha sido extinto pela Lei n. 13.467/2017, o qual, *in casu*, serve como norte para afastar do trabalhador o ônus de efetuar esse novo "depósito recursal" quando sucumbente em obrigação pecuniária e pretender interpor recurso ordinário, recurso de revista, embargos de divergência, recurso extraordinário ou agravo de instrumento para destrancar tais recursos.

O art. 8º da Lei n. 8.542, de 23 de dezembro de 1992, deu nova redação ao art. 899 da CLT, fixando novos valores para fins de depósito prévio de recurso ordinário, recurso de revista, embargos infringentes e recurso extraordinário, sendo ele devido a cada novo recurso interposto no decorrer do processo. Também é devido o depósito prévio em recurso interposto contra acórdão que julga ação rescisória.

Interpretando o art. 8º da Lei n. 8.542/92, o TST baixou a Instrução Normativa n. 3, de 5 de março de 1993 (com as alterações introduzidas pela Resolução TST n. 180, de 5-3-2012), cujo teor é o seguinte:

> I – Os depósitos de que trata o art. 40, e seus parágrafos, da Lei n. 8.177/1991, com a redação dada pelo art. 8º da Lei n. 8.542/1992, e o depósito de que tratam o § 5º, I, do art. 897 e o § 7º do art. 899, ambos da CLT, com a redação dada pela Lei n. 12.275, de 29-6-2010, não têm natureza jurídica de taxa de recurso, mas de garantia do juízo recursal, que pressupõe decisão condenatória ou executória de obrigação de pagamento em pecúnia, com valor líquido ou arbitrado.
>
> II – No processo de conhecimento dos dissídios individuais o valor do depósito é limitado a R$ 5.889,50 (cinco mil, oitocentos e oitenta e nove reais e cinquenta centavos), ou novo valor corrigido, para o recurso ordinário, e a R$ 11.779,02 (onze

mil, setecentos e setenta e nove reais e dois centavos), ou novo valor corrigido, para cada um dos recursos subsequentes, isto é, de revista, de embargos (ditos impropriamente infringentes) e extraordinário, para o Supremo Tribunal Federal, observando-se o seguinte:[55]

a) para o recurso de agravo de instrumento, o valor do "depósito recursal corresponderá a 50% (cinquenta por cento) do valor do depósito do recurso ao qual se pretende destrancar";

b) depositado o valor total da condenação, nenhum depósito será exigido nos recursos das decisões posteriores, salvo se o valor da condenação vier a ser ampliado;

c) se o valor constante do primeiro depósito, efetuado no limite legal, é inferior ao da condenação, será devida complementação de depósito em recurso posterior, observado o valor nominal remanescente da condenação e/ou os limites legais para cada novo recurso;

d) havendo acréscimo ou redução da condenação em grau recursal, o juízo prolator da decisão arbitrará novo valor à condenação, quer para a exigibilidade de depósito ou complementação do já depositado, para o caso de recurso subsequente, quer para liberação do valor excedente decorrente da redução da condenação;

e) nos dissídios individuais singulares o depósito será efetivado pelo recorrente, mediante a utilização das guias correspondentes, na conta do empregado no FGTS – Fundo de Garantia do Tempo de Serviço, em conformidade com os §§ 4º e 5º do art. 899 da CLT, ou fora dela, desde que feito na sede do juízo e permaneça à disposição deste, mediante guia de depósito judicial extraída pela Secretaria Judiciária;

f) nas reclamatórias plúrimas e nas em que houver substituição processual, será arbitrado o valor total da condenação, para o atendimento da exigência legal do depósito recursal, em conformidade com as alíneas anteriores, mediante guia de depósito judicial extraída pela Secretaria Judiciária do órgão em que se encontra o processo;

g) a expedição de Mandado de Citação Penhora e Avaliação em fase definitiva ou provisória de execução deverá levar em conta a dedução dos valores já depositados nos autos, em especial o depósito recursal;

h) com o trânsito em julgado da decisão que absolveu o demandado da condenação, ser-lhe-á autorizado o levantamento do valor depositado e seus acréscimos.

III – Julgada procedente ação rescisória e imposta condenação em pecúnia, será exigido um único depósito recursal, até o limite máximo de R$ 11.779,02 (onze mil,

55. O Pleno do STF (RE 607447) aprovou, com repercussão geral reconhecida (Tema 679), a tese de que é incompatível com a CF a exigência de depósito prévio no recurso extraordinário e considerou não recepcionado o § 1º do art. 899 da CLT, sendo inconstitucional o *caput* do art. 40 da Lei n. 8.177/91 e, por arrastamento, o inciso II da IN/TST n. 3/93.

setecentos e setenta e nove reais e dois centavos), ou novo valor corrigido, dispensado novo depósito para os recursos subsequentes, salvo o depósito do agravo de instrumento, previsto na Lei n. 12.275/2010, observando-se o seguinte:

a) o depósito será efetivado pela parte recorrente vencida, mediante guia de depósito judicial expedida pela Secretaria Judiciária, à disposição do juízo da causa;

b) com o trânsito em julgado da decisão, se condenatória, o valor depositado e seus acréscimos serão considerados na execução; se absolutória, será liberado o levantamento do valor do depositado e seus acréscimos.

IV – A exigência de depósito no processo de execução observará o seguinte:

a) a inserção da vírgula entre as expressões "... aos embargos" e "à execução..." é atribuída a erro de redação, devendo ser considerada a locução "embargos à execução";

b) dada a natureza jurídica dos embargos à execução, não será exigido depósito para a sua oposição quando estiver suficientemente garantida a execução por depósito recursal já existente nos autos, efetivado no processo de conhecimento, que permaneceu vinculado à execução, e/ou pela nomeação ou apreensão judicial de bens do devedor, observada a ordem preferencial estabelecida em lei;

c) garantida integralmente a execução nos embargos, só haverá exigência de depósito em qualquer recurso subsequente do devedor se tiver havido elevação do valor do débito, hipótese em que o depósito recursal corresponderá ao valor do acréscimo, sem qualquer limite;

d) o depósito previsto no item anterior será efetivado pelo executado recorrente, mediante guia de depósito judicial expedida pela Secretaria Judiciária, à disposição do juízo da execução;

e) com o trânsito em julgado da decisão que liquidar a sentença condenatória, serão liberados em favor do exequente os valores disponíveis, no limite da quantia exequenda, prosseguindo, se for o caso, a execução por crédito remanescente, e autorizando-se o levantamento, pelo executado, dos valores que acaso sobejarem.

V – Nos termos da redação do § 3º do art. 40, não é exigido depósito para recurso ordinário interposto em dissídio coletivo, eis que a regra aludida atribui apenas valor ao recurso, com efeitos limitados, portanto, ao cálculo das custas processuais.

VI – Os valores alusivos aos limites de depósito recursal serão reajustados anualmente pela variação acumulada do INPC do IBGE dos doze meses imediatamente anteriores, e serão calculados e publicados no Diário Eletrônico da Justiça do Trabalho por ato do Presidente do Tribunal Superior do Trabalho, tornando-se obrigatória a sua observância a partir do quinto dia seguinte ao da publicação.

VII – Toda decisão condenatória ilíquida deverá conter o arbitramento do valor da condenação. O acréscimo de condenação em grau recursal, quando ilíquido, deverá ser arbitrado também para fins de depósito.

VIII – O depósito judicial, realizado na conta do empregado no FGTS ou em estabelecimento bancário oficial, mediante guia à disposição do juízo, será da responsabilidade da parte quanto à exatidão dos valores depositados e deverá ser comprovado, nos autos, pelo recorrente, no prazo do recurso a que se refere, independentemente da sua antecipada interposição, observado o limite do valor vigente na data da efetivação do depósito, bem como o contido no item VI, salvo no que se refere à comprovação do depósito recursal em agravo de instrumento, que observará o disposto no art. 899, § 7º, da CLT, com a redação da Lei n. 12.275/2010.

IX – é exigido depósito recursal para o recurso adesivo, observados os mesmos critérios e procedimentos do recurso principal previsto nesta Instrução Normativa.

X – Não é exigido depósito recursal, em qualquer fase do processo ou grau de jurisdição, dos entes de direito público externo e das pessoas de direito público contempladas no Decreto-Lei n. 779, de 21-8-1969, bem assim da massa falida, da herança jacente e da parte que, comprovando insuficiência de recursos, receber assistência judiciária integral e gratuita do Estado (art. 5º, LXXIV, CF).

XI – Não se exigirá a efetivação de depósito em qualquer fase ou grau recursal do processo, fora das hipóteses previstas nesta Instrução Normativa.

XII – Havendo acordo para extinção do processo, as partes disporão sobre o valor depositado. Na ausência de expressa estipulação dos interessados, o valor disponível será liberado em favor da parte depositante.

A supratranscrita Instrução Normativa TST n. 3/93 deverá ser parcialmente modificada para se adaptar à Lei n. 13.467/2017, que alterou o art. 899 da CLT.

Nos termos do item I da Súmula 128 do TST, é ônus da parte recorrente efetuar o depósito legal, integralmente, em relação a cada novo recurso interposto, sob pena de deserção.

Atingido o valor total da condenação, nenhum depósito mais é exigido para qualquer recurso, inclusive o agravo de instrumento.

Na fase de execução (cumprimento da sentença), desde que garantido integralmente o juízo, a exigência de depósito para recorrer de qualquer decisão viola os incisos II e LV do art. 5º da CF/88. Havendo, porém, elevação do valor do débito, exige-se a complementação da garantia do juízo (TST, Súmula 128, II).

Havendo condenação solidária de duas ou mais empresas, o depósito recursal efetuado por uma delas aproveita as demais, desde que a empresa que tenha efetuado o depósito recursal não pleiteie sua exclusão da lide (TST, Súmula 128, III).

As pessoas jurídicas de direito público (DL n. 779/69, art. 1º, IV) e o Ministério Público do Trabalho (instituição estatal permanente) não estão sujeitos ao pagamento de custas e depósito recursal.

As empresas públicas (exceto a EBCT-Empresa Brasileira de Correios e Telégrafos, por gozar legalmente do mesmo tratamento destinado à Fazenda Pública, nos termos da OJ n. 247, II, da SBDI-1/TST) e as sociedades de economia, por se sujeitarem ao regime jurídico de direito privado (CF, art. 173, § 1º, II), não estão isentas de custas e depósito recursal.

A massa falida não está sujeita ao pagamento de custas nem ao depósito recursal (TST, Súmula 86), o mesmo não ocorrendo em relação às empresas em liquidação extrajudicial.

Pensamos que as empresas em recuperação judicial, por não perderem totalmente sua capacidade financeira e de gerenciamento, como ocorre na falência, não estariam isentas do depósito recursal. Entretanto, o § 10 do art. 899 da CLT (com redação dada pela Lei n. 13.467/2017) dispõe que são "isentos do depósito recursal os beneficiários da justiça gratuita, as entidades filantrópicas e as empresas em recuperação judicial".

Advertimos, contudo, que as empresas em recuperação judicial gozam da isenção do depósito recursal, mas não das custas, como já decidiu a 7ª Turma do TST (Ag-AIRR-2303-89.2016.5.06.0371, 7ª T., Rel. Des. Conv. Roberto Nobrega de Almeida Filho, *DEJT* 1º-7-2019).

De outra banda, o § 9º do art. 899 da CLT prevê que o "valor do depósito recursal será reduzido pela metade para entidades sem fins lucrativos, empregadores domésticos, microempreendedores individuais, microempresas e empresas de pequeno porte".

A jurisprudência era extremamente rigorosa na hipótese de recolhimento a menor do depósito recursal, o que levava à inadmissibilidade do recurso, ainda que ínfima a diferença.

Com o advento do CPC de 2015, a SBDI-1/TST editou a OJ n. 140, *in verbis*:

> DEPÓSITO RECURSAL E CUSTAS PROCESSUAIS. RECOLHIMENTO INSUFICIENTE. DESERÇÃO (nova redação em decorrência do CPC de 2015, Res. n. 217/2017, *DEJT* divulgado em 20, 24 e 25-4-2017). Em caso de recolhimento insuficiente das custas processuais ou do depósito recursal, somente haverá deserção do recurso se, concedido o prazo de 5 (cinco) dias previsto no § 2º do art. 1.007 do CPC de 2015, o recorrente não complementar e comprovar o valor devido.

Sobre depósito recursal, colacionamos outras importantes Súmulas e Orientações Jurisprudenciais do TST:

> AÇÃO RESCISÓRIA. DESERÇÃO. PRAZO. Havendo recurso ordinário em sede de rescisória, o depósito recursal só é exigível quando for julgado procedente o pedido e imposta condenação em pecúnia, devendo este ser efetuado no prazo recursal, no limite e nos termos da legislação vigente, sob pena de deserção (Súmula 99).
>
> O credenciamento dos bancos para o fim de recebimento do depósito recursal é fato notório, independendo da prova (TST, Súmula 217).

O depósito recursal deve ser feito e comprovado no prazo alusivo ao recurso. A interposição antecipada deste não prejudica a dilação legal (Súmula 245).

AGRAVO DE INSTRUMENTO. TRASLADO. LEI N. 9.756/98. GUIAS DE CUSTAS E DE DEPÓSITO RECURSAL. Para a formação do agravo de instrumento, não é necessária a juntada de comprovantes e recolhimento de custas e de depósito recursal relativamente ao recurso ordinário, desde que não seja objeto de controvérsia no recurso de revista a validade daqueles recolhimentos (TST/SBDI-1, OJ n. 217).

DEPÓSITO RECURSAL. PIS/PASEP. AUSÊNCIA DE INDICAÇÃO NA GUIA DE DEPÓSITO RECURSAL. VALIDADE. Não é essencial para a validade da comprovação do depósito recursal a indicação do número do PIS/PASEP na guia respectiva (TST/SBDI-1, OJ n. 264).

É importante lembrar que o TST editou a Instrução Normativa n. 26, aprovada pela Resolução n. 124, de 2 de setembro de 2004, dispondo sobre a guia de recolhimento do depósito recursal, nos seguintes termos:

I – O depósito recursal previsto no art. 899 da CLT poderá ser efetuado mediante a utilização da Guia de Recolhimento do FGTS e Informações à Previdência Social – GFIP, gerada pelo aplicativo da Caixa Econômica Federal denominado "Sistema Empresa de Recolhimento do FGTS e Informações à Previdência Social – SEFIP" (GFIP emitida eletronicamente), conforme Anexo 1, ou por intermédio da GFIP avulsa, disponível no comércio e no sítio da Caixa Econômica Federal (Anexo 2).

II – A GFIP emitida eletronicamente, para fins de depósito recursal, ostentará no seu cabeçalho o seguinte título "Guia de Recolhimento para Fins de Recurso Junto à Justiça do Trabalho".

III – O empregador que fizer uso da GFIP gerada eletronicamente poderá efetuar o recolhimento do depósito judicial via Internet Banking ou diretamente em qualquer agência da Caixa Econômica Federal ou dos bancos conveniados.

IV – A comprovação da efetivação do depósito recursal, dar-se-á obrigatoriamente das seguintes formas: No caso de pagamento efetuado em agências da Caixa Econômica Federal ou dos bancos conveniados, mediante a juntada aos autos da guia GFIP devidamente autenticada, e na hipótese de recolhimento feito via Internet, com a apresentação do "Comprovante de Recolhimento/FGTS – via Internet Banking" (Anexo 3), bem como da Guia de Recolhimento para Fins de Recurso Junto à Justiça do Trabalho (Anexo 2), para confrontação dos respectivos códigos de barras, que deverão coincidir.

A utilização de guia de depósito recursal imprópria, ou seja, fora do modelo determinado pelo TST, como a usada em lugar do DARF, por exemplo, implica o não conhecimento do recurso, nos termos da IN/TST n. 3/93, item I. Todavia, há divergência de julgados no próprio TST.

Em razão dessa divergência, foi instaurado no TST um incidente de uniformização de jurisprudência, que resultou na Súmula 426, *in verbis*:

> DEPÓSITO RECURSAL. UTILIZAÇÃO DA GUIA GFIP. OBRIGATORIEDADE (editada em decorrência do julgamento do processo TST-IUJEEDRR 91700-09.2006.5.18.0006 – Res. n. 174/2011, *DEJT* divulgado em 27, 30 e 31-5-2011). Nos dissídios individuais o depósito recursal será efetivado mediante a utilização da Guia de Recolhimento do FGTS e Informações à Previdência Social – GFIP, nos termos dos §§ 4º e 5º do art. 899 da CLT, admitido o depósito judicial, realizado na sede do juízo e à disposição deste, na hipótese de relação de trabalho não submetida ao regime do FGTS.

A jurisprudência, especialmente a Súmula 426 do TST, no tocante à utilização de guia de recolhimento do FGTS para fins de depósito recursal, deverá ser cancelada ou modificada em função dos §§ 4º e 11 do art. 899 da CLT, com redação dada pela Lei n. 13.467/2017.

No que tange aos valores do depósito recursal (TST, IN n. 3/93, item VI), o Presidente do TST edita Atos publicados no *DEJT* que estabelecem os novos valores reajustados anualmente pela variação acumulada do INPC do IBGE dos doze meses imediatamente anteriores.

De acordo com o Ato n. 247/SEGJUD.GP, de 11-7-2019, a partir de 1º-8-2019, os novos valores referentes aos limites de depósito recursal serão de:

a) R$ 9.828,51, no caso de interposição de **Recurso Ordinário;**

b) R$ 19.657,02, no caso de interposição de **Recurso de Revista, Embargos e Recurso Extraordinário;**

c) R$ 19.657,02, no caso de interposição de **Recurso em Ação Rescisória.**

Lembramos, ainda, que os recursos das decisões proferidas nas ações oriundas da relação de trabalho diversas da relação de emprego em decorrência da EC n. 45/2004 também deverão observar as regras alusivas ao depósito recursal, consoante entendimento cristalizado na Instrução Normativa TST n. 27/2005 (art. 2º, § único), segundo a qual a sistemática recursal a ser observada é a prevista na CLT, inclusive no tocante à nomenclatura, à alçada, aos prazos e às competências, sendo certo que, para o empregador ou tomador do serviço, "depósito recursal a que se refere o art. 899 da CLT é sempre exigível como requisito extrínseco do recurso, quando houver condenação em pecúnia".

Cumpre ressaltar que, de acordo com o art. 10, parágrafo único, da IN n. 39/2016 do TST:

> Art. 10. Aplicam-se ao Processo do Trabalho as normas do parágrafo único do art. 932 do CPC, §§ 1º a 4º do art. 938 e §§ 2º e 7º do art. 1.007.
>
> Parágrafo único. A **insuficiência** no valor do preparo do recurso, no Processo do Trabalho, para os efeitos do § 2º do art. 1.007 do CPC, concerne unicamente às custas processuais, não ao depósito recursal.

Contrariamente, a OJ/SBDI-1/TST n. 140 (com nova redação em decorrência do CPC de 2015, Res. n. 217/2017, *DEJT*, divulgado em 20, 24 e 25-4-2017) prevê que:

> **Em caso de recolhimento insuficiente** das custas processuais ou **do depósito recursal, somente haverá deserção do recurso se, concedido o prazo de 5** (cinco) dias previsto no § 2º do art. 1.007 do CPC de 2015, **o recorrente não complementar e comprovar o valor devido**. (grifos nossos)

Importante destacar que o parágrafo único do art. 10 da referida IN n. 39 foi revogado pela Resolução n. 217, de 17 de abril de 2017.

Logo, passou a prevalecer no TST o entendimento fixado na referida OJ n. 140, que só prevê a possibilidade de concessão de prazo pelo relator no caso de **insuficiência** do depósito recursal, e não no caso de **ausência** do depósito recursal. Nesse sentido:

> PROCESSO ANTERIOR À LEI N. 13.467/2017. AGRAVO DE INSTRUMENTO EM RECURSO DE REVISTA. DESERÇÃO DO RECURSO DE REVISTA. AUSÊNCIA DE RECOLHIMENTO DO DEPÓSITO RECURSAL. INCIDÊNCIA DA SÚMULA 245 DO TST E DA ORIENTAÇÃO JURISPRUDENCIAL N. 140 DA SBDI-1 DO TST. No caso dos autos, a ré apresentou a guia de recolhimento do depósito recursal (pág. 233) junto com o recurso de revista, dentro do prazo recursal, porém, sem o comprovante de pagamento. Sobre o tema, orienta a Súmula 245 desta Corte que tanto o recolhimento quanto a comprovação do depósito recursal devem ser feitos no prazo alusivo ao recurso. Assim, não se considera realizado o preparo quando há a apresentação do comprovante de recolhimento do depósito recursal após o término do prazo para a interposição do recurso. De outro lado, a Orientação Jurisprudencial n. 140 da SBDI-1 do TST estabelece que “em caso de recolhimento insuficiente das custas processuais ou do depósito recursal, somente haverá deserção do recurso se, concedido o prazo de 5 (cinco) dias previsto no § 2º do art. 1.007 do CPC de 2015, o recorrente não complementar e comprovar o valor devido”. Portanto, como o caso em exame trata de ausência de recolhimento do depósito recursal, e não de mera insuficiência, não se há falar em concessão de prazo para a parte sanar o vício, convicção que se mantém após a Resolução do TST n. 218 de 17-4-2017, que revogou o parágrafo único do art. 10 da Instrução Normativa n. 39/2016, uma vez que a literalidade do art. 1.007, § 2º, do CPC/2015 é clara no sentido de admitir-se o saneamento apenas nas hipóteses de insuficiência do valor do preparo, o que não é o caso

destes autos. Precedentes. Agravo de instrumento conhecido e desprovido (TST-AIRR 120440320155180001, Rel. Min. Alexandre de Souza Agra Belmonte, 3ª T., *DEJT* 10-5-2019).

É preciso, porém, que o relator ou a turma estejam atentos para impedir incidentes ou recursos meramente protelatórios, como no caso de recolhimento de depósito recursal em valor manifestamente inferior ao devido pelo recorrente com intuito de retardar a marcha processual. Nessa situação, não há que se falar em concessão de prazo para sanar a insuficiência de depósito recursal, e sim em inadmissibilidade do recurso e fixação de multa por litigância de má-fé (CPC, art. 80, VI e VII).

Transitada em julgado a decisão, ordenar-se-á o levantamento imediato da importância referente ao depósito recursal, em favor da parte vencedora, por simples despacho do juiz (CLT, art. 899, § 1º).

7.2.5.2.1. Depósito recursal em agravo de instrumento

Remetemos o leitor ao Capítulo XX, item 5.2.3.

7.2.6. Inexistência de fato extintivo ou impeditivo do direito de recorrer

Também constitui pressuposto recursal objetivo a inexistência de fato extintivo ou impeditivo do direito de recorrer. Este pressuposto é extraído dos arts. 998, 999 e 1.000 do CPC (aplicáveis ao processo do trabalho por força do art. 769 da CLT e art. 15 do CPC), os quais dispõem, *in verbis*:

Art. 998. O recorrente poderá, a qualquer tempo, sem a anuência do recorrido ou dos litisconsortes, desistir do recurso.

Parágrafo único. A desistência do recurso não impede a análise de questão cuja repercussão geral já tenha sido reconhecida e daquela objeto de julgamento de recursos extraordinários ou especiais repetitivos.

Art. 999. A renúncia ao direito de recorrer independe da aceitação da outra parte.

Art. 1.000. A parte que aceitar expressa ou tacitamente a decisão não poderá recorrer.

Parágrafo único. Considera-se aceitação tácita a prática, sem nenhuma reserva, de ato incompatível com a vontade de recorrer.

7.2.6.1. Renúncia e desistência do recurso

A renúncia ao direito de recorrer (CPC, art. 999) e a concordância tácita ou expressa com a decisão (CPC, art. 1.000) são consideradas fatos extintivos do direito de recorrer. A renúncia deve ser manifestada antes da interposição do recurso.

Já a desistência do recurso (CPC, art. 998) caracteriza fato impeditivo ao direito de recorrer[56].

Renúncia e desistência do recurso não se confundem.

Na renúncia, não existe, ainda, o recurso, isto é, a parte que teve contra si uma decisão desfavorável simplesmente manifesta, expressa ou tacitamente, o seu desejo de não interpor recurso. A renúncia ao direito de recorrer produz efeitos meramente processuais (preclusão lógica do direito de recorrer) e independe de homologação judicial, razão pela qual não se confunde com a renúncia ao direito sobre que se funda a ação, que produz efeitos no plano do direito material e depende de seu reconhecimento em sentença definitiva (CPC, art. 487, III).

Na desistência, o recurso já fora formalmente interposto e a parte, em ato posterior, manifesta o seu desejo de não vê-lo apreciado pelo mesmo ou outro órgão competente para tal. A desistência do recurso, portanto, ocorre depois da interposição do recurso e antes do seu respectivo julgamento.

A nosso sentir, a desistência há de ser sempre expressa, oralmente ou por escrito. A desistência é irretratável, não podendo o tribunal conhecer e julgar o recurso da parte que dele desistiu.

A renúncia ou a aceitação da decisão impedem a admissibilidade do recurso pelo juízo *a quo* ou o seu conhecimento pelo juízo *ad quem*. Aceitação expressa ocorre quando o recorrente peticiona ao juiz informando que concorda com a decisão e que pede prazo para cumpri-la. Já a aceitação tácita decorre da prática de atos incompatíveis com a vontade de recorrer como, por exemplo, o pagamento, sem qualquer ressalva, da obrigação pecuniária objeto da condenação, ou a reintegração espontânea do trabalhador ao emprego sem ressalva alguma.

Tanto na renúncia quanto na desistência ao direito de recorrer não há necessidade de aquiescência da parte contrária.

Desistência do recurso não se confunde com desistência da ação, pois esta só pode ser homologada pelo juiz com o consentimento do réu (CLT, art. 841, § 3º), sendo certo, ainda, que, nos termos do § 5º do art. 485 do CPC, "a desistência da ação pode ser apresentada até a sentença". É dizer, em grau de recurso, a parte não pode mais desistir da ação, por preclusão temporal.

A desistência do recurso pode ser formulada antes do seu julgamento, sendo admissível até mesmo no momento da sustentação oral, da tribuna, pelo advogado com poderes especiais. Vale dizer, para que o causídico possa desistir do recurso, é

56. Nesse sentido: BUENO, Cassio Scarpinella. *Curso sistematizado de direito processual civil*, cit., p. 67. Em sentido contrário: MARINONI, Luiz Guilherme; MITIDIERO, Daniel. *Código de Processo Civil...*, cit., p. 518-519. Para esses últimos, a renúncia e a aceitação da decisão são fatos impeditivos, mas quanto à desistência não emitem opinião. Adotamos o magistério de Bueno, pois a desistência impede o direito de recorrer, enquanto a renúncia e a aceitação extinguem o recurso já interposto.

preciso que o instrumento de mandato lhe confira poderes especiais para desistir (CPC, art. 105; CPC/73, art. 38, segunda parte), estando aí implícita a desistência da ação e do recurso, já que este nada mais é do que corolário daquela.

Havendo litisconsórcio simples, tanto a desistência quanto a renúncia independem da anuência dos demais litisconsortes.

Todavia, tratando-se de litisconsórcio unitário, parece-nos que, por interpretação sistemática e lógica dos arts. 998, 114 e 117 do CPC, aplicados subsidiariamente ao processo do trabalho (CLT, art. 769; CPC, art. 15), a desistência ou a renúncia ao direito de recorrer só serão eficazes se todos os litisconsortes concordarem com a desistência. Este também é o entendimento de Marinoni e Mitidiero, no sentido de que:

> se há litisconsórcio unitário entre o recorrente e seus consortes (regime especial do litisconsórcio), então a desistência só opera o efeito de extinguir o procedimento recursal se todos os litisconsortes anuírem à desistência. Do contrário, a desistência é ineficaz e não determina a extinção do recurso[57].

A desistência ou a renúncia do recurso principal implica, concomitantemente, o não conhecimento do recurso adesivo, ficando este – na linguagem forense – prejudicado.

Por fim, há uma questão importante em relação ao direito de desistir do recurso, porquanto, nos termos do parágrafo único do art. 998 do CPC, a desistência do recurso não impede a análise pelo órgão julgador: *a)* de questão cuja repercussão geral já tenha sido reconhecida pelo STF; *b)* de questão objeto de julgamento de recursos extraordinários ou recursos de revista repetitivos. É que nesses casos há o interesse público concernente ao julgamento de recursos escolhidos como paradigmas e que veiculam matérias ou questões que transcendem ao interesse individual do recorrente.

Mas é preciso advertir que, após a desistência pelo recorrente, o STF ou o TST continuarão o julgamento do seu recurso, caso este tenha sido escolhido como paradigma para julgamento dos recursos repetitivos ou da repercussão geral, mas o ato de desistência, produz efeitos imediatos para o recorrente que desistiu do recurso. Vale dizer, opera-se a coisa julgada da decisão recorrida em relação àquele que desistiu do recurso indicado como paradigma para julgamento da repercussão geral no STF ou dos recursos repetitivos de revista no TST ou extraordinário no STF.

7.2.7. Regularidade formal

Tendo em vista que o art. 899, *caput*, da CLT dispõe que os "recursos serão interpostos por simples petição", surgem divergências na doutrina e na jurispru-

57. MARINONI, Luiz Guilherme; MITIDIERO, Daniel. *Código de Processo Civil comentado artigo por artigo*. São Paulo: Revista dos Tribunais, 2008, p. 518.

dência a respeito da existência, no processo do trabalho, do pressuposto recursal da regularidade formal.

A nosso sentir, como já vimos no item 6.6, *supra*, o princípio da discursividade ou dialeticidade informa todo o sistema recursal trabalhista, de modo que qualquer recurso, seja no processo civil, trabalhista, tributário ou administrativo, deve ser fundamentado, isto é, deve apontar os pontos, questões ou capítulos da decisão que o recorrente pretende anular, reformar, integrar ou esclarecer.

Não se exige fundamentação legal, nem formalismos exagerados, como razões recursais anexas ou precisão na pretensão recursal (reforma ou anulação), tendo em vista a possibilidade do *jus postulandi* (CLT, art. 791), mas exige-se, pelo menos, que o recorrente apresente alguma argumentação que justifique a interposição do seu recurso, a fim de que o órgão *ad quem* possa aferir, por exemplo, as partes ou capítulos da decisão que transitaram (ou não) em julgado, além de possibilitar o amplo direito de defesa do recorrido. Com efeito, dispõe o art. 1.002 do CPC que é norma da teoria geral dos recursos que qualquer "decisão pode ser impugnada no todo ou em parte".

De outra parte, se o recurso é um prolongamento do exercício do direito de ação, então os fundamentos jurídicos devem ser exigidos tanto para a ação quanto para a interposição de recursos. Logo, recurso sem motivação é inepto, assim como a petição inicial sem causa de pedir é inepta.

Nesse sentido, aliás, pensamos que a Súmula 422 do TST deve ser aplicada tanto ao recurso de revista como a qualquer outro recurso nos sítios do processo do trabalho. O *jus postulandi*, portanto, não é motivo legal para a ausência de fundamentação dos recursos de natureza ordinária.

O item III da Súmula 422 do TST já demonstra interpretação evolutiva do art. 899 da CLT, na medida em que, embora continue entendendo inaplicável a exigência do item I (não se conhece do recurso de revista quando as razões do recorrente não impugnam os fundamentos da decisão recorrida, nos termos em que proferida) relativamente ao recurso ordinário da competência do Tribunal Regional do Trabalho, abre uma exceção no "caso de recurso cuja motivação é inteiramente dissociada dos fundamentos da sentença".

Aliás, a própria CLT exige fundamentação no agravo de petição, recurso de natureza ordinária, como se infere do art. 897, § 1º: "O agravo de petição só será recebido quando o agravante delimitar, justificadamente, as matérias e os valores impugnados, permitida a execução imediata da parte remanescente até o final, nos próprios autos ou por carta de sentença".

Igualmente, o art. 897-A da CLT exige, nos embargos de declaração, também considerado recurso de natureza ordinária, que o embargante fundamente o recurso, apontando omissão, contradição ou obscuridade da decisão embargada, inclusive cabendo ao embargante postular "efeito modificativo da decisão nos casos de omissão e contradição no julgado e manifesto equívoco no exame dos pressupostos extrínsecos do recurso".

A ausência de impugnação recursal específica sobre os pontos, questões ou capítulos da decisão ou a mera repetição da petição inicial ou da contestação sem atacar os fundamentos da decisão recorrida, implicam o não conhecimento do recurso por irregularidade formal ou por ausência de dialeticidade. Nesse sentido:

> AGRAVO DE INSTRUMENTO. RECURSO DE REVISTA. CERCEAMENTO DE DEFESA. INTERVALO INTRAJORNADA. INOBSERVÂNCIA DO PRINCÍPIO DA DIALETICIDADE RECURSAL. INCIDÊNCIA DA SÚMULA 422 DO TST. Do cotejo do despacho denegatório com as razões de agravo de instrumento, verifica-se que o agravante não logra êxito em desconstituir os fundamentos da decisão agravada. Assim, constatada a irregularidade formal quanto à impugnação, uma vez que na minuta do agravo de instrumento o recorrente não impugna a questão processual que foi fundamento da negativa de seguimento do recurso de revista, qual seja, a irregularidade formal da interposição do recurso de revista, nos termos do art. 514, II, do CPC e da Súmula 422 do TST. Dessa forma, o recurso mostra-se sem fundamentação adequada, sendo pertinente a incidência da Súmula 422 do TST, segundo a qual não se conhece de recurso para o TST, pela ausência do requisito de admissibilidade inscrito no art. 514, II, do CPC, quando as razões do recorrente não impugnam os fundamentos da decisão recorrida, nos termos em que fora proposta. Agravo de instrumento não conhecido (TST-AIRR 1208003520085020442, Rel. Min. Alexandre de Souza Agra Belmonte, 3ª T., *DEJT* 21-11-2014).

Ocorre que o parágrafo único do art. 932 do CPC dispõe que: "Antes de considerar inadmissível o recurso, o relator concederá o prazo de 5 (cinco) dias ao recorrente para que seja sanado vício ou complementada a documentação exigível".

Essa regra, segundo o disposto no art. 10 da IN n. 39/2016 do TST, aplica-se ao processo do trabalho, o que poderá mudar a jurisprudência do TST a respeito da exigência da regularidade formal da fundamentação como pressuposto de admissibilidade de todos os recursos no âmbito da Justiça do Trabalho, pois o relator deverá conceder prazo para que o recorrente apresente os fundamentos pelos quais impugna, no todo ou em parte (capítulo), a decisão recorrida.

8. REMESSA NECESSÁRIA (OU *EX OFFICIO*)

O art. 1º, V, do Decreto-Lei n. 779/69 dispõe, *in verbis*:

> Art. 1º Nos processos perante a Justiça do Trabalho, constituem privilégio da União, dos Estados, do Distrito Federal, dos Municípios e das autarquias ou fundações de direito público federais, estaduais ou municipais que não explorem atividade econômica: (...)

V – o recurso ordinário *ex officio* das decisões que lhe sejam total ou parcialmente contrárias.

Eis, então, o problema jurídico a ser enfrentado: se existe regra especial no sistema processual trabalhista a respeito da remessa necessária, é válida a aplicação subsidiária ou supletiva de regra do CPC de 2015 que regula o mesmo instituto processual?

8.1. Natureza jurídica da remessa necessária

Trata-se de prerrogativa processual – e não de privilégio, como sustentam alguns – cujo fim precípuo repousa na maior segurança jurídica que deve existir nas lides em que esteja em jogo o patrimônio público.

Afinal, o próprio art. 8º, *in fine*, da CLT consagra como uma das fontes do direito do trabalho o princípio da supremacia do interesse público sobre o interesse de classe ou particular. Entretanto, há quem sustente que a remessa necessária é inconstitucional por violar o princípio da isonomia das partes na relação processual.

O "recurso ordinário *ex officio*", também cognominado, com melhor técnica, de remessa necessária, a rigor não possui natureza de "recurso", pois não seria crível admitir que o juiz recorresse de sua própria decisão, como se fosse um "incapaz" ou não tivesse pleno convencimento do seu acerto ao proferir sentença desfavorável aos entes públicos.

A remessa necessária, portanto, é simples condição de eficácia da sentença desfavorável às pessoas jurídicas de direito público, pois ela não produz efeito enquanto não confirmada pelo tribunal.

A confirmação da sentença deve ser feita pelo Tribunal, por meio de órgão colegiado, e não monocraticamente pelo relator, já que o art. 932 do CPC não prevê tal competência.

8.2. Peculiaridades da remessa necessária

A inobservância da remessa necessária, nos casos em que ela é cabível, implica a impossibilidade de trânsito em julgado da sentença (STF, Súmula 423).

Não sendo recurso, a remessa necessária não comporta contrarrazões nem recurso adesivo.

Insta frisar que alguns autores chegaram a sustentar que a remessa necessária seria incompatível com o princípio da igualdade, preconizado no art. 5º da Constituição Federal.

O TST, contudo, editou a Súmula 303, que deixa patente a constitucionalidade desse instituto processual.

8.3. Semelhanças da remessa necessária com os recursos

Tendo em vista que a sentença proferida em desfavor de pessoa jurídica de direito público só produz efeitos depois de confirmada pelo Tribunal, não há dúvida de que a remessa necessária, embora não seja propriamente um recurso, devolve e transfere (efeitos devolutivo e translativo) ao Tribunal o conhecimento de toda a matéria fática e jurídica suscitada no processo. Nesse sentido, já decidiu o TST que

> no julgamento da remessa de ofício o órgão *ad quem* exerce cognição plena (CPC, arts. 515 e 516), não se limitando ao exame da legalidade da sentença. Possibilidade de exame da matéria fática debatida nos autos, ainda que ausente a interposição de recurso da parte beneficiada pelo privilégio legal. O princípio devolutivo não inibe a decisão sobre as demais questões. Recurso de Revista parcialmente conhecido e desprovido (TST-RR 387369, 3ª T., Rel. Min. Conv. Carlos Francisco Berardo, *DJU* 10-8-2001, p. 656).

Além disso, a remessa transfere ao tribunal todas as questões que, embora não debatidas, possam ser conhecíveis de ofício ou se se tratar de matéria de ordem pública, como é a hipótese frequente em que o juízo *a quo* determina a anotação de CTPS de "servidor" investido em emprego público sem que ele tenha sido aprovado em concurso público de provas ou de provas e títulos (CF, art. 37, II, § 2º).

Interessante notar que, segundo o atual entendimento do TST, a inexistência de recurso ordinário voluntário do ente público implica o não conhecimento do recurso de revista por ele interposto. É o que se infere da OJ n. 334 da SBDI-1, *in verbis*:

> REMESSA *EX OFFICIO*. RECURSO DE REVISTA. INEXISTÊNCIA DE RECURSO ORDINÁRIO VOLUNTÁRIO DE ENTE PÚBLICO. INCABÍVEL. Incabível recurso de revista de ente público que não interpôs recurso ordinário voluntário da decisão de primeira instância, ressalvada a hipótese de ter sido agravada, na segunda instância, a condenação imposta.

8.4. A remessa necessária no CPC e suas repercussões no Processo do Trabalho

Outra polêmica que certamente será objeto de discussões doutrinárias diz respeito à aplicabilidade ou não ao processo laboral do art. 496 do CPC, *in verbis*:

> Art. 496. Está sujeita ao duplo grau de jurisdição, não produzindo efeito senão depois de confirmada pelo tribunal, a sentença:
>
> I – proferida contra a União, os Estados, o Distrito Federal, os Municípios e suas respectivas autarquias e fundações de direito público;

II – que julgar procedentes, no todo ou em parte, os embargos à execução fiscal.

§ 1º Nos casos previstos neste artigo, não interposta a apelação no prazo legal, o juiz ordenará a remessa dos autos ao tribunal, e, se não o fizer, o presidente do respectivo tribunal avocá-los-á.

§ 2º Em qualquer dos casos referidos no § 1º, o tribunal julgará a remessa necessária.

§ 3º Não se aplica o disposto neste artigo quando a condenação ou o proveito econômico obtido na causa for de valor certo e líquido inferior a:

I – 1.000 (mil) salários mínimos para a União e as respectivas autarquias e fundações de direito público;

II – 500 (quinhentos) salários mínimos para os Estados, o Distrito Federal, as respectivas autarquias e fundações de direito público e os Municípios que constituam capitais dos Estados;

III – 100 (cem) salários mínimos para todos os demais Municípios e respectivas autarquias e fundações de direito público.

§ 4º Também não se aplica o disposto neste artigo quando a sentença estiver fundada em:

I – súmula de tribunal superior;

II – acórdão proferido pelo Supremo Tribunal Federal ou pelo Superior Tribunal de Justiça em julgamento de recursos repetitivos;

III – entendimento firmado em incidente de resolução de demandas repetitivas ou de assunção de competência;

IV – entendimento coincidente com orientação vinculante firmada no âmbito administrativo do próprio ente público, consolidada em manifestação, parecer ou súmula administrativa.

A questão da remessa necessária no processo do trabalho, como já foi apontado, possui regramento específico no Decreto-Lei n. 779/69, que, segundo entendimento reinante, foi recepcionado pela Constituição Federal de 1988.

Logo, segundo o critério específico do art. 769 da CLT, a aplicação subsidiária do CPC exige, em primeiro lugar, a lacuna da legislação especial respeitante ao processo trabalhista, o que constituiria condição suficiente para inviabilizar a aplicação da norma geral do processo comum. Defendíamos essa tese (*Revista Síntese Trabalhista*, n. 459, Porto Alegre, p. 43-46).

Melhor refletindo sobre o tema, decidimos alterar tal entendimento. É que, com base na teoria geral do processo e considerando a absoluta pertinência da alteração do art. 475 do CPC/73 (CPC, art. 496) com a função social do Direito Processual do Trabalho, mostra-se não só compatível a nova regra, mas também necessária para minimizar as consequências deletérias da morosidade das lides trabalhistas em que figuram entes públicos, com evidentes prejuízos para os trabalhadores.

Ressalte-se, nesse contexto, que o art. 3º, X, da IN n. 39/2016 do TST (sem embargo da suspeitável inconstitucionalidade dessa Instrução Normativa como se discute na ADI n. 5.516 em tramitação no STF), manda aplicar ao processo do trabalho o disposto no art. 496 e seus §§ 1º e 20 do CPC.

Mais uma vez o TST, sem fundamentar tecnicamente o motivo que o leva a não aplicar o art. 1º, V, do Decreto-Lei n. 779/69, que é diploma normativo especial do sistema processual trabalhista, edita súmula "legislando" sobre direito processual do trabalho, o que, a nosso sentir, viola os princípios da separação dos Poderes, da reserva legal e da competência privativa do Congresso Nacional (CF, arts. 2º, 5º, II, 37, *caput* e 22, I).

Tecnicamente, aquela Corte deveria declarar, expressamente, que o art. 1º, IV, do DL n. 779/69 contém lacunas ontológicas e axiológicas se confrontado com o art. 496 do CPC, razão pela qual poderia ser o referido dispositivo interpretado conforme a Constituição, a fim de propiciar maior efetividade/celeridade aos processos trabalhistas em que figuram como partes as pessoas jurídicas de direito público, além de assegurar tratamento isonômico entre os credores de natureza alimentícia das Fazendas Públicas federais, estaduais e municipais.

8.5. Aplicação supletiva da remessa necessária no sistema recursal trabalhista

Analisemos, pois, a aplicação supletiva e subsidiária do art. 496 do CPC de 2015 no processo do trabalho, como autoriza o art. 769 da CLT e art. 15 do CPC.

No que tange ao *caput* e inciso I do art. 496 do CPC, é importante lembrar que a remessa necessária das sentenças desfavoráveis às pessoas jurídicas de direito público já está, ao menos parcialmente, regulada pelo art. 1º, V, do Decreto-Lei n. 779/69, com exceção apenas das autarquias que "explorem atividade econômica".

O Decreto-Lei n. 200/67, no entanto, impede a finalidade lucrativa das autarquias, pois estas são pessoas jurídicas de direito público.

Quanto ao inciso II do art. 496 do CPC, isto é, à remessa necessária das sentenças que julgarem total ou parcialmente procedentes os embargos à execução fiscal, cremos que a reforma introduzida no CPC produz efeitos no processo do trabalho, uma vez que a Justiça do Trabalho (CF, art. 114, VII, com a redação da EC n. 45/2004) passou a ser competente para as ações de execução fiscal para cobrança de multas aplicadas pelos órgãos de fiscalização das relações de trabalho.

Logo, em tais demandas poderá haver a oposição de embargos à execução de dívida ativa, ou seja, embargos à execução fiscal.

Assim, a sentença que julgar procedentes, no todo ou em parte, os embargos à execução fiscal cujo valor certo for igual ou inferior aos valores previstos nos incisos I, II e III do § 3º do art. 496 do CPC não estará sujeita ao reexame obrigatório.

No que concerne à abolição da remessa *ex officio* nas causas em que a condenação ou o proveito econômico obtido na causa for de valor certo e líquido inferior àqueles fixados nos incisos I a III do § 3º do art. 496 do CPC, parece-nos factível a sua aplicação ao processo do trabalho, invocando-se, sobretudo, o princípio da proteção processual (norma mais favorável) ao trabalhador, bem como os princípios da celeridade e economia processuais, que exigem aplicabilidade mais enfática no processo do trabalho em relação ao processo civil.

Há nítidas lacunas ontológica e axiológica do inciso V do art. 1º do DL n. 779, pois se revela envelhecido e, sobretudo, manifestamente injusto com os credores de natureza alimentícia das Fazendas Públicas se comparado ao art. 496 do CPC/2015, o que autoriza a heterointegração (diálogo das fontes) dos sistemas do processo civil e do processo do trabalho[58].

O TST, embora sem reconhecer explicitamente a existência de lacunas ontológica e axiológica no sistema recursal trabalhista a respeito da remessa necessária, editou a Súmula 303, que foi alterada para adequar-se ao art. 496 e parágrafos do CPC:

> FAZENDA PÚBLICA. REEXAME NECESSÁRIO (nova redação em decorrência do CPC de 2015). I – Em dissídio individual, está sujeita ao reexame necessário, mesmo na vigência da Constituição Federal de 1988, decisão contrária à Fazenda Pública, salvo quando a condenação não ultrapassar o valor correspondente a: *a*) 1.000 (mil) salários mínimos para a União e as respectivas autarquias e fundações de direito público; *b*) 500 (quinhentos) salários mínimos para os Estados, o Distrito Federal, as respectivas autarquias e fundações de direito público e os Municípios que constituam capitais dos Estados; *c*) 100 (cem) salários mínimos para todos os demais Municípios e respectivas autarquias e fundações de direito público.
>
> II – Também não se sujeita ao duplo grau de jurisdição a decisão fundada em: *a*) súmula ou orientação jurisprudencial do Tribunal Superior do Trabalho; *b*) acórdão proferido pelo Supremo Tribunal Federal ou pelo Tribunal Superior do Trabalho em julgamento de recursos repetitivos; *c*) entendimento firmado em incidente de resolução de demandas repetitivas ou de assunção de competência; *d*) entendimento coincidente com orientação vinculante firmada no âmbito administrativo do próprio ente público, consolidada em manifestação, parecer ou súmula administrativa.

58. Sobre o diálogo das fontes dos processos civil e trabalhista, conferir: LEITE, Carlos Henrique Bezerra. *Curso de direito processual do trabalho*. 14. ed. São Paulo: Saraiva, 2015. p. 133-138.

III – Em ação rescisória, a decisão proferida pelo Tribunal Regional do Trabalho está sujeita ao duplo grau de jurisdição obrigatório quando desfavorável ao ente público, exceto nas hipóteses dos incisos anteriores.

IV – Em mandado de segurança, somente cabe reexame necessário se, na relação processual, figurar pessoa jurídica de direito público como parte prejudicada pela concessão da ordem. Tal situação não ocorre na hipótese de figurar no feito como impetrante e terceiro interessado pessoa de direito privado, ressalvada a hipótese de matéria administrativa.

Não há dúvida de que a *mens legis* do art. 496 do CPC continua a ser a de atribuir maior responsabilidade aos advogados (procuradores) dos entes públicos.

Nesse sentido, sugere-se redobrada atenção do juiz do trabalho na hipótese em que não houver interposição do recurso ordinário "voluntário", devendo, por exemplo, determinar a expedição de ofícios ao Ministério Público (estadual ou federal) ao MPT e à OAB para apuração de eventuais responsabilidades.

O inciso II da Súmula 303 do TST deveria ser extinto por ausência de sustentação jurídica, pois o julgamento da ação rescisória é feito por um órgão colegiado. Logo, não há lugar para remessa necessária de acórdão, uma vez que o art. 496, *caput*, do CPC só a prevê em caso de sentença.

Finalmente, parece-nos aplicável supletiva e subsidiariamente ao processo do trabalho a norma prescrita no § 4º do art. 496 do CPC, ante a lacuna normativa da CLT e a sua manifesta compatibilidade com os princípios que lhe são peculiares.

Salienta-se apenas que as Súmulas do TST recebiam o nome de enunciados, não sendo aqui aplicáveis, a nosso sentir, as orientações jurisprudenciais e os precedentes editados por aquela Corte Superior.

Com efeito, o § 4º do art. 496 do CPC aboliu a remessa necessária não apenas quando a sentença estiver fundada em súmula de tribunal superior como também em acórdão do STF (e do TST, por analogia) e nas demais hipóteses ali previstas, o que demonstra a íntima correlação da remessa necessária (§ 4º do art. 496) com o art. 927 do CPC, ou seja, com a ordem dos processos nos tribunais.

Parece-nos que o art. 496 do CPC apresenta-se rigorosamente compatível com o processo do trabalho, não sendo lógico ou razoável deixar de aplicá-lo ao processo laboral, pois isso implicaria verdadeira *capitis diminutio* do magistrado trabalhista em relação ao magistrado da Justiça Comum, principalmente se atentarmos para o fato de que são justamente os créditos trabalhistas que necessitam de uma rápida resposta do Judiciário.

Afinal, o dogma da "ausência de omissão" da legislação processual trabalhista deve ser relativizado diante dos casos concretos em que as normas mais modernas da legislação processual civil apresentam-se mais aptas e eficazes a promover a justa e rápida solução da lide laboral.

Trata-se da existência de lacunas ontológicas ou axiológicas de preceitos normativos do sistema processual do trabalho, cabendo aos órgãos da Justiça do Trabalho colmatá-las mediante a heterointegração (diálogo das fontes) com o sistema processual civil em prol da realização dos direitos fundamentais sociais no campo das relações de trabalho.

9. JUNTADA DE DOCUMENTOS NA FASE RECURSAL

Consoante os arts. 787 e 845 da CLT, os documentos devem acompanhar a inicial e a defesa. Tal regra encontra-se em sintonia com o princípio do contraditório, já que os limites da lide devem estar balizados na petição inicial e na contestação, pelo que não seria razoável que a parte fosse surpreendida com documento juntado tardiamente.

Há algumas exceções, como, *v.g.*, as referidas nos arts. 435 e 438 (arts. 397 e 399 do CPC/73), aplicáveis ao processo do trabalho (CLT, art. 769).

Nos termos do art. 435 do CPC, é lícito às partes, em qualquer tempo, juntar aos autos documentos novos, quando destinados a fazer prova de fatos ocorridos depois dos articulados ou para contrapô-los aos que foram produzidos nos autos. O parágrafo único do mesmo artigo admite também a juntada posterior de documentos formados após a petição inicial ou a contestação, bem como dos que se tornaram conhecidos, acessíveis ou disponíveis após esses atos, cabendo à parte que os produzir comprovar o motivo que a impediu de juntá-los anteriormente e incumbindo ao juiz, em qualquer caso, avaliar a conduta da parte de acordo com o art. 5º do CPC.

Já o art. 436 do CPC dispõe que a parte, intimada a falar sobre documento constante dos autos, poderá:

> I – impugnar a admissibilidade da prova documental;
>
> II – impugnar sua autenticidade;
>
> III – suscitar sua falsidade, com ou sem deflagração do incidente de arguição de falsidade;
>
> IV – manifestar-se sobre seu conteúdo.
>
> Parágrafo único. Nas hipóteses dos incisos II e III, a impugnação deverá basear-se em argumentação específica, não se admitindo alegação genérica de falsidade.

Vale dizer, dentre as exceções à regra da produção da prova documental junto com a petição inicial e a contestação, está aquela que diz respeito a documento novo, que é acessível à parte após a apresentação da contestação ou referente a fatos supervenientes.

Documento novo é aquele cronologicamente velho e relevante para o deslinde da causa, mas que dele não pôde fazer uso a parte por desconhecê-lo ou por estar relacionado a fato posterior à sentença.

No tocante à possibilidade de juntada de documento na fase recursal, o TST editou a Súmula 8, que dispõe: "A juntada de documentos na fase recursal só se justifica quando provado o justo impedimento para sua oportuna apresentação ou se referir a fato posterior à sentença".

Justo impedimento se daria na hipótese em que a ré provar que não pôde juntar determinado documento, que comprovava certo pagamento ao autor, por ter o fundado receio de ter sido ele destruído em um incêndio. Somente após interposto o recurso a ré junta o referido documento, sob o fundamento de que este se encontrava em uma repartição pública. Neste caso, o Relator deverá abrir vista à parte contrária para, querendo, manifestar-se sobre a juntada e o teor do documento acostado aos autos.

Cópias de sentenças e acórdãos extraídas de outros processos não configuram documento novo, razão pela qual não incide a Súmula 8 do TST na espécie.

No claro intuito de evitar alegação de "cerceio de defesa", os Tribunais Trabalhistas, em vez de determinarem o desentranhamento do documento que não se apresenta como juridicamente novo, apenas o "desconsideram" ou não o "conhecem", sem, no entanto, retirá-lo dos autos.

10. RECURSO INTERPOSTO POR FAC-SÍMILE OU POR MEIO ELETRÔNICO

10.1. Recurso interposto por fac-símile

Não há uniformidade acerca da aceitação do recurso interposto via fac-símile. O Supremo Tribunal Federal, num primeiro momento, não admitia o recurso apresentado por meio de fac-símile. Depois, passou a admiti-lo quando nele constasse o registro do reconhecimento de firma do subscritor e desde que apresentada a petição original no prazo de cinco dias da interposição. Finalmente, o Pretório Excelso uniformizou o seu entendimento para aceitar a petição recursal interposta via fax, desde que a peça original fosse protocolada dentro do prazo alusivo ao recurso, como se vê dos seguintes julgados:

> FAX – INTERPOSIÇÃO DE RECURSO POR INTERMÉDIO DE FAC-SÍMILE – Esta Corte, em vários precedentes (assim, no MS (AgRg) n. 21.230, no AI (AgRg) n. 142.522 e no MI (AgRg) n. 372), já firmou a orientação de que só é válida a interposição de recurso por meio de fac-símile (fax), se o original der entrada no protocolo do Tribunal dentro do prazo do recurso, uma vez que esse sistema, além da pouca duração da reprodução, não assegura a autenticidade do ato processual. No caso, o original do agravo em causa não deu entrada no protocolo da Corte no prazo para a interposição desse recurso. Agravo regimental não conhecido (STF AgRg em E-RE n. 116.694/SP, TP, Rel. Min. Moreira Alves, *DJU* 18-6-1993).

AGRAVO REGIMENTAL EM AGRAVO DE INSTRUMENTO. INTERPOSIÇÃO DE RECURSO POR "FAX". AUSÊNCIA DE FORMALIDADE ESSENCIAL. É intempestivo o recurso interposto por "fax" se a juntada dos originais, para a atestação da autenticidade da assinatura exigida pela norma procedimental, somente foi suprida após escoado o prazo recursal. Precedentes. Agravo regimental improvido (STF 2ª T., AGREG n. 161.070-1, Ac. un., Rel. Min. Maurício Corrêa, *DJU* 15-9-1995, p. 29.527, in *Dicionário de Decisões Trabalhistas*, 26. Ed., de B. Calheiros Bomfim, Silvério Mattos dos Santos e Cristina Kaway Stamato).

O Tribunal Superior do Trabalho encampou a posição da Suprema Corte:

RECURSO INTERPOSTO VIA FAX. O entendimento de que o original do recurso interposto via fax deve vir aos autos antes de esgotado o octídio legal não viola o art. 374 do CPC (TST RR n. 141.647/94.5, Ac. 2ª T. 5.158/96, Rel. Min. Moacyr R. Tesch Auersvald, *DJU* 25-10-1996).

Na verdade, o dissenso jurisprudencial perde importância, tendo em vista a edição da Lei n. 9.800/99, que permite às partes a utilização de sistema de transmissão de dados e imagens tipo fac-símile ou outro similar para a prática de atos processuais que dependam de petição escrita, sendo certo que, nos termos do seu art. 2º:

A utilização de sistema de transmissão de dados e imagens não prejudica o cumprimento dos prazos, devendo os originais ser entregues em juízo, necessariamente, até cinco dias da data de seu término.

Nos atos processuais não sujeitos a prazo, os originais devem ser entregues até cinco dias da data da recepção do material.

A parte ou o interessado que fizer uso de sistema de transmissão torna-se responsável pela qualidade e fidelidade do material transmitido, e por sua entrega ao órgão judiciário (Lei n. 9.800/99, art. 4º). A não observância dessa regra implica litigância de má-fé, se não houver perfeita concordância entre o original remetido pelo fac-símile e o original entregue em juízo.

O art. 5º da Lei n. 9.800 deixa claro que a instituição do sistema de transmissão de dados ou recepção fica a cargo de cada órgão judiciário, conforme a disponibilidade dos equipamentos pertinentes. Isso quer dizer que a parte ou o interessado devem ter a máxima cautela e verificar se, de fato, o órgão ao qual será dirigido o recurso adotou ou não o sistema.

Sobre a interposição de recurso via fac-símile, dispõe a Súmula 387 do TST:

RECURSO. FAC-SÍMILE. LEI N. 9.800/1999 (atualizada em decorrência do CPC de 2015, Res. n. 208/2016, *DEJT* divulgado em 22, 25 e 26-4-2016). I – A Lei n. 9.800, de 26-5-1999, é aplicável somente a recursos interpostos após o início de sua vigência. II – A contagem do quinquídio para apresentação dos originais de recurso interposto por intermédio de fac-símile começa a fluir do dia subsequente ao término do prazo recursal, nos termos do art. 2º da Lei n. 9.800, de 26-5-1999, e não do dia seguinte à interposição do recurso, se esta se deu antes do termo final do prazo. III – Não se tratando a juntada dos originais de ato que dependa de notificação, pois a parte, ao interpor o recurso, já tem ciência de seu ônus processual, não se aplica a regra do art. 224 do CPC de 2015 (art. 184 do CPC de 1973) quanto ao *dies a quo*, podendo coincidir com sábado, domingo ou feriado. IV – A autorização para utilização do fac-símile, constante do art. 1º da Lei n. 9.800, de 26-5-1999, somente alcança as hipóteses em que o documento é dirigido diretamente ao órgão jurisdicional, não se aplicando à transmissão ocorrida entre particulares.

Para encerrar este tópico, é importante lembrar que, nos termos do art. 50 da Resolução CSJT n. 136/2014, a "partir da implantação do PJe-JT em unidade judiciária, fica vedada a utilização do e-DOC ou qualquer outro sistema de peticionamento eletrônico para o envio de petições relativas aos processos que tramitam no PJe-JT", sendo certo que o parágrafo único do referido artigo dispõe que o "descumprimento da determinação constante do *caput* implicará no descarte dos documentos recebidos, que não constarão de nenhum registro e não produzirão qualquer efeito legal".

10.2. Recurso interposto por meio eletrônico

No dia 19 de dezembro de 2006, foi publicada a Lei n. 11.419 (*DOU* 20-12-2006), que dispõe sobre a informatização do processo judicial, cujo art. 1º, § 1º, determina expressamente que tal lei é aplicável "indistintamente, aos processos civil, penal e trabalhista, bem como aos juizados especiais, em qualquer grau de jurisdição".

Vale dizer que a Lei n. 11.419/2006 (art. 1º, *caput*) permite, mas não torna obrigatório, o uso de meio eletrônico na tramitação de processos judiciais, comunicação de atos e transmissão de peças processuais.

De acordo com o art. 2º da Lei n. 11.419/2006, o envio de petições, de recursos e a prática de atos processuais em geral por meio eletrônico serão admitidos mediante uso de assinatura eletrônica, sendo, porém, obrigatório o credenciamento prévio no Poder Judiciário, conforme disciplinado pelos órgãos respectivos. Tal credenciamento no Poder Judiciário será realizado mediante procedimento no qual esteja assegurada a adequada identificação presencial do interessado. Ao credenciado serão atribuídos registro e meio de acesso ao sistema, de modo a preservar o sigilo, a identificação e a autenticidade de suas comunicações. Os órgãos do Poder Judiciário poderão criar um cadastro único para o credenciamento previsto neste artigo.

O art. 3º da Lei n. 11.419/2006 considera realizados os atos processuais por meio eletrônico no dia e hora do seu envio ao sistema do Poder Judiciário, cabendo a este fornecer o protocolo eletrônico.

É importante assinalar que, nos termos do parágrafo único do art. 3º da Lei n. 11.419/2006: "Quando a petição eletrônica for enviada para atender prazo processual, serão consideradas tempestivas as transmitidas até as 24 (vinte e quatro) horas do seu último dia".

No tocante ao recurso interposto por meio eletrônico, já vimos que o TST editou a Instrução Normativa n. 30/2007, que regulamenta a Lei n. 11.419 no âmbito da Justiça do Trabalho, que dispõe sobre informatização do processo judicial[59].

Importante assinalar que o § 1º do art. 1.029 do CPC passou a admitir a indicação de decisões disponíveis em mídia eletrônica, inclusive na internet, entre as suscetíveis de prova de divergência jurisprudencial. Ante a lacuna normativa da CLT e a ausência de incompatibilidade com a processualística laboral, entendemos que o § 1º do art. 1.029 do CPC pode ser aplicável aos recursos de natureza extraordinária cabíveis no processo laboral, a saber: recurso de revista e recurso de embargos para a SBDI-1, além do próprio recurso extraordinário para o STF.

Para finalizar este tópico, lembramos que a Resolução CSJT n. 136/2014, cujo art. 1º determina que "a tramitação do processo judicial no âmbito da Justiça do Trabalho, a prática de atos processuais e sua representação por meio eletrônico, nos termos da Lei n. 11.419, de 19 de dezembro de 2006, serão realizadas exclusivamente por intermédio do Sistema Processo Judicial Eletrônico da Justiça do Trabalho – PJe-JT regulamentado por esta Resolução".

Assim, nas unidades judiciárias que implantarem o sistema do PJe-JT, a distribuição da ação e a juntada da resposta, dos recursos e das petições em geral, todos em formato digital, nos autos de processo eletrônico, serão feitas diretamente por aquele que tenha capacidade postulatória, sem necessidade da intervenção da secretaria judicial, de forma automática, mediante recibo eletrônico de protocolo, disponível permanentemente para guarda do peticionante.

De acordo com a citada Resolução CSJT n. 136/2014, a interposição recursal encaminhada para o PJe será considerada tempestiva quando enviada, integralmente, até às 24 (vinte e quatro) horas do dia em que se encerra o prazo processual, considerado o horário do Município sede do órgão judiciário ao qual é dirigida a petição (art. 33), sendo certo que a suspensão dos prazos processuais não impedirá o encaminhamento de petições e a movimentação de processos eletrônicos, podendo a apreciação dos pedidos decorrentes desses prazos ocorrer, a critério do Juiz, após o término do período de suspensão, ressalvados os casos de urgência.

O sistema do PJe fornecerá ao usuário externo recibo eletrônico da prática do ato processual, disponível permanentemente para guarda do peticionante, contendo: I – data e horário da prática do ato; II – a identificação do processo; III – o nome do remetente ou do usuário que assinou eletronicamente o documento; e IV – o assunto,

59. Sobre o sistema de peticionamento eletrônico, remetemos o leitor ao Capítulo VIII, item 6.

o órgão destinatário da petição e as particularidades de cada arquivo eletrônico, conforme informados pelo remetente, se houver.

Os §§ 3º a 5º do art. 33 da Resolução CSJT n. 136/2014 dispõem que:

- Será "de integral responsabilidade do remetente a equivalência entre os dados informados para o envio e os constantes da petição remetida";
- Não serão considerados, para fins de tempestividade, o horário inicial de conexão do usuário à internet, o horário de acesso do usuário ao sítio eletrônico do Tribunal ou ao PJe-JT, tampouco os horários registrados pelos equipamentos do remetente;
- A não obtenção de acesso ao PJe-JT, e eventual defeito de transmissão ou recepção de dados não imputáveis à indisponibilidade ou impossibilidade técnica do sistema, não servirão de escusa para o descumprimento de prazo processual, salvo deliberação expressa da autoridade judiciária competente.

11. CONTRARRAZÕES

Diz o art. 900 da CLT: "Interposto o recurso, será notificado o recorrido para oferecer as suas razões, em prazo igual ao que tiver o recorrente."

O prazo para oferecimento das razões de contrariedade (ou contrarrazões) é de oito dias, observando-se as mesmas regras utilizadas para o recurso no atinente à contagem do lapso temporal.

As pessoas jurídicas de direito público dispõem de prazo em dobro para recorrer, mas não para a apresentação de contrarrazões. Isso decorre da interpretação restritiva do disposto no art. 1º, V, do Decreto-Lei n. 779/69, o qual alude apenas a prazo em dobro para "recurso", e não para contrarrazões.

As contrarrazões constituem manifestação do princípio do contraditório e é um direito do recorrido. Todavia, o recorrido não está obrigado a apresentá-las, não sofrendo, por isso, qualquer sanção processual.

É importante assinalar que as contrarrazões não possuem efeitos infringentes ou modificativos. Vale dizer, não servem para reformar a decisão recorrida. Mas, por meio delas, o recorrido pode suscitar questões conhecíveis *ex officio* concernentes aos pressupostos de admissibilidade do recurso (tempestividade, adequação, preparo etc.) ou a condições da ação e pressupostos processuais.

11.1. Prescrição arguida em contrarrazões

Tem-se discutido, em doutrina, sobre a possibilidade de o recorrido arguir prescrição em sede de contrarrazões.

A nosso ver, e como já afirmado alhures, as contrarrazões não possuem efeitos infringentes. Logo, somente mediante recurso próprio é que a parte, *in casu*, o empregador, poderia suscitar a prescrição, já que não se trataria de matéria conhecível de ofício pelo órgão *ad quem*. Aliás, prescrição constitui matéria de mérito (CPC, art. 487, II), ou melhor, "prejudicial de mérito", o que exige pedido de reforma da decisão recorrida. Ademais, a arguição da prescrição em contrarrazões impede a manifestação posterior escrita[60] da parte contrária, malferindo, assim, o princípio do contraditório.

No âmbito do TST pacificou-se o entendimento de que é possível a prescrição arguida em contrarrazões a recurso ordinário, mas não em contrarrazões ao recurso de revista. Nesse sentido:

> (...) RECURSO DE REVISTA DO RECLAMADO INTERPOSTO SOB A ÉGIDE DA LEI N. 13.015/2014 – PRESCRIÇÃO. ARGUIÇÃO APENAS EM EMBARGOS DE DECLARAÇÃO. IMPOSSIBILIDADE. Nos termos da Súmula 153 do TST, "Não se conhece de prescrição não arguida na instância ordinária", sendo certo que a última oportunidade processual considerada por esta Corte para efeito do referido entendimento sumulado é em razões ou contrarrazões ao recurso ordinário, e não em embargos de declaração, como ocorreu no caso. Julgados. Recurso de revista não conhecido (...) (TST-ARR 539-34.2014.5.09.0669, 8ª T., Rel. Min. Márcio Eurico Vitral Amaro, *DEJT* 10-5-2019).
>
> AGRAVO DE INSTRUMENTO EM RECURSO DE REVISTA DO RECLAMANTE. RECURSO REGIDO PELO CPC/2015 E PELA INSTRUÇÃO NORMATIVA N. 40/2016 DO TST. PREJUDICIAL DE MÉRITO. PRESCRIÇÃO TOTAL ARGUIDA EM CONTRAMINUTA AO AGRAVO DE INSTRUMENTO E CONTRARRAZÕES AO RECURSO DE REVISTA PELA RECLAMADA. A reclamada, em contraminuta ao agravo de instrumento e contrarrazões ao recurso de revista, pleiteia a incidência da prescrição total prevista na Súmula 294 do TST. Todavia, não se pode examinar a referida matéria, a não ser por meio de recurso próprio. Deveria, portanto, ter interposto recurso de revista adesivo (art. 997, § 2º, do CPC/2015), sob pena de ofensa aos princípios da isonomia processual e do contraditório, pois, ao arguir a matéria em contraminuta e contrarrazões, a parte contrária não tem oportunidade de se pronunciar a esse respeito. Nesse sentido, a invocação do tema apenas em contraminuta e contrarrazões não permite o exame por este Tribunal, sob pena de fazê-lo sem o preenchimento dos pressupostos extrínsecos e intrínsecos previstos no art. 896 da CLT, necessários à admissibilidade recursal, e, ainda, sem que houvesse oportunidade para que a outra parte se manifestasse sobre a questão. Precedentes. Prejudicial de mérito rejeitada (...) (TST-AIRR 233-26.2017.5.13.0030, 2ª T., Rel. Min. José Roberto Freire Pimenta, *DEJT* 28-6-2019).

---

60. A sustentação oral não oferece ao recorrente ampla possibilidade de pronunciar-se sobre matéria nova alegada em contrarrazões. Mesmo porque o tribunal deve se ater ao que foi objeto do recurso, servindo as contrarrazões apenas para o recorrido levantar questões preliminares ou refutar a tese contida nas razões recursais do recorrente.

Sobre outras questões referentes à prescrição, remetemos o leitor ao Capítulo XIV, item 5.2.1.1.

Saliente-se, por oportuno, que a remessa necessária, que não é recurso, não comporta contrarrazões.

Em edições passadas desta obra chegamos a sustentar que o recurso interposto pelo MPT, como órgão interveniente (*custos legis*), não admitiria contrarrazões. Pedimos vênia para informar que alteramos nosso entendimento. Com efeito, o recurso interposto pelo MPT na condição de *fiscal da ordem jurídica* não deixa de ter características de recurso aviado por terceiro interessado. De modo que, interposto o apelo pelo *Parquet* Laboral, deve o órgão judicial determinar, de acordo com o conteúdo do *decisum*, a intimação da parte ou das partes originárias da relação processual para, querendo, apresentarem contrarrazões. Expliquemo-nos: tratando-se de decisão (sentença ou acórdão) que julga válido contrato de trabalho de servidor que não fora aprovado em concurso público, do recurso interposto pelo MPT devem ser intimadas ambas as partes para contra-arrazoarem o apelo ministerial, pois a nulidade da contratação produzirá efeitos tanto para o autor quanto para o réu. Se, porém, a decisão for integralmente desfavorável apenas a um empregado adolescente, por exemplo, do apelo ministerial que tiver por objeto a reforma do *decisum* em benefício do adolescente, deverá ser intimado para contra-arrazoar apenas o empregador.

12. RECURSOS INTERPOSTOS POR TERCEIRO, PELO MINISTÉRIO PÚBLICO E PELA UNIÃO

À luz do art. 996 do CPC (CPC/73, art. 499), que é perfeitamente aplicável ao processo do trabalho (CLT, art. 769), o recurso pode ser interposto pela parte vencida, pelo terceiro prejudicado e pelo Ministério Público.

Com efeito, dispõe o art. 996 e seu parágrafo único do CPC, *in verbis*:

> Art. 996. O recurso pode ser interposto pela parte vencida, pelo terceiro prejudicado e pelo Ministério Público, como parte ou como fiscal da ordem jurídica.
>
> Parágrafo único. Cumpre ao terceiro demonstrar a possibilidade de a decisão sobre a relação jurídica submetida à apreciação judicial atingir direito de que se afirme titular ou que possa discutir em juízo como substituto processual.

12.1. Terceiro prejudicado

Incumbe ao terceiro prejudicado demonstrar que a decisão sobre a relação jurídica submetida à apreciação judicial atinge direito de que se afirme titular ou que possa discutir em juízo como substituto processual.

É do terceiro prejudicado, portanto, o ônus de demonstrar o nexo de interdependência entre o seu interesse de intervir na qualidade de recorrente e a relação jurídica submetida à apreciação judicial.

O interesse recursal do terceiro há de ser necessariamente jurídico, e não simplesmente econômico, político ou moral. Nesse sentido:

> RECURSO ORDINÁRIO. AÇÃO RESCISÓRIA.INDEFERIMENTO DA PETIÇÃO INICIAL. NÃO CABIMENTO DAS HIPÓTESES ELENCADAS PELOS ARTS. 966 E 967, II, CPC. TERCEIRO JURIDICAMENTE INDIFERENTE. ILEGITIMIDADE ATIVA. Trata-se de ação rescisória ajuizada pelo Estado do Amapá com a finalidade de desconstituir sentença na qual foram julgados procedentes os pedidos formulados na reclamação trabalhista em face de entidade de natureza privada que recebe recursos públicos (Caixa Escolar). O TRT indeferiu liminarmente a ação rescisória por entender que a narrativa dos fatos contida na inicial não decorre o enquadramento em nenhuma das hipóteses elencadas no art. 966 do CPC/2015. Ademais, percebe-se que, de acordo com o inciso II do art. 967, II, do CPC/2015 o ente público não possui interesse jurídico, mas econômico. O autor não integrou o polo passivo do processo no qual foi proferida a decisão rescindenda, não tendo sofrido qualquer tipo de condenação pelo referido julgado. O art. 967, II do CPC/2015, ao tratar da ação rescisória, restringe o rol de legitimados para abarcar apenas o terceiro juridicamente interessado, o que não se verifica em relação ao Estado do Amapá, que é juridicamente indiferente. Precedentes SBDI-2. Recurso ordinário conhecido e desprovido (TST-RO 201-18.2018.5.08.0000, SBDI-2, Rel. Min. Maria Helena Mallmann, *DEJT* 23-11-2018).

Consoante já estudado no Capítulo XI, raras são as hipóteses de cabimento da intervenção de terceiros no processo do trabalho. Dessa forma, aqueles que foram admitidos como terceiros intervenientes, além da legitimação para interposição de recursos, têm naturalmente interesse recursal, salvo quando não forem sucumbentes ou a decisão não lhes trouxer situação jurídica de desfavorabilidade.

12.1.1. Recurso interposto por perito

Há situações em que pessoas ou entes que não figuraram como sujeitos da lide acabam de algum modo sendo atingidas pela decisão judicial, como, por exemplo, o perito em relação aos honorários periciais.

Os peritos são sujeitos do processo que figuram como auxiliares do juízo, mas não são sujeitos da lide. Logo, não possuem capacidade postulatória (CLT, art. 791), nem legitimidade ou interesse recursal para postular arbitramento ou majoração de honorários periciais.

A questão, porém, não é pacífica, como se infere dos seguintes julgados:

RECURSO INTERPOSTO PELO PERITO. AUSÊNCIA DE CAPACIDADE POSTULATÓRIA. Os auxiliares da Justiça, embora detenham legitimidade para recorrer na condição de terceiros prejudicados, não têm capacidade postulatória, somente podendo interpor recurso representados por advogado habilitado para tal ato (TRT 4ª R., RO 00006040220135040702, 4ª. T., *DEJT* 19-7-2017).

RECURSO DE REVISTA INTERPOSTO POR PERITO JUDICIAL. LEGITIMIDADE PARA RECORRER. AUSÊNCIA. O perito judicial não detém legitimidade para recorrer visando ao pagamento de honorários periciais, não sendo considerado terceiro prejudicado, na forma do art. 499 do CPC, e sim auxiliar da justiça (CPC, art. 139). Precedentes do TST e do STJ. Recurso de revista de que não se conhece (TST-RR 24300-15.2000.5.09.0660, Rel. Min. Walmir Oliveira da Costa, 1ª T., *DEJT* 23-9-2011).

PERITO DO JUÍZO. ILEGITIMIDADE PARA RECORRER. Não deve ser conhecido, por ilegitimidade para recorrer, recurso interposto por perito, uma vez que ele não é parte vencida no processo, tampouco terceiro prejudicado, nos termos do art. 499 do CPC, e sim auxiliar do Juízo, exercendo função meramente administrativa (TRT 5ª R., RecOrd 0001050-38.2010.5.05.0134, Rel. Des. Marama Carneiro, 1ª T., *DEJT* 10-4-2014).

RECURSO DE REVISTA. HONORÁRIOS PERICIAIS. ILEGITIMIDADE DA PERITA JUDICIAL PARA RECORRER. AUSÊNCIA DE INTERESSE RECURSAL. ARTS. 125, 139 E 499 DO CPC. O perito judicial não é parte, não tem interesse na demanda, e, também, não pode intervir como terceiro interessado, dada a ausência de legitimidade para tanto (art. 499 do CPC). A atuação do perito subordina-se ao magistrado condutor do feito, não guardando nenhuma relação com as partes, razão pela qual não pode ser considerado terceiro prejudicado. Falta-lhe, portanto, legitimidade para recorrer, devendo buscar a defesa de seus interesses na via própria. Recurso de revista não conhecido (TST-RR n. 661/2005-006-24-40.0, 2ª T., Rel. Min. Vantuil Abdala, unânime, *DJe* 10-6-2009).

PERITO – LEGITIMIDADE PARA RECORRER. O perito, apesar de não ser parte no processo, como auxiliar do Juízo, tem legitimidade para insurgir-se contra a atualização do valor arbitrado aos honorários periciais, na qualidade de terceiro interessado, eis que evidenciado o nexo de interdependência e o seu interesse de intervir no processo (inteligência do art. 499 e parágrafo 1º do CPC) (TRT 3ª R., AP n. 475/2001-106-03-00.5, 4ª T., Rel. Des. Antônio Álvares da Silva, *DJe* 10-7-2009).

PERITO. PARTE ILEGÍTIMA PARA RECORRER. O perito não é parte, nem terceiro, mas sim auxiliar do Juízo. Logo, não tem legitimidade para interpor recurso ordinário, para questionar o valor fixado a título de seus honorários (TRT 4ª R., RO n. 01299-1998-001-04-00-7, 5ª T., Rel. Leonardo Meurer Brasil. j. 29-5-2008, *DO* 18-6-2008).

A nosso ver, o problema do recurso interposto pelo perito está vinculado à competência da Justiça do Trabalho, uma vez que à luz do art. 114 da CF não há competência, seja em razão da matéria (relação de emprego ou relação de trabalho), seja em razão das pessoas (perito não é empregado ou parte da relação processual), para a Justiça Especializada julgar lide entre ela e o auxiliar do juízo.

A relação entre o perito e o Judiciário, a nosso ver, é institucional e se assemelha à do defensor dativo nomeado pelo juiz da Vara Criminal que vem à Justiça do Trabalho cobrar honorários advocatícios fixados em valores ínfimos.

Todavia, como não há como "dividir" o processo, mandando apenas uma parte dos autos (ou autos complementares) para o órgão competente, cremos que a questão dos honorários periciais ou multas fixadas há de ser dirimida pela Justiça Federal, mediante ação em face da União, caso o perito ajuíze ação cível própria, sendo, pois, inadmissível o recurso de natureza ordinária ou extraordinária interposto por perito no âmbito da Justiça do Trabalho.

12.1.2. Recurso interposto por advogado

No que concerne ao advogado que, não sendo parte, interpõe recurso em nome próprio postulando honorários advocatícios nas ações oriundas da relação de emprego, defendíamos a sua ilegitimidade recursal, porquanto os honorários advocatícios, na Justiça do Trabalho, deveriam ser revertidos ao sindicato assistente (Lei n. 5.584/70, art. 16), porquanto o titular dos honorários, *in casu*, não era o advogado, e sim o sindicato que teria exercido típica função pública: assistência judiciária gratuita aos trabalhadores necessitados.

Ocorre que o art. 16 da Lei n. 5.584/1970 foi expressamente revogado pela Lei n. 13.725/2018, sendo certo, ainda, que a Lei n. 13.467/2017 inseriu na CLT o art. 791-A, segundo o qual os honorários advocatícios são devidos ao advogado da parte vencedora pela mera sucumbência. Nessa ordem, parece-me que o advogado passou a ter legitimidade para interpor recurso na Justiça do Trabalho objetivando a percepção ou majoração dos honorários advocatícios sucumbenciais.

Quanto às ações que passaram a ser processadas e julgadas na Justiça do Trabalho por força da EC n. 45/2004, os honorários já seriam devidos ao advogado pela mera sucumbência, a teor do art. 5º da IN TST n. 27/2005.

De outra parte, se o advogado firmou contrato particular de honorários juntado aos autos, cremos que o recurso se mostra incabível, uma vez que a relação jurídica material concerne apenas ao advogado e seu cliente, sendo a Justiça do Trabalho, a nosso ver, incompetente para dirimir a pendenga, por ser relação de direito civil ou de consumo. Dessa forma, ainda que o advogado tenha legitimidade *ad recursum*, não há competência da Justiça do Trabalho para processar e julgar tal demanda. Nesse sentido:

RECURSO ORDINÁRIO. MANDADO DE SEGURANÇA. ATO COATOR EM QUE INDEFERIDO O PEDIDO DE RETENÇÃO DE PARTE DO CRÉDITO EXECUTADO A TÍTULO DE HONORÁRIOS ADVOCATÍCIOS DECORRENTE DE CONTRATO MANTIDO ENTRE O AUTOR DA AÇÃO TRABALHISTA E O PATRONO QUE FEZ O ACOMPANHAMENTO INICIAL DA RECLAMAÇÃO. INCOMPETÊNCIA DA JUSTIÇA DO TRABALHO. (...) Na esteira do entendimento majoritário desta Corte Superior, a Justiça do Trabalho não detém competência para dirimir as demandas afetas à relação mantida entre cliente e advogado decorrente do contrato de prestação de serviços advocatícios celebrado entre as partes, diante da natureza eminentemente civil da relação. No mesmo sentido, a Súmula 363 do STJ: "Compete à Justiça estadual processar e julgar a ação de cobrança ajuizada por profissional liberal contra cliente". Recurso ordinário conhecido e desprovido (TST-RO 10030533420165020000, Rel. Min. Emmanoel Pereira, SBDI-2, *DEJT* 17-5-2019).

Ademais, a Justiça do Trabalho não possui competência para processar e julgar ação de cobrança de honorários advocatícios proposta por advogado em face do seu cliente, ainda que atuando como defensor dativo. Nesse sentido:

RECURSO DE REVISTA. EXECUÇÃO. COMPETÊNCIA DA JUSTIÇA DO TRABALHO. AÇÃO DE COBRANÇA DE HONORÁRIOS ADVOCATÍCIOS. DEFENSOR DATIVO. O Supremo Tribunal Federal (RE n. 607.520, Rel. Min. Dias Toffoli, *DJe* 21-6-2011), consolidou o entendimento de que a relação jurídica firmada entre o Poder Público e o advogado dativo é de natureza administrativa, que não se origina de uma relação de trabalho. Dessa forma, as ações de cobrança de honorários advocatícios movidas por defensores dativos contra o ente público estadual devem ser processadas pela Justiça Comum Estadual. Precedentes da SBDI-1. Recurso de revista conhecido e provido (TST-RR 1628003920085030081, Rel. Min. Alexandre de Souza Agra Belmonte, 3ª T., *DEJT* 20-2-2015).

I – AGRAVO DE INSTRUMENTO – AÇÃO SOBRE A COBRANÇA DE HONORÁRIOS ADVOCATÍCIOS – INCOMPETÊNCIA DA JUSTIÇA DO TRABALHO. Ante aparente violação ao art. 114, I, da Constituição da República, dá-se provimento ao Agravo de Instrumento para determinar o processamento do apelo denegado. II – RECURSO DE REVISTA – AÇÃO SOBRE A COBRANÇA DE HONORÁRIOS ADVOCATÍCIOS – INCOMPETÊNCIA DA JUSTIÇA DO TRABALHO. A jurisprudência do eg. TST orienta no sentido de que, se a ação objetiva discutir o pagamento de honorários de sucumbência, em razão de vínculo contratual, a competência para processar e julgar a causa é da Justiça Comum Estadual. Precedentes de Turmas e da c. SBDI-1. Recurso de Revista conhecido e provido (TST-RR 117140-45.2008.5.03.0041, 6ª T., Rel. Min. Maria Cristina Irigoyen Peduzzi, *DEJT* 17-6-2010).

O advogado também não tem legitimidade para, em nome próprio, recorrer de acordo entabulado pelas partes e homologado em juízo, pois somente a União (sucedendo o INSS) possui tal legitimidade, nos termos do parágrafo único do art. 831 da CLT, "quanto às contribuições que lhe forem devidas".

Para encerrar este tópico, convém destacar que o TST vem, com base no art. 32, parágrafo único, da Lei n. 8.906/94, reconhecendo a legitimidade recursal do advogado condenado solidariamente com a parte por litigância de má-fé, sob o fundamento de que esta deve ser apurada em ação própria na Justiça comum, e não na Justiça do Trabalho:

> RECURSO DE REVISTA. NULIDADE DO JULGADO POR NEGATIVA DE PRESTAÇÃO JURISDICIONAL. HORAS EXTRAORDINÁRIAS E INCOMPETÊNCIA DA JUSTIÇA DO TRABALHO PARA DETERMINAR A CONDENAÇÃO SOLIDÁRIA DO ADVOGADO POR LITIGÂNCIA DE MÁ-FÉ. Havendo a possibilidade de êxito no mérito da matéria relativa à incompetência da Justiça do Trabalho para determinar a condenação solidária do advogado por litigância de má-fé, deixa-se de acolher a preliminar em questão, ante o disposto no art. 249, § 2º, do CPC. Quanto às horas extraordinárias, não se há de falar em negativa de prestação jurisdicional. Recurso de revista não conhecido. RESPONSABILIDADE SOLIDÁRIA DO ADVOGADO EM RAZÃO DA LITIGÂNCIA DE MÁ-FÉ DA PARTE. ART. 32, PARÁGRAFO ÚNICO, DA LEI N. 8.906/94. APURAÇÃO EM AÇÃO PRÓPRIA. É defesa a condenação solidária do patrono que assistiu ao litigante condenado por má-fé no mesmo processo trabalhista em que ficou constatada a temeridade da lide. A má-fé do advogado deve ser apurada em ação própria e no foro competente – a Justiça Comum, conforme determina o art. 32, parágrafo único, da Lei n. 8.906/94. Recurso de revista conhecido e provido(...) (TST-RR 100000-03.2008.5.23.0021, 6ª T., Rel. Min. Aloysio Corrêa da Veiga, *DEJT* 27-5-2010).

12.2. Recursos interpostos pelo Ministério Público do Trabalho

A legitimidade recursal do Ministério Público do Trabalho[61] é reconhecida assim no processo em que atua como órgão agente (parte) como naqueles em que oficia como órgão interveniente (fiscal da lei). É o que dispõe o art. 83, VI, da LC n. 75/93, segundo o qual compete ao Ministério Público do Trabalho, dentre outras, o exercício das seguintes atribuições junto aos órgãos da Justiça do Trabalho: "recorrer das decisões da Justiça do Trabalho, quando entender necessário, tanto nos processos em que for parte, como naqueles em que oficiar como fiscal da lei, bem como pedir revisão dos Enunciados da Súmula de Jurisprudência do Tribunal Superior do Trabalho".

---

61. Para pesquisa mais aprofundada sobre o *Parquet* Laboral, ver nosso *Ministério Público do Trabalho:* doutrina, jurisprudência e prática. 7. ed. São Paulo: Saraiva, 2015.

Não obstante a literalidade da norma em apreço, o TST, a nosso ver incorretamente, vem adotando interpretação restritiva do inciso VI do art. 83 da LC n. 75/93, como se infere das seguintes Orientações Jurisprudenciais:

> PRESCRIÇÃO. MINISTÉRIO PÚBLICO. ARGUIÇÃO. "CUSTOS LEGIS". ILEGITIMIDADE (atualizada em decorrência do CPC de 2015; Res. n. 209/2016, *DEJT* divulgado em 1º, 2 e 3-6-2016). Ao exarar o parecer na remessa de ofício, na qualidade de "custos legis", o **Ministério Público não tem legitimidade** para arguir a prescrição em favor de entidade de direito público, em matéria de direito patrimonial (TST/SBDI-1, OJ n. 130).
>
> MINISTÉRIO PÚBLICO DO TRABALHO. ILEGITIMIDADE PARA RECORRER. SOCIEDADE DE ECONOMIA MISTA. EMPRESA PÚBLICA (Res. n. 210/2016, *DEJT* divulgado em 30-6-2016, 1º e 4-7-2016). I – **O Ministério Público do Trabalho não tem legitimidade** para recorrer na defesa de interesse patrimonial privado, ainda que de empresas públicas e sociedades de economia mista (...) (TST/SBDI-1, OJ n. 237, item I).

Parece-nos, no entanto, que o juízo de oportunidade e conveniência a respeito da interposição do recurso é do órgão do Ministério Público, pois somente a este a lei atribuiu a aferição da necessidade ou não do recurso. Dito do outro modo, a legitimação e o interesse recursal do *Parquet* estarão sempre presentes, porque decorrem de previsão expressa na lei. Cabe ao tribunal apreciar o conteúdo substancial do recurso, provendo-o ou não.

Ademais, a defesa do patrimônio das empresas estatais, embora pessoas jurídicas de direito privado, constitui matéria de relevante interesse público, pois essas entidades, como órgãos integrantes da administração pública indireta, estão sujeitas à observância dos princípios constitucionais da legalidade, moralidade, publicidade, impessoalidade e eficiência (CF, art. 37, *caput*). Aliás, a OJ n. 130 da SBDI-1 deve ser cancelada, pois atrita com o art. 487, II, do CPC (§ 5º do art. 219 do CPC/73), que prevê a possibilidade de a prescrição ser decretada de ofício pelo magistrado; com mais razão há de se reconhecer a legitimidade do MPT para argui-la em qualquer fase do processo.

Curiosamente, o STJ (Súmulas 99 e 226) adota posição diametralmente oposta à do TST:

> Súmula 99 – O Ministério Público tem legitimidade para recorrer no processo em que oficiou como fiscal da lei, ainda que não haja recurso da parte.
>
> Súmula 226 – O Ministério Público tem legitimidade para recorrer na ação de acidente do trabalho, ainda que o segurado esteja assistido por advogado.

Tais ponderações, provavelmente, levaram a SBDI-1/TST a inserir o item II na referida OJ n. 237 da SBDI-1, dispondo que:

> (...) II – Há legitimidade do Ministério Público do Trabalho para recorrer de decisão que declara a existência de vínculo empregatício com sociedade de economia mista ou empresa pública, após a Constituição Federal de 1988, sem a prévia aprovação em concurso público, pois é matéria de ordem pública.

No que concerne à aferição da tempestividade do recurso interposto pelo MPT, a SBDI-1 editou a OJ (transitória) n. 20:

> AGRAVO DE INSTRUMENTO. MINISTÉRIO PÚBLICO. PRESSUPOSTOS EXTRÍNSECOS. Para aferição da tempestividade do Agravo de Instrumento interposto pelo Ministério Público, desnecessário o traslado da certidão de publicação do despacho agravado, bastando a juntada da cópia da intimação pessoal na qual conste a respectiva data de recebimento (Lei Complementar n. 75/1993, art. 84, IV).

12.2.1. Prazo recursal do MPT

Outro tema que vem gerando controvérsias diz respeito ao *prazo recursal* do Ministério Público do Trabalho – MPT. Uns sustentam que, se o órgão ministerial atua como órgão agente (*parte*), o prazo é comum (oito dias). Caso atue como órgão interveniente (*custos legis*), terá o *prazo em dobro* para a interposição de recursos.

Outros, como nós, pontificam que o prazo é sempre em dobro, esteja o Ministério Público do Trabalho atuando como órgão agente ou interveniente.

Com efeito, não há qualquer incompatibilidade para a aplicação subsidiária do art. 180 do CPC (art. 188 do CPC/73) ao processo do trabalho, haja vista que tanto a CLT quanto a Lei Complementar n. 75/93 são omissas a respeito do prazo recursal do MPT.

Ademais, ninguém põe em dúvida a natureza de órgão estatal que ostenta o Ministério Público, inclusive o do Trabalho, sendo certo que pouco importa a sua atuação, seja como parte ou como fiscal da lei: a sua função será sempre a de instituição permanente incumbida da defesa da ordem jurídica, do regime democrático e dos interesses individuais e sociais indisponíveis (CF, art. 127, *caput*).

Aliás, o princípio da unidade, erigido a patamar constitucional (CF, art. 127, § 1º), não se harmoniza com o tratamento diferenciado que a primeira corrente vem adotando, o qual se assenta na literalidade do disposto no art. 6º da Lei n. 5.584/70, que, reportando-se ao art. 893 da CLT, estabelece o prazo único de oito dias para "interpor ou contra-arrazoar qualquer recurso". Para tanto, basta lembrar que os embargos de declaração, de larga aplicação no processo do trabalho, sobre cuja natureza recursal não reside mais dúvida (CPC, art. 496, IV, com redação dada pela Lei n. 8.038/90, arts. 535 e 536), são interpostos no prazo de cinco dias (CLT, art. 897-A).

É importante lembrar do art. 27 e seu parágrafo único da Consolidação dos Provimentos da Corregedoria-Geral da Justiça do Trabalho[62], *in verbis*:

> Art. 27. Os membros do Ministério Público do Trabalho serão cientificados pessoalmente das decisões proferidas pela Justiça do Trabalho nas causas em que o órgão haja atuado como parte ou como fiscal da lei.
>
> Parágrafo único. As intimações serão pessoais, mediante o envio dos autos às respectivas sedes das procuradorias regionais do trabalho, ou da forma como for ajustado entre o Presidente do Tribunal e o Procurador-Chefe Regional.

Para finalizar este tópico, vale lembrar que o art. 180 do CPC prevê que o "Ministério Público gozará de prazo em dobro para manifestar-se nos autos, que terá início a partir de sua intimação pessoal, nos termos do art. 183, § 1º", o qual, por sua vez, dispõe que a "intimação pessoal far-se-á por carga, remessa ou meio eletrônico".

12.3. Recursos interpostos pela União (sucessora do INSS)

Segundo o disposto no art. 832, § 4º, da CLT, com redação dada pela Lei n. 11.457/2007, a União será intimada das decisões homologatórias de acordos que contenham parcela indenizatória, na forma do art. 20 da Lei n. 11.033, de 21 de dezembro de 2004, sendo-lhe facultada a interposição de "recurso" relativamente às contribuições sociais que lhe forem devidas.

Temos para nós que a expressão "recurso" não foi empregada com o recomendável rigor científico. E isso porque não seria lógico ou razoável permitir a interposição de recurso por quem não foi parte originária do processo e vedá-la para quem o foi. Não seria correto supor que o recurso seria o ordinário, pois a matéria que a União traria ao feito diria respeito às contribuições previdenciárias, ou seja, a questões pertinentes à execução da sentença, ou melhor, ao procedimento prévio da liquidação da obrigação pecuniária contida na sentença.

Cremos, portanto, que a expressão "recurso", prevista no § 4º do art. 832 da CLT, há de ser interpretada no sentido *lato*, isto é, como meio de impugnação.

Assim, intimada a União para tomar ciência da sentença condenatória ou homologatória de acordo, deverá, por simples petição, informar ao juiz da causa o seu inconformismo com relação às parcelas que, no seu entender, devem sofrer incidência da contribuição previdenciária. O juiz poderá, se for o caso, acolher a irresignação ou, simplesmente, rejeitá-la, determinando o prosseguimento do feito. Mais adiante,

62. A Consolidação dos Provimentos da Corregedoria-Geral da Justiça do Trabalho foi publicada no *DEJT* de 24-2-2016.

no momento processual próprio de apuração do *quantum debeatur*, a União será novamente intimada para, querendo, manifestar-se sobre os cálculos elaborados pelas partes ou pelo auxiliar do juízo (CLT, art. 879, § 3º), sob pena de preclusão.

Manifestando-se a União, o juiz proferirá decisão (CLT, art. 884, § 4º). Dessa decisão, caberá agravo de petição, por força do art. 897, *a*, da CLT.

A jurisprudência majoritária, contudo, admite a imediata interposição de recurso ordinário pela União (sucessora do INSS) da decisão judicial não apenas que homologa acordo entre as partes como também da decisão que fixa o valor da contribuição previdenciária. É o que se observa dos seguintes arestos:

> RECURSO ORDINÁRIO DO INSS. CONTRIBUIÇÕES PREVIDENCIÁRIAS. ACORDO HOMOLOGADO EM JUÍZO. CABIMENTO. A interposição do recurso ordinário pelo INSS visando ao recolhimento de parcela relativa à contribuição previdenciária, em face de acordo homologado em juízo, está respaldada nos arts. 831, parágrafo único, e 832, § 4º, da CLT. Devem os autos retornar ao Tribunal de origem, a fim de que se dê prosseguimento no exame do recurso ordinário interposto pela Autarquia. Recurso conhecido e provido (TST-RR 232600-97.2000.5.02.0038, Rel. Min. Vantuil Abdala, 2ª T., *DJ* 5-6-2009).
>
> RECURSO ORDINÁRIO. INSS. SENTENÇA CONDENATÓRIA. A Autarquia Previdenciária detém legitimidade para recorrer da sentença, mesmo após a fase de cognição, na medida em que só tomou conhecimento da decisão em fase de execução. Ademais, a despeito de não ser parte da relação material litigiosa, trata-se de terceiro interessado, com legitimidade conferida pelo art. 832, §§ 4º e 5º, da CLT, que permite o debate acerca da natureza jurídica das parcelas integrantes da condenação. Insta salientar que a União não se encontra legitimada a tanto apenas quando existente decisão homologatória de acordo. Tal interpretação restritiva vai de encontro com o texto celetista, cuja dicção denota a faculdade do terceiro interessado em interpor recurso adequado à fase em que o processo se encontrar, desde que se limite à natureza jurídica e discriminação das parcelas constantes da sentença ou acordo homologado e à responsabilidade do empregado e do empregador. CONTRIBUIÇÃO PREVIDENCIÁRIA. NÃO INCIDÊNCIA. VERBAS INDENIZATÓRIAS. A participação nos lucros e resultados, regulamentada pelo inciso XI do art. 7º da CFRB e pelo Diploma Legal n. 10.101/2000, consiste, originalmente, em parcela desvinculada da remuneração, isto é, não constitui base de incidência de qualquer encargo trabalhista, não se lhe aplicando o princípio da habitualidade, o que impede a composição da base de cálculo da contribuição previdenciária. Da mesma forma, não incide contribuição previdenciária no tíquete refeição e da cesta de alimentos, quando a norma coletiva, impõe natureza indenizatória, e no aviso prévio indenizado. Redação da Súmula 7 deste TRT. Recurso não provido (TRT-1ª R., RO

1865003820015010051, Rel. Des. Sayonara Grillo Coutinho Leonardo da Silva, 7ª T., *DEJT* 11-12-2012).

RECURSO ORDINÁRIO – INSS – INTERPOSIÇÃO CONTRA DECISÃO HOMOLOGATÓRIA DE ACORDO – CABIMENTO. Cabe recurso ordinário pelo INSS, e não agravo de petição, contra decisão homologatória de acordo firmado durante o processo de conhecimento, na medida em que o termo de conciliação somente valerá como decisão irrecorrível em relação às partes acordantes, e não a terceiros. Inteligência dos arts. 831 e 832, § 4º, CLT. ACORDO JUDICIAL. TRANSAÇÃO. DISCRIMINAÇÃO DE VERBAS. FLEXIBILIZAÇÃO EM RELAÇÃO AO POSTULADO. VALIDADE. Fixada a lide trabalhista, reputa-se plenamente válido o acordo firmado pelas partes, e homologado pelo juízo, quando estiver especificada a natureza jurídica das parcelas constantes do pactuado, ainda que não corresponda exatamente aos limites oriundos do exórdio. Em sendo a transação ato bilateral e de mútuas concessões (art. 1.025 do CC), deve ser perquirida à luz do princípio da razoabilidade, dispensando correlação precisa com o postulado (TRT 15ª R., Proc. 20656/02, 2ª T., Rel. Juiz Luiz Carlos Cândido Martins Sotero da Silva, *DOESP* 25-10-2002, p. 19).

Outras questões alusivas a recursos da União em matéria alusiva à contribuição previdenciária, ver Capítulo XXIII, item 32.

Cumpre notar que o art. 183 do CPC dispõe que a União, os Estados, o Distrito Federal, os Municípios e suas respectivas autarquias e fundações de direito público gozarão de prazo em dobro para todas as suas manifestações processuais, cuja contagem terá início a partir da intimação pessoal, sendo que esta intimação pessoal far-se-á por carga, remessa ou meio eletrônico.

De toda a sorte, "não se aplica o benefício da contagem em dobro quando a lei estabelecer, de forma expressa, prazo próprio para o ente público" (art. 183, 2º, do CPC).

13. JUÍZO DE ADMISSIBILIDADE E O ART. 932 DO CPC (AMPLIAÇÃO DOS PODERES DO RELATOR)

Os recursos, de modo geral, são submetidos a dois juízos de admissibilidade. O primeiro é exercido pela autoridade judicial que proferiu a decisão recorrida (juízo *a quo*). O segundo, pelo órgão competente para julgar o recurso (juízo *ad quem*).

É verdade que nos embargos de declaração, a despeito da discussão sobre sua natureza recursal ou não, só há um juízo de admissibilidade, que é exercido pela própria autoridade que proferiu a decisão recorrida (ou embargada).

Tradicionalmente, o juízo de admissibilidade sempre se limitou ao exame dos pressupostos objetivos e subjetivos dos recursos, razão pela qual ao juízo *a quo* não era lícito apreciar aspectos referentes ao mérito do recurso.

Além disso, quando o recurso era admitido pelo juízo *a quo* e remetidos os autos ao tribunal, o segundo juízo de admissibilidade era exercido pelo correspondente órgão colegiado. Vale dizer, o relator do processo, na sessão de julgamento, simplesmente submetia o seu voto à apreciação do órgão colegiado, cabendo a este, com exclusividade, decidir sobre o conhecimento ou não do recurso.

Essa sistemática começou a sofrer alterações a partir da Lei n. 9.139, de 30 de novembro de 1995, com vigência a partir de 30 de janeiro de 1996, que deu nova redação ao art. 557 do CPC/73, que passou a prever a possibilidade de o relator "negar seguimento a recurso manifestamente inadmissível, improcedente, prejudicado ou contrário à súmula do respectivo tribunal ou tribunal superior".

O art. 932, III a V, do CPC ampliou consideravelmente a competência do relator, incumbindo-lhe, dentre outras atribuições:

> (...) III – **não conhecer de recurso** inadmissível, prejudicado ou que não tenha impugnado especificamente os fundamentos da decisão recorrida;
>
> IV – **negar provimento a recurso que for contrário a**:
>
> *a)* súmula do STF, do STJ ou do próprio tribunal;
>
> *b)* acórdão proferido pelo STF ou pelo STJ em julgamento de recursos repetitivos;
>
> *c)* entendimento firmado em incidente de resolução de demandas repetitivas ou de assunção de competência;
>
> V – depois de facultada a apresentação de contrarrazões, **dar provimento ao recurso se a decisão recorrida for contrária a**:
>
> *a)* súmula do STF, do STJ ou do próprio tribunal;
>
> *b)* acórdão proferido pelo STF ou pelo STJ em julgamento de recursos repetitivos;
>
> *c)* entendimento firmado em incidente de resolução de demandas repetitivas ou de assunção de competência (...).
>
> Parágrafo único. Antes de considerar inadmissível o recurso, o relator concederá o prazo de 5 (cinco) dias ao recorrente para que seja sanado vício ou complementada a documentação exigível.

Poder-se-ia alegar que tais dispositivos seriam inconstitucionais por violarem o princípio do duplo grau de jurisdição, na medida em que o reexame meritório da decisão recorrida não seria exercido por um órgão colegiado, hierarquicamente superior.

Todavia, não foi esse o entendimento majoritário que se deu ao preceptivo em causa, uma vez que o § 1º do art. 557 do CPC/73 já previa que "da decisão denegatória caberá agravo, no prazo de 5 (cinco) dias, ao órgão competente para o julgamento do recurso".

É importante assinalar que, nos termos do art. 1.021 do CPC:

Contra decisão proferida pelo relator caberá agravo interno para o respectivo órgão colegiado, observadas, quanto ao processamento, as regras do regimento interno do tribunal.

Nesse sentido, aliás, dispõe a Súmula 435 do TST, já adaptada ao CPC:

> DECISÃO MONOCRÁTICA. RELATOR. ART. 932 DO CPC DE 2015. ART. 557 DO CPC DE 1973. APLICAÇÃO SUBSIDIÁRIA AO PROCESSO DO TRABALHO (atualizada em decorrência do CPC de 2015; Res. n. 208/2016, *DEJT* divulgado em 22, 25 e 26-4-2016). Aplica-se subsidiariamente ao processo do trabalho o art. 932 do CPC de 2015 (art. 557 do CPC de 1973).

Além disso, da decisão do relator que denegar ou der provimento a recurso cabem embargos de declaração ou agravo, consoante previsão da Súmula 421 do TST:

> EMBARGOS DE DECLARAÇÃO. CABIMENTO. DECISÃO MONOCRÁTICA DO RELATOR CALCADA NO ART. 932 DO CPC DE 2015. ART. 557 DO CPC DE 1973 (atualizada em decorrência do CPC de 2015; Res. n. 208/2016, *DEJT* divulgado em 22, 25 e 26-4-2016). I – Cabem embargos de declaração da decisão monocrática do relator prevista no art. 932 do CPC de 2015 (art. 557 do CPC de 1973), se a parte pretende tão somente juízo integrativo retificador da decisão e, não, modificação do julgado. II – Se a parte postular a revisão no mérito da decisão monocrática, cumpre ao relator converter os embargos de declaração em agravo, em face dos princípios da fungibilidade e celeridade processual, submetendo-o ao pronunciamento do Colegiado, após a intimação do recorrente para, no prazo de 5 (cinco) dias, complementar as razões recursais, de modo a ajustá-las às exigências do art. 1.021, § 1º, do CPC de 2015.

Percebe-se que a amplitude dos poderes outorgados ao relator alcança, inclusive, a remessa oficial, consoante a Súmula 253 do STJ: “O art. 557 do CPC, que autoriza o relator a decidir o recurso, alcança o reexame necessário”.

Pensamos que o referido verbete deve ser aplicado no processo do trabalho (CLT, art. 769).

De outro lado, a OJ n. 389 da SBDI-1/TST, já adaptada ao CPC, dispõe:

> MULTA PREVISTA NO ART. 1.021, §§ 4º E 5º, DO CPC DE 2015. ART. 557, § 2º, DO CPC DE 1973. RECOLHIMENTO. PRESSUPOSTO RECURSAL. BENEFICIÁRIO DA JUSTIÇA GRATUITA E FAZENDA PÚBLICA. PAGAMENTO AO FINAL (nova redação em decorrência do CPC de 2015; Res. n. 209/2016, *DEJT* divulgado em 1º, 2 e 3-6-2016). Constitui ônus da parte recorrente, sob pena de deserção, depositar previamente a multa aplicada com fundamento nos §§ 4º e 5º do art. 1.021 do CPC de 2015 (§ 2º do art. 557 do CPC/73), à exceção da Fazenda Pública e do beneficiário de justiça gratuita, que farão o pagamento ao final.

14. CLÁUSULA/SÚMULA IMPEDITIVA DE RECURSO

Seguindo a terceira "onda" renovatória do processo civil, a Lei n. 11.276, publicada no *DOU* de 8 de fevereiro de 2006, que entrou em vigor 90 dias da data da sua publicação, deu nova redação aos §§ 1º e 2º do art. 518 do CPC, introduzindo uma importante alteração no sistema recursal, pois passou a permitir ao juiz não receber o recurso de apelação "quando a sentença estiver em conformidade com súmula do Superior Tribunal de Justiça ou do Supremo Tribunal Federal", sendo-lhe facultado, ainda, depois de apresentada a resposta, reexaminar, em cinco dias, "os pressupostos de admissibilidade do recurso".

O CPC de 2015, no entanto, extinguiu a chamada súmula impeditiva de recursos, pois não mais prevê o juízo de admissibilidade da apelação na primeira instância. A *mens legis* aponta no sentido de se reduzir o tempo de tramitação da apelação na primeira instância, com a remessa imediata dos autos ao tribunal.

Com efeito, o art. 1.010 do CPC dispõe, *in verbis*:

> Art. 1.010. A apelação, interposta por petição dirigida ao juízo de primeiro grau, conterá: (...)
>
> § 1º O apelado será intimado para apresentar contrarrazões no prazo de 15 (quinze) dias.
>
> § 2º Se o apelado interpuser apelação adesiva, o juiz intimará o apelante para apresentar contrarrazões.
>
> § 3º Após as formalidades previstas nos §§ 1º e 2º, *os autos serão remetidos ao tribunal pelo juiz, independentemente de juízo de admissibilidade.* (grifos nossos)

Assim, nos termos do art. 1.011, I, do CPC, quem fará um único juízo de admissibilidade da apelação será o relator:

> Art. 1.011. Recebido o recurso de apelação no tribunal e distribuído imediatamente, o relator:
>
> I – decidi-lo-á monocraticamente apenas nas hipóteses do art. 932, III a V;
>
> II – se não for o caso de decisão monocrática, elaborará seu voto para julgamento do recurso pelo órgão colegiado.

Percebe-se, então, que, no processo civil, por força do art. 932, III a V, do CPC, o relator será o órgão judicial funcionalmente competente para exercer o (único) juízo de admissibilidade, não apenas da apelação, como também de qualquer outro recurso, exceto os embargos de declaração interpostos contra decisões proferidas por juiz (CPC, art. 1.024).

Nos sítios do processo do trabalho, Mauro Schiavi defende que a partir da vigência do CPC de 2015, quem realizará o juízo de admissibilidade dos recursos de natureza ordinária no processo do trabalho será o próprio órgão julgador competente para julgar o recurso, e não mais o primeiro grau de jurisdição. Trata-se de providência importante, pois tem por objetivo reduzir um pouco o trabalho do juiz do primeiro grau de jurisdição, e facilitar os recursos de natureza ordinária[63].

Parece-nos que o § 3º do art. 1.010 do CPC não se aplica ao processo do trabalho, por inexistência de lacuna e existência de incompatibilidade com o seu procedimento. Primeiro, porque quem exerce o juízo primeiro de admissibilidade dos recursos de natureza ordinária (recurso ordinário e agravo de petição) das decisões de primeira instância é o próprio juiz prolator. Segundo, porque do despacho (*rectius*, da decisão) do juiz que denegar seguimento a qualquer recurso caberá, no processo do trabalho, agravo de instrumento, *ex vi* do art. 897, *b*, da CLT.

Ora, a decisão do juiz que denegar seguimento ao recurso ordinário ou agravo de petição, por ausência de qualquer pressuposto recursal, a nosso sentir otimiza a celeridade processual, pois nem sempre as partes interpõem agravo de instrumento, cuja admissibilidade, como se sabe, também estará sujeita a preparo do depósito recursal (CLT, art. 897, § 5º, I) ou à garantia do juízo da execução (CLT, art. 884).

Quanto ao agravo de petição, em especial, é preciso destacar que o próprio juiz, e não o relator, terá competência funcional para apreciar a sua admissibilidade, conforme dispõe o § 1º do art. 897 da CLT: "O agravo de petição só será recebido quando o agravante delimitar, justificadamente, as matérias e os valores impugnados, permitida a execução imediata da parte remanescente até o final, nos próprios autos ou por carta de sentença".

Nesse contexto, o art. 2º, XI, da IN n. 39/2016 do TST[64] dispõe que não se aplica no processo do trabalho o disposto no art. 1.010, § 3º, do CPC (desnecessidade de o juízo *a quo* exercer controle de admissibilidade na apelação).

No que tange aos poderes do relator, já vimos na epígrafe 13, *supra*, que é aplicável ao processo do trabalho os incisos III a V do art. 932 do CPC.

Quanto ao prazo para a interposição tanto dos recursos trabalhistas como das contrarrazões não será de 15 (quinze) dias, e sim de 8 (oito) dias, que é o prazo comum a todos os recursos trabalhistas, exceto o recurso de embargos de declaração, que é de 5 (cinco) dias (TST/IN n. 39/2016, art. 1º, § 2º).

Para finalizar, é importante lembrar que no processo do trabalho os recursos de natureza extraordinária, como o recurso de revista e os embargos de divergência, têm procedimentos próprios em relação ao processo civil, de modo que tais recursos são regidos por sistemática diferenciada, como veremos mais no próximo Capítulo.

63. SCHIAVI, Mauro. *Manual de direito processual do trabalho*. 9. ed. São Paulo: LTr, 2015, p. 903.

64. A constitucionalidade da IN n. 39 do TST é objeto da ADI n. 5.516 no STF.

CAPÍTULO XX
Recursos Trabalhistas em Espécie

1. TIPOLOGIA DOS RECURSOS TRABALHISTAS

Por força do princípio da taxatividade, já analisado no capítulo anterior, no sistema processual só existem recursos criados por lei[1], pois as espécies recursais são *numerus clausus*.

Assim, nos termos do art. 893 da CLT, as decisões proferidas pelos órgãos da Justiça do Trabalho podem ser impugnadas pelas seguintes espécies de recursos:

- embargos (CLT, art. 894);
- recurso ordinário (CLT, art. 895);
- recurso de revista (CLT, art. 896);
- agravo (CLT, art. 897).

Por força do art. 897-A da CLT, pode-se dizer que há previsão literal no texto obreiro para os embargos de declaração[2] da sentença ou acórdão. A jurisprudência, com base no art. 769 da CLT, já admitia os embargos de declaração, o que foi posteriormente endossado expressamente pela própria lei processual trabalhista.

Existe, ainda, na CLT (art. 709, § 1º), o agravo regimental das decisões proferidas pelo Corregedor.

Além desses recursos, a legislação processual trabalhista prevê, ainda, o pedido de revisão do valor da causa (Lei n. 5.584/70, art. 2º).

Convém sublinhar que a doutrina e, principalmente, a jurisprudência do TST, não obstante a literalidade dos dispositivos legais supracitados, passaram a

1. Os recursos previstos nos regimentos internos dos tribunais constituem exceção ao princípio da taxatividade. No entanto, Luiz Guilherme Marinoni (*Processo de conhecimento*, 7. ed. São Paulo: Revista dos Tribunais, 2008, p. 510) sustenta que "somente podem ser considerados como recursos os meios de impugnação efetivamente arrolados por lei federal, sendo as demais figuras absolutamente inconstitucionais".

2. Mais adiante, enfrentaremos o problema da natureza jurídica dos embargos de declaração, ou seja, se eles são ou não recurso.

admitir também, por aplicação subsidiária do art. 500 do CPC/73 (CPC, art. 997), o recurso adesivo (TST, Súmula 283).

Ao lado desses recursos, cabíveis no âmbito da jurisdição trabalhista, há possibilidade, ainda, da interposição do recurso extraordinário para o STF, ante o disposto no art. 102, III, da CF e o art. 893, § 2º, da CLT.

Há, ainda, os recursos previstos nos regimentos internos dos tribunais, como o agravo regimental e o agravo interno ou inominado.

Cuidaremos, a seguir, das espécies recursais cabíveis no processo do trabalho.

2. RECURSO ORDINÁRIO

2.1. Denominação

Convém sublinhar, de início, que o recurso ordinário de que cuida a CLT não se confunde com o recurso ordinário previsto nos arts. 102, II, e 105, II, da CF.

Embora todos esses recebam a denominação de "recurso ordinário", os recursos insculpidos na Carta Magna, de competência do STF e do STJ, respectivamente, têm por escopo o reexame de matérias absolutamente distintas das que versam o recurso ordinário trabalhista. Por essa razão, cerramos fileira com a corrente doutrinária que sugere, em homenagem à boa terminologia jurídica, a alteração do *nomen iuris* "recurso ordinário" para "apelação", porquanto, à luz da teoria geral do processo, pode-se dizer que o recurso ordinário previsto na CLT corresponde ao recurso de apelação previsto no Código de Processo Civil, já que diversos aspectos são comuns a ambos. A existência de alguns pontos que distinguem essas duas modalidades recursais, como a possibilidade de a apelação cível ser manejada tanto na fase de conhecimento e de cumprimento da sentença como no processo de execução[3], não chega a comprometer a similitude científica entre ambas.

Pode-se dizer, aliás, que, a exemplo do que se dá com a apelação, o ordinário é o recurso clássico, por excelência, para impugnar as decisões finais desfavoráveis no âmbito da processualística laboral, já que, por meio dele, torna-se possível submeter ao juízo *ad quem* o reexame das matérias de fato e de direito apreciadas pelo juízo *a quo*.

Trata-se, portanto, de recurso de larga utilização pelas partes no cotidiano forense trabalhista, mormente para atacar, em regra, as sentenças terminativas ou definitivas proferidas pelos órgãos de primeiro grau da jurisdição trabalhista no processo de conhecimento.

---

3. No processo do trabalho, como veremos mais adiante, das decisões proferidas na execução, cabe agravo de petição, e não recurso ordinário.

2.2. Cabimento

Conquanto sua utilização corriqueira seja a impugnação de sentença, o recurso ordinário não se presta apenas a atacar decisões do primeiro grau de jurisdição (sentenças), sendo também manejado para impugnar acórdãos proferidos pelos Tribunais Regionais do Trabalho nos processos de sua competência originária, tanto nas ações individuais (mandado de segurança, ação rescisória etc.) como nos dissídios coletivos e nas ações anulatórias de cláusulas de acordos e convenções coletivas de trabalho.

Com efeito, vaticina o art. 895 da CLT (com redação dada pela Lei n. 11.925/2009):

> Art. 895. Cabe recurso ordinário para a instância superior:
>
> I – das decisões definitivas ou terminativas das Varas e Juízos, no prazo de 8 (oito) dias; e
>
> II – das decisões definitivas ou terminativas dos Tribunais Regionais, em processos de sua competência originária, no prazo de 8 (oito) dias, quer nos dissídios individuais, quer nos dissídios coletivos.

Convém assinalar que o legislador obrou em equívoco ao empregar o termo "decisões definitivas", porquanto é cediço que *decisão (sentença) definitiva* é a que resolve o processo com resolução do mérito, em contraposição à *decisão (sentença) terminativa*, que resolve o processo sem resolução do *meritum causae*.

Melhor seria, a nosso ver, do ponto de vista da ciência processual, que o legislador tivesse substituído a expressão "decisões definitivas ou terminativas" por "decisões finais". Estas sim são as que resolvem o processo (ou melhor, o procedimento no primeiro grau de jurisdição), de forma definitiva (CPC, art. 487) ou terminativa (CPC, art. 485).

Uma advertência importante: não somente as decisões (sentenças ou acórdãos) definitivas ou terminativas podem ser suscetíveis de ataque por recurso ordinário. Isso significa que o art. 895 da CLT não encerra preceito *numerus clausus*, isto é, não é taxativo, e sim exemplificativo.

Com efeito, algumas decisões interlocutórias, como as decisões interlocutórias "terminativas do feito" no âmbito da jurisdição trabalhista, desafiam a interposição imediata do recurso ordinário. Como exemplo, lembramos a decisão que declara a incompetência absoluta *ratione materiae* da Justiça do Trabalho e remete os autos à Justiça Comum (CLT, art. 799, § 2º).

É importante ressaltar que Ibraim Rocha propõe uma interpretação ampliativa do termo "decisão interlocutória terminativa do feito". Para esse autor:

> decisão interlocutória de natureza terminativa do feito pode e deve ser impugnada mediante recurso ordinário, como decorrência da previsão legal do art. 799, § 2º, da CLT, especialmente nos casos do art. 651, § 3º, da CLT, posto que, afastar a conclusão

retro, além de violar a norma legal, nos casos de acolhimento de exceção em razão do lugar, pode causar insuportável injustiça, pois não têm, em geral, os reclamantes, dada a sua hipossuficiência econômica, condições de se deslocar para cidade distante, simplesmente porque determinada a remessa, quando possui argumentos que podem convencer o Tribunal Regional do Trabalho, hierarquicamente superior, de que a competência é da Junta de Conciliação e Julgamento (atualmente, Vara do Trabalho) onde ajuizou a sua reclamatória[4].

Parece-me, porém, que a decisão interlocutória que acolhe exceção de incompetência em razão do lugar, arguida pela ré, e determina a remessa dos autos para outra Vara do Trabalho, ainda que vinculada a TRT de outra região, não desafiaria, de imediato, recurso ordinário, pois não é uma decisão terminativa do feito na Justiça do Trabalho.

Todavia, com base na nova redação da Súmula 214, *c*, do TST, passou a ser admitida a interposição imediata de recurso ordinário da decisão "que acolhe exceção de incompetência territorial, com a remessa dos autos para Tribunal Regional distinto daquele a que se vincula o juízo excepcionado, consoante o disposto no art. 799, § 2º, da CLT"[5].

Cumpre advertir que a Súmula 214 do TST é omissa a respeito de outras hipóteses de cabimento de recurso ordinário, como a que declara de ofício ou acolhe preliminar de incompetência absoluta em razão da matéria (denominada impropriamente "incompetência de foro") e remete os autos para a Justiça comum (CLT, art. 795, § 1º). Neste caso, temos uma verdadeira decisão interlocutória terminativa, pois o processo (ou melhor, os autos) "termina" na Justiça do Trabalho e vai para outro ramo do Judiciário.

Além dessas decisões interlocutórias impugnáveis de imediato por recurso ordinário, o art. 5º da IN n. 39/2016 do TST manda aplicar "ao Processo do Trabalho as normas do art. 356, §§ 1º a 4º, do CPC que regem o julgamento antecipado parcial do mérito, cabendo recurso ordinário de imediato da sentença".

Sem embargo da duvidosa constitucionalidade da referida IN n. 39/2016 do TST, como se discute no STF (ADI n. 5.516), o certo é que seu art. 5º cria um recurso (recurso ordinário) de imediato contra decisão interlocutória, uma vez que o § 5º do

4. ROCHA, Ibraim. Recurso contra decisão de primeira instância que acolhe exceção de incompetência em razão do lugar na justiça do trabalho. *Doutrina Jurídica Brasileira*, Caxias do Sul: Plenum, 2003. CD-rom.

5. Exemplo: acórdão regional que dá provimento a recurso ordinário interposto pelo empregado contra sentença que pronunciou a prescrição bienal para postular parcelas do FGTS e determina o retorno dos autos à Vara do Trabalho. Neste caso, trata-se de decisão interlocutória (ou melhor, acórdão interlocutório), pois não extingue o processo. Com a nova redação da Súmula 214, *a*, do TST, cabe recurso de revista contra tal acórdão interlocutório, por contrariar a Súmula 362 do TST.

art. 356 do CPC dispõe expressamente que a decisão que julga antecipadamente o mérito "é impugnável por agravo de instrumento".

São *decisões finais* das Varas do Trabalho que podem ser atacadas por recurso ordinário aquelas previstas no art. 487 do CPC:

> Art. 487. Haverá resolução de mérito quando o juiz:
>
> I – acolher ou rejeitar o pedido formulado na ação ou na reconvenção;
>
> II – decidir, de ofício[6] ou a requerimento, sobre a ocorrência de decadência ou prescrição;
>
> III – homologar:
>
> *a)* o reconhecimento da procedência do pedido formulado na ação ou na reconvenção;
>
> *b)* a transação;
>
> *c)* a renúncia à pretensão formulada na ação ou na reconvenção.
>
> Parágrafo único. Ressalvada a hipótese do § 1º do art. 332 (inaplicável, em princípio, ao processo do trabalho), a prescrição e a decadência não serão reconhecidas sem que antes seja dada às partes oportunidade de manifestar-se.

Tais decisões são autênticas *sentenças definitivas.*

Quanto ao inciso III, *b*, do art. 487 do CPC ("quando o juiz homologar transação"), é importante notar que a transação homologada pelo juiz, isto é, o termo de conciliação assinado pelo Juiz do Trabalho possui, nos termos do art. 831, parágrafo único, da CLT, força de decisão irrecorrível, sendo, pois, somente atacável, em tese, por ação rescisória (TST, Súmula 259), salvo quanto à Previdência Social no que concerne às contribuições sociais que entender cabíveis.

Além das sentenças definitivas, no processo do trabalho é cabível o recurso ordinário da sentença terminativa que:

- indefere a petição inicial, seja por inépcia ou qualquer outro vício (art. 485, I, do CPC);
- determina o arquivamento dos autos em função do não comparecimento do reclamante à audiência (CLT, art. 844). Trata-se aqui de situação análoga à sentença que homologa a desistência da ação sem oitiva da parte contrária (CPC, art. 485, VIII);
- resolve o processo por causa de sua paralisação por mais de um ano, em razão da negligência das partes (art. 485, II, do CPC);
- resolve o processo em virtude do não atendimento, pelo autor, do despacho que determinou que promovesse os atos e diligências a seu cargo, ficando abandonada a causa por mais de 30 dias (art. 485, III, do CPC);

6. Sobre prescrição pronunciada de ofício, *vide* Capítulo XIV, item 5.2.1.1.1.

- resolve o processo por ausência dos pressupostos de constituição e de desenvolvimento válido e regular do processo (art. 485, IV, do CPC);
- pronuncia ou acolhe a objeção de litispendência ou coisa julgada (art. 485, V, do CPC);
- resolve o processo por carência da ação, em função da ausência de interesse de agir ou legitimidade da parte (art. 485, VI, do CPC);
- homologa a desistência da ação (art. 485, VIII, do CPC).

Nas ações trabalhistas sujeitas ao procedimento sumaríssimo, segundo a redação original do projeto de lei que alterou o art. 895 da CLT por meio da Lei n. 9.957, de 12 de janeiro de 2000, o recurso ordinário de sentença somente seria cabível "por violação literal à lei, contrariedade à súmula de jurisprudência uniforme do TST ou violação direta à Constituição da República". Todavia, houve veto presidencial, mantido pelo Congresso Nacional, ao inciso I do § 1º do art. 895 da CLT, razão pela qual as sentenças proferidas nas causas submetidas ao procedimento sumaríssimo desafiam recurso ordinário, sem qualquer ressalva quanto à matéria nele veiculada.

Cabe também recurso ordinário para o TST (CLT, art. 895, II; RI/TST, art. 224), das *decisões finais* (*terminativa ou definitiva*) proferidas pelos Tribunais Regionais do Trabalho em processos de sua competência originária, no prazo legal, contado da publicação do acórdão ou de sua conclusão no órgão oficial.

Assim, combinando o art. 895, II, da CLT com o art. 245 do RITST, tem-se que é cabível recurso ordinário para o TST das decisões finais dos Tribunais Regionais do Trabalho, em processos de sua competência originária, no prazo legal, contado da publicação do acórdão ou de sua conclusão no órgão oficial, proferidas em:

I – Ação anulatória;

II – Ação para obtenção de tutela provisória em caráter antecedente;

III – Ação declaratória;

IV – Agravo interno;

V – Ação rescisória;

VI – Dissídio coletivo;

VII – *Habeas corpus*;

VIII – *Habeas data*;

IX – Mandado de segurança;

X – Reclamação.

Não cabe, porém, recurso ordinário de sentença proferida em sede de processo submetido ao procedimento sumário (Lei n. 5.584/70, art. 2º, §§ 3º e 4º), também chamado de causas de alçada, isto é, naqueles em que o valor atribuído à causa seja igual ou inferior a dois salários mínimos, pois, a nosso ver, o recurso cabível em tal decisão de única instância é o recurso extraordinário, desde que a sentença viole literal e frontalmente a Constituição Federal[7].

Igualmente, é incabível recurso ordinário:

- contra decisão em agravo regimental interposto em reclamação correicional ou em pedido de providência (TST/TP, OJ n. 5).
- para o TST de decisão proferida por TRT em agravo regimental interposto contra despacho que concede ou não liminar em ação cautelar ou em mandado de segurança, uma vez que o processo ainda pende de decisão definitiva do Tribunal *a quo* (TST/SDI-2, OJ n. 100).

Este último verbete deverá sofrer parcial alteração para adequar-se ao CPC de 2015, que extinguiu a ação e o processo cautelar.

2.3. Efeitos do recurso ordinário

2.3.1. Efeito devolutivo

Sobre efeito devolutivo, já nos pronunciamos, em linhas gerais, no item 6.3.1 do Capítulo XIX. Neste tópico, cuidaremos dos problemas atinentes às matérias e às questões que podem ou não ser devolvidas ao tribunal por intermédio do recurso ordinário.

Ante o silêncio da CLT, impõe-se a aplicação subsidiária ao recurso ordinário das regras alusivas à apelação cível prevista no CPC, cujo art. 1.013 e seus parágrafos dispõem, *in verbis*:

> Art. 1.013. A apelação devolverá ao tribunal o conhecimento da matéria impugnada.
>
> § 1º Serão, porém, objeto de apreciação e julgamento pelo tribunal todas as questões suscitadas e discutidas no processo, ainda que não tenham sido solucionadas, desde que relativas ao capítulo impugnado.
>
> § 2º Quando o pedido ou a defesa tiver mais de um fundamento e o juiz acolher apenas um deles, a apelação devolverá ao tribunal o conhecimento dos demais.
>
> § 3º Se o processo estiver em condições de imediato julgamento, o tribunal deve decidir desde logo o mérito quando:

7. Há, contudo, cizânia sobre o recurso cabível nas causas de alçada cuja sentença versar matéria constitucional. Para uns, seria o recurso extraordinário diretamente para o STF (CF, art. 102, III), por ser a decisão de "única" instância. Outros entendem que seria o recurso ordinário para o TRT. Voltaremos a tratar desse problema no item 7.3.2.2 *infra*.

I – reformar sentença fundada no art. 485;

II – decretar a nulidade da sentença por não ser ela congruente com os limites do pedido ou da causa de pedir;

III – constatar a omissão no exame de um dos pedidos, hipótese em que poderá julgá-lo;

IV – decretar a nulidade de sentença por falta de fundamentação.

§ 4º Quando reformar sentença que reconheça a decadência ou a prescrição, o tribunal, se possível, julgará o mérito, examinando as demais questões, sem determinar o retorno do processo ao juízo de primeiro grau.

§ 5º O capítulo da sentença que confirma, concede ou revoga a tutela provisória é impugnável na apelação.

Desse modo, pode-se dizer que o recurso ordinário devolve ao juízo *ad quem* o reexame da matéria efetivamente impugnada pelo recorrente. Isso significa que o recurso ordinário, em princípio, possui apenas efeito devolutivo, permitindo, pois, a execução provisória do julgado. O juiz não precisa declarar os efeitos em que recebe o recurso, pois, *de lege lata*, todos os recursos trabalhistas possuem, em regra, apenas efeito devolutivo (CLT, art. 899).

É preciso reiterar que apenas as matérias e capítulos impugnados no recurso ordinário são devolvidas à cognição do juízo *ad quem*. É a consagração do apotegma latino *tantum devolutum quantum appellatum*. Vale dizer, a regra geral é a de que matéria ou capítulo que não foi objeto de ataque pelo recurso ordinário sofre os efeitos da preclusão máxima, isto é, a coisa julgada.

O recurso ordinário pode ser manejado tanto para a correção dos *errores in judicando* quanto dos *errores in procedendo*, ou seja, sua finalidade pode ser a de *reformar* (função rescisória do recurso), corrigindo as injustiças ou reexaminando as provas, ou a de *anular* (função rescindente) a sentença, respectivamente.

2.3.1.1. Ampliação do efeito devolutivo

De acordo com o § 2º do art. 1.013 do CPC, aplicado, subsidiária e supletivamente, no processo do trabalho (CLT, art. 769; CPC, art. 15), quando o pedido ou a defesa tiver mais de um fundamento e o juiz acolher apenas um deles, o recurso ordinário devolverá ao tribunal o conhecimento dos demais.

Destarte, se o pedido contido na petição inicial possuir mais de uma causa de pedir (fundamento jurídico), e a sentença acolher apenas um deles, o recurso ordinário também devolve ao tribunal o conhecimento das demais causas de pedir (CPC, art. 1.013, § 2º; CPC/73, art. 515, § 2º). Por exemplo, empregada dispensada sem justa causa ajuíza ação trabalhista pedindo reintegração ao emprego e alega dois fundamentos jurídicos: 1) que se encontrava grávida; 2) que era dirigente de CIPA – Comissão Interna de Prevenção de Acidentes eleita antes da sua dispensa.

Se a sentença julgar procedente o pedido com base apenas no fundamento n. 1, o tribunal, ao examinar o recurso ordinário interposto pela ré, não fica adstrito ao primeiro fundamento, podendo negar provimento ao apelo, isto é, manter a sentença pelo fundamento n. 2 que não foi apreciado pelo juízo *a quo*.

Tratando-se de mais de um fundamento da contestação, e a sentença acolher apenas um deles, também poderá o juízo *ad quem*, conhecendo do recurso ordinário, manifestar-se sobre o fundamento não apreciado pelo juízo *a quo*.

Segundo o TST, a transferência dessas matérias ao tribunal ocorre por força do efeito devolutivo em profundidade do apelo ordinário. É o que prevê a Súmula 393, I, do TST, que comentamos no item 6.3 do Capítulo XIX.

Desse modo, julgada improcedente a ação, os fundamentos jurídicos da defesa que não foram apreciados na sentença podem ser objeto de exame pelo tribunal em sede de recurso ordinário, sem que haja necessidade de recurso do vencedor. Exemplo: a contestação sustenta duas hipóteses (dois fundamentos, portanto) de justa causa, e a sentença arrima-se apenas em uma e julga improcedente a ação. Neste caso, havendo recurso ordinário do autor, o tribunal está autorizado a examinar a outra justa causa não apreciada pela sentença, ainda que não renovada tal fundamentação em contrarrazões.

É importante registrar que o item I da Súmula 393 do TST permite ao tribunal examinar fundamentos contidos na inicial ou na defesa não apreciados pelo juízo de primeiro grau, desde que relativos a capítulo impugnado, entendendo-se por capítulo impugnado qualquer decisão contida na sentença.

Exemplifiquemos. Se a inicial contém três pedidos, A, B e C, cada um deles com mais de um fundamento, e a sentença julga todos procedentes, teremos uma sentença com 3 (três) capítulos, A, B e C. Se o recurso ordinário aviado pelo réu impugnar apenas o capítulo B, o tribunal só estará autorizado a examinar os fundamentos não analisados pela sentença em relação ao capítulo B. Os fundamentos referentes aos capítulos A e C transitaram em julgado, porque não foram impugnados no recurso ordinário.

De outro giro, a Súmula 393 do TST tem sido utilizada também para a hipótese de prescrição arguida na contestação e não renovada em contrarrazões. Sobre esse tema, remetemos o leitor ao Capítulo XIX, item 11.1.

2.3.2. Efeito translativo

Como já vimos, a regra geral é de que o recurso ordinário possui apenas efeito devolutivo, ou seja, o tribunal somente aprecia as matérias e capítulos veiculados no apelo, nos termos do art. 1.013, *caput*, do CPC, subsidiariamente aplicado à espécie (CLT, art. 769).

Há, porém, matérias consideradas de ordem pública que devem ser conhecidas *ex officio* pelo órgão *ad quem*, independentemente de arguição das partes ou do Ministério Público. Estamos falando daquelas questões que não se sujeitam à preclusão enquanto não transitada em julgado a decisão final, como os pressupostos processuais e as condições da ação (CPC, arts. 485, § 3º, e 337, § 5º; CPC/73, arts. 267, § 3º, e 301, § 4º). Estas questões são transferidas ao reexame do tribunal não por força do efeito devolutivo, mas em decorrência do efeito translativo, já estudado no item 6.3.3 do Capítulo XIX, o qual encontra residência nos §§ 1º e 2º do art. 1.013 do CPC (arts. 515 e 516 do CPC/73).

Como bem elucida Valentin Carrion:

> o recurso ordinário devolve ao tribunal de segunda instância todas as questões recorridas, de direito e de fato; é o princípio do duplo grau de jurisdição, que não é absoluto nem constitucional; por isso felizmente há leis que determinam a instância única. Ao apreciar o apelo interposto, o tribunal deve reconhecer, mesmo sem provocação, pressupostos e prejudiciais que independem de requerimento da parte (CPC, art. 301, § 4º), como é o caso da competência absoluta, das condições da ação, da coisa julgada e da litispendência, além dos pressupostos do recurso. Tampouco se exige, pelo duplo grau de jurisdição, que todos e qualquer um dos pedidos tenham sido julgados integralmente pela primeira instância; é suficiente que o juiz que adentrou no mérito tivesse condições de julgar determinada questão que não apreciou, ou seja, que as provas que tinham de ser oferecidas o foram e que a questão foi debatida; é o que autoriza o CPC, art. 515, § 1º: "Serão, porém, objeto de apreciação e julgamento pelo tribunal todas as questões suscitadas e discutidas no processo, ainda que a sentença não as tenha julgado por inteiro"[8].

O TST, por vezes, reconhece o efeito translativo como sinônimo de "efeito devolutivo em profundidade", como se infere do seguinte aresto:

> RECURSO DE REVISTA – IMPOSSIBILIDADE DE EXTINÇÃO DO PROCESSO SEM RESOLUÇÃO DO MÉRITO – EXTRAPOLAÇÃO DOS LIMITES DA DEVOLUTIVIDADE – OFENSA À COISA JULGADA. O efeito devolutivo refere-se à demarcação da extensão da cognição do órgão jurisdicional superior, ao passo que o efeito translativo – ou efeito devolutivo em profundidade – faculta ao Tribunal a incursão plena sobre a matéria devolvida, sendo-lhe permitido explorar todos os fundamentos da

8. *Comentários à Consolidação das Leis do Trabalho*. 4. ed. São Paulo: Saraiva, 1996. CD-ROM (nota 1 ao art. 895).

exordial e da defesa a respeito daquele pedido, ainda que não tenham constado da sentença. Nesse contexto, mormente na hipótese em que a decisão se encontra cingida em parcelas autônomas, o efeito devolutivo do recurso promove a restrição do âmbito de cognição da Corte *ad quem* – efeito translativo – apenas àquelas partes, capítulos, que foram impugnados, até mesmo no que concerne ao exame das questões de ordem pública. A transposição da devolutividade só será válida se a matéria a ser conhecida de ofício tiver o condão de invalidar todo o processo, vale dizer, se, por sua própria natureza, implicar expansão dos seus efeitos por todos os capítulos constantes da decisão. Por outro lado, se a questão de ordem pública for pertinente, de forma exclusiva, apenas aos respectivos capítulos não recorridos, sua apreciação restará obstada em decorrência do trânsito em julgado e consequente formação da coisa julgada. No caso em análise, tendo em vista que a sentença julgou procedente o pedido de contribuições sindicais e nenhuma das partes recorreu desse capítulo, não poderia o Tribunal Regional ter decidido pela extinção do processo sem resolução do mérito quanto a esse tema, pois a matéria não lhe foi devolvida, restando vedado, inclusive, o exame das condições a ela pertinentes. Configurada, portanto, a extrapolação dos limites do efeito devolutivo e a ofensa à coisa julgada. Recurso de revista conhecido e provido (...) (TST-RR 113200-48.2008.5.02.0058, Rel. Min. Luiz Philippe Vieira de Mello Filho, 7ª T., *DEJT* 10-6-2016).

Os Tribunais Regionais do Trabalho vêm adotando o efeito translativo no recurso ordinário:

RECURSO ORDINÁRIO. LEGITIMIDADE DE PARTE. MATÉRIA DE ORDEM PÚBLICA. Cumpre ao órgão julgador examinar de ofício as matérias de ordem pública, haja vista o efeito translativo que é inerente apenas aos recursos de índole ordinária (§ 3º do art. 267, X do art. 301 e §§ 1º e 2º do art. 515 do CPC). Aliás, esse é o entendimento consubstanciado na Súmula 393 do c. TST, embora o verbete jurisprudencial mencione efeito evolutivo em profundidade. Dentre as matérias de ordem pública a serem examinadas de ofício pelo Tribunal nos recursos de índole ordinária destaca-se a legitimidade das partes, conforme inciso VI do art. 267 do CPC (TRT 2ª R., RO em Rito Sumaríssimo n. 01910.2007.444.02.00-0, 12ª T., Rel. Des. Marcelo Freire Gonçalves, j. 12-6-2008, *DOE* 27-6-2008).

RECURSO ORDINÁRIO. LITISPENDÊNCIA. EFEITO TRANSLATIVO DOS RECURSOS. O efeito translativo, que é inerente aos recursos de índole ordinária, possibilita ao Tribunal apreciar de ofício as matérias de ordem pública (§ 3º do art. 267, § 4º do art. 301 e §§ 1º e 2º do art. 515 do CPC). A litispendência é caracterizada pela identidade de partes, de causa de pedir e de pedido. Cabe ao órgão julgador reconhecê-la de ofício quando constatar a tríplice identidade, conforme inciso V e § 3º do art. 267 do CPC (TRT 2ª R., RO n. 01052.2005.034.02.00-2, 12ª T., Rel. Des. Marcelo Freire Gonçalves, j. 22-2-2007, *DOE* 2-3-2007).

COISA JULGADA. DECLARAÇÃO DE OFÍCIO. Pelo efeito translativo do recurso, ao Tribunal é conferido conhecer e julgar matéria que não foi decidida na instância primeva e que, por ser de ordem pública, pode, de ofício, ser examinada em grau de recurso. É a hipótese da coisa julgada que, uma vez configurada, atrai o seu reconhecimento para, no aspecto, declarar-se a extinção do processo, sem julgamento do mérito, na forma do art. 267, V, do CPC (TRT 3ª R., RO n. 01524-2007-047-03-00-0, 8ª T., Rel. Des. Denise Alves Horta, *DJMG* 12-4-2008).

1. ILEGITIMIDADE PASSIVA DA RECLAMADA. DECLARAÇÃO DE OFÍCIO. EXTINÇÃO DO PROCESSO SEM JULGAMENTO DO MÉRITO. Verificada na reclamação trabalhista a ausência de uma das condições da ação – ilegitimidade passiva da reclamada, está o Magistrado autorizado a conhecer da matéria *ex officio* (art. 267, § 3º, e art. 301, § 4º, ambos do CPC), mesmo em se tratando de remessa obrigatória, já que a questão é de ordem pública e, também, face ao efeito translativo dos recursos. 2. Processo extinto sem julgamento do mérito (TRT 10ª R., RO n. 00092-2005-851-10-00-4, 2ª T., Dianópolis, Rel. Des. Brasilino Santos Ramos, j. 29-3-2006, *DO* 7-4-2006).

O efeito translativo não implica *reformatio in pejus*, pois por meio dele o tribunal não examina o pedido (lide) e, sim, as questões de ordem pública, conhecíveis de ofício em sede de recursos de natureza ordinária. Por isso não há lugar para efeito translativo nos recursos de natureza extraordinária, como o recurso de revista e o recurso de embargos no TST, pois estes exigem prequestionamento, ainda que se trate de incompetência absoluta (OJ n. 62 da SBDI-1/TST).

2.3.2.1. *A questão da prescrição em recurso ordinário*

Inovação substancial a respeito da prescrição foi introduzida pela Lei n. 11.280/2006, que deu nova redação ao § 5º do art. 219 do CPC/73, segundo o qual o "juiz pronunciará, de ofício, a prescrição". Esta regra foi reproduzida nos arts. 332, § 1º, e 487, II, parágrafo único, do CPC.

Partindo-se da literalidade da nova regra processual civil, a prescrição deixa de ser ato dependente da arguição da parte e passa a ser ato judicial obrigatório. Dito de outro modo, o decreto de prescrição passa a ser matéria de ordem pública, uma vez que o verbo "pronunciará" é imperativo. Se é matéria de ordem pública, em caso de recurso ordinário, o tribunal, por força do efeito translativo, poderá dela conhecer de ofício e, também de ofício, decretar a prescrição.

Parece-nos, porém, como já vimos no Capítulo XIV, item 5.2.1.1.1, que, se o Relator (ou o Tribunal) pretender decretar, de ofício, a prescrição, deverá, antes, determinar a intimação:

- do autor para que este, querendo, manifeste-se sobre a existência de causa impeditiva, interruptiva ou suspensiva da prescrição (Código Civil, arts. 197 a 204);
- do réu para que informe se renuncia ao direito à prescrição (Código Civil, art. 191).

Caso o Relator não adote as duas providências acima, poderá, segundo pensamos, ser tipificada a violação aos princípios do devido processo legal e da ampla defesa. O parágrafo único do art. 487 do CPC passou a dispor que, salvo na hipótese de improcedência liminar do pedido (§ 1º do art. 332 do CPC), "a prescrição e a decadência não serão reconhecidas sem que antes seja dada às partes oportunidade de manifestar-se".

A doutrina e a jurisprudência divergem sobre a decretação, de ofício, da prescrição nos sítios do processo do trabalho.

Posicionando-se a favor da decretação da prescrição *ex officio*, leciona Manoel Antonio Teixeira Filho:

> O Juiz declarará (é um seu dever, portanto), por sua iniciativa, a prescrição. Até então, o Juiz somente poderia pronunciar, *ex officio*, a prescrição no caso de direito não patrimonial. Em consequência, foi expressamente revogado o art. 194, do Código Civil, segundo o qual o Juiz não poderia suprir, de ofício, a falta de alegação de prescrição. Sob este aspecto, a prescrição foi equiparada à decadência, pois esta, quando estabelecida por lei, deve ser declarada de ofício pelo Juiz (Código Civil, art. 210). O texto legal em exame é de grande importância prática para o réu, por evitar que ele seja prejudicado pelo fato de não alegar a prescrição (extintiva). A norma incidirá no processo do trabalho, pelo mesmo motivo que o art. 219, § 5º, do CPC, em sua redação anterior, era pacificamente aplicado ao processo do trabalho. Não haverá antagonismo com o art. 7º, XXIX, da Constituição Federal[9].

Nesse sentido, colhemos o seguinte julgado:

> Prescrição declarada de ofício – Lei n. 11.280/2006. Aplicabilidade no processo do trabalho. A prescrição, que antes da vigência da Lei n. 11.280/2006 deveria ser suscitada pelos litigantes, passou a ter natureza de objeção, devendo o magistrado declará-la de ofício, em qualquer tempo e grau de jurisdição. Tal alteração, inscrita no art. 219, § 5º, do CPC, é compatível com o processo do trabalho, não havendo qualquer violação ao princípio da igualdade das partes ou à imparcialidade do juiz (TRT 10ª R., ROPS 00354.2007.006.10.00-2, 1ª T., Rel. Juíza Maria Regina Machado Guimarães, *DJU* 27-7-2007, p. 8).

Contra o pronunciamento judicial de ofício da prescrição, Emília Simeão Albino Sako sustenta que:

9. As novas leis alterantes do processo civil e sua repercussão no processo do trabalho. *Revista LTr*, v. 70, n. 3, p. 298, mar. 2006.

a nova regra de prescrição inserida no § 5º do art. 219 do CPC é inaplicável ao processo, especialmente, ao processo do trabalho, principalmente, pelas seguintes razões: primeiro, porque a prescrição é instituto de direito material, é matéria que envolve o mérito da causa, e quando acolhida, extingue direitos materiais efetivos. Assim sendo, é imprópria e ilegítima a nova regra procedimental do art. 219, § 5º, do CPC. O direito processual destina-se a regular o processo, ou seja, a atividade das partes e do juiz, não sendo o meio hábil e legítimo para subtrair ou reduzir direitos materiais; segundo, porque no processo do trabalho a prescrição aplicável é a do art. 7º, XXIX, c/c. art. 11 da CLT, e no que tange ao procedimento, ou seja, a forma como é aplicada, sempre foi observado o Código Civil, de aplicação subsidiária, porque compatível com o processo do trabalho e seus princípios. Há aproximadamente cem anos é vedado ao juiz aplicar *ex officio* a prescrição, conforme art. 166 do CC de 1916 e art. 194 do atual Código Civil, em sua redação originária; terceiro, porque é patente a incompatibilidade do § 5º do art. 219 com as normas contidas no Título X da CLT, que regem o processo judiciário do trabalho (arts. 763 a 910 da CLT), das quais são extraídos princípios próprios e específicos, com destaque aos princípios da proteção, que orienta o intérprete a aplicar, no julgamento da causa, a condição mais benéfica e a norma mais favorável ao trabalhador, e o princípio da irrenunciabilidade de direitos trabalhistas, que proíbe transação e renúncia; quarto, porque viola os princípios do devido processo legal, da ampla defesa e do contraditório. A prescrição decretada no julgamento da causa impede a parte de alegar e provar a existência de causas impeditivas, suspensivas ou interruptivas da prescrição; quinto, porque infringe o princípio dispositivo, que não autoriza o juiz a agir em favor da parte, beneficiando uma delas e prejudicando a outra, sendo esse princípio um dos fundamentos da imparcialidade do julgador; sexto, porque fere a cláusula de não retrocesso social, extraída das doutrinas constitucionalistas modernas, segundo a qual, a condição benéfica conferida pela lei incorpora-se ao patrimônio jurídico da pessoa, não podendo ser subtraída ou reduzida por ato legislativo posterior, sem que haja uma contrapartida equivalente; sétimo, porque é questionável a constitucionalidade da nova regra, diante dos direitos e garantias contemplados nos arts. 5º e 7º da Constituição Federal do Brasil. Os direitos e as garantias individuais e os direitos sociais não podem ser atingidos por norma infraconstitucional que os reduz ou os elimina, sob pena de inconstitucionalidade; oitavo, porque a própria lei continua atribuindo efeitos válidos ao cumprimento espontâneo da obrigação, conforme dispõe o art. 882 do Código Civil, e admitindo a renúncia expressa ou tácita da prescrição, na forma do art. 191, também do Código Civil[10].

10. Prescrição *ex officio* – § 5º do art. 219 do CPC – a impropriedade e inadequação da alteração legislativa e sua incompatibilidade com o direito e o processo do trabalho. *Revista LTr*, v. 70, n. 8, p. 973, ago. 2006.

Nessa linha de pensamento, reproduzimos os seguintes arestos:

> RECURSO DE REVISTA. NULIDADE DO V. ACÓRDÃO REGIONAL POR NULIDADE DE PRESTAÇÃO JURISDICIONAL. Não demonstrada ausência de fundamentação do julgado, não se conhece do apelo. Recurso de revista não conhecido. PRESCRIÇÃO. Não se mostra compatível com o processo do trabalho, a nova regra processual inserida no art. 219, § 5º, do CPC, que determina a aplicação da prescrição, de ofício, em face da natureza alimentar dos créditos trabalhistas. Recurso de revista não conhecido (...) (TST-RR n. 484/2003-005-02-00.9, 6ª T., Rel. Min. Aloysio Corrêa da Veiga, unânime, *DJe* 4-6-2009).

> PRESCRIÇÃO DE OFÍCIO. INAPLICABILIDADE. A revogação do art. 194 do Código Civil de 2002, levada a efeito pela Lei n. 11.280/2006, que inseriu o § 5º no art. 219 do CPC, não permite o pronunciamento de ofício da prescrição. Não há senso supor que o sistema que confere ao réu a possibilidade de renunciar à prescrição (CC, art. 191) seja o mesmo que impede o exercício de tal prerrogativa por iniciativa do Juiz. Até mesmo as cominações àquele que demandar por dívida já paga ou antes do vencimento (CC, arts. 939 e 940) estariam prejudicadas diante desse procedimento. PRESCRIÇÃO. DIREITO INTERTEMPORAL. A transferência das ações envolvendo pretensões oriundas de acidentes de trabalho decorreu de norma de competência com caráter, nitidamente, processual, sem qualquer referência com o Direito Material. A prescrição, que é tratada pelo direito substantivo, orienta-se pela data da lesão e não em razão do ramo do Poder Judiciário afeto ao conhecimento da lide. As lesões ocorridas antes do advento da EC/45 sujeitam-se ao prazo prescricional do Código Civil e só após essa alteração constitucional proceder-se-á a observância do prazo geral dos créditos trabalhistas. Aplicação analógica da OJ/TST n. 271 da SDI-1 (TRT 2ª R., RO n. 00927.2006.064.02.00-1, 8ª T., Rel. Designado Des. Rovirso Aparecido Boldo, j. 12-4-2007, *DOE* 24-4-2007).

> RECURSO ORDINÁRIO – PRESCRIÇÃO, DE OFÍCIO – ART. 219, § 5º, DO CPC – ART. 769 DA CLT – INAPLICABILIDADE NO PROCESSO DO TRABALHO – INEXISTÊNCIA DE OMISSÃO E DE COMPATIBILIDADE. Os objetivos do instituto da prescrição, nos sistemas do Direito Processual Civil e do Direito Processual do Trabalho, são diversos. A função essencial do processo do trabalho é garantir e preservar a isonomia (*pars conditio*), assegurando condições jurídicas ao hipossuficiente. Indispensabilidade da efetivação dos direitos sociais. Irrenunciabilidade às verbas de natureza alimentar (TRT 2ª Reg., RO n. 00131.2006.025.02.00-6, 11ª T., Rel. Juiz Carlos Francisco Berardo, *DJSP* 17-4-2007, p. 3).

Como já vimos no Capítulo XIV, item 5.2.1.1.1, a jurisprudência atual e majoritária do TST considera a decretação de ofício da prescrição incompatível com os princípios do processo do trabalho. Nesse sentido:

PRESCRIÇÃO. DECLARAÇÃO DE OFÍCIO. IMPOSSIBILIDADE. ART. 219, § 5º, DO CPC. INCOMPATIBILIDADE COM O DIREITO DO TRABALHO. PRINCÍPIO DA PROTEÇÃO AO HIPOSSUFICIENTE. A prescrição é a perda da pretensão do direito de agir, ocasionada pela inércia do titular do direito, no prazo que a legislação estabelece para o exercício do direito de ação. Entretanto, o § 5º do art. 219 do CPC, acrescentado pela Lei n. 11.280/2006, passou a dispensar a arguição de prescrição pela parte interessada, ao estabelecer que o juiz pronunciará de ofício, a prescrição. No entanto, o dispositivo da legislação processual não se aplica ao Direito do Trabalho, pois é incompatível com os princípios que norteiam o Direito do Trabalho, notadamente o princípio tuitivo ou de proteção ao hipossuficiente. Nesse sentido, firmou-se a jurisprudência desta Corte. Recurso de revista não conhecido (...) (TST-RR 311200-39.2000.5.02.0069, Rel. Min. José Roberto Freire Pimenta, j. 28-11-2012, 2ª T., *DJe* 7-12-2012).

AGRAVO DE INSTRUMENTO. RECURSO DE REVISTA. PRESCRIÇÃO – DECLARAÇÃO DE OFÍCIO – INAPLICABILIDADE NO PROCESSO DO TRABALHO. Ante a razoabilidade da tese de contrariedade à Súmula/TST 153, recomendável o processamento do recurso de revista para exame das matérias veiculadas em suas razões. Agravo provido. RECURSO DE REVISTA. PRESCRIÇÃO – DECLARAÇÃO DE OFÍCIO – INAPLICABILIDADE NO PROCESSO DO TRABALHO. A prescrição, por ser matéria de defesa, somente pode ser arguida pelas partes na relação processual e nas instâncias ordinárias, nos termos da Súmula/TST 153. Recurso de revista conhecido e provido. Prejudicada a análise dos temas remanescentes (...) (TST-RR 519-15.2010.5.09.0562, Rel. Min. Renato de Lacerda Paiva, 2ª T., *DEJT* 30-8-2013).

De toda sorte, é preciso reconhecer que, com o advento da EC n. 45/2004, novas ações tendo por objeto créditos de natureza diversa dos alimentares passaram a ser da competência da Justiça do Trabalho. Em tais ações, parece-nos que não há argumentação razoável para afastar a possibilidade de aplicação da regra do art. 332, § 1º, e 487, II, do CPC (art. 219, § 5º, do CPC/73) nos sítios do processo laboral.

2.3.3. Efeito expansivo

Dando seguimento ao que já vimos no item 6.3.7 do Capítulo XIX, destacamos que o efeito expansivo do recurso ordinário pode ser subjetivo ou objetivo.

O *efeito expansivo subjetivo* ocorre nas hipóteses em que o recurso interposto por um dos litisconsortes aproveite aos demais (CPC, art. 1.005; CPC/73, art. 509). Esse efeito só ocorre na hipótese de litisconsórcio unitário.

Já o *efeito expansivo objetivo* implica enfrentar o seguinte questionamento: pode o tribunal, ao anular sentença que não reconheceu a relação empregatícia, declarando o autor carecedor do direito de ação, ingressar no mérito apreciando os demais pedidos formulados na petição inicial? Em outros termos, pode o tribunal anular sentença terminativa e ingressar, desde logo, no mérito da causa para julgar procedente ou não o pedido?

A doutrina majoritária considerava que em tais casos o tribunal deveria limitar-se a anular a sentença e determinar o retorno dos autos ao juiz *a quo* para prosseguir no julgamento do mérito, sob pena de caracterizar a supressão de instância e a violação ao princípio do duplo grau de jurisdição.

Todavia, o § 3º do art. 515 do CPC/73 passou a facultar ao tribunal julgar desde logo a lide (mérito) se a causa versar questão exclusivamente de direito "e" estiver em condições de imediato julgamento, isto é, se não houver necessidade de produção de outras provas.

O CPC, em seu art. 1.013, §§ 3º e 4º, contempla de forma mais ampla o efeito expansivo da apelação, nos seguintes termos:

> Art. 1.013. A apelação devolverá ao tribunal o conhecimento da matéria impugnada.
> (...) § 3º Se o processo estiver em condições de imediato julgamento, o tribunal deve decidir desde logo o mérito quando:
> I – reformar sentença fundada no art. 485;
> II – decretar a nulidade da sentença por não ser ela congruente com os limites do pedido ou da causa de pedir;
> III – constatar a omissão no exame de um dos pedidos, hipótese em que poderá julgá-lo;
> IV – decretar a nulidade de sentença por falta de fundamentação.
> § 4º Quando reformar sentença que reconheça a decadência ou a prescrição, o tribunal, se possível, julgará o mérito, examinando as demais questões, sem determinar o retorno do processo ao juízo de primeiro grau.

Trata-se do efeito expansivo objetivo inerente à apelação cível que, em função da lacuna normativa do texto consolidado e da ausência de incompatibilidade com a principiologia do processo do trabalho, pode (e deve) ser atribuído ao recurso ordinário (CLT, art. 769; CPC, art. 15).

Para alguns autores, o efeito expansivo seria apenas uma ampliação do efeito translativo[11]; para outros, mera extensão do efeito devolutivo da apelação (ou recurso ordinário)[12].

Em razão do efeito expansivo objetivo, a decisão do tribunal em sede recurso ordinário poderá ser mais ampla do que a proferida pelo juízo de primeiro grau, sem

11. BEBBER, Júlio César. *Processo do trabalho:* temas atuais. São Paulo: LTr, 2003. p. 103-105.
12. JORGE, Flávio Cheim et al. *A nova reforma processual.* 2. ed. São Paulo: Saraiva, 2003. p. 142.

que isso implique violação: *a)* ao art. 494 do CPC (art. 463 do CPC/73); *b)* ao princípio da *non reformatio in pejus*; *c)* ao princípio do duplo grau de jurisdição[13].

Ao que nos parece, em função do efeito expansivo, o tribunal poderá, na mesma sessão, julgar imediatamente o mérito (lide, pedido), desde que verificada qualquer uma das hipóteses previstas nos §§ 3º e 4º do art. 1.013 do CPC.

Estamos convencidos de que a aplicação do efeito expansivo autoriza o tribunal a adentrar no exame do mérito independentemente de pedido (ou requerimento) do recorrente.

Afinal, se a causa estiver madura para julgamento, seja por se tratar de matéria eminentemente de direito, seja por se verificar a desnecessidade de realização de prova, a decisão que adentra no exame do mérito *não implicará*:

a) reformatio in pejus;

b) violação ao direito fundamental de ampla defesa do recorrente;

c) desrespeito ao princípio dispositivo; ou

d) supressão de instância.

Ao revés, estará em sintonia com o princípio da duração razoável do processo, podendo o tribunal decidir a lide sem maiores transtornos à rápida solução do conflito, ainda que julgue improcedente a demanda e não haja pedido expresso de novo julgamento da causa.

Em suma, se o tribunal verificar que a matéria recursal é apenas de direito ou, sendo matéria de fato, já tenha havido ampla produção de prova, poderá, constatando que o processo reúne todos os elementos fáticos e jurídicos para prosseguir no julgamento da causa, adentrar desde logo no julgamento do mérito, acolhendo ou rejeitando os pedidos formulados na petição inicial ou, ainda, nas demais hipóteses do art. 487 do CPC.

Sobre a aplicação dos §§ 3º e 4º do art. 1.013 do CPC nos domínios do processo do trabalho, o TST, por força do CPC de 2015, alterou o item II da Súmula 393, que passou a ter a seguinte redação:

> (...) II – Se o processo estiver em condições, o tribunal, ao julgar o recurso ordinário, deverá decidir desde logo o mérito da causa, nos termos do § 3º do art. 1.013 do CPC de 2015, inclusive quando constatar a omissão da sentença no exame de um dos pedidos.

13. Nesse sentido: JORGE, Flávio Cheim et al., cit., p. 143-146; BEBBER, Júlio César. *Processo do trabalho:* temas atuais. São Paulo: LTr, 2003. p. 118 e s. Em sentido contrário: TEIXEIRA FILHO, Manoel Antonio. *Sistema dos recursos trabalhistas*. 10. ed. São Paulo: LTr, 2003. p. 244-245.

2.3.3.1. *Efeito expansivo e o problema da prescrição*

Um tema que tem suscitado amplos debates na seara laboral pode ser assim problematizado: pode o juízo *ad quem*, ao dar provimento ao recurso da sentença que pronuncia a prescrição total, adentrar, desde logo, no mérito da causa?

Em verdade, existem três correntes doutrinárias que procuram enfrentar o problema.

A primeira sustenta que a prescrição é prejudicial do mérito, em função do que o tribunal não poderia apreciar e julgar o restante da causa (pedido), pois isso importaria supressão de um grau de jurisdição, impedindo, assim, o exercício do amplo direito de defesa com os meios e recursos a ela inerentes. Desse modo, o juízo *ad quem*, ao afastar a prescrição, deveria determinar o retorno dos autos ao juízo *a quo*, para que este decidisse o mérito propriamente dito.

A segunda advoga ser perfeitamente possível o julgamento do restante da causa, por ser a prescrição, com o advento do CPC de 1973, matéria de mérito. Logo, o recurso ordinário contra a decisão que pronuncia a prescrição devolve – de forma ampla – ao tribunal o conhecimento de tudo aquilo que diz respeito ao mérito.

A última corrente é eclética, porquanto admite que o tribunal adentre no restante do mérito, desde que a causa "esteja madura", em expressão magistralmente empregada por Barbosa Moreira. Assim, desde que a causa esteja devidamente instruída, para julgamento por inteiro, ou seja, desde que as demais matérias referentes ao mérito propriamente dito tenham sido objeto de apreciação e discussão no juízo de primeiro grau, poderá o tribunal prosseguir no julgamento da lide.

Exemplificando, se o pedido é de adicional de insalubridade, com produção de prova pericial e debate das partes sobre a matéria, e a sentença, afinal, vier a pronunciar a prescrição total suscitada na contestação, nada impede que o tribunal, reformando a sentença no tópico relativo à prescrição, aprecie e julgue o restante da causa, desde que haja elementos suficientes nos autos que permitam a apreciação de todo o mérito.

Estamos de acordo com a terceira vertente doutrinária, mormente em função do § 4º do art. 1.013 do CPC (§ 3º do art. 515 do CPC/73). Afinal, se a lei passou a permitir ao juízo *ad quem* adentrar no mérito mesmo diante de sentença terminativa (CPC, art. 485), com muito mais razão tal permissão deve abranger a sentença que pronuncia a prescrição, que é uma sentença definitiva (CPC, art. 487, II).

Nesse sentido já acenava a jurisprudência na vigência do CPC/73:

> AGRAVO DE INSTRUMENTO. RECURSO DE REVISTA. SUPRESSÃO DE INSTÂNCIA NÃO CONFIGURADA. INCIDÊNCIA DO ART. 515, § 3º, DO CPC. TEORIA DA CAUSA MADURA. Não configura hipótese de nulidade do acórdão recorrido, por supressão de instância, quando o Tribunal Regional afasta a prescrição bienal reconhecida na sentença e, presentes os requisitos necessários ao julgamento da ques-

tão de fundo (teoria da causa madura), julga desde logo a lide, valendo-se do permissivo constante no art. 515, § 3º, do CPC e em prestígio ao princípio constitucional da razoável duração do processo, constante no art. 5º, LXXVIII, da Lei Maior. Deve ser mantida, portanto, a decisão agravada. Agravo de instrumento a que se nega provimento (TST-AIRR 13540-90.2007.5.05.0007, Rel. Min. Walmir Oliveira da Costa, 1ª T., *DEJT* 2-9-2011).

EMBARGOS DE DECLARAÇÃO. RECURSO DE REVISTA. DIFERENÇAS DE 40% DO FGTS. EXPURGOS INFLACIONÁRIOS. OJ N. 344 DA SBDI-1. PRESCRIÇÃO AFASTADA. JULGAMENTO IMEDIATO. ART. 515, § 3º, DO CPC. VIABILIDADE. O art. 515, § 3º, do CPC, positivou a figura doutrinariamente conhecida como causa madura e passou a autorizar o pronto julgamento do mérito da demanda quando o debate versar apenas sobre questão de direito, ainda que o processo tenha sido extinto pela instância inferior com julgamento do mérito. Logo, é aplicável nesta instância extraordinária, por analogia, em razão de sua perfeita harmonia com os princípios gerais do processo do trabalho de celeridade e economia processuais; razão pela qual não incorre em supressão de instância o acórdão que, ao afastar a prescrição declarada pelas instâncias ordinárias, julga de pronto o pedido de diferenças da multa de 40% sobre os depósitos de FGTS decorrentes dos chamados expurgos inflacionários, questão eminentemente de direito. Precedentes desta Corte. Embargos de declaração acolhidos apenas para prestar esclarecimentos (TST-ED-RR n. 934/2003-121-17-40, 6ª T., Rel. Min. Horácio Senna Pires, *DJ* 5-9-2008).

RECURSO DE REVISTA – FGTS – INDENIZAÇÃO DE 40% – DIFERENÇAS DECORRENTES DOS EXPURGOS INFLACIONÁRIOS – PRESCRIÇÃO – PROTESTO JUDICIAL – INTERRUPÇÃO. É entendimento pacífico nesta Corte que o protesto judicial ajuizado pelo sindicato da categoria em menos de dois anos após a vigência da Lei Complementar n. 110/2001 interrompe o prazo prescricional da pretensão às diferenças da indenização de 40% do FGTS em decorrência dos expurgos inflacionários. Verificando-se que o Tribunal Regional distanciou-se de tal entendimento, quando declarou a prescrição total do direito de ação e asseverou a invalidade do protesto como meio para promover a interrupção do prazo prescricional, dá-se provimento ao recurso para afastar a ocorrência da prescrição e, em se tratando de matéria essencialmente de direito, a cujo respeito a jurisprudência do Tribunal Superior do Trabalho já se encontra pacificada, cabe aplicar à espécie o disposto no art. 515, § 3º, do CPC, para, por aplicação do princípio da causa madura e em homenagem à celeridade e economia do processo, julgar desde logo procedente a reclamatória. Recurso de revista conhecido e provido (TST-RR n. 90/2004-024-01-00, 1ª T., Rel. Min. Vieira de Mello Filho, *DJ* 11-4-2008).

DUPLO GRAU DE JURISDIÇÃO. SUPRESSÃO DE INSTÂNCIA. ART. 515, § 3º, DO CPC. DEVIDO PROCESSO LEGAL. Apesar de o § 3º do art. 515 do Código de

Processo Civil referir-se apenas ao efeito translativo dos recursos nas hipóteses de extinção do processo sem julgamento de mérito, o entendimento também se aplica aos casos de julgamento de mérito, com proclamação da prescrição. Com efeito, a apreciação do mérito da lide pelo Tribunal exige apenas a maturidade da causa, prescindindo de duplo exame sobre a mesma questão (...) (TST-E-RR n. 493/2003-191-17-00.6, SBDI-1, Rel. Min. Maria Cristina Irigoyen Peduzzi, unânime, *DJ* 1º-7-2005).

Com o advento do CPC de 2015, o TST já antecipou o seu entendimento a respeito do tema ora focalizado ao alterar a redação do item II da Súmula 393, que adota a teoria da causa madura, como já vimos alhures.

Ora, se pode adentrar no exame do mérito, ainda que omissa a sentença a respeito de pedido, com muito mais razão poderá o tribunal, superada a admissibilidade do recurso ordinário, pronunciar a prescrição (ou a decadência) arguida na contestação, mas não renovada no recurso ou nas contrarrazões.

Advertimos, contudo, que não poderá o TRT ou o TST decretar de ofício a prescrição não arguida pela parte, pois o § 1º do art. 332 do CPC só permite ao juiz do trabalho decretar de ofício a decadência, mas não a prescrição, como prevê, inclusive, o art. 7º, parágrafo único, da IN n. 39/2016 do TST.

2.3.3.2. Efeito expansivo ampliado do recurso ordinário contra sentença de mérito

À luz da literalidade do § 3º do art. 515 do CPC/73, o efeito expansivo só seria permitido na hipótese de anulação da sentença terminativa (CPC/73, art. 267), e não de reforma da sentença definitiva (CPC/73, art. 269).

Já sustentamos no item precedente o cabimento do efeito expansivo na hipótese de recurso ordinário de sentença que pronuncia a prescrição (prejudicial de mérito), desde que a causa esteja madura para julgamento.

Ora, parece-nos que os §§ 3º e 4º do art. 1.013 do CPC, que devem ser interpretados conforme a Constituição, de modo a prestigiar o princípio da duração razoável do processo, autorizam o Tribunal Regional do Trabalho a adentrar, desde logo, no exame do mérito, isto é, sem determinar o retorno dos autos ao juízo de origem, quando:

I – reformar sentença terminativa;

II – decretar a nulidade da sentença *ultra* ou *extra petita*;

III – constatar que a sentença é *citra petita*, hipótese em que poderá julgar o pedido sobre o qual se omitiu;

IV – decretar a nulidade de sentença por falta de fundamentação;

V – reformar sentença que pronunciou a decadência ou a prescrição.

É importante notar que as hipóteses do § 3º do art. 1.013 do CPC são meramente exemplificativas, porquanto o tribunal poderá também julgar – e esta é a principal função do recurso ordinário – imediatamente o mérito em qualquer das hipóteses de sentenças definitivas proferidas com base no art. 487 do CPC. Como bem lembram Marinoni, Arenhart e Mitidiero:

> As causas que admitem a aplicação do art. 1.013, § 3º, CPC, são as causas maduras: os seus incisos são apenas exemplos. Causa madura é aquela cujo processo já se encontra com todas as alegações necessárias feitas e todas as provas admissíveis acolhidas. Assim, o que realmente interessa para aplicação do art. 1.013, § 3º, CPC, é que a causa comporte imediato julgamento pelo tribunal – por já se encontrar devidamente instruída. Estando madura a causa – observada a necessidade de um processo justo no seu amadurecimento (art. 5º, LIV, CF) – nada obsta que o tribunal, conhecendo da apelação, avance sobre as questões não versadas na sentença para resolvê-las no mérito[14].

A situação mais corriqueira na prática trabalhista, além da prescrição decretada pelo juiz de origem (*vide* item 2.3.3.1, *supra*), é a do recurso ordinário contra sentença que julga improcedente o pedido de reconhecimento de vínculo empregatício e, consequentemente, os demais pedidos dele decorrentes, como anotação da CTPS, férias, verbas contratuais e resilitórias etc. Nesse caso, pensamos que o tribunal poderá reformar a sentença e, reconhecendo o vínculo empregatício, apreciar e julgar imediatamente, por aplicação subsidiária do § 3º, *caput*, do art. 1.013 do CPC, os demais pedidos contidos na petição inicial.

A jurisprudência já vinha evoluindo para admitir a aplicação do § 3º do art. 515 do CPC/73 em tal hipótese (o que será fortalecido com os §§ 3º e 4º do art. 1.013 do CPC), como se infere dos seguintes julgados:

> RECURSO DE REVISTA. 1) PRELIMINAR DE NULIDADE POR CERCEAMENTO DO DIREITO DE DEFESA. AUSÊNCIA DE SUPRESSÃO DE INSTÂNCIA. EFEITO DEVOLUTIVO EM PROFUNDIDADE DO RECURSO ORDINÁRIO. A atual sistemática processual vigente no ordenamento jurídico pátrio, consoante o disposto no art. 515, §§ 1º e 3º, do CPC, possibilita o julgamento do mérito do recurso sempre que a causa versar sobre questão exclusivamente de direito, ou, sendo questão de

14. MARINONI, Luiz Guilherme; ARENHART, Sérgio Cruz; MITIDIERO, Daniel. *Novo Código de Processo Civil comentado*. São Paulo: Revista dos Tribunais, 2015. p. 944.

direito e de fato, sempre que a causa estiver em condições de imediato julgamento. Na presente hipótese, a Corte de origem deu provimento ao recurso ordinário da Reclamante para reconhecer o vínculo empregatício diretamente com a tomadora de serviços. Assim, em razão do efeito devolutivo em profundidade do referido apelo, não se verifica a necessidade de retorno do processo à primeira instância para análise dos pedidos decorrentes do reconhecimento do vínculo empregatício diretamente com a tomadora de serviços, uma vez que o processo encontrava-se devidamente instruído e em condições de imediato julgamento (art. 515, §§ 1º e 3º, do CPC). Recurso de revista não conhecido, nesse aspecto (...) (TST – RR: 14911020135030024, Rel. Min. Mauricio Godinho Delgado, 3ª T., *DEJT* 9-5-2014).

RECURSO DE REVISTA. PRELIMINAR DE CERCEAMENTO DE DEFESA POR SUPRESSÃO DE INSTÂNCIA. RECONHECIMENTO DO VÍNCULO DO EMPREGO E DEFERIMENTO DE VERBAS DECORRENTES. A decisão que reconhece o vínculo de emprego e defere ao reclamante o pagamento de verbas daí decorrentes não configura supressão de instância. Estando a causa madura, não há necessidade de duplo exame sobre a mesma questão. Muito embora o § 3º do art. 515 do Código de Processo Civil trate apenas do efeito translativo dos recursos nas hipóteses de extinção do processo sem julgamento de mérito, o entendimento também se aplica aos casos em que há julgamento de mérito, com proclamação da improcedência dos pedidos. Recurso de revista não conhecido. TERCEIRIZAÇÃO ILÍCITA. RECONHECIMENTO DE VÍNCULO DE EMPREGO COM O TOMADOR DOS SERVIÇOS. Consignado pela eg. Corte Regional que o reclamante, na prestação de serviços terceirizados, realizava atividades tipicamente bancárias, uma vez que recebia e abria malotes, conferia e depositava cheques e dinheiro, fazia encerramento do caixa diário, bem como realizava a custódia de cheques, além de estar subordinado diretamente aos supervisores do banco reclamado, o vínculo de emprego se forma diretamente com este, por retratar fraude na relação de trabalho, já que se trata de atividade-fim. Recurso de revista não conhecido. ENQUADRAMENTO SINDICAL. CONDIÇÃO DE BANCÁRIO. DECORRÊNCIA DO RECONHECIMENTO DO VÍNCULO EMPREGATÍCIO COM O TOMADOR. Em razão do reconhecimento do vínculo de emprego, o reclamante é beneficiário dos instrumentos coletivos firmados pelo banco reclamado, tomador de serviços. Recurso de revista não conhecido (...) (TST-RR 23224620125030007, Rel. Min. Aloysio Corrêa da Veiga, 6ª T., *DEJT* 15-4-2014).

2.3.4. Efeito suspensivo

Não há previsão na CLT para que o juiz possa conceder efeito suspensivo ao recurso ordinário. Todavia, o art. 14 da Lei n. 10.192, de 14 de fevereiro de 2001, prevê tal possibilidade em recurso ordinário contra sentença normativa proferida em dissídio coletivo, como se infere da IN TST n. 24/2003, que dispõe sobre a faculdade de o Ministro Presidente do TST designar audiência prévia de conciliação, no caso de pedido de efeito suspensivo a recurso ordinário interposto à decisão normativa da Justiça do Trabalho.

Todavia, a jurisprudência tem admitido, em situações excepcionais, a aplicação subsidiária do processo civil mediante o uso da ação cautelar inominada, com pedido de liminar, com o objetivo único de dar efeito suspensivo ao recurso ordinário.

De acordo com o item I da Súmula 414 do TST, já adaptada ao CPC de 2015, "A tutela provisória concedida na sentença não comporta impugnação pela via do mandado de segurança, por ser impugnável mediante recurso ordinário. É admissível a obtenção de efeito suspensivo ao recurso ordinário mediante requerimento dirigido ao tribunal, ao relator ou ao presidente ou ao vice-presidente do tribunal recorrido, por aplicação subsidiária ao processo do trabalho do art. 1.029, § 5º, do CPC de 2015".

A OJ n. 113 da SBDI-2, porém, considera "incabível medida cautelar para imprimir efeito suspensivo a recurso interposto contra decisão proferida em mandado de segurança, pois ambos visam, em última análise, à sustação do ato atacado". Ocorrendo tal hipótese, o processo deve ser extinto, sem resolução do mérito, por ausência de interesse de agir, para evitar que decisões judiciais conflitantes e inconciliáveis passem a reger idêntica situação jurídica.

Como o CPC de 2015 extinguiu a ação cautelar, a OJ n. 113 da SBDI-2 deverá ser cancelada ou alterada em função da previsão da tutela provisória cautelar antecedente (*vide* Capítulo XII, item 5.5) em lugar da ação cautelar.

2.3.5. Questões de fato não apreciadas na sentença

Nos termos do art. 1.014 do CPC (art. 517 do CPC/73), "as questões de fato, não propostas no juízo inferior, poderão ser suscitadas na apelação, se a parte provar que deixou de fazê-lo por motivo de força maior". Vale dizer, é possível que sejam veiculadas no recurso ordinário questões de fato que não puderam ser discutidas anteriormente à sentença, desde que o recorrente prove que não suscitou tais questões por motivo de força maior.

O fundamento dessa norma repousa na proibição de se inovar, no recurso, o pedido ou a causa de pedir (próxima e remota). Se houver direito superveniente, a parte pode alegá-lo no recurso ordinário, pois se trata de questão de direito, e não de questão fática. Poderá, pois, o tribunal, com base no art. 1.014 do CPC, não caracterizando supressão de instância, apreciar a prova nova (fato novo) que surgiu posteriormente à prolação da sentença, desde que o recorrente demonstre o motivo de força maior.

Dito de outro modo, a possibilidade de inovar, em sede recursal, somente é admissível se a parte provar que deixou de fazê-lo por motivo de força maior (CPC, art. 1.014), como, por exemplo, na hipótese em que a empresa prova que houve furto de um documento necessário à defesa e que somente depois da sentença foi possível juntá-lo aos autos, instruindo o recurso ordinário (TST, Súmula 8).

Cumpre registrar, por oportuno, que o TST admite a aplicação subsidiária do art. 493 do CPC, nos termos da sua Súmula 394:

> FATO SUPERVENIENTE. ART. 493 do CPC de 2015. ART. 462 DO CPC de 1973 (atualizada em decorrência do CPC de 2015, Res. n. 208/2016). O art. 493 do CPC de 2015 (art. 462 do CPC de 1973), que admite a invocação de fato constitutivo, modificativo ou extintivo do direito, superveniente à propositura da ação, é aplicável de ofício aos processos em curso em qualquer instância trabalhista. Cumpre ao juiz ou tribunal ouvir as partes sobre o fato novo antes de decidir.

2.4. Pressupostos de admissibilidade

A admissibilidade do recurso ordinário está condicionada à satisfação dos pressupostos recursais genéricos já estudados no Capítulo XIX, item 7, para onde remetemos o leitor.

Salientamos, por oportuno, que há algumas peculiaridades no que concerne ao preparo e à capacidade/representatividade do recorrente (e do recorrido) no recurso ordinário.

2.4.1. Preparo (custas e depósito recursal)

O recurso ordinário está sujeito ao pagamento de custas e, no caso de sentença contendo obrigação de pagar quantia, ao depósito recursal prévio. O recorrente deve promover dentro do prazo de 8 dias para a interposição do recurso ordinário o pagamento (e a sua respectiva comprovação) das custas (CLT, art. 789, § 1º) e, tratando-se de condenação do empregador (ou tomador do serviço) em obrigação de pagar quantia, o recolhimento (e sua respectiva comprovação) do depósito recursal (TST, Súmula 245).

As pessoas jurídicas de direito público (CLT, art. 790-A, I), a ECT – Empresa Brasileira de Correios e Telégrafos (TST/SBDI-1, OJ n. 247, II, *in fine*), a massa falida (TST, Súmula 86), o MPT (CLT, art. 790-A, II) e os destinatários da assistência judiciária ou do benefício da justiça gratuita (CLT, art. 790-A, *caput*) não estão sujeitos a preparo.

As entidades filantrópicas e as empresas em recuperação judicial (CLT, art. 899, § 10) estão isentas do depósito recursal, mas não das custas. Nesse sentido, já decidiu a 7ª Turma do TST que:

> Tratando-se se empresa em recuperação judicial, com recurso de revista interposto na vigência da Lei n. 13.467/17, não se exige o depósito recursal, nos termos do § 10 do art. 899 da CLT. Contudo, de acordo com a Súmula 463, II, do TST, a simples

> declaração da pessoa jurídica de que se encontra em dificuldades financeiras não é hábil à concessão do benefício da justiça gratuita, não tendo sido colacionados aos autos os documentos indicativos da real situação econômica da Reclamada. Nesse contexto, permanece a deserção quanto às custas processuais. Fundamentos da decisão agravada não desconstituídos. Agravo interno de que se conhece e a que se nega provimento (TST-Ag-AIRR-2303-89.2016.5.06.0371, 7ª T., Rel. Des. Conv. Roberto Nobrega de Almeida Filho, *DEJT* 1º-7-2019).

O valor do depósito recursal será reduzido pela metade para entidades sem fins lucrativos, empregadores domésticos, microempreendedores individuais, microempresas e empresas de pequeno porte (CLT, art. 899, § 9º).

Maiores detalhes sobre o preparo dos recursos em geral, *vide* Capítulo XIX, item 7.2.5.

2.4.2. Capacidade/representatividade: a questão do *jus postulandi*

De acordo com o art. 791 da CLT, que consagra o instituto do *jus postulandi* (capacidade postulatória) das próprias partes no processo do trabalho, os "empregados e os empregadores poderão reclamar pessoalmente perante a Justiça do Trabalho e acompanhar as suas reclamações até o final".

Assim, ante a literalidade do preceptivo em causa, o reclamante (geralmente o empregado) ou reclamado (em regra, o empregador), teriam legitimidade para interpor quaisquer recursos, pois poderiam acompanhar diretamente os seus processos até o final, ou seja, poderiam praticar atos processuais até o encerramento do feito.

Entretanto, o TST editou a Súmula 425, dispondo que o "*jus postulandi* das partes, estabelecido no art. 791 da CLT, limita-se às Varas do Trabalho e aos Tribunais Regionais do Trabalho, não alcançando a ação rescisória, a ação cautelar, o mandado de segurança e os recursos de competência do Tribunal Superior do Trabalho".

Já tecemos considerações a respeito da referida súmula no item 7.2.4 do Capítulo XIX, ressaltando, inclusive, que ela deveria ao menos sofrer alteração na parte final, para afastar o *jus postulandi* apenas nos recursos de natureza extraordinária.

O TST, no entanto, adota entendimento no sentido de que qualquer recurso – de natureza ordinária ou extraordinária – de competência (originária ou recursal, ressaltamos) daquela Corte deve ser subscrito por advogado, sob pena de não ser conhecido, ora por inexistente, ora por irregularidade de representação. Nesse sentido:

> EMBARGOS DE DECLARAÇÃO. *JUS POSTULANDI*. NÃO CONHECIMENTO. INTUITO PROTELATÓRIO CONFIGURADO. APLICAÇÃO DA MULTA DE 10% (DEZ POR CENTO) PREVISTA NO ART. 538, PARÁGRAFO ÚNICO, DO CPC, ANTE A REITERAÇÃO DE EMBARGOS PROTELATÓRIOS. Verificado que os embargos de

declaração da reclamante foram subscritos pessoalmente por ela, tem-se que esse apelo não merece conhecimento, por inexistente, nos termos da Súmula 425 do TST, que dispõe: "O *jus postulandi* das partes, estabelecido no art. 791 da CLT, limita-se às Varas do Trabalho e aos Tribunais Regionais do Trabalho, não alcançando a ação rescisória, a ação cautelar, o mandado de segurança e os recursos de competência do Tribunal Superior do Trabalho". Ademais, revelando estes embargos de declaração mera intenção de protelar o feito, e ante a reiteração de embargos procrastinatórios, deve ser aplicada a multa prevista no parágrafo único do art. 538 do CPC c/c o art. 769 da CLT, em valor equivalente a 10% (dez por cento) do valor atualizado da causa, ficando condicionada a interposição de qualquer outro recurso ao depósito do valor respectivo. Embargos de declaração não conhecidos (TST-ED-148341-64.1998.5.05.0004, Rel. Min. José Roberto Freire Pimenta, SBDI-1, *DEJT* 24-5-2013).

Em arremate, segundo a Súmula 425 do TST, o recurso ordinário interposto contra sentença em dissídio individual admite o *jus postulandi*. Já o recurso ordinário de "sentença normativa" ou acórdão de TRT em ações de sua competência originária só será conhecido se for subscrito por advogado devidamente constituído nos autos.

2.5. Procedimento

No primeiro grau da jurisdição trabalhista, o recurso ordinário da sentença, ou da decisão terminativa do feito na Justiça do Trabalho ou na hipótese prevista na Súmula 214, letra *c*, do TST, deve ser interposto, no prazo de oito dias, por petição dirigida ao Juízo que proferiu a decisão. Este poderá admiti-lo ou não.

Trata-se do primeiro juízo de admissibilidade do recurso ordinário feito pelo juízo prolator da sentença, como já explicitamos no Capítulo XIX, itens 13 e 14, onde sustentamos que é inaplicável no processo do trabalho a parte final do § 3º do art. 1.010 do CPC, que ordena o juiz de primeiro grau a remeter os autos ao tribunal, "independentemente de juízo de admissibilidade". Nesse mesmo sentido é o inciso XI do art. 2º da IN n. 39/2016 do TST, que não permite a aplicação do referido § 3º do art. 1.010 do CPC no processo do trabalho.

Lembramos que, no recurso ordinário interposto por pessoas jurídicas de direito público (DL n. 779/69, art. 1º, III), o prazo recursal será contado em dobro.

Igualmente, no recurso ordinário interposto pelo Ministério Público do Trabalho, como já vimos no Capítulo XIX, item 12.2, quer na condição de órgão agente, quer na de fiscal da ordem jurídica, o prazo também será computado em dobro, a teor do art. 180 do CPC, aplicável ao processo do trabalho por força do art. 769 da CLT e art. 15 do CPC.

Interposto o recurso, será intimada a parte adversa para apresentar contrarrazões, no prazo de oito dias (CLT, art. 900).

Ressalte-se que o prazo de oito dias para contrarrazões seria idêntico para todos, inclusive para as pessoas jurídicas de direito público e Ministério Público do Trabalho. Ocorre que o art. 180 do CPC prevê que o MP possui prazo em dobro para manifestar-se nos autos, sendo idêntico privilégio conferido às pessoas jurídicas de direito público (art. 183 do CPC) e à Defensoria Pública (art. 186 do CPC), sendo tais normas aplicáveis supletivamente ao processo laboral, salvo se se entender que qualquer ampliação de prazo processual violaria o princípio constitucional da duração razoável do processo.

Admitido o recurso e, se houver, as contrarrazões, o juízo prolator da decisão remeterá os autos ao tribunal.

Se o juiz não admitir o recurso ordinário, poderá o recorrente interpor agravo de instrumento (CLT, art. 897, *b*), no prazo de oito dias, cujo objetivo único e específico reside no destrancamento do recurso que não foi admitido pelo juízo *a quo*.

A decisão que admite o recurso ordinário é irrecorrível, mas não vincula o juízo *ad quem*. Vale dizer, mesmo se o recurso for admitido pelo juízo *a quo*, o juízo *ad quem* poderá reexaminar a questão alusiva aos pressupostos de admissibilidade do recurso.

Chegando os autos ao tribunal, devem ser observadas as regras pertinentes de tramitação previstas no respectivo Regimento Interno. Geralmente, realiza-se primeiro a distribuição para, em seguida, os autos irem conclusos ao relator. Alguns tribunais, após a distribuição, remetem os autos ao Ministério Público do Trabalho para emissão de parecer. Outros remetem os autos ao Ministério Público antes mesmo da distribuição. Há tribunais que somente remetem ao Ministério Público processos em que figuram como partes entes públicos, menores, incapazes etc.

Nos termos do art. 930 do CPC:

> Art. 930. Far-se-á a distribuição de acordo com o regimento interno do tribunal, observando-se a alternatividade, o sorteio eletrônico e a publicidade.
>
> Parágrafo único. O primeiro recurso protocolado no tribunal tornará prevento o relator para eventual recurso subsequente interposto no mesmo processo ou em processo conexo.

É de oito dias o prazo para o Ministério Público exarar o seu parecer nos autos (Lei n. 5.584/70, art. 5º). Parece-me que esta regra especial não foi revogada tacitamente pelo art. 180 do CPC.

O parecer poderá ser circunstanciado ou, a juízo do órgão ministerial, a manifestação escrita poderá ser simplesmente "pelo prosseguimento do feito", ressalvando-se, no entanto, ao *Parquet* o direito de manifestação posterior, em sessão de julgamento ou em qualquer fase processual, conforme previsto no art. 83, VII, da Lei Complementar n. 75, de 20 de maio de 1993.

No tribunal, se o Relator indeferir, por qualquer motivo, o processamento do recurso, dessa decisão caberá agravo regimental, no prazo e de acordo com as normas previstas nos Regimentos Internos dos tribunais; geralmente, o prazo é de oito dias. Deferido o processamento do recurso, o processo, após o visto do Revisor, se houver[15], será colocado em pauta para julgamento.

No procedimento sumaríssimo (CLT, art. 895, § 1º), o recurso ordinário será imediatamente distribuído, uma vez recebido no Tribunal, devendo o relator liberá-lo no prazo máximo de dez dias, e a Secretaria do Tribunal ou Turma deve colocá-lo imediatamente em pauta para julgamento, sem revisor. Ao MPT é facultado exarar parecer oral mediante registro na Sessão de Julgamento. O acórdão consistirá apenas na certidão de julgamento, com a indicação suficiente do processo e parte dispositiva, e das razões de decidir do voto prevalente. Se a sentença for confirmada pelos próprios fundamentos, a certidão de julgamento, registrando tal circunstância, servirá de acórdão.

Nos termos do § 2º do art. 895 da CLT, os Tribunais Regionais, divididos em Turmas, poderão designar Turma para o julgamento dos recursos ordinários interpostos das sentenças prolatadas nas demandas sujeitas ao procedimento sumaríssimo.

Observadas algumas normas regimentais específicas, na Sessão de Julgamento, o Presidente determina que o secretário apregoe as partes com indicação do número e espécie do processo. Em seguida, o Relator faz o relatório da causa, apontando os fatos relevantes para o deslinde da causa.

Ato contínuo, o Presidente concede a palavra aos advogados das partes, pelo prazo regimentalmente previsto, para, querendo, sustentar oralmente as razões que empolgam o apelo. Os advogados podem ficar dispensados de apresentar sustentação oral, quando o Relator (e, se for o caso, o Revisor) entenderem-na desnecessária. Em regra, fala em primeiro lugar o recorrente e, se ambas as partes forem, o advogado do autor falará primeiro. No caso de litisconsortes, representados por mais de um advogado, o tempo é dividido entre eles, proporcionalmente.

Vaticina o art. 7º, IX, da Lei n. 8.906/94 (Estatuto da Ordem dos Advogados do Brasil) que o advogado tem direito a "sustentar oralmente as razões de qualquer recurso ou processo, nas sessões de julgamento, após o voto do relator, em instância judicial ou administrativa, pelo prazo de quinze minutos, salvo se prazo maior for concedido". O STF, no entanto (ADI n. 1.105-7), julgou procedente a ação (*DOU* 26-5-2006) e declarou inconstitucional o inciso IX do art. 7º da Lei n. 8.906/94.

Diante disso, os tribunais podem continuar aplicando a regra contida no art. 554 do CPC/73 (CPC, art. 937), segundo o qual "na sessão de julgamento, depois de feita a exposição da causa pelo relator, o presidente, se o recurso não for de embargos declaratórios ou de agravo de instrumento, dará a palavra, sucessivamente, ao recorrente e ao recorrido, pelo prazo improrrogável de 15 (quinze) minutos para cada um, a fim de sustentarem as razões do recurso". Alguns tribunais do trabalho, no entanto, limitam regimentalmente o tempo de sustentação oral a dez minutos, o que implica-

15. Em alguns tribunais, não há Revisor nos recursos ordinários. É o caso do TRT/ES.

ria violação ao inciso IX do art. 7º do EOAB e o art. 937 do CPC e, consequentemente, o princípio da estrita legalidade já que compete privativamente ao Congresso Nacional legislar sobre direito processual (CF, art. 22, I).

Feita a sustentação oral, ou sem ela, inicia-se o julgamento. Primeiro vota o Relator e depois, se houver, o Revisor. Em seguida, seguindo-se a ordem de antiguidade, votam os magistrados do Tribunal.

Ao advogado é permitido, ainda, usar da palavra, pela ordem, em qualquer juízo ou tribunal, mediante intervenção sumária, para esclarecer equívoco ou dúvida surgida em relação a fatos, documentos ou afirmações que influam no julgamento, bem como para replicar acusação ou censura que lhe forem feitas (EOAB, art. 7º, X).

O Ministério Público do Trabalho também pode se manifestar oralmente na sessão de julgamento. Não há, porém, restrição quanto ao prazo ministerial, seja para sustentação oral, nos processos em que atua como órgão agente (parte), seja para intervenção em qualquer fase do julgamento, mesmo após iniciada a votação, nos feitos em que oficia como órgão interveniente (*custos legis*), sendo-lhe, ainda, assegurado o direito de vista dos autos, podendo solicitar requisições e diligências que julgar convenientes. É o que deflui da norma prevista no art. 83, VII, da LOMPU (LC n. 75/93), que não distingue a atuação do *Parquet* como órgão agente (parte) ou interveniente (*custos legis*), sendo, pois, inválidas as disposições regimentais que contrariem tal preceito legal.

Na ordem do julgamento, primeiro são analisadas as questões relativas ao conhecimento do recurso, ou seja, os pressupostos de sua admissibilidade. Se conhecido o recurso, segue-se o exame das questões preliminares ou prejudiciais, antes do exame do mérito (matéria de fundo), deste não se conhecendo se incompatível com a decisão adotada, quanto àquelas. Tratando-se de questões preliminares que importem nulidade sanável, o julgamento pode ser convertido em diligência, caso em que a parte interessada poderá sanar o vício, no prazo assinalado.

De acordo com o art. 938 do CPC, aplicável ao processo do trabalho com base no art. 769 da CLT e art. 15 do CPC, a questão preliminar suscitada no julgamento será decidida antes do mérito, deste não se conhecendo caso seja incompatível com a decisão.

Constatada a ocorrência de vício sanável, inclusive aquele que possa ser conhecido de ofício, prevê o § 1º do art. 938 do CPC que o relator determinará a realização ou a renovação do ato processual, no próprio tribunal ou em primeiro grau de jurisdição, intimadas as partes. Cumprida a diligência, o relator, sempre que possível, prosseguirá no julgamento do recurso.

Reconhecida a necessidade de produção de prova, dispõe o § 3º do art. 938 do CPC que o relator converterá o julgamento em diligência, que se realizará no tribunal ou em primeiro grau de jurisdição, decidindo-se o recurso após a conclusão da instrução.

Quando não determinadas pelo relator, as providências indicadas nos §§ 1º e 3º do art. 938 do CPC poderão ser determinadas pelo órgão (Turma) competente para julgamento do recurso.

Se não forem acolhidas as questões preliminares ou prejudiciais, ou não existir necessidade de nenhuma diligência sanável, seguir-se-á o julgamento da matéria principal (ou de fundo), sobre a qual deverão se pronunciar todos os magistrados, inclusive os vencidos em qualquer das preliminares. Adota-se, aqui, o conhecido apotegma latino do *non liquet*, ou seja, o juiz não pode deixar de votar se se deu por competente e não impedido para fazê-lo.

Qualquer juiz pode pedir vista dos autos após proferidos os votos pelo Relator (e pelo Revisor, se for o caso). O pedido de vista pode ser "em mesa", ou seja, na própria sessão, ou vista fora da sessão pelo prazo máximo de 10 (dez), após o qual o recurso será reincluído em pauta para julgamento na sessão seguinte à data da devolução. Independentemente do pedido de vista, os demais magistrados que se julgarem habilitados poderão proferir seus votos antecipadamente, mediante registro na certidão de julgamento.

Colhidos os votos dos magistrados presentes, o Presidente proclamará a decisão, designando para redigir o acórdão o Relator ou, se vencido este na matéria considerada principal, o magistrado que primeiro se manifestou a favor da tese vencedora. Há tribunais que tratam desse tema de forma diversa, razão pela qual recomendamos a leitura prévia do regimento interno correspondente.

Os acórdãos deverão ter ementas (CPC, art. 943, § 1º), salvo nas causas sujeitas ao procedimento sumaríssimo (CLT, art. 895, § 1º, IV), uma vez que, neste caso, o recurso ordinário "terá acórdão consistente unicamente na certidão de julgamento, com a indicação suficiente do processo e parte dispositiva, e das razões de decidir do voto prevalente. Se a sentença for confirmada pelos próprios fundamentos, a certidão de julgamento, registrando tal circunstância, servirá de acórdão".

Lavrado o acórdão, sua ementa será publicada no órgão oficial no prazo de 10 (dez) dias (CPC, art. 943, § 2º).

Não se aplica ao processo do trabalho o disposto no art. 944 do CPC, segundo o qual o acórdão não publicado no prazo de trinta dias será substituído pelas notas taquigráficas da sessão. É o que dispõe o inciso X do art. 2º da IN n. 39/2016 do TST.

2.6. Resultado não unânime no julgamento do recurso ordinário

Tema dos mais interessantes contidos no CPC é o do procedimento por ele adotado quando o resultado da apelação não for unânime.

Com efeito, dispõe o art. 942 e seus parágrafos do CPC:

> Art. 942. Quando o resultado da apelação for não unânime, o julgamento terá prosseguimento em sessão a ser designada com a presença de outros julgadores, que serão convocados nos termos previamente definidos no regimento interno, em número suficiente para garantir a possibilidade de inversão do resultado inicial, assegurado às partes e a eventuais terceiros o direito de sustentar oralmente suas razões perante os novos julgadores.

§ 1º Sendo possível, o prosseguimento do julgamento dar-se-á na mesma sessão, colhendo-se os votos de outros julgadores que porventura componham o órgão colegiado.

§ 2º Os julgadores que já tiverem votado poderão rever seus votos por ocasião do prosseguimento do julgamento.

§ 3º A técnica de julgamento prevista neste artigo aplica-se, igualmente, ao julgamento não unânime proferido em:

I – ação rescisória, quando o resultado for a rescisão da sentença, devendo, nesse caso, seu prosseguimento ocorrer em órgão de maior composição previsto no regimento interno;

II – agravo de instrumento, quando houver reforma da decisão que julgar parcialmente o mérito.

§ 4º Não se aplica o disposto neste artigo ao julgamento:

I – do incidente de assunção de competência e ao de resolução de demandas repetitivas;

II – da remessa necessária;

III – não unânime proferido, nos tribunais, pelo plenário ou pela corte especial.

Como se vê, o CPC proscreveu o recurso de embargos infringentes e, em seu lugar, criou o incidente do julgamento do resultado não unânime na apelação cível, tendo por escopo a ampliação dos debates das matérias de direito material ou processual decididas por maioria no processo.

Parece-nos que este novo procedimento – extremamente burocrático – alusivo à apelação do processo civil não se aplica ao recurso ordinário do processo do trabalho, porquanto, não obstante a existência de lacuna normativa na CLT a respeito, aflora-se manifestamente incompatível (CLT, art. 769) com os princípios da celeridade, da economia, da simplicidade, da eficiência e da vedação do retrocesso social.

Além disso, o inciso IX do art. 2º da IN n. 39/2016 do TST[16] desautoriza, por incompatibilidade com o processo do trabalho, a aplicação do art. 942 e parágrafos do CPC, que trata do prosseguimento de julgamento não unânime de apelação.

3. RECURSO DE REVISTA

3.1. Conceito e natureza jurídica

Na redação original do art. 896 da CLT, o recurso de revista era chamado de recurso extraordinário, o que somente foi alterado a partir da Lei n. 861, de 13 de

16. A ADI n. 5.515, ajuizada pela Anamatra, questiona a constitucionalidade da IN n. 39/2016 do TST.

outubro de 1949. Daí a afirmação corrente de que, guardadas as respectivas finalidades, o recurso de revista, a exemplo do recurso extraordinário para o STF e do recurso especial para o STJ, possui natureza extraordinária, já que a sua utilização não se presta à observância do duplo grau, nem é utilizado, em princípio, para corrigir justiça ou injustiça da interpretação da matéria fático-probatória contida nos acórdãos proferidos pelos Tribunais Regionais do Trabalho.

Na verdade, o objeto do recurso de revista consiste apenas em impugnar acórdão regional que contenha determinados vícios, como veremos a seguir. Noutro falar, a interposição do recurso de revista não exige o simples fato da sucumbência, tal como ocorre com os recursos de natureza ordinária em geral.

É certo que a revista, como todos os demais recursos, tem por objeto aprimorar a excelência e a qualidade dos pronunciamentos judiciais em geral e rechaçar os arbítrios e ilegalidades que eventualmente possam ocorrer nas decisões proferidas pelos tribunais regionais. Mas é inegável que os objetivos específicos da revista repousam na supremacia do direito nacional, cujo conceito é mais amplo do que o de direito federal, em face do direito local ou regional.

Direito nacional é o que é aplicável em todo o território nacional, ultrapassando a autonomia dos Estados, do Distrito Federal e dos Municípios. Direito federal é também aplicável em todo o território nacional, mas a sua incidência vincula apenas a União e seus entes descentralizados (*v.g.*, autarquias, fundações, empresas públicas federais e sociedades de economia mista com participação societária da União). Por exemplo, o Código Civil é uma lei nacional. Já a Lei n. 8.112/90 (regime jurídico único dos servidores públicos federais) é uma lei federal.

Como bem observa Vantuil Abdala:

> o nosso sistema processual é o do duplo grau de jurisdição. Nada impediria que o nosso legislador tivesse adotado três ou quatro instâncias; mas não o fez; adotou apenas duas instâncias ordinárias. Nós temos o juízo de primeiro grau e a instância recursal de segundo grau, e o processo naturalmente deveria acabar aí. Inobstante, existe no processo do trabalho o recurso para uma instância superior que se destina à proteção do direito objetivo e não do direito subjetivo; à regularidade da aplicação da norma jurídica, em primeiro lugar, e só em segundo plano o direito das partes; à uniformização da jurisprudência e não à justiça do caso concreto. Naturalmente, sendo esta uma instância extraordinária, e tendo este objetivo, para que o recurso possa ser conhecido há de se respeitarem estes pressupostos, ou seja, decisão que diverge de outra ou que ofenda a lei[17].

17. ABDALA, Vantuil. Pressupostos intrínsecos de conhecimento do recurso de revista. *Revista Juris Síntese*, Porto Alegre, n. 24, 1 CD-ROM n. 33, jul./ago. 2000.

Enfim, o recurso de revista é uma modalidade recursal que objetiva corrigir a decisão que violar a literalidade da lei ou da Constituição Federal e a uniformizar a jurisprudência nacional concernente à aplicação dos princípios e regras de direito objetivo (direito do trabalho, direito processual do trabalho, direito constitucional, direito civil, direito processual civil etc.) que guardem alguma vinculação com a atividade jurisdicional da Justiça do Trabalho.

3.2. Pressupostos de admissibilidade

O recurso de revista exige, para o seu conhecimento (ou admissibilidade), além dos pressupostos genéricos (objetivos e subjetivos) inerentes a qualquer recurso, pressupostos recursais específicos.

3.2.1. Pressupostos genéricos

Os pressupostos genéricos do recurso de revista são os mesmos já estudados no item 7 do Capítulo XIX, para onde remetemos o leitor.

Há, contudo, alguns detalhes no tocante ao preparo, à capacidade postulatória e à representatividade das partes recorrentes, bem como a possibilidade de o TST admitir recurso de revista que contenha vício formal não reputado grave, como veremos adiante.

3.2.1.1. Preparo

Inicialmente, sugerimos a leitura do Capítulo XVIII, item 1.1, que trata das custas e emolumentos, e do Capítulo XIX, item 7.2.5, que cuida do preparo recursal (custas e depósito recursal).

O valor das custas processuais para fins de interposição de recurso de revista poderá ser alterado em função do resultado do julgamento do recurso ordinário em dissídios individuais.

Assim, nos termos da Súmula 25 do TST:

> CUSTAS PROCESSUAIS. INVERSÃO DO ÔNUS DA SUCUMBÊNCIA.
>
> I – A parte vencedora na primeira instância, se vencida na segunda, está obrigada, independentemente de intimação, a pagar as custas fixadas na sentença originária, das quais ficara isenta a parte então vencida;
>
> II – No caso de inversão do ônus da sucumbência em segundo grau, sem acréscimo ou atualização do valor das custas e se estas já foram devidamente recolhidas, descabe um novo pagamento pela parte vencida, ao recorrer. Deverá ao final, se sucumbente, reembolsar a quantia;

III – Não caracteriza deserção a hipótese em que, acrescido o valor da condenação, não houve fixação ou cálculo do valor devido a título de custas e tampouco intimação da parte para o preparo do recurso, devendo ser as custas pagas ao final;

IV – O reembolso das custas à parte vencedora faz-se necessário mesmo na hipótese em que a parte vencida for pessoa isenta do seu pagamento, nos termos do art. 790-A, parágrafo único, da CLT.

Se o acórdão for omisso a tal respeito das custas, cabe à parte interpor embargos de declaração para que o órgão julgador fixe o novo valor correspondente, sendo certo que, neste caso, o prazo para o pagamento das custas é contado da intimação do cálculo (TST, Súmula 53).

As pessoas jurídicas de direito público em geral, salvo a União, que sempre foi isenta, eram dispensadas do pagamento prévio das custas para interposição de recursos. A Lei n. 10.537, de 27 de agosto de 2002, acrescentando o art. 790-A à CLT, passou a dispor que todas as pessoas jurídicas de direito público, bem como o Ministério Público do Trabalho, são isentas do pagamento de custas.

Também são isentos do pagamento das custas (e do depósito recursal) os beneficiários da justiça gratuita (CLT, art. 790-A), os que litigam sob o pálio da assistência judiciária sindical (Lei n. 5.584/70, art. 14), a massa falida (TST, Súmula 86), a ECT – Empresa Brasileira de Correios e Telégrafos (TST/SBDI-1 OJ n. 247, II, *in fine*), o MPT (CLT, art. 790-A, II). Além desses, as entidades filantrópicas e as empresas em recuperação judicial (CLT, art. 899, § 10).

Destaca-se que o valor do depósito recursal será reduzido pela metade para entidades sem fins lucrativos, empregadores domésticos, microempreendedores individuais, microempresas e empresas de pequeno porte (CLT, art. 899, § 9º).

No que tange ao depósito recursal, o recurso de revista está sujeito às mesmas regras do recurso ordinário. Registramos, por oportuno, que o valor do depósito recursal como pressuposto de admissibilidade do recurso de revista é o dobro do fixado para o recurso ordinário.

No mais, o TST editou a Súmula 128, deixando claro que:

I – É ônus da parte recorrente efetuar o depósito legal, integralmente, em relação a cada novo recurso interposto, sob pena de deserção. Atingido o valor da condenação, nenhum depósito mais é exigido para qualquer recurso.

II – Garantido o juízo, na fase executória, a exigência de depósito para recorrer de qualquer decisão viola os incisos II e LV do art. 5º da CF/1988. Havendo, porém, elevação do valor do débito, exige-se a complementação da garantia do juízo.

III – Havendo condenação solidária de duas ou mais empresas, o depósito recursal efetuado por uma delas aproveita as demais, quando a empresa que efetuou o depósito não pleiteia sua exclusão da lide.

3.2.1.2. Representatividade/capacidade das partes

O recurso de revista, por ser uma modalidade recursal extremamente técnica, não permite o *jus postulandi* (CLT, art. 791). Aliás, a Súmula 425 do TST passou a exigir expressamente a subscrição dos recursos para o TST (e das respectivas contrarrazões, por óbvio) por advogado.

A consequência da inobservância do referido verbete sumular é o não conhecimento do recurso de revista (e a desconsideração das contrarrazões).

Dito doutro modo, não será conhecido o recurso de revista subscrito pela própria parte (salvo ser estiver advogando em causa própria) por ausência de capacidade postulatória do recorrente, que implica a inexistência (e não mera irregularidade) de sua representação.

Ainda no tocante à representação, é importante destacar que a Súmula 383 do TST dispõe:

> RECURSO. MANDATO. IRREGULARIDADE DE REPRESENTAÇÃO. CPC DE 2015, ARTS. 104 E 76, § 2º (nova redação em decorrência do CPC de 2015, Res. n. 210/2016, *DEJT* divulgado em 30-6-2016, 1º e 4-7-2016). I – É inadmissível recurso firmado por advogado sem procuração juntada aos autos até o momento da sua interposição, salvo mandato tácito. Em caráter excepcional (art. 104 do CPC de 2015), admite-se que o advogado, independentemente de intimação, exiba a procuração no prazo de 5 (cinco) dias após a interposição do recurso, prorrogável por igual período mediante despacho do juiz. Caso não a exiba, considera-se ineficaz o ato praticado e não se conhece do recurso. II – Verificada a irregularidade de representação da parte em fase recursal, em procuração ou substabelecimento já constante dos autos, o relator ou o órgão competente para julgamento do recurso designará prazo de 5 (cinco) dias para que seja sanado o vício. Descumprida a determinação, o relator não conhecerá do recurso, se a providência couber ao recorrente, ou determinará o desentranhamento das contrarrazões, se a providência couber ao recorrido (art. 76, § 2º, do CPC de 2015).

3.2.2. Pressupostos específicos

Com o advento da Lei n. 9.756/98, que deu nova redação ao art. 896, *caput*, da CLT, houve substancial alteração quanto aos pressupostos específicos do recurso de revista.

Sobreveio a Lei n. 13.015/2014, criando novas regras para o recurso de revista, deixando clara a ideia da restrição ao conhecimento (admissibilidade) desta espécie recursal, como veremos a seguir.

3.2.2.1. Decisão proferida em grau de recurso ordinário em dissídios individuais

Antes da vigência da Lei n. 9.756, de 17 de dezembro de 1998 (*DOU* de 18-12-1998), era pressuposto específico da revista que a decisão regional atacada fosse "de última instância". Isso significava que a decisão recorrida não comportaria qualquer outro recurso, senão a revista. Não se prestaria, pois, a revista para impugnar decisão de única instância, como, por exemplo, a que julga conflito de competência ou proferida em sede de reclamação correicional. Sob esse enfoque, também não importaria, para fins recursais, a natureza contenciosa ou voluntária da decisão, nem o tipo do processo em que foi ela proferida.

A partir da vigência da Lei n. 9.756/98, que deu nova redação ao art. 896, *caput*, da CLT, o recurso de revista passou a ser cabível apenas "das decisões proferidas em grau de recurso ordinário, em dissídio individual, pelos Tribunais Regionais do Trabalho".

Do ponto de vista técnico, agiu acertadamente o legislador ao alterar a expressão "decisão de última instância para o Tribunal Superior do Trabalho", pois a última "instância" na jurisdição trabalhista é o próprio TST. Vale dizer, o processo do trabalho pode ensejar a passagem por quatro instâncias, na seguinte ordem: Vara do Trabalho, TRT, TST e STF. É lamentável essa anomalia do sistema recursal trabalhista, na medida em que olvida a gênese principiológica do processo trabalhista, qual seja, a celeridade. Afinal, as demandas trabalhistas veiculam prestações de natureza alimentícia, e a Justiça do Trabalho deveria ser a mais enxuta, com o menor número de recursos e graus de jurisdição.

Obrou com acerto o legislador ao delimitar o cabimento da revista às decisões proferidas em grau de recurso ordinário, nos dissídios individuais. Com isso, já não cabe recurso de revista das decisões proferidas em quaisquer outros tipos de recurso, como, por exemplo, o agravo de instrumento, ou mesmo em matérias administrativas, como a reclamação correicional.

Mas é importante assinalar que, ao contrário do que parece sugerir o *caput* do art. 896 da CLT, o recurso de revista não se presta apenas a atacar acórdão proferido no processo (ou fase) de conhecimento, em grau de recurso ordinário, porquanto o § 2º do mesmo artigo prevê que:

> Das decisões proferidas pelos Tribunais Regionais do Trabalho ou por suas Turmas, em execução de sentença, inclusive em processo incidente de embargos de terceiro, não caberá recurso de revista, salvo na hipótese de ofensa direta e literal à Constituição Federal.

Isso significa que a revista é também cabível, no processo (ou fase) de execução, em grau de agravo de petição, desde que o fundamento do recurso resida na alegação de violação direta e literal à Constituição Federal. Nesse sentido:

> AGRAVO DE INSTRUMENTO EM RECURSO DE REVISTA. EXECUÇÃO. RECUPERAÇÃO JUDICIAL. SUSPENSÃO E PROSSEGUIMENTO DA EXECUÇÃO. Nos termos do art. 896, § 2º, da CLT, e da Súmula 266 desta Corte, inviável a admissibilidade do

> Recurso de Revista que não demonstra violação direta de preceito da Constituição Federal. A questão relativa à suspensão e prosseguimento da execução no caso de empresas em recuperação judicial está jungida à interpretação de dispositivos infraconstitucionais (Lei n. 11.101/2005) possuindo, portanto, natureza infraconstitucional. Agravo de Instrumento não provido (TST-AIRR 9400-74.2007.5.05.0019, Rel. Min. Maria de Assis Calsing, 4ª T., *DEJT* 15-2-2013).

Além disso, por força do § 10 do art. 896 da CLT, incluído pela Lei n. 13.015/2014, também passou a ser cabível

> recurso de revista por violação a lei federal, por divergência jurisprudencial e por ofensa à Constituição Federal nas execuções fiscais e nas controvérsias da fase de execução que envolvam a Certidão Negativa de Débitos Trabalhistas (CNDT), criada pela Lei n. 12.440, de 7 de julho de 2011.

Como a lei não faz distinção a respeito das espécies de "decisões proferidas em grau de recurso ordinário, em dissídios individuais", cremos que é lícito utilizarmos a interpretação lógica e sistemática do art. 896 da CLT, de modo que cabe a revista contra acórdãos regionais de natureza terminativa (CPC, art. 485) ou definitiva (CPC, art. 487). Igualmente, quando se tratar de decisões interlocutórias terminativas do feito (CLT, art. 799, § 2º) ou nas hipóteses da Súmula 214 do TST.

Não é admissível a revista das decisões finais proferidas em dissídio coletivo, mandado de segurança e ação rescisória, pois o recurso cabível dessas decisões é o ordinário (CLT, art. 895, *b*)), uma vez que os TRTs ao julgarem tais ações funcionam na sua competência originária e o TST, neste caso, realiza o duplo grau de jurisdição.

Além disso, parece-nos cabível a revista, no processo (ou fase) de conhecimento, das decisões dos Tribunais Regionais do Trabalho proferidas em grau de remessa *ex officio*. O TST, no entanto, firmou entendimento de que, neste caso, só será admitido recurso de revista se, no Tribunal Regional, o ente público tiver interposto recurso ordinário voluntário. É o que deflui da OJ n. 334 da SBDI-1, *in verbis*:

> Remessa *ex officio*. Recurso de revista. Inexistência de recurso ordinário voluntário de ente público. Incabível. Incabível recurso de revista de ente público que não interpôs recurso ordinário voluntário da decisão de primeira instância, ressalvada a hipótese de ter sido agravada, na segunda instância, a condenação imposta.

3.2.2.2. Prequestionamento

Outro pressuposto específico para o cabimento da revista é o prequestionamento. Trata-se de condição imposta pela jurisprudência, como se infere da Súmula 356 do STF, *in verbis*: "O ponto omisso da decisão, sobre o qual não foram opostos embargos declaratórios, não pode ser objeto de recurso extraordinário, por faltar o requisito do prequestionamento".

No âmbito da Justiça do Trabalho, o TST pacificou o entendimento de que ocorre "preclusão se não forem opostos embargos declaratórios para suprir omissão apontada em recurso de revista ou de embargos" (TST, Súmula 184).

Para evitar a preclusão, o TST exige o prequestionamento. Segundo o item I da Súmula 297 do TST: "Diz-se prequestionada a matéria ou questão quando na decisão impugnada haja sido adotada, explicitamente, tese a respeito".

Assim, a admissibilidade da revista pressupõe que a decisão recorrida tenha se pronunciado explicitamente sobre a matéria veiculada no recurso, ainda que se trate de violação frontal e direta à norma da Constituição Federal. Não vale, pois, o pronunciamento implícito. Mas não é preciso que a decisão reproduza *ipsis litteris* o dispositivo de lei que o recorrente alega ter sido violado. O importante é que a tese explícita sobre a matéria questionada faça parte da fundamentação do julgado.

Nesse sentido, já se posicionou a SBDI-1/TST, por meio da OJ n. 118:

> Prequestionamento. Havendo tese explícita sobre a matéria, na decisão recorrida, desnecessário contenha nela referência expressa do dispositivo legal para ter-se como prequestionado este. Inteligência da Súmula 297.

Além disso, para satisfazer o "requisito do prequestionamento de que trata a Súmula 297, há necessidade de que haja, no acórdão, de maneira clara, elementos que levem à conclusão de que o Regional adotou uma tese contrária à lei ou à súmula" (TST/SBDI-1, OJ n. 256). Por isso, é que:

> incumbe à parte interessada, desde que a matéria haja sido invocada no recurso principal, opor embargos declaratórios objetivando o pronunciamento sobre o tema, sob pena de preclusão (TST, Súmula 297, item II).

Se a decisão recorrida é silente sobre a alegada violação à lei, incumbe ao recorrente interpor embargos de declaração para que o TRT se pronuncie literalmente sobre a matéria. Entretanto:

> Considera-se prequestionada a questão jurídica invocada no recurso principal sobre a qual se omite o Tribunal de pronunciar tese, não obstante opostos embargos de declaração (TST, Súmula 297, item III).

Assim, se o acórdão regional, não obstante os embargos declaratórios, continuar omisso sobre a matéria de direito invocada nos embargos declaratórios, o TST tem-na como prequestionada para fins de admissibilidade do recurso de revista. Trata-se do prequestionamento ficto, isto é, presumido.

Nesse contexto, convém lembrar que o art. 1.025 do CPC dispõe:

> Consideram-se incluídos no acórdão os elementos que o embargante suscitou, para fins de pré-questionamento, ainda que os embargos de declaração sejam inadmitidos ou rejeitados, caso o tribunal superior considere existentes erro, omissão, contradição ou obscuridade.

Essa regra é aplicável ao processo do trabalho como autorizado pelo art. 9º da IN n. 39/2016 do TST.

Uma observação importante nos domínios do processo do trabalho é que o prequestionamento só é exigível em recurso de natureza extraordinária, como o recurso de revista (CLT, art. 896) e o recurso de embargos para a SDI (CLT, art. 894, II), bem como para eventual recurso extraordinário para o STF.

Pouco importa a hierarquia da norma apontada como violada. Vale dizer, mesmo que o acórdão recorrido tenha violado norma de ordem pública, o recurso de revista só será admitido se houver pronunciamento explícito do TRT sobre a matéria ou prequestionamento implícito nos embargos de declaração (Súmula 297, III, do TST e art. 1.025 do CPC).

A OJ n. 62 da SBDI-1/TST, a propósito, exige prequestionamento ainda que se trate de matéria de ordem pública veiculada no recurso de natureza extraordinária:

> PREQUESTIONAMENTO. PRESSUPOSTO DE RECORRIBILIDADE EM APELO DE NATUREZA EXTRAORDINÁRIA. NECESSIDADE, AINDA QUE A MATÉRIA SEJA DE INCOMPETÊNCIA ABSOLUTA. É necessário o prequestionamento como pressuposto de admissibilidade em recurso de natureza extraordinária, ainda que se trate de incompetência absoluta.

De tal arte, são passíveis de anulação alguns acórdãos de Tribunais Regionais do Trabalho que insistem, sob pena de preclusão, em exigir prequestionamento em recurso de natureza ordinária interposto contra sentença, pois, como restou demonstrado, o prequestionamento só tem lugar nos recursos de natureza extraordinária.

Por outro lado, não se pode exigir prequestionamento quando a violação à disposição literal de lei surge no próprio acórdão impugnado pelo recurso de revista. Isso pode ocorrer quando o tribunal fundamenta a decisão com base em dispositivo de lei não ventilado no recurso ordinário, como, por exemplo, ao conhecer do recurso interposto pelo reclamado contra sentença que julgou procedente o pedido (CPC, art. 487, I), decidir, com arrimo no efeito translativo do recurso ordinário (CPC, art. 1.013, §§ 1º e 2º), que o reclamante/recorrido é carecedor do direito de ação e extinguir o processo com base no art. 485, VI, do CPC. Ora, a eventual violação à letra da lei (CPC, art. 1.013, §§ 1º e 2º), nesse caso, somente nasce no próprio acórdão que anulou a sentença. Exatamente por essa razão que a SBDI-1/TST editou a OJ n. 119, *in verbis*:

PREQUESTIONAMENTO INEXIGÍVEL. VIOLAÇÃO NASCIDA NA PRÓPRIA DECISÃO RECORRIDA. SÚMULA 297. INAPLICÁVEL. É inexigível o prequestionamento quando a violação indicada houver nascido na própria decisão recorrida. Inaplicável a Súmula 297 do TST.

Não configura prequestionamento o acórdão regional que simplesmente adota como razões de decidir os fundamentos da sentença. Se isso acontecer, o recorrente deverá interpor embargos de declaração, sob pena de não ser conhecido o recurso de revista. A esse respeito, a SBDI-1/TST editou a OJ n. 151:

Prequestionamento. Decisão regional que adota a sentença. Ausência de prequestionamento. Decisão regional que simplesmente adota os fundamentos da decisão de primeiro grau não preenche a exigência do prequestionamento, tal como previsto na Súmula 297.

Cumpre destacar, por último, que, se a finalidade dos embargos de declaração consistir justamente no prequestionamento, fica afastado o eventual intuito protelatório do recurso. Por decorrência lógica da própria exigência das Cortes Superiores, no que concerne ao cabimento dos recursos de natureza extraordinária, não podem os Tribunais Regionais aplicar multa ao embargante que deseja tão somente ver prequestionada a matéria para poder ter acesso às instâncias de cúpula do Judiciário brasileiro.

Nesse sentido, aliás, é a Súmula 98 do STJ: "Embargos de declaração manifestados com notório propósito de prequestionamento não têm caráter protelatório". Embora essa Súmula do STJ não seja aplicável ao processo do trabalho, ela serve, pelo menos, para reforçar a correta interpretação do sistema recursal pátrio.

3.2.2.2.1. Necessidade de impugnar todos os fundamentos do acórdão recorrido

É importante salientar que na hipótese em que o acórdão recorrido tenha mais de um fundamento sobre a mesma matéria, pedido, ou questão ou capítulo, o conhecimento do recurso de revista exige que o recorrente impugne todos esses fundamentos, ainda que se trate de norma de ordem pública (TST, Súmula 23).

Noutro falar, não será conhecido o recurso de revista se a decisão recorrida resolver determinado item do pedido por diversos fundamentos e a jurisprudência transcrita não abranger todos os fundamentos. No mesmo sentido:

RECURSO DE REVISTA. PRESCRIÇÃO. DECLARAÇÃO DE OFÍCIO. APLICABILIDADE DO ART. 219, § 5º, DO CPC AO PROCESSO DO TRABALHO. ARGUIÇÃO DA PRESCRIÇÃO EM CONTRARRAZÕES AO RECURSO ORDINÁRIO E TRANSCURSO DE DOIS ANOS ENTRE A RESCISÃO CONTRATUAL E O AJUIZAMENTO DA RECLAMAÇÃO TRABALHISTA. DUPLO FUNDAMENTO ADOTADO NA DECISÃO

RECORRIDA. ATAQUE APENAS EM RELAÇÃO A UM DELES. SÚMULA 422 DO TST. NÃO CONHECIMENTO. Se a decisão recorrida adota dois (ou mais) fundamentos para rejeitar o Recurso, impõe-se a obrigação de a parte recorrente atacar todos os fundamentos do *decisum*, sob pena de o remanescente prevalecer diante da inexistência de ataque recursal. No caso, o Regional, ao negar provimento ao Recurso Ordinário da Reclamante, mantendo a sentença que havia declarado de ofício a prescrição de sua pretensão lastreou-se nos seguintes fundamentos: *a*) a prescrição pode ser declarada de ofício, uma vez que o art. 219, § 5º, do CPC é compatível com o processo do trabalho; *b*) houve efetiva arguição da prescrição total da pretensão em contrarrazões ao Recurso Ordinário; e *c*) decorreu mais de dois anos entre a rescisão contratual e o ajuizamento da presente Reclamação Trabalhista, mesmo que haja a projeção do aviso-prévio indenizado. A Reclamante, ao interpor o seu Recurso de Revista, apenas questiona a incompatibilidade da declaração de ofício da prescrição (art. 219, § 5º, do CPC) com a sistemática processual trabalhista. Deixa, contudo, de apresentar insurgência quanto aos demais aspectos levantados pela Corte de origem, que autorizariam a manutenção da prescrição total, quais sejam, a efetiva arguição da prescrição total em contrarrazões ao Recurso Ordinário e o transcurso de dois anos entre o ajuizamento da demanda e a rescisão contratual. Verifica-se que esses dois últimos aspectos são suficientes para manter a pronúncia da prescrição total da pretensão obreira, mesmo que, em princípio, esta não pudesse ter sido arguida de ofício pelas instâncias ordinárias, conforme o entendimento majoritário desta Corte. Assim, não tendo a Recorrente infirmado todas as razões de decidir da Corte de origem, a admissão do presente Recurso de Revista encontra-se obstaculizada pela Súmula 422 desta Corte. Recurso de Revista não conhecido (TST-RR 13700-25.2007.5.15.0044, Rel. Min. Maria de Assis Calsing, 4ª T., *DEJT* 10-6-2011).

3.2.2.3. Reexame de fatos e provas

Se a finalidade do recurso de revista repousa na supremacia do direito objetivo e na uniformização acerca da interpretação dada à lei e à Constituição pelos tribunais regionais do trabalho, salta aos olhos que esta modalidade de recurso extraordinário não se presta a reexame de fatos e provas. É o que se infere das Súmulas 297 do STF e 7 do STJ, bem como da Súmula 126 do TST.

Ora, é sabido que o exame ou reexame de provas significa, na verdade, apreciar ou reapreciar questões de fato, o que se mostra incabível em sede de instância extraordinária. Daí a afirmação corrente de que os recursos de natureza extraordinária são eminentemente técnicos e não se prestam a corrigir eventual justiça ou injustiça da decisão recorrida.

Salienta, no entanto, Estêvão Mallet, a nosso ver com inteira razão, que:

não constituem matéria de fato, todavia, admitindo apreciação em recurso de revista, a interpretação da norma aplicável, a definição de seu alcance ou conteúdo, bem como o problema de sua aplicação ou não à situação sob julgamento. Tampouco é matéria de fato a qualificação jurídica dos fatos apurados ou mesmo controvérsia em torno do ônus da prova. Já a valoração concreta da prova colhida, se não existe, no caso, regra de prova legal (p. ex. art. 464, da CLT), é matéria tipicamente de fato, insuscetível de viabilizar recurso de revista[18].

Vale dizer, a errônea qualificação jurídica (ou o equivocado enquadramento jurídico) acerca da matéria fática contida no acórdão recorrido autoriza a interposição do recurso de revista para que o TST dê a correta interpretação sobre a referida qualificação jurídica. Nesse sentido:

> RECURSO DE REVISTA. ACÓRDÃO REGIONAL PUBLICADO ANTES DA VIGÊNCIA DA LEI N. 13.015/2014 . 1. NULIDADE POR NEGATIVA DE PRESTAÇÃO JURISDICIONAL. CONHECIMENTO E PROVIMENTO. I. Hipótese em que, não obstante a oposição de embargos de declaração, a Corte Regional deixou de apreciar as questões suscitadas pelo Recorrente no que concerne ao tema "CARTÃO DE PONTO. REGISTRO. HORAS EXTRAS. MINUTOS QUE ANTECEDEM E SUCEDEM A JORNADA DE TRABALHO". II. A prestação jurisdicional completa pressupõe a apreciação de todas as questões relevantes articuladas pelas partes. O julgador deve apreciar as provas e apresentar decisão fundamentada (art. 371 do CPC/2015), não podendo deixar de se manifestar acerca de aspectos relevantes abordados nos embargos de declaração, pois essa manifestação é o que possibilita, em tese, enquadramento jurídico diverso no juízo extraordinário. No julgamento do recurso de revista não há reexame de fatos e provas (Súmula 126 do TST), limitando-se o Tribunal Superior do Trabalho a proceder ao enquadramento jurídico daqueles fatos e premissas expressamente consignados na decisão regional. Assim, para que se constitua o necessário prequestionamento (e para que se tenha a oportunidade de buscar enquadramento jurídico diverso daquele adotado pela Corte Regional) é imprescindível o exame das questões suscitadas pelas partes que se mostram relevantes diante da controvérsia. III. Recurso de revista de que se conhece, por violação do art. 93, IX, da Constituição Federal, e a que se dá provimento (TST-RR-980-74.2013.5.07.0032, 4ª T., Rel. Min. Alexandre Luiz Ramos, *DEJT* 28-6-2019).

---

18. MALLET, Estêvão. *Do recurso de revista no processo do trabalho*. São Paulo: LTr, 1995. p. 83-88. Essa tese não é adotada pela doutrina majoritária, nem pelo TST. Mallet convence judiciosamente do contrário, invocando, para tanto, decisões turmárias do STF: "Recurso extraordinário. Causas de alçada. Decisão, em instância única, de primeiro grau, versando matéria constitucional. Dela cabe recurso extraordinário ao Supremo Tribunal Federal (...) e não recurso a órgão judiciário de segundo grau." (STF-RE n. 140.169-9, ac. 2ª T., Rel. Min. Néri da Silveira, *DJU* 19-3-1993).

3.2.2.4. Transcendência

Com o firme propósito de reduzir o cabimento do recurso de revista, o Presidente da República editou a Medida Provisória n. 2.226, de 4 de setembro de 2001 (*DOU* 5-9-2001), que se encontra em vigor consoante o art. 2º da EC n. 32/2001, inserindo na CLT o art. 896-A, *in verbis*:

> Art. 896-A. O Tribunal Superior do Trabalho, no recurso de revista, examinará previamente se a causa oferece transcendência com relação aos reflexos gerais de natureza econômica, política, social ou jurídica.

Trata-se, evidentemente, de um novo pressuposto específico (intrínseco) de admissibilidade prévia do recurso de revista. Noutro falar, em tema de transcendência, no recurso de revista não há o juízo primeiro de admissibilidade exercido pelo Presidente do TRT.

No afã de delegar ao TST a tarefa de delimitar objetivamente o processamento e a apreciação da transcendência como novo pressuposto específico da revista, o art. 2º da Medida Provisória n. 2.226 dispõe que:

> O Tribunal Superior do Trabalho regulamentará, em seu regimento interno, o processamento da transcendência do recurso de revista, assegurada a apreciação da transcendência em sessão pública, com direito a sustentação oral e fundamentação da decisão.

Mas o que se entende por transcendência?

Certamente, o vocábulo "transcendência", que é qualidade de transcendente, comporta multifários significados. Parece-nos que a *mens legislatoris* aponta no sentido de algo muito relevante, de extrema importância, a ponto de merecer um julgamento completo por parte do TST. De toda sorte, evidencia-se a marca da subjetividade conceitual.

O Projeto de Lei n. 3.697/2000, oriundo do Poder Executivo, que sequer chegou a ser examinado, segundo noticia Wagner D. Giglio (*Direito processual do trabalho*. 16. ed. São Paulo: Saraiva, 2007, p. 469), tentou, de algum modo, delimitar o conceito e o alcance do termo "transcendência".

A Lei n. 13.467/2017 acrescentou os §§ 1º a 6º ao art. 896-A da CLT, dispondo sobre os indicadores e o procedimento que deverá ser adotado a respeito do pressuposto intrínseco da transcendência para a admissibilidade do recurso de revista, *in verbis*:

> § 1º São indicadores de transcendência, entre outros:
>
> I – **econômica**, o elevado valor da causa;
>
> II – **política**, o desrespeito da instância recorrida à jurisprudência sumulada do Tribunal Superior do Trabalho ou do Supremo Tribunal Federal;

> III – **social**, a postulação, por reclamante-recorrente, de direito social constitucionalmente assegurado;
>
> IV – **jurídica**, a existência de questão nova em torno da interpretação da legislação trabalhista.
>
> § 2º Poderá o relator, monocraticamente, denegar seguimento ao recurso de revista que não demonstrar transcendência, cabendo agravo desta decisão para o colegiado.
>
> § 3º Em relação ao recurso que o relator considerou não ter transcendência, o recorrente poderá realizar sustentação oral sobre a questão da transcendência, durante cinco minutos em sessão.
>
> § 4º Mantido o voto do relator quanto à não transcendência do recurso, será lavrado acórdão com fundamentação sucinta, que constituirá decisão irrecorrível no âmbito do tribunal.
>
> § 5º É irrecorrível a decisão monocrática do relator que, em agravo de instrumento em recurso de revista, considerar ausente a transcendência da matéria.
>
> § 6º O juízo de admissibilidade do recurso de revista exercido pela Presidência dos Tribunais Regionais do Trabalho limita-se à análise dos pressupostos intrínsecos e extrínsecos do apelo, não abrangendo o critério da transcendência das questões nele veiculadas.

Para o então Presidente do TST, ministro Ives Gandra da Silva Martins Filho, a transcendência, como novo critério de admissibilidade do recurso de revista,

> é um instrumento de natureza administrativa, de política judiciária, pautado fundamentalmente pela conveniência e oportunidade de se apreciar determinado tema. O objetivo é conferir qualidade e celeridade à análise dos processos, afinal é necessário perder a ilusão de que corte superior tem de julgar tudo o que lhe chegar, por não haver juízes e servidores suficientes para enfrentar a demanda sempre crescente de recursos[19].

De nossa parte, pensamos que, não obstante o esforço de se restringir a admissibilidade do recurso de revista, o requisito (ou critério de natureza administrativa) da transcendência acabará criando novos obstáculos à celeridade processual, pois, à evidência, estimulará sobremaneira: a discussão da "matéria de fundo que ofereça transcendência"; o aumento de sustentações orais no TST, o que exigirá a diminuição dos processos em pauta; a proliferação de aditamentos dos processos de recurso de revista; o aumento da insegurança jurídica decorrente do subjetivismo dos relatores (e turmas) na análise da transcendência etc.

19. Disponível em: <http://www.tst.jus.br/noticia-destaque/-/asset_publisher/NGo1/content/id/24490342>. Acesso em: 22 jul. 2019.

Além disso, do ponto de vista filosófico, preocupa-nos a equivocada formação jurídica de nossos operadores do direito. É notório que os profissionais do direito do nosso País, juízes, membros do MP e advogados, tiveram, em regra, formação calcada exacerbadamente na dogmática, fruto do positivismo jurídico que produziu técnicos com âncora apenas na ideologia normativa-liberal-individual-burguesa inspiradora do nosso direito positivo, e não cientistas jurídicos abertos ao pluralismo no contexto do Estado Democrático de Direito. Igualmente, os concursos públicos para ingresso na magistratura laboral geralmente exigem apenas boa formação em disciplinas dogmáticas, priorizando o método "decoreba".

Essa tecnologia, segundo relatam Paulo Bonavides, Dalmo Dallari, Renato Nalini, Boaventura de Sousa Santos, José Eduardo Faria e outros, impede a aplicação (e interpretação) transdisciplinar do Direito baseada nos fundamentos da Filosofia, da Economia, da Sociologia, da Ciência Política e da Ética.

Ora, será que os nossos operadores jurídicos (salvo honrosas exceções, que "transcendem" a presente observação) estarão preparados para, com a mera formação dogmática, formalista e tecnicista oferecida pelas Faculdades de "Legislação" de nosso País, analisar, numa perspectiva transdisciplinar, se dada causa gera reflexos de natureza econômica, política ou social? A "visão de mundo" dos eminentes Ministros do TST corresponderá aos anseios da justiça social? A posição apolítica e de neutralidade dos juízes defendida por parcela considerável da magistratura pátria permitirá uma investigação adequada do novel pressuposto da relevância política, econômica e social? Será que o critério da transcendência vai implicar a resolução justa dos conflitos ou apenas a extinção formal dos processos?

Reconhecemos, porém, que em algumas administrações do TST novos ares de esperança pairaram sobre aquela Corte. A preocupação com a formação humanística dos magistrados trabalhistas tem sido objeto de discussões altamente promissoras, como demonstrou o "Fórum Internacional sobre Direitos Humanos e Direitos Sociais", realizado em Brasília (2004), promovido pelo TST em parceria com a OIT – Organização Internacional do Trabalho e Academia Nacional de Direito do Trabalho, bem como a 1ª Jornada de Direito Material e Processual do Trabalho, realizada em Brasília-DF, no período de 21 a 23 de novembro de 2007, promovida pela Anamatra em parceria com a Enamat. As audiências públicas sobre temas sensíveis, como terceirização, acidentes de trabalho, trabalho infantil etc., também demonstram a abertura do TST para o conhecimento transdisciplinar e diálogo com a sociedade aberta dos intérpretes da Constituição.

Entretanto, o § 1º do art. 896-A da CLT, com redação dada pela Lei n. 13.467/2017, adotou critérios utilitaristas como "indicadores de transcendência, dentre outros".

Ocorre que a expressão "entre outros" pode ensejar decisões com elevado subjetivismo do Relator (ou do órgão colegiado) para criar novos indicadores de transcendência, o que gerará insegurança jurídica para o recorrente do recurso de revista ou do agravo de instrumento.

Além disso, os próprios critérios adotados para indicadores de transcendência são questionáveis sob o enfoque da teoria da justiça, como o elevado valor da causa (transcendência econômica), o desrespeito da instância recorrida às súmulas do TST ou STF (transcendência política), a postulação de direito social constitucionalmente assegurado (transcendência social) ou a existência de questão nova sobre interpretação da legislação trabalhista (transcendência jurídica).

O pressuposto intrínseco (ou o requisito atípico de admissibilidade) da transcendência também está previsto nos arts. 246 a 249 do Regimento Interno do TST, *in verbis*:

> Art. 246. As normas relativas ao exame da transcendência dos recursos de revista, previstas no art. 896-A da CLT, somente incidirão naqueles interpostos contra decisões proferidas pelos Tribunais Regionais do Trabalho publicadas a partir de 11-11-2017, data da vigência da Lei n. 13.467/2017.
>
> Art. 247. A aplicação do art. 896-A da CLT, que trata da transcendência do recurso de revista, observará o disposto neste Regimento, devendo o Tribunal Superior do Trabalho, no recurso de revista, examinar previamente de ofício, se a causa oferece transcendência com relação aos reflexos gerais de natureza econômica, política, social ou jurídica.
>
> § 1º São indicadores de transcendência, entre outros: I – econômica, o elevado valor da causa; II – política, o desrespeito da instância recorrida à jurisprudência sumulada do Tribunal Superior do Trabalho ou do Supremo Tribunal Federal; III – social, a postulação, por reclamante-recorrente, de direito social constitucionalmente assegurado; IV – jurídica, a existência de questão nova em torno da interpretação da legislação trabalhista.
>
> § 2º Poderá o relator, monocraticamente, denegar seguimento ao recurso de revista que não demonstrar transcendência.
>
> § 3º Caberá agravo apenas das decisões em que não reconhecida a transcendência pelo relator, sendo facultada a sustentação oral ao recorrente, durante 5 (cinco) minutos em sessão, e ao recorrido, apenas no caso de divergência entre os componentes da Turma quanto à transcendência da matéria.
>
> § 4º Mantido o voto do relator quanto ao não reconhecimento da transcendência do recurso, será lavrado acórdão com fundamentação sucinta, que constituirá decisão irrecorrível no âmbito do Tribunal.
>
> § 5º O juízo de admissibilidade do recurso de revista exercido pela Presidência dos Tribunais Regionais do Trabalho limita-se à análise dos pressupostos intrínsecos e extrínsecos do apelo, não abrangendo o critério da transcendência das questões nele veiculadas.
>
> Art. 248. É irrecorrível a decisão monocrática do relator que, em agravo de instrumento em recurso de revista, considerar ausente a transcendência da matéria.

Art. 249. O Tribunal Superior do Trabalho organizará banco de dados em que constarão os temas a respeito dos quais houver sido reconhecida a transcendência.

No que concerne ao direito intertemporal, o art. 19 da IN n. 41/2018 do TST dispondo de modo parcialmente diverso do art. 246 do RI/TST, prevê que:

> O exame da transcendência seguirá a regra estabelecida no art. 246 do Regimento Interno do Tribunal Superior do Trabalho, incidindo apenas sobre os acórdãos proferidos pelos Tribunais Regionais do Trabalho publicados a partir de 11 de novembro de 2017, **excluídas as decisões em embargos de declaração** (grifos nossos).

Vale dizer, somente será exigível o pressuposto intrínseco da transcendência nos recursos de revista interpostos contra os acórdãos dos TRTs publicados depois de 11-11-2017. Por exceção, os recursos de revista aviados contra os acórdãos dos embargos de declaração publicados depois dessa data, desde que interpostos contra acórdãos publicados antes de 11-11-2017, não necessitarão de demonstração do pressuposto da transcendência.

É importante destacar que não há uniformidade entre as Turmas (e entre os ministros relatores) a respeito da aplicação da transcendência para não conhecer recurso ou se a transcendência deve ser examinada, de ofício, antes ou depois da apreciação dos demais pressupostos recursais. Vejamos:

> I – AGRAVO DE INSTRUMENTO. RECURSO DE REVISTA INTERPOSTO SOB A ÉGIDE DAS LEIS NS. 13.015/2014, 13.105/2015 E 13.467/2017 – DESCABIMENTO. HORAS *IN ITINERE*. TRANSCENDÊNCIA. Não havendo transcendência (CLT, art. 896-A, § 2º), não merece conhecimento o agravo de instrumento. II – RECURSO DE REVISTA INTERPOSTO SOB A ÉGIDE DAS LEIS Ns. 13.015/2014, 13.105/2015 E 13.467/2017. TEMPO À DISPOSIÇÃO. TRANSPORTE FORNECIDO PELA EMPRESA. TRANSCENDÊNCIA. Não havendo transcendência (CLT, art. 896-A, § 2º) quanto ao tema em epígrafe, não merece conhecimento o recurso de revista. Recurso de revista não conhecido (TST-ARR-1778-11.2016.5.12.0058, 3ª T., Rel. Min. Alberto Luiz Bresciani de Fontan Pereira, *DEJT* 1º-7-2019).
>
> RECURSO DE REVISTA. 1. RECURSO INTERPOSTO NA VIGÊNCIA DA LEI N. 13.467/2017. TRANSCENDÊNCIA. Considerando a possibilidade de a decisão recorrida contrariar entendimento consubstanciado na Súmula 331 e diante da função constitucional uniformizadora desta Corte, verifica-se a transcendência política, nos termos do art. 896-A, § 1º, II, da CLT. RESPONSABILIDADE SUBSIDIÁRIA. ENTE PÚBLICO. CONDUTA CULPOSA. INVERSÃO DO ÔNUS DA PROVA. PROVIMENTO. O Supremo Tribunal Federal, no julgamento da ADC n. 16, ao declarar a constitucionalidade do art. 71, § 1º, da Lei n. 8.666/1993, firmou posição de que o mero inadimplemento das obrigações trabalhistas por parte da empresa prestadora

de serviços não transfere à Administração Pública, de forma automática, a responsabilidade pelo pagamento do referido débito. Ressaltou, contudo, ser possível a imputação da mencionada responsabilidade, quando evidenciada a sua conduta culposa, caracterizada pelo descumprimento de normas de observância obrigatória, seja na escolha da empresa prestadora de serviços (*culpa in eligendo*) ou na fiscalização da execução do contrato (*culpa in vigilando*). O STF ainda vem decidindo que a inversão do ônus da prova em favor do empregado, com a consequente responsabilização do ente público é inadmissível, uma vez que a responsabilidade da Administração deve estar devidamente demonstrada e delimitada pelas circunstâncias do caso concreto, nos termos da decisão proferida na ADC n. 16. Precedentes do STF (...) (TST-RR-13300-74.2016.5.15.0018, 4ª T., Rel. Min. Guilherme Augusto Caputo Bastos, *DEJT* 1º-7-2019).

AGRAVO. AGRAVO DE INSTRUMENTO EM RECURSO DE REVISTA INTERPOSTO PELA RECLAMADA CONTRA ACÓRDÃO PROFERIDO APÓS A VIGÊNCIA DAS LEIS N. 13.015/2014 E N. 13.467/2017 E DA INSTRUÇÃO NORMATIVA N. 40 DO TST. INOBSERVÂNCIA DO PRINCÍPIO DA DIALETICIDADE RECURSAL. ART. 1.021, § 1º, DO CPC DE 2015 E SÚMULA 422, I, DO TST. NÃO CONHECIMENTO DO AGRAVO. 1 – Não foi analisada a transcendência da causa discutida no recurso de revista, porque o agravo de instrumento não preencheu pressuposto extrínseco de admissibilidade. 2 – Bem examinando as razões do presente agravo, verifica-se que a parte não enfrentou o fundamento norteador da decisão monocrática agravada, consubstanciado na incidência do óbice erigido na Súmula 422, I, do TST, incidindo mais uma vez na incúria processual de desatender ao princípio da dialeticidade recursal, segundo o qual é ônus do jurisdicionado explicitar contra o que recorre, por que recorre e qual resultado pretende ao recorrer. Inteligência do art. 1.021, § 1º, do CPC de 2015 e da Súmula 422, I, do TST. 3 – Ressalte-se que não está configurada a exceção prevista no inciso II da mencionada súmula, pois a motivação da decisão agravada que deixou de ser impugnada não é "secundária e impertinente", mas fundamental. 4 – No caso concreto, é cabível a aplicação da multa, visto que a parte nem sequer impugna especificamente a fundamentação da decisão monocrática agravada, sendo, portanto, manifesta a inadmissibilidade do agravo. 5 – Agravo de que não se conhece, com aplicação de multa (TST-Ag-AIRR-1174-56.2017.5.08.0210, 6ª T., Rel. Min. Kátia Magalhães Arruda, *DEJT* 1º-7-2019).

3.2.2.5. Outros pressupostos específicos criados pelas Leis ns. 13.015/2014 e 13.467/2017

A Lei n. 13.015/2014 instituiu novos pressupostos específicos para o recurso de revista, como se infere do § 1º-A do art. 896 da CLT, pelo qual o recurso de revista também não será conhecido se o recorrente não se desincumbir do ônus de:

> I – indicar o trecho da decisão recorrida que consubstancia o prequestionamento da controvérsia objeto do recurso de revista;
>
> II – indicar, de forma explícita e fundamentada, contrariedade a dispositivo de lei, súmula ou orientação jurisprudencial do Tribunal Superior do Trabalho que conflite com a decisão regional;
>
> III – expor as razões do pedido de reforma, impugnando todos os fundamentos jurídicos da decisão recorrida, inclusive mediante demonstração analítica de cada dispositivo de lei, da Constituição Federal, de súmula ou orientação jurisprudencial cuja contrariedade aponte.

A Lei n. 13.467/2017 acrescentou o inciso IV ao art. 896, § 1º-A, da CLT, criando mais um pressuposto específico (intrínseco) para o recurso de revista, uma vez que este também não será conhecido se o recorrente deixar de:

> transcrever na peça recursal, no caso de suscitar preliminar de nulidade de julgado por negativa de prestação jurisdicional, o trecho dos embargos declaratórios em que foi pedido o pronunciamento do tribunal sobre questão veiculada no recurso ordinário e o trecho da decisão regional que rejeitou os embargos quanto ao pedido, para cotejo e verificação, de plano, da ocorrência da omissão.

3.2.2.6. Defeito formal não reputado grave

Paradoxalmente, o novo § 11 do art. 896 da CLT, incluído pela Lei n. 13.015/2014, abre uma canhestra e injustificável exceção para permitir a admissibilidade do recurso de revista, nos seguintes termos:

> Quando o recurso tempestivo contiver defeito formal que não se repute grave, o Tribunal Superior do Trabalho poderá desconsiderar o vício ou mandar saná-lo, julgando o mérito.

Ocorre que a revista é um recurso eminentemente técnico e formal, que deve ser obrigatoriamente subscrito por advogado (TST, Súmula 425) e não se presta a efetivar o duplo grau de jurisdição, porquanto nesta modalidade recursal não se examinam fatos e provas.

Logo, revela-se canhestra e injustificável a exceção contida no § 11 do art. 896 da CLT, pois ele "abre as portas" do TST para que este, em decisão carregada de subjetivismo, desconsidere defeito formal não reputado grave contido no recurso e dela conheça apreciando o mérito recursal, o que, provavelmente, aumentará não apenas a insegurança jurídica, como também o volume de recursos naquela Corte.

Se, na grande maioria dos casos, é o empregador, mormente o considerado grande litigante da Justiça do Trabalho, que utiliza o recurso de revista, esta novel regra inverte o princípio da proteção ao trabalhador que informa o direito processual do trabalho.

Além disso, como bem observa Manoel Antonio Teixeira Filho:

> A definição sobre ser grave, ou não, o defeito formal, poderá, na prática, ser produto de subjetivismo, pois a lei não fornece elementos capazes de conduzir a uma conclusão verdadeiramente objetiva. Haverá necessidade, pois, que a doutrina e, máxime, a jurisprudência preencham essa lacuna, a partir da classificação dos defeitos em veniais (ou escusáveis) e graves (ou grosseiros). Somente no caso destes últimos é que não se aplicará o disposto no parágrafo em estudo"[20].

Parece-nos, ademais, que o novel dispositivo em causa criará novos incidentes processuais em sede de recurso de revista que poderão comprometer a eficácia do princípio fundamental da duração razoável do processo com sérios embaraços à efetividade da prestação jurisdicional.

O § 11 do art. 896 da CLT guarda certa semelhança com o parágrafo único do art. 932, §§ 1º a 4º, do art. 938 e §§ 2º e 7º do art. 1.007 do CPC, *in verbis*:

> Art. 932. Incumbe ao relator:
>
> (...) Parágrafo único. Antes de considerar inadmissível o recurso, o relator concederá o prazo de 5 (cinco) dias ao recorrente para que seja sanado vício ou complementada a documentação exigível.
>
> Art. 938. A questão preliminar suscitada no julgamento será decidida antes do mérito, deste não se conhecendo caso seja incompatível com a decisão.
>
> § 1º Constatada a ocorrência de vício sanável, inclusive aquele que possa ser conhecido de ofício, o relator determinará a realização ou a renovação do ato processual, no próprio tribunal ou em primeiro grau de jurisdição, intimadas as partes.
>
> § 2º Cumprida a diligência de que trata o § 1º, o relator, sempre que possível, prosseguirá no julgamento do recurso.
>
> § 3º Reconhecida a necessidade de produção de prova, o relator converterá o julgamento em diligência, que se realizará no tribunal ou em primeiro grau de jurisdição, decidindo-se o recurso após a conclusão da instrução.
>
> § 4º Quando não determinadas pelo relator, as providências indicadas nos §§ 1º e 3º poderão ser determinadas pelo órgão competente para julgamento do recurso.
>
> Art. 1.007. No ato de interposição do recurso, o recorrente comprovará, quando exigido pela legislação pertinente, o respectivo preparo, inclusive porte de remessa e de retorno, sob pena de deserção.

---

20. TEIXEIRA FILHO, Manoel Antonio. *Comentários à Lei n. 13.015/2014*. São Paulo: LTr, 2014. p. 40-41.

(...) § 2º A insuficiência no valor do preparo, inclusive porte de remessa e de retorno, implicará deserção se o recorrente, intimado na pessoa de seu advogado, não vier a supri-lo no prazo de 5 (cinco) dias.

(...) § 7º O equívoco no preenchimento da guia de custas não implicará a aplicação da pena de deserção, cabendo ao relator, na hipótese de dúvida quanto ao recolhimento, intimar o recorrente para sanar o vício no prazo de 5 (cinco) dias.

A Súmula 435 do TST, por sua vez, autoriza a aplicação subsidiária "ao processo do trabalho o art. 932 do CPC de 2015 (art. 557 do CPC de 1973)".

Nesse contexto, lembramos o disposto no art. 10 da IN n. 39/2016 do TST:

Art. 10. Aplicam-se ao Processo do Trabalho as normas do parágrafo único do art. 932 do CPC, §§ 1º a 4º do art. 938 e §§ 2º e 7º do art. 1.007.

Parágrafo único. A insuficiência no valor do preparo do recurso, no Processo do Trabalho, para os efeitos do § 2º do art. 1.007, concerne unicamente às custas processuais, não ao depósito recursal.

O referido parágrafo único do art. 10 da IN n. 39 foi revogado pela Resolução n. 217/2017, sendo que a OJ/SBDI-1/TST n. 140 prevê que: "Em caso de recolhimento insuficiente das custas processuais ou do depósito recursal, somente haverá deserção do recurso se, concedido o prazo de 5 (cinco) dias previsto no § 2º do art. 1.007 do CPC de 2015, o recorrente não complementar e comprovar o valor devido".

Isso significa que o Relator ou, se este não o fizer, o órgão colegiado do tribunal, antes de considerar inadmissível o recurso, deverá conceder o prazo de cinco dias para que o recorrente sane o vício (desde, é claro, que este vício seja sanável) ou complemente a documentação exigível para a admissibilidade de qualquer recurso.

É importante registrar que a Lei n. 13.467/2017 acrescentou o § 14 ao art. 896 da CLT, ampliando a competência do relator do recurso de revista, o qual "poderá denegar-lhe seguimento, em decisão monocrática, nas hipóteses de intempestividade, deserção, irregularidade de representação ou de ausência de qualquer outro pressuposto extrínseco ou intrínseco de admissibilidade".

3.3. Cabimento

Mesmo depois de atendidos todos os pressupostos genéricos e específicos de admissibilidade acima mencionados, além de ser analisado previamente se existe transcendência política, social, jurídica, econômica, entre outras, o recurso de revista somente será cabível em hipóteses muito restritas e legalmente previstas nas alíneas *a*, *b* e *c* do art. 896 da CLT.

Com efeito, o art. 896 da CLT, com redação dada pelas Leis ns. 9.756/98 e 13.015/2014, dispõe, in verbis:

> Art. 896. Cabe Recurso de Revista para Turma do Tribunal Superior do Trabalho das decisões proferidas em grau de recurso ordinário, em dissídio individual, pelos Tribunais Regionais do Trabalho, quando (redação dada pela Lei n. 9.756/1998):
>
> *a*) derem ao mesmo dispositivo de lei federal interpretação diversa da que lhe houver dado outro Tribunal Regional do Trabalho, no seu Pleno ou Turma, ou a Seção de Dissídios Individuais do Tribunal Superior do Trabalho, ou contrariarem súmula de jurisprudência uniforme dessa Corte ou súmula vinculante do Supremo Tribunal Federal; (redação dada pela Lei n. 13.015/2014)
>
> *b*) derem ao mesmo dispositivo de lei estadual, Convenção Coletiva de Trabalho, Acordo Coletivo, sentença normativa ou regulamento empresarial de observância obrigatória em área territorial que exceda a jurisdição do Tribunal Regional prolator da decisão recorrida, interpretação divergente, na forma da alínea *a*; (redação dada pela Lei n. 9.756/1998)
>
> *c*) proferidas com violação literal de disposição de lei federal ou afronta direta e literal à Constituição Federal (redação dada pela Lei n. 9.756/1998).

O recorrente pode fundamentar o recurso de revista com base em uma alínea, duas alíneas ou três alíneas do art. 896 da CLT.

Tendo em vista a literalidade do *caput* do art. 896 da CLT, segundo o qual só cabe recurso de revista em decisão proferida em sede de recurso ordinário, conclui-se que é "incabível recurso de revista contra acórdão regional prolatado em agravo de instrumento" (TST, Súmula 218).

É preciso destacar que as decisões interlocutórias, por não serem, em princípio, recorríveis de imediato, não podem ser objeto de ataque por recurso de revista (CLT, art. 893, § 1º), salvo se acolher preliminar de incompetência absoluta e remeter os autos para a Justiça comum (CLT, art. 795, § 1º, impropriamente chamada de "incompetência de foro") ou nas hipóteses da Súmula 214, *a* e *c*, do TST.

Por outro lado, conforme lição de Estêvão Mallet[21], nos dissídios de alçada, isto é, nas causas sujeitas ao procedimento sumário previsto na Lei n. 5.584/70 (art. 2º), a sentença proferida ou é irrecorrível ou somente admite recurso extraordinário do juízo de primeiro grau diretamente para o Supremo Tribunal Federal (STF, Súmula 640), afastada, pois, a pertinência do recurso de revista. Esse entendimento, porém, não é pacífico, sendo certo que o TST não o adota, como já vimos no Capítulo XIX, item 6.1.

Além disso, cabe recurso de revista, por interpretação *a contrario sensu* do § 2º do art. 896 da CLT, das decisões proferidas pelos Tribunais Regionais do Trabalho ou por suas Turmas, em execução de sentença, inclusive em processo incidente de

21. MALLET, Estêvão. *Apontamentos de direito processual do trabalho*. São Paulo: LTr, 1997. p. 48-49.

embargos de terceiro, apenas na hipótese de ofensa direta e literal de norma da Constituição Federal. Essa é a interpretação dada pela Súmula 266 do TST:

> RECURSO DE REVISTA. ADMISSIBILIDADE. EXECUÇÃO DE SENTENÇA. A admissibilidade do recurso de revista interposto de acórdão proferido em agravo de petição, na liquidação de sentença ou em processo incidente na execução, inclusive os embargos de terceiro, depende de demonstração inequívoca de violência direta à Constituição Federal.

Não obstante o óbice do § 2º do art. 896 da CLT e da Súmula 266, o TST vem mitigando a rigidez desta norma nas hipóteses de recurso de revista das decisões proferidas em ações de execução de título extrajudicial, mormente nas execuções fiscais. É o que se infere dos seguintes julgados:

> PROCESSO ANTERIOR À LEI N. 13.467/2017. AGRAVO. AGRAVO DE INSTRUMENTO. RECURSO DE REVISTA. EXECUÇÃO FISCAL. PRESCRIÇÃO. MULTA ADMINISTRATIVA. INFRAÇÃO À LEGISLAÇÃO DO FGTS. Tratando-se de executivo fiscal, afastam-se as limitações impostas pelo art. 896, § 2º, da CLT e pela Súmula 266/TST. É de cinco anos o prazo prescricional para cobrança de multa administrativa em razão de infração a norma trabalhista, inclusive aquela referente ao descumprimento da legislação do FGTS, nos termos dos arts. 1º do Decreto n. 20.910/32 e 1º e 1º-A da Lei n. 9.873/99. Precedentes. Agravo conhecido e desprovido (TST-Ag-AIRR 206009020085020063, Rel. Min. Alexandre de Souza Agra Belmonte, 3ª T., *DEJT* 8-2-2019).

Tal entendimento jurisprudencial foi transposto para o novel § 10 do art. 896 da CLT (incluído pela Lei n. 13.015/2014), que passou a admitir o cabimento do "recurso de revista por violação a lei federal, por divergência jurisprudencial e por ofensa à Constituição Federal nas execuções fiscais e nas controvérsias da fase de execução que envolvam a Certidão Negativa de Débitos Trabalhistas (CNDT), criada pela Lei n. 12.440, de 7 de julho de 2011".

Por outro lado, nos termos do § 9º do art. 896 da CLT, nas causas sujeitas ao procedimento sumaríssimo "somente será admitido recurso de revista por contrariedade a súmula de jurisprudência uniforme do Tribunal Superior do Trabalho ou a súmula vinculante do Supremo Tribunal Federal e por violação direta da Constituição Federal".

Também não é cabível o recurso de revista contra decisões superadas por iterativa, notória e atual jurisprudência do TST. É o que diz a Súmula 333 do TST, que passou a ser a fonte de inspiração do § 7º do art. 896 da CLT (incluído pela Lei n. 13.015/2014), *in verbis*:

A divergência apta a ensejar o recurso de revista deve ser atual, não se considerando como tal a ultrapassada por súmula do Tribunal Superior do Trabalho ou do Supremo Tribunal Federal, ou superada por iterativa e notória jurisprudência do Tribunal Superior do Trabalho.

Analisaremos abaixo as hipóteses de cabimento da revista previstas no art. 896 da CLT.

3.3.1. Divergência jurisprudencial na interpretação de lei federal

Com a novel redação dada pela Lei n. 13.015/2014 à alínea *a* do art. 896 da CLT, passou a ser cabível o recurso de revista dos acórdãos que derem ao mesmo dispositivo de lei federal interpretação diversa (conflitante) da que lhe houver dado "outro Tribunal Regional", no seu Pleno ou Turma, ou a "Seção de Dissídios Individuais do Tribunal Superior do Trabalho", ou a "Súmula de Jurisprudência Uniforme dessa Corte ou súmula vinculante do Supremo Tribunal Federal". Com a nova redação da norma em exame, passou-se, assim, a alargar o cabimento de a revista contra acórdão regional em dissídio individual em grau de recurso ordinário contrariar súmula vinculante do STF.

A divergência jurisprudencial apta ao cabimento da revista há de ser oriunda dos órgãos específicos da Justiça do Trabalho (ou súmula vinculante do STF) prescritos expressamente na alínea *a* do art. 896. Isso significa que não se admitirá que a divergência seja originária:

- do mesmo tribunal, seja do pleno ou de turma[22];
- de outros órgãos da própria Justiça do Trabalho não indicados no dispositivo legal;
- de outros órgãos de quaisquer ramos do Poder Judiciário, nem mesmo do STF (salvo súmula vinculante do STF, por força da nova redação dada pela Lei n. 13.015/2014 ao art. 896, *a*, da CLT).

Assim, não cabe recurso de revista, com base na alínea *a* do art. 896 da CLT, se os acórdãos divergentes forem do mesmo tribunal regional, seja do pleno ou de turma, mormente pelo conteúdo da regra prevista no § 3º do art. 896 da CLT que determina que os tribunais devem uniformizar obrigatoriamente a sua jurisprudência (*vide* Capítulo XXI), impedindo, desse modo, acórdãos conflitantes no âmbito do mesmo Tribunal Regional.

Comentando a supressão do cabimento da revista das decisões divergentes ocorridas no "mesmo tribunal", Wagner D. Giglio – em lição sempre atual – obtempera que a reforma é quase perfeita do ponto de vista da técnica processual, na medida em que:

22. A SBDI-1 deu nova redação à OJ n. 111, a saber: "Não é servível ao conhecimento de recurso de revista aresto oriundo de mesmo Tribunal Regional do Trabalho, salvo se o recurso houver sido interposto anteriormente à vigência da Lei n. 9.756/98".

a) não é função precípua do Tribunal Superior sanar divergências internas de Tribunais Regionais, e sim divergências entre as decisões de Tribunais de diferentes regiões, decorrentes da diversidade de suas condições socioeconômicas;

b) a atuação do Tribunal Superior, ao julgar qual seria a mais jurídica entre as decisões dissidentes do mesmo Tribunal Regional, poderia ser interpretada como interferência prejudicial à autonomia dos Tribunais;

c) normalmente, julgados diversos do mesmo Tribunal, proferidos em processos em que são discutidas as mesmas circunstâncias de fato, devem ser atribuídos à evolução natural de sua jurisprudência; do reconhecimento dessa evolução resultou a Súmula 42, posteriormente revisada pela 333, vedando o recurso de revista quando o julgado contrastante estivesse superado "por iterativa, notória e atual jurisprudência", essa regra foi, agora, incorporada à lei, através da redação dada ao art. 896, § 4º, da Consolidação das Leis do Trabalho;

d) por coerência e respeito aos jurisdicionados, os Tribunais Regionais deveriam, como preconizamos há muitos anos, padronizar e obedecer a seus precedentes jurisprudenciais;

e) como, apesar de tudo, na realidade ocorrem decisões conflitantes entre turmas do mesmo Tribunal Regional, principalmente naqueles compostos de muitas turmas, e como não poderiam tais divergências ser eliminadas através da criação, obviamente inconveniente, de mais um recurso, interno, a solução encontrada foi determinar a uniformização da jurisprudência de cada Tribunal Regional, nos "termos do Livro I, Título IX, Capítulo I, do CPC", como dispõe o atual § 3º do art. 896 da CLT.

A redação dada à parte final desse § 3º, entretanto, abriu a maior dificuldade de interpretação da nova regulamentação legal, ao impedir que a súmula da jurisprudência regional sirva "para ensejar a admissibilidade do recurso de revista quando contrariar súmula da jurisprudência uniforme do Tribunal Superior do Trabalho[23].

Dispõe o § 6º do art. 896 da CLT, com redação dada pela Lei n. 13.015/2014, que, "após o julgamento do incidente de uniformização de jurisprudência[24] a que se refere o § 3º, unicamente a súmula regional ou a tese jurídica prevalecente no Tribunal Regional do Trabalho e não conflitante com súmula ou orientação jurisprudencial do Tribunal Superior do Trabalho servirá como paradigma para viabilizar o conhecimento do recurso de revista, por divergência". Esse § 6º do art. 896 da CLT, no entanto, foi revogado expressamente pelo art. 5º, *o*, da Lei n. 13.467/2017.

---

23. *Direito processual do trabalho*, p. 426-427.

24. O CPC não mais prevê o incidente de uniformização de jurisprudência, mas determina, no seu art. 926, que os tribunais deverão uniformizar a sua jurisprudência e mantê-la estável, íntegra e coerente.

Importa lembrar que a divergência jurisprudencial ensejadora do recurso de revista deve estar relacionada à interpretação "do mesmo dispositivo de lei federal". Essa divergência, no entanto, deve ser específica, a teor da Súmula 296 do TST, isto é, o dissenso pretoriano deve ter correspondência direta com as situações fáticas e jurídicas que foram apreciadas nas decisões conflitantes.

Aliás, não será conhecido o recurso de revista "se a decisão recorrida resolver determinado item do pedido por diversos fundamentos e a jurisprudência transcrita não abranger a todos" (TST, Súmula 23). Vê-se, pois, no particular, que não se aplica ao recurso de revista o disposto no art. 515, § 2º, do CPC/73 (CPC, art. 1.013, § 2º).

Assim, o acórdão indicado como paradigma para a interposição do recurso de revista deve conter todos os fundamentos divergentes acerca do deferimento ou indeferimento de determinado item do pedido. Por exemplo, se o acórdão recorrido deferiu a reintegração de uma empregada por triplo fundamento (membro de CIPA, acidentada e grávida) e o acórdão indicado como paradigma não rebater cada um dos três fundamentos, não será conhecido o recurso de revista, por não atendido o requisito exigido pela Súmula 23 do TST.

Ademais, a divergência apta a ensejar o recurso de revista deve ser atual, não se considerando como tal a ultrapassada por súmula do Tribunal Superior do Trabalho ou do Supremo Tribunal Federal, ou superada por iterativa e notória jurisprudência do Tribunal Superior do Trabalho (CLT, art. 896, § 7º).

A identificação da "atual, iterativa e notória jurisprudência do TST" para justificar a divergência de julgados deve ser demonstrada pelo recorrente de modo similar ao recurso de embargos para a SBDI-1 (art. 259, *caput* e parágrafo único, do RITST)[25] ou indicada pelo órgão julgador competente (art. 261, I, *a*, do RITST)[26].

Nos termos do § 8º do art. 896 da CLT, com redação dada pela Lei n. 13.015/2014:

---

25. RITST, art. 259: O recorrente provará a divergência com certidão, cópia ou citação de repositório oficial ou credenciado de jurisprudência, inclusive em mídia eletrônica, em que foi publicado o acórdão divergente, ou com a reprodução de julgado disponível na rede mundial de computadores, indicando a respectiva fonte, e mencionará as circunstâncias que identificam ou assemelham os casos confrontados. Parágrafo único. A divergência apta a ensejar os embargos deve ser atual, não se considerando tal a ultrapassada por súmula, orientação jurisprudencial ou precedente normativo do Tribunal Superior do Trabalho ou por súmula do Supremo Tribunal Federal, ou **superada por iterativa e notória jurisprudência** do Tribunal Superior do Trabalho. (g. n.)
26. RITST, art. 261. **Incumbe ao Ministro relator**: I – denegar seguimento aos embargos: *a*) se a decisão recorrida estiver em consonância com tese fixada em julgamento de casos repetitivos ou de repercussão geral, com entendimento firmado em incidente de assunção de competência, súmula, orientação jurisprudencial ou precedente normativo do Tribunal Superior do Trabalho ou súmula do Supremo Tribunal Federal, ou **com iterativa, notória e atual jurisprudência** do Tribunal Superior do Trabalho, cumprindo-lhe indicá-la". (g. n.)

Quando o recurso fundar-se em dissenso de julgados, incumbe ao recorrente o ônus de produzir prova da divergência jurisprudencial, mediante certidão, cópia ou citação do repositório de jurisprudência, oficial ou credenciado, inclusive em mídia eletrônica, em que houver sido publicada a decisão divergente, ou ainda pela reprodução de julgado disponível na internet, com indicação da respectiva fonte, mencionando, em qualquer caso, as circunstâncias que identifiquem ou assemelhem os casos confrontados.

A prova do dissenso pretoriano deve ser feita de acordo com o § 1º-A do art. 896 da CLT (redação dada pela Lei n. 13.015/2014). Vale dizer, "sob pena de não conhecimento, é ônus da parte":

I – indicar o trecho da decisão recorrida que consubstancia o prequestionamento da controvérsia objeto do recurso de revista;

II – indicar, de forma explícita e fundamentada, contrariedade a dispositivo de lei, súmula ou orientação jurisprudencial do Tribunal Superior do Trabalho que conflite com a decisão regional;

III – expor as razões do pedido de reforma, impugnando todos os fundamentos jurídicos da decisão recorrida, inclusive mediante demonstração analítica de cada dispositivo de lei, da Constituição Federal, de súmula ou orientação jurisprudencial cuja contrariedade aponte;

IV – transcrever na peça recursal, no caso de suscitar preliminar de nulidade de julgado por negativa de prestação jurisdicional, o trecho dos embargos declaratórios em que foi pedido o pronunciamento do tribunal sobre questão veiculada no recurso ordinário e o trecho da decisão regional que rejeitou os embargos quanto ao pedido, para cotejo e verificação, de plano, da ocorrência da omissão. (Este inciso foi acrescentado pela Lei n. 13.467/2017.)

A Súmula 337 do TST, por sua vez, prevê que para a comprovação de divergência jurisprudencial nos recursos de revista e de embargos é necessário que o recorrente:

a) Junte certidão ou cópia autenticada do acórdão paradigma ou cite a fonte oficial ou o repositório autorizado em que foi publicado; e

b) Transcreva, nas razões recursais, as ementas e/ou trechos dos acórdãos trazidos à configuração do dissídio, demonstrando o conflito de teses que justifique o conhecimento do recurso, ainda que os acórdãos já se encontrem nos autos ou venham a ser juntados com o recurso.

II – A concessão de registro de publicação como repositório autorizado de jurisprudência do TST torna válidas todas as suas edições anteriores.

III – A mera indicação da data de publicação, em fonte oficial, de aresto paradigma é inválida para comprovação de divergência jurisprudencial, nos termos do item I, *a*, desta súmula, quando a parte pretende demonstrar o conflito de teses mediante a transcrição de trechos que integram a fundamentação do acórdão divergente, uma vez que só se publicam o dispositivo e a ementa dos acórdãos.

IV – É válida para a comprovação da divergência jurisprudencial justificadora do recurso a indicação de aresto extraído de repositório oficial na internet, desde que o recorrente:

a) transcreva o trecho divergente;

b) aponte o sítio de onde foi extraído; e

c) decline o número do processo, o órgão prolator do acórdão e a data da respectiva publicação no *Diário Eletrônico da Justiça do Trabalho* (*DEJT*).

Lembra João Oreste Dalazen que a súmula regional contrária à do Tribunal Superior, ou à jurisprudência atual, notória e iterativa de sua Seção de Dissídios Individuais, não abre margem ao recurso de revista, mas a decisão da Turma do Tribunal Regional que, no caso concreto, adotar a súmula regional discrepante, sim, dá lugar à revista[27].

Contra esse entendimento levanta-se Wagner D. Giglio, para quem:

> a interpretação mais razoável do disposto no preceito legal em questão é a de que a jurisprudência uniformizada dos Tribunais Regionais, mesmo em sentido divergente da jurisprudência do Tribunal Superior, não ensejará o recurso de revista. A incompatibilidade do § 3º com a redação do *caput* do art. 896 é mais aparente do que real, pois enquanto esta fixa a regra geral, o parágrafo abre uma exceção para o caso específico, como manda a boa técnica legislativa. Abrir-se-á, assim, espaço para a criação de interpretações regionais, mesmo que discrepantes da jurisprudência nacional, fixada pelo Tribunal Superior, pelo menos até que a divergência entre decisões de diferentes Tribunais Regionais venha a autorizar o recurso de revista, a reforma da decisão divergente e, eventualmente, a revisão, pelo próprio Tribunal Regional, da súmula regional contrária à jurisprudência do Tribunal Superior. O prestígio da súmula regional acarretará a diminuição do afluxo de recursos – de revista, de agravo de instrumento, de embargos de divergência, de agravo regimental e de embargos declaratórios – ao Tribunal Superior do Trabalho, assoberbado com a avalanche de processos, alcançando assim o que parece ter sido o principal objetivo da reforma em exame[28].

27. DALAZEN, João Oreste. Recurso de revista por divergência: súmula regional e a Lei n. 9.756/98. *Revista LTr*, São Paulo, v. 63, n. 1, p. 728, jun. 1999.

28. Op. cit., p. 427-428.

Quando o recurso de revista estiver fundado em Orientação Jurisprudencial das Sessões de Dissídios Individuais, basta que o recorrente indique, nas razões recursais, o número ou o conteúdo do verbete correspondente. É o que autoriza a OJ n. 219 da SBDI-1/TST, *in verbis*:

> RECURSO DE REVISTA OU DE EMBARGOS FUNDAMENTADO EM ORIENTAÇÃO JURISPRUDENCIAL DO TST. É válida, para efeito de conhecimento do recurso de revista ou de embargos, a invocação de Orientação Jurisprudencial do Tribunal Superior do Trabalho, desde que, das razões recursais, conste o seu número ou conteúdo.

Cumpre sublinhar que a divergência apta a ensejar o recurso de revista com base na alínea *a* do art. 896 da CLT deve ser atual, não se considerando como tal a ultrapassada por súmula, ou superada por iterativa e notória jurisprudência do Tribunal Superior do Trabalho. Daí a importância das Orientações Jurisprudenciais editadas pela SDI daquela Corte. É o que prescreve o § 7º do art. 896 da CLT, com redação dada pela Lei n. 13.015/2014, *in verbis*:

> A divergência apta a ensejar o recurso de revista deve ser atual, não se considerando como tal a ultrapassada por súmula do Tribunal Superior do Trabalho ou do Supremo Tribunal Federal, ou superada por iterativa e notória jurisprudência do Tribunal Superior do Trabalho.

Aliás, a Súmula 333 do TST não autoriza o conhecimento do recurso de revista das "decisões superadas por iterativa, notória e atual jurisprudência do Tribunal Superior do Trabalho".

Importante assinalar que o conceito da expressão "iterativa, notória e atual jurisprudência do Tribunal Superior do Trabalho" é dado pelo art. 182 do RI daquela Corte, *in verbis*:

> As orientações jurisprudenciais e os precedentes normativos expressarão a jurisprudência prevalecente das respectivas Subseções, quer para os efeitos do que contém a Súmula 333 do TST, quer para o que dispõe o art. 251 deste Regimento.

Dessarte, considera-se iterativa, notória e atual jurisprudência do TST aquela que estiver prevista em Súmula ou Orientação Jurisprudencial ou Precedente Normativo, razão pela qual coleção de julgados que não se transformaram em Súmula, OJ ou PN não equivale à iterativa, notória e atual jurisprudência do TST para fins de comprovação de divergência jurisprudencial ensejadora da admissibilidade do recurso de revista (e de embargos de divergência para a SDI ou SBDI-1).

A Lei n. 13.015/2014, que incluiu o § 8º ao art. 896 da CLT, tornou possível, como já vimos alhures, a utilização de decisões disponíveis em mídia eletrônica, inclusive na *internet*, como meio de prova de divergência jurisprudencial no recurso de revista.

É importante advertir que o TST não conhece do recurso de revista se a decisão recorrida resolver determinado item do pedido por diversos fundamentos e a jurisprudência transcrita não abranger a todos (TST, Súmula 23). Portanto, a divergência jurisprudencial deve ser específica em relação a cada fundamento adotado pela decisão impugnada, sob pena de não ser conhecida a revista.

3.3.2. Divergência jurisprudencial na interpretação de lei estadual, convenção coletiva, acordo coletivo, sentença normativa ou regulamento de empresa

De acordo com a alínea *b* do art. 896 da CLT, também cabe recurso de revista para Turma do TST das decisões proferidas pelos TRTs em grau de recurso ordinário, em dissídio individual, quando "derem ao mesmo dispositivo de lei estadual, convenção coletiva de trabalho, acordo coletivo, sentença normativa ou regulamento empresarial de observância obrigatória em área territorial que exceda a jurisdição do Tribunal Regional prolator da decisão recorrida, interpretação divergente, na forma da alínea *a*" do art. 896, *caput*, da CLT, ou seja, "da que lhe houver dado outro Tribunal Regional, no seu Pleno ou Turma, ou a Seção de Dissídios Individuais do Tribunal Superior do Trabalho, ou a Súmula de Jurisprudência Uniforme dessa Corte" ou – acrescentamos – Súmula Vinculante do STF.

Essa hipótese legal de cabimento de recurso de revista é a mais rara, mas convém explicitar os conceitos relativos às espécies normativas previstas na alínea *b* do art. 896 da CLT, a saber:

- *lei estadual* – lei em sentido amplo, abrangendo, a nosso sentir, decreto, portaria e outros atos normativos editados pelo Poder Público Estadual. Na prática, a divergência de lei estadual que extrapole a jurisdição de um TRT só ocorre no Estado de São Paulo, na medida em que uma lei de abrangência estadual pode ser interpretada de modo divergente pelo TRT da 2ª Região/SP e pelo TRT da 15ª Região/Campinas;
- *convenção coletiva de trabalho* (CLT, art. 611);
- *acordo coletivo de trabalho* (CLT, art. 611, § 1º);
- *sentença normativa* (CF, art. 114, § 2º);
- *regulamento empresarial* (TST, Súmula 51).

É preciso destacar que tanto os dispositivos de lei quanto as cláusulas de convenção coletiva, acordo coletivo, sentença normativa e regulamento de empresa devem ter observância obrigatória em área territorial que exceda a jurisdição do Tribunal Regional do Trabalho prolator do acórdão recorrido em recurso ordinário em dissídio individual.

Não cabe recurso de revista, com base na alínea *b* do art. 896 da CLT, das decisões oriundas do mesmo TRT, no seu Pleno ou Turma, pois o § 3º do art. 896 da CLT determina que os Tribunais Regionais do Trabalho deverão uniformizar a sua jurisprudência, nos termos dos arts. 476 a 479 do CPC/73.

Ressalte-se que o CPC não mais prevê o incidente de uniformização de jurisprudência, mas determina, no seu art. 926, que os tribunais deverão uniformizar a sua jurisprudência e mantê-la estável, íntegra e coerente.

Há quem sustente a inconstitucionalidade da alínea *b* do art. 896 da CLT, pois esse dispositivo permitiria o reexame de fatos e provas concernentes às cláusulas de convenção, acordo coletivo ou regulamento empresarial, o que é vedado em sede de recurso de natureza extraordinária, como o é o recurso de revista. O TST, no entanto, editou a Súmula 312, julgando constitucional o preceptivo em causa.

Não será cabível a revista quanto à divergência de interpretação de cláusula de contrato individual de trabalho, seja porque não há tal previsão na alínea *b* do art. 896 da CLT, seja porque tal interpretação exigiria reexame de fatos e de provas, o que é vedado na instância extraordinária (TST, Súmula 126).

Além disso, o TST tinha entendimento sedimentado no sentido de que se a Turma conhecesse do recurso de revista da parte que não comprovasse que a lei estadual, a norma coletiva ou o regulamento de empresa extrapolaria o âmbito do TRT prolator do acórdão hostilizado haveria violação à letra do art. 896, *b*, da CLT, o que permitiria o conhecimento e provimento do recurso de embargos com fundamento no art. 894, *b*, da CLT.

Ocorre que a alínea *b* do art. 894 da CLT (com redação dada pela Lei n. 11.496/2007) recebeu veto presidencial, mantido pelo Congresso, de modo que não é mais cabível o recurso de embargos para a SDI de decisão de Turma do TST na hipótese de violação de literal disposição de lei.

Importa notar que a divergência apta a ensejar o recurso de revista com base na alínea *b* do art. 896 da CLT deve ser atual, não se considerando como tal a ultrapassada por súmula, ou superada por iterativa e notória jurisprudência do Tribunal Superior do Trabalho. Daí a importância das Orientações Jurisprudenciais editadas pela SDI daquela Corte. É o que prescreve o § 7º do art. 896 da CLT.

Importante assinalar que o conceito da expressão "iterativa, notória e atual jurisprudência do Tribunal Superior do Trabalho" (TST, Súmula 333) é dado pelo art. 182 do RI daquela Corte, *in verbis*:

> As orientações jurisprudenciais e os precedentes normativos expressarão a jurisprudência prevalecente das respectivas Subseções, quer para os efeitos do que contém a Súmula 333 do TST, quer para o que dispõe o art. 251 deste Regimento.

Estando a decisão recorrida em consonância com súmula do TST, poderá o Ministro Relator, indicando-a, negar seguimento ao recurso de revista. Também será denegado seguimento ao recurso de revista nas hipóteses de intempestividade, deserção, falta de alçada e ilegitimidade de representação, cabendo a interposição de agravo (CLT, art. 896, § 12, com redação dada pela Lei n. 13.015/2014).

É importante advertir que os poderes do Relator (*vide* Capítulo XIX, item 13) foram bastante ampliados pelo art. 932 do CPC para admitir ou não qualquer recurso, sendo tal regra, segundo o TST, aplicável ao processo do trabalho, como se infere das Súmulas 421 e 435 e da OJ n. 378 da SBDI-1 daquela Corte, bem como do disposto no art. 10 da IN n. 39/2016 do TST.

De acordo com o § 14 do art. 896 da CLT: "O relator do recurso de revista poderá denegar-lhe seguimento, em decisão monocrática, nas hipóteses de intempestividade, deserção, irregularidade de representação ou de ausência de qualquer outro pressuposto extrínseco ou intrínseco de admissibilidade".[29]

3.3.3. Violação de literal dispositivo de lei federal ou da Constituição da República

Preleciona a alínea *c* do art. 896 da CLT, com redação dada pela Lei n. 9.756/98, que o recurso de revista também será cabível quando a decisão recorrida for proferida:

- com violação de literal disposição de lei federal; ou
- afronta direta e literal à Constituição Federal.

A interpretação razoável, ainda que não seja a melhor, de *dispositivo de lei federal* não empolga recurso de natureza extraordinária, como o é o recurso de revista, consoante o item II da Súmula 221 do TST, que se inspirou na Súmula 400 do STF. Todavia, o item II da Súmula 221 foi cancelado expressamente pela Resolução n. 185/2012 (*DEJT* divulgado em 25, 26 e 27-9-2012). Assim, a interpretação razoável de texto normativo deixou de ser obstáculo para a admissibilidade do recurso de revista.

A expressão "lei federal" comporta, a nosso ver, interpretação ampliativa. Noutro falar, deve abranger não apenas a lei federal em sentido estrito, isto é, aquela editada pelo Congresso Nacional (lei complementar, lei ordinária, decreto legislativo e resoluções do Congresso Nacional), como também os atos normativos com força de lei, como o antigo Decreto-Lei e a medida provisória.

Não cabe recurso de revista por alegação de violação de literal disposição de Decreto, como se infere do seguinte julgado:

> AGRAVO DE INSTRUMENTO. TRABALHO EM FERIADOS. MULTA NORMATIVA. RECURSO DE REVISTA DESFUNDAMENTADO. VIOLAÇÃO DE DISPOSITIVO DE DECRETO. ART. 896 DA CLT. DESPROVIMENTO. O recurso de revista encontra-se desfundamentado, pois há indicação apenas de violação de dispositivo de decreto, estando desfundamentado à luz do art. 896 da CLT, uma vez que não há indicação

29. Sobre competência do relator no âmbito do TST, ver art. 118 do RI daquela Corte.

de violação de dispositivo de lei ou da Constituição Federal, nem de divergência jurisprudencial. Agravo de instrumento desprovido (TST-AIRR 144420135070022, Rel. Min. Aloysio Corrêa da Veiga, 6ª T., *DEJT* 13-12-2013).

Alegação de violação à portaria ministerial, à instrução normativa ou à ordem de serviço também não empolgam o cabimento da revista. É o que se deduz dos seguintes julgados:

> (...) INTERVALO DE DIGITADOR – 10 MINUTOS A CADA 50 MINUTOS TRABALHADOS. VIOLAÇÃO AO ART. 896 CONSOLIDADO NÃO CONFIGURADA. 1 – O recurso de revista não alcançaria conhecimento por ofensa à Portaria MTPS n. 3.751/90, uma vez que se trata de hipótese não contemplada no art. 896 consolidado. Intacto, assim, o art. 896 da Consolidação das leis do Trabalho. 2 – Não prospera a alegação de divergência jurisprudencial com o aresto trazido no presente recurso, eis que a teor da Orientação Jurisprudencial n. 294 da SBDI/TST, quando a Turma não conhece do recurso de revista pela análise dos pressupostos intrínsecos, apenas por violação do art. 896 da Consolidação das Leis do Trabalho é possível o conhecimento dos embargos. Não tendo sido conhecido o recurso de revista interposto pelo reclamante, não há, tecnicamente, no acórdão embargado, tese de mérito capaz de viabilizar a análise da divergência jurisprudencial. Recurso de embargos não conhecido (TST-E-ED-RR – 118300-18.2001.5.02.0029, Rel. Min. Renato de Lacerda Paiva, SBDI-1, *DEJT* 9-10-2015).
>
> RECURSO DE REVISTA (...) NULIDADE – CERCEAMENTO DO DIREITO DE DEFESA (alegação de violação à Portaria n. 107 do Ministério Público do Trabalho). Há de se afastar a alegação de ofensa à Portaria n. 107 do Ministério Público do Trabalho. É que portaria não é lei, para fim de admissibilidade do recurso de revista, na forma do disposto na alínea *c* do art. 896 da Consolidação das Leis do Trabalho. Recurso de revista não conhecido (...) (TST-RR 165500-46.2008.5.24.0002, Rel. Min. Renato de Lacerda Paiva, 2ª T., *DEJT* 20-9-2013).

Violação a costume também não enseja o cabimento do recurso de revista, pois costume não é lei federal.

Sobre a natureza da lei federal, pensamos que ela pode ser de conteúdo material ou processual, podendo ser atinente a direito trabalhista, civil, comercial, tributário, penal, administrativo etc., desde que observados os limites de competência da Justiça do Trabalho (CF, art. 114).

Como a alínea *c* do art. 896 da CLT exige violação de literal dispositivo de lei federal ou afronta direta e literal a dispositivo da Constituição da República, parece-nos obrigatória a indicação expressa do texto normativo tido por violado, sob pena de não se saber exatamente se houve violação interpretativa de sua literalidade. Nesse sentido, a Súmula 221 do TST prevê que a "admissibilidade do recurso de revista e de embargos por violação tem como pressuposto a indicação expressa do dispositivo de lei ou da Constituição tido como violado".

Não é por outra razão que a OJ n. 115 da SBDI-1 dispõe que o "conhecimento do recurso de revista, quanto à preliminar de nulidade por negativa de prestação jurisdicional, supõe indicação de violação do art. 832 da CLT, do art. 458 do CPC/73 (CPC/15, art. 489) ou do art. 93, IX, da CF/1988".

No mesmo sentido, a OJ n. 335 da SBDI-1:

> CONTRATO NULO. ADMINISTRAÇÃO PÚBLICA. EFEITOS. CONHECIMENTO DO RECURSO POR VIOLAÇÃO DO ART. 37, II E § 2º, DA CF/1988. A nulidade da contratação sem concurso público, após a CF/1988, bem como a limitação de seus efeitos, somente poderá ser declarada por ofensa ao art. 37, II, se invocado concomitantemente o seu § 2º, todos da CF/1988.

Não obstante, a mesma SBDI-1/TST editou a OJ n. 257, abrandando o rigorismo na utilização dos termos utilizados como sinônimos do vocábulo "violação", *in verbis*:

> RECURSO. FUNDAMENTAÇÃO. VIOLAÇÃO LEGAL. VOCÁBULO VIOLAÇÃO. DESNECESSIDADE. A invocação expressa, quer na Revista, quer nos Embargos, dos preceitos legais ou constitucionais tidos como violados não significa exigir da parte a utilização das expressões "contrariar", "ferir", "violar", etc.

Por outro lado, o TST não admite recurso de revista em remessa *ex officio*, caso não tenha sido interposto recurso ordinário pelo ente público na instância ordinária, salvo se houver ampliação da condenação. É o que prevê a OJ n. 334 da SBDI-1:

> REMESSA *EX OFFICIO*. RECURSO DE REVISTA. INEXISTÊNCIA DE RECURSO ORDINÁRIO VOLUNTÁRIO DE ENTE PÚBLICO. INCABÍVEL. Incabível recurso de revista de ente público que não interpôs recurso ordinário voluntário da decisão de primeira instância, ressalvada a hipótese de ter sido agravada, na segunda instância, a condenação imposta.

O agravamento da condenação imposta, no caso da OJ n. 334 supracitada, só ocorrerá se houver sucumbência recíproca e provimento do recurso ordinário do litigante oposto.

Hipótese corriqueira de matéria veiculada em recurso de revista é a que diz respeito à alegação de negativa de prestação jurisdicional, o que levou o TST a editar a Súmula 459, *in verbis*:

> RECURSO DE REVISTA. NULIDADE POR NEGATIVA DE PRESTAÇÃO JURISDICIONAL (atualizada em decorrência do CPC de 2015, Res. n. 219/2017, republicada

em razão de erro material – *DEJT* divulgado em 12, 13 e 14-7-2017). O conhecimento do recurso de revista, quanto à preliminar de nulidade, por negativa de prestação jurisdicional, supõe indicação de violação do art. 832 da CLT, do art. 489 do CPC de 2015 (art. 458 do CPC de 1973) ou do art. 93, IX, da CF/1988.

3.3.3.1. Violação literal de lei e fixação do valor dos danos morais

É importante lembrar que vem despontando no TST um novo entendimento a respeito da desnecessidade de satisfação do pressuposto da violação de literal disposição de lei nas hipóteses de fixação do valor dos danos morais, individuais ou coletivos. Isto porque em tais casos não está em jogo a aplicação do princípio da legalidade e, sim, os princípios da proporcionalidade e razoabilidade. Vale dizer, o TST mitiga o pressuposto recursal específico contido na alínea c do art. 896 da CLT para promover, dentro de certos parâmetros, a decisão mais justa e equânime para o caso concreto.

Todavia, cremos que o cabimento do recurso de revista que tenha por objeto a elevação ou a redução do *quantum* indenizatório dos danos morais somente poderá ocorrer quando se verificar, no caso concreto, que o valor é absurdamente elevado ou excessivamente ínfimo, de modo a caracterizar violação aos princípios da razoabilidade ou da proporcionalidade. Do contrário, o TST estará invadindo a competência do TRT, pois este é soberano no exame de fatos e provas. Nesse sentido:

> INDENIZAÇÃO POR DANOS MORAIS. DANO MORAL COLETIVO. VALOR DA INDENIZAÇÃO. O exame do conhecimento do Recurso de Revista em que se discute o *quantum* devido a título de indenização por dano moral não está restrito aos pressupostos inscritos no art. 896 da CLT, visto que a fixação dessa indenização envolve a observância aos critérios da proporcionalidade e da razoabilidade; e a aferição da observância aos aludidos critérios não remete, necessariamente, ao campo da prova. Dessarte, pode a Turma desta Corte, com base no quadro fático descrito pelo Tribunal Regional, concluir que, no tocante à indenização fixada, foram atendidos os ditos critérios. Na hipótese dos autos, é possível verificar que o Tribunal Regional, ao fixar a indenização por dano moral coletivo no valor de R$ 100.000,00 (cem mil reais), observou os critérios da proporcionalidade e da razoabilidade. Recurso de Revista de que não se conhece (TST-RR 1488-05.2012.5.08.0007, Rel. Min. João Batista Brito Pereira, j. 23-10-2013, 5ª T., *DEJT* 14-11-2013).
>
> I – AGRAVO DE INSTRUMENTO – DANO MORAL – FIXAÇÃO DO *QUANTUM* INDENIZATÓRIO. Vislumbrada violação ao art. 944 do Código Civil, dá-se provimento ao Agravo de Instrumento para determinar o processamento do recurso denegado. II – RECURSO DE REVISTA – DANO MATERIAL – PENSÃO MENSAL. O aresto colacionado é inservível para comprovar a divergência, uma vez que oriundo do mesmo Tribunal Regional. Recurso desfundamentado a teor do art. 896, *a*, da

CLT. DANO MORAL – CONFIGURAÇÃO. Identificados os requisitos caracterizadores da responsabilidade civil no caso concreto, impõe-se a condenação da Reclamada a indenizar moralmente o dano sofrido pelo Autor, decorrente de acidente de trabalho. Incidência da Súmula 126 do TST. DANO MORAL – FIXAÇÃO DO *QUANTUM* INDENIZATÓRIO. Na fixação do *quantum* indenizatório deve o juiz adotar critério de razoabilidade e proporcionalidade entre a lesão de ordem imaterial sofrida, seus efeitos extrapatrimoniais porventura perceptíveis, o grau da culpa do lesante e a capacidade econômica do réu. O valor da condenação a título de indenização por danos morais foi excessivo, comportando redução. Recurso de Revista parcialmente conhecido e provido (TST-RR 1100-18.2006.5.02.0254, Rel. Min. João Pedro Silvestrin, 8ª T., *DEJT* 27-9-2013).

3.4. Efeitos do recurso de revista

Por força da Lei n. 13.015/2014, o § 1º do art. 896 da CLT passou a ter redação mais técnica, a saber:

> O recurso de revista, dotado de efeito apenas devolutivo, será interposto perante o Presidente do Tribunal Regional do Trabalho, que, por decisão fundamentada, poderá recebê-lo ou denegá-lo.

É importante ressaltar que a devolutibilidade do recurso de revista não é ampla, como a do recurso ordinário. Pelo contrário, é bem limitada, tal como ocorre com o recurso especial ou o recurso extraordinário.

No recurso de revista, também não há lugar para o efeito translativo, na medida em que o TST somente apreciará as questões ou matérias prequestionadas, ainda que tais questões sejam de ordem pública. É o que diz, por exemplo, a OJ n. 62 da SBDI-1: "É necessário o prequestionamento como pressuposto de admissibilidade em recurso de natureza extraordinária, ainda que se trate de incompetência absoluta[30].

30. É importante registrar que o STJ admite, caso conhecido, o efeito translativo no Recurso Especial, como se infere do seguinte aresto: "DIREITO ADMINISTRATIVO. PROCESSUAL CIVIL. AGRAVO REGIMENTAL NO RECURSO ESPECIAL. AÇÃO RESCISÓRIA. INÉPCIA DA INICIAL. PREQUESTIONAMENTO. AUSÊNCIA. EXAME DE OFÍCIO. IMPOSSIBILIDADE. EFEITO TRANSLATIVO. INAPLICABILIDADE. PRECEDENTE DO STJ. AGRAVO IMPROVIDO. (...) O efeito translativo do recurso especial, no qual é possível a análise de questão de ordem pública em sede de recurso especial ainda que ausente o prequestionamento, somente se verifica após a abertura da instância especial, o que não ocorreu na hipótese, visto que o recurso sequer foi conhecido (AgRg no REsp n. 733.655/PR, Rel. Min. Mauro Campbell Marques, Segunda Turma, *DJe* 26-2-10). 4. Agravo regimental improvido" (STJ-AgRg no Recurso Especial n. 1.055.521/PE, 2008/0101788-3, 5ª T., Rel. Min. Arnaldo Esteves Lima, *DJe* 3-5-2010).

Assim, diferentemente do que se dá com o recurso ordinário, o TST, no recurso de revista, fica impossibilitado de reexaminar a decisão recorrida em todos os seus aspectos fáticos e probatórios, limitando-se, apenas, a apreciar, depois de ultrapassado o juízo de admissibilidade, as matérias e as questões de direito constantes das razões recursais que tenham sido impugnadas pelo recorrente, observada a exceção sobre a qual falamos no item 3.3.3.1 *supra*.

Isso significa que o TST, ao conhecer do recurso de revista, não poderá adotar, de ofício, fundamento diverso do apresentado nas razões recursais, mesmo se se tratar de questão ou matéria de ordem pública, como, por exemplo, as previstas nos arts. 485, § 3º, e 337, § 5º, do CPC.

3.5. Procedimento

Interposto o recurso de revista no prazo de oito dias, em petição devidamente fundamentada e subscrita por advogado (TST, Súmula 425), é ele desde logo submetido a exame de admissibilidade ao Presidente do TRT correspondente (ou outro órgão previsto no respectivo regimento interno), em decisão que deve ser fundamentada, sob pena de nulidade (CF, art. 93, IX; CLT, art. 896, § 1º; CPC, art. 489, II e § 1º).

É de registrar que a petição do recurso de revista é dirigida ao Desembargador Presidente do TRT[31] e as razões recursais ao Ministro Relator e à Turma do TST.

O empregador deve estar atento, pois, em se tratando de decisão condenatória em pecúnia, será indispensável o recolhimento prévio do depósito recursal ou o seu complemento, como já ressaltado no item 7.2.5.2 do Capítulo XIX.

Havendo acréscimo ou redução da condenação em grau recursal, o órgão prolator da decisão arbitrará novo valor à condenação, quer para a exigibilidade de depósito ou complementação do já depositado, para o caso de recurso subsequente, quer para liberação do valor excedente decorrente da redução da condenação.

Além disso, a parte recorrente deve verificar se há condenação no pagamento de custas, como já vimos no item 7.2.5.1 do Capítulo XIX.

Caso o acórdão hostilizado seja omisso a respeito da responsabilidade pelo pagamento das custas ou depósito recursal, cabe ao interessado interpor embargos de declaração para sanar a omissão. Se houver modificação dos valores alusivos ao preparo recursal, e a parte não interpuser embargos de declaração, prevalecerá o valor fixado na sentença.

Se o Presidente do TRT denegar seguimento ao recurso de revista, o recorrente poderá interpor agravo de instrumento, sendo importante lembrar que a OJ n. 287

31. Ou Vice-Presidente do TRT, conforme dispuser o RI do respectivo Tribunal Regional.

da SBDI-1 exige autenticação (ou declaração de autenticidade pelo próprio advogado) das cópias do despacho denegatório da revista e da respectiva certidão de intimação para fins de admissão do agravo de instrumento, nos seguintes termos:

> AUTENTICAÇÃO. DOCUMENTOS DISTINTOS. DESPACHO DENEGATÓRIO DO RECURSO DE REVISTA E CERTIDÃO DE PUBLICAÇÃO. Distintos os documentos contidos no verso e anverso, é necessária a autenticação de ambos os lados da cópia.

O Presidente do TRT também podia admitir parcialmente o recurso de revista. Neste caso, entendia o TST que não havia necessidade de interposição de agravo de instrumento com relação aos tópicos que não foram admitidos. É o que se inferia da Súmula 285 daquela Corte:

> RECURSO DE REVISTA – ADMISSIBILIDADE PARCIAL PELO JUIZ-PRESIDENTE DO TRIBUNAL REGIONAL DO TRABALHO – EFEITO. O fato de o juízo primeiro de admissibilidade do recurso de revista entendê-lo cabível apenas quanto à parte das matérias veiculadas não impede a apreciação integral pela Turma do Tribunal Superior do Trabalho, sendo imprópria a interposição de agravo de instrumento.

A referida Súmula 285 do TST, no entanto, foi cancelada pela Resolução n. 204/2016 (*DEJT* divulgado em 17, 18 e 21-3-2016).

Em seu lugar, o TST aprovou a Resolução n. 205, de 15-3-2016, que editou a Instrução Normativa n. 40, que dispõe sobre o **cabimento de agravo de instrumento em caso de admissibilidade parcial de recurso de revista** no Tribunal Regional do Trabalho e dá outras providências.

Assim, nos termos do art. 1º da Instrução Normativa TST n. 40/2016:

> Art. 1º Admitido apenas parcialmente o recurso de revista, constitui ônus da parte impugnar, mediante agravo de instrumento, o capítulo denegatório da decisão, sob pena de preclusão[32].
>
> § 1º Se houver omissão no juízo de admissibilidade do recurso de revista quanto a um ou mais temas, é ônus da parte interpor embargos de declaração para o órgão prolator da decisão embargada supri-la (CPC, art. 1.024, § 2º), sob pena de preclusão.
>
> § 2º Incorre em nulidade a decisão regional que se abstiver de exercer controle de admissibilidade sobre qualquer tema objeto de recurso de revista, não obstante interpostos embargos de declaração (CF/88, art. 93, IX e § 1º do art. 489 do CPC de 2015).

32. Este art. 1º terá vigência a partir de 15-4-2016, conforme o art. 3º da IN/TST n. 40/2016.

> § 3º No caso do parágrafo anterior, sem prejuízo da nulidade, a recusa do Presidente do Tribunal Regional do Trabalho a emitir juízo de admissibilidade sobre qualquer tema equivale à decisão denegatória. É ônus da parte, assim, após a intimação da decisão dos embargos de declaração, impugná-la mediante agravo de instrumento (CLT, art. 896, § 12), sob pena de preclusão.
>
> § 4º Faculta-se ao Ministro Relator, por decisão irrecorrível (CLT, art. 896, § 5º, por analogia), determinar a restituição do agravo de instrumento ao Presidente do Tribunal Regional do Trabalho de origem para que complemente o juízo de admissibilidade, desde que interpostos embargos de declaração.

Admitido o processamento da revista, será intimado o recorrido para tomar ciência da decisão e, querendo, apresentar contrarrazões, oportunidade em que poderá, se for o caso, interpor recurso adesivo (TST, Súmula 283), também sujeito ao controle de admissibilidade pelo Presidente do Tribunal *a quo*. Se denegada a admissibilidade do recurso de revista adesivo, também será cabível o agravo de instrumento.

Decorrido o prazo para contrarrazões, com ou sem elas, o Presidente do TRT encaminhará os autos ao Tribunal Superior do Trabalho. Neste, a revista será submetida a dois novos exames de admissibilidade: o primeiro é exercido monocraticamente pelo Ministro Relator; o segundo, pela Turma.

Se a decisão recorrida estiver em consonância com Súmula do TST, poderá o Ministro Relator, indicando-a, negar seguimento ao recurso de revista. Igualmente, será denegado seguimento à revista nas hipóteses de intempestividade, deserção, falta de alçada e ilegitimidade de representação, cabendo a interposição de agravo (CLT, art. 896, § 12).

Assim, se o Ministro Relator designado não admitir o recurso de revista, é facultado à parte interpor agravo de tal decisão (CLT, art. 896, § 12, e Regimento Interno, art. 243, VII), podendo haver reconsideração. Mantida a decisão, o agravo será submetido a julgamento pelo órgão colegiado (Turma).

Sendo admitida a revista diretamente pelo Ministro Relator, ou se conhecido e provido o agravo regimental pela Turma, o recurso de revista será incluído em pauta e julgado pela mesma Turma.

Na sessão de julgamento, depois de lido o relatório, é facultada a sustentação oral, passando-se, em seguida, à votação, iniciando-se pelas questões relativas ao conhecimento do recurso de revista. Depois, analisa-se o mérito do recurso, que pode versar questões processuais ou concernentes à lide (CPC, art. 560, *caput*; CPC, art. 938).

Em caso de provimento do recurso de revista, o TST aplicará o direito à espécie (STF, Súmula 456), decidindo desde logo a lide, salvo na hipótese de anulação do acórdão recorrido, caso em que os autos deverão ser baixados ao Tribunal *a quo* (ou à Vara do Trabalho) para novo julgamento.

3.6. A Instrução Normativa TST n. 23/2003 (*DJU*)

Com o objetivo de uniformizar a interposição do recurso de revista, sobretudo visando racionalizar o funcionamento do TST para fazer frente à crescente demanda recursal, e otimizar a utilização dos recursos da informática, buscando a celeridade da prestação jurisdicional, anseio do jurisdicionado, o TP daquela Corte editou a Resolução n. 118/2003, que cancelou a IN n. 22/2003 (que estabelecia padrões vinculantes de petição do recurso de revista) e aprovou a IN n. 23/2003, de 5 de agosto de 2003, que estabelece algumas recomendações (sem caráter vinculante) para a elaboração da petição do recurso de revista.

3.7. Incidente de recursos de revista repetitivos

3.7.1. Base legal

A Lei n. 13.015/2014, que entrou em vigor sessenta dias depois de sua publicação, inseriu na CLT o art. 896-B, dispondo que são aplicáveis ao recurso de revista, no que couber, as normas do Código de Processo Civil relativas ao julgamento dos recursos extraordinário e especial repetitivos.

Os incidentes de recursos extraordinário e especial repetitivos estavam previstos no art. 543-C do CPC/73, sendo que o CPC de 2015 dedicou os arts. 1.036 a 1.041 ao julgamento dos referidos recursos, *in verbis*:

> Art. 1.036. Sempre que houver multiplicidade de recursos extraordinários ou especiais com fundamento em idêntica questão de direito, haverá afetação para julgamento de acordo com as disposições desta Subseção, observado o disposto no Regimento Interno do Supremo Tribunal Federal e no do Superior Tribunal de Justiça. § 1º O presidente ou o vice-presidente de tribunal de justiça ou de tribunal regional federal selecionará 2 (dois) ou mais recursos representativos da controvérsia, que serão encaminhados ao Supremo Tribunal Federal ou ao Superior Tribunal de Justiça para fins de afetação, determinando a suspensão do trâmite de todos os processos pendentes, individuais ou coletivos, que tramitem no Estado ou na região, conforme o caso. § 2º O interessado pode requerer, ao presidente ou ao vice-presidente, que exclua da decisão de sobrestamento e inadmita o recurso especial ou o recurso extraordinário que tenha sido interposto intempestivamente, tendo o recorrente o prazo de 5 (cinco) dias para manifestar-se sobre esse requerimento. § 3º Da decisão que indeferir este requerimento caberá agravo, nos termos do art. 1.042. § 4º A escolha feita pelo presidente ou vice-presidente do tribunal de justiça ou do tribunal regional federal não vinculará o relator no tribunal superior, que poderá selecionar outros recursos representativos da controvérsia. § 5º O relator em tribunal supe-

rior também poderá selecionar 2 (dois) ou mais recursos representativos da controvérsia para julgamento da questão de direito independentemente da iniciativa do presidente ou do vice-presidente do tribunal de origem. § 6º Somente podem ser selecionados recursos admissíveis que contenham abrangente argumentação e discussão a respeito da questão a ser decidida.

Art. 1.037. Selecionados os recursos, o relator, no tribunal superior, constatando a presença do pressuposto do *caput* do art. 1.036, proferirá decisão de afetação, na qual: I – identificará com precisão a questão a ser submetida a julgamento; II – determinará a suspensão do processamento de todos os processos pendentes, individuais ou coletivos, que versem sobre a questão e tramitem no território nacional; III – poderá requisitar aos presidentes ou aos vice-presidentes dos tribunais de justiça ou dos tribunais regionais federais a remessa de um recurso representativo da controvérsia. § 1º Se, após receber os recursos selecionados pelo presidente ou pelo vice-presidente de tribunal de justiça ou de tribunal regional federal, não se proceder à afetação, o relator, no tribunal superior, comunicará o fato ao presidente ou ao vice-presidente que os houver enviado, para que seja revogada a decisão de suspensão referida no art. 1.036, § 1º. § 2º É vedado ao órgão colegiado decidir, para os fins do art. 1.040, questão não delimitada na decisão a que se refere o inciso I do *caput* (Lei n. 13.256/2016). § 3º Havendo mais de uma afetação, será prevento o relator que primeiro tiver proferido a decisão a que se refere o inciso I do *caput*. § 4º Os recursos afetados deverão ser julgados no prazo de 1 (um) ano e terão preferência sobre os demais feitos, ressalvados os que envolvam réu preso e os pedidos de habeas corpus. § 5º Não ocorrendo o julgamento no prazo de 1 (um) ano, a contar da publicação da decisão de que trata o inciso I do *caput*, cessam, automaticamente, em todo o território nacional, a afetação e a suspensão dos processos, que retomarão seu curso normal (Lei n. 13.256/2016). § 6º Ocorrendo a hipótese do § 5º, é permitido a outro relator do respectivo tribunal superior afetar 2 (dois) ou mais recursos representativos da controvérsia na forma do art. 1.036. § 7º Quando os recursos requisitados na forma do inciso III do *caput* contiverem outras questões além daquela que é objeto da afetação, caberá ao tribunal decidir esta em primeiro lugar e depois as demais, em acórdão específico para cada processo. § 8º As partes deverão ser intimadas da decisão de suspensão de seu processo, a ser proferida pelo respectivo juiz ou relator quando informado da decisão a que se refere o inciso II do *caput*. § 9º Demonstrando distinção entre a questão a ser decidida no processo e aquela a ser julgada no recurso especial ou extraordinário afetado, a parte poderá requerer o prosseguimento do seu processo. § 10. O requerimento a que se refere o § 9º será dirigido: I – ao juiz, se o processo sobrestado estiver em primeiro grau; II – ao relator, se o processo sobrestado estiver no tribunal de origem; III – ao relator do acórdão recorrido, se for sobrestado recurso especial ou recurso extraordinário no tribunal de origem; IV – ao relator, no tribunal superior, de recurso especial ou de recurso extraordinário cujo processamento houver sido sobrestado. § 11. A outra parte deverá ser ouvida sobre o requerimento a que se refere o § 9º, no prazo de 5 (cinco) dias. § 12. Reconhecida a distinção no caso: I – dos incisos I, II e IV do § 10, o próprio juiz ou relator dará prosseguimento ao processo; II – do inciso III do § 10, o relator comunicará a decisão ao presidente ou ao vice-presidente que houver determinado o sobrestamento, para que o recurso especial ou o recurso extraordinário seja encaminhado ao respectivo tribunal superior, na forma do art. 1.030, parágrafo único. § 13. Da decisão que resolver o requerimento a que se refere o § 9º caberá: I – agravo de instrumento, se o processo estiver em primeiro grau; II – agravo interno, se a decisão for de relator.

A nosso sentir, as normas previstas nos arts. 1.036 e 1.041 do CPC são aplicáveis, supletiva e subsidiariamente, ao processo do trabalho, no que couber, por expressa autorização do art. 896-B da CLT, com redação dada pela Lei n. 13.015/2014 e também pelo art. 15 do CPC.

No que tange especificamente ao incidente de recursos de revista repetitivos, o art. 896-C e seus parágrafos da CLT estabelecem os critérios alusivos à competência funcional e ao procedimento do incidente nos seguintes termos:

> Art. 896-C. Quando houver multiplicidade de recursos de revista fundados em idêntica questão de direito, a questão poderá ser afetada à Seção Especializada em Dissídios Individuais ou ao Tribunal Pleno, por decisão da maioria simples de seus membros, mediante requerimento de um dos Ministros que compõem a Seção Especializada, considerando a relevância da matéria ou a existência de entendimentos divergentes entre os Ministros dessa Seção ou das Turmas do Tribunal.
>
> § 1º O Presidente da Turma ou da Seção Especializada, por indicação dos relatores, afetará um ou mais recursos representativos da controvérsia para julgamento pela Seção Especializada em Dissídios Individuais ou pelo Tribunal Pleno, sob o rito dos recursos repetitivos.
>
> § 2º O Presidente da Turma ou da Seção Especializada que afetar processo para julgamento sob o rito dos recursos repetitivos deverá expedir comunicação aos demais Presidentes de Turma ou de Seção Especializada, que poderão afetar outros processos sobre a questão para julgamento conjunto, a fim de conferir ao órgão julgador visão global da questão.
>
> § 3º O Presidente do Tribunal Superior do Trabalho oficiará os Presidentes dos Tribunais Regionais do Trabalho para que suspendam os recursos interpostos em casos idênticos aos afetados como recursos repetitivos, até o pronunciamento definitivo do Tribunal Superior do Trabalho.
>
> § 4º Caberá ao Presidente do Tribunal de origem admitir um ou mais recursos representativos da controvérsia, os quais serão encaminhados ao Tribunal Superior do Trabalho, ficando suspensos os demais recursos de revista até o pronunciamento definitivo do Tribunal Superior do Trabalho.

§ 5º O relator no Tribunal Superior do Trabalho poderá determinar a suspensão dos recursos de revista ou de embargos que tenham como objeto controvérsia idêntica à do recurso afetado como repetitivo.

§ 6º O recurso repetitivo será distribuído a um dos Ministros membros da Seção Especializada ou do Tribunal Pleno e a um Ministro revisor.

§ 7º O relator poderá solicitar, aos Tribunais Regionais do Trabalho, informações a respeito da controvérsia, a serem prestadas no prazo de 15 (quinze) dias.

§ 8º O relator poderá admitir manifestação de pessoa, órgão ou entidade com interesse na controvérsia, inclusive como assistente simples, na forma da Lei n. 5.869, de 11 de janeiro de 1973 (Código de Processo Civil)[33].

§ 9º Recebidas as informações e, se for o caso, após cumprido o disposto no § 7º deste artigo, terá vista o Ministério Público pelo prazo de 15 (quinze) dias.

§ 10. Transcorrido o prazo para o Ministério Público e remetida cópia do relatório aos demais Ministros, o processo será incluído em pauta na Seção Especializada ou no Tribunal Pleno, devendo ser julgado com preferência sobre os demais feitos.

§ 11. Publicado o acórdão do Tribunal Superior do Trabalho, os recursos de revista sobrestados na origem:

I – terão seguimento denegado na hipótese de o acórdão recorrido coincidir com a orientação a respeito da matéria no Tribunal Superior do Trabalho; ou

II – serão novamente examinados pelo Tribunal de origem na hipótese de o acórdão recorrido divergir da orientação do Tribunal Superior do Trabalho a respeito da matéria.

§ 12. Na hipótese prevista no inciso II do § 11 deste artigo, mantida a decisão divergente pelo Tribunal de origem, far-se-á o exame de admissibilidade do recurso de revista.

§ 13. Caso a questão afetada e julgada sob o rito dos recursos repetitivos também contenha questão constitucional, a decisão proferida pelo Tribunal Pleno não obstará o conhecimento de eventuais recursos extraordinários sobre a questão constitucional.

§ 14. Aos recursos extraordinários interpostos perante o Tribunal Superior do Trabalho será aplicado o procedimento previsto no art. 543-B da Lei n. 5.869, de 11 de janeiro de 1973 (Código de Processo Civil)[34], cabendo ao Presidente do Tribunal Superior do Trabalho selecionar um ou mais recursos representativos da controvérsia e encaminhá-los ao Supremo Tribunal Federal, sobrestando os demais até o pro-

33. *Vide* art. 1.038, I, do CPC.

34. *Vide* art. 1.036 do CPC.

nunciamento definitivo da Corte, na forma do § 1º do art. 543-B da Lei n. 5.869, de 11 de janeiro de 1973 (Código de Processo Civil)[35].

§ 15. O Presidente do Tribunal Superior do Trabalho poderá oficiar os Tribunais Regionais do Trabalho e os Presidentes das Turmas e da Seção Especializada do Tribunal para que suspendam os processos idênticos aos selecionados como recursos representativos da controvérsia e encaminhados ao Supremo Tribunal Federal, até o seu pronunciamento definitivo.

§ 16. A decisão firmada em recurso repetitivo não será aplicada aos casos em que se demonstrar que a situação de fato ou de direito é distinta das presentes no processo julgado sob o rito dos recursos repetitivos.

§ 17. Caberá revisão da decisão firmada em julgamento de recursos repetitivos quando se alterar a situação econômica, social ou jurídica, caso em que será respeitada a segurança jurídica das relações firmadas sob a égide da decisão anterior, podendo o Tribunal Superior do Trabalho modular os efeitos da decisão que a tenha alterado.

Tendo em vista a complexidade operacional da aplicabilidade do art. 896-C da CLT, o Presidente do TST, monocraticamente, editou o Ato n. 491/2014. Posteriormente, o Pleno do TST editou a Instrução Normativa n. 38/2015, cujo art. 1º determina que as normas do Código de Processo Civil relativas ao julgamento dos recursos extraordinário e especial repetitivos aplicam-se, no que couber, ao recurso de revista e ao recurso de embargos repetitivos (CLT, arts. 894, II, e 896 da CLT).

Registre-se, desde logo, que o art. 22 da IN n. 38/2015 do TST revogou expressamente os arts. 7º a 22 do Ato n. 491/SEGJUD.GP, de 23 de setembro de 2014.

Por outro lado, o RITST (arts. 280 a 297) disciplina detalhadamente o incidente de recursos repetitivos no âmbito daquela Corte.

3.7.2. Aplicabilidade do incidente aos recursos pendentes

No que concerne à incidência da Lei n. 13.015/2014, o Presidente do TST editou o Ato SEGJUD.GP n. 491/2014, cujo art. 1º dispõe que: "A Lei n. 13.015, de 21 de julho de 2014, aplica-se aos recursos interpostos das decisões publicadas a partir da data de sua vigência".

Todavia, o parágrafo único do art. 1º do referido Ato prevê que:

As normas procedimentais da Lei n. 13.015/2014 e as que não afetarem o direito processual adquirido de qualquer das partes aplicam-se aos recursos interpostos anteriormente à data

35. *Vide* art. 1.036, § 1º, do CPC.

de sua vigência, em especial *as que regem o sistema de julgamento de recursos de revista repetitivos*, o efeito interruptivo dos embargos de declaração e a afetação do recurso de embargos ao Tribunal Pleno do TST, dada a relevância da matéria (grifos nossos).

O incidente de recursos de revista repetitivos pode ser aplicado aos recursos interpostos antes de 20 de setembro de 2014, desde que não implique violação a eventual direito processual adquirido das partes.

Por direito processual adquirido deve-se entender aquele já incorporado ao patrimônio jurídico do seu titular. É o que ocorre, por exemplo, com o recurso de revista que já foi julgado pela Turma do TST e que se encontra aguardando apenas a publicação do respectivo acórdão. Certamente, tal recurso de revista não pode ser afetado para ser submetido à SBDI-1 ou ao Pleno para fins de instauração de incidente de recurso de revista repetitivo, sob pena de violar o direito processual adquirido pelas partes.

3.7.3. Cabimento do incidente

O art. 896-C da CLT cuida do incidente processual de recursos (de revista e de embargos) repetitivos no processo do trabalho, o qual pode ocorrer em sede de recurso de revista nas seguintes hipóteses:

- Multiplicidade de recursos de revista;
- Identidade de questão de direito veiculada nesses recursos;
- Relevância da questão de direito ou divergência de interpretação da idêntica questão de direito entre os Ministros da SBDI-1 ou das Turmas do TST.

A interpretação do termo "multiplicidade de recursos de revista", por ser conceito legal indeterminado, dependerá de pronunciamento dos próprios ministros, que deverão invocar valores éticos, morais, sociais, econômicos e jurídicos[36], razão pela qual pensamos que somente nas hipóteses de quantidade considerável (dezenas, centenas ou milhares) de recursos de revista, versando sobre idêntica questão de direito, seria justificável a instauração do incidente sob exame.

A questão de direito deve ser exatamente a mesma versada nas dezenas, centenas ou milhares de recursos de revista. A dificuldade de operacionalização do incidente de repetição de recursos de revista reside exatamente na multiplicidade de questões de direito existentes nos processos trabalhistas.

Não é incomum que num único recurso de revista haja dez ou mais questões de direito. Certamente que em tais casos a instauração do incidente de recursos repetitivos

36. NERY, Nelson; NERY, Rosa Maria de Andrade. *Código Civil anotado*. 2. ed. São Paulo: Revista dos Tribunais, 2003. p. 142.

pode implicar enorme comprometimento à celeridade da prestação jurisdicional com violação ao princípio da duração razoável do processo.

Buscando dar um norte para a interpretação dos arts. 896-B e 896-C da CLT, o TST editou o Ato SEGJUD.GP n. 491, de 23 de setembro de 2014, cujo art. 8º prevê que nas "hipóteses dos arts. 896-B e 896-C da CLT, somente poderão ser afetados recursos representativos da controvérsia que sejam admissíveis e que contenham abrangente argumentação e discussão a respeito da questão a ser decidida".

Ocorre que os arts. 7º a 22 do referido Ato SEGJUD.GP n. 491/2014 foram expressamente revogados pelo art. 22 da IN n. 38/2015.

Cumpre destacar, nesse passo, que o art. 2º da IN n. 38/2015 do TST dispõe, *in verbis*:

> Art. 2º Havendo multiplicidade de recursos de revista ou de embargos para a Subseção de Dissídios Individuais I (SBDI-1) fundados em idêntica questão de direito, a questão poderá ser afetada a essa Subseção ou ao Tribunal Pleno, por decisão da maioria simples de seus membros, mediante requerimento de um dos Ministros que a compõem, considerando a relevância da matéria ou a existência de entendimentos divergentes entre os Ministros dessa Subseção ou das Turmas do Tribunal.
>
> § 1º O requerimento fundamentado de um dos Ministros da Subseção de Dissídios Individuais I de afetação da questão a ser julgada em incidente de recursos repetitivos deverá indicar um ou mais recursos de revista ou de embargos representativos da controvérsia e ser formulado por escrito diretamente ao Presidente da SbDI-1 ou, oralmente, em questão preliminar suscitada quando do julgamento de processo incluído na pauta de julgamentos da Subseção.
>
> § 2º De forma concorrente, quando a Turma do Tribunal Superior do Trabalho entender necessária a adoção do procedimento de julgamento de recursos de revista repetitivos, seu Presidente deverá submeter ao Presidente da Subseção de Dissídios Individuais I a proposta de afetação do recurso de revista, para os efeitos dos arts. 896-B e 896-C da CLT.
>
> § 3º O Presidente da Subseção submeterá a proposta de afetação ao colegiado, se formulada por escrito, no prazo máximo de 30 dias de seu recebimento, ou de imediato, se suscitada em questão preliminar, quando do julgamento de determinado processo pela SbDI-1, após o que: I – acolhida a proposta, por maioria simples, o colegiado também decidirá se a questão será analisada pela própria SbDI-1 ou pelo Tribunal Pleno; II – acolhida a proposta, a desistência da ação ou do recurso não impede a análise da questão objeto de julgamento de recursos repetitivos; III – na hipótese do inciso I, o processo será distribuído a um relator e a um revisor do órgão jurisdicional correspondente, para sua tramitação nos termos do art. 896-C da CLT; IV – rejeitada a proposta, se for o caso, os autos serão devolvidos ao órgão julgador respectivo, para que o julgamento do recurso prossiga regularmente.

> § 4º Não será admitida sustentação oral versando, de forma específica, sobre a proposta de afetação.
>
> § 5º A critério do Presidente da Subseção, as propostas de afetação formuladas por escrito por um dos Ministros da Subseção de Dissídios Individuais I ou pelo Presidente de Turma do Tribunal Superior do Trabalho poderão ser apreciadas pela SbDI-1 por meio eletrônico, nos termos e para os efeitos do § 3º, I, deste artigo, do que serão as partes cientificadas pelo Diário da Justiça.
>
> § 6º Caso surja alguma divergência entre os integrantes do colegiado durante o julgamento eletrônico, este ficará imediatamente suspenso, devendo a proposta de afetação ser apreciada em sessão presencial.

O Presidente da SBDI-1 que afetar processo para julgamento sob o rito dos recursos repetitivos deverá expedir comunicação aos demais Presidentes de Turma, que poderão afetar outros processos sobre a questão para julgamento conjunto, a fim de conferir ao órgão julgador visão global da questão (TST/IN n. 38/2015, art. 3º).

Não é qualquer recurso de revista que poderá ser afetado a julgamento pelo Pleno ou pela SBDI-1, pois o art. 4º, e seu parágrafo único, da IN n. 38/2015 dispõem que:

> Art. 4º Somente poderão ser afetados recursos representativos da controvérsia que sejam admissíveis e que, a critério do relator do incidente de julgamento dos recursos repetitivos, contenham abrangente argumentação e discussão a respeito da questão a ser decidida.
>
> Parágrafo único. O relator desse incidente não fica vinculado às propostas de afetação de que trata o artigo anterior, podendo recusá-las por desatenderem aos requisitos previstos no *caput* deste artigo e, ainda, selecionar outros recursos representativos da controvérsia.

Logo, o recurso de revista que não puder ser conhecido por ausência de qualquer pressuposto recursal, não poderá ser objeto de afetação, sendo certo que o Relator do Incidente no Pleno ou SBDI-1 não fica vinculado às propostas de afetação, podendo recusá-las por desatenderem aos requisitos previstos no *caput* do art. 4º da referida Instrução Normativa e, ainda, selecionar outros recursos representativos da controvérsia.

Sobre o procedimento do incidente de recursos repetitivos no TST, recomendamos a leitura dos arts. 280 a 297 do RITST.

3.7.4. Assunção ou deslocamento de competência

De acordo com o § 1º do art. 896-C da CLT, o Presidente da Turma ou da Seção Especializada, por indicação dos ministros relatores, submeterá um ou mais recursos representativos da controvérsia para julgamento pela SBDI-1 ou pelo Tribunal Pleno, sob o rito dos recursos repetitivos, devendo aquelas autoridades, nos termos do § 2º do mesmo artigo, "expedir comunicação aos demais Presidentes de Turma ou de Seção Especializada, que poderão afetar outros processos sobre a questão para julgamento conjunto, a fim de conferir ao órgão julgador visão global da questão".

Com o escopo de operacionalizar o texto consolidado, o art. 5º da IN n. 38/2015 do TST dispõe que, depois de selecionados os recursos, o relator, na Subseção Especializada em Dissídios Individuais ou no Tribunal Pleno, constatada a presença do pressuposto do *caput* do art. 896-C da CLT, proferirá **decisão de afetação**, sempre fundamentada, na qual:

> I – identificará com precisão a questão a ser submetida a julgamento;
>
> II – poderá determinar a suspensão dos recursos de revista ou de embargos de que trata o § 5º do art. 896-C da CLT;
>
> III – poderá solicitar aos Tribunais Regionais do Trabalho informações a respeito da controvérsia, a serem prestadas no prazo de 15 (quinze) dias, e requisitar aos Presidentes ou Vice-Presidentes dos Tribunais Regionais do Trabalho a remessa de até dois recursos de revista representativos da controvérsia;
>
> IV – concederá o prazo de 15 (quinze) dias para a manifestação escrita das pessoas, órgãos ou entidades interessados na controvérsia, que poderão ser admitidos como *amici curiae*;
>
> V – informará aos demais Ministros sobre a decisão de afetação;
>
> VI – poderá conceder vista ao Ministério Público e às partes, nos termos e para os efeitos do § 9º do art. 896-C da CLT.

O recurso repetitivo será distribuído a um dos Ministros membros da Seção Especializada ou do Tribunal Pleno e a um Ministro revisor (CLT, art. 896-C, § 6º). Logo, somente dois órgãos do TST têm competência para julgar o incidente de recursos de revista repetitivos: a SBDI-1 ou o TP.

Na SBDI-1 ou no TP, o ministro relator do incidente poderá solicitar aos Presidentes dos Tribunais Regionais do Trabalho informações a respeito da controvérsia (questão de direito), a serem prestadas no prazo de 15 (quinze) dias (CLT, art. 896-C, § 7º).

3.7.5. Suspensão dos recursos repetitivos

Admitido o incidente, prevê o § 3º do art. 896-C da CLT que o "Presidente do Tribunal Superior do Trabalho oficiará os Presidentes dos Tribunais Regionais do Trabalho para que suspendam os recursos interpostos em casos idênticos aos afetados como recursos repetitivos, até o pronunciamento definitivo do Tribunal Superior do Trabalho".

No âmbito do juízo primeiro de admissibilidade do recurso de revista no TRT, dispõe o § 4º do art. 896-C da CLT que incumbirá ao seu Presidente "admitir um ou mais recursos representativos da controvérsia, os quais serão encaminhados ao Tribunal Superior do Trabalho, ficando suspensos os demais recursos de revista até o pronunciamento definitivo do Tribunal Superior do Trabalho".

Prescreve o § 5º do art. 896-C da CLT que o "relator no Tribunal Superior do Trabalho poderá determinar a suspensão dos recursos de revista ou de embargos que tenham como objeto controvérsia idêntica à do recurso afetado como repetitivo".

Objetivando tornar mais clara a norma consolidada, o art. 6º da IN n. 38/2015 do TST [37] prevê que o Presidente do TST oficiará os Presidentes dos TRTs, com cópia da decisão de afetação, para que suspendam os recursos de revista interpostos em casos idênticos aos afetados como recursos repetitivos e ainda não encaminhados a este Tribunal, bem como os recursos ordinários interpostos contra as sentenças proferidas em casos idênticos aos afetados como recursos repetitivos, até o pronunciamento definitivo do TST.

Caberá ainda ao Presidente do TRT de origem, caso receba a requisição de que trata o inciso III do art. 5º da referida Instrução Normativa, admitir até dois recursos representativos da controvérsia, os quais serão encaminhados ao TST (IN n. 38/2015 do TST, art. 7º).

De acordo com o art. 8º da IN n. 38/2015 do TST, se, depois de receber os recursos de revista selecionados pelo Presidente ou Vice-Presidente do TRT, não se proceder à sua afetação, o relator, no TST, comunicará o fato ao órgão competente do tribunal de origem, para que seja revogada a decisão de suspensão referida no art. 896-C, § 4º, da CLT.

O art. 9º da IN n. 38/2015 do TST trata da possibilidade de manifestação das partes acerca da suspensão de seu processo e do requerimento de seu prosseguimento caso demonstre a intempestividade do recurso de revista interposto ou a existência de distinção da questão de direito a ser decidida no seu processo e aquela a ser julgada sob o rito dos recursos repetitivos.

É importante destacar que o requerimento de prosseguimento do processo que tiver sido suspenso em função do incidente de recursos de revista repetitivos será dirigido:

> I – ao juiz, se o processo sobrestado estiver em primeiro grau;
>
> II – ao relator, se o processo sobrestado estiver no tribunal de origem;
>
> III – ao relator do acórdão recorrido, se for sobrestado recurso de revista no tribunal de origem;

37. *Vide* arts. 280 a 297 do RITST.

> IV – ao relator, no Tribunal Superior do Trabalho, do recurso de revista ou de embargos cujo processamento houver sido sobrestado.

A outra parte terá o direito de ser ouvida sobre o requerimento no prazo de cinco dias.

Reconhecida a **distinção** no caso:

> I – dos incisos I, II e IV do § 2º do art. 9º da IN/TST n. 38/2015, o próprio juiz ou relator dará prosseguimento ao processo;
>
> II – do inciso III do § 2º do art. 9º da referida IN, o relator comunicará a decisão ao presidente ou ao vice-presidente que houver determinado o sobrestamento, para que este dê normal prosseguimento ao processo.

A decisão que resolver o requerimento de prosseguimento do processo, por ser tipicamente interlocutória, é irrecorrível de imediato, nos termos do art. 893, § 1º, da CLT.

3.7.5.1. Suspensão dos processos encaminhados ao STF

Dispõe o § 13 do art. 896-C da CLT que na hipótese em que "a questão afetada e julgada sob o rito dos recursos repetitivos também contenha questão constitucional, a decisão proferida pelo Tribunal Pleno não obstará o conhecimento de eventuais recursos extraordinários sobre a questão constitucional". Andou bem o legislador, no particular, porquanto em se tratando de incidente de recursos repetitivos que também contenha matéria constitucional, a última decisão da causa é do STF, e não do TST.

Em se tratando de recursos extraordinários interpostos perante o TST, prevê o § 14 do art. 896-C da CLT que

> será aplicado o procedimento previsto no art. 543-B da Lei n. 5.869, de 11 de janeiro de 1973 (Código de Processo Civil), cabendo ao Presidente do Tribunal Superior do Trabalho selecionar um ou mais recursos representativos da controvérsia e encaminhá-los ao Supremo Tribunal Federal, sobrestando os demais até o pronunciamento definitivo da Corte, na forma do § 1º do art. 543-B da Lei n. 5.869, de 11 de janeiro de 1973 (Código de Processo Civil).

O art. 19 da IN n. 38/2014 do TST dispõe que: "Aos recursos extraordinários interpostos perante o Tribunal Superior do Trabalho será aplicado o procedimento previsto no Código de Processo Civil para o julgamento dos recursos extraordinários repetitivos, cabendo ao Presidente do Tribunal Superior do Trabalho selecionar um ou mais recursos representativos da controvérsia e encaminhá-los ao Supremo Tribunal Federal, sobrestando os demais até o pronunciamento definitivo da Corte, na forma ali prevista".

Nesse passo, convém destacar que o art. 1.036 do CPC (art. 543-B do CPC/73) dispõe, *in verbis*:

> Art. 1.036. Sempre que houver multiplicidade de recursos extraordinários ou especiais com fundamento em idêntica questão de direito, haverá afetação para julgamento de acordo com as disposições desta Subseção, observado o disposto no Regimento Interno do Supremo Tribunal Federal e no do Superior Tribunal de Justiça.
>
> § 1º O presidente ou o vice-presidente de tribunal de justiça ou de tribunal regional federal selecionará 2 (dois) ou mais recursos representativos da controvérsia, que serão encaminhados ao Supremo Tribunal Federal ou ao Superior Tribunal de Justiça para fins de afetação, determinando a suspensão do trâmite de todos os processos pendentes, individuais ou coletivos, que tramitem no Estado ou na região, conforme o caso.
>
> § 2º O interessado pode requerer, ao presidente ou ao vice-presidente, que exclua da decisão de sobrestamento e inadmita o recurso especial ou o recurso extraordinário que tenha sido interposto intempestivamente, tendo o recorrente o prazo de 5 (cinco) dias para manifestar-se sobre esse requerimento.
>
> § 3º Da decisão que indeferir este requerimento caberá agravo, nos termos do art. 1.042.
>
> § 4º A escolha feita pelo presidente ou vice-presidente do tribunal de justiça ou do tribunal regional federal não vinculará o relator no tribunal superior, que poderá selecionar outros recursos representativos da controvérsia.
>
> § 5º O relator em tribunal superior também poderá selecionar 2 (dois) ou mais recursos representativos da controvérsia para julgamento da questão de direito independentemente da iniciativa do presidente ou do vice-presidente do tribunal de origem.
>
> § 6º Somente podem ser selecionados recursos admissíveis que contenham abrangente argumentação e discussão a respeito da questão a ser decidida.

De acordo com o § 15 do art. 896-C da CLT, o Presidente do TST "poderá oficiar os Tribunais Regionais do Trabalho e os Presidentes das Turmas e da Seção Especializada do Tribunal para que suspendam os processos idênticos aos selecionados como recursos representativos da controvérsia e encaminhados ao Supremo Tribunal Federal, até o seu pronunciamento definitivo".

3.7.6. Audiência pública e intervenção de *amici curiae*

Prestigiando a participação do *amicus curiae*, ou seja, de atores sociais e jurídicos interessados na resolução do incidente de recursos repetitivos, dispõe o § 8º do art. 896-C da CLT que o relator poderá admitir manifestação de pessoa, órgão ou entidade com interesse na controvérsia, inclusive como assistente simples, na forma do disposto no art. 1.038 do CPC, *in verbis*:

> Art. 1.038. O relator poderá:
>
> I – solicitar ou admitir manifestação de pessoas, órgãos ou entidades com interesse na controvérsia, considerando a relevância da matéria e consoante dispuser o regimento interno;
>
> II – fixar data para, em audiência pública, ouvir depoimentos de pessoas com experiência e conhecimento na matéria, com a finalidade de instruir o procedimento;
>
> III – requisitar informações aos tribunais inferiores a respeito da controvérsia e, cumprida a diligência, intimará o Ministério Público para manifestar-se.
>
> § 1º No caso do inciso III, os prazos respectivos são de 15 (quinze) dias, e os atos serão praticados, sempre que possível, por meio eletrônico.
>
> § 2º Transcorrido o prazo para o Ministério Público e remetida cópia do relatório aos demais ministros, haverá inclusão em pauta, devendo ocorrer o julgamento com preferência sobre os demais feitos, ressalvados os que envolvam réu preso e os pedidos de *habeas corpus*.
>
> § 3º O conteúdo do acórdão abrangerá a análise de todos os fundamentos da tese jurídica discutida, favoráveis ou contrários.

Depois de recebidas as informações ou manifestações, será dada vista dos autos ao Ministério Público do Trabalho para emitir parecer no prazo de 15 (quinze) dias (CLT, art. 896-C, § 9º). Transcorrido este prazo, com ou sem parecer ministerial, serão remetidas cópias do relatório aos demais Ministros. Em seguida, o processo do incidente será incluído em pauta na SBDI-1 ou no TP, devendo ser julgado com preferência sobre os demais feitos.

Nos termos do art. 10 da IN n. 38/2015 do TST[38], ao instruir o procedimento do incidente de recursos de revista (ou de embargos) repetitivos, o relator poderá fixar data para, em audiência pública, ouvir depoimentos de pessoas com experiência e conhecimento na matéria, sempre que entender necessário o esclarecimento de questões ou circunstâncias de fato subjacentes à controvérsia objeto do incidente de recursos repetitivos.

O relator poderá, ainda, admitir, tanto na audiência pública quanto no curso do procedimento, a manifestação, como *amici curiae*, de pessoas, órgãos ou entidades com interesse na controvérsia, considerando a relevância da matéria e assegurando o contraditório e a isonomia de tratamento. A manifestação de qualquer *amicus curiae* somente será admitida até a inclusão do processo em pauta.

38. *Vide* arts. 280 a 297 do RITST.

A vantagem das normas que autorizam a intervenção do *amicus curiae* repousa na democratização do acesso do cidadão com notória especialidade na matéria em debate ou de órgãos ou entes, de direito público ou privado, que tenham interesse econômico, político, social ou jurídico na solução que será adotada pelo órgão julgador do incidente, o que, a nosso sentir, contribuirá para a segurança jurídica da decisão.

A desvantagem reside, evidentemente, no retardamento da resolução da prestação jurisdicional não apenas dos processos que contenham os recursos afetados, como também dos processos que ficaram suspensos aguardando o pronunciamento definitivo do órgão julgador do incidente.

3.7.7. Prazo de julgamento

Inspirando-se no § 4º do art. 1.037 do CPC, o art. 11 da IN n. 38 do TST estabelece que os recursos afetados deverão ser julgados no prazo de um ano e terão preferência sobre os demais processos.

Caso não ocorra o julgamento no prazo de um ano a contar da publicação da decisão de que trata o art. 5º da referida Instrução Normativa, cessam automaticamente, em todo o território nacional, a afetação e a suspensão dos processos, que retomarão seu curso normal.

Nesse caso, é permitida, nos termos e para os efeitos do art. 2º da mesma Instrução Normativa e do art. 896-C da CLT, a formulação de outra proposta de afetação de processos representativos da controvérsia para instauração e julgamento de recursos repetitivos para ser apreciada e decidida pela SBDI-1 deste Tribunal.

3.7.8. Limites da decisão no incidente

A IN n. 38/2015 do TST[39] (art. 12) prevê, ainda, que o "conteúdo do acórdão paradigma abrangerá a análise de todos os fundamentos da tese jurídica discutida, favoráveis ou contrários", sendo, porém, "vedado ao órgão colegiado decidir, para os fins do art. 896-C da CLT, questão não delimitada na decisão de afetação".

3.7.9. Manutenção de entendimento e juízo de retratação

À luz do § 16 do art. 896-C da CLT, a decisão proferida no TST[40] no incidente de recurso repetitivo, seja pela SBDI-1 ou, se for o caso, pelo TP, "não será aplicada aos casos em que se demonstrar que a situação de fato ou de direito é distinta das presentes no processo julgado sob o rito dos recursos repetitivos".

39. *Vide* arts. 280 a 297 do RITST.

40. *Vide* arts. 280 a 297 do RITST.

O art. 15 da IN n. 38/2015 do TST[41] dispõe sobre manutenção de entendimento e juízo de retratação, nos seguintes termos:

> Art. 15. Para fundamentar a decisão de manutenção do entendimento, o órgão que proferiu o acórdão recorrido deverá demonstrar a existência de distinção, por se tratar de caso particularizado por hipótese fática distinta ou questão jurídica não examinada, a impor solução diversa.
>
> § 1º Na hipótese de que trata o *caput* deste artigo, o recurso de revista será submetido a novo exame de sua admissibilidade pelo Presidente ou Vice-Presidente do Tribunal Regional, retomando o processo o seu curso normal.
>
> § 2º Realizado o juízo de retratação, com alteração do acórdão divergente, o Tribunal de origem, se for o caso, decidirá as demais questões ainda não decididas, cujo enfrentamento se tornou necessário em decorrência da alteração.
>
> § 3º Quando for alterado o acórdão divergente na forma do § 1º e o recurso anteriormente interposto versar sobre outras questões, o Presidente ou Vice-Presidente do Tribunal Regional, independentemente de ratificação do recurso, procederá a novo juízo de admissibilidade, retomando o processo o seu curso normal.

3.7.10. Desistência da ação com questão idêntica à resolvida em incidente de recursos repetitivos

De acordo com os §§ 1º, 2º e 3º do art. 1.040 do CPC:

> § 1º A parte poderá desistir da ação em curso no primeiro grau de jurisdição, antes de proferida a sentença, se a questão nela discutida for idêntica à resolvida pelo recurso representativo da controvérsia.
>
> § 2º Se a desistência ocorrer antes de oferecida contestação, a parte ficará isenta do pagamento de custas e de honorários de sucumbência.
>
> § 3º A desistência apresentada nos termos do § 1º independe de consentimento do réu, ainda que apresentada contestação.

Tais dispositivos são de duvidosa constitucionalidade por aparente violação ao princípio dispositivo e ao direito fundamental de ação (CF, art. 5º, XXXV).

O mesmo raciocínio se aplica ao art. 16 da IN n. 38/2015 do TST[42], *in verbis*:

> Art. 16. A parte poderá desistir da ação em curso no primeiro grau de jurisdição, antes de proferida a sentença, se a questão nela discutida for idêntica à resolvida pelo recurso representativo da controvérsia.

41. *Vide* arts. 280 a 297 do RITST.
42. *Vide* arts. 280 a 297 do RITST.

§ 1º Se a desistência ocorrer antes de oferecida a defesa, a parte, se for o caso, ficará dispensada do pagamento de custas e de honorários de advogado.

§ 2º A desistência apresentada nos termos do *caput* deste artigo independe de consentimento do reclamado, ainda que apresentada contestação.

3.7.11. Questão constitucional

De acordo com o art. 18 da IN n. 38/2015 do TST[43], na hipótese em que a questão afetada e julgada sob o rito dos recursos repetitivos também contiver questão constitucional, a decisão proferida pelo Tribunal Pleno não obstará o conhecimento de eventuais recursos extraordinários sobre a questão constitucional.

A providência é salutar, uma vez que cabe ao STF dar a última palavra a respeito de questão constitucional.

3.7.12. Publicidade das questões objeto de recursos repetitivos

Em sintonia com o princípio constitucional da publicidade dos atos da administração pública, o art. 21 da IN n. 38/2015 do TST [44] dispõe que aquela Corte deverá manter e dar publicidade às questões de direito objeto dos recursos repetitivos já julgados, pendentes de julgamento ou já reputadas sem relevância, bem como daquelas objeto das decisões proferidas por sua composição plenária, nos termos do § 13 do art. 896 da CLT e do art. 20 da mesma Instrução Normativa.

Tais decisões deverão ser organizadas por questão jurídica julgada, com ampla divulgação, preferencialmente, na rede mundial de computadores, e constarão do Banco Nacional de Jurisprudência Uniformizadora – Banjur, instituído pelo art. 7º da IN n. 37/2015 do TST.

3.7.13. Resultado do julgamento do incidente de recursos de revista repetitivos

Julgado o incidente de recursos de revista repetitivos pela SBDI-1 ou, se for o caso, pelo TP, prevê o § 11 do art. 896-C da CLT que será publicado o correspondente acórdão. No referido acórdão deverão constar as seguintes medidas em relação aos recursos de revista sobrestados na origem:

I – terão seguimento denegado na hipótese de o acórdão recorrido coincidir com a orientação a respeito da matéria no TST; ou

---

43. *Vide* arts. 280 a 297 do RITST.

44. *Vide* arts. 280 a 297 do RITST.

II – serão novamente examinados pelo Tribunal de origem na hipótese de o acórdão recorrido divergir da orientação do TST a respeito da matéria.

Dispõe o § 12 do art. 896-C da CLT que, ocorrendo a hipótese prevista no inciso II *supra* e mantida a decisão divergente pelo Tribunal de origem, far-se-á o exame de admissibilidade do recurso de revista.

Explicitando os efeitos do julgamento do incidente de recursos repetitivos, o art. 20 do Ato SEGJUD.GP/TST n. 491/2014 dispõe: "Decidido o recurso representativo da controvérsia, os órgãos jurisdicionais respectivos declararão prejudicados os demais recursos versando sobre idêntica controvérsia ou os decidirão aplicando a tese".

O referido Ato, porém, foi expressamente revogado pelo art. 22 da IN n. 38/2015 do TST[45], sendo certo que os arts. 13 e 14 desta IN passaram a dispor sobre o resultado do julgamento do acórdão em recurso representativo da controvérsia mediante aplicação da tese firmada.

Assim, nos termos do art. 13 da Instrução Normativa sob exame, depois de decidido o recurso representativo da controvérsia, os órgãos jurisdicionais respectivos declararão prejudicados os demais recursos, versando sobre idêntica controvérsia, ou os decidirão, aplicando a tese firmada.

No caso de recursos requisitados do Tribunal Regional do Trabalho que contenham outras questões além daquela que é objeto da afetação, caberá ao órgão jurisdicional competente, em acórdão específico para cada processo, decidir esta em primeiro lugar e depois as demais.

Essa determinação normativa poderá, na prática, implicar sérios entraves à celeridade processual, porquanto é sabido que, via de regra, os recursos ordinários contêm pluralidade de questões.

De outro giro, dispõe o art. 14 da IN n. 38/2015 do TST[46]:

> Art. 14. Publicado o acórdão paradigma:
>
> I – o Presidente ou Vice-Presidente do Tribunal de origem negará seguimento aos recursos de revista sobrestados na origem, se o acórdão recorrido coincidir com a orientação do Tribunal Superior do Trabalho;
>
> II – o órgão que proferiu o acórdão recorrido, na origem, reexaminará o processo de competência originária ou o recurso anteriormente julgado, na hipótese de o acórdão recorrido contrariar a orientação do Tribunal Superior do Trabalho;
>
> III – os processos porventura suspensos em primeiro e segundo graus de jurisdição retomarão o curso para julgamento e aplicação da tese firmada pelo Tribunal Superior do Trabalho.

45. *Vide* arts. 280 a 297 do RITST.

46. *Vide* arts. 280 a 297 do RITST.

Vê-se, pois, que o item III, *supra*, estabelece uma espécie de efeito vinculante para os TRTs. Tanto é assim que o art. 15 da mesma IN n. 38/2015 do TST[47] dispõe, *in verbis*:

> Art. 15. Para fundamentar a decisão de manutenção do entendimento, o órgão que proferiu o acórdão recorrido deverá demonstrar a existência de distinção, por se tratar de caso particularizado por hipótese fática distinta ou questão jurídica não examinada, a impor solução diversa.
>
> § 1º Na hipótese de que trata o *caput* deste artigo, o recurso de revista será submetido a novo exame de sua admissibilidade pelo Presidente ou Vice-Presidente do Tribunal Regional, retomando o processo o seu curso normal.
>
> § 2º Realizado o juízo de retratação, com alteração do acórdão divergente, o Tribunal de origem, se for o caso, decidirá as demais questões ainda não decididas, cujo enfrentamento se tornou necessário em decorrência da alteração.
>
> § 3º Quando for alterado o acórdão divergente na forma do § 1º e o recurso anteriormente interposto versar sobre outras questões, o Presidente ou Vice-Presidente do Tribunal Regional, independentemente de ratificação do recurso, procederá a novo juízo de admissibilidade, retomando o processo o seu curso normal.

Se o órgão do TRT que proferiu o acórdão recorrido não demonstrar a distinção, caberá reclamação ao TST, conforme prevê o § 3º do art. 111-A da CF, incluído pela EC n. 92/2016, que confere competência aos TST para "processar e julgar, originariamente, a reclamação para a preservação de sua competência e garantia da autoridade de suas decisões".

3.7.14. Revisão e modulação dos efeitos da decisão sobre o incidente de recursos repetitivos

De acordo com o § 17 do art. 896-C da CLT:

> Caberá revisão da decisão firmada em julgamento de recursos repetitivos quando se alterar a situação econômica, social ou jurídica, caso em que será respeitada a segurança jurídica das relações firmadas sob a égide da decisão anterior, podendo o Tribunal Superior do Trabalho modular os efeitos da decisão que a tenha alterado.

A possibilidade de revisão da tese firmada na resolução do incidente de recursos repetitivos, portanto, depende do surgimento de uma nova e relevante situação eco-

47. *Vide* arts. 280 a 297 do RITST.

nômica, social, política ou jurídica. A mera alteração da composição dos órgãos julgadores dessa espécie de incidente (SBDI-1 ou TP), por exemplo, não pode ser motivo de revisão da tese adotada no primeiro julgamento do incidente ora focalizado.

A modulação dos efeitos da decisão adotada na revisão do julgamento do incidente de recursos repetitivos foi, seguramente, inspirada no art. 27 da Lei n. 9.868/99, cujo art. 27 dispõe:

> Ao declarar a inconstitucionalidade de lei ou ato normativo, e tendo em vista razões de segurança jurídica ou de excepcional interesse social, poderá o Supremo Tribunal Federal, por maioria de dois terços de seus membros, restringir os efeitos daquela declaração ou decidir que ela só tenha eficácia a partir de seu trânsito em julgado ou de outro momento que venha a ser fixado.

O art. 17 da IN n. 38/2015 do TST[48] prevê o cabimento de "revisão da decisão firmada em julgamento de recursos repetitivos quando se alterar a situação econômica, social ou jurídica, caso em que será respeitada a segurança jurídica das relações firmadas sob a égide da decisão anterior, podendo o Tribunal Superior do Trabalho modular os efeitos da decisão que a tenha alterado".

Todavia, a referida IN n. 38/2015 do TST[49] não estabelece as regras que deverão ser observadas a respeito da revisão da decisão firmada em julgamento de recursos de revista (ou de embargos) repetitivos.

4. RECURSO DE EMBARGOS NO TST

Cumpre destacar, de início, que foram extintos os embargos infringentes ou de nulidade que eram interpostos perante as extintas Juntas de Conciliação e Julgamento[50].

O recurso de embargos, com a redação dada pela Lei n. 5.442, de 24 de maio de 1968, que estava previsto no art. 894 da CLT, era cabível, no TST, para o Pleno, no prazo de oito dias, contados da publicação da conclusão do acórdão: *a*) das decisões a que se referem as alíneas *b* e *c* do inciso I do art. 702; *b*) das decisões das Turmas contrárias à letra de lei federal, ou que divergirem entre si, ou da decisão proferida pelo

48. *Vide* arts. 280 a 297 do RITST.

49. *Vide* arts. 280 a 297 do RITST.

50. O art. 652, *c*, da CLT, previa a competência das JCJs (atuais Varas do Trabalho) para julgar os embargos opostos de suas próprias decisões. Essa alínea foi revogada pelas Leis ns. 5.442/1968 e 5.584/1970. Havia, também, a já superada Súmula 133 do TST, que dispunha: "EMBARGOS INFRINGENTES. Para o julgamento dos embargos infringentes, nas Juntas, é desnecessária a notificação das partes" (ex-Prejulgado n. 4).

Tribunal Pleno, salvo se a decisão recorrida estiver em consonância com súmula de jurisprudência uniforme do Tribunal Superior do Trabalho.

Com o advento da Lei n. 7.701, de 21 de dezembro de 1988 (*DOU* 22-12-1988), que dispõe sobre a especialização de Turmas dos Tribunais do Trabalho, passaram a existir três espécies de embargos no âmbito do TST: os infringentes, os de divergência e os de nulidade.

Todavia, a Lei n. 11.496, de 22 de junho de 2007 (*DOU* 25-6-2007), modificou o cabimento do recurso de embargos no TST, alterando o art. 894 da CLT e a alínea *b* do inciso III do art. 3º da Lei n. 7.701/88.

O grande mérito da Lei n. 11.496 foi suprimir a parte final da alínea *b* do inciso III do art. 3º da Lei n. 7.701, que redundou na extinção do recurso de "embargos de nulidade", que era cabível da decisão de Turma do TST que violasse "literalmente preceito de lei federal ou da Constituição da República".

Recentemente, foi editada a Lei n. 13.015/2014, que deu nova redação ao item II do art. 894 da CLT.

Assim, nos termos do art. 894 da CLT, no TST cabem embargos, no prazo de 8 (oito) dias:

> I – de decisão não unânime de julgamento que:
>
> *a*) conciliar, julgar ou homologar conciliação em dissídios coletivos que excedam a competência territorial dos Tribunais Regionais do Trabalho e estender ou rever as sentenças normativas do Tribunal Superior do Trabalho, nos casos previstos em lei; e (incluído pela Lei n. 11.496, de 2007)
>
> *b*) (VETADO.)
>
> II – das decisões das Turmas que divergirem entre si ou das decisões proferidas pela Seção de Dissídios Individuais, ou contrárias a súmula ou orientação jurisprudencial do Tribunal Superior do Trabalho ou súmula vinculante do Supremo Tribunal Federal (redação dada pela Lei n. 13.015, de 2014).

Em suma, podemos dizer que existem dois recursos de embargos (CLT, art. 894) no âmbito do TST: os embargos infringentes e os embargos de divergência.

4.1. Embargos infringentes

Os embargos infringentes são espécie recursal de natureza ordinária da competência da SDC – Seção Especializada em Dissídios Coletivos[51]. Trata-se de recurso

51. Havia outro recurso de embargos infringentes, de competência da SDI – Seção de Dissídios Individuais, que era cabível para atacar decisão não unânime proferida em sede de ação rescisória ou em mandado de segurança em processos individuais, cuja competência era da SDI-2.

cabível para impugnar *decisão não unânime* proferida em dissídio coletivo de competência originária do TST (ex.: dissídios coletivos envolvendo empresas que exercem sua atividade econômica em base territorial que extrapole a jurisdição de um TRT).

Com efeito, os embargos infringentes estavam previstos no art. 2º, II, *c*, da Lei n. 7.701/88, dispondo que, no TST, competiria à Seção Especializada em Dissídios Coletivos, em última instância, julgar

> os Embargos Infringentes interpostos contra decisão não unânime proferida em processo de dissídio coletivo de sua competência originária, salvo se a decisão atacada estiver em consonância com precedente jurisprudencial do Tribunal Superior do Trabalho ou da Súmula de sua jurisprudência predominante.

Não obstante, a Lei n. 11.496/2007 (com vigência a partir de 25-9-2007) deu nova redação ao art. 894 da CLT, a saber:

> Art. 894. No Tribunal Superior do Trabalho cabem embargos, no prazo de 8 (oito) dias:
>
> I – de decisão não unânime de julgamento que:
>
> *a*) conciliar, julgar ou homologar conciliação em dissídios coletivos que excedam a competência territorial dos Tribunais Regionais do Trabalho e estender ou rever as sentenças normativas do Tribunal Superior do Trabalho, nos casos previstos em lei.

Parece-nos, pois, que a interpretação sistemática dos arts. 894, I, *a*, da CLT e 2º, II, *c*, da Lei n. 7.701/88 autoriza concluir que são admissíveis os embargos infringentes de decisão não unânime da SDC, salvo se esta estiver em consonância com Precedente (ou OJ da SDC) ou Súmula do TST.

O recurso em apreço também está previsto no art. 262 do RITST, segundo o qual cabem embargos infringentes

> das decisões não unânimes proferidas pela Seção Especializada em Dissídios Coletivos, no prazo de 8 (oito) dias úteis, contados da publicação do acórdão no Órgão Oficial, nos processos de Dissídios Coletivos de competência originária do Tribunal.

Vale lembrar que o parágrafo único do mesmo art. 262 do RITST, afunilando ainda mais o cabimento do recurso em tela, disciplina que os "embargos infringentes serão restritos à cláusula em que há divergência, e, se esta for parcial, ao objeto da divergência".

Esses embargos infringentes não estavam previstos na CLT ou na Lei n. 7.701/1988, e sim no antigo Regimento Interno do TST (arts. 309 e 356, II).

A competência funcional para julgar os embargos infringentes é da própria SDC, como se infere do art. 77, II, *c*, do RITST:

> Art. 77. À Seção Especializada em Dissídios Coletivos compete: (...) II – em última instância, julgar: (...) *c*) os embargos infringentes interpostos contra decisão não unânime proferida em processo de dissídio coletivo de sua competência originária, salvo se a decisão embargada estiver em consonância com Precedente Normativo do Tribunal Superior do Trabalho ou com Súmula de sua jurisprudência predominante.

O recurso de embargos infringentes, por ser recurso de natureza ordinária, comporta devolutibilidade ampla, abrangendo matérias fáticas e jurídicas, desde que restritas à cláusula em que não tenha havido julgamento unânime. Além disso, esta modalidade recurso possui efeito meramente devolutivo.

4.1.1. Procedimento

O procedimento dos embargos infringentes está previsto nos arts. 263 e 264 do RITST.

Assim, registrado o protocolo na petição a ser encaminhada à Secretaria do órgão julgador competente (SDC), esta juntará o recurso aos autos respectivos e abrirá vista à parte contrária, para impugnação, no prazo legal.

Transcorrido o prazo, o processo será remetido à unidade competente, para ser imediatamente distribuído.

Não atendidas as exigências legais relativas ao cabimento dos embargos infringentes, o relator denegará seguimento ao recurso, facultada à parte a interposição de agravo interno.

4.2. Embargos de divergência

O recurso de embargos de divergência estava previsto no art. 3º, III, *b* (primeira parte), da Lei n. 7.701/88, que havia revogado tacitamente o art. 894, *b*, da CLT.

Todavia, a Lei n. 11.496/2007 deu nova redação ao art. 894, II, da CLT (a nosso ver, repristinou-o), o qual passou a dispor sobre o cabimento do recurso em tela, nos seguintes termos:

> Art. 894. No Tribunal Superior do Trabalho cabem embargos, no prazo de 8 (oito) dias: (...) II – das decisões das Turmas que divergirem entre si, ou das decisões proferidas pela Seção de Dissídios Individuais, salvo se a decisão recorrida estiver em consonância com Súmula ou orientação jurisprudencial do Tribunal Superior do Trabalho ou do Supremo Tribunal Federal.

O referido inciso II do art. 894 da CLT foi alterado pela Lei n. 13.015, publicada no *DOU* de 22 de julho de 2014, com início da sua vigência 60 dias depois da publicação, ou seja, 20 de setembro de 2014, passando a ter a seguinte redação:

> Art. 894. No Tribunal Superior do Trabalho cabem embargos, no prazo de 8 (oito) dias: (...) II – das decisões das Turmas que divergirem entre si ou das decisões proferidas pela Seção de Dissídios Individuais, ou contrárias a súmula ou orientação jurisprudencial do Tribunal Superior do Trabalho ou *súmula vinculante do Supremo Tribunal Federal.*

A alteração legislativa foi feita apenas para acrescentar a súmula vinculante do STF.

A finalidade dos embargos de divergência, também chamados de embargos à SDI ou embargos para a SDI, é uniformizar a divergência interna na interpretação de lei federal ou da Constituição Federal no âmbito do próprio TST, o que pode ocorrer entre acórdãos divergentes entre Turmas ou entre Turma e a SDI (Súmula ou OJ) ou entre SBDI-1 e SBDI-2.

Com efeito, o Regimento Interno do TST também prevê os embargos de divergência no art. 78, I, *a*, e II, *a*, *in verbis*:

> Art. 78. À Seção Especializada em Dissídios Individuais, em composição plena ou dividida em duas Subseções, compete:
>
> I – em composição plena: *a)* julgar, em caráter de urgência e com preferência na pauta, os processos nos quais tenha sido estabelecida, na votação, divergência entre as Subseções I e II da Seção Especializada em Dissídios Individuais, quanto à aplicação de dispositivo de lei federal ou da Constituição da República.
>
> II – à Subseção I: *a)* julgar os embargos interpostos contra decisões divergentes das Turmas, ou destas que divirjam de decisão da Seção de Dissídios Individuais, de súmula ou de orientação jurisprudencial (grifos nossos).

No que concerne à questão intertemporal dos embargos de divergência no processo (ou fase) de execução, o TST editou a OJ n. 336 da SBDI-1 e a Súmula 433, *in verbis*:

> EMBARGOS INTERPOSTOS ANTERIORMENTE À VIGÊNCIA DA LEI N. 11.496/2007. RECURSO NÃO CONHECIDO COM BASE EM ORIENTAÇÃO JURISPRUDENCIAL. DESNECESSÁRIO O EXAME DAS VIOLAÇÕES DE LEI E DA CONSTITUIÇÃO ALEGADAS NA REVISTA (redação alterada pelo Tribunal Pleno na sessão realizada em 6-2-2012; Res. n. 178/2012, *DEJT* divulgado em 13, 14 e 15-2-2012). Estando a decisão recorrida em conformidade com orientação jurisprudencial, des-

> necessário o exame das divergências e das violações de lei e da Constituição alegadas em embargos interpostos antes da vigência da Lei n. 11.496/2007, salvo nas hipóteses em que a orientação jurisprudencial não fizer qualquer citação do dispositivo constitucional (OJ n. 336 da SBDI-1).
>
> EMBARGOS. ADMISSIBILIDADE. PROCESSO EM FASE DE EXECUÇÃO. ACÓRDÃO DE TURMA PUBLICADO NA VIGÊNCIA DA LEI N. 11.496, DE 26-6-2007. DIVERGÊNCIA DE INTERPRETAÇÃO DE DISPOSITIVO CONSTITUCIONAL (Res. n. 177/2012, *DEJT* divulgado em 13, 14 e 15-2-2012). A admissibilidade do recurso de embargos contra acórdão de Turma em Recurso de Revista em fase de execução, publicado na vigência da Lei n. 11.496, de 26-6-2007, condiciona-se à demonstração de divergência jurisprudencial entre Turmas ou destas e a Seção Especializada em Dissídios Individuais do Tribunal Superior do Trabalho em relação à interpretação de dispositivo constitucional (Súmula 433).

Importante notar que os embargos de divergência também estão previstos no art. 258 do RITST, segundo o qual:

> Art. 258. Cabem embargos das decisões das Turmas do Tribunal que divergirem entre si ou das decisões proferidas pela Subseção I da Seção Especializada em Dissídios Individuais, ou contrárias a súmula, a orientação jurisprudencial ou a precedente normativo do Tribunal Superior do Trabalho ou súmula vinculante do Supremo Tribunal Federal, no prazo de 8 (oito) dias úteis, contados de sua publicação, na forma da lei. Parágrafo único. Além dos casos já previstos na jurisprudência sumulada do Tribunal, também cabem embargos das decisões de suas Turmas proferidas em agravos internos e agravos de instrumento que contrariarem precedentes obrigatórios firmados em julgamento de incidentes de assunção de competência ou de incidentes de recursos repetitivos.

Vê-se que os dispositivos regimentais supratranscritos não fazem referência à hipótese de divergência entre a SBDI-1 e SBDI-2.

Não obstante, parece-nos factível deduzir, pela interpretação sistemática do art. 894, II, da CLT e das normas previstas no RITST (art. 78, I, *a*, e II, *a*), que os embargos de divergência são cabíveis das decisões:

> *a)* divergentes entre a SBDI-1 e SBDI-2 a respeito de interpretação de norma prevista em lei federal ou na Constituição;
>
> *b)* divergentes entre duas ou mais Turmas;
>
> *c)* de uma ou mais Turmas que divergirem das decisões da SDI;
>
> *d)* de uma ou mais Turmas que divergirem de Orientação Jurisprudencial (da SDI ou SDC);

e) de uma ou mais Turmas que divergirem de Súmula do TST;

f) de uma ou mais Turmas que divergirem de Súmula Vinculante do STF.

Na hipótese da alínea *a*, *supra*, a competência funcional originária para julgar os embargos de divergência é da SDI, em sua composição plena; nas demais hipóteses, da SBDI-1.

O recurso de embargos de divergência, assim como o recurso de revista, tem natureza extraordinária e fundamentação vinculada. Há, inclusive, alguns pontos de similitude entre essas duas espécies recursais, na medida em que um dos objetivos da revista é uniformizar a jurisprudência externa ao TST, superando as divergências entre os Tribunais Regionais, enquanto o escopo dos embargos de divergência reside na uniformização jurisprudencial interna no âmbito do Tribunal Superior do Trabalho.

É importante assinalar que as controvérsias já superadas por iterativa, notória e atual jurisprudência do TST em matérias relacionadas a processos individuais (Orientações Jurisprudenciais das SBDIs 1 e 2) não empolgam a interposição de embargos nem recurso de revista (TST, Súmula 333), salvo, evidentemente, se a jurisprudência do TST colidir com a do STF (Súmula 401). E há uma razão lógica para tal exceção: em matéria de interpretação de norma constitucional, cabe ao STF a última palavra como "guardião da Constituição".

O § 2º do art. 894 da CLT prevê que:

> A divergência apta a ensejar os embargos deve ser atual, não se considerando tal a ultrapassada por súmula do Tribunal Superior do Trabalho ou do Supremo Tribunal Federal, ou superada por iterativa e notória jurisprudência do Tribunal Superior do Trabalho.

A Súmula 333 do TST estabelece que:

> RECURSOS DE REVISTA. CONHECIMENTO (alterada) – Res. n. 155/2009, *DEJT* 26 e 27-2-2009 e 2-3-2009. Não ensejam recurso de revista decisões superadas por iterativa, notória e atual jurisprudência do Tribunal Superior do Trabalho.

O conceito da expressão "iterativa, notória e atual jurisprudência do Tribunal Superior do Trabalho" é ofertado pelo art. 182 do RITST, *in verbis*:

> As orientações jurisprudenciais e os precedentes normativos expressarão a jurisprudência prevalecente das respectivas Subseções, quer para os efeitos do que contém a Súmula 333 do TST, quer para o que dispõe o art. 251 deste Regimento.

Noutro falar, considera-se iterativa, notória e atual jurisprudência do TST aquela que estiver consagrada em Súmula, Orientação Jurisprudencial ou Precedente Normativo. Coleção de julgados, portanto, não equivale a iterativa, notória e atual jurisprudência para fins de comprovação de divergência jurisprudencial ensejadora da admissibilidade dos recursos de revista e de embargos de divergência para a SDI ou SBDI-1.

Para a comprovação da divergência justificadora do recurso de embargos, a exemplo do recurso de revista, o recorrente deve observar os termos da Súmula 337 do TST.

Nesse passo, podemos invocar os seguintes verbetes do TST:

> RECURSO. Não se conhece da revista ou dos embargos, quando a decisão recorrida resolver determinado item do pedido por diversos fundamentos, e a jurisprudência transcrita não abranger a todos (Súmula 23).
>
> RECURSO – CABIMENTO. Incabível o recurso de revista ou de embargos (arts. 896 e 894, *b*, da CLT) para reexame de fatos e provas (Súmula 126).
>
> EMBARGOS DECLARATÓRIOS – OMISSÃO EM REVISTA – PRECLUSÃO. Ocorre preclusão quando não forem opostos embargos declaratórios para suprir omissão apontada em recurso de revista ou de embargos (Súmula 184).
>
> RECURSO. DIVERGÊNCIA JURISPRUDENCIAL. ESPECIFICIDADE (incorporada a OJ n. 37 da SBDI-1, Res. n. 129/2005, *DJU* 20-4-2005): I – A divergência jurisprudencial ensejadora da admissibilidade, do prosseguimento e do conhecimento do recurso há de ser específica, revelando a existência de teses diversas na interpretação de um mesmo dispositivo legal, embora idênticos os fatos que as ensejaram. II – Não ofende o art. 896 da CLT decisão de Turma que, examinando premissas concretas de especificidade da divergência colacionada no apelo revisional, conclui pelo conhecimento ou desconhecimento do recurso (Súmula 296).

Outra consideração importante acerca do cabimento dos embargos reside na Súmula 353 do TST, que, por força do CPC de 2015, passou a ter a seguinte redação:

> EMBARGOS. AGRAVO. CABIMENTO. Não cabem embargos para a Seção de Dissídios Individuais de decisão de Turma proferida em agravo, salvo: *a)* da decisão que não conhece de agravo de instrumento ou de agravo pela ausência de pressupostos extrínsecos; *b)* da decisão que nega provimento a agravo contra decisão monocrática do Relator, em que se proclamou a ausência de pressupostos extrínsecos de agravo de instrumento; *c)* para revisão dos pressupostos extrínsecos de admissibilidade do recurso de revista, cuja ausência haja sido declarada originariamente pela Turma no julgamento do agravo; *d)* para impugnar o conhecimento de agravo de instrumento; *e)* para impugnar a imposição de multas previstas nos arts. 1.021, § 4º, do CPC de 2015 ou 1.026, § 2º, do CPC de 2015 (art. 538, parágrafo único, do CPC de 1973, ou art. 557, § 2º, do CPC de 1973); *f)* contra decisão de Turma proferida em agravo em recurso de revista, nos termos do art. 894, II, da CLT.

Outra observação importante é que não cabe o recurso de embargos contra decisão monocrática do relator. É o que diz a OJ n. 378 da SBDI-1/TST:

> EMBARGOS. INTERPOSIÇÃO CONTRA DECISÃO MONOCRÁTICA. NÃO CABIMENTO (atualizada em decorrência do CPC de 2015, Res. n. 208/2016). Não encontra amparo no art. 894 da CLT, quer na redação anterior quer na redação posterior à Lei n. 11.496, de 22-6-2007, recurso de embargos interposto à decisão monocrática exarada nos moldes do art. 932 do CPC de 2015 (art. 557 do CPC de 1973) e do art. 896, § 5º, da CLT, pois o comando legal restringe seu cabimento à pretensão de reforma de decisão colegiada proferida por Turma do TST.

É de se registrar que a SBDI-1 do TST editou a OJ n. 147, *in verbis*:

> LEI ESTADUAL, NORMA COLETIVA OU NORMA REGULAMENTAR. CONHECIMENTO INDEVIDO DO RECURSO DE REVISTA POR DIVERGÊNCIA JURISPRUDENCIAL. I – É inadmissível o recurso de revista fundado tão somente em divergência jurisprudencial, se a parte não comprovar que a lei estadual, a norma coletiva ou o regulamento da empresa extrapolam o âmbito do TRT prolator da decisão recorrida. II – É imprescindível a arguição de afronta ao art. 896 da CLT para o conhecimento de embargos interpostos em face de acórdão de Turma que conhece indevidamente de recurso de revista, por divergência jurisprudencial, quanto a tema regulado por lei estadual, norma coletiva ou norma regulamentar de âmbito restrito ao Regional prolator da decisão.

Outras OJs da SBDI-1 importantes a respeito do recurso de embargos:

> EMBARGOS PARA SDI. DIVERGÊNCIA ORIUNDA DA MESMA TURMA DO TST. INSERVÍVEL (ERR n. 125.320/94, SDI-Plena). Em 19-5-1997, a SDI-Plena, por maioria, decidiu que acórdãos oriundos da mesma Turma, embora divergentes, não fundamentam divergência jurisprudencial de que trata a alínea *b*, do art. 894 da Consolidação das Leis do Trabalho para embargos à Seção Especializada em Dissídios Individuais, Subseção I (OJ n. 95).
>
> RECURSO DE REVISTA OU DE EMBARGOS FUNDAMENTADO EM ORIENTAÇÃO JURISPRUDENCIAL DO TST. É válida, para efeito de conhecimento do recurso de revista ou de embargos, a invocação de Orientação Jurisprudencial do Tribunal Superior do Trabalho, desde que, das razões recursais, conste o seu número ou conteúdo (OJ n. 219).

Os embargos de divergência possuem efeito apenas devolutivo, seguindo, assim, a regra geral prevista no art. 899, *caput*, da CLT, mas a matéria discutida só pode ser de direito (material ou processual), ou seja, por ser recurso de natureza extraordinária não se admite a reapreciação de matéria fática ou de prova.

A comprovação da divergência de julgados para possibilitar a admissibilidade do recurso de embargos de divergência será feita na forma da Súmula 337 do TST, ou seja:

> I – Para comprovação da divergência justificadora do recurso, é necessário que o recorrente: *a)* Junte certidão ou cópia autenticada do acórdão paradigma ou cite a fonte oficial ou o repositório autorizado em que foi publicado; e *b)* Transcreva, nas razões recursais, as ementas e/ou trechos dos acórdãos trazidos à configuração do dissídio, demonstrando o conflito de teses que justifique o conhecimento do recurso, ainda que os acórdãos já se encontrem nos autos ou venham a ser juntados com o recurso.
>
> II – A concessão de registro de publicação como repositório autorizado de jurisprudência do TST torna válidas todas as suas edições anteriores.
>
> III – A mera indicação da data de publicação, em fonte oficial, de aresto paradigma é inválida para comprovação de divergência jurisprudencial, nos termos do item I, *a*, desta súmula, quando a parte pretende demonstrar o conflito de teses mediante a transcrição de trechos que integram a fundamentação do acórdão divergente, uma vez que só se publicam o dispositivo e a ementa dos acórdãos.
>
> IV – É válida para a comprovação da divergência jurisprudencial justificadora do recurso a indicação de aresto extraído de repositório oficial na internet, desde que o recorrente: *a)* transcreva o trecho divergente; *b)* aponte o sítio de onde foi extraído; e *c)* decline o número do processo, o órgão prolator do acórdão e a data da respectiva publicação no *Diário Eletrônico da Justiça do Trabalho*.

4.2.1. Procedimento

O Presidente de Turma poderá denegar seguimento aos embargos à SBDI-1. Desta decisão, cabe agravo interno, no prazo de oito dias, para a SBDI-1 (RITST, art. 265).

Nos termos do § 3º do art. 894 da CLT, o "Ministro Relator denegará seguimento aos embargos:

> I – se a decisão recorrida estiver em consonância com súmula da jurisprudência do Tribunal Superior do Trabalho ou do Supremo Tribunal Federal, ou com iterativa, notória e atual jurisprudência do Tribunal Superior do Trabalho, cumprindo-lhe indicá-la;
>
> II – nas hipóteses de intempestividade, deserção, irregularidade de representação ou de ausência de qualquer outro pressuposto extrínseco de admissibilidade.

E o § 4º do referido artigo prevê que: "Da decisão denegatória (do Ministro Relator, ressaltamos) dos embargos caberá agravo, no prazo de 8 (oito) dias".

De toda sorte, é da SBDI-1 (RITST, art. 78, II, *c*) a competência para julgar o agravo previsto no § 4º do art. 894 da CLT ou o agravo interno previsto no art. 265 do RITST.

4.2.2. Assunção de competência no julgamento de embargos

Prevê o art. 20 da IN n. 38/2015 do TST[52] que:

> Art. 20. Quando o julgamento dos embargos à SBDI-1 envolver relevante questão de direito, com grande repercussão social, sem repetição em múltiplos processos mas a respeito da qual seja conveniente a prevenção ou a composição de divergência entre as turmas ou os demais órgãos fracionários do Tribunal Superior do Trabalho, poderá a SBDI-1, por iniciativa de um de seus membros e após a aprovação da maioria de seus integrantes, afetar o seu julgamento ao Tribunal Pleno.
>
> Parágrafo único. Aplica-se a este incidente, no que couber, o que esta Instrução Normativa dispõe sobre o incidente de julgamento de recursos repetitivos.

Trata-se da possibilidade do incidente de assunção no âmbito do TST, cuja competência funcional será deslocada da SBDI-1 para o Tribunal Pleno, aplicando-se, subsidiária e supletivamente, no que couber, as regras que dispõem sobre o incidente de recursos de revista repetitivos.

O Regimento Interno do TST (RITST) disciplina, em seu art. 298, que:

> Art. 298. Quando o julgamento dos embargos à Subseção I da Seção Especializada em Dissídios Individuais envolver relevante questão de direito, com grande repercussão social, sem repetição em múltiplos processos, mas a respeito da qual seja conveniente a prevenção ou a composição de divergência entre as turmas ou os demais órgãos fracionários do Tribunal Superior do Trabalho, poderá a Subseção I da Seção Especializada em Dissídios Individuais, por iniciativa de um de seus membros e após a aprovação da maioria de seus integrantes, afetar o seu julgamento ao Tribunal Pleno. § 1º Aplica-se a este incidente, no que couber, o que este Regimento e os arts. 896-B e 896-C da CLT dispõem sobre o incidente de julgamento de recursos repetitivos. § 2º O Tribunal Pleno julgará os embargos se reconhecer interesse público na assunção de competência. § 3º O acórdão proferido em assunção de competência vinculará todos os juízes e tribunais, exceto se houver revisão de tese.

4.2.2.1. Embargos de divergência repetitivos

A Instrução Normativa n. 38/2015 do TST[53] (art. 1º) manda aplicar as normas do Código de Processo Civil relativas ao julgamento dos recursos extraordinário e especial repetitivos, no que couber, ao recurso de revista e ao recurso de embargos repetitivos (CLT, arts. 894, II, e 896). No mesmo sentido, dispõe o art. 280 do RITST.

52. *Vide* arts. 280 a 297 do RITST.

53. *Vide* arts. 280 a 297 do RITST.

Assim, por força do art. 2º da referida IN n. 38/2015 do TST[54], havendo multiplicidade de recursos de embargos para a SBDI-1 fundados em idêntica questão de direito, esta poderá ser **afetada ao Tribunal Pleno**, por decisão da maioria simples de seus membros, mediante requerimento de um dos Ministros que a compõem, considerando a relevância da matéria ou a existência de entendimentos divergentes entre os Ministros da SBDI-1.

O art. 281 do RITST, por sua vez, dispõe que:

> Havendo multiplicidade de recursos de revista ou de embargos para a Subseção I da Seção Especializada em Dissídios Individuais fundados em idêntica questão de direito, a questão poderá ser **afetada a essa Subseção ou ao Tribunal Pleno**, por decisão da maioria simples de seus membros, mediante requerimento de um dos Ministros que a compõem, considerando a relevância da matéria ou a existência de entendimentos divergentes entre os Ministros dessa Subseção ou das Turmas do Tribunal.

O procedimento do incidente de recursos de embargos de divergência repetitivos (ou recursos de embargos repetitivos para a SBDI-1) guarda perfeita semelhança com o do incidente de recursos de revista repetitivos, razão pela qual remetemos o leitor ao item 3.7 deste Capítulo.

4.3. Embargos de nulidade

Com o advento da Lei n. 11.496/2007, com vigência a partir de 25 de setembro de 2007, foi suprimida a parte final da alínea *b* do inciso III do art. 3º da Lei n. 7.701. Logo, o recurso de "embargos de nulidade" foi proscrito do nosso ordenamento jurídico, o que vai exigir cancelamentos (ou novas redações) de Súmulas e Orientações Jurisprudenciais do TST respeitantes a tal modalidade recursal.

A SBDI-1, então, firmou o entendimento de que a Lei n. 11.496/2007, que deu a atual redação aos arts. 894, II, da CLT, e 3º, III, *b*, da Lei n. 7.701/88, extirpou a possibilidade de veiculação dos embargos de nulidade lastreados em indicação de ofensa a preceitos de Lei Federal e da Constituição da República, passando a admitir apenas os embargos de divergência (TST-E-ED-RR n. 695858/2000, SBDI-1, Rel. Min. Rosa Maria Weber, unânime, *DJe* 4-6-2009).

5. AGRAVO

O processo do trabalho prevê quatro tipos de agravos: de petição, de instrumento, regimental e interno.

54. *Vide* arts. 280 a 297 do RITST.

Não há previsão para o agravo retido, uma vez que as decisões interlocutórias não são impugnáveis, de imediato, por nenhum recurso, a teor do art. 893, § 1º, da CLT, salvo quando terminativas do feito (CLT, art. 799, § 2º), caso em que caberá recurso ordinário, e nas hipóteses previstas nas letras *a*, *b* e *c* da Súmula 214 do TST, que prevê o cabimento de recurso de revista (letra *a*), agravo regimental ou interno (letra *b*) ou recurso ordinário (letra *c*).

O CPC de 2015, a par de extinguir o agravo retido, introduziu importantes alterações no instituto do agravo de instrumento, uma vez que o seu art. 1.015 passou a dispor que:

> Art. 1.015. Cabe agravo de instrumento contra as decisões interlocutórias que versarem sobre: I - tutelas provisórias; II - mérito do processo; III - rejeição da alegação de convenção de arbitragem; IV - incidente de desconsideração da personalidade jurídica; V - rejeição do pedido de gratuidade da justiça ou acolhimento do pedido de sua revogação; VI - exibição ou posse de documento ou coisa; VII - exclusão de litisconsorte; VIII - rejeição do pedido de limitação do litisconsórcio; IX - admissão ou inadmissão de intervenção de terceiros; X - concessão, modificação ou revogação do efeito suspensivo aos embargos à execução; XI - redistribuição do ônus da prova nos termos do art. 373, § 1º; XII - (VETADO); XIII - outros casos expressamente referidos em lei. Parágrafo único. Também caberá agravo de instrumento contra decisões interlocutórias proferidas na fase de liquidação de sentença ou de cumprimento de sentença, no processo de execução e no processo de inventário.

As alterações atinentes ao agravo de instrumento do CPC não produzem reflexos nos domínios do processo do trabalho, pois neste vigora o princípio da irrecorribilidade imediata das decisões interlocutórias (CLT, art. 893, § 1º), sendo certo, ainda, que neste setor especializado do direito processual o agravo de instrumento é utilizado tão somente para destrancar recurso que teve seu seguimento obstado por órgão da Justiça do Trabalho (CLT, art. 897, *b*).

5.1. Agravo de petição

O agravo de petição é o recurso próprio para impugnar decisões proferidas no curso do processo (ou da fase) de execução. Encontra-se previsto no art. 897, *a*, da CLT, **segundo o qual**: "Cabe **agravo, no prazo de 8 (oito) dias:** *a*) de petição, das decisões do Juiz ou Presidente, nas execuções".

Não cabe, pois, agravo de petição na fase (ou processo) de conhecimento, mesmo em se tratando de sentença proferida em ação incidental de embargos de terceiro.

Como o legislador não referiu que tipo de decisão seria impugnável por agravo de petição, há três correntes doutrinárias que se propõem a interpretar o termo "decisões", previsto no preceptivo em causa.

A primeira, forte no princípio da irrecorribilidade imediata das decisões interlocutórias e na interpretação restritiva da regra consolidada, sustenta que somente as sentenças (terminativas ou definitivas), proferidas no processo (ou fase) de execução, como a sentença que acolhe ou rejeita os embargos à execução ou nas hipóteses dos arts. 794 e 795 do CPC/73 (CPC, arts. 924 e 925), empolgariam a interposição do agravo de petição. Entre os defensores dessa corrente, destaca-se Wagner D. Giglio[55].

A segunda corrente adota interpretação ampliativa do vocábulo "decisões" para admitir o agravo de petição de qualquer decisão, inclusive decisões interlocutórias, como, por exemplo, aquela que torna sem efeito uma penhora ou determina o levantamento de depósito em dinheiro. O principal adepto dessa posição é Amauri Mascaro Nascimento[56].

Finalmente, a terceira corrente sustenta que as sentenças (definitivas ou terminativas) ou, em situações excepcionais, algumas decisões interlocutórias terminativas do feito, podem ser impugnadas de imediato por agravo de petição, desde que presente matéria de ordem pública. Um dos maiores defensores dessa corrente é José Augusto Rodrigues Pinto, para quem:

> em face da omissão da lei, o agravo de petição cabe, realmente: *a*) das decisões definitivas em processo de execução trabalhista; *b*) das decisões interlocutórias que envolvam matéria de ordem pública a justificar novo exame de seu conteúdo[57].

Cerrávamos fileira com a terceira corrente. Todavia, com o propósito de contribuir para a solução da cizânia doutrinária e, sobretudo, em homenagem aos princípios da segurança jurídica e da celeridade processual, alteramos parcialmente o nosso entendimento para, com arrimo na interpretação sistemática dos arts. 893, § 1º, e 897, *a*, da CLT e da aplicação subsidiária do CPC, ponderar que são impugnáveis por agravo de petição:

> I) a sentença que extingue o processo de execução (CPC, arts. 924 e 925) quando: a) a petição inicial for indeferida; b) a obrigação for satisfeita; c) o executado obtiver, por qualquer outro meio, a extinção total da dívida; d) o exequente renunciar ao crédito; e) ocorrer a prescrição intercorrente;
>
> II) a sentença que acolhe ou rejeita os embargos do devedor ou a impugnação do credor (CLT, art. 884, §§ 3º e 4º);
>
> III) a decisão interlocutória que determina a suspensão da execução (CPC, art. 921);

55. *Direito processual do trabalho*, p. 433-434.
56. NASCIMENTO, Amauri Mascaro. *Curso de direito processual do trabalho*. 24. ed. São Paulo: Saraiva, 2009. p. 748-749.
57. PINTO, José Augusto Rodrigues. *Execução trabalhista*. 9. ed. São Paulo: LTr, 2002. p. 352.

IV) a decisão que julga procedente a exceção de pré-executividade;

V) a decisão que declara a incompetência da Justiça do Trabalho para executar parcelas remuneratórias de natureza continuativa ajuizada por servidor público, que teve o seu regime jurídico de trabalho alterado de celetista para estatutário e extingue a execução por ausência de pressuposto processual para o desenvolvimento válido da execução (CPC, art. 485, IV);

VI) a decisão que indefere a expedição de ofício a órgãos públicos requerida pelo exequente para encontrar bens do executado, a fim de sobre eles recair a penhora;

VII) a decisão interlocutória que remete os autos para a Justiça comum, para lá prosseguir a execução (CPC, art. 64, § 2º);

VIII) a decisão que acolhe ou rejeita embargos de terceiro, embargos à arrematação ou à adjudicação;

IX) a decisão que, de ofício, extingue a execução (ou o cumprimento da sentença) por: a) falta ou nulidade da citação, se o processo correu à revelia; b) inexigibilidade do título; c) penhora incorreta ou avaliação errônea; d) ilegitimidade das partes; e) excesso de execução.

Em todos os atos judiciais supracitados, o pronunciamento judicial (sentença ou decisão interlocutória) impedirá a continuidade do cumprimento da sentença ou da execução, desafiando, desde logo, a interposição imediata do agravo de petição.

Tal como a doutrina, a jurisprudência também não é uníssona a respeito das decisões passíveis de ataque pelo agravo de petição, como se infere dos seguintes julgados:

> AGRAVOS DE PETIÇÃO – DECISÕES INTERLOCUTÓRIAS – AUSÊNCIA DE GRAVE PREJUÍZO AO PROSSEGUIMENTO DA EXECUÇÃO. As decisões recorridas não têm o condão de causar prejuízo imediato e manifesto ao prosseguimento da execução, pois não cria obstáculo intransponível ao requerimento de outras diligências que possam vir a ser requeridas. Recursos não conhecidos (TRT 1ª R., AP 00108545420135010031, Rel. Des. Antonio Cesar Coutinho Daiha, 3ª T., *DEJT* 31-3-2017).
>
> AGRAVO EM RECURSO DE REVISTA. DECISÃO MONOCRÁTICA. EXECUÇÃO. DECISÃO INTERLOCUTÓRIA. AGRAVO DE PETIÇÃO. NÃO CONHECIMENTO. OFENSA DIRETA E LITERAL A DISPOSITIVO DA CONSTITUIÇÃO FEDERAL. NÃO OCORRÊNCIA. A decisão monocrática proferida nestes autos merece ser mantida. Isso porque o acórdão do Regional que não conheceu do agravo de petição, por ausência de cabimento em face de decisão interlocutória do juízo executório, não impõe ofensa direta e literal aos dispositivos constitucionais invocados pela parte (art. 5º, LV), dado que se funda exclusivamente em dispositivo infraconsti-

tucional de regência processual (art. 897, § 1º, da CLT). Assim, o recurso encontra óbice intransponível na Súmula 266 do TST. Agravo a que se nega provimento (TST-Ag-RR 1162001620055150053, Rel. Min. Emmanoel Pereira, 5ª T., *DEJT* 23-11-2018).

AGRAVO DE PETIÇÃO. DECISÃO INTERLOCUTÓRIA. Não é cabível, em regra, agravo de petição em face de decisão interlocutória, entretanto, o apelo deve ser admitido sempre que a decisão causar gravame autônomo à parte, ou seja, acarretar ônus cuja correção não possa ser efetuada por ato posterior. Não é o caso dos autos (TRT 17ª, AP 01103004620135170011, Rel. Des. Gerson Fernando da Sylveira Novais, 1ª T., *DEJT* 7-5-2019).

Quanto à "sentença" de liquidação, ou seja, o ato judicial que resolve o incidente processual de liquidação de sentença, é preciso atentar para o que dispõe o § 3º do art. 884 da CLT, segundo o qual: "Somente nos embargos à penhora poderá o executado impugnar a sentença de liquidação, cabendo ao exequente igual direito e no mesmo prazo".

Vê-se, assim, que a "sentença de liquidação" não é recorrível e, sim, impugnável por embargos à penhora (*rectius*, embargos do executado) ou impugnação do credor, sendo certo que esses remédios processuais não possuem natureza jurídica de recursos (*vide* Capítulo XXI, item 4).

Todavia, se o executado concordar com os cálculos e simplesmente depositar o valor da condenação, o exequente, ao ser intimado para proceder ao levantamento, poderá impugnar a sentença de liquidação e os cálculos homologados pelo juiz. Desta decisão, o exequente poderá interpor agravo de petição, pois se trata de decisão interlocutória que frustra, impede, obsta a execução da sentença.

Em edições passadas desta obra, chegamos a sustentar o cabimento do agravo de petição da decisão que, na liquidação por artigos, julgasse-os provados ou não provados, ou nos casos de liquidação "igual a zero". Pedimos vênia para informar que alteramos o nosso entendimento. Com efeito, não nos parece cabível o agravo de petição do ato que julga a liquidação, ainda que se trate de liquidação por artigos (ou pelo procedimento ordinário), uma vez que o § 3º do art. 884 da CLT somente admite o ataque à "sentença" de liquidação por meio de embargos do devedor ou impugnação autônoma pelo credor[58].

A Súmula 266 do TST, porém, admite, implicitamente, a interposição de agravo de petição de acórdão proferido "na liquidação de sentença", nos seguintes termos:

58. Nesse sentido: TEIXEIRA FILHO, Manoel Antonio. *Sistema dos recursos trabalhistas*. 10. ed. São Paulo: LTr, 2003. p. 403. Em sentido contrário: NASCIMENTO, Amauri Mascaro. *Curso de direito processual do trabalho*. 21. ed. São Paulo: Saraiva, 2002. p. 577.

> RECURSO DE REVISTA. ADMISSIBILIDADE. EXECUÇÃO DE SENTENÇA. A admissibilidade do recurso de revista interposto de acórdão proferido em agravo de petição, **na liquidação de sentença** ou em processo incidente na execução, inclusive os embargos de terceiro, depende de demonstração inequívoca de violência direta à Constituição Federal. (grifos nossos)

Essa Súmula, a nosso ver, extrapola os limites traçados pelo art. 896, § 2º, da CLT, o qual só permite recurso de revista "das decisões proferidas pelos Tribunais Regionais do Trabalho ou por suas Turmas, em execução de sentença, inclusive em processo incidente de embargos de terceiro", que violarem direta e frontalmente a Constituição Federal. Vale dizer, a lei não menciona expressamente o cabimento de recurso contra a "sentença de liquidação", razão pela qual, *data venia*, não poderia o TST ter "legislado" sobre a matéria.

Há previsão, ainda, para o agravo de petição na hipótese do art. 17 da Lei n. 1.060/50, isto é, da decisão que, no processo (ou na fase) de execução, denegar assistência judiciária. Tal espécie recursal, porém, era prevista apenas no CPC de 1939, e não no CPC de 1973. O CPC de 2015 também não prevê essa espécie recursal.

Vale dizer, no processo do trabalho não cabe agravo de petição para atacar decisão, seja na fase de conhecimento ou na fase de execução, que denegar assistência judiciária à parte, tendo em vista o princípio da irrecorribilidade imediata das decisões interlocutórias (CLT, art. 893, § 1º).

Não cabe agravo de petição da decisão que rejeita exceção de pré-executividade ou a acolhe parcialmente. Nesse sentido:

> AGRAVO DE PETIÇÃO. EXCEÇÃO DE PRÉ-EXECUTIVIDADE REJEITADA. Incabível a interposição de agravo de petição contra decisão que rejeita exceção de pré-executividade, julgando-a extinta, sem resolução do mérito, à vista de sua natureza interlocutória. Inteligência da Súmula 34 deste Eg. Tribunal (TRT 1ª R., AP 00117031020155010046 RJ, Rel. Des. Angela Fiorencio Soares da Cunha, *DEJT* 19-6-2019).
>
> AGRAVO DE INSTRUMENTO DOS EXECUTADOS EM AGRAVO DE PETIÇÃO. EXCEÇÃO DE PRÉ-EXECUTIVIDADE. A decisão que julgou a medida da exceção de pré-executividade não possui o caráter terminativo do feito. Configura-se um comando de natureza interlocutória contra a qual não cabe a oposição de recurso de forma imediata, nos termos do art. 893, § 1º, da CLT, da Súmula 214 do TST e da Orientação Jurisprudencial n. 12 desta Seção Especializada em Execução. Neste contexto, correta a decisão a quo que não recebeu o agravo de petição, tampouco a exceção de pré-executividade (TRT 4ª R. AIAP 00000017420185040403, Rel. Des. Lucia Ehrenbrink, Seção Especializada em Execução, *DEJT* 5-7-2019).

Mas é cabível agravo de petição da decisão que acolhe integralmente a exceção de pré-executividade, pois neste caso ocorre a extinção da própria execução. É o que se infere da seguinte ementa:

AGRAVO DE INSTRUMENTO EM AGRAVO DE PETIÇÃO. DECISÃO QUE ACOLHE EXCEÇÃO DE PRÉ-EXECUTIVIDADE. NATUREZA TERMINATIVA. CABIMENTO. A decisão que acolhe exceção de pré-executividade, determinando a suspensão da execução e a expedição de Certidão para Habilitação do Crédito, como na espécie – diferentemente da que a rejeita –, ostenta natureza terminativa, na medida em que põe termo a execução, ainda que provisoriamente –, e como tal, desafia a interposição de agravo de petição. Agravo de instrumento provido, para destrancar o agravo de petição denegado (TRT 7ª R., AI 00001681820155070014, Rel. Des. Maria Roseli Mendes Alencar, *DEJT* 9-4-2018).

5.1.1. Delimitação de matéria

Com o advento da Lei n. 8.432/92, que deu nova redação ao § 1º do art. 897 da CLT, "o agravo de petição só será recebido quando o agravante delimitar, justificadamente, as matérias e os valores impugnados, permitida a execução imediata da parte remanescente até o final, nos próprios autos ou por carta de sentença". Nesse sentido:

DIREITO PROCESSUAL DO TRABALHO. EXECUÇÃO. AGRAVO DE PETIÇÃO DA RÉ. FALTA DE DELIMITAÇÃO DA MATÉRIA E DOS VALORES IMPUGNADOS. NÃO CONHECIMENTO. Pela dicção do art. 897, § 1º, da CLT, além dos pressupostos objetivos e subjetivos gerais de admissibilidade a que estão condicionados os recursos para que possam ser conhecidos, exige-se, em relação ao Agravo de Petição, requisito específico a ser observado. Neste passo, para que este recurso ultrapasse a fase de conhecimento, é necessário que, além de observar os pressupostos recursais gerais, tais como: legitimidade, capacidade, interesse, recorribilidade do ato, adequação, tempestividade e garantia patrimonial da execução, a Agravante delimite, justificadamente, as matérias e os valores objetos de impugnação, de modo a permitir o prosseguimento da execução quanto ao valor incontroverso. Assim, desatendido tal pressuposto específico quanto aos supostos erros de cálculos, impõe-se o não conhecimento do agravo neste particular. Agravo de Petição não conhecido. (TRT 6ª R, AP 0000784-88.2017.5.06.0001, Red. Des. Sergio Torres Teixeira, j. 21-3-2019, 1ª T., *DEJT* 26-3-2019).

Trata-se, portanto, de um pressuposto específico de admissibilidade do agravo de petição, cujo propósito consiste em evitar a utilização de recurso genérico, isto é, aquele que não indica a matéria e os valores impugnados, impedindo, com isso, o prosseguimento da execução quanto às parcelas incontroversas e retardando a satisfação do credor.

Nesse sentido, diz a Súmula 416 do TST:

MANDADO DE SEGURANÇA. EXECUÇÃO. LEI N. 8.432/92. ART. 897, § 1º, DA CLT. CABIMENTO. Devendo o agravo de petição delimitar justificadamente a matéria e os valores objeto de discordância, não fere direito líquido e certo o prosseguimento da execução quanto aos tópicos e valores não especificados no agravo.

Se a matéria for exclusivamente de direito, pode ocorrer que não haja necessidade de impugnar valores, como, por exemplo, no agravo de petição contra decisão que determina a penhora de bem público. Nesse sentido:

PRELIMINAR DE NÃO CONHECIMENTO. DELIMITAÇÃO DA MATÉRIA. DESNECESSIDADE DE DELIMITAÇÃO DOS VALORES. MATÉRIA DE DIREITO. SUSCITADA EM CONTRAMINUTA. Versando a irresignação da agravante sobre matéria de direito, o conhecimento do agravo de petição prescinde da delimitação do valor do débito, não havendo que se falar em inobservância do disposto no § 1º do art. 897 da CLT. (TRT 17ª R., RTOrd 0061400-61.2010.5.17.0003, Rel. Des. Lino Faria Petelinkar, *DEJT* 25-8-2016).

Para finalizar este tópico, parece-nos que a interpretação teleológica do § 1º do art. 897 da CLT autoriza a ilação de que tal pressuposto recursal não se aplica ao agravo de petição interposto pelo credor-exequente, porquanto este, em tese, é o maior interessado na celeridade da execução trabalhista. Nesse sentido:

AGRAVO DE PETIÇÃO. DELIMITAÇÃO DA MATÉRIA E VALORES CONTROVERTIDOS. RECURSO INTERPOSTO PELO EXEQUENTE. INEXIGIBILIDADE. O requisito concernente à delimitação da matéria e valores controvertidos, de que cuida o art. 897, § 1º, da CLT, corresponde a pressuposto legal somente exigível da parte executada e tem por finalidade permitir a execução imediata do valor incontroverso, pelo que não incide em se tratando a hipótese de agravo de petição interposto pelo exequente. Preliminar rejeitada (TRT 6ª R., AP 0010000-69.1991.5.06.0006, Red. Des. Mayard de França Saboya Albuquerque, 2ª. T, *DEJT* 26-10-2017).

5.1.2. Efeitos

Na esteira do art. 899 da CLT, o agravo de petição possui somente efeito devolutivo. Mas, como já ressaltado, o § 1º do mesmo artigo permite a execução definitiva da parte incontroversa, isto é, aquela que não foi objeto do próprio agravo de petição. Disso resulta que a devolutibilidade do agravo de petição é restrita à matéria e aos valores impugnados pelo agravante.

Como se trata de recurso de natureza ordinária, o agravo de petição possui efeito translativo, permitindo, assim, ao juízo *ad quem* a apreciação de questões de ordem pública não sujeitas à preclusão.

A ausência do efeito suspensivo permite a extração de carta de sentença para o prosseguimento da execução, cabendo ao juízo *a quo*, em tais casos, remeter ao Tribunal Regional os autos originais contendo o agravo de petição.

É possível, também, a formação de instrumento com as peças necessárias para que o TRT aprecie o agravo de petição, permanecendo os autos principais na primeira instância, para o prosseguimento da execução (CLT, art. 897, § 3º).

5.1.3. Preparo

Já houve discussão doutrinária e jurisprudencial acerca da exigência do depósito recursal e do pagamento das custas para a interposição do agravo de petição. No entanto, a Lei n. 8.177/91 (art. 40) deixa claro que o depósito recursal é devido apenas no caso de recurso ordinário, de revista, de embargos ou recurso extraordinário[59], não mencionando o agravo de petição.

Não obstante, o item II da Súmula 128 do TST dispõe que: "Garantido o juízo, na fase executória, a exigência de depósito para recorrer de qualquer decisão viola os incisos II e LV do art. 5º da CF/1988. Havendo, porém, elevação do valor do débito, exige-se a complementação da garantia do juízo".

Era inexigível o pagamento das custas na execução (STF, RE n. 116.208-2, j. 20-4-1990, Rel. Min. Moreira Alves, in *LTr* 54-7/870), pois o Pretório Excelso, interpretando os arts. 702, *g*, e 789, § 2º, da CLT acabou entendendo, em harmonia com o princípio da legalidade, que o TST não teria competência para expedir, por meio de resoluções administrativas, tabelas para pagamento de custas, pois essas possuem natureza tributária (espécie de taxa), exigindo, pois, a sua fixação e criação por lei.

Com o advento da Lei n. 10.537/2002, que criou o art. 789-A da CLT, dispondo que no "processo de execução são devidas custas, sempre de responsabilidade do executado e pagas ao final", isto é, depois de extinto o processo, logo, não há mais exigibilidade das custas como pressuposto objetivo para interposição do agravo de petição. Nesse sentido:

> RECURSO DE REVISTA. EXECUÇÃO. AGRAVO DE PETIÇÃO. CUSTAS. DESERÇÃO. INOCORRÊNCIA. 1. Trata-se a hipótese de agravo de petição interposto em momento posterior à edição da Lei n. 10.537/2002, a atrair a incidência da regra contida no art. 789-A da CLT, segundo a qual, na fase de execução, "são devidas custas, sempre de responsabilidade do executado e pagas ao final" (destaquei). 2. O não conhecimento do agravo de petição por deserção, ao entendimento de que as custas, na fase de execução, devem ser recolhidas no prazo para interposição do recurso, conforme o art. 789, § 1º, da CLT, traduz descabida exigência de satisfação de pressuposto extrínseco

59. Ver STF, Tema 679, com repercussão geral reconhecida no RE 607447.

de admissibilidade recursal, em face da literalidade do art. 789-A da CLT, a malferir o contraditório e a ampla defesa. Violação direta do art. 5º, LV, da Carta Política que se reconhece. Precedentes. Recurso de revista conhecido e provido (TST-RR 83100-57.2004.5.15.0004, Rel. Min. Hugo Carlos Scheuermann, 1ª T., *DEJT* 17-5-2013).

Cumpre lembrar que a SBDI-1 do TST editou a OJ n. 291 (convertida na OJ Transitória n. 53), declarando inexigíveis as custas nos embargos de terceiros "interpostos" (*rectius*, ajuizados) antes da Lei n. 10.537/2002, nos seguintes termos:

CUSTAS. EMBARGOS DE TERCEIRO INTERPOSTOS ANTERIORMENTE À LEI N. 10.537/2002. INEXIGÊNCIA DE RECOLHIMENTO. Tratando-se de embargos de terceiro, incidentes em execução, interpostos anteriormente à Lei n. 10.537/2002, incabível o pagamento de custas, por falta de previsão legal.

5.1.4. Procedimento

O prazo para interposição do agravo de petição é de oito dias úteis contados da ciência da decisão impugnada, em petição dirigida ao juiz prolator, que exercerá o juízo primeiro de admissibilidade. Embora haja divergência doutrinária e jurisprudencial a respeito, pensamos que o agravo de petição comporta juízo de retratação. Nesse sentido:

EXECUÇÃO FISCAL. EXTINÇÃO. JUÍZO DE RETRATAÇÃO. AUSENCIA DE INTERESSE RECURSAL. Tendo o Juízo a quo se retratado da decisão que extinguiu a execução fiscal, apenas a suspendendo, não há interesse recursal da UNIÃO em impugnar a decisão de extinção, por ausência de sucumbência. Agravo de petição que não se conhece (TRT 3ª, AP 0001162-04.2013.5.03.0022, Rel. Des. Paulo Mauricio R. Pires, 10ª T., *DEJT* 6-2-2018).

Admitido o recurso e não havendo retratação, o agravado será intimado para contraminutar o agravo, também no prazo de oito dias. Nesse caso, o juiz deverá remeter o recurso ao TRT, cabendo-lhe decidir sobre a extração de carta de sentença ou formação de instrumento para a execução imediata da parcela incontroversa, se houver.

É de registrar que, nos termos do § 3º do art. 897 da CLT, com redação dada pela Lei n. 10.035, de 25 de outubro de 2000 (*DOU* 26-10-2000):

Na hipótese da alínea *a* deste artigo, o agravo será julgado pelo próprio tribunal, presidido pela autoridade recorrida, salvo se se tratar de decisão de Juiz do Trabalho de 1ª Instância ou de Juiz de Direito, quando o julgamento competirá a uma das

Turmas do Tribunal Regional a que estiver subordinado o prolator da sentença, observado o disposto no art. 679, a quem este remeterá as peças necessárias para o exame da matéria controvertida, em autos apartados, ou nos próprios autos, se tiver sido determinada a extração de carta de sentença.

Assim, se o agravo de petição for interposto de decisão do Presidente do Tribunal (nas ações de competência originária da Corte), a competência para julgá-lo é do Tribunal Pleno (ou Órgão Especial, conforme dispuser o regimento interno). Se a decisão agravada for proferida por Juiz do Trabalho (ou Juiz de Direito), a competência será da Turma.

Nos Tribunais Regionais, a tramitação do agravo de petição, guardadas algumas peculiaridades previstas nos respectivos Regimentos Internos, é praticamente a mesma do recurso ordinário.

5.2. Agravo de instrumento

O agravo de instrumento teve inicialmente esse nome pelo fato de consistir num instrumento confeccionado com peças trasladadas dos autos por indicação das partes ou do juiz. Nesse recurso, há, portanto, necessidade de formação de autos em apartado, permitindo, assim, o fluxo normal do processo, razão pela qual dele são extraídas cópias de algumas peças e trasladadas para novos autos, formando-se, desse modo, um novo instrumento, que é remetido ao juízo *ad quem*.

5.2.1. Cabimento

O agravo de instrumento é utilizado no processo do trabalho de forma diversa do processo civil. Neste, o agravo de instrumento é o recurso aviado contra um rol extenso de decisões interlocutórias (CPC, art. 1.015); naquele, somente é cabível, no prazo de oito dias, "dos despachos que denegarem a interposição de recursos" (CLT, art. 897, *b*).

Discute-se, em doutrina, qual a natureza jurídica desse ato processual que não admite o seguimento do recurso. Será que é realmente "despacho" ou decisão interlocutória?

Não se trata, segundo certa corrente doutrinária, de decisão interlocutória, porque não resolve questão incidente. Afinal, o ato impugnável pelo agravo de instrumento é posterior à sentença, quando, então, o processo já terá sido extinto, com ou sem resolução de mérito (arts. 485 e 487 do CPC).

Outra corrente doutrinária sustenta que não pode ser mero despacho, porque este, como é por demais sabido, não é recorrível, nos termos do art. 1.001 do CPC, segundo o qual: "Dos despachos não cabe recurso".

Para nós, estamos diante de autêntica decisão interlocutória, pois entendemos que a extinção do processo, ou melhor, do procedimento em primeiro grau de jurisdição, não se dá com a sentença (terminativa ou definitiva), e sim com o esgotamento do prazo para interposição de recursos. Aliás, mesmo depois de proferida a sentença e esgotada a possibilidade de interposição de recursos, o processo continua a sua marcha até o cumprimento total do julgado (processo sincrético). Ora, se há algum ato judicial que, incidentalmente, impede a interposição de recurso, obstaculizando esse fluxo normal do processo, parece-nos que esse ato é juridicamente uma decisão interlocutória. Daí por que contra tal ato cabe, no processo civil, agravo (CPC, art. 1.042) e, no processo do trabalho, agravo de instrumento.

Com o advento da Lei n. 9.756, de 17 de dezembro de 1998, surgiram algumas questões pontuais acerca das alterações sofridas no agravo de instrumento e seus reflexos no processo do trabalho.

O TST cuidou logo de editar a Instrução Normativa n. 16/99 (*DJU* de 3-9-1999), uniformizando a interpretação da referida lei, com relação ao agravo de instrumento na seara laboral, deixando claro que essa modalidade recursal se rege, na Justiça do Trabalho, pelo art. 897, *b*, §§ 2º, 4º, 5º, 6º e 7º, da CLT, pelos demais dispositivos do direito processual do trabalho e, no que omisso, pelo direito processual comum, desde que compatível com as normas e princípios daquele, na forma da referida Instrução Normativa.

Quanto ao cabimento do agravo de instrumento, o item II da IN n. 16/99 reafirma a limitação do seu cabimento, no processo do trabalho, aos despachos (*rectius*, decisões interlocutórias) que denegarem a interposição de recurso (art. 897, *b*, da CLT).

Cabe, assim, agravo de instrumento contra as decisões que denegarem seguimento a recursos ordinário, de revista, extraordinário, adesivo, de petição e, por óbvio, contra as decisões que denegarem seguimento ao próprio agravo de instrumento. Quanto a esta última hipótese, a jurisprudência é restritiva:

> AGRAVO DE INSTRUMENTO. RESPONSABILIDADE SUBSIDIÁRIA. AGRAVO DE INSTRUMENTO INTERPOSTO CONTRA DECISÃO COLEGIADA DO TRIBUNAL REGIONAL. Incabível agravo de instrumento contra decisão que denegou o processamento de agravo de instrumento, nos termos do art. 897, *b*, da CLT. Ademais, o Reclamado deixa de indicar por que deve ser afastada a decisão denegatória. Nos termos da Súmula nº 422, I, do TST, não se conhece de recurso, quando "as razões do recorrente não impugnam os fundamentos da decisão recorrida, nos termos em que proferida". Agravo de instrumento de que não se conhece (TST-AIRR-1000617-45.2016.5.02.0601, 6ª T., Rel. Des. Conv. Cilene Ferreira Amaro Santos, *DEJT* 15-6-2018).
>
> AGRAVO DE INSTRUMENTO EM AGRAVO DE INSTRUMENTO – INADEQUAÇÃO – NÃO CONHECIMENTO. Afigura-se inadequado, e por isso não há de ser

conhecido, o agravo de instrumento interposto perante o juízo a quo, em face de decisão do mesmo juízo, que denegara seguimento a agravo de instrumento anterior (TRT 20ª R., AI 00009592920125200014, Rel. Des. Maria das Graças Monteiro Melo, *DEJT* 7-8-2013).

Mas cabe agravo (interno) contra a decisão do relator que denegar seguimento ao agravo de instrumento em recurso de revista. Nesse sentido:

> AGRAVO EM AGRAVO DE INSTRUMENTO EM RECURSO DE REVISTA – IRREGULARIDADE DE REPRESENTAÇÃO PROCESSUAL. 1. A assinatura da petição de recurso por advogado regularmente constituído pela parte à data de sua protocolização constitui pressuposto de admissibilidade, cujo desatendimento conduz à inexistência jurídica do ato processual. 2. O art. 3., I, da Instrução Normativa n. 39 do TST reconhece a aplicabilidade do art. 76 do CPC/2015 ao Processo do Trabalho, sendo possível a designação de prazo para o saneamento do vício de representação. 3. Contudo, a concessão de prazo para a regularização processual somente é cabível quando já existir nos autos procuração ou substabelecimento em nome do advogado subscritor do recurso. Incide a Súmula 383, II, do TST. Agravo desprovido (TST-AgR-AIRR 13710009200352000002, Rel. Min. Luiz Philippe Vieira de Mello Filho, 7ª T., *DEJT* 31-5-2019).

Não cabe agravo de instrumento das decisões que denegarem seguimento ao recurso de embargos TST (CLT, art. 894), pois, nesse caso, o recurso adequado é o agravo interno (RITST, art. 261, parágrafo único), sob pena de configurar o erro grosseiro que afasta a aplicação do princípio da fungibilidade, pois se trata de recurso no âmbito do TST, o qual só pode ser interposto por advogado (TST, Súmula 425).

Sustenta Sergio Pinto Martins que cabe agravo de instrumento

> contra despacho (decisão interlocutória, a nosso ver) que impede o pedido de revisão do valor da causa, pois, no caso não é possível a interposição do mandado de segurança, nem da correição parcial, sendo o agravo de instrumento o meio adequado para a obtenção da reforma daquela decisão interlocutória[60].

Com razão o referido e ilustre autor, pois, se o pedido de revisão ostenta natureza de recurso, parece-nos que a decisão que tranca o seu seguimento desafia a interposição do agravo de instrumento.

É importante lembrar que, em se tratando de recurso de revista com mais de uma matéria, a decisão proferida pelo Desembargador Presidente do TRT (ou outro

60. MARTINS, Sergio Pinto. *Direito processual do trabalho*. São Paulo: Atlas, 2001. p. 405.

órgão regimentalmente competente) que o admitisse apenas com relação a uma delas não ensejaria o agravo de instrumento contra a parte que não admitiu o processamento da revista no tocante às outras matérias. Noutro falar, se o recurso de revista fosse admitido apenas parcialmente, o juízo *ad quem* não ficaria adstrito a tal delimitação, podendo, assim, conhecer de todos os fundamentos contidos no recurso de revista, sendo, pois, descabida a interposição de agravo de instrumento. Nesse sentido era a Súmula 285 do TST.

Tal súmula, porém, foi cancelada pela Resolução n. 204/2016 do TST e, em seu lugar, foi aprovada a Resolução n. 205/2016, que editou a IN n. 40/2016 do TST, cujo art. 1º, com vigência a partir de 15-4-2016, passou a dispor:

> Art. 1º Admitido apenas parcialmente o recurso de revista, constitui ônus da parte impugnar, mediante agravo de instrumento, o capítulo denegatório da decisão, sob pena de preclusão.
>
> § 1º Se houver omissão no juízo de admissibilidade do recurso de revista quanto a um ou mais temas, é ônus da parte interpor embargos de declaração para o órgão prolator da decisão embargada supri-la (CPC, art. 1.024, § 2º), sob pena de preclusão.
>
> § 2º Incorre em nulidade a decisão regional que se abstiver de exercer controle de admissibilidade sobre qualquer tema objeto de recurso de revista, não obstante interpostos embargos de declaração (CF/88, art. 93, IX, e § 1º do art. 489 do CPC de 2015).
>
> § 3º No caso do parágrafo anterior, sem prejuízo da nulidade, a recusa do Presidente do Tribunal Regional do Trabalho a emitir juízo de admissibilidade sobre qualquer tema equivale à decisão denegatória. É ônus da parte, assim, após a intimação da decisão dos embargos de declaração, impugná-la mediante agravo de instrumento (CLT, art. 896, § 12), sob pena de preclusão.
>
> § 4º Faculta-se ao Ministro Relator, por decisão irrecorrível (CLT, art. 896, § 5º, por analogia), determinar a restituição do agravo de instrumento ao Presidente do Tribunal Regional do Trabalho de origem para que complemente o juízo de admissibilidade, desde que interpostos embargos de declaração.

Os arts. 254 e 257 do RITST também dispõem sobre agravo de instrumento contra decisão que admite parcialmente recurso de revista. Ouçamos a jurisprudência:

> AGRAVO DE INSTRUMENTO DO RECLAMADO ESTADO DO RIO DE JANEIRO. RECURSO DE REVISTA. PROCESSO SOB A ÉGIDE DA LEI N. 13.015/2014 E ANTERIOR À LEI N. 13.467/2017. INSTRUÇÃO NORMATIVA N. 40 DO TST. CABIMENTO DE AGRAVO DE INSTRUMENTO EM CASO DE ADMISSIBILIDADE PARCIAL DE RECURSO DE REVISTA PELO TRT DE ORIGEM. (...). O Tribunal Pleno do TST, considerando o cancelamento da Súmula 285/TST e da Orientação Jurispru-

dencial n. 377/SBDI-1/TST, editou a Instrução Normativa n. 40/TST, que, em seu art. 1º, dispõe: "Admitido apenas parcialmente o recurso de revista, constitui ônus da parte impugnar, mediante agravo de instrumento, o capítulo denegatório da decisão, sob pena de preclusão". Na hipótese, o TRT de origem recebeu o recurso de revista interposto pelo Reclamado Estado do Rio de Janeiro apenas quanto ao tema "responsabilidade subsidiária – ônus da prova", por vislumbrar possível divergência jurisprudencial. Assim, em razão da nova sistemática processual e da edição da Instrução Normativa n. 40/TST – já vigente quando da publicação da decisão do TRT que admitiu parcialmente o presente apelo –, cabia ao Estado Reclamado impugnar, mediante agravo de instrumento, os capítulos denegatórios da decisão, sob pena de preclusão, ônus do qual se desincumbiu. Com efeito, ultrapassada essa questão, em relação ao mérito do agravo de instrumento interposto, registre-se que o apelo não merece prosperar, nos termos do art. 896 da CLT. Agravo de instrumento desprovido (...) (TST-ARR 10166-34.2015.5.01.0060, 3ª T., Rel. Min. Mauricio Godinho Delgado, *DEJT* 1º-7-2019).

5.2.2. Efeitos

O agravo de instrumento possui apenas efeito devolutivo, isto é, a matéria que será analisada pelo juízo *ad quem* limita-se aos aspectos da validade ou não da decisão denegatória de recurso.

Assim, somente no caso de provimento do agravo de instrumento poderá o tribunal examinar o recurso que teve seu processamento trancado pelo juízo *a quo*.

A antiga redação do art. 897, § 1º, da CLT permitia ao juiz sobrestar o andamento do feito, o que, na prática, acabava sendo uma espécie de concessão de efeito suspensivo ao agravo. A partir da vigência da Lei n. 8.432, de 11 de junho de 1992, houve a tentativa de expungir tal possibilidade, mediante introdução do § 2º no art. 897 da CLT, *in verbis*: "O agravo de instrumento interposto contra o despacho que não receber agravo de petição não suspende a execução da sentença".

O problema persiste, porquanto não especificou o legislador que tipo de execução de sentença não é suspensa pela interposição do agravo de instrumento: a definitiva ou a provisória?

Com a habitual percuciência, José Augusto Rodrigues Pinto responde:

> Tratando-se da provisória, a declaração da lei torna-se inútil, pois é atributo dessa espécie de execução de sentença não suspender o curso da ação, inclusive executória. Mas se o legislador quis referir-se à execução definitiva, como o texto sugere, para ter alguma função dentro da lei, cometeu o exagero próximo da heresia processual, qual seja, o de autorizar a alienação de patrimônio do executado antes de transitar em julgado a sentença da execução. A ser esse o verdadeiro alvo da norma, sua

violência contra o devedor mostra-se inédita, sujeitando-o à perda irreversível de patrimônio, sobretudo se considerarmos que, na execução trabalhista, o credor raras vezes terá condições de restituição do recebimento indevido nem, menos ainda, de prestar caução que precate o prejuízo do executado vitorioso no julgamento do agravo e do recurso que destrancar, o que, aliás, sequer está previsto no dispositivo em análise. Por isso, até que nos tenhamos que render à força de súmula jurisprudencial, interpretaremos o § 2º do atual art. 897 da CLT como significando que a interposição do agravo de instrumento, a despeito de não ter efeito suspensivo, inibe a prática dos atos de alienação na execução trabalhista[61].

Ouçamos a jurisprudência:

AÇÃO CAUTELAR INOMINADA. EFEITO SUSPENSIVO A AGRAVO DE INSTRUMENTO. NÃO PREENCHIMENTO DOS REQUISITOS DE CONCESSÃO DA MEDIDA. Conforme decidido quando da análise da pretensão liminar, não estão preenchidos os requisitos autorizadores da concessão de efeito suspensivo ao agravo de instrumento, notadamante a probabilidade do direito, pois se mostrou adequada a decisão de não recebimento do recurso ordinário interposto pela requerente por deserto no feito principal, considerando a juntada apenas da GRU referente às custas, sem qualquer elemento tendente a comprovar o efetivo recolhimento destas. Incabível a aplicação do art. 1.007, §§ 2º e 7º, do CPC atual, pois não houve mera insuficiência em relação ao valor das custas a serem recolhidas ou defeito sanável no preenchimento da guia, considerando que não foi comprovado o recolhimento de qualquer valor. Ainda, o art. 789, § 1º, da CLT prevê que o pagamento e a comprovação de recolhimento das custas deve se dar dentro do prazo legal, em conformidade, à semelhança, com a Súmula 245 do TST. Ação cautelar julgada improcedente (TRT 4ª R., CAUINOM 00216804920165040000, Rel. Des. Wilson Carvalho Dias, 7ª T., j. 10-3-2017).

AÇÃO CAUTELAR. CONCESSÃO DE EFEITO SUSPENSIVO A AGRAVO DE INSTRUMENTO. IMPROCEDÊNCIA. Embora o entendimento reiterado da Corte Superior do Trabalho, sedimentado na Súmula 414, I, seja de que cabe medida cautelar para conferir efeito suspensivo a recurso, o art. 897, § 2º, da CLT, veda expressamente a possibilidade de conferir efeito suspensivo a agravo de instrumento na hipótese de buscar-se destrancar agravo de petição, *in verbis*: "§ 2º – O agravo de instrumento interposto contra o despacho que não receber agravo de petição não suspende a execução da sentença". Assim, o requerente não se desincumbiu do encargo processual de demonstrar a plausibilidade do direito por ele buscado. Não

61. RODRIGUES PINTO, José Augusto. Op. cit., p. 370-371.

preenchidos os requisitos da fumaça do bom direito e do perigo da demora, hão de ser julgados improcedentes os pedidos formulados na ação cautelar (TRT 6ª R., CauInom – 0000559-76.2014.5.06.0000, Red. Des. Acacio Julio Kezen Caldeira, 2ª T., *DEJT* 6-2-2015).

No âmbito do TST, há precedentes no sentido de se admitir não o *mandamus*, mas sim petição avulsa (requerimento) para emprestar efeito suspensivo a recurso, aí incluído, por logicidade, o agravo de instrumento. É o que deflui da parte final do item I da Súmula 414 do TST: "A tutela provisória concedida na sentença não comporta impugnação pela via do mandado de segurança, por ser impugnável mediante recurso ordinário. É admissível a obtenção de efeito suspensivo ao recurso ordinário mediante requerimento dirigido ao tribunal, ao relator ou ao presidente ou ao vice-presidente do tribunal recorrido, por aplicação subsidiária ao processo do trabalho do art. 1.029, § 5º, do CPC de 2015".

Podemos, assim, afirmar que, em linha de princípio, o agravo de instrumento não suspende a execução trabalhista. Tratando-se, porém, de execução definitiva, o agravo de instrumento poderá excepcionalmente ter efeito suspensivo se, e somente se, o executado-agravante requerer tutela provisória cautelar perante o órgão competente para julgar o recurso e demonstrar, *quantum satis*, os requisitos que justifiquem, no caso concreto, a suspensão da execução. Para tanto, deverá comprovar a grande possibilidade de vitória no recurso cujo seguimento foi denegado (*fumus boni iuris*) e, concomitantemente, a comprovação de prejuízo de incerta ou difícil reparação (*periculum in mora*).

5.2.3. Depósito recursal em agravo de instrumento

O depósito recursal em agravo de instrumento foi instituído pela Lei n. 12.275, de 29 de junho de 2010, que entrou em vigor quarenta e cinco dias depois de sua publicação, nos termos do art. 1º da Lei de Introdução às Normas do Direito Brasileiro.

A Lei n. 12.275 inseriu o § 7º no art. 899 e alterou o inciso I do § 5º do art. 897, todos da CLT, instituindo a exigibilidade do depósito recursal no agravo de instrumento, sendo que a comprovação documental desse depósito deve instruir obrigatoriamente tal espécie recursal.

Com efeito, o § 7º do art. 899 da CLT dispõe, *in verbis*:

> No ato de interposição do agravo de instrumento, o depósito recursal corresponderá a 50% (cinquenta por cento) do valor do depósito do recurso ao qual se pretende destrancar.

Já o § 5º do art. 897 da CLT passou a dispor que, "sob pena de não conhecimento", as partes promoverão a formação do instrumento do agravo de modo a possibilitar, caso provido, o imediato julgamento do recurso denegado, instruindo a petição de interposição:

> I – obrigatoriamente, com cópias da decisão agravada, da certidão da respectiva intimação, das procurações outorgadas aos advogados do agravante e do agravado, da petição inicial, da contestação, da decisão originária, do depósito recursal referente ao recurso que se pretende destrancar, da comprovação do recolhimento das custas e do *depósito recursal a que se refere o § 7º do art. 899 desta Consolidação* (grifos nossos).

O objetivo na lei em questão, que foi aprovada por iniciativa política do TST, é impedir o uso abusivo do agravo de instrumento nos Tribunais Regionais e no próprio TST, gerando efeitos perversos, tais como: o retardamento do pagamento dos direitos sociais trabalhistas, a sobrecarga excessiva dos Tribunais do Trabalho e a almejada celeridade processual.

Visando à operacionalização da nova lei, o TST editou a Resolução n. 168, de 9 de agosto de 2010, que atualizou a Instrução Normativa n. 3, de 15 de março de 1993.

Assim, nos termos da alínea *a* do item II da IN/TST n. 3/93, que se limitou a reproduzir a literalidade do § 7º do art. 899 da CLT, "para o recurso de agravo de instrumento, o valor do depósito recursal corresponderá a 50% (cinquenta por cento) do valor do depósito do recurso ao qual se pretende destrancar".

Há quem sustente[62] com base na alínea *b* do item II[63] da IN/TST n. 3/93 e na Súmula 128 do TST que se for "atingido o valor da condenação, nenhum depósito mais é exigido para qualquer recurso".

Divergíamos de tal entendimento, porém, melhor refletindo sobre a IN/TST n. 3/93, a Súmula 128 do TST e o § 7º do art. 899 da CLT, passamos a ponderar no sentido de que se houver depósito integral do valor da condenação quando da interposição do recurso que se pretenda destrancar com o agravo de instrumento, não há mais nenhum depósito recursal a ser feito na mesma relação processual, inclusive no próprio agravo de instrumento. Aliás, este é o entendimento mais atualizado do TST:

62. LEMOS, Alessandro Medeiros de. Os limites ao depósito recursal do agravo de instrumento, ocultados pela Lei n. 12.275/2010. *Jus Navigandi*, Teresina, ano 15, n. 2604, 18 ago. 2010. Disponível em: <http://jus.com.br/revista/texto/17212>. Acesso em: 5 fev. 2012.

63. O Pleno do STF (RE 607447) decidiu que não é necessário o depósito recursal para a admissibilidade de recurso extraordinário, sendo aprovada a seguinte tese de repercussão geral (Tema 679): "Surge incompatível com a Constituição Federal exigência de depósito prévio como condição de admissibilidade do recurso extraordinário, no que não recepcionada a previsão constante do § 1º do artigo 899 da Consolidação das Leis do Trabalho, sendo inconstitucional a contida na cabeça do artigo 40 da Lei nº 8.177/1991 e, por arrastamento, no inciso II da Instrução Normativa nº 3/1993 do Tribunal Superior do Trabalho".

AGRAVO DE INSTRUMENTO EM RECURSO DE REVISTA. RECURSO DE REVISTA INTERPOSTO NA VIGÊNCIA DA LEI N. 13.015/2014 E REGIDO PELO CPC/2015 E PELA INSTRUÇÃO NORMATIVA N. 40/2016 DO TST. AUSÊNCIA DE APRESENTAÇÃO DE COMPROVANTE DO DEPÓSITO RECURSAL RELATIVO AO AGRAVO DE INSTRUMENTO. DESERÇÃO. Prevê a Súmula 128, I, desta Corte que "é ônus da parte recorrente efetuar o depósito legal, integralmente, em relação a cada novo recurso interposto, sob pena de deserção. Atingido o valor da condenação, nenhum depósito mais é exigido para qualquer recurso". Segundo a condição imposta por meio da Lei n. 12.275/2010, a qual modificou o art. 899 da CLT, incluindo o § 7º nesse dispositivo, "no ato de interposição do agravo de instrumento, o depósito recursal corresponderá a 50% (cinquenta por cento) do valor do depósito do recurso ao qual se pretende destrancar". Na hipótese, a parte não comprovou ter efetivado o depósito legal referente ao agravo de instrumento, **de forma que, não tendo sido atingido o valor estipulado para a condenação, o recurso encontra-se deserto**. Cumpre esclarecer, por oportuno, que a nova redação da Orientação Jurisprudencial n. 140 da SbDI-1 do TST, segundo a qual, "em caso de recolhimento insuficiente das custas processuais ou do depósito recursal, somente haverá deserção do recurso se, concedido o prazo de 5 (cinco) dias previsto no § 2º do art. 1.007 do CPC de 2015, o recorrente não complementar e comprovar o valor devido", aplica-se às hipóteses em que há o recolhimento do depósito recursal, mas em valor inferior ao devido, o que não ocorre nestes autos (precedentes desta Corte). Agravo de instrumento não conhecido (TST-AIRR 1764-88.2016.5.07.0018, Rel. Min. José Roberto Freire Pimenta, 2ª T., *DEJT* 29-6-2018) (grifos nossos).

AGRAVO DE INSTRUMENTO. RECURSO DE REVISTA. LEI N. 13.015/2014. NOVO CPC. GRATUIDADE DA JUSTIÇA. PESSOA JURÍDICA. EXTENSÃO AO DEPÓSITO RECURSAL. INVIABILIDADE. Esta c. Corte pacificou o entendimento de estar a parte recorrente obrigada a efetuar o depósito legal, integralmente, em relação a cada novo recurso interposto, sob pena de deserção, **somente não se exigindo nenhum outro depósito quando atingido o valor da condenação (Súmula 128, I, do TST). A gratuidade de justiça não isenta o devedor da garantia** do juízo da execução, muito menos dos respectivos depósitos recursais (caso o juízo ainda não esteja garantido). Precedentes. Logo, era imprescindível, nos termos da referida súmula, que a reclamada, por ocasião da interposição do agravo de instrumento, depositasse ou a diferença do valor total da condenação ou o valor legal mínimo vigente. Por outro lado, não há falar em concessão de prazo para comprovação do recolhimento do depósito recursal e das custas no presente caso, visto que se trata de ausência de comprovação de recolhimento do depósito recursal e não de mero recolhimento insuficiente, o que foge ao previsto no art. 1.007, §2°, do CPC. Agravo de instrumento não conhecido (TST-AIRR 411-61.2016.5.09.0663, Rel. Min. Alexandre de Souza Agra Belmonte, 3ª T., *DEJT* 29-6-2018) (grifos nossos).

O depósito recursal em agravo de instrumento deve ser feito "no ato da sua interposição" (CLT, art. 899, § 7º), razão pela qual não se aplica, *in casu*, o entendimento consubstanciado na Súmula 245 do TST, segundo o qual o "depósito recursal deve ser feito e comprovado no prazo alusivo ao recurso". Noutros termos, ainda que o agravo de instrumento tenha sido interposto antes do *dies ad quem*, o depósito recursal em apreço deve ser feito no ato da sua interposição, isto é, no momento em que o agravante protocolizar o agravo de instrumento, o documento comprobatório do pagamento do depósito recursal já deverá estar anexado ao recurso.

De acordo com a OJ n. 140 da SBDI-1 do TST, "em caso de recolhimento insuficiente das custas processuais ou do depósito recursal, somente haverá deserção do recurso se, concedido o prazo de 5 (cinco) dias previsto no § 2º do art. 1.007 do CPC de 2015, o recorrente não complementar e comprovar o valor devido". Tal regramento, porém, só se aplica às hipóteses em que há o recolhimento do depósito recursal em valor inferior ao devido. Se ausência do depósito recursal, não há que se falar em intimação do recorrente para superar a deserção já configurada.

É importante ressaltar que, por força do § 8º do art. 899 da CLT, com redação dada pela Lei n. 13.015/2014:

> Quando o agravo de instrumento tem a finalidade de destrancar recurso de revista que se insurge contra decisão que contraria a jurisprudência uniforme do Tribunal Superior do Trabalho, consubstanciada nas suas súmulas ou em orientação jurisprudencial, não haverá obrigatoriedade de se efetuar o depósito referido no § 7º deste artigo.

Essa nova regra do § 8º do art. 899 da CLT deve ser interpretada restritivamente, de modo a somente permitir a dispensa do depósito recursal em agravo de instrumento que vise destrancar recurso de revista manejado com o fim de impugnar acórdão de TRT que *divirja exclusivamente* de Súmula ou Orientação Jurisprudencial do TST. Logo, essa nova regra não se aplica, por exemplo, se o acórdão regional atacado pelo recurso de revista contrariar precedentes ou acórdãos isolados do TST, ainda que sejam atuais e reiterados.

Como já defendemos em relação ao depósito recursal tradicional[64], parece-nos que o depósito recursal em agravo de instrumento, como desdobramento do princípio da proteção aplicável ao processo do trabalho, somente poderá ser exigido do empregador (ou do tomador do serviço); jamais do empregado ou do prestador do serviço. Reconhecemos, no entanto, que nosso entendimento poderá ser ameaçado pela nova regra imposta pela redação dada pela Lei n. 13.467/2017 ao § 4º do art. 899 da CLT, pois o depósito recursal não é mais realizado em conta vinculada do FGTS, e

64. Ver Capítulo XIX, item 7.2.5.2.

sim em "conta vinculada ao juízo e corrigido com os mesmos índices da poupança". De toda a sorte, não haverá depósito recursal se o juízo conceder ao recorrente os benefícios da justiça gratuita que, em linha de princípio, é concedida ao trabalhador.

É ônus do agravante comprovar a exatidão dos valores depositados tanto no recurso ao qual se pretende destrancar como no próprio agravo de instrumento. De acordo com a Súmula 426 do TST, nos dissídios individuais o depósito recursal será efetivado mediante a utilização da Guia de Recolhimento do FGTS e Informações à Previdência Social – GFIP, nos termos dos §§ 4º e 5º do art. 899 da CLT, admitido o depósito judicial, realizado na sede do juízo e à disposição deste, na hipótese de relação de trabalho não submetida ao regime do FGTS. Essa súmula, no entanto, deverá ser alterada em função dos §§ 4º e 11 do art. 899 da CLT (com redação dada pela Lei n. 13.467/2017).

De acordo com o § 9º do art. 899 da CLT (incluído pela Lei n. 13.467/2017), o valor do depósito recursal será reduzido pela metade para entidades sem fins lucrativos, empregadores domésticos, microempreendedores individuais, microempresas e empresas de pequeno porte. Assim, o depósito recursal em agravo de instrumento será, neste caso, reduzido para ¼ (um quarto) do valor correspondente.

Nos termos do § 10 do art. 899 da CLT (incluído pela Lei n. 13.467/2017), estão isentos do depósito recursal os beneficiários da justiça gratuita, as entidades filantrópicas e as empresas em recuperação judicial. É claro que as pessoas jurídicas de direito público e o MPT também estão isentos do depósito recursal.

A exemplo do depósito exigível nos casos de recurso ordinário, recurso de revista, embargos para a SBDI e recurso extraordinário, o depósito recursal no agravo de instrumento poderá ser substituído por fiança bancária ou seguro garantia judicial (CLT, art. 899, § 11, incluído pela Lei n. 13.467/2017).

Outras questões sobre depósito recursal, conferir no item 7.2.5.2 do Capítulo XIX.

5.2.4. Processamento

Tradicionalmente, o agravo de instrumento, no processo do trabalho, sempre se processou fora dos autos do processo em que se instaura a lide, razão pela qual o agravante era obrigado a indicar (e anexar) na petição do recurso as peças essenciais para propiciar o exame da controvérsia acerca da validade ou não da decisão que denegara a subida de qualquer recurso. De modo que, conhecido e provido o agravo de instrumento, o juízo *ad quem* limitava-se a determinar a subida do recurso que teve o seu seguimento trancado pelo juízo *a quo*.

Além disso, havia peças que deveriam ser trasladadas obrigatoriamente e o agravante geralmente ficava prejudicado por não providenciar a correta formação do instrumento. Nesse sentido, era o entendimento consubstanciado na Súmula 272 do TST (cancelada pela Resolução do TST n. 121/2003).

Com o advento da Lei n. 9.756, de 17 de dezembro de 1998 (*DOU* 18-12-1998), que acrescentou os §§ 5º, 6º e 7º ao art. 897 da CLT, houve profunda alteração no agravo de instrumento no processo laboral.

Em primeiro lugar, o § 5º do art. 897 da CLT deixou claro que, "sob pena de não conhecimento, as partes promoverão a formação do instrumento do agravo de modo a possibilitar, caso provido, o imediato julgamento do recurso denegado".

Para tanto, as partes, isto é, agravante e agravado, deverão instruir a petição do agravo e a petição da contraminuta com as peças necessárias tanto para o exame da decisão denegatória do seguimento do recurso trancado quanto do mérito do próprio recurso que teve seu seguimento obstado pela decisão agravada.

Houve, segundo nos parece, uma "recepção qualificada" da já cancelada Súmula 272 do TST, sendo, pois, de responsabilidade exclusiva das partes a correta formação do instrumento.

Na verdade, o § 5º do art. 897 da CLT estabelece, didaticamente, que a petição de interposição do agravo de instrumento deverá ser instruída com peças obrigatórias (item I) e com peças facultativas (item II).

Assim, se faltarem quaisquer das peças obrigatórias (decisão agravada, da certidão da respectiva intimação, das procurações outorgadas aos advogados do agravante e do agravado, da petição inicial, da contestação, da decisão originária, do depósito recursal referente ao recurso que se pretende destrancar, da comprovação do recolhimento das custas e do depósito recursal a que se refere o § 7º do art. 899 da CLT), a consequência será o não conhecimento do agravo.

A norma em apreço faculta às partes colacionar cópias de outras peças constantes dos autos que reputarem úteis à compreensão da controvérsia, tais como documentos, depoimentos de partes e de testemunhas, laudo pericial, termo de audiência etc. Não é válida a colação de documentos novos, salvo na hipótese admitida pela Súmula 8 do TST.

Não há dúvida de que a nova redação dada aos parágrafos do art. 897 da CLT, ao permitir o julgamento imediato do recurso trancado, será de grande valia para a celeridade processual, embora isso possa trazer alguns problemas operacionais, como, por exemplo, os elevados custos decorrentes da extração de cópias, mormente quando uma das partes litiga sob o pálio da assistência judiciária gratuita.

Tentando mitigar esses problemas, o TST editou a Instrução Normativa n. 16/99, cujo item II, §§ 1º e 2º (acrescentados pela Resolução TST n. 113/2002), dispõe, textualmente, que o agravo será processado nos autos principais: *a*) se o pedido houver sido julgado totalmente improcedente; *b*) se houver recurso de ambas as partes e denegação de um ou de ambos; *c*) mediante postulação do agravante no prazo recursal, caso em que, havendo interesse do credor, será extraída carta de sentença, às expensas do recorrente, sob pena de não conhecimento do agravo.

No que respeita à validade da letra *c*, *supra*, Wagner Giglio, com inteira razão, obtempera:

> Essa disposição causa espécie, não apenas ao impor ônus não previsto em lei ao agravante, para beneficiar diretamente a parte contrária, mas também porque sus-

cita a suspeita de a instrução haver excedido o campo de sua atuação, invadindo a área privativa da União, a quem a Constituição Federal assegura exclusividade para legislar sobre Direito Processual (art. 22, I)[65].

Foram inúmeros os problemas gerados com a permissão da interposição do agravo de instrumento nos autos principais, a saber: *a)* dificuldades causadas à execução provisória e à execução definitiva de parcelas que não foram objeto do Recurso de Revista, quando processado o agravo de instrumento nos autos principais; *b)* aumento expressivo dos pedidos de extração de carta de sentença, após a remessa dos autos a esta Corte, e a dificuldade no seu célere atendimento; *c)* processamento do agravo de instrumento nos autos principais dificulta o exame dos pressupostos extrínsecos desse recurso, em virtude dos inúmeros volumes a serem compulsados, retardando a solução do processo; *d)* significativo aumento do custo relativo à tramitação do agravo de instrumento, decorrente do seu processamento nos autos principais.

Por tais razões, o TST, em boa hora, editou a Resolução Administrativa n. 930/2003, cujo item I revogou os §§ 1º e 2º do inciso II da Instrução Normativa n. 16, aprovada pela Resolução n. 113/2002 da referida Corte, "desautorizando o processamento do agravo de instrumento nos autos principais". Vale dizer, o Tribunal Pleno do TST, mediante a RA n. 930/2003, *não mais permite o processamento do agravo de instrumento nos mesmos autos* em que a decisão agravada tenha sido proferida.

De acordo com os §§ 4º, 6º e 7º do art. 897 da CLT, o agravo de instrumento será julgado pelo Tribunal que seria competente para conhecer do recurso cuja interposição foi denegada.

O agravo de instrumento é interposto perante o órgão judiciário prolator da decisão agravada, o qual poderá revogá-la (reconsiderá-la) ou não. E isso ocorre porque o agravo de instrumento está sujeito ao juízo de retratação decorrente de efeito regressivo inerente a tal modalidade recursal, como já vimos no Capítulo XIX, item 6.3.6.

Interposto o agravo de instrumento, o juiz poderá reconsiderar a decisão agravada e determinar a subida do recurso trancado. Se a decisão agravada for mantida, o agravado será intimado para, no prazo de 8 dias, oferecer respostas ao agravo e ao recurso principal, instruindo-as com as peças que considerar necessárias ao julgamento de ambos os recursos.

Provido o agravo, a Turma deliberará sobre a conveniência do julgamento do recurso principal, observando-se, se for o caso, daí em diante, o procedimento relativo a esse recurso. A deliberação sobre o julgamento deve atender a critérios objetivos, de modo que harmonize o princípio da celeridade com o princípio da ampla defesa e do contraditório. Deve-se, por exemplo, julgar o recurso trancado não na mesma, mas na próxima sessão, permitindo, ao menos, a possibilidade de susten-

65. *Direito processual do trabalho*, p. 439.

tação oral dos causídicos de ambas as partes. É salutar que os regimentos internos dos tribunais cuidem do *iter procedimentalis* acerca do julgamento do recurso que teve seu curso obstaculizado.

Visando à uniformização da interpretação de tais normas, a IN n. 16/99 do TST, com redação dada pela Resolução Administrativa n. 930/2003, assim dispõe:

> I – O Agravo de Instrumento se rege, na Justiça do Trabalho, pelo art. 897, *b*, §§ 2º, 4º, 5º, 6º e 7º, da Consolidação das Leis do Trabalho, pelos demais dispositivos do direito processual do trabalho e, no que omisso, pelo direito processual comum, desde que compatível com as normas e princípios daquele, na forma desta Instrução.
>
> *a)* Não se aplicam aos agravos de instrumento opostos antes de 18 de dezembro de 1998, data da publicação da Lei n. 9.756, as disposições desse diploma legal, salvo aquelas relativas ao cancelamento da possibilidade de concessão de efeito suspensivo à revista.
>
> II – Limitado o seu cabimento, no processo do trabalho, aos despachos que denegarem a interposição de recurso (art. 897, *b*, da CLT), o agravo de instrumento será dirigido à autoridade judiciária prolatora do despacho agravado, no prazo de oito dias de sua intimação, e processado em autos apartados.
>
> § 1º (revogado).
>
> § 2º (revogado).
>
> III – O agravo não será conhecido se o instrumento não contiver as peças necessárias para o julgamento do recurso denegado, incluindo a cópia do respectivo arrazoado e da comprovação de satisfação de todos os pressupostos extrínsecos do recurso principal.
>
> IV – O agravo de instrumento, protocolizado e autuado, será concluso ao juiz prolator do despacho agravado, para reforma ou confirmação da decisão impugnada, observada a competência estabelecida nos arts. 659, VI, e 682, IX, da CLT.
>
> V – Será certificada nos autos principais a interposição do agravo de instrumento e a decisão que determina o seu processamento ou a decisão que reconsidera o despacho agravado.
>
> VI – Mantida a decisão agravada, será intimado o agravado a apresentar contrarrazões relativas ao agravo e, simultaneamente, ao recurso principal, juntando as peças que entender necessárias para o julgamento de ambos, encaminhando-se, após, os autos do agravo ao Juízo competente.
>
> VII – Provido o agravo, o órgão julgador deliberará quanto ao julgamento do recurso destrancado, observando-se, daí em diante, o procedimento relativo a tal recurso, com designação de relator e de revisor, se for o caso.

VIII – Da certidão de julgamento do agravo provido constará o resultado da deliberação relativa à apreciação do recurso destrancado.

IX – As peças trasladadas conterão informações que identifiquem o processo do qual foram extraídas, autenticadas uma a uma, no anverso ou verso. Tais peças poderão ser declaradas autênticas pelo próprio advogado, sob sua responsabilidade pessoal. Não será válida a cópia de despacho ou decisão que não contenha a assinatura do juiz prolator, nem as certidões subscritas por serventuário sem as informações acima exigidas.

X – Cumpre às partes providenciar a correta formação do instrumento, não comportando a omissão em conversão em diligência para suprir a ausência de peças, ainda que essenciais.

XI – O agravo de instrumento não requer preparo.

XII – A tramitação e o julgamento de agravo de instrumento no Juízo competente obedecerão à disciplina legal e ao constante dos respectivos Regimentos Internos.

XIII – O agravo de instrumento de despacho denegatório de recurso extraordinário obedecerá à disciplina especial, na forma de Resolução da Suprema Corte.

XIV – Fica revogada a Instrução Normativa n. 06.

Cumpre advertir que, por força da RA/TST n. 1.418/2010, houve nova alteração no processamento do AI, nos seguintes termos:

Art. 1º O agravo de instrumento interposto de despacho que negar seguimento a recurso para o TST deve ser processado nos autos do recurso denegado.

Art. 2º Após a juntada da petição de AI, o processo será concluso ao juiz prolator do despacho agravado, para sua reforma ou confirmação.

§ 1º Mantido o despacho e não havendo outro recurso admitido, o agravo de instrumento será autuado no TRT.

§ 2º Havendo agravo de instrumento e também recurso admitido, o processo será remetido ao TST com a classe processual anterior à interposição dos recursos, cabendo ao TST proceder à devida autuação do processo.

Art. 3º Nos processos em que haja agravo de instrumento e também recurso admitido, se provido o agravo, publicar-se-á certidão para efeito de intimação das partes, dela constando que o julgamento de ambos os recursos dar-se-á na primeira sessão ordinária subsequente à data da publicação, determinando-se ainda a reautuação do processo e a alteração dos registros.

§ 1º Julgados os recursos, será lavrado um único acórdão, que consignará também os fundamentos do provimento do agravo de instrumento, fluindo a partir da data da publicação do acórdão o prazo para interposição de recursos.

> § 2º Se não for conhecido ou provido o agravo de instrumento, será de imediato julgado o recurso, com lavratura de um único acórdão, que consignará os fundamentos de ambas as decisões.
>
> Art. 4º Interposto apenas agravo de instrumento, se lhe for dado provimento, observar-se-á o procedimento descrito no art. 3º, § 1º.

Além disso, é importante registrar que a OJ n. 217 da SBD-1 esclarece:

> AGRAVO DE INSTRUMENTO. TRASLADO. LEI N. 9.756/1998. GUIAS DE CUSTAS E DE DEPÓSITO RECURSAL. Para a formação do Agravo de Instrumento, não é necessária a juntada de comprovantes de recolhimento de custas e de depósito recursal relativamente ao Recurso Ordinário, desde que não seja objeto de controvérsia no Recurso de Revista a validade daqueles recolhimentos.

A tramitação e o julgamento de agravo de instrumento no juízo competente obedecerão à disciplina legal e ao constante dos respectivos Regimentos Internos.

O agravo de instrumento de "despacho denegatório" de recurso extraordinário obedecerá à disciplina especial, segundo ato normativo específico do STF, devendo o agravante observar o disposto nos arts. 328 a 330 do RITST.

No âmbito do TST, diz o art. 239 do seu Regimento Interno que cabe agravo ao Colegiado competente para o julgamento do respectivo recurso, no prazo de 8 (oito) dias, a contar da publicação no *Diário da Justiça*: I – da decisão do Relator tomada com base no § 5º do art. 896 da CLT; II – da decisão do Relator, dando ou negando provimento ou negando seguimento a recurso, nos termos do art. 557 e § 1º-A do CPC/73 (CPC, art. 932, III, IV e V).

5.2.4.1. Agravo de instrumento no PJe

Com a implantação do Processo Judicial Eletrônico – PJe não há mais autos físicos, razão pela qual não há que se falar em traslado de peças ou formação de instrumento, uma vez que o órgão *ad quem* tem acesso a todas as peças e documentos do processo eletrônico.

Nesse sentido, aliás, dispõe expressamente o art. 34 da Resolução n. 136/2014 do CSJT, *in verbis*:

> Art. 34. A partir da implantação do PJe-JT no segundo grau de jurisdição dos Tribunais Regionais do Trabalho, será dispensada a formação de autos suplementares em casos de exceção de impedimento ou suspeição, agravos de instrumento, agravos regimentais e agravo previsto no art. 557 do Código de Processo Civil.

5.3. Agravo regimental

Trata-se de recurso não previsto no elenco recursal do art. 893 da CLT, e sim no art. 709, § 1º, da CLT, segundo o qual: "Das decisões proferidas pelo corregedor, nos casos do artigo, caberá o agravo regimental, para o Tribunal Pleno".

O agravo regimental é também previsto no art. 9º, parágrafo único, da Lei n. 5.584/70, do "despacho" do relator que, baseando-se em súmula do TST, negar seguimento ao recurso.

Igualmente, o art. 2º, II, *d*, e o art. 3º, III, todos da Lei n. 7.701/88, restando revogado, inclusive, o art. 702, III, da CLT, preveem, respectivamente, o agravo regimental contra a decisão que indeferir recurso em ações coletivas e nos embargos de divergência em ações individuais. O art. 5º, *c*, da Lei n. 7.701/88 prevê, ainda, a competência das Turmas do TST para julgar, em última instância, os agravos regimentais.

Na verdade, o agravo regimental, como o próprio nome sugere, é recurso previsto nos regimentos internos dos tribunais. Há, contudo, quem sustente a inconstitucionalidade[66] das normas regimentais que instituem essa espécie recursal, porquanto somente lei federal, de competência do Congresso Nacional, pode legislar sobre processo (CF, art. 22, I).

O Regimento Interno do TST (arts. 265 e 266), aprovado pela Resolução n. 1.937/2017, não mais prevê o agravo regimental, mas, tão-somente, o agravo interno.

5.3.1. Cabimento

É fundamental destacar, desde logo, que o § 1º do art. 709 da CLT (incluído pelo Decreto-Lei n. 229, de 28-2-1967) prevê expressamente que: "Das decisões proferidas pelo Corregedor", nos casos do artigo, "caberá o agravo regimental, para o Tribunal Pleno". Trata-se das decisões proferidas pelo Ministro Corregedor-Geral da Justiça do Trabalho que são agraváveis regimentalmente. Não há, aqui, violação ao princípio da taxatividade, pois a própria lei (decreto-lei tinha força de lei no sistema constitucional anterior) instituiu esta modalidade recursal.

Mas, em linhas gerais, o agravo regimental, à semelhança do agravo de instrumento, é o recurso cabível contra as decisões que denegam seguimento a recursos.

Além disso, o agravo regimental também é utilizado para impugnar decisões proferidas por órgãos judiciais de tribunais das quais não haja um meio impugnativo específico legalmente previsto[67].

---

66. MARINONI, Luiz Guilherme; ARENHART, Sérgio Cruz. *Processo de conhecimento*. 7. ed. São Paulo: Revista dos Tribunais, 2008. p. 510.

67. TEIXEIRA FILHO, Manoel Antonio. *Sistema dos recursos trabalhistas*. 5. ed. São Paulo: LTr, 1995. p. 346.

Há, no entanto, alguns Regimentos Internos de Tribunais Regionais do Trabalho que admitem agravo regimental para impugnar decisões:

- que concedem ou denegam medidas liminares;
- que indeferem, de plano, petições iniciais de ações de competência originária dos tribunais trabalhistas, como o mandado de segurança, a ação rescisória, a ação cautelar e o *habeas corpus*;
- proferidas pelo juiz corregedor em reclamações correicionais;
- proferidas pelo Presidente do Tribunal em matérias administrativas, precatório ou pedido de providência.

Advertimos que o Regimento Interno do TST, aprovado pela Resolução n. 1.937/2017, em seus arts. 265 e 266, não prevê mais o agravo regimental, mas, tão-somente, o agravo interno.

Com efeito, dispõe o art. 265 do RITST que: "Cabe agravo interno contra decisão dos Presidentes do Tribunal e das Turmas, do Vice-Presidente, do Corregedor-Geral da Justiça do Trabalho ou de relator, nos termos da legislação processual, no prazo de 8 (oito) dias úteis, pela parte que se considerar prejudicada", sendo que o parágrafo único desse mesmo artigo ressalva "os casos em que haja recurso próprio ou decisão de caráter irrecorrível, nos termos do Regimento ou da lei".

É importante notar que, por ser recurso previsto, via de regra, apenas em regimentos internos, os tribunais, com base no princípio da fungibilidade, têm admitido recurso ordinário interposto equivocadamente em lugar de agravo regimental contra "despacho" (rectius, decisão) que indefere inicial de mandado de segurança ou ação rescisória. Nesse sentido, a OJ n. 69 da SBDI-2 do TST:

> FUNGIBILIDADE RECURSAL. INDEFERIMENTO LIMINAR DE AÇÃO RESCISÓRIA OU MANDADO DE SEGURANÇA. RECURSO PARA O TST. RECEBIMENTO COMO AGRAVO REGIMENTAL E DEVOLUÇÃO DOS AUTOS AO TRT. Recurso Ordinário interposto contra despacho monocrático indeferitório da petição inicial de Ação Rescisória ou de Mandado de Segurança pode, pelo princípio de fungibilidade recursal, ser recebido como Agravo Regimental. Hipótese de não conhecimento do recurso pelo TST e devolução dos autos ao TRT, para que aprecie o apelo como Agravo Regimental.

De acordo com a OJ n. 5 do Tribunal Pleno do TST: "Não cabe recurso ordinário contra decisão em agravo regimental interposto em reclamação correcional ou em pedido de providência".

Segundo o TST, é incabível o agravo inominado (art. 557, § 1º, do CPC/73; CPC, art. 1.021, § 2º) ou agravo regimental contra decisão colegiada, caracterizando, neste caso, erro grosseiro. Nesse sentido dispõe a OJ n. 412 da SBDI-1:

AGRAVO INTERNO OU AGRAVO REGIMENTAL. INTERPOSIÇÃO EM FACE DE DECISÃO COLEGIADA. NÃO CABIMENTO. ERRO GROSSEIRO. INAPLICABILIDADE DO PRINCÍPIO DA FUNGIBILIDADE RECURSAL (nova redação em decorrência do CPC de 2015, Res. n. 209/2016). É incabível agravo interno (art. 1.021 do CPC de 2015, art. 557, § 1º, do CPC de 1973) ou agravo regimental (art. 235 do RITST) contra decisão proferida por Órgão colegiado. Tais recursos destinam-se, exclusivamente, a impugnar decisão monocrática nas hipóteses previstas. Inaplicável, no caso, o princípio da fungibilidade ante a configuração de erro grosseiro.

5.3.2. Efeitos

O agravo regimental tem efeito meramente devolutivo, o que equivale a dizer que a matéria nele versada é restrita ao exame do acerto ou não da decisão agravada, salvo em se tratando de decisão do Corregedor, cuja devolutibilidade é mais ampla, permitindo, assim, a plena revisão do ato processual proferido, abordando questões fáticas e jurídicas.

Além disso, o agravo regimental não obsta a execução provisória.

5.3.3. Procedimento

É preciso estar atento quanto ao prazo para interposição do agravo regimental, uma vez que os tribunais não tratam uniformemente da matéria.

O recurso é interposto perante o órgão judicial que proferiu a decisão hostilizada, devendo o agravante solicitar a reconsideração da decisão e, sucessivamente, o encaminhamento dos autos ao órgão Colegiado (Turma ou Seção ou Pleno, conforme dispuser o regimento interno).

Não há previsão para preparo das custas ou de depósito recursal.

É cabível o juízo de retratação. Caso este seja exercido, o recurso, por óbvio, fica prejudicado. Não havendo juízo de retratação, o relator, que é o juiz que proferiu a decisão agravada, determinará a inclusão do feito em pauta para julgamento.

Não há previsão para intimação das partes, contrarrazões ou sustentação oral.

O detalhamento da tramitação varia de tribunal para tribunal, o que recomenda a redobrada atenção do interessado.

O agravo regimental tramita nos próprios autos principais, salvo se existir previsão regimental expressa em sentido contrário. É o que consta da OJ n. 132 da SBDI-1 do TST:

Agravo Regimental. Peças Essenciais nos Autos Principais. Inexistindo lei que exija a tramitação do AG em autos apartados, tampouco previsão no Regimento Interno do Regional, não pode o Agravante ver-se apenado por não haver colacionado cópia de peças dos autos principais, quando o AG deveria fazer parte dele.

Além disso, não cabe recurso ordinário contra decisão de agravo regimental interposto em reclamação correicional ou pedido de providência (TST/TP, OJ n. 5).

Também não cabe recurso ordinário para o TST em decisão de TRT proferida em agravo regimental contra liminar em ação cautelar ou em mandado de segurança, uma vez que o processo ainda pende de decisão final do Tribunal *a quo* (TST/SBDI-2, OJ n. 100).

Por outro lado, se a decisão recorrida, em agravo regimental, aprecia a matéria na fundamentação, sob o enfoque das Súmulas 83 do TST e 343 do STF, constitui sentença de mérito, ainda que haja resultado no indeferimento da petição inicial e na extinção do processo, "sem julgamento do mérito". Sujeita-se, assim, à reforma pelo TST a decisão do Tribunal que, invocando controvérsia na interpretação da lei, indefere a petição inicial de ação rescisória (TST, Súmula 411).

A similitude entre agravo de instrumento e agravo regimental tem levado o TST a aplicar, por analogia, a multa prevista no § 2º do art. 557 do CPC/73 (CPC, art. 1.021, § 4º).

A Súmula 353 (alíneas *e* e *f*) do TST prevê o cabimento de embargos para a SBDI-1 da decisão de Turma proferida em agravo: "para impugnar a imposição de multas previstas nos arts. 1.021, § 4º, do CPC de 2015 ou 1.026, § 2º, do CPC de 2015 (art. 538, parágrafo único, do CPC de 1973, ou art. 557, § 2º, do CPC de 1973)" ou "contra decisão de Turma proferida em agravo em recurso de revista, nos termos do art. 894, II, da CLT".

5.4. Agravo interno

O agravo interno, ou simplesmente agravo, está previsto no art. 1.021 do CPC de 2015 (arts. 557, § 1º, e 545 do CPC/73). A CLT o prevê nos arts. 894, § 4º, e 896, § 12, e no art. 39 da Lei n. 8.038/90.

Como já advertimos no item 5.3 *supra*, o Regimento Interno do TST, atualizado em 2017, não prevê mais o agravo regimental, e sim o agravo interno.

Trata-se de recurso que, em linhas gerais, tem por objeto impugnar decisões monocráticas proferidas em sede de recurso pelos relatores nos tribunais. Daí por que o agravo interno se confunde, em alguns casos, com o agravo regimental (vide item 5.3 *supra*), uma vez que este também pode ser manejado para atacar as decisões monocráticas do relator.

Com efeito, dispunha o art. 557 do CPC/73 que o relator, monocraticamente, deveria negar seguimento a recurso manifestamente inadmissível, improcedente, prejudicado ou em confronto com súmula ou com jurisprudência dominante do respectivo tribunal, do Supremo Tribunal Federal, ou de Tribunal Superior.

Igualmente, poderia o relator, nos termos do § 1º-A do art. 557 do CPC/73, verificando que a decisão recorrida encontra-se em manifesto confronto com Súmula ou com jurisprudência dominante do STF ou de Tribunal Superior, em decisão monocrática, dar provimento ao recurso. Em ambos os casos, da decisão monocrática do relator caberá agravo interno, no prazo de cinco dias, ao órgão competente para o julgamento do recurso, e, se não houver retratação, o relator apresentará o processo em mesa, proferindo voto; provido o agravo, o recurso terá seguimento.

Nos termos do art. 932 do CPC, houve ampliação da competência do relator, a quem incumbe:

> I – dirigir e ordenar o processo no tribunal, inclusive em relação à produção de prova, bem como, quando for o caso, homologar autocomposição das partes;
>
> II – apreciar o pedido de tutela provisória nos recursos e nos processos de competência originária do tribunal;
>
> III – não conhecer de recurso inadmissível, prejudicado ou que não tenha impugnado especificamente os fundamentos da decisão recorrida;
>
> IV – negar provimento a recurso que for contrário a: *a)* súmula do Supremo Tribunal Federal, do Superior Tribunal de Justiça ou do próprio tribunal; *b)* acórdão proferido pelo Supremo Tribunal Federal ou pelo Superior Tribunal de Justiça em julgamento de recursos repetitivos; *c)* entendimento firmado em incidente de resolução de demandas repetitivas ou de assunção de competência;
>
> V – depois de facultada a apresentação de contrarrazões, dar provimento ao recurso se a decisão recorrida for contrária a: *a)* súmula do Supremo Tribunal Federal, do Superior Tribunal de Justiça ou do próprio tribunal; *b)* acórdão proferido pelo Supremo Tribunal Federal ou pelo Superior Tribunal de Justiça em julgamento de recursos repetitivos; *c)* entendimento firmado em incidente de resolução de demandas repetitivas ou de assunção de competência;
>
> VI – decidir o incidente de desconsideração da personalidade jurídica, quando este for instaurado originariamente perante o tribunal;
>
> VII – determinar a intimação do Ministério Público, quando for o caso;
>
> VIII – exercer outras atribuições estabelecidas no regimento interno do tribunal.
>
> Parágrafo único. Antes de considerar inadmissível o recurso, o relator concederá o prazo de 5 (cinco) dias ao recorrente para que seja sanado vício ou complementada a documentação exigível.

Como já ressaltado, a CLT também contempla o agravo interno no § 12 do art. 896 da decisão do Ministro Relator que denegar seguimento a recurso de revista, *in verbis*: "Da decisão denegatória caberá agravo, no prazo de 8 (oito) dias".

Igualmente, o art. 894, § 4º, da CLT prevê que: "Da decisão denegatória dos embargos caberá agravo, no prazo de 8 (oito) dias".

A petição do agravo interno é dirigida ao relator e a competência para julgá-lo é do órgão colegiado (Turma, SBDI-1 ou Tribunal Pleno, conforme previsão no regimento interno).

O agravo interno possui efeito devolutivo, como qualquer outro recurso. Não possui efeito suspensivo, tendo em vista a regra do art. 899 da CLT. Pode ter efeito regressivo, se houver retratação do relator (CPC/73, art. 557, § 1º; CPC, art. 1.021, § 2º).

Saliente-se, *en passant*, que o TST (Súmula 435) reconhece a aplicação do art. 932 do CPC (art. 557 do CPC/73) nos sítios do processo do trabalho. Logo, das decisões do relator com base no referido art. 932 do CPC cabe agravo interno, como prevê a Súmula 421, II, do TST.

Não há contrarrazões ao agravo interno (exceto no TST, conforme art. 266 do seu Regimento Interno), pois, a respeito da matéria que ele devolve ao órgão colegiado, a parte contrária já teve oportunidade de manifestação anterior.

Se não houver retratação, o relator apresentará o processo em mesa, proferindo seu voto[68].

Provido o agravo interno, o recurso anteriormente inadmitido pelo relator terá seguimento.

Quando o agravo interno for declarado manifestamente inadmissível ou improcedente em votação unânime, o órgão colegiado, em decisão fundamentada, condenará o agravante a pagar ao agravado uma multa fixada entre um e cinco por cento do valor atualizado da causa (CPC, art. 1.021, § 4º).

A interposição de qualquer outro recurso está condicionada ao depósito prévio do valor da multa prevista no § 4º, à exceção da Fazenda Pública e do beneficiário de gratuidade da justiça, que farão o pagamento ao final (CPC, art. 1.021, § 5º). Parece-nos que o privilégio concedido à Fazenda Pública é inconstitucional, uma vez que lhe confere tratamento privilegiado violador do princípio da isonomia entre as partes do processo, o mesmo não ocorrendo com o beneficiário da justiça gratuita, pois este pode ter comprometido, pela imposição de pagamento da multa, os seus direitos fundamentais de acesso à justiça e de ampla defesa, com os meios e "recursos" a eles inerentes.

5.4.1. Agravo Interno no âmbito do TST

É preciso o leitor ficar atento no tocante ao agravo interno no âmbito do TST, uma vez que o art. 265 do RITST, aprovado pela Resolução Administrativa n. 1.937, de 20-11-2017, dispõe que: "Cabe agravo interno contra decisão dos Presidentes do Tribunal e das Turmas, do Vice-Presidente, do Corregedor-Geral da Justiça do Trabalho ou de relator, nos termos da legislação processual, no prazo de 8 (oito) dias

68. Diferentemente do agravo regimental, pois neste, segundo dispõem alguns regimentos internos dos tribunais, o relator limita-se a fazer o relatório e lê-lo na sessão de julgamento da turma (ou de outro órgão competente) sem proferir voto.

úteis, pela parte que se considerar prejudicada", ressalvados, nos termos do parágrafo único do mesmo artigo, "os casos em que haja recurso próprio ou decisão de caráter irrecorrível, nos termos do Regimento ou da lei".

O procedimento do Agravo Interno no TST está previsto no art. 266 do seu Regimento Interno, segundo o qual

> o agravo interno será concluso ao prolator da decisão monocrática, que, após intimar o agravado para manifestar-se sobre o recurso no prazo de 8 (oito) dias úteis, poderá reconsiderá-lo ou determinar sua inclusão em pauta visando apreciação do Colegiado competente para o julgamento da ação ou do recurso em que exarada a decisão, com exceção daquele interposto contra a decisão do Presidente de Turma que denegar seguimento a embargos à Subseção I da Seção Especializada em Dissídios Individuais, que será diretamente distribuído entre os demais integrantes desta Subseção.

Tratando-se de agravos internos contra ato ou decisão do Presidente do TST, do Vice-Presidente e do Corregedor-Geral da Justiça do Trabalho, desde que interpostos no período do respectivo mandato, serão por eles relatados. Os agravos internos interpostos após o término da investidura no cargo do prolator do ato ou da decisão serão conclusos ao Ministro sucessor (RITST, art. 266, § 1º).

Já os agravos internos interpostos contra decisão monocrática do relator, na hipótese de seu afastamento temporário ou definitivo, serão conclusos, em relação aos processos de Turmas, ao Desembargador convocado ou ao Ministro nomeado para a vaga, conforme o caso, e, nos processos das Seções Especializadas, ao Ministro que ocupar a vaga, ou redistribuídos na forma dos §§ 1º e 2º do art. 107 do RITST.

Os agravos internos interpostos contra decisão monocrática do Presidente do TST, proferida durante o período de recesso forense e férias coletivas, serão julgados pelo relator do processo principal, salvo nos casos de competência específica da Presidência daquela Corte.

Se o Ministro relator for vencido no resultado do agravo interno ou quanto ao fundamento determinante da decisão, mesmo que prevalecente o resultado, será designado redator do acórdão o Ministro prolator do primeiro voto vencedor, a quem devem ser redistribuídos os embargos, promovendo-se a compensação (RITST, art. 266, § 4º).

Se o agravo interno for declarado manifestamente inadmissível ou improcedente em votação unânime, o órgão colegiado, em decisão fundamentada, condenará o agravante a pagar ao agravado multa fixada entre 1% e 5% do valor atualizado da causa, sendo que "a interposição de qualquer outro recurso está condicionada ao depósito prévio do valor da multa prevista no parágrafo anterior, à exceção da Fazenda Pública e do beneficiário da gratuidade da justiça, que farão o pagamento ao final" (RITST, art. 266, §§ 5º e 6º).

6. EMBARGOS DE DECLARAÇÃO

A tutela jurisdicional deve ser, além de justa, clara, escorreita e completa. Daí a existência dos embargos de declaração, que têm por objeto esclarecer, completar e aperfeiçoar as decisões judiciais[69].

Há acirrada polêmica sobre a natureza jurídica dos embargos de declaração. Duas correntes se dividem.

Para a primeira, os embargos de declaração não seriam recurso, porque: *a*) não são julgados por outro órgão judicial e, sim, pelo mesmo que proferiu a decisão embargada; *b*) não há previsão para o contraditório; *c*) interrompem o prazo para recurso, e exatamente por isso não seriam recurso; *d*) não objetivam reforma da decisão etc.

A segunda corrente defende a natureza recursal dos embargos declaratórios, tendo em vista a sua expressa previsão no elenco dos recursos cíveis do CPC/73 (art. 496, IV). O CPC também insere os embargos de declaração no rol dos recursos (arts. 1.022 a 1.026).

Na seara laboral, a CLT (art. 897-A), prevê literalmente os embargos de declaração no Capítulo VI do Título X, que é destinado aos recursos trabalhistas, muito embora não o contemple explicitamente no rol do art. 893 do mesmo diploma legal.

O STF, ao que nos parece, veio robustecer a tese defendida pela segunda corrente, pelo menos quando se tratar de embargos interpostos contra omissão do julgado que possa ocasionar efeito modificativo da decisão (STF-REED 144.981, RJ, 1ª T., Rel. Min. Celso de Mello, *DJU* 8-9-1995). É que, em tais casos, é obrigatória a instauração do contraditório e os embargos podem ocasionar reforma do julgado. O fato de os embargos não se submeterem ao duplo grau de jurisdição não desfigura a sua natureza recursal, a exemplo do recurso de embargos de divergência no TST.

Reforçando a tese de que os embargos de declaração são recurso, a SBDI-1 do TST editou a OJ n. 192, que prevê que é "em dobro o prazo para a interposição de embargos declaratórios por pessoa jurídica de direito público". Não tivesse a natureza de recurso, inexistiria embasamento legal para tal verbete.

Em regra, a finalidade principal dos embargos de declaração, diferentemente do que se dá com os demais recursos, repousa não na modificação da decisão por eles hostilizada, mas tão somente no seu esclarecimento ou na sua complementação, salvo quando tais vícios puderem ocasionar efeito modificativo do julgado.

6.1. Cabimento

A CLT não previa o recurso de embargos de declaração, razão pela qual a doutrina e a jurisprudência admitiam, por força do art. 769 da CLT, a aplicação subsidiária do

69. MARINONI, Luiz Guilherme; ARENHART, Sérgio Cruz. *Processo de conhecimento*, cit., p. 553.

art. 535 do CPC/73, que dispunha sobre o cabimento dos **EMBARGOS DE DECLARAÇÃO QUANDO**: I – houvesse, na sentença ou no acórdão, obscuridade ou contradição; II – fosse omitido ponto sobre o qual deveria pronunciar-se o juiz ou tribunal.

Com o advento da Lei n. 9.957, de 12 de janeiro de 2000 (*DOU* 13-1-2000), foi acrescentado à CLT o art. 897-A e seu parágrafo único, *in verbis*:

> Art. 897-A. Caberão embargos de declaração da sentença ou acórdão, no prazo de cinco dias, devendo seu julgamento ocorrer na primeira audiência ou sessão subsequente a sua apresentação, registrado na certidão, admitido efeito modificativo da decisão nos casos de omissão e contradição no julgado e manifesto equívoco no exame dos pressupostos extrínsecos do recurso.
>
> Parágrafo único. Os erros materiais poderão ser corrigidos de ofício ou a requerimento de qualquer das partes.

O parágrafo único supratranscrito foi, nos termos da Lei n. 13.015/2014, desdobrado em três parágrafos, a saber:

> § 1º Os erros materiais poderão ser corrigidos de ofício ou a requerimento de qualquer das partes.
>
> § 2º Eventual efeito modificativo dos embargos de declaração somente poderá ocorrer em virtude da correção de vício na decisão embargada e desde que ouvida a parte contrária, no prazo de 5 (cinco) dias.
>
> § 3º Os embargos de declaração interrompem o prazo para interposição de outros recursos, por qualquer das partes, salvo quando intempestivos, irregular a representação da parte ou ausente a sua assinatura.

De acordo com o art. 1.022 do CPC de 2015, houve ampliação do cabimento dos embargos de declaração, especialmente no que concerne à decisão embargável e à definição de omissão da decisão embargada, nos seguintes termos:

> Art. 1.022. Cabem embargos de declaração **contra qualquer decisão judicial** para: I – esclarecer obscuridade ou eliminar contradição; II – suprir omissão de ponto ou questão sobre o qual devia se pronunciar o juiz de ofício ou a requerimento; III – corrigir erro material.
>
> Parágrafo único. Considera-se omissa a decisão que: I – deixe de se manifestar sobre tese firmada em julgamento de casos repetitivos ou em incidente de assunção de competência aplicável ao caso sob julgamento; II – incorra em qualquer das condutas descritas no art. 489, § 1º, do CPC.

Vê-se, assim, que os embargos de declaração são cabíveis para impugnar qualquer decisão *lato sensu*, isto é, sentença, acórdão ou decisão interlocutória.

Revelando a instituição da cultura dos precedentes, o cabimento dos embargos sob o fundamento de omissão no julgado embargado exige que o relator ou órgão colegiado se manifestem expressamente sobre a tese firmada em julgamento de casos repetitivos ou em incidente de assunção de competência, bem como que o juiz observe todas as hipóteses em que a lei (CPC, art. 489, § 1º) não considera fundamentada a sentença ou a decisão interlocutória que venha a proferir.

Essas normas do CPC são aplicáveis supletiva e subsidiariamente (CLT, art. 769; CPC, art. 15) ao processo do trabalho, seja pela lacuna da legislação processual trabalhista, seja pela compatibilidade com os princípios constitucionais que se aplicam ao processo do trabalho.

De tal arte, o procedimento dos embargos declaratórios no primeiro grau de jurisdição é o previsto no art. 1.023, *caput*, do CPC, segundo o qual: "Os embargos serão opostos, no prazo de 5 (cinco) dias, em petição dirigida ao juiz, com indicação do erro, obscuridade, contradição ou omissão, e não se sujeitam a preparo".

É incompatível com o processo do trabalho o disposto no § 1º do art. 1.023 do CPC, pois os litisconsortes não gozam do privilégio do prazo em dobro.

Em princípio, não há intimação para contrarrazões aos embargos de declaração, salvo se o juiz verificar a possibilidade de modificar a decisão embargada. É o que dispõem o art. 897-A, *caput*, da CLT em conjunto com o § 2º do art. 1.023 do CPC.

Nos tribunais, os embargos de declaração são cabíveis para atacar decisões monocráticas do relator ou acórdão do órgão colegiado.

No processo do trabalho, portanto, os embargos de declaração são cabíveis para impugnar decisão interlocutória, sentença ou acórdão quando, nestes atos processuais, houver: omissão, obscuridade ou contradição ou, ainda, falta de fundamentação (CPC, art. 1.022, parágrafo único, c/c art. 489, § 1º).

Trata-se, aqui, da heterointegração dos subsistemas dos processos civil e trabalhista, que permite o diálogo dinâmico e virtuoso entre o art. 535 do CPC/73 (CPC, art. 1.022) e art. 897-A da CLT, com vistas à efetivação do acesso do cidadão à tutela jurisdicional clara, cooperativa, escorreita e completa.

Examinaremos adiante as hipóteses ensejadoras dos embargos de declaração.

6.1.1. Omissão de ponto, questão ou matéria e prequestionamento

Cabem embargos declaratórios para suprir omissão de ponto ou questão sobre o qual devia se pronunciar o juiz de ofício ou a requerimento da parte.

Nesse caso, os embargos podem versar não apenas sobre pedido não apreciado, mas também sobre a causa de pedir não enfrentada na decisão embargada, caso em que a sua utilização visa ao prequestionamento para possibilitar o acesso às instâncias extraordinárias.

Nos casos de julgamento *citra* (ou *infra*) *petita*, ou seja, quando a sentença for omissa a respeito de pedido (arts. 832 da CLT e 141, 489 e 492 do CPC), a parte interessada poderá: *a)* interpor embargos declaratórios, inclusive com efeito modificativo; *b)* interpor, desde logo, recurso ordinário com preliminar de nulidade da sentença por julgamento *citra petita*; *c)* ajuizar ação rescisória (OJ n. 41 da SBDI-2 do TST).

Não nos parece que, nesses dois últimos casos, ocorra a preclusão pela ausência de interposição anterior de embargos de declaração, uma vez que se está diante de matéria de ordem pública, conhecível até mesmo de ofício no recurso ordinário.

Ocorre preclusão se não forem opostos embargos declaratórios para suprir omissão apontada em recurso de revista ou de embargos de divergência (TST, Súmula 184).

Diz-se prequestionada a matéria ou questão quando na decisão impugnada houver sido adotada, explicitamente, tese a respeito (TST, Súmula 297, I).

Incumbe à parte interessada, desde que a matéria haja sido invocada no recurso principal, opor embargos declaratórios objetivando o pronunciamento sobre o tema, sob pena de preclusão (TST, Súmula 297, II).

Considera-se prequestionada a questão jurídica invocada no recurso principal sobre a qual se omite o Tribunal de pronunciar tese, não obstante opostos embargos de declaração (TST, Súmula 297, III).

Relembramos que prequestionamento é pressuposto específico para recursos de natureza extraordinária dirigidos ao TST ou ao STF, como já vimos no item 3.2.2.2 deste Capítulo.

O art. 1.025 do CPC prevê, ainda, o prequestionamento ficto, nos seguintes termos:

> Consideram-se incluídos no acórdão os elementos que o embargante suscitou, para fins de prequestionamento, ainda que os embargos de declaração sejam inadmitidos ou rejeitados, caso o tribunal superior considere existentes erro, omissão, contradição ou obscuridade.

O parágrafo único do art. 9º da IN n. 39/2016 permite a aplicação do referido dispositivo no processo do trabalho, *in verbis*:

> A omissão para fins do prequestionamento ficto a que alude o art. 1.025 do CPC dá-se no caso de o Tribunal Regional do Trabalho, mesmo instado mediante embargos de declaração, recusar-se a emitir tese sobre questão jurídica pertinente, na forma da Súmula 297, III, do Tribunal Superior do Trabalho.

Os embargos declaratórios são incabíveis para corrigir justiça ou injustiça da decisão. Nesse sentido:

> EMBARGOS DE DECLARAÇÃO. Desde que adote decisão fundamentada com base nos fatos e provas da causa, o Juízo não está obrigado a rebater todos os argumentos

da parte. Além disso, os embargos de declaração não se destinam à correção de eventual injustiça ou ilegalidade da decisão. Embargos de declaração do 2º reclamado conhecidos e providos em parte. Embargos de declaração da 1ª reclamada conhecidos e não providos (TRT-10ª, RO 01811-2011-006-10-00-2 RO, Rel. Des. Elke Doris Just, 2ª T., *DEJT* 25-1-2013).

São cabíveis os embargos declaratórios quando o embargante almeja a fixação de novo valor da condenação para fins de depósito recursal. Trata-se de omissão sanável pela interposição dos declaratórios. Nesse sentido:

> EMBARGOS DE DECLARAÇÃO. OMISSÃO. INSTRUÇÃO NORMATIVA N. 3/1993 DO TST. REDUÇÃO DA CONDENAÇÃO EM GRAU RECURSAL. FIXAÇÃO DE NOVO VALOR À CONDENAÇÃO. Havendo acréscimo ou redução da condenação em grau recursal, o Juízo prolator da decisão arbitrará novo valor à condenação. Na hipótese, não obstante o apelo da Reclamada ter sido provido, o que resultou em uma significativa redução da condenação, à mesma não foi arbitrado um novo valor, de modo que os embargos de declaração devem ser providos para que seja sanado o vício. Embargos de declaração providos (TST-ED-RR 11200-57.2009.5.03.0138, Rel. Min. Mauricio Godinho Delgado, 3ª T., *DEJT* 8-11-2013).
>
> 1. EMBARGOS DE DECLARAÇÃO. NOVO VALOR DA CONDENAÇÃO. OMISSÃO. Constatando-se a existência de omissão no Acórdão, atinente à não fixação de novo valor da causa para fins de custas e de eventual depósito recursal, urge o saneamento da omissão, arbitrando-se novo valor à condenação embargada. 2. HONORÁRIOS ADVOCATÍCIOS. ESCLARECIMENTOS. O acórdão embargado não foi omisso no que se refere aos honorários de advogado, porquanto tratou da matéria, fundamentado na superação do entendimento firmado nas Súmulas 219 e 329, do c. TST, em razão da revogação dos arts. 14 e 16 da Lei n. 5.584/70. Contudo, devidos os esclarecimentos quanto à assistência sindical e à hipossuficiência da reclamante. EMBARGOS DE DECLARAÇÃO CONHECIDOS E PROVIDOS (TRT-7ª R., ED 0154800-4520095070003, Rel. Des. José Antonio Parente da Silva, 1ª T., *DEJT* 14-5-2012).

Por força do parágrafo único do art. 1.022 do CPC, também deve ser considerada omissa a decisão que:

> I – deixe de se manifestar sobre tese firmada em julgamento de casos repetitivos ou em incidente de assunção de competência aplicável ao caso sob julgamento;
>
> II – incorra em qualquer das condutas descritas no art. 489, § 1º, do CPC.

Esses dispositivos são aplicáveis, supletiva e subsidiariamente, ao processo do trabalho, como prevê o art. 9º, *caput*, da IN n. 39/2016 do TST.

A exigência de manifestação sobre tese firmada em julgamento de casos repetitivos ou em incidente de assunção de competência decorre da previsão dos efeitos vinculantes dos acórdãos proferidos em tais incidentes processuais, como impõem os arts. 927, III, 947, § 3º, e 985, I, do CPC.

Por outro lado, também se considera omissa a decisão que deixa de observar as exigências de fundamentação exaustiva impostas pelo extenso rol do § 1º do art. 489 do CPC, em especial a prevista no inciso IV, que não considera fundamentada, portanto omissa, a decisão que "não enfrentar todos os argumentos deduzidos no processo capazes de, em tese, infirmar a conclusão adotada pelo julgador". Sobre essa temática, remetemos o leitor ao Capítulo XVII, item 5.7.2.1.

6.1.2. Obscuridade

Obscuridade, substantivo feminino, significa ausência de luz; estado do que é obscuro; escuridão; falta de clareza, de inteligibilidade; caráter do que é confuso[70].

Toda decisão judicial, portanto, deve ser clara e inteligível. Logo, qualquer decisão judicial deve possibilitar a compreensão daquilo que foi decidido. A obscuridade há de ser entendida como a falta de clareza que impeça ou dificulte a correta compreensão do julgado, o que implica, não raro, o retardamento do desfecho da prestação jurisdicional.

O cabimento de embargos de declaração por obscuridade da decisão embargada não autoriza o efeito modificativo, como veremos mais adiante.

A jurisprudência vem admitindo embargos de declaração para prestar esclarecimentos sem efeito modificativo:

> EMBARGOS DE DECLARAÇÃO. PROVIMENTO PARCIAL. Cabem embargos de declaração, com o fim de prestar esclarecimento e ver completada a prestação jurisdicional, ainda que sem emprestar-lhes efeito modificativo (TRT 17ª R., ED 0077900-53.2011.5.17.0009, Rel. Des. Carlos Henrique Bezerra Leite, *DEJT* 1º-3-2013).

> EMBARGOS DE DECLARAÇÃO. HORAS *IN ITINERE*. SUPRESSÃO. Hipótese em que se dá provimento aos embargos de declaração para prestar esclarecimentos, sem, contudo, imprimir efeito modificativo ao julgado. Embargos de declaração providos para prestar esclarecimento, sem efeito modificativo (TST-ED-Ag-ARR-1780-27.2013.5.1 2.0012, 2ª T., Rel. Min. Delaíde Miranda Arantes, *DEJT* 14-6-2019).

6.1.3. Contradição

A contradição, para fins de embargos de declaração, deve constar do corpo da própria sentença ou acórdão. Pode ocorrer contradição não apenas entre o relatório e

70. *Dicionário eletrônico Houaiss da Língua Portuguesa*, Rio de Janeiro, 2001, p. 2044.

a fundamentação ou entre esta e o *decisum*, mas também entre quaisquer partes da sentença ou do acórdão. Tem-se admitido, ainda, a contradição entre o acórdão e a certidão de julgamento.

Não há contradição, para fins de interposição de embargos de declaração, entre os fatos e documentos produzidos nos autos e a decisão judicial. Vale dizer, ainda que possa parecer contraditório o exame judicial acerca dos fatos e das provas colhidas, isso não autoriza o cabimento dos embargos de declaração, pois se trata de *error in judicando*.

É importante notar que, na hipótese de contradição na decisão embargada, é possível o efeito modificativo dos embargos de declaração consoante autorização do art. 897-A da CLT, como veremos mais adiante.

Assim, a adoção de teses contrárias às suscitadas pelo embargante, a não aplicação de determinada norma ao caso concreto, a conclusão contrária à prova dos autos, à doutrina ou à jurisprudência são insuficientes para o provimento dos declaratórios.

Não cabem embargos declaratórios para reexame do conteúdo da decisão embargada, consoante entendimento do TST:

> Embargos de declaração – Reexame do julgado – Medida processual inadequada. Os embargos de declaração constituem instrumento processual destinado a completar ou aclarar a decisão, admitindo-se a atribuição de efeito modificativo somente nos casos de omissão ou contradição no julgado e manifesto equívoco no exame dos pressupostos extrínsecos do recurso. Não tendo natureza revisora, não é meio próprio para atacar o conteúdo da decisão embargada. Embargos conhecidos e desprovidos (TST, ED-AIRR n. 58/2003.022.03.40-0, 2ª T., Rel. Luiz Carlos Gomes Godoi, *DJU* 13-5-2005, p. 601).

Há entendimentos no sentido de conhecer e dar provimento aos embargos declaratórios quando existente contradição entre o acórdão e a certidão de julgamento: Nesse sentido:

> EMBARGOS DE DECLARAÇÃO – Embargos de declaração acolhidos com efeitos modificativos, para retificar a certidão e a parte dispositiva do acórdão conferindo-lhe nova redação, ante a contradição entre os fundamentos do acórdão, a certidão e a sua parte dispositiva (TRT 1ª R., ED 1540005920085010022, Rel. Des. Jose Antonio Teixeira da Silva, 6ª T., *DJ* 21-9-2012).
>
> EMBARGOS DE DECLARAÇÃO. EFEITO MODIFICATIVO. Constatada a existência de contradição entre o teor do voto e a certidão de julgamento, que integra o v. acórdão, na parte dispositiva, capaz de, uma vez suprida, ensejar a modificação do julgado, os embargos são acolhidos, emprestando-lhes efeito modificativo (Art. 897-A da CLT) (TRT 7ª R., ED 0162300-1520085070031, Rel. Des. Manoel Arízio Eduardo de Castro, 1ª T., *DEJT* 12-12-2011).

6.1.4. Erro material

Dispõe o § 1º do art. 897-A da CLT que: "Os erros materiais poderão ser corrigidos de ofício ou a requerimento de qualquer das partes".

De tal arte, a lei autoriza o órgão julgador a corrigir, de ofício, erro material contido na sentença ou decisão. Em se tratando de acórdão, parece-nos que o relator poderá fazê-lo também de ofício, mas terá de submeter a sua deliberação a julgamento pelo órgão colegiado. Se se tratar de decisão interlocutória do relator, ele mesmo pode corrigir de ofício o erro material, independentemente de pronunciamento do órgão colegiado do qual participe.

As partes também podem requerer, mediante simples petição, a correção de erro material contido na sentença ou no acórdão. Para tanto, não haverá necessidade de interposição de embargos de declaração.

A jurisprudência especializada, no entanto, vem admitindo embargos declaratórios quando há erros materiais na decisão embargada:

> (...) EMBARGOS DE DECLARAÇÃO DO RECLAMANTE. ERRO MATERIAL. CORREÇÃO SEM CONCESSÃO DE EFEITO MODIFICATIVO. Havendo erro material no acórdão, os embargos de declaração são acolhidos, para sanar o vício, sem concessão de efeito modificativo ao julgado" (TST-ED-RR-2208-31.2014.5.02.0051, 3ª T., Rel. Min. Alberto Luiz Bresciani de Fontan Pereira, *DEJT* 1º-7-2019).

6.1.5. Cabimento contra algumas decisões interlocutórias

Prescreve o art. 897-A da CLT que cabem embargos de declaração contra sentença ou acórdão, e não contra decisões interlocutórias. Por óbvio, não se cogita dos despachos, pois estes são sempre irrecorríveis.

Sabe-se que a sentença é um ato processual do juiz que, apreciando ou não o mérito da causa, resolve o processo (*rectius*, o procedimento no primeiro grau de jurisdição). Dá-se o nome de acórdão às decisões proferidas pelos tribunais, por meio de seus órgãos colegiados, evidentemente (CPC, art. 204).

Todavia, como já afirmado alhures, em se tratando de decisões monocráticas proferidas pelo relator em grau de recurso, mormente nas hipóteses do art. 932, III, IV e V, do CPC, isto é, quando o relator julgar o recurso manifestamente inadmissível, improcedente, prejudicado etc., há fortes razões de ordem lógica que justificam o cabimento dos embargos declaratórios contra tal decisão.

Nesse sentido é o item I da Súmula 421 do TST:

> Súmula 421 – EMBARGOS DE DECLARAÇÃO. CABIMENTO. DECISÃO MONOCRÁTICA DO RELATOR CALCADA NO ART. 932 DO CPC DE 2015. ART. 557 DO CPC DE 1973 (atualizada em decorrência do CPC de 2015; Res. n. 208/2016, *DEJT*

divulgado em 22, 25 e 26-4-2016). I – Cabem embargos de declaração da decisão monocrática do relator prevista no art. 932 do CPC de 2015 (art. 557 do CPC de 1973), se a parte pretende tão somente juízo integrativo retificador da decisão e, não, modificação do julgado. II – Se a parte postular a revisão no mérito da decisão monocrática, cumpre ao relator converter os embargos de declaração em agravo, em face dos princípios da fungibilidade e celeridade processual, submetendo-o ao pronunciamento do Colegiado, após a intimação do recorrente para, no prazo de 5 (cinco) dias, complementar as razões recursais, de modo a ajustá-las às exigências do art. 1.021, § 1º, do CPC de 2015.

A doutrina, aliás, já sustentava o cabimento dos embargos declaratórios contra qualquer espécie de ato judicial. No dizer de José Carlos Barbosa Moreira,

> são cabíveis os embargos contra todo e qualquer pronunciamento jurisdicional, até mesmo contra meros despachos de expediente, posto que toda e qualquer decisão e até simples pronunciamentos devem ser claros, precisos e integrais, de onde, então, faltando-lhes qualquer desses atributos, de rigor seria a impugnação pela via dos embargos declaratórios, exatamente para suprir omissão, eliminar obscuridade ou contradição. Ademais, seria contrassenso permitir-se o recurso em segunda instância, onde não havia discriminação quanto ao conteúdo da decisão, em maior largueza que em primeira[71].

Depois de muito refletir sobre a problemática em tela, parece-nos que os embargos de declaração são cabíveis contra qualquer decisão judicial, seja sentença, acórdão ou decisão interlocutória, desde que em tais atos judiciais existam os vícios da contradição, omissão ou obscuridade[72]. É o que ocorre, por exemplo, com a decisão que, sem fundamentação, concede ou nega tutela antecipada. Ora, a ausência de fundamentação em tal decisão interlocutória pode ser suprida pelo conhecimento e provimento dos embargos de declaração.

Tal entendimento foi adotado pelo art. 1.022 do CPC, aplicável supletivamente ao processo do trabalho nos termos do art. 9º da IN n. 39/2016 do TST, *in verbis*:

> O cabimento dos embargos de declaração no Processo do Trabalho, para impugnar qualquer decisão judicial, rege-se pelo art. 897-A da CLT e, supletivamente, pelo Código de Processo Civil (arts. 1.022 a 1.025; §§ 2º, 3º e 4º do art. 1.026), excetuada a garantia de prazo em dobro para litisconsortes (§ 1º do art. 1.023).

71. BARBOSA MOREIRA, José Carlos. *Comentários ao Código de Processo Civil*. 7. ed. Rio de Janeiro: Forense, 2005. v. 5, p. 511.
72. Nesse sentido: MARINONI, Luiz Guilherme; ARENHART, Sérgio Cruz. *Processo de conhecimento*, cit., p. 553.

Data venia das opiniões em contrário, não nos parece cabível o recurso de embargos de declaração contra despachos, tendo em vista o óbice intransponível do art. 1.021 do CPC, sendo certo, ainda, que o alargamento das hipóteses de cabimento dos embargos de declaração poderá implicar violação ao princípio da duração razoável do processo.

6.1.6. Preparo

Os embargos de declaração, tanto no processo civil quanto no processo do trabalho, não estão sujeitos a preparo (CPC, art. 1.023, *in fine*). **Logo, nos embargos de declaração, não há incidência de custas ou depósito recursal.**

6.2. Juízo de admissibilidade e juízo de mérito

O juízo de admissibilidade dos embargos declaratórios deve estar circunscrito ao exame dos *pressupostos genéricos intrínsecos* (legitimidade recursal, interesse de recorrer e adequação da via eleita) e *extrínsecos* (tempestividade, regularidade formal e inexistência de fatos impeditivos ou extintivos do direito de recorrer).

Além desses pressupostos genéricos, o art. 1.023 do CPC (art. 536 do CPC/73), aplicado supletiva e subsidiariamente ao processo do trabalho (CLT, art. 769; CPC, art. 15), exige um *pressuposto específico* dos embargos de declaração, na medida em que impõe ao embargante o dever de fazer a "indicação do erro, obscuridade, contradição ou omissão" contido na decisão hostilizada.

Como bem ressalta Rodrigo Reis Mazzei, em excelente monografia sobre o tema, "o exame da ocorrência do vício judicial somente será desvendado no juízo de mérito do recurso, e não no julgamento de admissibilidade recursal", razão pela qual adverte que

> os magistrados devem estar bem atentos no julgamento dos declaratórios, evitando a subversão de mérito dos embargos em questão de admissibilidade do recurso, pois o deslize criará entrave processual de grande repercussão e cujo efeito imediato será o prolongamento da discussão judicial, deixando-se de lado o mérito da causa para se fixar (novo) ponto controvertido apenas de natureza processual, distanciando as partes cada vez mais da efetiva prestação jurisdicional[73].

Assim, presentes os pressupostos genéricos e específicos acima citados, o órgão judicial ao qual é dirigido o recurso deverá emitir juízo de mérito, que consiste em examinar se a decisão embargada padece dos vícios da obscuridade, contradição ou omissão apontados pelo embargante.

---

73. Embargos de declaração. In: *Dos recursos* – temas obrigatórios e atuais: vetores recursais. Vitória: Instituto Capixaba de Estudos (ICE), 2002. p. 307-310.

6.3. Efeitos

6.3.1. Efeito devolutivo

A par do efeito devolutivo inerente a todos os recursos, sendo que nos embargos de declaração tal efeito é extraído da literalidade dos arts. 897-A da CLT e 1.023 do CPC (art. 536 do CPC/73), os quais deixam claro quais as matérias específicas que podem ser "devolvidas" ao órgão judicial prolator da decisão embargada. Logo, os embargos devolvem ao juiz, relator ou outro órgão do tribunal as matérias (omissão, obscuridade ou contradição) contidas na decisão hostilizada, sendo certo que o órgão julgador, ao processar e julgar os embargos declaratórios, ficará limitado ao exame de tais matérias.

6.3.2. Efeito translativo

Os embargos de declaração também podem ter efeito translativo, caso a omissão contida na decisão embargada diga respeito à questão de ordem pública, conhecível, de ofício, pelo magistrado. Como bem leciona Cassio Scarpinella Bueno,

> ao ensejo do julgamento dos embargos declaratórios, é dado ao magistrado pronunciar-se sobre questões de ordem pública, mesmo quando não seja este o fundamento do recurso. Aplica-se, a eles, o disposto no § 3º do art. 267 do CPC, excepcionados deste entendimento, no entanto, os recursos extraordinários[74].

Exemplificando: se ao julgar embargos de declaração interpostos pelo autor, servidor público estatutário, o juiz (ou tribunal) pode (e deve), depois de conhecer dos embargos, declarar, de ofício, a incompetência da Justiça do Trabalho (CPC/73, arts. 267, § 3º, e 301, § 4º; CPC, arts. 485, § 3º, e 337, § 5º) e remeter os autos à Justiça comum. E isso porque as questões de ordem pública, como pressupostos processuais e condições da ação, devem ser apreciadas de ofício pelos órgãos judiciais na instância ordinária, independentemente de requerimento ou provocação das partes ou do Ministério Público. Tais questões, porém, não podem ser examinadas de ofício na instância extraordinária, pois os recursos de natureza extraordinária, como o recurso de revista ou de embargos para a SBDI-1, não possuem efeito translativo (ver item 6.3.3 do Capítulo XIX).

O inciso II do art. 1.022 do CPC não deixa mais dúvida a respeito do cabimento dos embargos de declaração contra qualquer decisão judicial para "suprir omissão de ponto ou questão sobre o qual devia se pronunciar o juiz de ofício" ou a requerimen-

---

74. BUENO, Cassio Scarpinella. *Curso sistematizado de direito processual civil*. São Paulo: Saraiva, 2008. v. 5, p. 202.

to. Tal regra, em função da lacuna ontológica da CLT, deve ser aplicada supletivamente ao processo do trabalho (CLT, art. 769; CPC, art. 15), como, aliás, autoriza o art. 9º da IN n. 39/2016 do TST.

6.3.3. Efeito interruptivo

A partir da Lei n. 8.950/94, que deu nova redação ao art. 538 do CPC, os embargos de declaração deixaram de ter efeito suspensivo e passaram a ter efeito interruptivo. Noutro falar, antes da referida lei, os embargos declaratórios suspendiam o prazo para a interposição de qualquer outro recurso; depois, passaram a interromper os prazos recursais.

O art. 1.026 do CPC dispõe que os "embargos de declaração não possuem efeito suspensivo e interrompem o prazo para a interposição de recurso". No entanto, por força do § 1º do referido art. 1.026, a "eficácia da decisão monocrática ou colegiada poderá ser suspensa pelo respectivo juiz ou relator se demonstrada a probabilidade de provimento do recurso ou, sendo relevante a fundamentação, se houver risco de dano grave ou de difícil reparação".

Há quem sustente que o efeito interruptivo dos embargos declaratórios só ocorre quando eles forem conhecidos. Dito de outro modo, se os embargos não forem admitidos, *v.g.*, por intempestividade, inadequação ou irregularidade de representação, não haverá interrupção do prazo para interposição de outro recurso.

Pensávamos, porém, que seria lícito ao julgador negar ou ignorar o efeito interruptivo dos embargos de declaração, ainda que intempestivos.

Todavia, com o advento da Lei n. 13.015/2014, alteramos nosso entendimento, pois essa lei acrescentou o § 3º ao art. 897-A da CLT, passando a dispor expressamente que:

> Os embargos de declaração interrompem o prazo para interposição de outros recursos, por qualquer das partes, salvo quando intempestivos, irregular a representação da parte ou ausente a sua assinatura.

Assim, os embargos de declaração somente não interromperão os prazos para outros recursos, interpostos por qualquer das partes, em três situações: *a)* se forem intempestivos; *b)* se houver irregularidade de representação do embargante; *c)* se a petição dos embargos declaratórios for apócrifa, caso em que o recurso é considerado juridicamente inexistente.

Portanto, afora as três hipóteses previstas no § 3º do art. 897-A da CLT, os embargos de declaração, mesmo não conhecidos por inadequação, interrompem o prazo para interposição de quaisquer outros recursos. Nesse sentido:

> RECURSO DE REVISTA 1 – NULIDADE. NÃO CONHECIMENTO DOS EMBARGOS DE DECLARAÇÃO. INTERRUPÇÃO DO PRAZO RECURSAL. CERCEAMENTO DE

> DEFESA. Conforme jurisprudência desta Corte, apenas os embargos de declaração não conhecidos por irregularidade de representação ou intempestividade não interrompem o prazo recursal. No caso dos autos, em que pese os embargos de declaração opostos pela parte não terem sido conhecidos, a Corte de origem analisou o mérito do referido recurso, porquanto positivo o Juízo de admissibilidade quanto à tempestividade e representação. Desse modo, não há dúvida de que os embargos de declaração opostos pela reclamada interromperam o prazo para interposição do recurso de revista, tanto que foi admitido pela instância de origem, como foi considerado tempestivo por esta Corte Superior (...) (TST-RR-591-49.2012.5.15.0114, 2ª T., Rel. Min. Delaíde Miranda Arantes, *DEJT* 31-5-2019).

Vê-se, assim, que a decisão que invoca a inadequação por ausência de omissão, contradição ou obscuridade para não conhecer dos embargos de declaração está, na verdade, apreciando o mérito dessa modalidade recursal, e não os pressupostos de sua admissibilidade. Nesse sentido:

> AGRAVO DE INSTRUMENTO. TEMPESTIVIDADE DO RECURSO ORDINÁRIO. EMBARGOS DE DECLARAÇÃO NÃO CONHECIDOS. INTERRUPÇÃO DO PRAZO RECURSAL. No caso, o TRT consignou que os embargos de declaração opostos contra a sentença não foram conhecidos ante a "inadequação recursal e erro grosseiro". Portanto, houve a interrupção do prazo para a interposição do recurso ordinário, o qual é tempestivo, na medida em que o Juízo *a quo* decidiu sobre o próprio mérito dos embargos de declaração opostos contra a sentença, e não sobre seus pressupostos extrínsecos. Recurso de revista a que se dá provimento (TST-RR 858-76.2011.5.05.0003, Rel. Min. Kátia Magalhães Arruda, 6ª T., *DEJT* 13-9-2013).

Convém lembrar, para encerrar este tópico, que o TST editou a Súmula 434, cujo item II prevê que: "A interrupção do prazo recursal em razão da interposição de embargos de declaração pela parte adversa não acarreta qualquer prejuízo àquele que apresentou seu recurso tempestivamente".

6.3.4. Efeito modificativo

Os embargos de declaração não visam, em princípio, reformar a decisão embargada, razão pela qual, a rigor, eles não devolvem ao juiz prolator o conhecimento da matéria impugnada.

Todavia, nos termos do art. 897-A da CLT, quando a decisão embargada contiver omissão, contradição ou manifesto equívoco no exame dos pressupostos extrínsecos do recurso, os embargos poderão ensejar a reforma do *decisum* hostilizado.

Quando ocorrerem quaisquer situações previstas no preceptivo supracitado, os embargos declaratórios, desde que providos, podem implicar a reforma da decisão embargada. É o que se convencionou denominar efeito modificativo (ou infringente) dos embargos declaratórios.

Exemplo: a ré arguiu prescrição na contestação e a sentença, omissa quanto a esta prejudicial de mérito, julga procedente o pedido. Interpostos os embargos declaratórios pela ré contra tal omissão, e se eles forem providos para sanar a omissão, o juiz pode, na sentença dos embargos declaratórios, pronunciar a prescrição e julgar extinto o processo com base no art. 487, II, do CPC. Houve, assim, reforma da sentença e, nesse caso, o recurso de embargos declaratórios devolveu ao juiz o conhecimento da matéria impugnada.

No que tange ao efeito modificativo do recurso de embargos declaratórios, o STF firmou jurisprudência no sentido de se permitir o contraditório, sob pena de nulidade:

> EMBARGOS DE DECLARAÇÃO INTERPOSTOS ANTES DA VIGÊNCIA DA LEI N. 8.950/1994 – IMPUGNAÇÃO A ACÓRDÃO QUE CONHECEU E DEU PROVIMENTO A RECURSO EXTRAORDINÁRIO – ALEGAÇÃO DE INTEMPESTIVIDADE DO APELO EXTREMO FEITA PELO EMBARGANTE – EFEITO MODIFICATIVO – NECESSIDADE DE PRÉVIA AUDIÊNCIA DA PARTE EMBARGADA (CF, ART. 5º, LV) – EXTEMPORANEIDADE NÃO CARACTERIZADA – EMBARGOS REJEITADOS. A garantia constitucional do contraditório impõe que se ouça, previamente, a parte embargada na hipótese excepcional de os embargos de declaração haverem sido interpostos com efeito modificativo. Os embargos de declaração, quando deduzidos tempestivamente e desde que opostos antes da vigência da Lei n. 8.950/1994, suspendiam o prazo para a interposição do recurso extraordinário. Não se computa, para efeito de contagem do prazo recursal, o dia em que foram opostos os embargos de declaração (*RTJ* 119/370). O prazo para interposição do recurso extraordinário – presente o contexto normativo existente antes da vigência da Lei n. 8.950/1994 – recomeçava a fluir, pelo lapso temporal remanescente, a partir do primeiro dia útil, inclusive, que se seguisse à publicação oficial do acórdão proferido pelo Tribunal *a quo* nos embargos de declaração (*RTJ* 112/383) (STF REED n. 144.981, RJ, 1ª T., Rel. Min. Celso de Mello, *DJU* 8-9-1995).

Seguindo o entendimento do STF, o TST editou a Súmula 278, *in verbis*: "A natureza da omissão suprida pelo julgamento de embargos declaratórios pode ocasionar efeito modificativo no julgado".

Acrescenta-se que não apenas no caso de omissão, como também nos casos de contradição ou de equívoco no exame dos pressupostos extrínsecos (ou objetivos) do recurso, os embargos poderão ter efeito modificativo. Se na fundamentação da sentença, por exemplo, o juiz diz que assiste razão ao reclamante quanto ao pedido de horas extras, e, no *decisum*, julga improcedente o pedido, os embargos de declaração, se conhecidos e providos, podem modificar o conteúdo da sentença.

Ressalte-se que a concessão de efeito modificativo aos embargos declaratórios deve observar o princípio constitucional do contraditório. Vale dizer, se o juiz (ou relator), ao verificar que a sua decisão poderá ocasionar efeito modificativo no julgado embargado, deverá abrir vista dos autos à parte contrária para, querendo, apresentar contrarrazões aos embargos declaratórios. Caso não seja adotada tal providência, o prejudicado poderá recorrer, arguindo a nulidade da decisão dos embargos, por violação ao princípio do contraditório.

Debruçando-se sobre a questão do efeito modificativo dos embargos declaratórios, a SBDI-1 editou a OJ n. 142, segundo a qual:

> I – É passível de nulidade decisão que acolhe embargos de declaração com efeito modificativo sem que seja concedida oportunidade de manifestação prévia à parte contrária.
>
> II – Em decorrência do efeito devolutivo amplo conferido ao recurso ordinário, o item I não se aplica às hipóteses em que não se concede vista à parte contrária para se manifestar sobre os embargos de declaração opostos contra sentença.

Esse item II da OJ n. 142 da SBDI-1 foi cancelado pela Resolução TST n. 214 (*DEJT* 30-11-2016), em decorrência do § 2º do art. 897-A da CLT, com redação dada pela Lei n. 13.015/2014, que passou a dispor, *in verbis*: "Eventual efeito modificativo dos embargos de declaração somente poderá ocorrer em virtude da correção de vício na decisão embargada e desde que ouvida a parte contrária, no prazo de 5 (cinco) dias".

Ora, onde a lei não distingue, não é lícito ao intérprete fazê-lo. Vale dizer, se a lei não faz distinção entre as espécies de decisão embargada (sentença ou acórdão) que podem ensejar efeito modificativo aos embargos declaratórios, então eventual efeito modificativo dessa modalidade recursal somente poderá ocorrer se for "ouvida a parte contrária, no prazo de 5 (cinco) dias".

Ademais, o § 3º do art. 897-A da CLT, por encontrar-se em harmonia com o princípio constitucional do contraditório e ampla defesa, não permite interpretação restritiva, não subsistindo, a nosso ver, o argumento de que o efeito devolutivo amplo conferido ao recurso ordinário interposto contra sentença poderia se sobrepor ao referido princípio constitucional, que é norma de direito fundamental.

6.4. Procedimento

Tendo em vista a lacuna do texto consolidado, temos de nos valer das regras previstas nos arts. 1.022 a 1.026 do CPC, adaptando-as, no que couber, ao art. 897-A da CLT.

Assim, os embargos serão interpostos, no prazo de cinco dias, contados da intimação da sentença ou acórdão (ou, se for o caso, da decisão interlocutória), em petição dirigida ao juiz ou relator, com indicação do erro, obscuridade, contradição ou omissão, não estando sujeitos a preparo.

Se o juiz verificar a possibilidade de modificação do julgado pelo acolhimento dos embargos de declaração, deverá mandar intimar o embargado para, querendo, manifestar-se, no prazo de cinco dias, sobre os embargos opostos.

O juiz julgará os embargos em cinco dias (CPC, art. 1.024).

Por força do § 1º do art. 1.024 do CPC, nos tribunais, o relator apresentará os embargos em mesa na sessão subsequente, proferindo voto, e, não havendo julgamento nessa sessão, será o recurso incluído em pauta automaticamente.

Quando os embargos de declaração forem opostos contra decisão de relator ou outra decisão unipessoal proferida em tribunal, o órgão prolator da decisão embargada decidi-los-á monocraticamente (CPC, art. 1.024, § 2º). Cabem, assim, nos tribunais, embargos de declaração contra decisão monocrática do relator ou contra decisão do presidente, do vice-presidente ou do corregedor.

Caso os embargos de declaração sejam manejados em lugar de agravo regimental, o § 3º do art. 1.024 do CPC (TST, Súmula 421, II) assegura a aplicação do princípio da fungibilidade, dispondo que:

> O órgão julgador conhecerá dos embargos de declaração como agravo interno se entender ser este o recurso cabível, desde que determine previamente a intimação do recorrente para, no prazo de 5 (cinco) dias, complementar as razões recursais, de modo a ajustá-las às exigências do art. 1.021, § 1º.

Na hipótese de o acolhimento dos embargos de declaração implicar modificação da decisão embargada, o embargado que já tiver interposto outro recurso contra a decisão originária tem o direito de complementar ou alterar suas razões, nos exatos limites da modificação, no prazo de oito dias, que é o prazo comum dos recursos trabalhistas, contado da intimação da decisão dos embargos de declaração (CPC, art. 1.024, § 4º).

Por fim, se os embargos de declaração forem rejeitados ou não alterarem a conclusão do julgamento anterior, o recurso interposto pela outra parte antes da publicação do julgamento dos embargos de declaração será processado e julgado independentemente de ratificação (CPC, art. 1.024, § 5º).

Caso o embargante seja pessoa jurídica de direito público, a OJ n. 192 da SBDI-1 do TST assegura-lhe o prazo em dobro para a interposição de embargos declaratórios. Idêntico entendimento deve ser aplicado ao Ministério Público do Trabalho.

Há um único juízo de admissibilidade exercido pelo próprio órgão prolator da decisão embargada, cabendo-lhe examinar os pressupostos recursais objetivos e subjetivos.

Não há previsão para contrarrazões, salvo na hipótese prevista no § 2º do art. 897 da CLT (e OJ n. 142 da SBDI-1 do TST), nem para sustentação oral nos tribunais.

Tratando-se de embargos opostos à sentença, o juiz os julgará na primeira audiência seguinte. Quando os embargos declaratórios forem interpostos contra acórdão, o relator apresentará os embargos em mesa na sessão de julgamento subsequente, proferindo voto independentemente de publicação de pauta da sessão de julgamento.

Se, na sessão de julgamento, o tribunal conhecer e der provimento aos embargos com efeito modificativo para, por exemplo, conhecer do recurso ordinário não conhecido anteriormente por equívoco no exame de pressuposto extrínseco de sua admissibilidade (CLT, art. 897-A), não poderá, na mesma sessão, prosseguir no julgamento do recurso ordinário, sob pena de violação aos princípios do contraditório, da ampla defesa e da publicidade. Vale dizer, em tal caso, parece-nos que o relator, em homenagem àqueles princípios constitucionais fundamentais, deverá retirar o feito de pauta, encaminhá-lo ao revisor (se existir este órgão no respectivo tribunal) e determinar a publicação da pauta da sessão para novo julgamento do recurso ordinário, facultando, inclusive, a sustentação oral das partes.

6.5. Multas por embargos de declaração protelatórios

De acordo com o § 2º do art. 1.026 do CPC:

> Quando manifestamente protelatórios os embargos de declaração, o juiz ou o tribunal, em decisão fundamentada, condenará o embargante a pagar ao embargado multa não excedente a dois por cento sobre o valor atualizado da causa.

Tendo em vista a omissão da parte processual da CLT e a ausência de incompatibilidade com a principiologia do direito processual do trabalho, não vemos incompatibilidade na aplicação subsidiária do art. 1.026, § 2º, do CPC no âmbito da Justiça do Trabalho. Nesse sentido:

> (...) MULTA POR EMBARGOS DE DECLARAÇÃO PROTELATÓRIOS. Conquanto o art. 1.022 do CPC de 2015 preveja a utilização dos embargos de declaração para suprir omissões, contradições e obscuridades porventura existentes no julgado, o art. 1.026, § 2º, do mesmo diploma legal autoriza a imposição de multa quando o referido remédio processual for utilizado com finalidade meramente protelatória, como no caso, razão pela qual não há falar em ofensa aos dispositivos apontados. Nego provimento (...). (TST-Ag-ARR-11816-96.2016.5.18.0161, 5ª T., Rel. Min. Breno Medeiros, *DEJT* 28-6-2019).

Quando houver reiteração de embargos de declaração manifestamente protelatórios, o § 3º do art. 1.026 do CPC dispõe que:

> Na reiteração de embargos de declaração manifestamente protelatórios, a multa será elevada a até dez por cento sobre o valor atualizado da causa, e a interposição de qual-

quer recurso ficará condicionada ao depósito prévio do valor da multa, à exceção da Fazenda Pública e do beneficiário de gratuidade da justiça, que a recolherão ao final.

Já o § 4º do art. 1.026 do CPC prevê expressamente que: "Não serão admitidos novos embargos de declaração se os 2 (dois) anteriores houverem sido considerados protelatórios". É dizer, se pelo menos um dos embargos de declaração anteriormente interpostos não forem considerados proletatórios, os novos embargos declaratórios não poderão, por tal motivo, deixar de ser conhecidos.

Todavia, se o órgão judicial se convencer de que há intuito protelatório na reiteração de embargos protelatórios, a multa é elevada a até dez por cento do valor atualizado da causa, ficando condicionada a interposição de qualquer outro recurso ao depósito do valor respectivo, salvo quando o embargante for a Fazenda Pública ou o beneficiário de gratuidade da justiça, que a recolherão ao final (CPC, art. 1.026, § 3º).

Cumpre destacar que o art. 9º da IN n. 39/2015 do TST autoriza a aplicação supletiva e subsidiária dos §§ 2º, 3º e 4º do art. 1.026 do CPC nos sítios do processo laboral. Igualmente, colacionamos o seguinte julgado:

> EMBARGOS DE DECLARAÇÃO. AGRAVO INTERNO. EMBARGOS DE DECLARAÇÃO. RECURSO DE REVISTA COM AGRAVO. OMISSÃO. INEXISTÊNCIA. REITERAÇÃO DE EMBARGOS DE DECLARAÇÃO PROTELATÓRIOS. ELEVAÇÃO DA MULTA. ART. 1.026, § 3º, DO CPC DE 2015. Os embargos de declaração visam a esclarecer obscuridade ou eliminar contradição, suprir omissão de ponto ou questão sobre as quais a decisão embargada não se mostrou integralmente fundamentada, assim como para sanar erro material (arts. 897-A da CLT e 1.022 do CPC/2015). No caso dos autos, não se trata de indicação de omissão no julgado, mas de pretensão revisional da decisão embargada, por meio inadequado, suscitando-se questões já decididas e amplamente fundamentadas. O acórdão embargado pontua, reportando-se ao teor da decisão regional recorrida, que "a Reclamante encontrava-se doente e que a dispensa deu-se de forma discriminatória, nos termos do art. 4º, I, da Lei n. 9.029/95, premissa fática insuscetível de revisão em recurso de revista (Súmula 126/TST), revelando inequívoco o pronunciamento fundamentado sobre a matéria, a afastar eventual nulidade por negativa de prestação jurisdicional" (fl. 720). Com efeito, trata-se de questão já abordada na decisão unipessoal deste Relator , e a parte Embargante vem renovando as mesmas razões por meio de embargos de declaração e agravo interno, o que, inclusive, ensejou a aplicação de multa pela natureza protelatória dos primeiros embargos de declaração, no importe de 2% sobre o valor da causa (art. 1.026, § 2º, do CPC/2015). Assim, revela-se que a interposição de novos embargos de declaração, repisando questão amplamente fundamentada, almejando unicamente procrastinar o feito, enseja a majoração da penalidade já imposta, nos termos do art. 1.026, § 3º, do CPC de 2015. Por essa razão, eleva-se a multa pela interposição de embargos de declaração protelatórios a 10% sobre o valor atualizado da causa, condicionando-se o depósito prévio da referida multa para a interposição de qualquer outro recurso. Embargos de declaração

conhecidos e não providos (TST-ED-Ag-ED-ARR-724900-05.2009.5.09.0005, 7ª T., Rel. Des. Conv. Roberto Nobrega de Almeida Filho, *DEJT* 24-5-2019).

É preciso deixar claro, de outro giro, que não se configura o caráter procrastinatório dos embargos de declaração se estes têm por escopo o prequestionamento, pois somente assim estará aberta a possibilidade de a parte ter acesso às instâncias extraordinárias. Nesse sentido, a Súmula 98 do STJ: "Embargos de declaração manifestados com notório propósito de prequestionamento não têm caráter protelatório". Este verbete, a nosso sentir, deve servir de inspiração para aplicação nos sítios do processo do trabalho.

Se os embargos declaratórios são utilizados para fins de prequestionamento e se o juiz ou tribunal continua omitindo o ponto respectivo, não há necessidade de a parte interpor novos embargos, uma vez que a Súmula 297, III, do TST "considera prequestionada a questão jurídica invocada no recurso principal sobre a qual se omite o Tribunal de pronunciar tese, não obstante opostos embargos de declaração". Neste caso, o prequestionamento estará satisfeito pelo exame não da sentença ou do acórdão, mas, sim, das razões recursais contidas nos próprios embargos de declaração.

Trata-se do prequestionamento ficto, agora previsto expressamente no art. 1.025 do CPC, que considera "incluídos no acórdão os elementos que o embargante suscitou, para fins de prequestionamento, ainda que os embargos de declaração sejam inadmitidos ou rejeitados, caso o tribunal superior considere existentes erro, omissão, contradição ou obscuridade".

Reafirma-se, portanto, que o prequestionamento (real ou ficto) é pressuposto específico apenas para recursos de natureza extraordinária dirigidos a tribunal superior, como já vimos no item 3.2.2.2 do presente Capítulo.

7. RECURSO EXTRAORDINÁRIO EM MATÉRIA TRABALHISTA

7.1. Natureza jurídica

Irrefutável que o recurso extraordinário é um recurso, já que sua finalidade é submeter ao Supremo Tribunal Federal o reexame das decisões proferidas pelos órgãos jurisdicionais hierarquicamente inferiores, com o objetivo de reformá-las total ou parcialmente.

Por ter sido introduzido em nosso sistema não por lei ordinária, mas pelo texto constitucional, o recurso extraordinário pertence ao *direito processual constitucional*, razão pela qual, ao contrário dos demais meios de impugnação às decisões judiciais no processo do trabalho, que podem ser modificados ou suprimidos por legislação ordinária, tal modalidade recursal somente poderá ser banida do nosso sistema recursal por meio de emenda constitucional.

A natureza dos recursos extraordinários não se confunde com a dos recursos ordinários. Enquanto estes decorrem da natural disposição humana de não se conformar com um julgamento único, razão pela qual o vencido busca a instância superior com o fito de modificar a decisão primeira, aqueles, ao revés, têm por escopo não o interesse das partes em litígio, mas o interesse público, qual seja: "assegurar o primado da Constituição e a unidade de interpretação do Direito material e processual em todo o território nacional"[75].

Lembra Manoel Antonio Teixeira Filho, com razão, que o recurso extraordinário "não se relaciona – ao contrário dos recursos de natureza ordinária em geral – com o princípio do duplo grau de jurisdição; as razões de sua instituição têm natureza mais ampla e não escondem um certo propósito político"[76].

Segundo Alfredo Buzaid, o recurso extraordinário surgiu

> como uma exigência do regime federativo que, supondo a dualidade legislativa emanada da União e dos Estados, reconhece, contudo, a supremacia da Constituição e das leis federais, cuja vigência se estende a todo o território da República. E para evitar que cada Estado se arvorasse em unidade soberana do direito federal, dando lugar a diferentes maneiras de atuá-lo em cada caso concreto, foi instituído o recurso extraordinário com o propósito de assegurar o primado da Constituição e a unidade da jurisprudência do direito federal[77].

7.2. Cabimento

A CLT admite, ainda que laconicamente, a existência do recurso extraordinário, como se infere do seu art. 893, § 2º: "A interposição de recurso para o Supremo Tribunal Federal não prejudicará a execução do julgado". O art. 896-B da CLT também o prevê para fins de aplicação analógica de normas atinentes aos recursos de revista repetitivos. Sabe-se, porém, que o recurso extraordinário em matéria também trabalhista tem fundamento no art. 102, III, da CF, segundo o qual compete ao Supremo Tribunal Federal:

> julgar, mediante recurso extraordinário, as causas decididas em *única* ou *última instância*, quando a decisão recorrida:
>
> *a)* contrariar dispositivo desta Constituição;
>
> *b)* declarar a inconstitucionalidade de tratado ou lei federal;
>
> *c)* julgar válida lei ou ato de governo local contestado em face desta Constituição;

---

75. ALMEIDA, Lúcio Rodrigues. *Recursos trabalhistas*, p. 157.
76. *Sistema dos recursos trabalhistas*, p. 359.
77. Apud TEIXEIRA FILHO, op. cit., p. 359.

d) julgar válida lei local contestada em face de lei federal (incluída pela EC n. 45, de 2004). (grifos nossos)

Ante a omissão do texto obreiro consolidado a respeito da admissibilidade do recurso extraordinário e o seu procedimento, impõe-se a aplicação dos arts. 102, III, da CF, 1.029 do CPC e 321 a 329 do Regimento Interno do STF.

Tudo somado, podemos dizer que, nos domínios do processo do trabalho, o recurso extraordinário somente caberá de decisões de última ou única instância do TST, desde que tais decisões: *a*) violem direta e literalmente norma da Constituição Federal; *b*) declarem a inconstitucionalidade de tratado ou lei federal; *c*) julguem válida lei ou ato de governo local contestado em face da Constituição Federal; *d*) julguem válida lei local contestada em face de lei federal.

Defendemos o cabimento do recurso extraordinário da sentença proferida por juiz de Vara do Trabalho proferida em procedimento sumário (§ 4º do art. 2º da Lei n. 5.584/70) que violar direta e literalmente norma da Constituição Federal. Todavia, como já vimos no Capítulo XIX, item 6.1, há divergência jurisprudencial quanto a tal cabimento, mas o atual entendimento do STF é no sentido de não cabimento do recurso extraordinário contra sentença proferida por juiz de Vara do Trabalho, mesmo na hipótese da Lei n. 5.584/70.

Não cabe recurso extraordinário das decisões dos TRTs, pois estas não são de última ou única instância.

Não é cabível recurso extraordinário de decisões da Justiça do Trabalho na hipótese da letra *d* (julgar válida lei local contestada em face de lei federal), tendo em vista o disposto na Súmula 505 do STF: "Salvo quando contrariarem a Constituição, não cabe recurso para o Supremo Tribunal Federal, de quaisquer decisões da Justiça do Trabalho, inclusive dos presidentes de seus tribunais".

Também não cabe recurso extraordinário "fundado em divergência jurisprudencial, quando a orientação do plenário do Supremo Tribunal Federal já se firmou no mesmo sentido da decisão recorrida" (Súmula 286 do STF).

Ainda quanto ao cabimento do recurso extraordinário, prevê a Súmula 400 do STF: "Decisão que deu razoável interpretação à lei, ainda que não seja a melhor, não autoriza recurso extraordinário pela letra *a* do art. 101, III, da CF"[78].

7.3. Pressupostos de admissibilidade

O recurso extraordinário, a exemplo do que ocorre com o recurso de revista, submete-se a um duplo juízo de admissibilidade. O primeiro é exercido pelo Presidente do

78. A referência ao art. 101, III, *a*, é da Constituição brasileira de 1946.

TST[79] (ou Juiz de Vara do Trabalho, como já ressaltamos no Capítulo XIX, item 6.1), podendo este admitir ou denegar o seu seguimento. O segundo, além de reexaminar a sua admissibilidade, poderá apreciar aspectos alusivos ao mérito do recurso. O juízo de admissibilidade exercido pelo tribunal *ad quem* não se vincula, pois, ao despacho (*rectius*, à decisão) de admissibilidade prolatado pelo tribunal ou juízo *a quo*.

Como o recurso de revista, o recurso extraordinário está sujeito a todos os *pressupostos recursais genéricos* (objetivos e subjetivos), salientando-se, porém, que o *jus postulandi* nesta modalidade de recurso não pode ser exercido pelas próprias partes, mas exclusivamente por advogado. Vale dizer, que não se aplica, em sede de recurso extraordinário, ainda que de decisão emanada da Justiça do Trabalho, o disposto no art. 791 da CLT. Isso porque o recurso extraordinário é apreciado por órgão diverso da Justiça do Trabalho. Aliás, nem no recurso de revista é mais admitido o *jus postulandi* das próprias partes (TST, Súmula 425).

Advertimos que o Pleno do STF (RE 607447), em sessão virtual, realizada em 22-5-2020, decidiu que **não é necessário o depósito recursal para a admissibilidade de recurso extraordinário.** A matéria constitucional, com repercussão geral reconhecida em 2013, foi objeto do Recurso Extraordinário, desprovido pela maioria dos ministros, restando aprovada a seguinte tese de repercussão geral (Tema 679): "Surge incompatível com a Constituição Federal exigência de depósito prévio como condição de admissibilidade do recurso extraordinário, no que não recepcionada a previsão constante do § 1º do artigo 899 da Consolidação das Leis do Trabalho, sendo inconstitucional a contida na cabeça do artigo 40 da Lei nº 8.177/1991 e, por arrastamento, no inciso II da Instrução Normativa nº 3/1993 do Tribunal Superior do Trabalho".

Além dos pressupostos genéricos, é imprescindível que o recorrente satisfaça, cumulativamente, os *pressupostos específicos* do recurso extraordinário, a saber:

7.3.1. Existência de uma causa

Causa diz respeito a qualquer *questão* submetida à decisão judicial. Causa, aqui, tem significado genérico, e não de lide (mérito ou pedido), sendo certo que a *questão* – que pode ser *de fato* ou *de direito* – relaciona-se com o conflito de interesses deduzido em juízo. Admite-se, pois, recurso extraordinário até mesmo nas causas de procedimento voluntário ou gracioso, em que não há lide nem partes, apenas interessados.

7.3.2. Decisão de única ou última instância

É qualquer decisão, interlocutória, definitiva ou terminativa, da qual não caiba nenhum outro recurso. A decisão passível de recurso extraordinário é aquela que resolve *questão constitucional* suscitada, e não a causa, na sua totalidade.

79. Por força do art. 42, IV, do RITST, compete ao Vice-Presidente do TST: "exercer o juízo de admissibilidade dos recursos extraordinários".

7.3.2.1. Decisão de última instância

No que respeita às decisões de *última instância* da Justiça Laboral das quais se admite a interposição de recurso extraordinário, é possível dizer, de pronto, que são aquelas proferidas pelo Tribunal Superior do Trabalho, por meio de suas Seções Especializadas (Seção de Dissídios Individuais – SDI e Seção de Dissídios Coletivos – SDC) ou Órgão Especial, que julgam questões respeitantes à (in)constitucionalidade de lei ou a ato normativo do Poder Público.

Sublinha Valentin Carrion que:

> as decisões proferidas "em última instância", no processo trabalhista de cognição, são as do TST (das Turmas, Seções especializadas ou Órgão Especial, esgotando todos os recursos admissíveis, como quer a Súmula 281 do STF); esgotar todos os recursos no TST significa que a impugnação à decisão da Turma seja apreciada pela Seção Especializada respectiva, ou pelo Órgão Especial nas matérias de competência deste; o não cabimento do recurso a um desses órgãos implica dizer que, em tese, o acórdão da Turma pode ser objeto de recurso extraordinário (assim, Manoel Antonio Teixeira Filho, *Sistema dos Recursos*); (...) no processo de execução, são de "última instância" os acórdãos das Turmas dos Tribunais Regionais que julgam os agravos de petição, salvo se houver matéria constitucional; deles não cabe recurso para o TST; a Lei n. 7.701/88 tornou expresso o que já era tácito no sentido de não permitir o recurso de revista, salvo ofensa direta à CF (Lei n. 7.701/88, v. índice da Legislação); (...) em princípio, deve caber recurso extraordinário em qualquer uma das três hipóteses do art. 102, III, da Constituição de 1988, que não restringiu o recurso extraordinário na Justiça do Trabalho à mera inconstitucionalidade, como fez a Emenda de 1977; (...) não há mais cabimento do extraordinário pela divergência na interpretação de lei federal[80].

Colhe-se a jurisprudência do STF a respeito do alcance da expressão "decisão de última instância":

> A competência do Supremo Tribunal Federal para julgar o recurso extraordinário restringe-se às causas decididas em única ou última instância (CF, art. 102, III). No caso em análise, o agravante não esgotou, quanto à decisão que pretende impugnar, as vias recursais ordinárias cabíveis, incidindo, portanto, no óbice da Súmula 281 do STF. Nos termos da orientação firmada por esta Corte, em relação aos processos oriundos da Justiça do Trabalho, só cabe recurso extraordinário de acórdão profe-

80. CARRION, Valentin, op. cit., nota 7 ao art. 893 da CLT.

rido pelo Tribunal Superior do Trabalho, não constituindo exceções os casos abrangidos pela Súmula 218 do TST, nem as causas de alçada previstas pela Lei n. 5.584/70. Nesse sentido: ARE n. 682.687-AgR (Relator-Presidente Min. Ayres Britto, Plenário, *DJe* de 30-11-2012), RE n. 638.224-AgR (Rel. Min. Celso de Mello, 2ª T., *DJe* de 21-6-2011), AI n. 800.149-ED (Rel. Min. Ricardo Lewandowski, 1ª T., *DJe* de 24-9-2010), AI n. 831.438-AgR (Rel. Min. Rosa Weber, 1ª T., *DJe* de 16-4-2012). Do exposto, nego seguimento ao recurso extraordinário. Publique-se. Brasília, 18 de setembro de 2013. Ministro Joaquim Barbosa – Presidente (STF, RE n. 769.494-SP, Rel. Min. Joaquim Barbosa, j. 18-9-2013, *DJe* 26-9-2013).

7.3.2.2. *Decisão de única instância*

São decisões de única instância, no âmbito da Justiça do Trabalho, aquelas proferidas pela SBDI-2 em ações rescisórias e mandados de segurança de competência originária do TST, que não forem passíveis de interposição de embargos infringentes.

Tem-se discutido se cabe ou não recurso extraordinário contra decisões proferidas em *única instância* na Justiça do Trabalho, na hipótese prevista no art. 2º, § 4º, da Lei n. 5.584/70, que diz:

> Salvo se versarem sobre matéria constitucional, nenhum recurso caberá das sentenças proferidas nos dissídios da alçada a que se refere o parágrafo anterior, considerado, para esse fim, o valor do salário mínimo à data do ajuizamento da ação.

Cremos ser cabível, na hipótese, o manejo imediato do recurso extraordinário contra a sentença prolatada no procedimento sumário, isto é, nos chamados dissídios de alçada, *desde que a decisão hostilizada viole direta e frontalmente dispositivo constitucional*.

Trata-se de decisão proferida *em única instância*, desafiando, desde que violada a letra da Carta Magna, o manejo do recurso extraordinário, que será apreciado e julgado diretamente pelo Supremo Tribunal Federal, desde que preenchidos os pressupostos gerais e específicos de sua admissibilidade.

Importa referir que, ao contrário da Carta de 1967 (art. 143), que só admitia recurso extraordinário das decisões do TST em matéria trabalhista/constitucional, a Constituição de 1988 (art. 102, III) já não mais exige que a decisão seja de tribunal.

Nesse sentido, colhe-se lapidar lição do ministro da Suprema Corte Carlos Mário da Silva Velloso, com a qual cerramos fileira:

> É importante ter presente que os recursos extraordinário (STF) e o especial (STJ) somente são cabíveis de decisões proferidas em única ou última instância. Quer dizer, a decisão há de ser final, dela não deve caber nenhum outro recurso. "Assim, não caberá recurso extraordinário (e também especial) da decisão em apelação, to-

> mada por maioria de votos, porque ainda é recorrível de embargos infringentes. (...) Condição é que a decisão recorrida seja final, quer definitiva ou terminativa, quer mesmo interlocutória". Diz a Constituição, no art. 102, III, no que toca ao recurso extraordinário, que a decisão deverá ter sido proferida "em única ou última instância". E, no art. 105, III, no que concerne ao recurso especial, que a decisão deverá ter sido proferida "em única ou última instância, pelos Tribunais Regionais Federais ou pelos Tribunais dos Estados, do Distrito Federal e Territórios". Há, pois, tratamento diferenciado, com repercussão importante. Quer dizer, o recurso extraordinário poderá ser interposto de decisão de juiz de primeiro grau, desde que dela não caiba outro recurso. É o caso das causas de alçada das Leis ns. 6.825/80 e 6.830/80. Já o recurso especial somente poderá ser interposto de decisão de Tribunal Regional Federal ou de tribunal de segundo grau estadual ou do Distrito Federal[81].

A nosso sentir, portanto, em se tratando de decisão proferida por Juiz do Trabalho ou Juiz de Direito no procedimento sumário (causa de alçada), por ser de única instância, não caberá recurso ordinário para o Tribunal Regional do Trabalho, nem recurso de revista para o Tribunal Superior do Trabalho, por expressa proibição legal (Lei n. 5.584/70, art. 2º, § 4º), mas o recurso extraordinário para o Supremo Tribunal Federal, desde, é claro, que se cuide de matéria exclusivamente constitucional. Noutro falar, se a sentença prolatada no procedimento sumário violar direta e frontalmente a Constituição Federal, a parte poderá, desde logo, interpor recurso extraordinário para o STF, nos termos do art. 102, III, *a*, da CF[82].

Valentin Carrion, citando Estêvão Mallet, clarifica:

> O recurso extraordinário para o STF: *a*) as sentenças proferidas em primeira instância, em causas de alçada, são irrecorríveis, "salvo se versarem sobre matéria constitucional" (...); pela CF de 1969, art. 119, III, teriam de caber todos os recursos para chegar-se ao STF; a CF de 1988, art. 102, III, diz "única ou última instância", sem acrescentar, como a anterior, "por outros Tribunais". Evidencia-se, assim, o acerto dos que entendem estar suprimida a exigência dos recursos intermediários, quebrando o propósito da instância única; assim, Estêvão Mallet (manifestação em 23-11-1993), citando acórdão: "(...) a existência de contencioso constitucional (...) viabiliza a interposição de recurso extraordinário contra decisão de juízes de primeiro grau" (STF, 1ª T., Ilmar Galvão, *DJU* 30-12-1992, p. 19.518)[83].

---

81. *Temas de direito público*. Belo Horizonte: Del Rey, 1994. p. 232-233, apud ALMEIDA, Lúcio Rodrigues, op. cit., p. 164-165.
82. Nesse sentido, recomendamos a excelente obra de Estêvão Mallet (*Apontamentos de direito processual do trabalho*. São Paulo: LTr, 1997. p. 136-149).
83. CARRION, Valentin, op. cit., 1996, nota 7 ao art. 893 da CLT.

Adite-se que o Supremo Tribunal Federal vinha decidindo no sentido do cabimento de recurso extraordinário diretamente para o STF das decisões de única instância proferidas por juízo singular nas chamadas causas de alçada, sem necessidade de exaurir todos os órgãos da Justiça do Trabalho. É o que se infere do seguinte julgado:

> RECURSO EXTRAORDINÁRIO – CABIMENTO DE DECISÃO SINGULAR EM CASOS DE ALÇADA – ODONTÓLOGOS – RECONHECIMENTO DE VÍNCULO EMPREGATÍCIO – MATÉRIA DEPENDENTE DO EXAME DE PROVA – PREQUESTIONAMENTO – 1. A recorribilidade extraordinária diretamente de decisão de juiz singular que, por força de alçada, são de única instância, já foi reconhecida pelo Supremo Tribunal Federal no julgamento do RE n. 136.174. 2. Reconhecida, pela instância *a quo*, mediante análise da prova documental e testemunhal, a existência dos elementos configuradores de uma relação empregatícia, regida pela Consolidação das Leis do Trabalho, sem que se possa reexaminá-las em sede recursal extraordinária, não haveria como se concluir diversamente do que fez a decisão recorrida. 3. Prequestionamento: a sua falta não legitima o uso da via do recurso extraordinário (STF, RE n. 162.933, RS, 1ª T., Rel. Min. Ilmar Galvão, *DJU* 22-9-1995).

De outra parte, a Suprema Corte já deixou assentado que o art. 2º da Lei n. 5.584/70, a despeito de vincular o valor da causa e da instância ao salário mínimo, foi recepcionado pela Carta Magna, como se infere do seguinte julgado:

> RECURSO EXTRAORDINÁRIO – RECEPÇÃO DA LEI N. 5.584/1970 PELA ATUAL CONSTITUIÇÃO – ALCANCE DA VEDAÇÃO DA VINCULAÇÃO DO SALÁRIO MÍNIMO CONTIDA NA PARTE FINAL DO ART. 7º, IV, DA CARTA MAGNA – VINCULAÇÃO DA ALÇADA AO SALÁRIO MÍNIMO. Não tem razão o recorrente quando pretende que, em face do disposto no art. 5º, LV e § 1º, da Constituição Federal, esta constitucionalizou o Princípio do Duplo Grau de Jurisdição, não mais admitindo decisões de única instância, razão por que não foi recebida pela nova ordem constitucional a Lei n. 5.584/1970. A vedação da vinculação do salário mínimo contida na parte final do art. 7º, IV, da Constituição não tem sentido absoluto, mas deve ser entendida como vinculação de natureza econômica, para impedir que, com essa vinculação, se impossibilite ou se dificulte o cumprimento da norma na fixação do salário mínimo compatível com as necessidades aludidas nesse dispositivo, bem como na concessão dos reajustes periódicos que lhe preservem o poder aquisitivo. A vinculação do valor da alçada ao salário mínimo, para estabelecer quais são as causas de pequeno valor e que, portanto, devem ser decididas com a presteza de rito simplificado e com decisão de única instância ordinária, não se enquadra na finalidade a que visa a Constituição com a vedação

por ela prevista, razão por que não é proibida constitucionalmente (STF, RE n. 201.297, DF, 1ª T., Min. Moreira Alves, *DJU* 5-9-1997).

Logo, no procedimento sumário, não há lugar para o recurso ordinário nem para o recurso de revista, mas tão somente para o recurso extraordinário, dirigido diretamente ao Supremo Tribunal Federal. Nesse sentido, posiciona-se Estêvão Mallet[84], demonstrando que o óbice da Constituição anterior, que só admitia recurso extraordinário de decisão de Tribunal, na Constituição de 1988, não mais existe. E, amparando seu entendimento, cita aresto do STF:

> RECURSO EXTRAORDINÁRIO. CAUSAS DE ALÇADA. Decisão, em instância única, de primeiro grau, versando matéria constitucional. Dela cabe recurso extraordinário ao Supremo Tribunal Federal... e não recurso a órgão judiciário de segundo grau (STF, 2ª T., Proc. RE n. 140.169-9, Rel. Min. Néri da Silveira).

A Súmula 640 do STF vem em socorro à tese ora exposta, ao proclamar o cabimento de "recurso extraordinário contra decisão proferida por juiz de primeiro grau nas causas de alçada, ou por turma recursal de juizado cível especial e criminal". Ora, o procedimento sumário previsto no art. 2º da Lei n. 5.584/70 é tipicamente uma "causa de alçada", não havendo fundamento jurídico para a corrente que rejeita a possibilidade de interposição imediata do recurso extraordinário contra a sentença que julga tal causa.

Ressalva, ainda, Estêvão Mallet[85] que a decisão proferida nas ações de alçada poderá ser impugnada por embargos de declaração, bem como preenchidos os requisitos do art. 485 do CPC/73 (CPC, art. 966), por ação rescisória.

Como já advertimos alhures, contudo, o atual entendimento do STF é no sentido do não cabimento do recurso extraordinário na hipótese do § 4º do art. 2º da Lei n. 5.584/70, isto é, nas chamadas causas de alçada (STF, RE n. 769.494-SP, Rel. Min. Joaquim Barbosa, *DJe* 26-9-2013).

7.3.3. Questão constitucional

A questão constitucional decorre da adequação da decisão recorrida a uma das quatro hipóteses previstas no art. 102, III, *a*, *b*, *c* e *d*, da Constituição Federal.

É preciso deixar claro que a violação ao dispositivo da Constituição deve ser direta, frontal. Se a violação for indireta, reflexa, não caberá o recurso extraordinário.

O Supremo Tribunal Federal, aliás, já deixou assentado:

84. *Apontamentos de direito processual do trabalho.* São Paulo: LTr, 1997. p. 147 e 148.
85. Ibidem.

AGRAVO REGIMENTAL NO AGRAVO DE INSTRUMENTO. NEGATIVA DE PRESTAÇÃO JURISDICIONAL. NÃO OCORRÊNCIA. PRINCÍPIOS DO DEVIDO PROCESSO LEGAL, DO CONTRADITÓRIO E DA AMPLA DEFESA. OFENSA REFLEXA. JUSTIÇA DO TRABALHO. PRESSUPOSTOS RECURSAIS. REPERCUSSÃO GERAL. AUSÊNCIA. QUESTÃO INFRACONSTITUCIONAL. PRECEDENTES. 1 – A jurisdição foi prestada pelo Tribunal de origem mediante decisão suficientemente fundamentada. 2 – A afronta aos princípios do devido processo legal, da ampla defesa e do contraditório, dos limites da coisa julgada e da prestação jurisdicional, quando depende, para ser reconhecida como tal, da análise de normas infraconstitucionais, configura apenas ofensa indireta ou reflexa à Constituição da República. 3 – A análise dos pressupostos recursais no âmbito da Justiça do Trabalho é matéria de exame inviável no recurso extraordinário, uma vez que a afronta ao texto constitucional, caso houvesse, se daria de forma indireta ou reflexa. Ausência de repercussão geral, dado o caráter infraconstitucional da matéria. Agravo regimental não provido (STFAI n. 805.902-PA, Rel. Min. Dias Toffoli, j. 7-2-2012, 1ª T., *DJe* 8-3-2012).

DIREITO DO TRABALHO. AGRAVO REGIMENTAL EM RECURSO EXTRAORDINÁRIO. FGTS. MULTA. DIFERENÇA. EXPURGOS INFLACIONÁRIOS. RESPONSABILIDADE. PRESCRIÇÃO. 1. A discussão relativa à obrigação do empregador em depositar as diferenças da multa fundiária decorrentes dos expurgos inflacionários ou ao termo inicial da prescrição para a respectiva ação de cobrança não possui índole constitucional, porque depende de prévio exame da legislação infraconstitucional. Precedentes de ambas as Turmas do Supremo Tribunal Federal. 2. Agravo regimental improvido (STF, AI-RE n. 581.225-1/MG, Rel. Min. Ellen Gracie, *DJU* 13-11-2008).

A alegação de vulneração a preceito constitucional, capaz de viabilizar a instância extraordinária, há de ser direta e frontal, e não aquela que demandaria interpretação de disposições de normas ordinárias e reapreciação da matéria fática (STF, AgRg-AI n. 137.412-9-DF, Rel. Maurício Corrêa, Ac. 2ª T.).

A ofensa indireta, reflexa, ao texto constitucional, não viabiliza o recurso extraordinário (STF-AgRg-AI n. 133.755-9-SP, Rel. Carlos Velloso, Ac. 2ª T.).

À guisa de exemplo, se a decisão recorrida, de única ou última instância, diz que é válido o contrato de trabalho do servidor público investido em emprego público sem prévia aprovação em concurso público, caberá recurso extraordinário por violação frontal e direta ao art. 37, § 2º, da CF, que prescreve a nulidade do ato de admissão do referido servidor.

7.3.3.1. Repercussão geral da questão constitucional

Com a promulgação da EC n. 45/2004, que acrescentou o § 3º ao art. 102 da CF, passou a ser exigido um novo pressuposto de admissibilidade do recurso extraordinário, *in verbis:*

No recurso extraordinário o recorrente deverá demonstrar a repercussão geral das questões constitucionais discutidas no caso, nos termos da lei, a fim de que o Tribunal examine a admissão do recurso, somente podendo recusá-lo pela manifestação de dois terços de seus membros.

Trata-se, na verdade, de mais uma forma de afunilamento do cabimento do recurso extraordinário, semelhante ao pressuposto da transcendência para o recurso de revista, já estudado no item 3.2.2.4 *supra*.

Como a norma constitucional estabelece que a demonstração da repercussão geral das questões constitucionais será feita "nos termos da lei", estamos, evidentemente, diante de uma norma constitucional de eficácia limitada, que dependerá de edição de lei ordinária para fixar os contornos desse novo pressuposto de admissibilidade do recurso extraordinário, não sendo válida a medida provisória, por ser norma sobre processo.

Em 19 de dezembro de 2006 (*DOU* de 20-12-2006), foi publicada a Lei n. 11.418, que regulamentou o § 3º do art. 102 da CF. A nova lei entrou em vigor sessenta dias após a sua publicação. Assim, não será mais suficiente que o recorrente demonstre, na petição do recurso extraordinário, a existência da questão constitucional, porquanto ele terá o dever de demonstrar a repercussão geral, de natureza política, jurídica, social ou econômica, discutidas no processo.

O art. 1.035 do CPC dispõe que o STF, em decisão irrecorrível, não conhecerá do recurso extraordinário, quando a questão constitucional nele versada não oferecer repercussão geral.

Para efeito da repercussão geral, será considerada a existência, ou não, de questões relevantes do ponto de vista econômico, político, social ou jurídico, que ultrapassem os interesses subjetivos do processo.

Nos termos do § 3º do art. 1.035 do CPC (nova redação dada pela Lei n. 13.256/2016), haverá repercussão geral sempre que o recurso impugnar acórdão que: I – contrarie súmula ou jurisprudência dominante do Supremo Tribunal Federal; II – tenha reconhecido a inconstitucionalidade de tratado ou de lei federal, nos termos do art. 97 da Constituição Federal.

Como novo pressuposto específico de admissibilidade do recurso extraordinário, o recorrente deverá demonstrar, em preliminar do recurso, para apreciação exclusiva do Supremo Tribunal Federal, a existência da repercussão geral.

O relator poderá admitir, na análise da repercussão geral, a manifestação de terceiros, subscrita por procurador habilitado, nos termos do Regimento Interno do Supremo Tribunal Federal.

Reconhecida a repercussão geral, o relator no Supremo Tribunal Federal determinará a suspensão do processamento de todos os processos pendentes, individuais ou coletivos, que versem sobre a questão e tramitem no território nacional (CPC, art. 1.035, § 5º).

O interessado pode requerer, ao presidente ou ao vice-presidente do tribunal de origem, que exclua da decisão de sobrestamento e inadmita o recurso extraordinário que tenha sido interposto intempestivamente, tendo o recorrente o prazo de 5 dias para manifestar-se sobre esse requerimento. Da decisão que indeferir o requerimento ou que aplicar entendimento firmado em regime de repercussão geral ou em julgamento de recursos repetitivos caberá agravo interno (CPC, art. 1.035, §§ 6º e 7º).

Negada a repercussão geral, o presidente ou o vice-presidente do tribunal de origem negará seguimento aos recursos extraordinários sobrestados na origem que versem sobre matéria idêntica (CPC, art. 1.035, § 8º).

O recurso que tiver a repercussão geral reconhecida deverá ser julgado no prazo de um ano e terá preferência sobre os demais feitos, ressalvados os que envolvam réu preso e os pedidos de *habeas corpus* (CPC, art. 1.035, § 9º).

Nos termos do § 10 do art. 1.035 do CPC, se não ocorrer o julgamento no prazo de um ano a contar do reconhecimento da repercussão geral, cessa, em todo o território nacional, a suspensão dos processos, que retomarão seu curso normal. A Lei n. 13.256/2016, no entanto, revogou expressamente o referido dispositivo.

A súmula da decisão sobre a repercussão geral constará de ata, que será publicada no diário oficial e valerá como acórdão (CPC, art. 1.035, § 11).

Por outro lado, sempre que houver multiplicidade de recursos extraordinários ou especiais com fundamento em idêntica questão de direito, haverá afetação para julgamento, observado o disposto no CPC e no Regimento Interno do Supremo Tribunal Federal (CPC, art. 1.036).

Nos termos do § 1º do art. 1.036 do CPC, caberá ao presidente ou o vice-presidente do TST selecionar dois ou mais recursos representativos da controvérsia, que serão encaminhados ao Supremo Tribunal Federal para fins de afetação, determinando a suspensão do trâmite de todos os processos pendentes, individuais ou coletivos, que tramitem no Estado ou na região, conforme o caso.

O interessado pode requerer, ao presidente ou ao vice-presidente, que exclua da decisão de sobrestamento e inadmita o recurso extraordinário que tenha sido interposto intempestivamente, tendo o recorrente o prazo de cinco dias para manifestar-se sobre esse requerimento. Da decisão de indeferir o requerimento referido no § 2º do art. 1.036 do CPC caberá apenas agravo interno.

A escolha feita pelo presidente ou vice-presidente do TST não vinculará o relator no tribunal superior, que poderá selecionar outros recursos representativos da controvérsia.

O relator em tribunal superior também poderá selecionar dois ou mais recursos representativos da controvérsia para julgamento da questão de direito independentemente da iniciativa do presidente ou do vice-presidente do tribunal de origem. Mas somente podem ser selecionados recursos admissíveis que contenham abrangente argumentação e discussão a respeito da questão a ser decidida.

Dispõe o art. 1.037 do CPC que, depois de selecionados os recursos, o relator, no tribunal superior, constatando a presença do pressuposto do *caput* do art. 1.036, proferirá decisão de afetação, na qual: I – identificará com precisão a questão a ser submetida a julgamento; II – determinará a suspensão do processamento de todos os processos pendentes, individuais ou coletivos, que versem sobre a questão e tramitem no território nacional; III – poderá requisitar aos presidentes ou aos vice-presidentes dos tribunais de justiça ou dos tribunais regionais federais a remessa de um recurso representativo da controvérsia.

Se, após receber os recursos selecionados pelo presidente ou pelo vice-presidente do TST, não se proceder à afetação, o relator, no tribunal superior, comunicará o fato ao presidente ou ao vice-presidente que os houver enviado, para que seja revogada a decisão de suspensão referida no art. 1.036, § 1º, do CPC.

É vedado ao órgão colegiado decidir, para os fins do art. 1.040 do CPC, questão não delimitada na decisão a que se refere o inciso I do *caput* do art. 1.037 do CPC.

Havendo mais de uma afetação, será prevento o relator que primeiro tiver proferido a decisão a que se refere o inciso I do *caput* do art. 1.037 do CPC. Os recursos afetados deverão ser julgados no prazo de um ano e terão preferência sobre os demais feitos, ressalvados os que envolvam réu preso e os pedidos de *habeas corpus*.

Diz o § 5º do art. 1.037 do CPC: "Não ocorrendo o julgamento no prazo de 1 (um) ano a contar da publicação da decisão de que trata o inciso I do *caput*, cessam automaticamente, em todo o território nacional, a afetação e a suspensão dos processos, que retomarão seu curso normal". Nesse caso, é permitido a outro relator do respectivo tribunal superior afetar dois ou mais recursos representativos da controvérsia na forma do art. 1.036 do CPC.

Quando os recursos requisitados contiverem outras questões além daquela que é objeto da afetação, caberá ao tribunal decidir esta em primeiro lugar e depois as demais, em acórdão específico para cada processo (CPC, art. 1.037, § 7º). As partes deverão ser intimadas da decisão de suspensão de seu processo, a ser proferida pelo respectivo juiz ou relator quando informado da decisão a que se refere o inciso II do *caput* do art. 1.037 do CPC.

Se a parte demonstrar distinção (*distinguishing*) entre a questão a ser decidida no processo e aquela a ser julgada no recurso extraordinário afetado, poderá requerer o prosseguimento do seu processo (CPC, art. 1.037, § 9º). O requerimento será dirigido: I – ao juiz, se o processo sobrestado estiver em primeiro grau; II – ao relator, se o processo sobrestado estiver no tribunal de origem; III – ao relator do acórdão recorrido, se for sobrestado recurso especial ou recurso extraordinário no tribunal de origem; IV – ao relator, no tribunal superior, de recurso extraordinário cujo processamento houver sido sobrestado. A outra parte deverá ser ouvida sobre tal requerimento no prazo de cinco dias.

Reconhecida a distinção no caso (CPC, art. 1.037, § 12): I – dos incisos I, II e IV do § 10 do art. 1.037 do CPC, o próprio juiz ou relator dará prosseguimento ao processo; II – do inciso III do § 10 do art. 1.037 do CPC, o relator comunicará a decisão ao presidente ou ao vice-presidente que houver determinado o sobrestamento, para que o recurso especial ou o recurso extraordinário seja encaminhado ao respectivo tribunal superior, na forma do art. 1.030, parágrafo único, do CPC.

Da decisão que resolver o requerimento de *distinguishing* caberá: I – agravo de instrumento, se o processo estiver em primeiro grau; II – agravo interno, se a decisão for de relator.

Dispõe o art. 1.038 do CPC que o relator poderá: I – solicitar ou admitir manifestação de pessoas, órgãos ou entidades com interesse na controvérsia, considerando a relevância da matéria e consoante dispuser o regimento interno; II – fixar data para, em audiência pública, ouvir depoimentos de pessoas com experiência e conhecimento na matéria, com a finalidade de instruir o procedimento; III – requisitar informações aos tribunais inferiores a respeito da controvérsia e, cumprida a diligência, intimará o Ministério Público para manifestar-se. No caso do inciso III, os prazos respectivos são de quinze dias, e os atos serão praticados, sempre que possível, por meio eletrônico. Transcorrido o prazo para o Ministério Público e remetida cópia do relatório aos demais ministros, haverá inclusão em pauta, devendo ocorrer o julgamento com preferência sobre os demais feitos, ressalvados os que envolvam réu preso e os pedidos de *habeas corpus*.

O § 3º do art. 1.038 do CPC (redação dada pela Lei n. 13.256/2016) prescreve que "o conteúdo do acórdão abrangerá a análise dos fundamentos relevantes da tese jurídica discutida".

De acordo com o art. 1.039 do CPC, depois de decidir os recursos afetados, os órgãos colegiados declararão prejudicados os demais recursos versando sobre idêntica controvérsia ou os decidirão aplicando a tese firmada. Mas o parágrafo único do referido artigo dispõe que se for negada a existência de repercussão geral no recurso extraordinário afetado, serão considerados automaticamente inadmitidos os recursos extraordinários cujo processamento tenha sido sobrestado.

Prescreve o art. 1.040 do CPC que tão logo seja publicado o acórdão paradigma: I – o presidente ou o vice-presidente do tribunal de origem negará seguimento aos recursos extraordinários sobrestados na origem, se o acórdão recorrido coincidir com a orientação do tribunal superior; II – o órgão que proferiu o acórdão recorrido, na origem, reexaminará o processo de competência originária, a remessa necessária ou o recurso anteriormente julgado, se o acórdão recorrido contrariar a orientação do tribunal superior; III – os processos suspensos em primeiro e segundo graus de jurisdição retomarão o curso para julgamento e aplicação da tese firmada pelo tribunal superior; IV – se os recursos versarem sobre questão relativa a prestação de serviço público objeto de concessão, permissão ou autorização, o resultado do julgamento será comunicado ao órgão, ao ente ou à agência reguladora competente para fiscalização da efetiva aplicação, por parte dos entes sujeitos a regulação, da tese adotada.

O § 1º do art. 1.040 do CPC permite que a parte desista da ação em curso no primeiro grau de jurisdição, antes de proferida a sentença, se a questão nela discutida for idêntica à resolvida pelo recurso representativo da controvérsia. Se a desistência ocorrer antes de oferecida contestação, a parte ficará isenta do pagamento de custas e de honorários de sucumbência. Tal desistência independe de consentimento do réu, ainda que apresentada contestação.

Mantido o acórdão divergente pelo tribunal de origem, o recurso extraordinário será remetido ao TST, na forma do art. 1.036, § 1º, do CPC.

Sendo realizado o juízo de retratação, com alteração do acórdão divergente, o tribunal de origem, se for o caso, decidirá as demais questões ainda não decididas cujo enfrentamento se tornou necessário em decorrência da alteração (CPC, art. 1.041, § 1º).

De acordo com o § 2º do art. 1.041 do CPC (redação dada pela Lei n. 13.256/2016), quando ocorrer a hipótese do inciso II do *caput* do art. 1.040 e o recurso versar sobre outras questões, caberá ao presidente ou ao vice-presidente do tribunal recorrido, depois do reexame pelo órgão de origem e independentemente de ratificação do recurso, sendo positivo o juízo de admissibilidade, determinar a remessa do recurso ao TST para julgamento das demais questões.

7.4. Prequestionamento

Como já assinalado em outras partes deste livro, em se tratando de recurso de natureza ordinária, não há necessidade de que a matéria submetida ao órgão *ad quem* esteja prequestionada, haja vista o efeito devolutivo amplo inerente a essa modalidade de impugnativa de resoluções judiciais.

Entrementes, o mesmo não ocorre com os chamados recursos de natureza extraordinária (recursos extraordinário, de revista, embargos no TST e especial), já que o prequestionamento constitui requisito indispensável para o seu cabimento.

Diz-se prequestionada determinada matéria quando a decisão recorrida sobre ela se manifestar explicitamente. Não vale o prequestionamento implícito.

Como bem ressalta Valentin Carrion:

> Os fatos que não forem incontroversos e o prequestionamento apenas implícito não servem para fundamentar o recurso extraordinário, pelo que os embargos de declaração se impõem contra o acórdão que se quer impugnar; prequestionamento explícito é inconstitucionalidade direta e não reflexa, como lembra Barata Silva (Recurso de Revista)[86].

Quanto ao prequestionamento, eis o entendimento do Supremo Tribunal Federal:

86. CARRION, Valentin, op. cit., nota 7 ao art. 893 da CLT.

É inadmissível o recurso extraordinário, quando não ventilada, na decisão recorrida, a questão federal suscitada (Súmula 282).

O ponto omisso da decisão, sobre o qual não foram opostos embargos declaratórios, não pode ser objeto de recurso extraordinário, por faltar o requisito do prequestionamento (Súmula 356).

A razão de ser do prequestionamento está na necessidade de proceder-se a cotejo para, somente então, concluir-se pelo enquadramento do extraordinário no permissivo constitucional. O conhecimento do recurso extraordinário não pode ficar ao sabor da capacidade intuitiva do órgão competente para julgá-lo. Daí a necessidade de o prequestionamento ser explícito, devendo a parte sequiosa de ver o processo guindado à sede excepcional procurar expungir dúvidas, omissões, contradições e obscuridades, para o que conta com os embargos declaratórios (STF, AgRg-AI n. 162.682-9-SP, Rel. Marco Aurélio, Ac. 2ª T.).

O conteúdo do voto vencido, quando veicule tema de caráter exclusivamente infraconstitucional, não se reveste de eficácia jurídico-processual necessária à configuração do requisito essencial do prequestionamento. É inadmissível o recurso extraordinário, quando a fundamentação que lhe dá suporte não guarda qualquer relação de pertinência com o conteúdo do acórdão proferido pelo Tribunal inferior. O divórcio ideológico entre as razões do pedido de reforma da decisão recorrida e a matéria efetivamente versada no pronunciamento jurisdicional impugnado inviabiliza a exata compreensão da controvérsia jurídica, impedindo, desse modo, o próprio conhecimento do recurso extraordinário (Súmula 284/STF) (STF, Ag.-AI n. 145.651-6-PR, Rel. Celso de Mello, Ac. 1ª T.).

É importante ressaltar que o art. 941, § 3º, do CPC dispõe:

Art. 941. Proferidos os votos, o presidente anunciará o resultado do julgamento, designando para redigir o acórdão o relator ou, se vencido este, o autor do primeiro voto vencedor. (...)

§ 3º O voto vencido será necessariamente declarado e considerado parte integrante do acórdão para todos os fins legais, inclusive de pré-questionamento.

Quanto à obrigatoriedade de juntada do voto vencido, a SBDI-2 entendeu que o legislador não deixou nenhuma margem interpretativa apta a relativizar a aplicação do dispositivo, sendo juntada do referido voto condição imprescindível para a efetivação do art. 93, IX, da CF, pois compõe a própria fundamentação da decisão colegiada e possibilita o conhecimento pelas partes de todas as razões (acatadas e rechaçadas) que resultaram no provimento jurisdicional. Assim, a ausência do voto vencido não pode ser considerada uma mera irregularidade passível de ser sanada pela ampla devolutividade do recurso ordinário, porquanto se trata de providência que, quando não observada, acarreta a nulidade absoluta do julgado (TST-RO-7956-69.2016.5.15.0000, SBDI-II, Rel. Min. Maria Helena Mallmann, j. 13-8-2019).

Além disso, o art. 1.025 do CPC considera "incluídos no acórdão os elementos que o embargante suscitou, para fins de pré-questionamento, ainda que os embargos de declaração sejam inadmitidos ou rejeitados, caso o tribunal superior considere existentes erro, omissão, contradição ou obscuridade".

7.5. Efeitos

O recurso extraordinário possui efeito meramente devolutivo. Admite-se o efeito suspensivo em sede de tutela cautelar, observando-se os termos das Súmulas 634 e 635 do STF.

A devolutibilidade, todavia, é restrita à matéria de natureza exclusivamente constitucional devidamente prequestionada e que tenha repercussão geral.

Isso significa que no extraordinário, assim como na revista e no especial, não se examina a justiça ou injustiça da decisão recorrida, nem questões de fato ou matéria de prova.

7.5.1. Recurso extraordinário e execução da sentença

De acordo com a Súmula 228 do STF: "Não é provisória a execução na pendência de recurso extraordinário, ou de agravo destinado a fazê-lo admitir".

Esse entendimento da Suprema Corte é especialmente salutar na área do processo trabalhista, pois nesse setor, como se sabe, deve haver maior preocupação quanto à celeridade do feito para chegar-se logo à satisfação final do crédito trabalhista, cuja natureza alimentar é inconteste.

Não obstante a clareza da referida Súmula, ainda pairam algumas dúvidas acerca da sua aplicação nos domínios do processo laboral.

No campo do processo civil, referido entendimento encontra resistência a partir da vigência do Código de Processo Civil de 1973. Aliás, o próprio STF já decidiu:

> Execução. Em face do novo CPC, é provisória a execução de sentença enquanto pende o julgamento do recurso extraordinário. Por isso, afasta-se, no caso, a aplicação da Súmula 228. Recurso extraordinário conhecido e provido (RE n. 84.334-SP, Tribunal Pleno, Rel. Moreira Alves).

O § 5º do art. 1.029 do CPC prevê o pedido de concessão de efeito suspensivo a recurso extraordinário, o qual será formulado por requerimento dirigido:

> I – ao tribunal superior respectivo, no período compreendido entre a publicação da decisão de admissão do recurso e sua distribuição, ficando o relator designado para seu exame prevento para julgá-lo (redação dada pela Lei n. 13.256/2016);

II – ao relator, se já distribuído o recurso;

III – ao presidente ou ao vice-presidente do tribunal recorrido, no período compreendido entre a interposição do recurso e a publicação da decisão de admissão do recurso, assim como no caso de o recurso ter sido sobrestado, nos termos do art. 1.037 (redação dada pela Lei n. 13.256/2016).

Nos domínios do processo do trabalho, não se pode deixar de ter em conta a norma prevista no § 2º do art. 893 da CLT, segundo a qual "a interposição de recurso para o Supremo Tribunal Federal não prejudicará a execução do julgado".

Interpretando tal norma, Valentin Carrion, apoiando-se em Manoel Antonio Teixeira Filho, sustenta que:

> A execução de sentença, pendente o recurso extraordinário, é definitiva no processo do trabalho. Deve continuar prevalecendo o entendimento da velha Súmula 228 do STF, específica exegese da CLT, art. 893, § 2º. Essa interpretação foi fixada na época em que o CPC de 1939 já tinha dispositivo semelhante ao de 1973 (art. 543, § 4º, com redação da Lei n. 5.925) e substituído pela Lei n. 8.038/90, art. 27 (v. índice da leg. complementar); este afirma que o recurso extraordinário será recebido no efeito devolutivo; o que leva os processualistas civis a considerar provisória a execução, suspensa após a penhora, como é de hábito na generalidade dos recursos; assim entendem por não haver para eles uma redação mais explícita, como contrariamente há na CLT e resultou na mencionada Súmula do STF. Essa parece ser a opinião de Manoel Antonio Teixeira Filho ("Sistema", 1988, p. 271, não obstante à p. 292 não ressalve essa observação, ao citar o processo civil)[87].

Não se pode, porém, relegar ao oblívio a regra prevista na Lei n. 4.725, de 13 de julho de 1965, segundo a qual, nos recursos cabíveis em execução de sentença nas ações de cumprimento de decisões normativas da Justiça do Trabalho, isto é, aquelas proferidas em sede de dissídio coletivo, "não importará na restituição dos salários ou vantagens pagos, em execução do julgado" (§ 3º do art. 6º). Essa norma, como se vê, consagra a especial relevância dos créditos trabalhistas, dado o seu caráter nitidamente alimentar.

Parece-nos, pois, que continua atual o entendimento cristalizado na Súmula 228 do STF, que encerra a melhor exegese do art. 893, § 2º, da CLT. Essa interpretação, a propósito, não se coaduna com o art. 27 da Lei n. 8.038/90, segundo o qual o recurso extraordinário será recebido no efeito devolutivo, o que levou os processualistas civis a considerar provisória a execução. Tal não ocorre, porém, com o recurso

---

87. *Comentários à Consolidação das Leis do Trabalho*. 27. ed. São Paulo: Revista dos Tribunais, 2002. p. 734 e 735.

extraordinário emergente de decisão da Justiça Laboral, ante a literalidade do § 2º do art. 893 da CLT, que, a nosso sentir, não se atrita com a nova ordem constitucional.

Nessa linha, observa Valentin Carrion:

> O entendimento de que a execução não se interrompe pela interposição do recurso extraordinário ou seu agravo de instrumento permite o prosseguimento da longa caminhada, inclusive com o julgamento dos embargos e seus recursos, e a alienação de bens, até o efetivo depósito, o que não impede que, superadas as manobras protelatórias, por cautela, se suste o levantamento, já que aqui não há caução que o garanta; trata-se de uma matização conveniente[88].

O Tribunal Superior do Trabalho vinha, a nosso ver acertadamente, adotando a seguinte posição:

> Nos termos do art. 893, § 2º, da CLT e da Súmula 228 do c. STF, não é provisória a execução na pendência de recurso extraordinário ou de agravo destinado a fazê-lo admitir, sob pena de aplicação de norma do processo comum contra disposição expressa da CLT e de se procurar compatibilizar o incompatível (TST, ROMS n. 18.527/90.0, Rel. Orlando Teixeira da Costa, Ac. SDI n. 1.420/92).

Posteriormente, porém, o TST, por meio da OJ n. 56 da SBDI-2, firmou o seguinte entendimento:

> MANDADO DE SEGURANÇA. EXECUÇÃO. PENDÊNCIA DE RECURSO EXTRAORDINÁRIO. Não há direito líquido e certo à execução definitiva na pendência de recurso extraordinário, ou de agravo de instrumento visando a destrancá-lo.

Vale dizer, o verbete em causa prevê que, se a decisão judicial for atacada por recurso extraordinário, o juiz pode deixar de promover a execução definitiva, sem que isso implique violação a direito líquido e certo do exequente. Em outras palavras, o verbete ora focalizado não reconhece como definitiva a execução de sentença se ainda tramita recurso extraordinário ou agravo de instrumento (se este atacar decisão denegatória de seguimento do RE).

7.6. Prazo e processamento

Como já apontado, o procedimento do recurso extraordinário segue as regras ditadas pela lei processual comum (CPC, arts. 1.029 a 1.041; Leis ns. 8.950/94 e

88. Op. cit., nota 7 ao art. 893 da CLT.

8.038/90 e Regimento Interno do STF). No âmbito do TST, devem ser observadas as normas constantes do seu Regimento Interno.

O prazo é de quinze dias, contado da publicação ou ciência da decisão pelo recorrente. Observe-se que não se aplica, aqui, a regra do art. 893 da CLT, segundo a qual o prazo dos recursos trabalhistas é sempre de oito dias. Em se tratando de ente público ou do Ministério Público, o prazo é computado em dobro, segundo entendimento pacífico do Supremo Tribunal Federal.

A petição recursal, como dito, há de ser assinada por advogado, não se admitindo a aplicação do art. 791 da CLT.

O recurso extraordinário é interposto perante o Presidente ou Vice-Presidente do TST, em petição que conterá (CPC, art. 1.029):

a) exposição do fato e do direito;

b) a demonstração do cabimento do recurso interposto;

c) as razões do pedido de reforma ou de invalidação da decisão recorrida.

Recebida a petição do recurso pela secretaria do tribunal, o recorrido será intimado para contrarrazões no prazo de 15 dias, findo o qual os autos serão conclusos ao presidente ou ao vice-presidente do tribunal recorrido, que deverá observar os incisos I a V do art. 1.030 do CPC.

Da decisão: *a)* de inadmissibilidade proferida com base no inciso V do art. 1.030 do CPC caberá agravo ao tribunal superior, nos termos do art. 1.042; *b)* proferida com base nos incisos I e III do art. 1.030 do CPC, caberá agravo interno, nos termos do art. 1.021 do mesmo Código.

De acordo com a Súmula 528 do STF, se "a decisão contiver partes autônomas, a admissão parcial, pelo Presidente do Tribunal *a quo* de recurso extraordinário que sobre qualquer delas se manifestar, não limitará a apreciação de todas pelo Supremo Tribunal Federal, independentemente de interposição de agravo de instrumento".

Cumpre sublinhar que, nos termos do art. 1.042 do CPC (redação dada pela Lei n. 13.256/2016), cabe agravo contra decisão do presidente ou do vice-presidente do tribunal recorrido que inadmitir recurso extraordinário ou recurso especial, salvo quando fundada na aplicação de entendimento firmado em regime de repercussão geral ou em julgamento de recursos repetitivos. A petição de agravo será dirigida ao presidente ou ao vice-presidente do tribunal de origem e independe do pagamento de custas e despesas postais, aplicando-se a ela o regime de repercussão geral e de recursos repetitivos, inclusive quanto à possibilidade de sobrestamento e do juízo de retratação.

No STF, da decisão do Relator que inadmitir ou negar provimento ao agravo de instrumento, caberá o recurso de agravo interno (CPC, art. 1.021).

7.7. Embargos de divergência no STF

O art. 1.043 do CPC prevê o recurso de embargos de divergência no âmbito do STF contra acórdão de órgão fracionário que:

> I – em recurso extraordinário, divergir do julgamento de qualquer outro órgão do mesmo tribunal, sendo os acórdãos, embargado e paradigma, de mérito;
>
> II – em recurso extraordinário, divergir do julgamento de qualquer outro órgão do mesmo tribunal, sendo os acórdãos, embargado e paradigma, relativos ao juízo de admissibilidade; (inciso revogado pela Lei n. 13.256/2016)
>
> III – em recurso extraordinário, divergir do julgamento de qualquer outro órgão do mesmo tribunal, sendo um acórdão de mérito e outro que não tenha conhecido do recurso, embora tenha apreciado a controvérsia;
>
> IV – nos processos de competência originária, divergir do julgamento de qualquer outro órgão do mesmo tribunal. (inciso revogado pela Lei n. 13.256/2016)

A divergência que autoriza a interposição de embargos de divergência pode verificar-se na aplicação do direito material ou do direito processual.

Dispõe o § 1º do art. 1.043 do CPC que poderão ser confrontadas teses jurídicas contidas em julgamentos de recursos e de ações de competência originária.

A divergência pode ocorrer entre turmas distintas ou na mesma turma. É o que prevê o § 3º do art. 1.043 do CPC: "Cabem embargos de divergência quando o acórdão paradigma for da mesma turma que proferiu a decisão embargada, desde que sua composição tenha sofrido alteração em mais da metade de seus membros".

No recurso de embargos de divergência, será observado o procedimento estabelecido no regimento interno do respectivo tribunal superior (CPC, art. 1.044).

Sobre divergência entre Turmas do STF em recurso extraordinário, recomendamos a leitura dos arts. 330 a 334 do Regimento Interno daquela Corte.

8. RECURSO ADESIVO

A CLT não prevê o recurso adesivo, o que exige o diálogo das fontes por meio da aplicação subsidiária do CPC e as devidas adaptações, é claro.

É bem de ver que, inicialmente, a jurisprudência relutou em admitir o recurso adesivo no processo do trabalho. A Súmula 175 do TST (ex-Prejulgado n. 55), aprovada pela Resolução Administrativa TST n. 2/1985, dispunha que o recurso adesivo seria incompatível com a gênese principiológica do processo laboral.

Posteriormente, o adesivo passou a ser considerado "compatível com o processo do trabalho, onde caberia, no prazo de 8 (oito) dias, no recurso ordinário, na revista, nos embargos para o Pleno e no agravo de petição" (TST, Súmula 196). Na prática, ainda continuavam existindo certas restrições quanto à matéria que poderia ser suscitada no recurso adesivo.

Finalmente, a Súmula 283 do TST passou a ter a seguinte redação:

> RECURSO ADESIVO. PERTINÊNCIA NO PROCESSO DO TRABALHO. CORRELAÇÃO DE MATÉRIAS (Res. n. 121/2003, *DJ* 19, 20 e 21-11-2003). O recurso adesivo é compatível com o processo do trabalho e cabe, no prazo de 8 (oito) dias, nas hipóteses de interposição de recurso ordinário, de agravo de petição, de revista e de embargos, sendo desnecessário que a matéria nele veiculada esteja relacionada com a do recurso interposto pela parte contrária.

Como bem observa Nelson Nery Junior, o recurso adesivo não é espécie autônoma de recurso, pois não está catalogado no art. 496 do CPC/73 (ou no art. 893 da CLT, ressaltamos), mas sim "forma de interposição" dos recursos de apelação, embargos infringentes, RE e REsp (acrescentamos, RO, AP, RR e Embargos no TST), "que, portanto, podem ser interpostos pela via principal ou pela via adesiva"[89].

O CPC prevê expressamente o recurso adesivo no art. 997, § 1º, *in verbis*:

> Art. 997. Cada parte interporá o recurso independentemente, no prazo e com observância das exigências legais.
>
> § 1º Sendo vencidos autor e réu, ao recurso interposto por qualquer deles poderá aderir o outro.
>
> § 2º O recurso adesivo fica subordinado ao recurso independente, sendo-lhe aplicáveis as mesmas regras deste quanto aos requisitos de admissibilidade e julgamento no tribunal, salvo disposição legal diversa, observado, ainda, o seguinte:
>
> I – será dirigido ao órgão perante o qual o recurso independente fora interposto, no prazo de que a parte dispõe para responder;
>
> II – será admissível na apelação, no recurso extraordinário e no recurso especial;
>
> III – não será conhecido, se houver desistência do recurso principal ou se for ele considerado inadmissível.

Há quem sustente a inconstitucionalidade do recurso adesivo. O principal argumento é o de que, vencido o prazo para a parte impugnar autonomamente a sentença, esta automaticamente passa a ter a qualidade de coisa julgada, que é uma garantia constitucional fundamental[90].

---

89. NERY JUNIOR, Nelson et al. *Código de Processo Civil comentado*. 4. ed. São Paulo: Revista dos Tribunais, 1999. p. 978.

90. TEIXEIRA FILHO, Manoel Antonio. *Sistema recursal trabalhista*. 10. ed. São Paulo: LTr, 2003. p. 585-594.

Não comungamos desse entendimento, *data venia*, porquanto, a nosso sentir, a Constituição Federal não fala em prazo para a formação da coisa julgada. Cabe, pois, à legislação processual infraconstitucional tratar da matéria, com o que se mostra compatível com o Texto Magno a norma prevista no art. 997 do CPC, segundo a qual o adesivo fica subordinado ao recurso independente, sendo-lhe aplicáveis as mesmas regras deste quanto aos requisitos de admissibilidade e julgamento no tribunal. Essa norma, segundo nos parece, harmoniza-se com o inciso LV do art. 5º da CF, que enaltece os princípios do contraditório e da ampla defesa com os meios e "recursos" a ela inerentes.

Desse modo, havendo sucumbência recíproca, o trânsito em julgado da sentença somente ocorrerá após esgotado, *in albis*, o prazo para o recurso adesivo. Aliás, o art. 502 do CPC considera coisa julgada a autoridade que torna imutável e indiscutível a decisão de mérito não mais sujeita a recurso ordinário ou extraordinário, os quais, como já vimos, admitem a interposição de recurso adesivo.

8.1. Pressupostos de admissibilidade

Vaticina o art. 997 do CPC que cada parte interporá o recurso, independentemente, no prazo e observadas as exigências legais.

A mesma norma prescreve que, "sendo, porém, vencidos autor e réu, ao recurso interposto por qualquer deles poderá aderir a outra parte".

Além disso, o § 2º do art. 997 do CPC manda aplicar ao recurso adesivo as mesmas regras do recurso principal (independente) quanto aos requisitos de admissibilidade e julgamento no tribunal.

Vê-se, assim, que, além dos pressupostos genéricos inerentes aos recursos em geral, como a legitimidade, o interesse, a capacidade, o preparo, a tempestividade, a adequação, a representação e a recorribilidade do ato, o recurso adesivo exige, ainda, quatro outros pressupostos específicos de admissibilidade, a saber:

- *sucumbência recíproca*, ou seja, é preciso que autor e réu tenham tido pelo menos uma de suas pretensões rejeitadas pelo juízo *a quo*;
- *possibilidade de a parte ter recorrido autonomamente*, isto é, o recurso adesivo apenas está sendo utilizado no lugar do recurso que a parte poderia, no prazo legal contado da ciência da decisão que reconheceu a sucumbência recíproca, ter interposto. Esse pressuposto específico justifica a parte final da Súmula 283 do TST, na medida em que o recurso adesivo é cabível, ainda que a matéria nele veiculada não esteja relacionada com a do recurso interposto pela parte contrária;
- *existência do recurso principal*, ao qual ficará o adesivo subordinado, de modo que, se aquele não for conhecido, ou se houver desistência do recurso principal, este restará prejudicado. Dito de outro modo, o recurso adesivo não será conheci-

do se houver desistência do recurso principal, ou se for ele declarado inadmissível ou deserto. Assim, se o recurso principal não for conhecido, o adesivo seguirá a mesma sorte;

- *demais pressupostos específicos* exigíveis para os recursos principais aos quais fica o adesivo subordinado. No processo do trabalho, portanto, o adesivo deve atender aos mesmos pressupostos genéricos ou específicos dos recursos ordinário, revista, embargos para o TST e agravo de petição. Ademais, os mesmos procedimentos relativos às custas e ao depósito recursal aplicáveis ao recurso principal são exigíveis para admissibilidade do recurso adesivo.

8.2. Cabimento

No processo civil, o recurso adesivo é cabível na apelação, no recurso extraordinário e no recurso especial (CPC, art. 997, § 2º, II).

Já no processo do trabalho, a jurisprudência pacificou o entendimento de que o adesivo é cabível nas hipóteses de interposição de recurso ordinário, de agravo de petição, de revista e de embargos (TST, Súmula 283).

Não cabe recurso adesivo na remessa *ex officio*, uma vez que o juiz, quando submete a sentença desfavorável ao ente público ao duplo grau de jurisdição obrigatório, não atua como sujeito da lide, isto é, ele não é parte interessada no processo atingida pelos efeitos da sucumbência. Além disso, na remessa oficial não há contraditório, em função do que não há previsão para abertura de prazo para interposição de recurso adesivo.

Embora não haja previsão na Súmula 283 do TST sobre o cabimento do adesivo a recurso extraordinário, pensamos que há essa possibilidade. Isso porque, como já vimos, o recurso extraordinário no processo do trabalho não segue as normas desse setor especializado, mas sim do direito processual civil. Logo, em tema de recurso extraordinário das decisões proferidas pela Justiça do Trabalho, hão de ser observadas as regras próprias desse apelo extraordinário, previstas na Constituição Federal, no CPC, na legislação específica sobre recurso extraordinário e no Regimento Interno do STF.

A parte parcialmente sucumbente que interpuser recurso autônomo contra a parte da sentença que lhe foi desfavorável não poderá recorrer adesivamente. É que, nesse caso, já teria ocorrido a preclusão consumativa, com a interposição do primeiro recurso. Além disso, parece-nos que no processo do trabalho não é cabível a interposição, pela mesma parte, de dois recursos, principal e adesivo, da mesma decisão, porquanto, nessa hipótese, haveria ofensa ao princípio da unirrecorribilidade.

Nesse sentido:

> RECURSO DE REVISTA. RECURSO ORDINÁRIO ADESIVO. NÃO CONHECIMENTO. PRINCÍPIO DA UNIRRECORRIBILIDADE OU SINGULARIDADE RECURSAL. Se a parte já se utilizou do recurso principal, inadmissível a interposição de recurso adesivo ou subordinado contra a mesma decisão, sob pena de ofensa ao princípio da

unirrecorribilidade ou singularidade recursal, segundo o qual, para cada ato judicial recorrível, existe um único recurso previsto pelo ordenamento jurídico positivo, sendo proibida a interposição simultânea ou cumulativa de outro recurso, com a finalidade de impugnar o mesmo ato de jurisdição, ante a preclusão consumativa. Precedentes. Recurso de revista de que não se conhece (TST-RR 114400-82.2006.5.15.0128, Rel. Min. Walmir Oliveira da Costa, 1ª T., *DEJT* 7-6-2013).

RECURSO ADESIVO OFERTADO APÓS O NÃO CONHECIMENTO DO RECURSO ORDINÁRIO. VIOLAÇÃO AO PRINCÍPIO DA UNIRRECORRIBILIDADE. INADMISSIBILIDADE. Não se conhece de recurso adesivo ofertado após o não conhecimento do recurso ordinário interposto pela parte vencida, por violar o princípio da unirrecorribilidade. O recurso adesivo não pode servir de sucedâneo para o apelo ordinário que não foi conhecido por estar deserto (...) (TRT-15ª R., RO n. 056856/2012, Rel. Des. José Otávio de Souza Ferreira, *DEJT* 27-7-2012).

Caso, porém, a parte *desista do recurso principal*, aí então, ao que nos parece, poderá recorrer adesivamente se a outra parte interpuser outro recurso principal. Se, no entanto, tal recurso principal não for conhecido por qualquer motivo, também não deverá ser admitido o recurso adesivo. Todavia, há entendimento de que a interposição anterior de recurso autônomo elimina a possibilidade de posterior interposição de recurso adesivo da mesma decisão. Nessa direção:

RECURSO DE REVISTA. RECURSO ORDINÁRIO ADESIVO. INTERPOSIÇÃO DE RECURSO ORDINÁRIO ANTERIOR PELA MESMA PARTE. PRINCÍPIO DA UNIRRECORRIBILIDADE DAS DECISÕES. PRECLUSÃO CONSUMATIVA. Não se conhece do recurso ordinário adesivo quando, em face da mesma decisão, houve interposição, pela mesma parte, de recurso ordinário anterior, considerando-se o princípio da unirrecorribilidade das decisões judiciais. Recurso de revista de que não se conhece (...) (TST-RR 1238-78.2010.5.03.0104, Rel. Min. Kátia Magalhães Arruda, 6ª T., *DEJT* 21-6-2013).

8.3. Legitimação

A legitimação para interposição do recurso adesivo pode ser assim problematizada: quem pode recorrer adesivamente, além do autor e do réu?

Alguns autores entendem que o terceiro prejudicado (juridicamente interessado) e o MPT, quando este atua como fiscal da lei, não poderão recorrer adesivamente[91].

91. MARTINS, Sergio Pinto. *Direito processual do trabalho*. 17. ed. São Paulo: Atlas. p. 422-423.

Pensamos que, se de algum modo o terceiro juridicamente interessado sofrer os efeitos da sucumbência, ou melhor, se a sentença lhe trouxer alguma situação de desfavorabilidade, terá legitimidade para interpor, tanto RO, RR, recurso de embargos para o TST, AP e RE, como recurso adesivo. E isso porque o termo "parte", previsto no art. 500 do CPC, há de ser interpretado como "parte recorrente", e não parte formal originária da relação processual (autor e réu).

Quanto ao Ministério Público do Trabalho, não há como restringir a sua legitimação recursal, porquanto o art. 83, VI, da LC n. 75/93 é de clareza solar ao facultar ao *Parquet* Laboral: "recorrer das decisões da Justiça do Trabalho, quando entender necessário, tanto nos processos em que for parte, como naqueles em que oficiar como fiscal da lei ...".

Ademais, leciona Nelson Nery Junior: "Tem o MP legitimidade para interpor recurso adesivo, como parte ou fiscal da lei, porque o termo 'parte', constante do CPC 500, quer significar *parte recorrente*"[92].

O TST vem admitindo a legitimação recursal do MPT para interpor recurso adesivo:

> (...) CONTRIBUIÇÃO CONFEDERATIVA – OBRIGAÇÃO DA EMPRESA E NÃO DOS EMPREGADOS – VALIDADE – (RECURSO ADESIVO DO MINISTÉRIO PÚBLICO DO TRABALHO). A cláusula instituiu contribuição confederativa a ser calculada sobre os salários, mas não sobre eles incidente, ao dispor expressamente que é a empresa que a recolherá e que "tal pagamento não implica reconhecimento, pela EMPRESA, DO DIREITO DE COBRAR A CONTRIBUIÇÃO CONFEDERATIVA". Não onerando os salários dos empregados sindicalizados nem os dos não sindicalizados, a cláusula sob exame encontra-se dentro do âmbito da livre disposição dos atores sociais. Não há contrariedade ao Precedente n. 119 da SDC do TST, nem sequer violação dos arts. 5º, XX, e 8º, V, da Constituição da República. Inteligência do art. 7º, XXVI, da Constituição da República. Recurso ordinário adesivo do Ministério Público do Trabalho não provido (TST-ED-ROAA 2801700-25.2001.5.09.0909, Rel. Min. Milton de Moura França, SDC, j. 29-6-2006, *DJU* 2-3-2007).

8.4. Efeitos

O recurso adesivo no processo do trabalho deve seguir as mesmas regras do recurso principal, de maneira que terá sempre efeito meramente devolutivo, não impedindo, pois, a execução (provisória) do julgado.

Em se tratando de recurso adesivo a recurso extraordinário, incide a regra do § 2º do art. 893 da CLT, ou seja, segundo pensamos, ele não prejudicará a execução

---

92. *Código de Processo Civil comentado*, p. 975-976.

definitiva do julgado, como já vimos no item relativo ao apelo extraordinário (item 7.5.1 deste Capítulo).

A devolutibilidade da matéria que pode ser deduzida no adesivo é ampla. Isso significa que não há necessidade de que a matéria nele veiculada esteja relacionada com a do recurso interposto pela parte contrária. É o que se infere da parte final da Súmula 283 do TST.

Assim, o recurso adesivo pode ter correlação com a matéria veiculada no recurso principal, mas também pode tratar de matéria diversa.

No primeiro caso, acenamos com a hipótese em que o réu tenha arguido a prescrição e o juiz, rejeitando-a, julga improcedente o pedido de horas extras, que era o único objeto da demanda. Interposto o recurso ordinário pelo autor contra a sentença de improcedência, pensamos que o réu possui legítimo interesse de aviar recurso adesivo, objetivando que o tribunal reexamine a questão alusiva à prescrição, máxime em função da regra prevista no art. 219, § 5º, do CPC/73 (CPC, art. 487, II).

De outro giro, o recurso adesivo também pode veicular matéria diversa da tratada no apelo principal, como, por exemplo, na hipótese em que o autor formula pedidos A, B e C e a sentença julga procedentes A e B. Nesse caso, interpondo o réu recurso da parte que julgou procedentes os pedidos A e B, o autor poderá aviar recurso adesivo contra a parte que rejeitou o pedido C.

8.5. Procedimento

O adesivo, no âmbito da Justiça do Trabalho, deverá ser interposto por petição (escrita ou reduzida a termo) dirigida ao juiz ou órgão prolator competente para admitir o recurso principal. Recurso adesivo direcionado ao TST deve, obrigatoriamente, ser subscrito por advogado (TST, Súmula 425), sob pena de não conhecimento, por irregularidade de representação do recorrente-aderente.

O prazo para a interposição do recurso adesivo, segundo o CPC (art. 508), é o mesmo de que a parte dispõe para responder, ou seja, quinze dias. Esse prazo deve ser observado na hipótese de recurso extraordinário de decisão de órgãos da Justiça do Trabalho.

No processo do trabalho, o prazo para contrarrazões é de oito dias; logo, o recurso adesivo, nesse setor especializado, também deve ser interposto no prazo de 8 (oito) dias (TST, Súmula 283), salvo se o recorrente aderente for pessoa jurídica de direito público ou o Ministério Público, caso em que o prazo para o recurso adesivo será o dobro (16 dias), a teor do art. 1º, III, do Decreto-Lei n. 779/69, pois esta norma é aplicável a qualquer recurso interposto pelas pessoas jurídicas de direito público.

Embora não haja regramento específico no processo laboral, pensamos que o adesivo deve ser apresentado em peça distinta das contrarrazões, porquanto estas, como já vimos, não possuem efeito modificativo (ou infringente), ou seja, não se prestam à reforma do julgado.

Se a autoridade judiciária denegar seguimento ao recurso adesivo, poderá a parte interpor agravo de instrumento (CLT, art. 897, *b*), também no prazo de 8 (oito) dias.

O recorrente aderente pode desistir do recurso adesivo, independentemente da anuência dos seus consortes ou do recorrido aderido (CPC, art. 998).

No mais, ao recurso adesivo aplicam-se as mesmas regras do recurso independente (principal), quanto aos pressupostos subjetivos e objetivos de admissibilidade, inclusive preparo (custas e depósito recursal), e respectivo procedimento (e julgamento) nos tribunais (CPC, art. 997, § 2º).

No tribunal, o adesivo não será conhecido se o recurso principal não for conhecido por qualquer motivo, ou se houver desistência do apelo principal.

9. PEDIDO DE REVISÃO

O pedido de revisão está previsto no procedimento sumário ("causa de alçada"). Com efeito, o art. 2º e seus parágrafos da Lei n. 5.584/70 dispõem, *in verbis*:

> Art. 2º Nos dissídios individuais, proposta a conciliação, e não havendo acordo, o Presidente da Junta (*rectius*, Vara do Trabalho), ou o Juiz, antes de passar à instrução da causa, fixar-lhe-á o valor para a determinação da alçada, se este for indeterminado no pedido.
>
> § 1º Em audiência, ao aduzir razões finais, poderá qualquer das partes impugnar o valor fixado e, se o Juiz o mantiver, pedir revisão da decisão, no prazo de 48 (quarenta e oito) horas, ao Presidente do Tribunal Regional.
>
> § 2º O pedido de revisão, que não terá efeito suspensivo, deverá ser instruído com a petição inicial e a Ata da Audiência, em cópia autenticada pela Secretaria da Junta, e será julgado em 48 (quarenta e oito) horas, a partir do seu recebimento pelo Presidente do Tribunal Regional.

9.1. A recepção da causa de alçada pela Constituição Federal

Alguns autores, com fincas na premissa de que a nova ordem constitucional consagra o sistema recursal ampliativo que não admite qualquer limitação ao duplo grau de jurisdição, sustentam que o pedido de revisão estaria extinto[93].

Importa dizer, contudo, que o STF, como já vimos na epígrafe 7.3.2.2 *supra*, já decidiu que a lei ordinária pode limitar o exercício do direito de recorrer, sem que isso implique maltrato ao disposto no art. 5º, LV, da Constituição da República.

93. Sobre o tema, remetemos o leitor às considerações que expendemos, neste Capítulo, sobre o recurso extraordinário em matéria trabalhista.

O TST, seguindo as pegadas da mais alta Corte de Justiça, vem reiteradamente decidindo pela manutenção das chamadas causas de alçada, como se infere da sua Súmula 356:

ALÇADA – VINCULAÇÃO AO SALÁRIO MÍNIMO – RECORRIBILIDADE. O art. 5º, LV, e o art. 7º, IV, da CF/88 não revogaram o art. 2º, § 4º, da Lei n. 5.584/70.

9.2. Finalidade do valor da causa no processo do trabalho

Diferentemente do processo civil, a indicação do valor da causa não constitui requisito essencial da petição inicial da ação trabalhista (CLT, art. 840, § 1º), pois a ausência deste elemento, ao contrário do que dispõe o CPC (arts. 319, V, e 330, VI), não implica indeferimento da peça vestibular.

De toda sorte, o art. 2º da Lei n. 5.584/70 determina que nos dissídios individuais o juiz, antes de passar à instrução, deverá fixar o valor da causa para fins de alçada, se omissa a petição inicial.

No processo do trabalho, pois, o valor da causa tem por escopo exclusivo a determinação do procedimento a ser adotado nos dissídios individuais, isto é: *sumário* para as causas de valor até dois salários mínimos; *sumaríssimo* para as ações com pedido líquido de valor entre dois até quarenta salários mínimos; ou *ordinário*, para as causas cujo valor seja superior a quarenta salários mínimos. Essa regra não foi alterada pela EC n. 45/2004, conforme interpretação sistemática dos arts. 1º e 2º da IN TST n. 27/2005.

Assim, se na data da distribuição da petição inicial da reclamação trabalhista o valor da causa atribuído pelo autor ou, se omissa a peça de ingresso, o fixado pelo juiz na audiência de conciliação for igual ou inferior a dois salários mínimos, o procedimento será o sumário (causa de alçada). Nesse caso, será dispensável o resumo dos depoimentos e não caberá recurso da decisão judicial aí prolatada, salvo se esta violar literal e frontalmente a Constituição Federal.

9.3. Indicação ou fixação do valor da causa

Se o autor não indicar, na petição inicial, ou seja, se for omissa a inicial, e o juiz não fixar, de ofício, o valor da causa, há de se reconhecer a recorribilidade da decisão proferida na causa de alçada, porquanto o impasse deve ter por fundamento o direito fundamental de ampla defesa, com os meios e recursos a ela inerentes.

Dessa forma, se o procedimento sumário for estabelecido na inicial (atribuição do valor da causa igual ou inferior a dois salários mínimos na data da distribuição), a ré deverá impugná-lo na própria contestação, que poderá ser verbal ou escrita (CLT, art. 847).

Caso o juiz fixe o valor da causa, se indeterminado o valor na inicial, o que somente ocorrerá após a apresentação da defesa, qualquer das partes poderá impugnar o valor fixado, em audiência, por ocasião das razões finais.

Há quem sustente que, mesmo tendo o autor indicado o valor da causa na petição inicial, o juiz pode retificá-lo de ofício, isto é, independentemente de impugnação pelo réu, inclusive na própria sentença[94].

Convém lembrar, no entanto, o teor da Súmula 71 do TST, segundo a qual a "alçada é fixada pelo valor dado à causa na data de seu ajuizamento, desde que não impugnado, sendo inalterável no curso do processo".

Se for mantido, pelo juiz, o valor da causa, qualquer das partes tem o prazo de 48 horas para interpor o pedido de revisão.

9.4. Natureza da decisão recorrida

A decisão que dispõe sobre o valor da causa no processo do trabalho é tipicamente interlocutória, da qual cabe o recurso, cognominado "pedido de revisão", cuja competência hierárquica e funcional para processá-lo e julgá-lo é do Presidente do Tribunal Regional do Trabalho.

9.5. Natureza do pedido de revisão

O pedido de revisão, não obstante a cizânia doutrinária a respeito, possui, a nosso sentir, natureza de recurso, já que ataca decisão tipicamente interlocutória proferida no curso do processo, constituindo, portanto, exceção ao princípio da irrecorribilidade imediata das decisões interlocutórias do processo do trabalho.

Ante a omissão da CLT e da Lei n. 5.584/70 sobre os critérios para indicação e atribuição pelo juiz do valor da causa, parece-nos que devem ser aplicadas, supletiva e subsidiariamente, as regras estabelecidas nos arts. 291 a 293 do CPC, com as devidas adaptações ao procedimento trabalhista, é claro.

9.6. Pressupostos

Além dos pressupostos genéricos da tempestividade, legitimidade, interesse, recorribilidade do ato e adequação, o pedido de revisão exige três pressupostos específicos, a saber: *a)* valor da causa igual ou inferior a dois salários mínimos arbitrado pelo juiz, em função da omissão da petição inicial (Lei n. 5.584/70, art. 2º); *b)* impugnação, em audiência (até razões finais), por qualquer das partes, do valor arbitrado à causa; *c)* inexistência de retratação, pelo juiz, do valor arbitrado.

94. MARTINS, Sergio Pinto, op. cit., p. 236-237.

A ausência de qualquer desses pressupostos impede o conhecimento do pedido de revisão pelo Presidente do TRT.

Como já vimos no Capítulo XIV, item 7, se o autor atribuir o valor da causa na petição inicial, não pode o juiz, de ofício, arbitrar outro valor[95], mas o réu pode, na contestação (CPC, art. 337, III), impugnar a incorreção do valor da causa. Nesse caso, a decisão que acolher ou rejeitar a impugnação não desafia, imediatamente, o pedido (recurso) de revisão, mas poderá a parte prejudicada impugnar aquela decisão como preliminar em recurso ordinário (CLT, art. 893, § 1º). Há, porém, entendimentos no sentido de admitir o pedido de revisão tanto do valor da causa atribuído pelo autor quanto pelo arbitrado pelo juiz (TST-ROAG 580000-97.2008.5.01.0000, Rel. Min. Maria de Assis Calsing, 4ª T., *DEJT* 9-9-2011).

9.7. Efeitos e processamento

O pedido de revisão do valor da causa possui efeitos devolutivo e não suspensivo (Lei n. 5.584/70, art. 2º, § 2º). A devolutibilidade, no entanto, é bastante restrita, na medida em que o órgão *ad quem*, se conhecer do recurso, limitar-se-á a apreciar o acerto ou não da decisão que fixou o valor da causa no processo do trabalho.

O pedido de revisão será instruído com cópias da petição inicial, da ata de audiência e/ou quaisquer outros documentos que a parte entender pertinentes para a formação do convencimento do Desembargador Presidente do TRT, que, ao receber o recurso, terá o prazo de 48 horas para decidir monocraticamente a questão.

A respeito do procedimento do pedido de revisão do valor da causa nos tribunais, recomenda-se a consulta aos respectivos regimentos internos.

10. RECLAMAÇÃO CONSTITUCIONAL

A reclamação constitucional, ou simplesmente reclamação, é um instituto, de natureza constitucional, criado pela Constituição Federal de 1988, cujo objeto repousa na preservação das competências do STF, do STJ e do TST ou na garantia da autoridade de suas decisões.

Como se trata de remédio processual que pode ser manejado pelas partes ou pelo MP para "atacar decisões" ofensivas à competência ou à autoridade das decisões do STF, do STJ ou do TST, optou-se por examinar a reclamação constitucional neste Capítulo.

No âmbito do STF, a reclamação está prevista no art. 102, I, *l*, da CF; do STJ, no art. 104, I, *f*, da CF.

95. Nos termos da Súmula 71 do TST, a "alçada é fixada pelo valor dado à causa na data de seu ajuizamento, desde que não impugnado, sendo inalterável no curso do processo".

Com efeito, dispõem os referidos dispositivos constitucionais:

Art. 102. Compete ao Supremo Tribunal Federal, precipuamente, a guarda da Constituição, cabendo-lhe: I – processar e julgar, originariamente: ... *l*) a reclamação para a preservação de sua competência e garantia da autoridade de suas decisões.

Art. 105. Compete ao Superior Tribunal de Justiça: I – processar e julgar, originariamente: ... *f*) a reclamação para a preservação de sua competência e garantia da autoridade de suas decisões.

O STF (ADI n 2.212/CE, Rel. Min. Ellen Gracie, in *RTJ* 190/122) reconheceu, em homenagem aos princípios da simetria e da efetividade das decisões judiciais, a competência dos Estados-membros para instituírem o instituto da reclamação em suas Constituições estaduais.

Quanto ao TST, embora seja um Tribunal Superior, não havia previsão constitucional do instituto da reclamação. O Regimento Interno do TST (arts. 196 a 200) previa o instituto, porém tais artigos foram revogados pelo Ato Regimental n. 2/2011.

Com o advento da EC n. 92, de 12-7-2016, que alterou os arts. 92 e 111-A da CF, o TST passou a ter competência para, nos termos do art. 111-A, § 3º, da CF, "processar e julgar, originariamente, a reclamação para a preservação de sua competência e garantia da autoridade de suas decisões".

Parece-nos, contudo, que o § 3º do art. 111-A da CF, acrescentado pela EC n. 92/2016, é parcialmente inconstitucional, pois se a decisão do TST envolver matéria constitucional, a última palavra será do STF, e não do TST.

A redação do referido dispositivo deveria dispor sobre a competência do TST para processar e julgar, originariamente, reclamação para a preservação de sua competência e garantia de autoridade de suas decisões "em matéria infraconstitucional". Pensamos, pois, que o § 3º do art. 111-A da CF deve ser interpretado restritivamente e conforme a Constituição, de modo a conferir competência ao TST para processar e julgar reclamação quando a matéria nela veiculada for apenas de natureza infraconstitucional.

A reclamação constitucional não é um recurso, já que não há contraditório nem pressupostos de admissibilidade para sua interposição. Também não é ação, pois não se sujeita às condições da ação. Também não é correição parcial (ou reclamação correicional), porquanto não é dirigida a corregedor, nem objetiva correção de atos tumultuários do procedimento.

Trata-se, como bem lembra Humberto Theodoro Júnior, de remédio processual que "se presta a aparelhar a parte com um mecanismo processual adequado para denunciar àquelas Cortes Superiores atos ou decisões ofensivas à sua competência ou à autoridade de suas decisões"[96].

96. THEODORO JÚNIOR, Humberto. *Curso de direito processual civil*. 48. ed. Rio de Janeiro: Forense, 2008. v. I, p. 639.

De acordo com a jurisprudência do STF, é incabível reclamação quando já houver transitado em julgado o ato judicial que se alega tenha desrespeitado decisão do Pretório Excelso (STF, Súmula 734). Não há embargos infringentes no processo de reclamação (STF, Súmula 368)

A competência do STF para a reclamação é fixada segundo as afirmações feitas pelo reclamante. Nesse sentido:

> A reclamação tem como objeto a preservação da competência do Supremo ou da autoridade de pronunciamento por si formalizado. (...) Define-se a competência segundo as balizas objetivas e subjetivas da petição inicial (Rcl n. 6.255-AgR, Rel. Min. Marco Aurélio, j. 2-8-2010, Plenário, *DJE* de 20-8-2010.) No mesmo sentido: Rcl n. 6.175-AgR, Rel. Min. Presidente Cezar Peluso, j. 12-8-2010, Plenário, *DJE* de 27-8-2010.

O STF já decidiu no sentido do não conhecimento da reclamação que visa desconstituir, em fase de execução, decisões da Justiça do Trabalho transitadas em julgado (STF-Rcl n. 671-AgR-ED, Rel. Min. Eros Grau, julgamento em 17-6-2010, Plenário, *DJE* de 6-8-2010).

A legitimidade para a propositura da reclamação é somente das partes que figuraram na relação processual originária. Nesse sentido:

> Se o precedente tido por violado foi tomado em julgamento de alcance subjetivo, como se dá no controle difuso e incidental de constitucionalidade, somente é legitimado ao manejo da reclamação as partes que compuseram a relação processual do aresto (STF-Rcl n. 6.078-AgR, Rel. Min. Joaquim Barbosa, j. 8-4-2010, Plenário, *DJE* 30-4-2010.)

Na reclamação contra ato que fira a autoridade de decisão do STF, é indispensável que a violação diga respeito à parte dispositiva da decisão. Nesse sentido:

> Reclamação – Desrespeito a acórdão do Supremo. Indispensável é que a parte dispositiva do pronunciamento do Supremo tenha sido inobservada mediante a prática do ato impugnado. Isso não ocorre quando em jogo eleição em Tribunal de Justiça e o que decidido diz respeito a Regimento Interno de TRF (Rcl n. 9.591-MC-AgR, Rel. Min. Marco Aurélio, j. 8-4-2010, Plenário, *DJE* 14-5-2010).

Além disso:

> Não cabe reclamação para assegurar a autoridade de ato judicial que não possui efeito *erga omnes*. As circunstâncias que autorizam a propositura de reclamação – preservação da competência desta Corte e a garantia da autoridade de suas decisões, aquelas cuja eficácia estenda-se *erga omnes* e vincule a Administração Pública

e o Poder Judiciário (art. 102, I, *l*, da CF/1988) – não estão presentes no caso (STF--Rcl n. 5.735-AgR, Rel. Min. Eros Grau, j. 25-11-2009, Plenário, *DJE* 11-12-2009).

Também não cabe reclamação:

> para questionar violação a Súmula do STF destituída de efeito vinculante. Precedentes. 2. As atuais Súmulas singelas do STF somente produzirão efeito vinculante após sua confirmação por dois terços dos Ministros da Corte e publicação na imprensa oficial (art. 8º da EC n. 45/2004). É o que se decidiu na Rcl n. 3.284-AgR, Rel. Min. Ayres Britto, j. 1º-7-2009, Plenário, *DJE* 28-8-2009.

Por outro lado, não cabe reclamação:

> contra ato futuro indeterminado. A reclamação pressupõe a prática de ato específico para que possa ser conhecida (STF-Rcl n. 3.982, Rel. Min. Joaquim Barbosa, j. 19-11-2007, Plenário, *DJ* 14-12-2007).

É incabível o pedido de desistência da reclamação depois de iniciado o seu julgamento. Nesse sentido:

> QUESTÃO DE ORDEM. RECLAMAÇÃO. PEDIDO DE DESISTÊNCIA. PROCESSO DE JULGAMENTO COLEGIADO INICIADO. COMPETÊNCIA DO PLENÁRIO. HOMOLOGAÇÃO INDEFERIDA. Não é admissível o pedido de desistência de feitos cujo julgamento já tenha sido iniciado. Preservação da unicidade do julgamento (STF-Rcl n. 1.503-QO e Rcl n. 1.519-QO, Rel. Min. Ricardo Lewandowski, j. 26-3-2009, Plenário, *DJE* 5-6-2009).

O STF entende que a reclamação é uma ação constitucional que não admite pedido de natureza preventiva, como se infere do seguinte julgado: "A ação constitucional da reclamação não admite pedido de caráter preventivo" (Rcl n. 4.058-AgR, Rel. Min. Cezar Peluso, j. 17-2-2010, Plenário, *DJE* de 9-4-2010).

O Pretório Excelso, no entanto, admite pedido de liminar em reclamação. Eis alguns exemplos de liminares deferidas em reclamação contra decisões da Justiça do Trabalho:

> Deferida medida liminar, pelo Ministro Joaquim Barbosa, para suspender o trâmite da execução trabalhista n. 0047900-88.2008.5.15.0152, até o julgamento final da reclamação ajuizada por IBM Brasil Indústria, Máquinas e Serviços LTDA. contra decisão proferida pelo Juiz do Trabalho de Hortolândia/SP, que determinou o pagamento de créditos trabalhistas, em caráter subsidiário, tendo em vista que a devedora principal se encontra em processo de falência. Entendeu o Ministro rela-

tor, numa análise preliminar, que a decisão reclamada vai de encontro ao decidido pelo STF no RE n. 583.955, em que se reconheceu a repercussão geral da matéria e se decidiu que uma vez decretada a falência, a execução de crédito trabalhista deve ser processada perante o juízo falimentar (STF-Rcl n. 8.154/SP-MC, Rel. Min. Joaquim Barbosa, decisão monocrática, *DJe* divulgado em 9-12-2010).

A Ministra Ellen Gracie deferiu pedido liminar em reclamação para suspender a eficácia de acórdão proferido pela Primeira Turma do TST nos autos do processo n. TST-AIRR-92840-64-2005-5-20-2004. Vislumbrou a relatora que o acórdão da Turma, ao afastar a incidência do art. 71, § 1º, da Lei n. 8.666/96 e aplicar o que dispõe o item IV da Súmula 331 do TST, confrontou com o disposto na Súmula Vinculante 10 (STF-Rcl n. 10.636/SE-MC, Rel. Min. Ellen Gracie, decisão monocrática, *DJe* divulgado em 30-9-2010).

A reclamação ora focalizada também está prevista no RITST, tendo seus órgãos colegiados, à exceção das Turmas, competência para julgá-la para manter a autoridade de suas decisões (TST, Rcl-1000623-61.2019.5.00.0000, TP, Rel. Min. Márcio Eurico Vitral Amaro, j. 29-6-2020).

11. CORREIÇÃO PARCIAL OU RECLAMAÇÃO CORREICIONAL

A Constituição Federal de 1988 deixa patente a existência da correição, como se deduz do seu art. 96, I, *b*.

> Art. 96. Compete privativamente:
>
> I – aos tribunais:
>
> (...) *b*) organizar suas secretarias e serviços auxiliares e os dos juízos que lhes forem vinculados, velando pelo exercício da *atividade correicional* respectiva. (grifos nossos)

A CLT prevê a correição em dois dispositivos. No art. 709, estabelece a competência do Corregedor-Geral da Justiça do Trabalho para: "I – exercer funções de inspeção e correição permanente com relação aos Tribunais Regionais e seus presidentes"; e "II – decidir reclamações contra os atos atentatórios da boa ordem processual praticados pelos Tribunais Regionais e seus presidentes quando inexistir recurso específico".

Já no art. 682, XI, o texto consolidado confere poderes ao presidente do TRT ou ao corregedor regional, onde houver, para "exercer correição, pelo menos uma vez por ano, sobre as Juntas (atualmente, Varas do Trabalho), ou, parcialmente, sempre que se fizer necessário, e solicitá-la, quando julgar conveniente, ao presidente do Tribunal de Justiça, relativamente aos juízes de direito investidos na administração da Justiça do Trabalho".

Parece-nos, portanto, que nos domínios do direito processual do trabalho há duas espécies de correição: a primeira (CLT, arts. 682, XI, primeira parte, e 709, I) possui natureza administrativa, enquanto a segunda (CLT, arts. 682, XI, segunda parte, e 709, II), também chamada de correição parcial, ostenta natureza processual, na medida em que se presta para atacar atos judiciais atentatórios à boa marcha processual.

Nas hipóteses em que a parte se sentir na iminência de sofrer prejuízo em decorrência de tumulto ocorrido no processo e desde que não exista um remédio específico para sanar o prejuízo provocado pelo juiz da causa, poderá, em tese, ser manejada a correição parcial, também chamada de reclamação correicional.

A correição parcial não é recurso, nem ação, pois não se submete ao contraditório. Trata-se de medida judicial *sui generis* não contemplada na legislação processual civil codificada, cuja finalidade é coibir a inversão tumultuária da boa marcha processual surgida no curso do processo em virtude de erro, abuso ou omissão do juiz.

É verdade que contra despachos, não permite o CPC nenhum recurso. Não raro, porém, o quotidiano forense está a demonstrar que um simples despacho pode tumultuar a marcha processual, ocasionando lesão ou ameaça a direito dos sujeitos da lide. Surge, nesses casos, a correição parcial como espécie de remédio destinado a eliminar o *error in procedendo*.

Para o cabimento da correição parcial, impõe-se o preenchimento cumulativo dos seguintes requisitos:

a) existência de uma decisão ou despacho, que contenha erro ou abuso, capaz de tumultuar a marcha normal do processo;

b) o dano ou a possibilidade de dano para a parte;

c) inexistência de recurso específico para sanar o *error in procedendo*.

Cabe assinalar que a correição parcial é instituto previsto nos regimentos internos dos tribunais, os quais geralmente estabelecem regras quanto aos pressupostos ou requisitos de sua admissibilidade.

À guisa de ilustração, o Regimento Interno do TRT da 17ª Região (ES) prevê, em seu art. 23, VI, que compete ao Presidente do Tribunal, na qualidade de Corregedor Regional:

> decidir, em dez (10) dias, sobre atos atentatórios à boa ordem processual, relativos a processos do primeiro grau de jurisdição, nos casos em que não haja recurso específico, apresentados no prazo de oito (8) dias, a contar da ciência do ato impugnado.

E o parágrafo único do art. 23 do referido Regimento Interno dispõe:

> Por ocasião das reclamações de que trata o inciso VI, o Juiz reclamado receberá cópia da reclamação e deverá prestar informações no prazo de dez (10) dias.

Como não se trata de "dissídio individual" entre empregado e empregador, mas sim de impugnação de decisão ou despacho judicial, a petição inicial da reclamação correicional deverá ser escrita e devidamente fundamentada.

Das decisões prolatadas pelo Corregedor cabe Agravo Regimental, *ex vi* do art. 709, § 1º, da CLT, no prazo de oito dias, a contar da intimação ou da publicação no órgão oficial.

No que concerne ao entendimento jurisprudencial a respeito da correição parcial, trazemos à baila os seguintes julgados:

> EMENTA. AGRAVO REGIMENTAL. CORREIÇÃO PARCIAL. INDEFERIMENTO DA PETIÇÃO INICIAL. INTEMPESTIVIDADE. IMPOSSIBILIDADE DE ANÁLISE DA TEMPESTIVIDADE PELA AUSÊNCIA DE JUNTADA DE DOCUMENTOS ESSENCIAIS. Deve ser mantida a decisão que indeferiu a petição inicial da Correição Parcial em razão da ausência de juntada de documentos essenciais à análise da tempestividade, nos termos dos arts. 15, II, e 20, I, do Regimento Interno da Corregedoria-Geral da Justiça do Trabalho, quando as razões apresentadas em agravo regimental não conseguem desconstituir a decisão agravada, caso dos autos. Agravo Regimental desprovido (TST-CorPar-1000094-08.2020.5.00.0000, Órgão Especial, *DEJT* 16-9-2020).
>
> AGRAVO REGIMENTAL. CORREIÇÃO PARCIAL. MANDADO DE SEGURANÇA. EXECUÇÃO PROVISÓRIA. MEDIDA LIMINAR QUE DETERMINA LIBERAÇÃO DE VALORES BLOQUEADOS PARA PAGAMENTO DE PESSOAL DA ATIVA DO ANO DE 2019. QUESTÃO DE NATUREZA JURISDICIONAL. DESPROVIMENTO. Não merece provimento o Agravo quando a parte busca utilizar-se da medida correicional como meio recursal para contestar decisão proferida liminarmente em Mandado de Segurança, que determinou a liberação de valores bloqueados para pagamento de encargos trabalhistas atuais, sem demonstração de que o ato judicial viole a boa ordem processual. Agravo Regimental desprovido (TST-CorPar-1000128-80.2020.5.00.0000, Órgão Especial, *DEJT* 16-9-2020).

CAPÍTULO XXI
Do Processo nos Tribunais Trabalhistas

1. DA UNIFORMIZAÇÃO DE JURISPRUDÊNCIA

1.1. Conceito e importância da jurisprudência

A palavra jurisprudência é polissêmica, pois pode significar ciência do direito, ciência da lei ou dogmática jurídica. Também pode ser empregada como conjunto de decisões dos tribunais ou conjunto de decisões uniformes dos tribunais.

Segundo Miguel Reale, jurisprudência é "a forma de revelação do direito que se processa através do exercício da jurisdição, em virtude de uma sucessão harmônica de decisões dos tribunais"[1].

Para Maria Helena Diniz, jurisprudência "é o conjunto de decisões uniformes e constantes dos tribunais, resultante da aplicação de normas a casos semelhantes, constituindo uma norma geral aplicável a todas as hipóteses similares e idênticas. É o conjunto de normas emanadas dos juízes em sua atividade jurisdicional"[2].

É inegável a importância da jurisprudência para efetivação de diversos princípios num Estado Democrático de Direito, tais como: princípio da segurança jurídica, pela previsibilidade das decisões judiciais; princípios da duração razoável do processo e da celeridade, pela possibilidade de redução dos recursos; princípio da conciliação, porque tanto as partes quanto o juiz, conhecendo a jurisprudência, são racionalmente estimulados à composição do conflito.

Quando se trata de súmula vinculante, a jurisprudência assume, inclusive, o papel de fonte formal do direito e produz efeitos semelhantes à lei produzida pelo Poder Legislativo.

De lege lata, a jurisprudência é reconhecidamente fonte formal (CLT, art. 8º) do direito do trabalho e do direito processual do trabalho.

Há, porém, fundadas críticas a respeito da jurisprudência, especialmente pelo fato de ela impedir a renovação da hermenêutica, ou, como preferem alguns, a "oxi-

1. REALE, Miguel. *Lições preliminares de direito*. 24. ed. São Paulo: Saraiva, 1999. p. 167.
2. DINIZ, Maria Helena. *Compêndio de introdução à ciência do direito*. 5. ed. São Paulo: Saraiva, 1993. p. 290.

genação" do livre pensar dos magistrados, mormente os de primeira instância, acerca da interpretação evolutiva da norma jurídica à luz dos fatos (comportamentos) sociais, econômicos, culturais e políticos.

Uma das formas de contornar as críticas à jurisprudência pode residir na maneira de como ela é produzida. É o que vem ocorrendo, recentemente, com as chamadas Jornadas ou Ciclos de Debates[3], que visam à criação de verbetes interpretativos de normas jurídicas com participação democrática (votação em assembleia) de diversos atores jurídicos, como magistrados, membros do Ministério Público, advogados, professores, estudantes, servidores públicos etc. Tais verbetes podem estimular uma nova interpretação jurídica, funcionando até mesmo como indicativos de formação de jurisprudência ou criação de súmulas.

O próprio TST, já convidou os atores jurídicos integrantes da comunidade juslaboralista, solicitando enviarem àquela Corte sugestões para edição, cancelamento ou modificação de súmulas ou orientações jurisprudenciais, o que resultou nas Resoluções TST ns. 185 e 186/2012, que modificaram, criaram ou cancelaram diversos verbetes.

A chamada Reforma Trabalhista (Lei n. 13.467/2017), no entanto, reduziu sensivelmente a possibilidade de edição de súmulas, seja no aspecto material, como se infere do § 2º do art. 8º, seja no aspecto formal, como se deduz da alínea *f* do art. 702 da CLT (competência do Tribunal Pleno do TST), *in verbis*:

> Art. 8º (...)
>
> § 2º Súmulas e outros enunciados de jurisprudência editados pelo Tribunal Superior do Trabalho e pelos Tribunais Regionais do Trabalho não poderão restringir direitos legalmente previstos nem criar obrigações que não estejam previstas em lei.
>
> Art. 702. Ao Tribunal Pleno compete:
> (...) *f*) estabelecer ou alterar súmulas e outros enunciados de jurisprudência uniforme, pelo voto de pelo menos dois terços de seus membros, caso a mesma matéria já tenha sido decidida de forma idêntica por unanimidade em, no mínimo, dois terços das turmas em pelo menos dez sessões diferentes em cada uma delas, podendo, ainda, por maioria de dois terços de seus membros, restringir os efeitos daquela

3. Em novembro de 2007, em Brasília-DF, houve a 1ª Jornada de Direito Material e Processual do Trabalho, que redundou na edição de diversos enunciados (verbetes) que vêm sendo adotados como fundamentos de decisões de tribunais trabalhistas. Em Vitória/ES, nos dias 26 e 27-11-2009, foi realizado o 1º Ciclo de Debates de Direito Material e Processual do Trabalho, que resultou na aprovação plenária de vinte verbetes que foram encaminhados à Comissão de Jurisprudência do TRT/ES como sugestões para edição de súmula regional (CLT, art. 896, § 3º).

declaração ou decidir que ela só tenha eficácia a partir de sua publicação no Diário Oficial.

Parece-nos que ambos os dispositivos supratranscritos estão eivados de inconstitucionalidade, pois o primeiro limita a garantia fundamental de liberdade interpretativa dos órgãos julgadores dos tribunais e o segundo os princípios da separação de poderes e da autonomia dos tribunais.

Aliás, quanto à alínea *f* do art. 702 da CLT, com redação dada pela Lei n. 13.467/2017, foi instaurado o incidente de arguição de sua inconstitucionalidade no próprio TST (ArgInc 696-25.2012.5.05.0463, Tribunal Pleno, Rel. Min. Márcio Eurico Vitral Amaro).[4]

1.2. Métodos de solução de divergência jurisprudencial

Há dois métodos judiciais para solucionar divergência jurisprudencial: o repressivo e o preventivo.

No processo do trabalho, a divergência jurisprudencial pode ensejar, por exemplo, recurso de revista na hipótese prevista na letra *a* do art. 896 da CLT, isto é, quando a decisão recorrida, proferida em recurso ordinário, der ao mesmo dispositivo de lei federal interpretação diversa da que houver dado outro tribunal, no seu pleno ou turma, ou a SBDI-1, ou a súmula do TST. Trata-se do método repressivo utilizado para solucionar a divergência jurisprudencial entre tribunais, pois seu cabimento se dá quando já proferido o acórdão divergente[5].

Já o método preventivo ocorre antes de ser proferido o julgamento, pois sua finalidade é impedir o surgimento da divergência de decisões. É o que ocorre com o incidente de assunção de competência, como veremos adiante.

1.3. Da uniformização de jurisprudência nos TRTs e a Lei n. 13.467/2017

O Título IX do Livro I do CPC/73 tratava do "Processo nos Tribunais", sendo que o Capítulo I era dedicado ao incidente de "uniformização da jurisprudência". A rigor, os arts. 476 a 479 do CPC/73 dispunham sobre o procedimento do incidente de uniformização da jurisprudência dos tribunais.

4. A Comissão Permanente de Jurisprudência e Precedentes Normativos do TST emitiu parecer no qual opinou "preliminarmente, pela inconstitucionalidade da alínea *f* do inciso I e dos §§ 3º e 4º do art. 702 da CLT".

5. CÂMARA, Alexandre Freitas. *Lições de direito processual civil*. 16. ed. Rio de Janeiro: Lumen Juris, 2008. v. II, p. 43.

O CPC não prevê o incidente de uniformização de jurisprudência. Todavia, o seu art. 926 dispõe:

> Art. 926. Os tribunais devem uniformizar sua jurisprudência e mantê-la estável, íntegra e coerente.
>
> § 1º Na forma estabelecida e segundo os pressupostos fixados no regimento interno, os tribunais editarão enunciados de súmula correspondentes a sua jurisprudência dominante.
>
> § 2º Ao editar enunciados de súmula, os tribunais devem ater-se às circunstâncias fáticas dos precedentes que motivaram sua criação.

Além disso, o § 5º do art. 927 do NCP determina que os tribunais promovam a publicidade a seus precedentes, organizando-os por questão jurídica decidida e divulgando-os, preferencialmente, na rede mundial de computadores.

Obrou mal o legislador ao delegar aos regimentos internos dos tribunais a atribuição de uniformizar a sua jurisprudência, o que poderá gerar discrepâncias entre tribunais regionais, às vezes teratológicas, a respeito do procedimento e do valor da uniformização jurisprudencial. Manter a jurisprudência estável é, *data venia*, algo surreal, porquanto é sabido que o direito é dinâmico e a jurisprudência deve refletir, necessariamente, a evolução das relações sociais, econômicas, políticas e culturais.

O art. 2º da IN n. 40/2016 do TST dispõe:

> Art. 2º Após a vigência do Código de Processo Civil de 2015, subsiste o Incidente de Uniformização de Jurisprudência da CLT (art. 896, §§ 3º, 4º, 5º e 6º), observado o procedimento previsto no regimento interno do Tribunal Regional do Trabalho.

Editar enunciados de súmula correspondentes a sua jurisprudência dominante é, na verdade, criar verbetes que comporão as súmulas dos tribunais, observando-se as regras estabelecidas no regimento interno do respectivo tribunal.

A interpretação sistemática e teleológica da regra prevista no art. 926 e seus parágrafos é dirigida com maior ênfase aos tribunais superiores, que têm a atribuição precípua de zelar pela uniformização dos julgados, pela unidade, coerência e integridade da ordem jurídica.

Pelo CPC, aos tribunais regionais e locais também haverá essa função de uniformização, estabilidade, integridade e coerência das decisões judiciais nos julgamentos dos incidentes de resolução de demandas repetitivas ou de assunção de competência, em julgamentos que se esgotam na esfera da jurisdição regional (TRT ou TRF) ou local (Tribunal de Justiça).

É importante lembrar que o CPC parece ter recebido influências do sistema de *common law* ao instituir, em diversas disposições, os precedentes judiciais.

Não se deve confundir súmula com precedente, pois, como afirma Nelson Nery Junior, "a súmula é o conjunto das teses jurídicas reveladoras da jurisprudência reiterada e predominante no tribunal e vem traduzida em forma de verbetes sintéticos numerados e editados. A súmula, todavia, não pode ser confundida com o precedente propriamente dito, aquele do *common law*, como tem feito boa parte da doutrina e como faz o CPC (ao tratar das súmulas no capítulo que trata do precedente judicial, como se se tratassem de uma mesma coisa)"[6].

Na verdade, lembra Nelson Nery Junior, "o precedente, *na common law*, vai muito além da simplificação do julgamento que é normalmente enxergado pela doutrina nacional, de modo geral. O precedente, ali, não funciona como uma simples ferramenta de simplificação de julgamento; invoca-se o precedente porque se entende há nele uma analogia, substancialmente falando, que permite que o princípio que justifica o caso anterior cubra também o novo caso. Vai-se do particular ao geral e não do geral ao particular, como é típico do sistema anglo-americano e inverso do nosso. Mas a afirmação da analogia tem de sujeitar-se ao *distinguo* (...). Portanto, há uma análise acurada do caso para que se verifique se é cabível a aplicação do mesmo princípio que norteou o julgamento do caso tomado como precedente, o que é bem diferente daquilo que se entende comumente por esse instituto no Brasil".[7]

Correta, pois, a observação de Cassio Scarpinella Bueno no sentido de que a palavra "precedente" empregada no § 2º do art. 926 (do CPC) não deve ser compreendida no sentido do precedente do sistema da *comom law*. Obtempera o referido autor que o que "o dispositivo quer, nesse caso, é que os enunciados da súmula guardem correspondência ao que foi efetivamente julgado nos casos concretos que lhe deram origem"[8].

Nesse passo, cumpre trazer à tona o disposto na IN n. 39/2016 do TST, de duvidosa constitucionalidade (STF, ADI n. 5.516), cujo art. 15 dispõe sobre o conceito de precedente nos seguintes termos:

> Art. 15. O atendimento à exigência legal de fundamentação das decisões judiciais (CPC, art. 489, § 1º) no Processo do Trabalho observará o seguinte:
>
> I – por força dos arts. 332 e 927 do CPC, adaptados ao Processo do Trabalho, para efeito dos incisos V e VI do § 1º do art. 489 considera-se "precedente" apenas:

6. NERY JUNIOR, Nelson; NERY, Rosa Maria de Andrade. *Comentários ao Código de Processo Civil: novo CPC – Lei n. 13.105/2015*. São Paulo: Revista dos Tribunais, 2015. p. 1.832-1.833.
7. Idem, ibidem.
8. BUENO, Cassio Scarpinella. *Manual de direito processual civil*. São Paulo: Saraiva, 2015. p. 544.

a) acórdão proferido pelo Supremo Tribunal Federal ou pelo Tribunal Superior do Trabalho em julgamento de recursos repetitivos (CLT, art. 896-B; CPC, art. 1.046, § 4º);

b) entendimento firmado em incidente de resolução de demandas repetitivas ou de assunção de competência;

c) decisão do Supremo Tribunal Federal em controle concentrado de constitucionalidade;

d) tese jurídica prevalecente em Tribunal Regional do Trabalho e não conflitante com súmula ou orientação jurisprudencial do Tribunal Superior do Trabalho (CLT, art. 896, § 6º);

e) decisão do plenário, do órgão especial ou de seção especializada competente para uniformizar a jurisprudência do tribunal a que o juiz estiver vinculado ou do Tribunal Superior do Trabalho.

II – para os fins do art. 489, § 1º, V e VI do CPC, considerar-se-ão unicamente os precedentes referidos no item anterior, súmulas do Supremo Tribunal Federal, orientação jurisprudencial e súmula do Tribunal Superior do Trabalho, súmula de Tribunal Regional do Trabalho não conflitante com súmula ou orientação jurisprudencial do TST, que contenham explícita referência aos fundamentos determinantes da decisão (*ratio decidendi*).

III – não ofende o art. 489, § 1º, IV do CPC a decisão que deixar de apreciar questões cujo exame haja ficado prejudicado em razão da análise anterior de questão subordinante.

IV – o art. 489, § 1º, IV, do CPC não obriga o juiz ou o Tribunal a enfrentar os fundamentos jurídicos invocados pela parte, quando já tenham sido examinados na formação dos precedentes obrigatórios ou nos fundamentos determinantes de enunciado de súmula.

V – decisão que aplica a tese jurídica firmada em precedente, nos termos do item I, não precisa enfrentar os fundamentos já analisados na decisão paradigma, sendo suficiente, para fins de atendimento das exigências constantes no art. 489, § 1º, do CPC, a correlação fática e jurídica entre o caso concreto e aquele apreciado no incidente de solução concentrada.

VI – é ônus da parte, para os fins do disposto no art. 489, § 1º, V e VI, do CPC, identificar os fundamentos determinantes ou demonstrar a existência de distinção no caso em julgamento ou a superação do entendimento, sempre que invocar precedente ou enunciado de súmula.

A uniformização de jurisprudência no CPC/73 era, na verdade, um incidente processual que tinha por objetivo unificar a jurisprudência de um mesmo tribunal, e não de tribunais distintos, sendo a admissão do incidente uma *faculdade judicial*, pois não tinha natureza de ação ou de recurso, e sim de mero incidente, que pode ou não ocorrer em um processo[9].

O art. 896, § 3º, da CLT, com redação dada pela Lei n. 13.015/2014, no entanto, dispõe que:

> Os Tribunais Regionais do Trabalho procederão, obrigatoriamente, à uniformização de sua jurisprudência e aplicarão, nas causas da competência da Justiça do Trabalho, no que couber, o incidente de uniformização de jurisprudência previsto nos termos do Capítulo I do Título IX do Livro I da Lei n. 5.869, de 11 de janeiro de 1973 (Código de Processo Civil).

Além disso, diversos parágrafos no art. 896 da CLT demonstram, nitidamente, a *mens legislatoris* a respeito da obrigatoriedade do incidente de uniformização de jurisprudência no âmbito dos Tribunais Regionais do Trabalho.

Com efeito, dispõem os §§ 4º, 5º, 6º e 13 do art. 896 da CLT, *in verbis*:

> (...) § 4º Ao constatar, de ofício ou mediante provocação de qualquer das partes ou do Ministério Público do Trabalho, a existência de decisões atuais e conflitantes no âmbito do mesmo Tribunal Regional do Trabalho sobre o tema objeto de recurso de revista, o Tribunal Superior do Trabalho determinará o retorno dos autos à Corte de origem, a fim de que proceda à uniformização da jurisprudência.
>
> § 5º A providência a que se refere o § 4º deverá ser determinada pelo Presidente do Tribunal Regional do Trabalho, ao emitir juízo de admissibilidade sobre o recurso de revista, ou pelo Ministro Relator, mediante decisões irrecorríveis.
>
> § 6º Após o julgamento do incidente a que se refere o § 3º, unicamente a súmula regional ou a tese jurídica prevalecente no Tribunal Regional do Trabalho e não conflitante com súmula ou orientação jurisprudencial do Tribunal Superior do Trabalho servirá como paradigma para viabilizar o conhecimento do recurso de revista, por divergência. (...)
>
> § 13. Dada a relevância da matéria, por iniciativa de um dos membros da Seção Especializada em Dissídios Individuais do Tribunal Superior do Trabalho, aprovada pela maioria dos integrantes da Seção, o julgamento a que se refere o § 3º poderá ser afeto ao Tribunal Pleno.

Como o CPC revogou a regra do CPC/73 que previa a faculdade de instauração do incidente de uniformização de jurisprudência, parece-nos que os §§ 3º, 4º, 5º, 6º e

9. MARINONI, Luiz Guilherme; MITIDIERO, Daniel. *Código de Processo Civil comentado artigo por artigo*. São Paulo: Revista dos Tribunais, 2008. p. 485.

13 do art. 896 da CLT também restaram tacitamente revogados, mesmo porque o CPC criou – em suspeitável vício de inconstitucionalidade formal porque somente a CF pode atribuir efeitos vinculantes a decisões judiciais – outros institutos similares em substituição ao "velho", "incompreendido" e "pouco utilizado" incidente de uniformização de jurisprudência, como o incidente de assunção de competência, o incidente de resolução de demandas repetitivas e a força vinculativa dos acórdãos e orientações dos tribunais (CPC, art. 927, III a V).

Buscando "regulamentar" os §§ 4º e 5º do art. 896 da CLT, o Presidente do TST editou o Ato SEJUD.GP n. 491/2014, cujo art. 3º dispõe:

> Art. 3º Para efeito de aplicação dos §§ 4º e 5º do art. 896 da CLT, persistindo decisão conflitante com a jurisprudência já uniformizada do Tribunal Regional do Trabalho de origem, deverão os autos retornar à instância *a quo* para sua adequação à súmula regional ou à tese jurídica prevalecente no Tribunal Regional do Trabalho e não conflitante com súmula ou orientação jurisprudencial do Tribunal Superior do Trabalho.

Tentando reparar a lacuna deixada tanto pela lei quanto pelo referido ato normativo, o TST editou, por intermédio da Resolução n. 195, de 2-3-2015, a Instrução Normativa n. 37/2015, que regulamenta procedimentos em caso de Incidente de Uniformização de Jurisprudência no âmbito dos TRTs suscitado na forma do art. 896, § 4º, da CLT, cujo art. 5º dispõe:

> O Presidente ou o Vice-Presidente do Tribunal Regional do Trabalho, ciente do ofício da Presidência do Tribunal Superior do Trabalho aludido no art. 2º, II, antes de emitir juízo de admissibilidade em recurso de revista, deverá suscitar Incidente de Uniformização de Jurisprudência em todos os outros processos que tratam da mesma matéria, enquanto não uniformizada a jurisprudência interna, e sobrestar a remessa ao TST dos respectivos autos até o julgamento do IUJ referente ao caso concreto e a reapreciação da questão no órgão fracionário prolator do acórdão originário recorrido.

Da leitura dos quatro parágrafos do art. 896 da CLT que tratam do Incidente de Uniformização de Jurisprudência, vislumbramos que a intenção do legislador foi compelir os Tribunais Regionais do Trabalho a uniformizarem o seu entendimento, a fim de garantir a segurança jurídica para os jurisdicionados.

Nesse sentido, Manoel Antônio Teixeira Filho observa que:

> Como a própria expressão legal está a indicar, a uniformização da jurisprudência se destina a fixar o entendimento predominante no tribunal, sobre determinado as-

sunto, em certa fase de sua existência. Note-se: entendimento majoritário e não, forçosamente, unânime. (...) Mas há, por assim dizer, uma finalidade da finalidade, que consiste na preocupação de atribuir, em tese, um mínimo de segurança jurídica aos jurisdicionados. A segurança jurídica, como atributo alienável dos Estados Democráticos de Direito, encontra sua consagração no fenômeno da coisa julgada material (CPC, art. 467), que constitui uma das garantias constitucionais deferidas aos indivíduos e às coletividades (CF, art. 5º, XXXVI). A *res iudicata*, entretanto, não é o único instrumento atributivo de garantia jurídica – conquanto seja o mais importante –, pois esta pode ser dada, também, com menor densidade, pelo que poderíamos denominar de previsibilidade, objetiva das decisões judiciais. Um dos motivos que, por suposto, mais inquietam os jurisdicionados é a instabilidade da jurisprudência dos tribunais (...)[10].

No entanto, ao editar a Instrução Normativa n. 37/2015, o c. TST deu uma extensão ao instituto não prevista na lei, violando o princípio constitucional da separação de poderes, visto que o TST inovou o ordenamento jurídico em matéria processual, usurpando, assim, a competência privativa do Congresso Nacional para legislar sobre direito processual (CF, art. 22, I).

Ao se analisar o art. 5º da referida Instrução Normativa, verifica-se que há uma previsão de reapreciação da questão paradigma do incidente no órgão fracionário prolator do acórdão originário recorrido, criando uma terceira espécie de decisão além da reforma ou anulação: a "reapreciação".

Insta consignar que, nos casos em que o legislador quis facultar ao prolator da decisão proceder à revisão ou à retratação em relação ao julgado, o fez expressamente, como nos casos dos arts. 285-A e 296, ambos do CPC/73 (correspondentes aos arts. 332, § 3º, e 331 do CPC). Esta, porém, não é a hipótese prevista na IN n. 37/2015, visto que, ao promulgar a Lei n. 13.015/2014, o legislador não previu essa espécie de decisão, razão pela qual deve prevalecer a regra geral prevista no art. 494 do CPC (art. 463 do CPC/73), *in verbis*:

> Art. 494. Publicada a sentença, o juiz só poderá alterá-la:
>
> I – para corrigir-lhe, de ofício ou a requerimento da parte, inexatidões materiais, ou lhe retificar erros de cálculo;
>
> II – por meio de embargos de declaração.

Estêvão Mallet, por sua vez, ressalta que:

10. TEIXEIRA FILHO, Manoel Antônio. *Comentários à Lei n. 13.015/14*. São Paulo: LTr, 2015. p. 42.

O procedimento aplicável ao incidente é, em linhas gerais, o da uniformização da jurisprudência do Código de Processo Civil, conforme arts. 477 a 479. Há, contudo, diferenças fundamentais, que repercutem na eficácia do pronunciamento. A uniformização da CLT ocorre após o julgamento pelo Tribunal Regional do Trabalho, e antes, como se dá no Código Processo Civil. Logo, a tese firmada no seu exame aplica-se apenas em casos a serem posteriormente julgados. Os que já haviam sido decididos não são afetados. Por isso, ela não atinge o processo que levou à instauração do incidente, o qual se encontra sujeito a exame de admissibilidade de recurso de revista no juízo *a quo* ou perante o juízo *ad quem*. Nem mesmo os processos em que ainda estejam pendentes embargos de declaração no Tribunal Regional ficam sujeitos à tese posta. Os embargos devem ser examinados nos limites que lhe são próprios, sem que a jurisprudência firmada sirva como fundamento para rejulgar-se a lide.[11]

No mesmo sentido, Alexandre Simões Lindoso analisa a questão da eventual reapreciação de julgado, sustentando que:

> Embora pareça ser essa a intenção da norma legal ao determinar "o retorno dos autos à Corte de origem" com vistas à uniformização da jurisprudência, nada há na Lei n. 13.015/2014 que autorize expressamente um eventual juízo de retratação no âmbito do TRT ou mesmo a modificação da decisão, caso a jurisprudência seja uniformizada em contraste com o julgamento impugnado pelo recurso de revista. Muito ao contrário, o § 3º do art. 896 da CLT é claro ao pontuar que a uniformização de jurisprudência seguirá o que estatuído no Capítulo I do Título IX do Livro I do Código de Processo Civil. Nesse contexto, ao julgar o incidente, caso a jurisprudência se solidifique em sentido oposto à decisão proferida no processo, o entendimento uniformizado haverá de ser aplicado apenas aos casos futuros, ainda não julgados pelo Tribunal Regional. Pois somente aí se terá "pronunciamento prévio do tribunal" (CPC, art. 476). Já aquele processo que baixou do Tribunal Superior do Trabalho, com vistas a dar ensejo à uniformização no âmbito do TRT, retornará ao TST para julgamento da revista, que, por força de sua natureza recursal, é a medida juridicamente adequada à reforma da decisão do Regional[12].

---

11. MALLET, Estêvão. Reflexões sobre a Lei n. 13.015/2014. *Revista LTr*, ano 79, n. 1, p. 48 et seq., janeiro de 2015.
12. LINDOSO, Alexandre Simões. A Lei n. 13.015/2014 e a uniformização de jurisprudência obrigatória nos tribunais regionais do trabalho. In: BELMONTE, Alexandre Agra (coord.). *A nova lei de recursos trabalhistas:* Lei n. 13.015/14. São Paulo: LTr, 2015. p. 56 et seq.)

Vê-se, assim, que o art. 896 e seus parágrafos da CLT não preveem em nenhum de seus artigos a reapreciação dos processos já julgados ou o reexame das questões já debatidas antes da uniformização da jurisprudência da Corte.

No entanto, verifica-se que a Instrução Normativa n. 37 do TST "legislou" em sentido oposto, porquanto, ao padronizar regressivamente a jurisprudência no TRT, determinou a sua aplicação também aos processos já julgados, independentemente de estarem ainda sob o crivo de admissibilidade do recurso de revista pelo presidente de TRT ou tenha retornado à Corte Regional por determinação do TST, o que, *data venia*, maltrata o princípio constitucional da separação de poderes, pois o TST não tem competência para legislar sobre norma de direito processual.

Assim, fica fácil perceber que a Instrução Normativa TST n. 37/2015, a pretexto de regulamentar "procedimentos em caso de Incidente de Uniformização de Jurisprudência no âmbito de TRTs, suscitado na forma do art. 896, § 4º, da CLT", foi além do que previa a própria lei. E mais. O ato normativo não somente extrapolou os limites da lei, mas inovou o ordenamento, prevendo um canhestro "incidente processual", intitulado "reapreciação de processo julgado".

É importante destacar que os §§ 3º, 4º, 5º e 6º do art. 896 da CLT foram expressamente revogados pelo art. 5º, *o*, da Lei n. 13.467/2017.

Logo, a referida IN n. 37/2015, bem como o Ato SEJUD.GP n. 491/2014, ambos do TST, ficam automaticamente revogados com a entrada em vigor da Lei n. 13.467/2017, cabendo aos Tribunais Regionais do Trabalho, em seus regimentos internos e no exercício de sua competência privativa (CF, art. 96, I, *a*), disporem sobre a efetivação do disposto no art. 926 do CPC, utilizando, para tanto, os institutos dos recursos repetitivos e assunção de competência.

Não é outro o entendimento do STF em casos análogos, conforme se observa dos seguintes julgados:

> Lei n. 6.816/2007 de Alagoas, instituindo depósito prévio de 100% do valor da condenação para a interposição de recurso nos juizados especiais cíveis do Estado. Inconstitucionalidade formal: competência privativa da União para legislar sobre matéria processual. Art. 22, I, da Constituição da República (STF-ADI n. 4.161, Rel. Min. Cármen Lúcia, j. 30-10-2014, Plenário, *DJE* 10-2-2015).
>
> A definição de regras de competência, na medida em que estabelece limites e organiza a prestação da atividade jurisdicional pelo Estado, é um dos componentes básicos do ramo processual da ciência jurídica, cuja competência legislativa foi atribuída, pela CF de 1988, privativamente à União (art. 22, I, CF/88). (...) A fixação da competência dos juizados especiais cíveis e criminais é matéria eminentemente processual, de competência privativa da União, não se confundindo com matéria procedimental em matéria processual, essa, sim, de competência concorrente dos estados-membros (STF-ADI n. 1.807, Rel. Min. Dias Toffoli, j. 30-10-2014, Plenário, *DJE* 9-2-2015).

Lei n. 7.716/2001 do Estado do Maranhão. Fixação de nova hipótese de prioridade, em qualquer instância, de tramitação processual para as causas em que for parte mulher vítima de violência doméstica. Vício formal. (...) A definição de regras sobre a tramitação das demandas judiciais e sua priorização, na medida em que reflete parte importante da prestação da atividade jurisdicional pelo Estado, é aspecto abrangido pelo ramo processual do direito, cuja positivação foi atribuída pela CF privativamente à União (Art. 22, I, da CF/1988). A lei em comento, conquanto tenha alta carga de relevância social, indubitavelmente, ao pretender tratar da matéria, invadiu esfera reservada da União para legislar sobre direito processual. A fixação do regime de tramitação de feitos e das correspondentes prioridades é matéria eminentemente processual, de competência privativa da União, que não se confunde com matéria procedimental em matéria processual, essa, sim, de competência concorrente dos Estados-Membros (STF-ADI n. 3.483, Rel. Min. Dias Toffoli, j. 3-4-2014, Plenário, *DJE*, 14-5-2014).

Conforme já defendíamos na penúltima edição deste livro, não obstante o propósito interpretativo uniformizador, consentâneo com o princípio da segurança jurídica, previsto nos dispositivos supracitados (§§ 3º, 4º e 5º do art. 896 da CLT, o art. 3º do Ato SEJUD.GP n. 491/2014 e o art. 5º da IN/TST n. 37/2015), há, nestes atos, nítido desrespeito ao princípio da independência funcional dos magistrados que compõem os TRTs, o que implica suspeitável vício de inconstitucionalidade das regras supracitadas, por violação ao princípio constitucional da separação dos Poderes. Vale dizer, não pode a lei ou o ato normativo obrigar os Desembargadores do TRT a admitir e julgar o mérito do incidente de uniformização de jurisprudência, para fins de criação de súmula regional ou fixação de tese jurídica prevalecente.

Além disso, a função uniformizadora é obrigatória para o TST e Tribunais Superiores, e não dos Tribunais Regionais. Aliás, os §§ 3º, 4º, 5º e 13 do art. 896 da CLT estabelecem uma *capsula diminutio* em relação aos magistrados dos TRTs, pois o próprio e revogado CPC/73, utilizado remissivamente pelo art. 896 da CLT, não impunha a "obrigatoriedade" de instauração do incidente de uniformização de jurisprudência.

De outro giro, não se pode relegar ao olvido que no processo do trabalho, diferentemente do que ocorre no processo civil, os recursos em geral veiculam multiplicidade de pedidos, matérias e questões, de modo que a obrigatoriedade de instauração do incidente de uniformização de jurisprudência, com possibilidade de retorno de recursos de revistas para os TRTs editarem súmula regional ou firmarem tese prevalecente, pode implicar – e as estatísticas demonstram isso – grave violação aos princípios da celeridade e da duração razoável do processo trabalhista.

De outro giro, poder-se-ia argumentar que, nos termos do art. 926 do CPC, os tribunais poderiam criar o incidente de uniformização de jurisprudência.

Ocorre que a criação de incidentes processuais constitui matéria reservada à lei federal, pois é competência privativa da União legislar sobre normas de direito processual (CF, art. 22, I), tendo os tribunais competência privativa apenas para "elaborar seus regimentos internos, com observância das normas de processo e das garantias processuais das partes, dispondo sobre a competência e o funcionamento dos respectivos órgãos jurisdicionais e administrativos".

Destarte, com a revogação expressa dos §§ 3º, 4º, 5º e 6º do art. 896 da CLT pela Lei n. 13.467/2017, art. 5º, *o*, remanesce a competência privativa dos tribunais regionais do trabalho (CF, art. 96, I, *a*), por meio de seus regimentos, uniformizar sua jurisprudência e mantê-la estável, íntegra e coerente, sendo, pois, nulos os atos e instruções normativas do TST que disponham sobre essa matéria.

Não obstante, em sentido contrário, o art. 18 da IN n. 41/2018 do TST, continua insistindo na obrigatoriedade de os "Tribunais Regionais do Trabalho uniformizarem a sua jurisprudência faz incidir, subsidiariamente ao processo do trabalho, o art. 926 do CPC, por meio do qual os Tribunais deverão manter sua jurisprudência íntegra, estável e coerente", dispondo, ainda, a referida Instrução Normativa, em suspeitável vício de inconstitucionalidade pelos fundamentos supramencionados, que:

- os incidentes de uniformização de jurisprudência suscitados ou iniciados antes da vigência da Lei n. 13.467/2017, no âmbito dos TRTs ou por iniciativa de decisão do TST, deverão observar e serão concluídos sob a égide da legislação vigente ao tempo da interposição do recurso, segundo o disposto nos respectivos Regimentos Internos.
- aos recursos de revista e de agravo de instrumento no âmbito do TST, conclusos aos relatores e ainda não julgados até a edição da Lei n. 13.467/17, não se aplicam as disposições contidas nos §§ 3º a 6º do art. 896 da CLT.
- as teses jurídicas prevalecentes e os enunciados de Súmulas decorrentes do julgamento dos incidentes de uniformização de jurisprudência suscitados ou iniciados anteriormente à edição da Lei n. 13.467/2017, no âmbito dos TRTs, conservam sua natureza vinculante à luz dos arts. 926, §§ 1º e 2º, e 927, III e V, do CPC.

1.4. Do incidente de assunção de competência

O incidente de assunção de competência, que estava previsto no § 1º do art. 555 do CPC de 1973, era um instituto praticamente desconhecido da doutrina e da jurisprudência trabalhista.

Na verdade, esse incidente processual já vinha sendo adotado no Superior Tribunal de Justiça em seu regimento interno, que facultava à Turma submeter à Seção ou à Corte Especial, ou a Seção à Corte Especial, os feitos da respectiva competência, "quando convier pronunciamento [...] em razão da relevância da questão, e para prevenir divergência entre as Turmas da mesma Seção" (RISTJ, art. 14, II) ou "entre as Seções" (idem, art. 16, IV). Em ambos os casos, a remessa independerá da lavratura de acórdão, nos termos dos parágrafos únicos dos arts. 14, 16 e 100 e do § 1º do art. 127 do RISTJ.

O art. 555 do CPC/73, portanto, estendeu a técnica aos tribunais de segundo grau.

O CPC de 2015, que entrou em vigor em 18 de março de 2016, proscreveu o incidente de uniformização de jurisprudência, porquanto não reproduziu as regras que estavam previstas nos arts. 476 a 479 do CPC/73. Em contrapartida, reforçou o papel do incidente de assunção de competência como um dos mecanismos para concitar os tribunais a "uniformizar sua jurisprudência e mantê-la estável, íntegra e coerente" (CPC, art. 926) e editar "enunciados de súmula correspondentes a sua jurisprudência dominante" (idem, § 1º), atendo-se "às circunstâncias fáticas dos precedentes que motivaram sua criação" (idem, § 2º).

Na verdade, o CPC (art. 927, I e II) introduziu, em suspeitável inconstitucionalidade (formal e material), por violação aos princípios da independência funcional dos magistrados, da separação dos poderes, do juiz natural, do duplo grau de jurisdição, da vedação ao retrocesso social e da democracia, novos institutos de direito processual, além dos previstos na Constituição Federal, com efeitos vinculantes para juízes de tribunais.

Dentre os novos institutos de direito processual cujas decisões neles proferidas obrigarão a todos os juízes e tribunais destaca-se o incidente de assunção de competência.

Com efeito, dispõe o art. 927, III, do CPC que os "juízes e os tribunais observarão (...) III – os acórdãos em incidente de assunção de competência ou de resolução de demandas repetitivas e em julgamento de recursos extraordinário e especial repetitivos".

1.4.1. Incidente de assunção de competência no CPC de 1973

O incidente de assunção de competência guarda semelhança com o antigo incidente de uniformização da jurisprudência previsto nos arts. 476 a 479 do CPC/73, "de limitadíssimo emprego em nossa prática forense", visando, contudo, a superá-lo, "com grande vantagem técnica e operacional"[13].

Trata-se de um "mecanismo destinado a compor dissídios jurisprudenciais internos de um dado tribunal, função equivalente ao do incidente de uniformização de jurisprudência"[14], porém, "ainda mais eficiente na prevenção ou composição dos

13. JULIANI, Cristiano Reis. A nova redação do art. 555, do CPC e a uniformização de jurisprudência. Disponível em: <http://www.planalto.gov.br/ccivil_03/revista/Rev_73/artigos/Cristiano_rev73.htm>. Acesso em: 12 mar. 2010.

14. CÂMARA, Alexandre Freitas. *Lições de direito processual civil*. 16. ed. Rio de Janeiro: Lumen Juris, 2008. v. II, p. 47.

dissídios"[15], pois, ao contrário do incidente de uniformização em que ocorre uma cisão de competência funcional para apreciar uma questão incidental, limitando-se o Pleno a adotar tese jurídica a ser aplicada, no instituto ora focalizado, há uma assunção da competência do Pleno (ou órgão regimental equivalente) para julgar por inteiro o recurso.

Importa assinalar que o relator exerce monocraticamente o juízo de oportunidade e conveniência para submeter à Turma a sua proposta de transferência da competência para o Pleno. Essa conveniência

> pode ter por objeto prevenir ou compor divergência. Os dois termos têm, cada qual, seu sentido. Prevenir indica a inexistência prévia de decisões divergentes sobre o tema, ao contrário de compor, que remete à ideia de já haver soluções díspares anteriores[16].

A lei aprimorou a técnica em relação à uniformização da jurisprudência (CPC/73, arts. 476 e s.), ao empregar esses dois verbos, já que o primeiro deles não faz parte da disciplina do incidente de uniformização.

Com efeito, no julgamento de apelação ou de agravo, a decisão será tomada, na câmara ou turma, pelo voto de três juízes, mas, nos termos do § 1º do art. 555 do CPC/73, se ocorrer

> relevante questão de direito, que faça conveniente prevenir ou compor divergência entre câmaras ou turmas do tribunal, poderá o relator propor seja o recurso julgado pelo órgão colegiado que o regimento indicar; reconhecendo o interesse público na assunção de competência, esse órgão colegiado julgará o recurso.

1.4.2. Incidente de assunção de competência no CPC de 2015

O incidente de assunção de competência está previsto no Título I do Livro III da Parte Especial do CPC, inserido no Capítulo III, que é destinado à ordem dos processos e aos processos de competência originária dos tribunais.

De acordo com o art. 947 do CPC:

> É admissível a assunção de competência quando o julgamento de recurso, de remessa necessária ou de processo de competência originária envolver relevante questão de direito, com grande repercussão social, sem repetição em múltiplos processos.

15. Idem, ibidem.

16. JULIANI, Cristiano Reis. A nova redação do art. 555, do CPC e a uniformização de jurisprudência. Disponível em: <http://www.planalto.gov.br/ccivil_03/revista/Rev_73/artigos/Cristiano_rev73.htm>. Acesso em: 12 mar. 2010.

Vê-se, assim, que o incidente de assunção de competência poderá ser instaurado no julgamento de qualquer recurso, de remessa necessária ou de ações originárias dos tribunais nos casos em que o órgão fracionário do tribunal entender que a questão de direito em julgamento for relevante e com grande repercussão social, desde que não esteja prevista em múltiplos processos.

Vale dizer, não tem lugar o incidente de assunção de competência quando a questão de direito, embora relevante e de grande repercussão social, possa ser objeto do incidente de resolução de demandas repetitivas previsto no art. 976 do CPC ou de recursos de revista repetitivos (CLT, arts. 896-B e 896-C).

O incidente de assunção de competência também pode ser instaurado com a finalidade de prevenir ou compor divergência jurisprudencial entre órgãos fracionários do tribunal. É o que prevê expressamente o § 4º do art. 947 do CPC:

> Aplica-se o disposto neste artigo quando ocorrer relevante questão de direito a respeito da qual seja conveniente a prevenção ou a composição de divergência entre câmaras ou turmas do tribunal.

O incidente de assunção de competência pode ser provocado por proposta do relator na sessão de julgamento, "de ofício ou a requerimento da parte, do Ministério Público ou da Defensoria Pública, que seja o recurso, a remessa necessária ou o processo de competência originária julgado pelo órgão colegiado que o regimento indicar" (CPC, art. 947, § 1º).

Vê-se, pois, que se for aceita (na Turma, Câmara ou Seção) a proposta de instauração do incidente de assunção de competência, passará a ser funcionalmente competente para julgá-lo o órgão colegiado previsto no Regimento Interno, geralmente o Tribunal Pleno ou o Órgão Especial.

A aceitação da proposta de instauração do incidente de assunção na Turma (Câmara ou Seção) não vincula o órgão colegiado para onde serão remetidos os autos do processo. Vale dizer, o Pleno (ou outro órgão colegiado indicado no regimento interno) poderá não admitir o incidente, uma vez que o § 2º do art. 947 dispõe que: "O órgão colegiado julgará o recurso, a remessa necessária ou o processo de competência originária *se reconhecer interesse público na assunção de competência*" (grifos nossos). Dito doutro modo, se o órgão colegiado entender inexistir interesse público não admitirá o incidente de assunção de competência.

Dispositivo de suspeitável constitucionalidade, pelos fundamentos já expostos em linhas transatas, é o § 3º do art. 947 do CPC, segundo o qual: "O acórdão proferido em assunção de competência vinculará todos os juízes e órgãos fracionários, exceto se houver revisão de tese". Segundo Nelson Nery Junior, a "vinculação mencionada no dispositivo comentado carece de legitimidade constitucional, porquanto não existe texto expresso na Constituição autorizando-a, como seria de rigor. Fez-se tábua rasa ao *due process of law*"[17].

1.4.3. Extensão da força vinculante do acórdão proferido em incidente de assunção de competência

A força vinculante dos acórdãos proferidos em incidente de assunção de competência foi extremamente prestigiada no CPC (art. 927, III), como nos casos de:

- improcedência liminar do pedido, uma vez que o art. 332, III, do CPC dispõe que nas causas que dispensem a fase instrutória, o juiz, independentemente da citação do réu, julgará liminarmente improcedente o pedido que contrariar "entendimento firmado em incidente de resolução de demandas repetitivas ou de assunção de competência";
- remessa necessária, porquanto o art. 496, § 4º, III, do CPC afasta a sujeição da sentença contrárias às pessoas jurídicas de direito público ao duplo grau de jurisdição obrigatório quando estiver fundada em entendimento firmado em incidente de resolução de demandas repetitivas ou de assunção de competência.

Além disso, foi ampliada a competência do Relator (CPC, art. 932, IV, *c*) para negar provimento a recurso que for contrário a entendimento firmado em incidente de resolução de demandas repetitivas ou de assunção de competência, bem como para, nos termos do art. 955, parágrafo único, II, do mesmo Código, julgar de plano o conflito de competência quando sua decisão se fundar em "tese firmada em julgamento de casos repetitivos ou em incidente de assunção de competência".

De outro giro, o art. 942, *caput*, do CPC prevê que:

> Quando o resultado da apelação for não unânime, o julgamento terá prosseguimento em sessão a ser designada com a presença de outros julgadores, que serão convocados nos termos previamente definidos no regimento interno, em número suficiente para garantir a possibilidade de inversão do resultado inicial, assegurado às partes e a eventuais terceiros o direito de sustentar oralmente suas razões perante os novos julgadores.

Entretanto, nos termos do § 4º, I, do referido art. 942: "Não se aplica o disposto neste artigo ao julgamento: I – do incidente de assunção de competência e ao de resolução de demandas repetitivas".

17. NERY JUNIOR, Nelson; NERY, Rosa Maria de Andrade. *Comentários ao Código de Processo Civil: novo CPC – Lei n. 13.105/2015*. São Paulo: Revista dos Tribunais, 2015. p. 1.841.

Ademais, houve ampliação do cabimento dos embargos de declaração (CPC, art. 1.022, parágrafo único, I), na medida em que passa a ser considerada omissa a decisão que: "deixe de se manifestar sobre tese firmada em julgamento de casos repetitivos ou em incidente de assunção de competência aplicável ao caso sob julgamento".

Finalmente, o CPC cria a figura da reclamação (art. 988, IV) da parte interessada ou do Ministério Público para garantir a observância de acórdão proferido no julgamento de incidente de resolução de demandas repetitivas ou de incidente de assunção de competência.

1.4.4. Incidente de assunção de competência no processo do trabalho

O § 13 do art. 896 da CLT (incluído pela Lei n. 13.015/2014) prevê um incidente no âmbito do TST que guarda certa semelhança com o incidente de assunção de competência, nos seguintes termos:

> (...) Dada a relevância da matéria, por iniciativa de um dos membros da Seção Especializada em Dissídios Individuais do Tribunal Superior do Trabalho, aprovada pela maioria dos integrantes da Seção, o julgamento a que se refere o § 3º poderá ser afeto ao Tribunal Pleno.

Entretanto, a CLT só admite a afetação do julgamento da SDI ao Pleno na hipótese de relevância da matéria e, ainda, assim, não prevê o procedimento de tal incidente.

Não há, portanto, nenhuma norma na legislação processual trabalhista que disponha sobre o incidente de assunção de competência tal como prevê o CPC.

Parece-nos fora de dúvida a possibilidade de aplicação supletiva e subsidiária do incidente de assunção de competência previsto no art. 947 do CPC no processo do trabalho, seja pela existência de lacuna da CLT, seja pela ausência de incompatibilidade de tal incidente com a principiologia que fundamenta esse setor especializado do direito processual brasileiro (CLT, art. 769; CPC, art. 15).

Pode-se inferir, então, que no processo do trabalho o incidente de assunção de competência poderá ser instaurado no julgamento do recurso ordinário ou do agravo (de petição, de instrumento ou interno), de remessa necessária ou de processo de competência originária quando:

- envolver relevantes questões de direito e com grande repercussão social, sem repetição em múltiplos processos (CPC, art. 947, *caput*); e/ou
- ocorrer relevante questão de direito a respeito da qual seja conveniente a prevenção ou a composição de divergência entre câmaras ou turmas do tribunal (CPC, art. 947, § 4º).

Caberá ao relator (ou outro órgão julgador), verificando que a adoção de tese jurídica acerca da questão de direito discutida no processo é conveniente para prevenir ou compor divergência jurisprudencial em relevantes questões de direito, propor ao órgão fracionário ao qual pertence o deslocamento da competência funcional para o Pleno ou órgão equivalente julgar o recurso.

Se na Turma for acolhida a proposta do relator, será lavrada simples certidão pela Secretaria, sendo os autos encaminhados ao Tribunal Pleno (ou órgão equivalente previsto no regimento interno). Tal decisão turmária é irrecorrível, mormente no processo do trabalho (CLT, art. 893, § 1º).

No Tribunal Pleno, será relator do feito o relator originário da Turma.

Se o Tribunal Pleno reconhecer a relevância da questão jurídica e a grande repercussão social do julgamento de maior amplitude, processará e julgará todo o recurso, lavrando-se o correspondente acórdão que, nos termos do § 3º do art. 947 do CPC, "vinculará todos os juízes e órgãos fracionários, exceto se houver revisão de tese".

Trata-se de regra reproduzida nos arts. 332, III, 496, § 4º, III, 927, III, 932, IV, *c*, todos do CPC, que provocará grandes debates doutrinários e jurisprudenciais, especialmente porque ela pode conter o vício da inconstitucionalidade formal, já que, a rigor, somente emenda constitucional poderia instituir efeitos vinculantes para as decisões judiciais, a exemplo do que ocorre com a súmula vinculante e os acórdãos do STF proferidos em controle concentrado de constitucionalidade.

No processo do trabalho, a decisão plenária que admite a assunção de competência e julga o restante do recurso é suscetível de ataque por meio de recurso de revista, nos termos do art. 896 da CLT.

Caso não seja admitida a assunção de competência pelo Tribunal Pleno, os autos retornam à Turma para prosseguir no julgamento do recurso, sendo tal decisão plenária irrecorrível.

Cremos que o incidente de assunção de competência, por ser mais simples que o "mal utilizado e incompreendido" incidente de uniformização de jurisprudência do CPC/73 e da CLT (art. 896, § 3º), pode contribuir eficazmente para a racionalização e celeridade da prestação jurisdicional e, consequentemente, para a efetividade do acesso à justiça.

O novo Regimento Interno do TST (art. 298) passou a prever o incidente de assunção de competência nos seguintes termos:

> Art. 298. Quando o julgamento dos embargos à Subseção I da Seção Especializada em Dissídios Individuais envolver relevante questão de direito, com grande repercussão social, sem repetição em múltiplos processos, mas a respeito da qual seja conveniente a prevenção ou a composição de divergência entre as turmas ou os demais órgãos fracionários do Tribunal Superior do Trabalho, poderá a Subseção I da

Seção Especializada em Dissídios Individuais, por iniciativa de um de seus membros e após a aprovação da maioria de seus integrantes, afetar o seu julgamento ao Tribunal Pleno.

§ 1º Aplica-se a este incidente, no que couber, o que este Regimento e os arts. 896-B e 896-C da CLT dispõem sobre o incidente de julgamento de recursos repetitivos.

§ 2º O Tribunal Pleno julgará os embargos se reconhecer interesse público na assunção de competência.

§ 3º O acórdão proferido em assunção de competência vinculará todos os juízes e tribunais, exceto se houver revisão de tese.

2. DECLARAÇÃO INCIDENTAL DE INCONSTITUCIONALIDADE

2.1. Controle de constitucionalidade no ordenamento jurídico brasileiro

Há, no mundo, digamos ocidental, dois tipos de controle jurisdicional de constitucionalidade das leis: o sistema austríaco, idealizado por Hans Kelsen, e o sistema estadunidense, criado por Marshall[18].

O ordenamento jurídico brasileiro adota dois sistemas jurisdicionais que possibilitam o controle de constitucionalidade das leis ou atos normativos editados pelo Poder Público: o controle concentrado e o controle difuso.

O **controle concentrado**, também chamado de controle direto ou abstrato, é o controle que se concentra num único órgão judicial, que o exerce por meio de ações nele originariamente propostas. O controle concentrado é exercido monopolisticamente pelo Supremo Tribunal Federal, caso em que atua tipicamente como Tribunal Constitucional. As ações em que o STF exerce o controle concentrado são a ADI – Ação Direta de Inconstitucionalidade, a ADC – Ação Declaratória de Constitucionalidade e a ADPF – Arguição de Descumprimento de Preceito Fundamental.

Com efeito, dispõe o art. 102, I, e seu § 1º, da CF:

> Art. 102. Compete ao Supremo Tribunal Federal, precipuamente, a guarda da Constituição, cabendo-lhe:
>
> I – processar e julgar, originariamente:
>
> *a*) a ação direta de inconstitucionalidade de lei ou ato normativo federal ou estadual e a ação declaratória de constitucionalidade de lei ou ato normativo federal.

18. LENZA, Pedro. *Direito constitucional esquematizado*. 13. ed. São Paulo: Saraiva, 2009. p. 149-277.

(...)

§ 1º A arguição de descumprimento de preceito fundamental, decorrente desta Constituição, será apreciada pelo Supremo Tribunal Federal, na forma da lei.

No plano infraconstitucional, o procedimento do controle concentrado é regulado pelas Leis ns. 9.868 e 9.882, ambas de 1999, bem como pelo Regimento Interno do STF.

No controle concentrado, o objeto da ação é unicamente o de declarar a inconstitucionalidade de lei ou ato normativo do Poder Público, sendo certo que, nos termos do § 2º do art. 102 da CF, as decisões definitivas de mérito, proferidas pelo STF nas ações diretas de inconstitucionalidade e nas ações declaratórias de constitucionalidade, produzem efeito vinculante (*erga omnes*), relativamente aos demais órgãos do Poder Judiciário e à administração pública direta e indireta, nas esferas federal, estadual e municipal.

O **controle difuso**, também chamado de indireto ou incidental, é exercido, no caso concreto, por qualquer juiz ou tribunal, inclusive pelo próprio STF ao julgar, *v.g.*, recurso extraordinário (CF, art. 102, III). Nessa espécie de controle, o mérito da demanda, ou seja, o pedido, não se exaure com o pronunciamento judicial da inconstitucionalidade da lei ou ato normativo do Poder Público, uma vez que a questão constitucional é decidida apenas *incidenter tantum*, não produzindo, pois, o efeito *erga omnes* a que alude o § 2º do art. 102 da CF.

Exatamente por isso o controle incidental de inconstitucionalidade exercido por qualquer juiz ou tribunal em sede de ação civil pública, embora produza efeitos *erga omnes* na hipótese de tutela de interesses difusos e individuais homogêneos (CDC, art. 103, I e III), não implica usurpação da competência originária do STF, desde que a declaração de inconstitucionalidade de lei ou ato normativo do Poder Público seja decidida como questão prejudicial, isto é, desde que o objeto da demanda coletiva não seja exaurido com o pronunciamento judicial de inconstitucionalidade. É o que se infere do seguinte julgado:

> AÇÃO CIVIL PÚBLICA. CONTROLE INCIDENTAL DE CONSTITUCIONALIDADE. QUESTÃO PREJUDICIAL. POSSIBILIDADE. INOCORRÊNCIA DE USURPAÇÃO DA COMPETÊNCIA DO SUPREMO TRIBUNAL FEDERAL. O Supremo Tribunal Federal tem reconhecido a legitimidade da utilização da ação civil pública como instrumento idôneo de fiscalização incidental de constitucionalidade, pela via difusa, de quaisquer leis ou atos do Poder Público, mesmo quando contestados em face da Constituição da República, desde que, nesse processo coletivo, a controvérsia constitucional, longe de identificar-se como objeto único da demanda, qualifique-se como simples questão prejudicial, indispensável à resolu-

ção do litígio principal. Precedentes. Doutrina (STF-RCL n. 1.733-SP, Rel. Min. Celso de Mello).

O controle difuso de constitucionalidade, como já salientado, pode ser exercido por qualquer juiz, seja da justiça comum, seja da justiça especial.

Todavia, em se tratando do exercício de tal controle nos tribunais, o art. 97 da CF determina literalmente que somente "pelo voto da maioria absoluta de seus membros ou dos membros do respectivo órgão especial poderão os tribunais declarar a inconstitucionalidade de lei ou ato normativo do Poder Público".

Tendo em vista que o procedimento da declaração incidental de inconstitucionalidade nos tribunais não está regulado na CLT, impõe-se a aplicação subsidiária dos arts. 948 a 950 do CPC, ressaltando-se que, neste caso, por estarmos diante de tema de direito constitucional processual, devemos ter sempre a preocupação com os aspectos formais deste procedimento específico exercido por todos os tribunais brasileiros.

2.2. A declaração incidental de inconstitucionalidade e a cláusula de reserva do plenário

Como já ressaltado acima, a declaração incidental de inconstitucionalidade no âmbito dos tribunais é de competência exclusiva do Pleno ou órgão especial previsto no respectivo regimento interno (CF, art. 97).

Trata-se da cláusula de reserva do plenário, reconhecida, inclusive, pela Súmula Vinculante 10 do STF, *in verbis*:

> Viola a cláusula de reserva de plenário (CF, art. 97) a decisão de órgão fracionário de tribunal que, embora não declare expressamente a inconstitucionalidade de lei ou ato normativo do poder público, afasta sua incidência, no todo ou em parte.

Vê-se, assim, que a inconstitucionalidade de lei ou ato normativo não pode ser declarada pelo Relator ou qualquer outro órgão de tribunal, como turma, grupo de turmas, câmaras ou seção, pois a competência é exclusiva, portanto, indelegável, do Pleno ou órgão especial, razão pela qual, nos termos da Súmula Vinculante em apreço, é nula a decisão (ou acórdão) de quaisquer outros órgãos dos tribunais que declarem expressamente a inconstitucionalidade de lei ou ato normativo do Poder Público ou afastem a sua incidência, sendo que nessa última hipótese há, a nosso sentir, uma declaração implícita de inconstitucionalidade.

Se o órgão fracionário de um tribunal deixar de observar a Súmula Vinculante 10 do STF, poderá a parte interessada propor reclamação perante o STF (*vide* Capítulo XIX, item 10).

2.2.1. Natureza do incidente de inconstitucionalidade

Cabe frisar, inicialmente, que a declaração de inconstitucionalidade prevista nos arts. 480 a 482 do CPC/73 já possuía natureza jurídica de incidente processual[19], que implicava automática suspensão do julgamento para a apreciação prévia do incidente pelo órgão perante o qual tramita o processo.

O Capítulo IV do Livro III da Parte Especial do CPC (arts. 948 a 950) trata, expressamente, "Do Incidente de Arguição de Inconstitucionalidade", o que deixa claro que este instituto é, para os fins do processo, um incidente processual.

2.2.2. Legitimidade

Têm legitimidade para suscitar o incidente de inconstitucionalidade qualquer das partes, o terceiro e o Ministério Público, seja atuando como parte ou *fiscal da ordem jurídica*.

O incidente também pode ser suscitado de ofício, pelo próprio relator, ou por qualquer outro magistrado do tribunal. A decisão final, porém, é sempre do órgão colegiado, a quem o regimento interno indicar, geralmente o pleno ou o órgão especial, por maioria absoluta dos seus membros.

2.2.2.1. Outros legitimados para atuar no incidente

À luz do princípio do pluralismo que informa o Regime Democrático de Direito adotado pela Constituição de 1988, os §§ 1º a 3º ao art. 950 do CPC consagram a construção de uma sociedade aberta dos intérpretes da Constituição.

Com efeito, as normas em apreço dispõem sobre o direito de manifestação de diversas pessoas e entidades que podem contribuir para a democratização dos debates em torno das decisões proferidas pelos tribunais no incidente de inconstitucionalidade.

Assim, poderão manifestar-se no incidente de arguição de inconstitucionalidade, as pessoas jurídicas de direito público responsáveis pela edição do ato questionado desde que formulem requerimento dirigido ao relator do processo, observados os prazos e as condições previstos no regimento interno do tribunal.

Também poderão intervir no incidente as partes legitimadas à propositura da ação direta de inconstitucionalidade ou da ação declaratória de constitucionalidade (CF, art. 103), manifestando-se, por escrito, sobre a questão constitucional objeto de apreciação, no prazo previsto pelo regimento interno, sendo-lhes assegurados os direitos de apresentar memoriais ou de requerer a juntada de documentos.

19. BUENO, Cassio Scapinella. *Curso sistematizado de direito processual civil*. São Paulo: Saraiva, 2008. v. 5, p. 382.

Finalmente, também poderão intervir, como *amicus curiae*, outros órgãos ou entidades, por despacho irrecorrível do relator, cabendo a este a consideração da relevância da matéria e a representatividade dos postulantes.

2.2.3. Procedimento

Arguida, em controle difuso, a inconstitucionalidade de lei ou de ato normativo do poder público, o relator, após ouvir o Ministério Público e as partes, submeterá a questão à turma ou à câmara à qual competir o conhecimento do processo (CPC, art. 948).

Na turma ou câmara, se a arguição for: I – rejeitada, prosseguirá o julgamento; II – acolhida, a questão será submetida ao plenário do tribunal ou ao seu órgão especial, onde houver. Neste caso, o processo ficará suspenso até a decisão do pleno ou do órgão especial, conforme dispuser o regimento interno.

Assim, uma vez arguido o incidente pelas partes, caberá ao relator encaminhar os autos ao MPT, para emissão de parecer. Retornando os autos, o relator submete o incidente à deliberação da turma ou câmara da qual participe.

Se o incidente for suscitado pelo Ministério Público do Trabalho, seja como parte ou como fiscal da ordem jurídica, parece-nos que o relator não deve remeter os autos àquela instituição ministerial, tendo em vista os princípios da unidade e indivisibilidade que norteiam as funções institucionais do *Parquet* (CF, art. 127, § 1º). Nada obstante, é facultado ao MPT manifestar-se oralmente na sessão de julgamento do incidente.

O incidente de arguição de inconstitucionalidade deve ser formulado por escrito pelas partes ou pelo MPT, nas razões ou contrarrazões recursais, na petição inicial ou contestação (na hipótese de ação de competência originária do tribunal) ou mesmo em petição avulsa, mas sempre antes de iniciada a sessão de julgamento.

Como o incidente também pode ser instaurado de ofício pelo relator ou qualquer magistrado que atue no órgão fracionário.

Parece-nos que até mesmo em sustentação oral é permitida arguição de inconstitucionalidade. Entretanto, não deve ser admitida a arguição do incidente pelas partes ou MPT depois de proferido o voto do relator.

Todavia, poderá a parte suscitar o incidente nos embargos de declaração, desde que o embargante alegue omissão no julgado a respeito de questão constitucional que poderia, ou melhor, deveria, ter sido apreciada *ex officio* pelo órgão judicial, na medida em que se trata de matéria de ordem pública que pode ser reapreciada em função do efeito translativo dos embargos de declaração[20].

20. Idem, ibidem.

2.2.3.1. *Admissibilidade do incidente pela turma*

Se a turma rejeitar a arguição, prosseguirá normalmente o julgamento do feito (CPC, art. 949, I). Não há, nesse caso, lavratura de acórdão acerca do incidente, pois a rejeição do incidente opera o mesmo efeito como se ele não tivesse existido.

São vários os motivos pelos quais a turma pode rejeitar a arguição de inconstitucionalidade, como, por exemplo: *a)* entender constitucional a lei ou ato normativo, porque somente quando a turma, por maioria simples, acolher a arguição remeterá os autos do incidente ao Pleno; *b)* entender não se tratar de lei (medida provisória, lei delegada, lei complementar, lei ordinária, decreto legislativo ou resolução do Senado Federal) ou ato normativo do Poder Público (decreto, portaria, resolução, regulamento); *c)* entender que a lei ou ato normativo questionado não guardam qualquer relevância para o deslinde do julgamento do feito (por exemplo, se o interessado for um servidor público estatutário e postular, na Justiça do Trabalho, direitos trabalhistas sob o fundamento de que determinada lei que autorizou a sua contratação é inconstitucional, porque, nesse caso, se a Justiça do Trabalho é manifestamente incompetente para processar e julgar a demanda não poderá sequer apreciar a questão incidental de inconstitucionalidade da lei que autorizou a contratação).

É por essa razão que o acolhimento da arguição pela turma "pressupõe juízo deliberativo tendente à declaração de inconstitucionalidade de lei ou ato normativo"[21], mas a decisão final sobre o incidente, caso acolhida a arguição pela turma, é do Pleno.

Importante ressalva para a não admissão do incidente pela turma ou câmara está prevista no parágrafo único do art. 949 do CPC, uma vez que os órgãos fracionários dos tribunais estão proibidos de submeter a arguição de inconstitucionalidade ao plenário ou ao órgão especial quando:

- já houver pronunciamento do plenário ou do órgão especial do tribunal infraconstitucional a respeito da (in)constitucionalidade da lei ou ato normativo em questão;
- o plenário do Supremo Tribunal Federal já tiver se manifestado sobre a questão.

Se, porém, a turma acolher a arguição, o julgamento deverá ser suspenso, cabendo à turma lavrar acórdão e, em seguida, remeter os autos ao Tribunal Pleno ou órgão especial (CPC, art. 949, II; CF, art. 97; STF, Súmula Vinculante 10), para apreciação do incidente.

---

21. Idem, p. 385.

Nos termos do art. 950 do CPC, deverá ser remetida cópia do acórdão da turma ou câmara a todos os juízes, cabendo ao presidente do tribunal designar a sessão de julgamento do incidente.

Verifica-se, assim, que o incidente possui dois juízos de admissibilidade: o primeiro realizado pela turma (ou câmara), ao acolher a arguição suscitada pelas partes ou suscitada de ofício pelo relator ou outro magistrado componente da turma; o segundo juízo de admissibilidade do incidente é realizado pelo Pleno (ou órgão especial).

2.2.3.2. Lavratura de acórdão

Como as decisões dos tribunais ou de quaisquer dos seus órgãos colegiados recebem o nome de acórdão (CPC, art. 204; CPC/73, art. 163), parece-nos que o incidente de inconstitucionalidade poderá ter dois acórdãos.

O primeiro acórdão, caso acolhida a arguição pela turma, será lavrado pela própria turma (CPC, art. 950). Nele deverão constar os motivos pelos quais foi acolhida a arguição pelo voto da maioria dos seus integrantes e a suspensão do julgamento com a remessa dos autos ao Pleno. É importante lembrar que cópia do acórdão turmário será encaminhada a todos os magistrados que compõem o plenário, cabendo ao Presidente do Tribunal Pleno designar sessão de julgamento do incidente.

A obrigatoriedade da lavratura do acórdão da turma, quando acolhida arguição de inconstitucionalidade, é matéria de ordem pública (CPC, art. 950), não podendo tal acórdão ser substituído por certidão, sob pena de nulidade absoluta.

Como bem salienta Gilmar Ferreira Mendes, invocando Barbosa Moreira:

> Acolhida a arguição, que poderá ser por maioria simples, "será lavrado acórdão, a fim de ser submetida a questão ao tribunal pleno" (art. 481), ou ao órgão especial (CF de 1988, art. 97). Dá-se a cisão funcional da competência: ao Plenário caberá pronunciar-se sobre a constitucionalidade ou a inconstitucionalidade, e ao órgão fracionário, depois, à vista do que houver assentado o plenário, decidir a espécie[22].

Já o segundo acórdão será lavrado pelo Pleno, no qual deverá, preliminarmente, constar a admissibilidade ou não do incidente e, no mérito, a declaração de constitucionalidade ou inconstitucionalidade da lei ou ato normativo impugnado. Esse acórdão do Pleno deverá ser juntado aos autos do processo em que foi suscitado o incidente.

22. MENDES, Gilmar Ferreira. *Direitos fundamentais e controle de constitucionalidade*. 3. ed. São Paulo: Saraiva, 2004. p. 250.

Quanto à lavratura desse segundo acórdão (do Pleno), parece-nos que a sua obrigatoriedade decorre da interpretação sistemática dos arts. 204 e 927, V, do CPC, pois o incidente será decidido na sessão de julgamento do Pleno, sendo certo que recebe o nome de acórdão o julgamento proferido pelos tribunais.

Com efeito, dispõe o art. 950, *caput*, do CPC que depois de "remetida a cópia do acórdão a todos os juízes, o presidente do tribunal designará a sessão de julgamento".

Adverte, nesse passo, Gilmar Ferreira Mendes que

> a aplicação do art. 97 da Constituição de 1988 obriga a que se proceda à juntada do acórdão proferido no Pleno ou no órgão especial sobre a inconstitucionalidade da lei, sob pena de, no caso de interposição de recurso extraordinário, entender o Supremo Tribunal Federal que não pode conhecer do apelo extremo, por ausência de peça essencial para o julgamento definitivo[23].

Nesse sentido, o STF já firmou o seguinte entendimento:

> RECURSO EXTRAORDINÁRIO – DECLARAÇÃO DE INCONSTITUCIONALIDADE DE ATO NORMATIVO FEDERAL. Interposto o extraordinário com fundamento na alínea *b* do inciso III do art. 102 da Carta Política da República, indispensável é que se tenha nos autos o acórdão da Corte de origem que, no incidente de inconstitucionalidade, concluiu pela configuração da peça. Simples referência a verbetes da Súmula editados a partir do julgamento do incidente não suprem a falta da peça (STF-AgR-RE n. 192.882-MG, Rel. Min. Marco Aurélio, 2ª T., j. 17-11-1995, *DJ* 16-2-1996, p. 3.015).

Além disso, lembra o ministro Gilmar Mendes que a "jurisprudência do Tribunal enfatiza não ser suficiente a transcrição do decidido pelo órgão especial ou pelo Plenário ou a juntada do voto condutor, porquanto 'é no acórdão do Plenário que se há de buscar a motivação da decisão recorrida, com respeito à arguição de inconstitucionalidade'"[24].

Nesse sentido, colhe-se o seguinte julgado:

> RECURSO EXTRAORDINÁRIO. ACÓRDÃO RECORRIDO DE TURMA DO TRIBUNAL *A QUO*, FUNDADO NA OBSERVÂNCIA DEVIDA A DECISÃO PLENÁRIA ANTERIOR DA QUESTÃO DE INCONSTITUCIONALIDADE DA NORMA INCIDENTE NA CAUSA: AUSÊNCIA, NOS AUTOS, DO ACÓRDÃO PLENÁRIO, QUE INVIABILIZA O RECURSO. 1. Em processos cujo julgamento caiba a órgãos parciais do tribunal, suscitada a arguição de inconstitucionalidade da norma incidente, dá-se re-

23. Idem, ibidem, p. 251.
24. Idem.

partição de competência por objetivo do juízo, devolvendo-se ao plenário a decisão da questão prejudicial de constitucionalidade. 2. Desse modo, é no acórdão plenário que se há de buscar a motivação da decisão recorrida, com respeito a arguição de inconstitucionalidade, sendo indiferente o que a propósito do mérito dela, contra ou a favor, se diga no acórdão da turma. 3. Jurisprudência reafirmada pelo plenário, quando se decidiu também que não supre a ausência do inteiro teor do acórdão plenário a juntada do seu voto condutor (STF-AgR-RE n. 143.088, j. 19-3-1993, 2ª T., Rel. Min. Sepúlveda Pertence, *DJ* 4-2-1994, p. 923).

Tais formalidades alusivas à lavratura dos acórdãos da Turma e do Pleno são essenciais para a validade da declaração incidental de inconstitucionalidade de lei ou ato normativo do Poder Público. E nem se argumente com o princípio da simplicidade que informa o processo do trabalho, pois estamos diante do chamado direito constitucional processual, que exige determinadas formalidades para o exercício do controle difuso, por via de exceção, de constitucionalidade.

Por isso, no incidente de inconstitucionalidade, qualquer tribunal, inclusive o trabalhista, funciona como autêntica Corte Constitucional, permitindo-se, inclusive, a participação no incidente de inconstitucionalidade de diversas entidades com legitimação *ad causam* para a ADI – Ação Direta de Inconstitucionalidade e o *amicus curiae* (CPC, art. 950, §§ 1º a 3º), razão pela qual há de se ter o máximo de rigor com a obsevância do procedimento legal do incidente. Afinal, em nosso sistema há o princípio de presunção de legalidade dos atos legislativos e normativos editados pelo Poder Público, o que exige um procedimento específico para a declaração, tanto na via difusa quanto na via concentrada, de inconstitucionalidade de normas jurídicas.

2.2.3.3. *Efeito vinculante da decisão do Pleno*

A decisão da turma que acolhe a arguição de inconstitucionalidade não vincula o Pleno, que poderá não admitir o incidente.

Entretanto, a decisão do Pleno, que admite e declara a constitucionalidade ou inconstitucionalidade é vinculativa para as turmas, tanto no mesmo quanto em qualquer outro processo em que a questão for suscitada.

Com efeito, nos termos do parágrafo único do art. 949 do CPC:

> Os órgãos fracionários dos tribunais não submeterão ao plenário, ou ao órgão especial, a arguição de inconstitucionalidade, quando já houver pronunciamento destes ou do plenário do Supremo Tribunal Federal sobre a questão.

A regra em causa está a demonstrar que se já houver acórdão anterior do Pleno do mesmo tribunal declarando a inconstitucionalidade de uma lei ou ato normativo do Poder Público, a turma (ou órgão fracionário equivalente) não poderá acolher a arguição incidental de inconstitucionalidade da mesma lei ou ato normativo.

Igualmente, se houver acórdão do Pleno do STF declarando a inconstitucionalidade da lei ou ato normativo questionado, a turma ficará impedida de acolher a arguição e, consequentemente, não poderá submeter a questão ao Pleno.

Em ambos os casos, ao que nos parece, há inegável efeito vinculante para as turmas nos novos processos em que a arguição de inconstitucionalidade da mesma lei (ou ato normativo) for suscitada. Noutro falar, se o Pleno do Tribunal infraconstitucional ou Pleno do STF decidiu, incidentalmente, que uma norma é constitucional ou inconstitucional, tal decisão será de observância obrigatória para as turmas (ou órgãos fracionários) em que forem suscitados os incidentes.

Segundo o ministro Gilmar Ferreira Mendes, a fórmula adotada para a inserção do parágrafo único do art. 949 do CPC "consagra *in totum* a jurisprudência do Supremo Tribunal Federal sobre a matéria, assentando a dispensabilidade da submissão da questão constitucional ao tribunal pleno ou ao órgão especial na hipótese de o próprio Tribunal já ter adotado posição sobre o tema, ou, ainda, no caso de o plenário do Supremo Tribunal Federal já ter se pronunciado sobre a controvérsia"[25].

2.2.3.4. Irrecorribilidade das decisões

Em linhas gerais, podemos dizer que são irrecorríveis:

- a decisão da turma (ou órgão fracionário equivalente) que rejeita a arguição de inconstitucionalidade, pois, neste caso, o julgamento do feito prossegue normalmente na turma (CPC, art. 481, 1ª parte);
- o acórdão da turma que acolhe a arguição e, suspendendo o julgamento, submete o feito ao Pleno, porque a decisão turmária é ainda precária e não produz qualquer efeito. Aliás, poder-se-ia até cogitar que se trata de um despacho, portanto irrecorrível (CPC, art. 481, 2ª parte);
- o acórdão do Pleno que não admite o incidente, porque os autos retornam à turma, para prosseguir no julgamento;
- o acórdão do Pleno que admite o incidente e declara a constitucionalidade ou inconstitucionalidade da lei ou ato normativo questionado, porquanto, nos termos da Súmula 513 do STF: "A decisão que enseja a interposição de recurso ordinário ou extraordinário, não é a do plenário, que resolve o incidente de inconstitucionalidade, mas a do órgão (Câmara, Grupos ou Turma) que completa o julgamento do feito".

25. Idem, p. 255.

Assim, se num determinado processo houver sido suscitado e acolhido o incidente de inconstitucionalidade de lei ou ato normativo do Poder Público, o direito de interposição de recurso é diferido no tempo, uma vez que a única decisão (acórdão) passível de impugnação recursal é aquela última proferida pela turma (ou órgão fracionário equivalente) depois que os autos retornam para o prosseguir no julgamento do recurso.

Todavia, se houver fundadas razões para se inferir a possibilidade de alteração do entendimento adotado preteritamente pelo Pleno do Tribunal infraconstitucional, parece-nos que a turma, fundamentadamente, poderá, acolhendo a nova arguição, submeter novamente a questão ao Pleno.

Tal conclusão, porém, não pode ser adotada quando existir declaração do Pleno do STF manifestada em sede de controle concentrado (ADI, ADC ou ADPF) ou se a constitucionalidade ou inconstitucionalidade for proferida incidentalmente pelo Pleno do STF e dela resultar súmula vinculante. Todavia, neste último caso, se a decisão plenária do STF não implicar edição de súmula vinculante, há quem sustente que não há vinculação do decidido para os demais órgãos do Poder Judiciário[26], muito embora, a nosso sentir, seja altamente recomendável o efeito vinculante da decisão do Pretório Excelso na espécie, não apenas para propiciar a segurança jurídica aos jurisdicionados e o norte interpretativo dos tribunais, como também para a efetivar o princípio da isonomia entre os jurisdicionados e o princípio da duração razoável do processo.

O inciso V do art. 927 do CPC, no entanto, caso não venha a ser declarado inconstitucional, como já expusemos em outras partes deste livro, estabelece que os juízes e os tribunais deverão observar "a orientação do plenário ou do órgão especial aos quais estiverem vinculados".

3. INCIDENTE DE RESOLUÇÃO DE DEMANDAS REPETITIVAS

Numa sociedade de massa, isto é, onde impera o consumo, o trabalho, a degradação ambiental e a produção em massa, o processo também deve acompanhar a complexidade dos novos conflitos que surgem no interior dessa mesma sociedade. O processo também deve ser massificado. O verdadeiro instituto, ou melhor, o melhor remédio processual para solução dos conflitos de massa seria a ação coletiva (ou civil pública), cujas decisões de mérito favoráveis aos titulares dos direitos difusos, coletivos ou individuais homogêneos operam efeitos *erga omnes* ou *ultra partes*.

O CPC previu, no art. 333, o incidente de conversão da ação individual em ação coletiva. Tal dispositivo, porém, foi lamentavelmente vetado pela então Presidenta da República Dilma Rousseff, sendo o veto mantido tacitamente pelo Congresso Nacional.

26. BUENO, Cassio Scapinella, op. cit., p. 388-389.

Restou, então, no CPC, como mecanismo de solução de conflitos individuais com questões jurídicas idênticas, o incidente de resolução de demandas repetitivas com o escopo de combater a massificação de processos e propiciar segurança jurídica, igualdade entre os jurisdicionados e unidade da ordem jurídica.

Trata-se de instituto inspirado no ordenamento jurídico alemão, mas o CPC conferiu-lhe características próprias. Na essência, é um incidente para uniformizar, antecipadamente, a jurisprudência, mediante fixação de precedentes que deverão ser adotados para os processos presentes ou futuros que versarem sobre questões idênticas à decidida no incidente.

Com efeito, o art. 928 do CPC considera julgamento de casos repetitivos a decisão proferida em:

> I – incidente de resolução de demandas repetitivas;
>
> II – recursos especial e extraordinário repetitivos.
>
> Parágrafo único. O julgamento de casos repetitivos tem por objeto questão de direito material ou processual.

Vale dizer, a instauração do incidente pressupõe a existência de "casos repetitivos" que demandem uma decisão uniforme para todos que se encontram em idêntica situação de fato e de direito.

Os conflitos trabalhistas constituem lugares-comuns para a ocorrência de "casos idênticos" e, consequentemente, para o surgimento de "demandas repetitivas".

O incidente de resolução de demandas repetitivas, ou simplesmente IRDR, está previsto no Capítulo VII (arts. 976 a 987) do Título I (Da Ordem dos Processos) do Livro III (Dos Processos nos Tribunais) da Parte Especial (Do Processo de Conhecimento) do Novo Código de Processo Civil e é, seguramente, um dos mais importantes institutos do novo Código.

3.1. Cabimento

O cabimento do incidente de resolução de demandas repetitivas – IRDR está previsto no art. 976 do CPC:

> Art. 976. É cabível a instauração do incidente de resolução de demandas repetitivas quando houver, simultaneamente:
>
> I – efetiva repetição de processos que contenham controvérsia sobre a mesma questão unicamente de direito;
>
> II – risco de ofensa à isonomia e à segurança jurídica.

> § 1º A desistência ou o abandono do processo não impede o exame de mérito do incidente.
>
> § 2º Se não for o requerente, o Ministério Público intervirá obrigatoriamente no incidente e deverá assumir sua titularidade em caso de desistência ou de abandono.
>
> § 3º A inadmissão do incidente de resolução de demandas repetitivas por ausência de qualquer de seus pressupostos de admissibilidade não impede que, uma vez satisfeito o requisito, seja o incidente novamente suscitado.
>
> § 4º É incabível o incidente de resolução de demandas repetitivas quando um dos tribunais superiores, no âmbito de sua respectiva competência, já tiver afetado recurso para definição de tese sobre questão de direito material ou processual repetitiva.
>
> § 5º Não serão exigidas custas processuais no incidente de resolução de demandas repetitivas.

O art. 8º da IN n. 39/2016 do TST dispõe, *in verbis*:

> Art. 8º Aplicam-se ao Processo do Trabalho as normas dos arts. 976 a 986 do CPC que regem o incidente de resolução de demandas repetitivas (IRDR).
>
> § 1º Admitido o incidente, o relator suspenderá o julgamento dos processos pendentes, individuais ou coletivos, que tramitam na Região, no tocante ao tema objeto de IRDR, sem prejuízo da instrução integral das causas e do julgamento dos eventuais pedidos distintos e cumulativos igualmente deduzidos em tais processos, inclusive, se for o caso, do julgamento antecipado parcial do mérito.
>
> § 2º Do julgamento do mérito do incidente caberá recurso de revista para o Tribunal Superior do Trabalho, dotado de efeito meramente devolutivo, nos termos dos arts. 896 e 899 da CLT.
>
> § 3º Apreciado o mérito do recurso, a tese jurídica adotada pelo Tribunal Superior do Trabalho será aplicada no território nacional a todos os processos, individuais ou coletivos, que versem sobre idêntica questão de direito.

É importante lembrar que a inconstitucionalidade integral da referida Instrução Normativa é questionada na ADI n. 5.516 ajuizada pela Anamatra, como já ressaltamos em linhas transatas e no item 4.2 do Capítulo I.

O IRDR pode ser instaurado em recurso ordinário, agravo de petição, agravo de instrumento, remessa necessária ou processo de competência originária de onde se originou o incidente, podendo ter por objeto questão de direito material ou processual.

3.2. Legitimados

Nos termos do art. 977 do CPC, o pedido de instauração do incidente será dirigido ao presidente de tribunal:

I – pelo juiz ou relator, por ofício;

II – pelas partes, por petição;

III – pelo Ministério Público ou pela Defensoria Pública, por petição.

De acordo com o parágrafo único do referido artigo, o ofício ou a petição será instruído com os documentos necessários à demonstração do preenchimento dos pressupostos para a instauração do incidente. Parece-nos que a petição inicial é um documento indispensável, mas se a controvérsia surgira na contestação, esta também deverá compor o rol de documentos necessários à instauração do incidente.

3.3. Órgão competente para julgar o incidente

A competência funcional para julgar o IRDR é do órgão colegiado previsto no regimento interno, geralmente o Pleno ou o Órgão Especial.

Com efeito, dispõe o art. 978 do CPC que o "julgamento do incidente caberá ao órgão indicado pelo regimento interno dentre aqueles responsáveis pela uniformização de jurisprudência do tribunal".

Além disso, de acordo com o parágrafo único do art. 978 do CPC:

> O órgão colegiado incumbido de julgar o incidente e de fixar a tese jurídica julgará igualmente o recurso, a remessa necessária ou o processo de competência originária de onde se originou o incidente.

3.4. Ampla publicidade do incidente

O IRDR deve observar o princípio da ampla publicidade, sob pena de não atingir o seu escopo principal.

De acordo com o art. 979 do CPC, a instauração e o julgamento do incidente serão sucedidos da mais ampla e específica divulgação e publicidade, por meio de registro eletrônico no Conselho Nacional de Justiça.

Deverão os tribunais manter banco eletrônico de dados atualizados com informações específicas sobre questões de direito submetidas ao incidente, comunicando-o imediatamente ao Conselho Nacional de Justiça para inclusão no cadastro.

Para possibilitar a identificação dos processos abrangidos pela decisão do incidente, o registro eletrônico das teses jurídicas constantes do cadastro conterá, no mínimo, os fundamentos determinantes da decisão e os dispositivos normativos a ela relacionados.

3.5. Suspensão dos processos

O incidente será julgado no prazo de um ano e terá preferência sobre os demais feitos, ressalvados os que envolvam réu preso e os pedidos de *habeas corpus* (CPC, art. 980).

Superado esse prazo, cessa a suspensão dos processos prevista no art. 982 do CPC, salvo decisão fundamentada do relator em sentido contrário.

O art. 313, IV, do CPC prevê, expressamente, a suspensão do processo "pela admissão de incidente de resolução de demandas repetitivas".

A suspensão dos processos pendentes de julgamento também está prevista no § 1º do art. 8º da IN n. 39/2016 do TST.

3.6. Procedimento

O procedimento do IRDR está previsto nos arts. 981 a 984 do CPC.

Assim, após a distribuição, o órgão colegiado competente para julgar o incidente procederá ao seu juízo de admissibilidade, considerando a presença dos pressupostos de cabimento do incidente previstos no art. 976 do CPC.

Nos termos do art. 982, admitido o incidente, o relator:

> I – suspenderá os processos pendentes, individuais ou coletivos, que tramitam no Estado ou na região, conforme o caso;
>
> II – poderá requisitar informações a órgãos em cujo juízo tramita processo no qual se discute o objeto do incidente, que as prestarão no prazo de 15 (quinze) dias;
>
> III – intimará o Ministério Público para, querendo, manifestar-se no prazo de 15 (quinze) dias.

A suspensão será comunicada aos órgãos jurisdicionais competentes e, durante a suspensão, o pedido de tutela de urgência deverá ser dirigido ao juízo onde tramita o processo suspenso.

Dispõe o § 3º do art. 982 do CPC que para garantir a segurança jurídica, qualquer legitimado para a instauração do IRDR poderá requerer, ao tribunal competente para conhecer do recurso extraordinário ou especial, a suspensão de todos os processos individuais ou coletivos em curso no território nacional que versem sobre a questão objeto do incidente já instaurado.

Independentemente dos limites da competência territorial, a parte no processo em curso no qual se discuta a mesma questão objeto do incidente é legitimada para requerer a providência prevista no § 3º deste artigo (§ 4º do art. 982 do CPC).

Cessará a suspensão dos processos pendentes (CPC, art. 982, I) se não for interposto recurso de revista ou recurso extraordinário contra a decisão proferida no incidente.

O relator ouvirá as partes e os demais interessados, inclusive pessoas, órgãos e entidades com interesse na controvérsia, que, no prazo comum de 15 (quinze) dias, poderão requerer a juntada de documentos, bem como as diligências necessárias para a elucidação da questão de direito controvertida, e, em seguida, manifestar-se-á o Ministério Público, no mesmo prazo (CPC, art. 983).

Para instruir o incidente, o relator poderá designar data para, em audiência pública, ouvir depoimentos de pessoas com experiência e conhecimento na matéria.

Concluídas as diligências, o relator solicitará ao Presidente do Tribunal dia para o julgamento do incidente.

Eis a ordem (CPC, art. 984) a ser observada no julgamento do IRDR:

> I – o relator fará a exposição do objeto do incidente;
>
> II – poderão sustentar suas razões, sucessivamente:
>
> *a)* o autor e o réu do processo originário e o Ministério Público, pelo prazo de 30 (trinta) minutos;
>
> *b)* os demais interessados, no prazo de 30 (trinta) minutos, divididos entre todos, sendo exigida inscrição com 2 (dois) dias de antecedência.
>
> § 1º Considerando o número de inscritos, o prazo poderá ser ampliado.
>
> § 2º O conteúdo do acórdão abrangerá a análise de todos os fundamentos suscitados concernentes à tese jurídica discutida, sejam favoráveis ou contrários.

3.7. Efeito vinculante do julgamento

Não obstante a discussão sobre a (in)constitucionalidade das regras do CPC que estabelecem efeitos vinculantes fora das hipóteses expressamente previstas na CF, o art. 985 do CPC dispõe que, depois de julgado o IRDR, a tese jurídica nele adotada será aplicada:

> I – a todos os processos individuais ou coletivos que versem sobre idêntica questão de direito e que tramitem na área de jurisdição do respectivo tribunal, inclusive àqueles que tramitem nos juizados especiais do respectivo Estado ou região;

II – aos casos futuros que versem idêntica questão de direito e que venham a tramitar no território de competência do tribunal, salvo revisão na forma do art. 986.

Reforçando o efeito vinculante da autoridade da decisão adotada no IRDR, o § 1º do art. 985 do CPC dispõe que se não for observada a tese jurídica adotada no IRDR pelos juízes e tribunais, caberá reclamação.

No mesmo sentido, prevê o § 2º do art. 987 do CPC que, depois de apreciado o mérito do recurso extraordinário contra o acórdão de tribunal infraconstitucional, "a tese jurídica adotada pelo STF será aplicada no território nacional a todos os processos individuais ou coletivos que versem sobre idêntica questão de direito".

O § 3º do art. 8º da IN n. 39/2016 do TST dispõe que, se for apreciado o mérito do recurso em que for suscitado o IRDR, "a tese jurídica adotada pelo Tribunal Superior do Trabalho será aplicada no território nacional a todos os processos, individuais ou coletivos, que versem sobre idêntica questão de direito".

Há outras regras do CPC que dispõem sobre a obrigatoriedade de adoção da tese adotada no IRDR, como os arts. 332, III, 927, III, e 932, IV, *c*, do CPC.

3.8. Revisão de tese jurídica e recorribilidade

Nos termos do art. 986 do CPC, a revisão da tese jurídica firmada no IRDR far-se-á pelo mesmo tribunal, de ofício ou mediante requerimento dos legitimados mencionados no art. 977, III, do mesmo Código.

Na Justiça do Trabalho, pode-se dizer que do julgamento do mérito do incidente caberá recurso extraordinário (CPC, art. 987). Parece-nos que tal regra só se aplica se o IRDR for instaurado no TST. Caso o IRDR seja instaurado no TRT, não caberá recurso de imediato, tendo em vista o princípio da irrecorribilidade imediata das decisões interlocutórias (CLT, art. 893, § 1º).

O recurso extraordinário terá efeito suspensivo, presumindo-se a repercussão geral de questão constitucional eventualmente discutida (CPC, art. 987, § 1º).

Se o STF apreciar o mérito do recurso extraordinário, a tese jurídica adotada "será aplicada no território nacional a todos os processos individuais ou coletivos que versem sobre idêntica questão de direito".

Nos termos do art. 138, § 3º, do CPC, o *amicus curiae* poderá recorrer da decisão que julgar o incidente de resolução de demandas repetitivas.

CAPÍTULO XXII
Liquidação de Sentença

1. NOÇÕES GERAIS

Com o advento da Lei n. 11.232, de 22 de dezembro de 2005 (*DOU* 23-12-2005), em vigor desde 23 de junho de 2006, houve uma grande transformação no processo civil brasileiro, na medida em que a liquidação de sentença, no Código de Processo Civil, deixou de figurar no Capítulo VI do Livro II ("Do Processo de Execução") e passou a integrar o *Capítulo IX* do *Título VIII* do Livro I ("Do Processo de Conhecimento").

O CPC, mantendo a linha do CPC/73, consagra a Liquidação de Sentença no Capítulo XIV do Título I ("Do Procedimento Comum") a Parte Especial ("Do Processo de Conhecimento e do Cumprimento da Sentença"). Pode-se dizer, assim, que o CPC trata a liquidação de sentença como instituto pertencente ao processo de conhecimento, que se situa entre a sentença e o seu cumprimento.

No processo do trabalho, porém, a CLT trata da liquidação no Título X, Capítulo V ("Da Execução"). Vale dizer, *de lege lata*, a liquidação de sentença, no processo do trabalho, continua integrando o capítulo atinente ao processo de execução. O desafio, portanto, é saber se as alterações alusivas à liquidação de sentença perpetradas no processo civil repercutem (ou não) no processo do trabalho.

Nem todas as sentenças condenatórias que reconhecem obrigação de pagar encontram-se quantificadas a ponto de permitirem, desde logo, a execução. A propósito, preceituava o art. 603 do CPC/73: "Procede-se à liquidação, quando a sentença não determinar o valor ou não individuar o objeto da condenação". Esta regra, no entanto, foi revogada pelo art. 475-A do CPC, segundo o qual: "Quando a sentença não determinar o valor devido, procede-se à sua liquidação".

O CPC manteve, na essência, o comando normativo do CPC/73. Porém, alterou a técnica redacional e a denominação das duas espécies de liquidação, como se infere do art. 509 e seus incisos:

> Art. 509. Quando a sentença condenar ao pagamento de quantia ilíquida, proceder-se-á à sua liquidação, a requerimento do credor ou do devedor:
>
> I – por arbitramento, quando determinado pela sentença, convencionado pelas partes ou exigido pela natureza do objeto da liquidação;

> II – pelo procedimento comum, quando houver necessidade de alegar e provar fato novo.
>
> § 1º Quando na sentença houver uma parte líquida e outra ilíquida, ao credor é lícito promover simultaneamente a execução daquela e, em autos apartados, a liquidação desta.
>
> § 2º Quando a apuração do valor depender apenas de cálculo aritmético, o credor poderá promover, desde logo, o cumprimento da sentença.
>
> § 3º O Conselho Nacional de Justiça desenvolverá e colocará à disposição dos interessados programa de atualização financeira.
>
> § 4º Na liquidação é vedado discutir de novo a lide ou modificar a sentença que a julgou.

Já chegamos a defender que poderia haver liquidação para individuar o objeto da condenação, o que seria pertinente na liquidação de algumas obrigações de fazer, não fazer ou entregar coisa. Com o advento do CPC não há mais razão para defendermos a referida tese, pois somente haverá liquidação quando a sentença "condenar ao pagamento de quantia ilíquida".

A rigor, portanto, não é a sentença que é liquidada, e sim o comando obrigacional de pagar contido no seu dispositivo (*decisum*). Noutro falar, as sentenças condenatórias, a rigor, tornam certo apenas o débito (*an debeatur*), cabendo à liquidação a fixação do quanto devido (*quantum debeatur*).

À exceção das sentenças proferidas nas ações trabalhistas sujeitas ao procedimento sumaríssimo, que devem estabelecer no seu bojo o valor líquido, no processo trabalhista, é bastante comum as sentenças serem ilíquidas. É bem verdade que a Lei n. 9.957/2000 previa a obrigatoriedade de sentença líquida nas causas sujeitas ao procedimento sumaríssimo trabalhista ao inserir o § 2º no art. 852-I da CLT. Todavia, o Presidente vetou – e o Congresso não o derrubou – tal dispositivo, nos seguintes termos:

> O § 2º do art. 852-I não admite sentença condenatória por quantia ilíquida, o que poderá, na prática, atrasar a prolação das sentenças, já que se impõe ao juiz a obrigação de elaborar cálculos, o que nem sempre é simples de se realizar em audiência. Seria prudente vetar o dispositivo em relevo, já que a liquidação por simples cálculo se dará na fase de execução da sentença, que, aliás, poderá sofrer modificações na fase recursal.

Parece-nos, porém, que mesmo diante do veto presidencial, há lacuna normativa na CLT em relação à vedação de sentença ilíquida diante de pedido líquido. Logo, aplica-se, por analogia, ao processo do trabalho, a regra prevista no parágrafo único do art. 459 do CPC, *in verbis*: "Quando o autor tiver formulado pedido certo, é vedado ao juiz proferir sentença ilíquida". Esta regra do CPC/73, porém, não foi repetida no CPC, como se infere do seu art. 490.

Não obstante, o art. 491 do CPC criou uma regra mais específica que o CPC revogado, *in verbis*:

> Art. 491. Na ação relativa à obrigação de pagar quantia, ainda que formulado pedido genérico, a decisão definirá desde logo a extensão da obrigação, o índice de correção monetária, a taxa de juros, o termo inicial de ambos e a periodicidade da capitalização dos juros, se for o caso, salvo quando: I – não for possível determinar, de modo definitivo, o montante devido; II – a apuração do valor devido depender da produção de prova de realização demorada ou excessivamente dispendiosa, assim reconhecida na sentença.
>
> § 1º Nos casos previstos neste artigo, seguir-se-á a apuração do valor devido por liquidação.
>
> § 2º O disposto no *caput* também se aplica quando o acórdão alterar a sentença.

Destarte, fica afastada a obrigação de o juiz do trabalho proferir sentença ilíquida diante de pedido líquido, mas deverá, na sentença, salvo nas exceções do art. 491 do CPC, definir desde logo a extensão da obrigação, o índice de correção monetária, a taxa de juros, o termo inicial de ambos e a periodicidade da capitalização dos juros.

A liquidação é tratada laconicamente na legislação processual trabalhista, o que impõe, por força do art. 769 da CLT e art. 15 do CPC, a aplicação subsidiária supletiva do CPC, com as devidas adaptações procedimentais decorrentes do diálogo das fontes normativas.

Com efeito, o art. 879 da CLT e seus parágrafos várias vezes alterados são algo parecido com uma "colcha de retalhos", *in verbis*:

> Art. 879. Sendo ilíquida a sentença exequenda, ordenar-se-á, previamente, a sua liquidação, que poderá ser feita por cálculo, por arbitramento ou por artigos.
>
> § 1º Na liquidação, não se poderá modificar, ou inovar, a sentença liquidanda nem discutir matéria pertinente à causa principal. (incluído pela Lei n. 8.432/1992)
>
> § 1º-A A liquidação abrangerá, também, o cálculo das contribuições previdenciárias devidas. (incluído pela Lei n. 10.035/2000)
>
> § 1º-B As partes deverão ser previamente intimadas para a apresentação do cálculo de liquidação, inclusive da contribuição previdenciária incidente. (incluído pela Lei n. 10.035/2000)
>
> § 2º Elaborada a conta e tornada líquida, o Juiz poderá abrir às partes prazo sucessivo de 10 (dez) dias para impugnação fundamentada com a indicação dos itens e valores objeto da discordância, sob pena de preclusão. (incluído pela Lei n. 8.432/1992)

§ 3º Elaborada a conta pela parte ou pelos órgãos auxiliares da Justiça do Trabalho, o juiz procederá à intimação da União para manifestação, no prazo de 10 (dez) dias, sob pena de preclusão. (redação dada pela Lei n. 11.457/2007)

§ 4º A atualização do crédito devido à Previdência Social observará os critérios estabelecidos na legislação previdenciária. (incluído pela Lei n. 10.035/2000)

§ 5º O Ministro de Estado da Fazenda poderá, mediante ato fundamentado, dispensar a manifestação da União quando o valor total das verbas que integram o salário de contribuição, na forma do art. 28 da Lei n. 8.212, de 24 de julho de 1991, ocasionar perda de escala decorrente da atuação do órgão jurídico. (incluído pela Lei n. 11.457/2007).

§ 6º Tratando-se de cálculos de liquidação complexos, o juiz poderá nomear perito para a elaboração e fixará, depois da conclusão do trabalho, o valor dos respectivos honorários com observância, entre outros, dos critérios de razoabilidade e proporcionalidade. (Incluído pela Lei n. 12.405/2011)

Com o advento da Lei n. 13.467/2017, houve alteração do § 2º e foi acrescentado o § 7º ao art. 879 da CLT, *in verbis*:

> Art. 879. (...)
>
> § 2º Elaborada a conta e tornada líquida, o juízo deverá abrir às partes prazo comum de oito dias para impugnação fundamentada com a indicação dos itens e valores objeto da discordância, sob pena de preclusão.
>
> (...)
>
> § 7º A atualização dos créditos decorrentes de condenação judicial será feita pela Taxa Referencial (TR), divulgada pelo Banco Central do Brasil, conforme a Lei n. 8.177, de 1º de março de 1991.[1]

É importante destacar que, na liquidação de sentença em ações coletivas que tenham por objeto a tutela de interesses difusos, coletivos ou individuais homogêneos, há uma sistemática toda especial como defendemos em outra obra de nossa autoria[2].

2. CONCEITO E NATUREZA JURÍDICA

Há vários conceitos para o instituto da liquidação de sentença. Segundo Cândido Rangel Dinamarco, a "liquidação de sentença constitui atividade jurisdicional

1. Ver item 3.1.1, infra.
2. LEITE, Carlos Henrique Bezerra. *Direito processual coletivo do trabalho na perspectiva dos direitos humanos*. São Paulo: LTr, 2015, *passim*.

cognitiva destinada a produzir declaração do *quantum debeatur* ainda não revelado quanto à obrigação a que o título executivo se refere"[3].

Nelson Nery Junior salienta que a

> liquidação de sentença é ação de conhecimento, pois visa completar o título executivo (judicial ou extrajudicial) com o atributo da liquidez, isto é, com o *quantum debeatur*. Essa qualidade explica a possibilidade de haver *liquidação zero*, pois, a se entender declaratória a sentença de liquidação, não poderia ter resultado zero ou negativo para o *quantum debeatur* da condenação[4].

Nesse sentido, a liquidação de sentença seria uma ação autônoma que, por sua vez, instauraria um processo também autônomo: o *processo de liquidação de sentença*. Essa posição, que era adotada por grande parte da doutrina civilista, foi alterada em função do disposto nos arts. 509 a 512 do CPC, o que, aliás, já tinha sido percebido, já antes do advento do CPC de 2015, pela lente de Rodrigo Mazzei, para quem a liquidação passou a ser, no processo civil, simples incidente processual no curso da fase de conhecimento[5].

Nos domínios do direito processual do trabalho, não tem sido aceita a autonomia da liquidação de sentença. Nesse sentido Manoel Antonio Teixeira Filho sustenta que a liquidação é

> a fase preparatória da execução, em que um ou mais atos são praticados, por uma ou por ambas as partes, com a finalidade de estabelecer o valor da condenação ou de individuar o objeto da obrigação, mediante a utilização, quando necessário, dos diversos modos de prova admitidos em lei[6].

Vê-se, pois, que esse emérito juslaboralista não admite a liquidação como ação (ou processo) autônoma, mas sim como simples "fase preparatória da execução", no que é seguido por Wagner D. Giglio, para quem a liquidação é simples "fase preliminar da execução"[7], e por José Augusto Rodrigues Pinto, que advoga ser a liquidação

---

3. DINAMARCO, Cândido Rangel. *Execução civil*. 5. ed. São Paulo: Malheiros, 1997. p. 515.
4. NERY JUNIOR, Nelson et al. *Código de Processo Civil comentado*. 4. ed. São Paulo: Revista dos Tribunais, 1999. p. 1.117.
5. MAZZEI, Rodrigo. Liquidação de sentença. In: NEVES, Daniel Amorim Assumpção et al. *Reforma do CPC:* Leis ns. 11.187/2005, 11.232/2005, 11.276/2006, 11.277/2006 e 11.280/2006. São Paulo: Revista dos Tribunais, 2006, p. 152. Para esse ilustre autor capixaba, a liquidação de sentença, em princípio, passou a ser "incidente processual", mas admite que em alguns casos continua existindo um "processo", tal como ocorre com a liquidação por artigos, que seguirá as regras do procedimento comum, no que couber.
6. *Execução no processo do trabalho*, p. 328.
7. *Direito processual do trabalho*, p. 451.

de sentença "um módulo preparatório da constrição judicial, cuja realização só encontra razão de ser, precisamente, na liquidez do título de certificação do direito"[8].

Parece-nos que o art. 879 da CLT, ao prescrever que "sendo ilíquida a sentença ordenar-se-á *previamente a sua liquidação*", deixa claro que a liquidação constitui simples procedimento prévio da execução/cumprimento da sentença. É exatamente por essa razão que não se pode falar – ao menos nos processos trabalhistas individuais – que a liquidação constitui uma ação autônoma.

Aliás, o § 1º do art. 879 da CLT dispõe que na "liquidação, não se poderá modificar, ou inovar, a sentença liquidanda nem discutir matéria pertinente à causa principal".

Ademais, não há previsão para a interposição de recurso da sentença de liquidação, que, de acordo com o art. 884, § 3º, da CLT, somente poderá ser impugnada por meio autônomo (embargos do devedor ou impugnação do credor).

Não se pode esquecer, por outro lado, que a liquidação de sentença encontra-se topologicamente no Capítulo V do Livro X da CLT, que trata "Da Execução".

Para nós, portanto, a *liquidação no processo do trabalho individual é um incidente processual situado entre a fase cognitiva e a fase de cumprimento da sentença, tendo por objeto a fixação do valor líquido ou a individuação do objeto da obrigação constante da sentença condenatória*[9].

Na prática, porém, não haverá grandes repercussões no processo do trabalho individual, porquanto as liquidações por arbitramento e artigos (pelo procedimento comum) já seguiam as linhas mestras do processo civil. A liquidação por cálculo, porém, possui regramento próprio na CLT (parágrafos do art. 879) que, no particular, não sofreu envelhecimento normativo.

Nas ações coletivas, a liquidação de sentença continua sendo regulada pelo CDC e LACP, que formam um microssistema próprio que permite, no que couber, apenas a aplicação subsidiária da CLT e do CPC[10].

Em linhas gerais, defendemos em outra obra de nossa autoria (*Direito processual coletivo do trabalho na perspectiva dos direitos humanos*) que a *sentença condenatória por quantia certa nas ações coletivas para tutela de direitos difusos e coletivos* pode

---

8. *Execução trabalhista*, p. 96.

9. Tal conceito pode ser adotado para a liquidação nas ações coletivas para tutela de interesses difusos e coletivos, pois o *quantum debeatur* será, em regra, revertido a um fundo de reparação fluida (LACP, art. 13), mas não para as ações coletivas para tutela de interesses individuais homogêneos, pois o procedimento da liquidação, neste último caso, é o previsto nos arts. 97 a 100 do CDC, que abrange dois subsistemas (liquidação a título individual, por artigos, e liquidação a título coletivo, cujo produto final, a exemplo da liquidação nas ações coletivas para tutela de interesses difusos e coletivos, será revertido a um fundo de reparação fluida). Sugerimos a leitura de nossa obra: LEITE, Carlos Henrique Bezerra. *Liquidação na ação civil pública*. São Paulo: LTr, 2004.

10. LEITE, Carlos Henrique Bezerra. *Liquidação na ação civil pública*: o processo e a efetividade dos direitos humanos – aspectos civis e trabalhistas. São Paulo: LTr, 2004.

ser líquida ou ilíquida. Se for ilíquida, comportará liquidação por artigos, arbitramento ou cálculo, aplicando-se, sucessivamente, as regras da CLT e do CPC. A liquidação, neste caso, será sempre um incidente processual.

Já a *sentença condenatória por quantia certa nas ações coletivas para tutela de direitos individuais homogêneos deverá ser obrigatoriamente genérica* (CDC, art. 95) e sua liquidação é mais complexa, uma vez que, preferentemente, será realizada a liquidação a título individual por artigos promovida pelos substituídos processualmente (titulares do direito subjetivo) na demanda coletiva cognitiva, e somente depois de decorrido o prazo de 1 (um) ano da publicação do edital, dando ciência do trânsito em julgado da sentença condenatória genérica, poderá haver liquidação a título coletivo (promovida pelos legitimados para a ação coletiva), cujo produto arrecadado não irá para o bolso dos substituídos (nem do substituto processual), e sim para um fundo de reparação fluida (CDC, art. 100). A liquidação, neste caso, será uma autêntica ação, sendo, portanto, inaplicável o CPC (mesmo com o advento do processo sincrético) ou a CLT. Voltaremos ao tema no item 3.4, *infra*.

3. ESPÉCIES DE LIQUIDAÇÃO DE SENTENÇA

O art. 509 do CPC só prevê duas modalidades de liquidação de sentença, nos seguintes termos:

> I – por arbitramento, quando determinado pela sentença, convencionado pelas partes ou exigido pela natureza do objeto da liquidação;
>
> II – pelo procedimento comum, quando houver necessidade de alegar e provar fato novo.

No processo do trabalho, a liquidação da sentença, como já vimos, pode ser realizada por: cálculo, arbitramento ou artigos. É o que diz o art. 879, *caput*, da CLT: "Sendo ilíquida a sentença exequenda, ordenar-se-á, previamente, a sua liquidação, que poderá ser feita por cálculo, por arbitramento ou por artigos".

Sem embargo de o preceptivo em causa utilizar o verbo "ordenar", com caráter imperativo, a interpretação lógica dessa norma autoriza a dizer que somente as liquidações por cálculo e por arbitramento admitem o seu processamento *ex officio*, o que não ocorre com a liquidação por artigos, como veremos nas epígrafes subsequentes.

Recuperando, em se tratando de liquidação por cálculo ou por arbitramento, portanto, bastará a ordem judicial para que se inicie o procedimento da liquidação[11]. Se se tratar de liquidação por artigo (pelo procedimento comum), a sua instauração

11. GIGLIO, Wagner. *Direito processual do trabalho*. 11. ed. São Paulo: Saraiva, 2000. p. 442.

depende de iniciativa do credor, facultando-se ao juiz, contudo, determinar a sua intimação para que apresente os seus artigos de liquidação.

Por outro lado, também haverá necessidade de iniciativa do credor quando se tratar de execução provisória de sentença ilíquida, isto é, a liquidação dependerá de requerimento da parte interessada, pois não há previsão legal para a execução provisória *ex officio*, mesmo porque a execução provisória corre por conta e risco do exequente.

Alguns autores chegaram a afirmar que, a partir da vigência da Lei n. 8.432, de 11 de junho de 1992, que acrescentou o § 2º ao art. 879 da CLT, as três modalidades de liquidação de sentença previstas no *caput* foram substituídas pela forma única de liquidação, qual seja, a liquidação por cálculo[12].

Não comungamos de tal tese, *data venia*, porquanto o *caput* de um artigo é que dá o seu sentido geral, cabendo aos parágrafos, incisos e alíneas tratar de especificidades que estejam em perfeita harmonia com a cabeça do artigo.

A propósito, a LC n. 95/98, que dispõe sobre a elaboração, a redação, a alteração e a consolidação das leis, conforme determina o parágrafo único do art. 59 da CF, estabelece, em seu art. 11, III, *b* e *c*, que as

> disposições normativas serão redigidas com clareza, precisão e ordem lógica, observadas, para esse propósito, as seguintes normas:
>
> (...)
>
> III – para a obtenção de ordem lógica:
>
> (...)
>
> *b*) restringir o conteúdo de cada artigo da lei a um único assunto ou princípio;
>
> *c*) expressar por meio dos parágrafos os aspectos complementares à norma enunciada no *caput* do artigo e as exceções à regra por este estabelecida.

De tal arte, permanecem, a nosso sentir, na execução trabalhista, as três espécies de liquidação: por cálculos, por arbitramento "ou" por artigos (apelidada pelo CPC/2015 de "liquidação pelo procedimento comum").

Empregamos o conectivo "ou" para salientar que é permitida a cumulação de duas ou mais espécies de liquidação, ou seja, é possível que a sentença condenatória contenha diversas partes ilíquidas, caso em que é possível, por exemplo, que uma parte seja liquidada por cálculo, outra por artigo etc.

Também é possível que a sentença exequenda contenha uma parte líquida e uma parte ilíquida. Nesse caso, somente a parte ilíquida será objeto do procedimento de liquidação, podendo o exequente solicitar a extração de carta de sentença para promover, desde logo, a execução da parte líquida.

---

12. NASCIMENTO, Amauri Mascaro. *Curso de direito processual do trabalho*. 21. ed. São Paulo: Saraiva, 2002. p. 561.

A liquidação poderá, ainda, nos termos do art. 512 do CPC que reputamos aplicável ao processo do trabalho (CLT, art. 769), "ser requerida na pendência de recurso, processando-se em autos apartados, no juízo de origem, cumprindo ao liquidante instruir o pedido com cópias das peças processuais pertinentes".

No que tange à liquidação de sentença por arbitramento ou por artigos, dispunha o art. 603, parágrafo único, do CPC/73 que a parte seria *citada* na pessoa do seu advogado constituído nos autos. Com o advento do art. 475-A, § 1º, do CPC (redação dada pela Lei n. 11.232/2005): "Do requerimento de liquidação de sentença será a parte *intimada*, na pessoa de seu advogado".

No CPC/2015, o art. 510 deixa claro que, na liquidação por arbitramento, "o juiz intimará as partes para a apresentação de pareceres ou documentos elucidativos, no prazo que fixar", enquanto o art. 511 disciplina que, na liquidação pelo procedimento comum, "o juiz determinará a intimação do requerido, na pessoa de seu advogado ou da sociedade de advogados a que estiver vinculado, para, querendo, apresentar contestação no prazo de 15 (quinze) dias".

No processo do trabalho, se as partes estiverem exercitando o *jus postulandi* (CLT, art. 791), serão elas intimadas por registro postal, a exemplo do que se dá com a liquidação por cálculo, como veremos adiante; caso tenham constituído advogado, será este intimado nos termos dos arts. 510 e 511 do CPC, conforme o caso.

Passemos, pois, às três espécies de liquidação no processo trabalhista individual.

3.1. Liquidação por cálculo

Iniciemos pela liquidação por cálculo, que é a forma mais usual no processo do trabalho.

Ante a omissão da CLT a respeito da necessidade e da forma da liquidação por cálculo, surge a primeira indagação: será que podemos aplicar o CPC?

Convém, inicialmente, transcrevermos o §§ 2º e 3º do art. 509 do CPC:

> § 2º Quando a apuração do valor depender apenas de cálculo aritmético, o credor poderá promover, desde logo, o cumprimento da sentença.
> § 3º O Conselho Nacional de Justiça desenvolverá e colocará à disposição dos interessados programa de atualização financeira.

Da leitura do § 1º *supra*, extrai-se que a liquidação de sentença por cálculo tem lugar apenas quando os elementos necessários para a dedução do *quantum debeatur* encontrarem-se nos próprios autos, cabendo ao credor promover, desde logo, o cumprimento da sentença nos termos dos arts. 523 e 524 do CPC.

Alguns autores entendem que tal regra sempre foi, na prática, observada no processo do trabalho, ou seja, o próprio credor solicita a liquidação por cálculo, instruindo, desde logo, a petição com a memória discriminada e atualizada dos valores que entende ser deles credor.

O CSJT – Conselho Superior da Justiça do Trabalho, que cumpre o papel do CNJ no âmbito da Justiça do Trabalho, disponibiliza em seu sítio um serviço (cartilha e manual) de atualização monetária e elaboração rápida de cálculo do débito trabalhista. Trata-se de uma importante ferramenta que pode ser utilizada por magistrados, servidores, advogados e contadores, propiciando maior segurança, uniformidade, celeridade e transparência na elaboração dos cálculos.

Atualmente, existe o sistema do PJe-Calc.[13] O Ato n. CSJT.GP.SG 89/2020 alterou para 1º de janeiro de 2021 a data de obrigatoriedade do uso do PJe-Calc para juntar cálculos aos autos dos processos. Anteriormente, de acordo com a Resolução CSJT n. 185/2017, a data limite para o uso do sistema seria 1º de julho de 2020. A prorrogação do prazo leva em consideração os impactos da pandemia do novo coronavírus.

O sistema PJe-Calc foi desenvolvido para realizar cálculos trabalhistas, uma vez que fornece aos calculistas uma série de opções ajustáveis de parametrização de cálculo, o que traz confiabilidade e agilidade no processo de liquidação de decisões trabalhistas, sejam elas de primeiro ou segundo graus. O *software* conta ainda com uma rotina inteligente de checagem de erros e possíveis inconsistências no cálculo, antes da liquidação, e gera diversos relatórios que demonstram informações como: parâmetros e dados inseridos para a realização do cálculo, descrição em detalhes da apuração de cada parcela do cálculo, resumo do cálculo etc.

Por força da EC n. 45/2004, que ampliou a competência da Justiça do Trabalho para outras ações oriundas de relações de trabalho diversas da relação de emprego, a liquidação por cálculo de outras verbas de natureza cível, por exemplo, também deverá observar a sistemática da CLT, tendo em vista a Instrução Normativa TST n. 27/2005.

3.1.1. Juros e atualização monetária

Dispõe a Lei n. 8.177/91 que:

> Art. 39. Os débitos trabalhistas de qualquer natureza, quando não satisfeitos pelo empregador nas épocas próprias assim definidas em lei, acordo ou convenção coletiva, sentença normativa ou cláusula contratual sofrerão juros de mora equivalentes à TRD acumulada no período compreendido entre a data de vencimento da obrigação e o seu efetivo pagamento.
>
> § 1° Aos débitos trabalhistas constantes de condenação pela Justiça do Trabalho ou decorrentes dos acordos feitos em reclamatória trabalhista, quando não cumpridos nas condições homologadas ou constantes do termo de conciliação, serão acresci-

13. Disponível em: https://pje.csjt.jus.br/manual/index.php/PJE-Calc.

dos, nos juros de mora previstos no *caput*, juros de um por cento ao mês, contados do ajuizamento da reclamatória e aplicados *pro rata die*, ainda que não explicitados na sentença ou no termo de conciliação.

De acordo com a jurisprudência sedimentada na Súmula 211 do TST:

> JUROS DE MORA E CORREÇÃO MONETÁRIA. INDEPENDÊNCIA DO PEDIDO INICIAL E DO TÍTULO EXECUTIVO JUDICIAL. Os juros de mora e a correção monetária incluem-se na liquidação, ainda que omisso o pedido inicial ou a condenação.

Os juros de mora são devidos desde a data do aforamento da ação (CLT, art. 883), sendo certo que eles incidem sobre a importância da condenação já corrigida monetariamente (TST, Súmula 200).

Os juros são calculados na base 1% (um por cento) ao mês, nos termos do § 1º do art. 39 da Lei n. 8.177/91.

Com relação à atualização monetária, o § 7º do art. 879 da CLT (com redação dada pela Lei n. 13.467/2017) dispõe que a "atualização dos créditos decorrentes de condenação judicial será feita pela Taxa Referencial (TR), divulgada pelo Banco Central do Brasil, conforme a Lei n. 8.177, de 1º de março de 1991".

Ocorre que o STF (Ação Cautelar n. 3.764 MC/DF), em 24-3-2015, reafirmou o entendimento que afastou a aplicação da TR como índice de correção monetária, e passou a adotar o IPCA-E como índice oficial para a atualização monetária, sendo certo que o TST (ArgInc 479-60.2011.5.04.0231), em controle difuso, acolheu a arguição de inconstitucionalidade do art. 39 da Lei n. 8.177/91, mas, em sede de embargos de declaração, atribuiu efeito modificativo ao julgado, no que toca aos efeitos produzidos pela decisão que acolheu a inconstitucionalidade, para adotar o IPCA-E como índice de atualização monetária dos débitos trabalhistas a partir de 25 de março de 2015, coincidindo com a data estabelecida pelo STF. Além disso, o Pleno do TST, "à unanimidade, em face da liminar concedida pelo Exmo. Ministro do STF, Dias Tóffoli, excluiu a determinação contida na decisão embargada, para reedição da Tabela Única de cálculo de débitos trabalhistas, a fim de que fosse adotado o índice questionado (IPCA-E)".

Em síntese, o acórdão do Pleno do TST é claro ao confirmar a inconstitucionalidade do art. 39 da Lei n. 8.177/91, sem que isso implique usurpação da competência do STF. Foram acolhidos os embargos de declaração anteriores para que fosse observada a modulação de efeitos, nos termos da decisão da Suprema Corte, além de afastada a determinação anterior de reedição da tabela de cálculo de débitos trabalhistas.

Eis o acórdão do TST que declarou a inconstitucionalidade por arrastamento do art. 39 da Lei n. 8.177/91:

> (...) RECURSOS DE REVISTA DA EXEQUENTE E DO EXECUTADO EM FACE DE DECISÃO PUBLICADA ANTES DA VIGÊNCIA DA LEI N. 13.015/2014. ATUALIZA-

ÇÃO MONETÁRIA. DECLARAÇÃO DE INCONSTITUCIONALIDADE POR ARRASTAMENTO DA EXPRESSÃO "EQUIVALENTES À TRD", CONTIDA NO ART. 39 DA LEI N. 8.177/91. INTERPRETAÇÃO CONFORME A CONSTITUIÇÃO. MODULAÇÃO DE EFEITOS. COMPETÊNCIA DO TRIBUNAL PLENO. Na decisão proferida pelo Supremo Tribunal Federal nas ADIs ns. 4.357, 4.372, 4.400 e 4425, foi declarada inconstitucional a expressão "índice oficial da remuneração básica da caderneta de poupança", constante do § 12 do art. 100 da Constituição Federal. Mais recentemente e na mesma linha, desta feita por meio da decisão proferida nos autos da Ação Cautelar n. 3.764 MC/DF, em 24-3-2015, o entendimento foi reafirmado pela Suprema Corte, de modo que se fulminou a aplicação da TR como índice de correção monetária. A *ratio decidendi* desses julgamentos pode ser assim resumida: a atualização monetária incidente sobre obrigações expressas em pecúnia constitui direito subjetivo do credor e deve refletir a exata recomposição do poder aquisitivo decorrente da inflação do período em que apurado, sob pena de violar o direito fundamental de propriedade, protegido no art. 5º, XXII, a coisa julgada (art. 5º, XXXVI), o princípio da separação dos Poderes (art. 2º) e o postulado da proporcionalidade, além da eficácia e efetividade do título judicial e a vedação ao enriquecimento ilícito do devedor. Diante desse panorama, inevitável reconhecer que a expressão "equivalentes à TRD", contida no art. 39 da Lei n. 8.177/91, também é inconstitucional, pois impede que se restabeleça o direito à recomposição integral do crédito reconhecido pela sentença transitada em julgado. O reparo, portanto, dessa iníqua situação se impõe e com urgência, na medida em que, ao permanecer essa regra, a cada dia o trabalhador amargará perdas crescentes resultantes da utilização de índice de atualização monetária do seu crédito que não reflete a variação da taxa inflacionária. A solução para a questão emana do próprio Supremo Tribunal Federal e recai sobre a declaração de Inconstitucionalidade por Arrastamento (ou por Atração, Consequência, Decorrente, Reverberação Normativa), caracterizada quando a declaração de inconstitucionalidade de uma norma impugnada se estende aos dispositivos normativos que apresentam com ela relação de conexão ou de interdependência. A técnica já foi utilizada pela Corte Maior, em inúmeros casos e, especificamente na discussão em exame, em relação à regra contida no art. 1º-F da Lei n. 9.494/97, a partir do reconhecimento de que os fundamentos da *ratio decidendi* principal também se encontravam presentes para proclamar o mesmo "atentado constitucional" em relação a este dispositivo que, na essência, continha o mesmo vício. A consequência da declaração da inconstitucionalidade pretendida poderá acarretar, por sua vez, novo debate jurídico, consistente em definir o índice a ser aplicável e, também, o efeito repristinatório de distintas normas jurídicas, considerando haverem sido diversas as leis que, ao longo da história, regularam o tema. Porém, a simples declaração de que as normas anteriores seriam restabelecidas, de pronto, com a retirada do mundo jurídico da lei inconstitucional, ainda que possível, não permitiria encontrar a solução, diante da extinção da unidade de referência de cuja variação do valor nominal se obtinha a definição do fator de reajuste, além de, de igual modo, haver sido assegurado no comando do STF a indicação do índice que refletisse a variação plena da inflação. Nessa mesma linha de argumentação e como solução que atenda à vontade do legislador e evite a caracterização do "vazio normativo", pode ser adotada a técnica de interpretação conforme a Constituição para o texto remanescente do dispositivo impugnado, que mantém o direito à atualização monetária dos créditos trabalhistas. Pretende-se, pois, expungir do texto legal a expressão que atenta contra a Constituição e, uma vez mantida a regra que define direito à atualização monetária (o restante do art. 39), interpretá-la em consonância com as diretrizes fixadas na Carta, para assegurar o direito à incidência do índice que reflita a variação integral da "corrosão inflacionária", dentre os diversos existentes (IPC, IGP, IGP-M, ICV, INPC e IPCA, por exemplo), acolhendo-se o IPCA-E. Mas isso também não basta. Definido o novo índice de correção, consentâneo com os princípios constitucionais que levaram à declaração de inconstitucionalidade do parâmetro anterior, ainda será necessária a modulação dos efeitos dessa decisão, a fim de que se preservem as situações jurídicas consolidadas resultantes dos pagamentos efetuados nos processos judiciais em virtude dos quais foi adimplida a obrigação, sobretudo em decorrência da proteção ao ato jurídico perfeito, resguardado desde o art. 5º, XXXVI, da Constituição, até o art. 6º da Lei de Introdução ao Direito Brasileiro – LIDB. E, aqui, quatro cenários se mostram possíveis: *a*) 30 de junho de 2009, data de vigência da Lei n. 11.960/2009, que acresceu o art. 1º-F à Lei n. 9.494/1997, declarado inconstitucional pelo STF, com o registro de que essa data corresponde à adotada no Ato de 16-4-2015, da Presidência deste Tribunal, que alterou o ATO.TST.GDGSET.GP.N. 188, de 22-4-2010, publicado no BI n. 16, de 23-4-2010, que estabelece critérios para o reconhecimento administrativo, apuração de valores e pagamento de dívidas de exercícios anteriores – passivos – a magistrados e servidores do Tribunal Superior do Trabalho. *b*) 14 de março de 2013, conclusão do julgamento das ADIs ns. 4.357, 4.372, 4.400 e 4.425 pelo Supremo. *c*) 01 de janeiro de 2014: em virtude de ser adotado na LDO, desde o exercício de 2014, o citado IPCA-E. Vale ressaltar que o STF preservou esse critério para os precatórios expedidos no âmbito da administração pública federal; *d*) 26 de março de 2015, considerando a data fixada pelo STF para os demais casos de precatórios dos Estados e Municípios. Diante de todos os fundamentos acima expostos, impõe-se o conhecimento dos recursos de revista, por violação do art. 100, § 12, da Constituição Federal, com a consequente provocação do Pleno desta Corte, a fim de que se pronuncie a respeito da provável inconstitucionalidade das normas que regulam os critérios de atualização dos débitos trabalhista, fundadas na variação da TR, quer pelo fenômeno do arrastamento, quer pela interpretação conforme à Constituição ou mesmo à luz do princípio constitucional da isonomia, consoante previsão no art. 68, IX, do Regimento Interno do TST (TST-RR-479-60.2011.5.04.0231, Rel. Min. Cláudio Brandão, *DEJT* 8-5-2015).

Consequentemente, pensamos que o § 7º do art. 879 da CLT (com redação dada pela Lei n. 13.467/2017), por adotar a TR como índice de atualização monetária dos créditos trabalhistas, também deve ser declarado inconstitucional por arrastamento. Logo, o IPCA-E é o índice oficial para atualização monetária dos créditos trabalhistas reconhecidos judicialmente, ficando, assim, superado o entendimento contido na OJ n. 300 da SBDI-1 do TST.

Entretanto, na sessão de julgamento do dia 27-8-2020 (ADCs 58 e ADIs 5.867 e 6.021), a maioria dos ministros do STF seguiu o voto do relator, Min. Gilmar Mendes, decidindo julgar parcialmente procedentes as referidas ADIs e ADCs, para conferir interpretação conforme à Constituição ao art. 879, § 7º, e ao art. 899, § 4º, da CLT, na redação dada pela Lei n. 13.467, de 2017. Nesse sentido, "há de se considerar que à atualização dos créditos decorrentes de condenação judicial e à correção dos depósitos recursais em contas judiciais na Justiça do Trabalho deverão ser aplicados, até que sobrevenha solução legislativa, os mesmos índices de correção monetária e de juros vigentes para as hipóteses de condenações cíveis em geral, quais sejam a incidência do IPCA-E na fase pré-judicial e, a partir da citação, a incidência da taxa SELIC (art. 406 do Código Civil)". O julgamento, no entanto, foi suspenso por pedido de vista do Min. Dias Toffoli, ficando, porém, por força da liminar concedida pelo relator, suspensos todos os julgamentos de "processos em curso no âmbito da Justiça do Trabalho que envolvam a aplicação dos artigos arts. 879, § 7º, e 899, § 4º, da CLT, com a redação dada pela Lei nº 13.467/2017, e o art. 39, *caput* e § 1º, da Lei 8.177/91".

Importante destacar que a MP n. 905/2019 deu nova redação ao § 7º do art. 879 da CLT, determinando que a "atualização dos créditos decorrentes de condenação judicial será feita pela variação do IPCA-E, ou por índice que venha substituí-lo, calculado pelo IBGE, que deverá ser aplicado de forma uniforme por todo o prazo decorrido entre a condenação e o cumprimento da sentença".

Paradoxalmente, a referida MP n. 905/2019 deu nova redação ao art. 883 da CLT, dispondo que: "Não pagando o executado, nem garantindo a execução, seguir-se-á penhora dos bens, tantos quantos bastem ao pagamento da importância da condenação, acrescida de custas e **juros de mora equivalentes aos aplicados à caderneta de poupança**, sendo estes, em qualquer caso, devidos somente a partir da data em que for ajuizada a reclamação inicial" (grifos nossos).

Além disso, o art. 47 da MP n. 905/2019 deu nova redação ao art. 39 da Lei n. 8.177/1991, disciplinando que os "débitos trabalhistas de qualquer natureza, quando não satisfeitos pelo empregador ou pelo empregado, nos termos previstos em lei, convenção ou acordo coletivo, sentença normativa ou cláusula contratual, **sofrerão juros de mora equivalentes ao índice aplicado à caderneta de poupança**, no período compreendido entre o mês subsequente ao vencimento da obrigação e o seu efetivo pagamento" (grifos nossos), sendo certo que o § 1º do referido art. 39 da Lei n. 8.177/1991 passou a dispor que: "Aos débitos trabalhistas constantes de condenação pela Justiça do Trabalho ou decorrentes dos acordos celebrados em ação trabalhista não pagos nas condições homologadas ou constantes do termo de conciliação **serão acrescidos de juros de mora equivalentes ao índice aplicado à caderneta de poupança**, a partir da data do ajuizamento da reclamatória e aplicados *pro rata die*, ainda que não explicitados na sentença ou no termo de conciliação" (grifos nossos).

Sem embargo da inconstitucionalidade formal dos dispositivos da MP n. 905/2019 que tratam de juros de mora e correção monetária decorrentes de condenação judicial, pois estas normas, por terem natureza processual, não poderiam ser editadas por meio de medida provisória (CF, art. 62, §1º, *b*), há também inconstitucionalidade material na parte da citada MP que adota a atualização de débitos trabalhistas pelo índice oficial da caderneta de poupança por ofensa ao direito fundamental de propriedade (CF, art. 5º, XXII) e ao princípio constitucional da isonomia (CF, art. 5º, *caput*), já que promove nítida discriminação do credor trabalhista em relação ao credor da Fazenda Pública, pois este, nos termos do art. 161, § 1º, do CTN, é destinatário de juros da mora à taxa de 1% ao mês (STF, ADIs ns. 4.357 e 4.425), sendo certo, ainda, por outro lado, que a MP em questão compromete a efetividade do princípio de duração razoável do processo (CF, art. 5º, LXXVIII), porque a utilização de juros menores estimula o retardamento do cumprimento da decisão judicial pelo devedor (empregador) de obrigações, em regra, veiculadoras de direitos fundamentais sociais (CF, art. 7º).

A MP n. 905, porém, foi revogada pela MP n. 955/2020, razão pela qual somente com o julgamento definitivo das ADCs 58 e 59, bem como das ADIs 5.867 e 6.021, será possível saber qual(is) será(ão) o(os) índice(s) utilizado(s) para cálculo(s) do(s) juro(s) e correção monetária dos créditos trabalhistas.

Os débitos trabalhistas das entidades submetidas aos regimes de intervenção ou liquidação extrajudicial estão sujeitos a correção monetária desde o respectivo vencimento até seu efetivo pagamento, sem interrupção ou suspensão, não incidindo, entretanto, sobre tais débitos, juros de mora (TST, Súmula 304).

A fórmula de cálculo de juros (juros compostos) prevista no Decreto-Lei n. 2.322, de 26 de fevereiro de 1987, somente é aplicável a partir de 27 de fevereiro de 1987. Quanto ao período anterior, deve-se observar a legislação então vigente (TST, Súmula 307), ou seja, os juros devem ser calculados de forma simples.

É devida a incidência de juros de mora em relação aos débitos trabalhistas de empresa em liquidação extrajudicial sucedida nos moldes dos arts. 10 e 448 da CLT. O sucessor responde pela obrigação do sucedido, não se beneficiando de qualquer privilégio a este destinado (TST/SBDI-1, OJ n. 408).

Os juros de mora decorrentes de obrigação reconhecida em sentença judicial possuem natureza indenizatória, sendo indevida a sua inclusão na base de cálculo do imposto de renda. Inteligência do art. 404, parágrafo único, do Código Civil, combinado com o art. 46, § 1º, I, da Lei n. 8.541/92 e art. 110 do CTN. Nesse sentido dispõe a Súmula 1 do TRT da 17ª Região:

JUROS DE MORA. NATUREZA JURÍDICA INDENIZATÓRIA. IMPOSTO DE RENDA. NÃO INCIDÊNCIA. Os juros de mora decorrentes de obrigação reconhecida em

> sentença judicial possuem natureza indenizatória, sendo indevida a sua inclusão na base de cálculo do imposto de renda. Inteligência do art. 404, parágrafo único, do Código Civil, combinado com o art. 46, § 1º, I, da Lei n. 8.541/1992 e art. 110 do CTN.

No âmbito do TST, foi editada a OJ n. 400 da SBDI-1:

> IMPOSTO DE RENDA. BASE DE CÁLCULO. JUROS DE MORA. NÃO INTEGRAÇÃO. ART. 404 DO CÓDIGO CIVIL BRASILEIRO (*DEJT* divulgado em 2, 3 e 4-8-2010). Os juros de mora decorrentes do inadimplemento de obrigação de pagamento em dinheiro não integram a base de cálculo do imposto de renda, independentemente da natureza jurídica da obrigação inadimplida, ante o cunho indenizatório conferido pelo art. 404 do Código Civil de 2002 aos juros de mora.

Além dos juros e da atualização monetária, também podem ser objeto da liquidação de sentença por simples cálculo as verbas trabalhistas específicas da condenação cujo *quantum* não necessita de um *expert* ou de provar fato novo, como, por exemplo, as parcelas rescisórias, as férias e o décimo terceiro salário proporcionais, as horas extras, o saldo de salários etc.

O marco inicial para a incidência da correção monetária é a data em que a verba trabalhista se torna exigível. Os salários, por exemplo, devem ser pagos até o quinto dia útil do mês subsequente ao vencido, mas, ultrapassado esse prazo, a atualização monetária começa a contar desde o primeiro dia do mês subsequente ao trabalhado. Nesse sentido é a Súmula 381 do TST:

> O pagamento dos salários até o 5º dia útil do mês subsequente ao vencido não está sujeito à correção monetária. Se essa data limite for ultrapassada, incidirá o índice da correção monetária do mês subsequente ao da prestação dos serviços, a partir do dia 1º.

Todavia, em se tratando de honorários periciais, dispõe a OJ n. 198 da SBDI-1/TST que:

> Diferentemente da correção aplicada aos débitos trabalhistas, que têm caráter alimentar, a atualização monetária dos honorários periciais é fixada pelo art. 1º da Lei n. 6.899/1981, aplicável a débitos resultantes de decisões judiciais.

É importante lembrar que se o devedor for o trabalhador não haverá incidência da correção monetária, como se depreende da Súmula 187 do TST: "CORREÇÃO MONETÁRIA. INCIDÊNCIA. A correção monetária não incide sobre o débito do trabalhador reclamante".

À luz do princípio da proteção processual é factível sustentar que a Súmula 187 do TST também deve ser aplicada quando o trabalhador for o reclamado.

3.1.1.1. Juros de mora devidos pela Fazenda Pública

Se o executado for pessoa jurídica de direito público, os juros de mora têm um tratamento diferenciado. É o que se infere da OJ n. 7 do Tribunal Pleno do TST:

> JUROS DE MORA. CONDENAÇÃO DA FAZENDA PÚBLICA (nova redação, Res. n. 175/2011, *DEJT* divulgado em 27, 30 e 31-5-2011). I – Nas condenações impostas à Fazenda Pública, incidem juros de mora segundo os seguintes critérios: *a)* 1% (um por cento) ao mês, até agosto de 2001, nos termos do § 1º do art. 39 da Lei n. 8.177, de 1º-3-1991; *b)* 0,5% (meio por cento) ao mês, de setembro de 2001 a junho de 2009, conforme determina o art. 1º-F da Lei n. 9.494, de 10-9-1997, introduzido pela Medida Provisória n. 2.180-35, de 24-8-2001; II – A partir de 30 de junho de 2009, atualizam-se os débitos trabalhistas da Fazenda Pública, mediante a incidência dos índices oficiais de remuneração básica e juros aplicados à caderneta de poupança, por força do art. 5º da Lei n. 11.960, de 29-6-2009; III – A adequação do montante da condenação deve observar essa limitação legal, ainda que em sede de precatório.

Todavia, quando a Fazenda Pública for condenada a responder subsidiariamente pelas obrigações trabalhistas não adimplidas pelo devedor principal, a OJ n. 382 da SBDI-1/TST dispõe, *in verbis*:

> JUROS DE MORA. ART. 1º-F DA LEI N. 9.494, DE 10-9-1997. INAPLICABILIDADE À FAZENDA PÚBLICA QUANDO CONDENADA SUBSIDIARIAMENTE (*DEJT* divulgado em 19, 20 e 22-4-2010). A Fazenda Pública, quando condenada subsidiariamente pelas obrigações trabalhistas devidas pela empregadora principal, não se beneficia da limitação dos juros, prevista no art. 1º-F da Lei n. 9.494, de 10-9-1997.

Entretanto, o STF (ADI n. 4.425) decidiu, em março de 2013, que é inconstitucional o art. 1º-F da Lei n. 9.494. A decisão adotou a técnica da interpretação conforme por arrastamento da decisão adotada no julgamento do dispositivo da EC do precatório "declarando inconstitucional a expressão 'índice oficial de remuneração básica da caderneta de poupança', constante do § 12 do art. 100, bem como dando interpretação conforme ao referido dispositivo para que os mesmos critérios de fixação de juros moratórios prevaleçam para devedores públicos e privados nos limites da natureza de cada relação jurídica analisada; declarando a inconstitucionalidade, em parte, por arrastamento, do art. 1º-F da Lei n. 9.494, com a redação dada pelo art. 5º da Lei n. 11.960, de 29 de junho de 2009". No entanto, até o encerramento desta nova edição, o STF ainda não havia decidido definitivamente sobre a modulação dos efeitos da declaração de inconstitucionalidade supracitada.

Em função da inconstitucionalidade por arrastamento do art. 1º-F da Lei n. 9.494, parece-nos que os juros de mora nas execuções contra as pessoas jurídicas de direito público devem ser os mesmos aplicáveis aos devedores privados em geral, isto é, sem qualquer privilégio para a Fazenda Pública. Nesse sentido:

> JUROS DE MORA. FAZENDA PÚBLICA. ART. 1º-F DA LEI N. 9.494/97. REDAÇÃO DADA PELA LEI N. 11.960/2009. INCONSTITUCIONALIDADE POR ARRASTAMENTO. STF. ADI n. 4.357. O art. 1º-F da Lei n. 9.494/97, na redação dada pela Lei n. 11.960/2009, ao prever que aos juros de mora somados à correção monetária aplicar-se-iam apenas os índices da poupança, acabou, por vias transversas, por violar a coisa julgada, uma vez que o trabalhador, em casos tais, teria seu capital corroído pela inflação, sem que lhe fosse assegurado, *in totum*, o que fixado no título executivo judicial. A correção monetária é direito mínimo do credor, uma vez que visa a garantir que o valor que lhe é devido não sofrerá perdas aquisitivas decorrentes do transcurso do tempo. Em razão disso, o Supremo Tribunal Federal, ao julgar a ADI n. 4.357, declarou a inconstitucionalidade parcial do § 12 do art. 100 da Constituição Federal, que, por ter redação semelhante ao aludido dispositivo legal, arrastou para a inconstitucionalidade a nova redação do art. 1º-F da Lei n. 9.494/97, dada pela Lei n. 11.960/2009. Recurso de revista de que não se conhece (TST-RR 122300-91.2009.5.22.0104, Rel. Min. Guilherme Augusto Caputo Bastos, 5ª T., *DEJT* 16-8-2013).

É importante notar que, nos termos do § 20 do art. 100 da CF (redação dada pela EC n. 94, de 15-12-2016):

> Caso haja precatório com valor superior a 15% (quinze por cento) do montante dos precatórios apresentados nos termos do § 5º deste artigo, 15% (quinze por cento) do valor deste precatório serão pagos até o final do exercício seguinte e o restante em parcelas iguais nos cinco exercícios subsequentes, acrescidas de juros de mora e correção monetária, ou mediante acordos diretos, perante Juízos Auxiliares de Conciliação de Precatórios, com redução máxima de 40% (quarenta por cento) do valor do crédito atualizado, desde que em relação ao crédito não penda recurso ou defesa judicial e que sejam observados os requisitos definidos na regulamentação editada pelo ente federado.

3.1.2. Imposto de renda e contribuição previdenciária

Como é sabido, o imposto de renda e a contribuição previdenciária incidem sobre as verbas trabalhistas de natureza salarial objeto de sentenças condenatórias, cuja competência para determinar os respectivos recolhimentos é da Justiça do Trabalho (TST, Súmula 368, I).

Nos termos dos itens II e III da Súmula 368 do TST:

- (...) II – É do empregador a responsabilidade pelo recolhimento das contribuições previdenciárias e fiscais, resultantes de crédito do empregado oriundo de condenação judicial. A culpa do empregador pelo inadimplemento das verbas remuneratórias, contudo, não exime a responsabilidade do empregado pelos pagamentos do imposto de renda devido e da contribuição previdenciária que recaia sobre sua quota-parte.

• III – Os descontos previdenciários relativos à contribuição do empregado, no caso de ações trabalhistas, devem ser calculados mês a mês, de conformidade com o art. 276, § 4º, do Decreto n. 3.048/99 que regulamentou a Lei n. 8.212/91, aplicando-se as alíquotas previstas no art. 198, observado o limite máximo do salário de contribuição.

Vale registrar que a OJ n. 348 da SBDI-1/TST pacificou o entendimento de que "os honorários advocatícios, arbitrados com base na Lei n. 1.060/50, devem incidir sobre o valor líquido da condenação, apurado na fase de liquidação de sentença, sem a dedução dos descontos fiscais e previdenciários".

No que concerne ao fato gerador das contribuições previdenciárias, bem como o imposto de renda sobre o crédito do trabalhador, os itens IV, V e VI da Súmula 368 do TST dispõem:

IV – Considera-se fato gerador das contribuições previdenciárias decorrentes de créditos trabalhistas reconhecidos ou homologados em juízo, para os serviços prestados até 4-3-2009, inclusive, o efetivo pagamento das verbas, configurando-se a mora a partir do dia dois do mês seguinte ao da liquidação (art. 276, *caput*, do Decreto n. 3.048/99). Eficácia não retroativa da alteração legislativa promovida pela Medida Provisória n. 449/2008, posteriormente convertida na Lei n. 11.941/2009, que deu nova redação ao art. 43 da Lei n. 8.212/91.

V – Para o labor realizado a partir de 5-3-2009, considera-se fato gerador das contribuições previdenciárias decorrentes de créditos trabalhistas reconhecidos ou homologados em juízo a data da efetiva prestação dos serviços. Sobre as contribuições previdenciárias não recolhidas a partir da prestação dos serviços incidem juros de mora e, uma vez apurados os créditos previdenciários, aplica-se multa a partir do exaurimento do prazo de citação para pagamento, se descumprida a obrigação, observado o limite legal de 20% (art. 61, § 2º, da Lei n. 9.430/96).

VI – O imposto de renda decorrente de crédito do empregado recebido acumuladamente deve ser calculado sobre o montante dos rendimentos pagos, mediante a utilização de tabela progressiva resultante da multiplicação da quantidade de meses a que se refiram os rendimentos pelos valores constantes da tabela progressiva mensal correspondente ao mês do recebimento ou crédito, nos termos do art. 12-A da Lei n. 7.713, de 22-12-1988, com a redação conferida pela Lei n. 13.149/2015, observado o procedimento previsto nas Instruções Normativas da Receita Federal do Brasil.

3.1.3. Danos morais e materiais (juros e atualização monetária)

Nas decisões que contenham obrigação de pagar indenização por *danos morais*, a atualização monetária é devida a partir da data da publicação da decisão que primeiro arbitrou ou alterou o respectivo valor, sendo certo que os juros incidem desde o ajuizamento da ação, por força do art. 883 da CLT. Nesse sentido é a Súmula 439 do TST:

> DANOS MORAIS. JUROS DE MORA E ATUALIZAÇÃO MONETÁRIA. TERMO INICIAL (Res. n. 185/2012, *DEJT* divulgado em 25, 26 e 27-9-2012). Nas condenações por dano moral, a atualização monetária é devida a partir da data da decisão de arbitramento ou de alteração do valor. Os juros incidem desde o ajuizamento da ação, nos termos do art. 883 da CLT.

Quanto aos danos materiais, parece-nos que o termo inicial dos juros de mora deve correr a partir do evento danoso, nos termos da Súmula 54/STJ e em consonância com o art. 398 do Código Civil, e não a partir do ajuizamento da ação, pois este parâmetro é fixado apenas para o crédito trabalhista *stricto sensu*. Nesse sentido:

> INDENIZAÇÃO POR DANOS MATERIAIS. JUROS DE MORA. MARCO INICIAL. EVENTO DANOSO. O termo inicial dos juros de mora para os danos materiais deve correr a partir do evento danoso, nos termos da Súmula 54/STJ, em consonância com o art. 398 do Código Civil, e não a partir do ajuizamento da ação, marco restrito ao crédito trabalhista (TRT 17ª R., Súmula 15).

Quanto aos juros e à correção monetária nas condenações por *danos materiais* para fins de fixação de pensão mensal, o TST vem adotando o seguinte entendimento:

> DANOS MATERIAIS. PENSÃO MENSAL. JUROS E CORREÇÃO MONETÁRIA. MARCO INICIAL. Consoante entendimento sedimentado nesta Corte superior, as parcelas vencidas, devidas desde a data do acidente, deverão ser corrigidas monetariamente pelos índices aplicáveis aos débitos trabalhistas (Súmula 381 do TST), e a correção monetária, em caso de atraso, incidirá a partir do primeiro dia útil subsequente ao vencimento da obrigação. Quanto aos juros de mora, serão de 1% ao mês, contados do ajuizamento da ação até seu efetivo pagamento, nos termos dos arts. 883 da CLT e 39 da Lei n. 8.177/91. Assim, constata-se que a decisão regional está em perfeita harmonia com o entendimento jurisprudencial do TST, não subsistindo a pretensão autoral de correção monetária e incidência de juros de mora desde a ocorrência do evento danoso. Recurso de revista não conhecido (...) (TST-RR 375500-27.2005.5.12.0046, Rel. Min. José Roberto Freire Pimenta, 2ª T., *DEJT* 18-10-2013).
>
> RECURSO DE REVISTA. INDENIZAÇÃO POR DANOS MATERIAIS. PENSÃO VITALÍCIA. INCIDÊNCIA DE JUROS DE MORA E CORREÇÃO MONETÁRIA. TERMO INICIAL. PROVIMENTO. Em se tratando de pedido de indenização por danos materiais decorrentes de acidente de trabalho e considerando que a condenação ao pagamento de indenização por danos morais e materiais se torna exigível a partir da decisão judicial que reconheceu tais patrimônios como violados, os juros de mora

> devem incidir a partir do ajuizamento da Reclamação, nos termos do que indica o art. 883 da CLT, e a correção monetária a partir da decisão judicial que reconheceu a procedência do pedido, momento em que o empregador se constitui em mora. Precedentes da Corte. Recurso de Revista parcialmente conhecido e provido (TST-RR 72800-55.2007.5.12.0023, Rel. Min. Maria de Assis Calsing, 4ª T., *DEJT* 23-9-2011).

3.1.4. Procedimento

De acordo com o § 1º-B do art. 879 da CLT, as "partes deverão ser previamente intimadas para a apresentação do cálculo de liquidação, inclusive da contribuição previdenciária incidente".

A Lei n. 8.432/92, que acrescentou o § 2º ao art. 879 da CLT, dispunha:

> Elaborada a conta e tornada líquida, o Juiz poderá abrir às partes prazo sucessivo de 10 (dez) dias para impugnação fundamentada com a indicação dos itens e valores objeto da discordância, sob pena de preclusão.

Esse novo parágrafo, interpretado sistematicamente com os §§ 3º e 4º do art. 884 da CLT, permitia dois procedimentos que poderiam ser adotados na liquidação por cálculo, ou seja, o juiz poderia:

> I – homologar, sem observar o contraditório, os cálculos apresentados pelo servidor que atua como "assistente de contabilidade do juízo";
>
> II – conceder prazo de dez dias para ambas as partes, querendo, impugnarem os cálculos.

Com o advento da Lei n. 13.467/2017, houve alteração do § 2º do art. 879 da CLT, que passou a ter a seguinte redação:

> Elaborada a conta e tornada líquida, o juízo deverá abrir às partes prazo comum de oito dias para impugnação fundamentada com a indicação dos itens e valores objeto da discordância, sob pena de preclusão.

Assim, o juiz deverá conceder prazo às partes o prazo comum de oito dias úteis para, querendo, impugnarem fundamentalmente a conta liquidada, com indicação dos itens e valores da discordância, sob pena de preclusão. Não vale, a nosso ver, a chamada impugnação genérica, pois isso equivaleria à inexistência de impugnação.

No tocante à eficácia temporal da regra em causa, o TST editou a IN n. 41/2018, cujo art. 14 dispõe que "quanto ao dever de o juiz conceder prazo comum de oito dias para impugnação fundamentada da conta de liquidação, não se aplica à liquidação de julgado iniciada antes de 11 de novembro de 2017".

A preclusão de que cuida o § 2º do art. 879 da CLT pode ser: *a*) *temporal*, se escoado *in albis* o prazo respectivo; *b*) *consumativa*, se houver impugnação (genérica ou específica).

A preclusão ora focalizada tem por destinatários as partes. Isso quer dizer que não haverá preclusão *pro judicato*, ou seja, o juiz pode, de ofício, determinar as correções que julgar pertinentes, caso constate, de forma inequívoca, o desrespeito ao comando sentencial exequendo (coisa julgada), uma vez que a norma imperativa do § 1º do art. 879 da CLT dispõe, *in verbis*: "Na liquidação, não se poderá modificar, ou inovar a sentença liquidanda, nem discutir matéria pertinente à causa principal".

3.1.5. Cálculos complexos

A Lei n. 12.405, de 16 de maio de 2011, inseriu no art. 879 da CLT o § 6º, que passou a vigorar com a seguinte redação:

> Tratando-se de cálculos de liquidação complexos, o juiz poderá nomear perito para a elaboração e fixará, depois da conclusão do trabalho, o valor dos respectivos honorários com observância, entre outros, dos critérios de razoabilidade e proporcionalidade.

Como se vê, essa nova disposição legal constitui faculdade do magistrado de determinar a realização de perícia contábil nos casos em que verificar complexidade na elaboração dos cálculos. Nota-se que o juiz não é obrigado a nomear um perito para elaborar os cálculos, de maneira que nenhum recurso ou meio de impugnação terá a parte que invocar em seu favor a norma em apreço. De toda sorte, o juiz tem o dever de fundamentar a decisão (CF, art. 93, IX).

Parece-nos que o § 6º do art. 879 da CLT amplia os poderes do juiz na condução do processo, pois lhe permite transformar uma liquidação por cálculo em liquidação por arbitramento, já que esta tem lugar "quando o exigir a natureza do objeto da liquidação" (CPC/73, art. 475-C, II; CPC, art. 509, I), como veremos no item 3.2, *infra*.

Elaborado o cálculo de natureza complexa por perito, o juiz fixará, depois de apresentado o laudo correspondente, o valor dos honorários periciais, sendo que estes deverão ser suportados: *a*) pela parte que apresentou previamente os cálculos correspondentes (CLT, art. 879, § 1º-B) e o juiz decidir que eles são complexos; ou *b*) pela parte que tenha requerido a perícia para elaborar os cálculos.

3.2. Liquidação por arbitramento

Tendo em vista a lacuna da CLT, impõe-se a aplicação subsidiária do art. 509, I, do CPC:

> Art. 509. Quando a sentença condenar ao pagamento de quantia ilíquida, proceder-se-á à sua liquidação, a requerimento do credor ou do devedor:
>
> I – por arbitramento, quando determinado pela sentença, convencionado pelas partes ou exigido pela natureza do objeto da liquidação.

É preciso advertir, porém, que, não obstante tenha a sentença condenatória determinado que a liquidação deva ser feita por arbitramento, poderá o juiz, verificando a desnecessidade de tal procedimento, ordenar, de ofício, que a liquidação seja feita por cálculo, que é o procedimento mais simples e célere que se afina com os princípios da celeridade e economia processuais.

Além disso, poderá o juiz adotar tal providência, quando verificar que a liquidação por cálculos, se possível, é a menos gravosa para o devedor. Em tais casos, parece-nos que não haverá violação à coisa julgada, pois não se estará alterando ou inovando o conteúdo substancial da sentença exequenda, e sim estabelecendo o procedimento que conduza ao resultado útil do processo.

Há jurisprudência, no entanto, que adota outro entendimento, como se vê do seguinte julgado:

> COISA JULGADA. LIQUIDAÇÃO. Coisa julgada. Forma da liquidação. Se a forma da liquidação, via arbitramento (perícia técnica), foi determinada pela própria sentença, como permite a lei (CLT, art. 879, *caput*; CPC, art. 606, I), tal comando deve ser obedecido, porque integra a *res judicata*, imodificável em liquidação (CLT, parágrafo único do art. 879; CPC, art. 610) (TRT 1ª R., AP n. 01923/89, 3ª T., Rel. Juiz Azulino Joaquim de Andrade Filho, *DORJ* 3-6-1992).

O art. 509 do CPC determina que qualquer modalidade de liquidação será feita "a requerimento do credor ou do devedor". Tal norma deixa claro que a liquidação de sentença, no processo civil, depende sempre de requerimento da parte.

O CPC alterou o procedimento da liquidação por arbitramento, uma vez que o art. 510 prescreve que:

> Na liquidação por arbitramento, o juiz intimará as partes para a apresentação de pareceres ou documentos elucidativos, no prazo que fixar, e, caso não possa decidir de plano, nomeará perito, observando-se, no que couber, o procedimento da prova pericial.

No processo do trabalho, como já vimos, a liquidação de sentença por cálculo ou por arbitramento também pode ser determinada *ex officio*.

Resta, contudo, enfrentar a seguinte indagação: e se as partes requererem, em conjunto, a liquidação por arbitramento?

Conquanto seja essa hipótese de rara ocorrência no processo de trabalho, pensamos que o juiz não está obrigado a deferir o pedido, ou seja, ele poderá indeferir o requerimento, fundamentando a sua decisão no sentido de que a liquidação possa ser feita por cálculos. Desse modo, a convenção das partes não produz efeitos absolutos, podendo o juiz, com âncora nos princípios inquisitivo e da economia processual, determinar que a liquidação possa ser processada pelo modo mais simples e rápido.

Como bem observa José Augusto Rodrigues Pinto,

no caso da liquidação por arbitramento, a característica refletida nos autos é a de ausência de elementos bastantes para a imediata fixação de valor da sentença exequenda, conjugada com a impossibilidade de supri-la mediante investigação de fatos complementares, porque todos os necessários à composição de valor já estão investigados, provados e decididos em seus extremos limites. Chega-se à conclusão de que ou os fatos que forneceriam os valores não existem ou, existindo, já se encontra esgotada toda a possibilidade de prova[14].

Na mesma esteira, leciona Roberto Freire Pimenta, para quem a liquidação de sentença por arbitramento só deve ser realizada quando não for possível apurar-se o *quantum debeatur* pelos outros dois modos, ou seja, "pela ausência absoluta de elementos capazes de possibilitar o cálculo do valor do título ou de comprovar fatos que os forneçam"[15].

Por tais razões, cremos que é aplicável ao processo do trabalho, preferentemente, a primeira parte do art. 510 do CPC, ou seja, na liquidação por arbitramento, o juiz deve primeiro intimar as partes para apresentarem pareceres ou documentos elucidativos sobre o objeto da liquidação, no prazo judicialmente fixado. Caso o juiz não possa decidir de plano, evidentemente em razão da complexidade da matéria trazida pelas partes, aí, sim, nomeará um árbitro para dar um parecer técnico sobre a temática em discussão, observando-se, no que couber, o procedimento da prova pericial.

O ato de nomeação do perito também deverá conter o prazo fixado para a entrega do laudo. Apresentado o laudo pelo perito, terão as partes o prazo de quinze dias para as providências previstas no art. 421 do CPC.

Desnecessário dizer que o juiz não fica adstrito ao laudo pericial. Essa afirmação decorre da aplicação analógica dos arts. 131 e 436 do CPC/73 (CPC, arts. 371 e 479).

3.3. Liquidação pelo procedimento comum

De acordo com art. 475-E do CPC/73, a liquidação por artigos tinha lugar quando, para determinar o valor da condenação, houvesse necessidade de alegar e provar fato novo.

O CPC alterou apenas a denominação do instituto da "liquidação por artigos" para "liquidação pelo procedimento comum", como se depreende do art. 509, II, segundo o qual se dá a liquidação pelo procedimento comum "quando houver necessidade de alegar e provar fato novo".

Adverte Wagner D. Giglio[16], com razão, que essa é a forma mais complexa de liquidação, constituindo um verdadeiro "processo" de conhecimento, de acertamento

14. *Execução trabalhista*, p. 126.

15. Liquidação de sentença no processo do trabalho. In: BARROS, Alice Monteiro de (Coord.). *Compêndio de direito processual do trabalho*. São Paulo: LTr, 1998. p. 583.

16. *Direito processual do trabalho*, p. 460.

positivo, de função diversa do processo da ação de conhecimento porque não tem por escopo a formação de uma sentença condenatória, mas a formação de uma sentença meramente declaratória do que virtualmente se contém na sentença exequenda.

Com efeito, determina o art. 511 do CPC:

> Na liquidação pelo procedimento comum, o juiz determinará a intimação do requerido, na pessoa de seu advogado ou da sociedade de advogados a que estiver vinculado, para, querendo, apresentar contestação no prazo de 15 (quinze) dias, observando-se, a seguir, no que couber, o disposto no Livro I da Parte Especial deste Código.

Desse modo, tem-se que, ao contrário do que parece sugerir a expressão "ordenar-se-á", prevista no *caput* do art. 879 da CLT, o que permitiria a instauração *ex officio* pelo juízo competente para a execução, a liquidação pelo procedimento comum depende de iniciativa da parte, mediante petição escrita (se verbal, reduzida a termo), contendo os fatos a serem provados e os respectivos meios de prova.

Não há necessidade de "requerimento de intimação" da outra parte, embora seja isso recomendável, a fim de evitar futura alegação de nulidade, porquanto esse ato processual deve ser, no processo do trabalho, praticado, de ofício, pelo juiz da causa. A intimação, *in casu*, tem por objetivo a convocação da parte contrária para, querendo, impugnar, em quinze dias, os fatos articulados na petição da liquidação. Não apresentada a impugnação, ou sendo ela extemporânea, o juiz poderá proferir logo a decisão, caso não haja necessidade da produção de outras provas. Do contrário, designará audiência para produção de provas, mormente os depoimentos pessoais das partes.

É importante assinalar que os fatos novos que serão objeto da liquidação por artigos visam à fixação do *quantum* já decidido por sentença no processo de cognição, uma vez que nesse incidente processual à execução é vedado modificar ou inovar a sentença exequenda, nem discutir as matérias e questões pertinentes à lide principal cobertas pela coisa julgada (CLT, art. 879, § 1º; CPC, art. 475-G; CPC, art. 509, § 4º).

O que se entende por fato novo, para fins de liquidação por artigo?

José Augusto Rodrigues Pinto responde com percuciência, afirmando que o conceito de *fato novo* é, na verdade, impróprio, pois todo fato novo que se tentar investigar na liquidação implicará alteração dos limites da coisa julgada, expressamente proibida no § 1º do art. 879 da CLT. O que realmente ocorre é a presença de um fato cuja existência *já é reconhecida pela sentença* (logo, não é novo), mas incompletamente investigado, de modo a faltar algo, ainda, de sua exata dimensão. A investigação que se faz é apenas *complementar* da intensidade com que o fato contribui para a quantificação do crédito a ser exigido[17].

Se a sentença reconhece a existência de horas extras prestadas pelo obreiro (*fato reconhecido*), mas não estabelece o quantitativo de horas prestadas, há necessi-

17. *Execução trabalhista*, p. 120.

dade de apurar esses *fatos de investigação complementar*. É preciso, contudo, não confundir necessidade de investigação complementar de fatos reconhecidos na sentença com sentença incerta, pois esta é vedada em nosso ordenamento jurídico.

Ouçamos a jurisprudência:

> LIQUIDAÇÃO POR ARTIGOS. A liquidação por artigos tem lugar quando as partes apresentam fatos novos, estranhos à cognição, e que se tornem necessários à determinação do valor da condenação. Não são considerados novos fatos já articulados e relacionados à prova documental, juntada ou não aos autos, que a parte entende necessária à correta liquidação da sentença (TRT 3ª R., AP 0164300-22.2009.5.03.0012, Rel. Des. Sebastião Geraldo de Oliveira, 2ª T., *DEJT* 16-9-2015).
>
> LIQUIDAÇÃO DE SENTENÇA. FATO NOVO. Tendo a remuneração do exequente sofrido acréscimo em decorrência de decisão proferida em outra demanda, não há falar-se em violação ao comando da coisa julgada, pois se trata de fato novo a ser observado, devendo as parcelas devidas no presente feito ser computadas com base na variação salarial apurada na referida ação (TRT-5ª R., AP 0223600-66.1992.5.05.0007, Rel. Des. Dalila Andrade, 2ª T., *DJ* 29-10-2008).

Será possível converter a liquidação por artigos, determinada na sentença cognitiva transitada em julgado, em liquidação por cálculo?

Há uma corrente que rejeita a conversão, sustentando que isso implicaria ofensa à coisa julgada. É o que se infere do seguinte julgado:

> EXECUÇÃO. LIQUIDAÇÃO POR ARTIGO. Determinando a sentença proferida no processo de conhecimento que a apuração do *quantum debeatur* devido a título de horas extras fosse feita por liquidação por artigos, se a reclamada não se insurgiu contra tal determinação no recurso ordinário, deixa que a preclusão temporal fulmine seu direito de praticar tal ato processual *a posteriori*. Agravo de petição a que se nega provimento (TRT 18ª R., AP n. 0573/2002, Rel. Juiz Breno Medeiros. j. 15-8-2002).

Outra corrente advoga inexistir ofensa à coisa julgada, pois se inexistir fato novo, não há razão para liquidação por artigos. Nesse sentido:

> EXECUÇÃO TRABALHISTA. CONVERSÃO DO MÉTODO DE LIQUIDAÇÃO POR ARTIGOS PARA CÁLCULOS. APURAÇÃO DO FGTS. AUSÊNCIA DE VIOLAÇÃO À COISA JULGADA. A conversão do método de liquidação por artigos para cálculos, por ausência de necessidade de se provar fato novo, não fere a coisa julgada. Na hipótese dos autos, trata-se de apuração do FGTS não recolhido na conta vinculada, sendo que não houve impugnação quanto à evolução salarial da exequente (TRT – 5ª R., AP 0088500-97.2009.5.05.0281, Rel. Des. Margareth Rodrigues Costa, 1ª T., *DEJT* 11-2-2015).
>
> LIQUIDAÇÃO POR ARTIGOS – INEXISTÊNCIA DE PROVA DE FATO NOVO – INCABIMENTO. Constatando-se que, *in casu*, inexiste necessidade de se provar fato

novo, não há que se falar em liquidação por artigos, estando, assim, correta a decisão de se fazê-la por cálculos do contador (TRT 7ª R., AP n. 5.612/00, Rel. Juíza Laís Maria Rossas Freire, j. 4-12-2000).

De nossa parte, parece-nos correta a segunda corrente, uma vez que não viola a coisa julgada da decisão posterior que, reconhecendo inexistir fato novo a ser provado, determina que a liquidação seja realizada por cálculo, pois esta modalidade é menos onerosa para as partes e se afina com o princípio da celeridade processual. Ademais, se atentarmos para o processo sincrético, o juiz ao proferir a sentença definitiva não mais exaure a sua função jurisdicional, razão pela qual poderá ele, em homenagem ao princípio da efetividade, determinar as medidas que se harmonizem com o princípio constitucional da duração razoável do processo.

3.4. Liquidação nas ações coletivas, inclusive na substituição processual

Como já ressaltamos alhures, o procedimento da liquidação nas ações coletivas (gênero) abarca diversas espécies de demandas para tutela de interesses difusos, coletivos ou individuais homogêneos, sendo regulado pelo microssistema jurídico de acesso coletivo à Justiça, cujo núcleo é composto por normas da CF (*v.g.*, arts. 129, III, § 1º, e 8º, III), da Lei n. 7.347/85 (Lei da Ação Civil Pública) e da Lei n. 8.078/90 (Código de Defesa do Consumidor), restando à CLT e ao CPC os papéis de meros diplomas normativos subsidiários.

Tanto no processo civil quanto no processo do trabalho, portanto, a liquidação de sentença nas ações coletivas para tutela de interesses difusos, coletivos ou individuais homogêneos há de observar o *iter procedimentalis* previsto naquele microssistema jurídico de acesso coletivo à Justiça, sob pena de se olvidar os princípios constitucionais da máxima efetividade das normas constitucionais que consagram as ações coletivas em nosso ordenamento jurídico.

Assim, o sistema da liquidação de sentença nas ações coletivas propostas na Justiça do Trabalho deve ser efetivado por meio de dois subsistemas: um destinado às sentenças de procedência nas ações coletivas para tutela de direitos ou interesses difusos e coletivos; outro, às sentenças de procedência nas ações coletivas para tutela de direitos ou interesses individuais homogêneos.

3.4.1. Liquidação nas ações coletivas para tutela de interesses difusos e coletivos

Nas liquidações de sentenças em ações coletivas para tutela de interesses difusos e coletivos, tendo em vista a lacuna normativa do microssistema supracitado, há de ser observada a aplicação subsidiária apriorística da CLT, conforme interpretação sistemática dos arts. 19 da Lei da Ação Civil Pública e 769 da CLT. Vale dizer, nos sítios do processo do trabalho, tal liquidação pode ser por arbitramento, artigos ou cálculo do contador.

Por exemplo, se o MPT promove ACP em defesa de interesses difusos e coletivos, objetivando a condenação do réu em danos causados à coletividade ou à categoria, classe ou grupo social, sem indicar na petição inicial o *quantum*, então pode o juiz determinar que a liquidação seja feita por cálculo, arbitramento ou artigos, nos mesmos moldes do que ocorre nas sentenças ilíquidas dos processos individuais.

3.4.2. Liquidação nas ações coletivas para tutela de interesses individuais homogêneos (substituição processual)

Inicialmente, convém lembrar que toda ação que visa tutelar interesses ou direitos individuais homogêneos é uma ação coletiva em que o seu titular atua como substituto processual, tendo por destinatários indivíduos que sofreram lesão ou ameaça a direitos subjetivos decorrentes de origem comum.

É importante ressaltar que na Jornada Nacional sobre Execução na Justiça do Trabalho, realizada no período de 24 a 26 de novembro de 2010, em Cuiabá-MT, promovida pela Anamatra – Associação Nacional dos Magistrados do Trabalho, foi aprovado o Enunciado n. 8, *in verbis*:

> AÇÕES COLETIVAS. LIQUIDAÇÃO DE SENTENÇA. Na liquidação de sentença nas ações coletivas para tutela de interesses individuais homogêneos (substituição processual), aplica-se o microssistema do processo coletivo brasileiro (Constituição Federal, arts. 8º, 129, III, § 1º; Lei n. 7.347/85 e Lei n. 8.078/90)[18].

Tal verbete é, a nosso ver, equiparado a uma fonte doutrinária e pode ser invocado como fundamento da decisão judicial.

Assim, tratando-se de ação coletiva para tutela de interesses ou direitos individuais homogêneos, ou como preferem alguns juslaboralistas, tratando-se de substituição processual (CF, art. 8º, III), a condenação será obrigatoriamente genérica (CDC, art. 95), o que implica afirmar, por interpretação lógica, que o pedido também há de ser genérico. Dito de outro modo, aqui, ao contrário do que sucede com o processo individual ou com o processo coletivo para tutela de interesses difusos e coletivos, são vedados tanto o pedido líquido quanto a sentença líquida.

Ora, se a sentença condenatória é obrigatoriamente genérica, impõe-se a sua liquidação que, por interpretação lógica e sistemática dos arts. 95 a 100 do CDC, pode ser implementada de duas maneiras:

a) liquidação individual, que é preferencial à liquidação coletiva e deve ser feita por artigos, por interpretação sistemática e lógica dos arts. 97, 98, 99 e 100 do CDC.

Aqui, os titulares do direito material defendido no processo de conhecimento pelo substituto processual poderão, dentro do prazo de um ano contado da publica-

18. Este Enunciado n. 8 foi proposto pelo autor deste livro e, para sua honra e satisfação, foi aprovado na Plenária da Jornada Nacional sobre Execução na Justiça do Trabalho.

ção editalícia da sentença condenatória genérica de procedência (aplicação analógica do art. 94 do CDC, que subsiste ao veto aposto ao art. 96), propor as suas ações de liquidação individual por artigos, cabendo-lhes provar tão somente o nexo de causalidade (relação entre o dano genérico reconhecido e a sua situação jurídica individual), o dano (individualmente sofrido) e seu montante (valor)[19]. A ausência de comprovação da situação individual implicará liquidação igual a "zero".

A liquidação individual de sentença proferida em ação coletiva para tutela de interesses individuais homogêneos, portanto, é uma verdadeira ação, e não mero incidente processual[20].

A sentença que a julga, no processo do trabalho, é irrecorrível, tendo em vista a regra do § 3º do art. 884 da CLT, aplicável subsidiariamente à espécie em função da lacuna existente no microssistema da LACP e do CDC, no particular.

b) liquidação coletiva, que somente ocorre de forma superveniente à liquidação individual[21], pois somente poderá ser instaurada:

> I – depois de decorrido o prazo de um ano contado da publicação do edital da sentença genérica condenatória;
>
> II – verificar o juiz que não foram ajuizadas liquidações individuais em número compatível com a gravidade do dano reconhecido na sentença genérica.

Preenchidos os dois requisitos acima, o juiz deverá intimar o autor da ação coletiva de conhecimento para, querendo, promover a liquidação coletiva (CDC, art. 100). No processo do trabalho, geralmente é o sindicato ou o MPT que ajuízam ações em defesa de interesses individuais homogêneos dos trabalhadores.

É importante notar que, nas liquidações individuais, os valores liquidados serão revertidos ao titular do direito material, ou seja, ao substituído processualmente no processo de conhecimento. Já na liquidação coletiva, o produto da liquidação não irá para o bolso de ninguém, nem dos titulares materiais, nem do sindicato, nem do MPT (é óbvio), e sim revertido a um fundo de reparação fluida (CDC, art. 100 e parágrafo único; LACP, art. 13), sendo que, no processo do trabalho, os juízes geralmente determinam o recolhimento do dinheiro ao FAT – Fundo de Amparo ao Trabalhador, FIA – Fundo da Infância e Adolescência ou FNDE – Fundo Nacional de Desenvolvimento da Educação.

Outra questão importante reside na competência para promover a liquidação de sentença nas ações coletivas. Em se tratando de liquidação em ação para tutela de interesses difusos ou coletivos, a competência para a liquidação (e a execução) continua com o juízo prolator da decisão cognitiva. Todavia, quando se tratar de liquidação em

19. LEITE, Carlos Henrique Bezerra. *Liquidação na ação civil pública*, cit., p. 162-167.
20. Idem, ibidem, p. 161-162.
21. Idem, p. 172-186.

ação para tutela de interesses individuais homogêneos, temos o seguinte: *a*) liquidação a título individual, que é uma ação que instaura processo individual a ser distribuído aleatoriamente entre as Varas do Trabalho, constituindo, pois, exceção ao princípio da *perpetuatio jurisdicionis*; *b*) liquidação a título coletivo, que é um incidente processual cuja competência continua com o juízo prolator da sentença genérica. Nesse sentido:

> AÇÃO CIVIL PÚBLICA. DIREITOS INDIVIDUAIS HOMOGÊNEOS. SENTENÇA GENÉRICA. LIQUIDAÇÃO A TÍTULO INDIVIDUAL. COMPETÊNCIA. EXCEÇÃO AO PRINCÍPIO DA *PERPETUATIO JURISDICIONIS*. À luz do microssistema de acesso coletivo à justiça, consubstanciado na aplicação apriorística da Constituição Federal (art. 129, III, § 1º), da Lei n. 7.347/85 e Lei n. 8.078/90, a liquidação individual da sentença proferida em sede de ação coletiva que visa tutelar direitos individuais homogêneos oriundos das relações trabalhistas encerra um processo autônomo destinado a identificar, a partir da comprovação do nexo de causalidade entre o dano reconhecido na sentença coletiva genérica e o prejuízo individualmente sofrido por aqueles que, no processo de conhecimento, figuraram como substituídos processualmente pelo autor da demanda coletiva. Assim, as eventuais ações de liquidação a título individual, por constituírem processos autônomos, devem ser distribuídas, aleatoriamente, entre as diversas Varas do Trabalho existentes no território nacional, não havendo falar em prevenção do Juízo prolator da sentença coletiva genérica ou de violação ao princípio da *perpetuatio jurisdicionis*, o que não ocorre com a liquidação a título coletivo, que fica vinculada ao Juízo prolator da sentença cognitiva genérica. Inteligência dos arts. 95, 98, § 2º, I, 99 e 100 da Lei n. 8.078/90 (TRT 17ª R., CC 0026000-58.2011.5.17.0000, Rel. Des. Carlos Henrique Bezerra Leite, Tribunal Pleno, *DEJT* 16-8-2011).

4. "SENTENÇA" DE LIQUIDAÇÃO

Não há o desejável consenso acerca da natureza jurídica do ato judicial que resolve a liquidação. Para uns, não obstante o *nomen iuris* "sentença", trata-se, a rigor, de uma "decisão interlocutória", razão pela qual dela não cabe, de pronto, nenhum recurso, em função do princípio da irrecorribilidade imediata das decisões interlocutórias. Dito de outro modo, somente no momento de oposição de embargos à execução é que exequente e executado poderão impugnar a sentença de liquidação, a teor do art. 884, § 3º, da CLT.

Outros sustentam que a decisão que julga a liquidação, nas suas três modalidades, é, na verdade, uma sentença declaratória que, embora seja irrecorrível, a exemplo do que se dá com a sentença proferida nas ações submetidas ao procedimento sumário (Lei n. 5.584/70), poderá, posteriormente, ser impugnada na forma do art. 884, § 3º, da CLT.

O problema não é meramente acadêmico, como se poderia pensar à primeira vista, na medida em que, a depender da natureza jurídica que se adote, haverá consequências práticas muito importantes, a começar, por exemplo, pela possibilidade de ajuizamento de ação rescisória contra a sentença de liquidação.

Dito de outro modo, admitida a natureza de decisão interlocutória da sentença de liquidação, dela não caberá ação rescisória; se se adotar a tese de que o ato judicial que julga a liquidação é uma sentença declaratória de mérito, tal ato será atacável por ação rescisória, conforme a regra estabelecida no art. 485, *caput*, do CPC/73 (CPC, art. 966). Nesse sentido, o item II da mesma Súmula 399 do TST ressalta que a "decisão homologatória de cálculos apenas comporta rescisão quando enfrentar as questões envolvidas na elaboração da conta de liquidação, quer solvendo a controvérsia das partes, quer explicitando, de ofício, os motivos pelos quais acolheu os cálculos oferecidos por uma das partes ou pelo setor de cálculos, e não contestados pela outra".

Ao admitir rescisória do ato que julga a liquidação, o TST, ao que nos parece, adotou a tese de que tal ato judicial é verdadeira sentença que poderá, dependendo do seu conteúdo, isto é, se for definitiva por enfrentar o mérito das questões controvertidas a respeito da elaboração da conta de liquidação, empolgar o ajuizamento de ação rescisória, sabido que esta ação especial só é cabível para atacar decisão de mérito (CPC/73, art. 485, *caput*; CPC, art. 966, *caput*).

Além disso, a OJ n. 134 da SBDI-2 adotou a tese de que a "decisão que conclui estar preclusa a oportunidade de impugnação da sentença de liquidação, por ensejar tão somente a formação da coisa julgada formal, não é suscetível de rescindibilidade". Para o TST, portanto, o ato judicial que não aprecia as questões controvertidas lançadas na elaboração da conta de liquidação é uma sentença terminativa, que produz apenas a coisa julgada formal e, por isso, não desafia ação rescisória.

Assim, a sentença de liquidação por cálculo (ou por arbitramento), embora sempre irrecorrível, poderá ser, em alguns casos, impugnável por ação rescisória.

No tocante à liquidação por artigos, a sentença (ou acórdão) que a julgar poderá ser de mérito, como, por exemplo, se não limitar à data-base os efeitos da condenação, quando omissa a sentença exequenda, referente aos chamados Planos Econômicos.

Nesse sentido, aliás, a OJ n. 35 da SBDI-2 do TST:

> AÇÃO RESCISÓRIA. PLANOS ECONÔMICOS. COISA JULGADA. LIMITAÇÃO À DATA-BASE NA FASE DE EXECUÇÃO. Não ofende a coisa julgada a limitação à data-base da categoria, na fase executória, da condenação ao pagamento de diferenças salariais decorrentes de planos econômicos, quando a decisão exequenda silenciar sobre a limitação, uma vez que a limitação decorre de norma cogente. Apenas quando a sentença exequenda houver expressamente afastado a limitação à data-base é que poderá ocorrer ofensa à coisa julgada.

Todavia, há jurisprudência do próprio TST a respeito da possibilidade de ação rescisória contra a sentença de liquidação:

> AÇÃO RESCISÓRIA – SENTENÇA DE LIQUIDAÇÃO – NÃO INCLUSÃO DE PARCELA DEFERIDA PELA "RES JUDICATA" EXEQUENDA – CARACTERIZADA A VIO-

> LAÇÃO DO ART. 879, § 1º, DA CLT – RECURSO PROVIDO. 1. O Reclamante ajuizou ação rescisória calcada nos incisos IV (ofensa à coisa julgada), V (violação de lei) e IX (erro de fato) do art. 485 do CPC, apontando como violados os arts. 879, § 1º, da CLT e 610 do CPC e buscando desconstituir o acórdão da 3ª Turma do 2º TRT, que deixou de incluir na sentença de liquidação verba deferida pela "res judicata". 2. De fato, a decisão exequenda expressamente condenou a Reclamada ao pagamento dos "recolhimentos à Fundação CESP, referente ao custeio do benefício previdenciário". Logo, a não inclusão de tal título na sentença de liquidação viola o art. 879, § 1º, da CLT. 3. Isso porque, transitada em julgado a sentença condenatória, deve ela ser executada fielmente, sem ampliação ou restrição do que nela estiver contido. Recurso ordinário provido (TST-RO 1286900-28.2008.5.02.0000, Rel. Min. Maria Doralice Novaes, j. 7-6-2011, SBDI-2, *DEJT* 10-6-2011).

Com o advento do art. 475-H do CPC/73 (com redação dada pela Lei n. 11.232/2005): "Da decisão de liquidação caberá agravo de instrumento".

O CPC não inovou no particular, na medida em que o parágrafo único do art. 1.015 prevê expressamente que: "Também caberá agravo de instrumento contra decisões interlocutórias proferidas na fase de liquidação de sentença ou de cumprimento de sentença, no processo de execução e no processo de inventário".

No CPC de 2015, portanto, o ato que resolve a liquidação não é mais sentença, que desafiava apelação, e sim decisão interlocutória, que agora desafia agravo de instrumento. Como no processo do trabalho o ato que resolve a liquidação é irrecorrível, não há, pois, lacuna normativa da CLT, sendo, assim, inaplicável a norma ora focalizada (CPC, art. 1.015 e seu parágrafo único).

Não obstante, cremos que existe lacuna ontológica na CLT quanto à natureza do ato que julga a liquidação que, a nosso ver, passa a ser decisão interlocutória, insuscetível de ataque por recurso ou ação rescisória.

Todavia, nos termos do art. 884, § 3º, da CLT, a decisão que julga a liquidação poderá ser atacada por embargos do devedor ou por impugnação do credor, como veremos no Capítulo XXIII, itens 8 e 9.

Não obstante, se a decisão proferida se limitar a declarar que houve preclusão para a impugnação à sentença de liquidação, não caberá ação rescisória, pois não se trata de decisão que tenha aptidão para produzir a coisa julgada material. Nesse sentido, a SBDI-2/TST editou a OJ n. 134, *in verbis*:

> AÇÃO RESCISÓRIA. DECISÃO QUE DECLARA PRECLUSA A OPORTUNIDADE DE IMPUGNAÇÃO DA SENTENÇA DE LIQUIDAÇÃO. PRODUÇÃO DE COISA JULGADA FORMAL. IRRESCINDIBILIDADE. (Alterada em decorrência do CPC de 2015, Res. n. 220/2017, *DEJT* divulgado em 21, 22 e 25-9-2017). A decisão proferida em embargos à execução ou em agravo de petição que apenas declara preclusa a oportunidade de impugnação da sentença de liquidação não é rescindível, em virtude de produzir tão-somente coisa julgada formal.

CAPÍTULO XXIII
Execução e Cumprimento da Sentença

1. NATUREZA JURÍDICA DA EXECUÇÃO TRABALHISTA DIANTE DO CPC DE 2015: NECESSIDADE DE HETEROINTEGRAÇÃO DOS SUBSISTEMAS PROCESSUAIS CIVIL E TRABALHISTA

No processo do trabalho as sentenças que contêm obrigações de fazer, não fazer, entregar e pagar quantia certa sempre foram executadas nos mesmos autos e perante o mesmo juízo. Não obstante essa intercomunicação de atos processuais, duas correntes doutrinárias se apresentam a respeito da natureza jurídica da execução de sentença trabalhista.

A primeira sustenta que a execução de sentença trabalhista é um "processo"[1], já que tem início com a instauração de um (novo) processo de execução de título judicial. Eis os principais argumentos desta corrente doutrinária:

- a execução emerge da existência do "mandado de citação ao executado", previsto no art. 880 da CLT. Ora, se citação é o ato pelo qual se chama alguém a juízo para se defender de uma ação, então existe uma "ação de execução", que instaura um processo de execução, para o qual será "citado" o executado;
- a execução decorre da inter-relação sistemática entre o processo do trabalho e o processo civil, sabido que este último, com o advento do CPC de 1973, passou a dedicar um livro próprio e específico apenas para a execução, dando-lhe, seguramente, uma caracterização autônoma em relação ao processo de conhecimento, inclusive com a previsão da ação executória (forçada) de título judicial e da ação executiva de título extrajudicial.

---

1. Defendem a autonomia do processo de execução trabalhista: Coqueijo Costa (*Direito processual do trabalho*. 4. ed. Rio de Janeiro: Forense, 1996), José Augusto Rodrigues Pinto (*Execução trabalhista*. 11. ed. São Paulo: LTr, 2006), Francisco Ferreira Jorge Neto e Jouberto de Quadros Pessoa Cavalcante (*Manual de direito processual do trabalho*. Rio de Janeiro: Lumen Juris, 2004), Eduardo Gabriel Saad (*Direito processual do trabalho*. 3. ed. São Paulo: LTr, 2002), Lúcio Rodrigues de Almeida (*Guia do processo do trabalho*. São Paulo: LTr, 2005), entre outros.

A segunda corrente sustenta que a execução trabalhista nada mais é do que simples fase (ou módulo) do processo trabalhista de conhecimento[2]. Vale dizer, para os defensores desta corrente não há um processo autônomo de execução trabalhista. Os dois principais argumentos desta corrente residem:

- no fato de a execução trabalhista permitir a execução *ex officio*, o que comprovaria a tese de que não há uma ação de execução, pois esta está jungida ao princípio da demanda ou dispositivo;
- na circunstância de que, nos termos do art. 880 da CLT, basta que a execução seja "requerida", ou seja, não há necessidade de instauração de novo processo que se iniciaria por meio de uma petição inicial em uma ação de execução forçada;
- na inexistência de título executivo extrajudicial, na medida em que a antiga redação do art. 876 da CLT somente previa a execução das decisões ou acordos homologados judicialmente, passados em julgado.

Cerrávamos fileira com a primeira corrente, pois defendíamos a existência de um "processo autônomo" de execução trabalhista. Para tanto, invocávamos os seguintes argumentos:

a) o processo trabalhista de conhecimento sempre permitiu historicamente a instauração do dissídio coletivo de greve pelo Presidente do Tribunal (CLT, art. 856), que nada mais é do que uma ação de conhecimento sujeita a um procedimento especial, ou seja, o fato da instauração de ofício de uma demanda não implicaria automaticamente a inexistência de um processo;

b) o executado, no processo trabalhista, é "citado" para pagar ou garantir a execução (CLT, art. 880), sendo a citação um ato que deflagra a existência de um (outro) processo autônomo (de execução);

c) a resistência à autonomia do processo de execução trabalhista teria ficado superada com o advento da Lei n. 9.958, de 12 de janeiro de 2000, que deu nova redação ao *caput* do art. 876 da CLT, *in verbis*:

> As decisões passadas em julgado ou das quais não tenha havido recurso com efeito suspensivo; os acordos, quando não cumpridos; os termos de ajuste de conduta firmados perante o Ministério Público do Trabalho e os termos de conciliação firmados perante as *Comissões de Conciliação Prévia serão executados pela forma estabelecida neste Capítulo*. (grifos nossos)

2. São defensores desta corrente: Manoel Antonio Teixeira Filho (*Execução no processo do trabalho*. 9. ed. São Paulo: LTr, 2005), Francisco Antonio de Oliveira (*O processo na justiça do trabalho*. São Paulo: Revista dos Tribunais, 1999), Pedro Paulo Teixeira Manus (*Execução de sentença no processo do trabalho*. 2. ed. São Paulo: Atlas, 2005) e Mauro Schiavi (*Execução no processo do trabalho*. 5. ed. São Paulo: LTr, 2013.

Vale dizer, se a Lei n. 9.958 passou a prever dois títulos executivos extrajudiciais, então o processo do trabalho passou a prever um "processo" de execução de título extrajudicial.

Já não podemos adotar esses argumentos, pois o primeiro é incompatível com o art. 114, § 3º, da CF, o qual permite a instauração do dissídio coletivo de greve apenas pelo Ministério Público do Trabalho (CF, art. 114, § 3º), e não *de ofício* por Presidente de Tribunal Trabalhista.

Quanto ao segundo fundamento, parece-nos que o termo "mandado de citação", contido no art. 880 da CLT, deve ser reinterpretado evolutivamente mediante a heterointegração dos subsistemas dos processos civil e trabalhista, simplesmente como "intimação". Vale dizer, o devedor será intimado, por seu advogado ou pessoalmente, para efetuar espontaneamente o pagamento da quantia devida prevista no título executivo judicial, como veremos no item 7.2, *infra*.

Já o terceiro fundamento mostra-se absolutamente superado, uma vez que o problema da autonomia da execução trabalhista (e da execução civil) deve ser analisado sob duplo enfoque, na medida em que existem duas espécies de títulos executivos distintos.

Vale dizer, em se tratando de *título executivo extrajudicial*, há, realmente, um *processo* (autônomo) de execução, instaurado por meio de uma ação de execução. Todavia, cuidando-se de *título executivo judicial*, não há mais, em princípio[3], um "processo" autônomo de execução e, consequentemente, uma "ação" de execução. Nesse sentido:

> COMPETÊNCIA DA JUSTIÇA DO TRABALHO. EXECUÇÃO DE CONTRIBUIÇÃO PREVIDENCIÁRIA. ACORDO FIRMADO PERANTE COMISSÃO DE CONCILIAÇÃO PRÉVIA. ART. 114, IX, DA CF C/C ART. 43, § 6º, LEI N. 8.212/90. Nos termos do art. 114, IX, da CF c/c o art. 43, § 6º, da Lei n. 8.212/91, compete à Justiça do Trabalho executar de ofício as contribuições previdenciárias decorrentes do termo de conciliação firmado perante Comissão de Conciliação Prévia – CCP. Entendeu-se, na hipótese, que o dispositivo constitucional que assegura a competência desta Justiça Especializada para processar e julgar "outras controvérsias decorrentes da relação de trabalho" abarca o termo firmado perante a CCP, por se tratar de título executivo extrajudicial decorrente da relação de trabalho. Ademais, não há falar em incidência do item I da Súmula 368 do TST, editado em 2005, por não alcançar a controvérsia trazida nos autos, que remonta à regra vigente a partir de 2009, com a introdução do § 6º no art. 43 da Lei n. 8.212/91 pela Lei n. 11.491/2009. Com esse posicionamento, a SBDI-I, à unanimidade, conheceu dos embargos, por divergência jurisprudencial, e, no mérito, deu-lhes provimento para reformar o

3. Salvo no tocante à Fazenda Pública, como veremos nos itens 2.1.3 e 33 *infra*.

acórdão turmário que declarara a incompetência da Justiça do Trabalho para executar as contribuições previdenciárias advindas de termo conciliatório firmado perante a CCP (TST-E-RR-41300-56.2009.5.09.0096, SBDI-I, Rel. Min. Luiz Philippe Vieira de Mello Filho, *DEJT* 16-6-2014).

Como é sabido, o processo de execução autônomo de título judicial foi, no processo civil, substituído pelo "cumprimento da sentença", que é uma simples *fase procedimental* posterior à sentença, sem a necessidade de instauração de um novo "processo" (de execução). Eis o chamado sincretismo processual ocorrido no processo civil, que consiste na simultaneidade de atos cognitivos e executivos no mesmo processo e tem por objetivo tornar a prestação jurisdicional mais ágil, célere e, consequentemente, mais efetiva.

Com efeito, se a prestação jurisdicional é também um serviço público, então a prestação do serviço jurisdicional constitui ato essencial à administração (pública) da justiça. Logo, deve, também, o Judiciário como um todo, inclusive a Justiça do Trabalho, buscar incessantemente a operacionalização dos princípios da eficiência (CF, art. 37, *caput*) e da duração razoável do processo (CF, art. 5º, LXXVIII).

Como bem assinala Francisco Montenegro Neto:

> Com a edição da Lei n. 11.232, modifica-se a execução civil – que, aliás, fornece a estrutura orgânica básica da execução trabalhista, consubstanciada (no caso de execução por quantia certa, modalidade mais comum) nas fases de quantificação, constrição e expropriação patrimonial – para torná-la, no que tange a uma busca por maior efetividade, mais assemelhada à execução trabalhista[4].

Daí a necessidade de reconhecermos a ausência de completude do subsistema processual trabalhista, máxime no que concerne ao cumprimento da sentença trabalhista, e adotarmos, no que couber, a sua heterointegração (diálogo das fontes) com o sistema processual civil – *vide* Capítulo I, item 10.2.1 –, não apenas diante da lacuna normativa, como também, no dizer de Luciano Athayde Chaves, diante das "frequentes hipóteses em que a norma processual trabalhista sofre de manifesto e indiscutível envelhecimento e ineficácia em face de institutos processuais semelhantes adotados em outras esferas da ciência processual, inequivocamente mais modernos e eficazes"[5].

---

4. MONTENEGRO NETO, Francisco. A nova execução e a influência do processo do trabalho no processo civil. *Jus Navigandi*. Teresina, a. 10, n. 928, 17 jan. 2006. Disponível em: <http://jus2.uol.com.br/doutrina/texto.asp?id=7835>. Acesso em: 20 maio 2006.
5. CHAVES, Luciano Athayde. *A recente reforma no processo comum:* reflexos no direito judiciário do trabalho. São Paulo: LTr, 2006. p. 28-29.

Não foi outra a conclusão a que chegou a comunidade juslaboralista brasileira na 1ª Jornada de Direito Material e Processual, promovida pela Enamat, Anamatra, Conematra, realizada em novembro/2007, ao aprovar o Enunciado n. 66, *in verbis*:

> APLICAÇÃO SUBSIDIÁRIA DE NORMAS DO PROCESSO COMUM AO PROCESSO TRABALHISTA. OMISSÕES ONTOLÓGICA E AXIOLÓGICA. ADMISSIBILIDADE. Diante do atual estágio de desenvolvimento do processo comum e da necessidade de se conferir aplicabilidade à garantia constitucional da duração razoável do processo, os arts. 769 e 889 da CLT comportam interpretação conforme a Constituição Federal, permitindo a aplicação de normas processuais mais adequadas à efetivação do direito. Aplicação dos princípios da instrumentalidade, efetividade e não retrocesso social.

Assim, diante de lacunas normativas, ontológicas ou axiológicas na execução trabalhista, é factível a sua heterointegração[6] com as novas normas do sincretismo do CPC, tudo isso com vistas à máxima efetivação do direito/princípio fundamental do acesso efetivo à Justiça e, consequentemente, à realização dos demais direitos dos cidadãos e cidadãs no campo das relações trabalhistas.

Como sublinha Valter Souza Pugliesi:

> Dúvidas não há de que as alterações sofridas pelo processo comum são profundas demais para passarem despercebidas pelo processo do trabalho. São alterações de conceito e estrutura do Código de Processo Civil no tocante à execução das obrigações por quantia certa, e que são a maioria das obrigações executadas na Justiça do Trabalho. A intenção das alterações, cujo processo vem desde 1994, é dar efetividade, pela rapidez, à entrega da prestação jurisdicional. Nos estudos desenvolvidos sobre a moderna (ou nova) teoria geral do processo, tem-se como escopo afastar qualquer possibilidade de se entender o processo indiferente ao direito material e à realidade social[7].

De tal arte, é factível afirmar, ressalvada a especial normatização da execução contra a Fazenda Pública, que diante da heterointegração dos subsistemas dos processos civil e trabalhista e com vigência da Lei n. 11.232/2005 e, principalmente agora, com a entrada em vigor da Lei n. 13.105/2015, que instituiu o Novo Código de Processo Civil brasileiro, passou a existir um "processo trabalhista" de execução de título extrajudicial e uma "fase" de cumprimento de sentença (título judicial).

---

6. Sobre a heterointegração dos sistemas dos processos civil e trabalhista, remetemos o leitor ao Capítulo I, item 10.2.1.
7. PUGLIESI, Valter Souza. Execução forçada: liquidação, penhora, avaliação e embargos (à execução, de terceiro e à expropriação). In: CHAVES, Luciano Athayde (Org.). *Curso de processo do trabalho*. 2. ed. São Paulo: LTr, 2012. p. 964.

Não é este, *data venia*, o entendimento atual da SBDI-1/TST, como se infere do seu mais recente julgado:

> RECURSO DE EMBARGOS. MULTA DO ART. 475-J DO CPC. INAPLICABILIDADE NO PROCESSO DO TRABALHO. A jurisprudência desta Corte Superior está sedimentada no sentido de que inaplicável ao processo do trabalho a regra contida no art. 475-J do CPC, porque não se visualiza omissão na Consolidação das Leis do Trabalho, tampouco compatibilidade da norma processual civil com as normas processuais trabalhistas. Precedentes. Recurso de Embargos conhecido e provido (TST-E-RR-92900-15.2005.5.01.0053, SBDI-I, Rel. Min. Hugo Carlos Scheuermann, *DEJT* 19-9-2014).

Extrai-se do voto do eminente Relator do julgado supracitado a seguinte fundamentação:

> Veja-se que o art. 769 da CLT só admite a adoção das normas processuais civis no caso de manifesta omissão nas normas consolidadas, não sendo viável cogitar-se de omissão na CLT tão somente porque o CPC passou a conter novas disposições. Por outro lado, consoante já dito, ainda que a norma consolidada apresentasse lacuna, neste caso, seria aplicável a Lei n. 6.830/80, que, por sua vez, tem prevalência sobre as regras do CPC, em sede de execução, nos termos do art. 889 da CLT. Portanto, à vista do princípio da legalidade que deve reger a prestação jurisdicional, tem-se que é inaplicável no âmbito trabalhista a multa do art. 475-J do CPC, ainda que o intuito da multa em questão seja a busca da efetividade processual, a qual também está adstrita às ações apreciadas no âmbito trabalhista, até por envolverem, precipuamente, créditos de natureza alimentar.

O mais estranho acerca do referido entendimento da SBDI-1, *data maxima venia*, é que não é coerente com o teor da Súmula 303 daquela Corte, a qual adota a aplicação direta do art. 496 do CPC (art. 475 do CPC/73), que não permite remessa necessária nas causas de até determinado valor, mesmo diante da *regra expressa* na legislação processual trabalhista (art. 1º, V, do Decreto-Lei n. 779/69), que prevê "o recurso ordinário *ex officio* das decisões que lhe sejam total ou parcialmente contrárias".

Aliás, na Súmula 303 do TST não há sequer menção expressa ao DL n. 779/69 ou ao CPC, o que nos parece que aquela Corte entendeu, ao menos implicitamente, que há lacunas ontológica e axiológica do art. 1º, V, do DL n. 779, a viabilizar, sabido que a Fazenda Pública é, segundo os dados da Justiça em Números do CNJ, a maior litigante da Justiça do Trabalho, a adoção da teoria da heterointegração dos subsistemas dos processos civil e trabalhista em prol da efetividade, eficiência e celeridade da prestação jurisdicional.

Com o advento do CPC, cujo art. 15 manda aplicar supletiva e subsidiariamente as suas normas ao processo do trabalho, cremos que o diálogo virtuoso das fontes, mediante heterointegação dos subsistemas do processo civil e do processo do trabalho, poderá colaborar para a efetividade do processo laboral, como já vimos no Capítulo I desta obra.

2. A NOVA SISTEMÁTICA DOS TÍTULOS EXECUTIVOS

De acordo com o art. 515 do CPC, são títulos executivos judiciais, cujo cumprimento dar-se-á de acordo com os seus arts. 513 a 538:

I – as decisões proferidas no processo civil que reconheçam a exigibilidade de obrigação de pagar quantia, de fazer, de não fazer ou de entregar coisa;

II – a decisão homologatória de autocomposição judicial;

III – a decisão homologatória de autocomposição extrajudicial de qualquer natureza;

IV – o formal e a certidão de partilha, exclusivamente em relação ao inventariante, aos herdeiros e aos sucessores a título singular ou universal;

V – o crédito de auxiliar da justiça, quando as custas, emolumentos ou honorários tiverem sido aprovados por decisão judicial;

VI – a sentença penal condenatória transitada em julgado;

VII – a sentença arbitral;

VIII – a sentença estrangeira homologada pelo Superior Tribunal de Justiça;

IX – a decisão interlocutória estrangeira, após a concessão do *exequatur* à carta rogatória pelo Superior Tribunal de Justiça;

X – (VETADO). *Inciso vetado: "X – o acórdão proferido pelo Tribunal Marítimo quando do julgamento de acidentes e fatos da navegação".*

O § 1º do referido art. 515 do CPC dispõe que: "Nos casos dos incisos VI a IX, o devedor será citado no juízo cível para o cumprimento da sentença ou para a liquidação no prazo de 15 (quinze) dias".

Ao lado dos títulos executivos judiciais, o CPC reconhece, no seu art. 784, os seguintes *títulos executivos extrajudiciais*:

I – a letra de câmbio, a nota promissória, a duplicata, a debênture e o cheque;

II – a escritura pública ou outro documento público assinado pelo devedor;

III – o documento particular assinado pelo devedor e por 2 (duas) testemunhas;

IV – o instrumento de transação referendado pelo Ministério Público, pela Defensoria Pública, pela Advocacia Pública, pelos advogados dos transatores ou por conciliador ou mediador credenciado por tribunal;

V – o contrato garantido por hipoteca, penhor, anticrese ou outro direito real de garantia e aquele garantido por caução;

VI – o contrato de seguro de vida em caso de morte;

VII – o crédito decorrente de foro e laudêmio;

VIII – o crédito, documentalmente comprovado, decorrente de aluguel de imóvel, bem como de encargos acessórios, tais como taxas e despesas de condomínio;

IX – a certidão de dívida ativa da Fazenda Pública da União, dos Estados, do Distrito Federal e dos Municípios, correspondente aos créditos inscritos na forma da lei;

X – o crédito referente às contribuições ordinárias ou extraordinárias de condomínio edilício, previstas na respectiva convenção ou aprovadas em assembleia geral, desde que documentalmente comprovadas;

XI – a certidão expedida por serventia notarial ou de registro relativa a valores de emolumentos e demais despesas devidas pelos atos por ela praticados, fixados nas tabelas estabelecidas em lei;

XII – todos os demais títulos aos quais, por disposição expressa, a lei atribuir força executiva.

Podemos dizer, portanto, que o novo processo civil passou a prever duas modalidades de satisfação do direito reconhecido em títulos executivos.

Essa nova sistemática dos títulos executivos judiciais e extrajudiciais – é inegável – exerce enorme influência no processo do trabalho, principalmente depois da promulgação da EC n. 45/2004, que ampliou sobremaneira a competência da Justiça do Trabalho para outras ações que, antes, encontravam-se sujeitas à Justiça comum (federal ou estadual).

Há, portanto, **dois sistemas** destinados à satisfação das obrigações a cargo do devedor: o sistema destinado à satisfação do título judicial e o sistema de execução de título extrajudicial.

2.1. Sistema destinado à efetivação do título judicial

O sistema destinado à efetivação ou satisfação do conteúdo do *título judicial* é composto por *dois subsistemas*: o do cumprimento da sentença (processo sincrético) que reconheça a exigibilidade das obrigações de pagar, fazer, não fazer e entregar e o do cumprimento das obrigações reconhecidas em outros títulos executivos judiciais.

2.1.1. Subsistema do cumprimento da sentença (processo sincrético)

Este subsistema é decorrente do fato de que não mais existe um processo autônomo de execução de título judicial, e sim uma *fase*, dentro do processo de conhecimento, destinada ao *cumprimento da sentença* que reconheça a exigibilidade da obrigação de pagar, fazer, não fazer ou entregar, nos casos previstos nos incisos I a V do art. 515 do CPC.

Assim, de acordo com o CPC de 2015, haverá cumprimento da sentença que reconheça a exigibilidade da obrigação de:

a) pagar quantia certa (arts. 523 a 527);

b) prestar alimentos (arts. 528 a 533);

c) pagar quantia certa pela Fazenda Pública (arts. 534 e 535);

d) fazer e de não fazer (arts. 536 e 537);

e) entregar coisa (art. 538).

2.1.2. Subsistema do cumprimento das obrigações reconhecidas em outros títulos executivos judiciais

Este subsistema se inicia com a *citação do devedor* e será observado exclusivamente no cumprimento de obrigação contida nos títulos executivos descritos nos incisos VI a IX do art. 515 do CPC, a saber:

a) sentença penal condenatória transitada em julgado;

b) sentença arbitral;

c) sentença estrangeira homologada pelo Superior Tribunal de Justiça;

d) decisão interlocutória estrangeira, após a concessão do *exequatur* à carta rogatória pelo Superior Tribunal de Justiça.

Com efeito, dispõe o § 1º do art. 515 do CPC que: Nos casos dos incisos VI a IX, o *devedor será citado* no juízo cível para o cumprimento da sentença ou para a liquidação no prazo de 15 (quinze) dias". (grifos nossos)

Ora, se o devedor será "citado", parece-nos que estamos diante de um processo, e não de um mero incidente processual, pois se o devedor não contestar será considerado revel e confesso quanto à matéria fática.

À exceção da sentença arbitral, como já vimos no Capítulo I, item 11, os demais títulos ora focalizados não são aplicáveis no processo do trabalho.

2.2. Sistema destinado à efetividade dos títulos executivos extrajudiciais (processo de execução)

O *segundo sistema* é destinado à satisfação do conteúdo dos *títulos executivos extrajudiciais*, o qual é efetivado por meio de um *processo autônomo de execução de título extrajudicial*, para o qual o executado é citado para cumprir a obrigação. O procedimento a ser observado é o constante do Livro II da Parte Especial do CPC.

No processo do trabalho, sabemos que em 13 de janeiro de 2000 foi promulgada a Lei n. 9.958, que deu nova redação ao *caput* do art. 876 da CLT, prescrevendo:

> As decisões passadas em julgado ou das quais não tenha havido recurso com efeito suspensivo; os acordos, quando não cumpridos; os termos de ajuste de conduta firmados perante o Ministério Público do Trabalho e os termos de conciliação firmados perante as Comissões de Conciliação Prévia serão executados pela forma estabelecida neste Capítulo.

Cerca de nove meses mais tarde, ou seja, em 25 de outubro daquele ano, entrou em vigor a Lei n. 10.035, acrescentando o parágrafo único ao art. 876, nos seguintes termos:

> Serão executados *ex officio* os créditos previdenciários devidos em decorrência de decisão proferida pelos Juízes e Tribunais do Trabalho, resultantes de condenação ou homologação de acordo.

Em passado recente, o parágrafo único do art. 876 da CLT, por força da Lei n. 11.457/2007, passou a vigorar com a seguinte redação:

> Serão executadas *ex officio* as contribuições sociais devidas em decorrência de decisão proferida pelos Juízes e Tribunais do Trabalho, resultantes de condenação ou homologação de acordo, inclusive sobre os salários pagos durante o período contratual reconhecido.

Ocorre que o parágrafo único do art. 876 da CLT, inspirando-se na Súmula Vinculante 53 do STF, foi novamente alterado pela Lei n. 13.467/2017, passando a ter a seguinte redação:

> A Justiça do Trabalho executará, de ofício, as contribuições sociais previstas na alínea *a* do inciso I e no inciso II do *caput* do art. 195 da Constituição Federal, e seus acréscimos legais, relativas ao objeto da condenação constante das sentenças que proferir e dos acordos que homologar.

2.3. Os títulos executivos judiciais e extrajudiciais do processo do trabalho

Podemos dizer que o processo do trabalho, com o advento da EC n. 45/2004, que deu nova redação ao art. 114 da CF, e do CPC, passou a contar com os seguintes *títulos executivos judiciais*:

a) a sentença (ou acórdão) que reconheça obrigação de fazer, de não fazer, de entregar coisa ou de pagar quantia certa;

b) as decisões (que também são sentenças) que homologam acordos entre as partes e que tenham conteúdo obrigacional;

c) os créditos previdenciários decorrentes de sentenças (ou acórdãos) condenatórias ou homologatórias de acordos que contenham obrigação de pagar quantia certa.

Em relação aos *títulos executivos extrajudiciais*, o processo do trabalho passou a reconhecer, com o advento da EC n. 45/2004, que deu nova redação ao art. 114 da CF, os seguintes:

a) os termos de compromisso de ajustamento de conduta (TAC) firmados perante o MPT – Ministério Público do Trabalho com conteúdo obrigacional;

b) os termos de conciliação celebrados perante a CCP – Comissão de Conciliação Prévia com conteúdo obrigacional;

c) as certidões de dívida ativa (CDA) – decorrentes das multas aplicadas aos empregadores pelos órgãos de fiscalização do trabalho.

Os demais títulos extrajudiciais previstos no CPC (art. 784), tais como letras de câmbio, cheques, notas promissórias, duplicatas etc., ainda carecem de força executiva no âmbito da Justiça do Trabalho, embora possam, não obstante, constituir documentos aptos para empolgar a propositura da ação monitória, desde que, é claro, a formação dos referidos títulos tenha origem na relação empregatícia ou relação de trabalho cuja ação correspondente tenha sido transferida para a competência da Justiça Laboral.

Destarte, o empregado (o trabalhador avulso e o pequeno empreiteiro, pois a Justiça do Trabalho é tradicionalmente competente *ex ratione personae* para processar e julgar as suas demandas em face dos tomadores de seus serviços) portador de um cheque sem provisão de fundos emitido pelo seu empregador para pagamento de salários poderá ajuizar na Justiça do Trabalho: *a)* ação trabalhista (processo sincrético), postulando o pagamento dos salários; ou *b)* ação monitória, que constitui um procedimento especial aplicável ao processo do trabalho[8]. Poderá, ainda, se preferir,

8. Nesse sentido: "CONFLITO DE COMPETÊNCIA. AÇÃO MONITÓRIA. CHEQUE. DOCUMENTO. INÍCIO. PROVA. CRÉDITO. ORIGEM. RELAÇÃO EMPREGATÍCIA. JUSTIÇA DO TRABALHO. 1. Se a ação monitória funda-se em suposto crédito decorrente de cheque sem força executiva, cuja emissão remonta a uma relação empregatícia entre credor e devedor, reconhecida, inclusive, por sentença transitada em julgado, competente para a cobrança é a Justiça do Trabalho. 2. Conflito de competência conhecido para declarar competente o Juízo da 14ª Vara do

ajuizar, na Justiça Comum, ação de execução de título extrajudicial, sem motivar a causa remota (relação de emprego) da origem do título.

Parece-nos, contudo, que os títulos extrajudiciais previstos no processo civil (CPC/73, art. 585; CPC, art. 784) oriundos de relação de trabalho diversa da relação de emprego (CF, art. 114, I) deveriam ensejar a propositura da ação de execução de título extrajudicial[9], cujo procedimento deveria ser o do CPC, não obstante a determinação do art. 1º da IN n. 27/2005 do TST, que manda aplicar o procedimento previsto na CLT.

Ora, não nos parece razoável aplicar a referida IN n. 27 na espécie, pois isso implicaria reconhecer que a transferência da competência da Justiça Comum para a Justiça do Trabalho retiraria do jurisdicionado/credor uma situação de vantagem (material e processual), o que certamente ensejaria ofensa ao princípio da vedação do retrocesso social[10]. Afinal, devemos interpretar a mudança da competência (CF, art. 114, I) sob a perspectiva da melhoria da condição socioeconômica do jurisdicionado e do seu direito fundamental de efetivo acesso à Justiça. Ouçamos a jurisprudência:

> CONSTITUCIONAL E PROCESSUAL. JUSTIÇA DO TRABALHO. COMPETÊNCIA. EXECUÇÃO DE TÍTULO EXTRAJUDICIAL. EXIGÊNCIA DE CONTROVÉRSIA ORIUNDA DE RELAÇÃO DO TRABALHO. CHEQUE EXECUTADO INDICADO COMO DECORRENTE DE CONTRATO DE PRESTAÇÃO DE SERVIÇOS ADVOCATÍCIOS. FALTA DE VINCULAÇÃO DO PAGAMENTO CONSTITUÍDO PELO CHEQUE COM OS SERVIÇOS ALEGADOS COMO PRESTADOS PELO PROFISSIONAL. HIPÓTESE DE COMPETÊNCIA RESIDUAL DA JUSTIÇA COMUM. A competência da Justiça do Trabalho alcança as controvérsias envolvendo cobrança de honorários advocatícios pelo respectivo profissional liberal, porque a prestação de serviços autônomos, ainda que regulada pelo Código Civil, não constitui substrato imune ao art. 114, I, da Constituição Federal, não envolvendo o rito eleito nem ainda o direito

Trabalho de São Paulo – SP" (STJ-CC n. 46.956/SP, Proc. 2004/0157760-8, 2ª Seção do STJ, Rel. Min. Fernando Gonçalves, j. 27-2-2008, unânime, *DJU* 5-3-2008).

9. Nesse sentido: "INCOMPETÊNCIA DA JUSTIÇA DO TRABALHO. 'EMPRÉSTIMO' DE CHEQUES PELO EMPREGADO AO EMPREGADOR. QUESTÃO DE CUNHO CIVILISTA. Em que pese a ampliação da competência da Justiça do Trabalho para que o pedido formulado seja por ela alcançado, deve, ainda que assentado em norma do direito civil, ter como relação jurídica base a de trabalho. Se o empregado emprestou folhas de cheque ao empregador, entre eles se estabeleceu relação jurídica civil ou comercial dissociada da relação de trabalho. Naquela, a condição de empregado e empregador é meramente acidental. Assim, se dela decorreram danos, a respectiva reparação deve ser buscada na Justiça Comum" (TRT 12ª R., RO 01192-2006-048-12-00-0, 1ª T., Rel. Des. Garibaldi T. P. Ferreira, *DOE* 31-1-2008).

10. Sobre princípio do não retrocesso social na execução trabalhista, *vide* item 13.9 *infra*.

material envolvido óbices à atuação desta Justiça Especializada. Em se tratando de execução de título executivo extrajudicial, exige o art. 114 constitucional a demonstração da relação de trabalho havida entre as partes para a emissão do título executado como pagamento frustrado dos serviços prestados para a definição da competência da Justiça do Trabalho. No caso, não tendo os cheques executados indicação de vinculação com serviços advocatícios prestados pelo Exequente em favor dos Executados, inclusive por emitidos em favor de terceira pessoa, e não havendo, sequer, contrato de prestação de serviços que os indicasse como forma de pagamento, não se afigura a competência da Justiça do Trabalho, mas da Justiça Comum. Recurso do exequente conhecido e desprovido (TRT-10ª R., AP 01388-2010-013-10-00-8 AP, Rel. Des. Alexandre Nery de Oliveira, 2ª T., *DEJT* 30-9-2011).

INCOMPETÊNCIA ABSOLUTA DA JUSTIÇA DO TRABALHO – EXECUÇÃO DIRETA DE CHEQUE EMITIDO SEM PROVISÃO DE FUNDOS. 1. Os títulos executivos extrajudiciais passíveis de serem executados nesta Justiça Especializada são aqueles elencados taxativamente no art. 876 da CLT, a saber: acordo não cumprido; termo de ajuste de conduta firmado perante o órgão do Ministério Público do Trabalho e os termos de conciliação firmados perante as Comissões de Conciliação Prévia. 2. No caso, o título executivo extrajudicial que está sendo executado perante esta Especializada é o cheque sem fundo emitido por advogado a seu cliente, tendo em vista que o causídico, valendo-se da procuração que tinha, efetuou, inicialmente, o repasse de montante bem aquém do que havia levantado perante o juízo trabalhista, repassando ao Autor da reclamação apenas R$ 8.000,00 e, cerca de um mês depois, entregou-lhe um cheque sem fundo no importe de R$ 21.415,00, cheque esse que está sendo executado na Justiça do Trabalho. 3. Todavia, esta Especializada não detém competência material para julgar esse tido de demanda, até porque o cheque sem fundo é título executivo extrajudicial em que não se precisa comprovar sua origem para executá-lo perante o Poder Judiciário, bastando a simples comprovação da devolução pela instituição bancária, como ocorreu – *in casu* –, sendo irrelevante que o cheque sem fundo tenha se originado em pendência trabalhista. Recurso de revista provido (TST-RR 76600-46.1996.5.15.0071, Rel. Min. Ives Gandra Martins Filho, 4ª T., *DJ* 28-4-2006).

Cumpre advertir o leitor que o art. 13 da IN n. 39/2016 do TST dispõe que, por "aplicação supletiva do art. 784, I (art. 15 do CPC), o cheque e a nota promissória emitidos em reconhecimento de dívida inequivocamente de natureza trabalhista também são títulos extrajudiciais para efeito de execução perante a Justiça do Trabalho, na forma do art. 876 e s. da CLT". Essa Instrução Normativa está sendo alvo de ação direta de inconstitucionalidade (STF-ADI n. 5.516) ajuizada pela Anamatra.

3. ESTRUTURA ORGÂNICA DO SISTEMA DE CUMPRIMENTO DA SENTENÇA TRABALHISTA QUE RECONHEÇA OBRIGAÇÃO POR QUANTIA CERTA

O cumprimento da sentença na Justiça do Trabalho pode ser analisado por diversos ângulos. Tratando-se, porém, de cumprimento de sentença que reconheça obrigação por quantia certa, que é o mais usual, é possível uma investigação da sua estrutura orgânica e legal, cujas partes (módulos) estão logicamente vinculadas entre si.

Destacamos, desde logo, que a estrutura orgânica que ora apresentamos decorre da heterointegração dos subsistemas do processo civil e do processo do trabalho (teoria do diálogo das fontes).

Reconhecemos, contudo, que há obstáculos de ordem técnica, política e ideológica que negam o diálogo das fontes, como já ressaltamos no Capítulo I.

Certamente que esses obstáculos tendem a ser vencidos, uma vez que a heterointegração dos referidos subsistemas processuais encontra fundamento de validade e de justiça na Constituição da República Federativa do Brasil, mormente nos princípios da máxima efetividade das normas constitucionais (valores, regras e princípios), dentre os quais se destacam o princípio do amplo acesso à justiça, da igualdade real dos jurisdicionados e da duração razoável do processo.

Não é esse, porém, o entendimento majoritário dos ministros que compõem a SBDI-1/TST, como já salientamos no item 1, *supra*.

Não obstante, afigura-se-nos que são três as partes integrantes da estrutura orgânica da execução trabalhista (ou cumprimento da sentença) por quantia certa: quantificação, constrição e expropriação.

3.1. Quantificação

A *quantificação* é a parte da estrutura orgânica da fase de cumprimento da sentença na qual vai ser fixado o montante da obrigação devida pelo devedor (executado) ao credor (exequente).

Salvo na hipótese de sentença proferida em ações sujeitas ao procedimento sumaríssimo, a prática forense revela que, na grande maioria dos casos, as sentenças condenatórias apresentam-se *ilíquidas*, ou seja, não contêm valor certo e determinado, qualitativa e quantitativamente, que permitam, desde logo, o seu cumprimento (execução forçada).

Daí a necessidade de se proceder à *liquidação da sentença* (*vide* Capítulo XXII), que consiste num incidente processual posterior à sentença e anterior ao seu cumprimento, destinado à quantificação do conteúdo obrigacional reconhecido na sentença ilíquida que reconheça obrigação de pagar.

3.2. Constrição

Em função da heterointegração dos sistemas processuais civil e trabalhista, tem-se que, diante de sentença líquida, dela será intimado o devedor (ou seu advogado), ficando este, desde logo, ciente de que terá o prazo de oito dias[11] para cumprir a obrigação de pagar o valor líquido já constante do título judicial, sob pena de incidência da multa do art. 523, § 1º, do CPC (art. 475-J do CPC/73).

Para o TST, no entanto, não seria aplicável tal multa na execução trabalhista (TST-E-RR-92900-15.2005.5.01.0053, SBDI-I, Rel. Min. Hugo Carlos Scheuermann, *DEJT* 19-9-2014). Mas a questão ainda não está pacificada, haja vista que foi suscitado o incidente de recursos de revista repetitivos (TST-RR 1786-24.2015.5.04.0000).

Se ilíquida a sentença, do ato posterior que homologar a conta de liquidação será o devedor intimado (e não citado), na pessoa do seu advogado, para, no prazo de 48 horas (este prazo prestigia a efetivação do princípio constitucional da duração razoável do processo e não há lacuna normativa da CLT), para pagar a dívida, sob pena de penhora. Penso que, neste último caso, a multa prevista no art. 523, § 1º, do CPC (art. 475-J do CPC/73) somente incidirá se for ultrapassado o prazo de 48 horas, contado da intimação da decisão homologatória da liquidação.

Vale lembrar que os prazos são diferenciados porque, no processo do trabalho, não há previsão de recurso contra a decisão que homologa a liquidação, ou seja, ciente o devedor do valor liquidado, inicia-se a fase de cumprimento, tendo ele o prazo de 48 horas para pagar a dívida, sob pena de arcar com o acréscimo de dez por cento sobre o montante devido. Adota-se, pois, uma simbiose entre os sistemas do CPC (art. 523, § 1º) e da CLT (arts. 880, 881, 882 e 883), pois o incidente da liquidação de sentença passou a integrar a fase de conhecimento (sincretismo processual).

Reforça o entendimento ora adotado pelo fato de o CPC, que deve ser aplicado subsidiária e supletivamente na espécie, previu a multa em dispositivo próprio, isto é, o § 1º do art. 523, *in verbis*:

> Não ocorrendo pagamento voluntário no prazo do *caput*, o débito será acrescido de multa de dez por cento e, também, de honorários de advogado de dez por cento.

Vencido o prazo, o devedor estará sujeito a ver os seus bens penhorados em quantidade suficiente para o pagamento da dívida, acrescida de juros, atualização monetária, despesas processuais, contribuições previdenciárias etc. Vê-se, assim, que o devedor sofre uma constrição em seu patrimônio para saldar o conteúdo obri-

11. Há quem defenda o prazo de quinze dias constante do art. 475-J do CPC. Como defendemos a heterointegração, parece-nos que não há qualquer obstáculo de se adotar o prazo de oito dias. É que o prazo de quinze dias é o utilizado no processo civil para a apelação. No processo do trabalho, o prazo para o recurso ordinário ou agravo de petição é de oito dias, ou seja, é o prazo que mais otimiza a efetivação do princípio da duração razoável do processo.

gacional contido no título executivo. Quanto ao cabimento dos honorários advocatícios, porém, deverá ser observado o disposto na Súmula 219 do TST.

As regras aplicáveis à constrição dos bens do devedor são as constantes dos arts. 880 a 883 da CLT, salientando-se que, por força do art. 882 da CLT, a ordem preferencial dos bens penhoráveis não é mais a do art. 11 da Lei n. 6.830/80, e sim a do art. 835 do CPC (art. 655 do CPC/73).

O devedor poderá opor-se à penhora mediante impugnação (CLT, art. 884, e supletiva e subsidiariamente, o art. 525, §§ 1º a 15, do CPC) ou, tratando-se de cumprimento de sentença que reconheça exigibilidade de obrigação por quantia certa contra a Fazenda Pública, mediante impugnação à execução (CLT, art. 884 e parágrafos; CPC, art. 535).

3.3. Expropriação

Se a penhora for mantida pela sentença que julgar os embargos à execução (impugnação do executado), os bens penhorados e avaliados serão submetidos à praça ou leilão, para serem expropriados do patrimônio do devedor.

A expropriação visa, portanto, à satisfação integral da obrigação constante do título judicial ou extrajudicial.

Os atos de expropriação encontram residência nos arts. 888 a 889-A da CLT; no art. 13 da Lei n. 5.584/70 (remição); no art. 24 da Lei n. 6.830/80; e nos arts. 901, 902, 903 e 674 do CPC.

4. CUMPRIMENTO OU EXECUÇÃO DA SENTENÇA TRABALHISTA NA PERSPECTIVA DO CPC

Com o advento da Lei Federal n. 11.232/2005, a sentença, como já vimos no Capítulo XVII, item 5.3, deixou de ser ato do juiz que extingue o processo, com ou sem resolução do mérito, e passou a ser o "ato do juiz que implica alguma das situações previstas nos arts. 267 e 269" do CPC/73.

Houve, assim, uma substancial revolução no CPC/73, no particular, que implicou o desaparecimento do "processo de execução de título judicial"[12] e o surgimento de uma "fase de cumprimento da sentença" dentro do próprio processo de conhecimento.

O CPC de 2015 mantém e aperfeiçoa o chamado processo sincrético, uma vez que a Parte Especial contém o Livro I (Do Processo de Conhecimento) que, por sua vez, contempla o procedimento comum e o cumprimento da sentença.

12. Exceto no que tange à execução contra a Fazenda Pública, tendo em vista a manutenção dos arts. 730 e 731 do CPC e da previsão da ação de embargos à execução (CPC, art. 741).

Podemos concluir, portanto, que o processo (sincrético) de conhecimento é destinado a realizar as funções cognitivas e executivas em um único processo.

No CPC o cumprimento da sentença (título executivo judicial) é regulado no Livro I da Parte Especial (arts. 513 a 538), enquanto o processo de execução (título executivo extrajudicial) está disciplinado no Livro II da Parte Especial (arts. 771 a 913).

A CLT dedica os arts. 876 a 892 tanto ao cumprimento da sentença quanto à execução de título executivo extrajudicial.

Assim, no processo civil, a sentença que reconheça a exigibilidade das obrigações de fazer, não fazer, entregar coisa ou pagar quantia é considerada *título judicial* (CPC, art. 515, I).

É importante notar que, mantendo a concepção do CPC/73, o CPC (art. 513) manda aplicar subsidiariamente ao procedimento do cumprimento da sentença regras do processo de execução de título extrajudicial de acordo com a natureza da obrigação, como aquelas que dizem respeito à responsabilidade patrimonial, à penhora, às formas de expropriação, à satisfação do crédito, à suspensão e à extinção do processo.

No que concerne ao cumprimento da sentença, há dois procedimentos.

O primeiro é destinado ao cumprimento da sentença que reconheça a exigibilidade de obrigação por quantia certa, o procedimento se inicia com o requerimento do exequente, sendo o devedor intimado para cumprir a sentença (CPC, arts. 515 e s.).

O segundo é destinado ao cumprimento de sentença que reconheça a exigibilidade de obrigação de fazer ou de não fazer, podendo o juiz, de ofício ou a requerimento, para a efetivação da tutela específica ou a obtenção de tutela pelo resultado prático equivalente, determinar as medidas necessárias à satisfação do exequente (CPC, arts. 536 e s.).

O ponto comum entre os dois sistemas reside no fato de que o cumprimento da sentença dar-se-á nos mesmos autos, perante o mesmo "juízo que processou a causa no primeiro grau de jurisdição" (CPC, art. 516, II) independentemente de instauração de um "processo de execução de sentença".

A CLT é praticamente omissa a respeito do cumprimento da sentença que reconheça a exigibilidade das obrigações de fazer, de não fazer ou de entregar coisa, o que implica a necessidade de aplicação supletiva e subsidiária do CPC (art. 15), observada a compatibilidade com a principiologia do processo laboral (CLT, art. 769).

No tocante à sentença que reconheça a exigibilidade de obrigação por quantia certa, ressalvada a possibilidade de sua promoção *ex officio* pelo próprio juiz ou a requerimento dos interessados, há, a nosso sentir, diversas lacunas normativas, ontológicas e axiológicas, a exigir o diálogo virtuoso entre a CLT e o CPC, ou seja, aplicação supletiva e subsidiária das normas do novo processo civil brasileiro, passando pelo crivo da compatibilidade principiológica com o processo do trabalho.

5. CUMPRIMENTO DA SENTENÇA QUE RECONHEÇA A EXIGIBILIDADE DAS OBRIGAÇÕES DE FAZER, NÃO FAZER OU ENTREGAR COISA

Sabemos que no processo do trabalho, em relação aos dissídios (*rectius*, ações) individuais, o art. 876 da CLT dispõe:

> As decisões passadas em julgado ou das quais não tenha havido recurso com efeito suspensivo; os acordos, quando não cumpridos; os termos de ajuste de conduta firmados perante o Ministério Público do Trabalho e os termos de conciliação firmados perante as Comissões de Conciliação Prévia *serão executados pela forma estabelecida neste Capítulo*. (grifos nossos)

Vale dizer, as sentenças condenatórias nos dissídios (*rectius*, processos) individuais trabalhistas[13] são executadas de acordo com o procedimento estabelecido na CLT e, subsidiariamente, por força do art. 889 da CLT, na Lei n. 6.830/80 (Lei de Execução Fiscal - LEF) e, no que couber (CLT, art. 769), no CPC (art. 15).

Ocorre que a CLT só trata, basicamente, da execução de título judicial por quantia certa e a LEF da execução de título extrajudicial por quantia certa, sendo tais fontes omissas (lacuna normativa) a respeito do cumprimento das sentenças que veiculam obrigações de fazer, não fazer e entregar coisa, o que impõe a aplicação supletiva e subsidiária (CLT, art. 769; CPC, art. 15) dos arts. 536 a 538 do CPC no processo do trabalho.

Não custa lembrar que o CPC/73, desde a Lei n. 8.952/94, deixou de prever um processo de execução de título judicial contendo obrigação de fazer, não fazer ou entregar coisa, e sim o *cumprimento da tutela específica* (sentença ou antecipação de tutela) de tais obrigações[14].

Pode-se dizer, nesse passo, que os arts. 536 a 538 do CPC (e arts. 84 do CDC e 11 da LACP) positivaram definitivamente no nosso direito processual as chamadas sentenças mandamentais e executivas *lato sensu*.

Com efeito, dispõe o art. 536 do CPC:

> Art. 536. No cumprimento de sentença que reconheça a exigibilidade de obrigação de fazer ou de não fazer, o juiz poderá, de ofício ou a requerimento, para a efetivação

---

13. No processo do trabalho, a sentença normativa proferida nos dissídios coletivos pode ser objeto de ação de cumprimento (CLT, art. 872, parágrafo único), sendo que esta, na verdade, é uma ação de conhecimento, e não de execução.

14. Manoel Antonio Teixeira Filho (As novas leis alterantes do processo civil e repercussão no processo do trabalho, *Revista LTr*, São Paulo, v. 70, n. 03, mar. 2006, p. 285) admite que os "arts. 461 e 461-A incidem no processo do trabalho, diante do silêncio da CLT sobre os assuntos dos quais se ocupam as sobreditas normas legais".

da tutela específica ou a obtenção de tutela pelo resultado prático equivalente, determinar as medidas necessárias à satisfação do exequente.

§ 1º Para atender ao disposto no *caput*, o juiz poderá determinar, entre outras medidas, a imposição de multa, a busca e apreensão, a remoção de pessoas e coisas, o desfazimento de obras e o impedimento de atividade nociva, podendo, caso necessário, requisitar o auxílio de força policial.

§ 2º O mandado de busca e apreensão de pessoas e coisas será cumprido por 2 (dois) oficiais de justiça, observando-se o disposto no art. 846, §§ 1º a 4º, se houver necessidade de arrombamento.

§ 3º O executado incidirá nas penas de litigância de má-fé quando injustificadamente descumprir a ordem judicial, sem prejuízo de sua responsabilização por crime de desobediência.

§ 4º No cumprimento de sentença que reconheça a exigibilidade de obrigação de fazer ou de não fazer, aplica-se o art. 525 (do CPC), no que couber.

§ 5º O disposto neste artigo aplica-se, no que couber, ao cumprimento de sentença que reconheça deveres de fazer e de não fazer de natureza não obrigacional.

É importante destacar que a multa, que tem natureza de *astreinte*, independe de requerimento da parte e poderá ser aplicada na fase de conhecimento, em tutela provisória ou na sentença, ou na fase de execução, desde que seja suficiente e compatível com a obrigação e que se determine prazo razoável para cumprimento do preceito (CPC, art. 537).

O juiz poderá, de ofício ou a requerimento, modificar o valor ou a periodicidade da multa vincenda ou excluí-la, caso verifique que:

I – se tornou insuficiente ou excessiva;

II – o obrigado demonstrou cumprimento parcial superveniente da obrigação ou justa causa para o descumprimento.

O valor da multa será devido ao exequente (CPC, art. 537, § 2º).

Destaca-se que a decisão que fixa a multa é passível de cumprimento provisório, devendo ser depositada em juízo, permitido o levantamento do valor após o trânsito em julgado da sentença favorável à parte ou na pendência do agravo de instrumento em recurso fundado nos incisos II ou III do art. 1.042 do CPC.

No processo do trabalho, sabe-se que há resistência do TST em aceitar atos de expropriação na execução trabalhista, como veremos mais adiante.

Outra importante inovação do CPC reside no § 4º do art. 537, segundo o qual a "multa será devida desde o dia em que se configurar o descumprimento da decisão e incidirá enquanto não for cumprida a decisão que a tiver cominado".

Importante inovação do CPC é extraída do § 5º do art. 537, o qual manda estender as regras alusivas ao cumprimento das obrigações de fazer e de não fazer "ao cumprimento de sentença que reconheça deveres de fazer e de não fazer de natureza não obrigacional", como o dever de o empregador assegurar um meio ambiente laboral que resguarde a incolumidade física, psíquica, moral e social dos trabalhadores.

No que tange ao cumprimento de sentença que reconheça a exigibilidade de obrigação de entregar coisa, o art. 538 do CPC dispõe:

> Art. 538. Não cumprida a obrigação de entregar coisa no prazo estabelecido na sentença, será expedido mandado de busca e apreensão ou de imissão na posse em favor do credor, conforme se tratar de coisa móvel ou imóvel.
>
> § 1º A existência de benfeitorias deve ser alegada na fase de conhecimento, em contestação, de forma discriminada e com atribuição, sempre que possível e justificadamente, do respectivo valor.
>
> § 2º O direito de retenção por benfeitorias deve ser exercido na contestação, na fase de conhecimento.
>
> § 3º Aplicam-se ao procedimento previsto neste artigo, no que couber, as disposições sobre o cumprimento de obrigação de fazer ou de não fazer.

A aplicação destas regras no processo do trabalho poderão surgir, por exemplo, nos casos em que o empregador retiver documentos, equipamentos ou instrumentos de trabalho de propriedade do trabalhador (coisas móveis) ou vice-versa. Igualmente, nos casos em que o empregador fornecer habitação ao trabalhador e, por força da extinção do contrato de trabalho, desejar reaver o imóvel.

Vê-se, portanto, que as sentenças que veiculam obrigações de fazer, não fazer ou entregar coisa não mais necessitam de um novo "processo" para serem executadas, na medida em que no próprio processo (cognitivo) o juiz praticará atos (mandamentais ou executivos) subsequentes à sentença, visando ao seu efetivo cumprimento, independentemente de instauração de uma nova demanda executiva.

Em tais casos, pois, há um sincretismo processual, na medida em que no mesmo processo de conhecimento são praticados atos que, antes, só podiam ser realizados no processo de execução[15].

Para encerrar este tópico, lembramos que o art. 3º, XII, da IN n. 39/2016 do TST manda aplicar ao Processo do Trabalho, em face de omissão e compatibilidade, os arts. 536 a 538 do CPC, que dispõem sobre cumprimento de sentença que reconheça a exigibilidade de obrigação de fazer, de não fazer ou de entregar coisa.

15. Remetemos o leitor aos itens 18 e 19 *infra*, que tratam do cumprimento ou execução das obrigações de entregar coisa, fazer ou não fazer.

6. AMPLIAÇÃO DO SINCRETISMO PROCESSUAL NO CPC PARA AS SENTENÇAS QUE RECONHEÇAM A EXIGIBILIDADE DA OBRIGAÇÃO DE PAGAR QUANTIA CERTA

Nos domínios do processo civil, antes da vigência da Lei n. 11.232/2005, o cumprimento da sentença que reconhecesse obrigação de pagar quantia certa dependia da instauração de um processo (autônomo) de execução, o que exigia o ajuizamento da ação de execução de título judicial, sendo o devedor "citado" para pagar o *quantum debeatur*, sob pena de penhora de seus bens.

Com a entrada em vigor da Lei n. 11.232/2005, houve junção dos processos de conhecimento e de execução, sendo correto falar não mais em "processos", e sim em "fases" de cognição e execução. Tal afirmação é decorrente da inserção no Livro I ("Do processo de conhecimento"), Título VIII ("Do procedimento ordinário") do CPC do Capítulo X ("Do Cumprimento da Sentença"), que passou a vigorar com os arts. 475-I, 475-J, 475-L, 475-M, 475-N, 475-O, 475-P, 475-Q e 475-R.

Infelizmente, ainda há muita resistência da doutrina e da jurisprudência trabalhistas em adotar o processo sincrético, mas temos a esperança de que essa realidade vai mudar. Aliás, percebemos alguma mudança na jurisprudência regional[16], como se infere do seguinte aresto:

> AÇÃO AUTÔNOMA PARA CUMPRIMENTO DE SENTENÇA QUE RECONHECE OBRIGAÇÃO DE PAGAR. SISTEMÁTICA PROCESSUAL CIVIL E TRABALHISTA. SINCRETISMO PROCESSUAL. No processo do trabalho, as sentenças que contêm obrigações de pagar quantia certa sempre foram e continuam sendo executadas nos mesmos autos e perante o mesmo Juízo, uma vez que o processo de conhecimento e o processo de execução no âmbito trabalhista são simples fases que se complementam. Certo que a prestação jurisdicional civil foi implementada, basicamente, por meio de duas espécies de ações: as ações de conhecimento, que decidiam o conflito, por meio de ato judicial específico (sentença ou acórdão) declaratório do direito, e as ações de execução, destinadas à realização prática da sentença (ou acórdão), ou seja, ao seu efetivo cumprimento. Contudo, mesmo no processo civil, com o advento da Lei n. 11.232/05 desapareceu o "processo de execução de título judicial", surgindo uma "fase de cumprimento da sentença" dentro do próprio processo de conhecimento. Assim, atualmente, a teor das disposições processuais civis e traba-

16. Lamentavelmente, o TST vem interpretando de forma literal o art. 769 da CLT e não permite, por exemplo, a aplicação da multa do art. 475-J do CPC/73 (CPC, art. 523, § 1º) na execução trabalhista, o que, a rigor, impede a adoção do processo sincrético e do diálogo virtuoso das fontes do processo civil e trabalhista (TST-E-RR-92900-15.2005.5.01.0053, SBDI-I, Rel. Min. Hugo Carlos Scheuermann, *DEJT* 19-9-2014).

lhistas, o cumprimento de sentença de pagar dar-se-á nos mesmos autos e perante o mesmo Juízo do processo cognitivo, independentemente de instauração de um "processo de execução de sentença". É o chamado sincretismo processual, pois numa única ação são implementados atos cognitivos e executivos (TRT-9ª R., RO 615-2010-23-9-0-0, Rel. Des. Ubirajara Carlos Mendes, 1ª T., *DO* 21-1-2011).

O CPC reafirma o sincretismo processual, como se infere dos seus arts. 523 a 527, que tratam do cumprimento definitivo da sentença que reconheça a exigibilidade da obrigação de pagar quantia certa.

Doravante, examinaremos as novas regras do CPC alusivas ao cumprimento da sentença que reconheça obrigação de pagar que podem, por autorização dos arts. 769 da CLT e 15 do CPC, ser aplicáveis ao processo do trabalho.

7. DO PROCEDIMENTO ALUSIVO AO CUMPRIMENTO DA SENTENÇA QUE RECONHEÇA A EXIGIBILIDADE DA OBRIGAÇÃO DE PAGAR QUANTIA CERTA

Diz o art. 523 do CPC:

> Art. 523. No caso de condenação em quantia certa, ou já fixada em liquidação, e no caso de decisão sobre parcela incontroversa, o cumprimento definitivo da sentença far-se-á a requerimento do exequente, sendo o executado intimado para pagar o débito, no prazo de 15 (quinze) dias, acrescido de custas, se houver.
>
> § 1º Não ocorrendo pagamento voluntário no prazo do *caput*, o débito será acrescido de multa de dez por cento e, também, de honorários de advogado de dez por cento.
>
> § 2º Efetuado o pagamento parcial no prazo previsto no *caput*, a multa e os honorários previstos no § 1º incidirão sobre o restante.
>
> § 3º Não efetuado tempestivamente o pagamento voluntário, será expedido, desde logo, mandado de penhora e avaliação, seguindo-se os atos de expropriação.

A norma em apreço está em sintonia com o moderno *processo sincrético*, na medida em que sistematiza dentro do processo de conhecimento atividades que, antes das reformas do CPC/73, eram realizadas apenas no (tradicional) processo de execução de título judicial.

Nos domínios do processo do trabalho, dispõe o art. 880 da CLT:

> Art. 880. Requerida a execução, o juiz ou presidente do tribunal mandará expedir mandado de citação do executado, a fim de que cumpra a decisão ou o acordo no prazo, pelo modo e sob as cominações estabelecidas ou, quando se tratar de

pagamento em dinheiro, inclusive de contribuições sociais devidas à União, para que o faça em 48 (quarenta e oito) horas ou garanta a execução, sob pena de penhora.

§ 1º O mandado de citação deverá conter a decisão exequenda ou o termo de acordo não cumprido.

§ 2º A citação será feita pelos oficiais de diligência.

§ 3º Se o executado, procurado por 2 (duas) vezes no espaço de 48 (quarenta e oito) horas, não for encontrado, far-se-á citação por edital, publicado no jornal oficial ou, na falta deste, afixado na sede da Junta ou Juízo, durante 5 (cinco) dias.

Como se depreende do cotejo das regras acima transcritas, verificamos que, à exceção do prazo para cumprimento da obrigação de pagar quantia certa, que no CPC é de 15 (quinze) dias e na CLT é de 48 (quarenta e oito) horas, há nítida lacuna ontológica parcial do processo laboral em relação ao processo civil.

Daí a necessidade de aplicação supletiva, e não subsidiária, do CPC ao processo trabalhista, como procuraremos demonstrar adiante.

7.1. Competência

Vaticina o art. 516 do CPC que o cumprimento da sentença efetivar-se-á perante:

I – os tribunais, nas causas de sua competência originária;

II – o juízo que processou a causa no primeiro grau de jurisdição;

III – o juízo cível competente, quando se tratar de sentença penal condenatória, de sentença arbitral ou de sentença estrangeira.

Parágrafo único. Nas hipóteses dos incisos II e III, o exequente poderá optar pelo juízo do atual domicílio do executado, pelo juízo do local onde se encontrem os bens sujeitos à execução ou pelo juízo do local onde deva ser executada a obrigação de fazer ou de não fazer, casos em que a remessa dos autos do processo será solicitada ao juízo de origem.

Como a CLT possui regra própria (CLT, art. 877), será competente para o cumprimento da sentença trabalhista que reconheça obrigação de fazer, não fazer, entregar coisa ou pagar quantia certa o juízo ou tribunal que tiver conciliado ou julgado originariamente o dissídio (*rectius*, o processo), sendo, portanto, inaplicável no processo do trabalho, tendo em vista a Instrução Normativa TST n. 27/2005, a opção prevista no parágrafo único do art. 515 do CPC, ainda que se trate de demandas oriundas da relação de trabalho distintas da relação de emprego.

Idêntico raciocínio aplica-se à competência para execução de sentença proferida em ação coletiva para tutela de direitos difusos e coletivos. Quanto à tutela de direitos individuais homogêneos, há algumas observações que faremos no item seguinte.

7.1.1. Competência para execução em ações coletivas para tutela de direitos individuais homogêneos

É importante notar, outrossim, que a competência para a execução (e liquidação) nas ações coletivas (inclusive as ações civis públicas) para tutela de interesses individuais homogêneos possui regramento próprio no CDC, sendo, pois, inaplicável, em tais casos, a sistemática do CPC e da CLT[17].

Dito doutro modo, a competência tanto para a liquidação quanto para a execução individual proveniente de sentença em ação coletiva para tutela de direitos individuais homogêneos pode ser o juízo do local do domicílio do liquidante individual, da prestação do serviço ou da condenação. Nesse sentido já pacificou a SBDI-1/TST:

> CONFLITO NEGATIVO DE COMPETÊNCIA. EXECUÇÃO INDIVIDUAL DE SENTENÇA COLETIVA. PROVIMENTO CONDENATÓRIO PROFERIDO EM MACAÉ-RJ E TRABALHADOR DOMICILIADO EM BELO HORIZONTE-MG. APLICAÇÃO DAS NORMAS QUE COMPÕEM O SISTEMA PROCESSUAL COLETIVO. OPÇÃO DO TRABALHADOR PELO JUÍZO DA CONDENAÇÃO. Com inspiração no ideal protetivo que inspira e fundamenta o direito material do trabalho, os critérios legais que definem a competência dos órgãos da Justiça do Trabalho objetivam facilitar ao trabalhador, reputado hipossuficiente pela ordem jurídica, o amplo acesso à justiça (CF, art. 5º, XXXV). Essa a diretriz que deve orientar a solução dos conflitos de competência entre órgãos investidos de jurisdição trabalhista. Cuidando-se, porém, de sentença proferida em ação civil coletiva (art. 91 da Lei n. 8.078/90), proposta por um dos "entes exponenciais" legalmente legitimados (art. 82 da Lei n. 8.078/90), são aplicáveis as normas jurídicas que disciplinam o sistema processual das ações coletivas (arts. 129, III, e 134 da CF de 1988 c/c as Leis ns. 4.717/65, 7.347/85 e 8.078/90). Nesse sentido, a competência para a execução caberá ao juízo

17. Assim dispõe o art. 98 do CDC: "A execução poderá ser coletiva, sendo promovida pelos legitimados de que trata o art. 82, abrangendo as vítimas cujas indenizações já tiverem sido fixadas em sentença de liquidação, sem prejuízo do ajuizamento de outras execuções. § 1º A execução coletiva far-se-á com base em certidão das sentenças de liquidação, da qual deverá constar a ocorrência ou não do trânsito em julgado. § 2º É competente para a execução, o Juízo: I – da liquidação da sentença ou da ação condenatória, no caso de execução individual; II – da ação condenatória, quando coletiva a execução".

da liquidação da sentença ou da ação condenatória, no caso de execução individual, ou, ainda ao juízo da ação condenatória, quando a execução se processar de forma coletiva (art. 98, § 2º, I e II, da Lei n. 8.078/90). Na espécie, a ação de execução individual foi proposta pelo sindicato profissional, na condição de representante de um dos trabalhadores beneficiários da condenação coletiva, perante o juízo prolator da sentença condenatória passada em julgado. Ainda que o trabalhador beneficiário do crédito exequendo resida em município inserido na competência territorial de outro órgão judicial, a eleição do foro da condenação está expressamente prevista em lei, devendo, pois, ser respeitada, sobretudo quando, diferentemente do que foi referido pelo juízo suscitado, não constou da sentença passada em julgado qualquer definição em torno da competência funcional para a execução respectiva. Conflito de competência admitido para declarar a competência do MM. Juízo da 2ª Vara do Trabalho de Macaé-RJ, suscitado (TST-CC-856-40.2014.5.03.0009, SBDI-II, Rel. Min. Douglas Alencar Rodrigues, *DEJT* 26-9-2014).

7.2. Da intimação do devedor para cumprimento da sentença

No processo civi, se o devedor, condenado ao pagamento de quantia líquida (ou, posteriormente, fixada em incidente processual de liquidação), não o efetuar no prazo de oito dias ou quarenta e oito horas[18], respectivamente, o montante da condenação será acrescido de multa no percentual de dez por cento[19] e, de acordo com os §§ 1º e 2º do art. 513 do CPC, o cumprimento (provisório ou definitivo) da sentença que reconhece o dever de pagar quantia será feito a requerimento do exequente, sendo o devedor intimado para cumprir a obrigação contida na sentença.

Nos domínios do processo do trabalho, sabemos que, nos termos do art. 878 da CLT, a execução pode ser promovida *ex officio* pelo próprio juiz da causa ou a requerimento de "qualquer interessado", sendo certo que o art. 880 da mesma Consolidação, com redação dada pela Lei n. 11.457/2007, prescreve, *in verbis*:

> Requerida a execução, o juiz ou presidente do tribunal mandará expedir mandado de citação do executado, a fim de que cumpra a decisão ou o acordo no prazo, pelo modo e sob as cominações estabelecidas ou, quando se tratar de pagamento em dinheiro, inclusive de contribuições sociais devidas à União, para que o faça em 48 (quarenta e oito) horas ou garanta a execução, sob pena de penhora.

18. No CPC, o prazo único é de quinze dias (art. 523).
19. É importante lembrar que o TST não permite a aplicação da multa do art. 475-J do CPC/73 na execução trabalhista (TST-E-RR-92900-15.2005.5.01.0053, SBDI-I, Rel. Min. Hugo Carlos Scheuermann, *DEJT* 19-9-2014).

Buscando a heterointegração dos subsistemas dos processos civil e trabalhista, verificamos, com Luciano Athayde Chaves, que o

> art. 880 da CLT ainda conserva a superada ideia da autonomia do processo de execução, na medida em que alude à necessidade de expedição de "mandado de citação ao executado, a fim de que cumpra a decisão ou o acordo no prazo". Cuida-se de comando normativo atingido em cheio pelo fenômeno do *ancilosamento normativo*, diante do que preconiza a atual dinâmica do processo comum, abrindo caminho para o reconhecimento do que a Ciência Jurídica denomina de *lacuna ontológica*[20].

Ora, como alerta o referido autor,

> não faz sentido algum se manter o intérprete fiel ao disposto no art. 880 da CLT enquanto o processo comum dispõe, agora, de uma estrutura que superou a exigência de nova citação para que se faça cumprir decisões judiciais, expressando, assim, maior sintonia com as ideias de celeridade, economia e efetividade processuais. É a hipótese mais evidente de lacuna ontológica do microssistema processual trabalhista. Também temos que considerar a enorme economia dos serviços judiciários, porquanto dispensada a confecção de mandados citatórios e, mais do que isso, a diligência pessoal do oficial de justiça para a citação do executado, providência complexa que envolve grande desperdício de tempo, sem falar nos inúmeros casos de ausência do executado para receber a citação, desaguando o feito na morosa providência da citação por edital (§ 3º do art. 880 da CLT)[21].

Assim, mediante o diálogo das fontes dos subsistemas do processo civil e trabalhista, parece-nos factível concluir que o cumprimento da sentença trabalhista poderá ser promovido, de ofício, pelo próprio juiz, ou a requerimento das partes, sendo certo que, em qualquer hipótese, o devedor não será *citado,* e sim *intimado* na pessoa do seu advogado, que é a situação mais corriqueira na atualidade. Na hipótese em que o devedor esteja exercendo o *jus postulandi* (CLT, art. 791), ou seja, não tiver advogado constituído nos autos, a sua intimação será feita por via postal e, depois de transcorrido o prazo para o cumprimento da obrigação, será expedida ordem de bloqueio de crédito no Bacen Jud.

Não deve o processo do trabalho, que sempre foi vanguardista em termos de celeridade e efetividade, ficar na contramão da história, deixando de aplicar, supletivamente, regras do CPC que otimizam a presteza da prestação jurisdicional. É

20. CHAVES, Luciano Athayde. *Recente reforma no processo comum...*, cit., p. 55.
21. Idem, p. 55-56.

preciso que seus operadores se libertem dos dogmas positivistas do liberalismo, que deixaram o direito processual do trabalho na dependência da edição de lei especial, para se emanciparem e se adequarem às novas exigências políticas, sociais, econômicas, culturais e tecnológicas e do novo modelo constitucional do processo. É só levantar os olhos e verificar como o STJ vinha interpretando a nova regra:

> PROCESSUAL CIVIL. CUMPRIMENTO DE SENTENÇA. MULTA PREVISTA NO ART. 475-J DO CPC. INTIMAÇÃO PESSOAL DO DEVEDOR. DESNECESSIDADE. VIOLAÇÃO AO ART. 535 DO CPC. INOCORRÊNCIA. MULTA. ART. 557, § 2º. PRECLUSÃO CONSUMATIVA. 1. A intimação da parte, por intermédio de advogado e pelos meios ordinários de publicação, acerca da prolação de decisão judicial que condena ao pagamento de quantia certa, e sobrevindo o trânsito em julgado, tem início o prazo de quinze dias a partir do qual incide a multa de dez por cento sobre o montante da condenação, prevista no art. 475-J do CPC, independentemente de nova intimação dirigida à parte, pessoalmente ou por intermédio do seu advogado. Precedentes do STJ: AgRg no Ag n. 1.188.566/RS, Rel. Min. João Otávio de Noronha, 4ª T., j. 10-8-2010, *DJe* 18-8-2010, AgRg no REsp n. 1.126.899/MS, Rel. Min. Sidnei Beneti, 3ª T., j. 17-6-2010, *DJe* 29-6-2010, REsp n. 1.087.606/RJ, Rel. Min. Castro Meira, 2ª T., j. 24-3-2009, *DJe* 23-4-2009; AgRg no REsp n. 955.243/RJ, Rel. Min. Benedito Gonçalves, 1ª T., j. 18-3-2010, *DJe* 26-3-2010). 2. Os embargos de declaração que enfrentam explicitamente a questão embargada não ensejam recurso especial pela violação do art. 535, II, do CPC. 3. A preclusão consumativa resta configurada ante a ausência de impugnação no primeiro momento oportuno, no caso o recurso especial, sobre matéria decidida no âmbito do Tribunal *a quo*. Circunstância que inviabiliza o conhecimento de tese apenas suscitada no agravo regimental nesta Corte. 4. Agravo regimental desprovido (STJ AGRESP 200901732695, Rel. Min. Luiz Fux, 1ª T., *DJE* 8-10-2010).

Vale destacar que o STJ, posteriormente, passou a entender necessária nova intimação do advogado do devedor para pagamento da quantia devida para o fim de incidir a multa, estando tal entendimento agora consagrado no art. 523 do CPC. Eis o julgado que representa a mudança de posição do STJ:

> PROCESSUAL CIVIL. LEI N. 11.232, DE 23-12-2005. CUMPRIMENTO DA SENTENÇA. EXECUÇÃO POR QUANTIA CERTA. JUÍZO COMPETENTE. ART. 475-P, II, E PARÁGRAFO ÚNICO, DO CPC. TERMO INICIAL DO PRAZO DE 15 DIAS. INTIMAÇÃO NA PESSOA DO ADVOGADO PELA PUBLICAÇÃO NA IMPRENSA OFICIAL. ART. 475-J DO CPC. MULTA. JUROS COMPENSATÓRIOS. INEXIGIBI-

LIDADE. 1. O cumprimento da sentença não se efetiva de forma automática, ou seja, logo após o trânsito em julgado da decisão. De acordo com o art. 475-J combinado com os arts. 475-B e 614, II, todos do CPC, cabe ao credor o exercício de atos para o regular cumprimento da decisão condenatória, especialmente requerer ao juízo que dê ciência ao devedor sobre o montante apurado, consoante memória de cálculo discriminada e atualizada. 2. Na hipótese em que o trânsito em julgado da sentença condenatória com força de executiva (sentença executiva) ocorrer em sede de instância recursal (STF, STJ, TJ e TRF), após a baixa dos autos à Comarca de origem e a aposição do "cumpra-se" pelo juiz de primeiro grau, o devedor haverá de ser intimado na pessoa do seu advogado, por publicação na imprensa oficial, para efetuar o pagamento no prazo de quinze dias, a partir de quando, caso não o efetue, passará a incidir sobre o montante da condenação, a multa de 10% (dez por cento) prevista no art. 475-J, *caput*, do Código de Processo Civil (...). Recurso especial conhecido e parcialmente provido (STJ-REsp 940274-MS 2007/0077946-1, Rel. Min. Humberto Gomes de Barros, Corte Especial, *DJe* 31-5-2010).

Trata-se de acórdão da Corte Especial do STJ que, por maioria, firmou o entendimento da necessidade de nova intimação específica do advogado da parte devedora para o pagamento da dívida como condição para a incidência da multa de 10% prevista no art. 475-J do CPC, como se vê de outros precedentes daquela Corte: AgRG no REsp n. 216.709, Rel. Min. João Otavio de Noronha, 3ª T.; AgRg no REsp n. 1.113.627, Rel Min. Raul Araújo, 4ª T.; AgRg no REsp n. 1.350.132, Rel Min. Luis Felipe Salomão, 4ª T.; REsp n. 1.320.287, Rel. Min. Nancy Andrighi, 3ª T.

É importante lembrar que, na esteira desse novo entendimento do STJ, a Jornada Nacional sobre Execução na Justiça do Trabalho, promovida pela Anamatra e realizada em Cuiabá/MT, no período de 24 a 26 de novembro de 2010, aprovou o Enunciado n. 12, *in verbis*:

> CUMPRIMENTO DA SENTENÇA. INTIMAÇÃO DA PARTE PELO ADVOGADO. I – Tornada líquida a decisão, desnecessária a citação do executado, bastando a intimação para pagamento por meio de seu procurador. II – Não havendo procurador, far-se-á a intimação ao devedor prioritariamente por via postal, com retorno do comprovante de entrega ou aviso de recebimento, e depois de transcorrido o prazo sem o cumprimento da decisão, deverá ser expedida ordem de bloqueio de crédito pelo sistema Bacen Jud.

Noutros termos, a nova interpretação dada ao art. 475-J do CPC/73, que tem como correspondente o § 1º do art. 523 do CPC, beneficia o devedor (e seu advogado), pois, na prática, haverá duas intimações do devedor (ou seu advogado): a primeira, da sentença que condena o réu ao pagamento em quantia certa e líquida (ou da decisão que homologa a liquidação); a segunda, para que o réu cumpra a obrigação no prazo legal, sob pena de multa de 10%[22].

7.3. Incidência da multa e dos honorários advocatícios pelo não pagamento espontâneo da obrigação por quantia certa

Fixado o novel conceito de sentença definitiva, como já vimos no Capítulo XVII, item 5.3, surgem consequências importantes para a efetividade do processo.

A principal delas repousa, antes mesmo do art. 523 do CPC, na circunstância de que no processo civil não existe um "processo" de execução de título judicial contendo obrigação por quantia certa, na medida em que, tornada líquida a obrigação de pagar contida na decisão, desnecessária a citação do executado, bastando a intimação do seu advogado para o correspondente pagamento.

Se o devedor não tiver advogado constituído nos autos, a sua intimação será feita prioritariamente por via postal, com retorno do comprovante de entrega ou aviso de recebimento, e depois de transcorrido o prazo sem o cumprimento da decisão, deverá ser expedida ordem de bloqueio de crédito pelo sistema Bacen Jud.

Na verdade, o processo do trabalho sempre adotou um processo sincrético, haja vista o disposto no § 1º do art. 832 da CLT, que diz: "Quando a decisão concluir pela procedência do pedido, determinará o prazo e as condições para o seu cumprimento".

No mesmo sentido, o art. 835 do texto consolidado reafirma que o "cumprimento do acordo ou da decisão far-se-á no prazo e condições estabelecidas".

As referidas normas processuais trabalhistas, portanto, determinam que o juiz, na sentença de procedência do pedido (ou homologatória do acordo entabulado pelas partes), deve determinar o prazo e as condições para o seu cumprimento.

Assim, considerando que há permissão no texto obreiro para o juiz dispor sobre o prazo e as condições para o cumprimento da sentença que reconheça a exigibilidade da obrigação de pagar quantia certa, mostra-se perfeitamente aplicável, supletivamente, a regra do art. 523 e seus §§ 1º, 2º e 3º do CPC, com as adaptações que demonstraremos adiante, porquanto rigorosamente compatível com os princípios que informam e fundamentam o processo do trabalho.

Destarte, mediante diálogo virtuoso das fontes, que propicia a heterointegração dos subsistemas dos processos civil e trabalhista, o devedor será intimado por meio de seu advogado e terá, no caso de quantia líquida já contida na sentença, o

---

22. Não era este, *data venia*, o entendimento majoritário do TST. Todavia, a questão será novamente debatida naquela Corte em função do incidente de recursos de revista repetitivos instaurado no RR-1786-24.2015.5.04.0000, onde serão enfrentadas as seguintes questões: *a*) a multa prevista no art. 523, § 1º, do CPC-2015 (antigo art. 475-J do CPC/73) é compatível com o Processo do Trabalho?; *b*) a definição quanto à aplicação efetiva dessa multa deve ocorrer na fase de execução trabalhista?

prazo de oito dias[23], ou, no caso de decisão homologatória da liquidação, o prazo de quarenta e oito horas[24], para, querendo, efetuar o pagamento da quantia devida.

Caso o devedor, intimado por seu advogado, não pague a quantia devida nos prazos acima referidos, incidirá a multa de 10% (dez por cento) sobre o total da dívida e, quando couber (TST, Súmula 219), mais dez por cento a título de honorários advocatícios.

Afinal, a *mens legis* extraída do art. 523 e seus §§ do CPC (CPC/73, art. 475-J) tem como objetivo imediato tirar o devedor da passividade em relação ao cumprimento da sentença condenatória, impondo-lhe o ônus de tomar a iniciativa e cumprir a sentença rapidamente e de forma voluntária.

Nesse passo, o TRT da 9ª Região/PR editou a Súmula 9, *in verbis*:

> APLICAÇÃO DA MULTA DO ART. 475-J DO CPC. RECURSOS CABÍVEIS. I. No caso de aplicação da multa do art. 475-J do CPC na própria sentença condenatória, prolatada no processo de conhecimento, a irresignação do Réu deverá ser manifestada no Recurso Ordinário; II. No caso de imposição da multa do art. 475-J do CPC após o trânsito em julgado da sentença condenatória, o ato judicial deverá ser impugnado por Agravo de Petição, nos termos do art. 897, *a* da CLT (Publicada no *DJPR* de 21-8-2007, p. 349).

É importante destacar que a 1ª Jornada de Direito Material e Processual do Trabalho, realizada em Brasília-DF, aprovou, em 23 de novembro de 2007, o Enunciado n. 71, cujo teor indica a nova hermenêutica do sistema processual trabalhista:

> ART. 475-J DO CPC. APLICAÇÃO NO PROCESSO DO TRABALHO. A aplicação subsidiária do art. 475-J do CPC atende às garantias constitucionais da razoável duração do processo, efetividade e celeridade, tendo, portanto, pleno cabimento na execução trabalhista.

O TST, contudo, pacificou o entendimento no sentido de que não se aplica a multa do art. 523, § 1º, do CPC (art. 475-J do CPC/73) no âmbito do processo do trabalho. Nesse sentido:

23. É de oito dias o prazo para interposição dos recursos trabalhistas (Lei n. 5.584/70, art. 6º). O prazo de quinze dias se justifica no processo civil devido ao fato de ser tal prazo o fixado para o recurso de apelação da sentença. Em sentido contrário: CHAVES, Luciano Athayde. *A recente reforma no processo comum:* reflexos no direito judiciário do trabalho. São Paulo: LTr, 2006. p. 56. Para esse autor, o prazo é de quinze dias por opção discricionária do legislador, pois da decisão que julga a liquidação, o devedor terá o prazo de dez dias para efetuar o pagamento sem incidência da multa.
24. O art. 880 da CLT dispõe que o prazo para pagamento ou garantia da execução por quantia certa é de 48 horas.

EXECUÇÃO. MULTA PREVISTA NO ART. 475-J DO CPC. APLICAÇÃO AO PROCESSO DO TRABALHO. IMPOSSIBILIDADE. Não se aplica a multa prevista no art. 475-J do CPC ao processo do trabalho, pois, no que diz respeito à execução trabalhista, não há omissão na CLT a autorizar a incidência subsidiária da norma processual civil. Ainda que assim não fosse, eventual lacuna seria preenchida pela aplicação da Lei n. 6.830/80, a qual tem prevalência sobre as regras do CPC, em sede de execução, conforme determinado no art. 889 da CLT. Com esses fundamentos, a SBDI-I, por unanimidade, conheceu dos embargos da reclamada, por divergência jurisprudencial, e, no mérito, deu-lhes provimento para afastar a aplicação da multa do art. 475-J do CPC (TST-E-RR-92900-15.2005.5.01.0053, SBDI-I, Rel. Min. Hugo Carlos Scheuermann, 11-9-2014, Informativo sobre Execução n. 5/2014).

Pedimos vênia para dissentir do único argumento lançado pela SBDI-1/TST para negar a aplicação da multa prevista no art. 475-J do CPC (correspondente ao art. 523, § 1º, do CPC/73) no processo do trabalho, qual seja: "não há omissão na CLT a autorizar a incidência subsidiária da norma processual civil. Ainda que assim não fosse, eventual lacuna seria preenchida pela aplicação da Lei n. 6.830/80".

Paradoxalmente, aquela Corte vem aplicando regras do CPC – a nosso sentir, corretamente – mesmo diante da inexistência de lacuna normativa da legislação processual trabalhista, como é o caso da Súmula 303 do TST.

Como se sabe, a referida Súmula adota o conteúdo do art. 496 do CPC (art. 475 do CPC/73), que restringe as hipóteses de remessa necessária às sentenças que contenham obrigação de pagar quantia superior a 100, 500 ou 1.000 salários mínimos, conforme o caso.

Ocorre que não há omissão da legislação processual trabalhista, uma vez que o Decreto-Lei n. 779/69 (art. 1º, V), que é norma especial justrabalhista, prevê o "recurso ordinário *ex officio* das decisões que lhe sejam total ou parcialmente contrárias", isto é, *de lege lata*, toda decisão da Justiça do Trabalho desfavorável às pessoas jurídicas de direito público estão sujeitas ao duplo grau de jurisdição obrigatório, independentemente do valor da condenação.

Há, portanto, *data maxima venia*, nítida contradição e incoerência na posição da mais alta Corte Obreira a respeito da aplicação subsidiária do CPC/73, pois ora a admite quando não existe lacuna (normativa, acrescentamos) na legislação processual trabalhista (TST, Súmula 303), ora não a admite, como na hipótese da multa do art. 475-J do CPC (correspondente ao art. 523, § 1º, do CPC).

Parece-nos que o entendimento do TST deveria ser modificado com o advento do Novo Código de Processo Civil, pelos seguintes fundamentos:

- o art. 15 do CPC determina que suas disposições serão aplicadas não apenas subsidiariamente como também supletivamente no processo do trabalho;

- a multa de 10% prevista no § 1º do art. 523 do CPC consta em um parágrafo isolado, que deve ser utilizado de forma suplementar ao procedimento previsto no art. 880 da CLT, diferentemente do que ocorria com o art. 475-J do CPC/73, no qual a multa ora focalizada estava inserida "dentro" do procedimento alusivo ao cumprimento da sentença que reconheça obrigação de pagar quantia certa;
- o CPC está a demonstrar a existência de lacunas ontológicas e axiológicas no tocante à aplicação de multa como forma de efetivar o cumprimento espontâneo do comando obrigacional contido na sentença;
- há manifesta compatibilidade da aplicação da multa em apreço com a principiologia que fundamenta o processo do trabalho;
- além disso, e o que é mais importante, a aplicação da multa prevista no § 1º do art. 523 do CPC atende aos princípios/garantias/direitos fundamentais da razoável duração do processo, da efetividade e da celeridade processuais, tendo, assim, pleno cabimento no processo trabalhista.

Esperava-se, assim, que o TST, no seu papel de órgão uniformizador da jurisprudência, evoluísse o seu entendimento para que o processo do trabalho – assim como o processo civil – passasse a ser ordenado, disciplinado e interpretado conforme os valores e as normas fundamentais estabelecidos na Constituição da República Federativa do Brasil (CPC, art. 1º).

Afinal, ao aplicar o ordenamento jurídico, o TST também deveria atender aos fins sociais e às exigências do bem comum, resguardando e promovendo a dignidade da pessoa humana e observando a proporcionalidade, a razoabilidade, a legalidade, a publicidade e a eficiência (CPC, art. 8º).

Ademais, o art. 139, IV, do CPC estabelece como um dos principais deveres do magistrado: "determinar todas as medidas indutivas, coercitivas, mandamentais ou sub-rogatórias necessárias para assegurar o cumprimento de ordem judicial, inclusive nas ações que tenham por objeto prestação pecuniária". Dentre as medidas necessárias para assegurar o cumprimento da sentença que reconheça obrigação por quantia certa está, seguramente, a multa prevista no § 1º do art. 523 do CPC.

De outro lado, se no direito comparado os juízes aplicam multa por descumprimento de suas decisões sem previsão na lei, mas valendo-se apenas da interpretação do texto constitucional, com muito mais razão os juízes trabalhistas brasileiros, ante a previsão expressa do art. 523, § 1º, do CPC, têm o dever de aplicar a multa ali prevista. É uma questão de dever institucional com a observância dos valores e normas (princípios e regras) fundamentais, em especial com o princípio da máxima efetividade das normas definidoras de direitos fundamentais consagradas no Texto Magno e o princípio da eficiência da prestação do serviço público jurisdicional.

É preciso que as Cortes Trabalhistas se desgarrem do positivismo jurídico formalista e, como sublinha Valter Souza Pugliesi, reconheçam que as "lacunas do processo do trabalho invocam a necessidade da adoção de procedimentos que, superando as referidas omissões, permitam ao jurisdicionado a obtenção de uma prestação jurisdicional célere, eficaz, com duração razoável, seja por autorização normativa, seja por construção jurisprudencial, a partir da mudança de atitude e de mentalidade dos operadores do direito, buscando interpretação que concretize os ideais de efetividade, celeridade e justiça"[25].

Não obstante todas as argumentações supracitadas, o TST perdeu a excelente oportunidade de rever o seu posicionamento, porquanto no Incidente de Recursos de Revista Repetitivos (IRR-1786-24.2015.5.04.0000), o Pleno daquela Corte firmou uniformizou entendimento no sentido de que "a multa coercitiva do art. 523, § 1º, do CPC de 2015 (art. 475-J do CPC de 1973) não é compatível com as normas vigentes da CLT por que se rege o processo do trabalho, ao qual não se aplica".

Para finalizar este tópico, é importante lembrar que, de acordo com o art. 526 do CPC, aplicável ao processo do trabalho (CLT, art. 769; CPC, art. 15), é lícito ao réu, antes de ser intimado para o cumprimento da sentença, comparecer em juízo e oferecer em pagamento o valor que entender devido, apresentando memória discriminada do cálculo. Neste caso, o autor será ouvido no prazo de cinco dias, podendo impugnar o valor depositado, sem prejuízo do levantamento do depósito a título de parcela incontroversa. Se o autor não se opuser, o juiz declarará satisfeita a obrigação e extinguirá o processo. Mas, concluindo o juiz pela insuficiência do depósito, sobre a diferença incidirão multa de dez por cento e honorários advocatícios, também fixados em dez por cento, seguindo-se a execução com penhora e atos subsequentes.

7.3.1. Natureza da multa de dez por cento

A natureza jurídica da multa prevista no § 1º do art. 523 do CPC é punitiva, isto é, aflora-se como uma sanção processual, em valor prefixado pela lei (dez por cento sobre o montante devido), ao devedor que se nega a cumprir espontaneamente a obrigação (líquida) de pagar quantia certa já fixada na sentença[26], retardando, assim, a efetividade da prestação da tutela jurisdicional.

Tal multa não se confunde com a *astreinte*, que é uma medida de pressão psicológica, fixada geralmente por dia de atraso, para que o próprio devedor cumpra obrigações específicas, ou seja, uma forma de execução indireta nas condenações em obrigações de fazer, não fazer ou entregar coisa, cujo valor deverá ser suficiente ou

25. PUGLIESI, Valter Souza. Execução forçada: liquidação, penhora, avaliação e embargos (à execução, de terceiro e à expropriação). In: CHAVES, Luciano Athayde (Org.). *Curso de processo do trabalho*. 2. ed. São Paulo: LTr, 2012. p. 967.

26. No mesmo sentido: NEVES, Daniel Amorim Assumpção; RAMOS, Glauco Gumerato; FREIRE, Rodrigo da Cunha Lima; MAZZEI, Rodrigo. *Reforma do CPC*: Leis ns. 11.187/2005, 11.232/2005, 11.276/2006, 11.277/2006 e 11.280/2006. São Paulo: Revista dos Tribunais, 2006. p. 218-219.

compatível com a respectiva obrigação, de acordo com o poder discricionário do juiz (CPC/73, art. 461, § 4º; CPC, art. 536, § 1º).

Saliente-se que o inciso IV do art. 139 do CPC passou a admitir a aplicação de *astreinte* como medida indutiva, coercitiva, mandamental ou sub-rogatória necessária "para assegurar o cumprimento de ordem judicial, inclusive nas ações que tenham por objeto prestação pecuniária". É dizer, a norma em apreço autoriza o juiz a fixar, além da multa prevista no § 1º do art. 523, outra multa, arbitrada progressivamente por dia de atraso, até que o devedor cumpra a ordem judicial.

Trata-se de regra – como bem lembra Cassio Scarpinella Bueno – "que convida à reflexão sobre o CPC de 2015 ter passado a admitir, de maneira expressa, verdadeira regra de flexibilização das técnicas executivas, permitindo ao magistrado, consoante as peculiaridades de cada caso concreto, modificar o modelo preestabelecido pelo Código, determinando a adoção, sempre de forma fundamentada, dos mecanismos que se mostrem mais adequados para a satisfação do direito, levando em conta as peculiaridades do caso concreto"[27].

Destarte, a multa prevista no § 1º do art. 523 do CPC é de ordem pública, não podendo o juiz majorá-la ou diminuí-la, diferentemente do que ocorre com as *astreintes*.

Lembramos, contudo, por lealdade ao leitor, que o Pleno do TST decidiu, por maioria, em incidente de recurso de revista repetitivo (IRR-1786-24.2015.5.04.0000) que a multa prevista no § 1º do art. 523 do CPC é incompatível com o processo do trabalho.

Pensamos que andou mal o TST, pois não reconheceu a existência de lacunas ontológica e axiológica no Texto Obreiro, não adotou a teoria do diálogo das fontes e, o que é mais grave, deixou de interpretar a CLT conforme a CF, afastando-se, assim, dos princípios constitucionais da celeridade, da correção das desigualdades sociais e da efetividade do acesso à justiça.

7.3.2. Incidência da multa de dez por cento na execução provisória

O art. 475-J do CPC/73 era omisso a respeito do termo inicial para a incidência da multa de dez por cento. Contudo, tendo em vista que a execução provisória se faz, no que couber, do mesmo modo que a definitiva (CPC/73, art. 475-O), já era factível deduzir que a referida multa incidiria independentemente do trânsito em julgado da sentença exequenda.

Todavia, não era este o entendimento que vinha prevalecendo no STJ, como se infere dos seguintes julgados:

27. BUENO, Cassio Scarpinella. *Manual de direito processual civil*. 2. ed. São Paulo: Saraiva, 2016. p. 184.

PROCESSUAL CIVIL. MULTA DO ART. 475-J. CUMPRIMENTO DE SENTENÇA. EXECUÇÃO PROVISÓRIA. IMPOSSIBILIDADE. LIQUIDAÇÃO POR ARBITRAMENTO AFASTADO PELA VIA ORDINÁRIA. REEXAME. SÚMULA 7/STJ. I. Ainda que a execução provisória realize-se, no que couber, do mesmo modo que a definitiva, na dicção do art. 475-O do CPC, é inaplicável a multa do art. 475-J, endereçada exclusivamente à segunda, haja vista que exige-se, no último caso, o trânsito em julgado do pronunciamento condenatório, não reconhecido nas instâncias ordinárias. II. Restando acolhidos os cálculos aritméticos apresentados pelo exequente, impossível seu reexame para alterar a forma de liquidação adotada pela via ordinária, em razão do óbice da Súmula 7/STJ. III. Agravos regimentais improvidos (STJ-AgRg no Agravo de Instrumento n. 993.399/RS, 4ª T., Rel. Min. Aldir Passarinho Junior, *DJe* 17-5-2010).

AGRAVO REGIMENTAL EM AGRAVO DE INSTRUMENTO. EXECUÇÃO PROVISÓRIA. ART. 475-J. MULTA. INAPLICABILIDADE. 1. A jurisprudência do STJ consolidou o entendimento de que a multa disposta no art. 475-J do CPC não tem aplicabilidade à hipótese de execução provisória ante a inexistência de decisão transitada em julgado. Aplicação ao caso de jurisprudência consolidada desta Corte. 2. Agravo regimental a que se nega provimento (STJ-AgRg no Ag n. 1.305.337 SP 2010/0078321-6, Rel. Min. Luis Felipe Salomão, 4ª T., *DJe* 21-8-2013).

Tal entendimento deverá ser radicalmente modificado, uma vez que o § 2º do art. 520 do CPC dispõe literalmente que a "multa e os honorários a que se refere o § 1º do art. 523 são devidos no cumprimento provisório de sentença condenatória ao pagamento de quantia certa".

É preciso destacar, outrossim, que se a SBDI-1 do TST nem sequer admite o cabimento, no processo do trabalho, da multa do art. 475-J do CPC/73 (CPC/2015, art. 523, § 1º) na execução definitiva, forçoso é concluir, lamentavelmente, que, na linha interpretativa daquela Corte, não há como se cogitar de início de prazo para a incidência da multa em questão, muito menos na execução provisória.

Tal entendimento do TST foi mantido no Incidente de Recurso de Revista Repetitivo instaurado no IRR-1786-24.2015.5.04.0000, no qual foi afastada, por maioria, a aplicação da multa prevista no art. 523, § 1º, do CPC, uniformizando o Pleno daquela Corte o entendimento de que essa multa é incompatível com o processo do trabalho.

7.4. Do auto de penhora e avaliação

No processo civil, o cumprimento definitivo da sentença depende de requerimento do exequente, sendo intimado o executado para cumprir a obrigação de pagar quantia certa (CPC, art. 523, *caput*). E, nos termos do § 3º do art. 523 do CPC: "Não efetuado tempestivamente o pagamento voluntário, será expedido, desde logo, mandado de penhora e avaliação, seguindo-se os atos de expropriação".

No processo do trabalho a execução, ou melhor, o cumprimento da sentença que reconheça a exigibilidade da obrigação para pagar quantia certa, poderá ser promovido por qualquer interessado ou, de ofício, pelo próprio juiz (CLT, art. 878).

O mandado de "citação" (a nosso ver, trata-se de intimação) poderá ser dirigido ao próprio executado ou ao seu advogado, e deverá ser realizado por meio de oficial de justiça (CLT, art. 880, § 2º), dele devendo constar a cópia de sentença a ser cumprida (idem, § 1º).

No processo do trabalho os oficiais de justiça são também avaliadores (CLT, arts. 721 e 888 e Lei n. 5.442/68), valendo registrar que eles têm o prazo de até 10 (dez) dias para realizar a avaliação. Se a avaliação depender de conhecimentos técnicos que não puderem ser do domínio do oficial de justiça, por declaração expressa deste, não vemos óbice para que o juiz nomeie outro avaliador.

Assim, caso o devedor não pague, nem indique os bens à penhora, ou os indique sem observar a ordem preferencial do art. 835 do CPC (art. 655 do CPC/73), deverá incidir a regra do art. 883 da CLT, segundo a qual a penhora, no processo do trabalho, é determinada pelo juiz *ex officio*.

Todavia, não há óbice para que o exequente ou o próprio executado indiquem os bens à penhora. Afinal, a execução trabalhista pode ser promovida pela parte (exequente ou executado) interessada ou pelo juiz (CLT, art. 878).

É importante ressaltar que, por força do *Convênio Bacen Jud*, o processo do trabalho vem admitindo que o exequente possa requerer (e o juiz determinar, de ofício) a penhora (ou bloqueio) *on line* do dinheiro existente em conta bancária do devedor, o que, na prática, tem contribuído enormemente para a efetividade da tutela executiva no processo laboral.

7.5. Arquivamento dos autos

O § 5º do art. 475-J do CPC/73 previa que "não sendo requerida a execução no prazo de seis meses, o juiz mandará arquivar os autos, sem prejuízo de seu desarquivamento a pedido da parte". O CPC não contém dispositivo correspondente.

De toda a sorte, já defendíamos que tal norma não se aplica ao processo do trabalho, tendo em vista que os arts. 876, parágrafo único, e 878 da CLT, que não padecem de ancilosamento, dispõem que a execução pode ser promovida tanto pelo interessado quanto pelo juiz, de ofício. Ora, se o próprio juiz do trabalho pode promover a execução (trabalhista e previdenciária), então não poderá ele "mandar arquivar os autos" no caso de a parte não "requerer" a execução.

8. IMPUGNAÇÃO (OU EMBARGOS) DO EXECUTADO

No CPC/73, com o advento da Lei n. 11.232/2005, que instituiu o processo sincrético contendo fases de conhecimento e de execução, não se poderia mais falar em *embargos de devedor* como *ação incidental ao processo de execução de título judicial*.

O CPC prevê o procedimento da impugnação do executado no cumprimento da sentença que reconheça obrigação por quantia certa (arts. 525 *et seq.*) e o procedimento dos embargos do executado na execução de título extrajudicial (arts. 914 *et seq.*).

De acordo com art. 525 do CPC:

> Art. 525. Transcorrido o prazo previsto no art. 523 sem o pagamento voluntário, inicia-se o prazo de 15 (quinze) dias para que o executado, independentemente de penhora ou nova intimação, apresente, nos próprios autos, sua impugnação.

Vê-se, assim, que, no CPC, o executado, depois de transcorrido o prazo de quinze dias para cumprimento voluntário da obrigação de pagar o valor devido, tem mais o prazo de quinze dias, independentemente de penhora ou nova intimação, para apresentar, nos próprios autos, sua impugnação.

Tal impugnação do executado é, pois, mero incidente processual na fase de conhecimento, e não ação incidental.

Nos termos do § 1º do art. 525 do CPC, impugnação do executado somente poderá versar sobre:

> I – falta ou nulidade da citação se, na fase de conhecimento, o processo correu à revelia;
>
> II – ilegitimidade de parte;
>
> III – inexequibilidade do título ou inexigibilidade da obrigação;
>
> IV – penhora incorreta ou avaliação errônea;
>
> V – excesso de execução ou cumulação indevida de execuções;
>
> VI – incompetência absoluta ou relativa do juízo da execução;
>
> VII – qualquer causa modificativa ou extintiva da obrigação, como pagamento, novação, compensação, transação ou prescrição, desde que supervenientes à sentença.

Se o executado alegar impedimento ou suspeição do juiz, deverá ser observado o que dispõem os arts. 146 e 148 do CPC.

O § 3º do art. 525 do CPC manda aplicar à impugnação do executado o disposto no art. 229 do mesmo Código, relativamente aos prazos destinados aos litisconsortes com diferentes procuradores, regra que não se aplica ao processo do trabalho por incompatibilidade com os seus princípios da celeridade e da simplicidade.

Os §§ 4º e 5º do art. 525 do CPC, segundo os quais "quando o executado alegar que o exequente, em excesso de execução, pleiteia quantia superior à resultante da sentença, cumprir-lhe-á declarar de imediato o valor que entende correto, apresentando demonstrativo discriminado e atualizado de seu cálculo" e "se não apontado o valor correto ou não apresentado o demonstrativo, a impugnação será liminarmente rejeitada, se o excesso de execução for o seu único fundamento, ou, se houver outro, a impugnação será processada, mas o juiz não examinará a alegação de excesso de execução", são aplicáveis ao processo do trabalho (CLT, art. 769; CPC, art. 15).

Pensamos que não pode ser aplicável parcialmente ao processo do trabalho o disposto nos §§ 6º a 10 do art. 525 do CPC, *in verbis*:

> § 6º A apresentação de impugnação não impede a prática dos atos executivos, inclusive os de expropriação, podendo o juiz, a requerimento do executado e desde que garantido o juízo com penhora, caução ou depósito suficientes, atribuir-lhe efeito suspensivo, se seus fundamentos forem relevantes e se o prosseguimento da execução for manifestamente suscetível de causar ao executado grave dano de difícil ou incerta reparação.
>
> § 7º A concessão de efeito suspensivo a que se refere o § 6º não impedirá a efetivação dos atos de substituição, de reforço ou de redução da penhora e de avaliação dos bens.
>
> § 8º Quando o efeito suspensivo atribuído à impugnação disser respeito apenas a parte do objeto da execução, esta prosseguirá quanto à parte restante.
>
> § 9º A concessão de efeito suspensivo à impugnação deduzida por um dos executados não suspenderá a execução contra os que não impugnaram, quando o respectivo fundamento disser respeito exclusivamente ao impugnante.
>
> § 10. Ainda que atribuído efeito suspensivo à impugnação, é lícito ao exequente requerer o prosseguimento da execução, oferecendo e prestando, nos próprios autos, caução suficiente e idônea a ser arbitrada pelo juiz.

Parece-nos inaplicável o § 11 do art. 525 do CPC, por inexistência de lacuna da CLT (art. 884, § 1º) e por ser incompatível com o princípio da celeridade processual trabalhista.

Vê-se, portanto, que o CPC extinguiu, no processo civil, a *ação* de embargos do devedor, substituindo-a por um simples *incidente processual* na fase de conhecimento, cujo prazo será de quinze dias contados do décimo quinto dia da intimação do executado para pagamento espontâneo da dívida reconhecida em título judicial.

No processo do trabalho, reza o art. 884 e seu § 1º da CLT:

> Art. 884. Garantida a execução ou penhorados os bens, terá o executado 5 (cinco) dias para apresentar embargos, cabendo igual prazo ao exequente para impugnação[28].

28. O art. 1º-B da Lei n. 9.494/97, com redação dada pela Medida Provisória n. 2.180-35, de 2001, ampliou o prazo dos embargos do devedor para 30 (trinta) dias. A ampliação desse prazo é, a

§ 1º A matéria de defesa será restrita às alegações de cumprimento da decisão ou do acordo, quitação ou prescrição da dívida.

Assim, diante da norma expressa da CLT, que propicia maior celeridade e efetividade ao processo, parece-nos inaplicável no processo do trabalho[29] o prazo de quinze dias para o oferecimento de impugnação do executado (embargos do executado).

Vale dizer, no processo do trabalho o executado terá até cinco dias, contados do depósito em dinheiro para garantia da execução ou da penhora dos seus bens, para protocolar a sua petição de impugnação à execução (embargos à execução, na linguagem da CLT). O exequente terá idêntico prazo de cinco dias para impugnar os embargos do executado.

8.1. Matéria arguível na impugnação (embargos) do executado

No que respeita à matéria arguível na impugnação (ou embargos) do devedor, sabe-se que a doutrina e a jurisprudência juslaboralistas sempre mitigaram o conteúdo restritivo do § 1º do art. 884 da CLT, o qual também sofreu de envelhecimento (lacuna ontológica); sendo assim, não vemos qualquer impedimento da aplicação do art. 525, § 1º, do CPC (art. 475-L do CPC/73) no processo laboral, razão pela qual remetemos o leitor ao item 24.3, *infra*.

Com efeito, dispõe o § 1º do art. 525 do CPC, que, na impugnação, o executado poderá alegar:

I – falta ou nulidade da citação se, na fase de conhecimento, o processo correu à revelia;

II – ilegitimidade de parte;

III – inexequibilidade do título ou inexigibilidade da obrigação;

nosso ver, duplamente inconstitucional, por não observar os requisitos de urgência e relevância exigidos pelo art. 62 da CF e por estabelecer um privilégio desarrazoado para o devedor, especialmente a Fazenda Pública, em detrimento do credor, mormente o destinatário de crédito de natureza alimentícia. O TST, no incidente de declaração de inconstitucionalidade suscitado em recurso de revista (RR 70/1992.011.04.00-7), declarou a inconstitucionalidade da norma que ampliou para trinta dias o prazo para os embargos de devedor. O STF, porém, no julgamento liminar da ADC n. 11, determinou a suspensão do andamento de todos os processos que discutiam a constitucionalidade do art. 1º-B da Lei n. 9.494/97.

29. Existe no STF a ADI n. 2.418-3, em que o Conselho Federal da OAB sustenta a inconstitucionalidade do novel § 5º do art. 884 da CLT (e do art. 730 do CPC), que elevou para trinta dias o prazo para os embargos à execução.

IV – penhora incorreta ou avaliação errônea;

V – excesso de execução ou cumulação indevida de execuções;

VI – incompetência absoluta ou relativa do juízo da execução;

VII – qualquer causa modificativa ou extintiva da obrigação, como pagamento, novação, compensação, transação ou prescrição, desde que supervenientes à sentença.

Outra importante regra a respeito da impugnação do executado, que também consta do § 5º do art. 884 da CLT, está consubstanciada nos §§ 12 a 15 do art. 525 do CPC:

> Art. 525. (...) § 12. Para efeito do disposto no inciso III do § 1º deste artigo, considera-se também inexigível a obrigação reconhecida em título executivo judicial fundado em lei ou ato normativo considerado inconstitucional pelo Supremo Tribunal Federal, ou fundado em aplicação ou interpretação da lei ou do ato normativo tido pelo Supremo Tribunal Federal como incompatível com a Constituição Federal, em controle de constitucionalidade concentrado ou difuso.
>
> § 13. No caso do § 12, os efeitos da decisão do Supremo Tribunal Federal poderão ser modulados no tempo, em atenção à segurança jurídica.
>
> § 14. A decisão do Supremo Tribunal Federal referida no § 12 deve ser anterior ao trânsito em julgado da decisão exequenda.
>
> § 15. Se a decisão referida no § 12 for proferida após o trânsito em julgado da decisão exequenda, caberá ação rescisória, cujo prazo será contado do trânsito em julgado da decisão proferida pelo Supremo Tribunal Federal.

É importante lembrar o que dispõem os §§ 4º e 5º do CPC, segundo os quais quando o executado alegar que o exequente, em excesso de execução, pleitear quantia superior à resultante da sentença, cumprir-lhe-á declarar de imediato o valor que entender correto, apresentando demonstrativo discriminado e atualizado de seu cálculo. Se o executado não apontar o valor correto ou não apresentar o demonstrativo, a impugnação será liminarmente rejeitada, se o excesso de execução for o seu único fundamento, ou, se houver outro, a impugnação será processada, mas o juiz não examinará a alegação de excesso de execução. Essas regras, ao que nos parece, não são incompatíveis com o processo do trabalho.

Além disso, prevê o § 6º do art. 525 do CPC (supletivamente aplicável ao processo do trabalho) que a apresentação de impugnação do executado

> não impede a prática dos atos executivos, inclusive os de expropriação, podendo o juiz, a requerimento do executado e desde que garantido o juízo com penhora, caução ou depósito suficientes, atribuir-lhe efeito suspensivo, se seus fundamentos forem relevantes e se o prosseguimento da execução for manifestamente suscetível de causar ao executado grave dano de difícil ou incerta reparação.

Quanto aos §§ 4º a 5º do art. 525 do CPC, cremos que existem lacunas normativa e ontológica da CLT, sendo certo que não há incompatibilidade com a principiologia do processo laboral, razão pela qual é factível deduzir que estamos diante de regra que contribui para a efetividade do processo trabalhista, na medida em que a rejeição liminar dos embargos sob tal fundamento implicará maior celeridade e economia para a execução trabalhista.

Se adotarmos a tese de que, no processo do trabalho, não há mais, em princípio, um processo de execução de sentença, então é forçoso concluir que os embargos do devedor (CLT, art. 884) deixam de ser uma ação e passam a ser simples *incidente processual* no curso da fase de conhecimento.

No entanto, tratando-se de execução contra a Fazenda Pública (item 33, *infra*), há tratamento diferenciado no CPC, como veremos no item 24, *infra*.

8.1.1. Parcelamento da dívida trabalhista

O art. 916 do CPC dispõe:

> Art. 916. No prazo para embargos, reconhecendo o crédito do exequente e comprovando o depósito de trinta por cento do valor em execução, acrescido de custas e de honorários de advogado, o executado poderá requerer que lhe seja permitido pagar o restante em até 6 (seis) parcelas mensais, acrescidas de correção monetária e de juros de um por cento ao mês.
>
> § 1º O exequente será intimado para manifestar-se sobre o preenchimento dos pressupostos do *caput*, e o juiz decidirá o requerimento em 5 (cinco) dias.
>
> § 2º Enquanto não apreciado o requerimento, o executado terá de depositar as parcelas vincendas, facultado ao exequente seu levantamento.
>
> § 3º Deferida a proposta, o exequente levantará a quantia depositada, e serão suspensos os atos executivos.
>
> § 4º Indeferida a proposta, seguir-se-ão os atos executivos, mantido o depósito, que será convertido em penhora.
>
> § 5º O não pagamento de qualquer das prestações acarretará cumulativamente:
>
> I – o vencimento das prestações subsequentes e o prosseguimento do processo, com o imediato reinício dos atos executivos;
>
> II – a imposição ao executado de multa de dez por cento sobre o valor das prestações não pagas.
>
> § 6º A opção pelo parcelamento de que trata este artigo importa renúncia ao direito de opor embargos.
>
> § 7º O disposto neste artigo não se aplica ao cumprimento da sentença.

As regras acima são aplicáveis ao processo (civil) de execução de título extrajudicial, mas não são aplicáveis à impugnação do executado ao cumprimento da sentença, como veda expressamente o § 7º do art. 916 do CPC.

Parece-nos, de qualquer sorte, que a faculdade conferida ao embargante-executado em processo de execução fundado em título executivo extrajudicial para parcelar o seu débito em desfavor do exequente é incompatível com o processo do trabalho, pelo menos nos casos em que o crédito do exequente-embargado tiver natureza alimentícia.

Vale dizer, se a obrigação de pagar quantia certa contida no título judicial for de natureza alimentícia, tal como ocorre geralmente no processo trabalhista, parece-nos que o embargante-executado não tem o "direito subjetivo" de requerer ao juiz o parcelamento do débito.

Ademais, não há lacuna na CLT (art. 884) na espécie, pois o executado tem que garantir a execução para poder impugnar a sentença (ou embargar a execução).

Assim, pensamos que nas execuções de título judicial decorrentes de ações oriundas da relação de emprego (ou da relação de trabalho avulso), não há como aplicar supletiva ou subsidiariamente a regra do art. 916 do CPC (art. 745-A do CPC/73). Afinal, no processo trabalhista, a execução há de ser efetivada com o máximo de benefício ao credor, e a norma em questão não tem por escopo proteger o credor, e sim o devedor.

A nosso sentir, portanto, se o executado (devedor), em vez de garantir a execução, apresentar petição requerendo o benefício do art. 916 do CPC/2015 (art. 745-A do CPC/73), haverá preclusão do seu direito de embargar a execução do título extrajudicial (ou de impugnar o cumprimento da sentença). Afinal, o devedor de boa-fé deve procurar o credor e apresentar-lhe proposta de pagamento da dívida. Se o credor não desejar o parcelamento do seu crédito, seria abusiva a decisão do magistrado que impuser o parcelamento, máxime em se tratando de crédito de natureza alimentícia.

Não obstante, afigura-se-nos que tal norma do CPC/2015 (art. 916), a despeito da IN/TST n. 27/2005 (art. 1º), pode ser aplicada nas ações/execuções que passaram para a competência da Justiça do Trabalho (CF, art. 114, com redação dada pela EC n. 45/2004).

É importante ressaltar que na Jornada Nacional sobre Execução na Justiça do Trabalho realizada em Cuiabá-MT (2010), promovida pela Anamatra, foi aprovado o Enunciado n. 39, sem qualquer distinção acerca do conteúdo material da obrigação de pagar contida no título judicial ou extrajudicial. Eis o teor desse verbete:

> RECONHECIMENTO DO CRÉDITO DO EXEQUENTE POR PARTE DO EXECUTADO. PARCELAMENTO DO ART. 745-A DO CÓDIGO DE PROCESSO CIVIL (CPC). É compatível com o Processo do Trabalho o parcelamento previsto na norma do art. 745-A do Código de Processo Civil.

Há alguns julgados permitindo a aplicação do art. 745-A do CPC/73 (equivalente ao art. 916 do CPC) no processo do trabalho. Nesse sentido:

ART. 745-A DO CPC. PARCELAMENTO DA DÍVIDA. APLICAÇÃO AO PROCESSO DO TRABALHO. COMPATIBILIDADE. O art. 745-A do CPC é plenamente aplicável ao Processo do Trabalho, haja vista os termos do art. 769 da CLT, bem como o fato de imprimir celeridade à execução, traduzindo não só faculdade assegurada por lei ao devedor, bem como garantia ao exequente do recebimento do crédito de forma mais rápida, através do levantamento do depósito exigido de 30% do valor da execução e sem que haja discussão acerca do montante da dívida. Assim, merece acolhida o pedido de parcelamento do débito, nos moldes previstos no referido dispositivo de lei (TRT-9ª R., PROC. 5823-2005-7-9-0-0, Rel. Des. Dirceu Buyz Pinto Júnior, Seção Especializada, *DO* 5-9-2008).

Todavia, ainda que se admita a aplicação do art. 745-A do CPC/73 (CPC, art. 916) no processo do trabalho, o intérprete deve ter muita cautela, especialmente para verificar se foram atendidos os requisitos estabelecidos na referida norma, tais como: o requerimento do executado no prazo para o ajuizamento dos embargos à execução e a intimação prévia do exequente para manifestar sua concordância (ou não) com o parcelamento. Nesse sentido:

PARCELAMENTO DA DÍVIDA EM EXECUÇÃO PREVISTO NO ART. 745-A DO CPC. APLICAÇÃO SUBSIDIÁRIA AO PROCESSO DO TRABALHO. ADEQUAÇÃO. Não se visualiza qualquer impedimento à aplicação no processo do trabalho do parcelamento previsto no art. 745-A do CPC, até porque compatível com os princípios da efetiva execução e da menor onerosidade ao devedor, desde que, é lógico, observados os requisitos legais para tanto. Na hipótese, porém, não restaram atendidos dois dos requisitos imprescindíveis à adoção do procedimento em questão, quais sejam, a formulação do requerimento de parcelamento no prazo para o ajuizamento dos Embargos à Execução e a intimação prévia do Credor Exequente para manifestar sua concordância, ou não, com o pagamento na forma prevista no art. 745-A do CPC (TRT-10ª R., AP 01165-1995-811-10-85-6, Rel. Des. José Leone Cordeiro Leite, 3ª T., *DEJT* 7-12-2012).

AGRAVO DE PETIÇÃO DO EXEQUENTE. PARCELAMENTO DA DÍVIDA. APLICAÇÃO DO ART. 745-A DA CLT. A aplicação do art. 745-A do CPC ao Processo do Trabalho deve ser relativizada. O parcelamento de valores deve decorrer de acordo firmado entre as partes, considerando a natureza alimentar do crédito trabalhista e obedecidos os requisitos exigidos pelo próprio dispositivo legal. No caso, verificado o adimplemento total do parcelamento, não prospera a insurgência do exequente (TRT 4ª R., AP 0072000-88.2009.5.04.0731, Rel. Des. Maria da Graça Ribeiro Centeno, j. 16-7-2013).

Para encerrar este tópico, lembramos que o art. 3º, XXI, da IN n. 39/2016 do TST manda aplicar ao processo do trabalho, sem qualquer ressalva, o disposto no art. 916 e parágrafos do CPC. Advertimos, contudo, que a validade dessa Instrução Normativa é objeto de ação direta de inconstitucionalidade (STF-ADI n. 5.516).

9. IMPUGNAÇÃO DO EXEQUENTE

O CPC/73 e o CPC não preveem a possibilidade de impugnação do credor/exequente. A CLT, no entanto, é expressa ao dispor no § 3º do art. 884 que "somente nos embargos à penhora poderá o executado impugnar a sentença de liquidação, *cabendo ao exequente igual direito e no mesmo prazo*" (grifos nossos), sendo certo que o § 4º do mesmo dispositivo determina: "Julgar-se-ão na mesma sentença os embargos e as impugnações à liquidação apresentadas pelos credores trabalhista e previdenciário".

Lembra Júlio César Bebber que a impugnação do exequente "poderá versar sobre qualquer questão de ordem pública, bem como sobre a incorreção dos cálculos"[30].

Todavia, é preciso advertir que o § 2º do art. 879 da CLT (redação dada pela Lei n. 13.467/2017) estabelece que:

> Elaborada a conta e tornada líquida, o juízo deverá abrir às partes prazo comum de oito dias para impugnação fundamentada com a indicação dos itens e valores objeto da discordância, sob pena de preclusão.

Assim, tendo em vista que o texto obreiro possibilita expressamente a impugnação – pelo credor ou devedor – à conta de liquidação, parece-nos que prevalece a norma processual laboral na espécie. Não vemos nisso qualquer prejuízo para a celeridade processual.

É importante registrar que de acordo com o art. 14 da IN n. 41/2018 do TST, a "regra inscrita no art. 879, § 2º, da CLT, quanto ao dever de o juiz conceder prazo comum de oito dias para impugnação fundamentada da conta de liquidação, não se aplica à liquidação de julgado iniciada antes de 11 de novembro de 2017".

10. EFEITO SUSPENSIVO DA IMPUGNAÇÃO (OU EMBARGOS) DO EXECUTADO

Prescreve o art. 525, §§ 6º a 10, do CPC, *in verbis*:

> Art. 525. Transcorrido o prazo previsto no art. 523 sem o pagamento voluntário, inicia-se o prazo de 15 (quinze) dias para que o executado, independentemente de penhora ou nova intimação, apresente, nos próprios autos, sua impugnação. (...)
>
> § 6º A apresentação de impugnação não impede a prática dos atos executivos, inclusive os de expropriação, podendo o juiz, a requerimento do executado e desde que garantido o juízo com penhora, caução ou depósito suficientes, atribuir-lhe efeito suspensivo, se seus fundamentos forem relevantes e se o prosseguimento da execu-

30. Op. cit., p. 144.

ção for manifestamente suscetível de causar ao executado grave dano de difícil ou incerta reparação.

§ 7º A concessão de efeito suspensivo a que se refere o § 6º não impedirá a efetivação dos atos de substituição, de reforço ou de redução da penhora e de avaliação dos bens.

§ 8º Quando o efeito suspensivo atribuído à impugnação disser respeito apenas a parte do objeto da execução, esta prosseguirá quanto à parte restante.

§ 9º A concessão de efeito suspensivo à impugnação deduzida por um dos executados não suspenderá a execução contra os que não impugnaram, quando o respectivo fundamento disser respeito exclusivamente ao impugnante.

§ 10. Ainda que atribuído efeito suspensivo à impugnação, é lícito ao exequente requerer o prosseguimento da execução, oferecendo e prestando, nos próprios autos, caução suficiente e idônea a ser arbitrada pelo juiz.

Nos termos do § 6º do art. 525 do CPC, portanto, a impugnação apresentada pelo devedor não terá efeito suspensivo, mas o juiz poderá atribuir-lhe tal efeito, desde que relevantes seus fundamentos e o prosseguimento da execução implicar manifesta possibilidade de causar ao executado grave dano de difícil ou incerta reparação.

Em linha de princípio, o recebimento da impugnação (ou embargos) do executado por simples despacho não implica a suspensão do processo. Para que o juiz possa emprestar efeito suspensivo à impugnação apresentada pelo executado é preciso seu requerimento expresso e o magistrado, valendo-se do seu poder geral de cautela, profira decisão interlocutória, fundamentando a existência de *fumus boni iuris* e *periculum in mora*.

Tais normas devem ser aplicadas no processo do trabalho, porquanto a CLT, embora preveja o instituto dos embargos do executado e a impugnação do exequente (art. 884), é absolutamente omissa (lacuna normativa) a respeito dos efeitos que eles provocam no processo.

Assim, não obstante possa o juiz atribuir efeito suspensivo à impugnação (ou embargos) do executado, o § 10 do art. 525 do CPC faculta ao exequente "o prosseguimento da execução, oferecendo e prestando, nos próprios autos, caução suficiente e idônea a ser arbitrada pelo juiz".

Trazemos à colação a interpretação dada pelo Enunciado n. 72, aprovado na 1ª Jornada de Direito Material e Processual do Trabalho[31], ao art. 475-M do CPC/73 (CPC, art. 525, § 6º), *in verbis*:

31. LEITE, Carlos Henrique Bezerra. *CLT organizada*. 2. ed. São Paulo: Saraiva, 2016. p. 908.

> EMBARGOS À EXECUÇÃO (IMPUGNAÇÃO). EFEITO SUSPENSIVO. Em razão da omissão da CLT, os embargos à execução (impugnação) não terão efeito suspensivo, salvo quando relevantes seus fundamentos e o prosseguimento da execução seja manifestamente suscetível de causar ao executado grave dano de difícil ou incerta reparação (art. 475-M do CPC).

Na Jornada Nacional sobre Execução na Justiça do Trabalho (Cuiabá/MT, novembro/2010), foi aprovado o Enunciado n. 54, que admite a aplicação subsidiária dos arts. 475-M e 739-A, § 1º, do CPC/73 (CPC, arts. 525, § 6º, e 919, § 1º), *in verbis*:

> EMBARGOS À EXECUÇÃO. EFEITOS SUSPENSIVOS. APLICAÇÃO DOS ARTS. 475-M E 739-A, § 1º, DO CÓDIGO DO PROCESSO CIVIL (CPC). O oferecimento de embargos à execução não importa a suspensão automática da execução trabalhista, aplicando-se, subsidiariamente, o disposto nos arts. 475-M e 739-A, § 1º, do CPC.

Admitidos os embargos de devedor (ou impugnação do devedor), não há previsão no CPC para a intimação da outra parte. Todavia, o art. 513 do CPC manda aplicar subsidiariamente, no que couber, as normas inerentes ao processo de execução de título extrajudicial, sendo certo que o art. 920, I, do CPC dispõe que depois de recebidos os embargos à execução, o "exequente será ouvido no prazo de 15 dias".

No processo do trabalho, o prazo para o exequente manifestar-se sobre os embargos do devedor é de cinco dias, nos termos do art. 884, *caput*, da CLT, não havendo necessidade de migração (aplicação supletiva ou subsidiária) da regra do processo civil.

Cumpre apontar que a suspensão da execução alcançará apenas os capítulos, matérias e valores impugnados (CPC, art. 525, § 6º). Como o art. 897, § 1º, da CLT, já contempla tal possibilidade, de modo a permitir a execução definitiva da parte incontroversa do título judicial, mesmo diante da interposição de agravo de petição, não há necessidade de aplicação supletiva ou subsidiária da regra do processo civil.

11. RECORRIBILIDADE DA DECISÃO QUE RESOLVE A IMPUGNAÇÃO (OU EMBARGOS) DO EXECUTADO

No processo do trabalho, a decisão que resolve os embargos do devedor (impugnação do executado) ou a impugnação do credor, independentemente de extinguir ou não a execução, desafia o recurso de agravo de petição, a teor do art. 897, *a*, da CLT, com a vantagem de que tal recurso "só será recebido quando o agravante delimitar, justificadamente, as matérias e os valores impugnados, permitida a execução imediata da parte remanescente até o final, nos próprios autos ou por carta de sentença".

Sobre agravo de petição, remetemos o leitor ao Capítulo XX, item 5.1.

12. CUMPRIMENTO PROVISÓRIO (EXECUÇÃO PROVISÓRIA) DA SENTENÇA

Dispõe o art. 899 da CLT que os "recursos serão interpostos por simples petição e terão efeito meramente devolutivo, salvo as exceções previstas neste Título, permitida a execução provisória até a penhora".

A CLT, no entanto, não regula o procedimento da "execução provisória", limitando-se a dizer que ela vai "até a penhora". Daí a necessidade de aplicação supletiva e subsidiária do CPC, no que couber, desde que observada a compatibilidade com a principiologia do processo laboral.

No processo civil, portanto, o cumprimento da sentença que reconheça a exigibilidade da obrigação de pagar quantia certa pode ser provisório ou definitivo.

O cumprimento definitivo ocorre quando a sentença não mais se sujeita a nenhum recurso, ou seja, transitou em julgado. Seu procedimento é o regulado nos arts. 523 a 526 do CPC, mas o art. 527 manda aplicar subsidiariamente as normas que regem o cumprimento provisório da sentença.

Já o cumprimento provisório da sentença é permitido quando a sentença for impugnada com recurso que não tenha efeito suspensivo. É o que diz o art. 520 do CPC:

> Art. 520. O cumprimento provisório da sentença impugnada por recurso desprovido de efeito suspensivo será realizado da mesma forma que o cumprimento definitivo, sujeitando-se ao seguinte regime:
>
> I – corre por iniciativa e responsabilidade do exequente, que se obriga, se a sentença for reformada, a reparar os danos que o executado haja sofrido;
>
> II – fica sem efeito, sobrevindo decisão que modifique ou anule a sentença objeto da execução, restituindo-se as partes ao estado anterior e liquidando-se eventuais prejuízos nos mesmos autos;
>
> III – se a sentença objeto de cumprimento provisório for modificada ou anulada apenas em parte, somente nesta ficará sem efeito a execução;
>
> IV – o levantamento de depósito em dinheiro e a prática de atos que importem transferência de posse ou alienação de propriedade ou de outro direito real, ou dos quais possa resultar grave dano ao executado, dependem de caução suficiente e idônea, arbitrada de plano pelo juiz e prestada nos próprios autos.
>
> § 1º No cumprimento provisório da sentença, o executado poderá apresentar impugnação, se quiser, nos termos do art. 525.
>
> § 2º A multa e os honorários a que se refere o § 1º do art. 523 são devidos no cumprimento provisório de sentença condenatória ao pagamento de quantia certa.
>
> § 3º Se o executado comparecer tempestivamente e depositar o valor, com a finalidade de isentar-se da multa, o ato não será havido como incompatível com o recurso por ele interposto.

§ 4º A restituição ao estado anterior a que se refere o inciso II não implica o desfazimento da transferência de posse ou da alienação de propriedade ou de outro direito real eventualmente já realizada, ressalvado, sempre, o direito à reparação dos prejuízos causados ao executado.

§ 5º Ao cumprimento provisório de sentença que reconheça obrigação de fazer, de não fazer ou de dar coisa aplica-se, no que couber, o disposto neste Capítulo.

No processo do trabalho, os recursos têm efeito meramente devolutivo (CLT, art. 899), razão pela qual neste setor a regra é a possibilidade do cumprimento provisório (execução de título judicial).

Em se tratando de título extrajudicial, não havia lugar para a execução provisória. O art. 587 do CPC/73, com redação dada pela Lei n. 11.382/2006, no entanto, passou a admitir a execução provisória de título extrajudicial "enquanto pendente apelação da sentença de improcedência dos embargos do executado, quando recebidos com efeito suspensivo". O CPC não prevê regra específica correspondente. No entanto, por força do parágrafo único do art. 771 do CPC, as normas do procedimento ao cumprimento provisório da sentença poderão ser aplicadas subsidiariamente à execução de título extrajudicial.

Não é permitida a execução provisória pelo juiz *ex officio*, ou seja, essa modalidade só é possível quando o interessado peticionar ao juiz requerendo o seu processamento[32]. Afinal, a execução provisória corre por iniciativa, conta e risco do exequente (CPC, art. 520, I). E a responsabilidade do exequente, *in casu*, é objetiva, uma vez que o executado não precisará provar a culpa do exequente. Basta-lhe demonstrar o nexo causal entre a atividade executiva e os prejuízos materiais ou morais que sofreu em decorrência da execução provisória.

Todavia, na Jornada sobre Execução na Justiça do Trabalho, realizada em novembro/2010, Cuiabá-MT, houve uma exceção à instauração de ofício da execução provisória, como se depreende do Enunciado n. 15 aprovado naquele importante evento jurídico, *in verbis*:

> EXECUÇÃO PROVISÓRIA. INSTAURAÇÃO DE OFÍCIO. A execução provisória poderá ser instaurada de ofício na pendência de agravo de instrumento interposto contra decisão denegatória de recurso de revista.

É possível que a decisão exequenda contenha partes (ou capítulos) que permitam simultaneamente a execução provisória e a execução definitiva. Aliás, o art. 897, § 1º,

---

32. Em sentido contrário, isto é, admitem a execução provisória *ex officio* pelo juiz: MORI, Amaury Haruo. Execução provisória. In: SANTOS, José Aparecido dos (Coord.). *Execução trabalhista*. 2. ed. São Paulo: LTr, 2010, p. 823-824. Importante destacar que esse autor invoca o art. 878 da CLT, mas reconhece não ser recomendável a execução provisória *ex officio*.

in fine, da CLT dispõe expressamente que o agravo de petição só será recebido quando o agravante delimitar, justificadamente, as matérias e os valores impugnados, "permitida a execução imediata da parte remanescente até o final, nos próprios autos ou por carta de sentença". Essa disposição legal comporta interpretação restritiva, isto é, não há como ser estendida a outros recursos, como o ordinário, a revista etc., de maneira que, havendo a interposição desses recursos, a execução somente poderá ser exclusivamente provisória, mesmo em relação às partes da decisão exequenda que não foram impugnadas.

De acordo com a literalidade do art. 899 da CLT, a execução provisória vai "até a penhora". A interpretação literal dessa regra informa que os atos processuais na execução provisória têm como ponto-limite a penhora dos bens do devedor, razão pela qual não se pode acoimar de inválida a tese de que a execução provisória pode implicar outros atos posteriores à penhora, que com ela tenham alguma relação, como os embargos à penhora (*rectius* do devedor), o agravo de petição que visa a tornar insubsistente a penhora etc.

Wagner Giglio amplia um pouco o rol dos atos praticados posteriormente à penhora, desde que com ela guardem alguma vinculação, uma vez que, para esse autor, "por penhora deve ser entendido o ato judicial escoimado de dúvidas ou vícios, isto é, a penhora aperfeiçoada pelo julgamento dos embargos que visem à declaração de sua insubsistência"[33].

Não há uniformidade jurisprudencial sobre a prática de atos posteriores à penhora na execução provisória, como se infere dos seguintes julgados:

> RECURSO ORDINÁRIO EM MANDADO DE SEGURANÇA. Nos termos do art. 899 da CLT, a execução provisória, no processo do trabalho, somente é permitida até a penhora. Por outra face, a jurisprudência desta Corte está orientada no sentido de que, em se tratando de execução provisória, a determinação de penhora em dinheiro, quando nomeados outros bens, fere direito líquido e certo do executado a que a execução se processe da forma que lhe seja menos gravosa (CPC, art. 620). Esta é a diretriz da Súmula 417. Recurso ordinário provido (TST-ROMS 28900-82.2009.5.17.0000, SBDI-2, Rel. Min. Alberto Luiz Bresciani de Fontan Pereira, *DJ* 23-3-2010).
>
> EXECUÇÃO PROVISÓRIA – SOBRESTAMENTO DO FEITO. Embora a execução provisória seja permitida até a penhora (art. 899, da CLT), é admissível antes do sobrestamento do feito a prática de todos os atos que tenham função apenas preparatória da execução definitiva, tais como a liquidação de sentença ilíquida e a apresentação e o julgamento dos embargos à execução (TRT 3ª R., AP n. 3.283/01, 1ª T., Rel. Juiz José Roberto Freire Pimenta, *DJMG* 17-8-2001).

33. GIGLIO, Wagner D. *Direito processual do trabalho*. São Paulo: Saraiva, p. 481.

EXECUÇÃO PROVISÓRIA – JULGAMENTO DE EMBARGOS À EXECUÇÃO – O *caput* do art. 899 da CLT estabelece que a execução provisória poderá prosseguir até a formalização da penhora. Tal dispositivo, contudo, não impede o julgamento de embargos à execução e mesmo de agravo de petição por acaso interposto pelas partes, pois o prejuízo para o executado somente ocorreria caso praticados atos visando à alienação do domínio do bem alvo de constrição judicial. Possível, pois, o prosseguimento da execução até o ato exatamente anterior ao início dos procedimentos indispensáveis para viabilizar a expropriação judicial do bem alvo de constrição judicial (TRT 3ª R., AP n. 3.872/01, RO n. 20.096/97, 4ª T., Rel. Juiz Márcio Flávio Salem Vidigal, *DJMG* 18-8-2001, p. 11).

RECURSO – AGRAVO DE PETIÇÃO EM EXECUÇÃO PROVISÓRIA. Não cabe agravo de petição em execução provisória, pois esta para na penhora (art. 899 da CLT). Logo, não cabem embargos à execução e agravo de petição (TRT 2ª R., AP 20000396561, 3ª T., Rel. Juiz Sergio Pinto Martins, *DOESP* 23-2-2001).

EXECUÇÃO PROVISÓRIA ATÉ A PENHORA (*CAPUT* DO ART. 899 CLT). Trata-se de execução provisória, tendo em vista o agravo de instrumento interposto (fl. 368). Neste caso, a execução se limita à penhora, conforme *caput* do art. 899 da CLT. Sendo assim, anulo a sentença de fl. 404 e as seguintes, determinando a baixa dos autos (TRT-1ª R., AGVPET 1468002020025010019, Rel. Des. Ivan da Costa Alemão Ferreira, 5ª T., *DEJT* 1º-2-2012).

Ocorre que o art. 520, *caput*, do CPC dispõe que a execução provisória da sentença far-se-á, no que couber, do mesmo modo que a definitiva, observadas as regras ali previstas.

Na hipótese do inciso II do art. 520 do CPC, se a sentença provisoriamente executada for modificada ou anulada apenas em parte, somente nesta parte ficará sem efeito a execução.

De acordo com o art. 521 do CPC, a caução prevista no inciso IV do art. 520 poderá ser dispensada nos casos em que:

I – o crédito for de natureza alimentar, independentemente de sua origem;

II – o credor demonstrar situação de necessidade;

III – pender o agravo do art. 1.042 (redação dada pela Lei n. 13.256/2016);

IV – a sentença a ser provisoriamente cumprida estiver em consonância com súmula da jurisprudência do Supremo Tribunal Federal ou do Superior Tribunal de Justiça ou em conformidade com acórdão proferido no julgamento de casos repetitivos.

Parágrafo único. A exigência de caução será mantida quando da dispensa possa resultar manifesto risco de grave dano de difícil ou incerta reparação.

Com relação à aplicação desses dispositivos do CPC nos sítios do processo do trabalho, malgrado o conteúdo restritivo do art. 899 da CLT, segundo o qual a execução provisória "vai até a penhora", passamos a tecer alguns comentários.

Vê-se que a execução provisória corre por conta e risco do exequente, que deverá ser responsabilizado, no mesmo processo, ou melhor, nos mesmos autos (CPC, art. 520, I e II), pelos prejuízos que vier a causar ao executado, a serem liquidados por arbitramento.

No processo do trabalho, o juiz deve ter redobrada cautela ao permitir a execução provisória que importe atos de expropriação dos bens do executado, pois o exequente, na grande maioria dos casos, é (des)empregado e não tem condições de arcar com eventuais prejuízos decorrentes do resultado final desfavorável do processo.

Contudo, com a ampliação da competência da Justiça do Trabalho para outras ações oriundas da relação de trabalho (CF, art. 114, I), parece-nos que o juiz deverá adotar com mais liberdade a regra do CPC.

Cumpre lembrar que na 1ª Jornada de Direito Material e Processual do Trabalho, realizada em Brasília-DF, foi aprovado, em 23 de novembro de 2007, o Enunciado n. 69, *in verbis*:

> EXECUÇÃO PROVISÓRIA. APLICABILIDADE DO ART. 475-O DO CPC NO PROCESSO DO TRABALHO. I – A expressão "... até a penhora ..." constante da Consolidação das Leis do Trabalho, art. 899, é meramente referencial e não limita a execução provisória no âmbito do direito processual do trabalho, sendo plenamente aplicável o disposto no Código de Processo Civil, art. 475-O. II – Na execução provisória trabalhista é admissível a penhora de dinheiro, mesmo que indicados outros bens. Adequação do postulado da execução menos gravosa ao executado aos princípios da razoável duração do processo e da efetividade. III – É possível a liberação de valores em execução provisória, desde que verificada alguma das hipóteses do art. 475-O, § 2º, do Código de Processo Civil, sempre que o recurso interposto esteja em contrariedade com Súmula ou Orientação Jurisprudencial, bem como na pendência de agravo de instrumento no TST.

O TST, no entanto, não admitia a aplicação subsidiária do art. 475-O do CPC/73 (CPC, art. 520), como se nota dos seguintes julgados:

> RECURSO DE REVISTA. PROCEDIMENTO SUMARÍSSIMO. HIPOTECA JUDICIÁRIA. PROCESSO DO TRABALHO. COMPATIBILIDADE. DETERMINAÇÃO *EX OFFICIO*. À luz do art. 896, § 6º, da CLT, resta manifestamente desfundamentado o recurso de revista interposto, em procedimento sumaríssimo, em que não indicada violação de dispositivo da Constituição da República, nem contrariedade à Súmula desta Corte Superior. Revista não conhecida, no tema. LIBERAÇÃO DE DEPÓSITO

RECURSAL. ART. 475-O, § 2º, I, DO CPC. INAPLICABILIDADE. ADOÇÃO DA JURISPRUDÊNCIA FIRMADA NESTA TURMA JULGADORA A RESPEITO DO TEMA. O princípio do devido processo legal é garantia constitucional de que as regras preestabelecidas pelo legislador ordinário devem ser observadas na condução do processo, assegurando-se aos litigantes, na defesa dos direitos levados ao Poder Judiciário, todas as oportunidades processuais conferidas por lei. 3.2. A aplicação das regras de direito processual comum no âmbito do Processo do Trabalho pressupõe a omissão da CLT e a compatibilidade das respectivas normas com os princípios e dispositivos que regem este ramo do Direito, a teor dos arts. 769 e 889 da CLT. 3.3. Existindo previsão expressa na CLT acerca da execução provisória até a penhora, a aplicação subsidiária do art. 475-O do CPC, no sentido de ser autorizado o levantamento de valores depositados, implica contrariedade aos princípios da legalidade e do devido processo legal e respectiva ofensa ao art. 5º, II e LIV, da Carta Magna (TST-RR-46700-69.2008.5.03.0026, Relator Ministro Alberto Luiz Bresciani de Fontan Pereira, 3ª Turma, *DJET* 18-12-2009). Revista conhecida e provida, no tema (...) (TST-RR 1064-19.2010.5.03.0153, Rel. Des. Conv. Flavio Portinho Sirangelo, 3ª T., *DEJT* 2-3-2012).

RECURSO DE REVISTA. EXECUÇÃO PROVISÓRIA. LEVANTAMENTO DOS VALORES DEPOSITADOS. INAPLICABILIDADE DO ART. 475-0 DO CPC AO PROCESSO DO TRABALHO. Nos termos da jurisprudência predominante desta Corte Superior, a liberação dos valores depositados em juízo, prevista no art. 475-O do CPC, não é aplicável ao processo do trabalho, haja vista a incompatibilidade com as disposições dos arts. 769 e 899, *caput*, § 1º, da CLT, na medida em que essa norma traz regramento específico incidente ao processo do trabalho, em que se autoriza a execução provisória até a penhora, sendo inaplicáveis, portanto, as disposições do Código de Processo Civil. Recurso de revista parcialmente conhecido e provido (TST-RR 10900-75.2008.5.03.0059, Rel. Min. Walmir Oliveira da Costa, 1ª T., *DEJT* 18-10-2013).

No que tange à possibilidade de penhora em dinheiro na execução provisória, destaca-se que foi aprovado o Enunciado n. 21 na Jornada sobre Execução na Justiça do Trabalho (Cuiabá/MT, novembro/2007), o qual já ressaltava a superação da Súmula 417, III, do TST, *in verbis*:

EXECUÇÃO PROVISÓRIA. PENHORA EM DINHEIRO. POSSIBILIDADE. É válida a penhora de dinheiro na execução provisória, inclusive por meio do Bacen Jud. A Súmula 417, III, do Tribunal Superior do Trabalho (TST), está superada pelo art. 475-O do Código de Processo Civil (CPC).

É certo que os enunciados supracitados não são fontes formais do Direito, mas oferecem sólidos fundamentos para uma interpretação evolutiva do art. 899 da CLT, pois este, no particular, apresenta nítido envelhecimento em relação ao novo processo civil.

A prestação de caução, prevista no inciso IV do art. 520 do CPC, é exigível apenas para os casos que impliquem levantamento de dinheiro e alienação de bens de domínio, ou nos casos que possam provocar grave dano ao executado.

Sabe-se que o instituto da caução não poderia ser exigido do empregado, pois isso encontraria alguns obstáculos no processo do trabalho e as razões são as mesmas já declinadas, ou seja, em regra o empregado/exequente não se encontra em condições econômico-financeiras para dar garantias ao executado em caso de reforma da sentença que está sendo provisoriamente executada. Todavia, como já afirmado, a ampliação da competência da Justiça do Trabalho para outras ações oriundas da relação de trabalho permitirá, não raro, a prestação de caução pelo trabalhador, prestador do serviço.

Nos termos do art. 521 do CPC, é facultado ao juiz dispensar a caução quando preenchidos os seguintes requisitos adaptados ao processo do trabalho:

> I – o crédito for de natureza alimentar, independentemente de sua origem;
>
> II – o credor demonstrar situação de necessidade;
>
> III – pender o agravo fundado nos incisos II e III do art. 1.042 do CPC;
>
> IV – a sentença a ser provisoriamente cumprida estiver em consonância com súmula da jurisprudência do STF ou do TST ou em conformidade com acórdão proferido no julgamento de casos repetitivos.
>
> Parágrafo único. A exigência de caução será mantida quando da dispensa possa resultar manifesto risco de grave dano de difícil ou incerta reparação.

Houve, assim, substancial alteração quanto à possibilidade de dispensa de caução quando o crédito for de natureza alimentícia, independentemente de sua origem, isto é, se se trata de crédito alimentício de natureza civil, trabalhista, previdenciário etc.

Por outro lado, como o inciso II do art. 520 do CPC (CPC/73, art. 475-O, § 2º) não define o que vem a ser "situação de necessidade", pensamos que o juiz deverá analisar caso a caso, sendo imprescindível a existência de, ao menos, uma declaração (documento) de próprio punho (não vale, evidentemente, a declaração firmada pelo advogado, salvo se este possuir poderes especiais) do exequente, na qual explicite a sua atual situação econômica e financeira e se responsabilize expressamente pelos riscos e prejuízos que vier a causar ao executado, no caso de reforma da sentença exequenda.

É importante registrar que o TST alterou substancialmente o entendimento restritivo à penhora em dinheiro no cumprimento provisório (ou execução provisória), pois foi excluído o item III da Súmula 417, que passou a ter a seguinte redação:

> Súmula 417 – MANDADO DE SEGURANÇA. PENHORA EM DINHEIRO (alterado o item I, atualizado o item II e cancelado o item III, modulando-se os efeitos da

> presente redação de forma a atingir unicamente as penhoras em dinheiro em execução provisória efetivadas a partir de 18-3-2016, data de vigência do CPC de 2015, Res. n. 212/2016, *DEJT* divulgado em 20, 21 e 22-9-2016). I – Não fere direito líquido e certo do impetrante o ato judicial que determina penhora em dinheiro do executado para garantir crédito exequendo, pois é prioritária e obedece à gradação prevista no art. 835 do CPC de 2015 (art. 655 do CPC de 1973). II – Havendo discordância do credor, em execução definitiva, não tem o executado direito líquido e certo a que os valores penhorados em dinheiro fiquem depositados no próprio banco, ainda que atenda aos requisitos do art. 840, I, do CPC de 2015 (art. 666, I, do CPC de 1973).

Dessa forma, haverá substancial mudança da jurisprudência, pois não há mais o óbice sumular para o cabimento da penhora de dinheiro na execução (cumprimento) provisória da sentença trabalhista, devendo o juiz da execução, no caso concreto, observar o disposto nos arts. 520 a 522 do CPC.

Semelhante posição pode ser extraída do seguinte julgado:

> MANDADO DE SEGURANÇA. EXECUÇÃO PROVISÓRIA. APLICAÇÃO DO ART. 475-O, DO CPC. COMPATIBILIDADE. Não viola direito líquido e certo do devedor a liberação do crédito do reclamante, em execução provisória, por subsunção da situação fática ao fundamento legal previsto no inciso II, do § 2º, do art. 475-O, do CPC, dada a pendência de julgamento de agravo de instrumento no C. TST, independente de caução. Malgrado se reconheça que a doutrina e jurisprudência não equiparam a natureza do crédito trabalhista àquela alimentar mencionada reiteradas vezes na norma processual civil – como se infere do teor da OJ n. 153, da SDI2, do C. TST, notadamente em sua parte final –, o que seria suficiente para afastar a incidência do inciso I, do § 2º, do art. 475-O, a aplicação do inciso II, do mesmo dispositivo em questão, de outra sorte, se justifica pelo fato de o agravo de instrumento pendente de julgamento no STF ou no TST (este por interpretação analógica) em raras hipóteses levar à modificação da decisão proferida pelo Tribunal de origem, que ensejou a sua interposição. Tal aplicação torna entre as partes isonômico o ônus temporal pela tramitação lenta do processo, permitindo ao reclamante continuar firme no litígio a despeito do grande número de recursos que podem ser interpostos, representando, pois, uma solução para evitar o abandono da causa ou até mesmo um acordo desfavorável na fase executória. Segurança negada (MS-0000154-12.2011.5.18.0000; Red. Des. Paulo Pimenta; j. 23-8-2011) (TRT-18ª R., MS 00439-2011-000-18-00-5, Rel. Des. Júlio César Cardoso de Brito, *DEJT* 4-7-2012).

Poderá, ainda, o juiz dispensar a caução nos casos de execução provisória em que penda agravo de instrumento no STF (ou, por analogia, no TST), salvo quando a dispensa implicar risco de grave dano de difícil ou incerta reparação (CPC/73, art. 475-O, § 2º, II; CPC, art. 521, III, parágrafo único).

A decisão do juiz que dispensar (ou não) a caução é tipicamente interlocutória, não desafiando, assim, a interposição do agravo de petição (CLT, art. 893, § 1º). Poderá, no entanto, a parte interessada, em tese, impetrar mandado de segurança, desde que satisfeitas as condições especialíssimas desse remédio constitucional.

Em síntese, e considerando que o processo do trabalho é omisso (lacuna normativa) acerca do instituto da caução, e considerando a sua nítida finalidade social, parece-nos aplicável, tendo em vista a manifesta compatibilidade com os seus princípios, o art. 521 do CPC (art. 475-O do CPC/73) ao processo laboral, desde que observadas as considerações acima.

12.1. Carta de sentença

Para operacionalizar a execução provisória (cumprimento provisório da sentença) é condição necessária o requerimento formulado pelo exequente, caso em que o juiz determinará a extração de carta de sentença, uma vez que os autos principais seguem seu curso normal, geralmente na instância superior.

Ao requerer a execução provisória, o exequente deverá observar o disposto no art. 522 e seu parágrafo único do CPC, *in verbis*:

> Art. 522. O cumprimento provisório da sentença será requerido por petição dirigida ao juízo competente.
>
> Parágrafo único. Não sendo eletrônicos os autos, a petição será acompanhada de cópias das seguintes peças do processo, cuja autenticidade poderá ser certificada pelo próprio advogado, sob sua responsabilidade pessoal:
>
> I – decisão exequenda;
>
> II – certidão de interposição do recurso não dotado de efeito suspensivo;
>
> III – procurações outorgadas pelas partes;
>
> IV – decisão de habilitação, se for o caso;
>
> V – facultativamente, outras peças processuais consideradas necessárias para demonstrar a existência do crédito.

Tendo em vista a lacuna da CLT (art. 769) e presença da compatibilidade principiológica, parece-nos aplicáveis as regras supracitadas no processo do trabalho.

Em se tratando de processo judicial eletrônico, há presunção de autenticidade de todas as peças nele contidas[34].

---

34. Resolução CSJT n. 136/2014, art. 4º.

12.2. Cumprimento de sentença quando pendente recurso extraordinário

No que diz respeito à execução de sentença quando pendente o julgamento de recurso extraordinário, remetemos o leitor ao Capítulo XX, item 7.5.1.

Saliente-se que na Jornada sobre Execução na Justiça do Trabalho, realizada em novembro/2010, Cuiabá-MT, houve a aprovação do Enunciado n. 15, que adotou a tese da admissibilidade da instauração de ofício da execução provisória "na pendência de agravo de instrumento interposto contra decisão denegatória de recurso de revista".

12.3. Cumprimento provisório de sentença que reconheça obrigação de fazer

Será possível a execução provisória de sentença condenatória de obrigação de fazer, como, por exemplo, a que determina a reintegração de empregado detentor de garantia no emprego ou estabilidade?

A resposta comporta grandes discussões doutrinárias e jurisprudenciais.

Durante algum tempo, vingou o entendimento que rejeitava essa modalidade executória. O principal argumento seria o de que a execução de fazer provisória acabaria por se tornar definitiva, na medida em que o empregado receberia os salários pelo tempo que trabalhou em decorrência da reintegração provisória, impedindo o empregador do correspondente ressarcimento, caso viesse a ser vitorioso no recurso interposto.

O entendimento jurisprudencial, todavia, foi paulatinamente evoluindo no sentido de se admitir a antecipação de tutela de obrigação de reintegrar, o que, segundo nos parece, não deixa de ser uma execução *lato sensu* provisória de obrigação de fazer. Essa possibilidade tem sido admitida quando restar inquestionável, por exemplo, que o empregado é portador de garantia provisória ou estabilidade prevista em lei, tal como ocorre com o dirigente sindical (CLT, art. 659, X). Nesse sentido, a OJ n. 65 da SBDI-2/TST.

Ora, se se tem admitido a antecipação de tutela de obrigação de fazer, que é uma decisão interlocutória, revogável a qualquer tempo, sujeita apenas à cognição sumária, com muito mais razão se deve admitir a execução provisória de obrigação de fazer, pois esta constitui comando de uma sentença, ato mais importante do processo e praticado após cognição exauriente.

Exatamente nesse sentido, o TST firmou o seguinte entendimento:

> (...) ANTECIPAÇÃO DE TUTELA. SENTENÇA DEFINITIVA CABIMENTO. EXECUÇÃO PROVISÓRIA. OBRIGAÇÃO DE FAZER. "Se se tem admitido a antecipação de tutela de obrigação de fazer, que é uma decisão interlocutória, revogável a qualquer

tempo, sujeita apenas à cognição sumária, com muito mais razão se deve admitir a execução provisória de obrigação de fazer, pois esta constitui comando de uma sentença, ato mais importante do processo e praticado após cognição exauriente" (CARLOS HENRIQUE BEZERRA LEITE, in Curso de Direito Processual do Trabalho, São Paulo: LTr, 2003, p. 640). Esta Corte já se posicionou no sentido de que a mera ordem de reintegração não caracteriza perigo de dano irreparável, uma vez que o empregador se beneficia do trabalho prestado pelo empregado reintegrado, ao qual é devida a respectiva contraprestação. Cabível, portanto, a tutela antecipada com execução provisória da referida obrigação de fazer (...) (TST-RR 652700/2000.2, j. 4-2-2009, Rel. Min. Rosa Maria Weber Candiota da Rosa, 3ª T., *DEJT* 13-3-2009).

AGRAVO. LIMINAR INDEFERIDA. AÇÃO CAUTELAR. CONCESSÃO DE EFEITO SUSPENSIVO A RECURSO DE REVISTA. EXECUÇÃO PROVISÓRIA. REINTEGRAÇÃO NO EMPREGO. DIRIGENTE SINDICAL. O pedido de efeito suspensivo ao recurso de revista não se sustenta, uma vez que a reintegração do réu foi determinada em execução provisória de obrigação de fazer, contra a qual a autora já interpôs agravo de petição e dois mandados de segurança. Assim, não restando configurados os pressupostos legais que autorizam a concessão da medida acautelatória, quais sejam o *fumus boni juris* e o *periculum in mora*, impõe-se julgar improcedente o pedido deduzido na ação cautelar. Agravo a que se nega provimento (TST-Ag-CauInom 3661-11.2013.5.00.0000, Rel. Min. Walmir Oliveira da Costa, 1ª T., *DEJT* 14-6-2013).

O CPC prevê expressamente no art. 520, § 5º, que ao cumprimento provisório de sentença que reconheça obrigação de fazer, de não fazer ou de dar coisa aplica-se, no que couber, o disposto nas normas referentes ao cumprimento provisório da sentença que reconheça obrigação de pagar quantia certa.

12.4. Penhora em dinheiro na execução provisória

No tocante à possibilidade de penhora em dinheiro nas execuções provisórias, não vemos qualquer impedimento. Aliás, o art. 520 do CPC (art. 475-O, *caput*, do CPC/73) dispõe que a execução provisória (cumprimento provisório da sentença impugnada por recurso desprovido de efeito suspensivo) far-se-á, no que couber, do mesmo modo que a definitiva, sendo certo que o inciso IV do art. 520 deixa patente a possibilidade do "levantamento de depósito em dinheiro", desde que haja caução idônea e suficiente, arbitrada de plano pelo juiz e prestada nos próprios autos.

O art. 521, I e II, do CPC, como já vimos, dispõe que a caução poderá ser dispensada quando se tratar de crédito de natureza alimentar, "independentemente de sua origem" ou quando o credor demonstrar situação de necessidade.

Ora, o depósito em dinheiro, *in casu*, corresponde exatamente à penhora em dinheiro. Se o juiz pode o "mais" (liberar o dinheiro depositado, com ou sem caução, na execução provisória), salta aos olhos que ele pode o "menos" (determinar a penhora de dinheiro).

O TST, contudo, adotou a Súmula 417, cujo item III dispunha que:

> Em se tratando de execução provisória, fere direito líquido e certo do impetrante a determinação de penhora em dinheiro, quando nomeados outros bens à penhora, pois o executado tem direito a que a execução se processe da forma que lhe seja menos gravosa, nos termos do art. 620 do CPC.

O verbete em foco já se encontrava rigorosamente ultrapassado em relação ao CPC/73 (com redação dada pela Lei n. 11.232/2005), ficando ainda mais envelhecido se comparado ao art. 521 do CPC, especialmente os seus incisos I e II.

Ademais, parece-nos que a aplicação do art. 805 do CPC, na espécie, deve ter sempre por norte a relação material a que serve de instrumento. Vale dizer, essa norma foi criada com objetivo de estabelecer um *plus* jurídico ao devedor, em função da sua presumível inferioridade econômica diante do credor.

A sua aplicação no terreno do processo do trabalho não pode olvidar a realidade econômica e social dos litigantes, porque quem se encontra, a rigor, em posição de vulnerabilidade e hipossuficiência é justamente o exequente (trabalhador), geralmente desempregado e com a sua dignidade comprometida exatamente por não receber os créditos sonegados pelo executado (empregador)[35].

Afinal, o nosso ordenamento constitucional consagra como princípios fundamentais a dignidade da pessoa humana e o valor social do trabalho. Ademais, se a empresa tem de cumprir função social, uma delas é, seguramente, o correto pagamento pelo trabalho humano que usufruiu.

Vale lembrar, nesse passo, que o item II do Enunciado n. 69 aprovado na 1ª Jornada de Direito Material e Processual do Trabalho, realizada em Brasília-DF, sinaliza confronto com o item III da Súmula 417 do TST, nos seguintes termos:

> Na execução provisória trabalhista é admissível a penhora de dinheiro, mesmo que indicados outros bens. Adequação do postulado da execução menos gravosa ao executado aos princípios da razoável duração do processo e da efetividade.

35. Advertimos, porém, que por força da ampliação da competência da Justiça do Trabalho, decorrente da EC n. 45/2004, essas considerações poderão não encontrar sustentação nas ações oriundas das relações de trabalho diversas da relação de emprego, mormente quando o prestador do serviço for trabalhador autônomo e encontrar-se em condições econômicas superiores às do tomador do serviço.

No mesmo sentido, o Enunciado n. 21, aprovado na Jornada sobre Execução na Justiça do Trabalho (Cuiabá/MT, novembro/2007), ressalta, inclusive, a superação da Súmula 417, III, do TST, *in verbis*:

> EXECUÇÃO PROVISÓRIA. PENHORA EM DINHEIRO. POSSIBILIDADE. É válida a penhora de dinheiro na execução provisória, inclusive por meio do Bacen Jud. A Súmula 417, III, do Tribunal Superior do Trabalho (TST), está superada pelo art. 475-O do Código de Processo Civil (CPC).

Ocorre que, não obstante o disposto no art. 475-O do CPC/73, o entendimento do TST continuou inalterado:

> RECURSO DE REVISTA. EXECUÇÃO PROVISÓRIA. LEVANTAMENTO DE DEPÓSITO. ART. 475-O DO CPC 1. A aplicação do art. 475-O do CPC no Processo do Trabalho encontra óbice intransponível em normas específicas por que se rege a execução trabalhista. 2. Acórdão regional que autoriza o levantamento dos valores depositados antes do trânsito em julgado da decisão final do processo, à luz da legislação processual comum, contraria o princípio do devido processo legal, em razão de a CLT regular, de modo específico e distinto, a execução provisória no processo trabalhista. Violação direta do art. 5º, LIV, da Constituição Federal. 3. Recurso de revista de que se conhece e a que se dá provimento (TST-RR 101400-12.2009.5.03.0009, Rel. Min. João Oreste Dalazen, 4ª T., *DEJT* 29-11-2013).

Entretanto, o art. 805 e seu parágrafo único do CPC dispõem:

> Art. 805. Quando por vários meios o exequente puder promover a execução, o juiz mandará que se faça pelo modo menos gravoso para o executado.
>
> Parágrafo único. Ao executado que alegar ser a medida executiva mais gravosa incumbe indicar outros meios mais eficazes e menos onerosos, sob pena de manutenção dos atos executivos já determinados.

Vale dizer, o *caput* do art. 805 do CPC mantém parcialmente o espírito do art. 620 do CPC/73, mas o parágrafo único inova substancialmente ao atribuir ao executado o ônus de indicar outros meios mais eficazes e menos onerosos para o efetivo cumprimento da sentença, sob pena de serem mantidos os atos executivos já praticados no processo.

Assim, o item III da Súmula 417 do TST deve ser cancelado ou, pelo menos, adaptado ao parágrafo único do art. 805 do CPC.

Aliás, cumpre ressaltar que o inciso XIV do art. 3º da IN n. 39/2016 do TST manda aplicar subsidiariamente o art. 805 e parágrafo único do CPC, o que, a nosso sentir, impõe o cancelamento ou modificação substancial do item III da referida Súmula 417 do TST. E foi exatamente isso que aconteceu, pois a Súmula 417 do TST passou a ter a seguinte redação:

Súmula 417 – MANDADO DE SEGURANÇA. PENHORA EM DINHEIRO (alterado o item I, atualizado o item II e cancelado o item III, modulando-se os efeitos da presente redação de forma a atingir unicamente as penhoras em dinheiro em execução provisória efetivadas a partir de 18-3-2016, data de vigência do CPC de 2015, Res. n. 212/2016, *DEJT* divulgado em 20, 21 e 22-9-2016). I – Não fere direito líquido e certo do impetrante o ato judicial que determina penhora em dinheiro do executado para garantir crédito exequendo, pois é prioritária e obedece à gradação prevista no art. 835 do CPC de 2015 (art. 655 do CPC de 1973). II – Havendo discordância do credor, em execução definitiva, não tem o executado direito líquido e certo a que os valores penhorados em dinheiro fiquem depositados no próprio banco, ainda que atenda aos requisitos do art. 840, I, do CPC de 2015 (art. 666, I, do CPC de 1973).

Destarte, não há mais o óbice previsto no extinto item III da Súmula 417 do TST, podendo o juiz autorizar a penhora de dinheiro na execução (cumprimento) provisória da sentença.

12.5. Penhora de crédito na execução provisória

No que concerne à penhora de créditos na execução provisória, a SBDI-2/TST, em sede de recurso ordinário em mandado de segurança (ROMS n. 20.069/2003), negou, por maioria, provimento ao recurso de uma empresa que tinha por objeto a liberação de crédito seu que foi penhorado durante execução provisória de sentença da Justiça do Trabalho, sob o fundamento de que crédito a receber de terceiros não pode equiparar-se a dinheiro, o que torna inaplicável a Súmula 417 do TST, cujo item III (cancelado) vedava a penhora em dinheiro em execução provisória.

No que concerne à penhora de crédito do executado, é importante invocar o Enunciado n. 13 aprovado na Jornada sobre Execução na Justiça do Trabalho (Cuiabá-MT, novembro/2010):

PENHORA DE CRÉDITO DO EXECUTADO. CONSTATAÇÃO NAS AGÊNCIAS BANCÁRIAS, COOPERATIVAS DE CRÉDITO E ADMINISTRADORAS DE CARTÃO DE CRÉDITO. I – Um dos meios de localizar ativos financeiros do executado, obedecendo à gradação do art. 655 do Código do Processo Civil (CPC), mesmo diante do resultado negativo da pesquisa realizada por intermédio do sistema Bacen Jud, consiste na expedição de mandado de constatação nas agências de cooperativas de crédito e administradoras de cartão de crédito não vinculadas ao Bacen, determinando a retenção de créditos presentes e futuros do executado; II – A constatação da existência de procuração de terceiros ao executado, perante agências bancárias e cooperativas de crédito, com poderes para movimentar contas daqueles é outra forma de buscar ativos financeiros do devedor, diante da possibilidade de fraude.

A penhora de créditos do executado encontra-se expressamente prevista nos arts. 855 a 860 do CPC, sendo admitida também na execução provisória e no cumprimento provisório da sentença.

13. PRINCÍPIOS DO CUMPRIMENTO DA SENTENÇA E DA EXECUÇÃO TRABALHISTA

Tendo em conta que a execução trabalhista (e o cumprimento da sentença) constitui um conjunto de atos que visam à realização prática do conteúdo obrigacional contido no título executivo judicial ou extrajudicial, permitindo a constrição e a expropriação dos bens do devedor, parece-nos pertinente apontar, ainda que sinteticamente, os princípios que norteiam a sistemática da execução.

13.1. Princípio da igualdade de tratamento das partes

Esse princípio encontra fundamento no art. 5º, *caput*, da CF, que estabelece a igualdade (formal) de todos perante a lei. O art. 7º do CPC reconhece, como já vimos no Capítulo I, item 5.4.2.1, o princípio da isonomia, o qual confere paridade de tratamento entre as partes em relação ao exercício de direitos e faculdades processuais, aos meios de defesa, aos ônus, aos deveres e à aplicação de sanções processuais, competindo ao juiz zelar pelo efetivo contraditório.

É claro que no processo do trabalho o juiz deve sempre levar em conta a desigualdade substancial que, via de regra, existe entre os sujeitos da lide, mesmo porque, via de regra, o credor é o trabalhador economicamente fraco que necessita da satisfação de seus créditos, que invariavelmente têm natureza alimentícia, enquanto o devedor é, em linhas gerais, o economicamente forte. Trata-se, pois, do princípio da igualdade substancial ou real, que encontra residência no art. 3º, II e III, da CF.

13.2. Princípio da natureza real da execução

Nos primórdios, a execução era pessoal, ou seja, o devedor não raro era submetido a sacrifícios que comprometiam a sua integridade física ou a sua liberdade, e, às vezes, era prevista até pena de morte para o devedor contumaz. Lembra Manoel Antonio Teixeira Filho que na *Lei de XII Tábuas*, "decorridos trinta dias da data do proferimento da sentença, facultava-se ao credor conduzir o devedor a juízo, valendo-se, se necessário, de medidas drásticas e violentas. Nesse caso o devedor tinha duas opções: pagar a dívida ou encontrar um terceiro (*vindex*) que o fizesse. Deixando a dívida de ser solvida (tanto num quanto noutro caso), o devedor era conduzido à casa do credor, onde era acorrentado, lá permanecendo em regime de prisão domiciliar. Cabia ao credor, depois disso, anunciar o valor da dívida em três feiras contínuas, de modo que permitisse que parentes do devedor ou mesmo terceiros a pagassem. Se nenhuma dessas situações se verificasse, aflorava uma das mais odientas medidas previstas pela legislação do período: o credor poderia matar o devedor, ou vendê-lo como escravo. Como nenhum romano podia perder a liberdade dentro dos limites da cidade, exigia-se que essa venda fosse feita em terras pertencentes aos etruscos, para além do rio Tibre"[36].

A partir do momento em que o Estado avoca para si o monopólio da prestação jurisdicional, a execução encontra uma fase de humanização, ou seja, ela passa a ter caráter real e não pessoal, na medida em que é o patrimônio do devedor que passa a ficar sujeito à constrição e à expropriação. Aliás, o art. 789 do CPC (art. 591 do CPC/73) prescreve que o devedor responde, para o cumprimento de suas obrigações, com todos os seus bens presentes e futuros, salvo as restrições estabelecidas em lei.

Esse princípio é reafirmado no art. 824 do CPC (art. 646 do CPC/73), segundo o qual a execução por quantia certa tem por objeto expropriar bens do executado, ressalvadas as execuções especiais. A natureza real da execução encontra fundamento, ainda, no princípio constitucional que proíbe a prisão por dívidas, salvo a do responsável pelo inadimplemento voluntário e inescusável de obrigação alimentícia e a do depositário infiel (CF, art. 5º, LXVII), sendo certo que a respeito deste último caso há tratados internacionais que não permitem a prisão por dívida[37], o que levou o STF a editar a Súmula Vinculante 25.

13.3. Princípio da limitação expropriatória

Muito embora a lei preveja que o devedor responde com todos os seus bens, presentes e futuros, para o cumprimento das obrigações por ele assumidas, é preciso esclarecer que há uma limitação no que tange à quantidade e à qualidade dos bens que serão objeto de constrição e expropriação.

Com efeito, dispõe o art. 831 do CPC (art. 659 do CPC/73) que, se o devedor não pagar a dívida, o oficial de justiça penhorar-lhe-á apenas os bens suficientes ao pagamento da dívida e seus acessórios. Se outros bens existirem, não serão alcançados pela execução.

Do mesmo modo, o art. 899 do CPC determina a suspensão da arrematação logo que o produto da alienação dos bens for suficiente para o pagamento do credor e para a satisfação das despesas da execução.

---

36. TEIXEIRA Filho, Manoel Antonio. *Execução no processo do trabalho*. 8. ed. São Paulo: Ltr, 2004. p. 52.
37. A Convenção Americana sobre Direitos Humanos, ratificada pelo Brasil por meio do Decreto n. 678, de 6 de novembro de 1992 (*DOU* 9-11-1992), prescreve, em seu art. 7º, item 7, que: "Ninguém deve ser detido por dívida. Este princípio não limita os mandados de autoridade judiciária competente expedidos em virtude de inadimplemento de obrigação alimentar".

13.4. Princípio da utilidade para o credor

A execução deve ser útil ao credor, evitando-se, assim, os atos que possam comprometer tal utilidade.

Este princípio orienta o juiz na condução da execução, de modo a impedir a frustração da execução em benefício do credor. Daí a preferência da penhora em direito sobre qualquer outro bem do executado.

Esse princípio está albergado nos arts. 836 e 845 do CPC, bem como no art. 40, § 3º, da Lei n. 6.830/80.

13.5. Princípio da não prejudicialidade do executado

Esse princípio, que tem sido largamente invocado tanto pela doutrina quanto pela jurisprudência nacional, encontra residência no art. 805 do CPC (art. 620 do CPC/73), segundo o qual, "quando por vários meios o exequente puder promover a execução, o juiz mandará que se faça pelo modo menos gravoso para o executado".

Na verdade, essa norma contém um substrato ético inspirado nos princípios de justiça e de equidade. Todavia, é preciso levar em conta que, no processo do trabalho, é o credor – empregado – que normalmente se vê em situação humilhante, vexatória, desempregado e, não raro, faminto.

Afinal, o processo civil foi modelado para regular relações civis entre pessoas presumivelmente iguais. Já o processo do trabalho deve amoldar-se à realidade social em que incide, e, nesse contexto, podemos inverter a regra do art. 805 do CPC (art. 620 do CPC/73) para construir uma nova base própria e específica do processo laboral: *a execução deve ser processada de maneira menos gravosa ao credor*.

Com isso, em caso de conflito entre o princípio da não prejudicialidade e o princípio da utilidade ao credor, o juiz do trabalho deve dar preferência para este último, quando o credor for o empregado.

O parágrafo único do art. 805 do CPC mitiga parcialmente o princípio da execução menos gravosa ao executado, uma vez que, se ele alegar ser a medida executiva mais gravosa, incumbe-lhe indicar outros meios mais eficazes e menos onerosos, sob pena de manutenção dos atos executivos já determinados.

É preciso lembrar, contudo, que com a ampliação da competência da Justiça do Trabalho (CF, art. 114, I) para processar e julgar outras ações oriundas da relação de trabalho distintas da relação de emprego, cremos que caberá ao juiz, no caso concreto, adotar a hermenêutica que seja mais condizente com a condição econômica e social do executado. Afinal, na ação de execução das multas administrativas aplicadas pela SRT-Superintendência Regional do Trabalho (CF, art. 114, VII), por exemplo, o devedor será o empregador e o credor, a União e, neste caso, o empregador/devedor será o destinatário do art. 805 do CPC.

O art. 3º, XIV, da IN n. 39/2016 do TST manda aplicar o art. 805 e seu parágrafo único ao processo do trabalho.

13.6. Princípio da especificidade

O princípio da especificidade está contemplado nos arts. 809 e 816 do CPC, que dizem respeito à execução das obrigações para entrega de coisa, de fazer ou não fazer, decorrentes de títulos extrajudiciais.

Assim, segundo o princípio em tela, o credor tem direito a receber, além de perdas e danos, o valor da coisa, quando esta não lhe for entregue, se deteriorou, não for encontrada ou não for reclamada do poder de terceiro adquirente.

No processo do trabalho, acena-se com as hipóteses de retenção, pelo empregador, dos instrumentos de trabalho de propriedade do empregado ou, por força da nova redação do art. 114 da CF, de retenção dos equipamentos de trabalho pelo tomador de serviço de propriedade do trabalhador autônomo. De modo que, não constando do título o valor da coisa, ou sendo impossível a sua avaliação, o exequente far-lhe-á a estimativa, sujeitando-se ao arbitramento judicial para apuração em liquidação, do valor da coisa e eventuais prejuízos.

Tratando-se de obrigação de fazer ou não fazer, e se no prazo fixado o devedor não satisfizer a obrigação, é lícito ao credor, nos próprios autos do processo, requerer que ela seja executada à custa do devedor, ou que haja perdas e danos, caso em que a obrigação de fazer ou não fazer se converte em indenização (obrigação de pagar). No processo do trabalho, é comum a sentença que condena o empregador a reintegrar o empregado ao emprego. Caso o empregador não cumpra a obrigação no prazo fixado na sentença, deverá arcar com o pagamento de multas (*astreintes*), geralmente por dia de atraso.

13.7. Princípio da responsabilidade pelas despesas processuais

As despesas processuais na execução civil correm por conta do executado, mesmo no caso de remição (CPC, art. 826). Sabe-se que despesas processuais constituem gênero que tem como espécies as custas, os emolumentos, as despesas com publicação de editais, os honorários advocatícios e os honorários periciais. Quanto a estes últimos, é possível que eles surjam posteriormente à sentença, caso em que por eles responderá, a princípio, o devedor.

No processo do trabalho, o art. 789-A da CLT prescreve que as custas, no processo (ou fase) de execução, sempre a cargo do executado, são pagas ao final.

13.8. Princípio do não aviltamento do devedor

Esse princípio é corolário do princípio fundamental da dignidade da pessoa humana, consagrado no art. 1º, III, da CF.

Em nível infraconstitucional, o princípio do não aviltamento do devedor inspira o art. 833 do CPC e a Lei n. 8.009/90, que dispõem sobre a impenhorabilidade de certos bens do devedor.

O art. 3º, XV, da IN n. 39/2016 do TST manda aplicar subsidiariamente o disposto no art. 833, incisos e parágrafos, do CPC nos sítios do processo laboral.

13.9. Princípio da vedação do retrocesso social

Este princípio encontra-se implícito no nosso sistema constitucional e decorre, como leciona Ingo Wolfgang Sarlet[38], de outros princípios e argumentos de matriz jurídico-constitucional, como o princípio do Estado Democrático e Social de Direito, que impõe um patamar mínimo de segurança jurídica; o princípio da dignidade da pessoa humana; o princípio da máxima efetividade dos direitos fundamentais.

Acrescentamos que o princípio da segurança é, ao mesmo tempo, um direito humano de primeira dimensão (CF, art. 5º, *caput*) e um direito humano de segunda dimensão (CF, art. 6º), valendo lembrar o disposto no *caput* do art. 7º da CF, que aponta sempre no sentido de melhoria (nunca de retrocesso) das condições sociais dos trabalhadores.

Importante lembrar que na 1ª Jornada de Direito Material e Processual do Trabalho, realizada em Brasília-DF (disponível em: <www.anamatra.org.br>) foi aprovado o Enunciado n. 66, *in verbis*:

> APLICAÇÃO SUBSIDIÁRIA DE NORMAS DO PROCESSO COMUM AO PROCESSO TRABALHISTA. OMISSÕES ONTOLÓGICA E AXIOLÓGICA. ADMISSIBILIDADE. Diante do atual estágio de desenvolvimento do processo comum e da necessidade de se conferir aplicabilidade à garantia constitucional da duração razoável do processo, os arts. 769 e 889 da CLT comportam interpretação conforme a Constituição Federal, permitindo a aplicação de normas processuais mais adequadas à efetivação do direito. Aplicação dos princípios da instrumentalidade, efetividade e não retrocesso social.

13.10. Princípio da livre disponibilidade do processo pelo credor

A operacionalização desse princípio impõe o seu desdobramento em outros subprincípios, a saber:

---

38. SARLET, Ingo Wolfgang. *A eficácia dos direitos fundamentais*. 6. ed. Porto Alegre: Livraria do Advogado, 2006. p. 434-461. Sobre princípio do não retrocesso social na execução trabalhista, recomendamos a leitura de magnífico texto, a saber: GUNTHER, Luiz Eduardo. Aspectos principiológicos da execução incidentes no processo do trabalho. In: SANTOS, José Aparecido dos (Coord.). *Execução trabalhista:* homenagem aos 30 anos AMATRA IX. São Paulo: LTr, 2008. p. 13-42.

a) possibilidade da execução trabalhista iniciada pelo próprio juiz, de ofício (CLT, art. 878), em que se revela a ênfase do princípio inquisitivo no processo laboral;

b) riscos da execução provisória (cumprimento provisório da sentença), a cargo do exequente, nos termos do art. 529, I, do CPC;

c) respeito à coisa julgada (CLT, art. 879, § 1º);

d) direito de prelação do exequente (CPC, art. 797), isto é, o exequente tem direito de preferência sobre os bens penhorados;

e) existência da execução apenas sobre bens penhoráveis ou alienáveis, ressalvando-se a existência de bens absolutamente impenhoráveis (CPC, art. 833; Lei n. 8.009/90) e bens relativamente penhoráveis (CPC, art. 834);

f) indicação, pelo exequente, do tipo de execução (CPC, art. 798, II), sendo esse subprincípio de duvidosa aplicação no processo do trabalho, tendo em vista a possibilidade da execução *ex officio* (CLT, art. 878);

g) necessidade de intimação do cônjuge, desde que a penhora incida sobre bem imóvel (Lei n. 6.830/80, art. 12, § 2º);

h) alienação antecipada de bens (deterioráveis, avariados, com alto custo de sua guarda ou conservação, ou semoventes), de acordo com o art. 852 do CPC;

i) competência para execução e cumprimento da sentença, em princípio, dos órgãos de primeiro grau (CLT, arts. 877, 877-A e 878).

14. LEGITIMAÇÃO *AD CAUSAM* NA EXECUÇÃO

Saber quem pode figurar como exequente (credor) ou executado (devedor) de um título executivo judicial ou extrajudicial é um problema concernente à legitimação ativa ou passiva na execução trabalhista.

14.1. Legitimação ativa

Em sua redação original, o art. 878 da CLT dispunha que "a execução poderá ser promovida por qualquer interessado ou, *ex officio*, pelo próprio juiz ou presidente do tribunal competente, nos termos do artigo anterior". O juiz competente, segundo o art. 877 da CLT, é aquele "que tiver conciliado ou julgado originariamente o dissídio", ou, em se tratando de execução de título executivo extrajudicial, o "que teria competência para o processo de conhecimento relativo à matéria", segundo o art. 877-A da CLT, introduzido pela Lei n. 9.958/2000.

Com o advento da Lei n. 13.467/2017, o art. 878 da CLT passou a ter a seguinte redação:

A execução será promovida pelas partes, permitida a execução de ofício pelo juiz ou pelo Presidente do Tribunal apenas nos casos em que as partes não estiverem representadas por advogado.

Têm-se, então, como *legitimados ativos* para a execução de título judicial, além, é claro, do próprio credor/exequente, geralmente o empregado vencedor da demanda cognitiva, e do devedor/executado:

I – o Ministério Público do Trabalho, nos casos previstos em lei;

II – o espólio, os herdeiros ou os sucessores do credor, sempre que, por morte deste, lhes for transmitido o direito resultante do título executivo;

III – o cessionário, quando o direito resultante do título executivo lhe for transferido por ato entre vivos;

IV – o sub-rogado, nos casos de sub-rogação legal ou convencional;

V – o juízo competente, quando as partes não estiverem representadas por advogado.

Tendo em vista a possibilidade de execução de título extrajudicial, a teor do art. 876, *caput*, da CLT, cremos que a regra da legitimação prevista no art. 878 da CLT mostra-se perfeitamente aplicável na espécie, com as observações por nós feitas nas alíneas acima.

O Ministério Público do Trabalho também é legitimado para promover a execução trabalhista, nas hipóteses em que atuou como parte no processo (ou fase) de conhecimento, seja na primeira instância (por exemplo, ação civil pública), seja na segunda instância (por exemplo, ação rescisória). Nos casos em que o *Parquet* laboral atuou como órgão interveniente (*custos legis*), cremos que a sua legitimação ficará condicionada à existência de interesse público que justifique a sua iniciativa, como, por exemplo, na defesa dos interesses de incapazes ou de indígenas, ou nas ações coletivas promovidas pelo sindicato, quando este tenha atuado como substituto processual e abandonado, posteriormente, a ação (CDC, art. 92).

Tratando-se de execução do termo de compromisso de ajustamento de conduta firmado perante o Ministério Público do Trabalho, este detém a legitimação exclusiva para promover a execução dessa espécie de título executivo extrajudicial.

Outro legitimado ativo para execução de título extrajudicial é a União, na cobrança de multas aplicadas aos empregadores (CF, art. 114, VII, Lei n. 6.830/80, art. 4º).

A Lei n. 13.869/2019, também chamada de Lei do Abuso de Autoridade, tipificou como crime, em seu art. 36: "Decretar, em processo judicial, a indisponibilidade de ativos financeiros em quantia que extrapole exacerbadamente o valor estimado para a satisfação da dívida da parte e, ante a demonstração, pela parte, da excessividade da medida, deixar de corrigi-la: Pena – detenção, de 1 (um) a 4 (quatro) anos, e multa".

Essa nova regra desestimulou muitos juízes do trabalho a promoverem a execução de ofício ou a praticarem atos executivos, como, por exemplo, a determinação de penhora pelo sistema BACENJUD, sob o receio de serem enquadrados naquele novo tipo penal.

A nosso sentir, não há como caracterizar abuso de autoridade em tais casos, uma vez que o próprio § 1º do art. 1º da Lei n. 13.869/2019 prescreve que somente haverá o ilícito penal quando o ato tiver sido praticado com "a finalidade específica de prejudicar outrem ou beneficiar a si mesmo ou a terceiro, ou, ainda, por mero capricho ou satisfação pessoal", sendo certo que o § 2º do referido artigo prevê que a "divergência na interpretação de lei ou na avaliação de fatos e provas não configura abuso de autoridade".

Para encerrar este tópico, convém lembrar que o próprio devedor poderá dar início à execução, passando, assim, a ostentar a posição de exequente, na medida em que o art. 878-A da CLT, com redação dada pela Lei n. 10.035/2000, dispõe, *in verbis*:

> Faculta-se ao devedor o pagamento imediato da parte que entender devida à Previdência Social, sem prejuízo da cobrança de eventuais diferenças encontradas na execução *ex officio*.

14.2. Legitimação passiva

O natural legitimado para figurar no polo passivo do processo (ou fase) de execução trabalhista é o empregador.

É possível, no entanto, que o empregado (ou trabalhador) possa figurar como executado, nas hipóteses em que é devedor de custas ou outras despesas processuais, bem como nos casos em que tenha sido condenado, por sentença, a pagar determinada quantia por prejuízo causado ao tomador de serviço ou empregador (CLT, art. 462, § 1º), ou condenado a entregar coisa ao empregador ou tomador de serviço, ou, ainda, no caso em que o obreiro tenha ficado indevidamente com os instrumentos de trabalho de propriedade do empregador ou tomador do serviço.

A CLT, de forma bastante simples, dispõe apenas no art. 880 que, requerida a execução, o juiz "mandará expedir mandado de citação ao executado". De tal arte, impõe-se a aplicação subsidiária do art. 4º da Lei n. 6.830/80, que prevê a possibilidade de a execução ser promovida contra o devedor, o fiador, o espólio, a massa, o responsável tributário e os sucessores a qualquer título, preceito que é praticamente repetido no art. 779 do CPC, segundo o qual podem ser sujeitos passivos na execução, além do devedor, reconhecido como tal no título executivo, judicial ou extrajudicial:

a) o espólio, os herdeiros ou os sucessores do devedor;

b) o novo devedor, que assumiu, com o consentimento do credor, a obrigação resultante do título executivo, hipótese de difícil aplicação, tendo em vista a incompetência da Justiça do Trabalho para dirimir conflitos entre sujeitos que não figuram na relação de emprego ou de trabalho (CF, art. 114, I, com nova redação dada pela EC n. 45/2004);

c) o fiador judicial, hipótese também de difícil aplicabilidade no processo laboral, pelas mesmas razões apontadas na alínea anterior;

d) o responsável tributário, aqui entendido em sentido amplo, isto é, não apenas o devedor das custas processuais, como também o devedor de contribuições previdenciárias decorrentes de decisões da Justiça do Trabalho;

e) o empregador, nas ações de execução de multa aplicada pelos órgãos de fiscalização das relações de trabalho (CF, art. 114, VII).

Além desses, poderão figurar no polo passivo da execução (ou cumprimento da sentença) trabalhista o responsável subsidiário nos casos de intermediação de mão de obra ou terceirização (TST, Súmula 331), o dono da obra nos contratos de empreitada (TST/SBDI-1, OJ n. 191) e o empreiteiro nos contratos de subempreitada (CLT, art. 455).

Tratando-se de sucessão trabalhista (CLT, arts. 10 e 448), o sucessor responde integralmente pelas dívidas trabalhistas do sucedido, uma vez que, como bem aponta Wagner Giglio, o responsável pelo pagamento da condenação

> é a empresa, ou seja, o conjunto de bens materiais (prédios, máquinas, produtos, instalações, etc.) e imateriais (crédito, renome, etc.) que compõem o empreendimento. São esses bens que, em última análise, serão arrecadados através da penhora, para satisfazer a condenação, pouco importando quais são as pessoas físicas detentoras ou proprietárias deles, pois qualquer alteração na estrutura jurídica da empresa não afetará os contratos de trabalho dos respectivos empregados. (...) Assim, não pode o sucessor por atos *inter vivos* se opor, como se fosse terceiro, contra penhora de bens integrantes da empresa, pois são estes mesmos que respondem pela satisfação do julgado[39].

É de se registrar que na Jornada sobre Execução na Justiça do Trabalho (Cuiabá-MT, novembro/2010) foi aprovado o Enunciado n. 4, *in verbis*:

> SUCESSÃO TRABALHISTA. Aplicação subsidiária do Direito Comum ao Direito do Trabalho (Consolidação das Leis do Trabalho – CLT, art. 8º, parágrafo único). Responsabilidade solidária do sucedido e do sucessor pelos créditos trabalhistas constituídos antes do trespasse do estabelecimento (CLT, arts. 10 e 448, c/c Código Civil, art. 1.146).

No que tange à sucessão na falência ou na recuperação judicial, lembramos que o Enunciado n. 8, aprovado na 1ª Jornada de Direito Material e Processual do Trabalho (Brasília-DF, novembro/2007), prevê:

39. *Direito processual do trabalho*, p. 484.

> COMPETÊNCIA DA JUSTIÇA DO TRABALHO. SUCESSÃO NA FALÊNCIA OU RECUPERAÇÃO JUDICIAL. Compete à Justiça do Trabalho – e não à Justiça Comum Estadual – dirimir controvérsia acerca da existência de sucessão entre o falido ou o recuperando e a entidade que adquira total ou parcialmente suas unidades de produção.

O STF, no entanto, deu a seguinte interpretação:

> Na vigência do DL n. 7.661/1945 consolidou-se o entendimento de que a competência para executar os créditos ora discutidos é da Justiça estadual comum, sendo essa também a regra adotada pela Lei n. 11.101/2005. (...) A opção do legislador infraconstitucional foi manter o regime anterior de execução dos créditos trabalhistas pelo juízo universal da falência, sem prejuízo da competência da Justiça laboral quanto ao julgamento do processo de conhecimento (STF-RE n. 583.955, Rel. Min. Ricardo Lewandowski, j. 28-5-2009, Plenário, *DJE* de 28-8-2009).

O TST vem seguindo o entendimento do STF, nos seguintes termos:

> SUCESSÃO DE EMPREGADORES – ALIENAÇÃO DE ATIVOS EFETUADA EM SEDE DE RECUPERAÇÃO JUDICIAL – ART. 60, PARÁGRAFO ÚNICO, DA LEI N. 11.101/2005. 1. Conforme dispõe o parágrafo único do art. 60 da Lei n. 11.101/2005, a alienação aprovada em plano de recuperação judicial estará livre de quaisquer ônus e não haverá sucessão do arrematante nas obrigações do devedor, inclusive nas de natureza tributária. 2. Assim sendo, o acórdão regional, ao entender caracterizada a sucessão trabalhista da antiga Varig pela VRG Linhas Aéreas, a qual, por sua vez, pertencia ao mesmo grupo econômico da Varig Logística, e condenar solidariamente estas duas últimas Reclamadas pelos créditos trabalhistas deferidos ao Obreiro na presente ação, acabou por violar o disposto no art. 60, parágrafo único, da Lei n. 11.101/2005. 3. Nesse sentido manifestou-se o STF (decisão proferida no recurso extraordinário interposto contra decisão do STJ no julgamento de conflito de competência), o qual entendeu que os licitantes que arremataram os ativos da antiga Varig não respondem, na condição de sucessores, pelas obrigações trabalhistas da antiga empregadora (STF-RE-583.955/RJ, Rel. Min. Ricardo Lewandowski, TP, *DJ* de 28-8-2009). Recurso de revista parcialmente conhecido e provido (TST-RR 80800-17.2008.5.04.0028, 7ª T., Rel. Min. Maria Doralice Novaes, unânime, *DEJT* 25-6-2010).

Convém lembrar que o Enunciado n. 7, aprovado na Jornada sobre Execução na Justiça do Trabalho (Cuiabá-MT, novembro/2010), dispõe, *in verbis*:

> EXECUÇÃO. DEVEDOR SUBSIDIÁRIO. AUSÊNCIA DE BENS PENHORÁVEIS DO DEVEDOR PRINCIPAL. INSTAURAÇÃO DE OFÍCIO. A falta de indicação de bens penhoráveis do devedor principal e o esgotamento, sem êxito, das providências de

ofício nesse sentido, autorizam a imediata instauração da execução contra o devedor subsidiariamente corresponsável, sem prejuízo da simultânea desconsideração da personalidade jurídica do devedor principal, prevalecendo entre as duas alternativas a que conferir maior efetividade à execução.

14.2.1. Desconsideração da pessoa jurídica do executado

É comum os juízes do trabalho determinarem a constrição de bens particulares dos sócios da empresa executada, desde que esta não possua ou não ofereça à penhora bens suficientes para garantir a execução.

Sabe-se que, *de lege lata*, os sócios só respondem na proporção de sua respectiva cota-parte na empresa. Caso esta não tenha sido integralizada, poderá responder com seu patrimônio particular até a parte faltante. Já os sócios-gerentes poderão responder solidária e ilimitadamente se praticarem atos com excesso de mandato ou desrespeitarem normas legais ou do contrato social (CC, arts. 1.052 e s.).

Cumpre ressaltar, no entanto, que vem ganhando cada vez maior número de adeptos a teoria da desconsideração da pessoa jurídica, também chamada de doutrina do *disregard of legal entity*, teoria da penetração ou, simplesmente, teoria do *disregard*. Essa teoria tem origem no sistema de *common law*, mas, como bem adverte José Affonso Dallegrave Neto, em excelente monografia:

> No Brasil, o instituto é de utilidade ímpar, haja vista a nossa execrável cultura de sonegação, torpeza e banalização do ilícito trabalhista. Observa-se que a indústria da fraude à execução trabalhista foi aperfeiçoada de tal maneira, que o desafio hodierno não é mais atingir o sócio ostensivo, mas o sócio de fato que se encontra dissimulado pela presença de outros estrategicamente escolhidos pela sua condição de insolvente, os quais são vulgarmente chamados "laranjas" ou "testas de ferro"[40].

É importante assinalar que o instituto da desconsideração da pessoa jurídica encontra-se previsto no art. 28, § 5º, da Lei n. 8.078/90 (CDC), que, adotando a Teoria Menor, pode ser aplicado, por analogia, ao processo do trabalho, "sempre que sua personalidade for, de alguma forma, obstáculo ao ressarcimento de prejuízos causados aos consumidores" (e nós acrescentamos, aos trabalhadores). Nesse sentido, já admitiu o TST, explicitamente, a aplicação do art. 28 do CDC ao processo trabalhista:

> AÇÃO RESCISÓRIA – COISA JULGADA – OFENSA – DESCONSIDERAÇÃO DA PERSONALIDADE JURÍDICA. 1. Ação rescisória contra acórdão proferido em

40. DALLEGRAVE NETO, José Affonso. A execução dos bens dos sócios em face da *disregard doctrine*. In: DALLEGRAVE NETO, José Affonso; FREITAS, Ney José de (Coords.). *Execução trabalhista:* estudos em homenagem ao ministro João Oreste Dalazen. São Paulo: LTr, 2002. p. 172-217.

agravo de petição que mantém a desconsideração da personalidade jurídica da empresa Executada e declara subsistente penhora em bens de ex-sócio. 2. Não viola os incisos II, XXXV, XXXVI, LIV e LVII do art. 5º da Constituição Federal a decisão que desconsidera a personalidade jurídica de sociedade por cotas de responsabilidade limitada, ao constatar a insuficiência do patrimônio societário e, concomitantemente, a dissolução irregular da sociedade, decorrente de o sócio afastar-se apenas formalmente do quadro societário, no afã de eximir-se do pagamento de débitos. A responsabilidade patrimonial da sociedade pelas dívidas trabalhistas que contrair não exclui, excepcionalmente, a responsabilidade patrimonial pessoal do sócio, solidária e ilimitadamente, por dívida da sociedade, em caso de violação à lei, fraude, falência, estado de insolvência ou, ainda, encerramento ou inatividade da pessoa jurídica provocados por má administração. Incidência do art. 592, II, do CPC, conjugado com o art. 10 do Decreto n. 3.708, de 1919, bem assim o art. 28 da Lei n. 8.078/90 (Código de Defesa do Consumidor). 3. Recurso ordinário a que se nega provimento (TST ROAR n. 727.179, SBDI 2, Rel. Min. João Oreste Dalazen, *DJU* 14-12-2001).

AGRAVO DE INSTRUMENTO. RECURSO DE REVISTA. EXECUÇÃO. IMPENHORABILIDADE DO BEM DE FAMÍLIA. RESPONSABILIDADE DO SÓCIO. Em face da teoria da desconsideração da pessoa jurídica no processo do trabalho, é permitida a extensão dos efeitos da sentença aos sócios da empresa demandada. A jurisprudência entende que, na hipótese de a empresa não possuir idoneidade financeira para arcar com os débitos trabalhistas judiciais, a execução pode operar-se em face do patrimônio dos sócios. Salienta-se que tal responsabilidade deriva do próprio Direito do Trabalho, uma vez que, na esfera trabalhista, é absolutamente pacífico o entendimento de que os bens particulares dos sócios das empresas demandadas devem responder pela satisfação dos créditos trabalhistas. Trata-se da aplicação do disposto no art. 592, II, do CPC, e da teoria da desconsideração da personalidade jurídica, esta derivada diretamente do *caput* do art. 2º da CLT (empregador como ente empresarial ao invés de pessoa) e do princípio justrabalhista especial da despersonalização da figura jurídica do empregador, a par, se necessário, da aplicação analógica do art. 28, § 2º, da Lei n. 8.078/90 (Código de Defesa do Consumidor). Ademais, para se aferir a alegação recursal de que o imóvel penhorado é bem de família, nos termos da Lei n. 8.009/90, seria necessária a reanálise do conteúdo fático-probatório, o que é inviável nesta esfera recursal (Súmula 126/TST). Agravo de instrumento desprovido (TST-AIRR 111540-22.2002.5.02.0028, Rel. Min. Mauricio Godinho Delgado, 6ª T., *DJ* 17-4-2009).

RECURSO DE REVISTA. EMBARGOS DE TERCEIRO. PRELIMINAR DE NULIDADE POR NEGATIVA DE PRESTAÇÃO JURISDICIONAL. Esta Corte já sedimentou jurisprudência no sentido de que a admissibilidade do recurso de revista, por negativa de prestação jurisdicional, limita-se às hipóteses de afronta aos arts. 832 da

CLT, 458 do CPC e 93, IX, da Constituição Federal. Aduza-se que o conhecimento do apelo extraordinário, interposto contra acórdão proferido em agravo de petição está restrito à demonstração de violência direta e literal a texto constitucional, nos termos do Enunciado n. 266 do TST e do § 2º do art. 896 da CLT. Recurso de revista não conhecido. AMPLA DEFESA E CONTRADITÓRIO. Como bem observado pelo egrégio TRT, a teoria da desconsideração da personalidade jurídica dá lastro à responsabilidade solidária dos sócios da empregadora, sujeitando-se seus bens pessoais ao pagamento de créditos trabalhistas, quando aquela não possuir bens suficientes ao seu adimplemento, nos moldes do art. 28, do Código de Defesa do Consumidor, Lei n. 8078/90. E conforme consignado pela egrégia Corte de origem, é esta a hipótese dos autos. Ilesos os incisos LIV e LV do art. 5º da Constituição Federal. Recurso de revista não conhecido (TST-RR 709803-14.2000.5.09.5555, Rel. Min. Renato de Lacerda Paiva, 2ª T., *DJ* 13-8-2004).

Os tribunais trabalhistas, não obstante, vêm aplicando tanto o CC quanto o CDC para responsabilizar os sócios ou ex-sócios pelas dívidas trabalhistas:

EMBARGOS DE TERCEIRO – SÓCIO – ILEGITIMIDADE PARA OPOSIÇÃO. Conforme os arts. 50 e 990 do novo Código Civil e art. 28 do Código de Defesa do Consumidor, a responsabilidade do sócio pelos débitos trabalhistas da empresa não deriva de sua inclusão no título executivo judicial, mas, sim, da ausência de bens da executada passíveis de garantir a satisfação da dívida. Portanto, por aplicação do princípio da desconsideração da personalidade jurídica, previsto nos dispositivos legais citados, podem os bens dos sócios serem penhorados. Consoante o disposto no art. 1.046, do CPC, os embargos de terceiro somente são oponíveis por quem não é parte no processo. Destarte, se o agravante não é estranho à lide na medida em que incluído no polo passivo da execução, por óbvio não detém legitimidade para opor embargos de terceiro, porque não é terceiro, mas, parte no processo. Assim, ainda que a matéria objeto dos embargos opostos enfoque a questão da negativa de sua condição de sócio, o remédio apropriado para o agravante discutir a respeito do assunto são os embargos à execução. Agravo de petição não provido (TRT 2ª R., AP em Embargos de Terceiro n. 01611.2006.001.02.00-4, 5ª T., Rel. Des. Anélia Li Chum, *DOESP* 18-1-2008).

EXECUÇÃO. DESCONSIDERAÇÃO DA PERSONALIDADE JURÍDICA. A desconsideração da personalidade jurídica da empregadora é instituto jurídico previsto no Código Tributário Nacional, no art. 28 da Lei n. 8.078/90 (Código de Defesa do Consumidor) e hoje albergada pelo art. 50 do Código Civil. A consequência é a responsabilização dos sócios pelas dívidas da sociedade, alcançando a execução os bens particulares daqueles. Ou seja, à ausência de bens da pessoa jurídica, capazes de satisfazer a dívida, respondem os sócios pelo saldo, hipótese que se verifica de forma especial no Processo do Trabalho, considerando a natureza alimentar e o privilégio assegurado ao crédito (TRT 3ª R., AP n. 960/2006-086-03-00.3, 6ª T., Rel. Des. Anemar Pereira Amaral, *DEJT* 10-7-2009).

Parece-nos, contudo, que nas ações oriundas de relação de trabalho diversa da relação de emprego, o Juiz do Trabalho deverá ter redobrada cautela ao adotar a teoria da desconsideração da pessoa jurídica, pois em tais ações o crédito objeto da obrigação contida no título executivo judicial, por não ter natureza trabalhista, no sentido estrito do termo, isto é, por não ser crédito empregatício, não autoriza a ilação de que os sócios seriam ilimitadamente responsáveis. Nestes casos, parece-nos que a fonte subsidiária será o Código Civil (Teoria Maior) e não o Código de Defesa do Consumidor (Teoria Menor).

Com efeito, o art. 50 do CC de 2002, com nova redação dada pela Lei n. 13.874/2019, dispõe que em "caso de abuso da personalidade jurídica, caracterizado pelo desvio de finalidade ou pela confusão patrimonial, pode o juiz, a requerimento da parte, ou do Ministério Público quando lhe couber intervir no processo, desconsiderá-la para que os efeitos de certas e determinadas relações de obrigações sejam estendidos aos bens particulares de administradores ou de sócios da pessoa jurídica beneficiados direta ou indiretamente pelo abuso". Neste caso, a responsabilidade do ex-sócio deve observar a regra do art. 1.032 do CC. Nesse sentido:

> AGRAVO DE PETIÇÃO. DESCONSIDERAÇÃO DA PERSONALIDADE JURÍDICA. RESPONSABILIDADE DE EX-SÓCIO. ART. 1.032 DO CÓDIGO CIVIL. Verificando-se que os agravantes retiraram-se regularmente da sociedade, restando incontroverso que as saídas operaram-se antes do ajuizamento da ação principal, anteriormente, inclusive, à extinção do contrato de trabalho havido entre o reclamante e a reclamada, não obstante tenham integrado a sociedade durante certo período da vigência do contrato de trabalho do autor, pertinente invocar os arts. 1.003 e 1.032 do Código Civil para eximir os recorrentes da condenação, uma vez que o redirecionamento da execução contra eles ocorreu após a vigência do novo Código Civil, que deve ser aplicado ao caso, por força do art. 2.033 do referido diploma legal. Agravo de Petição conhecido e provido (TRT 1ª R., AP 0003000-65.2005.5.01.0491, 5ª T., Rel. Des. Márcia Leite Nery, *DJ* 21-6-2010).

Em se tratando de falência ou alienação de parte da empresa em recuperação judicial, nada obsta o prosseguimento da execução contra os sócios, desde que o juiz do trabalho adote a teoria da desconsideração da personalidade jurídica da empresa executada.

Nessa linha interpretativa é o Enunciado n. 20 aprovado na Jornada sobre Execução na Justiça do Trabalho (Cuiabá-MT, novembro/2010), *in verbis*:

> FALÊNCIA E RECUPERAÇÃO JUDICIAL. PROSSEGUIMENTO DA EXECUÇÃO TRABALHISTA CONTRA COOBRIGADOS, FIADORES, REGRESSIVAMENTE

> OBRIGADOS E SÓCIOS. POSSIBILIDADE. A falência e a recuperação judicial, sem prejuízo do direito de habilitação de crédito no juízo universal, não impedem o prosseguimento da execução contra os coobrigados, os fiadores e os obrigados de regresso, bem como os sócios, por força da desconsideração da personalidade jurídica.

Há, porém, entendimento jurisprudencial admitindo que somente depois de esgotadas todas as possibilidades de responsabilização da empresa falida é que se torna possível o redirecionamento da execução trabalhista contra os sócios da empresa falida. Nesse sentido:

> REDIRECIONAMENTO DA EXECUÇÃO CONTRA O SÓCIO DE EMPRESA FALIDA. ENCERRAMENTO DA FALÊNCIA. Tratando-se de execução dirigida contra massa falida, e encerrado o processo falimentar com verificação de ausência de bens passíveis de arrecadação, a execução pode ser dirigida contra os bens dos sócios, restando, desta forma, observado o benefício de ordem de que trata o art. 596 do CPC/73. Agravo do exequente provido para determinar o redirecionamento da execução contra o sócio da empresa falida (TRT 4ª R., AP 00821-1996-022-04-00-2, 2ª T., Rel. Juiz Hugo Carlos Scheuermann, *DO* 13-7-2007).

O CPC (art. 134) prevê o incidente de desconsideração da personalidade jurídica como modalidade de intervenção de terceiro cabível em todas as fases do processo de conhecimento, no cumprimento da sentença e na execução fundada em título executivo extrajudicial.

O art. 6º da IN/TST n. 39/2016 manda aplicar "ao Processo do Trabalho o incidente de desconsideração da personalidade jurídica regulado no CPC (arts. 133 a 137), assegurada a iniciativa também do juiz do trabalho na fase de execução (CLT, art. 878)", o que, certamente, influenciará a mudança da jurisprudência a respeito do simples redirecionamento da execução em desfavor dos sócios por simples despacho judicial de desconsideração da personalidade jurídica da empresa executada.

O art. 855-A da CLT, que reproduz o art. 6º da IN/TST n. 39/2016, manda aplicar ao processo do trabalho o incidente de desconsideração da personalidade jurídica, previsto nos arts. 133 a 137 do CPC.

Sobre este tema, remetemos o leitor ao Capítulo XI, item 3.6.

15. EXECUÇÃO DE TÍTULO EXTRAJUDICIAL POR QUANTIA CERTA CONTRA EXECUTADO SOLVENTE

Tanto no cumprimento da sentença (título judicial) quanto na execução de título executivo extrajudicial, vamos encontrar no art. 824 do CPC, aplicável ao processo do trabalho, a regra que dispõe no sentido de que a execução por quantia certa realiza-se pela expropriação de bens do executado, ressalvadas as execuções especiais, como, por exemplo, a execução contra a Fazenda Pública.

Nos termos do art. 825 do CPC, a expropriação consiste em:

> I – adjudicação;
>
> II – alienação;
>
> III – apropriação de frutos e rendimentos de empresa ou de estabelecimentos e de outros bens.

Antes de adjudicados ou alienados os bens, o executado pode, a todo tempo, remir a execução, pagando ou consignando a importância atualizada da dívida, acrescida de juros, custas e honorários advocatícios, se for o caso (CPC, art. 826).

No processo do trabalho, o procedimento da execução de título executivo extrajudicial por quantia certa contra devedor solvente deve observar as regras da CLT, da Lei n. 6.830/80 e do CPC, mas atentando-se para o que dispõe o art. 889 da CLT, segundo o qual aos "trâmites e incidentes do processo da execução são aplicáveis, naquilo em que não contravierem ao presente Título, os preceitos que regem o processo dos executivos fiscais para a cobrança judicial da dívida ativa da Fazenda Pública Federal".

Assim, no processo de execução de título extrajudicial trabalhista, nos termos do art. 6º da Lei de Execução Fiscal-LEF (Lei n. 6.830/80), a petição inicial, que será instruída com o Título Executivo Extrajudicial, indicará apenas:

> I – o Juiz a quem é dirigida;
>
> II – o pedido;
>
> III – o requerimento para a citação.

Parece-nos, *in casu*, inaplicável, por incompatibilidade com o procedimento da execução extrajudicial, a regra do art. 880 da CLT (com redação dada pela Lei n. 11.457/2007), que é destinada ao cumprimento de sentença (título judicial) condenatória (ou homologatória de acordo), que reconheça obrigação de pagar quantia certa, inclusive as contribuições sociais devidas à União.

Em sentido contrário, Mauro Schiavi sustenta que o "procedimento previsto para a execução por título executivo extrajudicial na Justiça do Trabalho é o previsto nos arts. 880 a 884 da CLT, com aplicação subsidiária do CPC naquilo que houver compatibilidade"[41].

O despacho do Juiz que deferir a inicial, além de interromper a prescrição, importa (LEF, art. 7º) em ordem para:

> I – citação; II – penhora, se não for paga a dívida, nem garantida a execução, por meio de depósito ou fiança; III – arresto, se o executado não tiver domicílio ou dele

41. SCHIAVI, Mauro. *Execução no processo do trabalho.* São Paulo: LTr, 2008. p. 169.

se ocultar; IV – registro da penhora ou do arresto, independentemente do pagamento de custas ou outras despesas; V – avaliação dos bens penhorados ou arrestados.

O exequente poderá, no início da execução, indicar bens a serem penhorados (CPC, art. 798, II, *c*).

Feita a citação, o executado poderá, alternativamente, nos termos do art. 882 da CLT, adotar quatro medidas:

a) efetuar o pagamento da quantia executada, devendo a Secretaria do Juízo fornecer-lhe o respectivo termo de quitação (CLT, art. 881);

b) depositar em juízo o valor constante do título, com a ressalva de que se trata de garantia do juízo para oposição de embargos à execução, uma vez que a ausência de ressalva pode ensejar o entendimento de que houve simples pagamento, nos termos da alínea anterior;

c) apresentar seguro-garantia judicial (CPC, art. 835, § 2º; IN/TST n. 39/2106, art. 3º, XVI; OJ/SBDI-2/TST n. 59);

d) oferecer bens à penhora para garantia do juízo e opor embargos à execução.

16. PENHORA

O instituto da penhora aplica-se tanto no cumprimento de título judicial quanto no processo de execução de título extrajudicial.

Para a nomeação de bens à penhora, o executado (ou devedor) deverá, por força do art. 882 da CLT (com redação dada pela Lei n. 8.432/92), observar a ordem de preferência fixada no art. 655 do CPC/73, que tem como correspondente o art. 835 do CPC, a saber:

I – dinheiro, em espécie ou em depósito ou aplicação em instituição financeira;

II – títulos da dívida pública da União, dos Estados e do Distrito Federal com cotação em mercado;

III – títulos e valores mobiliários com cotação em mercado;

IV – veículos de via terrestre;

V – bens imóveis;

VI – bens móveis em geral;

VII – semoventes;

VIII – navios e aeronaves;

IX – ações e quotas de sociedades simples e empresárias;

X – percentual do faturamento de empresa devedora;

XI – pedras e metais preciosos;

XII – direitos aquisitivos derivados de promessa de compra e venda e de alienação fiduciária em garantia;

XIII – outros direitos.

Dispõe o § 1º do art. 835 do CPC que é "prioritária a penhora em dinheiro, podendo o juiz, nas demais hipóteses, alterar a ordem prevista no *caput* de acordo com as circunstâncias do caso concreto".

O § 2º do art. 835 do CPC prevê que para fins de substituição da penhora, equiparam-se a dinheiro a fiança bancária e o seguro garantia judicial, desde que em valor não inferior ao do débito constante da inicial, acrescido de trinta por cento. A carta de fiança bancária e o seguro garantia judicial, desde que em valor não inferior ao do débito em execução, acrescido de trinta por cento, equivalem a dinheiro para efeito da gradação dos bens penhoráveis, estabelecida no art. 835 do CPC de 2015 (art. 655 do CPC de 1973), segundo a OJ n. 59 da SBDI-2/TST, sendo tal matéria regulada pelo art. 882 da CLT.

Na execução de crédito com garantia real, a penhora recairá sobre a coisa dada em garantia, e, se a coisa pertencer a terceiro garantidor, este também será intimado da penhora (CPC, art. 835, § 3º).

É importante lembrar que o art. 3º, item XVI, da IN n. 39/2016 do TST autoriza a aplicação subsidiária do art. 835, incisos e §§ 1º e 2º, do CPC no processo do trabalho.

No processo civil, o cumprimento de sentença que reconheça obrigação por quantia certa dependerá de requerimento do exequente (CPC, art. 523, *caput*). Logo, a expedição de mandado de penhora e avaliação dependerá do requerimento do exequente para instaurar o cumprimento da sentença que reconheça obrigação de pagar.

No processo do trabalho, como já vimos, há regra própria na CLT (art. 882), sendo certo que a execução (cumprimento) da sentença que reconheça obrigação de pagar poderá, inclusive, ser promovida de ofício pelo juiz quando a parte não estiver representada por advogado (CLT, art. 878), inexistindo, assim, lacuna normativa ou ontológica. Todavia, não há óbice legal à indicação pelo exequente dos bens a serem penhorados.

Em se tratando de cumprimento de sentença, prevê o art. 841, §§ 1º e 2º, do CPC uma importante regra de efetividade processual, que autoriza, depois de formalizada a penhora, que dela será intimado o advogado (ou sociedade de advogados a que pertença) do executado. Caso não possua advogado constituído nos autos, o executado terá direito de ser intimado pessoalmente, de preferência por via postal.

O art. 3º, XVIII, da IN n. 39/2016 do TST autoriza a aplicação subsidiária do art. 841, §§ 1º e 2º, do CPC nos sítios do processo do trabalho[42].

42. *Vide* ADI n. 5.516, de relatoria da Min. Cármen Lúcia, onde se questiona a inconstitucionalidade formal e material da referida IN n. 39/2016 do TST.

Na execução de título extrajudicial trabalhista, por força do art. 8º, *caput* e I, da LEF, o executado será citado pelo correio com aviso de recepção para, no prazo de cinco dias, pagar a dívida com os juros e multa de mora e encargos indicados no título executivo extrajudicial, ou garantir a execução. Caso não o faça, o oficial de justiça procederá de imediato à penhora de bens e à sua avaliação, lavrando-se o respectivo auto e de tais atos intimando, na mesma oportunidade, o executado.

Segundo prescreve o art. 848 do CPC, as partes poderão requerer a substituição da penhora se:

> I – ela não obedecer à ordem legal;
>
> II – ela não incidir sobre os bens designados em lei, contrato ou ato judicial para o pagamento;
>
> III – havendo bens no foro da execução, outros tiverem sido penhorados;
>
> IV – havendo bens livres, ela tiver recaído sobre bens já penhorados ou objeto de gravame;
>
> V – ela incidir sobre bens de baixa liquidez;
>
> VI – fracassar a tentativa de alienação judicial do bem; ou
>
> VII – o executado não indicar o valor dos bens ou omitir qualquer das indicações previstas em lei.
>
> Parágrafo único. A penhora pode ser substituída por fiança bancária ou por seguro garantia judicial, em valor não inferior ao do débito constante da inicial, acrescido de trinta por cento.

É dever do executado, dentro de prazo assinado pelo juiz, exibir a prova de propriedade dos bens e, quando for o caso, a certidão negativa de ônus, bem como indicar onde se encontram os bens sujeitos à execução e abster-se de qualquer atitude que dificulte ou embarace a realização da penhora (CPC, art. 847, §§ 1º e 2º).

Nesse passo, recolhemos algumas regras gerais sobre a penhora:

> *a)* têm preferência os bens do foro da causa; *b)* somente se os bens não forem encontrados no foro da causa é que se realizará a penhora por carta precatória (CPC, art. 845, § 2º); *c)* se o valor dos bens penhorados for totalmente absorvido pelo pagamento das custas da execução, torna-se inócua a penhora (CPC, art. 836); *d)* o termo de penhora de imóveis deverá ser registrado no ofício imobiliário (CPC, art. 844); *e)* quando houver resistência do devedor, o Oficial de Justiça solicitará ao juiz a expedição de mandado autorizando arrombamento de portas, móveis e gavetas, onde presumirem que se achem os bens, sendo que essa diligência será cumprida por dois oficiais de justiça, que lavrarão de tudo auto circunstanciado assinado por duas testemunhas, presentes à diligência (CPC, art. 846).

É importante lembrar que, de acordo com o art. 837 do CPC, a penhora de dinheiro e as averbações de penhoras de bens imóveis e móveis podem ser realizadas por meio eletrônico, desde que obedecidas as normas de segurança instituídas sob critérios uniformes pelo Conselho Nacional de Justiça ou Conselho Superior da Justiça do Trabalho.

16.1. Bens impenhoráveis

O art. 832 do CPC, que é aplicável ao processo do trabalho (CLT, art. 769), prescreve que não estão sujeitos à execução os bens que a lei considera impenhoráveis ou inalienáveis.

No CPC/73 havia bens absolutamente impenhoráveis (art. 649) e bens relativamente penhoráveis (art. 650).

O CPC não emprega mais o termo "absolutamente impenhoráveis", pois o seu art. 833 dispõe, *in verbis*:

> Art. 833. São impenhoráveis:
>
> I – os bens inalienáveis e os declarados, por ato voluntário, não sujeitos à execução;
>
> II – os móveis, os pertences e as utilidades domésticas que guarnecem a residência do executado, salvo os de elevado valor ou os que ultrapassem as necessidades comuns correspondentes a um médio padrão de vida;
>
> III – os vestuários, bem como os pertences de uso pessoal do executado, salvo se de elevado valor;
>
> IV – os vencimentos, os subsídios, os soldos, os salários, as remunerações, os proventos de aposentadoria, as pensões, os pecúlios e os montepios, bem como as quantias recebidas por liberalidade de terceiro e destinadas ao sustento do devedor e de sua família, os ganhos de trabalhador autônomo e os honorários de profissional liberal, ressalvado o § 2º;
>
> V – os livros, as máquinas, as ferramentas, os utensílios, os instrumentos ou outros bens móveis necessários ou úteis ao exercício da profissão do executado;
>
> VI – o seguro de vida;
>
> VII – os materiais necessários para obras em andamento, salvo se essas forem penhoradas;
>
> VIII – a pequena propriedade rural, assim definida em lei, desde que trabalhada pela família;
>
> IX – os recursos públicos recebidos por instituições privadas para aplicação compulsória em educação, saúde ou assistência social;

X – a quantia depositada em caderneta de poupança, até o limite de 40 (quarenta) salários mínimos;

XI – os recursos públicos do fundo partidário recebidos por partido político, nos termos da lei;

XII – os créditos oriundos de alienação de unidades imobiliárias, sob regime de incorporação imobiliária, vinculados à execução da obra.

§ 1º A impenhorabilidade não é oponível à execução de dívida relativa ao próprio bem, inclusive àquela contraída para sua aquisição.

§ 2º O disposto nos incisos IV e X do *caput* não se aplica à hipótese de penhora para pagamento de prestação alimentícia, independentemente de sua origem, bem como às importâncias excedentes a 50 (cinquenta) salários mínimos mensais, devendo a constrição observar o disposto no art. 528, § 8º, e no art. 529, § 3º.

§ 3º Incluem-se na impenhorabilidade prevista no inciso V do *caput* os equipamentos, os implementos e as máquinas agrícolas pertencentes a pessoa física ou a empresa individual produtora rural, exceto quando tais bens tenham sido objeto de financiamento e estejam vinculados em garantia a negócio jurídico ou quando respondam por dívida de natureza alimentar, trabalhista ou previdenciária.

Tendo em vista a lacuna normativa da CLT e da Lei n. 6.830/80, parece-nos que é aplicável a regra do art. 833 do CPC nos sítios do processo do trabalho, observados alguns parâmetros que se seguem.

O art. 3º, XV, da IN n. 39/2016 do TST manda aplicar subsidiariamente ao processo do trabalho, sem qualquer ressalva, o disposto no art. 833, incisos e parágrafos (bens impenhoráveis) do CPC.

Extrai-se da interpretação do inciso II do art. 833 do CPC que os móveis, pertences e utilidades domésticas que ornamentam a residência do devedor passam a ser penhoráveis se forem de *elevado valor ou ultrapassarem as necessidades comuns de um médio padrão de vida*. Semelhante situação ocorre na hipótese do inciso III, *supra*, pois passaram a ser penhoráveis os vestuários e pertences de uso pessoal do executado se tiverem *elevado valor*.

Ora, "elevado valor" e "médio padrão de vida" são, evidentemente, conceitos legais indeterminados, cabendo ao juiz, "no momento de fazer a subsunção do fato à norma, preencher os claros e dizer se a norma atua ou não no caso concreto. Preenchido o conceito indeterminado (...), a solução já está estabelecida na própria norma legal, competindo ao juiz apenas aplicar a norma, sem exercer nenhuma função criadora"[43].

43. NERY JÚNIOR, Nelson; NERY, Rosa Maria de Andrade. *Código Civil anotado e legislação extravagante*. 2. ed. São Paulo: Revista dos Tribunais, 2003. p. 141.

Por vias transversas, o § 6º do art. 884 da CLT (incluído pela Lei n. 13.467/2017) dispõe que a "exigência da garantia ou penhora não se aplica às entidades filantrópicas e/ou àqueles que compõem ou compuseram a diretoria dessas instituições". É dizer, a nova regra tornou impenhoráveis os bens das entidades filantrópicas que figurarem como executadas no processo do trabalho. Para gozar do privilégio, porém, é ônus da entidade filantrópica provar que possui o Certificado de Entidades Beneficentes de Assistência Social – CEBAS (Lei n. 12.101/2009, art. 21) regularmente emitido pelo órgão estatal competente. Caso não possua o CEBAS, ou se houver alguma fumaça de fraude, poderá o juiz, em decisão fundamentada, determinar a penhora de bens da entidade executada, além de ser factível a instauração do incidente de desconsideração da personalidade jurídica para responsabilizar os diretores.

No que tange à eficácia temporal do § 6º do art. 884 da CLT, o art. 16 da IN n. 41/2018 do TST dispõe que essa nova regra somente se aplica "em processos com execuções iniciadas após 11 de novembro de 2017".

16.1.1. Penhora de créditos de natureza alimentícia de qualquer natureza e altos rendimentos

A impenhorabilidade dos bens descritos no inciso IV do art. 833 do CPC não se aplica, nos termos do § 2º do mesmo artigo, à hipótese de penhora para pagamento de prestação alimentícia, independentemente de sua origem, bem como às importâncias excedentes a cinquenta salários mínimos mensais, devendo a constrição observar o disposto no art. 528, § 8º, e no art. 529, § 3º, do mesmo Código.

Vale dizer, o § 2º do art. 833 do CPC excepciona a regra da impenhorabilidade dos salários, vencimentos, honorários, subsídios, proventos de aposentadoria etc. para pagamento de qualquer prestação alimentícia, isto é, independentemente de sua origem.

Dessarte, podem ser penhoradas verbas de natureza alimentícia de qualquer natureza para pagamento de prestação alimentícia independentemente da origem, como sói ocorrer com os créditos trabalhistas ou decorrentes de acidentes do trabalho. O conceito de natureza alimentícia deve ser extraído do art. 100, § 1º, da CF.

Nesse passo, é importante lembrar que na 1ª Jornada de Direito Material e Processual do Trabalho, realizada em Brasília-DF, foi aprovado, em 23 de novembro de 2007, o Enunciado n. 70, *in verbis*:

> EXECUÇÃO. PENHORA DE RENDIMENTOS DO DEVEDOR. CRÉDITOS TRABALHISTAS DE NATUREZA ALIMENTAR E PENSÕES POR MORTE OU INVALIDEZ DECORRENTES DE ACIDENTE DO TRABALHO. PONDERAÇÃO DE PRINCÍPIOS CONSTITUCIONAIS. POSSIBILIDADE. Tendo em vista a natureza alimentar dos créditos trabalhistas e da pensão por morte ou invalidez decorrente de acidente do

trabalho (CF, art. 100, § 1º-A), o disposto no art. 649, IV, do CPC deve ser aplicado de forma relativizada, observados o princípio da proporcionalidade e as peculiaridades do caso concreto. Admite-se, assim, a penhora dos rendimentos do executado em percentual que não inviabilize o seu sustento.

A respeito da possibilidade de penhora de salário, pensão e aposentadoria, é importante lembrar que a Jornada sobre Execução na Justiça do Trabalho (Cuiabá-MT, novembro/2010) aprovou o Enunciado n. 29, *in verbis*:

> PENHORA DE SALÁRIO, PENSÃO E APOSENTADORIA. POSSIBILIDADE EM EXECUÇÃO TRABALHISTA. APLICAÇÃO ANALÓGICA DO ART. 1º, § 1º, DA LEI N. 10.820/2003; ART. 3º, I, DO DECRETO N. 4.840/2003; ART. 115, VI, DA LEI N. 8.213/91; E ART. 154, VI, DO DECRETO N. 3.048/99. SUPREMACIA DO CRÉDITO TRABALHISTA. ART. 100, § 1º-A, DA CONSTITUIÇÃO FEDERAL E ART. 186 DO CÓDIGO TRIBUTÁRIO NACIONAL (CTN). É lícita, excepcionalmente, a penhora de até 30% dos rendimentos decorrentes do trabalho, pensão e aposentadoria, discriminados no inciso IV do art. 649 do Código de Processo Civil (CPC), por expressa previsão no § 2º do art. 649 do CPC, desde que comprovado o esgotamento de todos os meios disponíveis de localização dos bens do devedor.

A OJ n. 153 da SBDI-2/TST, no entanto, considera que:

> Ofende direito líquido e certo decisão que determina o bloqueio de numerário existente em conta salário, para satisfação de crédito trabalhista, ainda que seja limitado a determinado percentual dos valores recebidos ou a valor revertido para fundo de aplicação ou poupança, visto que o art. 649, IV, do CPC contém norma imperativa que não admite interpretação ampliativa, sendo a exceção prevista no art. 649, § 2º, do CPC espécie e não gênero de crédito de natureza alimentícia, não englobando o crédito trabalhista.

Ocorre que o próprio CPC/73, em seu art. 20, § 5º, dispunha que nas

> ações de indenização por ato ilícito contra pessoa, o valor da condenação será a soma das prestações vencidas com o capital necessário a produzir a renda correspondente às prestações vincendas (art. 602 do CPC/73), podendo estas ser pagas, também mensalmente, na forma do § 2º do referido art. 602 do CPC/73, inclusive em consignação na folha de pagamento do devedor.

Ora, se o próprio CPC/73 já permitia, na indenização por ato ilícito (o que é muito comum nas reclamações trabalhistas), a penhora mediante "consignação em folha de pagamento do devedor", ou seja, penhora de salário, merece urgente cancelamento a OJ n. 153, pois já olvidava a interpretação sistemática do próprio CPC/73, em evidente prejuízo para a efetividade da execução no processo do trabalho e, em derradeira análise, dos direitos fundamentais sociais dos trabalhadores.

Com o advento do § 2º do art. 833 do CPC, não há mais como sustentar a OJ n. 153 da SBDI-2/TST, pois a regra da impenhorabilidade não se aplica à hipótese de penhora para pagamento de prestação alimentícia, independentemente de sua origem.

Também entendemos inaplicável no processo do trabalho, por incompatibilidade com o princípio da proteção processual ao trabalhador hipossuficiente, a hipótese prevista no inciso X do art. 833 do CPC, que veda penhora em conta de caderneta de poupança do executado até o limite de quarenta salários mínimos.

Felizmente, a própria SBDI-2/TST vem reinterpretando a OJ n. 153 no sentido de ser ela aplicável apenas às penhoras realizadas antes da vigência do CPC/2015. É o que se depreende do seguinte julgado:

> RECURSO ORDINÁRIO EM MANDADO DE SEGURANÇA. PENHORA INCIDENTE SOBRE PERCENTUAL DOS PROVENTOS DE APOSENTADORIA RECEBIDOS PELO IMPETRANTE. LEGALIDADE. ART. 833, IV, DO CPC DE 2015. OJ N. 153 DA SBDI-2 DO TST. 1. Mandado de segurança impetrado contra ato judicial, exarado na vigência do CPC de 2015, em que determinado o bloqueio de numerário em conta salarial do Impetrante. 2. A Corte Regional concedeu parcialmente a segurança para limitar a ordem de bloqueio de valores ao percentual mensal de 20% dos proventos líquidos de aposentadoria do Impetrante, até integral quitação da dívida trabalhista. 3. Na linha da jurisprudência assente no âmbito do TST (OJ n. 153 da SBDI-2 do TST), sedimentada à luz da interpretação do inciso IV do art. 649 do CPC de 1973, a constrição judicial incidente sobre os salários revestia-se de manifesta ilegalidade. 4. No entanto, com o advento do CPC de 2015, o debate sobre a impenhorabilidade dos salários ganhou novos contornos, pois, nos termos do § 2º do art. 833 do CPC de 2015, a impenhorabilidade de salários não se aplica "à hipótese de penhora para pagamento de prestação alimentícia, independentemente de sua origem, bem como às importâncias excedentes a 50 (cinquenta) salários-mínimos mensais". Desse modo, a par de viável a apreensão judicial mensal dos valores remuneratórios do executado que excederem 50 (cinquenta) salários mínimos mensais, tratando-se de execução de prestação alimentícia, qualquer que seja sua origem, também será cabível a penhora, limitado, porém, o desconto em folha de pagamento a 50% (cinquenta por cento) dos ganhos líquidos do devedor, por força da norma inscrita no § 3º do art. 529 do NCPC, compatibilizando-se os interesses legítimos de efetividade da jurisdição no interesse do credor e de não aviltamento ou da menor gravosidade ao devedor. A regra inscrita no referido § 2º do art. 833 do CPC de 2015, ao excepcionar da regra da impenhorabilidade as prestações alimentícias, qualquer que seja sua origem, autoriza a penhora de percen-

tual dos salários e proventos de aposentadoria com o escopo de satisfazer créditos trabalhistas, dotados de evidente natureza alimentar. De se notar que foi essa a compreensão do Tribunal Pleno desta Corte ao alterar, em setembro de 2017, a redação da OJ n. 153 da SBDI-2, visando a adequar a diretriz ao CPC de 2015, mas sem interferir nos fatos ainda regulados pela legislação revogada. À luz dessas considerações, é de se concluir que a impenhorabilidade prevista no inciso IV do art. 833 do CPC de 2015 não pode ser oposta na execução para satisfação do crédito trabalhista típico, devendo ser observado apenas que o desconto em folha de pagamento estará limitado a 50% (cinquenta por cento) dos ganhos líquidos do devedor, na forma do § 3º do art. 529 do mesmo diploma legal. 5. No caso, em face da decisão liminar exarada no *mandamus* pelo Desembargador relator originário, a autoridade apontada como coatora já liberou os valores que haviam sido bloqueados na conta salário do Impetrante. Nesse contexto, a limitação da penhora a 20% (vinte por cento) dos proventos líquidos de aposentadoria do Impetrante, em decisão a ser cumprida já na vigência do CPC de 2015, está em sintonia com a nova ordem jurídica instaurada pelo Novo Código de Processo Civil e com o princípio de direito intertemporal *tempus regit actum*, não havendo espaço para a reforma do acórdão regional. Recurso ordinário conhecido e não provido (TST-RO 1514-66.2016.5.05.0000, Rel. Min. Douglas Alencar Rodrigues, SBDI-2, *DEJT* 9-2-2018).

Nos termos do § 1º do art. 833 do CPC, a impenhorabilidade não é oponível à cobrança do crédito concedido para a aquisição do próprio bem. Trata-se de norma inaplicável ao processo do trabalho, pois se refere à relação de direito real (compra e venda), e não de relação de direito pessoal (de trabalho) e obrigacional (contrato).

O art. 834 do CPC também prevê importante inovação, na medida em que declara penhoráveis, "à falta de outros bens, os frutos e os rendimentos dos bens inalienáveis", sem fazer ressalva quanto tais valores fossem destinados à satisfação de prestação alimentícia, como o fazia o art. 650 do CPC/73.

Embora não estejam previstos no elenco do art. 833 do CPC, os bens públicos de uso comum do povo e os de uso especial (CC, art. 100) são também impenhoráveis.

16.1.2. Bens de família

Cumpre lembrar, ainda, que a Lei n. 8.009/90 tornou impenhoráveis os bens de família, isto é, o imóvel residencial próprio do casal, ou da entidade familiar, abrangendo "o imóvel sobre o qual se assentam a construção, as plantações, as benfeitorias de qualquer natureza e todos os equipamentos, inclusive os de uso profissional, ou móveis que guarnecem a casa, desde que quitados".

Excluem-se da regra da impenhorabilidade do bem de família os veículos de transporte, as obras de arte e os adornos suntuosos.

Se o imóvel utilizado como residência da família for apenas alugado, a impenhorabilidade alcança os bens móveis quitados que guarneçam a residência, desde que sejam de propriedade do locatário (executado).

A Súmula 486 do STJ (*DJe* 2-8-2012) dispõe que é "impenhorável o único imóvel residencial do devedor que esteja locado a terceiros, desde que a renda obtida com a locação seja revertida para a subsistência ou a moradia da sua família".

Não é pacífica a aceitação da aplicabilidade da Lei n. 8.009/90 nos domínios do processo do trabalho. Para uns, a regra da impenhorabilidade do bem de família seria incompatível com a natureza alimentícia do crédito trabalhista. Para outros, a norma ora focalizada visa a assegurar a dignidade da pessoa do devedor e da sua família, com o que a citada incompatibilidade não existiria.

Não se pode relegar ao esquecimento o caráter imperativo do art. 3º da Lei n. 8.009/90, que dispõe textualmente que a impenhorabilidade do bem de família "é oponível em qualquer processo de execução civil, fiscal, previdenciária, trabalhista ou de outra natureza".

Todavia, os incisos I e III do referido art. 3º da Lei n. 8.009/90, em sua redação original, excepcionavam a regra da impenhorabilidade quando a execução fosse promovida: em razão dos créditos de trabalhadores da própria residência e das respectivas contribuições previdenciárias; ou pelo credor de pensão alimentícia.

Ocorre que o inciso I do art. 3º da Lei n. 8009/90 foi expressamente revogado pela Lei Complementar n. 150/2015 (Nova Lei do Trabalho Doméstico), sendo certo que o inciso III do mesmo artigo passou a ter nova redação dada pela Lei n. 13.144/2015, permitindo a penhora do bem de família pelo credor da pensão alimentícia, resguardados os direitos, sobre o bem, do seu coproprietário que, com o devedor, integre união estável ou conjugal, observadas as hipóteses em que ambos responderão pela dívida.

Ora, segundo o art. 100, § 1º, da CF:

> Os débitos de natureza alimentícia compreendem aqueles decorrentes de salários, vencimentos, proventos, pensões e suas complementações, benefícios previdenciários e indenizações por morte ou por invalidez, fundadas em responsabilidade civil, em virtude de sentença judicial transitada em julgado, e serão pagos com preferência sobre todos os demais débitos, exceto sobre aqueles referidos no § 2º deste artigo (Redação dada pela EC n. 62/2009).

De tal modo, e considerando que a norma ápice do sistema inclui os salários no rol dos débitos de natureza alimentícia, parece-nos irrecusável a conclusão de que a execução dos créditos trabalhistas está imune à regra da impenhorabilidade prevista no art. 3º da Lei n. 8.009/90, por incompatibilidade com a nova redação dada ao art. 100, § 1º, da CF. Além disso, o imóvel é um direito de propriedade do executado e, por isso, deve atender à sua função social, destacando-se o adimplemento das obrigações de natureza alimentícia. Nesse sentido:

> BEM DE FAMÍLIA – CONDIÇÕES PARA OPOSIÇÃO DA GARANTIA COM EFEITO *ERGA OMNES* – MANUTENÇÃO DA PENHORA – DIREITO DE PROPRIEDADE DEPENDENTE DE SUA FUNÇÃO SOCIAL E QUE SUCUMBE DIANTE DE CRÉDITO ALIMENTAR. Como toda exceção à regra de que o devedor responde para o cumprimento de suas obrigações com todos os seus bens, presentes e futuros (art. 591 do CPC), as garantias que excepcionam a submissão patrimonial, para que tenham eficácia *erga omnes*, devem estar instituídas na forma como delimitado na própria lei, sob pena de nítida ofensa ao art. 5º, II, da Constituição Federal. A questão já era tratada pelo art. 73 do Código Civil de 1916 e permanece disciplinada pelo Código Civil em vigor, que manteve a exigibilidade de instituição do bem de família através de escritura pública, pelo registro de seu título no Registro de Imóveis (art. 1.714) resguardados dois terços do patrimônio líquido existente por ocasião da instituição (art. 1.711), com destinação para domicílio familiar (art. 1.712), surtindo eficácia jurídica apenas em relação a dívidas posteriores à sua instituição (art. 1.715). Não cumpridas tais exigências e considerando-se que a propriedade deve atender à sua função social (art. 5º, XXIII, da Constituição Federal), a penhora há de ser mantida, em razão do caráter alimentar que emerge do crédito trabalhista, em confronto com o direito patrimonial do devedor (TRT 2ª R., AP 00416.2008.062.02.00-9, 4ª T., Rel. Des. Paulo Augusto Camara, *DOE* 20-2-2009).

Esse, porém, não é o entendimento adotado majoritariamente pelos tribunais trabalhistas:

> BEM DE FAMÍLIA. IMPENHORABILIDADE. O executado apresentou conta de luz recente, comprovando que reside no imóvel penhorado. Cumpria ao reclamante comprovar que o imóvel não é o único bem do patrimônio do executado. O imóvel em que reside a família é impenhorável, ainda que se trate da execução de créditos de caráter alimentar, decorrentes da relação de trabalho, salvo quanto aos empregados que prestavam serviços na própria residência (art. 3º, I, da Lei n. 8.009/90), o que não é o caso dos autos. A proteção ao imóvel residencial da família contra a penhora, prevista na Lei n. 8.009/90, decorre da própria previsão legal, sendo desnecessário qualquer outro ato para que possa ser arguida perante terceiros e credores. Já quando não se trata de patrimônio único, parte dele pode se tornar protegido contra penhora a partir do procedimento previsto no art. 1.711 do Código Civil (TRT-1ª R., AGVPET 772004420075010080, Rel. Des. Volia Bomfim Cassar, 2ª T., *DEJT* 27-11-2012).

> BEM DE FAMÍLIA. IMPENHORABILIDADE. REQUISITOS. A impenhorabilidade do bem de família, prevista na Lei n. 8.009/1990, constitui proteção de ordem pública. O alvo da blindagem é aquele único imóvel da parte, ou da entidade familiar, destinado à sua moradia permanente, incumbido ao interessado provar essa condição. Demonstrada a situação excepcional do bem indicado, torna-se defesa a constrição judicial pretendida (TRT-10ª R., AP 01318-2003-013-10-00-0, Rel. Des. João Amílcar, 2ª T., *DEJT* 14-9-2012).
>
> BEM DE FAMÍLIA. IMPENHORABILIDADE. Comprovado nos autos que o imóvel destina-se a residência dos sócios executados e não se tratando das hipóteses de exceção previstas no art. 3º da Lei n. 8.009/90, impõe-se reconhecê-lo como impenhorável nos moldes desse diploma legal. Para tanto, não é exigível a averbação da condição de bem de família perante o Registro de Imóveis de que trata o art. 1.714 do Código Civil. (...) (TRT-4ª R., AP 0051600-23.1998.5.04.0025, Rel. Des. João Ghisleni Filho, j. 28-8-2012).

Ainda que se adote a impenhorabilidade do bem de família diante de execução de crédito trabalhista, pensamos que constitui ônus do devedor provar, por meio de certidão do registro de imóveis, que o imóvel penhorado é o único bem destinado à residência da família a que pertence.

De outro giro, há de ser interpretada restritivamente a expressão "móveis que guarnecem a casa", no sentido de abranger apenas aqueles indispensáveis à vida da família, excluindo-se, por óbvio, aqueles móveis de mero deleite ou que não sejam essencialmente indispensáveis à manutenção da residência.

Segundo entendimento do TST, a arguição de impenhorabilidade do bem de família, por ser matéria de ordem pública, pode ocorrer a qualquer tempo, como se infere do seguinte julgado:

> (...) BEM DE FAMÍLIA – IMPENHORABILIDADE – MATÉRIA DE ORDEM PÚBLICA – AUSÊNCIA DE PRECLUSÃO TEMPORAL. Por vislumbrar violação ao art. 5º, LV, da Constituição da República, dá-se provimento ao Agravo de Instrumento para mandar processar o recurso negado no tópico. Agravo de Instrumento parcialmente provido. II – RECURSO DE REVISTA DO EXECUTADO – EXECUÇÃO – BEM DE FAMÍLIA – IMPENHORABILIDADE – MATÉRIA DE ORDEM PÚBLICA – AUSÊNCIA DE PRECLUSÃO TEMPORAL. Esta Eg. Corte Superior consolidou jurisprudência no sentido de que a impenhorabilidade do bem de família, por ser questão de ordem pública, não preclui pelo decurso do tempo, podendo ser arguida em qualquer grau de jurisdição, até a arrematação. Precedentes do TST e STJ. Recurso de Revista parcialmente conhecido e provido (TST-ARR 10288-14.2014.5.03.0129, 8ª T., Rel. Min. Maria Cristina Irigoyen Peduzzi, *DEJT* 5-11-2018).

16.1.3. Penhorabilidade do dinheiro na execução provisória

Remetemos o leitor ao item 12.4, *supra*.

16.2. Penhora de crédito do executado

Além dos próprios bens do devedor, outros bens podem ser objeto de penhora, como os seus créditos pendentes de recebimento de terceiros.

Com efeito, o art. 855 do CPC (art. 671 do CPC/73) dispõe:

> Art. 855. Quando recair em crédito do executado, enquanto não ocorrer a hipótese prevista no art. 856, considerar-se-á feita a penhora pela intimação:
>
> I – ao terceiro devedor para que não pague ao executado, seu credor;
>
> II – ao executado, credor do terceiro, para que não pratique ato de disposição do crédito.

A penhora de crédito, representada por letra de câmbio, nota promissória, duplicata, cheque ou outros títulos, far-se-á pela apreensão do documento, esteja ou não em poder do devedor.

Se o título não for apreendido, mas o terceiro confessar a dívida, será havido como depositário da importância.

O terceiro só se exonerará da obrigação depositando em juízo a importância da dívida. Se o terceiro negar o débito em conluio com o devedor, a quitação que este lhe der considerar-se-á em fraude de execução.

A requerimento do credor, o juiz determinará o comparecimento, em audiência especialmente designada, do devedor e do terceiro, a fim de lhes tomar os depoimentos.

Feita a penhora em direito e ação do devedor, e não tendo este oferecido embargos, ou sendo estes rejeitados, o credor fica sub-rogado nos direitos do devedor até a concorrência do seu crédito.

O credor pode preferir, em vez da sub-rogação, a alienação judicial do direito penhorado, caso em que declarará a sua vontade no prazo de dez dias contados da realização da penhora.

A sub-rogação não impede ao sub-rogado, se não receber o crédito do devedor, de prosseguir na execução, nos mesmos autos, penhorando outros bens do devedor.

Nos termos do art. 860 do CPC (art. 674 do CPC/73), quando o direito estiver sendo pleiteado em juízo, averbar-se-á no rosto dos autos a penhora que recair nele e na ação que lhe corresponder, a fim de se efetivar nos bens, que forem adjudicados ou vierem caber ao devedor.

Se a penhora recair sobre dívidas de dinheiro a juros, de direito a rendas, ou de prestações periódicas, o exequente poderá levantar os juros, os rendimentos ou as prestações à medida que forem sendo depositadas, abatendo-se do crédito as importâncias recebidas, conforme as regras da imputação em pagamento.

Tratando-se de penhora que recaia sobre direito cujo objeto repouse na prestação ou restituição de coisa determinada, o executado será intimado para, no vencimento, depositá-la, correndo sobre ela a execução.

No que respeita à penhora de crédito futuro da empresa executada, parece-nos que não existe qualquer ilegalidade na decisão que a determina, desde que isso não implique a possibilidade de danos irreparáveis. *Data venia* dos que sustentam o contrário, pensamos que o direito não pode ignorar a realidade, como, por exemplo, a hipótese das empresas de cartões de crédito que figuram como executadas. Ora, o patrimônio dessas empresas é constituído dos créditos de terceiros (clientes), sendo, a nosso ver, perfeitamente factível a incidência da penhora sobre tais créditos.

Colhemos alguns julgados sobre penhora de crédito:

> PENHORA DE CRÉDITOS. É possível a penhora dos créditos que o executado, pessoa física, possui junto à empresa da qual é proprietário, nos termos do art. 1.026 do Código Civil (TRT-2ª R., AG 00461003120015020023, Rel. Des. Regina Duarte, 14ª T., *DEJT* 24-5-2013).
>
> AGRAVO DE PETIÇÃO. EXECUÇÃO. PENHORA DE CRÉDITO EM MÃOS DE TERCEIRO. Não há qualquer impedimento legal ou mesmo de ordem prática que impeça que se efetive a penhora de crédito em mãos de terceiro, pois visa tornar efetiva a regra jurídica estabelecida no título executivo judicial, satisfazendo o crédito trabalhista apurado em liquidação da sentença (TRT-1ª R., AGVPET 978005519915010013, Rel. Des. Mery Bucker Caminha, 1ª T., *DEJT* 12-11-2012).
>
> MANDADO DE SEGURANÇA. PENHORA DE CRÉDITOS. INOCORRÊNCIA DE VIOLAÇÃO A DIREITO LÍQUIDO E CERTO DO DEVEDOR. Não se vislumbra violação ou ameaça a direito líquido e certo, a ser amparado por mandado de segurança, no ato da autoridade judicial que, em execução definitiva, e à vista do descumprimento do mandado de citação para pagamento da dívida, determina a penhora de créditos do executado junto a terceiros, ainda mais quando o faz com cautela e razoabilidade, restringido o bloqueio apenas a 15% dos repasses. Longe de constituir ofensa aos dispositivos invocados, o procedimento encontra perfeita harmonia nas regras processuais em vigor, segundo as quais o dinheiro tem prevalência sobre outros bens passíveis de penhora. Frise-se, além do mais, não haver sustentação probatória para a afirmação da impetrante no sentido de que a apreensão do crédito terá por consequência a inviabilidade de sua atividade institucional, por impedir o pagamento da folha salarial. Segurança denegada (TRT-13ª, MS 00240.2009.000.13.00-0, Rel. Des. Herminegilda Leite Machado, TP, *DO* 18-8-2010).

Convém lembrar que a Jornada sobre Execução na Justiça do Trabalho (Cuiabá-MT, novembro/2010) aprovou o Enunciado n. 13, *in verbis*:

PENHORA DE CRÉDITO DO EXECUTADO. CONSTATAÇÃO NAS AGÊNCIAS BANCÁRIAS, COOPERATIVAS DE CRÉDITO E ADMINISTRADORAS DE CARTÃO DE CRÉDITO. I – Um dos meios de localizar ativos financeiros do executado, obedecendo à gradação do art. 655 do Código do Processo Civil (CPC), mesmo diante do resultado negativo a pesquisa realizada por intermédio do sistema Bacen Jud, consiste na expedição de mandado de constatação nas agências de cooperativas de crédito e administradoras de cartão de crédito não vinculadas ao Bacen, determinando a retenção de créditos presentes e futuros do executado; II – A constatação da existência de procuração de terceiros ao executado, perante agências bancárias e cooperativas de crédito, com poderes para movimentar contas daqueles é outra forma de buscar ativos financeiros do devedor, diante da possibilidade de fraude.

Quanto à penhora de cédula de crédito rural ou industrial, a SBDI-1 editou a OJ n. 226, *in verbis*:

Crédito Trabalhista. Cédula de Crédito Rural. Cédula de Crédito Industrial. Penhorabilidade. Diferentemente da cédula de crédito industrial garantida por alienação fiduciária, na cédula rural pignoratícia ou hipotecária o bem permanece sob o domínio do devedor (executado), não constituindo óbice à penhora na esfera trabalhista (DL n. 167/67, art. 69; CLT, arts. 10 e 30 e Lei n. 6.830/80).

16.2.1. Penhora de crédito do executado na execução provisória

Remetemos o leitor ao item 12.5, *supra*.

16.3. Penhora de empresa

Embora se utilize, na prática, o termo "penhora de empresa", sabe-se que, a rigor, a empresa é um ente incorpóreo, uma ficção jurídica. A empresa é constituída de duas universalidades: a de bens e a de pessoas.

Tecnicamente, o que pode ser objeto de penhora não é a empresa, e sim o estabelecimento da empresa ou, como também é chamado, o fundo de comércio.

A penhora de estabelecimento está regulada nos arts. 862 a 865 do CPC (arts. 677 a 679 do CPC/73).

Tendo em vista a complexidade dessa modalidade de penhora, o juiz somente deve autorizá-la quando não forem encontrados bens suficientes à satisfação do crédito. Aqui, sim, há de ser observado o disposto no art. 805 do CPC (art. 620 do CPC/73), uma vez que é inegável a função social da empresa, que, em linha de princípio, deve ter ampla possibilidade de sobreviver num mundo de tanta concorrência, devendo o juiz, sempre que possível, evitar as medidas que possam agravar a situação econômico-financeira da empresa. Afinal, não se pode relegar ao oblívio que na empresa há outros trabalhadores, igualmente credores de prestações alimentícias.

Nesse sentido, a SBDI-2 do TST editou a OJ n. 93, ponderando o seguinte:

> PENHORA SOBRE PARTE DA RENDA DE ESTABELECIMENTO COMERCIAL. POSSIBILIDADE (alterada em decorrência do CPC de 2015; Res. n. 220/2017 – *DEJT* divulgado em 21, 22 e 25-09-2017). Nos termos do art. 866 do CPC de 2015, é admissível a penhora sobre a renda mensal ou faturamento de empresa, limitada a percentual, que não comprometa o desenvolvimento regular de suas atividades, desde que não haja outros bens penhoráveis ou, havendo outros bens, eles sejam de difícil alienação ou insuficientes para satisfazer o crédito executado.

A lei permite que a penhora possa incidir sobre estabelecimento comercial, industrial ou agrícola, bem como em semoventes, plantações ou edifício em construção. Nesses casos, o juiz deverá nomear administrador, fixando-lhe dez dias de prazo para que apresente plano de administração do que lhe foi confiado (CPC, art. 862).

Visando à solução negociada quanto à administração da empresa penhorada, o § 2º do art. 862 do CPC estimula que se possa destinar determinado percentual do faturamento mensal para pagamento do exequente.

Na hipótese de empresa concessionária de serviço público, a penhora far-se-á, conforme o valor do crédito, sobre a renda, sobre determinados bens, ou sobre todo o patrimônio, nomeando o juiz como depositário, de preferência, um dos seus diretores (CPC, art. 863).

Para finalizar este tópico, vale lembrar que a penhora sobre navio ou aeronave não obsta a que continue navegando ou operando até a alienação. Todavia, o juiz, ao conceder a autorização para navegar ou operar, não permitirá que saia do porto ou aeroporto antes que o devedor faça o seguro usual contra riscos (CPC, art. 864).

Sobre a penhora de renda ou faturamento da empresa, colhemos alguns julgados:

> MANDADO DE SEGURANÇA. POSSIBILIDADE DA PENHORA SOBRE FATURAMENTO. É admissível a penhora sobre a renda mensal ou faturamento de empresa, limitada a determinado percentual, desde que não comprometa o desenvolvimento regular de suas atividades (Orientação Jurisprudencial n. 93 da SBDI-2 do C. TST) (TRT-1ª R., MS 170267620115010000, Rel. Des. Dalva Amelia de Oliveira, Seção Especializada em Dissídios Individuais, *DO* 9-7-2012).
>
> PENHORA SOBRE FATURAMENTO DA EMPRESA – PERCENTAGEM – POSSIBILIDADE – FUNÇÃO SOCIAL DA EMPRESA. É admissível a penhora sobre a renda mensal ou faturamento de empresa, limitada a determinado percentual, desde que não comprometa o desenvolvimento regular de suas atividades. Permitir a penhora sobre percentual do faturamento da empresa não está a ferir a função social desta,

antes, é medida que viabiliza a manutenção do funcionamento da Reclamada, bem como garante o recebimento do crédito de natureza alimentar pelo Exequente (TRT-9ª R., Proc. 8295-2001-7-9-0-7, Rel. Des. Luiz Celso Napp, *DO* 25-1-2011).

É bem de ver que o § 1º do art. 11 da Lei n. 6.830/80 já dispunha que, "excepcionalmente, a penhora poderá recair sobre estabelecimento comercial, industrial ou agrícola, bem como em plantações ou edifícios em construção".

O art. 835, X, do CPC prevê expressamente a penhora de "percentual do faturamento de empresa devedora", sendo certo que o art. 866 do CPC dispõe, *in verbis*:

> Art. 866. Se o executado não tiver outros bens penhoráveis ou se, tendo-os, esses forem de difícil alienação ou insuficientes para saldar o crédito executado, o juiz poderá ordenar a penhora de percentual de faturamento de empresa.
>
> § 1º O juiz fixará percentual que propicie a satisfação do crédito exequendo em tempo razoável, mas que não torne inviável o exercício da atividade empresarial.
>
> § 2º O juiz nomeará administrador-depositário, o qual submeterá à aprovação judicial a forma de sua atuação e prestará contas mensalmente, entregando em juízo as quantias recebidas, com os respectivos balancetes mensais, a fim de serem imputadas no pagamento da dívida.
>
> § 3º Na penhora de percentual de faturamento de empresa, observar-se-á, no que couber, o disposto quanto ao regime de penhora de frutos e rendimentos de coisa móvel e imóvel.

16.4. Penhora *on-line*

É sabido que o "calcanhar de aquiles" do processo do trabalho reside na morosidade da execução (cumprimento da sentença), já que ela dá ao exequente aquela sensação de que "ganhou, mas não levou", sendo certo que tal morosidade acaba comprometendo a própria imagem da Justiça do Trabalho perante a sociedade.

Nessa ordem, recebendo os influxos da pós-modernidade, caracterizada principalmente pela informatização, a Justiça do Trabalho vem procurando adaptar a prestação jurisdicional aos fatos que se sucedem em velocidade espantosa no chamado mundo virtual, visando, sobretudo, à efetivação dos créditos dos trabalhadores reconhecidos nas sentenças.

Uma das soluções encontradas, aplaudidas por alguns e recriminadas por outros, foi a celebração do *Convênio Bacen Jud* entre o TST e o Banco Central. Este convênio de cooperação técnico-institucional prevê a possibilidade de o TST, o STJ e os demais Tribunais signatários, dentro de suas respectivas áreas de competência, encaminharem às instituições financeiras e demais instituições autorizadas a funcionar pelo Bacen *ofícios eletrônicos contendo solicitações de informações* sobre a existência de contas correntes e aplicações financeiras, *determinações de bloqueios e desbloqueios de contas* envolvendo pessoas físicas e jurídicas clientes do Sistema Financeiro Nacional, bem como outras solicitações que vierem a ser delineadas pelas partes.

O Provimento CGJT n. 3/2003, publicado no *DJU* de 26 de setembro de 2003, republicado em 23 de dezembro de 2003, permitia às empresas que possuíam contas bancárias em diversas agências do país o *cadastramento* de conta bancária apta a sofrer bloqueio *on-line* realizado pelo *sistema Bacen Jud*. Na hipótese de impossibilidade de constrição sobre a conta indicada por insuficiência de fundo, o Juiz da causa deveria expedir ordem para que o bloqueio recaísse em qualquer conta da empresa devedora, comunicando o fato, imediatamente, ao Corregedor-Geral da Justiça do Trabalho para descadastramento da conta bancária.

Em virtude da implantação da nova versão do convênio do TST com o Banco Central do Brasil, o Ministro Corregedor-Geral da Justiça do Trabalho editou o Provimento n. 6/2005 (*DJU* 3-11-2005), que revogou expressamente o Provimento CGJT n. 3/2003 e estabeleceu instruções para operacionalização da nova versão do Sistema Bacen Jud 2.0.

Atualmente, nos termos do art. 95 da Consolidação dos Provimentos da Corregedoria-Geral da Justiça do Trabalho (CPCGJT/2016):

> Em execução definitiva por quantia certa, se o executado, regularmente citado, não efetuar o pagamento do débito nem garantir a execução, conforme dispõe o art. 880 da CLT, o juiz deverá, de ofício ou a requerimento da parte, emitir ordem judicial de bloqueio mediante o Sistema Bacen Jud, com precedência sobre outras modalidades de constrição judicial.

Além disso, prevê o art. 96 da CPGGJT que em relação ao Sistema Bacen Jud, cabe ao juiz do trabalho:

> I – abster-se de emitir ordem judicial de bloqueio promovida em face de Estado estrangeiro ou organismo internacional; II – não encaminhar às instituições financeiras, por intermédio de ofício-papel, solicitação de informações e ordens judiciais de bloqueio, desbloqueio e transferência de valores quando for possível a prática do ato por meio do Sistema Bacen Jud; III – velar diariamente para que, em caso de bloqueio efetivado, haja pronta emissão de ordem de transferência dos valores para uma conta em banco oficial ou emissão de ordem de desbloqueio; IV – proceder à correta identificação dos executados quando da expedição das ordens de bloqueio de numerário em contas bancárias mediante o Sistema Bacen Jud, informando o registro do número de inscrição no CPF ou CNPJ, a fim de evitar a indevida constrição de valores de titularidade de pessoas físicas ou jurídicas homônimas.

Segundo o art. 97 do CPCGJT, o acesso do juiz ao Sistema Bacen Jud ocorrerá por meio de senhas pessoais e intransferíveis, após o cadastramento realizado pelo gerente setorial de segurança da informação do respectivo tribunal, denominado Máster. Parágrafo único: as operações de bloqueio, desbloqueio, transferência de valores e solicitação de informações são restritas às senhas dos juízes.

O art. 99 da CPCGJT determina que o juiz, ao receber as respostas das instituições financeiras, emitirá ordem judicial eletrônica de transferência do valor da condenação para conta judicial, em estabelecimento oficial de crédito, ou providenciará o desbloqueio do valor.

Em relação à regra de direito processual, o parágrafo único do art. 99 da CPCGJT dispõe que: "O termo inicial do prazo para oposição de embargos à execução é a data da intimação da parte, pelo juiz, de que se efetivou bloqueio de numerário em sua conta".

Ora, se o prazo para embargos à execução é contado da data da intimação ao executado de que se efetivou o bloqueio em sua conta, parece-nos inegável que o preceptivo em causa não considera o bloqueio *on-line* mero exercício do poder geral de cautela do juiz, e sim autêntica penhora, pois, como é sabido, é da intimação da penhora que se inicia o prazo para oferecimento dos embargos à execução, como se infere do art. 884 da CLT. Logo, é o próprio juiz que realiza a penhora *on-line*, e não o oficial de justiça, o que gerará controvérsias acerca da constitucionalidade do dispositivo ora focalizado por violação ao devido processo legal e ao princípio da legalidade, na medida em que o auto de penhora é realizado por oficial de justiça, e não pelo juiz. De nossa parte, não vemos qualquer mácula de ilegalidade ou inconstitucionalidade na penhora *on-line*.

O art. 835 do CPC de 2015 manteve a redação do inciso I do art. 655 do CPC/73, dispondo que a penhora observará, preferencialmente, a seguinte ordem: "I – dinheiro, em espécie ou em depósito ou aplicação em instituição financeira". Nesse sentido:

> AGRAVO DE INSTRUMENTO. RECURSO DE REVISTA. PROCESSO SOB A ÉGIDE DA LEI N. 13.015/2014. EXECUÇÃO. EXECUÇÃO PROVISÓRIA. PENHORA *ON-LINE* DE NUMERÁRIO. INCIDÊNCIA DO NOVO ART. 835, *CAPUT* E I, DO CPC – 2015. ORDEM PREFERENCIAL DO BLOQUEIO EM DINHEIRO. PREVALÊNCIA. A jurisprudência trabalhista, no período de vigência do antigo CPC, considerava inválido o bloqueio de dinheiro do devedor caso a execução fosse ainda meramente provisória (Súmula 417, III, TST). Entretanto, esse critério interpretativo perdeu validade com a vigência do art. 835, *caput* e I, do novo CPC/2015, que fixa, expressamente, a preferência do dinheiro "em espécie ou em depósito ou aplicação em instituição financeira" para a realização das penhoras, não ressalvando entre execução definitiva e/ou execução provisória. Tornando-se ultrapassado, pela lei nova, o antigo verbete jurisprudencial, não cabe, no período de vigência da nova lei – que, nesse aspecto, melhor se ajusta ao sentido lógico, principiológico e finalístico do Processo do Trabalho –, res-

taurar-se o critério executório já superado no ordenamento jurídico. Registre-se, ademais, que a Súmula 417 foi atualizada, passando a refletir essa nova diretriz jurídica, inclusive no que diz respeito ao caráter prioritário da garantia de execução em dinheiro. No caso concreto , a data de julgamento do acórdão recorrido proferido em sede de agravo de petição do Exequente ocorreu em 8-6-2016, quando já vigorante o novo CPC. Agravo de instrumento desprovido (TST-AIRR 131000-12.2013.5.13.0025, 3ª T., Rel. Min. Mauricio Godinho Delgado, *DEJT* 23-3-2018).

Para possibilitar a penhora de dinheiro em depósito ou em aplicação financeira, prevê o art. 854 do CPC que "o juiz, a requerimento do exequente, sem dar ciência prévia do ato ao executado, determinará às instituições financeiras, por meio de sistema eletrônico gerido pela autoridade supervisora do sistema financeiro nacional, que torne indisponíveis ativos financeiros existentes em nome do executado, limitando-se a indisponibilidade ao valor indicado na execução".

Os §§ 1º a 9º do art. 854 do CPC estabelecem os seguintes regramentos:

§ 1º No prazo de 24 (vinte e quatro) horas a contar da resposta, de ofício, o juiz determinará o cancelamento de eventual indisponibilidade excessiva, o que deverá ser cumprido pela instituição financeira em igual prazo.

§ 2º Tornados indisponíveis os ativos financeiros do executado, este será intimado na pessoa de seu advogado ou, não o tendo, pessoalmente.

§ 3º Incumbe ao executado, no prazo de 5 (cinco) dias, comprovar que:

I – as quantias tornadas indisponíveis são impenhoráveis;

II – ainda remanesce indisponibilidade excessiva de ativos financeiros.

§ 4º Acolhida qualquer das arguições dos incisos I e II do § 3º, o juiz determinará o cancelamento de eventual indisponibilidade irregular ou excessiva, a ser cumprido pela instituição financeira em 24 (vinte e quatro) horas.

§ 5º Rejeitada ou não apresentada a manifestação do executado, converter-se-á a indisponibilidade em penhora, sem necessidade de lavratura de termo, devendo o juiz da execução determinar à instituição financeira depositária que, no prazo de 24 (vinte e quatro) horas, transfira o montante indisponível para conta vinculada ao juízo da execução.

§ 6º Realizado o pagamento da dívida por outro meio, o juiz determinará, imediatamente, por sistema eletrônico gerido pela autoridade supervisora do sistema financeiro nacional, a notificação da instituição financeira para que, em até 24 (vinte e quatro) horas, cancele a indisponibilidade.

§ 7º As transmissões das ordens de indisponibilidade, de seu cancelamento e de determinação de penhora previstas neste artigo far-se-ão por meio de sistema eletrônico gerido pela autoridade supervisora do sistema financeiro nacional.

§ 8º A instituição financeira será responsável pelos prejuízos causados ao executado em decorrência da indisponibilidade de ativos financeiros em valor superior ao indicado na execução ou pelo juiz, bem como na hipótese de não cancelamento da indisponibilidade no prazo de 24 (vinte e quatro) horas, quando assim determinar o juiz.

§ 9º Quando se tratar de execução contra partido político, o juiz, a requerimento do exequente, determinará às instituições financeiras, por meio de sistema eletrônico gerido por autoridade supervisora do sistema bancário, que tornem indisponíveis ativos financeiros somente em nome do órgão partidário que tenha contraído a dívida executada ou que tenha dado causa à violação de direito ou ao dano, ao qual cabe exclusivamente a responsabilidade pelos atos praticados, na forma da lei.

Tais normas, ao que nos parece, reafirmam a legalidade da penhora *on-line* que vem sendo largamente utilizada no processo do trabalho.

O art. 3º, XIX, da IN n. 39/2016 do TST[44] autoriza a aplicação subsidiária do art. 854 e parágrafos do CPC nos sítios do processo do trabalho.

Acrescentamos apenas que na Justiça Laboral a execução pode ser promovida de ofício pelo juiz ou a requerimento da parte interessada, nos termos do art. 878 da CLT, razão pela qual pensamos que a penhora de dinheiro, em espécie, ou em depósito ou aplicação financeira (ato processual integrante da fase ou do processo de execução), também pode ser realizada de ofício ou a requerimento do credor (exequente).

16.5. Penhora de imóvel

Os §§ 4º e 5º do art. 659 do CPC/73 dispunham:

§ 4º A penhora de bens imóveis realizar-se-á mediante auto ou termo de penhora, cabendo ao exequente, sem prejuízo da imediata intimação do executado (art. 652, § 4º), providenciar, para presunção absoluta de conhecimento por terceiros, a respectiva averbação no ofício imobiliário, mediante apresentação de certidão de inteiro teor do ato, independentemente de mandado judicial.

§ 5º Nos casos do § 4º, quando apresentada certidão da respectiva matrícula, a penhora de imóveis, independentemente de onde se localizem, será realizada por termo nos autos, do qual será intimado o executado, pessoalmente ou na pessoa de seu advogado, e por este ato constituído depositário.

Os referidos dispositivos correspondem, em termos, aos arts. 844, *caput*, e 845, § 1º, do CPC, os quais dispõem:

44. *Vide* ADI n. 5.516, de relatoria da Min. Cármen Lúcia, onde se questiona a inconstitucionalidade formal e material da referida IN n. 39/2016 do TST.

Art. 844. Para presunção absoluta de conhecimento por terceiros, cabe ao exequente providenciar a averbação do arresto ou da penhora no registro competente, mediante apresentação de cópia do auto ou do termo, independentemente de mandado judicial.

Art. 845. Efetuar-se-á a penhora onde se encontrem os bens, ainda que sob a posse, a detenção ou a guarda de terceiros.

§ 1º A penhora de imóveis, independentemente de onde se localizem, quando apresentada certidão da respectiva matrícula, e a penhora de veículos automotores, quando apresentada certidão que ateste a sua existência, serão realizadas por termo nos autos.

Não obstante a louvável intenção do legislador, preocupa-nos a aplicação dessas exigências nos sítios do processo do trabalho, pois a providência da averbação da penhora no registro imobiliário e certidão de inteiro teor do ato de penhora do imóvel a cargo do exequente, geralmente hipossuficiente econômico ou desempregado, acarretar-lhe-á, via de regra, excessivo ônus financeiro que poderá implicar a ineficácia do ato de constrição e comprometer a efetividade da própria execução.

Por tais razões, pensamos que, no processo do trabalho, salvo na hipótese de ações oriundas de relação de trabalho distinta da relação de emprego, a averbação no ofício imobiliário da penhora de imóvel deve realizar-se por meio de ordem (mandado) judicial, constituindo emolumento processual a ser pago, pelo executado, ao final do processo (ou fase) de execução, por aplicação subsidiária da Lei n. 6.830/80 (art. 7º, IV, c/c art. 14, I), autorizada pelo art. 889 da CLT.

Há julgados, no entanto, que, invocando a regra do § 4º do art. 659 do CPC/73 (CPC, art. 844), exigem a averbação da penhora de bem imóvel no processo do trabalho como condição de eficácia perante terceiros. Nesse sentido:

> AGRAVO DE PETIÇÃO. EMBARGOS DE TERCEIRO. IMÓVEL. PENHORA. ANTERIORIDADE DA PENHORA. INSCRIÇÃO PERANTE O RGI. Recaindo sobre um mesmo bem várias penhoras, a preferência pela apreensão judicial é daquele que realizou primeiro o ato de constrição, ou seja, que teve a anterioridade da penhora (art. 711 do CPC). Segundo a dicção do § 4º do art. 659 do CPC, somente o registro da penhora na matrícula do imóvel tem o condão de vincular o bem ao processo de execução, assim como a torna oponível a terceiros. Dessa forma, sendo o bem imóvel, a anterioridade da penhora é medida pela data do respectivo registro do gravame perante o RGI. Dou provimento (TRT-1ª R., AGVPET 4526220105010242, Rel. Des. José Nascimento Araujo Netto, 1ª T., *DEJT* 25-10-2012).

16.6. Substituição ou modificação da penhora

Por força da interpretação sistemática do art. 513 do CPC, que manda aplicar subsidiariamente ao cumprimento da sentença, no que couber e conforme a natureza da obrigação, as normas que regem o processo de execução de título extrajudicial, e do art. 771 do mesmo Código, que manda aplicar subsidiariamente à execução as disposições que regem o procedimento comum e o cumprimento da sentença, pode-se afirmar que a substituição da penhora tem lugar tanto no cumprimento da sentença quanto na execução de título extrajudicial.

A substituição do bem penhorado por ser feita por iniciativa do executado ou de ambas as partes.

O art. 847 do CPC dispõe que o executado pode, no prazo de 10 (dez) dias contado da intimação da penhora, requerer a substituição do bem penhorado, desde que comprove que lhe será menos onerosa e não trará prejuízo ao exequente.

De toda a sorte, nos termos do art. 847, § 1º, do CPC, o juiz só autorizará a substituição se o executado:

> I – comprovar as respectivas matrículas e os registros por certidão do correspondente ofício, quanto aos bens imóveis;
>
> II – descrever os bens móveis, com todas as suas propriedades e características, bem como o estado deles e o lugar onde se encontram;
>
> III – descrever os semoventes, com indicação de espécie, de número, de marca ou sinal e do local onde se encontram;
>
> IV – identificar os créditos, indicando quem seja o devedor, qual a origem da dívida, o título que a representa e a data do vencimento; e
>
> V – atribuir, em qualquer caso, valor aos bens indicados à penhora, além de especificar os ônus e os encargos a que estejam sujeitos.

Requerida a substituição do bem penhorado, o executado deve indicar onde se encontram os bens sujeitos à execução, exibir a prova de sua propriedade e a certidão negativa ou positiva de ônus, bem como abster-se de qualquer atitude que dificulte ou embarace a realização da penhora (CPC, art. 847, § 2º).

O executado somente poderá oferecer bem imóvel em substituição caso o requeira com a expressa anuência do cônjuge, salvo se o regime for o de separação absoluta de bens (CPC, art. 847, § 3º).

Em qualquer hipótese, o juiz intimará o exequente para manifestar-se sobre o requerimento de substituição do bem penhorado (CPC, art. 847, § 4º).

O exequente e executado só podem requerer a substituição da penhora (CPC, art. 848) se:

> I – ela não obedecer à ordem legal;
>
> II – ela não incidir sobre os bens designados em lei, contrato ou ato judicial para o pagamento;

III – havendo bens no foro da execução, outros tiverem sido penhorados;

IV – havendo bens livres, ela tiver recaído sobre bens já penhorados ou objeto de gravame;

V – ela incidir sobre bens de baixa liquidez;

VI – fracassar a tentativa de alienação judicial do bem; ou

VII – o executado não indicar o valor dos bens ou omitir qualquer das indicações previstas em lei.

O CPC (art. 848, parágrafo único) permite ao executado requerer a **substituição da penhora** por fiança bancária ou por seguro garantia judicial, em valor não inferior ao do débito constante da inicial, **acrescido de trinta por cento.**

No entanto, o art. 882 da CLT (com redação dada pela Lei n. 13.467/2017) faculta ao executado que não pagar a importância reclamada "garantir a execução mediante depósito da quantia correspondente, atualizada e acrescida das despesas processuais, apresentação de seguro-garantia judicial ou nomeação de bens à penhora, observada a ordem preferencial estabelecida no art. 835" do CPC. Parece-nos que há lacuna parcial no art. 882 da CLT, de modo que no caso de seguro-garantia judicial poderá o juízo aplicar supletivamente o art. 848 do CPC e ordenar que o valor correspondente seja acrescido de trinta por cento.

Sempre que ocorrer a substituição dos bens inicialmente penhorados, será lavrado novo termo (CPC, art. 849).

O art. 850 do CPC permite a redução ou a ampliação da penhora, bem como sua transferência para outros bens, se, no curso do processo, o valor de mercado dos bens penhorados sofrer alteração significativa.

De acordo com o art. 851 do CPC, não será feita a segunda penhora, salvo se:

I – a primeira for anulada;

II – executados os bens, o produto da alienação não bastar para o pagamento do exequente;

III – o exequente desistir da primeira penhora, por serem litigiosos os bens ou por estarem submetidos a constrição judicial.

Poderá o juiz determinar a alienação antecipada dos bens penhorados quando: I – se tratar de veículos automotores, de pedras e metais preciosos e de outros bens móveis sujeitos à depreciação ou à deterioração; II – houver manifesta vantagem.

Prestigiando o contraditório, prevê o art. 853 do CPC que, quando uma das partes requerer qualquer modificação da penhora, o juiz ouvirá sempre a outra, no prazo de três dias, antes de decidir, cabendo-lhe, ainda, decidir de plano qualquer questão suscitada.

16.7. Avaliação dos bens penhorados

Já estudamos a avaliação dos bens penhorados em sede de cumprimento da sentença (*vide* item 7.4 *supra*).

Vale lembrar que a CLT prevê que a avaliação dos bens penhorados "será feita por avaliador escolhido de comum acordo pelas partes, que perceberá as custas arbitradas pelo juiz, ou presidente do tribunal trabalhista, de conformidade com a tabela a ser expedida pelo Tribunal Superior do Trabalho", sendo certo que, de acordo com o seu § 1º, se as partes não acordarem quanto à designação de avaliador, será este designado livremente pelo juiz ou presidente do tribunal, desde que não sejam "servidores da Justiça do Trabalho" (CLT, art. 887, §§ 1º e 2º).

Tais dispositivos consolidados carecem de eficácia prática, o que bem demonstra, *in casu*, a existência de lacuna ontológica da CLT, o que autoriza a aplicação subsidiária e supletiva do CPC (art. 15).

Nesse passo, é importante notar que o instituto da avaliação está previsto nos arts. 870 a 875 do CPC, os quais são aplicáveis, no que couber, ao processo do trabalho.

Assim, não se procederá à avaliação quando: I – uma das partes aceitar a estimativa feita pela outra, caso em que a avaliação poderá ser realizada quando houver fundada dúvida do juiz quanto ao real valor do bem; II – se tratar de títulos ou de mercadorias que tenham cotação em bolsa, comprovada por certidão ou publicação no órgão oficial; III – se tratar de títulos da dívida pública, de ações de sociedades e de títulos de crédito negociáveis em bolsa, cujo valor será o da cotação oficial do dia, comprovada por certidão ou publicação no órgão oficial; IV – se tratar de veículos automotores ou de outros bens cujo preço médio de mercado possa ser conhecido por meio de pesquisas realizadas por órgãos oficiais ou de anúncios de venda divulgados em meios de comunicação, caso em que caberá a quem fizer a nomeação o encargo de comprovar a cotação de mercado.

Nos termos do art. 872 do CPC, a avaliação realizada pelo oficial de justiça constará de vistoria e de laudo anexados ao auto de penhora ou, em caso de perícia realizada por avaliador, de laudo apresentado no prazo fixado pelo juiz, devendo-se, em qualquer hipótese, especificar: I – os bens, com as suas características, e o estado em que se encontram; II – o valor dos bens.

Quando o imóvel for suscetível de cômoda divisão, a avaliação, tendo em conta o crédito reclamado, será realizada em partes, sugerindo-se, com a apresentação de memorial descritivo, os possíveis desmembramentos para alienação. Realizada a avaliação e, sendo o caso, apresentada a proposta de desmembramento, as partes serão ouvidas no prazo de cinco dias (CPC, art. 872, §§ 1º e 2º).

A lei permite nova avaliação (CPC, art. 873) quando: I – qualquer das partes arguir, fundamentadamente, a ocorrência de erro na avaliação ou dolo do avaliador; II – se verificar, posteriormente à avaliação, que houve majoração ou diminuição no valor do bem; III – o juiz tiver fundada dúvida sobre o valor atribuído ao bem na primeira avaliação.

O parágrafo único do art. 873 do CPC manda aplicar à nova avaliação as regras referentes à realização de nova perícia previstas no art. 480 do mesmo Codex.

Feita a avaliação, o juiz poderá, a requerimento do interessado e ouvida a parte contrária, mandar: I – reduzir a penhora aos bens suficientes ou transferi-la para outros, se o valor dos bens penhorados for consideravelmente superior ao crédito do exequente e dos acessórios; II – ampliar a penhora ou transferi-la para outros bens mais valiosos, se o valor dos bens penhorados for inferior ao crédito do exequente.

Aperfeiçoada a penhora e realizada a avaliação, o juiz dará início aos atos de expropriação do bem penhorado (CPC, art. 875).

17. DEPÓSITO E DEPOSITÁRIO INFIEL

A penhora é um ato complexo que somente se aperfeiçoa com a apreensão e o depósito do bem penhorado. Sem o depósito, portanto, a penhora torna-se inócua. É o que deflui do art. 839 do CPC.

São raros os lugares em que a Justiça do Trabalho dispõe de um depositário judicial, razão pela qual, na maioria dos casos, o próprio executado, com a concordância do exequente, ou nos casos de difícil remoção (CPC, art. 840, § 2º), acaba assumindo o encargo de depositário dos bens penhorados.

Não obstante, quando a penhora recair sobre dinheiro em espécie, metais ou pedras preciosas, o depósito deve ser feito, preferencialmente, em estabelecimento bancário oficial. Os móveis e imóveis urbanos devem, a princípio, ficar em poder do depositário judicial. Nos demais casos, os bens penhorados devem ficar em mãos de depositário particular (CPC, art. 840).

O objetivo do depósito reside na manutenção e na conservação dos bens penhorados, de modo que propicie a plena realização da finalidade do cumprimento da sentença ou do processo de execução.

O depositário pode ser judicial ou particular. Em ambos os casos será sempre um auxiliar da justiça (CPC, art. 149), exercendo, pois, uma função de caráter público.

Embora não haja vedação legal, é recomendável que a nomeação do depositário não recaia em empregado do executado, mormente quando este for ocupante de cargo ou função hierarquicamente inferior na empresa, tendo em vista a sua condição de vulnerabilidade perante o empregador.

O § 2º do art. 836 do CPC prevê uma hipótese em que o executado ou seu representante legal será nomeado depositário provisório de bens que guarnecem a residência ou o estabelecimento do executado, quando este for pessoa jurídica, até ulterior determinação do juiz, cabendo ao oficial de justiça descrever na certidão a lista dos referidos bens. Tal previsão legal tem por escopo evitar que o executado oculte bens que possam futuramente em conjunto com outros bens ser objeto de penhora.

Extrai-se do art. 161 do CPC que incumbe ao depositário guardar e conservar os bens que lhe foram confiados pela Justiça, sob pena de responder civilmente pelos prejuízos resultantes de dolo ou culpa. Além disso, o depositário também tem a obrigação de entregar os bens que lhe foram confiados a quem o juiz determinar.

O descumprimento da ordem judicial ou inadimplemento do encargo de guardar e conservar o bem penhorado podem caracterizar, além de ato atentatório à dignidade da justiça (CPC, art. 774), a figura do depositário infiel, sendo durante muito tempo considerada válida a decretação de sua prisão no próprio processo, independentemente de ação de depósito (CPC/73, art. 666, § 3º), sendo essa uma das raras hipóteses de prisão civil em nosso ordenamento jurídico (CF, art. 5º, LXVII).

Todavia, o Pleno do STF (HC n. 87.585/TO, Rel. Min. Marco Aurélio, 3-12-2008) concedeu *habeas corpus* em que se questionava a legitimidade da ordem de prisão, por 60 dias, decretada em desfavor do paciente que, intimado a entregar o bem do qual depositário, não adimplira a obrigação contratual. A Suprema Corte entendeu que a circunstância de o Brasil haver adotado, por meio do Decreto n. 678/92, o Pacto de São José da Costa Rica (Convenção Americana de Direitos Humanos) que apenas prevê a prisão civil por dívida no caso de descumprimento inescusável de prestação alimentícia (art. 7º, item 7), restaram derrogadas as normas estritamente legais definidoras da custódia do depositário infiel. Prevaleceu, no julgamento, por fim, a tese do *status* de supralegalidade da referida Convenção, inicialmente defendida pelo Min. Gilmar Mendes no julgamento do RE n. 466.343/SP.

Sepultando qualquer discussão a respeito da ilicitude da prisão de depositário infiel, independentemente da modalidade de depósito, seja voluntário, necessário ou judicial, o plenário do STF editou a Súmula Vinculante 25: "É ilícita a prisão civil de depositário infiel, qualquer que seja a modalidade do depósito".

Tem-se discutido sobre a validade (ou não) da recusa do executado ao encargo de atuar como depositário. O TST firmou entendimento (SBDI-2, OJ n. 89) no sentido de que não é válida a nomeação compulsória do depositário, pois ninguém está obrigado a fazer ou a deixar de fazer alguma coisa senão em virtude de lei (CF, art. 5º, II).

Outras questões sobre depositário infiel, *vide* Capítulo XXV, item 5.1.

18. CUMPRIMENTO OU EXECUÇÃO DA OBRIGAÇÃO DE ENTREGAR COISA CERTA OU INCERTA

É importante assinalar, desde logo, que a obrigação para entrega de coisa pode constar de título judicial ou extrajudicial. O art. 806 do CPC, no entanto, menciona apenas o título executivo extrajudicial. E a razão é simples: tratando-se de obrigação de entregar coisa fundada em título judicial, devem-se aplicar as normas previstas no art. 498 do CPC, que regula o cumprimento da sentença que reconheça obrigação de entregar coisa.

Com efeito, diz o art. 498 do CPC:

> Art. 498. Na ação que tenha por objeto a entrega de coisa, o juiz, ao conceder a tutela específica, fixará o prazo para o cumprimento da obrigação.
>
> Parágrafo único. Tratando-se de entrega de coisa determinada pelo gênero e pela quantidade, o autor individualizá-la-á na petição inicial, se lhe couber a escolha, ou, se a escolha couber ao réu, este a entregará individualizada, no prazo fixado pelo juiz.

O cumprimento ou a execução da obrigação para entrega de coisa admite duas modalidades: a de *entrega de coisa certa* e a de *entrega de coisa incerta*.

Entende-se por *coisa certa* a que se encontra perfeitamente individuada, que se identifica segundo as suas características singulares, inconfundível, portanto, com qualquer outra. É, por isso mesmo, e em linha de princípio, infungível.

Já a coisa incerta é aquela que se determina apenas pelo seu gênero e quantidade, carecendo, pois, de elementos distintivos que tornem possível a sua identificação. Eis a razão de sua fungibilidade, isto é, a coisa incerta pode ser substituída por outra da mesma espécie, qualidade e quantidade (CC, art. 85).

A CLT é omissa a respeito dessa espécie de cumprimento de sentença ou de execução de título extrajudicial, razão pela qual devem ser aplicadas subsidiariamente (CLT, art. 769; CPC, art. 15) as normas do CPC (arts. 497 a 501, 538, 806 a 813), com as devidas adaptações ao processo do trabalho.

O art. 3º, XI, da IN n. 39/2016 do TST autoriza a aplicação subsidiária dos arts. 497 a 501 do CPC[45].

Tratando-se de entrega de coisa determinada pelo gênero e quantidade, o credor a individualizará na petição inicial, se lhe couber a escolha; cabendo ao devedor escolher, este a entregará individualizada, no prazo fixado pelo juiz.

Não cumprida a obrigação no prazo estabelecido pelo juiz, expedir-se-á em favor do credor mandado de busca e apreensão ou de imissão na posse, conforme se tratar de coisa móvel ou imóvel.

No intuito de evitar lacuna no sistema, o § 3º do art. 538 do CPC manda aplicar às ações que tenham por objeto a entrega de coisa as regras que tratam das tutelas específicas das obrigações de fazer ou não fazer. Todas essas normas, como já salientado, são aplicáveis subsidiariamente ao processo laboral.

Por outro lado, salienta, com razão, Manoel Antonio Teixeira Filho que a execução de título extrajudicial para entrega de coisa certa ou incerta não visa à expropria-

45. *Vide* ADI n. 5.516, de relatoria da Min. Cármen Lúcia, onde se questiona a inconstitucionalidade formal e material da referida IN n. 39/2016 do TST.

ção dos bens patrimoniais do devedor, e sim fazer com que este entregue a coisa, certa ou incerta, a que foi condenado a realizar[46].

Disso resulta que, nessa espécie executória, não há lugar para penhora, que é ato de constrição típico da execução por quantia certa, e sim de simples expedição de mandado: *a*) de busca e apreensão, se a coisa for móvel; ou *b*) de imissão de posse, se a coisa for imóvel.

A rigor, a execução de título extrajudicial para entrega de coisa é decorrente de uma pretensão de natureza possessória, destinada a uma parte que intenta reaver o bem, móvel ou imóvel, que se encontra indevidamente retido pela outra.

Visualizamos o cabimento da tutela específica da obrigação de entrega de coisa certa, no processo do trabalho, nas seguintes hipóteses (não exaustivas):

a) empregado que ocupa imóvel de propriedade do empregador como salário *in natura* (CLT, art. 458, § 3º);

b) empregador que retém arbitrariamente os instrumentos de trabalho de propriedade do empregado;

c) empregador que retém ilegalmente a CTPS do empregado;

d) entrega de guias devidamente preenchidas para saque do FGTS;

e) entrega de guias devidamente preenchidas para o empregado receber o seguro-desemprego etc.

Note-se que na entrega de guias, a rigor, há duas obrigações do (ex-)empregador, ou seja, obrigação de fazer, que consiste no adequado preenchimento da guia, e obrigação de entregar coisa certa, que consiste na entrega ao (ex-)empregado da guia devidamente preenchida.

Há dois procedimentos para a execução para a entrega de coisa. Um destinado à entrega de coisa certa; outro, de coisa incerta.

Na execução para entrega de coisa certa (CPC, arts. 806 a 810), o devedor será citado para, em quinze dias, satisfazer a obrigação. Ao despachar a inicial, o juiz poderá fixar multa por dia de atraso no cumprimento da obrigação, ficando o respectivo valor sujeito a alteração, caso se revele insuficiente ou excessivo. Do mandado de citação constará ordem para imissão na posse ou busca e apreensão, conforme se tratar de bem imóvel ou móvel, cujo cumprimento se dará de imediato, se o executado não satisfizer a obrigação no prazo que lhe foi designado. Se o executado entregar a coisa, será lavrado o termo respectivo e considerada satisfeita a obrigação, prosseguindo-se a execução para o pagamento de frutos ou o ressarcimento de prejuízos, se houver.

Alienada a coisa quando já litigiosa, será expedido mandado contra o terceiro adquirente, que somente será ouvido após depositá-la (CPC, art. 808).

46. *Execução no processo do trabalho*, cit., p. 382.

Nos termos do art. 809 do CPC, o exequente tem direito a receber, além de perdas e danos, o valor da coisa, quando essa se deteriorar, não lhe for entregue, não for encontrada ou não for reclamada do poder de terceiro adquirente. Não constando do título o valor da coisa e sendo impossível sua avaliação, o exequente apresentará estimativa, sujeitando-a ao arbitramento judicial. Serão apurados em liquidação o valor da coisa e os prejuízos. Havendo benfeitorias indenizáveis feitas na coisa pelo executado ou por terceiros de cujo poder ela houver sido tirada, a liquidação prévia é obrigatória. Havendo saldo: I – em favor do executado ou de terceiros, o exequente o depositará ao requerer a entrega da coisa; II – em favor do exequente, esse poderá cobrá-lo nos autos do mesmo processo.

Na execução para entrega de coisa incerta (CPC, art. 811), isto é, quando a execução recair sobre coisa determinada pelo gênero e pela quantidade, o executado será citado para entregá-la individualizada, se lhe couber a escolha. Entretanto, cabendo ao exequente a escolha, deverá indicar tal fato na petição inicial.

Diz o art. 812 do CPC que qualquer das partes poderá, no prazo de 15 (quinze) dias, impugnar a escolha feita pela outra, e o juiz decidirá de plano ou, se necessário, ouvindo perito de sua nomeação.

Como cláusula de encerramento, o art. 813 do CPC manda aplicar à execução para entrega de coisa incerta, no que couber, as disposições referentes à execução para entrega de coisa certa.

Segundo o art. 627 do CPC/73 (CPC, art. 809), que era de duvidosa aplicação no processo laboral em função dos limites de competência *ex ratione personae et materiae* da Justiça do Trabalho imposta pela redação original do art. 114 da CF, "o credor tem direito a receber, além de perdas e danos, o valor da coisa, quando esta não lhe for entregue, se deteriorou, não for encontrada ou não for reclamada do poder de terceiro adquirente". Com o advento da EC n. 45/2004, que inseriu os incisos I e VI ao art. 114 da CF, parece-nos que o art. 627 do CPC/73 poderia ser aplicável ao processo do trabalho nas hipóteses de ações de indenização por dano moral ou patrimonial oriundas das relações de trabalho, entendimento agora reforçado pelos arts. 15 e 809 do CPC.

Da mesma forma, parece-nos aplicável ao processo do trabalho, após a EC n. 45/2004, o disposto no art. 628 do CPC/73 (CPC, art. 810), nas ações oriundas da relação de trabalho nas quais o devedor – tomador de serviço – tenha feito benfeitorias indenizáveis na coisa objeto da execução.

No tocante à obrigação de entregar guias do seguro-desemprego, o TST editou a Súmula 389, segundo a qual:

> I – Inscreve-se na competência material da Justiça do Trabalho a lide entre empregado e empregador tendo por objeto indenização pelo não fornecimento das guias do seguro-desemprego.
>
> II – O não fornecimento pelo empregador da guia necessária para o recebimento do seguro-desemprego dá origem ao direito à indenização.

Tal indenização, segundo pensamos, deve ser apurada em procedimento de liquidação por cálculos, a teor do art. 879 e seus parágrafos da CLT, na exata medida em que estamos diante de uma conversão da execução de obrigação de fazer em execução por quantia certa.

Idêntico procedimento, a nosso sentir, há de ser observado na hipótese em que o devedor (empregador) se recusar a entregar as guias de levantamento do FGTS[47], embora, na prática, alguns juízes determinem a "execução direta" dos valores que deveriam constar das respectivas guias. Também tem sido comum a liberação dos valores que deveriam constar das guias mediante alvará judicial, o que encontra obstáculo na Súmula 176 do TST, *in verbis*:

> FUNDO DE GARANTIA – LEVANTAMENTO DE DEPÓSITO. A Justiça do Trabalho só tem competência para autorizar o levantamento do depósito do Fundo de Garantia do Tempo de Serviço na ocorrência de dissídio entre empregado e empregador.

A Súmula 176 do TST, porém, foi cancelada pela Resolução n. 130/2005, desaparecendo, assim, o óbice acima apontado.

19. CUMPRIMENTO OU EXECUÇÃO DAS OBRIGAÇÕES DE FAZER OU NÃO FAZER E DAS TUTELAS INIBITÓRIAS

De acordo com o art. 497 do CPC, na ação que tenha por objeto a prestação de fazer ou de não fazer, o juiz, se procedente o pedido, concederá a tutela específica ou determinará providências que assegurem a obtenção de tutela pelo resultado prático equivalente.

Para a concessão da tutela específica destinada a inibir a prática, a reiteração ou a continuação de um ilícito, ou a sua remoção, é irrelevante a demonstração da ocorrência de dano ou da existência de culpa ou dolo (CPC, art. 497, parágrafo único).

Num caso ou noutro, a obrigação de fazer ou não fazer, bem como as tutelas específicas destinadas a inibir a prática, a reiteração ou a continuação de um ilícito, somente será convertida em perdas e danos se o autor o requerer ou se impossível a tutela específica ou a obtenção de tutela pelo resultado prático equivalente (CPC, art. 499). Neste caso, indenização por perdas e danos dar-se-á sem prejuízo da multa fixada periodicamente para compelir o réu ao cumprimento específico da obrigação.

Nesse passo, lembramos que o art. 3º, XI, da IN n. 39/2016 do TST autoriza a aplicação subsidiária dos arts. 497 a 501 do CPC[48].

---

47. Esse também é o entendimento de Manoel Antonio Teixeira Filho, ibidem, p. 397.

48. *Vide* ADI n. 5.516, de relatoria da Min. Cármen Lúcia, onde se questiona a inconstitucionalida-

Tratando-se de execução fundada em título extrajudicial (CLT, art. 876), para execução de obrigação de fazer ou não fazer deverão ser observadas as normas dos arts. 814 a 823 do CPC.

Embora do ponto de vista filosófico não se vislumbre distinção entre as obrigações de dar e as de fazer, estamos com Manoel Antonio Teixeira Filho[49], para quem, não obstante existam alguns traços comuns entre ambas, na medida em que as obrigações de dar contêm implicitamente uma obrigação de fazer algo, as diferenças entre elas, do ponto de vista técnico, são significativas, a começar pela *prestação a ser realizada*.

Com efeito, as obrigações de dar consistem na *entrega de uma coisa*, certa ou incerta, enquanto nas obrigações de fazer essa prestação se traduz num *ato*, *serviço* ou *atividade* por parte do devedor. Ademais, a obrigação de fazer pode ser personalíssima em relação ao devedor, o que não ocorre com as obrigações de dar.

Nos domínios do processo do trabalho, são exemplos mais comuns de obrigações de fazer, a cargo do empregado, prestar o serviço ao empregador. Quanto ao empregador, as principais obrigações de fazer são as seguintes:

- anotar a CTPS do trabalhador;
- preencher corretamente as guias do FGTS ou do seguro-desemprego;
- reintegrar empregado estável ou portador de garantia no emprego, como o dirigente sindical, o "cipeiro", a empregada gestante etc.;
- reenquadrar funcionalmente o empregado.

Parece-nos que, na hipótese de obrigação de anotar a CTPS – Carteira de Trabalho e Previdência Social, estamos diante de uma condenação do devedor (empregador) a emitir uma declaração de vontade, de natureza personalíssima. Neste caso, pode-se invocar a regra do art. 501 do CPC. É certo, porém, que os §§ 1º e 2º do art. 39 da CLT já preveem a determinação judicial para que a Secretaria da Vara do Trabalho, uma vez transitada a sentença, efetue as anotações da CTPS. No entanto, determinadas anotações na CTPS podem dificultar a obtenção de novo emprego para o trabalhador, o que recomendaria a aplicação subsidiária e supletiva do art. 501 do CPC, de modo a que a sentença substituiria com vantagem a declaração do empregador que seria emitida na CTPS do trabalhador.

Com efeito, o art. 501 do CPC, na seção alusiva ao julgamento das ações relativas às prestações de fazer, de não fazer e de entregar coisa, dispõe que, na ação que tenha por objeto a emissão de declaração de vontade, a sentença que julgar procedente o pedido, uma vez transitada em julgado, produzirá todos os efeitos da declaração não emitida.

---

de formal e material da referida IN n. 39/2016 do TST.

49. Idem, p. 393.

Como exemplos de obrigação de não fazer, lembramos as ações judiciais que tenham por objeto:

- a proibição de transferência ilegal ou abusiva de empregado para localidade diversa da que resultar do contrato de trabalho (CLT, art. 469);
- a proibição de um ato do empregador que implique prejuízo direto ou indireto ao empregado, como, por exemplo, a alteração da forma de pagamento de salário fixo para comissões etc.

19.1. Termo de Ajustamento de Conduta

No âmbito da tutela dos interesses metaindividuais, tem sido bastante frequente a celebração de Termo de Ajustamento de Conduta – TAC firmado perante o Ministério Público do Trabalho, objetivando um *non facere* por parte do empregador, como, por exemplo, a obrigação de se abster de contratar menores de 16 anos, salvo na condição de aprendiz; de não contratar servidor público sem a realização de concurso público; de não contratar trabalhadores em condições análogas às de escravo etc. Em tais casos, as normas aplicadas aprioristicamente à execução dessas obrigações estão na LACP e no Título III do CDC.

Em matéria de direitos individuais, o processo do trabalho prevê apenas um título executivo extrajudicial que pode conter obrigação de fazer ou não fazer. É o termo de conciliação firmado perante a Comissão de Conciliação Prévia (CLT, art. 625-E, parágrafo único).

Assim, o procedimento da execução de tal título extrajudicial será regulado pelos arts. 815 e seguintes do CPC, com as necessárias adaptações ao processo do trabalho.

Na execução (ou no cumprimento) de obrigação de fazer (ou não fazer) não há penhora, mas o devedor poderá, no prazo previsto no título executivo extrajudicial ou no art. 884 da CLT, ou seja, cinco dias, opor embargos (ou impugnação) à execução (ou ao cumprimento da sentença).

Se, no prazo fixado, o devedor não satisfizer a obrigação, é lícito ao credor, nos próprios autos, requerer que ela seja executada à custa do devedor ou haver perdas e danos, caso em que ela se converte em indenização, procedendo-se, antes, se for o caso, à apuração do valor das perdas e danos em liquidação (CPC, art. 816).

Em se tratando de recusa patronal em cumprir a obrigação de reintegrar empregado estável, a conversão em perdas e danos será computada em dobro, a teor da Súmula 28 do TST que diz:

> No caso de se converter a reintegração em indenização dobrada, o direito aos salários é assegurado até a data da primeira decisão que determinou essa conversão.

Por outro lado, vaticina o art. 817 do CPC que, se o fato puder ser prestado por terceiro, é lícito ao juiz, a requerimento do credor, decidir que aquele o realize à custa do devedor.

No processo do trabalho, isso pode ocorrer quando o devedor (empregador) recusa-se a anotar a CTPS do credor (empregado), devendo o juiz determinar que a Secretaria da Vara efetue as devidas anotações (CLT, art. 39, § 1º).

Já na execução (ou cumprimento) de obrigação de não fazer, prescreve o art. 822 do CPC que, "se o executado praticou o ato, a cuja abstenção estava obrigado pela lei ou pelo contrato, o exequente requererá ao juiz que lhe assine prazo para desfazê-lo".

Havendo recusa ou mora do executado, o exequente credor requererá ao juiz que mande desfazer o ato à sua custa, respondendo o devedor por perdas e danos (CPC, art. 823). Não sendo possível desfazer-se o ato, a obrigação resolve-se em perdas e danos, convertendo-se a execução de obrigação de não fazer em cumprimento de sentença que reconhece obrigação por quantia certa, observando-se o procedimento prévio (incidente processual) da apuração do *quantum debeatur* por meio de liquidação.

Na execução de obrigação de fazer ou de não fazer, fundada em título extrajudicial, o juiz, ao despachar a inicial, fixará multa por dia de atraso no cumprimento da obrigação e a data a partir da qual será devida (CPC, art. 814). Se o valor da multa estiver previsto no título, prevê o parágrafo único do art. 814 do CPC que o juiz poderá reduzi-lo, se excessivo.

Com relação ao cumprimento da tutela específica das obrigações de fazer ou não fazer, o procedimento, como já sublinhamos, será o previsto no art. 536 do CPC. Por tutela específica, deve-se entender aquela que busca proporcionar ao credor o mesmo resultado prático que ele obteria caso tivesse havido o adimplemento da obrigação.

Assim, tratando-se de sentença de procedência proferida em ação que tenha por objeto o cumprimento de obrigação de fazer ou não fazer, o juiz concederá a tutela específica da obrigação ou, se procedente o pedido, determinará providências que assegurem o resultado prático equivalente, estabelecendo medidas necessárias à satisfação do exequente.

A obrigação somente se converterá em perdas e danos se o autor o requerer ou se impossível a tutela específica ou a obtenção do resultado prático correspondente.

O juiz poderá na tutela provisória, na sentença ou na fase de execução, impor multa diária ao réu, independentemente de pedido do autor, se for suficiente ou compatível com a obrigação, fixando-lhe prazo razoável para o cumprimento do preceito (CPC, art. 537).

Para a efetivação da tutela específica ou a obtenção do resultado prático equivalente, poderá o juiz, de ofício ou a requerimento, determinar as medidas necessárias, tais como a imposição de multa por tempo de atraso, busca e apreensão, remoção de pessoas e coisas, desfazimento de obras e impedimento de atividade nociva, se necessário com requisição de força policial.

O juiz poderá, de ofício, modificar o valor ou a periodicidade da multa vincenda, ou excluí-la, caso verifique que ela se tornou insuficiente ou excessiva ou o obrigado demonstrou cumprimento parcial superveniente da obrigação ou justa causa para o descumprimento (CPC, art. 537, § 1º).

O valor da multa será devido ao exequente, e a decisão que a fixa é passível de cumprimento provisório (CPC, art. 537, § 3º), devendo ser depositada em juízo, permitido o levantamento do valor após o trânsito em julgado da sentença favorável à parte ou na pendência do agravo do art. 1.042 do CPC. A Lei n. 13.256/2016 revogou a possibilidade de levantamento da multa no caso de pendência do referido agravo.

Diz o § 4º do art. 537 do CPC, que a "multa será devida desde o dia em que se configurar o descumprimento da decisão e incidirá enquanto não for cumprida a decisão que a tiver cominado".

Além disso, o § 5º do art. 537 do CPC é aplicável, no que couber, ao cumprimento de sentença que reconheça deveres de fazer e de não fazer de natureza não obrigacional, tais como as tutelas inibitórias, de remoção ou de continuidade de um ilícito.

20. EXECUÇÃO PARA PAGAMENTO DE PRESTAÇÕES SUCESSIVAS

A execução para pagamento de prestações sucessivas far-se-á com observância das normas previstas nos arts. 891 e 892 da CLT, sem prejuízo das demais estabelecidas para a execução de título judicial ou extrajudicial por quantia certa.

Há, na verdade, duas espécies de prestações sucessivas: as prestações por tempo determinado e as prestações por tempo indeterminado.

Com efeito, diz o art. 891 da CLT que, nas prestações sucessivas por tempo determinado, a execução pelo não pagamento de uma prestação compreenderá as que lhe sucederem.

Essa espécie pode ocorrer, por exemplo, no cumprimento da sentença que homologa acordo entre as partes pelo qual o devedor ficará obrigado a pagar a quantia de R$ 10.000,00 em cinco prestações mensais e sucessivas. Vencida a primeira prestação, e não havendo o pagamento, o art. 891 da CLT considera vencidas automaticamente todas as prestações. Neste caso, a execução abrangerá, de pronto, independentemente de requerimento do credor, a quantia integral devida, ou seja, R$ 10.000,00, atualizada e acrescida dos juros, além da multa normalmente prevista no próprio título executivo.

Já nas prestações sucessivas por tempo indeterminado, a execução compreenderá inicialmente as prestações devidas até a data do ingresso na execução (CLT, art. 892). Essa modalidade ocorre apenas quando o contrato de trabalho, cujas prestações obrigacionais são de trato sucessivo, ainda se encontra em plena vigência, como, por exemplo, quando a sentença exequenda determina a obrigação do devedor de pagar diferenças salariais, sendo estas devidas até o momento em que a execução se inicia.

Surge a pergunta inevitável: o que acontece com as prestações que se vencerem depois de iniciada a execução? Será que o credor deverá promover nova ação de conhecimento ou nova ação de execução? Será possível a execução prosseguir no mesmo processo?

Para Sergio Pinto Martins,

> pela redação do art. 892 da CLT, não se dá segmento à execução já iniciada, no que diz respeito às verbas que se vencerem no decorrer da execução, mas é feita nova execução. Até porque muitas vezes não se sabe o valor e o prazo das prestações, que são por tempo indeterminado, no que diz respeito às vincendas[50].

Cremos, porém, que o art. 892 da CLT é omisso a respeito das indagações acima formuladas, razão pela qual se impõe a aplicação subsidiária dos arts. 323 e 541 do CPC (arts. 290 e 892 do CPC/73), segundo os quais:

> Art. 323. Na ação que tiver por objeto cumprimento de obrigação em prestações sucessivas, essas serão consideradas incluídas no pedido, independentemente de declaração expressa do autor, e serão incluídas na condenação, enquanto durar a obrigação, se o devedor, no curso do processo, deixar de pagá-las ou de consigná-las.
>
> Art. 541. Tratando-se de prestações sucessivas, consignada uma delas, pode o devedor continuar a depositar, no mesmo processo e sem mais formalidades, as que se forem vencendo, desde que o faça em até 5 (cinco) dias contados da data do respectivo vencimento.

Nesse sentido, adverte Manoel Antonio Teixeira Filho:

> Ora, se o próprio processo civil consagra o princípio (salutar) de que as prestações periódicas (sucessivas, vincendas) são devidas enquanto perdurar a obrigação de que decorrem, e, em consequência, podem ser incluídas na execução, contanto que subsistente o negócio jurídico (ou o ato jurídico, como é o contrato individual de trabalho), por mais forte razão assim se deve entender no processo do trabalho, até porque, conforme procuramos demonstrar, esta é a perfeita inteligência do art. 892 da CLT[51].

21. EXECUÇÃO CONTRA O DEVEDOR CONCORDATÁRIO

Quando a execução dirige-se contra empresa em regime de concordata, não há grandes discussões, uma vez que a Súmula 227 do STF é clara: "A concordata do em-

50. *Direito processual do trabalho*, p. 598.

51. *Execução no processo do trabalho*, cit., p. 236.

pregador não impede a execução do crédito nem a reclamação do empregado na Justiça do Trabalho".

Com o advento da Lei n. 11.101, de 9 de fevereiro de 2005, que instituiu o novo sistema de Falência e Recuperação das Empresas, a concordata foi abolida do nosso ordenamento jurídico.

22. EXECUÇÃO CONTRA MASSA FALIDA OU EMPRESA EM RECUPERAÇÃO JUDICIAL

Não é pacífico o entendimento acerca da competência da Justiça do Trabalho quando no polo passivo está a massa falida. Há três correntes que se ocupam do problema.

A primeira, tradicional, sustenta que, se no curso do processo de execução sobrevier o decreto de falência do devedor, a execução dos créditos trabalhistas é atraí¬da automaticamente pelo juízo universal da falência, devendo neste prosseguir o feito.

A segunda corrente advoga que o art. 114 da CF[52] confere à Justiça do Trabalho a competência para executar as suas próprias decisões, excluindo, assim, o juízo universal da falência, pouco importando que a quebra tenha ocorrido antes ou depois dos atos de constrição dos bens do devedor. Além disso, os créditos trabalhistas, por serem privilegiados, prescindem da habilitação no juízo universal da falência.

A terceira e última corrente é eclética, pois se posiciona de acordo com o momento dos atos de constrição. Vale dizer, os bens do devedor penhorados antes da decretação da falência não serão alcançáveis pelo juízo falimentar, por aplicação analógica da Súmula 44 do antigo TFR. Todavia, se os atos de constrição (penhora) ocorrerem após a quebra, cessa a competência da Justiça do Trabalho, devendo o juiz do trabalho expedir certidão de habilitação legal do crédito trabalhista junto à massa falimentar, ou seja, perante o juízo falimentar.

É verdade que, nos termos do art. 186 do Código Tributário Nacional, "o crédito tributário prefere a qualquer outro, seja qual for a natureza ou o tempo da constituição deste, ressalvados os créditos decorrentes da legislação do trabalho". Mas não menos verdade é que acima dos créditos trabalhistas existem, ainda, os créditos decorrentes de acidentes do trabalho, tal como prescreve o art. 102, § 1º, do Decreto-Lei n. 7.661/45, in verbis: "Preferem a todos os créditos admitidos à falência a indenização por acidente do trabalho e os outros créditos que, por lei especial, gozarem essa prioridade".

Embora sejam defensáveis todos os argumentos, cremos que a corrente eclética é a mais razoável, na medida em que se harmoniza com o princípio da isonomia entre os credores privilegiados da massa falida, permitindo que disputem os respectivos créditos, em igualdade de condições, perante o juízo universal falimentar.

52. Com o advento da EC n. 45/2004, o art. 114 da CF deixou de constar a competência da Justiça do Trabalho para os "litígios que tenham origem no cumprimento de suas próprias sentenças, inclusive coletivas".

Com o advento da Lei n. 11.101, de 9 de fevereiro de 2005[53], foram instituídas três figuras em nosso ordenamento jurídico relativamente às empresas que não conseguem honrar as suas dívidas: *a)* a recuperação extrajudicial; *b)* a recuperação judicial; e *c)* a decretação da falência.

A recuperação extrajudicial, por implicar ajuste direto entre o devedor e os seus credores, não é aplicável aos créditos trabalhistas (art. 161, § 1º, da Lei n. 11.101/2005). Todavia, ela se mostra importante para os créditos dos trabalhadores não empregados cujas ações foram transferidas para a Justiça do Trabalho em virtude da EC n. 45/2004.

A decretação da falência ou o deferimento do processamento da recuperação judicial suspende o curso da prescrição e de todas as ações e execuções em face do devedor, inclusive aquelas dos credores particulares do sócio solidário (Lei n. 11.101, art. 6º).

Além disso, o § 1º do art. 6º da nova Lei de Falências determina que terá prosseguimento, no juízo no qual estiver sendo processada, a ação que demandar quantia ilíquida, sendo certo que o § 2º do mesmo artigo faculta ao interessado pleitear, perante o administrador judicial, habilitação, exclusão ou modificação de créditos derivados da relação de trabalho.

Já as ações trabalhistas, inclusive as impugnações a que se refere o art. 8º da Lei n. 11.101, serão processadas perante a Justiça do Trabalho até a apuração do respectivo crédito, o qual será inscrito no quadro geral de credores pelo valor determinado em sentença.

Vale dizer, o trabalhador poderá diretamente, isto é, perante o administrador judicial, postular a habilitação, exclusão ou modificação dos seus créditos trabalhistas ou, caso tenha optado por ajuizar ação trabalhista, esta tramitará na Justiça Especializada até a apuração do respectivo crédito. Após a apuração do *quantum debeatur*, será expedida certidão em favor do credor e seu crédito trabalhista será habilitado perante o quadro geral de credores no juízo falimentar.

Nesse passo, no tocante à recuperação judicial, vale lembrar que o Enunciado n. 18, aprovado na Jornada sobre Execução na Justiça do Trabalho (Cuiabá-MT, novembro/2010), dispõe, *in verbis*:

> RECUPERAÇÃO JUDICIAL. EXCLUSÃO DO CONCURSO UNIVERSAL. HIPÓTESE. Quando sobrevier recuperação judicial da empresa, após atos cautelares ou de execução que garantam o recebimento de valores por credores trabalhistas, vencido o prazo do § 4º do art. 6º da Lei n. 10.101/05, os bens ou valores arrestados ou penhorados ficam excluídos do concurso universal e serão expropriados pelo juiz do Trabalho.

53. Sobre o tema, recomendamos a leitura da seguinte obra: SOUZA, Marcelo Papaléo. *A nova lei de recuperação e falência e as suas consequências no direito e no processo do trabalho*. São Paulo: LTr, 2006.

Nos termos do art. 80 da Consolidação dos Provimentos da Corregedoria-Geral da Justiça do Trabalho (CPCGJT/2016):

> Deferida a recuperação judicial, caberá ao juiz do trabalho, que entender pela cessação da competência para prosseguimento da execução trabalhista, determinar a expedição de Certidão de Habilitação de Crédito para ser submetida à apreciação do administrador judicial.

A jurisprudência do STF, no entanto, vem entendendo que falece competência à Justiça do Trabalho para promover a execução de créditos trabalhistas em processos em que a empresa executada esteja em recuperação judicial:

> CONFLITO NEGATIVO DE COMPETÊNCIA. EXECUÇÃO DE CRÉDITOS TRABALHISTAS EM PROCESSOS DE RECUPERAÇÃO JUDICIAL. COMPETÊNCIA DA JUSTIÇA ESTADUAL COMUM, COM EXCLUSÃO DA JUSTIÇA DO TRABALHO. INTERPRETAÇÃO DO DISPOSTO NA LEI N. 11.101/2005, EM FACE DO ART. 114 DA CF. RECURSO EXTRAORDINÁRIO CONHECIDO E IMPROVIDO. I – A questão central debatida no presente recurso consiste em saber qual o juízo competente para processar e julgar a execução dos créditos trabalhistas no caso de empresa em fase de recuperação judicial. II – Na vigência do Decreto-Lei n. 7.661/1945 consolidou-se o entendimento de que a competência para executar os créditos ora discutidos é da Justiça Estadual Comum, sendo essa também a regra adotada pela Lei n. 11.101/2005. III – O inc. IX do art. 114 da Constituição Federal apenas outorgou ao legislador ordinário a faculdade de submeter à competência da Justiça Laboral outras controvérsias, além daquelas taxativamente estabelecidas nos incisos anteriores, desde que decorrentes da relação de trabalho. IV – O texto constitucional não o obrigou a fazê-lo, deixando ao seu alvedrio a avaliação das hipóteses em que se afigure conveniente o julgamento pela Justiça do Trabalho, à luz das peculiaridades das situações que pretende regrar. V – A opção do legislador infraconstitucional foi manter o regime anterior de execução dos créditos trabalhistas pelo juízo universal da falência, sem prejuízo da competência da Justiça Laboral quanto ao julgamento do processo de conhecimento. VI – Recurso extraordinário conhecido e improvido (STF-RE n. 583.955/RJ, Rel. Min. Ricardo Lewandowski. Repercussão Geral. Acórdão divulgado no *DJE* de 27-8-2009 e publicado em 28-8-2009).

Quanto à falência, a Jornada sobre Execução na Justiça do Trabalho (Cuiabá-MT, novembro/2010) aprovou o Enunciado n. 19, *in verbis*:

> DECRETAÇÃO DE FALÊNCIA. EXPROPRIAÇÃO DE BENS PELA JUSTIÇA DO TRABALHO. HIPÓTESE. As execuções iniciadas antes da decretação da falência do

empregador terão prosseguimento no juízo trabalhista, se já houver data definitiva para a expropriação dos bens, hipótese em que o produto da alienação deve ser enviado ao juízo falimentar, a fim de permitir a habilitação do crédito trabalhista e sua inclusão no quadro geral de credores. Caso os bens já tenham sido alienados ao tempo da quebra, o credor trabalhista terá seu crédito satisfeito.

O juiz do trabalho poderá determinar a reserva da importância que estimar devida na recuperação judicial ou na falência, e, uma vez reconhecido líquido o direito, será o crédito incluído na classe própria.

Na recuperação judicial, a suspensão de que trata o *caput* do art. 6º da nova Lei de Falências em hipótese nenhuma excederá o prazo improrrogável de 180 (cento e oitenta) dias contado do deferimento do processamento da recuperação, restabelecendo-se, após o decurso do prazo, o direito dos credores de iniciar ou continuar suas ações e execuções, independentemente de pronunciamento judicial.

Aplica-se o disposto no § 2º do art. 6º da nova Lei de Falências à recuperação judicial durante o período de suspensão do processo, mas, após o fim da suspensão, as execuções trabalhistas poderão ser normalmente concluídas, ainda que o crédito já esteja inscrito no quadro geral de credores.

Além da verificação periódica perante os cartórios de distribuição, as ações que venham a ser propostas contra o devedor deverão ser comunicadas ao juízo da falência ou da recuperação judicial pelo juiz competente, quando do recebimento da petição inicial ou pelo devedor, imediatamente após a citação.

As execuções de natureza fiscal não são suspensas pelo deferimento da recuperação judicial, ressalvada a concessão de parcelamento nos termos do Código Tributário Nacional e da legislação ordinária específica.

A distribuição do pedido de falência ou de recuperação judicial previne a jurisdição para qualquer outro pedido de recuperação judicial ou de falência, relativo ao mesmo devedor.

É importante assinalar que de acordo com os incisos I e VI do art. 83 da nova Lei de Falências *são preferenciais apenas os créditos derivados da legislação do trabalho, limitados a cento e cinquenta salários mínimos por credor*, e os decorrentes de acidentes de trabalho. Já os créditos trabalhistas que ultrapassarem tal valor serão considerados *meros créditos quirografários*, o mesmo ocorrendo em relação aos créditos trabalhistas cedidos a terceiros. O art. 449, § 1º, da CLT foi derrogado (revogação parcial) pelo art. 83, I e VI, da nova Lei de Falências, na medida em que são privilegiados apenas os créditos trabalhistas até 150 salários mínimos.

O art. 151 da Lei de Falências prescreve, ainda, que os créditos trabalhistas de natureza estritamente salarial vencidos nos três meses anteriores à decretação da falência, até o limite de cinco salários mínimos por trabalhador, serão pagos tão logo haja disponibilidade em caixa.

Com a decretação da falência, parece-nos que os processos que veiculam ações oriundas de relações de trabalho (salvo aquela em que o avulso é o trabalhador) distintas da relação de emprego deverão ser remetidos ao Juízo Universal da Falência, tendo em vista o que dispõe o art. 76 da Lei n. 11.101/2005, *in verbis*:

> Art. 76. O juízo da falência é indivisível e competente para conhecer todas as ações sobre bens, interesses e negócios do falido, ressalvadas as causas trabalhistas, fiscais e aquelas não reguladas nesta Lei em que o falido figurar como autor ou litisconsorte ativo.

Não nos parece que o conceito de "causas trabalhistas" é de direito material e não de direito processual. De modo que, a nosso sentir, nele incluem-se apenas as ações oriundas de relações empregatícias, e não as demais ações decorrentes das relações de trabalho que, por força da EC n. 45/2004, foram atraídas para a competência da Justiça do Trabalho.

As ações de execução das multas impostas pelos órgãos de fiscalização das relações de trabalho, por terem natureza de execução fiscal, bem como as ações de acidentes do trabalho ajuizadas por empregado em face do empregador, continuarão tramitando na Justiça do Trabalho, mesmo depois da decretação da falência. A razão é simples: os créditos cobrados nestas ações são privilegiados.

Seria factível, nessa ordem, defender a tese de que as ações que veiculam créditos trabalhistas, isto é, créditos dos empregados e, por equiparação constitucional, dos trabalhadores avulsos, até 150 salários mínimos deveriam continuar tramitando na Justiça do Trabalho, mesmo depois da decretação da falência da empresa devedora. Esse, contudo, não é o entendimento do TST, como se depreende do seguinte julgado:

> AGRAVO DE INSTRUMENTO. RECURSO DE REVISTA. EXECUÇÃO FISCAL. HABILITAÇÃO DE CRÉDITO NO JUÍZO FALIMENTAR. Como se dava na vigência do Decreto-Lei n. 7.661/45, a Lei n. 11.101, de 9-2-2005, que disciplina a recuperação judicial, a recuperação extrajudicial e a falência do empresário e da sociedade empresária, manteve a competência do Juízo da falência para conhecer de todas as ações sobre bens, interesses e negócios do falido (art. 76), contendo, ainda, expressa previsão de que o crédito tributário obedece à ordem de classificação dos créditos na falência, sendo satisfeito depois dos créditos derivados da legislação do trabalho, limitados a 150 (cento e cinquenta) salários mínimos por credor, os decorrentes de acidentes de trabalho e os créditos com garantia real até o limite do valor do bem gravado (art. 83). Nesse contexto, a decisão do Tribunal Regional, que determinou a habilitação do crédito decorrente de multa aplicada por infração a dispositivo da CLT no Juízo Falimentar, tal como se verifica com o crédito trabalhista, que goza de maior privilégio na classificação dos créditos da massa falida, está em sintonia com a jurisprudência do TST, não se sustentando a alegação de afronta aos arts. 5º, II,

37, *caput*, 93, IX, 97 e 114, VII, da Constituição Federal, 5º e 29, da Lei n. 6.830/80, e 6º, § 7º da Lei n. 11.101/2005. Correta, portanto, a decisão agravada. Agravo de instrumento a que se nega provimento (TST-AIRR 2141-97.2012.5.18.0081, Rel. Min. Walmir Oliveira da Costa, 1ª T., *DEJT* 16-8-2013).

Impende salientar, por último, que a decretação da falência não impede que a ação trabalhista continue a tramitar na Justiça do Trabalho em face dos sócios da empresa falida, desde que o juiz adote a teoria de desconsideração da personalidade jurídica da empresa devedora (ou executada). É o que se infere do seguinte julgado:

> PROCESSO DE EXECUÇÃO. (...) FALÊNCIA DO DEVEDOR PRINCIPAL. ATOS DE EXECUÇÃO. REDIRECIONAMENTO. Por força da teleologia própria do processo de execução, que se processa no interesse do credor (CPC, art. 612), a existência de responsáveis sucessivos no título executivo judicial autoriza a conclusão de que o insucesso da execução – ao qual devem ser equiparadas as situações em que há significativos embaraços ao curso normal do processo executivo, como no caso em que o devedor principal teve sua falência decretada – junto ao devedor principal autoriza a persecução patrimonial sucessiva, sobretudo porque a ordem jurídica reconhece ao devedor subsidiário que cumpre a obrigação eventual direito regressivo no juízo competente (...). Ressalva de entendimento pessoal. Agravo de petição conhecido e desprovido (TRT 10ª R., PROC. 01260-2009-002-10-00-7, Rel. Des. Márcia Mazoni Cúrcio Ribeiro, 2ª T., *DEJT* 8-2-2013).

É possível o redirecionamento da execução contra empresas do mesmo grupo da empresa executada em recuperação judicial. Nesse sentido:

> AGRAVO DE INSTRUMENTO. EXECUÇÃO. COMPETÊNCIA DA JUSTIÇA DO TRABALHO. RECUPERAÇÃO JUDICIAL DA DEVEDORA PRINCIPAL. REDIRECIONAMENTO DA EXECUÇÃO A EMPRESAS COMPONENTES DE GRUPO ECONÔMICO. VIABILIDADE. Segundo jurisprudência pacificada nesta Corte, mediante reiteradas decisões, a falência ou a recuperação judicial determinam limitação da competência trabalhista após os atos de liquidação dos eventuais créditos deferidos, não se procedendo aos atos tipicamente executivos. Contudo, tal entendimento é ressalvado nos casos em que há a possibilidade de redirecionamento da execução a empresas componentes do grupo econômico, devedores subsidiários ou mesmo sócios da empresa falida ou em recuperação judicial, não sendo afetados os atos satisfativos pela competência do juízo universal falimentar. GRUPO ECONÔMICO POR COORDENAÇÃO. Não se limita o grupo econômico às hipóteses de empresas controladas por empresa principal, também se reconhecendo a aplicação do grupo econômico por coordenação, tal como explicitado, a propósito do trabalho rural, no art. 3º, § 2º, da Lei n. 5.889/73. Agravo de instru-

mento não provido (TST-AIRR 86900-65.2008.5.10.0013, Rel. Min. Augusto César Leite de Carvalho, 6ª T., *DEJT* 10-5-2013).

Convém lembrar, para encerrar este tópico, que, tanto na falência quanto na recuperação judicial, o Enunciado n. 20, aprovado na Jornada sobre Execução na Justiça do Trabalho (Cuiabá-MT, novembro/2010), propõe:

FALÊNCIA E RECUPERAÇÃO JUDICIAL. PROCEGUIMENTO DA EXECUÇÃO TRABALHISTA CONTRA COOBRIGADOS, FIADORES, REGRESSIVAMENTE OBRIGADOS E SÓCIOS. POSSIBILIDADE. A falência e a recuperação judicial, sem prejuízo do direito de habilitação de crédito no juízo universal, não impedem o prosseguimento da execução contra os coobrigados, os fiadores e os obrigados de regresso, bem como os sócios, por força da desconsideração da personalidade jurídica.

23. EXECUÇÃO CONTRA EMPRESAS EM LIQUIDAÇÃO EXTRAJUDICIAL

Importa registrar que a liquidação extrajudicial e a falência são institutos absolutamente distintos, e, portanto, não criam um juízo universal onde os créditos devem ser habilitados. Embora tanto no estado falimentar quanto na liquidação extrajudicial haja semelhança no que diz respeito às dificuldades financeiras, nesta última não há extinção do reclamado, que continua exercendo atividade econômica.

É por tais razões que a execução promovida em face do devedor em liquidação extrajudicial continua na esfera da jurisdição trabalhista até a total satisfação do credor, como se infere do art. 884 da CLT. Vale dizer, no processo do trabalho, o ato declaratório da liquidação extrajudicial não obsta o direito ao ajuizamento de ação contra a empresa liquidanda nem o prosseguimento das ações e execuções em que ela figure como ré ou executada.

Colhem-se, a propósito, os seguintes julgados regionais:

AGRAVO DE PETIÇÃO. SUSPENSÃO DA EXECUÇÃO DE EMPRESA EM LIQUIDAÇÃO EXTRAJUDICIAL. EXECUÇÃO EM ESTADO AVANÇADO. NÃO CABIMENTO. INAPLICABILIDADE DA LEI N. 6.024/74. Inaplicável ao processo trabalhista o disposto no art. 18 da Lei n. 6.024/74, tendo em vista o caráter superprivilegiado do crédito trabalhista, regido por lei especial, de caráter imperativo, preferindo, inclusive, ao tributário (...) (TRT-15ª R., AGVPET n. 49.485 SP 049485/2006, Rel. Des. José Antonio Pancotti, *DO* 20-10-2006).

RECURSO DE REVISTA – SUSPENSÃO DA EXECUÇÃO – EMPRESA EM LIQUIDAÇÃO EXTRAJUDICIAL. A alegada violação ao art. 5º, *caput*, da Constituição Federal somente poderia ocorrer de forma indireta, a depender do exame da legislação infraconstitucional que regula a execução dos créditos trabalhistas. Ademais, a questão já se encontra pacificada nesta Corte, por meio da Orientação Jurisprudencial n. 143/SBDI-1, que dispõe: "A execução trabalhista deve prosseguir diretamente na Justiça do Trabalho mesmo após a decretação da liquidação extrajudicial". DESCONTOS PREVIDENCIÁRIOS – COMPETÊNCIA DA JUSTIÇA DO TRABALHO. Nos termos do art. 43 da Lei n. 8.212/91, a Justiça do Trabalho é competente para determinar que se proceda aos descontos previdenciários sobre os créditos trabalhistas decorrentes de decisões judiciais. Inteligência da Orientação Jurisprudencial n. 141 da C. SBDI-1/TST. Recurso de Revista parcialmente conhecido e provido (TST-RR 588955-32.1999.5.09.5555, Rel. Min. Maria Cristina Irigoyen Peduzzi, 3ª T., *DJ* 25-2-2005).

No âmbito do TST, a SBDI-1 editou a OJ n. 143, *in verbis*:

A execução trabalhista deve prosseguir diretamente na Justiça do Trabalho mesmo após a decretação da liquidação extrajudicial. Lei n. 6.830/80, arts. 5º e 29, aplicados supletivamente (CLT, art. 889 e CF/88, art. 114).

24. EMBARGOS À EXECUÇÃO

24.1. Noções básicas

Talvez não exista no direito processual brasileiro um vocábulo com tantas diversificações de significados como *embargos*. Ora podem ser recurso (*embargos de declaração, infringentes, de divergência, de nulidade*), ora *ação* ou, ainda, segundo alguns, uma espécie de *defesa* (embargos à execução, do devedor, à penhora, à adjudicação, à arrematação, de terceiro).

Interessam-nos, neste tópico, os embargos na fase (ou processo) de execução do processo trabalhista, pois na fase de conhecimento (cumprimento da sentença) já vimos que a defesa do devedor se faz por meio de impugnação (v. item 8 *supra*).

24.2. Tipologia

Na execução trabalhista, podem ser opostos não apenas os embargos do executado ou à penhora, como sugere o art. 884 e seu § 3º da CLT. Há possibilidade, ainda, dos embargos à arrematação e à adjudicação, bem como dos embargos de terceiro, como veremos mais adiante.

Podemos dizer, portanto, que os embargos à execução constituem gênero que tem como espécies os embargos do executado, os embargos à penhora, os embargos à adjudicação, à arrematação etc.

25. EMBARGOS DO EXECUTADO

25.1. Denominação

Preferimos a expressão "embargos do executado" em lugar de "embargos do devedor" por uma simples razão: o CPC extinguiu o processo de execução de título judicial e manteve apenas os embargos do executado na hipótese de processo de execução de título extrajudicial.

E isso porque, nos termos do art. 878 da CLT, qualquer interessado pode promover a execução, isto é, tanto o credor quanto o devedor são interessados em instaurar a execução trabalhista. Logo, nem sempre o credor será o exequente, assim como nem sempre o devedor será o executado.

Além disso, o art. 878-A da CLT faculta "ao devedor o pagamento imediato da parte que entender devida à Previdência Social, sem cobrança de eventuais diferenças encontradas na execução *ex officio*". É dizer, o devedor assume, aqui, a posição idêntica à do exequente.

Cumpre advertir, contudo, que a doutrina e a jurisprudência utilizam as expressões "embargos à execução", "embargos do devedor" e "embargos do executado" como sinônimas. Tanto a CLT quanto o CPC adotam genericamente a expressão "embargos à execução". Logo, parece-nos correto substituir "embargos do devedor" por "embargos do executado".

Já vimos no item 8 *supra* que na hipótese de título executivo judicial, o executado poderá oferecer impugnação ao cumprimento da sentença, nos mesmos autos do processo de conhecimento.

Tratando-se, de outro giro, de execução de título extrajudicial o executado poderá opor-se à execução por meio de embargos, que serão autuados em apenso aos autos do processo principal (CPC, art. 914; CPC/73, art. 736). No processo do trabalho, não há necessidade de autuação em apenso, pois os embargos do executado e a ação de execução de título extrajudicial correm nos mesmos autos.

O art. 737 do CPC/73 dispunha que não seriam admitidos embargos do devedor antes de seguro o juízo:

a) pela penhora, na execução por quantia certa;

b) pelo depósito, na execução para entrega de coisa.

Ocorre que o art. 737 do CPC/73 foi revogado pela Lei n. 11.382/2006, sendo certo que a mesma lei deu nova redação ao art. 736 daquele Código, dispondo que o executado, independentemente de penhora, depósito ou caução, poderia opor-se à execução por meio de embargos.

Já defendíamos a inaplicabilidade do art. 736 do CPC/73 no processo do trabalho. O art. 914 do CPC reproduz a referida regra, dispondo que o "executado, independentemente de penhora, depósito ou caução, poderá se opor à execução por meio de embargos". Continuamos, pois, sustentando a nossa tese, tendo em vista a inexistência de lacuna (normativa, ontológica ou axiológica) do processo laboral, uma vez que a oposição de embargos do devedor é sempre precedida de garantia do juízo, nos termos dos arts. 880 e 883 da CLT.

No processo civil, reza o art. 915 do CPC (art. 738 do CPC/73) que o devedor oferecerá os embargos no prazo de 15 (quinze) dias, conforme o caso, na forma do art. 231 do CPC.

No processo do trabalho, o prazo para oferecimento dos embargos do devedor, que é de cinco dias[54], deve ser contado da data em que o devedor: *a)* garantiu a execução por meio do oferecimento de bens à penhora; ou *b)* foi intimado da penhora.

Nos termos do § 2º do art. 915 do CPC, aplicável ao processo de execução trabalhista de título extrajudicial (CLT, art. 769), nas execuções por carta, o prazo para embargos será contado:

> I – da juntada, na carta, da certificação da citação, quando versarem unicamente sobre vícios ou defeitos da penhora, da avaliação ou da alienação dos bens;
>
> II – da juntada, nos autos de origem, do comunicado de que trata o § 4º deste artigo ou, não havendo este, da juntada da carta devidamente cumprida, quando versarem sobre questões diversas da prevista no inciso I deste parágrafo.

Por força do § 4º do art. 915 do CPC, nos atos de comunicação por carta precatória, rogatória ou de ordem, a realização da citação será imediatamente informada, por meio eletrônico, pelo juiz deprecado ao juiz deprecante.

De acordo com o art. 918 do CPC, o juiz rejeitará liminarmente os embargos:

I – quando intempestivos;

II – nos casos de indeferimento da petição inicial e de improcedência liminar do pedido;

III – manifestamente protelatórios.

54. Nos termos da Medida Provisória n. 2.180-35, de 24-8-2001, que deu nova redação ao art. 1º-B da Lei n. 9.494/97, o prazo para embargos do devedor, previsto no art. 884 da CLT, passou a ser de 30 (trinta) dias. Esta norma, a nosso sentir, é duplamente inconstitucional, pois fere os requisitos da urgência e relevância (CF, art. 62) e estabelece privilégio desarrazoado em favor do devedor comum e do Poder Público em detrimento da efetividade do processo e da igualdade substancial e formal entre os jurisdicionados. Todavia, o STF, no julgamento liminar da ADC – Ação Declaratória de Constitucionalidade n. 11, determinou a suspensão do andamento de todos os processos que discutiam a constitucionalidade do referido dispositivo consolidado. O TST, no incidente de inconstitucionalidade instaurado no RR n. 70/1992.011.04.00-7, declarou a inconstitucionalidade da norma que ampliou o prazo para trinta dias para oposição dos embargos do executado.

Parágrafo único. Considera-se conduta atentatória à dignidade da justiça o oferecimento de embargos manifestamente protelatórios.

O art. 3º, XXII, da IN n. 39/2016 do TST[55] autoriza a aplicação subsidiária do art. 918 e parágrafo único do CPC no processo do trabalho.

Os "embargos do executado não terão efeito suspensivo" (CPC, art. 919; CPC/73, art. 739-A). Mas o juiz poderá, a requerimento do embargante, atribuir-lhes efeito suspensivo quando verificados os requisitos para a concessão da tutela provisória e desde que a execução já esteja garantida por penhora, depósito ou caução suficientes (CPC, art. 919, § 1º).

Além disso, os §§ 2º, 3º, 4º e 5º do art. 919 do CPC (art. 739-A do CPC/73) prescrevem que:

> § 2º Cessando as circunstâncias que a motivaram, a decisão relativa aos efeitos dos embargos poderá, a requerimento da parte, ser modificada ou revogada a qualquer tempo, em decisão fundamentada.
>
> § 3º Quando o efeito suspensivo atribuído aos embargos disser respeito apenas a parte do objeto da execução, esta prosseguirá quanto à parte restante.
>
> § 4º A concessão de efeito suspensivo aos embargos oferecidos por um dos executados não suspenderá a execução contra os que não embargaram quando o respectivo fundamento disser respeito exclusivamente ao embargante.
>
> § 5º A concessão de efeito suspensivo não impedirá a efetivação dos atos de substituição, de reforço ou de redução da penhora e de avaliação dos bens.

É importante notar que, na Jornada sobre Execução na Justiça do Trabalho (Cuiabá-MT, novembro/2010), houve aprovação do Enunciado n. 54, *in verbis*:

> EMBARGOS À EXECUÇÃO. EFEITOS SUSPENSIVOS. APLICAÇÃO DO ART. 475-M E 739-A, § 1º, DO CÓDIGO DE PROCESSO CIVIL (CPC). O oferecimento de embargos à execução não importa a suspensão automática da execução trabalhista, aplicando-se, subsidiariamente, o disposto nos arts. 475-M e 739-A, § 1º, do CPC.

Além disso, foi aprovado naquele evento científico o Enunciado n. 55, segundo o qual:

> EMBARGOS À EXECUÇÃO. GARANTIA DO JUÍZO. A garantia integral do juízo é requisito essencial para a oposição dos embargos à execução. Entretanto, na hipótese

55. *Vide* ADI n. 5.516, de relatoria da Min. Cármen Lúcia, onde se questiona a inconstitucionalidade formal e material da referida IN n. 39/2016 do TST.

de garantia parcial da execução e não havendo outros bens passíveis de constrição, deve o juiz prosseguir à execução até o final, inclusive com a liberação de valores, porém com a prévia intimação do devedor para os fins do art. 884 da Consolidação das Leis do Trabalho (CLT), independentemente da garantia integral do juízo.

Tais verbetes não têm efeito vinculante, nem se equiparam à jurisprudência, mas podem servir para o intérprete e aplicador do Direito como fontes doutrinárias.

Recebidos os embargos, o juiz mandará intimar o exequente para impugná-los no prazo de 5 (cinco) dias, designando em seguida a audiência de instrução e julgamento (art. 884 da CLT c/c o art. 920 do CPC). Não se realizará a audiência, a nosso ver, se os embargos versarem sobre matéria de direito ou, sendo de direito e de fato, a prova for exclusivamente documental.

25.2. Natureza jurídica dos embargos do executado

A necessidade de desvendar a natureza jurídica dos embargos (ou impugnação) do executado ou, de maneira genérica, dos embargos à execução não é meramente acadêmica.

Há inúmeras consequências processuais de ordem prática que dependerão exatamente da posição doutrinária que se adote a respeito da natureza jurídica dos embargos do devedor.

Só para citar uma, lembramos a questão do prazo para a oposição dos embargos pelas pessoas jurídicas de direito público. Admitida a natureza de defesa, o seu prazo deverá ser contado em quádruplo; caso contrário, isto é, admitida a natureza de ação, o seu prazo será idêntico ao das demais pessoas jurídicas de direito privado.

Embora haja posições doutrinárias respeitáveis que interpretam literalmente o art. 884, § 1º, da CLT, isto é, consideram os embargos à execução mera "defesa" do executado, parece-nos que os embargos do devedor, na hipótese de execução de título extrajudicial, constituem verdadeira ação de cognição, incidental ao processo de execução. Afinal, a execução de título extrajudicial não é um processo dialético, pois sua índole não se mostra voltada para o contraditório[56].

Na verdade, na ação de execução de título extrajudicial, seja no processo civil, seja no trabalhista, o devedor é citado não para responder, e sim para cumprir a obrigação constante de título judicial ou extrajudicial. Caso não cumpra a obrigação, sofrerá constrição de seus bens, nos termos do art. 880 da CLT.

Vê-se, assim, que no processo de execução de título extrajudicial não há lugar para o contraditório. Exatamente por essa razão é que surgem os embargos à execu-

---

56. THEODORO JÚNIOR, Humberto. *Curso de processo civil*. V. II. Rio de Janeiro: Forense, 1998. p. 1.003.

ção – gênero de que são espécies os embargos do devedor, à penhora, à adjudicação, de terceiro etc. –, como verdadeira ação incidental de conhecimento no curso do processo de execução de título extrajudicial. Exatamente por isso é que o executado é citado (CPC, art. 829) para pagar a dívida no prazo de três dias, contado da citação. No processo do trabalho, o executado é citado para pagar a dívida no prazo de quarenta e oito horas (CLT, art. 880).

Pertinentes são as palavras de Liebman, que continuam válidas para a hipótese de ação de execução de título extrajudicial:

> Os embargos do executado são, pois, ação em que o executado é autor e o exequente é réu; mais precisamente, ação incidente do executado visando anular ou reduzir a execução ou tirar ao título sua eficácia executória[57].

A rigor, com o advento do CPC, só se pode falar em "ação" incidental de embargos do executado no processo de execução de título extrajudicial.

Nos casos de obrigação de pagar, fazer, não fazer ou entregar coisa reconhecida em sentença, não há mais um processo de execução de título judicial, mas, tão somente, o cumprimento da sentença, que é uma fase dentro do processo de conhecimento.

Não obstante, há uma nítida intercomunicação das normas que compõem o cumprimento da sentença e a execução de título extrajudicial.

Com efeito, dispõe o art. 771 do CPC:

> Este Livro regula o procedimento da execução fundada em título extrajudicial, e suas disposições aplicam-se, também, no que couber, aos procedimentos especiais de execução, aos atos executivos realizados no procedimento de cumprimento de sentença, bem como aos efeitos de atos ou fatos processuais a que a lei atribuir força executiva.
>
> Parágrafo único. Aplicam-se subsidiariamente à execução as disposições do Livro I da Parte Especial.

O art. 513 do CPC, por sua vez, dispõe:

> O cumprimento da sentença será feito segundo as regras deste Título, observando-se, no que couber e conforme a natureza da obrigação, o disposto no Livro II da Parte Especial deste Código.

Ademais, por força dos arts. 769 da CLT e 15 do CPC, infere-se a existência de clara heterointegração dos sistemas dos processos civil e trabalhista, razão pela qual

57. LIEBMAN, Enrico Tullio. *Processo de execução*. 3. ed. Rio de Janeiro: Forense, 1[illegible] p. 216.

podemos dizer que no processo do trabalho *há identidade de matérias arguíveis na impugnação do executado e nos embargos do executado*, razão pela qual remetemos o leitor ao item 8, *supra*.

25.3. Matérias arguíveis nos embargos do executado

O objetivo primordial dos embargos (ou impugnação) do executado consiste, via de regra, em extinguir a execução, total ou parcialmente. Vale dizer, o embargante ataca, em princípio, o próprio conteúdo do título executivo judicial ou extrajudicial.

Há, no entanto, possibilidade de os embargos do executado atacarem não o conteúdo do título executivo, e sim de levantarem questões processuais, como a ilegitimidade *ad causam* do exequente-embargado, bem como outras questões prejudiciais de mérito, como a prescrição, o pagamento da dívida etc., que, em última análise, implicam a extinção da execução.

É importante ressaltar que, não obstante a literalidade do art. 884, § 1º, da CLT prescrever que a matéria de defesa nos embargos do devedor "será restrita às alegações de cumprimento da decisão ou do acordo, quitação ou prescrição da dívida", a doutrina juslaboralista vem alargando o rol das matérias arguíveis nos embargos do executado. Vê-se, assim, que neste caso a doutrina reconheceu implicitamente a existência de lacuna ontológica do texto obreiro consolidado, o que, não obstante a inexistência de lacuna normativa, permitiu a aplicação subsidiária do CPC, o que agora é reforçado pelo art. 15 do CPC, que também autoriza a aplicação supletiva do CPC no processo do trabalho.

Assim, a interpretação ampliativa do preceptivo em causa permite que outras matérias ou questões também possam ser deduzidas nos embargos de devedor. Na verdade, se se adotar a natureza jurídica de ação de cognição dos embargos do devedor na hipótese de execução de título extrajudicial, parece-nos inquestionável que não poderá a lei infraconstitucional limitar o amplo acesso da parte ao Poder Judiciário. Noutro falar, o princípio constitucional da inafastabilidade da jurisdição (CF, art. 5º, XXXV) proíbe que a lei exclua da apreciação do Poder Judiciário lesão ou ameaça a direito, razão pela qual é preciso interpretar o art. 884, § 1º, da CLT conforme a Constituição.

Posto assim o problema, abre-se espaço para a aplicação supletiva e subsidiária de outras normas processuais, inclusive a prevista no art. 917 do CPC (art. 745 do CPC/73), segundo a qual, na execução fundada em título extrajudicial, os embargos poderão versar sobre:

I – inexequibilidade do título ou inexigibilidade da obrigação;

II – penhora incorreta ou avaliação errônea;

III – excesso de execução ou cumulação indevida de execuções;

IV – retenção por benfeitorias necessárias ou úteis, nos casos de execução para entrega de coisa certa;

V – incompetência absoluta ou relativa do juízo da execução;

VI – qualquer matéria que lhe seria lícito deduzir como defesa em processo de conhecimento.

De outra parte, o art. 884, § 1º, da CLT deve amoldar-se às três novas modalidades de execução de título extrajudicial, que são o termo de ajustamento de conduta firmado pelo devedor perante o Ministério Público do Trabalho; o termo de conciliação lavrado pela Comissão de Conciliação Prévia (CLT, art. 876) e a certidão de dívida ativa (CDA) decorrente das multas aplicadas aos empregadores pelos órgãos de fiscalização do trabalho (CF, art. 114, VII; Lei n. 6.830/80, art. 3º).

Ora, em se tratando de embargos do devedor opostos à execução de título extrajudicial, parece-nos irrecusável que a matéria deduzida pelo embargante-devedor não deve ficar adstrita à literalidade do art. 884, § 1º, da CLT, sob pena de se olvidar garantias constitucionais fundamentais e, em última análise, se perpetrar verdadeira injustiça para com o devedor. É imprescindível, pois, a aplicação do art. 919 do CPC (art. 745 do CPC/73).

Recolhemos, a propósito, as palavras de Roberto Norris, para quem

> a extensão da cognição admitida em execuções por título judicial será menor do que aquela permitida nos casos de execução por título extrajudicial, considerando-se, quanto à primeira, a limitação constante do art. 741 do CPC. Na segunda hipótese (execução por título extrajudicial), contudo, a cognição será, em princípio, plena, uma vez que autorizada pelo que estabelece o art. 745 do CPC, aplicável subsidiariamente ao processo do trabalho, inclusive no que se refere à hipótese mais comum de execução por título extrajudicial no processo do trabalho, e que se encontra prevista no art. 625-E da CLT[58].

A jurisprudência trabalhista não é pacífica a respeito de ser taxativo ou exemplificativo o rol das matérias previstas no art. 884, § 1º, da CLT. É o que se infere dos seguintes julgados:

> AGRAVO DE INSTRUMENTO – PROVIMENTO – PROCESSO DE EXECUÇÃO – ALEGAÇÃO DE INEXISTÊNCIA DE CITAÇÃO NO PROCESSO DE CONHECIMENTO – PRECLUSÃO – NÃO OCORRÊNCIA. Evidenciada a possibilidade de ofensa ao princípio da ampla defesa, dá-se provimento ao Agravo de Instrumento para que se proceda à análise pormenorizada da matéria. Agravo de Instrumento conhecido e

58. NORRIS, Roberto. Embargos à execução relacionados às condições da ação executiva trabalhista contra devedor solvente. In: DALLEGRAVE NETO, José Affonso; FREITAS, Ney José de (Coords.). *Execução trabalhista*..., cit., p. 317-347.

provido. RECURSO DE REVISTA – PROVIMENTO – PRELIMINAR DE NULIDADE POR NEGATIVA DE PRESTAÇÃO JURISDICIONAL. Não se cogita de nulidade de decisão por negativa de prestação jurisdicional em virtude de rejeição de Embargos de Declaração que vinculam tese exclusivamente jurídica. Inteligência do art. 794 da CLT e Súmula 297, III, do Eg. TST. PROCESSO DE EXECUÇÃO – ALEGAÇÃO DE INEXISTÊNCIA DE CITAÇÃO NO PROCESSO DE CONHECIMENTO – PRECLUSÃO – NÃO OCORRÊNCIA. 1. A realização de citação válida é elemento de formação da relação processual, ou seja, é condição necessária à triangulação do processo. Sem ela, não há falar em existência do processo ou de qualquer de seus frutos. Uma sentença havida de um processo inexistente carece de energia jurídica, sendo mera expressão de fato. 2. A inexistência é vício do processo que não se convalida em tempo algum, endo ou exoprocessualmente, não sendo atingida nem mesmo pelo prazo decadencial próprio da pretensão rescisória. 3. Na espécie, o Eg. Tribunal Regional, em execução, entendeu preclusa a oportunidade da parte em arguir, nos Embargos à Execução, a inexistência da citação no processo de conhecimento, por não identificar a ocasião com a primeira oportunidade da parte se manifestar nos autos, nos termos do art. 795 da CLT. 4. Verifica-se, pois, que o Eg. Tribunal Regional, ao entender submetida à preclusão matéria relativa à própria existência do processo, ofendeu o direito à ampla defesa da parte, em afronta ao art. 5º, LV, da Constituição da República. CARACTERIZAÇÃO DE BEM DE FAMÍLIA. Tema prejudicado em face da determinação de retorno dos autos ao Eg. Tribunal Regional. Precedente da C. SBDI-1, TST-E-RR-7.905/2002-900-03-00.8, Rel. Designada Min. Maria Cristina Irigoyen Peduzzi, *DJ* 12-8-2005. Recurso de Revista conhecido e provido (TST-RR 37640-48.1999.5.02.0242, Rel. Min. Maria Cristina Irigoyen Peduzzi, 3ª T., *DJ* 1º-11-2006).

EMBARGOS À EXECUÇÃO – ARGUIÇÃO DE NULIDADE DA CITAÇÃO PARA O PROCESSO DE CONHECIMENTO – POSSIBILIDADE. As hipóteses de cabimento dos embargos à execução estão inseridas no § 1º do art. 884 da CLT ou nos diversos incisos do art. 741 do CPC, ressalvado, quanto a estes últimos, a compatibilidade com o processo trabalhista. A relação do art. 884 da CLT não é exaustiva, mas meramente exemplificativa, cabendo perfeitamente a aplicação subsidiária das disposições do art. 741 do Digesto Processual Civil para suprir a concisão e o laconismo do texto consolidado. Assim sendo, admite-se a arguição de nulidade da citação para o processo de conhecimento em sede de embargos à execução, desde que seja esta, rigorosamente, a primeira oportunidade que a parte tem para falar nos autos. Agravo de petição da Executada a que se dá provimento para declarar a nulidade da citação para o processo de conhecimento (TRT 23ª R., AP 00708.2001.000.23.00-4, TP, Rel. p/ o Ac. Juíza Maria Berenice Carvalho Castro Souza, *DJMT* 4-2-2002, p. 10).

EMBARGOS À EXECUÇÃO – VÍCIO DE CITAÇÃO – PRECLUSÃO. Considerando que é bastante restrito o conteúdo dos embargos à execução, conforme dispõe o § 1º do art. 884 da CLT, rejeita-se a pretensão da executada de invocar vício de citação, quando a empresa revel foi intimada da sentença e não recorreu da decisão. A possibilidade de arguição de vício de citação em sede executiva, com base no art. 741, I, do CPC, está condicionada à comprovação de ausência de intimação válida da sentença, em face do disposto no art. 852 da CLT (TRT 10ª R., AP n. 0987/99, 1ª T., Rel. Juiz João Mathias de Souza Filho, j. 29-3-2000).

Reportando-nos às matérias delimitadas no § 1º do art. 884 da CLT, devemos dizer que todas elas dizem respeito a fatos posteriores ao título executivo judicial.

Assim, a alegação de *cumprimento da sentença*[59], a quitação da dívida e a prescrição só constituem matéria própria dos embargos do devedor se essas objeções surgirem após o trânsito em julgado da sentença proferida no processo de conhecimento.

Quanto à *quitação*, deve-se aplicar, por analogia, a regra do inciso VI do art. 919 do CPC.

A *compensação* ou a *retenção* não podem ser objeto da ação de embargos do devedor, porquanto, nos termos do art. 767 da CLT, tais matérias de defesa somente podem ser arguidas no processo (na fase) de conhecimento, especificamente na contestação, sob pena de preclusão. Todavia, a dedução pode ser autorizada de ofício, pelo juiz, por traduzir matéria de ordem pública, como já vimos em outra parte deste livro.

25.3.1. Prescrição da execução ou prescrição intercorrente?

A *prescrição* de que cuida o § 1º do art. 884 da CLT não é aquela que poderia ter sido alegada pelo réu no processo de conhecimento (TST, Súmula 153), e sim aquela que surge após o reconhecimento do crédito pela sentença exequenda ou a relativa à pretensão do credor de título executivo extrajudicial. Dito de outro modo, a prescrição ora analisada diz respeito à pretensão do objeto da execução.

De tal arte, se a execução não é instaurada no mesmo prazo previsto para a ação de conhecimento, incide a prescrição superveniente. Nesse sentido, o STF editou a Súmula 150: "Prescreve a execução no mesmo prazo de prescrição da ação". Essa modalidade de prescrição superveniente à sentença era de difícil aplicação no processo do trabalho na execução de título judicial, porquanto a lei permite que tal modalidade executória possa ser promovida, de ofício, pelo juiz (CLT, art. 878) em qualquer hipótese.

59. É redundante falar em cumprimento do acordo, pois a execução fundada em título judicial é sempre a sentença, ainda que esta seja simplesmente homologatória de acordo entabulado entre as partes.

Com o advento da Lei n. 13.467/2017, o art. 878 da CLT passou a ter a seguinte redação:

> Art. 878. A execução será promovida pelas partes, permitida a execução de ofício pelo juiz ou pelo Presidente do Tribunal apenas nos casos em que as partes não estiverem representadas por advogado.

Na prática, o *jus postulandi* das próprias partes só ocorre em raras hipóteses, razão pela qual a execução de ofício no processo do trabalho, que traduzia a aplicação enfática do princípio inquisitivo, passa a ser admitida excepcionalmente, isto é, apenas quando a parte não estiver representada por advogado. Nesse sentido, dispõe o art. 13 da IN n. 41/2018 do TST, segundo o qual:

> A partir da vigência da Lei n. 13.467/2017, a iniciativa do juiz na execução de que trata o art. 878 da CLT e no incidente de desconsideração da personalidade jurídica a que alude o art. 855-A da CLT ficará limitada aos casos em que as partes não estiverem representadas por advogado.

No entanto, a execução de ofício continuará sendo a regra para a execução das contribuições sociais quando tiverem por objeto a condenação em pecúnia constante das sentenças condenatórias ou homologatórias de acordo (CLT, art. 876, parágrafo único).

Em se tratando de ação de execução de título extrajudicial (CLT, art. 876), parece-nos incidir a Súmula 150 do TST no processo do trabalho, uma vez que, se o credor do título resultante do termo de conciliação lavrado pela Comissão de Conciliação Prévia, por exemplo, deixar correr *in albis* o prazo de dois anos da data da sua lavratura, prescrita estará a pretensão veiculada na ação executiva correspondente.

Prescrição superveniente à sentença, ou seja, prescrição da ação de execução, não se confunde com a prescrição intercorrente, pois esta ocorre em razão da paralisação do processo de execução, após ter sido iniciado, pelo prazo prescricional previsto para a relação de direito material em virtude de inércia do exequente.

Nos domínios da execução trabalhista, há dois entendimentos inconciliáveis. Para o TST, nos termos da Súmula 114, "é inaplicável na Justiça do Trabalho a prescrição intercorrente", já para o STF, à luz da Súmula 327: "O direito trabalhista admite a prescrição intercorrente".

Parece-nos com razão o STF, desde que o exequente, intimado para a prática de ato que só a ele incumbe, permanecer inerte por mais de dois anos. Nesse caso, poderá o juiz da execução, mediante requerimento do devedor nos embargos por ele opostos, pronunciar a prescrição intercorrente e julgar extinto o processo de execução. Há quem entenda que, neste caso, o juiz deveria julgar extinta a execução por abandono da causa (CPC, art. 485, III; CPC/73, art. 267, III). Vejamos a jurisprudência:

PRESCRIÇÃO INTERCORRENTE – EXTINÇÃO DA EXECUÇÃO TRABALHISTA – IMPOSSIBILIDADE. A CLT admite a alegação de prescrição na execução, ao dispor no art. 884, § 1º, que ao executado é lícito alegar, em embargos, a "prescrição da dívida". Assim, ao executado é lícito alegar, nos embargos, a prescrição da pretensão executiva não manifestada em juízo no tempo próprio. Pelo exame do art. 884, § 1º, CLT em conjunto com o art. 40, § 4º, da Lei n. 6.830/80, conclui-se que nos embargos à execução pode ser alegada a prescrição intercorrente, quando se tratar de execução de crédito da Fazenda Pública. Assim, na execução de crédito da Fazenda Pública promovida pela Justiça do Trabalho, a pretensão executiva pode ser extinta pela prescrição intercorrente. Contudo, o mesmo não ocorre na execução de dívida de natureza trabalhista. Entendia-se, antes da edição da Súmula 114, do TST, aplicar-se ao processo trabalhista a prescrição intercorrente, com as cautelas impostas pela natureza tutelar do Direito do Trabalho e pelas características da sistemática processual trabalhista (Súmula 327 do STF), mas apenas se a paralisação do feito tivesse como causa única a inércia do autor para prática de atos de sua responsabilidade. Se, todavia, a paralisação do processo se devesse aos órgãos judiciários, não se aplicaria o princípio, porque ao juiz incumbiria velar pelo rápido andamento das causas (CLT, art. 765), cabendo-lhe, inclusive, o poder de instaurar as execuções *ex officio* (art. 878, da CLT), à luz do princípio inquisitório. Se a paralisação fosse motivada pelo executado, também não se aplicaria a prescrição intercorrente. Todavia, o TST, uniformizando a jurisprudência trabalhista, afastou a aplicação da prescrição intercorrente na Justiça do Trabalho, por intermédio da Súmula 114, cujo teor é o seguinte: "É inaplicável na Justiça do Trabalho a prescrição intercorrente" (TRT 3ª R., AP 0184800-05.2002.5.03.0029, Rel. Des. Julio Bernardo do Carmo, 4ª T., *DEJT* 18-5-2012).

PRESCRIÇÃO INTERCORRENTE. PROCESSO DO TRABALHO. APLICABILIDADE. SÚMULA 327 DO STF E ART. 884, § 1º, DA CLT. COMPATIBILIDADE. Embora a Súmula 114 do C. TST sinalize em sentido oposto, revela-se aplicável a prescrição intercorrente no Processo Laboral. Tal instituto, no entanto, deve atender à exigência do art. 884 da CLT que é a provocação da parte, por se tratar de matéria de defesa. Incabível, pois, o reconhecimento de ofício, na medida em que, embora a lei dos executivos fiscais aqui se aplique (TRT 15ª R., AGVPET n. 71.585 SP 071585/2008, Rel. Des. Vera Teresa Martins Crespo, *DJ* 7-11-2008).

PRESCRIÇÃO INTERCORRENTE – APLICABILIDADE EM SEARA LABORAL – ESPECIFICIDADES DA CASUÍSTICA – EXEGESE CONJUNTA DOS ARTS. 884, § 1º, 878 E 879 DA CLT, E ART. 40 DA LEI N. 6.830/80. 1. Em que pese o Excelso Supremo Tribunal Federal e o Colendo Tribunal Superior do Trabalho tenham adotado posições divergentes, nos termos do disposto nas Súmulas 237 e 114, respectivamente, o art. 884, § 1º, da legislação consolidada, autorizou a aplicação da prescrição intercorrente ao processo judiciário laboral, quando assim dispôs sobre a questão: "A matéria de defesa será restrita às alegações de (*omissis*) prescrição da dívida".

Esta somente pode se referir à prescrição intercorrente, ocorrida na fase de execução, vez que a prescrição ordinária deveria ter sido alegada na fase de conhecimento, já se encontrando preclusa, nessa fase. 2. A prescrição intercorrente é inaplicável à Justiça do Trabalho apenas quando o reclamante exerce sua prerrogativa de *jus postulandi* (...) (TRT 6ª R., AP 1991.004.06.00.6, Rel. Des. Maria Helena Guedes Soares de Pinho Maciel, *DJ* 2-2-2007).

Cumpre assinalar, por oportuno, que o § 4º do art. 40 da Lei n. 6.830/80, com redação dada pela Lei n. 11.051/2004, dispõe, *in verbis*: "Se da decisão que ordenar o arquivamento tiver decorrido o prazo prescricional, o juiz, depois de ouvida a Fazenda Pública, poderá, de ofício, reconhecer a prescrição intercorrente e decretá-la de imediato".

Essa norma é aplicável ao processo do trabalho por disposição expressa do art. 889 da CLT.

Por outro lado, lembramos que os arts. 921 e 924 do CPC dispõem, *in verbis*:

> Art. 921. Suspende-se a execução:
>
> (...) III – quando o executado não possuir bens penhoráveis;
>
> § 1º Na hipótese do inciso III, o juiz suspenderá a execução pelo prazo de 1 (um) ano, durante o qual se suspenderá a prescrição.
>
> § 2º Decorrido o prazo máximo de 1 (um) ano sem que seja localizado o executado ou que sejam encontrados bens penhoráveis, o juiz ordenará o arquivamento dos autos.
>
> § 3º Os autos serão desarquivados para prosseguimento da execução se a qualquer tempo forem encontrados bens penhoráveis.
>
> § 4º Decorrido o prazo de que trata o § 1º sem manifestação do exequente, começa a correr o prazo de prescrição intercorrente.
>
> § 5º O juiz, depois de ouvidas as partes, no prazo de 15 (quinze) dias, poderá, de ofício, reconhecer a prescrição de que trata o § 4º e extinguir o processo.
>
> Art. 924. Extingue-se a execução quando:
>
> (...) V – ocorrer a prescrição intercorrente.

Ocorre que o art. 2º, VIII, da IN n. 39/2016 desautorizava – sem nenhuma ressalva – a aplicação subsidiária dos arts. 921, §§ 4º e 5º, e 924, V, do CPC nos sítios do processo do trabalho. É dizer, o TST não admitia em nenhuma hipótese a incidência da prescrição intercorrente no processo laboral.

Tal posição firme do TST cairá por terra, tendo em vista a previsão da prescrição intercorrente no art. 11-A da CLT, o que resultará no cancelamento da Súmula 114 daquela Corte e na revogação tácita do item VIII do art. 2º da referida IN n. 39/2016.

Aliás, a respeito da eficácia temporal do art. 11-A da CLT, o TST, sem cancelar a Súmula 114, editou a IN n. 41/2018, cujo art. 2º dispõe que o "fluxo da prescrição intercorrente conta-se a partir do descumprimento da determinação judicial a que alude o § 1º do art. 11-A da CLT, desde que feita após 11 de novembro de 2017 (Lei n. 13.467/2017)".

Além disso, o art. 21 da IN n. 41/2018 do TST revogou expressamente o inciso VIII do art. 2º da IN n. 39/2016 do TST, que desautorizava a aplicação da prescrição intercorrente no processo do trabalho.

Em síntese, o TST passou a admitir a prescrição intercorrente, cujo início do prazo de dois anos começará a contar da decisão judicial proferida depois de 11-11-2017 que tenha ordenado a prática de ato processual a cargo do credor/exequente no curso da execução (CLT, art. 11-A, § 1º).

25.3.2. Inexigibilidade de título judicial fundado em lei declarada inconstitucional

É importante sublinhar, por outro lado, que, por força do art. 9º da Medida Provisória n. 2.180-35, de 24 de agosto de 2001, foi acrescentado o § 5º ao art. 884 da CLT, cuja redação é a seguinte:

Considera-se inexigível o título judicial fundado em lei ou ato normativo declarados inconstitucionais pelo Supremo Tribunal Federal ou em aplicação ou interpretação tidas por incompatíveis com a Constituição Federal.

Essa regra criou outra matéria arguível em embargos do devedor (ou, segundo alguns, em exceção ou objeção de pré-executividade), mas, a nosso ver, ela está eivada de inconstitucionalidade pelos mesmos fundamentos expostos na epígrafe 33.5 *infra*, onde analisamos a questão da ampliação do prazo de 30 dias para os embargos do devedor opostos pelos entes públicos.

Acreditamos, assim, que o TST manterá a coerência jurídica e declarará, pelo menos no tocante ao aspecto da urgência e relevância, a inconstitucionalidade do § 5º do art. 884 da CLT, como o fez, acertadamente, em relação ao art. 4º da Medida Provisória n. 2.180/2001, que ampliou para 30 dias o prazo dos embargos à execução ajuizados pelos entes públicos (TST, RR n. 1.201/1996-020-04-00.8, 4ª T., Rel. Min. Ives Gandra da Silva Martins Filho). Afinal, as duas normas foram incluídas pela mesma Medida Provisória n. 2.180/2001 e onde há duas situações idênticas, há de prevalecer o tratamento interpretativo isonômico para ambas.

25.3.3. Parcelamento de dívida

Inovação que favorece financeiramente o executado foi introduzida pela Lei n. 11.382/2006, que acrescentou o art. 745-A e §§ 1º e 2º ao CPC/73, permitindo o parcelamento da dívida mediante algumas condições.

O art. 916 do CPC mantém tal regra, mas acrescenta a possibilidade do contraditório pelo exequente, nos seguintes termos:

> Art. 916. No prazo para embargos, reconhecendo o crédito do exequente e comprovando o depósito de trinta por cento do valor em execução, acrescido de custas e de honorários de advogado, o executado poderá requerer que lhe seja permitido pagar o restante em até 6 (seis) parcelas mensais, acrescidas de correção monetária e de juros de um por cento ao mês.
>
> § 1º O exequente será intimado para manifestar-se sobre o preenchimento dos pressupostos do *caput*, e o juiz decidirá o requerimento em 5 (cinco) dias.
>
> § 2º Enquanto não apreciado o requerimento, o executado terá de depositar as parcelas vincendas, facultado ao exequente seu levantamento.
>
> § 3º Deferida a proposta, o exequente levantará a quantia depositada, e serão suspensos os atos executivos.
>
> § 4º Indeferida a proposta, seguir-se-ão os atos executivos, mantido o depósito, que será convertido em penhora.
>
> § 5º O não pagamento de qualquer das prestações acarretará cumulativamente:
>
> I – o vencimento das prestações subsequentes e o prosseguimento do processo, com o imediato reinício dos atos executivos;
>
> II – a imposição ao executado de multa de dez por cento sobre o valor das prestações não pagas.
>
> § 6º A opção pelo parcelamento de que trata este artigo importa renúncia ao direito de opor embargos.

Sobre a compatibilidade do art. 916 do CPC (art. 745-A do CPC/73) com o processo do trabalho, remetemos o leitor ao item 8.1.1 deste Capítulo. Advertimos, desde logo, que tal norma só seria aplicável na execução de título extrajudicial, porquanto o § 7º do art. 916 do CPC estabelece que o "disposto neste artigo não se aplica ao cumprimento da sentença".

O art. 3º, XXI, da IN n. 39/2016 do TST[60], no entanto, autoriza a aplicação subsidiária – sem nenhuma ressalva – do art. 916 e parágrafos do CPC no processo laboral.

25.4. Prazo

De acordo com o disposto no art. 884 da CLT, os embargos do executado devem ser opostos no prazo de cinco dias. Idêntico prazo é conferido ao embargado-exequente para o oferecimento de sua resposta.

60. *Vide* ADI n. 5.516, de relatoria da Min. Cármen Lúcia, onde se questiona a inconstitucionalidade formal e material da referida IN n. 39/2016 do TST.

O prazo de cinco dias para a oposição dos embargos do devedor no processo do trabalho inicia-se a partir do momento em que o executado toma ciência da formalização da penhora, com a assinatura do auto de depósito. Essa ciência ocorre quando o próprio executado assina o auto, se os bens ficarem sob sua guarda, como acontece na maioria dos casos, ou quando é intimado, nas demais hipóteses[61]. Nesse sentido:

> EMBARGOS À EXECUÇÃO – INTEMPESTIVIDADE. O prazo de cinco dias para a oposição dos embargos do devedor no processo do trabalho inicia-se a partir do momento em que o executado realiza o depósito garantidor do juízo (TRT 17ª R., 0112700-34.2008.5.17.0132, Rel. Des. Cláudio Armando Couce de Menezes, *DEJT* 24-7-2012).

Cumpre advertir, porém, que a Medida Provisória n. 2.180-34, de duvidosa constitucionalidade, dispõe em seu art. 4º que fica acrescentado à Lei n. 9.494/97 o art. 1º-B, *in verbis*:

> O prazo a que se refere o *caput* dos arts. 730 do Código de Processo Civil e 884 da Consolidação das Leis do Trabalho, aprovada pelo Decreto-Lei n. 5.452, de 1º de maio de 1943, passa a ser de trinta dias.

A par da manifesta inconstitucionalidade formal da referida Medida Provisória, por ausência dos requisitos da urgência e da relevância, o certo é que esse ato normativo conspira contra o princípio mais caro ao processo do trabalho: a celeridade.

Apesar de ultrapassado o prazo de trinta dias sem haver sido reeditada, nem convertida em lei, o art. 62, parágrafo único, da CF/88, com redação dada pela Emenda Constitucional n. 32, de 11 de setembro de 2001, dispõe, em seu art. 2º, que as "medidas provisórias editadas em data anterior à da publicação desta emenda continuam em vigor até que medida provisória ulterior as revogue explicitamente ou até deliberação definitiva do Congresso Nacional".

Sob o tríplice aspecto formal, portanto, a MP n. 2.180-35, de 24 de agosto de 2001, está em vigor, porque é anterior à edição da EC n. 32, de 11 de setembro de 2001, não foi revogada por outra Medida Provisória, tampouco houve deliberação definitiva do Congresso Nacional a seu respeito.

Outro problema que tem suscitado divergência doutrinária e jurisprudencial concerne ao critério subjetivo adotado pela Medida Provisória n. 2.180-35, na medida em que, se a intenção primeira do legislador era alargar o prazo para os embargos das pessoas jurídicas de direito público, acabou dizendo mais do que devia, já que, do ponto de vista da interpretação gramatical, também as pessoas físicas e as pessoas jurídicas de direito privado foram beneficiadas com o ato normativo.

61. GIGLIO, Wagner D. *Direito processual do trabalho*. 10. ed. São Paulo: Saraiva, 1997. p. 508.

Ora, mostra-se absolutamente incoerente a postura do Governo Federal em relação às normas processuais que vem editando nos últimos cinco anos, mormente nos domínios do processo laboral.

Realmente, não faz sentido o Governo encaminhar projetos que redundaram em leis instituidoras do procedimento sumaríssimo e das Comissões de Conciliação Prévia, que têm por escopo, dentre outros, a redução do número de processos trabalhistas e a celeridade processual, e, logo em seguida, editar Medida Provisória alargando de cinco para trinta dias o prazo para oferecimento dos embargos do devedor, o que implica, em derradeira análise, duro golpe contra os princípios da economia e da celeridade processuais.

Além disso, há o evidente propósito malicioso de conceder privilégio às pessoas jurídicas de direito público que figuram como devedoras no processo de execução trabalhista. Só que, de maneira sutil, a Medida Provisória n. 2.180-35, sob o disfarce do atendimento ao princípio isonômico, acabou estendendo, de forma desarrazoada e inexplicável, idêntico privilégio às pessoas não públicas.

De nossa parte, pensamos que cabe ao Judiciário dar um basta definitivo a esses abusos e a essa febre legiferante do Poder Executivo, que colocam em risco a própria dignidade dos cidadãos-trabalhadores que batem à porta do Judiciário Trabalhista, via de regra pessoas titulares de créditos de natureza alimentícia, às vezes famintas e, na quase totalidade dos casos, desempregadas. Afinal, quando a lei se afasta da Justiça, deve o Judiciário proceder à correção, expungindo as injustiças e as desigualdades.

Importante lembrar que a 4ª Turma do TST decidiu (RR n. 1.201/1996-020-04-00.8) que o art. 4º da Medida Provisória n. 2.180-35/2001, que triplicou (em relação ao art. 730 do CPC/73; CPC, art. 535) para os entes públicos o prazo para o ajuizamento da ação de embargos à execução, é inconstitucional, sob o fundamento de que a ampliação de tal prazo não atende ao requisito de urgência necessário para a edição de medida provisória. Vale dizer, a 4ª Turma manifestou-se apenas sobre a inconstitucionalidade formal da medida provisória. A recorrente alegou que a decisão sobre a inconstitucionalidade da medida provisória não poderia ser tomada por uma Turma do TRT, e sim por seu Tribunal Pleno. Mas o relator do recurso no TST, ministro Ives Gandra Martins, observou que: "A jurisprudência do TST e do STF admite, ainda que excepcionalmente, o controle jurisdicional da medida provisória". O ministro analisou a questão com base em decisões do TST e do STF em caso semelhante – a ampliação de prazo para ajuizamento de ação rescisória – e concluiu que "o favor processual concedido para a União, no sentido de triplicar o prazo para a oposição de embargos à execução carece de urgência política, ou seja, não se revela proporcional, apresentando-se como um privilégio inconstitucional, uma vez que o problema vem de longa data e o caminho de aparelhar melhor a advocacia pública não tem sido trilhado".

É importante assinalar que, em agosto de 2005, a Quarta Turma já havia julgado processo semelhante (RR n. 70/1992.011.04.00-7), quando levantou o incidente de inconstitucionalidade (STF, Súmula Vinculante 10) e encaminhou o processo ao Tribunal Pleno, que confirmou o entendimento e declarou, *incidenter tantum*, a inconstitucionalidade do art. 4º da Medida Provisória n. 2.180-35.

O STF, no entanto, no julgamento liminar da ADC n. 11-DF, Rel. Min. Gilmar Mendes, em decisão referendada pelo Pleno, determinou, por maioria, com base no art. 21, *caput*, da Lei n. 9.868/99, a suspensão de todos os processos em que se discuta a constitucionalidade do art. 1º-B da Medida Provisória n. 2.180-35.

Tendo transcorrido o prazo de validade da liminar concedida pelo STF, o TST passou a adotar o seguinte entendimento:

> AGRAVO DE INSTRUMENTO. RECURSO DE REVISTA. EMBARGOS À EXECUÇÃO. INTEMPESTIVIDADE. MEDIDA PROVISÓRIA N. 2.180/2001. INCONSTITUCIONALIDADE 1. O Supremo Tribunal Federal concedeu liminar em Medida Cautelar, nos autos da Ação Declaratória de Constitucionalidade n. 11/DF, no sentido de suspender todos os processos em que se discute a constitucionalidade do art. 1°-B da Medida Provisória n. 2.180-35. 2. Posteriormente, em 11-12-2009, a Suprema Corte, ao decidir a Questão de Ordem nos autos da ADC n. 11/DF, resolveu prorrogar a eficácia da liminar enquanto os autos encontravam-se na Procuradoria-Geral da República para emissão de parecer. Retornando os autos da Procuradoria-Geral, em 23-9-2010, o mérito da Ação Declaratória de Constitucionalidade n. 11/DF ainda pende de julgamento no Supremo Tribunal Federal. 3. Reza o art. 21, parágrafo único, da Lei n. 9.868/99 que, vencido o prazo, perde a eficácia a liminar. Assim, ao cumprir-se o aludido preceito legal, não há mais óbice para a decisão da matéria. 4. Cessada a eficácia da liminar e ante a ausência de posicionamento definitivo do STF sobre o mérito, em controle concentrado de constitucionalidade, abre-se campo para os demais Tribunais e órgãos judicantes enfrentarem a matéria como lhes parecer de direito. Não há, portanto, impedimento para o julgamento imediato de agravo de instrumento em recurso de revista. 5. O Pleno do Tribunal Superior do Trabalho declarou a inconstitucionalidade formal da Medida Provisória que ampliou o prazo para a Fazenda Pública interpor embargos à execução. Assim, até superveniente decisão da Suprema Corte em contrário, subsiste o prazo de cinco dias para tanto (CLT, art. 884). 6. Agravo de instrumento da Executada de que se conhece e a que se nega provimento (TST-AIRR-41100-65.1991.5.01.0011, 4ª T., Rel. Min. João Oreste Dalazen, *DEJT* 12-2-2016).

25.5. Procedimento

É condição necessária para a admissibilidade dos embargos do executado a garantia do juízo (art. 884 da CLT), sendo, pois, inaplicável o art. 736 do CPC/73 (CPC, art. 914). Isso significa que, se a penhora não for realizada, ou se os bens nomeados pelo devedor não forem suficientes para satisfazer a integralidade do crédito do exequente, não começará a correr o prazo para a interposição dos embargos do executado.

O art. 882 da CLT, com nova redação dada pela Lei n. 13.467/2017, dispõe que o executado que não pagar a importância reclamada poderá garantir a execução mediante depósito da quantia correspondente, atualizada e acrescida das despesas processuais, apresentação de seguro-garantia judicial ou nomeação de bens à penhora, observada a ordem preferencial estabelecida no art. 835 do CPC.

A exigência da garantia ou penhora não se aplica às entidades filantrópicas e/ou àqueles que compõem ou compuseram a diretoria dessas instituições. É o que estabelece o § 6º do art. 884 da CLT (incluído pela Lei n. 13.467/2017). Para gozar do privilégio, é ônus da entidade filantrópica provar que possui o Certificado de Entidades Beneficentes de Assistência Social - CEBAS (Lei n. 12.101/2009, art. 21). Caso não possua o CEBAS, ou houver alguma fumaça de fraude, poderá ser exigida a garantia ou a penhora de bens, além da instauração do incidente de desconsideração da personalidade jurídica para responsabilizar os diretores.

Diferentemente do CPC/73 (art. 736, parágrafo único), os embargos do devedor no processo do trabalho tramitam nos mesmos autos, isto é, não correm em autos apartados. No processo (civil) sincrético, também adotado pelo CPC/2015 (art. 914, § 1º), a impugnação do devedor tramita nos mesmos autos do processo de conhecimento.

Se o juiz entender necessária a realização de audiência, as partes poderão apresentar rol de testemunhas (CLT, art. 884, § 2º). O § 2º do art. 16 da Lei n. 6.830/80, aplicado subsidiariamente à espécie por força do art. 889 da CLT, prevê que cada parte poderá arrolar até três testemunhas; mas o juiz, se necessário, poderá alterar esse número para o máximo de seis testemunhas. O juiz julgará, na mesma sentença, os embargos e as impugnações à liquidação apresentadas pelos credores trabalhista e previdenciário.

Tratando-se de execução por carta precatória, os embargos do executado, a princípio, deverão ser oferecidos no juízo deprecado que, por sua vez, remeterá os autos ao juízo deprecante, tendo este último a competência funcional para instruir e julgar o feito. Todavia, se os embargos do executado versarem sobre vícios ou irregularidades dos atos praticados pelo juízo deprecado, este passará a ter a competência funcional para instruir e julgar os embargos do executado. Tudo isso porque a lacuna normativa do texto obreiro, no particular, não autorizaria a aplicação subsidiária e preferencial do art. 914, § 2º, do CPC (art. 747 do CPC/73), e sim por força do art. 889 da CLT, do art. 20 e seu parágrafo único da Lei n. 6.830/80, *in verbis*:

> Art. 20. Na execução por carta, os embargos do executado serão oferecidos no Juízo deprecado, que os remeterá ao Juízo deprecante, para instrução e julgamento. Parágrafo único. Quando os embargos tiverem por objeto vícios ou irregularidades de atos do próprio Juízo deprecado, caber-lhe-á unicamente o julgamento dessa matéria.

A Súmula 46 do STJ consagra idêntico entendimento ao dispor que na "execução por carta, os embargos do devedor serão decididos no juízo deprecante, salvo se versarem unicamente vícios ou defeitos da penhora, avaliação ou alienação dos bens".

É importante lembrar a Súmula 419 do TST, segundo a qual: "Na execução por carta precatória, os embargos de terceiro serão oferecidos no juízo deprecado, salvo se indicado pelo juízo deprecante o bem constrito ou se já devolvida a carta (art. 676, parágrafo único, do CPC de 2015)".

A referida Súmula harmoniza-se com o art. 914, § 2º, do CPC, que trata dos embargos do devedor, *in verbis*:

> Na execução por carta, os embargos serão oferecidos no juízo deprecante ou no juízo deprecado, mas a competência para julgá-los é do juízo deprecante, salvo se versarem unicamente sobre vícios ou defeitos da penhora, da avaliação ou alienação dos bens efetuados no juízo deprecado.

Logo, parece-nos que a Súmula 419 do TST pode ser analogicamente aplicada à competência funcional para instruir e julgar os embargos do executado.

Em síntese, os embargos do executado poderão ser protocolizados no juízo deprecado ou no juízo deprecante, mas a competência para processá-los e julgá-los é do juízo deprecante, salvo se versarem, unicamente, sobre vícios ou irregularidades da penhora, da avaliação ou alienação dos bens, praticados pelo juízo deprecado, em que a competência será deste último.

E se os embargos do executado contiverem concomitantemente matérias relativas a vícios da penhora e inexigibilidade do título, ou seja, umas de competência do juízo deprecado e outras do juízo deprecante?

Neste caso, parece-nos que a competência funcional para instruir e julgar os embargos do devedor será do juízo deprecante, pois a regra geral é a contida no *caput* do art. 20 da Lei n. 6.830/80, figurando a disposição do seu parágrafo único como exceção.

A decisão nos embargos do executado no processo do trabalho poderá conter:

a) declaração de subsistência da penhora, caso os embargos sejam julgados improcedentes;

b) declaração de insubsistência da penhora, caso em que o juiz mandará realizar nova penhora;

c) acolhimento ou procedência dos embargos, julgando extinta a execução;

d) a determinação para nova elaboração dos cálculos.

Com o advento do CPC de 2015, não há mais, no processo civil, embargos à execução (ou embargos do devedor), pois foi extinto o processo de execução de título judicial por quantia certa.

Assim, por força do art. 523, § 1º, do CPC (art. 475-J do CPC/73), caso o devedor, condenado ao pagamento de quantia líquida constante da sentença ou posteriormente fixada no incidente processual de liquidação, não o efetue, respectivamente, no prazo de oito dias ou quarenta e oito horas (*vide* itens 7.2 e 7.3, supra), o montante da condenação será acrescido de multa no percentual de dez por cento e, a requerimento do credor (ou de ofício pelo juiz, nos termos do art. 878 da CLT) e observado o disposto no art. 798, I, *b*, do CPC (art. 614, II, do CPC/73), expedir-se-á mandado de penhora e avaliação.

O CPC (art. 523, § 3º) dispõe que se não for efetuado tempestivamente o pagamento voluntário, será expedido, desde logo, mandado de penhora e avaliação, seguindo-se os atos de expropriação.

Transcorrido o prazo previsto no art. 523 do CPC sem o pagamento voluntário, inicia-se o prazo de quinze dias para que o executado, independentemente de penhora ou nova intimação, apresente, nos próprios autos, sua impugnação (CPC, art. 525).

Vale dizer, o devedor que desejar opor-se à constrição de um patrimônio não utilizará mais a ação de embargos à execução em autos apartados, e sim mera impugnação, podendo alegar as matérias previstas no § 1º do art. 525 do CPC, sendo duvidosa a aplicação desse dispositivo nos sítios do processo do trabalho, tendo em vista o disposto no § 1º do art. 884 da CLT, que trata das matérias que podem ser suscitadas nos embargos do executado.

26. EMBARGOS À PENHORA

A leitura atenta do art. 884 e seus parágrafos da CLT revela a existência de dois tipos de embargos. O primeiro, chamado de embargos à execução, ou, como preferimos, embargos do executado, está previsto no *caput*, enquanto o segundo, cognominado embargos à penhora, encontra-se insculpido no § 3º do mesmo artigo.

Há grande celeuma sobre a existência dos embargos à penhora. Três correntes se apresentam. A primeira é capitaneada por Manoel Antonio Teixeira Filho[62], para quem há nítida incongruência derivada da má redação do § 3º do art. 884 da CLT. Para esse processualista, é mais lógico sustentar que a impugnação à sentença de liquidação se dê em sede de embargos à execução, na medida em que, de fato, não existem embargos à penhora. Se um bem é impenhorável ou se pertence a terceiro, caberá simples petição noticiando o fato ao juízo ou a oposição de embargos de terceiro. Os embargos que pode propor o devedor são à execução, jamais à penhora, como equivocadamente consignado na lei, ressalta o ilustre autor paranaense.

Já a segunda corrente, forte em José Augusto Rodrigues Pinto[63], caminha em direção oposta. Para os seus defensores, há nítida distinção entre embargos à execução e embargos à penhora, porquanto os primeiros visam a impugnar o próprio título executivo, enquanto os segundos se dirigem contra os atos de constrição, como o excesso de penhora, a impenhorabilidade dos bens constritos etc.

62. *Execução no processo do trabalho*, cit., p. 527-529.
63. *Execução trabalhista*, cit., p. 177-178.

Finalmente, a terceira corrente considera sinônimas as expressões "embargos à execução" e "embargos à penhora". Nesse sentido:

> AGRAVO DE PETIÇÃO NÃO CONHECIDO. DECISÃO QUE JULGA PROVADOS ARTIGOS DE LIQUIDAÇÃO. O remédio jurídico para impugnar decisão que julga provado, total ou parcialmente, artigo de liquidação, não tem natureza recursal, antes constituindo verdadeira ação, qual a dos embargos à penhora, à execução ou a ambos. Incabível é, pois, a interposição de Agravo de Petição (TRT 5ª R., AP 00333-2004-009-05-00-0, 3ª T., Rel. Des. Lourdes Linhares, *DJ* 15-4-2009).
>
> EXECUÇÃO. MEDIDA PROCESSUAL CABÍVEL. O *caput* do art. 884 da CLT prevê a utilização dos embargos à execução para impugnação da penhora, enquanto o § 3º do mesmo dispositivo legal utiliza a expressão "embargos à penhora" a fim de se referir ao instrumento processual adequado para a impugnação da sentença de liquidação. Embora exista controvérsia doutrinária em torno da matéria, prevalece o entendimento que considera sinônimas as expressões "embargos à execução" e "embargos à penhora", em face da sua finalidade de voltar-se contra a marcha normal da execução (TRT 3ª R., AP 00030-2002-059-03-00-3, 2ª T., Rel. Des. Luiz Ronan Neves Koury, *DJMG* 6-8-2008, p. 9).

Na verdade, porém, nada impede que os embargos do executado – malgrado a literalidade do § 3º do art. 884 da CLT, que faz alusão expressa aos embargos à penhora – possam ser manejados para impugnar os cálculos de sentença de liquidação, sob o fundamento, por exemplo, de excesso de execução (CPC, art. 745, III; CPC, art. 917, III). Há, porém, cizânia jurisprudencial respeitante a esse entendimento:

> EXCESSO DE EXECUÇÃO. ATUALIZAÇÃO EM DUPLICIDADE. Os valores já atualizados das parcelas da condenação, constante dos cálculos da executada, foram erroneamente admitidos como valores históricos, o que importou na adoção de índices incorretos de atualização, gerando excesso de execução (TRT-1ª R., AGVPET 1945004419985010241, Rel. Des. Volia Bomfim Cassar, 2ª T., *DEJT* 23-11-2012).
>
> EXCESSO DE EXECUÇÃO. EXISTÊNCIA. Encontrando-se a conta de liquidação em desconformidade com os comandos do título executivo, impõe-se a sua retificação a fim de se excluir o excesso apurado. Agravo de petição conhecido e provido (TRT-10ª R., AP 00284-2011-014-10-00-3, Rel. Des. Mário Macedo Fernandes Caron, 2ª T., *DEJT* 14-6-2013).

27. EMBARGOS À ARREMATAÇÃO E À ADJUDICAÇÃO

A respeito dos embargos à arrematação e à adjudicação, remetemos o leitor ao item 31 *infra*.

28. EXCEÇÃO OU OBJEÇÃO DE PRÉ-EXECUTIVIDADE

A exceção de pré-executividade, também denominada objeção de pré-executividade, constitui uma possibilidade conferida ao devedor para que este, antes mesmo de ter seus bens constritos, ingresse no processo com o objetivo específico de demonstrar a inexigibilidade do título executivo.

Em outros termos, a exceção ou objeção de pré-executividade é um meio de defesa do devedor, destinado a atacar o título executivo, independentemente da garantia do juízo, que não se confunde com os embargos do devedor, pois estes, como já vimos, constituem verdadeira ação incidental de conhecimento no processo de execução.

É importante salientar que não há, *de lege lata*, previsão para a exceção de pré-executividade no direito processual brasileiro. Trata-se, pois, de criação doutrinária e jurisprudencial sensível às situações excepcionais que justificam o ataque do devedor ao título executivo sem o gravame incidente sobre seus bens.

Há três correntes que se ocupam do cabimento da exceção ou objeção de pré-executividade no processo do trabalho. A primeira é restritiva e não admite o cabimento do instituto na seara laboral. O principal argumento reside na inexistência de omissão no art. 884, § 1º, da CLT acerca das matérias que podem ser objeto de defesa do devedor. Para essa corrente, somente os embargos do devedor, que exigem, antes, a garantia do juízo, podem ser opostos para liberar o devedor do processo de execução[64].

A segunda é eclética, porquanto admite a exceção de pré-executividade desde que a matéria versada diga respeito a questões exclusivamente processuais, como os pressupostos processuais e as condições da ação de execução[65].

Já a terceira corrente amplia o cabimento da exceção de pré-executividade para além das questões processuais, na medida em que admite que outras matérias possam ser suscitadas com esse meio de defesa do devedor, como nas hipóteses de invalidade do título executivo, prescrição ou pagamento da dívida. O principal argumento dessa corrente repousa no fato de não considerar razoável impor ao devedor um gravame em seu patrimônio quando este já teria, por exemplo, quitado a dívida constante do título executivo. Além disso, há situações reveladas pelo quotidiano forense em que se verifica, por exemplo, a prescrição superveniente ou intercorrente, mas o devedor não possui bens para garantia do juízo. Nesses casos, em não sendo admitido o alargamento do objeto da exceção de pré-executividade, ele ficaria privado de se defender da execução,

64. Cf. MARTINS, Sergio Pinto. *Direito processual do trabalho*, p. 607.

65. Cf. MALLET, Estêvão. Oposição à execução fora dos embargos e sem garantia do juízo. In: DALLEGRAVE NETO, José Affonso; FREITAS, Ney José (Coords.). *Execução trabalhista*, cit., p. 109-131.

porquanto a matéria não se traduziria em questão estritamente processual, e sim de mérito. A Súmula 397 do TST se afina, a nosso ver, com a terceira corrente.

A nosso ver, a exceção de pré-executividade só deve ser admitida quando versar sobre questões de ordem pública, como pressupostos processuais e condições da ação, desde que tais questões sejam posteriores à coisa julgada material formada na fase cognitiva.

Como é sabido, questões de ordem pública ou que possam ser conhecidas de ofício transitam em julgado pela preclusão máxima (coisa julgada material), razão pela qual não pode ser admitida a exceção de pré-executividade se o excipiente alegar matéria ou questão que poderia ter sido deduzida no processo (ou fase) de conhecimento.

Nesse sentido, aliás, dispõe o § 3º do art. 485 do CPC (§ 3º do art. 267 do CPC/73) que o juiz conhecerá de ofício das matérias constantes dos incisos IV, V e VI do mesmo artigo, "enquanto não proferida a sentença de mérito", ou, melhor, enquanto não transitada em julgado a sentença de mérito. Por interpretação *a contrario sensu*, depois de proferida a sentença de mérito, o juiz não poderá conhecer de qualquer matéria, ainda que de ordem pública.

À guisa de exemplo, não pode ser admitida exceção de pré-executividade se o excipiente alegar que a Justiça do Trabalho é absolutamente incompetente para processar e julgar ação de cobrança de honorários advocatícios, pois tal questão encontra-se coberta pela coisa julgada material formada no processo de conhecimento e, por tal razão, poderia ter sido levantada em recurso ou, até mesmo, em sede de ação rescisória (CPC, art. 966, II; CPC/73, art. 485, II).

É preciso deixar bem claro que não se pode prodigalizar a exceção de pré-executividade, mormente no processo trabalhista, dada a sua função social de promover a entrega ao credor de prestações de natureza alimentícia.

Não se deve admitir, por exemplo, a exceção de pré-executividade que verse matérias ou questões controvertidas ou que irão ensejar aprofundadas discussões ou que demandarão a produção de prova não documental.

Em edições anteriores deste livro, defendíamos que uma das hipóteses para cabimento do instituto em apreço estaria prevista no § 5º do art. 884 da CLT (com redação dada pela MP n. 2.180), desde, é claro, que admitida a sua constitucionalidade, como já ressaltamos na epígrafe 25.3 *supra*. Melhor refletindo sobre o tema, resolvemos alterar o nosso entendimento para esclarecer que a matéria contida na referida norma somente poderá ser objeto de embargos do executado, e não de exceção de pré-executividade.

Os juízes do trabalho devem estar atentos para eventuais engendrações do devedor que possam implicar retardamento da prestação jurisdicional ou tumulto no bom andamento da execução. Nesses casos, poderá o juiz considerar temerária a exceção de pré-executividade e invocar a regra do art. 774, II, do CPC (art. 600, II, do

CPC/73), impondo ao executado, com base no parágrafo único do referido art. 774 do CPC (art. 601 do CPC/73), a multa não superior a vinte por cento do valor atualizado do débito em execução, a qual será revertida em proveito do exequente, exigível nos próprios autos do processo, sem prejuízo de outras sanções de natureza processual ou material.

À guisa de contribuição doutrinária, sugerimos que o juiz do trabalho somente admita a exceção de pré-executividade quando, num simples exame da petição apresentada pelo devedor, verificar que a matéria levantada é de ordem pública, portanto cognoscível de ofício, e não exige dilação probatória. É dizer, a matéria alegada deve estar documentalmente provada, a exemplo do que ocorre com o mandado de segurança, cuja admissibilidade exige a demonstração inequívoca do direito líquido e certo. Nesse sentido, aliás, é unívoca a jurisprudência do STJ:

> PROCESSUAL CIVIL. AGRAVO REGIMENTAL. AGRAVO DE INSTRUMENTO. REDIRECIONAMENTO. NOME DO SÓCIO CONSTANTE DA CDA. ILEGITIMIDADE PASSIVA ARGUIDA EM EXCEÇÃO DE PRÉ-EXECUTIVIDADE. IMPOSSIBILIDADE. DILAÇÃO PROBATÓRIA. ALEGAÇÃO EM EMBARGOS À EXECUÇÃO. 1. A jurisprudência do Superior Tribunal de Justiça consolidou-se no sentido da possibilidade do manejo da exceção de pré-executividade para discussão de matérias de ordem pública, em sede de execução fiscal, desde que não haja necessidade de dilação probatória, conforme assentado no julgamento dos EREsp n. 866.632/MG, Rel. Ministro José Delgado, Primeira Seção, *DJ* 25-2-2008. (...) (STJ-AgRg no Ag n. 1.179.046/MG 2009/0068618-6, Rel. Min. Benedito Gonçalves, 1ª T., *DJe* 30-11-2009).

A exceção de pré-executividade deve ser apresentada após a citação (rectius, intimação) do devedor para cumprir a obrigação constante do título judicial, mas sempre antes da penhora, valendo lembrar que esse meio excepcional de defesa não suspende nem interrompe o prazo para o oferecimento dos bens à penhora pelo devedor ou a indicação dos bens penhoráveis pelo credor.

Em se tratando de execução de título extrajudicial, parece-nos inócua a exceção de pré-executividade, haja vista que o art. 914 do CPC (art. 736 do CPC/73), dispõe que o "executado, independentemente de penhora, depósito ou caução, poderá opor-se à execução por meio de embargos". Ora, sem o gravame da constrição de seus bens, o executado poderá ajuizar embargos, faltando-lhe até mesmo interesse processual para a execução de pré-executividade.

Admitida em tese pelo juiz a exceção de pré-executividade, parece-nos que, não obstante o silêncio da lei, deverá ser intimado o exequente/excepto para, querendo, manifestar-se sobre o incidente processual. A ausência de tal intimação, quando admitida a exceção, implica violação ao princípio do contraditório e ampla defesa do exequente. Nesse sentido:

NULIDADE PROCESSUAL. AGRAVO DE PETIÇÃO DO EXEQUENTE. AUSÊNCIA DE INTIMAÇÃO PARA MANIFESTAÇÃO SOBRE EXCEÇÃO DE PRÉ-EXECUTIVIDADE JULGADA PROCEDENTE. CERCEAMENTO DO DIREITO DE DEFESA. A ausência de notificação do exequente para se manifestar sobre a exceção de pré-executividade apresentada pelo executado constitui cerceamento ao amplo direito de defesa e ao contraditório (TRT 1ª R., AP 00006730520105010029, Rel. Des. Marcos Cavalcante, 6ª T., *DEJT* 8-8-2018).

Para finalizar, lembramos que da decisão que rejeita a exceção de pré-executividade, por ser tipicamente interlocutória, não caberá nenhum recurso, a teor do § 1º do art. 893 da CLT, sendo certo que as questões suscitadas nesse meio de defesa poderão ser novamente levantadas nos embargos do devedor, desde que garantido o juízo da execução. Nesse sentido:

RECURSO ORDINÁRIO EM MANDADO DE SEGURANÇA. REJEIÇÃO DE EXCEÇÃO DE PRÉ-EXECUTIVIDADE. CONDIÇÃO DE BEM DE FAMÍLIA NÃO DEMONSTRADA. INADEQUAÇÃO DA VIA ELEITA. UTILIZAÇÃO COMO SUCEDÂNEO RECURSAL. INCIDÊNCIA DA ORIENTAÇÃO JURISPRUDENCIAL N. 92 DA SBDI-2. 1. O ato apontado como coator e contra o qual o impetrante afirma recair a ilegalidade é o que rejeitou a exceção de pré-executividade, mantendo a penhora de imóvel sobre o qual não há provas de que se trata de bem de família. (...) Após a rejeição da exceção de pré-executividade, o impetrante deixou transcorrer in albis o prazo para apresentar agravo de petição com a finalidade de discutir a condição de bem de família do imóvel penhorado. 3. A decisão que rejeita exceção de pré-executividade já na vigência do Código de Processo Civil de 2015, por meio do qual se questiona a condição de bem de família de imóvel objeto de penhora, é passível de impugnação por meio de agravo de petição (CLT, art. 897, *a* e § 1º, da CLT). 4. Diante desse contexto, mostra-se inarredável o óbice da Orientação Jurisprudencial n. 92 desta e. Subseção e da Súmula 267 do STF. Recurso ordinário conhecido e desprovido (TST-RO 306-54.2018.5.13.0000, SBDI-2, Rel. Min. Alexandre de Souza Agra Belmonte, *DEJT* 21-6-2019).

Já a decisão que acolhe a exceção de pré-executividade, extinguindo, total ou parcialmente, a execução, é uma autêntica “decisão terminativa do feito”, o que, a nosso ver, desafia a interposição do agravo de petição. Nesse sentido:

AGRAVO DE INSTRUMENTO. EXCEÇÃO DE PRÉ-EXECUTIVIDADE. INTERPOSIÇÃO DE AGRAVO DE PETIÇÃO. INCABÍVEL. Esta Corte tem-se manifestado no sentido de que, somente na hipótese de acolhimento da exceção de pré-executividade, com a extinção da execução, é que se tem decisão definitiva passível de ser atacada por meio de agravo de petição. Isso porque, no processo trabalhista, as decisões interlocutórias não são recorríveis de imediato (art. 893, § 1º, da CLT e Súmula 214 do TST). Precedentes. Ofensa a dispositivos da Constituição Federal e divergência jurisprudencial não evidenciadas. Agravo de instrumento a que se nega provimento (TST-AIRR 207800-41.2001.5.01.0056, Rel. Min. Valdir Florindo, 2ª T., *DEJT* 11-10-2013).

29. EMBARGOS DE TERCEIRO

Tendo em vista a omissão da CLT acerca dos embargos de terceiro, impõe-se a aplicação subsidiária das normas do CPC com as devidas adaptações no que concerne ao *iter procedimentalis*.

Assim, por força do art. 674 do CPC, é legitimado ativo aquele que, não sendo parte no processo, sofrer constrição ou ameaça de constrição sobre bens que possua ou sobre os quais tenha direito incompatível com o ato constritivo, podendo requerer seu desfazimento ou sua inibição por meio de embargos de terceiro.

Além disso, de acordo com o § 1º do art. 674 do CPC, os embargos podem ser de terceiro proprietário, inclusive fiduciário, ou possuidor.

Considera-se terceiro, para fins de ajuizamento dos embargos (CPC, art. 674, § 2º):

I – o cônjuge ou companheiro, quando defende a posse de bens próprios ou de sua meação, ressalvado o disposto no art. 843;

II – o adquirente de bens cuja constrição decorreu de decisão que declara a ineficácia da alienação realizada em fraude à execução;

III – quem sofre constrição judicial de seus bens por força de desconsideração da personalidade jurídica, de cujo incidente não fez parte;

IV – o credor com garantia real para obstar expropriação judicial do objeto de direito real de garantia, caso não tenha sido intimado, nos termos legais dos atos expropriatórios respectivos.

Os embargos podem ser opostos a qualquer tempo no processo de conhecimento enquanto não transitada em julgado a sentença e, no cumprimento de sentença ou no processo de execução, até cinco dias depois da adjudicação, da alienação por iniciativa particular ou da arrematação, mas sempre antes da assinatura da respectiva carta (art. 675 do CPC). Mas o juiz, caso identifique a existência de terceiro titular de interesse em embargar o ato, mandará intimá-lo pessoalmente.

O principal objetivo dos embargos de terceiro repousa na proteção da posse ou da propriedade de quem, não sendo parte no processo, sofrer turbação ou esbulho na posse de seus bens em decorrência de atos de apreensão judicial, como a penhora, o depósito, o arresto, o sequestro, a alienação judicial ou por iniciativa particular, o arrolamento, o inventário ou a partilha.

Pelos embargos de terceiro, portanto, o embargante visa a manter ou a restituir a posse do bem que, indevidamente, encontra-se sob constrição judicial, a teor do art. 674 do CPC (art. 1.046 do CPC/73), cuja interpretação pode ser ampliada não apenas para proteger os bens do embargante contra a constrição indevida e materializada, mas também para a ameaça da constrição.

Os sócios das empresas executadas no processo do trabalho, segundo pensamos, não são terceiros, pois podem ser responsabilizados (adoção da teoria da desconsideração da personalidade jurídica) quando a empresa executada não possuir bens para garantir a execução, razão pela qual dispõem dos embargos do devedor em caso de constrição judicial dos seus bens particulares.

No âmbito dos Tribunais Regionais do Trabalho, há julgados sustentando a ilegitimidade do sócio para figurar como terceiro, ainda que tenha havido desconsideração da personalidade jurídica da empresa. Nesse sentido:

> DIREITO PROCESSUAL DO TRABALHO. EMBARGOS DE TERCEIRO. SÓCIO. ILEGITIMIDADE. O sócio que figura no polo passivo da relação processual na qualidade de devedor não se pode considerar terceiro, não lhe sendo lícito, portanto, manejar a ação prevista no art. 1.072 do CPC (TRT 1ª R., AP 00000096720155010491, Rel. Des. Dalva Amelia de Oliveira, 8ª T., *DEJT* 7-12-2016).

No que concerne ao TST, no entanto, colhemos um julgado que considera que o sócio ou ex-sócio é terceiro, portanto legitimado a ajuizar embargos de terceiro. Nesse sentido:

> *A)* AGRAVO DE INSTRUMENTO EM RECURSO DE REVISTA. EXECUÇÃO. DESCONSIDERAÇÃO DA PERSONALIDADE JURÍDICA. EMBARGOS DE TERCEIRO. SÓCIO DA EMPRESA EXECUTADA. LEGITIMIDADE ATIVA. O presente agravo de instrumento merece provimento, com consequente processamento do recurso de revista, haja vista que o terceiro embargante logrou demonstrar possível violação do art. 5º, LV, da CF. Agravo de instrumento conhecido e provido. *B)* RECURSO DE REVISTA. EXECUÇÃO. DESCONSIDERAÇÃO DA PERSONALIDADE JURÍDICA. EMBARGOS DE TERCEIRO. SÓCIO DA EMPRESA EXECUTADA. LEGITIMIDADE ATIVA. O Tribunal Regional consignou que o terceiro embargante foi incluído no polo passivo da lide, na fase de execução, em razão da desconsideração da personalidade jurídica para alcançar o patrimônio do sócio da empresa executada. Não obstante, entendeu que o agravante não ostenta a qualidade de terceiro, uma vez que é parte no processo em que ocorreu a constrição de seu patrimônio, razão pela qual deveria apresentar embargos à execução. Assim, reputou correta a sentença que declarou a ilegitimidade ativa do terceiro embargante. Entretanto, não se pode impedir que o agravante utilize os embargos de terceiro, para defender seu patrimônio, sobretudo diante da

norma inserta no art. 674, § 2º, III, do NCPC, garantindo-lhe o exercício do contraditório e da ampla defesa, a fim de que possa comprovar a sua ilegitimidade para figurar no polo passivo da execução e, consequentemente, para responder pelo débito exequendo. Recurso de revista conhecido e provido (TST-RR 1482-74.2017.5.10.0004, 8ª T. Rel. Min. Dora Maria da Costa, *DEJT* 31-5-2019).

Os embargos de terceiro devem ser distribuídos "por dependência" aos autos do processo (de cognição ou de execução) de onde se originou o ato judicial de constrição. Mas, ao contrário dos embargos de devedor, devem ser processados em autos apartados (CPC, art. 676).

Há cizânia doutrinária acerca do juízo competente para a ação de embargos de terceiro quando a execução é feita por carta precatória. Para uns é do juízo deprecante. Para outros, do juízo deprecado.

O TST reeditou a Súmula 419 em decorrência do CPC, dispondo que, na "execução por carta precatória, os embargos de terceiro serão oferecidos no juízo deprecado, salvo se indicado pelo juízo deprecante o bem constrito ou se já devolvida a carta (art. 676, parágrafo único, do CPC de 2015)".

O parágrafo único do art. 676 do CPC, por sua vez, dispõe que nos "casos de ato de constrição realizado por carta, os embargos serão oferecidos no juízo deprecado, salvo se indicado pelo juízo deprecante o bem constrito ou se já devolvida a carta".

Na petição inicial, o embargante fará a prova sumária de sua posse ou de seu domínio e da qualidade de terceiro, oferecendo documentos e rol de testemunhas (CPC, art. 677), sendo facultada a prova da posse em audiência preliminar designada pelo juiz.

O possuidor direto pode alegar, além da sua posse, o domínio alheio (CPC, art. 677, § 2º).

A citação será pessoal, se o embargado não tiver procurador constituído nos autos da ação principal. Parece-nos aqui inaplicável a regra do art. 840, §§ 1º e 2º, da CLT, porquanto os embargos de terceiro não se confundem com as reclamações ou dissídios individuais (*rectius*, ações trabalhistas individuais). Isso significa que a petição inicial deverá ser obrigatoriamente escrita, além de satisfazer os requisitos gerais e específicos acima citados.

Será legitimado passivo o sujeito a quem o ato de constrição aproveita, assim como o será seu adversário no processo principal quando for sua a indicação do bem para a constrição judicial.

A decisão que reconhecer suficientemente provado o domínio ou a posse determinará a suspensão das medidas constritivas sobre os bens litigiosos objeto dos embargos, bem como a manutenção ou a reintegração provisória da posse, se o embargante a houver requerido. O juiz, no entanto, poderá condicionar a ordem de manutenção ou de reintegração provisória de posse à prestação de caução pelo requerente, ressalvada a impossibilidade da parte economicamente hipossuficiente (CPC, art. 678).

O prazo para o embargado contestar os embargos de terceiro é de quinze dias, findo o qual será observado o procedimento comum (CPC, art. 679).

Dispõe o art. 680 do CPC que contra os embargos do credor com garantia real, o embargado somente poderá alegar que: I – o devedor comum é insolvente; II – o título é nulo ou não obriga a terceiro; III – outra é a coisa dada em garantia.

Por fim, diz o art. 681 do CPC que se for acolhido o pedido inicial, o ato de constrição judicial indevida será cancelado, com o reconhecimento do domínio, da manutenção da posse ou da reintegração definitiva do bem ou do direito ao embargante.

O art. 1.052 do CPC/73 dispunha que a oposição dos embargos de terceiro suspendia, total ou parcialmente, o curso do processo de execução, a depender da totalidade ou não dos bens que constituem objeto da ação. O CPC não possui dispositivo correspondente ao referido artigo, mas nos parece que o embargante poderá manejar a tutela provisória de urgência.

Já houve muita celeuma a respeito do recurso cabível para impugnar a sentença proferida em embargos de terceiro. Para uns, seria o recurso ordinário. Para outros, o agravo de petição. Venceu a segunda corrente, embora, na prática, os tribunais tenham recebido, em homenagem ao princípio da fungibilidade, o recurso ordinário como agravo de petição[66].

30. ATOS DE ENCERRAMENTO DA EXECUÇÃO

30.1. Avaliação

De acordo com o art. 886, § 2º, da CLT: "Julgada subsistente a penhora, o juiz, ou presidente, mandará proceder logo à avaliação dos bens penhorados". Dito doutro modo, se não houver êxito do devedor na impugnação à sentença ou nos embargos do executado deveria o juiz determinar a realização da avaliação dos bens penhorados. *A contrario sensu*, se a penhora for julgada insubsistente, o juiz deverá determinar a realização de outra penhora, podendo intimar o exequente para indicar novos bens penhoráveis.

Na prática, porém, não é assim que ocorre, na medida em que os oficiais de justiça, no processo do trabalho, exercem cumulativamente a função de avaliadores, a teor do art. 721, § 3º, da CLT, que revogou tacitamente o seu art. 887 e seus parágrafos. Disso resulta que, ao proceder à penhora, o oficial de justiça promove, de imediato, a avaliação do bem constrito, o que contribui para a celeridade do processo (ou a fase) de execução.

66. Sobre agravo de petição, remetemos o leitor ao Capítulo XX, item 5.1.

Saliente-se que, diferentemente do avaliador particular, o oficial de justiça avaliador tem fé pública, o que implica maior credibilidade, imparcialidade e segurança da avaliação. Nesse sentido:

AVALIAÇÃO DO BEM PENHORADO – OFICIAL DE JUSTIÇA – FÉ PÚBLICA. Ao Oficial de Justiça Avaliador incumbe a realização dos atos decorrentes da execução, dentre eles a avaliação dos bens objeto da penhora. Ademais, possui fé pública, sendo de total confiança do Juízo, no exercício de sua função. Assim, ao proceder à avaliação, o Oficial de Justiça considerou as características, estado de conservação e funcionamento do bem e, como não há nos autos prova robusta de que tenha o mesmo incorrido em erro ou má-fé, ou do valor que entenda ser devido ao bem constrito, não há falar em reavaliação (TRT 3ª R., AP n. 90.336/2009-069-03-00.7, 8ª T., Rel. Des. Paulo Roberto Sifuentes Costa, *DEJT* 16-7-2010).

É importante salientar que o art. 829 do CPC dispõe que o executado será citado para pagar a dívida no prazo de três dias, contado da citação.

Do mandado de citação constarão, também, a ordem de penhora e a avaliação a serem cumpridas pelo oficial de justiça tão logo verificado o não pagamento no prazo assinalado, de tudo lavrando-se auto, com intimação do executado (CPC, art. 829, § 1º).

A penhora recairá, em princípio, sobre os bens indicados pelo exequente, mas o executado poderá indicar outros bens que poderão ser aceitos pelo juiz, mediante demonstração de que a constrição proposta será menos onerosa ao executado e não trará prejuízo ao exequente.

Caso haja impugnação à avaliação feita pelo oficial de justiça, o juiz, observado o contraditório, decidirá, de plano, acerca da necessidade de nomear outro avaliador, tal como autoriza o art. 13 da Lei n. 6.830/80, aplicada ao caso por força do art. 889 da CLT.

É admitida nova avaliação nas hipóteses previstas no art. 873 do CPC (CPC/73, art. 683, III), quando: I – qualquer das partes arguir, fundamentadamente, a ocorrência de erro na avaliação ou dolo do avaliador; II – se verificar, posteriormente à avaliação, que houve majoração ou diminuição no valor do bem; III – o juiz tiver fundada dúvida sobre o valor atribuído ao bem na primeira avaliação, caso em que deverá ser observado, por analogia, o procedimento alusivo à segunda perícia (CPC, art. 480).

O juiz do trabalho, contudo, deve agir com ponderação ao aplicar a regra da Lei Civil de Ritos, tendo em vista a fé pública do meirinho avaliador.

Em sentido contrário, há decisões admitindo nova avaliação na hipótese de nítida discrepância entre a avaliação do oficial de justiça e outras avaliações técnicas constantes dos autos. Nesse sentido:

NOVA AVALIAÇÃO DO BEM PENHORADO. É admitida nova avaliação de bens penhorados nas hipóteses previstas no art. 873 do CPC. Contudo, não basta a alegação de que a avaliação é feita abaixo do preço de mercado (TRT 4ª R., AP 02312006620095040203, Seção Especializada em Execução, *DEJT* 26-7-2019).

NOVA AVALIAÇÃO DE BEM IMÓVEL PENHORADO. Nos termos do art. 721 da CLT, a avaliação dos bens penhorados na Justiça do Trabalho é feita por Oficial de Justiça Avaliador, que detém fé pública, revestindo-se o seu ato de presunção juris tantum de veracidade. A estimativa de valor atribuída pelo Oficial de Justiça Avaliador desta Especializada ao bem penhorado é atividade inerente ao exercício da função desses profissionais, somente podendo ser rechaçada através de impugnação acompanhada de prova robusta de que o Oficial não agiu com acerto, ônus do qual a Executada, in casu, não se desincumbiu satisfatoriamente, devendo, por isso, ser mantida a avaliação efetivada (TRT 3ª R., AP 0010591-89.2016.5.03.0086, Rel. Des. Marcio Ribeiro do Valle, 8ª T., *DEJT* 11-9-2018).

Havendo excesso ou insuficiência da penhora, o juiz poderá, a requerimento do interessado, reduzi-la, transferi-la ou ampliá-la (CPC, art. 874). Cumpridas essas providências, o juiz deverá observar a regra do art. 888 da CLT, iniciando-se os atos de expropriação dos bens penhorados.

30.2. Expropriação antecipada

Há situações especiais, previstas em lei, que autorizam o juiz a determinar a alienação antecipada dos bens penhorados.

Com efeito, dispõe o art. 852 do CPC que o juiz determinará a alienação antecipada dos bens penhorados quando: I – se tratar de veículos automotores, de pedras e metais preciosos e de outros bens móveis sujeitos à depreciação ou à deterioração; II – houver manifesta vantagem. Na hipótese do item I, verifica-se o exercício, pelo juiz, do poder geral de cautela, o qual, como se sabe, independe de requerimento do interessado. No caso do item II, parece-nos que há necessidade de iniciativa do interessado, observado o contraditório.

Parece-nos que tais regras do CPC são aplicáveis ao processo do trabalho ante a existência de lacuna normativa deste ramo especializado e ausência de incompatibilidade com a sistemática processual trabalhista (CLT, art. 769).

30.3. Praça e leilão

O objetivo da execução por quantia certa repousa na expropriação dos bens do devedor de modo a satisfazer o direito do credor (art. 824 do CPC).

Para realização desse objetivo, o art. 825 do CPC dispõe que a expropriação consiste em: I – adjudicação; II – alienação; III – apropriação de frutos e rendimentos de empresa ou de estabelecimentos e de outros bens.

Antes de adjudicados ou alienados os bens, o executado pode, a todo tempo, remir a execução, pagando ou consignando a importância atualizada da dívida, acrescida de juros, custas e honorários advocatícios, se for o caso (CPC, art. 826).

Praça e leilão são espécies do gênero hasta pública.

É importante ressaltar que não há diferença substancial entre a praça e o leilão. Na verdade, a única distinção digna de nota é meramente formal, porquanto a praça é realizada no átrio do edifício do fórum e é destinada aos bens imóveis, enquanto o leilão ocorre no lugar onde estiverem os bens móveis, ou em outro lugar designado pelo juiz.

Por força do art. 881 do CPC, não requerida a adjudicação e não realizada a alienação por iniciativa particular do bem penhorado, será expedido o edital de hasta pública (CPC, art. 886), que conterá: **I – a descrição do bem penhorado, com suas características, e, tratando-se de imóvel, sua situação e suas divisas, com remissão à matrícula e aos registros;** II – o valor pelo qual o bem foi avaliado, o preço mínimo pelo qual poderá ser alienado, as condições de pagamento e, se for o caso, a comissão do leiloeiro designado; III – o lugar onde estiverem os móveis, os veículos e os semoventes e, tratando-se de créditos ou direitos, a identificação dos autos do processo em que foram penhorados; IV – o sítio, na rede mundial de computadores, e o período em que se realizará o leilão, salvo se este se der de modo presencial, hipótese em que serão indicados o local, o dia e a hora de sua realização; V – a indicação de local, dia e hora de segundo leilão presencial, para a hipótese de não haver interessado no primeiro; VI – menção da existência de ônus, recurso ou processo pendente sobre os bens a serem leiloados. Parágrafo único. No caso de títulos da dívida pública e de títulos negociados em bolsa, constará do edital o valor da última cotação.

Tanto a praça quanto o leilão estão submetidos ao princípio da publicidade dos atos processuais, e, nos termos do art. 888 da CLT, há necessidade de edital, que será afixado na sede do juízo e publicado em jornal da localidade (se houver), com antecedência mínima de vinte dias.

Embora omissa a CLT quanto à necessidade de intimação do devedor quando da realização da hasta pública, cremos que, por força do art. 889 do CPC (§ 5º do art. 687 do CPC/73), deverão ser cientificados da alienação judicial, com pelo menos cinco dias de antecedência: I – o executado, por meio de seu advogado ou, se não tiver procurador constituído nos autos, por carta registrada, mandado, edital ou outro meio idôneo; II – o coproprietário de bem indivisível do qual tenha sido penhorada fração ideal; III – o titular de usufruto, uso, habitação, enfiteuse, direito de superfície, concessão de uso especial para fins de moradia ou concessão de direito real de uso, quando a penhora recair sobre bem gravado com tais direitos reais;

IV – o proprietário do terreno submetido ao regime de direito de superfície, enfiteuse, concessão de uso especial para fins de moradia ou concessão de direito real de uso, quando a penhora recair sobre tais direitos reais; V – o credor pignoratício, hipotecário, anticrético, fiduciário ou com penhora anteriormente averbada, quando a penhora recair sobre bens com tais gravames, caso não seja o credor, de qualquer modo, parte na execução; VI – o promitente comprador, quando a penhora recair sobre bem em relação ao qual haja promessa de compra e venda registrada; VII – o promitente vendedor, quando a penhora recair sobre direito aquisitivo derivado de promessa de compra e venda registrada; VIII – a União, o Estado e o Município, no caso de alienação de bem tombado.

Se o executado for revel e não tiver advogado constituído nos autos, não constando dos autos seu endereço atual ou, ainda, não sendo ele encontrado no endereço constante do processo, a intimação considerar-se-á feita por meio do próprio edital de leilão (CPC, art. 889, parágrafo único).

30.4. Arrematação

Arrematação é o ato processual que implica a transferência coercitiva dos bens penhorados do devedor para um terceiro, isto é, outra pessoa física ou jurídica, denominada de arrematante. Trata-se, em linhas gerais, de uma venda do patrimônio do devedor realizada pelo Estado, por intermédio de praça ou leilão, àquele que maior lanço (preço) oferecer.

A arrematação, em rigor, tem caráter dúplice. Para o devedor, constitui verdadeira expropriação. Para o terceiro adquirente, caracteriza-se como modo de aquisição da propriedade.

De acordo com o art. 888 da CLT, após concluída a avaliação, seguir-se-á a arrematação, que será anunciada por edital afixado na sede do juízo ou tribunal e publicado no jornal local, se houver, com a antecedência de vinte dias.

A arrematação far-se-á em dia, hora e lugar anunciados, e os bens serão vendidos pelo maior lance, tendo o exequente preferência para a adjudicação. Nesse sentido:

> AGRAVO DE PETIÇÃO. ADJUDICAÇÃO. MOMENTO PARA REQUERER. ARREMATAÇÃO PELO CREDOR. O credor pode requerer a adjudicação do bem antes do objeto ser levado à hasta pública. Transcorrido esse momento processual, o credor poder concorrer como licitante. Na hipótese, não tendo o exequente feito esta opção, encontra-se preclusa sua faculdade de requerer a adjudicação do bem penhorado. Agravo improvido (TRT-6ª R., AP 00900-2008-121-06-00-9, Red. Des. Virgínia Malta Canavarro, 3ª T., *DEJT* 20-7-2017).

O arrematante deverá garantir o lance com o sinal correspondente a 20% do seu valor. Se o arrematante, ou seu fiador, não pagar dentro de vinte e quatro horas o preço da arrematação, perderá, em benefício da execução, o sinal de que trata o § 2º do art. 888 da CLT, voltando à hasta pública os bens penhorados.

Não havendo licitante, e não requerendo o exequente a adjudicação dos bens penhorados, poderão estes ser vendidos por leiloeiro nomeado pelo juiz ou presidente.

Na data e hora especificadas no edital, o servidor encarregado anuncia o pregão, declinando os bens a serem expropriados e chamando os interessados a apresentar seus lances.

30.4.1. Lance mínimo e preço vil

O § 1º do art. 888 da CLT dispõe que a arrematação deverá ser feita pelo maior lance.

A interpretação literal dessa norma possibilitaria que os bens levados à hasta pública pudessem ser arrematados por preço vil, sendo, assim, inaplicável o art. 891 do CPC (art. 692 do CPC/73).

Na prática, porém, cada Vara do Trabalho acaba estipulando o valor do lance mínimo, mas a CLT não estabelece um valor mínimo para lance inicial.

O art. 885 do CPC, no entanto, dispõe que: "O juiz da execução estabelecerá o preço mínimo, as condições de pagamento e as garantias que poderão ser prestadas pelo arrematante".

Trata-se de regra que, a nosso sentir, não é incompatível com o processo do trabalho, pois a fixação de um preço mínimo para o lance inicial pode propiciar maior efetividade ao cumprimento e à execução da sentença trabalhista. É importante que o valor mínimo do lance inicial esteja previsto no edital da hasta pública. Tal providência tem por objetivo evitar a arrematação do bem penhorado por preço vil.

Dispõe o art. 891 do CPC que "não será aceito lance que ofereça preço vil", sendo que o parágrafo único do mesmo artigo considera "vil o preço inferior ao mínimo estipulado pelo juiz e constante do edital, e, não tendo sido fixado preço mínimo, considera-se vil o preço inferior a cinquenta por cento do valor da avaliação".

Há quem advogue, em homenagem ao princípio da execução menos gravosa para o devedor, a aplicação supletiva da norma processual civil, com o que o chamado preço vil também não teria lugar no processo do trabalho.[67]

A jurisprudência trabalhista está longe de uniformização da aplicação subsidiária do CPC a respeito do cabimento e dos parâmetros de fixação do preço vil, como se deflui dos seguintes julgados:

67. MALLET, Estêvão. *Temas de direito do trabalho*. São Paulo: LTr, 1998. p. 134.

AGRAVO DE PETIÇÃO DO EXECUTADO. PREÇO VIL. Bem alienado em primeiro leilão por 50% do valor da avaliação não configura preço vil. Aplicação do art. 888, §§ 1º e 3º, da CLT e dos princípios da efetividade e da celeridade processual. Sentença mantida (TRT 4ª, AP 00922006720075040382, *DEJT* 13-5-2019).

PREÇO VIL. NÃO CONFIGURAÇÃO. Nos termos do parágrafo único do art. 891 do CPC, considera-se vil o preço inferior ao mínimo estipulado pelo juiz e constante do edital, e, não tendo sido fixado preço mínimo, considera-se vil o preço inferior a cinquenta por cento do valor da avaliação. Assim, tendo a arrematação dos bens observado a regra prevista no parágrafo único do art. 891 do CPC, não há que se falar em arrematação por preço vil (TRT 1ª R., AP 00103270520155010461, Rel. Des. Angelo Galvao Zamorano, *DEJT* 7-6-2019).

ARREMATAÇÃO. PREÇO VIL. O lance que não alcança sequer 15% do valor de avaliação do imóvel apresenta-se evidentemente vil (TRT 1ª R., AP 01074009219965010541, 9ª T., *DEJT* 16-2-2016).

ARREMATAÇÃO. PREÇO VIL. Em leilão, um bem nunca alcança o valor de avaliação em razão do risco e múltiplos percalços que o arrematante enfrenta. O art. 692 do CPC não define o que seja preço vil, devendo ser aquilatado de acordo com as circunstâncias da causa. É farta a jurisprudência que considera preço vil 25% ou menos que o valor da avaliação (TRT 2ª R., AP 00796000720095020024 A20, Rel. Des. Manoel Ariano, 14ª T., *DEJT* 14-11-2014).

30.4.2. Arrematação pelo próprio exequente

Por força do art. 892, § 2º, do CPC, é possível a arrematação pelo próprio exequente, nos seguintes termos:

Art. 892. Salvo pronunciamento judicial em sentido diverso, o pagamento deverá ser realizado de imediato pelo arrematante, por depósito judicial ou por meio eletrônico.

§ 1º Se o exequente arrematar os bens e for o único credor, não estará obrigado a exibir o preço, mas, se o valor dos bens exceder ao seu crédito, depositará, dentro de 3 (três) dias, a diferença, sob pena de tornar-se sem efeito a arrematação, e, nesse caso, realizar-se-á novo leilão, à custa do exequente.

§ 2º Se houver mais de um pretendente, proceder-se-á entre eles à licitação, e, no caso de igualdade de oferta, terá preferência o cônjuge, o companheiro, o descendente ou o ascendente do executado, nessa ordem.

§ 3º No caso de leilão de bem tombado, a União, os Estados e os Municípios terão, nessa ordem, o direito de preferência na arrematação, em igualdade de oferta.

É facultado ao exequente oferecer lanço e arrematar o bem penhorado. Neste caso, não estará obrigado a exibir o preço. Caso o valor dos bens exceda o seu crédito, o credor deverá depositar a diferença em três dias, sob pena de desfazer-se a arrematação, cabendo-lhe arcar com as despesas para a realização de nova hasta pública (CPC, art. 892, § 2º). Se o credor desejar arrematar os bens, deverá adquiri-los pelo preço da avaliação.

No que concerne à possibilidade da arrematação pelo próprio exequente mediante oferecimento de lanço inferior ao constante do edital, parece-nos que a interpretação sistemática dos arts. 890 do CPC (art. 690-A do CPC/73) e 888, § 1º, da CLT, não impedem que o credor/exequente possa arrematar os bens levados à praça, ainda que por valor inferior ao constante do edital.

Entendimento de que o credor somente poderia arrematar pelo preço constante do edital implicaria nítida discriminação em relação a qualquer outro arrematante, que poderia arrematar os bens por preço inferior ao da avaliação. Nesse sentido:

> ARREMATAÇÃO PELO CREDOR. DIREITO A SER EXERCIDO NO MOMENTO DA HASTA PÚBLICA. Independentemente de conhecimento público, o credor pode adjudicar o bem penhorado pelo valor da avaliação. Na hasta pública, não adquirido o bem pelo preço da avaliação na ocasião da praça, segue-se o leilão, no qual o bem pode ser arrematado, por todos aqueles que se encontram na livre administração de seus bens e não estão excepcionados pelo art. 690-A, do CPC, inclusive o exequente, por valor inferior ao da avaliação (...) (TRT-15ª R., AGVPET n. 36.702 SP 036702/2011, Rel. Des. Maria Ines Correa de Cerqueira Cesar Targa, *DO* 17-6-2011).
>
> AGRAVO DE PETIÇÃO. BEM PENHORADO. ARREMATAÇÃO PELO PRÓPRIO CREDOR-EXEQUENTE. POSSIBILIDADE. ART. 880 DO CPC/2015. O exequente, que participa da hasta pública em igualdade de condições com outros interessados, pode arrematar por preço inferior ao de avaliação, observada apenas a vedação prevista no art. 891 do CPC, alusiva ao preço vil, sem que tenha relevância, inclusive, o fato de que não haja outros licitantes. Ademais, nos termos do art. 880 do CPC/2015, a aquisição do bem pelo credor não está adstrita a hipótese de adjudicação, podendo ele adquiri-lo na modalidade de alienação por iniciativa particular, referindo-se que esse dispositivo não consta na Instrução Normativa n. 39 do TST como inaplicável ao Processo do Trabalho. Agravo de Petição provido (TRT 6ª R., Ag 0001500-06.2015.5.06.0351, Red. Des. Ana Maria Soares Ribeiro de Barros, 1ª T., *DEJT* 17-8-2017).

Se o leilão for de diversos bens e houver mais de um lançador, terá preferência aquele que se propuser a arrematá-los todos, em conjunto, oferecendo, para os bens que não tiverem lance, preço igual ao da avaliação e, para os demais, preço igual ao do maior lance que, na tentativa de arrematação individualizada, tenha sido oferecido para eles (CPC, art. 893).

30.4.3. Suspensão da arrematação

De acordo com o art. 692 do CPC/1973, não seria aceito lanço que, em segunda praça ou leilão, oferecesse preço vil. O art. 891 do CPC/2015 dispõe, simplesmente, que: "Não será aceito lance que ofereça preço vil".

Como há divergência doutrinária e jurisprudencial acerca do preço vil no processo do trabalho (*vide* item 30.4.1, *supra*), então não é pacífica a possibilidade de suspensão da arrematação por tal motivo.

Portanto, a suspensão da arrematação só poderá ocorrer em situações excepcionais que impeçam, na prática, a continuidade do procedimento, como se infere do seguinte julgado:

> MANDADO DE SEGURANÇA. DESAPARECIMENTO DE AUTOS. SUSPENSÃO DA ARREMATAÇÃO. INDEFERIMENTO. LEGALIDADE DO ATO IMPUGNADO. A realização de praça e leilão do bem penhorado, não obstante o desaparecimento dos autos, não caracteriza a apontada ilegalidade da decisão impugnada, eis que proferida em homenagem ao princípio da celeridade e economia, haja vista que os elementos constantes na Secretaria da Vara permitiam a efetivação do antedito ato processual sem prejuízo às partes. Segurança que não se concede (TRT 2ª R., MS 12215.2004.000.02.00-4, SDI, Rel. Des. Anelia Li Chum, *DO* 9-1-2007).

30.4.4. Auto de arrematação

A arrematação formaliza-se com um auto que será lavrado no prazo de vinte e quatro horas, contados da realização da hasta pública. Dentro desse prazo, faculta-se ao devedor (executado) remir a sua dívida (CPC, art. 826; CPC/73, art. 651) e ao credor, a adjudicação dos bens penhorados.

Qualquer que seja a modalidade de leilão, assinado o auto pelo juiz, pelo arrematante e pelo leiloeiro, a arrematação será considerada perfeita, acabada e irretratável, ainda que venham a ser julgados procedentes os embargos do executado ou a ação autônoma de que trata o § 4º do art. 903 do CPC, assegurada a possibilidade de reparação pelos prejuízos sofridos (CPC, art. 903).

Ressalvadas outras situações previstas no CPC, a arrematação poderá, no entanto, ser:

> I – invalidada, quando realizada por preço vil ou com outro vício;
>
> II – considerada ineficaz, se não observado o disposto no art. 804 do CPC;
>
> III – resolvida, se não for pago o preço ou se não for prestada a caução.

O juiz decidirá acerca das situações referidas nos três incisos supracitados, desde que tenha sido provocado em até dez dias após o aperfeiçoamento da arrematação.

Mas, passado esse prazo, sem que tenha havido alegação de qualquer das supracitadas situações, será expedida a carta de arrematação e, conforme o caso, a ordem de entrega ou mandado de imissão na posse.

Como já ressaltado, depois de expedida a carta de arrematação ou a ordem de entrega, a invalidação da arrematação poderá ser pleiteada por ação autônoma, em cujo processo o arrematante figurará como litisconsorte necessário.

O arrematante poderá desistir da arrematação, sendo-lhe imediatamente devolvido o depósito que tiver feito: I – se provar, nos dez dias seguintes, a existência de ônus real ou gravame não mencionado no edital; II – se, antes de expedida a carta de arrematação ou a ordem de entrega, o executado alegar alguma das situações previstas no § 1º do art. 903 do CPC; III – uma vez citado para responder a ação autônoma de que trata o § 4º do art. 903 do CPC, desde que apresente a desistência no prazo de que dispõe para responder à referida ação.

O § 6º do art. 903 do CPC considera ato atentatório à dignidade da justiça a suscitação infundada de vício com o objetivo de ensejar a desistência do arrematante, devendo o suscitante ser condenado, sem prejuízo da responsabilidade por perdas e danos, ao pagamento de multa, a ser fixada pelo juiz e devida ao exequente, em montante não superior a vinte por cento do valor atualizado do bem.

30.4.5. Irrecorribilidade da decisão homologatória da arrematação

É preciso advertir, contudo, que, na hipótese em que a carta de arrematação já tenha sido assinada, não caberá nenhum recurso ou medida nos mesmos autos da execução.

Dito de outro modo, o interessado somente poderá desconstituir a decisão homologatória da arrematação por meio de ação rescisória, que, como é sabido, constitui ação especial de cabimento muito restrito.

O TST, no entanto, não comunga dessa tese, segundo se infere do item I da Súmula 399 daquela Corte, segundo o qual é "incabível ação rescisória para impugnar decisão homologatória de adjudicação ou arrematação".

30.4.6. Arrematação parcelada de bens

A CLT e a Lei n. 6.830/90 são omissas a respeito da arrematação parcelada dos bens penhorados.

O art. 895 do CPC dispõe, *in verbis*:

> Art. 895. O interessado em adquirir o bem penhorado em prestações poderá apresentar, por escrito:
>
> I – até o início do primeiro leilão, proposta de aquisição do bem por valor não inferior ao da avaliação;

II – até o início do segundo leilão, proposta de aquisição do bem por valor que não seja considerado vil.

§ 1º A proposta conterá, em qualquer hipótese, oferta de pagamento de pelo menos vinte e cinco por cento do valor do lance à vista e o restante parcelado em até 30 (trinta) meses, garantido por caução idônea, quando se tratar de móveis, e por hipoteca do próprio bem, quando se tratar de imóveis.

§ 2º As propostas para aquisição em prestações indicarão o prazo, a modalidade, o indexador de correção monetária e as condições de pagamento do saldo.

§ 3º (VETADO).

§ 4º No caso de atraso no pagamento de qualquer das prestações, incidirá multa de dez por cento sobre a soma da parcela inadimplida com as parcelas vincendas.

§ 5º O inadimplemento autoriza o exequente a pedir a resolução da arrematação ou promover, em face do arrematante, a execução do valor devido, devendo ambos os pedidos ser formulados nos autos da execução em que se deu a arrematação.

§ 6º A apresentação da proposta prevista neste artigo não suspende o leilão.

§ 7º A proposta de pagamento do lance à vista sempre prevalecerá sobre as propostas de pagamento parcelado.

§ 8º Havendo mais de uma proposta de pagamento parcelado:

I – em diferentes condições, o juiz decidirá pela mais vantajosa, assim compreendida, sempre, a de maior valor;

II – em iguais condições, o juiz decidirá pela formulada em primeiro lugar.

§ 9º No caso de arrematação a prazo, os pagamentos feitos pelo arrematante pertencerão ao exequente até o limite de seu crédito, e os subsequentes, ao executado.

O art. 3º, XX, da IN n. 39/2016 do TST[68] autoriza a aplicação do art. 895 do CPC no processo do trabalho sem fazer nenhuma ponderação. Vale dizer, segundo o entendimento do TST, é possível a arrematação parcelada de bens, ou melhor, o pagamento parcelado do lanço.

30.5. Adjudicação

Adjudicação é o ato processual pelo qual o próprio credor/exequente incorpora ao seu patrimônio o bem constrito que seria submetido à hasta pública.

O art. 876 do CPC dispõe que é lícito ao exequente, oferecendo preço não inferior ao da avaliação, requerer que lhe sejam adjudicados os bens penhorados.

68. *Vide* ADI n. 5.516, de relatoria da Min. Cármen Lúcia, onde se questiona a inconstitucionalidade formal e material da referida IN n. 39/2016 do TST.

Portanto, de acordo com a referida regra, o exequente tem direito à adjudicação do bem penhorado antes da realização do leilão pelo preço da avaliação, sendo aplicável, *in casu*, inclusive, o inciso I do art. 24 da Lei n. 6.830/80. Nesse sentido:

> AGRAVO DE PETIÇÃO. ADJUDICAÇÃO. VALOR. Nos termos do inciso I do art. 24 da Lei dos Executivos Fiscais (LEF n. 6.830/80), aplicável aos trâmites e incidentes da execução no processo do trabalho, pela regra do art. 889 da CLT, antes do leilão o exequente poderá adjudicar os bens penhorados, pelo preço da avaliação (TRT 3ª R., AP n. 90.222/2008-093-03-00.0, 2ª T., Rel. Des. Jales Valadão Cardoso, unânime, *DEJT* 14-8-2009).

Há, porém, entendimento de que o exequente tem o direito de adjudicação mesmo se o bem já tiver sido arrematado por outrem, desde que formule requerimento ao juiz antes da assinatura do respectivo auto de arrematação. Nesse sentido:

> ARREMATAÇÃO – ADJUDICAÇÃO – VALOR DA AVALIAÇÃO – REGRAS CELETISTAS. A CLT traz disciplina específica sobre a arrematação no art. 888 e parágrafos, razão pela qual os dispositivos do CPC, antes de serem aplicados, devem guardar consonância com os princípios da consolidação. O § 1º do art. 888 da CLT prescreve que a arrematação ocorrerá no dia, hora e lugar anunciados e os bens serão vendidos pelo maior lance, tendo o exequente preferência para a adjudicação. Sendo assim, no processo do trabalho, a arrematação dar-se-á pelo valor da maior oferta, já na primeira praça a se realizar, ressalvada a hipótese de lance vil, donde se conclui que, a rigor, é válida a arrematação pelo valor inferior à avaliação, não contendo o dispositivo celetista mencionado qualquer restrição nesse particular (TRT 3ª R., AP 02526-2005-134-03-00-6, 3ª T., Rel. Des. Danilo Siqueira de Castro Faria, *DJMG* 14-2-2009, p. 8).

O § 1º do art. 888 da CLT concede preferência ao exequente para, querendo, no dia marcado para a praça, exercer o direito de adjudicação dos bens constritos, desde que o faça antes da assinatura do auto de arrematação (CPC/73, art. 694; CPC, art. 876).

O exequente tem preferência para adjudicação em concorrência com o terceiro arrematante (CLT, art. 888, § 1º) e poderá adjudicar o bem pelo valor do maior lance oferecido, mas, se não houver licitante, a adjudicação far-se-á pelo preço da avaliação do bem penhorado.

Se o valor do bem for superior ao crédito, o juiz somente deferirá a adjudicação se a diferença for depositada pelo credor, à ordem do Juízo, no prazo que lhe for assinalado (CLT, arts. 888, § 1º, e 889, c/c. o art. 24, II, *a*, e seu parágrafo único, da Lei n. 6.830/80).

Da decisão que homologa a adjudicação desafia agravo de petição (CLT, art. 897, *a*), mas não empolga ação rescisória, segundo o item I da Súmula 399 do TST. A jurisprudência também não admite o mandado de segurança, consoante a OJ n. 66 da SBDI-2 do TST:

> MANDADO DE SEGURANÇA. SENTENÇA HOMOLOGATÓRIA DE ADJUDICAÇÃO. INCABÍVEL (atualizado o item I e incluído o item II em decorrência do CPC de 2015, Res. n. 212/2016, *DEJT* 20, 21 e 22-9-2016). I – Sob a égide do CPC de 1973 é incabível o mandado de segurança contra sentença homologatória de adjudicação, uma vez que existe meio próprio para impugnar o ato judicial, consistente nos embargos à adjudicação (CPC de 1973, art. 746). II – Na vigência do CPC de 2015 também não cabe mandado de segurança, pois o ato judicial pode ser impugnado por simples petição, na forma do art. 877, *caput*, do CPC de 2015.

30.6. Remição

Remição é o ato processual consistente no pagamento efetuado diretamente pelo devedor/executado com vistas à liberação do bem constrito. Vale dizer, o devedor paga o *quantum debeatur* para liberar seu bem da constrição judicial.

O instituto da remição encontra sustentáculo no princípio da execução menos onerosa ao devedor, na medida em que permite que este, a qualquer tempo, possa remir a sua dívida, pagando a importância da condenação, atualizada monetariamente, mais juros, custas processuais e honorários de sucumbência (se houver), desde que o faça antes da assinatura do auto de arrematação ou de adjudicação.

Vaticina o art. 13 da Lei n. 5.584/70 que a remição só será deferida se o executado oferecer preço igual ao valor da condenação, abrangendo, evidentemente, todas as verbas decorrentes da sucumbência.

Quanto ao prazo para a remição, parece-nos aplicável analogicamente o art. 826 do CPC (art. 651 do CPC/73), ou seja, antes de adjudicados ou alienados os bens, pode o executado remir a execução, pagando ou consignando a importância atualizada da dívida, mais juros, custas e, se for o caso, honorários advocatícios.

Com a remição extingue-se a execução, na medida em que esta atinge o seu escopo, qual seja, a satisfação do crédito do exequente.

A interpretação lógica e sistemática do processo de execução autoriza-nos a estabelecer uma ordem de preferência, de modo que a execução se processe de maneira menos gravosa para o devedor.

Assim, a remição prefere à adjudicação, e esta, a teor do § 1º do art. 888 da CLT, prefere à arrematação. Neste sentido, aliás, dispõe o art. 826 do CPC.

A jurisprudência prevê a remição como preferencial à adjudicação e à arrematação:

ARREMATAÇÃO. REMIÇÃO. POSSIBILIDADE. Nos termos do art. 826 do CPC vigente: "Antes de adjudicados ou alienados os bens, o executado pode, a todo tempo, remir a execução pagando ou consignando a importância atualizada da dívida, acrescida de juros, custas e honorários advocatícios". Da exegese do mencionado preceito conclui-se que, enquanto a arrematação não se torna perfeita, acabada e irretratável, é possível a remição do bem objeto da constrição judicial. E a arrematação somente se torna perfeita, acabada e irretratável, após a assinatura do auto respectivo, sendo possível a remição em momento anterior a essa assinatura (TRT 3ª R., AP 0000973-39.2014.5.03.0071, Rel. Des. Milton V. Thibau de Almeida, 3ª T., 19-6-2017).

É importante salientar, por oportuno, que os arts. 787, 788, 789 e 790 do CPC/73 permitiam "ao cônjuge, ao descendente, ou ao ascendente do devedor remir todos ou quaisquer bens penhorados, ou arrecadados no processo de insolvência, depositando o preço por que foram alienados ou adjudicados". Estes dispositivos, no entanto, foram expressamente revogados pela Lei n. 11.382/2006. Mas esta mesma lei inseriu o art. 685-A do CPC/73, que faculta o direito de adjudicação dos bens penhorados ao cônjuge, aos descendentes ou ascendentes do executado.

O § 5º do art. 876 do CPC, no entanto, dispõe, expressamente, que o direito à remição pode ser exercido: *a*) por aqueles indicados no art. 889, II a VIII, do mesmo Código; *b*) pelos credores concorrentes que hajam penhorado o mesmo bem; *c*) pelo cônjuge; *d*) pelo companheiro; *e*) pelos descendentes; ou *f*) pelos ascendentes do executado. Mas, se houver mais de um pretendente, diz o § 6º do referido artigo, proceder-se-á à licitação entre eles, tendo preferência, em caso de igualdade de oferta, nessa ordem: o cônjuge, o companheiro, o descendente ou o ascendente.

30.7. Alienação por iniciativa particular

A alienação por iniciativa particular dos bens penhorados foi introduzida pela Lei n. 11.382/2006, que acrescentou o art. 685-C ao CPC/73, estabelecendo algumas regras para o seu cabimento. Tais regras foram mantidas pelo art. 880 do CPC.

Assim, caso não seja realizada a adjudicação dos bens penhorados, o exequente poderá requerer sejam eles alienados por sua própria iniciativa ou por intermédio de corretor credenciado perante o órgão judiciário.

O juiz fixará o prazo em que a alienação deve ser efetivada, a forma de publicidade, o preço mínimo (§ 1º do art. 880 do CPC), as condições de pagamento e as garantias, bem como, se for o caso, a comissão de corretagem.

A alienação será formalizada por termo nos autos, com a assinatura do juiz, do exequente, do adquirente e, se estiver presente, do executado, expedindo-se: I – a carta de alienação e o mandado de imissão na posse, quando se tratar de bem imóvel; II – a ordem de entrega ao adquirente, quando se tratar de bem móvel.

O § 3º do art. 880 do CPC permite aos Tribunais "editar disposições complementares sobre o procedimento da alienação prevista neste artigo, admitindo, quando for o caso, o concurso de meios eletrônicos, e dispor sobre o credenciamento dos corretores e leiloeiros públicos, os quais deverão estar em exercício profissional por não menos que 3 (três) anos", sendo certo que nas localidades em que não houver corretor ou leiloeiro público credenciado, a indicação será de livre escolha do exequente.

Tendo em vista a lacuna normativa da CLT e a ausência de incompatibilidade com o processo do trabalho, cremos que o art. 880 e seus parágrafos do CPC (art. 685-C do CPC/73) podem ser aplicados neste setor especializado, mormente nas ações oriundas da relação de trabalho diversa da relação empregatícia. Ouçamos a jurisprudência:

> **AGRAVO DE PETIÇÃO. ALIENAÇÃO POR INICIATIVA PARTICULAR. ART. 880 DO CPC. Constitui-se faculdade do exequente a venda por iniciativa particular, na forma do art. 880 do CPC, observados os parâmetros fixados pelo Juízo. Não cabe a exigência de tentativa prévia de alienação por leilão (TRT 4ª R., AP 00429009520065040019, Seção Especializada em Execução, *DEJT* 12-7-2019).**
>
> PROCESSO DO TRABALHO – EXECUÇÃO – ALIENAÇÃO POR INICIATIVA PARTICULAR. A alienação por iniciativa particular foi incluída no Código de Processo Civil pela Lei n. 11.382/2006. A partir da vigência do novo diploma processual, é possível ao credor tomar a iniciativa de promover a venda judicial de um bem penhorado. O objetivo dessa inovação é garantir a efetividade da prestação jurisdicional, de forma mais rápida, para atender o princípio do inciso LXXVIII do art. 5º da Constituição Federal. Pela regra do art. 880 do CPC, quando "não efetivada a adjudicação, o exequente poderá requerer a alienação por sua própria iniciativa ou por intermédio de corretor ou leiloeiro público credenciado perante o órgão judiciário." Neste Egrégio Tribunal, o instituto foi regulamentado pelo Provimento n. 2, de 2-8-2012 (TRT 3ª R., AP 0001292-47.2010.5.03.0006, Rel. Des. Jales Valadao Cardoso, 2ª T., *DEJT* 8-2-2017).

31. EMBARGOS À ARREMATAÇÃO E À ADJUDICAÇÃO

Ante a lacuna da CLT e da Lei n. 6.830/80 a respeito da possibilidade de o executado opor embargos à arrematação ou à adjudicação, defendíamos a aplicação subsidiária do art. 746 do CPC/73, segundo o qual era lícito ao executado oferecer embargos à adjudicação, à alienação ou à arrematação.

Nos domínios do processo do trabalho, Wagner D. Giglio[69] emprega o termo "embargos à alienação", abarcando, a um só tempo, os embargos à arrematação e os

69. *Direito processual do trabalho*, cit., p. 534.

embargos à adjudicação, os quais só terão lugar se o embargante alegar: *a*) nulidade da execução (como, por exemplo, preço vil)[70]; *b*) pagamento; *c*) novação; *d*) transação; ou *e*) prescrição, desde que quaisquer desses eventos tenham ocorrido depois da penhora (CPC/73, art. 746).

A corrente restritiva e minoritária advoga que o remédio próprio para atacar as decisões homologatórias da arrematação ou da adjudicação é o agravo de petição, tendo em vista a interpretação ampliativa do vocábulo "decisões" contido no art. 897, *a*, da CLT.

A corrente majoritária admite a oposição dos embargos à adjudicação contra a sentença homologatória respectiva. A jurisprudência atual do TST acompanha a corrente majoritária, como se infere da OJ n. 66 da SBDI-2, parte final.

O prazo para a oposição dos embargos à adjudicação ou à arrematação é de cinco dias (CPC, art. 746), contados da assinatura do auto correspondente, desde que não tenha ainda sido assinada a respectiva carta[71]. Nesse sentido:

> AGRAVO DE PETIÇÃO. EMBARGOS À ARREMATAÇÃO. PRAZO. No processo do trabalho, o prazo para interposição de embargos à arrematação é de cinco dias, contados da assinatura do auto de arrematação. Exegese dos arts. 675 do CPC/2015 e 884 da CLT. Não ingressando a agravante com embargos à arrematação no momento oportuno, resta preclusa a oportunidade de ver discutida a matéria articulada no presente apelo. Agravo de petição improvido (TRT 6ª R., AP 0001123-52.2014.5.06.0001, Red. Des. Maria Clara Saboya Albuquerque Bernardino, 3ª T., *DEJT* 29-11-2017).

O arrematante deverá obrigatoriamente figurar como litisconsorte necessário, uma vez que o direito por ele alegado será objeto de pronunciamento jurisdicional.

Da decisão que julgar os embargos à arrematação ou à adjudicação caberá agravo de petição (CLT, art. 897, *a*), por ser ato judicial praticado na fase (ou no processo) de execução com natureza de sentença extintiva do procedimento dos embargos à arrematação ou à adjudicação.

O CPC de 2015 não contém disposição semelhante ao art. 746 do CPC/73, o que implicará alteração do entendimento doutrinário e jurisprudencial respeitante à matéria tratada neste tópico.

De minha parte, defendo a extinção dos embargos à arrematação e à adjudicação também no processo do trabalho.

---

70. Sobre preço vil no processo do trabalho, cf. MALLET, Estêvão. *Temas de direito do trabalho*, cit., p. 125 e s.

71. Nesse sentido: GIGLIO, Wagner D. *Direito processual do trabalho*, cit., p. 536; TEIXEIRA FILHO, Manoel Antonio. *Execução no processo do trabalho*, cit., p. 578.

32. EXECUÇÃO DA CONTRIBUIÇÃO PREVIDENCIÁRIA

Por força da EC n. 20, de 15 de dezembro de 1998, que acrescentou o § 3º ao art. 114 da CF (atualmente, art. 114, VIII, por força da EC n. 45/2004), a Justiça do Trabalho passou a ser competente também "para executar, de ofício, as contribuições sociais previstas no art. 195, I, *a*, e II, e seus acréscimos legais, decorrentes das sentenças que proferir".

Para regulamentar a nova norma constitucional, foi editada a Lei n. 10.035, de 25 de outubro de 2000, que reafirma a competência à Justiça do Trabalho para processar e julgar as questões relativas às contribuições previdenciárias que incidirem sobre as sentenças e acordos homologados[72] por esse ramo especializado do Poder Judiciário.

É importante ressaltar, desde logo, que somente as contribuições previdenciárias declaradas expressamente nas sentenças trabalhistas são da competência da Justiça do Trabalho. *A contrario sensu*, isso quer dizer que a execução de débitos previdenciários, que deveriam ter sido recolhidos durante a vigência do contrato de trabalho e que não estão contemplados na sentença trabalhista, continua sob a alçada da Justiça Federal.

O TST, porém, havia firmado o entendimento de que competiria à Justiça do Trabalho executar, inclusive de ofício, as contribuições previdenciárias decorrentes do reconhecimento do vínculo empregatício. É o que constava do item I da Súmula 368:

> A Justiça do Trabalho é competente para determinar o recolhimento das contribuições previdenciárias e fiscais provenientes das sentenças que proferir. A competência da Justiça do Trabalho para execução das contribuições previdenciárias alcança as parcelas integrantes do salário de contribuição, pagas em virtude de contrato de emprego reconhecido em juízo, ou decorrentes de anotação da Carteira de Trabalho e Previdência Social – CTPS, objeto de acordo homologado em juízo.

Todavia, o Tribunal Pleno do TST, por meio da Resolução n. 138/2005, resolveu alterar a Súmula 368, cujo item I passou a ter a seguinte redação:

> A Justiça do Trabalho é competente para determinar o recolhimento das contribuições fiscais. A competência da Justiça do Trabalho, quanto à execução das contribuições previdenciárias, limita-se às sentenças condenatórias em pecúnia que proferir e aos valores, objeto de acordo homologado, que integrem o salário de contribuição (...).

72. "Acordos homologados" judicialmente são também sentenças, razão pela qual é pleonástica a expressão.

Quando se pensava que a controvérsia estaria sepultada pelo novo conteúdo do verbete sumular, exsurge o parágrafo único do art. 876 da CLT, com redação dada pela Lei n. 11.457, de 16 de março de 2007 (*DOU* 19-3-2007), que passou a prever a execução, de ofício, das "contribuições sociais devidas em decorrência de decisão proferida pelos Juízes e Tribunais do Trabalho, resultantes de condenação ou homologação de acordo, inclusive sobre os salários pagos durante o período contratual reconhecido".

Na mesma linha da referida lei, a 1ª Jornada de Direito Material e Processual do Trabalho, realizada em Brasília-DF, aprovou, em 23 de novembro de 2007, o Enunciado n. 73, segundo o qual, "com a edição da Lei n. 11.457/2007, que alterou o parágrafo único do art. 876 da CLT, impõe-se a revisão da Súmula 368 do TST: é competente a Justiça do Trabalho para a execução das contribuições à Seguridade Social devidas durante a relação de trabalho, mesmo não havendo condenação em créditos trabalhistas, obedecida a decadência".

O TST (RR n. 2.826/2002-900-24-00.6, j. 17-12-2008, Rel. Min. Guilherme Augusto Caputo Bastos, 7ª T., *DJ* 19-12-2008), no entanto, mesmo com a nova redação do parágrafo único do art. 876 da CLT, manteve íntegro o entendimento contido no item I da Súmula 368, razão pela qual a Justiça do Trabalho continua incompetente para executar contribuições previdenciárias sobre os salários pagos durante o período do vínculo empregatício reconhecido em juízo[73].

É importante destacar que o Plenário do STF (RE n. 569.056-PA, red. Min. Menezes Direito), à unanimidade, decidiu editar súmula vinculante, mesmo na vigência da Lei n. 11.457/2007, cuja redação terá basicamente os seguintes termos: "Não cabe à Justiça do Trabalho estabelecer, de ofício, débito de contribuição social para com o Instituto Nacional do Seguro Social com base em decisão que apenas declare a existência de vínculo empregatício"[74].

Eis a atual redação da Súmula 368 do TST:

> DESCONTOS PREVIDENCIÁRIOS. IMPOSTO DE RENDA. COMPETÊNCIA. RESPONSABILIDADE PELO RECOLHIMENTO. FORMA DE CÁLCULO. FATO GERADOR (aglutinada a parte final da OJ n. 363 da SBDI-I à redação do item II e incluídos os itens IV, V e VI em sessão do Tribunal Pleno realizada em 26-6-2017, Res. n. 219/2017, republicada em razão de erro material – *DEJT* divulgado em 12, 13 e 14-7-2017). I – A Justiça do Trabalho é competente para determinar o recolhimento

73. Outras questões sobre a incompetência da Justiça do Trabalho para executar contribuição previdenciária referente ao período do vínculo empregatício reconhecido em juízo, *vide* Capítulo V, item 2.1.8.2.

74. Até a impressão deste livro, e em consulta ao site do STF, não havia sido editada a Súmula Vinculante relativa aos limites da competência da Justiça do Trabalho para executar, de ofício, as contribuições previdenciárias decorrentes das sentenças que proferir.

das contribuições fiscais. A competência da Justiça do Trabalho, quanto à execução das contribuições previdenciárias, limita-se às sentenças condenatórias em pecúnia que proferir e aos valores, objeto de acordo homologado, que integrem o salário de contribuição. II – É do empregador a responsabilidade pelo recolhimento das contribuições previdenciárias e fiscais, resultantes de crédito do empregado oriundo de condenação judicial. A culpa do empregador pelo inadimplemento das verbas remuneratórias, contudo, não exime a responsabilidade do empregado pelos pagamentos do imposto de renda devido e da contribuição previdenciária que recaia sobre sua quota-parte. III – Os descontos previdenciários relativos à contribuição do empregado, no caso de ações trabalhistas, devem ser calculados mês a mês, de conformidade com o art. 276, § 4º, do Decreto n. 3.048/1999 que regulamentou a Lei n. 8.212/1991, aplicando-se as alíquotas previstas no art. 198, observado o limite máximo do salário de contribuição. IV – Considera-se fato gerador das contribuições previdenciárias decorrentes de créditos trabalhistas reconhecidos ou homologados em juízo, para os serviços prestados até 4-3-2009, inclusive, o efetivo pagamento das verbas, configurando-se a mora a partir do dia dois do mês seguinte ao da liquidação (art. 276, *caput*, do Decreto n. 3.048/1999). Eficácia não retroativa da alteração legislativa promovida pela Medida Provisória n. 449/2008, posteriormente convertida na Lei n. 11.941/2009, que deu nova redação ao art. 43 da Lei n. 8.212/91. V – Para o labor realizado a partir de 5-3-2009, considera-se fato gerador das contribuições previdenciárias decorrentes de créditos trabalhistas reconhecidos ou homologados em juízo a data da efetiva prestação dos serviços. Sobre as contribuições previdenciárias não recolhidas a partir da prestação dos serviços incidem juros de mora e, uma vez apurados os créditos previdenciários, aplica-se multa a partir do exaurimento do prazo de citação para pagamento, se descumprida a obrigação, observado o limite legal de 20% (art. 61, § 2º, da Lei n. 9.430/96). VI – O imposto de renda decorrente de crédito do empregado recebido acumuladamente deve ser calculado sobre o montante dos rendimentos pagos, mediante a utilização de tabela progressiva resultante da multiplicação da quantidade de meses a que se refiram os rendimentos pelos valores constantes da tabela progressiva mensal correspondente ao mês do recebimento ou crédito, nos termos do art. 12-A da Lei n. 7.713, de 22-12-1988, com a redação conferida pela Lei n. 13.149/2015, observado o procedimento previsto nas Instruções Normativas da Receita Federal do Brasil.

Toda a celeuma acima cairá por terra diante do parágrafo único do art. 876 da CLT, com redação dada pela Lei n. 13.467/2017 e inspirado na Súmula Vinculante 53 do STF, que passou a ter a seguinte redação:

A Justiça do Trabalho executará, de ofício, as contribuições sociais previstas na alínea *a* do inciso I e no inciso II do *caput* do art. 195 da Constituição Federal, e seus acréscimos legais, relativas ao objeto da condenação constante das sentenças que proferir e dos acordos que homologar.

De outra parte, a Lei n. 10.035/2000 deu nova redação ao parágrafo único do art. 831 da CLT, prescrevendo que "no caso de conciliação, o termo que for lavrado valerá como decisão irrecorrível, salvo para a Previdência Social quanto às contribuições que lhe forem devidas". Assim, a decisão homologatória de acordo equipara-se à coisa julgada material apenas para as partes que figuraram originalmente na lide, na medida em que somente poderão, em tese, impugná-la por meio de ação rescisória (TST, Súmula 259).

Com relação às contribuições previdenciárias, a decisão que homologa a conciliação entre os sujeitos originários da lide somente produzirá os efeitos da coisa julgada se a União, intimada para tomar ciência da decisão, deixar transcorrer *in albis* o prazo judicial que lhe for assinalado para manifestação. É o que dispõem os §§ 4º, 5º, 6º e 7º do art. 832 da CLT, com nova redação dada pela Lei n. 11.457/2007:

> (...) § 4º A União será intimada das decisões homologatórias de acordos que contenham parcela indenizatória, na forma do art. 20 da Lei n. 11.033, de 21 de dezembro de 2004, facultada a interposição de recurso relativo aos tributos que lhe forem devidos.
>
> § 5º Intimada da sentença, a União poderá interpor recurso relativo à discriminação de que trata o § 3º deste artigo.
>
> § 6º O acordo celebrado após o trânsito em julgado da sentença ou após a elaboração dos cálculos de liquidação de sentença não prejudicará os créditos da União.
>
> § 7º O Ministro de Estado da Fazenda poderá, mediante ato fundamentado, dispensar a manifestação da União nas decisões homologatórias de acordos em que o montante da parcela indenizatória envolvida ocasionar perda de escala decorrente da atuação do órgão jurídico.

Cumpre registrar que o § 3º do art. 832 da CLT impõe ao juiz, como já vimos no Capítulo XVII, item 5.8.3, o dever indeclinável de "sempre indicar a natureza jurídica das parcelas constantes da condenação ou do acordo homologado, inclusive o limite de responsabilidade de cada parte pelo recolhimento da contribuição previdenciária, se for o caso".

É devida a contribuição previdenciária sobre o valor do acordo celebrado e homologado com reconhecimento de vínculo empregatício após o trânsito em julgado de decisão judicial, respeitada a proporcionalidade de valores entre as parcelas de natureza salarial e indenizatória deferidas na decisão condenatória e as parcelas objeto do acordo (TST/SBDI-1, OJ n. 376).

Já nos acordos homologados em juízo em que não haja o reconhecimento de vínculo empregatício, é devido o recolhimento da contribuição previdenciária, mediante a alíquota de 20% a cargo do tomador de serviços e de 11% por parte do prestador de serviços, na qualidade de contribuinte individual, sobre o valor total do acordo, respeitado o teto de contribuição. Inteligência do § 4º do art. 30 e do inciso III do art. 22, todos da Lei n. 8.212, de 24 de julho de 1991 (TST/SBDI-1, OJ n. 398).

Os §§ 3º-A e 3º-B do art. 832 da CLT, incluídos pela Lei n. 13.876/2019, passaram a detalhar os parâmetros para os recolhimentos das contribuições previdenciárias das decisões cognitivas ou homologatórias de acordos.

A responsabilidade pelo recolhimento das contribuições social e fiscal, resultante de condenação judicial referente a verbas remuneratórias, é do empregador e incide sobre o total da condenação. Contudo, a culpa do empregador pelo inadimplemento das verbas remuneratórias não exime a responsabilidade do empregado pelos pagamentos do imposto de renda devido e da contribuição previdenciária que recaia sobre sua quota-parte (TST/SBDI-1, OJ n. 363).

Há cizânia a respeito do fato gerador da contribuição previdenciária, mesmo com o advento da Lei n. 11.941/2009, cujo art. 43 dispõe: "Considera-se ocorrido o fato gerador das contribuições sociais na data da prestação do serviço". Para uns é o pagamento. Nesse sentido:

> CONTRIBUIÇÃO PREVIDENCIÁRIA. FATO GERADOR. O fato gerador da contribuição previdenciária ocorre com o efetivo pagamento das verbas objeto da condenação (TRT 17ª R., AP 0147400-22.2000.5.17.0001, Rel. Des. Cláudio Armando Couce de Menezes, *DEJT* 23-7-2012).

Outros sustentam que é a prestação do serviço. Nesse sentido:

> CONTRIBUIÇÕES PREVIDENCIÁRIAS. FATO GERADOR DA OBRIGAÇÃO. INCIDÊNCIA DE JUROS DE MORA E MULTA. O fato gerador da obrigação previdenciária é a prestação de serviços pelo trabalhador, de maneira que o não recolhimento das contribuições previdenciárias nessa época configura a mora justificadora da condenação ao pagamento de multa e juros previstos na Lei n. 8.212/91 (TRT 17ª R., AP 0084700-68.2004.5.17.0001, Rel. Des. Jailson Pereira da Silva, *DEJT* 28-5-2012).

A SBDI-1/TST uniformizou o seguinte entendimento:

> EMBARGOS REGIDOS PELA LEI N. 11.496/2007. CONTRIBUIÇÃO PREVIDENCIÁRIA. FATO GERADOR. INCIDÊNCIA DE JUROS DE MORA E MULTA. PRESTAÇÃO DE SERVIÇOS ANTERIOR E POSTERIOR À ENTRADA EM VIGOR DOS §§ 2º E 3º DO ART. 43 DA LEI N. 8.212/91, ACRESCIDOS PELA MEDIDA PROVISÓRIA N. 449/2008, CONVERTIDA NA LEI N. 11.941/2009. 1. Discutem-se, no caso, qual o fato gerador das contribuições previdenciárias relativas às parcelas trabalhistas objeto de condenação ou de acordo homologado pela Justiça do Trabalho e, conse-

quentemente, o marco inicial para a incidência dos acréscimos legais concernentes aos juros e às multas, em virtude da nova redação do art. 43 da Lei n. 8.212/91, dada pela Medida Provisória n. 449/2008, posteriormente convertida na Lei n. 11.941/2009. 2. Percebe-se do art. 146, III, da Constituição Federal, que o constituinte remeteu à legislação infraconstitucional a definição e a delimitação dos tributos, inclusive a especificação dos seus fatos geradores. Por sua vez, o art. 195 da Constituição Federal não define o fato gerador das contribuições previdenciárias, mas apenas sinaliza suas fontes de custeio, a fim de evitar que o legislador infraconstitucional institua outro tributo de natureza semelhante se amparando nos mesmos indicadores ou fontes, prática coibida pela Lei Maior, conforme se infere do seu art. 154, I, ao cuidar da instituição de impostos não previstos no Texto Constitucional. 3. No caso, o § 2º do art. 43 da Lei n. 8.212/1991, acrescido pela Lei n. 11.941/2009, prevê expressamente que o fato gerador das contribuições sociais se considera ocorrido na data da prestação do serviço, a partir da qual, portanto, conforme dicção dos arts. 113, § 1º, e 114 do CTN, surge a obrigação tributária principal, ou obrigação trabalhista acessória. Nesse passo, a liquidação da sentença e o acordo homologado judicialmente equivalem à mera exequibilidade do crédito por meio de um título executivo judicial, ao passo que a exigibilidade e a mora podem ser identificadas desde a ocorrência do fato gerador e do inadimplemento da obrigação tributária, que aconteceu desde a prestação dos serviços pelo trabalhador sem a respectiva contraprestação pelo empregador e cumprimento da obrigação trabalhista acessória, ou obrigação tributária principal, de recolhimento da respectiva contribuição previdenciária. A prestação de serviços é o fato gerador da contribuição previdenciária, mesmo na hipótese de existência de controvérsia acerca dos direitos trabalhistas devidos em decorrência do contrato de trabalho, visto que as sentenças e os acordos homologados judicialmente possuem natureza meramente declaratória ou condenatória (que tem ínsita também uma declaração), com efeitos *ex tunc*, e não constitutiva, vindo apenas a reconhecer uma situação jurídica que já existia. A própria Constituição Federal, em seu art. 195, ao se referir aos salários e demais rendimentos do trabalho "pagos ou creditados", a qualquer título, já sinaliza para a viabilidade dessa interpretação de o fato gerador ser a prestação de serviços, pois não se pode ter como sinônimos os vocábulos pagos e creditados. 4. A interpretação no sentido de o fato gerador das contribuições previdenciárias ser a liquidação dos créditos ou o pagamento implica negar vigência ao que foi estabelecido pelo legislador, que elegeu expressamente a prestação de serviços como fato gerador do aludido tributo, não havendo falar em inconstitucionalidade do art. 43 da Lei n. 8.212/91, diante das alterações introduzidas pela Lei n. 11.941/2009. Por outro lado, não cabe, com o escopo de defender a tese de o fato gerador ser o pagamento ou a liquidação do crédito do trabalhador, invocar a interpretação conforme a Constituição Federal, pois esse tipo de exegese só é cabível quando a lei dá margem a duas ou mais interpretações diferentes. De fato, é imprescindível, no caso da interpretação conforme a Constituição Federal, a existência de um espaço de proposta interpretativa, sendo inadmissível que ela tenha como resultado uma decisão contra o texto e o sentido da lei, de forma a produzir uma regulação nova e distinta da vontade do Poder Legiferante, pois implicaria verdadeira invasão da esfera de competência do legislador, em nítida ofensa ao princípio fundamental da separação dos Poderes, insculpido no art. 2º da Constituição Federal, e protegido como cláusula pétrea pelo art. 60, § 4º, da Lei Maior, e à própria ratio que levou à edição da Súmula Vinculante 10 do STF. 5. De mais a mais, essa interpretação de o fato gerador das contribuições previdenciárias e de o termo inicial para a incidência dos juros de mora a elas relativos serem o pagamento ou a liquidação dos créditos despreza, *data venia*, os princípios da efetividade do direito material trabalhista e da duração razoável do processo, pois incentiva o descumprimento e a protelação das obrigações trabalhistas, tanto quanto a sua discussão em Juízo, porquanto a lide trabalhista passa a conferir vantagem tributária diante da supressão de alto quantitativo de juros e multas acumulados ao longo do tempo. Ou seja, implicaria premiar as empresas que não cumpriram a legislação trabalhista e tributária no momento oportuno, isentando-as dos encargos decorrentes do não recolhimento da contribuição previdenciária no seu vencimento, em detrimento daqueles empregadores que, não obstante em mora, espontaneamente dirigem-se ao Ente Previdenciário para o cumprimento dessas obrigações, com a obrigação de arcar com tais encargos. Isso acarreta, aliás, nítida ofensa ao princípio da isonomia, consagrado no art. 5º, *caput*, da Constituição Federal, e ao princípio da isonomia tributária, previsto no art. 150, II, também do Texto Constitucional, pois institui tratamento desigual entre contribuintes que se encontram em situação equivalente, ao aplicar, de forma distinta, os critérios da legislação previdenciária relativamente aos valores a serem pagos, para contribuintes que possuem débitos de mesma natureza, devidos à Previdência Social e referentes a períodos idênticos ou semelhantes. 6. Por outro lado, conforme disposto no art. 195, § 6º, da Constituição Federal, as contribuições sociais só poderão ser exigidas após decorridos 90 dias da data da publicação da lei que as houver instituído ou modificado. Como a MP n. 449/2008 foi publicada em 4-12-2008, o marco para incidência dos acréscimos dos §§ 2º e 3º ao art. 43 da Lei n. 8.212/91, por meio da Lei n. 11.941/2009, é 5-3-2009, pelo que somente as prestações de serviços ocorridas a partir dessa data é que deverão ser consideradas como fato gerador da contribuição previdenciária para o cômputo dos juros moratórios então incidentes. 7. Quanto ao período anterior ao advento da Medida Provisória n. 449/2008, o entendimento majoritário desta Corte é de que o termo inicial para os juros moratórios da contribuição previdenciária, no caso das parcelas deferidas judicialmente, é o dia dois do mês seguinte ao da liquidação da sentença, nos termos do art. 276, *caput*, do Decreto n. 3.048/99. 8. Diferentemente da atualização monetária das contribuições previdenciárias, que visa recompor o seu valor monetário e pela qual respondem tanto o empregador como o trabalhador, cada qual com sua cota parte – sem prejuízo para este último, visto que receberá seu crédito trabalhista igualmente atualizado –, os juros moratórios visam compensar o retardamento ou inadimplemento de uma obrigação, propiciando, no caso, o devido restabelecimento do equilíbrio atuarial mediante aporte financeiro para o pagamento dos benefícios previdenciários, pelo que a responsabilidade pelo seu pagamento deve ser imputada apenas ao empregador, que deu causa à mora. 9. Com relação à multa, igualmente imputável apenas ao empregador, tratando-se de uma sanção jurídica que visa a compelir o devedor ao cumprimento de uma obrigação a partir do seu reconhecimento, não incide desde a data da prestação dos serviços, mas sim a partir do exaurimento do prazo decorrente da citação para o pagamento dos créditos previdenciários apurados em Juízo, observado o limite de 20%, conforme se extrai da dicção dos arts. 61, § 1º e § 2º, da Lei n. 9.430/96 e 43, § 3º, da Lei n. 8.212/91. 10. Essa matéria foi à deliberação do Pleno do Tribunal Superior do Trabalho, que, julgando a matéria afetada, com esteio no § 13 do art. 896 da CLT, decidiu, no julgamento do Processo n. E-RR-1125-36.2010.5.06.0171, em sessão realizada em 20-10-2015, no mesmo sentido ao entendimento ora sufragado. Embargos não conhecidos (TST-E-ED-RR-709-38.2012.5.03.0153, SBDI-1, Rel. Min. José Roberto Freire Pimenta, *DEJT* 2-8-2019).

Fixadas as contribuições devidas à União, e não havendo o correspondente pagamento, poderá o juiz, de ofício ou a requerimento do interessado, promover a execução, consoante a regra estabelecida no art. 876 e seu parágrafo único da CLT.

É importante notar que, ainda que omissa a sentença, os descontos fiscais e previdenciários devem ser efetuados, de ofício, pelo juízo da execução, sem que isso caracterize ofensa à coisa julgada, consoante dispõe a Súmula 401 do TST:

> AÇÃO RESCISÓRIA. DESCONTOS LEGAIS. FASE DE EXECUÇÃO. SENTENÇA EXEQUENDA OMISSA. INEXISTÊNCIA DE OFENSA À COISA JULGADA. Os descontos previdenciários e fiscais devem ser efetuados pelo juízo executório, ainda que a sentença exequenda tenha sido omissa sobre a questão, dado o caráter de ordem pública ostentado pela norma que os disciplina. A ofensa à coisa julgada somente poderá ser caracterizada na hipótese de o título exequendo, expressamente, afastar a dedução dos valores a título de imposto de renda e de contribuição previdenciária.

Já estudamos que, antes da execução propriamente dita, impõe-se a liquidação da sentença por iniciativa das partes (CLT, art. 879, §§ 1º-B e 2º).

Em se tratando de execução de contribuição previdenciária, o § 3º do art. 879 da CLT estabelece norma cogente em relação à União, ou seja, elaborados os cálculos, deverá a União ser imediatamente intimada para, querendo, impugná-los, sob pena de preclusão.

Se, todavia, a União quedar-se silente quando da intimação para impugnar a conta de liquidação (CLT, art. 879, § 3º), estará irremediavelmente preclusa a sua pretensão de fazê-lo por meio da impugnação à sentença prevista no art. 884, § 3º, da CLT.

Da decisão que acolher ou rejeitar a pretensão da União (CLT, art. 884, § 4º), caberá agravo de petição (art. 897, *a* e § 1º, da CLT).

Os valores devidos à União deverão ser pagos por meio de guia de recolhimento própria, dela constando o número do processo e o nome das partes (CLT, art. 889-A).

É permitido à Secretaria da Receita Federal conceder o parcelamento do valor devido à União. Nesse caso, o devedor deverá juntar aos autos cópia do termo de ajuste, ficando suspensa a execução da contribuição social até a efetiva quitação de todas as parcelas (CLT, art. 889-A, § 1º).

Nos termos do § 2º do art. 889-A da CLT, as Varas do Trabalho encaminharão mensalmente à Secretaria da Receita Federal do Brasil informações sobre os recolhimentos a título de contribuições previdenciárias efetivados nos autos, salvo se outro prazo for estabelecido em regulamento.

32.1. Execução da contribuição previdenciária referente ao seguro de acidente do trabalho

A Súmula 454 do TST estende a competência da Justiça do Trabalho para a execução, de ofício, da contribuição referente ao seguro de acidente do trabalho (SAT):

> COMPETÊNCIA DA JUSTIÇA DO TRABALHO. EXECUÇÃO DE OFÍCIO. CONTRIBUIÇÃO SOCIAL REFERENTE AO SEGURO DE ACIDENTE DE TRABALHO (SAT). ARTS. 114, VIII, E 195, I, *A*, DA CONSTITUIÇÃO DA REPÚBLICA. Compete à Justiça do Trabalho a execução, de ofício, da contribuição referente ao Seguro de Acidente de Trabalho (SAT), que tem natureza de contribuição para a seguridade social (arts. 114, VIII, e 195, I, *a*, da CF), pois se destina ao financiamento de benefícios relativos à incapacidade do empregado decorrente de infortúnio no trabalho (arts. 11 e 22 da Lei n. 8.212/1991).

32.2. Execução da contribuição previdenciária destinada a terceiros

No que tange às contribuições destinadas a terceiros, como as devidas ao sistema "S" e salário-educação, invocamos o Enunciado n. 74, aprovado na 1ª Jornada de

Direito Material e Processual do Trabalho, realizada em Brasília-DF, em 23 de novembro de 2007, *in verbis*:

> CONTRIBUIÇÕES DEVIDAS A TERCEIROS. INCOMPETÊNCIA DA JUSTIÇA DO TRABALHO. A competência da Justiça do Trabalho para a execução de contribuições à Seguridade Social (CF, art. 114, § 3º) nas ações declaratórias, condenatórias ou homologatórias de acordo cinge-se às contribuições previstas no art. 195, I, *a*, e II, da Constituição, e seus acréscimos moratórios. Não se insere, pois, em tal competência, a cobrança de "contribuições para terceiros", como as destinadas ao "sistema S" e "salário-educação", por não se constituírem em contribuições vertidas para o sistema de Seguridade Social.

No mesmo sentido é a atual jurisprudência do TST:

> INCOMPETÊNCIA DA JUSTIÇA DO TRABALHO. CONTRIBUIÇÕES SOCIAIS DESTINADAS A TERCEIROS. SISTEMA-S-. 1. A Emenda Constitucional n. 20/98, que acrescentou o § 3º ao art. 114 da Constituição da República, transformado pela Emenda Constitucional n. 45/2004 no atual inciso VIII desse mesmo dispositivo, atribuiu competência à Justiça do Trabalho para executar, de ofício, as contribuições sociais previstas no art. 195, I, *a*, e II, da Constituição da República e seus acréscimos legais, mas não a estendeu às contribuições devidas a terceiros, cuja arrecadação e fiscalização, disciplinadas por regra especial prevista em lei ordinária, passaram a ser atribuição da Secretaria da Receita Federal do Brasil, por força do que dispõe o art. 3º da Lei n. 11.457/2007. 2. Ressalva-se a competência da Justiça do Trabalho para executar de ofício a contribuição relativa ao SAT, tendo em vista que tal contribuição se destina à seguridade social e visa a financiar benefícios previdenciários pagos em decorrência de acidente do trabalho e de aposentadoria especial. Precedentes desta Corte superior. 3. Recurso de revista conhecido e provido (...) (TST-RR 149600-05.2005.5.17.0008, Rel. Min. Lelio Bentes Corrêa, 1ª T., *DEJT* 17-10-2014).

32.3. Averbação de tempo de serviço

Paradoxalmente, a Justiça do Trabalho, embora tenha competência para cobrar contribuição previdenciária, não tem competência para determinar a averbação do tempo de serviço relativo ao vínculo empregatício reconhecido por sentença. Nesse sentido:

> (...) RECURSO DE REVISTA. DETERMINAÇÃO DE CÔMPUTO DO PERÍODO RELATIVO AO VÍNCULO DE EMPREGO RECONHECIDO EM JUÍZO COMO TEMPO DE CONTRIBUIÇÃO PARA FINS DE APOSENTADORIA. JUSTIÇA DO TRABA-

LHO. INCOMPETÊNCIA. Não compete à Justiça do Trabalho determinar ao Instituto Nacional de Seguro Social (INSS), como decorrência do reconhecimento de vínculo de emprego, que proceda à averbação de tempo de serviço, especialmente quando a Autarquia Previdenciária não integrou o polo passivo da reclamação trabalhista. A competência, na hipótese, é da Justiça Federal, na forma dos arts. 109, I e § 3º, e 114 da Carta Magna, por se tratar de matéria previdenciária. Recurso de revista conhecido e provido (TST-ARR 240600-80.2007.5.02.0381, j. 28-11-2012, Rel. Min. Alberto Luiz Bresciani de Fontan Pereira, 3ª T., *DEJT* 7-12-2012).

33. EXECUÇÃO E CUMPRIMENTO DE SENTENÇA CONTRA AS PESSOAS JURÍDICAS DE DIREITO PÚBLICO

33.1. Considerações preliminares

Esclarecemos, desde logo, que o termo "Fazenda Pública" abrange todas as pessoas jurídicas de direito público, como a União, os Estados, os Municípios, o Distrito Federal e os Territórios (se houver), bem como as suas respectivas autarquias e fundações públicas.

Vê-se, de plano, que a expressão "Fazenda Pública" não alcança os demais órgãos da administração pública indireta, como as empresas públicas[75], as sociedades de economia mista, os entes de cooperação (SESI, SENAI, SESC etc.) e as concessionárias ou permissionárias de serviço público, pois todos esses entes são pessoas jurídicas de direito privado.

A execução trabalhista contra as pessoas jurídicas de direito público sempre se processou de forma diversa da execução trabalhista contra as pessoas naturais ou jurídicas de direito privado em geral.

A Parte Especial do CPC prevê, em seu Título II do Livro I, o Capítulo V (arts. 534 e 535) destinado ao Cumprimento de Sentença que Reconheça a Exigibilidade da Obrigação de Pagar Quantia Certa pela Fazenda Pública, e, em seu Título II do Livro II, o Capítulo V (art. 910) dedicado à Execução contra a Fazenda Pública.

Este tratamento diferenciado conferido à Fazenda Pública contraria o princípio da igualdade, preconizado no art. 5º, *caput*, da Constituição de 1988? Quais os princípios que regem a execução contra as pessoas de direito público? No regime constitucional pretérito, todos os pagamentos devidos pela Fazenda Pública, em virtude de

75. A Empresa Brasileira de Correios e Telégrafos – ECT, por força do DL n. 509, de 20-3-1969, possui prerrogativas equivalentes às da Fazenda Pública. O STF entendeu que a execução por quantia certa contra a ECT se realiza com base nos arts. 730 e 731 do CPC, inclusive no tocante ao precatório (RE n. 220.906-DF, Rel. Min. Maurício Corrêa).

sentença judiciária, estavam sujeitos ao Precatório. Tal procedimento, com o advento da "Constituição Cidadã", continua em vigor? Qual o prazo, afinal, para a Fazenda Pública opor embargos à execução? Em caso de recurso contra a sentença dos embargos, terá ela prazo em dobro? O que é preterição e sequestro?

Procuraremos, sem a pretensão de esgotar o tema, responder a tais indagações, com âncora na doutrina e jurisprudência pátrias, ressalvando os nossos pontos de vista pessoais, quando necessário.

Uma advertência: cuidaremos apenas da execução de título judicial por quantia certa contra as pessoas de direito público, na medida em que a execução de título extrajudicial e o cumprimento da sentença que reconheçam obrigação de fazer, não fazer e entregar coisa não diferem dos procedimentos executivos em que figuram outros devedores ou executados, isto é, pessoas físicas ou jurídicas de direito privado em geral.

33.2. Princípios

A execução contra a Fazenda Pública é norteada pelos seguintes princípios: *a)* impenhorabilidade e inalienabilidade dos bens públicos; *b)* universalidade orçamentária (CF, art. 165, §§ 2º e 5º).

33.3. Competência

As ações de conhecimento e, por via de consequência, as ações executivas trabalhistas contra as Fazendas Públicas dos Estados e dos Municípios sempre foram da competência da Justiça do Trabalho.

Sabe-se, porém, que no regime constitucional pretérito, a execução forçada contra a União, autarquias e empresas públicas federais não era da competência da Justiça do Trabalho, já que o art. 125 da Carta de 1967 dispunha que as ações trabalhistas ajuizadas por servidores públicos (estatutários[76] ou celetistas) destes entes entravam na competência da Justiça Federal Comum.

A Constituição brasileira, de 5 de outubro de 1988, alterou o sistema anterior, passando a Justiça Obreira a ser competente para conciliar e julgar ações movidas por servidores públicos federais, estaduais e municipais "celetistas", nos termos do seu art. 114, *caput*.

É de se registrar que o novo inciso I do art. 114 da CF, com redação dada pela EC n. 45/2004, prevê a competência da Justiça do Trabalho para as ações oriundas da relação de trabalho entre a Administração Pública e os servidores investidos em car-

76. Quanto a servidores estatutários, o STF já havia decidido pela competência da Justiça comum (STF, ADI n. 492-1-DF, *DJU* 12-3-1993). A decisão do STF na ADI n. 3.395 reforçou tal entendimento, como já vimos no Capítulo V, item 2.1.1.2.4.

gos públicos, chamados de "estatutários". O STF, por meio da ADI n. 3.395, não permite qualquer interpretação que dê à Justiça do Trabalho competência para julgar ações envolvendo servidores estatutários.

33.4. Intimação e citação

O CPC inovou em relação ao CPC/73 no que concerne ao ato de convocar a Fazenda Pública para cumprir a sentença que reconheça a obrigação de pagar quantia certa, ou seja, ela não é mais citada e sim intimada.

Com efeito, dispõe o art. 535 do CPC que a "Fazenda Pública será intimada na pessoa de seu representante judicial, por carga, remessa ou meio eletrônico, para, querendo, no prazo de 30 (trinta) dias e nos próprios autos, impugnar a execução".

Tratando-se, porém de execução fundada em título extrajudicial, a Fazenda Pública será citada para opor embargos em trinta dias. É o que prevê expressamente o art. 910 do CPC.

A sentença que reconheça obrigação de pagar quantia certa em desfavor da Fazenda Pública e a execução fundada em título executivo extrajudicial contra a Fazenda Pública formam um microssistema específico dentro do CPC.

Esse microssistema específico para obrigar a Fazenda Pública na obrigação de pagar quantia certa pode se fundar em título executivo judicial ou título executivo extrajudicial.

Tanto a intimação, no caso de cumprimento de sentença, quanto a citação, no caso de execução fundada em título extrajudicial, devem, no nosso entender, ser feitas pessoalmente, por meio de Oficial de Justiça, isto é, na pessoa do representante judicial do ente público, por carga ou remessa dos autos ou, se for o caso, por meio eletrônico.

Assim, nos termos do art. 75 do CPC (art. 12 do CPC/73), caso a executada seja a União, a intimação ou citação deverá ser feita na pessoa do Advogado-Geral da União, diretamente ou mediante órgão vinculado[77]. O Estado, na pessoa do Procurador-Geral do Estado. O Município, nas pessoas do Prefeito ou do Procurador-Geral. As demais pessoas públicas, pelos diretores ou presidentes ou procuradores, conforme dispuser a lei ou seus regimentos internos.

77. Dispõe o art. 35 da LC n. 73/1993, *in verbis*: "Art. 35. A União é citada nas causas em que seja interessada, na condição de autora, ré, assistente, oponente, recorrente ou recorrida, na pessoa: I – do Advogado-Geral da União, privativamente, nas hipóteses de competência do Supremo Tribunal Federal; II – do Procurador-Geral da União, nas hipóteses de competência dos tribunais superiores; III – do Procurador Regional da União, nas hipóteses de competência dos demais tribunais; IV – do Procurador Chefe ou do Procurador Seccional da União, nas hipóteses de competência dos juízos de primeiro grau".

33.5. Prazo para impugnação ao cumprimento da sentença ou oposição de embargos pela Fazenda Pública e seus efeitos

De acordo com o art. 535 do CPC (CPC/73, art. 730), o prazo para a Fazenda Pública impugnar o cumprimento da sentença é de trinta dias.

Igualmente, dispõe o art. 910 do CPC que na execução fundada em título extrajudicial, a Fazenda Pública será citada para opor embargos em trinta dias.

Há, porém, controvérsia doutrinária acerca do prazo para oferecimento de embargos (impugnação) pela Fazenda Pública.

Valentin Carrion[78] sustenta que é de dez dias.

Para José Augusto Rodrigues Pinto[79] o prazo é de vinte dias, "observado o privilégio de quadruplicação de prazo para defesa (CLT, art. 884, c/c Dec.-Lei n. 779/69, art. 1º, II)".

Segundo Manoel Antonio Teixeira Filho[80], "o prazo para oferecimento de embargos, no processo do trabalho, será sempre de cinco dias (Consolidação das Leis do Trabalho, art. 884, *caput*) e não de dez dias (Código de Processo Civil, art. 730, *caput*), ainda que figure como executada a Fazenda Pública, pois não constituindo ditos embargos contestação, nem recurso, esta não pode invocar, em seu benefício, a prerrogativa (e não 'privilégio', como consta do Dec.-Lei n. 779/69) consistente no prazo em quádruplo, para contestar, e em dobro, para recorrer, assegurados pelos incisos II e III, respectivamente, do art. 1º do precitado texto legal; o processo civil possui disposição análoga, como revela o seu art. 188".

Não obstante a autoridade dos dois primeiros autores, afigura-se-nos com razão o último. Expliquemo-nos.

Como é por demais sabido, o CPC somente será fonte supletiva e/ou subsidiária do direito processual do trabalho quando: *a*) for omisso o texto consolidado; e *b*) o preceito invocado for compatível com os princípios que informam o ramo especializado.

Nessa ordem, cumpre ao intérprete, de início, verificar se há, no direito processual obreiro, norma específica para o prazo relativo aos embargos à execução, e somente após concluir pela inexistência é que poderá valer-se da fonte subsidiária.

Ocorre que o art. 884 da CLT é de clareza meridiana ao dispor que o prazo para embargos à execução é de cinco dias.

De tal arte, não havendo omissão do texto obreiro, forçoso é concluir pela inaplicabilidade, *in casu*, do prazo insculpido no art. 535 do CPC (trinta dias) ou no art. 730 do CPC/73 (dez dias).

---

78. *Comentários à Consolidação das Leis do Trabalho*. 19. ed. São Paulo: Saraiva, 1995. p. 673.

79. *Execução Trabalhista*. 6. ed., São Paulo: LTr, 1994. p. 165.

80. *Execução no processo do trabalho*. 2. ed. São Paulo: LTr, 1991. p. 200.

Frise-se, ainda, que a impugnação ao cumprimento da sentença que reconheça obrigação de pagar quantia contra a Fazenda Pública é um incidente processual, não possuindo, portanto, natureza de contestação ou de recurso, enquanto os embargos à execução fundada em título extrajudicial contra a Fazenda Pública é uma ação incidental.

O prazo para o ajuizamento da impugnação ou dos embargos à execução pela Fazenda Pública, portanto, é o regulado pela Consolidação das Leis do Trabalho.

É importante salientar, contudo, que o art. 4º da Medida Provisória n. 2.180-35, de 24 de agosto de 2001, alterou a Lei n. 9.494, de 10 de setembro de 1997, acrescentando-lhe, dentre outros, o art. 1º-B, que dispõe, *in verbis*:

> Art. 1º-B. O prazo a que se refere o *caput* dos arts. 730 do Código de Processo Civil, e 884 da Consolidação das Leis do Trabalho, aprovada pelo Decreto-Lei n. 5.452, de 1º de maio de 1943, passa a ser de trinta dias.

A elevação do prazo para oferecimento da ação de embargos à execução (ou impugnação ao cumprimento da sentença) pela Fazenda Pública revela-se, a nosso ver, flagrantemente inconstitucional, na medida em que estabelece um privilégio – que não se confunde com prerrogativa – sem qualquer razoabilidade. Vale dizer, o preceptivo em causa estabelece odioso e injustificável *discrimen* em prol dos entes públicos em detrimento dos seus credores, o que afronta o princípio da igualdade consagrado no art. 5º, *caput*, da CF.

Cumpre lembrar que a 4ª Turma do TST, manifestando-se exclusivamente sobre o aspecto formal da urgência, decidiu (RR n. 1201.1996.020.04.00-8) que o art. 4º da Medida Provisória n. 2.180-35/2001, que triplicou (em relação ao art. 730 do CPC/73; CPC art. 535), para os entes públicos, o prazo para a oposição de embargos à execução é inconstitucional. No voto do relator, ministro Ives Gandra Martins, restou consignado que "o favor processual concedido para a União, no sentido de triplicar o prazo para a oposição de embargos à execução carece de urgência política, ou seja, não se revela proporcional, apresentando-se como um privilégio inconstitucional, uma vez que o problema vem de longa data e o caminho de aparelhar melhor a advocacia pública não tem sido trilhado". Em outra oportunidade, a Quarta Turma do TST já havia julgado processo semelhante (RR n. 70.1992.011.04.00-7), quando levantou o incidente de inconstitucionalidade e encaminhou o processo ao Tribunal Pleno, que confirmou o entendimento.

O STF, no entanto, no julgamento liminar da ADC n. 11, determinou a suspensão do andamento de todos os processos nos quais haja discussão acerca da inconstitucionalidade do referido dispositivo consolidado, sinalizando, assim, pela rejeição do entendimento do TST.

É importante ressaltar que o Pleno do TST resolveu sustar os efeitos da declaração de inconstitucionalidade incidental do art. 4º da Medida Provisória n. 2.180-

35/2001, que ampliou para 30 dias o prazo para embargos à execução aforados pela Fazenda Pública, nos seguintes termos:

> EMBARGOS À EXECUÇÃO. FAZENDA PÚBLICA. PRAZO DE 30 DIAS. 1. O Tribunal Pleno deste Tribunal Superior do Trabalho, na sessão realizada no dia 2-9-2013, decidiu suspender os efeitos da declaração de inconstitucionalidade formal do art. 4º da Medida Provisória n. 2.180-35/93, mediante o qual se acrescentou o art. 1º-B à Lei n. 9.494/97, ampliando para trinta dias o prazo para a Fazenda Pública interpor embargos à execução. 2. Apesar de o Supremo Tribunal Federal não ter proferido decisão definitiva a respeito da matéria, no julgamento de reclamações constitucionais tem-se manifestado no sentido de que ofende a autoridade da Suprema Corte a decisão que deixa de receber os embargos à execução trabalhista interpostos no prazo de trinta dias previsto no art. 1º-B da Lei n. 9.494/97, com fulcro na liminar concedida na Medida Cautelar na Ação Declaratória de Constitucionalidade n. 11, proposta pelo Governador do Distrito Federal, em que se pretende a declaração de constitucionalidade do referido dispositivo legal. 3. Em tais circunstâncias, o Supremo Tribunal Federal determina o recebimento e processamento dos embargos à execução interpostos pela Fazenda Pública no prazo de trinta dias. 4. Resulta, daí, que a adequação da decisão recorrida ao entendimento que prevalece na Suprema Corte é medida que se impõe. 5. Dessarte, afronta o disposto no art. 5º, LIV e LV, da Constituição da República a decisão mediante a qual se declara a intempestividade dos embargos à execução interpostos dentro do prazo de trinta dias. 6. Recurso de revista conhecido e provido (TST-RR 235300-65.1984.5.04.0001, Rel. Des. Conv. José Maria Quadros de Alencar, 1ª T., *DEJT* 8-11-2013).

Os arts. 535 e 910 do CPC, como já sublinhado, fixaram em 30 dias o prazo para a Fazenda Pública impugnar o cumprimento da sentença ou opor embargos à execução. Essas regras, provavelmente, irão prevalecer na Justiça do Trabalho, como parece antever a atual jurisprudência do TST.

Quanto aos efeitos da impugnação ao cumprimento de sentença ou dos embargos à execução opostos pela Fazenda Pública, parece-nos que estamos diante de lacuna normativa, uma vez que tanto as Leis ns. 11.232/2005 e 11.382/2006, que introduziram dois sistemas para efetivação dos títulos executivos (judicial e extrajudicial), quanto o CPC são omissos a respeito de tal matéria.

Assim, considerando-se que tanto o incidente processual da impugnação do devedor (CPC, art. 526, § 6º; CPC/73, art. 475-M) quanto a ação de embargos do devedor na execução de título extrajudicial (CPC, art. 910; CPC/73, art. 739-A) não possuem, em princípio, efeito suspensivo, parece-nos que os embargos à execução (e a impugnação ao cumprimento da sentença) opostos pela Fazenda Pública devem ter o mesmo tratamento. Poderá o juiz, no entanto, atribuir-lhes tal efeito, desde que relevantes fundamentos invocados pelo ente público e o prosseguimento da execução ou cumprimento da sentença puder causar grave e iminente dano ao erário ou à ordem pública (CPC, art. 8º).

33.6. Matéria arguível nos embargos à execução e na impugnação ao cumprimento da sentença pela Fazenda Pública

As matérias que podem ser deduzidas na impugnação ao cumprimento da sentença ajuizada pela Fazenda Pública são bem amplas, conforme dicção do art. 535 do CPC (art. 741 do CPC/73), quais sejam:

I – falta ou nulidade da citação se, na fase de conhecimento, o processo correu à revelia;

II – ilegitimidade de parte;

III – inexequibilidade do título ou inexigibilidade da obrigação;

IV – excesso de execução ou cumulação indevida de execuções;

V – incompetência absoluta ou relativa do juízo da execução;

VI – qualquer causa modificativa ou extintiva da obrigação, como pagamento, novação, compensação, transação ou prescrição, desde que supervenientes ao trânsito em julgado da sentença.

Nos embargos à execução fundada em título extrajudicial o ente público embargante poderá alegar, nos termos dos §§ 2º e 3º do art. 910 do CPC, "qualquer matéria que lhe seria lícito deduzir como defesa no processo de conhecimento", sendo certo que o § 3º do mesmo artigo manda aplicar aos embargos, "no que couber, o disposto nos arts. 534 e 535" do mesmo Código.

A Fazenda Pública/executada poderá, ainda, alegar impedimento ou suspeição do órgão julgador, devendo, para tanto, observar o disposto nos arts. 146 e 148 do CPC.

Se a Fazenda Pública/executada alegar que o exequente, em excesso de execução, pleiteia quantia superior à resultante do título, deverá ela declarar, de imediato, na própria impugnação ou nos embargos à execução, o valor que entende correto, sob pena de não conhecimento da arguição.

Tratando-se de impugnação parcial, a parte não questionada pela Fazenda Pública/executada será, desde logo, objeto de cumprimento.

No que diz respeito à alegação de inexequibilidade do título ou inexigibilidade da obrigação, o § 5º do art. 535 do CPC considera também inexigível a obrigação reconhecida em título executivo judicial fundado em lei ou ato normativo considerado inconstitucional pelo STF, ou fundado em aplicação ou interpretação da lei ou do ato normativo tido pelo STF como incompatível com a CF, em controle de constitucionalidade concentrado ou difuso. Neste caso, prevê o § 6º do art. 535 do CPC que os efeitos da decisão do STF poderão ser modulados no tempo, de modo a favorecer a segurança jurídica.

É importante destacar que o CPC prevê duas consequências para a efetividade do processo, dependendo do momento da decisão do STF.

Assim, será inexigível a obrigação de pagar quantia certa a cargo da Fazenda Pública se a decisão do STF, referida no § 5º do art. 535 do CPC, tiver sido proferida antes do trânsito em julgado da decisão exequenda. Vale dizer, a decisão do STF produzirá efeitos no mesmo processo de cumprimento da sentença.

Por outro lado, se a decisão do STF for proferida após o trânsito em julgado da decisão exequenda, caberá ação rescisória, cujo prazo será contado do trânsito em julgado da decisão proferida pelo próprio Pretório Excelso.

Cumpre ressalvar que o art. 1.057 do CPC estabeleceu uma regra provisória para o cumprimento de sentença que reconheça a exigibilidade de obrigação de pagar quantia pela Fazenda Pública, ou seja, o disposto no art. 535, §§ 7º e 8º, do CPC aplica-se às decisões transitadas em julgado após a entrada em vigor deste Código, e, às decisões transitadas em julgado anteriormente, aplica-se o disposto no art. 475-L, § 1º, e no art. 741, parágrafo único, do CPC/73.

33.7. Decisão

Se for acolhida a impugnação ao cumprimento da sentença ou a ação incidental de embargos à execução ajuizada pela Fazenda Pública/executada, a decisão do juiz deverá observar as consequências jurídicas decorrentes do fundamento que adotar em relação à(s) matéria(s) constante(s) do incisos I a VI do *caput* do art. 535 do CPC, o que poderá implicar a extinção, total ou parcial, do cumprimento da sentença ou da execução, como nas hipóteses dos incisos II, III e VI, ou a declaração de nulidade dos atos processuais a partir da citação, como na hipótese do inciso I (falta ou nulidade da citação se, na fase de conhecimento, o processo correu à revelia).

De outro giro, se a Fazenda Pública não apresentar impugnação (ou embargos à execução) ou se esta for rejeitada, incidirá a regra prevista no § 3º do art. 535 do CPC, a saber:

> I – expedir-se-á, por intermédio do presidente do tribunal competente, precatório em favor do exequente, observando-se o disposto na Constituição Federal;
>
> II – por ordem do juiz, dirigida à autoridade na pessoa de quem o ente público foi citado para o processo, o pagamento de obrigação de pequeno valor será realizado no prazo de 2 (dois) meses contado da entrega da requisição, mediante depósito na agência de banco oficial mais próxima da residência do exequente.

Caso, porém, o ente público executado ajuíze impugnação ao cumprimento da sentença ou embargos à execução, o juiz mandará notificar o exequente para, querendo, impugná-los, no prazo de cinco dias (CLT, art. 884, *caput*). Como salientamos no item 32.5 *supra*.

Finda a instrução, ou inexistindo necessidade desta, o juiz proferirá a decisão. Caso seja esta desfavorável, no todo ou em parte, à Fazenda Pública, não há falar-se em remessa necessária ("recurso ordinário *ex officio*", na linguagem do art. 1º, V, do DL n. 779/69), já que esta condição de eficácia da sentença tem cabimento, apenas, no processo de conhecimento.

Assim, o ato que julga os embargos à execução (ou a impugnação ao cumprimento da sentença) desfavorável às pessoas jurídicas de direito público é passível de agravo de petição (CLT, art. 897, *a*), sendo que o prazo recursal conta-se em dobro, já que o art. 1º, III, do Decreto-Lei n. 779/69 confere-lhes tal prerrogativa para todo e qualquer recurso, seja no processo cognitivo ou no de execução.

Transitada em julgado a decisão da impugnação ou dos dos embargos, o procedimento trabalhista cede lugar ao procedimento específico do precatório ou da RPV – Requisição de Pequeno Valor, conforme o caso.

33.8. Precatório

O conhecido "Vocabulário" de Plácido e Silva define que precatório "é essencialmente empregado para indicar a requisição, ou propriamente, a carta expedida pelos juízes da execução de sentença, em que a Fazenda Pública foi condenada a certo pagamento, ao Presidente do Tribunal, a fim de que, por seu intermédio, se autorizem e se expeçam as necessárias ordens de pagamento às respectivas repartições pagadoras".

Salienta José Augusto Rodrigues Pinto[81], que o "precatório corresponde a um instrumento para fazer cumprir-se o que Coqueijo Costa denomina de "mandamento constitucional", porque, precisamente, cristalizado no art. 100 da Constituição Federal em vigor".

Para Almir Pazzianotto Pinto, precatório "é a denominação dada ao expediente obrigatoriamente dirigido pelo presidente de tribunal à autoridade competente, requisitando o pagamento do valor da dívida fixada em sentença judicial, contra a qual não mais cabe recurso"[82].

Adverte, com razão, Adilson Abreu Dallari que

> existem duas apresentações de precatório: a primeira, ao Tribunal, para fixar a ordem cronológica dos pagamentos; a segunda, à fonte pagadora, para inclusão da

81. *Execução trabalhista*. 6. ed. São Paulo: LTr, 1994. p. 166.
82. A Questão dos Precatórios, in *Boletim Informativo do TRT da 17ª Região*, n. 52, p. 4 (republicado do *Jornal da Tarde*, 19-2-1997).

> proposta orçamentária. (...) Tecnicamente, o que se apresenta à fonte pagadora não é o precatório (comunicação do juiz ao tribunal), mas, sim, um aviso requisitório, uma requisição, uma determinação expedida pelo Tribunal à Fazenda Pública, no sentido da inclusão obrigatória, no projeto de orçamento anual, de recursos suficientes para atender a todos os precatórios, no valor fixado em 1º de julho[83].

Em síntese, o precatório tem por escopo: *a)* o respeito à autoridade da coisa julgada pelas pessoas jurídicas de direito público, cumprindo, assim, o princípio da independência entre os Poderes da República; *b)* conferir caráter impessoal (princípio da impessoalidade, art. 37, *caput*, da CF) às verbas públicas e aos créditos dos exequentes; *c)* disciplinar uma ordem cronológica rígida no respeitante aos pagamentos a serem efetuados, assegurando-se aos credores da Fazenda Pública igualdade de tratamento.

O art. 100 da CF, com nova redação dada pela EC n. 62, de 18 de dezembro de 2009, disciplina que os "pagamentos devidos pelas Fazendas Públicas Federal, Estaduais, Distrital e Municipais, em virtude de sentença judiciária, far-se-ão exclusivamente na ordem cronológica de apresentação dos precatórios e à conta dos créditos respectivos, proibida a designação de casos ou de pessoas nas dotações orçamentárias e nos créditos adicionais abertos para este fim".

Os §§ 1º e 2º do art. 100 da CF tratam dos débitos de natureza alimentícia, que são

> aqueles decorrentes de salários, vencimentos, proventos, pensões e suas complementações, benefícios previdenciários e indenizações por morte ou por invalidez, fundadas em responsabilidade civil, em virtude de sentença judicial transitada em julgado, e serão pagos com preferência sobre todos os demais débitos, exceto os débitos de natureza alimentícia cujos titulares tenham 60 (sessenta) anos de idade ou mais na data de expedição do precatório, ou sejam portadores de doença grave, definidos na forma da lei, serão pagos com preferência sobre todos os demais débitos, até o valor equivalente ao triplo do fixado em lei para os fins do disposto no § 3º do mesmo art. 100 da CF, sendo admitido o fracionamento para essa finalidade, sendo que o restante será pago na ordem cronológica de apresentação do precatório. § 5º É obrigatória a inclusão, no orçamento das entidades de direito público, de verba necessária ao pagamento de seus débitos, oriundos de sentenças transitadas em julgado, constantes de precatórios judiciários apresentados até 1º de julho, fazendo-se o pagamento até o final do exercício seguinte, quando terão seus valores atualizados monetariamente.§ 6º As dotações orçamentárias e os créditos abertos serão consignados diretamente ao Poder Judiciário, cabendo ao Presidente do Tri-

83. DALLARI, Adilson Abreu. Precatórios judiciais. In Genesis, *Revista de Direito Administrativo Aplicado*, n. 6, Curitiba, 6-9-1995, p. 696-697.

bunal que proferir a decisão exequenda determinar o pagamento integral e autorizar, a requerimento do credor e exclusivamente para os casos de preterimento de seu direito de precedência ou de não alocação orçamentária do valor necessário à satisfação do seu débito, o sequestro da quantia respectiva.

§ 7º O Presidente do Tribunal competente que, por ato comissivo ou omissivo, retardar ou tentar frustrar a liquidação regular de precatórios incorrerá em crime de responsabilidade e responderá, também, perante o Conselho Nacional de Justiça.

§ 8º É vedada a expedição de precatórios complementares ou suplementares de valor pago, bem como o fracionamento, repartição ou quebra do valor da execução para fins de enquadramento de parcela do total ao que dispõe o § 3º deste artigo.

§ 9º No momento da expedição dos precatórios, independentemente de regulamentação, deles deverá ser abatido, a título de compensação, valor correspondente aos débitos líquidos e certos, inscritos ou não em dívida ativa e constituídos contra o credor original pela Fazenda Pública devedora, incluídas parcelas vincendas de parcelamentos, ressalvados aqueles cuja execução esteja suspensa em virtude de contestação administrativa ou judicial.

§ 10. Antes da expedição dos precatórios, o Tribunal solicitará à Fazenda Pública devedora, para resposta em até 30 (trinta) dias, sob pena de perda do direito de abatimento, informação sobre os débitos que preencham as condições estabelecidas no § 9º, para os fins nele previstos.

§ 11. É facultada ao credor, conforme estabelecido em lei da entidade federativa devedora, a entrega de créditos em precatórios para compra de imóveis públicos do respectivo ente federado.

§ 12. A partir da promulgação desta Emenda Constitucional, a atualização de valores de requisitórios, após sua expedição, até o efetivo pagamento, independentemente de sua natureza, será feita pelo índice oficial de remuneração básica da caderneta de poupança, e, para fins de compensação da mora, incidirão juros simples no mesmo percentual de juros incidentes sobre a caderneta de poupança, ficando excluída a incidência de juros compensatórios.

§ 13. O credor poderá ceder, total ou parcialmente, seus créditos em precatórios a terceiros, independentemente da concordância do devedor, não se aplicando ao cessionário o disposto nos §§ 2º e 3º.

§ 14. A cessão de precatórios somente produzirá efeitos após comunicação, por meio de petição protocolizada, ao tribunal de origem e à entidade devedora.

§ 15. Sem prejuízo do disposto neste artigo, lei complementar a esta Constituição Federal poderá estabelecer regime especial para pagamento de crédito de precatórios de Estados, Distrito Federal e Municípios, dispondo sobre vinculações à receita corrente líquida e forma e prazo de liquidação.

§ 16. A seu critério exclusivo e na forma de lei, a União poderá assumir débitos, oriundos de precatórios, de Estados, Distrito Federal e Municípios, refinanciando-os diretamente.

É importante advertir que o STF, em relação aos créditos de natureza alimentícia, editou a Súmula 655:

A exceção prevista no art. 100, *caput*, da Constituição, em favor dos créditos de natureza alimentícia, não dispensa a expedição de precatório, limitando-se a isentá-los da observância da ordem cronológica dos precatórios decorrentes de condenações de outra natureza.

O STJ também editou a Súmula 144, nos seguintes termos:

Os créditos de natureza alimentícia gozam de preferência, desvinculados os precatórios da ordem cronológica dos créditos de natureza diversa.

Em se tratando, porém, de execução de créditos de pequeno valor em face da Fazenda Pública não há lugar para o precatório, como veremos mais adiante.

É de se registrar que, nos termos do art. 97 do ADCT, com redação dada pela EC n. 62/2009:

Art. 97. Até que seja editada a lei complementar de que trata o § 15 do art. 100 da Constituição Federal, os Estados, o Distrito Federal e os Municípios que, na data de publicação desta Emenda Constitucional, estejam em mora na quitação de precatórios vencidos, relativos às suas administrações direta e indireta, inclusive os emitidos durante o período de vigência do regime especial instituído por este artigo, farão esses pagamentos de acordo com as normas a seguir estabelecidas, sendo inaplicável o disposto no art. 100 desta Constituição Federal, exceto em seus §§ 2º, 3º, 9º, 10, 11, 12, 13 e 14, e sem prejuízo dos acordos de juízos conciliatórios já formalizados na data de promulgação desta Emenda Constitucional.

§ 1º Os Estados, o Distrito Federal e os Municípios sujeitos ao regime especial de que trata este artigo optarão, por meio de ato do Poder Executivo:

I – pelo depósito em conta especial do valor referido pelo § 2º deste artigo; ou

II – pela adoção do regime especial pelo prazo de até 15 (quinze) anos, caso em que o percentual a ser depositado na conta especial a que se refere o § 2º deste artigo corresponderá, anualmente, ao saldo total dos precatórios devidos, acrescido do índice oficial de remuneração básica da caderneta de poupança e de juros simples no mesmo percentual de juros incidentes sobre a caderneta de poupança para fins de compensação da mora, excluída a incidência de juros compensatórios, diminuído das amortizações e dividido pelo número de anos restantes no regime especial de pagamento.

§ 2º Para saldar os precatórios, vencidos e a vencer, pelo regime especial, os Estados, o Distrito Federal e os Municípios devedores depositarão mensalmente, em conta especial criada para tal fim, 1/12 (um doze avos) do valor calculado percentualmente sobre as respectivas receitas correntes líquidas, apuradas no segundo mês anterior ao mês de pagamento, sendo que esse percentual, calculado no momento de opção pelo regime e mantido fixo até o final do prazo a que se refere o § 14 deste artigo, será:

I – para os Estados e para o Distrito Federal:

a) de, no mínimo, 1,5% (um inteiro e cinco décimos por cento), para os Estados das regiões Norte, Nordeste e Centro-Oeste, além do Distrito Federal, ou cujo estoque de precatórios pendentes das suas administrações direta e indireta corresponder a até 35% (trinta e cinco por cento) do total da receita corrente líquida;

b) de, no mínimo, 2% (dois por cento), para os Estados das regiões Sul e Sudeste, cujo estoque de precatórios pendentes das suas administrações direta e indireta corresponder a mais de 35% (trinta e cinco por cento) da receita corrente líquida.

II – para Municípios:

a) de, no mínimo, 1% (um por cento), para Municípios das regiões Norte, Nordeste e Centro-Oeste, ou cujo estoque de precatórios pendentes das suas administrações direta e indireta corresponder a até 35% (trinta e cinco por cento) da receita corrente líquida;

b) de, no mínimo, 1,5% (um inteiro e cinco décimos por cento), para Municípios das regiões Sul e Sudeste, cujo estoque de precatórios pendentes das suas administrações direta e indireta corresponder a mais de 35% (trinta e cinco por cento) da receita corrente líquida.

§ 3º Entende-se como receita corrente líquida, para os fins de que trata este artigo, o somatório das receitas tributárias, patrimoniais, industriais, agropecuárias, de contribuições e de serviços, transferências correntes e outras receitas correntes, incluindo as oriundas do § 1º do art. 20 da Constituição Federal, verificado no período compreendido pelo mês de referência e os 11 (onze) meses anteriores, excluídas as duplicidades, e deduzidas:

I – nos Estados, as parcelas entregues aos Municípios por determinação constitucional;

II – nos Estados, no Distrito Federal e nos Municípios, a contribuição dos servidores para custeio do seu sistema de previdência e assistência social e as receitas provenientes da compensação financeira referida no § 9º do art. 201 da Constituição Federal.

§ 4º As contas especiais de que tratam os §§ 1º e 2º serão administradas pelo Tribunal de Justiça local, para pagamento de precatórios expedidos pelos tribunais.

§ 5º Os recursos depositados nas contas especiais de que tratam os §§ 1º e 2º deste artigo não poderão retornar para Estados, Distrito Federal e Municípios devedores.

§ 6º Pelo menos 50% (cinquenta por cento) dos recursos de que tratam os §§ 1º e 2º deste artigo serão utilizados para pagamento de precatórios em ordem cronológica de apresentação, respeitadas as preferências definidas no § 1º, para os requisitórios do mesmo ano e no § 2º do art. 100, para requisitórios de todos os anos.

§ 7º Nos casos em que não se possa estabelecer a precedência cronológica entre 2 (dois) precatórios, pagar-se-á primeiramente o precatório de menor valor.

§ 8º A aplicação dos recursos restantes dependerá de opção a ser exercida por Estados, Distrito Federal e Municípios devedores, por ato do Poder Executivo, obedecendo à seguinte forma, que poderá ser aplicada isoladamente ou simultaneamente:

I – destinados ao pagamento dos precatórios por meio do leilão;

II – destinados a pagamento a vista de precatórios não quitados na forma do § 6º e do inciso I, em ordem única e crescente de valor por precatório;

III – destinados a pagamento por acordo direto com os credores, na forma estabelecida por lei própria da entidade devedora, que poderá prever criação e forma de funcionamento de câmara de conciliação.

§ 9º Os leilões de que trata o inciso I do § 8º deste artigo:

I – serão realizados por meio de sistema eletrônico administrado por entidade autorizada pela Comissão de Valores Mobiliários ou pelo Banco Central do Brasil;

II – admitirão a habilitação de precatórios, ou parcela de cada precatório indicada pelo seu detentor, em relação aos quais não esteja pendente, no âmbito do Poder Judiciário, recurso ou impugnação de qualquer natureza, permitida por iniciativa do Poder Executivo a compensação com débitos líquidos e certos, inscritos ou não em dívida ativa e constituídos contra devedor originário pela Fazenda Pública devedora até a data da expedição do precatório, ressalvados aqueles cuja exigibilidade esteja suspensa nos termos da legislação, ou que já tenham sido objeto de abatimento nos termos do § 9º do art. 100 da Constituição Federal;

III – ocorrerão por meio de oferta pública a todos os credores habilitados pelo respectivo ente federativo devedor;

IV – considerarão automaticamente habilitado o credor que satisfaça o que consta no inciso II;

V – serão realizados tantas vezes quanto necessário em função do valor disponível;

VI – a competição por parcela do valor total ocorrerá a critério do credor, com deságio sobre o valor desta;

VII – ocorrerão na modalidade deságio, associado ao maior volume ofertado cumulado ou não com o maior percentual de deságio, pelo maior percentual de deságio, podendo ser fixado valor máximo por credor, ou por outro critério a ser definido em edital;

VIII – o mecanismo de formação de preço constará nos editais publicados para cada leilão;

IX – a quitação parcial dos precatórios será homologada pelo respectivo Tribunal que o expediu.

§ 10. No caso de não liberação tempestiva dos recursos de que tratam o inciso II do § 1º e os §§ 2º e 6º deste artigo:

I – haverá o sequestro de quantia nas contas de Estados, Distrito Federal e Municípios devedores, por ordem do Presidente do Tribunal referido no § 4º, até o limite do valor não liberado;

II – constituir-se-á, alternativamente, por ordem do Presidente do Tribunal requerido, em favor dos credores de precatórios, contra Estados, Distrito Federal e Municípios devedores, direito líquido e certo, autoaplicável e independentemente de regulamentação, à compensação automática com débitos líquidos lançados por esta contra aqueles, e, havendo saldo em favor do credor, o valor terá automaticamente poder liberatório do pagamento de tributos de Estados, Distrito Federal e Municípios devedores, até onde se compensarem;

III – o chefe do Poder Executivo responderá na forma da legislação de responsabilidade fiscal e de improbidade administrativa;

IV – enquanto perdurar a omissão, a entidade devedora:

a) não poderá contrair empréstimo externo ou interno;

b) ficará impedida de receber transferências voluntárias.

V – a União reterá os repasses relativos ao Fundo de Participação dos Estados e do Distrito Federal e ao Fundo de Participação dos Municípios, e os depositará nas contas especiais referidas no § 1º, devendo sua utilização obedecer ao que prescreve o § 5º, ambos deste artigo.

§ 11. No caso de precatórios relativos a diversos credores, em litisconsórcio, admite-se o desmembramento do valor, realizado pelo Tribunal de origem do precatório, por credor, e, por este, a habilitação do valor total a que tem direito, não se aplicando, neste caso, a regra do § 3º do art. 100 da Constituição Federal.

§ 12. Se a lei a que se refere o § 4º do art. 100 não estiver publicada em até 180 (cento e oitenta) dias, contados da data de publicação desta Emenda Constitucional, será considerado, para os fins referidos, em relação a Estados, Distrito Federal e Municípios devedores, omissos na regulamentação, o valor de:

I – 40 (quarenta) salários mínimos para Estados e para o Distrito Federal;

II – 30 (trinta) salários mínimos para Municípios.

§ 13. Enquanto Estados, Distrito Federal e Municípios devedores estiverem realizando pagamentos de precatórios pelo regime especial, não poderão sofrer sequestro de valores, exceto no caso de não liberação tempestiva dos recursos de que tratam o inciso II do § 1º e o § 2º deste artigo.

§ 14. O regime especial de pagamento de precatório previsto no inciso I do § 1º vigorará enquanto o valor dos precatórios devidos for superior ao valor dos recursos vinculados, nos termos do § 2º, ambos deste artigo, ou pelo prazo fixo de até 15 (quinze) anos, no caso da opção prevista no inciso II do § 1º.

§ 15. Os precatórios parcelados na forma do art. 33 ou do art. 78 deste Ato das Disposições Constitucionais Transitórias e ainda pendentes de pagamento ingressarão no regime especial com o valor atualizado das parcelas não pagas relativas a cada precatório, bem como o saldo dos acordos judiciais e extrajudiciais.

§ 16. A partir da promulgação desta Emenda Constitucional, a atualização de valores de requisitórios, até o efetivo pagamento, independentemente de sua natureza, será feita pelo índice oficial de remuneração básica da caderneta de poupança, e, para fins de compensação da mora, incidirão juros simples no mesmo percentual de juros incidentes sobre a caderneta de poupança, ficando excluída a incidência de juros compensatórios.

§ 17. O valor que exceder o limite previsto no § 2º do art. 100 da Constituição Federal será pago, durante a vigência do regime especial, na forma prevista nos §§ 6º e 7º ou nos incisos I, II e III do § 8º deste artigo, devendo os valores dispendidos para o atendimento do disposto no § 2º do art. 100 da Constituição Federal serem computados para efeito do § 6º deste artigo.

§ 18. Durante a vigência do regime especial a que se refere este artigo, gozarão também da preferência a que se refere o § 6º os titulares originais de precatórios que tenham completado 60 (sessenta) anos de idade até a data da promulgação desta Emenda Constitucional.

Dispõe o art. 3º da EC n. 62, de 9 de dezembro de 2009 (*DOU* 10-12-2009), que a implantação do regime de pagamento criado pelo art. 97 do ADCT deverá ocorrer no prazo de até noventa dias, contados da data da publicação da referida Emenda Constitucional.

Outra cláusula transitória a respeito do precatório está prevista no art. 4º da EC n. 62/2009, *in verbis*:

Art. 4º A entidade federativa voltará a observar somente o disposto no art. 100 da Constituição Federal:

> I – no caso de opção pelo sistema previsto no inciso I do § 1º do art. 97 do Ato das Disposições Constitucionais Transitórias, quando o valor dos precatórios devidos for inferior ao dos recursos destinados ao seu pagamento;
>
> II – no caso de opção pelo sistema previsto no inciso II do § 1º do art. 97 do Ato das Disposições Constitucionais Transitórias, ao final do prazo.

A EC n. 62/2009 (arts. 5º e 6º) convalidou "todas as cessões de precatórios efetuadas antes da promulgação desta Emenda Constitucional, independentemente da concordância da entidade devedora", bem como "todas as compensações de precatórios com tributos vencidos até 31-10-2009 da entidade devedora, efetuadas na forma do disposto no § 2º do art. 78 do ADCT, realizadas antes de 10-12-2009", data da publicação da EC n. 62/2009.

Quando se esperava a pacificação da questão relativa ao pagamento dos precatórios pelos Estados, Distrito Federal e Municípios, foram promulgadas a Emenda Constitucional n. 94, de 15-12-2016, que alterou o art. 100 da CF para dispor sobre o regime de pagamento de débitos públicos decorrentes de condenações judiciais e acrescentou dispositivos ao ADCT para instituir regime especial de pagamento para os casos em mora; e a Emenda Constitucional n. 99, de 14-12-2017, que alterou o art. 101 do ADCT, instituindo novo regime especial de pagamento de precatórios, e os arts. 102, 103 e 105 do ADCT, os quais passaram a disciplinar a situação dos Estados, do Distrito Federal e dos Municípios que, em 25 de março de 2015, se encontravam em mora no pagamento de seus precatórios. Esses entes da federação quitarão, até 31 de dezembro de 2024, seus débitos vencidos e os que vencerão dentro desse período, atualizados pelo Índice Nacional de Preços ao Consumidor Amplo Especial (IPCA-E), ou por outro índice que venha a substituí-lo, depositando mensalmente em conta especial do Tribunal de Justiça local, sob única e exclusiva administração deste, 1/12 (um doze avos) do valor calculado percentualmente sobre suas receitas correntes líquidas apuradas no segundo mês anterior ao mês de pagamento, em percentual suficiente para a quitação de seus débitos e, ainda que variável, nunca inferior, em cada exercício, ao percentual praticado na data da entrada em vigor do regime especial a que se refere este artigo, em conformidade com plano de pagamento a ser anualmente apresentado ao Tribunal de Justiça local.

Enquanto os Estados, o Distrito Federal e os Municípios estiverem efetuando o pagamento da parcela mensal devida como previsto no *caput* do art. 101 do ADCT, nem eles, nem as respectivas autarquias, fundações e empresas estatais dependentes poderão sofrer sequestro de valores, exceto no caso de não liberação tempestiva dos recursos (ADCT, art. 103).

Se os recursos referidos no art. 101 do ADCT para o pagamento de precatórios não forem tempestivamente liberados, no todo ou em parte:

> I – o Presidente do Tribunal de Justiça local determinará o sequestro, até o limite do valor não liberado, das contas do ente federado inadimplente; II – o chefe do

Poder Executivo do ente federado inadimplente responderá, na forma da legislação de responsabilidade fiscal e de improbidade administrativa; III – a União reterá os recursos referentes aos repasses ao Fundo de Participação dos Estados e do Distrito Federal e ao Fundo de Participação dos Municípios e os depositará na conta especial referida no art. 101 do ADCT, para utilização como nele previsto; IV – os Estados reterão os repasses previstos no parágrafo único do art. 158 da CF e os depositarão na conta especial referida no art. 101 do ADCT, para utilização como nele previsto.

Enquanto viger o regime de pagamento de precatórios previsto no art. 101 do ADCT, é facultada aos credores de precatórios, próprios ou de terceiros, a compensação com débitos de natureza tributária ou de outra natureza que até 25 de março de 2015 tenham sido inscritos na dívida ativa dos Estados, do Distrito Federal ou dos Municípios, observados os requisitos definidos em lei própria do ente federado.

33.9. RPV – Requisição de Pequeno Valor

No que tange aos débitos de pequeno valor devidos judicialmente pela Fazenda Pública, o § 3º do art. 100 da CF (incluído pela EC n. 94/2016) dispõe que não se aplica a regra referente ao precatório aos pagamentos de obrigações definidas em leis como de pequeno valor que as Fazendas referidas devam fazer em virtude de sentença judicial transitada em julgado.

De tal arte, para fins de RPV, poderão ser fixados, por leis próprias, valores distintos às entidades de direito público, segundo as diferentes capacidades econômicas, sendo o mínimo igual ao valor do maior benefício do regime geral de previdência social.

Além disso, dispõem os §§ 17 a 20 do art. 100 da CF que:

> (...) § 17. A União, os Estados, o Distrito Federal e os Municípios aferirão mensalmente, em base anual, o comprometimento de suas respectivas receitas correntes líquidas com o pagamento de precatórios e obrigações de pequeno valor.
>
> § 18. Entende-se como receita corrente líquida, para os fins de que trata o § 17, o somatório das receitas tributárias, patrimoniais, industriais, agropecuárias, de contribuições e de serviços, de transferências correntes e outras receitas correntes, incluindo as oriundas do § 1º do art. 20 da Constituição Federal, verificado no período compreendido pelo segundo mês imediatamente anterior ao de referência e os 11 (onze) meses precedentes, excluídas as duplicidades, e deduzidas:
>
> I – na União, as parcelas entregues aos Estados, ao Distrito Federal e aos Municípios por determinação constitucional; II – nos Estados, as parcelas entregues aos Municípios por determinação constitucional; III – na União, nos Estados, no Distrito Federal e nos Municípios, a contribuição dos servidores para custeio de seu siste-

ma de previdência e assistência social e as receitas provenientes da compensação financeira referida no § 9º do art. 201 da Constituição Federal.

§ 19. Caso o montante total de débitos decorrentes de condenações judiciais em precatórios e obrigações de pequeno valor, em período de 12 (doze) meses, ultrapasse a média do comprometimento percentual da receita corrente líquida nos 5 (cinco) anos imediatamente anteriores, a parcela que exceder esse percentual poderá ser financiada, excetuada dos limites de endividamento de que tratam os incisos VI e VII do art. 52 da Constituição Federal e de quaisquer outros limites de endividamento previstos, não se aplicando a esse financiamento a vedação de vinculação de receita prevista no inciso IV do art. 167 da Constituição Federal. (Incluído pela EC n. 94/2016)

§ 20. Caso haja precatório com valor superior a 15% (quinze por cento) do montante dos precatórios apresentados nos termos do § 5º deste artigo, 15% (quinze por cento) do valor deste precatório serão pagos até o final do exercício seguinte e o restante em parcelas iguais nos cinco exercícios subsequentes, acrescidas de juros de mora e correção monetária, ou mediante acordos diretos, perante Juízos Auxiliares de Conciliação de Precatórios, com redução máxima de 40% (quarenta por cento) do valor do crédito atualizado, desde que em relação ao crédito não penda recurso ou defesa judicial e que sejam observados os requisitos definidos na regulamentação editada pelo ente federado. (Incluído pela EC n. 94/2016)

Já o art. 86 do ADCT, incluído pela EC n. 37/2002, dispõe, *in verbis*:

Art. 86. Serão pagos conforme disposto no art. 100 da Constituição Federal, não se lhes aplicando a regra de parcelamento estabelecida no *caput* do art. 78 deste ADCT, os débitos da Fazenda Federal, Estadual, Distrital ou Municipal oriundos de sentenças transitadas em julgado, que preencham, cumulativamente, as seguintes condições:

I – ter sido objeto de emissão de precatórios judiciários; II – ter sido definidos como de pequeno valor pela lei de que trata o § 3º do art. 100 da CF ou pelo art. 87 deste ADCT;

III – estar, total ou parcialmente, pendentes de pagamento na data da publicação da EC n. 37/2002.

§ 1º Os débitos a que se refere o *caput* deste artigo, ou os respectivos saldos, serão pagos na ordem cronológica de apresentação dos respectivos precatórios, com precedência sobre os de maior valor.

§ 2º Os débitos a que se refere o *caput* deste artigo, se ainda não tiverem sido objeto de pagamento parcial, nos termos do art. 78 deste Ato das Disposições Constitucionais Transitórias, poderão ser pagos em duas parcelas anuais, se assim dispuser a lei.

§ 3º Observada a ordem cronológica de sua apresentação, os débitos de natureza alimentícia previstos neste artigo terão precedência para pagamento sobre todos os demais.

Por sua vez, o art. 87 do ADCT (também incluído pela EC n. 37/2002), para "efeito do que dispõem o § 3º do art. 100 da Constituição Federal e o art. 78 deste Ato das Disposições Constitucionais Transitórias", considera de *pequeno valor*,

> até que se dê a publicação oficial das respectivas leis definidoras pelos entes da Federação, observado o disposto no § 4º do art. 100 da Constituição Federal, os débitos ou obrigações consignados em precatório judiciário, que tenham valor igual ou inferior a:
>
> I – quarenta salários mínimos, perante a Fazenda dos Estados e do Distrito Federal;
>
> II – trinta salários mínimos, perante a Fazenda dos Municípios.

Parece-me que a lei superveniente – federal, estadual ou municipal – poderá estabelecer, desde que seja observado o princípio da razoabilidade, valores diferentes – para mais ou menos – dos fixados transitoriamente nos incisos I e II do art. 87 do ADCT, uma vez que assim dispõe a parte permanente da CF (art. 100, § 3º). Isso é possível em função da autonomia conferida aos entes da federação para definir, com base no princípio da razoabilidade, os débitos de pequeno valor que não se sujeitam ao procedimento do precatório. Nesse sentido é, em linhas gerais, a decisão proferida pelo STF na ADI n. 2.868.

Cumpre ressaltar que o parágrafo único do art. 87 do ADCT prevê que, se o valor da execução ultrapassar o estabelecido como "de pequeno valor", o pagamento far-se-á, sempre, por meio de precatório, sendo facultada à parte exequente a renúncia ao crédito do valor excedente, para que possa optar pelo pagamento do saldo sem o precatório, da forma prevista no § 3º do art. 100 da CF.

É importante lembrar que o procedimento da requisição de pequeno valor está disciplinado no art. 535, § 3º, item II, do CPC, ou seja, não impugnada a execução ou rejeitadas as arguições da Fazenda Pública executada:

> por ordem do juiz, dirigida à autoridade na pessoa de quem o ente público foi citado para o processo, o pagamento de obrigação de pequeno valor será realizado no prazo de 2 (dois) meses contado da entrega da requisição, mediante depósito na agência de banco oficial mais próxima da residência do exequente.

33.10. Sequestro

O sequestro de quantia destinada ao pagamento de precatórios judiciários já estava previsto no art. 117, §§ 1º e 2º, da Constituição de 1969.

Quando se esperava a solução de tão grave e tomentoso problema, o legislador constituinte praticamente em nada alterou o sistema anterior, como se infere dos §§ 1º e 2º, do art. 100, da Carta de 1988, dos quais podem ser extraídas duas regras.

A primeira reside na *obrigatoriedade da inclusão*, no orçamento das pessoas jurídicas de direito público, do valor necessário ao pagamento, no exercício seguinte, de todas as requisições recebidas, mediante precatórios, até o dia 1º de julho do exercício em curso (CF, art. 100, § 1º).

A segunda repousa na *obrigatoriedade de o ente público cumprir as requisições* oriundas de precatórios regulares, dentro da rigorosa ordem de apresentação (§ 2º).

À luz da literalidade dos dispositivos supracitados, o sequestro só teria lugar na hipótese de preterição que recaia exclusivamente sobre o crédito daquele que recebeu com inobservância da ordem cronológica de apresentação do precatório.

Para nós, o sequestro de rendas públicas é possível não apenas pela preterição individual, ou seja, quando o administrador público viola a ordem de preferência para o pagamento de precatório, mas, também, na hipótese em que o ente público sequer inclui o valor do precatório no orçamento público. Nesse sentido, trazemos a lume as seguintes ementas do TST:

> PRECATÓRIO REQUISITÓRIO – SEQUESTRO – EMENDA CONSTITUCIONAL N. 30/2000. Tratando-se de precatório pendente quando da promulgação da EC n. 30/2000, sequer incluído no orçamento do ente público quando de sua expedição em 1995, está configurada a hipótese que autoriza sequestro de recursos financeiros da entidade executada, suficientes à satisfação do crédito, desde que vencido o prazo para pagamento, ou seja, se não integralmente resgatado o débito até o final do exercício seguinte (art. 78, § 4º, do ADCT da CF/88, com a redação da Emenda Constitucional n. 30, de 13 de setembro de 2000). Recurso desprovido (TST ROMS n. 422.100, TP, Rel. Min. Wagner Pimenta, *DJU* 21-6-2002).
>
> MANDADO DE SEGURANÇA – PRECATÓRIO – SEQUESTRO – PRETERIÇÃO NA ORDEM DE PRECEDÊNCIA. O art. 100, § 2º, da Constituição Federal de 1988, quer em sua redação antiga como na atual, prevê a possibilidade de sequestro da quantia necessária à satisfação do débito, quando ocorrer preterimento do direito de precedência para o pagamento do precatório. A mesma regra consta do art. 731 do CPC. Na hipótese sob exame, o preterimento do direito de precedência foi consignado pela autoridade apontada como coatora, inexistindo nos autos prova conclusiva de que este inocorreu. Remessa de ofício e recurso ordinário desprovidos (TST RXOFROMS n. 711.026, S. Adm., Rel. Min. Rider Nogueira de Brito, *DJU* 14-12-2001).

Esse, porém, não é o entendimento do STF, como se infere do seguinte aresto:

> (...) Quanto ao mérito, parece-me exaustivamente demonstrada a sua procedência. Como dito, o Tribunal assentou que o art. 100, § 2º, da Constituição não sofreu al-

teração substancial com a nova redação dada pela EC n. 30/00, e declarou inconstitucionais os itens III e XII da Instrução Normativa n. 11, de 10 de abril de 1997, do Tribunal Superior do Trabalho. Firmou, desse modo, o entendimento de que somente se legitima o sequestro de verbas públicas para pagamento de precatórios quando se verificar preterição ao direito de procedência. 31. Como relatado, o sequestro foi determinado com base na circunstância fática de que expirou o prazo legal para pagamento do débito, fundando-se na previsão contida no § 4º do art. 78 do ADCT-CF/88, norma que, apesar de posterior à edição da IN n. 11/97, teve sua real extensão, quanto aos precatórios, fixada pelo Tribunal no julgamento de mérito da ADI n. 1.662-SP. 32. Não há dúvida que a decisão tida por descumprida realmente não contemplou a hipótese de não pagamento de quantias incluídas no orçamento do ente devedor como passível de sequestro, a afirmar a impossibilidade de serem criadas, à revelia do mandamento constitucional, novas modalidades de saque forçado de recursos públicos. Por isso mesmo, salvo o caso de preterição, todas as demais situações de inobservância das regras disciplinadas pelo art. 100 e parágrafos da Carta Federal constituem-se em manifesto descumprimento de ordem judicial, sujeitando o ente estatal infrator à intervenção federal (CF, art. 34, VI). 33. Resta evidenciado, dessa forma, que a ordem de sequestro descumpriu a autoridade da decisão tomada por esta Corte no julgamento da ADI n. 1.662-SP. Ante essas circunstâncias, conheço da reclamação e julgo-a procedente, razão pela qual fica prejudicado o agravo regimental de fls. 101/105 (RCL n. 372, Moreira Alves, *DJ* de 2-10-1992; RCL n. 1.779, de que fui relator, j. 20-5-2002) (STF, Reclamação n. 1.987-DF, Rel. Min. Maurício Corrêa, in Informativo STF n. 323, Acórdão pendente de publicação)[84].

Na mesma direção passou a ser a jurisprudência do TST. É o que se infere da OJ n. 13 do Tribunal Pleno/Órgão Especial:

> PRECATÓRIO. QUEBRA DA ORDEM DE PRECEDÊNCIA. NÃO DEMONSTRAÇÃO DA POSIÇÃO DO EXEQUENTE NA ORDEM CRONOLÓGICA. SEQUESTRO INDEVIDO (*DEJT* Divulgado em 16, 17 e 20-9-2010). É indevido o sequestro de verbas públicas quando o exequente/requerente não se encontra em primeiro lugar na lista de ordem cronológica para pagamento de precatórios ou quando não demonstrada essa condição.

84. No mesmo sentido, v. Reclamação n. 2.155-RJ, de 3-10-2002 (Estado do Rio de Janeiro *vs.* Juíza Presidente do TRT da 1ª Região, Rel. Min. Gilmar Mendes, *DJU* 196, Seção I, de 10-10-2002, p. 29-30).

É importante salientar que alguns juízes vêm deferindo sequestro de dinheiro público em conta bancária nas hipóteses de execução de créditos trabalhistas de pequeno valor (CF, art. 100, § 3º c/c. art. 87 do ADCT).

Cumpre advertir, contudo, que a EC n. 62/2009 alterou o art. 100 da CF, cujo § 6º passou a ter a seguinte redação:

> As dotações orçamentárias e os créditos abertos serão consignados diretamente ao Poder Judiciário, cabendo ao Presidente do Tribunal que proferir a decisão exequenda determinar o pagamento integral e autorizar, a requerimento do credor e exclusivamente para os casos de preterimento de seu direito de precedência ou de não alocação orçamentária do valor necessário à satisfação do seu débito, o sequestro da quantia respectiva.

Assim, na esteira do que já estávamos defendendo, o Congresso Nacional passou a admitir o sequestro judicial, a requerimento do credor, não apenas na hipótese de preterimento do seu direito de precedência, como também – e aqui a novidade – no caso de não inclusão e alocação orçamentária do valor necessário à satisfação do crédito do exequente.

Nos termos do § 10, I, do art. 97 do ADCT, no caso de não liberação tempestiva dos recursos de que tratam o inciso II do § 1º e os §§ 2º e 6º do referido artigo:

> haverá o sequestro de quantia nas contas de Estados, Distrito Federal e Municípios devedores, por ordem do Presidente do Tribunal referido no § 4º, até o limite do valor não liberado.

Além disso, dispõe o § 13 do art. 97 do ADCT que:

> Enquanto Estados, Distrito Federal e Municípios devedores estiverem realizando pagamentos de precatórios pelo regime especial, não poderão sofrer sequestro de valores, exceto no caso de não liberação tempestiva dos recursos de que tratam o inciso II do § 1º e o § 2º deste artigo.

Ademais, prevê o art. 103 do ADCT (incluído pela EC n. 94/2016) que:

> Enquanto os Estados, o Distrito Federal e os Municípios estiverem efetuando o pagamento da parcela mensal devida como previsto no *caput* do art. 101 deste Ato das Disposições Constitucionais Transitórias, nem eles, nem as respectivas autarquias, fundações e empresas estatais dependentes poderão sofrer sequestro de valores, exceto no caso de não liberação tempestiva dos recursos.

Importante salientar que o art. 104 do ADCT (incluído pela EC n. 94/2016) dispõe que se os recursos destinados ao pagamento de precatórios não forem tempestivamente liberados, no todo ou em parte:

I – o Presidente do Tribunal de Justiça local determinará o sequestro, até o limite do valor não liberado, das contas do ente federado inadimplente; II – o chefe do Poder Executivo do ente federado inadimplente responderá, na forma da legislação de responsabilidade fiscal e de improbidade administrativa; III – a União reterá os recursos referentes aos repasses ao Fundo de Participação dos Estados e do Distrito Federal e ao Fundo de Participação dos Municípios e os depositará na conta especial referida no art. 101 deste ADCT, para utilização como nele previsto; IV – os Estados reterão os repasses previstos no parágrafo único do art. 158 da CF e os depositarão na conta especial referida no art. 101 deste ADCT, para utilização como nele previsto.

Enquanto perdurar a omissão, o ente federado não poderá contrair empréstimo externo ou interno, exceto para os fins previstos no § 2º do art. 101 do ADCT, e ficará impedido de receber transferências voluntárias.

Cumpre advertir, por outro lado, que o fato da dispensa do precatório nas execuções trabalhistas referentes a créditos considerados de pequeno valor não elide a necessidade de observância do disposto nos arts. 534, 535 e 910 do CPC (art. 730 do CPC/73), haja vista que os bens públicos continuam sendo impenhoráveis.

Dito de outro modo, apurado o *quantum debeatur*, deverá o ente público ser intimado (CPC, art. 535) para oferecer impugnação à sentença ou citado (CPC, art. 910) para oferecer embargos à execução. A partir de tal intimação ou citação, a nosso ver, inicia-se a contagem, tanto para oferecimento da impugnação ao cumprimento da sentença ou dos embargos à execução (art. 880 da CLT c/c arts. 535 e 910 do CPC) quanto para o depósito do valor devido.

Caso o ente público ofereça impugnação ao cumprimento da sentença ou ajuíze os embargos à execução, pensamos que o prazo previsto no inciso II do § 3º do art. 535 do CPC ficará suspenso até que a impugnação (ou embargos à execução) seja julgada.

Transitando em julgado a decisão da impugnação ou dos embargos à execução, aí, sim, recomeça-se a contagem do prazo para o depósito do valor devido na agência de banco oficial mais próxima da residência do exequente.

Não custa lembrar que uma coisa é a dispensa do precatório nas execuções (ou cumprimento de sentença) de créditos de pequeno valor; outra coisa bem diferente é a necessidade de se conferir ao ente público devedor o direito de ajuizar a impugnação ao cumprimento da sentença ou a ação de embargos à execução. Daí por que entendemos que a ordem de sequestro somente poderá ser expedida ao depois de transitada em julgado a decisão que apreciar a impugnação ao cumprimento da sentença ou os embargos à execução ou, se o ente público, citado, deixa escoar *in albis* o prazo para o oferecimento da impugnação ou dos embargos.

É preciso salientar que o ente público não está obrigado a garantir a execução para poder ajuizar a impugnação ao cumprimento da sentença ou os embargos à execução (CPC, arts. 535 e 910), pois os seus bens continuam sendo impenhoráveis.

33.10.1. A posição do TST sobre RPV e sequestro

Sobre precatório, RPV e sequestro, o Tribunal Pleno do TST editou as seguintes OJs:

> OJ n. 1 – PRECATÓRIO. CRÉDITO TRABALHISTA. PEQUENO VALOR. EMENDA CONSTITUCIONAL N. 37/2002 (*DJ* 9-12-2003 – PARÁGRAFO ÚNICO DO ART. 168 DO REGIMENTO INTERNO DO TST). Há dispensa da expedição de precatório, na forma do art. 100, § 3º, da CF/1988, quando a execução contra a Fazenda Pública não exceder os valores definidos, provisoriamente, pela Emenda Constitucional n. 37/2002, como obrigações de pequeno valor, inexistindo ilegalidade, sob esse prisma, na determinação de sequestro da quantia devida pelo ente público.
>
> OJ n. 2 – PRECATÓRIO. REVISÃO DE CÁLCULOS. LIMITES DA COMPETÊNCIA DO PRESIDENTE DO TRT (*DJ* 9-12-2003 – parágrafo único do art. 168 do Regimento Interno do TST). O pedido de revisão dos cálculos, em fase de precatório, previsto no art. 1º-E da Lei n. 9.494/1997, apenas poderá ser acolhido desde que: *a*) o requerente aponte e especifique claramente quais são as incorreções existentes nos cálculos, discriminando o montante que seria correto, pois do contrário a incorreção torna-se abstrata; *b*) o defeito nos cálculos esteja ligado à incorreção material ou à utilização de critério em descompasso com a lei ou com o título executivo judicial; e *c*) o critério legal aplicável ao débito não tenha sido objeto de debate nem na fase de conhecimento, nem na fase de execução.
>
> OJ n. 3 – PRECATÓRIO. SEQUESTRO. EMENDA CONSTITUCIONAL N. 30/2000. PRETERIÇÃO. ADIN n. 1.662-8. ART. 100, § 2º, DA CF/1988 (*DJ* 9-12-2003 – Parágrafo único do art. 168 do Regimento Interno do TST). O sequestro de verbas públicas para satisfação de precatórios trabalhistas só é admitido na hipótese de preterição do direito de precedência do credor, a ela não se equiparando as situações de não inclusão da despesa no orçamento ou de não pagamento do precatório até o final do exercício, quando incluído no orçamento.
>
> OJ n. 6 – PRECATÓRIO. EXECUÇÃO. LIMITAÇÃO DA CONDENAÇÃO IMPOSTA PELO TÍTULO JUDICIAL EXEQUENDO À DATA DO ADVENTO DA LEI N. 8.112, de 11-12-1990 (*DJ* 25-4-2007). Em sede de precatório, não configura ofensa à coisa julgada a limitação dos efeitos pecuniários da sentença condenatória ao período anterior ao advento da Lei n. 8.112, de 11-12-1990, em que o exequente submetia-se à legislação trabalhista, salvo disposição expressa em contrário na decisão exequenda.
>
> OJ n. 7 – JUROS DE MORA. CONDENAÇÃO DA FAZENDA PÚBLICA (nova redação – Res. n. 175/2011, *DEJT* divulgado em 27, 30 e 31-5-2011). I – Nas condenações impostas à Fazenda Pública, incidem juros de mora segundo os seguintes cri-

térios: *a)* 1% (um por cento) ao mês, até agosto de 2001, nos termos do § 1º do art. 39 da Lei n. 8.177, de 1º-3-1991; *b)* 0,5% (meio por cento) ao mês, de setembro de 2001 a junho de 2009, conforme determina o art. 1º – F da Lei n. 9.494, de 10-9-1997, introduzido pela Medida Provisória n. 2.180-35, de 24-8-2001; II – A partir de 30 de junho de 2009, atualizam-se os débitos trabalhistas da Fazenda Pública, mediante a incidência dos índices oficiais de remuneração básica e juros aplicados à caderneta de poupança, por força do art. 5º da Lei n. 11.960, de 29-6-2009. III – A adequação do montante da condenação deve observar essa limitação legal, ainda que em sede de precatório.

OJ n. 8 – PRECATÓRIO. MATÉRIA ADMINISTRATIVA. REMESSA NECESSÁRIA. NÃO CABIMENTO (*DJ* 25-4-2007). Em sede de precatório, por se tratar de decisão de natureza administrativa, não se aplica o disposto no art. 1º, V, do Decreto-Lei n. 779, de 21-8-1969, em que se determina a remessa necessária em caso de decisão judicial desfavorável a ente público.

OJ n. 9 – PRECATÓRIO. PEQUENO VALOR. INDIVIDUALIZAÇÃO DO CRÉDITO APURADO. RECLAMAÇÃO TRABALHISTA PLÚRIMA. EXECUÇÃO DIRETA CONTRA A FAZENDA PÚBLICA. POSSIBILIDADE (*DJ* 25-4-2007). Tratando-se de reclamações trabalhistas plúrimas, a aferição do que vem a ser obrigação de pequeno valor, para efeito de dispensa de formação de precatório e aplicação do disposto no § 3º do art. 100 da CF/88, deve ser realizada considerando-se os créditos de cada reclamante.

OJ n. 10 – PRECATÓRIO. PROCESSAMENTO E PAGAMENTO. NATUREZA ADMINISTRATIVA. MANDADO DE SEGURANÇA. CABIMENTO (*DJ* 25-4-2007). É cabível mandado de segurança contra atos praticados pela Presidência dos Tribunais Regionais em precatório em razão de sua natureza administrativa, não se aplicando o disposto no inciso II do art. 5º da Lei n. 1.533, de 31-12-1951.

33.11. Sucessão trabalhista e precatório

Em se tratando de sucessão trabalhista, ou seja, quando uma empresa pública ou sociedade de economia mista é, por lei, transformada em autarquia ou fundação pública, a execução continua sendo direta, porquanto válida a penhora já procedida, não havendo lugar para o procedimento do precatório. É esse o entendimento consagrado na OJ n. 343 da SBDI-1:

PENHORA. SUCESSÃO. ART. 100 DA CF/1988. EXECUÇÃO. É válida a penhora em bens de pessoa jurídica de direito privado, realizada anteriormente à sucessão pela União ou por Estado-membro, não podendo a execução prosseguir mediante precatório. A decisão que a mantém não viola o art. 100 da CF/1988.

33.12. Fracionamento de precatório

Outro tema que vem sendo debatido nas execuções contra os entes públicos é o atinente à possibilidade de fracionamento do precatório quando são vários os credores em ações individuais plúrimas.

Apreciando a matéria, a SBDI-2 do TST (RXOF e ROMS n. 800/2003) negou o pedido do Município de Juiz de Fora para a suspensão do sequestro de dinheiro para pagamento de débitos trabalhistas de pequeno valor. O sequestro foi determinado pelo juiz da Segunda Vara do Trabalho de Juiz de Fora em benefício de quatro servidores que, juntamente com outros 12 colegas, ganharam uma causa de R$ 852.103,02. O crédito de dois deles é inferior a 60 salários mínimos, o que permite a execução imediata, sem precatório. Outros dois renunciaram ao crédito excedente a esse limite fixado de acordo com a Constituição. Em recurso ao TST, o Município alegou ter havido fracionamento do precatório, o que é vedado pela CF (art. 100, §§ 3º e 4º). Entretanto, o relator do recurso, ministro Barros Levenhagen, disse que isso ficaria caracterizado somente se o juiz possibilitasse ao servidor com crédito acima do limite receber uma parte de forma direta e o restante por meio de precatório. No caso, enfatizou, "dois credores tinham a receber o equivalente ao patamar legal e os outros dois renunciaram ao que excedia dessa quantia com a finalidade de se enquadrarem no que estabelece a lei como crédito de pequeno valor". O relator esclareceu que a EC n. 20/98 (§ 3º) autoriza esse procedimento "quando a obrigação for definida em lei como de pequeno valor". A ordem de sequestro respaldou-se na Resolução Administrativa n. 149/2001 do TRT da 3ª Região, que autoriza ao juiz titular da Vara proceder, nos precatórios de valor inferior a sessenta salários mínimos, ao imediato sequestro da quantia suficiente à sua quitação nos termos da Constituição e da Lei n. 10.259/2001, afirmou. Em relação ao fracionamento da decisão judicial, Barros Levenhagen considerou essa cisão possível porque cada um dos 16 servidores que moveu uma mesma ação contra o município é autônomo. "Cada um poderia ter proposto uma reclamação trabalhista individualmente e não o fez por questão de conveniência e economia processual", disse. "Por se tratar de ação plúrima – o que vale dizer uma cumulação de ações – é possível identificar individualmente o direito de cada reclamante para o fim de enquadrá-lo ou não na regra inerente ao crédito de pequeno valor e, nesta hipótese, não ocorre o fenômeno do fracionamento", enfatizou[85].

Para finalizar este tópico, convém lembrar que o Tribunal Pleno do TST editou a OJ n. 9, *in verbis:*

> PRECATÓRIO. PEQUENO VALOR. INDIVIDUALIZAÇÃO DO CRÉDITO APURADO. RECLAMAÇÃO TRABALHISTA PLÚRIMA. EXECUÇÃO DIRETA CONTRA A FAZENDA PÚBLICA. POSSIBILIDADE (*DJ* 25-4-2007). Tratando-se de

85. Disponível em: <www.tst.gov.br>.

reclamações trabalhistas plúrimas, a aferição do que vem a ser obrigação de pequeno valor, para efeito de dispensa de formação de precatório e aplicação do disposto no § 3º do art. 100 da CF/88, deve ser realizada considerando-se os créditos de cada reclamante.

Outras questões sobre fracionamento, consultar a IN/TST n. 32/2007, valendo registrar, porém, que tal ato normativo deverá sofrer alterações importantes, a fim de adequar-se às Emendas Constitucionais ns. 62/2009, 94/2016 e 99/2017.

34. EXECUÇÃO DAS MULTAS IMPOSTAS AOS EMPREGADORES PELOS ÓRGÃOS DE FISCALIZAÇÃO DO TRABALHO

A ação (especial) de execução para cobrança das multas impostas pelos órgãos de fiscalização deve observar prioritariamente o procedimento previsto na Lei n. 6.830/80, restando à CLT e ao CPC, no que couber, o papel de fontes subsidiárias. Invertem-se, assim, as regras previstas nos arts. 769 e 889 da CLT.

Ressalte-se, com Marcos Neves Fava, que a ação de execução fiscal, que já dispõe de rito próprio,

> por evidente que seu procedimento deve ser observado, sempre com a restrição quanto ao sistema recursal, que decorre da adaptação dos modelos processuais comuns à Justiça do Trabalho, já há muito conhecida entre os operadores do direito do trabalho[86].

Nos termos da Súmula 66 do STJ: "Compete à Justiça Federal processar e julgar execução fiscal promovida por Conselho de fiscalização profissional". Este entendimento, a nosso ver, não colide com o inciso VII do art. 114 da CF.

É importante lembrar a Súmula 58 do STJ: "Proposta a execução fiscal, a posterior mudança de domicílio do executado não desloca a competência já fixada".

Em síntese, o procedimento da ação de execução fiscal das multas, impostas aos empregadores pelos órgãos de fiscalização das relações de trabalho, deve observar as regras previstas na Lei n. 6.830/80, especialmente no tocante aos aspectos adiante destacados.

34.1. Legitimação ativa

É da União, que será representada pela Procuradoria da Fazenda Nacional, tendo em vista que as multas são equiparadas a créditos tributários da União (CF, art.

86. Op. cit., p. 356.

133, § 3º; Lei n. 6.830/80, arts. 4º, § 4º, e 6º, § 3º). A intimação do representante da União deve ser feita pessoalmente.

O MPT não é parte legítima para a ação, tendo em vista a vedação inserta na parte final do inciso IX do art. 129 da CF, que não recepcionou a parte final do art. 642 da CLT, por absoluta incompatibilidade com o novo perfil institucional do *Parquet*.

34.2. Legitimação passiva

São legitimados passivos o empregador, seus sucessores a qualquer título e os responsáveis solidários ou subsidiários (LEF, art. 4º).

A expressão empregador, contida no inciso VII do art. 114 da CF, abrange, a nosso ver, os responsáveis solidários e/ou subsidiários pelos débitos trabalhistas (CLT, arts. 2º, § 2º, 455 e Súmula 331, IV, do TST). Aliás, pode-se dizer que os responsáveis solidários ou subsidiários são sucessores *lato sensu* do devedor ou, como prefere Mauro Schiavi[87], são responsáveis secundários na execução trabalhista.

Quanto à responsabilidade do cônjuge, o STJ editou a Súmula 251, *in verbis*:

> A meação só responde pelo ato ilícito quando o credor, na execução fiscal, provar que o enriquecimento dele resultante aproveitou ao casal.

No que tange à responsabilidade dos sócios, colhe-se o seguinte julgado:

> EXECUÇÃO FISCAL. INFRAÇÃO A DISPOSITIVO DA CLT. RESPONSABILIDADE DO SÓCIO. ART. 135, III, DO CTN. O art. 642 da CLT determina que "a cobrança judicial das multas impostas pelas autoridades administrativas do trabalho obedecerá o disposto na legislação aplicável à cobrança da dívida ativa da União". Contudo, o fato de a CLT determinar a aplicação da Lei de Execução Fiscal não significa que o crédito resultante de infração a dispositivo da CLT seja crédito tributário. Da mesma forma fundamentada na r. decisão recorrida, o STJ tem entendido que não se trata de crédito tributário, sendo impossível a inclusão do coobrigado (sócio) no polo passivo da demanda (REsp n. 638.580/MG; Recurso Especial n. 2.004/0005084-8, *DJ* 1º-2-2005, p. 514) (TRT 3ª R., AP 00762.2005.038.03.00-5, 8ª T., Rel. Juiz Cleube de Freitas Pereira, *DJMG* 11-3-2006).
>
> AGRAVO DE INSTRUMENTO – EXECUÇÃO FISCAL – RESPONSABILIDADE DE SÓCIO – INSCRIÇÃO COMO CORRESPONSÁVEL NA CERTIDÃO DE DÍVIDA ATIVA. 1. Esta Eg. Corte acumula julgados no sentido de que o crédito oriundo de infrações à CLT, por não possuir natureza tributária, não admite o redirecionamento da

87. SCHIAVI, Mauro. *Manual de direito processual do trabalho*. 3. ed. São Paulo: LTr, 2010, p. 844.

execução fiscal ao sócio, na forma prevista no art. 135, III, do CTN. 2. No caso vertente, todavia, não há notícia de redirecionamento de execução fiscal ao sócio, mas de sua inscrição originária na certidão de dívida ativa como corresponsável. 3. A certidão de dívida ativa gera presunção de liquidez e certeza, que somente pode ser afastada mediante prova robusta em sentido contrário, reputada inexistente na espécie pelo Tribunal de origem. 4. Precedentes. Agravo de Instrumento a que se nega provimento (TST-AIRR 32800-37.2006.5.03.0075, Rel. Min. João Pedro Silvestrin, 8ª T., *DEJT* 27-9-2013).

34.3. Requisitos da petição inicial

Os requisitos da petição inicial na execução fiscal promovida na Justiça do Trabalho estão previstos no art. 6º da LEF, bastando a indicação do juiz a quem é dirigida a petição, o pedido e o requerimento de citação. A certidão de dívida ativa é documento imprescindível à propositura da ação. A produção de provas pela Fazenda Pública independe de requerimento na inicial. O valor da causa será o da dívida constante da certidão, acrescida dos encargos legais.

É importante destacar o Enunciado n. 58 aprovado na 1ª Jornada de Direito Material e Processual do Trabalho (disponível em: <www.anamatra.org.br>), *in verbis*:

> AÇÃO DE EXECUÇÃO FISCAL. PRESUNÇÃO DE CERTEZA E LIQUIDEZ DA EXISTÊNCIA DA DÍVIDA. Não é dado ao Juiz retirar a presunção de certeza e liquidez atribuída pela lei, nos termos do arts. 204 do CTN e 3º da Lei n. 6.830/80, à dívida ativa inscrita regularmente. Ajuizada a ação de execução fiscal – desde que presentes os requisitos da petição inicial previstos no art. 6º da Lei n. 6.830/80 –, a presunção de certeza e liquidez da Certidão de Dívida Ativa somente pode ser infirmada mediante produção de prova inequívoca, cujo ônus é do executado ou do terceiro, a quem aproveite.

No mesmo sentido:

> CERTIDÃO DA DÍVIDA ATIVA – CDA. ATRIBUTOS. PRESUNÇÃO DE CERTEZA, LIQUIDEZ E LEGITIMIDADE. Não cabe ao julgador, em sede de execução fiscal, discutir a presunção de certeza, de liquidez e de legitimidade de que gozam as Certidões da Dívida Ativa – CDA, devendo ser observado o disposto no art. 3º da Lei n. 6.830/80, no art. 204 do CTN, bem como, para sua desconstituição, o art. 38 da citada Lei n. 6.830/80. Assim, uma vez constituída a Certidão de Dívida Ativa, somente pela via da ação anulatória de débito fiscal cabe ao Poder Judiciário imiscuir-se na discussão pretérita à constituição da dívida (TRT-10ª R., AP 08145-2005-802-10-00-5, Rel. Des. Pedro Luis Vicentin Foltran, 1ª T., *DJ* 3-4-2009).

34.4. Despacho do juiz ao deferir a inicial

É um ato judicial complexo, pois implica, a um só tempo, ordem de citação, penhora, arresto e/ou registro da penhora ou do arresto, independentemente do pagamento de custas. Inteligência do art. 7º da LEF.

34.5. Ordem preferencial dos bens penhoráveis

A ordem preferencial dos bens penhoráveis não segue a regra da CLT (art. 882) que, por sua vez, encampa a do CPC.

Com efeito, o art. 11 da LEF dispõe expressamente a respeito, inexistindo lacuna, no particular.

34.6. O prazo para embargos do executado

O prazo para oposição dos embargos do executado é de 30 dias, contados do depósito, da juntada da prova da fiança bancária ou da intimação da penhora.

34.7. Matéria dos embargos

A matéria dos embargos do executado na execução fiscal é mais restrita que a da CLT e do CPC. É o que deflui do art. 16, § 3º, da LEF. Admite-se a objeção (ou exceção) de pré-executividade.

34.8. Arrematação, adjudicação e alienação dos bens penhorados

A arrematação, a adjudicação e a alienação dos bens penhorados devem observar os arts. 21 a 24 da LEF. Nos termos da Súmula 121 do STJ: "Na execução fiscal o devedor deverá ser intimado, pessoalmente, do dia e hora da realização do leilão".

34.9. Habilitação ou concurso de credores

A cobrança judicial da dívida ativa não está sujeita a concurso de credores ou habilitação em falência, concordata, liquidação, inventário ou arrolamento.

O concurso de preferência somente se verifica entre pessoas jurídicas de direito público, observando-se a seguinte ordem: União e suas autarquias; Estado e Distrito Federal e suas autarquias, conjuntamente e *pro rata*; Municípios e suas autarquias, conjuntamente e *pro rata*.

34.10. Suspensão da execução

Ocorrerá a suspensão do curso da execução enquanto não for localizado bem do devedor, ficando suspensa a prescrição (LEF, art. 40). Sobre o tema, recolhemos alguns julgados:

> EXECUÇÃO. INÉRCIA DO EXEQUENTE. EXTINÇÃO DA EXECUÇÃO. IMPOSSIBILIDADE. No caso específico da execução trabalhista, cediço que a mesma é regida, de forma subsidiária, primeiramente pela Lei de Execução Fiscal, por força do contido art. 889 da CLT. E neste particular, dispõe a referida lei, em seu art. 40 e respectivos parágrafos, que a execução será suspensa quando não localizado o devedor ou seus bens, prevendo ainda a possibilidade de, encontrados estes, a qualquer tempo, serem os autos desarquivados para prosseguimento da execução, num claro indício que tal arquivamento é provisório, e não extintivo do direito do credor. Inaplicável, portanto, o disposto no art. 267, III, do CPC. Agravo provido (TRT 6ª R., AP 00030.2003.411.06.00-0, 2ª T., Rel. Juíza Maria Consolata Rêgo Batista, *DOE* 30-11-2006).
>
> EXTINÇÃO DA EXECUÇÃO. INÉRCIA DA RECLAMANTE. APLICAÇÃO DO ART. 40, § 3º, DA LEI N. 6.830/80. DECISÃO REFORMADA. Os autos devem permanecer aguardando a realização de penhora *sine die*, quando não ocorrem quaisquer das hipóteses do art. 794, do CPC. A inércia da exequente não configura renúncia ao crédito, devendo os autos permanecer aguardando a realização de penhora *sine die*, quando não localizados bens do devedor, consoante estabelece o art. 40, § 3º, da Lei n. 6.830/80, aplicável no processo do trabalho por força do disposto no art. 889, da CLT (TRT 9ª R., AP 00963.1997.678.09.00-7, Rel. Juiz Luiz Celso Napp, *DO* 29-9-2006).

34.10.1. Suspensão da execução por parcelamento de dívida fiscal

No que concerne ao parcelamento de dívida em execução fiscal, não implica extinção ou novação, e sim suspensão de sua exigibilidade. Nesse sentido já se manifestou a SBDI-1/TST:

> EXECUÇÃO FISCAL. PARCELAMENTO DA DÍVIDA. EFEITOS. SUSPENSÃO DA EXECUÇÃO. ART. 151, VI, DO CTN. EXECUÇÃO FISCAL. PARCELAMENTO DA DÍVIDA. EFEITOS. 1. O parcelamento do débito fiscal, seja tributário ou não, em razão da indisponibilidade de que se reveste, não implica extinção da dívida por novação, mas suspensão de sua exigibilidade, consoante se depreende do art. 151,VI, do Código Tributário Nacional. Precedentes da SBDI-1 do TST. 2. Embargos de que se conhece, por divergência jurisprudencial, e a que se nega provimento (TST-E-RR-178500-49.2006.5.03.0138, SBDI-I, Rel. Min. João Oreste Dalazen, *DEJT* 3-10-2014).

34.11. Sistema recursal

Diz o art. 34 da LEF:

> Art. 34. Das sentenças de primeira instância proferidas em execuções de valor igual ou inferior a 50 (cinquenta) Obrigações do Tesouro Nacional – OTN, só se admitirão embargos infringentes e de declaração.
>
> § 1º Para os efeitos deste artigo, considerar-se-á o valor da dívida monetariamente atualizado e acrescido de multa e juros de mora e demais encargos legais, na data da distribuição.
>
> § 2º Os embargos infringentes, instruídos, ou não, com documentos novos, serão deduzidos, no prazo de 10 (dez) dias perante o mesmo juízo, em petição fundamentada.
>
> § 3º Ouvido o embargado, no prazo de 10 (dez) dias, serão os autos conclusos ao juiz, que, dentro de 20 (vinte) dias, os rejeitará ou reformará a sentença.

Parece-nos que o sistema recursal a ser aplicado é o da CLT, tendo em vista a inexistência, no processo do trabalho, do recurso de embargos infringentes no primeiro grau da jurisdição trabalhista. Logo, não há sentença irrecorrível em razão do valor nas ações de execução fiscal propostas perante a Justiça do Trabalho, sendo, aqui, inaplicável a regra do art. 2º, § 4º, da Lei n. 5.584/70, que é inerente ao processo de conhecimento.

Assim, por força do art. 897, *a*, da CLT e da IN n. 27/2005, do TST, o recurso cabível da sentença proferida em embargos à execução na ação de execução fiscal é o agravo de petição, cabendo, é óbvio, os embargos de declaração, nas hipóteses do art. 897-A do texto consolidado.

Também não se aplica ao processo do trabalho a regra do art. 35 da LEF, segundo o qual "nos processos regulados por esta Lei, poderá ser dispensada a audiência de revisor, no julgamento das apelações". É que não há apelação no processo de execução promovido perante a Justiça do Trabalho, pois as decisões na execução são impugnáveis por agravo de petição, o qual possui relator e revisor.

No tocante ao recurso de revista em agravo de petição oriundo de ação de execução fiscal, o TST vem abrandando a exigência prevista no § 2º do art. 896 da CLT:

> AGRAVO DE INSTRUMENTO. RECURSO DE REVISTA. EXECUÇÃO FISCAL. MULTA ADMINISTRATIVA (ART. 114, VII, CF). PRAZO PRESCRICIONAL APLICÁVEL. PRESCRIÇÃO INTERCORRENTE. NÃO INCIDÊNCIA DAS RESTRIÇÕES PREVISTAS NA SÚMULA 266/TST E NO ART. 896, § 2º, DA CLT. Em se tratando de execução fiscal de dívida ativa regulada pela Lei n. 6.830/80 (nova competência da Justiça do Trabalho: art. 114, VII, CF, desde EC n. 45/2004), a análise do recur-

so de revista não está adstrita aos limites impostos pelo art. 896, § 2º, da CLT e da Súmula 266/TST, em face da necessária cognição mais ampla constitucionalmente franqueada ao jurisdicionado apenado, a par da necessidade institucional da uniformização da interpretação legal e constitucional na República e Federação. No mérito, é de cinco anos o prazo prescricional para a cobrança judicial de multa administrativa pela Fazenda Pública, nos termos dos arts. 1º do Decreto n. 20.910/32 e 1º da Lei n. 9.873/99, podendo a lâmina prescritiva ser movimentada de ofício pelo Juiz, por não se tratar de lide em que seja credor o trabalhador (relação de emprego e relação de trabalho), mas lide oriunda da nova e extensiva competência da Justiça do Trabalho (EC n. 45/2004: execução fiscal), não se aplicando, por consequência, as restrições da Súmula 114 do TST. Precedentes do STJ e desta Corte. Agravo de Instrumento desprovido (TST-AIRR 804840-25.2005.5.10.0007, 6ª T., Rel. Min. Mauricio Godinho Delgado, *DEJT* 17-6-2010).

Todavia, no próprio TST há entendimento em sentido contrário:

AGRAVO DE INSTRUMENTO. RECURSO DE REVISTA. MULTA ADMINISTRATIVA. EXECUÇÃO FISCAL. PRESCRIÇÃO INTERCORRENTE. Verifica-se que o art. 896, § 2º, da CLT não traz exceção de que, em se tratando de execução fiscal, não se limitaria o cabimento do apelo à demonstração de ofensa direta e literal a norma constitucional. Logo, o apelo carece de fundamentação, à luz do art. 896, § 2º, da CLT, na medida em que não foi indicada ofensa direta e literal a qualquer dispositivo da Constituição Federal. Agravo de instrumento não provido (TST-AIRR 815340-14.2005.5.10.0020, 6ª T., Rel. Min. Augusto César Leite de Carvalho, unânime, *DEJT* 8-4-2010).

É preciso advertir, porém, que com o advento da Lei n. 13.015/2014, que acrescentou o § 10 ao art. 896 da CLT, passou a ser cabível o recurso de revista por violação à lei federal, por divergência jurisprudencial e por ofensa à Constituição Federal nas execuções fiscais e nas controvérsias da fase de execução que envolvam a Certidão Negativa de Débitos Trabalhistas (CNDT), criada pela Lei n. 12.440, de 7 de julho de 2011.

34.12. Prescrição intercorrente

Se da decisão que ordenar o arquivamento dos autos tiver decorrido o prazo prescricional, o juiz, depois de ouvida a Fazenda Pública, poderá, de ofício, reconhecer a prescrição (quinquenal) intercorrente e decretá-la de imediato. É o que dispõe o § 4º do art. 40 da LEF, com redação dada pela Lei n. 11.051, de 29 de dezembro de 2004 (*DOU* 30-12-2004).

O art. 11-A da CLT (com redação dada pela Lei n. 13.467/2017) admite expressamente a prescrição intercorrente no processo do trabalho no prazo de dois anos, dispondo que a fluência desse prazo se inicia quando o exequente deixar de cumprir determinação judicial no curso da execução, podendo tal prescrição intercorrente ser declarada de ofício ou requerida pela parte em qualquer grau de jurisdição.

A respeito da eficácia temporal do art. 11-A da CLT, o TST editou a IN n. 41/2018, cujo art. 2º dispõe que o "fluxo da prescrição intercorrente conta-se a partir do descumprimento da determinação judicial a que alude o § 1º do art. 11-A da CLT, desde que feita após 11 de novembro de 2017 (Lei n. 13.467/2017)".

Além disso, o art. 21 da IN n. 41/2018 do TST revogou expressamente o inciso VIII do art. 2º, VIII, da IN n. 39/2016 do TST, que desautorizava a aplicação da prescrição intercorrente no processo do trabalho.

A Súmula 314 do STJ aponta no sentido de que em "execução fiscal, não localizados bens penhoráveis, suspende-se o processo por um ano, findo o qual se inicia o prazo da prescrição quinquenal intercorrente".

O TST já vinha admitindo, antes da Lei n. 13.467/2017, a aplicação da prescrição intercorrente em ações de execução fiscal: (TST-Ag-AIRR 46540-06.2008. 5.06.0141, Rel. Min. Delaíde Miranda Arantes, 7ª T., *DEJT* 19-12-2012).

34.13. Remissão da dívida

A remissão ora focalizada não se confunde com a remição já estudada no item 30.6, *supra*. Remissão significa ato de remir, perdoar, enquanto remição é o ato de pagar a dívida do devedor com o objetivo de desconstituir a penhora que incide sobre os seus bens.

De acordo com o art. 14, *caput* e § 1º, da Lei n. 11.941/2009, considera-se remido o crédito devido à Fazenda Nacional proveniente de multa administrativa inferior a R$ 10.000,00, desde que vencido há cinco anos anteriores a 31 de dezembro de 2007.

Há duas correntes que interpretam as referidas regras.

A primeira corrente advoga que há remissão apenas se o somatório de todos os débitos inscritos em dívida ativa da União for inferior a R$ 10.000,00, independentemente de serem provenientes de multas aplicadas pelos órgãos de fiscalização do trabalho e que já estejam sendo objeto de execução fiscal. Nesse sentido:

> EXECUÇÃO FISCAL. REMISSÃO DO CRÉDITO TRIBUTÁRIO. LEI N. 11.941/2009. VALOR TOTAL CONSOLIDADO. Na apuração do valor total consolidado deve ser levado em consideração o total por sujeito passivo de todos os débitos inscritos em dívida ativa da União, no âmbito da Procuradoria Geral da Fazenda Nacional, e não apenas aquele em execução nos autos da execução fiscal (TRT 17ª R., Súmula 12).

EXECUÇÃO FISCAL. REMISSÃO DO CRÉDITO TRIBUTÁRIO. LEI N. 11.941/2009. VALOR TOTAL CONSOLIDADO. SÚMULA REGIONAL 12. De acordo com o disposto na Súmula 12 deste Tribunal Regional, na apuração do valor total consolidado deve ser levado em consideração o total por sujeito passivo de todos os débitos inscritos em dívida ativa da União, no âmbito da Procuradoria Geral da Fazenda Nacional, e não apenas aquele em execução nos autos da execução fiscal (TRT 17ª R., 0086200-33.2005.5.17.0132, Rel. Des. Jailson Pereira da Silva, *DEJT* 25-4-2012).

A segunda sustenta que a remissão se aplica quando as multas são exclusivamente oriundas de autuação dos órgãos de fiscalização do trabalho, especialmente quando a União (PGFN) não se desincumbe do encargo de provar a existência de outros débitos classificados no mesmo grupo que, somados, ultrapassariam o limite previsto no referido dispositivo (R$ 10.000,00) para a remissão. Nesse sentido:

AGRAVO DE INSTRUMENTO EM RECURSO DE REVISTA – EXECUÇÃO FISCAL – REMISSÃO. Nega-se provimento a agravo de instrumento que visa destrancar recurso de revista interposto contra decisão assentada na prova dos autos, atraindo o óbice da Súmula 126 do TST. Isso porque a alegação de que a dívida da executada ultrapassa o patamar previsto no art. 14 da Lei n. 11.941/2009, de forma a afastar a remissão, encontra obstáculo na prova dos autos, que, segundo a Corte de origem, não corrobora as alegações da recorrente. Agravo de instrumento desprovido (TST-AIRR 154100-56.2006.5.05.0027, Rel. Min. Luiz Philippe Vieira de Mello Filho, 7ª T., *DEJT* 23-8-2013).

(...) REMISSÃO DE DÍVIDA. EXECUÇÃO. PRESCRIÇÃO. ART. 14, § 1º, DA LEI N. 11.941/2009. CAUSAS SUSPENSIVAS E INTERRUPTIVAS. NÃO PROVIMENTO. Irretocável a decisão regional que, em conformidade com o disposto no art. 14, *caput* e § 1º, da Lei n. 11.941/2009, declara remido crédito devido à Fazenda Nacional inferior a R$ 10.000,00 e vencidos há cinco anos na data de 31 de dezembro de 2007, mormente quando a União (PGFN) não se desincumbe do encargo de provar a existência de outros débitos classificados no mesmo grupo que somados ultrapassariam o limite previsto no referido dispositivo para a remissão. Agravo de instrumento a que se nega provimento (TST-AIRR 59800-09.2005.5.05.0037, Rel. Min. Guilherme Augusto Caputo Bastos, 5ª T., *DEJT* 19-12-2012).

AGRAVO DE PETIÇÃO. FAZENDA PÚBLICA. REMISSÃO. LEI N. 11.941/2009. Para efeito de remissão de dívida perante a Fazenda Nacional, autorizada pelo art. 14 da Lei n. 11.941/2009, o limite de R$ 10.000,00 (dez mil reais) ali previsto não se restringe ao valor objeto da execução, uma vez que esse montante abarca todas as dívidas do sujeito passivo (TRT 17ª R., AP 0118800-12.2005.5.17.0002, Rel. Juiz Mário Ribeiro Cantarino Neto, *DEJT* 2-7-2012).

Afigura-se-nos com razão a segunda corrente, porquanto não seria razoável admitir que a Justiça do Trabalho promovesse cobrança de dívida fiscal não proveniente da atuação dos órgãos de fiscalização do trabalho. Ademais, para que seja concedida anistia (Lei n. 11.941/2009) em relação ao débito com a Fazenda Nacional é que o limite de R$ 10.000,00 (dez mil reais) deve ser considerado por sujeito passivo e, separadamente, em relação aos diversos débitos existentes em face do mesmo devedor.

35. ATO ATENTATÓRIO À DIGNIDADE DA JUSTIÇA E FRAUDE À EXECUÇÃO

Tendo em vista a existência de lacuna na CLT a respeito de ato atentatório à dignidade da justiça e fraude à execução, impõe-se a aplicação subsidiária do CPC.

Nesse passo, o juiz pode, em qualquer momento do processo (de conhecimento, de execução ou cautelar, ressaltamos) ordenar o comparecimento das partes, bem como "advertir ao devedor que o seu procedimento constitui ato atentatório à dignidade da justiça" (CPC, art. 772, II; CPC/73, art. 599, II), sendo certo que o art. 774 do CPC (art. 600 do CPC/73) considera "atentatório à dignidade da Justiça" a conduta comissiva ou omissiva do executado que:

> I – frauda a execução;
>
> II – se opõe maliciosamente à execução, empregando ardis e meios artificiosos;
>
> III – dificulta ou embaraça a realização da penhora;
>
> IV – resiste injustificadamente às ordens judiciais;
>
> V – intimado, não indica ao juiz quais são e onde estão os bens sujeitos à penhora e os respectivos valores, nem exibe prova de sua propriedade e, se for o caso, certidão negativa de ônus.
>
> Parágrafo único. Nos casos previstos neste artigo, o juiz fixará multa em montante não superior a vinte por cento do valor atualizado do débito em execução, a qual será revertida em proveito do exequente, exigível nos próprios autos do processo, sem prejuízo de outras sanções de natureza processual ou material.

Nos termos do art. 789 do CPC (art. 591 do CPC/73), o devedor responde, para o cumprimento de suas obrigações, com todos os seus bens presentes e futuros, salvo as restrições estabelecidas em lei. Além dos bens do devedor, ficam sujeitos à execução os bens "alienados ou gravados com ônus real em fraude de execução" (CPC, art. 790, V; CPC/73, art. 592, V).

A CLT trata genericamente da fraude como ato destinado a impedir maliciosamente a aplicação dos preceitos nela contidos, mas não trata especificamente do instituto da fraude à execução, o que impõe a aplicação subsidiária do art. 792 do CPC (art. 593 do CPC/73), que dispõe, *in verbis*:

Art. 792. A alienação ou a oneração de bem é considerada fraude à execução:

I – quando sobre o bem pender ação fundada em direito real ou com pretensão reipersecutória, desde que a pendência do processo tenha sido averbada no respectivo registro público, se houver;

II – quando tiver sido averbada, no registro do bem, a pendência do processo de execução, na forma do art. 828;

III – quando tiver sido averbado, no registro do bem, hipoteca judiciária ou outro ato de constrição judicial originário do processo onde foi arguida a fraude;

IV – quando, ao tempo da alienação ou da oneração, tramitava contra o devedor ação capaz de reduzi-lo à insolvência;

V – nos demais casos expressos em lei.

§ 1º A alienação em fraude à execução é ineficaz em relação ao exequente.

§ 2º No caso de aquisição de bem não sujeito a registro, o terceiro adquirente tem o ônus de provar que adotou as cautelas necessárias para a aquisição, mediante a exibição das certidões pertinentes, obtidas no domicílio do vendedor e no local onde se encontra o bem.

§ 3º Nos casos de desconsideração da personalidade jurídica, a fraude à execução verifica-se a partir da citação da parte cuja personalidade se pretende desconsiderar.

§ 4º Antes de declarar a fraude à execução, o juiz deverá intimar o terceiro adquirente, que, se quiser, poderá opor embargos de terceiro, no prazo de 15 (quinze) dias.

Vê-se, assim, que ato atentatório à dignidade da justiça constitui gênero que tem como uma de suas espécies a fraude à execução. Tanto num caso quanto noutro, prescreve o art. 774, parágrafo único, do CPC, que o juiz fixará multa em montante não superior a vinte por cento do valor atualizado do débito em execução, a qual será revertida em proveito do exequente, exigível nos próprios autos do processo, sem prejuízo de outras sanções de natureza processual ou material.

Ouçamos a jurisprudência trabalhista a respeito da fraude à execução como ato atentatório à dignidade da justiça:

FRAUDE À EXECUÇÃO. ATO ATENTATÓRIO À DIGNIDADE DA JUSTIÇA. CONFIGURAÇÃO. Constatado que a executada praticou uma série de atos de alteração no quadro societário, encerramento de suas atividades e abertura de nova empresa de forma a se esquivar da execução em curso, tem-se como caracterizada a prática de ato atentatório à dignidade da justiça, por fraude à execução (TRT 10ª R., AP 00002040320155100103, Rel. Des. Pedro Luís Vicentin Foltran, *DEJT* 26-10-2018).

FRAUDE À EXECUÇÃO. PERMUTA DE IMÓVEL PELO SÓCIO EXECUTADO. A fraude à execução, instituto eminentemente processual, consiste em ato atentatório à dignidade da Justiça que acarreta a ineficácia do negócio jurídico celebrado entre o devedor e terceiro (TRT 1ª R, AP 00504008619985010017, Rel. Des. Monica Batista Vieira Puglia, 3ª T., *DEJT* 14-8-2018).

Não se deve confundir fraude à execução com fraude contra credores. Aquele é instituto eminentemente processual, devendo o juiz reconhecê-lo de ofício e apurar a responsabilidade nos mesmos autos do processo em que for constatado este ato atentatório à dignidade da justiça; este é instituto de direito material (CC, art. 158) concernente a um defeito do ato jurídico que depende da existência do *consilium fraudis*, apurada em ação própria (pauliana ou revocatória), como, aliás, prevê a Súmula 195 do STJ.

A jurisprudência obreira faz distinção entre fraude à execução e fraude contra credores:

> AGRAVO DE PETIÇÃO. EMBARGOS DE TERCEIRO. FRAUDE À EXECUÇÃO X FRAUDE CONTRA CREDORES. De acordo com o atual entendimento do STJ, consagrado pela edição do Enunciado n. 375 de sua Súmula de jurisprudência, o reconhecimento da fraude à execução depende do registro da penhora do bem alienado ou da prova de má-fé do terceiro adquirente. Assim, diante do conflito existente entre os interesses de satisfação do crédito certificado em título executivo judicial e de tutela do patrimônio do adquirente de boa-fé de imóvel penhorado em Juízo, a Corte Especial inclinou-se por conceder especial proteção ao patrimônio do adquirente de boa-fé. No caso particular destes autos, restou comprovado que, no momento da alienação do imóvel, outrora de propriedade do autor executado, não havia ainda prenotação de penhora nem constavam quaisquer outras restrições ou gravames incidentes sobre o indigitado imóvel à margem dos registros públicos constantes do cartório imobiliário, o que impede o reconhecimento da ocorrência de fraude à execução, em consonância com entendimento consagrado na Súmula 375 do STJ, porquanto os interesses de satisfação do crédito perseguido nesta execução de fundo deve ceder à tutela do patrimônio do adquirente de boa-fé (TRT 1ª R., AP 01721008520025010244, 1ª T., Rel. Des. Maria Helena Motta, *DEJT* 25-5-2016).
>
> FRAUDE À EXECUÇÃO E FRAUDE CONTRA CREDORES. DIVERSIDADE DE INSTITUTOS. Não se confundem fraude à execução e fraude contra credores, pois no primeiro há ineficácia do ato de transferência patrimonial e não se inquire a existência de intuito fraudatório da parte, a qual é presumida e na segunda há necessidade de prova do *eventus damni* e do *consilium fraudis*. Além disso, a fraude à execução é declarada incidentalmente, enquanto a fraude contra credores apenas pode ser reconhecida através da ação pauliana (TRT 2ª R., AP 00022037320135020041, Rel. Des. Ivani Contini Bramante, 4ª T., *DEJT* 28-3-2014).

Sobre fraude à execução, foram aprovados três importantes Enunciados (ns. 10, 11 e 37) na Jornada sobre Execução na Justiça do Trabalho (Cuiabá-MT, novembro/2010), *in verbis*:

> FRAUDE À EXECUÇÃO. DEMONSTRAÇÃO. PROCEDIMENTO. I - Na execução de créditos trabalhistas não é necessária a adoção de procedimento específico ou demonstração de fraude para desconsideração da personalidade jurídica da executada. II - Acolhida a desconsideração da personalidade jurídica, faz-se necessária a citação dos sócios que serão integrados ao polo passivo. III - A responsabilidade do sócio retirante alcança apenas as obrigações anteriores à sua saída (Enunciado n. 10).
>
> FRAUDE À EXECUÇÃO. UTILIZAÇÃO DO CCS. 1. É instrumento eficaz, para identificar fraudes e tornar a execução mais efetiva, a utilização do Cadastro de Clientes no Sistema Financeiro Nacional (CCS), com o objetivo de busca de procurações outorgadas a administradores que não constam do contrato social das executadas (Enunciado n. 11).
>
> ALIENAÇÃO FIDUCIÁRIA. FRAUDE À EXECUÇÃO. Os valores pagos a instituições financeiras em virtude de contratos de alienação fiduciária e assemelhados, quando já existente ação capaz de tornar o devedor insolvente, caracterizam fraude à execução. Diante da ineficácia dessa transferência de numerário, o respectivo valor é penhorável em benefício da execução (Enunciado n. 37).

36. CERTIDÃO NEGATIVA DE DÉBITOS TRABALHISTAS - CNDT

Sensível ao relevante problema da ausência de efetividade da execução dos créditos trabalhistas, a Presidente da República sancionou a Lei n. 12.440, de 7 de julho de 2011, que acrescentou o Título VII-A à Consolidação das Leis do Trabalho, para instituir a Certidão Negativa de Débitos Trabalhistas - CNDT, e alterou a Lei n. 8.666, de 21 de junho de 1993. A nova lei, por força do seu art. 4º, entrou em vigor 180 dias depois de sua publicação.

Assim, o art. 642-A da CLT passou a vigorar com a seguinte redação:

> Art. 642-A. É instituída a Certidão Negativa de Débitos Trabalhistas (CNDT), expedida gratuita e eletronicamente, para comprovar a inexistência de débitos inadimplidos perante a Justiça do Trabalho.
>
> § 1º O interessado não obterá a certidão quando em seu nome constar:
>
> I - o inadimplemento de obrigações estabelecidas em sentença condenatória transitada em julgado proferida pela Justiça do Trabalho ou em acordos judiciais trabalhistas, inclusive no concernente aos recolhimentos previdenciários, a honorários, a custas, a emolumentos ou a recolhimentos determinados em lei; ou

II – o inadimplemento de obrigações decorrentes de execução de acordos firmados perante o Ministério Público do Trabalho ou Comissão de Conciliação Prévia.

§ 2º Verificada a existência de débitos garantidos por penhora suficiente ou com exigibilidade suspensa, será expedida Certidão Positiva de Débitos Trabalhistas em nome do interessado com os mesmos efeitos da CNDT.

§ 3º A CNDT certificará a empresa em relação a todos os seus estabelecimentos, agências e filiais.

§ 4º O prazo de validade da CNDT é de 180 (cento e oitenta) dias, contado da data de sua emissão.

Além disso, com o objetivo de reforçar a efetividade da CNDT, o art. 2º da Lei n. 12.440 alterou a redação do inciso IV do art. 27 da Lei n. 8.666/93, que passou a exigir para os interessados em participar das licitações públicas a comprovação da "regularidade fiscal e trabalhista", sendo certo que o art. 3º da nova lei também alterou o art. 29 da Lei de Licitações, dispondo que a "documentação relativa à regularidade fiscal e trabalhista, conforme o caso, consistirá, em: (...) prova de inexistência de débitos inadimplidos perante a Justiça do Trabalho, mediante a apresentação de certidão negativa..."

Visando à operacionalização da expedição da CNDT, o TST, por meio da RESOLUÇÃO ADMINISTRATIVA N. 1.470/2011 (Alterada pelo Ato TST.GP n. 772/2011 e Ato TST.GP n. 1/2012), organizou o Banco Nacional de Devedores Trabalhistas – BNDT com base nas informações remetidas por todos os 24 Tribunais Regionais do Trabalho. Deste Banco – BNDT – constam as pessoas físicas e jurídicas que são devedoras inadimplentes em processo de execução trabalhista definitiva. Além disso, o TST disciplinou a padronização, a frequência, o conteúdo e o formato dos arquivos a serem disponibilizados pelos TRTs com os dados necessários à expedição da CNDT.

Segundo informações colhidas no *site* do TST[88]:

> As dívidas registradas no BNDT incluem as obrigações trabalhistas, de fazer ou de pagar, impostas por sentença, os acordos trabalhistas homologados pelo juiz e não cumpridos, os acordos realizados perante as Comissões de Conciliação Prévia (Lei n. 9.958/2000) e não cumpridos, os termos de ajuste de conduta firmados com o Ministério Público do Trabalho (Lei n. 9.958/2000) e não cumpridos, as custas processuais, emolumentos, multas, honorários de perito e demais despesas oriundas dos processos trabalhistas e não adimplidas.
>
> A Certidão será negativa se a pessoa sobre quem deva versar não estiver inscrita como devedora no BNDT, após decorrido o prazo de regularização.

88. Disponível em: <http://www.tst.jus.br/o-que-e-cndt>. Acesso em: 7 fev. 2012.

A Certidão será positiva se a pessoa sobre quem aquela deva versar tiver execução definitiva em andamento, já com ordem de pagamento não cumprida, após decorrido o prazo de regularização.

A Certidão será positiva com efeito de negativa, se o devedor, intimado para o cumprimento da obrigação em execução definitiva, houver garantido o juízo com depósito, por meio de bens suficientes à satisfação do débito ou tiver em seu favor decisão judicial que suspenda a exigibilidade do crédito.

A Certidão positiva com efeito de negativa possibilita o titular de participar de licitações.

A regulamentação da matéria veio pela Resolução Administrativa n. 1.470/2011 do Órgão Especial do Tribunal Superior do Trabalho, que estabelece a obrigação de inclusão dos inadimplentes no BNDT, bem como a atualização do registro, sempre que decisão judicial assim o determinar.

Durante trinta dias, a partir da inclusão no BNDT, o interessado poderá regularizar a pendência, pagando-a ou garantindo o juízo, ou, se for o caso, postular na unidade judiciária em que tramita o processo a retificação de lançamento equivocado. Este período, o prazo de regularização, foi instituído na Resolução Administrativa n. 1.470/2011 pelo Ato n. 001/2012. No curso desse prazo, a Certidão expedida será negativa.

A Certidão é nacional, tem validade de 180 dias e apresenta a situação da pessoa jurídica pesquisada em relação a todos os seus estabelecimentos, agências ou filiais.

A certidão, eletrônica e gratuita, pode ser obtida em todos os portais da Justiça do Trabalho na rede mundial de computadores (Tribunal Superior do Trabalho, Conselho Superior da Justiça do Trabalho e Tribunais Regionais do Trabalho).

Nos mesmos endereços, o interessado obtém relatório de processos em prazo de regularização, com a indicação da data de lançamento no pré-cadastro do BNDT.

Para garantir a sua autenticidade, as certidões expedidas devem ser validadas neste mesmo Portal.

Para encerrar este tópico, cumpre lembrar que a CNI (Confederação Nacional da Indústria), em 2 de fevereiro de 2012, ajuizou no STF a ADI n. 4.716-DF (Rel. Min. Dias Toffoli), com pedido de liminar, questionando a constitucionalidade da Lei n. 12.440. Os argumentos da CNI são basicamente os seguintes: *a)* a Constituição estabelece que nas licitações públicas só são permitidas exigências de qualificação técnica e econômica, sendo, assim, inconstitucional a norma que exige a certidão negativa de débitos trabalhistas; *b)* a nova lei viola os princípios constitucionais do contraditório, da ampla defesa, da isonomia e da livre iniciativa; *c)* a proibição de empresas inscritas no banco nacional de devedores trabalhistas de participar de licitações afeta o "interesse público" de haver o maior número de licitantes e, dessa forma, inibe a obtenção da proposta mais vantajosa.

CAPÍTULO XXIV
Procedimentos Especiais Trabalhistas

1. NOÇÕES GERAIS

Para fins meramente didáticos, podemos dizer que a CLT contém 3 (três) ações como procedimentos especiais, a saber:

- o inquérito judicial para apuração de falta grave (arts. 853 a 855);
- o dissídio coletivo (arts. 856 a 871 e 873 a 875); e
- a ação de cumprimento (art. 872 e seu parágrafo único).

Todavia, por força do art. 769 da CLT e art. 15 do CPC, outras ações especiais não previstas na legislação processual trabalhista são também cabíveis no processo do trabalho. Tais ações geralmente contemplam procedimentos específicos que exigem algumas adaptações quando transplantadas para os domínios da processualística laboral.

Há, portanto, ações especiais não trabalhistas largamente utilizadas no processo do trabalho. Algumas de competência originária dos tribunais, como o mandado de segurança e a ação rescisória; outras, das Varas do Trabalho, como a ação civil pública, a ação de consignação em pagamento, a ação monitória etc.[1]

Analisaremos, neste Capítulo, as ações especiais previstas expressamente na CLT: o inquérito judicial para apuração de falta grave, o dissídio coletivo e a ação de cumprimento.

2. INQUÉRITO JUDICIAL PARA APURAÇÃO DE FALTA GRAVE

2.1. Conceito

O termo "inquérito" deve-se ao fato de que a Justiça do Trabalho, quando criada em 1939, era um órgão de feição administrativa, porquanto vinculado ao

1. Tais ações especiais e respectivos procedimentos, por não estarem contemplados expressamente na CLT, serão analisados no Capítulo XXV.

Poder Executivo. Daí as diversas expressões típicas do direito administrativo contidas na CLT.

À luz da teoria geral do direito processual, podemos afirmar que o inquérito judicial para apuração de falta grave possui natureza de *ação constitutiva (negativa) necessária para apuração de falta grave que autoriza a resolução do contrato de trabalho do empregado estável por iniciativa do empregador.*

Diz o art. 494 da CLT que o empregado estável acusado de falta grave poderá ser suspenso de suas funções, mas a sua despedida só se tornará efetiva após o *inquérito* (*rectius*, ação) em que se verifique a procedência da acusação.

Nos termos do art. 492 da CLT:

> O empregado que contar mais de 10 (dez) anos de serviço na mesma empresa não poderá ser despedido senão por motivo de falta grave ou circunstância de força maior, devidamente comprovadas.

Com a promulgação da Constituição da República em 5 de outubro de 1988, que consagrou o FGTS como regime único de todos os trabalhadores urbanos e rurais (art. 7º, III), o instituto da estabilidade decenal foi extinto em nosso ordenamento jurídico, remanescendo apenas o direito adquirido daqueles empregados, não optantes pelo FGTS, que antes da referida data já contavam com pelo menos 10 anos de serviços prestados ao mesmo empregador, tal como reconhecido expressamente no art. 14 da Lei n. 8.036, de 11 de maio de 1990.

Não obstante, o inquérito judicial continua sendo ação imprescindível para validar a dispensa de alguns trabalhadores, como veremos adiante.

2.2. Trabalhadores destinatários do inquérito

Alguns trabalhadores em situações especiais só podem ser validamente despedidos se praticarem *falta grave* devidamente apurada nos autos de *ação de inquérito judicial*, como:

- *dirigentes sindicais* (CF, art. 8º, VIII, e Súmula 197 do STF);
- *representantes dos trabalhadores no Conselho Curador do FGTS* (Lei n. 8.036/90, art. 3º, § 9º);
- *dirigentes de Cooperativa de Empregados* (Lei n. 5.764/71, art. 55);
- *representantes dos trabalhadores no Conselho Nacional de Previdência Social* (Lei n. 8.213/91, art. 3º, § 7º);
- *representantes dos trabalhadores nas Comissões de Conciliação Prévia* (CLT, art. 625-B, § 1º).

No que concerne ao *servidor investido em emprego público* da Administração Direta, Autárquica ou Fundacional[2] por meio de concurso público, o TST entende que ele adquire a estabilidade após três anos de efetivo exercício, sendo, portanto, destinatário da estabilidade prevista no art. 41 da CF, considerando esta norma não se aplica ao servidor investido em emprego das empresas públicas e sociedades de economia mista (Súmula 390, I e II).

Não obstante a discrepância entre a Súmula 390, I, do TST e a literalidade do art. 41 da CF, que só confere estabilidade ao servidor investido em cargo de provimento efetivo (servidor estatutário), parece-nos que deve prevalecer o verbete do TST, que garante a estabilidade ao servidor investido em emprego público. Logo, a sua dispensa somente será válida mediante ajuizamento, pelo empregador público, da ação de inquérito judicial para apuração de falta grave por aplicação analógica do art. 853 combinado com os arts. 494 a 499, todos da CLT.

Há, porém, quem defenda a validade da dispensa mediante processo administrativo em que seja assegurada ampla defesa ao servidor celetista na esfera administrativa.

Quanto ao *servidor concursado investido em cargo público de provimento efetivo*, que adquire estabilidade após três anos de efetivo exercício, vaticina o art. 41, § 1º, da CF que ele só perderá o cargo: *a)* mediante processo administrativo no qual lhe seja assegurada ampla defesa; *b)* mediante procedimento de avaliação periódica de desempenho, na forma de lei complementar, assegurada ampla defesa; *c)* em virtude de sentença judicial transitada em julgado.

Nesse último caso, parece-nos que a interpretação sistemática dos arts. 114, I, 41, § 1º, I, da CF e dos arts. 494 e 853 da CLT autoriza afirmar que se o ente público optar pelo ajuizamento de ação para perda do cargo público do servidor estatutário estável, deve valer-se do inquérito judicial para apuração de falta grave, cuja competência, em virtude da EC n. 45/2004, é da Justiça do Trabalho. Todavia, por força da decisão proferida pelo STF, nos autos da ADI n. 3.395, fica prejudicado esse entendimento, uma vez que a Justiça do Trabalho é incompetente para processar e julgar a demanda entre o servidor estatutário e o ente público.

Há, ainda, os servidores públicos celetistas da Administração Direta, Autárquica ou Fundacional *não concursados* que, na data da promulgação da CF/88, contavam com cinco anos ou mais de serviço público contínuo (ADCT, art. 19). Ora, se são estáveis, parece-nos que somente podem ser dispensados por autorização judicial, me-

2. O STF (ADI n. 2.135-4) declarou a inconstitucionalidade do *caput* do art. 39 da CF, com a redação dada pela EC n. 19/98. Com a decisão, voltou a vigorar o regime jurídico único, de natureza estatutária, no âmbito da administração direta, autárquica e fundacional, como previsto na redação original do art. 39 da CF.

diante inquérito judicial para apuração de falta grave. Este entendimento, contudo, não é pacífico na jurisprudência.

Quanto ao servidor concursado de empresa pública ou sociedade de economia mista, a OJ n. 247 da SBDI-1/TST prevê, no seu item I, que a "despedida de empregados de empresa pública e de sociedade de economia mista, mesmo admitidos por concurso público, independe de ato motivado para sua validade", ou seja, estes servidores, segundo o TST, podem ser dispensados sem qualquer motivação (e sem necessidade de inquérito ou processo administrativo), o que, *data venia*, é lamentável, pois, se houve motivação para ingressarem no serviço público (concurso público), também deveria haver motivação para serem dispensados. Trata-se, a nosso ver, da aplicação dos princípios da impessoalidade, publicidade, moralidade e eficiência que devem nortear os atos da Administração Pública Direta e Indireta (CF, art. 37, *caput*), pois a realidade está a mostrar que, não raro, tais servidores são dispensados por perseguições políticas ou mediante certos expedientes de administradores públicos inescrupulosos para favorecerem outros candidatos de sua preferência que se encontram na fila de aprovados do concurso público.

Entretanto, o item II da OJ n. 247 da SBDI-1/TST faz uma ressalva quanto aos servidores dos Correios, nos seguintes termos:

> A validade do ato de despedida do empregado da Empresa Brasileira de Correios e Telégrafos (ECT) está condicionada à motivação, por gozar a empresa do mesmo tratamento destinado à Fazenda Pública em relação à imunidade tributária e à execução por precatório, além das prerrogativas de foro, prazos e custas processuais.

Tal verbete, porém, merece uma crítica, pois se se confere aos servidores da ECT tratamento isonômico com os servidores das pessoas jurídicas de direito público, então o correto seria exigir o inquérito para apuração de falta grave como condição de validade do ato de dispensa, ou, pelo menos, um processo administrativo que assegurasse ampla defesa do servidor, e não apenas simples "motivação" do ato de dispensa.

Todavia, sobreleva destacar que o STF, em sessão de 20 de março de 2013, passou a entender que o servidor público concursado das empresas públicas e sociedades de economia mista, ou seja, servidor celetista, não adquire a estabilidade prevista no art. 41 da CF, mas a validade da sua dispensa *depende de ato motivado* da Administração Pública. Dito doutro modo, para o STF, há necessidade de motivação para a validade do ato de rescisão unilateral do contrato de trabalho do "empregado público concursado" das empresas públicas e sociedades de economia mista. Consignou-se, ainda, naquele julgado do STF, que foi rejeitada questão de ordem do advogado da Empresa Brasileira de Correios e Telégrafos – ECT, que suscitava fossem modulados os efeitos da decisão. Sinale-se que, havendo decisão proferida pelo Plenário da Suprema Corte, não há necessidade de se aguardar a publicação ou o trânsito em julgado do acórdão para o julgamento de ações que versem sobre a mesma matéria (STF-AI n. 823.849 AgR-segundo/DF, Rel. Min. Luiz Fux, 1ª T., *DJe* 22-5-2013; ARE n. 707.863 ED/RS, Rel. Min. Ricardo Lewandowski, 2ª T., *DJe* 30-10-2012).

De toda sorte, como o servidor público concursado das empresas públicas e sociedades de economia mista não adquire estabilidade, a ele não se aplica o inquérito judicial para apuração de falta grave.

2.2.1. Trabalhadores não destinatários do inquérito

Fora das hipóteses de estabilidade ou garantia provisória no emprego indicadas na epígrafe precedente, isto é, dirigentes sindicais (CF, art. 8º, VIII, e Súmula 197 do STF), representantes dos trabalhadores no Conselho Curador do FGTS (Lei n. 8.036/90, art. 3º, § 9º), dirigentes de Cooperativa de Empregados (Lei n. 5.764/71, art. 55), representantes dos trabalhadores no Conselho Nacional de Previdência Social (Lei n. 8.213/91, art. 3º, § 7º) e representantes dos trabalhadores nas Comissões de Conciliação Prévia (CLT, art. 625-B, § 1º), não há necessidade do inquérito judicial.

Vale dizer, não há interesse processual do autor (empregador) para ajuizar a ação de inquérito judicial para apuração de falta grave dos seguintes trabalhadores:

- empregado acidentado (Lei n. 8.213/93, art. 118);
- empregada gestante;
- empregado membro eleito de CIPA ou "cipeiro" (ADCT, art. 10, II);
- qualquer outro empregado destinatário da garantia no emprego (CF, art. 7º, I; OIT, Convenção n. 158; Convenção ou Acordo Coletivo etc.).

Em todos esses casos, os trabalhadores são titulares do direito de garantia provisória no emprego, mas a lei não exige a apuração judicial da falta grave para eles serem dispensados, razão pela qual o empregador não necessita de autorização judicial para extinguir o contrato de trabalho.

Com relação a tais trabalhadores, se o empregador, inadvertidamente, ajuizar o inquérito judicial para apuração de falta grave, o juiz deve extinguir o processo sem resolução de mérito (CPC, art. 485, VI; CPC/73, art. 267, VI), por carência de ação, em função da ausência de interesse processual (ausência de necessidade e inadequação da via eleita). Nesse sentido:

> INQUÉRITO JUDICIAL PARA APURAÇÃO DE FALTA GRAVE. MEMBRO DA CIPA. FALTA DE INTERESSE PROCESSUAL. No caso de justa causa imputada ao empregado membro da CIPA, não existe interesse processual em acionar a via judicial, haja vista que o empregador pode, desde logo, decretar a ruptura d[illegible]ntrato sem

necessidade de provimento jurisdicional constitutivo, cabendo-lhe somente, em caso de reclamação trabalhista, o ônus de provar os fatos que determinaram a despedida motivada, nos termos do parágrafo único do art. 165 da CLT (TRT 2ª R., RO 00001005020115020078, Rel Des. Álvaro Alves Nôga, 17ª T., *DEJT* 15-7-2013).

Nessa ordem, o empregador não necessita (ausência de interesse de agir) de autorização judicial para dispensar o(a) empregado(a) acidentado(a), gestante ou cipeiro(a). Ao revés, o empregador deve ficar em posição defensiva, aguardando eventual ação ajuizada pelo trabalhador e, em contestação, comprovar que a dispensa se deu por justa causa ou não arbitrária, como se infere do art. 165, parágrafo único, da CLT, que é aplicável, por analogia, a todos os casos em que haja vedação de dispensa arbitrária ou sem justa causa.

É importante destacar que nos termos da Súmula 443 do TST: "Presume-se discriminatória a despedida de empregado portador do vírus HIV ou de outra doença grave que suscite estigma ou preconceito. Inválido o ato, o empregado tem direito à reintegração no emprego".

Em tal hipótese, está-se diante de vedação de dispensa discriminatória, e não de garantia ou estabilidade no emprego. O fundamento dessa proteção especial à dignidade do cidadão trabalhador repousa na Lei n. 9.029/95, cujo art. 1º dispõe, *in verbis*:

> Art. 1º Fica proibida a adoção de qualquer prática discriminatória e limitativa para efeito de acesso a relação de emprego, ou sua manutenção, por motivo de sexo, origem, raça, cor, estado civil, situação familiar ou idade, ressalvadas, neste caso, as hipóteses de proteção ao menor previstas no inciso XXXIII do art. 7º da Constituição Federal.

No caso de dispensa discriminatória, o art. 4º da referida lei prescreve:

> Art. 4º O rompimento da relação de trabalho por ato discriminatório, nos moldes desta Lei, além do direito à reparação pelo dano moral, faculta ao empregado optar entre: (Redação dada pela Lei n. 12.288, de 2010)
>
> I – a readmissão com ressarcimento integral de todo o período de afastamento, mediante pagamento das remunerações devidas, corrigidas monetariamente, acrescidas dos juros legais;
>
> II – a percepção, em dobro, da remuneração do período de afastamento, corrigida monetariamente e acrescida dos juros legais.

Parece-nos que, nestes casos, pode empregado optar entre a readmissão (rectius, reintegração) ou a indenização em dobro, desde o afastamento até o dia em que ajuizou a ação. Logo, também *não se aplica nestes casos o inquérito para apuração de falta grave*, devendo o empregador aguardar em posição defensiva (por meio de contestação) eventual propositura de ação pelo trabalhador.

2.3. Procedimento

O procedimento do inquérito judicial para apuração de falta grave encontra-se regulado nos arts. 853 a 855, bem como nos arts. 494 a 499, todos da CLT.

Assim, nos termos do art. 853 da CLT, para a apuração de falta grave contra empregado garantido com estabilidade, nos moldes alhures ressaltados, o empregador (autor) ajuizará reclamação por escrito (não é permitida a reclamação verbal) perante a Vara do Trabalho, dentro de trinta dias, contados da data da suspensão do empregado (réu). Esse prazo é decadencial, pois se trata de ação constitutiva de direito, isto é, por meio dela o empregador objetiva extinguir uma relação jurídica. Esse entendimento está cristalizado na Súmula 62 do TST.

Se não houver suspensão do empregado, parece-nos que a interpretação *a contrario sensu* do art. 853 da CLT autoriza a ilação de que o empregador terá o prazo de até dois anos para ajuizar o inquérito (CF, art. 7º, XXIX, c/c o art. 11 da CLT)[3], uma vez que o objetivo precípuo da ação é justamente extinguir o contrato de trabalho do empregado estável. Logo, parece-nos razoável concluir que, caso não tenha havido suspensão do empregado estável, o prazo bienal para o aforamento do inquérito é decadencial e inicia-se a partir do momento em que o empregador tomou ciência da falta grave imputada ao empregado. Nesse caso, porém, será discutível a questão do perdão tácito do empregador. Mas aí estar-se-á tratando do próprio mérito da demanda, e não de decadência (prejudicial de mérito).

2.4. Custas

As custas, em se tratando de inquérito judicial, constituíam exceção à regra do pagamento ao final, na medida em que o art. 789, § 4º, da CLT, dispunha que elas deveriam ser pagas antes do julgamento da causa.

Com o advento da Lei n. 10.537, de 27 de agosto de 2002, que entrou em vigor trinta dias depois de sua publicação, restou suprimida a regra constante do referido parágrafo, donde se infere que não há mais previsão para o pagamento prévio das custas. Aliás, o § 1º do art. 789 da CLT, sem qualquer exceção, dispõe que as "custas serão pagas pelo vencido após o trânsito em julgado da decisão", e, no caso de recurso, "as custas serão pagas e comprovado o recolhimento dentro do prazo recursal".

---

3. Note-se que não há falar, aqui, em perdão tácito, na medida em que a suspensão ora focalizada não tem natureza de punição.

2.5. Natureza dúplice do inquérito

Se o pedido de resolução contratual formulado no inquérito judicial for julgado improcedente, ou seja, reconhecida a inexistência de falta grave praticada pelo empregado (réu), fica o empregador (autor) obrigado a readmiti-lo (e não a "readmiti-lo no serviço", como consta equivocadamente do art. 495 da CLT) no emprego e a pagar-lhe os salários e demais vantagens a que teria direito no período de afastamento, o que demonstra a natureza dúplice dessa ação especial, pois o empregado não necessita reconvir ou ajuizar outra ação para ser reintegrado. Nesse sentido:

> DANO MORAL. NÃO PAGAMENTO DE SALÁRIOS. INQUÉRITO PARA APURAÇÃO DE FALTA GRAVE IMPROCEDENTE. CLT, ART. 495. 1. É lícito ao empregador suspender o empregado que figura como réu em inquérito para apuração de falta grave, suspendendo, igualmente, o pagamento de salários relativo ao período. Contudo, julgada improcedente aquela pretensão, afastando o caráter de justa causa da falta, é devido o pagamento dos salários do período de suspensão. 2. O não pagamento depois de mais de um ano de transitado em julgado o inquérito não pode ser tolerado, mormente no caso em tela, em que transpareceu a motivação política escusa de tal atitude. Pelos transtornos comprovadamente causados ao reclamante, é devida compensação pelo dano moral sofrido. Recurso do reclamante provido (TRT-9ª R., RO 493-2011-656-9-0-3, Rel. Des. Cássio Colombo Filho, 1ª T., *DEJT* 28-8-2012).

A respeito da sentença de improcedência na ação de inquérito para apuração de falta grave, lembra com percuciência Cláudio Armando Couce de Menezes que:

> A sentença que rejeita o pedido do inquérito assume caráter condenatório ao estabelecer a responsabilidade do empregador no pagamento de salários e todas as vantagens referentes ao período de afastamento do empregado. E adquire conteúdo mandamental no momento em que ordena o imediato retorno ao trabalho do obreiro suspenso. Em não havendo suspensão, a sentença de procedência consiste em uma mera declaração (negativa), podendo gerar, no máximo, futura ação reparatória por danos morais. A reintegração, conforme já noticiado, traz para o trabalhador todos os direitos, devidos a título de aumentos salariais e de remuneração, promoções, reajustes, inclusive férias (arts. 495, 471 e 131, V, da CLT). Resta saber até que momento suportará o empregador os ônus de sua sucumbência. A resposta não pode ser outra que não o efetivo trânsito em julgado da sentença ou, se necessário for ainda medidas executivas, da data do efetivo cumprimento do comando reintegratório. Cabe lembrar a frequência com que essa ordem reintegratória frequentemente é resistida, ou simplesmente ignorada pelo empregador, obrigando o juiz a lançar mão de sanções e do apoio policial para ver finalmente atendida a sua

ordem. Consistiria, portanto, em despropositado estímulo e injusta premiação da desobediência, desconsiderar o período em que o empregador descumpriu o mandamento judicial. Em certas ocasiões, porém, o retorno ao trabalho não acarreta o percebimento das vantagens contratuais e dos consectários legais. Com efeito, pode acontecer de a falta cometida pelo obreiro ser insuficiente para resolver o contrato, pois destituída da gravidade que lhe empresta o reclamado. Nesses casos, admite a jurisprudência a figura da readmissão, em que o retomo ao trabalho vem desacompanhado do pagamento dos salários e das outras rubricas trabalhistas. A conversão da reintegração do empregado estável em indenização, segundo a regra geral do direito das obrigações (arts. 879 e 880 do CC e 633 do CPC), hoje já não representa um cânone jurídico. Com o advento da tutela antecipada específica das prestações de fazer, admite-se agora o emprego de todos os meios necessários à efetividade da decisão (art. 461, *caput* e parágrafos, do CPC). De modo que deve o juiz fazer valer sua decisão reintegratória, *manu militari* se for o caso (§ 5º do art. 461 do CPC), sem prejuízo de multas e outros instrumentos legítimos de persuasão e pressão contra aquele que se recusa a acatar a ordem do juízo (§§ 3º, 4º e 5º do art. 461), sob pena de tornar letra morta a proteção legal e constitucional da estabilidade.[4]

Destarte, a improcedência do inquérito implica interrupção do contrato de trabalho, pois o tempo de serviço do período de afastamento é integralmente computado, fazendo jus o obreiro aos salários do mesmo período e a todas as demais vantagens como se não tivesse sido afastado do emprego.

2.5.1. Inquérito judicial e reconvenção

Tendo em vista que o inquérito judicial para apuração de falta grave possui natureza dúplice, o empregado (réu) não necessita reconvir ou ajuizar outra ação para ser reintegrado e receber salários e demais vantagens trabalhistas relativas ao período de afastamento. Neste caso, o empregado seria carecedor da ação reconvencional por ausência de interesse na modalidade necessidade.

Todavia, se o empregado pretender verbas outras não vinculadas diretamente ao contrato de trabalho, como, por exemplo, danos morais, parece-nos que ele terá interesse processual em propor a ação de reconvenção. Nesse sentido:

> INQUÉRITO PARA APURAÇÃO DE FALTA GRAVE. ESTABILIDADE DE CIPEIRO. INADEQUAÇÃO. A extinção da estabilidade do "cipeiro" ocorre *ope iuris*, isto é, por

4. Ação de inquérito para apuração de falta grave e resolução do contrato de empregado estável. *Revista Juris Síntese*, Porto Alegre: Síntese, n. 18, jul./ago. 1999.

simples declaração de vontade, dispensado o ajuizamento de inquérito judicial. Não há nos autos norma contratual ou coletiva que disponha sobre a necessidade do inquérito para dispensa do membro da CIPA. Assim, a requerente não precisava opor o inquérito para ver extinta a relação de emprego. Bastava dispensar o réu por justa causa ou um dos motivos previstos em lei, e, caso este interpusesse reclamação, comprovar o motivo. Esta é a exegese do parágrafo único, do art. 165, da CLT. Portanto, falta uma das condições da ação, pois não há interesse de agir. RECONVENÇÃO. INDENIZAÇÃO PELO PERÍODO ESTABILITÁRIO E INDENIZAÇÃO POR DANOS MORAIS. Comprovado o motivo justo para dispensa do CIPEIRO, mantenho a improcedência do pedido reconvencional, pois indevida a indenização do período estabilitário, já que a estabilidade teve fim com justa causa reconhecida (art. 165, da CLT). Indevida, ainda, a indenização por danos morais, já que comprovadas todas as alegações da requerente, e não demonstrado que o reconvinte tenha sido exposto por conta dos fatos narrados (TRT 1ª R., RO 02023001920065010282, Rel. Des. Volia Bomfim Cassar, 2ª T., *DEJT* 10-7-2014).

Não obstante o acórdão *supra* não contemple a procedência do pedido de danos morais na reconvenção, apreciou o mérito e julgou improcedente a demanda reconvencional.

2.6. Conversão da reintegração em indenização

A lei prevê que quando a reintegração do empregado estável for desaconselhável, dado o grau de incompatibilidade resultante do dissídio, especialmente quando for o empregador pessoa física, o juiz do trabalho poderá converter a obrigação de fazer (reintegrar) em obrigação de indenizar (CLT, art. 496).

A indenização corresponderá ao dobro dos valores que seriam devidos ao empregado caso fosse despedido sem justa causa nos contratos por tempo indeterminado (CLT, art. 497).

Quando se tratar de "estabilidade provisória" que demande a instauração do inquérito judicial, a reintegração também poderá ser convertida em indenização, tanto na hipótese do art. 496 da CLT, quanto no caso de exaurimento do período estabilitário.

É importante lembrar que a Súmula 396 do TST disciplina que:

I – Exaurido o período de estabilidade, são devidos ao empregado apenas os salários do período compreendido entre a data da despedida e o final do período de estabilidade, não lhe sendo assegurada a reintegração no emprego.

II – Não há nulidade por julgamento *extra petita* da decisão que deferir salário quando o pedido for de reintegração, dados os termos do art. 496 da CLT.

2.7. Execução do julgado e extinção do contrato de trabalho

Diz o art. 855 da CLT que, se tiver havido prévio reconhecimento da estabilidade do empregado, o julgamento do inquérito não prejudicará a execução para pagamento dos salários devidos ao empregado, até a data da instauração do mesmo inquérito. Esse artigo carece de clareza, o que autoriza a ilação de que se está diante daquelas situações em que o empregado estável continua prestando serviços à empresa (sem a ocorrência de suspensão).

De toda a sorte, parece-nos que a data da extinção do contrato de trabalho, se procedente o pedido objeto do inquérito, deve ser considerada como a do ajuizamento dessa ação especial.

3. DISSÍDIO COLETIVO

3.1. Formas de solução dos conflitos coletivos

Já vimos no Capítulo I, item 11, que existem diversas formas (ou métodos) de solução dos conflitos individuais e coletivos. No que tange aos conflitos coletivos podemos destacar as formas:

a) autocompositivas, como os acordos coletivos, as convenções coletivas e a mediação;

b) heterocompositivas, como a arbitragem e a jurisdição.

A greve, citada por alguns como forma de solução dos conflitos coletivos, constitui, para nós, um meio de *autodefesa* ou um instrumento de pressão econômica e política conferido aos trabalhadores socialmente organizados que possibilitará a solução do conflito. Vale dizer, não é a greve em si que soluciona o conflito, pois a greve possui natureza instrumental, mas sim as normas autocompositivas ou heterocompositivas que certamente dela – greve – surgirão.

Nas formas autocompositivas, as normas coletivas que irão solucionar o conflito são criadas pelos próprios atores sociais interessados, como nos casos de convenção ou acordo coletivo, ou com o auxílio de um terceiro cuja tarefa é apenas aconselhar as partes para a solução do impasse.

As formas autocompositivas são, portanto, extrajudiciais e decorrem da negociação coletiva e do princípio da autonomia privada coletiva.

Como bem observa Wagner D. Giglio,

> o resultado da autocomposição dos conflitos coletivos depende da liberdade da negociação, e essa liberdade requer igualdade de situação, que já não existe mais. A pres-

são exercida pelas condições da economia atual, de desemprego generalizado, sem perspectiva de melhora, torna ineficazes as formas tradicionais de composição dos conflitos: a negociação direta, a mediação e a conciliação delas resultantes. Como consequência das condições atuais, os resultados dessas formas de autocomposição dos conflitos coletivos têm sido bastante desfavoráveis aos trabalhadores: na melhor das hipóteses, são mantidos os direitos anteriores e garantidos, temporariamente, os empregos; na pior, reduzem-se benefícios, negociam-se rescisões contratuais e generaliza-se a insatisfação, que vai eclodir nas etapas seguintes de negociação[5].

Já as formas heterocompositivas podem ser extrajudiciais, como a arbitragem, que é largamente utilizada nos Estados Unidos e em quase todos os países da Europa ocidental, ou judiciais, como é o caso do Brasil.

A arbitragem consiste em atribuir a solução do conflito à decisão de um terceiro, pessoa ou grupo de pessoas físicas, entidade administrativa ou órgão judicial.

Nos domínios do direito processual do trabalho brasileiro, a arbitragem é prevista expressamente como meio alternativo à solução dos conflitos coletivos de trabalho, como se infere do art. 114, §§ 1º e 2º, da CF, *in verbis*:

> (...)
>
> § 1º Frustrada a negociação coletiva, as partes poderão eleger árbitros.
>
> § 2º Recusando-se qualquer das partes à negociação coletiva ou à arbitragem, é facultado às mesmas, de comum acordo, ajuizar dissídio coletivo de natureza econômica, podendo a Justiça do Trabalho decidir o conflito, respeitadas as disposições mínimas legais de proteção ao trabalho, bem como as convencionadas anteriormente (Redação dada pela EC n. 45/2004).

Há, por outro lado, previsão no art. 83, XI, da Lei Complementar n. 75/93, segundo o qual o MPT pode "atuar como árbitro, se assim for solicitado pelas partes, nos dissídios de competência da Justiça do Trabalho".

Pertinente a lição de Wagner D. Giglio, para quem

> a submissão do conflito coletivo à solução arbitral pode resultar de previsão em norma jurídica, caso em que se diz obrigatória. Se não houver previsão, a arbitragem será facultativa. Se decorrer de regra ajustada entre os contendores, a arbitragem será contratual; se resultar de norma prevista em lei, será legal. Se o árbitro ou árbitros forem escolhidos entre os opositores, teremos a arbitragem particular; se for fornecido pelo Estado, a arbitragem será oficial[6].

---

5. Solução dos conflitos coletivos: conciliação, mediação, arbitragem, resolução oficial e outros meios. *Revista LTr*, v. 64, n. 3, p. 307 e s., mar. 2000.
6. Idem, bidem, p. 308.

No Brasil, a solução jurisdicional dos conflitos coletivos de trabalho entre categorias profissionais e econômicas é feita por meio do dissídio coletivo.

3.2. Conceito e natureza jurídica

Dissídio coletivo, segundo Amauri Mascaro Nascimento,

> é um processo destinado à solução de conflitos coletivos de trabalho, por meio de pronunciamentos normativos constitutivos de novas condições de trabalho, equivalentes a uma regulamentação para os grupos conflitantes. Assim, dissídios coletivos são relações jurídicas formais, geralmente da competência originária dos Tribunais, destinadas à elaboração de normas gerais. Confia-se, assim, à jurisdição, a função de criar direito novo, como meio para resolver as controvérsias dos grupos[7].

Para Valentin Carrion,

> os dissídios, como os denomina a CLT, na acepção de "processo", ou seja, o meio de exercer uma ação para compor a lide, podem ser individuais ou coletivos. Aqueles têm por objeto direitos individuais subjetivos, de um empregado (dissídio individual singular) ou vários (dissídio individual plúrimo). O dissídio coletivo visa direitos coletivos, ou seja, contém as pretensões de um grupo, coletividade ou categoria profissional de trabalhadores, sem distinção dos membros que a compõem, de forma genérica[8].

É preciso, no entanto, analisar o dissídio coletivo não como processo em si, mas, ao revés, como ação, pois é esta que instaura o processo. Vale dizer, dissídio coletivo não é um processo, e sim uma ação. Melhor seria, então, chamada de "ação de dissídio coletivo".

Assim, a natureza jurídica do dissídio coletivo é de uma espécie de ação coletiva, porque a legitimidade ativa *ad causam* é conferida a ente coletivo e a decisão ("sentença normativa") produzirá efeitos *ultra partes*, como o dissídio de natureza econômica (interesse coletivo da categoria) ou *erga omnes*, como o dissídio de greve em atividade essencial (interesse difuso da coletividade).

Além disso, urge conceituar o dissídio coletivo sob a perspectiva da nova ordem constitucional brasileira, inaugurada a partir da Constituição Federal de 1988 e à luz da EC n. 45/2004.

---

7. *Curso de direito processual do trabalho*, p. 377.

8. *Comentários à Consolidação das Leis do Trabalho*, ed. em CD-ROM, 1999, comentário ao art. 856, verbete 1.

Para nós, portanto, o *dissídio coletivo é uma espécie de ação coletiva de matriz constitucional conferida a determinados entes coletivos, geralmente os sindicatos, para a defesa de interesses cujos titulares materiais não são pessoas individualmente consideradas, mas sim grupos ou categorias econômicas, profissionais ou diferenciadas, visando à criação ou interpretação de normas que irão incidir no âmbito dessas mesmas categorias*[9].

Quando mencionamos determinados entes coletivos, devemos lembrar que no ordenamento jurídico brasileiro não apenas os sindicatos das categorias econômicas e das categorias profissionais são legitimados para propor o dissídio coletivo, como também o Ministério Público do Trabalho, nos casos de greve que atinja interesse público, ou a própria empresa, na hipótese de malogro de celebração de acordo coletivo ou de greve.

3.3. Classificação

Para o jurista José Augusto Rodrigues Pinto[10] o dissídio coletivo pode ser *primário* (de interesse), que gera a sentença normativa. Esse dissídio coletivo de interesse, por sua vez, pode dar lugar a três outros dissídios coletivos, *secundários* ou *derivados*, visando a estender-lhe os efeitos (dissídio coletivo de extensão), revisar-lhe as condições (dissídio coletivo de revisão) ou interpretar-lhe os dispositivos (dissídio coletivo jurídico).

É importante assinalar que, de acordo com o art. 220 do RITST, os dissídios coletivos podem ser:

> I – *de natureza econômica*, para a instituição de normas e condições de trabalho;
>
> II – *de natureza jurídica*, para interpretação de cláusulas de sentenças normativas, de instrumentos de negociação coletiva, acordos e convenções coletivas, de disposições legais particulares de categoria profissional ou econômica e de atos normativos;
>
> III – *originários*, quando inexistentes ou em vigor normas e condições especiais de trabalho decretadas em sentença normativa;
>
> IV – *de revisão*, quando destinados a reavaliar normas e condições coletivas de trabalho preexistentes que se hajam tornado injustas ou ineficazes pela modificação das circunstâncias que as ditaram; e
>
> V – *de declaração sobre a paralisação do trabalho* decorrente de greve. (grifo nosso)

---

9. A definição de categoria econômica, profissional ou diferenciada está prevista no art. 511, §§ 1º, 2º e 3º, da CLT.

10. *Processo trabalhista de conhecimento*. 5. ed., p. 479.

Para nós, os dissídios coletivos podem ser classificados em dissídio coletivo de natureza econômica, jurídica ou mista, pois, a rigor, os dissídios coletivos originários e os de revisão são subespécies de dissídios coletivos de natureza econômica. Os dissídios coletivos de greve são ecléticos (natureza jurídica e econômica), porquanto declaram a abusividade (ou não) da greve e instituem (ou não) cláusulas que tratam de condições de trabalho.

3.3.1. Dissídio coletivo de natureza econômica

Trata-se de *ação constitutiva*, pois visa à prolação de sentença normativa que criará novas normas ou condições de trabalho que irão vigorar no âmbito das relações empregatícias individuais (CF, art. 114, § 2º).

Os dissídios coletivos de natureza econômica podem ser subclassificados em:

- *originário* ou *inaugural* – quando não há norma coletiva anterior (CLT, art. 867, parágrafo único, *a*);
- *revisional* – objetiva à revisão de norma coletiva anterior (CLT, arts. 873 a 875);
- *de extensão* – visa estender a toda a categoria as normas ou condições que tiveram como destinatários apenas parte dela (CLT, arts. 868 a 871).

3.3.2. Dissídio coletivo de natureza jurídica

O dissídio coletivo de natureza jurídica é, na verdade, uma *ação declaratória*, cujo objeto reside apenas na interpretação de cláusulas previstas em instrumentos normativos coletivos preexistentes que vigoram no âmbito de uma dada categoria.

Não é cabível quando se pretende interpretar norma legal de caráter geral para toda a classe trabalhadora (TST/SDC, OJ n. 7).

3.3.3. Dissídio coletivo de natureza mista (dissídio de greve)

O dissídio coletivo de greve (Lei n. 7.783/89, art. 8º) pode ter natureza meramente declaratória, se seu objeto residir apenas na declaração de abusividade ou não do movimento paredista.

Se, todavia, o tribunal apreciar e julgar os pedidos versados nas cláusulas constantes da pauta de reivindicações, o dissídio coletivo de greve terá natureza mista, pois, a um só tempo, a sentença normativa correspondente declarará a abusividade (ou não) do movimento paredista e constituirá (ou não) novas relações coletivas de trabalho (CF, art. 114, § 3º; Lei n. 7.783/89, art. 8º).

Sobre dissídio coletivo de greve, colecionamos as principais OJs da SDC/TST:

OJ n.10 – GREVE ABUSIVA NÃO GERA EFEITOS. É incompatível com a declaração de abusividade de movimento grevista o estabelecimento de quaisquer vantagens ou garantias a seus partícipes, que assumiram os riscos inerentes à utilização do instrumento de pressão máximo.

OJ n. 11 – GREVE. IMPRESCINDIBILIDADE DE TENTATIVA DIRETA E PACÍFICA DA SOLUÇÃO DO CONFLITO. ETAPA NEGOCIAL PRÉVIA. É abusiva a greve levada a efeito sem que as partes hajam tentado, direta e pacificamente, solucionar o conflito que lhe constitui o objeto.

OJ n. 38 – GREVE. SERVIÇOS ESSENCIAIS. GARANTIA DAS NECESSIDADES INADIÁVEIS DA POPULAÇÃO USUÁRIA. FATOR DETERMINANTE DA QUALIFICAÇÃO JURÍDICA DO MOVIMENTO. É abusiva a greve que se realiza em setores que a lei define como sendo essenciais à comunidade, se não é assegurado o atendimento básico das necessidades inadiáveis dos usuários do serviço, na forma prevista na Lei n. 7.783/89.

3.4. Poder normativo

No âmbito do direito laboral pátrio, sabe-se que o tradicional sistema processual coletivo do trabalho recebeu forte influência da *Carta del Lavoro*, apresentando-se, por isso mesmo, ultrapassado e incapaz de solucionar satisfatoriamente os novos e cada vez mais complexos *conflitos trabalhistas de massa*.

Entre os inúmeros fundamentos que empolgam essa afirmação, podemos destacar a opinião corrente de que a função anômala do Poder Normativo da Justiça do Trabalho, como criador de normas heterônomas gerais e abstratas aplicáveis às categorias profissionais e econômicas e que produzirão efeitos nas relações individuais de trabalho, inibe ou desencoraja a desejável solução democrática da autocomposição dos conflitos coletivos adotada em quase todas as democracias contemporâneas.

O Poder Normativo da Justiça do Trabalho encontra fundamento no § 2º do art. 114 da CF, com nova redação dada pela EC n. 45/2004, segundo o qual:

> Recusando-se qualquer das partes à negociação coletiva ou à arbitragem, é facultado às mesmas, de comum acordo, ajuizar dissídio coletivo de natureza econômica, podendo a Justiça do Trabalho decidir o conflito, respeitadas as disposições mínimas legais de proteção ao trabalho, bem como as convencionadas anteriormente.

Há entendimentos de que o preceptivo constitucional em causa instituiu a arbitragem oficial no Brasil, extinguindo, assim, o Poder Normativo da Justiça do Trabalho. De nossa parte, pensamos que a sentença normativa, que é recorrível, não se equipara à sentença arbitral (irrecorrível), razão pela qual não nos parece que a EC n.

45/2004 teria proscrito o poder normativo. A exigência do "comum acordo" para a instauração dos dissídios coletivos de natureza econômica restringe, sem dúvida, a via de acesso ao exercício do poder normativo, mas não foi intenção do constituinte derivado a extinção desse poder anômalo conferido à Justiça do Trabalho.

3.4.1. Competência funcional

A competência para processar e julgar os dissídios coletivos é original e funcionalmente dos Tribunais (Superior ou Regionais) do Trabalho (CLT, arts. 856 e 860).

Nesse sentido, dispõe o Precedente Normativo n. 29 do TST que: "Compete aos Tribunais do Trabalho decidir sobre o abuso do direito de greve". Logo, os juízes das Varas do Trabalho não têm competência funcional para declarar a abusividade ou não da greve.

No entanto, os juízes das Varas do Trabalho têm competência para processar e julgar "as ações que envolvam exercício do direito de greve" (CF, art. 114, II), como os interditos proibitórios que tenham pertinência com o exercício do direito de greve.

3.5. Pressupostos de cabimento

Já vimos em outra parte deste livro que a lei processual civil brasileira estabelece como uma das causas de extinção do processo sem resolução do mérito a ausência de pressupostos de constituição e de desenvolvimento válido e regular do processo (CPC, art. 485, IV; CPC/73, art. 267, IV).

Nos domínios do direito processual do trabalho, embora omissa a CLT, podemos dizer que também o processo atinente ao dissídio coletivo deve satisfazer determinados pressupostos de cabimento.

Os pressupostos processuais em sede de dissídio coletivo podem ser: subjetivos e objetivos.

• *Subjetivos:*

a) competência – a competência para apreciar dissídios coletivos é dos Tribunais do Trabalho, ou seja, as Varas do Trabalho são incompetentes para essa espécie de demanda coletiva. O dissídio coletivo é, portanto, de competência funcional originária dos tribunais trabalhistas, segundo o âmbito territorial do respectivo dissídio coletivo. Trata-se, portanto, de cumulação de competência funcional e territorial. Por exemplo, se o dissídio for circunscrito à base territorial de TRT (CLT, art. 678, I, *a*, e Lei n. 7.701/88, art. 6º), será este o competente funcional e territorialmente para apreciar e julgar a ação dissidial; se ultrapassar tal base, tal competência será do TST (CLT, art. 702, I, *b*, e Lei n. 7.701/88, art. 2º, I, *a*);

b) capacidade processual – no dissídio coletivo quem postula em juízo não é a categoria diretamente (o conjunto dos empregados), mas o sindicato que a representa (CF, arts. 8º, III, e 114, § 2º; CLT, art. 857), sendo certo que a nova redação dada pela EC n. 45/2004 ao § 2º do art. 114 da CF estabelece que as partes, ou seja, sindicatos ou empresas, poderão, de comum acordo, ajuizar o dissídio coletivo de natureza econômica.

• *Objetivos:*

a) negociação coletiva prévia – alguns autores referem a frustração da negociação coletiva (CF, art. 114, §§ 1º e 2º) como pressuposto processual objetivo[11]. De nossa parte, isso não é pressuposto processual, e sim condição da ação, ou seja, a ausência de negociação coletiva prévia implica falta de interesse de agir do suscitante, na medida em que o bem da vida reivindicado no dissídio coletivo poderia ser alcançado, previamente, sem a necessidade de intervenção do Poder Judiciário, isto é, mediante autocomposição das partes. De toda sorte, a não comprovação do exaurimento das tentativas de negociação coletiva desaguará na extinção do processo sem resolução do mérito;

b) inexistência de norma coletiva em vigor – tanto as convenções coletivas e os acordos coletivos quanto a sentença normativa têm vigência temporária (CLT, arts. 614, § 3º, 867 e 873), impedindo o ajuizamento de novo dissídio coletivo durante esse período, salvo na hipótese de greve, tal como previsto no art. 14, parágrafo único, da Lei n. 7.783/89;

c) observância da época própria para ajuizamento – não há prazo prescricional para o ajuizamento do dissídio coletivo, tendo em vista que nele não se postulam créditos previstos em normas preexistentes, ou seja, não se buscam na ação de dissídio coletivo direitos subjetivos, mas, tão somente, a criação de normas gerais e abstratas (direito objetivo) que irão reger as relações – individuais e coletivas – de trabalho das categorias representadas na ação. Todavia, a CLT estabelece algumas regras para o ajuizamento do dissídio coletivo apenas no que concerne à eficácia no tempo da sentença normativa (art. 867, *a* e *b*). Dito de outro modo, se ultrapassados os prazos previstos nas alíneas *a* e *b* do art. 867 da CLT, "a categoria ficará exposta ao vazio normativo temporário, na medida em que a sentença normativa prolatada não poderá retroagir à data-base da categoria (CLT, art. 867, parágrafo único, *b*), mas entrará em vigor apenas a partir de sua publicação (CLT, art. 867, parágrafo único, *a*). Para estimular a continuidade da negociação coletiva e, ao mesmo tempo, preservar a data-base da categoria, caso seja finalmente frustrada a negociação, criou o TST a figura

11. MARTINS FILHO, Ives Gandra da Silva. Pressupostos do cabimento do dissídio coletivo. *Revista Síntese Trabalhista*, Porto Alegre, n. 70, p. 8-11, abr. 1995.

do protesto judicial (IN n. 4/93, item II)[12], proposto pelo sindicato, de forma a postergar por mais de 30 dias o ajuizamento do dissídio, sem perda da data-base"[13];

d) petição inicial (representação) apta – a petição inicial do dissídio coletivo, além de ser obrigatoriamente escrita, deve conter os requisitos enumerados no item 3.5.1 *infra*;

e) "comum acordo" entre as partes – tendo em vista a nova redação dada pela EC n. 45/2004 ao § 2º do art. 114 da CF, foi criado – para uns, um novo pressuposto processual, para outros, uma nova condição da ação – para o cabimento do dissídio coletivo de natureza econômica: as partes deverão estar "de comum acordo" para o ajuizamento da demanda.

No tocante ao mútuo consentimento, se uma das partes não concordar com a propositura do DC de natureza econômica, a Justiça do Trabalho deverá extinguir o processo, sem resolução do mérito.

Há, porém, cizânia doutrinária e jurisprudencial acerca da constitucionalidade do § 2º do art. 114 da CF, introduzido pela EC n. 45/2004, pois há entendimento de que essa regra fere o princípio da inafastabilidade do acesso à justiça (CF, art. 5º, XXXV), mas também há quem entenda que o dissídio coletivo de natureza econômica implica criação de direito novo (interesse para instituição de novas normas de trabalho), e não lesão a direito subjetivo preexistente, ou seja, o princípio constitucional não seria violado porque não se trata de hipótese de *lesão ou ameaça a direito subjetivo*, e sim de *interesse da categoria na criação de direito novo*. Com a palavra o Supremo Tribunal Federal. Voltaremos a examinar a questão na epígrafe 3.5.1.1, letra *g*, *infra*.

3.5.1. Requisitos da petição inicial

A petição inicial do dissídio coletivo, também chamada de "representação" ou "instauração da instância" na linguagem do texto consolidado, deve ser obrigatoriamente escrita, segundo dispõe o art. 856 da CLT, e deve satisfazer às exigências comuns a todas as petições iniciais (CPC, art. 319; CPC/73, art. 282), bem como aos requisitos objetivos e subjetivos.

3.5.1.1. Requisitos objetivos

Há determinados documentos que são imprescindíveis ao ajuizamento do DC, pois por meio deles será possível verificar o preenchimento das condições da ação e

12. A IN n. 4/93 foi revogada pela Resolução n. 116/2003 do TST.

13. MARTINS FILHO, Ives Gandra da Silva, op. cit., p. 9.

dos pressupostos processuais. São documentos essenciais à propositura da ação dissidial coletiva:

a) edital – edital de convocação da assembleia geral da categoria;

b) ata – ata da assembleia geral;

c) listagem – lista de presença da assembleia geral;

d) registros da frustração da negociação coletiva – correspondência, registros e atas referentes à negociação coletiva tentada ou realizada diretamente ou mediante a intermediação do órgão competente do Ministério do Trabalho;

e) norma anterior – norma coletiva anterior (acordo coletivo, convenção coletiva ou sentença normativa), se for o caso, isto é, se o dissídio é revisional;

f) instrumento de mandato – procuração passada pelo presidente do suscitante ao advogado subscritor da representação (é, porém, facultativa a representação por advogado, conforme o art. 791, § 2º, da CLT, observando-se, contudo, o conteúdo da Súmula 425 do TST);

g) mútuo consentimento – comprovação da concordância – tácita ou expressa – entre as partes para o ajuizamento do dissídio coletivo de natureza econômica. Este novo requisito foi criado pela EC n. 45/2004, que deu nova redação ao § 2º do art. 114 da CF (*vide* item 3.6.2.1, *infra*).

3.5.1.2. Requisitos subjetivos

Os requisitos subjetivos dizem respeito à forma pela qual deve ser articulada a pretensão do suscitante (CLT, arts. 857 e 858), a saber:

a) designação da autoridade competente

A autoridade competente para o endereçamento da petição inicial no dissídio coletivo é sempre o Presidente do TRT ou do TST, conforme a extensão da base territorial da categoria profissional representada pela entidade sindical correspondente, como, por exemplo, os dissídios instaurados em face do Banco do Brasil ou da Empresa Brasileira de Correios e Telégrafos, a competência originária é do TST, sendo a petição inicial dirigida ao seu Ministro Presidente, enquanto aqueles dissídios instaurados em face do BANESTES-Banco do Estado do Espírito Santo são dirigidos ao Presidente do TRT da 17ª Região/ES;

b) qualificação dos suscitantes e suscitados

Deve-se indicar a delimitação territorial de representação das entidades sindicais, as categorias profissionais e econômicas envolvidas no dissídio coletivo e, ainda, o *quorum* estatutário para deliberação da assembleia;

c) bases da conciliação

A petição inicial deverá conter a proposta das cláusulas que o sindicato deseja ver instituídas. Trata-se, pois, da pauta de reivindicação da categoria profissional representada pelo sindicato que deve ser reproduzida na petição inicial;

d) fundamentos da demanda

Nos termos do art. 12 da Lei n. 10.192/2001:

> No ajuizamento do dissídio coletivo, as partes deverão apresentar, fundamentadamente, suas propostas finais, que serão objeto de conciliação ou deliberação do Tribunal, na sentença normativa.

Assim, a petição inicial do dissídio coletivo deverá conter os motivos do dissídio e as bases de conciliação. Vale dizer, a inicial deve indicar os motivos que justificam as cláusulas constantes da pauta de reivindicações da categoria profissional. São as razões fáticas (econômicas e sociais) que empolgarão a instituição ou alteração das condições legais e convencionais mínimas vigentes no âmbito da categoria, como, por exemplo, reajuste salarial, adicional de produtividade, adicional de horas extras (cláusulas econômicas), concessão de licença para fins de aperfeiçoamento, ampliação da licença à gestante (cláusulas sociais). A fundamentação específica de cada cláusula passa a ser um requisito essencial à petição inicial do dissídio coletivo.

Segundo o Precedente Normativo n. 37 do TST: "Nos processos de dissídio coletivo só serão julgadas as cláusulas fundamentadas na representação, em caso de ação originária, ou no recurso". Noutros termos, as cláusulas (pedidos) não fundamentadas devidamente são indeferidas de plano sem resolução do mérito.

No mesmo sentido é a OJ n. 32 da SDC/TST, *in verbis*:

> REIVINDICAÇÕES DA CATEGORIA. FUNDAMENTAÇÃO DAS CLÁUSULAS. NECESSIDADE. APLICAÇÃO DO PRECEDENTE NORMATIVO N. 37 DO TST (inserida em 19-8-1998). É pressuposto indispensável à constituição válida e regular da ação coletiva a apresentação em forma clausulada e fundamentada das reivindicações da categoria, conforme orientação do item VI, letra *e*, da Instrução Normativa n. 4/93[14].

Por interpretação lógica, se o pedido deve ser fundamentado, com muito mais razão a sentença normativa também deverá ser fundamentada, sob pena de nulidade, como, aliás, dispõe o art. 93, IX, da CF.

14. A IN n. 4/93 foi revogada expressamente pela Resolução TST n. 116/2003. Mas isso não altera em nada a exigência de fundamentação das cláusulas dos dissídios coletivos, tendo em vista o disposto no art. 12 da Lei n. 10.192/2001.

3.6. Condições da ação coletiva *stricto sensu*

Por ser o dissídio coletivo uma ação, o seu exercício encontra-se condicionado à satisfação de todos os requisitos exigidos para as demais ações civis, como a legitimação *ad causam* e o interesse processual, já estudados.

A ausência de quaisquer dessas condições implica extinção do processo sem resolução do mérito, a teor do art. 485, VI, do CPC (art. 267, VI, do CPC/73), aplicável subsidiariamente ao processo do trabalho, por força do art. 769 da CLT (e do art. 15 do CPC).

As partes no dissídio coletivo são: no polo ativo, suscitante; no passivo, suscitado.

3.6.1. Legitimação *ad causam*

De acordo com o art. 856 da CLT, a "instância será instaurada mediante representação escrita ao presidente do Tribunal. Poderá ser também instaurada por iniciativa do presidente, ou, ainda, a requerimento da Procuradoria da Justiça do Trabalho, sempre que ocorrer suspensão do trabalho". No artigo seguinte, declara que a "representação para instaurar a instância em dissídio coletivo constitui prerrogativa das associações sindicais, excluídas as hipóteses aludidas no art. 856, quando ocorrer suspensão do trabalho".

O art. 114, § 2º, da CF/88, com nova redação dada pela EC n. 45/2004, dispõe que, se as partes do conflito coletivo se recusarem à negociação coletiva ou à arbitragem, "é facultado às mesmas, de comum acordo, ajuizar dissídio coletivo de natureza econômica, podendo a Justiça do Trabalho decidir o conflito, respeitadas as disposições mínimas legais de proteção ao trabalho, bem como as convencionadas anteriormente".

A conjugação das normas acima transcritas permite-nos dizer que são partes legítimas *ad causam* nos dissídios coletivos, de um lado, obrigatoriamente, o sindicato da categoria profissional, que geralmente atua no polo ativo da demanda, e, do outro lado, o sindicato da categoria econômica ou empresa(s) isoladamente considerada(s).

Quando os sujeitos da lide coletiva são os sindicatos, estamos diante de um conflito intercategorial, na medida em que envolve duas categorias – econômica e profissional – distintas. Esse dissídio coletivo decorre de uma convenção coletiva frustrada.

De outro giro, quando os sujeitos da lide são o sindicato da categoria profissional e uma ou mais empresas isoladamente consideradas (não representadas pelo sindicato da categoria econômica), o dissídio coletivo é de âmbito mais restrito, já que ele ocorre diretamente entre um grupo de trabalhadores de determinada empresa, devidamente representados pelo sindicato da categoria profissional correspondente, e o respectivo empregador. Nesse caso, o dissídio coletivo decorre de um acordo coletivo frustrado.

O art. 856 da CLT faculta, ainda, aos Presidentes dos Tribunais do Trabalho a iniciativa da "instauração da instância", isto é, a legitimação para o ajuizamento do dissídio coletivo. Parece-nos, contudo, que essa norma, no tocante à legitimação conferida ao Presidente do Tribunal do Trabalho, não foi recepcionada pelo art. 114, § 2º, da Constituição Federal, que somente faculta às partes, de comum acordo, a legitimação *ad causam* da ação coletiva em estudo.

O MPT também pode ajuizar dissídio coletivo de greve perante a Justiça do Trabalho, nos termos do art. 83, VIII, da LC n. 75/93:

> Art. 83. Compete ao Ministério Público do Trabalho o exercício das seguintes atribuições junto aos órgãos da Justiça do Trabalho:
>
> (*omissis*)
>
> VIII – instaurar instância em caso de greve, quando a defesa da ordem jurídica ou o interesse público assim o exigir.

Essa norma, a nosso ver, não colidia com a redação original do art. 114, § 2º, da CF, uma vez que o MPT, quando ajuizava o dissídio coletivo de greve, não estava defendendo interesses categoriais, e sim interesses públicos. Dito de outro modo, a legitimação do *Parquet* Laboral já encontrava fundamento no art. 127, *caput*, da CF, que lhe conferia poderes para defender a ordem jurídica e os interesses sociais e individuais indisponíveis, como o direito à vida, à segurança, à saúde. Por essa razão, pensávamos que o MPT estaria autorizado a ajuizar dissídio coletivo em caso de greve que colocaria em risco iminente a vida, a saúde ou a segurança das pessoas direta ou indiretamente atingidas pelo movimento de paralisação.

Com o advento da EC n. 45/2004, que deu nova redação ao § 3º do art. 114 da CF, foi reconhecida expressamente a legitimação do Ministério Público do Trabalho para ajuizar dissídio coletivo "em caso de greve em atividade essencial, com possibilidade de lesão do interesse público". Pensamos, porém, que não apenas nas greves em atividades essenciais, mas também nas demais greves, o Ministério Público do Trabalho estará sempre legitimado para ajuizar dissídio coletivo em defesa dos interesses sociais ou individuais indisponíveis, como já frisado no parágrafo anterior.

Nos dissídios coletivos de greve, o natural legitimado ativo da demanda é o sindicato representativo da categoria econômica ou a(s) empresa(s) isoladamente considerada(s) e atingida(s) pelo movimento paredista.

O TST não vinha admitindo o dissídio de greve ajuizado pelo próprio sindicato da categoria profissional que deflagrou o movimento paredista. Nesse sentido, era a OJ n. 12 da SDC que, em boa hora, foi cancelada (Resolução TST n. 166/2010, *DEJT* divulgado em 30-4-2010 e 3 e 4-5-2010). Logo, não há mais o óbice da legitimação sindical obreira para ajuizar dissídio coletivo de greve.

Ajuizado o dissídio de greve, o art. 8º da Lei n. 7.783/89 dispõe que a

Justiça do Trabalho, por iniciativa de qualquer das partes ou do Ministério Público do Trabalho, decidirá sobre a procedência, total ou parcial, ou improcedência das reivindicações, cumprindo ao Tribunal publicar, de imediato, o competente acórdão.

A legitimação ativa para o ajuizamento do dissídio coletivo de natureza econômica é, como já ressaltado, conferida aos sindicatos (ou sindicato da categoria profissional e empregador), consoante a regra estabelecida no art. 114, § 2º, da CF.

Embora alguns autores sustentem que, quando o sindicato obreiro figura como demandante, seria o caso de substituição processual, pensamos que se trata efetivamente de representação legal. É que, a nosso ver, a substituição processual concerne apenas à legitimação *ad causam* conferida a alguns entes coletivos (MPT, sindicatos, associações etc.) para, independentemente de autorização dos substituídos, defender interesses individuais homogêneos (ou individuais da categoria, segundo a dicção do art. 8º, III, da CF). Na substituição processual, portanto, o substituto atua em nome próprio defendendo interesse alheio.

O sindicato, como suscitante no dissídio coletivo, atua *em nome da categoria*, desde que autorizado por Assembleia Geral, e *na defesa de interesse da categoria* que representa. Vale dizer, ele atua em nome alheio (categoria) na defesa de interesse alheio (categoria). Não é o caso de substituição processual, pois nesta, além de não ser exigida a autorização assemblear, os integrantes da categoria, individualmente considerados, não têm legitimação *ad causam* para ajuizarem a ação dissidial coletiva.

No caso de dissídio coletivo em face de empresa, ou seja, aquele decorrente de malogro na celebração de acordo coletivo de trabalho, a SDC/TST editou a OJ n. 19, *in verbis*:

> DISSÍDIO COLETIVO CONTRA EMPRESA. LEGITIMAÇÃO DA ENTIDADE SINDICAL. AUTORIZAÇÃO DOS TRABALHADORES DIRETAMENTE ENVOLVIDOS NO CONFLITO (*DEJT* divulgado em 16, 17 e 18-11-2010). A legitimidade da entidade sindical para a instauração da instância contra determinada empresa está condicionada à prévia autorização dos trabalhadores da suscitada diretamente envolvidos no conflito.

Quando não houver sindicato representativo da categoria econômica ou profissional, poderá o dissídio coletivo ser ajuizado pelas federações correspondentes e, na falta destas, pelas confederações respectivas, no âmbito de sua representação (CLT, art. 857, parágrafo único).

Nos termos da OJ n. 15 da SDC, a comprovação da legitimidade *ad processum* da entidade sindical se faz por seu registro no órgão competente do Ministério do Trabalho, mesmo após a promulgação da Constituição Federal de 1988.

A legitimidade da entidade sindical para a instauração da instância contra determinada empresa está condicionada à prévia autorização dos trabalhadores da suscitada diretamente envolvidos no conflito (SDC, OJ n. 19).

Segundo o disposto na OJ n. 22 da SDC:

> LEGITIMIDADE *AD CAUSAM* DO SINDICATO. CORRESPONDÊNCIA ENTRE AS ATIVIDADES EXERCIDAS PELOS SETORES PROFISSIONAL E ECONÔMICO ENVOLVIDOS NO CONFLITO. NECESSIDADE (*DEJT* divulgado em 16, 17 e 18-11-2010). É necessária a correspondência entre as atividades exercidas pelos setores profissional e econômico, a fim de legitimar os envolvidos no conflito a ser solucionado pela via do dissídio coletivo.

Ainda sobre legitimidade no dissídio coletivo, a OJ n. 23 da SDC vaticina:

> LEGITIMIDADE *AD CAUSAM*. SINDICATO REPRESENTATIVO DE SEGMENTO PROFISSIONAL OU PATRONAL. IMPOSSIBILIDADE. A representação sindical abrange toda a categoria, não comportando separação fundada na maior ou menor dimensão de cada ramo ou empresa.

Para finalizar este tópico, convém colecionar a atual jurisprudência da SDC/TST a respeito da legitimidade ativa no dissídio coletivo:

> DISSÍDIO COLETIVO DE GREVE. LEGITIMIDADE ATIVA. DISSÍDIO DE NATUREZA ECONÔMICA. ART. 114, §§ 2º E 3º, CONSTITUIÇÃO DA REPÚBLICA. A partir da EC n. 45/2004, só é viável o dissídio coletivo econômico havendo mútuo consenso entre as partes (art. 114, § 2º, CF). Porém, havendo greve em andamento, torna-se possível a propositura de dissídio coletivo por qualquer das partes, empregador e sindicato de trabalhadores, ou pelo Ministério Público do Trabalho (art. 114, § 3º, CF; art. 8º, Lei n. 7.783/89). No dissídio coletivo de greve, o conteúdo pode ser também econômico, em face de a Constituição determinar, genericamente, caber à Justiça do Trabalho decidir o conflito (§ 3º do art. 114), ao passo que o art. 8º da Lei de Greve se refere a decisão sobre todo o conteúdo do dissídio ("A Justiça do Trabalho (...) decidirá sobre a procedência, total ou parcial, ou improcedência das reivindicações (...)"). DISSÍDIO COLETIVO DE GREVE. MOVIMENTO PAREDISTA EM CONFORMIDADE COM O ART. 9º DA CF E COM OS REQUISITOS DA LEI N. 7.783/89. GREVE NÃO ABUSIVA. A Carta Constitucional reconhece a greve como um direito fundamental de caráter coletivo, resultante da autonomia privada coletiva inerente às sociedades democráticas. Não constitui abuso no seu exercício quando há observância dos requisitos estabelecidos pela ordem jurídica do país para a validade do movimento paredista: tentativa de negociação; aprovação da respectiva assembleia de trabalhadores;

aviso prévio à parte adversa. Na hipótese dos autos, percebe-se que o direito de greve foi exercido pelos empregados dentro dos limites legais. Não houve atentado à boa-fé coletiva. Relembro que a empresa tem unidades em praticamente todos os municípios do país – são mais de 5.000 municípios. No caso concreto, não se teve notícias de grandes incidentes durante todo o movimento da categoria profissional. Tal fato corrobora com a conclusão de que a greve não foi abusiva. Declaro não abusiva a greve (TST-DC 6535-37.2011.5.00.0000, j. 11-10-2011, Rel. Min. Mauricio Godinho Delgado, SDC, *DEJT* 17-10-2011).

3.6.2. Interesse processual

Quanto ao interesse processual, a própria Constituição condiciona o ajuizamento da ação de dissídio coletivo ao *prévio exaurimento da negociação coletiva* ou *impossibilidade de recurso das partes à arbitragem* (CF, art. 114, § 2º), o que nem sempre é fácil implementar, seja pelo aspecto cultural do empresariado brasileiro e dos próprios sindicalistas, seja pelas exigências estabelecidas no art. 219 do RITST, segundo o qual somente quando "frustrada, total ou parcialmente, a autocomposição dos interesses coletivos em negociação promovida diretamente pelos interessados, ou mediante intermediação administrativa do Órgão competente do Ministério do Trabalho, poderá ser ajuizada a ação de dissídio coletivo".

De outra parte, o TST havia editado a (já cancelada) Jurisprudência Normativa n. 1 (*DJU* 27-4-1993), *in verbis*:

> AUSÊNCIA DE NEGOCIAÇÃO PRÉVIA. EXTINÇÃO DO PROCESSO. Nenhuma ação de dissídio coletivo de natureza econômica será admitida sem antes se esgotarem as medidas relativas à formalização da convenção ou acordo coletivo, nos termos dos arts. 114, 2º, da Constituição da República e 616, 4º, da CLT, sob pena de indeferimento da representação inicial ou de extinção do processo, ao final, sem julgamento do mérito. O interessado que não conseguir efetivar a negociação coletiva direta com a parte contrária poderá solicitar a mediação do órgão local ou regional do Ministério do Trabalho, devendo este obter uma ata do ocorrido. Após a manifestação do suscitado, as partes esclarecerão os pontos em relação aos quais houve acordo e as matérias litigiosas[15].

É importante assinalar que a jurisprudência do TST tem sido rigorosa quanto ao exaurimento da negociação prévia como condição da ação coletiva *stricto sensu*. É o que se infere do seguinte julgado:

15. Ver também OJ SDC/TST ns. 5, 7 e 8.

DISSÍDIO COLETIVO – AUSÊNCIA DE PRESSUPOSTOS DE CONSTITUIÇÃO E DE DESENVOLVIMENTO VÁLIDO E REGULAR DO PROCESSO. A ausência, nos autos, da listagem do total de trabalhadores da empresa Sabesp (motoristas, operadores) que inviabiliza a comprovação do *quorum* estatuído pelo art. 612 da CLT, bem como a não comprovação de que tenham as partes, efetivamente, tentado a prévia composição do conflito, pressuposto indispensável ao ajuizamento da ação (inobservância do art. 114, § 2º, da Constituição da República), acarretam a extinção do processo sem julgamento do mérito nos termos do art. 267, IV, do CPC (TST RODC n. 789.773, SDC, Rel. Min. Ronaldo José Lopes Leal, *DJU* 15-3-2002).

O TST já decidiu que o *quorum* mínimo de um terço dos presentes (CLT, art. 612) prevalece sobre as regras fixadas no estatuto da entidade sindical suscitante. Com base nesse entendimento, a SDC julgou extinto sem resolução do mérito um dissídio coletivo ajuizado pelo Sindicato dos Empregados no Comércio nas cidades de Guaíba, Eldorado do Sul, Barra do Ribeiro, Charqueadas, São Jerônimo e Arroio dos Ratos (RS). Nessa ação, o sindicato profissional, que declarou contar com 2.600 associados em sua base territorial, pretendia representar os empregados lotados nas seis cidades gaúchas. Para tanto, realizou uma assembleia em cada uma das localidades, mas nenhuma das reuniões ocorreu em primeira convocação por inexistência do *quorum* previsto no estatuto do sindicato – de metade mais um dos associados. Já em segunda convocação, o sindicato entendeu que o número de presentes nas reuniões era suficiente para colher assinaturas e passar a representar a categoria. O Ministro João Oreste Dalazen considerou que houve desconformidade no procedimento adotado pelo sindicato com a regra de seu próprio estatuto. Conforme dados do processo, as assembleias em segunda convocação reuniram 241 comerciários da base de 2.600 associados, total que não atendia o mínimo previsto na CLT, que no caso seria de 867 sindicalizados. O estatuto do sindicato admitia a instalação de assembleia em segunda convocação com "o número que houvesse" de associados, o que violava o art. 612 da CLT. O Ministro João Oreste Dalazen afirmou que, se a prevalência fosse do *quorum* fixado no estatuto, bastaria que apenas um associado estivesse presente em cada uma das assembleias para que se considerasse o sindicato autorizado a negociar por toda a categoria de comerciários. "A liberdade sindical, mesmo enquanto uma forma de liberdade coletiva constitucional, pode sofrer regulação restritiva para que se configure seu legítimo exercício, evitando que preponderem os interesses, nem sempre legítimos, de algumas lideranças sindicais", afirmou o ministro. Dalazen votou pela extinção do processo sem exame do mérito, sendo seguido pela maioria dos ministros. Ficaram vencidos o Ministro Luciano de Castilho e o Relator do processo, Juiz Luiz Philippe Vieira de Mello Filho (TST-RODC n. 731.917/01).

O TST vem entendendo que a propositura de dissídio coletivo de natureza econômica durante a vigência de convenção ou acordo coletivo implica ausência de interesse processual, como se depreende do seguinte julgado:

> RECURSO ORDINÁRIO. AÇÃO COLETIVA DE NATUREZA ECONÔMICA. AJUIZAMENTO NA VIGÊNCIA DE CONVENÇÃO COLETIVA DE TRABALHO. FALTA DE INTERESSE DE AGIR. SINDICATO-SUSCITANTE. ILEGITIMIDADE ATIVA *AD CAUSAM*. AUSÊNCIA DO EDITAL DE CONVOCAÇÃO. EXTINÇÃO DO PROCESSO SEM RESOLUÇÃO DE MÉRITO. ANÁLISE DE OFÍCIO. O ajuizamento de ação coletiva de natureza econômica na vigência de convenção coletiva, regendo as relações de trabalho entre as categorias profissional e econômica envolvidas, sem que se tenha ressalvado a possibilidade de continuação ou reabertura de negociação durante a vigência do ajuste ou demonstrado a ocorrência de fato imprevisto e imprevisível posterior à celebração do instrumento coletivo que justificasse a alteração das condições pactuadas mediante a intervenção do Poder Judiciário, em período muito anterior à data-base, configura a falta de interesse de agir do Sindicato-Suscitante. Ilegitimidade ativa *ad causam* que também se verifica, em decorrência da ausência do edital de convocação da categoria para a assembleia geral dos trabalhadores em que se autorizaria o sindicato representante da categoria profissional a ajuizar a ação coletiva. Orientação Jurisprudencial n. 29 da Seção Especializada em Dissídios Coletivos deste Tribunal. Extinção do processo sem resolução de mérito que se decreta, na forma do inc. VI do art. 267 do Código de Processo Civil (TST-RODC-20.148/2005-000-02-00.2, ac. SDC, Rel. Min. Gelson de Azevedo, *DJU* 10-11-2006).

3.6.2.1. A exigência do "comum acordo"

No que tange à pleonástica expressão "comum acordo" contida no § 2º do art. 114 da CF em função da nova redação dada pela EC n. 45/2004, há divergência doutrinária sobre o seu enquadramento jurídico-processual. Para uns é pressuposto processual, enquanto outros sustentam ser uma condição da ação. Há, ainda, os que sustentam a inconstitucionalidade da nova exigência imposta pela EC n. 45/2004.

Sabe-se que tramitam no STF algumas Ações Diretas de Inconstitucionalidade ajuizadas por entidades sindicais de trabalhadores, nas quais sustentam, em linhas gerais, que o § 2º do art. 114 da CF, com redação dada pela EC n. 45/2004, viola o inciso XXXV do art. 5º da CF, que consagra o princípio da inafastabilidade do acesso ao Poder Judiciário e assegura o direito de ação. Na ADI n. 3.432-4/DF (Rel. Min. Cezar Peluso), o Procurador-Geral da República emitiu parecer pela improcedência da demanda com os seguintes argumentos:

> Ação direta de inconstitucionalidade em face do § 2º do art. 114 da Constituição, com a redação dada pelo art. 1º da Emenda Constitucional n. 45, de 8 de dezembro de 2004. O poder normativo da Justiça do Trabalho, por não ser atividade substancialmente jurisdicional, não está abrangido pelo âmbito normativo do art. 5º, XXXV, da Constituição da República. Assim sendo, sua restrição pode ser levada a efeito por meio de reforma constitucional, sem que seja violada a cláusula pétrea que estabelece o princípio da inafastabilidade do Poder Judiciário.

De nossa parte, cremos que o inciso XXXV do art. 5º da CF não se mostra violado pelo § 2º do art. 114 da CF, uma vez que a garantia do acesso ao Judiciário ocorre nas hipóteses de *lesão* ou *ameaça a direitos* individuais, coletivos ou difusos. O inciso XXXV do art. 5º da CF, na linha do art. 8º da Declaração Universal dos Direitos Humanos, assegura o amplo acesso à prestação jurisdicional na hipótese de lesão a direitos fundamentais, reconhecidos pela Constituição ou pela lei.

Ora, o dissídio coletivo de natureza econômica não tem por objeto proteger *direito subjetivo preexistente*, lesado ou ameaçado de lesão. Ao revés, por meio dele o que se pretende é *criar direito novo*, de natureza abstrata, por meio do poder normativo especialmente atribuído à Justiça do Trabalho, destinado à categoria profissional representada pela entidade sindical suscitante. Daí a natureza constitutiva desse tipo especial de ação coletiva, pois cria novos direitos entre os representantes das categorias econômica e profissional.

No mesmo sentido, posiciona-se Enoque Ribeiro dos Santos, que sustenta o

> descabimento da tese da inconstitucionalidade do "comum acordo", por supostamente afrontar o princípio da Inafastabilidade do Judiciário (art. 5º, XXXV, da CF/1988), pelo fato de que, no exercício do poder normativo, os tribunais do trabalho não aplicam o direito preexistente ao caso concreto, em típica atividade jurisdicional, mas, pelo contrário, agora "podem decidir o conflito" e estabelecer novas condições de trabalho e de remuneração para a categoria, respeitando-se os novos limites impostos pelo § 2º do art. 114 da CF/1988, quais sejam: as disposições legais mínimas e as convencionadas anteriores, no exercício de função legislativa atípica[16].

A nosso ver, a exigência do mútuo consentimento para o ajuizamento do dissídio coletivo de natureza econômica é uma condição da ação, pois a sua ausência implica ausência de interesse processual, na modalidade necessidade (CPC, arts. 17 e 485, VI; CPC/73, arts. 3º e 267, VI). Vale dizer, sem o mútuo consentimento das

16. SANTOS, Enoque Ribeiro dos. Dissídio coletivo e Emenda Constitucional n. 45/2004. Considerações sobre as teses jurídicas da exigência do "comum acordo". *Revista Síntese Trabalhista*, Porto Alegre: Síntese, n. 199, p. 16, jan. 2006.

partes no dissídio coletivo de natureza econômica não há necessidade de intervenção do Estado-Juiz para prestar o serviço jurisdicional.

Registre-se que na ADI 3.431, de relatoria do Min. Gilmar Mendes, o STF, por maioria, entendeu que não fere o texto constitucional o art. 1º da EC n. 45/2004, na parte em que deu nova redação ao art. 114, §§ 2º e 3º, da CF, segundo o qual há necessidade do "comum acordo" para ajuizamento do dissídio coletivo, tendo o MPT legitimidade para ajuizar dissídio coletivo em caso de greve em atividade essencial. Dessa forma, o STF decidiu que não existe ofensa aos arts. 5º, XXXV, LV e LXXVIII, e 60, § 4º, IV, da CF, pois o mútuo consentimento é uma condição da ação estabelecida pela Constituição, na medida em que estimula formas alternativas de resolução de conflito. Também entendeu o STF que a limitação ao poder normativo da Justiça do Trabalho não viola os arts. 7º, XXVI, e 8º, III, da CF ou o princípio da razoabilidade, em função da existência de Recomendação do Comitê de Liberdade Sindical da Organização Internacional do Trabalho que aponta no sentido de ser indevida a intervenção do Estado nas relações coletivas do trabalho (dissídio coletivo não impositivo). Entendeu a Corte Suprema que a Reforma do Poder Judiciário (EC n. 45) teve por escopo dar celeridade processual e privilegiar a autocomposição.

De outro giro, parece-nos que a expressão "de comum acordo" não significa que as partes deverão obrigatoriamente subscrever em conjunto a petição inicial do dissídio coletivo. Basta que uma delas comprove que a outra concordou com a propositura da demanda coletiva. Essa concordância poderá ser tácita ou expressa. Será expressa quando houver um documento assinado por ambas as partes interessadas concordando com a propositura da ação coletiva. Será tácita quando houver prova de que uma parte tenha convidado a outra para, em determinado prazo, manifestar sua concordância ou não com o ajuizamento da demanda coletiva, valendo o silêncio como concordância tácita.

Também pensamos que a concordância tácita pode ser extraída do comportamento do suscitado na audiência de conciliação ou ao contestar a ação de dissídio coletivo. Em outros termos, se na audiência de conciliação o réu apresentar contraproposta ou na contestação o réu se manifesta sobre o mérito da pretensão, impugnando as cláusulas e condições postuladas pelo autor (suscitante), mas silencia-se sobre a inexistência de comum acordo para a propositura do dissídio coletivo, há de se interpretar que houve, por parte do réu, concordância tácita. Este, aliás, é o entendimento do TST:

> RECURSO ORDINÁRIO. DISSÍDIO COLETIVO. FALTA DO MÚTUO ACORDO. ARTIGO 114, § 2º, DA CONSTITUIÇÃO FEDERAL DE 1988. CONCORDÂNCIA EXPRESSA DO SUSCITADO. ATO INCOMPATÍVEL COMO PEDIDO DE EXTINÇÃO DO PROCESSO SEM RESOLUÇÃO DO MÉRITO. O TRT acolheu a preliminar de extinção do processo, por falta de comum acordo. O suscitante interpôs recurso ordinário, sustentando que o TRT não observou a manifestação apresentada pelo suscitado concordando com a instauração do dissídio coletivo. A edição da Emenda Constitucional nº 45/2004, estabeleceu-se novo requisito para o ajuizamento da ação coletiva de nature-

> za econômica, qual seja, que haja comum acordo entre as partes. Prevalece nesta Corte o entendimento de que o comum acordo é requisito constitucional para instauração do dissídio coletivo e diz respeito à admissibilidade do processo. A expressão "comum acordo", de que trata o mencionado dispositivo constitucional, não significa, necessariamente, petição conjunta das partes, expressando concordância com o ajuizamento da ação coletiva, mas a não oposição da parte, antes ou após a sua propositura, que se pode caracterizar de modo expresso ou tácito, conforme a sua explícita manifestação ou o seu silêncio. No caso, embora o suscitado, em contestação, tenha invocado a falta do requisito do "comum acordo", verifica-se que, posteriormente, a entidade sindical suscitada apresentou petição com manifestação expressa anuindo com a instauração do presente Dissídio Coletivo, o que implicou em ato incompatível com o pedido de extinção do processo, por falta de "comum acordo", apresentado na peça contestatória. Há de se compreender a exigência do comum acordo sempre vinculada à concepção de estímulo à negociação coletiva, considerando a primazia das soluções autônomas para as controvérsias, notadamente no âmbito das lides coletivas, devendo ser utilizada com boa fé pelas partes envolvidas no conflito, de modo a cumprir o comando constitucional e assegurar a justiça. Consabido é que a boa-fé objetiva, princípio norteador das negociações coletivas, veda o comportamento contraditório. A manifestação do suscitado, concordando expressamente com a instauração da instância coletiva, configurou o preenchimento do requisito do comum acordo para a propositura do presente dissídio coletivo. Recurso ordinário a que se dá provimento, para, reformando a decisão da Corte regional, afastar a preliminar de falta de comum acordo ao ajuizamento do dissídio coletivo, determinando o retorno do processo à Corte de origem, a fim de que prossiga no julgamento do feito (TST-RO-100132-86.2018.5.01.0000, SDC, Rel. Min. Katia Magalhaes Arruda, *DEJT* 2-10-2020).

Assim, sem o mútuo consentimento, que pode ser expresso ou tácito, para instaurar o dissídio coletivo de natureza, impõe-se a extinção do processo sem resolução de mérito, nos termos do inciso VI do art. 485 do CPC (art. 267, VI, do CPC/73), por ausência de uma condição da ação. Nesse sentido, inclusive, decidiu o STF na ADI 3.431, de relatoria do Min. Gilmar Mendes.

É importante notar que nos dissídios de greve não há a exigência do comum acordo, ainda que o suscitante seja o empregador. Nesse sentido:

> (...) AUSÊNCIA DE COMUM ACORDO. GREVE DEFLAGRADA NO DECORRER DA AÇÃO. PRESCINDIBILIDADE DA EXIGÊNCIA CONSTITUCIONAL. JURISPRUDÊNCIA DO TST. A jurisprudência desta Seção Especializada é pacífica no sentido de que, nos casos em que o dissídio coletivo é instaurado em razão da greve ou naqueles em que o movimento paredista é deflagrado no decorrer da ação coletiva, ainda na fase de instrução do processo e antes do pronunciamento de mérito pelo Regional, a legitimidade para o ajuizamento da ação é ampla, não sendo exigível o

mútuo consenso das partes, em face do preconizado no art. 8º da Lei nº 7.783/1989. Precedentes. Assim, mantém-se a decisão regional que rejeitou a preliminar de extinção do processo, por ausência de comum acordo das partes, e nega-se provimento aos recursos ordinários (...). (TST-ROT-103-90.2019.5.19.0000, SDC, Rel. Min. Dora Maria da Costa, *DEJT* 29-9-2020).

Há julgados do TST no sentido de que o "comum acordo", nos dissídios de natureza econômica, é pressuposto processual:

(...) RECURSO ORDINÁRIO INTERPOSTO PELO SINDICATO DO COMÉRCIO VAREJISTA DE CACHOEIRA DO SUL E PELO SINDICATO DO COMÉRCIO VAREJISTA DE ERECHIM. DISSÍDIO COLETIVO DE NATUREZA ECONÔMICA. AUSÊNCIA DE COMUM ACORDO. ART. 114, § 2º, DA CONSTITUIÇÃO FEDERAL. JURISPRUDÊNCIA DO TST. EXTINÇÃO DO PROCESSO, SEM RESOLUÇÃO DE MÉRITO. O entendimento pacífico nesta Corte é o de que o comum acordo, exigência trazida pelo art. 114, § 2º, da Constituição Federal para o ajuizamento do dissídio coletivo de natureza econômica, é pressuposto de constituição e de desenvolvimento válido e regular do processo e que, embora idealmente devesse ser materializado na forma de petição conjunta da representação, é interpretado de maneira mais flexível, no sentido de se admitir a concordância tácita na instauração da instância, desde que não haja a oposição expressa do suscitado, na contestação. No caso em tela, observa-se que o Sindicato do Comércio Varejista de Cachoeira do Sul e o Sindicato do Comércio Varejista de Erechim, na defesa, demonstraram expressamente sua discordância com a instauração da instância do dissídio coletivo e apontaram a ausência do comum acordo como causa extintiva do processo, reiterando, nas razões recursais, os argumentos anteriormente apresentados. Reforma-se, pois, a decisão para, em relação aos recorrentes, julgar extinto o processo, sem resolução de mérito, com base nos arts. 114, § 2º, da CF e 485, IV, do CPC/2015, ficando ressalvadas, contudo, as situações fáticas já constituídas, a teor do que dispõe o art. 6º, § 3º, da Lei nº 4.725/1965. Recurso ordinário provido para julgar extinto o processo, sem resolução de mérito, pela ausência de comum acordo (...). (TST-RO-212700-76.2009.5.04.0000, SDC, Rel. Min. Dora Maria da Costa, *DEJT* 21-5-2018).

Para finalizar este tópico, é importante trazer a lume o Enunciado n. 35 aprovado na 1ª Jornada de Direito Material e Processual do Trabalho, realizada em Brasília-DF[17], *in verbis*:

DISSÍDIO COLETIVO. COMUM ACORDO. CONSTITUCIONALIDADE. AUSÊNCIA DE VULNERABILIDADE AO ART. 114, § 2º, DA CRFB. Dadas as características das

17. Disponível em: <www.anamatra.org.br>.

quais se reveste a negociação coletiva, não fere o princípio do acesso à Justiça o pré-requisito do comum acordo (§ 2º, do art. 114, da CRFB) previsto como necessário para a instauração da instância em dissídio coletivo, tendo em vista que a exigência visa a fomentar o desenvolvimento da atividade sindical, possibilitando que os entes sindicais ou a empresa decidam sobre a melhor forma de solução dos conflitos.

3.6.3. Possibilidade jurídica do pedido

A possibilidade jurídica do pedido, como condição da ação, deixou de existir no CPC de 2015 (art. 485, VI), de modo que, sendo omissa a legislação processual trabalhista sobre tal instituto, não há mais como sustentar o seu cabimento no processo do trabalho.

Havia impossibilidade jurídica do pedido em dissídio coletivo quando o sindicato postulava o deferimento de cláusula vinculando a remuneração do trabalhador ao salário mínimo, pois, nesse caso, há vedação expressa da vinculação na própria CF (art. 7º, IV, *in fine*). Em tal hipótese, de acordo com o CPC, o tribunal não poderá mais extinguir o processo sem resolução do mérito por impossibilidade jurídica do pedido, e sim julgá-lo improcedente.

A jurisprudência vinha considerando juridicamente impossível o dissídio coletivo de natureza econômica ajuizado por sindicato dos servidores públicos em face de pessoa jurídica de direito público, conforme a redação original da OJ n. 5 da SDC/TST. Segundo esse verbete, somente o Poder Executivo tem competência para deflagrar o processo legislativo que permitirá o aumento da remuneração do servidor público ou concessão de qualquer outra vantagem (CF, arts. 61, § 1º, II, *a*, e 169, § 1º).

A rigor, o caso seria de improcedência da pretensão deduzida no dissídio coletivo, e não de extinção sem resolução de mérito.

Ocorre que o Tribunal Pleno, por meio da Res. n. 186/2012 (*DEJT* divulgado em 25, 26 e 27-9-2012), alterou a OJ n. 5 da SDC, que passou a ter a seguinte redação:

> Em face de pessoa jurídica de direito público que mantenha empregados, cabe dissídio coletivo exclusivamente para apreciação de cláusulas de natureza social. Inteligência da Convenção n. 151 da Organização Internacional do Trabalho, ratificada pelo Decreto Legislativo n. 206/2010.

Andou bem o TST, porquanto as cláusulas de natureza social não encontram óbice nos arts. 61, § 1º, II, *a*, e 169, § 1º, da CF. Além disso, a nova redação do verbete em causa harmoniza-se com o conteúdo da Convenção n. 151 da OIT, que é um tratado internacional de direitos humanos ratificado pelo Brasil, e suas normas, a nosso sentir, passaram, com a ratificação, à categoria de direitos fundamentais sociais dos trabalhadores/servidores do setor público, por força do § 2º do art. 5º da CF.

Com efeito, dispõe o art. 8º da Convenção n. 151 da OIT:

A resolução dos conflitos surgidos a propósito da fixação das condições de trabalho será procurada de maneira adequada às condições nacionais, através da negociação entre as partes interessadas ou por um processo que dê garantias de independência e imparcialidade, tal como a mediação, a conciliação ou a arbitragem, instituído de modo que inspire confiança às partes interessadas.

Parece-nos inegável que o preceptivo em causa autoriza o dissídio coletivo, como processo (judicial) previsto na legislação brasileira (CF, art. 114, § 2º) para solução de conflitos coletivos envolvendo servidores públicos celetistas e os órgãos da Administração Pública que tenham por objeto a fixação de condições de trabalho.

3.7. Sentença normativa

Por ser proferida originariamente pelos tribunais trabalhistas, a "sentença normativa" deveria ser denominada de "acórdão normativo" (CPC, art. 204). A CLT, no entanto, sem rigor científico, adota o termo "sentença normativa" em diversos dispositivos, como os arts. 616, § 3º, 867, parágrafo único, 867, § 1º, *a* e *b*, e 896, *b*.

O acórdão proferido em DC (sentença normativa), por não ter carga condenatória, não comporta execução. Vale dizer, o não cumprimento espontâneo da sentença normativa rende ensejo não à execução do julgado, e sim à propositura da ação de cumprimento.

As sentenças normativas, nos dissídios de natureza constitutiva (ou dissídios de interesses), podem criar as seguintes cláusulas ou condições:

a) econômicas – geralmente, são cláusulas relativas a salários, como fixação de piso salarial, reajustes, abonos pecuniários, jornada de trabalho, valor dos adicionais etc.;

b) sociais – normalmente, versam sobre vantagens sem conteúdo econômico. Ex.: abono de faltas, extensão da garantia no emprego da empregada gestante e do empregado acidentado etc.;

c) sindicais – dizem respeito às relações entre os sujeitos passivo e ativo da relação processual coletiva, ou seja, entre os sindicatos ou entre estes e as empresas que figuram no dissídio coletivo. Geralmente, versam contribuições assistenciais a serem descontadas em folha, garantia dos dirigentes sindicais, permitindo sua atuação nas empresas etc.;

d) obrigacionais – estabelecem multas para a parte que descumprir as normas coletivas constantes da sentença normativa.

Nos termos do § 1º do art. 12 da Lei n. 10.192/2001, a decisão que puser fim ao dissídio coletivo "será fundamentada, sob pena de nulidade, deverá traduzir, em seu conjunto, a justa composição do conflito de interesse das partes, e guardar adequação com o interesse da coletividade".

A fundamentação de qualquer decisão judicial, aliás, é exigência constitucional explícita, sob pena de nulidade (CF, art. 93, IX).

Com o advento do § 1º do art. 489 do CPC, poderá surgir cizânia a respeito da fundamentação exaustiva da sentença normativa, sendo importante registrar, desde logo, que o art. 15 da IN n. 39/2016 do TST[18] manda aplicar a referida regra do CPC subsidiariamente ao processo do trabalho, sem fazer distinção entre dissídio (processo) individual e dissídio (processo) coletivo.

Numa primeira impressão, parece-nos que é incompatível com a natureza da sentença normativa a aplicação da fundamentação exauriente prevista para os processos individuais, e não para os processos coletivos.

Com efeito, no dissídio coletivo não há julgamento *extra* ou *ultra petita*, pois nele não há pedido, e sim proposta de criação de novas normas ou interpretação de normas antigas que vigoram no âmbito de categorias profissionais ou econômicas. Além disso, o procedimento do dissídio coletivo é rigorosamente caracterizado pela informalidade. Nele não há lugar para revelia ou confissão, uma vez que está em debate o interesse abstrato de categoria profissional ou econômica. Por último, a sentença normativa é um pronunciamento com elevada carga de equidade dos órgãos julgadores, razão pela qual o art. 114, § 2º, da CF dispõe que pode "a Justiça do Trabalho decidir o conflito, respeitadas as disposições mínimas legais de proteção ao trabalho, bem como as convencionadas anteriormente".

Nos termos do § 2º do art. 12 da Lei n. 10.192/2001, a "sentença normativa deverá ser publicada no prazo de quinze dias da decisão do Tribunal".

3.7.1. Sentença normativa, coisa julgada e ultratividade

Será que a sentença normativa produz coisa julgada? Para uns, a sentença normativa produz coisa julgada meramente formal, na medida em que permite o seu cumprimento definitivo antes mesmo do seu trânsito em julgado. Além disso, há a possibilidade do dissídio coletivo de revisão (CLT, art. 873), que é calcado na chamada cláusula *rebus sic stantibus* e destinado a rever total ou parcialmente a sentença normativa. Outro argumento é o de que a sentença normativa não comporta execução, ou seja, a efetividade da decisão fica condicionada à propositura da ação de cumprimento, que é também uma ação de cognição. Finalmente, prevê a Súmula 277 do TST que "as condições de trabalho alcançadas por força de sentença normativa vigoram no prazo assinado, não integrando, de forma definitiva, os contratos". Logo, por ter vigência temporária, a sentença normativa não teria a característica da imutabilidade da *res judicata*. A referida Súmula 277, no entanto, foi alterada, passando a ter a seguinte redação:

---

18. *Vide* ADI n. 5.516, de relatoria da Min. Cármen Lúcia, onde se questiona a inconstitucionalidade formal e material da referida IN n. 39/2016 do TST.

CONVENÇÃO COLETIVA DE TRABALHO OU ACORDO COLETIVO DE TRABALHO. EFICÁCIA. ULTRATIVIDADE (redação alterada na sessão do Tribunal Pleno realizada em 14-9-2012, Res. n. 185/2012 – *DEJT* divulgado em 25, 26 e 27-9-2012). As cláusulas normativas dos acordos coletivos ou convenções coletivas integram os contratos individuais de trabalho e somente poderão ser modificadas ou suprimidas mediante negociação coletiva de trabalho.[19]

Salientamos que a Lei n. 13.467/2017 deu nova redação ao § 3º do art. 614 da CLT, que passou a dispor que: "Não será permitido estipular duração de convenção coletiva ou acordo coletivo de trabalho superior a dois anos, sendo vedada a ultratividade". Logo, a Súmula 277 do TST deverá ser cancelada ou alterada para se adequar ao § 3º do art. 614 da CLT.

Por outro lado, há os que sustentam que a sentença normativa produz tanto a coisa julgada formal quanto a material, uma vez que o parágrafo único, *in fine*, do art. 872 da CLT proíbe que na ação de cumprimento possam ser rediscutidas as matérias de fato e de direito já decididas na sentença normativa.

Para nós, a sentença normativa faz coisa julgada material (e, logicamente, formal), pois o art. 2º, I, *c*, da Lei n. 7.701/88 dispõe expressamente que compete, originariamente, à sessão especializada em dissídios coletivos "julgar as ações rescisórias propostas contra suas próprias sentenças normativas", cabendo-lhe, nos termos do inciso II, *b*, do referido artigo, julgar, em última instância, "os recursos ordinários interpostos contra as decisões proferidas pelos Tribunais Regionais do Trabalho em ações rescisórias e mandados de segurança pertinentes a dissídios coletivos".

Ora, se cabe ação rescisória contra sentença normativa, então ela está apta a produzir a coisa julgada material (CPC, arts. 487 e 966; CPC/73, arts. 269 e 485, *caput*). Não é este, porém, o entendimento consubstanciado na Súmula 397 do TST, segundo a qual a sentença normativa produz apenas a coisa julgada formal, *in verbis*:

AÇÃO RESCISÓRIA. ART. 966, IV, DO CPC DE 2015. ART. 485, IV, DO CPC DE 1973. AÇÃO DE CUMPRIMENTO. OFENSA À COISA JULGADA EMANADA DE SENTENÇA NORMATIVA MODIFICADA EM GRAU DE RECURSO. INVIABILIDADE. CABIMENTO DE MANDADO DE SEGURANÇA (atualizada em decorrência do CPC de 2015, Res. n. 208/2016). Não procede ação rescisória calcada em ofensa à coisa julgada perpetrada por decisão proferida em ação de cumprimento, em face de a sentença normativa, na qual se louvava, ter sido modificada em grau de recurso, porque em dissídio coletivo somente se consubstancia coisa julgada formal. Assim, os meios processuais aptos a atacarem a execução da cláusula reformada são a exceção de pré-executividade e o mandado de segurança, no caso de descumprimento do art. 514 do CPC de 2015 (art. 572 do CPC de 1973).

19. A aplicação da Súmula 277 do TST está suspensa nos termos da medida cautelar deferida nos autos do processo STF-ADPF n. 323/DF, Rel. Min. Gilmar Mendes.

3.7.2. Homologação de acordo extrajudicial

Se as partes do dissídio coletivo firmarem acordo extrajudicial, não há necessidade de sua homologação pela Justiça do Trabalho. Nesse sentido é a OJ n. 34 da SDC/TST:

> ACORDO EXTRAJUDICIAL. HOMOLOGAÇÃO. JUSTIÇA DO TRABALHO. PRESCINDIBILIDADE (INSERIDA EM 7-12-1998). É desnecessária a homologação, por Tribunal Trabalhista, do acordo extrajudicialmente celebrado, sendo suficiente, para que surta efeitos, sua formalização perante o Ministério do Trabalho (art. 614 da CLT e art. 7º, XXVI, da Constituição Federal).

Na verdade, o acordo extrajudicial firmado entre sindicato e empresa (ou entre sindicatos), compondo conflito de interesses constantes de pauta reivindicatória que empolgou o dissídio coletivo, possui natureza de acordo coletivo ou convenção coletiva, o que implica a automática extinção do dissídio coletivo correspondente, por carência superveniente do interesse processual (necessidade/utilidade). Nesse sentido:

> CONVENÇÃO COLETIVA DE TRABALHO APRESENTADA NO CURSO DA AÇÃO DE DISSÍDIO COLETIVO. HOMOLOGAÇÃO JUDICIAL. DESNECESSIDADE. AUSÊNCIA DE INTERESSE. EXTINÇÃO DO FEITO. A apresentação de ajuste coletivo (convenção ou acordo coletivo) entabulado pelos atores sociais, no curso da ação de dissídio coletivo, revela fato superveniente que, nos termos do art. 462, CPC, aplicável ao processo do trabalho, conforme entendimento consubstanciado na Súmula 394, TST, esvazia a função jurisdicional pela perda superveniente do objeto litigioso, ante a ausência de interesse jurídico para este Egrégio Tribunal homologar a presente Convenção Coletiva. O pacto coletivo revela-se norma criada a partir do sistema de autocomposição, com assento constitucional (art. 7º, XXVI, CF), que prefere à heterointegração com a participação estatal (...) (TRT 17ª R., DC 0020700-52.2010.5.17.0000, Pleno, Red. Desig. Des. Carlos Henrique Bezerra Leite, *DEJT* 10-8-2011).

Ressalva-se, contudo, que a SDC/TST entende que, se houver pedido de homologação do acordo nos autos do dissídio coletivo, e não mera informação da celebração de acordo extrajudicial, então deverá o tribunal apreciar o pedido. É o que se infere do seguinte julgado:

> RECURSO ORDINÁRIO EM DISSÍDIO COLETIVO DE GREVE – CELEBRAÇÃO DE ACORDO EXTRAJUDICIAL – PROCESSO EXTINTO SEM RESOLUÇÃO DE MÉRITO – INTERESSE REMANESCENTE NA HOMOLOGAÇÃO DO AJUSTE – INAPLICABILIDADE DA OJ 34 DESTA SEÇÃO – PRECEDENTES – PROVIMENTO. 1. A jurisprudência desta SDC, ao tempo em que considera "desnecessária a homologação, por Tribunal Trabalhista, do acordo extrajudicialmente celebrado, se... o suficiente,

para que surta efeitos, sua formalização perante o Ministério do Trabalho", nos termos do que dispõe sua OJ 34, ressalva que, se postulado pelas Partes, compete ao Tribunal homologar o acordo celebrado no curso do dissídio coletivo, excluídas, todavia, as cláusulas que atentem contra o ordenamento jurídico trabalhista. 2. *In casu*, o 23º TRT julgou extinto, sem resolução do mérito, o vertente dissídio coletivo, por duplo fundamento: a inocorrência do movimento paredista e a desnecessidade de homologação do acordo extrajudicial que pôs fim à controvérsia em torno do pagamento da PLR de 2019, motivadora da greve. 3. Entretanto, a despeito dos fundamentos que embasaram a decisão regional, arrimada na OJ 34 desta SDC, competia ao TRT homologar o referido acordo, porquanto houve pedido expresso do Sindicato obreiro neste sentido, hipótese que se subsume à referida ressalva jurisprudencial. 4. Assim, o apelo do Sindicato obreiro merece provimento, para determinar o retorno dos autos ao Regional, a fim de que proceda à homologação do ajuste firmado, resguardada a faculdade de não homologar as cláusulas que afrontem o ordenamento jurídico. Recurso ordinário provido (TST-ROT-237-09.2019.5.23.0000, SDC, Rel. Min. Ives Gandra Martins Filho, *DEJT* 29-9-2020).

3.8. Procedimento

O dissídio coletivo tem seu procedimento especial regulado nos arts. 856 a 875 da CLT, admitindo, como não poderia deixar de ser, a aplicação subsidiária do direito processual comum, a teor do art. 769 da CLT, desde que omissa a legislação processual obreira e a migração normativa não seja incompatível com os princípios e com os procedimentos dessa espécie de demanda coletiva.

O ajuizamento do dissídio coletivo, como já destacado, é feito por meio de petição inicial escrita, formulada por entidade sindical da categoria profissional, que é o mais comum, ou da categoria econômica dirigida ao presidente do Tribunal Regional do Trabalho ou do Tribunal Superior do Trabalho, conforme a abrangência territorial do conflito ou a representação das entidades sindicais que figuram nos polos da relação processual.

Tendo em vista o disposto no § 2º do art. 114 da CF, com nova redação dada pela EC n. 45/2004, parece-nos que, se o autor do dissídio coletivo de natureza econômica não colacionar documento comprobatório da concordância do réu com o ajuizamento da demanda, poderá o órgão judicial competente aplicar analogicamente o art. 870, § 1º, da CLT e determinar a intimação do réu para que, no prazo assinalado, manifeste sua concordância ou não com a "instauração" do dissídio. Decorrido o prazo sem manifestação do réu, haverá concordância tácita. Se o réu não concordar expressamente no prazo assinalado, o processo deverá ser extinto sem resolução do mérito.

Não se admite o dissídio coletivo verbal, pois a petição inicial é sempre escrita, nos termos do art. 856 da CLT. Aliás, o art. 858 da mesma consolidação dispõe que a representação será apresentada em tantas vias quantos forem os reclamados e deverá conter: *a)* designação e qualificação dos reclamantes e dos reclamados e a natureza do estabelecimento ou do serviço; *b)* os motivos do dissídio e as bases de conciliação (Lei n. 10.192/2001, art. 12, *caput;* TST/SDC, OJ n. 32).

A conciliação nos autos do dissídio coletivo é tentada numa única audiência, que é designada exclusivamente para tal fim, presidida pelo Presidente do Tribunal (CLT, art. 860), que, *in casu*, detém a competência funcional. Alguns regimentos internos de tribunais atribuem tal competência ao Vice-Presidente, o que é de duvidosa constitucionalidade, já que compete à União legislar sobre direito processual (CF, art. 22, I) e há norma legal expressa disciplinando a matéria. Na verdade, a única delegação legalmente permitida para a prática do ato previsto no art. 860 da CLT é a prevista no art. 866 da CLT.

O Presidente do Tribunal não fica adstrito às propostas das partes, podendo apresentar a solução que entender pertinente para a solução do conflito (CLT, art. 862).

Havendo acordo, o Presidente submete o dissídio ao Tribunal Pleno (ou Seção de Dissídios Coletivos) para ser homologado. A decisão que homologa tal acordo é também uma sentença normativa, ou, para alguns, uma "decisão normativa".

Firmado o acordo ou frustrada a conciliação, o processo será, mediante sorteio, distribuído a relator e revisor. Em seguida, o feito é submetido a julgamento pelo Tribunal Pleno (ou outro órgão especial previsto no regimento interno). No TST, a competência para os dissídios coletivos é da SDC.

O MPT poderá emitir parecer escrito, antes da distribuição do feito, ou oral, na sessão de julgamento (Lei n. 7.701/88, art. 11).

No dissídio coletivo, não há falar em julgamento *extra* ou *ultra petita*, pois nele não há pedido, mas proposta de criação de novas normas ou interpretação de normas antigas.

O procedimento do dissídio coletivo é de total flexibilidade, em virtude de ausência de normas formais.

De modo que não há lugar para revelia ou confissão, uma vez que está em debate o interesse abstrato de toda uma categoria profissional ou econômica, razão pela qual a decisão a ser proferida transcende a iniciativa das partes, já que nela se busca o exercício do poder normativo, manifestado pela criação de regras jurídicas, instituídas em dado contexto jurídico, político, econômico e social.

O TST exige que as cláusulas constantes da petição inicial estejam devidamente fundamentadas (TST/SDC, OJ n. 32; PN n. 37). Logo, nos parece lógico e razoável que a sentença normativa também deve ser fundamentada, sob pena de nulidade (CF, art. 93, IX). Não se exige, como já ressaltamos no item 3.7, *supra*, a fundamentação exauriente do § 1º do art. 489 do CPC, que é aplicável somente aos dissídios individuais, e não aos dissídios coletivos.

As sentenças normativas produzem coisa julgada com eficácia *ultra partes*, com relação aos integrantes das categorias profissional e econômica que figuraram como partes na demanda coletiva, por aplicação analógica do art. 103, II, do CDC.

Revendo posicionamento anterior, passamos a entender possível o efeito *erga omnes* da sentença normativa nos dissídios coletivos de greve ajuizados pelo MPT em defesa dos interesses difusos da coletividade, total ou parcialmente, atingida pelo movimento paredista. Invoca-se, neste caso, por analogia, o art. 103, I, do CDC.

De acordo com o parágrafo único do art. 867 da CLT, a sentença normativa vigorará:

a) a partir da data de sua publicação, quando ajuizado o dissídio após o prazo do art. 616, § 3º, da CLT, ou quando não existir acordo, convenção ou sentença normativa em vigor, na data do ajuizamento;

b) a partir do dia imediato ao termo final de vigência do acordo, convenção ou sentença normativa, quando ajuizado o dissídio no prazo do art. 616, § 3º, da CLT. Interpretando esta regra, o TST editou a Súmula 277, *in verbis*:

> SENTENÇA NORMATIVA, CONVENÇÃO OU ACORDO COLETIVOS. VIGÊNCIA. REPERCUSSÃO NOS CONTRATOS DE TRABALHO. I – As condições de trabalho alcançadas por força de sentença normativa, convenção ou acordo coletivos vigoram no prazo assinado, não integrando, de forma definitiva, os contratos individuais de trabalho. II – Ressalva-se da regra enunciada no item I o período compreendido entre 23-12-1992 e 28-7-1995, em que vigorou a Lei n. 8.542, revogada pela Medida Provisória n. 1.709, convertida na Lei n. 10.192, de 14-2-2001.

Ocorre que a Súmula 277 do TST foi alterada pela Res. TST n. 185/2012 e passou a ter a seguinte redação:

> CONVENÇÃO COLETIVA DE TRABALHO OU ACORDO COLETIVO DE TRABALHO. EFICÁCIA. ULTRATIVIDADE. As cláusulas normativas dos acordos coletivos ou convenções coletivas integram os contratos individuais de trabalho e somente poderão ser modificadas ou suprimidas mediante negociação coletiva de trabalho.[20]

Entretanto, a Lei n. 13.467/2017 deu nova redação ao § 3º do art. 614 da CLT, que passou a dispor que: "Não será permitido estipular duração de convenção coletiva ou acordo coletivo de trabalho superior a dois anos, sendo vedada a ultratividade".

Logo, a Súmula 277 do TST deverá ser cancelada ou alterada para se adequar ao § 3º do art. 614 da CLT.

O mesmo destino terá, por analogia, o Precedente Normativo TST n. 120, *in verbis*:

> SENTENÇA NORMATIVA. DURAÇÃO. POSSIBILIDADE E LIMITES (positivo) – (Res. n. 176/2011, *DEJT* divulgado em 27, 30 e 31-5-2011). A sentença normativa vigora, desde seu termo inicial até que sentença normativa, convenção coletiva de trabalho ou acordo coletivo de trabalho superveniente produza sua revogação, expressa ou tácita, respeitado, porém, o prazo máximo legal de quatro anos de vigência.

20. A aplicação da Súmula 277 do TST está suspensa nos termos da medida cautelar deferida nos autos do processo STF-ADPF n. 323/DF, Rel. Min. Gilmar Mendes.

3.8.1. Custas

O art. 789 e seus parágrafos da CLT dispõem, *in verbis*:

> Art. 789. *Nos dissídios individuais e nos dissídios coletivos do trabalho*, nas ações e procedimentos de competência da Justiça do Trabalho, bem como nas demandas propostas perante a Justiça Estadual, no exercício da jurisdição trabalhista, *as custas relativas ao processo de conhecimento incidirão à base de 2%* (dois por cento), observado o mínimo de R$ 10,64 (dez reais e sessenta e quatro centavos) e o máximo de quatro vezes o limite máximo dos benefícios do Regime Geral de Previdência Social, e serão calculadas:
>
> I – quando houver acordo ou condenação, sobre o respectivo valor;
>
> II – quando houver extinção do processo, sem julgamento do mérito, ou julgado totalmente improcedente o pedido, sobre o valor da causa;
>
> III – no caso de procedência do pedido formulado em ação declaratória e em ação constitutiva, sobre o valor da causa;
>
> IV – quando o valor for indeterminado, sobre o que o juiz fixar.
>
> § 1º As custas serão pagas pelo vencido, após o trânsito em julgado da decisão. No caso de recurso, as custas serão pagas e comprovado o recolhimento dentro do prazo recursal.
>
> § 2º Não sendo líquida a condenação, o juízo arbitrar-lhe-á o valor e fixará o montante das custas processuais.
>
> § 3º Sempre que houver acordo, se de outra forma não for convencionado, o pagamento das custas caberá em partes iguais aos litigantes.
>
> § 4º *Nos dissídios coletivos, as partes vencidas responderão solidariamente pelo pagamento das custas, calculadas sobre o valor arbitrado na decisão, ou pelo Presidente do Tribunal.* (grifos nossos)

A interpretação sistemática do § 4º com as regras constantes do *caput* e dos demais parágrafos do art. 789 da CLT autoriza-nos dizer que no dissídio coletivo, que é uma ação de natureza preponderantemente declaratória, constitutiva ou mista, as custas serão de responsabilidade:

a) do suscitado, na hipótese de sentença normativa total ou parcialmente procedente, sendo calculadas sobre o valor da causa ou, se este for indeterminado, sobre o valor que a decisão (acórdão normativo) ou Presidente do Tribunal fixar (CLT, art. 789, III, IV, §§ 1º e 2º);

b) do suscitante, se a sentença normativa julgar totalmente improcedente as cláusulas ou extinguir o dissídio coletivo sem resolução do mérito, sendo que o seu montante será calculado com base no valor da causa ou, se este for indeterminado, sobre o valor que a decisão (acórdão normativo) ou Presidente do Tribunal fixar (CLT, art. 789, II, IV, §§ 1º e 2º);

c) rateada entre suscitante e suscitado, ou seja, 1% (um por cento) para cada parte, na hipótese de acordo firmado nos autos do dissídio coletivo e homologado pelo Tribunal, calculada sobre o valor arbitrado na decisão (CLT, art. 789, §§ 3º e 4º);

d) solidária das partes vencidas, na hipótese de litisconsórcio em que os litisconsortes sejam total ou parcialmente sucumbentes (CLT, art. 789, § 4º).

No caso de recurso ordinário, as custas serão pagas e comprovado o respectivo recolhimento pelo vencido (total ou parcialmente) dentro do prazo recursal (oito dias), sob pena de deserção. Não há obrigatoriedade de intimação da parte para o recolhimento das custas, pois cabe ao interessado obter os cálculos para o respectivo preparo. Nesse sentido, dispõe a OJ n. 27 da SDC/TST:

> CUSTAS. AUSÊNCIA DE INTIMAÇÃO. DESERÇÃO. CARACTERIZAÇÃO. A deserção se impõe mesmo não tendo havido intimação, pois incumbe à parte, na defesa do próprio interesse, obter os cálculos necessários para efetivar o preparo.

Na hipótese de omissão da sentença normativa a respeito das custas, a parte interessada poderá interpor embargos de declaração (CLT, art. 897-A; CPC, art. 1.022). Mantendo-se a omissão, o Presidente do Tribunal, de ofício ou provocado pela parte interessada ou pelo MPT, fixará o valor das custas (CLT, art. 789, § 4º). Se não houver recurso, as custas serão pagas ao final, isto é, depois de transitada em julgado a sentença normativa.

De acordo com o art. 682, VI, da CLT, compete ao Presidente do Tribunal: "VI – executar suas próprias decisões e as proferidas pelo Tribunal". Logo, ao Presidente do Tribunal compete cobrar as custas impostas nas decisões proferidas em dissídio coletivo.

3.9. Recurso ordinário

Da sentença normativa cabe recurso ordinário ao TST, cuja competência para conhecê-lo e julgá-lo em última instância é da SDC (Lei n. 7.701/88, art. 2º, II, *a*). O prazo para o recurso ordinário é de oito dias, segundo dispõe o art. 895, *b*, da CLT.

É do recorrente, se for o caso, o ônus do recolhimento das custas e a juntada do respectivo comprovante de pagamento no prazo alusivo ao recurso, como já ressaltamos no item 3.8.1 *supra*. Não existe depósito recursal para recurso ordinário de sentença normativa.

Em caso de acordo, nos autos do dissídio coletivo (decisão normativa), só caberá recurso ordinário por parte do Ministério Público do Trabalho (LC n. 75/93, art. 83, VI, e Lei n. 7.701/88, art. 7º, § 5º).

O MPT está legitimado para interpor recurso ordinário, tanto nos dissídios coletivos em que for parte (DC de greve) como naqueles em que atuou como *custos legis*, ou seja, naqueles em que apenas emitiu parecer oral ou escrito (LC n. 75/93, art. 83, VI).

A Medida Provisória n. 1.398/96 facultava ao Presidente do TST conceder efeito suspensivo ao recurso ordinário da sentença normativa.

Sobreveio o § 6º do art. 7º da Lei n. 7.701/98, dispondo que "a sentença normativa poderá ser objeto de ação de cumprimento a partir do 20º (vigésimo) dia subsequente ao do julgamento, fundada no acórdão ou na certidão de julgamento, salvo se concedido efeito suspensivo pelo Presidente do Tribunal Superior do Trabalho", sendo que o art. 9º do mesmo diploma legal previa que o "efeito suspensivo deferido pelo Presidente do Tribunal Superior do Trabalho terá eficácia pelo prazo improrrogável de 120 (cento e vinte) dias contados da publicação, salvo se o recurso ordinário for julgado antes do término do prazo".

Atualmente, o art. 14 da Lei n. 10.192, de 14 de fevereiro de 2001, dispõe, *in verbis*:

> O recurso interposto de decisão normativa da Justiça do Trabalho terá efeito suspensivo, na medida e extensão conferidas em despacho do Presidente do Tribunal Superior do Trabalho.

Corrigindo equívoco de edições anteriores, passamos a defender que o referido dispositivo legal apenas autoriza que o Presidente do TST conceda efeito suspensivo ao recurso ordinário interposto contra sentença normativa proferida por Tribunal Regional do Trabalho por meio de "despacho" (*rectius*, decisão interlocutória fundamentada – CF, art. 93, IX), que é um ato discricionário (mas não arbitrário), no qual estabelecerá as consequências concretas do efeito suspensivo, como, por exemplo, indicando as cláusulas que podem produzir efeito imediato e as que deverão aguardar o trânsito em julgado da decisão a ser proferida posteriormente pela SDC. Noutro falar, o recurso ordinário da sentença normativa possui efeito devolutivo (CLT, art. 899) e, excepcionalmente, por decisão monocrática do Presidente do TST – sujeita a agravo regimental –, poderá ter efeito suspensivo.

A Súmula 246 do TST reforça a tese da relativização do efeito suspensivo do Recurso Ordinário de sentença normativa ao permitir a ação de cumprimento, independentemente do seu trânsito em julgado.

Visando à operacionalização do art. 14 da Lei n. 10.192/2001, o TST editou a Resolução n. 120, de 2 de outubro de 2003 (*DJU* 9-10-2003), aprovando a Instrução Normativa n. 24, que prescreve:

> I – Ao Presidente do Tribunal Superior do Trabalho é facultada a designação de audiência de conciliação relativamente a pedido de concessão de efeito suspensivo a recurso ordinário interposto à decisão normativa da Justiça do Trabalho;

II – Poderá o Presidente do Tribunal Superior do Trabalho, antes de designar audiência prévia de conciliação, conceder ao requerido o prazo de 5 (cinco) dias, para, querendo, manifestar-se sobre o pedido de efeito suspensivo;

III – O Ministério Público do Trabalho, por intermédio da Procuradoria-Geral do Trabalho, será comunicado do dia, hora e local da realização da audiência, enquanto as partes serão notificadas;

IV – Havendo transação nessa audiência, as condições respectivas constarão de ata, facultando-se ao Ministério Público do Trabalho emitir parecer oral, sendo, em seguida, sorteado Relator, que submeterá o acordo à apreciação da Seção Especializada em Dissídios Coletivos, na primeira sessão ordinária subsequente ou em sessão extraordinária designada para esse fim;

V – O Presidente do Tribunal Superior do Trabalho poderá submeter o pedido de efeito suspensivo à apreciação da Seção Especializada em Dissídios Coletivos, desde que repute a matéria de alta relevância.

Não obstante a regra prevista no art. 14 da Lei n. 10.192/2001, parece-nos cabível a tutela cautelar incidental ao recurso ordinário, pois a lei não pode afastar da apreciação do Poder Judiciário lesão ou ameaça a direito (CF, art. 5º, XXXV). Tal demanda cautelar, distribuída por dependência, pode conter pedido de liminar dirigido ao Ministro Relator, que pode conceder, ou não, efeito suspensivo ao recurso ordinário da sentença normativa. Para tanto, o requerente/recorrente deverá demonstrar a existência do *fumus boni iuris e do periculum in mora.*

3.10. Dissídio coletivo de extensão

Em caso de dissídio coletivo que tenha por objeto estabelecer novas condições de trabalho e no qual figure como parte apenas uma fração de empregados de uma empresa, poderá o tribunal competente, na própria decisão, estender tais condições, se julgar justo e conveniente, aos demais empregados da empresa que forem da mesma profissão dos destinatários originais do DC. Trata-se do juízo de equidade conferido ao tribunal, por força do art. 868 da CLT.

Havendo extensão dos efeitos da sentença normativa, o tribunal fixará a data em que a decisão deve ser cumprida, bem como o prazo de sua vigência, o qual não poderá ser superior a quatro anos.

Importa assinalar que, nos termos do art. 869 da CLT, a decisão sobre novas condições de trabalho poderá também ser estendida a todos os empregados da mesma categoria profissional compreendida na jurisdição do tribunal:

a) por solicitação de 1 (um) ou mais empregadores, ou de qualquer sindicato destes;

b) por solicitação de 1 (um) ou mais sindicatos de empregados;

c) ex officio, pelo Tribunal que houver proferido a decisão;

d) por solicitação da Procuradoria da Justiça do Trabalho.

A validade da extensão dos efeitos da sentença normativa a todos os empregados da mesma categoria profissional, segundo o art. 870 da CLT, depende de concordância dos sindicatos que figurarem nos polos ativo e passivo da lide coletiva ou, se o dissídio coletivo decorrer de acordo coletivo frustrado, de pelo menos três quartos dos empregadores e três quartos dos empregados. Essa norma, a nosso ver, está em harmonia com a nova redação dada pela EC n. 45/2004 ao art. 114, § 2º, da CF.

Os interessados terão prazo não inferior a trinta nem superior a sessenta dias, para que se manifestem sobre a extensão dos efeitos da sentença normativa.

Decorrido o prazo para a manifestação dos interessados, e ouvido o MPT, será o processo submetido ao julgamento do tribunal. Se a decisão do tribunal concluir pela extensão dos efeitos da sentença normativa, deverá marcar a data em que ela entrará em vigor. É o que dispõe o art. 871 da CLT.

Parece-nos que o DC de extensão, por ter natureza econômica, não poderá mais ser instaurado de ofício, por provocação do MPT ou de uma das entidades sindicais. E a razão é simples: há necessidade de mútuo consentimento, nos termos do art. 114, § 2º, da CF.

De acordo com a OJ n. 2 da SDC/TST:

> É inviável aplicar condições constantes de acordo homologado nos autos de dissídio coletivo, extensivamente, às partes que não o subscreveram, exceto se observado o procedimento previsto no art. 868 e seguintes, da CLT.

3.11. Dissídio coletivo revisional

O dissídio coletivo revisional, que está disciplinado nos arts. 873 a 875 da CLT, tem lugar quando decorrido mais de um ano da vigência da sentença normativa.

Trata-se de um dissídio derivado do dissídio coletivo de natureza constitutiva (de interesse), quando a sentença normativa respectiva tiver fixado condições de trabalho que se tenham modificado em função de circunstâncias alheias à vontade das partes, como as condições que se hajam tornado injustas ou inaplicáveis.

Segundo o art. 874 da CLT, o dissídio coletivo revisional poderá ser promovido por iniciativa do Tribunal prolator, do MPT, das associações sindicais ou de empregador ou empregadores no cumprimento da decisão. Parece-nos, porém, que nem o Presidente do Tribunal nem o Ministério Público do Trabalho têm legitimação para a propositura do dissídio coletivo revisional, pois sendo este uma espécie de dissídio de natureza econômica, somente as partes interessadas, de comum acordo, poderão fazê-lo, por força do § 2º do art. 114 da CF, como nova redação dada pela EC n. 45/2004, sendo certo que não se trata de DC de Greve, o que obstaculiza a legitimação ministerial.

A competência para julgar o dissídio coletivo revisional é do mesmo tribunal prolator da decisão revisanda, sendo certo que a nova sentença normativa será proferida depois de ouvido o MPT, seja em parecer escrito, seja em parecer oral na sessão de julgamento.

4. AÇÃO DE CUMPRIMENTO

O conteúdo da "sentença" normativa (ou da decisão que homologa acordo nos autos do dissídio coletivo) não se sujeita à execução forçada, e sim ao cumprimento pelos seus destinatários, tal como acontece com a eficácia das normas jurídicas de caráter geral e abstrato.

Esse cumprimento pode ser espontâneo, como se dá com a observância natural de uma lei; ou coercitivo, mediante a propositura da chamada ação de cumprimento.

Com efeito, diz o art. 872 e seu parágrafo da CLT, *in verbis*:

> Art. 872. Celebrado o acordo, ou transitada em julgado a decisão[21], seguir-se-á o seu cumprimento, sob as penas estabelecidas neste Título.
>
> Parágrafo único. Quando os empregadores deixarem de satisfazer o pagamento de salários, na conformidade da decisão proferida, poderão os empregados ou seus sindicatos, independente de outorga de poderes de seus associados, juntando certidão de tal decisão, apresentar reclamação à Junta (atualmente, Vara) ou Juízo competente, observado o processo previsto no Capítulo II deste Título, sendo vedado, porém, questionar sobre a matéria de fato e de direito já apreciada na decisão.

O acordo mencionado no *caput* do preceptivo em causa é aquele feito pelas partes na audiência de conciliação perante o presidente do tribunal, que o submete à homologação pelo tribunal nos autos do dissídio coletivo (CLT, art. 863). Daí o emprego do termo "decisão normativa", que é ato judicial meramente homologatório, diverso da sentença normativa, pois esta é fruto de julgamento das cláusulas constantes do dissídio coletivo. Noutro falar, a sentença normativa aprecia o mérito da lide coletiva. A "decisão normativa" é meramente homologatória da conciliação levada a efeito pelas partes nos autos do dissídio coletivo.

4.1. Conceito

Os direitos criados abstratamente por decisão (sentença) normativa proferida nos dissídios coletivos de natureza econômica podem ser defendidos, a título individual, pelo próprio trabalhador interessado ou a título coletivo, por meio do sindicato da respectiva categoria profissional, segundo o disposto no art. 872 e seu parágrafo único da CLT.

21. É permitido o ajuizamento imediato da ação de cumprimento da sentença normativa independentemente do seu trânsito em julgado, salvo se for dado efeito suspensivo ao recurso ordinário eventualmente interposto contra tal decisão (ver Lei n. 7.701/88, arts. 7º, § 6º e 10). Com o advento da Lei n. 10.192, de 14-2-2001 (art. 14), passou o Presidente do TST a ter competência para conceder efeito suspensivo ao RO interposto contra sentença normativa. A Súmula 246 do TST prevê a possibilidade da propositura da ação de cumprimento independentemente do trânsito em julgado da sentença normativa.

Vale dizer, a sentença normativa proferida nos dissídios de natureza econômica pode ser objeto de cumprimento por meio de:

- *ação individual de cumprimento,* simples ou plúrima (litisconsórcio ativo), proposta diretamente pelos trabalhadores interessados;
- *ação coletiva de cumprimento,* proposta pelo sindicato da categoria profissional em nome próprio, na defesa dos interesses individuais homogêneos dos trabalhadores (substituição processual) integrantes da respectiva categoria profissional.

O art. 1º da Lei n. 8.984, de 7 de fevereiro de 1995, porém, ampliou a competência da Justiça do Trabalho para "conciliar e julgar os dissídios que tenham origem no cumprimento de convenções coletivas de trabalho e acordos coletivos de trabalho, mesmo quando ocorram entre sindicatos ou entre sindicatos de trabalhadores e empregador".

Assim, podemos dizer que a ação de cumprimento é o meio processual adequado para defesa dos interesses ou direitos dos trabalhadores constantes de sentença normativa, convenção coletiva ou acordo coletivo de trabalho não cumpridos espontaneamente pelo(s) *empregador(es).*

A ação de cumprimento visa tanto à defesa dos interesses individuais simples ou plúrimos quanto à defesa dos interesses individuais homogêneos dos trabalhadores integrantes da categoria profissional representada no dissídio coletivo pelo sindicato correspondente.

Vê-se, pois, que a ação de cumprimento tem por escopo tornar concretos os direitos abstratos reconhecidos e positivados em instrumentos normativos coletivos.

4.2. Natureza jurídica

Entendemos por natureza jurídica a operação complexa e concomitante de nominar e comparar. Assim, podemos dizer que a *ação de cumprimento é uma ação de conhecimento, de natureza condenatória, que visa a obrigar o empregador ou empregadores a satisfazer os direitos abstratos criados por sentença normativa, convenção coletiva ou acordo coletivo de trabalho.*

É, pois, uma ação cognitiva destinada à defesa de direitos ou interesses dos trabalhadores, cujo escopo repousa na condenação do(s) empregador(es) na(s) obrigação(ões) de dar, pagar, fazer, não fazer ou entregar coisa constante de título judicial (sentença normativa) ou de instrumento normativo de autocomposição (convenção coletiva ou acordo coletivo).

4.3. Legitimação e interesse

Para a propositura da ação de cumprimento, são legitimados tanto o sindicato quanto os empregados.

Em se tratando de ação coletiva de cumprimento, o sindicato autor da ação atua como substituto processual, espécie de legitimação extraordinária, uma vez que ele atua judicialmente em nome próprio (sujeito titular da ação), mas defendendo direitos ou interesses individuais homogêneos dos trabalhadores (titulares do direito material deduzido na ação). Cuida-se, aqui, de autêntica ação coletiva para defesa de interesses individuais homogêneos, nos moldes do art. 8º, III, da CF e do art. 92 do CDC.

Se for o empregado (ou empregados em litisconsórcio) o autor da ação, teremos uma autêntica ação (reclamação) trabalhista individual de cumprimento, pois o titular do direito material é o mesmo titular da ação.

A OJ n. 188 da SBDI-1/TST, no entanto, firmou o seguinte entendimento: "Falta interesse de agir para a ação individual, singular ou plúrima, quando o direito já foi reconhecido através de decisão normativa, cabendo, no caso, ação de cumprimento".

Data venia, pouco importa o *nomen iuris* dado à ação. Se a ação de cumprimento é uma ação de conhecimento, parece-nos que a OJ n. 188 da SBDI-1 aparenta vício de inconstitucionalidade, por obstaculizar o acesso à Justiça (CF, art. 5º, XXXV) do trabalhador que propõe individualmente reclamação trabalhista em lugar de ação de cumprimento. Se o juiz reconhece que o direito vindicado na reclamação trabalhista consta de sentença normativa, deve ele, com muito mais certeza e razão, julgar procedente a demanda pela aplicação do apotegma d*a mihi factum, dabo tibi jus*, e não extinguir o processo sem resolução do mérito, "por falta de interesse".

Superando entendimento anterior, o TST (Súmula 286) passou, por força da Lei n. 8.984, de 7 de fevereiro de 1995, a estender a legitimação extraordinária (ou substituição processual) do sindicato para a ação de cumprimento de convenção ou acordo coletivo de trabalho.

A Súmula 359 do TST (cancelada pela Resolução TST n. 121/2003) não reconhecia às federações, e, por dedução lógica, às confederações, a legitimação para ajuizar ação de cumprimento prevista no art. 872, parágrafo único, da CLT, para, na qualidade de substitutas processuais, defenderem interesses dos trabalhadores pertencentes à categoria profissional inorganizada em sindicato. Era equivocado, *data venia*, o entendimento que estava consubstanciado no verbete jurisprudencial em apreço, pois, se os trabalhadores não estão organizados em sindicato, é a federação que poderá atuar judicialmente ou extrajudicialmente, desempenhando as atribuições daquele. Mesmo porque a própria lei (CLT, art. 872, parágrafo único) utiliza o termo "sindicatos", o que, a nosso ver, exige sua interpretação ampliativa ou extensiva, para alcançar as "entidades sindicais" de qualquer grau.

4.4. Competência

A competência material e funcional para processar e julgar ação de cumprimento é das Varas do Trabalho do local da prestação do serviço (CLT, arts. 651 e 872, parágrafo único).

O TST havia adotado o entendimento de que a Justiça do Trabalho seria incompetente para julgar ação de cumprimento na qual o sindicato, em nome próprio, pleiteasse o recolhimento de desconto assistencial previsto em convenção ou acordo coletivo. Era o que dispunha a Súmula 334 (cancelada pela TST n. 121/2003).

Com a edição da Lei n. 8.984, de 7 de fevereiro de 1995, e por força do art. 114, III, da CF, com redação dada pela EC n. 45/2004, não restam mais dúvidas acerca da ampliação da competência da Justiça do Trabalho para processar e julgar ações entre sindicatos ou entre estes e os trabalhadores, bem como entre os empregadores e seus sindicatos, como já vimos no Capítulo V.

4.5. Procedimento

O procedimento da ação de cumprimento é semelhante ao de dissídio individual, com a ressalva de que não será permitido às partes discutir questões de fato ou de direito que já foram apreciadas na sentença normativa ou na decisão normativa, ainda que esta não tenha transitado em julgado (CLT, art. 872, parágrafo único, *in fine*).

É permitido o ajuizamento imediato da ação de cumprimento da sentença normativa, independentemente do seu trânsito em julgado, salvo se for dado efeito suspensivo ao recurso ordinário eventualmente interposto contra tal decisão (Lei n. 7.701/88, arts. 7º, § 6º, e 10).

Com o advento da Lei n. 10.192, de 14 de fevereiro de 2001 (art. 14), passou o Presidente do TST a ter competência para conceder efeito suspensivo ao RO interposto contra sentença normativa (IN TST n. 24/2003).

Tendo em vista a lacuna do texto obreiro sobre o procedimento, cremos serem aplicáveis à ação de cumprimento as normas do CDC respeitantes à ação coletiva para tutela de interesses individuais homogêneos.

A petição inicial será instruída com a cópia da sentença normativa (acórdão) ou certidão de julgamento do dissídio coletivo, contendo as cláusulas que foram deferidas pelo Tribunal, sob pena de seu indeferimento (art. 872 da CLT combinado com os arts. 485, IV, e 321 do CPC; arts. 267, IV, e 284 do CPC/73).

Tratando-se de ação de cumprimento de convenção ou acordo coletivo, esses instrumentos também devem obrigatoriamente instruir a petição inicial, sob pena de seu indeferimento (art. 787 da CLT combinado com os arts. 485, IV, e 321 do CPC; arts. 267, IV, e 284 do CPC/73).

4.6. Reforma da sentença normativa e ação de cumprimento

Como a ação de cumprimento pode ser ajuizada independentemente do trânsito em julgado da sentença normativa (TST, Súmula 246), surge o problema da sua modificação superveniente em grau de recurso ordinário.

O TST vem decidindo que, nesse caso, a sentença normativa perde a sua eficácia executória, sendo declarada a sua inexistência jurídica. É o que se infere da OJ n. 277 da SBDI-1/TST.

Recentemente, foi editada a Súmula 397 do TST, *in verbis:*

> AÇÃO RESCISÓRIA. ART. 966, IV, DO CPC DE 2015. ART. 485, IV, DO CPC DE 1973. AÇÃO DE CUMPRIMENTO. OFENSA À COISA JULGADA EMANADA DE SENTENÇA NORMATIVA MODIFICADA EM GRAU DE RECURSO. INVIABILIDADE. CABIMENTO DE MANDADO DE SEGURANÇA (atualizada em decorrência do CPC de 2015, Res. n. 208/2016). Não procede ação rescisória calcada em ofensa à coisa julgada perpetrada por decisão proferida em ação de cumprimento, em face de a sentença normativa, na qual se louvava, ter sido modificada em grau de recurso, porque em dissídio coletivo somente se consubstancia coisa julgada formal. Assim, os meios processuais aptos a atacarem a execução da cláusula reformada são a exceção de pré-executividade e o mandado de segurança, no caso de descumprimento do art. 514 do CPC de 2015 (art. 572 do CPC de 1973).

Assim, havendo reforma da sentença normativa em grau de RO, não há, segundo o TST, necessidade de ajuizamento de AR contra a sentença da ação de cumprimento, cabendo apenas MS ou exceção de pré-executividade. Sobre o tema, ver item 3.4. do Capítulo XXV.

4.7. Prescrição

No que tange ao prazo prescricional para a ação de cumprimento, o TST pacificou o entendimento de que o marco inicial conta-se da data do trânsito em julgado da decisão normativa (Súmula 350).

Quando se tratar, porém, de ação de cumprimento de convenção ou acordo coletivo de trabalho, parece-nos que o marco inicial da prescrição coincide com o término do prazo de vigência desses instrumentos coletivos.

Pensamos que o prazo deve ser de dois anos da data da extinção do contrato de trabalho ou cinco anos da data de extinção do prazo de vigência da norma coletiva criadora do direito, incidindo, em ambos os casos, a prescrição total.

A respeito da matéria, o STF editou a Súmula 349 (anterior à CF/88), *in verbis*:

> A prescrição atinge somente as prestações de mais de dois anos, reclamadas com fundamento em decisão normativa da justiça do trabalho, ou em convenção coletiva de trabalho, quando não estiver em causa a própria validade de tais atos.

5. PROCEDIMENTO ESPECIAL DE JURISDIÇÃO VOLUNTÁRIA NO PROCESSO DO TRABALHO

Sobre procedimento especial de jurisdição voluntária para homologação de acordo extrajudicial, remetemos o leitor ao Capítulo III, item 7.

CAPÍTULO XXV
Ações Especiais Admissíveis no Processo do Trabalho

1. CONSIDERAÇÕES PRELIMINARES

Tendo em vista que o art. 769 da CLT e o art. 15 do CPC preveem a aplicação supletiva e subsidiária do direito processual comum, e considerando a ampliação da competência da Justiça do Trabalho para processar e julgar não apenas as causas (dissídios) entre empregados e empregadores, como também os demais litígios decorrentes das relações de trabalho (CF, art. 114, com redação dada pela EC n. 45/2004), há inúmeras ações previstas no ordenamento jurídico brasileiro que podem ser admitidas no processo do trabalho.

É importante lembrar, de outra parte, que o direito processual do trabalho, embora reconhecida a sua autonomia científica, não constitui um compartimento estanque do edifício jurídico, de sorte que ele interage, por intermédio da teoria geral do processo, com as demais disciplinas que compõem a ciência do direito, mormente o direito constitucional e o direito processual civil.

Neste capítulo, examinaremos as principais ações que podem ser ajuizadas no âmbito da Justiça do Trabalho.

2. MANDADO DE SEGURANÇA[1]

2.1. Noções gerais

Ressalvados alguns pontos de convergência em relação aos *writs*[2] do direito estadunidense, pode-se dizer que o mandado de segurança constitui criação do gênio brasileiro.

1. Para estudos avançados sobre o tema, recomendamos a leitura do nosso *Mandado de segurança no processo do trabalho*. São Paulo: LTr, 1999.
2. O *writ* tem significado de documento pelo qual o juiz expede uma ordem para que alguém realize um ato ou se abstenha de fazê-lo. Há diversos tipos de *writs*: o *injuction*, o *mandamus*, o *prohibition* etc. No Brasil, os vocábulos *writ* e *mandamus* são largamente utilizados para expressar a própria ação de segurança.

Foi previsto, inicialmente, na Carta de 1934, uma vez que no período de vigência entre a Constituição Imperial (1824-1889) e a primeira Constituição Republicana (1891-1930) não existia nenhum remédio judicial célere e eficaz destinado à garantia e proteção dos direitos do indivíduo em face do Poder Público. Adite-se que a Carta de 1824 nem sequer dispunha sobre o *habeas corpus*.

O mandado de segurança, portanto, somente foi previsto no art. 113 da Constituição brasileira de 1934, *in verbis*:

> Dar-se-á mandado de segurança para a defesa de direito, certo e incontestável, ameaçado ou violado por ato manifestamente inconstitucional ou ilegal de qualquer autoridade. O processo será o mesmo do *habeas corpus*, devendo ser sempre ouvida a pessoa de direito público interessada. O mandado não prejudica as ações petitórias competentes.

Como não existia norma infraconstitucional regulamentadora do exercício do mandado de segurança, adotou-se o *iter procedimentalis* alusivo ao *habeas corpus* até o advento da Lei n. 191, de 15 de janeiro de 1936, que enumerava as situações em que o mandado de segurança seria cabível, fixava o prazo para a impetração e ampliava o rol dos legitimados ao admitir a impetração por terceiros.

A Constituição outorgada de 1937 não previa o mandado de segurança. Mas, segundo a doutrina, a Lei n. 191, de 15 de janeiro de 1936, não era incompatível com aquela Carta, com o que o mandado de segurança, naquela época, deixou de ser uma garantia constitucional, transformando-se, assim, em simples instituto regulado por lei ordinária. E o mais grave: o Decreto-Lei n. 6, de 15 de janeiro de 1937, restringiu as hipóteses de utilização do *mandamus* contra atos do Presidente da República, de Ministros de Estado, de Governadores e de Interventores estaduais.

Com o advento do Código de Processo Civil de 1939, que só entrou em vigor em 1º de fevereiro de 1940, o mandado de segurança passou a integrar o rol dos "processos especiais" (arts. 319 a 331), sendo o remédio utilizado, em linhas gerais, para a proteção de direito "certo e incontestável", ameaçado de lesão ou violado por ato manifestamente inconstitucional ou ilegal, de qualquer autoridade, ressalvando-se as autoridades mencionadas no citado Decreto-Lei n. 6/37.

Com a redemocratização do País, a Constituição promulgada de 1946 tornou a dispor expressamente sobre o mandado de segurança no seu art. 141, § 24, *in verbis*:

> Para proteger direito líquido e certo não amparado por *habeas corpus*, conceder-se-á mandado de segurança, seja qual for a autoridade responsável pela ilegalidade ou abuso de poder.

A Carta de 1946 trouxe as seguintes inovações: *a*) substitui a expressão "direito certo e incontestável" por "direito líquido e certo", o que foi repetido pelas legislações supervenientes; *b)* tornou a admitir o mandado de segurança contra atos do Presidente da República e de seus auxiliares, bem como de Governadores; *c)* não referiu ato "inconstitucional ou ilegal", mas apenas ato "ilegal"; *d)* inseriu o "abuso de poder" como outro pressuposto de impetração da segurança; *e)* deixou de exigir que a ilegalidade do ato fosse "manifesta"; *f)* estabeleceu a separação entre o mandado de segurança e o *habeas corpus*.

Sobreveio a Lei n. 1.533, de 31 de dezembro de 1951, que regulou inteiramente toda a matéria relativa ao mandado de segurança, restando expressamente revogados os arts. 319 a 331 do CPC de 1939.

A Constituição de 1967 previa, no seu art. 150, § 21:

> Conceder-se-á mandado de segurança, para proteger direito individual líquido e certo não amparado por *habeas corpus*, seja qual for a autoridade responsável pela ilegalidade ou abuso de poder.

A única inovação digna de nota diz respeito à restrição do cabimento do mandado de segurança para proteção de "direito individual", o que implica dizer que no terreno jurídico-constitucional a expressão "direito individual" nada limita, seja na abrangência dos direitos constitucionalmente consagrados, seja na personalização dos sujeitos jurisdicionados.

O CPC de 1973, ao contrário do de 1939, não tratou do mandado de segurança, com o que esse remédio continuou sendo regulado pela Lei n. 1.533/51.

A Constituição Federal promulgada em 5 de outubro de 1988 estabeleceu importantes inovações acerca do instituto, como se infere dos incisos LXIX e LXX do seu art. 5º, *in verbis*:

> LXIX – conceder-se-á mandado de segurança para proteger direito líquido e certo, não amparado por *habeas corpus* ou *habeas data*, quando o responsável pela ilegalidade ou abuso de poder for autoridade pública ou agente de pessoa jurídica no exercício de atribuições do Poder Público.
>
> LXX – o mandado de segurança coletivo pode ser impetrado por: *a)* partido político com representação no Congresso Nacional; *b)* organização sindical, entidade de classe ou associação legalmente constituída e em funcionamento há pelo menos um ano, em defesa dos interesses de seus membros ou associados.

Com a nova ordem constitucional, podemos dizer que há duas espécies de mandados de segurança: o *individual* e o *coletivo*.

As diretrizes básicas, materiais e processuais, do mandado de segurança individual estavam insertas na Lei n. 1.533, de 31 de dezembro de 1951, com as alterações introduzidas pelas Leis n. 2.770, de 4 de maio de 1956; 4.348, de 26 de junho de

1964; 4.862, de 29 de novembro de 1965; 5.021, de 9 de junho de 1966; 8.076, de 23 de agosto de 1990, bem como pelas disposições constantes dos Regimentos Internos dos Tribunais.

No tocante ao mandado de segurança coletivo[3], não obstante a cizânia doutrinária existente, pensávamos que a ele se aplicariam, à míngua de previsão legal, as normas previstas na própria Constituição Federal, na Lei n. 7.347/85 (LACP) e no Título III da Lei n. 8.078/90 (CDC). Esse conjunto de normas forma o sistema integrado de acesso metaindividual ao Poder Judiciário, como já estudamos no Capítulo III, item 5.

É de se registrar, contudo, que o disciplinamento infraconstitucional do mandado de segurança, tanto individual quanto coletivo, passou a ser regulado pela Lei n. 12.016, de 7 de agosto de 2009, publicada no *DOU* de 8 de agosto de 2009, cujos arts. 1º, *caput*, e 21 dispõem, *in verbis*:

> Art. 1º Conceder-se-á mandado de segurança para proteger direito líquido e certo, não amparado por *habeas corpus* ou *habeas data*, sempre que, ilegalmente ou com abuso de poder, qualquer pessoa física ou jurídica sofrer violação ou houver justo receio de sofrê-la por parte de autoridade, seja de que categoria for e sejam quais forem as funções que exerça.
>
> Art. 21. O mandado de segurança coletivo pode ser impetrado por partido político com representação no Congresso Nacional, na defesa de seus interesses legítimos relativos a seus integrantes ou à finalidade partidária, ou por organização sindical, entidade de classe ou associação legalmente constituída e em funcionamento há, pelo menos, 1 (um) ano, em defesa de direitos líquidos e certos da totalidade, ou de parte, dos seus membros ou associados, na forma dos seus estatutos e desde que pertinentes às suas finalidades, dispensada, para tanto, autorização especial.

Além disso, o art. 29 da Lei n. 12.016/2009 revogou expressamente as Leis ns. 1.533/51, 4.166/62, 4.348/64, 5.021/66; o art. 3º da Lei n. 6.014/73, o art. 1º da Lei n. 6.071/74, o art. 12 da Lei n. 6.978/82 e o art. 2º da Lei n. 9.259/96.

O CPC é praticamente omisso a respeito do mandado de segurança, pois seu art. 937, VI, limita-se a dizer que em tal ação caberá sustentação oral nos tribunais.

2.2. Conceito

A doutrina é pródiga em formular conceitos para o mandado de segurança.

3. Para estudos mais aprofundados, recomendamos a leitura do livro *Mandado de segurança coletivo*: aspectos polêmicos, da ilustre procuradora do trabalho Marta Casadei Nomezzo, publicado pela LTr Editora, São Paulo, 2000.

Remédio heroico de natureza constitucional, para uns; ação judiciária concedida ao titular de direito líquido e certo, para outros. Há autores que confundem a ação de segurança com o mandado. A rigor, o mandado é a ordem expedida pelo juiz, sendo, portanto, o objeto da ação de segurança. Por essa ótica procede a crítica dos que sustentam a classificação trinária das ações à concepção de "ação mandamental", idealizada por Pontes de Miranda.

Como defendemos a classificação quinária das ações[4], podemos dizer que o mandado de segurança é típica ação mandamental, pois por meio dela o juiz manda, ordena que se cumpra a decisão judicial restabelecendo direito individual, individual homogêneo coletivo (*stricto sensu*) lesado ou ameaçado de lesão por ato (ou omissão) de autoridade pública ou a ela legalmente equiparada.

Segundo Alfredo Buzaid, o mandado de segurança é uma ação judiciária, que se distingue das demais pela índole do direito que visa tutelar: direito certo e líquido, que ocupa, ainda na voz do ilustre processualista,

> a posição mais elevada na escala (de importância dos direitos subjetivos) (...). Nele está expressa a mais solene proteção do indivíduo em sua relação com o Estado e representa, nos nossos dias, a mais notável forma de tutela judicial dos direitos individuais que, por largo tempo, foi apenas uma auspiciosa promessa[5].

Para o saudoso Hely Lopes Meirelles,

> é o meio constitucional posto à disposição de toda pessoa física ou jurídica, órgão com capacidade processual, ou universalidade reconhecida por lei, para a proteção de direito individual ou coletivo, líquido e certo, não amparado por *habeas corpus* ou *habeas data*, lesado ou ameaçado de lesão, por ato de autoridade, seja de que categoria for e sejam quais forem as funções que exerça[6].

Judicioso é o conceito ofertado por Manoel Antonio Teixeira Filho, para quem a

> ação de segurança ou assecuratória é o meio, constitucionalmente previsto, de que se pode valer a pessoa, física ou jurídica, para obter um mandado destinado à proteção de direito próprio ou de terceiro, individual ou coletivo, líquido e certo, não amparado por *habeas corpus* ou *habeas data*, lesado ou ameaçado de lesão, por

4. *Vide* Capítulo VI, item 5.1.

5. BUZAID, Alfredo. "Juicio de amparo" e mandado de segurança. *Revista da Faculdade de Direito da Universidade de São Paulo*, n. 56. p. 221-227.

6. MEIRELLES, Hely Lopes. *Mandado de segurança, ação popular, ação civil pública, mandado de injunção,* habeas data. 18. ed. São Paulo: Malheiros, 1997. p. 21-22.

ato de autoridade pública ou de agente de pessoa jurídica no exercício de atribuições do poder público[7].

José Afonso da Silva leciona que mandado de segurança

> é um remédio constitucional, com natureza de ação civil, posto à disposição de titulares de direito líquido e certo, lesado ou ameaçado de lesão, por ato ou omissão de autoridade pública ou agente de pessoa jurídica no exercício de atribuições do Poder Público[8].

Os conceitos supracitados concernem ao mandado de segurança individual. Ocorre que a Constituição de 1988 consagra, igualmente, no rol dos direitos e garantias fundamentais, o mandado de segurança coletivo. Daí a necessidade de se expandir o seu conceito, uma vez que foi iniludivelmente ampliado o seu objeto, bem como alargado o elenco dos titulares para a propositura desse importantíssimo remédio constitucional.

Para nós, o mandado de segurança é uma *garantia fundamental, portanto, um remédio constitucional, exteriorizada por meio de uma ação mandamental, de natureza não penal, cuja titularidade é conferida a qualquer pessoa (física ou jurídica, de direito público ou privado) ou ente despersonalizado com capacidade processual, que tem por objeto a proteção de direitos individuais próprios ou direitos individuais homogêneos e coletivos alheios, caracterizados como líquidos e certos, não amparados por* habeas corpus *ou* habeas data, *contra ato de autoridade pública ou de agente de pessoa jurídica de direito privado no exercício delegado de atribuições do Poder Público.*

2.3. Competência

Os juízes das Varas do Trabalho e os juízes de direito investidos na jurisdição trabalhista não tinham competência funcional para apreciar e julgar mandado de segurança, uma vez que os arts. 652 e 653 da CLT não previam tal competência para os órgãos de primeira instância da Justiça do Trabalho.

Assim, a competência funcional originária e hierárquica para o mandado de segurança na Justiça do Trabalho era sempre dos Tribunais Regionais do Trabalho ou do Tribunal Superior do Trabalho, conforme o caso. Aliás, nesse sentido, o STF já havia editado a Súmula 433: "É competente o Tribunal Regional do Trabalho para julgar mandado de segurança contra ato de seu Presidente em execução de sentença trabalhista".

---

7. TEIXEIRA FILHO, Manoel Antonio. *Mandado de segurança na justiça do trabalho*: individual e coletivo. São Paulo: LTr, 1992. p. 89.
8. SILVA, José Afonso da. *Curso de direito constitucional positivo*. 24. ed. São Paulo: Malheiros, 2005, p. 447.

Com o advento da EC n. 45/2004, que modificou substancialmente o art. 114 da CF, os juízes das Varas do Trabalho passaram a ser originária e funcionalmente competentes para processar e julgar mandado de segurança (inciso IV), como nas hipóteses em que o servidor público concursado de uma empresa pública proponha tal demanda questionando a sua preterição em relação à ordem de classificação do concurso público respectivo (inciso I)[9], ou naquelas em que o empregador pretenda discutir a validade do ato (penalidade) praticado pela autoridade administrativa integrante dos órgãos de fiscalização das relações de trabalho (inciso VII). Nesse último caso, colecionamos os seguintes julgados:

> CONSTITUCIONAL. DIREITO DO TRABALHO. ALTERAÇÃO DA COMPETÊNCIA DA JUSTIÇA DO TRABALHO. MANDADO DE SEGURANÇA. PENALIDADE ADMINISTRATIVA. DELEGADO REGIONAL DO TRABALHO. SUPERMERCADO. FUNCIONAMENTO AOS DOMINGOS. 1. Após a EC n. 45/04, a Justiça do Trabalho passou a deter competência para processar e julgar os mandados de segurança cujo ato questionado seja matéria sujeita à jurisdição da Justiça do Trabalho e as ações relativas às penalidades administrativas impostas aos empregadores por órgãos de fiscalização das relações de trabalho. 2. A controvérsia tratada no especial decorre nitidamente de relação de emprego, o que também atrai a competência da Justiça do Trabalho, de acordo com os incisos I e IX do art. 114 da CF/88. 3. Remessa dos autos ao TST. 4. Recurso especial prejudicado (STJ-REsp 550259/PR (2003/0106263-0), 2ª T., Rel. Min. Castro Meira, *DJ* 20-2-2006).

> CONSTITUCIONAL E PROCESSUAL. TERMO DE AJUSTAMENTO DE CONDUTA FIRMADO COM O MINISTÉRIO PÚBLICO DO TRABALHO. PROGRAMA DE ESTÁGIO NO BANCO DA AMAZÔNIA S/A. RELAÇÃO DE TRABALHO. COMPETÊNCIA DA JUSTIÇA DO TRABALHO. 1. Trata-se de mandado de segurança impetrado por Banco da Amazônia S/A objetivando seja declarada a nulidade de Termo de Compromisso para Ajustamento de Conduta firmado com o Ministério Público do Trabalho da 14ª Região, relativo ao trabalho de estagiários. 2. Nos termos do art. 114, I, da Constituição, compete à Justiça do Trabalho processar e julgar "as ações oriundas da relação de trabalho, abrangidos os entes de direito público externo e da Administração Pública direta e indireta da União, dos Estados, do Distrito Federal e dos Municípios". 3. Incompetência da Justiça Federal para julgar a causa. Anulação dos atos decisórios, incluída a sentença, com remessa dos autos a uma das Varas da Justiça do Trabalho de Rio Branco/AC (TRF da 1ª R., AP em MS. 2002.30.00.000861-8/AC, 5ª T., Rel. Des. João Batista Moreira, *DJU* 1º-3-2007).

9. A Justiça do Trabalho não tem competência para processar e julgar mandado de segurança impetrado por servidor público estatutário ou regido por regime institucional/administrativo, por força da decisão proferida pelo STF na ADI n. 3.395.

Nos Tribunais Regionais do Trabalho, a competência funcional para a ação mandamental é prevista nos Regimentos Internos, sendo geralmente atribuída ao Pleno (CLT, art. 678, I, *b*, 3).

Cabe, pois, aos Tribunais Regionais do Trabalho julgar mandado de segurança, quando figurar como autoridade coatora: *a*) Juiz, titular ou substituto, de Vara do Trabalho; *b*) Juiz de Direito investido na jurisdição trabalhista; *c*) o próprio Tribunal ou qualquer dos seus órgãos colegiados ou monocráticos.

No Tribunal Superior do Trabalho, a competência para julgar o *mandamus* está prevista na Lei n. 7.701, de 21 de dezembro de 1988, e no Regimento Interno daquela Corte. Assim, compete:

> *a*) ao Órgão Especial – OE, em matéria judiciária, julgar mandado de segurança impetrado contra atos do Presidente ou de qualquer Ministro do Tribunal, ressalvada a competência das Seções Especializadas (RITST, art. 69, I, *b*);
>
> *b*) à Seção Especializada de Dissídios Coletivos – SDC, em última instância, julgar os recursos ordinários interpostos contra as decisões proferidos pelos TRTs em mandados de segurança pertinentes a DC e a direito sindical e em ações anulatórias de convenções e acordos coletivos (RITST, art. 70, II, *b*);
>
> *c*) à segunda Subseção Especializada de Dissídios Individuais – SBDI-2, originariamente: julgar os mandados de segurança contra os atos praticados pelo Presidente do Tribunal, ou por qualquer dos Ministros integrantes da Seção Especializada em Dissídios Individuais, nos processos de sua competência; em última instância: julgar os recursos ordinários interpostos contra decisões dos Tribunais Regionais em processos de dissídio individual de sua competência originária (RITST, art. 71, III, *a*, 2, *c*, 1).

Importante notar que, se o ato impugnado for decisão de órgão judicial (Relator, Turma, Seção Especializada, Órgão Especial ou o Pleno) do TRT, a competência originária para apreciar e julgar o mandado de segurança é do próprio TRT, cabendo eventual recurso ordinário para o TST, que terá, neste caso, competência derivada (ou recursal). É esse o entendimento do Tribunal Pleno do TST, como se infere da sua OJ-TP/OE n. 4, *in verbis*:

> MANDADO DE SEGURANÇA. DECISÃO DE TRT. INCOMPETÊNCIA ORIGINÁRIA DO TRIBUNAL SUPERIOR DO TRABALHO. Ao Tribunal Superior do Trabalho não compete apreciar, originariamente, mandado de segurança impetrado em face de decisão de TRT.

Em linha de princípio, caberá o *mandamus* na Justiça Especializada quando o ato tachado de ilegal ou arbitrário for prolatado pelas autoridades judiciárias que a compõem. Vale dizer, se o ato for emanado de autoridade administrativa dos Poderes Executivo e Legislativo, ou qualquer outra autoridade pública, a competência não será da Justiça do Trabalho, ante o disposto no art. 114 da CF, mas da Justiça Comum, federal ou estadual, salvo nas hipóteses previstas nos seus incisos I e VII, como já salientado alhures.

Exatamente por isso, a Súmula 195 do extinto TFR já previa que: "O mandado de segurança não é meio processual idôneo para dirimir litígios trabalhistas".

No que diz respeito aos atos praticados por magistrados da Justiça do Trabalho em matéria administrativa, embora estranha à relação de trabalho ou de emprego (CF, art. 114), admite-se, excepcionalmente, o mandado de segurança. Há entendimentos em sentido contrário, mas o STF, com base no art. 678, I, *b*, 3, *d*, 1, da CLT, e no art. 21 da Lei Complementar n. 35/79 (LOMAN), pacificou o entendimento de que compete aos Tribunais do Trabalho o julgamento do mandado de segurança impetrado contra seus próprios atos administrativos, como se infere dos seguintes julgados:

> A jurisprudência do STF tem-se orientado no sentido de que permanece vigente, inobstante a previsão da letra *n* do art. 102, I, da Carta Política, a regra inscrita no art. 21, VI, da LOMAN, que atribuiu competência originária aos Tribunais para o processo e julgamento dos mandados de segurança impetrados contra seus próprios atos (STF, Proc. 236-2-RN, Rel. Min. Celso de Mello, *DJ* 16-6-94, Seção I, p. 15.507-8).
>
> (...) PROCESSO CIVIL. ADMINISTRATIVO. RECLAMAÇÃO CONSTITUCIONAL. GREVE NO SERVIÇO PÚBLICO. DESCONTO NA REMUNERAÇÃO DOS SERVIDORES. MANDADO DE SEGURANÇA CONTRA ATO DE PRESIDENTE DE TRIBUNAL. USURPAÇÃO DE COMPETÊNCIA. INEXISTÊNCIA. INCOMPATIBILIDADE COM A PET N. 7.961/DF. AUSÊNCIA. RECLAMAÇÃO IMPROCEDENTE. 1. Cuida-se de reclamação ajuizada contra *decisum* proferido pelo Tribunal Regional Federal da 4ª Região, o qual deferiu provimento liminar requerido em mandado de segurança, determinando a suspensão dos descontos nos vencimentos dos servidores que participaram de movimento paredista. A ação mandamental foi impetrada pelo Sindicato dos Trabalhadores do Judiciário Federal do Rio Grande do Sul-Sintrajufe/RS contra ato do Desembargador Presidente do Tribunal Regional Federal que determinou administrativamente a realização dos descontos remuneratórios. 2. No âmbito do mandado de segurança, a competência é firmada em função da autoridade apontada como coatora e não em virtude da matéria envolvida, nem pela natureza da questão apreciada na causa, à exceção das lides de natureza trabalhista que, após a EC n. 45/04, atraem a competência da Justiça Especializada. 3. No caso, o Sintrajufe-RS ataca decisão administrativa exarada pelo Presidente do Tribunal Regional Federal da 4ª Região, exsurgindo a competência do próprio tribunal para analisar o mandado de segurança, a teor do disposto na Súmula 41/STJ, o que afasta a alegativa de usurpação de competência desta Corte Superior. 4. Considerando a

peculiaridade de tratar-se de mandado de segurança contra ato de membro de tribunal, bem como a ausência de exame acerca da regularidade dos descontos remuneratórios no bojo na Pet n. 7.961/DF, não procede o pleito reclamatório. Ocorre que, diante do que noticiado nas contrarrazões ao extraordinário, sobre a superveniência de trânsito em julgado do mandado de segurança em que proferida a decisão impugnada na reclamação para o STJ e, principalmente, a informação noticiada de acordo entre as partes na via administrativa, intimei a União para se manifestar sobre o interesse no prosseguimento do feito. Em sua manifestação, a União informa não subsistir o interesse no julgamento do recurso consistente no trânsito em julgado do processo que originou a Reclamação objeto deste recurso extraordinário. *Ex positis*, com base no art. 21, IX, do Regimento Interno do Supremo Tribunal Federal, declaro extinto o processo, por perda superveniente do objeto. Publique-se. Brasília, 12 de setembro de 2012. Ministro Luiz Fux, Relator (STF-RE n. 668.979 DF, Rel. Min. Luiz Fux, j. 12-9-2012, *DJe* 18-9-2012).

Na mesma direção caminha o TST:

AGRAVO REGIMENTAL. MANDADO DE SEGURANÇA. ATO INQUINADO DE ILEGAL CONSISTENTE EM DECISÃO PROFERIDA POR TRIBUNAL REGIONAL DO TRABALHO. INCOMPETÊNCIA FUNCIONAL DO TRIBUNAL SUPERIOR DO TRABALHO PARA APRECIAR ORIGINARIAMENTE O *MANDAMUS*. DECISÃO AGRAVADA DECLINANDO DA COMPETÊNCIA PARA O TRIBUNAL DO QUAL SÃO INTEGRANTES AS AUTORIDADES APONTADAS COMO COATORAS. De conformidade com o art. 21, VI, da Lei Orgânica da Magistratura Nacional, "julgar, originariamente, os mandados de segurança contra seus atos, os dos respectivos presidentes e os de suas câmaras, turmas ou seções". Em razão disso, ao Tribunal Superior do Trabalho não compete apreciar, originariamente, mandado de segurança impetrado em face de decisão de Tribunal Regional do Trabalho. Agravo regimental ao qual é negado provimento (TST-AGPET 1162576-93.2003.5.00.0000, Rel. Min. Francisco Fausto, TP, *DJ* 26-3-2004).

Entretanto, em se tratando de ato administrativo complexo que exige a formação litisconsorcial necessária abarcando o Presidente da República, tal como ocorre com o ato de nomeação de desembargador de TRT, a competência funcional originária passa a ser do STF. Nesse sentido:

1. INTERVENÇÃO DE TERCEIRO. Assistência. Mandado de segurança. Inadmissibilidade. Preliminar acolhida. Inteligência do art. 19 da Lei n. 1.533/51. Não se admite assistência em processo de mandado de segurança. 2. LEGITIMIDADE PARA A CAUSA. Passiva. Caracterização. Mandado de segurança. Impetração pre-

ventiva contra nomeação de juiz de Tribunal Regional do Trabalho. Ato administrativo complexo. Presidente da República. Litisconsorte passivo necessário. Competência do STF. Preliminar rejeitada. Aplicação dos arts. 46, I, e 47, *caput*, do CPC, e do art. 102, I, *d*, da CF. O Presidente da República é litisconsorte passivo necessário em mandado de segurança contra nomeação de juiz de Tribunal Regional do Trabalho, sendo a causa de competência do Supremo Tribunal Federal. 3. MANDADO DE SEGURANÇA. Caráter preventivo. Impetração contra iminente nomeação de juiz para Tribunal Regional do Trabalho. Ato administrativo complexo. Decreto ainda não assinado pelo Presidente da República. Decadência não consumada. Preliminar repelida. Em se tratando de mandado de segurança preventivo contra iminente nomeação de juiz para Tribunal Regional do Trabalho, que é ato administrativo complexo, cuja perfeição se dá apenas com o decreto do Presidente da República, só com a edição desse principia a correr o prazo de decadência para impetração. 4. MAGISTRADO. Promoção por merecimento. Vaga única em Tribunal Regional Federal. Lista tríplice. Composição. Escolha entre três únicos juízes que cumprem todos os requisitos constitucionais. Indicação de dois outros que não pertencem à primeira quinta parte da lista de antiguidade. Recomposição dessa quinta parte na votação do segundo e terceiro nomes. Inadmissibilidade. Não ocorrência de recusa, nem de impossibilidade do exercício do poder de escolha. Ofensa a direito líquido e certo de juiz remanescente da primeira votação. Nulidade parcial da lista encaminhada ao Presidente da República. Mandado de segurança concedido, em parte, para decretá-la. Inteligência do art. 93, II, *b* e *d*, da CF, e da interpretação fixada na ADI n. 581-DF. Ofende direito líquido e certo de magistrado que, sendo um dos três únicos juízes com plenas condições constitucionais de promoção por merecimento, é preterido, sem recusa em procedimento próprio e específico, por outros dois que não pertencem à primeira quinta parte da lista de antiguidade, na composição de lista tríplice para o preenchimento de uma única vaga (STF-MS n. 24.414 DF, Rel. Min. Cezar Peluso, j. 2-9-2003, TP, *DJ* 21-11-2003).

A Justiça do Trabalho não é competente para julgar mandado de segurança impetrado por entidade sindical versando sobre matéria administrativa estranha à relação de trabalho ou emprego. Nesse sentido:

CONFLITO NEGATIVO DE COMPETÊNCIA. JUSTIÇA DO TRABALHO E JUSTIÇA ESTADUAL. MANDADO DE SEGURANÇA IMPETRADO POR ENTIDADE SINDICAL. ATO ADMINISTRATIVO. COMPETÊNCIA DA JUSTIÇA ESTADUAL. 1. É da competência da Justiça Estadual o mandado de segurança impetrado por entidade sindical em que se questionam os requisitos para a concessão de renovação dos alvarás de moto-taxistas estabelecidos por Superintendente de Trânsito de município. Embora o questionamento diga respeito à dispensa de comprovação de quitação da contribuição sindical para a renovação dos alvarás, nem por isso a competência para a causa se desloca para a Justiça do Trabalho. 2. Conflito conhecido para declarar a competência do Juízo de Direito da 5ª Vara da Comarca de Patos - PB, o suscitado (STJ, CC n. 96.367/PB (2008/0123586-0), 1ª Seção, Rel. Min. Teori Albino Zavascki, *DJe* 1º-9-2008).

Contudo, a Justiça do Trabalho é competente, por interpretação *a contrario sensu* do art. 1º, § 2º, da Lei n. 12.016/2009, para processar e julgar mandado de segurança contra ato praticado por autoridade no exercício de função pública em empresa pública, sociedade de economia mista ou concessionária de serviço público que não se enquadre na categoria de ato de gestão comercial.

Assim, é competente a Justiça do Trabalho (Vara do Trabalho) para processar e julgar mandado de segurança (individual ou coletivo) contra ato de um dirigente de uma empresa pública ou sociedade de economia mista responsável pela publicação de edital de concurso público para investidura em emprego público no qual se verifica regra violadora de direito individual ou coletivo (*stricto sensu*) líquido e certo. É o que ocorre, por exemplo, quando o edital de concurso público para investidura em emprego público não dispõe sobre reserva de vaga para pessoa com deficiência (CF, art. 37, II e VII), ou prevê pagamento de remuneração inferior ao salário mínimo, ou, ainda, discriminação por motivo de raça, cor, sexo, idade, estado civil, origem etc.

Em todos esses casos, a Justiça do Trabalho é competente (CF, art. 114, IV) para julgar o *mandamus*, porquanto o ato questionado (publicação de edital contendo regra violadora de direito) envolve matéria sujeita à sua jurisdição, qual seja a potencial relação de emprego (CF, art. 114, I).

Resumindo, é competente a Justiça do Trabalho para processar e julgar o mandado de segurança, não só contra ato judicial prolatado em processo trabalhista originário da relação jurídica de emprego ou de trabalho, mas, também, contra ato administrativo que se enquadre na moldura do inciso IV do art. 114 da CF, bem como contra ato praticado por autoridade da própria Justiça do Trabalho, desde que, é claro, o ato impugnado seja ilegal ou arbitrário e, paralelamente, viole, em qualquer hipótese, direito individual (ou coletivo) líquido e certo.

2.4. Condições genéricas do mandado de segurança individual

Por ser uma ação cognitiva de natureza civil, o mandado de segurança está jungido às condições genéricas de toda e qualquer ação. Noutro falar, para que a ação de segurança possa ser admitida é preciso que estejam presentes: *a)* a legitimação ativa e a passiva; *b)* o interesse de agir; *c)* a possibilidade jurídica do pedido.

No âmbito da Justiça do Trabalho, em que o mandado de segurança se presta, em regra, a atacar ato jurisdicional, o legitimado ativo será geralmente a parte (empregado ou empregador) que figurar na relação jurídica processual da qual o *mandamus* é originário.

Dissemos "em regra", porque o servidor estatutário da própria Justiça do Trabalho também poderá figurar como autor de mandado de segurança contra ato administrativo praticado por autoridade, inclusive juiz, no exercício de função de natureza administrativa (LOMAN, art. 21, VI). Neste caso, a competência será da Justiça Especializada, segundo jurisprudência dominante do Pretório Excelso. O mesmo raciocínio deve ser adotado quando o impetrante for candidato a concurso público (para servidor ou juiz do trabalho substituto) realizado por órgãos da própria Justiça do Trabalho.

Será legitimado ativo, outrossim, o terceiro que demonstrar interesse jurídico e que tenha sofrido lesão ou ameaça a direito líquido e certo.

O art. 3º da Lei n. 12.016/2009 também prevê a legitimidade para impetrar a segurança ao titular de direito líquido e certo decorrente de direito, em condições idênticas, de terceiro que não tem interesse em defendê-lo judicialmente, nos seguintes termos:

> O titular de direito líquido e certo decorrente de direito, em condições idênticas, de terceiro poderá impetrar mandado de segurança a favor do direito originário, se o seu titular não o fizer, no prazo de 30 (trinta) dias, quando notificado judicialmente.

Também é legitimado para impetrar mandado de segurança na Justiça do Trabalho o empregador que pretender questionar ato praticado pelas autoridades dos órgãos de fiscalização das relações de trabalho (CF, art. 114, VII).

Quando o direito ameaçado ou violado couber a várias pessoas, qualquer delas poderá requerer o mandado de segurança (Lei n. 12.016/2009, art. 1º, § 3º).

No que concerne à legitimidade passiva, a autoridade coatora será, regra geral, o juiz do trabalho ou juiz de direito investido na jurisdição trabalhista, o Tribunal ou um dos seus órgãos. Além disso, por força da EC n. 45/2004, poderão figurar como autoridade coatora órgãos da fiscalização do trabalho, como auditor fiscal, superintendente regional ou, ainda, Ministro do Trabalho, bem como dirigentes de empresas públicas, sociedades de economia mista ou concessionárias de serviço público que praticarem atos que não se qualifiquem como atos de gestão comercial (Lei n. 12.016/2009, art. 1º, § 2º, interpretado *a contrario sensu*) e que se enquadrem na moldura do inciso IV do art. 114 da CF.

No processo do trabalho é admitido, em casos raros, o mandado de segurança contra ato praticado por serventuário detentor de autoridade, como é o caso do Chefe (Diretor) de Secretaria que deixa de cumprir, sem justificativa plausível ou com abuso de poder, as prescrições contidas nos arts. 712 e 720 da CLT.

O interesse de agir na ação mandamental também encontra fundamento no trinômio necessidade-utilidade-adequação.

Com efeito, o processo não deve servir de meio para simples consulta acadêmica, mas como um instrumento apto, posto à disposição do cidadão pelo ordenamento jurídico, nos casos de lesão ou ameaça a direito.

É preciso, de outra parte, que a via eleita pelo autor seja adequada à obtenção do provimento jurisdicional solicitado. Se o réu, por exemplo, em vez de interpor recurso ordinário contra a sentença, preferir impetrar, de logo, mandado de segurança contra a sentença, será ele carecedor da ação, porquanto não possui interesse processual, por ser a via eleita inadequada ao fim colimado (Súmula 414, I, do TST).

Por impossibilidade jurídica do pedido, sem embargo da revisão doutrinária feita pelo próprio Liebman, deve-se entender não a inexistência de norma legal que ampare o pedido formulado pelo autor, mas sim a existência de um veto legal a que tal pedido possa ser deferido pelo órgão jurisdicional, como ocorre, por exemplo, com a proibição de reembolso de dinheiro emprestado para fins de jogo ou aposta (CC/2002, art. 815). Neste último caso, o próprio direito material não pode ser outorgado pelo Judiciário.

2.5. Condições especiais do mandado de segurança

Sabe-se que as hipóteses de extinção do processo sem resolução do mérito por carência e ação encontravam residência no art. 267, VI, do CPC/73, aplicável ao processo do trabalho (CLT, art. 769). Vale dizer, as condições genéricas de qualquer ação não encerravam preceito *numerus clausus*, já que o inciso VI do art. 267 do CPC/73 ressaltava apenas a obrigatoriedade de extinção do feito sem exame do mérito "quando não concorrer qualquer das condições da ação, como a possibilidade jurídica, a legitimidade das partes e o interesse processual", deixando implícita a possibilidade de existir, além destas, outras condições da ação.

O inciso VI do art. 485 do CPC, tem redação bem mais restritiva que o CPC/73, pois limita-se a dizer que o juiz não resolverá o mérito quando "verificar ausência de legitimidade ou de interesse processual".

Assim, além da ausência de legitimidade das partes ou do interesse processual, referidas no item precedente, comuns a todas as ações, a admissibilidade ou cabimento do mandado de segurança exige três outras condições especiais, a saber: o direito líquido e certo, a ilegalidade ou abuso de poder e o ato de autoridade pública.

É bem verdade, como veremos em seguida, que há doutrinadores que defendem que tais condições especiais são pressupostos específicos do mandado de segurança, enquanto outros sustentam que as referidas condições especiais dizem respeito ao próprio mérito do mandado de segurança.

2.5.1. Direito líquido e certo

Não há a desejável uniformidade doutrinária e jurisprudencial acerca do conceito da expressão "direito líquido e certo".

Direito líquido e certo, para Hely Lopes Meirelles, é

> o que se apresenta manifesto na sua existência, delimitado em sua extensão e apto a ser exercitado no momento da impetração. Por outras palavras, o direito invocado, para ser amparável por mandado de segurança, há de vir expresso em norma legal e trazer em si todos os requisitos e condições de sua aplicação ao impetrante: se a sua existência for duvidosa; se a sua extensão ainda não estiver delimitada; se o seu exercício depende de situações e fatos ainda indeterminados, não rende ensejo à segurança, embora possa ser defendido por outros meios judiciais[10].

O entendimento adotado por Hely Lopes Meirelles vingou durante algum tempo. Nesse sentido, direito líquido e certo seria, então, o que estivesse expresso em norma legal, uma vez que a aquisição de um direito se concretizaria pela conjugação de dois requisitos: uma situação fática qualificada sobre a qual incide um comando normativo, tornando-a apta a produzir certas consequências jurídicas.

Atualmente, a doutrina e a jurisprudência reconhecem que o mandado de segurança exige prova pré-constituída, exclusivamente documental, acerca dos fatos apontados na petição inicial. Os fatos, portanto, devem ser incontroversos. Já a "controvérsia sobre matéria de direito não impede concessão de mandado de segurança" (STF, Súmula 625).

Surge, neste passo, a seguinte indagação: direito líquido e certo é mérito ou condição especial da ação de segurança?

A evolução doutrinária e jurisprudencial passou a distinguir, com clareza, os dois momentos distintos de aferição do direito líquido e certo.

Como bem salienta Di Pietro:

> No mandado de segurança, inexiste a fase de instrução, de modo que, havendo dúvidas quanto às provas produzidas na inicial, o juiz extinguirá o processo sem julgamento do mérito, por falta de um pressuposto básico, ou seja, a certeza e liquidez do direito[11].

Da pena de Lucia Valle Figueiredo extrai-se que

> o direito líquido e certo aparece em duas fases distintas no mandado de segurança. Aparece, inicialmente, como condição da ação. É o direito líquido e certo, ao lado das demais condições de ação, requisito de admissibilidade do mandado de segurança. Em consequência, o próprio conceito de direito líquido e certo incide duas vezes.

---

10. *Mandado de segurança, ação popular, ação civil pública, mandado de injunção,* habeas data. 12. ed. São Paulo: Revista dos Tribunais, 1989. p. 12-13.

11. DI PIETRO, Maria Sylvia Zanella. *Direito administrativo*. 13. ed. São Paulo: Atlas, 2001. p. 626.

Incide de início no controle do juiz. Quando se apresenta a inicial, impende ao juiz verificar se há – como diz o Professor Sérgio Ferraz – a *plausibilidade da existência do direito líquido e certo*. O problema que se coloca, a seguir, é de como aparece o direito líquido e certo no final do mandado de segurança. É dizer, instruído o mandado de segurança, se ao juiz se apresentou o direito como líquido e certo inicialmente, mesmo assim poderá, a final, o juiz dizer que inexiste tal direito. Nessa oportunidade, abrem-se duas opções: é possível, com a vinda das informações, a verificação, pelo juiz, de que o direito, apresentado inicialmente como indene de controvérsias, não o é, por não ter o impetrante exposto todo o contexto factual. Em outro falar: não foram apresentados os fatos como efetivamente acontecidos. De conseguinte, o que parecera ao juiz extremamente plausível de existir, a lume da prova carreada aos autos, pode-se aferir que inexiste. É necessário deixar clara a existência de *dois momentos processuais diferentes*. No *primeiro momento*, há plausibilidade da existência do direito líquido e certo; no *segundo momento*, de cognição completa do mandado de segurança – portanto, na hora da sentença –, é possível a ocorrência de duas hipóteses. Primeiro, a inexistência daquela plausibilidade que parecera presente ao juiz. Neste caso, teremos a extinção sem julgamento de mérito; ou é possível, ainda, que a hipótese descrita na inicial não leve necessariamente àquela conclusão. Portanto, não há, pelo mérito, possibilidade de aquele impetrante vir a ser beneficiado pela concessão da ordem. Inexistindo direito líquido e certo, tal seja, havendo controvérsia factual, teremos, como consequência imediata, a inépcia da petição inicial, a extinção do mandado de segurança, baseada no art. 8º da própria lei de regência (Lei n. 1.533/51), cujo texto determina ao juiz, desde logo, a extinção da ação quando ausentes seus pressupostos ensejadores[12].

Assim, direito líquido e certo, enquanto condição específica da ação assecuratória, é o que decorre de um fato que pode ser provado de plano, mediante prova exclusivamente documental, no momento da impetração do *mandamus*.

Nessa ordem, caso haja controvérsia quanto à comprovação documental do fato alegado na inicial, o que o juiz deve fazer é indeferir, *ab initio*, a petição inicial do *mandamus*.

Nesse sentido, o TST editou a Súmula 415:

MANDADO DE SEGURANÇA. PETIÇÃO INICIAL. ART. 321 DO CPC DE 2015. ART. 284 DO CPC DE 1973. INAPLICABILIDADE (atualizada em decorrência do CPC de 2015, Res. n. 208/2016, *DEJT* divulgado em 22, 25 e 26-4-2016). Exigindo o mandado de segurança prova documental pré-constituída, inaplicável o art. 321

12. *Mandado de segurança*. 2. ed. São Paulo: Malheiros, 1997. p. 17-18.

do CPC de 2015 (art. 284 do CPC de 1973) quando verificada, na petição inicial do *mandamus*, a ausência de documento indispensável ou de sua autenticação.

Se, ao revés, quando do exame dos documentos que instruem a inicial, o juiz verificar que eles guardam estrita pertinência com os fatos nela narrados, deverá admitir a segurança. Aí, sim, admitida a ação, passará o juiz ao exame do mérito, denegando ou concedendo a segurança.

Colhe-se, por oportuno, o entendimento jurisprudencial do Pretório Excelso a respeito dos dois momentos processuais acima referidos:

> MANDADO DE SEGURANÇA – DIREITO LÍQUIDO E CERTO – INDEFERIMENTO DA INICIAL – COMPETÊNCIA DO RELATOR – CF, ART. 5º, LXIX – LEI N. 1.533/51, ART. 1º E ART. 8º. I. Direito líquido e certo, que autoriza o ajuizamento do MS, diz respeito aos fatos. Se estes estão comprovados, de plano, é possível o aforamento do *writ*. Segue-se, então, a fase de acertamento da relação fático-jurídica, na qual o juiz faz incidir a norma objetiva sobre os fatos. Se, dessa incidência, entender o juiz nascido o direito subjetivo, deferirá a segurança. II. O relator poderá indeferir a inicial, se os fatos que embasam o direito invocado são controvertidos; mas o acertamento da relação fático-jurídica é da Corte (STF-MS n. 21.188-1 (AgRg), DF, TP, Rel. p/ o Ac. Min. Carlos Velloso, *DJU* 19-4-1991).

> CONSTITUCIONAL. PROCESSUAL CIVIL. MANDADO DE SEGURANÇA. DIREITO LÍQUIDO E CERTO. INDEFERIMENTO DA INICIAL. COMPETÊNCIA DO RELATOR. C.F., art. 5, LXIX; Lei n. 1.533/51, art. 1 e art. 8. I – Direito liquido e certo, que autoriza o ajuizamento do mandado de segurança, diz respeito aos fatos. Se estes estão comprovados, de plano é possível o aforamento do *writ*. Segue-se, então, a fase de acertamento da relação fático-jurídica, na qual o juiz faz incidir a norma objetiva sobre os fatos. Se, dessa incidência, entender o juiz nascido o direito subjetivo, deferirá a segurança. II – O Relator poderá indeferir a inicial, se os fatos que embasam o direito invocado são controvertidos; mas o acertamento da relação fático-jurídica é da Corte. III – Agravo Regimental provido (STF-MS-AgR n. 21.188-DF, Rel. Min. Marco Aurélio, TP, *DJ* 19-4-1991).

> AGRAVO REGIMENTAL EM MANDADO DE SEGURANÇA. ATO DO PROCURADOR-GERAL DA REPÚBLICA. INDEFERIMENTO DE PEDIDO FORMULADO POR PROCURADOR-REGIONAL DA REPÚBLICA PARA PARTICIPAR EM CONCURSO DE REMOÇÃO PARA O PREENCHIMENTO DE VAGA DESTINADA A PROCURADOR DA REPÚBLICA. INADMISSIBILIDADE. AUSÊNCIA DE LIQUIDEZ E CERTEZA NO DIREITO PLEITEADO. SEGURANÇA DENEGADA. JULGAMENTO MONOCRÁTICO. POSSIBILIDADE. AGRAVO IMPROVIDO. I – Não verificada, no caso, a existência de qualquer vício no ato impugnado que pudesse caracterizar ofensa a direito líquido e certo do impetrante, mostra-se lícita a de-

negação da ordem de plano. II – Ademais, a comprovação de outros argumentos, sobretudo concernentes às peculiaridades da carreira daqueles que ingressaram no Ministério Público Federal, antes da Carta de 1988, ou à situação pessoal do impetrante, exigiriam dilação probatória, inexequível nos angustos lindes deste remédio constitucional. III – Nos termos do art. 205 do Regimento Interno do STF, pode o Relator julgar monocraticamente pedido que veicule pretensão incompatível com a jurisprudência consolidada desta Corte, ou seja, manifestamente inadmissível. IV – Agravo regimental improvido (STF-MS n. 27.236-DF, Rel. Min. Ricardo Lewandowski, TP, *DJe* 30-4-2010).

Comprovada, pois, pelo impetrante, a existência incontroversa dos fatos narrados na petição inicial, o mandado de segurança será admissível, desde que, é claro, estejam presentes os pressupostos processuais e as demais condições (genéricas) da ação.

Ultrapassada esta fase preambular, segue-se a "fase de acertamento", concernente ao mérito da segurança. Aqui, sim, é que o juiz verificará a possibilidade (ou não) de incidência da norma objetiva, invocada pelo impetrante, sobre os fatos articulados e provados por documentos que acompanham a petição inicial. Nesse sentido:

RECURSO ORDINÁRIO EM MANDADO DE SEGURANÇA. ATO COATOR CONSUBSTANCIADO NA DETERMINAÇÃO DE REINTEGRAÇÃO. AUSÊNCIA DE DOCUMENTOS PRÉ-CONSTITUÍDOS. DILAÇÃO PROBATÓRIA. AUSÊNCIA DE DIREITO LÍQUIDO E CERTO EM FAVOR DA IMPETRANTE. Nos termos do art. 1º da Lei n. 12.016/2009, o mandado de segurança visa proteger direito líquido e certo, não amparado por qualquer outra medida judicial, contra ato abusivo praticado ou ameaçado de ser violado por qualquer das autoridades no exercício da função pública. Assim, a configuração de direito líquido e certo pressupõe, em primeiro lugar, a demonstração de fatos incontroversos em prova documental pré-constituída. No caso concreto, o eg. Tribunal Regional, ao manter a decisão que negou a segurança pleiteada, registrou que não fora verificada a urgência alegada, pois o impetrante deixou de juntar aos autos os documentos nos quais a decisão impugnada se baseou para determinar a reintegração da trabalhadora, o que afasta a possibilidade do exame da possível ilegalidade apontada no ato coator. Dessa forma, considerando a necessária dilação probatória para averiguar a pretensão de modificação da decisão de reintegração da reclamante, verifica-se que inexiste prova de possível abusividade do ato ou de perigo da demora na solução da lide. Ademais, a verificação de elementos de prova que sequer constam dos autos escapa aos limites do mandado de segurança, enquanto ação de cognição sumária incompatível com a dilação probatória que se faria necessária. Recurso ordinário conhecido e desprovido (TST-RO 1866720175050000, Rel. Min. Alexandre de Souza Agra Belmonte, SBDI-2, *DEJT* 28-9-2018).

2.5.2. Ilegalidade ou abuso de poder

Outra condição específica do mandado de segurança: o ato atacado deve ter sido praticado com ilegalidade ou abuso de poder.

A noção da expressão "abuso de poder" traz ínsita a de ilegalidade, pelo que perfeitamente dispensável a distinção entre ambas, para o fim de se aferir o cabimento do *writ*.

Estamos com Sérgio Ferraz, no sentido de que

> como condição específica da ação, aplicam-se à ilegalidade ou abuso de poder as mesmas considerações que expendemos relativamente ao direito líquido e certo (na perspectiva estrita de se tratar de uma especial condição da ação), inclusive quanto a constituir a negação de sua existência *matéria de mérito*, não pronunciável mediante extinção do processo sem julgamento do mérito[13].

Em suma, se o impetrante colaciona todos os documentos que comprovam a situação fática descrita na petição inicial (ou se os documentos requisitados à repartição pública forem suficientes para tal comprovação) e, concomitantemente, alegar que o ato atacado encontra-se em desconformidade com o direito objetivo, o órgão competente para a ação de segurança deverá admiti-la (ou conhecê-la, como preferem alguns) para, no mérito (ou fase de acertamento da relação fático-jurídica), conceder ou denegar o *writ*.

2.5.3. Ato de autoridade pública

Finalmente, a última condição especial da ação de segurança é que o ato atacado tenha sido praticado por autoridade pública.

O conceito de autoridade pública há de ser entendido, a nosso ver, no sentido lato, nele estando incluídos não apenas os agentes da Administração Direta e Indireta (dirigentes das empresas públicas, sociedades de economia mista, autarquias e fundações públicas) como os agentes dos Poderes Executivo, Legislativo e Judiciário, desde que pratiquem ato na condição de autoridade pública.

O § 3º do art. 6º da Lei n. 12.016/2009, que revogou a Lei n. 1.533/51, considera "autoridade coatora aquela que tenha praticado o ato impugnado ou da qual emane a ordem para a sua prática".

Nos termos do art. 2º da Lei n. 12.016/2009, é considerada federal a autoridade coatora se as consequências de ordem patrimonial do ato contra o qual se requer o mandado houverem de ser suportadas pela União ou entidade por ela controlada. Interpretando essa norma, o STF firmou o seguinte entendimento:

13. FERRAZ, Sérgio. *Mandado de segurança (individual e coletivo)*: aspectos polêmicos. 2. ed. São Paulo: Malheiros, 1993. p. 24-25.

Mesmo após a edição da Lei n. 12.016/2009, Lei do Mandado de Segurança, aquele que, na condição de superior hierárquico, não pratica ou ordena concreta e especificamente a execução ou inexecução de um ato não poderá figurar como autoridade coatora. Caso contrário, o presidente da República seria autoridade coatora em todos os mandados de segurança impetrados contra ações ou omissões danosas verificadas no âmbito federal (STF-RMS n. 26.211, Rel. Min. Luiz Fux, j. 7-9-2011, 1ª T., *DJE* 11-10-2011).

As autoridades do TCU apontadas como coatoras devem figurar no polo passivo deste *writ*, à medida que o TRT da 23ª agiu como *longa manus* da Corte de Contas. (...) na esteira da jurisprudência do STF (...), não apenas a autoridade que executa o ato mas também aquela que o ordena devem figurar como autoridades impetradas. A própria Lei n. 12.016, no intuito de se amoldar ao entendimento desta Corte, estipulou, no seu art. 6º, § 3º, que não apenas a autoridade que edita o ato mas também aquela que ordena a sua execução deverão figurar no polo passivo do *writ* (...) (STF-MS n. 27.851, Rel. p/ o ac. Min. Luiz Fux, j. 27-9-2011, 1ª T., *DJE* de 23-11-2011).

Não se considera autoridade coatora, *v.g.*, o dirigente de uma empresa pública que pratica determinado ato trabalhista (transferência ilegal, por exemplo) na condição de representante legal daquela, pois, neste caso, ele apenas representa o empregador, que é pessoa jurídica de direito privado (CF, art. 173, § 1º).

A jurisprudência, para os fins do mandado de segurança, equipara o ato de diretor de estabelecimento particular de ensino, quando do exercício de função delegada do poder público, ao de autoridade. Além disso, praticado o ato por autoridade, no exercício de competência delegada, contra ela cabe o mandado de segurança ou a medida judicial (STF, Súmula 510).

2.5.4. Desistência da ação mandamental

O impetrante pode desistir do mandado de segurança sem necessidade de o juiz abrir vista dos autos à autoridade impetrada, ao Ministério Público ou ao litisconsorte. Nesse sentido, o STF firmou o seguinte entendimento:

É lícito ao impetrante desistir da ação de mandado de segurança, independentemente de aquiescência da autoridade apontada como coatora ou da entidade estatal interessada ou, ainda, quando for o caso, dos litisconsortes passivos necessários, mesmo que já prestadas as informações ou produzido o parecer do Ministério Público. Doutrina. Precedentes (STF-MS n. 26.890-AgR, Rel. Min. Celso de Mello, j. 16-9-2009, Plenário, *DJE* de 23-10-2009).

2.6. Cabimento na Justiça do Trabalho

Além dos pressupostos processuais e condições (genéricas e especiais) da ação, não deveria ser admitido o mandado de segurança em algumas hipóteses previstas em lei ou construídas pela doutrina e jurisprudência.

Entretanto, os arts. 5º e 6º, § 5º, da Lei n. 12.016/2009, dispõem, *in verbis*:

> Art. 5º Não se concederá mandado de segurança quando se tratar:
>
> I – de ato do qual caiba recurso administrativo com efeito suspensivo, independentemente de caução;
>
> II – de decisão judicial da qual caiba recurso com efeito suspensivo;
>
> III – de decisão judicial transitada em julgado.
>
> Art. 6º (...)
>
> § 5º Denega-se o mandado de segurança nos casos previstos pelo art. 267 da Lei n. 5.869, de 11 de janeiro de 1973 – Código de Processo Civil.

Com base na Lei n. 12.016/2009, a SBDI-2 do TST entende que quando a lei dispõe sobre o não cabimento do mandado de segurança, o caso não é de extinção do feito sem resolução do mérito, e sim denegação da segurança (mérito). É o que se infere do seguinte julgado:

> I) RECURSO ORDINÁRIO EM MANDADO DE SEGURANÇA – AUSÊNCIA DE AUTENTICAÇÃO DO ATO COATOR – ÓBICE DA SÚMULA 415 DO TST. 1. Conforme a diretriz da Súmula 415 do TST, exigindo o mandado de segurança prova documental pré-constituída, inaplicável se torna o art. 284 do CPC quando verificada, na petição inicial do *mandamus*, a ausência de documento indispensável ou de sua autenticação. 2. *In casu*, as cópias do ato impugnado e dos demais documentos juntados aos autos não estão autenticadas, sendo certo que a falta de autenticação do ato coator corresponde à sua inexistência nos autos, não aproveitando à Parte a declaração de autenticidade das peças com base no art. 544, § 1º, do CPC, que direciona-se tão somente ao agravo de instrumento, tampouco com base no art. 365, IV, do CPC, uma vez que este não é aplicável subsidiariamente ao Processo do Trabalho, por força do art. 830 da CLT. 3. Assim, merece ser reformado o acórdão regional recorrido, porquanto não poderia ter adentrado o mérito da presente ação mandamental, ante a falta de autenticação do ato coator, o que conduziria à extinção do processo sem resolução do mérito, a teor do art. 267, VI e § 3º, do CPC. Entretanto, considerando o disposto no art. 6º, § 5º, da Lei n. 12.016/09, que revogou a Lei n. 1.533/51, verifica-se que as hipóteses de extinção do processo calcadas no art. 267 do CPC não conduzem à extinção do processo, mas, sim, à denegação da segurança. Segurança denegada (...). (TST-ROMS 449/2008-000-15-00.1, j. 10-11-2009, Rel. Min. Maria Doralice Novaes, SBDI-2, *DEJT* 20-11-2009).

Analisemos as hipóteses de não cabimento do *writ* previstas na Lei n. 12.016/2009:

***a*) Ato do qual caiba recurso administrativo com efeito suspensivo**

No que concerne ao não cabimento do *mandado de segurança contra ato do qual caiba recurso administrativo com efeito suspensivo*, lembramos a hipótese de aplicação de multa por órgãos de fiscalização do trabalho (CF, art. 114, VII). Caso o empregador interponha recurso administrativo contra a decisão que julga subsistente o auto de infração, deverá aguardar a decisão que será proferida pelo órgão administrativo hierarquicamente superior, uma vez que, nos termos da Súmula Vinculante 21 do STF ("É inconstitucional a exigência de depósito ou arrolamento prévios de dinheiro ou bens para admissibilidade de recurso administrativo"), sendo certo que o art. 639 da CLT dispõe que somente quando não provido o recurso poderá ser cobrada a multa aplicada, ou seja, o recurso administrativo tem efeito suspensivo da exigibilidade imediata da multa.

É importante lembrar que, nos termos da Súmula 429 do STF, a "existência de recurso administrativo com efeito suspensivo não impede o uso do mandado de segurança contra omissão da autoridade". Além disso, o STF vem entendendo que:

> O art. 5º, I, da Lei 12.016/2009 não configura uma condição de procedibilidade, mas tão somente uma causa impeditiva de que se utilize simultaneamente o recurso administrativo com efeito suspensivo e o *mandamus* (STF-MS n. 30.822, Rel. Min. Ricardo Lewandowski, j. 5-6-2012, 2ª T., *DJe* 26-6-2012).

***b*) Decisão judicial impugnável por recurso com efeito suspensivo**

Quanto ao não cabimento do *mandado de segurança contra decisão judicial da qual caiba recurso com efeito suspensivo*, há cizânia doutrinária e jurisprudencial, principalmente nos sítios do processo do trabalho, uma vez que o art. 899 da CLT dispõe que os recursos trabalhistas terão efeito meramente devolutivo, sendo certo, ainda, que as decisões interlocutórias, na Justiça do Trabalho, não são recorríveis de imediato (CLT, art. 893, § 1º).

Sobre a temática em questão vamos analisar, nas próximas epígrafes, as hipóteses de cabimento de mandado de segurança mais corriqueiras na Justiça do Trabalho.

É importante lembrar que a Súmula 267 do STF, anterior à Lei n. 12.016/2009, prevê o não cabimento de mandado de segurança contra ato judicial passível de recurso ou correição.

Além disso, o STF vem deixando assentado o não cabimento do mandado de segurança contra as decisões interlocutórias proferidas nos Juizados Especiais Cíveis. O fundamento é no sentido de que tais decisões são irrecorríveis. Ora, as decisões interlocutórias na Justiça do Trabalho também são irrecorríveis de imediato (CLT, art. 893, § 1º), sendo certo que o princípio da celeridade que inspira o processo do trabalho é o mesmo que informa o processo nos Juizados Especiais Cíveis.

Todavia, no âmbito do STF, a jurisprudência das duas Turmas só admite o cabimento do mandado de segurança como sucedâneo recursal (ou seja, contra decisão judicial) na hipótese em que a decisão judicial impugnada se revelar manifestamente ilegal, abusiva ou teratológica. Nesse sentido:

AGRAVO REGIMENTAL EM RECURSO ORDINÁRIO EM MANDADO DE SEGURANÇA. ATO DA 3ª TURMA DO SUPERIOR TRIBUNAL DE JUSTIÇA. ATO DE ÍNDOLE JURISDICIONAL. INADMISSIBILIDADE DE MANDADO DE SEGURANÇA. INEXISTÊNCIA DE DECISÃO TERATOLÓGICA QUE CAUSE OFENSA A DIREITO LÍQUIDO E CERTO. INEXISTÊNCIA DE OBSTÁCULO JUDICIAL. AGRAVO REGIMENTAL A QUE SE NEGA PROVIMENTO. 1. Inadmissibilidade de impetração de mandado de segurança contra ato revestido de conteúdo jurisdicional passível de recurso próprio. Precedentes. O ato questionado consiste em ato de índole jurisdicional passível de recurso. Deixou-se de interpor o respectivo recurso extraordinário, transitando em julgado a ação. 2. **Não há particularidades no caso que apontariam para uma decisão teratológica.** A decisão do Superior Tribunal de Justiça encontra-se amplamente fundamentada na legislação aplicável à situação e na jurisprudência dominante daquele Tribunal, bastando uma rápida pesquisa em seu sítio na internet para que se verifique a necessidade da identificação do número do processo quando do preparo, sob pena de ser o recurso considerado deserto. 3. Agravo regimental a que se nega provimento (STF-AG.REG. NO RECURSO ORD. EM MANDADO DE SEGURANÇA n. 31.214, 1ª T., Rel. Min. Dias Toffoli, *DJE* 14-12-2012, *DJE* 13-12-2012 – grifos nossos).

AGRAVO REGIMENTAL EM RECURSO EM MANDADO DE SEGURANÇA. MANDADO DE SEGURANÇA IMPETRADO CONTRA ATO JURISDICIONAL. ALEGADO ERRO DE DISTRIBUIÇÃO. AGRAVO REGIMENTAL NÃO PROVIDO. 1. A jurisprudência da Suprema Corte é firme no sentido de ser inadmissível a impetração de mandado de segurança contra ato revestido de conteúdo jurisdicional. Incide na espécie a Súmula 267/STF. 2. **O mandado de segurança somente se revelaria cabível se o ato judicial se revestisse de teratologia, ilegalidade ou abuso flagrante, o que não se verifica na espécie.** 3. Agravo regimental não provido (STF-AG. REG. NO RECURSO ORD. EM MANDADO DE SEGURANÇA N. 28.082, 1ª T., Rel. Min. Dias Toffoli, *DJE* 29-5-2014 – grifos nossos).

É importante destacar que a OJ n. 92 da SBDI-2/TST, que é anterior à Lei n. 12.016/2009, dispõe, *in verbis*:

MANDADO DE SEGURANÇA. EXISTÊNCIA DE RECURSO PRÓPRIO (inserida em 27-5-2002). Não cabe mandado de segurança contra decisão judicial passível de reforma mediante recurso próprio, ainda que com efeito diferido.

O efeito diferido mencionado no referido verbete é exatamente aquele previsto no § 1º do art. 893 da CLT, ou seja, a apreciação meritória da decisão interlocutória poderá ser apreciada no julgamento do recurso cabível contra a sentença ou acórdão.

É importante destacar que a SBDI-2 do TST vem entendendo que o inciso II do art. 5º da Lei n. 12.016/2009 não altera o conteúdo da OJ n. 92 supratranscrita. Nesse sentido:

> RECURSO ORDINÁRIO EM MANDADO DE SEGURANÇA. DECISÃO PELA QUAL SE DETERMINA A REALIZAÇÃO DE INSPEÇÃO TÉCNICA EM SEDE DE MANDADO DE SEGURANÇA. NATUREZA INTERLOCUTÓRIA. IMPUGNAÇÃO MEDIANTE PRELIMINAR EM RECURSO PRÓPRIO A SER INTERPOSTO CONTRA DECISÃO DEFINITIVA. ATO JUDICIAL ATACÁVEL MEDIANTE REMÉDIO JURÍDICO PRÓPRIO. PREVALÊNCIA DA CONVICÇÃO DEPOSITADA NA ORIENTAÇÃO JURISPRUDENCIAL N. 92 DA SBDI-2 DO TST. 1. O mandado de segurança jamais foi visto como substitutivo de recurso, de modo que pudesse o litigante, ante ato judicial determinado, servir-se de um ou de outro, a seu critério e gosto. 2. Não há e não pode haver, ante a distinção das salvaguardas constitucionais, fungibilidade entre os institutos. 3. A Lei n. 12.016/2009, ao proibir a impetração de mandado de segurança contra decisão judicial da qual caiba recurso com efeito suspensivo (art. 5º, II), não inovou o ordenamento jurídico até então vigente, na medida em que tanto o sistema recursal inaugurado pelo Código de Processo Civil (CPC, art. 558, parágrafo único) quanto o trabalhista (CLT, art. 899; Súmula 414, I, do TST) admitem a concessão de efeito suspensivo aos recursos dele desprovidos, ainda que excepcionalmente. 4. Portanto, mesmo sob a égide da Lei n. 12.016/2009, subsiste a convicção depositada na Orientação Jurisprudencial n. 92 da SBDI-2 do TST, no sentido do descabimento de "mandado de segurança contra decisão judicial passível de reforma mediante recurso próprio, ainda que com efeito diferido". 5. Sobreleva mencionar, para o caso, o cabimento não só de medida judicial, mas também, expressamente, de intervenção correicional, a teor do Regimento Interno do TRT da 4ª Região (arts. 44, I, 46, I, e 48). Recurso ordinário conhecido e desprovido (TST-RO 5943-45.2012.5.04.0000, Rel. Min. Alberto Luiz Bresciani de Fontan Pereira, SBDI-2, *DEJT* 8-11-2013).

Não obstante a possibilidade de a impetrante se socorrer nos autos do processo matriz por recurso com efeito diferido, a própria SBDI-2/TST vem considerando inaplicável o teor da OJ n. 92 da SBDI-2/TST "sempre que o ato coator se revestir de ilegalidade ou for divergente da jurisprudência pacífica dessa Corte Superior e não houver meio processual para evitar o prejuízo imediato à parte impetrante" (TST-RO 10210-77.2018.5.03.0000, SBDI-2, Rel. Min. Maria Helena Mallmann, *DEJT* 28-6-2019).

No mesmo sentido, a SBDI-2 afastou a sua OJ 92 na hipótese de mandado de segurança impetrado contra determinação judicial de emenda da petição inicial para juntar planilha contábil. Considerou-se que tal determinação configura ato teratológico, desafiando, de imediato, a impetração de mandado de segurança (TST-RO-368-24.2018.5.12.0000, SBDI-II, rel. Min. Maria Helena Mallmann, 1º-10-2019).

c) **Decisão judicial transitada em julgado**

Tangentemente ao não cabimento de *mandado de segurança contra decisão judicial transitada em julgado*, pode-se dizer que a lei apenas reconheceu o que a jurisprudência já havia pacificado na Súmula 268 do STF, na Súmula 33 do TST e na OJ n. 99 da SBDI-2.

d) **Outras hipóteses de não cabimento**

De acordo com o § 2º do art. 1º da Lei n. 12.016/2009:

> Não cabe mandado de segurança contra os atos de gestão comercial praticados pelos administradores de empresas públicas, de sociedade de economia mista e de concessionárias de serviço público.

Além disso, por construção jurisprudencial:

- não cabe mandado de segurança contra lei em tese (STF, Súmula 266);
- o mandado de segurança não é substitutivo de ação de cobrança (STF, Súmula 269).

Na Justiça do Trabalho, o mandado de segurança vem sendo utilizado com bastante frequência, principalmente contra atos judiciais (decisões interlocutórias), o que pode ser verificado pela quantidade considerável de Súmulas e Orientações Jurisprudenciais do TST.

Com o advento da EC n. 45/2004, que inseriu os incisos I e VII ao art. 114 da CF, atos administrativos poderão ser impugnáveis por mandado de segurança na Justiça do Trabalho, desde que tais atos envolvma matéria sujeita à sua jurisdição (CF, art. 114, IV).

Analisaremos, a seguir, os atos judiciais corriqueiramente atacados por mandado de segurança na Justiça do Trabalho.

2.6.1. Liminar deferida em tutela cautelar de reintegração ao emprego

Os recursos trabalhistas possuem, em regra, efeito meramente devolutivo, permitida a execução provisória até a penhora (CLT, art. 899). Como na execução/cumprimento das obrigações de fazer não há penhora, nada impediria a reintegração provisória do empregado detentor de estabilidade ou garantia no emprego. A reintegração provisória, portanto, não ofenderia direito líquido e certo do empregador, ainda que pendente recurso trabalhista (ordinário ou revista).

A jurisprudência, no entanto, apontava no sentido de que a reintegração do empregado detentor de estabilidade ou garantia no emprego só pode ser efetivada após o trânsito em julgado da sentença (ou acórdão) definitiva.

Atualmente, em função da fungibilidade entre a tutela cautelar e a tutela antecipatória, parece-nos que, em linha de princípio, não há direito líquido e certo do empregador em ver cassado o provimento judicial que manda, ordenar a reintegração liminar do empregado. Excepcionalmente, porém, se o empregador provar documentalmente de plano na ação mandamental que a reintegração é teratológica, manifestamente ilegal, abusiva ou possa lhe acarretar dano irreparável, tem-se, aí, uma possibilidade exitosa do *writ*.

2.6.2. Liminar deferida em reclamação trabalhista para tornar sem efeito transferência ilegal de empregado

A situação aqui é diferente da narrada no item anterior, na medida em que a liminar que determina a sustação da transferência de empregado encontra albergue no art. 659, IX, da CLT, que estabelece a competência privativa do Juiz do Trabalho para "conceder medida liminar, até decisão final do processo, em reclamações trabalhistas que visem tornar sem efeito transferência disciplinada pelos parágrafos do art. 469 desta Consolidação".

Dessa forma, não caberá mandado de segurança contra a decisão interlocutória que, no curso da reclamação trabalhista, determina a suspensão da transferência do empregado.

Excepcionalmente, se o empregador-impetrante comprovar documentalmente que a referida decisão é teratológica, manifestamente ilegal, abusiva ou possa lhe acarretar dano irreparável, o *mandamus* poderá ser a única via para cassar o ato judicial impugnado.

2.6.3. Liminar deferida em reclamação trabalhista que visa reintegrar dirigente sindical

Durante muito tempo, ao empregador era facultado suspender o dirigente sindical acusado de falta grave e ajuizar ação de inquérito para apuração dessa falta (CLT, art. 494). A suspensão, neste caso, perdurava até decisão final do processo.

Com o advento da Lei n. 9.270, de 17 de abril de 1996, que acrescentou o inciso X ao art. 659 da CLT, a situação sofreu substancial alteração, porquanto o Juiz do Trabalho passou a ter competência para "conceder medida liminar, até decisão final do processo, em reclamações trabalhistas que visem reintegrar no emprego dirigente sindical afastado, suspenso ou dispensado pelo empregador".

É importante ressaltar que, mesmo antes da Lei n. 9.270, já havíamos firmado posição no sentido de que a garantia no emprego do dirigente sindical, por encontrar residência na Constituição Federal e ter por destinatária toda uma categoria de trabalhadores, autorizaria a concessão de liminar em sede de ação cautelar, já que estariam presentes o *periculum in mora* (a demora da prestação jurisdicional colocaria em risco a defesa organizada da categoria profissional) e o *fumus boni iuris* (o dirigente só pode ser dispensado mediante inquérito judicial – Súmula 197 do STF).

Agora, com maior razão, não vemos como não admitir a reintegração liminar do dirigente sindical afastado, suspenso ou dispensado pelo empregador. E a reintegração, aqui, assume feição de tutela antecipatória do mérito, e resulta de expressa disposição de lei. Contra ela, por via de consequência, não cabe mandado de segurança, salvo se o impetrante demonstrar, documentalmente, que a decisão atacada é teratológica, manifestamente ilegal, abusiva ou possa lhe acarretar dano irreparável. Voltaremos ao tema no item 2.6.21, *infra*.

2.6.4. Decisão que defere tutela provisória

Para deferir tutela provisória de urgência, o juiz deverá levar em conta a possibilidade de reversão do ato judicial ao estado anterior. Se houver perigo de irreversibilidade do provimento antecipatório, o juiz não deve deferir o provimento antecipatório, como já vimos no Capítulo XII, item 5.

É importante lembrar que a natureza alimentícia do crédito trabalhista, bem como o fato de que, nas tutelas específicas de reintegração ao emprego, o risco da irreversibilidade do provimento final deve ser mitigado à luz dos princípios da razoabilidade e da proporcionalidade (CPC, art. 8º), levando-se em conta o menor sacrifício possível ao direito fundamental a ser tutelado no caso concreto. Assim, na reintegração, por exemplo, não há falar em risco de irreversibilidade para o empregador, pois este contará, durante a tramitação do processo, com a prestação dos serviços do trabalhador.

De tal arte, da tutela provisória de urgência que determinar a reintegração de "cipeiro" (ADCT, art. 10, II, *a*), gestante (idem, *b*), representante dos trabalhadores no Conselho Curador do FGTS (Lei n. 8.036/90, art. 3º, § 9º) ou no Conselho Nacional de Previdência Social (Lei n. 8.213/91, art. 3º, § 7º), ou, ainda, a readmissão de empregado anistiado (Lei n. 8.878/94), não caberá, em princípio, mandado de segurança, pois, nestes casos, ou em qualquer outro no qual se verifique a reintegração de empregado, não há o perigo da irreversibilidade acima referido, já que em relação aos salários pagos pelo empregador haverá, enquanto perdurar a demanda, a contraprestação do serviço pelo trabalhador.

Acresce que o art. 300 do CPC (art. 461, § 3º, do CPC/73), que trata da tutela provisória de urgência, aplicável à tutela específica da obrigação de fazer ou não fazer, preceitua que o juiz deve conceder a tutela de urgência quando houver elementos que evidenciem a probabilidade do direito e o perigo de dano ou o risco ao resultado útil do processo.

O TST, entretanto, admite MS contra decisão que defere tutela provisória antes da sentença, como se depreende da Súmula 414:

> MANDADO DE SEGURANÇA. TUTELA PROVISÓRIA CONCEDIDA ANTES OU NA SENTENÇA (nova redação em decorrência do CPC de 2015, Res. n. 217/2017, *DEJT* divulgado em 20, 24 e 25-4-2017). I – A tutela provisória concedida na sentença não comporta impugnação pela via do mandado de segurança, por ser impugnável mediante recurso ordinário. É admissível a obtenção de efeito suspensivo ao

recurso ordinário mediante requerimento dirigido ao tribunal, ao relator ou ao presidente ou ao vice-presidente do tribunal recorrido, por aplicação subsidiária ao processo do trabalho do art. 1.029, § 5º, do CPC de 2015. II – **No caso de a tutela provisória haver sido concedida ou indeferida antes da sentença, cabe mandado de segurança, em face da inexistência de recurso próprio.** III – A superveniência da sentença, nos autos originários, faz perder o objeto do mandado de segurança que impugnava a concessão ou o indeferimento da tutela provisória. (grifos nossos)

Não obstante o TST entenda cabível o MS contra decisão que concede tutela provisória antes da sentença, a OJ n. 142 da SBDI-2 daquela Corte dispõe, textualmente:

MANDADO DE SEGURANÇA. REINTEGRAÇÃO LIMINARMENTE CONCEDIDA (*DJ* 4-5-2004). Inexiste direito líquido e certo a ser oposto contra ato de Juiz que, antecipando a tutela jurisdicional, determina a reintegração do empregado até a decisão final do processo, quando demonstrada a razoabilidade do direito subjetivo material, como nos casos de anistiado pela Lei n. 8.878/94, aposentado, integrante de comissão de fábrica, dirigente sindical, portador de doença profissional, portador de vírus HIV ou detentor de estabilidade provisória prevista em norma coletiva.

2.6.5. Decisão que rejeita homologação de acordo

A decisão rejeita a homologação de acordo entabulado entre as partes não fere direito líquido e certo a ser amparado em mandado de segurança, pois nestes casos estamos diante do poder discricionário do juiz. É o que se infere da Súmula 418 do TST: **"A homologação de acordo constitui faculdade do juiz, inexistindo direito líquido e certo tutelável pela via do mandado de segurança".**

De toda sorte, pensamos que a decisão que rejeita homologação de acordo entre as partes deve ser sempre fundamentada, sob pena de nulidade (CF, art. 93, IX). Vale dizer, se a causa de pedir no mandado de segurança for a inexistência de fundamentação da decisão impugnada, cremos que neste caso haverá direito líquido e certo a ser protegido por este remédio constitucional. Nesta situação, contudo, o Tribunal *ad quem* não deve reformar a decisão indeferitória e, sim, anulá-la e determinar que a autoridade impetrada profira outra, devidamente fundamentada.

A questão se tornará mais complexa tendo em vista o disposto nos arts. 855-B a 855-E da CLT (acrescentados pela Lei n. 13.467/2017), que tratam do procedimento de jurisdição voluntária para homologação de acordo extrajudicial, pois, nos termos do art. 855-D da CLT, o juiz, no prazo de quinze dias a contar da distribuição da petição, "analisará o acordo, designará audiência se entender necessário e proferirá sentença". Esta sentença poderá homologar o acordo ou rejeitar a sua homologação, total ou parcialmente. Não há previsão para recurso e haverá dúvida sobre a medida judicial a ser adotada.

Parece-nos factível admitir:

- recurso ordinário da decisão que rejeita, total ou parcialmente, a homologação do acordo;
- ação rescisória da decisão que homologa o acordo.

Não será cabível o mandado de segurança (Súmula 418 do TST), salvo – a nosso sentir – na hipótese de falta de fundamentação da decisão que rejeita a homologação do acordo. Reconhecemos, contudo, que a questão é polêmica e gerará diversas interpretações, implicando, certamente, aumento de demandas na Justiça do Trabalho para se discutir a medida judicial adequada.

2.6.6. Penhora em dinheiro na execução definitiva ou provisória

À luz do art. 882 da CLT, com redação dada pela Lei n. 13.467/2017:

> O executado que não pagar a importância reclamada poderá garantir a execução mediante depósito da quantia correspondente, atualizada e acrescida das despesas processuais, apresentação de seguro-garantia judicial ou nomeação de bens à penhora, observada a ordem preferencial estabelecida no art. 835 da Lei 13.105, de 16 de março de 2015 – Código de Processo Civil.

Tem-se verificado no cotidiano forense a prática de o executado nomear bens à penhora sem observar a gradação prevista no art. 835 do CPC, sob o argumento de que a execução deve ser processada de modo menos gravoso para o devedor (CPC, art. 805).

O exequente, por sua vez, sabedor da existência de dinheiro do executado depositado em conta corrente bancária, solicita ao juiz que a penhora recaia sobre ele. O executado, então, alegando ser detentor de direito líquido e certo de nomear outros bens que não o dinheiro depositado, impetra mandado de segurança contra a decisão que atende ao pedido da exequente.

Para nós, o *mandamus* mostra-se absolutamente incabível, na espécie, pois a CLT (art. 882) não é omissa a respeito da conduta do devedor na execução. Ao revés, desde o advento das Leis ns. 11.232/2005 e 11.382/2006, e agora por força do CPC, a penhora deve ser determinada de ofício ou requerida pelo credor exequente, como já vimos no Capítulo XXIII, itens 7.4 e 15.

Buscando uniformizar a interpretação dos arts. 655 e 620 do CPC/73 (CPC, arts. 805 e 835), o TST, na vigência do CPC/1973, editou a Súmula 417, cujo item III dispunha que: “Em se tratando de execução provisória, fere direito líquido e certo do impetrante a determinação de penhora em dinheiro, quando nomeados outros bens à penhora, pois o executado tem direito a que a execução se processe da forma que lhe seja menos gravosa, nos termos do art. 620 do CPC”.

Para o TST, portanto, só caberia mandado de segurança para tornar insubsistente penhora em dinheiro se a execução (cumprimento da sentença) for provisória.

Ocorre que a execução provisória (ou o cumprimento provisório da sentença)[14] segue as mesmas regras da definitiva, sendo certo que a penhora não implica expropriação, e sim mera constrição do bem (dinheiro). Logo, não há falar em direito líquido e certo do impetrante.

Defendíamos que o item III da Súmula 417 do TST deveria ser modificado para se adequar aos arts. 520, IV, e 521, I e II, do CPC de 2015, como já vimos no Capítulo XXIII, item 12.4. E foi exatamente isso que o TST fez, porquanto a nova redação da Súmula 417 excluiu o item III e passou a ter o seguinte teor:

> MANDADO DE SEGURANÇA. PENHORA EM DINHEIRO (alterado o item I, atualizado o item II e cancelado o item III, modulando-se os efeitos da presente redação de forma a atingir unicamente as penhoras em dinheiro em execução provisória efetivadas a partir de 18-3-2016, data de vigência do CPC de 2015, Res. n. 212/2016, *DEJT* divulgado em 20, 21 e 22-9-2016). I – Não fere direito líquido e certo do impetrante o ato judicial que determina penhora em dinheiro do executado para garantir crédito exequendo, pois é prioritária e obedece à gradação prevista no art. 835 do CPC de 2015 (art. 655 do CPC de 1973). II – Havendo discordância do credor, em execução definitiva, não tem o executado direito líquido e certo a que os valores penhorados em dinheiro fiquem depositados no próprio banco, ainda que atenda aos requisitos do art. 840, I, do CPC de 2015 (art. 666, I, do CPC de 1973).

Em resumo, para o TST a penhora em dinheiro não fere direito líquido e certo do executado/impetrante, mesmo no caso de execução provisória, porque obedece à ordem legal de preferência prevista no art. 835, I, do CPC/2015, nos termos do item I da Súmula 417 daquela Corte.

É preciso advertir, contudo, que ao alterar o item I e cancelar o item III da Súmula 417, o TST "modulou os efeitos da alteração legislativa de forma a atingir apenas as penhoras em dinheiro em execução provisória efetivadas a partir de 18-3-2016 (vigência do CPC de 2015). Na hipótese, a nomeação de bens à penhora ocorreu em 16-11-2017, motivo pelo qual não é abusiva a constrição de valores depositados em conta bancária da executada. Precedentes da SBDI-2 e de Turmas desta Corte. Agravo de instrumento desprovido" (TST-AIRR 0512-48.2017.5.03.0160, 2ª T., Rel. Min. José Roberto Freire Pimenta, *DEJT* 3-5-2019).

2.6.7. Penhora *on-line*

Uma situação corriqueira na Justiça do Trabalho é o manejo do mandado de segurança contra decisão que determina a penhora (ou bloqueio) *on-line*[15].

---

14. Sobre cumprimento da sentença (execução provisória), ver item 12 do Capítulo XXIII.

15. Sobre penhora *on-line*, ver Capítulo XXIII, item 16.4.

A chamada penhora *on-line* nada mais é do que penhora de dinheiro por meio de sistema eletrônico de comunicação de dados constante de contas bancárias do executado.

Assim, nos termos do item I da Súmula 417 do TST, o chamado bloqueio de dinheiro *on-line* autorizado pelo Convênio Bacen Jud, em execução definitiva ou provisória, não implica violação a direito líquido e certo do executado a ser protegido por mandado de segurança, mormente com a nova redação do art. 854 do CPC (art. 655-A do CPC/73). Nesse sentido:

> AGRAVO DE INSTRUMENTO. RECURSO DE REVISTA. PROCESSO SOB A ÉGIDE DA LEI N. 13.015/2014. EXECUÇÃO. EXECUÇÃO PROVISÓRIA. PENHORA *ON-LINE* DE NUMERÁRIO. INCIDÊNCIA DO NOVO ART. 835, *CAPUT* E I, DO CPC – 2015. ORDEM PREFERENCIAL DO BLOQUEIO EM DINHEIRO. PREVALÊNCIA. A jurisprudência trabalhista, no período de vigência do antigo CPC, considerava inválido o bloqueio de dinheiro do devedor caso a execução fosse ainda meramente provisória (Súmula 417, III, TST). Entretanto, esse critério interpretativo perdeu validade com a vigência do art. 835, *caput* e I, do novo CPC/15, que fixa, expressamente, a preferência do dinheiro "em espécie ou em depósito ou aplicação em instituição financeira "para a realização das penhoras, não ressalvando entre execução definitiva e/ou execução provisória. Tornando-se ultrapassado, pela lei nova, o antigo verbete jurisprudencial, não cabe, no período de vigência da nova lei – que, nesse aspecto, melhor se ajusta ao sentido lógico, principiológico e finalístico do Processo do Trabalho –, restaurar-se o critério executório já superado no ordenamento jurídico. Registre-se, ademais, que a Súmula 417 foi atualizada, passando a refletir essa nova diretriz jurídica, inclusive no que diz respeito ao caráter prioritário da garantia de execução em dinheiro. No caso concreto, a data de julgamento do acórdão recorrido proferido em sede de agravo de petição do Exequente ocorreu em 8-6-2016, quando já vigorante o novo CPC. Agravo de instrumento desprovido (TST-AIRR 131000-12.2013.5.13.0025, 3ª T., Rel. Min. Mauricio Godinho Delgado, *DEJT* 23-3-2018).

2.6.8. Penhora sobre valores existentes em conta salário

Nos termos da OJ n. 153 da SBDI-1, ofende direito líquido e certo decisão que determina o bloqueio de numerário existente em conta salário, para satisfação de crédito trabalhista, ainda que seja limitado a determinado percentual dos valores recebidos ou a valor revertido para fundo de aplicação ou poupança, visto que o art. 649, IV, do CPC/1973 contém norma imperativa que não admite interpretação ampliativa, sendo a exceção prevista no art. 649, § 2º, do CPC/1973 espécie e não gênero de crédito de natureza alimentícia, não englobando o crédito trabalhista.

Divergimos, *data venia*, de tal entendimento, uma vez que a natureza alimentícia do crédito trabalhista encontra fundamento na Constituição Federal (art. 100, § 1º), e não no CPC.

Na verdade, o inciso IV e o § 2º do art. 649 do CPC/1973 já deveriam ser interpretados conforme a Constituição para, ao depois, verificar-se a situação concreta dos autos. De tal arte, reconhecida a existência de colisão de direitos fundamentais, de um lado, o exequente, credor de direito material de natureza alimentícia, e, de outro lado, o devedor, também credor de conta salário de natureza alimentícia, há de invocar-se, na espécie, o princípio da razoabilidade ou proporcionalidade, o que permite ao juiz determinar a incidência da penhora sobre determinado percentual da conta salário.

Afinal, se há duas dignidades humanas e dois valores sociais do trabalho que devem ser protegidos no caso concreto submetido à cognição jurisdicional, cabe ao magistrado adotar medida que implique menor sacrifício para ambas as partes. Trata-se, ademais, da aplicação do princípio de justiça em tema de direitos fundamentais.

De outro giro, é preciso lembrar que o CPC/73 não foi "pensado" para proteger hipossuficientes, em função do que se deve ter a máxima cautela a respeito de sua aplicação supletiva ou subsidiária nos sítios do processo do trabalho, compatibilizando-o com o princípio de proteção à pessoa do trabalhador que também é inerente ao processo laboral.

Não era esse o entendimento majoritário no âmbito do TST na vigência do CPC de 1973, mas já advertíamos sobre a necessidade de alteração da jurisprudência do TST, pois o inciso IV e o § 2º do art. 649 do CPC/73 foram revogados pelo CPC de 2015.

Com efeito, dispõe o art. 883, IV, do CPC/2015 que são impenhoráveis:

> (...) IV – os vencimentos, os subsídios, os soldos, os salários, as remunerações, os proventos de aposentadoria, as pensões, os pecúlios e os montepios, bem como as quantias recebidas por liberalidade de terceiro e destinadas ao sustento do devedor e de sua família, os ganhos de trabalhador autônomo e os honorários de profissional liberal, *ressalvado o § 2º*. (grifos nossos)

Mas o § 2º do mesmo art. 833 do CPC dispõe que:

> O disposto nos incisos IV e X do *caput* **não se aplica à hipótese de penhora para pagamento de prestação alimentícia, independentemente de sua origem, bem como às importâncias excedentes a 50 (cinquenta) salários mínimos mensais,** devendo a constrição observar o disposto no art. 528, § 8º, e no art. 529, § 3º. (grifos nossos)

Dessa forma, mostra-se perfeitamente válida, no processo do trabalho, a penhora sobre vencimentos, salários, subsídios, remunerações, proventos de aposentadoria etc. desde que destinada ao pagamento de qualquer outra prestação alimentícia, independentemente de sua origem, ou seja, é válida a penhora de verba alimentícia de qualquer natureza para pagamento de qualquer outra verba de natureza alimentícia, caso em que, como já defendíamos antes mesmo do advento do CPC/2015 – e com maior ênfase depois de sua vigência – o juiz deveria verificar no caso concreto, e com arrimo nos princípios da razoabilidade, proporcionalidade e dignidade da pessoa humana (CPC/2015, art. 8º), proferir a decisão que reputasse socialmente mais justa e que causasse menor sacrifício aos direitos fundamentais das partes envolvidas no processo. Nesse sentido, eis o atual entendimento do TST:

> RECURSO ORDINÁRIO EM MANDADO DE SEGURANÇA. ATO IMPUGNADO PRATICADO NA VIGÊNCIA DO CPC/15. DETERMINAÇÃO DE PENHORA DE 20% DOS SALÁRIOS. LEGALIDADE. INAPLICABILIDADE DA ORIENTAÇÃO JURISPRUDENCIAL N. 153 DA SBDI-2. ABUSIVIDADE NÃO DEMONSTRADA. PREVISÃO LEGAL. ARTS. 529, § 3º, E 833, § 2º, DO CPC/15. Trata-se de recurso ordinário em mandado de segurança interposto pela executada contra o v. acórdão proferido pelo Eg. TRT que concedeu parcialmente a segurança para determinar que o bloqueio do presente processo observe o limite de 20% da sua remuneração. O ato impugnado como coator determinou a penhora remuneração da sócia da empresa executada, após desconsideração da personalidade jurídica, em setembro de 2017, portanto, já exarado na vigência do CPC de 2015, o que impõe a observância do disposto nos seus arts. 833, IV e § 2º, e 529, § 3º, do referido Código. Dessa forma, conforme a nova disciplina processual estabelecida, a impenhorabilidade dos vencimentos não se aplica nos casos em que a constrição seja para fins de pagamento de prestação alimentícia "independente de sua origem", como é o caso das verbas de natureza salarial devidas ao empregado. Ressalta-se que o Tribunal Pleno dessa Corte Superior alterou a redação da Orientação Jurisprudencial n. 153 da SBDI-2/TST (Res. n. 220/2017, *DEJT* divulgado em 21, 22 e 25-9-2017) para deixar claro que a diretriz ali contida aplica-se apenas para penhoras sobre salários realizadas quando ainda em vigor o revogado CPC de 1973, o que não se verifica na espécie . No que tange ao valor do bloqueio efetuado, constata-se que o percentual determinado pelo TRT, 20%, encontra-se adstrito ao limite autorizado pelos dispositivos legais supratranscritos. Nesse aspecto, não constato nenhuma ilegalidade ou abusividade no ato apontado como coator pela executada sendo inaplicável ao caso a modulação de efeitos estabelecida na OJ n. 153 desta eg. SBDI-2. Não se há de falar, portanto, em afronta a direito líquido e certo. Precedentes específicos desta eg. SBDI-2. Recurso ordinário conhecido e desprovido (TST-RO 1629-53.2017.5.05.0000, SBDI-2, Rel. Min. Maria Helena Mallmann, *DEJT* 31-5-2019).

Além disso, passou a ser válida a penhora de importâncias excedentes a 50 (cinquenta) salários mínimos mensais do executado, independentemente de sua origem.

Em qualquer caso de penhora de verbas de natureza alimentícia ou de grandes rendimentos, deverá ser observado o disposto nos arts. 528, § 8º, e 529, § 3º, do CPC, *in verbis*:

> Art. 528. (...) § 8º O exequente pode optar por promover o cumprimento da sentença ou decisão desde logo, nos termos do disposto neste Livro, Título II, Capítulo III, caso em que não será admissível a prisão do executado, e, recaindo a penhora em dinheiro, a concessão de efeito suspensivo à impugnação não obsta a que o exequente levante mensalmente a importância da prestação.
>
> Art. 529. (...) § 3º Sem prejuízo do pagamento dos alimentos vincendos, o débito objeto de execução pode ser descontado dos rendimentos ou rendas do executado, de forma parcelada, nos termos do *caput* deste artigo, contanto que, somado à parcela devida, não ultrapasse cinquenta por cento de seus ganhos líquidos.

2.6.8.1. Penhora sobre pensão previdenciária

O mesmo raciocínio que desenvolvemos no item precedente pode ser adotado na hipótese de penhora sobre proventos de aposentadoria ou pensão previdenciária do empregador pessoa física ou do sócio ou ex-sócio da empresa executada.

A SBDI-2 do TST, alterando entendimento anterior, passou a considerar válida, na vigência do CPC/2015, a penhora parcial de proventos de aposentadoria. Nesse sentido:

> RECURSO ORDINÁRIO EM MANDADO DE SEGURANÇA. ATO COATOR PROFERIDO NA VIGÊNCIA DO CPC DE 2015. DETERMINAÇÃO DE PENHORA SOBRE PERCENTUAL DE PROVENTOS DE APOSENTADORIA. LEGALIDADE. AUSÊNCIA DE OFENSA A DIREITO LÍQUIDO E CERTO DO IMPETRANTE. ART. 833, § 2º, DO CPC DE 2015. 1 – Hipótese em que o ato coator, que determinou a penhora de percentual sobre proventos de aposentadoria, foi proferido na vigência do CPC de 2015. 2 – Não se constata ofensa a direito líquido e certo do impetrante, tendo em vista o disposto no art. 833, § 2º, do CPC de 2015. 3 – Precedentes. Recurso ordinário conhecido e não provido (TST-RO 10185917201750100000, Rel. Min. Delaíde Miranda Arantes, SBDI-2, *DEJT* 14-6-2019).

2.6.9. Prosseguimento da parte incontroversa da execução

Há quem sustente a invalidade do prosseguimento parcial da execução, quando apenas parte da obrigação de pagar for impugnada por agravo de petição.

O TST, no entanto, editou a Súmula 416, *in verbis*:

> MANDADO DE SEGURANÇA. EXECUÇÃO. LEI N. 8.432/92. ART. 897, § 1º, DA CLT. CABIMENTO. Devendo o agravo de petição delimitar justificadamente a matéria e os valores objeto de discordância, não fere direito líquido e certo o prosseguimento da execução quanto aos tópicos e valores não especificados no agravo.

De acordo com a súmula supracitada, não é cabível ação de mandado de segurança que tiver por objeto atacar ato do juízo de primeiro grau que determina o prosseguimento da execução nos termos do art. 897, § 1º, da CLT, referentemente à parte incontroversa da obrigação de pagar constante do título executivo.

2.6.10. Liquidação extrajudicial e suspensão da execução

Já vimos (Capítulo XXIII, item 22) que a liquidação extrajudicial da empresa executada não suspende a execução.

Destarte, não cabe mandado de segurança que tenha por objeto a suspensão da execução (ou cumprimento da sentença) movida em face da empresa em liquidação extrajudicial, ainda que se trate de sociedade cooperativa.

Nesse sentido, a OJ n. 53 da SBDI-2/TST dispõe que: "A liquidação extrajudicial de sociedade cooperativa não suspende a execução dos créditos trabalhistas existentes contra ela".

2.6.11. Ajuizamento anterior de embargos de terceiro

Não deve ser admitido o mandado de segurança se existir ação de embargos de terceiro anteriormente ajuizada pelo impetrante. Isso porque, se existir no ordenamento ação (ou recurso ou outro meio de impugnação) capaz de invalidar ou tornar insubsistente o ato judicial atacado, o mandado de segurança se mostra incabível, a teor do art. 5º, II, da Lei n. 1.533/51. Tal entendimento não é conflitante com o art. 5º, II, da Lei n. 12.016/2009, que expressamente revogou a Lei n. 1.533/51.

Nesse passo, a SBDI-2 do TST sedimentou a OJ n. 54:

> MANDADO DE SEGURANÇA. EMBARGOS DE TERCEIRO. CUMULAÇÃO. PENHORA. INCABÍVEL. Ajuizados embargos de terceiro (art. 1.046 do CPC) para pleitear a desconstituição da penhora, é incabível a interposição de mandado de segurança com mesma finalidade.

Ressalvada a impropriedade do termo "interposição de mandado de segurança", pois interpor é "pôr entre", ou seja, o recurso é interposto por estar entre a sentença e o acórdão, já o mandado de segurança é ação. Logo, mandado de segurança não é interposto, e sim impetrado, ajuizado, proposto etc.

2.6.12. Execução na pendência de recurso extraordinário

Não obstante a literalidade do art. 893, § 2º, da CLT, segundo o qual a "interposição de recurso extraordinário não prejudicará a execução do julgado", o certo é que existe grande cizânia a respeito.

Para nós, esta norma consolidada autoriza a interpretação de que é definitiva a execução trabalhista quando pendente recurso extraordinário, conforme demonstramos na epígrafe 7.5.1 do Capítulo XX.

A SBDI-2 do TST, no entanto, adotou a OJ n. 56, no sentido de que "não há direito líquido e certo à execução definitiva na pendência de Recurso Extraordinário, ou de Agravo de Instrumento visando a destrancá-lo".

2.6.13. Averbação de tempo de serviço

Trata-se da hipótese de decisão proferida por órgão da Justiça do Trabalho que declara a existência de vínculo empregatício e determina que o INSS reconheça ou averbe o tempo de serviço para fins previdenciários.

Tal decisão, segundo o TST, fere direito líquido e certo da autarquia previdenciária (INSS), segundo se infere da OJ n. 57 da SBDI-2, que admite a concessão de "Mandado de Segurança para impugnar ato que determina ao INSS o reconhecimento e/ou averbação de tempo de serviço".

2.6.14. Penhora de carta de fiança bancária em lugar de dinheiro

Durante muito tempo, a jurisprudência do TST se firmou no sentido de que a carta de fiança bancária, em função da sua liquidez, certeza e segurança, teria o mesmo valor jurídico do dinheiro. Logo, seria ilegal a decisão que rejeitasse a nomeação, pelo executado, de carta de fiança bancária à penhora em lugar de dinheiro, o que empolgaria a impetração de mandado de segurança para atacar tal ato judicial. Nesse sentido era o teor da OJ n. 59 da SBDI-2. Ocorre que essa orientação jurisprudencial sofreu alteração por força do CPC de 2015, passando a relativizar o valor econômico da carta de fiança bancária e do seguro garantia judicial, nos seguintes termos:

> A carta de fiança bancária e o seguro garantia judicial, desde que em valor não inferior ao do débito em execução, acrescido de trinta por cento, equivalem a dinheiro para efeito da gradação dos bens penhoráveis, estabelecida no art. 835 do CPC de 2015 (art. 655 do CPC de 1973).

É importante lembrar que o § 1º do art. 835 do CPC estabelece prioridade para a penhora em dinheiro, sendo certo que o § 2º do mesmo artigo dispõe que, para fins de substituição da penhora, equiparam-se a dinheiro a fiança bancária e o seguro garantia judicial, desde que em valor não inferior ao do débito constante da inicial, acrescido de trinta por cento.

Ao admitir a impetração do mandado de segurança, o TST deixa transparecer que a decisão que não aceita a indicação de carta de fiança bancária à penhora pelo devedor é tipicamente interlocutória não terminativa do feito. Isto significa que tal decisão, por não poder ser impugnada por recurso (agravo de petição), pode ser atacada por mandado de segurança, por violar direito líquido e certo do impetrante.

2.6.15. Sentença homologatória da adjudicação

Já vimos (Capítulo XXIII, item 30.5) que não há, em doutrina, uniformidade acerca do remédio próprio para atacar o ato judicial que homologa a adjudicação.

Há, portanto, duas correntes doutrinárias distintas. A primeira sustenta que o remédio próprio é o agravo de petição, pois é o recurso cabível para atacar qualquer decisão na execução (CLT, art. 897, a). A segunda corrente admite que tal decisão é irrecorrível, mas pode ser impugnada por ação autônoma incidental à execução: os embargos à adjudicação.

O TST não admitia o MS (OJ n. 66 da SBDI-2), uma vez que existiria o remédio próprio para impugnar o ato judicial, consistente nos embargos à adjudicação (CPC, art. 746). A referida OJ n. 66, por força do CPC/2015, passou a ter a seguinte redação:

> "I – Sob a égide do CPC de 1973 é incabível o mandado de segurança contra sentença homologatória de adjudicação, uma vez que existe meio próprio para impugnar o ato judicial, consistente nos embargos à adjudicação (CPC de 1973, art. 746). II – Na vigência do CPC de 2015 também não cabe mandado de segurança, pois o ato judicial pode ser impugnado por simples petição, na forma do art. 877, *caput*, do CPC de 2015".

A nosso ver, a posição do TST está correta, porquanto não deve ser admitido o mandado de segurança contra ato judicial passível de impugnação por qualquer meio, simples petição, recurso ou ação, sendo permitida, neste último caso, a interpretação extensiva do inciso II do art. 5º da Lei n. 12.016/2009.

2.6.16. Arbitramento de novo valor à causa

Contra ato judicial que, de ofício, arbitra novo valor à causa, implicando majoração das custas processuais, não cabe mandado de segurança, pois a parte pode, da decisão final, interpor recurso ordinário e postular, preliminarmente, a nulidade deste capítulo da sentença.

Caso o juízo de piso denegue o seguimento ao recurso ordinário, a parte pode interpor agravo de instrumento, cujo objeto repousará justamente na ilegalidade da deserção decretada.

Se cabe recurso (ordinário e agravo de instrumento, conforme o caso) da decisão que, de ofício, arbitra novo valor à causa, não deve ser admitido o mandado de segurança. Inteligência do inciso II do art. 5º da Lei n. 12.016/2009, que não atrita com o entendimento sedimentado na OJ n. 88 da SBDI-2 do TST:

> Incabível a impetração de mandado de segurança contra ato judicial que, de ofício, arbitrou novo valor à causa, acarretando a majoração das custas processuais, uma vez que cabia à parte, após recolher as custas, calculadas com base no valor dado à causa na inicial, interpor recurso ordinário e, posteriormente, agravo de instrumento no caso de recurso ser considerado deserto.

A OJ n. 92 da mesma SBDI-2 corrobora a tese do não cabimento do mandado de segurança quando há recurso próprio, ainda que com efeito diferido (futuro), para atacar a decisão impugnada.

2.6.17. Autenticação de cópias

Salvo na hipótese em que o requerente litiga sob o pálio da assistência judiciária ou tenha recebido o benefício da gratuidade, não deve ser concedido o mandado de segurança que tenha por objeto a autenticação de peças extraídas do processo principal pelas Secretarias dos Tribunais ou das Varas do Trabalho para formação do agravo de instrumento.

A decisão que denega a referida autenticação não fere direito líquido e certo do impetrante, conforme jurisprudência consubstanciada na OJ n. 91 da SBDI-2/TST:

> MANDADO DE SEGURANÇA. AUTENTICAÇÃO DE CÓPIAS PELAS SECRETARIAS DOS TRIBUNAIS REGIONAIS DO TRABALHO. REQUERIMENTO INDEFERIDO. ART. 789, § 9º, DA CLT. Não sendo a parte beneficiária da assistência judiciária gratuita, inexiste direito líquido e certo à autenticação, pelas Secretarias dos Tribunais, de peças extraídas do processo principal, para formação do agravo de instrumento.

Por outro lado, a ausência de autenticação de documento que acompanha a inicial do mandado de segurança implica o indeferimento liminar da petição do *mandamus*, sendo inaplicável, na espécie, o art. 284 do CPC/73 (CPC, art. 321), consoante a Súmula 415 do TST:

> MANDADO DE SEGURANÇA. PETIÇÃO INICIAL. ART. 321 DO CPC DE 2015. ART. 284 DO CPC DE 1973. INAPLICABILIDADE (atualizada em decorrência do

CPC de 2015, Res. n. 208/2016, *DEJT* divulgado em 22, 25 e 26-4-2016). Exigindo o mandado de segurança prova documental pré-constituída, inaplicável o art. 321 do CPC de 2015 (art. 284 do CPC de 1973) quando verificada, na petição inicial do *mandamus*, a ausência de documento indispensável ou de sua autenticação.

É importante lembrar que, o art. 830 da CLT, com redação dada pela Lei n. 11.925/2009, passou a admitir a autenticação das cópias colacionadas aos autos pelo próprio advogado, nos seguintes termos: "O documento em cópia oferecido para prova poderá ser declarado autêntico pelo próprio advogado, sob sua responsabilidade pessoal".

Assim, se os documentos que acompanham a inicial do mandado de segurança não estiverem no original ou cópia autenticada, continua válido o entendimento consagrado na Súmula 415 do TST, devendo ser indeferida, de plano, a petição inicial, sendo inaplicável a regra do art. 321 do CPC. E nem se argumente que a Súmula em questão seria excessivamente formal, na medida em que a prova pré-constituída dos fatos alegados no mandado de segurança não admite sequer o incidente de falsidade documental, sendo certo, ainda, que nos termos do § 1º do art. 6º da Lei n. 12.016/2009:

> No caso em que o documento necessário à prova do alegado se ache em repartição ou estabelecimento público ou em poder de autoridade que se recuse a fornecê-lo por certidão ou de terceiro, o juiz ordenará, preliminarmente, por ofício, a exibição desse documento em original ou *em cópia autêntica* e marcará, para o cumprimento da ordem, o prazo de 10 (dez) dias. O escrivão extrairá cópias do documento para juntá-las à segunda via da petição (grifos nossos).

Tratando-se, porém, de Processo Judicial Eletrônico (PJe) é dispensável a autenticação dos documentos apresentados com a inicial ou a declaração de sua autenticidade. Nesse sentido:

> RECURSO ORDINÁRIO EM MANDADO DE SEGURANÇA – PROCESSO JUDICIAL ELETRÔNICO – AUTENTICAÇÃO DAS PEÇAS APRESENTADAS – DESNECESSIDADE – ART. 11 DA LEI N. 11.419/2006. Conforme o determinado no art. 11, § 1º, da Lei n. 11.419/2006, que dispõe sobre a informatização do processo judicial, os documentos produzidos eletronicamente e juntados aos processos eletrônicos com garantia da origem e de seu signatário serão considerados originais para todos os efeitos legais. Dessa forma, tratando-se, *in casu*, de mandado de segurança impetrado como processo judicial eletrônico, é dispensável a autenticação dos documentos apresentados com a inicial ou a declaração de sua autenticidade. Precedente desta Subseção. Recurso ordinário conhecido e provido (TST-ROMS 53593520135150000, Rel. Min. Luiz Philippe Vieira de Mello Filho, SBDI-2, j. 24-3-2015).

2.6.18. Penhora sobre parte da renda da empresa executada

Quando a penhora recai sobre parte da renda de estabelecimento comercial, o TST vem admitindo mandado de segurança que tenha por objeto reduzir o percentual fixado pela decisão impugnada, quando comprovado pelo impetrante o comprometimento do desenvolvimento regular das atividades econômicas da empresa.

É o que prevê a OJ n. 93 da SBDI-2 do TST, que admite "a penhora sobre a renda mensal ou faturamento de empresa, limitada a determinado percentual, desde que não comprometa o desenvolvimento regular de suas atividades".

2.6.19. Depósito prévio de honorários periciais

De acordo com a OJ n. 98 da SBDI-2 do TST: "É ilegal a exigência de depósito prévio para custeio dos honorários periciais, dada a incompatibilidade com o processo do trabalho, sendo cabível o mandado de segurança visando à realização da perícia, independentemente do depósito".

Parece-nos que a referida OJ trata igualmente os desiguais. Vale dizer, a razão jurídica que inspirou o verbete em comento, que considera ilegal a decisão judicial que exige depósito prévio de honorários periciais para o empregador, não pode ser a mesma adotada para o trabalhador. Afinal, exigir tal depósito prévio para o trabalhador, ainda que não litigue sob o pálio da assistência judiciária sindical ou tenha recebido o benefício da justiça gratuita, pode redundar em obstáculo para o seu efetivo acesso à Justiça.

Defendemos, assim, uma reinterpretação da OJ n. 98 da SBDI-2 à luz da teoria dos princípios e dos direitos fundamentais no sentido de não considerar ilegal ou abusivo o ato judicial que exige do empregador (ou tomador do serviço) a antecipação dos honorários periciais para realização da prova técnica. Afinal, não é factível adotar decisão divorciada dos princípios da dignidade da pessoa humana, do valor social do trabalho e no valor social da livre-iniciativa, tratando igualmente os desiguais, principalmente na temática do acesso à Justiça.

Ademais, a ampliação da competência da Justiça do Trabalho (EC n. 45/2004) para outras ações oriundas da relação de trabalho distinta da relação de emprego, como as ações acidentárias, exigirá alteração parcial da referida orientação jurisprudencial, na medida em que não se mostra compatível com a finalidade social do processo do trabalho a exigência de honorários periciais prévios nas lides em que o requerente da prova pericial for empregado ou trabalhador. Aliás, nestes casos o juiz pode, inclusive, inverter o ônus da prova sem que isso implique violação a direito líquido e certo do empregador ou tomador do serviço.

Com a nova redação do § 3º do art. 790-B da CLT, o "juízo não poderá exigir adiantamento de valores para realização de perícias". Logo, a parte (autor ou réu) da ação trabalhista poderá impetrar mandado de segurança contra ato (decisão interlocutória) do juiz que ordenar o pagamento de honorários periciais prévios.

2.6.20. Esgotamento das vias recursais

Não cabe mandado de segurança contra decisão judicial quando já esgotadas as vias recusais existentes na mesma relação processual. Esse é o entendimento adotado pela OJ n. 99 da SBDI-2 do TST:

> MANDADO DE SEGURANÇA. ESGOTAMENTO DE TODAS AS VIAS PROCESSUAIS DISPONÍVEIS. TRÂNSITO EM JULGADO FORMAL. DESCABIMENTO. Esgotadas as vias recursais existentes, não cabe mandado de segurança.

Essa orientação jurisprudencial está em sintonia com o entendimento sedimentado de que não cabe mandado de segurança contra coisa julgada, ainda que meramente formal. De modo que, exauridas as possibilidades de impugnação da decisão judicial, seja por recurso ou por ação autônoma, como a rescisória ou anulatória, não caberá mandado de segurança.

2.6.21. Suspensão do empregado estável para ajuizamento de inquérito

Tendo em vista a regra prevista no art. 494 da CLT, o empregado acusado de falta grave poderá ser suspenso de suas funções, mas a sua despedida só se tornará efetiva após o inquérito em que se verifique a procedência da acusação.

Com base na referida regra, a SBDI-2 do TST editou a OJ n. 137, segundo a qual "constitui direito líquido e certo do empregador a suspensão do empregado, ainda que detentor de estabilidade sindical, até a decisão final do inquérito em que se apure a falta grave a ele imputada, na forma do art. 494, *caput* e parágrafo único, da CLT".

A OJ n. 137 não atrita com a OJ n. 142, ambas da mesma SBDI-2 do TST, pois esta trata de antecipação de tutela requerida pelo empregado portador de estabilidade ou garantia no emprego; aquela, do ato do empregador que, antes de ajuizar o inquérito para apuração de falta grave, suspende o empregado.

Assim, se o empregado portador de estabilidade ou garantia no emprego, ao receber informação de que o seu contrato de trabalho estará suspenso, ajuizar ação trabalhista, com pedido de antecipação de tutela, poderá ser reintegrado liminarmente ao emprego, sem que se possa falar em direito líquido e certo do empregador em cassar a tutela antecipatória concedida.

Todavia, se o empregador suspender o empregado e ajuizar o inquérito antes da propositura da ação trabalhista com pedido de reintegração em liminar ou antecipação de tutela, não haverá direito líquido e certo para empregado ser reintegrado, pois o empregador é que tem o direito líquido e certo de manter afastado empregado até o final do processo, isto é, até a coisa julgada que se formará na ação de inquérito.

Resumindo, tudo vai depender da parte que tiver a iniciativa da propositura da ação, pois podem existir, no caso concreto, direitos líquidos e certos tuteláveis pelo mandado de segurança por qualquer das partes ou por ambas.

2.6.22. Honorários advocatícios

Segundo dispõe a OJ n. 138 da SBDI-2 do TST, a "Justiça do Trabalho é incompetente para apreciar ação de cobrança de honorários advocatícios, pleiteada na forma do art. 24, §§ 1º e 2º, da Lei n. 8.906/1994, em face da natureza civil do contrato de honorários".

Segundo esse verbete, a Justiça do Trabalho é incompetente para ação de cobrança de honorários advocatícios previstos em contrato de prestação de serviços celebrado entre o cliente e o advogado. Logo, não cabe mandado de segurança impetrado pelo advogado contra a decisão que, em sede de reclamação trabalhista, declara a incompetência da Justiça do Trabalho para processar e julgar a referida ação de cobrança.

Não obstante, é imperioso lembrar que com a ampliação da competência da Justiça do Trabalho para processar e julgar ações oriundas da relação de trabalho (CF, art. 114, I), parece-nos que a ação de cobrança de honorários do advogado previstos no contrato particular de prestação de serviços advocatícios passaria a ser da competência da Justiça do Trabalho.

Sabe-se, porém, que existe uma zona fronteiriça para precisar tal competência, uma vez que a relação entre o advogado (prestador do serviço) e o cliente (tomador do serviço) poderá ser enquadrada como *relação de consumo*, caso em que o advogado será *fornecedor de serviço* e o cliente será *consumidor*, desde que este último utilize o serviço como destinatário final. Neste caso, a Justiça do Trabalho seria incompetente para processar e julgar ação de cobrança de honorários advocatícios, pois a relação material seria de natureza consumerista.

Fixada, porém, a premissa de que se trata de relação de trabalho, regulada pelo contrato de prestação de serviços do Código Civil, será da Justiça do Trabalho a competência para ação de cobrança de honorários previstos em contrato de prestação de serviços advocatícios, o que exigirá a revisão da OJ n. 138 da SBDI-2 do TST. Todavia, convém lembrar o entendimento em sentido contrário do STJ (Súmula 363).

Importante frisar, para encerrar este tópico, que, nos termos do art. 25 da Lei n. 12.016/2009 e da Súmula 512 do STF, não cabe, no processo de mandado de segurança, a condenação ao pagamento dos honorários advocatícios, sem prejuízo da aplicação de sanções no caso de litigância de má-fé.

2.6.23. Liminar concedida ou negada em outro mandado de segurança

O TST firmou o entendimento de que é incabível o mandado de segurança contra decisão que deferiu ou indeferiu liminar em outro mandado de segurança.

É o que vaticina a OJ n. 140 da SBDI-2, *in verbis:*

MANDADO DE SEGURANÇA CONTRA LIMINAR, CONCEDIDA OU DENEGADA EM OUTRA SEGURANÇA. INCABÍVEL (art. 8º da Lei n. 1.533/51). Não cabe mandado de segurança para impugnar despacho que acolheu ou indeferiu liminar em outro mandado de segurança.

Tirante a observação de que o ato judicial que defere ou indefere liminar não é despacho e, sim, decisão interlocutória, parece-nos que a orientação jurisprudencial ora focalizada deve adequar-se à nova competência da Justiça do Trabalho, pois o mandado de segurança era exclusivamente da competência funcional e originária dos Tribunais Trabalhistas. Logo, da decisão deferitória ou indeferitória de liminar proferida pelo Relator caberia apenas agravo regimental, como já vimos ao estudarmos essa espécie recursal.

Ocorre que, por força da EC n. 45/2004, o Juiz da Vara do Trabalho também passou a ser competente para processar e julgar mandado de segurança, mormente se este tiver por objeto atacar decisão dos órgãos de fiscalização do trabalho (CF, art. 114, VII). Neste caso, da decisão do Juiz da primeira instância que deferir ou indeferir liminar em mandado de segurança, por ser tipicamente interlocutória e não desafiar nenhum recurso, afigura-se-nos cabível, em tese, o mandado de segurança para atacá-la.

2.6.24. Proibição de prática de atos judiciais futuros

A OJ n. 144, da SBDI-2 do TST, diz explicitamente que o "mandado de segurança não se presta à obtenção de uma sentença genérica, aplicável a eventos futuros, cuja ocorrência é incerta".

Como a ação de segurança é remédio destinado a proteger direito líquido e certo, o TST acabou criando um obstáculo – embora não tenha mencionado isso expressamente na OJ n. 144 da SBDI-2 – ao cabimento do mandado de segurança preventivo na Justiça do Trabalho.

2.6.25. Pagamento das custas para interposição de recurso ordinário em mandado de segurança

Da decisão final – terminativa ou definitiva – proferida em mandado de segurança:

a) por Tribunal Regional do Trabalho, caberá recurso ordinário para o TST (CLT, art. 895, *b*);

b) por Juiz da Vara do Trabalho, como na hipótese de mandado de segurança contra penalidade administrativa aplicada por órgão de fiscalização das relações de trabalho (CF, art. 114, VII), caberá recurso ordinário para o TRT.

Nas duas hipóteses acima, o recorrente, salvo se for destinatário da assistência judiciária gratuita ou isento (CLT, art. 790-A) deverá efetuar e comprovar o pagamento das custas no prazo recursal.

É o que se infere da OJ n. 148 da SBDI-2 do TST:

CUSTAS. MANDADO DE SEGURANÇA. RECURSO ORDINÁRIO. EXIGÊNCIA DO PAGAMENTO. É responsabilidade da parte, para interpor recurso ordinário em mandado de segurança, a comprovação do recolhimento das custas processuais no prazo recursal, sob pena de deserção.

2.6.26. Tornar inexigível sentença em ação de cumprimento reformada por acórdão em recurso ordinário de sentença normativa

Esta hipótese está contemplada na Súmula 397 do TST:

AÇÃO RESCISÓRIA. ART. 966, IV, DO CPC DE 2015. ART. 485, IV, DO CPC DE 1973. AÇÃO DE CUMPRIMENTO. OFENSA À COISA JULGADA EMANADA DE SENTENÇA NORMATIVA MODIFICADA EM GRAU DE RECURSO. INVIABILIDADE. CABIMENTO DE MANDADO DE SEGURANÇA (atualizada em decorrência do CPC de 2015, Res. n. 208/2016). Não procede ação rescisória calcada em ofensa à coisa julgada perpetrada por decisão proferida em ação de cumprimento, em face de a sentença normativa, na qual se louvava, ter sido modificada em grau de recurso, porque em dissídio coletivo somente se consubstancia coisa julgada formal. Assim, os meios processuais aptos a atacarem a execução da cláusula reformada são a exceção de pré-executividade e o mandado de segurança, no caso de descumprimento do art. 514 do CPC de 2015 (art. 572 do CPC de 1973).

Segundo a Súmula 397 do TST, não cabe ação rescisória, e sim mandado de segurança ou exceção de pré-executividade, para desconstituir sentença transitada em julgado em ação de cumprimento, quando o recurso ordinário interposto de sentença normativa implicar a improcedência, total ou parcial, ou extinção sem resolução do mérito, do próprio dissídio coletivo ou do(s) pedido(s) ou cláusula(s) nele constante(s).

A Súmula supracitada deixa claro que a ação de cumprimento da sentença normativa pode ser ajuizada independentemente do trânsito em julgado da sentença normativa (TST, Súmula 246).

Todavia, a sentença proferida na ação de cumprimento, ainda que transitada em julgado, pode se tornar autêntico título inexigível, desde que o recurso interposto da sentença normativa tenha implicado modificação da cláusula deferida.

Não nos parece correta a tese de que a sentença normativa só faz coisa julgada formal, pois se o art. 2º, I, *c*, da Lei n. 7.701, de 21 de dezembro de 1988, prevê a competência da SDC-TST para "julgar as ações rescisórias propostas contra suas sentenças normativas", então é porque a sentença normativa pode produzir coisa julgada material, na medida em que somente esta desafia a ação rescisória como procuraremos demonstrar no item 3.4, *infra*.

2.6.27. Mandado de segurança contra ato referente a concurso público para investidura em emprego público

Nos casos de concursos públicos para investidura em emprego público, podem surgir atos ilegais ou abusivos praticados por autoridades responsáveis pelo certame.

Assim, considerando que o regime de trabalho do pessoal a ser contratado é o celetista, parece-nos que a competência para processar e julgar o mandado de segurança será da Justiça do Trabalho, sendo certo, ainda, que os candidatos ao concurso têm legitimidade para impetrar mandado de segurança, por exemplo, contra exigência de condição não prevista em lei ou no edital; ato que viola a ordem de classificação dos candidatos aprovados para nomeação; discriminação por motivo de sexo, idade, estado civil etc.

2.6.27.1. Outras hipóteses

Manoel Antonio Texeira Filho[16] refere, ainda, o cabimento da ação de segurança nas seguintes situações:

> *a) cerceio do direito de defesa*, quando o juiz, de modo ilegal ou arbitrário (mormente se não fundamentar a decisão), não permite que a parte produza as provas desejadas e indispensáveis para demonstrar a veracidade dos fatos alegados. Trata-se de decisão interlocutória contra a qual o impetrante deve, na oportunidade própria, impugnar com o cognominado "protesto nos autos"; *b) inadmissibilidade do agravo de instrumento*, porque "o juiz não poderá negar seguimento ao agravo, ainda que interposto fora do prazo legal"; *c) proibição de retirada de autos pelo advogado*, sem que exista impedimento ou incompatibilidade para tanto; *d) para liberar penhora de bem público*, uma vez que o art. 100 da CF não aboliu o precatório, mesmo para os créditos de natureza alimentícia, como o são os créditos trabalhistas[17]; *e) para desfazer arrematação*, quando o juiz não respeita a preferência do credor na adjudicação do bem arrematado por terceiro.

16. TEIXEIRA FILHO, Manoel Antonio. *Mandado de segurança na justiça do trabalho*. 2. ed. São Paulo: LTr, 1994. p. 164 e s.

17. Destacamos, porém, que, na hipótese de RPV – Requisição de Pequeno Valor –, admite-se sequestro de dinheiro do ente público, como vimos no item 33.10 do Capítulo XXIII.

A nosso ver, se o impetrante não tiver formulado o "protesto" nos autos, cremos que a matéria estará irremediavelmente preclusa e contra a decisão que indefere produção de prova não caberá mandado de segurança.

Por outro lado, a decisão que denega seguimento a agravo de instrumento pode, a nosso sentir, ser impugnada por outro agravo de instrumento (CLT, art. 897, *b*). Se o juiz denegar novamente o seguimento do segundo agravo, aí sim caberia, em tese, o mandado de segurança.

2.6.28. Prazo

O prazo para impetração do mandado de segurança individual ou coletivo, nos termos do art. 23 da Lei n. 12.016/2009, é de cento e vinte dias, contados da ciência, pelo interessado, do ato impugnado. Trata-se de prazo decadencial e segundo a Súmula 632 do STF: "É constitucional lei que fixa o prazo de decadência para a impetração de mandado de segurança".

2.6.29. Petição inicial

De acordo com o art. 6º da Lei n. 12.016/2009, a petição inicial do mandado de segurança, que deverá preencher os requisitos estabelecidos pela lei processual (CPC, art. 319; CPC/73, art. 282), será apresentada em 2 (duas) vias com os documentos que instruírem a primeira reproduzidos na segunda e indicará, além da autoridade coatora, a pessoa jurídica que esta integra, à qual se acha vinculada ou da qual exerce atribuições.

A petição inicial do mandado de segurança deve ser obrigatoriamente subscrita por advogado, não se admitindo o *jus postulandi* das próprias partes (TST, Súmula 425).

É de se registrar que, de acordo com a OJ n. 155 da SBDI-2/TST, o valor atribuído à causa na inicial do mandado de segurança e não havendo impugnação, nos termos do art. 293 do CPC, é defeso ao juízo majorá-lo de ofício, ante a ausência de amparo legal. Inaplicável, na hipótese, a OJ n. 147 da SBDI-2 (cancelada) e o art. 2º, II, da Instrução Normativa n. 31 do TST.

No caso em que o documento necessário à prova do alegado se ache em repartição ou estabelecimento público ou em poder de autoridade que se recuse a fornecê-lo por certidão ou de terceiro, o juiz ordenará, preliminarmente, por ofício, a exibição desse documento em original ou em cópia autêntica e marcará, para o cumprimento da ordem, o prazo de 10 (dez) dias. O escrivão (ou Diretor de Secretaria) extrairá cópias do documento para juntá-las à segunda via da petição.

Se a autoridade que tiver procedido dessa maneira for a própria coatora, a ordem far-se-á no próprio instrumento da notificação.

Nos termos do art. 4º da Lei n. 12.016/2009, em caso de urgência, é permitido, desde que observados os requisitos legais, impetrar mandado de segurança por telegrama, radiograma, fax ou outro meio eletrônico de autenticidade comprovada, podendo o juiz, em tal caso, notificar a autoridade por telegrama, radiograma ou outro meio que assegure a autenticidade do documento e a imediata ciência pela autoridade.

De toda sorte, dispõe o § 2º do art. 4º da lei em questão que o "texto original da petição deverá ser apresentado nos 5 (cinco) dias úteis seguintes". Todavia, em se tratando de documento eletrônico, serão observadas as regras da Infraestrutura de Chaves Públicas Brasileira – ICP-Brasil.

O pedido veiculado no mandado de segurança poderá ser renovado dentro do prazo decadencial, se a decisão denegatória não lhe houver apreciado o mérito (Lei n. 12.016/2009, art. 6º, § 6º).

Prevê o art. 10 da lei ora focalizada que a inicial será desde logo indeferida, por decisão motivada, quando não for o caso de mandado de segurança ou lhe faltar algum dos requisitos legais ou quando decorrido o prazo legal para a impetração.

Depois de proferido o despacho que analisa a petição inicial, é vedado o ingresso de litisconsorte ativo, a teor do § 2º do art. 10 da Lei n. 12.016/2009.

2.6.30. Despacho inicial no mandado de segurança

Dispõe o art. 7º da Lei n. 12.016/2009 que, ao despachar a inicial, o juiz ordenará:

> I – que se notifique o coator do conteúdo da petição inicial, enviando-lhe a segunda via apresentada com as cópias dos documentos, a fim de que, no prazo de 10 (dez) dias, preste as informações;
>
> II – que se dê ciência do feito ao órgão de representação judicial da pessoa jurídica interessada, enviando-lhe cópia da inicial sem documentos, para que, querendo, ingresse no feito;
>
> III – que se suspenda o ato que deu motivo ao pedido, quando houver fundamento relevante e do ato impugnado puder resultar a ineficácia da medida, caso seja finalmente deferida, sendo facultado exigir do impetrante caução, fiança ou depósito, com o objetivo de assegurar o ressarcimento à pessoa jurídica.

Os efeitos da medida liminar, salvo se revogada ou cassada, persistirão até a prolação da sentença, sendo certo que se for deferida a medida liminar o processo terá prioridade para julgamento (Lei n. 12.016/2009, art. 7º, §§ 3º e 4º).

Os §§ 2º e 3º do art. 7º da Lei n. 12.016/2009 vedam a concessão de medida liminar (ou antecipação de tutela) que tenha por objeto a compensação de créditos tributários, a entrega de mercadorias e bens provenientes do exterior, a reclassificação ou equiparação de servidores públicos e a concessão de aumento ou a extensão de vantagens ou pagamento de qualquer natureza.

Diz o art. 8º da lei em apreço que será "decretada a perempção ou caducidade da medida liminar *ex officio* ou a requerimento do Ministério Público quando, concedida a medida, o impetrante criar obstáculo ao normal andamento do processo ou deixar de promover, por mais de 3 (três) dias úteis, os atos e as diligências que lhe cumprirem".

2.6.31. Oitiva do Ministério Público

Findo o prazo de dez dias previsto para a autoridade coatora prestar as informações, o juiz ouvirá o representante do Ministério Público, que opinará, dentro do prazo improrrogável de dez dias.

Com ou sem o parecer do Ministério Público, os autos serão conclusos ao juiz, para a decisão, a qual deverá ser necessariamente proferida em trinta dias.

Tais prazos, por serem impróprios, não implicam qualquer nulidade processual, mas podem ser objeto de sanções administrativas ou medidas correicionais.

2.6.32. Sentença

A sentença, que pode ser terminativa ou definitiva, deve observar todos os requisitos previstos na legislação processual civil e trabalhista.

Concedida a segurança, o juiz transmitirá em ofício, por intermédio do oficial do juízo, ou pelo correio, mediante correspondência com aviso de recebimento, o inteiro teor da sentença à autoridade coatora e à pessoa jurídica interessada, sendo certo que, em caso de urgência, poderá o juiz determinar a transmissão da ordem de concessão da segurança por telegrama, radiograma ou outro meio que assegure a autenticidade do documento.

Nos termos do § 3º do art. 14 da Lei n. 12.016/2009, a "sentença que conceder o mandado de segurança pode ser executada provisoriamente, salvo nos casos em que for vedada a concessão da medida liminar".

O § 4º do mesmo art. 14 dispõe que o pagamento de vencimentos e vantagens pecuniárias assegurados em sentença concessiva de mandado de segurança a servidor público da administração direta ou autárquica federal, estadual e municipal somente será efetuado relativamente às prestações que se vencerem a contar da data do ajuizamento da inicial. Noutro falar, as prestações vencidas anteriormente ao ajuizamento do mandado de segurança devem ser cobradas em ação de natureza ordinária (STF, Súmula 269).

Preceitua o art. 17 da Lei n. 12.016/2009 que "nas decisões proferidas em mandado de segurança e nos respectivos recursos, quando não publicado, no prazo de 30 (trinta) dias, contado da data do julgamento, o acórdão será substituído pelas respectivas notas taquigráficas, independentemente de revisão". É notório que em alguns tribunais trabalhistas não há setor de taquigrafia, pois as sessões são gravadas por sistemas de áudio, o que pode tornar sem efetividade a regra em exame.

A sentença (ou acórdão) que denegar mandado de segurança, sem decidir o mérito, não constitui obstáculo para que o requerente, por ação própria, pleiteie os seus direitos e os respectivos efeitos patrimoniais (Lei n. 12.016/2009, art. 19).

2.6.33. Preferência de tramitação

O art. 20 e seus §§ 1º e 2º da Lei n. 12.016/2009 dispõem sobre a tramitação dos autos do mandado de segurança.

Assim, os processos de mandado de segurança e os respectivos recursos terão prioridade sobre todos os atos judiciais, salvo *habeas corpus*. Na instância superior, deverão ser levados a julgamento na primeira sessão que se seguir à data em que forem conclusos ao relator.

Em qualquer hipótese, o prazo para a conclusão dos autos não poderá exceder de cinco dias.

2.6.34. Recursos

A Lei n. 12.016/2009 prevê, no art. 7º, § 1º, o recurso de agravo de instrumento da decisão do juiz de primeiro grau que conceder ou denegar a liminar. No processo do trabalho, tendo em vista o princípio da irrecorribilidade imediata das decisões interlocutórias (CLT, art. 893, § 1º), parece-nos que a decisão ora focalizada, dada a sua natureza interlocutória, não desafia recurso de imediato, mas, em tese, é cabível outro mandado de segurança, como já salientamos alhures (item 2.6.23).

Prevê, ainda, o § 1º do art. 10 da Lei n. 12.016/2009, que do indeferimento da petição inicial pelo juiz de primeiro grau caberá apelação (no processo do trabalho, recurso ordinário), valendo lembrar que, quando a competência para o julgamento do mandado de segurança couber originariamente a um dos tribunais, do ato do relator que indeferir, de plano, a petição inicial, caberá agravo (interno ou regimental) para o órgão competente do tribunal que integre.

O art. 14 da Lei n. 12.016/2009 dispõe que da sentença, denegando ou concedendo o mandado de segurança, cabe apelação (recurso ordinário, no processo do trabalho).

Nos termos do § 1º do art. 14 da Lei n. 12.016/2009, "concedida a segurança, a sentença estará sujeita obrigatoriamente ao duplo grau de jurisdição". Parece-nos que, *in casu*, não se aplicam as exceções previstas no art. 496 do CPC, sendo certo que, de acordo com o item IV da Súmula 303 do TST:

Em mandado de segurança, somente cabe reexame necessário se, na relação processual, figurar pessoa jurídica de direito público como parte prejudicada pela concessão da ordem. Tal situação não ocorre na hipótese de figurar no feito como impetrante e terceiro interessado pessoa de direito privado, ressalvada a hipótese de matéria administrativa.

Regra inovadora em relação à legislação revogada referente ao mandado de segurança é a prevista no § 2º do art. 14 da Lei n. 12.016/2009, segundo a qual se estende à autoridade coatora o direito de recorrer. Esta regra, ao que nos parece, deixa transparecer que a autoridade coatora figura como litisconsorte da pessoa jurídica de direito público que representa. Além disso, a legitimação para recorrer, *in casu*, deve ser analisada sob o enfoque da natureza do ato de autoridade impugnado no mandado de segurança. É dizer, se o ato for de natureza administrativa, parece-nos que a autoridade coatora, por figurar como litisconsorte da pessoa jurídica de direito público, terá legitimidade recursal. Todavia, em se tratando de ato jurisdicional, parece-nos que o magistrado não possui legitimidade para recorrer da decisão por ele mesmo proferida, por dois motivos: se for concedida a segurança, já há a remessa necessária obrigatória; se denegada a segurança, o magistrado não pode ser considerado litisconsorte da pessoa jurídica de direito público, pois ele é sujeito imparcial do processo.

O art. 16 da Lei n. 12.016/2009 dispõe que, nos casos de competência originária dos tribunais, caberá ao relator a instrução do processo, sendo assegurada a defesa oral na sessão do julgamento. Da decisão do relator que conceder ou denegar a medida liminar caberá agravo (interno ou regimental) ao órgão competente do tribunal que integre.

O art. 18 da lei em questão dispõe que das decisões em mandado de segurança proferidas em única instância pelos tribunais cabe: *a)* recurso especial e extraordinário, nos casos legalmente previstos; *b)* recurso ordinário, quando a ordem for denegada.

No processo do trabalho não cabe o recurso especial para o STJ, sendo certo que as decisões de única instância proferidas em mandado de segurança que desafiam recurso extraordinário (CF, art. 102, III) ou ordinário (CF, art. 102, II) para o STF somente podem ocorrer nos processos de competência originária do TST.

2.6.35. Suspensão da liminar ou da sentença

O art. 15 da Lei n. 12.016/2009 prevê a possibilidade de o Presidente do Tribunal ao qual couber o conhecimento do respectivo recurso suspender, monocraticamente e em decisão fundamentada, a execução da liminar, tutela antecipada ou da sentença "a requerimento de pessoa jurídica de direito público interessada ou do Ministério Público e para evitar grave lesão à ordem, à saúde, à segurança e à economia públicas".

Como não há contraditório, contrarrazões, prazo ou observância de outros pressupostos recursais, parece-nos que o pedido de suspensão da segurança ora focalizado não ostenta natureza de recurso.

A nosso sentir, é uma medida excepcional que se caracteriza como incidente processual instaurado por petição avulsa apresentada pelo representante judicial da pessoa jurídica de direito público que sofre os efeitos da decisão atacada ou pelo Ministério Público do Trabalho na hipótese em que se verificar, de fato, que a execução da liminar ou da sentença coloque em risco grave e iminente a ordem, a saúde, a segurança e a economia públicas, ou seja, quando se verificar que o cumprimento da decisão judicial concessiva de liminar ou da própria segurança possa implicar grave lesão a direitos ou interesses difusos.

A competência funcional e originária para apreciar e julgar o incidente de suspensão de segurança é exclusiva do Presidente do Tribunal (Regional ou Superior do Trabalho) ao qual couber o conhecimento do respectivo recurso ordinário.

Da decisão do Presidente do Tribunal caberá agravo, sem efeito suspensivo, no prazo de 5 (cinco) dias, que será levado a julgamento na sessão seguinte à sua interposição.

Todavia, dispõe o § 4º do art. 15 da LMS que o "presidente do tribunal poderá conferir ao pedido efeito suspensivo liminar se constatar, em juízo prévio, a plausibilidade do direito invocado e a urgência na concessão da medida".

2.6.36. Súmulas do STF sobre mandado de segurança

- É constitucional lei que fixa prazo de decadência para impetração de mandado de segurança (Súmula 632).
- A entidade de classe tem legitimação para o mandado de segurança ainda quando a pretensão veiculada interesse apenas a uma parte da respectiva categoria (Súmula 630).
- Controvérsia sobre matéria de direito não impede concessão de mandado de segurança (Súmula 625).
- Não cabe condenação em honorários de advogado na ação de mandado de segurança (Súmula 512).
- Praticado o ato por autoridade, no exercício de competência delegada, contra ela cabe o mandado de segurança ou a medida judicial (Súmula 510).
- Pedido de reconsideração na via administrativa não interrompe o prazo para o mandado de segurança (Súmula 430).
- Concessão de mandado de segurança não produz efeitos patrimoniais em relação a período pretérito, os quais devem ser reclamados administrativamente ou pela via judicial própria (Súmula 271).

- Não cabe mandado de segurança para impugnar enquadramento da Lei n. 3.780, de 12-7-60, que envolva exame de prova ou de situação funcional complexa (Súmula 270).
- O mandado de segurança não é substitutivo de ação de cobrança (Súmula 269).
- Não cabe mandado de segurança contra decisão judicial com trânsito em julgado (Súmula 268).
- Não cabe mandado de segurança contra ato judicial passível de recurso ou correição (Súmula 267).
- Não cabe mandado de segurança contra lei em tese (Súmula 266).
- O mandado de segurança não substitui a ação popular (Súmula 101).

2.6.37. Súmulas (SÚM) e Orientações Jurisprudenciais (OJ) do TST sobre mandado de segurança

- Além das Súmulas e OJs já citadas nas epígrafes anteriores a respeito do mandado de segurança na Justiça do Trabalho, destacamos as seguintes:
- SÚM-201 Cabimento. Recurso ordinário para o TST. Prazo.
- SÚM-33 Cabimento. Decisão transitada em julgado.
- SÚM-365 Alçada. Inaplicável. Ação rescisória.
- SÚM-397 Ação rescisória. Art. 966, IV, do CPC. Art. 485, IV, do CPC/73. Ação de cumprimento. Ofensa à coisa julgada. Sentença normativa modificada em grau de recurso. Exceção de pré-executividade e mandado de segurança. Cabimento.
- SÚM-415 Prova documental pré-constituída. CPC, art. 321. CPC/73, art. 284. Inaplicabilidade.
- SÚM-416 Execução. Tópicos e valores não especificados no agravo de petição. Lei n. 8.432/92. CLT, art. 897, § 1º.
- SÚM-417, I Penhora em dinheiro. Discordância do credor. Execução definitiva. CPC, art. 835. CPC/73, art. 655.
- SÚM-417, II Penhora em dinheiro. Execução definitiva. Depósito no próprio banco. CPC, art. 840, I. CPC/73, art. 666, I.
- SÚM-425 *Jus postulandi* na Justiça do Trabalho. Alcance.
- OJ-SDI1-72 Remessa *ex officio*. Impetrante e terceiro interessado pessoas de direito privado.
- OJ-SDI2-100 Recurso ordinário. Cabimento. Decisão regional proferida em agravo regimental contra liminar em ação cautelar ou em mandado de segurança.
- OJ-SDI2-127 Decadência. Contagem. Efetivo ato coator.
- OJ-SDI2-137 Dirigente sindical. Estabilidade provisória. Suspensão para apuração de falta grave. Inquérito judicial. CLT, art. 494.
- OJ-SDI2-140 Mandado de segurança contra Liminar concedida ou denegada em outra segurança. Lei n. 1.533/51, art. 8º.

- OJ-SDI2-142 Reintegração liminarmente concedida. Tutela antecipada. CLT, art. 659, X.
- OJ-SDI2-144 Proibição de prática de atos futuros. Sentença genérica. Evento futuro. Ocorrência incerta.
- OJ-SDI2-148 Deserção. Custas processuais. Interposição de recurso ordinário. Prazo para comprovação.
- OJ-SDI2-151 Ação rescisória e mandado de segurança. Procuração. Poderes específicos para ajuizamento de reclamação trabalhista. Irregularidade de representação processual. Fase recursal. Vício processual sanável.
- OJ-SDI2-152 Ação rescisória. Recurso de revista de acórdão regional que julga ação rescisória ou mandado de segurança. Princípio da fungibilidade. Inaplicabilidade. Erro grosseiro na interposição do recurso.
- OJ-SDI2-153 Execução. Ordem de penhora sobre valores existentes em conta salário. Art. 649, IV, do CPC. Ilegalidade.
- OJ-SDI2-53 Cooperativa em liquidação extrajudicial. Execução. Suspensão. Lei n. 5.764/71, art. 76.
- OJ-SDI2-54 Mandado de segurança. Embargos de terceiro. Cumulação. Penhora. Incabível. CPC, art. 674.
- OJ-SDI2-56 Execução. Pendência de recurso extraordinário ou de agravo de instrumento.
- OJ-SDI2-57 Cabimento. INSS. Averbação e/ou reconhecimento.
- OJ-SDI2-59 Penhora. Carta de fiança bancária. CPC, art. 835. CPC/73, art. 655.
- OJ-SDI2-63 Deferimento de reintegração em ação cautelar. Cabimento.
- OJ-SDI2-64 Reintegração. Tutela antecipada. Estabilidade provisória prevista em lei ou norma coletiva.
- OJ-SDI2-65 Reintegração liminarmente concedida. Dirigente sindical. CLT, art. 659, X.
- OJ-SDI2-66 Mandado de segurança. Sentença homologatória de adjudicação. Incabível.
- OJ-SDI2-67 Liminar obstativa da transferência do empregado. CLT, art. 659, IX.
- OJ-SDI2-88 Cabimento. Alteração, de ofício, do valor da causa. Majoração das custas processuais.
- OJ-SDI2-91 Autenticação de cópias pelas secretarias dos tribunais regionais do trabalho para formação do agravo de instrumento. Requerimento indeferido. CLT, art. 789, § 9º.
- OJ-SDI2-92 Cabimento. Existência de recurso próprio.
- OJ-SDI2-93 Penhora. Renda mensal ou faturamento de estabelecimento comercial.
- OJ-SDI2-98 Cabimento. Exigência do depósito prévio dos honorários periciais. Incompatibilidade com o processo do trabalho.

- OJ-SDI2-99 Cabimento. Esgotamento de todas as vias processuais disponíveis. Trânsito em julgado formal.
- OJ-TP-10 Precatório. Processamento e pagamento. Natureza administrativa. Cabimento.
- OJ-TP-4 Decisão de TRT. Incompetência originária do TST.

2.7. Mandado de segurança coletivo

O mandado de segurança coletivo é um remédio constitucional inserido no rol dos direitos e garantias constitucionais fundamentais[18], tal como desenhado no art. 5º, LXX, alíneas *a* e *b*, da Constituição Federal, *in verbis*:

> LXX – o mandado de segurança coletivo pode ser impetrado por:
>
> *a*) partido político com representação no Congresso Nacional;
>
> *b*) organização sindical, entidade de classe ou associação legalmente constituída e em funcionamento há pelo menos um ano, em defesa dos interesses de seus membros ou associados.

A leitura atenta do preceptivo em causa revela, de início, que o legislador constituinte não se preocupou com o objeto do *mandamus* coletivo, mas tão somente com o seu aspecto subjetivo, isto é, apenas arrolou as pessoas ou entidades[19] que teriam *legitimatio ad causam* para impetrá-lo, sendo certo que entre elas não figura expressamente o Ministério Público[20].

18. LEITE, Carlos Henrique Bezerra. *Mandado de segurança no processo do trabalho*. São Paulo: LTr, 1999. p. 73-78.

19. Segundo a jurisprudência do STF: "Mandado de Segurança Coletivo e Sindicato – Tratando-se de mandado de segurança coletivo impetrado por sindicato, é indevida a exigência de um ano de constituição e funcionamento, porquanto esta restrição destina-se apenas às associações, nos termos do art. 5º, XXI, b, *in fine*, da CF ('o mandado de segurança coletivo pode ser impetrado por: (...) *b*) organização sindical, entidade de classe ou associação legalmente constituída e em funcionamento há pelo menos um ano, em defesa dos interesses de seus membros ou associados')" (STF-RE n. 198.919-DF, 1ª T., Rel. Min. Ilmar Galvão, 15-6-1999, in *Informativo STF* n. 154, Brasília, 21 a 25 de junho de 1999).

20. Deduz-se não ser esse o entendimento de Nelson Nery Junior ao sustentar que o mandado de segurança coletivo é espécie de ação civil pública, e o que o caracteriza "não é a pretensão deduzida, mas sim a forma de exercer essa pretensão mandamental" (*Princípios do processo civil na Constituição Federal*, 6. ed., p. 122). Assim, se se admite que o mandado de segurança é uma ACP, então, por decorrência lógica, o MP é também legitimado para a sua impetração, tanto para a defesa dos interesses coletivos como para os difusos e os individuais homogêneos. É importante assinalar, contudo, que a LOMPU (art. 6º, VI) inclui o MS no rol dos instrumentos de atuação do MP, sendo certo que o CDC (art. 83) diz que para a proteção dos interesses me-

A Lei Complementar n. 75/93, contudo, reconhece expressamente (arts. 83, I, 84, *caput*, 6º, VI) a legitimação do MP da União, que abrange o MPT, para impetrar mandado de segurança[21]. Como se trata de garantia constitucional, parece-nos que, à luz do princípio da máxima efetividade de uma norma constitucional, a legitimação do MPT é para impetrar mandado de segurança tanto individual (em defesa de prerrogativas dos membros da própria instituição ministerial) quanto coletivo (em defesa de direitos coletivos *stricto sensu* e individuais homogêneos).

A Lei n. 1.533/51 nada dispunha sobre mandado de segurança coletivo, razão pela qual defendíamos a aplicação das normas do CDC (Lei n. 8.078/90) e da LACP (Lei n. 7.347/85).

Sobreveio a Lei n. 12.016/2009, que disciplina expressamente o cabimento do mandado de segurança coletivo. Não obstante, pensamos que o microssistema do processo coletivo, composto pelas normas da LACP e do Título III do CDC, pode ser aplicado subsidiariamente à nova Lei do MS, no que couber.

Quanto aos legitimados do MSC, o art. 21 da Lei n. 12.016/2009 dispõe que o

> mandado de segurança coletivo pode ser impetrado por partido político com representação no Congresso Nacional, na defesa de seus interesses legítimos relativos a seus integrantes ou à finalidade partidária, ou por organização sindical, entidade de classe ou associação legalmente constituída e em funcionamento há, pelo menos, 1 (um) ano, em defesa de direitos líquidos e certos da totalidade, ou de parte, dos seus membros ou associados, na forma dos seus estatutos e desde que pertinentes às suas finalidades, dispensada, para tanto, autorização especial.

Para o processo do trabalho interessa sobremaneira a previsibilidade do MSC impetrado não apenas pelo MPT, como também por organização sindical, entidade de classe (OAB, por exemplo) ou associação legalmente constituída e em funcionamento há pelo menos um ano, pois somente tais instituições podem atuar na Justiça do Trabalho em defesa de direitos líquidos e certos da totalidade (ou parte) dos seus membros ou associados, desde que a lide diga respeito à matéria de competência da Justiça do Trabalho (CF, art. 114).

---

taindividuais são admissíveis todas as espécies de ações capazes de propiciar sua adequada e efetiva tutela.

21. A Súmula 701 do STF prevê: "No mandado de segurança impetrado pelo Ministério Público contra decisão proferida em processo penal, é obrigatória a citação do réu como litisconsorte passivo". Ora, se o MP detém legitimidade para impetrar mandado de segurança no processo penal, com muito mais razão há de ser reconhecida tal legitimidade no processo civil ou trabalhista.

Disciplinando as espécies de direitos metaindividuais[22] que podem ser tutelados pelo MSC-Mandado de Segurança Coletivo, o parágrafo único do art. 21 da Lei em questão vaticina:

> Os direitos protegidos pelo mandado de segurança coletivo podem ser:
>
> I – coletivos, assim entendidos, para efeito desta Lei, os transindividuais, de natureza indivisível, de que seja titular grupo ou categoria de pessoas ligadas entre si ou com a parte contrária por uma relação jurídica básica;
>
> II – individuais homogêneos, assim entendidos, para efeito desta Lei, os decorrentes de origem comum e da atividade ou situação específica da totalidade ou de parte dos associados ou membros do impetrante.

De lege lata, pois, somente os direitos coletivos *stricto sensu* ou individuais homogêneos podem ser tuteláveis pelo MSC. Logo, é inadequada a ação de segurança coletiva para proteger direitos individuais heterogêneos e direitos difusos.

De acordo com o art. 22 da Lei n. 12.016/2009, no mandado de segurança coletivo, a sentença fará coisa julgada *ultra partes*, isto é, os seus efeitos subjetivos ficam limitados aos membros do grupo ou categoria substituídos pelo impetrante. Trata-se, na verdade, da adaptação da regra contida no art. 103, II e III, do CDC.

Além disso, o § 1º do art. 22 da nova LMS dispõe literalmente que:

> O mandado de segurança coletivo não induz litispendência para as ações individuais, mas os efeitos da coisa julgada não beneficiarão o impetrante a título individual se não requerer a desistência de seu mandado de segurança no prazo de 30 (trinta) dias a contar da ciência comprovada da impetração da segurança coletiva.

Como já vínhamos defendendo há algum tempo[23], não há litispendência entre qualquer ação coletiva, seja para tutela de interesses ou direitos difusos, coletivos ou individuais homogêneos, e ação individual. Assim, para dar efetividade ao preceptivo em causa, o juiz do trabalho deverá dar ampla publicidade ao mandado de segurança coletivo, nos termos do art. 94 do CDC, aplicado analogicamente à espécie. Sem a publicação de edital do ajuizamento da ação coletiva ou adoção de outros meios que tornem efetiva a ciência dos titulares do direito material acerca da existência da de-

22. Sobre os conceitos de direitos ou interesses metaindividuais (difusos, coletivos e individuais homogêneos), consultar: LEITE, Carlos Henrique Bezerra. *Ação civil pública na perspectiva dos direitos humanos*. 2. ed. São Paulo: LTr, 2008, passim.

23. LEITE, Carlos Henrique Bezerra. Litispendência entre ação coletiva para tutela de interesses individuais homogêneos e ação individual. *Revista IOB Trabalhista e Previdenciária*. Porto Alegre: Síntese, v. 223, jan. 2006, p. 46-51. Ver, ainda, Capítulo XIV, item 5.1.4.

manda coletiva, não há como oportunizar-lhes a desistência do mandado de segurança individual.

Ora, se a lei possibilita a desistência do mandado de segurança individual, salta aos olhos que jamais haverá litispendência entre a demanda individual e a coletiva, pois, nos termos do art. 485, IV, do CPC (CPC/73, art. 267, IV), a ação proposta posteriormente teria que ser extinta sem resolução de mérito. Eis mais uma razão para afastar definitivamente a possibilidade de litispendência entre ação coletiva e individual.

Desse modo, se o impetrante individual toma ciência do MSC, o § 1º do art. 21 da LMS confere-lhe as seguintes alternativas: *a)* desistir da ação individual e aguardar o desfecho da ação coletiva e, posteriormente, se procedente o pedido, nela habilitar-se por meio da ação de liquidação de sentença; *b)* continuar com a sua ação individual e não ser beneficiado pela coisa julgada (se procedente o pedido) formada na ação coletiva.

Se o impetrante individual não toma ciência do MSC, isto é, nem sequer houve a publicação do edital noticiando o ajuizamento do mandado de segurança coletivo, poderão surgir duas coisas julgadas conflitantes, como, por exemplo, uma coisa julgada individual de improcedência e uma coisa julgada coletiva de procedência[24]. Qual delas deverá prevalecer? A nosso sentir, ambas. Todavia, o impetrante individual poderá propor ação rescisória alegando que a sentença formada na ação coletiva violou literal disposição de lei ao não oportunizar-lhe o direito de desistir da ação individual. Decorrido, porém, o prazo decadencial da ação rescisória, parece-nos que não há como o impetrante individual sucumbente na ação individual ser beneficiado pela coisa julgada coletiva.

No âmbito do processo do trabalho, o mandado de segurança coletivo mostrava-se de difícil cabimento, pois a Justiça Especializada só era competente para conhecer e julgar demandas oriundas da relação de emprego ou, na forma da lei, da relação de trabalho (CF, art. 114, em sua redação original). E essas relações, por serem juridicamente contratuais, não ensejam a prática de ato de autoridade que possa ser acoimado de ilegal ou arbitrário, ainda que o empregador seja pessoa jurídica de direito público. Todavia, com a ampliação da competência da Justiça do Trabalho, esta passou a ser competente para processar e julgar mandado de segurança quando o ato impugnado envolver matéria sujeita à sua jurisdição. Exemplifiquemos com a hipótese de um ato praticado por um dirigente de empresa pública que subscreve edital de concurso público contendo disposição discriminatória ilegal e abusiva por motivo de sexo ou idade. Neste caso, o sindicato da categoria dos servidores/trabalhadores pertencentes àquela

24. Importante lembrar que a coisa julgada coletiva de improcedência não impede o ajuizamento de novas ações individuais, desde que observada a regra contida no § 2º do art. 103 do CDC, ou seja, se os interessados não tiverem intervindo no processo coletivo como litisconsortes (*rectius*, assistentes) poderão propor ação individual.

empresa pública poderia impetrar mandado de segurança coletivo postulando a anulação (ou exclusão) daquele dispositivo do edital. Note-se que o ato questionado não é ato de gestão comercial, e, sendo o edital uma condição prévia para as futuras relações empregatícias que surgirão em decorrência das eventuais investiduras em empregos públicos regidos pela CLT, está-se diante de matéria que, inegavelmente, decorre da relação de trabalho de natureza empregatícia (CF, art. 114, I e IV).

O TST vem admitindo implicitamente mandado de segurança coletivo contra ato administrativo (embora tenha denegado a segurança ou declarado a ilegitimidade do impetrante), como se infere dos seguintes julgados:

> AGRAVO DE INSTRUMENTO. RECURSO DE REVISTA. MANDADO DE SEGURANÇA COLETIVO IMPETRADO PELA ASSOCIAÇÃO DOS COMERCIANTES DE MATERIAL DE CONSTRUÇÃO – ACOMAC. LEGISLAÇÃO MUNICIPAL IMPEDINDO A ABERTURA DA ATIVIDADE EM DOMINGOS E FERIADOS. INEXISTÊNCIA DE DIREITO LÍQUIDO E CERTO. DECISÃO DENEGATÓRIA. MANUTENÇÃO. O art. 6º da Lei n. 10.101/2000, com a redação dada pela Lei n. 11.603/2007, estabelece que fica autorizado o trabalho aos domingos nas atividades do comércio em geral, observada a legislação municipal, nos termos do art. 30, I, da Constituição. O parágrafo único do preceito versa, ainda, que o repouso semanal remunerado deverá coincidir, pelo menos uma vez no período máximo de três semanas, com o domingo, respeitadas as demais normas de proteção ao trabalho e outras a serem estipuladas em negociação coletiva. O MS foi denegado em primeiro grau, sendo mantida a decisão pelo TRT, explicitando-se que há Legislação Municipal de Aracaju que proíbe a abertura dos estabelecimentos em domingos e feriados, exceto se funcionarem sem o labor de empregados. Está consignado, também, inexistir norma coletiva autorizativa de labor em dias de descanso. É, portanto, patente a inexistência de direito líquido e certo exigido para a concessão do mandamus. Inviável o processamento do recurso de revista quando as razões expendidas no agravo de instrumento não logram infirmar os termos da decisão denegatória, que subsistem por seus próprios fundamentos. Agravo de instrumento desprovido (TST-AIRR 125640-20.2006.5.20.0002, j. 17-11-2010, Rel. Min. Mauricio Godinho Delgado, 6ª T., *DJ* 26-11-2010).
>
> **MANDADO DE SEGURANÇA COLETIVO PREVENTIVO. FEDERAÇÃO DE SINDICATOS DE COOPERATIVAS. DIREITO LÍQUIDO E CERTO À MANUTENÇÃO DO REGISTRO SINDICAL. INTERFERÊNCIA DO MINISTÉRIO DO TRABALHO E EMPREGO OFENSIVA AO ART. 8º, I, DA CONSTITUIÇÃO DA REPÚBLICA. 1. Na dicção da Súmula 677 do Exc. STF, interpretando o teor do art. 8º, I, da Constituição Federal, "até que lei venha dispor a respeito, incumbe ao Ministério do Trabalho proceder ao registro das entidades sindicais e zelar pela observância do princípio da unicidade", não fazendo parte de suas atribuições "analisar ou**

> **intervir sobre a conveniência ou oportunidade do desmembramento, desfiliação, dissociação ou situações assemelhadas" (art. 5º da Portaria n. 343/2000). 2. No caso concreto, assiste à impetrante e às entidades que compõem a sua categoria o direito líquido e certo à manutenção do registro sindical. 3. A controvérsia instaurada no âmbito administrativo, da qual adveio a interpretação de que as cooperativas não podem integrar o sistema sindical brasileiro, com a ameaça de cancelamento do registro sindical, representa abuso de poder, na medida em que revela interferência na organização sindical, obstada pela ordem constitucional vigente (TRT-10ª R., RXOF 00491-2007-013-10-00-5, Rel. Des. André R. P. V. Damasceno, 1ª T., *DO* 2-5-2008).**

Poder-se-ia conjeturar com o mandado de segurança coletivo contra ato judicial, como, por exemplo, na hipótese de uma ação civil pública, ajuizada pelo MPT ou por sindicato em defesa dos interesses coletivos ou individuais homogêneos dos trabalhadores, com pedido de liminar indeferido pelo juiz da Vara do Trabalho. Nesse caso, considerando-se o princípio da irrecorribilidade imediata das decisões interlocutórias, pensamos ser permitido ao sindicato ou ao MPT impetrar a ação de segurança coletiva contra tal decisão.

Ora, se se trata de lide coletiva, não nos parece razoável que o tradicional mandado de segurança individual seja adequadamente capaz de propiciar a efetiva tutela dos referidos interesses metaindividuais.

Sem embargo da cizânia em torno do cabimento do mandado de segurança coletivo para proteger direitos ou interesses difusos, coletivos e individuais homogêneos, pode-se dizer que há certo consenso de que os requisitos desse novel instituto, à míngua de regulamentação específica, são os mesmos do art. 5º, LXIX, da CF, é dizer, "proteção de direito líquido e certo, não amparado por *habeas corpus* ou *habeas data*, contra ato ilegal ou abusivo de autoridade"[25].

Eis a grande distinção entre o mandado de segurança coletivo e a ação civil pública: esta protege, em face de qualquer pessoa ou entidade, todas as modalidades de interesses ou direitos metaindividuais (difusos, coletivos ou individuais homogêneos); aquele se destina apenas à proteção de direito individual (ou coletivo *stricto sensu*), líquido e certo contra ato ilegal ou abusivo de autoridade.

Quanto ao objeto do MSC, o STF firmou entendimento de que apenas direitos coletivos líquidos e certos podem ser objeto dessa espécie de *writ* coletivo:

> O mandado de segurança coletivo – que constitui, ao lado do *writ* individual, mera espécie da ação mandamental instituída pela Constituição de 1934 – destina-se, em sua precípua função jurídico-processual, a viabilizar a tutela jurisdicional de

25. NERY JUNIOR, Nelson, ibidem.

direito líquido e certo não amparável pelos remédios constitucionais do *habeas corpus* e do *habeas data*. Simples interesses, que não configurem direitos, não legitimam a válida utilização do mandado de segurança coletivo (STF-MS n. 21.291-AgR-QO, Rel. Min. Celso de Mello, j. 12-4-1991, Plenário, *DJ* 27-10-1995).

Com a promulgação e publicação da EC n. 45/2004, que acrescentou os incisos I, IV e VII ao art. 114 da CF, ampliaram-se as possibilidades de impetração do mandado de segurança – individual ou coletivo – no âmbito da Justiça do Trabalho, desde que o ato administrativo questionado envolva matéria sujeita à sua jurisdição.

À guisa de exemplo, lembramos a hipótese em que um sindicato em defesa dos interesses individuais homogêneos de servidores estatutários da Justiça do Trabalho impetre mandado de segurança coletivo contra ato praticado pelo Presidente do TRT que implique redução de seus vencimentos ou vantagens. Neste caso, parece-nos perfeitamente cabível o mandado de segurança coletivo no âmbito da Justiça do Trabalho, pois se trata de uma *ação oriunda da relação de trabalho "interna corporis"* (loman art. 21) na qual surgiu o *ato administrativo* considerado ilegal ou arbitrário *praticado por autoridade* da própria Justiça do Trabalho que implica *lesão aos interesses individuais homogêneos* dos associados ou integrantes da categoria representada pela entidade sindical.

Importante salientar a posição do STF a respeito da possibilidade de impetração de mandado de segurança coletivo por sindicato com menos de um ano de constituição e funcionamento:

> MANDADO DE SEGURANÇA COLETIVO E SINDICATO. Tratando-se de mandado de segurança coletivo impetrado por sindicato, é indevida a exigência de um ano de constituição e funcionamento, porquanto essa restrição destina-se apenas às associações, nos termos do art. 5º, XXI, *b, in fine,* CF (...) (STF, RE n. 198.919-DF).

Além disso, o STF entende que a legitimidade do sindicato para impetrar MSC decorre apenas do seu registro em cartório, independentemente de registro no Ministério do Trabalho:

> Legitimidade – Mandado de segurança coletivo – Sindicato – Registro no Ministério do Trabalho. A legitimidade de sindicato para atuar como substituto processual no mandado de segurança coletivo pressupõe tão somente a existência jurídica, ou seja, o registro no cartório próprio, sendo indiferente estarem ou não os estatutos arquivados e registrados no Ministério do Trabalho (STF-RE n. 370.834, Rel. Min. Marco Aurélio, j. 30-8-2011, 1ª T., *DJE* de 26-9-2011).

Por outro lado, o STF editou as seguintes Súmulas sobre mandado de segurança coletivo:

A entidade de classe tem legitimação para o mandado de segurança ainda quando a pretensão veiculada interesse apenas a uma parte da respectiva categoria. (Súmula 630)

A impetração de mandado de segurança coletivo por entidade de classe em favor dos associados independe da autorização destes. (Súmula 629)

Para encerrar este tópico, convém lembrar que no mandado de segurança coletivo, de acordo com o § 2º do art. 22 da Lei n. 12.016/2009, "a liminar só poderá ser concedida após a audiência do representante judicial da pessoa jurídica de direito público, que deverá se pronunciar no prazo de 72 (setenta e duas) horas". É claro que tal norma pode ser interpretada conforme a Constituição, possibilitando ao magistrado, num caso concreto, deferir a liminar *inaudita altera parte,* caso esteja em jogo um direito fundamental que reclame imediata tutela de urgência e, somente depois de deferida a liminar, ouvir o representante judicial do Poder Público. Assim, se o MSC visa à proteção de direitos fundamentais que coloquem em risco iminente a vida, saúde ou segurança dos substituídos processualmente, pode o juiz interpretar a norma proibitiva conforme à Constituição e deferir a liminar sem audiência da parte contrária. Afinal, o art. 5º, XXXV, assegura a todos o direito de acesso à justiça tanto na hipótese de lesão quanto na de "ameaça" a direito individual ou coletivo.

Por se tratar de um remédio constitucional, o procedimento do mandado de segurança coletivo deve observar, no que couber, as regras alusivas ao mandado de segurança individual e as previstas nos regimentos internos dos tribunais.

3. AÇÃO RESCISÓRIA

3.1. Conceito e natureza jurídica

Em linguagem poética, Liebman dizia que a ação rescisória tem o corpo de uma ação, mas a alma de um recurso. A verdade, porém, é que a ação rescisória não se confunde com o recurso. Trata-se de uma ação, pois o recurso constitui um meio de impugnação de decisão judicial na mesma relação jurídica, isto é, "dentro" do mesmo processo, ao passo que a rescisória, embora também seja meio de impugnação de decisão judicial, só se presta a fazê-lo em outra relação processual, ou seja, "fora" do processo em que se deu a decisão impugnada.

Ademais, no elenco legal dos recursos não figura a ação rescisória. Esta, como se sabe, é tratada em capítulo próprio e específico.

Não deixa dúvida de que a natureza jurídica da ação rescisória é de uma ação pelo fato de exigir petição inicial e citação, com atendimento aos pressupostos processuais e às condições da ação. A ação rescisória, contudo, não é uma ação comum.

Em rigor, a rescisória é uma ação especial, com previsão, até mesmo, em sede constitucional, destinada a atacar a coisa julgada. Trata-se, pois, de uma ação civil de conhecimento, de natureza constitutivo-negativa, porquanto visa à desconstituição, ou, como preferem alguns, anulação da *res judicata*.

3.2. Base legal

A CLT prevê expressamente a admissibilidade de ajuizamento de ação rescisória no âmbito da Justiça do Trabalho, mas manda aplicar os dispositivos do CPC que se conexionam com esse tipo especial de ação.

Com efeito, reza o art. 836 da CLT, com redação dada pela Lei n. 11.495/2007, *in verbis*:

> É vedado aos órgãos da Justiça do Trabalho conhecer de questões já decididas, excetuados os casos expressamente previstos neste Título e a ação rescisória, que será admitida na forma do disposto no Capítulo IV do Título IX da Lei n. 5.869, de 11 de janeiro de 1973 – Código de Processo Civil, sujeita ao depósito prévio de 20% (vinte por cento) do valor da causa, salvo prova de miserabilidade jurídica do autor.

Assim, todos os requisitos exigidos pelos arts. 966 a 975 do CPC (CPC/73, arts. 485 a 495) para a admissibilidade e o processamento da ação rescisória também são aplicáveis ao processo do trabalho. A única exceção, como se infere do art. 836 da CLT, fica por conta da dispensa do depósito prévio ao autor que comprovar sua miserabilidade jurídica ou se tratar de massa falida, nos termos do art. 6º da IN TST n. 31/2007.

Convém dizer, por oportuno, que o procedimento particularmente adotado a respeito da ação rescisória, na Justiça do Trabalho, é o estabelecido no Regimento Interno dos Tribunais Regionais, seguindo modelo do RITST.

3.2.1. Suspensão do cumprimento da decisão rescindenda

Em linha de princípio, a ação rescisória não suspende o cumprimento da sentença rescindenda.

Prevê o art. 969 do CPC, no entanto, que a propositura da ação rescisória não impede o cumprimento da decisão rescindenda, ressalvada a concessão de tutela provisória.

A norma do CPC é aplicável ao processo do trabalho, tendo em vista a autorização expressa do art. 836 da CLT. Na verdade, o TST, antes mesmo do CPC/2015, já havia editado a Súmula 405, prevendo as hipóteses de suspensão da decisão rescindenda, inclusive admitindo a fungibilidade dos provimentos acautelatórios solicitados. Essa súmula foi alterada em decorrência do CPC/2015, passando a ter a seguinte redação:

> Súmula 405 – AÇÃO RESCISÓRIA. TUTELA PROVISÓRIA (nova redação em decorrência do CPC de 2015, Res. n. 208/2016). Em face do que dispõem a MP n. 1.984-22/2000 e o art. 969 do CPC de 2015, é cabível o pedido de tutela provisória formulado na petição inicial de ação rescisória ou na fase recursal, visando a suspender a execução da decisão rescindenda.

Na verdade, a Súmula 405 do TST trata da tutela provisória de urgência, cautelar ou antecipada, incidental (postulada na petição inicial da ação rescisória ou no recurso ordinário interposto contra acórdão regional), mas é igualmente possível a propositura de tutela provisória de urgência cautelar (ou antecipada) antecedente, isto é, ajuizada ante da propositura da ação rescisória (CPC, art. 294, parágrafo único).

3.3. Decisões rescindíveis

O art. 485, *caput*, do CPC/73 disciplinava que "a sentença de mérito, transitada em julgado, pode ser rescindida ...".

O art. 966 do CPC dispõe que: "A decisão de mérito, transitada em julgado, pode ser rescindida...".

A expressão "decisão de mérito" há de ser entendida em sentido amplo, isto é, abarca tanto a sentença propriamente dita como o acórdão (decisão colegiada dos tribunais). De tal arte, tanto a sentença como o acórdão, desde que apreciem a *res in iudicium deducta* (lide), acolhendo ou rejeitando o pedido, podem ser submetidos ao corte rescisório. É dizer, decisão de mérito é aquela que tem aptidão para produzir a coisa julgada material.

Lecionam Marinoni, Arenhart e Mitidiero que a "ação rescisória é uma ação que visa a desconstituir a coisa julgada"[26]. Vale dizer, somente as decisões judiciais que tenham o condão de produzirem coisa julgada material são rescindíveis. Nesse sentido, os referidos autores ressaltam que "a rescisória pode ter por objeto sentença de mérito ou decisão interlocutória definitiva de mérito"[27].

Não seriam de mérito, e por isso não desafiariam a rescisória, as sentenças que extinguem o processo por questões processuais (pressupostos) ou ausência de condições da ação, já que estas resolvem o processo sem apreciação do mérito (CPC, art. 485). Neste caso, o autor poderia propor nova (ou melhor, idêntica) demanda, salvo

26. MARINONI, Luiz Guilherme; ARENHART, Sérgio Cruz; MITIDIERO, Daniel. *Novo Código de Processo Civil comentado*. São Paulo: Revista dos Tribunais, 2015. p. 900.

27. Idem, ibidem.

se a resolução do processo na ação primeira se fundasse em perempção, litispendência ou coisa julgada (CPC, art. 486).

As decisões interlocutórias no CPC de 1973 não eram rescindíveis. Assim, decisão que não conhece de recurso não seria juridicamente de mérito. Logo, não desafiaria ação rescisória, a teor da Súmula 413 do TST.

É relevante destacar, no entanto, que o § 2º do art. 966 do CPC, inovando em relação ao CPC/73, prevê que, nas hipóteses previstas nos incisos do referido artigo, "será rescindível a decisão transitada em julgado que, embora não seja de mérito, impeça: I – nova propositura da demanda; ou II – admissibilidade do recurso correspondente". Temos aí, no primeiro caso, sentença (ou acórdão) terminativa (CPC, art. 485); no segundo, decisão interlocutória. Ambas rescindíveis.

Importa ressaltar que, de acordo com a OJ n. 107 da SBDI-2, é cabível a rescisória contra a decisão que declara extinta a execução, nos termos do art. 924, I a IV, c/c art. 925 do CPC de 2015 (art. 794 c/c art. 795 do CPC de 1973), porque extingue a relação processual e a obrigacional, havendo, assim, atividade cognitiva a merecer o corte rescisório.

Os despachos (ordinatórios ou de expediente), por óbvio, além de não serem impugnáveis por recurso, também não são suscetíveis de ataque por ação rescisória.

Também não empolgam a rescisória as "decisões" proferidas no procedimento de jurisdição voluntária. E isto porque, nestes casos, não há partes nem lide (mérito), mas tão somente interessados. É dizer, nos procedimentos de jurisdição voluntária não ocorre o fenômeno da *res judicata*, isto é, da coisa julgada material.

Além disso, a ação rescisória pode ter por objeto apenas um capítulo da decisão rescindenda (CPC, art. 966, § 3º). Cada capítulo corresponde a uma decisão de mérito dentro de uma sentença ou acórdão. Exemplificando: se a sentença acolhe o pedido de horas extras e rejeita o pedido de férias, ela terá dois capítulos.

Diz o § 4º do art. 966 do CPC que os "atos de disposição de direitos, praticados pelas partes ou por outros participantes do processo e homologados pelo juízo, bem como os atos homologatórios praticados no curso da execução, estão sujeitos à anulação, nos termos da lei".

Importa assinalar, no entanto, que no processo do trabalho há uma peculiaridade: a decisão que promove a conciliação das partes em juízo tem força de decisão irrecorrível (CLT, art. 831, parágrafo único). E é este o motivo que levou o TST a editar a Súmula 259, que diz: "Termo de Conciliação – Ação Rescisória. Só por ação rescisória é atacável o termo de conciliação previsto no parágrafo único do art. 831 da Consolidação das Leis do Trabalho".

Esse verbete está a merecer pequena alteração, tendo em vista que a Lei n. 10.035, de 25 de outubro de 2000, deu nova redação ao parágrafo único do art. 831 da CLT, estabelecendo que o termo de conciliação valerá como decisão irrecorrível, "salvo para a Previdência Social quanto às contribuições que lhe forem de vidas".

Como já apontado acima, a rescisória só pode atacar decisão de mérito, mas o defeito procedimental (*error in procedendo*), contido na sentença de mérito, também poderia, na vigência do CPC/73, dar ensejo à rescisória. Nesse sentido é a Súmula 412 do TST:

> AÇÃO RESCISÓRIA. REGÊNCIA PELO CPC DE 1973. SENTENÇA DE MÉRITO. QUESTÃO PROCESSUAL (nova redação em decorrência do CPC de 2015, Res. n. 217/2017, *DEJT* 20, 24 e 25-4-2017). Sob a égide do CPC de 1973, pode uma questão processual ser objeto de rescisão desde que consista em pressuposto de validade de uma sentença de mérito.

Decisão que não conhece de recurso não é juridicamente de mérito. Logo, não desafia ação rescisória, a teor da Súmula 413 do TST. Todavia, o item II dessa súmula excepciona que:

> Acórdão rescindendo do TST que não conhece de recurso de embargos ou de revista, analisando arguição de violação de dispositivo de lei material ou decidindo em consonância com súmula de direito material ou com iterativa, notória e atual jurisprudência de direito material da Seção de Dissídios Individuais (Súmula 333), examina o mérito da causa, cabendo ação rescisória da competência do TST.

É sabido que a coisa julgada pode ser formal ou material. Ocorre a primeira quando a sentença não resolve o mérito (lide), como se dá quando o autor é julgado carecedor da ação, transitando a sentença em julgado. A coisa julgada material ocorre quando a decisão transitada em julgado soluciona o mérito da controvérsia, julgando, por exemplo, a reclamação procedente ou improcedente.

O STF (Súmula 514) admite a rescisória contra a sentença transitada em julgado, "ainda que contra ela não se tenham esgotado todos os recursos". Isso significa que para alguém valer-se da ação rescisória não é necessário que tenha exaurido todos os recursos cabíveis no processo originário. Em outros termos, o fato de o autor não ter esgotado todas as vias recursais não impede a propositura da rescisória, bastando a comprovação do trânsito em julgado da decisão rescindenda.

É preciso advertir, no entanto, que a rescisória não pode ser utilizada como sucedâneo recursal. Nesse sentido:

> (...) AÇÃO RESCISÓRIA. PROVA FALSA. NÃO CONFIGURAÇÃO. Conforme o art. 485, VI, do CPC/73, a sentença de mérito, transitada em julgado, pode ser rescindida quando se fundar em prova, cuja falsidade tenha sido apurada em processo criminal, ou seja, provada na própria ação rescisória. A aplicação do dispositivo legal pressupõe o exame se a decisão rescindenda se sustentaria ou não sem os elementos colhidos na prova apontada como falsa. **Na hipótese debatida nos autos, verifica-se, na verdade, estar a Autora simplesmente utilizando-se da presente ação res-**

cisória como sucedâneo recursal, impugnando o laudo pericial, alegando para tanto a sua falsidade. No entanto, a prova produzida na ação rescisória não se presta como nova prova para o rejulgamento da reclamação trabalhista, pois não se trata de reabertura da instrução do processo matriz para a produção ou consideração de novas provas, mas apenas de desconsiderar, na reclamação trabalhista, a prova que foi demonstrada falsa na ação rescisória e proceder ao novo julgamento naquelas mesmas condições. Não comprovada as alegações trazidas pela parte, inviável o corte rescisório, sob o aspecto pretendido. Recurso ordinário conhecido e não provido (...) (TST-RO 165-15.2014.5.08.0000, SBDI-2, Rel. Min. Emmanoel Pereira, *DEJT* 24-8-2018).

3.4. Sentença normativa e sentença arbitral

Segundo a jurisprudência dos Tribunais Regionais do Trabalho, é cabível ação rescisória contra decisão proferida em sede de dissídio coletivo (sentença normativa).

Em sentido contrário, o ilustre ministro Ives Gandra da Silva Martins Filho, invocando aresto do STF (AI-AgRg n. 138.553-7, Rel. Min. Maurício Corrêa, *DJU* 8-9-1995, p. 28.359), sustenta que a natureza de fonte heterônoma inerente a esse tipo de provimento jurisdicional só pode produzir, em princípio, a coisa julgada formal. Diz-se em princípio porquanto a sentença normativa poderá produzir coisa julgada material em relação às vantagens já percebidas pelo empregado durante a sua vigência, não porém em relação às parcelas que ele poderia vir a receber durante o prazo total de sua vigência[28].

A discussão perde importância, a nosso ver, ante a edição da Lei n. 7.701, de 21 de dezembro de 1988, cujo art. 2º, I, *c*, estabelece que compete originariamente à Seção Especializada em Dissídios Coletivos – SDC, ou seção normativa: "julgar as ações rescisórias propostas contra suas sentenças normativas".

Não obstante, o TST editou a Súmula 397, segundo a qual é incabível ação rescisória contra sentença normativa, "porque em dissídio coletivo somente se consubstancia coisa julgada formal".

Não é admissível a ação rescisória para desconstituir sentença arbitral, porque a Lei n. 9.307/96, no seu art. 33, §§ 1º a 3º, dispõe que a parte interessada poderá pleitear ao órgão do Poder Judiciário competente a decretação da nulidade da sentença arbitral, nos casos previstos nesta Lei.

Trata-se, pois, de ação anulatória que seguirá o procedimento comum, previsto no CPC e deverá ser proposta no prazo de até noventa dias após o recebimento da notificação da sentença arbitral ou de seu aditamento.

---

28. MARTINS FILHO, Ives Gandra da Silva. *Processo coletivo do trabalho*. 2. ed. p. 171-172.

A sentença que julgar procedente o pedido: I – decretará a nulidade da sentença arbitral, nos casos do art. 32, I, II, VI, VII e VIII da referida lei; II – determinará que o árbitro ou o tribunal arbitral profira novo laudo, nas demais hipóteses.

O remédio adequado para atacar a sentença arbitral passou a ser a impugnação, e não mais os embargos do devedor, por força do art. 525, § 1º, do CPC (art. 475-L do CPC/73).

3.5. Decisão de mérito nula, anulável ou inexistente

A decisão de mérito passível de impugnação por ação rescisória, em rigor, é a que – não obstante os defeitos ou vícios nela contidos – esteja apta a produzir a coisa julgada material. Estamos cogitando, pois, de decisão de mérito nula ou anulável.

Decisão inexistente é decisão nenhuma, razão pela qual, segundo o entendimento doutrinário ao qual nos filiamos, não necessita de corte rescisório. É que a decisão inexistente não produz efeito jurídico algum, em função do que, decorrido o prazo do recurso respectivo, poderá ser impugnada no processo de cognição, mediante ação anulatória, ou na execução, por meio de embargos (ou impugnação).

Leciona Barbosa Moreira que:

> os vícios da sentença podem gerar consequências diversas, em gradação que depende da respectiva gravidade. A sentença desprovida de elemento essencial, como o dispositivo, ou proferida em processo a que falte pressuposto de existência, como seria o instaurado perante órgão não investido de jurisdição, é sentença inexistente, e será declarada tal por qualquer juiz, sempre que alguém invoque, sem necessidade (e até sem possibilidade) de providência tendente a desconstituí-la: não se desconstitui o que não existe. Mas a sentença pode existir e ser nula, *v.g.*, se julgou *ultra petita*. Em regra, após o trânsito em julgado, a nulidade converte-se em simples rescindibilidade. O defeito, arguível em recurso como motivo de nulidade, caso subsista, não impede que a decisão, uma vez preclusas as vias recursais, surta efeitos até que seja desconstituída, mediante rescisão[29].

Como bem acentua Francisco Antonio de Oliveira:

> Sentença rescindível é aquela que, embora viciada com erros de procedimento ou de julgamento, tem a força de coisa julgada a lhe dar plena executoriedade. Poderá ser nula (*v.g.*, a proferida por juiz incompetente) ou anulável nos demais casos. A senten-

29. *Apud* OLIVEIRA, Francisco Antonio de. *Ação rescisória:* enfoques trabalhistas. São Paulo: Revista dos Tribunais, 1992. p. 40.

ça inexistente não se confunde com sentença nula. A nulidade e anulabilidade exigem desconstituição. A inexistente não exige e por isso não há falar em prazo preclusivo[30].

Exemplo típico de sentença inexistente é a proferida por pessoa não investida legalmente no cargo de juiz (ex.: juiz aposentado) ou a sentença sem assinatura do juiz. Há quem sustente ser inexistente a sentença prolatada num processo em que não houve citação inicial do réu. Ocorrendo tais situações, não transcorrerá o prazo decadencial de dois anos para a propositura da ação rescisória.

De tal arte, se a decisão impugnada por ação rescisória for do tipo inexistente, não haverá interesse processual (necessidade-utilidade-adequação) para o ajuizamento da ação rescisória, devendo, neste caso, o processo ser extinto sem resolução do mérito (CPC, art. 485, VI).

Em resumo: a sentença inexistente, por não transitar em julgado, pode ser atacada por ação declaratória de inexistência de ato jurídico, sem sujeição a limite temporal, pois nada há a desconstituir. Já a sentença de mérito nula, que transita em julgado, pode ser rescindida no prazo decadencial de dois anos. A única nulidade que macula a sentença é a absoluta, pois as nulidades relativas foram sanadas (ou poderiam ter sido sanadas) no curso do processo originário[31].

O TST, no entanto, vem entendendo ser inadmissível ação anulatória ou a ação declaratória de inexistência de sentença (*querela nullitatis*) em que a citação é considerada nula ou inexistente, sendo a rescisória a ação adequada para tal fim. É o que se infere dos seguintes julgados:

> RECURSO ORDINÁRIO EM AÇÃO RESCISÓRIA AJUIZADA SOB A ÉGIDE DO CPC DE 1973. HIPÓTESE DE RESCINDIBILIDADE DO ART. 485, V, DO CPC DE 1973. CITAÇÃO NULA. INDICAÇÃO ERRÔNEA DO ENDEREÇO DO RECLAMADO NO PROCESSO MATRIZ. NÃO CONFIGURAÇÃO DE HIPÓTESE DE CITAÇÃO EDITALÍCIA. VIOLAÇÃO DOS ARTS. 5º, LV, DA CONSTITUIÇÃO E 841, § 1º, DA CLT. A citação por edital encontra previsão no parágrafo 1º do art. 841 da CLT, nas hipóteses em que o reclamado criar embaraços ao seu recebimento ou não for encontrado, desde que, obviamente, tenha sido indicado o endereço correto, o que não aconteceu no caso em tela, pois o endereço fornecido na petição inicial da Reclamação Trabalhista não correspondia ao da inventariante do espólio do reclamado nem ao endereço do empreendimento. Portanto, não se configurou, no processo matriz, a hipótese autorizadora da citação editalícia. Como corolário lógico-jurídico, há a constatação de que a angularização da relação jurídica processual não se completou, o que torna nulos os atos processuais realizados no processo matriz, nos termos decididos pelo acórdão

30. *Ação rescisória:* enfoques trabalhistas, cit., p. 41.

31. ALVIM PINTO, Tereza Arruda. *Nulidades da sentença.* São Paulo: Revista dos Tribunais, 1987. p. 208-209.

recorrido. Cuida-se, pois, de nulidade absoluta – *rectius*, de verdadeira inexistência da relação jurídica processual, porque a citação não concretizada é citação inexistente, o que afeta toda a relação jurídico-processual. Hipótese de rescindibilidade configurada, portanto, autorizando a manutenção do acórdão recorrido. Recurso Ordinário conhecido e não provido (TST-RO-750-76.2012.5.03.0000, SBDI-2, Rel. Min. Luiz Jose Dezena da Silva, *DEJT* 8-5-2020).

AGRAVO DE INSTRUMENTO EM RECURSO DE REVISTA. APELO INTERPOSTO NA VIGÊNCIA DA LEI N. 13.015/2014. AÇÃO ANULATÓRIA DE SENTENÇA AJUIZADA SOB A ÉGIDE DO CPC DE 1973. ALEGAÇÃO DE AUSÊNCIA DE CITAÇÃO. INADEQUAÇÃO DA *QUERELA NULLITATIS*. De acordo com a Súmula 412 do TST, "sob a égide do CPC de 1973, pode uma questão processual ser objeto de rescisão desde que consista em pressuposto de validade de uma sentença de mérito". Considerando o cabimento de ação rescisória para desconstituir a sentença transitada em julgado, ao argumento de inexistência de citação, é forçoso concluir pela inadequação da ação anulatória. Precedentes. Agravo de instrumento desprovido" (AIRR-11258-30.2015.5.15.0069, 5ª Turma, Relator Ministro Emmanoel Pereira, *DEJT* 8-2-2019).

3.6. Competência

Na Justiça do Trabalho, a competência originária para processar e julgar a ação rescisória é dos Tribunais. Isso quer dizer que a ação rescisória jamais será julgada por Juiz de Vara do Trabalho ou por juiz de direito investido na jurisdição trabalhista.

A competência originária para a ação rescisória de decisão proferida por Juiz de Vara do Trabalho ou acórdão regional que aprecia o mérito é sempre do próprio Tribunal Regional do Trabalho.

Se o acórdão do TST não apreciar o mérito da causa, como ocorre, *v.g.*, quando aquela Corte não conhece do recurso interposto por ausência de pressuposto de admissibilidade, a ação rescisória voltar-se-á contra o acórdão regional que tenha adentrado no mérito, sendo competente o TRT para processá-la e julgá-la.

Todavia, se o acórdão não conhecer do recurso, mas apreciar o mérito da causa, como na hipótese em que o TST não conhece do recurso de revista sob o fundamento de que não houve violação a texto literal de lei federal (CLT, art. 896, *c*), o órgão competente para a ação rescisória será o próprio TST.

Nesse sentido, o TST editou a Súmula 192, *in verbis*:

> I – Se não houver o conhecimento de recurso de revista ou de embargos, a competência para julgar ação que vise a rescindir a decisão de mérito é do TRT, ressalvado o disposto no item II.
>
> II – Acórdão rescindendo do TST que não conhece de recurso de embargos ou de revista, analisando arguição de violação de dispositivo de lei material ou decidindo

em consonância com súmula de direito material ou com iterativa, notória e atual jurisprudência de direito material da SDI (Súmula 333), examina o mérito da causa, cabendo ação rescisória da competência do TST.

III – Sob a égide do art. 512 do CPC de 1973, é juridicamente impossível o pedido explícito de desconstituição de sentença quando substituída por acórdão do TRT ou superveniente sentença homologatória de acordo que puser fim ao litígio.

IV – Na vigência do CPC de 1973, é manifesta a impossibilidade jurídica do pedido de rescisão de julgado proferido em agravo de instrumento que, limitando-se a aferir o eventual desacerto do juízo negativo de admissibilidade do recurso de revista, não substitui o acórdão regional, na forma do art. 512 do CPC.

V – A decisão proferida pela SBDI, em agravo regimental, calcada na Súmula 333, substitui acórdão de Turma do TST, porque emite juízo de mérito, comportando, em tese, o corte rescisório.

Da decisão de TRT proferida em ação rescisória caberá recurso ordinário para o Tribunal Superior do Trabalho (Lei n. 7.701/88, arts. 2º, II, *b,* e 3º, III, *a*).

Se o acórdão de mérito emanar de órgão do Tribunal Superior do Trabalho, competente para a ação rescisória será o próprio TST, por meio da Seção de Dissídios Individuais ou Seção de Dissídios Coletivos (Lei n. 7.701/88, arts. 2º, I, *c,* e 3º, I, *a*).

A SBDI-2 do TST editou a OJ n. 70, segundo a qual é inepta a inicial da rescisória por equívoco manifesto no ajuizamento da ação no TST quando a decisão rescindenda é do TRT ou vice-versa.

Importa ressaltar, contudo, que, contrariamente ao previsto na referida OJ n. 70 da SBDI-2, os §§ 5º e 6º do art. 968 do CPC dispõem, *in verbis*:

Art. 968 (...) § 5º Reconhecida a incompetência do tribunal para julgar a ação rescisória, o autor será intimado para emendar a petição inicial, a fim de adequar o objeto da ação rescisória, quando a decisão apontada como rescindenda:

I – não tiver apreciado o mérito e não se enquadrar na situação prevista no § 2º do art. 966;

II – tiver sido substituída por decisão posterior.

§ 6º Na hipótese do § 5º, após a emenda da petição inicial, será permitido ao réu complementar os fundamentos de defesa, e, em seguida, os autos serão remetidos ao tribunal competente.

3.7. Indeferimento da petição inicial

Cerramos fileira com a corrente doutrinária que advoga no sentido de que a petição inicial da ação rescisória poderá ser indeferida (os Regimentos Internos dos Tribunais geralmente outorgam tal competência ao relator) nos seguintes casos:

a) quando for inepta (CPC, art. 330, I):

Para a admissibilidade da ação rescisória, exige-se que a petição inicial contenha fundamento jurídico do pedido (causa de pedir) e pedido. Além da causa de pedir, é preciso que o autor decline, expressamente, na inicial, o fundamento legal em que se funda a ação, isto é, deverá indicar o inciso do art. 966 do CPC, que serve de sustentáculo à pretensão deduzida em juízo. A ausência dessa indicação, por outro lado, impossibilita ou dificulta o exercício do direito de ampla defesa do réu.

De acordo com os itens III e IV da Súmula 192 do TST, também seria causa de inépcia da petição inicial da ação rescisória a impossibilidade jurídica do pedido. Tais verbetes deverão ser adaptados ao CPC, pois possibilidade jurídica do pedido deixou de ser condição da ação e, por isso, não é mais fundamento para extinção do processo sem resolução de mérito.

b) quando a parte for ilegítima (CPC, art. 967):

De acordo com o art. 967 do CPC, têm legitimidade para propor a ação rescisória:

I – quem foi parte no processo ou o seu sucessor a título universal ou singular;

II – o terceiro juridicamente interessado;

III – o Ministério Público:

a) se não foi ouvido no processo em que lhe era obrigatória a intervenção;

b) quando a decisão rescindenda é o efeito de simulação ou de colusão das partes, a fim de fraudar a lei;

c) em outros casos em que se imponha sua atuação;

IV – aquele que não foi ouvido no processo em que lhe era obrigatória a intervenção.

Parágrafo único. Nas hipóteses do art. 178, o Ministério Público será intimado para intervir como fiscal da ordem jurídica quando não for parte.

O substituto processual também pode ser parte legítima (ativa e passiva) para a ação rescisória (TST, Súmula 406, item II).

O MPT pode ser autor (TST, Súmula 407), mas não pode ser réu, por ser instituição sem personalidade jurídica. Neste caso, a União figurará como ré.

c) quando o autor carecer de interesse processual (necessidade, utilidade e adequação):

Se o autor ajuizar, por exemplo, ação rescisória visando desconstituir decisão (sentença ou acórdão) terminativa ou que não aprecia o mérito (ressalvadas as duas hipóteses previstas no § 2º do art. 966), a ação não será admitida, por falta de interesse processual, na modalidade inadequação da via eleita.

d) quando o Relator verificar, desde logo, a decadência:

Embora a decadência diga respeito ao mérito, o Relator poderá indeferir, de plano, a inicial, uma vez que o prazo de dois anos, a contar do trânsito em julgado da decisão rescindenda, é realmente decadencial. Sobre decadência em ação rescisória, ver Súmula 100 do TST.

e) quando não forem atendidas as prescrições do arts. 106, § 1º, e 321 do NCPC. Neste caso é importante notar o item II da Súmula 299 do TST: "Verificando o relator que a parte interessada não juntou à inicial o documento comprobatório do trânsito em julgado, abrirá prazo de 15 (quinze) dias para que o faça (art. 321 do CPC de 2015), sob pena de indeferimento";

f) quando o autor não realizar o depósito prévio de que trata o art. 836 da CLT, com a redação dada pela Lei n. 11.495/2007. Neste caso, devem ser observados os termos da IN n. 31/2007 do TST;

g) quando a petição inicial não for subscrita por advogado (TST, Súmula 425). Neste caso, o Relator deve observar o disposto no art. 76 do CPC.

Cremos que o Relator não tem competência para indeferir, de plano, a inicial da ação rescisória em hipóteses outras que não as acima apontadas.

Não poderá o Relator, *v.g.*, indeferir a inicial sob o fundamento de ser a matéria controvertida nos tribunais, ou de que "não houve violação manifesta de norma jurídica", ou de que a matéria não foi prequestionada na decisão rescindenda, pois nestes casos estar-se-á diante do mérito da ação rescisória, ou seja, somente o Colegiado, e não o Relator, monocraticamente, terá competência para admitir e julgar a ação.

Alguns relatores, contudo, vêm indeferindo, *in limine*, a petição inicial da rescisória fora das hipóteses acima referidas. De qualquer modo, a decisão monocrática que indefere a petição inicial da rescisória desafia a interposição de agravo interno ou regimental, observadas as regras procedimentais pertinentes.

Deve-se salientar, porém, que o § 4º do art. 968 do CPC manda aplicar à ação rescisória o disposto no art. 332 do mesmo Código, que cuida do instituto da improcedência liminar do pedido. Tal decisão, evidentemente, é da competência funcional do relator (CPC, art. 932, I e VIII).

3.8. Requisitos específicos da petição inicial

Dispõe o art. 968 do CPC, *aplicado diretamente* no processo do trabalho por força do art. 836 da CLT, que a petição inicial será elaborada com observância dos requisitos essenciais do art. 319 do mesmo Código, devendo o autor:

I – cumular ao pedido de rescisão, se for o caso, o de novo julgamento da causa;

II – depositar a importância de cinco por cento sobre o valor da causa, que se converterá em multa caso a ação seja, por unanimidade de votos, declarada inadmissível ou improcedente.

A inicial da rescisória, portanto, deverá observar os requisitos comuns previstos no art. 319 do CPC, cabendo ao autor, ainda, cumular ao pedido de rescisão, quando houver necessidade de nova decisão substitutiva da decisão originária, o de novo julgamento da causa.

O autor poderá cumular pedidos, em ordem sucessiva, de rescisão da sentença e do acórdão (TST/SBDI-2 OJ n. 78).

Mais ainda, deverá o autor indicar na petição inicial:

a) qual a decisão de mérito transitada em julgado pretende desconstituir ou, se a decisão não for de mérito, que ela se enquadra nas hipóteses do § 2º do art. 966 do CPC;

b) a invocação de alguma (ou algumas) das hipóteses de admissibilidade, taxativamente arroladas no art. 966 do CPC.

Como se vê, há diversas exigências de ordem técnica para a elaboração da petição inicial, o que levou o TST a editar a Súmula 425, afastando o *jus postulandi* das próprias partes em sede de ação rescisória.

No que tange ao valor da causa, deve-se observar o disposto nos arts. 2º, 3º e 4º da IN/TST n. 31/2007, conforme salientamos no item 2.8.3 do Capítulo XII.

Cumpre lembrar que o valor da causa atribuído pelo autor na petição inicial e não impugnado pelo réu não poderia ser alterado, de ofício, pelo tribunal. Era o que dispunha a OJ n. 155 da SBDI-2, cancelada pela Resolução TST n. 206/2016, *DEJT* 18, 19 e 20-4-2016).

É importante notar que o art. 293 do CPC faculta ao réu impugnar, em preliminar da contestação, o valor atribuído à causa pelo autor, sob pena de preclusão, e o juiz decidirá a respeito, impondo, se for o caso, a complementação das custas. Entretanto, o § 3º do art. 292 do CPC prevê que o "juiz corrigirá, de ofício e por arbitramento, o valor da causa quando verificar que não corresponde ao conteúdo patrimonial em discussão ou ao proveito econômico perseguido pelo autor, caso em que se procederá ao recolhimento das custas correspondentes". Este dispositivo é, nos termos do art. 3º, V, da IN/TST n. 39/2016, aplicável ao processo do trabalho.

3.8.1. Depósito prévio

Seguindo a tendência de tornar mais efetivo o processo do trabalho, foi editada a Lei n. 11.495, de 22 de junho de 2007 (*DOU* 25-6-2007), que deu nova redação ao *caput* do art. 836 da CLT, passando a exigir, a partir de noventa dias de sua publicação, um depósito prévio fixado em 20% sobre o valor da causa, salvo prova de miserabilidade jurídica do autor.

Trata-se de um novo requisito específico para a admissibilidade da ação rescisória, cujo procedimento está regulamentado na Instrução Normativa (IN) n. 31 do TST, segundo a qual o depósito prévio, nas ações rescisórias, deve ser realizado nos moldes previstos na IN n. 21 do TST, observando-se algumas peculiaridades relativas ao preenchimento da guia de recolhimento.

Parece-nos, contudo, que o art. 836 da CLT deve ser interpretado sistematicamente com os arts. 968, II, 968, § 3º, e 974 do CPC.

Assim, tem-se que a petição inicial na ação rescisória será indeferida se o autor não realizar o depósito prévio correspondente a 20% sobre o valor da causa (CPC, art. 968, § 3º), não se aplicando tal regra quando o autor for a União, os Estados, o Distrito Federal, os Municípios, suas respectivas autarquias e fundações de direito público, o Ministério Público, a Defensoria Pública e os que tenham obtido o benefício de gratuidade da justiça.

Por força do § 2º do art. 968 do CPC, o depósito prévio não será superior a 1.000 (mil) salários mínimos.

Ao que nos parece, a exemplo do que ocorre com os recursos trabalhistas (Lei n. 5.584/70, art. 7º), o depósito prévio e a comprovação do seu efetivo recolhimento devem acompanhar a petição inicial da ação rescisória, sob pena de seu imediato indeferimento, não se aplicando em tal hipótese a regra do art. 321 do CPC (art. 284 do CPC/73).

Tal entendimento, porém, merece ser alterado em função dos arts. 9º e 10 do CPC, que consagram o princípio da proibição da decisão surpresa. O TST, no entanto, sob outro fundamento, vem decidindo que "o indeferimento liminar da petição inicial da ação rescisória, sem a prévia intimação da parte autora para sanar o vício referente ao recolhimento do depósito prévio a que alude o art. 836 da CLT, acabou por acarretar afronta ao devido processo legal, eis que, tendo havido expresso pedido de concessão dos benefícios da justiça gratuita, o seu indeferimento deveria acarretar não extinção liminar da ação rescisória, mas sim a prévia intimação da parte para a regularização do depósito prévio, sob pena de ofensa ao art. 10 e 99, §§ 2º e 7º, do CPC/2015. Ademais, tratando-se de ação rescisória regida pelo CPC/2015, cabe ao magistrado, antes de extinguir o feito sem resolução do mérito, propiciar à parte que sane eventual vício processual, na forma dos arts. 139, IX, 317 e 321 do CPC/2015. Precedentes desta C. SBDI-2. Recurso ordinário conhecido e parcialmente provido" (TST-RO-1001564-25.2017.5.02.0000, SBDI-2, Rel. Min. Renato de Lacerda Paiva, *DEJT* 2-10-2020).

O valor da causa na ação rescisória depende da fase (ou processo) em que fora proferida a decisão rescindenda. No processo (ou fase) de conhecimento, corresponderá ao valor dado à causa ou àquele fixado pelo juiz, corrigidos monetariamente, em caso de improcedência; ou, no caso de condenação, ao respectivo valor arbitrado pelo julgador, também corrigido monetariamente. No processo de execução (ou fase de cumprimento da sentença), o valor é aquele fixado em liquidação de sentença.

Dispõe o art. 974 do CPC, *in verbis*:

> Art. 974. Julgando procedente o pedido, o tribunal rescindirá a decisão, proferirá, se for o caso, novo julgamento e determinará a restituição do depósito a que se refere o inciso II do art. 968.

> Parágrafo único. Considerando, por unanimidade, inadmissível ou improcedente o pedido, o tribunal determinará a reversão, em favor do réu, da importância do depósito, sem prejuízo do disposto no § 2º do art. 82.

O art. 5º da IN n. 31/2007 do TST, no entanto, sem nada aludir a respeito do *quorum* do julgamento pelo tribunal, previa que em caso de improcedência da ação o valor depositado reverteria em favor do réu, a título de multa.

Felizmente, verificando o equívoco em que incorrera, o TST editou a Resolução n. 154, de 16 de fevereiro de 2009, alterando o art. 5º da IN n. 31, que passou a ter a seguinte redação:

> Art. 5º O valor depositado será revertido em favor do réu, a título de multa, caso o pedido deduzido na ação rescisória seja julgado, por unanimidade de votos, improcedente ou inadmissível.

De acordo com o art. 6º da IN TST n. 31/2007, o depósito não será exigido da massa falida ou quando o autor da rescisória receber salário igual ou inferior a dois salários mínimos, ou declarar, sob as penas da lei, não ter condições de pagar as custas do processo sem prejuízo do sustento próprio ou de sua família.

A partir de 9 de outubro de 2007, ou seja, data da vigência da IN n. 31 do TST, ficaram canceladas a Súmula 194 do TST e a Orientação Jurisprudencial n. 147 da SBDI-2/TST[32].

3.9. Hipóteses de admissibilidade

Existem oito hipóteses jurídicas que podem ser invocadas na ação rescisória. Elas estão exaustivamente previstas nos incisos I a VIII do art. 966 do CPC, *in verbis*:

> Art. 966. A decisão de mérito, transitada em julgado, pode ser rescindida quando:
>
> I – se verificar que foi proferida por força de prevaricação, concussão ou corrupção do juiz;
>
> II – for proferida por juiz impedido ou por juízo absolutamente incompetente;
>
> III – resultar de dolo ou coação da parte vencedora em detrimento da parte vencida ou, ainda, de simulação ou colusão entre as partes, a fim de fraudar a lei;
>
> IV – ofender a coisa julgada;
>
> V – violar manifestamente norma jurídica;
>
> VI – for fundada em prova cuja falsidade tenha sido apurada em processo criminal ou venha a ser demonstrada na própria ação rescisória;

32. Fonte: ASCS/TST.

VII – obtiver o autor, posteriormente ao trânsito em julgado, prova nova cuja existência ignorava ou de que não pôde fazer uso, capaz, por si só, de lhe assegurar pronunciamento favorável;

VIII – for fundada em erro de fato verificável do exame dos autos.

Analisaremos adiante as hipóteses de rescindibilidade de sentença ou acórdão de mérito.

3.9.1. Prevaricação, concussão ou corrupção do juiz (CPC, art. 966, I)

A prevaricação é o descumprimento doloso do dever a que se está sujeito em virtude do cargo que se ocupa. Nos termos do art. 319 do Código Penal, comete crime de prevaricação aquele que: "Retardar ou deixar de praticar, indevidamente, ato de ofício, ou praticá-lo contra disposição expressa de lei, para satisfazer interesse ou sentimento pessoal". Haveria prevaricação, por exemplo, se o juiz retardasse de propósito a marcha de um processo para impedir que uma das partes produzisse sua prova.

A concussão é a extorsão por parte de um funcionário público (*lato sensu*) no exercício de suas funções. De acordo com o art. 316 do Código Penal, comete crime de concussão aquele que: "Exigir, para si ou para outrem, direta ou indiretamente, ainda que fora da função ou antes de assumi-la, mas em razão dela, vantagem indevida". Seria o caso de um juiz que tivesse exigido de uma parte determinada importância para proferir sentença de mérito a ela favorável.

A corrupção é o crime consistente em uma pessoa solicitar ou oferecer dinheiro ou outra vantagem indevida a funcionário público, empregado, juiz etc. para que realize atividades pertinentes à sua função. A corrupção pode ser ativa ou passiva.

A corrupção é ativa por parte de quem faz o oferecimento, e passiva por parte de quem o aceita. A corrupção que justifica a rescisória é a passiva. Nos termos do art. 317 do Código Penal, pratica crime de corrupção passiva aquele que: "Solicitar ou receber, para si ou para outrem, direta ou indiretamente, ainda que fora da função ou antes de assumi-la, mas em razão dela, vantagem indevida, ou aceitar promessa de tal vantagem".

A corrupção passiva pode ser comprovada no curso da própria rescisória. Não há necessidade de prévia condenação em processo criminal. A procedência da rescisória fundada em corrupção pode levar à nulidade da sentença e de todos os atos processuais dos quais tenha participado o juiz corrupto.

3.9.2. Impedimento ou incompetência absoluta (CPC, art. 966, II)

a) Juiz impedido

A lei processual civil faz referência apenas ao juiz impedido (CPC, art. 144), em função do que a decisão proferida por juiz suspeito não pode ser atacada mediante ação rescisória.

Poder-se-ia invocar a interpretação extensiva para justificar que as mesmas razões que empolgam a rescisória baseada em impedimento também a justificariam com base em suspeição; porém, tal solução é incorreta, uma vez que a natureza excepcional do instituto da ação rescisória, bem como o sistema de taxatividade imposto pelo art. 966 do CPC, impedem o alargamento das hipóteses previstas nesse preceptivo.

Desse modo, não mencionando a lei o juiz suspeito, não há como ser admitida a ação rescisória sob tal fundamento.

b) Juiz absolutamente incompetente:

Somente a incompetência absoluta pode render ensejo à rescisória. A incompetência relativa não anima esse tipo especial de ação.

O caso mais frequente de incompetência absoluta no âmbito do processo do trabalho é em razão da pessoa (exemplo, servidor público estatutário). O STF já firmou entendimento na ADI n. 3.395 que a Justiça do Trabalho é incompetente para processar e julgar ação ajuizada por servidor regido por Estatuto próprio diverso da CLT.

Assim, se a Vara do Trabalho julgar procedente ou improcedente pedido formulado por servidor público estatutário, o ente público demandado poderá ajuizar ação rescisória, visando à desconstituição do julgado. Todavia, o TST vem acolhendo o corte rescisório desde que na ação originária tenha restado incontroverso que o regime jurídico era realmente diverso do celetista. Nesse sentido:

> RECURSO ORDINÁRIO EM AÇÃO RESCISÓRIA. INCOMPETÊNCIA DA JUSTIÇA DO TRABALHO. REGIME JURÍDICO. SERVIDOR PÚBLICO MUNICIPAL. ART. 485, II E V, DO CPC. I – Esta e. Subseção consolidou o entendimento de que o pedido de corte rescisório fundado no art. 485, II, da CLT pressupõe a objetiva e absoluta incompetência do Juízo prolator da decisão rescindenda ante expressa disposição de lei atribuindo a competência a juízo distinto. Fixada no juízo rescisório a natureza celetista do vínculo, exsurge a competência da Justiça do Trabalho para o exame da controvérsia. O pedido de desconstituição da decisão rescindenda está fundado na comprovação da publicidade da Lei Municipal para a validade da instituição do regime jurídico estatutário, hipótese que não se amolda à causa de rescindibilidade prevista no art. 485, II, do CPC. II – A sentença rescindenda, quanto à preliminar de incompetência da Justiça do Trabalho, está alicerçada em mais de um fundamento, enquanto o autor, na exordial, ao fundamentar o pleito do corte rescisório na violação do art. 114 da Constituição da República, invoca causas de rescindibilidade que infirmam apenas um deles, qual seja, a falta de comprovação da publicidade da Lei Municipal instituidora do regime jurídico dos servidores, razão pela qual sua pretensão encontra óbice na Orientação Jurisprudencial n. 112 da SBDI-2. Recurso ordinário a que se nega provimento (TST-RO 75100-09.2011.5.16.0000, Rel. Min. Alexandre de Souza Agra Belmonte, SBDI-2, *DEJT* 19-4-2013).

É importante lembrar que, se a ação rescisória tiver como causa de rescindibilidade o inciso II do art. 966 do CPC de 2015, a arguição de incompetência absoluta prescinde de prequestionamento (OJ n. 124 da SBDI-2).

3.9.3. Dolo ou coação da parte vencedora em detrimento da parte vencida ou, ainda, de simulação ou colusão entre as partes, a fim de fraudar a lei (CPC, art. 966, III)

Houve ampliação desta hipótese prevista no inciso III do art. 966 do CPC em relação ao CPC/73 para os casos de coação e simulação.

a) Dolo ou coação

O dolo é o artifício malicioso utilizado com a intenção premeditada de causar dano a outrem.

Trazemos à baila exemplo de Tostes Malta:

> um empregado, desejando ser despedido para receber indenização, faz chegar ao empregador, por terceiros, um documento supostamente assinado pelo empregado mas, na verdade, por este mesmo falsificado e do qual resulte que o empregado ofendeu gravemente o empregador. Despedido, o empregado ajuíza reclamação. O empregador alega justa causa e exibe o documento em questão. O empregado alega que a assinatura do documento não é sua, e se apura que a assinatura é falsa. A reclamação é julgada procedente. Transitada a decisão em julgado e vindo o empregador a saber o que se passara, ajuíza rescisória visando a desconstituir a decisão que lhe foi contrária e a proferir-se nova decisão julgando improcedente a pretensão do empregado. Na rescisória o empregador alega que a primeira decisão foi resultado de procedimento doloso do empregado. O dolo pode ainda ocorrer no próprio curso da contenda. Exemplo: o empregado consegue que terceiros se ofereçam ao empregador para serem testemunhas a seu favor, mas com o propósito, que se concretiza, de favorecerem o reclamante. O dolo do advogado da parte, como o de seu representante, favorecendo-a, equivale ao dolo da parte. O dolo da parte vencedora só autoriza a ação rescisória se tiver influído de maneira substancial no proferimento do aresto. De fato, tendo sido irrelevante para formar a conclusão do julgador, em nada terá influído no feito e não há motivo para invalidar a prestação jurisdicional. Exemplo: um empregado, exercendo cargo de gerente, faz chegar aos ouvidos do empregador, mediante terceiros, que tem comparecido à empresa nos sábados, dias em que não há serviço, para fazer cópias de documentos que lhe permitirão futuramente concorrer deslealmente com o empregador. Este convoca várias pessoas para testemunharem a suposta irregularidade, do que resulta ficar o empregado em situação das mais humilhantes, conquanto se verificasse que o empregado estava apenas adiantando seu trabalho regular. O empregado ajuíza ação considerando res-

cindido seu contrato de trabalho invocando ofensa à sua honra e também, o que é verdade, atraso reiterado no pagamento de salários. A sentença que julga procedente a reclamação salienta que a falta principal do empregador, bastante para a procedência da reclamação, consistiu no atraso reiterado do pagamento dos salários. Ainda que futuramente o empregador comprovasse o dolo do empregado, induzindo a um falso flagrante, não haveria fundamento para uma ação rescisória[33].

Sobre a admissibilidade da ação rescisória em razão de dolo, o TST editou a Súmula 403 (que deverá ser atualizada com base no CPC), *in verbis*:

> AÇÃO RESCISÓRIA. DOLO DA PARTE VENCEDORA EM DETRIMENTO DA VENCIDA. ART. 485, III, DO CPC. I – Não caracteriza dolo processual, previsto no art. 485, III, do CPC, o simples fato de a parte vencedora haver silenciado a respeito de fatos contrários a ela, porque o procedimento, por si só, não constitui ardil do qual resulte cerceamento de defesa e, em consequência, desvie o juiz de uma sentença não condizente com a verdade. II – Se a decisão rescindenda é homologatória de acordo, não há parte vencedora ou vencida, razão pela qual não é possível a sua desconstituição calcada no inciso III do art. 485 do CPC (dolo da parte vencedora em detrimento da vencida), pois constitui fundamento de rescindibilidade que supõe solução jurisdicional para a lide.

No que concerne à coação, lembramos o que dispõem os arts. 151 a 155 do Código Civil:

> Art. 151. A coação, para viciar a declaração da vontade, há de ser tal que incuta ao paciente fundado temor de dano iminente e considerável à sua pessoa, à sua família, ou aos seus bens.
>
> Parágrafo único. Se disser respeito a pessoa não pertencente à família do paciente, o juiz, com base nas circunstâncias, decidirá se houve coação.
>
> Art. 152. No apreciar a coação, ter-se-ão em conta o sexo, a idade, a condição, a saúde, o temperamento do paciente e todas as demais circunstâncias que possam influir na gravidade dela.
>
> Art. 153. Não se considera coação a ameaça do exercício normal de um direito, nem o simples temor reverencial.
>
> Art. 154. Vicia o negócio jurídico a coação exercida por terceiro, se dela tivesse ou devesse ter conhecimento a parte a que aproveite, e esta responderá solidariamente com aquele por perdas e danos.

33. *Ação rescisória no processo do trabalho*, p. 16-17.

> Art. 155. Subsistirá o negócio jurídico, se a coação decorrer de terceiro, sem que a parte a que aproveite dela tivesse ou devesse ter conhecimento; mas o autor da coação responderá por todas as perdas e danos que houver causado ao coacto.

b) Colusão ou simulação

A colusão é o acordo entre duas ou mais pessoas, mediante o qual induzem o juiz a erro, prejudicam terceiro e obtêm benefício.

Invoca-se mais um exemplo de Tostes Malta:

> para furtar-se ao pagamento de dívida e antes do vencimento da mesma, um empregador ajusta com um amigo que este, dizendo-se empregado de tal empregador, ajuíze reclamação reivindicando vultosa indenização. O empregador apresenta defesa absurda e é condenado. Seus bens são penhorados e posteriormente adjudicados pelo falso empregado que mais tarde os aliena, entregando parte substancial da importância arrecadada ao empregador. Os verdadeiros credores ficam impossibilitados de haver seu crédito. As partes do processo são também as partes da colusão e não podem, posteriormente, ingressar com rescisória para anular a prestação jurisdicional de que resultou sua atitude fraudulenta. É princípio informativo do direito que ninguém pode invocar sua própria irregularidade em seu benefício. Assim, apenas os terceiros prejudicados pela colusão podem ajuizar rescisória visando à nulidade da sentença decorrente do ato ilícito das falsas partes conluiadas. Sucede, por vezes, que dado empregador quer ter a certeza de que, pagando ao empregado, este não mais reclamará qualquer coisa da empresa. Convencionam ambos que o empregado ajuizará reclamação para que, no curso da mesma, seja celebrado acordo garantindo, pela via da homologação judicial, que não haverá futuras reclamações. As falsas partes, com sua pseudorreclamação, iludem o Judiciário e muitas vezes, com a sanção da Justiça, lesam os cofres do IAPAS e da Caixa Econômica Federal (FGTS), deixando de fazer recolhimentos exigidos por lei. Beneficiando-se indevidamente com sua trama, não podem posteriormente, invocando algum suposto dano, ou mesmo prejuízo real, propor rescisória. Diversa seria a situação se evidenciado que uma das partes tivera sua vontade inequivocamente viciada[34].

É importante destacar que, nos termos da OJ n. 158 da SBDI-2, a procedência do pedido de rescisão da decisão homologatória de acordo "em razão da colusão entre as partes (art. 485, III, do CPC) é sanção suficiente em relação ao procedimento adotado, não havendo que ser aplicada a multa por litigância de má-fé".

Quanto à simulação, colacionamos a regra do art. 167 do Código Civil:

34. Op. cit., p. 17-18.

> Art. 167. É nulo o negócio jurídico simulado, mas subsistirá o que se dissimulou, se válido for na substância e na forma.
>
> § 1º Haverá simulação nos negócios jurídicos quando:
>
> I – aparentarem conferir ou transmitir direitos a pessoas diversas daquelas às quais realmente se conferem, ou transmitem;
>
> II – contiverem declaração, confissão, condição ou cláusula não verdadeira;
>
> III – os instrumentos particulares forem antedatados, ou pós-datados.
>
> § 2º Ressalvam-se os direitos de terceiros de boa-fé em face dos contraentes do negócio jurídico simulado.

Exemplo mais corriqueiro de simulação no âmbito da Justiça do Trabalho ocorre quando autor e réu firmam acordo, em lide simulada, homologado pelo Juiz, com o objetivo de liberarem o Fundo de Garantia do Tempo de Serviço – FGTS fora das hipóteses *numerus clausus* do art. 20 da Lei n. 8.036/90.

É importante notar, ainda, que o MPT tem legitimidade para propor ação rescisória tanto na hipótese de simulação quanto na de colusão entre as partes para fraudar a lei (CPC, art. 967, III, *b*).

3.9.4. Ofender a coisa julgada (CPC, art. 966, IV)

A sentença de mérito que ofende a coisa julgada pode ser rescindida pela via da ação rescisória.

De modo geral os doutos conceituam a coisa julgada como a autoridade, qualidade ou efeito da sentença decorrente de haver esta se tornado imutável em virtude de não mais poder ser impugnada mediante recurso algum.

Já se salientou alhures que a coisa julgada que se impugna mediante rescisória é a coisa julgada material. A coisa julgada formal, isto é, aquela que decorre da extinção do processo sem resolução de mérito, não pode ser atacada por ação rescisória.

Há quem advogue o cabimento da rescisória contra coisa julgada formal na hipótese do art. 485, V, do CPC (art. 267, V, do CPC/73), pois, neste caso, o art. 486 do CPC (CPC/73, art. 268) impede o ajuizamento de nova ação. Esse entendimento colidia, a nosso sentir, com o *caput* do art. 485 do CPC/73 que só admitia a ação rescisória contra a "sentença de mérito".

Adite-se que o STF já deixou assentado que

> não se admite ação rescisória quando a decisão rescindenda extinguiu o processo sem julgamento do mérito pela ocorrência de coisa julgada, nos termos do art. 485, *caput*, do CPC ("*A sentença de mérito, transitada em julgado, pode ser rescindida quando: ...*"). Prevaleceu o voto do Min. Octavio Gallotti, relator, que, após obser-

var a existência de dissídio na jurisprudência dos tribunais sobre a matéria, acolhera a preliminar de carência da ação rescisória oposta a acórdão proferido em recurso extraordinário que extinguira o processo de ação de demarcação de terras por entender existente coisa julgada em anterior ação divisória, sob o entendimento de que, reconhecida a coisa julgada, extingue-se o processo sem julgamento de mérito (CPC, art. 267, V). Com base nesse entendimento, não se conheceu da ação rescisória, vencidos os Ministros Sepúlveda Pertence, revisor, Nelson Jobim, Ilmar Galvão, Marco Aurélio e Carlos Velloso, que, levando em conta que a extinção do processo por motivo de coisa julgada obsta que o autor intente de novo a ação (CPC, art. 268), adotavam o entendimento de que, na hipótese de erro na identificação da coisa julgada pelo acórdão rescindendo, admitir-se-ia a ação rescisória (AR n. 1.056-GO, Rel. Min. Octavio Gallotti, 26-11-97, in Boletim Informativo n. 94/97 STF, Brasília, 24 a 28 de novembro de 1997).

O § 2º do art. 966 do CPC, porém, permite a ação rescisória contra algumas decisões que não são de mérito.

Exemplo de admissibilidade de ação rescisória amparada em coisa julgada: um empregado reclama o pagamento de aviso prévio, décimo terceiro salário proporcional e férias proporcionais sob o fundamento de que foi despedido sem justa causa. A reclamação é julgada improcedente, sendo que o empregado não interpõe qualquer recurso. O mérito foi julgado. Houve coisa julgada material. O reclamante ingressa com outra reclamação exatamente idêntica à primeira, e o processo corre à revelia, sendo a reclamação julgada procedente. O empregador não interpõe qualquer recurso. Surge uma segunda coisa julgada material contrária à primeira e que sobre esta prevalece. A segunda sentença, contudo, pode ser anulada mediante ação rescisória, pois esta segunda sentença violou a coisa julgada contida na primeira decisão.

O fato de ter sido rejeitada preliminar de coisa julgada no processo originário não impede o acolhimento de rescisória com base em violação da coisa julgada. A rejeição da preliminar, no caso, também agrediu a coisa julgada.

Havendo coisa julgada material a propósito de qualquer conflito de interesses, o reexame da questão em outro processo atenta contra a coisa julgada e autoriza o acolhimento de ação rescisória, ainda que a segunda decisão seja no mesmo sentido da primeira. É que a segunda decisão, também qualificada pela coisa julgada, substituiria a primeira, negando-lhe ou suprindo-lhe a validade, o que é incompatível com a força que o direito positivo reconhece à prestação jurisdicional transitada em julgado.

Sobre ação rescisória por ofensa à coisa julgada, a SBDI-2 editou as Orientações Jurisprudenciais 101 e 157:

OJ n. 101 – AÇÃO RESCISÓRIA. INCISO IV DO ART. 966 DO CPC DE 2015. ART. 485, IV, DO CPC DE 1973. OFENSA A COISA JULGADA. NECESSIDADE DE FIXA-

ÇÃO DE TESE NA DECISÃO RESCINDENDA (atualizada em decorrência do CPC de 2015, Res. n. 208/2016). Para viabilizar a desconstituição do julgado pela causa de rescindibilidade do inciso IV do art. 966 do CPC de 2015 (inciso IV do art. 485 do CPC de 1973), é necessário que a decisão rescindenda tenha enfrentado as questões ventiladas na ação rescisória, sob pena de inviabilizar o cotejo com o título executivo judicial tido por desrespeitado, de modo a se poder concluir pela ofensa à coisa julgada.

OJ n. 157 – AÇÃO RESCISÓRIA. DECISÕES PROFERIDAS EM FASES DISTINTAS DE UMA MESMA AÇÃO. COISA JULGADA. NÃO CONFIGURAÇÃO (atualizada em decorrência do CPC de 2015, Res. n. 208/2016). A ofensa à coisa julgada de que trata o inciso IV do art. 966 do CPC de 2015 (inciso IV do art. 485 do CPC de 1973) refere-se apenas a relações processuais distintas. A invocação de desrespeito à coisa julgada formada no processo de conhecimento, na correspondente fase de execução, somente é possível com base na violação do art. 5º, XXXVI, da Constituição da República.

3.9.5. Violar manifestamente norma jurídica (CPC, art. 966, V)

Houve alteração deste inciso, pois o dispositivo correspondente no CPC/73 previa que a sentença de mérito poderia ser rescindida quando violasse "literal disposição de lei".

Caberá à doutrina e à jurisprudência contribuir para a uniformização do conceito e do alcance da expressão "violar manifestamente norma jurídica" prevista no inciso V do art. 966 do CPC.

De nossa parte, pensamos que a expressão "violar manifestamente norma jurídica" deve ser interpretada como violação direta e inequívoca a disposição de lei ou ato normativo editado pelo Poder Público.

Parece-nos que a violação manifesta de norma jurídica, referida no inciso V do art. 966 do CPC, concerne à lei em sentido amplo: Constituição, lei complementar, lei ordinária, lei delegada, decreto-lei, medida provisória, resolução, decreto legislativo e decreto.

A expressão "norma jurídica", portanto, há de ser entendida como qualquer espécie de ato normativo de origem estatal. Não importa também se a norma é de direito material ou de direito processual.

Entretanto, a interpretação do termo "norma jurídica" pode implicar acirradas discussões se for empregado como princípio, regra ou valor, ou, ainda, como produto final da interpretação de um texto legislativo. A Lei n. 13.256/2016 acrescentou os §§ 5º e 6º ao art. 966 do CPC, ampliando o cabimento de ação rescisória "contra decisão baseada em enunciado de súmula ou acórdão proferido em julgamento de casos repetitivos que não tenha considerado a existência de distinção entre a questão discutida no processo e o padrão decisório que lhe deu fundamento".

Segundo Nelson Nery Junior:

A decisão de mérito transitada em julgado que não aplicou a lei ou a aplicou incorretamente é rescindível com fundamento no CPC, art. 966, V, exigindo-se agora, de forma expressa, que tal violação seja visível, evidente – ou como vez se manifestou o STJ a respeito, pressupõe-se que "é a decisão de tal modo teratológica que consubstancia o desprezo do sistema de normas pelo julgado rescindendo" (STJ, 3ª Seção, AR n. 2.625-PR, Rel. Min. Marco Aurélio Bellizze, j. 11-9-2013, *DJUE* 1º-10-2013). Pode ser rescindida a decisão que violou o direito em tese, isto é, a correta interpretação da norma jurídica. (...) Decisão que viole a jurisprudência, bem como súmula de tribunal, não enseja ação rescisória. A ação rescisória é cabível quando a sentença de mérito viole cláusulas gerais, tais como a função social do contrato (CC, art. 421), boa-fé objetiva (CC, art. 422), função social da propriedade (CF, arts. 5º, XXIII, e 170, III; CC, art. 1.228, § 1º), função social da empresa (CF, art. 170; CC, art. 421 c/c art. 981) etc. É admissível ação rescisória, com base no CPC, art. 966, V, por ofensa à analogia, aos costumes e aos princípios gerais de direito, porque são regras jurídicas com previsão expressa na lei (LINDB, art. 4º) e, portanto, fontes de direito, equiparando-se à lei em sentido amplo. Sentença de mérito inconstitucional ou ilegal pode ser desconstituída por ação rescisória (...) caso não o seja, a coisa julgada material produz seus efeitos normalmente, em decorrência da inevitabilidade da jurisdição, da segurança e, principalmente, do Estado Democrático de Direito (CF, art. 1º *caput*)[35].

Marinoni, Arenhart e Mitidiero sustentam que:

O art. 966, V, CPC, fala em manifesta violação de norma jurídica: com isso, autoriza a rescisão da coisa julgada em que há violação de princípio, regra ou postulado normativo. Autoriza, ainda, violação à norma consuetudinária. A jurisprudência exige que o demandante aponte os dispositivos que entende violados pela decisão judicial. (...) É claro que semelhante orientação só se aplica quando for possível reconduzir determinada norma jurídica a um dado dispositivo: como inexiste correspondência biunívoca entre dispositivo e norma, pode ocorrer de ser possível ação rescisória fundada em manifesta violação de norma jurídica sem que se possa apontar qual o dispositivo (o texto) a partir do qual a norma foi reconstruída[36].

Além disso, há o problema de se interpretar o termo "violar manifestamente norma jurídica" em um "sistema de precedentes judiciais", pois, como advertem Marinoni, Arenhart e Mitidiero:

---

35. NERY JUNIOR, Nelson; NERY, Rosa Maria de Andrade. *Comentários ao Código de Processo Civil: novo CPC – Lei n. 13.105/2015*. São Paulo: Revista dos Tribunais, 2015. p. 1.917.
36. MARINONI, Luiz Guilherme; ARENHART, Sérgio Cruz; MITIDIERO, Daniel. *Novo Código de Processo Civil comentado*. São Paulo: Revista dos Tribunais, 2015. p. 902.

Em um sistema lógico-argumentativo pautado por precedentes (arts. 102, III, e 105, III, CF, e 926 e 927, CPC), é natural que exista em um dado espaço de tempo diferentes interpretações de um dado dispositivo constitucional ou legal. Como inexiste uma única resposta correta para os problemas interpretativos, é preciso considerar legítima a decisão que, na falta de precedente constitucional ou de precedente federal, confira determinada interpretação que posteriormente não foi sufragada pelas Cortes Supremas. Justamente para proteger o espaço de desacordo interpretativo inerente a um sistema de precedentes, não cabe ação rescisória para desconstituição da coisa julgada quando ao tempo de sua formação havia controvérsia na jurisprudência sobre a questão enfrentada (Súmula 343, STF)[37].

Cassio Scarpinella Bueno destaca que:

> A mais comum das rescisórias é a que está prevista no inciso V do art. 966. Ela é cabível quando a decisão rescindenda "violar manifestamente norma jurídica", fórmula redacional que aperfeiçoa a redação do inciso V do art. 485 do CPC de 1973 que a ela se referia a "violação de literal dispositivo de lei", previsão que, em tempos de técnicas hermenêuticas de embasamento constitucional (art. 8º do CPC), não tinha mais sentido de ser preservada. A hipótese deve ser compreendida como aquela decisão que destoa do padrão interpretativo da norma jurídica (de qualquer escalão) em que a decisão baseia-se (...). Eventual divergência jurisprudencial não deve ser compreendida como elemento a descartar a rescisória por esse fundamento (...). Doravante, diante da função que ela quer emprestar à jurisprudência dos tribunais, aquele entendimento merece, de vez, ser superado, tanto para as questões de ordem constitucional como para as de ordem infraconstitucional[38].

A nosso sentir, a manifesta violação de norma jurídica (CPC, art. 966, V) invocada em ação rescisória há de ser literal, frontal e direta de dispositivo legal ou com força de lei, como ocorre, por exemplo, quando a sentença declara válido o contrato de trabalho de um servidor público que não se submeteu à prévia aprovação em concurso público de provas ou de provas e títulos. Neste caso, cabe a rescisória com base no inciso V do art. 966 do CPC, desde que o autor alegue que a decisão rescindenda tenha violado a literalidade do § 2º do art. 37, II, da Constituição Federal.

De acordo com a OJ n. 25 da SBDI-2:

> AÇÃO RESCISÓRIA. REGÊNCIA PELO CPC DE 1973. EXPRESSÃO "LEI" DO ART. 485, V, DO CPC de 1973. NÃO INCLUSÃO DO ACT, CCT, PORTARIA, REGULAMENTO,

37. Idem, ibidem, p. 903.
38. BUENO, Cassio Scarpinella. *Manual de direito processual civil*. São Paulo: Saraiva, 2015.

SÚMULA E ORIENTAÇÃO JURISPRUDENCIAL DE TRIBUNAL (atualizada em decorrência do CPC de 2015, Res. n. 212/2016, *DEJT* divulgado em 20, 21 e 22-9-2016). Não procede pedido de rescisão fundado no art. 485, V, do CPC de 1973 quando se aponta contrariedade à norma de convenção coletiva de trabalho, acordo coletivo de trabalho, portaria do Poder Executivo, regulamento de empresa e súmula ou orientação jurisprudencial de tribunal.

Parece-nos que esse verbete também é aplicável ao inciso V do art. 966 do CPC, isto é, não estão incluídos na expressão "violar manifestamente norma jurídica" a convenção coletiva, o acordo coletivo, o regulamento de empresa e a portaria do Poder Executivo. No que tange aos três primeiros tipos normativos, parece-nos que andou bem o TST, pois constituem negócios jurídicos (contratos) celebrados com base no princípio da autonomia privada. Quanto à Portaria, que, a exemplo do Decreto, é um ato administrativo, o TST adotou interpretação restritiva, impedindo, assim, o manejo da rescisória para atacar, *v.g.*, decisão fundada em violação literal das Portarias do Ministério do Trabalho e Emprego.

Percebe-se que a OJ n. 25 da SBDI-2, acertadamente, não menciona a sentença normativa, pois esta decorre de ato emanado do Estado-juiz, no exercício do Poder Normativo conferido ao Judiciário Trabalhista, por força do art. 114, § 2º, da CF.

Segundo alguns, quando a sentença rescindenda interpreta razoavelmente a lei, não cabe a ação rescisória. Mas, se o fundamento da rescisória for violação manifesta de norma constitucional, cabível será a rescisória.

É por isso que o item I da Súmula 83 do TST vaticina:

Não procede o pedido formulado na ação rescisória por violação literal de lei se a decisão rescindenda estiver baseada em texto legal infraconstitucional, de interpretação controvertida nos Tribunais.

Parece-nos correta a nova redação dada ao item I da Súmula 83 do TST, porque se a norma apontada como violada manifestamente é da própria Constituição Federal, não há lugar para interpretação razoável ou controvertida nos tribunais, pois, em nosso sistema, somente o Pretório Excelso pode dar a derradeira palavra sobre a interpretação do texto constitucional (STF-RE n. 101.114-9, 1ª T., Rel. Min. Rafael Mayer, *DJU* 10-2-1984).

Importante salientar que o "marco divisor quanto a ser, ou não, controvertida, nos Tribunais, a interpretação dos dispositivos legais citados na ação rescisória é a data da inclusão, na Orientação Jurisprudencial do TST, da matéria discutida" (TST, Súmula 83, II).

Por outro lado, se a sentença admite a vigência de uma lei que não mais vigora ou que ainda não está em vigor, havendo ntiva de aplicação de um preceito legal, também é cabível a rescisória.

Ademais, não cabe ação rescisória fundada em manifesta violação de norma jurídica para se reexaminar fatos e provas. Nesse sentido é a Súmula 410 do TST:

> AÇÃO RESCISÓRIA. REEXAME DE FATOS E PROVAS. INVIABILIDADE. A ação rescisória calcada em violação de lei não admite reexame de fatos e provas do processo que originou a decisão rescindenda.

Nos termos da Súmula 408 do TST:

> Não padece de inépcia a petição inicial de ação rescisória apenas porque omite a subsunção do fundamento de rescindibilidade no art. 966 do CPC de 2015 (art. 485 do CPC de 1973) ou o capitula erroneamente em um de seus incisos. Contanto que não se afaste dos fatos e fundamentos invocados como causa de pedir, ao Tribunal é lícito emprestar-lhes a adequada qualificação jurídica (*iura novit curia*). No entanto, fundando-se a ação rescisória no art. 966, V, do CPC de 2015 (art. 485, V, do CPC de 1973), é indispensável expressa indicação, na petição inicial da ação rescisória, da norma jurídica manifestamente violada (dispositivo legal violado sob o CPC de 1973), por se tratar de causa de pedir da rescisória, não se aplicando, no caso, o princípio *iura novit curia*.

Neste caso, não indicada expressamente pelo autor a norma tida por manifestamente violada, aflora-se a inépcia da petição inicial da ação rescisória, por ausência de fundamento legal do pedido.

3.9.5.1. Prequestionamento em ação rescisória

O TST vinha exigindo prequestionamento em ação rescisória, nos termos da Súmula 298, que incorporou as OJs ns. 36, 72, 75 e 85 da SBDI-2. Todavia, em 6 de fevereiro de 2012, o Pleno do TST resolveu alterar a redação da Súmula 298, que passou a ser a seguinte:

> AÇÃO RESCISÓRIA. VIOLAÇÃO A DISPOSIÇÃO DE LEI. PRONUNCIAMENTO EXPLÍCITO (Redação alterada pelo Tribunal Pleno na sessão realizada em 6-2-2012). I – A conclusão acerca da ocorrência de violação literal a disposição de lei pressupõe pronunciamento explícito, na sentença rescindenda, sobre a matéria veiculada. II – O pronunciamento explícito exigido em ação rescisória diz respeito à matéria e ao enfoque específico da tese debatida na ação, e não, necessariamente, ao dispositivo legal tido por violado. Basta que o conteúdo da norma reputada violada haja sido abordado na decisão rescindenda para que se considere preenchido o pressuposto. III – Para efeito de ação rescisória, considera-se pronunciada expli-

citamente a matéria tratada na sentença quando, examinando remessa de ofício, o Tribunal simplesmente a confirma. IV – A sentença meramente homologatória, que silencia sobre os motivos de convencimento do juiz, não se mostra rescindível, por ausência de pronunciamento explícito. V – Não é absoluta a exigência de pronunciamento explícito na ação rescisória, ainda que esta tenha por fundamento violação de dispositivo de lei. Assim, prescindível o pronunciamento explícito quando o vício nasce no próprio julgamento, como se dá com a sentença *extra, citra* e *ultra petita*.

Na prática, o TST só alterou o vocábulo "prequestionamento" por "pronunciamento explícito". E tal alteração, meramente formal, decorreu, a nosso sentir, do fato de o Pleno do STF, com absoluta razão, ter pacificado o entendimento de que não se aplica à ação rescisória o instituto do prequestionamento (STF-RE n. 89.753-4-SF, j. 19-12-80, Rel. Min. Cordeiro Guerra, *DJ* 27-8-81, p. 2.535).

Realmente, se a rescisória não é recurso, não há como exigir prequestionamento. O prequestionamento, como se sabe, é fruto de política judiciária dos Tribunais Superiores com o intuito de afunilar, cada vez mais, o cabimento de recursos de natureza extrema, como o recurso de revista, o recurso especial e o recurso extraordinário.

Ora, na ação rescisória se instaura uma nova relação processual e não a continuidade da relação anterior. Somente na relação processual originária há lugar para o prequestionamento, como pressuposto de admissibilidade dos apelos de natureza extrema, como já vimos no item 3.2.2.2 do Capítulo XX. Entretanto, a OJ n. 124 da SBDI-2 prevê que, na hipótese em que a ação rescisória tenha como causa de rescindibilidade o inciso II do art. 966 do CPC de 2015, a arguição de incompetência absoluta prescinde de prequestionamento.

3.9.6. Prova falsa (CPC, art. 966, VI)

Diz o art. 966, VI, do CPC (art. 485, VI, do CPC/73) que a sentença de mérito pode ser rescindida quando for fundada em prova cuja falsidade tenha sido apurada em processo criminal ou venha a ser demonstrada na própria ação rescisória.

A falsidade pode ser material ou ideológica. Aquela diz respeito a formalidades extrínsecas ou objetivas, como se dá, por exemplo, com um documento que contém assinatura falsificada. Esta, a falsidade ideológica, é a que condiz com as formalidades intrínsecas ou subjetivas, ou seja, com o conteúdo, como ocorre, por exemplo, com um documento assinado pelo empregado sob coação do empregador: o documento é verdadeiro, a assinatura é verdadeira, mas o seu conteúdo é falso, pois não espelha a vontade autêntica do laborista.

Em ambos os casos, é cabível a ação rescisória. Mas é condição *sine qua non* que a prova falsa tenha sido o único ou principal fundamento da sentença rescindenda.

Se a sentença também se apoiou em outra prova ou fundamento, independente da prova falsa, não há lugar para a rescisória. A propósito, colhe-se o seguinte julgado:

> Ação rescisória – Prova documental e depoimento testemunhal falsos – Ausência – Improcedência Prova falsa. Documento falso. Testemunho falso. Justifica-se o corte com base no art. 485, VI, do CPC quando a decisão se fundar em prova falsa, podendo sua falsidade ser provada na própria ação rescisória. Entretanto, se a decisão rescindenda não considerar em sua fundamentação o documento apontado como falso ou o testemunho tido por falseado, ou, ainda, puder subsistir com base em outros elementos de convicção trazidos dos autos, não há falar em procedência da ação rescisória. Erro de fato. Considera-se erro de fato o erro de percepção do julgador, que não se confunde com erro de julgamento. Aquele consistente em uma falha que lhe escapou à vista ao compulsar os autos do processo; este em erro de interpretação das provas. De acordo com o art. 485, IX, do CPC, duas são as condições para o reconhecimento da rescindibilidade da decisão por erro de fato. 1. Que a sentença admita um ato inexistente ou considere inexistente um fato efetivamente ocorrido (§ 1º). 2. Em um ou outro caso, não tenha havido controvérsia, nem pronunciamento judicial (§ 2º). Não se tratando de erro de percepção ou tendo sido a matéria objeto de controvérsia ou a decisão dela tenha se ocupado, ainda que não faça menção na fundamentação de um a um dos documentos apresentados pela autora, não é o caso de corte rescisório, até porque, nesta última hipótese, basta que o julgador aponte os elementos formadores de seu convencimento (art. 131 do CPC). Ação rescisória a que se nega provimento (TRT 24ª R., AR 81/2007-000-24-00-1, Rel. Des. Ricardo Geraldo Monteiro Zandona, *DJMS* 11-12-2007).

3.9.7. Obtenção de documento novo (CPC, art. 966, VII)

Nos termos do inciso VII do art. 966 do CPC (inciso VIII do art. 485 do CPC/73), a sentença de mérito poderá ser rescindida quando: VII – obtiver o autor, posteriormente ao trânsito em julgado, prova nova cuja existência ignorava ou de que não pôde fazer uso, capaz, por si só, de lhe assegurar pronunciamento favorável.

Assim, para empolgar a rescisória com base no preceptivo em causa, o autor deverá comprovar que obteve, posteriormente ao trânsito em julgado da sentença rescindenda, um documento novo que, por si só, seria suficiente para desconstituir o julgado rescindendo, independentemente de quaisquer outras provas. É dizer, esse documento seria condição suficiente para que a sentença no processo originário lhe fosse favorável.

Documento novo, porém, para fins de cabimento da ação rescisória, é aquele cronologicamente velho, ou seja, ele já existia antes do trânsito em julgado da sentença rescindenda, mas o autor ignorava a sua existência ou, por razões alheias à sua vontade, dele não pôde dispor para instruir o processo originário. O ônus de provar tais fatos é do autor da rescisória, não se admitindo aqui a inversão do ônus da prova.

Por "documento" devem ser entendidos todos os meios de produção de prova documental, tais como escritos, fotografias, gravações, fitas de vídeo etc.

Não se pode conceber como documento novo a sentença normativa preexistente (não exibida ou juntada por negligência da parte) ou proferida (ou transitada em julgado) posteriormente à decisão rescindenda. Nesse sentido é a Súmula 402 do TST:

> AÇÃO RESCISÓRIA. PROVA NOVA. DISSÍDIO COLETIVO. SENTENÇA NORMATIVA. I – Sob a vigência do CPC de 2015 (art. 966, VII), para efeito de ação rescisória, considera-se prova nova a cronologicamente velha, já existente ao tempo do trânsito em julgado da decisão rescindenda, mas ignorada pelo interessado ou de impossível utilização, à época, no processo. II – Não é prova nova apta a viabilizar a desconstituição de julgado: *a)* sentença normativa proferida ou transitada em julgado posteriormente à sentença rescindenda; *b)* sentença normativa preexistente à sentença rescindenda, mas não exibida no processo principal, em virtude de negligência da parte, quando podia e deveria louvar-se de documento já existente e não ignorado quando emitida a decisão rescindenda.

Também não se considera documento novo: *a)* o que já constava de registro público; *b)* aquele que deixou de ser produzido na ação principal por desídia ou negligência da parte em obtê-lo; *c)* o constituído após a sentença rescindenda.

José Janguiê Bezerra Diniz considera documento novo

> a rescisão do contrato de trabalho de empregado com menos de um ano em que o patrão pagou todos os direitos do obreiro, e essa rescisão foi extraviada, tendo o obreiro ajuizado ação pleiteando novamente os direitos. Em caso de sucumbência, e trânsita em julgado a sentença, em sendo encontrado a rescisão extraviada, essa serve de fundamento da rescisória com base em documento novo[39].

3.9.8. Invalidação de confissão, desistência ou transação

Esta hipótese de cabimento da ação rescisória que estava prevista no inciso VIII do art. 485 do CPC/73 não possui correspondente no CPC.

As sentenças mencionadas no inciso VIII do art. 485 do CPC/73 eram as que resolviam o mérito, baseando-se em confissão, desistência ou transação. Noutro falar, não ensejariam rescisória as sentenças que se limitariam a homologar os referidos atos processuais.

39. *Ação rescisória dos julgados.* São Paulo: LTr, 1998. p. 117.

3.9.9. Erro de fato, resultante de atos ou de documentos da causa (CPC, art. 966, VIII)

O inciso VIII do art. 966 do CPC (CPC/73, art. 485, IX) dispõe que a decisão de mérito pode ser rescindida quando for fundada em erro de fato verificável do exame dos autos.

O § 1º do art. 966 do CPC explicita que existe erro de fato quando a decisão rescindenda admitir fato inexistente ou quando considerar inexistente fato efetivamente ocorrido, sendo indispensável, em ambos os casos, que o fato não represente ponto controvertido sobre o qual o juiz deveria ter se pronunciado.

Noutro falar, havendo pronunciamento judicial sobre o fato, não caberá a ação rescisória.

O erro deve ser apurável de imediato, mediante o simples exame dos documentos. Não é um erro demonstrável por prova. O erro deve ser do juiz e não das partes. Se as partes se equivocaram na inicial e na defesa, induzindo o juiz a erro, não há falar em rescisória.

Sobre erro que empolga o ajuizamento de ação rescisória, a SBDI-2/TST editou as seguintes Orientações Jurisprudenciais:

> AÇÃO RESCISÓRIA. CONTRADIÇÃO ENTRE FUNDAMENTAÇÃO E PARTE DISPOSITIVA DO JULGADO. CABIMENTO. ERRO DE FATO. É cabível a rescisória para corrigir contradição entre a parte dispositiva do acórdão rescindendo e a sua fundamentação, por erro de fato na retratação do que foi decidido (OJ n. 103).
>
> AÇÃO RESCISÓRIA. ERRO DE FATO. CARACTERIZAÇÃO. A caracterização do erro de fato como causa de rescindibilidade de decisão judicial transitada em julgado supõe a afirmação categórica e indiscutida de um fato, na decisão rescindenda, que não corresponde à realidade dos autos. O fato afirmado pelo julgador, que pode ensejar ação rescisória calcada no inciso VIII do art. 966 do CPC de 2015 (inciso IX do art. 485 do CPC de 1973), é apenas aquele que se coloca como premissa fática indiscutida de um silogismo argumentativo, não aquele que se apresenta ao final desse mesmo silogismo, como conclusão decorrente das premissas que especificaram as provas oferecidas, para se concluir pela existência do fato. Esta última hipótese é afastada pelo § 1º do art. 966 do CPC de 2015 (§ 2º do art. 485 do CPC de 1973), ao exigir que não tenha havido controvérsia sobre o fato e pronunciamento judicial esmiuçando as provas. (OJ n. 136).

3.10. Prazos

O art. 975 do CPC prescreve que o direito à rescisão se extingue em dois anos contados do trânsito em julgado da última decisão proferida no processo, deixando claro, pois, que se trata de prazo decadencial, isto é, aquele que atinge o próprio direito.

Os §§ 1º a 3º do referido artigo disciplinam algumas questões que podem surgir a respeito de prazos relativos à ação rescisória.

Assim, nos termos do § 1º do art. 975 do CPC, fica automaticamente prorrogado até o primeiro dia útil imediatamente subsequente o prazo de dois anos para a propositura da ação rescisória, quando expirar durante férias forenses, recesso, feriados ou em dia em que não houver expediente forense.

Por outro lado, diz o § 2º do art. 975 do CPC que se a ação for fundada no inciso VII do art. 966, ou seja, quando obtiver o autor, posteriormente ao trânsito em julgado, prova nova cuja existência ignorava ou de que não pôde fazer uso, capaz, por si só, de lhe assegurar pronunciamento favorável, o termo inicial do prazo será a data de descoberta da prova nova, observado o prazo máximo de 5 (cinco) anos, contado do trânsito em julgado da última decisão proferida no processo.

Finalmente, nas hipóteses de simulação ou de colusão das partes, o prazo começa a contar, para o terceiro prejudicado e para o Ministério Público, que não interveio no processo, a partir do momento em que têm ciência da simulação ou da colusão (CPC, art. 975, § 3º).

Segundo a jurisprudência consolidada no TST, o prazo para propor ação rescisória é de dois anos, contados do trânsito em julgado da última decisão proferida na causa (TST, Súmula 100). Esse prazo é decadencial, pois se trata de uma ação constitutiva.

Salvo se houver dúvida razoável, a interposição de recurso intempestivo ou a interposição de recurso incabível não protrai o termo inicial do prazo decadencial (TST, Súmula 100, III).

Na hipótese de simulação ou colusão das partes, o prazo decadencial da ação rescisória somente começa a fluir para o Ministério Público, que não interveio no processo principal, a partir do momento em que tem ciência da fraude (TST, Súmula 100, VI). Parece-nos que o prazo ministerial de dois anos para a propositura da demanda rescisória inicia-se a partir do momento em que o Procurador do Trabalho for designado, por ato do Chefe da Instituição do MPT, para apurar o fato que apresenta indícios da fraude. Assim, o membro do MPT, depois de ser designado, terá um ano, onze meses e vinte e nove dias para apurar os fatos e ajuizar a ação rescisória.

Para contestar a ação, o prazo pode variar, a critério do juiz relator, entre quinze e trinta dias (CPC, art. 970; CPC/73, art. 491); findo o prazo judicial fixado, com ou sem contestação, observar-se-á, no que couber, o procedimento comum.

3.11. Revelia e confissão

A revelia na rescisória não produz confissão ficta (CLT, art. 844), porque não há audiência perante o relator nem a presunção *juris tantum* do art. 344 do CPC.

Nesse sentido é a Súmula 398 do TST, segundo a qual, na ação rescisória, "o que se ataca na ação é a decisão, ato oficial do Estado, acobertado pelo manto da coisa julgada. Assim, e considerando que a coisa julgada envolve questão de ordem pública, a revelia não produz confissão na ação rescisória".

Por outro lado, é permitido o julgamento antecipado do pedido na ação rescisória nas hipóteses do art. 355 do CPC.

3.12. *Jus postulandi* e honorários advocatícios na ação rescisória

Por força do art. 114 da CF, com redação dada pela EC n. 45/2004, parece-nos que o *jus postulandi* não se mostra compatível com a ação rescisória, especificamente quando esta tiver por objeto desconstituir sentença proferida em ação oriunda de relação de trabalho diversa da relação de emprego.

O TST, no entanto, editou a Súmula 425, segundo a qual não se aplica o art. 791, *caput*, da CLT à ação rescisória. Além disso, deu nova redação à Súmula 219, cujos itens II e IV dispõem que é "cabível a condenação ao pagamento de honorários advocatícios em ação rescisória no processo trabalhista", sendo que, "na ação rescisória e nas lides que não derivem de relação de emprego, a responsabilidade pelo pagamento dos honorários advocatícios da sucumbência submete-se à disciplina do Código de Processo Civil (arts. 85, 86, 87 e 90)".

Conjugando-se os esses dois verbetes sumulares, não hesitamos em afirmar que em qualquer ação rescisória proposta na Justiça do Trabalho, seja oriunda de sentença em ação oriunda da relação de emprego ou da relação de trabalho (CF, art. 114), não há o *jus postulandi* das próprias partes, razão pela qual os honorários advocatícios são devidos pela mera sucumbência ao advogado da parte vencedora.

Aliás, o cabimento dos honorários advocatícios pela mera sucumbência em qualquer ação no processo do trabalho já não comporta mais discussão, tendo em vista o art. 791-A da CLT, com redação dada pela Lei n. 13.467/2017.

3.13. Jurisprudência

Dada a larga utilização da ação rescisória nos domínios do processo do trabalho, é importante trazer à baila, além das já mencionadas nas epígrafes anteriores, as principais Súmulas do STF e TST, bem como as Orientações Jurisprudenciais do TST.

No tocante à jurisprudência do STF, recomendamos a leitura das Súmulas 249, 252, 264, 295, 343, 514 e 515.

Quanto ao TST[40], indicamos a leitura das Súmulas 83, 99, 100, 158, 192, 259, 299, 365, 397, 399, 400, 401, 402, 403, 404, 405, 406, 407, 408, 409, 411, 412, 413, 414, 418 e 425, bem como das Orientações Jurisprudenciais da SBDI-2 (OJs) ns. 2, 4,

40. Observação: muitas súmulas e orientações jurisprudenciais do TST ainda mencionam o CPC, sem indicar se é o de 1973 ou o de 2015. O leitor deve ficar atento para verificar a fonte normativa correta.

5, 6, 7, 9, 10, 11, 12, 18, 19, 21, 23, 24, 25, 26, 30, 34, 35, 41,70, 76, 78, 80, 84, 85, 94, 97, 101, 103, 107, 112, 113, 123, 124, 128, 131, 132, 134, 135, 136, 146, 150, 151, 152, 154 e 157.

4. AÇÃO DE CONSIGNAÇÃO EM PAGAMENTO

A ação de consignação em pagamento constitui espécie de procedimento especial de jurisdição contenciosa previsto nos arts. 539 a 549 do CPC pelo qual o devedor objetiva, mediante o pagamento em consignação, nos termos do art. 334 do Código Civil, o reconhecimento judicial da extinção da sua obrigação em face do seu credor.

A CLT não contém normas específicas sobre ação de consignação em pagamento. Daí a necessidade de aplicação subsidiária e supletiva do CPC, desde que seja observada a compatibilidade principiológica e procedimental com o processo do trabalho (CLT, art. 769).

É importante salientar que tanto o CPC de 1973 quanto o CPC de 2015 preveem dois procedimentos alusivos à consignação em pagamento. Um de natureza extrajudicial e outro de natureza judicial. Não trataremos do procedimento extrajudicial da consignação em pagamento, que é próprio do direito material, mesmo porque, a nosso sentir, esse procedimento é incompatível com o processo do trabalho.

A realidade está a demonstrar a larga utilização da ação de consignação em pagamento no âmbito da Justiça do Trabalho.

4.1. Cabimento

Dispõe o art. 539, *caput*, do CPC (art. 890 do CPC/73) que, nos casos previstos em lei, poderá o devedor ou terceiro requerer, com efeito de pagamento, a consignação da quantia ou da coisa devida.

Os casos previstos em lei que mais interessam aos estudiosos do direito processual do trabalho estão previstos nos arts. 334 a 345 do Código Civil.

Assim, o art. 334 do CC considera pagamento, e extingue a obrigação, o depósito judicial da coisa devida, nos casos e formas legais.

Já o art. 335 do CC arrola as hipóteses de cabimento da ação consignatória:

> I – se o credor não puder, ou, sem justa causa, recusar receber o pagamento, ou dar quitação na devida forma; II – se o credor não for, nem mandar receber a coisa no lugar, tempo e condição devidos; III – se o credor for incapaz de receber, for desconhecido, declarado ausente, ou residir em lugar incerto ou de acesso perigoso ou difícil; IV – se ocorrer dúvida sobre quem deva legitimamente receber o objeto do pagamento; V – se pender litígio sobre o objeto do pagamento.

Cumpre assinalar que o art. 336 do CC exige que, para a consignação ter força de pagamento, "será mister concorram em relação às pessoas, ao objeto, modo e tempo, todos os requisitos sem os quais não é válido o pagamento".

4.2. Hipóteses mais comuns na Justiça do Trabalho

Entre as hipóteses mais comuns de ação de consignação em pagamento no processo do trabalho proposta pelo empregador podemos destacar a do pagamento de verbas rescisórias decorrentes de dispensa, com ou sem justa causa, quando o empregador desconhece o paradeiro do empregado que abandona o emprego ou quando encontra resistência deste em receber as verbas rescisórias colocadas à sua disposição pela empresa. Nesse sentido:

> MULTA PREVISTA NO ART. 477 DA CLT. AJUIZAMENTO DE AÇÃO DE CONSIGNAÇÃO EM PAGAMENTO. Esta Corte vem firmando o entendimento de que, na hipótese de recusa do empregado em receber o pagamento das verbas rescisórias, o ajuizamento de ação de consignação dentro do prazo contido no art. 477, § 6º, da CLT exime o empregador do pagamento da multa prevista no § 8º do mesmo artigo. Recurso de Revista de que se conhece e a que se dá provimento (TST-RR 768-02.2011.5.03.0043, Rel. Min. João Batista Brito Pereira, 5ª T., *DEJT* 25-10-2013).

No caso de morte ou ausência do empregado *a ação de consignação em pagamento tem sido utilizada* quando o empregador se vê no impasse de efetuar o pagamento dos créditos trabalhistas se o empregado falecido não deixar herdeiros ou houver dúvidas sobre quem deva legitimamente receber o pagamento das verbas trabalhistas.

Não é comum a ação consignatória ajuizada pelo empregado. Mas este poderá ajuizá-la quando necessitar devolver ferramentas de trabalho à empresa e de propriedade desta, encontrando nisso alguma dificuldade ou resistência do empregador.

Com o advento da EC n. 45/2004, que ampliou a competência da Justiça do Trabalho para as ações oriundas da relação de trabalho (CF, art. 114, I), surgirão novas hipóteses de ação de consignação em pagamento que poderão ser ajuizadas pelos tomadores do serviço em face dos trabalhadores autônomos, eventuais etc., além de questões relativas a contribuições sindicais.

4.3. Legitimação

No polo ativo, são legitimados para a ação tanto o devedor quanto o terceiro interessado no pagamento da dívida (CPC, art. 539).

Cumpre assinalar que, nos domínios do processo laboral, pode ser devedor tanto o empregador quanto o empregado, muito embora a prática revele que na maioria dos casos é o empregador o devedor que pretende pagar as verbas rescisórias e obter a quitação.

Um exemplo do empregado como devedor ocorre quando ele é vendedor externo que, pretendendo romper o vínculo empregatício, encontra resistência do empregador em receber de volta os mostruários de seus produtos. Assim, para evitar a condição de inadimplente em relação à obrigação de entregar coisa certa, poderá ajuizar a consignatória.

A legitimação passiva, por via de consequência, também poderá ter por destinatário tanto o empregador quanto o empregado, desde que estejam na posição de credor.

4.4. Petição inicial

É importante ressaltar, desde logo, que o disposto no art. 542 do CPC exige reflexão mais detida quando de sua migração para o processo do trabalho.

Assim, nos termos do art. 542 do CPC, na petição inicial, o autor/consignante requererá:

> I – o depósito da quantia ou da coisa devida, a ser efetivado no prazo de 5 (cinco) dias contados do deferimento, ressalvada a hipótese do art. 539, § 3º;
>
> II – a citação do réu para levantar o depósito ou oferecer contestação.
>
> Parágrafo único. Não realizado o depósito no prazo do inciso I, o processo será extinto sem resolução do mérito.

Este procedimento previsto no processo civil prejudica, a nosso ver, uma possível "audiência de conciliação" entre o empregado e o empregador. Todavia, pensamos que nada impede que o juiz, com arrimo no art. 765 da CLT, e, sobretudo, em homenagem ao princípio da conciliação, designe audiência para a tentativa de composição do conflito. Essa providência visa compatibilizar o procedimento civil com o trabalhista, tornando, assim, viável a utilização da consignatória na Justiça do Trabalho.

Tendo em vista o princípio da oralidade, pensamos que a petição inicial da ação de consignação em pagamento no processo do trabalho poderá ser verbal, muito embora seja de todo recomendável a forma escrita.

4.5. Contestação

Segundo dispõe o art. 544 do CPC, na contestação, o réu poderá alegar que:

> I – não houve recusa ou mora em receber a quantia ou coisa devida;
>
> II – foi justa a recusa;
>
> III – o depósito não se efetuou no prazo ou no lugar do pagamento;
>
> IV – o depósito não é integral.

No caso do inciso IV, a alegação será admissível se o réu indicar o montante que entende devido. É o que diz o parágrafo único do art. 544 do CPC, que, segundo nos parece, é de duvidosa aplicação no processo do trabalho, haja vista que nem sempre é possível precisar o montante dos créditos a que o trabalhador (consignado) faz jus, mormente quando há a necessidade de prova pericial, testemunhal etc.

Há quem sustente que, havendo recusa por parte do réu (consignado), deverá ele apresentar resposta oral na própria audiência de oblação, tendo em vista as disposições contidas no art. 847 da CLT, oportunidade na qual também deverá o devedor-autor consignar a quantia em Juízo[41].

Parece-nos, contudo, que tal providência somente poderia ocorrer na hipótese de o juiz ter despachado a petição inicial, deferindo ao consignante o direito de efetuar o depósito, nos moldes do art. 542, I, do CPC, o que, convenhamos, criaria sérios embaraços à tramitação do feito na Justiça do Trabalho, e, o mais grave, poderia trazer para o consignatário, geralmente o trabalhador, sérios prejuízos ao seu direito de ampla defesa.

Não se pode perder de vista que o processo civil prevê que a citação do réu somente ocorrerá após a realização do depósito. Ora, adaptando-se o procedimento civil ao do trabalho, isto é, se o consignatário-credor for notificado para a audiência de conciliação sem necessidade do prévio depósito, a conclusão mais razoável é a de que não se lhe pode impor a obrigação de responder aos termos do pedido inicial sem que a importância já tenha sido depositada.

Isso porque a notificação do réu e a realização da audiência sem necessidade do depósito têm por escopo apenas a simplificação do processo do trabalho, facilitando o *iter procedimentalis* desse setor especializado do direito processual, mas não defendemos a inversão da ordem do procedimento, o que desaguaria, *in casu*, na imposição ao consignatário-credor de um ônus processual antes mesmo que o consignante-devedor se tenha desincumbido do seu, qual seja, o de efetuar previamente o depósito da quantia ou coisa devida.

4.5.1. Reconvenção e pedido contraposto

Ante a literalidade do art. 544 do CPC, que restringe o comportamento do consignado, há cizânia sobre o cabimento da reconvenção à ação de consignação em pagamento. Há uma corrente restritiva:

AÇÃO DE CONSIGNAÇÃO EM PAGAMENTO. DESNECESSIDADE DE RECONVENÇÃO PARA O CONSIGNADO RECEBER DIFERENÇA DE CRÉDITO EM SEU

41. PINTO, José Augusto Rodrigues. *A modernização do CPC e o processo do trabalho*. São Paulo: LTr, 1996. p. 331.

PROL (ART. 896, PARÁGRAFO ÚNICO, C/C §§ 1º E 2º DO ART. 899, DO CPC). Na Justiça Obreira a ação de consignação em pagamento e a reconvenção são regulados subsidiariamente pelo CPC, face ser omissa a Consolidação das Leis do Trabalho. Com a edição da Lei n. 8.951/94 a ação de consignação em pagamento sofreu considerável modificação, sendo incluída, agora, entre as ações dúplices, como as ações possessórias e a de prestação de contas (arts. 914 e s. e 922, do CPC). Enquadrando-se o caso dos autos à hipótese prevista no art. 896, parágrafo único, c/c §§ 1º e 2º do art. 899, do Código Adjetivo Comum, perfeitamente aplicável ao rito trabalhista, não há se falar em necessidade de reconvenção, para o consignado receber diferença de crédito em seu prol. Recurso conhecido e improvido (TRT 7ª R., RO 01382/2002-009-07-8, Rel. Juiz Manoel Arízio Eduardo de Castro, *DO* 25-9-2003).

Como a reconvenção é uma ação, portanto não pode haver obstáculo do direito fundamental ao seu exercício (CF, art. 5º, XXXV), parece-nos que o réu-consignado poderá apresentar reconvenção à ação de consignação em pagamento. Nesse sentido:

AÇÃO DE CONSIGNAÇÃO EM PAGAMENTO. EXTINÇÃO. RECONVENÇÃO. Nos termos do art. 343 do CPC , é lícito ao réu propor reconvenção para manifestar pretensão própria, conexa com a ação principal ou com o fundamento da defesa. Nesta esteira, os pleitos formulados na ação principal e na reconvenção são distintos e autônomos, não dependendo a análise meritória de um à existência do outro, sendo os pressupostos processuais analisados separadamente em cada uma das ações. Recurso a que se dá provimento. AÇÃO DE CONSIGNAÇÃO EM PAGAMENTO. CUMULAÇÃO COM PEDIDO DE RESSARCIMENTO. POSSIBILIDADE. Consoante o art. 327 do CPC, aos litigantes é facultado a cumulação de pedidos em um único processo, observada a compatibilidade, o Juízo competente, e a adoção do rito comum (o qual corresponde ao rito ordinário no âmbito justrabalhista). Nesta premissa, ainda que extinta a reconvenção, deve ser analisado o mérito dos pedidos cumulados em sede de rito ordinário. Recurso ordinário conhecido e provido (TRT-7 – RO 00003092320185070017, Rel. Des. Jose Antonio Parente da Silva, 3ª T., *DEJT* 9-9-2020).

Há, ainda, quem sustente a possibilidade de utilização do pedido contraposto em contestação em lugar da reconvenção. Nesse sentido:

(...) AÇÃO DE CONSIGNAÇÃO EM PAGAMENTO. PEDIDO CONTRAPOSTO. POSSIBILIDADE. Trata-se de ação de consignação em pagamento em que a Corte Regional considerou regular a apresentação de pedido contraposto na contestação. A empresa argumenta que o correto procedimento é aquele previsto nos arts. 890 e 896 do CPC de 1973, em que o consignado teria que se valer da reconvenção para apresentar pedido contraposto. Ocorre que a jurisprudência desta Corte Superior caminhou no sentido de considerar oportuna a apresentação de pedido contraposto na contestação à ação de consignação em pagamento, desde que o pleito guarde relação direta com a controvérsia, retirando a necessidade de se apresentar reconvenção, conforme entendimento extraído da exegese do art. 896 do CPC/1973, do qual se extrai a natureza dúplice da ação. Precedentes. Nesse quadro, tem-se que o Tribunal Regional, ao convalidar a decisão do juízo originário, que considerou regular a apresentação de pedido contraposto na contestação da presente ação de consignação de pagamento, decidiu conforme a jurisprudência notória, atual e iterativa desta Corte, o que inviabiliza o processamento do recurso de revista nos moldes do § 7º do art. 896 da CLT e da Súmula 333 do TST. Agravo conhecido e desprovido (TST-Ag--AIRR 264-69.2014.5.03.0017, 3ª T., Rel. Min. Alexandre de Souza Agra Belmonte, *DEJT* 29-6-2018).

4.6. Foro competente

O art. 540 do CPC (art. 891 do CPC/73), que estabelece regra de competência territorial, prescreve que a ação de consignação deve ser proposta no lugar do pagamento, cessando para o devedor, tanto que se efetue o depósito, os juros e os riscos, salvo se for julgada improcedente, sendo certo que, por força do parágrafo único do referido dispositivo, quando a coisa devida for corpo que deva ser entregue no lugar em que está, poderá o devedor requerer a consignação no foro em que ela se encontra.

Nos domínios do processo do trabalho, a competência territorial é delimitada pelo art. 651 e seus parágrafos da CLT.

Assim, a ação de consignação em pagamento proposta na Justiça do Trabalho deve obedecer à regra geral de competência territorial, que é, a princípio, o lugar da prestação do serviço, ainda que o empregado tenha sido contratado noutro local ou no estrangeiro.

Como se trata de competência relativa, o juiz não pode declará-la de ofício, isto é, se o consignatário, na resposta, não opuser exceção declinatória do foro, a competência será automaticamente prorrogada[42].

É importante ressaltar que, por força da EC n. 45/2004, que deu nova redação ao art. 114 da CF, a competência da Justiça do Trabalho foi ampliada para processar e julgar as ações oriundas não apenas da relação de emprego, como também das ações oriundas da relação de trabalho. De tal arte, a regra de competência territorial prevista no CPC, isto é, o local de pagamento, deverá prevalecer quando a ação for oriunda de relação de trabalho diversa da de emprego, ainda que o trabalhador (não empregado) tenha prestado serviço em outra localidade.

42. Sobre prorrogação de competência, ver Capítulo V, item 2.7.1.

Além disso, podem ocorrer conflitos intersindicais acerca de contribuição sindical. Neste caso, a ação de consignação em pagamento, ajuizada depois da EC n. 45/2004, passou a ser, segundo nosso entendimento, da competência material da Justiça do Trabalho (CF, art. 114, III).

4.7. Sentença

Diz o art. 545 do CPC que se o réu alegar a insuficiência do depósito, é lícito ao autor completá-lo, em dez dias, salvo se corresponder a prestação cujo inadimplemento acarrete a rescisão do contrato.

O § 1º do art. 545 do CPC permite ao réu levantar, desde logo, a quantia ou a coisa depositada, com a consequente liberação parcial do autor, prosseguindo o processo quanto à parcela controvertida.

Se a sentença reconhecer a insuficiência do depósito deverá determinar, sempre que possível, o montante devido e valerá como título executivo, facultado ao credor/consignado promover-lhe o cumprimento nos mesmos autos, após liquidação, se necessária (CPC, art. 545, § 2º). Pode-se dizer, assim, que, em tal hipótese, a sentença prolatada em ação de consignação possui natureza dúplice, ou seja, declaratória e condenatória, não necessitando o credor/consignado propor ação de cobrança.

Julgado procedente o pedido, ou se o credor receber e der quitação, o juiz declarará extinta a obrigação e condenará o réu ao pagamento de custas e, se for o caso, honorários advocatícios.

5. *HABEAS CORPUS* E *HABEAS DATA*

5.1. *Habeas corpus*

O *habeas corpus* é um instituto que deita raízes remotas no direito romano, mas a origem mais apontada pelos diversos autores é a Magna Carta, da Inglaterra, precisamente no seu Capítulo XXIX, que foi inserido pelo rei João Sem Terra, em 19 de junho de 1215, devido a pressões dos barões ingleses.

No Brasil, desde o império, o *habeas corpus* sempre esteve presente em todos os textos constitucionais. A Constituição Federal de 1988 (art. 5º, LXVIII) o inseriu no rol dos direitos e garantias fundamentais, nos seguintes termos: "conceder-se-á *habeas corpus* sempre que alguém sofrer ou se achar ameaçado de sofrer violência ou coação em sua liberdade de locomoção, por ilegalidade ou abuso de poder".

O HC não é recurso, apesar de estar regulamentado no capítulo destinado aos recursos no CPP.

Trata-se, a rigor, de uma ação constitucional de caráter penal e de procedimento especial, isenta de custas, que visa a evitar ou cessar violência ou ameaça na liberdade de locomoção, por ilegalidade ou abuso de poder[43].

Pertinente é a definição ofertada por Júlio César Bebber, para quem o "*habeas corpus* é, na verdade, ação mandamental que integra a chamada jurisdição constitucional das liberdades, e que tem por escopo a proteção da liberdade de locomoção, quando coarctada ou ameaçada de sê-lo, por ilegalidade ou abuso do Poder Público"[44].

Nos domínios do processo do trabalho sempre houve cizânia a respeito da competência da Justiça do Trabalho para processar e julgar *habeas corpus* impetrado em face de decreto judicial de prisão de depositário infiel[45].

Na esteira do TST, portanto, se a autoridade coatora for juiz do Tribunal Regional do Trabalho, a competência para julgar o HC será do STJ, a teor do art. 105, I, *a* e *c*, da CF.

Se, no entanto, o decreto de prisão for prolatado por juiz, titular ou substituto, de Vara do Trabalho, a competência para julgar o HC será do TRT, com possibilidade de recurso ordinário para o TST.

O STF, no entanto, firmou entendimento de que a competência, neste último caso, é do TRF – Tribunal Regional Federal, e não do TRT. É o que ficou decidido no seguinte feito:

> *HABEAS CORPUS* – PRISÃO DECRETADA POR JUIZ DO TRABALHO – DEPOSITÁRIO INFIEL – COMPETÊNCIA DO TRIBUNAL REGIONAL FEDERAL. I – No julgamento do CJ n. 6.979-1, o Supremo Tribunal Federal decidiu, em sessão plenária, que a competência para conhecer e julgar *habeas corpus*, impetrado contra ato de Juiz do Trabalho de 1º grau, é do Tribunal Regional Federal e não do Tribunal Regional do Trabalho. II – Nulidade da decisão denegatória do *writ* proferida pelo TRT da 9ª Região. Remessa dos autos ao TRF da 4ª Região (STF HC n. 68.687,PR, 2ª T., Rel. Min. Carlos Velloso, *DJU* 4-10-1991).

Parece-nos que a razão estava com o STF, ante o disposto no art. 108, I, *d*, da CF, que estabelece a competência da Justiça Federal, por meio do TRF, para processar e julgar ação de *habeas corpus* quando a autoridade coatora for um juiz federal[46].

---

43. MORAES, Alexandre de. *Constituição do Brasil interpretada e legislação infraconstitucional*. São Paulo: Atlas, 2002. p. 2523.
44. BEBBER, Júlio César. *Processo do trabalho:* temas atuais. São Paulo: LTr, 2003. p. 275-276.
45. Sobre depósito e depositário infiel, ver Capítulo XXIII, item 17.
46. Em sentido contrário: FERREIRA SOBRINHO, Aderson. *O* habeas corpus *na justiça do trabalho*. São Paulo: LTr, 2003. p. 82-97.

Cumpre assinalar, porém, que com a promulgação da EC n. 45/2004, que inseriu o inciso IV ao art. 114 da CF, parece-nos que não há mais dúvida acerca da competência da Justiça do Trabalho para processar e julgar *habeas corpus* "quando o ato questionado envolver matéria sujeita à sua jurisdição", independentemente de o ato questionado ser de Juiz do Trabalho de primeiro ou segundo grau, ou mesmo de ministro do TST.

O TST vem admitindo HC nas hipóteses em que o paciente não assina o termo de depósito ou do depositário de penhora sobre coisa futura, como é o caso de penhora sobre faturamento da empresa. É o que se depreende das OJs ns. 89 e 143 da SBDI-2, *in verbis*:

> 89. *Habeas corpus*. Depositário. Termo de depósito não assinado pelo paciente. Necessidade de aceitação do encargo. Impossibilidade de prisão civil. A investidura no encargo de depositário depende da aceitação do nomeado que deve assinar termo de compromisso no auto de penhora, sem o que, é inadmissível a restrição de seu direito de liberdade.
>
> 143. *HABEAS CORPUS*. PENHORA SOBRE COISA FUTURA. PRISÃO. Não se caracteriza a condição de depositário infiel quando a penhora recair sobre coisa futura e incerta, circunstância que, por si só, inviabiliza a materialização do depósito no momento da constituição do paciente em depositário, autorizando-se a concessão de *habeas corpus* diante da prisão ou ameaça de prisão que sofra.

Além disso, o TST também vem admitindo HC na hipótese em que a decisão judicial puder colocar em risco a liberdade de locomoção primária do paciente:

> *HABEAS CORPUS*. ATLETA PROFISSIONAL. LIBERAÇÃO PARA EXERCÍCIO EM OUTRA AGREMIAÇÃO ESPORTIVA. AUSÊNCIA DE AMEAÇA À LIBERDADE DE LOCOMOÇÃO PRIMÁRIA. DESCABIMENTO DO REMÉDIO HERÓICO. O cabimento do *habeas corpus* é questão que já gerou acirrado debate nessa SBDI-2/TST. Com efeito, nos autos do HC – 1000678-46.2018.5.00.0000, prevaleceu a tese proposta pelo eminente Ministro Alexandre Luiz Ramos, secundada pela douta maioria dessa SBDI-2/TST, no sentido de que o *habeas corpus* tem cabimento restrito à defesa da liberdade de locomoção primária, assim entendida como o direito de ir, vir e permanecer. Na espécie, porém, o direito à liberdade de locomoção é abordado de forma apenas secundária, representado pela prerrogativa individual do trabalhador de prestar serviços para quem e onde bem entender. Desse modo, deve ser denegada a ordem. Ressalva de entendimento da Relatora. Agravo regimental conhecido e provido para extinguir o *writ* sem resolução de mérito, na forma do artigo 485, IV, do CPC. Liminar anteriormente concedida revogada (TST-ED-1000049-09.2017.5.00.0000, SBDI-2, Rel. Min. Maria Helena Mallmann, *DEJT* 25-3-2019).

Na ação de *habeas corpus* não é obrigatória a presença de advogado, pois a parte detém o *ius postulandi* para esta ação constitucional. Aliás, o § 1º do art. 1º do EOAB (Lei n. 8.906/94) não o inclui entre atividades privativas dos advogados.

Ao MPT é facultado impetrar HC no âmbito da Justiça do Trabalho, por interpretação sistemática dos arts. 6º, VI, 83, I e 84 da LC n. 75/93, nas hipóteses em que a instituição ministerial vislumbrar existente o interesse público que justifique a sua atuação.

É preciso estar atento para os procedimentos previstos nos regimentos internos dos tribunais trabalhistas respeitantes ao HC.

Recebida a petição do HC, é facultado ao juiz relator determinar que o paciente lhe seja imediatamente apresentado em dia e hora que designar.

O relator também poderá conceder liminarmente a ordem, podendo, ainda, solicitar informações à autoridade coatora.

A tramitação do HC prefere à de qualquer outro processo, sendo o mesmo julgado na primeira sessão, permitindo-se o adiamento para a sessão seguinte.

Antes de encerrar este tópico, é importante registrar que o Pleno do STF (HC n. 87.585/TO, Rel. Min. Marco Aurélio, 3-12-2008) concedeu *habeas corpus* em favor do paciente que, intimado a entregar o bem do qual depositário, não adimplira a obrigação contratual (ver Informativos STF ns. 471, 477 e 498). O fundamento da decisão repousa no fato de o Brasil haver ratificado (Decreto n. 678/92) o Pacto de São José da Costa Rica (Convenção Americana de Direitos Humanos), que apenas prevê a prisão civil por dívida no caso de descumprimento inescusável de prestação alimentícia (art. 7º, item 7). Com esse entendimento, o STF concluiu que, com a introdução do aludido Pacto no ordenamento jurídico nacional, restaram derrogadas as normas estritamente legais definidoras da custódia do depositário infiel. Prevaleceu, no julgamento, por fim, a tese do *status* de supralegalidade do referido Tratado de Direitos Humanos, inicialmente defendida pelo Min. Gilmar Mendes no julgamento do RE n. 466.343/SP.

Na mesma esteira, o Pleno do STF (HC n. 92.566/SP, Rel. Min. Marco Aurélio, 3-12-2008), por maioria, concedeu *habeas corpus*, impetrado em favor de depositário judicial, e proclamou expressamente a revogação da Súmula 619 do STF ("A prisão do depositário judicial pode ser decretada no próprio processo em que se constituiu o encargo, independentemente da propositura de ação de depósito"). Vencido o Min. Menezes Direito que denegava a ordem por considerar que o depositário judicial teria outra natureza jurídica, apartada da prisão civil própria do regime dos contratos de depósitos, e que sua prisão não seria decretada com fundamento no descumprimento de uma obrigação civil, mas no desrespeito ao múnus público.

Sobre depositário infiel, *vide* Capítulo XXIII, item 17.

Cumpre lembrar, por oportuno, que nos termos da OJ n. 156 da SBDI-2, é

> cabível ajuizamento de *habeas corpus* originário no Tribunal Superior do Trabalho, em substituição de recurso ordinário em *habeas corpus*, de decisão definitiva profe-

rida por Tribunal Regional do Trabalho, uma vez que o órgão colegiado passa a ser a autoridade coatora no momento em que examina o mérito do *habeas corpus* impetrado no âmbito da Corte local.

5.2. *Habeas data*

A Constituição Federal, no seu art. 5º, LXXII, prevê o cabimento do *habeas data*:

a) para assegurar o conhecimento de informações relativas à pessoa do impetrante, constantes de registros ou bancos de dados de entidades governamentais ou de caráter público;

b) para a retificação de dados, quando não se prefira fazê-lo por processo sigiloso, judicial ou administrativo.

O *habeas data*, a exemplo do *habeas corpus*, do mandado de injunção e do mandado de segurança, é uma garantia fundamental e se insere no rol dos instrumentos de ativação da jurisdição constitucional das liberdades. Trata-se, a rigor, de uma ação mandamental, de natureza constitucional, que tem por escopo garantir, em favor da pessoa ou ente interessado, o exercício do direito fundamental de:

a) acesso aos registros ou bancos de dados;

b) retificação desses registros; ou

c) complementação desses registros.

O procedimento do *habeas data* está previsto na Lei n. 9.507, de 12 de novembro de 1997, e é muito semelhante ao do mandado de segurança.

Além das condições genéricas inerentes a todas as ações, o *habeas data* exige uma condição especial: a prévia postulação administrativa. É o que se infere do art. 2º da Lei n. 9.507:

> O requerimento será apresentado ao órgão ou entidade depositária do registro ou banco de dados, e será deferido ou indeferido no prazo de quarenta e oito horas.

Ademais, dispõe o art. 8º e seu parágrafo único da Lei n. 9.507 que a petição deverá preencher os requisitos dos arts. 319 do CPC (art. 282 do CPC/73), sendo apresentada em duas vias, e os documentos que instruírem a primeira serão reproduzidos por cópia na segunda. A petição inicial será instruída com a prova:

> I – da recusa ao acesso às informações ou do decurso de mais de dez dias sem decisão;
>
> II – da recusa em fazer-se a retificação ou do decurso de mais de quinze dias, sem decisão; ou

III – da recusa em fazer-se a anotação a que se refere o § 2º do art. 4º ou do decurso de mais de quinze dias sem decisão.

Poderão ser legitimados ativos do *habeas data* qualquer pessoa física ou jurídica, bem como os entes despersonalizados que tenham capacidade processual, como a massa falida, o espólio, a herança jacente ou vacante, as sociedades de fato, o condomínio etc.

No polo passivo da demanda poderão figurar como legitimados os órgãos da administração pública direta ou indireta, bem como as instituições, entidades ou pessoas jurídicas de direito privado que prestem serviços para o público ou de interesse público, desde que sejam depositárias de dados referentes às pessoas físicas ou jurídicas interessadas.

Não se preocupou o constituinte originário com a possibilidade de impetração do *habeas data* no âmbito da competência da Justiça do Trabalho. Aliás, a primitiva redação do art. 114 da CF era silente a tal respeito.

O TST, no entanto, vem admitindo *habeas data* impetrado em face de empresa integrante da Administração Pública Indireta, como se infere do seguinte julgado:

> (...) ILEGITIMIDADE PASSIVA. *HABEAS DATA*. A Petrobras, como empresa de economia mista que presta serviços para público e de interesse público, pode figurar no polo passivo da ação de *habeas data*, pois está equiparada a uma entidade governamental. Precedente do STJ. Ilesos os arts. 5º, LXXII, da Constituição Federal, e 1º, parágrafo único, da Lei n. 9.507/97. Recurso de revista não conhecido (TST-RR 6600-15.2007.5.06.0191, Rel. Min. Guilherme Augusto Caputo Bastos, 2ª T., *DEJT* 16-9-2011).
>
> AGRAVO DE INSTRUMENTO EM RECURSO DE REVISTA. *HABEAS DATA*. FORNECIMENTO DOS EXTRATOS ANALÍTICOS DO FGTS. A alegação de afronta ao art. 5º, II, da Constituição Federal não impulsiona o recurso de revista, por tratar este dispositivo de princípio genérico cuja violação só se perfaz, quando muito, de forma reflexa ou indireta. Ademais, os arestos paradigmas trazidos à comparação são oriundos do TRT e do STJ, órgãos não autorizados pelo art. 896 da CLT. Agravo de instrumento conhecido e não provido (TST– AIRR 6129-23.2010.5.01.0000, Rel. Min. Dora Maria da Costa, 8ª T., *DEJT* 27-6-2011).

Com a promulgação da EC n. 45/2004, que acrescentou o inciso IV ao art. 114 da CF, foram ampliadas as atribuições da Justiça do Trabalho, que passou a ter competência para processar e julgar o "*habeas data*, quando o ato questionado envolver matéria sujeita à sua jurisdição".

Vislumbramos, assim, o cabimento do *habeas data* impetrado na Justiça do Trabalho, desde que tal demanda seja oriunda da relação de emprego, como no caso em que um servidor celetista esteja sendo impedido de obter informações sobre seus registros funcionais que seriam utilizados para sua candidatura à promoção na carreira do órgão público ao qual está vinculado. Neste caso, a competência é da Justiça do Trabalho, por força da interpretação sistemática dos incisos I e IV do art. 114 da CF.

É interessante notar, contudo, que o STF conheceu e deu provimento a recurso extraordinário para indeferir *habeas data* impetrado por ex-empregada do Banco do Brasil que, tendo seu pedido de readmissão negado, pretendia obter informações sobre sua ficha funcional. O Pretório Excelso considerou que "o Banco do Brasil não tem legitimidade passiva para responder ao *habeas data*, uma vez que não figura como entidade governamental, e sim como explorador de atividade econômica, nem se enquadra no conceito de registros de caráter público a que se refere o art. 5º, LXXII, da CF, porquanto a ficha funcional de empregado não é utilizável por terceiros" (STF-Pleno, RE n. 165.304/MG, Rel. Min. Octavio Gallotti, decisão de 19-10-2000, in Informativo STF n. 208).

Outra hipótese reside na possibilidade de impetração do *habeas data* pelo empregador em face do órgão de fiscalização da relação de trabalho que esteja se negando a fornecer informações sobre o processo administrativo em que ele esteja sofrendo penalidade administrativa. Aqui a competência é também da Justiça do Trabalho, em decorrência dos incisos IV e VII do art. 114 da CF.

De acordo com o art. 20 da Lei n. 9.507, a competência funcional ou hierárquica para processar e julgar *habeas data* é conferida:

> *I – originariamente*:
>
> *a)* ao Supremo Tribunal Federal, contra atos do Presidente da República, das Mesas da Câmara dos Deputados e do Senado Federal, do Tribunal de Contas da União, do Procurador-Geral da República e do próprio Supremo Tribunal Federal;
>
> *b)* ao Superior Tribunal de Justiça, contra atos de Ministro de Estado ou do próprio Tribunal;
>
> *c)* aos Tribunais Regionais Federais contra atos do próprio Tribunal ou de juiz federal;
>
> *d)* a juiz federal, contra ato de autoridade federal, excetuados os casos de competência dos tribunais federais;
>
> *e)* a tribunais estaduais, segundo o disposto na Constituição do Estado;
>
> *f)* a juiz estadual, nos demais casos;
>
> *II – em grau de recurso*:
>
> *a)* ao Supremo Tribunal Federal, quando a decisão denegatória for proferida em única instância pelos Tribunais Superiores;
>
> *b)* ao Superior Tribunal de Justiça, quando a decisão for proferida em única instância pelos Tribunais Regionais Federais;
>
> *c)* aos Tribunais Regionais Federais, quando a decisão for proferida por juiz federal;

> *d*) aos Tribunais Estaduais e ao Distrito Federal e Territórios, conforme dispuserem a respectiva Constituição e a lei que organizar a Justiça do Distrito Federal;
>
> *III – mediante recurso extraordinário ao Supremo Tribunal Federal, nos casos previstos na Constituição.* (grifos nossos)

É preciso destacar, por oportuno, que o art. 102, II, *a*, da CF prevê a competência do STF para julgar, em grau de recurso ordinário, o *habeas data* decidido em única instância pelos Tribunais Superiores, salvo se denegatória a decisão.

Além disso, o art. 105, I, *b*, da CF estabelece a competência do STJ para o *habeas data* contra atos de Ministro de Estado, dos Comandantes da Marinha, do Exército e da Aeronáutica, ou do próprio Tribunal.

Nos domínios do processo do trabalho, parece-nos que a competência funcional originária para processar e julgar o *habeas data* será, em linha de princípio, da Vara do Trabalho, na medida em que tal demanda estará sempre vinculada à relação de trabalho ou relação de emprego, a teor do art. 114, I e IV, da CF, bem como na hipótese prevista no inciso VII do mesmo artigo, salvo quando o ato de autoridade implicar, na forma da lei, competência funcional originária dos Tribunais Regionais do Trabalho ou do Tribunal Superior do Trabalho.

Diz o art. 9º da Lei n. 9.507 que o juiz, ao despachar a inicial, ordenará que se notifique o coator do conteúdo da petição, entregando-lhe a segunda via apresentada pelo impetrante, com as cópias dos documentos, a fim de que, no prazo de dez dias, preste as informações que julgar necessárias.

A inicial será desde logo indeferida, quando não for o caso de *habeas data*, ou se lhe faltar algum dos requisitos previstos nesta Lei. É o que preceitua o art. 10 da Lei n. 9.507. Da decisão de indeferimento caberá, no processo civil apelação e, no processo do trabalho, recurso ordinário.

Feita a notificação, o serventuário em cujo cartório corra o feito juntará aos autos cópia autêntica do ofício endereçado ao coator, bem como a prova da sua entrega a este ou da recusa, seja de recebê-lo, seja de dar recibo.

Findo o prazo a que se refere o art. 9º, e ouvido o representante do Ministério Público dentro de cinco dias, os autos serão conclusos ao juiz para decisão a ser proferida em cinco dias.

Diz o art. 13 da Lei n. 9.507 que na decisão, se julgar procedente o pedido, o juiz marcará data e horário para que o coator:

> I – apresente ao impetrante as informações a seu respeito, constantes de registros ou bancos de dados; ou
>
> II – apresente em juízo a prova da retificação ou da anotação feita nos assentamentos do impetrante.

A decisão será comunicada ao coator, por correio, com aviso de recebimento, ou por telegrama, radiograma ou telefonema, conforme requerer o impetrante, sendo certo que os originais, no caso de transmissão telegráfica, radiofônica ou telefônica deverão ser apresentados à agência expedidora, com a firma do juiz devidamente reconhecida (Lei n. 9.507, art. 14).

O pedido de *habeas data* poderá ser renovado se a decisão denegatória não lhe houver apreciado o mérito.

Os processos de *habeas data* terão prioridade sobre todos os atos judiciais, exceto *habeas corpus* e mandado de segurança. Na instância superior, deverão ser levados a julgamento na primeira sessão que se seguir à data em que, feita a distribuição, forem conclusos ao relator.

6. AÇÃO CIVIL PÚBLICA[47]

6.1. Origem e evolução

No elenco dos novos instrumentos jurídicos brasileiros destinados à defesa dos direitos ou interesses metaindividuais e à facilitação do acesso coletivo ao Judiciário destaca-se a ação civil pública.

Como bem observa Édis Milaré:

> Numa sociedade como essa – uma sociedade de massa – há que existir igualmente um processo civil de massa. A "socialização" do processo é um fenômeno que, embora não recente, só de poucos anos para cá ganhou contornos mais acentuados, falando-se mesmo em normas processuais que, pelo seu alcance na liberalização dos mecanismos de legitimação *ad causam* vão além dos avanços verificados nos países socialistas. "Tudo é público e qualquer pessoa pode tutelar direitos" (...) A ação civil pública insere-se nesse quadro de grande democratização do processo (...) e num contexto daquilo que, modernamente, vem sendo chamada de "teoria da implementação", atingindo, no direito brasileiro, características peculiares e inovadoras. De fato, os direitos conferidos no plano material só fazem sentido quando o ordenamento jurídico coloca nas mãos de seus titulares ou de seus representantes ideológicos (Ministério Público, associações, etc.) mecanismos efetivos para seu exercício. Essa a missão da ação civil pública[48].

---

47. Para aprofundamento da temática da ação civil pública, conferir: LEITE, Carlos Henrique Bezerra. *Direito processual coletivo do trabalho na perspectiva dos direitos humanos*. São Paulo: LTr, 2015.
48. Ação civil pública em defesa do meio ambiente. In: MILARÉ, Édis (Coord.). *Ação civil pública*: Lei n. 7.347/85: reminiscências e reflexões após dez anos de aplicação. São Paulo: Revista dos Tribunais, 1995. p. 231-232. Registra-se que o texto foi parafraseado de Cappelletti, Mauro; Garth, Bryant G. Introduction policies, trends and ideas in civil procedure. In: *Civil procedure, international encyclopedia of comparative law*. Boston: Martinus Nijhoff Publishers, 1987. v. 16, p. 66.

Prevista, inicialmente, na Lei Complementar n. 40, de 14 de dezembro de 1981, cujo art. 3º, III, vaticinava: "São funções institucionais do Ministério Público: (...) III – promover a ação civil pública, nos termos da lei". Era, pois, uma ação exclusiva do Ministério Público.

Em 24 de julho de 1985, o legislador brasileiro, influenciado por processualistas de primeira linha, entre eles Ada Pellegrini Grinover, Cândido Rangel Dinamarco, Kazuo Watanabe, Waldemar Mariz de Oliveira Jr., Édis Milaré, Nelson Nery Junior e Antônio Augusto Mello de Camargo Ferraz, editou a Lei n. 7.347, também conhecida por Lei da Ação Civil Pública ou pela sigla LACP.

De acordo com a redação original da LACP, o objeto desta ação especial residia apenas na reparação de danos causados ao meio ambiente, ao consumidor, a bens e direitos de valor artístico, estético, histórico, turístico e paisagístico[49].

Com a promulgação da Constituição Federal, em 5 de outubro de 1988, a ação civil pública foi guindada à categoria de garantia fundamental, ampliando-se consideravelmente o seu objeto não apenas para a reparação de danos causados ao meio ambiente, ao consumidor e aos bens referidos no parágrafo anterior, mas também para "a proteção do patrimônio público e social" e "de outros interesses difusos e coletivos" (CF, art. 129, III).

A partir da Carta de 1988, portanto, já havia permissão para o manejo da ação civil pública no âmbito da Justiça do Trabalho, pois o art. 128, I, da CF não fez – e realmente não faz – qualquer distinção entre os "ramos" do Ministério Público legitimados a promover a ação civil pública[50].

Sobreveio o Código de Defesa do Consumidor (Lei n. 8.078, de 11-9-1990), cujo art. 110 acrescentou o inciso IV ao art. 1º da Lei n. 7.347/85, restabelecendo, assim, um dos objetivos previstos originariamente no anteprojeto da LACP: a proteção de "qualquer outro interesse difuso ou coletivo".

Mesmo diante da perfeita sintonia entre o CDC (arts. 90 e 110 *usque* 117) e a LACP (art. 21), formando ambos, sem nenhuma ressalva quanto aos órgãos jurisdicionais encarregados de conhecer e julgar a ação civil pública, um sistema integrado de proteção a quaisquer interesses metaindividuais, o certo é que, na práti-

49. O projeto aprovado no Congresso Nacional e encaminhado à sanção presidencial alargava, no inciso IV do art. 1º, o âmbito da ação civil pública para "qualquer outro interesse difuso ou coletivo", mas esse inciso recebeu veto do então Presidente da República, José Sarney, que foi mantido pelo Poder Legislativo.

50. Nesse sentido: MARTINS FILHO, Ives Gandra da Silva. *A defesa dos interesses difusos e coletivos da sociedade*. p. 13-14; ROMITA, Arion Sayão. *Sindicalismo, economia, Estado democrático*. p. 238-239; NAZAR, Nelson. *Novas ações judiciais da Procuradoria da Justiça do Trabalho*. p. 206-246. É importante ressaltar que esses dois autores mencionavam apenas a CF e a LACP, sem fazer qualquer referência ao CDC. Em sentido contrário: RIBEIRO, Lélia Guimarães Carvalho. *Procuradoria da Justiça do Trabalho* – ação civil pública. p. 274-276, para quem seria imprescindível a existência de lei específica dando competência à Justiça do Trabalho para conhecer e julgar ação civil pública.

ca, foi inexpressiva, durante esse período, a utilização da ação civil pública na Justiça do Trabalho.

Somente a partir de 20 de maio de 1993, quando entrou em vigor a Lei Complementar n. 75, também chamada de Lei Orgânica do Ministério Público da União – LOMPU, é que a doutrina e a jurisprudência juslaboralistas, por força do seu art. 83, III, passaram a admitir a ação civil pública trabalhista, mesmo assim com diversas restrições de ordem processual, tais como: competência funcional, que seria, a exemplo dos dissídios coletivos, originária dos tribunais; *legitimatio ad causam* do Ministério Público – objeto central deste trabalho –, que seria apenas para defender interesses coletivos *stricto sensu* etc.

Com efeito, dispõe o art. 83, III, da LOMPU:

> Art. 83. Compete ao Ministério Público do Trabalho o exercício das seguintes atribuições junto aos órgãos da Justiça do Trabalho: (...) III – promover a ação civil pública no âmbito da Justiça do Trabalho, para a defesa de interesses coletivos, quando desrespeitados os direitos sociais constitucionalmente garantidos.

6.2. Conceito

Não há consenso doutrinário acerca do conceito de ação civil pública. Para uns, ela é o "direito expresso em lei de fazer atuar, na esfera civil, em defesa do interesse público, a função jurisdicional"[51]. Há quem conceitue a ação civil pública como "instrumento processual adequado para reprimir ou impedir danos ao meio ambiente, ao consumidor, a bens e direitos de valor artístico, histórico, turístico e paisagístico e por infrações da ordem econômica"[52].

Esses conceitos, *venia permissa*, são insuficientes para traduzir, com precisão, a ideia, a noção, dessa espécie de demanda. No primeiro caso, a proposta conceitual mostra-se demasiadamente ampla, uma vez que interesse público e interesses metaindividuais são categorias distintas.

A segunda formulação conceitual, ao revés, apresenta-se extremamente restritiva, porquanto despreza "patrimônio público e social" e "outros interesses difusos e coletivos", categorias que foram introduzidas com a nova ordem constitucional brasileira (CF, art. 129, III).

Considerando os elementos legitimidade, objeto e coisa julgada como características indispensáveis às ações coletivas, Antonio Gidi conceitua a ação coletiva, gênero que tem como uma das espécies a ação civil pública, como "a ação proposta por um legitimado autônomo (*legitimidade*), em defesa de um direito coletivamente con-

51. MILARÉ, Édis. *A ação civil pública em defesa do meio ambiente*, cit., p. 235.
52. MEIRELLES, Hely Lopes. *Mandado de segurança, ação popular...*, cit., p. 142.

siderado (*objeto*), cuja imutabilidade do comando da sentença atingirá uma comunidade ou coletividade (*coisa julgada*)[53].

Pensamos que a conceituação deste tipo especial (e não excepcional) de demanda não pode deixar de levar em conta o seu novo perfil constitucional e a sua destinação precípua, qual seja, a de proteger quaisquer interesses coletivos *lato sensu*.

Com o escopo de oferecer modesta contribuição para o adequado estudo da matéria, parece-nos factível propor que a ação civil pública é o meio (*a*) constitucionalmente assegurado (*b*) ao Ministério Público, ao Estado ou a outros entes coletivos autorizados por lei (*c*) para promover a defesa judicial (*d*) dos interesses ou direitos metaindividuais (*e*).

É o meio (*a*), aqui empregado no sentido de remédio ou garantia fundamental que propicia o acesso dos titulares materiais metaindividuais à prestação jurisdicional.

Constitucionalmente assegurado (*b*), porque a ação civil pública encontra-se catalogada expressamente na Constituição Federal (art. 129, III), e isso é de extrema importância, uma vez que ela não poderá ser eliminada de nosso ordenamento por norma infraconstitucional.

Ao Ministério Público, ao Estado ou a outros entes coletivos autorizados por lei (*c*), pois a *legitimatio ad causam* em tema de ação civil pública decorre de expressa previsão na Constituição Federal (art. 129, III e § 1º) ou na Lei (LACP, art. 5º; CDC, art. 82).

Para promover a defesa judicial (*d*), porquanto a ação civil pública é concebida sob a perspectiva da função promocional do Estado contemporâneo, que cria novas técnicas de encorajamento para que sejam defendidos os interesses sociais, propiciando-lhes adequada tutela jurisdicional. Nesse sentido, leciona Norberto Bobbio:

> Nelle costituzioni liberali classiche la funzione principale dello stato appare essere quella di tutelare (o garantire); nelle costituzioni post-liberali, accanto alla funzione della tutela o della garanzia, appare sempre più frequentemente quella di promuovere (...). I nostri studiosi di diritto costituzionale hanno ormai da tempo richiamato l'attenzione sulla contrapposizione tra misure autoritative e coercitive e misure di stimolo o d'incentivazione: questa contraposizione coglie bene il passaggio all'uso sempre più frequente delle tecniche d'incoraggiamento, su cui intendiamo richiamare l'attenzione in queste pagine[54].

---

53. *Coisa julgada e litispendência em ações coletivas*. São Paulo: Saraiva, 1995. p. 16.

54. BOBBIO, Norberto. *Dalla struttura alla funzione: nuovi studi di teoria del diritto*. Milano: Edizioni di Comunità, 1977. p. 25. Numa tradução livre: "Nas constituições liberais clássicas a função principal do Estado parece ser a de tutelar (ou de garantir); nas constituições pós-liberais, ao lado da função de proteção ou de garantia, parece mais e mais frequentemente aquela função

Dos interesses ou direitos metaindividuais (*e*), expressões juridicamente sinônimas que exprimem o gênero de que são espécies os interesses ou direitos difusos, coletivos e individuais homogêneos. Com efeito, a expressão "e de outros interesses difusos e coletivos", prevista no art. 129, III, da CF, comporta interpretação extensiva, isto é, permite ao legislador infraconstitucional catalogar outros interesses, de natureza metaindividual, que considerar socialmente relevantes, como é o caso dos individuais homogêneos.

O conceito ora formulado pode ser transplantado para a ação civil pública cometida ao Ministério Público do Trabalho, desde que acresça no seu objeto a defesa dos interesses metaindividuais decorrentes das relações jurídicas de trabalho ou de emprego que forem da competência da Justiça Especializada.

6.3. Cabimento na Justiça do Trabalho

Segundo a literalidade do art. 83, III, da Lei Complementar n. 75, de 20 de maio de 1993 (ou simplesmente LOMPU), a Justiça do Trabalho é competente para processar e julgar ação civil pública, "para a defesa de interesses coletivos, quando desrespeitados os direitos sociais constitucionalmente garantidos".

Como essa norma refere apenas os "interesses coletivos" relativos aos "direitos socialmente garantidos", surgem três perguntas inevitáveis: será cabível a ação civil pública, no âmbito da Justiça Laboral, que tenha por objeto a defesa dos direitos ou interesses difusos? E dos individuais homogêneos? Será que a ação civil pública trabalhista é diversa da prevista na LACP?

Com relação às duas primeiras perguntas, responde-se positivamente. Isso porque, como é cediço, não existe norma jurídica, por mais clara que possa parecer, que não comporte interpretação, principalmente no caso do direito brasileiro, que recebeu forte influência da teoria pura e da teoria do ordenamento jurídico. Vale dizer, as normas que compõem o sistema jurídico pátrio, que têm na Constituição a norma-ápice da pirâmide normativa, não se encontram isoladas; antes se interligam a outras normas, compondo todas a unidade e a coerência do ordenamento jurídico.

Dessarte, o art. 83, III, da LOMPU há de ser interpretado em sintonia com o art. 129, III, da CF, que não deixa margem de dúvida quanto à aplicação da ACP não apenas para a defesa do patrimônio público e social e do meio ambiente, mas, também, para a proteção "de outros interesses difusos e coletivos".

---

de promover (...). Nossos constitucionalistas têm agora voltado a atenção para o contraste entre medidas autoritárias e coercitivas e medidas de estímulo ou de impulsão: esta contraposição recolhe bem a passagem ao uso mais e mais frequente das técnicas de encorajamento, sobre a qual dedicamos nossa atenção nestas páginas".

Em nível constitucional, outrossim, é lícita a interpretação extensiva e sistemática dos arts. 129, III e IX, e 127 da CF no sentido de alargar o espectro da ação civil pública para a defesa dos interesses sociais, individuais indisponíveis e homogêneos.

A Eg. Seção Especializada em Dissídios Coletivos do TST extinguiu, sem resolução do mérito, um processo que veiculava ação civil pública intentada pelo Ministério Público do Trabalho, com base no art. 267, VI, do CPC/73 (CPC, art. 485, VI), sob o seguinte fundamento:

> ART. 83, ITEM III, DA LEI COMPLEMENTAR N. 75, DE 20-5-1993 – CONSTITUCIONALIDADE. A constitucionalidade do art. 83, III, da Lei Complementar n. 75/93 repousa no art. 129, III, da Carta Magna, que incluiu a ação civil pública entre as funções institucionais do Ministério Público da União, observadas as lindes ditadas por outras disposições constitucionais (§ 2º do art. 114, por exemplo) e pela Lei Complementar n. 75/93. AÇÃO CIVIL PÚBLICA – CABIMENTO – LEGITIMIDADE DO MINISTÉRIO PÚBLICO. Cabível a ação apenas em defesa de interesses coletivos, sem intuito reparatório, mas de preservação da ordem jurídica, quando desrespeitados direitos de trabalhadores e empregadores constitucionalmente garantidos (art. 83, III, da Lei Complementar n. 75/93), desde que o desrespeito traga, ainda que recôndito, o germe da inquietação pública (arts. 1º, III e IV, XX, XXI e XXII, 6º, 7º, 8º, 9º, 10 e 11, da Constituição da República). Processo extinto com base no art. 267, VI, do Código de Processo Civil (TST-ACP n. 92.867/93.1, Ac. SDC 400/94, de 18-4-1994, Rel. Min. Manoel Mendes de Freitas, *DJU* 20-5-1994).

É importante sublinhar o equívoco, *data venia*, existente no referido acórdão, uma vez que nele se invocou o art. 129, III, da CF para afastar a alegação de inconstitucionalidade do art. 83, III, da LOMPU; mas, de maneira parcialmente contraditória, restringiu-se o cabimento da ação civil pública trabalhista à hipótese única de desrespeito aos interesses coletivos dos trabalhadores.

É de registrar, por outro lado, que a Medida Provisória n. 2.180-35, de 24 de agosto de 2001, dispõe, no seu art. 6º, que deu nova redação ao art. 1º da LACP, acrescentando-lhe o parágrafo único, assim redigido: "Não será cabível ação civil pública para veicular pretensões que envolvam tributos, contribuições previdenciárias, o Fundo de Garantia do Tempo de Serviço – FGTS ou outros fundos de natureza institucional cujos beneficiários podem ser individualmente determinados".

A par da manifesta inconstitucionalidade formal da Medida Provisória em apreço, em função da inexistência de urgência e relevância para a sua edição, parece-nos que ela também padece do vício de inconstitucionalidade material, na medida em que exclui do elenco das matérias defensáveis pela ação civil pública os interesses ou direitos sociais dos trabalhadores, como é o caso do FGTS. Aliás, o FGTS constitui inegavelmente um patrimônio social dos trabalhadores brasileiros, razão pela qual não poderia o ato normativo em estudo restringir o objeto da ação civil pública, que é, como já dito, uma garantia fundamental a serviço da sociedade em geral.

Daí a necessidade de adequar a interpretação da norma hierarquicamente inferior à previsão constitucional. Não é preciso declarar a inconstitucionalidade do inciso III do art. 83 da LOMPU, sendo suficiente, *in casu*, interpretá-lo conforme a Constituição[55].

Ademais, a norma de encerramento contida no art. 84, *caput*, da LOMPU complementa o rol de atribuições do Ministério Público do Trabalho, nos seguintes termos: "Incumbe ao Ministério Público do Trabalho, no âmbito de suas atribuições, exercer as funções institucionais previstas nos Capítulos I, II, III e IV do Título I...".

No Título I, Capítulo II (arts. 6º *usque* 8º), da LOMPU estão os "instrumentos de atuação" de todos os ramos do MPU – que abrange, por força do art. 128, I, da CF, o MPF, o MPT, o MPM e o MPDF –, dentre os quais a ação civil pública.

Com efeito, vaticina o art. 6º, VII, da LOMPU:

> Art. 6º Compete ao Ministério Público da União:
>
> (...) VII – promover o inquérito civil e a ação civil pública para:
>
> *a*) a proteção dos direitos constitucionais;
>
> *b*) a proteção do patrimônio público e social, do meio ambiente, dos bens e direitos de valor artístico, estético, histórico, turístico e paisagístico;
>
> *c*) a proteção dos interesses individuais indisponíveis, difusos e coletivos, relativos às comunidades indígenas, à família, à criança, ao adolescente, ao idoso, às minorias étnicas e ao consumidor;
>
> *d*) outros interesses individuais indisponíveis, homogêneos, sociais, difusos e coletivos.

55. Diz Paulo Bonavides que a "interpretação das leis 'conforme a Constituição', se já tornou-se método autônomo na hermenêutica contemporânea, constitui fora de dúvida um princípio largamente consagrado em vários sistemas de onde promana o reconhecimento da superioridade da norma constitucional – e enfim do caráter de unidade que a ordem jurídica necessariamente ostenta. Em rigor, não se trata de um princípio de interpretação da Constituição, mas de um princípio de interpretação da lei ordinária de acordo com a Constituição. Método especial de interpretação, floresceu basicamente durante os últimos tempos à sombra dos arestos da Corte constitucional de Karls, na Alemanha, que o perfilhou decididamente, sem embargo das contradições de sua jurisprudência a esse respeito. A *Verfassungskounforme Auslegung*, consoante decorre de explicitação feita por aquele Tribunal, significa na essência que nenhuma lei será declarada inconstitucional quando comportar uma interpretação 'em harmonia com a Constituição' e, ao ser assim interpretada, conservar o seu sentido ou significado" (*Curso de direito constitucional*, p. 474).

No que concerne à terceira pergunta, convém registrar que num julgado da SDC do TST restou assentado no voto vencedor do ministro relator que as ações civis públicas "previstas nas Leis ns. 7.347/85 e 7.913/89 estão voltadas para situações bem diferentes da Ação Civil Pública de que cogita o art. 83, III, da Lei Complementar n. 75/93 (...). A ACP aproxima-se muito do Dissídio Coletivo de Natureza Jurídica, já que não visa nunca o estabelecimento de 'Normas e Condições de Trabalho' (...). A ACP do Ministério Público do Trabalho, por conseguinte, ficou com seu campo delimitado à infringência de disposições constitucionais referentes a empregados e empregadores..."[56].

Esse entendimento, *data maxima venia*, é equivocado, pois simplesmente ignora a existência do já mencionado sistema integrado (CF, LOMPU, LACP e CDC) de acesso coletivo dos trabalhadores à Justiça do Trabalho[57], que é o único, dada a inexistência de legislação específica em matéria laboral, capaz de propiciar a adequada e efetiva tutela, via ação civil pública trabalhista, de qualquer interesse ou direito metaindividual dos trabalhadores.

6.4. Objeto e natureza jurídica

A leitura isolada das primeiras normas da LACP pode levar à conclusão apressada de que o fim único da ação civil pública é responsabilizar qualquer pessoa física ou jurídica, de direito público ou privado, por danos morais ou patrimoniais causados ao meio ambiente, ao consumidor, a bens e direitos de valor estético, artístico, histórico, paisagístico ou a qualquer outro interesse difuso ou coletivo (Lei n. 7.347/85, art. 1º), podendo, para tanto, "ter por objeto a condenação em dinheiro ou o cumprimento de obrigação de fazer ou não fazer" (art. 3º).

Nessa ordem, seria factível afirmar que, abstraindo-se o conceito genérico de que toda ação possui conteúdo declaratório, a ação civil pública visaria, em linha de princípio, a um provimento jurisdicional de natureza condenatória.

Ocorre que, consoante já ressaltado, a ação civil pública foi guindada à categoria de garantia fundamental dos direitos ou interesses metaindividuais.

Esse seu novo perfil leva em conta não apenas a "reparação", mas acima de tudo a "proteção" daqueles importantes interesses (CF, art. 129, III).

O vocábulo "proteção" tem significado amplo, nele se compreendendo a prevenção e a reparação, como o fez, de forma explícita, o art. 25, IV, *a*, da Lei Orgânica do Ministério Público (Lei n. 8.625/93 – ou simplesmente LONMP)[58].

56. TST-ACP n. 92.867/93.1, Ac. SDC n. 400/94, de 18-4-1994, Rel. Min. Manoel Mendes de Freitas, *DJU* 20-5-1994.

57. A esse novo sistema atribuímos o nome de "jurisdição trabalhista metaindividual". Ver Capítulo III, item 6, *supra*.

58. LEITE, Carlos Henrique Bezerra. *Ministério Público do Trabalho*. p. 102.

Não se pode olvidar, no entanto, que o art. 21 da Lei n. 7.347/85, com redação dada pelo art. 117 do CDC, manda aplicar "à defesa dos direitos e interesses difusos, coletivos e individuais, no que for cabível, os dispositivos do Título III da Lei que instituiu o Código de Defesa do Consumidor".

Entre as normas que integram o Título III do CDC, está a prevista no seu art. 83, que diz: "Para a defesa dos direitos e interesses protegidos por este Código são admissíveis todas as espécies de ações capazes de propiciar sua adequada e efetiva tutela".

Assiste, pois, razão a Hugo Nigro Mazzilli, quando faz a seguinte observação:

> Em tese, são admissíveis quaisquer ações civis públicas ou coletivas, pois à LACP aplicam-se subsidiariamente o CDC ou o CPC. Cabem ações condenatórias, cautelares, de execução, meramente declaratórias ou constitutivas. Como exemplos, afigure-se a necessidade de reparar ou impedir um dano (ação condenatória ou cautelar satisfativa), ou de declarar nulo (ação declaratória) ou anular (ação constitutiva negativa) um ato lesivo ao patrimônio público ou ao meio ambiente. (...) Combinados os arts. 83 e 110 do CDC com o art. 21 da LACP, permite-se agora aos colegitimados à ação civil pública ou coletiva defendam qualquer interesse difuso, coletivo ou individual homogêneo, com qualquer rito, objeto ou pedido[59].

Idêntico é o pensamento de Nelson Nery Junior, para quem a

> LACP, em sua edição original, em 1985, previa apenas a possibilidade de serem ajuizadas ação de responsabilidade civil para reparação dos danos causados aos direitos por ela protegidos, ação de execução da sentença condenatória, ação de obrigação de fazer ou não fazer, bem como eventual ação cautelar antecedente ou incidente. Com o advento do CDC, o âmbito de abrangência da LACP foi ampliado, de sorte que podem ser propostas todas e quaisquer ações para a tutela dos direitos protegidos pela LACP (CDC, arts. 83, 90; LACP, art. 21). Assim, hoje é possível, *v.g.*, a propositura de ação de anulação de contrato administrativo lesivo ao meio ambiente (Nery, CDC Coment., 663). São admissíveis as ações constitucionais, como por exemplo o mandado de segurança e o mandado de injunção. Não há mais limitação ao tipo de ação, para que as entidades enumeradas na LACP, art. 5º, e no CDC, art. 82, estejam legitimadas à propositura da ACP para a defesa, em juízo, dos direitos difusos, coletivos e individuais homogêneos[60].

As considerações acima são perfeitamente adaptáveis à ação civil pública proposta no âmbito da Justiça do Trabalho, na medida em que também nesse domínio

59. *A defesa dos interesses difusos em juízo*. 9. ed. p. 67.

60. *Código de Processo Civil comentado*. Nota 9. p. 1.504.

ela pode ter caráter preventivo ou reparatório, condenatório, constitutivo, declaratório ou mandamental, sendo certo que seu objeto será sempre a proteção de qualquer interesse difuso, coletivo ou individual homogêneo.

A única condição para a sua adequada utilização no processo do trabalho é que a matéria nela tratada tenha conteúdo trabalhista, pois somente assim poderá adequar-se à moldura do art. 114 da CF, que trata da competência da Justiça do Trabalho.

6.5. Competência

A rigor, o que delimita a competência – em razão da matéria ou da pessoa – da Justiça do Trabalho é o pedido e a causa de pedir contidos na ACP. Vale dizer, a matéria veiculada na ACP deve ser de natureza trabalhista e emergir das relações jurídicas entre empregados e empregadores ou, na forma da lei, de outras relações de trabalho.

Nesse sentido, o STF já decidiu, por exemplo, que compete à Justiça do Trabalho apreciar e julgar ACP promovida pelo MPT em matéria de meio ambiente do trabalho:

> COMPETÊNCIA. AÇÃO CIVIL PÚBLICA. CONDIÇÕES DE TRABALHO. Tendo a ação civil pública como causa de pedir disposições trabalhistas e pedidos voltados à preservação do meio ambiente do trabalho e, portanto, aos interesses dos empregados, a competência para julgá-la é da Justiça do Trabalho (STF-RE n. 206.220-1, Rel. Min. Marco Aurélio, 2ª T., j. 16-3-1999, in *Informativo STF* n. 142, março/99).

No mesmo sentido é a Súmula 736 do STF, *in verbis*:

> Compete à Justiça do Trabalho julgar as ações que tenham como causa de pedir o descumprimento de normas trabalhistas relativas à segurança, higiene e saúde dos trabalhadores.

O TST passou a adotar a referida Súmula do STF:

> AÇÃO CIVIL PÚBLICA. ADEQUAÇÃO DO MEIO AMBIENTE DO TRABALHO. SERVIDORES ESTADUAIS ESTATUTÁRIOS. COMPETÊNCIA DA JUSTIÇA DO TRABALHO. SÚMULA 736 DO STF. Conforme entendimento consagrado pelo Supremo Tribunal Federal nos autos do processo STF-Rcl n. 3.303/PI, a restrição da competência da Justiça do Trabalho para julgar as causas de interesse de servidores públicos, resultante do decidido na ADI n. 3.395/DF-MC, não alcança as ações civis públicas propostas pelo Ministério Público do Trabalho cuja causa de pedir seja o descumprimento de normas de segurança, saúde e higiene dos trabalhadores. No caso, aplica-se a Súmula 736 do STF, pois a ação se volta à tutela da higidez do local de trabalho e não do indivíduo em si, de modo que é irrelevante o tipo de vínculo

jurídico existente entre os servidores e o ente público. Sob esse fundamento, a SBDI-I, por unanimidade, conheceu dos embargos, por divergência jurisprudencial, e, no mérito, deu-lhes provimento para declarar a competência da Justiça do Trabalho, decretar a nulidade dos atos decisórios e determinar o retorno dos autos à Vara do Trabalho de origem, a fim de que prossiga no julgamento como entender de direito (TST-E-ED-RR-60000-40.2009.5.09.0659, SBDI-I, Rel. Min. Walmir Oliveira da Costa, *DEJT* 22-11-2018).

A competência material e pessoal da ação civil pública na Justiça do Trabalho decorre da conjugação do art. 114, I e IX, da CF e do art. 83, III, da LOMPU.

É importante assinalar que o art. 2º da LACP prescreve que a ACP deverá ser proposta "no foro do local onde ocorrer o dano, cujo juízo terá competência funcional para processar e julgar a causa".

Extrai-se dessa norma que o legislador elegeu dois critérios que devem ser aplicados simultaneamente em tema de competência para a ACP. Noutro falar, o juiz do local do dano é, a um só tempo, funcional e territorialmente competente para processar e julgar a ACP.

No âmbito do processo laboral, portanto, à míngua de legislação específica, a ação civil pública deve ser proposta perante os órgãos de primeira instância, ou seja, as Varas do Trabalho do local onde ocorreu ou deva ocorrer a lesão aos interesses metaindividuais defendidos na demanda coletiva. Nessa linha, a SBDI-1 do TST firmou o entendimento (TST-ACP n. 154.931/94.8, Rel. Min. Ronaldo Leal) de que a regra de competência fixada no art. 93 do CDC é aplicável à ACP no âmbito trabalhista, ou seja, se o dano for de âmbito local, a competência será da Vara do Trabalho territorialmente competente; se de âmbito regional, de uma das Varas do Trabalho da Capital; finalmente, se de âmbito suprarregional ou nacional, de uma das Varas do Trabalho do Distrito Federal. No mesmo sentido era a OJ n. 130 da SBDI-2.

Todavia, a referida Orientação Jurisprudencial foi alterada pela Res. TST n. 186/2012 (*DEJT* divulgado em 25, 26 e 27-9-2012) e passou a ter a seguinte redação:

> AÇÃO CIVIL PÚBLICA. COMPETÊNCIA. LOCAL DO DANO. LEI N. 7.347/1985, ART. 2º. CÓDIGO DE DEFESA DO CONSUMIDOR, ART. 93.
>
> I – A competência para a Ação Civil Pública fixa-se pela extensão do dano.
>
> II – Em caso de dano de abrangência regional, que atinja cidades sujeitas à jurisdição de mais de uma Vara do Trabalho, a competência será de qualquer das varas das localidades atingidas, ainda que vinculadas a Tribunais Regionais do Trabalho distintos.
>
> III – Em caso de dano de abrangência suprarregional ou nacional, há competência concorrente para a Ação Civil Pública das varas do trabalho das sedes dos Tribunais Regionais do Trabalho.
>
> IV – Estará prevento o juízo a que a primeira ação houver sido distribuída.

De tal arte, e sob qualquer ângulo que se examine a questão, a competência originária, territorial e funcional para a ação civil pública será sempre das Varas do Trabalho, observados os critérios estabelecidos na OJ n. 130 da SBDI-2, não colhendo, *data venia*, a interpretação de que a ACP trabalhista teria feição de DC e, por isso, deveria ser julgada originariamente pelos TRTs ou TST.

Na esteira da OJ n. 130 da SBDI-2, o TST vem assentando o seguinte entendimento:

> CONFLITO NEGATIVO DE COMPETÊNCIA. AÇÃO CIVIL PÚBLICA. DANO SUPRARREGIONAL. COMPETÊNCIA TERRITORIAL DA VARA DO DISTRITO FEDERAL. 1. Trata-se de conflito negativo de competência, suscitado pela 7ª Vara do Trabalho de Brasília-DF, face à remessa dos autos pela 2ª Vara do Trabalho de Joinville/SC, ao acolher a exceção de incompetência suscitada pela ré nos autos da ação civil pública, com base no art. 93 do CDC, por entender que o suposto dano alcançaria os trabalhadores das filiais da referida, localizadas em vários estados da federação. 2. Ao analisar a documentação colacionada com a exceção de incompetência, constata-se que, de fato, a matriz da ré encontra-se localizada em Joinville/SC, com filiais nos estados do Rio Grande do Norte, Paraná, São Paulo, Pernambuco, Ceará, Maranhão, Piauí, Bahia, Alagoas, Paraíba, Sergipe, Pará, Rio de Janeiro e Espírito Santo. 3. O entendimento desta Corte, contido no item III da Orientação Jurisprudencial n. 130 da SBDI-2, consolidou-se no sentido de que em "caso de dano de abrangência suprarregional ou nacional, há competência concorrente para a Ação Civil Pública das Varas do Trabalho das sedes dos Tribunais Regionais do Trabalho", razão pela qual não há falar em competência do Juízo suscitante, 7ª Vara do Trabalho de Brasília-DF, para processar o feito. 4. Verifica-se, contudo, que o caso em exame possui uma particularidade, uma vez que a ação civil pública não foi ajuizada em uma das Varas do Trabalho das sedes dos Tribunais Regionais do Trabalho, tal como preconizado no supracitado verbete jurisprudencial, mas sim em Joinville/SC, que também não teria competência para julgar a ação. 5. Não se pode olvidar, contudo, que esta Corte Superior orienta-se pelos princípios da celeridade, efetividade e economia processual, devendo, pois, nesta oportunidade, eleger o foro competente para o processamento do feito. 6. *In casu*, a ação civil pública foi ajuizada em uma das Varas de Joinville/SC, a qual se encontra vinculada ao Tribunal Regional da 12ª Região. Assim, deve ser reconhecida a competência de uma das Varas do Trabalho de sua sede, em Florianópolis. 7. Conflito negativo de competência que se julga procedente (TST-CC 1597-62.2012.5.10.0007, Rel. Min. Guilherme Augusto Caputo Bastos, SBDI-2, *DEJT* 18-10-2013).

6.6. Legitimação *ad causam*

A legitimação do MP para a ACP "não impede a de terceiros, nas mesmas hipóteses, segundo o disposto na CF e na lei". É o que se extrai da interpretação sistemática do art. 129, III, e seu § 1º da CF.

Vale dizer, em se tratando de ACP, a legitimação ativa *ad causam* emerge da aplicação conjunta da CF (art. 129, III e seu § 1º), da LACP (art. 5º), do CDC (art. 82), da LOMPU (art. 6º, VII)[61] e da LONMP (art. 25, IV). Isso significa, em síntese, que são legitimados para a ação:

a) o Ministério Público (da União e dos Estados - art. 128 da CF, art. 5º, I, da Lei n. 7.347/85 e art. 82, I, da Lei n. 8.078/90);

b) a União, os Estados, o Distrito Federal e os Municípios (art. 5º, III, da Lei n. 7.347/85 e art. 82, II, da Lei n. 8.078/90);

c) as entidades e órgãos da Administração Pública, direta ou indireta, ainda que sem personalidade jurídica, especificamente destinadas à defesa dos interesses metaindividuais (art. 5º, V, da Lei n. 7.347/85 e art. 82, III, da Lei n. 8.078/90);

d) as associações[62] legalmente constituídas há pelo menos um ano e que incluam entre seus fins institucionais a defesa dos interesses metaindividuais, podendo, no entanto, o requisito da pré-constituição ser dispensado pelo juiz, quando haja manifesto interesse social evidenciado pela dimensão ou característica do dano, ou pela relevância do bem jurídico a ser protegido (art. 5º, V, da Lei n. 7.347/85);

e) a Defensoria Pública (da União e dos Estados - art. 5º, II, da Lei n. 7.347/85, com redação dada pela Lei n. 11.448/2007).

Além destes legitimados, lembramos que a OAB também detém legitimidade ativa *ad causam* para promover ACP, nos termos do art. 54, XIV, da Lei n. 8.906/94, que dispõe, *in verbis*:

Art. 54. *Compete ao Conselho Federal:*

(...) XIV - ajuizar ação direta de inconstitucionalidade de normas legais e atos normativos, *ação civil pública*, mandado de segurança coletivo, mandado de injunção e demais ações cuja legitimação lhe seja outorgada por lei. (grifos nossos)

Plasma-se, assim, que nosso ordenamento adotou critério ampliativo em tema de legitimação ativa para a ACP, uma vez que a própria Constituição permite que a lei possa dispor sobre legitimação de terceiros para as ações civis constitucionalmente atribuídas ao Ministério Público. Por tal razão, entendemos não serem incompatíveis com a Constituição as leis que conferem legitimação às Defensorias Públicas (Lei n.

---

61. A legitimação do MPT para a ACP no processo do trabalho está prevista no art. 83, III, da LOMPU.

62. Associações civis constituem o gênero do qual são espécies as associações cooperativas, os sindicatos etc.

11.448/2007, que deu nova redação ao art. 5º, II, da LACP) ou ao Conselho Federal da OAB (Lei n. 8.906/94, art. 54, XIV) para ajuizar ação civil pública.

De todos os legitimados para a ACP, parece-nos que somente o MPT detém legitimidade ativa para defender todos os direitos ou interesses metaindividuais (difusos, coletivos e individuais homogêneos). Há, porém, controvérsias a respeito da sua atuação em defesa dos direitos individuais homogêneos. Para alguns, somente os indisponíveis; para outros, os indisponíveis com repercussão social. Existem, ainda, os que sustentam a legitimação ministerial para quaisquer direitos individuais homogêneos.

A nosso ver, os direitos individuais homogêneos trabalhistas são também direitos sociais (CF, arts. 6º, 7º, 127 e 129, III e IX). Logo, o MPT estará sempre legitimado para defendê-los.

O TST vem reconhecendo a legitimação do Ministério Público do Trabalho[63] em ação civil pública que tenha por objeto a tutela de direitos ou interesses individuais homogêneos relacionados ao Direito do Trabalho. Nesse sentido:

> (...) LEGITIMIDADE ATIVA DO MINISTÉRIO PÚBLICO DO TRABALHO. AÇÃO CIVIL PÚBLICA. DIREITOS INDIVIDUAIS HOMOGÊNEOS. LIMITAÇÃO DA JORNADA DE TRABALHO. LIMITE MÁXIMO DE HORAS EXTRAS DIÁRIAS. INTERVALO INTERJORNADAS. TRABALHO AOS DOMINGOS. DESCANSO SEMANAL DE 24H. É função institucional do Ministério Público, conferida pela Constituição Federal de 1988, a promoção de ação civil pública para a proteção de direitos individuais homogêneos, coletivos e difusos, nos termos dos arts. 129, III, da CF e 6º, VII, *a* e *d*, e 83, I e III, da LC n. 75/93. Considerando que os direitos perseguidos na presente demanda são decorrentes de origem comum, caracterizada pela conduta uniforme da reclamada em relação aos seus empregados de não cumprir as disposições legais atinentes à jornada de trabalho (intervalo interjornadas, descanso semanal de 24h, labor aos domingos e limite máximo de labor extraordinário diário), inequívoca a legitimidade do Ministério Público do Trabalho para o ajuizamento da presente ação civil pública. Julgados. Recurso de revista conhecido e provido (TST-ARR 1283-10.2012.5.09.0892, 8ª T., Rel. Min. Márcio Eurico Vitral Amaro, *DEJT* 28-6-2019).

Em relação à legitimação passiva, entendemos que qualquer pessoa, física ou jurídica, de direito público ou privado, poderá ser ré ou corré, assistente simples ou litisconsorcial do demandado na ACP[64].

63. Sobre o tema, conferir: LEITE, Carlos Henrique Bezerra. *Ministério Público do Trabalho*: doutrina, jurisprudência e prática. 5. ed. São Paulo: LTr, 2011.

64. MAZZILI, Hugo Nigro. *A defesa dos interesses difusos em juízo*. p. 215 e s.

Na ACP promovida para tutelar interesses ou direitos metaindividuais trabalhistas, o MPT (ou qualquer outro legitimado) poderá agir tanto na qualidade de legitimado autônomo para a condução do processo quanto na de substituto processual.

No primeiro caso, ele atua em defesa dos interesses ou direitos difusos ou coletivos, por força da aplicação conjunta da CF (art. 129, III), da LACP (*in totum*), do CDC (arts. 81 *usque* 90, 103 e 104) e da LOMPU (arts. 83, III, e 84 c.c. 6º, VII, *d*).

Já na segunda hipótese, o MPT (ou qualquer outro legitimado) defende direitos ou interesses individuais homogêneos, em consonância com o disposto na CF (arts. 127, *caput*, e 129, IX), na LACP (art. 21), no CDC (arts. 81 *usque* 100, 103 e 104), na LOMPU (arts. 83, III, e 84 c/c 6º, VII, *d*) e, subsidiariamente, no CPC (art. 18)[65].

O sindicato, como espécie do gênero associação civil, também é legitimado ativo para promover a ACP no âmbito da Justiça do Trabalho. Há, porém, cizânia doutrinária a respeito de sua legitimidade para tutelar os direitos ou interesses difusos, na medida em que, "segundo o disposto na Constituição (art. 8º, III) e na lei (CLT, art. 513, *a*)", o sindicato brasileiro, em função do antidemocrático princípio da unicidade sindical, possui legitimidade apenas para defender direitos ou interesses coletivos e individuais da categoria (ou individuais homogêneos). Quanto à jurisprudência do TST, colecionamos os seguintes julgados:

> RECURSO DE EMBARGOS. SINDICATO. SUBSTITUIÇÃO PROCESSUAL. LEGITIMIDADE. DIREITOS INDIVIDUAIS HOMOGÊNEOS. HORAS EXTRAORDINÁRIAS. A homogeneidade dos direitos buscados em juízo está vinculada à lesão comum e à natureza da conduta, de caráter geral, ainda que alcance a titularidade de diversos indivíduos envolvidos na relação jurídica. A norma constitucional, ao assegurar ao sindicato a defesa judicial dos direitos individuais da categoria, autoriza a defesa coletiva de direitos individuais homogêneos da categoria, cuja titularidade diz respeito a uma coletividade de empregados representados pelo sindicato, abrangendo ou não toda a categoria. Este é o conceito que se extrai do art. 81, III, da Lei n. 8.078/90 (Código de Defesa do Consumidor), segundo o qual constituem interesses individuais homogêneos "os decorrentes de origem comum". Deste modo, tratando-se de ação que visa a condenação da ré ao pagamento de horas extraordinárias (adicional de sobreaviso e intervalo interjornada) "que embora materialmente individualizáveis, são de origem comum", resta consagrada a homogeneidade que viabiliza a defesa de interesses individuais homogêneos pelo Sindicato da categoria. Embargos conhecidos e desprovidos" (TST-E-ED-RR 275800-51.2009.5.09.0069, Rel. Min. Aloysio Corrêa da Veiga, SBDI-1, *DEJT* 14-11-2013).

65. Sobre legitimação do MPT para defender interesses difusos, coletivos e individuais homogêneos, recomendamos a leitura do nosso *Direito processual coletivo do trabalho na perspectiva dos direitos humanos*. São Paulo: LTr, 2015.

A jurisprudência atual do TST admite a legitimidade dos sindicatos para defender, como substituto processual, tanto direitos coletivos e individuais homogêneos quanto direito individual simples. Nesse sentido:

> (...) LEGITIMIDADE *AD CAUSAM* DO SINDICATO. Segundo a moderna exegese do art. 8º, III, da Constituição da República, deve ser reconhecida a possibilidade de substituição processual ampla dos sindicatos na defesa de interesses coletivos e individuais homogêneos dos integrantes da categoria que representam. Na hipótese, o sindicato da categoria profissional, como substituto processual, pretende a descaracterização da confiança estabelecida ao cargo de "assistente A", exercido pelos substituídos. Logo, a fonte das lesões é comum a todos os empregados interessados. Os direitos reivindicados têm origem comum e afetam vários indivíduos da categoria, devendo ser considerados direitos individuais homogêneos, possibilitando a atuação do sindicato como substituto processual. Ressalte-se que a homogeneidade do direito se relaciona com a sua origem e a titularidade em potencial da pretensão, mas não com a sua quantificação e expressão monetária. A jurisprudência da Subseção I da Seção Especializada em Dissídios Individuais firmou-se no sentido de que deve ser reconhecida a possibilidade de substituição processual ampla dos sindicatos na defesa de interesses coletivos e individuais homogêneos dos integrantes da categoria que representa, sendo irrelevante se atua na defesa de toda a categoria, parte dela ou em favor de um único trabalhador (...) (TST-Ag-AIRR 998-97.2010.5.09.0015, 7ª T., Rel. Min. Luiz Philippe Vieira de Mello Filho, *DEJT* 1º-7-2019).

6.7. Sentença, litispendência e coisa julgada

Diz o art. 16 da LACP, com nova redação dada ao artigo pela Lei n. 9.494, de 10 de setembro de 1997, que "a sentença civil fará coisa julgada *erga omnes*, nos limites da competência territorial do prolator, exceto se o pedido for julgado improcedente por insuficiência de provas, hipótese em que qualquer legitimado poderá intentar outra ação com idêntico fundamento, valendo-se de nova prova".

Essa nova roupagem do art. 16 foi fruto de engendrações políticas perpetradas durante os famosos processos de privatizações das estatais brasileiras, em que o legislador visou restringir a eficácia da coisa julgada aos limites territoriais de competência do juiz prolator da decisão.

O legislador, seguramente, confundiu competência com limites subjetivos da coisa julgada.

Ocorre que o art. 103 do CDC, tratando de maneira inteiramente nova sobre o instituto da coisa julgada nas ações coletivas, incluída, por óbvio, a ACP, disciplinou, já em 1990, que a sentença fará coisa julgada:

I – *erga omnes*, exceto se o pedido for julgado improcedente por insuficiência de provas, hipótese em que qualquer legitimado poderá intentar outra ação, com idêntico fundamento, valendo-se de nova prova, na hipótese do inciso I do parágrafo único do art. 81;

II – *ultra partes*, mas limitadamente ao grupo, categoria ou classe, salvo improcedência por insuficiência de provas, nos termos do inciso anterior, quando se tratar da hipótese prevista no inciso II do parágrafo único do art. 81;

III – *erga omnes*, apenas no caso de procedência do pedido, para beneficiar todas as vítimas e seus sucessores, na hipótese do inciso III do parágrafo único do art. 81.

Ora, lei nova que dispõe de forma diversa sobre matéria tratada na lei velha, sendo ambas de mesma hierarquia, revoga-a, expressa ou tacitamente. No caso vertente, houve revogação parcial (derrogação) tácita do art. 16 da LACP pelo art. 103 do CDC. Logo, a alteração pretendida pelo legislador somente surtiria o efeito almejado se tivesse sido modificada a redação dos incisos do art. 103 do CDC, pois esta era a norma em vigor na temática da coisa julgada, e não o art. 16 da LACP.

De outra parte, o § 1º do art. 103 do CDC estabelece que os efeitos da coisa julgada nas ações civis públicas em defesa de interesses difusos ou coletivos não prejudicarão interesses e direitos individuais dos integrantes da coletividade, do grupo, categoria ou classe. Trata-se de disposição normativa que bem demonstra a distinção entre a coisa julgada nas ações individuais tradicionais e nas ações coletivas. É o que se convencionou chamar de coisa julgada *in utilibus*, ou seja, só produz efeitos se for para beneficiar os titulares materiais da prestação jurisdicional.

No que toca à ACP em defesa dos interesses individuais homogêneos, o § 2º do mesmo art. 103 preceitua que, em caso de improcedência do pedido, os interessados que não tiverem intervindo no processo como litisconsortes[66] poderão propor ação de indenização a título individual.

Cumpre destacar, ainda, que os efeitos da coisa julgada de que cuida o art. 16, combinado com o art. 13 da LACP, não prejudicarão as ações de indenização por danos pessoalmente sofridos, propostas individualmente ou na forma prevista neste Código, mas, se procedente o pedido, beneficiarão as vítimas e seus sucessores, que poderão proceder à liquidação e à execução, nos termos dos arts. 96 a 99 do CDC[67].

É preciso lembrar, contudo, que tramita no STF o RE 1.101.937 (Rel. Min. Alexandre de Moraes), no qual foi reconhecida a repercussão geral (*DJe* de 27-2-2020,

66. A nosso ver, o caso é de assistência simples, pois a legitimação na ACP é exclusiva dos entes coletivos expressamente indicados na LACP (art. 5º) e no CDC (art. 82). Litisconsórcio só há entre esses entes coletivos.

67. Sobre o tema, recomendamos: LEITE, Carlos Henrique Bezerra. *Direito processual coletivo do trabalho na perspectiva dos direitos humanos*. São Paulo: LTr, 2015.

Tema 1075) do debate relativo à "constitucionalidade do art. 16 da Lei 7.347/1985", sendo importante destacar que, com base no art. 1.035, § 5º, do CPC, o relator decretou a "SUSPENSÃO do processamento de todas as demandas pendentes que tratem da questão em tramitação no território nacional – inclusive a ação coletiva subjacente a estes autos, em que proferida a decisão interlocutória impugnada por este recurso extraordinário".

Quanto à litispendência entre ação individual e ação civil pública (ou ação coletiva) para a tutela de direitos individuais homogêneos, o entendimento inicial do TST era o de que incidiria o disposto no CPC. Atualmente, a jurisprudência daquela Corte está afastada no sentido de afastar a litispendência por aplicação do CDC, como se infere do seguinte aresto:

> EMBARGOS REGIDOS PELA LEI Nº 11.496/2007. AÇÃO COLETIVA AJUIZADA POR SINDICATO COMO SUBSTITUTO PROCESSUAL E AÇÃO INDIVIDUAL PROPOSTA POR EMPREGADO SUBSTITUÍDO. LITISPENDÊNCIA. INEXISTÊNCIA. Segundo o entendimento pacificado nesta Subseção, a ação coletiva não induz litispendência para a ação individual, diante da falta da necessária identidade subjetiva, uma vez que, na ação coletiva, o sindicato exerce a legitimidade extraordinária para atuar como substituto processual na defesa em Juízo dos direitos e interesses coletivos ou individuais da categoria que representa, defendendo direito de outrem, em nome próprio, enquanto, na ação individual, a parte busca o seu próprio direito individualmente. Assim, ausente a necessária identidade subjetiva, não se pode ter como configurada a tríplice identidade que caracteriza a litispendência. Ademais, consoante entendimento desta Subseção, a tutela coletiva concorre para a igualdade de tratamento e também para a objetivização do conflito trabalhista, sem expor o titular do direito ao risco de uma demanda que não moveu, ou não pôde mover, sem oferecer-se à represália patronal. Portanto, a ação ajuizada pelo sindicato da categoria profissional, na qualidade de substituto processual, não acarreta litispendência nem faz coisa julgada em relação à reclamação trabalhista idêntica proposta pelo empregado individualmente. Ressalta-se que, embora a primeira parte do artigo 104 do CDC, literalmente, afaste a litispendência somente entre as ações coletivas que visam à tutela dos interesses ou direitos difusos e coletivos e as ações individuais, a doutrina e a jurisprudência mais atualizadas e igualmente já pacificadas, diante da teleologia desse dispositivo, consideram que essa redação não exclui de sua incidência as ações coletivas de defesa dos interesses individuais homogêneos. Embargos não conhecidos (TST-E-RR 152800-61.2009.5.22.0001, SBDI-1, Rel. Min. Jose Roberto Freire Pimenta, *DEJT* 5-4-2019).

6.8. Liquidação na ação civil pública

Remetemos o leitor ao Capítulo XXII, item 3.4.

7. AÇÃO CIVIL COLETIVA

A expressão "ação civil coletiva" apareceu, pela primeira vez, em 1990, especificamente no Título III, Capítulo II, do CDC, especificamente no art. 91, que diz:

> Art. 91. Os legitimados de que trata o art. 82 poderão propor, em nome próprio e no interesse das vítimas ou seus sucessores, ação civil coletiva de responsabilidade pelos danos individualmente sofridos, de acordo com o disposto nos artigos seguintes[68].

Posteriormente, o art. 6º, XII, da LOMPU (LC n. 75/93) inseriu a ação civil coletiva no rol dos instrumentos de atuação do MPU, nos seguintes termos:

> Art. 6º Compete ao Ministério Público da União:
> (...) XII – propor ação civil coletiva para defesa de interesses individuais homogêneos.

Cuida-se, pois, de uma das espécies do gênero "ação coletiva", cujo objeto repousa exclusivamente na defesa de interesses ou direitos individuais homogêneos.

De bem ver, porém, que o inciso VI, *d*, do mesmo art. 6º da LOMPU também confere ao MPU a promoção da ação civil pública para a proteção de "*outros interesses individuais indisponíveis, homogêneos,* sociais, difusos e coletivos".

Por outro lado, o art. 21 da LACP manda aplicar

> à defesa dos direitos e interesses difusos, coletivos e individuais, no que for cabível, os dispositivos do Título III da Lei n. 8.078, de 11 de setembro de 1990, que instituiu o Código de Defesa do Consumidor[69].

Acresce que o art. 201, V, do ECA estabelece ser da competência do Ministério Público:

> V – promover o inquérito civil e a ação civil pública para a proteção dos interesses individuais, difusos ou coletivos relativos à infância e à adolescência, inclusive os definidos no art. 220, § 3º, II, da Constituição Federal.

A transcrição de todos esses dispositivos visa à facilitação da leitura e, sobretudo, à demonstração da exata dissensão legislativa, doutrinária e jurisprudencial que o tema vem provocando no cenário jurídico nacional.

68. Artigo com redação dada pela Lei n. 9.008, de 21-3-1995 (*DOU* de 22-3-1995, em vigor desde a publicação), que corrigiu a remissão ao art. 82, e não ao art. 83, como constava da redação original.
69. Artigo acrescentado pela Lei n. 8.078, de 11-9-1990.

É importante assinalar que na Justiça comum a ACP e a ACC têm sido utilizadas indistintamente para a defesa de qualquer interesse individual homogêneo, já que ambas são assemelhadas às *class actions* do sistema norte-americano, adaptado a um sistema de *civil law*, como o nosso.

Nos domínios do direito processual do trabalho, a questão pode ser assim problematizada: para a defesa dos interesses individuais homogêneos, no âmbito da Justiça do Trabalho, deve ser utilizada a ação civil pública (ACP), a ação civil coletiva (ACC) ou ambas?

Respondendo à pergunta, Ives Gandra da Silva Martins Filho[70] sustenta que os interesses difusos e coletivos devem ser defendidos pela via da ação civil pública, ficando a ação civil coletiva jungida, exclusivamente, à proteção dos interesses individuais homogêneos[71].

Resumindo o pensamento desse autor: o cabimento da ACC na Justiça do Trabalho está previsto nos arts. 83, I, da LOMPU, 91 do CDC e 21 da LACP, enquanto a ACP trabalhista está prevista na CF, art. 129, III, na LACP, art. 1º, IV, na LOMPU, arts. 83, III, e 6º, VII, *d*. Com isso, ele justifica a sua tese de que a competência originária para a ACP trabalhista, dada a sua semelhança com o dissídio coletivo de natureza jurídica (ou melhor, de natureza declaratória), é dos Tribunais (Regionais e Superior) do Trabalho, restando às Varas do Trabalho a competência para a ACC, dada a sua natureza condenatória.

Não nos parece juridicamente válida a proposta do ilustre juslaboralista, *data maxima venia*.

Cabe frisar, de início, que o inciso I do art. 83 da LOMPU, invocado pelo referido autor, diz que a competência do Ministério Público do Trabalho junto aos órgãos da Justiça do Trabalho é para "promover as ações que lhe sejam atribuídas pela Constituição Federal e pelas leis trabalhistas". Vale dizer, não há, nem na CF, nem nas leis trabalhistas, norma alguma prevendo o cabimento da ACC[72]. Há, apenas, como já

70. Ação civil pública e ação civil coletiva, *Revista LTr*, n. 59, p. 1.449-1.451.

71. No mesmo sentido: ALMEIDA, João Batista de. Ação civil pública e ação civil coletiva. *Ajuris*, edição especial, mar. 1998, p. 466-473. Segundo esse autor, a ação civil coletiva é "destinada à defesa apenas do consumidor, vítimas ou sucessores...", op. cit., p. 473.

72. Num julgado, o TRT-RN admitiu uma ação civil pública como ação civil coletiva, como se vê da ementa do acórdão: "AÇÃO CIVIL PÚBLICA – LEGITIMIDADE DO MINISTÉRIO PÚBLICO – INTERESSES HOMOGÊNEOS. 1. Mesmo admitindo-se, hipoteticamente, como individuais os interesses em debate, é indiscutível, por outro lado, sua homogeneidade, porquanto têm origem comum (art. 81, III, da Lei n. 8.078/90), motivo pelo qual, sem embargo, resta patenteada a legitimidade do *parquet*, a teor do art. 6º, XII (ação civil coletiva para defesa de interesses individuais homogêneos), da Lei Complementar n. 75/93. 2. Recurso conhecido mas não provido" (TRT 21ª R., RO 27-00384-98-7, 3ª JCJ de Natal, Rel. Juiz Carlos Newton de Souza Pinto, *DOERN* 18-6-1999). É interessante notar que a LONMP, que dispõe sobre normas gerais aplicáveis aos Ministérios Públicos dos Estados, também não faz qualquer alusão à ação civil coletiva.

apontado nos tópicos precedentes, previsão expressa da ACP trabalhista, pela aplicação combinada dos arts. 83, III, 84, *caput*, e 6º, VII, *d*, da LOMPU.

A questão dogmática a ser enfrentada reside, portanto, na competência da Justiça do Trabalho, que é delimitada pelo art. 114 da CF.

Com relação à ACP, essa competência emerge da aplicação conjunta da CF, art. 129, III; da LOMPU, arts. 83, III, 84 e 6º, VII, *d*; da LACP, arts. 1º, IV, e 21; do CDC, arts. 81, parágrafo único, I, II e III, 90 e 91.

No que concerne à ACC, não existe na CF, nem em norma jurídica trabalhista específica, autorização para o seu cabimento na Justiça do Trabalho.

Adite-se que o art. 84, *caput*, da LOMPU incumbe ao Ministério Público do Trabalho, no âmbito de suas atribuições, exercer as funções institucionais previstas no seu art. 6º, sendo certo que entre as atribuições do MPT junto à Justiça do Trabalho (LOMPU, art. 83) não consta a ACC, e sim a ACP. O elastério é permitido, segundo acreditamos, apenas para as atribuições do Ministério Público do Trabalho, e não para a competência absoluta da Justiça do Trabalho, pois esta, como é sabido, por ser matéria de ordem pública, há de vir expressa na lei, o que não ocorre na espécie.

De outra parte, a regra de abertura do CDC (art. 83) no sentido de admitir, para a defesa dos direitos e interesses metaindividuais, "todas as espécies de ações", há de ser harmonizada com a temática da competência, isto é, são permitidas todas as ações coletivas em defesa de tais interesses, desde que o órgão judicial encarregado de apreciá-las e julgá-las seja o competente.

Em linguagem da lógica jurídica[73], o problema ficaria assim formalizado: se não há, *de lege lata*, competência da Justiça do Trabalho para apreciar e julgar ACC, então não é cabível a ACC nos domínios do processo trabalhista.

Isso não significa, em absoluto, que os interesses ou direitos individuais homogêneos não possam ser tutelados no âmbito da Justiça do Trabalho. Apenas o veículo que se enquadra, *de lege lata*, na moldura do art. 114 da CF e que, portanto, pode propiciar a efetiva e adequada tutela jurisdicional de tais interesses é a ACP[74], e não a ACC.

Coerente com o que temos sustentado ao longo deste trabalho, o sistema integrado para o processamento da ACP na Justiça do Trabalho é aquele já mencionado

73. VILANOVA, Lourival. *As estruturas lógicas e o sistema do direito positivo*. São Paulo: Max Limonad, 1997. p. 43 e s.

74. Além da ACP, há, ainda, a ação de cumprimento (CLT, art. 872) e a "ação declaratória de nulidade de cláusula de contrato, acordo coletivo ou convenção coletiva que viole as liberdades individuais ou coletivas ou os direitos individuais indisponíveis dos trabalhadores" (LOMPU, art. 83, IV).

no item 2 deste Capítulo, isto é, o constante das normas previstas na CF, na LOMPU, na LACP e no CDC.

E acrescentamos um dado extremamente importante para o estudo sistematizado destas duas espécies de demandas coletivas: a ACP é uma ação constitucional; a ACC é uma ação infraconstitucional. Isso reforça a importância daquela, cuja missão precípua é servir de instrumento de realização do direito material do trabalho.

Ora, os principais direitos sociais dos trabalhadores encontram-se na Constituição Federal, que por sua vez não exclui outros que visem à melhoria da condição social do trabalhador, em função do que nos parece mais adequado alargar o objeto da ACP trabalhista, para nele incluir os direitos ou interesses individuais homogêneos, a estender a legitimação do *Parquet* Laboral para outro tipo especial de ação coletiva não prevista expressamente na CF, tampouco no capítulo a ele especialmente reservado na LOMPU.

De toda sorte, em homenagem ao princípio da instrumentalidade, que, com maior ênfase, informa o direito processual do trabalho, afigura-se-nos que é lícito ao juiz receber a ACC, convertendo-a em ACP, desde que, é claro, isso não implique violação aos princípios constitucionais do devido processo legal, da ampla defesa e do contraditório. Afinal, o *nomen iuris* atribuído à ação coletiva não deverá servir de fundamento para a denegação do direito material nela vindicado, tendo em vista o disposto no art. 83 do CDC, como já vimos no item 6 *supra*.

8. AÇÃO ANULATÓRIA DE CLÁUSULAS CONVENCIONAIS[75]

A Lei Complementar n. 75, de 20 de maio de 1993, em seu art. 83, IV, cometeu ao Ministério Público do Trabalho a legitimação para, no âmbito da Justiça do Trabalho, "propor as ações cabíveis para declaração de nulidade de cláusula de contrato, acordo coletivo ou convenção coletiva que viole as liberdades individuais ou coletivas ou os direitos individuais indisponíveis dos trabalhadores".

8.1. Natureza jurídica

Trata-se de uma ação de conhecimento, de natureza coletiva, que tem por objeto a declaração de nulidade de cláusula constante não só de convenções e acordos coletivos, mas, também, de contrato individual de trabalho.

Abstraindo-se a clássica concepção de que toda ação possui um conteúdo declaratório, a ação que estamos a estudar não se presta apenas a declarar a nulidade da cláusula. Ela assume característica preponderante de ação coletiva constitutiva nega-

75. Sobre ação anulatória promovida pelo MPT, consultar o nosso *Ministério Público do Trabalho*: doutrina, jurisprudência e prática. 7. ed. São Paulo: Saraiva, 2015.

tiva (ou desconstitutiva), na medida em que o seu escopo é fazer com que a cláusula inquinada de ilegal seja expungida de contrato individual, acordo coletivo ou convenção coletiva de trabalho, deixando de produzir efeitos em relação às partes contratantes ou a terceiros por ela atingidos.

Em suma, estamos diante de uma ação coletiva de conhecimento de natureza constitutiva negativa, que tem por objeto precípuo tornar sem efeito cláusula prevista em instrumento normativo de autocomposição que viole liberdades individuais ou coletivas ou os direitos individuais indisponíveis dos trabalhadores. Exatamente por isso que o TST não vem deferindo pedido condenatório em ação anulatória de cláusula convencional. Nesse sentido:

> (...) AÇÃO ANULATÓRIA. IMPOSIÇÃO DE OBRIGAÇÃO DE FAZER. DIVULGAÇÃO DO ACÓRDÃO EM LOCAIS PÚBLICOS E DE FÁCIL ACESSO À CATEGORIA PROFISSIONAL. NÃO CABIMENTO. De acordo com a jurisprudência desta Seção Especializada, é incompatível com a natureza declaratória desconstitutiva da ação anulatória a cumulação de pedido de natureza condenatória, consistente na determinação de que os signatários da convenção coletiva de trabalho afixem, "em locais públicos e de fácil acesso a toda a categoria dos trabalhadores", cópia do teor da decisão judicial, sob pena de pagamento de multa diária. Recurso ordinário de que se conhece e a que se dá provimento quanto ao tema (TST-RO 582-31.2015.5.08.0000, SDC, Rel. Min. Fernando Eizo Ono, *DEJT* 15-12-2017).

8.2. Hipóteses de cabimento

A ação anulatória ora focalizada é o remédio jurídico posto à disposição do MPT quando este verificar que a cláusula inserta nos instrumentos acima referidos violar:

a) as liberdades individuais ou coletivas;
b) os direitos individuais indisponíveis dos trabalhadores.

As liberdades individuais ou coletivas constituem, num primeiro instante, um dever de não fazer por parte do Estado, ou seja, o Estado passa a se abster da prática de certos atos em respeito a essas liberdades.

Dentre as liberdades individuais mais importantes, podemos citar a liberdade do direito à vida, à igualdade, à segurança, à propriedade (embora esta deva atender à sua função social), ao pensamento, à religião, à intimidade, à vida privada, à honra etc. No rol das liberdades coletivas, destacamos o direito de reunião para fins pacíficos, o direito de livre associação civil etc. Todas essas liberdades estão previstas no art. 5º da CF.

Na seara laboral, encontramos a liberdade de filiação ou desfiliação a sindicato (CF, art. 8º, V).

No que concerne aos direitos indisponíveis dos trabalhadores, o art. 444 da CLT oferece-nos os parâmetros que devem ser utilizados para a sua caracterização.

Assim, se o empregador insere num contrato individual de trabalho uma cláusula que obrigue empregado adolescente (com idade entre dezesseis e dezoito anos incompletos) ao cumprimento de jornada extraordinária fora das hipóteses permitidas pelo art. 413 da CLT, poderá o seu representante legal ou o MPT (CLT, art. 793) pleitear a nulidade da cláusula, e as reparações correspondentes, se for o caso.

Com o advento do art. 611-A da CLT (com redação dada pela Lei n. 13.467/2017), surgirão dúvidas sobre a redução das hipóteses de cabimento da ação anulatória de cláusulas previstas em convenções ou acordos coletivos de trabalho, pois estes passarão, como fontes do Direito, a ter supremacia sobre a lei quando dispuserem sobre as situações previstas nos incisos I a XV do art. 611-A do texto consolidado.

O art. 611-B da CLT (acrescentado pela Lei n. 13.467/2017), por outro lado, amplia o cabimento da ação anulatória, dispondo sobre a vedação de instituição de cláusulas em ACT ou CCT que suprimam ou restrinjam os seguintes direitos:

> Art. 611-B. Constituem objeto ilícito de convenção coletiva ou de acordo coletivo de trabalho, exclusivamente, a supressão ou a redução dos seguintes direitos:
>
> I – normas de identificação profissional, inclusive as anotações na Carteira de Trabalho e Previdência Social;
>
> II – seguro-desemprego, em caso de desemprego involuntário;
>
> III – valor dos depósitos mensais e da indenização rescisória do Fundo de Garantia do Tempo de Serviço (FGTS);
>
> IV – salário mínimo;
>
> V – valor nominal do décimo terceiro salário;
>
> VI – remuneração do trabalho noturno superior à do diurno;
>
> VII – proteção do salário na forma da lei, constituindo crime sua retenção dolosa;
>
> VIII – salário-família;
>
> IX – repouso semanal remunerado;
>
> X – remuneração do serviço extraordinário superior, no mínimo, em 50% (cinquenta por cento) à do normal;
>
> XI – número de dias de férias devidas ao empregado;
>
> XII – gozo de férias anuais remuneradas com, pelo menos, um terço a mais do que o salário normal;
>
> XIII – licença-maternidade com a duração mínima de cento e vinte dias;
>
> XIV – licença-paternidade nos termos fixados em lei;
>
> XV – proteção do mercado de trabalho da mulher, mediante incentivos específicos, nos termos da lei;

XVI – aviso prévio proporcional ao tempo de serviço, sendo no mínimo de trinta dias, nos termos da lei;

XVII – normas de saúde, higiene e segurança do trabalho previstas em lei ou em normas regulamentadoras do Ministério do Trabalho;

XVIII – adicional de remuneração para as atividades penosas, insalubres ou perigosas;

XIX – aposentadoria;

XX – seguro contra acidentes de trabalho, a cargo do empregador;

XXI – ação, quanto aos créditos resultantes das relações de trabalho, com prazo prescricional de cinco anos para os trabalhadores urbanos e rurais, até o limite de dois anos após a extinção do contrato de trabalho;

XXII – proibição de qualquer discriminação no tocante a salário e critérios de admissão do trabalhador com deficiência;

XXIII – proibição de trabalho noturno, perigoso ou insalubre a menores de dezoito anos e de qualquer trabalho a menores de dezesseis anos, salvo na condição de aprendiz, a partir de quatorze anos;

XXIV – medidas de proteção legal de crianças e adolescentes;

XXV – igualdade de direitos entre o trabalhador com vínculo empregatício permanente e o trabalhador avulso;

XXVI – liberdade de associação profissional ou sindical do trabalhador, inclusive o direito de não sofrer, sem sua expressa e prévia anuência, qualquer cobrança ou desconto salarial estabelecidos em convenção coletiva ou acordo coletivo de trabalho;

XXVII – direito de greve, competindo aos trabalhadores decidir sobre a oportunidade de exercê-lo e sobre os interesses que devam por meio dele defender;

XXVIII – definição legal sobre os serviços ou atividades essenciais e disposições legais sobre o atendimento das necessidades inadiáveis da comunidade em caso de greve;

XXIX – tributos e outros créditos de terceiros;

XXX – as disposições previstas nos arts. 373-A, 390, 392, 392-A, 394, 394-A, 395, 396 e 400 desta Consolidação.

Lamentavelmente, o parágrafo único do art. 611-B da CLT prevê que as "regras sobre duração do trabalho e intervalos não são consideradas como normas de saúde, higiene e segurança do trabalho para os fins do disposto neste artigo".

Ora, são exatamente as situações de aumento da duração diária ou semanal do trabalho que acarretam acidentes ou doenças do trabalho, ou seja, violam direitos fundamentais relacionados à saúde e à segurança do trabalhador no meio ambiente do trabalho, sendo certo que as jornadas exaustivas podem, inclusive, tipificar crime de redução análoga à condição de escravo, tal como previsto no art. 149 do Código Penal.

O TST vem acolhendo pedido de anulação de cláusulas que violem normas de ordem pública. Nesse sentido:

> RECURSO ORDINÁRIO DA JSL S.A. PROCESSO SOB A ÉGIDE DA LEI N. 13.467/2017. AÇÃO ANULATÓRIA PROPOSTA PELO MINISTÉRIO PÚBLICO DO TRABALHO. 1. PRELIMINAR DE AUSÊNCIA DE INTERESSE PROCESSUAL. ART. 485, VI, DO CPC. PERDA DO OBJETO DA AÇÃO ANULATÓRIA. NÃO CONFIGURAÇÃO. Em que pese já ter expirado a vigência do instrumento normativo autônomo, as normas neles contidas são passíveis de verificação e anulação se violarem a lei. Afinal, ao menos durante o período da vigência, as condições de trabalho estabelecidas no Acordo Coletivo integraram os contratos da categoria profissional. Não há, portanto, que se falar em perda do objeto, porquanto as condições fixadas no instrumento normativo, cujas normas foram impugnadas, geraram direitos e obrigações para as Partes envolvidas. Nessa linha, infere-se que é inquestionável a possibilidade de se impugnarem as normas constantes do instrumento normativo autônomo e, se for o caso, declará-las nulas, na hipótese de malferirem a legislação em vigor. Julgados desta SDC. Recurso ordinário desprovido, no tema. 2. CLÁUSULA 42ª – ATESTADOS MÉDICOS E ODONTOLÓGICOS. LIMITAÇÃO DOS DIAS DE ABONO A APENAS QUATRO DIAS. Esta Seção Especializada tem o entendimento de que é inválida cláusula de instrumento normativo autônomo que limita os dias de abono concedido em atestado médico ou odontológico fornecido por profissional credenciado ao sindicato obreiro, uma vez que não há na ordem jurídica restrição à validade do abono de faltas por esse meio. Julgados desta SDC, inclusive, envolvendo os mesmos entes coletivos. Recurso ordinário desprovido, no aspecto. 3. CLÁUSULA 46ª – CONTRIBUIÇÃO DE CUSTEIO. O princípio da autonomia sindical (art. 8º, I e III, da CF) sustenta a garantia de autogestão às organizações associativas e sindicais dos trabalhadores, sem interferências empresariais ou do Estado. Trata o princípio, dessa maneira, da livre atuação externa, sua sustentação econômico-financeira e sua desvinculação de controles administrativos estatais ou em face do empregador. No caso vertente, a cláusula impugnada pelo MPT estabelece o percentual de 1,5% sobre a folha de pagamento do mês de dezembro, a ser adimplida pela empresa Ré, a título de contribuição de custeio. Nesse contexto, a norma em questão viola, frontalmente, a autonomia sindical (art. 8º, I e III, da CF) e o disposto no art. 2º, item 2, da Convenção n. 98 da OIT, uma vez que estabelece contribuição assistencial a ser suportada pela categoria patronal em favor da entidade profissional. Julgados desta SDC. Recurso ordinário desprovido" (RO-1-11.2018.5.08.0000, Seção Especializada em Dissídios Coletivos, Relator Ministro Mauricio Godinho Delgado, *DEJT* 21-5-2019).

A liberdade interpretativa do TST e dos TRTs a respeito do exame do conteúdo dos acordos coletivos e das convenções coletivas de trabalho está seriamente ameaçada por conta do § 1º do art. 611-A da CLT, que manda observar o disposto no § 3º do art. 8º da mesma Consolidação.

Parece-nos que ambos os dispositivos são inconstitucionais, porquanto restringem a liberdade, a autonomia e a independência do Poder Judiciário (*in casu*, dos Tribunais e Juízes do Trabalho) na interpretação e aplicação de quaisquer espécies normativas do ordenamento jurídico, além de violarem o princípio do amplo acesso ao Poder Judiciário em seu ramo especializado trabalhista nas hipóteses em que o autor alegar lesão ou ameaça a direito (individual ou metaindividual).

8.3. Ação anulatória de cláusulas relativas a contribuições confederativa e assistencial

A hipótese mais comum da utilização da ação anulatória pelo MPT é a que tem por escopo a anulação de cláusula de acordo coletivo ou convenção coletiva que estabelecem desconto a título de contribuição confederativa e contribuição assistencial.

São três, basicamente, os fundamentos jurídicos da ação anulatória aforada pelo *Parquet* Laboral:

- os descontos instituídos pelas assembleias sindicais não devem constar de convenção ou acordo coletivo, por não constituírem matéria que deva ser tratada nesses instrumentos, já que são estranhas à relação de emprego existente entre empregado e empregador. É dizer, as contribuições em apreço interessam apenas à entidade sindical, figurando o empregador como mero repassador dos valores descontados dos empregados;
- a instituição da cláusula que estabelece contribuição confederativa para os não filiados ao sindicato fere o princípio da liberdade de associação e de sindicalização (STF, Súmula 666);
- por ser matéria estranha para ser inserida em convenção ou acordo coletivo, o desconto viola, também, o princípio da irredutibilidade e intangibilidade dos salários.

Vale ressaltar que sobre o tema a SDC/TST editou o Precedente Normativo n. 119 e a OJ n. 17, *in verbis*:

> CONTRIBUIÇÕES SINDICAIS - INOBSERVÂNCIA DE PRECEITOS CONSTITUCIONAIS (*DEJT* divulgado em 25-8-2014). Fere o direito à plena liberdade de associação e de sindicalização cláusula constante de acordo, convenção coletiva ou sentença normativa fixando contribuição a ser descontada dos salários dos trabalhadores não filiados a sindicato profissional, sob a denominação de taxa assistencial ou para custeio do sistema confederativo. A Constituição da República, nos arts. 5º, XX, e 8º, V, assegura ao trabalhador o direito de livre associação e sindicalização (Precedente Normativo SDC n. 119).
>
> CONTRIBUIÇÕES PARA ENTIDADES SINDICAIS. INCONSTITUCIONALIDADE DE SUA EXTENSÃO A NÃO ASSOCIADOS (*DEJT* divulgado em 25-8-2014). As cláusulas coletivas que estabeleçam contribuição em favor de entidade sindical, a

qualquer título, obrigando trabalhadores não sindicalizados, são ofensivas ao direito de livre associação e sindicalização, constitucionalmente assegurado, e, portanto, nulas, sendo passíveis de devolução, por via própria, os respectivos valores eventualmente descontados (SDC-OJ n. 17).

Exatamente por força da OJ n. 17 da SDC, o TST vem rejeitando tutela inibitória no bojo de ação anulatória. Mas aquela Corte vem aceitando pedido de tutela inibitória em sede de ação civil pública para que as partes convenentes se abstenham de inserir cláusulas declaradas nulas em instrumentos coletivos futuros. É o que se infere do seguinte julgado:

> RECURSO DE REVISTA DO MINISTÉRIO PÚBLICO DO TRABALHO. AÇÃO CIVIL PÚBLICA COM PEDIDO DE TUTELA INIBITÓRIA. ABSTENÇÃO DE INCLUSÃO DE CLÁUSULAS COLETIVAS PREVENDO DESCONTOS DE CONTRIBUIÇÕES CONFEDERATIVAS AOS NÃO ASSOCIADOS, BEM COMO DE TRABALHO AOS DOMINGOS E FERIADOS SEM A COMPETENTE AUTORIZAÇÃO DO ÓRGÃO ADMINISTRATIVO. O Ministério Público do Trabalho na defesa de interesses difusos e/ou coletivos pode formular tutela inibitória, ainda que de cunho preventivo, para evitar a lesão a direito dos trabalhadores, notadamente a inclusão de cláusulas que afrontem o ordenamento jurídico nos instrumentos normativos. No caso, o pedido do Ministério Público era para que as reclamadas se abstivessem de (*a*) firmar instrumentos normativos prevendo autorização para o empregador exigir de seus empregados trabalho em domingos ou feriados civis e religiosos sem a competente autorização do órgão administrativo e (*b*) determinar que as requeridas se abstenham de firmar acordos ou termos aditivos que autorizem descontos de contribuição confederativa incidente sobre os salários dos trabalhadores não associados, exceto se tais empregados autorizaram livre e expressamente tais descontos, mediante autorização prévia e por escrito. Recurso de Revista conhecido e provido (TST-RR 361-43.2010.5.09.0017, Rel. Min. Maria de Assis Calsing, 4ª T., *DEJT* 11-5-2012).

8.4. Competência

Se o objeto da ação reside na anulação de cláusula de contrato individual, convenção ou acordo coletivo, ou seja, versando a demanda sobre direitos trabalhistas fundados em lei, a competência material para apreciar a controvérsia é da Justiça do Trabalho (LC n. 75/93, art. 83, IV, c/c CF, art. 114).

Até aqui, não há maiores controvérsias, mormente com o advento da Lei n. 8.984, de 7 de fevereiro de 1995, que estende a competência da Justiça Laboral para "conciliar e julgar os dissídios que tenham origem no cumprimento de convenções coletivas de trabalho ou acordos coletivos de trabalho mesmo quando ocorram entre sindicatos ou entre sindicato de trabalhadores e empregador".

No que respeita à competência funcional ou hierárquica para o julgamento da ação, duas regras devem ser observadas, conforme a natureza do "contrato" cuja cláusula se intenta desconstituir.

Tratando-se de ação que tenha por objeto a anulação de cláusula constante de acordo coletivo ou convenção coletiva, parece-nos que a demanda assume feição de natureza coletiva, semelhante aos dissídios coletivos de natureza declaratória, razão pela qual a competência funcional originária será do TRT, se a abrangência da norma autônoma circunscrever-se à base territorial da Corte Regional, ou do TST, caso ultrapasse a referida base territorial. Na mesma esteira, e seguindo os graus de hierarquia dos órgãos da Justiça do Trabalho, compete ao TRT processar e julgar a ação anulatória, quando o instrumento coletivo e a base territorial das entidades sindicais convenentes limitarem-se à jurisdição do Regional.

Importa lembrar, de outra parte, que cabe recurso ordinário para o TST das decisões definitivas proferidas pelos TRTs em processos de sua competência originária (RITST, art. 245). Atualmente, uma das hipóteses de cabimento de recurso ordinário para aquela Corte Superior (sendo competente funcionalmente a SDC) ocorre quando se impugna acórdão de TRT proferido em sede de ação anulatória (RITST, artss. 77, II, *b*, e 245, parágrafo único, I).

De outro giro, se o objeto da ação for a declaração de nulidade de cláusula inserta em contrato individual de trabalho, a competência será inexoravelmente de Juízo do Trabalho da Vara do Trabalho do local da prestação de serviço do(s) empregado(s) lesado(s), consoante as regras de competência estabelecidas no art. 651 da CLT.

8.5. Legitimidade

A legitimidade para propor a ação anulatória de cláusula de acordo coletivo ou convenção coletiva é facultada ao MPT, o qual atuará em defesa da ordem jurídica que protege os trabalhadores que sofreram ou sofrerão a lesão patronal em seus direitos de liberdades públicas fundamentais ou outros direitos indisponíveis.

Assinale-se que, em se tratando de interesses coletivos propriamente ditos, de uma coletividade determinada ou determinável, como é o caso de uma categoria profissional, com representação sindical, poder-se-ia argumentar que a defesa da categoria caberia ao sindicato representativo, como inscrito no inciso III do art. 8º da Carta Magna. Mas esse fato não serve como obstáculo à atuação do *Parquet* Laboral, uma vez que a mesma Carta confere a este a legitimação para fazê-lo, embora sob a óptica da defesa da ordem jurídica, em prol dos mesmos interesses categoriais. Aliás, ninguém estaria mais bem legitimado para a ação anulatória do que o MPT, pois o interesse que defende é destinado aos integrantes da categoria que, *in casu*, ocupam posição de conflituosidade em relação ao próprio sindicato que os representa.

Também podem propor a ação anulatória de convenção ou acordo coletivo as próprias partes convenentes, cuja competência será originariamente dos Tribunais

Regionais do Trabalho ou do Tribunal Superior do Trabalho, conforme a abrangência territorial da avença coletiva, desde que o objeto da ação guarde pertinência com o disposto no art. 83, IV, da LC n. 75/93, ou seja, a desconstituição de cláusula que viole liberdades ou direitos fundamentais dos trabalhadores.

De tal arte, não tem legitimidade para a ação anulatória de convenção coletiva o sindicato ou a empresa em defesa de seus próprios interesses. Nesse sentido:

> RECURSO ORDINÁRIO DO SINDICATO DA INDÚSTRIA DE PRODUTOS DE CACAU, BALAS, DOCES E CONSERVAS ALIMENTÍCIAS DO ESTADO DO ESPÍRITO SANTO – SINDICACAU. PROCESSO ANTERIOR À LEI N. 13.467/2017. AÇÃO ANULATÓRIA PROPOSTA PELO SINDICATO DA CATEGORIA ECONÔMICA. ILEGITIMIDADE ATIVA. A lei confere ao Ministério Público do Trabalho a legitimidade para propor ação anulatória de instrumento coletivo autônomo, pois compete a ele atuar na defesa da ordem jurídica que assegura direitos fundamentais e indisponíveis aos trabalhadores (art. 83, IV, da Lei Complementar n. 75/93). A jurisprudência desta Corte, entretanto, entende que essa legitimidade não é exclusiva, cabendo aos sindicatos ou às empresas signatárias do instrumento apontado como inválido a defesa dos interesses coletivos da categoria. Isso ocorre em casos excepcionais, podendo o sindicato signatário impugnar o instrumento normativo mediante ação anulatória quando ficar comprovado, por exemplo, o vício de vontade. No caso, o Sindicato da categoria econômica ajuizou ação anulatória a fim de que seja declarada a nulidade da Cláusula Terceira da CCT 2014/2015, a qual fixa o reajuste do piso salarial da categoria. Ocorre que a pretensão anulatória da Parte Autora não se fundamenta nos casos de vício de vontade ou alguma das hipóteses do art. 166 do CCB, ausente, portanto, a legitimidade do Sindicato Recorrente. Recurso ordinário desprovido (TST-RO 716-72.2016.5.17.0000, SDC, Rel. Min. Mauricio Godinho Delgado, *DEJT* 15-4-2019).

No polo passivo da ação anulatória ajuizada pelo MPT figurarão as partes que firmaram o acordo coletivo ou convenção coletiva de trabalho, pois a extinção da relação jurídica material atinge, por óbvio, os seus sujeitos. Há, neste caso, formação de um litisconsórcio necessário (CPC, art. 114; CPC/73, art. 47), já que, em razão da natureza da relação jurídica material deduzida, o juiz deverá decidir de modo uniforme para todas as partes. Vale dizer, a nulidade declarada judicialmente alcançará ambos os sujeitos do instrumento normativo coletivo. Nesse sentido, dispõe o § 5º do art. 611-A da CLT[76] que os "sindicatos subscritores de convenção

76. Sobre a eficácia temporal desse dispositivo, o TST editou a IN n. 41/2018, cujo art. 3º dispõe: "Art. 3º A obrigação de formar o litisconsórcio necessário a que se refere o art. 611-A, § 5º, da CLT dar-se-á nos processos iniciados a partir de 11 de novembro de 2017 (Lei n. 13.467/2017)."

coletiva ou de acordo coletivo de trabalho deverão participar, como litisconsortes necessários, em ação individual ou coletiva, que tenha como objeto a anulação de cláusulas desses instrumentos".

O trabalhador que se declarar lesado por uma cláusula de convenção ou acordo coletivo, bem como do contrato individual de trabalho, também poderá propor a ação anulatória da cláusula respectiva em face do empregador e do sindicato profissional (litisconsortes unitários). Só que, neste caso, a ação será processada como reclamação trabalhista comum, admitindo-se a formação de litisconsórcio facultativo entre os trabalhadores atingidos (dissídio individual plúrimo). A competência funcional aqui é da Vara do Trabalho que poderá declarar, *incidenter tantum*, a nulidade da cláusula e deferir o bem da vida perseguido na demanda individual, como, por exemplo, a devolução de valor pago indevidamente a um dos sujeitos da convenção ou acordo coletivo de trabalho.

9. AÇÕES CAUTELARES

9.1. Finalidade e cabimento no processo do trabalho

O CPC não prevê um processo cautelar, razão pela qual não existe mais, à luz deste novo diploma, ações cautelares.

No CPC, como sublinha Daniel Mitidiero, "o procedimento comum e os procedimentos diferenciados podem viabilizar tanto a prestação de tutela satisfativa como de tutela cautelar de maneira antecedente ou incidental"[77], tal como prevê o art. 294, parágrafo único, do CPC.

Sobre tutela provisória, que abrange as tutelas cautelares e antecipadas, bem como as tutelas da evidência, remetemos o leitor ao Capítulo XII, item 5.

9.2. Protesto, notificação e interpelação

Já vimos no Capítulo XII, item 5, que o CPC extinguiu o processo cautelar e, em seu lugar, criou as tutelas provisórias, que podem ser de urgência ou da evidência.

A notificação, a interpelação e o protesto estavam previstos nos arts. 867 a 873 do CPC/73 e integravam o elenco dos procedimentos cautelares específicos.

No CPC, tais institutos passaram a integrar os Procedimentos Especiais de Jurisdição Voluntária, integrando, pois, a Parte Especial do Livro I (Processo de Conhecimento), Título III, Capítulo XV, Seção II (arts. 726 a 729).

77. MITIDIERO, Daniel. Livro V – Da tutela provisória. In: WAMBIER, Teresa Arruda Alvim; DIDIER JR., Fredie; TALAMINI, Eduardo; DANTAS, Bruno (coords.). *Breves comentários ao Novo Código de Processo Civil*. São Paulo: Revista dos Tribunais, 2015. p. 773.

Destarte, dispondo sobre a notificação, o art. 726 do CPC prevê que quem tiver interesse em manifestar formalmente sua vontade a outrem sobre assunto juridicamente relevante poderá notificar pessoas participantes da mesma relação jurídica para dar-lhes ciência de seu propósito.

A notificação poderá ter abrangência destinada ao público, caso em que dispõe o § 1º do art. 726 do CPC: "Se a pretensão for a de dar conhecimento geral ao público, mediante edital, o juiz só a deferirá se a tiver por fundada e necessária ao resguardo de direito".

No que concerne à interpelação, prescreve o art. 727 do CPC que poderá "o interessado interpelar o requerido, no caso do art. 726, para que faça ou deixe de fazer o que o requerente entenda ser de seu direito".

Em ambos os casos, o requerido será previamente ouvido (CPC, art. 728) antes do deferimento da notificação ou do respectivo edital:

> I – se houver suspeita de que o requerente, por meio da notificação ou do edital, pretende alcançar fim ilícito;
>
> II – se tiver sido requerida a averbação da notificação em registro público.

Deferida e realizada a notificação ou interpelação, os autos serão entregues ao requerente (CPC, art. 729).

Aplica-se ao protesto, no que couber, as regras destinadas aos institutos da notificação e da interpelação (CPC, art. 726, § 2º).

O protesto, a notificação e a interpelação constituem forma de manifestação de vontade, e não negócios jurídicos, conquanto estejam submetidos aos preceitos de direito material relativos a declarações de vontade e à capacidade processual.

O TST reconhece o protesto para interromper prescrição. É o que se infere da OJ n. 370 da SBDI-1:

> FGTS. MULTA DE 40%. DIFERENÇAS DOS EXPURGOS INFLACIONÁRIOS. PRESCRIÇÃO. INTERRUPÇÃO DECORRENTE DE PROTESTOS JUDICIAIS (*DEJT* divulgado em 3, 4 e 5-12-2008). O ajuizamento de protesto judicial dentro do biênio posterior à Lei Complementar n. 110, de 29-6-2001, interrompe a prescrição, sendo irrelevante o transcurso de mais de dois anos da propositura de outra medida acautelatória, com o mesmo objetivo, ocorrida antes da vigência da referida lei, pois ainda não iniciado o prazo prescricional, conforme disposto na Orientação Jurisprudencial n. 344 da SBDI-1.

Além disso, a OJ n. 392 da SBDI-1 dispõe:

> PRESCRIÇÃO. INTERRUPÇÃO. AJUIZAMENTO DE PROTESTO JUDICIAL. MARCO INICIAL (atualizada em decorrência do CPC de 2015, republicada em razão de erro material, Res. n. 209/2016). O protesto judicial é medida aplicável no processo

do trabalho, por força do art. 769 da CLT e do art. 15 do CPC de 2015. O ajuizamento da ação, por si só, interrompe o prazo prescricional, em razão da inaplicabilidade do § 2º do art. 240 do CPC de 2015 (§ 2º do art. 219 do CPC de 1973), incompatível com o disposto no art. 841 da CLT.

10. AÇÃO MONITÓRIA

10.1. Introdução

A ação monitória, que estava prevista na parte final dos procedimentos especiais de jurisdição contenciosa no CPC/73 (arts. 1.102-A, 1.102-B e 1.102-C), foi mantida nos arts. 700 a 702 do CPC.Estuda-se aqui a ação monitória no âmbito do direito processual do trabalho, residindo seu objeto central nas seguintes indagações: é necessária a designação de audiência em ação monitória? É cabível ação monitória contra a Fazenda Pública?

Para enfrentar tais problemas, procuraremos analisar inicialmente a possibilidade do cabimento da ação monitória no âmbito do processo do trabalho. Em seguida, buscaremos adaptar as noções propedêuticas do instituto com a gênese principiológica do direito processual trabalhista. A partir daí, examinaremos as questões relativas ao *iter procedimentalis* da monitória e ao seu cabimento em face das pessoas jurídicas de direito público.

10.2. Conceito

Do latim *monere*, significa o termo advertir, lembrar, dirigir. Do alemão, o verbo *mahnen*, com o mesmo sentido, significando advertir, admoestar, lembrar, exortar. De tal arte, a monitória seria, *grosso modo*, uma advertência dirigida ao devedor para que este pague ou entregue alguma coisa ao credor, sob as penas da lei.

De acordo com o disposto no art. 700 do CPC (art. 1.102-A do CPC/73):

> Art. 700. A ação monitória pode ser proposta por aquele que afirmar, com base em prova escrita sem eficácia de título executivo, ter direito de exigir do devedor capaz:
>
> I – o pagamento de quantia em dinheiro;
>
> II – a entrega de coisa fungível ou infungível ou de bem móvel ou imóvel;
>
> III – o adimplemento de obrigação de fazer ou de não fazer.

A prova escrita pode consistir em prova oral documentada, produzida antecipadamente nos termos do art. 381 do CPC.

Diz o § 2º do art. 700 do CPC que, na petição inicial, incumbe ao autor explicitar, conforme o caso:

I – a importância devida, instruindo-a com memória de cálculo;

II – o valor atual da coisa reclamada;

III – o conteúdo patrimonial em discussão ou o proveito econômico perseguido.

O valor da causa deverá corresponder à importância prevista nos incisos I a III *supra* (CPC, art. 700, § 3º).

Nos termos do § 4º do art. 700 do CPC, além das hipóteses do art. 330 do mesmo Código, a petição inicial será indeferida quando não atendido o disposto no § 2º deste do art. 700 do CPC.

Havendo dúvida quanto à idoneidade de prova documental apresentada pelo autor, o juiz intimá-lo-á para, querendo, emendar a petição inicial, adaptando-a ao procedimento comum.

Na ação monitória, a citação pode ser feita por qualquer dos meios permitidos para o procedimento comum.

Não há, contudo, a desejada uniformidade conceitual respeitante à ação monitória.

Para Nelson Nery Junior e Rosa Maria Andrade Nery:

> Ação monitória é o instrumento processual colocado à disposição do credor de quantia certa, de coisa fungível ou de coisa móvel determinada, com crédito comprovado por documento escrito sem eficácia de título executivo, para que possa requerer em juízo a expedição de mandado de pagamento ou de entrega da coisa para a satisfação de seu crédito[78].

Segundo Cândido Rangel Dinamarco, a ação monitória é

> um meio rapidíssimo para obtenção de título executivo em via judicial, sem as complicações ordinariamente suportadas nos diversos procedimentos. Por ele, o titular de crédito documental obtém liminarmente um mandado de entrega ou pagamento (art. 1.102-B), que se tornará definitivo se o réu não lhe opuser embargos ou se não procederem[79].

José Rogério Cruz e Tucci conceitua a ação monitória como "meio pelo qual o credor de quantia certa ou de coisa móvel determinada, cujo crédito esteja provado por documento hábil, requerendo a prolação de provimento judicial consubstanciado, em última análise, num mandado de pagamento ou de entrega de coisa, visa obter a satisfação de seu crédito"[80].

Para nós, a ação monitória é um instrumento processual destinado ao credor de quantia em dinheiro, de coisa fungível (incerta) ou de coisa móvel (certa), portador de prova documental sem eficácia executiva de tais créditos, mediante o qual preten-

78. *Código de Processo Civil comentado*. 4. ed. São Paulo: Revista dos Tribunais, 1999. p. 1.375.

79. DINAMARCO, Cândido Rangel. *A reforma do Código de Processo Civil*, p. 230.

80. *Ação monitória*. 2. ed. São Paulo: Revista dos Tribunais, 1997. p. 68.

de obter judicialmente a imediata expedição de um mandado judicial de pagamento ou entrega dos referidos créditos.

10.3. Natureza jurídica

Em tema de ação monitória, especificamente, é de suma importância desvendar a sua natureza jurídica, pois a posição adotada irá implicar inúmeras variáveis a respeito de sua aplicação prática, mormente no processo do trabalho.

Por natureza jurídica entendemos a posição que dado instituto da ciência do direito ocupa no interior de um sistema. Trata-se, pois, de processo complexo de nominar e buscar parente próximo dentro de um mesmo setor de investigação científica.

De tal arte, quando nos referimos à natureza jurídica da ação monitória, estamos a investigar a sua posição dentro do sistema processual pátrio, o que pode ser traduzido nas seguintes perguntas: a monitória é ação? Se é ação, qual a espécie: cognitiva, cautelar ou executiva? Sé é ação cognitiva, qual a subespécie: condenatória, declaratória, constitutiva mandamental ou executiva *lato sensu*?

Parece-nos irrecusável que a monitória é uma ação, porquanto é a própria lei que assim a denomina expressamente no art. 700 do CPC (art. 1.102-A do CPC/73). Tanto isso é verdade que a monitória se inicia mediante petição inicial devidamente instruída com a prova documental do crédito vindicado pelo autor (CPC, art. 700, §§ 1º e 2º; CPC/73, art. 1.102-B).

Cuida-se, portanto, de uma ação submetida ao procedimento especial de jurisdição contenciosa, integrante do Processo de Conhecimento (CPC, Parte Especial, Livro I, Título III, Capítulo XI).

Mas que espécie de ação é a monitória? Há, pelo menos, três correntes doutrinárias distintas. Para uns, a monitória é uma ação executiva[81]. Outros advogam ser ela uma ação de conhecimento[82]. Há, ainda, os que adotam posição eclética, ou seja, consideram a monitória uma ação com "alma de execução e corpo de cognição"[83].

Estamos com a segunda corrente, isto é, parece-nos que a ação monitória integra o elenco das ações de cognição, de caráter condenatório.

81. Os adeptos dessa corrente referem a natureza executiva *lato sensu* da monitória. Dentre eles: GRECO FILHO, Vicente. *Direito processual civil brasileiro*. 3º v. p. 259; MENEZES, Cláudio Armando Couce de. *Tutela antecipada e ação monitória na Justiça do Trabalho*. p. 97-100. No mesmo sentido, MEIRELES, Edilton. *Ação de execução monitória, passim*.

82. Adotam esse entendimento, entre outros: NERY JUNIOR, Nelson. *Atualidades sobre o processo civil*. p. 226-227; MALLET, Estêvão. *Procedimento monitório no processo do trabalho*. p. 29-38; ZANELLO, Ricardo. *Ação monitória no processo do trabalho*. p. 29; ALVIM, Carreira. *Procedimento monitório*. p. 48.

83. Integra essa corrente: PINTO, José Augusto Rodrigues. *A modernização do CPC e o processo do trabalho*. p. 344.

Nesse sentido, leciona Nelson Nery Junior, para quem a ação monitória "é ação de conhecimento, condenatória, com procedimento especial de cognição sumária e de execução sem título. Sua finalidade é alcançar a formação de título executivo judicial de modo mais rápido do que na ação condenatória convencional. O autor pede a expedição de mandado monitório, no qual o juiz exorta o réu a cumprir a obrigação, determinando o pagamento ou a entrega de coisa fungível ou de determinado bem móvel. Trata-se, portanto, de mandado monitório, cuja eficácia fica condicionada à não apresentação de embargos. Não havendo oposição de embargos, o mandado monitório se convola em mandado executivo"[84].

Fincada a premissa de que a monitória é uma ação de cognição condenatória, analisaremos a seguir aspectos relativos ao seu cabimento e processamento na Justiça do Trabalho, bem como a questão de sua admissibilidade em face da Fazenda Pública.

10.4. Cabimento da ação monitória no processo do trabalho

Não é pacífico o entendimento doutrinário a respeito do cabimento da ação monitória nos domínios do processo do trabalho. Tudo vai depender, é certo, da posição adotada no tocante à natureza jurídica da ação monitória.

Assim, para os que sustentam ser a monitória uma ação de execução ou executiva, não há como compatibilizar a regra do art. 876 da CLT, que somente permite a execução de título judicial (sentença ou acordo homologado judicialmente) ou dos títulos extrajudiciais que menciona (termos de ajuste de conduta firmados perante o Ministério Público do Trabalho e os termos de conciliação firmados perante as Comissões de Conciliação Prévia), com o procedimento de expedição *in limine* do mandado de pagamento ou de entrega de coisa fungível incerta ou de coisa móvel certa.

Tendo em vista que cerramos fileira com a corrente que defende a natureza de ação cognitiva condenatória da ação monitória, pensamos que não há qualquer obstáculo legal quanto à sua admissibilidade no âmbito da Justiça do Trabalho.

Há, contudo, outros óbices procedimentais que poderiam ser suscitados, como, por exemplo:

a) a obrigatoriedade da conciliação em todos os feitos submetidos à Justiça do Trabalho (CLT, arts. 764 e 846) – na ação monitória não há previsão para a conciliação, uma vez que o réu é subliminarmente citado (ou melhor, intimado, para manter a coerência com o sincretismo processual) para pagar ou entregar coisa certa ou incerta;

b) a concentração dos atos processuais numa única audiência (CLT, art. 849) – na ação monitória não há previsão para a realização de audiência, salvo se houver interposição de embargos (CPC, art. 701; CPC/73, art. 1.102-B);

84. NERY JUNIOR, Nelson; NERY, Rosa Maria de Andrade. *Comentários ao Código de Processo Civil: novo CPC – Lei 13.105/2015*. São Paulo: Revista dos Tribunais, 2015. p. 1.516.

> *c*) a citação inicial é feita em registro postal e, se o réu criar embaraços ao seu recebimento ou não for encontrado, a citação far-se-á por edital (CLT, art. 841) – na ação monitória a citação é por mandado, não havendo lugar para citação pelo Correio ou, nos moldes consolidados, por edital;
>
> *d*) a citação no processo do trabalho é feita automaticamente pelo Distribuidor (ou Diretor da Secretaria da Vara), dentro de quarenta e oito horas, o qual remete a segunda via ao réu para o seu comparecimento à audiência de conciliação e julgamento, que será a primeira desimpedida, depois de cinco dias – na ação monitória o réu é citado por mandado para pagar quantia certa ou entregar coisa no prazo de quinze dias.

Todos esses obstáculos também se apresentam na execução trabalhista de título extrajudicial (termos firmados perante o Ministério Público do Trabalho e Comissões de Conciliação Prévia), pois aqui o executado é citado não para a audiência de conciliação e julgamento, e sim para, no prazo de quarenta e oito horas, cumprir a obrigação de: fazer ou não fazer; entregar coisa certa ou incerta; pagar quantia certa; ou garantir a execução, sob pena de penhora dos seus bens (CLT, art. 880).

Cremos, porém, que todos esses obstáculos podem ser ultrapassados se o enfoque a ser dado pelo operador do direito for inspirado no princípio constitucional de acesso ao Poder Judiciário.

Dessa forma, a questão do cabimento ou não da ação monitória no processo do trabalho há de ser enfrentada à luz do referido princípio constitucional e, também, da norma que fixa a competência da Justiça do Trabalho estampada no art. 114 da CF.

Ora, se o dissídio inserto na demanda monitória decorre da relação de emprego ou da relação de trabalho, salta aos olhos que é da Justiça do Trabalho a competência para dirimir o litígio entre empregado e empregador ou entre o trabalhador e o tomador do seu serviço.

Reconhecida a competência da Justiça do Trabalho, resta saber se o CPC poderá ser utilizado como fonte normativa subsidiária.

Para tanto, a lei exige apenas dois requisitos (CLT, art. 769; CPC, art. 15): lacuna do texto obreiro a respeito da ação monitória, o que parece irrecusável, e a ausência de incompatibilidade da aplicação do instituto da ação monitória com o sistema processual trabalhista e com os princípios que o informam.

Quanto a este último requisito, lembra Estêvão Mallet que:

> o procedimento monitório está diretamente relacionado com o princípio da economia processual, tendo por finalidade propiciar a rápida formação de título executivo, de modo a abreviar a pendência do litígio[85].

---

85. *Procedimento monitório no processo do trabalho*. São Paulo: LTr, 2000. p. 38.

Admitida, pois, a ação monitória no processo do trabalho, passemos ao exame da questão alusiva à necessidade ou não de realização de audiência de conciliação.

10.5. Procedimento

Sabe-se que o art. 764 da CLT dispõe literalmente que os "dissídios individuais ou coletivos submetidos à apreciação da Justiça do Trabalho serão sempre sujeitos à conciliação".

Além disso, o art. 846 do mesmo diploma legal preceitua que, "aberta a audiência, o juiz ou presidente proporá a conciliação".

Estas normas, segundo nos parece, hão de ser interpretadas sistematicamente, e não de forma literal, isto é, como se elas fossem compartimentos estanques, isolados do ordenamento jurídico.

Com efeito, há inúmeras situações em que o juiz do trabalho recebe uma petição inicial e não determina, de logo, a realização de audiência de conciliação, como, por exemplo, nas ações cautelares, nas antecipações de tutela e, recentemente, nas ações de execução de título extrajudicial (CLT, art. 876).

Como compatibilizar, então, o princípio da conciliação com a expedição *in limine* do mandado injuntivo da ação monitória?

De acordo com o art. 701 do CPC:

Sendo evidente o direito do autor, o juiz deferirá a expedição de mandado de pagamento, de entrega de coisa ou para execução de obrigação de fazer ou de não fazer, concedendo ao réu prazo de 15 (quinze) dias para o cumprimento e o pagamento de honorários advocatícios de cinco por cento do valor atribuído à causa.

Essa regra, a nosso sentir, não é incompatível com o processo trabalhista, pois a celeridade e economia processuais estão preservadas, sendo certo que, se o réu cumprir, no referido prazo, a obrigação contida no mandado, o juiz simplesmente resolverá o processo em função do reconhecimento, pelo réu, do direito vindicado pelo autor.

A única adaptação que preconizamos repousa na necessidade de que o prazo para o pagamento (ou oferecimento dos embargos, que, *in casu*, constituem defesa, e não ação incidental) seja de cinco dias, a fim de se compatibilizar a regra específica do art. 841 da CLT.

Havendo o pagamento ou a entrega da coisa, a conciliação realiza-se de forma implícita, resolvendo-se o processo com apreciação de mérito (CPC, art. 487, III, *a*; CPC/73, art. 269, II).

Cremos, de outra parte, que a expedição *in limine* do mandado injuntivo não viola o princípio do contraditório, pois o réu poderá, dentro do prazo para o pagamento ou defesa, apresentar embargos (monitórios), com possibilidade de efeito suspensivo, impugnando a pretensão do credor. Esses embargos não têm natureza de ação incidental, tal como ocorre no processo de execução de título extrajudicial e sim de defesa[86], porquanto sua apresentação não instaura novo processo (CPC, art. 702; CPC/73, art. 1.102-C, § 2º). Trata-se, então, de defesa diferida, cujo exercício é facultado ao réu da monitória.

Dispõe o art. 702 do CPC, que, independentemente de prévia segurança do juízo, o réu poderá opor, nos próprios autos, no prazo de quinze dias, embargos à ação monitória.

A matéria dedutível nos embargos é ampla, pois o § 1º do art. 702 do CPC dispõe que os embargos podem se fundar em matéria passível de alegação como defesa no procedimento comum.

Se o réu alegar que o autor pleiteia quantia superior à devida, cumprir-lhe-á declarar de imediato o valor que entende correto, apresentando demonstrativo discriminado e atualizado da dívida (CPC, art. 702, § 2º).

Caso o réu não apresente o valor correto ou se não apresentar o demonstrativo correspondente, seus embargos serão liminarmente rejeitados, se esse for o seu único fundamento. Se houver outro fundamento, os embargos serão processados, mas o juiz deixará de examinar a alegação de excesso (CPC, art. 702, § 3º).

Os embargos à ação monitória possuem efeito suspensivo, pois suspendem a eficácia da decisão referida no *caput* do art. 701 do CPC, até o julgamento em primeiro grau de jurisdição.

O prazo para oposição dos embargos à ação monitória previsto no § 5º do art. 702 do CPC é de quinze dias. Tal prazo deve ser compatibilizado com o art. 884 da CLT, de modo que, no processo do trabalho, o embargante terá o prazo de cinco dias. Pelo mesmo fundamento, entendemos que o autor será intimado para responder aos embargos no prazo de cinco dias, por força do art. 884 da CLT.

De acordo com o § 6º do art. 702 do CPC, a ação monitória admite a reconvenção, mas veda o oferecimento de reconvenção à reconvenção.

A critério do juiz, os embargos serão autuados em apartado, se parciais, constituindo-se de pleno direito o título executivo judicial em relação à parcela incontroversa.

Rejeitados os embargos, constituir-se-á de pleno direito o título executivo judicial, prosseguindo-se o processo em observância ao disposto no Título II do Livro I da Parte Especial, no que for cabível.

Cabe apelação (recurso ordinário, nos termos do art. 895 da CLT) contra a sentença que acolhe ou rejeita os embargos (CPC, art. 702, § 7º).

Havendo má-fé do autor da ação monitória, o juiz o condenará ao pagamento, em favor do réu, de multa de até dez por cento sobre o valor da causa.

86. No mesmo sentido, NERY JUNIOR, Nelson e NERY, Rosa. *Comentários ao Código de Processo Civil*, p. 1.380.

O juiz condenará o réu que de má-fé opuser embargos à ação monitória ao pagamento de multa de até dez por cento sobre o valor atribuído à causa, em favor do autor.

O réu será isento do pagamento de custas processuais se cumprir o mandado no prazo.

Se não for realizado o pagamento ou se o réu não apresentar embargos à ação monitória, constituir-se-á de pleno direito o título executivo judicial, independentemente de qualquer formalidade (CPC, art. 701, § 2º).

Nesse caso, o devedor é citado (*rectius*, intimado)[87] para cumprir a obrigação em quarenta e oito horas ou nomear bens à penhora. Tal solução decorre da interpretação e aplicação sistemática dos arts. 701 e 702 do CPC (arts. 1.102-C e 475-J do CPC/73), combinados com o art. 880 da CLT.

10.6. Ação monitória em face da Fazenda Pública

Há acirradas discussões doutrinárias atinentes ao cabimento ou não da ação monitória em face da Fazenda Pública. O problema se agrava em sede trabalhista, ante a omissão da CLT não apenas em relação à ação monitória como também no tocante à execução contra as pessoas jurídicas de direito público.

O § 6º do art. 700 do CPC é claro ao admitir ação monitória em face da Fazenda Pública. Logo, ficam sepultadas as discussões a respeito do seu cabimento contra as pessoas jurídicas de direito público.

10.7. Ação rescisória em ação monitória

De acordo com o art. 701, § 3º, do CPC: "É cabível ação rescisória da decisão prevista no *caput* quando ocorrer a hipótese do § 2º".

Dessa forma, cabe ação rescisória da decisão do juiz que deferir a expedição de mandado monitório de pagamento, de entrega de coisa ou para execução de obrigação de fazer ou de não fazer quando não ocorrer o pagamento ou não forem apresentados os embargos à ação monitória.

Trata-se, pois, de decisão de mérito que pode ser atacada por ação rescisória (CPC, art. 966).

10.8. Jurisprudência

Recolhemos alguns julgados sobre ação monitória no âmbito do processo do trabalho.

---

87. Trata-se, a rigor, de intimação, e não mais de citação, pois o procedimento a ser adotado é o do processo sincrético para cumprimento da sentença que reconhece a obrigação de pagar.

AGRAVO DE INSTRUMENTO EM RECURSO DE REVISTA. AÇÃO MONITÓRIA. PRESCRIÇÃO. O Tribunal Regional registrou que o caso trata-se de cobrança de dívida trabalhista, por meio de ação monitória, oriunda de acordo celebrado perante a Comissão de Conciliação Prévia. É aplicável o art. 206, § 5º, I, do CPC, que preconiza o prazo prescricional de 5 anos, porque a dívida é líquida e oriunda de instrumento particular. Tendo em vista que entre a data da lesão, ocorrida em 30-1-2003 (conforme o princípio da *actio nata*) e o ajuizamento da ação (30-9-2010) houve o transcurso de tempo superior a 5 (cinco) anos, a demanda encontra-se prescrita. Intacto, portanto, o art. 205 do CC, porque inaplicável o prazo de dez anos. Agravo de instrumento a que se nega provimento (TST-AIRR 1192-44.2010.5.15.0108, Rel. Min. Valdir Florindo, 7ª T., *DEJT* 21-6-2013).

RECURSO DE REVISTA. AÇÃO MONITÓRIA. COBRANÇA DE CONTRIBUIÇÃO SINDICAL. Não obstante o artigo 606 da CLT aludir à ação executiva para promover a cobrança judicial da contribuição sindical, esse não é o único modo pelo qual é possível obter o pagamento dos montantes devidos. A inexistência do procedimento de lançamento e constituição desse crédito tributário e da respectiva certidão de dívida emitida pelo Ministério do Trabalho e Emprego, conquanto possa impedir a execução direta do débito, não impede o ajuizamento de ação de conhecimento para a formação do título executivo. Desse modo, por meio da ação de conhecimento, justamente o caso dos autos, em que ajuizada ação de cobrança, será conferido aos litigantes o direito ao contraditório e à ampla defesa. Assim, conforme entendimento atual desta Corte, na ação de conhecimento é desnecessária a juntada da certidão de lançamento da dívida expedida pelo Ministério do Trabalho e Emprego. Há precedentes. Recurso de revista conhecido e provido para determinar o retorno dos autos à Vara do Trabalho de origem para que prossiga no julgamento, como entender de direito. Recurso de revista conhecido e provido (TST-RR 36200-62.2009.5.17.0011, 6ª T., Rel. Des. Conv. Fabio Tulio Correia Ribeiro, *DEJT* 19-10-2018).

11. AÇÃO DE EXIGIR CONTAS

11.1. Base legal

Sendo omissa a CLT sobre essa ação, cabe a aplicação subsidiária do CPC (arts. 550 a 553), adaptando-se o procedimento à sistemática do processo do trabalho.

11.2. Conceito e natureza jurídica

O CPC/73 previa, nos arts. 914 a 919, a "ação de prestação de contas", que era uma ação de natureza dúplice, porque a posição do autor e a do réu se confundiam, na medida em que o réu, ao contestar, poderia pedir a proteção do seu interesse na mesma ação, independentemente de reconvenção.

O CPC inovou e alterou a denominação do instituto para "ação de exigir contas", que deixou de ter natureza dúplice.

Assim, nos termos do art. 550 do CPC:

> Art. 550. Aquele que afirmar ser titular do direito de exigir contas requererá a citação do réu para que as preste ou ofereça contestação no prazo de 15 (quinze) dias.
>
> § 1º Na petição inicial, o autor especificará, detalhadamente, as razões pelas quais exige as contas, instruindo-a com documentos comprobatórios dessa necessidade, se existirem.
>
> § 2º Prestadas as contas, o autor terá 15 (quinze) dias para se manifestar, prosseguindo-se o processo na forma do Capítulo X do Título I deste Livro.
>
> § 3º A impugnação das contas apresentadas pelo réu deverá ser fundamentada e específica, com referência expressa ao lançamento questionado.
>
> § 4º Se o réu não contestar o pedido, observar-se-á o disposto no art. 355.
>
> § 5º A decisão que julgar procedente o pedido condenará o réu a prestar as contas no prazo de 15 (quinze) dias, sob pena de não lhe ser lícito impugnar as que o autor apresentar.
>
> § 6º Se o réu apresentar as contas no prazo previsto no § 5º, seguir-se-á o procedimento do § 2º, caso contrário, o autor apresentá-las-á no prazo de 15 (quinze) dias, podendo o juiz determinar a realização de exame pericial, se necessário.

Nos termos do art. 551 do CPC, as contas do réu serão apresentadas na forma adequada, especificando-se as receitas, a aplicação das despesas e os investimentos, se houver.

Havendo impugnação específica e fundamentada pelo autor, o juiz estabelecerá prazo razoável para que o réu apresente os documentos justificativos dos lançamentos individualmente impugnados.

As contas do autor, para os fins do art. 550, § 5º, do CPC, serão apresentadas na forma adequada, já instruídas com os documentos justificativos, especificando-se as receitas, a aplicação das despesas e os investimentos, se houver, bem como o respectivo saldo.

A sentença apurará o saldo e constituirá título executivo judicial (CPC, art. 552).

11.3. Cabimento na Justiça do Trabalho

Na seara laboral, é possível o ajuizamento da ação de exigir contas, desde que configurada a competência da Justiça Obreira, que é delimitada segundo a causa de pedir e o pedido, levando-se em conta a competência material e em razão da pessoa, a teor do art. 114 da CF.

Vale dizer, há de envolver lide entre trabalhador e tomador do serviço que tenha por objeto a prestação de contas oriunda da relação de trabalho, ressalvada a hipótese decorrente da relação de trabalho de natureza estatutária ou administrativa, segundo a decisão vinculante proferida pelo STF na ADI n. 3.395, proposta pela AJUFE.

Com relação às regras de competência, aplica-se aqui tudo o que se disse quanto à ação de consignação em pagamento, no item 4 *supra*.

Além disso, com o inciso III do art. 114 da CF, a Justiça do Trabalho passou a ser competente para processar e julgar "as ações sobre representação sindical, entre sindicatos, entre sindicatos e trabalhadores, e entre sindicatos e empregadores".

Tal norma, por certo, ao transferir para a Justiça Obreira as lides entre sindicatos e trabalhadores e entre sindicatos e empregadores, amplia sobremaneira as hipóteses de cabimento da ação de exigir contas nesse setor Especializado do Poder Judiciário brasileiro. Nesse sentido:

> AGRAVO DE INSTRUMENTO EM RECURSO DE REVISTA. AÇÃO DE PRESTAÇÃO DE CONTAS. SINDICATO. SUBSTITUTO PROCESSUAL. O Regional afirmou que o reclamante é parte legítima para requerer a prestação de contas referente à não percepção de haveres relacionados a ação ainda em curso, em fase de execução, e que não há comprovação de que os valores recebidos pelo sindicato, substituto processual naquele feito, tenham sido repassados aos seus associados. Nesse contexto, para se decidir de forma diversa, a ponto de divisar as violações apontadas, seria necessário o reexame de fatos e provas, o que encontra óbice na Súmula 126 do TST. Agravo de instrumento conhecido e não provido (TST-AIRR 76300-15.2009.5.01.0008, Rel. Min. Dora Maria da Costa, 8ª T., *DEJT* 14-6-2013).

> AÇÃO DE EXIGIR CONTAS. PRESSUPOSTOS PREENCHIDOS. RELAÇÃO DE MANDATO PARALELA À RELAÇÃO DE EMPREGO. A ação de exigir contas é procedimento especial previsto nos artigos 550 a 553 do Código de Processo Civil, cabível sempre que a "administração de bens, valores ou interesses de determinado sujeito seja confiada a outrem" (TRT 12ª R., RO 0000131-78.2019.5.12.0024 , Rel. Des. Wanderley Godoy Junior , 1ª C., j. 29-6-2020).

Em sentido contrário:

> AÇÃO DE PRESTAÇÃO DE CONTAS. PRESTAÇÃO DE SERVIÇOS DE NATUREZA CIVIL. A competência da Justiça do Trabalho, ampliada pela Emenda Constitucional n. 45/2004, abrange as ações oriundas da relação de trabalho e as controvérsias dela decorrentes. A ação de prestação de contas decorrentes de prestação de serviços detém natureza estritamente civil, não evolvendo relação de emprego ou de trabalho e

> não se inserindo, portanto, na competência material da Justiça do Trabalho equacionar o conflito. Recurso a que se nega provimento (TRT-1ª R., RO 608004720065010481, Rel. Des. Claudia de Souza Gomes Freire, 9ª T., *DEJT* 12-7-2012).

Como exemplo de ação de exigir contas no âmbito da relação de emprego ou relação de trabalho (art. 114 da CF/88) pode-se citar o caso do vendedor-empregado que labora externamente, retirando mercadorias para vendê-las fora da estrutura física da empresa.

Parece-nos que a Justiça do Trabalho é incompetente para apreciar e julgar ação de exigir contas em que figurem como autor e réu advogados objetivando controvérsia acerca de prestação de contas de serviços advocatícios e honorários advocatícios. Nesse sentido:

> COBRANÇA DE HONORÁRIOS ADVOCATÍCIOS. INCOMPETÊNCIA DA JUSTIÇA DO TRABALHO. Da forma como definido pela Corte regional, o contrato em discussão é de prestação de serviços advocatícios, e não de relação de trabalho. Assim, **se o objeto da ação é a prestação de contas decorrentes de contrato de horários advocatícios** do qual não se pode extrair relação de trabalho, mas sim de outorga de poderes para representação de interesses pessoais, marcada pela vulnerabilidade do contratante em relação aos patronos de sua causa, ora recorrente e recorrido, forjada no âmbito exclusivo do direito civil, não se pode, mesmo após a Emenda Constitucional n. 45/2004, que ampliou a competência desta Justiça, examinar-se a questão. Recurso de revista não conhecido (TST-RR 3491500-42.2009.5.09.0001, 2ª T., Rel. Min. José Roberto Freire Pimenta, *DEJT* 8-6-2012).

11.4. Legitimação

Tanto o empregador (tomador de serviços) quanto o empregado (trabalhador) poderão figurar ou no polo ativo ou no polo passivo da ação de exigir contas. Além disso, poderão os sindicatos e seus representados (trabalhadores ou empregadores) agir como autores ou réus.

Como já vimos, o art. 550 do CPC estabelece que essa ação poderá ser proposta por quem tiver o direito de exigir de outrem a a obrigação de prestar as contas.

Nesse diapasão é que, no caso do empregador, pode este exigir a prestação de contas de seu vendedor externo em caso de recusa ou não concordância com com as contas apresentadas. Por outro lado, o empregado tem obrigação de prestá-las, já que terá de dar satisfação a seu empregador sobre o quanto vendeu ou quanto recebeu relativamente ao pagamento das mercadorias etc.

O empregado poderá, por exemplo, exigir do sindicato a prestação de contas a respeito da destinação das contribuições sindicais descontadas em seu salário.

Bibliografia

ABDALA, Vantuil. Pressupostos intrínsecos de conhecimento do recurso de revista. *Revista Juris Síntese*, Porto Alegre, n. 24, 1 CD-ROM n. 33, jul./ago. 2000.

ABELHA, Marcelo. *Manual de execução civil*. Rio de Janeiro: Forense Universitária, 2006.

ALEXY, Robert. *Teoría de los derechos fundamentales*. Madrid: Centro de Estudios Políticos y Constitucionales, 2001.

ALMEIDA, Amador Paes de. *Curso prático de processo do trabalho*. São Paulo: Saraiva, 2002.

ALMEIDA, Dayse Coelho de. A essência da Justiça Trabalhista e o inciso I do art. 114 da Constituição Federal de 1988: uma abordagem principiológica. *Jus Navigandi*, Teresina. Disponível em: <http://jus2.uol.com.br/doutrinatexto.asp?id=7224>.

ALMEIDA, Ísis de. *Manual de direito processual do trabalho*. 5. ed. São Paulo: LTr, 1991; 8. ed. São Paulo: LTr, 1997.

ALMEIDA, João Batista de. Ação civil pública e ação civil coletiva. *Ajuris*, edição especial, mar. 1998.

ALMEIDA, Lúcio Rodrigues de. *Recursos trabalhistas*. Rio de Janeiro: Aide, 1996.

ALVIM, Arruda. *Manual de direito processual civil*. 7. ed. São Paulo: Revista dos Tribunais, 2000. v. I.

ALVIM PINTO, Tereza Arruda. *Nulidades da sentença*. São Paulo: Revista dos Tribunais, 1987.

ARAÚJO, Francisco Rossal de. Princípios probatórios do processo do trabalho. *Revista Síntese Trabalhista*, Porto Alegre, n. 108, maio 1998.

ARRUDA, Hélio Mário. *O rito sumaríssimo no processo judiciário do trabalho*. Curitiba: Decisório Trabalhista, 2000.

BANDEIRA DE MELLO, Celso Antônio. *Curso de direito administrativo*. São Paulo: Malheiros, 1995.

BAPTISTA DA SILVA, Ovídio A. *Do processo cautelar*. Rio de Janeiro: Forense, 1996.

BARBOSA MOREIRA, José Carlos. *O novo processo civil brasileiro*. 15. ed. Rio de Janeiro: Forense, 1993.

________. *A proteção jurisdicional dos interesses coletivos ou difusos*. São Paulo: Max Limonad, 1984.

________. *Comentários ao Código de Processo Civil*. 7. ed. Rio de Janeiro: Forense, 2005. v. 5.

BARRETO, Marco Aurélio Aguiar. Penhora ou bloqueio *on-line* – questões de ordem prática – necessidade de aprimoramento. *Revista LTr* 68-09/1095.

BARRETTO, Nilton Rangel; HILLESHEIM, Jaime. *Litigância de má-fé e lealdade processual*. Curitiba: Juruá, 2006.

BARROS, Alice Monteiro de (Coord.). *Compêndio de direito processual do trabalho*: obra em homenagem a Celso Agrícola Barbi. 1. ed., 1998; 2. ed., 2001. São Paulo: LTr.

BARROS, Juliana Augusta Medeiros de. A intervenção de terceiros nas ações coletivas: intervenção individual do art. 94 do CDC e intervenção dos colegitimados. In: PIMENTA, José Roberto Freire; BARROS, Juliana Augusta Medeiros de; FERNANDES, Nadia Soraggi (Coords.). *Tutela Metaindividual Trabalhista*. São Paulo: LTr, 2009

BARROSO, Luís Roberto. *O direito constitucional e a efetividade de suas normas*: limites e possibilidades da Constituição brasileira. 4. ed. Rio de Janeiro: Renovar, 2000.

______. *Interpretação e aplicação da Constituição*. 2. ed. São Paulo: Saraiva, 1998.

______. Neoconstitucionalismo e constitucionalização do direito (o triunfo tardio do direito constitucional do Brasil). In: SOUZA NETO, Cláudio Pereira de; SARMENTO, Daniel (Coords.). *A constitucionalização do direito*: fundamentos teóricos e aplicações específicas. Rio de Janeiro: Lumen Juris, 2007.

BASSO, Guilherme Mastrichi. O sindicato e a substituição processual. *Revista do Ministério Público do Trabalho*. Brasília, n. 3, p. 61-68, mar. 1992.

BASTOS, Celso Ribeiro. *Curso de direito constitucional*. 18. ed. São Paulo: Saraiva, 1997.

BATALHA, Wilson de Souza Campos. *Sistema de direito processual*: civil, tributário, trabalhista. São Paulo: LTr, 1998.

BEBBER, Júlio César. *Princípios do processo do trabalho*. São Paulo: LTr, 1997.

______. *Processo do trabalho*: temas atuais. São Paulo: LTr, 2003.

BEDAQUE, José Roberto dos Santos. *Direito e processo*: influência do direito material sobre o processo. 3. ed. São Paulo: Malheiros, 2003.

BELMONTE, Alexandre Agra (coord.). *A nova lei de recursos trabalhistas* – Lei n. 13.015/2014. São Paulo: LTr, 2015.

BENJAMIN, Antonio Herman Vasconcellos e. A insurreição da aldeia global contra o processo civil clássico. Apontamentos sobre opressão e a libertação judiciais do meio ambiente e do consumidor. In: MILARÉ, Édis (Coord.). *Ação civil pública:* Lei n. 7.347/85 – Reminiscências e reflexões após dez anos de aplicação. São Paulo: Revista dos Tribunais, 1995.

BILHALVA, Vilson Antônio Rodrigues. Greve. *Revista da Academia Nacional de Direito do Trabalho*, São Paulo: LTr, ano VI, n. 6, p. 51, 1998.

BOBBIO, Norberto. *Teoria do ordenamento jurídico*. 10. ed. Brasília: UnB, 1997.

______. *A era dos direitos*. Trad. Carlos Nelson Coutinho. Rio de Janeiro: Campus, 1992.

______. *Dalla struttura alla funzione*: nuovi studi di teoria del diritto. Milano: Edizioni di Comunità, 1977.

BONAVIDES, Paulo. *Curso de direito constitucional*. 7. ed. São Paulo: Malheiros, 1997.

BOTELHO, Marcos César. As alterações das Lei ns. 11.276, 11.277 e 11.280. *Jus Navigandi*, Teresina, ano 10, n. 1098, 4 jul. 2006.

BOTTINI, Pierpaolo Cruz, in Prefácio do livro: CHAVES, Luciano Atayde. *A recente reforma no processo comum*: reflexos no direito judiciário do trabalho. São Paulo: LTr, 2006.

BRANCATO, Ricardo Teixeira. *Instituições de direito público e privado*. 8. ed. São Paulo: Saraiva, 1993.

BRESCOVICI, Paulo Roberto. Efeitos processuais originados pela Emenda Constitucional n. 45/2004 no âmbito da Justiça do trabalho. In: PINHEIRO, Alexandre Augusto Campana (Coord.). *Competência da justiça do trabalho*: aspectos materiais e processuais de acordo com a EC n. 45/2004. São Paulo: LTr, 2005.

BRITO FILHO, José Cláudio Monteiro de. *O Ministério Público do Trabalho e a ação anulatória de cláusulas convencionais*. São Paulo: LTr, 1998.

BUENO, Cassio Scarpinella. *Curso sistematizado de direito processual civil*: teoria geral do direito processual civil. v. 1. São Paulo: Saraiva, 2007.

______. *Novo Código de Processo Civil anotado*. São Paulo: Saraiva, 2015.

______. *Manual de direito processual civil*. São Paulo: Saraiva, 2015.

______. *Manual de direito processual civil*. 2. ed. São Paulo: Saraiva, 2016.

BULOS, Uadi Lammêgo. *Curso de direito constitucional*. 4. ed. São Paulo: Saraiva, 2009.

BÜLOW, Oskar Von. *Teoria das exceções e dos pressupostos processuais*. Trad. e notas Ricardo Rodrigues Gama. Campinas-SP: LZN, 2003.

BUZAID, Alfredo. "Juicio de amparo" e mandado de segurança. *Revista da Faculdade de Direito da Universidade de São Paulo*, n. 56.

CALAMANDREI, Piero. *Direito processual civil*. Trad. Luiz Abezia e Sandra Drina Fernandez Barbiery. Campinas: Bookseller, 1999. 3 v.

CÂMARA, Alexandre Freitas. *Lições de direito processual civil*. 10. ed. Rio de Janeiro: Lumen Juris, 2004.

______. *O novo processo civil brasileiro*. 2. ed. São Paulo: Atlas, 2016.

CAMPILONGO, Celso Fernandes. O judiciário e a democracia no Brasil. *Revista USP*, Dossiê do Judiciário, n. 21, São Paulo: USP, mar./abr. 1994.

CANARIS, Claus-Wilhelm. *Pensamento sistemático e conceito de sistema na ciência do direito*. 2. ed. Lisboa: Calouste Gulbenkian, 1996.

CANOTILHO, J. J. Gomes. *Manual de direito constitucional*. 4. ed. Coimbra: Coimbra Editora, 1990.

CAPPELLETTI, Mauro. Os métodos alternativos de solução de conflitos no quadro do movimento universal de acesso à justiça. *Revista Forense*, Rio de Janeiro, v. 326, p. 121-130, abr./jun. 1994.

______. O acesso dos consumidores à Justiça. *Revista de Processo*, São Paulo, n. 62, p. 204-210, 1991.

______. Formações sociais e interesses coletivos diante da justiça civil. *Revista de Processo*, São Paulo, n. 5, p. 128-159, jan.-mar. 1977.

CAPPELLETTI, Mauro; GARTH, Bryant. *Acesso à Justiça*. Trad. Ellen Gracie Northfleet. Porto Alegre: Sérgio Antônio Fabris, 1988.

CARELLI, Rodrigo de Lacerda. *Formas atípicas de trabalho*. São Paulo: LTr, 2004.

CARNEIRO, Paulo Cezar Pinheiro. *O Ministério Público no processo civil e penal:* o promotor natural, atribuição e conflito. Rio de Janeiro: Forense, 1989.

CARNELUTTI, Francesco. *Instituições do processo civil*. Trad. Adrián Sotero de Witt Batista. Campinas: Servanda, 1999.

CARREIRA ALVIM, José Eduardo. *Procedimento monitório*. 3. ed. Curitiba: Juruá, 2000.

CARRION, Valentin. *Comentários à Consolidação das Leis do Trabalho*. 4. ed., em CD-ROM. São Paulo: Saraiva, 1996; 27. ed. São Paulo: Revista dos Tribunais, 2002.

CARVALHO FILHO, José dos Santos. *Ação civil pública:* comentários por artigo. Rio de Janeiro: Freitas Bastos, 1995.

CASTELO, Jorge Pinheiro. *Tutela antecipada no processo do trabalho*. São Paulo: LTr, 1999. v. II.

______. *O direito processual do trabalho na moderna teoria geral do processo*. 2. ed. São Paulo: LTr, 1996.

______. *O direito material e processual do trabalho e a pós-modernidade*: a CLT, o CDC e as repercussões do novo Código Civil. São Paulo: LTr, 2003.

CATHARINO, José Martins. *Tratado elementar de direito sindical*. São Paulo: LTr, 1977.

CESARINO JÚNIOR, A. F. *Direito social*. São Paulo: LTr, 1980.

CHAVES, Luciano Athayde. *A recente reforma no processo*: reflexos no direito judiciário do trabalho. São Paulo: LTr, 2006; 2. ed., 2012.

______ (Org.). *Curso de processo do trabalho*. São Paulo: LTr, 2009.

______ (Org.). *Curso de processo do trabalho*. 2. ed. São Paulo: LTr, 2012.

CHIOVENDA, Giuseppe. *Instituições de direito processual civil*. São Paulo: Bookseller, 1998. v. I, II e III.

CHOMSKY, Noam. *O lucro e as pessoas*: neoliberalismo e ordem social. Trad. Pedro Jorgensen Jr. Rio de Janeiro: Bertrand Brasil, 2002.

CINTRA, Antonio Carlos de Araújo et al. *Teoria geral do processo*. 9. ed. São Paulo: Malheiros, 1992.

COLNAGO, Lorena de Mello Rezende. *Competência da justiça do trabalho para o julgamento de lides de natureza jurídica penal trabalhista*. São Paulo: LTr, 2009.

CORDEIRO, Antônio Menezes. Introdução à edição em língua portuguesa. In: CANARIS, Claus-Wilhelm. *Pensamento sistemático e conceito de sistema na ciência do direito*. 2. ed. Lisboa: Fundação Calouste Gulbenkian, 1996.

CORRÊA, Orlando de Assis. *Ação monitória*. Rio de Janeiro: Aide, 1996.

CORREIA, Marcus Orione Gonçalves. *As ações coletivas e o direito do trabalho*. São Paulo: Saraiva, 1994.

COSTA, Carlos Coqueijo. *Direito processual do trabalho*. Rio de Janeiro: Forense, 1996.

COSTA, Fábio Natali; BARBOSA, Amanda. *Magistratura e formação humanística*. São Paulo: LTr, 2012.

COSTA, José Rubens. *Ação monitória*. São Paulo: Saraiva, 1995.

______. Ação monitória. *Boletim Informativo Saraiva*, set./out. de 1995.

COUTINHO, Aldacy Rachid; DALLEGRAVE NETO, José Affonso; GUNTHER, Luiz Eduardo. *Transformações do direito do trabalho*. Curitiba: Juruá, 2000.

COUTINHO, Grijalbo Fernandes; FAVA, Marcos Neves (Coords.). *Justiça do Trabalho*: competência ampliada. São Paulo: LTr, 2005.

COUTURE, Eduardo J. *Interpretação das leis processuais*. Trad. Gilda Maciel Corrêa Meyer Russomano. Rio de Janeiro: Forense, 1997.

______. *Fundamentos do direito processual civil*. Campinas: Red, 1999.

CRUZ E TUCCI, José Rogério (Coord.). *Garantias constitucionais do processo civil*. São Paulo: Revista dos Tribunais, 1999.

______. *Ação monitória*. 2. ed. São Paulo: Revista dos Tribunais, 1997.

CUNHA, Belinda Pereira da. *Antecipação da tutela no Código de Defesa do Consumidor*. São Paulo: Saraiva, 1999.

DAIDONE, Décio Sebastião. *Direito processual do trabalho ponto a ponto*. São Paulo: LTr, 2001.

DALAZEN, João Oreste. Recurso de Revista por divergência: súmula regional e a Lei n. 9.756/98. *Revista LTr*, São Paulo, v. 63, n. 1, 1999.

DAL COL, Helder Martinez. Ação monitória em face da Fazenda Pública. *Revista Virtual Jus Navegandi*. Disponível em: <http://www.jusnavegandi.com.br/doutrina/monitfaz.html>. Acesso em: 19 jul. 2001.

DALLARI, Adilson Abreu. Precatórios judiciais. *Genesis, Revista de Direito Administrativo Aplicado*, n. 6. Curitiba, p. 696-697, 6 set. 1995.

DALLEGRAVE NETO, José Affonso. *Contrato individual de trabalho:* uma visão estrutural. São Paulo: LTr, 1998.

DALLEGRAVE NETO, José Affonso; FREITAS, Ney José de (Coords.). *Execução trabalhista*: estudos em homenagem ao ministro João Oreste Dalazen. São Paulo: LTr, 2002.

DANTAS, Ivo. *Constituição & processo*. Curitiba: Juruá, 2003.

DELGADO, Mauricio Godinho. *Curso de direito do trabalho*. 9. ed. São Paulo: LTr, 2010; 14. ed. 2015.

DIAS, Francisco Barros. Processo de conhecimento e acesso à justiça (tutela antecipatória). *Revista dos Juízes do Rio Grande do Sul*, Porto Alegre: Ajuris, n. 66, p. 212, mar. 1996.

DICIONÁRIO BRASILEIRO DE LÍNGUA PORTUGUESA. Lisboa: Priberam Informática, 1999.

DICIONÁRIO PRÁTICO MICHAELIS. São Paulo: DTS Software Brasil, ed. em CD-ROM, maio 1998.

DIDIER JR., Fredie. *Curso de direito processual civil:* teoria geral do processo e processo de conhecimento. 9. ed. Salvador: JusPodivm, 2008.

DINAMARCO, Cândido Rangel. *A instrumentalidade do processo*. São Paulo: Malheiros, 1996.

______. *A reforma do Código de Processo Civil*. 2. ed. São Paulo: Malheiros, 1995.

______. *Execução civil*. 5. ed. São Paulo: Malheiros, 1997.

DINIZ, José Janguiê Bezerra. *Os recursos no direito processual trabalhista*. Brasília: Consulex, 1996.

______. *Ação rescisória dos julgados*. São Paulo: LTr, 1998.

______. *Ministério Público do Trabalho*. Brasília: Consulex, 2004.

DINIZ, Maria Helena. *Compêndio de introdução ao estudo do direito*. 14. ed. São Paulo: Saraiva, 2001.

DONIZETTI, Elpídio. *Curso didático de direito processual civil*. 7. ed. Rio de Janeiro: Lumen Juris, 2008.

DWORKIN, Ronald. *Taking rights seriously*. Cambridge: Harvard University Press, 1989.

EÇA, Vitor Salino de Moura; MAGALHÃES, Aline Carneiro (Coords.). *Atuação principiológica no processo do trabalho*: estudos em homenagem ao professor Carlos Henrique Bezerra Leite. Belo Horizonte: RTM, 2012.

ENCICLOPÉDIA JURÍDICA LEIB SOIBELM. CD-ROM, São Paulo: Elfez, maio 1998.

ENGISCH, Karl. *Introdução ao pensamento jurídico*. 6. ed. Trad. J. Baptista Machado. Lisboa: Fundação Calouste Gulbenkian, s. d.

FARIA, José Eduardo (Org.). *Direito e justiça:* a função social do Judiciário. São Paulo: Ática, 1997.

FAZZALARI, Elio. *Instituições de direito processual*. Trad. Elaine Nassif. Campinas: Bookseller, 2006.

FERRARI, Irany; MARTINS, Melchíades Rodrigues. *Dano moral*: múltiplos aspectos nas relações de trabalho. 3. ed. São Paulo: LTr, 2008.

FERRARI, Irany; NASCIMENTO, Amauri Mascaro; MARTINS FILHO, Ives Gandra da Silva. *História do trabalho, do direito do trabalho e da justiça do trabalho em homenagem a Armando Casimiro Costa*. São Paulo: LTr, 1998.

FERRAZ, Sérgio. *Mandado de segurança (individual e coletivo)*: aspectos polêmicos. 2. ed. São Paulo: Malheiros, 1993.

_______. Provimentos antecipatórios na ação civil pública. In: MILARÉ, Édis (Coord.). *Ação civil pública. Lei n. 7.347/85*: reminiscências e reflexões após 10 anos de aplicação. São Paulo: Revista dos Tribunais, 1995.

FERREIRA SOBRINHO, Aderson. *O* habeas corpus *na justiça do trabalho*. São Paulo: LTr, 2003.

FIGUEIRA JR., Joel Dias. *Comentários ao Código de Processo Civil*. São Paulo: Revista dos Tribunais, 2000. v. 4.

FIGUEIREDO, Lúcia Valle. *Mandado de segurança*. 2. ed. São Paulo: Malheiros, 1997.

FIORILLO, Celso Antonio Pacheco. *Curso de direito ambiental brasileiro*. São Paulo: Saraiva, 2000.

FLACH, Daisson. Processo e realização constitucional: a construção do devido processo. In: AMARAL, Guilherme Rizzo; CARPENA, Márcio Louzada (Coords.). *Visões críticas do processo civil brasileiro*: uma homenagem ao prof. Dr. José Maria Rosa Tesheiner. Porto Alegre: Livraria do Advogado, 2005.

FONSECA, Vicente José Malheiros da. Novas leis e velhas questões processuais trabalhistas. *Revista Juris Plenum Trabalhista e Previdenciária* [CD-ROM], Caxias do Sul: Plenum, out. 2009.

FREDERICO MARQUES, José. *Manual de direito processual civil*. Campinas: Bookseller, 1997.

FRIEDE, Reis. *Tutela antecipada, tutela específica e tutela cautelar*. Belo Horizonte: Del Rey, 1996.

FUX, Luiz (Coord.). *O novo processo civil brasileiro*: direito em expectativa (reflexões acerca do projeto do novo *Código de* Processo Civil). Rio de Janeiro: Forense, 2011.

GAGLIANO, Pablo Stolze; PAMPLONA FILHO, Rodolfo. *Novo curso de direito civil*: parte geral. 8. ed. São Paulo: Saraiva, 2006. v. I.

GAIA, Fausto Siqueira. *Tutela inibitória de ofício e a proteção do meio ambiente do trabalho*. São Paulo: LTr, 2015.

GARCIA, Gustavo Filipe Barbosa. A Lei n. 10.444/02 e o processo do trabalho. *Revista Síntese Trabalhista*, Porto Alegre, n. 158, ago. 2002.

GIDI, Antonio. *Coisa julgada e litispendência em ações coletivas*. São Paulo: Saraiva, 1995.

GIGLIO, Wagner D. *Direito processual do trabalho*. 11. ed., 2000; 12. ed., 2002; 13. ed., 2003; 15. ed. São Paulo: Saraiva, 2005.

_______. Solução dos conflitos coletivos: conciliação, mediação, arbitragem, resolução oficial e outros meios. *Revista LTr*, v. 64, n. 3, p. 307 e s., mar. 2000.

GIGLIO, Wagner (Coord.). *Processo do trabalho na América Latina*: estudos em homenagem a Alcione Niederauer Corrêa. São Paulo: LTr, 1992.

______. *Direito processual do trabalho*. 11. ed. São Paulo: Saraiva, 2000.

GONÇALVES, Emílio. *Manual de prática processual trabalhista*. 6. ed. São Paulo: LTr, 2001.

GONÇALVES, Odonel Urbano; MANUS, Pedro Paulo Teixeira. *Recursos no processo do trabalho*. São Paulo: LTr, 1996.

GONÇALVES, Willian Couto. *Uma introdução à filosofia do direito processual*. Rio de Janeiro: Lumen Juris, 2005.

GRECO, Leonardo. *Instituições de processo civil*: introdução ao direito processual civil. 3. ed. Rio de Janeiro: Forense, 2011. v. I.

______. O conceito de prova. In: MARINONI, Luiz Guilherme (Org.). *Estudos de direito processual civil*: homenagem ao professor Egas Dirceu Moniz de Aragão. São Paulo: Revista dos Tribunais, 2006.

GRECO FILHO, Vicente. *Direito processual civil brasileiro*. 3 v. São Paulo: Saraiva, 2000.

______. *Comentários ao procedimento sumário, ao agravo e à ação monitória*. São Paulo: Saraiva, 1996.

GRINOVER, Ada Pellegrini. Ação monitória. *Consulex*, Rio de Janeiro n. 6, 1997.

GUNTHER, Luiz Eduardo. Aspectos principiológicos da execução incidentes no processo do trabalho. In: SANTOS, José Aparecido dos (Coord.). *Execução trabalhista:* homenagem aos 30 anos AMATRA IX. São Paulo: LTr, 2008.

HEINEN, Juliano. As novíssimas reformas do Código de Processo Civil: um novo olhar, um novo horizonte. *Jus Navigandi*, Teresina, a. 10, n. 978, 6 mar. 2006. Disponível em: <http://jus2.uol.com.br/doutrina/texto.asp?id=8048>. Acesso em: 20 maio 2006.

HERKENHOFF, João Baptista. *O direito processual e o resgate do humanismo*. Rio de Janeiro: Thex, 1997.

HERKENHOFF FILHO, Hélio Estellita. *Reformas no Código de Processo Civil e implicações no processo trabalhista*. Rio de Janeiro: Lumen Juris, 2006.

JORGE, Flávio Cheim; DIDIER JUNIOR, Fredie; RODRIGUES, Marcelo Abelha. *A nova reforma processual*. 2. ed. São Paulo: Saraiva, 2003.

KELSEN, Hans. *Teoria pura do direito*. Trad. João Baptista Machado. 6. ed. São Paulo: Martins Fontes, 1998.

KLIPPEL, Bruno. *Direito sumular:* TST esquematizado. 4. ed. São Paulo: Saraiva, 2014.

KLIPPEL, Rodrigo; BASTOS, Antonio Adonias. *Manual de processo civil*. Rio de Janeiro: Lumen Juris, 2011.

LACERDA, Maria Francisca dos Santos. *Ativismo-cooperativo na produção de provas*: garantia de igualdade das partes no processo. São Paulo: LTr, 2012.

LAGES, Isabel Reis; LEITE, Carlos Henrique Bezerra. Formação humanística e efetivação do acesso coletivo à justiça: a importância da inserção dos direitos humanos no concurso público de ingresso para o cargo de juiz do trabalho substituto. *Revista Eletrôni-*

ca da Escola Judicial do Tribunal Regional do Trabalho da 17ª Região, Vitória, ano 1, n. 1, set. 2012. Disponível em: <http://www.trtes.jus.br/sic/sicdoc/ContentViewer.aspx?id=8&sq=391140896&fmt=1&prt=>. Acesso em: 22 set. 2012.

LARENZ, Karl. *Metodologia da ciência do direito*. 3. ed. Lisboa: Calouste Gulbenkian, 1997.

LEAL, Ronaldo Lopes. A substituição processual do art. 8º, III, da Constituição Federal: aplicação ao processo do trabalho das normas de procedimento das Leis ns. 7.347/85 e 8.078/90 (Código de Defesa do Consumidor). *Revista do Tribunal Superior do Trabalho*, Brasília, v. 66, n. 1, p. 15-19, jan./mar. 2000.

_______. Competência do Ministério Público do Trabalho – ações civis públicas, com ênfase na segurança bancária e na segurança e saúde no trabalho. *Revista do Tribunal Superior do Trabalho*, Brasília, n. 65, p. 55-68, out./dez. 1999.

_______. O processo do trabalho e os interesses difusos. *Revista LTr*, São Paulo, v. 59, n. 1:28-31, jan. 1995.

LEITE, Carlos Henrique Bezerra. *Ação civil pública:* nova jurisdição trabalhista metaindividual e legitimação do Ministério Público. São Paulo: LTr, 2008.

_______. *Curso de direito do trabalho*. 13. ed. São Paulo: Saraiva Educação, 2021.

_______. *Liquidação na ação civil pública:* o processo e a efetividade dos direitos humanos – aspectos civis e trabalhistas. São Paulo: LTr, 2004.

_______. *Direitos humanos*. 2. ed. Rio de Janeiro: Lumen Juris, 2011.

_______. *Manual de direitos humanos*. 3. ed. São Paulo: Atlas, 2014.

_______. *Mandado de segurança no processo do trabalho*. São Paulo: LTr, 1999.

_______. *Ministério Público do Trabalho*: doutrina, jurisprudência e prática. São Paulo: LTr, 1998; 3. ed. São Paulo: LTr, 2006; 5. ed. São Paulo: LTr, 2011; 6. ed. São Paulo: Saraiva, 2014; 8. ed. São Paulo: Saraiva, 2017.

_______. *Direito e processo do trabalho*: temas controvertidos. Belo Horizonte: RTM, 1997.

_______. Execução de termo de ajuste de conduta firmado perante o Ministério Público do Trabalho. *Gênesis – Revista de Direito do Trabalho*, Curitiba, n. 80, ago. 1999.

_______. *Direito e processo na teoria geral do direito*. São Paulo: LTr, 2000.

_______. *Direito processual coletivo do trabalho na perspectiva dos direitos humanos*. São Paulo: LTr, 2015.

_______. *CLT organizada*. 8. ed. São Paulo: Saraiva Educação, 2021.

LENZA, Pedro. *Direito constitucional esquematizado*. 13. ed. São Paulo: Saraiva, 2009.

L'HEUREUX, Nicole. Acesso eficaz à justiça: juizado de pequenas causas e ações coletivas. *Revista de Direito do Consumidor*, São Paulo: Revista dos Tribunais, n. 5, p. 5-26, 1993.

LIEBMAN, Enrico Tullio. *Processo de execução*. 3. ed. Rio de Janeiro: Forense, 1984.

_______. *Manual de direito processual civil*. Trad. Cândido Rangel Dinamarco. Rio de Janeiro: Forense, 1984. v. 2.

______. *Manual de direito processual civil.* Tocantins: Intelectus, 2003.

LEMOS, Alessandro Medeiros de. Os limites ao depósito recursal do agravo de instrumento, ocultados pela Lei n. 12.275/2010. *Jus Navigandi*, Teresina, ano 15, n. 2604, 18 ago. 2010. Disponível em: <http://jus.com.br/revista/texto/17212>. Acesso em: 5 fev. 2012.

LIMA, Alcides de Mendonça. *Processo civil no processo trabalhista.* São Paulo: LTr, 1991.

LIMA, Francisco Meton Marques de. *Elementos de direito do trabalho e processo trabalhista.* São Paulo: LTr, 1997.

LOCATELLI, Aguinaldo. Aplicação da intervenção de terceiros nas causas submetidas à jurisdição trabalhista à luz da Emenda Constitucional n. 45/2004. In: PINHEIRO, Alexandre Augusto Campana (Coord.). *Competência da justiça do trabalho*: aspectos materiais e processuais de acordo com a EC n. 45/2004. São Paulo: LTr, 2005.

LORENTZ, Lutiana Nacur. *Métodos extrajudiciais de solução dos conflitos trabalhistas.* São Paulo: LTr, 2002.

LUCAS, Douglas Cesar. A crise funcional do Estado e o cenário da jurisdição desafiada. In: MORAIS, José Luis Bolzan de (Org.). *O Estado e suas crises.* Porto Alegre: Livraria do Advogado, 2005.

MACHADO, Antonio Cláudio da Costa. *Código de Processo Civil interpretado.* São Paulo: Manole, 2004.

MACHADO, Sidnei. *O direito à proteção ao meio ambiente de trabalho no Brasil.* São Paulo: LTr, 2001.

MAIA, Jorge Eduardo de Sousa. Os interesses difusos e a ação civil pública no âmbito das relações laborais. *Revista LTr*, São Paulo, n. 8, p. 1.044-1.047, ago. 1997.

MAIOR, Jorge Luiz Souto. Ação civil pública e execução de termo de ajuste de conduta: competência da justiça do trabalho. *Revista LTr*, São Paulo, n. 10, v. 62, p. 1.332-1.339, out. 1998.

______. Reflexos das alterações do Código de Processo Civil no processo do trabalho. *Revista LTr*, São Paulo: LTr, v. 70, n. 8, p. 920 e s., ago. 2006.

MALLET, Estêvão. *Do recurso de revista no processo do trabalho.* São Paulo: LTr, 1995.

______. *Apontamentos de direito processual do trabalho.* São Paulo: LTr, 1997.

______. *Temas de direito do trabalho.* São Paulo: LTr, 1998.

______. *Antecipação de tutela no processo do trabalho.* São Paulo: LTr, 1998.

______. *Procedimento monitório no processo do trabalho.* São Paulo: LTr, 2000.

______. Reflexões sobre a Lei n. 13.015/2014. *Revista LTr*, ano 79, n. 1, p. 48 et seq., janeiro de 2015.

______. Oposição à execução fora dos embargos e sem garantia do juízo. In: DALLEGRAVE NETO, José Affonso et al. (Coords.). *Execução trabalhista*: estudos em homenagem ao ministro João Oreste Dalazen. São Paulo: LTr, 2002.

MALTA, Christovão Piragibe Tostes. *Prática do processo trabalhista*. 21. ed. São Paulo: LTr, 1990; 31. ed. São Paulo: LTr, 2002.

MARANHÃO, Ney Stany Morais. Pronunciamento *ex officio* da prescrição e processo do trabalho. *Revista LTr*, v. 71, n. 4, p. 391-401, abr. 2007.

MARCATO, Antonio Carlos. *Procedimentos especiais*. 8. ed. São Paulo: Malheiros, 1999.

_______. Breves considerações sobre jurisdição e competência. *Revista do Instituto de Pesquisas e Estudos*, Bauru, Instituto Toledo de Ensino, n. 20, p. 13, dez. 1997.

MARINONI, Luiz Guilherme. *Tutela antecipatória, julgamento antecipado e execução imediata da sentença*. 4. ed. São Paulo: Revista dos Tribunais, 2000.

_______. *Processo de conhecimento*. 7. ed. São Paulo: Revista dos Tribunais, 2008.

_______. *A tutela antecipada na reforma do processo civil*. São Paulo: Malheiros, 1995.

_______. A jurisdição no estado contemporâneo. In: MARINONI, Luiz Guilherme (Coord.). *Estudos de direito processual civil*: homenagem ao professor Egas Dirceu Moniz de Aragão. São Paulo: Revista dos Tribunais, 2005.

_______. *Novas linhas do processo civil*. 2. ed. São Paulo: Malheiros, 1996.

_______. *Curso de processo civil*. São Paulo: Revista dos Tribunais, 2006. v. 1.

_______. *Técnica processual e tutela dos direitos*. São Paulo: Revista dos Tribunais, 2008.

_______ (Coord.). *Estudos de direito processual civil*: homenagem ao professor Egas Dirceu Moniz de Aragão. São Paulo: Revista dos Tribunais, 2005.

MARINONI, Luiz Guilherme; ARENHART, Sérgio Cruz. *Processo de conhecimento*. 7. ed. São Paulo: Revista dos Tribunais, 2008.

_______; _______. *Manual do processo de conhecimento*. São Paulo: Revista dos Tribunais, 2001.

_______; _______. *Curso de processo civil*: processo de conhecimento. São Paulo: Revista dos Tribunais, 2008.

MARINONI, Luiz Guilherme; ARENHART, Sérgio Cruz; MITIDIERO, Daniel. *Novo Código de Processo Civil comentado*. São Paulo: Revista dos Tribunais, 2015.

MARINONI, Luiz Guilherme; MITIDIERO, Daniel. *Código de Processo Civil comentado artigo por artigo*. São Paulo: Revista dos Tribunais, 2008.

MARQUES, Heloisa Pinto. A prova no processo do trabalho. *Revista Ciência Jurídica*, Belo Horizonte, n. 14, mar.-abr. 1999.

MARQUES, José Frederico. *Manual de direito processual civil*. São Paulo: Saraiva, 1974.

MARTINS, Sergio Pinto. *Direito processual do trabalho*. 17. ed. São Paulo: Atlas, 2000; 18. ed., 2001.

MARTINS FILHO, Ives Gandra da Silva. *Processo coletivo do trabalho*. 2. ed. São Paulo: LTr, 1998.

______. Pressupostos do cabimento do dissídio coletivo. *Revista Síntese Trabalhista*, Porto Alegre, n. 70, abr. 1995.

______ et al. *História do trabalho, do direito do trabalho e da justiça do trabalho em homenagem a Armando Casimiro Costa*. São Paulo: LTr, 2011.

MAXIMILIANO, Carlos. *Hermenêutica e aplicação do direito*. 12. ed. Rio de Janeiro: Forense, 1992.

MAZZEI, Rodrigo Reis (Coord.). *Dos recursos*: temas obrigatórios e atuais. Vitória: Instituto Capixaba de Estudos – ICE, 2002. v. 2.

MAZZEI, Rodrigo. Liquidação de sentença. In: NEVES, Daniel Amorim Assumpção et al. *Reforma do CPC*: Leis ns. 11.187/2005, 11.232/2005, 11.276/2006, 11.277/2006 e 11.280/2006. São Paulo: Revista dos Tribunais, 2006.

MAZZILLI, Hugo Nigro. *O Ministério Público na Constituição de 1988*. São Paulo: Saraiva, 1989.

______. *Regime jurídico do Ministério Público*. 2. ed. São Paulo: Saraiva, 1995.

______. *A defesa dos interesses difusos em juízo*. 12. ed. São Paulo: Revista dos Tribunais, 2000.

______. *O inquérito civil*. São Paulo: Saraiva, 1999.

MEIRELES, Edilton. *Ação de execução monitória*. 2. ed. São Paulo: LTr, 1998.

______. Inversão do ônus da prova no processo trabalhista. *Revista Juris Plenum* [CD-ROM], Caxias do Sul-RS: Plenum, v. 2, 2005.

MEIRELES, Edilton; BORGES, Leonardo Dias. A nova execução cível e seus impactos no processo do trabalho. *Revista IOB Trabalhista e Previdenciária*, Porto Alegre, n. 203, maio 2006.

MEIRELLES, Hely Lopes. *Mandado de segurança, ação popular, ação civil pública, mandado de injunção*, habeas data. 18. ed. São Paulo: Malheiros, 1997.

MELO, Raimundo Simão de. *Ação civil pública na justiça do trabalho*. São Paulo: LTr, 2002.

MENESES, Geraldo Magela e Silva. Competência da justiça do trabalho ampliada em face da emenda constitucional n. 20/98. *Jornal Síntese*, Porto Alegre, n. 24, p. 7, fev. 1999.

MENEZES, Cláudio Armando Couce de. Intervenção de terceiros no processo civil e no processo do trabalho. *Revista Ciência Jurídica do Trabalho*, Belo Horizonte, n. 2, p. 9 e s., fev. 1998.

______. *Direito processual do trabalho*. São Paulo: LTr, 1997.

______. Sentença. *Revista Síntese Trabalhista*, Porto Alegre, n. 90, dez. 1996.

______; BORGES, Leonardo Dias. *Tutela antecipada e ação monitória na Justiça do Trabalho*. São Paulo: LTr, 1998.

MELHADO, Reginaldo. *Metamorfose do capital e do trabalho*. São Paulo: LTr, 2006.

MILARÉ, Édis (Coord.). *Ação civil pública. Lei n. 7.347/85*: reminiscências e reflexões após 10 anos de aplicação. São Paulo: Revista dos Tribunais, 1995.

MIRANDA, Jorge. *Manual de direito constitucional*. 4. ed. Coimbra: Coimbra Editora, 1990.

MONTENEGRO NETO, Francisco. A nova execução e a influência do processo do trabalho no processo civil. *Jus Navigandi*, Teresina, a. 10, n. 928, 17 jan. 2006. Disponível em: <http://jus2.uol.com.br/doutrina/texto.asp?id=7835>. Acesso em: 20 maio 2006.

MORAES, Alexandre de. *Direito constitucional*. 8. ed. São Paulo: Atlas, 2000.

_______. *Constituição do Brasil interpretada e legislação infraconstitucional*. São Paulo: Atlas, 2002.

MORAES, José Diniz de. *Confissão e revelia de ente público*. São Paulo: LTr, 1999.

MORAIS, José Luis Bolzan de. *Do direito social aos interesses transindividuais*: o Estado e o direito na ordem contemporânea. Porto Alegre: Livraria do Advogado, 1996.

MOURA, Marcelo. *Consolidação das leis do trabalho para concursos*. Salvador: JusPodivm, 2011.

NAHAS, Thereza Christina; FREDIANI, Yone. *Processo de conhecimento e de execução*. São Paulo: LTr, 2004.

NALINI, José Renato. *O juiz e o acesso à justiça*. 2. ed. São Paulo: Revista dos Tribunais, 2000.

NASCIMENTO, Amauri Mascaro. *Curso de direito processual do trabalho*. 15. ed. São Paulo: Saraiva, 1994; 16. ed. São Paulo: Saraiva, 1996; 21. ed., 2002; 24. ed. São Paulo: Saraiva, 2009.

_______. *Iniciação ao direito do trabalho*. 31. ed. São Paulo: LTr, 2005.

_______. *Curso de direito do trabalho*. 18. ed. São Paulo: Saraiva, 2003.

NASSIF, Elaine Noronha. *Conciliação judicial e indisponibilidade de direitos*: paradoxos da "justiça menor" no processo civil e trabalhista. São Paulo: LTr, 2005.

NERY JUNIOR, Nelson. *Princípios do processo civil na Constituição Federal*. 6. ed. São Paulo: Revista dos Tribunais, 2000.

_______. *Atualidades sobre o processo civil*. 2. ed. São Paulo: Revista dos Tribunais, 1996.

_______. *Princípios fundamentais*: teoria geral dos recursos. 4. ed. São Paulo: Revista dos Tribunais, 1997.

NERY JUNIOR, Nelson; NERY, Rosa Maria Andrade. *Código de Processo Civil comentado e legislação processual civil extravagante em vigor*. 4. ed. São Paulo: Revista dos Tribunais, 1999; 6. ed., 2002.

_______; _______. *Comentários ao Código de Processo Civil:* novo CPC – Lei n. 13.105/2015. São Paulo: Revista dos Tribunais, 2015.

NEVES, Daniel Amorim Assumpção; FREIRE, Rodrigo da Cunha. *CPC para concursos*. Salvador: JusPodivm, 2010.

NEVES, Daniel Amorim Assumpção; RAMOS, Glauco Gumerato; FREIRE, Rodrigo da Cunha Lima; MAZZEI, Rodrigo. *Reforma do CPC:* Leis ns. 11.187/2005, 11.232/2005, 11.276/2006, 11.277/2006 e 11.280/2006. São Paulo: Revista dos Tribunais, 2006.

NOMEZZO, Marta Casadei. *Mandado de segurança coletivo*: aspectos polêmicos. São Paulo: LTr, 2000.

NORRIS, Roberto. Embargos à execução relacionados às condições da ação executiva trabalhista contra devedor solvente. In: DALLEGRAVE NETO, José Affonso; FREITAS, Ney José de (Coords.). *Execução trabalhista*: estudos em homenagem ao ministro João Oreste Dalazen. São Paulo: LTr, 2002.

OLIVEIRA, Francisco Antonio de. *Consolidação das Leis do Trabalho comentada*. São Paulo: Revista dos Tribunais, 1996.

_______. *Medidas cautelares, procedimentos especiais, mandado de segurança, ação rescisória e ação anulatória no processo do trabalho*. 3. ed. São Paulo: Revista dos Tribunais, 1994.

_______. *Ação rescisória – enfoques trabalhistas*. São Paulo: Revista dos Tribunais, 1995.

_______. *O processo na Justiça do Trabalho*. São Paulo: Revista dos Tribunais, 1999.

OLIVEIRA, Sebastião Geraldo de. *Indenizações por acidente do trabalho ou doença ocupacional*. São Paulo: LTr, 2009.

PAMPLONA FILHO, Rodolfo. Interpretando o art. 114 da Constituição Federal de 1988. *Revista Ciência Jurídica do Trabalho*, Belo Horizonte, n. 4, p. 9 e s., abr. 1998.

PASOLD, César Luiz. *Função social do Estado contemporâneo*. 2. ed. Florianópolis: Estudantil, 1988.

PAULA, Alexandre de. *Código de Processo Civil anotado*. 7. ed. São Paulo: Revista dos Tribunais, 1998.

PAULA, Carlos Alberto Reis de. *A especificidade do ônus da prova no processo do trabalho*. 2. ed. São Paulo: LTr, 2010.

PEREIRA, José de Lima Ramos. *Recursos no processo trabalhista*. Natal: Casa Grande, 1992.

PINHEIRO, Alexandre Augusto Campana. *Competência da Justiça do Trabalho:* aspectos materiais e processuais de acordo com a EC n. 45/2004. São Paulo: LTr, 2005.

PINTO, Almir Pazzianotto. A questão dos precatórios. *Boletim Informativo do TRT da 17ª Região*, n. 52 (republicado do *Jornal da Tarde*, 19-2-1997).

PINTO, José Augusto Rodrigues. *Processo trabalhista de conhecimento*. 5. ed. 2000; 6. ed. 2001; 7. ed. São Paulo: LTr, 2005.

_______. *Execução trabalhista*. 9. ed. São Paulo: LTr, 2002; 10. ed. São Paulo: LTr, 2004.

_______. *A modernização do CPC e o processo do trabalho*. São Paulo: LTr, 1996.

_______. *Direito sindical e coletivo do trabalho*. São Paulo: LTr, 1998.

_______. Reconhecimento *ex officio* da prescrição e processo do trabalho. *Revista LTr*, São Paulo: LTr, v. 70, n. 4, p. 391 e s., abr. 2006.

PONTES DE MIRANDA. *Comentários ao Código de Processo Civil.* Rio de Janeiro: Forense, 1976. t. XII.

PORTO, Sérgio Gilberto. Classificação das ações, sentenças e coisa julgada. *Revista Juris Síntese,* Porto Alegre, n. 203, set. 1994.

ROCHA, Ibraim. Recurso contra decisão de primeira instância que acolhe exceção de incompetência em razão do lugar na justiça do trabalho. *Doutrina Jurídica Brasileira,* Caxias do Sul: Plenum, 2003, CD-ROM.

ROCHA, Osiris. *Teoria e prática dos recursos trabalhistas.* São Paulo: LTr, 1995.

RODRIGUES, Marcelo Abelha. *Elementos de direito processual civil.* São Paulo: Revista dos Tribunais, 2000. v. 2.

_______. *Elementos de direito processual civil.* 3. ed. São Paulo: Revista dos Tribunais, 2003. v. 1.

ROMITA, Arion Sayão. *Competência da Justiça do Trabalho.* Curitiba: Genesis, 2005.

RUSSOMANO, Mozart Victor. *Comentário à Consolidação das Leis do Trabalho.* Rio de Janeiro: Forense, 1998.

SAAD, Eduardo Gabriel. *Direito processual do trabalho.* 3. ed. São Paulo: LTr, 2002.

SAKO, Emília Simeão Albino. *A prova no processo do trabalho.* 2. ed. São Paulo: LTr, 2008.

SALVADOR, Antonio Raphael Silva. *Da ação monitória e da tutela jurisdicional antecipada.* São Paulo: Malheiros, 1996.

SANTOS, Enoque Ribeiro dos. Dissídio coletivo e Emenda Constitucional n. 45/2004. Considerações sobre as teses jurídicas da exigência do "comum acordo". *Revista Síntese Trabalhista,* Porto Alegre: Síntese, n. 199, jan. 2006.

SANTOS, José Aparecido dos. Teoria geral das provas e provas em espécie. In: CHAVES, Luciano Athayde (Org.). *Curso de processo do trabalho.* São Paulo: LTr, 2009.

SANTOS, Moacyr Amaral. *Primeiras linhas de direito processual civil.* São Paulo: Saraiva, 1981. v. 1.

SANTOS, Ricardo Goretti. *Manual de medição de conflitos.* Rio de Janeiro: Lumen Juris, 2012.

SARAIVA, Renato. *Curso de direito processual do trabalho.* São Paulo: Método, 2005; 5. ed. São Paulo: Método, 2008.

SARLET, Ingo Wolfgang. *A eficácia dos direitos fundamentais.* 6. ed. Porto Alegre: Livraria do Advogado, 2006.

SARMENTO, Daniel. *Direitos fundamentais e relações privadas.* 2. ed. Rio de Janeiro: Lumen Juris, 2006.

SCHIAVI, Mauro. *Execução no processo do trabalho.* São Paulo: LTr, 2008.

_______. *Manual de direito processual do trabalho.* 3. ed. São Paulo: LTr, 2010. 5. ed., 2012. 9. ed. São Paulo: Ltr, 2015.

SILVA, Antônio Álvares da. *Recursos trabalhistas à luz das modificações do Código de Processo Civil*. São Paulo: LTr, 1999.

_______. *Processo do trabalho*: comentários à Lei n. 13.105/2014. Belo Horizonte: RTM, 2014.

SILVA, De Plácido e. *Vocabulário jurídico*. Rio de Janeiro: Forense, 1996. v. 1.

SILVA, José Afonso da. *Curso de direito constitucional positivo*. 1991; 24 ed. São Paulo: Malheiros, 2005.

_______. *Aplicabilidade das normas constitucionais*. São Paulo: Revista dos Tribunais, 1996.

SILVA, Luiz de Pinho Pedreira da. A justiça do trabalho em outros países. *Revista Síntese Trabalhista*, Porto Alegre: Síntese, n. 127, jan. 2000.

SILVA JUNIOR, Walter Nunes da. Informatização do processo, p. 416. In: CHAVES, Luciano Athayde (Org.). *Direito processual do trabalho*: reforma e efetividade. São Paulo: LTr, 2007.

SILVA NETO, Manoel Jorge e (Coord.). *Constituição e trabalho*. São Paulo: LTr, 1988.

SIMON, Sandra Lia. A legitimidade do Ministério Público do Trabalho para a propositura de ação civil pública. *Revista Síntese Trabalhista*, Porto Alegre, n. 86, p. 139-146, 1996.

SIQUEIRA, Cleanto Guimarães (Coord.). *Do processo cautelar*. Vitória: Instituto Capixaba de Estudos, 2000.

SOARES, Tainy de Araújo. Processo judicial eletrônico e sua implantação no Poder Judiciário brasileiro. *Jus Navigandi*, Teresina, ano 17, n. 3.307, 21 jul. 2012. Disponível em: <http://jus.com.br/revista/texto/22247>. Acesso em: 13 dez. 2012.

SOUZA, Marcelo Papaléo de. *A nova lei de recuperação e falência e as suas consequências no direito e no processo do trabalho*. São Paulo: LTr, 2006.

STRECK, Lenio Luiz. *Hermenêutica jurídica e(m) crise*. 10. ed. Porto Alegre: Livraria do Advogado, 2011.

SÜSSEKIND, Arnaldo Lopes et al. *Instituições de direito do trabalho*. São Paulo: LTr, 1999.

SÜSSEKIND, Arnaldo; MARANHÃO, Délio; VIANNA, Segadas; TEIXEIRA, Lima. *Instituições de direito do trabalho*. 21. ed. São Paulo: LTr, 2003.

TEIXEIRA FILHO, Manoel Antonio. *As ações cautelares no processo do trabalho*. 4. ed. São Paulo: LTr, 1997.

_______. *Execução no processo do trabalho*. 6. ed., 1998; 7. ed., 2001; 8. ed., 2004, São Paulo: LTr.

_______. *Sistema dos recursos trabalhistas*. 5. ed. São Paulo: LTr, 1991; 10. ed. São Paulo: LTr, 2003.

_______. *Ação rescisória no processo do trabalho*. 5. ed. São Paulo: LTr, 1998.

_______. *A sentença trabalhista.* São Paulo: LTr, 1996.

_______. *A prova no processo do trabalho.* 3. ed. São Paulo: LTr, 1991; 8. ed. São Paulo: LTr, 2003.

_______. *Curso de processo de trabalho*: perguntas e respostas sobre assuntos polêmicos em opúsculos específicos, n. 7: nulidades. São Paulo: LTr, 1997.

_______. *Curso de direito processual do trabalho.* São Paulo: LTr, 2009. 3 v.

_______. *A sentença no processo do trabalho.* São Paulo: LTr, 1994.

_______. *O procedimento sumaríssimo no processo do trabalho.* São Paulo: LTr, 2000.

_______. *Curso de processo do trabalho, n. 11*: recursos – parte geral. São Paulo: LTr, 1997.

_______. Recurso de revista e agravo de instrumento: alterações introduzidas pela Lei n. 9.756/98. *Revista LTr,* São Paulo, v. 63, n. 1, jan. 1999.

_______. *Breves comentários à reforma do Poder Judiciário.* São Paulo: LTr, 2005.

_______. *Mandado de segurança na justiça do trabalho*: individual e coletivo. São Paulo: LTr, 1992.

_______. *Manual da audiência na justiça do trabalho.* São Paulo: LTr, 2010.

_______. *Comentários à Lei n. 13.015/2014.* São Paulo: LTr, 2014.

TEIXEIRA, Sálvio de Figueiredo (Coord.). *A reforma do Código de Processo Civil.* São Paulo: Saraiva, 1996.

TEIXEIRA, Sergio Torres. Evolução do modelo processual brasileiro: o novo perfil da sentença mandamental diante das últimas etapas da reforma processual. In: DUARTE, Bento Herculano; DUARTE, Ronnie Preus (Coords.). *Processo civil*: aspectos relevantes – estudos em homenagem ao prof. Ovídio A. Baptista da Silva. São Paulo: Método, 2005.

TEPEDINDO, Gustavo. *Temas de direito civil.* Rio de Janeiro: Renovar, 1999.

THEODORO JÚNIOR, Humberto. *Curso de direito processual civil.* Rio de Janeiro: Forense, 1998. 2 v.

_______. *Curso de direito processual civil.* v. 3. 48. ed. Rio de Janeiro: Forense, 2016.

_______. *Direito do consumidor:* a busca de um ponto de equilíbrio entre as garantias do Cógigo de Defesa do Consumidor e os princípios gerais do direito civil e do direito processual civil. Rio de Janeiro: Forense, 2000.

_______. Os princípios do direito processual civil e o processo do trabalho. In: BARROS, Alice Monteiro de (Coord.). *Compêndio de direito processual do trabalho*: obra em homenagem a Celso Agrícola Barbi. 2. ed. São Paulo: LTr, 2001.

_______. A coisa julgada e a rescindibilidade da sentença. *Revista Juris Síntese,* Porto Alegre, n. 219, jan. 1996.

VALÉRIO, J. N. Vargas. Decretação da prescrição de ofício – óbices jurídicos, políticos, sociais, lógicos, culturais e éticos. *Revista LTr,* São Paulo: LTr, v. 70, n. 9, p. 1.071 e s., set. 2006.

VERONESE, Josiane Rose Petry. *Interesses difusos e direitos da criança e do adolescente*. Belo Horizonte: Del Rey, 1997.

VIGILAR, José Marcelo Menezes. *Ação civil pública*. 2. ed. São Paulo: Atlas, 1998.

VILANOVA, Lourival. *As estruturas lógicas e o sistema do direito positivo*. São Paulo: Max Limonad, 1997.

WAMBIER, Luiz Rodrigues; WAMBIER, Teresa Arruda Alvim; MEDINA, José Miguel Garcia. *Breves comentários à nova sistemática processual civil*. São Paulo: Revista dos Tribunais, 2006.

WAMBIER, Teresa Arruda Alvim; DIDIER JR., Fredie; TALAMINI, Eduardo; DANTAS, Bruno (coords.). *Breves comentários ao novo Código de Processo Civil*. São Paulo: Revista dos Tribunais, 2015.

WATANABE, Kazuo et al. *Código brasileiro de defesa do consumidor comentado pelos autores do anteprojeto*. Rio de Janeiro: Forense, 1998.

_______. Apontamentos sobre tutela jurisdicional dos interesses difusos (necessidade de processo dotado de efetividade e aperfeiçoamento permanente dos juízes e apoio dos órgãos superiores da justiça em termos de infraestrutura material e pessoal). In: MILLARÉ, Édis (Coord.). *Ação civil pública:* Lei n. 7.347/85 – reminiscências e reflexões após dez anos de aplicação. São Paulo: Revista dos Tribunais, 1995.

_______. *Da cognição no processo civil*. São Paulo: Revista dos Tribunais, 1987.

ZANELLO, Ricardo. *Ação monitória no processo do trabalho*. Curitiba: Juruá, 1997.

ZANETI JÚNIOR, Hermes. *Processo constitucional*: o modelo constitucional do processo civil brasileiro. Rio de Janeiro: Lumen Juris, 2007.

ZAVASCKI, Teori Albino. *Antecipação da tutela*. 2. ed. São Paulo: Saraiva, 1999.